ZÜRCHER BIBEL

Zürcher Bibel

2007

GENOSSENSCHAFT VERLAG DER ZÜRCHER BIBEL
BEIM THEOLOGISCHEN VERLAG ZÜRICH

Die Zürcher Bibel geht auf die Reformation Huldrych Zwinglis zurück. Die vorliegende Ausgabe wurde 1987–2007 im Auftrag der Synode der Evangelisch-reformierten Landeskirche des Kantons Zürich nach dem Grundtext aufs Neue übersetzt. Ihr Herausgeber ist der Kirchenrat der Evangelisch-reformierten Landeskirche des Kantons Zürich.

Die Schriftbilder aus Texten des Alten und des Neuen Testaments sind von Samuel Buri für die vorliegende Ausgabe geschaffen worden.

2. Auflage 2008

Schrift: Christoph Noordzij, Collage, Aldeboarn NL
Gestaltung: Christoph Noordzij, Collage, Aldeboarn NL; Marianne Elbers, Amsterdam NL
Satz: pagina GmbH, Tübingen
Umschlag: Samuel Buri
Fotolithos: Bildpunkt AG, Müchenstein
Druck und Bindung: C. H. Beck, Nördlingen

Die Deutsche Bibliothek – Bibliografische Einheitsaufnahme
Die Deutsche Bibliothek verzeichnet diese Publikation in der Deutschen Nationalbibliografie; detaillierte bibliografische Daten sind im Internet über http://dnb.ddb.de abrufbar
ISBN 978-3-85995-243-0

Zum Geleit

Die Herausgabe der Zürcher Bibel gehört zu den vornehmsten Aufgaben der Evangelisch-reformierten Landeskirche des Kantons Zürich. Die Zürcher Reformation verstand sich im Besonderen als ‹Übersetzungsbewegung›. Der Glaube an Jesus Christus sollte in Wort und Tat neu in die Herzen der Menschen und die Gesellschaft übersetzt werden. Darum war den Zürcher Reformatoren auch die Übersetzung der Bibel aus dem Hebräischen und Griechischen in die Volkssprache ein zentrales Anliegen. Die erste vollständige deutsche Bibelübersetzung der Reformationszeit erschien daher 1531 in Zürich.

Schon damals wurde darauf hingewiesen, dass Bibelübersetzung kein einmaliger Akt sei, sondern dass eine ‹klarere Interpretation› immer neu gefunden werden müsse. So erschienen durch alle Jahrhunderte hindurch immer wieder neue Ausgaben der Zürcher Bibel, zuletzt 1931.

Der Kirchenrat der Evangelisch-reformierten Landeskirche des Kantons Zürich freut sich, die neue Zürcher Bibel vorzulegen. Die Leserinnen und Leser mögen mancherorts vertraute Formulierungen vermissen. Dies zeigt aber, dass intensiv anhand der heute verfügbaren Grundtexte übersetzt wurde. Möglichst nahe bei diesen will die neue Zürcher Bibel sein, zugleich aber ist sie einer deutschen Sprache verpflichtet, die dem 21. Jahrhundert angemessen ist. So bleibt Fremdes fremd, kommt aber über die Jahrhunderte hinweg als ermutigendes und tröstendes Wort auf uns zu.

Kirchensynode und Kirchenrat als Herausgeber der neuen Zürcher Bibel danken allen, die sich durch grosses wissenschaftliches Engagement und immense Arbeit für das nun vollendete Werk eingesetzt haben. Es ist unsere Bitte und Hoffnung, dass die neue Zürcher Bibel für viele Menschen zu einem Buch des Lebens wird.

Kirchenrat der Evangelisch-reformierten Landeskirche
des Kantons Zürich

Im Herbst 2006

Einleitung

Seit der Erarbeitung der letzten, 1931 erschienenen Zürcher Bibel sind fast hundert Jahre vergangen. In dieser Zeit haben die Bibelwissenschaften, die Geschichtswissenschaften und die Sprachwissenschaften neue Erkenntnisse gewonnen und Fortschritte erzielt.

Erheblich verändert hat sich in den zurückliegenden Jahrzehnten aber auch die deutsche Sprache. Manches von dem, was in der ersten Hälfte des 20. Jahrhunderts problemlos verständlich war, wirkt heute veraltet oder führt zu Missverständnissen. Die neue Zürcher Bibel will eine zeitgemässe Übersetzung sein; das heisst allerdings nicht, dass sie sich unmittelbar an der heutigen Alltagssprache orientiert. Die Sprache der biblischen Bücher war auch zur Zeit ihrer Niederschrift alles andere als alltäglich, sondern hatte einen religiösen und literarischen Anspruch.

Wie es der Tradition der auf die Zürcher Reformation zurückgehenden Bibel entspricht, bemüht sich auch die neue Übersetzung um grösstmögliche Nähe zu den jeweiligen Sprachen der Ausgangstexte: Die Eigenheiten des Hebräischen und Aramäischen im Alten Testament und des Griechischen im Neuen Testament bleiben erkennbar, und die kulturelle Differenz zwischen der damaligen Welt und der heutigen wird nicht eingeebnet. Das heisst auch, dass Mehrdeutiges nicht vereindeutigt, Fremdes nicht dem bekannten Eigenen angeglichen, Schwieriges nicht banalisiert und Erschreckendes nicht gemildert oder beschönigt wird.

Die neue Zürcher Bibel möchte einen möglichst unverstellten Zugang zu den biblischen Texten eröffnen. Es gehört zu ihrer Tradition, dass die Übersetzung so wenig wie möglich interpretiert und in Bezug auf Erläuterungen und Kommentare zurückhaltend ist. Die Auslegung ist Sache derer, die sich mit der Bibel befassen, sei es im kirchlichen Rahmen in Gottesdienst, Bildungsarbeit und Seelsorge, sei es im persönlichen Studium oder in privater Lektüre. Die Einleitungen zu den einzelnen biblischen Büchern, die eingefügten Überschriften, die Anmerkungen, die Hinweise auf Verweisstellen und ein ausführliches Glossar sollen Leserinnen und Lesern helfen, sich die biblischen Texte selbständig zu erschliessen.

Die Bücher des Alten Testaments

Die Bücher des Neuen Testaments

Das Alte Testament

Die Bücher des Alten Testaments

Genesis

(DAS ERSTE BUCH MOSE)

Die ersten fünf Bücher des Alten Testaments nennt man den ‹Pentateuch› (griechisch, abgekürzt für: ‹das in fünf Gefässen aufbewahrte Buch›). In der jüdischen Tradition bilden sie die Grundlage und den wichtigsten Teil der Bibel: die Tora (‹Weisung›). Allerdings begegnen im Pentateuch auch Themen, die weit über die darin beschriebenen Zeiten hinausweisen und zeigen, dass diese Bücher der erste Teil eines erzählerischen Zusammenhangs sind, der von der Schöpfung im Buch Genesis bis zur Wegführung der Israeliten in die Gefangenschaft nach Babylon reicht, die im Zweiten Buch der Könige geschildert wird.

Hinter der traditionellen Bezeichnung der Bücher des Pentateuch als ‹Erstes› bis ‹Fünftes Buch Mose› steht die Auffassung, Mose sei der Verfasser dieser Texte gewesen. Die Bücher selbst erheben diesen Anspruch aber nicht, und Dtn 34 erzählt vom Tod des Mose. Sie sind vielmehr, wie in der vorderorientalischen Antike üblich, als anonyme Literatur entstanden.

Das erste Buch der Bibel heisst auch Genesis. Dieser Name ist der griechischen und der lateinischen Bibeltradition entlehnt und bedeutet ‹Ursprung/Entstehung›. Genesis gliedert sich deutlich in zwei Teile: die sogenannte Urgeschichte (Gen 1–11) und die Erzelterngeschichte (Gen 12–50). Die Urgeschichte hat einen universalen Horizont, der die Anfänge der Welt mit Schöpfung und vernichtender Flut umfasst. Demgegenüber konzentriert sich die Erzelterngeschichte auf die Vorfahren Israels und erzählt von Abraham, Sara, Isaak, Jakob und deren Familien (12–36) sowie ausführlich von Jakobs Sohn Josef (37–50).

In Gen 1–11 geht es nicht so sehr darum, was zu Beginn der Weltgeschichte geschehen ist, sondern vielmehr um die Frage, was die grundlegenden Lebensordnungen der Welt sind. Diesen Zug teilen die biblischen Texte mit anderen antiken Ursprungserzählungen. Gen 1–11 sind also eher in sachlichem als in zeitlichem Sinn eine ‹Ur›-Geschichte: So geht es der Paradieserzählung in Gen 2–3 um eine Erklärung dafür, weshalb es Gebärschmerzen gibt, weshalb Ackerbau ein mühseliges Geschäft und die Lebenswelt der Menschen gerade nicht das Paradies ist. Die Fluterzählung in Gen 6–9 begründet, weshalb Gott die Menschheit trotz ihres lebensfeindlichen Planens am Leben lässt und nie mehr ein Gericht wie die Flut über die Welt bringen wird. Die Turmbauerzählung Gen 11 schliesslich erklärt die Vielzahl von Sprachen und Völkern auf der Welt. Die Urgeschichte spricht somit einerseits von den Schwierigkeiten, die die Lebenswelt der Menschheit prägen, aber auch von der Gnade Gottes, dank derer sie überhaupt bestehen bleibt.

Etliche der an die Urgeschichte anschliessenden Erzählungen in der Erzelterngeschichte Gen 12–50 waren wahrscheinlich ursprünglich selbständige Einzelsagen. Diese wurden erst im Lauf der Zeit zu grösseren Komplexen und schliesslich zu der Erzählfolge verbunden, wie sie heute in Gen begegnet. Bei aller Verschiedenheit dieser Erzählungen im Einzelnen hat die Erzelterngeschichte ein durchgehendes Thema: das der Verheissung. Gott sagt Abraham, Isaak und Jakob und ihren Nachkommen zu, dass sie sich zu einem grossen Volk entfalten und dass sie das Land Kanaan besitzen werden. Diese Mehrungs- und Landverheissungen werden im weiteren Erzählverlauf in den auf Gen folgenden Büchern schrittweise erfüllt: Zu Beginn des Buchs Exodus wird Israel zu einem grossen Volk (Ex 1,1–10), und im Buch Josua nimmt es schliesslich das verheissene Land in Besitz.

Die Josefsgeschichte (Gen 37–50) hebt sich in mancherlei Hinsicht von den anderen Erzählungen der Erzelterngeschichte ab. Sie schildert nicht nur einzelne Episoden, sondern bietet einen umfangreichen erzählerischen Zusammenhang, in dem sich eine vom übrigen Text abweichende Gottesvorstellung präsentiert, die als ‹aufgeklärt› beschrieben werden könnte: Gott spricht nicht, wie sonst in der Erzelterngeschichte, unmittelbar mit den handelnden Personen (zum Beispiel Gen 12,1; 35,11–12), sondern er wirkt verborgen im Hintergrund des Geschehens, das er zum Guten lenkt (Gen 50,20). In vergleichbarer Weise ‹aufgeklärt› ist die Auffassung, dass auch in Ägypten, im Ausland und in der Diaspora also, gelingendes und gottgeleitetes Leben möglich ist, wie es an Josef gezeigt wird: Von seinen Brüdern als Sklave verkauft, steigt Josef in Ägypten zu höchstem Ansehen auf.

Mit Josef sind die Vorfahren Israels in Ägypten angekommen, und hier wird Exodus, das zweite Buch des Pentateuch, einsetzen.

Die Erschaffung der Welt

1: 2Kön 19,15; 2Chr 2,11 · Joh 1,1
2: Jer 4,23 · Ps 104,6; 2Petr 3,5
3: Ps 33,9; Hebr 11,3 · Jes 45,7; 2Kor 4,6
4: Hiob 26,10!
7: Ps 19,2; Ps 148,4
8: Ps 136,5
9: Hiob 38,8–11!; Ps 24,2
10: Joel 1,9
11: Jes 61,11
12: Ps 104,14

1 1 Im Anfang schuf Gott Himmel und Erde.
2 Und die Erde war wüst und öde, und Finsternis lag auf der Urflut,
und der Geist Gottes bewegte sich über dem Wasser. 3 Da sprach Gott:
Es werde Licht! Und es wurde Licht. 4 Und Gott sah, dass das Licht gut
war. Und Gott schied das Licht von der Finsternis. 5 Und Gott nannte
das Licht Tag, und die Finsternis nannte er Nacht. Und es wurde Abend,
und es wurde Morgen: ein Tag.
6 Und Gott sprach: Es werde eine Feste inmitten des Wassers, und
sie scheide Wasser von Wasser. 7 Und Gott machte die Feste und schied
das Wasser unter der Feste vom Wasser über der Feste. Und so geschah
es. 8 Und Gott nannte die Feste Himmel. Und es wurde Abend, und es
wurde Morgen: ein zweiter Tag.
9 Und Gott sprach: Es sammle sich das Wasser unter dem Himmel
an einen Ort, dass das Trockene sichtbar werde. Und so geschah es.
10 Und Gott nannte das Trockene Erde, und die Ansammlung des Was-
sers nannte er Meer. Und Gott sah, dass es gut war. 11 Und Gott sprach:
Die Erde lasse junges Grün sprossen: Kraut, das Samen trägt, und
Fruchtbäume, die Früchte tragen auf der Erde nach ihrer Art, in denen
ihr Same ist. Und so geschah es. 12 Und die Erde brachte junges Grün
hervor: Kraut, das Samen trägt nach seiner Art, und Bäume, die Früchte

tragen, in denen ihr Same ist, je nach ihrer Art. Und Gott sah, dass es gut
war. 13 Und es wurde Abend, und es wurde Morgen: ein dritter Tag.

14 Und Gott sprach: Es sollen Lichter werden an der Feste des Him- 14: Jes 40,26 ·
mels, um den Tag von der Nacht zu scheiden, und sie sollen Zeichen sein Ps 104,19
für Festzeiten, für Tage und Jahre, 15 und sie sollen Lichter sein an der
Feste des Himmels, um auf die Erde zu leuchten. Und so geschah es.
16 Und Gott machte die zwei grossen Lichter, das grössere Licht zur 16: Ps 74,16 ·
Herrschaft über den Tag und das kleinere Licht zur Herrschaft über die Ps 136,9; Jer 31,35
Nacht, und auch die Sterne. 17 Und Gott setzte sie an die Feste des Him-
mels, damit sie auf die Erde leuchten, 18 über den Tag und die Nacht
herrschen und das Licht von der Finsternis scheiden. Und Gott sah, dass
es gut war. 19 Und es wurde Abend, und es wurde Morgen: ein vierter
Tag.

20 Und Gott sprach: Es wimmle das Wasser von lebendigen Wesen, 20: Ps 104,25
und Vögel sollen fliegen über der Erde an der Feste des Himmels. 21 Und 21: Ps 74,13;
Gott schuf die grossen Seetiere und alle Lebewesen, die sich regen, von Ps 148,7 · 2,19
denen das Wasser wimmelt, nach ihren Arten und alle geflügelten Tiere
nach ihren Arten. Und Gott sah, dass es gut war. 22 Und Gott segnete sie 22: 8,17
und sprach: Seid fruchtbar und mehrt euch und füllt das Wasser im
Meer, und die Vögel sollen sich mehren auf der Erde. 23 Und es wurde
Abend, und es wurde Morgen: ein fünfter Tag.

24 Und Gott sprach: Die Erde bringe Lebewesen hervor nach ihren
Arten: Vieh, Kriechtiere und Wildtiere, je nach ihren Arten. Und so ge-
schah es. 25 Und Gott machte die Wildtiere nach ihren Arten, das Vieh
nach seinen Arten und alle Kriechtiere auf dem Erdboden, nach ihren
Arten. Und Gott sah, dass es gut war. 26 Und Gott sprach: Lasst uns 26: 11,7 · 9,2; Ps 8,7
Menschen machen als unser Bild, uns ähnlich. Und sie sollen herrschen
über die Fische des Meers und über die Vögel des Himmels, über das
Vieh und über die ganze Erde und über alle Kriechtiere, die sich auf der
Erde regen. 27 Und Gott schuf den Menschen als sein Bild, als Bild Got- 27: 2,7 · 5,1–2; 9,6;
tes schuf er ihn; als Mann und Frau schuf er sie. 28 Und Gott segnete sie, 1Kor 11,7 · Mt 19,4
und Gott sprach zu ihnen: Seid fruchtbar und mehrt euch und füllt die 28: 6,1; 9,1.7; 47,27;
Erde und macht sie untertan, und herrscht über die Fische des Meers Ex 1,7 · Ps 8,7–9
und über die Vögel des Himmels und über alle Tiere, die sich auf der
Erde regen. 29 Und Gott sprach: Seht, ich gebe euch alles Kraut auf der 29–30: 6,21
ganzen Erde, das Samen trägt, und alle Bäume, an denen samentragende 29: 2,16; 9,3;
Früchte sind. Das wird eure Nahrung sein. 30 Und allen Wildtieren und Ps 104,14 · 9,4
allen Vögeln des Himmels und allen Kriechtieren auf der Erde, allem,
was Lebensatem in sich hat, gebe ich alles grüne Kraut zur Nahrung.
Und so geschah es. 31 Und Gott sah alles an, was er gemacht hatte, und 31: 1Tim 4,4 · 2,3!
sieh, es war sehr gut. Und es wurde Abend, und es wurde Morgen: der
sechste Tag.

2 1 Und so wurden vollendet Himmel und Erde und ihr ganzes Heer. 1: Neh 9,6
2 Und Gott vollendete am siebten Tag sein Werk, das er gemacht hat- 2: Hebr 4,4
te, und er ruhte am siebten Tag von all seinem Werk, das er gemacht
hatte. 3 Und Gott segnete den siebten Tag und heiligte ihn, denn an ihm 3: 1,31; Ex 20,11
ruhte Gott von all seinem Werk, das er durch sein Tun geschaffen hatte.

4 Dies ist die Geschichte der Entstehung von Himmel und Erde, als 4: 1,1
sie geschaffen wurden.

Der Mensch im Garten Eden

Zur Zeit, als der HERR, Gott, Erde und Himmel machte 5 und es noch
kein Gesträuch des Feldes gab auf der Erde und noch kein Feldkraut
wuchs, weil der HERR, Gott, noch nicht hatte regnen lassen auf die Erde
6: 7,11! · Ps 135,7 und noch kein Mensch da war, um den Erdboden zu bebauen, 6 als noch
ein Wasserschwall hervorbrach aus der Erde und den ganzen Erdboden
7: 1,27 · 3,19! · 7,22; tränkte, – 7 da bildete der HERR, Gott, den Menschen aus Staub vom Erd-
Ez 37,5 · 1Kor 15,45 boden und blies Lebensatem in seine Nase. So wurde der Mensch ein
lebendiges Wesen.

8: 13,10 · 3,23; 8 Dann pflanzte der HERR, Gott, einen Garten in Eden im Osten, und
Ez 28,13!; Joel 2,3 dort hinein setzte er den Menschen, den er gebildet hatte. 9 Und der
9: 3,22; Offb 2,7 · 3,5 HERR, Gott, liess aus dem Erdboden allerlei Bäume wachsen, begehrens-
wert anzusehen und gut zu essen, und den Baum des Lebens mitten im
Garten und den Baum der Erkenntnis von Gut und Böse. 10 Und in Eden
entspringt ein Strom, um den Garten zu bewässern, und von da aus teilt
er sich in vier Arme. 11 Der eine heisst Pischon. Das ist jener, der das
12: Ex 25,7! ganze Land Chawila umfliesst, wo es Gold gibt, 12 und das Gold jenes
13: 10,6–8 Landes ist kostbar. Dort gibt es Bdellionharz und Karneolstein. 13 Und
der zweite Fluss heisst Gichon. Das ist jener, der das ganze Land Kusch
14: Dan 10,4 · 15,18 umfliesst. 14 Und der dritte Fluss heisst Chiddekel. Das ist jener, der
östlich von Assur fliesst. Und der vierte Fluss, das ist der Eufrat.

15: 4,2! 15 Und der HERR, Gott, nahm den Menschen und setzte ihn in den
16: 1,29! Garten Eden, damit er ihn bebaute und bewahrte. 16 Und der HERR,
Gott, gebot dem Menschen und sprach: Von allen Bäumen des Gartens
17: 3,3; Röm 5,12 darfst du essen. 17 Vom Baum der Erkenntnis von Gut und Böse aber,
von dem darfst du nicht essen, denn sobald du davon isst, musst du ster-
ben.

18: Koh 4,9 18 Und der HERR, Gott, sprach: Es ist nicht gut, dass der Mensch al-
lein ist. Ich will ihm eine Hilfe machen, ihm gemäss. 19 Da bildete der
HERR, Gott, aus dem Erdboden alle Tiere des Feldes und alle Vögel des
Himmels und brachte sie zum Menschen, um zu sehen, wie er sie nen-
nen würde, und ganz wie der Mensch als lebendiges Wesen sie nennen
würde, so sollten sie heissen. 20 Und der Mensch gab allem Vieh und
den Vögeln des Himmels und allen Tieren des Feldes Namen. Für den
Menschen aber fand er keine Hilfe, die ihm gemäss war. 21 Da liess der
HERR, Gott, einen Tiefschlaf auf den Menschen fallen, und dieser schlief
ein. Und er nahm eine von seinen Rippen heraus und schloss die Stelle
22: 1Tim 2,13 mit Fleisch. 22 Und der HERR, Gott, machte aus der Rippe, die er vom
Menschen genommen hatte, eine Frau und führte sie dem Menschen
23: 29,14! · zu. 23 Da sprach der Mensch: Diese endlich ist Gebein von meinem Ge-
1Kor 11,8 bein und Fleisch von meinem Fleisch. Diese soll Frau heissen, denn vom
24: 1Kor 6,16 · Mann ist sie genommen. 24 Darum verlässt ein Mann seinen Vater und
Mt 19,5; Eph 5,31 seine Mutter und hängt an seiner Frau, und sie werden ein Fleisch.
25: 3,7 25 Und die beiden, der Mensch und seine Frau, waren nackt, und sie
schämten sich nicht voreinander.

2,7: Im Hebräischen klingen die Worte für Mensch (‹adam›) und für Erdboden (‹adama›) sehr ähnlich.

2,23: Im hebräischen Text liegt ein Wortspiel vor: Die Worte für Frau (‹ischscha›) und für Mann (‹isch›) klingen sehr ähnlich.

Der Sündenfall

3 1 Die Schlange aber war listiger als alle Tiere des Feldes, die der HERR, 1: Offb 12,9
Gott, gemacht hatte, und sie sprach zur Frau: Hat Gott wirklich ge-
sagt: Ihr dürft von keinem Baum des Gartens essen? 2 Und die Frau
sprach zur Schlange: Von den Früchten der Bäume im Garten dürfen wir
essen. 3 Nur von den Früchten des Baumes in der Mitte des Gartens hat 3: 2,17!
Gott gesagt: Ihr dürft nicht davon essen, und ihr dürft sie nicht anrüh-
ren, damit ihr nicht sterbt. 4 Da sprach die Schlange zur Frau: Mitnich- 4: Joh 8,44 ·
ten werdet ihr sterben. 5 Sondern Gott weiss, dass euch die Augen auf- 2Kor 11,3
gehen werden und dass ihr wie Gott sein und Gut und Böse erkennen 5: Jes 14,14;
werdet, sobald ihr davon esst. 6 Da sah die Frau, dass es gut wäre, von Ez 28,2 · 2,9
dem Baum zu essen, und dass er eine Lust für die Augen war und dass 6: Jos 7,21 · 1Tim 2,14
der Baum begehrenswert war, weil er wissend machte, und sie nahm
von seiner Frucht und ass. Und sie gab auch ihrem Mann, der mit ihr
war, und er ass. 7 Da gingen den beiden die Augen auf, und sie erkann- 7: 2,25
ten, dass sie nackt waren. Und sie flochten Feigenblätter und machten
sich Schurze.

8 Und sie hörten die Schritte des HERRN, Gottes, wie er beim Abend- 8: Hiob 31,33 ·
wind im Garten wandelte. Da versteckten sich der Mensch und seine Jer 23,24
Frau vor dem HERRN, Gott, unter den Bäumen des Gartens. 9 Aber der 9: 4,9
HERR, Gott, rief den Menschen und sprach zu ihm: Wo bist du? 10 Da
sprach er: Ich habe deine Schritte im Garten gehört. Da fürchtete ich
mich, weil ich nackt bin, und verbarg mich. 11 Und er sprach: Wer hat
dir gesagt, dass du nackt bist? Hast du von dem Baum gegessen, von dem
zu essen ich dir verboten habe? 12 Und der Mensch sprach: Die Frau, die
du mir zugesellt hast, sie hat mir von dem Baum gegeben. Da habe ich
gegessen. 13 Da sprach der HERR, Gott, zur Frau: Was hast du da getan! 13: 4,10; 1Sam 13,11;
Und die Frau sprach: Die Schlange hat mich getäuscht. Da habe ich ge- Joel 1,10
gessen. 14 Da sprach der HERR, Gott, zur Schlange: Weil du das getan 14: Jes 65,25;
hast: Mi 7,17

Verflucht bist du vor allem Vieh
  und vor allen Tieren des Feldes.
Auf deinem Bauch wirst du kriechen,
  und Staub wirst du fressen dein Leben lang.
15 Und Feindschaft setze ich zwischen dir und der Frau, 15: Offb 12,17
  zwischen deinem Nachwuchs und ihrem Nachwuchs:
Er wird dir den Kopf zertreten,
  und du wirst ihm nach der Ferse schnappen.

16 Zur Frau sprach er: 16: 35,16; 1Chr 4,9 ·
Ich mache dir viel Beschwerden und lasse deine Schwangerschaften 1Tim 2,12
zahlreich sein,
  mit Schmerzen wirst du Kinder gebären.
Nach deinem Mann wirst du verlangen,
  und er wird über dich herrschen.

17 Und zum Menschen sprach er: Weil du auf die Stimme deiner 17: 5,29 · Hiob 5,7
Frau gehört und von dem Baum gegessen hast, von dem ich dir geboten
hatte: Du sollst nicht davon essen!:

3,1: Möglich ist auch die Übersetzung: «...: Ihr dürft nicht von allen Bäumen des Gartens essen!»

Verflucht ist der Erdboden um deinetwillen,
mit Mühsal wirst du dich von ihm nähren dein Leben lang.

18: Hiob 31,40; Jes 7,23–24

18 Dornen und Disteln wird er dir tragen,
und das Kraut des Feldes wirst du essen.

19: 23; 2,7; Koh 3,20; Ps 90,3! · 5,5

19 Im Schweiss deines Angesichts
wirst du dein Brot essen,
bis du zum Erdboden zurückkehrst,
denn von ihm bist du genommen.
Denn Staub bist du,
und zum Staub kehrst du zurück.

20 Und der Mensch nannte seine Frau Eva, denn sie wurde die Mut-
ter allen Lebens. 21 Und der HERR, Gott, machte dem Menschen und sei-
ner Frau Röcke aus Fell und legte sie ihnen um.

22: 2,9!

23: 4,2! · 19!

22 Und der HERR, Gott, sprach: Sieh, der Mensch ist geworden wie
unsereiner, dass er Gut und Böse erkennt. Dass er nun aber nicht seine
Hand ausstrecke und auch noch vom Baum des Lebens nehme und esse
und ewig lebe! 23 So schickte ihn der HERR, Gott, aus dem Garten Eden
fort, dass er den Erdboden bebaue, von dem er genommen war. 24 Und
er vertrieb den Menschen und liess östlich vom Garten Eden die Keru-
bim sich lagern und die Flamme des zuckenden Schwerts, damit sie den
Weg zum Baum des Lebens bewachten.

Kain und Abel

2: 2,15; 3,23; 9,20

3: Ex 23,19

4–5: Hebr 11,4

4: Ex 34,19 · Lev 3,16

5: Ex 33,19

6: Joel 4,4

7: Röm 6,12

8: 27,41 · 37,26 · Mt 23,35; 1Joh 3,12; Jud 11

9: 3,9 · 37,30

10: 3,13! · Lk 11,51; Hebr 12,24

11: Num 35,33

12: Lev 26,20 · Dtn 19,11–12; Spr 28,17

4 1 Und der Mensch erkannte Eva, seine Frau, und sie wurde schwan-
ger und gebar Kain, und sie sprach: Ich habe einen Sohn bekommen
mit Hilfe des HERRN. 2 Und sie gebar wieder, Abel, seinen Bruder. Abel
wurde Schafhirt, und Kain wurde Ackerbauer. 3 Nach geraumer Zeit
aber brachte Kain dem HERRN von den Früchten des Ackers ein Opfer
dar. 4 Und auch Abel brachte ein Opfer dar von den Erstlingen seiner
Schafe und von ihrem Fett. Und der HERR sah auf Abel und sein Opfer,
5 aber auf Kain und sein Opfer sah er nicht. Da wurde Kain sehr zornig,
und sein Blick senkte sich. 6 Der HERR aber sprach zu Kain: Warum bist
du zornig, und warum ist dein Blick gesenkt? 7 Ist es nicht so: Wenn du
gut handelst, kannst du frei aufblicken. Wenn du aber nicht gut han-
delst, lauert die Sünde an der Tür, und nach dir steht ihre Begier, du aber
sollst Herr werden über sie. 8 Darauf redete Kain mit seinem Bruder
Abel. Und als sie auf dem Feld waren, erhob sich Kain gegen seinen Bru-
der Abel und schlug ihn tot. 9 Da sprach der HERR zu Kain: Wo ist dein
Bruder Abel? Er sprach: Ich weiss es nicht. Bin ich denn der Hüter mei-
nes Bruders? 10 Er aber sprach: Was hast du getan! Horch, das Blut dei-
nes Bruders schreit zu mir vom Ackerboden. 11 Und nun – verflucht bist
du, verbannt vom Ackerboden, der seinen Mund aufgesperrt hat, um
aus deiner Hand das Blut deines Bruders aufzunehmen. 12 Wenn du den

3,20: Die hebräische Namensform für Eva lautet ‹Chawwa›, worin man im hebräischen Text wohl einen Anklang an ‹leben› hörte.

4,1: Wörtlich: «...: Ich habe einen Mann erworben ...» Im Namen Kain soll ein Anklang an das hebräische Wort für ‹erwerben› gehört werden.

4,8: In vielen hebräischen Handschriften und in den antiken Übersetzungen lautet der Text: «... redete Kain mit seinem Bruder Abel: Lass uns aufs Feld gehen. Und als sie auf dem Feld waren, ...»

Ackerboden bebaust, soll er dir fortan keinen Ertrag mehr geben. Rast-
los und heimatlos sollst du auf Erden sein. 13 Da sprach Kain zum
HERRN: Meine Strafe ist zu gross, als dass ich sie tragen könnte. 14 Sieh,
du hast mich heute vom Ackerboden vertrieben, und vor dir muss ich
mich verbergen. Rastlos und heimatlos muss ich sein auf Erden, und
jeder, der mich trifft, kann mich erschlagen. 15 Der HERR aber sprach zu 15: 24! · Ez 9,6
ihm: Fürwahr, wer immer Kain erschlägt, soll siebenfach der Rache ver-
fallen. Und der HERR versah Kain mit einem Zeichen, damit ihn nicht
erschlage, wer auf ihn träfe. 16 So ging Kain weg vom HERRN, und er
liess sich nieder im Lande Nod, östlich von Eden.

Die Nachkommen Kains

17 Und Kain erkannte seine Frau, und sie wurde schwanger und ge-
bar Henoch. Und er wurde Erbauer einer Stadt, und er benannte die
Stadt nach seinem Sohn Henoch. 18 Henoch wurde Irad geboren, und
Irad zeugte Mechujael. Und Mechijael zeugte Metuschael, und Me-
tuschael zeugte Lamech. 19 Und Lamech nahm sich zwei Frauen; die
eine hiess Ada, die andere Zilla. 20 Und Ada gebar Jabal; der wurde der
Stammvater von denen, die in Zelten und bei den Herden wohnen.
21 Sein Bruder hiess Jubal; der wurde der Stammvater aller Leier- und
Flötenspieler. 22 Und Zilla, sie gebar Tubal-Kajin, den Stammvater aller
Kupfer- und Eisenschmiede. Die Schwester Tubal-Kajins war Naama.
23 Und Lamech sprach zu seinen Frauen: 23: Ex 21,23–25
Ada und Zilla, hört meine Rede,
ihr Frauen Lamechs, vernehmt meinen Spruch.
Einen Mann erschlage ich für meine Wunde,
einen Knaben für meine Strieme.
24 Siebenfach wird Kain gerächt, 24: 15; Lev 19,18
Lamech aber siebenundsiebzigfach.
25 Und Adam erkannte seine Frau noch einmal, und sie gebar einen 25: 5,3!
Sohn und nannte ihn Set. Denn, sprach sie, Gott hat mir einen anderen
Nachkommen gegeben für Abel, da Kain ihn erschlagen hat. 26 Und 26: 12,8; 13,4; 21,33
auch Set wurde ein Sohn geboren, und er nannte ihn Enosch. Damals
fing man an, den Namen des HERRN anzurufen.

Von Adam bis Noah

5 1 Dies ist das Verzeichnis der Nachkommen Adams: Am Tag, da Gott 1–32: 1Chr 1,1–4
den Menschen schuf, machte er ihn Gott ähnlich. 2 Als Mann und 1–2: 1,27!
Frau schuf er sie, und er segnete sie und nannte sie Mensch, am Tag, da
sie geschaffen wurden.
3 Und als Adam hundertdreissig Jahre alt war, zeugte er einen Sohn, 3: 6; 4,25; Lk 3,38
ihm ähnlich, der wie sein Bild war, und er nannte ihn Schet. 4 Und
nachdem Adam Schet gezeugt hatte, lebte er noch achthundert Jahre

4,22: «den Stammvater» wurde den vorangehenden Versen entsprechend in der Übersetzung ergänzt.

4,26: Der Eigenname des Gottes Israels mit den vier Buchstaben, dem Tetragramm JHWH, wurde ursprünglich als Jahwe ausgesprochen. Aus Scheu vor Missbrauch des Namens hat man dessen Aussprache in späterer Zeit vermieden und dafür, unter anderem, ‹Herr› (hebräisch: ‹adonai›) verwendet. Dieser Tradition, der die meisten Übersetzungen folgten, schliesst sich in der Regel auch die Zürcher Bibel an (im Druck gekennzeichnet als HERR).

5: 3,19 und zeugte Söhne und Töchter. 5 So betrug die ganze Zeit, die Adam
durchlebte, neunhundertdreissig Jahre, dann starb er.
6: 3! 6 Und als Schet hundertfünf Jahre alt war, zeugte er Enosch. 7 Und
nachdem Schet Enosch gezeugt hatte, lebte er noch achthundertsieben
Jahre und zeugte Söhne und Töchter. 8 So betrug Schets ganze Lebens-
zeit neunhundertzwölf Jahre, dann starb er. 9 Und als Enosch neunzig
Jahre alt war, zeugte er Kenan. 10 Und nachdem Enosch Kenan gezeugt
hatte, lebte er noch achthundertfünfzehn Jahre und zeugte Söhne und
Töchter. 11 So betrug Enoschs ganze Lebenszeit neunhundertfünf Jahre,
dann starb er.

12 Und als Kenan siebzig Jahre alt war, zeugte er Mahalalel. 13 Und
nachdem Kenan Mahalalel gezeugt hatte, lebte er noch achthundert-
vierzig Jahre und zeugte Söhne und Töchter. 14 So betrug Kenans ganze
Lebenszeit neunhundertzehn Jahre, dann starb er.

15 Und als Mahalalel fünfundsechzig Jahre alt war, zeugte er Jered.
16 Und nachdem Mahalalel Jered gezeugt hatte, lebte er noch achthun-
dertdreissig Jahre und zeugte Söhne und Töchter. 17 So betrug Mahala-
lels ganze Lebenszeit achthundertfünfundneunzig Jahre, dann starb er.
18: Jud 14 18 Und als Jered hundertzweiundsechzig Jahre alt war, zeugte er He-
noch. 19 Und nachdem Jered Henoch gezeugt hatte, lebte er noch acht-
hundert Jahre und zeugte Söhne und Töchter. 20 So betrug Jereds ganze
Lebenszeit neunhundertzweiundsechzig Jahre, dann starb er.

21 Und als Henoch fünfundsechzig Jahre alt war, zeugte er Metu-
22: 6,9 schelach. 22 Und nachdem er Metuschelach gezeugt hatte, ging Henoch
noch dreihundert Jahre mit Gott, und er zeugte Söhne und Töchter.
23 So betrug Henochs ganze Lebenszeit dreihundertfünfundsechzig
24: Hebr 11,5 · Jahre. 24 Und Henoch lebte mit Gott. Dann war er nicht mehr da, denn
2Kön 2,12! Gott hatte ihn hinweggenommen.

25 Und als Metuschelach hundertsiebenundachtzig Jahre alt war,
zeugte er Lamech. 26 Und nachdem Metuschelach Lamech gezeugt hat-
te, lebte er noch siebenhundertzweiundachtzig Jahre und zeugte Söhne
und Töchter. 27 So betrug Metuschelachs ganze Lebenszeit neunhun-
dertneunundsechzig Jahre, dann starb er.

28 Und als Lamech hundertzweiundachtzig Jahre alt war, zeugte er
29: 3,17 einen Sohn; 29 und er nannte ihn Noah, indem er sprach: Dieser wird
uns Trost bringen in unserer Arbeit und in der Mühsal unserer Hände
durch den Ackerboden, den der HERR verflucht hat. 30 Und nachdem
Lamech Noah gezeugt hatte, lebte er noch fünfhundertfünfundneunzig
Jahre und zeugte Söhne und Töchter. 31 So betrug Lamechs ganze Le-
benszeit siebenhundertsiebenundsiebzig Jahre, dann starb er.
32: 6,10; 7,13; 9,18; 32 Und als Noah fünfhundert Jahre alt war, zeugte er Sem, Ham und
10,1 Jafet.

Die Gottessöhne und die Riesen

1: 1,28! 6 1 Als sich aber die Menschen auf der Erde zu mehren begannen und
2: Hiob 1,6 · 12,11 ihnen Töchter geboren wurden, 2 sahen die Gottessöhne, wie schön
3: Ps 78,39 die Töchter der Menschen waren, und sie nahmen sich alle, die ihnen
4: Num 13,33; gefielen, zu Frauen. 3 Da sprach der HERR: Mein Geist soll nicht auf im-
Dtn 2,11 · Jud 6 · mer im Menschen bleiben, weil auch er Fleisch ist. Seine Lebenszeit soll
Ez 32,27 hundertzwanzig Jahre sein. 4 Zu jener Zeit – und auch später noch –, als

die Gottessöhne mit den Töchtern der Menschen verkehrten und diese
ihnen Kinder gebaren, waren die Riesen auf Erden. Das sind die Helden,
die es vor Zeiten gab, die hochberühmten.

Noah und die Sintflut

5 Der HERR aber sah, dass die Bosheit des Menschen gross war auf *5:* 8,21; Koh 9,3;
Erden und dass alles Sinnen und Trachten seines Herzens allezeit nur Jer 17,9
böse war. 6 Da reute es den HERRN, dass er den Menschen gemacht hat- *6:* Ex 32,14;
te auf Erden, und es bekümmerte ihn in seinem Herzen. 7 Und der HERR 1Sam 15,11.35;
sprach: Ich will den Menschen, den ich geschaffen habe, vom Erdboden Jer 18,10 · Num 23,19
vertilgen, den Menschen samt dem Vieh, den Kriechtieren und den Vö- *7:* Zef 1,3
geln des Himmels, denn es reut mich, dass ich sie gemacht habe. 8 Noah *8:* 19,19
aber hatte Gnade gefunden in den Augen des HERRN.
9 Dies ist die Geschichte Noahs: Noah war ein gerechter Mann und *9:* 17,1; Hiob 1,1 ·
vollkommen unter seinen Zeitgenossen; Noah lebte mit Gott. 10 Und 7,1 · 5,22
Noah zeugte drei Söhne: Sem, Ham und Jafet. 11 Und die Erde verdarb *10:* 5,32! *11–12:* Mt 24,37
vor Gott, und die Erde wurde voll von Gewalttat. 12 Und Gott sah die *12:* 18,21; Ps 14,2–3 ·
Erde, und sieh, sie war verdorben, denn der Weg allen Fleisches war ver- Röm 3,12
dorben auf Erden.
13 Da sprach Gott zu Noah: Das Ende allen Fleisches ist bei mir be- *13:* Am 8,2
schlossen, denn durch sie ist die Erde voller Gewalttat. So verderbe ich
sie zusammen mit der Erde. 14 Mache dir eine Arche aus Goferholz; stat- *14:* Ex 2,3
te die Arche mit Kammern aus, und dichte sie innen und aussen ab mit
Pech. 15 Und so sollst du sie machen: dreihundert Ellen soll die Länge
der Arche sein, fünfzig Ellen ihre Breite und dreissig Ellen ihre Höhe.
16 Ein Giebeldach sollst du der Arche machen und es oben um eine Elle *16:* 8,6
anheben, und die Tür der Arche sollst du an der Seite anbringen. Ein
unteres, ein zweites und ein drittes Stockwerk sollst du machen. 17 Ich *17:* 7,21–23
aber, ich will die Sintflut - das Wasser - über die Erde kommen lassen,
um alles Fleisch unter dem Himmel, das Lebensatem in sich hat, zu ver-
derben. Alles, was auf der Erde ist, soll umkommen. 18 Mit dir aber will *18:* 9,9 · 7,7
ich meinen Bund aufrichten. So geh in die Arche, du und mit dir deine
Söhne, deine Frau und die Frauen deiner Söhne. 19 Und von allem, was *19–20:* 7,9.16
lebt, von allem Fleisch, bringe je zwei in die Arche, um sie mit dir am
Leben zu erhalten. Je ein Männchen und ein Weibchen soll es sein.
20 Von den Vögeln nach ihren Arten, vom Vieh nach seinen Arten, von
allen Kriechtieren auf dem Erdboden nach ihren Arten sollen je zwei zu
dir kommen, damit du sie am Leben erhältst. 21 Du aber, nimm dir von *21:* 1,29–30
allem, was man essen kann, mit und lege es dir als Vorrat an, damit es
dir und ihnen zur Nahrung diene. 22 Und Noah tat es. Ganz wie Gott es *22:* 7,5!
ihm geboten hatte, so machte er es.

7 1 Und der HERR sprach zu Noah: Geh in die Arche, du und dein gan- *1:* Ez 14,14 · 6,9
zes Haus, denn dich allein habe ich für gerecht vor mir befunden
unter dieser Generation. 2 Von allen reinen Tieren nimm dir je sieben, *2–3:* 8,20;
Männchen und Weibchen, von den Tieren aber, die nicht rein sind, je Lev 11,1–47

6,13: Mit «durch sie» ist alles Fleisch, Mensch und Tier, gemeint.

6,14: Die wörtliche Übersetzung des mit ‹Arche› wiedergegebenen Worts ist ‹Kasten› (vgl. Ex 2,3).

6,16: Möglicherweise ist das mit ‹Giebeldach› wiedergegebene Wort als ‹Luke› oder ‹Fenster› zu übersetzen (vgl. Gen 8,6).

zwei, ein Männchen und ein Weibchen, 3 auch von den Vögeln des
Himmels je sieben, Männchen und Weibchen, um auf der ganzen Erde
Nachwuchs am Leben zu erhalten. 4 Denn noch sieben Tage, dann will
ich regnen lassen auf die Erde, vierzig Tage und vierzig Nächte lang, und
5: 9.16; 6,22; will alle Wesen, die ich gemacht habe, vom Erdboden vertilgen. 5 Und
Ex 40,16; Hebr 11,7 Noah machte es, ganz wie der HERR es ihm geboten hatte. 6 Und Noah
6: 8,13 war sechshundert Jahre alt, als die Sintflut – das Wasser – über die Erde
7: 6,18 kam. 7 Und Noah ging mit seinen Söhnen, seiner Frau und den Frauen
seiner Söhne vor dem Wasser der Sintflut in die Arche. 8 Von den rei-
nen Tieren und von den Tieren, die nicht rein sind, von den Vögeln und
9: 5! · 6,19–20! von allem, was auf dem Erdboden kriecht, 9 gingen je zwei, ein Männ-
chen und ein Weibchen, zu Noah in die Arche, wie Gott es Noah geboten
hatte.

10 Als die sieben Tage um waren, kam das Wasser der Sintflut über
11: 8,13 · 2,6; 8,2; die Erde. 11 Im sechshundertsten Lebensjahr Noahs, im zweiten Monat,
49,25 · Jes 24,18 am siebzehnten Tag des Monats, an diesem Tag brachen alle Quellen der
12: 17; 8,6 grossen Urflut auf, und die Fenster des Himmels öffneten sich. 12 Und
der Regen strömte auf die Erde, vierzig Tage und vierzig Nächte lang.
13: 5,32! 13 An eben diesem Tag gingen Noah, die Söhne Noahs Sem, Ham und
Jafet, die Frau Noahs und mit ihnen die drei Frauen seiner Söhne in die
Arche. 14 Sie und alle Wildtiere nach ihren Arten, alles Vieh nach seinen
Arten und alle Kriechtiere, die sich auf der Erde regen, nach ihren Arten
und alle Vögel nach ihren Arten, alles, was fliegt, was Flügel hat: 15 die
gingen zu Noah in die Arche, je zwei von allem Fleisch, das Lebensatem
16: 5! · 6,19–20! · in sich hat. 16 Und die hineingingen, waren je ein Männchen und ein
Hiob 12,1 Weibchen von allem Fleisch, wie Gott es ihm geboten hatte. Und der
HERR schloss hinter ihm zu.

17: 12! · Am 9,6 17 Da kam die Sintflut vierzig Tage lang über die Erde. Und das Was-
ser stieg und hob die Arche, so dass sie hoch über der Erde schwamm.
18 Und das Wasser schwoll an und stieg gewaltig auf der Erde, und die
19–20: Ps 104,6 Arche trieb auf dem Wasser dahin. 19 Das Wasser aber schwoll immer
mächtiger an auf der Erde, so dass alle hohen Berge, die unter dem gan-
zen Himmel sind, bedeckt wurden. 20 Fünfzehn Ellen darüber hinaus
21–23: 6,17 schwoll das Wasser an, so dass die Berge bedeckt wurden. 21 Da kam
alles Fleisch um, das sich auf der Erde regte, Vögel, Vieh, Wildtiere und
22: 2,7! alles, was auf der Erde wimmelte, auch alle Menschen. 22 Alles, was Le-
23: Mt 24,39; ben atmete, was auf dem Trockenen lebte, starb. 23 So vertilgte er alle
Lk 17,27; 2Petr 3,6 · Wesen, die auf dem Erdboden waren, Menschen, Vieh, Kriechtiere und
2Petr 2,5 die Vögel des Himmels, sie wurden vertilgt, von der Erde weg. Übrig
24: 8,3 blieb nur Noah und was mit ihm in der Arche war. 24 Das Wasser aber
schwoll an auf der Erde, hundertfünfzig Tage lang.

1: 19,29 · Ex 14,21 8 1 Da dachte Gott an Noah und an alles Wild und alles Vieh, das bei
ihm in der Arche war. Und Gott liess einen Wind über die Erde we-
2: 7,11! hen, und das Wasser sank. 2 Die Quellen der Urflut und die Fenster des
Himmels schlossen sich, und der Regen wurde vom Himmel zurückge-
3: 7,24 halten. 3 Da verlief sich das Wasser immer mehr von der Erde, und das
4: 2Kön 19,37; Wasser nahm ab nach hundertfünfzig Tagen. 4 Im siebten Monat, am
Jer 51,27 siebzehnten Tag des Monats, setzte die Arche auf den Bergen von Ararat

7,22: Wörtlich: «Alles, was Lebensatem in seiner Nase hatte, ...» (vgl. Gen 2,7).

auf. 5 Und das Wasser nahm weiter ab bis zum zehnten Monat. Im
zehnten Monat, am ersten des Monats, wurden die Spitzen der Berge
sichtbar.

6 Und nach vierzig Tagen öffnete Noah das Fenster der Arche, das er 6: 7,12! · 6,16
gemacht hatte, 7 und liess einen Raben hinaus. Der flog hin und her, bis
das Wasser auf der Erde weggetrocknet war. 8 Dann liess er eine Taube
hinaus, um zu sehen, ob sich das Wasser vom Erdboden verlaufen hätte.
9 Aber die Taube fand keinen Ort, wo ihre Füsse ruhen konnten, so
kehrte sie zu ihm in die Arche zurück, denn noch war Wasser überall auf
der Erde. Da streckte er seine Hand aus, fasste sie und nahm sie zu sich
in die Arche. 10 Hierauf wartete er noch weitere sieben Tage, dann liess
er die Taube wieder aus der Arche. 11 Und die Taube kam um die Abend-
zeit zu ihm zurück, und sieh da, sie hatte ein frisches Ölblatt in ihrem
Schnabel. Da wusste Noah, dass sich das Wasser von der Erde verlaufen
hatte. 12 Hierauf wartete er noch weitere sieben Tage, dann liess er die
Taube hinaus, und sie kehrte nicht mehr zu ihm zurück.

13 Im sechshundertersten Jahr, im ersten Monat am ersten Tag des 13: 7,11 · 7,6
Monats, war das Wasser von der Erde weggetrocknet. Da hob Noah das
Dach der Arche ab und schaute hinaus, und sieh, der Erdboden war tro-
cken geworden. 14 Und im zweiten Monat, am siebenundzwanzigsten
Tag des Monats, war die Erde ganz trocken.

15 Da redete Gott zu Noah und sprach: 16 Geh aus der Arche, du und
mit dir deine Frau, deine Söhne und die Frauen deiner Söhne. 17 Und 17: 1,22
alle Tiere, die bei dir sind, alles Fleisch: die Vögel, das Vieh und alle
Kriechtiere, die auf der Erde sich regen, die lass mit dir heraus, dass sie
wimmeln auf der Erde und fruchtbar seien und sich mehren auf der Er-
de. 18 Da ging Noah hinaus, und mit ihm seine Söhne, seine Frau und 18: 2Petr 2,5
die Frauen seiner Söhne. 19 Auch alle Tiere, alle Kriechtiere und alle Vö- 19: 9,10!
gel, alles, was auf der Erde sich regt, Art um Art gingen sie aus der Arche.

20 Und Noah baute dem HERRN einen Altar. Dann nahm er von allen 20–21: Ex 29,18
reinen Tieren und von allen reinen Vögeln und brachte Brandopfer dar 20: 12,7; 13,18;
auf dem Altar. 21 Und der HERR roch den beschwichtigenden Duft, und 26,25; 33,20; 35,7 · 7,2–3!
der HERR sprach bei sich selbst: Nie werde ich wieder die Erde verachten 21: Lev 1,9! · 6,5! ·
um des Menschen willen. Denn das Trachten des Menschenherzens ist 9,11!
böse von Jugend an. Und nie werde ich wieder schlagen, was da lebt, wie
ich getan habe.

22 Solange die Erde währt, 22: Jer 33,20.25
sollen nicht aufhören
Saat und Ernte, Frost und Hitze,
Sommer und Winter, Tag und Nacht.

Gottes Bund mit Noah

9 1 Und Gott segnete Noah und seine Söhne und sprach zu ihnen: Seid 1: 1,28!
fruchtbar und mehrt euch und füllt die Erde. 2 Furcht und Schrecken 2: 1,26
vor euch komme über alle Tiere der Erde und über alle Vögel des Him-
mels. Mit allem, was auf dem Erdboden kriecht, und mit allen Fischen
des Meeres sind sie in eure Hand gegeben. 3 Alles, was sich regt und 3: 1,29!

8,13: Der Text der griechischen Überlieferung lautet: «Im sechshundertsten Jahr Noahs, im ...» (vgl. Gen 7,11).

lebt, soll eure Nahrung sein. Wie das grüne Kraut übergebe ich euch
4: Lev 3,17; alles. 4 Nur das Fleisch, in dem noch Blut und Leben ist, dürft ihr nicht
Dtn 12,23; 1Sam 14,33 essen. 5 Euer eigenes Blut aber will ich einfordern. Von allen Tieren will
5: Ex 21,28 · 42,22; ich es einfordern, und von den Menschen untereinander will ich es ein-
2Sam 4,11 fordern.

6: Ex 21,12 · 1,27! 6 Wer das Blut eines Menschen vergiesst,
dessen Blut soll für den Wert des getöteten Menschen vergossen werden.
Denn als Bild Gottes
hat er den Menschen gemacht.

7: 1,28! 7 Ihr aber, seid fruchtbar und mehrt euch, wimmelt auf der Erde und
mehrt euch auf ihr.

8 Dann sprach Gott zu Noah und zu seinen Söhnen, die bei ihm wa-
9: 6,18 ren: 9 Ich aber, ich richte meinen Bund auf mit euch und mit euren
10: 8,19; Hos 2,20 Nachkommen 10 und mit allen Lebewesen, die bei euch sind, mit den
Vögeln, dem Vieh und allen Wildtieren bei euch, mit allem, was aus der
11: 15; 8,21; Jes 54,9 Arche gekommen ist, mit allen Tieren der Erde. 11 Ich will meinen Bund
mit euch aufrichten: Nie wieder soll alles Fleisch vom Wasser der Sint-
flut ausgerottet werden, und nie wieder soll eine Sintflut kommen, um
die Erde zu verderben. 12 Und Gott sprach: Dies ist das Zeichen des Bun-
des, den ich stifte zwischen mir und euch und allen Lebewesen, die bei
13: Ez 1,28 euch sind, für alle kommenden Generationen: 13 Meinen Bogen stelle
ich in die Wolken. Der soll ein Zeichen des Bundes zwischen mir und
der Erde sein. 14 Wenn ich nun Wolken heraufziehen lasse über der
15: 11! Erde und der Bogen in den Wolken erscheint, 15 dann will ich mich mei-
nes Bundes erinnern, der zwischen mir und euch besteht und allen Le-
bewesen, allen Wesen aus Fleisch, und nie wieder wird das Wasser zur
16: 17,7! Sintflut werden, um alles Fleisch zu verderben. 16 Und wenn der Bogen
in den Wolken steht, will ich ihn ansehen, um mich des ewigen Bundes
zu erinnern zwischen Gott und allen Lebewesen, allen Wesen aus
Fleisch, die auf Erden sind. 17 Und Gott sprach zu Noah: Dies ist das
Zeichen des Bundes, den ich aufrichte zwischen mir und allem Fleisch,
das auf Erden ist.

Noahs Fluch und Segen

18: 5,32! · 10,6 18 Die Söhne Noahs, die aus der Arche gingen, waren Sem, Ham und
19: 10,32; Apg 17,26 Jafet. Ham, das ist der Vater Kanaans. 19 Diese drei waren die Söhne No-
ahs, und von ihnen aus wurde die ganze Erde bevölkert.

20: 4,2! 20 Und Noah, der Ackerbauer, war der Erste, der einen Weinberg
21: Spr 20,1 pflanzte. 21 Und er trank von dem Wein und wurde betrunken, und er
22: 19,32! entblösste sich im Innern seines Zelts. 22 Da sah Ham, der Vater Ka-
naans, die Blösse seines Vaters, und er sagte es seinen beiden Brüdern
draussen. 23 Sem und Jafet aber nahmen einen Überwurf, legten ihn auf
ihre Schultern und deckten, rückwärts gehend, die Blösse ihres Vaters
zu. Ihr Gesicht hielten sie abgewandt, so dass sie die Blösse ihres Vaters
nicht sahen. 24 Und Noah erwachte aus seinem Rausch und erfuhr, was
ihm sein jüngster Sohn angetan hatte. 25 Da sprach er:

Verflucht sei Kanaan.
Diener der Diener
sei er seinen Brüdern.
26 Und weiter sprach er:
Gepriesen sei der HERR, der Gott Sems,
Kanaan aber sei ihm Diener.
27 Weiten Raum schaffe Gott für Jafet,
er wohne in den Zelten Sems,
Kanaan aber sei ihm Diener.
28 Und Noah lebte nach der Sintflut noch dreihundertfünfzig Jahre.
29 So betrug Noahs ganze Lebenszeit neunhundertfünfzig Jahre, dann
starb er.

Die Nachkommen Noahs

10 1 Und dies sind die Nachkommen der Söhne Noahs, Sem, Ham
und Jafet. Diesen wurden Söhne geboren nach der Sintflut.
2 Die Söhne Jafets: Gomer und Magog und Madai und Jawan und
Tubal und Meschech und Tiras. 3 Und die Söhne Gomers: Aschkenas
und Rifat und Togarma. 4 Und die Söhne Jawans: Elischa und Tar-
schisch, die Kittäer und die Dodaniter. 5 Von ihnen zweigten sich die
Inseln der Nationen ab, das sind die Söhne Jafets in ihren Ländern, je
nach ihrer Sprache, nach ihren Sippen, in ihren Völkerschaften.
6 Und die Söhne Hams: Kusch und Mizrajim und Put und Kanaan.
7 Und die Söhne Kuschs: Seba und Chawila und Sabta und Rama und
Sabtecha. Und die Söhne Ramas: Scheba und Dedan. 8 Und Kusch zeug-
te Nimrod. Der war der erste Held auf Erden. 9 Er war ein gewaltiger
Jäger vor dem HERRN. Daher sagt man: Ein gewaltiger Jäger vor dem
HERRN wie Nimrod. 10 Und der Anfang seines Reichs war Babel und
Erech und Akkad und Kalne im Land Schinar. 11 Von jenem Land zog er
aus nach Assur und erbaute Ninive und Rechobot-Ir und Kelach, 12 und
Resen zwischen Ninive und Kelach, das ist die grosse Stadt. 13 Und Miz-
rajim zeugte die Luditer und die Anamiter und die Lehabiter und die
Naftuchiter 14 und die Patrusiter und die Kasluchiter, von denen die
Philister abstammen, und die Kaftoriter. 15 Und Kanaan zeugte Sidon,
seinen Erstgeborenen, und Chet 16 und die Jebusiter und die Amoriter
und die Girgaschiter 17 und die Chiwwiter und die Arkiter und die Sini-
ter 18 und die Arwaditer und die Zemariter und die Chamatiter. Später
aber zerstreuten sich die Sippen der Kanaaniter. 19 So reichte das Ge-
biet der Kanaaniter von Sidon nach Gerar hin bis Gaza, nach Sodom und
Gomorra und Adma und Zebojim hin bis Lescha. 20 Das sind die Söhne
Hams nach ihren Sippen, nach ihren Sprachen, in ihren Ländern, ihren
Völkerschaften.
21 Und auch Sem, dem Vater aller Söhne Ebers, dem älteren Bruder
Jafets, wurden Söhne geboren. 22 Die Söhne Sems sind Elam und Assur
und Arpachschad und Lud und Aram. 23 Und die Söhne Arams sind Uz
und Chul und Geter und Masch. 24 Und Arpachschad zeugte Schelach,

26: Ri 1,28
1: 5,32!
2–4: 1Chr 1,5–7
2: Ez 38,2; Offb 20,8 · Jes 66,19; Ez 27,13
3: Jer 51,27 · Ez 27,14; 38,6
4: Jes 23,1!
5: 32
6–8: 2,13 · 1Chr 1,8–16
6: Jer 46,9 · 9,18
7: Ez 27,22 · 25,3!
9: Mi 5,5
10: Jes 10,9! · 11,2; 14,1; Jes 11,11; Dan 1,2
11: 2Kön 19,36; Joel 1,2; Nah 1,1
13–18: 1Chr 1,5–7
14: Dtn 2,23; Jer 47,4; Am 9,7
15: 18; Ez 27,8 · 23,3
16: 15,16
17: Jos 9,7; 2Sam 24,7
18: 15!
19: 2Chr 14,12 · 1Sam 13,18
21: 11,10
22–29: 1Chr 1,17–23
22: Jes 21,2
23: 22,21; Hiob 1,1

10,5: «das sind die Söhne Jafets» wurde in der Übersetzung nach V.20 und 31 ergänzt.
10,6: Mizrajim ist der hebräische Name für Ägypten.
10,8: Möglich ist auch die Übersetzung: «... Der war der erste Gewaltherrscher auf Erden.»

25: Dtn 32,8 und Schelach zeugte Eber. 25 Und Eber wurden zwei Söhne geboren.
Der Name des einen war Peleg, denn zu seiner Zeit verteilte sich die
Bevölkerung der Erde, und der Name seines Bruder war Joktan. 26 Und
Joktan zeugte Almodad und Schelef und Chazarmawet und Jerach
28: Ez 27,23 27 und Hadoram und Usal und Dikla 28 und Obal und Abimael und
29: 1Kön 9,28 Scheba 29 und Ofir und Chawila und Jobab. Diese alle sind die Söhne
Joktans. 30 Und ihr Wohngebiet reichte von Mescha nach Sefar hin bis
an das Ostgebirge. 31 Das sind die Söhne Sems nach ihren Sippen, ihren
Sprachen, in ihren Ländern, nach ihren Völkerschaften.
32: 5 · 9,19! 32 Das sind die Sippen der Söhne Noahs nach ihrer Abstammung in
ihren Völkerschaften, und von ihnen aus verzweigten sich die Völker
auf der Erde nach der Sintflut.

Der Turmbau zu Babel

11 1 Alle Bewohner der Erde aber hatten eine Sprache und ein und
2: 10,10! dieselben Worte. 2 Als sie nun von Osten aufbrachen, fanden sie
3: 14,10 eine Ebene im Land Schinar und liessen sich dort nieder. 3 Und sie sag-
ten zueinander: Auf, wir wollen Ziegel formen und sie hart brennen. So
diente ihnen der Ziegel als Baustein, und der Asphalt diente ihnen als
4: Dan 4,27! Mörtel. 4 Und sie sagten: Auf, wir wollen eine Stadt bauen und einen
Turm, dessen Spitze bis an den Himmel reicht, und uns so einen Namen
5: 18,21 machen, damit wir uns nicht über die ganze Erde zerstreuen. 5 Da stieg
der HERR herab, um die Stadt zu besehen und den Turm, die die Men-
schen bauten. 6 Und der HERR sprach: Sieh, alle sind ein Volk und haben
eine Sprache. Und dies ist erst der Anfang ihres Tuns. Nun wird ihnen
nichts mehr unmöglich sein, was immer sie sich zu tun vornehmen.
7: 1,26 7 Auf, lasst uns hinabsteigen und dort ihre Sprache verwirren, dass kei-
ner mehr die Sprache des andern versteht. 8 Und der HERR zerstreute
sie von dort über die ganze Erde, und sie liessen davon ab, die Stadt zu
bauen. 9 Darum nannte man sie Babel, denn dort hat der Herr die Spra-
che aller Bewohner der Erde verwirrt, und von dort hat der HERR sie
über die ganze Erde zerstreut.

Von Sem bis Abram

10–26: 1Chr 1,24–27 10 Dies sind die Nachkommen Sems: Als Sem hundert Jahre alt war,
10: 10,21 zeugte er, zwei Jahre nach der Sintflut, Arpachschad. 11 Und nachdem
Sem Arpachschad gezeugt hatte, lebte er noch fünfhundert Jahre und
zeugte Söhne und Töchter. 12 Und als Arpachschad fünfunddreissig Jah-
re alt war, zeugte er Schelach. 13 Und nachdem Arpachschad Schelach
gezeugt hatte, lebte er noch vierhundertdrei Jahre und zeugte Söhne
und Töchter. 14 Und als Schelach dreissig Jahre alt war, zeugte er Eber.
15 Und nachdem Schelach Eber gezeugt hatte, lebte er noch vierhun-
dertdrei Jahre und zeugte Söhne und Töchter. 16 Und als Eber vierund-
dreissig Jahre alt war, zeugte er Peleg. 17 Und nachdem Eber Peleg ge-
zeugt hatte, lebte er noch vierhundertdreissig Jahre und zeugte Söhne
und Töchter. 18 Und als Peleg dreissig Jahre alt war, zeugte er Regu.
19 Und nachdem Peleg Regu gezeugt hatte, lebte er noch zweihundert-

10,25: Im Namen Peleg klingt hebräisch ‹sich zerteilen› an.
11,9: Der Name Babel klingt ähnlich wie hebräisch ‹verwirren›.

neun Jahre und zeugte Söhne und Töchter. 20 Und als Regu zweiunddreissig Jahre alt war, zeugte er Serug. 21 Und nachdem Regu Serug gezeugt hatte, lebte er noch zweihundertsieben Jahre und zeugte Söhne und Töchter. 22 Und als Serug dreissig Jahre alt war, zeugte er Nachor. 23 Und nachdem Serug Nachor gezeugt hatte, lebte er noch zweihundert Jahre und zeugte Söhne und Töchter. 24 Und als Nachor neunundzwanzig Jahre alt war, zeugte er Terach. 25 Und nachdem Nachor Terach gezeugt hatte, lebte er noch hundertneunzehn Jahre und zeugte Söhne und Töchter. 26 Und als Terach siebzig Jahre alt war, zeugte er Abram, Nachor und Haran.

27 Und dies sind die Nachkommen Terachs: Terach zeugte Abram, Nachor und Haran. Und Haran zeugte Lot. 28 Haran aber starb zu Lebzeiten seines Vaters Terach in seiner Heimat, in Ur in Kasdäa. 29 Da nahmen sich Abram und Nachor Frauen. Der Name der Frau Abrams war Sarai, und der Name der Frau Nachors war Milka, die Tochter Harans, des Vaters der Milka und der Jiska. 30 Sarai aber war unfruchtbar, sie hatte keine Kinder. 31 Da nahm Terach Abram, seinen Sohn, und Lot, seinen Enkel, den Sohn Harans, und Sarai, seine Schwiegertochter, die Frau Abrams, seines Sohns, und sie zogen mit ihnen aus Ur in Kasdäa hinaus, um ins Land Kanaan zu ziehen. Und sie kamen bis Charan und liessen sich dort nieder. 32 Und Terachs Lebenszeit betrug zweihundertfünf Jahre, dann starb Terach in Charan.

26–27: Jos 24,2
27: 31; 12,5; 14,12
28: 15,7
29: 22,20–23; 24,15
30: 16,1; 25,21; 29,31; Ri 13,2
31: 27! · 27,43; 28,10; 29,4; Apg 7,4

Der Segen Abrams

12 1 Und der HERR sprach zu Abram: Geh aus deinem Land und aus deiner Verwandtschaft und aus dem Haus deines Vaters in das Land, das ich dir zeigen werde. 2 Ich will dich zu einem grossen Volk machen und will dich segnen und deinen Namen gross machen, und du wirst ein Segen sein. 3 Segnen will ich, die dich segnen, wer dich aber schmäht, den will ich verfluchen, und Segen sollen durch dich erlangen alle Sippen der Erde. 4 Da ging Abram, wie der HERR es ihm gesagt hatte, und Lot ging mit ihm. Abram aber war fünfundsiebzig Jahre alt, als er von Charan auszog. 5 Und Abram nahm Sarai, seine Frau, und Lot, den Sohn seines Bruders, und all ihre Habe, die sie besassen, und die Leute, die sie in Charan erworben hatten, und sie zogen aus, um ins Land Kanaan zu gelangen, und sie kamen ins Land Kanaan. 6 Und Abram zog durch das Land bis zur Stätte von Schechem, bis zur Orakel-Terebinthe. Damals waren die Kanaaniter im Land. 7 Da erschien der HERR dem Abram und sprach: Deinen Nachkommen will ich dieses Land geben. Und dort baute er dem HERRN, der ihm erschienen war, einen Altar. 8 Von dort zog er weiter ins Gebirge östlich von Bet-El und schlug sein Zelt auf, Bet-El im Westen und Ai im Osten, und dort baute er dem HERRN einen Altar und rief den Namen des HERRN an. 9 Dann zog Abram weiter und weiter nach dem Südland.

1: 24,7 · Apg 7,3; Hebr 11,8
2: 46,3! · 24,1 · 2Sam 7,9 · Sach 8,13
3: 27,29; Num 24,9 · 18,18!
4: 13,5 · Hebr 11,8
5: 11,31! · 11,27!
6: 33,18; Hos 6,9 · 35,4; Dtn 11,30 · 13,7
7–8: 13,4
7: 17,1; 18,1 · 8,20!
8: 4,26!
9: 13,1; 20,1; 24,62

Abram in Ägypten

10 Es kam aber eine Hungersnot über das Land. Da zog Abram nach Ägypten hinab, um dort als Fremder zu weilen, denn die Hungersnot lastete schwer auf dem Land. 11 Als er nahe an Ägypten war, sprach er zu Sarai, seiner Frau: Sieh, ich weiss, dass du eine schöne Frau bist.

10–20: 20,1–18; 26,1–11
10: 26,1; 41,56–57; 43,1; Rut 1,1
11: 26,7 · 6,2

12: 20,11 12 Wenn dich die Ägypter sehen und sagen: Das ist seine Frau, so wer-
13: 20,2; 26,7 den sie mich umbringen und dich am Leben lassen. 13 Sage doch, du
seist meine Schwester, damit es mir um deinetwillen gut geht und ich
deinetwegen am Leben bleibe. 14 Als nun Abram nach Ägypten kam, sa-
15: 20,2 hen die Ägypter, dass die Frau sehr schön war. 15 Auch die Hofbeamten
des Pharao sahen sie und rühmten sie vor dem Pharao, und die Frau
16: 20,14; 30,43; wurde in den Palast des Pharao geholt. 16 Und Abram behandelte er um
32,6 ihretwillen gut: Er bekam Schafe, Rinder und Esel, Knechte und Mägde,
17: 20,18 Eselinnen und Kamele. 17 Doch der HERR schlug den Pharao und sein
18: 20,9; 26,10; Haus mit schweren Plagen um Sarais willen, der Frau Abrams. 18 Da
29,25; 31,26 liess der Pharao Abram rufen und sprach: Was hast du mir angetan!
Warum hast du mich nicht wissen lassen, dass sie deine Frau ist?
19 Warum hast du gesagt: Sie ist meine Schwester, so dass ich sie mir
zur Frau nahm? Da hast du deine Frau, nimm sie und geh! 20 Und der
Pharao bot Männer für ihn auf, die gaben ihm und seiner Frau und al-
lem, was er hatte, das Geleit.

Abram und Lot

1: 12,9! **13** 1 So zog Abram aus Ägypten hinauf ins Südland, er mit seiner Frau
2: 24,35; Hiob 1,3 und mit allem, was er hatte, und mit ihm auch Lot. 2 Abram aber
war sehr reich an Vieh, an Silber und an Gold. 3 Und er zog weiter von
Lagerplatz zu Lagerplatz, aus dem Südland bis nach Bet-El, bis zu der
Stätte, an der zu Anfang sein Zelt gestanden hatte, zwischen Bet-El und
4: 12,7-8 · 4,26! Ai, 4 an die Stätte des Altars, den er früher dort errichtet hatte. Und dort
rief Abram den Namen des HERRN an.

5: 12,4 5 Auch Lot, der mit Abram zog, hatte Schafe, Rinder und Zelte. 6 Das
6: 36,7 Land aber ertrug es nicht, dass sie beieinander blieben, denn ihre Habe
war so gross geworden, dass sie nicht beieinander bleiben konnten.
7: 12,6 7 So kam es zum Streit zwischen den Hirten der Herde Abrams und den
Hirten der Herde Lots. Damals wohnten die Kanaaniter und Perissiter
im Land. 8 Da sprach Abram zu Lot: Es soll kein Streit sein zwischen mir
und dir, zwischen meinen Hirten und deinen Hirten, denn wir sind
9: 20,15 Brüder. 9 Steht dir nicht das ganze Land offen? So trenne dich von mir!
Gehst du nach links, so will ich nach rechts gehen; gehst du nach rechts,
10: 2,8 · 19,24 so will ich nach links gehen. 10 Da blickte Lot auf und sah, dass die ganze
Jordan-Ebene ein wasserreiches Land war. Bevor der HERR Sodom und
Gomorra verdarb, war sie bis nach Zoar hin wie der Garten des HERRN,
wie das Land Ägypten. 11 Da wählte sich Lot die ganze Jordan-Ebene,
12: 14,12; 19,1 und Lot brach nach Osten auf. So trennten sie sich: 12 Abram liess sich
im Land Kanaan nieder, und Lot liess sich in den Städten der Ebene nie-
13: 18,20; 19,13; der und zog mit seinen Zelten bis nach Sodom. 13 Aber die Leute von
Jes 3,9 · 1Sam 2,17 Sodom waren böse und sündigten schwer gegen den HERRN.

14 Der HERR aber sprach zu Abram, nachdem sich Lot von ihm ge-
trennt hatte: Blicke auf und schau von dem Ort, an dem du bist, nach
Norden und nach Süden, nach Osten und nach Westen: 15 Fürwahr, das
ganze Land, das du siehst, dir will ich es geben und deinen Nachkom-
16: 28,14; men für immer. 16 Und deine Nachkommen will ich machen wie den
Num 23,10; Staub der Erde. Nur wenn man den Staub der Erde zählen kann, können
2Chr 1,9 auch deine Nachkommen gezählt werden. 17 Mach dich auf, zieh durch
das Land in seiner Länge und seiner Breite, denn dir will ich es geben.

18 Da brach Abram mit seinen Zelten auf, zog weiter und liess sich nie- 18: Hebr 11,9 ·
der bei den Terebinthen von Mamre, die bei Chebron sind, und dort 14,13; 18,1 · 8,20!
baute er dem HERRN einen Altar.

Abrams Kampf für Lot

14 1 In den Tagen Amrafels, des Königs von Schinar, Arjochs, des Kö- 1: 10,10! · Jos 12,23
nigs von Ellasar, Kedorlaomers, des Königs von Elam, und Tidals,
des Königs von Gojim, 2 führten diese Könige Krieg mit Bera, dem Kö- 2: Hos 11,8
nig von Sodom, und mit Birscha, dem König von Gomorra, Schinab,
dem König von Adma, und Schemeber, dem König von Zebojim, und
dem König von Bela, das ist Zoar. 3 Alle diese zogen vereint ins Tal von
Siddim, das ist das Salzmeer. 4 Zwölf Jahre waren sie Kedorlaomer un-
tertan gewesen, und im dreizehnten Jahr waren sie abgefallen. 5 Im 5: 15,20; Jos 17,15 ·
vierzehnten Jahr aber kamen Kedorlaomer und die Könige, die mit ihm Dtn 2,10 ·
verbündet waren, und schlugen die Refaiter in Aschterot-Karnajim, die Num 32,37
Susiter in Ham, die Emiter in der Ebene von Kirjatajim 6 und die Chori- 6: 36,20!
ter in ihrem Gebirge Seir bis nach El-Paran, das am Rand der Wüste
liegt. 7 Dann kehrten sie um und kamen nach En-Mischpat, das ist Ka- 7: Num 20,1! ·
desch, und schlugen das ganze Gebiet der Amalekiter sowie die Amori- Ex 17,8! · 2Chr 20,2
ter, die in Chazezon-Tamar wohnten. 8 Da zogen aus der König von So-
dom und der König von Gomorra und der König von Adma und der Kö-
nig von Zebojim und der König von Bela, das ist Zoar, und stellten sich
auf im Tal von Siddim zum Kampf gegen sie: 9 gegen Kedorlaomer, den
König von Elam, und Tidal, den König von Gojim, und Amrafel, den Kö-
nig von Schinar, und Arjoch, den König von Ellasar – vier Könige gegen
die fünf. 10 Das Tal von Siddim aber war voller Asphaltgruben. Und der 10: 11,3
König von Sodom und der König von Gomorra flohen, und sie stürzten
hinein, die Übrigen flohen ins Gebirge. 11 Und sie nahmen die gesamte
Habe von Sodom und Gomorra und ihren gesamten Vorrat und zogen
ab. 12 Sie nahmen auch Lot, den Sohn von Abrams Bruder, und seine 12: 11,27! · 13,12!
Habe und zogen ab. Der wohnte in Sodom.
13 Da kam einer, der entronnen war, und gab dem Hebräer Abram 13: 40,15 · 13,18!
Bericht. Der wohnte bei den Terebinthen des Amoriters Mamre, des
Bruders von Eschkol und von Aner, die mit Abram verbündet waren.
14 Und Abram hörte, dass sein Verwandter gefangen worden war, und 14: Ri 18,29
er zog seine Gefolgschaft zusammen, die in seinem Haus geborenen
Sklaven, dreihundertachtzehn Mann, und nahm die Verfolgung auf bis
Dan. 15 In der Nacht teilten sie sich, er und seine Diener, und er schlug
sie und verfolgte sie bis Hoba, das nördlich von Damaskus liegt. 16 Er 16: 1Sam 30,19
brachte die gesamte Habe zurück. Auch seinen Verwandten Lot und des-
sen Habe brachte er zurück, und auch die Frauen und das Volk.

Der Segen Melchisedeks

17 Als er nach dem Sieg über Kedorlaomer und die mit diesem ver- 17–19: Hebr 7,1–4
bündeten Könige zurückkam, zog der König von Sodom hinaus, ihm 17: 2Sam 18,18
entgegen in das Tal Schawe, das ist das Königstal. 18 Und Melchisedek, 18: Ps 76,3 ·
der König von Salem, brachte Brot und Wein heraus. Er war Priester des Ps 110,4!
Höchsten Gottes. 19 Und er segnete ihn und sprach: 19: 47,7! · 22

14,1: Möglich ist auch die Übersetzung: «…, und Tidals, des Königs der Nationen,»

Gesegnet sei Abram
vom Höchsten Gott,
dem Schöpfer des Himmels und der Erde,
20: 28,22; 20 und gepriesen sei der Höchste Gott,
Lev 27,30 · der deine Feinde
2Sam 18,28 in deine Hand gegeben hat.
Und er, Abram, gab ihm den Zehnten von allem. 21 Da sprach der
König von Sodom zu Abram: Gib mir die Leute; die Habe nimm für dich.
22: 19 22 Und Abram sprach zum König von Sodom: Ich erhebe meine Hand
zum HERRN, dem Höchsten Gott, dem Schöpfer des Himmels und der
23: 2Kön 5,16 Erde: 23 Nicht einen Faden noch einen Schuhriemen, nichts von allem,
was du hast, nehme ich an. Du sollst nicht sagen können: Ich war es, der
Abram reich gemacht hat. 24 Nichts will ich. Nur was die Leute gegessen haben und den Anteil der Männer, die mit mir gezogen sind; Aner,
Eschkol und Mamre, die mögen ihren Anteil erhalten.

Gottes Bund mit Abram

1: 22,1.20 · 15 1 Nach diesen Begebenheiten erging das Wort des HERRN an Ab-
Num 24,4.16 · ram in einer Schauung: Fürchte dich nicht, Abram, ich bin dein
26,24 · Ps 3,4 Schild. Dein Lohn wird sehr gross sein. 2 Abram aber sprach: Herr, HERR,
was willst du mir geben, da ich kinderlos dahingehe und Elieser aus Damaskus Erbe meines Hauses wird? 3 Und Abram sprach: Du hast mir
keinen Nachkommen gegeben; so wird mein Haussklave mich beerben.
4 Aber sieh, es erging an ihn das Wort des HERRN: Nicht dieser wird
5: Jer 33,22 · 22,17; dich beerben, sondern dein leiblicher Sohn, er wird dein Erbe sein.
26,4; 32,13; 5 Und er führte ihn nach draussen und sprach: Blicke auf zum Himmel
Hebr 11,12 · Röm 4,18 und zähle die Sterne, wenn du sie zählen kannst. Und er sprach zu ihm:
6: Ps 106,31; So werden deine Nachkommen sein. 6 Und er glaubte dem HERRN, und
Röm 4,3 das rechnete er ihm als Gerechtigkeit an.
7: 11,28 7 Und er sprach zu ihm: Ich bin der HERR, der dich aus Ur in Kasdäa
8: Ri 6,17!; herausgeführt hat, um dir dieses Land zum Besitz zu geben. 8 Er aber
2Kön 20,8 sprach: Herr, HERR, woran soll ich erkennen, dass ich es besitzen werde?
9 Und er sprach zu ihm: Bring mir eine dreijährige Kuh, eine dreijährige Ziege, einen dreijährigen Widder, eine Turteltaube und eine junge
10: Lev 1,17 Taube. 10 Und er brachte ihm alle diese, schnitt sie mitten entzwei und
legte je einen Teil dem andern gegenüber, die Vögel aber zerschnitt er
nicht. 11 Da stiessen die Raubvögel auf die toten Tiere herab, doch Ab-
12: 2,21 · Hiob 4,13 ram verscheuchte sie. 12 Als aber die Sonne sank, fiel ein Tiefschlaf auf
13–14: Apg 7,6–7 Abram, und sieh, Schrecken, grosse Finsternis, fiel auf ihn. 13 Da sprach
13: Ex 1,11 · Ex 12,40 er zu Abram: Du sollst wissen, dass deine Nachkommen Fremde sein
werden in einem Land, das nicht das ihre ist; und sie werden ihnen die-
14: Ex 3,21–22 nen, und man wird sie unterdrücken, vierhundert Jahre lang. 14 Doch
auch das Volk, dem sie dienen müssen, ziehe ich zur Rechenschaft, und
15: 25,8; Ri 8,32 danach werden sie mit reicher Habe ausziehen. 15 Du aber wirst in Frieden zu deinen Vorfahren eingehen, in schönem Alter wirst du begraben
16: 48,21; 50,24 · werden. 16 Erst in der vierten Generation werden sie hierher zurück-
10,16 kehren, denn noch ist das Mass der Schuld der Amoriter nicht voll.
17: Ex 19,18 · 17 Als die Sonne untergegangen und es finster geworden war, sieh, da
Ex 20,18! ·
Jer 34,18–19

15,2: Die Übersetzung des Versendes ist unsicher.

waren da ein rauchender Ofen und eine brennende Fackel, die zwischen
diesen Stücken hindurchfuhren. 18 An jenem Tag schloss der HERR mit 18: 17,2; Ex 6,4–5!;
Abram einen Bund, er sprach: Deinen Nachkommen gebe ich dieses Lev 26,42 · 2,14 ·
Land, vom Strom Ägyptens bis zum grossen Strom, dem Eufrat, 19 die 1Kön 5,1 19: 1Sam 15,6
Keniter und die Kenissiter und die Kadmoniter 20 und die Hetiter und 20–21: Ex 3,8
die Perissiter und die Refaiter 21 und die Amoriter und die Kanaaniter 20: 14,5!
und die Girgaschiter und die Jebusiter.

Hagar und Ismael

16 1 Und Sarai, Abrams Frau, hatte ihm keine Kinder geboren; sie 1: 11,30!
hatte aber eine ägyptische Magd, die hiess Hagar. 2 Und Sarai 2: 30,3
sprach zu Abram: Sieh, der HERR hat mich verschlossen, so dass ich
nicht gebären kann. So geh zu meiner Magd, vielleicht bekomme ich
durch sie einen Sohn. Und Abram hörte auf Sarai. 3 Da nahm Sarai, Ab- 3: 21,21 · 30,4!
rams Frau, nachdem Abram zehn Jahre im Land Kanaan gewohnt hatte,
die Ägypterin Hagar, ihre Magd, und gab sie Abram, ihrem Mann, zur
Frau. 4 Und er ging zu Hagar, und sie wurde schwanger. Und sie sah, 4: Spr 30,23
dass sie schwanger war; da wurde ihre Herrin gering in ihren Augen.
5 Sarai aber sprach zu Abram: Das Unrecht, das mir geschieht, komme 5: 31,53; Ri 11,27;
über dich. Ich selbst habe meine Magd in deinen Schoss gelegt. Und 1Sam 24,13
kaum hat sie gesehen, dass sie schwanger ist, da bin ich gering in ihren
Augen. Der HERR sei Richter zwischen mir und dir. 6 Und Abram sprach
zu Sarai: Sieh, deine Magd ist in deiner Hand. Mach mit ihr, was gut ist
in deinen Augen. Da behandelte Sarai sie so hart, dass sie ihr entfloh.
7 Der Bote des HERRN aber fand sie an einer Wasserquelle in der Wüste, 7: 20,1; 25,18;
an der Quelle auf dem Weg nach Schur. 8 Und er sprach: Hagar, Magd 1Sam 15,7
Sarais, wo kommst du her, und wo gehst du hin? Und sie sagte: Vor Sa- 8: Ri 19,17 · 21,17
rai, meiner Herrin, bin ich auf der Flucht. 9 Da sprach der Bote des
HERRN zu ihr: Kehr zurück zu deiner Herrin und ertrage ihre Härte.
10 Und der Bote des HERRN sprach zu ihr: Ich werde deine Nachkom- 10: 17,20; 21,13
men reichlich mehren, dass man sie nicht zählen kann in ihrer Menge.
11 Dann sprach der Bote des HERRN zu ihr: 11: 17,19; 21,3 · 21,17

Sieh, du bist schwanger und wirst einen Sohn gebären,
und du sollst ihn Ismael nennen,
denn der HERR hat auf deine Not gehört.

12 Er wird ein Wildesel von einem Menschen sein, 12: 25,18
seine Hand gegen alle und aller Hand gegen ihn,
und allen seinen Brüdern setzt er sich vor die Nase.

13 Da nannte sie den Namen des HERRN, der zu ihr geredet hatte: Du 13: 22,14 · 32,31
bist El-Roi. Denn sie sprach: Wahrlich, hier habe ich dem nachgesehen,
der auf mich sieht. 14 Darum nennt man den Brunnen Beer-Lachai-Roi. 14: 24,62; 25,11
Er liegt zwischen Kadesch und Bered. 15 Und Hagar gebar Abram einen 15: 21,9; Gal 4,22 ·
Sohn, und Abram nannte den Sohn, den Hagar geboren hatte, Ismael. 25,12; 1Chr 1,28
16 Und Abram war sechsundachtzig Jahre alt, als Hagar dem Abram Is- 16: 17,1.24; 21,5
mael gebar.

16,11: Der Name Ismael bedeutet ‹Gott hört›.
16,13: Der Name El-Roi bedeutet wohl ‹Gott des Sehens›.
16,14: Der Name Beer-Lachai-Roi bedeutet wohl ‹Brunnen des Lebendigen, der mich sieht›.

Das Bundeszeichen der Beschneidung. Neue Namen

1: 16,16! · 12,7! · **17** 1 Als Abram neunundneunzig Jahre alt war, erschien der HERR
24,40! · 6,9! dem Abram und sprach zu ihm: Ich bin El-Schaddai. Wandle vor
2: 15,18! · 28,3 · 20 mir und sei vollkommen. 2 Ich will meinen Bund stiften zwischen mir
und dir und dich über alle Massen mehren. 3 Da fiel Abram nieder auf
sein Angesicht. Und Gott redete mit ihm und sprach: 4 Sieh, das ist
mein Bund mit dir: Du wirst zum Vater einer Vielzahl von Völkern wer-
5: 32,29 · Neh 9,7 · den. 5 Man wird dich nicht mehr Abram nennen, sondern Abraham
Röm 4,17 wird dein Name sein, denn zum Vater einer Vielzahl von Völkern habe
6: 16; 35,11 ich dich bestimmt. 6 Ich mache dich über alle Massen fruchtbar und
lasse dich zu Völkern werden, und Könige werden von dir abstammen.
7: 13.19; 9,16; 7 Ich richte meinen Bund auf zwischen mir und dir und deinen Nach-
2Sam 23,5 kommen, von Generation zu Generation, als einen ewigen Bund, dass
8: 28,4; 37,1; ich dir und deinen Nachkommen Gott sei. 8 Und ich gebe dir und dei-
Ex 6,4–5! · 48,4; nen Nachkommen das Land, in dem du als Fremder weilst, das ganze
Ex 32,13 Land Kanaan, zu ewigem Besitz, und ich will ihnen Gott sein. 9 Und
Gott sprach zu Abraham: Du aber, halte meinen Bund, du und deine
10: 23.27 Nachkommen, von Generation zu Generation. 10 Dies ist mein Bund
zwischen mir und euch und deinen Nachkommen, den ihr halten sollt:
11: Ez 20,12 Es soll sich bei euch beschneiden lassen alles, was männlich ist. 11 Am
Fleisch eurer Vorhaut sollt ihr euch beschneiden lassen. Das soll das Zei-
12: 21,4; Lev 12,3; chen sein des Bundes zwischen mir und euch. 12 Im Alter von acht Ta-
Lk 1,59 · Ex 12,44 gen soll alles bei euch, was männlich ist, beschnitten werden, von Gene-
ration zu Generation, der im Haus geborene und der von irgendeinem
Fremden um Silber gekaufte Sklave, der nicht zu deinen Nachkommen
13: 7! gehört. 13 Es soll auch der in deinem Haus geborene und der von dir um
Silber gekaufte Sklave sich beschneiden lassen. So soll mein Bund an
eurem Fleisch ein ewiger Bund sein. 14 Ein männlicher Unbeschnitte-
ner aber, der sich nicht am Fleisch seiner Vorhaut beschneiden lässt, der
soll aus seiner Sippe getilgt werden; meinen Bund hat er gebrochen.
15 Und Gott sprach zu Abraham: Sarai, deine Frau, sollst du nicht
16: 6! mehr Sarai nennen, sondern Sara soll ihr Name sein. 16 Ich will sie seg-
nen, und auch von ihr will ich dir einen Sohn geben. Ich will sie segnen,
und sie soll zu Völkern werden. Könige von Völkern werden von ihr ab-
17: 18,12; 21,6; stammen. 17 Da fiel Abraham nieder auf sein Angesicht und lachte. Er
Lk 1,18; Röm 4,19 · 21,6! sagte sich: Können einem Hundertjährigen noch Kinder geboren wer-
18: 21,11 den, und kann Sara, eine Neunzigjährige, noch gebären? 18 Und Abra-
19: 18,10 · 16,11! · 7! ham sprach zu Gott: Wenn nur Ismael vor dir am Leben bleibt. 19 Gott
aber sprach: Nein, Sara, deine Frau, wird dir einen Sohn gebären, und du
sollst ihn Isaak nennen. Und ich werde meinen Bund mit ihm aufrich-
20: 2 · 46,3! · ten als einen ewigen Bund für seine Nachkommen. 20 Aber auch wegen
25,13–16; Ismael erhöre ich dich: Sieh, ich segne ihn und mache ihn fruchtbar und
Num 1,44 · 16,10! · 21,18 mehre ihn über alle Massen. Zwölf Fürsten wird er zeugen, und ich wer-
21: 18,10! · 21,2 de ihn zu einem grossen Volk machen. 21 Meinen Bund aber richte ich
auf mit Isaak, den Sara dir gebären wird um diese Zeit im nächsten Jahr.
22: 35,13 22 Und als er aufgehört hatte, zu ihm zu reden, fuhr Gott auf, weg von
Abraham.

17,1: Die traditionelle Übersetzung von El-Schaddai ist «Gott der Allmächtige» oder «der allmächtige Gott».

23 Da nahm Abraham seinen Sohn Ismael und alle Sklaven, die in 23: 10!
seinem Haus geboren und die von ihm um Silber gekauft waren, alles,
was männlich war unter den Leuten vom Haus Abrahams, und be-
schnitt das Fleisch ihrer Vorhaut noch am selben Tag, wie Gott ihm ge-
sagt hatte. 24 Abraham war neunundneunzig Jahre alt, als er sich am 24: 16,16!
Fleisch seiner Vorhaut beschneiden liess. 25 Sein Sohn Ismael aber war
dreizehn Jahre alt, als er sich am Fleisch seiner Vorhaut beschneiden
liess. 26 Am selben Tag liessen sich Abraham und sein Sohn Ismael be-
schneiden. 27 Und alle Männer seines Hauses, die im Haus geborenen 27: 10!
und die von Fremden um Silber gekauften Sklaven, liessen sich mit ihm
beschneiden.

Die drei Männer bei Abraham

18 1 Und der HERR erschien ihm bei den Terebinthen von Mamre, 1: 12,7! · 13,18!
während er am Eingang des Zelts sass, als der Tag am heissesten
war. 2 Er blickte auf und schaute sich um, sieh, da standen drei Männer 2: Jos 5,13
vor ihm. Und er sah sie und lief ihnen vom Eingang des Zelts entgegen
und warf sich nieder zur Erde. 3 Und er sprach: Herr, wenn ich Gnade
gefunden habe in deinen Augen, so geh nicht vorüber an deinem Die-
ner. 4 Es soll etwas Wasser geholt werden, dann wascht eure Füsse und 4: 19,2; 24,32; 43,24;
ruht euch aus unter dem Baum. 5 Ich will einen Bissen Brot holen, dass Ri 19,21; 2Sam 11,8
ihr euch stärken könnt, danach mögt ihr weiterziehen. Denn deswegen 5: Ri 19,5
seid ihr bei eurem Diener vorbeigekommen. Sie sprachen: Mach es so,
wie du es gesagt hast. 6 Da eilte Abraham ins Zelt zu Sara und sprach: 6: 19,3; Ri 6,19;
Nimm schnell drei Sea Mehl, Feinmehl, knete es und backe Brote. 1Sam 28,24
7 Auch zu den Rindern lief Abraham, nahm ein zartes, schönes Kalb und
gab es dem Knecht, und der bereitete es eilends zu. 8 Dann nahm er 8: Hebr 13,2
Butter und Milch und das Kalb, das er zubereitet hatte, und setzte es
ihnen vor. Er selbst wartete ihnen auf unter dem Baum, und sie assen.
9 Da sprachen sie zu ihm: Wo ist Sara, deine Frau? Er sprach: Da drin-
nen im Zelt. 10 Da sprach er: Fürwahr, übers Jahr werde ich wieder zu 10: 14; 17,21;
dir kommen. Dann hat Sara, deine Frau, einen Sohn. Sara aber horchte 2Kön 4,16;
hinter seinem Rücken am Eingang des Zelts. 11 Abraham und Sara aber Röm 9,9 · 17,19
waren alt und hochbetagt; Sara ging es nicht mehr, wie es den Frauen zu 11: 24,1
gehen pflegt. 12 Und Sara lachte bei sich: Nun da ich verbraucht bin, soll 12: 17,17! · 21,6! ·
ich noch Liebeslust empfinden, und auch mein Herr ist alt. 13 Da sprach 1Petr 3,6
der HERR zu Abraham: Warum lacht Sara und sagt: Sollte ich wirklich
noch gebären können, da ich doch schon alt bin? 14 Ist denn irgendet- 14: 21,2 · Sach 8,6 ·
was unmöglich für den HERRN? Übers Jahr um diese Zeit werde ich wie- 10!
der zu dir kommen. Dann hat Sara einen Sohn. 15 Sara aber leugnete:
Ich habe nicht gelacht. Denn sie fürchtete sich. Er aber sprach: Doch, du
hast gelacht.

Abrahams Fürsprache für Sodom

16 Und die Männer machten sich auf, und sie schauten auf Sodom
hinab, und Abraham ging mit ihnen, um ihnen das Geleit zu geben.
17 Der HERR aber dachte: Soll ich vor Abraham geheim halten, was ich 17: Ps 25,14; Am 3,7
tun will? 18 Abraham soll zu einem grossen und mächtigen Volk wer- 18: 12,3; 22,18; 28,14;
den, und durch ihn sollen alle Völker der Erde Segen erlangen. 19 Denn Gal 3,8
ich habe ihn erkoren, dass er seinen Söhnen und seinem Haus nach ihm 19: Dtn 32,46

gebiete, den Weg des HERRN einzuhalten und Gerechtigkeit und Recht
zu üben, damit der HERR über Abraham kommen lasse, was er ihm ge-
20: 13,13! sagt hat. 20 Und der HERR sprach: Das Klagegeschrei über Sodom und
Gomorra, es ist gross geworden, und ihre Sünde, sie wiegt schwer.
21: 11,5 · 6,12! · 21 Ich will hinabsteigen und sehen, ob all ihr Tun dem Geschrei über sie
Joel 1,2 entspricht, das zu mir gedrungen ist; wenn nicht, will ich es wissen.
22: 19,1 · 19,27 22 Da wandten sich die Männer weg von dort und gingen auf Sodom zu.
23: Num 16,22; Abraham aber blieb vor dem HERRN stehen. 23 Und Abraham trat herzu
2Sam 24,17; und sprach: Willst du wirklich den Gerechten zusammen mit dem Frev-
Mt 13,29 ler wegraffen? 24 Vielleicht sind fünfzig Gerechte in der Stadt. Willst du
sie wirklich wegraffen und dem Ort nicht vergeben um der fünfzig Ge-
25: Hiob 8,3!; rechten willen, die in seiner Mitte sind? 25 Das sei ferne von dir, so zu
Röm 3,5 tun, den Gerechten zusammen mit dem Frevler zu töten, so dass es dem
Gerechten wie dem Frevler erginge. Das sei ferne von dir! Der Richter
26: Jes 65,8; Jer 5,1 der ganzen Erde, sollte der nicht Recht üben? 26 Der HERR sprach: Wenn
ich in Sodom fünfzig Gerechte in der Stadt finde, werde ich dem ganzen
Ort um ihretwillen vergeben. 27 Abraham antwortete und sprach: Sieh,
ich habe es gewagt, zu meinem Herrn zu reden, obwohl ich Staub und
Asche bin. 28 Vielleicht fehlen von den fünfzig Gerechten fünf. Willst
du wegen der fünf die ganze Stadt verderben? Er sprach: Ich werde sie
nicht verderben, wenn ich dort fünfundvierzig finde. 29 Und er fuhr
fort, zu ihm zu reden, und sprach: Vielleicht finden sich dort vierzig. Er
30: 32; 44,18; sprach: Ich werde es nicht tun um der vierzig willen. 30 Da sprach er:
Ri 6,39 Mein Herr zürne nicht, wenn ich rede. Vielleicht finden sich dort dreis-
sig. Er sprach: Ich werde es nicht tun, wenn ich dort dreissig finde. 31 Da
sprach er: Sieh, ich habe es gewagt, zu meinem Herrn zu reden. Viel-
leicht finden sich dort zwanzig. Er sprach: Ich werde sie nicht verderben
32: 30! um der zwanzig willen. 32 Da sprach er: Mein Herr zürne nicht, wenn
ich dies eine Mal noch rede. Vielleicht finden sich dort zehn. Er sprach:
Ich werde sie nicht verderben um der zehn willen. 33 Als er aufgehört
hatte, zu Abraham zu reden, ging der HERR. Abraham aber kehrte an
seinen Ort zurück.

Sodom und Gomorra. Lots Rettung

1: 18,22 · 13,12! **19** 1 Und die zwei Boten kamen am Abend nach Sodom, als Lot gerade
im Tor von Sodom sass. Lot sah sie, stand auf, ging ihnen entgegen
2: 18,4! · Hiob 31,32 und warf sich mit dem Gesicht zur Erde nieder. 2 Und er sprach: Ihr
meine Herren, kehrt doch ein im Haus eures Dieners, bleibt über Nacht,
und wascht eure Füsse. Morgen früh mögt ihr eures Weges ziehen. Sie
3: 18,6! aber sprachen: Nein, wir wollen auf dem Platz übernachten. 3 Da er aber
in sie drang, kehrten sie bei ihm ein und kamen in sein Haus. Und er
bereitete ihnen ein Mahl und backte ungesäuerte Brote, und sie assen.
4 Sie hatten sich noch nicht schlafen gelegt, da umstellten die Männer
der Stadt, die Männer von Sodom, das Haus, Jung und Alt, das ganze
5: Ri 19,22 · Volk bis zum letzten Mann. 5 Sie riefen nach Lot und sprachen zu ihm:
Lev 18,22! Wo sind die Männer, die heute Abend zu dir gekommen sind? Gib sie
uns heraus, wir wollen mit ihnen verkehren. 6 Da ging Lot zu ihnen
hinaus an den Eingang – die Tür aber verschloss er hinter sich – 7 und
8: Ri 19,23–24 sprach: Nicht doch, meine Brüder, tut nichts Böses! 8 Seht, ich habe
zwei Töchter, die noch von keinem Mann wissen. Die will ich euch her-

ausgeben, und dann macht mit ihnen, was gut ist in euren Augen. Die-
sen Männern aber tut nichts, sind sie doch unter den Schatten meines
Daches getreten. 9 Sie aber sagten: Weg mit dir!, und sie sagten: Da ist 9: Ex 2,14!
einer als Fremder hergekommen und will den Richter spielen. Schlim-
meres noch als ihnen wollen wir jetzt dir antun. Und sie drangen mit
Gewalt auf den Mann ein, auf Lot, und machten sich daran, die Tür auf-
zubrechen. 10 Da streckten die Männer ihre Hand aus und zogen Lot zu
sich ins Haus herein, und die Tür verschlossen sie. 11 Die Männer am 11: 2Kön 6,18!
Eingang des Hauses, Klein und Gross, schlugen sie mit Blindheit, so
dass sie sich vergeblich mühten, den Eingang zu finden.

12 Dann sprachen die Männer zu Lot: Hast du noch jemand hier, ei-
nen Schwiegersohn, deine Söhne und Töchter und wer sonst in der
Stadt zu dir gehört, führe sie hinaus aus diesem Ort. 13 Denn wir wer- 13: 13,13! ·
den diesen Ort verderben, weil das Klagegeschrei über sie gross gewor- Num 16,21
den ist vor dem HERRN. So hat uns der HERR gesandt, die Stadt zu ver-
derben. 14 Da ging Lot hinaus und redete mit seinen Schwiegersöhnen, 14: Num 16,21!
die seine Töchter nehmen sollten, und sprach: Auf, zieht weg aus die-
sem Ort, denn der HERR will die Stadt verderben. Aber seine Schwieger-
söhne glaubten, er scherze.

15 Als nun die Morgenröte aufstieg, drängten die Boten Lot zur Eile 15: Num 16,26;
und sprachen: Auf, nimm deine Frau und deine beiden Töchter, die hier Offb 18,4
sind, damit du nicht im Strafgericht über die Stadt weggerafft wirst.
16 Er aber zögerte. Da packten die Männer ihn und seine Frau und seine
beiden Töchter bei der Hand, weil der HERR ihn verschonen wollte, und
sie führten ihn hinaus und liessen ihn draussen vor der Stadt wieder
los. 17 Als diese sie hinausgeführt hatten, sprach er: Rette dich, es geht 17: Lk 17,31 ·
um dein Leben. Blick nicht zurück und bleib in der ganzen Ebene nir- Mt 24,16
gends stehen. Rette dich ins Gebirge, damit nicht auch du weggerafft
wirst. 18 Lot aber sprach zu ihnen: Nicht doch, Herr! 19 Sieh, dein Die- 19: 6,8
ner hat Gnade gefunden in deinen Augen, und du hast mir grosse Gunst
erwiesen, dass du mich am Leben erhalten hast. Aber ins Gebirge kann
ich mich nicht retten, das Verderben würde mich ereilen, und ich müss-
te sterben. 20 Sieh, diese Stadt da ist nahe, dahin kann ich fliehen, sie ist
klein. Dorthin will ich mich retten. Ist sie nicht klein? So kann ich am
Leben bleiben. 21 Da sprach er zu ihm: Sieh, auch dies will ich dir ge- 21: Ex 33,17
währen: Die Stadt, von der du gesprochen hast, zerstöre ich nicht.
22 Schnell, rette dich dorthin, denn ich kann nichts tun, bis du dort an- 22: Dtn 34,3;
gekommen bist. Darum nennt man die Stadt Zoar. Jes 15,5

23 Als die Sonne über dem Land aufgegangen und Lot nach Zoar ge-
kommen war, 24 liess der HERR Schwefel und Feuer auf Sodom und Go- 24: 13,10 · Ps 11,6;
morra regnen, vom HERRN vom Himmel herab. 25 Und er zerstörte die- Lk 17,29
se Städte und die ganze Ebene, alle Bewohner der Städte und was auf der 25: Dtn 29,22; Jer 20,16
Erde wuchs. 26 Lots Frau aber, hinter ihm, blickte zurück und wurde zu 26: Lk 17,32
einer Salzsäule.

27 Früh am Morgen machte sich Abraham auf, an den Ort, wo er vor 27: 18,22
dem HERRN gestanden hatte. 28 Und er blickte hinab auf Sodom und 28: Ex 19,18;
Gomorra und auf das ganze Gebiet der Ebene. Er sah hin, sieh, da stieg Mal 3,2; Offb 9,2
Qualm von dem Land auf wie der Qualm von einem Schmelzofen.

19,22: Im Namen Zoar klingt hebräisch ‹klein› an, wie es in 19,20 begegnet.

29: 8,1 · 2Petr 2,7 29 Und als Gott die Städte der Ebene verdarb, da dachte Gott an Abra-
ham, und er geleitete Lot mitten aus der Zerstörung fort, als er die Städte
zerstörte, in denen Lot gewohnt hatte.

Lots Töchter

30 Lot aber zog von Zoar hinauf und liess sich mit seinen beiden
Töchtern im Gebirge nieder, denn er fürchtete sich, in Zoar zu bleiben.
Und er wohnte mit seinen beiden Töchtern in einer Höhle. 31 Da sprach
die Ältere zur Jüngeren: Unser Vater ist alt, und es ist kein Mann mehr
im Land, der zu uns kommen könnte, wie es in aller Welt Brauch ist.
32: 9,22; Lev 18,7 32 Komm, wir wollen unserem Vater Wein zu trinken geben und uns zu
ihm legen, damit wir von unserem Vater Nachkommen erhalten. 33 So
gaben sie ihrem Vater in jener Nacht Wein zu trinken. Dann ging die
Ältere hinein und legte sich zu ihrem Vater, und er merkte weder, wie
sie sich hinlegte, noch, wie sie aufstand. 34 Am anderen Tag sprach die
Ältere zur Jüngeren: Sieh, ich habe gestern Abend bei meinem Vater ge-
legen. Wir wollen ihm auch heute Nacht Wein zu trinken geben. Dann
geh du hinein und lege dich zu ihm, damit wir von unserem Vater Nach-
kommen erhalten. 35 So gaben sie ihrem Vater auch in jener Nacht
Wein zu trinken. Dann stand die Jüngere auf und legte sich zu ihm, und
er merkte weder, wie sie sich hinlegte, noch, wie sie aufstand. 36 So
37–38: Dtn 23,4; wurden die beiden Töchter Lots schwanger von ihrem Vater. 37 Und die
1Sam 14,47! Ältere gebar einen Sohn und nannte ihn Moab. Er ist der Stammvater
von Moab bis auf den heutigen Tag. 38 Und auch die Jüngere gebar ei-
nen Sohn und nannte ihn Ben-Ammi. Er ist der Stammvater der Ammo-
niter bis auf den heutigen Tag.

Abraham und Abimelech

1–18: 12,10–20! **20** 1 Abraham aber zog von dort weiter in das Gebiet des Südlands
1: 12,9! · 16,7! · 26,1! und liess sich zwischen Kadesch und Schur nieder, und er weilte
2: 12,13! · 12,15 als Fremder in Gerar. 2 Abraham sagte von Sara, seiner Frau: Sie ist mei-
ne Schwester. Da sandte Abimelech, der König von Gerar, hin und liess
3: 31,24 Sara holen. 3 Aber Gott kam des Nachts im Traum zu Abimelech und
sprach zu ihm: Sieh, du bist des Todes um der Frau willen, die du genom-
men hast. Sie ist eine verheiratete Frau. 4 Abimelech aber hatte sich ihr
noch nicht genaht, und so sprach er: Herr, willst du auch Unschuldige
5: Ps 7,9 töten? 5 Hat er nicht selbst zu mir gesagt: Sie ist meine Schwester? Und
auch sie selbst hat gesagt: Er ist mein Bruder. In gutem Glauben und mit
6: 1Sam 25,26 · 31,7 reinen Händen habe ich dies getan. 6 Da sprach Gott zu ihm im Traum:
Auch ich weiss, dass du dies in gutem Glauben getan hast, und ich selbst
habe dich davor bewahrt, dich gegen mich zu versündigen. Darum habe
7: 1Kön 13,6 ich nicht zugelassen, dass du sie berührst. 7 Jetzt aber gib die Frau dem
Mann zurück, denn er ist ein Prophet, und er soll Fürbitte tun für dich,
dass du am Leben bleibst. Gibst du sie aber nicht zurück, so wisse, dass
du sterben musst, du und all die Deinen.

8 Am andern Morgen rief Abimelech alle seine Diener und erzählte
ihnen alle diese Begebenheiten, und die Männer fürchteten sich sehr.
9: 12,18! 9 Dann liess Abimelech Abraham rufen und sprach zu ihm: Was hast du
uns angetan, und womit habe ich mich gegen dich versündigt, dass du
über mich und mein Reich so grosse Schuld gebracht hast? Was nicht

getan werden darf, hast du mir getan. 10 Und Abimelech sprach zu Abra-
ham: Was hast du gedacht, dass du dies getan hast? 11 Abraham sprach: 11: 12,12
Ich habe mir gesagt: Sicher gibt es keine Gottesfurcht an diesem Ort,
und so werden sie mich um meiner Frau willen umbringen. 12 Auch ist
sie wirklich meine Schwester, die Tochter meines Vaters, nur nicht die
Tochter meiner Mutter. So konnte sie meine Frau werden. 13 Als mich
aber Gott aus dem Haus meines Vaters weg ins Ungewisse ziehen hiess,
sprach ich zu ihr: Tu mir dies zulieb: Wo immer wir hinkommen, sage
von mir: Er ist mein Bruder.

14 Da nahm Abimelech Schafe und Rinder, Knechte und Mägde und 14: 12,16!
gab sie Abraham. Auch gab er ihm Sara, seine Frau, zurück. 15 Und Abi- 15: 13,9 · 34,10
melech sprach: Sieh, mein Land steht dir offen. Wo es dir gefällt, da lass
dich nieder. 16 Zu Sara aber sprach er: Sieh, ich gebe deinem Bruder tau-
send Silberstücke. Das soll deine Ehre bezeugen vor allen, die bei dir
sind, so bist du in allem ins Recht gesetzt. 17 Da tat Abraham Fürbitte bei
Gott, und Gott heilte Abimelech, seine Frau und seine Mägde, so dass sie
Kinder bekamen. 18 Der HERR hatte nämlich jeden Mutterschoss im 18: 12,17
Haus Abimelechs verschlossen, um Saras willen, der Frau Abrahams.

Isaaks Geburt. Vertreibung Hagars und Ismaels

21 1 Der HERR aber nahm sich Saras an, wie er gesagt hatte, und der 1: 1Sam 2,21 ·
HERR tat an Sara, wie er geredet hatte: 2 Sara wurde schwanger 2Kön 4,17
und gebar Abraham in seinem Alter einen Sohn, zu der Zeit, die Gott 2: Gal 4,22 · Hebr 11,11 · 17,21 ·
angekündigt hatte. 3 Und Abraham nannte seinen neugeborenen Sohn, 18,14
den Sara ihm geboren hatte, Isaak. 4 Und Abraham beschnitt seinen 3: 16,11!
Sohn Isaak, als er acht Tage alt war, wie Gott es ihm geboten hatte. 5 Und 4: 17,12! 5: 16,16!
Abraham war hundert Jahre alt, als ihm sein Sohn Isaak geboren wurde.
6 Da sprach Sara: Ein Lachen hat mir Gott bereitet. Jeder, der davon hört, 6: 17,17; 18,12
wird meinetwegen lachen. 7 Und sie sprach: Wer hätte je zu Abraham
gesagt: Sara stillt Kinder. Und doch habe ich in seinem Alter einen Sohn
geboren. 8 Und das Kind wuchs heran und wurde entwöhnt. Und Abra- 8: 1Sam 1,24;
ham gab ein grosses Festmahl an dem Tag, da Isaak entwöhnt wurde. 1Kön 11,20

9 Sara aber sah, wie der Sohn der Ägypterin Hagar, den diese Abra- 9: 16,15!
ham geboren hatte, spielte. 10 Da sagte sie zu Abraham: Vertreibe diese 10: Ri 11,2 ·
Magd und ihren Sohn, denn der Sohn dieser Magd soll nicht zusammen Gal 4,30
mit meinem Sohn Isaak Erbe werden. 11 Dieses Wort bekümmerte 11: 17,18
Abraham sehr, um seines Sohnes willen. 12 Aber Gott sprach zu Abra- 12: Röm 9,7;
ham: Sei nicht bekümmert wegen des Knaben und wegen deiner Magd. Hebr 11,18
In allem, was Sara dir sagt, höre auf sie. Denn nach Isaak sollen deine
Nachkommen benannt werden. 13 Doch auch den Sohn der Magd will 13: 16,10!
ich zu einem Volk machen, weil er dein Nachkomme ist. 14 Am andern 14: 22,3; 28,18
Morgen nahm Abraham Brot und einen Schlauch mit Wasser, gab es
Hagar und legte es ihr auf die Schulter, übergab ihr das Kind und schick-
te sie fort. Und sie ging und irrte in der Wüste von Beer-Scheba umher.
15 Das Wasser im Schlauch aber ging aus, da warf sie das Kind unter
einen der Sträucher. 16 Und sie ging weg und setzte sich abseits, etwa
einen Bogenschuss weit entfernt, denn sie dachte: Ich kann den Tod des

20,16: «Das soll deine Ehre bezeugen» ist wörtlich: «das soll für dich eine Augendecke sein».

Kindes nicht mit ansehen. So setzte sie sich abseits und begann laut zu
17: 16,8 · 16,11 weinen. 17 Gott aber hörte die Stimme des Knaben, und der Bote Gottes
rief Hagar vom Himmel her zu und sprach zu ihr: Was hast du, Hagar?
Fürchte dich nicht, denn Gott hat die Stimme des Knaben gehört dort,
18: 17,20 wo er liegt. 18 Steh auf, nimm den Knaben und halte ihn fest an deiner
19: 2Kön 6,17 Hand, denn zu einem grossen Volk will ich ihn machen. 19 Und Gott
öffnete ihr die Augen, und sie sah einen Wasserbrunnen. Da ging sie
hin, füllte den Schlauch mit Wasser und gab dem Knaben zu trinken.
20 Gott aber war mit dem Knaben, und er wuchs heran. Und er liess sich
21: Num 10,12! · in der Wüste nieder und wurde ein Bogenschütze. 21 Er liess sich in der
16,3 Wüste Paran nieder, und seine Mutter nahm ihm eine Frau aus dem
Land Ägypten.

Abrahams Vertrag mit Abimelech

22: 26,26 · 26,28; 22 Zu jener Zeit sprachen Abimelech und sein Feldhauptmann Pi-
39,3; Ps 1,3 chol zu Abraham: Gott ist mit dir in allem, was du tust. 23 So schwöre
23: 1Sam 24,22 mir nun hier bei Gott, dass du nicht treulos handelst an mir und meinen
Kindern und Kindeskindern. Die Freundschaft, die ich dir erwiesen ha-
be, sollst du auch mir erweisen und dem Land, in dem du als Fremder
25: 26,20–21 weilst. 24 Da sprach Abraham: Ich schwöre es. 25 Abraham aber stellte
Abimelech zur Rede wegen eines Wasserbrunnens, den Abimelechs
Diener an sich gerissen hatten. 26 Abimelech sprach: Ich weiss nicht,
wer das getan hat. Du hast mir nichts davon gesagt, und ich habe bis
27: 26,31 heute nichts davon gehört. 27 Da nahm Abraham Schafe und Rinder
und gab sie Abimelech, und die beiden schlossen miteinander einen
Vertrag. 28 Abraham aber stellte sieben Lämmer von der Herde beiseite.
29 Da sprach Abimelech zu Abraham: Was sollen diese sieben Lämmer
30: 26,18 hier, die du beiseite gestellt hast? 30 Er sprach: Die sieben Lämmer
musst du von mir annehmen. Das soll für mich das Zeugnis sein, dass
31: 26,33! ich diesen Brunnen gegraben habe. 31 Darum nennt man jenen Ort
Beer-Scheba, denn dort haben die beiden einander geschworen. 32 So
schlossen sie einen Vertrag in Beer-Scheba. Dann machte sich Abi-
melech mit seinem Feldhauptmann Pichol auf, und sie kehrten in das
33: 4,26! · Jes 40,28 Land der Philister zurück. 33 Abraham aber pflanzte eine Tamariske in
Beer-Scheba, und dort rief er den Namen des HERRN an, des ewigen Got-
34: 26,1! tes. 34 Und Abraham blieb noch lange Zeit als Fremder im Land der Phi-
lister.

Das Opfer Abrahams

1: 15,1! · 11; 46,2; **22** 1 Nach diesen Begebenheiten stellte Gott Abraham auf die Probe.
Ex 3,4; 1Sam 3,4 Er sprach zu ihm: Abraham! Er sprach: Hier bin ich. 2 Und er
2: 2Chr 3,1 · sprach: Nimm deinen Sohn, deinen Einzigen, den du lieb hast, Isaak,
2Kön 3,27 und geh in das Land Morija und bring ihn dort als Brandopfer dar auf
3: 21,14! einem der Berge, den ich dir nennen werde. 3 Am andern Morgen früh
sattelte Abraham seinen Esel und nahm mit sich seine beiden Knechte
und seinen Sohn Isaak. Er spaltete Holz für das Brandopfer, machte sich

21,31: Der Name Beer-Scheba (‹Siebenbrunnen› oder ‹Brunnen der Fülle›) wird an dieser Stelle als ‹Schwurbrunnen› gedeutet, da Scheba ähnlich wie hebräisch ‹Schwur› klingt.

21,33: Wörtlich: «Er aber pflanzte ...»

auf und ging an die Stätte, die Gott ihm genannt hatte. 4 Am dritten Tag
blickte Abraham auf und sah die Stätte von ferne. 5 Da sprach Abraham
zu seinen Knechten: Bleibt ihr hier mit dem Esel, ich aber und der Kna-
be, wir wollen dorthin gehen, und wenn wir angebetet haben, wollen
wir zu euch zurückkommen. 6 Dann nahm Abraham das Holz für das
Brandopfer und lud es seinem Sohn Isaak auf. Er selbst nahm das Feuer
und das Messer in die Hand. So gingen die beiden miteinander. 7 Da
sprach Isaak zu seinem Vater Abraham: Vater! Er sprach: Hier bin ich,
mein Sohn. Er sprach: Sieh, hier ist das Feuer und das Holz. Wo aber ist
das Lamm für das Brandopfer? 8 Abraham sprach: Gott selbst wird sich
das Lamm für das Brandopfer ausersehen, mein Sohn. So gingen die bei-
den miteinander. 9 Und sie kamen an die Stätte, die Gott ihm genannt
hatte, und Abraham baute dort den Altar und schichtete das Holz auf.
Dann fesselte er seinen Sohn Isaak und legte ihn auf den Altar, oben auf
das Holz. 10 Und Abraham streckte seine Hand aus und ergriff das Mes-
ser, um seinen Sohn zu schlachten. 11 Da rief ihm der Bote des HERRN
vom Himmel her zu und sprach: Abraham, Abraham! Er sprach: Hier bin
ich. 12 Er sprach: Strecke deine Hand nicht aus gegen den Knaben und tu
ihm nichts, denn nun weiss ich, dass du gottesfürchtig bist, da du mir
deinen Sohn, deinen Einzigen, nicht vorenthalten hast. 13 Und Abra-
ham blickte auf und sah hin, sieh, ein Widder hatte sich hinter ihm mit
seinen Hörnern im Gestrüpp verfangen. Da ging Abraham hin, nahm
den Widder und brachte ihn als Brandopfer dar an Stelle seines Sohns.
14 Und Abraham nannte jene Stätte: Der-HERR-sieht, wie man noch
heute sagt: Auf dem Berg, wo der HERR sich sehen lässt.

15 Und der Bote des HERRN rief Abraham ein zweites Mal vom Him-
mel her 16 und sprach: Ich schwöre bei mir selbst, Spruch des HERRN:
Weil du das getan und deinen Sohn, deinen Einzigen, mir nicht vorent-
halten hast, 17 sei gewiss: Ich will dich segnen und deine Nachkommen
mehren wie die Sterne des Himmels und wie den Sand am Ufer des
Meeres, und deine Nachkommen werden das Tor ihrer Feinde in Besitz
nehmen. 18 Mit deinen Nachkommen werden sich Segen wünschen
alle Völker der Erde, weil du auf meine Stimme gehört hast. 19 Hierauf
kehrte Abraham zu seinen Knechten zurück, und sie brachen auf und
gingen miteinander nach Beer-Scheba, und Abraham blieb in Beer-
Scheba wohnen.

10: Hebr 11,17; Jak 2,21
11: 1!
12: Röm 8,32
14: 16,13
16: Ex 32,13; Jes 45,23; Jer 22,5; Hebr 6,13
17: Hebr 6,14 · 15,5! · 32,13 · 24,60
18: 18,18! · 26,5 · 48,20

Die Nachkommen Nachors

20 Und nach diesen Begebenheiten wurde Abraham berichtet: Auch
Milka hat deinem Bruder Nachor Söhne geboren: 21 Uz, seinen Erstge-
borenen, und dessen Bruder Bus und Kemuel, den Vater Arams, 22 und
Kesed und Haso und Pildasch und Jidlaf und Betuel. 23 Und Betuel zeug-
te Rebekka. Diese acht gebar Milka dem Nachor, dem Bruder Abrahams.
24 Und seine Nebenfrau mit Namen Reuma gebar auch, nämlich Te-
bach und Gacham, Tachasch und Maacha.

20–23: 11,29!
20: 15,1!
21: Jer 25,20; Hiob 1,1 · Jer 25,23
23: 24,15.24; 25,20

Saras Tod. Kauf der Grabstätte

23 1 Die Lebenszeit Saras betrug hundertsiebenundzwanzig Jahre.
So lange lebte Sara. 2 Und Sara starb in Kirjat-Arba, das ist Che-
bron, im Land Kanaan. Da ging Abraham hinein, die Totenklage um Sara

2: 13,18

3: 10,15 zu halten und sie zu beweinen. 3 Dann schied Abraham von seiner To-
4: 47,9; 1Chr 29,15; ten und sprach zu den Hetitern: 4 Als Fremder bin ich ansässig bei euch.
Ps 39,13; Hebr 11,13 Gebt mir einen Grabbesitz bei euch, dass ich meine Tote hinausbringen
und begraben kann. 5 Die Hetiter antworteten Abraham: 6 Höre uns an,
Herr! Du bist ein Gottesfürst in unserer Mitte. Im vornehmsten unserer
Gräber begrabe deine Tote. Keiner von uns wird dir sein Grab verwei-
7: 12 gern, deine Tote zu begraben. 7 Da stand Abraham auf und warf sich
nieder vor den Bürgern des Landes, den Hetitern. 8 Und er redete mit
ihnen und sprach: Wenn es euer Wille ist, dass ich meine Tote hinaus-
bringe und begrabe, dann hört mich an und tretet für mich ein bei
9: 1Chr 21,22 Efron, dem Sohn Zohars. 9 Er möge mir die Höhle Machpela geben, die
ihm gehört, die am Ende seines Feldes liegt. Zum vollen Wert in Silber
10: 34,24 möge er sie mir mitten unter euch als Grabbesitz geben. 10 Efron aber
sass mitten unter den Hetitern. Und der Hetiter Efron antwortete Abra-
ham, so dass die Hetiter es hörten, alle, die in das Tor seiner Stadt ge-
11: Rut 4,4 kommen waren, und sprach: 11 Nein, mein Herr, höre mich an! Das Feld
schenke ich dir, auch die Höhle, die darauf liegt, schenke ich dir. Vor den
12: 7 Augen meiner Landsleute schenke ich sie dir. Begrabe deine Tote. 12 Da
warf sich Abraham nieder vor den Bürgern des Landes, 13 und er sprach
zu Efron, dass die Bürger des Landes es hörten: Doch nur, wenn du –
höre mich an! Ich gebe das Silber für das Feld, nimm es von mir an, dass
ich meine Tote dort begraben kann. 14 Efron aber antwortete Abraham:
15: 33,19 15 Mein Herr, höre mich an! Ein Stück Land, vierhundert Schekel Silber
wert, was bedeutet das schon zwischen mir und dir? Begrabe nur deine
16: 2Sam 24,24; Tote. 16 Und Abraham hörte auf Efron, und Abraham wog das Silber ab
Jer 32,9–10 für Efron, das er vor den Hetitern genannt hatte: vierhundert Schekel
17: 25,10; 47,30; Silber nach dem handelsüblichen Gewicht. 17 So ging das Feld Efrons in
49,29–32; 50,13; Machpela, das gegenüber Mamre liegt, das Feld samt der Höhle darauf
Apg 7,16 und allen Bäumen, die auf dem Feld standen, in seinem ganzen Umfang,
18 in den Besitz Abrahams über, vor den Augen der Hetiter, aller, die in
19: 25,9 das Tor seiner Stadt gekommen waren. 19 Danach begrub Abraham Sa-
ra, seine Frau, in der Höhle des Feldes Machpela gegenüber Mamre, das
ist Chebron, im Land Kanaan. 20 So ging das Feld samt der Höhle, die
darauf lag, als Grabbesitz von den Hetitern auf Abraham über.

Brautwerbung für Isaak

1: 18,11 · 35; 12,2 **24** 1 Abraham war alt geworden und hochbetagt, und der HERR hatte
2–26: 37–48 Abraham in allem gesegnet. 2 Da sprach Abraham zum ältesten
2: 47,29 Diener seines Hauses, der über alles gebot, was er hatte: Lege deine
3: 34,9; 35,2; 38,3 · Hand unter meine Hüfte. 3 Ich will dich beim HERRN, dem Gott des
Esra 5,11 · 28,1–2; Himmels und dem Gott der Erde, schwören lassen, dass du für meinen
Dtn 7,3! Sohn keine Frau von den Töchtern der Kanaaniter nimmst, unter denen
ich wohne. 4 Sondern in mein Land und zu meiner Verwandtschaft
sollst du gehen, um eine Frau für meinen Sohn Isaak zu nehmen. 5 Da
sprach der Diener zu ihm: Vielleicht will mir die Frau nicht in dieses
Land folgen. Soll ich dann deinen Sohn in das Land zurückbringen, aus
dem du ausgezogen bist? 6 Abraham sprach zu ihm: Hüte dich, meinen
7: 2Chr 36,23; Sohn dorthin zurückzubringen. 7 Der HERR, der Gott des Himmels, der
Neh 1,4–5; 2,20; mich aus dem Haus meines Vaters und aus dem Land meiner Verwandt-
Joel 1,9 · 12,1 schaft geholt hat, der zu mir geredet und der mir geschworen hat: Dei-

nen Nachkommen werde ich dieses Land geben, er wird seinen Boten
vor dir her senden, dass du eine Frau für meinen Sohn von dort nehmen
kannst. 8 Wenn aber die Frau dir nicht folgen will, dann bist du von 8: Jos 2,17
diesem Schwur entbunden. Meinen Sohn aber darfst du nicht dorthin
zurückbringen. 9 Da legte der Diener seine Hand unter die Hüfte Abra-
hams, seines Herrn, und schwor es ihm.

10 Dann nahm der Diener zehn Kamele von den Kamelen seines
Herrn und machte sich mit vielerlei Kostbarkeiten seines Herrn auf den
Weg. Er brach auf und ging nach Aram-Naharajim zur Stadt Nachors.
11 Dort liess er die Kamele draussen vor der Stadt am Wasserbrunnen 11: 29,2 · 29,10;
lagern, zur Abendzeit, zu der Zeit, da die Frauen zum Schöpfen heraus- Ex 2,16; 1Sam 9,11
kommen. 12 Und er sprach: HERR, du Gott meines Herrn Abraham, lass 12: 28,13!
es mir doch heute glücken und erweise meinem Herrn Abraham deine
Güte. 13 Sieh, ich stehe hier an der Wasserquelle, während die Töchter
der Stadtbewohner herauskommen, um Wasser zu schöpfen. 14 Das 14: 1Sam 14,10
Mädchen nun, zu dem ich sage: Neige doch deinen Krug, damit ich trin-
ken kann, und das dann sagt: Trinke, und auch deine Kamele will ich
tränken, sie soll es sein, die du für deinen Diener Isaak bestimmt hast,
und daran werde ich erkennen, dass du meinem Herrn Gunst erwiesen
hast. 15 Er hatte noch nicht ausgeredet, sieh, da kam Rebekka heraus, die 15: Jes 65,24 ·
Betuel geboren worden war, dem Sohn der Milka, der Frau von Abra- 22,23! · 11,29!
hams Bruder Nachor. Die trug ihren Krug auf der Schulter. 16 Das Mäd-
chen war von sehr schönem Aussehen, eine Jungfrau, noch kein Mann
hatte sie erkannt. Sie stieg zur Quelle hinab, füllte ihren Krug und kam
wieder herauf. 17 Da lief ihr der Diener entgegen und sprach: Lass mich
doch ein wenig Wasser aus deinem Krug trinken. 18 Sie sprach: Trinke,
mein Herr!, und sogleich nahm sie ihren Krug auf die Hand herab und
gab ihm zu trinken. 19 Als sie ihm genug zu trinken gegeben hatte,
sprach sie: Auch für deine Kamele will ich schöpfen, bis sie genug ge-
trunken haben. 20 Und eilends leerte sie ihren Krug in die Tränkrinne,
lief wieder zum Brunnen, um zu schöpfen, und schöpfte für alle seine
Kamele. 21 Der Mann aber schaute ihr schweigend zu, um zu erkennen,
ob der HERR seine Reise habe gelingen lassen oder nicht.

22 Als nun die Kamele genug getrunken hatten, nahm der Mann ei- 22: Jes 3,21 ·
nen goldenen Nasenring, einen halben Schekel schwer, und zwei Span- Ez 16,11
gen für ihre Arme, zehn Schekel Gold schwer. 23 Und er sprach: Wessen
Tochter bist du? Sage es mir! Ist im Haus deines Vaters Platz für uns zum
Übernachten? 24 Sie sprach zu ihm: Ich bin die Tochter Betuels, des 24: 22,23!
Sohns der Milka, den sie dem Nachor geboren hat. 25 Und weiter sagte
sie zu ihm: Stroh und Futter haben wir reichlich, auch Platz zum Über-
nachten. 26 Da verneigte sich der Mann, warf sich vor dem HERRN nie- 26: 52; Ri 7,15
der 27 und sprach: Gepriesen sei der HERR, der Gott meines Herrn Abra- 27: 32,11
ham, der seine Güte und Treue meinem Herrn nicht entzogen hat. Ge-
radewegs zum Haus der Brüder meines Herrn hat mich der HERR ge-
führt.

28 Das Mädchen aber lief hin und erzählte im Haus ihrer Mutter,
was sich zugetragen hatte. 29 Nun hatte Rebekka einen Bruder, der 29: 27,43; 28,2; 29,5
hiess Laban. Und Laban lief zu dem Mann hinaus an die Quelle. 30 Als er
nämlich den Nasenring und die Spangen an den Armen seiner Schwes-
ter sah und die Worte seiner Schwester Rebekka hörte, wie sie sprach:

So hat der Mann zu mir geredet, da begab er sich zu dem Mann, der bei
31: 26,29 den Kamelen an der Quelle stand. 31 Und er sprach: Komm herein, Ge-
segneter des HERRN! Warum willst du draussen bleiben, da ich doch
schon das Haus aufgeräumt und Platz für die Kamele gemacht habe?
32: 29,13 · 18,4! 32 Da kam der Mann in das Haus und schirrte die Kamele ab. Man
brachte Stroh und Futter für die Kamele und Wasser, dass er und die
Männer, die bei ihm waren, sich die Füsse waschen konnten. 33 Dann
setzte man ihm zu essen vor. Er aber sprach: Ich esse nicht, bis ich mei-
nen Auftrag ausgerichtet habe. Und er, Laban, sprach: So rede! 34 Da
35: 1! · 13,2! sprach er: Ich bin der Diener Abrahams. 35 Der HERR hat meinen Herrn
reich gesegnet, so dass er zu grossem Wohlstand gelangt ist. Er hat ihm
Schafe und Rinder, Silber und Gold, Knechte und Mägde, Kamele und
36: 25,5 Esel gegeben. 36 Und Sara, die Frau meines Herrn, hat meinem Herrn
noch in ihrem Alter einen Sohn geboren, und er hat diesem alles über-
37–48: 2–26 geben, was er hat. 37 Nun hat mein Herr mich schwören lassen und ge-
sagt: Du darfst für meinen Sohn keine Frau von den Töchtern der Kana-
aniter nehmen, in deren Land ich wohne, 38 sondern zum Haus meines
Vaters sollst du gehen und zu meiner Sippe, um für meinen Sohn eine
Frau zu nehmen. 39 Ich aber sprach zu meinem Herrn: Vielleicht wird
40: 17,1; 48,15 mir die Frau nicht folgen. 40 Da sprach er zu mir: Der HERR, vor dem ich
gewandelt bin, wird seinen Boten mit dir senden und deine Reise gelin-
gen lassen, so dass du eine Frau für meinen Sohn aus meiner Sippe und
aus dem Haus meines Vaters nehmen kannst. 41 Dann nur wirst du von
deinem Eid entbunden sein: Wenn du zu meiner Sippe kommst und
man sie dir nicht gibt, so bist du von deinem Eid entbunden. 42 So kam
ich heute zur Quelle und sprach: HERR, du Gott meines Herrn Abraham,
wenn du wirklich meine Reise, auf der ich bin, gelingen lassen willst:
43 Sieh, ich stehe hier an der Wasserquelle. Das Mädchen nun, das zum
Schöpfen herauskommt und zu dem ich sage: Gib mir doch aus deinem
Krug ein wenig Wasser zu trinken, 44 und das dann zu mir sagt: Trinke
nur, und auch für deine Kamele will ich schöpfen, das soll die Frau sein,
die der HERR für den Sohn meines Herrn bestimmt hat. 45 Noch hatte
ich nicht aufgehört, so bei mir zu reden, sieh, da kam Rebekka heraus,
ihren Krug auf der Schulter, stieg zur Quelle hinab und schöpfte. Da
sprach ich zu ihr: Gib mir doch zu trinken! 46 Sogleich nahm sie ihren
Krug herab und sprach: Trinke, und auch deine Kamele will ich tränken.
So trank ich, und auch die Kamele tränkte sie. 47 Und ich fragte sie und
sagte: Wessen Tochter bist du? Sie sagte: Die Tochter Betuels, des Sohns
des Nachor, den ihm Milka geboren hat. Da legte ich ihr den Ring an die
Nase und die Spangen an die Arme. 48 Und ich verneigte mich, warf
mich vor dem HERRN nieder und pries den HERRN, den Gott meines
Herrn Abraham, der mich den rechten Weg geführt hat, um die Tochter
des Bruders meines Herrn für seinen Sohn zu nehmen. 49 Und nun,
wenn ihr meinem Herrn Güte und Treue erweisen wollt, so sagt es mir.
Wenn nicht, so sagt es mir auch, dann werde ich mich anderswohin
wenden.

50: Ri 14,4! · 31,24! 50 Da antworteten Laban und Betuel und sprachen: Das ist vom
HERRN gefügt. Wir können dir weder Böses noch Gutes dazu sagen.
51 Da hast du Rebekka, nimm sie und geh! Sie soll die Frau des Sohns
52: 26! deines Herrn werden, wie der HERR es gesagt hat. 52 Und als der Diener

Abrahams ihre Worte hörte, warf er sich vor dem HERRN zur Erde nie-
der. 53 Und der Diener holte silbernes und goldenes Geschmeide und
Gewänder hervor und gab sie Rebekka; auch ihrem Bruder und ihrer
Mutter machte er kostbare Geschenke. 54 Dann assen und tranken sie,
er und die Männer, die bei ihm waren, und sie blieben über Nacht. Am
Morgen aber standen sie auf, und er sprach: Lasst mich ziehen, zu mei-
nem Herrn. 55 Aber ihr Bruder und ihre Mutter sprachen: Eine Zeit lang
noch soll das Mädchen bei uns bleiben, zehn Tage wenigstens. Danach
mag sie gehen. 56 Aber er sprach zu ihnen: Haltet mich nicht auf, da
doch der HERR meine Reise hat gelingen lassen. Lasst mich ziehen, ich
will zu meinem Herrn gehen. 57 Sie sprachen: Wir wollen das Mädchen
rufen und sie selbst fragen. 58 So riefen sie Rebekka und sprachen zu
ihr: Willst du mit diesem Mann gehen? Sie sprach: Ja, ich will. 59 Da 59: 35,8
liessen sie ihre Schwester Rebekka mit ihrer Amme und den Diener
Abrahams mit seinen Männern ziehen. 60 Und sie segneten Rebekka 60: 32,1 · 22,17
und sprachen zu ihr:

Unsere Schwester, werde du
zu tausendmal Zehntausenden,
und deine Nachkommen mögen
das Tor ihrer Feinde in Besitz nehmen.

61 Da machten sich Rebekka und ihre Mägde auf, bestiegen die Ka-
mele und folgten dem Mann. Und der Diener nahm Rebekka und ging.
62 Isaak aber war von dort, wo es nach Beer-Lachai-Roi geht, er wohnte 62: 16,14! · 12,9!
nämlich im Gebiet des Südlands. 63 Eines Abends ging Isaak hinaus,
um sich auf dem Feld umzusehen. Und er blickte auf und schaute hin,
und sieh, da kamen Kamele daher. 64 Rebekka aber blickte auf und sah
Isaak. Da liess sie sich schnell vom Kamel herunter 65 und sprach zum 65: 38,14
Diener: Wer ist der Mann dort, der auf dem Feld uns entgegenkommt?
Der Diener sprach: Das ist mein Herr. Da nahm sie den Schleier und
verhüllte sich. 66 Der Diener aber erzählte Isaak alles, was er getan hat-
te. 67 Da führte Isaak sie in das Zelt seiner Mutter Sara. Und er nahm 67: 25,20
Rebekka, und sie wurde seine Frau, und er gewann sie lieb. So tröstete
sich Isaak nach dem Tod seiner Mutter.

Die Nachkommen von Abraham und Ketura

25 1 Abraham nahm nochmals eine Frau, die hiess Ketura. 2 Und sie 1–4: 1Chr 1,32–33
gebar ihm Simran und Jokschan und Medan und Midian und 2: 37,28 · Hiob 2,11
Jischbak und Schuach. 3 Und Jokschan zeugte Scheba und Dedan. Und 3: 10,7; Jes 21,13
die Söhne Dedans waren Aschuriter und Letuschiter und die Leummi-
ter. 4 Und die Söhne Midians waren Efa und Efer und Henoch und Abida 4: Jes 60,6
und Eldaa. Alle diese sind Söhne der Ketura. 5 Und Abraham gab alles, 5: 24,36
was er hatte, dem Isaak. 6 Aber den Söhnen der Nebenfrauen, die Abra- 6: 29,1
ham hatte, gab Abraham Geschenke, und noch zu seinen Lebzeiten wies
er sie von seinem Sohn Isaak weg nach Osten, ins Ostland.

24,55: Möglich ist auch die Übersetzung: «... Danach magst du gehen.»
24,60: «ihrer Feinde» ist wörtlich: «ihrer Hasser».
24,62: Die Übersetzung ist unsicher.

Abrahams Tod und Begräbnis

7: 35,28; 47,28; 50,26 · *8–9:* 35,29; Hiob 42,17 · *8:* 15,15! · 17 · *9:* 23,19 · 49,31 · *10:* 23,17! · *11:* 26,12! · 16,14!

7 Und dies ist die Zeit der Lebensjahre Abrahams, die er gelebt hat:
hundertfünfundsiebzig Jahre. 8 Und Abraham verschied und starb in
schönem Alter, alt und lebenssatt, und wurde mit seinen Vorfahren ver-
eint. 9 Seine Söhne Isaak und Ismael begruben ihn in der Höhle Mach-
pela auf dem Feld des Hetiters Efron, des Sohns Zohars, das gegenüber
Mamre liegt, 10 auf dem Feld, das Abraham von den Hetitern gekauft
hatte. Dort wurden Abraham und seine Frau Sara begraben. 11 Und nach
dem Tod Abrahams segnete Gott seinen Sohn Isaak, und Isaak liess sich
bei Beer-Lachai-Roi nieder.

Die Nachkommen Ismaels

12: 16,15! · *13–16:* 17,20! · 1Chr 1,29–31 · *13:* 28,9; 36,3; Jes 60,7 · *15:* Hiob 6,19; Jes 21,14; Jer 25,23 · *17:* 8; 49,33; Num 20,24; Dtn 32,50 · *18:* 16,7! · 16,12

12 Und dies sind die Nachkommen Ismaels, des Sohns Abrahams,
den die Ägypterin Hagar, die Magd Saras, Abraham geboren hatte.
13 Und dies sind die Namen der Söhne Ismaels, nach ihren Namen und
nach ihrer Geschlechterfolge: Nebajot, der Erstgeborene Ismaels, dann
Kedar und Adbeel und Mibsam 14 und Mischma und Duma und Massa,
15 Hadad und Tema, Jetur, Nafisch und Kedma. 16 Dies sind die Söhne
Ismaels, und dies sind ihre Namen in ihren Gehöften und ihren Zelten,
zwölf Fürsten nach ihren Stämmen. 17 Und dies sind die Lebensjahre
Ismaels: hundertsiebenunddreissig Jahre. Dann verschied er und starb
und wurde mit seinen Vorfahren vereint. 18 Sie wohnten von Chawila
bis Schur, das östlich von Ägypten liegt, nach Assur hin. Allen seinen
Brüdern setzte er sich vors Gesicht.

Esau und Jakob. Verkauf des Erstgeburtsrechts

19–26: 1Chr 1,34 · *20:* 24,67 · 22,23! · *21:* 11,30! · 30,22–23; Röm 9,10 · *23:* 48,19 · Röm 9,12 · 27,37! · *24:* 38,27 · *25:* 27,11! · 1Chr 1,34 · *26:* Hos 12,4 · 27,36!

19 Und dies ist die Geschichte Isaaks, des Sohns Abrahams. Abraham
zeugte Isaak. 20 Und Isaak war vierzig Jahre alt, als er sich Rebekka, die
Tochter des Aramäers Betuel aus Paddan-Aram, die Schwester des Ara-
mäers Laban, zur Frau nahm. 21 Isaak aber betete zum HERRN für seine
Frau, denn sie war unfruchtbar. Und der HERR liess sich von ihm erbit-
ten, und seine Frau Rebekka wurde schwanger. 22 Aber die Kinder sties-
sen einander in ihrem Leib, und sie sagte: Wenn es so steht, wozu lebe
ich noch? Und sie ging, um den HERRN zu befragen. 23 Und der HERR
sprach zu ihr:

Zwei Völker sind in deinem Leib,
    und zwei Nationen werden sich aus deinem Schosse scheiden.
Eine Nation wird der andern überlegen sein,
    und die ältere wird der jüngeren dienen.

24 Und es kam die Zeit, da sie gebären sollte, und sieh, da waren
Zwillinge in ihrem Leib. 25 Der Erste, der hervorkam, war rötlich, über
und über mit Haaren bedeckt wie mit einem Fell, und man nannte ihn
Esau. 26 Danach kam sein Bruder hervor, und seine Hand hielt die Fer-
se Esaus fest, und man nannte ihn Jakob. Isaak aber war sechzig Jahre
alt, als sie geboren wurden. 27 Und die Knaben wuchsen heran. Esau
wurde ein Mann, der sich auf die Jagd verstand, ein Mann des freien
Feldes. Jakob aber war ein gesitteter Mann, der bei den Zelten blieb.

25,24: Wörtlich: «Und ihre Tage erfüllten sich, ...»
25,27: Möglich ist auch die Übersetzung: «..., der in Zelten wohnte.»

28 Isaak liebte Esau, weil er gern Wildbret ass. Rebekka aber liebte *28:* 27,3-4
Jakob.
29 Einst kochte Jakob ein Gericht. Esau aber kam erschöpft vom Feld.
30 Und Esau sprach zu Jakob: Lass mich doch schnell von dem Roten *30:* 36,1!
essen, von dem Roten da, denn ich bin ganz erschöpft. Darum nennt
man ihn Edom. 31 Jakob aber sprach: Verkaufe mir zuvor dein Erstge- *31:* Dtn 21,17
burtsrecht. 32 Esau sprach: Ach, ich sterbe fast vor Hunger. Was soll mir
da die Erstgeburt? 33 Jakob sprach: Zuerst schwörst du mir! Und er *33:* 27,36! ·
schwor ihm und verkaufte Jakob sein Erstgeburtsrecht. 34 Da gab Jakob Hebr 12,16
dem Esau Brot und Linsen. Der ass und trank, stand auf und ging davon.
So gering achtete Esau das Erstgeburtsrecht.

Isaak und Abimelech

26 1 Es kam eine Hungersnot über das Land, eine andere als die frü- *1–11:* 12,10-20!
here Hungersnot, die zur Zeit Abrahams gewesen war. Da ging *1:* 12,10! · 6; 20,1;
Isaak nach Gerar zu Abimelech, dem König der Philister. 2 Und der 21,34
HERR erschien ihm und sprach: Zieh nicht hinab nach Ägypten. Bleibe *2:* Dtn 28,68!
wohnen in dem Land, das ich dir nennen werde. 3 Bleibe als Fremder in *3:* 24.28
diesem Land, ich will mit dir sein und dich segnen. Denn dir und deinen
Nachkommen werde ich alle diese Länder geben, und so werde ich den
Schwur halten, den ich deinem Vater Abraham geschworen habe. 4 Und *4:* 15,5!
ich werde deine Nachkommen so zahlreich machen wie die Sterne des
Himmels, und deinen Nachkommen werde ich alle diese Länder geben,
und mit deinen Nachkommen werden sich Segen wünschen alle Völker
der Erde, 5 weil Abraham auf meine Stimme gehört und gehalten hat, *5:* 22,18
was ich ihn halten hiess, meine Gebote, Satzungen und Weisungen.
6 Und so blieb Isaak in Gerar. *6:* 1!
7 Die Männer des Ortes aber fragten nach seiner Frau, und er sprach: *7:* 12,11 · 12,13!
Sie ist meine Schwester. Denn er fürchtete sich zu sagen: Sie ist meine
Frau. Die Männer des Ortes, dachte er, könnten mich sonst Rebekkas
wegen umbringen, denn sie ist schön. 8 Er war aber schon längere Zeit
dort, da blickte Abimelech, der König der Philister, einst aus dem Fens-
ter und sah, wie Isaak Rebekka, seine Frau, liebkoste. 9 Und Abimelech
liess Isaak rufen und sprach: Sie ist ja deine Frau. Wie konntest du sa-
gen: Sie ist meine Schwester? Isaak sprach zu ihm: Ich dachte, ich müss-
te ihretwegen sterben. 10 Abimelech sprach: Was hast du uns angetan! *10:* 12,18!
Wie leicht hätte einer aus dem Volk mit deiner Frau schlafen können,
und du hättest Schuld über uns gebracht. 11 Und Abimelech gebot dem
ganzen Volk: Wer diesen Mann oder seine Frau anrührt, muss sterben.
12 Isaak aber säte in jenem Land, und er erntete im gleichen Jahr *12:* 24; 25,11;
hundertfältig. So segnete ihn der HERR. 13 Und er wurde ein reicher Spr 10,22
Mann, er wurde immer reicher, bis er über die Massen reich war. 14 Er
hatte Herden von Schafen und Herden von Rindern und viel Gesinde.
Die Philister aber wurden neidisch auf ihn. 15 Alle Brunnen, die die Die-
ner seines Vaters noch zu Lebzeiten seines Vaters Abraham gegraben
hatten, schütteten die Philister zu und füllten sie mit Erde. 16 Und Abi-
melech sprach zu Isaak: Geh fort von uns, du bist uns viel zu mächtig
geworden. 17 Da ging Isaak weg, schlug im Tal von Gerar sein Lager auf

25,30: Im Namen Edom klingt hebräisch ‹rot› an.

18: 21,30 und liess sich dort nieder. 18 Und Isaak grub die Wasserbrunnen wie-
der auf, die man zu Lebzeiten seines Vaters Abraham gegraben hatte
und die die Philister nach dem Tod Abrahams zugeschüttet hatten, und
er gab ihnen dieselben Namen, die ihnen sein Vater gegeben hatte.
19 Die Diener Isaaks aber gruben im Tal und fanden dort einen Brunnen
20–21: 21,25 mit Quellwasser. 20 Da fingen die Hirten von Gerar mit den Hirten
Isaaks Streit an und sagten: Uns gehört das Wasser! Und er nannte den
Brunnen Esek, weil sie sich mit ihm gezankt hatten. 21 Dann gruben sie
einen anderen Brunnen, und sie gerieten auch über diesen in Streit.
Und er nannte ihn Sitna. 22 Da zog er weiter und grub einen anderen
Brunnen. Über diesen gerieten sie nicht mehr in Streit. Und er nannte
ihn Rechobot und sprach: Nun hat uns der HERR weiten Raum ge-
schaffen, und wir werden fruchtbar im Land.

24: 12! · 15,1 · 3! 23 Von dort zog er hinauf nach Beer-Scheba. 24 Und der HERR er-
schien ihm in jener Nacht und sprach: Ich bin der Gott deines Vaters
Abraham. Fürchte dich nicht, denn ich bin mit dir. Ich will dich segnen
und deine Nachkommen mehren um meines Dieners Abraham willen.
25: 8,20! 25 Und dort baute er einen Altar und rief den Namen des HERRN an; und
dort schlug er sein Zelt auf, und dort hoben die Diener Isaaks einen
26: 21,22 Brunnen aus. 26 Abimelech aber kam zu ihm von Gerar mit Achusat,
27: Ri 11,7 seinem Vertrauten, und Pichol, seinem Heerführer. 27 Da sagte Isaak zu
ihnen: Warum kommt ihr zu mir, da ihr mich doch hasst und mich von
28: 3! · 21,22 · 31,44 euch weggeschickt habt? 28 Sie sagten: Wir haben mit eigenen Augen
gesehen, dass der HERR mit dir war, und so dachten wir: Es soll ein Ver-
trag zwischen uns beschworen werden, zwischen uns und dir. Wir wol-
29: 24,31 len einen Vertrag mit dir schliessen, 29 dass du uns nichts Böses tust,
wie auch wir dich nicht angerührt und dir nur Gutes getan haben und
dich in Frieden haben ziehen lassen, bist du doch der Gesegnete des
30: 31,54; Ex 18,12 HERRN. 30 Da bereitete er ihnen ein Mahl, und sie assen und tranken.
31: 21,27 31 Und am andern Morgen früh schworen sie einander den Eid. Dann
liess Isaak sie ziehen, und sie schieden von ihm in Frieden. 32 Am sel-
ben Tag kamen die Diener Isaaks und berichteten ihm von dem Brun-
nen, den sie gegraben hatten, und sprachen zu ihm: Wir haben Wasser
33: 21,31; 46,1 gefunden. 33 Da nannte er ihn Schiba. Darum heisst die Stadt Beer-
Scheba, bis auf den heutigen Tag.

34: 36,2–3 34 Als Esau vierzig Jahre alt war, nahm er Jehudit, die Tochter des
Hetiters Beeri zur Frau, ferner Basemat, die Tochter des Hetiters Elon;
35: 27,46; 28,8 35 sie waren für Isaak und Rebekka ein schwerer Kummer.

Jakob erlistet den Segen Isaaks

1: 48,10; 1Sam 3,2; 27 1 Als Isaak alt geworden war und seine Augen erloschen waren, so
1Kön 14,4 dass er nicht mehr sehen konnte, rief er seinen älteren Sohn Esau
und sprach zu ihm: Mein Sohn! Und dieser sagte zu ihm: Hier bin ich.
2 Da sprach er: Sieh, ich bin alt geworden und weiss nicht, wann ich
3–4: 25,28 sterben werde. 3 So nimm nun dein Jagdgerät, deinen Köcher und dei-

26,20: Im Namen Esek klingt hebräisch ‹zanken› an.

26,21: Im Namen Sitna hörte man einen Anklang an hebräisch ‹Anklage› oder ‹Streit›.

26,22: Im Namen Rechobot klingt hebräisch ‹Weite› an.

26,33: «Beer» bedeutet ‹Brunnen›, und der Name Schiba klingt ähnlich wie der zweite Teil des Namens Beer-Scheba.

1 UND ICH SAH EINEN
NEUEN HIMMEL UND
EINE NEUE ERDE DENN
DER ERSTE HIMMEL UND
DIE ERSTE ERDE SIND
VERGANGEN UND DAS
MEER IST NICHT MEHR
2 UND DIE HEILIGE STADT,
EIN NEUES JERUSALEM,
SAH ICH VOM HIMMEL
HERABKOMMEN VON GOTT
HER BEREIT WIE EINE
BRAUT, DIE SICH FÜR IHREN
MANN GESCHMÜCKT HAT

OFFENBARUNG 21

Schriftbild zu Offenbarung 21,1

nen Bogen, geh hinaus aufs Feld und erjage mir ein Wild. 4 Dann berei- 4: 48,9
te mir mein Leibgericht zu, wie ich es liebe, und bring es mir, und ich
will essen, damit ich dich segnen kann, bevor ich sterbe. 5 Rebekka aber
hörte, wie Isaak mit seinem Sohn Esau redete. Und Esau ging aufs Feld,
um ein Wild zu erjagen und heimzubringen. 6 Da sprach Rebekka zu
ihrem Sohn Jakob: Sieh, ich habe gehört, wie dein Vater zu deinem Bru-
der Esau sagte: 7 Bringe mir ein Wild und bereite mir mein Leibgericht,
dass ich es esse. Dann werde ich dich vor dem HERRN segnen, bevor ich
sterbe. 8 Nun, mein Sohn, höre auf mich, auf das, was ich dir sage: 9 Geh
zur Herde und bring mir zwei schöne Zicklein. Ich will deinem Vater
davon das Leibgericht zubereiten, wie er es liebt. 10 Das bringst du dei-
nem Vater zum Essen, damit er dich segne, bevor er stirbt.

11 Jakob aber sprach zu seiner Mutter Rebekka: Sieh, mein Bruder 11: 23; 25,25
Esau ist behaart, ich aber bin unbehaart. 12 Vielleicht betastet mich 12: Lev 19,14;
mein Vater. Dann stehe ich vor ihm da als einer, der Spott mit ihm Dtn 27,18
treibt, und ich bringe Fluch über mich und nicht Segen. 13 Da sprach 13: 2Chr 22,3
seine Mutter zu ihm: Auf mich komme dein Fluch, mein Sohn. Höre nur
auf mich und geh und hol mir die Zicklein! 14 Da ging er, holte sie und
brachte sie seiner Mutter. Und seine Mutter bereitete das Leibgericht
zu, wie sein Vater es liebte. 15 Dann nahm Rebekka das Festgewand ih-
res älteren Sohns Esau, das sie bei sich im Haus hatte, und zog es ihrem
jüngeren Sohn Jakob an. 16 Die Felle von den Zicklein aber legte sie um
seine Hände und um seinen glatten Hals. 17 Dann gab sie das Leibge-
richt und das Brot, das sie bereitet hatte, ihrem Sohn Jakob in die Hand.

18 So ging er zu seinem Vater hinein und sprach: Mein Vater! Er
sprach: Hier bin ich. Wer bist du, mein Sohn? 19 Jakob sprach zu seinem
Vater: Ich bin Esau, dein Erstgeborener. Ich habe getan, was du mir ge-
sagt hast. Setz dich auf und iss von meinem Wildbret, damit du mich
segnest. 20 Isaak aber sprach zu seinem Sohn: Wie hast du so schnell 20: Ex 20,7
etwas gefunden, mein Sohn? Er sprach: Der HERR, dein Gott, hat es
günstig für mich gefügt. 21 Da sprach Isaak zu Jakob: Tritt herzu, ich will
dich betasten, mein Sohn, ob du mein Sohn Esau bist oder nicht. 22 Da
trat Jakob zu seinem Vater Isaak heran, und dieser betastete ihn und
sprach: Die Stimme ist Jakobs Stimme, aber die Hände sind Esaus Hän-
de. 23 Und er erkannte ihn nicht, denn seine Hände waren behaart wie 23: 11!
die Hände seines Bruders Esau. Und so segnete er ihn. 24 Und er sprach 24: 1Kön 13,18
zu ihm: Du also bist mein Sohn Esau? Er sprach: Ja, das bin ich. 25 Da
sprach er: Trag mir auf, und ich will von dem Wildbret meines Sohns
essen, damit ich dich segnen kann. Da trug er ihm auf, und er ass. Und er
brachte ihm auch Wein, und er trank. 26 Dann sprach sein Vater Isaak
zu ihm: Tritt herzu und küss mich, mein Sohn. 27 Und er trat herzu und 27–29: 39–40;
küsste ihn. Da roch er den Geruch seiner Kleider, und er segnete ihn Hebr 11,20
und sprach:

Sieh, der Geruch meines Sohns
ist wie der Geruch des Feldes,
das der HERR gesegnet hat.

28 Gott gebe dir 28: Dtn 33,13.28 ·
vom Tau des Himmels 45,18
und vom Fett der Erde,
Korn und Wein in Fülle.

29: 12,3! 29 Völker sollen dir dienen,
und Nationen sollen sich vor dir niederwerfen.
Sei Herr über deine Brüder,
und vor dir sollen sich niederwerfen die Söhne deiner Mutter.
Gesegnet ist, wer dich segnet,
und verflucht, wer dich verflucht.

30 Kaum hatte Isaak Jakob gesegnet und Jakob seinen Vater Isaak
verlassen, kam sein Bruder Esau von der Jagd. 31 Auch er bereitete das
Leibgericht und brachte es seinem Vater. Und er sprach zu seinem Va-
ter: Mein Vater möge sich aufrichten und vom Wildbret seines Sohns
essen, damit du mich segnest. 32 Sein Vater Isaak aber sprach zu ihm:
33: 28,1 Wer bist du? Er sprach: Ich bin dein erstgeborener Sohn Esau. 33 Da be-
gann Isaak vor Schrecken heftig zu beben und sprach: Wer war es denn,
der Wild gejagt und es mir gebracht hat, so dass ich von allem ass, bevor
du hereinkamst, und den ich gesegnet habe? Er wird auch gesegnet blei-
34: Est 4,1 ben. 34 Als Esau die Worte seines Vaters hörte, schrie er laut auf, klagte
bitter und sprach zu seinem Vater: Segne doch auch mich, mein Vater.
35: 29,25 35 Er aber sprach: Hinterlistig ist dein Bruder gekommen und hat dir
36: 25,26.33 den Segen geraubt. 36 Da sprach er: Ja, mit Recht hat man ihn Jakob
genannt, schon zweimal hat er mich betrogen. Mein Erstgeburtsrecht
hat er mir geraubt, und nun raubt er mir auch meinen Segen. Und er
37: 40; 25,23; 2Sam 8,14; 1Kön 22,48 sprach: Hast du keinen Segen mehr für mich? 37 Isaak antwortete und
sprach zu Esau: Sieh, ich habe ihn zum Herrn über dich gesetzt, und alle
seine Brüder habe ich ihm als Diener gegeben, mit Korn und Wein habe
38: Hebr 12,17 ich ihn versorgt. Was kann ich für dich noch tun, mein Sohn? 38 Esau
sprach zu seinem Vater: Hast du denn nur einen Segen, mein Vater? Seg-
39–40: 27–29! ne doch auch mich, mein Vater. Und Esau begann laut zu weinen. 39 Da
antwortete sein Vater Isaak und sprach zu ihm:
Sieh, fern vom Fett der Erde
wird deine Wohnung sein
und fern vom Tau des Himmels droben.
40: 37! · 2Kön 8,20 40 Von deinem Schwert wirst du leben,
und deinem Bruder wirst du dienen.
Doch, wenn du dich losreisst,
wirst du sein Joch
von deinem Nacken schütteln.

41: 4,8 · 37,18; Spr 18,19; Am 1,11 41 Esau aber war Jakob feind um des Segens willen, mit dem sein
Vater ihn gesegnet hatte, und Esau sprach bei sich: Es nahen die Tage der
Trauer um meinen Vater. Dann will ich meinen Bruder Jakob umbrin-
gen. 42 Da hinterbrachte man Rebekka die Worte ihres älteren Sohns
Esau, und sie sandte hin und liess ihren jüngeren Sohn Jakob rufen und
sprach zu ihm: Sieh, dein Bruder Esau will Rache an dir nehmen und
43: 11,31! · 24,29! dich umbringen. 43 So höre nun auf mich, mein Sohn. Mach dich auf
und flieh zu meinem Bruder Laban nach Charan. 44 Bleib einige Zeit bei
ihm, bis sich der Grimm deines Bruders legt. 45 Sobald der Zorn deines
Bruders ablässt von dir und er vergisst, was du ihm angetan hast, will
ich nach dir senden und dich holen lassen. Warum sollte ich euch beide
an einem Tag verlieren?

27,36: Im Namen Jakob klingt hebräisch ‹betrügen› an.

Jakobs Aufbruch

46 Rebekka aber sprach zu Isaak: Mein Leben ist mir zuwider wegen 46: 26,35!
der Hetiterinnen. Wenn auch Jakob eine Frau nimmt von den Hetiterin-
nen wie diese, eine von den Töchtern des Landes, was soll mir dann das
Leben?
28 1 Isaak aber rief Jakob zu sich und segnete ihn. Er gebot ihm und 1–2: 24,3!
sprach: Du sollst dir keine Frau von den Kanaaniterinnen nehmen. 1: 27,33
2 Mach dich auf, geh nach Paddan-Aram, zum Haus Betuels, des Vaters 2: Hos 12,13 · 24,29!
deiner Mutter, und nimm dir eine Frau von dort, von den Töchtern La-
bans, des Bruders deiner Mutter. 3 El-Schaddai wird dich segnen und dich 3: 16,2
fruchtbar machen und mehren, und du wirst zu einer Grosszahl von Völ-
kern werden. 4 Und er wird dir und mit dir auch deinen Nachkommen 4: 17,8!
den Segen Abrahams geben, dass du in den Besitz des Landes kommst, in
dem du als Fremder weilst und das Gott Abraham gegeben hat. 5 Und 5: Dtn 26,5
Isaak entliess Jakob, und er ging nach Paddan-Aram, zu Laban, dem Sohn
des Aramäers Betuel, dem Bruder Rebekkas, der Mutter Jakobs und Esaus.
6 Und Esau sah, dass Isaak Jakob segnete und ihn nach Paddan-Aram
sandte, damit er sich von dort eine Frau nehme, indem er ihn segnete und
ihm gebot: Du sollst dir keine Frau von den Kanaaniterinnen nehmen.
7 Jakob aber hörte auf seinen Vater und seine Mutter und ging nach Pad-
dan-Aram. 8 Da sah Esau, dass die Kanaaniterinnen seinem Vater Isaak 8: 26,35!
missfielen. 9 So ging Esau zu Ismael und nahm zu den Frauen, die er schon 9: 26,34 · 25,13!
hatte, Mahalat, die Tochter Ismaels, des Sohns Abrahams, die Schwester
Nebajots, zur Frau.

Jakobs Traum

10 Jakob aber zog weg von Beer-Scheba und ging nach Charan. 10: 11,31!
11 Und er gelangte an einen Ort und blieb dort über Nacht, denn die
Sonne war untergegangen. Und er nahm einen von den Steinen des Or-
tes, legte ihn unter seinen Kopf, und an jener Stelle legte er sich schla-
fen. 12 Da hatte er einen Traum: Sieh, da stand eine Treppe auf der Erde, 12: 32,2 ·
und ihre Spitze reichte bis an den Himmel. Und sieh, Boten Gottes stie- Num 12,6 · Joh 1,51
gen auf ihr hinan und herab. 13 Und sieh, der HERR stand vor ihm und 13: 35,1; 48,3 · 24,12;
sprach: Ich bin der HERR, der Gott deines Vaters Abraham und der Gott 32,10; Ex 3,6.15
Isaaks. Das Land, auf dem du liegst, dir und deinen Nachkommen will
ich es geben. 14 Und deine Nachkommen werden sein wie der Staub der 14: 13,16! · 18,18!
Erde, und du wirst dich ausbreiten nach Westen und Osten, nach Nor-
den und Süden, und durch dich und deine Nachkommen werden Segen
erlangen alle Sippen der Erde. 15 Und sieh, ich bin mit dir und behüte 15: 35,3 · 46,4;
dich, wohin du auch gehst, und ich werde dich in dieses Land zurück- Jer 16,15 · 31,3 ·
bringen. Denn ich verlasse dich nicht, bis ich getan, was ich dir gesagt Dtn 31,6!
habe. 16 Da erwachte Jakob aus seinem Schlaf und sprach: Fürwahr, der
HERR ist an dieser Stätte, und ich wusste es nicht. 17 Und er fürchtete 17: Ex 3,5 · 35,7
sich und sprach: Wie furchtbar ist diese Stätte! Sie ist nichts Geringeres
als das Haus Gottes, und dies ist das Tor des Himmels. 18 Am andern 18: 21,14! · 31,45! ·
Morgen früh nahm Jakob den Stein, den er unter seinen Kopf gelegt 31,13; 35,14
hatte, richtete ihn als Mazzebe auf und goss Öl darauf. 19 Und er nannte 19: 35,6; 48,3;
jenen Ort Bet-El; früher aber hiess die Stadt Lus. 20 Dann tat Jakob ein Jos 16,2
20: 31,13

28,19: Bet-El bedeutet ‹Haus Gottes›.

Gelübde und sprach: Wenn Gott mit mir ist und mich auf diesem Weg,
den ich jetzt gehe, behütet, wenn er mir Brot zu essen und Kleider anzu-
21: 2Sam 15,8 ziehen gibt 21 und wenn ich wohlbehalten in das Haus meines Vaters
22: 35,15 · 14,20! zurückkehre, so soll der HERR mein Gott sein. 22 Und dieser Stein, den
ich als Mazzebe aufgerichtet habe, soll ein Gotteshaus werden, und al-
les, was du mir geben wirst, will ich dir getreulich verzehnten.

Jakob dient um Lea und Rachel

1: 25,6 **29** 1 Dann machte sich Jakob auf den Weg und ging in das Land der
2: 24,11 Söhne des Ostens. 2 Und er schaute sich um, und sieh, da war ein
Brunnen auf dem Feld. Und sieh, drei Schafherden lagerten daneben,
denn aus jenem Brunnen pflegte man die Herden zu tränken. Der Stein
über der Öffnung des Brunnens aber war gross. 3 Wenn alle Herden dort
zusammengetrieben waren, wälzte man den Stein von der Öffnung des
Brunnens und tränkte die Schafe. Dann schob man den Stein wieder
4: 11,31! zurück über die Öffnung des Brunnens an seinen Platz. 4 Jakob sagte zu
ihnen: Meine Brüder, woher seid ihr? Sie sagten: Wir sind von Charan.
5: 24,29! 5 Er sagte zu ihnen: Kennt ihr Laban, den Sohn Nachors? Sie sagten: Wir
kennen ihn. 6 Er sagte zu ihnen: Geht es ihm gut? Sie sagten: Ja, es geht
ihm gut. Da kommt eben seine Tochter Rachel mit den Schafen. 7 Er
sagte: Es ist ja noch mitten am Tag, noch nicht die Zeit, das Vieh einzu-
treiben. Tränkt die Schafe und lasst sie wieder weiden. 8 Sie sagten: Das
können wir nicht, bis alle Herden zusammengetrieben sind und man
den Stein von der Öffnung des Brunnens wälzt. Dann erst tränken wir
die Schafe.

9 Während er noch mit ihnen redete, war Rachel mit den Schafen,
die ihrem Vater gehörten, herangekommen, denn sie war eine Hirtin.
10: Ex 2,17 · 24,11! 10 Als Jakob aber Rachel, die Tochter Labans, des Bruders seiner Mutter,
und die Schafe Labans, des Bruders seiner Mutter, sah, trat Jakob herzu,
wälzte den Stein von der Öffnung des Brunnens und tränkte die Schafe
Labans, des Bruders seiner Mutter. 11 Dann küsste Jakob Rachel und be-
gann laut zu weinen. 12 Und Jakob berichtete Rachel, dass er der Ver-
wandte ihres Vaters, der Sohn Rebekkas, sei. Da lief sie weg und berich-
13: 24,32 tete es ihrem Vater. 13 Als Laban von Jakob, dem Sohn seiner Schwester,
hörte, lief er ihm entgegen, umarmte und küsste ihn und führte ihn in
14: 2,23; 37,27; sein Haus. Und er erzählte Laban alle diese Begebenheiten. 14 Da sprach
Ri 9,2; 2Sam 5,1 Laban zu ihm: Ja, du bist mein Gebein und mein Fleisch. Und er blieb
einen Monat lang bei ihm.

15: 30,28 15 Und Laban sprach zu Jakob: Du bist doch mein Bruder. Solltest du
16: Rut 4,11 mir umsonst dienen? Sag mir: Was soll dein Lohn sein? 16 Nun hatte
Laban zwei Töchter; die ältere hiess Lea, die jüngere Rachel. 17 Die Au-
gen Leas waren matt, Rachel aber war von schöner Gestalt und von schö-
nem Aussehen. 18 Und Jakob liebte Rachel. So sprach er: Ich will dir sie-
ben Jahre um Rachel, deine jüngere Tochter, dienen. 19 Laban sagte: Es
ist besser, ich gebe sie dir, als dass ich sie einem fremden Mann gebe.
20: 27,30; 30,26; Bleibe bei mir! 20 Also diente Jakob um Rachel sieben Jahre, und sie ka-
31,15.41; Hos 12,13 men ihm wie ein paar Tage vor, so sehr liebte er sie. 21 Dann sprach
Jakob zu Laban: Gib mir meine Frau, denn meine Zeit ist um, und ich
22: Ri 14,10; Est 2,18 will nun zu ihr gehen. 22 Da lud Laban alle Leute des Ortes ein und ver-
anstaltete ein Festmahl. 23 Am Abend aber nahm er seine Tochter Lea

und führte sie zu ihm hinein, und er ging zu ihr. 24 Und Laban gab sei- 24: 30,9; 35,26;
ner Tochter Lea seine Magd Silpa zur Magd. 25 Am Morgen aber, sieh, 46,18
da war es Lea. Da sprach Jakob zu Laban: Was hast du mir angetan! Habe 25: 12,18! · 27,35
ich dir nicht um Rachel gedient? Warum hast du mich betrogen? 26 La-
ban sprach: Es ist hierzulande nicht Sitte, die Jüngere vor der Älteren
wegzugeben. 27 Feire die Hochzeitswoche mit dieser zu Ende, dann 27: Ri 14,12 · 20!
wollen wir dir auch die andere geben für den Dienst, den du bei mir
noch weitere sieben Jahre tun sollst. 28 Jakob machte es so, und er feier-
te die Woche mit ihr zu Ende. Dann gab ihm jener seine Tochter Rachel
zur Frau. 29 Und Laban gab seiner Tochter Rachel seine Magd Bilha zur 29: 30,4; 35,25;
Magd. 30 Da ging er auch zu Rachel, und er liebte Rachel mehr als Lea. 46,25
Und er diente bei ihm noch weitere sieben Jahre. 30: Lev 18,18; Dtn 21,15 · 20!

Jakobs Kinder

31 Der HERR aber sah, dass Lea zurückgesetzt war, und er öffnete ih- 31: 11,30!
ren Schoss, während Rachel unfruchtbar blieb. 32 Und Lea wurde 32–35: 35,23
schwanger und gebar einen Sohn, und sie nannte ihn Ruben, denn sie
sprach: Fürwahr, der HERR hat mein Elend angesehen; nun wird mein
Mann mich lieben. 33 Und sie wurde wieder schwanger und gebar ei-
nen Sohn, und sie sprach: Fürwahr, der HERR hat gehört, dass ich zu-
rückgesetzt bin, und hat mir auch noch diesen gegeben. Und sie nannte
ihn Simeon. 34 Und sie wurde wieder schwanger und gebar einen Sohn, 34: Num 18,2 ·
und sie sprach: Nun endlich wird mein Mann mir anhänglich sein, 30,20
denn ich habe ihm drei Söhne geboren. Darum nannte sie ihn Levi.
35 Und sie wurde wieder schwanger und gebar einen Sohn, und sie 35: Mt 1,2 · 30,9
sprach: Nun will ich den HERRN preisen. Darum nannte sie ihn Juda.
Dann hörte sie auf zu gebären.

30 1 Rachel aber sah, dass sie Jakob keine Kinder gebar, und Rachel 1: 1Sam 1,10;
wurde eifersüchtig auf ihre Schwester, und sie sprach zu Jakob: Spr 30,16
Schaffe mir Söhne, sonst sterbe ich. 2 Da entbrannte der Zorn Jakobs 2: 50,19; 2Kön 5,7
über Rachel, und er sprach: Bin ich denn an Gottes Statt, der dir Leibes-
frucht versagt hat? 3 Darauf sprach sie: Da hast du meine Magd Bilha. 3: 50,23 · 16,2
Geh zu ihr! Sie soll auf meinen Knien gebären, und durch sie komme
auch ich zu Kindern. 4 Und sie gab ihm ihre Magd Bilha zur Frau, und 4: 9; 16,3 · 29,29!
Jakob ging zu ihr. 5 Und Bilha wurde schwanger und gebar Jakob einen 5–8: 46,25
Sohn. 6 Da sprach Rachel: Gott hat mir Recht verschafft, und er hat auch 6: 35,25!
mich erhört und mir einen Sohn gegeben. Darum nannte sie ihn Dan.
7 Und Bilha, Rachels Magd, wurde wieder schwanger und gebar Jakob
einen zweiten Sohn. 8 Da sprach Rachel: Gotteskämpfe habe ich mit 8: 35,25!
meiner Schwester gekämpft, und ich habe auch gesiegt. Und sie nannte
ihn Naftali.

9 Lea aber sah, dass sie aufgehört hatte zu gebären. Da nahm sie ihre 9: 29,24! · 29,35 · 4!
Magd Silpa und gab sie Jakob zur Frau. 10 Und Silpa, Leas Magd, gebar 10–13: 46,18
Jakob einen Sohn. 11 Da sprach Lea: Welch ein Glück! Und sie nannte 11: 35,26!
ihn Gad. 12 Und Silpa, Leas Magd, gebar Jakob einen zweiten Sohn.

29,31: «zurückgesetzt» ist wörtlich: «gehasst».
30,34: Im Namen Levi klingt hebräisch ‹anhänglich› an.
30,35: Der Name Juda klingt ähnlich wie hebräisch ‹preisen›.
30,6: Im Namen Dan klingt hebräisch ‹Recht schaffen› an.
30,8: Im Namen Naftali hörte man einen Anklang an hebräisch ‹kämpfen›.

13: 35,26! · Lk 1,48 13 Da sprach Lea: Ich Glückliche! Ja, die Töchter werden mich glücklich
preisen. Und sie nannte ihn Asser.
14: Hld 7,14 14 Ruben aber ging einst zur Zeit der Weizenernte weg und fand auf
dem Feld Liebesäpfel, und er brachte sie seiner Mutter Lea. Da sagte Ra-
chel zu Lea: Gib mir doch ein paar von den Liebesäpfeln deines Sohns.
15 Sie aber sagte zu ihr: Ist es dir nicht genug, mir meinen Mann zu
nehmen, dass du auch noch die Liebesäpfel meines Sohns nehmen
willst? Da sagte Rachel: Nun, so mag er für die Liebesäpfel deines Sohns
heute nacht bei dir schlafen. 16 Und am Abend kam Jakob vom Feld, und
Lea ging ihm entgegen und sprach: Zu mir musst du kommen, denn ich
habe dich erworben um den Preis der Liebesäpfel meines Sohns. Also
schlief er jene Nacht bei ihr. 17 Und Gott erhörte Lea, und sie wurde
18: 35,23! schwanger und gebar Jakob einen fünften Sohn. 18 Da sprach Lea: Gott
hat es mir gelohnt, dass ich meinem Mann meine Magd gegeben habe.
Und sie nannte ihn Issaschar. 19 Und Lea wurde wieder schwanger und
20: 35,23! · 29,34 gebar Jakob einen sechsten Sohn. 20 Da sprach Lea: Gott hat mich mit
einem schönen Geschenk bedacht; nunmehr wird mein Mann mich als
seine Frau ehren, denn ich habe ihm sechs Söhne geboren. Und sie
21: 34,1; 46,15 nannte ihn Sebulon. 21 Danach gebar sie eine Tochter und nannte sie
Dina.
22–23: 25,21! 22 Gott aber dachte an Rachel. Gott erhörte sie und öffnete ihren
22: 1Sam 1,19 Schoss. 23 Und sie wurde schwanger und gebar einen Sohn, und sie
23: Jes 4,1; Lk 1,25 sprach: Gott hat meine Schmach von mir genommen. 24 Und sie nann-
24: 35,24 · 35,17–19! te ihn Josef und sprach: Der HERR möge mir noch einen Sohn dazu ge-
ben.

Jakobs Reichtum

25 Als Rachel Josef geboren hatte, sprach Jakob zu Laban: Lass mich
26: 29,20! ziehen, ich will an meinen Ort und in mein Land gehen. 26 Gib mir
meine Frauen und meine Kinder, um die ich dir gedient habe, damit ich
gehen kann. Du weisst ja selbst, welchen Dienst ich bei dir geleistet ha-
27: 39,5 be. 27 Laban sprach zu ihm: Lass mich Gnade finden in deinen Augen.
Ich habe unter guten Vorzeichen gestanden, und um deinetwillen hat
28: 29,15 mich der HERR gesegnet. 28 Und er sprach: Bestimme den Lohn, den du
29: 31,6 · 31,38–39 von mir haben willst. Ich will ihn dir geben. 29 Er sprach zu ihm: Du
weisst selbst, wie ich dir gedient habe und was aus deinem Vieh unter
meiner Obhut geworden ist. 30 Das wenige, das du vor meiner Zeit hat-
test, hat sich gewaltig vermehrt, und der HERR hat dich gesegnet, wo
immer ich meinen Fuss hinsetzte. Wann werde nun auch ich für mein
31: 46,34! Haus etwas tun können? 31 Da sagte er: Was soll ich dir geben? Jakob
sagte: Du sollst mir gar nichts geben. Wenn du mir dies eine gewährst,
32: 31,8 so will ich wieder deine Schafe weiden und hüten: 32 Ich will heute
durch deine ganze Herde gehen und aus ihr alle gesprenkelten und ge-
fleckten und alle schwarzen Lämmer aussondern, ebenso was unter den
Ziegen gefleckt und gesprenkelt ist. Das soll mein Lohn sein. 33 Und
meine Redlichkeit wird dann für mich sprechen, wenn du kommst, um
meinen Lohn nachzuprüfen: Alles, was unter den Ziegen nicht gespren-
kelt oder gefleckt und unter den Lämmern nicht schwarz ist, das soll als
von mir gestohlen gelten. 34 Da sprach Laban: Gut, es soll geschehen,
wie du gesagt hast. 35 Und er sonderte noch am selben Tag die gestreif-

ten und gefleckten Ziegenböcke und alle gesprenkelten und gefleckten
Ziegen aus, alles, an dem etwas weiss war, und alles, was schwarz war
unter den Lämmern, und übergab sie seinen Söhnen. 36 Und er legte
einen Abstand von drei Tagereisen zwischen sich und Jakob, während
Jakob die übrige Herde Labans weidete. 37 Nun nahm Jakob frische Ru-
ten von Weisspappeln, Mandelbäumen und Platanen und schälte daran
weisse Streifen heraus, so dass das Weisse an den Ruten blossgelegt
wurde. 38 Dann stellte er die Ruten, die er geschält hatte, in die Tröge, in
die Wasserrinnen, zu denen die Herden zum Trinken kamen, gerade
vor die Tiere hin. Und sie paarten sich, wenn sie zum Trinken kamen.
39 So paarten sich die Tiere vor den Ruten, und die Tiere warfen Ge- 39: 31,10
streifte, Gesprenkelte und Gefleckte. 40 Die Lämmer aber schied Jakob
aus, und er richtete den Blick der Tiere auf das Gestreifte und alles
Schwarze in der Herde Labans. So legte er sich eigene Herden zu, die er
nicht zu den Tieren Labans tat. 41 Und sooft die kräftigen Tiere sich
paarten, stellte Jakob die Ruten vor die Tiere in die Tränkrinnen, damit
sie sich vor den Ruten paarten. 42 Wenn aber die Tiere schwächlich wa-
ren, stellte er sie nicht hin. Daher fielen die schwächlichen Tiere Laban
zu, die kräftigen aber Jakob. 43 So breitete sich der Mann über die Mas- 43: 12,16!
sen aus, und er kam zu vielen Schafen und Ziegen, Mägden und Knech-
ten, Kamelen und Eseln.

Jakob und Laban

31 1 Er hörte aber, was die Söhne Labans sagten: Jakob hat alles, was
unserem Vater gehört, an sich gebracht, und von dem, was unse-
rem Vater gehört, hat er all diesen Reichtum erworben. 2 Und Jakob sah
an Labans Miene, dass er nicht mehr so zu ihm stand wie früher. 3 Der 3: 13; 32,10 · 28,15
HERR aber sprach zu Jakob: Kehre zurück in das Land deiner Vorfahren
und zu deiner Verwandtschaft. Ich will mit dir sein. 4 Da sandte Jakob
hin und liess Rachel und Lea aufs Feld zu seiner Herde rufen. 5 Und er
sprach zu ihnen: Ich sehe an der Miene eures Vaters, dass er nicht mehr
so zu mir steht wie früher. Aber der Gott meines Vaters ist mit mir ge-
wesen. 6 Ihr wisst selbst, dass ich eurem Vater mit meiner ganzen Kraft 6: 30,29
gedient habe. 7 Euer Vater aber hat mich betrogen und meinen Lohn 7: 41 · 20,6
zehnmal geändert, doch Gott hat ihm nicht gestattet, mir Schaden zu-
zufügen. 8 Wenn er sprach: Die Gesprenkelten sollen dein Lohn sein, 8: 30,32
dann warf die ganze Herde Gesprenkelte. Und wenn er sprach: Die Ge-
streiften sollen dein Lohn sein, dann warf die ganze Herde Gestreifte.
9 So hat Gott eurem Vater das Vieh weggenommen und es mir gegeben.
10 Zur Zeit aber, da die Schafe sich paarten, blickte ich auf und sah im 10: 30,39
Traum, und sieh, die Böcke, die die Schafe besprangen, waren gestreift,
gesprenkelt und scheckig. 11 Und der Bote Gottes sprach zu mir im
Traum: Jakob! Ich sprach: Hier bin ich. 12 Und er sprach: Blicke auf und 12: Ex 3,7
sieh: Alle Böcke, die die Schafe bespringen, sind gestreift, gesprenkelt
und scheckig. Denn ich habe alles gesehen, was Laban dir antut. 13 Ich 13: 3! · 28,18! ·
bin der Gott von Bet-El, wo du eine Mazzebe gesalbt und wo du mir ein 28,20
Gelübde getan hast. Nun mach dich auf, zieh weg aus diesem Land und
kehr in das Land deiner Verwandtschaft zurück. 14 Da antworteten Ra-
chel und Lea, und sie sprachen zu ihm: Haben wir noch Erbe und Anteil
am Haus unseres Vaters? 15 Gelten wir ihm nicht als Fremde? Er hat uns 15: 29,20!

ja verkauft und sogar unser Silber verbraucht. 16 Ja, der ganze Reich-
tum, den Gott unserem Vater weggenommen hat, gehört uns und unse-
ren Söhnen, Und nun, tu alles, was Gott dir gesagt hat. 17 Da machte sich
Jakob auf und hob seine Söhne und seine Frauen auf die Kamele. 18 Und
all sein Vieh und seine ganze Habe, die er erworben hatte, seinen eige-
nen Viehbesitz, den er in Paddan-Aram erworben hatte, führte er fort,
um zu seinem Vater Isaak ins Land Kanaan zu ziehen.

19: 38,13! · 19 Als aber Laban hingegangen war, um seine Schafe zu scheren,
1Sam 19,13 · 32 stahl Rachel die Terafim, die ihrem Vater gehörten. 20 So überlistete Ja-
kob Laban, den Aramäer, indem er ihn nicht merken liess, dass er flie-
hen wollte. 21 Und er floh mit allem, was er hatte, machte sich auf und
setzte über den Strom und schlug die Richtung nach dem Gebirge Gile-
ad ein. 22 Am dritten Tag wurde Laban gemeldet, dass Jakob geflohen
sei. 23 Da nahm er seine Brüder mit sich und jagte ihm nach, sieben
24: 20,3 · 29; 24,50 Tagereisen weit, und im Gebirge Gilead holte er ihn ein. 24 Aber Gott
kam des Nachts im Traum zu Laban, dem Aramäer, und sprach zu ihm:
Hüte dich, Jakob im Guten oder im Bösen anzusprechen.

25 Und Laban erreichte Jakob. Jakob aber hatte sein Zelt im Gebirge
aufgeschlagen, und auch Laban schlug es mit seinen Brüdern im Gebir-
26: 12,18! ge Gilead auf. 26 Da sprach Laban zu Jakob: Was hast du getan, dass du
mich überlistet und meine Töchter wie Kriegsgefangene weggeführt
hast? 27 Warum bist du heimlich geflohen und hast mich überlistet und
mir nichts gesagt, dass ich dich mit Jubel und Liedern, mit Trommel
28: 32,1; Rut 1,9.14; und Leier hätte geleiten können? 28 Du hast mich nicht einmal meine
1Kön 19,20 Enkel und Töchter küssen lassen. Töricht hast du gehandelt. 29 Ich hätte
29: 24! wohl die Macht, euch Übles anzutun, aber der Gott eures Vaters hat ver-
gangene Nacht zu mir gesprochen: Hüte dich, Jakob im Guten oder im
30: Ri 18,24 Bösen anzusprechen. 30 Nun, du bist gegangen, weil du dich so sehr
nach dem Haus deines Vaters gesehnt hast. Aber warum hast du meine
Götter gestohlen? 31 Jakob antwortete und sprach zu Laban: Ich fürchte-
te mich, denn ich dachte, du würdest mir deine Töchter entreissen.
32: 44,9 · 19 32 Bei wem du aber deine Götter findest, der soll nicht am Leben blei-
ben. Vor unseren Brüdern durchsuche, was ich bei mir habe, und nimm
sie. Jakob aber wusste nicht, dass Rachel sie gestohlen hatte. 33 Da ging
Laban in das Zelt Jakobs und in das Zelt Leas und in das Zelt der beiden
Mägde, fand aber nichts. Dann verliess er das Zelt Leas und ging in das
Zelt Rachels. 34 Rachel aber hatte die Hausgötter genommen, sie in die
Kamelsatteltasche gelegt und sich darauf gesetzt. Und Laban durch-
35: Lev 15,19–20 suchte das ganze Zelt, fand aber nichts. 35 Da sprach sie zu ihrem Vater:
Mein Herr, zürne nicht, dass ich mich vor dir nicht erheben kann, denn
es geht mir, wie es Frauen eben geht. So suchte und suchte er, aber die
Hausgötter fand er nicht.

36 Jakob aber wurde zornig und stellte Laban zur Rede. Jakob be-
gann und sprach zu Laban: Was ist mein Verbrechen, was meine Verfeh-
lung, dass du mich so hitzig verfolgt hast? 37 Du hast nun alle meine
Sachen durchsucht. Was hast du von all den Sachen deines Hauses ge-
funden? Leg es hierher vor meine Brüder und vor deine Brüder, sie sol-
38–39: 30,29 len zwischen uns beiden entscheiden. 38 Zwanzig Jahre bin ich jetzt bei

31,19: Terafim sind hier Hausgötter-Figuren.

dir. Deine Schafe und Ziegen haben nicht fehlgeworfen, und die Widder
deiner Herde habe ich nicht gegessen. 39 Was von Raubtieren gerissen 39: Ex 22,12
war, durfte ich dir nicht bringen. Ich selbst musste es ersetzen, von mir
hast du es gefordert, ob es mir am Tag geraubt wurde oder in der Nacht.
40 Am Tag verzehrte mich die Hitze und in der Nacht der Frost, und der
Schlaf floh meine Augen. 41 Zwanzig Jahre habe ich dir jetzt in deinem 41: 7 · 29,20!
Haus gedient, vierzehn Jahre um deine beiden Töchter und sechs Jahre
um deine Herde, und du hast meinen Lohn zehnmal geändert. 42 Wenn 42: 54
nicht der Gott meines Vaters, der Gott Abrahams und der Schrecken
Isaaks, für mich gewesen wäre, du hättest mich jetzt mit leeren Händen
ziehen lassen. Mein Elend und die Arbeit meiner Hände hat Gott gese-
hen, und letzte Nacht hat er Recht gesprochen.

43 Laban antwortete und sprach zu Jakob: Die Töchter sind meine 43: Ex 21,4–5
Töchter, die Söhne sind meine Söhne, und die Tiere sind meine Tiere;
alles, was du siehst, gehört mir. Aber was kann ich heute für diese meine
Töchter tun oder für ihre Söhne, die sie geboren haben? 44 So komm 44: 26,28
nun, wir wollen einen Vertrag schliessen, ich und du. Dieser soll Zeuge
sein zwischen mir und dir. 45 Da nahm Jakob einen Stein und richtete 45: 28,18; Jos 24,26;
ihn auf als Mazzebe. 46 Und Jakob sprach zu seinen Brüdern: Lest Stei- 1Sam 7,12
ne auf! Und sie nahmen Steine und errichteten einen Steinhaufen und
hielten dort auf dem Steinhaufen ein Mahl. 47 Und Laban nannte ihn
Jegar-Sahaduta, Jakob aber nannte ihn Gal-Ed. 48 Und Laban sprach: 48: 52; Jos 22,27!
Dieser Steinhaufen ist heute Zeuge zwischen mir und dir. Darum nennt
man in Gal-Ed 49 und Mizpa, denn er sprach: Der HERR möge wachen 49: Ri 10,17!
zwischen mir und dir, wenn wir einander nicht mehr sehen. 50 Wenn 50: Ri 11,10;
du je meine Töchter schlecht behandelst oder andere Frauen zu meinen 1Sam 12,5; Jer 42,5;
Töchtern hinzunimmst – auch wenn kein Mensch bei uns ist: Sieh, Gott Mal 2,14
ist Zeuge zwischen mir und dir. 51 Dann sprach Laban zu Jakob: Sieh,
dieser Steinhaufen, und sieh, die Mazzebe, die ich aufgerichtet habe
zwischen mir und dir, 52 dieser Steinhaufen ist Zeuge, und Zeuge ist die 52: 48!
Mazzebe: Nie will ich zu dir hin diesen Steinhaufen überschreiten, und
nie darfst du zu mir hin diesen Steinhaufen und diese Mazzebe in böser
Absicht überschreiten. 53 Der Gott Abrahams und der Gott Nachors, sie 53: 16,5!
mögen zwischen uns richten – der Gott ihres Vaters. Und Jakob schwor
beim Schrecken seines Vaters Isaak. 54 Dann brachte Jakob ein 54: 42 · 26,30!
Schlachtopfer dar im Gebirge und lud seine Brüder ein, das Mahl zu hal-
ten. Und sie assen und blieben über Nacht im Gebirge.

32 1 Am anderen Morgen früh aber küsste Laban seine Enkel und sei- 1: 31,28! · 24,60
ne Töchter und segnete sie. Dann ging Laban und kehrte an seinen
Ort zurück. 2 Auch Jakob ging seines Wegs. Da begegneten ihm Boten 2: 28,12
Gottes. 3 Als Jakob sie sah, sprach er: Dies ist das Heerlager Gottes. Und 3: 1Chr 12,23 ·
er nannte jenen Ort Machanajim. 2Sam 2,8; 17,24.27;
Hld 7,1

31,42: «Schrecken Isaaks» (möglicherweise auch als «Verwandter Isaaks» oder «Zuflucht Isaaks» zu übersetzen) ist ein Gottesname; vgl. V.53.

31,48: Der Name Gal-Ed bedeutet ‹Steinhaufen des Zeugen›.

32,3: Der Name Machanajim bedeutet ‹Doppellager›, was die Grösse des Lagers beschreiben soll.

Jakobs Furcht vor Esau

4: 36,1! · 33,14; 4 Jakob aber sandte Boten vor sich her zu Esau, seinem Bruder, in das
36,8–9 Land Seir, in das Gebiet von Edom. 5 Und er befahl ihnen: So sollt ihr zu
meinem Herrn Esau sprechen: So spricht dein Diener Jakob: Bei Laban
habe ich als Fremder geweilt, und bis jetzt habe ich mich dort aufgehal-
6: 12,16! · 33,8! ten. 6 Ich bin zu Rindern und Eseln, zu Schafen und zu Knechten und
Mägden gekommen, und nun sende ich meinem Herrn Nachricht, um
7: 33,1 Gnade in deinen Augen zu finden. 7 Und die Boten kehrten zu Jakob
zurück und berichteten: Wir sind zu deinem Bruder Esau gekommen. Er
zieht dir schon entgegen, und bei ihm sind vierhundert Mann. 8 Da
fürchtete sich Jakob sehr, und es wurde ihm bange. Und er teilte die
Leute, die bei ihm waren, die Schafe, die Rinder und Kamele in zwei
Lager. 9 Er dachte nämlich: Wenn Esau das eine Lager überfällt und es
10: 28,13! · 31,3! niederschlägt, so kann doch das andere Lager entrinnen. 10 Und Jakob
sprach: Gott meines Vaters Abraham und Gott meines Vaters Isaak,
HERR, der du mir gesagt hast: Kehr zurück in dein Land und zu deiner
11: 24,27 Verwandtschaft, ich will dir Gutes tun. 11 Ich bin zu gering für alle Gna-
de und alle Treue, die du deinem Diener erwiesen hast. Ich hatte nur
meinen Stab, als ich den Jordan da überschritt, und nun gebiete ich über
zwei Lager. 12 Rette mich doch aus der Hand meines Bruders, aus der
Hand Esaus, denn ich fürchte, dass er kommt und mich erschlägt, mich
13: 15,5! · 22,17; und die Mutter samt den Kindern. 13 Du selbst hast gesagt: Ich werde
2Sam 17,11; dir Gutes tun, und deine Nachkommen will ich machen wie den Sand
Hebr 11,12 des Meeres, den man vor Menge nicht zählen kann. 14 Und jene Nacht
14: 33,11 · 1Sam 25,27 blieb er dort. Er nahm aber von dem, was in seinen Besitz gelangt war,
ein Geschenk für Esau, seinen Bruder: 15 zweihundert Ziegen und
zwanzig Böcke, zweihundert Mutterschafe und zwanzig Widder,
16 dreissig säugende Kamele mit ihren Füllen, vierzig Kühe und zehn
Stiere, zwanzig Eselinnen und zehn Eselhengste. 17 Und er übergab sie
seinen Knechten, jede Herde gesondert, und sprach zu seinen Knech-
ten: Zieht vor mir her und lasst einen Abstand zwischen den einzelnen
Herden. 18 Und dem Ersten gebot er: Wenn mein Bruder Esau dir be-
gegnet und dich fragt: Zu wem gehörst du, wohin gehst du, und wem
19: 1Sam 25,19 gehören diese da vor dir?, 19 dann sage: Deinem Diener Jakob. Es ist ein
Geschenk, an meinen Herrn Esau gesandt. Und sieh, er selbst kommt
hinter uns her. 20 Ebenso gebot er auch dem Zweiten und dem Dritten,
allen, die hinter den Herden hergingen: So sollt ihr zu Esau sprechen,
wenn ihr auf ihn trefft. 21 Und ihr sollt sagen: Sieh, auch kommt dein
Diener Jakob hinter uns her. Denn er dachte: Ich will ihn mit dem Ge-
schenk, das vor mir herzieht, versöhnen und dann erst sein Angesicht
sehen, vielleicht nimmt er mich gnädig auf. 22 So zog das Geschenk ihm
voraus, er selbst aber blieb jene Nacht im Lager.

Jakobs Kampf am Jabbok

23 Noch in jener Nacht aber stand er auf, nahm seine beiden Frauen,
seine beiden Mägde und seine elf Kinder und ging durch die Furt des
Jabbok. 24 Er nahm sie und brachte sie über den Fluss. Dann brachte er
25: Hos 12,4 hinüber, was er sonst noch hatte. 25 Jakob aber blieb allein zurück. Da
rang einer mit ihm, bis die Morgenröte heraufzog. 26 Und er sah, dass
er ihn nicht bezwingen konnte, und berührte sein Hüftgelenk, so dass

sich das Hüftgelenk Jakobs ausrenkte, als er mit ihm rang. 27 Und er 27: 1Chr 4,10
sprach: Lass mich los, denn die Morgenröte ist heraufgezogen. Er aber
sprach: Ich lasse dich nicht, es sei denn, du segnest mich. 28 Da sprach
er zu ihm: Wie heisst du? Und er sprach: Jakob. 29 Da sprach er: Du sollst 29: 17,5 · 35,10;
nicht mehr Jakob heissen, sondern Israel, denn du hast mit Gott und 1Kön 18,31;
mit Menschen gestritten und hast gesiegt. 30 Und Jakob fragte und 2Kön 17,34 30: Ex 3,13–14;
sprach: Bitte nenne mir deinen Namen. Er aber sprach: Was fragst du Ri 13,17–18 · 35,9!
nach meinem Namen? Und dort segnete er ihn. 31 Und Jakob nannte die 31: 16,13 · Ex 33,20
Stätte Peniel. Denn, sagte er, ich habe Gott von Angesicht zu Angesicht
gesehen und bin mit dem Leben davongekommen. 32 Und als er an Pe- 32: Ri 8,8;
nuel vorüber war, ging ihm die Sonne auf. Er hinkte aber wegen seiner 1Kön 12,25 · 33,10
Hüfte. 33 Darum essen die Israeliten bis auf den heutigen Tag den Mus-
kelstrang nicht, der über dem Hüftgelenk liegt, denn er hat Jakobs Hüft-
gelenk, den Muskelstrang, angerührt.

Jakobs Begegnung mit Esau

33 1 Und Jakob blickte auf und schaute sich um, und sieh, da kam 1: 32,7
Esau heran und mit ihm vierhundert Mann. Da verteilte er die
Kinder auf Lea und Rachel und auf die beiden Mägde. 2 Die Mägde und
ihre Kinder stellte er an die Spitze, Lea und ihre Kinder dahinter, Rachel
und Josef aber an den Schluss. 3 Und er selbst ging vor ihnen her und
warf sich siebenmal zur Erde nieder, bis er zu seinem Bruder kam.
4 Esau aber lief ihm entgegen und umarmte ihn, fiel ihm um den Hals 4: 45,14–15; 46,29;
und küsste ihn, und sie weinten. 5 Dann blickte er auf und sah die Frau- 1Sam 20,41
en und die Kinder, und er sagte: Wer sind diese da bei dir? Da sprach er: 5: 48,9
Es sind die Kinder, die Gott deinem Diener aus Gnade beschert hat.
6 Und die Mägde und ihre Kinder traten herzu und warfen sich nieder.
7 Dann traten auch Lea und ihre Kinder herzu und warfen sich nieder.
Und zuletzt traten Josef und Rachel herzu und warfen sich nieder.
8 Und er sagte: Was willst du denn mit diesem ganzen Heer, dem ich 8: 15; 32,6
begegnet bin? Da sagte er: Dass ich Gnade finde in den Augen meines
Herrn. 9 Esau aber sagte: Ich habe genug, mein Bruder, behalte, was du
hast. 10 Da sprach Jakob: Nicht doch! Wenn ich Gnade in deinen Augen 10: 32,31
gefunden habe, so nimm mein Geschenk von mir an. Denn ich habe
dein Angesicht gesehen, wie man das Angesicht Gottes sieht, und du
hast mich freundlich aufgenommen. 11 Nimm doch mein Geschenk an, 11: 32,14! ·
das dir überbracht worden ist, denn Gott hat es mir in Gnaden beschert, 2Kön 5,23
und mir fehlt es an nichts. So drängte er ihn, und er nahm es an. 12 Da
sagte Esau: Lass uns aufbrechen und gehen; ich will vor dir herziehen.
13 Er aber sagte zu ihm: Mein Herr weiss, dass die Kinder noch zart sind, 13: Spr 12,10
und unter den Schafen und Rindern sind säugende Tiere, für die ich zu
sorgen habe. Treibt man sie auch nur einen Tag zu schnell an, so stirbt
die ganze Herde. 14 Mein Herr ziehe doch seinem Diener voraus. Ich 14: 32,4!
aber will gemächlich weiterziehen, so schnell das Vieh vor mir und die
Kinder es zulassen, bis ich zu meinem Herrn nach Seir komme. 15 Da 15: 8!
sagte Esau: So will ich wenigstens von den Leuten, die ich bei mir habe,

32,29: Der Name Israel bedeutet ‹Gott streitet›.

32,31: Der Name Peniel/Penuel bedeutet ‹Angesicht Gottes›. «sagte er» wurde in der Übersetzung ergänzt.

einige bei dir lassen. Er aber sprach: Wozu das? Wenn ich nur Gnade
finde in den Augen meines Herrn. 16 So machte sich Esau an jenem Tag
17: Ri 8,5; 1Kön 7,46 wieder auf den Weg zurück nach Seir. 17 Jakob aber zog weiter nach
Sukkot und baute sich ein Haus; für sein Vieh aber machte er Hütten.
Darum nennt man den Ort Sukkot.

18: 12,6! 18 So gelangte Jakob, als er von Paddan-Aram kam, nach Salem, der
Stadt Schechems, die im Land Kanaan liegt, und er lagerte vor der Stadt.
19: Ri 9,28 · 23,15 · 19 Und er kaufte das Grundstück, auf dem er sein Zelt aufgeschlagen
Jos 24,32; Joh 4,5 hatte, von den Söhnen Chamors, des Vaters von Schechem, für hundert
20: 8,20! · Kesita. 20 Und er errichtete dort einen Altar und nannte ihn El, Gott
1Chr 29,10 Israels.

Die Rache an Schechem

1: 30,21! **34** 1 Einst ging Dina, die Tochter, die Lea Jakob geboren hatte, hinaus,
2: 2Sam 11,4! um sich die Töchter des Landes anzusehen. 2 Und Schechem, der
Sohn Chamors, des Chiwwiters, des Landesfürsten, sah sie. Er entführte
3: Ri 19,3 sie, schlief mit ihr und tat ihr Gewalt an. 3 Sein Herz aber hing an Dina,
der Tochter Jakobs; er liebte das Mädchen und redete dem Mädchen zu
4: Ri 14,2 Herzen. 4 Und Schechem sprach zu Chamor, seinem Vater: Wirb für
5: 46,34! mich um dieses Mädchen! 5 Und Jakob hörte, dass man seine Tochter
Dina entehrt hatte. Da aber seine Söhne bei seinem Vieh auf dem Feld
waren, unternahm Jakob nichts, bis sie zurückkamen. 6 Inzwischen
ging Chamor, der Vater Schechems, zu Jakob hinaus, um mit ihm zu
7: Dtn 22,21; reden. 7 Die Söhne Jakobs aber kamen vom Feld zurück, als sie davon
Ri 20,6; 2Sam 13,12 hörten. Die Männer waren gekränkt und wurden sehr zornig, denn er
hatte eine Schandtat in Israel begangen, indem er mit der Tochter Jakobs geschlafen hatte. Das darf man nicht! 8 Chamor aber redete mit
ihnen und sprach: Schechem, mein Sohn, hängt mit ganzem Herzen an
9: 24,3! eurer Tochter. Gebt sie ihm zur Frau! 9 Verschwägert euch mit uns. Ihr
10: 20,15 gebt uns eure Töchter und nehmt euch unsere Töchter. 10 Bleibt bei uns
wohnen. Das Land steht euch offen. Bleibt, tut euch darin um und lasst
euch hier nieder. 11 Und Schechem sprach zu ihrem Vater und zu ihren
Brüdern: Wenn ich nur Gnade in euren Augen finde. Ich gebe, was ihr
12: Ex 22,15; mir sagt. 12 Mögt ihr noch so viel an Brautgeld und Brautgabe von mir
1Sam 18,25 fordern, ich will geben, was ihr mir sagt. Nur gebt mir das Mädchen zur
Frau!

13 Da antworteten die Söhne Jakobs Schechem und Chamor, seinem
Vater, mit hinterhältiger Rede, weil er ihre Schwester Dina entehrt hatte. 14 Sie sprachen zu ihnen: Wir können nicht zulassen, unsere
14: Jos 5,7–9;
Ri 14,3! Schwester einem Mann zu geben, der unbeschnitten ist, denn das gilt
15: 22; 17,10 bei uns als Schande. 15 Nur dann willigen wir ein, wenn ihr werdet wie
wir und sich alles bei euch, was männlich ist, beschneiden lässt.
16 Dann wollen wir euch unsere Töchter geben und uns eure Töchter
nehmen, wir wollen bei euch wohnen und ein einziges Volk werden.
17 Wenn ihr aber nicht bereit seid, euch beschneiden zu lassen, nehmen wir unsere Tochter und ziehen fort. 18 Und ihre Worte waren gut

33,17: Das hebräische Wort Sukkot bedeutet ‹Hütten›.

33,18: Möglich ist auch die Übersetzung: «So gelangte Jakob, ..., wohlbehalten zur Stadt Schechem, ...»

in den Augen Chamors und in den Augen Schechems, des Sohns von
Chamor. 19 Der junge Mann zögerte nicht, es so zu machen, denn er
hatte Gefallen gefunden an der Tochter Jakobs, und er war der Angese-
henste von allen im Haus seines Vaters.

20 So gingen Chamor und sein Sohn Schechem an das Tor ihrer Stadt 20: Rut 4,1;
und sprachen zu den Männern ihrer Stadt: 21 Diese Männer sind uns Hiob 29,7; Spr 31,23
friedlich gesinnt. Sie können sich im Land ansiedeln und sich darin um-
tun. Das Land hat ja nach allen Seiten Raum genug für sie. Ihre Töchter
können wir uns zu Frauen nehmen, und unsere Töchter können wir ih-
nen geben. 22 Doch nur dann willigen die Männer ein, bei uns zu woh- 22: 15!
nen und ein einziges Volk zu werden, wenn sich alles bei uns, was
männlich ist, beschneiden lässt, so wie sie beschnitten sind. 23 Ihre
Herden, ihr Besitz und all ihr Vieh, könnte das nicht uns gehören? Ja,
lasst uns einwilligen, und sie bleiben bei uns wohnen. 24 Da stimmten 24: 23,10
alle Chamor und seinem Sohn Schechem zu, alle, die im Tor seiner Stadt
ein- und ausgingen. Und alles, was männlich war, liess sich beschnei-
den, alle, die im Tor seiner Stadt ein- und ausgingen. 25 Am dritten Tag 25: Jos 5,8 · 49,5–6
aber, als sie im Wundfieber lagen, nahmen die beiden Söhne Jakobs Si-
meon und Levi, die Brüder Dinas, jeder sein Schwert, drangen unge-
fährdet in die Stadt ein und töteten alles, was männlich war. 26 Auch
Chamor und seinen Sohn Schechem töteten sie mit dem Schwert. Dann
holten sie Dina aus dem Haus Schechems und gingen davon. 27 Die
Söhne Jakobs fielen über die Erschlagenen her und plünderten die Stadt,
weil man ihre Schwester entehrt hatte. 28 Ihre Schafe und Rinder, ihre
Esel und was in der Stadt und auf dem Feld war, nahmen sie mit. 29 Ihre 29: Num 31,9
ganze Habe, all ihre Kinder und Frauen führten sie als Gefangene fort,
und sie plünderten alles, was in den Häusern war.

30 Da sagte Jakob zu Simeon und Levi: Ihr habt mich ins Unglück 30: Ex 5,21;
gestürzt, habt mich bei den Bewohnern des Landes, den Kanaanitern 1Sam 13,4; 27,12;
und Perissitern, verhasst gemacht. Ich habe doch nur wenig Leute. 2Sam 10,6; 16,21
Wenn sie sich gegen mich zusammentun, werden sie mich schlagen,
und ich werde mit meinem Haus vernichtet. 31 Sie aber sagten: Soll man
unsere Schwester wie eine Hure behandeln dürfen?

Jakobs Rückkehr. Der Tod Rachels und Isaaks

35 1 Und Gott sprach zu Jakob: Mach dich auf, zieh hinauf nach Bet- 1: 15 · 28,13!
El, lass dich dort nieder, und errichte dort einen Altar dem Gott,
der dir erschien, als du vor deinem Bruder Esau flohst. 2 Da sprach Jakob 2: Jos 24,14.23;
zu seinem Haus und zu allen, die bei ihm waren: Schafft die fremden 1Sam 7,3 · Ex 19,10
Götter weg, die unter euch sind, reinigt euch und wechselt eure Kleider.
3 Dann wollen wir uns aufmachen und nach Bet-El hinaufziehen, und 3: 28,15
dort will ich für den Gott, der mich am Tag meiner Bedrängnis erhört
hat und der mit mir war auf dem Weg, den ich gegangen bin, einen Altar
errichten. 4 Da gaben sie Jakob alle fremden Götter, die sie bei sich hat- 4: 12,6! · Jos 24,26;
ten, und die Ringe, die sie an ihren Ohren trugen, und Jakob vergrub sie Ri 9,6
unter der Terebinthe, die bei Schechem steht. 5 Dann brachen sie auf. 5: Ex 23,27;
Ein Gottesschrecken aber kam über die Städte ringsumher, und sie ver- 1Sam 14,15;
folgten die Söhne Jakobs nicht. 6 So kam Jakob nach Lus, das im Land 2Chr 14,13!
6: 28,19!

34,24: Wörtlich: «…, alle, die durch das Tor der Stadt ausziehen.»

Kanaan liegt – das ist Bet-El –, er und alle Leute, die bei ihm waren.
7: 8,20! · 28,17 7 Und dort baute er einen Altar und nannte den Ort El-Bet-El, denn dort
8: 24,59 hatte Gott sich ihm offenbart, als er vor seinem Bruder floh. 8 Da starb
Debora, die Amme Rebekkas, und sie wurde unterhalb von Bet-El unter
einer Eiche begraben. Und er nannte sie Klage-Eiche.

9: 32,30; 48,3; 9 Und Gott erschien Jakob noch einmal, als er von Paddan-Aram
Hos 12,5 kam, und er segnete ihn. 10 Gott sprach zu ihm: Dein Name ist Jakob.
10: 32,29! Aber du sollst nicht mehr Jakob heissen, sondern Israel soll dein Name
11: 17,6! sein. Und er nannte ihn Israel. 11 Und Gott sprach zu ihm: Ich bin El-
Schaddai. Sei fruchtbar und mehre dich. Ein Volk, ja eine Grosszahl von
Völkern soll von dir abstammen, und Könige sollen aus deinen Lenden
hervorgehen. 12 Und das Land, das ich Abraham und Isaak gegeben ha-
be, dir will ich es geben, und auch deinen Nachkommen will ich das
13: 17,22 Land geben. 13 Dann fuhr Gott auf von ihm, an der Stätte, wo er mit ihm
14: 28,18! geredet hatte. 14 Jakob aber errichtete eine Mazzebe an der Stätte, wo er
mit ihm geredet hatte, ein steinernes Mal, und er brachte auf ihm ein
15: 1 · 28,22 Trankopfer dar und goss Öl darüber. 15 Und Jakob nannte die Stätte, wo
Gott mit ihm geredet hatte, Bet-El.

16: 3,16! 16 Dann brachen sie auf von Bet-El, und als es nur noch ein kleines
Wegstück bis Efrat war, gebar Rachel, und sie hatte es schwer bei der
17–19: 30,24; Geburt. 17 Und da sie eine so schwere Geburt hatte, sprach die Hebam-
1Sam 4,20 me zu ihr: Fürchte dich nicht, auch diesmal hast du einen Sohn. 18 Als
18: 24 · 49,27 aber das Leben von ihr wich – denn sie musste sterben –, nannte sie ihn
19: 48,7 Ben-Oni, sein Vater aber nannte ihn Benjamin. 19 Und Rachel starb,
20: 1Sam 10,2 und sie wurde begraben am Weg nach Efrat, das ist Betlehem. 20 Und
Jakob errichtete eine Mazzebe über ihrem Grab. Das ist die Mazzebe des
Rachel-Grabes bis auf den heutigen Tag. 21 Dann zog Israel weiter und
22–26: 1Chr 2,1–2 schlug sein Zelt jenseits von Migdal-Eder auf. 22 Als aber Israel in jener
22: 49,4 · Gegend wohnte, da ging Ruben hin und schlief bei Bilha, der Nebenfrau
Dtn 27,20! seines Vaters, und Israel erfuhr es.

23–24: Rut 4,11 Die Söhne Jakobs waren zwölf: 23 Die Söhne Leas waren: Ruben, der
23: 29,32–35 · Erstgeborene Jakobs, und Simeon und Levi und Juda und Issaschar und
30,18.20 Sebulon. 24 Die Söhne Rachels waren: Josef und Benjamin. 25 Und die
24: 30,24 · 18; 43,29
25–26: 27,2 Söhne Bilhas, der Magd Rachels, waren: Dan und Naftali. 26 Die Söhne
25: 30,6.8 · 29,29! Silpas, der Magd Leas, waren: Gad und Asser. Dies sind die Söhne Ja-
kobs, die ihm in Paddan-Aram geboren wurden.

27: Jos 14,15 27 Und Jakob kam zu seinem Vater Isaak nach Mamre, nach Kirjat-
Arba, das ist Chebron, wo Abraham und Isaak als Fremde geweilt hatten.
28: 25,7! 28 Die Lebenszeit Isaaks betrug hundertachtzig Jahre. 29 Dann ver-
29: 49,31 · 25,8–9! schied Isaak und starb und wurde mit seinen Vorfahren vereint, alt und
lebenssatt. Und seine Söhne Esau und Jakob begruben ihn.

Die Nachkommen Esaus

1: 8.19.43; 25,30; **36** 1 Dies sind die Nachkommen Esaus, das ist Edom. 2 Esau hatte
32,4 sich seine Frauen von den Kanaaniterinnen genommen: Ada, die
2–3: 26,34 Tochter von Elon, dem Hetiter, und Oholibama, die Tochter Anas, der
2: 24,3!
3: 25,13! Tochter Zibons, des Chiwwiters, 3 und Basemat, die Tochter Ismaels, die
4–5: 1Chr 1,35–37 Schwester Nebajots. 4 Und Ada gebar dem Esau Elifas, und Basemat ge-
bar Reuel, 5 und Oholibama gebar Jeusch und Jalam und Korach. Dies
sind die Söhne Esaus, die ihm im Land Kanaan geboren wurden. 6 Und

Esau nahm seine Frauen, seine Söhne und Töchter und alle Leute seines
Hauses, seine Herden und all seine Lasttiere und seinen ganzen Besitz,
den er im Land Kanaan erworben hatte, und zog von seinem Bruder Ja-
kob weg in ein anderes Land. 7 Denn ihre Habe war zu gross, um bei- *7:* 13,6
einander zu bleiben. Und das Land, in dem sie als Fremde weilten,
konnte sie ihrer Viehherden wegen nicht ertragen. 8 So liess sich Esau *8–9:* 32,4!
auf dem Gebirge Seir nieder; Esau, das ist Edom. *8:* 1!

9 Dies sind die Nachkommen Esaus, des Stammvaters von Edom auf *9–14:* 1Chr 1,35–37
dem Gebirge Seir. 10 Dies sind die Namen der Söhne Esaus: Elifas, der
Sohn Adas, der Frau Esaus; Reguel, der Sohn Basemats, der Frau Esaus.
11 Die Söhne des Elifas waren: Teman, Omar, Zefo und Gatam und Ke-
nas. 12 Und Timna war eine Nebenfrau des Elifas, des Sohns von Esau.
Sie gebar dem Elifas Amalek. Dies sind die Söhne Adas, der Frau Esaus.
13 Und dies sind die Söhne Reuels: Nahat und Serach, Schamma und
Misa. Dies waren die Söhne Basemats, der Frau Esaus. 14 Und dies wa-
ren die Söhne Oholibamas, der Tochter Anas, der Tochter von Zibon, der
Frau Esaus, und sie gebar dem Esau Jeusch und Jalam und Korach.

15 Dies sind die Stammesfürsten der Söhne Esaus: die Söhne des Eli-
fas, des Erstgeborenen Esaus: der Stammesfürst Teman, der Stammes-
fürst Omar, der Stammesfürst Zefo, der Stammesfürst Kenas, 16 der *16:* Ex 15,15
Stammesfürst Korach, der Stammesfürst Gatam, der Stammesfürst
Amalek. Dies sind die Stammesfürsten des Elifas im Land Edom; dies
sind die Söhne der Ada. 17 Und dies sind die Söhne Reuels, des Sohns
von Esau: der Stammesfürst Nachat, der Stammesfürst Serach, der
Stammesfürst Schamma, der Stammesfürst Missa. Dies sind die Stam-
mesfürsten Reuels im Land Edom; dies sind die Söhne Basemats, der
Frau Esaus. 18 Und dies sind die Söhne Oholibamas, der Frau Esaus: der
Stammesfürst Jeusch, der Stammesfürst Jalam, der Stammesfürst Ko-
rach. Dies sind die Stammesfürsten der Oholibama, der Tochter Anas,
der Frau Esaus. 19 Dies sind die Söhne Esaus, und dies sind ihre Stam- *19:* 1!
mesfürsten – das ist Edom.

20 Dies sind die Söhne Seirs, des Choriters, die Einwohner des Lan- *20–28:* 1Chr 1,38–42
des: Lotan und Schobal und Zibon und Ana 21 und Dischon und Ezer und *20:* 14,6; Dtn 2,12
Dischan. Dies sind die Stammesfürsten der Choriter, die Söhne Seirs im
Land Edom. 22 Und die Söhne Lotans waren Chori und Hemam; und die
Schwester Lotans war Timna. 23 Und dies sind die Söhne Schobals: Al-
wan und Manachat und Ebal, Schefo und Onam. 24 Und dies sind die
Söhne Zibons: Ajja und Ana. Das ist jener Ana, der die heissen Quellen in
der Wüste fand, als er die Esel seines Vaters Zibon hütete. 25 Und dies
sind die Söhne Anas: Dischon; und Oholibama ist die Tochter Anas.
26 Und dies sind die Söhne Dischans: Chemdan und Eschban und Jitran
und Keran. 27 Dies sind die Söhne Ezers: Bilhan und Saawan und Akan.
28 Dies sind die Söhne Dischans: Uz und Aran. 29 Dies sind die Stam-
mesfürsten der Choriter: Stammesfürst Lotan, der Stammesfürst Scho-
bal, Stammesfürst Zibon, Stammesfürst Ana, 30 Stammesfürst Di-
schon, Stammesfürst Ezer, Stammesfürst Dischan. Dies sind die Stam-
mesfürsten der Choriter nach ihren Sippen im Land Seir.

31 Und dies sind die Könige, die im Land Edom regierten, bevor ein *31–39:* 1Chr 1,43–51
König der Israeliten regierte: 32 In Edom regierte Bela, der Sohn Beors; *31:* Num 20,14
und der Name seiner Stadt war Dinhaba. 33 Und Bela starb, und König *33:* Jes 63,1; Jer 48,24; Am 1,12

34: Hiob 2,11! an seiner Statt wurde Jobab, der Sohn Serachs aus Bozra. 34 Und Jobab
starb, und König an seiner Statt wurde Chuscham aus dem Land der
Temaniter. 35 Und Chuscham starb, und König an seiner Statt wurde
Hadad, der Sohn Bedads, der Midian im Gebiet von Moab schlug; und
der Name seiner Stadt war Awit. 36 Und Hadad starb, und König an sei-
ner Statt wurde Samla aus Masreka. 37 Und Samla starb, und König an
seiner Statt wurde Schaul aus Rechobot am Fluss. 38 Und Schaul starb,
und König an seiner Statt wurde Baal-Chanan, der Sohn Achbors.
39 Und Baal-Chanan, der Sohn Achbors, starb, und König an seiner Statt
wurde Hadar; und der Name seiner Stadt war Pau, und der Name seiner
Frau war Mehetabel, die Tochter der Matred, der Tochter Me-Sahabs.

40–43: 1Chr 1,51–54 40 Und dies sind die Namen der Stammesfürsten Esaus nach ihren
Sippen, nach ihren Orten, nach ihren Namen: Stammesfürst Timna,
Stammesfürst Alwa, Stammesfürst Jetet, 41 Stammesfürst Oholibama,
Stammesfürst Ela, Stammesfürst Pinon, 42 Stammesfürst Kenas, Stam-
43: 1! mesfürst Teman, Stammesfürst Mibzar, 43 Stammesfürst Magdiel,
Stammesfürst Iram. Dies sind die Stammesfürsten von Edom nach ih-
ren Wohnsitzen im Land, das sie in Besitz genommen hatten. Das ist
Esau, der Stammvater Edoms.

Josef und seine Brüder

1: 17,8! 37 1 Jakob aber liess sich im Land nieder, in dem sein Vater als Frem-
2: 41,46 · 35,25–26 der geweilt hatte, im Land Kanaan. 2 Dies ist die Geschichte Ja-
kobs: Als Josef siebzehn Jahre alt war, hütete er mit seinen Brüdern die
Schafe, er war als junger Mann zusammen mit den Söhnen Bilhas und
Silpas, der Frauen seines Vaters. Und Josef hinterbrachte ihrem Vater,
3: 23 · 44,20 was man ihnen Schlimmes nachsagte. 3 Israel aber liebte Josef mehr als
alle seine anderen Söhne, weil er ihm erst im Alter geboren war, und er
machte ihm einen Ärmelrock. 4 Seine Söhne aber sahen, dass ihr Vater
ihn mehr liebte als alle seine anderen Söhne, und sie hassten ihn und
mochten kein freundliches Wort mehr mit ihm reden.

5: 9 · Num 12,6 5 Einst hatte Josef einen Traum, und er erzählte ihn seinen Brüdern.
Daraufhin hassten sie ihn noch mehr. 6 Er sprach zu ihnen: Hört diesen
7: 9; 42,6–9; Traum, den ich geträumt habe. 7 Seht, wir waren beim Garbenbinden
43,26.28; 44,14; mitten auf dem Feld. Da richtete sich meine Garbe auf und blieb stehen,
50,18 eure Garben aber stellten sich ringsherum und warfen sich vor meiner
Garbe nieder. 8 Da sprachen seine Brüder zu ihm: Willst du gar König
über uns werden oder über uns herrschen? Und sie hassten ihn noch
9: 5 · 7! mehr seiner Träume und seiner Worte wegen. 9 Und er hatte noch ei-
nen anderen Traum und erzählte ihn seinen Brüdern. Er sprach: Seht,
ich habe noch einen Traum gehabt: Seht, die Sonne und der Mond und
elf Sterne warfen sich vor mir nieder. 10 Und er erzählte das seinem
Vater und seinen Brüdern. Sein Vater aber schalt ihn und sprach zu ihm:
Was soll dieser Traum, den du geträumt hast? Sollen etwa ich und deine
Mutter und deine Brüder kommen und uns vor dir zur Erde niederwer-
11: Apg 7,9 · fen? 11 Und seine Brüder wurden neidisch auf ihn. Sein Vater aber be-
Dan 7,28; Lk 2,19.51 hielt dies alles in Erinnerung.

37,3: Die genaue Bedeutung des mit ‹Ärmelrock› wiedergegebenen Worts ist unsicher.

12 Seine Brüder aber gingen, um die Schafe ihres Vaters bei Sche- 12: 46,34!
chem zu weiden. 13 Da sagte Israel zu Josef: Du weisst, deine Brüder
weiden bei Schechem. Komm, ich will dich zu ihnen senden. Er sagte zu
ihm: Hier bin ich. 14 Und er sagte zu ihm: Geh und sieh nach, wie es 14: 43,27;
deinen Brüdern und den Schafen geht, und gib mir Bescheid. So sandte 1Sam 17,18
er ihn fort aus dem Tal von Chebron, und er kam nach Schechem. 15 Als
er aber auf dem Feld umherirrte, traf ihn ein Mann, und der Mann frag-
te ihn: Was suchst du? 16 Er sagte: Meine Brüder suche ich. Sage mir: Wo
weiden sie? 17 Der Mann sagte: Sie sind weitergezogen. Denn ich habe 17: 2Kön 6,13 ·
gehört, wie sie sagten: Wir wollen nach Dotan gehen. Da ging Josef sei- 27,41
nen Brüdern nach und fand sie bei Dotan. 18 Sie sahen ihn schon von 18: 50,20
weitem, und bevor er zu ihnen herankam, fassten sie den heimtücki-
schen Plan gegen ihn, ihn zu töten. 19 Sie sagten zueinander: Seht, da
kommt ja dieser Träumer. 20 Jetzt kommt, wir wollen ihn töten und ihn 20: 33
in eine der Zisternen werfen, und wir werden sagen: Ein wildes Tier hat
ihn gefressen. Wir werden ja sehen, was aus seinen Träumen wird.
21 Das hörte Ruben, und er wollte ihn aus ihrer Hand retten. Er sagte: 21: 42,22
Wir dürfen ihm nicht das Leben nehmen. 22 Und Ruben sagte zu ihnen:
Vergiesst kein Blut! Werft ihn in diese Zisterne da in der Wüste, aber
legt nicht Hand an ihn! Er wollte ihn nämlich aus ihrer Hand retten, um
ihn zu seinem Vater zurückzubringen. 23 Als nun Josef zu seinen Brü- 23: 3
dern kam, zogen sie ihm seinen Rock aus, den Ärmelrock, den er anhat-
te. 24 Und sie ergriffen ihn und warfen ihn in die Zisterne; die Zisterne 24: 42,21 · Jer 38,6
aber war leer, es war kein Wasser darin.

25 Dann setzten sie sich hin, um zu essen, und sie blickten auf und 25: 43,11
schauten sich um, und sieh, da war eine Karawane von Ismaelitern, die
aus Gilead herüberkam. Ihre Kamele waren mit Tragakant, Mastix und
Ladanum beladen, damit waren sie unterwegs nach Ägypten hinab.
26 Da sprach Juda zu seinen Brüdern: Was haben wir davon, wenn wir 26: 4,8
unseren Bruder umbringen und sein Blut zudecken? 27 Kommt, wir 27: 29,14!
wollen ihn an die Ismaeliter verkaufen, aber uns nicht an ihm vergrei-
fen, er ist doch unser Bruder, unser Fleisch. Und seine Brüder waren
einverstanden. 28 Es kamen aber midianitische Männer vorbei, Händ- 28: 25,2 · Jer 38,13 ·
ler, die zogen Josef aus der Zisterne herauf, und sie verkauften Josef für Ex 21,16; Lev 27,5 ·
zwanzig Silberstücke an die Ismaeliter. Diese brachten Josef nach Ägyp- 45,4!
ten. 29 Und Ruben kam wieder zu der Zisterne, und sieh, da war Josef 29: 44,13
nicht mehr in der Zisterne. Da zerriss er seine Kleider, 30 kehrte zu sei- 30: 4,9 · 42,13!
nen Brüdern zurück und sprach: Der Knabe ist nicht mehr da! Und ich,
wo soll ich nun hin?

31 Sie aber nahmen den Rock Josefs, schlachteten einen Ziegenbock
und tauchten den Rock in das Blut. 32 Dann schickten sie den Ärmelrock 32: 38,25
hin, sie brachten ihn ihrem Vater und sagten: Das haben wir gefunden.
Sieh doch, ob es nicht der Rock deines Sohns ist. 33 Er sah ihn sich genau 33: 20; 44,28
an und sprach: Es ist der Rock meines Sohns. Ein wildes Tier hat ihn
gefressen. Zerfleischt, zerfleischt ist Josef! 34 Und Jakob zerriss seine
Kleider und legte einen Sack um seine Hüften. Und er trauerte um sei-
nen Sohn lange Zeit. 35 Da machten sich alle seine Söhne und Töchter 35: Hiob 2,11 ·
auf, um ihn zu trösten. Aber er wollte sich nicht trösten lassen und Ps 77,3 · 42,38!
sprach: Nein, trauernd werde ich zu meinem Sohn ins Totenreich hin-
absteigen. So beweinte ihn sein Vater. 36 Die Medaniter aber verkauf- 36: 39,1

ten Josef nach Ägypten an Potifar, den Kämmerer des Pharao, den Obersten der Leibwache.

Juda und Tamar

1: 1Sam 22,1; Mi 1,15 **38** 1 Zu jener Zeit zog Juda hinab, weg von seinen Brüdern, und
2–7: 1Chr 2,3–4 schloss sich einem Mann an aus Adullam, der hiess Chira. 2 Dort
2: 24,3 sah Juda die Tochter eines Kanaaniters, der hiess Schua. Er nahm sie zur
3–5: 46,12; Frau und ging zu ihr. 3 Und sie wurde schwanger und gebar einen Sohn,
Num 26,19; und er nannte ihn Ehr. 4 Und sie wurde wieder schwanger und gebar
1Chr 2,3 einen Sohn, und sie nannte ihn Onan. 5 Und sie gebar noch einmal einen Sohn, und sie nannte ihn Schela; Juda aber befand sich in Kesib, als
sie ihn gebar. 6 Und Juda nahm für Ehr, seinen Erstgeborenen, eine
7: 1Chr 2,3 Frau, und deren Name war Tamar. 7 Aber Ehr, der Erstgeborene Judas,
8: Dtn 25,5; Rut 4,5; war böse in den Augen des HERRN, und der HERR liess ihn sterben. 8 Da
Mt 22,24 sprach Juda zu Onan: Geh zur Frau deines Bruders, vollzieh mit ihr die
9: Dtn 25,6 Schwagerehe und schaffe deinem Bruder Nachkommen. 9 Onan aber
wusste, dass die Nachkommen nicht ihm gehören würden. So liess er,
wenn er zur Frau seines Bruders ging, den Samen auf die Erde fallen und
verderben, um seinem Bruder keine Nachkommen zu schaffen. 10 Aber
was er tat, war böse in den Augen des HERRN, und er liess auch ihn sterben.
11: Lev 22,13 11 Da sprach Juda zu Tamar, seiner Schwiegertochter: Bleibe als
Witwe im Haus deines Vaters, bis mein Sohn Schela herangewachsen
ist. Denn er dachte: Auch er könnte sterben wie seine Brüder. So ging
Tamar und blieb im Haus ihres Vaters.

12: Ri 14,1 12 Die Jahre vergingen. Da starb die Tochter Schuas, die Frau Judas.
Und Juda hielt die Trauerzeit ein, dann ging er mit Chira, seinem
Freund aus Adullam, zu seinen Schafscherern hinauf nach Timna.
13: 31,19; Jos 15,57; 13 Und Tamar wurde gemeldet: Sieh, dein Schwiegervater geht hinauf
1Sam 25,2; nach Timna, um seine Schafe zu scheren. 14 Da legte sie ihre Witwen-
2Sam 13,23 14: 24,65 kleider ab, bedeckte sich mit dem Schleier und verhüllte sich. Dann
setzte sie sich an den Eingang von Enajim, das am Weg nach Timna
liegt. Denn sie hatte gesehen, dass Schela herangewachsen war, dass sie
15: Spr 7,10 ihm aber nicht zur Frau gegeben worden war. 15 Juda sah sie und hielt
16: Ez 16,33 · sie für eine Hure, denn sie hatte ihr Gesicht verhüllt. 16 Und er wandte
Lev 18,15 sich zu ihr am Wegrand und sprach: Lass mich zu dir kommen! Denn er
wusste nicht, dass es seine Schwiegertochter war. Sie sprach: Was gibst
du mir, wenn du zu mir kommen darfst? 17 Er sprach: Ich werde dir ein
Zicklein von der Herde schicken. Sie sprach: Wenn du ein Pfand gibst,
18: Hld 8,6! bis du es schickst. 18 Er sprach: Was für ein Pfand soll ich dir geben? Sie
sprach: Dein Siegel und deine Schnur und deinen Stab, den du in der
Hand hast. Er gab es ihr und ging zu ihr, und sie wurde schwanger von
19: 2Sam 14,2 ihm. 19 Dann stand sie auf und ging weg, legte ihren Schleier ab und zog
wieder ihre Witwenkleider an.

20 Juda aber schickte das Zicklein durch seinen Freund aus Adullam,
um das Pfand von der Frau wieder zu bekommen, der aber fand sie
nicht. 21 Da fragte er die Leute aus ihrem Ort: Wo ist jene Geweihte, die
hier in Enajim jeweils am Weg sitzt? Sie sprachen: Hier gibt es keine
Geweihte. 22 Da kehrte er zu Juda zurück und sprach: Ich habe sie nicht

38,5: Wörtlich: «...; er aber befand sich ...»

gefunden. Auch haben die Leute aus dem Ort gesagt: Hier gibt es keine
Geweihte. 23 Juda sprach: So mag sie es behalten. Wenn wir nur nicht
zum Gespött werden. Sieh, ich habe dieses Böcklein geschickt, du aber
hast sie nicht gefunden. 24 Etwa drei Monate später wurde Juda gemel- 24: Lev 21,9
det: Deine Schwiegertochter Tamar hat sich mit einem anderen Mann
eingelassen, und nun ist sie von ihrer Hurerei auch noch schwanger. Da
sprach Juda: Führt sie hinaus, sie soll verbrannt werden. 25 Schon war 25: 37,32
sie hinausgeführt, da liess sie ihrem Schwiegervater sagen: Von dem
Mann, dem dies hier gehört, bin ich schwanger. Und sie liess weiter
sagen: Sieh doch nach, wem der Siegelring, die Schnur und der Stab da
gehören. 26 Juda sah es sich genau an und sprach: Sie ist im Recht gegen
mich, denn ich habe sie ja meinem Sohn Schela nicht gegeben. Aber er
verkehrte nicht mehr mit ihr.

27 Als nun die Zeit kam, dass sie gebären sollte, sieh, da waren Zwil- 27–30: 1Chr 2,3-4
linge in ihrem Leib. 28 Und als sie gebar, da streckte einer die Hand 27: 25,24
hervor. Und die Hebamme griff zu, band einen roten Faden um seine
Hand und sagte: Dieser ist zuerst hervorgekommen. 29 Als er aber seine 29: Rut 4,12.18;
Hand zurückzog, sieh, da kam sein Bruder hervor. Und sie sprach: Wie Lk 3,33; Mt 1,3
hast du dir doch den Durchbruch erzwungen. Und man nannte ihn Pe-
rez. 30 Danach kam sein Bruder hervor, an dessen Hand der rote Faden 30: 46,12; 1Chr 2,4
war; den nannte man Serach.

Josef bei Potifar

39 1 Josef aber wurde nach Ägypten hinabgeführt, und Potifar, der 1: 37,36
Kämmerer des Pharao, der Oberste der Leibwache, ein Ägypter,
kaufte ihn von den Ismaelitern, die ihn dorthin gebracht hatten. 2 Der 2: 21.23; Apg 7,9
HERR aber war mit Josef, es gelang ihm alles wohl, und er blieb im Haus
seines Gebieters, des Ägypters. 3 Und sein Gebieter sah, dass der HERR 3: 21,22!
mit ihm war und dass der HERR alles, was er tat, in seiner Hand gelingen
liess. 4 So fand Josef Gnade in seinen Augen, und er diente ihm. Er setzte 4: 21 · 41,40;
ihn über sein Haus, und alles, was er besass, gab er in seine Hand. 5 Und Ps 105,21
da er ihn über sein Haus und alles, was er besass, gesetzt hatte, segnete 5: 30,27
der HERR das Haus des Ägypters um Josefs willen, und der Segen des
HERRN ruhte auf allem, was er besass, im Haus und auf dem Feld. 6 Und 6: 1Sam 16,12! ·
er legte alles, was er besass, in die Hand Josefs und kümmerte sich selbst 43,32!
um nichts als um die Speise, die er ass. Josef aber war von schöner Ge-
stalt und von schöner Erscheinung.

7 Und nach diesen Begebenheiten warf die Frau seines Herrn ein 7: Spr 2,16; 6,26
Auge auf Josef und sagte: Lege dich zu mir! 8 Er aber weigerte sich und
sagte zur Frau seines Herrn: Sieh, mein Herr kümmert sich selbst um
nichts im Haus; alles, was er besitzt, hat er in meine Hand gegeben. 9 Er 9: Ex 20,14;
selbst ist in diesem Haus nicht grösser als ich, und er hat mir nichts Lev 18,20
vorenthalten als dich allein, weil du seine Frau bist. Wie könnte ich da
ein so grosses Unrecht begehen und gegen Gott sündigen? 10 Und ob-
wohl sie Tag für Tag auf Josef einredete, hörte er nicht auf sie, dass er
sich zu ihr gelegt hätte, um mit ihr zusammenzusein. 11 Eines Tages
aber kam er in das Haus, um seine Arbeit zu tun, und es war niemand
vom Gesinde im Haus. 12 Da fasste sie ihn beim Kleid und sagte: Lege 12: 2Sam 13,11
dich zu mir! Er aber liess sein Kleid in ihrer Hand, ergriff die Flucht und
lief hinaus. 13 Als sie sah, dass er sein Kleid in ihrer Hand gelassen hatte

und nach draussen geflohen war, 14 rief sie nach ihrem Gesinde und
sprach zu ihnen: Seht, da hat er uns einen Hebräer gebracht, dass er sei-
nen Mutwillen mit uns treibe. Er ist zu mir hereingekommen, um sich
zu mir zu legen, aber ich habe laut geschrien. 15 Und als er hörte, dass
ich laut schrie und rief, liess er sein Kleid bei mir, ergriff die Flucht und
lief hinaus. 16 Und sie liess sein Kleid neben sich liegen, bis sein Herr
nach Hause kam. 17 Ihm erzählte sie dieselbe Geschichte: Der hebräi-
sche Sklave, den du uns gebracht hast, dass er seinen Mutwillen mit mir
treibe, ist zu mir hereingekommen. 18 Als ich aber laut schrie und rief,
19: Spr 6,34 liess er sein Kleid bei mir und floh hinaus. 19 Als sein Herr die Geschich-
te hörte, die ihm seine Frau erzählte: Solches hat dein Sklave mir ange-
20: 40,3! tan!, da entbrannte sein Zorn. 20 Und der Herr Josefs liess ihn greifen
und ins Gefängnis werfen, dahin, wo die Gefangenen des Königs gefan-
21: 2! · 4 gen lagen. Und er blieb dort im Gefängnis. 21 Aber der HERR war mit
Josef. Er machte ihn beliebt und verschaffte ihm die Gunst des Gefäng-
22: 40,4 nisaufsehers. 22 So gab der Gefängnisaufseher alle Gefangenen, die im
Gefängnis waren, in Josefs Hand; alles, was es dort zu tun gab, das tat er.
23: 2! 23 Der Gefängnisaufseher kümmerte sich selbst um nichts mehr, was
in seiner Hand war, weil der HERR mit ihm war. Und was er auch tat, der
HERR liess es gelingen.

Die Träume der ägyptischen Kämmerer

1: 41,10 **40** 1 Nach diesen Begebenheiten vergingen sich der Mundschenk
und der Bäcker des Königs von Ägypten gegen ihren Herrn, den
König von Ägypten. 2 Da wurde der Pharao zornig über seine beiden
3: 15;39,20 Kämmerer, den Obermundschenk und den Oberbäcker, 3 und er gab sie
in Gewahrsam in das Haus des Obersten der Leibwache, in das Gefäng-
4: 39,22 nis, dahin, wo auch Josef gefangen lag. 4 Und der Oberste der Leibwache
betraute Josef mit ihrer Bedienung. So waren sie einige Zeit in Gewahr-
5: 41,1! · 41,11 sam. 5 Da hatten sie beide in derselben Nacht einen Traum, jeder einen
Traum von besonderer Bedeutung, der Mundschenk und der Bäcker des
6: 41,8; Dan 2,1 Königs von Ägypten, die im Gefängnis lagen. 6 Am Morgen kam Josef zu
ihnen hinein und sah, dass sie missmutig waren. 7 Da fragte er die Käm-
merer des Pharao, die mit ihm im Haus seines Herrn in Gewahrsam
8: 41,16; Dan 2,28 waren: Warum macht ihr heute ein so verdriessliches Gesicht? 8 Sie
sprachen zu ihm: Wir hatten einen Traum, aber niemand ist da, der ihn
deuten könnte. Josef sprach zu ihnen: Steht es nicht bei Gott, Träume zu
deuten? Erzählt mir!

9 Da erzählte der Obermundschenk Josef seinen Traum. Er sprach zu
ihm: In meinem Traum, sieh, da war ein Weinstock vor mir. 10 Am
Weinstock waren drei Ranken. Und als er zu treiben begann, brachen
auch schon seine Blüten hervor, und seine Trauben trugen reife Beeren.
11 Ich hielt den Becher des Pharao in meiner Hand, und ich nahm die
Beeren, presste sie aus in den Becher des Pharao und gab dem Pharao
12: 18; 41,12; 44,15; den Becher in die Hand. 12 Da sprach Josef zu ihm: Dies ist seine Deu-
Dan 2,36 tung: Die drei Ranken sind drei Tage. 13 In drei Tagen wird der Pharao
dein Haupt erhöhen und dich wieder in dein Amt einsetzen. Du wirst
dem Pharao seinen Becher in die Hand geben, genauso wie früher, als du
sein Mundschenk warst. 14 Aber denke an mich, wenn es dir gut geht,
und erweise mir die Gunst: Nenne meinen Namen beim Pharao und

bringe mich aus diesem Haus. 15 Denn ich bin aus dem Land der Hebrä- 15: 3! · 45,4! · 14,13
er gestohlen worden, und auch hier habe ich nichts getan, dass man
mich hätte in den Kerker werfen dürfen.

16 Und der Oberbäcker sah, dass er eine günstige Deutung gegeben
hatte, und er sprach zu Josef: Ich aber in meinem Traum, sieh, drei Kör-
be mit Feingebäck waren auf meinem Kopf. 17 Im obersten Korb war
allerlei Speise, Backwerk, für den Pharao, aber die Vögel frassen es aus
dem Korb auf meinem Kopf. 18 Josef antwortete und sprach: Dies ist 18: 12!
seine Deutung: Die drei Körbe sind drei Tage. 19 In drei Tagen wird der 19: Dtn 21,22 ·
Pharao dein Haupt erhöhen, weg von dir, und dich an den Pfahl hängen 1Sam 17,46;
lassen, und die Vögel werden das Fleisch von dir abfressen. Offb 19,21

20 Und am dritten Tag, dem Geburtstag des Pharao, da gab dieser ein 20: 1Kön 3,15;
Gastmahl für alle seine Diener, und er erhöhte das Haupt des Ober- Est 1,3!
mundschenks und das Haupt des Oberbäckers inmitten seiner Diener.
21 Den Obermundschenk setzte er wieder in sein Schenkamt ein, so
dass er dem Pharao den Becher in die Hand geben durfte, 22 den Ober- 22: 41,13
bäcker aber liess er hängen, wie Josef es ihnen gedeutet hatte. 23 Der 23: Est 6,3
Obermundschenk aber dachte nicht mehr an Josef, sondern vergass ihn.

Die Träume des Pharao. Josefs Erhöhung

41 1 Nach zwei Jahren hatte der Pharao einen Traum: Sieh, er stand 1–4: 17–21
am Nil. 2 Da stiegen sieben Kühe aus dem Nil herauf, von schö- 1: 5; 40,5
nem Aussehen und fett im Fleisch, und sie weideten im Riedgras.
3 Nach ihnen stiegen sieben andere Kühe aus dem Nil herauf, von häss-
lichem Aussehen und mager im Fleisch, und sie stellten sich neben die
Kühe am Ufer des Nil. 4 Und die Kühe von hässlichem Aussehen und
mager im Fleisch frassen die sieben Kühe, die von schönem Aussehen
und fett waren. Da erwachte der Pharao. 5 Und er schlief wieder ein und 5–7: 22–24
träumte ein zweites Mal: Sieh, sieben Ähren wuchsen auf einem Halm, 5: 1!
fett und schön. 6 Nach ihnen sprossten sieben Ähren, dünn und vom 6: Ez 17,10!;
Ostwind versengt. 7 Und die dünnen Ähren verschlangen die sieben Hos 13,15; Joel 4,8
fetten, vollen Ähren. Da erwachte der Pharao, und sieh, es war ein 7: 1Kön 3,15
Traum.

8 Am Morgen aber war er beunruhigt in seinem Geist, und er sandte 8: 40,6! · 1Sam 6,2;
hin und liess alle Wahrsager und alle Weisen von Ägypten rufen. Und Dan 2,2! · 24!
der Pharao erzählte ihnen seine Träume, aber keiner war da, der sie dem
Pharao deuten konnte. 9 Da sprach der Obermundschenk zum Pharao:
Ich muss heute mein Versäumnis gestehen: 10 Der Pharao war über sei- 10: 40,1
ne Diener zornig, und er gab mich und den Oberbäcker in das Haus des
Obersten der Leibwache in Gewahrsam. 11 Da hatten wir in derselben 11: 40,5
Nacht einen Traum, ich und er; jeder hatte einen Traum von besonderer
Bedeutung. 12 Nun war dort bei uns ein hebräischer junger Mann, ein 12: 40,12!
Diener des Obersten der Leibwache. Dem erzählten wir es, und er deu-
tete unsere Träume, jedem deutete er seinen Traum. 13 Und wie er sie 13: 40,22
uns gedeutet hat, so ist es gekommen: Mich hat man wieder in mein
Amt eingesetzt, und ihn hat man gehängt.

14 Da sandte der Pharao hin und liess Josef rufen, und man holte ihn 14: 2Kön 25,29 ·
eilends aus dem Kerker. Er schnitt die Haare und wechselte seine Klei- Ps 105,20
der, dann erschien er vor dem Pharao. 15 Und der Pharao sprach zu Josef: 15: Dan 5,14–15
Ich habe einen Traum gehabt, aber niemand ist da, der ihn deuten könn-

te. Von dir aber habe ich gehört, du brauchst einen Traum nur zu hören,
16: 40,8! und schon kannst du ihn deuten. 16 Josef antwortete dem Pharao: Ich
vermag nichts. Gott allein kann zum Wohl des Pharao eine Antwort ge-
17–21: 1–4 ben. 17 Da sprach der Pharao zu Josef: In meinem Traum, sieh, da stand
ich am Ufer des Nil. 18 Da stiegen sieben Kühe aus dem Nil herauf, fett
im Fleisch und von schöner Gestalt, und sie weideten im Riedgras.
19 Nach ihnen stiegen sieben andere Kühe herauf, dürr und von über-
aus hässlicher Gestalt und mager im Fleisch; ich habe im ganzen Land
Ägypten nie etwas so Hässliches wie sie gesehen. 20 Und die mageren,
hässlichen Kühe frassen die sieben ersten, fetten Kühe auf. 21 Und sie
gelangten in ihren Bauch, aber man merkte nicht, dass sie in ihren
Bauch gelangt waren; und ihr Aussehen blieb hässlich wie zuvor. Da er-
22–24: 5–7 wachte ich. 22 Dann sah ich in meinem Traum, und sieh, sieben Ähren
wuchsen auf einem Halm, voll und schön. 23 Nach ihnen sprossten sie-
24: 8; Dan 2,11 ben Ähren, hart, dünn und vom Ostwind versengt. 24 Und die dünnen
Ähren verschlangen die sieben schönen Ähren. Das habe ich den Wahr-
sagern erzählt, aber keiner kann es mir erklären.

25 Da sprach Josef zum Pharao: Beide Träume des Pharao bedeuten
dasselbe. Gott hat dem Pharao kundgetan, was er tun will. 26 Die sieben
schönen Kühe sind sieben Jahre, und die sieben schönen Ähren sind
27: 2Kön 8,1 sieben Jahre; es ist ein und derselbe Traum. 27 Die sieben mageren,
hässlichen Kühe, die nach ihnen heraufstiegen, sind sieben Jahre. Und
die sieben leeren, vom Ostwind versengten Ähren werden sieben Hun-
28: Dan 2,45 gerjahre sein. 28 Das meinte ich, als ich zum Pharao sagte: Gott hat den
Pharao sehen lassen, was er tun will. 29 Sieh, es kommen sieben Jahre,
30: 47,13 da wird grosser Überfluss im ganzen Land Ägypten sein. 30 Nach ihnen
aber werden sieben Hungerjahre kommen, und der ganze Überfluss im
Land Ägypten wird vergessen sein. Der Hunger wird das Land auszeh-
ren. 31 Man wird nichts mehr wissen vom Überfluss im Land wegen der
Hungersnot, die danach kommt, denn sie wird sehr schwer sein.
32 Dass sich aber der Traum des Pharao wiederholt hat, bedeutet: Es ist
33: Dtn 1,13 bei Gott fest beschlossen, und bald wird Gott es tun. 33 Nun sehe sich
der Pharao nach einem klugen und weisen Mann um und setze ihn über
34: 47,24! das Land Ägypten. 34 Der Pharao möge handeln und Aufseher über das
Land einsetzen, um in den sieben Jahren des Überflusses vom Land
Ägypten den Fünften zu erheben. 35 Sie sollen alles Getreide dieser gu-
ten Jahre, die nun kommen werden, sammeln und im Auftrag des Pha-
36: 47,17.23 rao Korn in den Städten speichern und aufbewahren. 36 Das Getreide
soll dem Land als Vorrat dienen für die sieben Hungerjahre, die über das
Land Ägypten kommen werden. So wird das Land nicht vor Hunger zu-
grunde gehen.

37: 45,16 37 Und diese Rede war gut in den Augen des Pharao und in den Au-
38: Ex 31,3; gen aller seiner Diener. 38 Und der Pharao sprach zu seinen Dienern:
Num 27,18; Können wir einen Mann wie diesen hier finden, in dem der Geist Gottes
Dan 6,4 ist? 39 Dann sprach der Pharao zu Josef: Nachdem dir Gott dies alles
kundgetan hat, gibt es niemanden, der so klug und weise wäre wie du.
40: 39,4! · Est 10,3 40 Du bist es, der über mein Haus gesetzt sein soll, und deinem Befehl
soll mein ganzes Volk gehorchen; nur um den Thron will ich höher sein

41,40: Wörtlich: «…, und auf deinen Mund soll mein ganzes Volk dich küssen; …»

als du. 41 Und der Pharao sprach zu Josef: Sieh, hiermit setze ich dich 41: 45,8!
über das ganze Land Ägypten. 42 Und der Pharao zog seinen Siegelring 42: Est 3,10; 8,2 ·
von seiner Hand und steckte ihn Josef an die Hand, er kleidete ihn in Dan 5,7.29
Gewänder von feinstem Leinen und legte ihm die goldene Kette um den
Hals. 43 Dann liess er ihn seinen zweiten Wagen besteigen, und man 43: Est 3,2 · 45,8!
rief vor ihm her: Abrek! So setzte er ihn über das ganze Land Ägypten.
44 Und der Pharao sprach zu Josef: Ich bin der Pharao, aber ohne deinen
Willen darf niemand im ganzen Land Ägypten seine Hand oder seinen
Fuss regen. 45 Und der Pharao nannte Josef Zafenat-Paneach und gab 45: Dan 1,7! ·
ihm Asenat, die Tochter Poti-Feras, des Priesters von On, zur Frau. Und Ez 30,17 · 50!
Josef bereiste das Land Ägypten.

46 Josef war dreissig Jahre alt, als er vor dem Pharao, dem König von 46: 37,2 · 2Sam 5,4;
Ägypten, stand. Und Josef ging weg vom Pharao und zog durch das gan- Lk 3,23
ze Land Ägypten. 47 Das Land aber brachte in den sieben Jahren des
Überflusses reichen Ertrag. 48 Und er sammelte alles Getreide dieser
sieben Jahre, die über das Land Ägypten gekommen waren, und brachte
das Getreide in die Städte; in jede Stadt brachte er das Getreide der Fel-
der, die sie umgaben. 49 So speicherte Josef Korn wie Sand am Meer, in 49: 15,5
sehr grossen Mengen, bis er aufhören musste, es zu messen, weil es
nicht mehr zu messen war. 50 Und Josef wurden zwei Söhne geboren, 50: 45; 46,20
bevor das Hungerjahr kam; Asenat, die Tochter Poti-Feras, des Priesters
von On, gebar sie ihm. 51 Josef nannte den Erstgeborenen Manasse. 51–52: 48,1.5;
Denn, sprach er, Gott hat mich all meine Mühsal und das ganze Haus Num 26,28;
meines Vaters vergessen lassen. 52 Den Zweiten nannte er Efraim. Jos 14,4
Denn, sprach er, Gott hat mich fruchtbar gemacht im Land meines 52: 49,22
Elends.

53 Die sieben Jahre des Überflusses aber, der im Land Ägypten
herrschte, gingen zu Ende, 54 und es brachen die sieben Hungerjahre 54: Ps 105,16
an, wie Josef gesagt hatte. Eine Hungersnot kam über alle Länder, im
ganzen Land Ägypten jedoch gab es Brot. 55 Das ganze Land Ägypten 55: 2Kön 6,26
aber begann zu hungern, und das Volk schrie zum Pharao nach Brot. Da
sprach der Pharao zu allen Ägyptern: Geht zu Josef, was er euch sagt, das
sollt ihr tun. 56 Als nun die Hungersnot über das ganze Land hin 56–57: 12,10!
herrschte, öffnete Josef die Speicher und verkaufte den Ägyptern Getrei- 56: 42,6; 43,2;
de. Die Hungersnot aber wurde drückend im Land Ägypten. 57 Und alle 47,14 · Apg 7,11
Welt kam nach Ägypten, um bei Josef Getreide zu kaufen, denn die Hun- 57: 42,5–6
gersnot war drückend auf der ganzen Erde.

Die erste Reise der Brüder Josefs nach Ägypten

42 1 Und Jakob erfuhr, dass es in Ägypten Getreide zu kaufen gab. Da
sprach Jakob zu seinen Söhnen: Was schaut ihr einander an?
2 Und er sprach: Seht, ich habe gehört, dass es in Ägypten Getreide zu 2: 43,2; Apg 7,12
kaufen gibt. Zieht dort hinab und kauft für uns Getreide, damit wir am
Leben bleiben und nicht sterben. 3 Da zogen zehn von den Brüdern Jo-

41,43: ‹Abrek!› ist ein Aufruf zur Huldigung, etwa: ‹Achtung!›, ‹Der Palastvorsteher!› oder ‹Fallt nieder!›

41,51: Der Name Manasse kann als ‹Der vergessen lässt› verstanden werden.

41,52: Im Namen Efraim klingt hebräisch ‹fruchtbar sein› an.

41,56: Die Übersetzung «öffnete Josef die Speicher» beruht auf antiken Übersetzungen; der Massoretische Text lautet übersetzt: «öffnete Josef alles, was in ihnen war».

4: 38; 44,29 sefs hinab, um in Ägypten Korn zu kaufen. 4 Aber Benjamin, den Bruder
Josefs, liess Jakob nicht mit seinen Brüdern ziehen, denn er dachte, es
5–6: 41,57 könnte ihm etwas zustossen. 5 So kamen mit denen, die hinzogen, auch
die Söhne Israels, um Getreide zu kaufen, denn es herrschte Hungers-
6–9: 37,7! not im Land Kanaan. 6 Josef aber war der Regent über das ganze Land; er
6: 41,56! war es, der an das ganze Volk des Landes Getreide verkaufte. Und die
Brüder Josefs kamen und warfen sich vor ihm nieder mit dem Gesicht
zur Erde. 7 Und Josef sah seine Brüder und erkannte sie, aber er gab sich
ihnen nicht zu erkennen, fuhr sie hart an und sagte zu ihnen: Woher
kommt ihr? Sie sagten: Aus dem Land Kanaan, um Getreide zu kaufen.
9: 16.30; Jos 2,1; 8 Und Josef erkannte seine Brüder, sie aber erkannten ihn nicht. 9 Da
1Sam 26,4 erinnerte sich Josef an die Träume, die er von ihnen geträumt hatte. Und
er sagte zu ihnen: Ihr seid Kundschafter! Um die Blösse des Landes aus-
zuspähen, seid ihr gekommen. 10 Sie sagten zu ihm: Nein, Herr! Deine
11–13: 43,7 Diener sind gekommen, um Getreide zu kaufen. 11 Wir alle, wir sind
Söhne desselben Mannes. Wir sind ehrliche Leute, deine Diener sind
keine Kundschafter. 12 Aber er sagte zu ihnen: Nein, ihr seid gekom-
13: 43,29 · 36; 37,30 men, um die Blösse des Landes auszuspähen. 13 Sie sagten: Deine Die-
ner sind ihrer zwölf, wir sind Brüder, Söhne desselben Mannes im Land
Kanaan. Der Jüngste ist zurzeit bei unserem Vater, und einer ist nicht
mehr. 14 Josef aber sprach zu ihnen: Es ist so, wie ich gesagt habe: Kund-
15: 20.34; 43,3–5; schafter seid ihr! 15 Damit sollt ihr auf die Probe gestellt werden: So
44,21.23.26 wahr der Pharao lebt, ihr werdet von hier nicht wegkommen, es sei
16: 9! denn, euer jüngster Bruder komme hierher. 16 Sendet einen von euch
hin, dass er euren Bruder hole. Ihr aber werdet gefangen gesetzt. So sol-
len eure Aussagen geprüft werden, ob ihr die Wahrheit gesagt habt.
Wenn nicht, dann seid ihr Kundschafter, beim Leben des Pharao!
17 Und er liess sie drei Tage in Gewahrsam legen.

18: Ex 1,17 18 Am dritten Tag sagte Josef zu ihnen: Dies tut, und ihr sollt am
Leben bleiben, denn ich fürchte Gott: 19 Wenn ihr ehrliche Leute seid,
dann soll einer von euch Brüdern gefangen bleiben im Haus, wo ihr in
Gewahrsam seid. Ihr aber geht und bringt das gekaufte Getreide heim,
20: 15! um den Hunger eurer Familien zu stillen. 20 Euren jüngsten Bruder
aber müsst ihr zu mir bringen. So werden sich eure Aussagen als wahr
21: 44,16 · 37,24 erweisen, und ihr werdet nicht sterben. Und so machten sie es. 21 Sie
sprachen aber untereinander: Ja, wir müssen büssen, was wir an unse-
rem Bruder verschuldet haben. Wir haben ihn in seiner ganzen Not ge-
sehen, als er uns um Erbarmen anflehte, aber wir haben nicht darauf
22: 37,21 · 9,5! gehört. Darum ist nun diese Not über uns gekommen. 22 Ruben ant-
wortete ihnen: Habe ich euch nicht gesagt: Versündigt euch nicht an
dem Knaben! Ihr aber habt nicht hören wollen. Nun wird sein Blut ein-
23: 45,12 gefordert. 23 Sie wussten aber nicht, dass Josef es verstand, denn ein
24: 33 · 43,30; 45,2 · Dolmetscher vermittelte zwischen ihnen. 24 Und er wandte sich von
43,23 ihnen ab und weinte. Dann wandte er sich ihnen wieder zu und redete
mit ihnen, und er liess Simeon aus ihrer Mitte ergreifen und vor ihren
25: 43,12; 44,1–2 Augen fesseln. 25 Und Josef befahl, ihre Behälter mit Korn zu füllen, ei-
nem jeden von ihnen das Silber wieder in seinen Sack zu legen und ih-
nen Verpflegung auf den Weg mitzugeben. Das tat man für sie. 26 Und
27: 35; 43,21; 44,8 sie luden ihr Getreide auf ihre Esel und zogen davon. 27 Da öffnete einer
seinen Sack, um in der Herberge seinem Esel Futter zu geben, und sah

sein Silber, es lag im Kornsack obenauf. 28 Und er sagte zu seinen Brü-
dern: Man hat mir mein Silber zurückgegeben. Seht, es ist in meinem
Kornsack. Da verliess sie der Mut. Zitternd sahen sie einander an und
sagten: Was hat Gott uns angetan?
29 Und sie kamen zu ihrem Vater Jakob in das Land Kanaan und be- 29: 45,26
richteten ihm alles, was ihnen widerfahren war, und sagten: 30 Der 30: 9!
Mann, der Herr des Landes, hat uns hart angefahren und behandelt, als
wollten wir das Land auskundschaften. 31 Wir aber sagten zu ihm: Wir
sind ehrliche Leute, wir sind keine Kundschafter! 32 Wir sind unser
zwölf Brüder, Söhne unseres Vaters; der eine ist nicht mehr da, und der
jüngste ist zurzeit bei unserem Vater im Land Kanaan. 33 Da sagte der 33: 24
Mann, der Herr des Landes, zu uns: Daran werde ich erkennen, dass ihr
ehrliche Leute seid: Lasst einen von euch Brüdern bei mir zurück,
nehmt das Getreide, um den Hunger eurer Familien zu stillen, und geht.
34 Bringt mir aber euren jüngsten Bruder her, damit ich erkenne, dass 34: 15!
ihr keine Kundschafter, sondern ehrliche Leute seid. Dann gebe ich
euch euren Bruder wieder, und ihr dürft frei im Land umherziehen.
35 Als sie nun ihre Säcke leerten, sieh, da war der Geldbeutel eines jeden 35: 27!
in seinem Sack. Und sie sahen ihre Geldbeutel, sie und ihr Vater, und sie
fürchteten sich. 36 Und ihr Vater Jakob sagte zu ihnen: Ihr bringt mich 36: 43,14 · 13!
um meine Kinder. Josef ist nicht mehr, Simeon ist nicht mehr, und nun
wollt ihr mir auch noch Benjamin nehmen. Alles das kommt über mich.
37 Da sprach Ruben zu seinem Vater: Meine beiden Söhne magst du tö- 37: 43,9!
ten, wenn ich ihn dir nicht wieder zurückbringe. Vertrau ihn mir an, ich
werde ihn dir zurückbringen. 38 Er aber sprach: Mein Sohn wird nicht 38: 4; 37,35;
mit euch hinabziehen, denn sein Bruder ist tot, und er allein ist noch 44,29.31
übrig. Wenn ihm etwas zustiesse auf dem Weg, den ihr geht, brächtet
ihr mein graues Haar vor Kummer hinab ins Totenreich.

Die zweite Reise der Brüder Josefs nach Ägypten

43 1 Die Hungersnot aber lastete schwer auf dem Land. 2 Als sie das 1: 12,10!
Getreide, das sie aus Ägypten gebracht hatten, ganz aufgezehrt 2: 42,2! · 41,56! ·
hatten, sagte ihr Vater zu ihnen: Zieht wieder hin und kauft uns etwas 44,25
Getreide. 3 Da sagte Juda zu ihm: Der Mann hat uns eingeschärft: Tretet 3–5: 42,15!
mir nicht mehr unter die Augen, wenn nicht euer Bruder bei euch ist.
4 Wenn du bereit bist, unseren Bruder mit uns ziehen zu lassen, so wol-
len wir hinabziehen und für dich Getreide kaufen. 5 Willst du ihn aber
nicht mitziehen lassen, so ziehen wir nicht hinab, denn der Mann hat
zu uns gesagt: Tretet mir nicht mehr unter die Augen, wenn nicht euer
Bruder bei euch ist. 6 Da sprach Israel: Warum habt ihr mir das zuleide
getan und dem Mann gesagt, dass ihr noch einen Bruder habt? 7 Sie 7: 44,19 · 42,11–13
sprachen: Der Mann hat sich genau nach uns und unserer Verwandt-
schaft erkundigt und gefragt: Lebt euer Vater noch? Habt ihr noch einen
Bruder? Da haben wir ihm berichtet, wie die Dinge stehen. Konnten wir
denn wissen, dass er sagen würde: Bringt euren Bruder her? 8 Juda aber
sprach zu seinem Vater Israel: Lass den Knaben mit mir ziehen, dann
wollen wir uns aufmachen und gehen, damit wir am Leben bleiben und
nicht sterben, wir und du und unsere Kinder. 9 Ich selbst will Bürge 9: 42,37; 44,32
sein für ihn, von meiner Hand kannst du ihn fordern. Wenn ich ihn dir
nicht wieder zurückbringe und vor dich hinstelle, so will ich mein Le-

ben lang vor dir die Schuld tragen. 10 Fürwahr, wenn wir nicht gezögert
hätten, wären wir jetzt schon zweimal wieder zurück.

11: Spr 18,16 · 37,25 11 Da sprach ihr Vater Israel zu ihnen: Wenn es denn sein muss, so
tut dies: Nehmt in eurem Gepäck vom Besten des Landes mit und bringt
es dem Mann als Geschenk: etwas Mastix und etwas Honig, Tragakant
12: 42,25! und Ladanum, Pistazien und Mandeln. 12 Und nehmt den doppelten
Betrag an Silber mit euch, denn auch das Silber, das oben in eure Korn-
säcke gelegt worden ist, müsst ihr zurückbringen, vielleicht war es ein
Versehen. 13 Nehmt auch euren Bruder mit und macht euch auf und
14: 42,36 kehrt zu dem Mann zurück. 14 El-Schaddai erweise euch Erbarmen vor
dem Mann, dass er euren Bruder und auch Benjamin wieder mit euch
ziehen lässt. Und wenn ich denn kinderlos sein soll, so bin ich kinder-
los.

15 Da nahmen die Männer das Geschenk, auch den doppelten Betrag
in Silber nahmen sie mit sich, dazu Benjamin, machten sich auf, zogen
nach Ägypten hinab und traten vor Josef. 16 Und Josef sah Benjamin bei
ihnen, und er sprach zu seinem Hausverwalter: Führe die Männer ins
Haus, schlachte ein Tier und richte es zu, denn die Männer werden mit
mir zu Mittag essen. 17 Der Mann tat, wie Josef gesagt hatte, und der
Mann führte die Männer in Josefs Haus. 18 Die Männer aber fürchteten
sich, weil sie in Josefs Haus geführt wurden, und sprachen: Des Silbers
wegen, das beim ersten Mal wieder in unsere Kornsäcke gekommen ist,
werden wir hierher gebracht. Man will sich auf uns stürzen und über
uns herfallen und uns samt unseren Eseln zu Sklaven nehmen. 19 So
traten sie an den Mann heran, der über das Haus Josefs gesetzt war, und
sprachen ihn am Eingang des Hauses an. 20 Sie sagten: Bitte, Herr, wir
21: 42,27! sind schon einmal herabgekommen, um Getreide zu kaufen. 21 Als wir
aber in die Herberge kamen und unsere Kornsäcke öffneten, sieh, da lag
das Silber eines jeden oben in seinem Kornsack, unser Silber nach sei-
nem vollen Gewicht; das haben wir nun wieder zurückgebracht. 22 Aber
auch noch anderes Silber haben wir mit uns gebracht, um Getreide zu
kaufen. Wir wissen nicht, wer unser Silber in unsere Kornsäcke gelegt
23: 42,24 hat. 23 Er sprach: Seid ohne Sorge, fürchtet euch nicht! Euer Gott und
der Gott eures Vaters hat euch einen Schatz in eure Kornsäcke gelegt;
euer Silber ist mir zugekommen. Und er führte Simeon zu ihnen her-
aus.

24: 18,4! 24 Dann führte der Mann die Männer in Josefs Haus. Er reichte ih-
nen Wasser, dass sie sich die Füsse waschen konnten, und gab ihren
Eseln Futter. 25 Sie aber machten das Geschenk bereit, bis Josef am Mit-
26: 37,7! tag kam, denn sie hatten gehört, dass sie dort essen sollten. 26 Und Josef
kam ins Haus, und sie brachten ihm das Geschenk, das sie bei sich hat-
27: 37,14! ten, ins Haus und warfen sich vor ihm zur Erde nieder. 27 Er fragte sie
nach ihrem Befinden und sprach: Geht es eurem alten Vater gut, von
28: 37,7! dem ihr erzählt habt? Ist er noch am Leben? 28 Sie sprachen: Es geht
deinem Diener, unserem Vater, gut. Er ist noch am Leben. Und sie ver-
29: 35,24! · 42,13 neigten sich und warfen sich nieder. 29 Und er blickte auf und sah sei-
nen Bruder Benjamin, den Sohn seiner Mutter, und sprach: Ist das euer
jüngster Bruder, von dem ihr mir erzählt habt? Und er sprach: Gott sei
30: 42,24! dir gnädig, mein Sohn. 30 Dann aber eilte Josef weg, denn sein Herz war
tief bewegt beim Anblick seines Bruders, und er war dem Weinen nahe.

Und er ging in die Kammer und weinte dort. 31 Dann wusch er sein 31: 45,1
Gesicht und kam wieder heraus, nahm sich zusammen und sprach:
Tragt das Essen auf! 32 Da trug man auf, gesondert für ihn, für sie und 32: 39,6; 46,34;
für die Ägypter, die mit ihm assen. Denn Ägypter dürfen nicht mit He- Ex 8,22
bräern essen, für Ägypten ist dies ein Greuel. 33 Und sie setzten sich 33: 44,12
ihm gegenüber, vom Erstgeborenen bis zum Jüngsten, genau nach ih-
rem Alter, und verwundert sahen die Männer einander an. 34 Dann 34: 45,22
liess er ihnen von den Gerichten auftragen, die vor ihm standen. Und
was man Benjamin auftrug, war fünfmal mehr als das, was man allen
anderen auftrug. Und sie tranken mit ihm und waren guter Dinge.

Die letzte Prüfung der Brüder Josefs

44 1 Dann gebot Josef seinem Hausverwalter: Fülle die Kornsäcke der 1–2: 42,25!
Männer mit Getreide, so viel sie mitnehmen können, und lege das
Silber eines jeden oben in dessen Sack. 2 Meinen Becher aber, den Sil-
berbecher, legst du oben in den Sack des Jüngsten samt dem Silber für
sein Getreide. Und er machte es, wie Josef es ihm gesagt hatte. 3 Am
Morgen, als es hell wurde, liess man die Männer mit ihren Eseln ziehen.
4 Sie hatten kaum die Stadt verlassen und waren noch nicht weit ge-
kommen, da sprach Josef zu seinem Hausverwalter: Auf, jage den Män-
nern nach! Und wenn du sie eingeholt hast, dann sprich zu ihnen: War-
um habt ihr Gutes mit Bösem vergolten? 5 Das ist doch der Becher, aus
dem mein Herr trinkt und aus dem er wahrsagt. Ihr habt eine böse Tat
begangen. 6 Und er holte sie ein und redete zu ihnen diese Worte.
7 Und sie sprachen zu ihm: Wie kann mein Herr so etwas sagen? Fern
liegt es deinen Dienern, solches zu tun. 8 Sieh, das Silber, das wir oben 8: 42,27!
in unseren Kornsäcken fanden, haben wir dir aus dem Land Kanaan zu-
rückgebracht. Wie sollten wir da aus dem Haus deines Herrn Silber oder
Gold stehlen? 9 Der von deinen Dienern, bei dem es gefunden wird, der 9: 31,32
soll sterben. Wir aber wollen meinem Herrn Sklaven sein. 10 Er sprach:
Wie ihr gesagt habt, so sei es: Bei wem es gefunden wird, der wird mein
Sklave sein, ihr aber geht straffrei aus. 11 Da liess jeder eilends seinen
Kornsack auf den Boden herab, und jeder öffnete seinen Kornsack. 12 Er 12: 43,33
aber fing an zu suchen: beim Ältesten begann er, und beim Jüngsten
hörte er auf. Und der Becher fand sich in Benjamins Kornsack.

13 Da zerrissen sie ihre Kleider. Jeder belud seinen Esel, und sie 13: 37,29
kehrten in die Stadt zurück. 14 Und Juda und seine Brüder kamen in das 14: 37,7!
Haus Josefs, der noch da war, und sie fielen vor ihm zur Erde nieder.
15 Josef sprach zu ihnen: Was habt ihr getan! Wusstet ihr nicht, dass ein 15: 40,12!
Mann wie ich wahrsagen kann? 16 Juda sprach: Was sollen wir meinem 16: 42,21
Herrn sagen, was sollen wir reden und wie uns rechtfertigen? Gott hat
die Schuld deiner Diener an den Tag gebracht. So sind wir nun Sklaven
meines Herrn, wir und der, in dessen Besitz sich der Becher gefunden
hat. 17 Er aber sprach: Es sei mir ferne, so zu handeln. Nur der soll mir
Sklave sein, in dessen Besitz sich der Becher gefunden hat, ihr aber zieht
in Frieden hinauf zu eurem Vater!

18 Da trat Juda zu ihm heran und sprach: Bitte, mein Herr, dein Die- 18: 18,30!
ner möchte ein Wort an meinen Herrn richten dürfen, ohne dass dein
Zorn über deinen Diener entbrennt, denn du bist wie der Pharao.
19 Mein Herr hat seine Diener gefragt: Habt ihr noch einen Vater oder 19: 43,7

20: 37,3 einen Bruder? 20 Wir sprachen zu meinem Herrn: Wir haben noch ei-
nen alten Vater und einen kleinen Knaben, der ihm im Alter geboren
wurde. Sein Bruder ist tot, und so ist er allein von seiner Mutter übrig
21: 42,15! geblieben, und sein Vater hat ihn lieb. 21 Da sprachst du zu deinen Die-
nern: Bringt ihn zu mir herab, ich will ihn mit eigenen Augen sehen.
22 Wir aber sprachen zu meinem Herrn: Der Knabe kann seinen Vater
23: 42,15! nicht verlassen; verliesse er seinen Vater, so würde dieser sterben. 23 Da
sprachst du zu deinen Dienern: Wenn euer jüngster Bruder nicht mit
euch herabkommt, dürft ihr mir nicht mehr unter die Augen treten.
24 Als wir nun zu deinem Diener, meinem Vater, hinaufgekommen wa-
25: 43,2 ren, taten wir ihm die Worte meines Herrn kund. 25 Und unser Vater
26: 42,15! sprach: Zieht wieder hin, kauft uns etwas Getreide! 26 Da sagten wir:
Wir können nicht hinabziehen. Nur wenn unser jüngster Bruder bei
uns ist, ziehen wir hinab, denn wir dürfen dem Mann nicht unter die
27: 46,19 Augen treten, wenn unser jüngster Bruder nicht bei uns ist. 27 Da
sprach dein Diener, mein Vater, zu uns: Ihr wisst selbst, dass mir meine
28: 37,33! Frau zwei Söhne geboren hat. 28 Der eine ist von mir gegangen, und ich
musste mir sagen: Gewiss ist er zerfleischt worden. Ich habe ihn bis
29: 42,4! · 42,38! heute nicht wiedergesehen. 29 Nehmt ihr mir auch noch diesen und
stösst ihm etwas zu, dann bringt ihr mein graues Haar vor Leid ins To-
30: 1Sam 18,1 tenreich hinab. 30 Und wenn ich nun zu deinem Diener, meinem Vater,
komme und der Knabe nicht bei uns ist, da doch sein Herz so an ihm
31: 42,38! hängt, 31 und wenn er sieht, dass der Knabe nicht dabei ist, so wird er
sterben, und deine Diener bringen das graue Haar deines Dieners, un-
32: 43,9! seres Vaters, vor Kummer ins Totenreich hinab. 32 Dein Diener hat sich
ja für den Knaben bei meinem Vater verbürgt mit den Worten: Wenn
ich ihn dir nicht wieder bringe, so will ich mein Leben lang vor meinem
Vater die Schuld tragen. 33 Darum möge jetzt dein Diener an Stelle des
Knaben als Sklave meines Herrn hier bleiben, der Knabe aber möge mit
seinen Brüdern hinaufziehen. 34 Denn wie könnte ich zu meinem Va-
ter hinaufziehen, ohne dass der Knabe bei mir wäre? Ich könnte das Leid
nicht mit ansehen, das meinen Vater träfe.

Josef gibt sich seinen Brüdern zu erkennen

1: 43,31 45 1 Da konnte sich Josef nicht länger beherrschen vor allen, die bei
ihm standen, und rief: Führt alle hinaus und weg von mir! So war
2: 42,24! niemand bei ihm, als Josef sich seinen Brüdern zu erkennen gab. 2 Und
er weinte so laut, dass es die Ägypter hörten und auch das Haus des Pha-
3: Apg 7,13 rao es hörte. 3 Und Josef sprach zu seinen Brüdern: Ich bin Josef. Lebt
mein Vater noch? Aber seine Brüder konnten ihm nicht antworten, so
4: 37,28; 40,15; bestürzt standen sie vor ihm. 4 Da sprach Josef zu seinen Brüdern:
Ps 105,17; Apg 7,9 Kommt doch näher zu mir her! Und sie traten näher herzu. Und er
sprach: Ich bin Josef, euer Bruder, den ihr nach Ägypten verkauft habt.
5: 50,20 · Ps 105,17 5 Doch nun grämt euch nicht und lasst es euch nicht leid sein, dass ihr
mich hierher verkauft habt, denn um Leben zu erhalten, hat mich Gott
vor euch her gesandt. 6 Schon zwei Jahre herrscht die Hungersnot im
Land, und fünf Jahre stehen noch bevor, in denen es kein Pflügen und
7: 11; 47,12; 50,21 kein Ernten gibt. 7 Gott aber hat mich vor euch her gesandt, um von
8: 26; 41,41.43; euch einen Rest im Land zu bewahren und ihn für euch am Leben zu
Dan 2,48; Apg 7,10 erhalten als grosse Rettung für euch. 8 So habt nicht ihr mich hierher

gesandt, sondern Gott. Er hat mich zum Vater für den Pharao gemacht
und zum Herrn über sein ganzes Haus und zum Herrscher über das gan-
ze Land Ägypten. 9 Zieht eilends hinauf zu meinem Vater und sagt zu
ihm: So spricht dein Sohn Josef: Gott hat mich zum Herrn über ganz
Ägypten gemacht. Komm herab zu mir, säume nicht! 10 Du kannst dich 10: 46,28–29.34;
im Land Goschen niederlassen und nahe bei mir sein, du und deine Söh- 47,1–6.27; 50,8;
ne und deine Enkel, deine Schafe und deine Rinder und alles, was du Ex 8,18; 9,26
hast. 11 Ich will dort für dich sorgen – denn noch fünf Jahre dauert die 11: 7!
Hungersnot –, damit du nicht verarmst, du mit deinem Haus und allem,
was du hast. 12 Ihr und mein Bruder Benjamin, ihr seht es ja mit eige- 12: 42,23
nen Augen, dass ich selbst es bin, der zu euch redet. 13 Erzählt meinem
Vater von meinen Ehren in Ägypten und von allem, was ihr gesehen
habt, und bringt eilends meinen Vater hierher. 14 Und er fiel seinem 14–15: 33,4!
Bruder Benjamin um den Hals und weinte, und auch Benjamin weinte
an seinem Hals. 15 Dann küsste er alle seine Brüder, weinte und
umarmte sie. Danach erst redeten seine Brüder mit ihm.
16 Die Nachricht verbreitete sich auch im Haus des Pharao: Die Brü- 16: Apg 7,13 · 41,37
der Josefs sind gekommen. Und das war gut in den Augen des Pharao
und in den Augen seiner Diener. 17 Und der Pharao sprach zu Josef: Sage
zu deinen Brüdern: Tut dies: Beladet eure Tiere und geht heim in das
Land Kanaan. 18 Holt euren Vater und eure Familien und kommt zu 18: 20; 47,6 ·
mir. Ich will euch das Beste geben, was das Land Ägypten bietet, und ihr Apg 7,14 · 27,28
sollt vom Besten des Landes essen. 19 Du kennst die Weisung: Tut dies: 19: 46,5
Nehmt euch aus dem Land Ägypten Wagen mit für eure Kinder und
eure Frauen, und bringt euren Vater mit und kommt her. 20 Lasst es 20: 18!
euch um euren Hausrat nicht leid sein, denn das Beste, was das ganze
Land Ägypten bietet, das soll euch gehören. 21 Die Söhne Israels mach-
ten es so, und Josef gab ihnen auf Befehl des Pharao Wagen mit; auch gab
er ihnen Verpflegung mit auf den Weg. 22 Jedem von ihnen schenkte er 22: 43,34 · Ri 14,12!
ein Festgewand, Benjamin aber schenkte er dreihundert Silberstücke
und fünf Festgewänder. 23 Zugleich sandte er seinem Vater zehn Esel,
beladen mit dem Besten, was Ägypten bietet, und zehn Eselinnen, bela-
den mit Korn, Brot und anderen Speisen für seinen Vater auf den Weg.
24 Dann entliess er seine Brüder, und sie gingen. Und er sprach zu ih-
nen: Ereifert euch nicht unterwegs! 25 So zogen sie von Ägypten hinauf
und kamen in das Land Kanaan zu ihrem Vater Jakob. 26 Und sie berich- 26: 42,29 · 8! · 48,11
teten ihm: Josef ist noch am Leben. Ja, er ist Herrscher über das ganze
Land Ägypten. Aber sein Herz blieb kalt, denn er glaubte ihnen nicht.
27 Da berichteten sie ihm alles, was Josef zu ihnen geredet hatte, und er
sah die Wagen, die Josef gesandt hatte, um ihn hinzubringen, und der
Geist ihres Vaters Jakob lebte wieder auf. 28 Und Israel sprach: Genug! 28: 46,30
Mein Sohn Josef lebt noch. Ich will hingehen und ihn sehen, bevor ich
sterbe.

Jakobs Übersiedlung nach Ägypten

46 1 Und Israel brach auf mit allem, was er hatte, und kam nach Beer- 1: 26,33!
Scheba. Und er brachte dem Gott seines Vaters Isaak Schlachtop-
fer dar. 2 Da redete Gott zu Israel des Nachts in einer Erscheinung und 2: 22,1!
sprach: Jakob, Jakob! Er sprach: Hier bin ich. 3 Und er sprach: Ich bin 3: 12,2; 17,20;
Gott, der Gott deines Vaters. Fürchte dich nicht, nach Ägypten hinabzu- Ex 32,10

4: 28,15! ziehen, denn ich will dich dort zu einem grossen Volk machen. 4 Ich
selbst ziehe mit dir nach Ägypten hinab, und ich selbst werde dich auch
5: 45,19 wieder heraufführen, und Josef wird dir die Augen zudrücken. 5 Da
machte sich Jakob auf von Beer-Scheba; und die Söhne Israels hoben ih-
ren Vater Jakob, ihre Kinder und ihre Frauen auf die Wagen, die der Pha-
6–7: Num 20,15; rao gesandt hatte, um ihn hinzubringen. 6 Und sie nahmen ihre Her-
Jos 24,4; Ps 105,23 den und ihre Habe, die sie im Land Kanaan erworben hatten, und
6: 50,13 kamen nach Ägypten, Jakob und alle seine Nachkommen mit ihm: 7 Sei-
ne Söhne und seine Enkel mit ihm, seine Töchter und seine Enkelinnen
und alle seine Nachkommen brachte er mit sich nach Ägypten.

8–15: Ex 1,1–5 8 Und dies sind die Namen der Söhne Israels, die nach Ägypten ka-
8–11: Ex 6,14–16 men, Jakob und seine Söhne: Ruben, der Erstgeborene Jakobs, 9 und die
9: 1Chr 5,3 10: 1Chr 4,24! Söhne Rubens: Henoch und Pallu und Chezron und Karmi. 10 Und die
Söhne Simeons: Jemuel und Jamin und Ohad und Jachin und Zochar
11: 1Chr 5,27! und Schaul, der Sohn der Kanaaniterin. 11 Und die Söhne Levis: Ger-
12: 1Chr 4,1; schon, Kehat und Merari. 12 Und die Söhne Judas: Ehr und Onan und
1Chr 2,3–4 · Schela und Perez und Serach – Ehr und Onan aber starben im Land Ka-
38,30! · Num 26,21; naan –, und die Söhne des Perez waren Chezron und Chamul. 13 Und die
1Chr 2,5 Söhne Issaschars: Tola und Puwwa und Job und Schimron. 14 Und die
13: 1Chr 7,1 Söhne Sebulons: Sered und Elon und Jachleel. 15 Dies sind die Söhne
15: 30,21! Leas, die sie Jakob in Paddan-Aram geboren hatte, dazu Dina, seine
16: 1Chr 5,11–12! Tochter, insgesamt, an Söhnen und Töchtern: dreiunddreissig. 16 Und
die Söhne Gads: Zifjon und Chaggi, Schuni und Ezbon, Eri und Arodi
17: 1Chr 7,30–31 und Areli. 17 Und die Söhne Assers: Jimna und Jischwa und Jischwi und
Beria; dazu Serach, ihre Schwester. Und die Söhne Berias: Cheber und
18: 29,24! · 30,10–13 Malkiel. 18 Dies sind die Söhne Silpas, die Laban Lea, seiner Tochter,
19: 44,27 gegeben hatte. Und diese gebar sie Jakob: sechzehn. 19 Die Söhne Ra-
20: 41,50! chels, der Frau Jakobs: Josef und Benjamin. 20 Und Josef wurden im
Land Ägypten Manasse und Efraim geboren, die ihm Asenat gebar, die
21: 1Chr 7,6! Tochter Poti-Feras, des Priesters von On. 21 Und die Söhne Benjamins:
Bela und Becher und Aschbel, Gera und Naaman, Echi und Rosch, Mup-
pim und Chuppim und Ard. 22 Dies sind die Söhne Rachels, die Jakob
geboren worden waren, insgesamt vierzehn. 23 Die Söhne Dans:
24: 1Chr 7,13 Chuschim. 24 Die Söhne Naftalis: Jachzeel und Guni und Jezer und
25: 29,29! · 30,5–8 Schillem. 25 Dies sind die Söhne Bilhas, die Laban Rachel, seiner Toch-
26–27: Ex 1,5; ter, gegeben hatte; und diese gebar sie Jakob, insgesamt sieben. 26 Alle
Dtn 10,22; Apg 7,14 zusammen, die von Jakob nach Ägypten kamen, alle seine leiblichen
Nachkommen, nicht gerechnet die Frauen der Söhne Jakobs, waren ins-
gesamt sechsundsechzig. 27 Und die Söhne Josefs, die ihm in Ägypten
geboren wurden: zwei. Alle zusammen vom Haus Jakobs, die nach Ägyp-
ten kamen: siebzig.

28–29: 45,10! 28 Juda aber sandte er vor sich her zu Josef, damit dieser vor seiner
Ankunft nach Goschen Weisung gebe. So kamen sie in das Land Go-
29: 33,4! schen 29 Da liess Josef seinen Wagen anspannen und zog hinauf nach
Goschen, seinem Vater Israel entgegen. Und dieser erschien vor ihm,
30: 45,28 und er fiel ihm um den Hals und weinte lange an seinem Hals. 30 Dann
sprach Israel zu Josef: Jetzt will ich gern sterben, nachdem ich dein An-
31: 47,1 gesicht geschaut und gesehen habe, dass du noch am Leben bist. 31 Josef
aber sprach zu seinen Brüdern und zum ganzen Haus seines Vaters: Ich
will hinaufgehen und es dem Pharao berichten und will zu ihm spre-

chen: Meine Brüder und das Haus meines Vaters, die im Land Kanaan
waren, sind zu mir gekommen. 32 Die Männer sind Schafhirten – denn
sie waren Viehzüchter –, und ihre Schafe, ihre Rinder und alles, was ih-
nen gehört, haben sie mitgebracht. 33 Wenn euch der Pharao rufen lässt 33: 47,3
und fragt: Was ist euer Beruf?, 34 so sagt: Deine Diener sind Viehzüch- 34: 30,31; 34,5;
ter gewesen von Jugend an bis jetzt, wir wie schon unsere Vorfahren – 37,12 · 45,10! ·
damit ihr im Land Goschen bleiben dürft. Denn ein Greuel für Ägypten 43,32!
ist jeder Schafhirt.

Jakob vor dem Pharao

47 1 Und Josef ging hinein, berichtete dem Pharao und sprach: Mein 1–6: 45,10!
Vater und meine Brüder sind mit ihren Schafen und ihren Rin- 1: 46,31
dern und mit allem, was ihnen gehört, aus dem Land Kanaan gekom-
men, und sie sind jetzt im Land Goschen. 2 Aus dem Kreis seiner Brüder
hatte er fünf Männer mitgenommen und stellte sie dem Pharao vor.
3 Da sprach der Pharao zu seinen Brüdern: Was ist euer Beruf? Sie spra- 3: 46,33
chen zum Pharao: Schafhirten sind deine Diener, wir wie schon unsere
Vorfahren. 4 Und sie sprachen zum Pharao: Wir sind gekommen, um
als Fremde im Land zu wohnen, denn es gibt keine Weide mehr für die
Schafe, die deinen Dienern gehören, da die Hungersnot schwer auf dem
Land Kanaan lastet. Und nun möchten sich deine Diener im Land Go-
schen niederlassen. 5 Da sprach der Pharao zu Josef: Dein Vater und dei-
ne Brüder sind also zu dir gekommen. 6 Das Land Ägypten steht dir 6: 45,18!
offen. Im besten Teil des Landes lass deinen Vater und deine Brüder
wohnen. Sie mögen sich im Land Goschen niederlassen. Und wenn du
weisst, dass unter ihnen tüchtige Leute sind, so setze sie als Aufseher
über meine eigenen Herden ein. 7 Darauf brachte Josef seinen Vater Ja- 7: 10; 14,19
kob hinein und stellte ihn dem Pharao vor, und Jakob segnete den Pha-
rao. 8 Und der Pharao sprach zu Jakob: Wie alt bist du? 9 Jakob sprach 9: 28 · Hiob 14,1 ·
zum Pharao: Die Zeit meiner Fremdlingschaft beträgt hundertdreissig 23,4!
Jahre. Kurz und voll Leid war die Zeit meiner Lebensjahre, und sie reicht
nicht an die Zeit der Lebensjahre, die meinen Vorfahren in den Tagen
ihrer Fremdlingschaft beschieden war. 10 Und Jakob segnete den Pha- 10: 7!
rao, und er ging hinaus und verliess den Pharao. 11 Josef aber siedelte 11: Num 33,3!
seinen Vater und seine Brüder an und gab ihnen Grundbesitz im Land
Ägypten, im besten Teil des Landes, im Gebiet von Ramses, wie der Pha-
rao es geboten hatte. 12 Und Josef sorgte für seinen Vater und seine Brü- 12: 45,7
der und das ganze Haus seines Vaters mit Brot gemäss dem Bedarf der
Kinder.

Josef als Verwalter Ägyptens

13 Es gab aber kein Brot im ganzen Land, denn die Hungersnot war 13: 41,30
sehr schwer, und das Land Ägypten und das Land Kanaan darbten vor
Hunger. 14 Und Josef brachte durch den Verkauf des Getreides, das die 14: 41,56!
Leute kauften, alles Silber zusammen, das sich im Land Ägypten und im
Land Kanaan fand. Und Josef lieferte das Silber in das Haus des Pharao
ab. 15 Aber das Silber ging aus im Land Ägypten und im Land Kanaan,
und alle Ägypter kamen zu Josef und sprachen: Gib uns Brot! Warum
sollten wir vor deinen Augen sterben? Denn das Silber ist zu Ende. 16 Jo-
sef sprach: Gebt euer Vieh her, so will ich euch etwas geben für euer

17: 41,36! Vieh, wenn das Silber zu Ende ist. 17 Da brachten sie ihr Vieh zu Josef,
und Josef gab ihnen Brot für die Pferde, die Schaf- und Rinderherden
und die Esel. So versorgte er sie in jenem Jahr mit Brot um den Preis
ihres gesamten Viehs. 18 Das Jahr ging zu Ende, und im zweiten Jahr
kamen sie wieder zu ihm und sprachen zu ihm: Wir können es unserem
Herrn nicht verschweigen: Das Silber ist zu Ende, und die Viehherden
sind an unseren Herrn übergegangen. Es steht nichts mehr zur Verfü-
19: Neh 5,2 gung unseres Herrn als unser Leib und unser Ackerland. 19 Warum soll-
ten wir vor deinen Augen sterben, wir und unser Ackerland? Kaufe uns
und unser Ackerland um Brot, so wollen wir mit unserem Ackerland
dem Pharao dienstbar sein. Aber gib Saatgut heraus, damit wir am Le-
ben bleiben und nicht sterben und das Ackerland nicht verödet. 20 Da
kaufte Josef das ganze Ackerland in Ägypten für den Pharao auf, denn
die Ägypter verkauften alle ihr Feld, weil die Hungersnot sie hart drück-
te. So ging das Land an den Pharao über. 21 Das Volk aber machte er ihm
22: 26; Esra 7,24 dienstbar, vom einen Ende Ägyptens bis zum anderen. 22 Nur das
Ackerland der Priester kaufte er nicht auf, denn die Priester erhielten
vom Pharao ein festes Einkommen, und sie nährten sich von ihrem Ein-
kommen, das der Pharao ihnen gab. Darum brauchten sie ihr Ackerland
23: 41,36! nicht zu verkaufen. 23 Und Josef sprach zum Volk: Heute habe ich euch
und euer Ackerland für den Pharao gekauft. Da habt ihr Saatgut, nun
24: 26; 41,34 besät das Ackerland. 24 Von den Erträgen liefert ihr ein Fünftel dem
Pharao ab. Die andern vier Teile aber gehören euch, als Saatgut für das
Feld und als Nahrung für euch, eure Hausgenossen und eure Kinder.
25 Sie sprachen: Du hast uns das Leben erhalten. Wenn wir nur Gnade
finden in den Augen unseres Herrn, so wollen wir dem Pharao dienstbar
26: 24! · 22! sein. 26 So machte es Josef zum Gesetz bis auf den heutigen Tag für das
Ackerland in Ägypten, dass dem Pharao der Fünfte gehöre. Nur das
Ackerland der Priester ging nicht an den Pharao über.

Jakobs letzter Wille

27: 45,10! · 1,28! 27 Israel aber liess sich nieder im Land Ägypten, im Land Goschen.
Sie wurden dort ansässig, waren fruchtbar und mehrten sich sehr.
28: 9 · 25,7! 28 Und Jakob lebte im Land Ägypten noch siebzehn Jahre, so dass die
Tage Jakobs, seine Lebensjahre, hundertsiebenundvierzig Jahre betru-
29: Dtn 31,14; gen. 29 Es nahte aber die Zeit, dass Israel sterben sollte. Da liess er sei-
1Kön 2,1 · 24,2 · nen Sohn Josef rufen und sprach zu ihm: Wenn ich Gnade in deinen
Jos 2,14 Augen gefunden habe, so lege deine Hand unter meine Hüfte, dass du
mir die Liebe und Treue erweisen wirst: Begrabe mich nicht in Ägypten.
30: 23,17! 30 Wenn ich mich zu meinen Vorfahren gelegt habe, dann bringe mich
aus Ägypten weg und begrabe mich in ihrer Grabstätte. Er sprach: Ja, ich
31: 50,5! · werde tun, was du gesagt hast. 31 Er aber sprach: So schwöre mir! Und er
1Kön 1,47; schwor ihm. Da warf sich Israel zum Kopfende des Bettes hin nieder.
Hebr 11,21

1: 41,51–52! **48** 1 Nach diesen Begebenheiten sagte man zu Josef: Sieh, dein Vater
ist krank. Da nahm er seine beiden Söhne Manasse und Efraim
mit sich. 2 Und man meldete es Jakob und sagte: Sieh, dein Sohn Josef

47,21: Die Übersetzung «Das Volk aber machte er ihm dienstbar» beruht auf mehreren Textzeugen; der Massoretische Text lautet übersetzt: «Das Volk aber führte er in die Städte über».

ist zu dir gekommen. Da nahm Israel seine Kräfte zusammen und setzte
sich auf im Bett. 3 Und Jakob sprach zu Josef: El-Schaddai ist mir in Lus 3: 35,9! · 28,13! ·
im Land Kanaan erschienen und hat mich gesegnet. 4 Er sprach zu mir: 28,19!
Sieh, ich will dich fruchtbar machen und dich mehren, und ich will dich 4: 17,8!
zu einer Grosszahl von Völkern machen. Und dieses Land will ich dei-
nen Nachkommen zu ewigem Besitz geben. 5 Nun aber sollen deine 5: 41,51–52!
beiden Söhne, die dir im Land Ägypten geboren wurden, bevor ich zu dir
nach Ägypten kam, die meinen sein; Efraim und Manasse sollen die
meinen sein wie Ruben und Simeon. 6 Die Kinder aber, die du nach
ihnen gezeugt hast, sollen die deinen sein; nach dem Namen ihrer Brü-
der sollen sie in ihrem Erbteil genannt werden. 7 Als ich aus Paddan 7: 35,19
kam, starb mir Rachel unterwegs im Land Kanaan, als es nur noch ein
kleines Stück bis Efrat war, und ich begrub sie dort am Weg nach Efrat –
das ist Betlehem.

8 Und Israel sah die Söhne Josefs und sprach: Wer sind diese? 9 Josef 9: 33,5 · 27,4
sprach zu seinem Vater: Es sind meine Söhne, die mir Gott hier gegeben
hat. Da sprach er: Bring sie her zu mir, ich will sie segnen. 10 Israels 10: 27,1!
Augen aber waren vor Alter schwach geworden, er konnte nicht mehr
sehen. Und er führte sie zu ihm heran, und er küsste und umarmte sie.
11 Und Israel sprach zu Josef: Ich dachte nicht, dass ich dein Angesicht je 11: 45,26
wiedersehen würde, und nun hat Gott mich sogar deine Nachkommen
sehen lassen. 12 Da nahm sie Josef von seinen Knien und warf sich mit
dem Gesicht zur Erde nieder. 13 Dann nahm Josef die beiden, Efraim an
seine rechte Hand zur Linken Israels und Manasse an seine linke Hand
zur Rechten Israels, und führte sie zu ihm heran. 14 Und Israel streckte
seine Rechte aus und legte sie auf den Kopf Efraims, und der war der
Jüngere, und seine Linke auf den Kopf Manasses, indem er seine Hände
kreuzte, und Manasse war der Erstgeborene. 15 Und er segnete Josef 15: 49,22–26 ·
und sprach: 24,40! · Ps 23,1

Der Gott, mit dem meine Vorfahren
    Abraham und Isaak gelebt haben,
der Gott, der mein Hirt war
    mein Leben lang bis auf diesen Tag,
16 der Bote, der mich erlöst hat aus aller Not, 16: 32,30 ·
    er segne die Knaben, Num 26,34.37
dass in ihnen mein Name fortlebe
    und der Name meiner Vorfahren Abraham und Isaak,
dass sie zahlreich werden
    mitten im Land.

17 Josef aber sah, dass sein Vater seine rechte Hand auf den Kopf
Efraims gelegt hatte, und dies missfiel ihm. Und er fasste die Hand sei-
nes Vaters, um sie vom Kopf Efraims auf Manasses Kopf hinüberzule-
gen. 18 Und Josef sprach zu seinem Vater: Nicht so, mein Vater; dieser
ist der Erstgeborene, leg deine Rechte auf seinen Kopf. 19 Aber sein Va- 19: 25,23 ·
ter weigerte sich und sprach: Ich weiss, mein Sohn, ich weiss. Auch die- Dtn 33,17
ser wird zu einem Volk werden, und auch er wird gross sein. Aber sein
jüngerer Bruder wird grösser sein als er, und seine Nachkommen wer-
den zu einer Menge von Völkern werden. 20 So segnete er sie an jenem 20: 22,18 ·
Tag, indem er sprach: Hebr 11,21

Durch dich wird Israel
segnen und sprechen:
Gott mache dich
wie Efraim und Manasse.

21: 15,16!
Und so gab er Efraim den Vorrang vor Manasse. 21 Dann sprach Isra-
el zu Josef: Sieh, ich sterbe nun. Gott aber wird mit euch sein und wird
euch in das Land eurer Vorfahren zurückbringen. 22 Und als Vorzug vor
deinen Brüdern gebe ich dir einen Bergrücken, den ich den Amoritern
mit meinem Schwert und mit meinem Bogen abgenommen habe.

Jakobs Segen und Tod

1: Num 24,14; Dan 2,28; 10,14

49 1 Und Jakob rief seine Söhne und sprach: Versammelt euch, ich
will euch verkünden, was euch am Ende der Tage begegnen wird.

2: Ps 34,12; Spr 4,1; 7,24

2 Kommt zusammen und hört, ihr Söhne Jakobs,
hört auf euren Vater Israel!

3: Dtn 21,17

3 Ruben, mein Erstgeborener bist du,
meine Stärke, der Erstling meiner Manneskraft,
Erster an Hoheit und Erster an Macht.

4: 35,22

4 Überschäumend wie Wasser: Du sollst nicht der Erste bleiben,
denn bestiegen hast du das Bett deines Vaters,
damals hast du mein Lager entweiht, das du bestiegen hast.

5–6: 34,25

5 Simeon und Levi sind Brüder,
Werkzeuge der Gewalt sind ihre Pläne.
6 In ihren Kreis will ich nicht eintreten,
mit ihrer Versammlung soll sich mein Herz nicht vereinen,
denn in ihrem Zorn haben sie Männer gemordet
und in ihrem Mutwillen Stiere gelähmt.

7: Spr 29,22 · Jos 19,1.9; 21,1–42

7 Verflucht sei ihr Zorn, dass er so mächtig,
und ihr Grimm, dass er so grausam ist.
Verteilen will ich sie unter Jakob,
zerstreuen will ich sie in Israel.

8: 1Chr 5,2!

8 Juda du, dich preisen deine Brüder.
Deine Hand liegt auf dem Nacken deiner Feinde.
Vor dir werfen sich nieder die Söhne deines Vaters.

9: Num 24,9!; Offb 5,5

9 Ein junger Löwe ist Juda.
Vom Raub, mein Sohn, wurdest du gross.
Er hat sich gekauert, gelagert wie ein Löwe,
wie eine Löwin – wer will ihn aufstören?

10: 1Chr 5,2! · Num 24,17; Ps 60,9

10 Nie weicht das Zepter von Juda,
der Führerstab von seinen Füssen,
bis sein Herrscher kommt
und ihm gebührt der Gehorsam der Völker.

11: Jes 63,3!

11 Er bindet an den Weinstock seinen Esel,
an die Rebe das Füllen seiner Eselin.
Er wäscht im Wein sein Kleid,
in Traubenblut sein Gewand.

49,10: Andere übersetzen «bis sein Herrscher kommt»: «bis der kommt, dem es (das Zepter) gehört» oder «bis er nach Schilo kommt».

12 Seine Augen sind dunkler als Wein,
seine Zähne weisser als Milch.
13 Sebulon wohnt nahe am Ufer des Meeres, 13: Jos 19,10–16
am Ufer, wo die Schiffe liegen,
und lehnt seinen Rücken an Sidon.
14 Issaschar ist ein knochiger Esel,
der zwischen den Viehhürden lagert.
15 Er sah, dass die Ruhe so schön
und das Land so lieblich war.
Da beugte er seinen Rücken zum Lastentragen
und wurde zum Fronknecht.
16 Dan schafft Recht seinem Volk,
wie nur einer der Stämme Israels.
17 Dan wird zur Schlange auf dem Weg,
zur Viper auf dem Pfad,
die das Pferd in die Fesseln beisst,
dass rücklings sein Reiter stürzt.
18 Auf deine Hilfe harre ich, HERR. 18: Ps 119,166
19 Gad – Räuberbanden bedrängen ihn, 19: 1Chr 12,9
er aber drängt ihnen nach auf der Ferse.
20 Asser – üppig ist seine Speise,
ja, er liefert Leckerbissen für den König.
21 Naftali ist eine flüchtige Hindin,
versteht sich auf schöne Reden.
22 Ein junger Fruchtbaum ist Josef, 22–26: 48,15
ein junger Fruchtbaum am Quell, 22: 41,52
dessen Zweige über die Mauer ranken.
23 Es reizten ihn und schossen,
es befehdeten ihn Pfeilschützen.
24 Doch fest blieb sein Bogen, 24: Hiob 29,20 ·
flink waren seine Arme und Hände Ps 132,2
durch die Hände des Starken Jakobs,
durch den Namen des Hirten, des Steins Israels,
25 durch den Gott deines Vaters, der dir helfe, 25: 7,11! · Dtn 33,13
durch El-Schaddai, der dich segne
mit Segensfülle des Himmels droben,
mit Segensfülle der Flut, die tief unten lagert,
mit Segensfülle aus Brüsten und Mutterschoss.
26 Die Segnungen deines Vaters sind reicher
als die Segensfülle der ewigen Berge,
als die köstlichen Gaben der uralten Hügel.
Sie mögen kommen auf Josefs Haupt,
auf den Scheitel des Geweihten unter seinen Brüdern.

49,12: Möglich ist auch die Übersetzung: «Seine Augen funkeln von Wein, seine Zähne sind weiss von Milch.»

49,22: Möglich ist auch die Übersetzung: «Ein fruchtbarer Weinstock ist Josef, ...»

49,24: Die Übersetzung von «durch den Namen des Hirten, des Steins Israels» beruht auf einer Korrektur des Massoretischen Texts; dieser lautet übersetzt: «von dort kommt der Hirt».

27: 35,18 · 27 Benjamin ist ein reissender Wolf.
Ri 20,21.25 Am Morgen verschlingt er den Raub,
am Abend verteilt er die Beute.
28: Dtn 33,1 28 Alle diese sind die zwölf Stämme Israels, und das ist es, was ihr
Vater zu ihnen redete, als er sie segnete; einem jeden von ihnen gab er
29–32: 23,17! den Segen, der ihm zukam. 29 Und er gebot ihnen und sprach zu ihnen:
29: 50,12–13 Ich werde nun mit meinen Vorfahren vereint. Begrabt mich bei meinen
Vorfahren in der Höhle, die auf dem Feld des Hetiters Efron liegt, 30 in
der Höhle auf dem Feld Machpela, das gegenüber Mamre im Land Ka-
naan liegt, dem Feld, das Abraham von Efron, dem Hetiter, als Grabbe-
31: 25,9 · 35,29 sitz gekauft hat. 31 Dort hat man Abraham und Sara, seine Frau, begra-
ben, dort hat man Isaak und Rebekka, seine Frau, begraben, und dort
habe ich Lea begraben, 32 auf dem Feld mit der Höhle darauf, das von
33: 25,8 · Apg 7,15 den Hetitern gekauft wurde. 33 Als Jakob seinen Söhnen alle diese An-
weisungen gegeben hatte, zog er seine Füsse auf das Bett zurück. Dann
verschied er und wurde mit seinen Vorfahren vereint.

Jakobs Begräbnis

1: 2Kön 13,14 **50** 1 Da warf sich Josef über seinen Vater und weinte über ihm und
2: 26; 2Chr 16,14 küsste ihn. 2 Und Josef befahl den Ärzten, die in seinem Dienst
standen, seinen Vater einzubalsamieren, und die Ärzte balsamierten Is-
3: Num 20,29; rael ein. 3 Darüber vergingen volle vierzig Tage, denn so lange dauert
Dtn 34,8 die Einbalsamierung. Und Ägypten beweinte ihn siebzig Tage lang.
4 Und die Tage der Trauer gingen vorüber, und Josef sprach zum Hof des
Pharao: Wenn ich Gnade in euren Augen gefunden habe, sagt dem Pha-
5: 25; 47,31 rao dies: 5 Mein Vater hat mich schwören lassen und gesagt: Sieh, ich
muss sterben. In meinem Grab, das ich mir im Land Kanaan angelegt
habe, dort sollst du mich begraben. So will ich denn hinaufziehen und
meinen Vater begraben. Danach komme ich wieder zurück. 6 Der Pha-
rao sprach: Zieh hinauf und begrabe deinen Vater, wie er dich hat
schwören lassen. 7 Da zog Josef hinauf, um seinen Vater zu begraben,
und mit ihm zogen alle Diener des Pharao, die Ältesten seines Hauses
8: 45,10! und alle Ältesten des Landes Ägypten, 8 dazu das ganze Haus Josefs, sei-
ne Brüder und das Haus seines Vaters; nur ihre Kinder und ihre Schafe
und Rinder liessen sie im Land Goschen zurück. 9 Sogar Wagen und
10: 1Sam 31,13; Reiter zogen mit ihm hinauf, und der Zug war gewaltig. 10 Und sie ka-
Hiob 2,13 men nach Goren-Atad, das jenseits des Jordan liegt, und hielten dort
eine grosse und feierliche Totenklage, und er veranstaltete für seinen
Vater eine Trauerfeier von sieben Tagen. 11 Die Bewohner des Landes
aber, die Kanaaniter, beobachteten die Trauerfeier in Goren-Atad und
sprachen: Da hält Ägypten eine grosse Trauerfeier. Darum nennt man
12–13: 49,29 den Ort Abel-Mizrajim; er liegt jenseits des Jordan. 12 Und seine Söhne
13: 46,4 · 23,17! verfuhren mit ihm so, wie er es ihnen geboten hatte: 13 Seine Söhne
brachten ihn in das Land Kanaan und begruben ihn in der Höhle des
Felds Machpela, des Feldes, das Abraham als Grabbesitz von Efron, dem
Hetiter, gegenüber Mamre gekauft hatte. 14 Nachdem Josef seinen Va-
ter begraben hatte, kehrte er nach Ägypten zurück, er und seine Brüder

50,11: Der Name Abel-Mizrajim bedeutet ‹Die Trauer Ägyptens›.

und alle, die mit ihm hinaufgegangen waren, um seinen Vater zu begraben.

Josefs Grossmut. Sein Tod

15 Und die Brüder Josefs sahen, dass ihr Vater gestorben war, und sie
sprachen: Wenn nun Josef uns feind ist und uns all das Böse vergilt, das
wir ihm angetan haben? 16 So liessen sie Josef sagen: Dein Vater hat vor
seinem Tod geboten: 17 Dies sollt ihr zu Josef sagen: Ach, vergib deinen
Brüdern ihr Verbrechen und ihre Verfehlung, denn Böses haben sie dir
angetan. Nun vergib den Dienern des Gottes deines Vaters ihr Verbre-
chen. Josef aber weinte, als sie zu ihm redeten. 18 Dann gingen seine 18: 37,7!
Brüder selbst hin, fielen vor ihm nieder und sprachen: Sieh, wir sind
deine Sklaven. 19 Josef aber sprach zu ihnen: Fürchtet euch nicht! Bin 19: 30,2!
ich denn an Gottes Statt? 20 Ihr zwar habt Böses gegen mich geplant, 20: 37,18 · 45,5
Gott aber hat es zum Guten gewendet, um zu tun, was jetzt zutage liegt:
ein so zahlreiches Volk am Leben zu erhalten. 21 So fürchtet euch nicht! 21: 45,7!
Ich will für euch und eure Kinder sorgen. Und er tröstete sie und redete
ihnen zu Herzen.
22 Josef aber blieb in Ägypten, er und das Haus seines Vaters. Und 22: Ex 1,5
Josef lebte hundertzehn Jahre. 23 Und Josef sah von Efraim Söhne in der 23: Hiob 42,16 ·
dritten Generation; auch die Söhne des Machir, des Sohns von Manasse, Jos 17,1;
wurden auf den Knien Josefs geboren. 24 Dann sprach Josef zu seinen 1Chr 7,14–15 · 30,3 24–25: Ex 4,31;
Brüdern: Ich sterbe nun. Gott aber wird sich euer annehmen, und er Rut 1,6
wird euch aus diesem Land hinaufführen in das Land, das er Abraham, 24: 15,16! · Ex 33,1
Isaak und Jakob zugeschworen hat. 25 Und Josef liess die Söhne Israels 25: 5! · Ex 13,19;
schwören und sprach: Wenn Gott sich euer annehmen wird, dann führt Jos 24,32;
meine Gebeine von hier mit hinauf. 26 Und Josef starb, hundertzehn Hebr 11,22 26: Ex 1,6 · 25,7! ·
Jahre alt. Und sie balsamierten ihn ein, und er wurde in Ägypten in ei- Jos 24,29 · 2!
nen Sarg gelegt.

Exodus

(DAS ZWEITE BUCH MOSE)

Der Name Exodus entstammt der griechischen und der lateinischen Bibeltradition und bedeutet ‹Auszug›. Das Buch erzählt vom Auszug der Israeliten aus Ägypten und von dem, was ihnen auf dem Weg durch die Wüste ins verheissene Land widerfährt. In der Darstellung des Pentateuch (siehe die Einleitung zu Gen) bleibt Israel bis zum Buch Deuteronomium auf dem Weg durch die Wüste. Erst im Buch Josua betritt es das Land Kanaan. Hatten sich Gen 12–50 auf die einzelnen Erzeltern als den Vorfahren Israels konzentriert, so ist Israel im Buch Exodus nun zu einem Volk geworden (Ex 1,1–7).

Der erste Schwerpunkt der Erzählung liegt auf der Herausführung aus Ägypten (Ex 1–15), die zu den zentralen Glaubensaussagen des alten Israel gehört und zu einer wesentlichen Aussage über Gott selbst werden konnte: Gott wird in weiten Teilen der Bibel als derjenige charakterisiert, der Israel aus Ägypten herausgeführt hat (so beispielsweise in Jer 23,7 und Am 9,7 oder Apg 13,17). Das Buch Exodus schildert einführend die unerträgliche Knechtschaft Israels in Ägypten (Ex 1). Mit Mose ersteht den Israeliten ein Retter, dessen Bewahrung in der Gefährdung nach der Geburt bereits den ihm geltenden göttlichen Beistand zeigt (Ex 2). Ihm offenbart sich Gott (Ex 3; 6), und gemeinsam mit Aaron führt er Israel gegen alle Widerstände des Pharao aus Ägypten heraus. Die Befreiung Israels wird einerseits durch die Plagen dargestellt, die Ägypten treffen (Ex 7–12), und andererseits durch das Meerwunder, das die Israeliten entkommen lässt, den Ägyptern aber den Tod bringt (Ex 14–15). Diese Erzählzüge verdeutlichen, dass es Gott selbst ist, der hinter der Befreiung seines Volks steht. Eingebettet in die Plagenerzählungen findet sich auch die Einsetzung des für Israel zentralen Passafests (Ex 12) sowie des Fests der ungesäuerten Brote (des Mazzotfests) (Ex 13), die nach dieser Darstellung ihren Ursprung schon in der Gründungszeit des Volks haben.

Der zweite Schwerpunkt der Erzählung liegt auf der Darstellung der Ereignisse am Sinai (Ex 19–40). Hier wird von Gottes Weisungen an Mose, aber auch vom ersten Abfallen der Israeliten von Gott (Ex 32) berichtet. Diese Szenerie bleibt im Wesentlichen unverändert von Ex 19 bis Num 10, denn erst dort wird der Aufbruch vom Sinai geschildert. Innerhalb dieser mehrere Bücher umfassenden Erzählfolge erhält Mose von Gott eine Vielzahl von rechtlichen und kultischen Bestimmungen, die jetzt das Zentrum der Tora bilden. Die Weisungen in Exodus umfassen dabei zunächst die Zehn Gebote (Ex 20) und das sogenannte Bundesbuch (Ex 21–23). Die Zehn Gebote (der ‹Dekalog›) sind eher ein theologischer als ein juristischer Text: Sie formulieren keine Sanktionen für den Fall der Nichtbefolgung. Vielmehr führen sie zunächst Gott als den Befreier aus Ägypten ein und setzen dann das dieser Befreiungstat entsprechende Verhalten Israels fest. Auch das auf die Zehn Gebote folgende Bundesbuch ist kein Gesetzestext im neuzeitlichen Sinn: Es bot, wie dies bei altorientalischen Rechtsbüchern in der Regel der Fall ist, eine Handhabe zur Regelung besonders wichtiger oder besonders schwieriger Rechtsfälle und war deshalb keineswegs auf Vollständigkeit hin angelegt. Die konkrete Rechtsprechung in Israel erfolgte im Normalfall wohl im zwischenparteilichen Ausgleich und nach Gewohnheitsrecht.

Besonders umfangreich dargestellt sind die Anweisungen zum Bau des «Zelts der Begegnung» (Ex 25–31) sowie die Ausführung dieser Anweisungen (Ex 35–40). Dieses Zeltheiligtum ist als Vorbild des späteren Jerusalemer Tempels entworfen, und die Erzählung von seiner Herstellung bereits am Sinai will deutlich machen, dass der Tempel schon in die Gründungsgeschichte Israels gehört. Dass das Zelt nicht an einen bestimmten Ort gebunden ist, zeigt, dass Gottes Gegenwart unter seinem Volk nicht an einen bestimmten Ort gebunden ist.

Historische Hintergründe der biblischen Exoduserzählung sind nur schwer zu fassen. Wahrscheinlich wurden im Alten Testament mehrere ähnliche historische Auszugs- und vielleicht auch Befreiungserfahrungen verschiedener nomadischer Gruppen, die im späteren Israel aufgegangen sind, zu einem einzigen Ereignis zusammengefasst und theologisch gedeutet. Tatsächlich zeugen ägyptische Inschriften von Wanderungsbewegungen solcher Gruppen zwischen dem Nildelta und Palästina. Möglicherweise steht im Hintergrund der biblischen Darstellung aber auch eine Erinnerung an die Vertreibung kanaanäischer Fremdherrscher (der Hyksos) im Ägypten des 2. Jahrtausends v.Chr. Israel bestand zur fraglichen Zeit noch nicht als Volk, historisch gesehen konstituierte es sich in seinem Land.

Obwohl Ex 2,10 den Namen Mose hebräisch deutet, handelt es sich um einen ägyptischen Namen, der ähnlich in Ramses oder Thutmose begegnet und soviel wie ‹Kind› bedeutet. Vermutlich war Mose eine historische Gestalt, deren ägyptischer Name eine frühe Verbindung zwischen Israel und Ägypten bezeugt. In der Überlieferung ist er zu dem Religionsstifter geworden, als den ihn das Buch Exodus vorstellt. Der biblische Monotheismus stammt religionsgeschichtlich gesehen aber nicht aus der Frühzeit Israels; er entwickelte sich vielmehr erst nach und nach im Verlauf der Geschichte Israels. Die deutlichsten ausdrücklich monotheistischen Formulierungen in der Bibel stammen aus der Zeit des babylonischen Exils im 6. Jahrhundert v.Chr. (vgl. Gen 1; Jes 45). In eine entsprechende Richtung weisen die archäologischen Funde in Israel, die noch für die Königszeit eine in sich vielgestaltige Religiosität bezeugen. Für die Bibel aber ist der nachmalige Glaube an den einen und einzigen Gott so zentral, dass sie dessen Stiftung literarisch mit den Anfängen der Volksgeschichte unter Mose verbunden hat.

Israel in Ägypten

1 1 Und dies sind die Namen der Söhne Israels, die nach Ägypten ge- 1–5: Gen 46,8–27 ·
kommen waren; mit Jakob waren sie gekommen, jeder mit seinem 1Chr 2,1–2
Haus: 2 Ruben, Simeon, Levi und Juda, 3 Issaschar, Sebulon und Benja-
min, 4 Dan und Naftali, Gad und Asser. 5 Und es waren insgesamt sieb- 5: Gen 46,27 ·
zig, die von Jakob abstammten. Josef aber war schon in Ägypten. 6 Und Gen 50,22
Josef starb und alle seine Brüder und jene ganze Generation. 7 Die Isra- 6: Gen 50,26 · Ri 2,10; Apg 7,15
eliten aber waren fruchtbar, und es wimmelte von ihnen, sie mehrten 7: Gen 1,28! · 12;
sich und wurden übermächtig, und das Land wurde von ihnen voll. Apg 7,17
8 Da stand ein neuer König über Ägypten auf, der nichts von Josef 8: Ri 2,10; Apg 7,18
wusste. 9 Und er sagte zu seinem Volk: Seht, das Volk der Israeliten ist
uns zu gross und zu mächtig. 10 Auf, wir wollen klug mit ihm umgehen, 10: 1Sam 29,4 ·
damit es sich nicht noch weiter mehrt und in einem Krieg nicht auf die Ps 105,25; Apg 7,18
Seite unserer Feinde tritt, gegen uns kämpft und hinaufzieht aus dem
Land. 11 So setzten sie Fronaufseher über das Volk, um es mit Fronlasten 11: 5,9! · 1Kön 9,15 ·
zu unterdrücken, und es musste für den Pharao Vorratsstädte bauen, Gen 47,11!
Pitom und Ramses. 12 Je mehr sie es aber unterdrückten, desto stärker 12: 7! · Num 22,3
mehrte es sich und breitete es sich aus. Da graute ihnen vor den Israeli-
ten. 13 Und die Ägypter zwangen die Israeliten mit Gewalt zur Arbeit
14 und machten ihnen das Leben schwer mit harter Lehm- und Ziegelar- 14: 5,14 · Jes 10,24
beit und mit aller Feldarbeit, all der Arbeit, die sie mit Gewalt von ihnen
erzwangen.
15 Und der König von Ägypten sprach zu den Hebammen der Hebrä-
erinnen – die eine hiess Schifra, die andere Pua – 16 und sagte: Wenn ihr
die Hebräerinnen entbindet, gebt acht bei der Geburt: Ist es ein Sohn, so

17: Gen 42,18 tötet ihn, ist es aber eine Tochter, so kann sie am Leben bleiben. 17 Die
Hebammen aber fürchteten Gott und handelten nicht, wie der König
von Ägypten es ihnen gesagt hatte, sondern liessen die Knaben am Le-
ben. 18 Da rief der König von Ägypten die Hebammen und sagte zu ih-
nen: Warum habt ihr das getan und die Knaben am Leben gelassen?
19 Und die Hebammen sagten zum Pharao: Die Hebräerinnen sind
nicht wie die ägyptischen Frauen. Sie gebären wie die Tiere, noch bevor
die Hebamme zu ihnen kommt, haben sie geboren. 20 Und Gott liess es
den Hebammen gut gehen, und das Volk mehrte sich und wurde sehr
mächtig. 21 Und weil die Hebammen Gott fürchteten, gab er auch ihnen
22: Apg 7,19 Nachkommen. 22 Da gebot der Pharao seinem ganzen Volk: Alle Söhne,
die geboren werden, sollt ihr in den Nil werfen, alle Töchter aber dürft
ihr am Leben lassen.

Geburt und Rettung von Mose

1–2: 6,20; **2** 1 Und ein Mann aus dem Hause Levi ging und nahm die Tochter Le-
Num 26,59 vis zur Frau. 2 Und die Frau wurde schwanger und gebar einen Sohn,
2: Apg 7,20; Hebr 11,23 und sie sah, dass er schön war. Da versteckte sie ihn drei Monate lang.
3 Länger aber konnte sie ihn nicht versteckt halten. Und sie nahm für
ihn einen Korb aus Papyrus und verklebte ihn mit Asphalt und Pech.
Und sie legte das Kind hinein und legte ihn ins Schilf am Ufer des Nil.
4 Seine Schwester aber blieb in einiger Entfernung stehen, um zu erfah-
ren, was mit ihm geschehen würde. 5 Da kam die Tochter des Pharao
herab, um sich am Nil zu waschen, während ihre Dienerinnen am Ufer
des Nil auf und ab gingen. Und sie sah den Korb mitten im Schilf und
schickte ihre Sklavin hin und liess ihn holen. 6 Und sie öffnete ihn und
erblickte das Kind, und sieh, es war ein weinender Knabe. Da hatte sie
Mitleid mit ihm und sagte: Das ist eines von den Kindern der Hebräer.
7 Seine Schwester aber sagte zur Tochter des Pharao: Soll ich gehen und
dir eine hebräische Amme rufen, damit sie das Kind für dich stillt?
8 Und die Tochter des Pharao sprach zu ihr: Geh! Da ging die junge Frau
und rief die Mutter des Kindes. 9 Und die Tochter des Pharao sprach zu
ihr: Nimm dieses Kind mit dir und stille es für mich, und ich werde dir
deinen Lohn geben. Da nahm die Frau das Kind und stillte es. 10 Und
das Kind wuchs heran, und sie brachte es der Tochter des Pharao, und es
wurde ihr Sohn. Und sie nannte es Mose und sprach: Ich habe ihn ja aus
dem Wasser gezogen.

Mose in Midian

11–13: Hebr 11,24 11 Zu jener Zeit, als Mose heranwuchs, ging er hinaus zu seinen Brü-
dern und sah, wie sie ihre Fronarbeit verrichteten. Und er sah, wie ein
Ägypter einen Hebräer, einen seiner Brüder, erschlug. 12 Da schaute er
sich nach allen Seiten um und sah, dass niemand da war. Und er er-
schlug den Ägypter und verscharrte ihn im Sand. 13 Am nächsten Tag
aber ging er wieder hinaus, und sieh, zwei Hebräer stritten miteinan-
der. Da sagte er zu dem, der im Unrecht war: Warum schlägst du einen,
14: Gen 19,9; Num 16,13; Apg 7,35 der zu dir gehört? 14 Der aber sagte: Wer hat dich zum Aufseher und

2,10: Im Namen Mose sollte ein Anklang an das hebräische Wort für ‹herausziehen› gehört werden.

Richter über uns gesetzt? Willst du mich umbringen, wie du den Ägyp-
ter umgebracht hast? Da fürchtete sich Mose und dachte: Es ist also doch
bemerkt worden.
15 Der Pharao aber hörte davon und trachtete danach, Mose umzu-
bringen. Mose aber floh vor dem Pharao, und im Land Midian liess er
sich am Brunnen nieder. 16 Der Priester von Midian aber hatte sieben
Töchter. Und sie kamen und schöpften Wasser und füllten die Tränkrin-
nen, um die Schafe ihres Vaters zu tränken. 17 Es kamen aber die Hirten
und vertrieben sie. Da erhob sich Mose und half ihnen und tränkte ihre
Schafe. 18 Sie aber gingen heim zu Reguel, ihrem Vater. Und er sagte:
Warum seid ihr heute so früh zurück? 19 Und sie sagten: Ein Ägypter hat
uns aus der Hand der Hirten gerettet und hat uns sogar Wasser ge-
schöpft und die Schafe getränkt. 20 Da sagte er zu seinen Töchtern: Und
wo ist er? Warum habt ihr den Mann zurückgelassen? Ladet ihn ein, mit
uns zu essen. 21 Und Mose entschloss sich, bei dem Mann zu bleiben.
Dieser aber gab Mose seine Tochter Zippora zur Frau. 22 Und sie gebar
einen Sohn, und er nannte ihn Gerschom, denn er sprach: Als Fremder
wurde ich aufgenommen in einem fremden Land.

15: 18,4! · Apg 7,29; Hebr 11,27
16: 3,1; 4,18; 18,1 · Gen 24,11!
21: 4,25; 18,2; Num 12,1
22: 18,3; Apg 7,6

23 Während jener langen Zeit starb der König von Ägypten. Die Isra-
eliten aber stöhnten unter der Arbeit und schrien, und von der Arbeit
stieg ihr Hilferuf auf zu Gott. 24 Und Gott hörte ihr Seufzen, und Gott
gedachte seines Bundes mit Abraham, Isaak und Jakob. 25 Und Gott sah
auf die Israeliten, und Gott nahm sich ihrer an.

23: Num 20,16; 1Sam 12,8 · 3,7! · Ri 4,3
24: 6,4–5! · 2Kön 13,23; Ps 105,8–10
25: 3,7!

Berufung des Mose

3 1 Und Mose weidete die Schafe seines Schwiegervaters Jitro, des
Priesters von Midian. Und er trieb die Schafe über die Wüste hinaus
und kam an den Gottesberg, den Choreb. 2 Da erschien ihm der Bote des
HERRN in einer Feuerflamme mitten aus dem Dornbusch. Und er sah
hin, und sieh, der Dornbusch stand in Flammen, aber der Dornbusch
wurde nicht verzehrt. 3 Da dachte Mose: Ich will hingehen und diese
grosse Erscheinung ansehen. Warum verbrennt der Dornbusch nicht?
4 Und der HERR sah, dass er kam, um zu schauen. Und Gott rief ihn aus
dem Dornbusch und sprach: Mose, Mose! Und er sprach: Hier bin ich.
5 Und er sprach: Komm nicht näher. Nimm deine Sandalen von den
Füssen, denn der Ort, wo du stehst, ist heiliger Boden. 6 Dann sprach er:
Ich bin der Gott deines Vaters, der Gott Abrahams, der Gott Isaaks und
der Gott Jakobs. Da verhüllte Mose sein Angesicht, denn er fürchtete
sich, zu Gott hin zu blicken. 7 Und der HERR sprach: Ich habe das Elend
meines Volks in Ägypten gesehen, und ihr Schreien über ihre Antreiber
habe ich gehört, ich kenne seine Schmerzen. 8 So bin ich herabgestie-
gen, um es aus der Hand Ägyptens zu erretten und aus jenem Land hin-
aufzuführen in ein schönes und weites Land, in ein Land, wo Milch und
Honig fliessen, in das Gebiet der Kanaaniter und der Hetiter und der
Amoriter und der Perissiter und der Chiwwiter und der Jebusiter.
9 Sieh, das Schreien der Israeliten ist zu mir gedrungen, und ich habe
auch gesehen, wie die Ägypter sie quälen. 10 Und nun geh, ich sende
dich zum Pharao. Führe mein Volk, die Israeliten, heraus aus Ägypten.

3,1–4,17: 6,2–13
1–12: Apg 7,30–34
1: 1Sam 16,11! · 2,16! · 17,6 · 4,27!
2: Dtn 33,16; Mk 12,26
4: 19,3 · Lev 1,1 · 33,12; Gen 22,1!
5: Gen 28,17 · Jos 5,15
6: 15; 4,5; Gen 28,13! · 1Kön 19,13 · 33,20
7: 9.16; 2,23.25; Neh 9,9
8: Dtn 1,25! · 17; 13,5; 33,3 · Gen 15,20–21
9: 7!
10: 7,16; Ps 105,26

2,22: Im Namen Gerschom klingt das hebräische Wort für ‹Fremder› an.

11: 1Sam 18,18; 2Sam 7,18; 1Chr 29,14 · 4,10! 12: 1Sam 14,10 · Apg 7,7
14: 6,2; Jes 42,8!; 52,6; Jer 33,2
15: 6! · 6,3; 15,3
16: 4,29 · 7!
17: 8!
18: 4,1! · 5,3; 8,23
19: 6,1
20: 7,3 · Dtn 6,22; Neh 9,10; Jer 32,20
21: 11,2–3; 12,35–36; Esra 1,6; Ps 105,37
22: 12,35; Gen 15,14
1: 31; 3,18; 6,12
3: 7,9–10
5: 3,6!
6: Num 12,10; 2Kön 5,27

11 Mose aber sagte zu Gott: Wer bin ich, dass ich zum Pharao gehen und
die Israeliten aus Ägypten herausführen könnte? 12 Da sprach er: Ich
werde mit dir sein, und dies sei dir das Zeichen, dass ich dich gesandt
habe: Wenn du das Volk aus Ägypten herausgeführt hast, werdet ihr an
diesem Berg Gott dienen.
13 Mose aber sagte zu Gott: Wenn ich zu den Israeliten komme und
ihnen sage: Der Gott eurer Vorfahren hat mich zu euch gesandt, und sie
sagen zu mir: Was ist sein Name?, was soll ich ihnen dann sagen? 14 Da
sprach Gott zu Mose: Ich werde sein, der ich sein werde. Und er sprach:
So sollst du zu den Israeliten sprechen: Ich-werde-sein hat mich zu euch
gesandt.
15 Und weiter sprach Gott zu Mose: So sollst du zu den Israeliten
sprechen: Der HERR, der Gott eurer Vorfahren, der Gott Abrahams, der
Gott Isaaks und der Gott Jakobs, hat mich zu euch gesandt. Das ist mein
Name für immer, und so soll man mich anrufen von Generation zu Ge-
neration. 16 Geh und versammle die Ältesten Israels und sprich zu ih-
nen: Der HERR, der Gott eurer Vorfahren, ist mir erschienen, der Gott
Abrahams, Isaaks und Jakobs, und hat gesagt: Ich habe auf euch geachtet
und auf das, was euch angetan wird in Ägypten. 17 Und ich habe be-
schlossen: Ich will euch aus dem Elend Ägyptens hinaufführen in das
Land der Kanaaniter und der Hetiter und der Amoriter und der Perissi-
ter und der Chiwwiter und der Jebusiter, in ein Land, wo Milch und Ho-
nig fliessen. 18 Und sie werden auf deine Stimme hören. Du aber sollst
mit den Ältesten Israels zum König von Ägypten gehen, und ihr sollt zu
ihm sagen: Der HERR, der Gott der Hebräer, ist uns begegnet. Und nun
wollen wir drei Tagereisen weit in die Wüste gehen und dem HERRN,
unserem Gott, Opfer darbringen. 19 Ich weiss aber, dass der König von
Ägypten euch nicht gehen lassen wird, doch seine Hand ist nicht stark.
20 Ich aber werde meine Hand ausstrecken und Ägypten schlagen mit
allen meinen Wundern, die ich in seiner Mitte tun werde, und danach
wird er euch ziehen lassen. 21 Und ich werde diesem Volk bei den
Ägyptern Gunst verschaffen, und wenn ihr geht, werdet ihr nicht mit
leeren Händen gehen. 22 Jede Frau soll sich von ihrer Nachbarin und
ihrer Hausgenossin silberne und goldene Sachen und Kleider erbitten,
die sollt ihr euren Söhnen und Töchtern mitgeben, und so werdet ihr
Ägypten plündern.

4 1 Daraufhin sagte Mose: Sieh, sie werden mir nicht glauben und auf
meine Stimme nicht hören, sondern sagen: Der HERR ist dir nicht
erschienen. 2 Der HERR aber sprach zu ihm: Was hast du da in deiner
Hand? Und er sagte: Einen Stab. 3 Und er sprach: Wirf ihn auf die Erde!
Da warf er ihn auf die Erde, und er wurde zu einer Schlange, und Mose
floh vor ihr. 4 Der HERR aber sprach zu Mose: Strecke deine Hand aus
und fasse sie beim Schwanz! Da streckte er seine Hand aus und ergriff
sie, und in seiner Hand wurde sie wieder zu einem Stab. 5 Damit sie
glauben, dass dir der HERR erschienen ist, der Gott ihrer Vorfahren, der
Gott Abrahams, der Gott Isaaks und der Gott Jakobs. 6 Und der HERR
sprach weiter zu ihm: Stecke deine Hand in die Falten deines Gewandes.

3,14: «Ich-werde-sein» soll den Gottesnamen Jahwe erklären (in dieser Übersetzung HERR), bei dem ein Anklang an hebräisch ‹er wird sein› gehört werden sollte.

Und er steckte seine Hand in sein Gewand, zog sie heraus, und sieh,
seine Hand war von Aussatz überschneit. 7 Und er sprach: Stecke deine
Hand noch einmal in dein Gewand. Und er steckte seine Hand wieder in
sein Gewand und zog sie aus seinem Gewand, und sieh, sie war wieder
gesund. 8 Wenn sie dir aber nicht glauben und auf das erste Zeichen
nicht hören, werden sie dem zweiten Zeichen glauben. 9 Wenn sie aber — *9:* 7,19–20!
diesen beiden Zeichen nicht glauben und auf deine Stimme nicht hö-
ren, so nimm vom Wasser des Nil und giesse es auf trockenes Land, und
das Wasser, das du aus dem Nil nimmst, wird auf dem trockenen Land
zu Blut werden. 10 Mose aber sagte zum HERRN: Herr, ich bin kein — *10:* 13; 3,11; Ri 6,15;
Mann von Worten. Ich war es früher nicht und bin es auch nicht, seit du — Jer 1,6
zu deinem Diener redest; schwerfällig sind mein Mund und meine Zun-
ge. 11 Da sprach der HERR zu ihm: Wer hat dem Menschen einen Mund — *11:* Ps 94,9;
gemacht, wer macht stumm oder taub oder sehend oder blind? Bin nicht — Spr 20,12
ich es, der HERR? 12 Und nun geh, ich selbst werde mit deinem Mund — *12:* 15!
sein und dich lehren, was du reden sollst. 13 Er aber sagte: Herr, sende, — *13:* 10!
wen immer du senden willst! 14 Da entbrannte der Zorn des HERRN
über Mose, und er sprach: Ist da nicht dein Bruder Aaron, der Levit? Ich
weiss, dass er zu reden versteht. Sieh, schon kommt er dir entgegen,
und wenn er dich sieht, wird er sich von Herzen freuen. 15 Rede mit — *15:* 12; Dtn 18,18;
ihm, und lege ihm die Worte in den Mund; ich selbst werde mit deinem — Jes 51,16; Jer 1,9
und mit seinem Mund sein und euch lehren, was ihr tun sollt. 16 Er — *16:* 7,1–2
wird für dich zum Volk reden, und er wird dein Mund und du wirst sein
Gott sein. 17 Diesen Stab aber nimm in deine Hand, mit ihm wirst du
die Zeichen tun.

Rückkehr nach Ägypten

18 Da ging Mose zurück zu seinem Schwiegervater Jitro und sagte — *18:* 2,16!
zu ihm: Ich will zu meinen Brüdern in Ägypten zurückgehen und sehen,
ob sie noch am Leben sind. Und Jitro sprach zu Mose: Geh in Frieden.
19 Und der HERR sprach zu Mose in Midian: Geh zurück nach Ägypten, — *19:* Mt 2,20
denn alle, die dir nach dem Leben trachteten, sind gestorben. 20 Da — *20:* 18,3–6 · 17,9;
nahm Mose seine Frau und seine Söhne und setzte sie auf den Esel und — 24,13; 33,11
kehrte zurück in das Land Ägypten. Und Mose nahm den Gottesstab in
seine Hand. 21 Und der HERR sprach zu Mose: Wenn du nun gehst und
nach Ägypten zurückkehrst, denke an alle Wunderzeichen, die ich dir in
die Hand gegeben habe, und tue sie vor dem Pharao. Ich aber werde sein
Herz verhärten, und er wird das Volk nicht ziehen lassen. 22 Dann sollst — *22:* Dtn 1,31; 32,6;
du zum Pharao sagen: So spricht der HERR: Israel ist mein erstgeborener — Jer 31,9; Hos 11,1
Sohn. 23 Und ich habe dir gesagt: Lass meinen Sohn ziehen, damit er — *23:* 5,1 · 7,16! ·
mir diene. Du aber hast dich geweigert, ihn ziehen zu lassen; sieh, jetzt — 8,17! · 11,5!
töte ich deinen erstgeborenen Sohn.
24 Unterwegs aber, im Nachtlager, trat ihm der HERR entgegen und — *24:* Gen 17,14 ·
wollte ihn töten. 25 Da nahm Zippora einen scharfen Stein und schnitt — Gen 32,25–33
die Vorhaut ihres Sohns ab und berührte damit seine Füsse und sprach: — *25:* 2,21! · Jos 5,2
Ein Blutbräutigam bist du mir. 26 Da liess er von ihm ab. Der Beschnei-
dung wegen sagte sie damals: Blutbräutigam.
27 Und der HERR sprach zu Aaron: Geh in die Wüste, um Mose zu — *27:* 3,1; 18,5; 24,13

4,25: ‹Füsse› ist an dieser Stelle eine Umschreibung für die Geschlechtsteile.

28: 19,7; Num 30,1 treffen. Und er ging und traf ihn am Gottesberg und küsste ihn. 28 Und
Mose sagte Aaron alle Worte des HERRN, der ihn gesandt, und alle Zei-
29: 3,16 chen, die er ihm aufgetragen hatte. 29 Dann ging Mose mit Aaron, und
sie versammelten alle Ältesten der Israeliten. 30 Und Aaron sprach alle
Worte, die der HERR zu Mose gesagt hatte, und er tat die Zeichen vor den
31: 1! · 14,31! · Augen des Volks. 31 Und das Volk glaubte. Und sie hörten, dass der HERR
Gen 50,24–25! · sich der Israeliten angenommen und ihr Elend gesehen hatte, und sie
12,27 verneigten sich und warfen sich nieder.

Mose und Aaron vor dem Pharao

1: 4,23 · 10,9 5 1 Danach gingen Mose und Aaron hinein und sprachen zum Pharao:
So spricht der HERR, der Gott Israels: Lass mein Volk ziehen, damit
2: Spr 30,9!; sie mir in der Wüste ein Fest feiern. 2 Der Pharao aber sagte: Wer ist der
Dan 3,15 HERR, dass ich auf seine Stimme hören und Israel ziehen lassen sollte?
Ich kenne den HERRN nicht und werde auch Israel nicht ziehen lassen.
3: 3,18! · Lev 26,25 3 Da sprachen sie: Der Gott der Hebräer ist uns begegnet. Drei Tagerei-
sen weit wollen wir in die Wüste gehen und dem HERRN, unserem Gott,
opfern, damit er uns nicht schlägt mit Pest oder Schwert. 4 Der König
von Ägypten aber sprach zu ihnen: Mose und Aaron, warum wollt ihr
das Volk von seinen Arbeiten abhalten? Geht an eure Fronarbeiten!
5 Und der Pharao sagte: Seht, so zahlreich ist jetzt das Volk des Landes,
und ihr wollt sie ruhen lassen von ihrer Fron. 6 Und am selben Tag be-
fahl der Pharao den Antreibern des Volks und seinen Aufsehern: 7 Ihr
dürft dem Volk zum Ziegelmachen keinen Häcksel mehr geben wie bis-
her. Sie sollen selbst gehen und Häcksel sammeln. 8 Die Zahl an Ziegeln
aber, die sie bisher gemacht haben, sollt ihr weiterhin von ihnen verlan-
gen und nichts davon erlassen. Denn sie sind faul, darum schreien sie:
9: 1,11; Gen 15,13; Wir wollen gehen und unserem Gott opfern. 9 Schwer muss die Arbeit
Dtn 26,6 auf den Leuten lasten, so dass sie beschäftigt sind und nicht auf verfüh-
rerische Reden hören. 10 Da gingen die Antreiber des Volks und seine
Aufseher hinaus und sprachen zum Volk: So spricht der Pharao: Ich gebe
euch keinen Häcksel mehr. 11 Geht selbst, holt euch Häcksel, wo ihr ihn
findet, von eurer Arbeit aber wird euch nichts erlassen. 12 Da zerstreute
sich das Volk im ganzen Land Ägypten, um Stroh für Häcksel zu sam-
meln. 13 Die Antreiber aber drängten und sagten: Erfüllt eure tägliche
14: 1,14 Arbeit wie zuvor, als es noch Häcksel gab. 14 Und die Aufseher der Isra-
eliten, die die Antreiber des Pharao über sie eingesetzt hatten, wurden
geschlagen: Warum habt ihr gestern und heute nicht euer volles Mass
an Ziegeln abgeliefert wie bisher? 15 Da kamen die Aufseher der Israeli-
ten und klagten vor dem Pharao: Warum behandelst du deine Knechte
so? 16 Deinen Knechten gibt man keinen Häcksel, und doch sagt man
uns: Stellt Ziegel her! Und sieh, deine Knechte werden geschlagen, und
dein Volk trägt die Schuld. 17 Er aber sagte: Faul seid ihr, faul! Darum
18: 1Kön 12,11 sagt ihr: Wir wollen gehen und dem HERRN opfern. 18 Und nun geht
und tut eure Arbeit! Häcksel wird euch nicht gegeben, doch die vorge-
schriebene Zahl an Ziegeln müsst ihr abliefern. 19 Da sahen die Aufse-
her der Israeliten diese böse an und sagten: Eure tägliche Menge an Zie-

5,19: Möglich ist auch die Übersetzung: «Da sahen die Aufseher der Israeliten, dass sie in einer üblen Lage waren, weil man sagte: ...»

geln dürft ihr nicht verkleinern. 20 Und als sie vom Pharao kamen, tra-
fen sie Mose und Aaron, die dastanden und sie erwarteten. 21 Und sie 21: Gen 34,30!
sprachen zu ihnen: Der HERR sehe auf euch und richte darüber, dass ihr
uns beim Pharao und seinen Dienern in Verruf gebracht habt. Ihr habt
ihnen ein Schwert in die Hand gegeben, uns zu töten. 22 Da wandte sich 22: Num 11,11;
Mose zum HERRN und sprach: Herr, warum hast du diesem Volk Böses Jos 7,7
angetan, warum hast du mich gesandt? 23 Seitdem ich zum Pharao ge-
kommen bin, um in deinem Namen zu reden, hat er diesem Volk nur
Böses angetan; du aber hast dein Volk nicht gerettet.

6 1 Da sprach der HERR zu Mose: Jetzt wirst du sehen, was ich dem 1: Num 11,23;
Pharao tun werde. Er wird sie ziehen lassen, mit starker Hand, und 2Chr 20,17 · 3,19 ·
mit starker Hand wird er sie aus seinem Land vertreiben. 11,1!

Der HERR gibt sich Mose zu erkennen

2 Da redete Gott mit Mose und sprach zu ihm: Ich bin der HERR. 2–13: 3,1–4,17
3 Abraham, Isaak und Jakob bin ich als El-Schaddai erschienen, mit mei- 2: 3,14!
nem Namen ‹HERR› aber habe ich mich ihnen nicht kundgetan. 4 Auch 3: Gen 17,1 · 3,15! 4–5: Gen 15,18;17,8!
habe ich meinen Bund mit ihnen aufgerichtet, ihnen das Land Kanaan
zu geben, das Land, in dem sie sich als Fremde aufhielten. 5 Und ich
habe auch das Seufzen der Israeliten gehört, die Ägypten zur Arbeit
zwingt. Da habe ich mich meines Bundes erinnert. 6 Darum sprich zu 6: Dtn 4,34;26,8 ·
den Israeliten: Ich bin der HERR. Ich werde euch aus der Fron Ägyptens 7,4
herausführen und euch aus ihrem Dienst erretten und euch erlösen mit
ausgestrecktem Arm und durch gewaltige Gerichte. 7 Ich werde euch 7: 15,16;19,5 · 16,12;
annehmen als mein Volk und euer Gott sein, und ihr sollt erkennen, Dtn 29,5
dass ich der HERR bin, euer Gott, der euch herausführt aus der Fron
Ägyptens. 8 Und ich werde euch in das Land bringen, das ich Abraham, 8: Gen 22,16;
Isaak und Jakob zu geben geschworen habe, und werde es euch zum Be- Ez 20,5
sitz geben, ich, der HERR. 9 So redete Mose zu den Israeliten, sie aber
hörten nicht auf Mose, aus Kleinmut und der harten Arbeit wegen.

10 Da sprach der HERR zu Mose: 11 Geh hinein, sage dem Pharao,
dem König von Ägypten, dass er die Israeliten aus seinem Land ziehen
lassen soll. 12 Mose aber sagte vor dem HERRN: Sieh, die Israeliten ha- 12: 4,1! · 30; Jes 6,5
ben nicht auf mich gehört, wie sollte da der Pharao auf mich hören, bin
ich doch ungeschickt im Reden.

13 Da sprach der HERR zu Mose und Aaron und gebot ihnen, zu den
Israeliten und zum Pharao, dem König von Ägypten, zu gehen und die
Israeliten aus dem Land Ägypten herauszuführen.

Die Vorfahren von Mose und Aaron

14 Dies waren die Häupter ihrer Familien: Die Söhne Rubens, des 14: Num 1,18 ·
Erstgeborenen Israels, waren Henoch, Pallu, Chezron und Karmi. Das Num 26,5–9;
waren die Sippen Rubens. 15 Und die Söhne Simeons waren Jemuel, Ja- 1Chr 5,3
min, Ohad, Jachin, Zochar und Schaul, der Sohn der Kanaaniterin. Das 15: 1Chr 4,24!
waren die Sippen Simeons. 16 Und dies waren die Namen der Söhne 16–25:
Levis nach ihren Geschlechtern: Gerschon, Kehat und Merari. Und die Num 26,57–60
Lebenszeit Levis betrug hundertsiebenunddreissig Jahre. 17 Die Söhne 16: 1Chr 5,27! 17–19: Num 3,20;
1Chr 23,21; 24,26

6,3: Siehe die Anm. zu Gen 17,1.
6,12: Wörtlich: «..., bin ich doch unbeschnitten an den Lippen.»

18: 1Chr 23,12 · Gerschons waren Libni und Schimi, je eine Sippe. 18 Und die Söhne Ke-
1Chr 15,10 hats waren Amram, Jizhar, Chebron und Ussiel. Und die Lebenszeit Ke-
hats betrug hundertdreiunddreissig Jahre. 19 Und die Söhne Meraris
waren Machli und Muschi. Das waren die Sippen der Leviten nach ihren
20: 2,1–2! · Geschlechtern. 20 Und Amram nahm sich Jochebed, die Schwester sei-
Lev 18,12 · nes Vaters, zur Frau, und sie gebar ihm Aaron und Mose. Und die Le-
Num 26,59; 1Chr 23,13 benszeit Amrams betrug hundertsiebenunddreissig Jahre. 21 Und die
21: Num 16,1 Söhne Jizhars waren Korach, Nefeg und Sichri. 22 Und die Söhne Us-
22: Lev 10,4; Num 3,30 siels waren Mischael, Elzafan und Sitri. 23 Aaron aber nahm sich Eli-
23: Num 1,7 · 24,1! · scheba, die Tochter Amminadabs, die Schwester Nachschons, zur Frau,
28,1! und sie gebar ihm Nadab und Abihu, Elasar und Itamar. 24 Und die Söh-
24: Num 26,11 ne Korachs waren Assir, Elkana und Abiasaf. Das waren die Sippen der
25: Num 25,7; Korachiter. 25 Elasar aber, der Sohn Aarons, nahm sich eine von den
Jos 22,13; Ri 20,28 Töchtern Putiels zur Frau, und sie gebar ihm Pinechas. Das waren die
26: 12,41! Familienhäupter der Leviten, Sippe um Sippe. 26 Aaron und Mose wa-
ren es, zu denen der HERR sprach: Führt die Israeliten, Heerschar um
Heerschar, aus dem Land Ägypten. 27 Sie waren es, die mit dem Pharao,
dem König von Ägypten, redeten, um die Israeliten aus Ägypten hinaus-
zuführen. Das waren Mose und Aaron.

Mose und Aaron vor dem Pharao

29: 7,2; Jer 1,7.17; 28 Als der HERR im Land Ägypten mit Mose redete, 29 sprach der
Ez 2,7 HERR zu Mose: Ich bin der HERR. Sage dem Pharao, dem König von Ägyp-
30: 12! ten, alles, was ich dir sage. 30 Mose aber sagte vor dem HERRN: Sieh, ich
bin im Reden ungeschickt, wie sollte da der Pharao auf mich hören?

1–2: 4,16 7 1 Da sprach der HERR zu Mose: Sieh, ich mache dich zum Gott für den
2: 6,29! Pharao, und Aaron, dein Bruder, wird dein Prophet sein. 2 Du sollst
alles sagen, was ich dir gebiete, und dein Bruder Aaron soll es dem Pha-
3: 3,20 · Ps 105,27; rao sagen, damit er die Israeliten aus seinem Land ziehen lässt. 3 Ich
Apg 7,36 aber werde das Herz des Pharao hart machen und werde viele Zeichen
4: 6,6 und Wunder tun im Land Ägypten. 4 Der Pharao aber wird nicht auf
euch hören. So werde ich meine Hand gegen Ägypten erheben, und
durch gewaltige Gerichte werde ich meine Heerscharen, mein Volk, die
5: 17! Israeliten, aus dem Land Ägypten herausführen. 5 Dann werden die
Ägypter erkennen, dass ich der HERR bin, wenn ich meine Hand gegen
Ägypten ausstrecke und die Israeliten aus ihrer Mitte herausführe.
6: 9.20; 12,28.50; 6 Und Mose und Aaron machten es; wie der HERR es ihnen geboten hat-
14,4 te, so machten sie es. 7 Und Mose war achtzig Jahre und Aaron dreiun-
7: Dtn 31,2 · Num 33,39 dachtzig Jahre alt, als sie mit dem Pharao redeten.

9–10: 4,3 8 Und der HERR sprach zu Mose und Aaron: 9 Wenn der Pharao mit
9: 6 euch redet und sagt: Tut ein Wunder, dann sollst du zu Aaron sagen:
Nimm deinen Stab und wirf ihn vor den Pharao, er soll zu einer Schlan-
ge werden. 10 Da gingen Mose und Aaron zum Pharao und handelten
so, wie der HERR es geboten hatte. Aaron warf seinen Stab vor den Pha-
11: Gen 41,8! · 8,3! rao und seine Diener, und er wurde zu einer Schlange. 11 Da rief auch
der Pharao die Weisen und Zauberer, und auch sie, die Wahrsager Ägyp-
tens, taten dasselbe mit ihren Zauberkräften. 12 Sie alle warfen ihre Stä-
be hin, und sie wurden zu Schlangen, Aarons Stab aber verschlang ihre
Stäbe. 13 Aber das Herz des Pharao blieb hart, und er hörte nicht auf sie,
wie es der HERR gesagt hatte.

Erste Plage: Wasser wird zu Blut

14 Da sprach der HERR zu Mose: Verstockt ist das Herz des Pharao; er
weigert sich, das Volk ziehen zu lassen. 15 Geh zum Pharao in der Frühe,
denn da geht er ans Wasser hinaus, und tritt vor ihn hin am Ufer des Nil,
und den Stab, der sich in eine Schlange verwandelt hat, nimm in deine
Hand. 16 Sprich zu ihm: Der HERR, der Gott der Hebräer, hat mich zu dir 16: 3,10! · 26; 3,18;
gesandt, dir zu sagen: Lass mein Volk ziehen, damit sie mir in der Wüste 5,3; 4,23; 8,16;
dienen. Du aber hast bis jetzt nicht hören wollen. 17 So spricht der 9,1.13; 10,3
HERR: Daran sollst du erkennen, dass ich der HERR bin: Sieh, ich will mit 17: 5; 8,18; 9,29
dem Stab in meiner Hand auf das Wasser des Nil schlagen, und es wird
sich in Blut verwandeln. 18 Die Fische im Nil werden sterben, und der
Nil wird stinken, und die Ägypter werden das Wasser des Nil nicht
mehr trinken können.

19 Und der HERR sprach zu Mose: Sage zu Aaron: Nimm deinen Stab 19–20: 4,9;
und strecke deine Hand aus über die Gewässer Ägyptens, über ihre Flüs- Ps 78,44; 105,29;
se, Kanäle und Teiche und über alle ihre Wasserstellen, damit sie zu Blut Offb 8,8!
werden. Und Blut soll sein im ganzen Land Ägypten, selbst in den Bäu-
men und in den Steinen. 20 Da handelten Mose und Aaron so, wie der 20: 6! · 17,5;
HERR es geboten hatte. Er erhob den Stab und schlug das Wasser des Nil Num 20,8
vor den Augen des Pharao und seiner Diener, und alles Wasser des Nil
verwandelte sich in Blut. 21 Und die Fische im Nil starben, und der Nil 21: Ps 105,29;
stank, und die Ägypter konnten das Wasser des Nil nicht trinken. Und Jes 19,8
das Blut war im ganzen Land Ägypten. 22 Die Wahrsager Ägyptens aber 22: 8,3!
taten dasselbe mit ihren Zauberkräften. Und so blieb das Herz des Pha-
rao hart, und er hörte nicht auf sie, wie es der HERR gesagt hatte. 23 Und 23: 9,21
der Pharao wandte sich ab und ging in sein Haus; und er nahm sich auch
dies nicht zu Herzen. 24 Alle Ägypter aber gruben in der Umgebung des
Nil nach Trinkwasser, denn das Wasser des Nil konnten sie nicht trin-
ken. 25 So vergingen volle sieben Tage, nachdem der HERR den Nil ge-
schlagen hatte.

Zweite Plage: Frösche

26 Dann sprach der HERR zu Mose: Geh hinein zum Pharao und sage 26: 16!
zu ihm: So spricht der HERR: Lass mein Volk ziehen, damit sie mir die-
nen. 27 Wenn du dich aber weigerst, es ziehen zu lassen, sieh, dann will 27: 8,17! · 8,1;
ich dein ganzes Gebiet mit Fröschen plagen. 28 Und der Nil wird von Ps 78,45; 105,30;
Fröschen wimmeln, und sie werden heraufkommen und in dein Haus Offb 16,13
eindringen, in dein Schlafgemach und bis auf dein Bett, in das Haus
deiner Diener und zu deinem Volk, in deine Backöfen und Backtröge.
29 Und über dich und dein Volk und über deine Diener werden die Frö-
sche kommen.

8 1 Und der HERR sprach zu Mose: Sage zu Aaron: Strecke deine Hand 1: Jos 8,18 · 7,27!
mit deinem Stab aus über die Flüsse, über die Kanäle und über die
Teiche, und lass die Frösche über das Land Ägypten kommen. 2 Da
streckte Aaron seine Hand aus über die Gewässer Ägyptens, und die Frö-
sche kamen herauf und bedeckten das Land Ägypten. 3 Die Wahrsager 3: 14; 7,11.22; 9,11
mit ihren Zauberkräften aber taten dasselbe und liessen die Frösche
über das Land Ägypten kommen. 4 Da rief der Pharao Mose und Aaron 4: 24; 9,28; 10,17;
und sprach: Betet zum HERRN, dass er mich und mein Volk von den Frö- 1Kön 13,6
schen befreit. Dann will ich das Volk ziehen lassen, damit sie dem

HERRN opfern. 5 Und Mose sprach zum Pharao: Bestimme über mich,
auf wann ich für dich, für deine Diener und für dein Volk erbitten soll,
dass die Frösche von dir genommen und aus deinen Häusern ausgerot-
6: 9,14; 15,11 tet werden. Nur im Nil sollen sie übrig bleiben. 6 Und er sprach: Auf
morgen. Da sprach er: Es geschehe nach deinem Wort, damit du er-
kennst, dass es keinen gibt wie den HERRN, unsern Gott. 7 Die Frösche
werden von dir und aus deinen Häusern weichen, von deinen Dienern
8: 26; 9,33; 10,18; und von deinem Volk. Nur im Nil werden sie übrig bleiben. 8 Da verlies-
32,11 sen Mose und Aaron den Pharao, und Mose schrie zum HERRN der
Froschplage wegen, die er über den Pharao gebracht hatte. 9 Und der
HERR handelte nach dem Wort des Mose, und die Frösche starben weg
in den Häusern, in den Höfen und auf den Feldern. 10 Und man häufte
sie scheffelweise zusammen, und das Land stank davon. 11 Der Pharao
aber sah, dass es eine Erleichterung gab. Da verhärtete er sein Herz und
hörte nicht auf sie, wie es der HERR gesagt hatte.

Dritte Plage: Mücken

12 Da sprach der HERR zu Mose: Sage zu Aaron: Strecke deinen Stab
aus und schlage den Staub der Erde, dann wird er zu Mücken werden im
13: Ps 78,45; 105,31 ganzen Land Ägypten. 13 Und so machten sie es. Aaron streckte seine
Hand mit seinem Stab aus und schlug den Staub der Erde, und die Mü-
cken kamen über Mensch und Vieh. Aller Staub der Erde war zu Mücken
14: 3! geworden im ganzen Land Ägypten. 14 Und die Wahrsager mit ihren
Zauberkräften taten dasselbe, um Mücken hervorzubringen, aber sie
15: Lk 11,20 konnten es nicht. So kamen die Mücken über Mensch und Vieh. 15 Da
sprachen die Wahrsager zum Pharao: Das ist der Finger eines Gottes.
Aber das Herz des Pharao blieb hart, und er hörte nicht auf sie, wie es der
HERR gesagt hatte.

Vierte Plage: Stechfliegen

16: 7,16! 16 Da sprach der HERR zu Mose: Tritt vor den Pharao früh am Mor-
gen, denn da geht er hinaus ans Wasser, und sage zu ihm: So spricht der
17: 4,23; 7,27; 9,2–3; HERR: Lass mein Volk ziehen, damit sie mir dienen. 17 Wenn du aber
10,4 mein Volk nicht ziehen lässt, sieh, dann lasse ich gegen dich und deine
Diener, gegen dein Volk und deine Häuser die Stechfliegen los, und die
Häuser Ägyptens werden voll von Stechfliegen sein, und auch der Bo-
18: 7,17! den, auf dem sie stehen. 18 Das Land Goschen aber, wo sich mein Volk
aufhält, will ich an jenem Tag anders behandeln, so dass es dort keine
Stechfliegen gibt, damit du erkennst, dass ich, der HERR, mitten in die-
19: 9,4! sem Land bin. 19 Ich werde einen Unterschied machen zwischen mei-
nem Volk und deinem Volk. Dieses Zeichen wird morgen geschehen.
20: Ps 78,45; 105,31 20 Und so machte es der HERR. Stechfliegen kamen in Schwärmen in
das Haus des Pharao und in das Haus seiner Diener und in das ganze
Land Ägypten. Das Land wurde von den Stechfliegen heimgesucht.
21 Da rief der Pharao Mose und Aaron und sprach: Geht, opfert eurem
22: Gen 43,32! · Gott hier in diesem Land. 22 Mose aber sprach: Das können wir nicht
Lev 24,14; Dtn 17,6; tun, denn für Ägypten ist es ein Greuel, was wir dem HERRN, unserem
21,20

8,19: Die Übersetzung «Ich werde einen Unterschied machen ...» beruht auf antiken Übersetzungen; der Massoretische Text lautet übersetzt: «Ich werde eine Erlösung machen ...»

Der Herr ist mein Hirt, mir mangelt nichts
er weidet mich auf grünen Auen.
Zur Ruhe am Wasser führt er mich.
neues Leben gibt er mir.
Er leitet mich auf Pfaden des Heils
um seines Namens willen.
Wandere ich auch im finstern Tal,
fürchte ich kein Unheil,
denn du bist bei mir,
dein Stecken und dein Stab
Sie trösten mich
Du deckst mir den Tisch
im Angesicht meiner Feinde.
Du salbst mein Haupt mit Öl,
übervoll ist mein Becher,
Güte und Gnade werden mir folgen
alle meine Tage,
und ich werde bleiben im Hause des HERRN
mein Leben lang.

Psalm 23

Schriftbild zu Psalm 23,1–6

Gott, opfern. Wenn wir opfern, was in den Augen der Ägypter ein Greuel
ist, werden sie uns dann nicht steinigen? 23 Drei Tagereisen weit wol- 23: 3,18!
len wir in die Wüste gehen und dem HERRN, unserem Gott, opfern, was
er uns befehlen wird. 24 Da sprach der Pharao: Ich will euch ziehen las- 24: 4!
sen, und ihr dürft dem HERRN, eurem Gott, in der Wüste opfern, doch
dürft ihr euch nicht zu weit entfernen. Betet für mich! 25 Und Mose
sprach: Sieh, ich gehe hinaus und verlasse dich und werde zum HERRN
beten, und morgen werden die Stechfliegen vom Pharao, von seinen
Dienern und von seinem Volk weichen. Der Pharao aber soll nicht wie-
der sein Wort brechen und das Volk doch nicht ziehen lassen, um dem
HERRN zu opfern. 26 Da verliess Mose den Pharao und betete zum 26: 8!
HERRN. 27 Und der HERR handelte nach dem Wort des Mose und liess
die Stechfliegen vom Pharao, von seinen Dienern und von seinem Volk
weichen. Nicht eine blieb übrig. 28 Aber auch diesmal verhärtete der
Pharao sein Herz und liess das Volk nicht ziehen.

Fünfte Plage: Viehpest

9 1 Da sprach der HERR zu Mose: Geh zum Pharao und sage ihm: So 1: 7,16!
spricht der HERR, der Gott der Hebräer: Lass mein Volk ziehen, damit
sie mir dienen. 2 Wenn du dich aber weigerst, sie ziehen zu lassen, und 2–3: 8,17!
sie weiter festhältst, 3 sieh, dann kommt die Hand des HERRN über dein
Vieh auf dem Feld, über die Pferde, Esel, Kamele, Rinder und Schafe, eine
sehr schwere Pest. 4 Der HERR aber wird einen Unterschied machen 4: 6.26; 8,19; 10,23;
zwischen dem Vieh Israels und dem Vieh Ägyptens, so dass von allem, 11,7
was den Israeliten gehört, kein einziges Tier sterben wird. 5 Und der
HERR setzte einen Zeitpunkt fest und sprach: Morgen wird der HERR
dies tun im Land. 6 Und der HERR tat es am folgenden Tag, und alles 6: 4!
Vieh Ägyptens starb. Den Israeliten aber starb nicht ein einziges Tier.
7 Da sandte der Pharao hin, und sieh, vom Vieh Israels war nicht ein
einziges Tier gestorben. Aber das Herz des Pharao blieb verstockt, und er
liess das Volk nicht ziehen.

Sechste Plage: Geschwüre

8 Da sprach der HERR zu Mose und Aaron: Füllt eure Hände mit
Ofenruss, und Mose soll ihn vor den Augen des Pharao gegen den Him-
mel werfen. 9 Und er soll zu Staub werden über dem ganzen Land Ägyp-
ten, und es sollen daraus im ganzen Land Ägypten an Menschen und
Vieh Geschwüre mit aufplatzenden Blasen entstehen. 10 Und sie nah- 10: Dtn 28,27;
men Ofenruss und traten vor den Pharao, und Mose warf ihn gegen den Offb 16,2
Himmel, und an Menschen und Vieh entstanden Geschwüre mit auf-
platzenden Blasen. 11 Die Wahrsager aber konnten vor lauter Geschwü- 11: 8,3!
ren Mose nicht gegenübertreten; denn die Geschwüre befielen die
Wahrsager wie ganz Ägypten. 12 Aber der HERR machte das Herz des
Pharao hart, und dieser hörte nicht auf sie, wie der HERR es Mose gesagt
hatte.

Siebte Plage: Hagel

13 Da sprach der HERR zu Mose: Tritt morgen früh vor den Pharao 13: 7,16!
und sage zu ihm: So spricht der HERR, der Gott der Hebräer: Lass mein
Volk ziehen, damit sie mir dienen. 14 Denn diesmal will ich alle meine 14: 8,6!

Plagen gegen dich senden, gegen deine Diener und gegen dein Volk,
damit du erkennst, dass es im ganzen Land keinen gibt wie mich.
15 Denn schon jetzt hätte ich meine Hand ausstrecken und dich und
dein Volk mit der Pest schlagen können, und du wärst aus dem Land
16: Röm 9,17 verschwunden. 16 Aber ich habe dich bestehen lassen, um dir meine
Macht zu zeigen und um meinen Namen zu verkünden im ganzen
Land. 17 Du bist noch immer hochmütig gegen mein Volk und willst es
18: Offb 8,7! · 10,6! nicht ziehen lassen. 18 Sieh, ich lasse morgen um diese Zeit einen
schweren Hagel niedergehen, wie es in Ägypten vom Tag seiner Grün-
dung bis heute keinen gegeben hat. 19 So sende nun hin, bring dein
Vieh und deinen ganzen Besitz auf dem Feld in Sicherheit. Auf alle Men-
schen und alles Vieh, die auf dem Feld sind und sich nicht ins Haus zu-
rückziehen, wird der Hagel niedergehen, und sie werden sterben.
20 Wer von den Dienern des Pharao das Wort des HERRN fürchtete, liess
21: 7,23 seine Knechte und sein Vieh in die Häuser flüchten. 21 Wer aber das
Wort des HERRN nicht zu Herzen nahm, liess seine Knechte und sein
Vieh auf dem Feld.

22 Und der HERR sprach zu Mose: Strecke deine Hand aus gegen den
Himmel, und es soll Hagel fallen im ganzen Land Ägypten, auf Mensch
und Vieh und auf alles Kraut des Feldes im Land Ägypten. 23 Da streckte
Mose seinen Stab aus gegen den Himmel, der HERR aber liess es don-
nern und hageln, und Feuer fiel auf das Land nieder. Und der HERR liess
24: Ps 18,13; 105,32; Hagel niedergehen auf das Land Ägypten. 24 Und es fiel Hagel, und mit-
Jes 30,30 · Ez 1,4 ten im Hagel flackerte ein Feuer. Er war so schwer, wie es noch keinen
gegeben hatte im ganzen Land Ägypten, seit es zu einem Volk geworden
25: Jos 10,11; war. 25 Und im ganzen Land Ägypten erschlug der Hagel alles, was auf
Ps 78,47–48 dem Feld war, Mensch und Vieh; auch alles Kraut des Feldes zerschlug
26: 4! der Hagel, und alle Bäume des Feldes zerbrach er. 26 Nur im Land Go-
27: 10,16; Num 21,7; schen, wo die Israeliten waren, fiel kein Hagel. 27 Da sandte der Pharao
2Sam 24,10 hin und liess Mose und Aaron rufen und sprach zu ihnen: Diesmal habe
ich gesündigt; der HERR ist im Recht, ich aber und mein Volk, wir sind
28: 8,4! im Unrecht. 28 Betet zum HERRN, dass der gewaltige Donner und der
Hagel ein Ende nehme! Ich will euch ziehen lassen, nicht länger sollt ihr
29: 7,17! · bleiben. 29 Und Mose sprach zu ihm: Sobald ich zur Stadt hinausgehe,
1Kön 8,22; Esra 9,5; werde ich meine Hände ausbreiten zum HERRN. Dann wird der Donner
Hiob 11,13; Ps 143,6 aufhören, und es wird kein Hagel mehr fallen, damit du erkennst, dass
30: 35 das Land dem HERRN gehört. 30 Von dir und deinen Dienern aber weiss
ich: Ihr fürchtet euch noch nicht vor Gott dem HERRN.

31 Der Flachs und die Gerste wurden zerschlagen, denn die Gerste
32: 10,5 stand gerade in Ähren und der Flachs in Blüte. 32 Der Weizen aber und
der Emmer wurden nicht zerschlagen, denn sie reifen später.

33: 8,8! 33 Und Mose verliess den Pharao und ging aus der Stadt hinaus und
breitete seine Hände aus zum HERRN. Da hörten der Donner und der
Hagel auf, und es fiel kein Regen mehr auf das Land. 34 Und der Pharao
sah, dass Regen, Hagel und Donner aufgehört hatten, aber er sündigte
35: 30 weiter, und er verhärtete sein Herz, er und seine Diener. 35 Und das
Herz des Pharao blieb hart, und er liess die Israeliten nicht ziehen, wie
es der HERR durch Mose gesagt hatte.

Achte Plage: Heuschrecken

10 1 Da sprach der HERR zu Mose: Geh hinein zum Pharao. Denn ich
selbst habe sein Herz und das Herz seiner Diener verhärtetet, um
in ihrer Mitte diese meine Zeichen zu setzen 2 und damit du deinem 2: Dtn 4,9; 6,20–22;
Sohn und deinem Enkel erzählen kannst, was ich mit den Ägyptern ge- Ps 78,3–7; Joel 1,3
tan und welche Zeichen ich bei ihnen vollbracht habe. Dann werdet ihr
erkennen, dass ich der HERR bin. 3 Da gingen Mose und Aaron hinein 3: 7,16!
zum Pharao und sagten zu ihm: So spricht der HERR, der Gott der He-
bräer: Wie lange weigerst du dich schon, dich vor mir zu beugen! Lass
mein Volk ziehen, damit sie mir dienen. 4 Denn wenn du dich weigerst, 4: 8,17!
mein Volk ziehen zu lassen, sieh, dann werde ich morgen Heuschrecken
in dein Gebiet bringen. 5 Und sie werden den Boden des Landes bede- 5: 12; 9,32
cken, und man wird das Land nicht mehr sehen können, und sie werden
den Rest, der verschont und vom Hagel übrig geblieben ist, auffressen
und alle Bäume kahlfressen, die euch auf dem Feld wachsen. 6 Und sie 6: 14; 9,18; 11,6
werden deine Häuser, die Häuser aller deiner Diener und die Häuser
ganz Ägyptens füllen, wie es deine Vorfahren und die Vorfahren deiner
Vorfahren nie gesehen haben seit der Zeit, da sie auf dem Erdboden ge-
wesen sind, bis zum heutigen Tag. Dann wandte er sich um und verliess
den Pharao. 7 Da sprachen die Diener des Pharao zu ihm: Wie lange 7: 1Sam 5,11
noch soll uns dieser Mensch zum Verhängnis werden? Lass die Männer
ziehen, damit sie dem HERRN, ihrem Gott, dienen. Erkennst du noch
immer nicht, dass Ägypten verloren ist? 8 Darauf wurden Mose und
Aaron zum Pharao zurückgeholt, und er sprach zu ihnen: Geht, dient
dem HERRN, eurem Gott! Wer alles soll denn gehen? 9 Mose sprach: Mit 9: 5,1
unseren Jungen und Alten wollen wir gehen; mit unseren Söhnen und
Töchtern, mit unseren Schafen und Rindern wollen wir gehen, denn es
ist für uns das Fest des HERRN. 10 Er aber sprach zu ihnen: Der HERR 10: 24
möge mit euch sein, wenn ich euch mit Frau und Kind ziehen lasse.
Doch seht, Böses habt ihr im Sinn. 11 So nicht! Ihr Männer mögt gehen
und dem HERRN dienen, das verlangt ihr doch. Und man jagte sie weg
vom Pharao.

12 Da sprach der HERR zu Mose: Strecke deine Hand aus über das 12: 5!
Land Ägypten nach den Heuschrecken, damit sie über das Land Ägypten
kommen und alles Kraut des Landes auffressen, alles, was der Hagel üb-
rig gelassen hat. 13 Und Mose streckte seinen Stab aus über das Land
Ägypten. Der HERR aber trieb einen Ostwind in das Land, jenen ganzen
Tag und die ganze Nacht. Als es Morgen war, hatte der Ostwind die Heu-
schrecken gebracht. 14 Und die Heuschrecken kamen herauf über das 14: Ps 78,46;
ganze Land Ägypten und liessen sich nieder im ganzen Gebiet von Ägyp- 105,34–35; Joel 1,4;
ten in Schwärmen, wie es sie nie zuvor gegeben hatte und auch danach Offb 9,3 · 6!
nie mehr geben wird. 15 Und sie bedeckten den Boden des ganzen Lan-
des, und das Land wurde finster, und sie frassen alles Kraut des Landes
und alle Baumfrüchte, die der Hagel übrig gelassen hatte. Nichts Grünes
blieb übrig an den Bäumen und vom Kraut des Feldes im ganzen Land
Ägypten. 16 Da rief der Pharao eilends nach Mose und Aaron und 16: 9,27!
sprach: Ich habe gesündigt gegen den HERRN, euren Gott, und gegen

10,1: Die Übersetzung «in ihrer Mitte» beruht auf antiken Übersetzungen; der Massoretische Text lautet übersetzt: «in seiner Mitte».

17: 8,4! euch. 17 Nun aber vergib doch meine Sünde nur noch dies eine Mal, und
betet zum HERRN, eurem Gott, er möge nur diese tödliche Plage von mir
18: 8,8! abwenden. 18 Und er ging hinaus und verliess den Pharao und betete
zum HERRN. 19 Da liess der HERR einen überaus starken Westwind we-
hen, der trug die Heuschrecken fort und blies sie ins Schilfmeer. Nicht
eine Heuschrecke blieb übrig im ganzen Gebiet von Ägypten. 20 Aber
der HERR machte das Herz des Pharao hart, und dieser liess die Israeli-
ten nicht ziehen.

Neunte Plage: Finsternis

21: Hiob 5,14!; 21 Da sprach der HERR zu Mose: Strecke deine Hand aus gegen den
Ps 105,28; Offb 8,12 Himmel, und es soll Finsternis kommen über das Land Ägypten, dass
man die Finsternis greifen kann. 22 Und Mose streckte seine Hand aus
gegen den Himmel, und es herrschte tiefste Finsternis im ganzen Land
23: 9,4! Ägypten, drei Tage lang. 23 Keiner konnte den anderen sehen und kei-
ner von seinem Platz aufstehen, drei Tage lang; für alle Israeliten aber
24: 10 gab es Licht bei ihren Wohnstätten. 24 Da rief der Pharao Mose und
sprach: Geht, dient dem HERRN; nur eure Schafe und Rinder sollen hier
bleiben. Auch eure Frauen und Kinder dürfen mit euch gehen. 25 Mose
aber sprach: Du selbst musst uns Schlacht- und Brandopfer mitgeben,
26: 12,32 damit wir sie dem HERRN, unserem Gott, darbringen. 26 Und auch un-
ser Vieh muss mit uns ziehen, keine Klaue darf zurückbleiben. Davon
wollen wir opfern, um dem HERRN, unserem Gott, zu dienen. Wir selbst
wissen ja nicht, womit wir dem HERRN dienen sollen, bis wir dorthin
gekommen sind. 27 Aber der HERR machte das Herz des Pharao hart,
28: 18,4! und dieser wollte sie nicht ziehen lassen. 28 Und der Pharao sprach zu
ihm: Geh weg von mir! Hüte dich, mir je wieder unter die Augen zu
treten, denn sobald du mir unter die Augen trittst, musst du sterben.
29: 12,31 · 29 Und Mose sprach: Das hast du richtig gesagt. Nie mehr werde ich dir
Hebr 11,27 unter die Augen treten.

Ankündigung der zehnten Plage

1–8: 12,29–39 11 1 Und der HERR sprach zu Mose: Noch eine Plage will ich über den
1: 6,1; 12,31.33 Pharao und über Ägypten bringen, danach wird er euch von hier
wegziehen lassen. Und wenn er euch ziehen lässt, wird er euch sogar
2–3: 3,21! von hier vertreiben. 2 Sage dem Volk, es solle sich jeder von seinem
Nachbarn und jede von ihrer Nachbarin silberne und goldene Sachen
erbitten. 3 Der HERR aber verschaffte dem Volk Gunst bei den Ägyptern;
auch stand der Mann Mose im Land Ägypten bei den Dienern des Pha-
rao und beim Volk in hohem Ansehen.
4: 12,12 4 Und Mose sprach: So spricht der HERR: Um Mitternacht ziehe ich
5: 4,23; 12,29; 13,15 aus, mitten durch Ägypten. 5 Dann wird alle Erstgeburt im Land Ägyp-
ten sterben, vom Erstgeborenen des Pharao, der auf seinem Thron sitzt,
bis zum Erstgeborenen der Magd hinter der Handmühle, und alle Erst-
6: 12,30 · 10,6! geburt des Viehs. 6 Und es wird ein grosses Geschrei sein im ganzen
Land Ägypten, wie es noch keines gegeben hat und keines mehr geben
7: 9,4! wird. 7 Gegen die Israeliten aber, Menschen und Vieh, wird auch nicht
ein Hund sein Maul aufreissen, damit ihr erkennt, dass der HERR einen
Unterschied macht zwischen Ägypten und Israel. 8 Dann werden alle
deine Diener zu mir herabkommen und sich vor mir niederwerfen und

sagen: Zieh aus, du und das ganze Volk, das hinter dir steht, und danach
werde ich ausziehen. Und er verliess den Pharao in glühendem Zorn.
9 Der HERR aber sprach zu Mose: Der Pharao wird nicht auf euch
hören, damit ich noch mehr Wunder tun kann im Land Ägypten. 10 Und
Mose und Aaron taten alle diese Wunder vor dem Pharao. Aber der HERR
machte das Herz des Pharao hart, und dieser liess die Israeliten nicht
aus seinem Land ziehen.

Passa und Fest der ungesäuerten Brote

12 1 Und der HERR sprach zu Mose und Aaron im Land Ägypten:
2 Dieser Monat soll für euch der Anfang der Monate sein. Der ers- 2: 13,4
te von den Monaten des Jahres soll er für euch sein. 3 Sprecht zu der
ganzen Gemeinde Israels: Am Zehnten dieses Monats soll jeder ein Tier
für eine Familie nehmen, ein Tier für jedes Haus. 4 Wenn aber das Haus
zu klein ist für ein Tier, soll man es zusammen mit seinem Nachbarn
nehmen, der dem eigenen Haus am nächsten ist, nach der Anzahl der
Personen. Ihr sollt bei dem Tier in Rechnung stellen, wie viel ein jeder
isst. 5 Ein makelloses, männliches, einjähriges Tier soll es sein. Von den 5: Lev 1,3; 1Petr 1,19
Schafen oder Ziegen sollt ihr es nehmen. 6 Und ihr sollt es bis zum vier- 6: 2Chr 35,1
zehnten Tag dieses Monats aufbewahren. Dann soll es die ganze Ver-
sammlung der Gemeinde Israels in der Abenddämmerung schlachten.
7 Und sie sollen von dem Blut nehmen und damit die beiden Türpfosten 7: 13.22; Hebr 11,28
und den Türsturz an den Häusern bestreichen, in denen sie es essen.
8 Das Fleisch aber sollen sie noch in dieser Nacht essen. Am Feuer ge- 8: 13,3 · Num 9,11
braten, zu ungesäuerten Broten, mit bitteren Kräutern sollen sie es es-
sen. 9 Nichts davon dürft ihr roh essen oder im Wasser gekocht, son- 9: Dtn 16,7;
dern am Feuer gebraten, den Kopf mitsamt den Schenkeln und den in- 2Chr 35,13
neren Teilen. 10 Und nichts davon dürft ihr bis zum Morgen übrig las- 10: 16,19! · 29,34;
sen. Was aber übrig bleibt bis zum Morgen, sollt ihr im Feuer verbren- Lev 19,6
nen. 11 Und so sollt ihr es essen: die Hüften gegürtet, die Schuhe an den 11: Lk 12,35 ·
Füssen und den Stab in der Hand; und ihr sollt es in Eile essen, ein Passa Dtn 16,3; Jes 52,12
ist es für den HERRN. 12 Ich werde aber in dieser Nacht durch das Land 12: 11,4 · Num 33,4
Ägypten schreiten und alle Erstgeburt im Land Ägypten erschlagen,
Mensch und Vieh, und an allen Göttern Ägyptens werde ich Strafgerich-
te vollstrecken, ich, der HERR. 13 Und das Blut soll euch ein Schutzzei- 13: 7! · Jos 2,18;
chen sein an den Häusern, in denen ihr seid. Ich werde das Blut sehen Ez 9,4.6
und an euch vorübergehen, und der Schlag des Verderbers wird euch
nicht treffen, wenn ich das Land Ägypten schlage. 14 Und dieser Tag soll 14: 27,21; 28,43;
für euch ein Gedenktag werden, und ihr sollt ihn feiern als ein Fest für Lev 3,17; Num 15,15
den HERRN. Von Generation zu Generation sollt ihr ihn feiern, als ewige
Ordnung.
15 Sieben Tage sollt ihr ungesäuerte Brote essen. Gleich am ersten 15: 13,7; 23,15 ·
Tag sollt ihr den Sauerteig aus euren Häusern entfernen. Wer aber Ge- 1Kor 5,7–8 · 19
säuertes isst zwischen dem ersten und dem siebten Tag, soll aus Israel
getilgt werden. 16 Am ersten Tag sollt ihr eine heilige Versammlung 16: Lk 23,56
halten und am siebten Tag eine heilige Versammlung. An diesen Tagen
darf keinerlei Arbeit getan werden; nur was jeder zum Essen braucht,
das allein darf von euch zubereitet werden. 17 Haltet den Tag der unge-
säuerten Brote, denn an diesem Tag habe ich eure Heerscharen aus dem
Land Ägypten herausgeführt. Haltet diesen Tag, von Generation zu Ge-

neration, als ewige Ordnung. 18 Im ersten Monat, vom Abend des vier-
zehnten Tags des Monats bis zum Abend des einundzwanzigsten Tags
19: 15 des Monats, sollt ihr ungesäuerte Brote essen. 19 Sieben Tage darf kein
Sauerteig in euren Häusern sein. Wer aber Gesäuertes isst, soll aus der
Gemeinde Israels getilgt werden, er sei Fremder oder einheimisch im
Land. 20 Nichts Gesäuertes dürft ihr essen. In allen euren Wohnstätten
sollt ihr ungesäuerte Brote essen.

21: 2Chr 30,15; 35,6 21 Da rief Mose alle Ältesten Israels und sprach zu ihnen: Geht und
22: 7! · Jes 26,20 nehmt euch Schafe für eure Sippen und schlachtet das Passa. 22 Und
nehmt ein Büschel Ysop, taucht es in das Blut, das in der Schale ist, und
bringt etwas von dem Blut, das in der Schale ist, an den Türsturz und an
die beiden Türpfosten. Und bis zum Morgen darf niemand von euch
durch die Tür seines Hauses gehen. 23 Der HERR aber wird durch Ägyp-
ten ziehen, um es zu schlagen. Dann wird er das Blut am Türsturz und
an den Türpfosten sehen. Und der HERR wird an der Tür vorübergehen
und dem Verderber nicht gestatten, in eure Häuser einzudringen, um
euch zu schlagen. 24 Diese Anordnung sollt ihr beachten als ewige Ord-
nung für dich und deine Söhne. 25 Und wenn ihr in das Land kommt,
das der HERR euch geben wird, wie er gesagt hat, sollt ihr festhalten an
26: 13,14; Dtn 6,20!; diesem Brauch. 26 Und wenn eure Söhne zu euch sagen: Warum habt
Jos 4,6! ihr diesen Brauch? – 27 dann sollt ihr sagen: Es ist ein Passaopfer für den
27: 13,8 · 4,31 HERRN. Er ist an den Häusern der Israeliten in Ägypten vorübergegan-
gen, als er Ägypten schlug, unsere Häuser aber hat er verschont. Da ver-
28: 7,6! neigte sich das Volk und warf sich nieder. 28 Und die Israeliten gingen
und handelten so. Wie der HERR es Mose und Aaron geboten hatte, so
handelten sie.

Zehnte Plage: Tod der Erstgeburt

29: 11,5! · Num 3,13; 29 Um Mitternacht aber schlug der HERR alle Erstgeburt im Land
8,17; Ps 78,51; Ägypten, vom Erstgeborenen des Pharao, der auf seinem Thron sass, bis
105,36 zum Erstgeborenen des Gefangenen, der im Kerker lag, und alle Erstge-
30: 11,6 burt des Viehs. 30 Da stand der Pharao auf in der Nacht, er mit allen
seinen Dienern und ganz Ägypten. Und es erhob sich ein grosses Ge-
schrei in Ägypten, denn es gab kein Haus, in dem nicht ein Toter war.
31: 10,29 · 11,1! 31 Und in der Nacht rief er Mose und Aaron und sprach: Macht euch auf,
zieht weg aus meinem Volk, ihr und die Israeliten, und geht, dient dem
32: 10,26 · Esra 6,10 HERRN, wie ihr gesagt habt. 32 Nehmt auch eure Schafe und Rinder, wie
33: 11,1! ihr gesagt habt, und geht! Und bittet auch für mich um Segen. 33 Und
die Ägypter drängten das Volk, um es rasch aus dem Land zu schaffen.
Denn sie dachten: Wir müssen sonst alle sterben. 34 Da nahm das Volk
seinen Brotteig, noch ehe er durchsäuert war. Sie trugen ihre Backtröge
35–36: 3,21! in ihre Mäntel gewickelt auf der Schulter. 35 Und die Israeliten hatten
35: 3,22! nach dem Wort des Mose gehandelt und sich von den Ägyptern silberne
und goldene Gegenstände und Kleider erbeten. 36 Und der HERR hatte
dem Volk bei den Ägyptern Gunst verschafft, so dass sie auf ihre Bitten
eingingen. So plünderten sie Ägypten.

Aufbruch der Israeliten

37 Und die Israeliten brachen auf von Ramses nach Sukkot, etwa
sechshunderttausend Mann zu Fuss, Frauen und Kinder nicht mitge-
zählt. 38 Auch viel fremdes Volk zog mit ihnen hinauf, dazu Schafe und
Rinder, eine gewaltige Menge Vieh. 39 Und sie backten aus dem Teig,
den sie aus Ägypten mitgenommen hatten, ungesäuerte Brote, denn er
war nicht durchsäuert. Sie waren ja aus Ägypten vertrieben worden und
hatten nicht länger warten können und sich auch keine Wegzehrung
bereitet. 40 Die Zeit aber, die die Israeliten in Ägypten zugebracht hat-
ten, betrug vierhundertdreissig Jahre. 41 Und nach Ablauf von vierhun-
dertdreissig Jahren, an diesem Tag, zogen alle Heerscharen des HERRN
aus dem Land Ägypten aus. 42 Eine Nacht des Wachens war es für den
HERRN, als er sie aus dem Land Ägypten herausführte. Diese Nacht ge-
hört dem HERRN, ein Wachen aller Israeliten, von Generation zu Gene-
ration.

37: Gen 47,11! · Num 33,5 · 38,26!
38: Lev 24,10; Num 11,4; Neh 9,2; 13,3
40: Gen 15,13; Gal 3,17
41: 51; 6,26; Num 33,1

Anweisung für das Passa

43 Und der HERR sprach zu Mose und Aaron: Dies ist die Ordnung
für das Passa: Kein Fremder darf davon essen. 44 Jeden mit Geld gekauf-
ten Sklaven aber sollst du beschneiden. Dann darf er davon essen.
45 Ein Beisasse und ein Tagelöhner darf nicht davon essen. 46 In ein
und demselben Haus soll es gegessen werden. Du darfst nichts von dem
Fleisch aus dem Haus tragen, und ihr dürft keinen Knochen davon zer-
brechen. 47 Die ganze Gemeinde Israels soll es so halten. 48 Wenn aber
ein Fremder bei dir weilt und dem HERRN ein Passa halten will, so soll
sich bei ihm jeder beschneiden lassen, der männlich ist. Dann darf er
herzutreten, um es zu halten, und er soll als ein Einheimischer des Lan-
des gelten. Kein Unbeschnittener aber darf davon essen. 49 Ein und die-
selbe Weisung gilt für den Einheimischen und für den Fremden, der in
eurer Mitte weilt. 50 Und alle Israeliten handelten so. Wie der HERR es
Mose und Aaron geboten hatte, so machten sie es. 51 An eben diesem
Tag führte der HERR die Israeliten aus dem Land Ägypten, Heerschar um
Heerschar.

43: Lev 22,10
44–45: 48; Gen 17,12; Ez 44,9
46: Num 9,12; Ps 34,21; Joh 19,36
48: 44–45!
49: Lev 24,22; Num 9,14
50: 7,6!
51: 41!

Weihe der Erstgeburt – Fest der ungesäuerten Brote

13 1 Und der HERR redete zu Mose und sprach: 2 Weihe mir alle Erst-
geburt, alles, was bei den Israeliten den Mutterschoss durch-
bricht, bei Menschen und Vieh; es ist mein.
3 Und Mose sprach zum Volk: Gedenkt dieses Tages, an dem ihr aus
Ägypten, aus einem Sklavenhaus, ausgezogen seid, denn der HERR hat
euch von dort herausgeführt mit starker Hand. So darf nichts Gesäuer-
tes gegessen werden. 4 Heute zieht ihr aus, im Ährenmonat. 5 Wenn
dich der HERR in das Land der Kanaaniter und der Hetiter und der Amo-
riter und der Chiwwiter und der Jebusiter bringen wird, das dir zu ge-
ben er deinen Vorfahren geschworen hat, ein Land, wo Milch und Ho-
nig fliessen, so sollst du in diesem Monat diesen Brauch üben: 6 Sieben
Tage sollst du ungesäuerte Brote essen, und am siebten Tag ist ein Fest
für den HERRN. 7 Ungesäuerte Brote soll man während der sieben Tage
essen, und es darf nichts Gesäuertes bei dir zu sehen sein, und kein Sau-
erteig darf in deinem ganzen Gebiet zu sehen sein. 8 Deinem Sohn aber

2: 22,28–29; 34,19; Lev 27,26; Num 3,13; Dtn 15,19
3: 14; 20,2; Dtn 5,6 · 12,8
4: 23,15! · 12,2
5: 3,8!
7: 12,15! · Dtn 16,4
8–9: 16; Dtn 6,8!
8: 12,27

sollst du es an jenem Tag erklären: Um dessen willen, was der HERR für
mich getan hat, als ich auszog aus Ägypten. 9 Es soll dir ein Zeichen sein
auf deiner Hand und ein Erinnerungszeichen zwischen deinen Augen,
damit die Weisung des HERRN in deinem Mund sei, denn der HERR hat
dich aus Ägypten geführt mit starker Hand. 10 So sollst du diese Ord-
nung halten, Jahr für Jahr, zur festgesetzten Zeit.

11 Und wenn dich der HERR in das Land der Kanaaniter bringen
wird, wie er es dir und deinen Vorfahren geschworen hat, und wenn er
es dir gibt, 12 sollst du alles, was den Mutterschoss durchbricht, dem
HERRN darbringen. Von jedem ersten Wurf des Viehs, der dir zuteil
13: 34,20! wird, gehören die männlichen Tiere dem HERRN. 13 Jeden Erstling vom
Esel aber sollst du mit einem Schaf auslösen. Willst du ihn jedoch nicht
auslösen, brich ihm das Genick. Jede menschliche Erstgeburt unter dei-
14: 12,26! · 3! nen Söhnen musst du auslösen. 14 Und wenn dein Sohn dich künftig
fragt: Warum das?, dann sollst du zu ihm sagen: Mit starker Hand hat
uns der HERR aus Ägypten, aus einem Sklavenhaus, herausgeführt.
15: 11,5! · 34,20! 15 Und als der Pharao sich hartnäckig weigerte, uns ziehen zu lassen,
tötete der HERR alle Erstgeburt im Land Ägypten, die Erstgeburt der
Menschen wie die Erstgeburt des Viehs. Darum opfere ich dem HERRN
alles, was an männlichen Tieren den Mutterschoss durchbricht, alle
16: 9! Erstgeborenen meiner Söhne aber löse ich aus. 16 Das soll dir ein Zei-
chen sein auf deiner Hand und ein Merkzeichen zwischen deinen Au-
gen, denn der HERR hat uns aus Ägypten geführt mit starker Hand.

Durchzug durch das Schilfmeer

17: Dtn 17,16; 28,68; 17 Als der Pharao das Volk ziehen liess, führte Gott sie nicht den Weg
Jes 31,1; Hos 8,13 zum Land der Philister, obwohl es der nächste gewesen wäre. Denn Gott
dachte: Das Volk könnte es bereuen und nach Ägypten zurückkehren
18: 14,2 wollen, wenn es in einen Krieg verwickelt wird. 18 So liess Gott das Volk
einen Umweg nehmen, den Wüstenweg zum Schilfmeer, und in
Kampfordnung zogen die Israeliten aus dem Land Ägypten hinauf.
19: Gen 50,25! 19 Mose aber nahm die Gebeine Josefs mit sich, denn dieser hatte die
Israeliten schwören lassen und gesprochen: Gott wird sich euer anneh-
20: Num 33,6 men. Dann nehmt meine Gebeine mit euch von hier hinauf. 20 Und sie
brachen von Sukkot auf und lagerten in Etam am Rand der Wüste.
21: 32,1 · Num 9,15; 21 Der HERR aber ging vor ihnen her, am Tag in einer Wolkensäule, um
Dtn 1,33; Ps 78,14 sie den Weg zu führen, und bei Nacht in einer Feuersäule, um ihnen zu
22: 40,38 leuchten, so dass sie Tag und Nacht gehen konnten. 22 Nie wich am Tag
die Wolkensäule noch bei Nacht die Feuersäule von der Spitze des Volks.

2: 13,18 · Jos 24,6 · 14 1 Und der HERR redete zu Mose: 2 Sage den Israeliten, sie sollen
Jer 46,14 · umkehren und vor Pi-Hachirot lagern, zwischen Migdol und dem
Num 33,7 Meer; vor Baal-Zefon, diesem gegenüber, sollt ihr am Meer lagern. 3 Der
Pharao aber wird von den Israeliten denken: Sie irren im Land umher,
4: 7,6! · 17; Ez 28,22; die Wüste hat sie eingeschlossen. 4 Und ich werde das Herz des Pharao
39,13 · 18 verhärten, und er wird ihnen nachjagen. Dann will ich am Pharao und
an seinem ganzen Heer meine Herrlichkeit zeigen, und die Ägypter sol-
len erkennen, dass ich der HERR bin. Und sie machten es so. 5 Dem Kö-
nig von Ägypten aber wurde gemeldet, dass das Volk geflohen sei. Da
wandte sich das Herz des Pharao und seiner Diener gegen das Volk, und
sie sprachen: Was haben wir getan, dass wir Israel aus unserem Dienst

entlassen haben? 6 Und er spannte seinen Streitwagen an und nahm
sein Volk mit sich. 7 Und er nahm sechshundert auserlesene Streitwa- *7:* 15,4
gen und alle anderen Streitwagen Ägyptens, und auf jedem waren her-
vorragende Kämpfer. 8 Und der HERR verhärtete das Herz des Pharao, *8:* Num 33,3
des Königs von Ägypten, und er jagte den Israeliten nach. Die Israeliten
aber zogen aus mit erhobener Hand. 9 Und die Ägypter jagten ihnen *9–10:* Jos 24,6–7;
nach, alle Streitwagenrosse des Pharao, seine Reiter und seine Streit- Neh 9,9; Ps 106,7
macht, und holten sie ein, als sie am Meer lagerten, bei Pi-Hachirot vor *9:* 2
Baal-Zefon. 10 Als aber der Pharao nahe herangekommen war, blickten
die Israeliten auf, und sieh, Ägypten rückte hinter ihnen heran. Da
fürchteten sie sich sehr, und die Israeliten schrien zum HERRN. 11 Und *11:* 16,3; 17,3;
sie sprachen zu Mose: Gab es denn keine Gräber in Ägypten, dass du uns Num 14,2
herausgeholt hast, damit wir in der Wüste sterben? Was hast du uns
angetan, indem du uns aus Ägypten herausgeführt hast! 12 Haben wir
dir nicht schon in Ägypten gesagt: Lass uns unsere Ruhe, wir wollen
Ägypten dienen, denn es ist besser für uns, Ägypten zu dienen, als in der
Wüste zu sterben. 13 Mose aber sprach zum Volk: Fürchtet euch nicht! *13:* Num 14,9;
Bleibt stehen und seht, welche Hilfe der HERR euch heute erweisen Dtn 20,3
wird. Denn wie ihr die Ägypter heute gesehen habt, werdet ihr sie nie-
mals wieder sehen. 14 Der HERR wird für euch kämpfen, ihr aber sollt *14:* 25; Dtn 1,30!;
euch still verhalten. Jos 10,14; Neh 4,14

15 Und der HERR sprach zu Mose: Was schreist du zu mir? Sage den
Israeliten, sie sollen aufbrechen. 16 Du aber hebe deinen Stab empor
und strecke deine Hand aus über das Meer und spalte es, und auf tro-
ckenem Boden werden die Israeliten mitten in das Meer hineingehen
können. 17 Ich aber, ich werde das Herz der Ägypter verhärten, so dass *17:* 4!
sie hinter ihnen herkommen, und ich werde meine Herrlichkeit zeigen
am Pharao und an seiner ganzen Streitmacht, an seinen Streitwagen
und seinen Reitern. 18 Und die Ägypter sollen erkennen, dass ich der *18:* 4
HERR bin, wenn ich meine Herrlichkeit zeige am Pharao, an seinen
Streitwagen und seinen Reitern. 19 Da brach der Bote Gottes auf, der vor *19:* 13,21 · 23,20!
dem Heer Israels ging, und begab sich hinter sie, und die Wolkensäule
brach auf von ihrer Spitze und stellte sich hinter sie 20 und kam zwi- *20:* Jos 24,7;
schen das Heer Ägyptens und das Heer Israels. Und mit der Wolke kam Ps 105,39
die Finsternis, dann aber erleuchtete sie die Nacht. So kamen sie einan-
der nicht näher, die ganze Nacht. 21 Mose aber streckte seine Hand aus *21:* Jos 2,10;
über das Meer, und der HERR trieb das Meer während der ganzen Nacht Jes 44,27
durch einen starken Ostwind zurück und legte das Meer trocken, und
das Wasser spaltete sich. 22 Und auf trockenem Boden gingen die Isra- *22:* 15,19; 2Kön 2,8! ·
eliten mitten ins Meer hinein, während das Wasser ihnen zur Rechten 15,8; Jos 3,16–17
und zur Linken eine Mauer bildete. 23 Die Ägypter aber verfolgten sie
und kamen hinter ihnen her, alle Rosse des Pharao, seine Streitwagen
und Reiter, mitten ins Meer hinein. 24 Und um die Zeit der Morgenwa-
che blickte der HERR in einer Feuer- und Wolkensäule auf das Heer
Ägyptens, und er brachte das Heer Ägyptens in Verwirrung. 25 Und er *25:* 14!
lenkte die Räder ihrer Wagen vom Weg ab und liess sie nur mühsam
vorankommen. Da sprach Ägypten: Ich will vor Israel fliehen, denn der
HERR kämpft für sie gegen Ägypten.

26 Der HERR aber sprach zu Mose: Strecke deine Hand aus über das
Meer, und das Wasser soll zurückkehren über Ägypten, über seine

27: 15,21! · Ps 78,53 Streitwagen und seine Reiter. 27 Da streckte Mose seine Hand aus über
das Meer, und beim Anbruch des Morgens kehrte das Meer in sein Bett
zurück, die Ägypter aber flohen ihm entgegen. So warf der HERR die
Ägypter mitten ins Meer. 28 Und das Wasser kehrte zurück und bedeck-
te die Streitwagen und die Reiter des ganzen Heers des Pharao, die hin-
ter ihnen her in das Meer hineingegangen waren. Kein Einziger von
29: 22 ihnen blieb übrig. 29 Die Israeliten aber waren auf trockenem Boden
mitten durch das Meer gegangen, während das Wasser ihnen zur Rech-
ten und zur Linken eine Mauer bildete. 30 So rettete der HERR an jenem
Tag Israel aus der Hand Ägyptens, und Israel sah Ägypten tot am Ufer des
31: Jos 24,7 · 4,31; Meers. 31 Und Israel sah, wie der HERR mit mächtiger Hand an Ägypten
19,9 gehandelt hatte, und das Volk fürchtete den HERRN; und sie glaubten an
den HERRN und an Mose, seinen Diener.

Israels Lobgesang

1: Ps 106,12; **15** 1 Damals sang Mose mit den Israeliten dem HERRN dieses Lied;
Offb 15,3 · sie sprachen:
Num 21,17 · 21! Singen will ich dem HERRN, denn hoch hat er sich erhoben,
Ross und Reiter hat er ins Meer geschleudert.
2: Ps 118,14; Jes 12,2 2 Meine Kraft und meine Stärke ist der HERR,
und er wurde mir zur Rettung.
Er ist mein Gott, ich will ihn preisen,
der Gott meines Vaters, ich will ihn erheben.
3: Ps 24,8 · 3,15! 3 Der HERR ist ein Krieger,
HERR ist sein Name.
4: 14,7 4 Die Wagen des Pharao und seine Streitmacht schleuderte er ins
Meer,
seine besten Kämpfer wurden im Schilfmeer versenkt.
5: 10; Neh 9,11 5 Fluten bedecken sie,
in die Tiefe sanken sie wie ein Stein.
6: Ps 89,14; 6 Deine Rechte, HERR, herrlich in Kraft,
Jes 63,12 deine Rechte, HERR, zerschmettert den Feind.
7: Jes 5,24; 47,14; 7 In deiner erhabenen Grösse reisst du nieder, die gegen dich sich
Nah 1,10 erheben,
du lässt deinen Grimm los, er verzehrt sie wie Stroh.
8: 2Sam 22,16 · 8 Beim Schnauben deines Zorns staute das Wasser sich,
14,22! stellten die Wogen sich auf wie ein Damm,
erstarrten die Fluten im Herzen des Meers.
9 Der Feind sprach: Ich will nachjagen, will einholen,
ich will Beute verteilen, sättigen soll sich an ihnen meine Gier,
mein Schwert will ich zücken, vertreiben soll sie meine Hand.
10: 5! 10 Du hast mit deinem Atem geblasen, das Meer hat sie bedeckt,
sie versanken in mächtigem Wasser wie Blei.
11: Ps 86,8 · 11 Wer ist wie du unter den Göttern, HERR,
1Chr 16,25 · 8,6! wer ist wie du, herrlich in Heiligkeit,
furchtbar an Ruhmestaten, Wunder vollbringend?
12 Du hast deine Rechte ausgestreckt,
die Erde verschlingt sie.
13: Jes 43,1 13 In deiner Güte hast du das Volk geleitet, das du losgekauft hast,
in deiner Macht hast du es geführt zu deiner heiligen Stätte.

14 Die Völker haben es gehört, sie erzittern, 14: Dtn 2,25 ·
Wehen haben die Bewohner Philistäas ergriffen. 1Sam 4,7-8
15 Da erschraken die Fürsten von Edom, 15: Gen 36,16 ·
die Gewalthaber von Moab packt das Zittern, Num 22,3
verzagt sind alle Bewohner Kanaans.
16 Furcht und Schrecken fällt über sie, 16: 6,7!
vor der Macht deines Arms werden sie starr wie Stein,
während dein Volk vorüberzieht, HERR,
während das Volk vorüberzieht, das du erworben hast.
17 Du bringst sie hin zum Berg deines Erbes und pflanzst sie ein, 17: Ps 78,54 ·
eine Wohnstätte hast du dir gemacht, HERR, Lev 26,11; Ez 37,26
ein Heiligtum, Herr, haben deine Hände gegründet.
18 Der HERR ist König für immer und ewig. 18: Ps 10,16
19 Als die Pferde des Pharao, seine Streitwagen und Reiter ins Meer 19: 14,22!
gezogen waren, liess der HERR das Wasser des Meers über sie zurück-
kommen. Die Israeliten aber waren auf trockenem Boden mitten durch
das Meer gegangen.
20 Da nahm die Prophetin Mirjam, die Schwester Aarons, die Trom- 20: Num 26,59 ·
mel in ihre Hand, und alle Frauen zogen hinter ihr hinaus mit Trom- Ri 11,34; 1Sam 18,6
meln und in Reigentänzen. 21 Und Mirjam sang ihnen vor: 21: 1; 14,27; Ps 76,7
Singt dem HERRN, denn hoch hat er sich erhoben,
Pferd und Reiter hat er ins Meer geschleudert.

In der Wüste Schur: Wasser

22 Und Mose liess Israel vom Schilfmeer aufbrechen, und sie zogen 22: Gen 20,1 · 17,1
hinaus in die Wüste Schur. Und drei Tage gingen sie durch die Wüste
und fanden kein Wasser. 23 Da kamen sie nach Mara, aber sie konnten 23: Num 33,8 ·
das Wasser von Mara nicht trinken, denn es war bitter. Darum nennt Rut 1,20
man den Ort Mara. 24 Und das Volk murrte gegen Mose und sprach: 24: 16,2; 17,3;
Was sollen wir trinken? 25 Da schrie er zum HERRN, und der HERR zeig- Ps 106,25
te ihm ein Holz. Und das warf er ins Wasser, und das Wasser wurde 25: 17,4; 20,20 · 2Kön 2,21 ·
süss. Jos 24,25 · 16,4!
Dort gab er ihm Satzung und Recht, und dort stellte er es auf die
Probe. 26 Und er sprach: Wenn du auf die Stimme des HERRN, deines 26: 19,5; Jer 11,7 ·
Gottes, hörst und tust, was in seinen Augen recht ist, wenn du auf seine Dtn 7,15 · 23,25!
Gebote hörst und alle seine Satzungen hältst, dann werde ich all die
Krankheiten, die ich nach Ägypten gebracht habe, nicht über dich brin-
gen. Ich, der HERR, bin dein Arzt.
27 Dann kamen sie nach Elim, dort aber gab es zwölf Wasserquellen 27: Num 33,9
und siebzig Palmen, und dort lagerten sie am Wasser.

In der Wüste Sin: Manna und Wachteln

16 1 Und sie brachen von Elim auf, und die ganze Gemeinde der Isra- 1: 17,1; Num 33,11
eliten kam in die Wüste Sin, die zwischen Elim und dem Sinai
liegt, am fünfzehnten Tag des zweiten Monats nach ihrem Auszug aus
dem Land Ägypten. 2 Da murrte die ganze Gemeinde der Israeliten ge- 2: 15,24!
gen Mose und Aaron in der Wüste. 3 Und die Israeliten sprachen zu ih- 3: 14,11! · 8 ·
nen: Wären wir doch durch die Hand des HERRN im Land Ägypten ge- Num 11,5

15,23: Im Namen Mara klingt hebräisch ‹bitter› an.

storben, als wir an den Fleischtöpfen sassen, als wir uns satt essen konn-
ten an Brot. Ihr aber habt uns in diese Wüste herausgeführt, um diese
ganze Gemeinde den Hungertod sterben zu lassen.
4: 15,25; Gen 21,1; 4 Da sprach der HERR zu Mose: Sieh, ich lasse euch Brot vom Him-
Dtn 8,2; Ri 2,22 mel regnen, und das Volk soll hinausgehen und sammeln, was es für
den Tag braucht, damit ich es auf die Probe stellen kann, ob es nach mei-
5: 29; Lev 25,21–22 ner Weisung lebt oder nicht. 5 Wenn sie aber am sechsten Tag zuberei-
ten, was sie einbringen, wird es doppelt so viel sein, wie sie sonst an
einem Tag gesammelt haben.
6 Da sprachen Mose und Aaron zu allen Israeliten: Am Abend wer-
det ihr erkennen, dass es der HERR war, der euch aus dem Land Ägypten
7: Num 16,11 herausgeführt hat, 7 und am Morgen werdet ihr die Herrlichkeit des
HERRN sehen, denn er hat euer Murren gegen den HERRN gehört. Was
8: 3 · aber sind wir, dass ihr gegen uns murrt? 8 Und Mose sprach: Wenn
Num 11,18–20 · euch der HERR am Abend Fleisch zu essen gibt und am Morgen Brot zum
1Sam 8,7 Sattwerden, wenn der HERR euer Murren hört, das ihr gegen ihn richtet:
Was sind wir? Nicht gegen uns richtet sich euer Murren, sondern gegen
9: Num 14,27 den HERRN. 9 Dann sprach Mose zu Aaron: Sage der ganzen Gemeinde
der Israeliten: Tretet vor den HERRN, denn er hat euer Murren gehört.
10: 24,16; Lev 9,23; 10 Als aber Aaron zur ganzen Gemeinde der Israeliten redete, wandten
Num 12,5 sie sich zur Wüste hin, und sieh, in der Wolke erschien die Herrlichkeit
des HERRN.
12: 6,7! 11 Und der HERR redete zu Mose und sprach: 12 Ich habe das Murren
der Israeliten gehört. Sprich zu ihnen: In der Abenddämmerung werdet
ihr Fleisch zu essen haben, und am Morgen werdet ihr satt werden von
13: Num 11,31; Brot, und ihr werdet erkennen, dass ich der HERR bin, euer Gott. 13 Und
Ps 78,27–29 am Abend zogen die Wachteln herauf und bedeckten das Lager, am
Morgen aber lag Tau rings um das Lager. 14 Und als der Taunebel aufge-
stiegen war, sieh, da lag auf dem Boden der Wüste etwas Feines, Körni-
15: Num 11,9; ges, fein wie der Reif auf der Erde. 15 Und die Israeliten sahen es und
Dtn 8,3.16; sprachen zueinander: Was ist das? Denn sie wussten nicht, was es war.
Ps 105,40; Neh 9,15 Da sprach Mose zu ihnen: Das ist das Brot, das der HERR euch zu essen
gegeben hat. 16 Das ist es, was der HERR geboten hat: Sammelt davon so
viel, wie jeder zum Essen braucht. Ein Gomer je Kopf sollt ihr nehmen,
nach der Anzahl der Personen, ein jeder für die, die zu seinem Zelt gehö-
ren. 17 Und so machten es die Israeliten: Sie sammelten ein, der eine
18: 2Kor 8,15 viel, der andere wenig. 18 Als sie es aber mit dem Gomer massen, hatte
der, der viel gesammelt hatte, keinen Überschuss, und der, der wenig
gesammelt hatte, keinen Mangel. Jeder hatte so viel gesammelt, wie er
19: 12,10; 23,18; zum Essen brauchte. 19 Dann sprach Mose zu ihnen: Niemand hebe et-
34,25; Lev 7,15 was davon bis zum Morgen auf. 20 Sie aber hörten nicht auf Mose, und
einige hoben davon bis zum Morgen auf, aber es wurde voller Würmer
und stank. Da wurde Mose zornig über sie. 21 So sammelten sie es Mor-
gen für Morgen, jeder so viel, wie er zum Essen brauchte. Sobald aber
die Sonne heiss schien, zerschmolz es. 22 Am sechsten Tag aber sam-
melten sie doppelt so viel Brot, zwei Gomer für jeden Einzelnen. Da ka-
men alle Vorsteher der Gemeinde und berichteten es Mose. 23 Er sprach
zu ihnen: Das ist es, was der HERR gesagt hat: Morgen ist ein Feiertag,
ein heiliger Sabbat für den HERRN. Was ihr backen wollt, das backt, und
was ihr kochen wollt, das kocht. Alles aber, was übrig bleibt, legt euch

zurück, um es bis zum Morgen aufzubewahren. 24 Und sie legten es bis
zum Morgen zurück, wie Mose geboten hatte, und es begann nicht zu
stinken, und es waren keine Maden darin. 25 Da sprach Mose: Esst es
heute, denn heute ist ein Sabbat für den HERRN. Heute werdet ihr auf
dem Feld nichts finden. 26 Sechs Tage sollt ihr es sammeln, aber am
siebten Tag ist Sabbat, da wird nichts da sein. 27 Am siebten Tag aber
gingen einige aus dem Volk hinaus, um zu sammeln, doch fanden sie
nichts.

28 Da sprach der HERR zu Mose: Wie lange weigert ihr euch nun — 28: Num 14,11
schon, meine Gebote und Weisungen zu halten? 29 Seht, der HERR hat — 29: 5! · 20,10
euch den Sabbat gegeben. Darum gibt er euch am sechsten Tag Brot für
zwei Tage. Jeder bleibe, wo er ist, am siebten Tag verlasse niemand sei-
nen Platz. 30 So ruhte das Volk am siebten Tag. 31 Das Haus Israel aber — 31: Num 11,7–8
nannte es Manna. Und es war weiss wie Koriandersamen und hatte ei-
nen Geschmack wie Honigkuchen. 32 Und Mose sprach: Das ist es, was
der HERR geboten hat: Ein Gomer voll davon soll aufbewahrt werden für
eure künftigen Generationen, damit sie das Brot sehen, mit dem ich
euch in der Wüste gespeist habe, als ich euch aus dem Land Ägypten
herausführte. 33 Dann sprach Mose zu Aaron: Nimm einen Krug, gib — 33: Hebr 9,4
ein volles Gomer Manna hinein und stell ihn vor den HERRN zur Aufbe-
wahrung für eure künftigen Generationen. 34 Wie der HERR es Mose — 34: Num 17,25
geboten hatte, stellte Aaron es vor das Zeugnis zur Aufbewahrung.
35 Die Israeliten aber assen das Manna vierzig Jahre lang, bis sie in be- — 35: Num 32,13;
wohntes Land kamen. Das Manna assen sie, bis sie an die Grenze des — Dtn 2,7; Apg 13,18 ·
Landes Kanaan kamen. 36 Das Gomer aber ist der zehnte Teil eines Efa. — Jos 5,12 36: Ez 45,11

Israel in Refidim: Wasser aus dem Felsen

17 1 Und die ganze Gemeinde der Israeliten zog aus der Wüste Sin — 1: 16,1! · 19,2;
weiter, von Lagerplatz zu Lagerplatz, nach dem Befehl des HERRN, — Num 33,14 · 15,22
und sie lagerten in Refidim. Es gab aber kein Wasser zum Trinken für
das Volk. 2 Da haderte das Volk mit Mose, und sie sprachen: Gebt uns — 2: Num 20,3 · 7;
Wasser, damit wir zu trinken haben! Mose aber sprach zu ihnen: Was — Dtn 6,16; Ps 78,18;
hadert ihr mit mir? Warum stellt ihr den HERRN auf die Probe? 3 Und — Hebr 3,9 3: 15,24! · 14,11!
dort dürstete das Volk nach Wasser, und das Volk murrte gegen Mose
und sprach: Warum hast du uns aus Ägypten heraufgeführt, um mich,
meine Söhne und mein Vieh sterben zu lassen vor Durst? 4 Da schrie — 4: 15,25! ·
Mose zum HERRN und sprach: Was soll ich machen mit diesem Volk? — Num 14,10;
Nur wenig fehlt, und sie steinigen mich. 5 Der HERR aber sprach zu Mo- — 1Sam 30,6 5: 7,20!
se: Zieh vor dem Volk her und nimm einige von den Ältesten Israels mit
dir. Auch deinen Stab, mit dem du den Nil geschlagen hast, nimm in
deine Hand, und geh! 6 Sieh, ich will dort auf dem Felsen am Choreb vor — 6: Num 20,11;
dir stehen. Dann schlage an den Felsen, und es wird Wasser aus ihm — Dtn 8,15; Ps 78,15 ·
hervorquellen, und das Volk kann trinken. Und so machte es Mose vor — 3,1
den Augen der Ältesten Israels. 7 Und er nannte den Ort Massa und Me- — 7: Num 20,13;
riba, weil die Israeliten gehadert und weil sie den HERRN auf die Probe — Ps 95,8; 106,32 · 2!
gestellt hatten, indem sie sprachen: Ist der HERR in unserer Mitte oder
nicht?

17,7: Im Namen Meriba klingt hebräisch ‹hadern› an, im Namen Massa klingt hebräisch ‹auf die Probe stellen› an.

Kampf gegen Amalek

8: Dtn 25,17; 8 Da kam Amalek und kämpfte gegen Israel in Refidim. 9 Und Mose
1Sam 15,2 · Num 13,29 sprach zu Josua: Wähle Männer aus für uns und zieh hinaus in den
9: 4,20! · Jos 8,3 Kampf gegen Amalek. Morgen will ich mich mit dem Gottesstab in der
10: 24,14; 1Chr 2,19 Hand auf die Höhe des Hügels stellen. 10 Und Josua machte es, wie
Mose es ihm gesagt hatte, und kämpfte gegen Amalek. Mose, Aaron und
Hur aber stiegen auf die Höhe des Hügels. 11 Solange nun Mose seine
Hand hochhielt, hatte Israel die Oberhand, sooft er aber seine Hand sin-
ken liess, hatte Amalek die Oberhand. 12 Und als Moses Hände schwer
wurden, nahmen sie einen Stein und legten diesen unter ihn, und er
setzte sich darauf. Aaron und Hur aber stützten seine Hände, der eine
auf dieser, der andere auf jener Seite. So blieben seine Hände fest, bis die
13: Jos 8,26 Sonne unterging. 13 Und Josua besiegte Amalek und sein Kriegsvolk
mit der Schärfe des Schwertes.

14: Jer 30,2 · 14 Da sprach der HERR zu Mose: Schreibe dies zum Gedächtnis in ein
Dtn 25,19 Buch und lass es Josua hören. Denn ich will das Andenken Amaleks un-
15: 20,25; 24,4; 32,5; ter dem Himmel tilgen. 15 Und Mose baute einen Altar und nannte ihn
Gen 8,20! Der-HERR-ist-mein-Feldzeichen. 16 Und er sprach:
16: Jer 3,17 Die Hand an das Feldzeichen des HERRN!
Krieg hat der HERR mit Amalek
von Generation zu Generation.

Besuch des Jitro

1: 2,16! **18** 1 Jitro aber, der Priester von Midian, der Schwiegervater des Mo-
se, hörte alles, was Gott an Mose und seinem Volk Israel getan
2: 2,21! hatte, dass der HERR Israel aus Ägypten herausgeführt hatte. 2 Da nahm
Jitro, der Schwiegervater des Mose, Zippora, die Frau von Mose, die er
3–6: 4,20 zurückgeschickt hatte, 3 und ihre beiden Söhne. Der eine hiess Ger-
3: 2,22! schom, denn er hatte gesagt: Als Fremder bin ich aufgenommen in
4: 2,15; 10,28 · fremdem Land. 4 Der andere aber hiess Elieser, denn er hatte gesagt:
1Chr 23,15 Der Gott meines Vaters ist meine Hilfe, er hat mich vor dem Schwert des
5: 4,27! Pharao gerettet. 5 So kamen Jitro, der Schwiegervater des Mose, seine
Söhne und seine Frau zu Mose in die Wüste, wo er am Gottesberg lager-
te. 6 Und er liess Mose sagen: Ich, dein Schwiegervater Jitro, komme zu
7: Gen 43,27; dir mit deiner Frau und ihren beiden Söhnen, die bei ihr sind. 7 Da ging
1Sam 17,22; Mose hinaus, seinem Schwiegervater entgegen, und warf sich nieder
2Sam 11,7 und küsste ihn, und sie fragten einander nach ihrem Wohlergehen,
dann gingen sie ins Zelt. 8 Und Mose erzählte seinem Schwiegervater
alles, was der HERR dem Pharao und Ägypten um Israels willen angetan,
von all der Mühsal, die sie unterwegs getroffen hatte, und wie der HERR
sie gerettet hatte. 9 Da freute sich Jitro über all das Gute, das der HERR
für Israel getan hatte, dass er es aus der Hand Ägyptens gerettet hatte.
10 Und Jitro sprach: Gepriesen sei der HERR, der euch aus der Hand
Ägyptens und aus der Hand des Pharao gerettet hat, der das Volk aus der
11: Ps 95,3 · Hand Ägyptens gerettet hat. 11 Nun weiss ich, dass der HERR grösser ist
Neh 9,10; Jer 50,29 als alle Götter, denn worin sie vermessen gehandelt haben, das ist über
12: Gen 31,54 sie gekommen. 12 Dann nahm Jitro, der Schwiegervater des Mose, ein
Brandopfer und Schlachtopfer für Gott, und Aaron und alle Ältesten Is-

17,16: Der Text wurde nach V. 15 korrigiert.

raels kamen, um mit dem Schwiegervater des Mose vor Gott das Mahl
zu halten.

Einsetzung von Richtern

13 Und am folgenden Tag setzte sich Mose, um für das Volk Recht zu
sprechen, und das Volk trat vor Mose vom Morgen bis zum Abend.
14 Der Schwiegervater des Mose aber sah, was er alles für das Volk zu
tun hatte, und sprach: Was tust du da für das Volk? Warum sitzt du al-
lein da, während das ganze Volk vor dir steht, vom Morgen bis zum
Abend? 15 Und Mose sprach zu seinem Schwiegervater: Das Volk
kommt zu mir, um Gott zu befragen. 16 Wenn sie eine Rechtssache ha- *16:* Dtn 17,9
ben, dann kommt sie vor mich, und ich entscheide zwischen den Partei-
en und verkünde die Satzungen Gottes und seine Weisungen. 17 Da
sprach der Schwiegervater des Mose zu ihm: Es ist nicht gut, was du da
tust. 18 Du bist völlig erschöpft, du und auch das Volk, das bei dir ist, *18:* Num 11,14–16;
denn die Aufgabe ist zu schwer für dich, du kannst sie nicht allein erfül- Dtn 1,9–13
len. 19 Höre auf mich, ich will dir einen Rat geben, und Gott möge mit
dir sein. Vertritt du das Volk vor Gott, und bringe du die Rechtssachen
vor Gott. 20 Und schärfe ihnen die Satzungen und Weisungen ein, und *20:* Dtn 5,27
zeige ihnen den Weg, auf dem sie gehen, und die Werke, die sie tun
sollen. 21 Du aber suche dir aus dem ganzen Volk tüchtige, gottesfürch- *21:* Neh 7,2 ·
tige Männer aus, zuverlässige Männer, die unlauteren Gewinn hassen. Dtn 16,18 ·
Und setze diese über sie als Vorgesetzte von je tausend, hundert, fünfzig Dtn 1,15; 2Sam 18,1!
und zehn. 22 Und sie sollen dem Volk jederzeit Recht sprechen; und *22:* Esra 7,25 ·
jede grosse Sache sollen sie vor dich bringen, jede kleine aber selbst ent- Dtn 1,17
scheiden. So verschaffe dir Entlastung, und sie sollen mit dir tragen.
23 Wenn du das tust und Gott es dir gebietet, kannst du bestehen, und *23:* Num 11,17
dieses ganze Volk wird in Frieden heimkehren. 24 Und Mose hörte auf
seinen Schwiegervater und tat alles, was er gesagt hatte. 25 Und Mose
wählte tüchtige Männer aus ganz Israel aus und machte sie zu Häuptern
über das Volk, zu Vorgesetzten von je tausend, hundert, fünfzig und
zehn. 26 Und sie sprachen dem Volk jederzeit Recht; die schwierigen
Sachen brachten sie vor Mose, alle kleinen aber entschieden sie selbst.
27 Darauf liess Mose seinen Schwiegervater ziehen, und dieser ging zu- *27:* Num 10,29–30
rück in sein Land.

Offenbarung Gottes am Sinai

19 1 Am dritten Neumondstag nach dem Auszug der Israeliten aus *1:* Num 1,1; 33,15
dem Land Ägypten, an diesem Tag, kamen sie in die Wüste Sinai.
2 Und sie brachen auf von Refidim und kamen in die Wüste Sinai, und *2:* 17,1!
sie lagerten in der Wüste. Und dort lagerte Israel dem Berg gegenüber.
3 Mose aber stieg hinauf zu Gott. Und der HERR rief ihm vom Berg her *3:* 20; 24,13.18;
zu: So sollst du zum Haus Jakob sprechen und den Israeliten verkünden: 34,4 · 3,4
4 Ihr habt selbst gesehen, was ich Ägypten getan und wie ich euch auf *4:* Dtn 29,1;
Adlersflügeln getragen und hierher zu mir gebracht habe. 5 Wenn ihr Jos 23,3 · Dtn 32,11
nun auf meine Stimme hört und meinen Bund haltet, werdet von allen *5:* 15,26! · 6,7! ·
Völkern ihr mein Eigentum sein, denn mein ist die ganze Erde, 6 ihr Dtn 10,14; Hiob 41,3
aber sollt mir ein Königreich von Priestern sein und ein heiliges Volk. *6:* Jes 61,6; 1Petr 2,9 ·
Das sind die Worte, die du den Israeliten sagen sollst. 7 Und Mose kam Dtn 26,19
und rief die Ältesten des Volks und legte ihnen alle diese Worte vor, die *7:* 4,28!

der HERR ihm aufgetragen hatte. 8 Da antwortete das ganze Volk ein-
mütig und sprach: Alles, was der HERR gesagt hat, wollen wir tun. Und
Mose überbrachte dem HERRN die Worte des Volks. 9 Und der HERR
sprach zu Mose: Sieh, ich komme in einer dichten Wolke zu dir, damit
das Volk es hört, wenn ich mit dir spreche, und damit sie auch an dich
glauben für immer. Und Mose berichtete dem HERRN die Worte des
Volks. 10 Da sprach der HERR zu Mose: Geh zum Volk und sorge dafür,
dass sie sich heilig halten heute und morgen: Sie sollen ihre Kleider wa-
schen 11 und bereit sein für den dritten Tag, denn am dritten Tag wird
der HERR vor den Augen des ganzen Volks auf den Berg Sinai herabkom-
men. 12 Zieh aber eine Grenze rings um das Volk, und sprich: Hütet
euch, auf den Berg hinaufzusteigen oder auch nur seinen Saum zu be-
rühren. Jeder, der den Berg berührt, muss getötet werden. 13 Keine
Hand darf ihn berühren, er soll gesteinigt oder erschossen werden. We-
der Tier noch Mensch darf am Leben bleiben. Erst wenn das Widder-
horn geblasen wird, dürfen sie hinaufsteigen auf den Berg. 14 Und
Mose stieg vom Berg hinab zum Volk und heiligte das Volk, und sie wu-
schen ihre Kleider. 15 Und er sprach zum Volk: Haltet euch bereit für
den dritten Tag; naht euch keiner Frau!

16 Am dritten Tag aber, als es Morgen wurde, begann es zu donnern
und zu blitzen, und eine schwere Wolke lag auf dem Berg, und es ertön-
te mächtiger Hörnerschall. Und das ganze Volk, das im Lager war, erzit-
terte. 17 Da führte Mose das Volk aus dem Lager hinaus, Gott entgegen,
und sie stellten sich auf am Fuss des Berges. 18 Der Berg Sinai aber war
ganz in Rauch gehüllt, weil der HERR im Feuer auf ihn herabgestiegen
war. Und sein Rauch stieg auf wie der Rauch des Schmelzofens, und der
ganze Berg erzitterte heftig. 19 Und der Hörnerschall wurde immer
stärker. Mose redete, und Gott antwortete ihm im Donner. 20 Und der
HERR stieg herab auf den Berg Sinai, auf den Gipfel des Berges. Und der
HERR rief Mose auf den Gipfel des Berges, und Mose stieg hinauf. 21 Da
sprach der HERR zu Mose: Steig hinab, warne das Volk, dass sie nicht
vordringen zum HERRN, um ihn zu sehen; dann würden viele von ihnen
umkommen. 22 Und auch die Priester, die sich dem HERRN nähern dür-
fen, sollen sich heiligen, damit der HERR keine Lücke reisst in ihre Rei-
hen. 23 Mose aber sprach zum HERRN: Das Volk kann nicht auf den Berg
Sinai hinaufsteigen, denn du selbst hast uns gewarnt und gesagt: Zieh
eine Grenze um den Berg und erkläre ihn für heilig. 24 Da sprach der
HERR zu ihm: Geh, steig hinab und komm wieder herauf, du und Aaron
mit dir. Die Priester aber und das Volk sollen nicht vordringen, um hin-
aufzusteigen zum HERRN, damit er keine Lücke reisst in ihre Reihen.
25 Und Mose stieg hinab zum Volk und sprach zu ihnen.

8: 24,3!
9: Dtn 4,11; Ps 18,12 · 14,31!
10: Gen 35,2; Num 31,23–24
12: 24,2
13: 34,3; Hebr 12,20
15: Lev 15,18; 1Sam 21,6
16: Hebr 12,19 · 20,18; Dtn 5,5
17: Dtn 4,11
18: Dtn 4,36; Ps 18,9 · Gen 19,28 · Ps 68,9!
19: 33,11; Num 12,8; Apg 7,38 · Dtn 5,22; Ps 81,8
20: 3!
21–22: 24,11!
21: Num 4,20; 1Sam 6,19

Die zehn Gebote

20 1 Und Gott redete alle diese Worte und sprach:
2 Ich bin der HERR, dein Gott, der dich herausgeführt hat aus dem
Land Ägypten, aus einem Sklavenhaus. 3 Du sollst keine anderen Götter
haben neben mir. 4 Du sollst dir kein Gottesbild machen noch irgend-
ein Abbild von etwas, was oben im Himmel, was unten auf der Erde oder
was im Wasser unter der Erde ist. 5 Du sollst dich nicht niederwerfen
vor ihnen und ihnen nicht dienen, denn ich, der HERR, dein Gott, bin

1–17: Dtn 5,6–21
2: 13,3!
3: 22,19; Dtn 6,14; 13,3–16; Ri 6,10
4: 23! · 32,4
5: 23,24! · 34,14! · Num 14,18

ein eifersüchtiger Gott, der die Schuld der Vorfahren heimsucht an den
Nachkommen bis in die dritte und vierte Generation, bei denen, die
mich hassen, 6 der aber Gnade erweist tausenden, bei denen, die mich
lieben und meine Gebote halten. 7 Du sollst den Namen des HERRN, dei-
nes Gottes, nicht missbrauchen, denn der HERR wird den nicht unge-
straft lassen, der seinen Namen missbraucht. 8 Denke an den Sabbattag
und halte ihn heilig. 9 Sechs Tage sollst du arbeiten und all deine Arbeit
tun; 10 der siebte Tag aber ist ein Sabbat für den HERRN, deinen Gott. Da
darfst du keinerlei Arbeit tun, weder du selbst noch dein Sohn oder dei-
ne Tochter, dein Knecht oder deine Magd noch dein Vieh oder der Frem-
de bei dir in deinen Toren. 11 Denn in sechs Tagen hat der HERR den
Himmel und die Erde gemacht, das Meer und alles, was in ihnen ist,
dann aber ruhte er am siebten Tag. Darum hat der HERR den Sabbattag
gesegnet und ihn geheiligt. 12 Ehre deinen Vater und deine Mutter, da-
mit du lange lebst auf dem Boden, den der HERR, dein Gott, dir gibt.
13 Du sollst nicht töten. 14 Du sollst nicht ehebrechen. 15 Du sollst nicht
stehlen. 16 Du sollst nicht als falscher Zeuge aussagen gegen deinen
Nächsten. 17 Du sollst nicht das Haus deines Nächsten begehren; du
sollst nicht die Frau deines Nächsten begehren oder seinen Knecht oder
seine Magd oder sein Rind oder seinen Esel oder irgendetwas, das dei-
nem Nächsten gehört.
18 Das ganze Volk aber nahm den Donner und die Blitze wahr, den
Hörnerschall und den rauchenden Berg: Das Volk nahm es wahr, und sie
zitterten und blieben in der Ferne stehen. 19 Und sie sprachen zu Mose:
Rede du mit uns, und wir wollen hören. Gott aber soll nicht mit uns
reden, damit wir nicht sterben. 20 Da sprach Mose zum Volk: Fürchtet
euch nicht; denn um euch auf die Probe zu stellen, ist Gott gekommen,
und damit die Furcht vor ihm euch vor Augen stehe, damit ihr nicht
sündigt. 21 So blieb das Volk in der Ferne stehen, Mose aber nahte sich
dem Wolkendunkel, in dem Gott war.

6: 34,7; Dtn 7,9; Dan 9,4
7: Lev 19,12!; 24,16 · Mal 3,5
8: Lev 19,30
9: Lk 13,14
10: 16,29 · 23,12; 31,15; 34,21; 35,2
11: Gen 1,1–30; Apg 4,24 · Gen 2,3!
12: 21,17! · Dtn 4,40 · Eph 6,2–3
13–17: Röm 13,9; Jak 2,11
13: 21,12; Gen 9,5–6; Lev 24,17; Mt 5,21
Dtn 22,22 15: Lev 19,11
16: 23,1; Lev 19,16; Dtn 19,18; Spr 19,5.9
17: Mi 2,2 · Mt 5,28 · Apg 20,33
18: 19,16!
19: Dtn 5,27; Hebr 12,19
20: Dtn 4,10 · 15,25!
21: 1Kön 8,12; Hebr 12,18

Anweisung für den Altar

22 Da sprach der HERR zu Mose: So sollst du zu den Israeliten spre-
chen: Ihr habt selbst gesehen, dass ich vom Himmel her mit euch gere-
det habe. 23 Ihr sollt mir nichts an die Seite stellen; silberne und golde-
ne Götter sollt ihr euch nicht machen. 24 Einen Altar aus Erde sollst du
mir errichten und darauf deine Brandopfer und Heilsopfer, deine Scha-
fe und Rinder, schlachten. An jeder Stätte, an der ich meinen Namen
kundmachen werde, will ich zu dir kommen und dich segnen. 25 Wenn
du mir aber einen Altar aus Steinen errichtest, so darfst du ihn nicht aus
behauenen Steinen bauen, denn du hast sie mit deinem Meissel bear-
beitet und sie damit entweiht. 26 Auch darfst du nicht auf Stufen zu
meinem Altar emporsteigen, damit nicht deine Blösse vor ihm enthüllt
wird.

22: Dtn 4,36
23: 4; 34,17; Lev 19,4; 26,1; Dtn 4,16
24: Dtn 12,5
25: 17,15! · Dtn 27,5; Jos 8,31
26: 28,42–43

Schutz der Sklaven

21 1 Und dies sind die Rechtssatzungen, die du ihnen vorlegen sollst:
2 Wenn du einen hebräischen Sklaven kaufst, soll er sechs Jahre
dienen, im siebten aber soll er ohne Entgelt freigelassen werden.
3 Kommt er allein, soll er auch wieder allein entlassen werden. Ist er

1: Dtn 4,14
2: Lev 25,39; Dtn 15,12; Jer 34,14; Joh 8,35

verheiratet, so soll seine Frau mit ihm gehen. 4 Gibt sein Herr ihm eine
Frau und gebärt sie ihm Söhne oder Töchter, so gehören die Frau und
deren Kinder ihrem Herrn, und er wird allein entlassen. 5 Sagt aber der
Sklave: Ich liebe meinen Herrn, meine Frau und meine Kinder, ich will
nicht freigelassen werden, 6 so führe ihn sein Herr vor Gott und führe
ihn an die Tür oder an den Türpfosten, und dort durchbohre ihm sein
Herr das Ohr mit einem Pfriem, und er soll ihm für immer als Sklave
dienen.

7: Neh 5,5
8: Dtn 21,14
10: 1Kor 7,3

7 Wenn jemand seine Tochter als Sklavin verkauft, darf sie nicht
freigelassen werden, wie die Sklaven entlassen werden. 8 Missfällt sie
ihrem Herrn, der sie für sich bestimmt hatte, so soll er zulassen, dass sie
losgekauft wird. Er ist nicht berechtigt, sie an ein fremdes Volk zu verkaufen,
denn er hat treulos an ihr gehandelt. 9 Bestimmt er sie für seinen
Sohn, soll er sie nach dem Töchterrecht behandeln. 10 Nimmt er
sich noch eine andere Frau, darf er ihr an Nahrung, Kleidung und ehelichem
Verkehr nichts entziehen. 11 Gewährt er ihr diese drei Dinge
nicht, wird sie ohne weiteres frei, ohne Lösegeld.

Totschlag und Menschenraub

12: 20,13!
13: Num 35,6–15; Dtn 19,1–10; Jos 20,1–9
14: Dtn 19,11–13; 1Kön 2,29–31; 2Kön 11,15

12 Wer einen Menschen schlägt, so dass er stirbt, muss getötet werden.
13 Hat er ihm aber nicht nachgestellt, sondern hat Gott es seiner
Hand zustossen lassen, so will ich dir eine Stätte bestimmen, wohin er
fliehen kann. 14 Wenn aber jemand gegenüber einem andern vorsätzlich
handelt und ihn heimtückisch umbringt, sollst du ihn von meinem
Altar wegholen, damit er stirbt.

15: Spr 19,26

15 Wer seinen Vater oder seine Mutter schlägt, muss getötet werden.

16: Gen 37,28; Dtn 24,7

16 Wer einen Menschen raubt, ob er ihn verkauft hat oder ob er sich
noch in seiner Hand befindet, muss getötet werden.

17: 20,12; Lev 19,3; Dtn 21,18–21; Spr 20,20

17 Wer seinen Vater oder seine Mutter schmäht, muss getötet werden.

Körperverletzung

18 Wenn Männer in Streit geraten und einer den andern mit einem
Stein oder mit der Faust schlägt, so dass er zwar nicht stirbt, aber im Bett
liegen muss, 19 später aber wieder aufstehen und draussen am Stock
gehen kann, so bleibt straffrei, der geschlagen hat. Er muss ihn nur entschädigen
für das Versäumte und für die Heilung aufkommen.

20 Wenn jemand seinen Sklaven oder seine Sklavin mit dem Stock
schlägt, so dass er unter seiner Hand stirbt, muss es gerächt werden.
21 Bleibt er noch einen oder zwei Tage am Leben, so verfällt er nicht der
Rache, denn es geht um sein eigenes Geld.

23–25: Lev 24,20; Dtn 19,21; Mt 5,38

22 Wenn Männer miteinander raufen und dabei eine schwangere
Frau stossen, so dass sie vorzeitig gebärt, sonst aber kein Schaden entsteht,
wird der Schuldige mit einer Geldbusse bestraft, so wie der Ehemann
der Frau sie ihm auferlegt, und er soll sie vor Richtern bezahlen.
23 Entsteht aber weiterer Schaden, sollst du Leben für Leben geben,
24 Auge für Auge, Zahn für Zahn, Hand für Hand, Fuss für Fuss,
25 Brandmal für Brandmal, Wunde für Wunde, Strieme für Strieme.

26 Wenn jemand seinem Sklaven oder seiner Sklavin ins Auge
schlägt und es zerstört, soll er ihn für sein Auge freilassen. 27 Schlägt er
seinem Sklaven – oder seiner Sklavin – einen Zahn aus, so soll er ihn für
seinen Zahn freilassen.

28 Wenn ein Rind einen Mann oder eine Frau stösst, so dass er 28: Gen 9,5 · 22,30;
stirbt, wird das Rind gesteinigt, und sein Fleisch darf nicht gegessen Lev 7,24!
werden. Der Besitzer des Rindes aber bleibt straffrei. 29 Ist aber ein
Rind schon längere Zeit stössig und wird sein Besitzer gewarnt, be-
wacht es aber trotzdem nicht, und es tötet einen Mann oder eine Frau,
wird das Rind gesteinigt, und auch sein Besitzer wird getötet. 30 Wird
ihm ein Sühnegeld auferlegt, so soll er als Lösegeld für sein Leben so viel
geben, wie ihm auferlegt wird. 31 Stösst es einen Sohn oder eine Toch-
ter, so wird mit ihm nach demselben Recht verfahren. 32 Stösst das
Rind einen Sklaven – oder eine Sklavin –, so soll er dessen Herrn dreis-
sig Schekel geben, das Rind aber wird gesteinigt.

Ersatzleistung

33 Wenn jemand eine Zisterne offen lässt oder wenn jemand eine
Zisterne gräbt und sie nicht zudeckt, und es fällt ein Rind oder ein Esel
hinein, 34 muss der Besitzer der Zisterne Ersatz leisten. Er muss dem
Besitzer des Tieres Geld erstatten, das tote Tier aber gehört ihm.

35 Wenn jemandes Rind das Rind eines anderen stösst, so dass es
stirbt, soll man das lebende Rind verkaufen und den Erlös teilen, und
auch das tote soll man teilen. 36 War jedoch bekannt, dass es sich um 36: Lev 24,18
ein Rind handelt, das schon längere Zeit stössig ist, und hat sein Besitzer
es nicht bewacht, so muss er vollen Ersatz leisten: ein Rind für das Rind,
das tote aber gehört ihm.

37 Wenn jemand ein Rind oder ein Schaf stiehlt und es schlachtet 37: 22,3; Spr 6,31 ·
oder verkauft, soll er fünf Rinder für das Rind und vier Schafe für das 2Sam 12,6; Lk 19,8
Schaf als Ersatz geben.

22 1 Wird der Dieb beim Einbruch ertappt und geschlagen, so dass er 1: Jer 2,34
stirbt, liegt keine Blutschuld vor. 2 Ist darüber bereits die Sonne
aufgegangen, so ist es Blutschuld. – Der Dieb muss vollen Ersatz leisten.
Besitzt er nichts, so wird er für den Wert des von ihm Gestohlenen ver-
kauft. 3 Findet sich das Gestohlene, sei es Rind, Esel oder Schaf, noch 3: 21,37! · Jes 40,2
lebend in seiner Hand, muss er doppelten Ersatz leisten.

4 Wenn jemand ein Feld oder einen Weinberg abweiden und sein
Vieh frei laufen lässt, so dass es das Feld eines anderen abweidet, muss
er den besten Ertrag seines Feldes und den besten Ertrag seines Wein-
bergs als Ersatz geben.

5 Wenn Feuer ausbricht und Dorngestrüpp erfasst und dabei ein
Garbenhaufen oder das Getreide, das noch steht, oder das Feld verzehrt
wird, dann muss der, der den Brand verursacht hat, vollen Ersatz leisten.

6 Wenn jemand einem anderen Geld oder Gegenstände in Verwah-
rung gibt und es aus dem Haus dieses Mannes gestohlen wird, muss der
Dieb, wenn er gefunden wird, doppelten Ersatz leisten. 7 Wird der Dieb
nicht gefunden, soll der Besitzer des Hauses vor Gott treten, um zu be-
zeugen, dass er sich nicht selbst am Eigentum des anderen vergriffen
hat. 8 Bei jedem Fall von Veruntreuung, es handle sich um ein Rind, ei-
nen Esel, ein Schaf, einen Mantel oder sonst etwas, das abhanden ge-

kommen ist – wenn einer sagt: Das ist es!, soll die Sache der beiden vor Gott kommen. Der, den Gott schuldig spricht, soll dem andern doppelten Ersatz leisten.

9 Wenn jemand einem anderen einen Esel, ein Rind, ein Schaf oder sonst ein Tier in Obhut gibt, und es stirbt oder bricht sich ein Glied oder wird weggetrieben, ohne dass es jemand sieht, 10 soll ein Schwur beim HERRN zwischen den beiden entscheiden, ob der eine sich nicht am Eigentum des anderen vergriffen hat. Und der Besitzer muss es hinnehmen, und der andere braucht keinen Ersatz zu leisten. 11 Wird es ihm
12: Gen 31,39 aber gestohlen, so muss er dem Besitzer Ersatz leisten. 12 Wird es von einem Raubtier gerissen, so soll er es als Beweis beibringen. Das Gerissene braucht er nicht zu ersetzen.

13 Wenn jemand von einem anderen ein Tier entleiht und es bricht sich ein Glied oder stirbt, ohne dass sein Besitzer dabei ist, so muss er vollen Ersatz leisten. 14 Ist der Besitzer dabei, so braucht er keinen Ersatz zu leisten. Ist er Tagelöhner, so geht es auf seinen Lohn.

Verführung einer Jungfrau

15: Gen 34,12; Dtn 22,28–29

15 Wenn jemand eine Jungfrau, die nicht verlobt ist, verführt und mit ihr schläft, soll er das Brautgeld für sie entrichten und sie zur Frau nehmen. 16 Weigert sich ihr Vater, sie ihm zu geben, soll er Geld bezahlen in der Höhe des Brautgeldes für Jungfrauen.

Verbrechen mit Todesstrafe

17: Lev 20,6.27; Dtn 18,10–11; 1Sam 28,3
18: Lev 18,23; Dtn 27,21
19: 20,3!

17 Eine Zauberin sollst du nicht am Leben lassen.

18 Jeder, der mit einem Tier schläft, muss getötet werden.

19 Wer den Göttern opfert, und nicht dem HERRN allein, wird der Vernichtung geweiht.

Schutz der Schwachen

20: 23,9; Lev 19,33–34; Dtn 10,18–19; 24,17–18
21: Dtn 24,17; Sach 7,10
22: 26; Dtn 15,9; Hiob 34,28; Ps 34,7
24: Lev 25,36–37; Dtn 23,21; Spr 28,8; Ez 22,12
25: Dtn 24,13; Hiob 22,6!; Ez 18,7; 33,15
26: 22!

20 Einen Fremden sollst du nicht bedrängen und nicht quälen, seid ihr doch selbst Fremde gewesen im Land Ägypten. 21 Eine Witwe oder eine Waise sollt ihr nicht erniedrigen. 22 Wenn du sie erniedrigst und sie zu mir schreien, werde ich ihr Schreien hören, 23 und mein Zorn wird entbrennen, und ich werde euch töten mit dem Schwert, so dass eure Frauen Witwen und eure Söhne Waisen werden.

24 Leihst du Geld dem Armen aus meinem Volk, der bei dir ist, so sei nicht wie ein Wucherer zu ihm. Ihr sollt ihm keinen Zins auferlegen. 25 Nimmst du den Mantel deines Nächsten zum Pfand, sollst du ihm diesen vor Sonnenuntergang zurückgeben. 26 Denn er ist seine einzige Decke, die Hülle für seine nackte Haut. Worin sonst soll er sich schlafen legen? Wenn er zu mir schreit, werde ich es hören; denn ich bin gnädig.

Pflichten gegenüber Gott

27: Lev 24,16 · 2Sam 16,5; 1Kön 21,10; Koh 10,20; Apg 23,5
28–29: 13,2!
28: Spr 3,9–10

27 Gott sollst du nicht schmähen, und einen Fürsten in deinem Volk sollst du nicht verfluchen. 28 Die Fülle deiner Tenne und den Überfluss deiner Kelter sollst du nicht für dich behalten. Den Erstgeborenen dei-

22,14: Möglich ist auch die Übersetzung: «... Ist es gemietet, so geht es auf den Mietpreis.»
22,28: Wörtlich: «Deine Fülle und deinen Überfluss sollst du nicht ...»

ner Söhne sollst du mir geben. 29 Ebenso sollst du es mit deinem Rind 29: Lev 22,27
und deinen Schafen halten. Sieben Tage mag es bei seiner Mutter blei-
ben, am achten Tag sollst du es mir geben. 30 Heilige Männer sollt ihr 30: 21,28!
mir sein. Fleisch von einem Tier, das auf dem Feld gerissen wurde, dürft
ihr nicht essen; den Hunden sollt ihr es vorwerfen.

Gerechtes Verhalten

23 1 Du sollst kein nichtiges Gerücht verbreiten. Biete deine Hand 1: 20,16!
nicht einem, der Unrecht tut, indem du als Zeuge Gewalt deckst.
2 Du sollst nicht den Vielen folgen und Böses tun, und bei einer Aus- 2: 1Sam 15,24
sage in einem Rechtsstreit sollst du dich nicht nach den Vielen richten
und das Recht beugen. 3 Auch einen Geringen sollst du in seinem 3: Lev 19,15
Rechtsstreit nicht begünstigen.
4 Wenn du dem verirrten Rind oder Esel deines Feindes begegnest, 4: Dtn 22,1–4 ·
sollst du das Tier sogleich zu ihm zurückführen. Lk 6,27
5 Wenn du siehst, dass der Esel deines Gegners unter seiner Last zu- 5: Spr 12,10!
sammengebrochen ist, dann lass ihn nicht allein ...
6 Du sollst das Recht deines Armen in seinem Rechtsstreit nicht 6: Dtn 27,19
beugen. 7 Von betrügerischer Sache halte dich fern. Und wer unschul- 7: Spr 11,21
dig und im Recht ist, den töte nicht, denn einen Schuldigen spreche ich
nicht frei. 8 Bestechungsgeld sollst du nicht annehmen, denn das Be- 8: Dtn 16,19
stechungsgeld macht Sehende blind und verdreht die Sache derer, die
im Recht sind. 9 Einen Fremden sollst du nicht quälen. Denn ihr wisst, 9: 22,20!
wie dem Fremden zumute ist, seid ihr doch selbst Fremde gewesen im
Land Ägypten.

Sabbatjahr und Sabbat

10 Sechs Jahre sollst du dein Land besäen und seinen Ertrag einsam-
meln. 11 Im siebten aber sollst du es brachliegen lassen und nicht bestel- 11: Neh 10,32 ·
len, und die Armen deines Volks sollen davon essen. Und was sie übrig Lev 25,3–7
lassen, sollen die Tiere des Feldes fressen. So sollst du auch mit deinem
Weinberg und mit deinen Ölbäumen verfahren. 12 Sechs Tage sollst du 12: 20,10!
deine Arbeit tun, am siebten Tag aber sollst du ruhen, damit dein Rind
und dein Esel ausruhen und der Sohn deiner Magd und der Fremde auf-
atmen können. 13 Und ihr sollt achtsam sein bei allem, was ich euch 13: Dtn 6,3; Jos 22,5;
gesagt habe. Den Namen anderer Götter sollt ihr nicht nennen, er soll 23,7; 1Chr 28,8
nicht gehört werden aus deinem Mund.

Jahresfeste

14 Dreimal im Jahr sollst du mir ein Fest feiern: 15 Das Fest der unge- 14: 1Kön 9,25!
säuerten Brote sollst du halten; sieben Tage sollst du ungesäuerte Brote 15: 12,15 · 13,4; 34,18
essen, wie ich es dir geboten habe, zur festgesetzten Zeit im Ährenmo-
nat, denn in diesem bist du aus Ägypten ausgezogen. Und nicht mit lee-
ren Händen soll man vor meinem Angesicht erscheinen. 16 Sodann das 16: 34,22;
Fest der Ernte, der Erstlingsfrüchte deiner Arbeit, dessen, was du aus- Num 28,26
säst auf dem Feld. Und das Fest der Lese am Ausgang des Jahres, wenn du
den Ertrag deiner Arbeit einsammelst vom Feld. 17 Dreimal im Jahr sol-
len all deine Männer vor Gott dem HERRN erscheinen. 18 Du sollst das 18: 16,19! · 34,25

23,5: Das Versende im Massoretischen Text ist unverständlich.

Blut meines Schlachtopfers nicht zusammen mit Gesäuertem opfern,
und das Fett meines Festopfers soll nicht über Nacht liegenbleiben bis
19: 34,26; Dtn 14,21 zum Morgen. 19 Das Beste von den Erstlingsfrüchten deines Ackers
sollst du in das Haus des HERRN, deines Gottes, bringen. Ein Böcklein
sollst du nicht in der Milch seiner Mutter kochen.

Mahnung und Verheissung

20: 23; 14,19; 32,34; 20 Sieh, ich sende einen Boten vor dir her, dich auf dem Weg zu be-
33,2; Gen 24,7 hüten und dich an die Stätte zu bringen, die ich bereitet habe. 21 Sei
21: Jos 24,19 achtsam vor ihm, und höre auf seine Stimme, verbittere ihn nicht. Er
wird eure Missetat nicht vergeben, denn mein Name ist in ihm.
22: Gen 12,3 22 Wenn du aber auf seine Stimme hörst und alles tust, was ich sage,
werde ich der Feind deiner Feinde sein und der Bedränger deiner Be-
23: 20! · Jos 24,8 dränger. 23 Denn mein Bote wird vor dir hergehen und dich zu den
Amoritern und den Hetitern und den Perissitern und den Kanaanitern
und den Chiwwitern und den Jebusitern bringen, und ich werde sie aus-
24: 20,5; Dtn 5,9; tilgen. 24 Du sollst dich nicht niederwerfen vor ihren Göttern und ih-
Jos 23,7; Dan 3,18 · nen nicht dienen, und du sollst es nicht machen, wie jene es machen,
34,13; Dtn 7,5 sondern du sollst sie niederreissen und ihre Malsteine zerschlagen.
25: 15,26; 25 Dem HERRN, eurem Gott, sollt ihr dienen, so wird er dein Brot und
Num 12,13; dein Wasser segnen, und hinwegnehmen werde ich alle Krankheit aus
Ps 103,3; Hos 11,3 deiner Mitte. 26 In deinem Land wird es weder Fehlgeburt noch
26: Dtn 7,14 Unfruchtbarkeit geben. Die volle Zahl deiner Tage werde ich dir gewäh-
ren.
27: Gen 35,5! 27 Meinen Schrecken werde ich vor dir her senden und jedes Volk,
zu dem du kommst, in Verwirrung bringen, und ich werde dir den Na-
28: Dtn 7,20; cken aller deiner Feinde preisgeben. 28 Und ich werde die Hornissen
Jos 24,12 vor dir her senden, und sie werden die Chiwwiter, die Kanaaniter und
29–30: Dtn 7,22 die Hetiter vor dir vertreiben. 29 Ich will sie aber nicht in einem Jahr vor
dir vertreiben, damit das Land nicht zur Öde wird und die Tiere des Fel-
des nicht zu deinem Schaden überhandnehmen. 30 Nach und nach will
ich sie vor dir vertreiben, bis du so fruchtbar geworden bist, dass du das
31: Ps 72,8 Land in Besitz nehmen kannst. 31 Und ich lege deine Grenze fest vom
Schilfmeer bis zum Meer der Philister und von der Wüste bis zum
Strom. Denn die Bewohner des Landes werde ich in eure Hand geben,
32: 34,12! und du wirst sie vor dir vertreiben. 32 Du sollst mit ihnen und ihren
Göttern keinen Bund schliessen. 33 Sie sollen nicht in deinem Land
wohnen bleiben, damit sie dich nicht zur Sünde gegen mich verführen.
Denn wenn du ihren Göttern dienst, wird dir das zum Fallstrick wer-
den.

Bundesschluss am Sinai

1: 6,23; Lev 10,1 · 9! **24** 1 Und zu Mose sprach er: Steig hinauf zum HERRN, du mit Aaron,
Nadab und Abihu und siebzig von den Ältesten Israels, und werft
2: 19,12 euch nieder in der Ferne. 2 Und Mose allein soll sich dem HERRN nä-
hern, sie aber dürfen sich nicht nähern, und das Volk darf nicht mit ihm

23,28: Die Bedeutung des mit ‹Hornissen› wiedergegebenen hebräischen Worts ist umstritten; andere übersetzen: «Ich werde die Angst vor dir her senden, und sie wird … vertreiben.»

hinaufsteigen. 3 Darauf kam Mose und verkündete dem Volk alle Worte
des HERRN und alle Rechtssatzungen. Und das ganze Volk antwortete
mit einer Stimme und sprach: Alle Worte, die der HERR geredet hat, wol-
len wir tun. 4 Und Mose schrieb alle Worte des HERRN auf. Früh am
andern Morgen aber errichtete er einen Altar am Fuss des Berges und
zwölf Malsteine für die zwölf Stämme Israels. 5 Dann entsandte er die
jungen Männer der Israeliten, und sie brachten Brandopfer dar und
schlachteten Jungstiere als Heilsopfer für den HERRN. 6 Und Mose
nahm die Hälfte des Blutes und goss es in Schalen, und die andere Hälfte
des Blutes sprengte er auf den Altar. 7 Dann nahm er das Bundesbuch
und las es dem Volk vor. Und sie sprachen: Alles, was der HERR geredet
hat, wollen wir tun, und wir wollen darauf hören. 8 Darauf nahm Mose
das Blut und sprengte es über das Volk und sprach: Seht, das ist das Blut
des Bundes, den der HERR mit euch geschlossen hat, mit all diesen Wor-
ten.

9 Da stiegen Mose und Aaron, Nadab und Abihu und siebzig von den
Ältesten Israels hinauf. 10 Und sie sahen den Gott Israels, und unter sei-
nen Füssen war ein Gebilde wie aus einer Platte von Lapislazuli und klar
wie der Himmel selbst. 11 Gegen die Vornehmen der Israeliten aber
streckte er seine Hand nicht aus. Und sie schauten Gott und assen und
tranken.

12 Und der HERR sprach zu Mose: Steig herauf zu mir auf den Berg
und bleibe hier! Ich aber will dir die Steintafeln geben, die Weisung und
das Gebot, die ich aufgeschrieben habe, um sie zu unterweisen. 13 Da
machte sich Mose mit seinem Diener Josua auf, und Mose stieg den Got-
tesberg hinan. 14 Zu den Ältesten aber sagte er: Wartet hier auf uns, bis
wir zu euch zurückkehren. Seht, Aaron und Hur sind bei euch. Wer eine
Rechtssache hat, wende sich an sie. 15 Dann stieg Mose den Berg hinan,
und die Wolke bedeckte den Berg. 16 Und die Herrlichkeit des HERRN
liess sich auf den Berg Sinai nieder, und die Wolke bedeckte ihn sechs
Tage lang. Und am siebten Tag rief er mitten aus der Wolke Mose herbei.
17 Die Erscheinung der Herrlichkeit des HERRN aber war vor den Augen
der Israeliten wie ein verzehrendes Feuer auf dem Gipfel des Berges.
18 Da ging Mose mitten in die Wolke hinein und stieg den Berg hinan.
Und Mose war auf dem Berg vierzig Tage und vierzig Nächte.

3: 7; 19,8; Dtn 5,27; Jos 24,21.24
4: 34,27! · 17,15! · 28,21!
7: 3! · 2Kön 23,2; 2Chr 34,30
8: Dtn 5,2 · Mt 26,28; Hebr 9,18–20
9: 1; Num 11,16; Ez 8,11
10: 1Kön 22,19; Jes 6,1 · Ez 1,26!
11: 19,21–22; 33,20; Gen 32,31
12: 31,18; 32,15; Dtn 5,22 · 2Kor 3,3
13: 19,3! · 4,20! · 4,27!
14: 17,10!
16: 16,10
17: Dtn 4,24; 9,3
18: 19,3! · 34,28; Dtn 9,9.18; 1Kön 19,8

Die Abgabe für den Bau des Heiligtums

25 1 Und der HERR redete zu Mose und sprach: 2 Sage den Israeliten,
sie sollen eine Abgabe für mich erheben. Von jedem, den sein
Herz dazu treibt, sollt ihr die Abgabe für mich erheben. 3 Und dies ist
die Abgabe, die ihr von ihnen erheben sollt: Gold, Silber und Bronze,
4 blauen und roten Purpur, Karmesin, feines Leinen und Ziegenhaar,
5 rot gefärbte Widderfelle, Tachaschhäute und Akazienholz, 6 Öl für das
Licht, Balsam für das Salböl und für das wohlriechende Räucherwerk,
7 Karneolsteine und Besatzsteine für den Efod und die Brusttasche.
8 Und sie sollen mir ein Heiligtum errichten, und ich werde in ihrer
Mitte wohnen. 9 Genau nach dem Vorbild der Wohnung und nach dem
Vorbild all ihrer Geräte, das ich dir zeige, so sollt ihr es machen.

Ex 25–31: Ex 35–40
1–9: 35,4–29
2: 35,5; 1Chr 29,5
5: 26,14; 35,7
7: 28,9; Gen 2,12
8: 1Chr 22,19 · 29,45–46; 1Kön 6,13; Ps 46,6
9: 40; 26,30; 27,8; Apg 7,44; Hebr 8,5

Die Lade

10–22: 37,1–9
10: 31,7; Dtn 10,1
11: 24–25; 30,3; Hebr 9,4
14: 1Chr 15,15
16: 21; Dtn 10,5; 1Kön 8,9
17: 35,12
18: 2Chr 3,10; Ez 10,2; Hebr 9,5
20: 1Kön 6,23–27; 1Chr 28,18; 2Chr 3,10–13
21: 26,34; Lev 16,13 · 16!
22: 29,42! · Lev 16,2; Num 7,89

10 Und sie sollen eine Lade machen aus Akazienholz, zweieinhalb
Ellen lang, anderthalb Ellen breit und anderthalb Ellen hoch. 11 Dann
überziehe sie mit reinem Gold, innen und aussen sollst du sie überzie-
hen, und bringe ringsum eine goldene Leiste an. 12 Und giesse vier gol-
dene Ringe, und befestige sie an ihren vier Füssen, zwei Ringe an der
einen Seite und zwei Ringe an der anderen Seite. 13 Und mache Stangen
aus Akazienholz und überziehe sie mit Gold. 14 Dann führe die Stangen
durch die Ringe an den Seiten der Lade, so dass man mit ihnen die Lade
tragen kann. 15 Die Stangen sollen in den Ringen der Lade bleiben, sie
sollen nicht von ihr entfernt werden. 16 In die Lade aber sollst du das
Zeugnis legen, das ich dir geben werde. 17 Und mache eine Deckplatte
aus reinem Gold, zweieinhalb Ellen lang und anderthalb Ellen breit.
18 Dann mache zwei goldene Kerubim. Als getriebene Arbeit sollst du
sie machen, an den beiden Enden der Deckplatte: 19 Den einen Kerub
mache am einen Ende und den anderen Kerub am anderen Ende. Aus
der Deckplatte sollt ihr die Kerubim herausarbeiten, an ihren beiden
Enden. 20 Und die Kerubim sollen Flügel nach oben ausbreiten und mit
ihren Flügeln die Deckplatte beschirmen. Und ihre Gesichter sollen ein-
ander zugewandt sein. Zur Deckplatte hin sollen die Gesichter der Ke-
rubim gerichtet sein. 21 Und setze die Deckplatte oben auf die Lade, und
in die Lade lege das Zeugnis, das ich dir geben werde. 22 Dann will ich
dir dort begegnen und mit dir reden von der Deckplatte herab zwischen
den zwei Kerubim hervor, die über der Lade des Zeugnisses sind, alles,
was ich dir für die Israeliten auftragen werde.

Der Tisch für die Schaubrote

23–30: 37,10–16
23–24: 31,8; 1Kön 7,48; Hebr 9,2
24–25: 30,3!
29: 1Kön 7,50
30: 35,13; 39,36; Lev 24,6; 1Sam 21,5

23 Dann mache einen Tisch aus Akazienholz, zwei Ellen lang, eine
Elle breit und anderthalb Ellen hoch. 24 Und überziehe ihn mit reinem
Gold, und bringe ringsum eine goldene Leiste an. 25 Und mache rings-
um eine Einfassung von einer Handbreite, und mache für diese Einfas-
sung ringsum eine goldene Leiste. 26 Dann mache vier goldene Ringe,
und befestige die Ringe an den vier Ecken, bei seinen vier Beinen.
27 Dicht an der Einfassung sollen die Ringe sein als Halterungen für
Stangen, so dass man den Tisch tragen kann. 28 Dann mache die Stan-
gen aus Akazienholz, und überziehe sie mit Gold, mit ihnen soll der
Tisch getragen werden. 29 Und mache die dazugehörigen Schüsseln,
Schalen, Kannen und Becher, mit denen das Trankopfer gespendet wird.
Aus reinem Gold sollst du sie machen. 30 Und auf den Tisch lege Schau-
brot, ständig mir vor Augen.

Der Leuchter

31–40: 37,17–24; Num 8,1–4
31: 31,8; 1Kön 7,49; Sach 4,2

31 Dann mache einen Leuchter aus reinem Gold. Als getriebene Ar-
beit aus einem Stück soll der Leuchter gemacht werden, sein Fuss und
sein Schaft, seine Kelche, Knäufe und Blüten. 32 Und sechs Arme gehen
von seinen beiden Seiten aus, drei Arme des Leuchters auf der einen
Seite und drei Arme des Leuchters auf der anderen Seite. 33 Drei man-
delblütenförmige Kelche sind an dem einen Arm, mit Knauf und Blüte,
und drei mandelblütenförmige Kelche an dem anderen Arm, mit Knauf
und Blüte. So ist es bei den sechs Armen, die von dem Leuchter ausge-

hen. 34 Und am Leuchter sind vier Kelche, mandelblütenförmig, Knäu-
fe und Blüten: 35 ein Knauf unter dem ersten Paar seiner Arme, ein
Knauf unter dem zweiten Paar seiner Arme und ein Knauf unter dem
dritten Paar seiner Arme, bei allen sechs Armen, die vom Leuchter aus-
gehen. 36 Ihre Knäufe und ihre Arme sollen aus ihm herausgearbeitet
sein, das Ganze aus einem Stück von reinem Gold getrieben. 37 Dann 37: Offb 4,5 · 30,8;
mache seine sieben Lampen, und man setze diese Lampen so auf, dass Lev 24,4; 2Chr 4,7!
sie den Raum vor ihm erleuchten. 38 Auch die dazugehörigen Docht-
scheren und Pfannen sind aus reinem Gold. 39 Aus einem Talent reinen
Goldes soll man ihn machen samt all diesen Geräten. 40 Und achte dar- 40: 9!
auf, dass du sie nach ihrem Vorbild machst, das dir auf dem Berg gezeigt
wird.

Die Wohnung

26 1 Die Wohnung aber sollst du aus zehn Zeltbahnen machen. Aus 1–30: 36,8–34
gezwirntem, feinem Leinen, aus blauem und rotem Purpur und 1: 31,7; 1Chr 17,1;
aus Karmesin, mit eingewebten Kerubim sollst du sie machen. 2 Die Hebr 9,2
Länge einer Zeltbahn beträgt achtundzwanzig Ellen und die Breite einer
Zeltbahn vier Ellen. Alle Zeltbahnen haben dasselbe Mass. 3 Die ersten
fünf Zeltbahnen sollen aneinander gefügt sein, und die andern fünf
Zeltbahnen sollen aneinander gefügt sein. 4 Dann bringe am Saum der
ersten Zeltbahn Schleifen aus blauem Purpur an, am Rand des einen zu-
sammengefügten Stücks, und ebenso sollst du es machen am Saum der
Zeltbahn am Rand des zweiten zusammengefügten Stücks. 5 Fünfzig
Schleifen sollst du an der ersten Zeltbahn anbringen, und fünfzig
Schleifen sollst du am Rand der Zeltbahn anbringen, die zum zweiten
zusammengefügten Stück gehört. Die Schleifen sollen einander gegen-
überliegen. 6 Dann mache fünfzig goldene Haken, und verbinde mit 6: 11.33
den Haken die Zeltbahnen. So soll die Wohnung ein Ganzes werden.

7 Dann mache Zeltbahnen aus Ziegenhaar für das Zeltdach über der
Wohnung. Elf solche Zeltbahnen sollst du machen. 8 Die Länge einer
Zeltbahn beträgt dreissig Ellen und die Breite einer Zeltbahn vier Ellen.
Die elf Zeltbahnen haben dasselbe Mass. 9 Dann füge fünf der Zeltbah-
nen zu einem Stück zusammen und ebenso die sechs anderen Zeltbah-
nen zu einem Stück, und lege die sechste Zeltbahn zur Vorderseite des
Zelts hin doppelt. 10 Und am Saum der ersten Zeltbahn, die am Rand des
einen zusammengefügten Stücks ist, bringe fünfzig Schleifen an und
ebenso fünfzig Schleifen am Saum der Zeltbahn des zweiten zusam-
mengefügten Stücks. 11 Dann mache fünfzig bronzene Haken, stecke 11: 6!
die Haken in die Schleifen und füge das Zelt zusammen. So soll es ein
Ganzes werden. 12 Was aber von den Bahnen des Zelts überschüssig ist,
soll herabhängen. Zur Hälfte soll die überschüssige Zeltbahn auf der
Rückseite der Wohnung herabhängen. 13 Und von dem, was an der Län-
ge der Zeltbahnen überschüssig ist, soll je eine Elle auf den beiden
Längsseiten der Wohnung herabhängen und sie bedecken. 14 Und ma- 14: 25,5!
che für das Zelt eine Decke aus rot gefärbten Widderfellen und darüber
eine Decke aus Tachaschhäuten.

15 Dann mache standfeste Bretter aus Akazienholz für die Woh-
nung: 16 zehn Ellen beträgt die Länge eines Brettes und anderthalb El-
len die Breite eines Brettes. 17 Zwei Zapfen soll jedes Brett haben, sie

sind miteinander verzahnt. So mache es bei allen Brettern der Woh-
nung. 18 Und als Bretter für die Wohnung mache: zwanzig Bretter für
die Südseite, nach Süden hin. 19 Und mache vierzig silberne Sockel un-
ter den zwanzig Brettern, je zwei Sockel unter einem Brett für seine bei-
den Zapfen. 20 Und für die zweite Seitenwand der Wohnung, die Nord-
seite, zwanzig Bretter 21 und dazu vierzig silberne Sockel, je zwei Sockel
unter einem Brett. 22 Für die Rückseite der Wohnung aber, nach Wes-
ten hin, mache sechs Bretter. 23 Und zwei Bretter mache als Eckstücke
der Wohnung an der Rückseite. 24 Sie sollen aber doppelt sein von un-
ten herauf und fest verfugt bis zum oberen Ende, bis zum ersten Ring.
So soll es bei ihnen beiden sein, sie sollen die beiden Ecken bilden.
25 Und es sollen acht Bretter sein und dazu silberne Sockel, sechzehn
Sockel, je zwei Sockel unter einem Brett.

26 Dann mache Querbalken aus Akazienholz: fünf für die Bretter
der einen Seitenwand der Wohnung, 27 fünf Querbalken für die Bretter
der zweiten Seitenwand der Wohnung und fünf Querbalken für die
Bretter der Rückwand der Wohnung, nach Westen hin. 28 Der mittlere
Querbalken aber soll in der Mitte der Bretter von einem Ende zum an-
29: 1Kön 6,20–22 deren quer durchlaufen. 29 Und überziehe die Bretter mit Gold, und die
dazugehörigen Ringe mache aus Gold als Halterungen für die Querbal-
30: 25,9! ken. Auch die Querbalken überziehe mit Gold. 30 So errichte die Woh-
nung nach dem Plan, der dir auf dem Berg gezeigt wurde.

Der Vorhang

31–37: 36,35–38 31 Dann mache einen Vorhang aus blauem und rotem Purpur, aus
31: 35,12; 2Chr 3,14; Mt 27,51; Hebr 9,3 Karmesin und gezwirntem, feinem Leinen. Gewebt soll man ihn ma-
chen, mit Kerubim. 32 Und befestige ihn mit Nägeln aus Gold an vier
mit Gold überzogenen Akaziensäulen, die auf vier silbernen Sockeln ru-
33: 40,21 · 6! hen. 33 Dann befestige den Vorhang unter den Haken, und bringe dort
hinein, hinter den Vorhang, die Lade des Zeugnisses, und der Vorhang
34: 25,21! soll euch das Heilige vom Allerheiligsten scheiden. 34 Und setze die
35: 40,22.24 Deckplatte auf die Lade des Zeugnisses, im Allerheiligsten. 35 Dann
stelle den Tisch aussen vor den Vorhang und den Leuchter dem Tisch
gegenüber an die Südwand der Wohnung. Den Tisch aber stelle an die
36: 40,28 · 27,16; 28,15 Nordwand. 36 Und mache eine Decke für den Eingang des Zelts aus
blauem und rotem Purpur, Karmesin und gezwirntem, feinem Leinen,
bunt bestickt. 37 Und für die Decke mache fünf Akaziensäulen und
überziehe sie mit Gold, auch ihre Nägel sollen aus Gold sein, und giesse
dafür fünf bronzene Sockel.

Der Brandopferaltar

1–8: 38,1–7 **27** 1 Dann mache den Altar aus Akazienholz, fünf Ellen lang und fünf
1–2: 2Chr 4,1; Esra 3,2; Ez 43,13 Ellen breit, der Altar soll viereckig sein, und drei Ellen hoch. 2 Und
mache ihm Hörner an seinen vier Ecken – aus einem Stück mit ihm
2: 29,12; Lev 16,18; 1Kön 1,50; Ps 118,27 sollen seine Hörner sein –, und überziehe ihn mit Bronze. 3 Und mache
3: 19; 1Kön 7,45 auch die dazugehörigen Töpfe, um ihn von der Fettasche zu reinigen,
seine Schaufeln, Sprengschalen, Gabeln und Pfannen. Für alle seine Ge-
räte sollst du Bronze verarbeiten. 4 Und mache ein Gitter, ein Netzwerk
aus Bronze, und bringe auf dem Netz vier Bronzeringe an seinen vier
Ecken an. 5 Und befestige es unter der Einfassung des Altars von unten

her, so dass das Netz bis zur halben Höhe des Altars reicht. 6 Dann ma-
che für den Altar Stangen, Stangen aus Akazienholz, und überziehe sie
mit Bronze. 7 Und man soll seine Stangen durch die Ringe führen, so
dass sich die Stangen an den beiden Seiten des Altars befinden, wenn
man ihn trägt. 8 Als einen hohlen Bretterkasten sollst du ihn machen. 8: 25,9!
Wie man es dir auf dem Berg gezeigt hat, so sollen sie es machen.

Der Vorhof

9 Dann mache den Vorhof der Wohnung: für die Südseite, nach Sü- 9–19: 38,9–20
den hin, Behänge für den Vorhof aus gezwirntem, feinem Leinen, hun- 9: 2Chr 4,9;
dert Ellen lang für die eine Seite, 10 dazu zwanzig Säulen mit zwanzig Ez 40,17
Sockeln aus Bronze, die Nägel und die Querstangen der Säulen aus Sil-
ber. 11 Ebenso für die Nordseite auf der ganzen Länge Behänge, hundert
Ellen lang, dazu zwanzig Säulen mit zwanzig Sockeln aus Bronze, die
Nägel und die Querstangen der Säulen aus Silber. 12 Und in der Breite
des Vorhofs auf der Westseite Behänge von fünfzig Ellen, dazu zehn
Säulen mit zehn Sockeln. 13 Und die Breite des Vorhofs an der Ostseite,
nach Sonnenaufgang, beträgt fünfzig Ellen, 14 und zwar fünfzehn Ellen
Behänge für die eine Seite mit ihren drei Säulen und ihren drei Sockeln,
15 und ebenso für die andere Seite fünfzehn Ellen Behänge mit ihren
drei Säulen und ihren drei Sockeln. 16 Das Tor des Vorhofs aber hat eine 16: 26,36!
Decke von zwanzig Ellen aus blauem und rotem Purpur, Karmesin und
gezwirntem, feinem Leinen, bunt bestickt, mit vier Säulen und vier So-
ckeln. 17 Alle Säulen des Vorhofs ringsum sind mit Querstangen aus Sil-
ber verbunden, ebenso sind ihre Nägel aus Silber, ihre Sockel aber aus
Bronze. 18 Die Länge des Vorhofs beträgt hundert Ellen, die Breite
beidseitig fünfzig und die Höhe fünf Ellen, die Behänge sind aus ge-
zwirntem, feinem Leinen und ihre Sockel aus Bronze. 19 Alle Geräte der 19: 3!
Wohnung für den ganzen Dienst in ihr und alle dazugehörigen Pflöcke
und alle Pflöcke des Vorhofs sind aus Bronze.

Das Öl für das Licht

20 Du aber gebiete den Israeliten, dass sie dir reines, gestossenes 20–21: Lev 24,2–3 ·
Olivenöl bringen für das Licht, damit man ständig eine Lampe aufstel- 1Sam 3,3
len kann. 21 Im Zelt der Begegnung, ausserhalb des Vorhangs, der vor 21: 12,14!
dem Zeugnis ist, sollen Aaron und seine Söhne sie bereitstellen, damit
sie vom Abend bis zum Morgen vor dem HERRN brennt, als ewige Ord-
nung bei den Israeliten von Generation zu Generation.

Die Gewänder der Priester

28 1 Du aber lass deinen Bruder Aaron und mit ihm seine Söhne aus 1: 29,1 · 6,23;
der Mitte der Israeliten zu dir treten, damit er mir als Priester Lev 10,6; Num 3,2;
dient, Aaron, Nadab und Abihu, Elasar und Itamar, die Söhne Aarons. 26,60
2 Und mache heilige Gewänder für deinen Bruder Aaron, zur Ehre und 2: 29,29; 39,1 · 40
als Schmuck. 3 Rede du mit allen, die ein verständiges Herz haben und 3: 35,10 · 31,3.6;
die ich mit dem Geist der Weisheit erfüllt habe. Sie sollen die Gewänder Dtn 34,9
Aarons machen, um ihn zu heiligen, damit er mir als Priester dienen
kann. 4 Und dies sind die Gewänder, die sie machen sollen: eine Brust- 4: Lev 8,7–13
tasche, einen Efod und ein Obergewand, einen Leibrock aus gewürfel-
tem Stoff, einen Kopfbund und eine Schärpe. So sollen sie heilige Ge-

wänder machen für deinen Bruder Aaron und für seine Söhne, damit er
5–43: 39,1–32 mir als Priester dienen kann. 5 Und sie sollen dazu das Gold, den blauen
und roten Purpur, das Karmesin und das feine Leinen verwenden.

6 So sollen sie den Efod machen aus Gold, blauem und rotem Purpur,
Karmesin und gezwirntem, feinem Leinen, gewebt. 7 Zwei mit ihm verbundene
Schulterstücke soll er an seinen beiden Enden haben und so
zusammengehalten werden. 8 Die Binde daran zum Umgürten ist von
gleicher Machart, aus demselben Stoff: aus Gold, blauem und rotem Pur-
9: 25,7! pur, Karmesin und gezwirntem, feinem Leinen. 9 Dann nimm zwei
Karneolsteine und graviere die Namen der Söhne Israels hinein:
10 sechs ihrer Namen in den einen Stein und die Namen der sechs übri-
gen in den zweiten Stein, in der Reihenfolge ihrer Geburt. 11 Als Stein-
schneidearbeit, wie ein Siegel, sollst du die beiden Steine mit den Na-
men der Söhne Israels gravieren. In Gold sollst du sie einfassen.
12: 29 12 Dann setze die beiden Steine auf die Schulterstücke des Efod als Stei-
ne der Erinnerung an die Söhne Israels, und Aaron soll ihre Namen zur
Erinnerung vor dem HERRN auf seinen beiden Schulterstücken tragen.

13 Mache auch goldene Fassungen 14 und zwei Ketten aus reinem
Gold, als gedrehte Schnüre sollst du sie machen, in Kordelarbeit, und
befestige die Kordelketten an den Fassungen.

15: Lev 8,8 · 26,36! 15 Und mache eine Brusttasche für das Urteil, gewebt; in der Mach-
art des Efod sollst du sie machen; aus Gold, blauem und rotem Purpur,
Karmesin und gezwirntem, feinem Leinen sollst du sie machen.
16 Viereckig soll sie sein, doppelt gelegt, eine Spanne lang und eine
17–20: Spanne breit. 17 Und bringe an ihr einen Besatz von Steinen in vier Rei-
Offb 21,19–20 hen an: eine Reihe mit Rubin, Chrysolith und Smaragd, die erste Reihe;
18 die zweite Reihe mit Malachit, Lapislazuli und Jaspis; 19 die dritte
Reihe mit Hyazinth, Achat und Amethyst; 20 und die vierte Reihe mit
Topas, Karneol und Onyx. In Gold sollen sie gefasst sein, wenn man sie
21: 24,4; Jos 4,8; anbringt. 21 Die Steine sollen auf die Namen der Söhne Israels lauten,
1Kön 18,31 zwölf an der Zahl, auf ihre Namen. Siegelgravierungen, jede auf einen
der Namen lautend, sollen es sein für zwölf Stämme. 22 Dann bringe an
der Brusttasche gedrehte Ketten an, in Kordelarbeit, aus reinem Gold.
23 Und zwar bringe an der Brusttasche zwei goldene Ringe an, und setze
die zwei Ringe an die beiden Ecken der Brusttasche. 24 Dann befestige
die beiden Goldkordeln an den zwei Ringen an den Ecken der Brustta-
sche. 25 Die beiden anderen Enden der zwei Kordeln aber befestige an
den zwei Fassungen, und befestige sie so an den Schulterstücken des
Efod auf seiner Vorderseite. 26 Dann mache zwei goldene Ringe, und
setze sie an die beiden Ecken der Brusttasche, an ihren Saum, der dem
Efod zugekehrt ist, auf der Innenseite. 27 Ferner mache zwei goldene
Ringe und befestige sie unten an den beiden Schulterstücken des Efod
auf seiner Vorderseite, dicht an seiner Verbindungsstelle, oberhalb der
Efodbinde. 28 Dann binde man mit einer Schnur aus blauem Purpur die
Brusttasche mit ihren Ringen an die Ringe des Efod, so dass sie über der
Efodbinde sitzt und die Brusttasche sich über dem Efod nicht ver-
29: 12 schiebt. 29 So soll Aaron die Namen der Söhne Israels auf der Brustta-
30: Lev 8,8; sche für das Urteil auf seinem Herzen tragen, wenn er in das Heiligtum
Num 27,21; geht, zum ständigen Gedenken vor dem HERRN. 30 In die Brusttasche
Dtn 33,8 für das Urteil aber lege die Urim und Tummim; sie sollen auf dem Her-

zen Aarons sein, wenn er vor den HERRN tritt. So trage Aaron das Urteil
für die Israeliten ständig auf seinem Herzen vor dem HERRN.

31 Dann mache das Obergewand zum Efod, ganz aus blauem Purpur.
32 In seiner Mitte soll die Kopföffnung sein. Rings um die Öffnung soll
eine gewebte Borte laufen. Es soll eine Öffnung haben wie die eines Pan-
zerhemdes, die nicht einreisst. 33 An seinem Saum bringe Granatäpfel
an aus blauem und rotem Purpur und aus Karmesin, an seinem Saum
ringsum, und ringsum zwischen ihnen goldene Glöckchen: 34 ein gol-
denes Glöckchen und ein Granatapfel, ein goldenes Glöckchen und ein
Granatapfel, ringsum am Saum des Obergewandes. 35 Und Aaron soll
es zum Dienst tragen, und sein Klang soll zu hören sein, wenn er in das
Heiligtum tritt vor den HERRN und wenn er es verlässt. So wird er nicht
sterben.

36 Dann mache eine Blume aus reinem Gold, und graviere darein, 36: 29,6! ·
wie bei einem Siegel: Dem HERRN heilig. 37 Befestige sie an einer Sach 14,20
Schnur aus blauem Purpur, und sie soll sich auf dem Kopfbund be-
finden. An der Vorderseite des Kopfbundes soll sie sich befinden.
38 Sie soll auf der Stirn Aarons sein, und so nehme Aaron es auf sich, 38: Num 18,1.23
wenn die Israeliten sich verfehlen bei den heiligen Dingen, die sie dar-
bringen, bei irgendeiner ihren heiligen Gaben. Sie soll ständig auf sei-
ner Stirn sein, ihnen zum Wohlgefallen vor dem HERRN.

39 Dann webe den Leibrock aus feinem, gemustertem Leinen, und
mache einen Kopfbund aus feinem Leinen. Auch eine bunt bestickte
Schärpe sollst du machen. 40 Und für die Söhne Aarons mache Leibrö- 40: 2
cke, und mache Schärpen für sie. Auch Kopfbedeckungen sollst du für
sie machen, zur Ehre und als Schmuck. 41 Dann bekleide damit deinen 41: 29,7.21; 30,30;
Bruder Aaron und seine Söhne mit ihm, und salbe sie, fülle ihnen die 32,29; 40,15;
Hand und heilige sie, so können sie mir als Priester dienen. 42 Und ma- Lev 8,12! 42–43: 20,26
che ihnen linnene Beinkleider, um die Scham zu bedecken. Von den 42: Lev 6,3
Hüften bis zu den Schenkeln sollen sie reichen. 43 Aaron und seine Söh- 43: Lev 22,9;
ne sollen sie tragen, wenn sie in das Zelt der Begegnung gehen oder Num 18,22 · 12,14!
wenn sie an den Altar treten, um Dienst zu tun im Heiligtum. So werden
sie keine Schuld auf sich laden und nicht sterben. Das ist eine ewige
Ordnung für ihn und seine Nachkommen.

Einsetzung der Priester

29 1 Und das sollst du mit ihnen tun, um sie zu heiligen, damit sie 1–37: Lev 8,1–36
mir als Priester dienen: Nimm einen jungen Stier und zwei ma- 1: 28,1
kellose Widder, 2 dazu ungesäuertes Brot und ungesäuerte, mit Öl an- 2: Lev 2,4; 6,13–15
gerührte Kuchen sowie ungesäuerte, mit Öl bestrichene Fladen; aus fei-
nem Weizenmehl sollst du sie machen. 3 Dann lege sie in einen Korb,
und bringe sie im Korb herbei, dazu den Jungstier und die beiden Wid-
der. 4 Aaron aber und seine Söhne lass an den Eingang des Zelts der Be- 4: Num 8,9 · 40,12!
gegnung treten, und wasche sie mit Wasser. 5 Dann nimm die Gewän-
der, und bekleide Aaron mit dem Leibrock, dem Obergewand zum Efod,
dem Efod und der Brusttasche, und gürte ihm den Efod mit der Efodbin-
de um. 6 Und setze den Kopfbund auf sein Haupt, und befestige am 6: 28,36; 39,30;
Kopfbund das heilige Diadem. 7 Dann nimm das Salböl, giesse es auf Sach 3,5
7: 30,25 · 28,41!

28,41: ‹die Hand füllen› ist ein Fachausdruck für die Einsetzung ins Priesteramt.

sein Haupt und salbe ihn. 8 Und seine Söhne lass herzutreten, und be-
kleide sie mit Leibröcken. 9 Und gürte sie, Aaron und seine Söhne, mit
einer Schärpe, und binde ihnen Kopfbedeckungen um, und es soll ih-
nen das Priesteramt zuteil werden als eine ewige Ordnung. So sollst du
10–11: 15.19; Lev 1,4; Aaron und seinen Söhnen die Hand füllen. 10 Dann bringe den Jung-
3,2; 4,4 stier vor das Zelt der Begegnung, und Aaron und seine Söhne sollen ihre
Hände auf den Kopf des Jungstiers legen. 11 Und schlachte den Jungstier
12: 27,2! · vor dem HERRN am Eingang des Zelts der Begegnung, 12 und nimm von
Lev 4,7.18.25.30.34 dem Blut des Jungstiers und streiche es mit deinem Finger an die Hör-
ner des Altars. Alles übrige Blut aber giesse auf den Sockel des Altars.
13: Lev 3,3 13 Und nimm alles Fett, das die Eingeweide bedeckt, den Lappen über
der Leber und die beiden Nieren und das Fett, das an ihnen ist, und brin-
14: Lev 4,11–12.21; ge es auf dem Altar als Rauchopfer dar. 14 Das Fleisch des Jungstiers
Num 19,5; Ez 43,21 aber, sein Fell und den Inhalt seines Magens verbrenne im Feuer, aus-
15: 10–11! serhalb des Lagers; es ist ein Sündopfer. 15 Auch den ersten Widder
nimm, und Aaron und seine Söhne sollen ihre Hände auf den Kopf des
Widders legen. 16 Dann schlachte den Widder, nimm sein Blut und
sprenge es ringsum an den Altar. 17 Den Widder selbst aber zerlege in
seine Teile, wasche seine Eingeweide und seine Beine, und lege sie auf
18: Gen 8,20–21 seine übrigen Teile und auf seinen Kopf. 18 Dann bringe den ganzen
Widder auf dem Altar als Rauchopfer dar, es ist ein Brandopfer für den
HERRN. Ein beschwichtigender Geruch, ein Feueropfer für den HERRN
19: 10–11! ist es. 19 Und nimm den zweiten Widder, und Aaron und seine Söhne
20: sollen ihre Hände auf den Kopf des Widders legen. 20 Dann schlachte
Lev 14,14.17.25.28 den Widder, nimm von seinem Blut, und streiche es an das rechte Ohr-
läppchen Aarons und seiner Söhne, an den Daumen ihrer rechten Hand
und an die grosse Zehe ihres rechten Fusses. Das übrige Blut aber spren-
21: 28,41! ge ringsum an den Altar. 21 Dann nimm von dem Blut auf dem Altar und
von dem Salböl, und besprenge damit Aaron und seine Gewänder und
seine Söhne und die Gewänder seiner Söhne mit ihm. So werden er und
seine Gewänder und mit ihm auch seine Söhne und die Gewänder sei-
22: Lev 3,3–4 ner Söhne heilig werden. 22 Dann nimm von dem Widder das Fett, den
Fettschwanz und das Fett, das die Eingeweide bedeckt, den Leberlappen
und die beiden Nieren und das Fett, das an ihnen ist, sowie die rechte
Keule – denn es ist ein Widder der Einsetzung – 23 und aus dem Korb
mit den ungesäuerten Broten, der vor dem HERRN steht, ein Rundbrot,
24: Lev 7,30; 23,11 einen Ölkuchen und einen Fladen, 24 und lege das alles auf die Hände
Aarons und auf die Hände seiner Söhne, und lass es vor dem HERRN als
Weihegabe hin und her schwingen. 25 Dann nimm es wieder aus ihrer
Hand und bringe es auf dem Altar über dem Brandopfer als Rauchopfer
dar, als beschwichtigenden Geruch vor dem HERRN. Das ist ein Feuer-
opfer für den HERRN. 26 Dann nimm die Brust von dem Widder der Ein-
setzung, der für Aaron bestimmt ist, und schwinge sie als Weihegabe
27–28: Lev 10,15; vor dem HERRN hin und her; sie soll dir als Anteil gehören. 27 Und hei-
Num 5,9–10; 6,20; lige die geweihte Brust und die als Abgabe bestimmte Keule, die ge-
18,8–19; Dtn 18,3 schwungen und dargebracht worden sind, von dem Widder der Einset-
zung, der für Aaron, und von dem, der für seine Söhne bestimmt ist.
28 Und das soll eine ewige Ordnung sein bei den Israeliten für Aaron
und seine Söhne: Es ist eine Abgabe, und eine Abgabe soll es sein von

den Israeliten, von ihren geschlachteten Heilsopfern, ihre Abgabe für
den HERRN.
29 Die heiligen Gewänder aber, die Aaron gehören, sollen nach ihm 29–30: Lev 16,32
auf seine Söhne übergehen, damit man sie darin salbt und ihnen darin
die Hand füllt. 30 Wer von seinen Söhnen an seiner Statt Priester wird,
soll sie sieben Tage lang anziehen, wenn er in das Zelt der Begegnung
tritt, um Dienst zu tun im Heiligtum. 31 Den Widder der Einsetzung 31: Ez 46,20
aber sollst du nehmen und sein Fleisch an heiliger Stätte kochen.
32 Und Aaron und seine Söhne sollen das Fleisch des Widders und das 32: Lev 10,17
Brot, das im Korb ist, am Eingang des Zelts der Begegnung essen. 33 Und 33: Lev 22,10
sie sollen die Stücke essen, mit denen Sühne erwirkt worden ist, als
man ihnen die Hand füllte und sie heiligte. Ein Fremder aber darf nicht
davon essen, denn sie sind heilig. 34 Wenn aber vom Fleisch des Opfers 34: 12,10!
der Einsetzung und vom Brot etwas bis zum Morgen übrig bleibt, dann
sollst du das Übriggebliebene im Feuer verbrennen. Es darf nicht geges-
sen werden, denn es ist heilig. 35 So sollst du mit Aaron und seinen Söh-
nen verfahren, genau wie ich es dir geboten habe. Sieben Tage lang
sollst du ihnen die Hand füllen. 36 Und du sollst jeden Tag einen Sünd- 36: Num 7,1
opferstier darbringen für die Sühnehandlung, und du sollst den Altar
entsündigen, indem du an ihm die Sühnehandlung vollziehst. Und du
sollst ihn salben, um ihn zu heiligen. 37 Sieben Tage lang sollst du am 37: 2Chr 7,9;
Altar die Sühnehandlung vollziehen und ihn heiligen. So wird der Altar Ez 43,25–26 · 30,29
hochheilig werden. Alles, was den Altar berührt, wird heilig.

Anordnungen für den Kult

38 Und dies sollst du auf dem Altar darbringen: Zwei einjährige 38–41: Num 28,3–8
Lämmer jeden Tag, immerfort. 39 Das erste Lamm sollst du am Morgen 38: Dan 12,11;
darbringen und das zweite Lamm sollst du in der Abenddämmerung Hebr 10,11
darbringen; 40 dazu ein Zehntel Feinmehl, angerührt mit einem Viertel 39: Ez 46,14–15 40: Num 15,4–5
Hin gestossenen Öls, und als Trankopfer ein Viertel Hin Wein für das
erste Lamm. 41 Das zweite Lamm aber sollst du in der Abenddämme-
rung darbringen. Wie das Speiseopfer des Morgens und wie sein Trank-
opfer sollst du es darbringen, zum beschwichtigenden Geruch als
Feueropfer für den HERRN. 42 Ein ständiges Brandopfer sei es von Ge- 42: 25,22; 30,6.36;
neration zu Generation am Eingang des Zelts der Begegnung vor dem Num 17,19
HERRN, wo ich euch begegnen werde, um dort mit dir zu reden. 43 Und
dort will ich den Israeliten begegnen, und es wird geheiligt werden
durch meine Herrlichkeit. 44 So werde ich das Zelt der Begegnung und
den Altar heiligen, und Aaron und seine Söhne werde ich heiligen, da-
mit sie mir als Priester dienen. 45 Und ich werde mitten unter den Isra-
eliten wohnen und ihr Gott sein. 46 Und sie sollen erkennen, dass ich
der HERR, ihr Gott, bin, der sie aus dem Land Ägypten herausgeführt hat,
um in ihrer Mitte zu wohnen, ich, der HERR, ihr Gott.

Der Räucheraltar

30 1 Mache auch einen Altar zum Verbrennen von Räucherwerk. Aus 1: 31,8; Ez 41,22;
Akazienholz sollst du ihn machen: 2 Eine Elle lang und eine Elle Hebr 9,4; Offb 8,3
breit, viereckig soll er sein, und zwei Ellen hoch. Seine Hörner sollen aus
einem Stück mit ihm sein. 3 Und überziehe ihn mit reinem Gold, seine 3: 1Kön 6,20; 7,48 ·
Platte und seine Wände ringsum und seine Hörner, und bringe rings- 25,11!

um eine goldene Leiste an. 4 Auch zwei goldene Ringe bringe unterhalb
seiner Leiste an, auf seinen beiden Seiten, an seinen beiden Seitenwän-
den, sollst du sie anbringen. Und sie sollen als Halterungen für Stangen
dienen, so dass man ihn damit tragen kann. 5 Und die Stangen mache
6: 29,42! aus Akazienholz, und überziehe sie mit Gold. 6 Dann stelle ihn vor den
Vorhang, der die Lade des Zeugnisses verdeckt, vor die Deckplatte, die
7: 34–35; 40,27; auf dem Zeugnis liegt, wo ich dir begegnen will. 7 Und Aaron soll auf
Dtn 33,10 · Lev 6,5 ihm wohlriechendes Räucherwerk verbrennen. Morgen für Morgen,
8: 25,37! wenn er die Lampen herrichtet, soll er es darbringen. 8 Und wenn
Aaron in der Abenddämmerung die Lampen aufsetzt, soll er es ebenso
darbringen, als ein ständiges Rauchopfer vor dem HERRN, von Genera-
9: Lev 10,1 tion zu Generation. 9 Ihr dürft auf ihm kein unerlaubtes Rauchopfer,
Brandopfer oder Speiseopfer darbringen. Auch Trankopfer dürft ihr
10: 29! · Lev 16,34!; darauf nicht ausgiessen. 10 Und Aaron soll an seinen Hörnern einmal
Hebr 9,7 im Jahr die Sühnehandlung vollziehen. Mit dem Blut des Sündopfers
der Sühnehandlung soll er einmal im Jahr auf ihm die Sühnehandlung
vollziehen, von Generation zu Generation, hochheilig ist er für den
HERRN.

Die Abgabe für den Dienst am Heiligtum

12: Num 1,2; 11 Und der HERR redete zu Mose und sprach: 12 Wenn du die Israeli-
2Sam 24,2 · ten zählst, die gemustert werden, soll jeder dem HERRN ein Lösegeld für
Num 31,50 sein Leben geben, wenn man sie mustert. Dann wird keine Plage über
13: 2Kön 12,5 · sie kommen, wenn man sie mustert. 13 Dies sollen sie geben, jeder, der
Lev 27,3; Num 3,47; zur Musterung antritt: einen halben Schekel nach dem Schekel des Hei-
Mt 17,27 ligtums, zwanzig Gera der Schekel, einen halben Schekel als Abgabe für
den HERRN. 14 Jeder, der zur Musterung antritt, der zwanzig Jahre alt ist
oder älter, soll die Abgabe für den HERRN entrichten. 15 Der Reiche soll
nicht mehr und der Arme nicht weniger als einen halben Schekel geben,
wenn ihr die Abgabe für den HERRN entrichtet, um für euer Leben Süh-
16: 2Chr 24,6; ne zu erwirken. 16 So nimm das Sühnegeld von den Israeliten, und ver-
Neh 10,33 · wende es für den Dienst am Zelt der Begegnung. Und es soll vor dem
Num 31,54 · HERRN die Erinnerung an die Israeliten wachhalten, um Sühne zu er-
38,25–26 wirken für euer Leben.

Das bronzene Becken

18: 31,9; 38,8; 17 Und der HERR redete zu Mose und sprach: 18 Mache ein bronze-
1Kön 7,23–39 · nes Becken und dazu ein bronzenes Gestell für die Waschung, stelle es
40,7 auf zwischen dem Zelt der Begegnung und dem Altar, und giesse Wasser
19: 40,12! hinein. 19 Und Aaron und seine Söhne sollen darin ihre Hände und Füs-
se waschen. 20 Wenn sie in das Zelt der Begegnung hineingehen, sollen
sie sich mit Wasser waschen, dann werden sie nicht sterben. Ebenso,
wenn sie an den Altar treten, um ihren Dienst zu tun, um ein Feueropfer
für den HERRN darzubringen. 21 So sollen sie sich ihre Hände und Füsse
waschen, dann werden sie nicht sterben. Und das soll eine ewige Ord-
nung für sie sein, für ihn und seine Nachkommen, von Generation zu
Generation.

Das Salböl

22 Und der HERR redete zu Mose und sprach: 23 Du aber nimm dir 23–24: Jes 43,24;
Balsamöle von bester Sorte, Myrrhenharz, fünfhundert Schekel, wohl- Jer 6,20; Ez 27,19
riechenden Zimt halb so viel, zweihundertfünfzig, wohlriechendes Ge-
würzrohr, zweihundertfünfzig, 24 und Zimtnelken, fünfhundert nach
dem Schekel des Heiligtums, dazu ein Hin Olivenöl. 25 Und mache dar- 25: 29,7 · 35; 37,29;
aus heiliges Salböl, eine kunstvolle Salbenmischung, wie sie ein Salben- 1Chr 9,30
mischer macht. Heiliges Salböl soll es sein. 26 Dann salbe damit das Zelt
der Begegnung und die Lade des Zeugnisses, 27 den Tisch und alle seine
Geräte, den Leuchter und seine Geräte und den Räucheraltar, 28 den
Brandopferaltar und alle seine Geräte und das Becken und sein Gestell.
29 So sollst du sie heiligen, und sie sollen hochheilig werden. Alles, was 29: Num 7,1 · 10;
sie berührt, wird heilig. 30 Auch Aaron und seine Söhne sollst du salben 40,10 · 29,37
und sie heiligen, damit sie mir als Priester dienen. 31 Zu den Israeliten 30: 28,41!
aber sage: Heiliges Salböl soll dies für mich sein von Generation zu Ge-
neration. 32 Auf den Körper eines Menschen darf es nicht gegossen
werden, und in seiner Zusammensetzung dürft ihr sonst keines herstel-
len. Heilig ist es, heilig soll es euch sein. 33 Wer eine solche Mischung 33: 38; 31,14
herstellt oder etwas davon einem Fremden gibt, soll getilgt werden aus
seiner Sippe.

Das Räucherwerk

34 Und der HERR sprach zu Mose: Nimm dir wohlriechende Stoffe: 34–35: 7!
Staktetropfen, Räucherklaue und Galbanum – wohlriechende Stoffe
und reinen Weihrauch, alles zu gleichen Teilen, 35 und mache daraus 35: Lev 16,12 · 25! ·
Räucherwerk, eine Mischung, wie sie ein Salbenmischer macht: gesal- Lev 2,13
zen, rein, heilig. 36 Und zerreibe einen Teil davon ganz fein, und bringe 36: 29,42!
etwas davon vor das Zeugnis im Zelt der Begegnung, wo ich dir begeg-
nen werde. Hochheilig soll es euch sein. 37 Das Räucherwerk aber, das
du bereitest, dürft ihr in derselben Zusammensetzung nicht für euch
selbst herstellen. Als etwas Heiliges für den HERRN soll es dir gelten.
38 Wer es herstellt, um seinen Duft zu geniessen, soll getilgt werden 38: 33!
aus seiner Sippe.

Beauftragung der Künstler und Handwerker

31 1 Und der HERR redete zu Mose und sprach: 2 Sieh, ich habe Beza- 1–11: 35,30–35;
lel, den Sohn des Uri, des Sohns von Hur aus dem Stamm Juda, mit 37,25–38
Namen berufen 3 und ihn mit göttlichem Geist erfüllt, mit Weisheit, 2: 38,22; 1Chr 2,20; 2Chr 1,5
Verstand und Kenntnis in jeglicher Arbeit, 4 um Pläne zu entwerfen, 3: 28,3! · 1Kön 7,14
Arbeiten auszuführen in Gold, Silber und Bronze, 5 durch Bearbeitung 5: 2Chr 2,6
von Steinen zum Besetzen und durch Bearbeitung von Holz, um Arbei-
ten jeglicher Art auszuführen. 6 Und sieh, ich selbst habe ihm Oholiab 6: 38,23 · 28,3!
beigegeben, den Sohn Achisamachs aus dem Stamm Dan, und in das
Herz jedes Verständigen habe ich Weisheit gelegt. Und sie sollen alles
ausführen, was ich dir geboten habe: 7 das Zelt der Begegnung, die Lade 7: 26,1! · 25,10!
für das Zeugnis und die Deckplatte, die darauf sein soll, und alle Geräte
des Zelts, 8 den Tisch und seine Geräte, den Leuchter aus reinem Gold 8: 25,23–24! ·
und alle seine Geräte und den Räucheraltar, 9 den Brandopferaltar und 25,31! · 30,1!
9: 30,18!

31,8: «den Leuchter aus reinem Gold» ist wörtlich: «den reinen Leuchter».

alle seine Geräte und das Becken und sein Gestell, 10 die gewirkten Gewänder und die heiligen Gewänder für Aaron, den Priester, und die Ge-
11: 36,1 wänder seiner Söhne für den priesterlichen Dienst, 11 das Salböl und das wohlriechende Räucherwerk für das Heiligtum. So, wie ich es dir geboten habe, sollen sie es ausführen.

Das Sabbatgebot

12: Lev 19,3.30; 26,2; Ez 20,20 — 12 Und der HERR sprach zu Mose: 13 Du aber, rede zu den Israeliten
und sprich: Meine Sabbate sollt ihr halten. Denn das ist ein Zeichen zwi-
13: Lev 20,8! — schen mir und euch von Generation zu Generation, damit man erkennt,
14: Num 15,32–35 · 30,33! — dass ich der HERR bin, der euch heiligt. 14 Und ihr sollt den Sabbat hal-
ten, denn er ist heilig für euch. Wer ihn entweiht, muss getötet werden.
Denn jeder, der dann eine Arbeit tut, der soll getilgt werden aus seiner
15: 20,10! — Sippe. 15 Sechs Tage darf man eine Arbeit tun, am siebten Tag aber ist
Sabbat, ein Feiertag, heilig für den HERRN. Jeder, der am Sabbattag eine
Arbeit tut, muss getötet werden. 16 Die Israeliten aber sollen den Sabbat
halten, indem sie den Sabbat feiern als ewigen Bund von Generation zu
17: Gen 2,2 — Generation. 17 Zwischen mir und den Israeliten ist er ein Zeichen für
immer, denn in sechs Tagen hat der HERR Himmel und Erde gemacht,
am siebten Tag aber ruhte er und schöpfte Atem.
18: 24,12! — 18 Und als er aufhörte mit Mose zu reden auf dem Berg Sinai, gab er
ihm die beiden Tafeln des Zeugnisses, Tafeln aus Stein, beschrieben
vom Finger Gottes.

Das goldene Kalb

1: 13,21 · 23; Apg 7,40 — **32** 1 Das Volk aber sah, dass Mose lange nicht vom Berg herabkam.
Da versammelte sich das Volk um Aaron, und sie sprachen zu ihm:
Auf, mache uns Götter, die vor uns herziehen. Denn dieser Mose, der
Mann, der uns aus dem Land Ägypten heraufgeführt hat – wir wissen
nicht, was mit ihm geschehen ist. 2 Da sprach Aaron zu ihnen: Reisst die
goldenen Ringe ab, die eure Frauen, eure Söhne und eure Töchter an den
Ohren tragen, und bringt sie mir. 3 Da rissen sich alle die goldenen Rin-
4: 8; Ri 8,25–27; Ps 106,19 · 1Kön 12,28; Neh 9,18 — ge ab, die sie an ihren Ohren trugen, und brachten sie Aaron. 4 Und er
nahm es aus ihrer Hand und bearbeitete es mit dem Meissel und mach-
te daraus ein gegossenes Kalb. Da sprachen sie: Das sind deine Götter,
5: 17,15! · 1Kön 12,32 — Israel, die dich aus dem Land Ägypten heraufgeführt haben! 5 Und
Aaron sah es und baute davor einen Altar. Und Aaron rief und sprach:
6: Apg 7,41; 1Kor 10,7 — Morgen ist ein Fest für den HERRN. 6 Und früh am andern Morgen op-
ferten sie Brandopfer und brachten Heilsopfer dar, und das Volk setzte
sich, um zu essen und zu trinken. Dann standen sie auf, um sich zu ver-
gnügen.
7: 2Chr 27,2 — 7 Da redete der HERR zu Mose: Geh, steige hinab. Denn dein Volk,
das du aus dem Land Ägypten heraufgeführt hast, hat schändlich gehan-
8: Ri 2,17 · 4! — delt. 8 Schon sind sie abgewichen von dem Weg, den ich ihnen geboten
habe. Sie haben sich ein gegossenes Kalb gemacht und sich vor ihm nie-
dergeworfen, ihm geopfert und gesagt: Das sind deine Götter, Israel, die
9: 33,3.5; 34,9; Dtn 9,6; 31,27 — dich aus dem Land Ägypten heraufgeführt haben. 9 Dann sprach der
HERR zu Mose: Ich habe dieses Volk gesehen, und sieh, es ist ein hals-
10: Num 16,21! · Gen 12,2; Num 14,12 — starriges Volk. 10 Und nun lass mich, dass mein Zorn gegen sie entbren-
ne und ich sie vernichte. Dich aber will ich zu einem grossen Volk ma-

chen. 11 Da besänftigte Mose den HERRN, seinen Gott, und sprach: War- 11: 8,8! ·
um, HERR, entbrennt dein Zorn gegen dein Volk, das du mit grosser Num 14,13!
Kraft und mit starker Hand aus dem Land Ägypten herausgeführt hast?
12 Warum sollen die Ägypter denken: In böser Absicht hat er sie hinaus- 12: Num 14,16;
geführt, um sie in den Bergen umzubringen und sie vom Erdboden zu Dtn 32,26–27 ·
vertilgen. Lass ab von deinem glühenden Zorn, und lass es dich reuen, Num 14,19
dass deinem Volk Unheil droht. 13 Gedenke deiner Diener Abraham, 13: Gen 15,5 · 33,1
Isaak und Israel, denen du bei dir selbst geschworen und zu denen du
gesagt hast: Ich will eure Nachkommen mehren wie die Sterne des Him-
mels, und dieses ganze Land, von dem ich gesprochen habe, will ich eu-
ren Nachkommen geben, und sie werden es für immer in Besitz neh-
men. 14 Da reute es den HERRN, dass er seinem Volk Unheil angedroht 14: Gen 6,6!
hatte.

15 Mose aber wandte sich um und stieg hinab vom Berg, mit den 15: 24,12! · 34,29
zwei Tafeln des Zeugnisses in seiner Hand. Die Tafeln waren auf beiden
Seiten beschrieben, vorn und hinten waren sie beschrieben. 16 Und die
Tafeln waren Gottes Werk, und die Schrift war Gottes Schrift, eingegra-
ben in die Tafeln. 17 Da hörte Josua das lärmende Geschrei des Volks,
und er sprach zu Mose: Im Lager ist Kriegslärm! 18 Er aber sprach:

Das klingt nicht wie ein Siegeslied
und auch nicht wie ein Klagelied;
ich höre einen anderen Gesang.

19 Und als er sich dem Lager näherte, sah er das Kalb und die Reigen- 19: 34,1; Dtn 10,2
tänze. Da entbrannte der Zorn des Mose, und er warf die Tafeln hin und
zerschmetterte sie unten am Berg. 20 Dann nahm er das Kalb, das sie
gemacht hatten, und verbrannte es im Feuer und zerstampfte es, bis es
Mehl war, und streute es auf das Wasser und liess die Israeliten trinken.
21 Und Mose sprach zu Aaron: Was hat dir dieses Volk getan, dass du so
grosse Schuld über es gebracht hast? 22 Aaron aber sprach: Der Zorn
meines Herrn möge nicht entbrennen. Du selbst weisst doch, wie böse
das Volk ist. 23 Sie sagten zu mir: Mache uns Götter, die vor uns herzie- 23: 1!
hen. Denn dieser Mose, der Mann, der uns aus dem Land Ägypten her-
aufgeführt hat – wir wissen nicht, was mit ihm geschehen ist. 24 Da
sagte ich zu ihnen: Wer Gold hat, der reisse es sich ab. Da gaben sie es
mir, und ich warf es ins Feuer, und daraus ist dieses Kalb geworden.
25 Da sah Mose, wie zügellos das Volk war, denn Aaron hatte ihm die
Zügel schiessen lassen, zur Schadenfreude ihrer Gegner. 26 Und Mose
trat in das Tor des Lagers und sprach: Zu mir, wer für den HERRN ist! Da
sammelten sich alle Leviten um ihn. 27 Er aber sprach zu ihnen: So 27: Num 25,5;
spricht der HERR, der Gott Israels: Es lege sich ein jeder das Schwert an Dtn 13,9–12!
die Hüfte. Zieht hin und her im Lager von Tor zu Tor, und es töte ein
jeder seinen Bruder, jeder seinen Freund und jeder seinen Verwandten.
28 Und die Leviten handelten nach dem Wort des Mose. So fielen vom 28–29: Dtn 33,8–9
Volk an jenem Tag an die dreitausend Mann. 29 Da sprach Mose: Füllt 29: 28,41!
heute eure Hand für den HERRN, ein jeder um den Preis seines Sohns
und seines Bruders, damit er heute Segen auf euch lege.

30 Am anderen Tag aber sprach Mose zum Volk: Ihr habt eine grosse
Sünde begangen; nun aber will ich zum HERRN hinaufsteigen, vielleicht

32,29: Siehe die Anm. zu 28,41.

kann ich Sühne erwirken für eure Sünde. 31 So kehrte Mose zum HERRN
zurück und sprach: Ach, dieses Volk hat eine grosse Sünde begangen,
32: Jes 4,3; Dan 12,1; Götter aus Gold haben sie sich gemacht. 32 Nun aber, wenn du doch ihre
Mal 3,16; Lk 10,20 Sünde vergeben wolltest! Wenn aber nicht, so tilge mich aus deinem
33: Ps 69,29 Buch, das du geschrieben hast. 33 Und der HERR sprach zu Mose: Wer
34: 23,20! · gegen mich gesündigt hat, den tilge ich aus meinem Buch. 34 Und nun
Jer 11,23; 23,12; geh, führe das Volk, wohin ich dir gesagt habe. Sieh, mein Bote wird vor
48,44 dir her gehen. Am Tag aber, an dem ich Rechenschaft fordere, werde ich
35: Num 25,9 ihre Sünde an ihnen heimsuchen. 35 Und der HERR schlug das Volk,
weil sie das Kalb gemacht hatten, das Aaron gemacht hatte.

Gott spricht zu Mose

1: 32,13 **33** 1 Und der HERR redete zu Mose: Geh, zieh hinauf von hier, du und
das Volk, das du aus dem Land Ägypten heraufgeführt hast, in das
Land, das ich Abraham, Isaak und Jakob zugeschworen habe, indem ich
2: 23,20! sprach: Deinen Nachkommen will ich es geben, – 2 ich will aber einen
Boten vor dir her senden und die Kanaaniter, die Amoriter und die Hetiter und die Perissiter, die Chiwwiter und die Jebusiter vertreiben –
3: 32,9! · 3,8! 3 in ein Land, wo Milch und Honig fliessen. Ich selbst aber werde nicht
in deiner Mitte hinaufziehen, denn du bist ein halsstarriges Volk. Ich
4: Num 14,39 könnte dich sonst auf dem Weg vernichten. 4 Das Volk aber hörte dieses
harte Wort, und sie hielten Trauer, und niemand legte seinen Schmuck
5: 32,9! an. 5 Da sprach der HERR zu Mose: Sprich zu den Israeliten: Ihr seid ein
halsstarriges Volk. Zöge ich nur einen einzigen Augenblick in deiner
Mitte hinauf, so müsste ich dich vernichten. Nun aber lege deinen
Schmuck ab, dann will ich sehen, was ich für dich tun kann. 6 Da entle-
digten sich die Israeliten ihres Schmuckes, vom Berg Choreb an.

7: Hebr 13,13 7 Mose aber nahm jeweils das Zelt und schlug es ausserhalb des Lagers auf, in einiger Entfernung vom Lager, und er nannte es Zelt der
Begegnung. Und jeder, der den HERRN befragen wollte, ging hinaus
zum Zelt der Begegnung, das ausserhalb des Lagers war. 8 Wenn nun
Mose zum Zelt hinausging, erhob sich das ganze Volk, und jeder stellte
sich an den Eingang seines Zelts, und sie schauten Mose nach, bis er in
9: Dtn 31,15 · das Zelt hineingegangen war. 9 Und wenn Mose in das Zelt hineinging,
Num 7,89!; Ps 99,7 kam die Wolkensäule herab und blieb am Eingang des Zelts stehen; und
er redete mit Mose. 10 Und wenn dann das ganze Volk die Wolkensäule
am Eingang des Zelts stehen sah, erhob sich das ganze Volk, und sie war-
11: 19,19! · 20; fen sich nieder, jeder am Eingang seines Zelts. 11 Der HERR aber redete
Dtn 34,10 · 4,20! mit Mose von Angesicht zu Angesicht, wie ein Mensch mit einem anderen redet. Darauf kehrte er jeweils in das Lager zurück. Sein Diener Josua aber, der Sohn Nuns, ein junger Mann, entfernte sich nie aus dem
Zelt.

12: 3,4! 12 Und Mose sprach zum HERRN: Sieh, du sagst zu mir: Führe dieses
Volk hinauf! Du aber hast mich nicht wissen lassen, wen du mit mir
senden willst, und doch hast du selbst gesagt: Ich kenne dich mit Na-
13: Ps 103,7 · men; auch hast du Gnade gefunden in meinen Augen. 13 Wenn ich nun
Dtn 9,29 wirklich Gnade gefunden habe in deinen Augen, so lass mich deine
Wege wissen, damit ich dich erkenne und Gnade finde in deinen Augen.
14: Jos 21,44 Und bedenke, dass dieses Volk dein Volk ist. 14 Und er sprach: Mein
Angesicht wird euch vorausgehen, und ich werde dir Ruhe verschaffen.

15 Er aber sprach zu ihm: Wenn dein Angesicht uns nicht vorausgeht,
dann führe uns nicht hinauf von hier. 16 Woran soll man erkennen, 16: Num 23,9;
dass ich Gnade gefunden habe in deinen Augen, ich und dein Volk? 2Sam 7,23
Nicht daran, dass du mit uns gehst und dass wir so ausgezeichnet wer-
den, ich und dein Volk, vor jedem Volk, das auf dem Erdboden ist?
17 Und der HERR sprach zu Mose: Auch was du jetzt gesagt hast, will 17: Dtn 9,19
ich tun, denn du hast Gnade gefunden in meinen Augen, und ich kenne
dich mit Namen. 18 Da sprach er: Lass mich deine Herrlichkeit sehen! 18: Ps 63,3; Joh 1,14;
19 Er aber sprach: Ich selbst werde meine ganze Güte an dir vorüberzie- Apg 7,55; 2Kor 3,18
hen lassen und den Namen des HERRN vor dir ausrufen: Wem ich gnä- 19: 34,5-7 · Röm 9,15
dig bin, dem bin ich gnädig, und wessen ich mich erbarme, dessen er-
barme ich mich. 20 Und er sprach: Du kannst mein Angesicht nicht se- 20: 11! · 3,6 · 24,11!
hen, denn ein Mensch kann mich nicht sehen und am Leben bleiben.
21 Dann sprach der HERR: Sieh, da ist ein Platz bei mir, stelle dich da auf
den Felsen. 22 Wenn nun meine Herrlichkeit vorüberzieht, will ich dich 22: 34,6 ·
in den Felsspalt stellen und meine Hand über dich halten, solange ich 1Kön 19,13
vorüberziehe. 23 Dann werde ich meine Hand wegziehen, und du wirst
hinter mir her sehen. Mein Angesicht aber wird nicht zu sehen sein.

Bundesschluss

34 1 Und der HERR sprach zu Mose: Haue dir zwei Steintafeln zurecht 1: 24,12! · 32,19!
wie die ersten. Dann will ich auf die Tafeln die Worte schreiben,
die auf den ersten Tafeln gestanden haben, die du zerschmettert hast.
2 Und sei bereit für den Morgen, und am Morgen steige auf den Berg
Sinai und tritt vor mich dort auf dem Gipfel des Berges. 3 Niemand aber 3: 19,13!
darf mit dir hinaufsteigen, und auf dem ganzen Berg darf sich niemand
sehen lassen. Auch die Schafe und Rinder dürfen nicht gegen den Berg
hin weiden. 4 Da hieb er zwei Steintafeln zurecht wie die ersten, und 4: 19,3! · Dtn 10,3
früh am Morgen stieg Mose den Berg Sinai hinan, wie der HERR es ihm
geboten hatte, und er nahm zwei Steintafeln mit sich. 5 Der HERR aber 5-7: 33,19
fuhr in der Wolke herab und trat dort neben ihn. Und er rief den Namen 5: Dtn 32,3
des HERRN aus. 6 Und der HERR ging an ihm vorüber und rief: Der HERR, 6: 33,22 ·
der HERR, ein barmherziger und gnädiger Gott, langmütig und von Num 14,18;
grosser Gnade und Treue, 7 der Gnade bewahrt Tausenden, der Schuld, Ps 86,15; Joel 2,13
Vergehen und Sünde vergibt, der aber nicht ungestraft lässt, sondern 7: Jer 30,11 · 20,6!
die Schuld der Vorfahren heimsucht an Söhnen und Enkeln, bis zur drit-
ten und vierten Generation. 8 Und sogleich neigte sich Mose zur Erde
und warf sich nieder 9 und sprach: Wenn ich Gnade gefunden habe in 9: 32,9!
deinen Augen, Herr, so gehe der Herr in unserer Mitte. Wohl ist es ein
halsstarriges Volk, doch vergib unsere Schuld und unsere Sünde, und
nimm uns an als dein Eigentum. 10 Da sprach er: Sieh, ich schliesse ei- 10: Dtn 5,2 ·
nen Bund. Vor deinem ganzen Volk werde ich Wunder tun, wie sie auf Dtn 10,21
der ganzen Erde und unter allen Völkern nicht geschaffen worden sind.
Und das ganze Volk, in dessen Mitte du bist, wird das Werk des HERRN
sehen. Furchterregend ist, was ich mit dir tun will. 11 Halte, was ich dir 11: Jos 23,5
heute gebiete. Sieh, ich vertreibe vor dir die Amoriter und die Kanaani-
ter und die Hetiter und die Perissiter und die Chiwwiter und die Jebusi-
ter. 12 Hüte dich davor, mit den Bewohnern des Landes, in das du 12: 15; 23,32; Dtn 7,2
kommst, einen Bund zu schliessen, damit sie nicht zu einem Fallstrick
werden in deiner Mitte. 13 Vielmehr sollt ihr ihre Altäre niederreissen, 13: 23,24!

14: 20,5; Dtn 4,24; ihre Malsteine zerschlagen und ihre Ascheren umhauen. 14 Denn du
Jos 24,19; Nah 1,2 sollst dich nicht niederwerfen vor einem anderen Gott, denn Eifersüch-
15: 12! tig ist der Name des HERRN, ein eifersüchtiger Gott ist er. 15 Dass du
keinen Bund mit den Bewohnern des Landes schliesst! Sie huren hinter
ihren Göttern her und opfern ihren Göttern, und man wird dich dazu
16: Gen 24,3; einladen. Dann könntest du von ihrem Schlachtopfer essen. 16 Und du
Dtn 7,3–4 könntest von ihren Töchtern Frauen für deine Söhne nehmen, und ihre
Töchter würden hinter ihren Göttern herhuren und auch deine Söhne
17: 20,23! verführen, hinter ihren Göttern herzuhuren. 17 Gegossene Götterbilder
18: 23,15! sollst du dir nicht machen. 18 Das Fest der ungesäuerten Brote sollst du
halten. Sieben Tage sollst du ungesäuerte Brote essen, wie ich es dir ge-
boten habe, zur festgesetzten Zeit im Ährenmonat, denn im Ährenmo-
19: 13,2! nat bist du aus Ägypten ausgezogen. 19 Alles, was den Mutterschoss
durchbricht, ist mein: Das gilt für all dein Vieh, den Erstling von Rind
20: 13,13.15; und Schaf. 20 Den Erstling vom Esel aber sollst du mit einem Schaf aus-
Num 18,15 lösen. Willst du ihn jedoch nicht auslösen, brich ihm das Genick. Jeden
Erstgeborenen deiner Söhne sollst du auslösen. Und nicht mit leeren
21: 20,10! Händen soll man vor meinem Angesicht erscheinen. 21 Sechs Tage
sollst du arbeiten, am siebten Tag aber sollst du ruhen. Auch beim Pflü-
22: 23,16! gen und Ernten sollst du ruhen. 22 Und ein Wochenfest sollst du feiern
mit den Erstlingen der Weizenernte und das Fest der Lese an der Jahres-
23: 1Kön 9,25! wende. 23 Dreimal im Jahr soll alles, was männlich ist bei dir, vor Gott
24: 20,5; Jos 23,7; dem HERRN, dem Gott Israels, erscheinen. 24 Denn ich werde Völker
Dan 3,18 vor dir vertreiben und dein Gebiet weit machen. Und niemand soll dein
Land begehren, wenn du dreimal im Jahr hinaufziehst, um vor dem
25: 23,18 · 16,19! HERRN, deinem Gott, zu erscheinen. 25 Du sollst das Blut meines
Schlachtopfers nicht zusammen mit Gesäuertem darbringen, und das
Schlachtopfer des Passafestes soll nicht über Nacht liegenbleiben bis
26: 23,19! zum Morgen. 26 Das Beste von den Erstlingen deines Ackers sollst du in
das Haus des HERRN, deines Gottes, bringen. Ein Böcklein sollst du nicht
in der Milch seiner Mutter kochen.

27: 24,4; 27 Und der HERR sprach zu Mose: Schreibe dir diese Worte auf, denn
Dtn 31,9.24; mit diesen Worten schliesse ich einen Bund mit dir und mit Israel.
Jos 24,26
28: 24,18! · Mt 4,2 28 Und er war dort beim HERRN vierzig Tage und vierzig Nächte, ohne
Brot zu essen und Wasser zu trinken, und er schrieb auf die Tafeln die
29–34: 2Kor 3,7–18 Worte des Bundes, die zehn Worte. 29 Als Mose vom Berg Sinai herab-
29: 32,15 stieg – und Mose hatte die beiden Tafeln des Zeugnisses in der Hand, als
er vom Berg herabstieg –, da wusste Mose nicht, dass die Haut seines
Gesichts strahlend geworden war, während er mit ihm redete. 30 Aaron
aber und alle Israeliten erblickten Mose, und sieh, die Haut seines Ge-
sichts strahlte. Da fürchteten sie sich davor, ihm nahe zu kommen.
31 Mose aber rief sie herbei, und Aaron und alle Fürsten in der Gemein-
32: 35,1 de wandten sich ihm wieder zu, und Mose redete zu ihnen. 32 Danach
traten alle Israeliten heran, und er gebot ihnen alles, was der HERR mit
ihm auf dem Berg Sinai geredet hatte. 33 Dann hörte Mose auf, mit ih-
nen zu reden, und legte eine Hülle über sein Gesicht. 34 Wenn nun
Mose hineinging vor den HERRN, um mit ihm zu reden, legte er die Hül-
le ab, bis er wieder heraustrat. Dann trat er heraus und redete zu den
Israeliten, was ihm befohlen war. 35 Und die Israeliten sahen das Ge-
sicht des Mose, wie die Haut von Moses Gesicht strahlte, und Mose legte

die Hülle über sein Gesicht, bis er wieder hineinging, um mit ihm zu
reden.

Das Sabbatgebot

35 1 Und Mose versammelte die ganze Gemeinde der Israeliten und Ex 35–40: Ex 25–31
sprach zu ihnen: Dies ist es, was der HERR zu tun geboten hat: 1: 34,32
2 Sechs Tage darf man eine Arbeit tun, am siebten Tag aber ist für euch 2: 20,10!
heiliger Sabbat, ein Feiertag für den HERRN. Jeder, der dann eine Arbeit
tut, soll getötet werden. 3 An keiner eurer Wohnstätten dürft ihr ein
Feuer anzünden am Sabbattag.

Die Abgabe für das Heiligtum

4 Und Mose sprach zu der ganzen Gemeinde der Israeliten: Dies ist 4–29: 25,1–9
es, was der HERR geboten hat: 5 Erhebt bei euch eine Abgabe für den 5: 25,2!
HERRN; jeder, dessen Herz dazu bereit ist, bringe die Abgabe für den
HERRN: Gold, Silber und Bronze, 6 blauen und roten Purpur, Karmesin,
feines Leinen und Ziegenhaar, 7 rot gefärbte Widderfelle, Tachaschhäu- 7: 25,5!
te und Akazienholz, 8 Öl für das Licht und Balsam für das Salböl und für
das wohlriechende Räucherwerk, 9 Karneolsteine und Besatzsteine für
den Efod und die Brusttasche. 10 Und alle, die verständig sind unter 10: 28,3
euch, sollen kommen und alles machen, was der HERR geboten hat:
11 die Wohnung mit dem Zelt und der Decke, den Haken und Brettern,
den Querbalken, Säulen und Sockeln; 12 die Lade mit den Stangen, die 12: 25,17 · 26,31!
Deckplatte und den verhüllenden Vorhang; 13 den Tisch mit den Stan- 13: 25,30!
gen und allen Geräten, und das Schaubrot; 14 den Leuchter für das Licht
mit den Geräten und Lampen, und das Öl für das Licht; 15 den Räucher-
altar mit den Stangen, das Salböl und das wohlriechende Räucherwerk
und die Eingangsdecke für den Eingang der Wohnung; 16 den Brandop-
feraltar und das Bronzegitter dazu, mit den Stangen und allen Geräten,
das Becken und sein Gestell; 17 die Behänge des Vorhofs, seine Säulen
und Sockel und die Decke für das Tor des Vorhofs; 18 die Pflöcke der
Wohnung und die Pflöcke des Vorhofs mit den Stricken; 19 die gewirk-
ten Gewänder für den Dienst im Heiligtum, die heiligen Gewänder für
Aaron, den Priester, und die Gewänder seiner Söhne für den priesterli-
chen Dienst.

20 Hierauf ging die ganze Gemeinde der Israeliten, von Mose weg.
21 Dann kamen sie, jeder, den sein Herz dazu drängte. Und jeder, den
sein Geist dazu trieb, brachte die Abgabe für den HERRN für die Arbeit
am Zelt der Begegnung und für den gesamten Dienst darin und für die
heiligen Gewänder. 22 Und die Männer kamen samt den Frauen. Alle,
deren Herz dazu bereit war, brachten Spangen und Ohrringe, Finger-
ringe und Halsschmuck, alle Gegenstände aus Gold, und jeder, der eine
goldene Weihegabe für den HERRN hin und her schwingen wollte.
23 Und jeder, der blauen und roten Purpur besass, Karmesin, feines Lei-
nen oder Ziegenhaar, rot gefärbte Widderfelle oder Tachaschhäute,
brachte es herbei. 24 Alle, die eine Abgabe von Silber und Bronze ent-
richten wollten, brachten die Abgabe für den HERRN herbei. Und alle,
die Akazienholz für eine Arbeit am Bau besassen, brachten es herbei.
25 Und jede Frau, die sich darauf verstand, spann mit eigenen Händen,
und man brachte das Gesponnene herbei: den blauen und roten Purpur,

das Karmesin und das feine Leinen. 26 Und alle Frauen, die ihr Herz in Weisheit dazu drängte, spannen das Ziegenhaar. 27 Die Fürsten aber brachten die Karneolsteine und die Besatzsteine für den Efod und die Brusttasche, 28 den Balsam und das Öl für das Licht, für das Salböl und für das wohlriechende Räucherwerk. 29 Alle Männer und Frauen, die ihr Herz dazu trieb, etwas herbeizubringen für eine Arbeit, die der HERR auszuführen geboten hatte durch Mose, alle diese Israeliten brachten eine Gabe für den HERRN.

Beauftragung der Künstler und Handwerker

30–36: 31,1–11 30 Und Mose sprach zu den Israeliten: Seht, der HERR hat Bezalel, den Sohn des Uri, des Sohns von Hur aus dem Stamm Juda, mit Namen berufen. 31 Und er hat ihn mit göttlichem Geist erfüllt, mit Weisheit, Verstand und Kenntnis in jeglicher Arbeit, 32 um Pläne zu entwerfen, Arbeiten auszuführen in Gold, Silber und Bronze, 33 durch Bearbeitung von Steinen zum Besetzen und durch Bearbeitung von Holz, um alle vorgesehenen Arbeiten auszuführen. 34 Auch die Gabe zu unterweisen hat er ihm ins Herz gelegt, ihm und Oholiab, dem Sohn Achisamachs aus dem Stamm Dan. 35 Er hat sie erfüllt mit Verstand zur Ausführung aller Arbeiten eines Handwerkers, eines Kunstwebers, eines Stickers in blauem und rotem Purpur, Karmesin und feinem Leinen oder eines Webers; sie können jede Arbeit ausführen und Pläne entwerfen.

1: 31,11 36 1 Und Bezalel und Oholiab sollen sie ausführen und alle Männer, die verständig sind, in die der HERR Weisheit und Verstand gelegt hat, damit sie es verstehen, jegliche Arbeit für den Dienst am Heiligtum auszuführen ganz so, wie der HERR es geboten hat.

2 Da berief Mose Bezalel und Oholiab und einen jeden, der verständig war, dem der HERR Weisheit ins Herz gelegt hatte, jeden, den sein Herz zur Ausführung der Arbeit drängte. 3 Und sie nahmen von Mose die ganze Abgabe entgegen, die die Israeliten zur Ausführung der Arbeit für den Dienst am Heiligtum herbeigebracht hatten. Diese brachten ihm aber auch weiterhin Gaben, Morgen für Morgen. 4 Da kamen alle Verständigen, die die Arbeit für das Heiligtum ausführten, Mann für Mann von ihrer Arbeit, die sie gerade taten, 5 und sprachen zu Mose: Das Volk bringt viel mehr, als nötig ist für die Arbeit am Werk, dessen Ausführung der HERR geboten hat. 6 Da befahl Mose, und man liess durch das Lager den Ruf ergehen: Es soll niemand mehr, weder Mann noch Frau, eine Arbeit tun als Abgabe für das Heiligtum. So wurde das Volk davon abgehalten, noch mehr herbeizubringen. 7 Und sie hatten, was sie brauchten für die Ausführung des ganzen Werks, mehr als genug.

Die Wohnung

8–19: 26,1–14 8 Und die Verständigen unter denen, die am Werk arbeiteten, machten die Wohnung aus zehn Zeltbahnen. Aus gezwirntem, feinem Leinen, aus blauem und rotem Purpur und aus Karmesin, mit eingewebten Kerubim machte er sie. 9 Die Länge einer Zeltbahn betrug achtundzwanzig Ellen und die Breite einer Zeltbahn vier Ellen. Alle Zeltbahnen hatten dasselbe Mass. 10 Und er fügte die ersten fünf Zeltbahnen aneinander, und die anderen fünf Zeltbahnen fügte er aneinander. 11 Dann

brachte er am Saum der ersten Zeltbahn Schleifen aus blauem Purpur
an, am Rand des einen zusammengefügten Stücks. Ebenso machte er es
am Saum der Zeltbahn am Rand des zweiten zusammengefügten
Stücks. 12 Fünfzig Schleifen brachte er an der ersten Zeltbahn an, und
fünfzig Schleifen brachte er am Rand der Zeltbahn an, die zum zweiten
zusammengefügten Stück gehörte. Die Schleifen lagen einander gegen-
über. 13 Dann machte er fünfzig goldene Haken und verband mit den
Haken die Zeltbahnen. So wurde die Wohnung ein Ganzes.

14 Dann machte er Zeltbahnen aus Ziegenhaar für das Zeltdach über
der Wohnung. Elf solche Zeltbahnen machte er. 15 Die Länge einer Zelt-
bahn betrug dreissig Ellen und vier Ellen die Breite einer Zeltbahn. Die
elf Zeltbahnen hatten dasselbe Mass. 16 Dann fügte er fünf der Zeltbah-
nen zu einem Stück zusammen und ebenso die sechs andern Zeltbah-
nen zu einem Stück. 17 Und am Saum der Zeltbahn, die am Rand des
einen zusammengefügten Stücks war, brachte er fünfzig Schleifen an,
und fünfzig Schleifen brachte er am Saum der Zeltbahn des zweiten zu-
sammengefügten Stücks an. 18 Dann machte er fünfzig bronzene Ha-
ken, um das Zelt zusammenzufügen, damit es ein Ganzes wurde.
19 Und er machte für das Zelt eine Decke aus rot gefärbten Widderfellen
und darüber eine Decke aus Tachaschhäuten.

20 Dann machte er standfeste Bretter aus Akazienholz für die Woh- 20–34: 26,15–29
nung: 21 Zehn Ellen betrug die Länge eines Brettes und anderthalb Ellen
die Breite eines Brettes. 22 Zwei Zapfen hatte jedes Brett, sie waren mit-
einander verzahnt. So machte er es bei allen Brettern der Wohnung.
23 Und als Bretter für die Wohnung machte er zwanzig Bretter für die
Südseite, nach Süden hin. 24 Und er machte vierzig silberne Sockel un-
ter den zwanzig Brettern, je zwei Sockel unter einem Brett für seine bei-
den Zapfen. 25 Und für die zweite Seitenwand der Wohnung, die Nord-
seite, machte er zwanzig Bretter 26 und dazu vierzig silberne Sockel, je
zwei Sockel unter einem Brett. 27 Für die Rückseite der Wohnung aber,
nach Westen hin, machte er sechs Bretter. 28 Und zwei Bretter machte
er als Eckstücke der Wohnung an der Rückseite. 29 Sie waren aber dop-
pelt von unten auf und fest verfugt bis zum oberen Ende, bis zum ersten
Ring. So machte er es bei ihnen beiden für die beiden Ecken. 30 Und es
waren acht Bretter und dazu silberne Sockel, sechzehn Sockel, je zwei
Sockel unter einem Brett.

31 Und er machte Querbalken aus Akazienholz: fünf für die Bretter
der einen Seitenwand der Wohnung, 32 fünf Querbalken für die Bretter
der zweiten Seitenwand der Wohnung und fünf Querbalken für die
Bretter der Wohnung an der Rückwand nach Westen hin. 33 Und den
mittleren Querbalken machte er so, dass er in der Mitte der Bretter quer
durchlief von einem Ende zum andern. 34 Und er überzog die Bretter
mit Gold, und die dazugehörigen Ringe machte er aus Gold, als Halte-
rungen für die Querbalken. Auch die Querbalken überzog er mit Gold.

Der Vorhang

35 Dann machte er den Vorhang aus blauem und rotem Purpur, aus 35–38: 26,31–37
Karmesin und gezwirntem, feinem Leinen. Gewebt machte er ihn, mit
Kerubim. 36 Und er machte für ihn vier Akaziensäulen und überzog sie
mit Gold – auch ihre Nägel waren aus Gold –, und er goss für sie vier

silberne Sockel. 37 Und er machte eine Decke für den Eingang des Zelts
aus blauem und rotem Purpur, Karmesin und gezwirntem, feinem Lei-
nen, bunt bestickt, 38 und dazu fünf Säulen mit ihren Nägeln, und er
überzog ihre Köpfe und ihre Querstangen mit Gold. Ihre fünf Sockel
aber waren aus Bronze.

Die Lade

1–9: 25,10–22 37 1 Dann machte Bezalel die Lade aus Akazienholz, zweieinhalb El-
len lang, anderthalb Ellen breit und anderthalb Ellen hoch. 2 Und
er überzog sie mit reinem Gold innen und aussen und brachte ringsum
eine goldene Leiste an. 3 Und er goss vier goldene Ringe für ihre vier
Füsse, zwei Ringe an der einen Seite und zwei Ringe an der anderen
Seite. 4 Und er machte Stangen aus Akazienholz und überzog sie mit
Gold. 5 Dann führte er die Stangen durch die Ringe an den Seiten der
Lade, so dass man die Lade tragen konnte.

6 Dann machte er eine Deckplatte aus reinem Gold, zweieinhalb El-
len lang und anderthalb Ellen breit. 7 Und er machte zwei goldene Ke-
rubim. Als getriebene Arbeit machte er sie, an den beiden Enden der
Deckplatte: 8 den einen Kerub am einen Ende und den anderen Kerub
am anderen Ende. Aus der Deckplatte arbeitete er die Kerubim heraus,
an ihren beiden Enden. 9 Und die Kerubim breiteten Flügel nach oben
aus und beschirmten mit ihren Flügeln die Deckplatte. Und ihre Gesich-
ter waren einander zugewandt. Zu der Deckplatte hin waren die Gesich-
ter der Kerubim gerichtet.

Der Tisch

10–16: 25,23–30 10 Dann machte er den Tisch aus Akazienholz, zwei Ellen lang, eine
Elle breit und anderthalb Ellen hoch. 11 Und er überzog ihn mit reinem
Gold und brachte ringsum eine goldene Leiste an. 12 Und er machte
ringsum eine Einfassung von einer Handbreite, und er machte für diese
Einfassung ringsum eine goldene Leiste. 13 Dann goss er vier goldene
Ringe und befestigte die Ringe an den vier Ecken, bei seinen vier Bei-
nen. 14 Dicht an der Einfassung waren die Ringe als Halterungen für die
Stangen, so dass man den Tisch tragen konnte. 15 Dann machte er die
Stangen aus Akazienholz und überzog sie mit Gold, so dass man den
Tisch tragen konnte. 16 Und er machte die Geräte, die auf dem Tisch
stehen sollten, die dazugehörigen Schüsseln, Schalen und Becher und
die Kannen, mit denen das Trankopfer gespendet wird, aus reinem
Gold.

Der Leuchter

17–24: 25,31–40 17 Dann machte er den Leuchter aus reinem Gold. Als getriebene Ar-
beit aus einem Stück machte er den Leuchter, seinen Fuss und seinen
Schaft, seine Kelche, Knäufe und Blüten. 18 Und sechs Arme gingen von
seinen beiden Seiten aus, drei Arme des Leuchters auf der einen Seite
und drei Arme des Leuchters auf der anderen Seite. 19 Drei mandelblü-
tenförmige Kelche waren an dem einen Arm, mit Knauf und Blüte, und
drei mandelblütenförmige Kelche an dem anderen Arm, mit Knauf und
Blüte. So war es bei den sechs Armen, die von dem Leuchter ausgingen.
20 Und am Leuchter waren vier Kelche, mandelblütenförmig, Knäufe

und Blüten: 21 ein Knauf unter dem ersten Paar seiner Arme, ein Knauf
unter dem zweiten Paar seiner Arme und ein Knauf unter dem dritten
Paar seiner Arme, bei allen sechs Armen, die von ihm ausgingen. 22 Ihre
Knäufe und ihre Arme waren aus ihm herausgearbeitet, das Ganze aus
einem Stück von reinem Gold getrieben. 23 Dann machte er seine sie-
ben Lampen, die dazugehörigen Dochtscheren und Pfannen, aus rei-
nem Gold. 24 Aus einem Talent reinen Goldes machte er ihn und alle
dazugehörigen Geräte.

Der Räucheraltar

25 Dann machte er den Räucheraltar aus Akazienholz, eine Elle lang 25–29:
und eine Elle breit, viereckig, und zwei Ellen hoch. Seine Hörner waren 30,1–10.22–38
aus einem Stück mit ihm. 26 Und er überzog ihn mit reinem Gold, seine
Platte und seine Wände ringsum und seine Hörner, und brachte rings-
um eine goldene Leiste an. 27 Auch zwei goldene Ringe brachte er un-
terhalb seiner Leiste an, auf seinen beiden Seiten, an seinen beiden Sei-
tenwänden, als Halterungen für Stangen, so dass man ihn damit tragen
konnte. 28 Und die Stangen machte er aus Akazienholz und überzog sie
mit Gold. 29 Und er machte das heilige Salböl und das reine, wohlrie-
chende Räucherwerk, wie es ein Salbenmischer macht.

Der Brandopferaltar und das bronzene Becken

38 1 Dann machte er den Brandopferaltar aus Akazienholz, fünf Ellen 1–7: 27,1–8
lang und fünf Ellen breit, viereckig, und drei Ellen hoch. 2 Und er
machte ihm Hörner an seinen vier Ecken – aus einem Stück mit ihm
waren seine Hörner – und überzog ihn mit Bronze. 3 Und er machte alle
Altargeräte: die Töpfe, Schaufeln und Sprengschalen, die Gabeln und
Pfannen. Alle dazugehörigen Geräte machte er aus Bronze. 4 Und er
machte für den Altar ein Gitter, ein Netzwerk aus Bronze, unter seiner
Einfassung von unten her bis zur halben Höhe. 5 Und er goss vier Ringe
an die vier Ecken des Bronzegitters als Halterungen für die Stangen.
6 Dann machte er die Stangen aus Akazienholz und überzog sie mit
Bronze. 7 Und er führte die Stangen durch die Ringe an den Seiten des
Altars, so dass man ihn damit tragen konnte. Als einen hohlen Bretter-
kasten machte er ihn.

8 Dann machte er das bronzene Becken und sein bronzenes Gestell 8: 30,18!
aus den Spiegeln der diensttuenden Frauen, die am Eingang des Zelts
der Begegnung Dienst taten.

Der Vorhof

9 Und er machte den Vorhof: für die Südseite, nach Süden hin, die 9–20: 27,9–19
Behänge des Vorhofs aus gezwirntem, feinem Leinen, hundert Ellen
lang, 10 dazu zwanzig Säulen mit zwanzig Sockeln aus Bronze, die Nä-
gel und die Querstangen der Säulen aus Silber; 11 für die Nordseite hun-
dert Ellen, dazu zwanzig Säulen mit zwanzig Sockeln aus Bronze, die
Nägel und die Querstangen der Säulen aus Silber; 12 für die Westseite
Behänge von fünfzig Ellen, dazu zehn Säulen mit zehn Sockeln, die Nä-
gel und die Querstangen der Säulen aus Silber; 13 und für die Ostseite,
nach Sonnenaufgang, fünfzig Ellen, 14 Behänge von fünfzehn Ellen für
die eine Seite mit ihren drei Säulen und den drei Sockeln, 15 und ebenso

für die andere Seite, zu beiden Seiten des Vorhoftors, Behänge von fünf-
zehn Ellen mit ihren drei Säulen und den drei Sockeln. 16 Alle Behänge
des Vorhofs ringsum waren aus gezwirntem, feinem Leinen. 17 Und die
Sockel für die Säulen waren aus Bronze, die Nägel und die Querstangen
der Säulen aus Silber und der Überzug ihrer Köpfe aus Silber, und sie
selbst waren mit Querstangen aus Silber verbunden, alle Säulen des
Vorhofs. 18 Die Decke für das Tor des Vorhofs aber war bunt bestickt,
aus blauem und rotem Purpur, Karmesin und gezwirntem, feinem Lei-
nen, zwanzig Ellen lang und, der Breite einer Stoffbahn entsprechend,
fünf Ellen hoch, genau wie die Behänge des Vorhofs. 19 Und ihre vier
Säulen mit den vier Sockeln waren aus Bronze, ihre Nägel aus Silber,
und auch der Überzug ihrer Köpfe und ihre Querstangen waren aus Sil-
ber. 20 Alle Pflöcke für die Wohnung und für den Vorhof ringsum aber
waren aus Bronze.

Die Kosten der Wohnung

21 Dies sind die Kosten der Wohnung, der Wohnung des Zeugnis-
ses, die auf Anordnung des Mose berechnet wurden als Dienst der Levi-
22: 31,2! ten durch Itamar, den Sohn des Priesters Aaron. 22 Bezalel aber, der
Sohn des Uri, des Sohns von Hur aus dem Stamm Juda, hatte alles ge-
23: 31,6 macht, was der HERR dem Mose geboten hatte, 23 und mit ihm Oholiab,
der Sohn Achisamachs aus dem Stamm Dan, als Handwerker, Kunstwe-
ber und Sticker in blauem und rotem Purpur, in Karmesin und feinem
Leinen.

24 Das gesamte Gold, das für das Werk bei der ganzen Arbeit am Hei-
ligtum verarbeitet wurde, dieses Gold der Weihegabe betrug neunund-
zwanzig Talente und siebenhundertdreissig Schekel nach dem Schekel
25–26: 30,16 des Heiligtums. 25 Und das Silber der Gemusterten der Gemeinde be-
trug hundert Talente und tausendsiebenhundertfünfundsiebzig Sche-
26: 12,37; Num 1,46 kel nach dem Schekel des Heiligtums, 26 einen Halbschekel je Kopf, ei-
nen halben Schekel nach dem Schekel des Heiligtums, von jedem, der
zur Musterung antrat, der zwanzig Jahre alt war oder älter, von sechs-
hundertdreitausendfünfhundertfünfzig Mann. 27 Und die hundert Ta-
lente Silber wurden verwendet zum Giessen der Sockel des Heiligtums
und der Sockel des Vorhangs: hundert Sockel für die hundert Talente,
ein Talent für einen Sockel. 28 Und aus den tausendsiebenhundertfün-
fundsiebzig Schekeln machte er Nägel für die Säulen, überzog ihre Köp-
fe und verband sie miteinander. 29 Und die Bronze der Weihegabe be-
trug siebzig Talente und zweitausendvierhundert Schekel. 30 Und er
machte daraus die Sockel für den Eingang des Zelts der Begegnung, den
bronzenen Altar, das Bronzegitter, das dazu gehörte, und alle Altargerä-
te, 31 die Sockel des Vorhofs ringsum und die Sockel am Tor des Vorhofs,
alle Pflöcke der Wohnung und alle Pflöcke des Vorhofs ringsum.

Die Gewänder der Priester

1–31: 28,1–43 **39** 1 Und aus dem blauen und roten Purpur und dem Karmesin
1: 28,2! machten sie gewirkte Gewänder für den Dienst im Heiligtum;
und sie machten die heiligen Gewänder, die für Aaron bestimmt waren,
wie der HERR es Mose geboten hatte.

2 Dann machte er den Efod aus Gold, blauem und rotem Purpur, Karmesin und gezwirntem, feinem Leinen. 3 Und sie hämmerten die Goldplatten, und er schnitt Fäden daraus, um sie einzuarbeiten in den blauen und in den roten Purpur, in das Karmesin und in das feine Leinen. Sie wurden eingewebt. 4 Schulterstücke machten sie für ihn, die mit ihm verbunden waren; an seinen beiden Enden wurde er so zusammengehalten. 5 Und die Binde daran zum Umgürten war aus demselben Stoff, von gleicher Machart: aus Gold, blauem und rotem Purpur, Karmesin und gezwirntem, feinem Leinen, wie der HERR es Mose geboten hatte.

6 Dann bearbeiteten sie die Karneolsteine, eingefasst in Gold, graviert wie ein Siegel mit den Namen der Söhne Israels. 7 Und er setzte sie auf die Schulterstücke des Efod als Steine der Erinnerung an die Söhne Israels, wie der HERR es Mose geboten hatte.

8 Dann machte er die Brusttasche, gewebt, in der Machart des Efod: aus Gold, blauem und rotem Purpur, Karmesin und gezwirntem, feinem Leinen. 9 Viereckig war sie. Doppelt gelegt machten sie die Brusttasche, eine Spanne lang und eine Spanne breit, doppelt gelegt. 10 Und sie besetzten sie mit vier Reihen von Steinen: eine Reihe mit Rubin, Chrysolith und Smaragd, die erste Reihe; 11 die zweite Reihe mit Malachit, Lapislazuli und Jaspis; 12 die dritte Reihe mit Hyazinth, Achat und Amethyst; 13 und die vierte Reihe mit Topas, Karneol und Onyx. In Gold waren sie eingefasst, als man sie anbrachte. 14 Und die Steine lauteten auf die Namen der Söhne Israels, zwölf Steine auf ihre Namen. Siegelgravierungen waren es, jede auf einen der Namen lautend, für zwölf Stämme. 15 Dann brachten sie an der Brusttasche gedrehte Ketten an, in Kordelarbeit, aus reinem Gold. 16 Und sie machten zwei Goldfassungen und zwei goldene Ringe und setzten die zwei Ringe an die beiden Ecken der Brusttasche. 17 Dann befestigten sie die beiden Goldkordeln an den zwei Ringen an den Enden der Brusttasche. 18 Die beiden anderen Enden der zwei Kordeln aber befestigten sie an den zwei Fassungen und befestigten sie so an den Schulterstücken des Efod auf seiner Vorderseite. 19 Dann machten sie zwei goldene Ringe und setzten sie an die beiden Ecken der Brusttasche, an ihren Saum, der dem Efod zugekehrt war, auf der Innenseite. 20 Ferner machten sie zwei goldene Ringe und befestigten sie unten an den beiden Schulterstücken des Efod auf seiner Vorderseite, dicht an seiner Verbindungsstelle, oberhalb der Efodbinde. 21 Dann banden sie mit einer Schnur aus blauem Purpur die Brusttasche mit ihren Ringen an die Ringe des Efod, so dass sie über der Efodbinde sass und die Brusttasche sich über dem Efod nicht verschob, wie der HERR es Mose geboten hatte.

22 Dann machte er das Obergewand zum Efod, gewebt, ganz aus blauem Purpur. 23 Und die Öffnung des Obergewandes, in seiner Mitte, war wie die Öffnung eines Panzerhemdes. Rings um die Öffnung lief eine Borte, so dass sie nicht einriss. 24 Und am Saum des Obergewandes brachten sie Granatäpfel an aus blauem und rotem Purpur und aus Karmesin, gezwirnt. 25 Dann machten sie Glöckchen aus reinem Gold und setzten die Glöckchen zwischen die Granatäpfel ringsum an den Saum des Obergewandes, zwischen die Granatäpfel: 26 ein Glöckchen und ein Granatapfel, ein Glöckchen und ein Granatapfel, ringsum am Saum des Obergewandes für den Dienst, wie der HERR es Mose geboten hatte.

27 Dann machten sie die Leibröcke aus feinem Leinen, gewebt, für
Aaron und seine Söhne, 28 den Kopfbund aus feinem Leinen, die turban-
artigen Kopfbedeckungen aus feinem Leinen und die linnenen Beinklei-
der aus gezwirntem, feinem Leinen 29 und die Schärpe aus gezwirntem,
feinem Leinen, blauem und rotem Purpur und Karmesin, bunt bestickt,
wie der HERR es Mose geboten hatte.

30: 29,6! 30 Dann machten sie die Blume des heiligen Diadems aus reinem
Gold und schrieben darauf in einer Schrift wie bei einem Siegel: Dem
HERRN heilig. 31 Und sie befestigten daran eine Schnur aus blauem Pur-
pur, um sie oben auf den Kopfbund zu legen, wie der HERR es Mose ge-
boten hatte.

32 So wurde die ganze Arbeit für die Wohnung des Zelts der Begeg-
nung vollendet. Und die Israeliten machten es genau, wie der HERR es
Mose geboten hatte, so machten sie es.

Übergabe der Arbeiten an Mose

33 Und sie brachten die Wohnung zu Mose: das Zelt mit allen Gerä-
ten, Haken, Brettern, Querbalken, Säulen und Sockeln, 34 die Decke aus
den rot gefärbten Widderfellen, die Decke aus den Tachaschhäuten und
den verhüllenden Vorhang, 35 die Lade des Zeugnisses, die dazugehöri-
36: 25,30! gen Stangen und die Deckplatte, 36 den Tisch, alle dazugehörigen Gerä-
te und das Schaubrot, 37 den Leuchter aus reinem Gold, seine Lampen,
die Lampen in einer Reihe, alle dazugehörigen Geräte und das Öl für das
Licht, 38 den goldenen Altar, das Salböl, das wohlriechende Räucher-
werk und die Decke für den Eingang des Zelts, 39 den bronzenen Altar
und das Bronzegitter dazu, mit den Stangen und allen Geräten, das Be-
cken und sein Gestell, 40 die Behänge des Vorhofs, seine Säulen und So-
ckel, die Decke für das Tor des Vorhofs, seine Stricke und Pflöcke und alle
Geräte für den Dienst an der Wohnung, dem Zelt der Begegnung, 41 die
gewirkten Gewänder für den Dienst im Heiligtum, die heiligen Gewän-
der für Aaron, den Priester, und die Gewänder seiner Söhne für den
priesterlichen Dienst. 42 Genau wie der HERR es Mose geboten hatte, so
43: Lev 9,22! hatten die Israeliten die ganze Arbeit ausgeführt. 43 Und Mose betrach-
tete das ganze Werk: Und sieh, sie hatten es ausgeführt. Wie der HERR es
geboten hatte, so hatten sie es ausgeführt. Und Mose segnete sie.

Aufrichtung und Einweihung des Heiligtums

40 1 Und der HERR redete zu Mose und sprach: 2 Am Tag des ersten
Neumonds, am ersten des Monats, wirst du die Wohnung des
Zelts der Begegnung aufrichten. 3 Stelle die Lade des Zeugnisses dort
hinein, und hänge vor die Lade den Vorhang. 4 Dann bringe den Tisch
hinein und richte seine Ausstattung her, und bringe den Leuchter hin-
ein und setze seine Lampen auf. 5 Und stelle den goldenen Räucheraltar
vor die Lade des Zeugnisses, und befestige die Decke des Eingangs zur
Wohnung. 6 Und den Brandopferaltar stelle vor den Eingang der Woh-
7: 30,18 nung des Zelts der Begegnung. 7 Dann stelle das Becken zwischen das
Zelt der Begegnung und den Altar, und giesse Wasser hinein. 8 Und er-
richte den Vorhof ringsum, und befestige die Decke des Vorhoftors.
9 Dann nimm das Salböl, und salbe die Wohnung und alles, was darin
ist, und heilige sie und alle dazugehörigen Geräte, so wird sie heilig

sein. 10 Salbe auch den Brandopferaltar und alle dazugehörigen Geräte, 10: 30,29!
und heilige den Altar, so wird der Altar hochheilig sein. 11 Und salbe das
Becken und sein Gestell, und heilige es. 12 Dann lass Aaron und seine 12: 40,12.31–32;
Söhne an den Eingang des Zelts der Begegnung herantreten, und wasche 29,4; 30,19;
sie mit Wasser. 13 Und bekleide Aaron mit den heiligen Gewändern, sal- Hebr 10,22
be ihn und heilige ihn, und er soll mir als Priester dienen. 14 Auch seine
Söhne lass herantreten, und bekleide sie mit Leibröcken. 15 Dann salbe 15: 28,41!
sie, wie du ihren Vater gesalbt hast, und sie sollen mir als Priester die-
nen. Und dies soll geschehen, damit ihre Salbung ihnen ein ewiges
Priestertum verleiht von Generation zu Generation. 16 Und Mose mach- 16: Gen 7,5!
te es. Genau wie der HERR es ihm geboten hatte, so machte er es.

17 Und im ersten Monat des zweiten Jahres, am ersten Tag des Mo-
nats wurde die Wohnung aufgerichtet. 18 Mose richtete die Wohnung
auf: Er legte ihre Sockel hin, setzte ihre Bretter darauf, brachte ihre Quer-
balken an und richtete ihre Säulen auf. 19 Dann spannte er das Zeltdach
über die Wohnung und legte die Decke des Zelts oben darauf, wie der
HERR es Mose geboten hatte. 20 Dann nahm er das Zeugnis und legte es
in die Lade, brachte die Stangen an der Lade an und setzte die Deckplatte
oben auf die Lade. 21 Und er brachte die Lade in die Wohnung, hängte 21: 26,33
den verhüllenden Vorhang auf und verdeckte so die Lade des Zeugnisses,
wie der HERR es Mose geboten hatte. 22 Dann stellte er den Tisch in das 22: 26,35!
Zelt der Begegnung, an die Nordseite der Wohnung, aussen vor den Vor-
hang, 23 und richtete auf ihm eine Schicht Brot her vor dem HERRN, wie
der HERR es Mose geboten hatte. 24 Und er stellte den Leuchter in das 24: 26,35!
Zelt der Begegnung, dem Tisch gegenüber, an die Südseite der Woh-
nung, 25 und setzte die Lampen auf vor dem HERRN, wie der HERR es
Mose geboten hatte. 26 Dann stellte er den goldenen Altar in das Zelt der
Begegnung vor den Vorhang 27 und verbrannte auf ihm wohlriechen- 27: 30,7!
des Räucherwerk, wie der HERR es Mose geboten hatte. 28 Dann befes- 28: 26,36
tigte er die Decke des Eingangs zur Wohnung. 29 Und den Brandopferal-
tar stellte er an den Eingang der Wohnung des Zelts der Begegnung und
brachte auf ihm das Brandopfer und das Speiseopfer dar, wie der HERR es
Mose geboten hatte. 30 Dann stellte er das Becken zwischen das Zelt der
Begegnung und den Altar und goss Wasser hinein für die Waschung.
31 Und Mose, Aaron und seine Söhne wuschen darin ihre Hände und 31–32: 12!
Füsse. 32 Wenn sie in das Zelt der Begegnung hineingingen und wenn
sie zum Altar traten, wuschen sie sich, wie der HERR es Mose geboten
hatte. 33 Dann errichtete er den Vorhof, rings um die Wohnung und den 33: 1Kön 6,9!
Altar, und befestigte die Decke des Vorhoftors. So vollendete Mose das
Werk.

34 Da bedeckte die Wolke das Zelt der Begegnung, und die Herrlich- 34–35: 1Kön 8,10!
keit des HERRN erfüllte die Wohnung. 35 Und Mose konnte das Zelt der 34: Num 9,15
Begegnung nicht betreten, denn die Wolke hatte sich darauf niederge-
lassen, und die Herrlichkeit des HERRN erfüllte die Wohnung. 36 Und
wenn sich die Wolke von der Wohnung erhob, brachen die Israeliten
auf, solange ihre Wanderung dauerte. 37 Wenn die Wolke sich aber
nicht erhob, brachen sie nicht auf bis zu dem Tag, an dem sie sich erhob.
38 Denn die Wolke des HERRN war bei Tag über der Wohnung, des 38: 13,22
Nachts aber war Feuer in ihr, vor den Augen des ganzen Hauses Israel,
solange ihre Wanderung dauerte.

Leviticus

(DAS DRITTE BUCH MOSE)

Der griechische und lateinische Name Leviticus leitet sich ab von Levi, dem Stammvater der Priester. Die Wahl gerade dieses Namens für das dritte Buch des Pentateuch (siehe die Einleitung zu Gen) ist dadurch begründet, dass sich in diesem Buch vor allem priesterliche Texte mit Anweisungen zu rituellen Themen, aber kaum erzählende Passagen finden. Dieser Charakter der Texte hat dazu geführt, dass die Bedeutung von Leviticus in der christlichen Tradition häufig unterschätzt wird. Besonders hervorzuheben sind die Bestimmungen zum Opfer (Lev 1–7), zum grossen Versöhnungstag (Lev 16) sowie das wegen seines Refrains «Ihr sollt heilig sein, denn ich, der HERR, euer Gott, bin heilig» so genannte Heiligkeitsgesetz (Lev 17–26). Was den Erzählverlauf der im Buch Exodus beginnenden Wüstenwanderung Israels betrifft, so ist die gesamte Szenerie von Leviticus noch immer am Sinai lokalisiert, wo das Volk sich seit Ex 19 aufhält (siehe die Einleitung zu Ex).

Die Opferanweisungen zu Beginn des Buchs (Lev 1–7) konzentrieren sich vor allem auf die Beschreibung der konkreten Ritualschritte beim Vollzug der Opfer; gezeigt wird anschliessend aber auch, wie Opfer nicht dargebracht werden sollen (Lev 10,1–7). Die Anweisungen lassen eine bestimmte Opfertheologie erkennen: Opfer dienen dazu, Sühne zu schaffen. Die Opfer sind dabei keine Leistung, die Israel erbringen muss, sondern sie werden verstanden als eine Heilsgabe Gottes an Israel, um für je und je entstehende Schuld Sühne zu schaffen. Die Blutriten dienen in diesem Zusammenhang besonders der kultischen Reinigung des Kultinventars (Lev 16,14–19). Blut scheint für die Erwirkung von Sühne aber nicht unabdingbar zu sein, wie die Möglichkeit vegetabiler Ersatzopfer zeigt, die von Bedürftigen dargebracht werden können (Lev 5,7–13). Aus protestantischer Perspektive ist der Opferkult oft als ‹Werkgerechtigkeit› oder als Versuch der ‹Selbsterlösung› interpretiert worden. Aber diese Deutung stellt nicht in Rechnung, dass die Opfer als Stiftung Gottes präsentiert werden, die heilvolles Leben in einer von Schuld geprägten Lebenswelt möglich machen sollen. Die Opfertheologie in Lev bildet somit in gewisser Weise ein sachliches Gegenstück zur Darstellung der Urgeschichte in Gen 1–11, die vom Eintreten der Schuld in die Weltgeschichte spricht. Sie entwirft dagegen eine neue ‹Schöpfung› innerhalb der bestehenden Schöpfung, mit der die menschliche Schuld beseitigt werden kann.

Ist im Kontext der Ritualbestimmungen von «Reinheit», «Unreinheit» oder «rein» und «unrein» die Rede, so ist dabei stets kultische Reinheit oder Unreinheit im Blick (so beispielsweise in Lev 15). Kultische Unreinheit verunmöglicht die Teilnahme am kultischen Gesche-

EHRE SEI GOTT
IN DER HÖHE
UND FRIEDE AUF
ERDEN UNTER
DEN MENSCHEN
SEINES WOHL
GEFALLENS

Schriftbild zu Lukas 2,14

hen und muss durch vorgeschriebene rituelle Handlungen beseitigt werden.

Im Mittelpunkt des Rituals des grossen Versöhnungstags (Lev 16) steht die Entsendung eines Bocks in die Wüste, auf dessen Kopf zuvor die Sünden Israels bekannt wurden. Es handelt sich dabei nicht um ein Opfer, sondern um einen Ritus, der etwas auslöschen (eliminieren) soll (einen sogenannten ‹Eliminationsritus›): Die Sünden Israels werden in die Wüste hinausgetragen und damit ausgelöscht. Hier ist der Ursprung der in die Alltagssprache eingedrungenen Rede vom ‹Sündenbock›.

Das Heiligkeitsgesetz (Lev 17–26) ist die jüngste Rechtssammlung des Alten Testaments. Es enthält neben einem Festkalender (Lev 23) verschiedene Rechtsbestimmungen, die einen sachlichen Ausgleich zwischen den Weisungen im Buch Exodus und denen im Deuteronomium zu erzielen versuchen. Dabei zeigen sich die Anfänge einer rechtsgelehrten Systematik, die als Vorstufe der späteren rabbinischen Diskussionen angesehen werden kann.

Das Brandopfer

1 1 Und der HERR rief Mose und sprach zu ihm aus dem Zelt der Begeg- 1: 7,38 · Ex 25,22;
nung: 2 Sprich zu den Israeliten und sage ihnen: Wenn jemand von Num 1,1
euch dem HERRN eine Opfergabe darbringen will, sollt ihr eine Opfer- 2: 22,19
gabe vom Vieh darbringen, von den Rindern oder vom Kleinvieh. 3 Wer 3–9: 1Chr 6,34
ein Rind als Brandopfer darbringt, soll ein makelloses männliches Tier 3: 3,2; 17,4 · 6,2;
opfern. Er führe es an den Eingang des Zelts der Begegnung, um Wohl- Gen 8,20
gefallen zu finden vor dem HERRN. 4 Und er lege seine Hand auf den 4: Ex 29,10–11! ·
Kopf des Brandopfers, so wird es wohlgefällig angenommen werden Ez 45,15
und Sühne für ihn erwirken. 5 Dann schlachte er das Rind vor dem 5: 3,2! · Ex 40,6
HERRN. Und die Söhne Aarons, die Priester, sollen das Blut darbringen:
Sie sollen das Blut ringsum an den Altar sprengen am Eingang des Zelts
der Begegnung. 6 Dann ziehe er dem Brandopfer die Haut ab und zerle- 6: 7,8
ge es in seine Teile. 7 Und die Söhne Aarons, des Priesters, sollen Feuer
auf den Altar legen und Holz auf das Feuer schichten. 8 Und die Söhne 8: 1Kön 18,33
Aarons, die Priester, sollen die Teile, den Kopf und das Fett auf das Holz
über dem Altarfeuer legen. 9 Die Eingeweide aber und die Schenkel soll 9: Gen 8,21
man mit Wasser waschen. Und auf dem Altar lasse der Priester alles in
Rauch aufgehen als Brandopfer, als Feueropfer von beschwichtigendem
Geruch für den HERRN.
10 Wer aber ein Brandopfer vom Kleinvieh darbringt, ein Schaf oder
eine Ziege, soll ein makelloses männliches Tier opfern. 11 Er schlachte es
an der Nordseite des Altars vor dem HERRN, und die Söhne Aarons, die
Priester, sollen sein Blut ringsum an den Altar sprengen. 12 Dann zerle-
ge er es in seine Teile, den Kopf und das Fett, und der Priester lege sie auf
das Holz über dem Altarfeuer. 13 Die Eingeweide aber und die Schenkel 13: 2Chr 4,6;
wasche er mit Wasser, und der Priester bringe alles dar und lasse es auf Ez 40,38
dem Altar in Rauch aufgehen. Es ist ein Brandopfer, ein Feueropfer von
beschwichtigendem Geruch für den HERRN. 14–17: 5,7–10
14 Wer aber dem HERRN ein Brandopfer von den Vögeln darbringt, 14: 5,7; 12,8;
soll eine Turteltaube oder eine Taube opfern. 15 Und der Priester bringe Gen 15,9

das Tier zum Altar, kneife seinen Kopf ab und lasse ihn auf dem Altar in
Rauch aufgehen, sein Blut aber werde ausgepresst an der Wand des Al-
16: 6,3 tars. 16 Dann entferne er den Kropf mit den Federn und werfe ihn zur
17: Gen 15,10 Fettasche an der Ostseite des Altars. 17 Und er reisse ihm die Flügel ein,
trenne sie aber nicht ganz ab. Und der Priester lasse es auf dem Altar in
Rauch aufgehen, auf dem Holz über dem Feuer. Es ist ein Brandopfer,
ein Feueropfer von beschwichtigendem Geruch für den HERRN.

Das Speiseopfer

1: 6,7; 9,4; **2** 1 Wenn jemand dem HERRN ein Speiseopfer darbringen will, so soll
Num 15,4 · 2,1 Feinmehl seine Opfergabe sein, und er giesse Öl darüber und lege
2: 9; 5,12; 24,7; Weihrauch darauf. 2 Dann bringe er es zu den Söhnen Aarons, den
Num 5,26 · 10; Priestern. Und er nehme davon eine Handvoll, vom Feinmehl und vom
10,12; 21,22 Öl und allen Weihrauch, und der Priester lasse den Teil, der zum Ver-
brennen bestimmt ist, auf dem Altar in Rauch aufgehen als Feueropfer
3: 7,10 · 5,13 von beschwichtigendem Geruch für den HERRN. 3 Was aber übrig bleibt
vom Speiseopfer, gehört Aaron und seinen Söhnen, als Hochheiliges
von den Feueropfern des HERRN.

4: Ex 29,2 4 Wenn du aber ein Speiseopfer darbringen willst, das im Ofen ge-
backen wurde, so sollen es ungesäuerte, mit Öl angerührte Ringbrote
5: 7,12; Num 6,15 oder ungesäuerte, mit Öl bestrichene Fladen aus Feinmehl sein. 5 Und
ist deine Opfergabe ein Speiseopfer, das auf dem Blech zubereitet wird,
so soll es aus ungesäuertem, mit Öl angerührtem Feinmehl sein. 6 Brich
7: 1Chr 23,29 es in Stücke, und giesse Öl darüber. Es ist ein Speiseopfer. 7 Ist deine
Opfergabe aber ein Speiseopfer, das in der Pfanne zubereitet wird, so
soll es aus Feinmehl mit Öl zubereitet werden.

8 Und du sollst das Speiseopfer, das so für den HERRN zubereitet
wird, bringen, und man soll es dem Priester geben, und er soll es zum
9: 2! Altar tragen. 9 Und der Priester hebe vom Speiseopfer den Teil ab, der
zum Verbrennen bestimmt ist, und lasse ihn auf dem Altar in Rauch
aufgehen als Feueropfer von beschwichtigendem Geruch für den
10: 7,9; 2Kön 12,17 · HERRN. 10 Was aber übrig bleibt vom Speiseopfer, gehört Aaron und
2! seinen Söhnen, als Hochheiliges von den Feueropfern des HERRN.

11: 6,10 11 Kein Speiseopfer, das ihr dem HERRN darbringt, darf aus Gesäu-
ertem zubereitet werden, weder Sauerteig noch Honig sollt ihr als
12: 23,10; Feueropfer für den HERRN in Rauch aufgehen lassen. 12 Als Erstlingsop-
Num 15,20–21; fer dürft ihr sie dem HERRN darbringen, aber sie sollen nicht auf den
18,12–13 Altar kommen als beschwichtigender Geruch. 13 Alle deine Speiseopfer
13: Num 18,19; 2Chr 13,5 · Ex 30,35 sollst du salzen, bei deinem Speiseopfer darf das Salz des Bundes deines
Gottes nicht fehlen. Zu jeder Opfergabe sollst du Salz darbringen.

14: Dtn 26,2 14 Willst du dem HERRN aber ein Speiseopfer von Erstlingsfrüchten
darbringen, so sollst du am Feuer geröstete Ähren, Griess von frischem
Korn, als Speiseopfer von deinen Erstlingsfrüchten darbringen. 15 Und
du sollst Öl darauf giessen und Weihrauch darauf legen. Es ist ein
Speiseopfer. 16 Und der Priester soll von dem Griess und dem Öl den
Teil, der zum Verbrennen bestimmt ist, und allen Weihrauch in Rauch
aufgehen lassen als Feueropfer für den HERRN.

Das Heilsopfer

3 1 Wer aber ein Heilsopfer von den Rindern darbringt, soll ein makel- 1: 7,11.29; 9,4; 22,21
loses männliches oder weibliches Tier vor den HERRN bringen.
2 Und er lege seine Hand auf den Kopf seines Opfers und schlachte es 2: 1,3! · 8; 1,5;
am Eingang des Zelts der Begegnung. Und die Söhne Aarons, die Pries- Ez 43,18; Hebr 9,22
ter, sollen das Blut ringsum an den Altar sprengen. 3 Dann bringe er von 3–4: 4,9–10; 9,10;
dem Heilsopfer dem HERRN ein Feueropfer dar: das Fett, das die Einge- 16,25
weide bedeckt, und alles Fett an den Eingeweiden, 4 die beiden Nieren 3: 7,5 · Ex 29,13
und das Fett an ihnen und an den Lenden. Und den Lappen über der
Leber trenne er mit den Nieren ab. 5 Und die Söhne Aarons sollen es auf
dem Altar über dem Brandopfer, auf dem Holz über dem Feuer, in Rauch
aufgehen lassen, als Feueropfer von beschwichtigendem Geruch für
den HERRN.

6 Wer aber dem HERRN ein Heilsopfer vom Kleinvieh darbringt, soll
ein makelloses männliches oder weibliches Tier opfern. 7 Will er ein
Schaf als Opfergabe darbringen, so bringe er es vor den HERRN 8 und 8: 2!
lege seine Hand auf den Kopf seines Opfers und schlachte es vor dem
Zelt der Begegnung. Die Söhne Aarons aber sollen sein Blut ringsum an
den Altar sprengen. 9 Dann bringe er das Fett von dem Heilsopfer dem 9–10: 7,3–4
HERRN als Feueropfer dar. Den ganzen Fettschwanz trenne er dicht am
Schwanzwirbel ab, das Fett, das die Eingeweide bedeckt, und alles Fett
an den Eingeweiden, 10 die beiden Nieren und das Fett an ihnen und an
den Lenden. Und den Lappen über der Leber trenne er mit den Nieren
ab. 11 Und der Priester lasse es auf dem Altar in Rauch aufgehen als 11: Num 28,2
Feueropfer zur Speise für den HERRN.

12 Wer aber eine Ziege opfert, bringe sie vor den HERRN 13 und lege
seine Hand auf ihren Kopf und schlachte sie vor dem Zelt der Begeg-
nung. Die Söhne Aarons aber sollen ihr Blut ringsum an den Altar spren-
gen. 14 Dann bringe er davon seine Opfergabe dem HERRN als Feuerop-
fer dar: das Fett, das die Eingeweide bedeckt, und alles Fett an den Einge-
weiden, 15 die beiden Nieren und das Fett an ihnen und an den Lenden.
Und den Lappen über der Leber trenne er mit den Nieren ab. 16 Und der 16: Gen 4,4
Priester lasse es auf dem Altar in Rauch aufgehen als Feueropfer zur
Speise, als beschwichtigenden Geruch. Alles Fett gehört dem HERRN.
17 Das ist eine ewige Ordnung für euch von Generation zu Generation, 17: 7,23 · Gen 9,4!
wo immer ihr wohnt: Fett und Blut dürft ihr nicht verzehren.

Das Sündopfer

4 1 Und der HERR sprach zu Mose: 2 Sprich zu den Israeliten: Dies gilt, 2–12:
wenn jemand ohne Absicht gegen eines von den Geboten des HERRN 13–21.22–26.27–35
sündigt und irgendetwas tut, was nach den Geboten des HERRN nicht 2: 13; 5,17; Num 15,22
getan werden darf.

3 Sündigt der gesalbte Priester, so dass das Volk schuldig wird, so soll 3: 6,18; 9,2; 16,3
er für die Sünde, die er begangen hat, dem HERRN einen makellosen
jungen Stier als Sündopfer darbringen. 4 Und er bringe den Jungstier 4: 8,14
an den Eingang des Zelts der Begegnung vor den HERRN und lege seine
Hand auf den Kopf des Stiers und schlachte den Stier vor dem HERRN.
5 Dann soll der gesalbte Priester etwas vom Blut des Stiers nehmen und 5: 6,23
in das Zelt der Begegnung bringen. 6 Und der Priester tauche den Finger 6–7: 9,9
in das Blut und sprenge vor dem HERRN siebenmal etwas Blut an die 6: 17; 8,11; 14,7; 16,14; Num 19,4

7: 8,15; Ex 30,10 · Ex 29,12! · Ex 40,6
9–10: 3,3–4!
11–12: 8,17; 16,27; Hebr 13,11
12: 6,4 · Ex 29,14!
13–21: 2–12!
20: 5,10; 14,18; 19,22; Num 15,25.28
22–26: 2–12!
27–35: 2–12!
27–28: Num 15,27–28

Vorderseite des Vorhangs im Heiligtum. 7 Dann streiche der Priester etwas Blut an die Hörner des Altars mit dem wohlriechenden Räucherwerk, vor dem HERRN im Zelt der Begegnung. Alles übrige Blut des Jungstiers aber giesse er aus am Sockel des Brandopferaltars am Eingang des Zelts der Begegnung. 8 Und alles Fett des Sündopferstiers soll er ablösen: das Fett, das die Eingeweide bedeckt, und das ganze Fett an den Eingeweiden. 9 Die beiden Nieren und das Fett an ihnen und an den Lenden und den Lappen über der Leber trenne er mit den Nieren ab, 10 wie es beim Rind des Heilsopfers abgelöst wird, und der Priester lasse es auf dem Brandopferaltar in Rauch aufgehen. 11 Das Fell des Jungstiers aber und all sein Fleisch samt seinem Kopf und seinen Schenkeln und seine Eingeweide und den Inhalt seiner Gedärme, 12 den ganzen übrigen Jungstier, bringe er vor das Lager an eine reine Stätte, wo die Fettasche ausgeschüttet wird, und er verbrenne ihn auf einem Holzstoss im Feuer. Dort, wo die Fettasche ausgeschüttet wird, soll er verbrannt werden.

13 Vergeht sich aber die ganze Gemeinde Israels, ohne dass die Versammlung es bemerkt, und sie tun etwas, was man nach den Geboten des HERRN nicht tun darf, und werden schuldig, 14 und die Sünde, die sie begangen haben, wird erkannt, so soll die Versammlung einen jungen Stier als Sündopfer darbringen und ihn vor das Zelt der Begegnung bringen. 15 Und die Ältesten der Gemeinde sollen vor dem HERRN die Hände auf den Kopf des Jungstiers legen, und man schlachte den Stier vor dem HERRN. 16 Dann soll der gesalbte Priester etwas vom Blut des Stiers in das Zelt der Begegnung bringen. 17 Und der Priester tauche den Finger in das Blut und sprenge vor dem HERRN siebenmal etwas davon an die Vorderseite des Vorhangs. 18 Und von dem Blut streiche er etwas an die Hörner des Altars, vor dem HERRN im Zelt der Begegnung. Alles übrige Blut aber giesse er aus am Sockel des Brandopferaltars am Eingang des Zelts der Begegnung. 19 Und alles Fett soll er von ihm ablösen und auf dem Altar in Rauch aufgehen lassen. 20 Und er verfahre mit dem Jungstier, wie er mit dem Sündopferstier verfahren ist, so soll er mit ihm verfahren. So soll der Priester für sie Sühne erwirken, und es wird ihnen vergeben werden. 21 Und er bringe den Jungstier vor das Lager und verbrenne ihn, wie er den ersten Jungstier verbrannt hat. Das ist das Sündopfer der Versammlung.

22 Wenn ein Fürst sündigt und ohne Absicht irgendetwas tut, was nach den Geboten des HERRN, seines Gottes, nicht getan werden darf, und schuldig wird, 23 aber jemand ihm die Sünde bewusst macht, die er begangen hat, dann soll er als Opfergabe einen makellosen Ziegenbock bringen, ein männliches Tier. 24 Und er lege seine Hand auf den Kopf des Bocks und schlachte ihn an der Stätte, an der man das Brandopfer schlachtet vor dem HERRN. Es ist ein Sündopfer. 25 Dann soll der Priester mit dem Finger etwas vom Blut des Sündopfers nehmen und es an die Hörner des Brandopferaltars streichen. Das übrige Blut aber giesse er aus am Sockel des Brandopferaltars. 26 Und alles Fett lasse er auf dem Altar in Rauch aufgehen, wie das Fett des Heilsopfers. So soll der Priester ihm Sühne erwirken für seine Sünde, und es wird ihm vergeben werden.

27 Sündigt aber jemand vom Volk des Landes ohne Absicht, indem er etwas tut, was nach den Geboten des HERRN nicht getan werden darf,

und wird schuldig, 28 aber jemand macht ihm die Sünde bewusst, die er
begangen hat, dann soll er für die Sünde, die er begangen hat, eine ma-
kellose Ziege, ein weibliches Tier, als Opfergabe bringen. 29 Und er lege
seine Hand auf den Kopf des Sündopfers und schlachte das Sündopfer
an der Stätte des Brandopfers. 30 Dann soll der Priester mit dem Finger
etwas vom Blut des Tieres nehmen und es an die Hörner des Brandop-
feraltars streichen. Alles übrige Blut aber giesse er aus am Sockel des
Altars. 31 Und alles Fett trenne er ab, wie das Fett beim Heilsopfer abge-
trennt wurde. Und der Priester lasse es auf dem Altar in Rauch aufgehen
als beschwichtigenden Geruch für den HERRN. So soll der Priester ihm
Sühne erwirken, und es wird ihm vergeben werden.

32 Will er aber ein Schaf als Sündopfer darbringen, dann soll er ein
makelloses weibliches Tier bringen. 33 Und er lege seine Hand auf den 33: 7,2
Kopf des Sündopfers und schlachte es als Sündopfer an der Stätte, an der
man das Brandopfer schlachtet. 34 Dann soll der Priester mit dem Fin-
ger etwas vom Blut des Sündopfers nehmen und an die Hörner des
Brandopferaltars streichen. Alles übrige Blut aber giesse er aus am So-
ckel des Altars. 35 Und alles Fett trenne er ab, wie das Fett des Schafs
beim Heilsopfer abgetrennt wurde, und der Priester lasse es auf dem
Altar über den Feueropfern des HERRN in Rauch aufgehen. So soll der
Priester ihm Sühne erwirken für die Sünde, die er begangen hat, und es
wird ihm vergeben werden.

5 1 Und wenn jemand sündigt, weil er hört, wie Zeugen aufgerufen 1: 17
werden, und er ist ein Zeuge, der etwas gesehen oder erfahren hat,
aber er sagt nicht aus, dann lädt er Schuld auf sich. 2 Oder wenn jemand 2: 11,24!
etwas Unreines berührt, Aas von unreinen Wildtieren oder Aas von un-
reinem Vieh oder Aas von unreinem Kleingetier, ohne es wahrzuneh-
men, dann ist er unrein und schuldig. 3 Oder wenn jemand mit etwas 3: 7,21; 12,2; 13,3;
Unreinem an einem Menschen in Berührung kommt, ohne es wahrzu- 15,2.19; Num 19,13
nehmen, mit irgendetwas, wodurch man unrein werden kann, und er
erkennt es, dann ist er schuldig. 4 Oder wenn jemand unbedacht
schwört, zum Schaden oder zum Nutzen, ohne es wahrzunehmen, wie
dem Menschen unbedacht ein Schwur über die Lippen kommen kann,
und er erkennt es, dann ist er schuldig in allen diesen Fällen. 5 Wenn 5: 16,21; Num 5,7
jemand in einem solchen Fall schuldig ist, soll er bekennen, worin er
gesündigt hat. 6 Und er bringe dem HERRN als Sühne für die Sünde, die 6: 7,1
er begangen hat, ein weibliches Tier vom Kleinvieh, ein Schaf oder eine
Ziege, als Sündopfer, und der Priester soll ihm Sühne erwirken für seine
Sünde. 7 Reichen aber seine Mittel dafür nicht aus, soll er dem HERRN 7–10: 1,14–17
als Sühne für seine Sünde zwei Turteltauben oder zwei Tauben bringen, 7: 12,8; 14,21; 27,8 ·
die eine als Sündopfer und die andere als Brandopfer. 8 Und er bringe 1,14!
sie zum Priester, und dieser soll die für das Sündopfer bestimmte als
erste darbringen und ihr dicht am Genick den Kopf abkneifen, ihn aber
nicht ganz abtrennen. 9 Dann sprenge er etwas vom Blut des Sündop-
fers an die Wand des Altars, und was an Blut übrig bleibt, soll am Sockel
des Altars ausgepresst werden. Es ist ein Sündopfer. 10 Die zweite Taube 10: 4,20!

5,1: Wörtlich: «... er hört, wie ein Fluch ausgesprochen wird, ...». Bei einem ungeklärten Verbrechen wurden der unbekannte Täter und alle verflucht, die als Mitwisser ihr Zeugnis zurückhielten (Ri 17,2).

aber bringe er als Brandopfer dar nach der Vorschrift. So soll der Priester
für ihn Sühne erwirken für die Sünde, die er begangen hat, und es wird
ihm vergeben werden.
11 Kann er aber keine zwei Turteltauben oder zwei Tauben aufbrin-
gen, soll er als Opfergabe für seine Sünde ein Zehntel Efa Feinmehl als
Sündopfer bringen. Er soll kein Öl darauf giessen und keinen Weih-
12: 2,2! rauch darauf legen, denn es ist ein Sündopfer. 12 Und er bringe es zum
Priester, und der Priester soll davon eine Handvoll zum Verbrennen
nehmen und es auf dem Altar über den Feueropfern des HERRN in Rauch
13: 2,3 aufgehen lassen. Es ist ein Sündopfer. 13 So soll der Priester für ihn Süh-
ne erwirken für die Sünde, die er in einem dieser Fälle begangen hat,
und es wird ihm vergeben werden. Dem Priester aber soll das Gleiche
gehören wie beim Speiseopfer.

Das Schuldopfer

15: 22,14 · 27,3! · 14 Und der HERR sprach zu Mose: 15 Wenn jemand etwas veruntreut
14,12 und sich ohne Absicht an den heiligen Gaben für den HERRN versün-
digt, soll er als Sühnegabe für den HERRN vom Kleinvieh einen makello-
sen Widder als Schuldopfer bringen, im Wert von einigen Silbersche-
16: 27,13! keln nach dem Schekel des Heiligtums. 16 Und was er vom Heiligen ver-
untreut hat, soll er ersetzen und noch ein Fünftel hinzufügen und es
dem Priester geben. Und der Priester soll Sühne für ihn erwirken mit
dem Opferwidder, und es wird ihm vergeben werden.
17: 1; 4,2! 17 Und wenn jemand sündigt und, ohne es zu erkennen, etwas tut,
was man nach den Geboten des HERRN nicht tun darf, dann wird er
schuldig und muss seine Schuld tragen. 18 Und er soll von seinem
Kleinvieh einen makellosen Widder im üblichen Wert als Schuldopfer
dem Priester bringen, und der Priester soll für ihn Sühne erwirken für
das Vergehen, das er ohne Absicht begangen hat, ohne es zu erkennen,
und es wird ihm vergeben werden. 19 Es ist ein Schuldopfer, er hat sich
vor dem HERRN schuldig gemacht.
21–24: 1Sam 12,3; 20 Und der HERR sprach zu Mose: 21 Wenn jemand sündigt und eine
Ez 33,15 Veruntreuung gegen den HERRN begeht und seinem Nächsten etwas
Anvertrautes oder Hinterlegtes oder Geraubtes vorenthält oder seinen
22: 19,12! Nächsten erpresst 22 oder etwas Verlorenes findet, und er leugnet es
und schwört falsch in irgendeiner Angelegenheit, durch die der Mensch
sündigen kann – 23 wenn er so sündigt und schuldig wird, dann soll er
zurückgeben, was er geraubt hat oder was er erpresst hat oder was ihm
24: Num 5,7 anvertraut war, oder das Verlorene, das er gefunden hat, 24 oder das, um
dessentwillen er falsch geschworen hat. Er soll es aber vollständig zu-
rückerstatten und noch ein Fünftel hinzufügen. Er gebe es dem Eigen-
25: Esra 10,19 tümer, wenn er sein Schuldopfer bringt. 25 Als Sühne aber soll er für
den HERRN von seinem Kleinvieh einen makellosen Widder im übli-
chen Wert als Schuldopfer dem Priester bringen. 26 Und der Priester
soll für ihn Sühne erwirken vor dem HERRN, und es wird ihm die Tat
vergeben werden, durch die er schuldig geworden ist.

Weitere Opfervorschriften

6 1 Und der HERR sprach zu Mose: 2 Gebiete Aaron und seinen Söh- 2: 1,3!
nen: Dies ist die Weisung für das Brandopfer. Das Brandopfer bleibt
die ganze Nacht über bis zum Morgen auf der Feuerstelle auf dem Altar,
und das Altarfeuer soll ohne Unterlass brennen. 3 Und der Priester soll 3: Ex 28,42 · 1,16
sein Gewand aus Leinen anziehen und seine Scham mit Kleidern aus
Leinen bedecken. Und er soll die Fettasche abheben, die entsteht, wenn
das Feuer das Brandopfer auf dem Altar verzehrt, und er soll sie neben
den Altar schütten. 4 Dann ziehe er seine Kleider aus und ziehe andere 4: Ez 44,19 · 4,12
Kleider an und bringe die Fettasche vor das Lager an eine reine Stätte.
5 Und das Feuer auf dem Altar soll ohne Unterlass brennen, es darf nicht 5: Ex 30,7
verlöschen, und Morgen für Morgen soll der Priester darauf Holz ent-
zünden. Und er lege das Brandopfer darauf, und die Fettstücke der
Heilsopfer lasse er darauf in Rauch aufgehen. 6 Ein ständiges Feuer soll
auf dem Altar brennen, es darf nicht verlöschen.

7 Und dies ist die Weisung für das Speiseopfer: Die Söhne Aarons 7: 2,1!
sollen es vor den HERRN bringen, vor den Altar. 8 Dann soll er davon
eine Handvoll nehmen, vom Feinmehl des Speiseopfers und vom Öl,
und den ganzen Weihrauch, der auf dem Speiseopfer liegt. Und den
Teil, der zum Verbrennen bestimmt ist, lasse er auf dem Altar in Rauch
aufgehen als beschwichtigenden Geruch für den HERRN. 9 Was aber da- 9: 19; 10,18; Ez 42,13
von übrig bleibt, sollen Aaron und seine Söhne essen. Ungesäuert soll es
an heiliger Stätte gegessen werden, im Vorhof des Zelts der Begegnung
sollen sie es essen. 10 Es darf nicht gesäuert gebacken werden. Als ihren 10: 2,11 · 21,22
Anteil an meinen Feueropfern habe ich es ihnen gegeben. Es ist hoch-
heilig, wie das Sündopfer und das Schuldopfer. 11 Alle männlichen 11: 22; 7,6; 24,9 · 20;
Nachkommen Aarons dürfen davon essen, es ist bei euch von Generati- Ex 29,37
on zu Generation ihr ewiges Anrecht an den Feueropfern des HERRN.
Was mit ihnen in Berührung kommt, wird heilig.

12 Und der HERR sprach zu Mose: 13 Dies ist die Opfergabe Aarons 13: Ex 29,7 ·
und seiner Söhne, die sie dem HERRN darbringen sollen an dem Tag, an Ex 29,40
dem er gesalbt wird: ein Zehntel Efa Feinmehl als ständiges Speiseopfer,
eine Hälfte am Morgen und die andere Hälfte am Abend. 14 Es soll auf 14: 1Chr 9,31
dem Blech mit Öl zubereitet werden, angerührt sollst du es bringen. In
Stücke gebrochenes Mehlgebäck sollst du als Speiseopfer darbringen,
als beschwichtigenden Geruch für den HERRN. 15 Und der Priester, der 15: Ex 27,21!
unter den Söhnen Aarons an seiner Stelle gesalbt ist, soll es zubereiten.
Das ist eine ewige Ordnung. Es soll ganz in Rauch aufgehen für den
HERRN. 16 Jedes Speiseopfer eines Priesters aber soll ein Ganzopfer
sein, es darf nicht gegessen werden.

17 Und der HERR sprach zu Mose: 18 Sprich zu Aaron und seinen 18: 4,3!
Söhnen: Dies ist die Weisung für das Sündopfer. Dort, wo das Brandop-
fer geschlachtet wird, soll das Sündopfer vor dem HERRN geschlachtet
werden. Es ist hochheilig. 19 Der Priester, der das Sündopfer darbringt, 19: 9!
soll es essen. Es soll an heiliger Stätte gegessen werden, im Vorhof des
Zelts der Begegnung. 20 Was mit dem Opferfleisch in Berührung 20: 11!
kommt, wird heilig. Und wenn etwas vom Opferblut auf das Gewand
spritzt, sollst du das bespritzte Teil an heiliger Stätte waschen. 21 Und 21: 11,33; 15,12
ein Tongefäss, in dem es gekocht wird, soll zerbrochen werden. Wurde
es aber in einem Gefäss aus Bronze gekocht, soll dieses gescheuert und

22: 11! mit Wasser ausgespült werden. 22 Alle männlichen Angehörigen der
23: 4,5 Priesterfamilien dürfen davon essen. Es ist hochheilig. 23 Ein Sündop-
fer aber, von dessen Blut man etwas in das Zelt der Begegnung bringt,
um im Heiligtum die Sühnehandlung zu vollziehen, darf nicht geges-
sen werden. Es muss im Feuer verbrannt werden.

1: 5,6 7 1 Und dies ist die Weisung für das Schuldopfer: Es ist hochheilig.
2: 4,33 2 Dort, wo man das Brandopfer schlachtet, soll man das Schuldopfer
3–4: 3,9–10 schlachten, und das Blut soll man ringsum an den Altar sprengen. 3 Und
alles Fett davon soll man darbringen: den Fettschwanz und das Fett, das
die Eingeweide bedeckt, 4 die beiden Nieren und das Fett an ihnen und
an den Lenden. Und den Lappen über der Leber trenne man mit den
5: 3,3 Nieren ab. 5 Und der Priester lasse es auf dem Altar in Rauch aufgehen
6: 6,11! als Feueropfer für den HERRN. Es ist ein Schuldopfer. 6 Alle männlichen
Angehörigen der Priesterfamilien dürfen davon essen, es soll an heili-
7: 14,13; Num 5,8 ger Stätte gegessen werden. Es ist hochheilig. 7 Für das Sündopfer und
für das Schuldopfer gilt ein und dieselbe Weisung: Es soll dem Priester
8: 1,6 gehören, der damit Sühne erwirkt. 8 Dem Priester aber, der für jeman-
den ein Brandopfer darbringt, soll das Fell des Brandopfers gehören, das
9: 2,10! er dargebracht hat. 9 Und jedes Speiseopfer, das im Ofen gebacken, und
jedes, das in der Pfanne oder auf dem Blech zubereitet wird, soll dem
10: 2,3 Priester gehören, der es darbringt. 10 Jedes Speiseopfer aber, es sei mit
Öl angerührt oder trocken, soll allen Söhnen Aarons gehören, den einen
wie den andern.

11: 3,1! 11 Und dies ist die Weisung für das Heilsopfer, das man dem HERRN
12: Ps 107,22; darbringt. 12 Bringt man es als Dankopfer dar, soll man zusammen mit
Am 4,5 · 2,5! dem Dankopfer ungesäuerte, mit Öl angerührte Ringbrote darbringen
und ungesäuerte, mit Öl bestrichene Fladen und Feinmehl, angerührt
mit Öl. 13 Zusammen mit Ringbroten aus Sauerteig soll er seine Opfer-
14: Num 18,8 gabe darbringen, zusätzlich zu seinem Heilsopfer. 14 Und von jeder Op-
fergabe soll er einen Teil als Abgabe für den HERRN darbringen. Dieser
soll dem Priester gehören, der das Blut des Heilsopfers versprengt.
15–18: 19,5–8 15 Das Fleisch seines Heilsopfers aber soll an dem Tag gegessen werden,
15: 22,30 an dem es dargebracht wird, nichts davon darf er bis zum Morgen zu-
16: Num 15,3 rücklegen. 16 Und wenn jemand sein Schlachtopfer eines Gelübdes we-
gen oder als freiwillige Gabe darbringt, soll es an dem Tag gegessen wer-
den, an dem er sein Schlachtopfer darbringt. Was aber davon übrig
bleibt, darf auch am folgenden Tag gegessen werden. 17 Und was dann
noch vom Fleisch des Schlachtopfers übrig bleibt, muss am dritten Tag
im Feuer verbrannt werden. 18 Isst man aber am dritten Tag vom
Fleisch des Heilsopfers, so wird der, der es darbringt, kein Wohlgefallen
finden, es wird ihm nicht angerechnet werden. Es gilt als verdorben,
und wer davon isst, wird schuldig. 19 Auch Fleisch, das mit etwas Unrei-
nem in Berührung kommt, darf nicht gegessen werden, es muss im Feu-
er verbrannt werden. Alles andere Fleisch aber darf essen, wer rein ist.
20 Wenn aber jemand Fleisch vom Heilsopfer isst, das dem HERRN ge-
hört, und er ist unrein, dann soll er getilgt werden aus seiner Sippe.
21: 5,3! 21 Und wenn jemand etwas Unreines berührt, sei es eine Unreinheit an

7,12: Am Ende des hebräischen Texts wird «angerührtes Feinmehl, Kuchen, angerührt mit Öl» nochmals wiederholt.

einem Menschen oder unreines Vieh oder etwas unreines Abscheuli-
ches, und er isst vom Fleisch des Heilsopfers, das dem HERRN gehört,
soll er getilgt werden aus seiner Sippe.
22 Und der HERR sprach zu Mose: 23 Sprich zu den Israeliten: Das 23: 3,17
Fett von Rindern, Schafen oder Ziegen dürft ihr nicht essen. 24 Und das 24: 22,8!
Fett von verendeten oder gerissenen Tieren darf zu verschiedenen Zwe-
cken gebraucht werden, essen aber dürft ihr es nicht. 25 Jeder, der Fett
isst vom Vieh, von dem man dem HERRN Feueropfer darbringt, soll ge-
tilgt werden aus seiner Sippe. 26 Und Blut dürft ihr nicht verzehren, wo 26: 17,10–14;
immer ihr wohnt, weder von den Vögeln noch vom Vieh. 27 Jeder, der Gen 9,4
Blut verzehrt, soll getilgt werden aus seiner Sippe.
28 Und der HERR sprach zu Mose: 29 Sprich zu den Israeliten: Wer 29: 3,1!
ein Heilsopfer für den HERRN darbringt, der bringe von seinem Heils-
opfer, was er dem HERRN als Gabe schuldet. 30 Mit eigenen Händen soll 30: Ex 29,13 ·
er die Feueropfer des HERRN bringen. Das Fett samt der Brust soll er Ex 29,24!
bringen, die Brust, um sie vor dem HERRN als Weihegabe hin und her zu
schwingen. 31 Und der Priester soll das Fett auf dem Altar in Rauch auf-
gehen lassen, die Brust aber soll Aaron und seinen Söhnen gehören.
32 Auch die rechte Keule sollt ihr dem Priester geben, als Abgabe von
euren Heilsopfern. 33 Dem von den Söhnen Aarons, der das Blut der
Heilsopfer und das Fett darbringt, soll die rechte Keule als Anteil gehö-
ren. 34 Denn die geweihte Brust und die als Abgabe bestimmte Keule 34: 9,21; 10,15;
habe ich den Israeliten von ihren Heilsopfern genommen und sie dem Num 6,20; 18,18
Priester Aaron und seinen Söhnen gegeben als ewiges Anrecht bei den
Israeliten. 35 Das war der Anteil Aarons und der Anteil seiner Söhne an
den Feueropfern des HERRN an dem Tag, als er sie herzutreten liess, um
dem HERRN als Priester zu dienen. 36 Das hat der HERR ihnen zugewie- 36: 8,12! · Ex 27,21
sen von den Israeliten an dem Tag, als er sie salbte, als ewiges Anrecht
von Generation zu Generation.
37 Das war die Weisung für das Brandopfer, das Speiseopfer, das
Sündopfer, das Schuldopfer, das Einsetzungsopfer und das Heilsopfer,
38 die der HERR Mose gegeben hat auf dem Berg Sinai an dem Tag, als er 38: 1,1
den Israeliten gebot, ihre Opfergaben dem HERRN darzubringen, in der
Wüste Sinai.

Einsetzung Aarons und seiner Söhne

8 1 Und der HERR sprach zu Mose: 2 Nimm Aaron und mit ihm seine 1–36: Ex 29,1–37
Söhne, die Gewänder und das Salböl, den Sündopferstier, die beiden 2: Ex 30,25
Widder und den Korb mit den ungesäuerten Broten, 3 und versammle 3: Num 8,9
die ganze Gemeinde am Eingang des Zelts der Begegnung. 4 Und Mose
machte es, wie der HERR es ihm geboten hatte, und die Gemeinde ver-
sammelte sich am Eingang des Zelts der Begegnung. 5 Und Mose sprach
zur Gemeinde: Dies ist es, was der HERR zu tun geboten hat. 6 Und Mose 6: 16,4!
liess Aaron und seine Söhne herzutreten und wusch sie mit Wasser.
7 Und er legte ihm den Leibrock an, gürtete ihn mit der Schärpe, beklei-
dete ihn mit dem Obergewand und legte ihm den Efod an, gürtete ihn
mit der Efodbinde und band ihm damit den Efod fest. 8 Dann hängte er 8: Ex 28,15
ihm die Brusttasche um und legte in die Brusttasche die Urim und Tum-
mim. 9 Und er setzte den Kopfbund auf sein Haupt und befestigte an 9: Ex 28,36 ·
der Vorderseite des Kopfbunds die goldene Blume, das heilige Diadem, 13.21.36; Ex 40,16

10: Ex 30,29 · wie der HERR es Mose geboten hatte. 10 Dann nahm Mose das Salböl
Ex 40,9–11 und salbte die Wohnung und alles, was darin war, und weihte sie.
11: 4,6! 11 Und er sprengte etwas davon siebenmal an den Altar und salbte den
Altar und alle seine Geräte und das Becken mit seinem Gestell, um sie zu
12: 30; 7,36; 10,7; weihen. 12 Dann goss er von dem Salböl auf das Haupt Aarons und salb-
21,10; Ex 28,41! te ihn, um ihn zu weihen. 13 Und Mose liess die Söhne Aarons herzutre-
13: Ex 40,14 · 9! ten und bekleidete sie mit Leibröcken und gürtete sie mit einer Schärpe
und band ihnen Kopfbedeckungen um, wie der HERR es Mose geboten
hatte.

14: 4,4 14 Dann liess er den Stier für das Sündopfer herbeibringen, und
Aaron und seine Söhne legten die Hände auf den Kopf des Sündopfer-
15: 4,7! stiers. 15 Und Mose schlachtete ihn und nahm das Blut, strich davon mit
dem Finger ringsum an die Hörner des Altars und entsündigte den Al-
tar. Das übrige Blut aber goss er aus am Sockel des Altars und weihte ihn,
damit man auf ihm die Sühnehandlung vollziehen konnte. 16 Dann
nahm er alles Fett, das an den Eingeweiden war, den Leberlappen und
die beiden Nieren und ihr Fett, und Mose liess es auf dem Altar in Rauch
17: 4,11–12! aufgehen. 17 Den Jungstier aber, sein Fell, sein Fleisch und den Inhalt
seiner Gedärme verbrannte er im Feuer, ausserhalb des Lagers, wie der
HERR es Mose geboten hatte. 18 Dann liess er den Brandopferwidder
herbeibringen, und Aaron und seine Söhne legten die Hände auf den
Kopf des Widders. 19 Und Mose schlachtete ihn und sprengte das Blut
ringsum an den Altar. 20 Den Widder selbst aber zerlegte er in seine
Teile, und Mose liess den Kopf, die Teile und das Fett in Rauch aufgehen.
21: 9! 21 Die Eingeweide aber und die Beine wusch er mit Wasser; dann liess
Mose den ganzen Widder auf dem Altar in Rauch aufgehen. Ein Brand-
opfer war es von beschwichtigendem Geruch, ein Feueropfer war es für
den HERRN, wie der HERR es Mose geboten hatte.

22 Dann liess er den zweiten Widder, den Widder der Einsetzung,
herbeibringen, und Aaron und seine Söhne legten die Hände auf den
23–24: 14,14! Kopf des Widders. 23 Und Mose schlachtete ihn, nahm etwas von sei-
nem Blut und strich es an das rechte Ohrläppchen Aarons, an den Dau-
men seiner rechten Hand und an die grosse Zehe seines rechten Fusses.
24 Dann liess Mose die Söhne Aarons herzutreten und strich etwas Blut
an ihr rechtes Ohrläppchen, an den Daumen ihrer rechten Hand und an
die grosse Zehe ihres rechten Fusses. Das übrige Blut aber sprengte
Mose ringsum an den Altar. 25 Dann nahm er das Fett und den Fett-
schwanz, alles Fett, das an den Eingeweiden war, den Leberlappen und
die beiden Nieren und ihr Fett und die rechte Keule. 26 Und aus dem
Korb der ungesäuerten Brote, der vor dem HERRN stand, nahm er ein
ungesäuertes Ringbrot, ein Ringbrot aus Ölteig und einen Fladen und
27: 14,12 legte sie auf die Fettstücke und auf die rechte Keule. 27 Und er legte alles
auf die Hände Aarons und auf die Hände seiner Söhne und liess es vor
dem HERRN als Weihegabe hin und her schwingen. 28 Dann nahm
Mose es wieder aus ihren Händen und liess es auf dem Altar über dem
Brandopfer in Rauch aufgehen. Ein Einsetzungsopfer war es von be-
29: Ex 29,26 schwichtigendem Geruch, ein Feueropfer war es für den HERRN. 29 Und
Mose nahm die Brust und schwang sie vor dem HERRN als Weihegabe
hin und her. Vom Widder der Einsetzung fiel sie Mose als Anteil zu, wie
30: 12! der HERR es Mose geboten hatte. 30 Dann nahm Mose etwas von dem

Salböl und vom Blut auf dem Altar und besprengte damit Aaron und
seine Gewänder und mit ihm seine Söhne und die Gewänder seiner
Söhne, und er weihte Aaron und seine Gewänder und mit ihm seine
Söhne und die Gewänder seiner Söhne. 31 Und Mose sprach zu Aaron 31: Ex 29,31–34
und seinen Söhnen: Kocht das Fleisch am Eingang des Zelts der Begeg-
nung. Und dort esst es mit dem Brot, das im Korb des Einsetzungsopfers
ist, wie ich es geboten habe: Aaron und seine Söhne sollen es essen.
32 Was aber übrig bleibt vom Fleisch und vom Brot, sollt ihr im Feuer
verbrennen. 33 Vom Eingang des Zelts der Begegnung aber sollt ihr 33: 9,1 · Ez 43,26
euch sieben Tage lang nicht entfernen, bis zu dem Tag, an dem die Zeit
eurer Einsetzung vollendet ist, denn sieben Tage lang soll man euch die
Hand füllen. 34 Wie man es am heutigen Tag getan hat, so hat es der
HERR zu tun geboten, um für euch Sühne zu erwirken. 35 Und am Ein-
gang des Zelts der Begegnung sollt ihr sieben Tage lang bleiben, Tag und
Nacht, und die Anweisung des HERRN befolgen, dann werdet ihr nicht
sterben. Denn so ist es mir geboten worden. 36 Und Aaron und seine 36: 9!
Söhne taten alles, was der HERR durch Mose geboten hatte.

Erste Opfer

9 1 Am achten Tag aber rief Mose Aaron und seine Söhne und die Äl- 1: 8,33
testen Israels 2 und sprach zu Aaron: Nimm ein Kalb, ein junges 2: 4,3!
Rind, als Sündopfer und einen Widder als Brandopfer, makellose Tiere,
und bringe sie dar vor dem HERRN. 3 Zu den Israeliten aber sollst du
sagen: Nehmt einen Ziegenbock als Sündopfer und ein Kalb und ein
Schaf, einjährige makellose Tiere, als Brandopfer 4 und ein Rind und 4: 3,1! · 2,1! · 6.23;
einen Widder als Heilsopfer, um sie vor dem HERRN zu schlachten, und Ex 16,10; 29,43
ein Speiseopfer, mit Öl angerührt. Denn heute erscheint euch der HERR.
5 Da holten sie, was Mose geboten hatte, vor das Zelt der Begegnung,
und die ganze Gemeinde trat herzu, und sie stellten sich vor den
HERRN. 6 Und Mose sprach: Dies ist es, was euch der HERR zu tun gebo- 6: 4!
ten hat, damit euch die Herrlichkeit des HERRN erscheinen kann.
7 Dann sprach Mose zu Aaron: Tritt zum Altar und bringe dein Sündop- 7: 16,6!
fer und dein Brandopfer dar, und erwirke Sühne für dich und das Volk.
Dann bringe die Opfergabe des Volkes dar, und erwirke Sühne für sie,
wie der HERR es geboten hat. 8 Da trat Aaron an den Altar und schlach-
tete das Kalb, das als Sündopfer für ihn bestimmt war. 9 Und die Söhne 9: 4,6–7
Aarons brachten ihm das Blut, und er tauchte den Finger in das Blut und
strich es an die Hörner des Altars. Das übrige Blut aber goss er aus am
Sockel des Altars. 10 Und das Fett, die Nieren und den Leberlappen des 10: 3,3–5!
Sündopfers liess er auf dem Altar in Rauch aufgehen, wie der HERR es
Mose geboten hatte. 11 Das Fleisch und das Fell aber verbrannte er im
Feuer, ausserhalb des Lagers. 12 Dann schlachtete er das Brandopfer,
und die Söhne Aarons reichten ihm das Blut, und er sprengte es rings-
um an den Altar. 13 Das Brandopfer selbst aber reichten sie ihm, in sei-
ne Teile zerlegt, und dazu den Kopf, und er liess es auf dem Altar in
Rauch aufgehen. 14 Und er wusch die Eingeweide und die Beine und
liess sie auf dem Altar über dem Brandopfer in Rauch aufgehen.
15 Dann brachte er die Opfergabe des Volkes dar. Und er nahm den 15: 10,16
Bock, der als Sündopfer für das Volk bestimmt war, und schlachtete ihn
und brachte ihn als Sündopfer dar, wie das erste Opfer. 16 Dann brachte

17: Ex 29,39 er das Brandopfer dar und verfuhr mit ihm nach der Vorschrift. 17 Und
er brachte das Speiseopfer dar und nahm eine Handvoll davon und liess
es auf dem Altar in Rauch aufgehen, zusätzlich zum Brandopfer am
Morgen. 18 Dann schlachtete er das Rind und den Widder als Heilsop-
fer für das Volk. Und die Söhne Aarons reichten ihm das Blut, und er
sprengte es ringsum an den Altar. 19 Und die Fettstücke des Rinds und
den Fettschwanz des Widders, die Fettdecke, die Nieren und den Leber-
20: Ex 29,24 lappen, 20 all diese Fettstücke legten sie auf die Bruststücke, und er
21: 7,34! liess die Fettstücke auf dem Altar in Rauch aufgehen. 21 Die Bruststücke
aber und die rechte Keule schwang Aaron vor dem HERRN als Weihega-
be hin und her, wie es Mose geboten hatte.

22–23: 1Chr 23,13! 22 Und Aaron erhob die Hände über das Volk und segnete es, und als
22: Ex 39,43; er das Sündopfer, das Brandopfer und das Heilsopfer dargebracht hatte,
Num 6,23; Dtn 10,8; 21,5 stieg er herab. 23 Und Mose und Aaron gingen in das Zelt der Begeg-
23: 4! nung und kamen wieder heraus und segneten das Volk. Und die Herr-
24: 10,2 · Ri 6,21; lichkeit des HERRN erschien dem ganzen Volk. 24 Und Feuer ging aus
1Kön 18,38; vom HERRN und verzehrte das Brandopfer und die Fettstücke auf dem
1Chr 21,26 Altar. Und das ganze Volk sah es, und sie jubelten und fielen nieder auf
ihr Angesicht.

Ein unerlaubtes Opfer

1: Ex 6,23 · Ex 30,9 **10** 1 Nadab und Abihu aber, Aarons Söhne, nahmen jeder seine Räu-
cherpfanne, taten Feuer hinein und legten Räucherwerk darauf
und brachten vor dem HERRN ein unerlaubtes Feueropfer dar, das er
2: 9,24! · 16,1; ihnen nicht geboten hatte. 2 Da ging Feuer aus vom HERRN und ver-
Num 3,4; zehrte sie, und sie starben vor dem HERRN. 3 Und Mose sprach zu
1Chr 24,2 · Num 16,35 Aaron: Das ist es, was der HERR gemeint hat, als er sprach:
3: Ex 19,22 · An denen, die mir nahe sind, erweise ich mich heilig,
Num 20,12 und vor dem ganzen Volk zeige ich meine Herrlichkeit.
4: Ex 6,18.22 Und Aaron schwieg. 4 Mose aber rief Mischael und Elzafan, die Söh-
ne Ussiels, des Onkels Aarons, und sprach zu ihnen: Tretet herzu, und
tragt eure Brüder vom Heiligtum weg, hinaus vor das Lager. 5 Und sie
traten herzu und trugen sie in ihren Leibröcken hinaus vor das Lager,
6: Ex 6,23 · 21,10; wie es Mose gesagt hatte. 6 Und Mose sprach zu Aaron und seinen Söh-
Ez 24,17 nen Elasar und Itamar: Ihr sollt euer Haupthaar nicht frei wachsen las-
sen, und eure Kleider dürft ihr nicht zerreissen, damit ihr nicht sterbt
und damit nicht Zorn über die ganze Gemeinde kommt. Eure Brüder
aber, das ganze Haus Israel soll weinen über den Brand, den der HERR
7: 8,12! entfacht hat. 7 Und ihr dürft nicht weggehen vom Eingang des Zelts der
Begegnung, damit ihr nicht sterben müsst, denn das Salböl des HERRN
ist auf euch. Und sie taten, was Mose gesagt hatte.

Bestimmungen für die Priester

9: Num 6,3!; 8 Und der HERR sprach zu Aaron: 9 Wein und Bier sollst du nicht
Ez 44,21 trinken, weder du noch deine Söhne, wenn ihr in das Zelt der Begeg-
nung geht, damit ihr nicht sterben müsst. Das ist eine ewige Ordnung
10: 11,47; 13,59; für euch von Generation zu Generation. 10 Und ihr sollt unterscheiden
14,57; 20,25; zwischen dem, was heilig ist, und dem, was nicht heilig ist, zwischen
Ez 22,26 · 11: Dtn 33,10; dem, was unrein ist, und dem, was rein ist. 11 Und ihr sollt die Israeliten
Mal 2,7 alle Satzungen lehren, die ihnen der HERR durch Mose gegeben hat.

12 Und Mose sprach zu Aaron und zu seinen Söhnen Elasar und Ita- 12: 2,2!
mar, die ihm geblieben waren: Nehmt das Speiseopfer, das von den
Feueropfern des HERRN übrig geblieben ist, und esst es ungesäuert ne-
ben dem Altar, denn es ist hochheilig. 13 Und ihr sollt es an heiliger Stät-
te essen, denn es ist der Anteil, der dir und deinen Söhnen von den
Feueropfern des HERRN zukommt. So ist es mir geboten worden.
14 Und die geweihte Brust und die als Abgabe bestimmte Keule sollt ihr 14: 22,13
an reiner Stätte essen, du und deine Söhne und deine Töchter. Denn dir
und deinen Kindern sind sie gegeben als der Anteil, der euch von den
Heilsopfern der Israeliten zukommt. 15 Sie sollen die Keule bringen, 15: 7,34!
die als Abgabe bestimmt ist, und die geweihte Brust, zusammen mit den
Fettstücken der Feueropfer, um sie vor dem HERRN als Weihegabe hin
und her zu schwingen. Und es soll dir und mit dir deinen Kindern ge-
hören als ewiges Anrecht, wie es der HERR geboten hat.

16 Als aber Mose den Bock für das Sündopfer suchte, da war dieser 16: 9,15
schon verbrannt worden. Und er wurde zornig über Elasar und Itamar,
die Söhne, die Aaron geblieben waren. Und er sprach: 17 Warum habt 17: Ex 28,38
ihr das Sündopfer nicht an heiliger Stätte gegessen? Denn es ist hoch-
heilig, und er hat es euch gegeben, um die Schuld von der Gemeinde zu
nehmen und für sie Sühne zu erwirken vor dem HERRN. 18 Seht, sein 18: 6,9!
Blut ist nicht in das Heiligtum hineingebracht worden. Ihr müsst das
Sündopfer im Heiligtum essen, wie ich es geboten habe. 19 Aaron aber
sprach zu Mose: Sieh, heute haben sie ihr Sündopfer und ihr Brandopfer
vor dem HERRN dargebracht, und dann ist mir solches widerfahren.
Und würde ich heute ein Sündopfer essen, wäre es dem HERRN wohlge-
fällig? 20 Und Mose hörte es, und es schien ihm recht.

Reine und unreine Tiere

11 1 Und der HERR sprach zu Mose und Aaron und sagte ihnen: 1–47: Dtn 14,3–21
2 Sprecht zu den Israeliten: Dies sind die Tiere, die ihr essen dürft 2: Apg 10,12–14
von allen Tieren auf der Erde. 3 Jedes Tier, das gespaltene Klauen, und
zwar ganz gespaltene Klauen, hat und wiederkäut, dürft ihr essen.
4 Doch von denen, die wiederkäuen, und von denen mit gespaltenen
Klauen dürft ihr diese nicht essen: das Kamel, denn es ist zwar ein Wie-
derkäuer, hat aber keine gespaltenen Klauen. Es ist für euch unrein.
5 Und den Klippschliefer, denn er ist zwar ein Wiederkäuer, hat aber 5: Spr 30,26
keine gespaltenen Klauen. Er ist für euch unrein. 6 Und den Hasen,
denn er ist zwar ein Wiederkäuer, hat aber keine gespaltenen Klauen. Er
ist für euch unrein. 7 Und das Wildschwein, denn es hat zwar gespalte- 7: Jes 65,4!
ne Klauen, ganz gespaltene Klauen, es ist aber kein Wiederkäuer. Es ist
für euch unrein. 8 Von ihrem Fleisch dürft ihr nicht essen, und ihr Aas
dürft ihr nicht berühren, sie sind für euch unrein.

9 Von allem, was im Wasser ist, dürft ihr dies essen: Alles, was im
Wasser lebt, in den Meeren und Bächen, was Flossen und Schuppen hat,
dürft ihr essen. 10 Alles aber in den Meeren und Bächen, was keine Flos-
sen und keine Schuppen hat von allem Kleingetier des Wassers und von
allen Lebewesen im Wasser, ist für euch ein Greuel. 11 Und sie sollen ein

Kap. 11: Die genaue Bedeutung der hebräischen Tiernamen in Kap. 11 ist nicht in jedem Fall gesichert.

Greuel für euch sein. Von ihrem Fleisch dürft ihr nicht essen, und ihr
Aas sollt ihr verabscheuen. 12 Alle Tiere im Wasser, die keine Flossen
und keine Schuppen haben, sind für euch ein Greuel.

13 Und von den Vögeln sollt ihr diese verabscheuen – sie dürfen
nicht gegessen werden, sie sind ein Greuel: den Gänsegeier, den Läm-
mergeier und den Mönchsgeier, 14 den Milan und alle Arten von Ha-
bichten, 15 alle Arten von Raben, 16 den Strauss, die Schwalbe, die
Möwe und alle Arten von Falken, 17 das Käuzchen, die Fischeule und
den Uhu, 18 die Schleiereule, die Ohreule und den Aasgeier, 19 den
Storch, alle Arten von Reihern, den Wiedehopf und die Fledermaus.
20 Alles geflügelte Kleingetier, das auf vier Beinen läuft, ist für euch ein
Greuel. 21 Von allem geflügelten Kleingetier aber, das auf vier Beinen
läuft, dürft ihr nur solches essen, das Schenkel hat und damit auf der
22: Mt 3,4 Erde hüpft. 22 Von ihnen dürft ihr diese essen: alle Arten von Wander-
heuschrecken, alle Arten von Feldheuschrecken, alle Arten von Laub-
heuschrecken und alle Arten von Springheuschrecken. 23 Alles übrige
geflügelte Kleingetier aber, das vier Füsse hat, ist für euch ein Greuel.

24: 31.39; 5,2; 14,46; 24 Und an diesen Tieren verunreinigt ihr euch – jeder, der ihr Aas
15,5–11.21–23.27 berührt, ist unrein bis zum Abend, 25 und jeder, der etwas von dem Aas
25: 17,15; Ex 22,30 aufhebt, muss seine Kleider waschen und bleibt unrein bis zum Abend:
26 an jedem Tier, das gespaltene, aber nicht ganz gespaltene Klauen hat
und kein Wiederkäuer ist. Sie sind für euch unrein. Wer sie berührt,
wird unrein. 27 Und von den vierbeinigen Tieren sind alle für euch un-
rein, die auf Pfoten laufen. Wer ihr Aas berührt, ist unrein bis zum
Abend. 28 Und wer ihr Aas aufhebt, muss seine Kleider waschen und
bleibt unrein bis zum Abend. Sie sind für euch unrein.

29: Jes 66,17 · 29 Und vom Kleingetier, das auf der Erde wimmelt, ist dies für euch
Spr 30,28 unrein: der Maulwurf, die Maus und alle Arten von Dornschwanzech-
sen, 30 der Gecko, der Waran, die Eidechse, die Blindschleiche und das
Chamäleon. 31 Das sind die unreinen Tiere für euch unter allem Klein-
getier. Jeder, der sie berührt, wenn sie tot sind, ist unrein bis zum
Abend. 32 Und jeder Gegenstand, auf den ein solches Aas fällt, wird un-
rein, er sei aus Holz oder Kleiderstoff oder Leder oder Sackzeug, jeder
Gegenstand, mit dem man eine Arbeit verrichtet. Er muss in Wasser
gelegt werden und bleibt unrein bis zum Abend, dann wird er wieder
33: 6,21! · 24! rein. 33 Und fällt das Aas in ein Tongeschirr, wird alles unrein, was da-
rin ist, und das Gefäss sollt ihr zerschlagen. 34 Jede Speise, die man isst,
wird unrein, wenn Wasser aus einem solchen Gefäss mit ihr in Berüh-
rung kommt. Und jedes Getränk, das man trinkt, wird in einem solchen
Gefäss unrein. 35 Und alles, worauf etwas von dem Aas fällt, wird un-
rein. Ein Backofen und ein Herd muss eingerissen werden, sie sind un-
rein, und als unrein sollen sie euch gelten. 36 Nur Quellen und Zister-
nen, in denen sich Wasser sammelt, bleiben rein. Wer aber ein Aas da-
rin berührt, wird unrein. 37 Und wenn etwas von dem Aas auf Samen
fällt, der ausgesät werden soll, so bleibt er rein. 38 Wenn man aber Was-
ser auf den Samen giesst, und es fällt etwas von dem Aas darauf, so ist er
für euch unrein.

39: 24! 39 Stirbt aber eines von den Tieren, die ihr essen dürft, so ist, wer das
40: Dtn 14,21; Aas berührt, unrein bis zum Abend. 40 Und wer von dem Aas isst, muss
Ez 4,14 seine Kleider waschen und bleibt unrein bis zum Abend. Und wer das

Aas aufhebt, muss seine Kleider waschen und bleibt unrein bis zum
Abend.

41 Alles Kleingetier aber, das auf der Erde wimmelt, ist ein Greuel. Es
darf nicht gegessen werden. 42 Alles, was auf dem Bauch kriecht, und
alles, was auf vier oder mehr Füssen läuft, alles Kleingetier, das auf der
Erde wimmelt, dürft ihr nicht essen, denn es ist ein Greuel. 43 Ihr sollt 43–44: 22,5
euch nicht selbst zum Greuel machen durch all das wimmelnde Klein-
getier und euch nicht an ihm verunreinigen, so dass ihr dadurch unrein
werdet. 44 Denn ich bin der HERR, euer Gott, und ihr sollt euch heiligen, 44: 18,2.30;
und ihr sollt heilig sein, denn ich bin heilig. Und ihr sollt euch nicht 19,3–4.10 · 19,2!
selbst verunreinigen an all dem Kleingetier, das sich auf der Erde regt.
45 Denn ich bin der HERR, der euch heraufgeführt hat aus dem Land 45: 19,36 · 22,33!
Ägypten, um euer Gott zu sein. Und ihr sollt heilig sein, denn ich bin
heilig.

46 Das ist die Weisung über das Vieh und die Vögel und alle Lebe-
wesen, die sich im Wasser regen, und über alles, was auf der Erde wim-
melt, 47 damit man unterscheide zwischen dem, was unrein ist, und 47: 10,10!
dem, was rein ist, und zwischen den Tieren, die gegessen werden dür-
fen, und denen, die man nicht essen darf.

Anweisung für Wöchnerinnen

12 1 Und der HERR sprach zu Mose: 2 Sprich zu den Israeliten: Wenn 2: 5,3!
eine Frau Mutter wird und einen Knaben gebärt, ist sie sieben
Tage lang unrein. Wie in den Tagen ihrer monatlichen Blutung ist sie
unrein. 3 Und am achten Tag soll seine Vorhaut beschnitten werden. 3: Gen 17,12; Lk 2,21
4 Und sie soll dreiunddreissig Tage warten während der Blutung der 4: Lk 2,22
Reinigung: Sie darf nichts Heiliges berühren, und sie darf nicht zum
Heiligtum kommen, bis die Tage ihrer Reinigung vollendet sind. 5 Ge-
bärt sie aber ein Mädchen, ist sie zwei Wochen lang unrein wie bei ihrer
monatlichen Regel, und sie soll sechsundsechzig Tage warten während
der Blutung der Reinigung. 6 Und wenn die Tage ihrer Reinigung voll-
endet sind, bei einem Sohn oder einer Tochter, soll sie dem Priester ein
einjähriges Lamm als Brandopfer und eine Taube oder eine Turteltaube
als Sündopfer an den Eingang des Zelts der Begegnung bringen. 7 Und
er soll es vor dem HERRN darbringen und für sie Sühne erwirken, dann
wird sie rein von ihrem Blutfluss. Das ist die Weisung für die Frau, die
einen Knaben oder ein Mädchen gebärt. 8 Reichen ihre Mittel für ein 8: 5,7! · 1,14! ·
Schaf aber nicht aus, so soll sie zwei Turteltauben oder zwei Tauben neh- Lk 2,24 · 15,15
men, die eine als Brandopfer und die andere als Sündopfer. Und der
Priester soll für sie Sühne erwirken, dann wird sie rein.

Aussatz bei Menschen

13 1 Und der HERR sprach zu Mose und Aaron: 2 Wenn sich bei je- 2: Dtn 24,8; Mt 8,4
mandem auf der Haut eine Schwellung oder ein schuppiger Aus-
schlag oder ein heller Fleck bildet, und es wird daraus ein Aussatzmal
auf der Haut, soll er zu Aaron, dem Priester, oder zu einem seiner Söhne,
den Priestern, gebracht werden. 3 Und der Priester soll das Mal auf der 3: 14,37
Haut untersuchen. Wenn die Haare auf der erkrankten Stelle weiss ge-
worden sind und das Mal tiefer erscheint als die übrige Haut, ist es ein
Aussatzmal. Und wenn der Priester das sieht, soll er ihn für unrein er-

4: 50;14,38; klären. 4 Ist es aber ein weisser Fleck auf der Haut und erscheint er nicht
Num 12,14 tiefer als die übrige Haut und sind die Haare darauf nicht weiss gewor-
den, so soll der Priester den Kranken für sieben Tage absondern. 5 Und
am siebten Tag soll der Priester ihn untersuchen. Wenn das Mal in sei-
nen Augen unverändert ist, sich auf der Haut nicht ausgebreitet hat, soll
6: 14,8–9! ihn der Priester für weitere sieben Tage absondern. 6 Und am siebten
Tag soll der Priester ihn noch einmal untersuchen. Wenn das Mal ver-
blasst ist und sich auf der Haut nicht ausgebreitet hat, soll der Priester
ihn für rein erklären. Es ist ein Ausschlag. Er soll aber seine Kleider wa-
schen, dann wird er rein. 7 Breitet sich aber der Ausschlag auf der Haut
aus, nachdem er sich dem Priester gezeigt hat, um wieder rein zu wer-
den, soll er sich dem Priester noch einmal zeigen. 8 Und der Priester soll
es untersuchen. Wenn sich der Ausschlag auf der Haut ausgebreitet hat,
soll ihn der Priester für unrein erklären. Es ist Aussatz.

9 Wenn sich bei jemandem ein Aussatzmal bildet, soll er zum Pries-
ter gebracht werden. 10 Und der Priester soll es untersuchen. Wenn sich
auf der Haut eine weisse Schwellung findet und die Haare darauf weiss
geworden sind und wildes Fleisch auf der Schwellung wuchert, 11 so ist
es alter Aussatz auf seiner Haut. Und der Priester soll ihn für unrein
erklären, ohne ihn erst abzusondern, denn er ist unrein. 12 Bricht aber
der Aussatz auf der Haut aus, so dass der Aussatz die ganze Haut des
Kranken von Kopf bis Fuss bedeckt, wohin der Priester auch schaut,
13: Num 12,10 13 soll der Priester es untersuchen. Wenn der Aussatz den ganzen Leib
bedeckt, soll er den Kranken für rein erklären. Er ist ganz weiss gewor-
den, er ist rein. 14 Sobald sich aber wildes Fleisch an ihm zeigt, wird er
unrein. 15 Und wenn der Priester das wilde Fleisch sieht, soll er ihn für
unrein erklären. Das wilde Fleisch ist unrein, es ist Aussatz. 16 Wenn
aber das wilde Fleisch zurückgeht und weiss wird, soll er zum Priester
gehen. 17 Und der Priester soll ihn untersuchen. Wenn das Mal weiss
geworden ist, soll der Priester den Kranken für rein erklären. Er ist rein.

18 Und wenn sich bei jemandem auf der Haut ein Geschwür bildet
und es verheilt, 19 und es entsteht an der Stelle des Geschwürs eine
weisse Schwellung oder ein weissrötlicher Fleck, soll er sich dem Pries-
ter zeigen. 20 Und der Priester soll es untersuchen. Wenn die Stelle tie-
fer erscheint als die übrige Haut und die Haare darauf weiss geworden
sind, soll ihn der Priester für unrein erklären. Es ist ein Mal von Aussatz,
der im Geschwür ausgebrochen ist. 21 Untersucht aber der Priester die
Stelle, und es sind keine weissen Haare darauf, und sie ist nicht tiefer als
die übrige Haut, und sie ist blass, so soll der Priester den Kranken für
sieben Tage absondern. 22 Breitet sich das Mal aber aus auf der Haut,
soll der Priester ihn für unrein erklären. Es ist ein Aussatzmal. 23 Bleibt
der helle Fleck an seiner Stelle aber unverändert, ohne sich auszubrei-
ten, so ist es die Narbe des Geschwürs, und der Priester soll ihn für rein
erklären.

24 Oder wenn jemand auf der Haut eine Brandwunde hat und sich
in der Wunde eine Wucherung bildet als weissrötlicher oder weisser
Fleck, 25 soll der Priester ihn untersuchen. Wenn die Haare auf dem hel-
len Fleck weiss geworden sind und er tiefer erscheint als die übrige
Haut, ist es Aussatz, der in der Wunde ausgebrochen ist. Und der Pries-
ter soll ihn für unrein erklären, es ist ein Aussatzmal. 26 Untersucht der

Priester aber den Fleck, und es sind keine weissen Haare auf dem hellen
Fleck, und er ist nicht tiefer als die übrige Haut, und er ist blass, so soll
der Priester den Kranken für sieben Tage absondern. 27 Und am siebten
Tag soll der Priester ihn untersuchen. Wenn sich der Fleck auf der Haut
ausbreitet, soll ihn der Priester für unrein erklären. Es ist ein Aussatz-
mal. 28 Bleibt der helle Fleck an seiner Stelle aber unverändert, ohne
sich auf der Haut auszubreiten, und ist er blass, so ist es die Schwellung
der Wunde, und der Priester soll ihn für rein erklären, denn es ist nur
die Wundnarbe.

29 Und wenn sich bei einem Mann oder einer Frau auf dem Kopf
oder unter dem Bart ein Mal bildet, 30 soll der Priester das Mal untersu-
chen. Wenn es tiefer erscheint als die übrige Haut und rot glänzende,
dünne Haare darauf wachsen, soll der Priester den Kranken für unrein
erklären. Es ist eine Flechte, es ist Aussatz des Kopfes oder des Bartes.
31 Wenn aber der Priester die von der Flechte befallene Stelle unter-
sucht, und sie erscheint nicht tiefer als die übrige Haut, und es wachsen
keine schwarzen Haare darauf, soll der Priester den von der Flechte Be-
fallenen für sieben Tage absondern. 32 Und am siebten Tag soll der
Priester das Mal untersuchen. Wenn sich die Flechte dann nicht ausge-
breitet hat und keine rot glänzenden Haare darauf gewachsen sind und
die Flechte nicht tiefer erscheint als die übrige Haut, 33 so soll er sich
scheren, doch die Flechte darf er nicht scheren. Der Priester aber soll den
von der Flechte Befallenen für weitere sieben Tage absondern. 34 Und
am siebten Tag soll der Priester die Flechte untersuchen. Wenn sich die
Flechte auf der Haut nicht ausgebreitet hat und nicht tiefer erscheint als
die übrige Haut, soll ihn der Priester für rein erklären. Und er soll seine
Kleider waschen, dann wird er rein. 35 Breitet sich aber die Flechte auf
der Haut aus, nachdem er für rein erklärt worden ist, 36 soll der Priester
ihn untersuchen. Wenn sich dann die Flechte auf der Haut ausgebreitet
hat, muss der Priester nicht nach den rot glänzenden Haaren suchen. Er
ist unrein. 37 Ist aber die Flechte in seinen Augen unverändert geblie-
ben und sind schwarze Haare darauf gewachsen, ist die Flechte geheilt.
Er ist rein, und der Priester soll ihn für rein erklären.

38 Und wenn sich bei einem Mann oder einer Frau auf der Haut hel-
le Flecken bilden, weisse Flecken, 39 soll der Priester sie untersuchen.
Wenn auf ihrer Haut nur weisse Flecken sind, ist es ein gutartiger Aus-
schlag, der auf der Haut ausgebrochen ist. Sie sind rein.

40 Und wenn ein Mann auf dem Kopf kahl wird, hat er eine Glatze
am Hinterkopf. Er ist rein. 41 Und wird sein Kopf auf der Vorderseite
kahl, hat er eine Stirnglatze. Er ist rein. 42 Wenn aber auf der hinteren
oder auf der vorderen Glatze ein weissrötliches Mal entsteht, ist es Aus-
satz, der auf seiner hinteren oder auf seiner vorderen Glatze ausgebro-
chen ist. 43 Und der Priester soll ihn untersuchen. Wenn das erhöhte
Mal auf seiner hinteren oder auf seiner vorderen Glatze weissrötlich
aussieht, wie Aussatz auf der Haut, 44 ist er ein Aussätziger. Er ist un-
rein. Der Priester soll ihn für unrein erklären, er hat auf seinem Kopf ein
Aussatzmal.

45 Der Aussätzige aber, der ein Aussatzmal hat, soll zerrissene Klei- 45: Klgl 4,15
der tragen und sein Haupthaar frei wachsen lassen und den Schnurr- 46: Num 5,2;
bart verhüllen, und er soll rufen: Unrein, unrein! 46 Solange er die 2Kön 15,5; Lk 17,12

Krankheit an sich hat, bleibt er unrein. Er ist unrein. Er soll abgesondert
wohnen, ausserhalb des Lagers soll seine Wohnstätte sein.

Aussatz an Kleidern

47 Und wenn sich an einem Kleid ein Aussatzmal bildet, sei es an
einem Wollkleid oder an einem Leinenkleid 48 oder an einem geweb-
ten oder gewirkten Stoff aus Leinen oder Wolle oder an Leder oder an
etwas, was aus Leder gefertigt ist, 49 und das Mal am Kleid oder am
Leder oder an dem gewebten oder gewirkten Stoff oder am ledernen
Gegenstand ist grünlich oder rötlich, so ist es ein Aussatzmal und soll
50: 4! dem Priester gezeigt werden. 50 Und der Priester soll das Mal untersu-
chen und den befallenen Gegenstand für sieben Tage absondern.
51: 14,44 51 Und am siebten Tag soll er das Mal untersuchen. Wenn sich das Mal
ausgebreitet hat an dem Kleid oder an dem gewebten oder gewirkten
Stoff oder am Leder, wozu auch immer das Leder verarbeitet ist, so han-
delt es sich bei dem Mal um bösartigen Aussatz. Es ist unrein. 52 Und
man soll das Kleid oder den gewebten oder gewirkten Stoff aus Wolle
oder Leinen oder jeden ledernen Gegenstand, an dem sich das Mal zeigt,
verbrennen, denn es ist bösartiger Aussatz. Er soll im Feuer verbrannt
werden. 53 Untersucht es aber der Priester und hat sich das Mal an dem
Kleid oder an dem gewebten oder gewirkten Stoff oder an dem ledernen
Gegenstand nicht ausgebreitet, 54 so soll der Priester anordnen, dass
man das Stück mit dem Mal wasche, und er soll es für weitere sieben
Tage absondern. 55 Und der Priester soll es untersuchen, nachdem das
Mal abgewaschen worden ist. Und hat das Mal sein Aussehen nicht ver-
ändert, ist das Stück unrein, auch wenn sich das Mal nicht ausgebreitet
hat. Du sollst es im Feuer verbrennen. Es ist eine eingefressene Vertie-
fung auf seiner Rückseite oder seiner Vorderseite. 56 Untersucht es
aber der Priester und ist das Mal verblasst, nachdem es abgewaschen
worden ist, soll er es aus dem Kleid oder dem Leder oder dem gewebten
oder gewirkten Stoff herausreissen. 57 Zeigt es sich aber wieder an dem
Kleid oder an dem gewebten oder gewirkten Stoff oder an dem ledernen
Gegenstand, so ist es neu ausbrechender Aussatz. Du sollst das Stück
mit dem Mal im Feuer verbrennen. 58 Das Kleid aber oder der gewebte
oder gewirkte Stoff oder der lederne Gegenstand, von denen das Mal
beim Waschen verschwindet, soll noch einmal gewaschen werden und
59: 10,10! wird dann rein. 59 Das ist die Weisung für ein Aussatzmal an einem
Kleid aus Wolle oder Leinen oder an gewebtem oder gewirktem Stoff
oder an einem ledernen Gegenstand, nach der man diese für rein oder
für unrein erklären soll.

Anweisung für Geheilte

2: Mt 8,4; Mk 1,44 14 1 Und der HERR sprach zu Mose: 2 Dies soll die Weisung sein für
den Aussätzigen, für den Tag seiner Reinigung. Er soll zum Pries-
ter gebracht werden. 3 Und der Priester soll vor das Lager hinausgehen,
und der Priester soll ihn untersuchen. Wenn das Aussatzmal des Aussät-
4: Num 19,6 zigen verheilt ist, 4 lasse der Priester für den, der sich reinigen lässt,
5–6: 50 zwei reine lebende Vögel holen, Zedernholz, Karmesin und Ysop. 5 Und
der Priester lasse den einen Vogel schlachten über einem Tongefäss mit
frischem Wasser. 6 Er soll den lebenden Vogel und das Zedernholz neh-

men, das Karmesin und den Ysop und dies alles, auch den lebenden Vo-
gel, in das Blut jenes Vogels tauchen, der über dem frischen Wasser ge-
schlachtet wurde. 7 Und er soll den, der sich vom Aussatz reinigen lässt, 7: 4,6! · 16,22
siebenmal besprengen und ihn so reinigen. Den lebenden Vogel aber
soll er auf freiem Feld fliegen lassen. 8 Der aber, der sich reinigen lässt, 8–9: 13,6; Num 8,7
soll seine Kleider waschen und sein ganzes Haar scheren, und er selbst
soll sich mit Wasser waschen, so wird er rein. Und danach darf er wieder
ins Lager kommen, er muss aber sieben Tage ausserhalb seines Zelts
bleiben. 9 Und am siebten Tag soll er sein ganzes Haar scheren, das
Haupthaar, den Bart, die Augenbrauen und alle anderen Haare soll er
scheren. Und er soll seine Kleider waschen und soll seinen Leib mit
Wasser waschen, so wird er rein.

10 Und am achten Tag soll er zwei makellose männliche Lämmer 10: 2,1
und ein makelloses einjähriges weibliches Lamm nehmen und drei
Zehntel Feinmehl, mit Öl angerührt, als Speiseopfer und ein Log Öl.
11 Und der Priester, der die Reinigung vollzieht, soll den, der sich reini-
gen lässt, mit den Gaben vor den HERRN treten lassen, an den Eingang
des Zelts der Begegnung. 12 Dann soll der Priester das eine männliche 12: 5,15 · 8,27
Lamm nehmen und es mit dem Log Öl als Schuldopfer darbringen und
beides vor dem HERRN als Weihegabe hin und her schwingen. 13 Er soll 13: 7,7
aber das Lamm dort schlachten, wo man das Sündopfer und das Brand-
opfer schlachtet, an der heiligen Stätte. Denn wie das Sündopfer gehört
auch das Schuldopfer dem Priester. Es ist hochheilig. 14 Und der Pries- 14: 17.25.28; 8,23–24
ter soll etwas vom Blut des Schuldopfers nehmen, und der Priester strei-
che es an das rechte Ohrläppchen dessen, der sich reinigen lässt, an den
Daumen seiner rechten Hand und an die grosse Zehe seines rechten
Fusses. 15 Dann soll der Priester etwas von dem Log Öl nehmen und es
in seine eigene linke Hand giessen. 16 Und der Priester soll den rechten 16: 4,6!
Finger in das Öl in seiner linken Hand tauchen und mit dem Finger sie-
benmal etwas von dem Öl vor dem HERRN versprengen. 17 Vom Rest des 17: 14!
Öls in seiner Hand aber streiche der Priester etwas an das rechte Ohr-
läppchen dessen, der sich reinigen lässt, an den Daumen seiner rechten
Hand und an die grosse Zehe seines rechten Fusses, auf das Blut des
Schuldopfers. 18 Und was übrig bleibt vom Öl in der Hand des Priesters, 18: 4,20!
soll er auf das Haupt dessen giessen, der sich reinigen lässt. So soll der
Priester für ihn Sühne erwirken vor dem HERRN. 19 Dann soll der Pries-
ter das Sündopfer darbringen und für den, der sich reinigen lässt, Sühne
erwirken für seine Unreinheit. Und danach soll er das Brandopfer
schlachten. 20 Und der Priester soll das Brandopfer und das Speiseopfer
auf dem Altar darbringen. So soll der Priester für ihn Sühne erwirken,
und er wird rein.

21 Ist er aber arm und reichen seine Mittel dafür nicht aus, soll er ein 21: 5,7!
männliches Lamm nehmen, als Schuldopfer, als Weihegabe, um Sühne
für sich zu erwirken, und ein Zehntel Feinmehl, mit Öl angerührt, als
Speiseopfer und ein Log Öl 22 und zwei Turteltauben oder zwei Tauben,
was er eben aufbringen kann, die eine als Sündopfer und die andere als
Brandopfer. 23 Und am achten Tag soll er sie zu seiner Reinigung dem 23: 15,14
Priester bringen, an den Eingang des Zelts der Begegnung, vor den
HERRN. 24 Und der Priester soll das Lamm für das Schuldopfer und das
Log Öl nehmen, und der Priester soll beides vor dem HERRN als Weihe-

25: 14! gabe hin und her schwingen. 25 Dann soll er das Lamm für das Schuld-
opfer schlachten. Und der Priester soll etwas vom Blut des Schuldopfers
nehmen und es an das rechte Ohrläppchen dessen streichen, der sich
reinigen lässt, an den Daumen seiner rechten Hand und an die grosse
Zehe seines rechten Fusses. 26 Von dem Öl aber soll der Priester etwas in
seine eigene linke Hand giessen. 27 Und der Priester soll mit dem rech-
ten Finger siebenmal etwas von dem Öl in seiner linken Hand vor dem
28: 14! HERRN versprengen. 28 Dann streiche der Priester etwas von dem Öl in
seiner Hand an das rechte Ohrläppchen dessen, der sich reinigen lässt,
an den Daumen seiner rechten Hand und an die grosse Zehe seines
rechten Fusses, an dieselbe Stelle wie das Blut des Schuldopfers. 29 Und
was übrig bleibt von dem Öl in der Hand des Priesters, soll er auf das
Haupt dessen giessen, der sich reinigen lässt, um Sühne für ihn zu er-
wirken vor dem HERRN. 30 Dann soll er von den Turteltauben oder von
den Tauben, die er aufbringen kann, 31 die eine als Sündopfer darbrin-
gen und die andere als Brandopfer, zusammen mit dem Speiseopfer. So
soll der Priester für den, der sich reinigen lässt, Sühne erwirken vor dem
HERRN. 32 Dies ist die Weisung für den, der ein Aussatzmal hat, wenn
seine Mittel nicht für mehr ausreichen bei seiner Reinigung.

Aussatz an Häusern

34: Dtn 32,49 33 Und der HERR sprach zu Mose und Aaron: 34 Wenn ihr in das
Land Kanaan kommt, das ich euch zum Besitz gebe, und ich lasse an
einem Haus im Land, das ihr besitzt, ein Aussatzmal auftreten, 35 so soll
der Besitzer des Hauses kommen und dem Priester melden: An meinem
Haus zeigt sich etwas wie ein Aussatzmal. 36 Dann soll der Priester das
Haus ausräumen lassen, bevor der Priester hineingeht, um das Mal zu
untersuchen. So wird nicht alles unrein, was im Haus ist. Danach soll
37: 13,3 der Priester hineingehen, um das Haus zu untersuchen. 37 Und er soll
das Mal untersuchen. Wenn das Mal an den Wänden des Hauses aus
grünlichen oder rötlichen Einbuchtungen besteht, die tiefer erscheinen
38: 13,4! als die übrige Wand, 38 soll der Priester aus dem Haus treten, vor den
Eingang des Hauses, und das Haus für sieben Tage verschliessen. 39 Am
siebten Tag aber soll der Priester wiederkommen und es untersuchen.
Wenn sich das Mal an den Wänden des Hauses ausgebreitet hat, 40 soll
der Priester die Steine, an denen das Mal ist, herausbrechen und vor der
Stadt an einen unreinen Ort werfen lassen. 41 Das Haus aber soll er in-
nen ringsum abkratzen lassen, und den Lehm, den man abgekratzt hat,
soll man draussen vor der Stadt an einen unreinen Ort schütten.
42 Dann soll man andere Steine nehmen und anstelle der herausgebro-
chenen Steine einfügen, und man soll anderen Lehm nehmen und das
Haus verputzen. 43 Bricht dann das Mal am Haus von neuem aus, nach-
dem man die Steine herausgebrochen und das Haus abgekratzt und
44: 13,51 wieder verputzt hat, 44 soll der Priester kommen und es untersuchen.
Wenn sich das Mal am Haus ausgebreitet hat, ist es bösartiger Aussatz
am Haus. Es ist unrein. 45 Dann soll man das Haus abreissen, seine Stei-
ne, seine Balken und den ganzen Lehm des Hauses, und es vor die Stadt
46: 11,24! an einen unreinen Ort schaffen. 46 Wer aber das Haus, während es ab-

14,31: Der hebräische Text wiederholt am Anfang des Verses «die er aufbringen kann».

gesperrt ist, betritt, ist unrein bis zum Abend. 47 Und wer in dem Haus
schläft, muss seine Kleider waschen. Auch wer in dem Haus isst, muss
seine Kleider waschen. 48 Kommt aber der Priester und untersucht es
und das Mal an dem Haus hat sich nicht ausgebreitet, nachdem das
Haus neu verputzt worden ist, soll der Priester das Haus für rein erklä-
ren, denn das Mal ist verheilt. 49 Dann soll er zwei Vögel, Zedernholz,
Karmesin und Ysop nehmen, um das Haus zu entsündigen. 50 Und er 50: 5–6
soll den einen Vogel über einem Tongefäss mit frischem Wasser
schlachten. 51 Dann soll er das Zedernholz nehmen, den Ysop, das Kar-
mesin und den lebenden Vogel und es in das Blut des geschlachteten
Vogels und das frische Wasser tauchen und das Haus siebenmal be-
sprengen. 52 So soll er das Haus mit dem Blut des Vogels, dem frischen
Wasser, dem lebenden Vogel, dem Zedernholz, dem Ysop und dem Kar-
mesin entsündigen. 53 Den lebenden Vogel aber soll er vor der Stadt auf
freiem Feld fliegen lassen. So soll er Sühne erwirken für das Haus, und
es wird rein.

54 Dies ist die Weisung jedes Aussatzmal und die Flechte be- 54: 13,3–46
treffend, 55 den Aussatz an Kleidern und an Häusern, 56 die Schwel- 55: 13,47–58 · 34–53
lung, den schuppigen Ausschlag und die hellen Flecken, 57 zur Unter- 57: 10,10!
weisung, wann etwas unrein und wann etwas rein ist. Dies ist die Wei-
sung betreffend den Aussatz.

Unreinheit bei Männern

15 1 Und der HERR sprach zu Mose und Aaron: 2 Sprecht zu den Isra- 2: 5,3! · 22,4;
eliten und sagt ihnen: Wenn ein Mann Ausfluss hat aus seinem Num 5,2;
Glied, ist er unrein. 3 Und dies ist die Unreinheit, die durch Ausfluss 2Sam 3,29
entsteht: Ob sein Glied den Ausfluss fliessen lässt oder ob sein Glied
durch den Ausfluss verstopft ist, er ist unrein. 4 Jedes Lager, auf das sich
der an Ausfluss Leidende legt, wird unrein, und jeder Gegenstand, auf
den er sich setzt, wird unrein. 5 Und wer sein Lager berührt, muss seine 5–11: 11,24!
Kleider waschen und sich mit Wasser waschen, und er ist unrein bis
zum Abend. 6 Und wer sich auf den Gegenstand setzt, auf dem der an
Ausfluss Leidende zu sitzen pflegt, muss seine Kleider waschen und
sich mit Wasser waschen, und er ist unrein bis zum Abend. 7 Und wer
den Leib dessen berührt, der an Ausfluss leidet, muss seine Kleider wa-
schen und sich mit Wasser waschen, und er ist unrein bis zum Abend.
8 Und wenn der an Ausfluss Leidende einen Reinen anspuckt, muss die-
ser seine Kleider waschen und sich mit Wasser waschen, und er ist un-
rein bis zum Abend. 9 Und jeder Sattel, auf dem der an Ausfluss Leiden-
de reitet, wird unrein. 10 Und jeder, der etwas berührt, das sich unter
jenem befindet, ist unrein bis zum Abend. Und wer es aufhebt, muss
seine Kleider waschen und sich mit Wasser waschen, und er ist unrein
bis zum Abend. 11 Und jeder, den der an Ausfluss Leidende berührt,
ohne zuvor seine Hände mit Wasser gewaschen zu haben, muss seine
Kleider waschen und sich selbst mit Wasser waschen, und er ist unrein
bis zum Abend. 12 Und ein Tongefäss, das der an Ausfluss Leidende be- 12: 6,21!
rührt, muss zerschlagen werden, und jedes Holzgerät soll mit Wasser
gewaschen werden. 13 Wenn aber der an Ausfluss Leidende rein wird
von seinem Ausfluss, soll er von seinem Reinwerden an sieben Tage
zählen. Dann soll er seine Kleider waschen, und er soll seinen Leib mit

14: 14,23 frischem Wasser waschen, so wird er rein. 14 Und am achten Tag soll er
zwei Turteltauben oder zwei Tauben nehmen und vor den HERRN an
den Eingang des Zelts der Begegnung kommen und sie dem Priester ge-
15: 12,8 ben. 15 Und der Priester soll sie darbringen, die eine als Sündopfer und
die andere als Brandopfer. So soll der Priester für ihn Sühne erwirken
vor dem HERRN für seinen Ausfluss.

16: 22,4; 16 Und wenn ein Mann einen Samenerguss hat, soll er seinen gan-
Dtn 23,11–12 zen Leib mit Wasser waschen, und er ist unrein bis zum Abend. 17 Und
jedes Kleid und jedes Lederstück, auf das etwas von dem Samenerguss
kommt, muss mit Wasser gewaschen werden, und es ist unrein bis zum
Abend. 18 Und wenn ein Mann mit einer Frau schläft und einen Samen-
erguss hat, sollen sie sich mit Wasser waschen, und sie sind unrein bis
zum Abend.

Unreinheit bei Frauen

19: 5,3! · 18,19! 19 Wenn aber eine Frau Ausfluss hat und Blut ausfliesst aus ihrer
Scheide, bleibt sie sieben Tage in ihrer Unreinheit, und jeder, der sie
berührt, ist unrein bis zum Abend. 20 Und alles, worauf sie sich legt
während ihrer Regel, wird unrein, und alles, worauf sie sich setzt, wird
21–23: 11,24! unrein. 21 Und jeder, der ihr Lager berührt, muss seine Kleider waschen
und sich selbst mit Wasser waschen, und er ist unrein bis zum Abend.
22 Und jeder, der einen Gegenstand berührt, auf dem sie sitzt, muss sei-
ne Kleider waschen und sich selbst mit Wasser waschen, und er ist un-
rein bis zum Abend. 23 Ist aber etwas auf dem Lager oder auf dem Ge-
genstand, auf dem sie sitzt, so wird unrein bis zum Abend, wer es be-
24: 20,18 rührt. 24 Schläft aber ein Mann mit ihr, so kommt ihre Unreinheit auf
ihn, und er ist sieben Tage unrein, und jedes Lager, auf das er sich legt,
wird unrein.

25: Mt 9,20 25 Wenn aber eine Frau während langer Zeit Blutfluss hat, ausser-
halb der Zeit ihrer Regel oder über die Zeit ihrer Regel hinaus, so ist sie
während der ganzen Zeit ihres unreinen Ausflusses unrein, wie in den
Tagen ihrer Regel. 26 Jedes Lager, auf das sie sich legt, solange ihr Aus-
fluss dauert, ist so unrein wie das Lager während ihrer Regel. Und je-
der Gegenstand, auf den sie sich setzt, wird unrein wie bei der Unrein-
27: 11,24! heit ihrer Regel. 27 Und jeder, der diese Dinge berührt, wird unrein,
und er muss seine Kleider waschen und sich selbst mit Wasser wa-
schen, und er ist unrein bis zum Abend. 28 Ist sie aber rein geworden
von ihrem Ausfluss, soll sie sieben Tage zählen, und danach ist sie rein.
29 Und am achten Tag soll sie zwei Turteltauben oder zwei Tauben
nehmen und sie zum Priester bringen, an den Eingang des Zelts der
Begegnung. 30 Und der Priester soll die eine als Sündopfer und die an-
dere als Brandopfer darbringen. So soll der Priester für sie Sühne er-
31: Num 5,3; wirken vor dem HERRN für ihren unreinen Ausfluss. 31 Und ihr sollt
19,13.20 die Israeliten vor ihrer Unreinheit bewahren, damit sie nicht ihrer Un-
reinheit wegen sterben, wenn sie meine Wohnung unrein machen,
die in ihrer Mitte ist.

32 Das ist die Weisung für den, der Ausfluss hat, und für den, der
einen Samenerguss hat, so dass er dadurch unrein wird, 33 und für die
Frau, die ihre monatliche Blutung hat, und für die, die Ausfluss haben,
Mann oder Frau, und für den Mann, der mit einer Unreinen schläft.

Der Versöhnungstag

16 1 Und nach dem Tod der beiden Söhne Aarons, die starben, als sie 1: 10,2!
vor den HERRN traten, redete der HERR mit Mose. 2 Und der HERR 2: 34! · Num 18,7 ·
sprach zu Mose: Sage deinem Bruder Aaron, dass er nicht zu jeder Zeit in Ex 25,22!
das Heiligtum gehen darf, hinter den Vorhang vor die Deckplatte auf
der Lade. Sonst muss er sterben. Denn ich erscheine in der Wolke über
der Deckplatte. 3 Nur so darf Aaron in das Heiligtum gehen: mit einem 3: 4,3!
jungen Stier als Sündopfer und einem Widder als Brandopfer. 4 Er soll 4: Ex 28,42 · 8,6;
einen heiligen Leibrock aus Leinen anziehen, und Kleider aus Leinen Ex 29,4
sollen seine Scham bedecken, und er soll sich mit einer Schärpe aus Lei-
nen gürten und einen Kopfbund aus Leinen umbinden. Es sind heilige
Gewänder. Und er soll seinen Leib mit Wasser waschen und sie dann
anziehen. 5 Und von der Gemeinde der Israeliten soll er zwei Ziegenbö-
cke als Sündopfer nehmen und einen Widder als Brandopfer. 6 Und 6: 11.24; 9,7
Aaron soll den Jungstier darbringen, der als Sündopfer für ihn be-
stimmt ist, und für sich und sein Haus Sühne erwirken. 7 Und er soll die
beiden Böcke nehmen und sie vor den HERRN stellen, an den Eingang
des Zelts der Begegnung. 8 Und Aaron soll über die beiden Böcke Lose
werfen, ein Los für den HERRN und ein Los für Asasel. 9 Und Aaron soll
den Bock, auf den das Los für den HERRN gefallen ist, darbringen, als
Sündopfer soll er ihn darbringen. 10 Der Bock aber, auf den das Los für
Asasel gefallen ist, soll lebend vor den HERRN gestellt werden, damit
man über ihm die Sühnehandlung vollziehe und ihn zu Asasel in die
Wüste treibe.

11 Und Aaron soll den Jungstier darbringen, der als Sündopfer für 11: 6!
ihn bestimmt ist, und für sich und sein Haus Sühne erwirken. Und er
soll den Jungstier schlachten, der als Sündopfer für ihn bestimmt ist.
12 Dann soll er vom Altar, der vor dem HERRN steht, eine Räucherpfan- 12: Ex 30,34–35
ne voll glühender Kohlen nehmen und zwei Handvoll zerstossenes,
wohlriechendes Räucherwerk und es hinter den Vorhang bringen.
13 Und er soll das Räucherwerk vor dem HERRN auf das Feuer legen. 13: Ex 25,21
Dann verhüllt die Wolke des Räucherwerks die Deckplatte, die über
dem Zeugnis liegt, und er muss nicht sterben. 14 Und er soll etwas vom 14: 4,6!
Blut des Jungstiers nehmen und es mit dem Finger nach Osten an die
Vorderseite der Deckplatte sprengen, und vor der Deckplatte soll er mit
dem Finger siebenmal etwas von dem Blut versprengen. 15 Dann soll er
den Bock schlachten, der als Sündopfer für das Volk bestimmt ist, und
sein Blut hinter den Vorhang bringen. Und mit seinem Blut soll er ge-
nauso verfahren wie mit dem Blut des Jungstiers, und er soll es an die
Deckplatte sprengen und vor der Deckplatte versprengen. 16 So soll er 16: Num 17,11;
für das Heiligtum Sühne erwirken, für die Unreinheiten der Israeliten Ez 45,18
und für ihre Vergehen, mit denen sie sich versündigt haben. Und so soll
er mit dem Zelt der Begegnung verfahren, das bei ihnen steht, inmitten
ihrer Unreinheiten. 17 Und wenn er hineingeht, um im Heiligtum die
Sühnehandlung zu vollziehen, darf kein Mensch im Zelt der Begegnung
sein, bis er wieder herauskommt. So soll er Sühne erwirken für sich und
sein Haus und für die ganze Versammlung Israels. 18 Dann soll er hin- 18: Ex 30,10
ausgehen zum Altar, der vor dem HERRN steht, und an ihm die Sühne-
handlung vollziehen. Und er soll etwas vom Blut des Stiers und vom
Blut des Bocks nehmen und es ringsum an die Hörner des Altars strei-

chen. 19 Und er soll siebenmal mit dem Finger etwas Blut auf ihn spren-
gen. So soll er ihn von den Unreinheiten der Israeliten reinigen und ihn
heiligen. 20 Und wenn er die Sühne für das Heiligtum, das Zelt der Be-
gegnung und den Altar beendet hat, soll er den lebenden Bock herbei-
21: 5,5! bringen. 21 Und Aaron soll beide Hände auf den Kopf des lebenden
Bocks legen und über ihm alle Schuld der Israeliten und all ihre Verge-
hen bekennen, mit denen sie sich versündigt haben. Und er soll sie auf
den Kopf des Bocks legen und ihn durch einen Mann, der bereitsteht, in
22: 14,7 die Wüste treiben lassen. 22 So soll der Bock all ihre Schuld mit sich
forttragen in die Öde. Und der Mann soll den Bock in die Wüste treiben.
23 Dann soll Aaron in das Zelt der Begegnung gehen und die Gewänder
aus Leinen ausziehen, die er angezogen hatte, als er in das Heiligtum
24: Ez 42,14 · 6! ging, und er soll sie dort niederlegen. 24 Und er soll seinen Leib an hei-
liger Stätte mit Wasser waschen und seine eigenen Kleider anziehen.
Dann soll er hinausgehen und sein Brandopfer und das Brandopfer des
Volkes darbringen und für sich und für das Volk Sühne erwirken.
25: 3,3–4! 25 Und das Fett des Sündopfers lasse er auf dem Altar in Rauch aufge-
hen. 26 Der Mann aber, der den Bock zu Asasel hinausgetrieben hat, soll
seine Kleider waschen und seinen Leib mit Wasser waschen, und da-
27: 4,11–12! nach darf er wieder ins Lager kommen. 27 Den Sündopferstier aber und
den Sündopferbock, deren Blut hineingebracht wurde, um im Heilig-
tum die Sühnehandlung zu vollziehen, soll man vor das Lager bringen,
und ihr Fell, ihr Fleisch und den Inhalt ihrer Gedärme soll man im Feuer
verbrennen. 28 Und der sie verbrennt, soll seine Kleider waschen und
seinen Leib mit Wasser waschen, und danach darf er wieder ins Lager
kommen.

29: 23,27; 25,9; 29 Und dies soll eine ewige Ordnung sein für euch: Im siebten Mo-
Num 29,7 nat, am Zehnten des Monats, sollt ihr fasten und keinerlei Arbeit tun,
weder der Einheimische noch der Fremde, der in eurer Mitte lebt.
30: Ez 36,25 30 Denn an diesem Tag erwirkt man Sühne für euch, um euch zu reini-
31: 23,32; Jes 58,3 gen. Von all euren Sünden sollt ihr rein werden vor dem HERRN. 31 Ein
Sabbat, ein Feiertag, ist es für euch, und ihr sollt fasten. Das ist eine
32: Ex 29,29 ewige Ordnung. 32 Die Sühnehandlung aber soll der Priester vollzie-
hen, den man salben und dem man die Hand füllen wird, damit er an-
stelle seines Vaters als Priester diene. Und er soll die Gewänder aus Lei-
nen, die heiligen Gewänder, anziehen. 33 Und er soll für das Allerhei-
ligste Sühne erwirken, und für das Zelt der Begegnung und den Altar
soll er Sühne erwirken, und er soll Sühne erwirken für die Priester und
34: 2; Ex 30,10; für das ganze Volk der Gemeinde. 34 Und das soll eine ewige Ordnung
Hebr 10,3 · sein für euch, einmal im Jahr für die Israeliten Sühne zu erwirken für all
Ex 39,43 ihre Sünden. Und Aaron machte es, wie der HERR es Mose geboten hatte.

Schlachtung und Verbot von Blutgenuss

17 1 Und der HERR sprach zu Mose: 2 Sprich zu Aaron und seinen
Söhnen und zu allen Israeliten und sage ihnen: Dies ist es, was der
3: Dtn 12,13 HERR geboten hat. 3 Jedem aus dem Haus Israel, der ein Rind oder ein
Schaf oder eine Ziege im Lager oder ausserhalb des Lagers schlachtet,
4: 1,3! 4 das Tier aber nicht an den Eingang des Zelts der Begegnung gebracht
hat, um es vor der Wohnung des HERRN als Opfergabe für den HERRN
darzubringen, soll dies als Blutschuld angerechnet werden. Er hat Blut

vergossen, und dieser Mensch soll getilgt werden aus seinem Volk.
5 Deshalb sollen die Israeliten ihre Schlachtopfer, die sie auf freiem Feld
schlachten, herbeibringen, und sie sollen sie zum HERRN, an den Ein-
gang des Zelts der Begegnung zum Priester, bringen und sie als Heilsop-
fer für den HERRN schlachten. 6 Und der Priester soll das Blut an den
Altar des HERRN sprengen am Eingang des Zelts der Begegnung, und das
Fett soll er als beschwichtigenden Geruch für den HERRN in Rauch auf-
gehen lassen. 7 Und sie sollen ihre Schlachtopfer nicht mehr für die Dä- 7: Dtn 32,17;
monen schlachten, hinter denen sie herhuren. Das soll für sie eine ewi- 2Chr 11,15 · 20,5
ge Ordnung sein, von Generation zu Generation.
8 Und du sollst zu ihnen sagen: Jeder aus dem Haus Israel und von
den Fremden, die in ihrer Mitte leben, der ein Brandopfer darbringt
oder ein Schlachtopfer 9 und es nicht an den Eingang des Zelts der Be-
gegnung bringt, um es dem HERRN zu opfern, der soll getilgt werden
aus seiner Sippe.
10 Und gegen jeden, der irgendwie Blut verzehrt, er sei aus dem 10–14: 7,26!
Haus Israel oder von den Fremden, die in ihrer Mitte leben – gegen den, 10: 14; 3,17! · 26,17
der Blut verzehrt, werde ich mein Angesicht wenden und ihn tilgen aus
seinem Volk. 11 Denn das Leben des Fleisches ist das Blut, und ich habe 11: Dtn 12,23 ·
es euch für den Altar gegeben, damit Sühne für euch erwirkt werden Hebr 9,22
kann. Denn das Blut ist die Lebenskraft und erwirkt Sühne. 12 Darum
habe ich zu den Israeliten gesagt: Niemand von euch darf Blut verzeh-
ren. Auch der Fremde, der in eurer Mitte lebt, darf kein Blut verzehren.
13 Und jeder von den Israeliten und von den Fremden, die in ihrer 13: Ez 24,7
Mitte leben, der Wild oder Geflügel erlegt, das man essen darf, soll das
Blut weggiessen und es mit Erde bedecken. 14 Denn das Leben allen 14: 10!
Fleisches ist sein Blut. Und ich habe zu den Israeliten gesagt: Von kei-
nem Fleisch dürft ihr das Blut verzehren, denn das Leben allen Fleisches
ist sein Blut. Jeder, der es verzehrt, soll getilgt werden.
15 Und jeder, der ein verendetes oder ein gerissenes Tier verzehrt, er 15: 11,25!
sei Einheimischer oder Fremder, muss seine Kleider waschen und sich
selbst mit Wasser waschen. Und er bleibt unrein bis zum Abend, dann
ist er wieder rein. 16 Wenn er sie aber nicht wäscht und seinen Leib 16: Num 19,20
nicht wäscht, muss er seine Schuld tragen.

Verbotene sexuelle Beziehungen

18 1 Und der HERR sprach zu Mose: 2 Sprich zu den Israeliten und 2: 11,44!
sage ihnen: Ich bin der HERR, euer Gott. 3 Ihr sollt nicht tun, was 3: 20,23
man im Land Ägypten tut, wo ihr gewohnt habt, und ihr sollt nicht tun,
was man im Land Kanaan tut, wohin ich euch bringe. Und ihr sollt nicht
nach ihren Satzungen leben. 4 Ihr sollt meine Vorschriften befolgen 4: 19,19; Ez 20,19
und meine Satzungen halten und nach ihnen leben. Ich bin der HERR,
euer Gott. 5 Und meine Satzungen und meine Vorschriften sollt ihr hal- 5: Dtn 4,1;
ten. Denn der Mensch, der sie befolgt, wird durch sie leben. Ich bin der Neh 9,29; Ez 20,11;
HERR. Röm 7,10; Gal 3,12
6 Niemand von euch soll einem seiner Blutsverwandten nahe kom-
men, um die Scham zu entblössen. Ich bin der HERR. 7 Die Scham deines 7: Gen 9,22 ·
Vaters und die Scham deiner Mutter sollst du nicht entblössen. Es ist Ez 22,10
deine Mutter, du sollst ihre Scham nicht entblössen. 8 Die Scham der 8: Gen 35,22;
Frau deines Vaters sollst du nicht entblössen. Es ist die Scham deines Dtn 23,1!; 2Sam 16,22

9: Dtn 27,22; Vaters. 9 Die Scham deiner Schwester, der Tochter deines Vaters oder
2Sam 13,12; Ez 22,11 der Tochter deiner Mutter, sollst du nicht entblössen, sie sei in der Fa-
milie geboren oder nicht. 10 Die Scham der Tochter deines Sohnes oder
der Tochter deiner Tochter sollst du nicht entblössen, denn es ist deine
eigene Scham. 11 Die Scham der Tochter der Frau deines Vaters, die von
deinem Vater gezeugt ist, sollst du nicht entblössen, sie ist deine
12: Ex 6,20 Schwester. 12 Die Scham der Schwester deines Vaters sollst du nicht
entblössen. Sie ist eine Blutsverwandte deines Vaters. 13 Die Scham der
Schwester deiner Mutter sollst du nicht entblössen, denn sie ist eine
Blutsverwandte deiner Mutter. 14 Die Scham des Bruders deines Vaters
sollst du nicht entblössen. Seiner Frau sollst du nicht nahe kommen, sie
15: Gen 38,16; ist deine Tante. 15 Die Scham deiner Schwiegertochter sollst du nicht
Ez 22,11 entblössen. Sie ist die Frau deines Sohnes, du sollst ihre Scham nicht
16: 20,21; Mt 14,3–4 entblössen. 16 Die Scham der Frau deines Bruders sollst du nicht ent-
17: Dtn 27,23 blössen. Es ist die Scham deines Bruders. 17 Du sollst nicht die Scham
einer Frau und die ihrer Tochter entblössen. Die Tochter ihres Sohnes
und die Tochter ihrer Tochter sollst du nicht nehmen und ihre Scham
entblössen. Sie sind Blutsverwandte, es ist eine Schandtat. 18 Und so-
lange eine Frau lebt, sollst du ihre Schwester nicht zur Nebenfrau neh-
men und ihre Scham entblössen.

19: 15,19; Ez 18,6 19 Und einer Frau, die unrein ist in ihrer Regel, sollst du nicht nahe
20: Spr 6,29; kommen und ihre Scham entblössen. 20 Und du sollst nicht mit der
2Sam 11,4; Ez 18,6; Frau deines Nächsten den Beischlaf vollziehen und dadurch unrein wer-
Hebr 13,4
21: 20,2–3; den. 21 Und von deinen Nachkommen sollst du keinen hingeben und
Dtn 12,31; ihn dem Moloch darbringen. Und du sollst den Namen deines Gottes
2Kön 16,3; Jer 7,31 nicht entweihen. Ich bin der HERR. 22 Und mit einem Mann sollst du
22: 20,13; Gen 19,5; Ri 19,22; Röm 1,27 nicht schlafen, wie man mit einer Frau schläft. Das ist ein Greuel.
23: Ex 22,18; 23 Und du sollst nicht mit einem Tier den Beischlaf vollziehen und da-
Dtn 27,21 · durch unrein werden. Und eine Frau soll sich nicht vor ein Tier stellen,
20,15–16! damit es sie begatte. Das ist schändlich.

24: Dtn 9,4–5 · 24 Ihr sollt euch durch nichts von all dem verunreinigen. Denn
Esra 9,11 durch all dies haben sich die Völker verunreinigt, die ich vor euch ver-
25: Jer 5,9 treibe. 25 So ist das Land unrein geworden, und ich habe seine Schuld
heimgesucht an ihm, und das Land hat seine Bewohner ausgespien.
26 Ihr aber sollt meine Satzungen und meine Vorschriften halten und
keinen von all diesen Greueln verüben, weder der Einheimische noch
der Fremde, der in eurer Mitte lebt, 27 denn all diese Greuel haben die
Menschen verübt, die vor euch im Land waren, und so ist das Land un-
28: 20,22 rein geworden. 28 Dann muss euch das Land nicht ausspeien, weil ihr
es unrein macht, wie es das Volk ausgespien hat, das vor euch da war.
29 Jeder, der etwas von diesen Greueln verübt, alle, die so etwas tun,
30: 11,44! sollen getilgt werden aus ihrem Volk. 30 Und so erfüllt meine Anwei-
sung, keine der greulichen Satzungen zu befolgen, die man vor euch
befolgt hat, und verunreinigt euch nicht durch sie. Ich bin der HERR,
euer Gott.

2: 11,44; 20,7.26; 1Petr 1,15–16
3–4: 11,44!
3: Ex 20,12; Mal 1,6 · 30; Ex 20,8

Anweisung zur Heiligung des täglichen Lebens

19 1 Und der HERR sprach zu Mose: 2 Sprich zur ganzen Gemeinde
der Israeliten und sage ihnen: Ihr sollt heilig sein, denn ich, der
HERR, euer Gott, bin heilig. 3 Ein jeder von euch soll seine Mutter und

seinen Vater fürchten, und meine Sabbate sollt ihr halten. Ich bin der
HERR, euer Gott. 4 Ihr sollt euch nicht den Götzen zuwenden und euch 4: Ex 20,23!
keine gegossenen Götterbilder machen. Ich bin der HERR, euer Gott.

5 Und wenn ihr dem HERRN ein Heilsopfer schlachtet, sollt ihr es so 5–8: 7,15–18
opfern, dass ihr Wohlgefallen findet. 6 An dem Tag, an dem ihr es op-
fert, und am folgenden Tag soll es gegessen werden. Und was bis zum
dritten Tag übrig bleibt, soll im Feuer verbrannt werden. 7 Wird aber
noch am dritten Tag davon gegessen, gilt es als verdorben. Es findet kein
Wohlgefallen. 8 Und wer davon isst, muss seine Schuld tragen, denn er
hat entweiht, was dem HERRN geheiligt ist, und er soll aus seiner Sippe
getilgt werden.

9 Und wenn ihr die Ernte eures Landes einbringt, sollst du den Rand 9–10: 23,22;
deines Feldes nicht vollständig abernten, und die Nachlese deiner Ernte Dtn 24,19; Rut 2,15
sollst du nicht einsammeln. 10 Auch in deinem Weinberg sollst du kei- 10: 11,44!
ne Nachlese halten, und die abgefallenen Beeren deines Weinbergs
sollst du nicht einsammeln. Dem Armen und dem Fremden sollst du sie
überlassen. Ich bin der HERR, euer Gott.

11 Ihr sollt nicht stehlen und nicht lügen und einander nicht betrü- 11: Ex 20,15
gen. 12 Und ihr sollt nicht falsch schwören bei meinem Namen und so 12: Ex 20,7! · 5,22;
den Namen deines Gottes entweihen. Ich bin der HERR. 13 Du sollst dei- Jer 5,2
nen Nächsten nicht bedrücken und nicht berauben. Den Lohn eines Ta- 13: Jer 22,13; Ez 22,29 ·
gelöhners sollst du nicht bis zum nächsten Morgen zurückbehalten. Dtn 24,15; Mt 20,8
14 Einen Tauben sollst du nicht schmähen, und einem Blinden sollst du 14: Dtn 27,18! · 32;
kein Hindernis in den Weg legen, sondern du sollst dich fürchten vor 25,17.36.43;
deinem Gott. Ich bin der HERR. 1Petr 2,17

15 Ihr sollt kein Unrecht tun im Gericht. Einen Geringen sollst du 15: 35; Ex 23,2
nicht bevorzugen und einen Grossen nicht begünstigen. Du sollst dei-
nen Nächsten gerecht richten. 16 Du sollst nicht als Verleumder umher- 16: Ps 15,3
gehen in deiner Sippe. Du sollst nicht auftreten gegen das Leben deines
Nächsten. Ich bin der HERR. 17 Du sollst deinen Bruder nicht hassen in 17: 1Joh 3,15 ·
deinem Herzen. Du sollst deinen Nächsten zurechtweisen. So wirst du Mt 18,15; 2Thess 3,15
seinetwegen keine Sünde auf dich laden. 18 Du sollst nicht Rache üben 18: Röm 12,19 ·
an den Angehörigen deines Volks und ihnen nichts nachtragen, son- Mt 5,43; Röm 13,9;
dern du sollst deinen Nächsten lieben wie dich selbst. Ich bin der HERR. Gal 5,14; Jak 2,8

19 Meine Satzungen sollt ihr halten. Du sollst nicht zweierlei Vieh 19: 18,4! ·
sich begatten lassen, dein Feld sollst du nicht mit zweierlei Saat besäen, Dtn 22,9–11
und ein Kleid, das aus zweierlei Fäden gewoben ist, soll nicht auf deinen
Leib kommen.

20 Und wenn ein Mann mit einer Frau schläft, und sie ist eine Skla-
vin, die für einen andern Mann bestimmt, aber noch nicht losgekauft
oder freigelassen ist, so muss es geahndet werden. Sie sollen aber nicht
getötet werden, denn sie war noch nicht freigelassen. 21 Er soll aber
dem HERRN als Sühne einen Opferwidder an den Eingang des Zelts der
Begegnung bringen. 22 Und der Priester soll für ihn mit dem Opferwid- 22: 4,20!
der Sühne erwirken vor dem HERRN für die Sünde, die er begangen hat.
Und die Sünde, die er begangen hat, wird ihm vergeben werden.

23 Und wenn ihr in das Land kommt und Bäume mit essbaren
Früchten pflanzt, sollt ihr ihre Früchte wie eine Vorhaut behandeln.
Drei Jahre sollen sie euch als unbeschnitten gelten, sie dürfen nicht ge-
gessen werden. 24 Und im vierten Jahr werden all ihre Früchte als Fest-

gabe dem HERRN geweiht. 25 Im fünften Jahr aber dürft ihr ihre Früchte
essen, dann werden sie euch weiter ihren Ertrag geben. Ich bin der
HERR, euer Gott.
26: 3,17! · 31; 26 Ihr sollt nichts Blutiges essen. Ihr sollt nicht Wahrsagerei oder
Dtn 18,10–11; 2Kön 17,17 Zeichendeuterei treiben. 27 Euer Haupthaar sollt ihr nicht rundum
27: 21,5; Jer 9,25 scheren, und deinen Bart sollst du nicht stutzen. 28 Und ihr sollt euch
28: Dtn 14,1!; keine Einschnitte machen an eurem Leib eines Toten wegen, und ihr
Jer 16,6 sollt euch keine Zeichen einritzen. Ich bin der HERR. 29 Du sollst deine
29: Dtn 23,18 Tochter nicht entweihen, indem du sie zur Hurerei anhältst, damit das
Land nicht der Hurerei verfällt und voller Schandtat wird.

30: 26,2 · 3! 30 Meine Sabbate sollt ihr halten, und mein Heiligtum sollt ihr
31: 26! · 20,6 fürchten. Ich bin der HERR. 31 Ihr sollt euch nicht an die Totengeister
und an die Wahrsager wenden, ihr sollt sie nicht befragen, damit ihr
32: Hiob 32,4–6; nicht unrein werdet durch sie. Ich bin der HERR, euer Gott. 32 Vor er-
1Tim 5,1; 1Petr 5,5 grautem Haar sollst du aufstehen, und einen Alten sollst du ehren, und
du sollst dich fürchten vor deinem Gott. Ich bin der HERR.

33–34: Ex 22,20!; 33 Und wenn ein Fremder bei dir lebt in eurem Land, sollt ihr ihn
Jer 7,6 34: Ex 12,49; nicht bedrängen. 34 Wie ein Einheimischer soll euch der Fremde gel-
Ez 47,22 · Dtn 23,8 ten, der bei euch lebt. Und du sollst ihn lieben wie dich selbst, denn ihr
seid selbst Fremde gewesen im Land Ägypten. Ich bin der HERR, euer
35: 15 Gott. 35 Ihr sollt kein Unrecht tun im Gericht, beim Messen, Wiegen
36: Dtn 25,13–15!; und Abmessen. 36 Eine richtige Waage, richtige Gewichtsteine, ein
Spr 11,1; 16,11 · 11,45 richtiges Efa und ein richtiges Hin sollt ihr haben. Ich bin der HERR,
37: 20,8 · 22,31 euer Gott, der euch herausgeführt hat aus dem Land Ägypten. 37 So hal-
tet alle meine Satzungen und alle meine Vorschriften und befolgt sie.
Ich bin der HERR.

Strafen für schwere Vergehen

2–3: 18,21! **20** 1 Und der HERR sprach zu Mose: 2 Und du sollst den Israeliten sa-
2: 27 gen: Jeder von den Israeliten und von den Fremden, die in Israel
leben, der einen seiner Nachkommen dem Moloch hingibt, muss getö-
tet werden. Das Volk des Landes soll ihn steinigen. 3 Und ich werde
mein Angesicht gegen diesen Mann wenden und ihn tilgen aus seinem
Volk, weil er einen seiner Nachkommen dem Moloch hingegeben und
mein Heiligtum verunreinigt und meinen heiligen Namen entweiht
hat. 4 Verschliesst aber das Volk des Landes die Augen vor diesem
Mann, wenn er einen seiner Nachkommen dem Moloch hingibt, und es
5: 17,7 tötet ihn nicht, 5 so werde ich mein Angesicht gegen diesen Mann und
gegen seine Sippe wenden und ihn und alle, die mit ihm hinter dem
Moloch herhuren, aus ihrem Volk tilgen.
6: 19,31 6 Und wer sich an die Totengeister und an die Wahrsager wendet,
um hinter ihnen herzuhuren, gegen den werde ich mein Angesicht
7: 19,2! richten und ihn tilgen aus seinem Volk. 7 So heiligt euch und seid hei-
8: 19,37 · 21,8.15; lig, denn ich bin der HERR, euer Gott. 8 Und haltet meine Satzungen und
22,32; Ex 31,13 befolgt sie. Ich bin der HERR, der euch heiligt.
9: Ex 21,17; Mk 7,10 9 Jeder, der seinen Vater und seine Mutter schmäht, muss getötet
werden. Er hat seinen Vater und seine Mutter geschmäht, auf ihm lastet
Blutschuld.
10: Ex 20,14! 10 Und wenn jemand mit der Frau eines andern Ehebruch begeht,
wenn er mit der Frau seines Nächsten Ehebruch begeht, müssen der

Ehebrecher und die Ehebrecherin getötet werden. 11 Und wenn jemand
mit der Frau seines Vaters schläft, hat er die Scham seines Vaters ent-
blösst. Beide müssen getötet werden, auf ihnen lastet Blutschuld.
12 Und wenn jemand mit seiner Schwiegertochter schläft, müssen bei-
de getötet werden. Sie haben Schändliches begangen, auf ihnen lastet
Blutschuld. 13 Und wenn jemand mit einem Mann schläft, wie man mit 13: 18,22!
einer Frau schläft, so haben beide einen Greuel verübt. Sie müssen getö-
tet werden, auf ihnen lastet Blutschuld. 14 Und wenn jemand eine Frau 14: 21,9
nimmt und ihre Mutter, so ist das eine Schandtat. Man soll ihn und die
beiden Frauen im Feuer verbrennen, und es soll keine Schandtat geben
bei euch.

15 Und wenn jemand mit einem Tier den Beischlaf vollzieht, muss 15–16: 18,23;
er getötet werden, und auch das Tier sollt ihr töten. 16 Und wenn eine Dtn 27,21
Frau einem Tier nahe kommt, damit es sie begatte, sollst du die Frau und
das Tier töten. Sie müssen getötet werden, auf ihnen lastet Blutschuld.

17 Und wenn jemand seine Schwester, die Tochter seines Vaters
oder die Tochter seiner Mutter, nimmt und ihre Scham sieht, und sie
sieht seine Scham, so ist das eine Schande, und sie sollen vor den Augen
der Angehörigen ihres Volkes getilgt werden. Er hat die Scham seiner
Schwester entblösst, er muss seine Schuld tragen. 18 Und wenn ein 18: 15,24
Mann mit einer Frau während der Zeit ihrer Regel schläft und ihre
Scham entblösst, so hat er ihre Blutquelle entblösst, und sie hat die
Quelle ihres Blutes entblösst. Und beide sollen getilgt werden aus ih-
rem Volk. 19 Und die Scham der Schwester deiner Mutter und der
Schwester deines Vaters sollst du nicht entblössen. Denn wer dies tut,
hat seine Blutsverwandte entblösst. Sie müssen ihre Schuld tragen.
20 Und wenn jemand mit seiner Tante schläft, hat er die Scham seines
Onkels entblösst. Sie müssen ihre Schuld tragen, sie sollen kinderlos
sterben. 21 Und wenn jemand die Frau seines Bruders nimmt, ist das 21: 18,16!
abscheulich. Er hat die Scham seines Bruders entblösst, sie sollen kin-
derlos bleiben.

22 So haltet all meine Satzungen und alle meine Vorschriften und 22: 18,28
befolgt sie. Dann wird euch das Land nicht ausspeien, in das ich euch
bringe, damit ihr darin wohnt. 23 Und lebt nicht nach den Satzungen 23: 18,3
des Volkes, das ich vor euch vertreibe. Denn all dies haben sie getan, und
mich ekelte vor ihnen. 24 Zu euch aber habe ich gesagt: Ihr sollt ihren
Ackerboden in Besitz nehmen, und ich will ihn euch zum Besitz geben,
ein Land, wo Milch und Honig fliessen. Ich bin der HERR, euer Gott, der
euch aus den Völkern ausgesondert hat. 25 Und ihr sollt unterscheiden 25: 10,10!
zwischen dem reinen Vieh und dem unreinen und zwischen den unrei-
nen Vögeln und den reinen. Und ihr sollt euch nicht selbst zum Greuel
machen durch das Vieh, die Vögel und durch alles, was auf dem Erdbo-
den kriecht, was ich für euch ausgesondert und für unrein erklärt habe.
26 Und ihr sollt mir heilig sein, denn ich, der HERR, bin heilig, und ich 26: 19,2!
habe euch aus den Völkern ausgesondert, damit ihr mir gehört.

27 Und wenn in einem Mann oder in einer Frau ein Totengeist oder 27: Ex 22,17! · 2
ein Wahrsagegeist ist, müssen sie getötet werden. Man soll sie steini-
gen, auf ihnen lastet Blutschuld.

Anweisung für die Priester

1: Num 19,11–16; 21 1 Und der HERR sprach zu Mose: Sprich zu den Priestern, den Söh-
Ez 44,25 nen Aarons, und sage ihnen: Ein Priester darf sich nicht verunrei-
nigen an einem Toten aus seiner Sippe, 2 ausser an seinen nächsten
Blutsverwandten, an seiner Mutter und seinem Vater, an seinem Sohn
und seiner Tochter und an seinem Bruder. 3 Und an seiner Schwester,
die Jungfrau war und ihm nahestand, die nicht verheiratet war, an ihr
darf er sich verunreinigen. 4 An einer Verheirateten darf er sich nicht
5: 19,27! verunreinigen in seiner Sippe, er würde dadurch entweiht. 5 Die Pries-
ter sollen sich auf dem Kopf keine Glatze scheren und ihren Bart nicht
6: 8; Num 28,2 stutzen und sich keine Einschnitte machen an ihrem Leib. 6 Sie sollen
ihrem Gott heilig sein und den Namen ihres Gottes nicht entweihen,
denn sie bringen die Feueropfer des HERRN dar, die Speise ihres Gottes.
7: 14; Ez 44,22 Darum sollen sie heilig sein. 7 Eine Hure oder eine Vergewaltigte dür-
fen sie nicht zur Frau nehmen, und eine Frau, die von ihrem Mann ver-
stossen wurde, dürfen sie nicht zur Frau nehmen, denn der Priester ist
8: 6! · 20,8! seinem Gott heilig. 8 Und du sollst ihn heilig halten, denn er bringt die
Speise deines Gottes dar. Er soll dir heilig sein, denn heilig bin ich, der
9: 20,14 · Gen 38,24 HERR, der euch heiligt. 9 Und wenn sich die Tochter eines Priesters
durch Hurerei entweiht, so entweiht sie ihren Vater. Sie soll im Feuer
verbrannt werden.

10: 8,12! · 10,6! 10 Der Priester aber, der über seinen Brüdern steht, auf dessen
Haupt das Salböl gegossen wird und dem man die Hand füllt und dem
man die Gewänder anzieht, soll sein Haupthaar nicht frei wachsen las-
sen und seine Kleider nicht zerreissen. 11 Und er darf zu keinem Toten
gehen, auch an seinem Vater und an seiner Mutter darf er sich nicht
12: Num 6,6–7 verunreinigen. 12 Und das Heiligtum darf er nicht verlassen, und das
Heiligtum seines Gottes darf er nicht entweihen, denn das geweihte
Salböl seines Gottes ist auf ihm. Ich bin der HERR. 13 Und er soll eine
14: 7! Jungfrau zur Frau nehmen. 14 Eine Witwe, eine Verstossene oder eine
Vergewaltigte, eine Hure darf er nicht zur Frau nehmen, sondern eine
15: 20,8! Jungfrau aus seiner Sippe soll er zur Frau nehmen. 15 Und er soll seine
Nachkommen in seiner Sippe nicht entweihen, denn ich bin der HERR,
der ihn heiligt.

16 Und der HERR sprach zu Mose: 17 Sprich zu Aaron: Keiner von
deinen Nachkommen in den künftigen Generationen, der ein Gebre-
chen hat, darf herzutreten, um die Speise seines Gottes darzubringen.
18 Denn keiner, der ein Gebrechen hat, darf herzutreten: kein Blinder
oder Lahmer, keiner, der eine Scharte hat oder missgebildet ist, 19 kei-
ner, der einen gebrochenen Fuss oder eine gebrochene Hand hat,
20: Dtn 23,2 20 kein Buckliger oder Schwächlicher, keiner, der einen Fleck im Auge
hat, keiner, der mit der Krätze oder einer Flechte behaftet ist oder be-
schädigte Hoden hat. 21 Von den Nachkommen Aarons, des Priesters,
darf keiner, der ein Gebrechen hat, herzutreten, um die Feueropfer des
HERRN darzubringen. Er hat ein Gebrechen, er darf nicht herzutreten,
22: 2,2! · 6,10 um die Speise seines Gottes darzubringen. 22 Doch darf er von der Spei-
se seines Gottes essen, von den hochheiligen und den heiligen Gaben.
23 Zum Vorhang aber darf er nicht gehen, und an den Altar darf er nicht

21,4: Der Massoretische Text wurde korrigiert.

treten, denn er hat ein Gebrechen. Und er soll nicht entweihen, was mir
heilig ist, denn ich bin der HERR, der sie heiligt. 24 Und Mose sagte es
Aaron und seinen Söhnen und allen Israeliten.

Anweisung für den Genuss von Opfergaben

22 1 Und der HERR sprach zu Mose: 2 Sage Aaron und seinen Söhnen, 2: 32
dass sie die heiligen Gaben mit Ehrfurcht behandeln sollen, die
mir die Israeliten weihen, und dass sie meinen heiligen Namen nicht
entweihen sollen. Ich bin der HERR. 3 Sage ihnen: Wenn in den künfti-
gen Generationen einer eurer Nachkommen, während er unrein ist,
den heiligen Gaben nahe kommt, die die Israeliten dem HERRN weihen,
so soll er getilgt werden, von meinem Angesicht hinweg. Ich bin der
HERR. 4 Von den Nachkommen Aarons darf niemand, der an Aussatz 4: 15,2! ·
oder an Ausfluss leidet, von den heiligen Gaben essen, bevor er wieder Num 19,11 · 15,16!
rein ist. Und wer etwas berührt, das durch einen Toten unrein wurde,
oder wer einen Samenerguss hat 5 oder wer Kleingetier berührt, das für 5: 11,43–44
ihn unrein ist, oder einen Menschen, der für ihn unrein ist wegen einer
Unreinheit, die an ihm haftet, 6 wer dies berührt, ist unrein bis zum
Abend und darf von den heiligen Gaben nicht essen. Er muss zuerst sei-
nen Leib mit Wasser waschen, 7 und wenn die Sonne untergeht, wird er
wieder rein. Und danach darf er von den heiligen Gaben essen, denn das
ist seine Speise. 8 Er soll nicht ein verendetes oder gerissenes Tier essen 8: 7,24; Ex 22,30;
und dadurch unrein werden. Ich bin der HERR. 9 So sollen sie meine Ez 44,31
Anweisung erfüllen und keine Sünde auf sich laden, damit sie nicht 9: Ex 28,43
sterben müssen, weil sie das Heilige entweihen. Ich bin der HERR, der
sie heiligt. 10 Aber kein Fremder darf etwas Heiliges essen. Der Beisasse 10: Ex 12,43; 29,33
eines Priesters oder ein Tagelöhner darf etwas Heiliges nicht essen.
11 Wenn aber ein Priester jemanden für Geld kauft, darf dieser davon
essen, und so auch der in seinem Haus geborene Sklave. Sie dürfen von
seiner Speise essen. 12 Und wenn die Tochter eines Priesters die Frau
eines Fremden wird, darf sie von den heiligen Abgaben nicht mehr es-
sen. 13 Wenn die Tochter eines Priesters aber Witwe oder verstossen 13: Gen 38,11 · 10,14
wird und keine Kinder hat und zurückkehrt in das Haus ihres Vaters,
darf sie von der Speise ihres Vaters essen, wie in ihrer Jugend. Aber kein
Fremder darf davon essen.

14 Und wenn jemand aus Versehen etwas Heiliges isst, soll er noch 14: 5,15 · 27,13!
ein Fünftel hinzufügen und das Heilige dem Priester geben. 15 Und die
Priester sollen die heiligen Gaben der Israeliten nicht entweihen, die sie
für den HERRN abheben. 16 Und wenn sie ihre heiligen Gaben essen,
sollen sie ihnen nicht schwere Schuld aufbürden. Denn ich bin der
HERR, der sie heiligt.

Die Beschaffenheit der Opfertiere

17 Und der HERR sprach zu Mose: 18 Sprich zu Aaron und zu seinen 18: Num 15,3
Söhnen und zu allen Israeliten und sage ihnen: Wenn jemand aus dem
Haus Israel oder von den Fremden in Israel eine Opfergabe darbringt –
jedes Gelübdeopfer und jede freiwillige Gabe, die sie dem HERRN als
Brandopfer darbringen, 19 soll ein makelloses männliches Tier von den 19: 1,2
Rindern, Schafen oder Ziegen sein, damit ihr Wohlgefallen findet. 20: Dtn 15,21;
20 Was einen Makel hat, dürft ihr nicht darbringen, denn es würde Mal 1,8

21: 3,1! euch nicht wohlgefällig machen. 21 Und wenn jemand dem HERRN ein
Heilsopfer von den Rindern oder vom Kleinvieh darbringen will, um
ein Gelübde zu erfüllen oder als freiwillige Gabe, so muss es makellos
sein, damit es Wohlgefallen findet. Es darf keinen Makel haben. 22 Ist
ein Tier blind oder hat es ein gebrochenes Glied, ist es verstümmelt oder
hat es Warzen oder die Krätze oder eine Flechte, dürft ihr es dem HERRN
nicht darbringen und es nicht als Feueropfer für den HERRN auf den
Altar legen. 23 Und ein Rind oder ein Schaf, das missgebildet und man-
gelhaft ist, darfst du als freiwillige Gabe darbringen. Als Gelübdeopfer
aber findet es kein Wohlgefallen. 24 Und ein Tier, dessen Hoden zer-
quetscht, zerschlagen, abgerissen oder abgeschnitten sind, dürft ihr
dem HERRN nicht darbringen. Das dürft ihr in eurem Land nicht tun.
25 Auch wenn solche Tiere aus dem Besitz eines Fremden stammen,
dürft ihr sie eurem Gott nicht als Speise darbringen. Denn sie haben
einen Mangel, es ist ein Makel an ihnen, sie werden euch kein Wohlge-
fallen bringen.

27: Ex 22,29 26 Und der HERR sprach zu Mose: 27 Wenn ein Rind oder ein Schaf
oder eine Ziege geboren wird, soll das Junge sieben Tage bei seiner Mut-
ter bleiben. Vom achten Tag an aber findet es Wohlgefallen als Feuerop-
28: Ex 23,19!; fer für den HERRN. 28 Und ein Rind oder ein Schaf dürft ihr nicht an ein
Dtn 22,6–7 und demselben Tag zusammen mit seinem Jungen schlachten. 29 Und
29–30: 7,15 wenn ihr dem HERRN ein Dankopfer darbringt, sollt ihr es so schlach-
ten, dass ihr Wohlgefallen findet. 30 Es soll noch am selben Tag geges-
sen werden, nichts davon dürft ihr bis zum Morgen übrig lassen. Ich bin
31: 19,37 der HERR. 31 Ihr sollt meine Gebote halten und sie befolgen. Ich bin der
32: 2 · 20,8! HERR. 32 Und ihr sollt meinen heiligen Namen nicht entweihen, damit
ich heilig gehalten werde unter der Israeliten. Ich bin der HERR, der
33: 11,45; euch heiligt, 33 der euch herausgeführt hat aus dem Land Ägypten, um
Num 15,41 euer Gott zu sein. Ich bin der HERR.

Die Festzeiten

23 1 Und der HERR sprach zu Mose: 2 Sprich zu den Israeliten und
sage ihnen: Dies sind meine Festzeiten, die Festzeiten des HERRN,
3: Ex 20,8–11 die ihr als heilige Versammlungen ausrufen sollt. 3 Sechs Tage darf man
eine Arbeit tun, am siebten Tag aber ist Sabbat, ein Feiertag, eine heilige
Versammlung, da dürft ihr keinerlei Arbeit tun. Es ist ein Sabbat für den
HERRN, wo immer ihr wohnt.

4: Ex 23,14–17 4 Dies sind die Festzeiten des HERRN, heilige Versammlungen, die
5: Ex 12,2–11 ihr ausrufen sollt zu ihrer festgesetzten Zeit: 5 Im ersten Monat, am
Vierzehnten des Monats in der Abenddämmerung, ist ein Passa für den
6: Ex 12,15; 34,18 HERRN. 6 Und am fünfzehnten Tag dieses Monats ist das Fest der unge-
säuerten Brote für den HERRN. Während sieben Tagen sollt ihr ungesäu-
7–8: 21.36; erte Brote essen. 7 Am ersten Tag sollt ihr eine heilige Versammlung
Num 28,18; 29,1 abhalten, da dürft ihr keinerlei Werktagsarbeit tun. 8 Und während sie-
8: Ez 45,23 ben Tagen sollt ihr ein Feueropfer für den HERRN darbringen. Am sieb-
ten Tag findet eine heilige Versammlung statt, da dürft ihr keinerlei
Werktagsarbeit tun.

9 Und der HERR sprach zu Mose: 10 Sprich zu den Israeliten und
sage ihnen: Wenn ihr in das Land kommt, das ich euch gebe, und seine
10: 2,12! Ernte einbringt, sollt ihr die Erstlingsgarbe eurer Ernte dem Priester

bringen. 11 Und er soll die Garbe vor dem HERRN hin und her schwin- 11: Ex 29,24
gen, damit ihr Wohlgefallen findet. Am Tag nach dem Sabbat soll der
Priester sie schwingen. 12 Und an dem Tag, an dem ihr die Garbe hin
und her schwingen lasst, sollt ihr dem HERRN ein makelloses einjähri-
ges Lamm als Brandopfer darbringen 13 und das dazugehörige Speise- 13: Num 15,5
opfer, zwei Zehntel Feinmehl, mit Öl angerührt, als Feueropfer für den
HERRN, als beschwichtigenden Geruch, dazu als Trankopfer ein Viertel
Hin Wein. 14 Und Brot, geröstetes Korn und frisches Korn dürft ihr 14: 21.31
nicht essen bis zu diesem Tag, bis ihr die Opfergabe für euren Gott dar-
gebracht habt. Das ist eine ewige Ordnung für euch von Generation zu
Generation, wo immer ihr wohnt.

15 Und ihr sollt von dem Tag an zählen, der dem Sabbat folgt, dem 15: Dtn 16,9–10!
Tag, an dem ihr die geweihte Garbe gebracht habt. Sieben volle Wochen
sollen es sein. 16 Bis zum Tag nach dem siebten Sabbat sollt ihr zählen, 16: Num 28,26
fünfzig Tage. Dann sollt ihr dem HERRN ein frisches Speiseopfer dar-
bringen. 17 Von euren Wohnstätten sollt ihr zwei geweihte Brote brin-
gen, aus zwei Zehnteln Feinmehl. Sie sollen mit Sauerteig gebacken
werden, als Erstlingsgaben für den HERRN. 18 Und zusammen mit dem
Brot sollt ihr sieben makellose einjährige Lämmer, einen jungen Stier
und zwei Widder darbringen. Sie sollen ein Brandopfer für den HERRN
sein mit dem dazugehörigen Speiseopfer und den dazugehörigen
Trankopfern, ein Feueropfer von beschwichtigendem Geruch für den
HERRN. 19 Dann sollt ihr einen Ziegenbock als Sündopfer und zwei ein-
jährige Lämmer als Heilsopfer darbringen. 20 Und der Priester soll sie
als Weihegabe über dem Brot der Erstlingsgaben vor dem HERRN hin
und her schwingen, zusammen mit den zwei Lämmern. Sie sollen dem
HERRN heilig sein und dem Priester gehören. 21 Und ihr sollt an diesem 21: 7–8! · 14!
Tag das Fest ausrufen, eine heilige Versammlung sollt ihr abhalten, ihr
sollt keinerlei Werktagsarbeit tun. Das ist eine ewige Ordnung für
euch, wo immer ihr wohnt, von Generation zu Generation. 22 Und 22: 19,9–10!
wenn ihr die Ernte eures Landes einbringt, sollst du den Rand deines
Feldes nicht vollständig abernten, und die Nachlese deiner Ernte sollst
du nicht einsammeln. Dem Armen und dem Fremden sollst du sie über-
lassen. Ich bin der HERR, euer Gott.

23 Und der HERR sprach zu Mose: 24 Sprich zu den Israeliten: Im 23–25: Num 10,10;
siebten Monat, am Ersten des Monats, soll für euch ein Feiertag sein, ein 29,1–6
Gedenktag mit Jubelgeschrei, eine heilige Versammlung. 25 Da dürft 24: Num 10,10! 25: Esra 3,6
ihr keinerlei Werktagsarbeit tun. Und dem HERRN sollt ihr ein Feuerop-
fer darbringen.

26 Und der HERR sprach zu Mose: 27 Am Zehnten dieses siebten Mo- 26–32: Num 29,7–11
nats aber ist der Versöhnungstag. Da sollt ihr eine heilige Versammlung 27: 16,29!
abhalten und fasten und dem HERRN ein Feueropfer darbringen.
28 Und an diesem Tag dürft ihr keinerlei Arbeit tun, denn es ist ein Tag
der Versöhnung, um Sühne für euch zu erwirken vor dem HERRN, eu-
rem Gott. 29 Jeder, der an diesem Tag nicht fastet, soll getilgt werden
aus seiner Sippe. 30 Und jeden, der an diesem Tag irgendeine Arbeit tut,
werde ich tilgen aus seinem Volk. 31 Ihr dürft keinerlei Arbeit tun. Das 31: 14!
ist eine ewige Ordnung für euch von Generation zu Generation, wo im-
mer ihr wohnt. 32 Es sei ein Sabbat für euch, ein Feiertag, und ihr sollt 32: 16,31!

fasten. Am Neunten des Monats, am Abend, sollt ihr diesen Sabbat fei-
ern, von diesem Abend bis zum nächsten Abend.
33–43: 33 Und der HERR sprach zu Mose: 34 Sprich zu den Israeliten: Am
Num 29,12–38 fünfzehnten Tag dieses siebten Monats ist das Laubhüttenfest für den
34: Num 29,12; Dtn 16,13 HERRN, sieben Tage lang. 35 Am ersten Tag findet eine heilige Ver-
36: Joh 7,37 · 7–8! sammlung statt. Da dürft ihr keinerlei Werktagsarbeit tun. 36 Sieben
Tage lang sollt ihr dem HERRN ein Feueropfer darbringen. Am achten Tag sollt ihr eine heilige Versammlung abhalten und dem HERRN ein Feueropfer darbringen. Es ist eine Festversammlung, ihr sollt keinerlei Werktagsarbeit tun.

37 Dies sind die Festzeiten des HERRN, die ihr ausrufen sollt als heilige Versammlungen und an denen ihr dem HERRN Feueropfer darbringen sollt, Brandopfer und Speiseopfer, Schlachtopfer und Trankopfer,
38: Num 29,39 jedes an seinem Tag, 38 neben den Sabbaten des HERRN und neben eu-
ren anderen Gaben und all euren Gelübdeopfern und freiwilligen Gaben, die ihr dem HERRN gebt.

39 Am fünfzehnten Tag des siebten Monats aber, wenn ihr den Ertrag des Landes einsammelt, sollt ihr das Fest des HERRN feiern, sieben Tage lang. Am ersten Tag ist ein Feiertag, und am achten Tag ist ein Fei-
40: Neh 8,14–17 ertag. 40 Und am ersten Tag sollt ihr euch schöne Baumfrüchte neh-
men, Palmwedel und Zweige von dichtbelaubten Bäumen und Bachweiden, und ihr sollt sieben Tage fröhlich sein vor dem HERRN, eurem Gott.
41 Und ihr sollt dieses Fest für den HERRN jedes Jahr während sieben
Tagen feiern. Das ist eine ewige Ordnung für euch von Generation zu
Generation. Im siebten Monat sollt ihr es feiern. 42 Sieben Tage lang
sollt ihr in Laubhütten wohnen. Alle Einheimischen in Israel sollen in
Laubhütten wohnen, 43 damit eure künftigen Generationen erfahren,
dass ich die Israeliten in Hütten wohnen liess, als ich sie aus dem Land
Ägypten herausführte. Ich bin der HERR, euer Gott. 44 Und Mose ver-
kündete den Israeliten die Festzeiten des HERRN.

Der Leuchter und die Schaubrote

2: Ex 27,20 **24** 1 Und der HERR sprach zu Mose: 2 Gebiete den Israeliten, dir für
das Licht reines, gestossenes Olivenöl zu bringen, damit man eine
Lampe aufstellen kann, die ständig brennt. 3 Ausserhalb des Vorhangs
vor dem Zeugnis, im Zelt der Begegnung, soll Aaron sie bereitstellen, damit sie vom Abend bis zum Morgen ständig brennt vor dem HERRN. Das ist eine ewige Ordnung für euch von Generation zu Generation.
4: Ex 25,37! 4 Auf dem Leuchter aus reinem Gold soll er die Lampen bereitstellen,
damit sie ständig vor dem HERRN sind.

5 Dann sollst du Feinmehl nehmen und daraus zwölf Ringbrote ba-
6: Ex 25,30! cken, ein Ringbrot aus zwei Zehnteln. 6 Und du sollst sie in zwei Schich-
ten hinlegen, sechs in jeder Schicht, auf den Tisch aus reinem Gold, vor
7: 2,2! den HERRN. 7 Und auf jede Schicht sollst du reinen Weihrauch legen,
und das soll der Teil sein, der von dem Brot genommen wird zum Ver-
8: 1Sam 21,7; brennen, als Feueropfer für den HERRN. 8 An jedem Sabbattag soll er es
1Chr 9,32 vor dem HERRN herrichten, immer wieder, als ewige Bundesverpflich-
9: 6,11! tung der Israeliten. 9 Und es soll Aaron und seinen Söhnen zufallen,
und an heiliger Stätte sollen sie es essen. Denn als Hochheiliges kommt
es ihm zu von den Feueropfern des HERRN, als ewiges Anrecht.

Gotteslästerung, Totschlag und Körperverletzung

10 Und der Sohn einer Israelitin und eines Ägypters ging unter die 10: Ex 12,38!
Israeliten, und der Sohn der Israelitin und ein Israelit gerieten im Lager
miteinander in Streit. 11 Und der Sohn der Israelitin lästerte den Na- 11: Ex 18,26
men und schmähte ihn, und sie brachten ihn zu Mose. Und seine Mut-
ter hiess Schelomit und war die Tochter von Dibri aus dem Stamm Dan.
12 Und sie legten ihn in Gewahrsam, um nach dem Befehl des HERRN 12: Ex 18,15;
entscheiden zu können. Num 27,5

13 Und der HERR sprach zu Mose: 14 Führe den, der geschmäht hat, 14: Num 15,34-35;
hinaus vor das Lager, und alle, die es gehört haben, sollen ihre Hände Dtn 17,5
auf seinen Kopf legen, und die ganze Gemeinde soll ihn steinigen. 15 Zu 15–16: Ex 20,7;
den Israeliten aber sollst du sprechen: Jeder, der seinen Gott schmäht, 22,27 ·
muss seine Schuld tragen! 16 Und wer den Namen des HERRN lästert, 1Kön 21,10-13
muss getötet werden. Die ganze Gemeinde soll ihn steinigen. Er sei ein
Fremder oder ein Einheimischer, wenn er den Namen lästert, soll er ge-
tötet werden.

17 Und wenn jemand einen Menschen erschlägt, muss er getötet 17: 21; Ex 21,12!
werden. 18 Wer aber Vieh erschlägt, muss dafür Ersatz leisten, ein Le- 18: Ex 21,33-34
ben für ein Leben. 19 Und wenn jemand seinem Nächsten einen Scha-
den zufügt, soll man ihm antun, was er getan hat. 20 Ein Bruch für einen 20: Ex 21,23-25;
Bruch, ein Auge für ein Auge, ein Zahn für einen Zahn: Der Schaden, den Dtn 19,21
er einem Menschen zufügt, soll ihm zugefügt werden. 21 Und wer Vieh 21: 17!
erschlägt, muss dafür Ersatz leisten. Wer aber einen Menschen er-
schlägt, soll getötet werden. 22 Ein und dasselbe Recht gilt für euch, für 22: Ex 12,49!
den Fremden wie für den Einheimischen. Denn ich bin der HERR, euer
Gott.

23 Und Mose sagte es den Israeliten, und sie führten den, der Gott
geschmäht hatte, hinaus vor das Lager und steinigten ihn. Und die Isra-
eliten machten es, wie der HERR es Mose geboten hatte.

Sabbatjahr und Jobeljahr

25 1 Und der HERR sprach zu Mose auf dem Berg Sinai: 2 Sprich zu 2: 26,34
den Israeliten und sage ihnen: Wenn ihr in das Land kommt, das
ich euch gebe, soll das Land einen Sabbat feiern für den HERRN. 3 Sechs
Jahre sollst du dein Feld besäen und sechs Jahre deinen Weinberg be-
schneiden und ihren Ertrag einsammeln. 4 Im siebten Jahr aber soll das
Land einen Sabbat, ein Ruhejahr, haben, einen Sabbat für den HERRN.
Da darfst du dein Feld nicht besäen und deinen Weinberg nicht be-
schneiden. 5 Was nach deiner Ernte wächst, sollst du nicht ernten, und
die Trauben deines unbeschnittenen Weinstocks sollst du nicht lesen.
Es soll ein Sabbatjahr sein für das Land. 6 Was aber das Land während 6–7: Ex 23,11;
des Sabbats hervorbringt, soll euch als Nahrung dienen, dir und deinem 2Kön 19,29
Knecht und deiner Magd, deinem Tagelöhner und deinem Beisassen,
allen, die bei dir leben. 7 Auch deinem Vieh und dem Wild in deinem
Land soll sein Ertrag als Nahrung dienen.

8 Und du sollst sieben Jahrwochen zählen, sieben mal sieben Jahre,
die Dauer von sieben Jahrwochen ist neunundvierzig Jahre. 9 Dann 9: 16,29!
sollst du das Signalhorn ertönen lassen, im siebten Monat, am Zehnten
des Monats. Am Versöhnungstag sollt ihr überall in eurem Land das

10: Jes 61,2; Horn ertönen lassen. 10 Und ihr sollt das fünfzigste Jahr für heilig er-
Ez 46,17 · klären und eine Freilassung ausrufen im Land für all seine Bewohner. Es
Num 36,4 soll für euch ein Jobeljahr sein, und jeder von euch soll wieder zu sei-
nem Besitz kommen, und jeder soll zurückkehren zu seiner Sippe.
11 Das fünfzigste Jahr soll für euch ein Jobeljahr sein. Da sollt ihr nicht
säen und, was nachwächst, nicht ernten, und die Trauben der unbe-
schnittenen Weinstöcke sollt ihr nicht lesen. 12 Denn es ist ein Jobel-
jahr, es soll euch heilig sein. Was das Feld trägt, sollt ihr essen.

13: 28; 27,24; 13 In diesem Jobeljahr soll jeder wieder zu seinem Besitz kommen.
Jes 61,2 14 Und wenn ihr dem Nächsten etwas verkauft oder etwas von ihm
14: 17; 1Thess 4,6 kauft, sollt ihr einander nicht übervorteilen. 15 Nach der Zahl der Jahre,
die seit dem Jobeljahr vergangen sind, sollst du es von deinem Nächsten
kaufen, nach der Zahl der Jahre, die es dir Ertrag bringt, soll er es dir
16: 27,18 verkaufen. 16 Je mehr Jahre es noch sind, desto höher soll der Kaufpreis
sein, und je weniger Jahre, desto niedriger soll der Kaufpreis sein. Denn
17: 19,14! · 14! er verkauft dir eine bestimmte Anzahl von Jahreserträgen. 17 Und nie-
mand soll seinen Nächsten übervorteilen, sondern du sollst dich fürch-
18–19: Dtn 12,10; ten vor deinem Gott. Denn ich bin der HERR, euer Gott, 18 und ihr sollt
1Kön 5,5 · 26,5 meine Satzungen befolgen und meine Vorschriften halten und sie be-
folgen. Dann werdet ihr sicher wohnen im Land, 19 und das Land wird
seine Frucht geben, und ihr werdet euch satt essen können und sicher
darin wohnen. 20 Und wenn ihr sagt: Was sollen wir im siebten Jahr
essen, wenn wir nicht säen und unseren Ertrag nicht einsammeln dür-
21: Ex 16,29 · fen?, 21 so werde ich für euch im sechsten Jahr meinen Segen aufbieten,
Dtn 28,8 und er wird den Ertrag für drei Jahre spenden. 22 Im achten Jahr aber
22: 26,10 werdet ihr säen und während dieser Zeit noch vom alten Getreide zu
essen haben. Bis der Ertrag des neunten Jahres eingebracht wird, werdet
23: Ps 39,13 ihr noch vom alten Getreide zu essen haben. 23 Das Land aber darf nicht
für immer verkauft werden, denn das Land gehört mir, und ihr seid
Fremde und Beisassen bei mir. 24 Und im ganzen Land, das ihr besitzt,
sollt ihr den Rückkauf von Land gestatten.

25: 47–55; Rut 4,4; 25 Wenn dein Bruder verarmt und etwas von seinem Besitz verkau-
Jer 32,7–9 fen muss, soll sein nächster Verwandter als sein Anwalt kommen und
26–28: 49 zurückkaufen, was sein Bruder verkauft hat. 26 Und wenn jemand kei-
nen Anwalt hat, aber seine Mittel reichen wieder aus, und er kann auf-
bringen, was zum Rückkauf nötig ist, 27 so soll er die Jahre seit dem
Verkauf berechnen und dem Käufer den Restbetrag erstatten und so
28: 13! wieder zu seinem Besitz kommen. 28 Reichen seine Mittel aber nicht
aus, um es ihm zu erstatten, so gehört, was er verkauft hat, dem Käufer
bis zum Jobeljahr. Im Jobeljahr aber wird es frei, und er kommt wieder
zu seinem Besitz.

29 Und wenn jemand ein Wohnhaus in einer ummauerten Stadt
verkauft, so kann er es zurückkaufen bis zum Ende des Jahres, in dem er
es verkauft hat. Sein Recht auf Rückkauf ist befristet. 30 Wird es aber bis
zum Ende eines vollen Jahres nicht zurückgekauft, bleibt das Haus in
der ummauerten Stadt für immer Eigentum des Käufers und seiner
Nachkommen. Es wird im Jobeljahr nicht frei. 31 Die Häuser in den Dör-

25,*10:* Das hebräische Wort ‹Jobel› ist die Bezeichnung für das Widderhorn, das zur Ausrufung eines solchen Jahres geblasen wurde.

fern aber, die nicht von einer Mauer umgeben sind, werden zum freien
Feld des Landes gerechnet. Man kann sie zurückkaufen, und im Jobel-
jahr werden sie frei. 32 Für die Städte der Leviten aber gilt: Die Leviten
können die Häuser in den Städten, die ihnen gehören, jederzeit zurück-
kaufen. 33 Und wenn einer von den Leviten auf den Rückkauf verzich-
tet, wird das Haus, das er verkauft hat, im Jobeljahr frei, wenn es in einer
Stadt steht, die zu ihrem Besitz gehört. Denn die Häuser in den Städten
der Leviten sind ihr Besitz unter den Israeliten. 34 Das Weideland aber, 34: 2Chr 31,19
das zu ihren Städten gehört, darf nicht verkauft werden, denn es gehört
ihnen als ewiger Besitz.

35 Und wenn dein Bruder verarmt und sich nicht mehr halten kann 35: Dtn 15,7–8!
neben dir, sollst du ihn unterstützen wie einen Fremden oder einen Bei-
sassen, so dass er leben kann neben dir. 36 Du sollst von ihm weder Zins 36: Ex 22,24;
noch Zuschlag nehmen, sondern dich vor deinem Gott fürchten, so dass Dtn 23,20 · 19,14!
dein Bruder neben dir leben kann. 37 Du sollst von ihm keinen Zins 37: Ez 22,12
oder Zuschlag verlangen, wenn du ihm Geld oder Nahrung gibst. 38 Ich
bin der HERR, euer Gott, der euch herausgeführt hat aus dem Land Ägyp-
ten, um euch das Land Kanaan zu geben und euer Gott zu sein.

39 Und wenn dein Bruder neben dir verarmt und sich dir verkaufen 39: Ex 21,2!;
muss, sollst du ihn nicht als Sklaven arbeiten lassen. 40 Wie ein Tage- 1Kön 9,22; 2Kön 4,1
löhner, wie ein Beisasse soll er bei dir sein, bis zum Jobeljahr soll er bei 40: Dtn 15,12
dir arbeiten. 41 Dann soll er frei werden, er und mit ihm seine Kinder,
und er soll zu seiner Sippe zurückkehren und wieder zum Besitz seiner
Vorfahren kommen. 42 Denn meine Sklaven sind sie, die ich herausge-
führt habe aus dem Land Ägypten. Sie sollen nicht verkauft werden, wie
man einen Sklaven verkauft. 43 Du sollst nicht mit Gewalt über ihn 43: 53; Ex 21,20 ·
herrschen, sondern sollst dich fürchten vor deinem Gott. 44 Die Skla- 19,14!
ven und Sklavinnen aber, die du besitzen darfst, sollt ihr von den Völ- 44: Jes 14,2
kern kaufen, die rings um euch leben. 45 Und auch von den Kindern der
Beisassen, die bei euch leben, dürft ihr sie kaufen und von ihrer Sippe,
die bei euch lebt, die sie in eurem Land gezeugt haben, und sie dürfen
euer Besitz werden. 46 Und ihr dürft sie euren Söhnen als dauernden
Besitz vererben. Ihr dürft sie als Sklaven arbeiten lassen. Über eure Brü-
der aber, die Israeliten, sollst du nicht mit Gewalt herrschen, einer über
den anderen.

47 Und wenn ein Fremder oder ein Beisasse bei dir zu Vermögen 47–55: 25!
kommt, aber dein Bruder verarmt neben ihm und muss sich einem
Fremden oder einem Beisassen bei dir verkaufen oder einem Abkömm-
ling aus der Sippe eines Fremden, 48 so kann er nach seinem Verkauf 48: Neh 5,8
wieder losgekauft werden. Einer seiner Brüder kann ihn loskaufen.
49 Oder sein Onkel oder der Sohn seines Onkels kann ihn loskaufen, 49: 26–28
oder ein anderer Blutsverwandter aus seiner Sippe kann ihn loskaufen.
Oder er kann sich, wenn seine Mittel wieder ausreichen, selbst loskau-
fen. 50 Und er soll mit seinem Käufer rechnen von dem Jahr an, in dem
er sich ihm verkauft hat, bis zum Jobeljahr, und sein Verkaufspreis soll
sich nach der Zahl der Jahre richten. Die Zeit, die er bei ihm ist, soll gel-
ten wie die eines Tagelöhners. 51 Sind es noch viele Jahre, soll er für

25,33: «Und ... verzichtet»: Der Massoretische Text wurde korrigiert; er lautet übersetzt: «Was aber einer loskauft von den Leviten».

seinen Loskauf einen entsprechenden Teil des Kaufpreises erstatten.
52 Und verbleiben nur noch wenige Jahre bis zum Jobeljahr, soll man es
ihm anrechnen. Seinen Dienstjahren entsprechend soll er sich loskau-
53: 43! fen. 53 Wie ein Tagelöhner soll er Jahr um Jahr bei ihm sein. Er soll nicht
mit Gewalt über ihn herrschen vor deinen Augen. 54 Wird er aber nicht
auf diese Weise losgekauft, soll er im Jobeljahr frei werden, er und mit
ihm seine Kinder.

55 Denn mir gehören die Israeliten als Sklaven, meine Sklaven sind
sie, die ich herausgeführt habe aus dem Land Ägypten. Ich bin der HERR,
euer Gott.

Segen und Fluch

1: 2Kön 17,10 · Ex 20,4–5 **26** 1 Ihr sollt euch keine Götzen machen und euch kein Gottesbild
und keinen Malstein aufrichten und keinen Stein mit Bildwerk in
eurem Land aufstellen, um euch davor niederzuwerfen. Denn ich bin
2: 19,30 der HERR, euer Gott. 2 Meine Sabbate sollt ihr halten, und mein Heilig-
tum sollt ihr fürchten. Ich bin der HERR.

3–13: Dtn 28,1–14 3 Wenn ihr nach meinen Satzungen lebt und meine Gebote haltet
3: Neh 1,9 und sie befolgt, 4 werde ich euch Regen geben zur rechten Zeit, und das
4: Dtn 11,14 · Ez 34,27 Land wird seinen Ertrag geben, und die Bäume des Feldes werden ihre
5: Am 9,13 · 25,18–19 Früchte geben. 5 Und die Dreschzeit wird sich bei euch bis zur Weinlese
erstrecken, und die Weinlese wird sich erstrecken bis zur Aussaat, und
ihr werdet euch satt essen an eurem Brot und sicher wohnen in eurem
6: Jes 35,9; Ez 34,25 Land. 6 Und ich werde Frieden stiften im Land, und ihr werdet euch
niederlegen, und nichts wird euch aufschrecken. Und die wilden Tiere
werde ich aus dem Land vertreiben, und kein Schwert wird durch euer
7: 1Sam 14,13 Land ziehen. 7 Ihr aber werdet eure Feinde verfolgen, und sie werden
8: Jos 23,10; Ri 15,15 vor euren Augen durch das Schwert fallen. 8 Und fünf von euch werden
hundert verfolgen, und hundert von euch werden zehntausend verfol-
gen, und eure Feinde werden vor euren Augen durch das Schwert fallen.
9 Und ich werde mich euch zuwenden und euch fruchtbar machen und
10: 25,22 mehren und meinen Bund mit euch aufrichten. 10 Und ihr werdet noch
vom alten Getreide zu essen haben und das alte Getreide hinausschaffen
11: Ex 29,45; Ez 37,26 müssen für das frische Getreide. 11 Und ich werde in eurer Mitte Woh-
12: Dtn 23,15; 2Kor 6,16 nung nehmen und keinen Widerwillen gegen euch hegen. 12 Und ich
werde unter euch wandeln und euer Gott sein, und ihr sollt mein Volk
13: Jes 9,3; Jer 28,2; Ez 34,27; Nah 1,13 sein. 13 Ich bin der HERR, euer Gott, der euch herausgeführt hat aus dem
Land Ägypten, so dass ihr nicht mehr ihre Sklaven sein musstet. Und ich
habe die Hölzer eures Jochs zerbrochen und euch aufrecht gehen lassen.

14–38: Dtn 28,15–68 14 Wenn ihr aber nicht auf mich hört und nicht alle diese Gebote
14: Dan 9,11 befolgt 15 und wenn ihr meine Satzungen missachtet und Widerwillen
15: Jer 31,32 hegt gegen meine Vorschriften, so dass ihr nicht alle meine Gebote be-
16: Hiob 31,8!; Jer 5,17 folgt und meinen Bund brecht, 16 dann werde auch ich euch dies antun:
Ich werde Entsetzen über euch bringen, Schwindsucht und Fieber, die
die Augen erlöschen und das Leben dahinschwinden lassen. Und ver-
geblich werdet ihr eure Saat aussäen, denn eure Feinde werden sie ver-
17: 17,10 · 1Kön 8,33 · 36–37; Spr 28,1 zehren. 17 Und ich werde mein Angesicht gegen euch wenden, und ihr
werdet vor den Augen eurer Feinde geschlagen werden. Und die euch
hassen, werden über euch herrschen, und ihr werdet fliehen, auch
wenn euch niemand verfolgt.

18 Und wenn ihr auch dann noch nicht auf mich hört, werde ich 18: 21.24
euch noch mehr züchtigen, siebenfach, für eure Sünden. 19 Und ich 19: Dtn 11,17;
werde eure stolze Macht brechen und den Himmel über euch wie Eisen 1Kön 8,35
machen und die Erde unter euch wie Bronze. 20 Vergeblich werdet ihr 20: Dtn 11,17!
eure Kraft verbrauchen: Euer Land wird keinen Ertrag bringen, und die
Bäume des Landes werden keine Früchte tragen. 21 Und wenn ihr euch 21: 18!
mir widersetzt und nicht auf mich hören wollt, werde ich euch noch
mehr schlagen, siebenfach, für eure Sünden. 22 Und ich werde die Tiere 22: Dtn 32,25;
des Feldes gegen euch loslassen, und sie werden euch kinderlos machen 2Kön 2,24; Ez 5,17
und euer Vieh vertilgen und eure Zahl gering machen, und eure Stras-
sen werden öde sein.

23 Und wenn ihr euch dadurch nicht zurechtweisen lasst von mir,
sondern euch mir widersetzt, 24 werde auch ich mich euch widersetzen 24: 18!
und euch schlagen, siebenfach, für eure Sünden. 25 Und ich werde ein 25: Ex 5,3; Hab 3,5
Schwert über euch kommen lassen, das die Rache des Bundes vollstre-
cken wird. Und wenn ihr euch in eure Städte zurückzieht, werde ich die
Pest unter euch senden, und ihr werdet in die Hand des Feindes gegeben
werden. 26 Wenn ich euch den Brotstab zerbreche, werden zehn Frauen 26: Ps 105,16;
euer Brot in einem einzigen Ofen backen und euch das Brot abgewogen Jes 3,1; Ez 4,10! ·
zurückbringen, und ihr werdet essen und nicht satt werden. Jes 9,19

27 Und wenn ihr trotz alledem nicht auf mich hört und euch mir
widersetzt, 28 werde auch ich mich euch widersetzen im Zorn und euch
züchtigen, siebenfach, für eure Sünden. 29 Und ihr werdet das Fleisch 29: 2Kön 6,29;
eurer Söhne essen und das Fleisch eurer Töchter verzehren. 30 Und ich Dtn 28,53; Jer 19,9
werde eure Kulthöhen zerstören und eure Räucheraltäre vernichten 30: 2Chr 34,4;
und eure Leichen zu den Leichen eurer Götzen werfen, und ich werde Ez 6,5
Widerwillen hegen gegen euch. 31 Und eure Städte werde ich zu Trüm- 31: 2Kön 25,9
merhaufen machen, und eure Heiligtümer werde ich verwüsten, und
den beschwichtigenden Geruch eurer Opfer werde ich nicht mehr rie-
chen wollen. 32 Und das Land werde ich verwüsten, und eure Feinde, 32: Jer 18,16
die sich darin niederlassen, werden sich darüber entsetzen. 33 Euch 33: Dtn 4,27 ·
aber werde ich unter die Völker zerstreuen, und ich werde hinter euch 2Kön 17,6; 25,11
das Schwert ziehen, und euer Land soll öde und eure Städte sollen Trüm-
merhaufen werden. 34 Dann wird das Land seine Sabbate nachholen, 34: 25,2
während der ganzen Zeit, in der es öde liegt und ihr im Land eurer Fein-
de seid. Dann wird das Land ruhen und seine Sabbate nachholen.
35 Während der ganzen Zeit, in der es öde liegt, wird es ruhen, wie es 35: 2Chr 36,21
nicht ruhen konnte an euren Sabbaten, als ihr darin wohntet. 36 Denen 36–37: 17!
aber, die von euch übrig bleiben, werde ich das Herz schreckhaft ma-
chen in den Ländern ihrer Feinde. Und schon das Rascheln eines ver-
wehten Blattes wird sie aufscheuchen, und sie werden fliehen, wie man
vor dem Schwert flieht, und fallen, ohne dass jemand sie verfolgt.
37 Und sie werden übereinander stürzen, wie auf der Flucht vor dem 37: Jer 46,16 ·
Schwert, ohne dass jemand sie verfolgt. Und ihr werdet nicht bestehen Ri 2,14
können vor euren Feinden. 38 Und ihr werdet umkommen unter den
Völkern, und das Land eurer Feinde wird euch fressen. 39 Die aber übrig 39: Dtn 8,20
bleiben von euch, werden ihrer Schuld wegen verfaulen in den Ländern

26,26: Mit dem ‹Brotstab› ist der Holzstab gemeint, an dem die ringförmigen Brote aufgehängt und als Vorrat aufbewahrt wurden.

eurer Feinde, und auch der Schuld ihrer Vorfahren wegen werden sie
40: Dtn 30,2 · verfaulen wie diese. 40 Und sie werden ihre Schuld bekennen und die
Esra 9,6; Neh 9,2; Schuld ihrer Vorfahren, dass sie mir die Treue gebrochen und auch dass
Dan 9,4–19 41: Dtn 10,16; sie sich mir widersetzt haben. 41 Ich werde mich ihnen widersetzen
Jer 9,25; Apg 7,51 und sie in das Land ihrer Feinde bringen, bis sich ihr unbeschnittenes
42: Dtn 4,31; 9,27 · Herz demütigt und sie ihre Schuld abtragen. 42 Dann werde ich mich
Ex 2,24; 2Kön 13,23 meines Bundes mit Jakob erinnern, und auch meines Bundes mit Isaak
und meines Bundes mit Abraham werde ich mich erinnern, und des
43: 2Chr 36,21 Landes werde ich mich erinnern. 43 Das Land aber muss von ihnen verlassen werden und seine Sabbate nachholen, wenn es öde liegt ohne sie.
Sie aber müssen ihre Schuld abtragen, weil sie meine Vorschriften missachtet und meine Satzungen verabscheut haben. 44 Aber auch wenn sie
im Land ihrer Feinde sind, verwerfe ich sie nicht und hege ich keinen
Widerwillen gegen sie, so dass ich sie vernichten und meinen Bund mit
ihnen brechen würde. Denn ich bin der HERR, ihr Gott. 45 Und ich werde mich zu ihren Gunsten des Bundes mit den Vorfahren erinnern,
denn ich habe sie vor den Augen der Völker aus dem Land Ägypten herausgeführt, um ihr Gott zu sein. Ich bin der HERR.

46: 27,34; Dtn 33,4 46 Das sind die Satzungen und die Vorschriften und die Weisungen,
die der HERR auf dem Berg Sinai zwischen sich und den Israeliten durch Mose erlassen hat.

Auslösung von Gelübden und Weihegaben

2: Num 30,3; Dtn 23,22 27 1 Und der HERR sprach zu Mose: 2 Sprich zu den Israeliten und
sage ihnen: Wenn jemand dem HERRN einen Menschen geweiht
3: 25; 5,15; Ex 30,13!; hat und sein Gelübde erfüllen will, 3 soll der Wert eines Mannes zwi-
38,24 schen zwanzig Jahren und sechzig Jahren fünfzig Schekel Silber sein,
nach dem Schekel des Heiligtums. 4 Ist es aber eine Frau, soll der Wert
5: Gen 37,28 dreissig Schekel sein. 5 Und zwischen fünf Jahren und zwanzig Jahren
soll der Wert einer männlichen Person zwanzig Schekel sein, der einer
weiblichen Person aber zehn Schekel. 6 Und zwischen einem Monat
und fünf Jahren soll der Wert eines Knaben fünf Schekel Silber sein, der
Wert eines Mädchens aber drei Schekel Silber. 7 Und im Alter von sechzig Jahren oder darüber soll der Wert eines Mannes fünfzehn Schekel
8: 5,7! sein, der einer Frau aber zehn Schekel. 8 Ist aber jemand zu arm, um den
üblichen Wert zu zahlen, soll er den Menschen vor den Priester treten
lassen, und der Priester soll ihn einschätzen. Der Priester soll ihn einschätzen nach dem Vermögen dessen, der das Gelübde abgelegt hat.

9 Und handelt es sich um Vieh, von dem man dem HERRN eine Opfergabe darbringen darf, so soll alles heilig sein, was man davon dem
10: 33 HERRN gibt. 10 Man soll es nicht auswechseln und nicht austauschen,
ein gutes Tier nicht gegen ein schlechtes und ein schlechtes nicht gegen
ein gutes. Tauscht jemand aber dennoch ein Tier gegen ein anderes aus,
soll das eine wie das andere heilig sein. 11 Handelt es sich aber um unreines Vieh, von dem man dem HERRN keine Opfergabe darbringen
darf, soll man das Tier vor den Priester stellen. 12 Und der Priester soll es
einschätzen, nach seinen Vorzügen und Mängeln, und bei der Schät-
13: 15.27.31; 5,16; zung des Priesters soll es bleiben. 13 Will er es aber zurückkaufen, soll er
22,14; Num 5,7 dem Schätzwert noch ein Fünftel hinzufügen.

14 Und wenn jemand dem HERRN sein Haus als heilige Gabe weiht,
soll der Priester es nach seinen Vorzügen und Mängeln schätzen. Wie
der Priester es schätzt, dabei soll es bleiben. 15 Will aber jemand das 15: 13!
Haus zurückkaufen, das er geweiht hat, so soll er noch ein Fünftel des
geschätzten Preises hinzufügen, dann gehört es wieder ihm.

16 Und wenn jemand einen Teil seines Feldbesitzes dem HERRN 16: 2Sam 24,24
weiht, soll sich der Wert nach der Aussaat richten: fünfzig Schekel Sil-
ber für die Aussaat von einem Homer Gerste. 17 Weiht er sein Feld vom
Jobeljahr an, soll dieser Schätzwert gelten. 18 Weiht er sein Feld aber 18: 25,16
nach dem Jobeljahr, soll ihm der Priester den Preis berechnen nach den
Jahren, die noch bis zum nächsten Jobeljahr bleiben, und es soll etwas
vom Schätzwert abgezogen werden. 19 Und will jemand das Feld zu-
rückkaufen, das er geweiht hat, soll er noch ein Fünftel des geschätzten
Preises hinzufügen, dann wird es wieder sein Eigentum. 20 Und wenn
er es nicht zurückkauft, das Feld aber einem anderen verkauft wird, so
kann es nicht mehr zurückgekauft werden. 21 Wird es dann im Jobel- 21: 28!
jahr frei, ist das Feld dem HERRN heilig, wie ein geweihtes Feld. Es wird
Eigentum des Priesters.

22 Weiht er dem HERRN aber ein Feld, das er gekauft hat, das nicht zu
seinem Erbbesitz gehört, 23 so soll ihm der Priester die Höhe des Schätz-
werts bis zum Jobeljahr berechnen, und er soll den Wert am selben Tag
bezahlen. Das Feld ist dem HERRN heilig. 24 Im Jobeljahr fällt das Feld 24: 25,13!
an den zurück, von dem er es gekauft hat, dem das Land als Eigentum
zusteht. 25 Jeder Schätzwert aber soll nach dem Schekel des Heiligtums 25: 3!
angesetzt werden. Zwanzig Gera soll der Schekel sein.

26 Eine Erstgeburt vom Vieh aber, die als Erstlingsgabe dem HERRN 26: Ex 13,2!
gehört, darf niemand weihen. Ob Rind oder Schaf, sie gehört dem
HERRN. 27 Handelt es sich aber um unreines Vieh, soll man es nach dem 27: 13!
Schätzwert auslösen und noch ein Fünftel hinzufügen. Wird es aber
nicht zurückgekauft, soll es zum Schätzwert verkauft werden.

28 Alles der Vernichtung geweihte Gut aber, das jemand für den 28: 21; Num 18,14;
HERRN der Vernichtung weiht, von all dem, was ihm gehört, von Men- Jos 6,17; Ez 44,29
schen und Vieh und vom Feld aus seinem Besitz, darf nicht verkauft und
nicht zurückgekauft werden. Alles der Vernichtung geweihte Gut ist
dem HERRN hochheilig. 29 Kein Mensch, der der Vernichtung geweiht 29: 1Sam 15,3!
wird, kann losgekauft werden. Er muss getötet werden.

30 Und jeder Zehnte des Landes, vom Saatertrag des Landes und von 30–32: Num 18,21;
den Früchten der Bäume, gehört dem HERRN. Er ist dem HERRN geweiht. 2Chr 31,6; Neh 10,38
31 Will aber jemand etwas von seinem Zehnten zurückkaufen, soll er 31: 13!
noch ein Fünftel des Wertes hinzufügen. 32 Und jedes zehnte Tier vom
gesamten Zehnten an Rindern und Kleinvieh, das unter dem Hirtenstab
hindurchgeht, soll dem HERRN geweiht sein. 33 Man soll nicht unter- 33: 10
scheiden zwischen einem guten Tier und einem schlechten, und man
soll sie nicht austauschen. Tauscht man sie aber dennoch aus, so soll das
eine wie das andere geweiht sein. Es kann nicht zurückgekauft werden.

34 Das sind die Gebote, die der HERR auf dem Berg Sinai Mose für die 34: 26,46
Israeliten gab.

Numeri

(DAS VIERTE BUCH MOSE)

Das Buch Numeri enthält in seinen ersten zehn Kapiteln eine Fülle von Zahlenangaben (numerische Angaben), die dem Buch seinen lateinischen und griechischen Namen gegeben haben. Wie Leviticus und Exodus, so gehört auch Num in den grossen Erzählzusammenhang, der mit dem Auszug aus Ägypten in Exodus beginnt und mit der Hineinführung ins verheissene Land im Buch Josua einen Zielpunkt findet (siehe die Einleitungen zu Gen und Ex).

Num 1–10 spielen am Fuss des Sinai, wo Israel sich seit Ex 19 aufhält. Diese ersten Kapitel des Buchs bieten Zahlenangaben über den Personenbestand Israels, in deren Rahmen sich allerdings auch der sogenannte Aaronitische Segen findet (Num 6,22–27), der im christlichen Gottesdienst eine wichtige Rolle spielt. Der Text dieses Segensspruchs wurde auch auf Jerusalemer Silberamuletten des ausgehenden 7. Jahrhunderts v.Chr. gefunden und ist somit vergleichsweise alt.

Israel bricht in Num 10,10 vom Sinai auf und erreicht in Num 13–14 zunächst die Oase Kadesch. Von dort werden Kundschafter ins verheissene Land geschickt, die dessen Inbesitznahme aber als zu gefährlich beurteilen. Diese Beurteilung stellt einen Vertrauensbruch gegenüber Gott dar, und so fällt die ganze Generation des Auszugs – mit Ausnahme von Kaleb, der zu Gott gehalten hat – unter das göttliche Urteil, in der Wüste sterben zu müssen. Erst die nachfolgende Generation darf in das Land einziehen. Überhaupt ist die gesamte Zeit der Wüstenwanderung geprägt von der häufig als «Murren» bezeichneten Auflehnung des Volks gegen Mose und Aaron, denen es die Schuld für seine missliche Situation gibt (Num 16; 20; aber auch schon in Ex 16 und 17). Mehrfach erklingt der Wunsch nach einer Rückkehr ins Land Ägypten, der aber abgewiesen wird. Auch Aaron lehnt sich auf und steht nicht in voller Treue zu Gott, und so muss auch er sterben, bevor das verheissene Land erreicht wird (Num 12; 20). Vor dem Tod Aarons wird das Priesteramt auf dessen Sohn Elasar übertragen, so dass die ununterbrochene Fortführung der priesterlichen Tradition gesichert ist (Num 20,22–29). Und selbst Mose darf schliesslich nicht in das verheissene Land (Num 27,12–13).

Eine Episode eigener Art bieten die Kapitel Num 22–24: Der Seher Bileam wird vom Moabiterkönig Balak verpflichtet, das vorüberziehende Volk Israel zu verfluchen. Doch der Fluch des Sehers verwandelt sich in dreimaliger Folge in einen Segen für Israel. Die Erzählung demonstriert damit den unbedingten Heilswillen Gottes gegenüber Israel, das gegen eine Verfluchung geradezu immunisiert wird. Ein Bileam ist auch ausserbiblisch in einer Inschrift aus dem 8. Jahrhundert v.Chr. bezeugt.

In Num 25–36, dem Schlussteil des Buchs, finden sich neben rechtlichen Texten (siehe auch Num 15) wie einem ausführlichen Festkalender (Num 28–29) eingehende Schilderungen der Vorbereitung für die Zeit im verheissenen Land: Die Einsetzung Josuas in Num 27,12–23 regelt die Nachfolge für die Zeit nach Mose; Num 32 schildert als ersten Schritt ins Land die Inbesitznahme des Ostjordanlandes durch die dort siedelnden Stämme Ruben und Gad; Num 33,50–35,34 schliesslich enthalten verschiedene Anweisungen für den Umgang mit dem Land.

Wie die im Buch Exodus erzählten Ereignisse, so sind auch die im Buch Numeri geschilderten nicht im strengen Sinn historisch. Vielmehr sind in diese Erzählungen auch Erfahrungen aus Israels späterer Zeit in der Diaspora eingegangen, die verdichtet und in die Gründungszeit Israels zurückgespiegelt worden sind. Diese Erfahrungen wurden für so grundlegend gehalten, dass man sie ganz an den Anfang der Geschichte Gottes mit seinem Volk stellte; dazu gehörte etwa der Unwille von Volksteilen, die ausserhalb des Landes lebten, ins verheissene Land zurückzukehren. Ausserdem werden in Numeri verschiedene jüngere rechtliche Materialien Eingang gefunden haben, die nicht mehr mit den grossen älteren Gesetzeskorpora – dem Bundesbuch (Ex 20–23), dem Heiligkeitsgesetz (Lev 17–26) oder dem Deuteronomium – verbunden werden konnten.

Erste Zählung des Volks

1 1 Und der HERR sprach zu Mose in der Wüste Sinai im Zelt der Be- 1: Ex 40,17 · 9,1;
gegnung, am Ersten des zweiten Monats im zweiten Jahr nach ih- 10,11
rem Auszug aus dem Land Ägypten: 2 Zählt die ganze Gemeinde der Is- 2: 26,2; Ex 30,12
raeliten, nach ihren Sippen, nach ihren Familien, Name für Name, alle
Männer, Kopf für Kopf. 3 Die zwanzig Jahre alt sind oder älter, alle 3: 3,15.40; 4,3.47
Wehrfähigen in Israel, sollt ihr mustern, Heerschar um Heerschar, du
und Aaron. 4 Und von jedem Stamm soll ein Mann dabei sein, der das 4: 44; Jos 22,14
Haupt seiner Familie ist. 5 Und dies sind die Namen der Männer, die
euch zur Seite stehen sollen: von Ruben Elizur, der Sohn Schedeurs;
6 von Simeon Schelumiel, der Sohn Zurischaddais; 7 von Juda Nach- 7: 2,3!
schon, der Sohn Amminadabs; 8 von Issaschar Netanel, der Sohn Zuars;
9 von Sebulon Eliab, der Sohn Chelons; 10 von den Söhnen Josefs: von 10: 1Chr 7,26
Efraim Elischama, der Sohn Ammihuds, von Manasse Gamliel, der Sohn
Pedazurs; 11 von Benjamin Abidan, der Sohn Gidonis; 12 von Dan Achie-
ser, der Sohn Ammischaddais; 13 von Asser Pagiel, der Sohn Ochrans;
14 von Gad Eljasaf, der Sohn Deguels; 15 von Naftali Achira, der Sohn
Enans. 16 Das sind die Berufenen der Gemeinde, die Fürsten der Stäm- 16: 7,2; 10,4; 16,2
me ihrer Vorfahren, die Häupter der Tausendschaften Israels. 17 Und
Mose und Aaron holten diese Männer, die namentlich bestimmt wor-
den waren. 18 Die ganze Gemeinde aber versammelten sie am Ersten
des zweiten Monats. Und sie liessen sich eintragen in die Verzeichnisse
ihrer Sippen, nach ihren Familien, Name für Name, die zwanzig Jahre
alt waren oder älter, Kopf für Kopf, 19 wie der HERR es Mose geboten 19: 54! · 26,64
hatte. So musterte er sie in der Wüste Sinai.

20 Da waren die Söhne Ruben, des Erstgeborenen Israels, ihre Nach-
kommen nach ihren Sippen, nach ihren Familien, Name für Name,

Kopf für Kopf, alle Männer, die zwanzig Jahre alt waren oder älter, alle
Wehrfähigen – 21 die Gemusterten vom Stamm Ruben waren 46500.
22 Von den Söhnen Simeon, ihre Nachkommen nach ihren Sippen,
nach ihren Familien, die Gemusterten, Name für Name, Kopf für Kopf,
alle Männer, die zwanzig Jahre alt waren oder älter, alle Wehrfähigen –
23 die Gemusterten vom Stamm Simeon waren 59300.
24 Von den Söhnen Gad, ihre Nachkommen nach ihren Sippen, nach
ihren Familien, Name für Name, die zwanzig Jahre alt waren oder älter,
alle Wehrfähigen – 25 die Gemusterten vom Stamm Gad waren 45650.
26 Von den Söhnen Juda, ihre Nachkommen nach ihren Sippen,
nach ihren Familien, Name für Name, die zwanzig Jahre alt waren oder
älter, alle Wehrfähigen – 27 die Gemusterten vom Stamm Juda waren
74600.
28 Von den Söhnen Issaschar, ihre Nachkommen nach ihren Sippen,
nach ihren Familien, Name für Name, die zwanzig Jahre alt waren oder
älter, alle Wehrfähigen – 29 die Gemusterten vom Stamm Issaschar wa-
ren 54400.
30 Von den Söhnen Sebulon, ihre Nachkommen nach ihren Sippen,
nach ihren Familien, Name für Name, die zwanzig Jahre alt waren oder
älter, alle Wehrfähigen – 31 die Gemusterten vom Stamm Sebulon wa-
ren 57400.
32 Von den Söhnen Josef: Die Söhne Efraim, ihre Nachkommen nach
ihren Sippen, nach ihren Familien, Name für Name, die zwanzig Jahre
alt waren oder älter, alle Wehrfähigen – 33 die Gemusterten vom
Stamm Efraim waren 40500. 34 Von den Söhnen Manasse, ihre Nach-
kommen nach ihren Sippen, nach ihren Familien, Name für Name, die
zwanzig Jahre alt waren oder älter, alle Wehrfähigen – 35 die Gemuster-
ten vom Stamm Manasse waren 32200.
36 Von den Söhnen Benjamin, ihre Nachkommen nach ihren Sip-
pen, nach ihren Familien, Name für Name, die zwanzig Jahre alt waren
oder älter, alle Wehrfähigen – 37 die Gemusterten vom Stamm Benja-
min waren 35400.
38 Von den Söhnen Dan, ihre Nachkommen nach ihren Sippen,
nach ihren Familien, Name für Name, die zwanzig Jahre alt waren oder
älter, alle Wehrfähigen – 39 die Gemusterten vom Stamm Dan waren
62700.
40 Von den Söhnen Asser, ihre Nachkommen nach ihren Sippen,
nach ihren Familien, Name für Name, die zwanzig Jahre alt waren oder
älter, alle Wehrfähigen – 41 die Gemusterten vom Stamm Asser waren
41500.
42 Die Söhne Naftali, ihre Nachkommen nach ihren Sippen, nach
ihren Familien, Name für Name, die zwanzig Jahre alt waren oder älter,
alle Wehrfähigen – 43 die Gemusterten vom Stamm Naftali waren
53400.
44: Gen 17,20! · 4! 44 Das waren die Gemusterten, die Mose gemustert hat, zusammen
mit Aaron und den Fürsten Israels, zwölf Männern, je einem für eine
Familie. 45 Und alle Gemusterten der Israeliten nach ihren Familien,
46: 2,32; 11,21; 26,51; die zwanzig Jahre alt waren oder älter, alle Wehrfähigen in Israel –
Ex 12,37 46 alle Gemusterten waren 603550. 47 Die aber nach dem Stamm ihrer
47: 26,62 Vorfahren Leviten waren, wurden nicht mit ihnen gemustert.

48 Und der HERR sprach zu Mose: 49 Den Stamm Levi sollst du nicht 49: 2,33
mit den Israeliten mustern und zählen. 50 Betraue die Leviten mit der 50: 18,5
Sorge für die Wohnung des Zeugnisses, für alle ihre Geräte und für alles,
was dazu gehört. Sie sollen die Wohnung und alle ihre Geräte tragen,
und sie sollen für sie den Dienst versehen, und rings um die Wohnung
sollen sie lagern. 51 Und wenn die Wohnung weiterzieht, sollen die Le- 51: 10,17.21 ·
viten sie abbauen, und wenn die Wohnung Halt macht, sollen die Levi- 3,10.38; 18,7
ten sie aufrichten. Jeder andere aber, der sich ihr nähert, soll getötet
werden. 52 Und die Israeliten sollen lagern, jeder bei seinem Lager und 52: 2,2
jeder bei seinem Feldzeichen, Heerschar um Heerschar. 53 Die Leviten
aber sollen rings um die Wohnung des Zeugnisses lagern, so wird kein
Zorn über die Gemeinde der Israeliten kommen. Und die Leviten sollen
ihre Aufgabe für die Wohnung des Zeugnisses erfüllen.
54 Und die Israeliten machten es; genau wie der HERR es Mose ge- 54: 19; 2,34
boten hatte, so machten sie es.

Lagerordnung

2 1 Und der HERR sprach zu Mose und Aaron: 2 Jeder bei seinem Feld- 2: 1,52
zeichen, mit Zeichen für ihre Familien, so sollen die Israeliten la-
gern. Mit Blick auf das Zelt der Begegnung sollen sie rings darum lagern.
3 Vorn, im Osten, lagern die, die zum Feldzeichen des Lagers von Juda 3: 10,5 · 1,7; Lk 3,33
gehören, Heerschar um Heerschar. Fürst der Söhne Juda ist Nachschon,
der Sohn Amminadabs, 4 und sein Heer zählt 74600 Gemusterte. 5 Und
neben ihm lagert der Stamm Issaschar, und Fürst der Söhne Issaschar
ist Netanel, der Sohn Zuars, 6 und sein Heer zählt 54400 Gemusterte;
7 und auch der Stamm Sebulon, und Fürst der Söhne Sebulon ist Eliab,
der Sohn Chelons, 8 und sein Heer zählt 57400 Gemusterte. 9 Zum La- 9: 10,14
ger von Juda gehören insgesamt 186400 Gemusterte, Heerschar um
Heerschar. Sie sollen als Erste aufbrechen.
10 Das Feldzeichen des Lagers von Ruben, Heerschar neben Heer- 10: 10,6
schar, liegt im Süden. Fürst der Söhne Ruben ist Elizur, der Sohn Sche-
deurs, 11 und sein Heer zählt 46500 Gemusterte. 12 Und neben ihm la-
gert der Stamm Simeon, und Fürst der Söhne Simeon ist Schelumiel, der
Sohn Zurischaddais, 13 und sein Heer zählt 59300 Gemusterte; 14 und
auch der Stamm Gad, und Fürst der Söhne Gad ist Eljasaf, der Sohn De-
guels, 15 und sein Heer zählt 45650 Gemusterte. 16 Zum Lager von Ru- 16: 10,18
ben gehören insgesamt 151450 Gemusterte, Heerschar um Heerschar.
Und sie sollen als Zweite aufbrechen.
17 Dann soll das Zelt der Begegnung aufbrechen, das Lager der Levi-
ten in der Mitte der Lager. Wie sie lagern, so sollen sie aufbrechen, jeder
an seiner Stelle, Feldzeichen um Feldzeichen.
18 Das Feldzeichen des Lagers von Efraim, Heerschar um Heerschar,
liegt im Westen. Fürst der Söhne Efraim ist Elischama, der Sohn Ammi-
huds, 19 und sein Heer zählt 40500 Gemusterte. 20 Und neben ihm ist
der Stamm Manasse, und Fürst der Söhne Manasse ist Gamliel, der
Sohn Pedazurs, 21 und sein Heer zählt 32200 Gemusterte; 22 und auch
der Stamm Benjamin, und Fürst der Söhne Benjamin ist Abidan, der

2,14: In vielen Handschriften lautet der Name Deguel, was wohl korrekt ist; vgl. Num 1,14; 7,42.47; 10,20. Im Codex Leningradensis lautet er Reguel.

24: 10,22 Sohn Gidonis, 23 und sein Heer zählt 35400 Gemusterte. 24 Zum Lager
von Efraim gehören insgesamt 108100 Gemusterte, Heerschar um
Heerschar. Und sie sollen als Dritte aufbrechen.

25 Das Feldzeichen des Lagers von Dan liegt im Norden, Heerschar
um Heerschar. Fürst der Söhne Dan ist Ahieser, der Sohn Ammischad-
dais, 26 und sein Heer zählt 62700 Gemusterte. 27 Und neben ihm la-
gert der Stamm Asser, und Fürst der Söhne Asser ist Pagiel, der Sohn
Ochrans, 28 und sein Heer zählt 41500 Gemusterte; 29 und auch der
Stamm Naftali, und Fürst der Söhne Naftali ist Ahira, der Sohn Enans,
31: 10,25 30 und sein Heer zählt 53400 Gemusterte. 31 Zum Lager von Dan gehö-
ren insgesamt 157600 Gemusterte. Sie sollen als Letzte aufbrechen,
Feldzeichen um Feldzeichen.

32: 1,46! 32 Das waren die Gemusterten der Israeliten nach ihren Familien.
Zu den Lagern, Heerschar um Heerschar, gehörten 603550 Gemusterte.
33: 1,49 33 Aber die Leviten wurden nicht mit den Israeliten gemustert, wie der
34: 1,54! · 10,12.28 HERR es Mose geboten hatte. 34 Und die Israeliten machten es, genau
wie der HERR es Mose geboten hatte, so lagerten sie, Feldzeichen um
Feldzeichen, und so brachen sie auf, jeder bei seiner Sippe, mit seiner
Familie.

Musterung der Leviten

3 1 Und dies sind die Nachkommen Aarons und Moses, zu der Zeit, als
2: Ex 28,1! der HERR mit Mose redete auf dem Berg Sinai, 2 und dies sind die
Namen der Söhne Aarons: Nadab, der Erstgeborene, und Abihu, Elasar
3: Ex 28,41; 40,15 und Itamar. 3 Das sind die Namen der Söhne Aarons, der gesalbten
Priester, denen man die Hand gefüllt hatte für den priesterlichen
4: 26,61; Lev 10,1–2 · Dienst. 4 Nadab und Abihu aber starben vor dem HERRN, als sie ein un-
1Chr 24,1–2 · 17,2! erlaubtes Feueropfer darbrachten vor dem HERRN in der Wüste Sinai,
und sie hatten keine Söhne. So versahen Elasar und Itamar den priester-
lichen Dienst unter der Aufsicht ihres Vaters Aaron.

6–7: 18,2–3 5 Und der HERR sprach zu Mose: 6 Lass den Stamm Levi herkommen
6: 16,10; Dtn 10,8 und vor den Priester Aaron treten, und sie sollen ihm dienen. 7 Und sie
sollen ihre Aufgabe für ihn und ihre Aufgabe für die ganze Gemeinde
vor dem Zelt der Begegnung erfüllen, wenn sie bei der Wohnung Dienst
8: 1Chr 23,32; tun. 8 Und sie sollen alle Geräte des Zelts der Begegnung in Ordnung
2Chr 29,11 halten und ihre Aufgabe für die Israeliten erfüllen, wenn sie bei der
9: 8,19 Wohnung Dienst tun. 9 Und du sollst die Leviten Aaron und seinen
Söhnen übergeben; zu eigen gegeben sind sie ihm von den Israeliten.
10: 1,51! · 18,7 · 17,5! 10 Aaron und seine Söhne aber sollst du damit betrauen, ihr Priesteramt
wahrzunehmen. Jeder andere aber, der sich nähert, soll getötet werden.

12–13: 45; 8,14 11 Und der HERR sprach zu Mose: 12 Sieh, ich selbst habe aus den
Israeliten die Leviten genommen anstelle aller Erstgeborenen der Isra-
eliten, die den Mutterschoss durchbrechen. Und die Leviten sollen mir
13: Ex 12,29! · gehören. 13 Denn jede Erstgeburt gehört mir. Als ich im Land Ägypten
Ex 13,2! jede Erstgeburt schlug, habe ich jede Erstgeburt in Israel für mich gehei-
ligt, beim Menschen wie beim Vieh. Mir sollen sie gehören, ich bin der
HERR.

15: 1,3! 14 Und der HERR sprach zu Mose in der Wüste Sinai: 15 Mustere die
Söhne Levis nach ihren Familien, nach ihren Sippen; alle Knaben und
Männer, die einen Monat alt sind oder älter, sollst du mustern. 16 Und

Mose musterte sie nach dem Befehl des HERRN, wie es ihm geboten wor-
den war.
17 Und dies waren die Söhne Levis mit ihren Namen: Gerschon, Ke- 17: 26,57; Gen 46,11;
hat und Merari. 18 Und dies sind die Namen der Söhne Gerschons nach 1Chr 23,6
ihren Sippen: Libni und Schimi. 19 Und die Söhne Kehats nach ihren 18–20: Ex 6,17–19
Sippen: Amram und Jizhar, Chebron und Ussiel. 20 Und die Söhne Me-
raris nach ihren Sippen: Machli und Muschi. Das sind die Sippen der
Leviten nach ihren Familien. 21 Zu Gerschon gehört die Sippe der Libni- 21: 4,22
ten und die Sippe der Schimiten; das sind die Sippen der Gerschoniten.
22 Die Zahl ihrer Gemusterten, aller Knaben und Männer, die einen
Monat alt waren oder älter, betrug 7500. 23 Die Sippen der Gerschoni-
ten lagerten hinter der Wohnung im Westen. 24 Fürst der Familie der
Gerschoniten war Eljasaf, der Sohn Laels. 25 Und die Söhne Gerschons
hatten beim Zelt der Begegnung für die Wohnung und das Zeltdach zu
sorgen, für seine Decke und die Decke am Eingang des Zelts der Begeg-
nung, 26 die Behänge des Vorhofs und die Decke am Eingang des Vor- 26: 4,24–28
hofs, der die Wohnung und den Altar rings umschliesst, und die Stricke,
samt aller Arbeit daran.
27 Zu Kehat gehören die Sippe der Amramiten und die Sippe der Jiz- 27: 4,2; Jos 21,5;
hariten, die Sippe der Chebroniten und die Sippe der Osieliten; das sind 1Chr 23,12
die Sippen der Kehatiten. 28 Die Zahl der Knaben und Männer, die ei-
nen Monat alt waren oder älter, betrug 8600. Sie erfüllten ihre Aufgabe
für das Heiligtum. 29 Die Sippen der Kehatiten lagerten an der Längs-
seite der Wohnung im Süden. 30 Und Fürst der Familie der Kehatiten- 30: Ex 6,22 ·
sippen war Elizafan, der Sohn Ussiels. 31 Und sie hatten für die Lade zu Lev 10,4
sorgen, für den Tisch, den Leuchter und die Altäre und die heiligen Ge- 31: 4,4–15; 7,9;
räte, mit denen man den Dienst versieht, sowie die Decke samt aller Dtn 10,8
Arbeit daran. 32 Der oberste Fürst der Leviten aber war Elasar, der Sohn
des Priesters Aaron. Er war mit der Aufsicht derer betraut, die eine Auf-
gabe für das Heiligtum zu erfüllen hatten.
33 Zu Merari gehört die Sippe der Machliten und die Sippe der 33: 4,29; 1Chr 23,21
Muschiten; das sind die Sippen Meraris. 34 Die Zahl der Knaben und
Männer, die einen Monat alt waren oder älter, betrug 6200 Gemusterte.
35 Fürst der Familie der Merarisippen war Zuriel, der Sohn Abichajils.
Sie lagerten an der Längsseite der Wohnung im Norden. 36 Die Merari-
ten hatten den Auftrag, für die Bretter der Wohnung zu sorgen, für ihre
Querbalken, ihre Säulen und Sockel sowie alle ihre Geräte samt aller
Arbeit daran, 37 für die Säulen des Vorhofs ringsum und ihre Sockel, 37: 4,29–33
ihre Pflöcke und Stricke. 38 Vor der Wohnung aber, vor dem Zelt der 38: 1,51!
Begegnung, im Osten lagerten Mose und Aaron und seine Söhne, die
ihre Aufgabe für das Heiligtum erfüllten, wie sie den Israeliten aufge-
tragen war. Jeder andere aber, der sich näherte, sollte getötet werden.
39 Die Gemusterten der Leviten, die Mose und Aaron nach dem Be-
fehl des HERRN musterten nach ihren Sippen, alle Knaben und Männer,
die einen Monat alt waren oder älter, waren zusammen 22000.
40 Und der HERR sprach zu Mose: Mustere alle männlichen Erstge- 40: 1,3!
borenen der Israeliten, die einen Monat alt sind oder älter, und zähle
ihre Namen. 41 Dann nimm für mich – ich bin der HERR – die Leviten
anstelle aller Erstgeborenen bei den Israeliten und das Vieh der Leviten
anstelle aller Erstgeburt beim Vieh der Israeliten. 42 Und Mose muster-

te, wie es der HERR ihm geboten hatte, alle Erstgeborenen bei den Isra-
eliten. 43 Und die männlichen Erstgeborenen, Name für Name, die ei-
nen Monat alt waren oder älter, waren zusammen 22273 Gemusterte.
45: 12–13 44 Und der HERR sprach zu Mose: 45 Nimm die Leviten anstelle al-
ler Erstgeborenen bei den Israeliten und das Vieh der Leviten anstelle
ihres Viehs. Und die Leviten sollen mir gehören, ich bin der HERR.
46 Zur Auslösung der 273 Erstgeborenen unter den Israeliten, die die
47: 18,16; Ex 30,13! Zahl der Leviten übersteigen, 47 sollst du je Kopf fünf Schekel nehmen.
Nach dem Schekel des Heiligtums sollst du sie nehmen, zwanzig Gera
der Schekel. 48 Und du sollst das Geld Aaron und seinen Söhnen geben
zur Auslösung der Überzähligen unter ihnen. 49 Und Mose nahm das
Lösegeld von den Überzähligen, die durch die Leviten nicht ausgelöst
waren. 50 Von den Erstgeborenen der Israeliten nahm er das Geld, 1365
Schekel nach dem Schekel des Heiligtums. 51 Und Mose gab das Löse-
geld Aaron und seinen Söhnen nach dem Befehl des HERRN, wie der
HERR es Mose geboten hatte.

Dienst der Leviten

2: 3,27! 4 1 Und der HERR sprach zu Mose und Aaron: 2 Zähle die Kehatiten
3: 1,3! · 23.30.47; unter den Leviten, nach ihren Sippen, nach ihren Familien, 3 die
8,24 dreissig Jahre alt sind oder älter, bis zu fünfzig Jahre, alle, die zum
Dienst verpflichtet sind, um am Zelt der Begegnung eine Arbeit zu tun.
4–15: 3,31! 4 Dies ist der Dienst der Kehatiten im Zelt der Begegnung: der Dienst
5: Ex 26,31 · Ex 40,3 am Hochheiligen. 5 Wenn das Lager weiterzieht, sollen Aaron und sei-
ne Söhne hineingehen und den verhüllenden Vorhang abnehmen und
6: Ex 25,13 damit die Lade des Zeugnisses bedecken. 6 Und sie sollen eine Decke
aus Tachaschhaut darauf legen und ein Tuch ganz aus blauem Purpur
darüber breiten und die Stangen anbringen. 7 Und über den Tisch der
Schaubrote sollen sie ein Tuch aus blauem Purpur breiten und die
Schüsseln und Schalen und Becher darauf stellen und die Kannen für
das Trankopfer, und das Schaubrot soll darauf liegen. 8 Und sie sollen
darüber ein Tuch aus Karmesin breiten und es mit einer Decke aus Ta-
9: Ex 25,31 chaschhaut bedecken und die Stangen anbringen. 9 Und sie sollen ein
Tuch aus blauem Purpur nehmen und den Leuchter für das Licht und
seine Lampen bedecken, die Dochtscheren und Pfannen und alle Ölge-
fässe, mit denen man den Dienst an ihm versieht. 10 Und sie sollen ihn
samt allen Geräten in eine Decke aus Tachaschhaut hüllen und auf das
11: Ex 40,26 Traggestell legen. 11 Und über den goldenen Altar sollen sie ein Tuch aus
blauem Purpur breiten und ihn mit einer Decke aus Tachaschhaut be-
12: 1Chr 9,28 decken und die Stangen anbringen. 12 Und sie sollen alle Geräte neh-
men, mit denen man den Dienst im Heiligtum versieht, und sie in ein
Tuch aus blauem Purpur hüllen und mit einer Decke aus Tachaschhaut
bedecken und auf das Traggestell legen. 13 Und sie sollen den Altar von
der Fettasche reinigen und ein Tuch aus rotem Purpur darüber breiten.
14 Und sie sollen alle Geräte darauf legen, mit denen man den Dienst
auf ihm versieht, die Pfannen, Gabeln, Schaufeln und Sprengschalen,

4,14: In wichtigen Textzeugen folgt am Ende des Verses: «Und sie sollen ein Tuch aus rotem Purpur nehmen und das Becken und sein Gestell bedecken und sie in eine Decke aus Tachaschhaut hüllen und auf das Traggestell legen.»

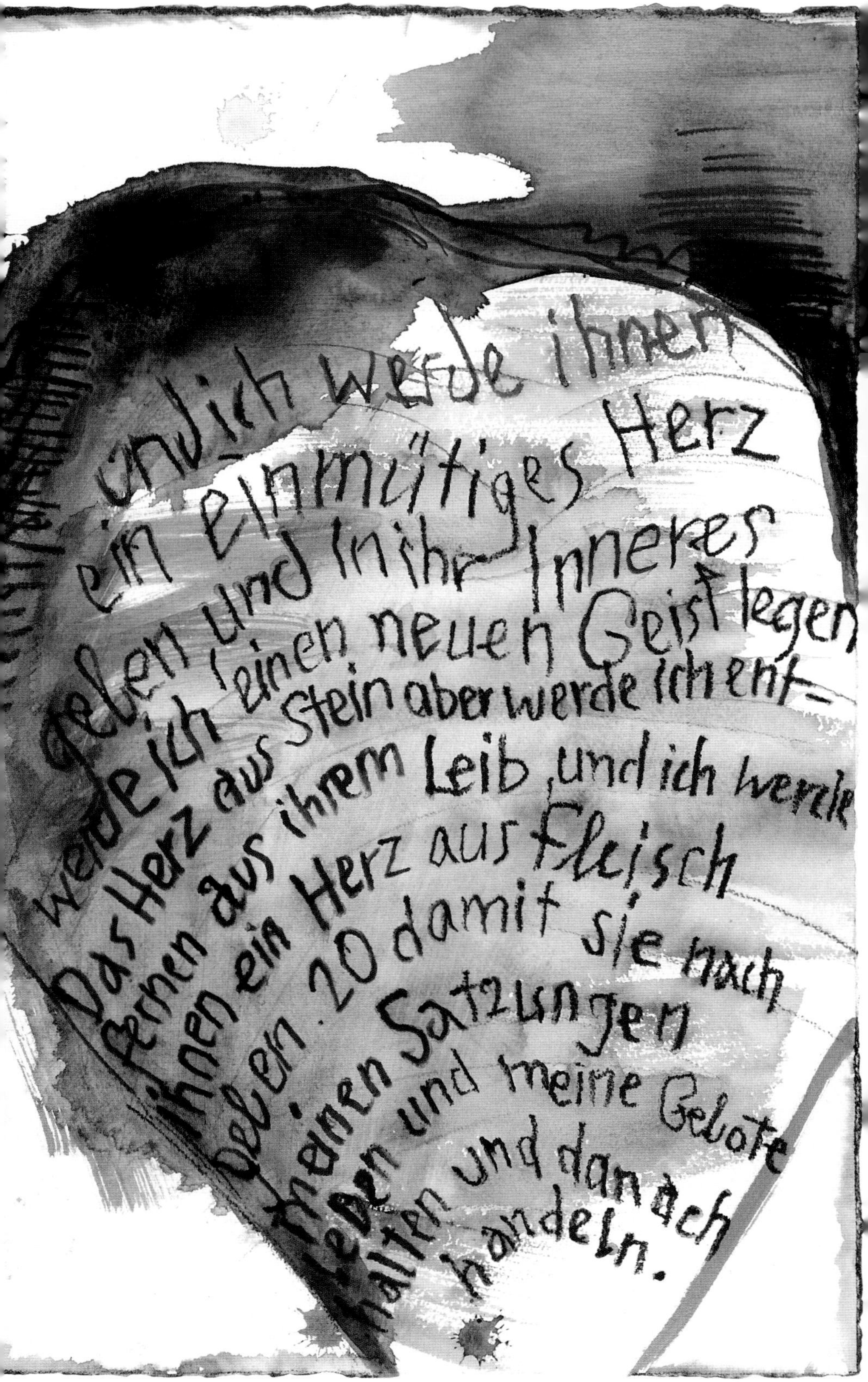
und ich werde ihnen
ein einmütiges Herz
geben und in ihr Inneres
werde ich einen neuen Geist legen
Das Herz aus Stein aber werde ich ent-
fernen aus ihrem Leib, und ich werde
ihnen ein Herz aus Fleisch
geben. 20 damit sie nach
meinen Satzungen
leben und meine Gebote
halten und danach
handeln.

Schriftbild zu Ezechiel 11,19–20

alle Altargeräte. Und sie sollen eine Decke aus Tachaschhaut darüber
breiten und die Stangen anbringen. 15 So sollen Aaron und seine Söhne 15: 2Sam 6,6–7 ·
das Heiligtum und alle heiligen Geräte vollständig bedecken, wenn das 7,9; 10,21
Lager weiterzieht, und danach sollen die Kehatiten kommen, um sie zu
tragen. Sie dürfen aber das Heilige nicht berühren, sonst müssen sie
sterben. Das haben die Kehatiten zu tragen vom Zelt der Begegnung.
16 Elasar aber, der Sohn des Priesters Aaron, hat die Verantwortung
über das Öl für das Licht und über das wohlriechende Räucherwerk, das
ständige Speiseopfer und das Salböl, die Verantwortung über die ganze
Wohnung und alles, was darin ist an Heiligem und an dazugehörigen
Geräten.

17 Und der HERR sprach zu Mose und Aaron: 18 Sorgt dafür, dass der
Stamm der Kehatitensippen nicht ausgerottet wird unter den Leviten.
19 Und tut dies für sie, damit sie am Leben bleiben und nicht sterben,
wenn sie herzutreten zum Hochheiligen: Aaron und seine Söhne sollen
hineingehen und einem jeden zuweisen, was er tun und was er tragen
soll. 20 Sie aber sollen nicht hineingehen, um, wenn auch nur für einen 20: 18,3 · 1Sam 6,19
Augenblick, das Heilige zu sehen, sonst müssen sie sterben.

21 Und der HERR sprach zu Mose: 22 Zähle auch die Gerschoniten, 22: 3,21
nach ihren Familien, nach ihren Sippen. 23 Die dreissig Jahre alt sind 23: 3!
oder älter, bis zu fünfzig Jahre, sollst du mustern, alle, die zum Dienst
verpflichtet sind, um am Zelt der Begegnung eine Arbeit zu tun. 24 Dies 24–28: 3,26
ist der Dienst der Sippen der Gerschoniten, was sie tun und was sie tra- 24: 10,17
gen sollen: 25 Sie sollen die Zeltbahnen der Wohnung und das Zelt der
Begegnung tragen, seine Decke und die Tachaschdecke, die darüber
liegt, und die Decke am Eingang des Zelts der Begegnung, 26 die Behän-
ge des Vorhofs und die Decke am Toreingang des Vorhofs, der die Woh-
nung und den Altar rings umschliesst, die Stricke und alle Arbeitsgerä-
te. Und alles, was dabei zu tun ist, sollen sie verrichten. 27 Der ganze
Dienst der Gerschoniten soll auf Anordnung Aarons und seiner Söhne
geschehen, alles, was sie zu tragen und zu tun haben. Und ihr sollt sie
anweisen und beaufsichtigen bei allem, was sie zu tragen haben. 28 Das 28: 33; 7,8; Ex 38,21
ist der Dienst der Sippen der Gerschoniten am Zelt der Begegnung, den
sie unter der Leitung Itamars, des Sohns des Priesters Aaron zu verse-
hen haben.

29 Die Merariten sollst du mustern, nach ihren Sippen, nach ihren 29–33: 3,37
Familien. 30 Die dreissig Jahre alt sind oder älter, bis zu fünfzig Jahre, 29: 3,33!
sollst du mustern, alle, die zum Dienst verpflichtet sind, um den Dienst 30: 3!
am Zelt der Begegnung zu tun. 31 Und das haben sie zu tragen bei ihrem
ganzen Dienst am Zelt der Begegnung: die Bretter der Wohnung, ihre
Querbalken, ihre Säulen und Sockel, 32 die Säulen des Vorhofs ringsum
und ihre Sockel, Pflöcke und Stricke mit allen Geräten für ihre ganze
Arbeit. Und ihr sollt ihnen die Geräte zuweisen, die sie tragen sollen,
indem ihr sie einzeln nennt. 33 Das ist der Dienst der Sippen der Mera- 33: 28!
riten, ihr ganzer Dienst am Zelt der Begegnung unter der Leitung Ita-
mars, des Sohns des Priesters Aaron.

34 Und Mose, Aaron und die Fürsten der Gemeinde musterten die
Kehatiten, nach ihren Sippen und nach ihren Familien, 35 die dreissig
Jahre alt waren oder älter, bis zu fünfzig Jahre, alle, die zum Dienst ver-
pflichtet waren, zur Arbeit am Zelt der Begegnung. 36 Und ihre Gemus-

terten, nach ihren Sippen, waren 2750. 37 Das sind die Gemusterten der Sippen der Kehatiten, alle, die am Zelt der Begegnung Dienst taten, die Mose und Aaron musterten, wie es der HERR durch Mose befohlen hatte.

38 Und die Gemusterten der Gerschoniten, nach ihren Sippen und nach ihren Familien, 39 die dreissig Jahre alt waren oder älter, bis zu fünfzig Jahre, alle, die zum Dienst verpflichtet waren, zur Arbeit am Zelt der Begegnung. 40 Und ihre Gemusterten, nach ihren Sippen, nach ihren Familien, waren 2630. 41 Das sind die Gemusterten der Sippen der Gerschoniten, alle, die am Zelt der Begegnung Dienst taten, die Mose und Aaron musterten nach dem Befehl des HERRN.

42 Und die Gemusterten der Sippen der Merariten, nach ihren Sippen, nach ihren Familien, 43 die dreissig Jahre alt waren oder älter, bis zu fünfzig Jahre, alle, die zum Dienst verpflichtet waren, zur Arbeit am Zelt der Begegnung. 44 Und ihre Gemusterten, nach ihren Sippen, waren 3200. 45 Das sind die Gemusterten der Sippen der Merariten, die Mose und Aaron musterten, wie es der HERR durch Mose befohlen hatte.

46 Alle Gemusterten, die Mose, Aaron und die Fürsten Israels bei
den Leviten nach ihren Sippen und ihren Familien gemustert hatten,
47: 1,3! · 3! 47 die dreissig Jahre alt waren oder älter, bis zu fünfzig Jahre, alle, die
verpflichtet waren, als Arbeiter und Träger am Zelt der Begegnung
Dienst zu tun, 48 ihre Gemusterten waren 8580. 49 Nach dem Befehl
des HERRN betraute man unter der Leitung Moses einen jeden von ihnen mit dem, was er zu tun und was er zu tragen hatte. Und sie wurden von ihm gemustert, wie der HERR es Mose geboten hatte.

Unreinheit, Veruntreuung und Verdacht auf Ehebruch

2: Lev 13,46! · **5** 1 Und der HERR sprach zu Mose: 2 Gebiete den Israeliten, dass sie
Lev 15,2! · 9,6–7; jeden Aussätzigen aus dem Lager weisen, jeden, der an einem Aus-
19,11–16
3: 12,14; Lev 15,31 fluss leidet, und jeden, der an einem Toten unrein geworden ist. 3 Män-
ner wie Frauen sollt ihr hinausweisen, vor das Lager sollt ihr sie weisen.
So werden sie ihr Lager nicht verunreinigen, in dem ich mitten unter
4: 2Chr 26,21 ihnen wohne. 4 Und die Israeliten machten es so und wiesen sie vor das
Lager hinaus. Wie der HERR zu Mose geredet hatte, so machten es die
Israeliten.

6–7: Lev 5,21–22 5 Und der HERR sprach zu Mose: 6 Rede zu den Israeliten: Wenn ein
Mann oder eine Frau irgendeine Sünde begeht, wie die Menschen sie
begehen, und eine Veruntreuung gegen den HERRN verübt, wird diese
7: Lev 5,5 · Lev 5,16 Person schuldig. 7 Sie sollen aber ihre Sünde bekennen, die sie began-
gen haben. Dann soll man vollständig zurückerstatten, was man schul-
det, und noch ein Fünftel hinzufügen und es dem geben, an dem man
8: Lev 7,7 schuldig geworden ist. 8 Gibt es aber keinen Vertreter, dem man zu-
rückerstatten könnte, was man schuldet, wird, was man schuldet, dem
HERRN erstattet, und es gehört dem Priester, ebenso wie der Sühnewid-
der, mit dem dieser für einen Sühne erwirkt.

9–10: Ex 29,27–28! 9 Und jede Abgabe von allen heiligen Gaben der Israeliten, die sie
zum Priester bringen, soll ihm gehören. 10 Und jede heilige Gabe soll
ihm gehören; was jemand dem Priester gibt, soll ihm gehören.

4,49: Die mit «Und sie wurden von ihm gemustert» wiedergegebene Form lautet im Masoretischen Text übersetzt: «Und seine Gemusterten».

11 Und der HERR sprach zu Mose: 12 Rede zu den Israeliten und 12: Ex 20,14
sprich zu ihnen: Wenn eine Ehefrau ihren Mann betrügt und ihm un-
treu wird, 13 und ein Mann schläft mit ihr, und dies bleibt vor den Augen 13: Ez 33,26
ihres Mannes verborgen, und sie bleibt unentdeckt, obwohl sie sich ver-
unreinigt hat, und es gibt keinen Zeugen gegen sie, und sie ist nicht er-
tappt worden, 14 und es kommt ein Geist der Eifersucht über ihn, und er
wird seiner Frau wegen eifersüchtig, und sie hat sich wirklich verunrei-
nigt, oder es kommt ein Geist der Eifersucht über ihn, und er wird eifer-
süchtig auf seine Frau, und sie hat sich nicht verunreinigt: 15 Dann soll
der Mann seine Frau zum Priester bringen und als Opfergabe für sie ein
Zehntel Efa Gerstenmehl mitbringen. Er darf kein Öl darauf giessen und
keinen Weihrauch darauf legen, denn es ist ein Eifersuchtsopfer, ein Er-
innerungsopfer, das Schuld aufdeckt. 16 Und der Priester soll sie heran-
kommen und vor den HERRN treten lassen. 17 Dann soll der Priester hei-
liges Wasser in einem Tongefäss nehmen, und der Priester soll etwas
Staub vom Boden der Wohnung nehmen und in das Wasser streuen.
18 Und der Priester soll die Frau vor den HERRN treten lassen und das
Haupthaar der Frau lösen und auf ihre Hände das Erinnerungsopfer le-
gen, es ist ein Eifersuchtsopfer. Der Priester aber soll das bittere Wasser,
das Fluch wirkt, in der Hand halten. 19 Dann soll der Priester sie schwö-
ren lassen und zu der Frau sagen: Wenn kein Mann mit dir geschlafen
hat und du deinen Mann nicht mit einem anderen betrogen hast und
unrein geworden bist, so bleibe unversehrt von diesem bitteren Wasser,
das Fluch wirkt. 20 Wenn du aber deinen Mann mit einem anderen be-
trogen und du dich verunreinigt hast und ein anderer als dein Ehemann
mit dir den Beischlaf vollzogen hat – 21 dann soll der Priester die Frau
den Fluch schwören lassen, und der Priester soll zu der Frau sprechen:
Der HERR mache dich zum Anlass für ein Fluch- und Schwurwort in dei-
nem Volk, indem der HERR deine Hüfte einfallen und deinen Bauch an-
schwellen lässt. 22 Und dieses Wasser, das Fluch wirkt, dringe in deinen
Leib, lasse den Bauch anschwellen und die Hüfte einfallen. Und die Frau
soll sprechen: Amen, Amen. 23 Dann soll der Priester diese Flüche auf
ein Blatt schreiben und sie im bitteren Wasser abwaschen. 24 Und er
soll der Frau das bittere Wasser, das Fluch wirkt, zu trinken geben, und
das Wasser, das Fluch wirkt, soll in sie eindringen und zur Bitternis wer-
den. 25 Dann soll der Priester aus der Hand der Frau das Eifersuchtsopfer
nehmen und das Opfer vor dem HERRN hin und her schwingen und es
zum Altar bringen. 26 Und der Priester soll von dem Opfer eine Hand- 26: Lev 2,2!
voll zum Verbrennen nehmen und auf dem Altar als Rauchopfer dar-
bringen. Und danach soll er der Frau das Wasser zu trinken geben. 27 Er 27: Ps 109,18
soll ihr das Wasser zu trinken geben, und falls sie sich verunreinigt hat
und ihrem Mann untreu geworden ist, wird das Wasser, das Fluch wirkt,
in sie eindringen und zur Bitternis werden, und ihr Bauch wird an-
schwellen und ihre Hüfte einfallen. Und die Frau wird zum Anlass für
ein Fluchwort werden in ihrem Volk. 28 Hat sie sich aber nicht verunrei-
nigt und ist rein, wird sie unversehrt und fruchtbar bleiben.

29 Das ist die Weisung über die Eifersucht: Wenn eine Frau ihren
Mann mit einem anderen betrügt und sich verunreinigt 30 oder wenn
über einen Mann ein Geist der Eifersucht kommt und er seiner Frau we-
gen eifersüchtig wird, soll er die Frau vor den HERRN treten lassen, und

31: Mt 1,19 der Priester soll nach dieser ganzen Weisung mit ihr verfahren. 31 Der
Mann bleibt frei von Schuld, jene Frau aber muss ihre Schuld tragen.

Weisung für Geweihte

2: 30,3; Dtn 23,22; 6 1 Und der HERR sprach zu Mose: 2 Rede zu den Israeliten und sprich
Koh 5,3–4; zu ihnen: Wenn jemand, ein Mann oder eine Frau, das besondere
Apg 21,23 · 1Sam 1,11 Gelübde eines Geweihten ablegt, um sich dem HERRN zu weihen, 3 soll
3: Lev 10,9; Ri 13,4; er sich des Weins und des Biers enthalten, Essig aus Wein und Essig aus
Am 2,11; Lk 1,15 Bier soll er nicht trinken, und keinerlei Traubensaft soll er trinken, und
Trauben, frische oder getrocknete, soll er nicht essen. 4 Während der
ganzen Zeit, in der er geweiht ist, soll er nichts essen von all dem, was
vom Weinstock gewonnen wird, von den unreifen Trauben bis zu den
5: Ri 13,5; 16,17 Trebern. 5 Während der ganzen Zeit seines Weihegelübdes darf kein
Schermesser an sein Haupt kommen. Bis die Zeit um ist, für die er sich
dem HERRN weiht, soll er heilig sein, er soll sein Haupthaar frei wach-
6: 19,11! sen lassen. 6 Die ganze Zeit, für die er sich dem HERRN weiht, soll er
7: Lev 21,11 nicht zu einem Toten hineingehen. 7 An seinem Vater und seiner Mut-
ter, an seinem Bruder und seiner Schwester soll er sich nicht verunrei-
nigen, wenn sie sterben, denn die Weihe seines Gottes ist auf seinem
Haupt.

8: 1Sam 1,28 8 Während der ganzen Zeit seiner Weihe ist er dem HERRN heilig.
9 Wenn aber jemand neben ihm ganz plötzlich stirbt und sein geweih-
tes Haupt verunreinigt, soll er am Tag seiner Reinigung sein Haupt
10: Lev 5,7 scheren, am siebten Tag soll er es scheren. 10 Und am achten Tag soll er
zwei Turteltauben oder zwei Tauben zum Priester bringen an den Ein-
gang des Zelts der Begegnung. 11 Und der Priester soll die eine als Sünd-
opfer und die andere als Brandopfer darbringen und für ihn dafür Süh-
ne erwirken, dass er sich des Toten wegen versündigt hat, und er soll
sein Haupt an diesem Tag wieder heiligen. 12 Dann soll er sich dem
HERRN von neuem weihen für die Zeit seiner Weihe und ein einjähriges
Lamm als Schuldopfer darbringen. Die erste Zeit aber soll hinfällig sein,
denn seine Weihe ist unrein geworden.

13 Und dies ist die Weisung für den Geweihten: Wenn die Zeit sei-
ner Weihe um ist, soll man ihn an den Eingang des Zelts der Begegnung
bringen. 14 Und er soll dem HERRN seine Opfergabe darbringen: ein
makelloses einjähriges männliches Lamm als Brandopfer, ein makello-
ses einjähriges weibliches Lamm als Sündopfer und einen makellosen
15: Lev 7,12 · 15,3–7 Widder als Heilsopfer, 15 ferner einen Korb ungesäuerter Brote aus
Feinmehl, mit Öl angerührte Kuchen und ungesäuerte, mit Öl bestri-
chene Fladen und das dazugehörige Speiseopfer und die dazugehörigen
Trankopfer. 16 Und der Priester soll es vor den HERRN bringen und sein
Sündopfer und sein Brandopfer darbringen. 17 Und den Widder soll er
als Heilsopfer für den HERRN darbringen samt dem Korb ungesäuerter
Brote. Und der Priester soll sein Speiseopfer und sein Trankopfer dar-
18: Apg 18,18; 21,24 bringen. 18 Dann soll der Geweihte am Eingang des Zelts der Begeg-
nung sein geweihtes Haupt scheren und das Haar seines geweihten
Hauptes nehmen und es auf das Feuer legen, das unter dem Heilsopfer
ist. 19 Der Priester aber soll von dem Widder das gekochte Schulter-
stück nehmen und einen ungesäuerten Kuchen aus dem Korb und ei-
nen ungesäuerten Fladen und es auf die Hände des Geweihten legen,

nachdem dieser sein geweihtes Haar hat scheren lassen. 20 Und der 20: Ex 29,27–28!;
Priester soll sie vor dem HERRN als Weihegabe hin und her schwingen, Lev 7,34
es ist eine heilige Gabe für den Priester, samt der geweihten Brust und
der als Abgabe bestimmten Keule. Und danach darf der Geweihte wie-
der Wein trinken.

21 Das ist die Weisung für den Geweihten, der ein Gelübde ablegt,
seine Opfergabe für den HERRN nach seiner Weihe, neben dem, was er
sonst noch zu geben vermag. Seinem Gelübde gemäss, das er ablegt, soll
er handeln, nach der Weisung über seine Weihe.

Der Priestersegen

22 Und der HERR sprach zu Mose: 23 Rede zu Aaron und seinen Söh- 23: 1Chr 23,13!
nen: So sollt ihr die Israeliten segnen, sprecht zu ihnen:
24 Der HERR segne dich 24: Rut 2,4 ·
und behüte dich. Ps 121,7–8
25 Der HERR lasse sein Angesicht leuchten über dir 25: Ps 80,4; 119,135;
und sei dir gnädig. Dan 9,17 ·
Gen 43,29
26 Der HERR erhebe sein Angesicht zu dir 26: Jes 26,12
und gebe dir Frieden.

27 So sollen sie meinen Namen auf die Israeliten legen, und ich wer- 27: 2Chr 7,14;
de sie segnen. Dan 9,19

Die Gaben der Fürsten

7 1 Und an dem Tag, als Mose die Wohnung fertig aufgerichtet und sie 1: Ex 29,36
gesalbt und geheiligt hatte samt allen ihren Geräten und den Altar
samt allen seinen Geräten, als er sie gesalbt und geheiligt hatte, 2 da 2: 1,16!
brachten die Fürsten Israels, die Häupter ihrer Familien, Opfer dar. Sie
waren die Stammesfürsten, die Vorsteher der Gemusterten. 3 Und sie
brachten ihre Opfergabe vor den HERRN: sechs überdeckte Wagen und
zwölf Rinder, je einen Wagen von zwei Fürsten und je ein Rind von ei-
nem. Und sie brachten sie vor die Wohnung. 4 Und der HERR sprach zu
Mose: 5 Nimm sie von ihnen entgegen, sie sollen zum Dienst am Zelt
der Begegnung verwendet werden. Und übergib sie den Leviten, jedem
seinem Dienst entsprechend. 6 Da nahm Mose die Wagen und die Rin-
der und übergab sie den Leviten. 7 Zwei Wagen und vier Rinder gab er
den Gerschoniten, entsprechend ihrem Dienst. 8 Und vier Wagen und 8: 4,28!
acht Rinder gab er den Merariten, entsprechend ihrem Dienst unter der
Leitung Itamars, des Sohns des Priesters Aaron. 9 Den Kehatiten aber 9: 3,31! · 4,15!
gab er nichts, denn ihnen oblag der Dienst am Heiligen, auf der Schulter
sollten sie es tragen. 10 Dann brachten die Fürsten die Gaben zur Ein- 10: 1Kön 8,63
weihung des Altars dar an dem Tag, an dem er gesalbt wurde. Und die
Fürsten brachten ihre Opfergabe dar vor dem Altar. 11 Und der HERR
sprach zu Mose: Jeden Tag soll je ein Fürst seine Opfergabe zur Einwei-
hung des Altars darbringen.

12 Und der am ersten Tag seine Opfergabe darbrachte, war Nach-
schon, der Sohn Amminadabs, vom Stamm Juda. 13 Und seine Opfer- 13: 15,4!
gabe war: eine Silberschüssel, hundertdreissig Schekel schwer, eine
Sprengschale aus Silber, siebzig Schekel nach dem Schekel des Heilig-
tums, beide voll Feinmehl, das mit Öl angerührt war, als Speiseopfer,
14 eine Schale von zehn Schekeln Gold, voll Räucherwerk, 15 ein junger

Stier, ein Widder, ein einjähriges Lamm als Brandopfer, 16 ein Ziegen-
bock als Sündopfer 17 und als Heilsopfer zwei Rinder, fünf Widder, fünf
Böcke und fünf einjährige Lämmer. Das war die Opfergabe des Nach-
schon, des Sohns von Amminadab.

18 Am zweiten Tag brachte Netanel, der Sohn Zuars, der Fürst von
Issaschar, seine Gabe dar. 19 Er brachte als seine Opfergabe eine Silber-
schüssel, hundertdreissig Schekel schwer, eine Sprengschale aus Silber,
siebzig Schekel nach dem Schekel des Heiligtums, beide voll Feinmehl,
das mit Öl angerührt war, als Speiseopfer, 20 eine Schale von zehn Sche-
keln Gold, voll Räucherwerk, 21 einen jungen Stier, einen Widder, ein
einjähriges Lamm als Brandopfer, 22 einen Ziegenbock als Sündopfer
23 und als Heilsopfer zwei Rinder, fünf Widder, fünf Böcke und fünf
einjährige Lämmer. Das war die Opfergabe Netanels, des Sohns von
Zuar.

24 Am dritten Tag der Fürst der Sebuloniten, Eliab, der Sohn Che-
lons. 25 Seine Opfergabe war: eine Silberschüssel, hundertdreissig
Schekel schwer, eine Sprengschale aus Silber, siebzig Schekel nach dem
Schekel des Heiligtums, beide voll Feinmehl, das mit Öl angerührt war,
als Speiseopfer, 26 eine Schale von zehn Schekeln Gold, voll Räucher-
werk, 27 ein junger Stier, ein Widder, ein einjähriges Lamm als Brand-
opfer, 28 ein Ziegenbock als Sündopfer 29 und als Heilsopfer zwei Rin-
der, fünf Widder, fünf Böcke und fünf einjährige Lämmer. Das war die
Opfergabe Eliabs, des Sohns von Chelon.

30 Am vierten Tag der Fürst der Rubeniten, Elizur, der Sohn Sche-
deurs. 31 Seine Opfergabe war: eine Silberschüssel, hundertdreissig
Schekel schwer, eine Sprengschale aus Silber, siebzig Schekel nach dem
Schekel des Heiligtums, beide voll Feinmehl, das mit Öl angerührt war,
als Speiseopfer, 32 eine Schale von zehn Schekeln Gold, voll Räucher-
werk, 33 ein junger Stier, ein Widder, ein einjähriges Lamm als Brand-
opfer, 34 ein Ziegenbock als Sündopfer 35 und als Heilsopfer zwei Rin-
der, fünf Widder, fünf Böcke und fünf einjährige Lämmer. Das war die
Opfergabe Elizurs, des Sohns von Schedeur.

36 Am fünften Tag der Fürst der Simeoniten, Schelumiel, der Sohn
Zurischaddais. 37 Seine Opfergabe war: eine Silberschüssel, hundert-
dreissig Schekel schwer, eine Sprengschale aus Silber, siebzig Schekel
nach dem Schekel des Heiligtums, beide voll Feinmehl, das mit Öl ange-
rührt war, als Speiseopfer, 38 eine Schale von zehn Schekeln Gold, voll
Räucherwerk, 39 ein junger Stier, ein Widder, ein einjähriges Lamm als
Brandopfer, 40 ein Ziegenbock als Sündopfer 41 und als Heilsopfer
zwei Rinder, fünf Widder, fünf Böcke und fünf einjährige Lämmer. Das
war die Opfergabe Schelumiels, des Sohns von Zurischaddai.

42 Am sechsten Tag der Fürst der Gaditen, Eljasaf, der Sohn Deguels.
43 Seine Opfergabe war: eine Silberschüssel, hundertdreissig Schekel
schwer, eine Sprengschale aus Silber, siebzig Schekel nach dem Schekel
des Heiligtums, beide voll Feinmehl, das mit Öl angerührt war, als
Speiseopfer, 44 eine Schale von zehn Schekeln Gold, voll Räucherwerk,
45 ein junger Stier, ein Widder, ein einjähriges Lamm als Brandopfer,
46 ein Ziegenbock als Sündopfer 47 und als Heilsopfer zwei Rinder,
fünf Widder, fünf Böcke und fünf einjährige Lämmer. Das war die Op-
fergabe Eljasafs, des Sohns von Deguel.

48 Am siebten Tag der Fürst der Efraimiten, Elischama, der Sohn
Ammihuds. 49 Seine Opfergabe war: eine Silberschüssel, hundertdreis-
sig Schekel schwer, eine Sprengschale aus Silber, siebzig Schekel nach
dem Schekel des Heiligtums, beide voll Feinmehl, das mit Öl angerührt
war, als Speiseopfer, 50 eine Schale von zehn Schekeln Gold, voll Räu-
cherwerk, 51 ein junger Stier, ein Widder, ein einjähriges Lamm als
Brandopfer, 52 ein Ziegenbock als Sündopfer 53 und als Heilsopfer zwei
Rinder, fünf Widder, fünf Böcke und fünf einjährige Lämmer. Das war
die Opfergabe Elischamas, des Sohns von Ammihud.

54 Am achten Tag der Fürst der Manassiten, Gamliel, der Sohn Peda-
zurs. 55 Seine Opfergabe war: eine Silberschüssel, hundertdreissig
Schekel schwer, eine Sprengschale aus Silber, siebzig Schekel nach dem
Schekel des Heiligtums, beide voll Feinmehl, das mit Öl angerührt war,
als Speiseopfer, 56 eine Schale von zehn Schekeln Gold, voll Räucher-
werk, 57 ein junger Stier, ein Widder, ein einjähriges Lamm als Brand-
opfer, 58 ein Ziegenbock als Sündopfer 59 und als Heilsopfer zwei Rin-
der, fünf Widder, fünf Böcke und fünf einjährige Lämmer. Das war die
Opfergabe Gamliels, des Sohns von Pedazur.

60 Am neunten Tag der Fürst der Benjaminiten, Abidan, der Sohn
Gidonis. 61 Seine Opfergabe war: eine Silberschüssel, hundertdreissig
Schekel schwer, eine Sprengschale aus Silber, siebzig Schekel nach dem
Schekel des Heiligtums, beide voll Feinmehl, das mit Öl angerührt war,
als Speiseopfer, 62 eine Schale von zehn Schekeln Gold, voll Räucher-
werk, 63 ein junger Stier, ein Widder, ein einjähriges Lamm als Brand-
opfer, 64 ein Ziegenbock als Sündopfer 65 und als Heilsopfer zwei Rin-
der, fünf Widder, fünf Böcke und fünf einjährige Lämmer. Das war die
Opfergabe Abidans, des Sohns von Gidoni.

66 Am zehnten Tag der Fürst der Daniten, Achieser, der Sohn Am-
mischaddais. 67 Seine Opfergabe war: eine Silberschüssel, hundert-
dreissig Schekel schwer, eine Sprengschale aus Silber, siebzig Schekel
nach dem Schekel des Heiligtums, beide voll Feinmehl, das mit Öl ange-
rührt war, als Speiseopfer, 68 eine Schale von zehn Schekeln Gold, voll
Räucherwerk, 69 ein junger Stier, ein Widder, ein einjähriges Lamm als
Brandopfer, 70 ein Ziegenbock als Sündopfer 71 und als Heilsopfer zwei
Rinder, fünf Widder, fünf Böcke und fünf einjährige Lämmer. Das war
die Opfergabe Achiesers, des Sohns von Ammischaddai.

72 Am elften Tag der Fürst der Asseriten, Pagiel, der Sohn Ochrans.
73 Seine Opfergabe war: eine Silberschüssel, hundertdreissig Schekel
schwer, eine Sprengschale aus Silber, siebzig Schekel nach dem Schekel
des Heiligtums, beide voll Feinmehl, das mit Öl angerührt war, als
Speiseopfer, 74 eine Schale von zehn Schekeln Gold, voll Räucherwerk,
75 ein junger Stier, ein Widder, ein einjähriges Lamm als Brandopfer,
76 ein Ziegenbock als Sündopfer 77 und als Heilsopfer zwei Rinder,
fünf Widder, fünf Böcke und fünf einjährige Lämmer. Das war die Op-
fergabe Pagiels, des Sohns von Ochran.

78 Am zwölften Tag der Fürst der Naftaliten, Achira, der Sohn Enans.
79 Seine Opfergabe war: eine Silberschüssel, hundertdreissig Schekel
schwer, eine Sprengschale aus Silber, siebzig Schekel nach dem Schekel
des Heiligtums, beide voll Feinmehl, das mit Öl angerührt war, als
Speiseopfer, 80 eine Schale von zehn Schekeln Gold, voll Räucherwerk,

81 ein junger Stier, ein Widder, ein einjähriges Lamm als Brandopfer,
82 ein Ziegenbock als Sündopfer 83 und als Heilsopfer zwei Rinder,
fünf Widder, fünf Böcke und fünf einjährige Lämmer. Das war die Op-
fergabe Achiras, des Sohns von Enan.
84 Das war die Gabe zur Einweihung des Altars von den Fürsten Is-
raels, als er gesalbt wurde: Zwölf Silberschüsseln, zwölf silberne
Sprengschalen, zwölf Goldschalen, 85 jede Schüssel aus Silber wog hun-
dertdreissig Schekel und jede Sprengschale siebzig. Das gesamte Silber
der Gefässe wog zweitausendvierhundert Schekel nach dem Schekel des
Heiligtums. 86 Zwölf Goldschalen, voll Räucherwerk, jede Schale wog
zehn Schekel nach dem Schekel des Heiligtums. Das gesamte Gold der
Schalen wog hundertzwanzig Schekel. 87 Alle Rinder für das Brandop-
fer, zwölf Jungstiere, zwölf Widder und zwölf einjährige Lämmer und
das dazugehörige Speiseopfer, und zwölf Ziegenböcke als Sündopfer.
88 Und alle Rinder für das Heilsopfer, vierundzwanzig Jungstiere, sech-
zig Widder, sechzig Böcke und sechzig einjährige Lämmer. Das war die
Gabe zur Einweihung des Altars, nachdem er gesalbt worden war.
89: 11,17; 12,8; 89 Und als Mose in das Zelt der Begegnung hineinging, um mit ihm
Ex 33,9 · Ex 25,22 zu reden, hörte er die Stimme zu ihm reden von der Deckplatte herab,
die auf der Lade des Zeugnisses lag, zwischen den zwei Kerubim hervor.
So sprach er zu ihm.

Die Lampen des Leuchters

8 1 Und der HERR sprach zu Mose: 2 Rede zu Aaron und sprich zu ihm:
Wenn du die Lampen aufsetzt, sollen die sieben Lampen den Raum
3: Ex 40,25 vor dem Leuchter erhellen. 3 Und Aaron machte es so: Er setzte die Lam-
pen an der Vorderseite des Leuchters auf, wie der HERR es Mose geboten
4: Ex 25,9 hatte. 4 Das aber war die Machart des Leuchters: getriebene Arbeit aus
Gold. Von seinem Fuss bis zu seinen Blüten war er in getriebener Arbeit.
Nach dem Bild, das der HERR Mose gezeigt hatte, so hatte er den Leuch-
ter gemacht.

Die Weihe der Leviten

6: Dtn 10,8; Mal 3,3 5 Und der HERR sprach zu Mose: 6 Nimm aus den Israeliten die Le-
7: 19,9; Lev 14,8–9 viten und reinige sie. 7 Und das sollst du mit ihnen tun, um sie zu reini-
gen: Besprenge sie mit Wasser der Entsündigung. Dann sollen sie mit
einem Schermesser über ihren ganzen Körper fahren, ihre Kleider wa-
schen und sich reinigen. 8 Und sie sollen einen jungen Stier nehmen
und das dazugehörige Speiseopfer, mit Öl angerührtes Feinmehl. Und
9: Ex 29,4; Lev 8,3 einen zweiten jungen Stier sollst du für ein Sündopfer nehmen. 9 Dann
sollst du die Leviten vor das Zelt der Begegnung treten lassen und die
ganze Gemeinde der Israeliten versammeln. 10 Und du sollst die Levi-
ten vor den HERRN treten lassen, und die Israeliten sollen ihre Hände
11: Dtn 10,8 auf die Leviten legen. 11 Und Aaron soll die Leviten als Weihegabe der
Israeliten vor dem HERRN darbringen, und sie sollen den Dienst für den
HERRN tun. 12 Die Leviten aber sollen ihre Hände auf den Kopf der Jung-

8,11: Wörtlich: «... soll die Leviten vor dem HERRN hin und her schwingen, ...», wobei ‹hin und her schwingen› ein Fachausdruck der Priestersprache ist, der die entsprechende Darbringung eines Opfers bezeichnet.

stiere legen. Dann sollst du den einen als Sündopfer darbringen und
den anderen als Brandopfer für den HERRN, um Sühne zu erwirken für
die Leviten. 13 Und du sollst die Leviten vor Aaron und seine Söhne stel-
len und sie als Weihegabe dem HERRN darbringen. 14 So sollst du die 14: 3,12–13!
Leviten aus den Israeliten aussondern, und die Leviten sollen mir gehö-
ren. 15 Danach aber sollen die Leviten hineingehen, um Dienst zu tun
am Zelt der Begegnung; und du sollst sie reinigen und sie als Weihegabe
darbringen. 16 Denn sie sind mir zu eigen gegeben aus den Israeliten.
Anstelle von allem, was den Mutterschoss durchbricht, der Erstgebore-
nen von allen Israeliten, habe ich sie mir genommen. 17 Denn mir ge- 17: Ex 12,29!
hört jede Erstgeburt bei den Israeliten, bei den Menschen und beim
Vieh. An dem Tag, da ich jede Erstgeburt im Land Ägypten schlug, habe
ich sie für mich geheiligt. 18 Und ich nahm die Leviten anstelle aller
Erstgeborenen bei den Israeliten. 19 Und ich gab Aaron und seinen Söh- 19: 3,9
nen aus den Israeliten die Leviten zu eigen, damit sie den Dienst der
Israeliten am Zelt der Begegnung tun und Sühne erwirken für die Isra-
eliten. So wird keine Plage über die Israeliten kommen, wenn die Isra-
eliten herzutreten zum Heiligtum. 20 Und Mose, Aaron und die ganze 20–22: Ex 12,50
Gemeinde der Israeliten machten es so mit den Leviten. Genau wie der
HERR es Mose für die Leviten geboten hatte, so machten es die Israeliten
mit ihnen. 21 Und die Leviten liessen sich entsündigen und wuschen
ihre Kleider, und Aaron brachte sie dar als Weihegabe vor dem HERRN,
und Aaron erwirkte Sühne für sie, um sie zu reinigen. 22 Danach aber
gingen die Leviten hinein, um ihren Dienst zu tun am Zelt der Begeg-
nung vor Aaron und seinen Söhnen. Wie der HERR es Mose geboten hat-
te über die Leviten, so machten sie es mit ihnen.

23 Und der HERR sprach zu Mose: 24 Dies gilt die Leviten betreffend: 24: 4,3!
Wer fünfundzwanzig Jahre alt ist oder älter, ist verpflichtet, Dienst zu
leisten am Zelt der Begegnung. 25 Wer aber fünfzig Jahre ist, soll vom
Dienst, zu dem er verpflichtet war, zurücktreten und nicht mehr Dienst
tun. 26 Er kann seinen Brüdern im Zelt der Begegnung behilflich sein,
ihre Aufgaben zu erfüllen, aber Dienst soll er nicht tun. So sollst du es
halten mit den Leviten bei ihren Aufgaben.

Das Passa

9 1 Und der HERR sprach zu Mose in der Wüste Sinai im zweiten Jahr 1: 1,1!
nach ihrem Auszug aus dem Land Ägypten, im ersten Monat: 2 Die 2–3: Ex 12,2–3
Israeliten sollen das Passa halten zur festgesetzten Zeit. 3 Am vierzehn-
ten Tag dieses Monats, in der Abenddämmerung, sollt ihr es halten, zur
festgesetzten Zeit. Nach allen seinen Ordnungen und allen seinen Sat-
zungen sollt ihr es halten. 4 Und Mose redete zu den Israeliten, dass sie
das Passa halten sollten. 5 Und sie hielten das Passa im ersten Monat,
am vierzehnten Tag des Monats in der Abenddämmerung in der Wüste
Sinai. Genau wie der HERR es Mose geboten hatte, so machten es die
Israeliten.

6 Es gab aber Männer, die an einem Toten unrein geworden waren 6–7: 5,2!
und das Passa nicht halten konnten an jenem Tag. Und sie traten vor 6: 27,2!
Mose und Aaron an jenem Tag. 7 Und diese Männer sagten zu ihm: Wir 7: 2Chr 30,17–18
sind unrein geworden an einem Toten. Warum soll es uns verwehrt
sein, die Opfergabe für den HERRN zur festgesetzten Zeit darzubringen

8: Lev 24,12 unter den Israeliten? 8 Da sprach Mose zu ihnen: Wartet, ich will hören,
was der HERR für euch gebietet.

9 Und der HERR sprach zu Mose: 10 Rede zu den Israeliten: Wenn
jemand an einem Toten unrein geworden ist oder sich auf einer weiten
Reise befindet, sei es bei euch oder bei euren künftigen Generationen,
11: Ex 12,8 und er will dem HERRN ein Passa halten: 11 Im zweiten Monat, am vier-
zehnten Tag in der Abenddämmerung, soll man es halten. Zu ungesäu-
12: Ex 12,10 · erten Broten und bitteren Kräutern soll man es essen. 12 Man darf
Ex 12,46! nichts davon bis zum Morgen übrig lassen und keinen seiner Knochen
zerbrechen. Genau nach der Ordnung für das Passa soll man es halten.
13: Lev 24,15 13 Wer aber rein ist und sich nicht auf einer Reise befindet und es unter-
lässt, das Passa zu halten, soll getilgt werden aus seiner Sippe, denn er
hat die Opfergabe für den HERRN nicht zur festgesetzten Zeit darge-
bracht. Dieser Mann muss seine Sünde tragen.

14: Ex 12,49 14 Und wenn ein Fremder bei euch weilt und dem HERRN ein Passa
halten will, so soll er es nach der Ordnung für das Passa und seiner Sat-
zung halten. Ein und dieselbe Ordnung gilt für euch, für den Fremden
wie für den Einheimischen im Land.

Die Wolkensäule

15: Ex 40,34 · 15 Als man aber die Wohnung aufrichtete, bedeckte die Wolke die
Ex 40,38 · Ex 13,21! Wohnung, das Zelt des Zeugnisses, und am Abend erschien sie wie Feu-
er über der Wohnung bis zum Morgen. 16 So war es ständig: Die Wolke
17: 10,11–12 bedeckte sie und ein Feuerschein bei Nacht. 17 Und wenn sich die Wol-
ke von dem Zelt erhob, brachen danach die Israeliten auf, und an dem
Ort, wo die Wolke sich niederliess, lagerten sich die Israeliten. 18 Nach
dem Befehl des HERRN brachen die Israeliten auf, und nach dem Befehl
des HERRN lagerten sie sich. Während der ganzen Zeit, da die Wolke
über der Wohnung ruhte, lagerten sie. 19 Und wenn die Wolke lange
Zeit über der Wohnung verweilte, erfüllten die Israeliten die Anwei-
sung des HERRN und brachen nicht auf. 20 Es kam aber auch vor, dass
die Wolke nur wenige Tage über der Wohnung blieb. Nach dem Befehl
des HERRN lagerten sie, und nach dem Befehl des HERRN brachen sie
auf. 21 Und es kam vor, dass die Wolke nur vom Abend bis zum Morgen
blieb: Wenn sich dann die Wolke am Morgen erhob, brachen sie auf.
Oder es war ein Tag und eine Nacht: Wenn sich dann die Wolke erhob,
brachen sie auf. 22 Oder es waren zwei Tage oder ein Monat oder noch
längere Zeit: Wenn die Wolke lange über der Wohnung verweilte und
über ihr ruhte, lagerten die Israeliten und brachen nicht auf, wenn sie
23: Ex 17,1 sich aber erhob, brachen sie auf. 23 Nach dem Befehl des HERRN lager-
ten sie sich, und nach dem Befehl des HERRN brachen sie auf. Sie erfüll-
ten die Anweisung des HERRN, wie es der HERR durch Mose befohlen
hatte.

Die Trompeten

2–3: Jer 4,5; 10 1 Und der HERR sprach zu Mose: 2 Mache dir zwei silberne Trom-
Joel 2,1.15 peten, in getriebener Arbeit sollst du sie machen, und sie sollen
dir dazu dienen, die Gemeinde einzuberufen und die Lager aufbrechen
zu lassen. 3 Bläst man sie, so soll sich die ganze Gemeinde bei dir ver-
4: 1,16 sammeln am Eingang des Zelts der Begegnung. 4 Wenn man aber nur

eine bläst, sollen sich die Fürsten, die Häupter der Tausendschaften Is-
raels, bei dir versammeln. 5 Und blast ihr das Signal, so sollen die Lager 5: 2,3
aufbrechen, die im Osten lagern. 6 Und blast ihr zum zweiten Mal das 6: 2,10
Signal, so sollen die Lager aufbrechen, die im Süden lagern. Das Signal
soll man blasen, wenn sie aufbrechen sollen. 7 Wenn aber die Ver-
sammlung einberufen werden soll, dann sollt ihr blasen, aber nicht das
Signal blasen. 8 Und die Söhne Aarons, die Priester, sollen die Trompe-
ten blasen, und ihr sollt sie behalten als eine ewige Ordnung, von Gene-
ration zu Generation. 9 Und wenn ihr in eurem Land einen Krieg be- 9: 31,6;
ginnt gegen den Feind, der euch bedrängt, sollt ihr mit den Trompeten 2Chr 13,12–15
das Signal blasen. Und es wird euer gedacht werden vor dem HERRN,
eurem Gott, und ihr werdet errettet werden vor euren Feinden. 10 Und 10: 29,1; Lev 23,24;
an einem Freudentag, an euren Festen und Monatsanfängen sollt ihr Ps 81,4
die Trompeten blasen zu euren Brandopfern und euren Heilsopfern,
und sie sollen vor eurem Gott die Erinnerung an euch wachhalten. Ich
bin der HERR, euer Gott.

Der Aufbruch vom Sinai

11 Im zweiten Jahr, im zweiten Monat, am Zwanzigsten in dem Mo- 11–12: 9,17
nat, hob sich die Wolke über der Wohnung des Zeugnisses. 12 Da zogen 11: 1,1!
die Israeliten aus der Wüste Sinai weiter, von Lagerplatz zu Lagerplatz, 12: 2,34! · 12,16; 13,26; Gen 21,21;
und in der Wüste Paran liess sich die Wolke nieder. 13 So brachen sie 1Kön 11,18
zum ersten Mal auf, wie es der HERR durch Mose befohlen hatte. 14 Zu- 14: 2,9
erst brach das Feldzeichen des Lagers der Söhne Juda auf, Heerschar um
Heerschar, und ihr Heer führte Nachschon, der Sohn Amminadabs.
15 Und das Heer des Stamms der Söhne Issaschar führte Netanel, der
Sohn Zuars. 16 Und das Heer des Stamms der Söhne Sebulon führte Eli-
ab, der Sohn Chelons. 17 Und als die Wohnung abgebaut war, brachen 17: 1,51! · 4,24
die Gerschoniten und die Merariten auf, die die Wohnung trugen.

18 Dann brach das Feldzeichen des Lagers von Ruben auf, Heerschar 18: 2,16
um Heerschar, und ihr Heer führte Elizur, der Sohn Schedeurs. 19 Und
das Heer des Stamms der Söhne Simeon führte Schelumiel, der Sohn
Zurischaddais. 20 Und das Heer des Stamms der Söhne Gad führte Elja-
saf, der Sohn Deguels. 21 Dann brachen die Kehatiten auf, die das Heili- 21: 4,15! · 1,51!
ge trugen. Und man richtete die Wohnung auf, bevor sie ankamen.

22 Dann brach das Feldzeichen des Lagers der Söhne Efraim auf, 22: 2,24
Heerschar um Heerschar, und ihr Heer führte Elischama, der Sohn Am-
mihuds. 23 Und das Heer des Stamms der Söhne Manasse führte Gam-
liel, der Sohn Pedazurs. 24 Und das Heer des Stamms der Söhne Benja-
min führte Abidan, der Sohn Gidonis.

25 Dann brach das Feldzeichen des Lagers der Söhne Dan auf als 25: 2,31
Nachhut für alle Lager, Heerschar um Heerschar, und sein Heer führte
Achieser, der Sohn Ammischaddais. 26 Und das Heer des Stamms der
Söhne Asser führte Pagiel, der Sohn Ochrans. 27 Und das Heer des
Stamms der Söhne Naftali führte Achira, der Sohn Enans. 28 So brachen 28: 2,34!
die Israeliten auf, Heerschar um Heerschar, und so zogen sie weiter.

29 Und Mose sprach zu Chobab, dem Sohn des Midianiters Reguel, 29: Ex 2,18; Ri 4,11 ·
des Schwiegervaters von Mose: Wir ziehen nun weiter bis zu dem Ort, Ex 6,8
von dem der HERR gesagt hat: Ihn will ich euch geben. Komm mit uns,
und wir werden dir Gutes tun, denn der HERR hat Israel Gutes zugesagt.

30: Ex 18,27 30 Er aber sprach zu ihm: Ich werde nicht mitgehen, sondern in mein
Land und zu meiner Verwandtschaft werde ich gehen. 31 Da sprach er:
Verlass uns nicht, denn du weisst, wo wir in der Wüste lagern können,
und du sollst unser Auge sein. 32 Und wenn du mit uns gehst und all das
Gute geschieht, das der HERR an uns tun will, dann werden wir auch dir
33: Dtn 1,33 Gutes tun. 33 So zogen sie weiter vom Berg des HERRN, drei Tagesreisen
weit, und die Bundeslade des HERRN zog vor ihnen her, drei Tagesreisen
34: Ex 13,21 weit, um einen Rastplatz für sie zu erkunden. 34 Und die Wolke des
HERRN war über ihnen bei Tag, wenn sie aus dem Lager aufbrachen.
35: Ps 3,8 35 Wenn aber die Lade aufbrach, sprach Mose:

Steh auf, HERR, dass deine Feinde zerstieben
und, die dich hassen, vor dir fliehen.

36: Ps 90,13 36 Und wenn sie Halt machte, sprach er:

Kehre wieder, HERR,
zu den zehntausend mal tausenden Israels.

Murren und Bestrafung des Volks

1: 12,2 · 16,35; **11** 1 Das Volk aber klagte zu den Ohren des HERRN, dass es ihm
Lev 10,2; Dtn 9,22 schlecht gehe. Und der HERR hörte es, und sein Zorn entbrannte,
und das Feuer des HERRN loderte auf gegen sie und frass am Rand des
2: 21,7; Ex 32,11 · Lagers. 2 Da schrie das Volk zu Mose, und Mose betete zum HERRN, und
Ex 10,18 · Dtn 9,19 das Feuer fiel in sich zusammen. 3 Und man nannte jenen Ort Tabera,
weil das Feuer des HERRN aufgelodert war gegen sie.

4: Ex 12,38! · 14,1 · 4 Das hergelaufene Volk aber, das unter ihnen war, wurde gierig,
18; Ps 78,18–20 und auch die Israeliten begannen wieder zu weinen und sagten: Wer
5: Ex 16,3 gibt uns Fleisch zu essen? 5 Wir erinnern uns der Fische, die wir in
Ägypten umsonst essen konnten, der Gurken, der Melonen, des Lauchs,
6: 21,5 der Zwiebeln und des Knoblauchs. 6 Jetzt aber verschmachten wir, es ist
7: Ex 16,31 nichts da. Nichts als das Manna bekommen wir zu sehen. 7 Das Manna
aber war wie Koriandersamen und sah aus wie Bdellionharz. 8 Und das
Volk streifte umher, und sie lasen es auf und mahlten es mit der Hand-
mühle oder zerstampften es im Mörser, dann kochten sie es im Topf
und machten daraus Brote. Und es hatte einen Geschmack wie Ölku-
9: Ex 16,15! chen. 9 Und wenn nachts der Tau auf das Lager fiel, fiel auch das Manna
10: 12,9 darauf herab. 10 Mose aber hörte, wie das Volk weinte, eine Sippe wie
die andere, ein jeder am Eingang seines Zelts. Und der Zorn des HERRN
entbrannte heftig, und es missfiel Mose. 11 Und Mose sprach zum
HERRN: Warum gehst du so übel um mit deinem Diener, und warum
finde ich keine Gnade in deinen Augen, dass du die Last dieses ganzen
12: Dtn 1,31; Volks auf mich legst? 12 Habe denn ich dieses ganze Volk empfangen,
1Thess 2,7 oder habe ich es gezeugt, dass du zu mir sagst: Trage es an deiner Brust,
wie der Wärter den Säugling trägt, in das Land, das du seinen Vorfahren
13: 22 zugeschworen hast? 13 Woher soll ich Fleisch nehmen, um es diesem
ganzen Volk zu geben? Denn sie weinen vor mir und sagen: Gib uns
14: Ex 18,18 Fleisch, damit wir essen können! 14 Ich allein kann dieses ganze Volk
15: Ex 32,32; nicht tragen, denn es ist zu schwer für mich. 15 Wenn du aber weiter so
1Kön 19,4 an mir handeln willst, töte mich lieber, wenn ich Gnade gefunden habe
in deinen Augen, damit ich mein Unglück nicht länger ansehen muss.

11,3: Im Namen Tabera klingt hebräisch ‹auflodern› an.

16 Da sprach der HERR zu Mose: Versammle mir siebzig Männer von 16: Ex 24,1
den Ältesten Israels, von denen du weisst, dass sie die Ältesten des Volks
und seine Aufseher sind, und nimm sie mit zum Zelt der Begegnung,
und sie sollen sich mit dir hinstellen. 17 Dann werde ich herabkommen 17: 7,89! · Ex 18,22
und dort mit dir reden und von dem Geist, der auf dir ruht, nehmen und
auf sie legen, und sie sollen mit dir die Last des Volks tragen, so musst
du sie nicht mehr allein tragen. 18 Zum Volk aber sollst du sagen: Heiligt 18: Ex 19,10 · 4!
euch für morgen, da werdet ihr Fleisch essen, denn ihr habt vor den
Ohren des HERRN geweint und gesagt: Wer gibt uns Fleisch zu essen? In
Ägypten ging es uns besser. So wird der HERR euch Fleisch geben, und
ihr werdet essen. 19 Nicht nur einen Tag werdet ihr essen und nicht
zwei Tage, nicht fünf Tage, nicht zehn Tage und nicht zwanzig Tage:
20 Einen Monat lang, bis es euch zum Hals herauskommt und euch übel 20: Ex 16,3
wird davon, denn ihr habt den HERRN verworfen, der in eurer Mitte ist,
und vor ihm geweint und gesagt: Warum nur sind wir aus Ägypten aus-
gezogen? 21 Da sprach Mose: Sechshunderttausend Mann zu Fuss zählt 21: 1,46!
das Volk, in dessen Mitte ich bin, und du sagst: Fleisch will ich ihnen
geben, dass sie einen Monat lang zu essen haben. 22 Können denn Scha- 22: 13
fe und Rinder für sie geschlachtet werden, so dass es für sie genug ist?
Oder können alle Fische des Meeres für sie gefangen werden, dass es für
sie genug ist?

23 Der HERR aber sprach zu Mose: Ist denn die Hand des HERRN zu 23: Jes 50,2! · Ex 6,1
kurz? Jetzt sollst du sehen, ob mein Wort eintrifft oder nicht. 24 Da ging
Mose hinaus und sprach zum Volk die Worte des HERRN. Dann versam-
melte er siebzig Männer von den Ältesten des Volks und stellte sie rings
um das Zelt. 25 Der HERR aber fuhr in der Wolke herab und sprach zu 25: 12,5 · Neh 9,20 ·
ihm, und er nahm von dem Geist, der auf ihm ruhte, und legte ihn auf 24,2 · 1Sam 19,20
die siebzig Männer, die Ältesten. Und als der Geist sich auf ihnen nie-
derliess, gebärdeten sie sich wie Propheten, aber nur für kurze Zeit.
26 Zwei Männer aber waren im Lager zurückgeblieben, der eine hiess
Eldad, und der andere hiess Medad. Und der Geist liess sich auf sie nie-
der, denn auch sie gehörten zu den Aufgeschriebenen, waren aber nicht
hinausgegangen zum Zelt. Da gebärdeten sie sich im Lager wie Prophe-
ten. 27 Ein junger Mann aber lief zu Mose und meldete es ihm und
sprach: Eldad und Medad gebärden sich im Lager wie Propheten.
28 Und Josua, der Sohn Nuns, der seit seiner Jugend Moses Diener war, 28: Ex 24,13
antwortete und sprach: Mein Herr, Mose, gebiete ihnen Einhalt!
29 Mose aber sprach zu ihm: Was eiferst du für mich? Könnten doch alle 29: Joel 3,1
im Volk des HERRN Propheten sein, weil der HERR seinen Geist auf sie
legt! 30 Und Mose zog sich in das Lager zurück, er und die Ältesten Isra-
els.

31 Ein Wind aber brach los, vom HERRN gesandt, und trieb Wachteln 31: Ex 16,13
heran vom Meer und warf sie auf das Lager herunter, etwa eine Tages-
reise weit in der einen Richtung und eine Tagesreise weit in der ande-
ren Richtung, rings um das Lager und vom Boden etwa zwei Ellen hoch.
32 Da machte sich das Volk auf, jenen ganzen Tag lang und die ganze
Nacht und den ganzen folgenden Tag, und sie sammelten die Wachteln
ein. Wer wenig zusammenbrachte, sammelte zehn Homer. Und sie

11,20: Wörtlich: «…, bis es euch zur Nase herauskommt und …»

33: 17,11; Ps 78,30–31 breiteten sie aus rings um das Lager. 33 Das Fleisch war noch zwischen
ihren Zähnen, es war noch nicht zerkaut, da entbrannte der Zorn des
HERRN gegen das Volk, und der HERR schlug das Volk mit einer schwe-
34–35: 33,16–17; ren Plage. 34 Und man nannte jenen Ort Kibrot-Taawa, denn dort hatte
Dtn 9,22 man die Leute begraben, die von der Gier gepackt worden waren. 35 Von
Kibrot-Taawa brach das Volk auf nach Chazerot, und sie blieben in Cha-
zerot.

Auflehnung Mirjams und Aarons

1: 26,59 · 16,2 · **12** 1 Mirjam und Aaron aber redeten über Mose der kuschitischen
Ex 2,21! Frau wegen, die er genommen hatte, denn er hatte eine kuschiti-
2: 11,1 sche Frau genommen. 2 Und sie sprachen: Hat denn der HERR nur allein
mit Mose geredet? Hat er nicht auch mit uns geredet? Und der HERR
3: Ex 23,25! hörte es. 3 Der Mann Mose aber war sehr demütig, mehr als alle Men-
schen auf dem Erdboden.
4: 1,1! 4 Und sogleich sprach der HERR zu Mose, zu Aaron und zu Mirjam:
Geht alle drei hinaus zum Zelt der Begegnung! Und die drei gingen hin-
5: 11,25 aus. 5 Der HERR aber fuhr in einer Wolkensäule herab und trat an den
Eingang des Zelts und rief: Aaron und Mirjam! Da gingen sie beide hin-
6: Hos 12,11; aus. 6 Und er sprach:
Hiob 4,13 Hört meine Worte!
Wenn unter euch ein Prophet ist,
gebe ich mich ihm als der HERR zu erkennen in einer
Erscheinung,
rede ich mit ihm im Traum.
7: Hebr 3,2.5 7 Nicht so mein Diener Mose:
Mit meinem ganzen Haus ist er betraut.
8: 7,89! · Ex 33,11; 8 Von Mund zu Mund rede ich mit ihm,
34,6; Dtn 34,10 offen und nicht in Rätseln,
und die Gestalt des HERRN darf er schauen.
Warum habt ihr euch nicht gescheut,
zu reden gegen meinen Diener, gegen Mose?
9: 11,10 9 Und der Zorn des HERRN entbrannte gegen sie, und er ging. 10 Als
10: Ex 4,6; aber die Wolke vom Zelt gewichen war, sieh, da war Mirjam von Aussatz
Lev 13,13 · Dtn 24,9 überschneit. Und Aaron wandte sich um zu Mirjam, und sieh da, sie war
11: 2Sam 24,10 aussätzig. 11 Da sprach Aaron zu Mose: Mein Herr, bringe nicht die Sün-
de über uns, dass wir töricht gehandelt und uns versündigt haben.
12 Möge sie doch nicht sein wie die Totgeburt, deren Fleisch schon halb
13: Ex 15,26 verwest ist, wenn sie aus dem Schoss ihrer Mutter kommt. 13 Da schrie
Mose zum HERRN und sprach: Ach, Gott, heile sie doch!
14: Dtn 25,9 · 14 Der HERR aber sprach zu Mose: Wenn ihr Vater ihr ins Gesicht
Lev 13,4 · 5,3! gespuckt hätte, müsste sie sich nicht sieben Tage schämen? Sie soll sie-
ben Tage aus dem Lager ausgeschlossen sein, danach aber soll sie wieder
aufgenommen werden. 15 So wurde Mirjam sieben Tage aus dem Lager
ausgeschlossen. Das Volk aber zog nicht weiter, bis Mirjam wieder auf-
16: 33,18 · 10,12! genommen war. 16 Danach brach das Volk auf von Chazerot und lagerte
in der Wüste Paran.

11,34: Der Name Kibrot-Taawa bedeutet ‹Gräber der Gier›.

Aussendung und Bericht der Kundschafter

13 1 Und der HERR redete zu Mose: 2 Sende Männer aus, damit sie 2: Jos 2,1! · 34,18;
das Land Kanaan erkunden, das ich den Israeliten gebe. Je einen Jos 3,12
Mann vom Stamm seiner Vorfahren sollt ihr aussenden, jeder ein Fürst
unter ihnen. 3 Und Mose sandte sie von der Wüste Paran aus, nach dem
Befehl des HERRN. Alle diese Männer waren Häupter der Israeliten.
4 Und dies sind ihre Namen: Vom Stamm Ruben Schammua, der Sohn
Sakkurs; 5 vom Stamm Simeon Schafat, der Sohn Choris; 6 vom Stamm 6: 14,24; 34,19;
Juda Kaleb, der Sohn Jefunnes; 7 vom Stamm Issaschar Jigal, der Sohn Jos 14,6; 1Chr 4,15
Josefs; 8 vom Stamm Efraim Hoschea, der Sohn Nuns; 9 vom Stamm 8: 16; Dtn 32,44
Benjamin Palti, der Sohn Rafus; 10 vom Stamm Sebulon Gaddiel, der
Sohn Sodis; 11 vom Stamm Josef, für den Stamm Manasse Gaddi, der
Sohn Susis; 12 vom Stamm Dan Ammiel, der Sohn Gemallis; 13 vom
Stamm Asser Setur, der Sohn Michaels; 14 vom Stamm Naftali Nachbi,
der Sohn Wofsis; 15 vom Stamm Gad Geuel, der Sohn Machis. 16 Das 16: 8! · Ex 24,13
sind die Namen der Männer, die Mose aussandte, das Land zu erkun-
den. Hoschea aber, den Sohn Nuns, nannte Mose Josua.

17 Und Mose sandte sie aus, das Land Kanaan zu erkunden. Und er
sprach zu ihnen: Zieht hier hinauf durch das Südland und ersteigt das
Gebirge. 18 Und seht, wie das Land beschaffen ist und ob das Volk, das
darin wohnt, stark ist oder schwach, ob es wenige sind oder viele;
19 und wie das Land ist, in dem es wohnt, ob es gut ist oder schlecht, und
wie die Städte angelegt sind, in denen es wohnt, ob als offene Lager oder
als Festungen; 20 und wie das Land ist, ob es fett ist oder mager, ob es
darin Bäume gibt oder nicht. Und seid mutig und nehmt von den Früch-
ten des Landes mit. Es war aber gerade die Zeit der ersten Trauben.

21 Da zogen sie hinauf und erkundeten das Land von der Wüste Zin 21: 34,3
bis nach Rechob bei Lebo-Chamat. 22 Und sie zogen hinauf durch das 22: Jos 15,14 ·
Südland und kamen bis Chebron. Dort lebten Achiman, Scheschai und Ps 78,12
Talmai, die Nachkommen des Anak. Chebron aber war sieben Jahre vor
Zoan in Ägypten erbaut worden. 23 Dann kamen sie bis in das Tal Esch- 23: 32,9 · Dtn 8,8
kol und schnitten dort eine Ranke mit einer Weintraube und trugen sie
zu zweit an einer Stange, auch einige Granatäpfel und Feigen. 24 Jenen
Ort nannte man Tal Eschkol wegen der Traube, die die Israeliten dort
geschnitten hatten. 25 Und sie kehrten um, nachdem sie das Land vier- 25: 14,34
zig Tage lang erkundet hatten. 26 Und sie gingen hin und kamen zu 26: 10,12! · 20,1;
Mose und Aaron und zu der ganzen Gemeinde der Israeliten in die Wüs- 32,8; 33,36
te Paran nach Kadesch, und sie erstatteten ihnen und der ganzen Ge-
meinde Bericht und zeigten ihnen die Früchte des Landes. 27 Und sie 27: Ex 3,8
erzählten ihm und sprachen: Wir sind in das Land gekommen, in das du
uns gesandt hast. Wohl fliessen dort Milch und Honig, und dies hier
sind seine Früchte. 28 Aber das Volk ist stark, das in dem Land wohnt, 28: Jos 14,12
und die Städte sind befestigt und sehr gross, und sogar Nachkommen
des Anak haben wir dort gesehen. 29 Amalek wohnt im Gebiet des Süd- 29: 1Sam 27,8 ·
lands, die Hetiter, die Jebusiter und die Amoriter wohnen auf dem Ge- Jos 5,1; 9,1
birge, und die Kanaaniter wohnen am Meer und am Ufer des Jordan.
30 Da beruhigte Kaleb das Volk vor Mose und sagte: Lasst uns hinaufzie-
hen und es in Besitz nehmen, denn wir können es bezwingen. 31 Die 31: 32,8–9

13,24: Der Name Eschkol bedeutet ‹Traube›.

Männer aber, die mit ihm hinaufgezogen waren, sagten: Wir können
32: Ps 106,24 · nicht gegen dieses Volk hinaufziehen, denn es ist stärker als wir. 32 Und
Lev 26,38 · sie verbreiteten bei den Israeliten über das Land, das sie erkundet hat-
Am 2,9 · 14,9 ten, das Gerücht: Das Land, durch das wir gezogen sind, um es zu erkun-
den, ist ein Land, das seine Bewohner frisst, und alle Leute, die wir darin
33: Dtn 1,28; 2,10; gesehen haben, sind hochgewachsene Männer. 33 Und wir haben dort
9,2 die Riesen gesehen – die Anakiter stammen von den Riesen ab –, und
wir kamen uns vor wie Heuschrecken, und so erschienen wir auch ih-
nen.

Aufruhr des Volks

1: 11,4 **14** 1 Da hob die ganze Gemeinde an, laut zu schreien, und das Volk
2: 17,6; Dtn 9,23 · weinte in jener Nacht. 2 Und alle Israeliten murrten gegen Mose
Ex 14,11! und gegen Aaron, und die ganze Gemeinde sprach zu ihnen: Wären wir
doch im Land Ägypten gestorben oder hier in der Wüste, wären wir
3: Jer 42,14; doch gestorben! 3 Warum bringt uns der HERR in dieses Land, damit
Apg 7,39 wir durch das Schwert fallen. Unsere Frauen und Kinder werden zur
Beute werden. Ist es nicht besser für uns, nach Ägypten zurückzukeh-
4: Neh 9,17 ren? 4 Und sie sprachen zueinander: Wir wollen einen Anführer einset-
5: 16,4! zen und nach Ägypten zurückkehren. 5 Da fielen Mose und Aaron vor
der ganzen Versammlung der Gemeinde der Israeliten auf ihr Ange-
sicht nieder. 6 Josua aber, der Sohn Nuns, und Kaleb, der Sohn Jefunnes,
die bei denen waren, die das Land erkundet hatten, zerrissen ihre Klei-
7: Ri 18,9 der. 7 Und sie sprachen zu der ganzen Gemeinde der Israeliten: Das
Land, das wir durchzogen haben, um es zu erkunden, das Land ist sehr,
8: Ex 3,8 sehr schön. 8 Wenn der HERR Gefallen an uns hat, wird er uns in dieses
Land bringen und es uns geben, ein Land, wo Milch und Honig fliessen.
9: 13,32 9 Doch lehnt euch nicht auf gegen den HERRN! Und ihr braucht das Volk
des Landes nicht zu fürchten, denn wir werden sie verschlingen wie
Brot. Ihr Schutz ist von ihnen gewichen, mit uns aber ist der HERR.
10: Ex 17,4 · 16,19; Fürchtet euch nicht vor ihnen. 10 Da wollte die ganze Gemeinde sie stei-
17,7; Ex 16,10 nigen, die Herrlichkeit des HERRN aber erschien am Zelt der Begegnung
allen Israeliten.

11 Und der HERR sprach zu Mose: Wie lange noch will mich dieses
Volk verachten, und wie lange noch will es nicht an mich glauben trotz
12: Ez 20,13 · all der Zeichen, die ich in seiner Mitte getan habe? 12 Ich will es schla-
Ex 32,10 gen mit der Pest und es vertreiben, dich aber will ich zu einem Volk
13: Jos 7,9! · machen, grösser und mächtiger als dieses. 13 Da sprach Mose zum
Ex 32,11; Dtn 9,28; HERRN: Dann wird Ägypten hören, dass du aus seiner Mitte dieses Volk
Ez 20,9 mit deiner Kraft heraufgeführt hast. 14 Und sie werden zu den Bewoh-
14: Dtn 5,4 · Ex 13,21 nern dieses Landes sagen, sie hätten gehört, dass du, HERR, bei diesem
Volk bist, dass du, HERR, Auge in Auge erschienen bist und deine Wolke
über ihnen steht und du in einer Wolkensäule vor ihnen hergehst bei
Tag und in einer Feuersäule bei Nacht. 15 Wenn du nun dieses Volk tö-
test wie einen Mann, dann werden die Völker, die die Kunde von dir
16: Ex 32,12; gehört haben, sagen: 16 Weil der HERR nicht imstande war, dieses Volk
Dtn 9,28 in das Land zu bringen, das er ihnen zugeschworen hatte, schlachtete er
sie ab in der Wüste. 17 Nun aber möge die Kraft des Herrn sich als gross
18: Ps 86,15 · erweisen, wie du gesagt hast: 18 Der HERR ist langmütig und von gros-
Ex 20,5 ser Gnade, er vergibt Schuld und Vergehen, lässt aber nicht ungestraft,

sondern sucht die Schuld der Vorfahren heim an den Söhnen bis zur
dritten und vierten Generation. 19 Vergib doch die Schuld dieses Volks,
wie es deiner grossen Gnade entspricht und so wie du diesem Volk ver-
geben hast von Ägypten bis hierher. 20 Da sprach der HERR: Ich vergebe 20: Ex 32,14
nach deinem Wort. 21 Doch so wahr ich lebe und die ganze Erde der 21: Ps 72,19
Herrlichkeit des HERRN voll werden soll: 22 Alle Männer, die meine 22–24: 32,12
Herrlichkeit und meine Zeichen gesehen haben, die ich in Ägypten und
in der Wüste getan habe, und die mich nun schon zehnmal auf die Probe
gestellt und nicht auf meine Stimme gehört haben, 23 werden das Land
nicht sehen, das ich ihren Vorfahren zugeschworen habe, und alle, die
mich verachten, werden es nicht sehen. 24 Meinen Diener Kaleb aber,
bei dem ein anderer Geist war und der treu zu mir gehalten hat, werde
ich zum Lohn dafür in das Land bringen, in dem er gewesen ist, und
seine Nachkommen sollen es in Besitz nehmen. 25 Die Amalekiter und
die Kanaaniter aber bleiben in der Ebene wohnen. Morgen wendet euch
und zieht weiter in die Wüste, den Weg zum Schilfmeer.

26 Und der HERR sprach zu Mose und Aaron: 27 Wie lange soll es mit
dieser bösen Gemeinde so weitergehen, dass sie gegen mich murren?
Das Murren der Israeliten, das sie gegen mich richten, habe ich gehört.
28 Sprich zu ihnen: So wahr ich lebe, Spruch des HERRN, wie ihr vor
meinen Ohren geredet habt, so werde ich mit euch verfahren. 29 Hier in 29: 26,65;
der Wüste sollen eure Leichen zerfallen, alle von euch, die gemustert Ps 106,26;
wurden, wer zwanzig Jahre alt ist oder älter, weil ihr gegen mich ge- 1Kor 10,5.10 · 32,11
murrt habt. 30 In das Land, von dem ich geschworen habe, dass ich euch
darin wohnen lasse, werdet ihr nicht gelangen, ausser Kaleb, der Sohn
Jefunnes, und Josua, der Sohn Nuns. 31 Eure Kinder aber – von denen
ihr gesagt habt: Sie werden zur Beute werden! – werde ich hineinfüh-
ren, und sie werden erfahren, was das für ein Land ist, das ihr ver-
schmäht habt. 32 Eure eigenen Leichen aber werden hier in der Wüste
zerfallen. 33 Und eure Söhne werden als Hirten in der Wüste bleiben, 33: 32,13; Hebr 3,17
vierzig Jahre lang, und werden eure Hurerei abtragen müssen, bis eure
Leichen in der Wüste verwest sind. 34 Nach der Zahl der Tage, die ihr 34: 13,25 · Ez 4,6
das Land erkundet habt, vierzig Tage, ein Jahr für jeden Tag, werdet ihr
eure Schuld tragen müssen, vierzig Jahre lang, und ihr werdet erfahren,
wie es ist, wenn ich mich abwende. 35 Ich, der HERR, habe gesprochen. 35: 26,65 · Jud 5
Das werde ich dieser ganzen bösen Gemeinde antun, die sich zusam-
mengerottet hat gegen mich: Hier in der Wüste werden sie ihr Ende
finden, und hier werden sie sterben. 36 Die Männer aber, die Mose aus-
gesandt hatte, um das Land zu erkunden, und die zurückgekehrt waren
und die ganze Gemeinde dazu gebracht hatten, gegen ihn zu murren,
indem sie ein Gerücht über das Land verbreiteten, 37 diese Männer, die
das üble Gerücht über das Land verbreitet hatten, starben durch eine
Plage vor dem HERRN. 38 Aber von jenen Männern, die ausgezogen wa- 38: Jos 14,10
ren, um das Land zu erkunden, blieben Josua, der Sohn Nuns, und Kaleb,
der Sohn Jefunnes, am Leben.

39 Und Mose redete diese Worte zu allen Israeliten, und das Volk 39: Ex 33,4
trauerte sehr. 40 Früh am anderen Morgen aber stiegen sie auf die Höhe
des Gebirges und sprachen: Sieh, wir wollen hinaufziehen zu dem Ort,
den der HERR genannt hat, denn wir haben gesündigt. 41 Mose aber 41: 2Chr 24,20
sprach: Warum wollt ihr den Befehl des HERRN übertreten? Es wird euch

nicht gelingen! 42 Zieht nicht hinauf, denn der HERR ist nicht in eurer
Mitte; sonst werdet ihr von euren Feinden geschlagen. 43 Denn dort
stehen euch die Amalekiter und die Kanaaniter gegenüber, und ihr wer-
det durch das Schwert fallen. Weil ihr euch vom HERRN abgewandt habt,
wird der HERR nicht mit euch sein. 44 Doch sie waren so vermessen, auf
die Höhe des Gebirges zu steigen. Aber die Bundeslade des HERRN und
45: 21,3; Ri 1,17 Mose wichen nicht aus dem Lager. 45 Da kamen die Amalekiter und die
Kanaaniter, die auf jenem Gebirge wohnten, herab und schlugen sie
und versprengten sie bis nach Chorma.

Opfer und Sühne

15 1 Und der HERR sprach zu Mose: 2 Rede zu den Israeliten und
sprich zu ihnen: Wenn ihr in das Land eurer Wohnstätten
3–7: 6,15 kommt, das ich euch gebe, 3 und ihr dem HERRN ein Feueropfer dar-
3: Lev 7,16 · Lev 1,9 bringt, ein Brandopfer oder ein Schlachtopfer, um ein besonderes Ge-
lübde zu erfüllen oder als freiwillige Gabe oder an euren Festen, um
dem HERRN einen beschwichtigenden Geruch darzubringen von den
4: Lev 2,1!; 7,13; 28,5 Rindern oder von den Schafen, 4 dann soll, wer dem HERRN seine Op-
fergabe bringt, ein Zehntel Feinmehl, angerührt mit einem Viertel Hin
5: 28,7! Öl, als Speiseopfer darbringen. 5 Und bei einem Lamm sollst du beim
Brandopfer oder beim Schlachtopfer ein Viertel Hin Wein als Trankop-
6: 28,13 fer darbringen. 6 Bei einem Widder aber sollst du zwei Zehntel Fein-
mehl, angerührt mit einem Drittel Hin Öl, als Speiseopfer darbringen.
7 Und ein Drittel Hin Wein sollst du als Trankopfer darbringen, als be-
schwichtigenden Geruch für den HERRN. 8 Und wenn du ein junges
Rind als Brandopfer oder Schlachtopfer darbringst, um ein besonderes
Gelübde zu erfüllen oder als Heilsopfer für den HERRN, 9 so soll man zu
dem jungen Rind drei Zehntel Feinmehl, angerührt mit einem halben
Hin Öl, als Speiseopfer darbringen. 10 Und ein halbes Hin Wein sollst
du als Trankopfer darbringen, ein Feueropfer von beschwichtigendem
Geruch für den HERRN. 11 So soll bei jedem Rind, bei jedem Widder und
bei jedem Tier von den Lämmern oder Ziegen verfahren werden. 12 So
sollt ihr es bei jedem Tier tun, nach der Zahl der Tiere, die ihr darbringt.
13 Jeder Einheimische soll das so tun, wenn er dem HERRN ein Feuerop-
fer von beschwichtigendem Geruch darbringt. 14 Und wenn ein Frem-
der bei euch weilt oder in euren künftigen Generationen jemand unter
euch ist und dem HERRN ein Feueropfer von beschwichtigendem Ge-
15: Ex 12,14! ruch darbringen will, so soll er es ebenso tun, wie ihr es tut. 15 In der
Versammlung soll ein und dieselbe Ordnung gelten für euch und für
den Fremden, der bei euch weilt. Eine ewige Ordnung ist es für euch von
Generation zu Generation: Vor dem HERRN ist der Fremde euch gleich.
16: 29; Ex 12,49 16 Ein und dieselbe Weisung und ein und dasselbe Recht gilt für euch
und für den Fremden, der bei euch weilt.

17 Und der HERR sprach zu Mose: 18 Rede zu den Israeliten und
sprich zu ihnen: Wenn ihr in das Land kommt, in das ich euch bringe,
19 und vom Brot des Landes esst, sollt ihr eine Abgabe für den HERRN
20–21: Neh 10,38; entrichten. 20 Die Erstlingsgabe von eurem Schrotmehl, einen Kuchen,
Ez 44,30; Röm 11,16 sollt ihr als Abgabe entrichten. Wie die Abgabe von der Tenne, so sollt
ihr ihn entrichten. 21 Von den Erstlingen eures Schrotmehls sollt ihr
dem HERRN eine Abgabe darbringen, von Generation zu Generation.

22 Und wenn ihr aus Versehen eines dieser Gebote nicht befolgt, die 22: Lev 4,2.13
der HERR dem Mose gegeben hat, 23 irgendetwas, was euch der HERR
durch Mose geboten hat, seit der HERR es geboten hat und weiterhin für
Generation um Generation, 24 falls es von der Gemeinde unbemerkt, 24: Lev 23,19
aus Versehen geschehen ist, soll die ganze Gemeinde einen Jungstier als
Brandopfer darbringen, als beschwichtigenden Geruch für den HERRN,
und dazu das vorgeschriebene Speiseopfer und Trankopfer und einen
Ziegenbock als Sündopfer. 25 Und der Priester soll für die ganze Ge- 25: 28; Lev 4,20!
meinde der Israeliten Sühne erwirken, so wird ihnen vergeben werden.
Denn es war ein Versehen, und sie haben ihre Opfergabe, ein Feuerop-
fer für den HERRN, und ihr Sündopfer vor den HERRN gebracht für ihr
Vergehen. 26 So wird der ganzen Gemeinde der Israeliten und dem
Fremden, der in ihrer Mitte weilt, vergeben werden, denn das ganze
Volk hatte Teil an dem Versehen.

27 Sündigt aber ein Einzelner aus Versehen, dann soll er eine einjäh- 27: Lev 4,27–28
rige Ziege als Sündopfer darbringen. 28 Und der Priester soll für den, 28: 25!
der sich aus Versehen vor dem HERRN versündigt hat, die Sühnehand-
lung vollziehen, um ihm Sühne zu erwirken, so wird ihm vergeben wer-
den. 29 Für den Einheimischen bei den Israeliten und für den Fremden, 29: 16!
der in ihrer Mitte weilt, soll bei euch ein und dieselbe Weisung gelten,
wenn er etwas aus Versehen tut. 30 Wer aber von den Einheimischen 30: Hebr 10,26
oder von den Fremden etwas mit Absicht tut, der lästert den HERRN, und
er soll aus seinem Volk getilgt werden. 31 Denn er hat das Wort des
HERRN verachtet und sein Gebot gebrochen. Er soll getilgt werden, sei-
ne Schuld bleibt auf ihm.

Sabbatschändung

32 Und die Israeliten waren in der Wüste und ertappten einen 32: Ex 20,8
Mann, der am Sabbattag Holz sammelte. 33 Und die ihn beim Holzsam- 33: Ex 18,22
meln ertappt hatten, brachten ihn zu Mose und Aaron und zu der gan-
zen Gemeinde. 34 Und sie legten ihn in Gewahrsam, denn es war noch
nicht bestimmt, was mit ihm geschehen sollte. 35 Der HERR aber sprach 35: Ex 31,14; 35,2 ·
zu Mose: Der Mann muss getötet werden! Die ganze Gemeinde soll ihn Lev 24,14
ausserhalb des Lagers steinigen. 36 Da führte ihn die ganze Gemeinde
vor das Lager hinaus, und sie steinigten ihn, so dass er starb, wie der
HERR es Mose geboten hatte.

Kleiderquasten

37 Und der HERR sprach zu Mose: 38 Rede zu den Israeliten und sage 38: Dtn 22,12;
zu ihnen, sie sollen sich an den Zipfeln ihrer Kleider eine Quaste ma- Mt 9,20; 23,5
chen, von Generation zu Generation, und sie sollen an der Zipfelquaste
eine Schnur von blauem Purpur anbringen. 39 Und wenn ihr die Quaste 39: Hiob 31,7; Ez 6,9
seht, sollt ihr an alle Gebote des HERRN denken und sie einhalten und
nicht eurem Herzen und euren Augen folgen und hinter ihnen herhu-
ren, 40 damit ihr an alle meine Gebote denkt und sie einhaltet und eu- 40: Lev 11,44
rem Gott heilig seid. 41 Ich bin der HERR, euer Gott, der euch herausge- 41: Ex 6,7
führt hat aus dem Land Ägypten, um euer Gott zu sein. Ich bin der HERR,
euer Gott.

Aufruhr Korachs, Datans und Abirams

1–3: 27,3 **16** 1 Korach aber, der Sohn Jizhars, des Sohns von Kehat, dem Sohn
1: Ex 6,16–21 von Levi, und Datan und Abiram, die Söhne Eliabs, und On, der
2: 12,1 · Jud 11 · 1,16! Sohn Pelets, die Rubeniten, 2 erhoben sich vor Mose, dazu zweihun-
dertfünfzig Männer von den Israeliten, Fürsten der Gemeinde, Berufe-
3: Ex 19,6 · 35,34; ne der Versammlung, namhafte Männer. 3 Und sie versammelten sich
Ex 29,45 gegen Mose und Aaron und sprachen zu ihnen: Ihr nehmt euch zu viel
heraus! Die ganze Gemeinde, sie alle sind heilig, und in ihrer Mitte ist
der HERR. Warum also erhebt ihr euch über die Versammlung des
4: 22; 14,5; 17,10 HERRN? 4 Und Mose hörte es und fiel nieder auf sein Angesicht. 5 Und
5: Lev 21,6 · er sprach zu Korach und zu seiner ganzen Gemeinde: Morgen früh wird
Ez 44,15 der HERR kundtun, wer zu ihm gehört und wer heilig ist und ihm nahe
kommen soll. Und wen er erwählt, der soll ihm nahe kommen. 6 Tut
dies: Nehmt euch Räucherpfannen, Korach und seine ganze Gemeinde,
7 und tut morgen Feuer hinein und legt Räucherwerk darauf vor dem
HERRN. Und der Mann, den der HERR erwählen wird, der ist heilig. Ihr
nehmt euch zu viel heraus, ihr Leviten!

9: Ez 44,11 8 Und Mose sprach zu Korach: Hört doch, ihr Leviten! 9 Ist es euch
zu wenig, dass der Gott Israels euch aus der Gemeinde Israels ausgeson-
dert hat, dass ihr ihm nahe kommen sollt, dass ihr den Dienst an der
Wohnung des HERRN tut und vor der Gemeinde steht, um ihr zu die-
10: 3,6! nen? 10 Er liess dich und mit dir alle deine Brüder, die Leviten, sich nä-
11: Ex 16,8; hern. Ihr aber verlangt noch ein Priesteramt. 11 So seid ihr es denn, du
Ps 106,16 und deine ganze Gemeinde, die sich gegen den HERRN zusammenrot-
ten. Aaron aber, was ist er, dass ihr gegen ihn murrt? 12 Und Mose
schickte hin, um Datan und Abiram, die Söhne Eliabs, zu rufen. Sie aber
13–14: Ex 3,8 sagten: Wir kommen nicht hinauf. 13 Ist es zu wenig, dass du uns aus
13: Ex 16,3 · Ex 2,14! einem Land, wo Milch und Honig fliessen, heraufgeführt hast, um uns
in der Wüste sterben zu lassen? Willst du dich noch zum Herrn über uns
aufwerfen? 14 Auch hast du uns nicht in ein Land gebracht, wo Milch
und Honig fliessen, und du hast uns keine Felder und Weinberge als
Erbbesitz gegeben. Willst du denn diesen Männern die Augen ausste-
15: 1Sam 12,3! chen? Wir kommen nicht hinauf. 15 Da wurde Mose sehr zornig und
sprach zum HERRN: Wende dich ihrer Opfergabe nicht zu! Nicht einen
einzigen Esel habe ich ihnen weggenommen, und keinem Einzigen von
ihnen habe ich etwas zuleide getan.

16 Und Mose sprach zu Korach: Du und deine ganze Gemeinde, ihr
erscheint morgen vor dem HERRN, du und sie und Aaron. 17 Jeder neh-
me seine Räucherpfanne mit und lege Räucherwerk darauf, und jeder
bringe seine Räucherpfanne vor den HERRN, zweihundertfünfzig Räu-
cherpfannen, auch du und Aaron, jeder seine Räucherpfanne. 18 Da
nahm jeder seine Räucherpfanne, und sie taten Feuer darauf und legten
Räucherwerk darüber. Dann traten sie an den Eingang des Zelts der Be-
19: 14,10! gegnung, auch Mose und Aaron. 19 Korach aber versammelte gegen sie
die ganze Gemeinde zum Eingang des Zelts der Begegnung. Da erschien
die Herrlichkeit des HERRN der ganzen Gemeinde.

21: 2Kor 6,17 · 17,10; 20 Und der HERR sprach zu Mose und Aaron: 21 Sondert euch ab von
Gen 19,14; Ex 32,10 dieser Gemeinde; ich will sie auf einen Schlag vernichten. 22 Da fielen
22: 4! · 27,16; sie nieder auf ihr Angesicht und sprachen: Gott, du Gott der Lebensgeis-
Hiob 12,10! ·
Gen 18,23!

ter alles Fleisches! Ein einziger Mann sündigt, und über die ganze Ge-
meinde willst du zürnen?
23 Und der HERR sprach zu Mose: 24 Rede zu der Gemeinde: Ent-
fernt euch ringsum von der Wohnung Korachs, Datans und Abirams.
25 Da stand Mose auf und ging zu Datan und Abiram, und die Ältesten
Israels folgten ihm. 26 Und er redete zu der Gemeinde: Weicht von den 26: Gen 19,12
Zelten dieser frevlerischen Männer, und berührt nichts, was ihnen ge-
hört, damit ihr nicht hingerafft werdet um all ihrer Sünden willen.
27 Da entfernten sie sich ringsum von der Wohnung Korachs, Datans
und Abirams. Datan und Abiram aber waren herausgekommen und
standen am Eingang ihrer Zelte mit ihren Frauen, ihren Söhnen und
ihren kleinen Kindern. 28 Dann sprach Mose: Daran sollt ihr erkennen,
dass der HERR mich gesandt hat, alle diese Taten zu vollbringen, und
dass es nicht aus meinem eigenen Herzen kommt: 29 Wenn diese ster-
ben, wie alle Menschen sterben, und heimgesucht werden, wie alle
Menschen heimgesucht werden, dann hat der HERR mich nicht gesandt.
30 Wenn aber der HERR Unerhörtes schafft und der Ackerboden seinen
Mund aufsperrt und sie verschlingt mit allem, was ihnen gehört, und
sie lebendig hinabfahren ins Totenreich, werdet ihr erkennen, dass die-
se Männer den HERRN verachtet haben. 31 Als er aber alle diese Worte 31–32: 26,10;
zu Ende geredet hatte, spaltete sich der Ackerboden unter ihnen. 32 Und Dtn 11,6; Ps 106,17
die Erde tat ihren Mund auf und verschlang sie und ihre Häuser und alle
Menschen, die zu Korach gehörten, und ihre gesamte Habe. 33 Und sie 33: Ps 55,16
fuhren mit allem, was ihnen gehörte, lebendig hinab ins Totenreich.
Und die Erde deckte sie zu, und sie wurden aus der Versammlung ge-
tilgt. 34 Ganz Israel aber, das um sie herum war, floh bei ihrem Ge-
schrei, denn sie sagten: Dass uns nur nicht die Erde verschlingt! 35 Ein 35: 11,1!
Feuer aber ging aus von dem HERRN, und es verzehrte die zweihundert-
fünfzig Männer, die das Rauchopfer darbrachten.

Der grünende Stab Aarons

17 1 Und der HERR sprach zu Mose: 2 Sage Elasar, dem Sohn des Pries- 2: 3,4; Ex 6,25
ters Aaron, er soll die Räucherpfannen von der Brandstätte aufhe-
ben – das Feuer aber verstreue weitherum –, denn sie sind heilig. 3 Aus 3: 26,10
den Räucherpfannen derer, die durch ihre Sünde das Leben verloren ha-
ben, soll man Blechplatten machen als Überzug für den Altar, denn sie
haben sie vor den HERRN gebracht, so sind sie heilig geworden. Und sie
sollen für die Israeliten zu einem Zeichen werden. 4 Da nahm der Pries-
ter Elasar die von den Verbrannten gebrachten bronzenen Räucherpfan-
nen, und man hämmerte daraus einen Überzug für den Altar, 5 ein Erin- 5: Jos 4,7 · 3,10;
nerungszeichen für die Israeliten, damit nicht ein anderer, einer, der Esra 2,62
nicht zu den Nachkommen Aarons gehört, herzutritt, um Räucherwerk
vor dem HERRN zu verbrennen, und damit es ihm nicht ergeht wie Ko-
rach und seiner Gemeinde, wie der HERR durch Mose zu ihm geredet
hatte. 6 Am nächsten Morgen aber murrte die ganze Gemeinde der Is- 6: 14,2!
raeliten gegen Mose und Aaron und sprach: Ihr habt das Volk des HERRN
sterben lassen. 7 Als nun die Gemeinde sich gegen Mose und Aaron ver- 7: 14,10!
sammelt hatte, wandten sie sich dem Zelt der Begegnung zu, und sieh,
die Wolke bedeckte es, und die Herrlichkeit des HERRN erschien. 8 Da
traten Mose und Aaron vor das Zelt der Begegnung.

10: 16,21! · 16,4! 9 Und der HERR sprach zu Mose und Aaron: 10 Entfernt euch aus die-
ser Gemeinde, dann will ich sie auf einen Schlag vernichten. Da fielen
11: Lev 16,16 · 11,33! sie nieder auf ihr Angesicht. 11 Und Mose sprach zu Aaron: Nimm die
Räucherpfanne, und tu darauf Feuer vom Altar und lege Räucherwerk
auf, dann trag es eilends zur Gemeinde und erwirke Sühne für sie, denn
12: 25,13 der Zorn ist vom HERRN ausgegangen, die Plage hat begonnen. 12 Und
Aaron nahm sie, wie Mose gesagt hatte, und lief mitten in die Versamm-
lung, und sieh, die Plage hatte im Volk schon begonnen. Er aber legte das
13: 25,8; 2Sam 24,25 Räucherwerk auf und erwirkte Sühne für das Volk 13 und trat zwischen
die Toten und die Lebenden. Da wurde der Plage Einhalt geboten.
14 14700 Menschen waren an der Plage gestorben, nicht gerechnet, die
Korachs wegen umgekommen waren. 15 Und Aaron kehrte zu Mose zu-
rück an den Eingang des Zelts der Begegnung. Der Plage aber war Ein-
halt geboten.

17: Ez 37,16 16 Und der HERR sprach zu Mose: 17 Rede zu den Israeliten und lass
dir von jeder Familie einen Stab geben, von allen ihren Fürsten, Familie
um Familie, zwölf Stäbe. Den Namen eines jeden sollst du auf seinen
Stab schreiben. 18 Den Namen Aarons aber sollst du auf den Stab Levis
schreiben. Denn je ein Stab soll für das Haupt ihrer Familien stehen.
19: Ex 25,22 19 Dann lege sie im Zelt der Begegnung vor das Zeugnis, dort, wo ich
euch begegne. 20 Und wen ich erwähle, dessen Stab wird ausschlagen.
So werde ich das Murren der Israeliten, das sie gegen euch erheben, vor
mir zum Schweigen bringen. 21 Da redete Mose zu den Israeliten, und
alle ihre Fürsten gaben ihm je einen Stab, einen Stab für einen Fürsten,
Familie um Familie, zwölf Stäbe, und der Stab Aarons war unter ihren
Stäben. 22 Und Mose legte die Stäbe im Zelt des Zeugnisses vor den
HERRN. 23 Am nächsten Morgen aber ging Mose in das Zelt des Zeug-
nisses, und sieh, der Stab Aarons vom Hause Levi hatte ausgeschlagen
und Knospen hervorgebracht und Blüten getrieben und trug reife Man-
deln. 24 Da brachte Mose alle Stäbe hinaus, vom HERRN zu allen Israeli-
ten, und sie sahen sie, und jeder nahm seinen Stab.

25: 20,9; Hebr 9,4 25 Und der HERR sprach zu Mose: Bringe den Stab Aarons vor das
Zeugnis zurück zur Aufbewahrung als ein Zeichen für Widerspenstige.
So sollst du ihrem Murren vor mir ein Ende machen, und sie werden
nicht sterben. 26 Und Mose machte es, wie der HERR es ihm geboten
hatte, so machte er es. 27 Die Israeliten aber sprachen zu Mose: Sieh, wir
kommen um, wir sind verloren, wir alle sind verloren. 28 Jeder, der sich
nähert, der sich der Wohnung des HERRN nähert, muss sterben. Sollen
wir denn allesamt umkommen?

Dienst und Unterhalt der Priester und Leviten

18 1 Und der HERR sprach zu Aaron: Du und deine Söhne und deine
Familie mit dir, ihr müsst die Schuld tragen, wenn jemand sich
am Heiligtum vergeht, und du und deine Söhne mit dir, ihr müsst die
2: Gen 29,34 · 3,6 Schuld tragen, wenn ihr euch vergeht in eurem Priesteramt. 2 Und auch
deine Brüder, den Stamm Levi, den Stamm deines Vaters, lass mit dir
herzutreten, sie sollen sich dir anschliessen und dir dienen, du aber und
3: 4,20 mit dir deine Söhne, ihr sollt vor dem Zelt des Zeugnisses sein. 3 Und sie
sollen ihre Aufgaben für dich und ihre Aufgabe am ganzen Zelt erfüllen.
Doch den heiligen Geräten und dem Altar dürfen sie nicht nahe kom-

men, damit sie nicht sterben und ihr mit ihnen. 4 Sie sollen sich dir anschliessen und ihre Aufgaben am Zelt der Begegnung erfüllen bei aller Arbeit am Zelt. Kein anderer aber darf euch nahe kommen. 5 Ihr aber sollt eure Aufgaben am Heiligtum und eure Aufgaben am Altar erfüllen, so wird kein Zorn mehr über die Israeliten kommen. 6 Sieh, ich selbst habe aus den Israeliten eure Brüder, die Leviten, genommen. Euch zum Geschenk sind sie dem HERRN gegeben, um den Dienst am Zelt der Begegnung zu tun. 7 Du aber und mit dir deine Söhne, ihr sollt euer Priesteramt wahrnehmen, alles, was am Altar zu tun ist und hinter dem Vorhang, und so Dienst tun. Als Geschenk gebe ich euch das Priesteramt. Jeder andere aber, der sich nähert, soll getötet werden.

8 Und der HERR sprach zu Aaron: Sieh, ich überlasse dir etwas von den für mich bestimmten Abgaben. Von allen heiligen Gaben der Israeliten habe ich es dir als Anteil gegeben und deinen Söhnen als ewiges Anrecht. 9 Dies soll dir gehören von den hochheiligen Gaben, soweit sie nicht verbrannt werden: Alle Opfergaben bei allen Speiseopfern und allen Sündopfern und allen Schuldopfern, die sie mir darbringen; als Hochheiliges gehört es dir und deinen Söhnen. 10 Am hochheiligen Ort sollst du sie essen. Die Männer dürfen es essen, als heilig soll es dir gelten. 11 Auch dies soll dir zufallen: ein Anteil von ihren Gaben, von allen Weihegaben der Israeliten. Dir und mit dir deinen Söhnen und Töchtern habe ich sie gegeben als ewiges Anrecht. Jeder Reine in deinem Haus darf sie essen. 12 Das Beste vom Öl und das Beste vom Most und Getreide, alle Erstlingsgaben, die sie dem HERRN bringen, habe ich dir gegeben. 13 Alle Erstlingsfrüchte ihres Landes, die sie dem HERRN bringen, sollen dir gehören. Jeder Reine in deinem Haus darf sie essen. 14 Alles geweihte Gut in Israel soll dir gehören. 15 Was von allem Fleisch den Mutterschoss durchbricht, alles, was sie dem HERRN darbringen, bei Menschen und Vieh, soll dir gehören. Doch die Erstgeburt der Menschen sollst du auslösen, und auch die Erstgeburt des unreinen Viehs sollst du auslösen. 16 Du sollst sie aber auslösen, sobald sie einen Monat alt sind, nach dem Schätzwert, für fünf Schekel Silber nach dem Schekel des Heiligtums, das sind zwanzig Gera. 17 Doch die Erstgeburt eines Rindes oder die Erstgeburt eines Schafes oder die Erstgeburt einer Ziege sollst du nicht auslösen, sie sind heilig. Ihr Blut sollst du an den Altar sprengen, und ihr Fett sollst du als Rauchopfer darbringen, als Feueropfer zum beschwichtigenden Geruch für den HERRN. 18 Ihr Fleisch aber soll dir gehören. Wie die geweihte Brust und wie die rechte Keule soll es dir gehören. 19 Alle Abgaben von den heiligen Gaben, die die Israeliten dem HERRN entrichten, habe ich dir gegeben und deinen Söhnen und Töchtern mit dir, als ewiges Anrecht. Ein ewiger Salzbund ist es vor dem HERRN für dich und für deine Nachkommen mit dir. 20 Und der HERR sprach zu Aaron: In ihrem Land wirst du keinen Erbbesitz erhalten und keinen Anteil bei ihnen haben. Ich bin dein Anteil und dein Erbbesitz bei den Israeliten.

21 Und sieh, den Leviten gebe ich alle Zehnten in Israel zum Erbbesitz, für ihren Dienst, den sie tun, den Dienst am Zelt der Begegnung. 22 Die Israeliten aber sollen dem Zelt der Begegnung nicht mehr nahe kommen, sonst laden sie Sünde auf sich und müssen sterben. 23 Vielmehr soll der Levit selbst den Dienst am Zelt der Begegnung tun, und sie

5: 1,50
7: 3,10 · Lev 16,2 · 1,51!
8: Lev 7,14
9: Lev 2,3
10: Lev 7,6
11–13: Lev 22,7
14: Lev 27,28!
15: Ex 13,13; 34,20
16: Lev 27,6 · 3,47!
17: Dtn 15,19
18: Lev 7,32–34
19: Lev 2,13; 2Chr 13,5
20: 26,62; Dtn 10,9; Jos 13,14!; Ez 44,28
21: Neh 10,38; Hebr 7,5
22: Ex 28,43

sollen ihre Schuld tragen. Eine ewige Ordnung ist es für euch von Gene-
ration zu Generation, aber bei den Israeliten sollen sie keinen Erbbesitz
erhalten. 24 Denn den Zehnten der Israeliten, den sie als Abgabe für den
HERRN entrichten, habe ich den Leviten als Erbbesitz gegeben. Darum
habe ich von ihnen gesagt: Sie sollen bei den Israeliten keinen Erbbesitz
erhalten.
26: Neh 10,39 25 Und der HERR sprach zu Mose: 26 Zu den Leviten sollst du reden
und zu ihnen sagen: Wenn ihr von den Israeliten den Zehnten nehmt,
den ich euch von ihnen als Erbbesitz gegeben habe, so sollt ihr davon
eine Abgabe für den HERRN entrichten, einen Zehnten vom Zehnten.
27 Und er wird euch angerechnet werden als eure Abgabe wie das Korn
von der Tenne und wie der Ertrag von der Kelter. 28 So sollt auch ihr die
Abgabe für den HERRN entrichten, von allen euren Zehnten, die ihr von
den Israeliten nehmt, und ihr sollt davon die Abgabe für den HERRN
dem Priester Aaron geben. 29 Von allen Gaben, die euch zufallen, sollt
ihr die ganze Abgabe für den HERRN entrichten, von allem Besten den
heiligen Teil. 30 Und du sollst zu ihnen sagen: Wenn ihr das Beste da-
von entrichtet, so wird es den Leviten angerechnet werden wie ein Er-
31: 1Kor 9,13 trag von der Tenne und wie ein Ertrag von der Kelter. 31 Und ihr dürft es
an jedem Ort essen, ihr und euer Haus, denn es gehört euch als Lohn für
euren Dienst am Zelt der Begegnung. 32 Und ihr werdet deswegen kei-
ne Sünde auf euch laden, wenn ihr das Beste davon entrichtet, und wer-
det die heiligen Gaben der Israeliten nicht entweihen und werdet nicht
sterben.

Das Wasser der Reinigung

2: Dtn 21,3 19 1 Und der HERR redete zu Mose und Aaron: 2 Dies ist die Gesetzes-
bestimmung, die der HERR erlassen hat: Sage den Israeliten, dass
sie dir eine makellose rote Kuh bringen sollen, an der kein Makel ist
und auf die noch kein Joch gekommen ist. 3 Und ihr sollt sie Elasar, dem
Priester, geben. Dann soll man sie vor das Lager hinausführen und sie
4: Lev 4,6! vor ihm schlachten. 4 Und der Priester Elasar soll mit seinem Finger
von ihrem Blut nehmen und etwas von ihrem Blut siebenmal gegen die
5: Ex 29,14! Vorderseite des Zelts der Begegnung sprengen. 5 Dann soll man die Kuh
vor seinen Augen verbrennen: Ihr Fell, ihr Fleisch, ihr Blut und den In-
6: Lev 14,4–6 halt ihres Magens soll man verbrennen. 6 Und der Priester soll Zedern-
holz, Ysop und Karmesin nehmen und es in das Feuer werfen, in dem
7–8: 10; 21–22; die Kuh verbrannt wird. 7 Dann soll der Priester seine Kleider waschen
Lev 16,28 und seinen Leib im Wasser reinigen, und danach darf er ins Lager kom-
men. Bis zum Abend aber bleibt der Priester unrein. 8 Und der sie ver-
brannt hat, soll seine Kleider mit Wasser waschen und seinen Leib im
9: 31,23 · 8,7! Wasser reinigen. Bis zum Abend aber bleibt er unrein. 9 Und einer, der
rein ist, soll die Asche der Kuh sammeln und ausserhalb des Lagers an
einen reinen Ort legen, und sie soll für die Gemeinde der Israeliten auf-
bewahrt werden für das Wasser der Reinigung, es ist ein Sündopfer.
10: 7–8! 10 Und der die Asche der Kuh gesammelt hat, soll seine Kleider wa-
schen. Bis zum Abend aber bleibt er unrein.

19,9: Wörtlich: «... aufbewahrt werden für das Wasser gegen Unreinheit, ...»

Und das soll eine ewige Ordnung sein für die Israeliten und den
Fremden, der in ihrer Mitte weilt: 11 Wer einen Toten berührt, den 11–16: 5,2!
Leichnam irgendeines Menschen, wird sieben Tage unrein sein. 12 Am 11: 16; 6,6
dritten Tag soll er sich mit diesem Wasser entsündigen, und am siebten 12: 19; 31,19.24
Tag wird er rein. Wenn er sich aber am dritten Tag nicht entsündigt,
wird er am siebten Tag nicht rein. 13 Jeder, der einen Toten berührt, den 13: Lev 15,31; 22,4
Leichnam eines Verstorbenen, und sich nicht entsündigt, hat die Woh-
nung des HERRN verunreinigt, und er soll aus Israel getilgt werden.
Weil kein Reinigungswasser auf ihn gesprengt wurde, ist er unrein, sei-
ne Unreinheit bleibt an ihm.

14 Diese Weisung gilt, wenn ein Mensch in einem Zelt stirbt: Jeder,
der das Zelt betritt, und jeder, der sich im Zelt befindet, wird sieben Tage
unrein sein. 15 Und jedes offene Gefäss, auf dem kein Deckel festgebun- 15: Lev 11,33
den ist, wird unrein. 16 Und jeder, der auf freiem Feld einen, der mit 16: 11!
dem Schwert erschlagen wurde, berührt oder einen Verstorbenen oder
Menschengebeine oder ein Grab, wird sieben Tage unrein sein. 17 Man 17: Hebr 9,13
soll aber für den Unreinen etwas Asche des verbrannten Sündopfers
nehmen und in einem Gefäss frisches Wasser darauf giessen. 18 Dann 18: Ps 51,9
soll einer, der rein ist, Ysop nehmen und in das Wasser tauchen und das
Zelt und alle Gefässe und die Menschen, die dort gewesen sind, damit
besprengen, auch den, der die Gebeine berührt hat oder den Erschlage-
nen oder den Verstorbenen oder das Grab. 19 Und der Reine soll den 19: 12!
Unreinen am dritten Tag und am siebten Tag besprengen und am sieb-
ten Tag entsündigen. Und dieser soll seine Kleider waschen und sich im
Wasser reinigen, dann wird er am Abend rein sein. 20 Wer aber unrein 20: Lev 17,16
wird und sich nicht entsündigt, der soll aus der Versammlung getilgt
werden, denn er hat das Heiligtum des HERRN verunreinigt. Es ist kein
Wasser gegen Unreinheit auf ihn gesprengt worden, er ist unrein.
21 Eine ewige Ordnung soll das für sie sein. Und wer das Reinigungs- 21–22: 7–8!
wasser versprengt hat, soll seine Kleider waschen, und wer mit dem Rei-
nigungswasser in Berührung kommt, wird bis zum Abend unrein sein.
22 Und alles, was der Unreine berührt, wird unrein sein, und jeder, der
ihn berührt, wird bis zum Abend unrein sein.

Wasser aus dem Felsen. Mirjams und Aarons Tod

20 1 Und die Israeliten, die ganze Gemeinde, kamen in die Wüste Zin 1–2: Ex 17,1–2
im ersten Monat, und das Volk liess sich in Kadesch nieder. Und 1: 13,26!
dort starb Mirjam, und sie wurde dort begraben. 2 Die Gemeinde aber
hatte kein Wasser. Da taten sie sich gegen Mose und Aaron zusammen.
3 Und das Volk haderte mit Mose, und sie sprachen: Wären wir doch
umgekommen, als unsere Brüder umkamen vor dem HERRN. 4 Warum 4: Ex 16,3
habt ihr die Versammlung des HERRN in diese Wüste gebracht? Damit
wir hier sterben, wir und unser Vieh? 5 Und warum habt ihr uns aus 5: 27,14
Ägypten heraufgeführt? Um uns an diesen elenden Ort zu bringen, wo
man nicht säen kann, wo es keine Feigenbäume oder Weinstöcke oder
Granatapfelbäume gibt und kein Wasser zum Trinken? 6 Da ging Mose
mit Aaron aus der Versammlung an den Eingang des Zelts der Begeg-
nung, und sie fielen auf ihr Angesicht nieder, und die Herrlichkeit des
HERRN erschien ihnen.

7 Und der HERR sprach zu Mose: 8 Nimm den Stab und versammle 8: Ex 17,5

die Gemeinde, du und dein Bruder Aaron, und sprecht vor ihren Augen
zum Felsen, er solle sein Wasser hergeben; und lass Wasser für sie aus
dem Felsen kommen, und gib der Gemeinde und ihrem Vieh zu trinken.
9: 17,25! 9 Da nahm Mose den Stab von dem Ort vor dem HERRN, wie er es ihm
10: 24; Ps 106,32–33 geboten hatte. 10 Und Mose und Aaron riefen die Versammlung vor den
Felsen zusammen, und er sprach zu ihnen: Hört, ihr Widerspenstigen!
Können wir für euch aus diesem Felsen Wasser hervorkommen lassen?
11: Ex 17,6!; Ri 15,19 11 Und Mose erhob seine Hand und schlug den Felsen zweimal mit seinem Stab. Da kam viel Wasser heraus, und die Gemeinde und ihr Vieh
konnten trinken.

12: 27,14; Dtn 1,37; 32,51 12 Der HERR aber sprach zu Mose und Aaron: Weil ihr nicht an mich
geglaubt und mich den Israeliten nicht als heilig vor Augen gestellt
habt, darum sollt ihr diese Versammlung nicht in das Land bringen, das
13: Ex 17,7! ich ihnen gegeben habe. 13 Das ist das Wasser von Meriba, wo die Israeliten mit dem HERRN haderten und er sich an ihnen als heilig erwies.

14: Gen 36,1.31 · Gen 25,25–26 14 Und Mose sandte von Kadesch aus Boten an den König von Edom:
So spricht dein Bruder Israel: Du kennst all die Mühsal, die uns getroffen hat. 15 Unsere Vorfahren zogen hinab nach Ägypten, und lange
15: Gen 46,6–7!; Dtn 26,6 Zeit wohnten wir in Ägypten. Aber die Ägypter behandelten uns und
16: Ex 2,23! · Ex 23,20 unsere Vorfahren schlecht. 16 Da schrien wir zum HERRN, und er hörte
unsere Stimme und sandte einen Engel. Und er führte uns aus Ägypten
heraus. Und sieh, nun sind wir in Kadesch, einer Stadt am Rande deines
17–18: 21,22–23; Ri 11,17 Gebietes. 17 Wir möchten durch dein Land ziehen. Wir werden durch
kein Feld und keinen Weinberg ziehen und aus keinem Brunnen Wasser trinken. Auf der Königsstrasse werden wir gehen, wir werden nicht
nach rechts und links abbiegen, solange wir dein Gebiet durchziehen.
18 Edom aber sprach zu ihm: Du wirst bei mir nicht durchziehen, sonst
19: Dtn 2,6.28 trete ich dir mit dem Schwert entgegen. 19 Da sprachen die Israeliten zu
ihm: Auf der Strasse wollen wir hinaufziehen. Und wenn wir dein Wasser trinken, ich und meine Viehherden, dann will ich den Kaufpreis dafür bezahlen. Ich will nichts als nur zu Fuss durchziehen. 20 Er aber
20: Am 1,11 sprach: Du wirst nicht durchziehen. Und Edom trat ihm entgegen mit
21: 21,4; Dtn 2,8; 2Chr 20,10 mächtigem Volk und mit starker Hand. 21 Und Edom weigerte sich, Israel durch sein Gebiet ziehen zu lassen, und Israel wich ihm aus.

22: 33,37 22 Dann brachen sie auf von Kadesch, und die Israeliten kamen zum
Berg Hor, die ganze Gemeinde. 23 Und der HERR sprach zu Mose und
24: 27,13 · 10! Aaron am Berg Hor, an der Grenze des Landes Edom: 24 Aaron wird nun
mit seinen Vorfahren vereint werden, denn er soll nicht in das Land
kommen, das ich den Israeliten gegeben habe, weil ihr euch am Wasser
25: Ex 6,23; Lev 10,6 von Meriba aufgelehnt habt gegen meinen Befehl. 25 Nimm Aaron und
Elasar, seinen Sohn, und führe sie hinauf auf den Berg Hor. 26 Dann
ziehe Aaron seine Gewänder aus und bekleide damit seinen Sohn Elasar. Aaron aber wird dort mit seinen Vorfahren vereint werden und sterben. 27 Und Mose machte es, wie es der HERR geboten hatte, und sie
28: Ex 29,4–7.29 · 33,38–39; Dtn 10,6 stiegen vor den Augen der ganzen Gemeinde auf den Berg Hor. 28 Und
Mose zog Aaron seine Gewänder aus und bekleidete damit seinen Sohn
Elasar. Und Aaron starb dort auf dem Gipfel des Berges, Mose aber und
29: Dtn 34,8 Elasar stiegen vom Berg hinab. 29 Und die ganze Gemeinde sah, dass
Aaron gestorben war, und dreissig Tage lang beweinten sie Aaron, das
ganze Haus Israel.

Die bronzene Schlange

21 1 Da hörte der Kanaaniter, der König von Arad, der im Südland 1: 33,40
wohnte, dass Israel auf dem Weg von Atarim heranzog. Und er
kämpfte gegen Israel und führte einige von ihnen in Gefangenschaft.
2 Da legte Israel dem HERRN ein Gelübde ab und sprach: Wenn du dieses 2: Lev 27,29
Volk in meine Hand gibst, werde ich ihre Städte der Vernichtung wei-
hen. 3 Und der HERR hörte auf die Stimme Israels und gab die Kana- 3: 14,45!
aniter preis, und Israel vernichtete sie und ihre Städte und nannte den
Ort Chorma.
4 Dann zogen sie weiter vom Berg Hor auf dem Weg zum Schilf- 4: 33,41 · 20,21!
meer, um das Land Edom zu umgehen. Auf dem Weg aber wurde das
Volk ungeduldig. 5 Und das Volk redete gegen Gott und Mose: Warum 5: Ps 78,19 ·
habt ihr uns aus Ägypten heraufgeführt? Damit wir in der Wüste ster- Ex 16,3 · 11,6
ben? Denn es gibt kein Brot und kein Wasser, und es ekelt uns vor der
elenden Speise. 6 Da sandte der HERR die Sarafschlangen gegen das 6: Dtn 8,15;
Volk, und sie bissen das Volk, und viel Volk aus Israel starb. 7 Da kam das Jes 30,6; Jer 8,17; 1Kor 10,9
Volk zu Mose, und sie sprachen: Wir haben gesündigt, dass wir gegen 7: Ps 78,34 · 11,2!
den HERRN und gegen dich geredet haben. Bete zum HERRN, damit er
uns von den Schlangen befreit. Und Mose betete für das Volk. 8 Und der
HERR sprach zu Mose: Mache dir einen Saraf und befestige ihn an einer
Stange. Und jeder, der gebissen wurde und ihn ansieht, wird am Leben
bleiben. 9 Da machte Mose eine bronzene Schlange und befestigte sie 9: 2Kön 18,4;
an einer Stange. Wenn nun die Schlangen jemanden gebissen hatten, so Joh 3,14
blickte er auf zu der Bronzeschlange und blieb am Leben.

Sieg über feindliche Völker

10 Dann zogen die Israeliten weiter und lagerten in Obot. 11 Und 10–11: 33,43–44
von Obot zogen sie weiter und lagerten in Ije-Abarim in der Wüste, die
gegenüber von Moab im Osten liegt. 12 Von dort zogen sie weiter und 12: Dtn 2,13
lagerten am Bach Sered. 13 Von dort zogen sie weiter und lagerten jen- 13: Dtn 2,24 ·
seits des Arnon, der durch die Wüste fliesst und im Gebiet der Amoriter Ri 11,18; Jes 16,2
entspringt, denn der Arnon ist die Grenze Moabs zwischen Moab und
den Amoritern. 14 Darum heisst es im Buch der Kriege des HERRN:

Waheb in Sufa und die Bäche des Arnon
  15 und den Hang der Täler, 15: Dtn 2,9
der sich neigt zur Wohnstatt von Ar
  und sich lehnt an die Grenze von Moab.

16 Und von dort zogen sie nach Beer. Das ist der Brunnen, von dem 16: Ri 9,21
der HERR zu Mose gesagt hat: Versammle das Volk, und ich will ihnen
Wasser geben.
17 Damals sang Israel dieses Lied: 17: Ex 15,1

Brunnen, steig auf,
  singt von ihm,
18 dem Brunnen, den Fürsten gruben,
  den die Edlen des Volks bohrten
  mit einem Zepter, mit ihren Stäben.

Und aus der Wüste zogen sie weiter nach Mattana; 19 und von Mat-
tana nach Nachaliel und von Nachaliel nach Bamot; 20 und von Bamot 20: 23,14.28

21,6: Sarafschlangen sind Feuerschlangen.

in das Tal, das im Gebiet von Moab liegt, zum Gipfel des Pisga, der auf
die Einöde herabschaut.
21–22: Dtn 2,26–27; 21 Und Israel sandte Boten an Sichon, den König der Amoriter, und
Ri 11,19–20 liess ihm sagen: 22 Ich möchte durch dein Land ziehen. Wir werden in
22–23: 20,17–18! kein Feld und in keinen Weinberg abbiegen, aus keinem Brunnen Was-
ser trinken. Auf der Königsstrasse werden wir gehen, solange wir durch
23: Dtn 2,30–32 dein Gebiet ziehen. 23 Und Sichon liess Israel nicht durch sein Gebiet
ziehen, und Sichon versammelte sein ganzes Volk und zog Israel entge-
gen in die Wüste hinaus und kam nach Jahaz und kämpfte gegen Israel.
24: Dtn 4,46; 31,4 · 24 Israel aber schlug ihn mit der Schärfe des Schwerts und nahm sein
Dtn 2,37; Ri 11,13 Land in Besitz vom Arnon bis zum Jabbok, bis zu den Ammonitern,
denn die Grenze der Ammoniter war stark befestigt. 25 Und Israel
nahm alle diese Städte ein, und in allen Städten der Amoriter liess Israel
26: Hld 7,5; sich nieder, in Cheschbon und in allen seinen Tochterstädten. 26 Denn
Jer 48,2 · Dtn 1,4 Cheschbon war die Stadt Sichons, des Königs der Amoriter, und dieser
hatte gegen einen früheren König von Moab Krieg geführt und hatte
ihm bis an den Arnon sein ganzes Land genommen. 27 Darum sagen die
Spruchdichter:

Kommt nach Cheschbon,
aufgebaut und neu gegründet werde die Stadt Sichons.
28–29: Jer 48,45–46 28 Denn Feuer ging aus von Cheschbon,
28: Jes 15,1 eine Flamme von Sichons Stadt.
Sie frass Ar-Moab,
die Herren der Höhen am Arnon.
29: Ri 11,24; 29 Weh dir, Moab,
1Kön 11,7 verloren bist du, Volk des Kemosch.
Als Flüchtlinge gab er seine Söhne
und als Gefangene seine Töchter
dem König der Amoriter, Sichon.
30: 32,3; Jos 13,9.17 30 Wir aber haben sie beschossen.
Verloren ist Cheschbon bis nach Dibon;
wir haben es verwüstet bis Nofach,
bis nach Medeba.

32: 32,1 · Jos 24,12 31 So liess Israel sich im Land der Amoriter nieder. 32 Und Mose
sandte hin, um Jaser auszukundschaften. Und sie nahmen seine Toch-
33: Am 4,1 · Dtn 3,1 terstädte ein, und man vertrieb die Amoriter, die dort waren. 33 Dann
wandten sie sich und zogen den Weg hinauf zum Baschan. Und Og, der
König des Baschan, trat ihnen in Edrei zum Kampf entgegen, er und
34: Ps 136,19 sein ganzes Volk. 34 Der HERR aber sprach zu Mose: Fürchte dich nicht
vor ihm, denn in deine Hand habe ich ihn gegeben, sein ganzes Volk
und sein Land. Du aber sollst mit ihm so verfahren, wie du mit Sichon
verfahren bist, dem König der Amoriter, der in Cheschbon thronte.
35: Dtn 4,46–47; 35 Da schlugen sie ihn und seine Söhne und sein ganzes Volk und lies-
31,4 sen nicht einen von ihm entrinnen. Und sie nahmen sein Land in Be-
sitz.

1: 26,3.63; 31,12; 33,48–50; 35,1; 36,13

Der Seher Bileam

22 1 Und die Israeliten zogen weiter und lagerten in den Steppen von
Moab, jenseits des Jordan bei Jericho.
2: Ri 11,25 2 Balak aber, der Sohn Zippors, sah alles, was Israel den Amoritern

angetan hatte. 3 Und Moab fürchtete sich sehr vor dem Volk, weil es 3: Ex 1,12
gross war, und es graute Moab vor den Israeliten. 4 Da sprach Moab zu
den Ältesten Midians: Nun wird dieser Haufen alles ringsum abfressen,
wie das Rind das Grün des Feldes abfrisst. Balak aber, der Sohn Zippors,
war zu jener Zeit König über Moab. 5 Und er sandte Boten zu Bileam, 5: 31,8; Dtn 23,5;
dem Sohn Beors, nach Petor, das am Strom liegt, in das Land der Söhne Jos 24,9; Mi 6,5;
seines Volks, um ihn zu rufen, und liess ihm sagen: Sieh, ein Volk ist aus Neh 13,2
Ägypten ausgezogen, sieh, es bedeckt den Boden des Landes und hat
sich neben mir niedergelassen. 6 Nun komm, verfluche dieses Volk für 6: 23,7 · 24,9!
mich, denn es ist mir zu mächtig. Vielleicht kann ich es dann schlagen
und es aus dem Land vertreiben. Denn ich weiss: Wen du segnest, der ist
gesegnet, und wen du verfluchst, der ist verflucht. 7 Da gingen die Ältes- 7: Mi 3,11 ·
ten Moabs und die Ältesten Midians, mit Wahrsagerlohn in ihrer Hand, 2Petr 2,15
und kamen zu Bileam und sagten ihm die Worte Balaks. 8 Er aber 8: 23,3; 1Kön 22,14
sprach zu ihnen: Bleibt heute Nacht hier, dann will ich euch Bescheid
geben, wie der HERR zu mir redet. So blieben die Fürsten Moabs bei Bi-
leam. 9 Und Gott kam zu Bileam und sprach: Wer sind diese Männer bei
dir? 10 Da sprach Bileam zu Gott: Balak, der Sohn Zippors, der König
von Moab, hat zu mir gesandt: 11 Sieh, das Volk, das aus Ägypten ausge-
zogen ist, bedeckt den Boden des Landes. Nun komm, verwünsche es für
mich, vielleicht kann ich dann dagegen kämpfen und es vertreiben.
12 Gott aber sprach zu Bileam: Du sollst nicht mit ihnen gehen. Du sollst
das Volk nicht verfluchen, denn es ist gesegnet. 13 Und Bileam stand am
Morgen auf und sprach zu den Fürsten Balaks: Geht in euer Land, denn
der HERR will mich nicht mit euch gehen lassen. 14 Und die Fürsten Mo-
abs machten sich auf und kamen zu Balak und sprachen: Bileam wollte
nicht mit uns kommen. 15 Da sandte Balak noch grössere und vorneh-
mere Fürsten als jene. 16 Und sie kamen zu Bileam und sprachen zu
ihm: So spricht Balak, der Sohn Zippors: Lass dich nicht davon abhalten,
zu mir zu kommen. 17 Denn hoch werde ich dich ehren und alles tun,
was du mir sagst. Komm also, verwünsche dieses Volk für mich. 18 Bile- 18: 24,13; 1Kön 13,8
am aber antwortete und sprach zu den Dienern Balaks: Selbst wenn
Balak mir sein Haus voll Silber und Gold gäbe, könnte ich den Befehl des
HERRN, meines Gottes, nicht übertreten, weder im Kleinen noch im
Grossen. 19 Doch bleibt nun auch ihr heute Nacht. Dann will ich erfah-
ren, was der HERR noch mit mir redet. 20 Und in der Nacht kam Gott zu
Bileam und sprach zu ihm: Wenn die Männer gekommen sind, um dich
zu rufen, steh auf und geh mit ihnen, doch sollst du nur das tun, was ich
dir sagen werde. 21 Und am Morgen stand Bileam auf, sattelte seine Ese-
lin und ging mit den Fürsten Moabs.

22 Da entbrannte der Zorn Gottes, weil er ging, und der Bote des
HERRN trat ihm als Widersacher in den Weg, während er auf seiner Ese-
lin ritt und seine zwei Diener ihn begleiteten. 23 Und die Eselin sah, wie 23: 31; Jos 5,13;
der Bote des HERRN auf dem Weg stand, mit gezücktem Schwert in der 1Chr 21,16
Hand. Da wich die Eselin ab vom Weg und lief über das Feld. Bileam aber
schlug die Eselin, um sie auf den Weg zurückzulenken. 24 Da trat der
Bote des HERRN in den Hohlweg zwischen den Weinbergen, wo auf bei-

22,7: Anstelle von «mit Wahrsagerlohn» ist auch die Übersetzung «mit einem Orakelgerät» möglich.

den Seiten Mauern waren. 25 Und die Eselin sah den Boten des HERRN
und zwängte sich an die Wand und drückte Bileams Fuss gegen die
Wand. Da schlug er sie wieder. 26 Der Bote des HERRN aber ging weiter
voraus und trat an eine enge Stelle, wo man weder nach rechts noch
nach links ausweichen konnte. 27 Und die Eselin sah den Boten des
HERRN und ging unter Bileam in die Knie. Da entbrannte der Zorn Bile-
28: 2Petr 2,16 ams, und er schlug die Eselin mit dem Stock. 28 Der HERR aber öffnete
der Eselin den Mund, und sie sprach zu Bileam: Was habe ich dir getan,
dass du mich dreimal geschlagen hast? 29 Da sprach Bileam zu der Ese-
lin: Weil du deinen Mutwillen mit mir getrieben hast. Wäre ein
Schwert in meiner Hand, so würde ich dich jetzt töten. 30 Die Eselin
aber sprach zu Bileam: Bin ich nicht deine Eselin, auf der du zeitlebens
geritten bist bis zum heutigen Tag? War es je meine Art, es so mit dir zu
31: 2Kön 6,17.20; treiben? Und er sprach: Nein. 31 Da öffnete der HERR Bileam die Augen,
Lk 24,31 · 23! und er sah, wie der Bote des HERRN auf dem Weg stand, mit gezücktem
Schwert in der Hand. Und er verneigte sich und warf sich nieder auf
32: Jud 11 sein Angesicht. 32 Der Bote des HERRN aber sprach zu ihm: Warum hast
du deine Eselin dreimal geschlagen? Sieh, ich bin als dein Widersacher
ausgezogen, denn dein Weg ist verkehrt in meinen Augen. 33 Die Eselin
aber hat mich gesehen, und dreimal ist sie mir ausgewichen. Wäre sie
mir nicht ausgewichen, so hätte ich dich jetzt umgebracht, sie aber am
Leben gelassen. 34 Da sprach Bileam zum Boten des HERRN: Ich habe
gesündigt, denn ich habe nicht erkannt, dass du mir auf dem Weg ent-
gegengetreten bist. Wenn dir nun aber die Sache missfällt, will ich um-
kehren. 35 Der Bote des HERRN aber sprach zu Bileam: Geh mit den
Männern, doch sollst du nur das reden, was ich dir sagen werde. So ging
Bileam mit den Fürsten Balaks.

Bileam und Balak

36 Und Balak hörte, dass Bileam kam, und zog hinaus, ihm entge-
gen, zu der Stadt Moabs, die am Arnon liegt, an der äussersten Grenze.
37: 24,11 37 Und Balak sagte zu Bileam: Habe ich nicht zu dir gesandt, um dich zu
rufen? Warum bist du nicht zu mir gekommen? Kann ich dich wirklich
nicht ehren? 38 Da sprach Bileam zu Balak: Sieh, ich bin nun zu dir ge-
kommen. Kann ich jetzt etwas sagen? Das Wort, das Gott in meinen
Mund legt, werde ich sagen. 39 Und Bileam ging mit Balak, und sie ka-
men nach Kirjat-Chuzot. 40 Und Balak opferte Rinder und Schafe und
41: Jos 13,17 · 23,13 schickte sie an Bileam und an die Fürsten, die bei ihm waren. 41 Am
Morgen aber nahm Balak Bileam und führte ihn hinauf nach Bamot-
Baal, und von dort sah er den äussersten Teil des Volks.
1–2: 29–30 23 1 Und Bileam sprach zu Balak: Errichte mir hier sieben Altäre, und
1: Hiob 42,8 halte mir hier sieben Stiere und sieben Widder bereit. 2 Da mach-
te Balak es, wie Bileam gesagt hatte, und Balak und Bileam brachten auf
3: 22,8! jedem Altar einen Stier und einen Widder dar. 3 Und Bileam sprach zu
Balak: Tritt neben dein Brandopfer. Ich aber will gehen, vielleicht wird
der HERR mir begegnen, und was er mich schauen lässt, werde ich dir
kundtun. Und er ging auf eine kahle Höhe. 4 Und Gott begegnete Bile-
am, er aber sprach zu ihm: Diese sieben Altäre habe ich errichtet und auf
5: 16; Dtn 18,18 jedem Altar einen Stier und einen Widder dargebracht. 5 Da legte der
HERR Bileam ein Wort in den Mund und sprach: Kehre zurück zu Balak,

und so sollst du reden. 6 Und er kehrte zu ihm zurück, und sieh, er stand
bei seinem Brandopfer, er und alle Fürsten von Moab. 7 Da begann er *7:* 22,6
seinen Spruch und sprach:

Aus Aram hat Balak mich hergeführt,
der König von Moab, aus den Bergen des Ostens:
Komm, verfluche Jakob für mich,
und komm, verwünsche Israel!
8 Wie kann ich verfluchen, wem Gott nicht flucht, *8:* Spr 26,2
und wie verwünschen, wen der HERR nicht verwünscht?
9 Vom Gipfel der Felsen sehe ich es, *9:* Est 3,8
und von Hügeln herab erblicke ich es:
Sieh, ein Volk, es wohnt für sich
und rechnet sich nicht zu den Völkern.
10 Wer hätte Jakobs Staub gezählt *10:* Gen 13,16! · 31,8
und wer die Staubwolke Israels?
Den Tod der Aufrechten möge ich sterben,
und ihm sei mein Ende gleich.

11 Da sprach Balak zu Bileam: Was hast du mir getan? Meine Feinde *11:* 24,10
zu verwünschen, habe ich dich holen lassen, und sieh, du hast gesegnet.
12 Und er antwortete und sprach: Muss ich nicht darauf achten, zu re- *12:* 26
den, was mir der HERR in den Mund legt?

13 Da sprach Balak zu ihm: Komm mit mir an einen anderen Ort, von *13:* 22,41
dem aus du das Volk sehen kannst – nur seinen äussersten Teil wirst du
sehen, ganz aber wirst du es nicht sehen –, und dort verfluche es für
mich. 14 Und er nahm ihn mit zum Späherfeld, auf den Gipfel des Pisga, *14:* 21,20!
und errichtete sieben Altäre und brachte auf jedem Altar einen Stier und
einen Widder dar. 15 Und Bileam sprach zu Balak: Tritt hier neben dein
Brandopfer, ich aber will dort auf eine Begegnung warten. 16 Und der *16:* 5!
HERR begegnete Bileam und legte ihm ein Wort in den Mund und
sprach: Kehre zurück zu Balak, und so sollst du reden. 17 Und er trat zu
ihm, und sieh, er stand bei seinem Brandopfer, und bei ihm waren die
Fürsten von Moab. Und Balak sprach zu ihm: Was hat der HERR geredet?
18 Da begann er seinen Spruch und sprach: *18:* Ri 3,20

Erhebe dich, Balak, und höre,
merk auf, du Sohn Zippors.
19 Nicht ein Mann ist Gott, dass er lügen, *19:* Hos 11,9 · 1Sam 15,29; Röm 11,29; Tit 1,2
und nicht ein Mensch, dass er bereuen würde.
Hat er gesprochen und tut es nicht,
und hat er geredet und führt es nicht aus?
20 Sieh, Segen habe ich vernommen:
gesegnet hat er, und ich wende es nicht ab.
21 Er schaute nichts Böses in Jakob
und sah kein Unheil in Israel.
Der HERR, sein Gott, ist mit ihm,
und dem König jubeln sie zu.
22 Gott führte sie aus Ägypten, *22:* 24,8; Dtn 33,17
stark wie die Hörner des Wildstiers.

23,13: Wörtlich: «..., von dem aus du es sehen kannst – ...»
23,15: Wörtlich: «Und er sprach zu Balak: ...»

23 Zauber wirkt nicht in Jakob
und kein Orakel in Israel.
Jetzt sagt man von Jakob und von Israel:
Was hat Gott getan!

24: 24,9 24 Sieh, ein Volk, wie eine Löwin steht es auf,
wie ein Löwe erhebt es sich;
es legt sich nicht nieder, bis es Beute verzehrt,
und trinkt das Blut von Erschlagenen.

25 Da sprach Balak zu Bileam: Du sollst es weder verwünschen noch
26: 12 segnen. 26 Daraufhin sprach Bileam zu Balak: Habe ich nicht zu dir ge-
sprochen und gesagt: Alles, was der HERR reden wird, werde ich tun.
27 Da sprach Balak zu Bileam: Komm, ich will dich an einen anderen
Ort bringen. Vielleicht gefällt es Gott, dass du es dort für mich ver-
28: 21,20! fluchst. 28 Und Balak brachte Bileam mit auf den Gipfel des Peor, der auf
29–30: 1–2 die Einöde hinabschaut. 29 Und Bileam sprach zu Balak: Errichte mir
hier sieben Altäre, und halte mir hier sieben Stiere und sieben Widder
bereit. 30 Und Balak machte es, wie Bileam gesagt hatte, und brachte auf
jedem Altar einen Stier und einen Widder dar.

24 1 Bileam aber sah, dass es dem HERRN gefiel, Israel zu segnen. So
ging er nicht wie zuvor, um Zeichen zu finden, sondern wandte
2: 11,25 sein Gesicht der Wüste zu. 2 Und Bileam erhob seine Augen und sah
3: 15 Israel lagern, Stamm um Stamm. Da kam der Geist Gottes auf ihn, 3 und
er begann seinen Spruch und sprach:

Spruch Bileams, des Sohns von Beor,
Spruch des Mannes mit offenem Auge;
4 Spruch dessen, der Gottesworte hört,
der die Offenbarung Schaddais schaut,
hingesunken und mit enthüllten Augen:

5: Ps 84,2 5 Wie schön sind deine Zelte, Jakob,
deine Wohnungen, Israel!

6: Ps 104,16 6 Wie Bachtäler ziehen sie sich hin,
wie Gärten am Strom,
wie Aloebäume, die der HERR gepflanzt hat,
wie Zedern am Wasser.

7: 1Sam 15,8 · 7 Wasser fliesst aus seinen Schöpfeimern,
2Sam 5,12 und seine Saat hat reichlich Wasser.
Und mächtiger als Agag werde sein König,
und seine Herrschaft erhebe sich.

8: 23,22! 8 Gott führte es aus Ägypten,
stark wie die Hörner des Wildstiers.
Völker, seine Feinde, wird es fressen
und an ihren Knochen nagen
und Wunden reissen mit seinen Pfeilen.

24,3: Möglicherweise ist zu übersetzen «..., Spruch des Mannes mit durchdringendem Blick; ...»; die Bedeutung des nur hier vorkommenden Worts ist nicht sicher.

24,4: Möglicherweise ist zu übersetzen: «..., der die Erscheinung Schaddais schaut, ...» Der Gottesname Schaddai wird traditionell mit ‹der Allmächtige› wiedergegeben.

24,6: Möglicherweise ist statt mit ‹Aloebäume› mit ‹Eiskraut› zu übersetzen; Eiskraut breitet sich über den Boden aus.

9 Es kauert, liegt da wie ein Löwe
und wie eine Löwin – wer stört es auf?
Gesegnet ist, wer dich segnet,
und verflucht, wer dich verflucht.
10 Da entbrannte der Zorn Balaks gegen Bileam, und er schlug die
Hände zusammen. Und Balak sprach zu Bileam: Meine Feinde zu ver-
wünschen, habe ich dich gerufen, und sieh, du hast dreimal gesegnet.
11 So fliehe nun an deinen Ort! Ich habe gesagt: Ich will dich hoch ehren.
Aber sieh, der HERR hat dir die Ehre versagt. 12 Da sprach Bileam zu Ba-
lak: Sagte ich nicht schon deinen Boten, die du mir gesandt hast:
13 Selbst wenn Balak mir sein Haus voll Silber und Gold gäbe, könnte
ich den Befehl des HERRN nicht übertreten und aus meinem eigenen
Herzen Gutes oder Böses tun. Was der HERR sagen wird, werde ich sa-
gen. 14 Sieh, so gehe ich nun zu meinem Volk. Komm, ich will dir kund-
tun, was dieses Volk deinem Volk tun wird am Ende der Tage. 15 Und er
begann seinen Spruch und sprach:
Spruch Bileams, des Sohns von Beor,
Spruch des Mannes mit offenem Auge,
16 Spruch dessen, der Gottesworte hört
und Erkenntnis hat des Höchsten,
der die Offenbarung Schaddais schaut,
hingesunken und mit enthüllten Augen:
17 Ich sehe ihn, doch nicht jetzt,
schaue ihn, doch nicht nahe.
Ein Stern tritt hervor aus Jakob,
und ein Zepter erhebt sich aus Israel
und zerschmettert die Schläfen Moabs
und schlägt nieder alle Söhne Sets.
18 Und Edom wird sein Besitz,
und sein Besitz wird Seir, sein Feind.
Israel aber wird mächtig sein,
19 und herrschen wird einer von Jakob her
und vernichten, die aus der Stadt entfliehen.
20 Und er sah auf Amalek und begann seinen Spruch und sprach:
Erstling der Völker ist Amalek,
doch zuletzt wird es untergehen.
21 Und er sah die Keniter und begann seinen Spruch und sprach:
Fest ist deine Wohnstätte
und auf den Felsen gesetzt dein Nest.
22 Dennoch wird Kain verwüstet werden.
Wann wird Assur dich in Gefangenschaft führen?
23 Und er begann seinen Spruch und sprach:
Wehe, wer bleibt am Leben, wenn Gott das tut?
24 Schiffe von der Küste der Kittäer
beugen Assur nieder und beugen Eber nieder.
Und auch er wird untergehen.
25 Und Bileam machte sich auf und ging an seinen Ort zurück, und
auch Balak ging seines Wegs.

9: 23,24; Gen 49,9 · 22,6; Gen 12,3
10: 23,11 · Dtn 23,6; Jos 24,10
11: 22,37
13: 22,18!
14: Gen 49,1!
15: 3
17: Mt 2,2; Offb 22,16 · Gen 49,10 · 2Sam 8,2
18: Am 9,12
19: Mi 5,1
20: Ex 17,14; 1Sam 15,2–7
21: 1Sam 15,6
24: Dan 11,30

Götzendienst und Bestrafung

1: 33,49; Jos 2,1; **25** 1 Und Israel liess sich in Schittim nieder. Das Volk aber begann,
Joel 4,18 den Moabiterinnen nachzuhuren. 2 Da luden sie das Volk ein zu
2: Ex 23,24 · Jos 22,17 den Schlachtopfern ihrer Götter, und das Volk ass, und sie warfen sich
3: 31,16; Dtn 4,3; nieder vor ihren Göttern. 3 Und Israel hängte sich an den Baal von Peor.
Ps 106,28; 9,10 Da entbrannte der Zorn des HERRN gegen Israel. 4 Und der HERR sprach
4: Dtn 21,22! zu Mose: Nimm alle Häupter des Volks und pfähle sie im Angesicht der
Sonne für den HERRN, damit der glühende Zorn des HERRN von Israel
5: Ex 32,27 ablässt. 5 Und Mose sprach zu den Richtern Israels: Es töte jeder dieje-
nigen von seinen Leuten, die sich an den Baal von Peor gehängt haben.

6 Und sieh, einer von den Israeliten kam und brachte eine Midiani-
terin zu seinen Brüdern, vor den Augen Moses und vor den Augen der
ganzen Gemeinde Israel, während sie am Eingang des Zelts der Begeg-
7: Ex 6,25! nung wehklagten. 7 Pinechas aber, der Sohn von Elasar, dem Sohn des
Priesters Aaron, sah es und erhob sich aus der Gemeinde und nahm eine
8–11: Ps 106,29–31 Lanze in die Hand. 8 Und er ging dem Israeliten nach in das Gemach
8: 17,13! und durchbohrte sie beide, den Israeliten und die Frau, durch den
9: 1Kor 10,8 Bauch. Da wurde der Plage unter den Israeliten Einhalt geboten. 9 An
der Plage gestorben waren 24000 Menschen.

10 Und der HERR sprach zu Mose: 11 Pinechas, der Sohn Elasars, des
Sohns des Priesters Aaron, hat meinen Grimm von den Israeliten abge-
wendet, da er an meiner Statt unter ihnen geeifert hat. So habe ich die
12: Jes 54,10; Israeliten nicht völlig vernichtet in meinem Eifer. 12 Darum sprich:
Ez 34,25; Mal 2,5 Sieh, ich gewähre ihm einen Friedensbund: 13 Ihm und seinen Nach-
13: Ex 40,15 · 17,12 kommen soll ein Bund ewigen Priestertums zuteil werden dafür, dass er
für seinen Gott geeifert und für die Israeliten Sühne erwirkt hat. 14 Der
getötete Israelit aber, der zusammen mit der Midianiterin getötet wor-
den war, hiess Simri, der Sohn Salus. Er war Oberhaupt einer Familie
15: 31,8; Jos 13,21 der Simeoniten. 15 Und die getötete midianitische Frau hiess Kosbi, die
Tochter Zurs. Er war Oberhaupt einer Sippe, einer Familie in Midian.

17: 31,2–3 16 Und der HERR redete zu Mose: 17 Greift die Midianiter an und
schlagt sie! 18 Denn sie haben euch arglistig angegriffen, als sie euch
überlisteten in Peor mit Kosbi, der Fürstentochter aus Midian, ihrer
Schwester, die getötet wurde am Tag der Plage von Peor.

Zweite Zählung des Volks

19 Nach der Plage aber

26 1 sprach der HERR zu Mose und zu Elasar, dem Sohn des Priesters
2: 1,2! Aaron: 2 Zählt die ganze Gemeinde der Israeliten, die zwanzig Jah-
re alt sind oder älter, nach ihren Familien, alle Wehrfähigen in Israel.
3: 22,1! 3 Da musterten Mose und der Priester Elasar sie in den Steppen von
Moab, am Jordan bei Jericho, 4 die zwanzig Jahre alt waren oder älter,
wie der HERR es Mose geboten hatte.

Und die Israeliten, die aus dem Land Ägypten auszogen, waren:
5: Ex 6,14–15 5 Ruben, der Erstgeborene Israels; die Söhne Ruben: von Henoch die
Sippe der Henochiten, von Pallu die Sippe der Palluiten, 6 von Chezron

26,3: Der Massoretische Text lautet übersetzt: «Da redeten Mose und der Priester Elasar mit ihnen in den Steppen ...»

die Sippe der Chezroniten, von Karmi die Sippe der Karmiten. 7 Das wa-
ren die Sippen der Rubeniten, und ihre Gemusterten waren 43730.

8 Und die Söhne Pallus: Eliab. 9 Und die Söhne Eliabs: Nemuel, Da-
tan und Abiram. Das waren Datan und Abiram, die Berufenen der Ge-
meinde, die gegen Mose und gegen Aaron stritten in der Gemeinde Ko-
rachs, als sie gegen den HERRN stritt. 10 Und die Erde tat ihren Mund 10: 16,31–32! · 17,3
auf und verschlang sie und Korach, als die Gemeinde starb und das Feu-
er die 250 Männer verzehrte, so dass sie zu einem Mahnzeichen wur-
den. 11 Die Söhne Korachs aber kamen nicht um.

12 Die Söhne Simeon nach ihren Sippen: von Nemuel die Sippe der 12–14: 1Chr 4,24!
Nemueliten, von Jamin die Sippe der Jaminiten, von Jachin die Sippe
der Jachiniten, 13 von Serach die Sippe der Serachiten, von Schaul die 13: Gen 36,13
Sippe der Schauliten. 14 Das waren die Sippen der Simeoniten: 22200.

15 Die Söhne Gad nach ihren Sippen: Von Zefon die Sippe der Zefo- 15–18: 1Chr 5,11–12!
niten, von Chaggi die Sippe der Chaggiten, von Schuni die Sippe der
Schuniter, 16 von Osni die Sippe der Osniten, von Eri die Sippe der Eri-
ten, 17 von Arod die Sippe der Aroditen, von Areli die Sippe der Areliten.
18 Das waren die Sippen der Söhne Gad; ihre Gemusterten: 40500.

19 Die Söhne Juda waren Ehr und Onan. Ehr und Onan aber starben 19–21: Gen 46,12
im Land Kanaan. 20 Und die Söhne Juda nach ihren Sippen waren: von 19: Gen 38,7.10 20: 1Chr 9,5
Schela die Sippe der Schelaniten, von Perez die Sippe der Pereziten, von
Serach die Sippe der Serachiten. 21 Und die Söhne des Perez waren: von 21: Rut 4,18
Chezron die Sippe der Chezroniten, von Chamul die Sippe der Chamu-
liten. 22 Das waren die Sippen Juda; ihre Gemusterten: 76500.

23 Die Söhne Issaschar nach ihren Sippen: Von Tola die Sippe der 23–25: 1Chr 7,6!
Tolaiten, von Puwa die Sippe der Puniten, 24 von Jaschub die Sippe der
Jaschubiten, von Schimron die Sippe der Schimroniten. 25 Das waren 25: 14,29!
die Sippen Issaschars; ihre Gemusterten: 64300.

26 Die Söhne Sebulon nach ihren Sippen: Von Sered die Sippe der
Serediten, von Elon die Sippe der Eloniten, von Jachleel die Sippe der
Jachleeliten. 27 Das waren die Sippen der Sebuloniten; ihre Gemuster-
ten: 60500.

28 Die Söhne Josef nach ihren Sippen, Manasse und Efraim. 29 Die 28: Gen 41,51–52!
Söhne Manasse: von Machir die Sippe der Machiriten. Machir aber 29: 36,1 · Jos 17,1
zeugte Gilead; und von Gilead die Sippe der Gileaditen. 30 Dies waren 30: Ri 6,11
die Söhne Gilead: Von Ieser die Sippe der Iesriten, von Chelek die Sippe
der Chelekiten, 31 von Asriel die Sippe der Asrieliten, von Schechem die
Sippe der Schechemiten, 32 von Schemida die Sippe der Schemidaiten, 32: Jos 17,2
von Chefer die Sippe der Cheferiten. 33 Zelofchad aber, der Sohn Che- 33: 27,1; 36,11; Jos 17,3
fers, hatte keine Söhne, sondern Töchter, und die Töchter Zelofchads
hiessen Machla, Noa, Chogla, Milka und Tirza. 34 Das waren die Sippen
Manasses, und ihre Gemusterten waren 52700.

35 Dies waren die Söhne Efraim nach ihren Sippen: von Schutelach
die Sippe der Schutelachiten, von Becher die Sippe der Becheriten, von
Tachan die Sippe der Tachaniten. 36 Und dies waren die Söhne Schute-
lach: von Eran die Sippe der Eraniten. 37 Das waren die Sippen der Söh-
ne Efraim; ihre Gemusterten: 32500. Das waren die Söhne Josef, nach
ihren Sippen.

38 Die Söhne Benjamin nach ihren Sippen: von Bela die Sippe der
Belaiten, von Aschbel die Sippe der Aschbeliten, von Achiram die Sippe

der Achiramiten, 39 von Schefufam die Sippe der Schufamiten, von
Chufam die Sippe der Chufamiten. 40 Und die Söhne Belas waren Ard
und Naaman; von Ard die Sippe der Arditen, von Naaman die Sippe der
Naamaniten. 41 Das waren die Söhne Benjamin, nach ihren Sippen, und
ihre Gemusterten waren 45600.

42 Dies waren die Söhne Dan, Sippe für Sippe: von Schucham die
Sippe der Schuchamiten. Das waren die Sippen Dans, Sippe für Sippe.
43 Alle Sippen der Schuchamiten; ihre Gemusterten: 64400.

44 Die Söhne Asser nach ihren Sippen: von Jimna die Sippe derer
von Jimna, von Jischwi die Sippe der Jischwiten, von Beria die Sippe der
Beriaiten. 45 Von den Söhnen Berias: von Cheber die Sippe der Cheberi-
ten, von Malkiel die Sippe der Malkieliten. 46 Und die Tochter Assers
hiess Serach. 47 Das waren die Sippen der Söhne Asser; ihre Gemuster-
ten: 53400.

48 Die Söhne Naftali, Sippe für Sippe: von Jachzeel die Sippe der
Jachzeeliten, von Guni die Sippe der Guniten, 49 von Jezer die Sippe der
Jezeriten, von Schillem die Sippe der Schillemiten. 50 Das waren die
Sippen Naftalis, nach ihren Sippen, und ihre Gemusterten waren
51: 1,46! 45400. 51 Das waren die Gemusterten der Israeliten: 601730.

53: Jos 11,23 52 Und der HERR sprach zu Mose: 53 Diesen soll das Land als Erbbe-
54: 33,54; 35,8; sitz zugeteilt werden, nach der Zahl der Namen. 54 Einem grossen
Jos 17,17 Stamm sollst du einen grossen Erbbesitz zuteilen, und einem kleinen
sollst du einen kleinen Erbbesitz zuteilen. Jedem soll sein Erbbesitz
55: 36,2 nach der Zahl seiner Gemusterten gegeben werden. 55 Das Land soll
aber durch das Los verteilt werden. Nach den Namen der Stämme ihrer
Vorfahren sollen sie Erbbesitz erhalten. 56 Nach dem Entscheid des Lo-
ses soll der Erbbesitz zwischen den grösseren und den kleineren Stäm-
men verteilt werden.

57: 3,17! · Ex 6,25 57 Und dies waren die Gemusterten der Leviten, Sippe für Sippe:
von Gerschon die Sippe der Gerschoniten, von Kehat die Sippe der Ke-
hatiten, von Merari die Sippe der Merariten. 58 Dies waren die Sippen
Levis: die Sippe der Libniten, die Sippe der Chebroniten, die Sippe der
Machliten, die Sippe der Muschiten, die Sippe der Korachiten. Und Ke-
59: Ex 6,20 · 12,1 hat zeugte Amram. 59 Und die Frau Amrams hiess Jochebed, die Tochter
Levis, die Levi in Ägypten geboren worden war. Und sie gebar dem Am-
60: Ex 6,23 ram Aaron und Mose und deren Schwester Mirjam. 60 Und Aaron wur-
61: 3,4! den geboren Nadab und Abihu und Elasar und Itamar. 61 Nadab und
Abihu aber starben, als sie ein unerlaubtes Feueropfer darbrachten vor
62: 1,47 · 18,20! dem HERRN. 62 Und ihre Gemusterten waren 23000, alle Knaben oder
Männer, die einen Monat und älter waren. Denn sie waren nicht ge-
mustert worden mit den Israeliten, weil ihnen kein Erbbesitz unter den
Israeliten gegeben wurde.

63: 22,1! 63 Das waren diejenigen, die von Mose und dem Priester Elasar ge-
mustert wurden. Sie musterten die Israeliten in den Steppen von Moab
64: 1,19 am Jordan bei Jericho. 64 Darunter aber war keiner von denen, die von

26,40: «von Ard» fehlt im Massoretischen Text; es wurde nach antiken Übersetzungen eingefügt.

26,59: Die Wiedergabe beruht auf antiken Übersetzungen. Der Massoretische Text lautet übersetzt: «..., die Tochter Levis, die sie Levi in Ägypten geboren hatte. ...»

Mose und dem Priester Aaron gemustert worden waren, als diese die
Israeliten in der Wüste Sinai musterten. 65 Denn der HERR hatte ihnen 65: 14,35
gesagt, sie müssten in der Wüste sterben, und es war keiner von ihnen
übrig geblieben ausser Kaleb, dem Sohn Jefunnes, und Josua, dem Sohn
Nuns.

Das Erbrecht von Töchtern

27 1 Da kamen die Töchter Zelofchads, des Sohns Chefers, des Sohns 1: 26,33!
Gileads, des Sohns Machirs, des Sohns Manasses, aus den Sippen
Manasses, des Sohns von Josef. Und seine Töchter hiessen: Machla, Noa,
Chogla, Milka und Tirza. 2 Und sie traten vor Mose und den Priester 2: 21; 9,6
Elasar, vor die Fürsten und die ganze Gemeinde an den Eingang des
Zelts der Begegnung und sprachen: 3 Unser Vater ist in der Wüste ge- 3: 26,65 · 16,1–3
storben, er hat aber nicht zur Gemeinde derer gehört, die sich gegen den
HERRN zusammenrotteten, zur Gemeinde Korachs, sondern ist um sei-
ner eigenen Sünde willen gestorben und hatte keine Söhne. 4 Warum
soll der Name unseres Vaters aus seiner Sippe verschwinden, weil er
keinen Sohn hat? Gib uns Grundbesitz bei den Brüdern unseres Vaters.
5 Da brachte Mose ihre Rechtssache vor den HERRN.

6 Und der HERR sprach zu Mose: 7 Die Töchter Zelofchads haben 7: 36,2–5 · Jos 17,4;
Recht, du sollst ihnen erblichen Grundbesitz geben bei den Brüdern ih- Hiob 42,15
res Vaters und den Erbbesitz ihres Vaters auf sie übergehen lassen. 8 Zu
den Israeliten aber sollst du sagen: Wenn ein Mann stirbt und er hat
keinen Sohn, sollt ihr seinen Erbbesitz auf seine Tochter übergehen las-
sen. 9 Hat er aber keine Tochter, sollt ihr seinen Erbbesitz seinen Brü-
dern geben. 10 Und hat er keine Brüder, sollt ihr seinen Erbbesitz den
Brüdern seines Vaters geben. 11 Hat aber sein Vater keine Brüder, sollt
ihr seinen Erbbesitz seinem nächsten leiblichen Verwandten aus seiner
Sippe geben, und er soll ihn in Besitz nehmen. Und das soll für die Isra-
eliten zu einer Rechtsbestimmung werden, wie der HERR es Mose ge-
boten hat.

Die Einsetzung Josuas

12 Und der HERR sprach zu Mose: Steige hinauf auf das Gebirge Aba- 12: 33,47;
rim, und sieh dir das Land an, das ich den Israeliten gegeben habe. Dtn 32,48–49
13 Und wenn du es gesehen hast, wirst auch du mit deinen Vorfahren 13: Dtn 31,14! ·
vereint werden, wie dein Bruder Aaron, 14 weil ihr euch in der Wüste 20,24
Zin, als die Gemeinde haderte, meinem Befehl widersetzt habt, mich 14: 20,12! · 20,5
ihnen durch das Wasser als heilig vor Augen zu stellen. Das ist das Was-
ser von Meriba bei Kadesch in der Wüste Zin.

15 Und Mose sprach zum HERRN: 16 Der HERR, der Gott der Lebens- 16: 16,22!
geister allen Fleisches, möge einen Mann über die Gemeinde einsetzen,
17 der vor ihnen auszieht und vor ihnen einzieht, und der sie hinaus- 17: 2Chr 1,10 ·
führt und sie heimführt, damit die Gemeinde des HERRN nicht sei wie 1Kön 22,17; Ez 34,5;
die Schafe, die keinen Hirten haben. 18 Da sprach der HERR zu Mose: Mt 9,36
Nimm dir Josua, den Sohn Nuns, einen Mann, in dem der Geist ist, und 18: Ex 33,11;
lege deine Hand auf ihn. 19 Dann lass ihn vor den Priester Elasar und vor Dtn 31,14 · Dtn 34,9
die ganze Gemeinde treten und beauftrage ihn vor ihren Augen. 20 Und 19: Dtn 31,7 20: Jos 1,17
lege von deiner Würde auf ihn, damit die ganze Gemeinde der Israeliten
ihm gehorcht. 21 Er soll aber jeweils vor den Priester Elasar treten, und 21: Ex 28,30 · 2!

der soll für ihn die Entscheidung der Urim vor dem HERRN einholen.
Auf seinen Befehl sollen sie ausziehen, und auf seinen Befehl sollen sie
einziehen, er und alle Israeliten mit ihm und die ganze Gemeinde.
22 Und Mose machte es, wie der HERR es ihm geboten hatte, und nahm
Josua und stellte ihn vor den Priester Elasar und vor die ganze Gemein-
de. 23 Dann legte er seine Hände auf ihn und beauftragte ihn, wie der
HERR durch Mose gesprochen hatte.

Opfer und Feste

2: 29,39 **28** 1 Und der HERR sprach zu Mose: 2 Gebiete den Israeliten und
sprich zu ihnen: Ihr sollt darauf achten, dass ihr mir meine Opfer-
gabe zur festgesetzten Zeit darbringt, meine Speise, als Feueropfer zum
beschwichtigenden Geruch für mich.

3–6: Ex 29,38–42 3 Und sprich zu ihnen: Dies ist das Feueropfer, das ihr dem HERRN
darbringen sollt: zwei einjährige makellose Lämmer jeden Tag als stän-
diges Brandopfer. 4 Das erste Lamm sollst du am Morgen darbringen,
und das zweite Lamm sollst du in der Abenddämmerung darbringen,
5: 15,4! 5 dazu ein Zehntel Efa Feinmehl als Speiseopfer, angerührt mit einem
6: Lev 27,34 Viertel Hin gestossenen Öls. 6 Das ist das ständige Brandopfer, das am
Berg Sinai dargebracht wurde, als beschwichtigender Geruch, als Feuer-
7: 14; 15,5; Ex 29,40; opfer für den HERRN. 7 Und das dazugehörige Trankopfer: ein Viertel
Lev 23,13 Hin Wein zum ersten Lamm. Im Heiligtum giesse dem HERRN ein
Trankopfer von berauschendem Getränk aus. 8 Das zweite Lamm aber
sollst du in der Abenddämmerung darbringen. Mit dem gleichen
Speiseopfer wie am Morgen und mit dem dazugehörigen Trankopfer
sollst du es darbringen, als Feueropfer beschwichtigenden Geruchs für
den HERRN.

9: Mt 12,5 9 Am Sabbattag aber zwei einjährige makellose Lämmer und zwei
Zehntel Feinmehl als Speiseopfer, mit Öl angerührt, und das dazugehö-
10: Ez 46,4 rige Trankopfer. 10 Das ist das Brandopfer an jedem Sabbat, zusätzlich
zu dem ständigen Brandopfer und dem dazugehörigen Trankopfer.

11: 2Kön 4,23; 11 Und zu Beginn eines jeden Monats sollt ihr dem HERRN als Brand-
Ez 46,6 opfer darbringen: zwei Jungstiere und einen Widder, sieben einjährige
makellose Lämmer 12 und drei Zehntel Feinmehl als Speiseopfer, mit Öl
angerührt, zu jedem Stier, und zwei Zehntel Feinmehl als Speiseopfer,
13: 15,6 mit Öl angerührt, zu dem Widder 13 und je ein Zehntel Feinmehl als
Speiseopfer, mit Öl angerührt, zu jedem Lamm. Das ist das Brandopfer,
14: 7! ein beschwichtigender Geruch, ein Feueropfer für den HERRN. 14 Und
die dazugehörigen Trankopfer: ein halbes Hin Wein zu einem Stier, ein
Drittel Hin zu einem Widder und ein Viertel Hin zu einem Lamm. Das
15: Lev 16,15 ist das Brandopfer an jedem Neumondstag des Jahres. 15 Und ein Zie-
genbock soll als Sündopfer für den HERRN zusätzlich zu dem ständigen
Brandopfer dargebracht werden mit dem dazugehörigen Trankopfer.

16–25: Lev 23,5–14 16 Und im ersten Monat, am vierzehnten Tag des Monats, ist Passa
16: Ex 12,6 für den HERRN. 17 Und am fünfzehnten Tag dieses Monats ist ein Fest.
17–18: Ex 12,15–16 Sieben Tage soll man ungesäuerte Brote essen. 18 Am ersten Tag findet
18: Lev 23,7–8! eine heilige Versammlung statt. Da sollt ihr keinerlei Werktagsarbeit
tun. 19 Und ihr sollt ein Feueropfer darbringen, ein Brandopfer für den
HERRN: zwei Jungstiere, einen Widder und sieben einjährige Lämmer,
makellos sollen sie sein. 20 Und das dazugehörige Speiseopfer: Fein-

mehl, mit Öl angerührt, drei Zehntel sollt ihr zu einem Stier und zwei
Zehntel zu einem Widder darbringen, 21 je ein Zehntel sollst du dar-
bringen zu jedem Lamm von den sieben Lämmern, 22 und einen Bock
als Sündopfer, um Sühne für euch zu erwirken. 23 Zusätzlich zu dem
Morgenbrandopfer, das als ständiges Brandopfer dargebracht wird,
sollt ihr dies alles darbringen. 24 Dieselben Opfer sollt ihr jeden Tag 24: Ez 45,23
sieben Tage lang darbringen als eine Feueropferspeise beschwichtigen-
den Geruchs für den HERRN. Zusätzlich zu dem ständigen Brandopfer
und dem dazugehörigen Trankopfer soll es dargebracht werden. 25 Und
am siebten Tag sollt ihr eine heilige Versammlung halten. Da sollt ihr
keinerlei Werktagsarbeit tun.

26 Und am Tag der Erstlingsfrüchte, wenn ihr dem HERRN ein neues 26: Ex 23,16 ·
Speiseopfer darbringt, an eurem Wochenfest, sollt ihr eine heilige Ver- Dtn 16,9–10!
sammlung halten. Da sollt ihr keinerlei Werktagsarbeit tun. 27 Und ihr
sollt ein Brandopfer darbringen als beschwichtigenden Geruch für den
HERRN: zwei Jungstiere, einen Widder, sieben einjährige Lämmer.
28 Dazu als Speiseopfer Feinmehl, mit Öl angerührt, drei Zehntel zu je-
dem Stier, zwei Zehntel zu dem Widder, 29 je ein Zehntel zu jedem
Lamm von den sieben Lämmern, 30 und einen Ziegenbock, um Sühne 30: Lev 16,15
für euch zu erwirken. 31 Zusätzlich zu dem ständigen Brandopfer und
dem dazugehörigen Speiseopfer sollt ihr sie darbringen, makellos sol-
len sie sein – und die dazugehörigen Trankopfer.

29 1 Und im siebten Monat, am Ersten des Monats, sollt ihr eine hei- 1: Neh 8,2 · 10,10! ·
lige Versammlung halten, da sollt ihr keinerlei Werktagsarbeit Lev 23,7–8!
tun. Ein Tag des Signalblasens ist es für euch. 2 Und ihr sollt ein Brand- 2: Esra 3,6
opfer darbringen als beschwichtigenden Geruch für den HERRN: einen
Jungstier, einen Widder, sieben einjährige makellose Lämmer. 3 Dazu
als Speiseopfer Feinmehl, mit Öl angerührt: drei Zehntel zu einem Stier,
zwei Zehntel zu einem Widder 4 und ein Zehntel zu jedem Lamm von
den sieben Lämmern; 5 und einen Ziegenbock als Sündopfer, um Sühne 5: Lev 16,15
für euch zu erwirken, 6 zusätzlich zu dem Neumondbrandopfer mit
dem dazugehörigen Speiseopfer und dem ständigen Brandopfer mit
dem dazugehörigen Speiseopfer und den dazugehörigen Trankopfern
nach der für sie geltenden Vorschrift, als beschwichtigenden Geruch,
als Feueropfer für den HERRN.

7 Und am Zehnten dieses siebten Monats sollt ihr eine heilige Ver- 7: Lev 16,29!
sammlung halten und fasten. Da sollt ihr keinerlei Arbeit tun. 8 Und ihr
sollt dem HERRN ein Brandopfer darbringen als beschwichtigenden Ge-
ruch: einen Jungstier, einen Widder, sieben einjährige Lämmer; makel-
los sollen sie sein; 9 und als Speiseopfer Feinmehl, mit Öl angerührt,
drei Zehntel zu einem Stier, zwei Zehntel zu dem Widder, 10 je ein
Zehntel zu jedem Lamm von den sieben Lämmern; 11 einen Ziegenbock
als Sündopfer, zusätzlich zu dem Sündopfer der Sühnehandlung und
dem ständigen Brandopfer mit dem dazugehörigen Speiseopfer und
den dazugehörigen Trankopfern.

12 Und am fünfzehnten Tag des siebten Monats sollt ihr eine heilige 12: Lev 23,34!
Versammlung halten, da sollt ihr keinerlei Werktagsarbeit tun. Und ihr
sollt dem HERRN ein Fest feiern, sieben Tage lang. 13 Und ihr sollt ein
Brandopfer darbringen, ein Feueropfer beschwichtigenden Geruchs für
den HERRN: dreizehn Jungstiere, zwei Widder, vierzehn einjährige

Lämmer; makellos sollen sie sein; 14 und als Speiseopfer Feinmehl, mit Öl angerührt, drei Zehntel zu jedem Stier von den dreizehn Stieren, zwei Zehntel zu jedem Widder von den zwei Widdern 15 und je ein Zehntel zu jedem Lamm von den vierzehn Lämmern; 16 und einen Ziegenbock als Sündopfer, zusätzlich zu dem ständigen Brandopfer mit dem dazugehörigen Speiseopfer und Trankopfer.

17 Am zweiten Tag: zwölf Jungstiere, zwei Widder, vierzehn einjährige makellose Lämmer 18 und das Speiseopfer und die Trankopfer zu den Stieren, den Widdern und den Lämmern entsprechend ihrer Anzahl, nach der Vorschrift, 19 und einen Ziegenbock als Sündopfer, zusätzlich zu dem ständigen Brandopfer mit dem dazugehörigen Speiseopfer und den dazugehörigen Trankopfern.

20 Am dritten Tag: elf Stiere, zwei Widder, vierzehn einjährige makellose Lämmer 21 und das Speiseopfer und die Trankopfer zu den Stieren, den Widdern und den Lämmern entsprechend ihrer Anzahl, nach der Vorschrift, 22 und einen Bock als Sündopfer, zusätzlich zu dem ständigen Brandopfer mit dem dazugehörigen Speiseopfer und Trankopfer.

23 Am vierten Tag: zehn Stiere, zwei Widder, vierzehn einjährige makellose Lämmer, 24 das Speiseopfer und die Trankopfer zu den Stieren, den Widdern und den Lämmern entsprechend ihrer Anzahl, nach der Vorschrift, 25 und einen Ziegenbock als Sündopfer, zusätzlich zu dem ständigen Brandopfer mit dem dazugehörigen Speiseopfer und Trankopfer.

26 Am fünften Tag: neun Stiere, zwei Widder, vierzehn einjährige makellose Lämmer 27 und das Speiseopfer und die Trankopfer zu den Stieren, den Widdern und den Lämmern entsprechend ihrer Anzahl, nach der Vorschrift, 28 und einen Bock als Sündopfer, zusätzlich zu dem ständigen Brandopfer mit dem dazugehörigen Speiseopfer und Trankopfer.

29 Am sechsten Tag: acht Stiere, zwei Widder, vierzehn einjährige makellose Lämmer 30 und das Speiseopfer und die Trankopfer zu den Stieren, den Widdern und den Lämmern entsprechend ihrer Anzahl, nach der Vorschrift, 31 und einen Bock als Sündopfer, zusätzlich zu dem ständigen Brandopfer mit dem dazugehörigen Speiseopfer und den dazugehörigen Trankopfern.

32 Am siebten Tag: sieben Stiere, zwei Widder, vierzehn einjährige makellose Lämmer 33 und das Speiseopfer und die Trankopfer zu den Stieren, den Widdern und den Lämmern entsprechend ihrer Anzahl, nach der für sie geltenden Vorschrift, 34 und einen Bock als Sündopfer, zusätzlich zu dem ständigen Brandopfer mit dem dazugehörigen Speiseopfer und Trankopfer.

35: Joh 7,37 · Lev 23,8

35 Am achten Tag sollt ihr eine Festversammlung halten. Da sollt ihr keinerlei Werktagsarbeit tun. 36 Und ihr sollt ein Brandopfer darbringen, ein Feueropfer beschwichtigenden Geruchs für den HERRN: einen Stier, einen Widder, sieben einjährige makellose Lämmer, 37 das Speiseopfer und die Trankopfer zu dem Stier, dem Widder und den Lämmern entsprechend ihrer Anzahl, nach der Vorschrift, 38 und einen Bock als Sündopfer, zusätzlich zu dem ständigen Brandopfer mit dem dazugehörigen Speiseopfer und Trankopfer.

39 Das sollt ihr an euren Festen für den HERRN darbringen, zusätz- 39: Lev 23,38 · 28,2
lich zu dem, was ihr gelobt und was ihr freiwillig gebt an Brandopfern,
Speiseopfern, Trankopfern und Heilsopfern.

30 1 Und Mose sagte den Israeliten alles genau, wie der HERR es Mose
geboten hatte.

Gültigkeit von Gelübden

2 Und Mose redete zu den Stammeshäuptern der Israeliten: Das ist
es, was der HERR geboten hat: 3 Wenn ein Mann dem HERRN ein Gelüb- 3: 6,2! · Ri 11,35;
de ablegt oder einen Eid schwört, sich eine Enthaltung aufzuerlegen, Ps 50,14; Mt 14,9
soll er sein Wort nicht brechen. Ganz so, wie er es ausgesprochen hat,
soll er handeln. 4 Und wenn eine Frau dem HERRN ein Gelübde ablegt
und sich eine Enthaltung auferlegt im Haus ihres Vaters, solange sie
ledig ist, 5 und ihr Vater hört von dem Gelübde und der Enthaltung, die
sie sich auferlegt hat, und ihr Vater schweigt dazu, so gelten alle Gelüb-
de, und jede Enthaltung, die sie sich auferlegt hat, ist gültig. 6 Hat aber
ihr Vater an dem Tag, da er es hörte, ihr seine Zustimmung versagt, so
sind alle Gelübde und Enthaltungen, die sie sich auferlegt hat, ungültig,
und der HERR wird ihr vergeben, denn ihr Vater hat ihr seine Zustim-
mung versagt. 7 Heiratet sie einen Mann, während sie durch ein Gelüb- 7: 1Sam 1,11
de gebunden ist oder durch ein unbedachtes Wort, mit dem sie sich ver-
pflichtet hat, 8 und hört ihr Mann davon an irgendeinem Tag und 8: 12; 1Sam 1,23
schweigt dazu, so gelten die Gelübde, und die Enthaltungen, die sie sich
auferlegt hat, sind gültig. 9 Wenn aber ihr Mann an dem Tag, da er da-
von hört, ihr seine Zustimmung versagt, so setzt er das Gelübde, das sie
bindet, und das unbedachte Wort, durch das sie sich verpflichtet hat,
ausser Kraft, und der HERR wird ihr vergeben. 10 Ein Gelübde einer Wit-
we aber und einer Verstossenen, alles, wodurch sie sich verpflichtet hat,
ist für sie gültig. 11 Hat sie im Haus ihres Mannes etwas gelobt oder sich 11–12: Jer 44,25
durch einen Eid eine Enthaltung auferlegt 12 und hat ihr Mann davon 12: 8!
gehört und dazu geschwiegen, ihr also seine Zustimmung nicht versagt,
so gelten alle Gelübde, und jede Enthaltung, die sie sich auferlegt hat, ist
gültig. 13 Setzt aber ihr Mann sie an dem Tag, da er davon hört, ausser
Kraft, so sind alle Gelübde und jede Verpflichtung zur Enthaltung, die
über ihre Lippen gekommen sind, ungültig. Ihr Mann hat sie ausser
Kraft gesetzt, und der HERR wird ihr vergeben. 14 Ihr Mann kann jedes
Gelübde und jeden Eid, der sie zu einer Enthaltung verpflichtet, bestäti-
gen oder ausser Kraft setzen. 15 Schweigt aber ihr Mann dazu bis zum
nächsten Tag, so bestätigt er damit alle Gelübde oder alle Enthaltungen,
die ihr obliegen. Er hat sie bestätigt, weil er an dem Tag, da er davon
hörte, dazu geschwiegen hat. 16 Setzt er sie aber ausser Kraft, nachdem
er davon gehört hat, so trägt er ihre Schuld.

17 Das sind die Satzungen, die der HERR Mose geboten hat. Sie gelten
für einen Mann gegenüber seiner Frau, für einen Vater gegenüber sei-
ner ledigen Tochter, solange sie noch im Haus ihres Vaters ist.

30,7: Wörtlich: «... durch ein Gelübde gebunden ist oder durch einen Ausspruch ihrer Lippen, ...»

Rachefeldzug gegen die Midianiter

2–3: 25,17 **31** 1 Und der HERR sprach zu Mose: 2 Nimm Rache für die Israeliten
2: 27,13! an den Midianitern. Danach sollst du mit deinen Vorfahren ver-
3: Ex 17,9 eint werden. 3 Und Mose sprach zum Volk: Von euch sollen sich Män-
ner für den Kriegsdienst bewaffnen, sie sollen gegen Midian ziehen, um
die Rache des HERRN an Midian zu vollstrecken. 4 Von allen Stämmen
Israels sollt ihr je 1000 zum Krieg entsenden. 5 So wurden aus den Tau-
sendschaften Israels je 1000 von jedem Stamm ausgehoben, 12000 für
6: Ex 6,25 · 10,9! den Krieg Bewaffnete. 6 Und Mose sandte sie in den Krieg, je tausend
von jedem Stamm, in den Krieg, sie und Pinechas, den Sohn des Pries-
ters Elasar. Der führte die heiligen Geräte und die Signaltrompeten mit
7: 17; Dtn 20,13 sich. 7 Und sie führten Krieg gegen Midian, wie der HERR es Mose ge-
8: 25,15! · 22,5! · boten hatte, und töteten alle Knaben und Männer. 8 Auch die Könige
23,10 von Midian töteten sie, neben den anderen, die sie erschlugen, Ewi und
Rekem und Zur und Chur und Reba, die fünf Könige von Midian; und
9: Dtn 20,14 auch Bileam, den Sohn Beors, töteten sie mit dem Schwert. 9 Und die
Israeliten führten die Frauen und Kinder von Midian als Gefangene weg
und nahmen ihr ganzes Vieh und alle ihre Herden und ihre ganze Habe
10: Jos 6,24! als Beute. 10 Alle ihre Städte aber, wo sie wohnten, und alle ihre Zeltla-
11: Gen 34,29 ger verbrannten sie mit Feuer. 11 Und sie nahmen die ganze Beute und
12: 22,1! den ganzen Raub, Menschen und Vieh, 12 und brachten die Gefange-
nen, den Raub und die Beute zu Mose, zu dem Priester Elasar und zur
Gemeinde der Israeliten in das Lager, in die Steppen von Moab, am Jor-
dan bei Jericho.

13 Da gingen ihnen Mose und der Priester Elasar und alle Fürsten
der Gemeinde entgegen vor das Lager hinaus. 14 Mose aber wurde zor-
nig über die Befehlshaber des Heeres, die Führer der Tausendschaften
und die Führer der Hundertschaften, die aus dem Krieg kamen. 15 Und
Mose sprach zu ihnen: Habt ihr etwa alle Frauen am Leben gelassen?
16: Offb 2,14 · 25,3! 16 Gerade sie brachten doch auf Geheiss Bileams die Israeliten dazu,
vom HERRN abzufallen in Peor, so dass die Plage über die Gemeinde des
17: 7! · Ri 21,11–12 HERRN kam. 17 So tötet nun alle Knaben, und tötet jede Frau, die mit
einem Mann verkehrt hat. 18 Alle Mädchen aber, die noch nicht mit ei-
19: 19,12! nem Mann verkehrt haben, lasst für euch am Leben. 19 Ihr aber bleibt
sieben Tage ausserhalb des Lagers. Jeder, der einen Menschen getötet,
und jeder, der einen Erschlagenen berührt hat, soll sich am dritten Tag
und am siebten Tag entsündigen, ihr und eure Gefangenen. 20 Und je-
des Kleid, alles Lederzeug, jedes Erzeugnis aus Ziegenhaar und jedes
Holzgerät sollt ihr entsündigen.

21 Und der Priester Elasar sprach zu den Kriegsleuten, die in den
Kampf gezogen waren: Dies ist die Gesetzesbestimmung, die der HERR
Mose befohlen hat: 22 Gold und Silber, Bronze, Eisen, Zinn und Blei,
23: 19,9 23 alles, was Feuer verträgt, sollt ihr durchs Feuer gehen lassen, dann ist
es rein. Es muss aber noch mit Reinigungswasser entsündigt werden.
Alles aber, was kein Feuer verträgt, sollt ihr durchs Wasser gehen lassen.
24: 19,12! 24 Und am siebten Tag sollt ihr eure Kleider waschen, dann seid ihr
rein, und danach dürft ihr in das Lager kommen.

25 Und der HERR sprach zu Mose: 26 Zähle, was als Beute gefangen
27: Jos 22,8; worden ist, Menschen und Vieh, du und der Priester Elasar und die Fa-
1Sam 30,24 milienhäupter der Gemeinde. 27 Und gib die eine Hälfte der Beute de-

nen, die am Kampf beteiligt waren, die in den Krieg gezogen sind, und
die andere Hälfte der ganzen Gemeinde. 28 Dann erhebe als Steuer für 28: 2Chr 15,11
den HERRN von den Kämpfern, die in den Krieg gezogen sind, von 500
Menschen und Rindern, Eseln und Schafen je eines. 29 Von der Hälfte,
die ihnen gehört, sollt ihr sie nehmen, und du sollst sie dem Priester
Elasar als Abgabe für den HERRN geben. 30 Von der Hälfte aber, die den
Israeliten gehört, sollst du von 50 Menschen, Rindern, Eseln und Scha-
fen, von allem Vieh je eines herausgreifen und den Leviten geben, die
die Aufgaben an der Wohnung des HERRN erfüllen.

31 Und Mose und der Priester Elasar machten es, wie der HERR es
Mose geboten hatte. 32 Und das Erbeutete, was dem Kriegsvolk als Beu-
te geblieben war, betrug 675000 Stück Kleinvieh, 33 72000 Rinder,
34 61000 Esel 35 und insgesamt 32000 Menschen, Frauen, die noch
nicht mit einem Mann verkehrt hatten. 36 So betrug die Hälfte, der An-
teil derer, die in den Krieg gezogen waren, 337500 Schafe, 37 und die
Steuer für den HERRN betrug 675 Schafe. 38 36200 Rinder, und die Steu-
er davon für den HERRN: 72. 39 30500 Esel, und die Steuer davon für den
HERRN: 61. 40 16000 Menschen, und die Steuer davon für den HERRN:
32. 41 Und Mose gab die Steuer dem Priester Elasar als Abgabe für den
HERRN, wie der HERR es Mose geboten hatte. 42 Von der Hälfte aber, die
auf die Israeliten entfiel, die Mose abgeteilt hatte von der Beute der
Männer, die in den Krieg gezogen waren – 43 die Hälfte, die der Ge-
meinde zufiel, betrug 337500 Schafe, 44 36000 Rinder, 45 30500 Esel
46 und 16000 Menschen –, 47 von der Hälfte, die auf die Israeliten
entfiel, griff Mose von 50 Menschen und Tieren je eines heraus und gab
sie den Leviten, die die Aufgaben an der Wohnung des HERRN erfüllten,
wie der HERR es Mose geboten hatte.

48 Da traten die Befehlshaber der Tausendschaften des Heeres zu
Mose, die Führer der Tausendschaften und die Führer der Hundert-
schaften. 49 Und sie sprachen zu Mose: Deine Diener haben die Krieger 49: 1Sam 30,19
gezählt, die unter unserem Befehl standen, und es fehlt von uns nicht
ein Mann. 50 So bringen wir als Opfergabe für den HERRN, was jeder an 50: Ri 8,24–26
goldenem Schmuck gefunden hat: Schrittkettchen und Armspangen,
Fingerringe, Ohrringe und Halsschmuck, um für uns Sühne zu erwir-
ken vor dem HERRN. 51 Und Mose und der Priester Elasar nahmen das
Gold von ihnen entgegen, alles kunstvoll gearbeitete Schmuckstücke.
52 Und das gesamte Gold der Abgabe, die sie für den HERRN erhoben
von den Führern der Tausendschaften und von den Führern der Hun-
dertschaften, wog 16750 Schekel. 53 Die Krieger hatten auch jeder für 53: 2Chr 20,25
sich Beute gemacht. 54 Und Mose und der Priester Elasar nahmen das 54: Ex 30,16
Gold von den Führern der Tausendschaften und der Hundertschaften
entgegen und brachten es in das Zelt der Begegnung. Es sollte vor dem
HERRN die Erinnerung an die Israeliten wachhalten.

Verteilung des Ostjordanlandes

32 1 Die Rubeniten und Gaditen aber hatten grosse, sehr zahlreiche 1: 21,32 · Jer 48,32 ·
Herden, und sie betrachteten das Land Jaser und das Land Gilead, Jos 22,13
und sieh, die Gegend war für Herden geeignet. 2 Da kamen die Gaditen
und Rubeniten und sprachen zu Mose und zu dem Priester Elasar und 3: 21,30! · 37 ·
zu den Fürsten der Gemeinde: 3 Atarot und Dibon und Jaser und Nimra Jes 16,8–9

und Cheschbon und Elale und Sebam und Nebo und Beon, 4 das Land,
das der HERR vor der Gemeinde Israels geschlagen hat, ist ein Land für
Herden, und deine Diener haben Herden. 5 Und sie sagten: Wenn wir
Gnade gefunden haben in deinen Augen, so möge man dieses Land dei-
6: Ri 5,16–17 nen Dienern zum Besitz geben. Führe uns nicht über den Jordan. 6 Da
sprach Mose zu den Gaditen und Rubeniten: Sollen etwa eure Brüder in
den Kampf ziehen, während ihr hier bleibt? 7 Warum wollt ihr den Is-
raeliten den Mut nehmen, in das Land hinüberzuziehen, das der HERR
8–9: 13,31 ihnen gegeben hat? 8 So haben eure Vorfahren gehandelt, als ich sie von
8: 13,26! Kadesch-Barnea aussandte, das Land zu besehen. 9 Sie zogen hinauf bis
9: 13,23 zum Tal Eschkol und sahen das Land, und dann nahmen sie den Israeli-
ten den Mut, so dass sie nicht in das Land ziehen wollten, das der HERR
ihnen gegeben hatte. 10 An jenem Tag entbrannte der Zorn des HERRN,
11: 14,29 und er schwor: 11 Fürwahr, die Männer, die aus Ägypten heraufgezogen
sind, die zwanzig Jahre und älter sind, sollen das Land nicht sehen, das
ich Abraham, Isaak und Jakob zugeschworen habe, weil sie nicht treu zu
12: 14,22–24 mir gehalten haben, 12 ausser Kaleb, dem Sohn Jefunnes, dem Kenissi-
ter, und Josua, dem Sohn Nuns, denn sie haben treu zum HERRN gehal-
13: 14,33! ten. 13 So entbrannte der Zorn des HERRN über Israel, und er liess sie
vierzig Jahre lang in der Wüste umherirren, bis die ganze Generation
umgekommen war, die das Böse getan hatte vor den Augen des HERRN.
14: 2Chr 28,13 14 Und seht, nun seid ihr an die Stelle eurer Vorfahren getreten, eine
Brut von sündigen Männern, um den glühenden Zorn des HERRN gegen
Israel noch grösser zu machen. 15 Wenn ihr euch von ihm abkehrt, wird
er es noch länger in der Wüste lassen, und ihr werdet dieses ganze Volk
zugrunde richten.

16–18: Dtn 3,19–20; 16 Da traten sie zu ihm und sagten: Wir wollen hier Schafhürden
Jos 1,14–15; 22,4 errichten für unsere Herden und Städte für unsere Familien. 17 Wir
selbst aber wollen für den Kampf bewaffnet vor den Israeliten herzie-
hen, bis wir sie an ihren Ort gebracht haben, unsere Familien aber sol-
len wegen der Bewohner des Landes in den befestigten Städten bleiben.
18 Wir werden nicht in unsere Häuser zurückkehren, bis von den Isra-
19: 32; Jos 13,8 eliten jeder seinen Erbbesitz erhalten hat. 19 Denn wir werden nicht
mit ihnen im Gebiet auf der anderen Seite des Jordan Erbbesitz erhal-
ten, weil uns unser Erbbesitz auf dieser Seite des Jordan, im Osten, zu-
gefallen ist.

20 Da sprach Mose zu ihnen: Wenn ihr das tut, wenn ihr euch vor
dem HERRN für den Kampf bewaffnet 21 und jeder Bewaffnete von euch
vor dem HERRN den Jordan überschreitet, bis er seine Feinde vor sich
22: Jos 18,1 · vertrieben hat 22 und das Land vor dem HERRN unterworfen ist, und ihr
Jos 22,9 danach umkehrt, sollt ihr frei sein von Verpflichtungen gegenüber dem
HERRN und gegenüber Israel, und dieses Land soll euer Eigentum wer-
23: Spr 13,21 den vor dem HERRN. 23 Wenn ihr aber nicht so handelt, seht, dann ver-
sündigt ihr euch gegen den HERRN. Wisst aber, dass eure Sünde euch
einholen wird. 24 Errichtet Städte für eure Familien und Hürden für
eure Schafe, und was euer Mund gesprochen hat, das tut.

25 Da sprachen die Gaditen und Rubeniten zu Mose: Deine Diener
werden tun, was mein Herr befiehlt. 26 Unsere Kinder, unsere Frauen,
unsere Herden und unser ganzes Vieh werden dort in den Städten Gile-
ads bleiben. 27 Deine Diener aber werden zum Kampf hinüberziehen,

ein jeder für den Krieg bewaffnet vor dem HERRN, wie mein Herr es
sagt.
28 Da gab Mose dem Priester Elasar und Josua, dem Sohn Nuns, und
den Familienhäuptern der Stämme der Israeliten Anweisung für sie.
29 Und Mose sprach zu ihnen: Wenn die Gaditen und Rubeniten mit
euch den Jordan überschreiten, ein jeder für den Kampf bewaffnet vor
dem HERRN, und das Land vor euch unterworfen ist, sollt ihr ihnen das
Land Gilead als Eigentum geben. 30 Ziehen sie aber nicht bewaffnet mit
euch hinüber, sollen sie bei euch im Land Kanaan ansässig werden.
31 Da antworteten die Gaditen und Rubeniten: Was der HERR zu deinen
Dienern gesprochen hat, wollen wir so tun. 32 Wir wollen bewaffnet 32: 19!
vor dem HERRN in das Land Kanaan hinüberziehen, und unser erblicher
Landbesitz diesseits des Jordan soll uns erhalten bleiben. 33 Und Mose 33: 34,15; Jos 22,7
gab ihnen, den Gaditen und den Rubeniten und dem halben Stamm Ma-
nasses, des Sohns von Josef, das Reich Sichons, des Königs der Amoriter,
und das Reich Ogs, des Königs des Baschan, das Land mit seinen Städten
samt ihren Gebieten, die Städte des Landes ringsum. 34 Und die Gadi- 34: 33,45
ten bauten Dibon und Atarot und Aroer 35 und Atrot-Schofan und Jaser
und Jogboha 36 und Bet-Nimra und Bet-Haran, befestigte Städte und
Schafhürden. 37 Und die Rubeniten bauten Cheschbon und Elale und 37–38: 3
Kirjatajim 38 und Nebo und Baal-Meon, die anders hiessen, und Sibma,
und sie benannten die Städte, die sie erbaut hatten, mit Namen.
39 Und die Söhne Machirs, des Sohns von Manasse, zogen nach Gi-
lead und eroberten es. Und er vertrieb die Amoriter, die darin waren.
40 Und Mose gab Gilead dem Machir, dem Sohn Manasses, und er liess 40–41: Ri 10,4;
sich darin nieder. 41 Jair aber, der Sohn Manasses, ging und eroberte 1Kön 4,13;
ihre Zeltdörfer, und er nannte sie die Zeltdörfer des Jair. 42 Und Nobach 1Chr 2,22–23 40: Jos 17,1
ging und eroberte Kenat und seine Tochterstädte, und er nannte es No- 41: Dtn 3,14; Ri 10,4
bach, nach seinem eigenen Namen.

Stationen des Wüstenzugs

33 1 Dies sind die Lagerplätze der Israeliten, die unter der Führung
von Mose und Aaron aus dem Land Ägypten ausgezogen waren,
Heerschar um Heerschar. 2 Und nach dem Befehl des HERRN schrieb
Mose die Stationen ihrer Wanderungen auf. Und dies sind ihre Wande-
rungen und ihre Stationen: 3 Von Ramses brachen sie auf im ersten Mo- 3: 5; Gen 47,11;
nat, am fünfzehnten Tag des ersten Monats; am Tag nach dem Passa zo- Ex 1,11; 12,37 · Ex 14,8
gen die Israeliten aus mit erhobener Hand, vor den Augen ganz Ägyp-
tens, 4 während die Ägypter diejenigen begruben, die der HERR unter 4: Ex 12,29 ·
ihnen erschlagen hatte, alle Erstgeburten. Und auch an ihren Göttern Ex 12,12; Jes 19,1
hatte der HERR Strafgerichte vollstreckt. 5 Und von Ramses zogen die 5: 3!
Israeliten weiter und lagerten in Sukkot. 6 Und von Sukkot zogen sie 6: Ex 13,20
weiter und lagerten in Etam, das am Rand der Wüste liegt. 7 Und von 7: Ex 14,2
Etam zogen sie weiter und kehrten um nach Pi-Hachirot, das gegenüber
von Baal-Zefon liegt, und sie lagerten vor Migdol. 8 Und von Pi-Hachi- 8: Ex 15,23
rot zogen sie weiter und zogen mitten durch das Meer in die Wüste, und
sie gingen drei Tagesreisen weit durch die Wüste von Etam und lager-
ten in Mara. 9 Und von Mara zogen sie weiter und kamen nach Elim. In 9: Ex 15,27
Elim aber waren zwölf Wasserquellen und siebzig Palmen, und sie la-
gerten dort. 10 Und von Elim zogen sie weiter und lagerten am Schilf-

11: Ex 16,1 meer. 11 Und vom Schilfmeer zogen sie weiter und lagerten in der Wüs-
te Sin. 12 Und von der Wüste Sin zogen sie weiter und lagerten in Dofka.
14: Ex 17,1 13 Und von Dofka zogen sie weiter und lagerten in Alusch. 14 Und von
Alusch zogen sie weiter und lagerten in Refidim, und dort hatte das Volk
kein Wasser zu trinken. 15 Und von Refidim zogen sie weiter und lager-
16–17: 11,34–35! ten in der Wüste Sinai. 16 Und von der Wüste Sinai zogen sie weiter
und lagerten in Kibrot-Taawa. 17 Und von Kibrot-Taawa zogen sie wei-
18: 12,16 ter und lagerten in Chazerot. 18 Und von Chazerot zogen sie weiter und
lagerten in Ritma. 19 Und von Ritma zogen sie weiter und lagerten in
Rimmon-Perez. 20 Und von Rimmon-Perez zogen sie weiter und lager-
ten in Libna. 21 Und von Libna zogen sie weiter und lagerten in Rissa.
22 Und von Rissa zogen sie weiter und lagerten in Kehelata. 23 Und von
Kehelata zogen sie weiter und lagerten am Berg Schefer. 24 Und vom
Berg Schefer zogen sie weiter und lagerten in Charada. 25 Und von Cha-
rada zogen sie weiter und lagerten in Makhelot. 26 Und von Makhelot
zogen sie weiter und lagerten in Tachat. 27 Und von Tachat zogen sie
weiter und lagerten in Tarach. 28 Und von Tarach zogen sie weiter und
lagerten in Mitka. 29 Und von Mitka zogen sie weiter und lagerten in
30: Dtn 10,6 Chaschmona. 30 Und von Chaschmona zogen sie weiter und lagerten in
Moserot. 31 Und von Moserot zogen sie weiter und lagerten in Bene-
Jaakan. 32 Und von Bene-Jaakan zogen sie weiter und lagerten in Chor-
33: Dtn 10,7 Gidgad. 33 Und von Chor-Gidgad zogen sie weiter und lagerten in Jot-
bata. 34 Und von Jotbata zogen sie weiter und lagerten in Abrona.
35: Dtn 2,8 35 Und von Abrona zogen sie weiter und lagerten in Ezjon-Geber.
36: 13,26! 36 Und von Ezjon-Geber zogen sie weiter und lagerten in der Wüste
37: 20,22 Zin, das ist Kadesch. 37 Und von Kadesch zogen sie weiter und lagerten
38–39: 20,28! am Berg Hor, am Rand des Landes Edom. 38 Und der Priester Aaron
stieg nach dem Befehl des HERRN auf den Berg Hor und starb dort im
vierzigsten Jahr nach dem Auszug der Israeliten aus dem Land Ägypten,
39: Ex 7,7 im fünften Monat, am Ersten des Monats. 39 Und Aaron war hundert-
dreiundzwanzig Jahre alt, als er starb auf dem Berg Hor.

40: 21,1 40 Der Kanaaniter aber, der König von Arad, – er wohnte im Süd-
41: 21,4 land, im Land Kanaan – hörte davon, dass die Israeliten kamen. 41 Und
vom Berg Hor zogen sie weiter und lagerten in Zalmona. 42 Und von
43–44: 21,10–11 Zalmona zogen sie weiter und lagerten in Punon. 43 Und von Punon
zogen sie weiter und lagerten in Obot. 44 Und von Obot zogen sie wei-
45: 32,34 ter und lagerten in Ije-Abarim im Gebiet von Moab. 45 Und von Ijim
46: Jer 48,22 zogen sie weiter und lagerten in Dibon-Gad. 46 Und von Dibon-Gad zo-
47: 27,12! gen sie weiter und lagerten in Almon-Diblatajim. 47 Und von Almon-
Diblatajim zogen sie weiter und lagerten im Gebirge Abarim vor Nebo.
48–50: 22,1! 48 Und vom Gebirge Abarim zogen sie weiter und lagerten in den Step-
49: Jos 13,20 · 25,1! pen von Moab am Jordan bei Jericho. 49 Sie lagerten am Jordan von Bet-
Jeschimot bis Abel-Schittim in den Steppen von Moab.

Zur Verteilung des Landes

50 Und der HERR sprach zu Mose in den Steppen von Moab am Jor-
51: Dtn 9,1 dan bei Jericho: 51 Rede zu den Israeliten und sprich zu ihnen: Wenn ihr
52: Ex 34,13 über den Jordan in das Land Kanaan zieht, 52 sollt ihr alle Bewohner des
Landes vor euch vertreiben und alle ihre Bildwerke vernichten, und alle
ihre gegossenen Bilder sollt ihr vernichten und alle ihre Kulthöhen zer-

stören. 53 Und ihr sollt das Land in Besitz nehmen und euch darin nie-
derlassen, denn euch habe ich das Land gegeben, damit ihr es besitzen
sollt. 54 Und das Land soll euch durch das Los als Erbbesitz zugeteilt 54: 26,54!
werden nach euren Sippen: Einem grossen Stamm sollt ihr einen gros-
sen Erbbesitz zuteilen, und einem kleinen sollt ihr einen kleinen Erb-
besitz zuteilen. Worauf das Los eines jeden fällt, das soll sein Besitz sein.
Nach den Stämmen eurer Vorfahren soll euch das Erbe zugeteilt wer-
den. 55 Wenn ihr aber die Bewohner des Landes vor euch nicht ver- 55: Jos 23,13!;
treibt, sollen die, die ihr von ihnen übrig lasst, zu Dornen in euren Ez 28,24
Augen werden und zu Stacheln in euren Seiten, und sie werden euch
bedrängen in dem Land, in dem ihr wohnt. 56 Was ich ihnen antun
wollte, werde ich euch tun.

34 1 Und der HERR sprach zu Mose: 2 Gebiete den Israeliten und 2: 12; Ex 23,31;
sprich zu ihnen: Wenn ihr in das Land Kanaan kommt – dies ist Ez 47,13
das Land, das euch als Erbbesitz zufallen wird, das Land Kanaan in sei-
nen Grenzen –, 3 so soll sich eure Südseite von der Wüste Zin her ent- 3: 13,21 · Jos 15,2-4
lang Edom ziehen, so dass eure Südgrenze im Osten vom Ende des Salz-
meers ausgeht. 4 Dann soll eure Grenze südlich vom Skorpionenpass 4: Ri 1,36
abbiegen, sich nach Zin hinüberziehen und bis südlich von Kadesch-
Barnea verlaufen. Dann soll sie weitergehen nach Chazar-Addar und
hinüber nach Azmon. 5 Und von Azmon soll die Grenze abbiegen zum
Bachtal Ägyptens und am Meer enden. 6 Eure Westgrenze aber soll das 6: Dtn 34,2;
Grosse Meer mit seiner Küste sein. Das soll eure Westgrenze sein. Jos 15,11-12
7 Und dies soll eure Nordgrenze sein: Vom Grossen Meer sollt ihr eure
Grenze ziehen bis zum Berg Hor, 8 und vom Berg Hor sollt ihr die Gren- 8: Jos 13,5
ze ziehen bis Lebo-Chamat, und die Grenze soll bei Zedad enden.
9 Dann soll die Grenze weitergehen bis Sifron und bei Chazar-Enan en-
den. Das soll eure Nordgrenze sein. 10 Und eure Ostgrenze sollt ihr zie-
hen von Chazar-Enan bis Schefam. 11 Und von Schefam soll die Grenze 11: 2Kön 23,33 ·
hinabgehen nach Ribla, östlich von Ajin. Dann soll die Grenze hinabge- Jos 11,2
hen und an den Höhenzug östlich des Sees von Kinneret stossen.
12 Dann soll die Grenze hinabgehen an den Jordan und am Salzmeer 12: Jos 15,5 · 2!
enden. Das soll euer Land sein in seinen Grenzen.

13 Und Mose gebot den Israeliten: Das ist das Land, das euch durch 13: Jos 13,7
das Los als Erbbesitz zugeteilt werden soll, das der HERR den neunein-
halb Stämmen zu geben befohlen hat. 14 Denn der Stamm der Rubeni-
ten mit seinen Familien und der Stamm der Gaditen mit seinen Famili-
en und der halbe Stamm Manasse haben ihren Erbbesitz erhalten.
15 Die zweieinhalb Stämme haben ihren Erbbesitz erhalten, jenseits 15: 32,33!
des Jordan bei Jericho im Osten, nach Sonnenaufgang.

16 Und der HERR sprach zu Mose: 17 Dies sind die Namen der Män- 17: Dtn 1,38;
ner, die für euch das Land als Erbbesitz verteilen sollen: der Priester Ela- Jos 14,1; 19,51
sar und Josua, der Sohn Nuns. 18 Auch sollt ihr je einen Fürsten von 18: 13,2!
jedem Stamm hinzuziehen, um das Land als Erbbesitz zu verteilen.
19 Und dies sind die Namen der Männer: Vom Stamm Juda Kaleb, der 19: 13,6!
Sohn Jefunnes; 20 und vom Stamm der Söhne Simeons Schemuel, der
Sohn Ammihuds; 21 vom Stamm Benjamin Elidad, der Sohn Kislons;
22 und vom Stamm der Söhne Dans als Fürst Bukki, der Sohn Joglis;
23 bei den Söhnen Josefs vom Stamm der Söhne Manasses als Fürst
Channiel, der Sohn Efods, 24 und vom Stamm der Söhne Efraims als

Fürst Kemuel, der Sohn Schiftans; 25 und vom Stamm der Söhne Sebu-
lons als Fürst Elizafan, der Sohn Parnachs; 26 und vom Stamm der Söh-
ne Issaschars als Fürst Paltiel, der Sohn Asans; 27 und vom Stamm der
Söhne Assers als Fürst Achihud, der Sohn Schelomis; 28 und vom
Stamm der Söhne Naftalis als Fürst Pedahel, der Sohn Ammihuds.
29 Diese sind es, denen der HERR geboten hat, den Israeliten im Land
Kanaan den Erbbesitz zuzuteilen.

Leviten- und Asylstädte

1: 22,1! **35** 1 Und der HERR sprach zu Mose in den Steppen von Moab, am
2: Lev 25,32; Jordan bei Jericho: 2 Gebiete den Israeliten, dass sie den Leviten
Jos 14,4; von ihrem erblichen Landbesitz Städte zum Wohnen geben. Auch Wei-
1Chr 6,39–66 · deland im Umkreis der Städte sollt ihr den Leviten geben. 3 Und die
Ez 45,5 Städte sollen ihnen als Wohnsitz dienen, und ihre Weideflächen sollen
für ihr Vieh und ihre Herden und für alle ihre Tiere bestimmt sein.
4 Und die Weideflächen bei den Städten, die ihr den Leviten gebt, sol-
len sich von der Stadtmauer aus ringsum tausend Ellen weit erstre-
cken. 5 Und ihr sollt ausserhalb der Stadt auf der Ostseite zweitausend
Ellen abmessen, ebenso auf der Südseite zweitausend Ellen, auf der
Westseite zweitausend Ellen und auf der Nordseite zweitausend Ellen,
so dass die Stadt in der Mitte liegt. Das soll ihnen als Weideflächen vor
6: 11; Ex 21,13; den Städten dienen. 6 Die Städte aber, die ihr den Leviten gebt, sollen
Jos 20,2 die sechs Asylstädte sein, die ihr dazu bestimmt, dass ein Totschläger
dorthin fliehen kann, und zu diesen sollt ihr noch zweiundvierzig
7: Jos 21,41 Städte geben. 7 Insgesamt sollt ihr den Leviten achtundvierzig Städte
8: 26,54! samt ihren Weideflächen geben. 8 Und wenn ihr die Städte vom Land-
besitz der Israeliten abgebt, sollt ihr von einem grossen Stamm viele
nehmen und von einem kleinen wenige. Jeder Stamm soll entspre-
chend seinem Erbbesitz, den er erhält, von seinen Städten an die Levi-
ten abgeben.
9–14: Dtn 4,41–43; 9 Und der HERR sprach zu Mose: 10 Rede zu den Israeliten und
19,1–3; Jos 20,1–9 sprich zu ihnen: Wenn ihr über den Jordan in das Land Kanaan zieht,
11: 6! 11 sollt ihr euch Städte auswählen, die euch als Asylstädte dienen. Dort-
hin soll ein Totschläger fliehen, der einen Menschen unabsichtlich er-
schlagen hat. 12 Und die Städte sollen euch als Asyl vor dem Bluträcher
dienen. Und wer getötet hat, soll nicht sterben, bevor er in der Gemein-
de vor Gericht gestanden hat. 13 Sechs Städte sollen es sein, die ihr zu
Asylstädten bestimmt. 14 Drei der Städte sollt ihr jenseits des Jordan
bestimmen, und die andern drei Städte sollt ihr im Land Kanaan be-
stimmen. Es sollen Asylstädte sein. 15 Den Israeliten wie dem Fremden
und dem Beisassen bei ihnen sollen diese sechs Städte als Asyl dienen,
damit jeder dorthin fliehen kann, der unabsichtlich einen Menschen
erschlagen hat.
16 Schlägt er ihn aber mit einem eisernen Gerät, und er stirbt, so ist
17–18: Gen 9,6; er ein Mörder. Der Mörder muss getötet werden. 17 Schlägt er ihn mit
Ex 21,12 einem Stein in der Hand, durch den einer getötet werden kann, und er
stirbt, so ist er ein Mörder. Der Mörder muss getötet werden. 18 Oder
schlägt er ihn mit einem hölzernen Gegenstand in der Hand, durch den
einer getötet werden kann, und er stirbt, so ist er ein Mörder. Der Mör-
der muss getötet werden.

Dreh dich um, dreh dich um, Sulammit
Dreh dich um dreh dich um, dass wir Dich an-
Was wollt ihr Sulammit anschauen schauen
wie beim Reigentanz von Mahanajim? Können
Wie schön sind deine Füsse in den Sandalen,
du Fürstentochter!
Die Rundungen deiner Schenkel sind wie
ein Werk von Künstlerhänden Geschmeide
Dein Schoss ist eine runde Schale
an Mischwein soll es nicht fehlen!
Dein Bauch ist ein Weizenhaufen
von Lotosblumen umsäumt.
Deine beiden Brüste sind wie zwei Kitze
Zwillinge einer Gazelle
Dein Hals ist wie der Elfenbeinturm.
Deine Augen sind die Teiche bei Heschbon
am Tor von Bat-Rabbim.
Deine Nase ist wie der Libanonturm
den nach Damaskus schaut.
Dein Haupt ragt auf wie der Karmel
und das Haar deines Hauptes ist wie Purpur,
ein König wird von den Locken gefangen
Wie schön du bist und wie anziehend!
Liebe voller Wollust!
Dein Wuchs gleicht einer Palme
und deine Brüste Trauben.
Ich sprach: Ich will die Palme besteigen,
will greifen nach ihren Rispen.
Und deine Brüste sollen sein
wie die Trauben des Weinstocks,
und der Duft deines Atems wie Aepfel,
und dein Gaumen wie der köstlichste Wein,
sanft rinnt er bei meinen Liebkosungen
benetzt die Lippen der Schlummernden

Schriftbild zu Hohelied 7,1–10

19 Der Bluträcher soll den Mörder töten. Wenn er ihn antrifft, soll 19: Ri 8,19;
er ihn töten. 2Sam 3,27; 14,11

20 Versetzt er ihm aus Hass einen Stoss oder wirft er in heimtücki-
scher Absicht etwas nach ihm, und er stirbt, 21 oder schlägt er ihn in
Feindschaft mit seiner Hand, und er stirbt, dann muss der, der geschla-
gen hat, getötet werden, er ist ein Mörder. Der Bluträcher soll den Mör-
der töten, wenn er ihn antrifft.

22 Versetzt er ihm aber unversehens einen Stoss, nicht aus Feind-
schaft, oder wirft er einen Gegenstand auf ihn ohne heimtückische Ab-
sicht 23 oder lässt er, ohne es zu sehen, einen Stein, durch den einer
getötet werden kann, auf ihn fallen, und er stirbt, obgleich er nicht sein
Feind war und ihm nicht übel wollte, 24 so soll die Gemeinde zwischen
dem, der geschlagen hat, und dem Bluträcher nach diesen Rechtsbe-
stimmungen entscheiden: 25 Die Gemeinde soll den Totschläger aus
der Hand des Bluträchers retten, und die Gemeinde soll ihn zurück-
bringen in seine Asylstadt, in die er geflohen war. Und in ihr soll er
bleiben bis zum Tod des Hohen Priesters, den man mit dem heiligen Öl
gesalbt hat. 26 Verlässt aber der Totschläger das Gebiet seiner Asylstadt,
in die er geflohen ist, 27 und findet ihn der Bluträcher ausserhalb des
Gebietes seiner Asylstadt und tötet dann der Bluträcher den Totschlä-
ger, so hat er keine Blutschuld. 28 Denn jener muss in seiner Asylstadt
bleiben bis zum Tod des Hohen Priesters. Nach dem Tod des Hohen
Priesters aber darf der Totschläger auf seinen Grund und Boden zurück-
kehren. 29 Dies soll für euch als Rechtsordnung gelten von Generation
zu Generation an allen euren Wohnstätten.

30 Wenn jemand einen Menschen erschlägt, so soll man auf die 30: Dtn 17,6;
Aussage von Zeugen hin den Mörder töten. Ein Zeuge allein aber kann Mt 26,60
nicht gegen einen Menschen aussagen, so dass er sterben muss. 31 Und 31: Ps 49,8–9
ihr dürft kein Lösegeld annehmen für das Leben eines Mörders, der des
Todes schuldig ist, denn er muss getötet werden. 32 Auch dürft ihr von
einem, der in seine Asylstadt geflohen ist, kein Lösegeld dafür anneh-
men, dass er vor dem Tod des Hohen Priesters zurückkehren und im
Land wohnen darf. 33 Und ihr dürft das Land, in dem ihr seid, nicht 33: Ps 106,38 ·
entweihen, denn das Blut entweiht das Land, und dem Land kann keine Dtn 19,13;
Sühne erwirkt werden für das Blut, das darin vergossen wurde, ausser 2Kön 24,4
durch das Blut dessen, der es vergossen hat. 34 So sollst du das Land 34: Dtn 21,23 ·
nicht verunreinigen, in dem ihr wohnt, in dessen Mitte ich wohne, 16,3! · Ex 29,45
denn ich, der HERR, wohne mitten unter den Israeliten.

Zum Erbrecht der Töchter

36 1 Und die Familienhäupter der Sippe der Söhne Gileads, des 1: 26,29
Sohns von Machir, dem Sohn Manasses, aus den Sippen der Söh-
ne Josefs, traten herzu und redeten vor Mose und den Fürsten, den
Stammeshäuptern der Israeliten. 2 Und sie sprachen: Der HERR hat 2–5: 27,7
meinem Herrn geboten, das Land den Israeliten durch das Los als Erb- 2: 26,55
besitz zu geben, und meinem Herrn ist vom HERRN befohlen worden,
den Erbbesitz Zelofchads, unseres Bruders, seinen Töchtern zu geben.
3 Wenn sie nun einen von den Angehörigen der anderen Stämme der
Israeliten heiraten, dann wird ihr Erbbesitz dem Erbbesitz unserer Vor-
fahren entzogen und zum Erbbesitz des Stamms geschlagen, dem sie

angehören werden. Dem Losanteil unseres Erbbesitzes aber wird etwas
4: Lev 25,10 entzogen werden. 4 Und wenn dann das Jobeljahr für die Israeliten
kommt, wird ihr Erbbesitz zu dem Erbbesitz des Stamms geschlagen
werden, dem sie angehören, dem Erbbesitz des Stamms unserer Vorfah-
ren aber wird ihr Erbbesitz entzogen werden.
5 Da gebot Mose den Israeliten nach dem Befehl des HERRN: Die
6: 1Chr 23,22 Männer vom Stamm der Söhne Josefs haben Recht. 6 Das ist es, was der
HERR für die Töchter Zelofchads geboten hat: Wer ihnen gefällt, den mö-
gen sie heiraten, doch dürfen sie nur einen Mann heiraten, der zu einer
7–9: 1Kön 21,3! Sippe des Stamms ihres Vaters gehört. 7 Und es darf kein Erbbesitz der
Israeliten von einem Stamm auf einen anderen Stamm übergehen, son-
dern die Israeliten sollen jeder mit dem Erbbesitz des Stamms seiner
Vorfahren fest verbunden bleiben. 8 Und jede Tochter, die in einem der
Stämme der Israeliten zu Erbbesitz kommt, muss einen Mann aus einer
Sippe des Stamms ihres Vaters heiraten, damit jeder Israelit den Erbbe-
sitz seiner Vorfahren behält. 9 Und es darf kein Erbbesitz von einem
Stamm auf einen anderen Stamm übergehen, sondern jeder Stamm der
Israeliten soll mit seinem Erbbesitz verbunden bleiben.
10 Wie der HERR es Mose geboten hatte, so machten es die Töchter
11: 26,33! Zelofchads. 11 Und Machla, Tirza, Chogla, Milka und Noa, die Töchter
Zelofchads, heirateten die Söhne ihrer Onkel. 12 Sie heirateten Männer
aus den Sippen der Söhne Manasses, des Sohns von Josef, und so ver-
blieb ihr Erbbesitz beim Stamm der Sippe ihres Vaters.
13: 22,1! · Lev 27,34 13 Das sind die Gebote und Rechte, die der HERR den Israeliten durch
Mose gegeben hat in den Steppen von Moab am Jordan bei Jericho.

Deuteronomium

(DAS FÜNFTE BUCH MOSE)

Anders als die vorangehenden Bücher des Pentateuch (siehe die Einleitung zu Gen) bietet das Deuteronomium mit Dtn 1,1–5 selbst eine Art Überschrift, die das Buch als selbständige Einheit ausweist. Die Passage charakterisiert das Folgende als Worte des Mose, die jener an einem bestimmten Tag im Ostjordanland zu Israel gesprochen hat. Der erwähnte Tag ist der letzte Tag im Leben des Mose, und Israel steht unmittelbar vor dem Eintritt ins verheissene Land, das Mose selbst nicht mehr betreten wird. Das Deuteronomium ist somit im Wesentlichen als Abschiedsrede des Mose gestaltet; es endet mit dessen Tod.

In seiner Rede schildert Mose rückblickend wichtige Stationen der Wüstenwanderung Israels (Dtn 1–3), er ermahnt das Volk zu absoluter Treue gegenüber den Rechtssatzungen (Dtn 4), und nach einer ausführlichen Vorrede (Dtn 5–11) setzt er schliesslich verschiedene Weisungen und Satzungen in Kraft (Dtn 12–26). Für den Fall der Einhaltung dieser Rechtsbestimmungen verheisst er Segen, für den Fall der Nichteinhaltung aber droht er Fluch an (Dtn 27–28). Es folgen ein Lied des Mose

(Dtn 32), ein Segen über die Stämme Israels (Dtn 33) und eine erzählende Notiz über den Tod und das Begräbnis des Mose (Dtn 34).

Anders als in der mit Ex 19 beginnenden sogenannten ‹Sinaiperikope› (siehe die Einleitung zu Ex) erscheint im Deuteronomium nicht Gott, sondern Mose als Gesetzgeber. Der Zusammenhang mit den vorangehenden Büchern macht aber deutlich, dass die Bestimmungen des Mose als sachlich identisch mit den Rechtssätzen vom Sinai (der im Deuteronomium Choreb heisst) gelten sollen. Unterstrichen wird dies durch die doppelte Überlieferung der Zehn Gebote (des ‹Dekalogs›) in Ex 20 und Dtn 5, die sowohl in Exodus als auch im Deuteronomium die jeweiligen Rechtsbestimmungen eröffnen. Von dieser beabsichtigten sachlichen Übereinstimmung sollte auch der Name des Buchs nicht ablenken: ‹Deuteronomium› kommt aus dem Griechischen und bedeutet ‹zweites Gesetz›. Dieser Name geht zurück auf die griechische Wiedergabe von Dtn 17,18, wo hebräisch allerdings von der «Abschrift der Weisung» die Rede ist.

Das Deuteronomium vertritt zwei religiöse Grundideale, die man als Kulteinheit und Kultreinheit bezeichnen kann: Der Gott Israels darf nur an einem bestimmten Ort verehrt werden, nämlich nur an demjenigen, den er selbst erwählen wird. Fast refrainartig zieht sich die Formulierung «die Stätte, die der HERR erwählen wird», durch das Buch (beispielsweise Dtn 12,11.21; 15,20; 16,2.6.7.11.15; 17,8; 18,6; 26,2). Aufgrund der im Deuteronomium vorausgesetzten Situation Israels im Ostjordanland, das in diesem Buch noch weit vor der Eroberung Jerusalems (2Sam 5) steht, wird diese Stätte nicht namentlich genannt, doch es ist hinreichend deutlich, dass Jerusalem im Blick ist. An dieser Stätte, und das ist das Ideal der Kultreinheit, darf aber nur der Gott Israels und kein anderer verehrt werden. Dieser Haltung gibt auch das sogenannte ‹Schma Jisrael› (hebräisch für «Höre, Israel») in Dtn 6,4–9 Ausdruck, ein Text, der im Judentum bis heute von zentraler Bedeutung ist: «Höre, Israel: Der HERR, unser Gott, ist der einzige HERR.» Mit den Idealen von Kulteinheit und Kultreinheit ist das Deuteronomium auf dem Weg zur Ausformung eines konsequenten Monotheismus, den es selbst noch gar nicht voraussetzt: Die Existenz anderer Götter wird nicht bestritten, strikt verboten aber ist es, sie zu verehren (vgl. Dtn 6,14–15 oder Dtn 13,7–9).

Eine enge Verbindung besteht zwischen dem Deuteronomium und 2Kön 22–23: Dort wird von einer Kultreform des Königs Joschija erzählt, die dieser anordnet, nachdem im Tempel in Jerusalem ein Buch gefunden wurde. Die Reform folgt im Wesentlichen den beiden Idealen des Deuteronomiums: Kulteinheit und Kultreinheit. Zwar dürfte es zu weit gehen, das Deuteronomium deshalb historisch als Reformurkunde Joschijas und als das im Tempel gefundene Buch zu bestimmen, doch weist der theologiegeschichtliche Hintergrund des Deuteronomiums deutlich in die Zeit Joschijas, in das 7. Jahrhundert v. Chr.: Die unbedingte Treue, die es gegenüber dem Gott Israels fordert, hat eine Entsprechung in der unbedingten Treue, die in neuassyrischen Vasallenverträgen (das waren Verträge mit untergebenen Völkern) gegenüber dem assyrischen Grosskönig gefordert wird. Auch entspricht der Kern des Deuteronomiums in seinem dreiteiligen Aufbau mit Vorrede, Gesetzeskorpus und anschliessender Fluchandrohung und Segensverheissung dem Aufbau jener Vertragstexte. Offenbar kennt es die assyrische Vertragstheologie, wendet sie aber neu an auf das Verhältnis Israels zu seinem Gott – und nicht zum neuassyrischen Grosskönig: Zwischen Gott und Israel besteht ein Bund gegenseitiger Verpflichtung (vgl. Dtn 26,16–19), der je nach Gehorsam und Ungehorsam Israels unter dem Zeichen von Segen und Fluch steht (Dtn 28–30). Historisch gesehen liegen in den neuassyrischen Verträgen die Ursprünge der biblischen Bundestheologie.

Bei vielen der in Dtn 12–26 formulierten Rechtssatzungen handelt es sich um Wiederaufnahmen von Satzungen aus dem älteren Bundesbuch (Ex 20–23). Das Deuteronomium interpretiert diese älteren Satzungen aber neu, und zwar nach Massgabe von Kulteinheit und Kultreinheit. Eigentümliches Kennzeichen dieser Neuinterpretation ist der predigende Stil des Deuteronomiums: Die Befolgung der Rechtssätze wird nicht einfach gefordert, sondern der Leserschaft mit ausführlichen Begründungen nahegelegt (so beispielsweise in Dtn 24,14–15).

Rückblick auf die Wüstenwanderung

1: 5,1; 27,1; 29,1; 31,1 — **1** 1 Dies sind die Worte, die Mose zu ganz Israel gesprochen hat, jen-
seits des Jordan in der Wüste, in der Araba, gegenüber Suf, zwischen
2: 19 — Paran und Tofel, Laban, Chazerot und Di-Sahab. 2 Elf Tage sind es vom
3: Num 1,1; 33,38 — Choreb auf dem Weg zum Gebirge Seir bis Kadesch-Barnea. 3 Und im
vierzigsten Jahr, am ersten Tag des elften Monats, sprach Mose zu den
Israeliten. So wie der HERR es ihm geboten hatte, sprach er zu ihnen.
4: Num 21,24 · 3,1 — 4 Nachdem er Sichon, den König der Amoriter, der in Cheschbon re-
gierte, und Og, den König des Baschan, der in Astarot regierte, bei Edrei
5: 4,44 — geschlagen hatte, 5 jenseits des Jordan, im Land Moab, begann Mose,
6: 5,2; 9,8; 18,16; Ex 3,1; Mal 3,22 — diese Weisung darzulegen: 6 Der HERR, unser Gott, hat am Choreb zu
uns gesagt: Lange genug habt ihr euch an diesem Berg aufgehalten.
7: Jos 9,1; Jos 11,16 · Gen 15,18 — 7 Brecht auf, und zieht weiter zum Bergland der Amoriter und zu allen
ihren Nachbarn in der Araba, auf dem Gebirge, in der Schefela, im Ne-
gev und am Gestade des Meeres, in das Land der Kanaaniter und zum
Libanon, bis an den grossen Strom, den Eufrat. 8 Seht, ich habe euch das
Land gegeben; zieht hinein, und nehmt das Land in Besitz. Der HERR hat
euren Vorfahren Abraham, Isaak und Jakob geschworen, es ihnen und
9: Ex 18,18 — ihren Nachkommen zu geben. 9 Damals habe ich zu euch gesagt: Allein
10: 10,22; 28,62; Gen 22,17 — kann ich euch nicht tragen. 10 Der HERR, euer Gott, hat euch zahlreich
werden lassen, und seht, ihr seid heute so zahlreich wie die Sterne am
11: 2Sam 24,3 — Himmel. 11 Der HERR, der Gott eurer Vorfahren, möge euch noch tau-
sendmal zahlreicher machen und euch segnen, wie er es euch verheis-
sen hat. 12 Wie kann ich allein die Bürde und Last eurer Streitigkeiten
tragen? 13 Bringt weise, verständige und einsichtige Männer her aus je-
dem eurer Stämme, und ich will sie an eure Spitze stellen. 14 Da habt ihr
mir geantwortet und gesagt: Was du zu tun vorgeschlagen hast, ist gut.
15: Ex 18,21 — 15 So nahm ich die Häupter eurer Stämme, weise und einsichtige Män-
ner, und machte sie zu Häuptern über euch, als Oberste über Tausend,
16: 16,18; 20,5 · Lev 19,15 — über Hundert, über Fünfzig und über Zehn, und als Amtleute für jeden
eurer Stämme. 16 Und damals gebot ich euren Richtern: Hört eure Brü-

der an, und richtet gerecht im Streit, den einer mit einem Bruder oder
mit einem Fremden hat. 17 Ihr sollt richten ohne Ansehen der Person, 17: 16,19; Spr 28,21 ·
den Kleinen sollt ihr anhören wie den Grossen, und ihr sollt euch vor 2Chr 19,6 ·
niemandem fürchten, denn es ist Gottes Gericht. Ist euch aber ein Ex 18,26
Rechtsfall zu schwer, so legt ihn mir vor, und ich will ihn anhören.
18 Und damals habe ich euch all das geboten, was ihr tun sollt.

19 Dann brachen wir auf vom Choreb und zogen weiter und wander- 19: 2
ten durch jene ganze grosse und furchtbare Wüste, die ihr gesehen habt,
auf dem Weg zum Bergland der Amoriter, wie der HERR, unser Gott, es
uns geboten hatte, und wir kamen bis Kadesch-Barnea. 20 Da sprach ich
zu euch: Nun seid ihr zum Bergland der Amoriter gekommen, das der
HERR, unser Gott, uns gibt. 21 Sieh, der HERR, dein Gott, hat dir dieses
Land gegeben; ziehe hinauf und nimm es in Besitz, wie der HERR, der
Gott deiner Vorfahren, es dir verheissen hat. Fürchte dich nicht und hab
keine Angst! 22 Da tratet ihr alle zu mir und sagtet: Wir wollen Männer 22: Num 13,2
vor uns her senden, damit sie für uns das Land ausspähen und uns Be-
richt erstatten über den Weg, den wir ziehen sollen, und über die Städte,
zu denen wir kommen werden. 23 Und dieser Vorschlag schien mir gut,
und ich nahm zwölf Männer von euch, einen aus jedem Stamm. 24 Und
diese gingen und stiegen hinauf in das Bergland und kamen bis ins
Bachtal Eschkol und spähten das Land aus. 25 Und sie nahmen einige 25: Ex 3,8
von den Früchten des Landes mit, brachten sie herab zu uns und erstat-
teten uns Bericht und sprachen: Es ist ein gutes Land, das der HERR, un-
ser Gott, uns gibt. 26 Ihr aber wolltet nicht hinaufziehen und habt euch 26: 43; Ps 106,24
dem Befehl des HERRN, eures Gottes, widersetzt. 27 Und ihr habt ge- 27: 9,28; Num 14,1
murrt in euren Zelten und gesagt: Aus Hass hat uns der HERR heraus-
geführt aus dem Land Ägypten, um uns den Amoritern in die Hand zu
geben und uns zu vernichten. 28 Wohin ziehen wir? Unsere Brüder ha- 28: Jos 14,8 · 2,10;
ben unseren Mut dahinschmelzen lassen, als sie sagten: Ein Volk, grös- 7,17; 9,2; Num 13,32
ser und höher gewachsen als wir, und grosse Städte mit Mauern bis
zum Himmel und auch Enakiter haben wir dort gesehen. 29 Ich aber
habe zu euch gesagt: Erschreckt nicht und fürchtet euch nicht vor ih-
nen! 30 Der HERR, euer Gott, der vor euch her zieht, er wird für euch 30: 3,22; 20,4;
kämpfen, ganz so, wie er es in Ägypten vor euren Augen für euch getan Ex 14,14!
hat 31 und in der Wüste, in der du gesehen hast, wie dich der HERR, dein 31: Num 11,12 · 8,5 ·
Gott, getragen hat, wie einer sein Kind trägt, auf dem ganzen Weg, den Ex 19,4; Hos 11,3
ihr gezogen seid, bis ihr an diesen Ort kamt. 32 Und trotzdem habt ihr
nicht vertraut auf den HERRN, euren Gott, 33 der vor euch her ging auf 33: Num 10,33 ·
dem Weg, um einen Lagerplatz für euch zu suchen: bei Nacht im Feuer, Ex 13,21!
damit ihr sehen konntet auf dem Weg, den ihr gehen solltet, und bei Tag
in der Wolke.

34 Und der HERR hörte euer lautes Reden und wurde zornig und
schwor: 35 Von diesen Männern, von dieser bösen Generation, wird kei- 35–36:
ner das gute Land sehen, das ich euren Vorfahren zu geben geschworen Num 14,23–24
habe. 36 Nur Kaleb, der Sohn des Jefunne, er soll es sehen, und ihm und 35: Ez 20,15
seinen Kindern werde ich das Land geben, durch das er gezogen ist, weil 36: Jos 14,9
er unwandelbar zum HERRN gehalten hat. 37 Euretwegen wurde der 37: 3,26; 4,22; 34,4;
HERR auch über mich zornig, und er sprach: Auch du wirst nicht dorthin Num 20,12!
kommen. 38 Josua, der Sohn des Nun, dein Diener, er soll dorthin kom- 38: 3,28; 31,7; Num 34,17!
men; ermutige ihn, denn er soll es Israel als Erbbesitz verteilen. 39 Eure 39: Num 14,3 · Jos 5,7

Kleinkinder aber, von denen ihr sagtet, sie würden zur Beute werden,
und eure Kinder, die heute noch nicht wissen, was gut und böse ist, die
sollen dorthin kommen, und ihnen werde ich es geben, und sie sollen es
40: 2,1; Num 14,25; in Besitz nehmen. 40 Ihr aber, kehrt um und zieht in die Wüste auf dem
21,4 Weg zum Schilfmeer. 41 Daraufhin habt ihr zu mir gesagt: Wir haben
41: Num 14,40 gegen den HERRN gesündigt. Wir wollen hinaufziehen und streiten,
ganz so, wie der HERR, unser Gott, es uns geboten hat. Dann legte ein
jeder von euch seine Kriegswaffen an, und es schien euch leicht, ins
Bergland hinaufzuziehen. 42 Da sprach der HERR zu mir: Sage ihnen:
Zieht nicht hinauf in den Kampf, denn ich bin nicht in eurer Mitte, sonst
43: 26! werdet ihr von euren Feinden geschlagen! 43 Und ich redete mit euch,
doch ihr hörtet nicht und habt euch dem Befehl des HERRN widersetzt,
44: Num 14,45; und vermessen seid ihr in das Bergland hinaufgezogen. 44 Da zogen die
Ps 118,12 Amoriter gegen euch aus, die dort in jenem Bergland wohnten, und jagten euch nach, wie es die Bienen tun, und zersprengten euch von Seir bis
Horma. 45 So kamt ihr zurück und weintet vor dem HERRN; doch der
46: 2,14; Num 20,1 HERR hörte nicht auf eure Klage und schenkte euch kein Gehör. 46 So
bliebt ihr lange in Kadesch – solange ihr dort bliebt.

Der Sieg über König Sichon

1: 1,40! **2** 1 Dann zogen wir wieder in die Wüste auf dem Weg zum Schilfmeer,
wie der HERR es mir gesagt hatte, und wanderten lange Zeit um das
Gebirge Seir. 2 Da sprach der HERR zu mir: 3 Lange genug seid ihr um
4: Num 20,14 · dieses Gebirge gewandert, wendet euch nun nach Norden. 4 Dem Volk
Ex 15,15 aber gebiete: Ihr zieht nun durch das Gebiet eurer Brüder, der Söhne
Esaus, die in Seir wohnen, und sie werden sich vor euch fürchten; nehmt
5: Apg 7,5 · euch aber sehr in acht. 5 Lasst euch nicht auf einen Krieg mit ihnen ein!
Gen 36,8–9 Denn ich werde euch keinen Fussbreit von ihrem Land geben, denn das
6: Num 20,19 Gebirge Seir habe ich Esau zum Besitz gegeben. 6 Speise sollt ihr von
ihnen für Geld kaufen, damit ihr zu essen habt, und auch Wasser sollt
7: Gen 39,3 · 8,2; ihr für Geld von ihnen kaufen, damit ihr zu trinken habt. 7 Denn der
29,4; Neh 9,21 HERR, dein Gott, hat dich in all deinem Tun gesegnet; er hat acht gegeben
auf deine Wanderung durch diese grosse Wüste. Vierzig Jahre ist der
8: Num 20,21 · HERR, dein Gott, nun schon mit dir, nichts hat dir gefehlt. 8 So zogen wir
Num 33,35 an unseren Brüdern vorüber, den Söhnen Esaus, die in Seir wohnen, auf
dem Weg durch die Araba, von Elat und Ezjon-Geber aus. Dann zogen
9: Gen 19,37; wir weiter auf dem Weg in die Wüste von Moab. 9 Da sprach der HERR
Num 21,15 · 19; zu mir: Bedränge die Moabiter nicht, und lass dich nicht auf einen Krieg
Ri 11,15 mit ihnen ein! Ich werde dir nichts von ihrem Land zum Besitz geben;
10: Gen 14,5 · 1,28! denn Ar habe ich den Söhnen Lots zum Besitz gegeben. 10 Einst haben
die Emiter darin gewohnt, ein grosses, zahlreiches und hochgewachsenes Volk wie die Enakiter. 11 Sie zählen zu den Refaitern, wie die Enakiter; die Moabiter aber nennen sie Emiter. 12 In Seir aber haben einst die
11: 20; Gen 6,4
12: Gen 14,6
Horiter gewohnt. Die Söhne Esaus aber haben ihren Besitz übernommen und sie vernichtet und sich an ihrer Stelle niedergelassen, so wie
Israel es mit dem Land gemacht hat, das ihm der HERR zum Besitz gegeben hat. 13 Nun macht euch auf und durchquert das Bachtal des Sered.
13: Num 21,12
14: Num 26,64 · Und wir durchquerten das Bachtal des Sered. 14 Und die Zeit unserer
1,46! Wanderung, von Kadesch-Barnea, bis wir das Bachtal des Sered durchquerten, betrug achtunddreissig Jahre, bis die ganze Generation der

Krieger im Lager gestorben war, wie der HERR es ihnen geschworen hat-
te. 15 Und so hatte sich die Hand des HERRN gegen sie gewandt, bis sie
völlig aufgerieben waren im Lager. 16 Als nun alle Krieger aus dem Volk
weggestorben waren, 17 da sprach der HERR zu mir: 18 Du ziehst nun 18: Num 21,13
durch das Gebiet der Moabiter, durch Ar, 19 und wirst in die Nähe der 19: 9! · 37;
Ammoniter kommen; bedränge sie nicht, und lass dich nicht auf einen Gen 19,38;
Krieg mit ihnen ein! Ich werde dir nichts vom Land der Ammoniter zum 2Chr 20,10
Besitz geben, denn ich habe es den Söhnen Lots zum Besitz gegeben.
20 Auch dieses wird zum Land der Refaiter gerechnet. Einst haben Re- 20: 11!
faiter darin gewohnt, die Ammoniter aber nennen sie Samsummiter.
21 Das war ein grosses, zahlreiches und hochgewachsenes Volk wie die
Enakiter. Doch der HERR vernichtete sie vor ihnen, und sie übernahmen
ihren Besitz und liessen sich an ihrer Stelle nieder, 22 so wie er es für die
Söhne Esaus, die in Seir wohnen, getan hatte, als er die Horiter vor ihnen
vernichtete und sie ihren Besitz übernahmen und sich an ihrer Stelle
niederliessen bis auf den heutigen Tag. 23 Und die Awiter, die in Dör- 23: Am 9,7 ·
fern wohnten bis nach Gaza – die Kaftoriter, die von Kaftor ausgezogen Jer 47,4
waren, vernichteten sie und liessen sich an ihrer Stelle nieder. 24 Auf, 24: Num 21,13
zieht weiter und durchquert das Bachtal des Arnon. Seht, ich habe den
Amoriter Sichon, den König von Cheschbon, samt seinem Land in deine
Hand gegeben; beginne damit, es in Besitz zu nehmen, und erkläre ihm
den Krieg. 25 Von heute an will ich Schrecken und Furcht vor dir auf die 25: 11,25; 28,10;
Völker legen unter dem ganzen Himmel: Wenn sie nur von dir hören, Ex 23,27
werden sie vor dir zittern und beben.

26 Da sandte ich Boten aus der Wüste Kedemot an Sichon, den König 26: Num 21,21 ·
von Cheschbon, mit friedlichen Worten und liess ihm sagen: 27 Ich 20,10
möchte durch dein Land ziehen. Ich will nur auf der Strasse gehen; we- 27–28: Num 20,17.19; 21,22
der nach rechts noch nach links will ich vom Weg abweichen. 28 Speise
sollst du mir für Geld verkaufen, damit ich zu essen habe, und Wasser
sollst du mir für Geld geben, damit ich zu trinken habe. Ich werde nur zu
Fuss hindurchziehen, 29 wie es mir die Söhne Esaus, die in Seir wohnen,
und die Moabiter, die in Ar wohnen, gestattet haben, bis ich über den
Jordan in das Land komme, das der HERR, unser Gott, uns gibt. 30 Aber 30: Num 21,23
Sichon, der König von Cheschbon, wollte uns nicht durch sein Land zie-
hen lassen, denn der HERR, dein Gott, hatte seinen Sinn hart und sein
Herz verstockt gemacht, um ihn in deine Hand zu geben, wie es heute
der Fall ist. 31 Und der HERR sprach zu mir: Sieh, ich fange schon an, dir
Sichon und sein Land preiszugeben, beginne du, es zu besetzen. 32 Und 32: Num 21,23
Sichon zog aus nach Jahaz gegen uns zum Kampf, er mit seinem ganzen
Volk. 33 Aber der HERR, unser Gott, gab ihn uns preis, und wir schlugen 33: 29,6; Num 21,24
ihn und seine Söhne und sein ganzes Volk. 34 Und damals eroberten wir 34: Jos 6,21
all seine Städte und weihten jede Stadt der Vernichtung, die Männer, die
Frauen und die Kinder, niemanden liessen wir überleben. 35 Nur das 35: 3,7; 20,14;
Vieh behielten wir für uns als Beute und das Raubgut aus den Städten, Jos 8,27
die wir eingenommen hatten. 36 Von Aroer, das am Rand des Bachtals 36: Jos 13,9
des Arnon liegt, und von der Stadt im Bachtal bis nach Gilead war keine
Stadt, die uns zu stark gewesen wäre, alle gab der HERR, unser Gott, uns
preis. 37 Nur dem Land der Ammoniter nähertest du dich nicht, dem 37: 19!
ganzen Ufer des Bachtals des Jabbok, und den Städten auf dem Gebirge,
ganz wie der HERR, unser Gott, es geboten hatte.

Der Sieg über Og, den König des Baschan

1: 1,4 **3** 1 Nun zogen wir weiter den Weg zum Baschan hinauf. Da zog Og,
der König des Baschan, aus, nach Edrei, gegen uns zum Kampf, er
2: Jos 10,8 mit seinem ganzen Volk. 2 Aber der HERR sprach zu mir: Fürchte dich
nicht vor ihm; denn ich habe ihn und sein ganzes Volk samt seinem
Land in deine Hand gegeben, und du kannst mit ihm tun, was du mit
Sichon, dem König der Amoriter, getan hast, der in Cheschbon regierte.
3: 29,6; Num 21,35 3 So gab der HERR, unser Gott, auch Og, den König des Baschan, in unsere Hand samt seinem ganzen Volk, und wir schlugen ihn und liessen
4: Jos 13,30; niemanden von ihm überleben. 4 Und damals nahmen wir all seine
1Kön 4,13 Städte ein; es gab keine Stadt, die wir ihnen nicht genommen hätten:
sechzig Städte, die ganze Landschaft Argob, das Reich des Königs Og im
Baschan – 5 all das waren Städte mit hohen Mauern, Toren und Rie-
6: 7,2! geln –, abgesehen von den vielen Ortschaften auf dem Land. 6 Und wir
weihten sie der Vernichtung, wie wir es mit Sichon, dem König von
Cheschbon, getan hatten, jede Stadt, die Männer, die Frauen und die
7: 2,35! Kinder. 7 Alles Vieh aber und das Raubgut aus den Städten behielten wir
8: 4,47–48 für uns als Beute. 8 So nahmen wir damals den beiden Königen der
Amoriter jenseits des Jordan das Land weg, vom Bachtal des Arnon bis
9: Ps 29,6 · zum Hermongebirge – 9 die Sidonier nennen den Hermon Sirjon, die
1Chr 5,23; Hld 4,8; Amoriter aber nennen ihn Senir –, 10 alle Städte der Ebene, das ganze
Ez 27,5 Gilead und den ganzen Baschan bis Salcha und Edrei, die Städte, die zum
11: 2Sam 11,1; Reich des Königs Og im Baschan gehörten. 11 Nur Og, der König des
Jer 49,2 Baschan, war noch übrig geblieben vom Rest der Refaiter. Sieh, sein eisernes Bett steht ja noch in der Ammoniterstadt Rabba, es ist neun Ellen
lang und vier Ellen breit, nach der gewöhnlichen Elle.

Die Verteilung des Ostjordanlandes

12 Dieses Land haben wir damals in Besitz genommen. Das Gebiet
von Aroer am Bachtal des Arnon und die Hälfte des Gebirges Gilead samt
13: 29,7 seinen Städten gab ich den Rubeniten und Gaditen. 13 Den Rest des Gi-
lead aber und den ganzen Baschan, das Reich des Königs Og, gab ich
dem halben Stamm Manasse, die ganze Landschaft Argob. Der ganze
14: Num 32,41; Baschan heisst Land der Refaiter. 14 Jair, der Sohn Manasses, nahm die
Ri 10,4 ganze Landschaft Argob bis zum Gebiet der Geschuriter und Maachatiter ein und nannte sie nach seinem Namen Chawwot-Jair. So heisst der
15: Jos 17,1 Baschan bis auf den heutigen Tag. 15 Dem Machir aber gab ich Gilead,
16 und den Rubeniten und Gaditen gab ich das Gebiet vom Gilead an bis
zum Bachtal des Arnon, bis zur Mitte des Bachtals als Grenze, und bis
17: Num 34,11 · zum Jabbok, dem Bachtal, das die Grenze der Ammoniter ist, 17 und die
4,49; 2Kön 14,25 Araba mit dem Jordan als Grenze von Kinneret an bis zum Meer der
Araba, dem Salzmeer, am Fuss der Abhänge des Pisga, nach Osten hin.
18 Und damals habe ich euch geboten: Der HERR, euer Gott, hat euch
dieses Land gegeben, damit ihr es in Besitz nehmt; zieht nun bewaffnet
19: Num 32,16! hinüber vor euren Brüdern, den Israeliten, alle Kampftüchtigen. 19 Nur
eure Frauen, eure Kinder und eure Herden – ich weiss, dass ihr viele
Herden habt – dürfen in euren Städten bleiben, die ich euch gegeben
20: Num 32,18 habe, 20 bis der HERR euren Brüdern Ruhe schafft wie euch und sie das

3,14: Der Name Chawwot-Jair bedeutet ‹Zeltdörfer des Jair›.

Land in Besitz nehmen, das ihnen der HERR, euer Gott, jenseits des Jor-
dan gibt. Dann dürft ihr zurückkehren, ein jeder zu seinem Besitz, den
ich euch gegeben habe.
21 Josua aber habe ich damals geboten: Deine Augen haben alles ge- 21: 7,19
sehen, was der HERR, euer Gott, diesen zwei Königen angetan hat; das
wird der HERR allen Königreichen antun, gegen die du ziehst. 22 Fürch- 22: 1,30!
tet euch nicht vor ihnen, denn der HERR, euer Gott, er kämpft für euch.
23 Und damals flehte ich zum HERRN und sprach: 24 O Herr, HERR, 24: 11,2 · Ex 15,11
du hast angefangen, deinem Diener deine Grösse und deine starke
Hand zu zeigen; denn welcher Gott im Himmel und auf der Erde könnte
es deinen Werken und deinen gewaltigen Taten gleichtun? 25 Dürfte
ich doch hinübergehen und das gute Land jenseits des Jordan schauen,
dieses gute Bergland und den Libanon! 26 Der HERR aber wurde euret- 26: 1,37!
wegen zornig über mich und erhörte mich nicht, und der HERR sprach
zu mir: Genug! Rede mit mir nicht weiter davon! 27 Steige auf den Gip- 27: 34,1
fel des Pisga und blicke auf nach Westen, nach Norden, nach Süden und
nach Osten, und schau mit deinen Augen, denn du wirst diesen Jordan
nicht überschreiten. 28 Gebiete aber Josua, ermutige und stärke ihn, 28: 31,3; Jos 1,2 ·
dass er vor dem Volk hinübergehe und ihnen das Land, das du sehen 1,38!
wirst, als Erbbesitz verteile. 29 So blieben wir im Tal gegenüber von Bet- 29: Num 25,1 ·
Peor. 4,46; 34,6

Ermahnung zum Gehorsam

4 1 Und nun höre, Israel, die Satzungen und Rechte, die ich euch lehre, 1: 5,1 · 6,24;
damit ihr danach handelt und am Leben bleibt und in das Land Lev 18,5!
kommt und es in Besitz nehmt, das der HERR, der Gott eurer Vorfahren,
euch gibt. 2 Ihr sollt nichts hinzufügen zu dem, was ich euch gebiete, 2: 13,1; Offb 22,18–19
und sollt auch nichts davon wegnehmen, sondern ihr sollt die Gebote
des HERRN, eures Gottes, halten, die ich euch gebe. 3 Eure Augen haben 3: Num 25,3–9
gesehen, was der HERR bei Baal-Peor getan hat: Einen jeden, der dem
Baal-Peor nachlief, hat der HERR, dein Gott, aus deiner Mitte getilgt.
4 Ihr aber, die ihr festhieltet am HERRN, eurem Gott, seid heute alle 4: 30,20; Jos 23,8
noch am Leben. 5 Seht, ich habe euch Satzungen und Rechte gelehrt, wie 5: Ez 20,11
es mir der HERR, mein Gott, geboten hat, damit ihr danach handelt in
dem Land, in das ihr zieht, um es in Besitz zu nehmen. 6 So haltet sie 6: Hiob 28,28 ·
und handelt danach! Denn darin zeigt sich den Völkern eure Weisheit Spr 14,34
und eure Einsicht. Wenn sie all diese Satzungen hören, werden sie sa-
gen: Was für ein weises und einsichtiges Volk ist diese grosse Nation!
7 Denn welche grosse Nation hätte Götter, die ihr so nahe sind wie uns 7: 33,29
der HERR, unser Gott, so oft wir zu ihm rufen? 8 Und welche grosse Na- 8: Ps 119,138
tion hätte Satzungen und Rechte, so gerecht wie diese ganze Weisung,
die ich euch heute gebe? 9 Nur hüte dich und achte gut auf dich selbst, 9: Spr 4,21 · 6,7;
damit du nicht vergisst, was deine Augen gesehen haben, und damit sie 11,19; Jes 38,19
dir nicht aus dem Sinn kommen dein ganzes Leben lang. Und du sollst
deinen Kindern und deinen Kindeskindern davon erzählen. 10 Als du 10: Ex 19,10–17 ·
am Choreb vor dem HERRN, deinem Gott, standst, da sprach der HERR zu 5,29; 6,2; 14,23
mir: Versammle mir das Volk, dass ich sie meine Worte hören lasse, da-
mit sie lernen, mich zu fürchten alle Tage, die sie auf der Erde leben, und
damit sie es auch ihre Kinder lehren. 11 Da kamt ihr und standet unten 11: Ex 19,9;
am Berg. Der Berg aber brannte lichterloh bis in den Himmel hinein bei Hebr 12,18

12: 36; 5,4.22; Finsternis, Wolken und Dunkel. 12 Und der HERR sprach zu euch aus
9,10; 10,4 · Joh 5,37 dem Feuer. Den Schall der Worte habt ihr gehört, nur einen Schall, doch
13: Ex 31,18 eine Gestalt habt ihr nicht gesehen. 13 Und er verkündete euch seinen
Bund, den er euch zu halten gebot, die zehn Worte, und er schrieb sie auf
14: 11,8 zwei steinerne Tafeln. 14 Mir aber gebot der HERR damals, euch Satzun-
gen und Rechte zu lehren, damit ihr danach handelt in dem Land, in das
15: 12! ihr zieht, um es in Besitz zu nehmen. 15 So hütet euch um eures Lebens
willen, ihr habt ja keine Gestalt gesehen, als der HERR am Choreb aus
16–18: 23; 27,15; dem Feuer zu euch sprach: 16 Frevelt nicht und macht euch kein Gottes-
Ex 20,4 · Röm 1,23 bild, das etwas darstellt, kein Standbild, kein Abbild eines Mannes oder
einer Frau, 17 kein Abbild eines Tiers auf der Erde, kein Abbild eines
Vogels, der am Himmel fliegt, 18 kein Abbild eines Kriechtiers auf dem
19: 17,3! Erdboden, kein Abbild eines Fischs im Wasser unter der Erde. 19 Und
blicke nicht auf zum Himmel, und schau nicht auf Sonne, Mond und
Sterne, das ganze Heer des Himmels, und lass dich nicht verführen, sie
anzubeten und ihnen zu dienen. Der HERR, dein Gott, hat sie allen Völ-
20: 1Kön 8,51; kern unter dem ganzen Himmel zugeteilt. 20 Euch aber hat der HERR
Jes 48,10; Jer 11,4 genommen und herausgeführt aus dem Schmelzofen, aus Ägypten, da-
mit ihr sein eigenes Volk sein solltet, wie es heute der Fall ist. 21 Der
HERR aber wurde euretwegen zornig über mich, und er schwor, dass ich
den Jordan nicht überschreiten würde und nicht in das schöne Land
22: 1,37! kommen sollte, das dir der HERR, dein Gott, als Erbbesitz gibt. 22 Ich
werde vielmehr in diesem Land sterben und den Jordan nicht über-
schreiten. Ihr aber werdet ihn überschreiten und dieses gute Land in
23: 16–18! Besitz nehmen. 23 Achtet darauf, dass ihr den Bund nicht vergesst, den
der HERR, euer Gott, mit euch geschlossen hat, und dass ihr euch nicht
ein Gottesbild macht, das etwas darstellt, wie der HERR, dein Gott, es
24: Ex 24,14! · 5,9; geboten hat. 24 Denn der HERR, dein Gott, ist verzehrendes Feuer, ein
6,15; Ex 20,5; eifersüchtiger Gott. 25 Wenn du dann Kinder und Kindeskinder hast
Nah 1,2 und ihr im Land heimisch geworden seid, und ihr frevelt und macht
euch ein Gottesbild in irgendeiner Gestalt und tut, was dem HERRN, dei-
26: 30,19! · 8,19! nem Gott, missfällt, und reizt ihn, 26 so rufe ich heute Himmel und
Erde als Zeugen auf gegen euch, dass ihr bald getilgt sein werdet aus
dem Land, in das ihr über den Jordan zieht, um es in Besitz zu nehmen.
Ihr werdet nicht lange darin wohnen, sondern ganz aus ihm getilgt wer-
27: 28,62 den. 27 Und der HERR wird euch unter die Völker zerstreuen, und nur
eine geringe Zahl von euch wird übrig bleiben unter den Nationen, zu
28: 28,36.64 · denen der HERR euch führen wird. 28 Dort werdet ihr Göttern dienen,
Ps 115,4–6; die das Werk von Menschenhänden sind, aus Holz und Stein, die nicht
135,16–17 sehen und nicht hören, nicht essen und nicht riechen können. 29 Und
29: 2Chr 15,2! von dort aus werdet ihr den HERRN, deinen Gott, suchen, und du wirst
ihn finden, wenn du von ganzem Herzen und von ganzer Seele nach
ihm fragst. 30 Wenn du in Not bist und dich all dies trifft in ferner Zu-
kunft, dann wirst du zurückkehren zum HERRN, deinem Gott, und auf
31: Ex 34,6 seine Stimme hören, 31 denn der HERR, dein Gott, ist ein barmherziger
Gott: Er wird dich nicht verlassen und nicht verderben, und er wird den
Bund mit deinen Vorfahren nicht vergessen, den er ihnen geschworen
32: 32,7; Hiob 8,8 hat. 32 Frage doch nach den früheren Tagen, die vor dir gewesen sind,
seit Gott Menschen auf der Erde schuf, und von einem Ende des Him-
mels zum anderen, ob je so grosse Dinge geschehen sind oder je derglei-

chen gehört worden ist, 33 ob je ein Volk die Stimme Gottes aus dem 33: 5,24.26;
Feuer hat reden hören, wie du sie gehört hast, und am Leben geblieben Ex 33,20
ist, 34 oder ob je ein Gott versucht hat, zu kommen und sich eine Nation 34: 26,8 · 34,11
mitten aus einer Nation herauszuholen mit Prüfungen, mit Zeichen
und Wundern, mit Krieg, mit starker Hand und mit ausgestrecktem
Arm, mit grossen und furchtbaren Taten, wie das alles der HERR, euer
Gott, vor deinen Augen in Ägypten für euch getan hat. 35 Du hast es 35: 7,9 · 39;
sehen dürfen, damit du erkennst, dass der HERR allein Gott ist und sonst 1Sam 2,2;
keiner. 36 Vom Himmel her hat er dich seine Stimme hören lassen, um 2Sam 7,22; Ps 86,8 36: Ex 20,22 ·
dich zu unterweisen, und auf der Erde hat er dich sein grosses Feuer Ex 19,18 · 12!
sehen lassen, und seine Worte hast du aus dem Feuer gehört. 37 Und 37: Mal 1,2;
weil er deine Vorfahren geliebt und ihre Nachkommen erwählt hat, hat Röm 11,28
er dich herausgeführt aus Ägypten, er selbst durch seine grosse Kraft,
38 um Nationen, grösser und stärker als du, vor dir zu vertreiben und 38: 7,1; 9,1; 11,23
dich in ihr Land zu führen und es dir zum Erbbesitz zu geben, wie es
heute der Fall ist. 39 Und heute sollst du erkennen und dir zu Herzen 39: Jos 2,11 · 35!
nehmen, dass der HERR allein Gott ist oben im Himmel und unten auf
der Erde und sonst keiner, 40 und du sollst seine Satzungen und Gebote
halten, die ich dir heute gebe, damit es dir und deinen Kindern nach dir
gut geht und du lange lebst auf dem Boden, den dir der HERR, dein Gott,
gibt für alle Zeit.

Die Aussonderung der Zufluchtsstädte im Ostjordanland

41 Damals sonderte Mose jenseits des Jordan im Osten drei Städte 41: Num 35,14
aus, 42 damit dorthin ein Totschläger fliehen kann, der seinen Nächs- 42: 19,2–7
ten ohne Vorsatz totgeschlagen hat, ohne dass er ihm feind war, und
damit er durch die Flucht in eine dieser Städte sein Leben retten kann:
43 Bezer in der Wüste in der Ebene für die Rubeniten, Ramot im Gilead 43: Jos 20,8;
für die Gaditen und Golan im Baschan für die Manassiten. 1Chr 6,63.65

Einleitung zur Weisung

44 Und dies ist die Weisung, die Mose den Israeliten vorlegte. 44: 1,5
45 Dies sind die Verordnungen, die Satzungen und Rechte, die Mose
den Israeliten vortrug, als sie ausgezogen waren aus Ägypten, 46 jen- 46: 3,29! ·
seits des Jordan im Tal gegenüber Bet-Peor, im Land Sichons, des Königs Num 21,24
der Amoriter, der in Cheschbon regierte, den Mose und die Israeliten
geschlagen hatten, als sie ausgezogen waren aus Ägypten, 47 und des- 47–48: 3,8
sen Land sie in Besitz genommen hatten, wie das Land Ogs, des Königs 47: Num 21,33
vom Baschan, das Gebiet der beiden Könige der Amoriter jenseits des
Jordan im Osten, 48 von Aroer an, das am Rand des Bachtal des Arnon
liegt, bis zum Siongebirge – das ist der Hermon – 49 und die ganze Ara- 49: 3,17!
ba jenseits des Jordan, auf der Ostseite, bis zum Meer der Araba am Fuss
der Abhänge des Pisga.

Die Zehn Gebote

5 1 Und Mose rief ganz Israel zusammen und sprach zu ihnen: Höre, 1: 1,1! · 4,1
Israel, die Satzungen und Rechte, die ich euch heute verkünde; lernt
sie, haltet sie und handelt danach. 2 Der HERR, unser Gott, hat am Cho- 2: 1,6!
reb einen Bund mit uns geschlossen. 3 Nicht mit unseren Vorfahren hat 3: 29,14
der HERR diesen Bund geschlossen, sondern mit uns, die wir alle heute

4: 4,12! hier noch am Leben sind. 4 Von Angesicht zu Angesicht hat der HERR
aus dem Feuer mit euch gesprochen auf dem Berg. 5 Ich stand damals
zwischen dem HERRN und euch, um euch die Worte des HERRN zu ver-
künden, denn ihr habt euch vor dem Feuer gefürchtet und seid nicht auf
den Berg gestiegen. Und er sprach:

6–21: Ex 20,1–17 6 Ich bin der HERR, dein Gott, der dich herausgeführt hat aus dem
6: 7,8; 8,14; Mi 6,4 Land Ägypten, aus einem Sklavenhaus. 7 Du sollst keine anderen Götter
7: 6,14; 11,16 haben neben mir. 8 Du sollst dir kein Gottesbild machen, keinerlei Ab-
bild von etwas, was oben im Himmel, was unten auf der Erde oder was
9–10: 7,9–10! im Wasser unter der Erde ist. 9 Du sollst dich nicht niederwerfen vor
9: 4,24! ihnen und ihnen nicht dienen, denn ich, der HERR, dein Gott, bin ein
eifersüchtiger Gott, der die Schuld der Vorfahren heimsucht an den
Nachkommen bis in die dritte und vierte Generation, bei denen, die
mich hassen, 10 der aber Gnade erweist tausenden, bei denen, die mich
lieben und meine Gebote halten. 11 Du sollst den Namen des HERRN,
deines Gottes, nicht missbrauchen, denn der HERR wird den nicht un-
gestraft lassen, der seinen Namen missbraucht. 12 Halte den Sabbattag,
und halte ihn heilig, wie der HERR, dein Gott, es dir geboten hat.
13 Sechs Tage sollst du arbeiten und all deine Arbeit tun; 14 der siebte
Tag aber ist ein Sabbat für den HERRN, deinen Gott. Da darfst du keiner-
lei Arbeit tun, weder du selbst noch dein Sohn oder deine Tochter oder
dein Knecht oder deine Magd oder dein Rind oder dein Esel oder all dein
Vieh oder der Fremde bei dir in deinen Toren, damit dein Knecht und
15: 15,15; 16,12; deine Magd ruhen können wie du. 15 Und denke daran, dass du Sklave
24,18.22 · 26,8 gewesen bist im Land Ägypten und dass der HERR, dein Gott, dich von
dort herausgeführt hat mit starker Hand und ausgestrecktem Arm. Dar-
um hat dir der HERR, dein Gott, geboten, den Sabbattag zu halten.
16: 21,18 · 6,2 · 33; 16 Ehre deinen Vater und deine Mutter, wie der HERR, dein Gott, es dir
Spr 3,2! · 29 geboten hat, damit du lange lebst und es dir gut geht auf dem Boden, den
der HERR, dein Gott, dir gibt. 17 Du sollst nicht töten. 18 Und du sollst
20: 19,16 nicht ehebrechen. 19 Und du sollst nicht stehlen. 20 Und du sollst nicht
21: 2Sam 11,2! als falscher Zeuge aussagen gegen deinen Nächsten. 21 Und du sollst
nicht die Frau deines Nächsten begehren und sollst nicht verlangen
nach dem Haus deines Nächsten, nach seinem Acker oder seinem
Knecht oder seiner Magd, nach seinem Rind oder seinem Esel oder nach
irgendetwas, das deinem Nächsten gehört.

22: Ex 19,18–19 · 22 Diese Worte sprach der HERR auf dem Berg zu eurer ganzen Ver-
4,12! sammlung, aus dem Feuer, den Wolken und dem Dunkel, mit lauter
Stimme, und er fügte nichts hinzu. Und er schrieb sie auf zwei steinerne
Tafeln und gab sie mir.

Mose als Mittler zwischen Gott und Israel

23–24: Ex 20,18–19 23 Und als ihr die Stimme aus der Finsternis hörtet, während der
23: 9,15 Berg im Feuer brannte, tratet ihr zu mir, alle Häupter eurer Stämme und
24: 4,33! eure Ältesten, 24 und sagtet: Sieh, der HERR, unser Gott, hat uns seine
Herrlichkeit und seine Grösse gezeigt, und wir haben seine Stimme aus
dem Feuer gehört. Heute haben wir gesehen, dass Gott mit den Men-
25: 18,16 schen reden kann, ohne dass sie sterben müssen. 25 Und warum sollen
wir jetzt sterben? Denn dieses grosse Feuer wird uns verzehren; wenn
wir noch länger die Stimme des HERRN, unseres Gottes, hören, müssen

wir sterben. 26 Welcher Sterbliche hätte wie wir die Stimme des leben- 26: Jos 3,10 · 4,33!
digen Gottes aus dem Feuer reden hören und wäre am Leben geblieben?
27 Tritt du hinzu, und höre alles, was der HERR, unser Gott, sagen wird, 27: Ex 20,19 ·
und du sollst uns alles verkünden, was der HERR, unser Gott, zu dir sa- Ex 19,8
gen wird. Dann wollen wir darauf hören und danach handeln. 28 Der 28: 18,17
HERR aber hörte die Worte, die ihr zu mir gesprochen habt, und er sagte
zu mir: Ich habe die Worte gehört, die dieses Volk zu dir gesprochen hat.
Alles, was sie gesagt haben, ist gut. 29 Möge doch ihr Herz so bleiben, 29: 4,10! · 16
dass sie mich allezeit fürchten und meine Gebote halten, damit es ihnen
und ihren Kindern gut geht, für immer! 30 Geh, sage ihnen: Kehrt zu-
rück zu euren Zelten! 31 Du aber bleibe hier bei mir, und ich will dir das 31: Ex 24,18
ganze Gebot verkünden, die Satzungen und Rechte, die du sie lehren
sollst, damit sie danach handeln in dem Land, das ich ihnen zum Besitz
gebe. 32 So haltet sie nun und handelt danach, wie der HERR, euer Gott, 32: 17,11.20; 28,14;
es euch geboten hat, und weicht nicht davon ab nach rechts oder links. Jos 1,7; 2Kön 22,2
33 Auf dem Weg, den der HERR, euer Gott, euch geboten hat, sollt ihr 33: 16!
gehen, damit ihr am Leben bleibt und es euch gut geht und ihr lange lebt
in dem Land, das ihr in Besitz nehmen werdet.

Ermahnung zu Gottesfurcht

6 1 Und dies ist das Gesetz mit den Satzungen und Rechten, die euch 1: 12,1
zu lehren der HERR, euer Gott, geboten hat, damit ihr danach handelt
in dem Land, in das ihr zieht, um es in Besitz zu nehmen, 2 damit du den 2: 4,10!
HERRN, deinen Gott, dein Leben lang fürchtest und all seine Satzungen
und Gebote hältst, die ich dir gebe, du und deine Kinder und deine Kin-
deskinder, und damit du lange lebst. 3 So höre sie nun, Israel, und halte 3: Lk 11,28
sie und handle danach, damit es dir gut geht und ihr überaus zahlreich
werdet, wie der HERR, der Gott deiner Vorfahren, es dir verheissen hat,
in einem Land, in dem Milch und Honig fliessen. 4 Höre, Israel: Der 4: 9,1 · Sach 14,9;
HERR, unser Gott, ist der einzige HERR. 5 Und du sollst den HERRN, dei- Mk 12,29
nen Gott, lieben, von ganzem Herzen, von ganzer Seele und mit deiner 5: 2Kön 23,25; Mt 22,37
ganzen Kraft. 6 Und diese Worte, die ich dir heute gebiete, sollen in dei- 6: Ps 37,31; Jes 51,7
nem Herzen bleiben, 7 und du sollst sie deinen Kindern einschärfen, 7: 4,9!
und du sollst davon reden, wenn du in deinem Haus sitzt und wenn du
auf dem Weg gehst, wenn du dich niederlegst und wenn du dich er-
hebst. 8 Du sollst sie als Zeichen auf deine Hand binden und sie als 8–9: 11,18–20;
Merkzeichen auf der Stirn tragen, 9 und du sollst sie auf die Türpfosten Ex 13,9; Spr 7,3
deines Hauses schreiben und an deine Tore. 10 Wenn dich der HERR, 8: Mt 23,5 10: 18.23
dein Gott, in das Land bringt, das dir zu geben er deinen Vorfahren,
Abraham, Isaak und Jakob, geschworen hat: grosse und schöne Städte,
die du nicht gebaut hast, 11 Häuser, voll von jeglichem Gut, die nicht du 11: 11,15; Jos 24,13;
gefüllt hast, ausgehauene Zisternen, die nicht du ausgehauen hast, Neh 9,2
Weinberge und Olivengärten, die nicht du gepflanzt hast. Und wenn du
davon isst und satt wirst, 12 dann hüte dich, dass du nicht den HERRN 12: 8,11–14;
vergisst, der dich herausgeführt hat aus dem Land Ägypten, aus einem Spr 30,9 · Ex 13,3
Sklavenhaus. 13 Den HERRN, deinen Gott, sollst du fürchten, und ihm 13: 13,5; Jos 24,14;
sollst du dienen, und bei seinem Namen sollst du schwören. 14 Ihr sollt Mt 4,10 · 10,20
nicht anderen Göttern folgen von den Göttern der Völker rings um euch 14: 5,7! · Jer 7,6; 25,6
her, 15 denn ein eifersüchtiger Gott ist der HERR, dein Gott, in deiner 15: 4,24! · 11,17
Mitte. Sonst entflammt der Zorn des HERRN, deines Gottes, gegen dich,

16: Mt 4,7 · Ex 17,2! und er vertilgt dich von der Erde. 16 Ihr sollt den HERRN, euren Gott,
nicht auf die Probe stellen, wie ihr ihn in Massa auf die Probe gestellt
habt. 17 Die Gebote des HERRN, eures Gottes, sollt ihr halten, seine Ver-
18: 10! ordnungen und Satzungen, die er dir gegeben hat, 18 und du sollst tun,
was recht und gut ist in den Augen des HERRN, damit es dir gut geht und
du in das schöne Land hineinkommst und es in Besitz nimmst, wie der
HERR es deinen Vorfahren geschworen hat, 19 indem du alle deine Fein-
de vor dir verjagst, wie der HERR es verheissen hat.

20: 26,5–9; 20 Wenn dich morgen dein Sohn fragt: Was sind das für Verordnun-
Ex 12,26! gen, Satzungen und Rechte, die euch der HERR, unser Gott, geboten hat?,
21 dann sollst du deinem Sohn sagen: Wir waren Sklaven des Pharao in
Ägypten, der HERR aber führte uns mit starker Hand heraus aus Ägyp-
22: Ex 10,2 ten, 22 und der HERR tat vor unseren Augen grosse und unheilvolle Zei-
chen und Wunder an den Ägyptern, am Pharao und an seinem ganzen
23: 10! Haus, 23 uns aber führte er von dort heraus, um uns hierher zu bringen
und uns das Land zu geben, wie er es unseren Vorfahren geschworen
24: 4,1! hatte. 24 Und der HERR gebot uns, nach allen diesen Satzungen zu han-
deln und den HERRN, unseren Gott, zu fürchten, damit es uns gut geht
25: 24,13 · 9,6 allezeit und er uns am Leben erhält, wie es heute der Fall ist. 25 Und
Gerechtigkeit wird bei uns herrschen, wenn wir dieses ganze Gebot hal-
ten und danach handeln vor dem HERRN, unserem Gott, wie er es uns
geboten hat.

Ermahnung zur Vernichtung von Völkern

1: Apg 13,19 · 4,38! 7 1 Wenn der HERR, dein Gott, dich in das Land bringt, in das du ziehst,
um es in Besitz zu nehmen, und er viele Nationen vor dir vertreibt,
die Hetiter und die Girgaschiter und die Amoriter und die Kanaaniter
und die Peressiter und die Chiwwiter und die Jebusiter, sieben Natio-
2: 3,6; 20,17 nen, die grösser und stärker sind als du, 2 und wenn der HERR, dein
Gott, sie dir preisgibt und du sie schlägst, sollst du sie der Vernichtung
weihen. Du sollst keinen Bund mit ihnen schliessen und sie nicht ver-
3: Gen 24,3; schonen, 3 und du sollst dich mit ihnen nicht verschwägern, sollst nicht
Neh 13,25! deine Töchter ihren Söhnen geben oder ihre Töchter für deine Söhne
4: Ex 34,16 nehmen. 4 Denn sie würden deine Söhne dazu verleiten, dem HERRN
nicht mehr zu folgen und anderen Göttern zu dienen. Dann wird der
Zorn des HERRN gegen euch entflammen, und bald wird er dich vernich-
5: 12,3; Ex 23,24!; ten. 5 Vielmehr sollt ihr so mit ihnen verfahren: Ihre Altäre sollt ihr nie-
34,13 derreissen, ihre Mazzeben zerschlagen, ihre Ascheren umhauen und
6: 14,2; 28,9 · 26,18; ihre Götterbilder im Feuer verbrennen. 6 Denn du bist ein Volk, das
1Sam 12,22! dem HERRN, deinem Gott, geweiht ist. Dich hat der HERR, dein Gott, aus
7: 9,4 allen Völkern auf der Erde für sich erwählt als sein eigenes Volk. 7 Nicht
weil ihr zahlreicher wäret als alle anderen Völker, hat sich der HERR
euch zugewandt und euch erwählt – denn ihr seid das kleinste von allen
8: Hos 11,1 · 5,6! Völkern –, 8 sondern weil der HERR euch liebte und weil er den Eid hielt,
den er euren Vorfahren geschworen hatte, darum führte euch der HERR
heraus mit starker Hand und befreite dich aus dem Sklavenhaus, aus der
9–10: 5,9–10; Hand des Pharao, des Königs von Ägypten. 9 So sollst du erkennen, dass
Ex 20,6 der HERR, dein Gott, Gott ist, der treue Gott, der den Bund hält und die
9: 4,35 Gnade bewahrt denen, die ihn lieben und seine Gebote halten, bis zur
tausendsten Generation. 10 Denen aber, die ihn hassen, vergilt er ins

Angesicht, und er vernichtet jeden; und er zögert nicht bei dem, der ihn
hasst, ins Angesicht vergilt er ihm. 11 Darum halte das Gesetz, die Sat- 11: 8,11
zungen und Rechte, die ich dir heute gebe, und handle danach.

Verheissung von Gottes Segen

12 Und dafür, dass ihr auf diese Rechte hört, sie haltet und danach 12–13: Joh 14,21
handelt, wird der HERR, dein Gott, den Bund halten und die Gnade be-
wahren, wie er es deinen Vorfahren geschworen hat, 13 und er wird dich 13: 28,3–4.11; 30,9;
lieben und dich segnen und zahlreich werden lassen. Segnen wird er die Lk 1,42
Frucht deines Leibes und die Frucht deines Bodens, dein Korn, deinen
Wein und dein Öl, den Nachwuchs deiner Rinder und den Zuwachs dei-
ner Schafe, auf dem Boden, den dir zu geben er deinen Vorfahren ge-
schworen hat. 14 Gesegnet wirst du sein, mehr als alle anderen Völker. 14: Ex 23,26
Niemand bei dir wird unfruchtbar sein, kein Mann und keine Frau und
keines deiner Tiere. 15 Und jede Krankheit wird der HERR von dir neh- 15: 28,60; Ex 15,26
men, und er wird dir keine von den bösen Seuchen der Ägypter auferle-
gen, die du kennst, sondern er wird sie über alle bringen, die dich has-
sen. 16 Und du wirst alle Völker vertilgen, die der HERR, dein Gott, dir 16: Ex 23,33; 34,12
preisgibt. Du sollst sie nicht schonen und ihren Göttern nicht dienen;
denn das würde dir zum Fallstrick werden. 17 Wenn du denkst: Diese 17: 1,28!
Nationen sind grösser als ich; wie könnte ich sie vertreiben?, 18 so 18: 29,1!
fürchte dich nicht vor ihnen. Denke an das, was der HERR, dein Gott, mit
dem Pharao und ganz Ägypten getan hat, 19 an die grossen Prüfungen, 19: Ex 6,6 · 3,21
die du mit eigenen Augen gesehen hast, die Zeichen und Wunder, die
starke Hand und den ausgestreckten Arm, mit denen dich der HERR,
dein Gott, herausgeführt hat. So wird es der HERR, dein Gott, mit allen
Völkern tun, vor denen du dich fürchtest. 20 Und auch die Hornissen 20: Ex 23,28!
wird der HERR, dein Gott, auf sie loslassen, bis auch die vernichtet sind,
die übriggeblieben sind und sich vor dir versteckt halten. 21 Du sollst 21: 20,1 · 10,17;
keine Angst vor ihnen haben, denn der HERR, dein Gott, ist in deiner Neh 1,5!
Mitte, ein grosser und furchtbarer Gott. 22 Und der HERR, dein Gott, 22: Ex 23,29
wird diese Nationen nach und nach vor dir vertreiben. Du kannst sie
nicht schnell aufreiben, sonst werden die wilden Tiere dir zu zahlreich.
23 Und der HERR, dein Gott, wird sie dir preisgeben und unter ihnen 23: 9,3
grosse Verwirrung stiften, bis sie vernichtet sind. 24 Und er wird ihre 24: Jos 11,17 · 11,25;
Könige in deine Hand geben, und du wirst ihren Namen austilgen unter Jos 1,5!
dem Himmel. Niemand wird dir standhalten können, bis du sie ver-
nichtet hast. 25 Die Bilder ihrer Götter sollt ihr im Feuer verbrennen, du 25: 27,15
sollst nicht nach dem Silber und dem Gold, das daran ist, verlangen und
es an dich bringen, damit es dir nicht zum Fallstrick wird, denn der
HERR, dein Gott, verabscheut es, 26 und etwas Abscheuliches sollst du 26: 13,18; Jos 6,18;
nicht in dein Haus bringen, sonst bist du gleich ihm der Vernichtung 7,11–12
geweiht. Ekel und Abscheu sollst du davor haben, denn der Vernichtung
ist es geweiht.

Ermahnung zum Halten der Gebote und zur Demut

8 1 Das ganze Gebot, das ich dir heute gebe, sollt ihr halten und danach
handeln, damit ihr am Leben bleibt und zahlreich werdet und in das 2: 2,7! · 16;
Land kommt und es in Besitz nehmt, wie es der HERR euren Vorfahren Ex 15,25! ·
geschworen hat. 2 Und du sollst dich erinnern an den ganzen Weg, den 2Chr 32,31

dich der HERR, dein Gott, vierzig Jahre lang geführt hat in der Wüste, um
dich demütig zu machen und zu erproben und um zu erkennen, wie du
3: 29,5 · 16; gesinnt bist, ob du seine Gebote halten wirst oder nicht. 3 Er machte
Ex 16,15! · Mt 4,4 dich demütig und liess dich hungern und speiste dich dann mit Manna,
das du und deine Vorfahren nicht gekannt hatten, um dir zu zeigen,
dass der Mensch nicht allein vom Brot lebt. Sondern von allem, was auf
4: 29,4 Befehl des HERRN entstanden ist, lebt der Mensch. 4 In diesen vierzig
Jahren sind die Kleider an dir nicht zerfallen, und deine Füsse sind nicht
5: Spr 3,12; angeschwollen. 5 So erkenne in deinem Herzen, dass dich der HERR,
Hebr 12,7 · 1,31 dein Gott, erzieht, wie einer seinen Sohn erzieht, 6 und halte die Gebote
des HERRN, deines Gottes, indem du auf seinen Wegen gehst und ihn
7: 11,11 fürchtest, 7 denn der HERR, dein Gott, bringt dich in ein gutes Land, ein
Land mit Wasserbächen, Quellen und Wasser, das in Berg und Tal her-
8: 2Kön 18,32 vorströmt, 8 ein Land mit Weizen, Gerste, Reben, mit Feigen- und Gra-
natapfelbäumen, ein Land mit Ölbäumen und Honig, 9 ein Land, in
dem du dich nicht kümmerlich nähren musst, in dem es dir an nichts
mangeln wird, ein Land, dessen Steine Eisen sind und in dessen Bergen
10: Jes 5,1; Joel 2,26 du nach Erz graben kannst. 10 Und du sollst dich satt essen, und du
sollst den HERRN, deinen Gott, loben für das gute Land, das er dir gege-
11–14: 6,12! ben hat. 11 Achte darauf, dass du den HERRN, deinen Gott, nicht vergisst;
11: 7,11 missachte nicht seine Gebote, Rechte und Satzungen, die ich dir heute
gebe. 12 Wenn du dich satt isst und schöne Häuser baust und darin
wohnst, 13 wenn deine Rinder und Schafe sich vermehren und Silber
14: 5,6! und Gold sich bei dir häuft und alles, was du hast, sich mehrt, 14 dann
soll dein Herz sich nicht überheben, und du sollst den HERRN, deinen
Gott, nicht vergessen, der dich herausgeführt hat aus dem Land Ägyp-
15: Num 21,6! · ten, aus einem Sklavenhaus, 15 der dich durch diese grosse und furcht-
Ex 17,6! bare Wüste geleitet hat, wo es Feuerschlangen gibt und Skorpione und
dürres Land, in dem es kein Wasser gibt, der für dich Wasser aus dem
16: 3! · 2! Kieselfelsen quellen liess, 16 der dich in der Wüste mit Manna speiste,
das deine Vorfahren nicht kannten, um dich demütig zu machen und zu
17: 9,4; Ri 7,2; erproben, um dir schliesslich Gutes zu tun. 17 Und du sollst nicht den-
Jer 9,22; Ez 28,5 ken: Meine Kraft und die Stärke meiner Hand haben mir diesen Reich-
18: 1Chr 29,12 tum erworben. 18 Denke vielmehr an den HERRN, deinen Gott, denn er
ist es, der dir Kraft gibt, Reichtum zu erwerben, weil er den Bund hält,
den er deinen Vorfahren geschworen hat, wie es heute der Fall ist.
19: 4,26; 1Sam 12,25 19 Doch wenn du den HERRN, deinen Gott, vergisst und anderen Göt-
tern folgst, ihnen dienst und sie anbetest, so sage ich euch heute: Ihr
20: Lev 26,38 werdet zugrunde gehen! 20 Wie die Nationen, die der HERR vor euch
vernichtet, so werdet ihr vernichtet werden, weil ihr nicht auf die Stim-
me des HERRN, eures Gottes, hört.

1: 6,4 · Jos 1,11 · 9 1 Höre, Israel: Heute überschreitest du den Jordan und wirst zu Na-
4,38! tionen kommen, die grösser und stärker sind als du, und ihren Be-
sitz übernehmen, zu grossen Städten, mit Mauern bis zum Himmel,
2: 1,28! 2 zu einem grossen und hochgewachsenen Volk, den Enakitern, die du
kennst und von denen du gehört hast: Wer kann den Enakitern Wider-
3: Ri 4,14 · stand leisten? 3 So wisse denn heute, dass der HERR, dein Gott, vor dir
Ex 24,17 · 7,23 herzieht wie verzehrendes Feuer. Er wird sie vernichten, und er wird sie
vor dir niederwerfen, und du wirst sie vertreiben und sie rasch vernich-
4: 8,17! · 18,12 · 7,7 ten, wie der HERR es dir verheissen hat. 4 Wenn sie der HERR, dein Gott,

vor dir verjagt, so denke nicht: Um meiner Gerechtigkeit willen hat der
HERR mich in dieses Land geführt, um es in Besitz zu nehmen. Denn der
Bosheit dieser Nationen wegen vertreibt der HERR sie vor dir. 5 Nicht
um deiner Gerechtigkeit und deiner Aufrichtigkeit willen kommst du
in ihr Land, um es in Besitz zu nehmen, sondern ihrer Bosheit wegen
vertreibt der HERR, dein Gott, diese Nationen vor dir, um wahr zu ma-
chen, was der HERR deinen Vorfahren Abraham, Isaak und Jakob ge-
schworen hat. 6 So wisse denn, dass der HERR, dein Gott, dir dieses gute 6: 6,25 · 10,16;
Land nicht um deiner Gerechtigkeit willen gibt, damit du es in Besitz Ex 32,9
nehmen kannst, denn du bist ein halsstarriges Volk.

Die steinernen Tafeln und das goldene Kalb. Aarons Tod. Die Aussonderung der Leviten

7 Denke daran, vergiss es nicht, wie du den HERRN, deinen Gott, er- 7: 31,27
zürnt hast in der Wüste. Von dem Tag an, als du ausgezogen bist aus
dem Land Ägypten, bis ihr an diesen Ort gekommen seid, habt ihr euch
dem HERRN widersetzt. 8 Und schon am Choreb habt ihr den HERRN 8: 1,6! · 19.25
erzürnt, und der HERR wurde so zornig auf euch, dass er euch vernich-
ten wollte. 9 Als ich auf den Berg stieg, um die steinernen Tafeln zu 9: 25!
empfangen, die Tafeln des Bundes, den der HERR mit euch geschlossen
hatte, blieb ich vierzig Tage und vierzig Nächte auf dem Berg, ohne Brot
zu essen und Wasser zu trinken. 10 Und der HERR gab mir die zwei stei- 10: 4,12!
nernen Tafeln, die vom Finger Gottes beschrieben waren und auf denen
alle Worte standen, die der HERR auf dem Berg aus dem Feuer zu euch
gesprochen hatte am Tag der Versammlung. 11 Und nach vierzig Tagen 11: Ex 31,18
und vierzig Nächten gab mir der HERR die zwei steinernen Tafeln, die
Tafeln des Bundes. 12 Und der HERR sprach zu mir: Auf, steig eilends
hinab von hier, denn dein Volk, das du herausgeführt hast aus Ägypten,
hat Böses getan. Schon sind sie abgewichen von dem Weg, den ich ih-
nen geboten habe: Sie haben sich ein gegossenes Bild gemacht. 13 Und
der HERR sprach zu mir: Ich sehe nun, dass dieses Volk ein halsstarriges
Volk ist. 14 Lass mich sie vernichten und ihren Namen austilgen unter 14: Ex 32,10; 32,26
dem Himmel, dich aber will ich zu einer Nation machen, die stärker ist
und grösser als dieses. 15 Da stieg ich wieder herab vom Berg, der im 15: 5,23
Feuer brannte, die zwei Tafeln des Bundes in meinen beiden Händen.
16 Und ich sah: Ihr hattet gesündigt gegen den HERRN, euren Gott, ihr
hattet euch ein gegossenes Kalb gemacht, schon wart ihr abgewichen
von dem Weg, den euch der HERR geboten hatte. 17 Da fasste ich die
zwei Tafeln mit meinen beiden Händen, warf sie hin und zerschmetter-
te sie vor euren Augen. 18 Und ich warf mich nieder vor dem HERRN wie 18: Esra 10,6
das erste Mal, vierzig Tage und vierzig Nächte lang wie das erste Mal,
ohne Brot zu essen und Wasser zu trinken, eurer Sünde wegen, die ihr
begangen hattet, weil ihr getan hattet, was dem HERRN missfällt, um
ihn zu reizen, 19 denn ich hatte Angst vor dem Zorn und dem Grimm 19: 8! · 10,10;
des HERRN, der so erzürnt war über euch, dass er euch vernichten woll- Ex 33,17
te. Und der HERR erhörte mich auch dieses Mal. 20 Auch über Aaron war
der HERR so zornig, dass er ihn vernichten wollte, und damals bat ich
auch für Aaron. 21 Das Machwerk eurer Sünde aber, das Kalb, nahm ich,
und ich verbrannte es im Feuer und zerschlug es und zermalmte es ganz
und gar, bis es zu feinem Staub wurde, und ich warf den Staub in den

Bach, der herabkommt vom Berg. 22 Auch in Tabera und in Massa und in Kibrot-Hattaawa habt ihr den HERRN erzürnt. 23 Und als der HERR euch von Kadesch-Barnea ziehen liess und sprach: Steigt hinauf, nehmt das Land in Besitz, das ich euch gegeben habe, da widersetztet ihr euch dem Befehl des HERRN, eures Gottes, und vertrautet nicht auf ihn und hörtet nicht auf seine Stimme. 24 Seit ich euch kenne, habt ihr euch dem HERRN widersetzt. 25 Und ich lag vor dem HERRN jene vierzig Tage und vierzig Nächte, weil der HERR gesagt hatte, er werde euch vernichten. 26 Und ich betete zum HERRN und sprach: O Herr, HERR, vernichte nicht dein Volk und Eigentum, das du in deiner Grösse ausgelöst, das du mit starker Hand herausgeführt hast aus Ägypten! 27 Denke an deine Diener Abraham, Isaak und Jakob. Achte nicht auf die Halsstarrigkeit, die Bosheit und die Sünde dieses Volkes, 28 damit man in dem Land, aus dem du uns herausgeführt hast, nicht sagt: Weil der HERR sie nicht in das Land bringen konnte, das er ihnen verheissen hatte, oder weil er sie hasste, hat er sie hinausgeführt, um sie sterben zu lassen in der Wüste. 29 Sie sind ja dein Volk und dein Eigentum, das du herausgeführt hast mit deiner grossen Kraft und deinem ausgestreckten Arm.

10 1 Damals sprach der HERR zu mir: Haue dir zwei steinerne Tafeln zurecht, wie die ersten, und steige herauf zu mir auf den Berg; und mache dir eine hölzerne Lade. 2 Dann will ich auf die Tafeln die Worte schreiben, die auf den ersten Tafeln standen, die du zerschmettert hast, und du sollst sie in die Lade legen. 3 So machte ich eine Lade aus Akazienholz und hieb zwei steinerne Tafeln zurecht, wie die ersten, und ich stieg auf den Berg, die beiden Tafeln in meiner Hand. 4 Und er schrieb auf die Tafeln dasselbe wie das erste Mal, die zehn Worte, die der HERR am Tag der Versammlung auf dem Berg aus dem Feuer zu euch gesprochen hatte. Dann gab der HERR sie mir, 5 und ich stieg wieder herab vom Berg und legte die Tafeln in die Lade, die ich gemacht hatte; und da blieben sie, wie es mir der HERR geboten hatte.

6 Und die Israeliten zogen von Beerot-Bene-Jaakan auf nach Moser; dort starb Aaron, und dort wurde er begraben, und sein Sohn Elasar wurde Priester an seiner Statt. 7 Von dort brachen sie auf nach Gudgod und von Gudgod nach Jotba, einer Gegend mit Wasserbächen. 8 Damals sonderte der HERR den Stamm Levi dazu aus, die Lade des Bundes des HERRN zu tragen, vor dem HERRN zu stehen als seine Diener und in seinem Namen zu segnen; so ist es bis heute. 9 Darum fiel Levi kein Anteil und Erbbesitz zu neben seinen Brüdern. Der HERR ist sein Erbbesitz, wie der HERR, dein Gott, es ihm verheissen hat. 10 Ich aber blieb vierzig Tage und vierzig Nächte auf dem Berg wie das erste Mal, und der HERR erhörte mich auch dieses Mal: Der HERR wollte dich nicht vernichten. 11 Und der HERR sprach zu mir: Auf, geh hin, um dem Volk voranzuziehen, damit sie in das Land kommen und es in Besitz nehmen, das ihnen zu geben ich ihren Vorfahren geschworen habe.

Mose ermahnt das Volk

12 Und nun, Israel, was fordert der HERR, dein Gott, von dir, als dass du den HERRN, deinen Gott, fürchtest, auf allen seinen Wegen gehst, ihn liebst und dem HERRN, deinem Gott, dienst von ganzem Herzen und von ganzer Seele, 13 dass du die Gebote und Satzungen des HERRN

22: Num 11,1! · Ex 17,7 · Num 11,34
24: Jer 4,17!
25: 9; Ex 34,28 · 8!
26: Ps 57,1
28: 1,27! · 32,27
29: 32,9
1: Ex 34,1–2 · Ex 25,10
2–3: Ex 25,16
3: Ex 34,4
4: 4,12!
5: Ex 34,29 · Ex 40,20
6: Num 33,30 · Num 20,28
7: Num 33,33
8: Num 3,6 · 1Chr 15,2! · 21,5; 1Chr 23,13
9: 10,9; 18,1–2; Num 18,20!
10: 9,19! · Ex 32,14
12: Mi 6,8

hältst, die ich dir heute gebe, zu deinem Besten. 14 Sieh, dem HERRN, 14: 1Kön 8,27! ·
deinem Gott, gehören der Himmel und aller Himmel Himmel, die Erde Ex 9,29; 19,5
und alles, was darauf ist. 15 Doch nur deinen Vorfahren hat der HERR
sich zugewandt, und sie hat er geliebt, und euch, ihre Nachkommen, hat
er erwählt aus allen Völkern, wie es heute der Fall ist. 16 So beschneidet 16: 30,6; Jer 4,4;
eure Herzen, und seid fortan nicht mehr widerspenstig. 17 Denn der Röm 2,29 · 2Chr 30,8
HERR, euer Gott, ist der Gott der Götter und der Herr der Herren, der 17: Jos 22,22! ·
grosse, starke und furchtbare Gott, der kein Ansehen der Person kennt 1Tim 6,15 · 7,21! ·
und keine Bestechung annimmt, 18 der der Waise und der Witwe Recht 2Chr 19,7
verschafft und den Fremden liebt, so dass er ihm Brot und Kleidung gibt. 18: 24,17 · Ps 68,6; Jer 49,11
19 Auch ihr sollt den Fremden lieben; denn ihr seid selbst Fremde ge- 19: 23,8
wesen im Land Ägypten. 20 Den HERRN, deinen Gott, sollst du fürchten, 20: 6,13
ihm sollst du dienen, an ihm festhalten und bei seinem Namen schwö-
ren. 21 Er ist dein Ruhm, und er ist dein Gott, der für dich jene grossen 21: Jer 17,14 ·
und furchtbaren Dinge getan hat, die deine Augen gesehen haben. Ex 15,2
22 Siebzig an der Zahl waren deine Vorfahren, als sie hinabzogen nach 22: Gen 46,27;
Ägypten, und nun hat dich der HERR, dein Gott, so zahlreich gemacht Ex 1,5 · 26,5 · 1,10!
wie die Sterne des Himmels.

11 1 Und du sollst den HERRN, deinen Gott, lieben und allezeit seine
Vorschriften halten, seine Satzungen, seine Rechte und seine Ge-
bote. 2 Heute nun sollt ihr erkennen, denn nicht mit euren Kindern 2: 3,24
rede ich, die die Erziehung durch den HERRN, euren Gott, nicht kennen
und die seine Grösse nicht erfahren haben, seine starke Hand und sei-
nen ausgestreckten Arm, 3 seine Zeichen und seine Taten, die er in 3: Jer 32,20
Ägypten am Pharao, dem König von Ägypten, und an seinem ganzen
Land vollbracht hat, 4 und was er mit dem Heer der Ägypter, mit ihren 4: Ex 14,28
Pferden und Wagen getan hat, wie er das Wasser des Schilfmeers über
sie hinfluten liess, als sie euch nachjagten, und wie der HERR sie vertilg-
te bis auf den heutigen Tag 5 und was er dann in der Wüste mit euch
getan hat, bis ihr an diesen Ort gekommen seid, 6 und was er an Datan 6: Num 16,31–32!
und Abiram, den Söhnen Eliabs, des Sohnes Rubens, getan hat, als die
Erde ihren Schlund aufriss und sie verschlang samt ihren Familien und
Zelten und allen ihren Tieren, mitten in ganz Israel. 7 Ihr aber habt mit
eigenen Augen die grossen Taten gesehen, die der HERR getan hat. 8 So 8: 4,14
haltet denn das ganze Gebot, das ich euch heute gebe, damit ihr stark
seid und in das Land kommt und es in Besitz nehmt, in das ihr ziehen
werdet, um es in Besitz zu nehmen, 9 und damit ihr lange lebt auf dem
Boden, den er ihnen und ihren Nachkommen zu geben euren Vorfahren
geschworen hat, ein Land, in dem Milch und Honig fliessen. 10 Denn
das Land, in das du kommst, um es in Besitz zu nehmen, ist nicht wie
das Land Ägypten, aus dem ihr ausgezogen seid: Wenn du deinen Sa-
men gesät hattest, musstest du es mühsam bewässern wie einen Gemü-
segarten. 11 Und das Land, in das ihr zieht, um es in Besitz zu nehmen, 11: 8,7
ist ein Land mit Bergen und Tälern, das vom Regen des Himmels mit
Wasser getränkt wird, 12 ein Land, auf das der HERR, dein Gott, bestän- 12: 1Kön 9,3
dig acht gibt, auf dem die Augen des HERRN, deines Gottes, ruhen, vom
Anfang des Jahres bis zum Ende des Jahres. 13 Wenn ihr nun auf meine 13: 13,4

11,10: Wörtlich: «..., musstest du es mit deinem Fuss bewässern ...», womit das Treten eines Schöpfrads zur Bewässerung im Blick ist.

Gebote hört, die ich euch heute gebe, und den HERRN, euren Gott, liebt
14: 28,12; und ihm von ganzem Herzen und von ganzer Seele dient, 14 dann wer-
Lev 26,3–4 · de ich eurem Land Regen geben zu seiner Zeit, Herbstregen und Früh-
Jer 5,24! jahrsregen, und du wirst dein Korn, deinen Wein und dein Öl einbrin-
15: Ps 104,14 · 6,11! gen, 15 und ich werde deinem Vieh auf deinem Feld Gras geben, und du
16: 12,30 · 5,7! · wirst dich satt essen können. 16 Achtet aber darauf, dass euer Herz sich
17,3! nicht verführen lässt und ihr nicht abfallt und anderen Göttern dient
17: 6,15 · 28,23; und sie anbetet 17 und der Zorn des HERRN gegen euch entflammt und
Lev 26,20; er den Himmel verschliesst, so dass kein Regen kommt und der Boden
2Chr 6,26 seinen Ertrag nicht gibt und ihr bald aus dem guten Land getilgt werdet,
18–20: 6,8–9! das der HERR euch gibt. 18 So nehmt nun diese meine Worte auf in euer
Herz und in eure Seele, und bindet sie als Zeichen auf eure Hand, und
19: 4,9! tragt sie als Merkzeichen auf eurer Stirne, 19 und lehrt sie eure Kinder,
indem ihr davon redet, wenn du in deinem Hause sitzt und wenn du auf
dem Wege gehst, wenn du dich niederlegst und wenn du dich erhebst.
20 Und schreibe sie auf die Türpfosten deines Hauses und an deine To-
21: Ps 89,30 re, 21 dann werdet ihr und eure Kinder lange leben auf dem Boden, den
der HERR deinen Vorfahren zu geben geschworen hat, solange der Him-
22: 19,9 mel über der Erde steht. 22 Denn wenn ihr dieses Gebot haltet, das ich
euch gebe, und danach handelt und den HERRN, euren Gott, liebt und
23: 4,38! auf allen seinen Wegen geht und an ihm festhaltet, 23 dann wird der
HERR alle diese Nationen vor euch vertreiben, und ihr werdet den Besitz
24: Jos 1,3–4 · von Nationen übernehmen, die grösser und stärker sind als ihr. 24 Je-
Ex 23,31 der Ort, auf den eure Fusssohle tritt, soll euch gehören, von der Wüste
zum Libanon und vom grossen Strom, dem Eufrat, bis an das westliche
25: 7,24! · 2,25! Meer soll euer Gebiet reichen. 25 Niemand wird euch standhalten kön-
nen. Schrecken und Furcht vor euch wird der HERR, euer Gott, auf das
ganze Land legen, das ihr betretet, wie er es euch verheissen hat.
26: 30,1! 26 Seht, ich lege euch heute den Segen vor und den Fluch: 27 den Segen,
27: 28,2–14 wenn ihr auf die Gebote des HERRN, eures Gottes, hört, die ich euch heu-
28: 28,15–68 te gebe, 28 den Fluch aber, wenn ihr nicht hört auf die Gebote des
HERRN, eures Gottes, und abweicht von dem Weg, den ich euch heute
29: 27,4.12–13; gebiete, und anderen Göttern folgt, die ihr nicht kennt. 29 Und wenn
Jos 8,33 dich der HERR, dein Gott, in das Land bringt, in das du ziehst, um es in
Besitz zu nehmen, dann sollst du den Segen auf dem Berg Garizim ver-
30: Gen 12,6 künden und den Fluch auf dem Berg Ebal. 30 Diese liegen bekanntlich
jenseits des Jordan, hinter dem Weg nach Westen, im Land der Kanaa-
niter, die in der Araba wohnen, gegenüber Gilgal in der Nähe von Elone-
31: Jos 21,43 More. 31 Denn ihr werdet den Jordan überschreiten, in das Land kom-
men und es in Besitz nehmen, das der HERR, euer Gott, euch gibt, und
ihr werdet es in Besitz nehmen und darin wohnen, 32 und dann erfüllt
in Treue alle Satzungen und Rechte, die ich euch heute vorlege.

Anweisung für Ort und Art des Gottesdienstes

1: 6,1 **12** 1 Dies sind die Satzungen und Rechte, die ihr halten und nach de-
nen ihr handeln sollt in dem Land, das der HERR, der Gott deiner
Vorfahren, dir gegeben hat, damit du es besitzt, solange ihr auf dem Erd-
boden lebt. 2 Ihr sollt all die Stätten zerstören, wo die Nationen, deren
Besitz ihr übernehmen werdet, ihren Göttern gedient haben, auf den
3: 7,3! hohen Bergen, auf den Hügeln und unter jedem grünen Baum. 3 Und

ihre Altäre sollt ihr niederreissen, ihre Mazzeben zerschlagen, ihre
Ascheren im Feuer verbrennen und die Bilder ihrer Götter zerstören,
und ihre Namen sollt ihr von jener Stätte tilgen. 4 Mit dem HERRN, eu-
rem Gott, sollt ihr es anders halten. 5 Nur die Stätte sollt ihr aufsuchen, 5: 31,11 · 18,6 · 26,2
die der HERR, euer Gott, aus all euren Stämmen erwählen wird als seine
Wohnung, um seinen Namen dorthin zu legen, und dorthin sollst du
kommen, 6 und dorthin sollt ihr eure Brandopfer und Schlachtopfer 6: 1Sam 1,21 · 14,23;
bringen, eure Zehnten und Hebopfer, was ihr gelobt habt und was ihr 15,19
freiwillig gebt, und die Erstgeburten von euren Rindern und Schafen.
7 Und ihr sollt dort vor dem HERRN, eurem Gott, essen und euch freuen, 7: 14,26; 27,7;
ihr und eure Familien, über alles, was eure Hand erworben hat, womit 1Chr 29,22
der HERR, dein Gott, dich gesegnet hat. 8 Ihr sollt nicht so handeln, wie
wir es heute hier tun, ein jeder, wie er es für richtig hält. 9 Denn ihr seid 9: Jer 31,2; Hebr 4,9
bisher noch nicht zur Ruhe gekommen und zu dem Erbbesitz, den der
HERR, dein Gott, dir gibt. 10 Ihr werdet aber den Jordan überschreiten 10: Jos 11,23;
und euch niederlassen in dem Land, das der HERR, euer Gott, euch als 1Chr 22,18! · 33,28!
Erbbesitz zuteilt, und er wird euch Ruhe schaffen vor all euren Feinden
ringsumher, und ihr werdet sicher wohnen. 11 Dann sollt ihr an die
Stätte, die der HERR, euer Gott, erwählen wird, um seinen Namen dort
wohnen zu lassen, alles bringen, was ich euch gebiete: eure Brandopfer
und eure Schlachtopfer, eure Zehnten und eure Hebopfer und all eure
auserlesenen Gaben, die ihr dem HERRN geloben werdet, 12 und ihr sollt 12: 7! · 16,11! · 10,9!
fröhlich sein vor dem HERRN, eurem Gott, ihr und eure Söhne und eure
Töchter und eure Sklaven und eure Sklavinnen und der Levit an eurem
Ort, denn er hat keinen Anteil und Erbbesitz neben euch. 13 Achte dar-
auf, dass du deine Brandopfer nicht an irgendeiner Stätte darbringst,
die du siehst, 14 sondern an der Stätte, die der HERR in einem deiner
Stämme erwählt. Dort sollst du deine Brandopfer darbringen, und dort
sollst du alles tun, was ich dir gebiete. 15 Doch nach Herzenslust darfst 15: 22; 14,5; 15,22
du schlachten und Fleisch essen in allen deinen Ortschaften, nach dem
Segen, den dir der HERR, dein Gott, gegeben hat. Der Unreine und der
Reine dürfen davon essen, wie von der Gazelle und vom Hirsch. 16 Nur 16: 24; 15,23;
das Blut sollst du nicht verzehren; du sollst es auf die Erde schütten wie Lev 3,17
Wasser. 17 Den Zehnten deines Korns und deines Weins und deines Öls
darfst du nicht in deinen Ortschaften verzehren, auch nicht die Erstge-
burt deiner Rinder und deiner Schafe oder irgendetwas von deinen Ga-
ben, die du geloben wirst, oder deine freiwilligen Gaben, noch deine
Hebopfer, 18 sondern vor dem HERRN, deinem Gott, sollst du es verzeh-
ren, an der Stätte, die der HERR, dein Gott, erwählen wird, du und dein
Sohn und deine Tochter und dein Sklave und deine Sklavin und der Le-
vit an deinem Ort, und du sollst dich freuen vor dem HERRN, deinem
Gott, über alles, was deine Hand erworben hat. 19 Achte darauf, dass du 19: 14,27
den Leviten nicht vergisst, solange du auf deinem Boden lebst. 20 Wenn 20: 19,8; Ex 34,24
der HERR, dein Gott, dein Gebiet erweitert, wie er es dir verheissen hat,
und du denkst: Ich möchte Fleisch essen!, weil du Lust hast, Fleisch zu
essen, so darfst du Fleisch essen nach Herzenslust. 21 Ist die Stätte, die
der HERR, dein Gott, erwählen wird, um seinen Namen dorthin zu le-
gen, für dich zu fern, so schlachte von deinen Rindern oder deinen Scha-
fen, die der HERR dir gegeben hat, wie ich es dir geboten habe, und iss
davon in deinen Ortschaften nach Herzenslust. 22 Wie man von der Ga- 22: 15!

zelle oder vom Hirsch isst, darfst du davon essen, der Unreine wie der
23: Lev 17,11 Reine darf davon essen. 23 Nur halte daran fest, dass du das Blut nicht
verzehrst, denn das Blut ist die Lebenskraft, und du sollst die Lebens-
24: 16! kraft nicht mit dem Fleisch verzehren. 24 Du sollst es nicht verzehren,
25: 21,9 auf die Erde sollst du es ausschütten wie Wasser. 25 Du sollst es nicht
essen, damit es dir und deinen Kindern nach dir gut geht, weil du tust,
was recht ist vor dem HERRN. 26 Nur wenn du etwas weihst oder ge-
lobst, sollst du es nehmen und an die Stätte kommen, die der HERR er-
27: Jer 7,21 wählen wird, 27 und du sollst deine Brandopfer, das Fleisch und das
Blut, auf dem Altar des HERRN, deines Gottes, darbringen. Doch von dei-
nen Schlachtopfern sollst du das Blut auf den Altar des HERRN, deines
28: 13,19 Gottes, giessen, das Fleisch aber darfst du essen. 28 Bewahre und höre
all das, was ich dir gebiete, damit es dir und deinen Kindern nach dir
allezeit gut geht, weil du tust, was gut und recht ist vor dem HERRN,
deinem Gott.

29: 19,1 29 Wenn der HERR, dein Gott, vor dir die Nationen ausrottet, in de-
ren Gebiet du ziehst, um ihren Besitz zu übernehmen, und du ihren
30: 11,16 Besitz übernimmst und dich in ihrem Land niederlässt, 30 dann achte
darauf, dass du dich nicht verführen lässt, es ihnen gleichzutun, nach-
dem sie vor dir vernichtet worden sind, dass du nicht nach ihren Göt-
tern fragst und sagst: Wie haben diese Nationen ihren Göttern gedient?
31: 2Kön 3,27! So will auch ich es machen! 31 Mit dem HERRN, deinem Gott, sollst du es
anders halten: Alles, was der HERR verabscheut und was er hasst, haben
sie für ihre Götter getan, sogar ihre Söhne und ihre Töchter haben sie für
ihre Götter verbrannt.

Die Strafe für falsche Propheten und Götzendiener

1: 4,2! **13** 1 Alles, was ich euch gebiete, sollt ihr halten und danach handeln;
du sollst nichts dazutun und nichts davon wegnehmen.

2: Jer 27,9; Sach 10,2 2 Wenn in deiner Mitte ein Prophet auftritt oder einer, der Träume
3: 14 · 1Sam 26,19 hat, und dir ein Zeichen oder Wunder ankündigt 3 und das Zeichen oder
Wunder eintrifft, das er dir genannt hat, als er sagte: Lasst uns anderen
4: 11,13 Göttern folgen, die ihr nicht kennt, und lasst uns ihnen dienen!, 4 dann
sollst du nicht auf die Worte jenes Propheten oder auf jenen Träumer
hören, denn der HERR, euer Gott, stellt euch auf die Probe, um zu erken-
nen, ob ihr den HERRN, euren Gott, von ganzem Herzen und von ganzer
5: 6,13! Seele liebt. 5 Dem HERRN, eurem Gott, sollt ihr folgen, und ihn sollt ihr
fürchten, und seine Gebote sollt ihr halten, und auf seine Stimme sollt
6: 18,20; ihr hören, ihm sollt ihr dienen, und an ihm sollt ihr festhalten. 6 Jener
1Kön 18,40; Prophet oder jener Träumer aber soll getötet werden, denn er hat gegen
Jer 28,16 den HERRN, deinen Gott, der dich aus dem Land Ägypten herausgeführt
und dich aus dem Sklavenhaus befreit hat, Auflehnung gepredigt, um
dich abzubringen von dem Weg, auf dem zu gehen der HERR, dein Gott,
dir geboten hat. So sollst du das Böse ausrotten aus deiner Mitte.

7: 2Chr 22,3 7 Wenn dich dein Bruder, der Sohn deiner Mutter, oder dein Sohn
oder deine Tochter oder die Frau in deinen Armen oder dein Freund, den
du so lieb hast wie dich selbst, heimlich verführen will und sagt: Auf,
lass uns anderen Göttern dienen – die du nicht kanntest, weder du noch
8: 28,64 deine Vorfahren, 8 Götter der Völker rings um euch her, in deiner Nähe
oder weit von dir entfernt, vom einen Ende der Erde bis zum anderen –,

9 dann sollst du ihm nicht nachgeben und nicht auf ihn hören. Du sollst 9–10: 17,5; 25,12;
ihn nicht schonen und dich seiner nicht erbarmen und ihn nicht de- Ex 32,27
cken, 10 sondern du musst ihn umbringen. Du sollst als erster Hand an 9: 19,13
ihn legen, um ihn zu töten, und danach das ganze Volk. 11 Du sollst ihn 10: 17,7
zu Tode steinigen, denn er hat versucht, dich abzubringen vom HERRN,
deinem Gott, der dich herausgeführt hat aus dem Land Ägypten, aus
dem Sklavenhaus. 12 Und ganz Israel soll es hören, damit sie sich fürch- 12: 17,13; 19,20; 21,21
ten und nie mehr so böse handeln in deiner Mitte.

13 Wenn du hörst, dass in einer deiner Städte, die der HERR, dein
Gott, dir gibt, damit du darin wohnst, 14 Männer, nichtswürdige Men- 14: 3 · 1Sam 2,12
schen, aus deiner Mitte hervorgetreten sind und die Bewohner ihrer
Stadt verführt haben, indem sie sagten: Auf, lasst uns anderen Göttern
dienen, die ihr nicht kennt!, 15 dann sollst du nachforschen und unter- 15: 17,4 · 19,18
suchen und gründlich nachfragen. Und wenn es wahr ist, wenn es sich
wirklich so verhält, wenn so Abscheuliches in deiner Mitte getan wor-
den ist, 16 dann sollst du die Bewohner jener Stadt schlagen mit der 16: Jos 6,21
Schärfe des Schwerts; du sollst sie und alles, was sich in ihr befindet, der
Vernichtung weihen, auch ihr Vieh, mit der Schärfe des Schwerts.
17 Und alle Beute aus ihr sollst du mitten auf ihrem Marktplatz sam- 17: Jos 6,24!; 8,28
meln, und die Stadt mit ihrer ganzen Beute sollst du im Feuer verbren-
nen als Ganzopfer für den HERRN, deinen Gott, und für immer soll sie
ein Schutthügel bleiben, niemals darf sie wieder aufgebaut werden.
18 Und nichts von dem, was der Vernichtung geweiht ist, darf in deiner 18: 7,26!
Hand bleiben, damit der HERR ablässt von der Glut seines Zorns und dir
Erbarmen schenkt und sich deiner erbarmt und dich zahlreich macht,
wie er es deinen Vorfahren geschworen hat, 19 weil du auf die Stimme 19: 12,28
des HERRN, deines Gottes, hörst und alle seine Gebote hältst, die ich dir
heute gebe, und tust, was recht ist vor dem HERRN, deinem Gott.

Über Trauerbräuche. Über reine und unreine Speisen

14 1 Ihr seid Kinder des HERRN, eures Gottes. Ihr sollt euch eines To- 1: 32,6! · Lev 19,28;
ten wegen keine Einschnitte machen und euch nicht kahl scheren Ez 7,18
über der Stirn, 2 denn du bist ein Volk, das dem HERRN, deinem Gott, 2: 21; Lev 20,26 ·
geweiht ist, und dich hat der HERR aus allen Völkern auf der Erde für sich 7,6!
erwählt als sein eigenes Volk.

3 Du sollst nichts Abscheuliches essen. 4 Dies sind die Tiere, die ihr 2–21: Lev 11,1–47
essen dürft: Rind, Schaf und Ziege, 5 Hirsch, Gazelle, Damhirsch, Wild- 3: Jes 65,4
ziege und alle Arten von Antilopen, 6 und jedes Tier, das gespaltene 5: 12,15!
Klauen, und zwar zwei ganz gespaltene Klauen, hat und das wiederkäut,
dürft ihr essen. 7 Doch von denen, die wiederkäuen, und von denen mit
ganz gespaltenen Klauen, dürft ihr diese nicht essen: das Kamel, den
Hasen, den Klippschliefer – denn sie sind zwar Wiederkäuer, haben aber
keine ganz gespaltenen Klauen; sie sind für euch unrein – 8 und das
Wildschwein, denn es hat zwar gespaltene Klauen, ganz gespaltene
Klauen, es ist aber kein Wiederkäuer. Es ist für euch unrein. Von ihrem
Fleisch dürft ihr nicht essen, und ihr Aas dürft ihr nicht berühren. 9 Von
allen Tieren im Wasser dürft ihr diese essen: alles, was Flossen und
Schuppen hat. 10 Was aber keine Flossen und Schuppen hat, dürft ihr
nicht essen. Es ist für euch unrein. 11 Alle reinen Vögel dürft ihr essen.
12 Diese aber sind es, die ihr nicht essen dürft: den Gänsegeier, den

Lämmergeier, den Mönchsgeier, 13 den Milan, den Habicht und alle Ar-
ten von Raubvögeln, 14 alle Arten von Raben, 15 den Strauss, die
Schwalbe, die Möwe und alle Arten von Falken, 16 das Käuzchen, den
Uhu und die Schleiereule, 17 die Ohreule, den Aasgeier und die Fischeu-
le, 18 den Storch, alle Arten von Reihern, den Wiedehopf und die Fle-
dermaus. 19 Und alles geflügelte Kleingetier ist für euch unrein; es darf
nicht gegessen werden! 20 Alle reinen geflügelten Tiere dürft ihr essen.
21: Ex 22,30 · 2! · 21 Vom Aas irgendeines Tieres dürft ihr nichts essen, du magst es dem
Ex 23,19! Fremden an deinem Ort zum Essen überlassen oder es einem Ausländer
verkaufen, denn du bist ein Volk, das dem HERRN, deinem Gott, geweiht
ist. Ein Böcklein sollst du nicht in der Milch seiner Mutter kochen.

Über den Zehnten

22: Lev 27,30 22 Vom ganzen Ertrag deiner Saat sollst du den Zehnten geben, von
23: 12,6! · 4,10! dem, was auf dem Feld wächst, Jahr für Jahr, 23 und du sollst vor dem
HERRN, deinem Gott, an der Stätte, die er erwählen wird, um seinen Na-
men dort wohnen zu lassen, den Zehnten deines Korns, deines Weins
und deines Öls verzehren und die Erstgeburten deiner Rinder und dei-
ner Schafe, damit du lernst, den HERRN, deinen Gott, allezeit zu fürch-
ten. 24 Ist aber der Weg für dich zu lang, dass du es nicht hintragen
kannst, weil die Stätte zu weit entfernt ist von dir, die der HERR, dein
Gott, erwählen wird, um seinen Namen dorthin zu legen, wenn der
HERR, dein Gott, dich segnet, 25 dann verkaufe es für Geld, und nimm
das Geld in deine Hand, und geh zu der Stätte, die der HERR, dein Gott,
26: 12,7! erwählen wird, 26 und kaufe für das Geld, worauf du Lust hast: Rinder,
Schafe, Wein, Bier und was sonst dein Herz begehrt, und iss dort vor
27: 12,19 dem HERRN, deinem Gott, und sei fröhlich, du und dein Haus. 27 Den
Leviten aber, der an deinem Ort wohnt, sollst du nicht vergessen, denn
28: 26,12 er hat keinen Anteil und Erbbesitz neben dir. 28 Am Ende jedes dritten
Jahres sollst du den ganzen Zehnten von deinem Ertrag jenes Jahres ab-
29: 28,8 geben und niederlegen in deinem Ort. 29 Dann soll der Levit kommen,
der keinen Anteil und Erbbesitz neben dir hat, der Fremde, die Waise
und die Witwe, die an deinem Ort wohnen, und sie sollen sich satt es-
sen, damit der HERR, dein Gott, dich segnet bei aller Arbeit deiner Hän-
de, die du tust.

Über das Erlassjahr

1–2: Neh 5,10! 15 1 Alle sieben Jahre sollst du einen Schuldenerlass gewähren.
1: 31,10; Jer 34,14 2 Und so soll man es mit dem Schuldenerlass halten: Jeder Gläu-
biger soll das Darlehen erlassen, das er seinem Nächsten gegeben hat. Er
soll seinen Nächsten und Bruder nicht drängen, denn man hat einen
3: 23,21 Schuldenerlass ausgerufen zu Ehren des HERRN. 3 Den Ausländer darfst
du drängen. Was du aber deinem Bruder geliehen hast, das sollst du ihm
erlassen. 4 Doch Arme wird es bei dir nicht geben, denn der HERR wird
dich segnen in dem Land, das dir der HERR, dein Gott, zum Erbbesitz
5: 26,14 gibt, 5 wenn du auf die Stimme des HERRN, deines Gottes, hörst und
dieses ganze Gebot, das ich dir heute gebe, hältst und danach handelst.
6: 28,12 6 Denn der HERR, dein Gott, hat dich gesegnet, wie er es dir verheissen
hat, so dass du vielen Nationen leihen kannst, dir selbst aber nichts lei-
hen musst, und so dass du über viele Nationen herrschst, sie aber nicht

über dich herrschen werden. 7 Wenn einer arm ist bei dir, einer deiner 7–8: Lev 25,35;
Brüder, in irgendeiner Ortschaft in deinem Land, das der HERR, dein Mt 5,42; 1Joh 3,17
Gott, dir gibt, dann sollst du dein Herz nicht verhärten und deine Hand
nicht verschliessen vor deinem armen Bruder, 8 sondern deine Hand
für ihn auftun und ihm leihen, so viel er braucht. 9 Achte darauf, dass in 9: 24,15; Ex 22,22!
deinem Herzen nicht der nichtswürdige Gedanke aufsteigt: Das siebte
Jahr, das Erlassjahr, ist nahe!, und du deinen armen Bruder unfreund-
lich ansiehst und ihm nichts gibst und er dann gegen dich den HERRN
anruft und dich so Strafe trifft. 10 Du sollst ihm willig geben und nicht 10: 2Kor 9,7 · 18
missmutig sein, wenn du ihm gibst, denn dafür wird der HERR, dein
Gott, dich segnen in all deinem Tun und in allem, was deine Hand unter-
nimmt. 11 Denn es wird immer Arme geben im Land, darum gebiete ich 11: Mt 26,11
dir: Du sollst deine Hand willig auftun für deinen bedürftigen und ar-
men Bruder in deinem Land.

Über die Freilassung von Sklaven

12 Wenn dein Bruder, ein Hebräer oder eine Hebräerin, sich dir ver- 12: Lev 25,40–41
kauft, so soll er dir sechs Jahre dienen, im siebten Jahr aber sollst du ihn
freilassen. 13 Und wenn du ihn freilässt, sollst du ihn nicht mit leeren
Händen ziehen lassen. 14 Von deinen Schafen, von deiner Tenne und
von deiner Kelter sollst du ihm etwas mitgeben. Von dem, womit der
HERR, dein Gott, dich gesegnet hat, davon sollst du ihm etwas geben,
15 und du sollst daran denken, dass du Sklave warst im Land Ägypten 15: 5,15!
und dass der HERR, dein Gott, dich befreit hat. Darum gebe ich dir heute
dieses Gebot. 16 Sagt er aber zu dir: Ich will nicht weggehen von dir!,
weil er dich und dein Haus liebt, weil es ihm gut geht bei dir, 17 dann
nimm den Pfriem und stosse ihn durch sein Ohr in die Tür, so wird er
für immer dein Sklave sein. Mit deiner Sklavin sollst du es ebenso hal-
ten. 18 Es soll dir nicht schwerfallen, wenn du ihn freilassen musst, 18: 10
denn in den sechs Jahren, die er dein Sklave war, hat er dich nur halb so
viel gekostet wie ein Tagelöhner, und der HERR, dein Gott, wird dich
segnen bei allem, was du tust.

Über die Weihung der Erstgeburt

19 Jede männliche Erstgeburt, die bei deinen Rindern und Schafen 19: Ex 13,2! · 12,6!
geboren wird, sollst du dem HERRN, deinem Gott, weihen. Du sollst die
Erstgeburt deiner Rinder nicht zur Arbeit brauchen, und die Erstgeburt
deiner Schafe sollst du nicht scheren. 20 Vor dem HERRN, deinem Gott,
sollst du sie verzehren Jahr für Jahr, du und dein Haus, an der Stätte, die
der HERR erwählen wird. 21 Wenn aber das Tier einen Makel hat, wenn 21: 17,1; Lev 22,20!
es lahm ist oder blind, wenn es irgendeinen schlimmen Makel hat,
sollst du es dem HERRN, deinem Gott, nicht opfern. 22 In deinem Ort 22: 12,15!
sollst du es essen, ob du unrein bist oder rein, wie das Fleisch von der
Gazelle und vom Hirsch. 23 Nur sein Blut darfst du nicht essen, auf die 23: 12,16!
Erde sollst du es giessen wie Wasser.

Anweisungen für die Feste

16 1 Beachte den Ährenmonat, und halte ein Passa für den HERRN, 1: Ex 12,11 · Ex 13,4
deinen Gott, denn im Ährenmonat hat der HERR, dein Gott, dich
herausgeführt aus Ägypten bei Nacht. 2 Und du sollst dem HERRN, dei-

nem Gott, als Passa Rinder und Schafe opfern an der Stätte, die der HERR
3: Ex 12,8.11 erwählen wird, um seinen Namen dort wohnen zu lassen. 3 Du sollst
nichts Gesäuertes dazu essen, sieben Tage lang sollst du dazu ungesäu-
erte Brote essen, Brot des Elends – denn in angstvoller Eile bist du ausge-
zogen aus dem Land Ägypten –, damit du dich erinnerst an den Tag dei-
4: Ex 13,7 · Ex 12,10 nes Auszugs aus dem Land Ägypten dein Leben lang. 4 Und man soll
sieben Tage lang bei dir keinen Sauerteig sehen in deinem ganzen Ge-
biet, und von dem Fleisch, das du am Abend des ersten Tages opferst, soll
nichts über Nacht bleiben bis zum Morgen. 5 Du darfst das Passa nicht
in irgendeiner deiner Ortschaften opfern, die der HERR, dein Gott, dir
6: Ex 12,6 gibt. 6 Sondern an der Stätte, die der HERR, dein Gott, erwählen wird,
um seinen Namen dort wohnen zu lassen, sollst du das Passa opfern, am
Abend, wenn die Sonne untergeht, um die Zeit, zu der du ausgezogen
7: Ex 12,9 bist aus Ägypten. 7 Und du sollst es kochen und essen an der Stätte, die
der HERR, dein Gott, erwählen wird, und am Morgen sollst du zurück-
gehen zu deinen Zelten. 8 Sechs Tage lang sollst du ungesäuerte Brote
essen, und am siebten Tag ist ein Feiertag zu Ehren des HERRN, deines
Gottes, da sollst du keine Arbeit tun.

9–10: Ex 34,22; Lev 23,15; Num 28,26 9 Sieben Wochen sollst du zählen; wenn man zum ersten Mal die
Sichel an den Halm legt, sollst du anfangen, sieben Wochen zu zählen.
10 Dann sollst du für den HERRN, deinen Gott, das Wochenfest feiern
mit einer freiwilligen Gabe von deiner Hand, die du gibst, so wie der
11: 14; 12,12; 26,11 HERR, dein Gott, dich segnen wird. 11 Und du sollst fröhlich sein vor
dem HERRN, deinem Gott, du und dein Sohn und deine Tochter, dein
Sklave und deine Sklavin und der Levit, der an deinem Ort wohnt, der
Fremde, die Waise und die Witwe, die in deiner Mitte wohnen – an der
Stätte, die der HERR, dein Gott, erwählen wird, um seinen Namen dort
12: 5,15! wohnen zu lassen. 12 Und du sollst dich daran erinnern, dass du Sklave
gewesen bist in Ägypten, und du sollst diese Satzungen halten und da-
nach handeln.

13: Lev 23,34!; Dtn 31,10 13 Das Laubhüttenfest sollst du sieben Tage lang feiern, wenn du den
Ertrag einbringst von deiner Tenne und deiner Kelter. 14 Und du sollst
14: 11! an deinem Fest fröhlich sein, du und dein Sohn und deine Tochter, dein
Sklave und deine Sklavin, der Levit, der Fremde, die Waise und die Wit-
we, die an deinem Ort wohnen. 15 Sieben Tage lang sollst du dem
HERRN, deinem Gott, das Fest feiern an der Stätte, die der HERR erwäh-
len wird, denn der HERR, dein Gott, wird dich mit all deinem Ertrag und
bei aller Arbeit deiner Hände segnen, darum sollst du fröhlich sein.

16: Esra 3,1 16 Dreimal im Jahr soll alles, was männlich ist bei dir, vor dem
HERRN, deinem Gott, erscheinen an der Stätte, die er erwählen wird: am
Fest der ungesäuerten Brote, am Wochenfest und am Laubhüttenfest.
Aber man soll nicht mit leeren Händen vor dem HERRN erscheinen.
17 Ein jeder gebe, was er geben kann nach dem Segen, den dir der HERR,
dein Gott, gegeben hat.

Anweisung für die Rechtsprechung. Strafe für Götzendienst

18: 1Sam 8,1; 19,17 · Num 11,16 · 1,16! 18 Richter und Amtleute sollst du für dich einsetzen in allen deinen
Ortschaften, die der HERR, dein Gott, dir gibt, in jedem deiner Stämme,
19: 1,17! · Ex 23,8 und sie sollen dem Volk Recht sprechen mit gerechtem Urteil. 19 Du
sollst das Recht nicht beugen, die Person nicht ansehen und keine Be-

stechung annehmen, denn Bestechung macht die Augen der Weisen
blind und verdreht die Sache dessen, der im Recht ist. 20 Der Gerechtig- 20: Spr 11,19!
keit und nur der Gerechtigkeit sollst du nachjagen, damit du am Leben
bleibst und das Land in Besitz nimmst, das der HERR, dein Gott, dir gibt.

21 Du sollst dir keine Aschera aus Holz einpflanzen neben dem Altar 21: 2Kön 21,7
des HERRN, deines Gottes, den du dir errichten wirst, 22 und du sollst 22: Ex 34,13;
dir keine Mazzebe aufrichten, denn der HERR, dein Gott, hasst das. Lev 26,1; 2Kön 17,10

17 1 Du sollst dem HERRN, deinem Gott, kein Rind oder Schaf opfern, 1: 15,21!
das einen Makel hat, irgendetwas Schlimmes, denn das verab-
scheut der HERR, dein Gott. 2 Wenn sich bei dir in einer deiner Ort-
schaften, die der HERR, dein Gott, dir gibt, jemand findet, ein Mann oder
eine Frau, der tut, was dem HERRN, deinem Gott, missfällt und seinen
Bund übertritt, 3 hingeht und anderen Göttern dient und sie anbetet, 3: 4,19; 11,16
die Sonne oder den Mond oder das ganze Heer des Himmels, was ich
verboten habe, 4 und es dir mitgeteilt wird, dann sollst du verhören und 4: 13,15
gründlich untersuchen. Und wenn es wahr ist, wenn es sich wirklich so
verhält, wenn dieses Abscheuliche in Israel verübt worden ist, 5 dann 5: 13,9–10!
sollst du jenen Mann oder jene Frau, die solchen Frevel begangen ha-
ben, zu deinen Toren hinausführen, den Mann oder die Frau, und du
sollst sie zu Tode steinigen. 6 Wer auf den Tod angeklagt ist, soll auf- 6: 19,15;
grund der Aussage von zwei oder drei Zeugen getötet werden; aufgrund Num 35,30!
der Aussage eines einzigen Zeugen darf er nicht getötet werden. 7 Die 7: 13,10
Zeugen sollen als erste Hand an ihn legen, um ihn zu töten, und danach
das ganze Volk. So sollst du das Böse ausrotten aus deiner Mitte.

8 Wenn ein Rechtsstreit wegen Mord und Totschlag, wegen Mein 8: 1,17 · 21,5
und Dein, wegen Schlag und Verletzung, wegen irgendeiner Streitsa-
che an deinem Ort, dir zu schwierig ist, dann sollst du dich aufmachen
und hinaufziehen an die Stätte, die der HERR, dein Gott, erwählen wird.
9 Und du sollst zu den levitischen Priestern und zu dem Richter gehen,
der zu jener Zeit dort sein wird, und du sollst sie fragen, und sie sollen
dir das Urteil verkünden. 10 Und du sollst dich an den Spruch halten,
den sie dir verkünden werden von der Stätte aus, die der HERR erwäh-
len wird, und du sollst alles halten, was sie dich lehren, und danach
handeln. 11 An die Weisung, die sie dir geben, und an das Urteil, das sie 11: 5,32!
dir sprechen werden, sollst du dich halten. Du sollst von dem Spruch,
den sie dir verkünden, nicht abweichen, weder nach rechts noch nach
links. 12 Wer aber hochmütig handelt und nicht auf den Priester hört,
der dort im Dienst des HERRN, deines Gottes, steht, oder auf den Rich-
ter, der soll sterben. So sollst du das Böse ausrotten aus Israel. 13 Und 13: 13,12!
das ganze Volk soll es hören, und sie sollen sich fürchten und nie mehr
hochmütig sein.

Anweisung für den König

14 Wenn du in das Land kommst, das der HERR, dein Gott, dir gibt, 14: 1Sam 8,5
und du es in Besitz nimmst und dich darin niederlässt und dann denkst:
Ich will einen König über mich setzen wie all die Nationen rings um
mich her!, 15 dann sollst du einen König über dich setzen, den der HERR, 15: 1Sam 10,24
dein Gott, erwählen wird. Einen von deinen Brüdern sollst du zum Kö- 16: 1Kön 5,6 ·
nig über dich setzen, einen Ausländer, der nicht dein Bruder ist, darfst 28,68! · Jes 31,1;
du nicht über dich setzen. 16 Er soll sich aber nicht viele Pferde halten Ez 17,15

und das Volk nicht wieder nach Ägypten führen, um sich viele Pferde zu
verschaffen, denn der HERR hat zu euch gesagt: Diesen Weg sollt ihr
17: 2Sam 5,13 · niemals wieder zurückgehen. 17 Auch soll er sich nicht viele Frauen
1Kön 10,21 nehmen, und sein Herz soll nicht abtrünnig werden, und er soll sich
18: 1Sam 10,25; nicht zu viel Silber und Gold anhäufen. 18 Und wenn er dann auf sei-
2Kön 11,12 · 31,9 nem Königsthron sitzt, soll er sich eine Abschrift dieser Weisung in ein
Buch schreiben nach dem, das sich bei den levitischen Priestern
befindet. 19 Und er soll es bei sich haben und darin lesen sein Leben
lang, damit er lernt, den HERRN, seinen Gott, zu fürchten, und damit er
alle Worte dieser Weisung und diese Satzungen hält und danach han-
20: 5,32! delt, 20 damit sich sein Herz nicht über seine Brüder erhebt und damit
er nicht nach rechts oder links abweicht von dem Gebot, damit er lange
König bleibt inmitten Israels, er und seine Söhne.

Über die Rechte der Priester

1–2: 10,9! **18** 1 Die levitischen Priester, der ganze Stamm Levi, sollen keinen
1: Num 18,8–9 Anteil und Erbbesitz in Israel haben. Von den Feueropfern des
2: Num 18,20 HERRN und von seinem Erbbesitz sollen sie sich ernähren. 2 Erbbesitz
soll er nicht haben unter seinen Brüdern. Der HERR ist sein Erbbesitz,
3: Lev 7,32–34 wie er es ihm verheissen hat. 3 Auf dies aber hat der Priester ein Anrecht
beim Volk, bei denen, die opfern, sei es ein Rind oder ein Schaf: Man soll
dem Priester die Schulterstücke, beide Kinnbacken und den Magen ge-
4: Ex 23,19; ben. 4 Die erste Ernte von deinem Korn, deinem Most und deinem Öl
Num 18,12 und die erste Schur deiner Schafe sollst du ihm geben. 5 Denn ihn hat
der HERR, dein Gott, aus allen deinen Stämmen auserwählt, damit er als
Diener im Namen des HERRN dasteht, er und seine Söhne allezeit.
6: Ri 17,7 · 12,5 6 Wenn nun der Levit aus einem deiner Orte in ganz Israel, wo er als
Fremder weilt, herkommen will, so komme er, wann immer er will, an
die Stätte, die der HERR erwählen wird, 7 und tue Dienst im Namen des
HERRN, seines Gottes, wie alle seine Brüder, die Leviten, die dort vor
dem HERRN stehen. 8 Er soll den gleichen Anteil essen wie sie, unge-
achtet der Einkünfte aus dem Gut seiner Vorfahren.

Über wahre und falsche Propheten

9: 20,18 9 Wenn du in das Land kommst, das der HERR, dein Gott, dir gibt,
sollst du nicht lernen, so abscheulich zu handeln wie jene Nationen.
10: 2Kön 17,17 10 Bei dir soll keiner gefunden werden, der seinen Sohn oder seine
Tochter durchs Feuer gehen lässt, kein Magier, Zeichendeuter, Wahrsa-
11: Lev 19,31 ger oder Zauberer, 11 kein Beschwörer und keiner, der einen Totengeist
12: 22,5 · 9,4 oder einen Wahrsager befragt. 12 Denn der HERR verabscheut jeden, der
derartiges tut, und dieser Abscheulichkeiten wegen vertreibt sie der
HERR, dein Gott, vor dir. 13 Du sollst dich ungeteilt an den HERRN, dei-
14: Jes 2,6 nen Gott, halten. 14 Denn diese Nationen, deren Besitz du übernehmen
wirst, hören auf Zeichendeuter und Magier, dir aber hat der HERR, dein
15: 18; 34,10; Gott, dies nicht erlaubt. 15 Einen Propheten wird dir der HERR, dein
Num 12,6 Gott, auftreten lassen, aus deiner Mitte, aus deinen Brüdern, so wie
16: 5,25 · 1,6! mich, auf ihn sollt ihr hören. 16 So hast du es vom HERRN, deinem Gott,
am Choreb erbeten, am Tag der Versammlung: Ich möchte die Stimme
des HERRN, meines Gottes, nicht mehr hören und dieses grosse Feuer
17: 5,28 nicht länger sehen, damit ich nicht sterben muss. 17 Da sprach der HERR

zu mir: Was sie gesagt haben, ist gut. 18 Einen Propheten werde ich für 18–20: Apg 3,22–23
sie auftreten lassen aus der Mitte ihrer Brüder, so wie dich. Und ich wer- 18: 15! · Ex 4,15!
de ihm meine Worte in den Mund legen, und er soll ihnen alles verkün-
den, was ich ihm gebieten werde. 19 Wer aber nicht hören wird auf mei- 19: Jos 22,23
ne Worte, die er in meinem Namen verkünden wird, den werde ich zur
Rechenschaft ziehen. 20 Doch der Prophet, der sich anmasst, in mei- 20: Jer 23,31 · 13,6!
nem Namen zu verkünden, was zu verkünden ich ihm nicht geboten
habe, oder der im Namen anderer Götter spricht, dieser Prophet soll
sterben. 21 Wenn du aber denkst: Woran können wir ein Wort erken-
nen, das der HERR nicht gesprochen hat? 22 Wenn der Prophet im Na- 22: Jer 28,9
men des HERRN etwas verkündet, und es erfüllt sich nicht und trifft
nicht ein – das ist ein Wort, das der HERR nicht gesprochen hat. Der
Prophet hat sich angemasst, es zu verkünden, fürchte dich nicht vor
ihm.

Anweisung für die Aussonderung von Zufluchtsstädten

19 1 Wenn der HERR, dein Gott, die Nationen ausrottet, deren Land 1: 12,29
der HERR, dein Gott, dir gibt, und du ihren Besitz übernimmst und
dich in ihren Städten und Häusern niederlässt, 2 dann sollst du dir drei 2–7: 4,42
Städte aussondern in deinem Land, das der HERR, dein Gott, dir gibt,
damit du es in Besitz nimmst. 3 Du sollst den Weg abmessen und das
Gebiet deines Landes, das der HERR, dein Gott, dir als Erbbesitz zuweist,
in drei Bezirke teilen, so dass jeder dorthin fliehen kann, der jemanden
erschlägt. 4 Und so soll man es halten mit dem Totschläger, der dorthin
flieht und am Leben bleibt: Wenn einer seinen Nächsten ohne Vorsatz
erschlägt, ohne dass er ihm feind war, 5 wenn er mit seinem Nächsten
in den Wald geht, um Holz zu schlagen, und seine Hand holt aus mit der
Axt, um den Baum zu fällen, und das Eisen fährt vom Stiel und trifft
seinen Nächsten, und dieser stirbt, dann soll er in eine dieser Städte
fliehen und am Leben bleiben, 6 sonst könnte der Bluträcher in der Hit- 6: 12!
ze seines Zorns den Totschläger verfolgen und ihn einholen, weil der
Weg zu weit ist, und ihn erschlagen, obwohl er nicht des Todes schuldig
ist, denn er war dem Opfer nicht feind. 7 Darum gebiete ich dir: Drei
Städte sollst du dir aussondern. 8 Und wenn der HERR, dein Gott, dein 8: 12,20!
Gebiet erweitert, wie er es deinen Vorfahren geschworen hat, und dir
das ganze Land gibt, das er deinen Vorfahren zu geben verheissen hat,
9 wenn du dieses ganze Gebot, das ich dir heute gebe, hältst und danach 9: 11,22
handelst, und den HERRN, deinen Gott, liebst und allezeit auf seinen
Wegen gehst, dann sollst du zu diesen drei Städten noch drei weitere
hinzufügen, 10 damit in deinem Land, das der HERR, dein Gott, dir zum 10: Mt 27,25
Erbbesitz gibt, kein unschuldiges Blut vergossen wird und nicht Blut-
schuld auf dich kommt. 11 Wenn aber jemand seinem Nächsten feind
ist und ihm auflauert, ihn überfällt und erschlägt und dann in eine die-
ser Städte flieht, 12 dann sollen die Ältesten seines Ortes ihn von dort 12: 6; 2Sam 14,7
holen lassen und ihn dem Bluträcher übergeben, und er soll sterben;
13 du sollst kein Mitleid mit ihm kennen und das Blut des Unschuldi- 13: 21,9; 1Kön 2,31 ·
gen aus Israel wegschaffen, dann wird es dir gut gehen. 13,9

14 Du sollst die Grenze deines Nächsten, die die Vorfahren gezogen 14: 27,17;
haben, nicht verschieben bei deinem Eigentum, das du als Erbe besitzen Hiob 24,2!;
wirst in dem Land, das der HERR, dein Gott, dir zum Besitz gibt. Spr 22,28

Über das Zeugnis vor Gericht

15: 17,6! 15 Ein einziger Zeuge soll nicht gegen jemanden den Ausschlag ge-
ben, wenn es um irgendeine Schuld geht oder um irgendeine Sünde
oder um irgendeine Verfehlung, die einer begangen hat. Auf die Aussa-
ge von zwei oder drei Zeugen hin soll eine Entscheidung getroffen wer-
16: 5,20 den. 16 Wenn aber ein Zeuge zu Unrecht gegen jemanden auftritt, um
17: 16,18! ihn einer Übertretung zu beschuldigen, 17 dann sollen die beiden Män-
ner, zwischen denen der Streit besteht, vor den HERRN treten, vor die
18: 13,15 Priester und die Richter, die zu jener Zeit da sein werden. 18 Die Richter
aber sollen gründlich nachforschen. Und wenn der Zeuge ein Lügenzeu-
19: Spr 19,5 ge ist, hat er seinen Bruder fälschlich beschuldigt. 19 Dann sollt ihr ihm
antun, was er seinem Bruder anzutun gedachte. So sollst du das Böse
20: 13,12! ausrotten aus deiner Mitte. 20 Die Übrigen aber sollen es hören und
21: Ex 21,23–24 sich fürchten und nie mehr böse handeln in deiner Mitte. 21 Da sollst du
kein Mitleid kennen: Leben um Leben, Auge um Auge, Zahn um Zahn,
Hand um Hand, Fuss um Fuss.

Kriegsrechte

1: Num 10,9 · 7,21 · 20 1 Wenn du in den Krieg ziehst gegen deine Feinde und Pferde
Ps 20,8 siehst und Wagen und ein Volk, das grösser ist als du, dann fürchte
dich nicht vor ihnen, denn der HERR, dein Gott, ist mit dir, der dich her-
aufgeführt hat aus dem Land Ägypten. 2 Wenn ihr zum Kampf ausrückt,
soll der Priester herzutreten und zum Volk sprechen 3 und ihnen sagen:
Höre, Israel! Ihr rückt heute aus zum Kampf gegen eure Feinde. Euer
Herz verzage nicht, fürchtet euch nicht, und ergreift nicht die Flucht,
4: 1,30! und erschreckt nicht vor ihnen. 4 Denn der HERR, euer Gott, zieht mit
euch, um für euch mit euren Feinden zu kämpfen, um euch zu retten.
5: 1,16! 5 Dann sollen die Amtleute zum Volk sprechen und sagen: Wer hat ein
neues Haus gebaut und es noch nicht eingeweiht? Der gehe heim in sein
Haus, sonst stirbt er im Kampf, und ein anderer wird es einweihen.
6: 1Kor 9,7 6 Und wer hat einen Weinberg gepflanzt und seine ersten Trauben noch
nicht genossen? Der gehe heim in sein Haus, sonst stirbt er im Kampf,
7–8: 24,5; 28,30 und ein anderer wird die ersten Trauben geniessen. 7 Und wer hat sich
mit einer Frau verlobt und sie noch nicht geheiratet? Er gehe heim in
8: Ri 7,3 sein Haus, sonst stirbt er im Kampf, und ein anderer heiratet sie. 8 Und
weiter sollen die Amtleute zum Volk sprechen und sagen: Wer fürchtet
sich und hat ein mutloses Herz? Der gehe heim in sein Haus, sonst
macht er auch das Herz seiner Brüder so mutlos, wie sein eigenes Herz
9: 2Sam 18,1 mutlos ist. 9 Wenn dann die Amtleute ihre Rede an das Volk beendet
haben, soll man Heerführer an die Spitze des Volkes stellen.
10: 2,26 10 Wenn du vor eine Stadt ziehst, um gegen sie zu kämpfen, dann
11: 1Kön 5,1 sollst du ihr Frieden anbieten. 11 Geht sie auf das Friedensangebot ein
und öffnet sie dir ihre Tore, dann soll dir das ganze Volk, das sich in ihr
befindet, Frondienst leisten und dir Untertan sein. 12 Will sie aber kei-
nen Frieden mit dir schliessen, sondern mit dir Krieg führen, dann sollst
13: Num 31,7 du sie belagern. 13 Und der HERR, dein Gott, wird sie in deine Hand ge-
ben, und alles, was darin männlich ist, sollst du mit der Schärfe des
14: 2,35! Schwerts schlagen. 14 Nur die Frauen und Kinder und das Vieh und alles,
was sich in der Stadt an Beute findet, darfst du als Plündergut für dich
behalten, und was du bei deinen Feinden erbeutet hast, was dir der

HERR, dein Gott, gegeben hat, sollst du verzehren. 15 So sollst du es mit
allen Städten halten, die sehr weit von dir entfernt sind und nicht zu den
Städten dieser Nationen hier gehören. 16 Doch in den Städten dieser
Völker, die dir der HERR, dein Gott, zum Erbbesitz gibt, sollst du nichts
am Leben lassen, was Atem hat, 17 sondern du sollst sie der Vernichtung 17: 7,2!
weihen, die Hetiter und die Amoriter und die Kanaaniter und die Peres-
siter und die Chiwwiter und die Jebusiter, wie es dir der HERR, dein Gott,
geboten hat, 18 damit sie euch nicht lehren, so abscheulich zu handeln, 18: 18,9
wie sie es zu Ehren ihrer Götter getan haben, und damit ihr nicht schul-
dig werdet gegenüber dem HERRN, eurem Gott. 19 Wenn du eine Stadt 19: 2Kön 3,25
lange Zeit belagerst und gegen sie Krieg führst, um sie einzunehmen,
dann sollst du ihre Bäume nicht zerstören, indem du die Axt gegen sie
schwingst; du darfst davon essen, sie aber nicht fällen. Sind denn die
Bäume auf dem Feld Menschen, die du belagern müsstest? 20 Nur Bäu-
me, von denen du weisst, dass man nicht davon essen kann, die darfst du
zerstören und fällen und Bollwerke daraus bauen gegen die Stadt, die
mit dir Krieg führt, bis sie fällt.

Über Sühne bei unbekanntem Täter

21 1 Wenn man auf dem Boden, den der HERR, dein Gott, dir gibt,
damit du ihn in Besitz nimmst, einen Erschlagenen findet, der auf
dem Feld liegt, und man nicht weiss, wer ihn erschlagen hat, 2 dann
sollen deine Ältesten und deine Richter hinausgehen und die Strecke
bis zu den Städten im Umkreis des Erschlagenen messen. 3 Und in der 3: Num 19,2
Stadt, die dem Erschlagenen am nächsten liegt, sollen die Ältesten eine
junge Kuh nehmen, mit der noch nicht gearbeitet wurde und die noch
nicht im Joch gezogen hat. 4 Und die Ältesten jener Stadt sollen die Kuh 4: 10,8
hinabführen zu einem Bach, der nicht versiegt, an dem kein Ackerbau
getrieben und an dem nicht gesät wird, und dort am Bach sollen sie der
Kuh das Genick brechen. 5 Dann sollen die Priester, die Söhne Levis, 5: 17,8 · 10,8!
herzutreten, denn sie hat der HERR, dein Gott, erwählt, damit sie ihm
dienen und mit dem Namen des HERRN segnen, und nach ihrem Spruch
soll bei jedem Rechtsstreit und in jedem Fall von Körperverletzung ver-
fahren werden. 6 Und alle Ältesten jener Stadt, die am nächsten bei dem 6: Ps 26,6
Erschlagenen wohnen, sollen ihre Hände waschen über der jungen Kuh,
der am Bach das Genick gebrochen wurde, 7 und sie sollen bezeugen
und sprechen: Unsere Hände haben dieses Blut nicht vergossen, und
unsere Augen haben nichts gesehen. 8 Schaffe Sühne für dein Volk Isra- 8: Jona 1,14
el, das du, HERR, erlöst hast, und lass nicht unschuldig vergossenes Blut
in der Mitte deines Volkes Israel bleiben. Dann ist die Blutschuld für sie
gesühnt. 9 So kannst du das unschuldig vergossene Blut aus deiner Mit- 9: 19,13! · 12,25
te wegschaffen, wenn du tust, was recht ist in den Augen des HERRN.

Familienrechtliche Bestimmungen

10 Wenn du gegen deine Feinde in den Krieg ziehst und der HERR,
dein Gott, sie in deine Hand gibt und du Gefangene machst bei ihnen
11 und du dann unter den Gefangenen eine schöne Frau siehst und sie
lieb gewinnst und sie dir zur Frau nehmen willst, 12 dann führe sie in
dein Haus, und sie soll ihr Haupt scheren und sich die Nägel schneiden
13 und die Kleider ablegen, die sie als Gefangene trug, und sie soll in

deinem Haus bleiben und ihren Vater und ihre Mutter einen Monat
lang beweinen. Danach darfst du zu ihr gehen und ihr Mann werden,
14: Ex 21,8 dann wird sie deine Frau. 14 Wenn du aber keinen Gefallen mehr an ihr
findest, sollst du sie freilassen, wenn sie es will, aber für Geld verkaufen
darfst du sie nicht. Du darfst sie nicht als Sklavin behandeln, weil du ihr
Gewalt angetan hast.

15: Gen 29,30–31 15 Wenn ein Mann zwei Frauen hat, eine, die er liebt, und eine, die
er nicht liebt, und sie ihm Söhne gebären, beide, die geliebte und die
ungeliebte, und der Erstgeborene ist das Kind der ungeliebten, 16 dann
darf er, wenn er seinen Söhnen als Erbbesitz zuteilt, was er besitzt, nicht
dem Sohn der geliebten Frau das Recht des Erstgeborenen zusprechen,
zum Nachteil des Sohnes der ungeliebten, der der Erstgeborene ist.
17: Gen 49,3 · 17 Sondern den Erstgeborenen, den Sohn der Ungeliebten, soll er aner-
Gen 25,31 kennen und ihm von allem, was er besitzt, zwei Teile geben, denn dieser
ist der Erstling seiner Kraft, ihm steht das Recht der Erstgeburt zu.

18: 5,16 · 27,16; 18 Wenn jemand einen störrischen und widerspenstigen Sohn hat,
Ex 20,12 · Spr 19,18 der auf seinen Vater und auf seine Mutter nicht hört und ihnen, auch
wenn sie ihn züchtigen, nicht gehorchen will, 19 dann sollen sein Vater
und seine Mutter ihn ergreifen und ihn hinausführen zu den Ältesten
20: Spr 23,19–20 seiner Stadt und an das Tor seines Ortes. 20 Und sie sollen zu den Ältes-
ten der Stadt sagen: Unser Sohn da ist störrisch und widerspenstig, er
21: Ex 21,17 · 13,12! hört nicht auf uns, er ist ein Verschwender und Säufer. 21 Dann sollen
ihn alle Männer seiner Stadt zu Tode steinigen. So sollst du das Böse aus-
rotten aus deiner Mitte. Ganz Israel aber soll es hören und sich fürchten.

22: Gen 40,19; 22 Und wenn jemand ein todeswürdiges Verbrechen begeht und er
Num 25,4 getötet wird und du ihn an einen Pfahl hängst, 23 darf sein Leichnam
23: Jos 8,29; nicht über Nacht am Pfahl hängen bleiben, sondern du musst ihn noch
Mk 15,46 · Gal 3,13 am selben Tag begraben. Denn ein Gehängter ist von Gott verflucht, und
du sollst deinen Boden nicht unrein machen, den der HERR, dein Gott,
dir zum Erbbesitz gibt.

Anweisungen verschiedenen Inhalts

1: Ex 23,4 **22** 1 Wenn du siehst, dass sich das Rind oder das Schaf deines Bruders
verirrt hat, sollst du dich ihnen nicht entziehen, sondern du sollst
sie wieder zu deinem Bruder führen. 2 Wenn aber dein Bruder nicht
nahe bei dir wohnt oder wenn du ihn nicht kennst, sollst du es in dein
Haus nehmen, und es soll bei dir bleiben, bis dein Bruder es sucht, dann
sollst du es ihm zurückgeben. 3 So sollst du es auch mit seinem Esel hal-
ten, ebenso mit seinem Kleid und mit allem, was dein Bruder verliert.
4: Ex 23,5 Du darfst dich nicht entziehen. 4 Wenn du siehst, dass der Esel oder das
Rind deines Bruders auf dem Weg stürzt, dann sollst du dich ihnen nicht
5: 18,12 entziehen, sondern ihm helfen, sie aufzurichten. 5 Eine Frau soll keine
Männersachen tragen, und ein Mann soll keine Frauenkleider anzie-
hen, denn der HERR, dein Gott, verabscheut jeden, der dies tut.

6 Wenn du unterwegs auf irgendeinem Baum oder auf der Erde zu-
fällig ein Vogelnest mit Jungen oder mit Eiern findest, und die Mutter
sitzt auf den Jungen oder auf den Eiern, dann sollst du nicht die Mutter
7: Lev 22,28 mit den Jungen wegnehmen. 7 Die Mutter sollst du fliegen lassen und
nur die Jungen nehmen, damit es dir gut geht und du lange lebst.
8 Wenn du ein neues Haus baust, sollst du an deinem Dach ein Geländer

anbringen, damit du nicht Blutschuld auf dein Haus lädst, wenn jemand
herunterfällt.
9 Du sollst deinen Weinberg nicht mit zweierlei Gewächs bepflan- 9–11: Lev 19,19
zen, sonst verfällt das Ganze dem Heiligtum, die Gewächse, die du
pflanzt, samt dem Ertrag des Weinbergs. 10 Du sollst nicht Rind und
Esel zusammen an den Pflug spannen. 11 Du sollst nichts anziehen, das
zugleich aus Wolle und Leinen gewoben ist.
12 Du sollst dir Quasten machen an den vier Zipfeln deines Mantels, 12: Num 15,38!
mit dem du dich bedeckst.

Über Verleumdung von Frauen und Gewalt gegen sie

13 Wenn jemand eine Frau nimmt und mit ihr verkehrt und sie
dann nicht mehr liebt 14 und ihr dann Schändliches zur Last legt und
sie in schlechten Ruf bringt, indem er sagt: Diese Frau habe ich genom-
men, aber als ich mich ihr nahte, fand ich heraus, dass sie keine Jung-
frau mehr war!, 15 dann sollen der Vater und die Mutter des Mädchens
den Beweis ihrer Jungfräulichkeit nehmen und vor die Ältesten der
Stadt an das Tor hinausbringen. 16 Und der Vater des Mädchens soll zu
den Ältesten sagen: Meine Tochter habe ich diesem Mann zur Frau ge-
geben, er aber liebt sie nicht mehr 17 und legt ihr Schändliches zur Last
und sagt: Ich habe herausgefunden, dass deine Tochter keine Jungfrau
mehr war. Hier aber ist der Beweis der Jungfräulichkeit meiner Tochter.
Und sie sollen das Kleid vor den Ältesten der Stadt ausbreiten. 18 Dann
sollen die Ältesten jener Stadt den Mann ergreifen und züchtigen,
19 und sie sollen ihm eine Busse von hundert Schekel Silber auferlegen 19: 29
und sie dem Vater des Mädchens geben, weil er eine israelitische Jung-
frau in schlechten Ruf gebracht hat, und sie soll seine Frau bleiben, er
darf sie sein Leben lang nicht verstossen. 20 Erweist sich die Sache aber
als wahr, findet man, dass das Mädchen keine Jungfrau mehr war,
21 dann soll man sie vor die Tür ihres Vaterhauses führen, und die Män- 21: Gen 34,7! ·
ner ihrer Stadt sollen sie zu Tode steinigen, weil sie eine Schandtat in Gen 38,24
Israel begangen und im Haus ihres Vaters Unzucht getrieben hat. So
sollst du das Böse ausrotten aus deiner Mitte.
22 Wenn ein Mann dabei ertappt wird, dass er mit einer verheirate- 22: Ex 20,14! ·
ten Frau schläft, dann sollen beide sterben, der Mann, der mit der Frau Lev 20,10
geschlafen hat, und die Frau. So sollst du das Böse ausrotten aus Israel.
23 Wenn eine Jungfrau mit einem Mann verlobt ist, und es trifft sie
ein Mann in der Stadt und schläft mit ihr, 24 dann sollt ihr beide zum 24: Joh 8,5
Tor der Stadt hinausführen und sie zu Tode steinigen, das Mädchen,
weil es in der Stadt nicht geschrien hat, und den Mann, weil er die Frau
seines Nächsten gedemütigt hat. So sollst du das Böse ausrotten aus dei-
ner Mitte. 25 Wenn aber der Mann das verlobte Mädchen auf dem Feld
trifft und ihr Gewalt antut und mit ihr schläft, dann soll der Mann, der
mit ihr geschlafen hat, allein sterben. 26 Dem Mädchen aber sollst du
nichts tun, sie hat keine Sünde begangen, die den Tod verdient. Denn in
diesem Fall ist es so, wie wenn einer seinen Nächsten überfällt und tot-
schlägt. 27 Denn er traf sie auf dem Feld; auch wenn das verlobte Mäd-
chen geschrien hat, war niemand da, der ihr hätte helfen können.
28 Wenn ein Mann eine Jungfrau trifft, die noch nicht verlobt ist, und
sie ergreift und mit ihr schläft und ertappt wird, 29 dann soll der Mann, 29: Ex 22,15 · 19

der mit dem Mädchen geschlafen hat, ihrem Vater fünfzig Schekel Silber geben und sie zur Frau nehmen, weil er sie gedemütigt hat. Er darf sie sein Leben lang nicht verstossen.

1: 27,20; Lev 18,8!; 1Kor 5,1

23 1 Ein Mann darf nicht die Frau seines Vaters heiraten und nicht die Decke seines Vaters aufheben.

Über den Eintritt in die Versammlung

2: Lev 21,20; Jes 56,3–4
2 In die Versammlung des HERRN darf niemand kommen, dessen
Hoden zerquetscht oder dessen Glied abgeschnitten ist. 3 Kein
Mischling darf in die Versammlung des HERRN kommen, selbst in der
zehnten Generation darf keiner seiner Nachkommen in die Versamm-
4: Gen 19,37–38 · Esra 9,1; Ez 44,9
lung des HERRN kommen. 4 Kein Ammoniter oder Moabiter darf in die
Versammlung des HERRN kommen, niemals darf einer ihrer Nachkom-
men in die Versammlung des HERRN kommen, auch nicht in der zehn-
5: Num 22,5!
ten Generation, 5 denn sie sind euch nicht mit Brot und Wasser entge-
gengekommen auf dem Weg, als ihr ausgezogen seid aus Ägypten, und
er hat Bileam, den Sohn Beors, von Petor in Syrien am Eufrat, gegen dich
6: Num 24,10!
gedungen, damit er dich verfluche. 6 Aber der HERR, dein Gott, wollte
nicht auf Bileam hören, sondern der HERR, dein Gott, hat dir den Fluch
7: Esra 9,12
in Segen verwandelt, weil der HERR, dein Gott, dich liebte. 7 Dein Leben
8: Gen 25,25–26 · 10,19
lang sollst du nicht auf ihr Wohl und ihr Glück bedacht sein. 8 Einen
Edomiter sollst du nicht verabscheuen, denn er ist dein Bruder. Einen
Ägypter sollst du nicht verabscheuen, denn du bist Gast gewesen in sei-
nem Land. 9 Kinder, die ihnen in der dritten Generation geboren wer-
den, dürfen in die Versammlung des HERRN kommen.

Über die Reinhaltung des Kriegslagers

10 Wenn du im Kriegslager gegen deine Feinde ausziehst, dann
11–12: Lev 15,16
nimm dich in acht vor allem Schlechten. 11 Ist jemand bei dir, der infol-
ge eines nächtlichen Vorfalls nicht rein ist, dann soll er hinausgehen vor
das Lager. Er darf nicht wieder in das Lager kommen. 12 Gegen Abend
soll er sich dann waschen, und wenn die Sonne untergeht, darf er wie-
13–14: Num 5,3
der ins Lager kommen. 13 Und du sollst draussen vor dem Lager einen
abseits gelegenen Ort haben, wo du austreten kannst, 14 und du sollst
eine Schaufel in deinem Gepäck haben, und wenn du draussen nieder-
15: Lev 26,12 · Zef 3,17
kauerst, sollst du damit graben und deinen Unrat zudecken. 15 Denn
der HERR, dein Gott, geht mitten durch dein Lager und rettet dich und
gibt dir deine Feinde preis. Und dein Lager soll heilig sein, und er soll
nichts Anstössiges bei dir sehen und sich nicht von dir abwenden.

Anweisungen verschiedenen Inhalts

16 Du sollst einen Sklaven, der von seinem Herrn zu dir flieht, nicht
17: Ex 22,20
seinem Herrn ausliefern. 17 Er soll bei dir, in deiner Mitte, bleiben dür-
fen an dem Ort, den er sich erwählt, in einer deiner Ortschaften, wo es
ihm gefällt. Du sollst ihn nicht bedrängen.

18: Lev 19,29 · Hos 4,14
18 Unter den Töchtern Israels soll es keine Geweihte und unter den
Söhnen Israels soll es keinen Geweihten geben. 19 Du sollst keinen Dir-

23,18: Mit den ‹Geweihten› ist Kultpersonal gemeint, manche meinen, es handle sich um Kultprostituierte.

nenlohn und kein Hundegeld in das Haus des HERRN, deines Gottes,
bringen auf irgendein Gelübde hin, denn beides verabscheut der HERR,
dein Gott.
20 Du sollst von deinem Bruder keine Zinsen nehmen, weder Zinsen 20–21: Ex 22,24
für Geld noch Zinsen für Speise, noch Zinsen für irgendetwas, wofür
man Zinsen nehmen kann. 21 Von einem Ausländer darfst du Zinsen 21: 15,3
nehmen, von deinem Bruder aber sollst du keine Zinsen nehmen, damit
der HERR, dein Gott, dich segnet in allem, was du unternimmst, in dem
Land, in das du ziehst, um es in Besitz zu nehmen.
22 Wenn du dem HERRN, deinem Gott, ein Gelübde ablegst, so sollst 22: Num 6,2!
du es ohne Verzug erfüllen, denn der HERR, dein Gott, wird es sonst von
dir einfordern, und es trifft dich Strafe. 23 Wenn du es aber unterlässt, 23: Mt 5,34
etwas zu geloben, dann trifft dich keine Strafe. 24 Was über deine Lip-
pen gegangen ist, sollst du halten und danach handeln, wie du es dem
HERRN, deinem Gott, freiwillig gelobt und wie du es mit deinem Mund
ausgesprochen hast.
25 Wenn du in den Weinberg deines Nächsten kommst, darfst du
Trauben essen nach Herzenslust, bis du satt bist, aber in dein Geschirr
darfst du nichts tun. 26 Wenn du in das Kornfeld deines Nächsten 26: Mt 12,1
kommst, darfst du mit der Hand Ähren abreissen, aber die Sichel darfst
du nicht schwingen im Korn deines Nächsten.

Anweisung für Scheidung und Ehe

24 1 Wenn jemand eine Frau nimmt und sie heiratet, sie ihm dann 1: Jes 50,1; Jer 3,8;
aber nicht mehr gefällt, weil er etwas Schändliches an ihr gefun- Mt 1,19; 5,31
den hat, und er ihr einen Scheidebrief schreibt und aushändigt und sie
so aus seinem Haus verstösst 2 und wenn sie dann sein Haus verlässt
und geht und die Frau eines anderen Mannes wird 3 und dieser zweite
Mann sie auch nicht mehr liebt und ihr einen Scheidebrief schreibt und
aushändigt und sie so aus seinem Haus verstösst oder wenn der zweite
Mann stirbt, der sie sich zur Frau genommen hat, 4 dann darf ihr erster 4: Jer 3,1
Mann, der sie verstossen hat, sie nicht wieder zur Frau nehmen, nach-
dem sie unrein geworden ist, denn das verabscheut der HERR, und du
sollst das Land, das dir der HERR, dein Gott, zum Erbbesitz gibt, nicht
mit Sünde beladen.
5 Wenn sich jemand eine neue Frau genommen hat, muss er nicht 5: 20,7–8!
mit dem Heer ausziehen, und man soll ihm nichts auferlegen. Er soll ein
Jahr lang frei sein für sein Haus und seine Frau glücklich machen, die er
genommen hat.

Gebote der Menschlichkeit

6 Man soll die Handmühle oder den oberen Mühlstein nicht als
Pfand nehmen, denn damit würde man das Leben als Pfand nehmen.
7 Wenn jemand dabei ertappt wird, dass er einen von seinen Brü- 7: Ex 21,16
dern, einen Israeliten, stiehlt und ihn als Sklaven behandelt oder ver-
kauft, soll dieser Dieb sterben. So sollst du das Böse ausrotten aus deiner
Mitte.
8 Achte bei der Plage des Aussatzes darauf, alles genau zu beachten 8: Lev 13–14
und danach zu handeln, was euch die levitischen Priester lehren. Was
ich ihnen geboten habe, das sollt ihr beachten und danach handeln.

9: Num 12,10 9 Denke daran, was der HERR, dein Gott, an Mirjam getan hat auf dem
Weg, als ihr ausgezogen seid aus Ägypten.
10 Wenn du deinem Nächsten irgendetwas leihst, sollst du nicht in
sein Haus hineingehen, um ein Pfand von ihm zu nehmen. 11 Draussen
sollst du stehen bleiben, und der, dem du leihst, soll das Pfand zu dir
herausbringen. 12 Und ist es ein armer Mann, dann sollst du dich mit
13: Ex 22,25! · 6,25 seinem Pfand nicht schlafen legen, 13 sondern du sollst ihm sein Pfand
zurückgeben, wenn die Sonne untergeht, dann kann er in seinem Mantel schlafen, und er wird dich segnen. So wirst du gerecht sein vor dem
HERRN, deinem Gott.
14–15: Lev 19,13 · 14 Du sollst einen armen und bedürftigen Tagelöhner nicht bedrü-
15,9! cken, weder einen deiner Brüder noch einen Fremden in deinem Land,
an deinem Ort. 15 Am selben Tag sollst du ihm seinen Lohn geben, und
die Sonne soll darüber nicht untergehen, denn er ist arm und sehnt
sich danach. Sonst ruft er den HERRN gegen dich an, und es trifft dich
Strafe.
16: 2Kön 14,6; 16 Die Väter sollen nicht mit den Kindern getötet werden, und die
Jer 31,30; Ez 18,4 Kinder sollen nicht mit den Vätern getötet werden, ein jeder soll für
seine eigene Sünde getötet werden.
17: 27,19 · 10,18 17 Du sollst das Recht des Fremden und der Waise nicht beugen und
18: 5,15! das Kleid der Witwe nicht als Pfand nehmen, 18 sondern du sollst daran denken, dass du Sklave gewesen bist in Ägypten und dass der HERR,
dein Gott, dich von dort befreit hat. Darum gebiete ich dir, dass du so
handelst.
19: Lev 19,9–10! 19 Wenn du auf deinem Feld deine Ernte schneidest und eine Garbe
auf dem Feld vergisst, sollst du nicht umkehren, um sie zu holen. Dem
Fremden, der Waise und der Witwe soll sie gehören, damit der HERR,
dein Gott, dich segnet bei aller Arbeit deiner Hände. 20 Wenn du dei-
nen Ölbaum abklopfst, sollst du danach nicht die Zweige absuchen;
dem Fremden, der Waise und der Witwe soll es gehören. 21 Wenn du in
deinem Weinberg Lese hältst, sollst du keine Nachlese halten. Dem
22: 5,15! Fremden, der Waise und der Witwe soll es gehören. 22 Und du sollst
daran denken, dass du Sklave gewesen bist in Ägypten; darum gebiete
ich dir, dass du so handelst.

Über Prügelstrafe

1: Spr 17,15! 25 1 Wenn Männer miteinander Streit haben, und sie treten vor Ge-
richt, und man spricht ihnen Recht und gibt demjenigen Recht,
2: Lk 12,47 der im Recht ist, und demjenigen Unrecht, der im Unrecht ist, 2 so soll
der Richter, falls der, der im Unrecht ist, Streiche verdient, ihn hinstrecken und ihm in seiner Gegenwart so viele Streiche geben lassen, wie er
3: 2Kor 11,24 für sein Unrecht verdient. 3 Vierzig Streiche darf er ihm geben lassen,
nicht mehr, sonst würde dein Bruder vor dir entehrt, wenn er ihm noch
viel mehr Schläge geben liesse.
4: 1Kor 9,9; 4 Du sollst dem Ochsen nicht das Maul verbinden, wenn er drischt.
1Tim 5,18

Über die Schwagerehe

5: Gen 38,8! 5 Wenn Brüder beieinander wohnen und einer von ihnen stirbt,
ohne dass er einen Sohn hat, dann soll die Frau des Verstorbenen nicht
einen Fremden heiraten, der nicht zur Familie gehört. Ihr Schwager soll

zu ihr kommen und sie zur Frau nehmen und die Schwagerehe mit ihr
eingehen. 6 Und der erste Sohn, den sie gebiert, soll als Sohn seines ver- 6: Rut 4,10
storbenen Bruders gelten, damit dessen Name in Israel nicht erlöscht.
7 Will aber der Mann seine Schwägerin nicht heiraten, dann soll seine
Schwägerin ans Tor zu den Ältesten gehen und sagen: Mein Schwager
weigert sich, den Namen seines Bruders in Israel zu erhalten; er will die
Schwagerehe nicht mit mir eingehen. 8 Dann sollen die Ältesten der 8–9: Rut 4,6–8
Stadt ihn rufen und ihm zureden. Wenn er aber dabei bleibt und erklärt:
Ich will sie nicht heiraten!, 9 dann soll seine Schwägerin vor den Ältes- 9: Num 12,14
ten an ihn herantreten, ihm die Sandale vom Fuss ziehen und ihm ins
Angesicht spucken und sprechen: So geht es dem Mann, der das Haus
seines Bruders nicht bauen will. 10 Und sein Haus soll in Israel Haus-
des-Barfüssers heissen.

Anweisungen verschiedenen Inhalts

11 Wenn Männer miteinander raufen, ein Mann und sein Bruder,
und die Frau des einen läuft herzu, um ihren Mann aus der Hand dessen
zu befreien, der ihn schlägt, und sie streckt ihre Hand aus und ergreift
diesen bei der Scham, 12 dann sollst du ihr die Hand abhauen, du sollst 12: 13,9–10!
kein Mitleid kennen.
13 Du sollst in deinem Beutel nicht zweierlei Gewichtsteine haben, 13–15: Lev 19,36!;
einen grösseren und einen kleineren. 14 Du sollst in deinem Haus nicht Ez 45,10; Am 8,5
zweierlei Hohlmasse haben, ein grösseres und ein kleineres. 15 Volle
und richtige Gewichte sollst du haben, volle und richtige Masse sollst
du haben, damit du lange lebst auf dem Boden, den der HERR, dein Gott,
dir gibt. 16 Denn der HERR, dein Gott, verabscheut jeden, der so handelt, 16: Spr 11,1; Mi 6,11
jeden, der Unrecht tut.
17 Denke daran, was dir die Amalekiter angetan haben auf dem Weg, 17–18: Ex 17,8
als ihr ausgezogen seid aus Ägypten, 18 wie sie dir entgegengetreten
sind auf dem Weg und, ohne Gott zu fürchten, alle geschlagen haben,
die vor Schwäche hinter dir zurückblieben, als du müde und matt warst.
19 Wenn der HERR, dein Gott, dir Ruhe schafft vor all deinen Feinden 19: Ex 17,14
ringsum, in dem Land, das dir der HERR, dein Gott, zum Erbbesitz gibt,
sollst du das Andenken der Amalekiter unter dem Himmel austilgen,
vergiss das nicht.

Anweisung für die erste Ernte und den Zehnten

26 1 Und wenn du in das Land kommst, das dir der HERR, dein Gott, 1–2: Ex 23,19
als Erbbesitz gibt, und wenn du es in Besitz nimmst und dich dar-
in niederlässt, 2 dann sollst du etwas von der ersten Ernte aller Früchte 2: 12,5
des Bodens nehmen, die du einbringen wirst von deinem Land, das der
HERR, dein Gott, dir gibt, und du sollst es in einen Korb legen, und du
sollst an die Stätte gehen, die der HERR, dein Gott, erwählen wird, um
seinen Namen dort wohnen zu lassen. 3 Und du sollst zu dem Priester
gehen, der zu jener Zeit dort sein wird, und zu ihm sprechen: Ich bezeu-
ge heute dem HERRN, deinem Gott, dass ich in das Land gekommen bin,
das uns zu geben der HERR unseren Vorfahren geschworen hat. 4 Und
der Priester soll den Korb aus deiner Hand nehmen und ihn vor den
Altar des HERRN, deines Gottes, stellen. 5 Dann sollst du bekennen und 5–9: 6,20–25!
vor dem HERRN, deinem Gott, sprechen: Ein verlorener Aramäer war 5: Gen 28,5 · 10,22

mein Vater, und er zog hinab nach Ägypten und blieb dort als Fremder
mit wenigen Leuten, und dort wurde er zu einer grossen, starken und
6: Ex 1,13–14; zahlreichen Nation. 6 Die Ägypter aber behandelten uns schlecht und
Num 20,15 unterdrückten uns und auferlegten uns harte Arbeit. 7 Da schrien wir
7: Ex 2,23–25; 3,7–9 zum HERRN, dem Gott unserer Vorfahren, und der HERR hörte unser
Schreien und sah unsere Unterdrückung, unsere Mühsal und unsere
8: 5,15 · 4,34 Bedrängnis. 8 Und der HERR führte uns heraus aus Ägypten mit starker
Hand und ausgestrecktem Arm, mit grossen und furchterregenden Taten, mit Zeichen und Wundern, 9 und er brachte uns an diesen Ort und
gab uns dieses Land, ein Land, in dem Milch und Honig fliessen. 10 Und
nun sieh, ich bringe die erste Ernte von den Früchten des Bodens, den
du, HERR, mir gegeben hast. – Und du sollst sie vor den HERRN, deinen
11: 16,11! Gott, legen und dich niederwerfen vor dem HERRN, deinem Gott, 11 und
sollst dich freuen über all das Gute, das der HERR, dein Gott, dir und
deinem Haus gegeben hat, du und der Levit und der Fremde bei dir.

12: 14,28 12 Wenn du im dritten Jahr, dem Zehntjahr, den ganzen Zehnten
deines Ertrags vollständig entrichtet und ihn dem Leviten, dem Fremden, der Waise und der Witwe gegeben hast, damit sie sich davon satt
essen in deinem Ort, 13 dann sollst du vor dem HERRN, deinem Gott,
sprechen: Ich habe das Geweihte aus dem Haus weggebracht und es
dem Leviten und dem Fremden, der Waise und der Witwe gegeben, genau nach dem Gebot, das du mir gegeben hast. Ich habe keines deiner
14: Jer 16,7 · 15,5 Gebote übertreten und keines vergessen. 14 Ich habe nichts davon gegessen, als ich in Trauer war, und nichts davon weggeschafft, als ich unrein war, und nichts davon einem Toten gegeben. Ich habe auf das Wort
des HERRN, meines Gottes, gehört, ich habe alles so gemacht, wie du es
15: Jes 63,15 mir geboten hast. 15 Blicke herab von deiner heiligen Wohnung, vom
Himmel, und segne dein Volk Israel und den Boden, den du uns gegeben
hast, wie du es unseren Vorfahren geschworen hast, ein Land, in dem
Milch und Honig fliessen.

Schlussermahnung

16 Heute gebietet dir der HERR, dein Gott, diese Satzungen und
Rechte zu halten. Halte sie und handle danach von ganzem Herzen und
17: Ex 19,8; von ganzer Seele. 17 Du hast den HERRN heute erklären lassen, dass er
Jos 24,22 dein Gott sein will und dass du auf seinen Wegen gehen sollst und seine
Satzungen, Gebote und Rechte halten und auf seine Stimme hören
18: 7,6! sollst. 18 Und der HERR hat dich heute erklären lassen, dass du sein eigenes Volk sein willst, wie er es dir verheissen hat, und dass du alle seine
19: 28,1 · Jer 13,11 Gebote halten willst 19 und dass er dich erhöhen soll über alle Nationen,
die er geschaffen hat, zum Lob, zum Ruhm und zur Zierde, und dass du
ein Volk sein willst, das dem HERRN, deinem Gott, geweiht ist, wie er es
geboten hat.

Anweisung für einen Altar nach der Überquerung des Jordan

1: 1,1! 27 1 Und Mose, samt den Ältesten Israels, gebot dem Volk: Haltet das
ganze Gebot, das ich euch heute gebe. 2 An dem Tag aber, an dem
ihr über den Jordan in das Land kommt, das der HERR, dein Gott, dir
gibt, sollst du grosse Steine aufrichten und sie mit Kalk tünchen, 3 und
wenn du hinüberziehst, sollst du alle Worte dieser Weisung darauf

schreiben, damit du in das Land hineinkommst, das der HERR, dein
Gott, dir gibt, ein Land, in dem Milch und Honig fliessen, wie der HERR,
der Gott deiner Vorfahren, es dir verheissen hat. 4 Wenn ihr nun den 4: 11,29!
Jordan überschreitet, sollt ihr diese Steine aufrichten, wie ich es euch
heute gebiete, auf dem Berg Ebal, und du sollst sie mit Kalk tünchen.
5 Und dort sollst du dem HERRN, deinem Gott, einen Altar errichten, 5: Ex 20,25; Jos 8,31
einen Altar aus Steinen. Du sollst sie nicht mit Eisen bearbeiten. 6 Aus
unbehauenen Steinen sollst du den Altar des HERRN, deines Gottes, bau-
en und darauf dem HERRN, deinem Gott, Brandopfer darbringen. 7 Und 7: 12,7!
du sollst Heilsopfer schlachten und dort essen und fröhlich sein vor
dem HERRN, deinem Gott. 8 Und du sollst alle Worte dieser Weisung 8: Jos 8,32!
klar und deutlich auf die Steine schreiben. 9 Und Mose, samt den leviti-
schen Priestern, sprach zu ganz Israel: Sei still und höre, Israel! Heute
bist du zum Volk des HERRN, deines Gottes, geworden. 10 Darum sollst 10: 28,1
du auf das Wort des HERRN, deines Gottes, hören und handeln nach sei-
nen Geboten und Satzungen, die ich dir heute gebe.

Fluchworte

11 Und Mose gebot dem Volk an jenem Tag: 12 Die einen sollen sich 12–13: 11,29!
auf den Berg Garizim stellen, um das Volk zu segnen, wenn ihr den Jor-
dan überquert: Simeon, Levi, Juda, Issaschar, Josef und Benjamin.
13 Und die anderen sollen sich auf den Berg Ebal stellen, um zu verflu-
chen: Ruben, Gad, Asser, Sebulon, Dan und Naftali. 14 Und die Leviten
sollen reden und zu allen Israeliten mit lauter Stimme sprechen:

15 Verflucht ist, wer ein geschnitztes oder gegossenes Bild macht, 15: 4,16! · 7,25 ·
wie es der HERR verabscheut, und es heimlich aufstellt. Und das ganze Jes 44,11
Volk soll antworten und sprechen: Amen.

16 Verflucht ist, wer seinem Vater oder seiner Mutter nicht Ehre er- 16: 21,18!
weist. Und das ganze Volk soll sprechen: Amen.

17 Verflucht ist, wer die Grenze seines Nächsten verschiebt. Und das 17: 19,14!
ganze Volk soll sprechen: Amen.

18 Verflucht ist, wer einen Blinden auf den falschen Weg führt. Und 18: Gen 27,12;
das ganze Volk soll sprechen: Amen. Lev 19,14!

19 Verflucht ist, wer das Recht des Fremden, der Waise oder der Wit- 19: 24,17
we beugt. Und das ganze Volk soll sprechen: Amen.

20 Verflucht ist, wer mit der Frau seines Vaters schläft, denn er hat 20: 23,1!
die Decke seines Vaters aufgehoben. Und das ganze Volk soll sprechen:
Amen.

21 Verflucht ist, wer mit irgendeinem Tier schläft. Und das ganze 21: Ex 22,18;
Volk soll sprechen: Amen. Lev 20,15

22 Verflucht ist, wer mit seiner Schwester schläft, der Tochter seines 22: Lev 18,9!
Vaters oder seiner Mutter. Und das ganze Volk soll sprechen: Amen.

23 Verflucht ist, wer mit seiner Schwiegermutter schläft. Und das
ganze Volk soll sprechen: Amen.

24 Verflucht ist, wer seinen Nächsten heimlich erschlägt. Und das
ganze Volk soll sprechen: Amen.

25 Verflucht ist, wer Bestechung annimmt, damit ein unschuldiger 25: Ez 22,12
Mensch getötet wird. Und das ganze Volk soll sprechen: Amen.

26 Verflucht ist, wer die Worte dieser Weisung nicht hochhält und 26: 28,15; Jer 11,3;
nicht danach handelt. Und das ganze Volk soll sprechen: Amen. Gal 3,10

Ankündigung von Segen und Fluch

1–14: Lev 26,3–13 28 1 Und wenn du auf die Stimme des HERRN, deines Gottes, hörst
1: 26,19 · 27,10 und alle seine Gebote, die ich dir heute gebe, hältst und danach
handelst, wird der HERR, dein Gott, dich erhöhen über alle Nationen der
Erde. 2 Und alle diese Segnungen werden über dich kommen und wer-
den dich erreichen, wenn du auf die Stimme des HERRN, deines Gottes,
hörst:
3–4: 7,13! 3 Gesegnet bist du in der Stadt, und gesegnet bist du auf dem Feld.
4: Lk 1,42 4 Gesegnet ist die Frucht deines Leibes, die Frucht deines Bodens und
die Frucht deines Viehs, der Nachwuchs deiner Rinder und der Zuwachs
6: Ps 121,8 deiner Schafe. 5 Gesegnet ist dein Korb und dein Backtrog. 6 Gesegnet
bist du, wenn du kommst, und gesegnet bist du, wenn du gehst. 7 Der
HERR wird deine Feinde, die sich gegen dich erheben, vor dir geschlagen
sein lassen. Auf einem Wege werden sie gegen dich ausziehen, und auf
8: Lev 25,21 · sieben Wegen werden sie vor dir fliehen. 8 Der HERR wird dem Segen
Spr 3,10 · 14,29 gebieten, dass er mit dir sei in deinen Speichern und bei allem, was du
unternimmst, und er wird dich segnen in dem Land, das der HERR, dein
9: 7,6! · 29,12 Gott, dir gibt. 9 Der HERR wird dich zu einem Volk machen, das ihm
geweiht ist, wie er es dir geschworen hat, wenn du die Gebote des
10: Jes 63,19 · 2,25! HERRN, deines Gottes, hältst und auf seinen Wegen gehst. 10 Dann wer-
den alle Völker der Erde sehen, dass der Name des HERRN über dir aus-
11: 7,13! gerufen ist, und sie werden sich vor dir fürchten. 11 Und der HERR wird
dir Gutes geben im Überfluss, Frucht deines Leibes, Frucht deines Viehs
und Frucht deines Bodens, auf dem Boden, den dir zu geben der HERR
12: 11,14! · 15,6 deinen Vorfahren geschworen hat. 12 Der HERR wird dir sein reiches
Schatzhaus, den Himmel, auftun und deinem Land Regen geben zu sei-
ner Zeit und alle Arbeit deiner Hände segnen; so wirst du vielen Natio-
nen leihen können, dir selbst aber nichts leihen müssen. 13 Und der
HERR wird dich zum Haupt machen und nicht zum Schwanz, und du
wirst nur aufsteigen und wirst nicht sinken, wenn du hörst auf die Ge-
bote des HERRN, deines Gottes, die ich dir heute gebe, und wenn du sie
14: 5,32! hältst und danach handelst 14 und von all den Worten, die ich euch heu-
te gebiete, weder nach rechts noch nach links abweichst, um anderen
Göttern zu folgen und ihnen zu dienen.
15–68: Lev 26,14–38 15 Wenn du aber nicht auf die Stimme des HERRN, deines Gottes,
15: 27,26! · 45; hörst und nicht alle seine Gebote und Satzungen, die ich dir heute gebe,
Dan 9,11 hältst und nicht danach handelst, dann werden all diese Flüche über
dich kommen und dich erreichen:
16: Spr 3,33 16 Verflucht bist du in der Stadt, und verflucht bist du auf dem Feld.
18: Hos 9,14 17 Verflucht ist dein Korb und dein Backtrog. 18 Verflucht ist die Frucht
deines Leibes und die Frucht deines Bodens, der Nachwuchs deiner Rin-
19: Ri 2,15 der und der Zuwachs deiner Schafe. 19 Verflucht bist du, wenn du
kommst, und verflucht bist du, wenn du gehst. 20 Der HERR wird den
Fluch, die Verwirrung und die Bedrohung auf dich loslassen bei allem,
was du unternimmst, bis du schon bald vernichtet und vertilgt wirst,
21–22: 1Kön 8,37; deiner bösen Taten wegen, weil du mich verlassen hast. 21 Der HERR
Jer 24,10; Am 4,10; wird dir die Pest anhängen, bis er dich ausgerottet hat auf dem Boden,
Hag 2,17 auf den du ziehst, um ihn in Besitz zu nehmen. 22 Der HERR wird dich
schlagen mit Schwindsucht und Fieber und Fieberglut und Entzündung
und Dürre und Getreidebrand und Vergilben, und sie werden dich ver-

folgen, bis du zugrunde gehst. 23 Der Himmel über deinem Haupt wird 23: 11,17!
zu Erz werden und die Erde unter dir zu Eisen. 24 Der HERR wird den
Regen deines Landes zu Sand und zu Staub machen, vom Himmel wird
es auf dich herabkommen, bis du umkommst. 25 Der HERR wird dich 25: Jes 30,17 ·
von deinen Feinden geschlagen sein lassen: Auf einem Wege wirst du Jer 34,17
gegen sie ausziehen, und auf sieben Wegen wirst du vor ihnen fliehen.
Und du wirst zum Schreckbild werden für alle Reiche der Erde. 26 Und 26: 1Sam 17,46! ·
deine Leichen werden ein Frass sein für alle Vögel des Himmels und für Gen 15,11
alle Tiere der Erde, und niemand wird sie verscheuchen. 27 Der HERR 27: 60; Ex 9,9 ·
wird dich schlagen mit dem Geschwür Ägyptens und mit Beulen und 1Sam 5,6
mit Krätze und mit Schorf, von denen du nicht geheilt werden kannst.
28 Der HERR wird dich schlagen mit Wahnsinn und mit Blindheit und
mit Verwirrung, 29 und du wirst am hellen Mittag umhertappen, wie 29: Jes 59,10;
ein Blinder im Dunkeln tappt, und du wirst auf deinen Wegen keinen Hiob 5,14
Erfolg haben, und du wirst allezeit nur unterdrückt und beraubt wer-
den, und niemand wird dir helfen. 30 Eine Frau wirst du dir verloben, 30: Hiob 31,10 ·
aber ein anderer wird mit ihr schlafen. Ein Haus wirst du bauen, aber Jes 65,22! · 20,7–8!
darin wohnen wirst du nicht. Einen Weinberg wirst du pflanzen, aber
nichts davon wirst du geniessen. 31 Dein Rind wird vor deinen Augen 31: Ri 6,4!
geschlachtet werden, aber du wirst nichts davon essen. Dein Esel wird
vor deinem Angesicht geraubt werden und nicht mehr zu dir zurück-
kehren. Deine Schafe werden deinen Feinden gegeben werden, und nie-
mand wird dir helfen. 32 Deine Söhne und deine Töchter werden einem
anderen Volk preisgegeben werden, und deine Augen müssen es mit
ansehen und sich allezeit nach ihnen sehnen, aber du wirst machtlos
sein. 33 Die Frucht deines Bodens und all deiner Arbeit wird ein Volk 33: 51; Jes 1,7;
verzehren, das du nicht kennst, und du wirst allezeit nur unterdrückt Hos 8,7
und misshandelt werden. 34 Und du wirst wahnsinnig werden bei
dem, was deine Augen sehen. 35 Der HERR wird dich an den Knien und 35: Hiob 2,7
an den Schenkeln schlagen mit bösen Geschwüren, von denen du nicht
geheilt werden kannst, von der Fusssohle bis zum Scheitel. 36 Der HERR 36: 4,28!
wird dich und deinen König, den du über dich setzen wirst, zu einer
Nation führen, die du und deine Vorfahren nicht gekannt haben, und du
wirst dort anderen Göttern dienen, aus Holz und Stein. 37 Und du wirst 37: 1Kön 9,7;
zum Entsetzen werden, zum Sprichwort und zum Gespött bei allen Völ- Jer 15,4!; Ez 5,15
kern, zu denen der HERR dich führen wird. 38 Du wirst viel Samen auf 38–40: Mi 6,15;
das Feld bringen, aber wenig einsammeln, denn die Heuschrecke wird Joel 1,4; Hag 1,6
es fressen. 39 Weinberge wirst du pflanzen und bebauen, aber Wein
wirst du nicht trinken noch einkellern, denn der Wurm wird es weg-
fressen. 40 Ölbäume wirst du besitzen in deinem ganzen Gebiet, aber
du wirst dich nicht salben mit Öl, denn deine Oliven werden abfallen.
41 Söhne und Töchter wirst du zeugen, aber sie werden dir nicht blei- 41: Klgl 1,5
ben, denn sie müssen in die Gefangenschaft ziehen. 42 All deine Bäume
und die Früchte deines Bodens wird das Ungeziefer in Besitz nehmen.
43 Der Fremde bei dir wird aufsteigen über dich, höher und höher, du
aber wirst sinken, tiefer und tiefer. 44 Er wird dir leihen, du aber wirst
ihm nicht leihen können, er wird zum Haupt, du aber wirst zum
Schwanz werden. 45 Und alle diese Flüche werden über dich kommen, 45: 15!
dich verfolgen und dich erreichen, bis du vertilgt bist, weil du auf die
Stimme des HERRN, deines Gottes, nicht gehört und seine Gebote und

Satzungen, die er dir gegeben hat, nicht gehalten hast. 46 Und sie wer-
den als Zeichen und Wunder an dir haften und an deinen Nachkommen
47: 32,15 auf ewig. 47 Dafür, dass du vor lauter Überfluss dem HERRN, deinem
48: Jer 28,13–14 Gott, nicht mit Freude und fröhlichem Herzen gedient hast, 48 wirst du
deinen Feinden dienen müssen, die der HERR auf dich loslassen wird, in
Hunger und Durst, in Blösse und Mangel an allem, und er wird dir ein
49: Jer 4,13 · eisernes Joch auf den Nacken legen, bis er dich vertilgt hat. 49 Der HERR
Jes 28,11! wird eine Nation aus der Ferne über dich bringen, vom Ende der Erde,
die wie ein Adler herabstösst, eine Nation, deren Sprache du nicht ver-
50: 2Chr 36,17; stehst, 50 eine Nation von grimmigem Angesicht, die den Greis nicht
Klgl 5,12–13 schont und kein Erbarmen hat mit dem Knaben. 51 Und sie wird die
51: 33! Frucht deines Viehs und die Frucht deines Bodens verzehren, bis du ver-
tilgt bist; sie wird dir nichts übrig lassen vom Korn, vom Wein und vom
Öl, vom Nachwuchs deiner Rinder und vom Zuwachs deiner Schafe, bis
52: 2Kön 25,1.10 sie dich vernichtet hat. 52 Sie wird dich belagern in allen deinen Städ-
ten, bis deine hohen und festen Mauern fallen, auf die du vertraust in
deinem ganzen Land. Und wenn sie dich belagert in allen deinen Städ-
ten, in deinem ganzen Land, das dir der HERR, dein Gott, gegeben hat,
53: Lev 26,29!; 53 dann wirst du die Frucht deines Leibes essen, das Fleisch deiner Söh-
Klgl 2,20; 4,10; ne und deiner Töchter, die dir der HERR, dein Gott, gegeben hat, unter
Ez 5,10 der Belagerung und in der Drangsal, mit der dein Feind dich bedrängt.
54 Der zarteste und verwöhnteste von deinen Männern wird miss-
günstig schauen auf seinen Bruder und die Frau an seiner Brust und
seine übrigen Kinder, die er noch übrig lässt. 55 Er wird keinem von
ihnen etwas abgeben von dem Fleisch seiner Kinder, das er isst, weil
ihm sonst nichts übrig geblieben ist unter der Belagerung und in der
Drangsal, mit der dein Feind dich bedrängt in allen deinen Städten.
56: Jes 47,1 56 Die zarteste und verwöhnteste von deinen Frauen, die vor Verwöh-
nung und Verzärtelung noch nie versucht hat, ihre Fusssohle auf die
Erde zu setzen, wird dem Mann an ihrem Busen und ihrem Sohn und
ihrer Tochter 57 die Nachgeburt missgönnen, die aus ihrem Schoss
kommt, und ihre Kinder, die sie gebären wird; denn aus Mangel an al-
lem wird sie sie heimlich essen unter der Belagerung und in der Drang-
sal, mit der dein Feind dich bedrängt in deinen Städten.

58 Wenn du nicht alle Worte dieser Weisung, die in diesem Buch
geschrieben sind, hältst und danach handelst und wenn du diesen herr-
lichen und furchtbaren Namen, den HERRN, deinen Gott, nicht fürch-
59: 29,21 test, 59 dann wird der HERR dich und deine Nachkommen mit ausge-
suchten Plagen heimsuchen, mit grossen und andauernden Plagen und
60: 27! · 7,15! mit bösen und andauernden Krankheiten. 60 Er wird alle Seuchen
Ägyptens über dich bringen, vor denen dir graut, und sie werden dir
anhaften. 61 Auch alle Krankheiten und alle Plagen, die in diesem Buch
der Weisung nicht aufgezeichnet sind, wird der HERR über dich kom-
62: 4,27 · 1,10! men lassen, bis du vertilgt bist. 62 Und es werden nur wenige von euch
übrig bleiben, statt dass ihr zahlreich wäret wie die Sterne des Him-
mels, weil du nicht auf die Stimme des HERRN, deines Gottes, gehört
63: Spr 1,26 · 30,9 hast. 63 Und wie der HERR seine Freude daran hatte, euch Gutes zu tun
und euch zu mehren, so wird der HERR dann seine Freude daran haben,
euch zu vernichten und euch zu vertilgen, und ihr werdet herausgeris-
sen werden aus dem Boden, auf den du ziehst, um ihn in Besitz zu neh-

men. 64 Und der HERR wird dich unter alle Völker zerstreuen, vom ei- 64: 4,28! · 13,8
nen Ende der Erde bis zum anderen, und da wirst du anderen Göttern
dienen, die du und deine Vorfahren nicht gekannt haben, aus Holz und
Stein. 65 Und unter diesen Nationen wirst du keine Ruhe haben, und es 65: Klgl 5,17
wird keine Stätte geben, wo dein Fuss rasten kann. Sondern der HERR
wird dir dort ein banges Herz, erlöschende Augen und eine verzweifeln-
de Seele geben. 66 Dein Leben wird in Gefahr schweben, und bei Nacht
und bei Tag wirst du dich fürchten und dich deines Lebens nicht sicher
fühlen. 67 Am Morgen wirst du sagen: Wäre es doch Abend!, und am 67: Hiob 7,4
Abend wirst du sagen: Wäre es doch Morgen!, in der Angst deines Her-
zens, die dich überfällt, und bei dem, was deine Augen sehen. 68 Und 68: 17,16; Gen 26,2;
der HERR wird dich auf Schiffen wieder nach Ägypten führen, auf dem Hos 8,13
Weg, von dem ich dir gesagt habe: Du sollst ihn nie mehr sehen. Und
dort müsst ihr euch euren Feinden als Sklaven und Sklavinnen zum
Kauf anbieten, doch es wird kein Käufer da sein.

69 Das sind die Worte des Bundes, den Mose nach dem Gebot des 69: 5,2
HERRN mit Israel im Land Moab geschlossen hat, neben dem Bund, den
er am Choreb mit ihnen geschlossen hatte.

Der Bundesschluss des HERRN mit Israel

29 1 Und Mose rief ganz Israel zusammen und sprach zu ihnen: Ihr 1: 1,1! · 7,18; Ex 19,4
habt selbst alles gesehen, was der HERR vor euren Augen im Land
Ägypten getan hat am Pharao und an allen seinen Dienern und an sei-
nem ganzen Land: 2 die grossen Prüfungen, die deine Augen gesehen 2: Jos 24,17
haben, jene grossen Zeichen und Wunder. 3 Aber der HERR hat euch bis 3: Jes 6,10; Jer 5,21;
zum heutigen Tag noch kein Herz gegeben, das versteht, keine Augen, Ez 12,2; Mt 13,14
die sehen, und keine Ohren, die hören. 4 Und ich habe euch vierzig Jah- 4: 8,4 · 2,7!
re lang in der Wüste geführt: Eure Kleider sind an euch nicht zerfallen,
und an deinem Fuss ist deine Sandale nicht zerfallen. 5 Brot habt ihr 5: 8,3 · Ex 6,7
nicht gegessen, und Wein und Bier habt ihr nicht getrunken. So solltet
ihr erkennen, dass ich der HERR, euer Gott, bin. 6 Und als ihr an diesen 6: 2,33! · 3,3!
Ort kamt, da zog Sichon, der König von Cheschbon, mit Og, dem König
des Baschan, gegen uns aus zum Kampf, wir aber schlugen sie. 7 Und 7: 3,13
wir nahmen ihnen das Land weg und gaben es den Rubeniten und den
Gaditen und dem halben Stamm Manasse zum Erbbesitz. 8 So haltet 8: Jos 1,7; 1Kön 2,3
nun die Worte dieses Bundes und handelt danach, damit ihr Erfolg habt
bei allem, was ihr tut. 9 Ihr alle steht heute vor dem HERRN, eurem Gott, 9: Jos 24,1
die Häupter eurer Stämme, eure Ältesten und eure Amtleute, alle Män-
ner von Israel, 10 eure Kinder, eure Frauen und der Fremde in deinem 10: Jos 8,35 ·
Lager, vom Holzfäller bis zum Wasserschöpfer. 11 Du sollst eintreten in Jos 9,21!
den Bund mit dem HERRN, deinem Gott, und in den eidlichen Vertrag, 11: 2Chr 15,12
den der HERR, dein Gott, heute mit dir schliesst, 12 damit er dich heute 12: 28,9
zu seinem Volk macht und damit er dein Gott wird, wie er es dir verheis-
sen und wie er es deinen Vorfahren, Abraham, Isaak und Jakob, ge-
schworen hat. 13 Doch nicht mit euch allein schliesse ich diesen Bund 13: Gen 17,7
und diesen eidlichen Vertrag, 14 sondern sowohl mit denen, die heute 14: 5,3
mit uns hier stehen vor dem HERRN, unserem Gott, als auch mit denen,
die heute noch nicht hier sind mit uns. 15 Denn ihr wisst selbst, wie wir
im Land Ägypten gewohnt haben und wie wir durch die Nationen gezo-
gen sind, durch die ihr gezogen seid. 16 Und bei ihnen habt ihr ihre

Scheusale gesehen und ihre Götzen aus Holz und Stein, Silber und Gold.
17: 32,32; Hos 10,4; Hebr 12,15 — 17 Es soll niemand bei euch sein, kein Mann und keine Frau, keine Sippe
und kein Stamm, dessen Herz sich heute vom HERRN, unserem Gott,
abwendet, so dass er hingeht und den Göttern jener Nationen dient. Es
soll bei euch keine Wurzel wachsen, die Gift und Wermut als Frucht
18: Jer 23,17 — trägt. 18 Und niemand, der die Worte dieses eidlichen Vertrages hört,
soll sich in seinem Herzen segnen und sprechen: Mir wird es gut gehen,
auch wenn ich meinem verstockten Herzen folge. Denn dann würde das
19: Offb 22,18 — bewässerte Land samt dem trockenen zugrunde gehen. 19 Der HERR
wird nicht bereit sein, ihm zu vergeben, sondern der Zorn und der Eifer
des HERRN wird sich entzünden gegen diesen Mann, und es werden
ihm all die Flüche auflauern, die in diesem Buch geschrieben stehen,
20: Spr 2,22 · 30,10 — und der HERR wird seinen Namen austilgen unter dem Himmel, 20 und
der HERR wird ihn zum Unheil aussondern aus allen Stämmen Israels,
gemäss all den Flüchen des Bundes, die in diesem Buch der Weisung
21: 28,59 — geschrieben stehen. 21 Und die spätere Generation, eure Kinder, die
nach euch kommen werden, und der Fremde, der aus einem fernen
Land kommt, sie werden sprechen, wenn sie die Plagen dieses Landes
sehen und die Krankheiten, mit denen der HERR es heimgesucht hat –
22: Gen 19,24; Hos 11,8; Zef 2,9 — 22 Schwefel und Salz, eine Brandstätte ist sein ganzes Land: Es kann
nicht besät werden und lässt nichts sprossen, und kein Kraut wächst
darauf, wie nach der Zerstörung von Sodom und Gomorra, Adma und
Zebojin, die der HERR in seinem Zorn und Grimm zerstört hat –, 23 alle
Nationen werden fragen: Warum hat der HERR diesem Land das ange-
24: 1Kön 9,9; 2Kön 18,12 — tan? Weshalb dieser grosse, glühende Zorn? 24 Dann wird man sagen:
Weil sie den Bund des HERRN, des Gottes ihrer Vorfahren, verlassen ha-
ben, den er mit ihnen schloss, als er sie herausführte aus dem Land
Ägypten, 25 und weil sie hingingen und anderen Göttern dienten und
sich vor ihnen niederwarfen, Göttern, die sie nicht kannten und die er
ihnen nicht zugewiesen hatte, 26 deshalb entbrannte der Zorn des
HERRN über dieses Land, so dass er all die Flüche darüber kommen liess,
27: 1Kön 14,15; 2Kön 17,6; 25,21 — die in diesem Buch geschrieben stehen. 27 Und in Zorn und Grimm und
grossem Groll riss der HERR sie aus ihrem Boden und warf sie in ein
28: 32,34; Spr 25,2 · Dan 2,22 — anderes Land, wo sie noch heute sind. 28 Was noch verborgen ist, steht
beim HERRN, unserem Gott, was aber offenbar ist, gilt uns und unseren
Kindern auf ewig, so dass wir nach allen Worten dieser Weisung han-
deln können.

Trost und Mahnung

1: 28,1–69 · 15.19; 11,26 · Ez 6,9 — **30** 1 Wenn einst all dies über dich kommt, der Segen und der Fluch,
die ich dir vorgelegt habe, dann nimm es dir zu Herzen bei all den
Nationen, unter die der HERR, dein Gott, dich versprengt hat, 2 und keh-
re zurück zum HERRN, deinem Gott, und höre auf seine Stimme, ganz
wie ich es dir heute gebiete, du mit deinen Kindern, von ganzem Herzen
3: Ez 16,53; Joel 4,1 · Jer 23,3 — und von ganzer Seele. 3 Dann wird der HERR, dein Gott, dein Geschick
wenden und sich deiner erbarmen und dich wieder sammeln aus allen
Völkern, unter die der HERR, dein Gott, dich zerstreut hat. 4 Wenn deine
Versprengten auch am Ende des Himmels wären, so wird dich doch der
HERR, dein Gott, von dort sammeln und dich von dort holen, 5 und der
HERR, dein Gott, wird dich in das Land bringen, das deine Vorfahren

besessen haben, und du wirst es in Besitz nehmen, und er wird dich
glücklicher und zahlreicher machen als deine Vorfahren. 6 Und der 6: 10,16!
HERR, dein Gott, wird dein Herz und das Herz deiner Nachkommen be-
schneiden, so dass du den HERRN, deinen Gott, liebst von ganzem Her-
zen und von ganzer Seele, um deines Lebens willen. 7 Und all diese Flü-
che wird der HERR, dein Gott, auf deine Feinde und auf deine Hasser
legen, die dich verfolgt haben. 8 Du aber wirst zurückkehren und auf 8: Ez 36,27
die Stimme des HERRN hören und nach all seinen Geboten handeln, die
ich dir heute gebe. 9 Und im Überfluss wird der HERR, dein Gott, dir den 9: 7,13! · 28,63
Ertrag all deiner Arbeit geben, die Frucht deines Leibes, die Frucht dei-
nes Viehs, die Frucht deines Bodens, denn der HERR wird wieder Freude
an dir haben und dir Gutes tun, wie er an deinen Vorfahren seine Freude
hatte, 10 weil du auf das Wort des HERRN, deines Gottes, hörst und seine 10: Sach 6,15 ·
Gebote und Satzungen hältst, die in diesem Buch der Weisung geschrie- 29,20
ben stehen, weil du zum HERRN, deinem Gott, zurückkehrst von gan-
zem Herzen und von ganzer Seele. 11 Denn dieses Gebot, das ich dir heu- 11: 1Joh 5,3 ·
te gebe, ist nicht zu schwer für dich und nicht zu fern. 12 Es ist nicht im Jes 45,19
Himmel, so dass du sagen müsstest: Wer steigt für uns in den Himmel 12–14: Röm 10,6–8 12: Joh 3,13
hinauf und holt es uns und verkündet es uns, damit wir danach handeln
können? 13 Es ist auch nicht jenseits des Meeres, so dass du sagen müss-
test: Wer fährt für uns über das Meer und holt es uns und verkündet es
uns, damit wir danach handeln können? 14 Sondern nahe ist dir das 14: Jer 31,33
Wort, in deinem Mund und in deinem Herzen, so dass du danach han-
deln kannst.

15 Sieh, ich habe dir heute das Leben und das Glück vorgelegt, den 15: 1!
Tod und das Unglück. 16 Ich gebiete dir heute, den HERRN, deinen Gott, 16: Jos 23,11
zu lieben, auf seinen Wegen zu gehen und seine Gebote und Satzungen
und Rechte zu halten. Dann wirst du leben und dich mehren, und der
HERR, dein Gott, wird dich segnen in dem Land, in das du ziehst, um es
in Besitz zu nehmen. 17 Wenn aber dein Herz sich abwendet und du
nicht hörst, sondern du dich verführen lässt und dich vor anderen Göt-
tern niederwirfst und ihnen dienst – 18 ich habe euch heute angekün-
digt, dass ihr dann zugrunde gehen und nicht lange leben werdet auf
dem Boden, auf den du über den Jordan ziehst, um ihn in Besitz zu neh-
men. 19 Ich rufe heute den Himmel und die Erde an als Zeugen gegen 19: 4,26; 31,28; 32,1 ·
euch: Das Leben und den Tod habe ich dir vorgelegt, den Segen und den 1!
Fluch; erwähle nun das Leben, damit du lebst, du und deine Nachkom-
men, 20 und liebe den HERRN, deinen Gott, höre auf seine Stimme und 20: 4,4! · 32,47!
halte dich an ihn – das ist dein Leben und dein hohes Alter –, damit du in
dem Land wohnen bleibst, das der HERR deinen Vorfahren, Abraham,
Isaak und Jakob, zu geben geschworen hat.

Letzte Anordnungen des Mose

31 1 Und Mose ging und redete diese Worte zu ganz Israel 2 und 2: 34,7; Ex 7,7 · 1,37!
sprach zu ihnen: Ich bin heute hundertzwanzig Jahre alt, ich kann
nicht mehr ausziehen und zurückkehren, und der HERR hat zu mir ge-
sagt: Du wirst diesen Jordan nicht überschreiten. 3 Der HERR, dein Gott, 3: 3,28!
zieht vor dir her, er selbst wird diese Nationen vor dir vernichten, so
dass du ihren Besitz übernehmen kannst; Josua zieht vor dir her, wie es
der HERR geboten hat. 4 Und der HERR wird mit ihnen verfahren, wie er 4: Num 21,24

mit Sichon und Og, den Königen der Amoriter, und mit ihrem Land ver-
fahren ist, die er vernichtet hat. 5 Und der HERR wird sie euch preisge-
ben, und ihr sollt mit ihnen verfahren genau nach dem Gebot, das ich
6–7: 23; Jos 1,6 euch gegeben habe. 6 Seid mutig und stark, fürchtet euch nicht und er-
schreckt nicht vor ihnen. Denn der HERR, dein Gott, er zieht mit dir, er
7: 1,38! wird dich nicht vergessen und nicht verlassen. 7 Und Mose berief Josua
und sprach zu ihm vor ganz Israel: Sei mutig und stark. Denn du wirst
dieses Volk in das Land bringen, das ihnen zu geben der HERR ihren Vor-
fahren geschworen hat, und du wirst es ihnen als Erbbesitz verteilen.
8: Ex 32,1 · 8 Der HERR aber, er zieht vor dir her, er wird mit dir sein und dich nicht
Hebr 13,5 vergessen und nicht verlassen; fürchte dich nicht und hab keine Angst.
9: 24; Ex 24,4 · 9 Dann schrieb Mose diese Weisung auf und gab sie den Priestern,
17,18 den Söhnen Levis, die die Lade des Bundes des HERRN trugen, und allen
10: 15,1! · 16,13! Ältesten Israels. 10 Und Mose gebot ihnen: Alle sieben Jahre, im Erlass-
11: 12,5 · Jos 8,34; jahr, am Laubhüttenfest, 11 wenn ganz Israel kommt, um vor dem
2Kön 23,2; Neh 8,2 HERRN, deinem Gott, zu erscheinen, an der Stätte, die er erwählen wird,
sollst du diese Weisung ganz Israel vorlesen. 12 Versammle das Volk,
Männer, Frauen und Kinder, und die Fremden an deinen Orten, damit
sie hören und lernen und damit sie den HERRN, euren Gott, fürchten und
13: Ps 78,5 alle Worte dieser Weisung halten und danach handeln. 13 Und ihre Kin-
der, die sie noch nicht kennen, sollen sie hören, und sie sollen lernen,
den HERRN, euren Gott, zu fürchten, solange ihr auf dem Boden lebt, auf
den ihr über den Jordan zieht, um ihn in Besitz zu nehmen.

Die Drohung des HERRN

14: 32,50; 14 Und der HERR sprach zu Mose: Sieh, die Zeit deines Todes ist nahe
Num 27,13; gekommen. Rufe Josua, und tretet ein in das heilige Zelt, damit ich ihm
2Kön 20,1 Befehle geben kann. Da ging Mose mit Josua, und sie traten ein in das
15: Ex 33,9 heilige Zelt. 15 Und der HERR erschien im Zelt in einer Wolkensäule,
und die Wolkensäule stand am Eingang des Zelts.
16: Ex 34,15 · 16 Und der HERR sprach zu Mose: Sieh, du legst dich nun zu deinen
2Kön 18,12 Vorfahren, und dieses Volk wird sich erheben und wird den fremden
Göttern inmitten des Landes, in das es kommt, nachhuren, und es wird
mich verlassen und meinen Bund brechen, den ich mit ihnen geschlos-
17–18: 32,20; sen habe. 17 Dann wird mein Zorn gegen sie entbrennen, und ich werde
Jer 33,5; Ez 39,23 sie verlassen und mein Angesicht vor ihnen verbergen, und sie werden
17: Jer 8,19 verzehrt werden. Und grosses Unglück und Not werden sie treffen, und
zu jener Zeit werden sie sagen: Hat uns nicht all dies Unglück getroffen,
weil unser Gott nicht mehr in unserer Mitte ist? 18 Ich aber werde zu
jener Zeit mein Angesicht völlig verbergen wegen all des Bösen, das sie
19: 32,1–43 · 26; getan haben, weil sie sich anderen Göttern zugewendet haben. 19 Und
Jos 24,27 nun schreibe dieses Lied auf, und lehre es die Israeliten, lege es ihnen in
den Mund, damit dieses Lied für mich ein Zeuge sei gegen Israel.
20: Jer 31,32 20 Denn ich werde sie auf den Boden bringen, wie ich es ihren Vorfah-
ren geschworen habe, in ein Land, in dem Milch und Honig fliessen,
und sie werden essen und satt und fett werden, und dann werden sie
sich anderen Göttern zuwenden, und sie werden ihnen dienen und
mich verwerfen; so werden sie meinen Bund brechen. 21 Und wenn
dann grosses Unglück und Not sie treffen werden, soll dieses Lied vor
ihnen Zeugnis ablegen; denn es wird nicht vergessen werden im Mund

ihrer Nachkommen. Denn ich kenne ihre Gedanken, die sie heute
schon hegen, noch ehe ich sie in das Land gebracht habe, wie ich es ih-
ren Vorfahren geschworen habe. 22 Und damals schrieb Mose dieses 22: 30!
Lied auf und lehrte es die Israeliten. 23 Und er beauftragte Josua, den 23: 6–7!
Sohn des Nun, und sprach: Sei mutig und stark. Denn du wirst Israel in
das Land bringen, wie ich es ihnen geschworen habe, und ich will mit
dir sein. 24 Als nun Mose die Worte dieser Weisung vollständig in ein 24: 9!
Buch geschrieben hatte, 25 gebot Mose den Leviten, die die Lade des
Bundes des HERRN trugen: 26 Nehmt dieses Buch der Weisung, und legt 26: 2Kön 22,8 · 19!
es neben die Lade des Bundes des HERRN, eures Gottes, damit es dort ein
Zeuge sei gegen dich, 27 denn ich kenne deinen Ungehorsam und deine 27: Ex 32,9 · 9,7
Halsstarrigkeit. Seht, schon heute, wo ich noch unter euch lebe, habt ihr
euch dem HERRN widersetzt – wie viel mehr nach meinem Tod! 28 Ver- 28: 2Kön 23,1 ·
sammelt vor mir alle Ältesten eurer Stämme und eure Amtleute, damit 30,19!
ich ihnen diese Worte verkünde und Himmel und Erde zu Zeugen auf-
rufe gegen sie. 29 Denn ich weiss, dass ihr nach meinem Tod freveln 29: Ex 32,8
und abweichen werdet von dem Weg, den ich euch geboten habe. Dann
wird euch zuletzt das Unglück treffen, weil ihr tut, was dem HERRN
missfällt, und ihn durch das Werk eurer Hände reizt. 30 Dann sprach 30: 22; 32,44;
Mose alle Worte dieses Liedes vor der ganzen Versammlung Israels: 2Sam 22,1

Das Lied des Mose

32 1 Höre, Himmel, ich will reden, 1: Jes 1,2! · 30,19!
Erde, vernimm die Worte meines Mundes!
2 Wie der Regen soll meine Lehre rieseln, 2: Hiob 29,22
meine Rede soll träufeln wie der Tau,
wie Schauer auf das Gras
und wie Tropfen auf das Kraut.
3 Den Namen des HERRN will ich verkünden: 3: Ex 34,5
Gebt unserem Gott die Ehre.
4 Der Fels! Vollkommen ist sein Tun, denn alle seine Wege sind 4: 1Sam 2,2! ·
Recht. 2Sam 22,31
Ein Gott der Treue, ohne Trug, er ist gerecht und aufrecht.
5 Eine verkehrte und verdrehte Generation hat gegen mich 5: 20
gefrevelt,
in ihrer Schande wollen sie nicht mehr seine Kinder sein.
6 Ist das euer Dank an den HERRN, du törichtes und unweises Volk? 6: Ps 100,3;
Ist er nicht dein Vater, der dich geschaffen hat, Jes 43,1.7
ist er es nicht, der dich gemacht und gefestigt hat?
7 Denke an die Tage der Vorzeit, 7: 4,32! · Hiob 8,8
begreift die Jahre der vergangenen Generationen.
Frage deinen Vater, dass er es dir kundtut,
deine Betagten, dass sie es dir sagen.
8 Als der Höchste den Nationen ihren Erbbesitz zuteilte, 8: Apg 17,26
als er die Menschen voneinander schied,
bestimmte er die Gebiete der Völker
nach der Zahl der Israeliten.

32,8: «... nach der Zahl der Israeliten.»: So lautet der Massoretische Text. Der ältere Text hatte wohl den Wortlaut «... nach der Zahl der Göttersöhne (oder: Gottessöhne).»

9: 9,29
9 Der Anteil des HERRN ist sein Volk,
Jakob ist sein Erbteil.
10: Ps 17,8; Sach 2,12 · Ez 16,6
10 Er fand es im Land der Wüste,
in der Öde, im Geheul der Wildnis;
er schützte es, nahm es in Obhut,
hütete es wie seinen Augapfel.
11: Ex 19,4
11 Wie ein Adler, der seine Brut aufstört zum Flug
und über seinen Jungen schwebt,
so breitete er seine Flügel aus, nahm es
und trug es auf seinen Schwingen.
12: Jes 43,12
12 Der HERR allein leitete es,
kein fremder Gott war mit ihm.
13: Jes 58,14 · Hiob 29,6!
13 Er liess es einherfahren über die Höhen der Erde
und speiste es mit den Früchten des Feldes;
er liess es Honig saugen aus Felsen
und Öl aus Kieselsteinen,
14 Butter von Kühen und Milch von Ziegen,
auch Fett von Lämmern
und Stiere vom Baschan und Böcke,
auch das Mark des Weizens
und Traubenblut hast du getrunken, feurigen Wein.
15: 33,5! · 28,47 · Ps 89,27
15 Da wurde Jeschurun fett und bockte –
fett bist du geworden, dick und feist –,
und er verliess den Gott, der ihn gemacht hatte,
und verachtete den Fels seiner Rettung.
16 Sie machten ihn eifersüchtig mit fremden Göttern,
mit Abscheulichkeiten reizten sie ihn.
17 Sie opferten Geistern, die nicht Gott sind,
Göttern, die sie nicht kannten,
neuen, die erst vor kurzem aufgekommen waren,
die eure Vorfahren nicht verehrt hatten.
18: Jes 51,1
18 An den Fels, der dich gezeugt hat, dachtest du nicht mehr,
und den Gott, der dich geboren hat, hast du vergessen.
19 Der HERR aber hat es gesehen und verworfen
voll Zorn über seine Söhne und Töchter.
20: 31,17! · 5
20 Und er sprach: Ich will mein Angesicht vor ihnen verbergen,
will sehen, welches Ende es mit ihnen nehmen wird,
denn sie sind eine verkehrte Generation,
Kinder, die keine Treue kennen.
21: Jer 5,7 · Röm 10,19
21 Sie haben mich eifersüchtig gemacht mit einem Ungott,
mit ihren nichtigen Götzen haben sie mich gereizt;
ich aber mache sie eifersüchtig mit einem Unvolk,
mit einer törichten Nation will ich sie reizen.
22: Jer 15,14!
22 Denn ein Feuer lodert auf in meinem Zorn
und brennt bis in die Tiefen der Unterwelt;
und es verzehrt die Erde samt ihrem Ertrag
und entzündet die Grundfesten der Berge.
23 Unglück über Unglück will ich auf sie häufen,
meine Pfeile will ich gegen sie verschiessen.

Schriftbild zu Markus 15,34

24 Sind sie entkräftet vor Hunger 24: Jer 8,17
und verzehrt von Fieberglut und giftiger Pest,
lasse ich die Zähne wilder Tiere auf sie los
und das Gift derer, die im Staub kriechen.
25 Draussen rafft das Schwert dahin 25: Klgl 1,20; Ez 7,15 · Jer 44,7
und drinnen der Schrecken,
den Jüngling wie die Jungfrau,
den Säugling samt dem ergrauten Mann.
26 Ich dachte: Ich will sie zerstreuen, 26: 9,14!
ihr Gedächtnis tilgen unter den Menschen,
27 doch ich scheute die Kränkung durch den Feind; 27: 9,28
ihre Gegner hätten es falsch ausgelegt
und gesagt: Unsere Hand ist mächtig gewesen!,
und nicht: Der HERR hat dies alles getan!
28 Denn sie sind eine Nation, der es an Rat fehlt, 28: Jer 4,22!
und sie haben keine Einsicht.
29 Wären sie weise, so würden sie dies verstehen,
würden begreifen, welches Ende es mit ihnen nehmen wird.
30 Wie könnte einer tausend verfolgen, 30: Jos 23,10!
und wie könnten zwei zehntausend in die Flucht schlagen,
wenn nicht deshalb, weil ihr Fels sie verkauft
und der HERR sie preisgegeben hat?
31 Denn nicht wie unser Fels ist ihr Fels;
so müssen unsere Feinde selbst urteilen.
32 Denn vom Weinstock Sodoms stammt ihr Weinstock 32: 29,17!
und aus den Weingärten von Gomorra;
ihre Trauben sind giftige Trauben,
ihre Beeren sind bitter.
33 Drachengeifer ist ihr Wein 33: Ps 58,5
und grausames Otterngift.
34 Ist solches nicht bei mir verborgen, 34: 29,28!
versiegelt in meinen Schatzkammern?
35 Mein ist die Rache und die Vergeltung; 35–36: Hebr 10,30 35: Röm 12,19 · Jes 13,22
wenn es Zeit ist, wird ihr Fuss wanken.
Denn nahe ist der Tag ihres Verderbens,
und schnell kommt ihr Verhängnis.
36 Denn der HERR wird seinem Volk Recht verschaffen 36: Ps 90,13; 135,14
und Mitleid haben mit seinen Dienern,
wenn er sieht, dass die Kraft geschwunden ist
und dass es aus ist mit Sklaven und Freien.
37 Dann wird er sprechen: Wo sind ihre Götter, 37–38: Ri 10,14; Jer 2,28
der Fels, der ihre Zuflucht war,
38 die das Fett ihrer Opfer assen,
den Wein ihres Trankopfers tranken?
Sie mögen sich aufmachen und euch helfen,
sie mögen ein Schirm sein über euch.
39 Seht nun, dass ich, ich es bin 39: 1Sam 2,6 · Jes 19,22 · Hiob 10,7
und dass es keinen Gott gibt neben mir.
Ich töte, und ich mache lebendig;

ich habe zerschlagen, ich werde auch heilen,
und niemand kann aus meiner Hand erretten.
40: Dan 12,7; 40 Denn ich erhebe meine Hand zum Himmel
Offb 10,5 und spreche: So wahr ich ewig lebe!
41 Wenn ich mein blitzendes Schwert geschärft habe
und wenn meine Hand zum Gericht greift,
dann will ich Rache üben an meinen Gegnern
und denen vergelten, die mich verachten.
42: Jes 34,5–6! 42 Ich will meine Pfeile trunken machen von Blut,
und mein Schwert soll Fleisch fressen,
vom Blut Erschlagener und Gefangener,
vom Haupt der Fürsten des Feindes.
43: Röm 15,10 · 43 Ihr Nationen, preist sein Volk!
Ps 79,10 Denn er rächt das Blut seiner Diener,
und an seinen Gegnern übt er Rache,
und dem Boden seines Volkes schafft er Sühne.

44: 31,30! · 44 Und Mose kam und sprach vor dem Volk alle Worte dieses Liedes, er
Num 13,16 und Josua, der Sohn des Nun. 45 Als nun Mose alle diese Worte ganz Is-
rael vollständig kundgetan hatte, 46 sprach er zu ihnen: Nehmt euch alle
Worte zu Herzen, mit denen ich euch heute feierlich ermahne, und ge-
bietet sie euren Kindern, damit sie alle Worte dieser Weisung halten und
47: 30,20; Spr 4,13 danach handeln. 47 Denn dies ist kein leeres Wort für euch, sondern es
ist euer Leben, und durch dieses Wort werdet ihr lange leben auf dem
Boden, auf den ihr über den Jordan zieht, um ihn in Besitz zu nehmen.

Ankündigung von Moses Tod

49: Num 27,12 · 48 Und der HERR sprach zu Mose an ebendiesem Tag: 49 Steige hier
Jer 22,20 auf das Gebirge Abarim, auf den Berg Nebo, der im Land Moab liegt ge-
genüber von Jericho, und betrachte das Land Kanaan, das ich den Isra-
50: 31,14! · eliten als Besitz geben will. 50 Und auf dem Berg, auf den du steigen
Num 20,24 sollst, musst du sterben und mit deinen Vorfahren vereint werden, wie
dein Bruder Aaron auf dem Berg Hor gestorben ist und mit seinen Vor-
51: Num 20,12 fahren vereint wurde, 51 weil ihr mir inmitten der Israeliten untreu ge-
worden seid beim Wasser von Meriba bei Kadesch in der Wüste Zin,
weil ihr mich nicht als den Heiligen geehrt habt inmitten der Israeliten.
52: 1,37 52 Du darfst das Land sehen, das dir gegenüberliegt, aber du wirst nicht
in das Land kommen, das ich den Israeliten gebe.

Mose segnet die Stämme Israels

1: Jos 14,6; **33** 1 Und dies ist der Segen, mit dem Mose, der Mann Gottes, die Is-
1Chr 23,14; Ps 90,1 · raeliten gesegnet hat vor seinem Tod. 2 Er sprach:
Gen 49,28 Der HERR kam vom Sinai
2: Ri 5,4 · Hab 3,3 · und leuchtete vor ihnen auf von Seir.
Jud 14 Er strahlte auf vom Gebirge Paran
und kam von Meribat-Kadesch,
ein flammendes Gesetz für sie zu seiner Rechten.
3: Joh 10,29 3 Er liebt die Völker,
all seine Geweihten sind in deiner Hand;
sie aber folgen deinem Fuss,
empfangen von deinen Worten.

4 Eine Weisung hat uns Mose gegeben
als Besitz der Gemeinde Jakobs,
5 und er wurde König in Jeschurun, 5: 26; 32,15; Jes 44,2
als die Häupter des Volkes sich versammelten,
die Stämme Israels insgesamt.
6 Ruben soll leben und nicht sterben,
seine Zahl aber soll gering sein.
7 Und dies soll gelten für Juda:
Er sprach: Höre, HERR, auf die Stimme Judas,
und bringe ihn zu seinem Volk!
Seine Macht soll gross werden,
und du mögest ihm helfen gegen seine Gegner.
8 Und über Levi sprach er: 8: Ex 28,30
Deine Tummim und deine Urim sollen deinem Getreuen gehören,
den du erprobt hast in Massa,
mit dem du gestritten hast am Wasser von Meriba.
9 Der von seinem Vater und von seiner Mutter sagte: 9: Ex 32,29;
Ich habe sie nie gesehen!, Mt 10,37
der seine Brüder nicht ansah
und seine Kinder nicht kannte.
Denn sie haben dein Wort gehalten
und deinen Bund bewahrt.
10 Sie lehren Jakob deine Rechte 10: Ex 30,7!
und Israel deine Weisung.
Sie legen Räucherwerk vor deine Nase
und Ganzopfer auf deinen Altar.
11 Segne, HERR, sein Vermögen,
und lass dir das Tun seiner Hände gefallen.
Zerschlage die Hüften seiner Gegner
und derer, die ihn hassen,
dass sie nicht mehr aufstehen.
12 Über Benjamin sprach er: 12: 2Sam 12,25
Der Liebling des HERRN
wohnt bei ihm sicher.
Er beschützt ihn allezeit,
und er wohnt zwischen seinen Schultern.
13 Und über Josef sprach er:
Vom HERRN gesegnet ist sein Land
mit dem Köstlichsten vom Himmel, dem Tau,
und aus der Flut, die unten lagert,
14 mit dem Köstlichsten, was die Sonne hervorbringt,
und dem Köstlichsten, was die Monde erzeugen,
15 mit dem Besten der uralten Berge
und dem Köstlichsten der ewigen Hügel,
16 mit dem Köstlichsten der Erde und ihrer Fülle 16: Ex 3,2
und der Gunst dessen, der im Dornbusch wohnt.
Es komme auf das Haupt Josefs,
auf den Scheitel des Geweihten unter seinen Brüdern. 17: 1Chr 5,2 ·
17 Sein erstgeborener Stier ist voller Hoheit, Num 23,22 ·
und seine Hörner sind die eines Wildstiers; Jos 17,14

mit ihnen stösst er die Völker nieder,
alle Enden der Erde.
Das sind die Zehntausende von Efraim
und die Tausende von Manasse.
18 Und über Sebulon sprach er:
Freue dich, Sebulon, wenn du ausziehst,
und du, Issaschar, über deine Zelte!
19: Ps 4,6 · Jes 60,5
19 Völker laden sie ein auf den Berg,
dort bringen sie rechte Opfer dar;
denn den Reichtum der Meere saugen sie ein
und die verborgensten Schätze des Sandes.
20: 1Chr 12,9
20 Und über Gad sprach er:
Gepriesen sei, wer Raum schafft für Gad!
Wie ein Löwe lagert er
und zerreisst Arm und auch Scheitel.
21: Jos 4,12
21 Und er wählte für sich den besten Teil;
denn dort wurde ihm sein Teil bestimmt,
und es kamen die Häupter des Volkes.
Er vollstreckte die Gerechtigkeit des HERRN
und seine Gerichte, zusammen mit Israel.
22 Und über Dan sprach er:
Dan ist ein junger Löwe,
der aus dem Baschan hervorspringt.
23 Und über Naftali sprach er:
Naftali ist satt von Gunst
und vom Segen des HERRN erfüllt.
Den Westen und den Süden nimmt er in Besitz.
24: Hiob 29,6!
24 Und über Asser sprach er:
Von den Söhnen ist Asser am meisten gesegnet.
Der Liebling seiner Brüder soll er sein,
und seinen Fuss soll er in Öl tauchen.
25 Eisen und Erz seien deine Riegel,
und lange wie dein Leben dauere deine Kraft.
26: 5! · Jes 19,1
26 Keiner ist wie der Gott Jeschuruns,
der am Himmel einherfährt dir zur Hilfe
und in seiner Hoheit auf den Wolken.
27: Mi 5,1
27 Eine Zuflucht ist der alte Gott,
und unten hat er mit ewigen Armen
den Feind vor dir vertrieben und gesprochen: Vernichte!
28: 12,10; Lev 25,18 · Num 23,9 · Gen 27,28
28 So wohnte Israel in Sicherheit,
für sich allein der Quell Jakobs,
in einem Land voll Korn und Wein,
und sein Himmel träufelt von Tau.
29: 4,7 · Ps 115,9–11 · Hab 3,19
29 Heil dir, Israel, wer ist dir gleich,
du Volk, gerettet durch den HERRN,
den Schild, der dich schirmt,
und das Schwert, das dich erhöht.
Deine Feinde müssen dir schmeicheln,
du aber trittst auf ihre Höhen.

Moses Tod

34 1 Und Mose stieg aus der Wüste von Moab auf den Berg Nebo, auf 1: 3,27
den Gipfel des Pisga gegenüber von Jericho. Und der HERR liess
ihn das ganze Land sehen, von Gilead bis nach Dan, 2 ganz Naftali und 2: Num 34,6
das Land Efraims und Manasses und das ganze Land Judas bis an das
westliche Meer, 3 den Negev und die Ebene des Jordan, die Talebene von 3: Ri 1,16 ·
Jericho, der Palmenstadt, bis nach Zoar. 4 Und der HERR sprach zu ihm: Gen 19,22
Dies ist das Land, von dem ich Abraham, Isaak und Jakob geschworen 4: 1,37
habe: Deinen Nachkommen will ich es geben. Ich habe es dich mit dei-
nen Augen schauen lassen, aber du wirst nicht dort hinüberziehen.
5 Und Mose, der Diener des HERRN, starb dort im Land Moab nach dem 5: Jos 1,1; 2Chr 1,3 ·
Befehl des HERRN. 6 Und er begrub ihn im Tal, im Land Moab gegenüber 31,14–16
von Bet-Peor, und bis heute kennt niemand sein Grab. 7 Mose aber war 6: 3,29! · Jud 9 7: 31,2! · Jos 14,11
hundertzwanzig Jahre alt, als er starb, seine Augen waren nicht trübe
geworden, und seine Frische hatte ihn nicht verlassen. 8 Und die Isra- 8: Gen 50,3
eliten beweinten Mose in den Steppen von Moab dreissig Tage lang;
dann waren die Tage des Weinens und der Trauer um Mose zu Ende.
9 Josua aber, der Sohn des Nun, war erfüllt vom Geist der Weisheit, 9: Ex 28,3 ·
denn Mose hatte ihm die Hände aufgelegt. Und die Israeliten hörten auf Num 27,18 ·
ihn und taten, was der HERR dem Mose geboten hatte. 10 Und in Israel Jos 1,17 10: 18,15! · Ex 33,11
ist nie mehr ein Prophet aufgetreten wie Mose, den der HERR kannte
von Angesicht zu Angesicht, 11 mit all den Zeichen und Wundern, die er 11: 4,34
im Land Ägypten am Pharao, an allen seinen Dienern und an seinem
ganzen Land vollbrachte, wozu der HERR ihn gesandt hatte, 12 und mit
allen Machtbeweisen und mit all den grossen und furchtbaren Taten,
die Mose vor den Augen ganz Israels vollbracht hat.

Das Buch Josua

Das Buch Josua schildert die Eroberung des Landes Kanaan und dessen Verteilung an die Stämme Israels. Eroberung und Verteilung geschehen unter der Leitung von Josua, dem Nachfolger des Mose. Entsprechend Josuas zentraler Rolle hat das Buch seinen Namen erhalten.

Das Buch beginnt mit der Einsetzung Josuas (Jos 1), es folgen die Überschreitung des Jordan von Osten nach Westen und die sich daran anschliessende Eroberung des Landes (Jos 2–12), die Verteilung des Landes an die israelitischen Stämme (Jos 13–22) und ein Abschluss mit Reden Josuas und einem Bundesschluss (Jos 23–24); Jos 24 schliesst mit Notizen zum Tod Josuas und zum Begräbnis Josefs (Jos 24,29–33).

Das Buch führt den Erzählfaden des Deuteronomiums fort, das mit dem Tod des Mose endet und seinerseits schon die Einsetzung Josuas erwähnt (Dtn 34). Darüber hinaus bestehen weitere deutliche Bögen zu den Texten des Pentateuch: Die Einnahme des Landes Kanaan ist die Einlösung der Landverheissungen im Buch Genesis (siehe die Einleitung zu Gen), Jos 24 bietet einen knappen Rückblick auf die in den vorangehenden Büchern geschilderten Ereignisse, und auch die Notiz zum Begräbnis Josefs am Ende von Jos 24 schlägt einen Bogen zum Buch Genesis (Gen 50,25). Das Buch Josua soll also nicht für sich allein, sondern im Zusammenhang mit den vorangehenden Büchern gelesen werden. Das Buch der Richter schliesst seinerseits an das Buch Josua an.

Das Buch Josua betont die Bedeutung des unbedingten Gehorsams gegenüber der von Gott gegebenen Weisung (Jos 1) und der ausschliesslichen Verehrung des Gottes Israels (Jos 23; 24). Sein theologisches Denken ist damit dem des Deuteronomiums eng verbunden. Nur dieser Gehorsam und diese ausschliessliche Verehrung ermöglichen gelingendes, dauerhaftes Leben im Land. Wo der Gehorsam Gott gegenüber fehlt, misslingen menschliche Anstrengungen. Und so muss nach einem groben Verstoss gegen Gottes Anweisungen die Einnahme der Stadt Ai scheitern, wie dies in Jos 7 beispielhaft veranschaulicht wird. Verehrt Israel andere Götter und vermischt es sich mit den Völkern im Land, droht ihm die Vernichtung (vgl. Jos 23).

Ziel der im Buch geschilderten Eroberungen ist ein Land, das rein israelitisch und frei von fremdreligiösen, nicht israelitischen Einflüssen ist. Dieses Land ist den Israeliten als dauerhafter ‹Erbbesitz› gegeben. Die Inbesitznahme des Landes beginnt mit der Überschreitung des Jordan. Diese wird als Prozession vollzogen (Jos 3–5), was verdeutlicht, dass es sich beim Eintritt ins Land nicht um die politische Machterweiterung eines beliebigen Volks handelt, sondern um den Vollzug einer religiösen Pflicht gegenüber Gott. Und so können auch die militärischen Unternehmungen prozessionshafte Züge tragen, wie dies die Eroberung von Jericho anschaulich zeigt (Jos 6). Hinter den militärischen Bemühungen steht dabei letztlich Gott selbst, der für Israel kämpft, wie dies etwa die häufige Formulierung «und der HERR gab sie (die Feinde oder Städte) in die Hand Israels» zeigt (so beispielsweise in Jos 11,8).

Das Buch Josua enthält gewiss altes Material, ist in seiner Endgestalt aber wohl viel jünger als die in ihm dargestellten Ereignisse. Auch kann es als archäologisch gesichert gelten, dass die Stadt Jericho schon lange vor der in Jos 6 geschilderten Eroberung durch die Israeliten zerstört war. Viele Erzählungen in Josua und auch andernorts im Alten Testament wollen vor allem erklären, wie es zum Zustand bestimmter Ortschaften (beispielsweise zerstörter Städte) kommen konnte und wie Ortsnamen zu deuten sind, die man in der damaligen Gegenwart vorfand. Hier sah man Zusammenhänge mit dem Wirken des mächtigen Gottes Israels und dem Eintritt der Israeliten ins verheissene Land. Auch die Stadt Ai (Jos 7; 8) dürfte schon zerstört gewesen sein, als die Israeliten sie vorfanden; und dies deutet vielleicht schon der Name selbst an, denn Ai bedeutet ‹Ruinenstätte›. Jos 8,28 erklärt, wie es zu diesem Zustand kommen konnte: «Und Josua brannte Ai nieder und machte es zu einem Trümmerhaufen für immer, zu einer Wüstenei, die geblieben ist bis auf den heutigen Tag.» Im Namen Gilgal wiederum klingt das hebräische Wort für ‹wälzen› an, und im Buch Josua wird dieser Name damit erklärt, dass Gott an jenem Ort «die Schande Ägyptens» von Israel «abgewälzt» habe: Deshalb «hat man jenen Ort Gilgal genannt, bis auf den heutigen Tag» (Jos 5,9).

Josua wird Nachfolger des Mose

1 1 Und nachdem Mose, der Diener des HERRN, gestorben war, sprach 1: Dtn 34,5 ·
der HERR zu Josua, dem Sohn des Nun, dem Diener des Mose: 2 Mo- Ex 24,13; Num 11,28
se, mein Diener, ist gestorben; und nun, mach du dich auf, zieh hier 2: Dtn 3,27–28 ·
über den Jordan, du mit diesem ganzen Volk, in das Land, das ich ih- Gen 17,8
nen, den Israeliten, gebe. 3 Jeden Ort, auf den ihr euren Fuss setzt, habe 3: 14,9; Dtn 11,24
ich euch gegeben, wie ich es Mose zugesagt habe. 4 Von der Wüste bis 4: Gen 15,18
zum Libanon hier und bis zum grossen Strom, dem Eufrat, mit dem
ganzen Land der Hetiter, und bis zum grossen Meer im Westen soll
euer Gebiet reichen. 5 Niemand wird dir standhalten können, solange 5: 10,8; 21,44;
du lebst. So wie ich mit Mose war, so werde ich mit dir sein, ich werde Dtn 7,24 · 3,7; 6,27
dich nicht vergessen und nicht verlassen. 6 Sei mutig und stark, denn 6: 18; 10,25 · 5,6;
du sollst diesem Volk das Land, das ihnen zu geben ich ihren Vorfahren 13,6; Num 26,53
geschworen habe, als Erbbesitz verteilen. 7 Sei nur mutig und sehr 7: 22,5 · Dtn 4,2 ·
stark, und halte die ganze Weisung, die Mose, mein Diener, dir gege- 23,6; Dtn 5,32!
ben hat, und handle danach. Du sollst nicht davon abweichen, weder
nach rechts noch nach links, damit du Erfolg hast auf allen deinen We-
gen. 8 Dieses Buch der Weisung soll nicht von deinen Lippen weichen, 8: Ps 1,2–3; 119,97 ·
und du sollst sinnen über ihm Tag und Nacht, damit du alles hältst, was Dtn 29,8
darin geschrieben steht, und danach handelst, denn dann wirst du zum
Ziel gelangen auf deinem Weg, und dann wirst du Erfolg haben. 9 Habe
ich dich nicht geheissen, mutig und stark zu sein? Hab keine Angst und
fürchte dich nicht, denn der HERR, dein Gott, ist mit dir auf allen dei-
nen Wegen.

Vorbereitung zur Überschreitung des Jordan

10 Und Josua beauftragte die Amtleute des Volks: 11 Geht durch das 11: 3,2–3 · Dtn 9,1
Lager, und befehlt dem Volk: Macht euch Wegzehrung bereit, denn in
drei Tagen überschreitet ihr hier den Jordan, um hineinzuziehen und
das Land in Besitz zu nehmen, das der HERR, euer Gott, euch zum Besitz
gibt. 12 Und zu den Rubeniten, den Gaditen und dem halben Stamm 12: 22,1 · Dtn 3,13
Manasse sprach Josua: 13 Erinnert euch an das, was Mose, der Diener
des HERRN, euch befohlen hat. Der HERR, euer Gott, schafft euch Ruhe
und wird euch dieses Land geben. 14 Eure Frauen, eure Kleinkinder 14: 4,12
und eure Herden sollen in dem Land bleiben, das Mose euch gegeben
hat, jenseits des Jordan. Ihr aber, alle tüchtigen Krieger, sollt in Kampf-
ordnung vor euren Brüdern hinüberziehen und ihnen helfen, 15 bis
der HERR euren Brüdern Ruhe schafft wie euch und bis auch sie das
Land in Besitz nehmen, das der HERR, euer Gott, ihnen gibt. Dann
könnt ihr zurückkehren in das Land, das ihr besitzt, das euch Mose, der
Diener des HERRN, jenseits des Jordan im Osten gegeben hat, damit ihr
es in Besitz nehmt. 16 Und sie antworteten Josua: Alles, was du uns ge- 16: Ex 19,8; 24,7
boten hast, werden wir tun, und wohin du uns sendest, dahin werden
wir gehen. 17 So wie wir auf Mose gehört haben, so werden wir auf dich 17: 4,14
hören. Wenn nur der HERR, dein Gott, mit dir ist, wie er mit Mose war!
18 Jeder, der sich deinem Befehl widersetzt und nicht in allem, was du 18: 6!
uns gebietest, auf deine Worte hört, soll sterben. Sei nur mutig und
stark!

Rachab rettet die israelitischen Kundschafter

2 1 Und Josua, der Sohn des Nun, sandte heimlich zwei Männer von Schittim als Kundschafter aus und sprach: Geht, erkundet das Land und Jericho. Und sie gingen und kamen in das Haus einer Hure, die Rachab hiess, und dort nächtigten sie. 2 Und dem König von Jericho wurde gesagt: Sieh, heute Nacht sind Männer hierher gekommen von den Israeliten, um das Land auszuspähen. 3 Da sandte der König von Jericho zu Rachab und liess ihr sagen: Gib die Männer heraus, die zu dir in dein Haus gekommen sind, denn um das ganze Land auszuspähen, sind sie gekommen. 4 Die Frau aber nahm die beiden Männer und versteckte sie. Und sie sagte: So ist es, die Männer sind zu mir gekommen, ich aber wusste nicht, von wo sie waren, 5 und als man das Tor schliessen wollte, weil es dunkel wurde, gingen die Männer hinaus. Ich weiss nicht, wohin die Männer gegangen sind. Jagt ihnen nach, ihr werdet sie einholen. 6 Sie hatte sie aber auf das Dach geführt und unter den Flachsstengeln versteckt, die sie sich auf dem Dach aufgeschichtet hatte. 7 Die Männer aber verfolgten sie auf dem Weg zum Jordan bis an die Furten, und als die Verfolger draussen waren, schloss man das Tor zu.

8 Und bevor sie sich schlafen legten, stieg sie zu ihnen auf das Dach 9 und sagte zu den Männern: Ich weiss, dass der HERR euch das Land gegeben hat und dass uns der Schrecken vor euch befallen hat und alle Bewohner des Landes vor euch zittern. 10 Denn wir haben gehört, dass der HERR das Wasser des Schilfmeers vor euch ausgetrocknet hat, als ihr auszogt aus Ägypten, und was ihr den beiden Königen der Amoriter jenseits des Jordan, Sichon und Og, angetan habt, die ihr der Vernichtung geweiht habt. 11 Und wir hörten davon, und unser Herz wurde mutlos, und euretwegen regte sich kein Lebensgeist mehr, denn der HERR, euer Gott, ist Gott oben im Himmel und unten auf der Erde. 12 Nun aber schwört mir beim HERRN: Wie ich euch Barmherzigkeit erwiesen habe, so sollt auch ihr dem Haus meines Vaters Barmherzigkeit erweisen, und ihr sollt mir ein verlässliches Zeichen geben, 13 dass ihr meinen Vater, meine Mutter, meine Brüder und meine Schwestern und alle, die zu ihnen gehören, am Leben lasst und uns rettet vor dem Tod. 14 Da sprachen die Männer zu ihr: Mit unserem Leben stehen wir ein für euch, wenn ihr unsere Sache nicht verratet. Und wenn der HERR uns das Land gibt, wollen wir dir Barmherzigkeit und Treue erweisen. 15 Und sie liess sie durch das Fenster an einem Seil hinab, denn ihr Haus lag an der Stadtmauer, und sie wohnte an der Mauer. 16 Und sie sprach zu ihnen: Geht ins Gebirge, damit die Verfolger nicht auf euch stossen, und versteckt euch dort drei Tage, bis zur Rückkehr der Verfolger. Dann könnt ihr eures Weges gehen. 17 Und die Männer sprachen zu ihr: Wir wollen frei werden von diesem Schwur, den du uns hast schwören lassen: 18 Sieh, wenn wir in das Land kommen, sollst du diese Schnur aus rotem Faden an das Fenster binden, durch das du uns hinabgelassen hast, und du sollst deinen Vater und deine Mutter und deine Brüder und alle, die zum Haus deines Vaters gehören, bei dir im Haus versammeln. 19 Wer immer dann durch die Tür deines Hauses nach draussen geht, dessen Blut komme über sein Haupt, und wir sind frei von Schuld. Wenn aber Hand angelegt wird an jemanden bei dir im Haus, so komme sein Blut über unser Haupt. 20 Und wenn du unsere Sache verrätst, sind

1: 3,1; Num 25,1 · Num 13,2; Ri 1,23; 18,2
4: 6,17
6: 2Sam 17,19–20
7: Ri 3,28
9: 24
10: Ex 14,21 · 9,10; Num 21,21–26
11: 5,1 · Dtn 4,39
12: Gen 21,23; 24,3
14: 6,22
15: 1Sam 19,12; Apg 9,25; 2Kor 11,33; Jak 2,25
17: Gen 24,8
18: Gen 38,28; Ex 12,13 · 6,23
19: Lev 20,9–13

wir frei von dem Schwur, den du uns hast schwören lassen. 21 Da sprach
sie: Es sei, wie ihr sagt. Und sie liess sie ziehen, und sie gingen. Sie aber
band die rote Schnur an das Fenster.
22 Und sie gingen und kamen ins Gebirge und blieben drei Tage
dort, bis die Verfolger zurückgekehrt waren. Und die Verfolger suchten
auf dem ganzen Weg nach ihnen, fanden sie aber nicht. 23 Und die bei-
den Männer kehrten zurück, stiegen vom Gebirge herab, überschritten
den Jordan und kamen zu Josua, dem Sohn des Nun, und erzählten ihm
alles, was ihnen begegnet war. 24 Und sie sprachen zu Josua: Der HERR *24:* 6,2; 8,1; 21,44 · 9
hat das ganze Land in unsere Hand gegeben, und alle Bewohner des Lan-
des zittern vor uns.

Israel überschreitet den Jordan

3 1 Und Josua machte sich früh am Morgen auf, und sie brachen auf *1:* 6,12; 7,16; 8,10 ·
von Schittim und kamen an den Jordan, er und alle Israeliten, und 2,1!
sie übernachteten dort, bevor sie ihn überschritten. 2 Und nach drei Ta- *2–3:* 1,11
gen gingen die Amtleute durch das Lager 3 und geboten dem Volk: *3:* Dtn 10,8; 31,9
Wenn ihr seht, dass die levitischen Priester die Lade des Bundes des
HERRN, eures Gottes, aufheben, dann brecht auf von eurem Ort und
folgt ihr. 4 Doch zwischen euch und ihr soll ein Abstand sein von gegen *4:* 2Sam 6,6–7
zweitausend Ellen, ihr sollt ihr nicht zu nahe kommen. So erkennt ihr
den Weg, den ihr gehen sollt, denn diesen Weg seid ihr noch nie gegan-
gen. 5 Und Josua sprach zum Volk: Heiligt euch, denn morgen wird der *5:* 7,13; Lev 20,7
HERR Wunder tun in eurer Mitte. 6 Und Josua sprach zu den Priestern: *6:* 6,6
Hebt die Lade des Bundes auf, und zieht dem Volk voran. Und sie hoben
die Lade des Bundes auf und gingen dem Volk voran. 7 Und der HERR *7:* 4,14 · 1,5!
sprach zu Josua: Heute fange ich an, dich gross zu machen in den Augen
ganz Israels, damit sie erkennen, dass ich mit dir sein werde, wie ich mit
Mose war. 8 Und du sollst den Priestern, die die Lade des Bundes tragen,
gebieten: Wenn ihr an das Wasser des Jordan kommt, stellt euch im
Jordan auf. 9 Und Josua sprach zu den Israeliten: Kommt her und hört
die Worte des HERRN, eures Gottes. 10 Und Josua sprach: Daran sollt ihr *10:* 24,11; Gen 15,21 ·
erkennen, dass ein lebendiger Gott in eurer Mitte ist und dass er die 22,31!
Kanaaniter, die Hetiter, die Chiwwiter, die Perissiter, die Girgaschiter,
die Amoriter und die Jebusiter vor euch vertreiben wird: 11 Seht die *11:* Sach 4,14
Lade des Bundes, der Herr der ganzen Erde zieht vor euch her durch den
Jordan! 12 Und nun nehmt euch zwölf Männer aus den Stämmen Isra- *12:* 4,2–4; Num 13,2
els, einen aus jedem Stamm. 13 Wenn dann die Füsse der Priester, die *13:* Ex 15,8; Ps 78,13
die Lade des HERRN tragen, des Herrn der ganzen Erde, im Wasser des
Jordan sind, wird sich das Wasser des Jordan stauen, das Wasser, das
von oben herabfliesst, so dass es stehen bleibt wie ein Damm.
14 Und als das Volk aufbrach von seinen Zelten, um den Jordan zu *14:* Apg 7,45
überschreiten, auch die Priester, die die Lade des Bundes dem Volk vor-
antrugen, 15 und als die Träger der Lade an den Jordan kamen und die *15:* 4,18
Füsse der Priester, die die Lade trugen, das Wasser berührten – der Jor-
dan tritt nämlich während der ganzen Erntezeit überall über die Ufer –,
16 da blieb das Wasser, das von oben herabfliesst, stehen. Wie ein *16:* 12,3 · 4,22; 5,1

2,23: «den Jordan» wurde in der Übersetzung ergänzt.

Damm erhob es sich, in weiter Entfernung, bei Adam, der Stadt, die ne-
ben Zaretan liegt. Und das Wasser, das zum Meer der Araba, dem Salz-
meer, hinabfloss, verlief sich ganz, und das Volk überschritt den Jordan
gegenüber von Jericho. 17 Und die Priester, die die Lade trugen, den
Bund des HERRN, standen unbeweglich mitten im Jordan auf dem Tro-
ckenen, und ganz Israel zog auf dem Trockenen hinüber, bis die ganze
Nation den Jordan überschritten hatte.

Die Aufrichtung der zwölf Gedenksteine

1: 24,11 4 1 Und nachdem die ganze Nation den Jordan überschritten hatte,
2–4: 3,12! sprach der HERR zu Josua: 2 Nehmt euch zwölf Männer aus dem
Volk, einen aus jedem Stamm, 3 und gebietet ihnen: Nehmt euch von
dort aus dem Jordan, von der Stelle, wo die Füsse der Priester stehen,
zwölf Steine, und nehmt sie mit euch hinüber, und legt sie im Lager
nieder, wo ihr heute übernachten werdet. 4 Und Josua rief die zwölf
Männer, die er von den Israeliten bestimmt hatte, aus jedem Stamm
5: Ex 24,4 einen. 5 Und Josua sprach zu ihnen: Zieht vor der Lade des HERRN, eures
Gottes, in den Jordan, jeder soll einen Stein auf seine Schulter heben,
6: 21; Ex 10,2; 12,26! nach der Zahl der Stämme der Israeliten, 6 damit das ein Zeichen unter
euch sei. Wenn eure Kinder künftig fragen: Was bedeuten euch diese
7: Ex 12,14; Steine?, 7 sollt ihr zu ihnen sagen: Das Wasser des Jordan staute sich vor
Num 17,5 der Lade des Bundes des HERRN, als sie durch den Jordan zog. Das Was-
ser des Jordan staute sich, und diese Steine sollen den Israeliten ein ewi-
8: Ex 28,21! ges Erinnerungszeichen sein. 8 Und die Israeliten machten es, wie Jo-
sua es geboten hatte: Sie nahmen zwölf Steine aus dem Jordan, wie der
HERR es Josua gesagt hatte, nach der Zahl der Stämme der Israeliten.
Und sie nahmen sie mit hinüber ins Nachtlager und legten sie dort nie-
der. 9 Und Josua richtete zwölf Steine auf im Jordan, an der Stelle, wo
die Füsse der Priester gestanden hatten, die die Lade des Bundes trugen;
und dort sind sie bis auf den heutigen Tag. 10 Und die Priester, die die
Lade trugen, standen im Jordan, bis alles vollendet war, was der HERR
Josua dem Volk zu sagen geboten hatte, so wie Mose es Josua geboten
hatte. Und das Volk zog in Eile hinüber. 11 Und als das ganze Volk hin-
übergezogen war, zog die Lade des HERRN hinüber, und die Priester wa-
12: 1,14 ren vor dem Volk. 12 Und die Rubeniten und die Gaditen und der halbe
Stamm Manasse zogen in Kampfordnung vor den Israeliten hinüber,
wie Mose es ihnen gesagt hatte. 13 Gegen vierzigtausend für den Kampf
Bewaffnete zogen vor dem HERRN hinüber zum Krieg, in die Steppen
14: 3,7 · 1,17 von Jericho. 14 An diesem Tag machte der HERR Josua gross in den Au-
gen ganz Israels, und sie fürchteten ihn, wie sie Mose gefürchtet hatten,
sein Leben lang.

15 Und der HERR sprach zu Josua: 16 Gebiete den Priestern, die die
Lade des Zeugnisses tragen, aus dem Jordan heraufzusteigen. 17 Da ge-
18: 3,15 bot Josua den Priestern: Steigt herauf aus dem Jordan. 18 Und als die
Priester, die die Lade des Bundes des HERRN trugen, aus dem Jordan stie-
gen, und die Füsse der Priester das Trockene berührt hatten, kehrte das
Wasser des Jordan an seinen Ort zurück und trat überall über die Ufer,
19: 5,10; 9,6 wie zuvor. 19 Und das Volk stieg aus dem Jordan hinauf am Zehnten des

3,16: In einer anderen hebräischen Tradition: «..., weit entfernt von Adam, der Stadt, ...»

ersten Monats, und sie lagerten in Gilgal, an der Ostgrenze von Jericho.
20 Und jene zwölf Steine, die sie aus dem Jordan genommen hatten,
richtete Josua in Gilgal auf, 21 und er sprach zu den Israeliten: Wenn 21: 6!
künftig eure Kinder ihre Väter fragen: Was bedeuten diese Steine?,
22 dann sollt ihr es euren Kindern erklären: Auf trockenem Boden hat 22: 3,16! · Ps 66,6
Israel hier den Jordan überschritten. 23 Denn der HERR, euer Gott, liess 23: Ex 15,19
das Wasser des Jordan vor euch austrocknen, bis ihr hinübergezogen
wart, wie es der HERR, euer Gott, mit dem Schilfmeer getan hat, das er
vor uns austrocknen liess, bis wir hindurchgezogen waren, 24 damit 24: Dtn 6,2
alle Völker der Erde erkennen, dass die Hand des HERRN stark ist, damit
sie den HERRN, euren Gott, allezeit fürchten.

Die Beschneidung in Gilgal

5 1 Und als alle Könige der Amoriter auf der anderen Seite des Jordan 1: Num 13,29 ·
im Westen und alle Könige der Kanaaniter am Meer hörten, dass der 3,16! · 2,11
HERR das Wasser des Jordan hatte austrocknen lassen vor den Israeliten,
bis sie hinübergezogen waren, wurde ihr Herz mutlos, kein Lebensgeist
regte sich mehr beim Anblick der Israeliten. 2 Zu jener Zeit sprach der 2: Ex 4,25 ·
HERR zu Josua: Mach dir steinerne Messer, und beschneide die Israeli- Gen 17,10
ten noch einmal, zum zweiten Mal. 3 Da machte sich Josua steinerne
Messer und beschnitt die Israeliten am Hügel Aralot. 4 Und das ist der 4: Num 26,64–65
Grund, warum Josua sie beschnitt: Das ganze Volk, das auszog aus Ägyp-
ten, alle, die männlich waren, alle wehrfähigen Männer, waren bei ih-
rem Auszug aus Ägypten unterwegs in der Wüste gestorben. 5 Das gan-
ze Volk, das auszog, war beschnitten, das ganze Volk aber, das während
ihres Auszugs aus Ägypten unterwegs in der Wüste geboren wurde, hat-
te man nicht beschnitten. 6 Denn vierzig Jahre lang wanderten die Isra- 6: Num 14,33–35;
eliten in der Wüste, bis die ganze Nation gestorben war, die wehrfähi- Hebr 3,17 · 1,6! ·
gen Männer, die aus Ägypten ausgezogen waren, die nicht gehört hatten Ex 3,8!
auf die Stimme des HERRN, denn der HERR hatte ihnen geschworen, sie
das Land nicht sehen zu lassen, das uns zu geben der HERR ihren Vorfah-
ren geschworen hatte, ein Land, in dem Milch und Honig fliessen.
7 Und an ihre Stelle hatte er ihre Söhne treten lassen. Diese beschnitt 7: Dtn 1,39
Josua, denn sie waren unbeschnitten, weil man sie unterwegs nicht be-
schnitten hatte. 8 Und als die ganze Nation beschnitten war, blieben sie 8: Gen 34,25
an ihrem Ort im Lager, bis sie genesen waren. 9 Und der HERR sprach zu
Josua: Heute habe ich die Schande Ägyptens von euch abgewälzt. Und
man hat jenen Ort Gilgal genannt, bis auf den heutigen Tag.

Das Passa in Gilgal

10 Und die Israeliten lagerten in Gilgal und feierten das Passa, am 10: 4,19! · Ex 12,6
vierzehnten Tag des Monats, am Abend, in den Steppen von Jericho.
11 Und sie assen am Tag nach dem Passa vom Ertrag des Landes, unge- 11: Lev 23,14 ·
säuerte Brote und geröstetes Korn, an ebendiesem Tag. 12 Und das Man- Ex 13,7
na hörte auf am Tag, nachdem sie vom Ertrag des Landes gegessen hat- 12: Ex 16,31.35
ten, und es gab kein Manna mehr für die Israeliten. Und in jenem Jahr
assen sie von der Ernte des Landes Kanaan.

5,3: Das hebräische Wort Aralot bedeutet «Vorhäute».
5,9: Im Namen Gilgal klingt hebräisch ‹abwälzen› an.

Der Heerführer des HERRN

13: Num 22,23.31; 13 Und als Josua in Jericho war, blickte er auf und sah hin, und sieh,
1Chr 21,16 ihm gegenüber stand ein Mann, das gezückte Schwert in der Hand. Und
Josua ging zu ihm und fragte ihn: Gehörst du zu uns oder zu unseren
14: Ex 23,23 · Feinden? 14 Und er sprach: Weder noch, ich bin der Heerführer des
1Sam 3,9 HERRN, eben jetzt bin ich gekommen. Und Josua fiel auf sein Angesicht
zur Erde nieder und verneigte sich und sprach zu ihm: Was hat mein
15: Ex 3,5 Herr seinem Diener zu sagen? 15 Und der Heerführer des HERRN sprach
zu Josua: Nimm deine Sandalen von den Füssen, denn der Ort, wo du
stehst, ist heilig. Und Josua machte es so.

Die Eroberung Jerichos

1: 18,21 6 1 Jericho aber schloss die Tore und blieb verschlossen vor den Isra-
2: 12,9 · 2,24! eliten. Niemand kam heraus, und niemand ging hinein. 2 Und der
HERR sprach zu Josua: Sieh, ich habe Jericho und seinen König, tüchtige
Krieger, in deine Hand gegeben. 3 Und ihr sollt um die Stadt herumzie-
hen, alle Krieger sollen einmal die Stadt umkreisen; das sollst du sechs
4: 2Kön 5,10 · Tage lang tun. 4 Und sieben Priester sollen sieben Widderhörner vor
Num 10,9 der Lade hertragen. Und am siebten Tag sollt ihr siebenmal um die Stadt
ziehen, und die Priester sollen die Hörner blasen. 5 Und wenn man das
Widderhorn bläst, wenn ihr den Hörnerschall hört, soll das ganze Volk
in lautes Kriegsgeschrei ausbrechen. Dann wird die Stadtmauer in sich
zusammenfallen, und das Volk soll hinaufsteigen, jeder, wo er gerade
6: 3,6 ist. 6 Und Josua, der Sohn des Nun, rief die Priester und sprach zu ihnen:
Hebt die Lade des Bundes auf, und sieben Priester sollen sieben Widder-
hörner vor der Lade des HERRN hertragen. 7 Und zum Volk sprach er:
Geht hinüber, und zieht um die Stadt, und wer bewaffnet ist, soll vor der
Lade des HERRN gehen. 8 Und als Josua dies dem Volk gesagt hatte, gin-
gen die sieben Priester hinüber, die die sieben Widderhörner vor dem
HERRN hertrugen, und bliesen die Hörner, und die Lade des Bundes des
HERRN zog hinter ihnen her. 9 Und wer bewaffnet war, ging vor den
Priestern, die die Hörner bliesen, und die Nachhut folgte der Lade, und
unablässig blies man die Hörner. 10 Dem Volk aber hatte Josua geboten:
Ihr sollt nicht schreien und eure Stimme nicht hören lassen, und es soll
kein Wort aus eurem Mund kommen bis zu dem Tag, an dem ich zu
euch sagen werde: Brecht in Kriegsgeschrei aus! Dann sollt ihr in
Kriegsgeschrei ausbrechen. 11 Und er liess die Lade des HERRN um die
Stadt ziehen, sie umkreiste sie einmal, dann kamen sie wieder ins Lager
12: 3,1! und übernachteten im Lager. 12 Und Josua machte sich früh am Morgen
auf, und die Priester trugen die Lade des HERRN. 13 Und die sieben Pries-
ter, die die sieben Widderhörner vor der Lade des HERRN hertrugen,
gingen, und unablässig bliesen sie die Hörner. Und wer bewaffnet war,
ging vor ihnen. Und die Nachhut folgte der Lade des HERRN, und unab-
lässig blies man die Hörner. 14 Auch am zweiten Tag zogen sie einmal
um die Stadt und kamen zurück ins Lager. Das taten sie sechs Tage lang.

15 Und am siebten Tag machten sie sich auf, als die Morgenröte auf-
stieg, und zogen der Anweisung gemäss siebenmal um die Stadt; nur an
16: Ri 7,22 diesem Tag zogen sie siebenmal um die Stadt. 16 Beim siebten Mal aber
17: Lev 27,28!; bliesen die Priester die Hörner, und Josua sprach zum Volk: Brecht in
Dtn 20,16–17 · 2,4 Kriegsgeschrei aus, denn der HERR hat euch die Stadt gegeben. 17 Und

die Stadt soll mit allem, was darin ist, der Vernichtung geweiht sein für
den HERRN. Nur Rachab, die Hure, soll am Leben bleiben, sie und alle, die
bei ihr im Haus sind, weil sie die Boten versteckt hat, die wir ausgesandt
hatten. 18 Vor allem aber hütet euch vor dem, was der Vernichtung ge- *18:* Dtn 13,18; 23,10 ·
weiht ist, damit ihr nicht begehrt und nehmt von dem, was der Vernich- 7,12 · Dtn 7,26;
tung geweiht ist, und so das Lager Israels der Vernichtung weiht und es 1Sam 15,9–11
ins Unglück stürzt. 19 Alles Silber und Gold aber und die bronzenen und
eisernen Geräte sind dem HERRN heilig, es soll in die Schatzkammer des
HERRN kommen. 20 Und das Volk begann zu schreien, und man blies die *20:* 2Chr 13,15 ·
Hörner, und als das Volk den Hörnerschall hörte, brach das Volk in lautes Zef 1,16; Hebr 11,30
Kriegsgeschrei aus, und die Mauer fiel in sich zusammen, und das Volk
stieg zur Stadt hinauf, ein jeder, wo er gerade war, und sie nahmen die
Stadt ein. 21 Und alles, was in der Stadt war, weihten sie der Vernichtung *21:* 8,2.22; 9,3;
mit der Schärfe des Schwerts, Mann und Frau, Jung und Alt, Rind, Schaf Dtn 7,2
und Esel. 22 Und zu den beiden Männern, die das Land ausgekundschaf- *22:* 2,14
tet hatten, sprach Josua: Geht in das Haus der Hure, und führt die Frau
und alle, die zu ihr gehören, von dort hinaus, wie ihr es ihr geschworen
habt. 23 Und die jungen Männer, die Kundschafter, kamen und führten *23:* 2,18
Rachab, ihren Vater und ihre Mutter, ihre Brüder und alle, die zu ihr
gehörten, hinaus. Ihre ganze Sippe führten sie hinaus und gaben ihr ei-
nen Platz ausserhalb von Israels Lager. 24 Die Stadt aber und alles, was in *24:* 11,11; Num 31,10;
ihr war, verbrannten sie, nur das Silber und das Gold und die bronzenen Dtn 13,17
und eisernen Geräte legten sie in die Schatzkammer im Haus des
HERRN. 25 Die Hure Rachab aber und das Haus ihres Vaters und alle, die *25:* Ri 1,25 ·
zu ihr gehörten, liess Josua am Leben. Und sie blieb in Israel wohnen bis Hebr 11,31
auf den heutigen Tag, weil sie die Boten versteckt hatte, die Josua ausge-
sandt hatte, um Jericho auszukundschaften. 26 Und zu jener Zeit liess *26:* 1Kön 16,34
Josua schwören: Verflucht ist der Mann vor dem HERRN, der sich auf-
macht und diese Stadt, Jericho, wieder aufbaut. Es soll ihn seinen Erstge-
borenen kosten, wenn er ihren Grundstein legt, und seinen Jüngsten,
wenn er ihre Tore einsetzt. 27 Und der HERR war mit Josua, und man *27:* 1,5!
hörte von ihm im ganzen Land.

Achans Vergehen: Israel kann Ai nicht erobern

7 1 Doch die Israeliten vergriffen sich an dem, was der Vernichtung
geweiht war: Achan, der Sohn des Karmi, des Sohns des Sabdi, des
Sohns von Serach vom Stamm Juda, nahm etwas von dem, was der Ver-
nichtung geweiht war, und der Zorn des HERRN entbrannte gegen die
Israeliten. 2 Und Josua sandte Männer von Jericho nach Ai, das bei Bet-
Awen, östlich von Bet-El liegt, und sprach zu ihnen: Geht hinauf und
erkundet das Land. Und die Männer gingen hinauf und erkundeten Ai.
3 Dann kamen sie zurück zu Josua und sagten zu ihm: Nicht das ganze
Volk soll hinaufziehen; gegen zwei- oder dreitausend Mann sollen hin-
aufziehen und Ai schlagen. Bemühe nicht das ganze Volk dorthin, denn
sie sind wenige. 4 Und gegen dreitausend Mann vom Volk zogen dort
hinauf, aber vor den Männern von Ai ergriffen sie die Flucht. 5 Und die *5:* Dtn 1,44
Männer von Ai erschlugen sechsunddreissig Mann von ihnen. Und sie
verfolgten sie vom Tor bis zu den Steinbrüchen und schlugen sie am *6:* Esra 10,1 ·
Abhang, und das Herz des Volks zerfloss wie Wasser. 6 Und Josua zer- Ri 20,23.26 ·
riss seine Kleider und fiel auf sein Angesicht zur Erde nieder vor der Neh 9,1; Est 4,3

Lade des HERRN, bis zum Abend, er und die Ältesten Israels, und sie
7: Ex 5,22; 32,11–13 streuten Staub auf ihr Haupt. 7 Und Josua sprach: Ach Herr, HERR, war-
um hast du dieses Volk den Jordan überschreiten lassen? Um uns in die
Hand der Amoriter zu geben, damit sie uns vernichten? Hätten wir uns
doch dazu entschlossen, jenseits des Jordan zu bleiben! 8 Ich bitte dich,
Herr, was soll ich sagen, nachdem Israel seinen Feinden den Nacken
9: Ex 32,12; gezeigt hat? 9 Wenn die Kanaaniter und alle Bewohner des Landes das
Num 14,13; hören, werden sie uns umzingeln und unseren Namen von der Erde til-
Dtn 9,28 gen. Was wirst du tun für deinen grossen Namen? 10 Und der HERR
sprach zu Josua: Steh auf! Warum liegst du da auf deinem Angesicht?
11 Israel hat gesündigt, sie haben meinen Bund übertreten, den ich ih-
nen auferlegt habe, sie haben genommen von dem, was der Vernich-
tung geweiht war, sie haben es gestohlen, verheimlicht und bei sich ver-
12: Num 14,42 · steckt. 12 Die Israeliten können vor ihren Feinden nicht bestehen. Sie
6,18 werden ihre Feinde im Nacken haben, denn nun sind sie selbst der Ver-
nichtung geweiht. Ich werde nicht mehr mit euch sein, wenn ihr das,
13: 3,5! · Dtn 13,6 was bei euch der Vernichtung geweiht ist, nicht vernichtet. 13 Steh auf,
heilige das Volk, und sprich: Heiligt euch für morgen, denn so spricht
der HERR, der Gott Israels: Bei dir ist etwas, das der Vernichtung geweiht
ist, Israel. Du kannst vor deinen Feinden nicht bestehen, bis ihr das, was
14: 1Sam 10,19 bei euch der Vernichtung geweiht ist, vernichtet. 14 Und am Morgen
sollt ihr herantreten, Stamm für Stamm. Und der Stamm, den der HERR
bestimmt, soll vortreten, Sippe für Sippe; und die Sippe, die der HERR
bestimmt, soll vortreten, Haus für Haus; und das Haus, das der HERR
15: Ri 20,6 bestimmt, soll vortreten, Mann für Mann. 15 Und den, der so überführt
wird, den soll man verbrennen und alles, was ihm gehört, weil er sich
vergriffen hat an dem, was der Vernichtung geweiht ist, weil er den
Bund des HERRN übertreten und eine Schandtat begangen hat in Israel.

16: 3,1! 16 Und früh am Morgen liess Josua Israel herantreten, Stamm für
Stamm, und es traf den Stamm Juda. 17 Und er liess die Sippen Judas
vortreten, und es traf die Sippe der Serachiten, und er liess die Sippe der
18: 1Sam 10,20–21; Serachiten vortreten, Mann für Mann, und es traf Sabdi. 18 Und er liess
14,42 dessen Haus vortreten, Mann für Mann, und es traf Achan, den Sohn des
Karmi, des Sohns des Sabdi, des Sohns von Serach vom Stamm Juda.
19: Num 5,6–7; 19 Und Josua sprach zu Achan: Mein Sohn, erweise dem HERRN, dem
1Sam 14,43 Gott Israels, die Ehre, lobe ihn, und sage mir doch, was du getan hast.
Verheimliche nichts vor mir. 20 Und Achan antwortete Josua und
sprach: Es ist wahr. Ich war es, der sich am HERRN, dem Gott Israels,
21: Gen 3,6 versündigt hat. Und das ist es, was ich getan habe: 21 Ich sah bei der
Beute einen schönen Mantel aus Schinar und zweihundert Schekel Sil-
ber und eine goldene Zunge, fünfzig Schekel schwer; und ich begehrte
dies und ich nahm es. Und sieh, es ist vergraben in der Erde, in meinem
Zelt, und das Silber liegt zuunterst. 22 Und Josua sandte Boten, und die
eilten in das Zelt; und sieh, es war in seinem Zelt vergraben, und das
Silber lag zuunterst. 23 Und sie nahmen die Dinge aus dem Zelt und
brachten sie zu Josua und zu allen Israeliten und breiteten sie aus vor
24: 22,20; dem HERRN. 24 Und Josua und ganz Israel mit ihm nahm Achan, den
Lev 24,14–15;
1Chr 2,7

7,15: «weil er sich vergriffen hat» wurde in der Übersetzung ergänzt.
7,17: In manchen Textzeugen lautet der Text: «... Serachiten vortreten, Haus für Haus, ...»

Sohn des Serach, und das Silber und den Mantel und die goldene Zunge
und seine Söhne und seine Töchter und sein Rind und seinen Esel und
sein Kleinvieh und sein Zelt und alles, was ihm gehörte, und sie führten
sie hinauf in das Tal Achor. 25 Und Josua sprach: Wie hast du uns ins 25: Dtn 13,10–11;
Unglück gestürzt. Am heutigen Tag wird der HERR dich ins Unglück 17,5
stürzen! Und ganz Israel steinigte ihn, und sie verbrannten sie und stei-
nigten sie. 26 Dann errichteten sie einen grossen Steinhaufen über 26: 8,29;
ihm, der dort ist bis auf den heutigen Tag. Und der HERR liess ab von 2Sam 18,17 ·
seinem glühenden Zorn. Daher heisst jener Ort Tal Achor, bis auf den Jes 65,10; Hos 2,17
heutigen Tag.

Die Eroberung von Ai

8 1 Und der Herr sprach zu Josua: Fürchte dich nicht, und hab keine 1: 2,24!
Angst. Nimm das ganze Kriegsvolk mit dir, und mach dich auf, zieh
hinauf nach Ai. Sieh, ich habe den König von Ai und sein Volk und seine
Stadt und sein Land in deine Hand gegeben. 2 Und du sollst mit Ai und 2: 6,21! · 11,14;
seinem König verfahren, wie du mit Jericho und seinem König verfah- Dtn 2,35; 20,14
ren bist, diesmal aber dürft ihr die Beute und das Vieh behalten. Lege der
Stadt auf ihrer Rückseite einen Hinterhalt. 3 Und Josua machte sich mit 3: 10,7 · Ex 17,9
allem Kriegsvolk auf, um hinaufzuziehen nach Ai. Und Josua wählte
dreissigtausend Mann aus, tüchtige Krieger, und sandte sie aus bei
Nacht 4 und befahl ihnen: Seht zu, ihr sollt euch hinter der Stadt in ei- 4: Ri 9,32; 20,29
nen Hinterhalt legen, nicht zu weit von der Stadt entfernt, und ihr sollt
euch alle bereithalten. 5 Ich aber und das ganze Volk, das bei mir ist, wir
werden gegen die Stadt vorrücken. Und wenn sie ausrücken, uns entge-
gen, wie beim ersten Mal, werden wir vor ihnen fliehen. 6 Und sie wer- 6: 7,5 · Ri 20,32
den uns nachsetzen, bis wir sie von der Stadt weggelockt haben, denn
sie werden sagen: Sie fliehen vor uns wie beim ersten Mal. Und wir wer-
den vor ihnen fliehen, 7 ihr aber sollt aus dem Hinterhalt hervorbre-
chen und die Stadt in Besitz nehmen, und der HERR, euer Gott, wird sie
in eure Hand geben. 8 Und wenn ihr die Stadt eingenommen habt, sollt
ihr sie in Brand stecken, nach dem Wort des HERRN sollt ihr handeln.
Seht, ich habe es euch geboten. 9 Und Josua sandte sie aus, und sie leg-
ten sich in den Hinterhalt und blieben zwischen Bet-El und Ai, westlich
von Ai. Josua aber übernachtete in jener Nacht beim Volk. 10 Und früh 10: 3,1!
am anderen Morgen musterte Josua das Volk, und er und die Ältesten
Israels zogen vor dem Volk hinauf nach Ai. 11 Und das ganze Kriegsvolk,
das bei ihm war, war hinaufgezogen, und sie näherten sich, kamen vor
die Stadt und lagerten nördlich von Ai, und das Tal lag zwischen ihnen
und Ai. 12 Und er nahm gegen fünftausend Mann und legte sie in einen 12: 1Sam 15,5
Hinterhalt zwischen Bet-El und Ai, westlich der Stadt. 13 Und sie stell-
ten das Volk auf: das ganze Lager, das nördlich der Stadt war, und die
Nachhut westlich der Stadt. Und Josua ging in jener Nacht in die Ebene.

14 Und als der König von Ai das sah, rückten die Männer der Stadt in
der Frühe eilends aus, Israel entgegen, in die Schlacht, er und sein gan-
zes Volk, an einen bestimmten Ort vor der Araba. Er wusste aber nicht,
dass ihm hinter der Stadt ein Hinterhalt gelegt worden war. 15 Und Jo- 15: Ri 20,34

7,26: Im Namen Achor klingt hebräisch ‹ins Unglück stürzen› an, wie es in 7,25 verwendet wird.

sua und ganz Israel liessen sich von ihnen schlagen, und sie flohen auf
dem Weg zur Wüste. 16 Und das ganze Volk, das in der Stadt war, wurde
aufgeboten, um sie zu verfolgen, und sie verfolgten Josua und liessen
sich weglocken von der Stadt. 17 Kein einziger Mann blieb in Ai und
Bet-El, da war keiner, der nicht ausgezogen wäre hinter Israel her, und
sie liessen die Stadt offen zurück und verfolgten Israel. 18 Und der HERR
sprach zu Josua: Strecke den Speer in deiner Hand aus gegen Ai, denn
ich will es in deine Hand geben. Und Josua streckte den Speer in seiner
Hand aus gegen die Stadt. 19 Und unverzüglich brachen die im Hinter-
halt auf aus ihrer Stellung, sie stürmten los, als er seine Hand ausstreck-
te, und sie kamen zur Stadt, nahmen sie ein und steckten die Stadt so-
20: Ri 20,40–41 gleich in Brand. 20 Und die Männer von Ai blickten zurück, und sie sa-
hen, wie der Rauch von der Stadt zum Himmel aufstieg, und sie hatten
nicht die Kraft zu fliehen, weder hierher noch dorthin. Das Volk aber,
das zur Wüste floh, wandte sich um, den Verfolgern entgegen. 21 Und
als Josua und ganz Israel sahen, dass die aus dem Hinterhalt die Stadt
eingenommen hatten und dass der Rauch von der Stadt aufstieg, wen-
22: 6,21! deten sie sich um und schlugen die Männer von Ai. 22 Diese waren aus
der Stadt ausgerückt ihnen entgegen, so dass die von Ai zwischen die
Israeliten gerieten, und diese kamen von beiden Seiten und schlugen
sie, bis niemand übrig blieb, der hätte entkommen und fliehen können.
23: 10,22; 23 Den König von Ai aber nahmen sie lebend gefangen und führten ihn
1Sam 15,32 zu Josua. 24 Und als die Israeliten alle Bewohner von Ai umgebracht
hatten auf dem offenen Land in der Wüste, wohin sie sie verfolgt hatten,
und als alle bis auf den letzten Mann durch die Schärfe des Schwerts
gefallen waren, kehrte sich ganz Israel gegen Ai und schlug es mit der
Schärfe des Schwerts. 25 Und es waren zwölftausend, die an jenem Tag
26: 9,3 · Ex 17,12 fielen, Männer und Frauen, alle Leute von Ai. 26 Josua aber zog seine
Hand, die er mit dem Speer ausgestreckt hatte, nicht zurück, bis man
27: Dtn 2,34 alle Bewohner von Ai der Vernichtung geweiht hatte. 27 Nur das Vieh
und die Beute dieser Stadt behielt Israel für sich, nach dem Wort des
28: Dtn 13,17 HERRN, das er Josua aufgetragen hatte. 28 Und Josua brannte Ai nieder
und machte es zu einem Trümmerhaufen für immer, zu einer Wüs-
29: 12,9 · 10,26–27; tenei, die geblieben ist bis auf den heutigen Tag. 29 Den König von Ai
Dtn 21,23! · 7,26! aber liess er an einen Baum hängen bis zum Abend. Und als die Sonne
unterging, gab Josua Befehl, und man nahm seinen Leichnam vom
Baum; und sie warfen ihn vor das Tor der Stadt und errichteten einen
grossen Steinhaufen über ihm, der dort ist bis auf den heutigen Tag.

Altarbau und Verlesung der Weisung

30: Gen 12,8 30 Damals baute Josua dem HERRN, dem Gott Israels, einen Altar auf
31: Ex 20,25 dem Berg Ebal, 31 wie Mose, der Diener des HERRN, es den Israeliten
geboten hatte, wie es geschrieben steht im Buch der Weisung des Mose,
einen Altar aus unbehauenen Steinen, die man nicht mit Eisen bearbei-
tet hatte, und sie brachten dem HERRN darauf Brandopfer dar und
32: Ex 24,4; schlachteten Heilsopfer. 32 Und dort schrieb er auf die Steine die Ab-
Dtn 17,18; 27,8 schrift der Weisung des Mose, die dieser aufgezeichnet hatte vor den
33: Num 15,15–29; Augen der Israeliten. 33 Und ganz Israel und seine Ältesten, seine Amt-
Dtn 31,12 · leute und seine Richter standen zu beiden Seiten der Lade, den leviti-
Dtn 11,29 schen Priestern gegenüber, die die Lade des Bundes des HERRN trugen,

der Fremde wie der Einheimische, die eine Hälfte gegen den Berg Gari-
zim, die andere gegen den Berg Ebal hin, wie Mose, der Diener des
HERRN, zuvor geboten hatte, das Volk Israel zu segnen. 34 Und danach 34: Dtn 27,12–26;
las er alle Worte der Weisung vor, den Segen und den Fluch, wie es ge- 28,1–68; 31,11!
schrieben steht im Buch der Weisung. 35 Da war nicht ein einziges 35: Neh 8,3
Wort, das Josua der ganzen Gemeinde Israels nicht vorgelesen hätte,
von allem, was Mose geboten hatte, auch den Frauen und Kindern und
dem Fremden, der mit ihnen zog.

Die Gibeoniten überlisten Israel

9 1 Und als all die Könige davon hörten, die auf der anderen Seite des 1: Dtn 1,7
Jordan wohnten, auf dem Gebirge und in der Schefela und überall an
der Küste des grossen Meeres bis an den Libanon, die Hetiter, die Amo-
riter, die Kanaaniter, die Perissiter, die Chiwwiter und die Jebusiter,
2 da taten sie sich zusammen, um einmütig gegen Josua und Israel zu 2: 11,4; 24,11
kämpfen. 3 Die Einwohner von Gibeon aber hatten gehört, was Josua 3: 6,21! · 10,1 · 8,26
mit Jericho und Ai gemacht hatte, 4 und nun handelten sie ihrerseits
mit List: Sie gingen und versahen sich mit Wegzehrung und luden alte
Säcke und alte, zerrissene und ausgebesserte Weinschläuche auf ihre
Esel 5 und zogen alte, geflickte Sandalen und alte Mäntel an, und alles
Brot ihrer Wegzehrung war trocken und zerbröckelt. 6 Und sie gingen 6: 4,19! · 10,6
zu Josua ins Lager nach Gilgal und sprachen zu ihm und zu den Män-
nern Israels: Wir kommen aus einem fernen Land. Und nun schliesst
einen Bund mit uns. 7 Da sprach der Mann Israels zum Chiwwiter: Viel- 7: 2Sam 24,7 ·
leicht lebst du in meiner Nähe; wie könnte ich einen Bund mit dir Ex 23,32; 34,12;
schliessen? 8 Und sie sprachen zu Josua: Wir sind deine Diener. Und Dtn 7,2
Josua fragte sie: Wer seid ihr, und woher kommt ihr? 9 Da antworteten 8: 10,6
sie ihm: Deine Diener kommen aus einem sehr fernen Land um des
Namens des HERRN, deines Gottes, willen, denn wir haben von ihm ge-
hört und von allem, was er in Ägypten getan hat, 10 und von allem, was 10: 2,10
er den beiden Königen der Amoriter jenseits des Jordan angetan hat,
Sichon, dem König von Cheschbon, und Og, dem König des Baschan, der
in Aschtarot wohnte. 11 Und unsere Ältesten und alle Bewohner unseres
Landes haben zu uns gesagt: Nehmt Wegzehrung mit euch auf den
Weg, und geht ihnen entgegen, und sprecht zu ihnen: Wir sind eure
Diener, und nun schliesst einen Bund mit uns. 12 Unser Brot hier war
noch warm, als wir es aus unseren Häusern mit auf den Weg genom-
men haben, am Tag, als wir auszogen, um zu euch zu gehen, und nun
sieh, es ist vertrocknet und zerbröckelt. 13 Und die Weinschläuche hier
waren neu, als wir sie füllten, und sieh, sie sind zerrissen. Und unsere
Mäntel und unsere Sandalen hier sind abgenutzt vom weiten Weg.
14 Da nahmen die Männer von ihrer Wegzehrung, den HERRN aber be- 14: Num 27,21;
fragten sie nicht. 15 Und Josua gewährte ihnen Frieden und schloss ei- 1Chr 10,14; Jes 30,2
nen Bund mit ihnen, sie am Leben zu lassen; und die Vorsteher der Ge- 15: 11,19 · 2Sam 21,2
meinde schworen ihnen dieses zu.

16 Aber drei Tage nachdem sie den Bund mit ihnen geschlossen hat-
ten, hörten sie, dass diese aus ihrer Nähe waren und nahe bei ihnen
wohnten. 17 Und die Israeliten brachen auf und kamen am dritten Tag 17: 18,26
zu ihren Städten, und ihre Städte waren Gibeon, Kefira, Beerot und Kir- 18: Num 30,3;
jat-Jearim. 18 Doch die Israeliten schlugen sie nicht, denn die Vorsteher Dtn 23,24

der Gemeinde hatten ihnen beim HERRN, dem Gott Israels, geschworen,
und die ganze Gemeinde murrte gegen die Vorsteher. 19 Und alle Vor-
steher sprachen zur ganzen Gemeinde: Wir selbst haben ihnen beim
HERRN, dem Gott Israels, geschworen, darum dürfen wir sie nun nicht
antasten. 20 Dies wollen wir mit ihnen machen: Wir werden sie am Le-
ben lassen, damit nicht Zorn über uns kommt wegen des Schwures, den
21: 27; Dtn 29,10! · wir ihnen geschworen haben. 21 Und die Vorsteher sprachen zu ihnen:
10,1 Sie sollen am Leben bleiben. Und sie wurden Holzfäller und Wasserträ-
ger für die ganze Gemeinde, wie die Vorsteher es ihnen gesagt hatten.
22 Und Josua rief sie und sprach zu ihnen: Warum habt ihr uns betro-
gen und gesagt: Wir wohnen sehr weit entfernt von euch, obwohl ihr
23: Gen 9,25–26 nahe bei uns lebt? 23 Und nun: Verflucht seid ihr. Ihr werdet für immer
Diener sein und Holzfäller und Wasserträger für das Haus meines Got-
24: 10,2 tes. 24 Und sie antworteten Josua und sprachen: Es ist deinen Dienern
zugetragen worden, dass der HERR, dein Gott, seinem Diener Mose ge-
boten hat, euch das ganze Land zu geben und alle Bewohner des Landes
vor euch zu vernichten, und euretwegen fürchteten wir sehr um unser
25: 2Kön 10,5; Leben; und darum haben wir dies getan. 25 Und nun sind wir in deiner
Jer 26,14 Hand. Mach, was mit uns zu machen in deinen Augen gut und recht ist.
26 Und so machte er es mit ihnen und rettete sie aus der Hand der Isra-
27: 21 · Dtn 12,5 eliten, und sie brachten sie nicht um. 27 Und an jenem Tag machte Josua
sie zu Holzfällern und Wasserträgern für die Gemeinde und für den Al-
tar des HERRN, an dem Ort, den dieser erwählen würde; und sie sind es
bis zum heutigen Tag.

Israel hilft den Gibeoniten: Sieg über die fünf Könige der Amoriter

1: 9,3 · 9,21 **10** 1 Als aber Adoni-Zedek, der König von Jerusalem, hörte, dass Josua
Ai eingenommen und der Vernichtung geweiht hatte – wie mit
Jericho und seinem König so war er auch mit Ai und seinem König ver-
fahren – und dass die Bewohner von Gibeon mit Israel Frieden geschlos-
2: 9,24 sen hatten und bei ihnen blieben, 2 fürchteten sie sich sehr, denn Gibe-
on war eine grosse Stadt, wie eine der Königsstädte, und sie war noch
grösser als Ai, und all ihre Männer waren Helden. 3 Und Adoni-Zedek,
der König von Jerusalem, sandte zu Hoham, dem König von Chebron,
und zu Piram, dem König von Jarmut, und zu Jafia, dem König von La-
chisch, und zu Debir, dem König von Eglon, und sagte ihnen: 4 Kommt
herauf zu mir, und helft mir, damit wir Gibeon schlagen, denn es hat
Frieden geschlossen mit Josua und den Israeliten. 5 Und die fünf Köni-
ge der Amoriter, der König von Jerusalem, der König von Chebron, der
König von Jarmut, der König von Lachisch und der König von Eglon,
versammelten sich mit allen ihren Heeren und zogen hinauf und bela-
6: 9,6 · 9,8 gerten Gibeon und bekämpften die Stadt. 6 Und die Männer von Gibe-
on sandten zu Josua ins Lager nach Gilgal und liessen ihm sagen: Zieh
deine Hand nicht ab von deinen Dienern, komm schnell herauf zu uns,
und rette uns, und hilf uns, denn alle Könige der Amoriter, die auf dem
7: 8,3 Gebirge wohnen, haben sich gegen uns zusammengetan. 7 Und Josua
zog hinauf von Gilgal, er mit allem Kriegsvolk und allen tüchtigen Krie-
8: 1,5! gern. 8 Und der HERR sprach zu Josua: Fürchte dich nicht vor ihnen,
denn ich habe sie in deine Hand gegeben. Keiner von ihnen wird dir
9: 11,7 standhalten können. 9 Und Josua fiel unerwartet über sie her. Die ganze

Nacht hindurch war er von Gilgal hinaufgezogen. 10 Und der HERR ver- 10: Ex 23,27; Ri 4,15;
wirrte sie vor Israel, und er fügte ihnen in Gibeon eine schwere Nieder- 1Sam 7,10
lage zu, und er verfolgte sie auf dem Weg zum Pass von Bet-Choron und
schlug sie bis Aseka und bis Makkeda. 11 Und als sie auf der Flucht vor 11: Ps 18,13–14;
Israel am Abhang von Bet-Choron waren, liess der HERR grosse Steine Jes 30,30 ·
vom Himmel auf sie fallen bis nach Aseka, und sie starben. Durch die Dtn 20,4; Jes 28,21
Hagelsteine starben mehr, als die Israeliten mit dem Schwert umbrach-
ten. 12 Damals, am Tag, als der HERR den Israeliten die Amoriter preis- 12: 19,42; 21,24
gab, redete Josua mit dem HERRN und sprach vor den Augen Israels:

Sonne, steh still in Gibeon,
und Mond, im Tal von Ajjalon.

13 Und die Sonne stand still, 13: Hab 3,11 ·
und der Mond blieb stehen, 2Sam 1,18 ·
bis die Nation Rache genommen hatte an ihren Feinden 2Kön 20,10

Steht das nicht geschrieben im Buch des Aufrechten? Und die Sonne
blieb am Himmel stehen und beeilte sich nicht unterzugehen, fast ei-
nen ganzen Tag lang. 14 Und niemals, nicht vorher und nicht nachher, 14: 23,3.10; Ex 14,14!
hat der HERR auf die Stimme eines Mannes gehört wie an diesem Tag,
denn der HERR kämpfte für Israel. 15 Und Josua kehrte mit ganz Israel 15: 43
zurück ins Lager nach Gilgal.

16 Jene fünf Könige aber flohen und versteckten sich in der Höhle
von Makkeda. 17 Und es wurde Josua gemeldet: Die fünf Könige sind
gefunden worden, sie haben sich in der Höhle von Makkeda versteckt.
18 Da sprach Josua: Wälzt grosse Steine vor den Eingang der Höhle, und
stellt Männer davor, um sie zu bewachen. 19 Ihr aber, bleibt nicht ste-
hen, verfolgt eure Feinde, und schlagt ihre Nachhut; lasst sie nicht in
ihre Städte kommen, denn der HERR, euer Gott, hat sie in eure Hand
gegeben. 20 Und als Josua und die Israeliten ihnen eine sehr schwere 20: 11,8.14
Niederlage zugefügt hatten, bis sie völlig aufgerieben waren – wer von
ihnen aber hatte entrinnen können, war in die befestigten Städte ent-
kommen –, 21 da kehrte das ganze Volk wohlbehalten zurück ins Lager 21: Ex 11,7
zu Josua nach Makkeda; niemand spitzte die Zunge gegen die Israeli-
ten. 22 Und Josua sprach: Öffnet den Eingang der Höhle, und bringt die- 22: 8,23!
se fünf Könige aus der Höhle heraus zu mir. 23 Und sie machten es so 23: 12,10–12
und brachten diese fünf Könige aus der Höhle heraus zu ihm: den Kö-
nig von Jerusalem, den König von Chebron, den König von Jarmut, den
König von Lachisch und den König von Eglon. 24 Und als man diese 24: 2Sam 22,39;
Könige zu Josua herausgebracht hatte, rief Josua alle Männer Israels Mal 3,21
und sprach zu den Anführern der Krieger, die mit ihm gezogen waren:
Tretet vor, setzt diesen Königen den Fuss auf den Nacken! Und sie tra-
ten vor und setzten ihnen den Fuss auf den Nacken. 25 Und Josua 25: 1,6!
sprach zu ihnen: Fürchtet euch nicht und habt keine Angst, seid mutig
und stark, denn so wird der HERR es mit allen euren Feinden machen,
gegen die ihr kämpft. 26 Danach erschlug sie Josua und hängte sie an 26–27: 8,29!
fünf Bäume. Und sie hingen an den Bäumen bis zum Abend. 27 Und als
die Sonne unterging, gab Josua Befehl, und man nahm sie von den Bäu-
men und warf sie in die Höhle, in der sie sich versteckt hatten. Und
man legte grosse Steine vor den Eingang der Höhle; die sind dort bis
auf den heutigen Tag.

28 An diesem Tag nahm Josua auch Makkeda ein und schlug es und 28: 12,16

seinen König mit der Schärfe des Schwerts. Er weihte die Stadt und alles
Lebende in ihr der Vernichtung, niemanden liess er überleben. Und er
verfuhr mit dem König von Makkeda, wie er mit dem König von Jericho
29: 21,13 verfahren war. 29 Und Josua zog mit ganz Israel von Makkeda nach Lib-
30: 12,15–16 na, und sie bekämpften Libna. 30 Und der HERR gab auch diese Stadt
und ihren König in die Hand Israels. Und er schlug sie und alles Lebende
in ihr mit der Schärfe des Schwerts, niemanden liess er überleben. Und
er verfuhr mit ihrem König, wie er mit dem König von Jericho verfahren
31: 15,39 war. 31 Dann zog Josua mit ganz Israel von Libna nach Lachisch, und sie
belagerten die Stadt und bekämpften sie. 32 Und der HERR gab Lachisch
in die Hand Israels, und am zweiten Tag nahm er es ein. Und er schlug
die Stadt und alles Lebende in ihr mit der Schärfe des Schwerts, ganz wie
33: 12,12 er es mit Libna getan hatte. 33 Damals zog Horam, der König von Geser,
herauf, um Lachisch zu helfen; Josua aber schlug ihn und sein Volk und
liess niemanden überleben. 34 Dann zog Josua mit ganz Israel von La-
chisch nach Eglon, und sie belagerten die Stadt und bekämpften sie.
35 Und am selben Tag nahmen sie sie ein und schlugen sie mit der
Schärfe des Schwerts. Und an jenem Tag weihten sie alles Lebende in ihr
der Vernichtung, ganz wie sie es mit Lachisch getan hatten. 36 Dann zog
Josua mit ganz Israel von Eglon hinauf nach Chebron, und sie bekämpf-
ten es. 37 Und sie nahmen es ein und schlugen es mit der Schärfe des
Schwerts und seinen König und alle seine Städte und alles Lebende, das
darin war. Niemanden liess er überleben, so wie er es mit Eglon gemacht
hatte, und er weihte die Stadt und alles Lebende in ihr der Vernichtung.
38: 15,15 · 21,15 38 Dann wandte sich Josua mit ganz Israel nach Debir und bekämpfte
39: 1Sam 15,3.8.18 · es. 39 Und er nahm es ein mit seinem König und allen seinen Städten,
12,13 und sie schlugen sie mit der Schärfe des Schwerts. Und alles Lebende, das
darin war, weihten sie der Vernichtung, niemanden liess er überleben.
Wie er mit Chebron verfahren war und mit Libna und seinem König, so
40: 12,8 · 11,11!; verfuhr er mit Debir und seinem König. 40 So schlug Josua das ganze
Dtn 2,34; 20,16–18 Land: das Gebirge, den Negev, die Schefela und die Abhänge und all ihre
Könige. Er liess niemanden überleben, und alles, was Atem hatte, weih-
ten sie der Vernichtung, wie der HERR, der Gott Israels, es geboten hatte.
41: 11,16 41 Und Josua schlug sie von Kadesch-Barnea bis Gaza und das ganze Land
42: 14! Goschen bis Gibeon. 42 Und alle diese Könige und ihr Land besiegte Jo-
sua in einem Zug, denn der HERR, der Gott Israels, kämpfte für Israel.
43: 15 43 Dann kehrte Josua mit ganz Israel zurück ins Lager nach Gilgal.

Sieg über die Könige im Norden

1: 12,19; 19,36; 11 1 Und als Jabin, der König von Chazor, davon hörte, sandte er zu
Ri 4,2 · 12,20 Jobab, dem König von Madon, und zum König von Schimron und
2: 12,23 zum König von Achschaf 2 und zu den Königen im Norden, auf dem
Gebirge, und in der Araba südlich von Kinnerot und in der Schefela und
im Hügelland von Dor im Westen, 3 zu den Kanaanitern im Osten und
im Westen, zu den Amoritern, den Hetitern, den Perissitern und den
Jebusitern auf dem Gebirge und zu den Chiwwitern am Fuss des Her-
4: 9,2! · Gen 22,17; mon im Land Mizpa. 4 Und sie zogen aus mit allen ihren Heeren, ein
Ri 7,12; 1Sam 13,5;
2Sam 17,11

10,28: In diesem und in den folgenden Versen wird in der Übersetzung an manchen Stellen «die Stadt» ergänzt, wo sich im Hebräischen «sie» findet.

Volk, so zahlreich wie der Sand an der Küste des Meeres, und sehr viele
Pferde und Wagen. 5 Und alle diese Könige taten sich zusammen, rück-
ten heran und lagerten gemeinsam am Wasser von Merom, um gegen
Israel zu kämpfen.

6 Und der HERR sprach zu Josua: Fürchte dich nicht vor ihnen, denn 6: 9; 2Sam 8,4 ·
morgen um diese Zeit lege ich sie alle erschlagen Israel zu Füssen. Ihre Ps 46,10
Pferde sollst du lähmen, und ihre Wagen sollst du verbrennen. 7 Und 7: 10,9
unerwartet fiel Josua mit dem ganzen Kriegsvolk über sie her am Was-
ser von Merom, und sie stürzten sich auf sie. 8 Und der HERR gab sie in 8: 10,20!
die Hand Israels, und sie schlugen sie und verfolgten sie bis zum gros-
sen Sidon und bis Misrefot-Majim und bis in die Ebene von Mizpa im
Osten, und sie schlugen sie, und niemanden von ihnen liess er überle-
ben. 9 Und Josua verfuhr mit ihnen, wie der HERR es ihm gesagt hatte: 9: 6!
Ihre Pferde lähmte er, und ihre Wagen verbrannte er.

10 Damals kehrte Josua zurück und nahm Chazor ein und schlug
dessen König mit dem Schwert, denn Chazor war früher die wichtigste
Stadt all dieser Königreiche. 11 Und sie schlugen alles Lebende, das da- 11: 10,40 · 6,24!
rin war, mit der Schärfe des Schwerts, sie weihten es der Vernichtung.
Nichts, was Atem hatte, blieb übrig, und Chazor verbrannte er. 12 Und
Josua besiegte alle Städte dieser Könige und all ihre Könige und schlug
sie mit der Schärfe des Schwerts, er weihte sie der Vernichtung, wie Mo-
se, der Diener des HERRN, es geboten hatte. 13 Nur all die Städte, die auf
Hügeln lagen, verbrannte Israel nicht, abgesehen von Chazor – nur das
verbrannte Josua. 14 Und die ganze Beute aus diesen Städten und das 14: 8,2! · 10,20!
Vieh behielten die Israeliten für sich, alle Menschen aber schlugen sie
mit der Schärfe des Schwerts, bis man sie vernichtet hatte. Nichts, was
Atem hatte, liessen sie überleben. 15 Wie der HERR Mose, seinem Die-
ner, geboten hatte, so hatte Mose Josua geboten, und so machte Josua es.
Er unterliess nichts von alledem, was der HERR Mose geboten hatte.

Der Abschluss der Landeroberung

16 So nahm Josua dieses ganze Land ein: das Bergland und den gan- 16: 10,41
zen Negev und das ganze Land Goschen und die Schefela und die Araba
und das Gebirge Israels und seine Niederung, 17 vom Chalak-Gebirge, 17: 13,5
das ansteigt gegen Seir, bis nach Baal-Gad in der Ebene des Libanon am
Fuss des Hermongebirges. Und alle ihre Könige nahm er gefangen, und
er schlug sie und tötete sie. 18 Lange Zeit führte Josua Krieg gegen alle
diese Könige. 19 Es gab keine Stadt, die sich den Israeliten unterwarf, 19: 9,15
ausser den Chiwwitern, die in Gibeon wohnten; alles nahmen sie im
Kampf. 20 Denn vom HERRN kam die Verhärtung ihrer Herzen, da ihnen 20: Ex 4,21; 14,4.17;
der Krieg mit Israel bevorstand, damit man sie der Vernichtung weihte Dtn 2,30 · Dtn 7,2
und damit ihnen kein Erbarmen widerführe, damit man sie vielmehr
vernichte, wie der HERR es Mose geboten hatte. 21 Und zu jener Zeit kam 21: 14,12; 15,13–14;
Josua und rottete die Enakiter aus, im Gebirge, in Chebron, in Debir, in Num 13,28; Dtn 9,2
Anab, im ganzen Gebirge Judas und im ganzen Gebirge Israels; mit ihren
Städten weihte Josua sie der Vernichtung. 22 Es blieben keine Enakiter 22: 1Sam 17,4 ·
übrig im Land der Israeliten, nur in Gaza, in Gat und in Aschdod blieb ein 15,47
Rest. 23 So nahm Josua das ganze Land ein, genau wie der HERR zu Mose 23: 12,7;
gesagt hatte, und Josua gab es Israel als Erbbesitz, nach den Abteilungen Num 26,53 · 14,15
ihrer Stämme. Und nach dem Krieg hatte das Land Ruhe.

Verzeichnis der besiegten Könige

12 1 Und dies sind die Könige des Landes, die die Israeliten schlugen
und deren Land sie in Besitz nahmen jenseits des Jordan, gegen
Sonnenaufgang, vom Bachtal des Arnon bis zum Hermongebirge und
2: Dtn 1,4 · die ganze Araba im Osten: 2 Sichon, der König der Amoriter, der in
Num 21,24 Cheschbon wohnte, der von Aroer an herrschte, das am Rand des Bach-
tals des Arnon liegt, über die Mitte des Bachtals und über das halbe Gile-
3: 3,16 ad bis an den Jabbok, das Bachtal, die Grenze der Ammoniter, 3 und über
die Araba bis an den See Kinnerot im Osten und bis an das Meer der
Araba, das Salzmeer, im Osten, auf dem Weg nach Bet-Jeschimot, und
4: 13,12; Dtn 1,4; im Süden über das Gebiet am Fuss der Abhänge des Pisga. 4 Dazu das
3,10–11 Gebiet Ogs, des Königs des Baschan, der übrig geblieben war von den
Refaitern, der in Aschtarot und Edrei wohnte 5 und der über das Her-
mongebirge herrschte und über Salcha und über den ganzen Baschan,
bis zum Gebiet der Geschuriter und Maachatiter und über das halbe Gi-
6: 13,8; 14,3; 18,7; lead, bis an das Gebiet Sichons, des Königs von Cheschbon. 6 Mose, der
22,4; Num 32,33 Diener des HERRN, und die Israeliten hatten sie geschlagen, und Mose,
der Diener des HERRN, hatte das Land den Rubeniten, den Gaditen und
dem halben Stamm Manasse zum Besitz gegeben.
7: 11,23! 7 Und dies sind die Könige des Landes, die Josua und die Israeliten
auf der anderen Seite des Jordan, im Westen, schlugen, von Baal-Gad in
der Ebene des Libanon bis an das Chalak-Gebirge, das gegen Seir an-
steigt. Und Josua gab es den Stämmen Israels zum Besitz, nach ihren
8: 10,40 Abteilungen, 8 auf dem Gebirge, in der Schefela, in der Araba, an den
Abhängen, in der Wüste und im Negev, das Gebiet der Hetiter, der Amo-
riter, der Kanaaniter, der Perissiter, der Chiwwiter und der Jebusiter:
9: 6,2 · 8,29 9 Einer war der König von Jericho, einer der König von Ai, das neben
10–12: 10,23 Bet-El liegt, 10 einer war der König von Jerusalem, einer der König von
Chebron, 11 einer war der König von Jarmut, einer der König von La-
12: 10,33 chisch, 12 einer war der König von Eglon, einer der König von Geser,
13: 10,39 13 einer war der König von Debir, einer der König von Geder, 14 einer
14: Num 21,1 war der König von Chorma, einer der König von Arad, 15 einer war der
15–16: 10,30 König von Libna, einer der König von Adullam, 16 einer war der König
16: 10,28 von Makkeda, einer der König von Bet-El, 17 einer war der König von
Tappuach, einer der König von Chefer, 18 einer war der König von Afek,
19: 11,1! einer der König von Scharon, 19 einer war der König von Madon, einer
20: 11,1 der König von Chazor, 20 einer war der König von Schimron-Meron,
21: Ri 5,19 einer der König von Achschaf, 21 einer war der König von Taanach, einer
22: 21,34 der König von Megiddo, 22 einer war der König von Kedesch, einer der
23: 11,2 · Gen 14,1.9 König von Joknoam am Karmel, 23 einer war der König von Dor im Hü-
gelland von Dor, einer der König von Gojim in Gilgal, 24 einer war der
König von Tirza: einunddreissig Könige im Ganzen.

Die noch nicht eroberten Gebiete

1: 23,1; 1Kön 1,1! · 13 1 Und Josua war alt und hochbetagt, und der HERR sprach zu ihm:
18,3 Du bist nun alt und hochbetagt, und es ist noch sehr viel Land
übrig, das in Besitz zu nehmen ist. 2 Dies ist das übrige Land: alle Land-
3: Gen 15,18; striche der Philister und alles von den Geschuritern, 3 vom Schichor,
1Chr 13,5 · Ri 3,3;
1Sam 5,8; 6,4

12,6: Wörtlich: «…, hatte es den Rubeniten, den Gaditen …»

östlich von Ägypten, bis an das Gebiet von Ekron im Norden – das wird
zu den Kanaanitern gerechnet –, die fünf Stadtfürsten der Philister: der
von Gaza, der von Aschdod, der von Aschkelon, der von Gat, der von
Ekron, und die Awwiter. 4 Im Süden das ganze Land der Kanaaniter und
Meara, das den Sidoniern gehört, bis Afek, bis zum Gebiet der Amoriter,
5 und das Land der Gibliter und der ganze Libanon gegen Aufgang der 5: 11,17
Sonne, von Baal-Gad am Fuss des Hermongebirges bis nach Lebo-Cha-
mat. 6 Alle Bewohner des Gebirges, vom Libanon bis Misrefot-Majim, 6: 23,5; Ex 23,31 ·
alle Sidonier – ich werde sie vor den Israeliten vertreiben. So verlose 1,6!
nun das Gebiet als Erbbesitz an Israel, wie ich es dir geboten habe. 7 Und 7: 14,2; Num 34,13
nun verteile dieses Land als Erbbesitz an die neun Stämme und den hal-
ben Stamm Manasse.

Die Zuteilung des Ostjordanlandes an Gad, Ruben und den halben Stamm Manasse

8 Mit dem anderen halben Stamm Manasse haben die Rubeniten 8: 12,6
und die Gaditen ihren Erbbesitz genommen, den Mose ihnen gab jen-
seits des Jordan im Osten, wie ihn Mose, der Diener des HERRN, gege-
ben hatte: 9 von Aroer an am Rand des Bachtals des Arnon, die Stadt, die
in der Mitte des Bachtals liegt, und die ganze Ebene, von Medeba bis
Dibon, 10 und alle Städte Sichons, des Königs der Amoriter, der in 10: Dtn 2,19
Cheschbon regierte, bis zur Grenze der Ammoniter; 11 dazu das Gilead
und das Gebiet der Geschuriter und Maachatiter und das ganze Her-
mongebirge und den ganzen Baschan bis nach Salcha, 12 das ganze Kö- 12: 12,4!
nigreich des Og im Baschan, der in Aschtarot und Edrei regierte. Er war
übrig geblieben vom Rest der Refaiter, Mose hatte sie geschlagen und
vertrieben. 13 Die Geschuriter und die Maachatiter aber vertrieben die 13: 2Sam 3,3!; 10,6
Israeliten nicht, und Geschur und Maachat wohnen inmitten Israels bis
zum heutigen Tag. 14 Nur dem Stamm der Leviten hatte Mose keinen 14: 33; 14,3;
Erbbesitz gegeben; die Feueropfer des HERRN, des Gottes Israels, das ist Num 18,20!;
ihr Erbbesitz, wie er es ihnen gesagt hat. Ez 44,28

15 Und Mose gab dem Stamm der Rubeniten das Seine, nach ihren
Sippen. 16 Und sie erhielten das Gebiet von Aroer an, das am Rand des
Bachtals des Arnon liegt, und die Stadt mitten im Bachtal und die ganze
Ebene bis Medeba, 17 Cheschbon und alle seine Städte, die in der Ebene
liegen: Dibon, Bamot-Baal und Bet-Baal-Meon, 18 Jahza, Kedemot und
Mefaat, 19 Kirjatajim, Sibma, Zeret-Schachar auf dem Berg in der Ebene,
20 Bet-Peor, die Abhänge des Pisga und Bet-Jeschimot 21 und alle Städte 20: Num 33,49
in der Ebene und das ganze Reich Sichons, des Königs der Amoriter, der
in Cheschbon regierte, den Mose geschlagen hatte, mit den Fürsten Mi-
dians, Ewi, Rekem, Zur, Chur und Reba, den Stadtfürsten Sichons, die im
Land wohnten. 22 Und die Israeliten erschlugen auch Bileam, den Sohn 22: Num 31,8
des Beor, den Wahrsager, mit dem Schwert, wie die anderen. 23 Und die 23: Ez 48,6
Grenze der Rubeniten war der Jordan und sein Ufer. Das ist der Erbbesitz
der Rubeniten, nach ihren Sippen, die Städte und ihre Gehöfte.

13,3: Der Massoretische Text beendet die Sinneinheit am Ende von V.3; manche ziehen «im Süden» aus V.4 noch zu V.3 («die Awwiter im Süden»), was möglich ist.

13,8: «Mit dem anderen halben Stamm Manasse» ist wörtlich: «Mit ihm».

13,14: Wörtlich: «... hatte er keinen Erbbesitz gegeben; ...»

24: Ez 48,27 24 Und Mose gab dem Stamm Gad, den Gaditen, seinen Anteil, nach
ihren Sippen, 25 und sie erhielten folgendes Gebiet: Jaser und alle Städte
im Gilead und das halbe Land der Ammoniter bis nach Aroer, das östlich
von Rabba liegt, 26 und von Cheschbon bis nach Ramat-Mizpe und Be-
tonim und von Machanajim bis zum Gebiet von Debir, 27 und in der
Talebene erhielten sie Bet-Haram, Bet-Nimra, Sukkot und Zafon, den
Rest des Reichs von Sichon, dem König von Cheschbon, den Jordan und
sein Ufer, bis an das Ende des Sees Kinneret, jenseits des Jordan, im Os-
ten. 28 Das ist der Erbbesitz der Gaditen, nach ihren Sippen, die Städte
und ihre Gehöfte.

29: 22,7! 29 Und Mose gab dem halben Stamm Manasse seinen Anteil, und
30: 17,1 · der halbe Stamm der Manassiten erhielt ihn, nach ihren Sippen. 30 Und
Num 32,41; ihr Gebiet war der ganze Baschan von Machanajim an, das ganze Reich
Ri 10,1.4! Ogs, des Königs des Baschan, und ganz die Chawwot-Jair, die im Baschan
31: 17,5–6; Ez 48,4 liegen: sechzig Städte, 31 und das halbe Gilead, Aschtarot, Edrei, die Städ-
te des Königreichs des Og im Baschan. Das erhielten die Nachkommen
Machirs, des Sohns von Manasse, die Hälfte der Machiriten, nach ihren
Sippen. 32 Das sind die Gebiete, die Mose als Erbbesitz zugeteilt hat in
33: 14! den Steppen Moabs, jenseits des Jordan, östlich von Jericho. 33 Dem
Stamm der Leviten aber hatte Mose keinen Erbbesitz gegeben; der HERR,
der Gott Israels, er ist ihr Erbbesitz, wie er es ihnen gesagt hat.

Die Zuteilung des Westjordanlandes

1: 20,1; 21,1 · 19,51; **14** 1 Und dies sind die Gebiete, die die Israeliten im Land Kanaan als
Num 34,17 Erbbesitz erhielten, die Elasar, der Priester, und Josua, der Sohn
des Nun, und die Familienhäupter der Stämme der Israeliten als Erbbe-
2: 18,6; sitz zuteilten 2 durch das Los, das über ihren Erbbesitz entschied, wie
Num 26,55–56 · der HERR es durch Mose für die neuneinhalb Stämme geboten hatte.
13,7! 3 Denn Mose hatte den zweieinhalb Stämmen ihren Erbbesitz jenseits
3: 12,6! · 13,14! des Jordan gegeben, den Leviten aber hatte er keinen Erbbesitz bei ih-
4: 16,4; Gen 48,5 · nen gegeben. 4 Denn die Nachkommen Josefs bildeten zwei Stämme,
Num 35,2! Manasse und Efraim; und den Leviten gab man keinen Anteil am Land,
sondern nur Städte zum Wohnen und Weideflächen für ihre Herden
5: 18,10 und ihren Besitz. 5 Wie der HERR es Mose geboten hatte, so machten es
die Israeliten und teilten das Land zu.

Kaleb erhält Chebron

6: Num 13,6! · 6 Da traten die Nachkommen Judas in Gilgal vor Josua, und Kaleb,
Dtn 33,1! der Sohn des Jefunne, der Kenissiter, sprach zu ihm: Du weisst, was der
HERR zu Mose, dem Mann Gottes, mich und dich betreffend gesagt hat
7: Num 13,26.30 in Kadesch-Barnea. 7 Ich war vierzig Jahre alt, als Mose, der Diener des
HERRN, mich aussandte von Kadesch-Barnea, um das Land auszukund-
8: Num 13,31–33; schaften, und ich habe ihm Bericht erstattet, so gut ich konnte. 8 Und
Dtn 1,28 · meine Brüder, die mit mir hinaufgezogen waren, brachten das Herz des
Num 14,24; Volks zum Schmelzen, ich aber habe treu zum HERRN, meinem Gott,
Dtn 1,36 gehalten. 9 Und an jenem Tag schwor Mose: Das Land, auf das du dei-
9: 1,3! nen Fuss gesetzt hast, soll dein und deiner Nachkommen Erbbesitz sein
10: Num 14,34 auf ewig, weil du treu zum HERRN, meinem Gott, gehalten hast. 10 Und

13,30: Zu ‹Chawwot-Jair› siehe die Anm. zu Dtn 3,14.

nun sieh, der HERR hat mich leben lassen, wie er es gesagt hat: Fünfund-
vierzig Jahre sind nun vergangen, seit er so zu Mose gesprochen hat, als
Israel durch die Wüste zog; und nun sieh, heute bin ich fünfundachtzig
Jahre alt. 11 Noch heute bin ich so stark wie an dem Tag, als Mose mich 11: Dtn 34,7
aussandte. Wie ich damals die Kraft hatte, so habe ich auch jetzt noch
die Kraft, zu kämpfen und auszuziehen und zurückzukehren. 12 Und 12: 11,21!
nun gib mir dieses Gebirge, von dem der HERR an jenem Tag gesprochen
hat, denn du hast an jenem Tag selbst gehört, dass es dort Enakiter gibt
und grosse, befestigte Städte. Vielleicht ist der HERR mit mir, und ich
werde sie vertreiben, wie der HERR es gesagt hat. 13 Und Josua segnete 13: 15,13; 21,11;
ihn und gab Kaleb, dem Sohn des Jefunne, Chebron als Erbbesitz. Ri 1,20
14 Deshalb wurde Chebron Erbbesitz Kalebs, des Sohns von Jefunne, 14: Num 32,12
des Kenissiters, und das ist es geblieben bis zum heutigen Tag, weil er
treu zum HERRN, dem Gott Israels, gehalten hat. 15 Und Chebron hiess 15: 15,13 · 11,23
früher Stadt des Arba; der war der Grösste unter den Enakitern. Und das
Land hatte Ruhe nach dem Krieg.

Das Gebiet des Stammes Juda

15 1 Und das Los für den Stamm der Nachkommen Judas, nach ihren
Sippen, fiel in Richtung des Gebiets von Edom, von der Wüste Zin
nach Süden, dem äussersten Süden. 2 Und ihre Südgrenze begann am
Ende des Salzmeeres, an der südlichen Spitze des Meeres. 3 Und sie ver-
läuft bis südlich vom Skorpionenpass, zieht sich hinüber nach Zin, hin-
auf südlich von Kadesch-Barnea, vorbei an Chezron, läuft hinauf nach
Addar und biegt ab nach Karka. 4 Dann zieht sie sich hinüber nach Az-
mon, geht weiter an das Bachtal Ägyptens, und die Grenze endet am
Meer. Das soll eure Südgrenze sein. 5 Und die Grenze im Osten ist das 5: Num 34,12
Salzmeer bis zur Mündung des Jordan. Und die Grenze auf der Nordsei-
te beginnt bei der Meeresspitze, bei der Mündung des Jordan, 6 und die 6: 18,17
Grenze zieht sich hinauf nach Bet-Chogla, hinüber nördlich von Bet-
Araba, und die Grenze zieht sich hinauf zum Stein des Bohan, des Sohns
von Ruben, 7 und die Grenze steigt hinauf aus dem Tal Achor nach De- 7: 2Sam 17,17
bir, wendet sich nordwärts nach Gilgal, das dem Pass von Adummim
gegenüberliegt, der südlich des Bachtals ist, und die Grenze zieht sich
hinüber zum Wasser von En-Schemesch und endet bei En-Rogel.
8 Dann steigt die Grenze hinauf ins Tal Ben-Chinnom, zur Berglehne 8: 63; 18,28 ·
der Jebusiter im Süden – das ist Jerusalem –, und die Grenze steigt hin- 2Kön 23,10
auf zur Spitze des Bergs, der gegenüber dem Tal Hinnom im Westen, am
Nordende der Talebene Rafaim, liegt. 9 Dann biegt die Grenze von der 9: 60; 18,14
Spitze des Berges ab zur Quelle Me-Neftoach und geht weiter zu den
Städten des Berges Efron, und die Grenze biegt ab nach Baala, das ist
Kirjat-Jearim. 10 Und von Baala biegt die Grenze ab, westwärts zum Ge- 10: 57; 19,43; Ri 14,1
birge Seir, und zieht sich hinüber zur Berglehne des Gebirges Jearim im
Norden, das ist Kesalon, und sie geht hinab nach Bet-Schemesch und
zieht sich hinüber nach Timna. 11 Und die Grenze geht weiter zur Berg- 11: 45 · Num 34,6
lehne von Ekron nach Norden, und die Grenze biegt um nach Schikke-
ron, und sie zieht sich hinüber zum Berg Baala und setzt sich fort bis
Jabneel, und die Grenze endet am Meer. 12 Und die Grenze im Westen

14,15: Der Name ‹Stadt des Arba› lautet im hebräischen Text Kirjat-Arba.

ist das grosse Meer und die Küste. Das ist die Grenze der Nachkommen
Judas, nach ihren Sippen ringsumher.
13–14: 11,21! 13 Und Kaleb, dem Sohn von Jefunne, gab er Anteil bei den Nach-
13: 14,13! · 14,15 kommen Judas, nach dem Befehl des HERRN an Josua: Die Stadt des Ar-
ba, des Vaters von Enak, das ist Chebron. 14 Und Kaleb vertrieb daraus
die drei Söhne Enaks, Scheschai, Achiman und Talmai, die Kinder Enaks,
15: 10,38 15 und zog hinauf von dort gegen die Bewohner von Debir, und Debir
16: 1Chr 2,49 · hiess früher Kirjat-Sefer. 16 Und Kaleb sprach: Wer Kirjat-Sefer schlägt
Ri 1,12; 1Sam 17,25 und einnimmt, dem werde ich Achsa, meine Tochter, zur Frau geben.
17: Ri 3,9; 1Chr 4,13 17 Und Otniel, der Sohn des Kenas, der Bruder Kalebs, nahm es ein. Und
18: 1Sam 25,23 er gab ihm Achsa, seine Tochter, zur Frau. 18 Und als sie zu ihm kam,
stiftete sie ihn dazu an, von ihrem Vater ein Feld zu erbitten. Und sie
stieg vom Esel, und Kaleb sprach zu ihr: Was hast du? 19 Und sie sprach:
Gib mir ein Geschenk, weil du mich ins Südland gegeben hast, gib mir
Wasserbecken. Und er gab ihr die oberen Becken und die unteren Be-
cken. 20 Das ist der Erbbesitz des Stammes der Nachkommen Judas,
nach ihren Sippen.

21: 2Sam 23,20 *24:* 21 Und die Städte am Rand des Stammes der Nachkommen Judas,
1Sam 15,4 gegen das Gebiet von Edom hin, im Süden, waren: Kabzeel, Eder, Jagur,
22 Kina, Dimona, Adada, 23 Kedesch, Chazor, Jitnan, 24 Sif, Telem, Be-
alot, 25 Chazor-Chadatta, Keriot-Chezron, das ist Chazor, 26 Amam,
Schema, Molada, 27 Hazar-Gadda, Cheschmon, Bet-Pelet, 28 Chazar-
Schual, Beer-Scheba und seine Tochterstädte, 29 Baala, Ijim, Ezem,
30: Num 21,3 *31:* 30 Eltolad, Kesil, Chorma, 31 Ziklag, Madmanna, Sansanna, 32 Lebaot,
1Sam 27,6 Schilchim, Ajin und Rimmon: Im Ganzen waren es neunundzwanzig
Städte und ihre Gehöfte.

33: Ri 13,25; 16,31 33 In der Schefela: Eschtaol, Zora, Aschna, 34 Sanoach, En-Gannim,
35: 1Sam 22,1 · 48; Tappuach, Enam, 35 Jarmut, Adullam, Socho, Aseka, 36 Schaarajim, Adi-
1Sam 17,1 tajim, Gedera und Gederotajim: vierzehn Städte und ihre Gehöfte.
36: 1Sam 17,52 *39:* 10,31 37 Zenan, Chadascha, Migdal-Gad, 38 Dilan, Mizpe, Jokteel, 39 La-
41: Hiob 2,11! chisch, Bozkat, Eglon, 40 Kabbon, Lachmas, Kitlisch, 41 Gederot, Bet-
Dagon, Naama, Makkeda: sechzehn Städte und ihre Gehöfte. 42 Libna,
44: 1Sam 23,1 Eter, Aschan, 43 Jiftach, Aschna, Nezib, 44 Keila, Achsib und Marescha:
45: 11 neun Städte und ihre Gehöfte. 45 Ekron und seine Tochterstädte und
Gehöfte, 46 von Ekron bis ans Meer, alles, was neben Aschdod liegt, und
47: 1Sam 5,1; ihre Gehöfte, 47 Aschdod und seine Tochterstädte und Gehöfte, Gaza
2Chr 26,6 · 11,22 und seine Tochterstädte und Gehöfte bis an das Bachtal Ägyptens, und
48: 35! das Meer und die Küste sind die Grenze. 48 Auf dem Gebirge: Schamir,
Jattir, Socho, 49 Danna, Kirjat-Sanna, das ist Debir, 50 Anab, Eschtemo,
Anim, 51 Goschen, Cholon, Gilo: elf Städte und ihre Gehöfte. 52 Arab,
53: 1Sam 4,1b! Ruma, Eschan, 53 Janum, Bet-Tappuach, Afeka, 54 Chumta, Kirjat-Arba,
55: 19,26; das ist Chebron, Zior: neun Städte und ihre Gehöfte. 55 Maon, Karmel,
1Sam 15,12 · Sif, Jutta, 56 Jesreel, Jokdeam, Sanoach, 57 Kajin, Gibea und Timna: zehn
1Sam 23,14.24 *57:* 10! Städte und ihre Gehöfte. 58 Chalchul, Bet-Zur, Gedor, 59 Maarat, Bet-
60: 9! Anot und Eltekon: sechs Städte und ihre Gehöfte. 60 Kirjat-Baal, das ist

15,19: ‹Geschenk› und ‹Teich› haben im Hebräischen denselben Konsonantenbestand.

15,28: Die Übersetzung «und seine Tochterstädte» beruht auf den antiken Übersetzungen; das hebräische Wort an dieser Stelle ist nicht übersetzbar.

15,52: An Stelle des Namens Ruma findet sich in vielen Textzeugen Duma.

Kirjat-Jearim, und Rabba: zwei Städte und ihre Gehöfte. 61 In der Wüs-
te: Bet-Araba, Middin, Sechacha, 62 Nibschan und die Salzstadt und En- 62: 1Sam 24,1!
Gedi: sechs Städte und ihre Gehöfte. 63 Die Jebusiter aber, die Jerusalem 63: 8! · Ri 1,8.21;
bewohnten, konnten die Nachkommen Judas nicht vertreiben, und so 2Sam 5,7
wohnen die Jebusiter neben den Nachkommen Judas in Jerusalem bis
auf den heutigen Tag.

Das Gebiet der Nachkommen Josefs

16 1 Und so fiel das Los für die Nachkommen Josefs: Vom Jordan bei 1: 18,12
Jericho, östlich vom Wasser Jerichos, in der Wüste, geht es hinauf,
von Jericho auf das Gebirge nach Bet-El. 2 Und von Bet-El geht es weiter 2: Gen 28,19; Ri 1,23
nach Lus und zieht sich hinüber zum Gebiet der Arkiter nach Atarot
3 und geht westwärts hinab zum Gebiet der Jafletiter bis zum Gebiet 3: 18,13; 1Chr 7,24;
vom unteren Bet-Choron und bis nach Geser und endet am Meer. 4 So 2Chr 8,5 ·
erhielten die Nachkommen Josefs, Manasse und Efraim, ihren Erbbe- 1Chr 20,4
sitz. 4: 14,4!

5 Und dies war das Gebiet der Efraimiten, nach ihren Sippen: Die
Grenze ihres Erbbesitzes verlief im Osten über Atrot-Addar zum oberen
Bet-Choron, 6 und die Grenze geht weiter bis ans Meer, Michmetat im 6: 17,7
Norden, und die Grenze biegt ostwärts ab nach Taanat-Schilo, zieht öst-
lich daran vorbei, nach Janoach, 7 und sie geht hinab von Janoach nach
Atarot und Naarat, stösst an Jericho und geht weiter bis an den Jordan.
8 Von Tappuach aus verläuft die Grenze westwärts an das Bachtal des 8: 17,7 · 17,9
Kana und endet am Meer. Das ist der Erbbesitz des Stamms der Efraimi-
ten, nach ihren Sippen, 9 dazu die ausgesonderten Städte der Efraimi- 9: 17,9
ten, die im Erbbesitz der Manassiten lagen, alle Städte und ihre Gehöfte.
10 Aber die Kanaaniter, die in Geser wohnten, vertrieben sie nicht, und 10: 17,13; Ri 1,29;
so wohnen die Kanaaniter inmitten Efraims bis auf den heutigen Tag 1Kön 9,16
und wurden Fronknechte.

17 1 Und das Los für den Stamm Manasse fiel, denn der ist der Erst- 1: Gen 41,51 ·
geborene Josefs: Machir, der Erstgeborene Manasses, der Vater Gi- Gen 50,23 ·
leads, erhielt das Gilead und den Baschan, denn er war ein Krieger. 13,30–31
2 Auch die übrigen Manassiten erhielten einen Anteil, nach ihren Sip- 2: Num 26,30–32
pen, die Nachkommen Abiesers, die Nachkommen Cheleks, die Nach-
kommen Asriels, die Nachkommen Schechems, die Nachkommen Che-
fers und die Nachkommen Schemidas. Das sind die männlichen Nach-
kommen Manasses, des Sohns von Josef, nach ihren Sippen. 3 Zelofchad 3: Num 26,33!
aber, der Sohn des Chefer, des Sohns des Gilead, des Sohns des Machir,
des Sohns von Manasse, hatte keine Söhne, sondern Töchter, und dies
sind die Namen seiner Töchter: Machla, Noa, Chogla, Milka und Tirza.
4 Und sie traten vor Elasar, den Priester, und vor Josua, den Sohn des 4: 21,1 · Num 27,1–7;
Nun, und vor die Vorsteher und sprachen: Der HERR hat Mose geboten, 36,10–12
uns Erbbesitz zu geben bei unseren Brüdern. Und er gab ihnen Erbbe-
sitz bei den Brüdern ihres Vaters, nach dem Befehl des HERRN. 5 So 5–6: 13,31!
fielen Manasse zehn Anteile zu, zusätzlich zum Land Gilead und dem 5: 22,7!
Baschan jenseits des Jordan. 6 Denn die weiblichen Nachkommen Ma-
nasses erhielten ihren Erbbesitz bei seinen männlichen Nachkommen.
Das Land Gilead aber hatten die übrigen Manassiten erhalten. 7 Und die 7: 16,6 · 16,8
Grenze Manasses ging von Asser nach Michmetat, das gegenüber von
Schechem liegt, und die Grenze verläuft südwärts von den Bewohnern

von En-Tappuach. 8 Manasse erhielt das Land Tappuach, Tappuach
9: 16,8 · 16,9 selbst aber, an der Grenze Manasses, erhielten die Efraimiten. 9 Und die
Grenze geht hinab zum Bachtal des Kana, südlich des Bachtals. Diese
Städte mitten unter den Städten Manasses gehören Efraim. Und die
Grenze Manasses verläuft nördlich des Bachtals, und sie endet am Meer.
10 Im Süden gehört das Gebiet Efraim und im Norden Manasse, und das
Meer ist seine Grenze, und sie stossen an Asser im Norden und an Is-
11: 1Sam 31,10 · saschar im Osten. 11 Und dies erhielt Manasse in Issaschar und Asser:
2Kön 9,27 · Ri 5,19 Bet-Schean und seine Tochterstädte, Jibleam und seine Tochterstädte,
die Bewohner von Dor und seinen Tochterstädten, die Bewohner von
En-Dor und seinen Tochterstädten, die Bewohner von Taanach und sei-
nen Tochterstädten und die Bewohner von Meggido und seinen Toch-
terstädten, die drei Hügel.

12 Aber die Manassiten konnten diese Städte nicht in Besitz neh-
men, und so gelang es den Kanaanitern, in diesem Land wohnen zu blei-
13: 16,10! ben. 13 Und als die Israeliten stark geworden waren, machten sie die
Kanaaniter fronpflichtig, aber vertreiben konnten sie sie nicht.

14: Gen 48,20; 14 Und die Nachkommen Josefs sprachen zu Josua: Warum hast du
Num 26,54–56 mir als Erbbesitz nur ein einziges Los und einen einzigen Anteil am
Land gegeben? Ich bin ein grosses Volk, denn bis heute hat der HERR
mich so reichlich gesegnet. 15 Da sprach Josua zu ihnen: Wenn du ein so
grosses Volk bist, zieh hinauf in das Waldgebiet, und rode dort für dich,
im Land der Perissiter und Refaiter, denn das Gebirge Efraim ist zu eng
16: Ri 1,19; 4,3 für dich. 16 Da sprachen die Nachkommen Josefs: Das Gebirge reicht
nicht aus für uns, aber alle, die in der Ebene wohnen, die Kanaaniter in
Bet-Schean und seinen Tochterstädten, und in der Ebene Jesreel, haben
17: Num 26,54! Wagen aus Eisen. 17 Und Josua sprach zum Haus Josef, zu Efraim und
Manasse: Du bist ein grosses Volk und hast grosse Kraft, du sollst nicht
18: Dtn 33,17 nur ein einziges Los bekommen, 18 du sollst ein Gebirge erhalten. Wo
Wald ist, rode, und bis in seine Ausläufer soll er dir gehören. Denn du
wirst die Kanaaniter vertreiben, auch wenn sie Wagen aus Eisen haben
und stark sind.

Vorbereitungen für die Zuteilung der Gebiete an die übrigen Stämme

1: 21,2; 22,12 · 19,51 · **18** 1 Und die ganze Gemeinde der Israeliten versammelte sich in
Num 32,22 Schilo, und dort richteten sie das Zelt der Begegnung auf. Das
Land aber war ihnen unterworfen. 2 Und von den Israeliten waren sie-
3: 13,1 ben Stämme übrig, deren Erbbesitz noch nicht zugeteilt war. 3 Und Jo-
sua sprach zu den Israeliten: Wie lange zögert ihr noch, zu kommen und
das Land in Besitz zu nehmen, das der HERR, der Gott eurer Vorfahren,
euch gegeben hat? 4 Bringt drei Männer aus jedem Stamm, und ich wer-
de sie aussenden. Sie sollen sich aufmachen und das Land durchwan-
dern und es ihrem Erbbesitz entsprechend aufzeichnen; danach sollen
sie zu mir kommen. 5 Und ihr sollt es in sieben Anteilen unter euch
verteilen. Juda soll in seinem Gebiet im Süden bleiben, und das Haus
6: 14,2! Josef soll in seinem Gebiet im Norden bleiben. 6 Ihr aber sollt das Land
in sieben Anteilen aufzeichnen und die Aufzeichnung hierher zu mir
bringen, damit ich hier, vor dem HERRN, unserem Gott, das Los für euch

18,6: «die Aufzeichnung» wurde in der Übersetzung ergänzt.

werfe. 7 Die Leviten aber besitzen keinen Anteil bei euch, denn ihr Erb- 7: 12,6!
besitz ist das Priesteramt für den HERRN. Und Gad, Ruben und der halbe
Stamm Manasse haben ihren Erbbesitz, den ihnen Mose, der Diener des
HERRN, gegeben hat, jenseits des Jordan im Osten genommen. 8 Und
die Männer machten sich auf und gingen, und Josua gebot denen, die
gingen, um das Land aufzuzeichnen: Geht, durchwandert das Land,
zeichnet es auf, und kommt zurück zu mir, und ich werde hier, vor dem
HERRN, in Schilo, das Los für euch werfen. 9 Und die Männer gingen
und durchwanderten das Land und zeichneten es auf in einem Schrift-
stück, nach Städten, in sieben Anteilen. Dann kamen sie zu Josua ins
Lager nach Schilo. 10 Und in Schilo warf Josua das Los für sie, vor dem 10: 14,5 · Neh 11,1
HERRN, und dort verteilte Josua das Land an die Israeliten, gemäss ihren
Abteilungen.

Das Gebiet des Stammes Benjamin

11 Und es folgte das Los des Stammes der Benjaminiten, nach ihren 11: Ez 48,23
Sippen. Und die Grenze ihres Loses verlief zwischen den Nachkommen
Judas und den Nachkommen Josefs. 12 Und ihre Grenze zur Nordseite 12: 16,1
begann beim Jordan. Und die Grenze zieht sich hinauf zur Berglehne
von Jericho nach Norden, und sie geht westwärts hinauf auf das Gebir-
ge und endet in der Wüste von Bet-Awen. 13 Und die Grenze zieht sich 13: Gen 28,19 ·
von dort hinüber nach Luz, zur Berglehne von Luz, nach Süden, das ist 16,3! · 16,5
Bet-El. Und die Grenze geht hinab nach Atrot-Addar auf dem Gebirge,
das südlich vom unteren Bet-Choron liegt. 14 Dann biegt die Grenze ab 14: 15,9!
und läuft auf der Westseite nach Süden, beginnend bei dem Berg, der
gegenüber von Bet-Choron im Süden liegt, und endet bei Kirjat-Baal,
das ist Kirjat-Jearim, die Stadt der Nachkommen Judas. Das ist die
Westseite. 15 Und die Südseite beginnt am Ende von Kirjat-Jearim, und
die Grenze geht weiter nach Westen und zieht sich bis zur Quelle Me-
Neftoach, 16 dann geht die Grenze hinab zum Ausläufer des Berges, der
östlich vom Tal Ben-Hinnom, am Nordende der Talebene Refaim, liegt,
sie geht hinab ins Tal Hinnom, nach Süden zur Berglehne der Jebusiter
und läuft hinab nach En-Rogel. 17 Dann biegt sie ab nach Norden und 17: 15,6
geht weiter bis En-Schemesch und weiter bis Gelilot, das dem Pass von
Adummim gegenüberliegt, und geht hinab zum Stein des Bohan, des
Sohns von Ruben. 18 Und sie zieht sich hinüber nach Norden zur Berg-
lehne gegenüber der Araba und geht hinab in die Araba. 19 Dann zieht
sich die Grenze hinüber nach Norden zur Berglehne von Bet-Chogla,
und die Grenze endet an der Nordspitze des Salzmeeres, am Südende
des Jordan. Das ist die Südgrenze. 20 Und der Jordan begrenzt es auf
der Ostseite. Das ist der Erbbesitz der Benjaminiten, nach seinen Gren- 21: 6,1
zen ringsum, nach ihren Sippen. 21 Und die Städte des Stammes der 22: 2Chr 13,4 23:
Benjaminiten sind, nach ihren Sippen: Jericho, Bet-Chogla, Emek-Ke- 1Sam 13,17 24:
ziz, 22 Bet-Araba, Zemarajim, Bet-El, 23 Awwim, Para, Ofra, 24 Kefar- 1Kön 15,22 25: Ri 19,13;
Ammona, Ofni und Geba: zwölf Städte und ihre Gehöfte, 25 Gibeon, 1Sam 1,19 ·
Rama, Beerot, 26 Mizpe, Kefira, Moza, 27 Rekem, Jirpeel, Tarala, 2Sam 4,2 26: Ri 11,34;
28 Zela, Elef und die Jebusiter, das ist Jerusalem, Gibeat und Kirjat: vier- 1Sam 7,5;
zehn Städte und ihre Gehöfte. Das ist der Erbbesitz der Benjaminiten, 1Kön 15,22 · 9,17
nach ihren Sippen. 28: 2Sam 21,14 · 15,8!

Das Gebiet des Stammes Simeon

1: Ez 48,24 · 21,3.8; **19** 1 Und das zweite Los fiel für Simeon, für den Stamm der Simeoni-
Gen 49,7 ten, nach ihren Sippen. Und ihr Erbbesitz lag mitten im Erbbesitz
der Nachkommen Judas. 2 Und sie erhielten als Erbbesitz: Beer-Scheba,
Scheba und Molada, 3 Chazar-Schual, Bala, Ezem, 4 Eltolad, Betul, Chor-
ma, 5 Ziklag, Bet-Markabot, Chazar-Susa, 6 Bet-Lebaot und Scharuchen:
dreizehn Städte und ihre Gehöfte; 7 Ajin, Rimmon, Eter und Aschan:
8: 1Sam 30,27 vier Städte und ihre Gehöfte, 8 dazu alle Gehöfte, die rings um diese
Städte lagen, bis nach Baalat-Beer, Ramat-Negev. Das ist der Erbbesitz
9: Num 26,54 des Stammes der Simeoniten, nach ihren Sippen. 9 Der Erbbesitz der
Simeoniten ist vom Landanteil der Nachkommen Judas genommen,
denn der Anteil der Nachkommen Judas war zu gross für sie. Und so
erhielten die Simeoniten Erbbesitz mitten in deren Erbbesitz.

Das Gebiet des Stammes Sebulon

10: Ez 48,26 10 Und es folgte das dritte Los, für die Nachkommen Sebulons, nach
ihren Sippen. Und die Grenze ihres Erbbesitzes reichte bis Sarid. 11 Und
ihre Grenze geht hinauf nach Westen und nach Marala, sie stösst an
Dabbeschet, und sie stösst an das Bachtal, das östlich von Jokneam ist.
12 Und von Sarid wendet sie sich nach Osten, dem Sonnenaufgang zu,
zum Gebiet von Kislot-Tabor, und sie geht weiter nach Daberat und
dann hinauf nach Jafia. 13 Und von dort zieht sie sich hinüber nach Os-
ten, ostwärts, nach Gat-Chefer und Et-Kazin, und sie geht weiter nach
Rimmon, sie biegt ab nach Nea. 14 Dann biegt die Grenze nördlich von
15: Ri 1,30 Channaton ab und endet im Tal von Jiftach-El. 15 ... und Kattat, Nahalal,
Schimron, Jidala und Betlehem: zwölf Städte und ihre Gehöfte. 16 Das
ist der Erbbesitz der Nachkommen Sebulons, nach ihren Sippen, diese
Städte und ihre Gehöfte.

Das Gebiet des Stammes Issaschar

17: Ez 48,25 17 Für Issaschar fiel das vierte Los, für die Nachkommen Issaschars,
18: 1Sam 28,4; nach ihren Sippen. 18 Und ihr Gebiet war: Jesreel, Kesullot, Schunem,
1Kön 1,3; 2Kön 4,8 19 Chafarajim, Schion, Anacharat, 20 Rabbit, Kischjon, Ebez, 21 Remet,
22: Ri 4,6 En-Gannim, En-Chadda, Bet-Pazzez, 22 und die Grenze stösst an Tabor
und Schachazima und Bet-Schemesch, und ihre Grenze endet am Jor-
dan: sechzehn Städte und ihre Gehöfte. 23 Das ist der Erbbesitz des
Stammes der Nachkommen Issaschars, nach ihren Sippen, die Städte
und ihre Gehöfte.

Das Gebiet des Stammes Asser

24 Und das fünfte Los fiel für den Stamm der Nachkommen Assers,
25: 21,31 nach ihren Sippen. 25 Und ihr Gebiet war: Chelkat, Chali, Beten, Ach-
26: 21,30 · 15,55! schaf, 26 Alammelech, Amad, Mischal, und im Westen stösst es an den
Karmel und an den Schichor-Libnat. 27 Dann wendet sich die Grenze ge-
gen Sonnenaufgang, nach Bet-Dagon, berührt Sebulon und das Tal von
Jiftach-El im Norden, Bet-Emek und Neiel und geht nordwärts weiter
28: 21,31 nach Kabul, 28 Ebron, Rechob, Chammon und Kana, bis zum grossen Si-

19,15: Am Versanfang ist im hebräischen Text vermutlich Textmaterial ausgefallen.
19,27: «die Grenze» wurde in der Übersetzung ergänzt.

don. 29 Dann wendet sich die Grenze nach Rama und geht bis zur befes- 29: 2Sam 24,7 ·
tigten Stadt Tyros, und die Grenze wendet sich nach Chosa und endet am Ri 1,31
Meer. Machebel und Achsib, 30 Uma, Afek und Rechob: zweiundzwan- 30: Ri 1,31
zig Städte und ihre Gehöfte. 31 Das ist der Erbbesitz des Stamms der 31: Ez 48,2
Nachkommen Assers, nach ihren Sippen, diese Städte und ihre Gehöfte.

Das Gebiet des Stammes Naftali

32 Für die Naftaliten fiel das sechste Los, für die Naftaliten, nach ih-
ren Sippen. 33 Und ihre Grenze verlief von Chelef, von der Terebinthe 33: Ri 4,11
bei Zaanannim, über Adami-Nekeb und Jabneel bis Lakkum, und sie en-
dete am Jordan. 34 Und die Grenze wendet sich westwärts nach Asnot-
Tabor, geht von dort weiter nach Chukkok und stösst im Süden an Sebu-
lon, und im Westen stösst sie an Asser und gegen Sonnenaufgang beim
Jordan an Juda. 35 Und befestigte Städte sind Ziddim, Zer, Chammat,
Rakkat, Kinneret, 36 Adama, Rama, Chazor, 37 Kedesch, Edrei, En-Cha- 36: 11,1!
zor, 38 Jiron, Migdal-El, Chorem, Bet-Anat und Bet-Schemesch: neun- 37: 20,7; 21,32
zehn Städte und ihre Gehöfte. 39 Das ist der Erbbesitz des Stamms der 38: Ri 1,33 39: Ez 48,3
Naftaliten, nach ihren Sippen, die Städte und ihre Gehöfte.

Das Gebiet des Stammes Dan

40 Für den Stamm der Daniten fiel das siebte Los, nach ihren Sippen,
41 und das Gebiet ihres Erbbesitzes war Zora, Eschtaol, Ir-Schemesch, 41: Ri 13,25
42 Schaalabbin, Ajjalon, Jitla, 43 Elon, Timnat, Ekron, 44 Elteke, Gibbe- 42: Ri 1,35 · 10,12!
ton, Baalat, 45 Jehud, Bene-Berak, Gat-Rimmon, 46 Me-Jarkon, Rakkon, 45: 21,24
mit dem Gebiet gegenüber von Jafo. 47 Aber das Gebiet ging den Dani- 46: Jona 1,3
ten verloren, und die Daniten zogen hinauf und kämpften gegen Le- 47: Ri 18,27–29
schem, und sie nahmen es ein und schlugen es mit der Schärfe des
Schwerts. Und sie nahmen es in Besitz und liessen sich darin nieder
und nannten Leschem Dan, nach dem Namen ihres Vaters Dan. 48 Das 48: Ez 48,1
ist der Erbbesitz des Stammes der Daniten, nach ihren Sippen, diese
Städte und ihre Gehöfte.

Der Erbbesitz Josuas

49 Und als sie das ganze Land nach seinen Gebieten als Erbbesitz 49: Ez 45,7
verteilt hatten, gaben die Israeliten Josua, dem Sohn des Nun, Erbbesitz
in ihrer Mitte. 50 Nach dem Befehl des HERRN gaben sie ihm die Stadt, 50: 24,30; Ri 2,9
die er haben wollte: Timnat-Serach auf dem Gebirge Efraim, und er bau-
te die Stadt aus und liess sich darin nieder.

51 Das sind die Erbteile, die Elasar, der Priester, und Josua, der Sohn 51: 14,1! · 18,1
des Nun, und die Familienhäupter der Stämme der Israeliten in Schilo,
vor dem HERRN, am Eingang des Zelts der Begegnung, durch das Los als
Erbbesitz verteilten.

So vollendeten sie die Verteilung des Landes.

Die Asylstädte

20 1 Und der HERR redete mit Josua und sprach: 2 Sprich zu den Isra- 1: 14,1!
eliten: Bestimmt die Asylstädte für euch, von denen ich durch 2: Ex 21,13;
Mose zu euch geredet habe, 3 damit ein Totschläger dorthin fliehen Num 35,6.9–28

19,29: Möglich ist auch die Übersetzung: «... Von Chebel nach Achsib,»

kann, der unabsichtlich, ohne Vorsatz, einen erschlagen hat. Und sie
sollen euch als Asyl vor dem Bluträcher dienen. 4 Und wer zu einer die-
ser Städte flieht, soll am Eingang des Stadttors warten und den Ältesten
jener Stadt seinen Fall vortragen. Und sie sollen ihn zu sich in die Stadt
nehmen und ihm einen Ort geben, und er soll bei ihnen wohnen. 5 Und
wenn der Bluträcher ihn verfolgt, sollen sie ihm den Totschläger nicht
ausliefern, denn er hat seinen Nächsten ohne Vorsatz erschlagen, ohne
dass er ihm feind war. 6 Und er soll in jener Stadt bleiben, bis er in der
Gemeinde vor Gericht gestanden hat, bis der Hohe Priester stirbt, der in
jenen Tagen im Amt ist. Dann soll der Totschläger zurückkehren und in
seine Stadt gehen und in sein Haus, in die Stadt, aus der er geflohen war.
7: 19,37! · 21,21 · 7 Und sie weihten Kedesch in Galiläa auf dem Gebirge Naftali und Sche-
14,13! chem auf dem Gebirge Efraim und die Stadt des Arba, das ist Chebron,
8: 21,36 · 21,38; auf dem Gebirge Judas. 8 Und jenseits des Jordan, bei Jericho, im Osten,
Dtn 4,43! · 21,27; bestimmten sie Bezer in der Wüste, in der Ebene, vom Stamm Ruben
Dtn 4,43 und Ramot in Gilead vom Stamm Gad und Golan im Baschan vom
Stamm Manasse. 9 Das waren die Städte, die für alle Israeliten und für
den Fremdling, der in ihrer Mitte weilt, bestimmt wurden, damit jeder,
der unabsichtlich einen erschlagen hat, dahin fliehen kann und nicht
stirbt durch die Hand des Bluträchers, bevor er vor der Gemeinde ge-
standen hat.

Die Städte der Leviten

1: 17,4 · 14,1! **21** 1 Und die Familienhäupter der Leviten traten zu Elasar, dem
Priester, und zu Josua, dem Sohn des Nun, und zu den Familien-
2: 18,1! häuptern der Stämme der Israeliten 2 und redeten mit ihnen in Schilo
im Land Kanaan und sprachen: Der HERR hat durch Mose geboten, uns
Städte zum Wohnen zu geben und deren Weideflächen für unser Vieh.
3: 19,1! 3 Und die Israeliten gaben den Leviten von ihrem Erbbesitz diese Städte
und deren Weideflächen, nach dem Befehl des HERRN:
4: Ex 6,16–18 · 4 Und das Los fiel für die Sippen der Kahatiten. Und diejenigen von
Ex 6,23 · 9–19 den Leviten, die Nachkommen Aarons, des Priesters, waren, erhielten
vom Stamm Juda und vom Stamm der Simeoniten und vom Stamm
5: Num 3,27! · 26 Benjamin dreizehn Städte durch das Los. 5 Die übrigen Nachkommen
Kahats erhielten durch das Los zehn Städte von den Sippen des Stamms
6: Ex 6,17 · 33 Efraim und vom Stamm Dan und vom halben Stamm Manasse. 6 Die
Nachkommen Gerschons erhielten durch das Los dreizehn Städte von
den Sippen des Stamms Issaschar, vom Stamm Asser, vom Stamm Naf-
7: Ex 6,19 · 40 tali und vom halben Stamme Manasse im Baschan. 7 Die Nachkommen
Meraris, nach ihren Sippen, erhielten zwölf Städte vom Stamm Ruben,
8: 19,1! vom Stamm Gad und vom Stamm Sebulon. 8 So gaben die Israeliten den
Leviten diese Städte und ihre Weideflächen, wie der HERR es durch
Mose geboten hatte, durch das Los. 9 Und vom Stamm der Nachkom-
men Judas und vom Stamm der Simeoniten gaben sie ihnen diese Städ-
10–42: te, die man mit Namen nannte: 10 Und die Reihe war an den Nachkom-
1Chr 6,39–66 men Aarons von den Sippen der Kahatiten unter den Leviten, denn für
11: 14,13! sie fiel das Los zuerst, 11 und sie gaben ihnen die Stadt des Arba, des
Vaters von Enak, das ist Chebron, auf dem Gebirge Judas, und das Wei-
12: 14,13 deland rings um sie her. 12 Das offene Land der Stadt aber und ihre Ge-
13: 10,29 höfte gaben sie Kaleb, dem Sohn des Jefunne, zum Besitz. 13 Und den

Nachkommen Aarons, des Priesters, gaben sie die Asylstadt für den Tot-
schläger, Chebron, und ihr Weideland, dazu Libna und sein Weideland,
14 Jattir und sein Weideland, Eschtemoa und sein Weideland, 15 Cho- 15: 10,38
lon und sein Weideland, Debir und sein Weideland, 16 Ajin und sein
Weideland, Jutta und sein Weideland, Bet-Schemesch und sein Weide-
land: neun Städte von diesen zwei Stämmen. 17 Und vom Stamm Benja-
min: Gibeon und sein Weideland, Geba und sein Weideland, 18 Anatot 18: 1Kön 2,26
und sein Weideland, Almon und sein Weideland: vier Städte. 19 Im
Ganzen waren die Städte der Nachkommen Aarons, der Priester: drei-
zehn Städte und deren Weideflächen.

20 Und die Sippen der Nachkommen Kahats, die Leviten, die Übri-
gen unter den Nachkommen Kahats, sie erhielten die durch ihr Los be-
stimmten Städte vom Stamm Efraim. 21 Und sie gaben ihnen die Asyl- 21: 20,7
stadt für den Totschläger, Schechem, und ihr Weideland, auf dem Gebir-
ge Efraim, dazu Geser und sein Weideland, 22 Kibzajim und sein Wei-
deland, Bet-Choron und sein Weideland: vier Städte. 23 Vom Stamm 23: 19,44
Dan: Elteke und sein Weideland, Gibbeton und sein Weideland, 24 Aj- 24: 10,12! · 19,45
jalon und sein Weideland, Gat-Rimmon und sein Weideland: vier Städ-
te. 25 Vom halben Stamm Manasse: Tanach und sein Weideland, Gat-
Rimmon und sein Weideland: zwei Städte. 26 Im Ganzen erhielten die 26: 5
Sippen der übrigen Nachkommen Kahats: zehn Städte und deren Wei-
deflächen.

27 Und die Nachkommen Gerschons aus den Sippen der Leviten er- 27: 20,8!
hielten vom halben Stamm Manasse: die Asylstadt für den Totschläger,
Golan im Baschan, und ihr Weideland, dazu Beeschtera und sein Wei-
deland: zwei Städte. 28 Und vom Stamm Issaschar: Kischjon und sein 28: 19,20
Weideland, Daberat und sein Weideland, 29 Jarmut und sein Weide- 29: 19,21
land, En-Gannim und sein Weideland: vier Städte. 30 Und vom Stamm 30: 19,26
Asser: Mischal und sein Weideland, Abdon und sein Weideland,
31 Chelkat und sein Weideland, Rechob und sein Weideland: vier Städ- 31: 19,25 · 19,28
te. 32 Vom Stamm Naftali: die Asylstadt für den Totschläger, Kedesch in 32: 19,37!
Galiläa, und ihr Weideland, dazu Chammot-Dor und sein Weideland,
Kartan und sein Weideland: drei Städte. 33 Im Ganzen waren die Städte 33: 6
der Gerschoniter, nach ihren Sippen: dreizehn Städte und deren Wei-
deflächen.

34 Und die Sippen der Nachkommen des Merari, die übrigen Levi- 34: 12,22
ten, erhielten vom Stamm Sebulon: Jokneam und sein Weideland, Karta
und sein Weideland, 35 Dimna und sein Weideland, Nahalal und sein
Weideland: vier Städte. 36 Und vom Stamm Ruben: Bezer und sein Wei- 36: 20,8
deland, Jahza und sein Weideland, 37 Kedemot und sein Weideland,
Mefaat und sein Weideland: vier Städte. 38 Und vom Stamm Gad: die 38: 20,8!
Asylstadt für den Totschläger, Ramot in Gilead, und ihr Weideland,
Machanajim und sein Weideland, 39 Cheschbon und sein Weideland,
Jaser und sein Weideland: im Ganzen vier Städte. 40 Alle Städte gehör- 40: 7
ten den Nachkommen des Merari, nach ihren Sippen, die noch übrig
waren von den Sippen der Leviten. Und so umfasste ihr Los: zwölf Städ-
te. 41 Im Ganzen waren es achtundvierzig Levitenstädte und deren 41: Num 35,7
Weideflächen mitten im Besitz der Israeliten. 42 Diese Städte sind es,
Stadt für Stadt, und ihre Weideflächen rings um sie; so ist es bei allen
diesen Städten.

Der Abschluss der Landverteilung

43: Gen 12,7 43 So gab der HERR Israel das ganze Land, das er ihren Vorfahren zu
geben geschworen hatte, und sie nahmen es in Besitz und liessen sich
44: 22,4; 23,1; darin nieder. 44 Und der HERR verschaffte ihnen Ruhe ringsumher,
Hebr 4,8 · 1,5! · ganz wie er es ihren Vorfahren geschworen hatte, und keiner von all
2,24! ihren Feinden hielt ihnen stand; alle ihre Feinde gab der HERR in ihre
45: 23,14; 1Sam 3,19; Hand. 45 Von all dem Guten, das der HERR dem Haus Israel zugesagt
1Kön 8,56 hatte, war nichts dahingefallen; alles war eingetroffen.

Ruben, Gad und der halbe Stamm Manasse kehren zurück ins Ostjordanland

1–4: Num 32,20–22; **22** 1 Damals rief Josua die Rubeniten, die Gaditen und den halben
Dtn 3,18–20 Stamm Manasse 2 und sprach zu ihnen: Alles, was Mose, der Die-
1: 1,12 ner des HERRN, euch geboten hat, habt ihr gehalten, und ihr habt auf
meine Stimme gehört in allem, was ich euch geboten habe. 3 Ihr habt
eure Brüder während dieser langen Zeit nicht verlassen, bis zum heuti-
gen Tag; was das Gebot des HERRN, eures Gottes, fordert, habt ihr erfüllt.
4: 21,44! · 12,6! 4 Nun aber hat der HERR, euer Gott, euren Brüdern Ruhe verschafft, wie
er es ihnen zugesagt hat. So kehrt nun zurück, und geht zu euren Zelten
in das Land, das euch gehört, das Mose, der Diener des HERRN, euch
5: 23,8.11; Dtn 6,5; jenseits des Jordan gegeben hat. 5 Unbedingt aber haltet das Gebot und
10,12; 30,16 die Weisung, die Mose, der Diener des HERRN, euch auferlegt hat, und
handelt danach. Liebt den HERRN, euren Gott, und geht ganz auf seinen
Wegen, und haltet seine Gebote, und haltet an ihm fest, und dient ihm
6: Ex 39,43 · mit ganzem Herzen und mit ganzer Seele. 6 Und Josua segnete sie und
24,28! · 1Sam 13,2 entliess sie, und sie gingen zu ihren Zelten. 7 Und dem halben Stamm
7: Num 32,33 · Manasse hatte Mose im Baschan Besitz gegeben; der anderen Hälfte gab
13,29; 17,5 Josua Besitz bei ihren Brüdern auf der anderen Seite des Jordan, im Wes-
8: Num 31,27 ten. Und als Josua auch sie zu ihren Zelten entliess, segnete er sie. 8 Und
er sprach zu ihnen: Kehrt nun zurück zu euren Zelten mit grossem
Reichtum und mit sehr viel Besitz, mit Silber, Gold, Bronze, Eisen und
Kleidern in sehr grosser Menge. Teilt mit euren Brüdern, was ihr von
9: Num 32,28–29 euren Feinden erbeutet habt. 9 Und die Rubeniten, die Gaditen und der
halbe Stamm Manasse kehrten zurück und gingen weg von den Israeli-
ten in Schilo, das im Land Kanaan liegt, um ins Land Gilead zu gehen, in
das Land, das ihnen gehörte, wo sie ansässig geworden waren, nach dem
Befehl des HERRN durch Mose.

Der Altarbau am Jordan

10 Und sie kamen nach Gelilot am Jordan, das im Land Kanaan liegt,
und dort am Jordan bauten die Rubeniten, die Gaditen und der halbe
11: Lev 17,9; Stamm Manasse einen Altar, einen grossen, ansehnlichen Altar. 11 Und
Dtn 12,13 die Israeliten hörten dies: Seht, die Rubeniten, die Gaditen und der hal-
be Stamm Manasse haben den Altar gebaut gegenüber dem Land Ka-
12: 18,1! naan bei Gelilot am Jordan, jenseits der Israeliten. 12 Als die Israeliten
das hörten, versammelte sich die ganze Gemeinde der Israeliten in
13: 24,33; Ex 6,25! Schilo, um gegen sie hinaufzuziehen in den Krieg. 13 Und die Israeliten
sandten Pinechas, den Sohn von Elasar, dem Priester, zu den Rubeniten,
14: Num 1,4 den Gaditen und dem halben Stamm Manasse ins Land Gilead 14 und
mit ihm zehn Vorsteher, je einen Vorsteher von jeder Familie von allen
Stämmen Israels, und jeder war das Haupt einer Familie in den Tau-

sendschaften Israels. 15 Und sie kamen zu den Rubeniten, den Gaditen
und dem halben Stamm Manasse in das Land Gilead und redeten mit
ihnen und sprachen: 16 So spricht die ganze Gemeinde des HERRN: Was
ist das für ein Treuebruch, den ihr gegen den Gott Israels begangen
habt: Heute habt ihr euch abgewendet vom HERRN, indem ihr euch ei-
nen Altar baut, um euch heute gegen den HERRN aufzulehnen. 17 Haben 17: Num 25,3–9;
wir nicht genug an der Schuld von Peor, von der wir uns bis zum heuti- Dtn 4,3
gen Tag nicht gereinigt haben? Die Plage kam doch über die Gemeinde
des HERRN. 18 Und heute wendet ihr euch ab vom HERRN. Aber wenn 18: Num 16,22
ihr euch heute auflehnt gegen den HERRN, wird er morgen zornig sein
über die ganze Gemeinde Israels. 19 Wenn aber das Land, das euch ge-
hört, unrein ist, so kommt herüber in das Land, das dem HERRN gehört,
wo die Wohnung des HERRN steht, und werdet ansässig bei uns. Aber
lehnt euch nicht auf gegen den HERRN, und lehnt euch nicht auf gegen
uns, indem ihr euch einen anderen Altar baut als den Altar des HERRN,
unseres Gottes. 20 Kam nicht Zorn über die ganze Gemeinde Israels, als 20: 7,24!
Achan, der Sohn Serachs, das, was der Vernichtung geweiht war, verun-
treute? Und er war nur ein einziger Mann. Kam er nicht seiner Schuld
wegen um?

21 Und die Rubeniten, die Gaditen und der halbe Stamm Manasse 21: Num 1,16; 10,4
antworteten und sprachen zu den Häuptern der Tausendschaften Isra-
els: 22 Der Gott der Götter ist der HERR; der Gott der Götter, der HERR, er 22: Dtn 10,17;
weiss es, und Israel soll es wissen: Wenn es aus Auflehnung oder Un- Ps 136,2; Dan 2,47
treue gegen den HERRN geschehen ist, soll er uns am heutigen Tag nicht
helfen 23 – wenn wir uns einen Altar gebaut haben, um uns vom HERRN
abzuwenden. Und wenn es geschehen ist, um ein Brandopfer oder
Speiseopfer darauf darzubringen oder Heilsopfer zu opfern auf ihm,
wird der HERR selbst uns zur Rechenschaft ziehen. 24 Wir haben aus
Sorge gehandelt, eure Kinder könnten künftig zu unseren Kindern sa-
gen: Was geht euch der HERR, der Gott Israels, an? 25 Hat doch der HERR
eine Grenze gesetzt zwischen uns und euch, ihr Rubeniten und Gaditen:
den Jordan. Ihr habt keinen Anteil am HERRN. So werden eure Kinder
unsere Kinder davon abbringen, den HERRN zu fürchten. 26 Und wir
haben gesagt: Wir wollen uns den Altar bauen, nicht für ein Brandopfer
und nicht für ein Schlachtopfer, 27 sondern als Zeugen zwischen uns 27: 34; 24,27;
und euch und den Generationen nach uns, damit wir den Dienst für den Gen 31,48;
HERRN tun vor ihm mit unseren Brandopfern, Schlachtopfern und Jes 19,19–20
Heilsopfern und damit eure Kinder künftig nicht zu unseren Kindern
sagen: Ihr habt keinen Anteil am HERRN. 28 Und wir sagten uns: Wenn
sie künftig so zu uns und unseren Nachkommen reden, werden wir sa-
gen: Seht das Abbild des Altars des HERRN, das unsere Vorfahren ge-
macht haben, nicht für ein Brandopfer und nicht für ein Schlachtopfer,
sondern als Zeugen zwischen uns und euch. 29 Fern von uns sei es, uns 29: 24,16
gegen den HERRN aufzulehnen und uns heute vom HERRN abzuwenden,
indem wir einen Altar für ein Brandopfer, für ein Speiseopfer und für
ein Schlachtopfer bauen, der ein anderer ist als der Altar des HERRN,
unseres Gottes, der vor seiner Wohnung steht. 30 Und Pinechas, der
Priester, und die Vorsteher der Gemeinde, die Häupter der Tausend-
schaften Israels, die bei ihm waren, hörten die Worte, die die Rubeni-
ten, Gaditen und Manassiten sprachen, und sie schienen ihnen gut.

31: 3,10; Lev 26,11 31 Und Pinechas, der Sohn von Elasar, dem Priester, sprach zu den Ru-
beniten, Gaditen und Manassiten: Heute haben wir erkannt, dass der
HERR in unserer Mitte ist, denn ihr seid dem HERRN damit nicht untreu
geworden. Nun habt ihr die Israeliten aus der Hand des HERRN gerettet.
32 Und Pinechas, der Sohn von Elasar, dem Priester, und die Vorsteher
kehrten zurück von den Rubeniten und Gaditen aus dem Land Gilead in
das Land Kanaan zu den Israeliten und erstatteten ihnen Bericht.
33 Und die Sache schien den Israeliten gut, und die Israeliten lobten
Gott und sprachen nicht mehr davon, gegen die Rubeniten und Gaditen
hinaufzuziehen in den Krieg, um das Land zu verwüsten, in dem diese
34: 27 wohnten. 34 Und die Rubeniten und Gaditen gaben dem Altar seinen
Namen, denn er ist Zeuge zwischen uns dafür, dass der HERR Gott ist.

Die erste Abschiedsrede Josuas

1–2: 13,1! 23 1 Und nach langer Zeit, als der HERR Israel Ruhe verschafft hatte
1: 21,44! vor allen seinen Feinden ringsum und als Josua alt und hochbe-
2: 24,1; 1Kön 8,1 tagt war, 2 rief Josua ganz Israel, seine Ältesten, Häupter, Richter und
3: 10,14! Amtleute, und sprach zu ihnen: Ich bin nun alt und hochbetagt, 3 ihr
aber habt alles gesehen, was der HERR, euer Gott, getan hat an allen die-
sen Nationen vor euch, denn der HERR, euer Gott, er hat für euch ge-
kämpft. 4 Seht, ich habe euch diese übrigen Nationen als Erbbesitz zu-
geteilt, nach euren Stämmen, vom Jordan an alle Nationen, die ich aus-
5: 13,6! · Num 33,53 gerottet habe, bis an das grosse Meer, gegen Sonnenuntergang. 5 Und
der HERR, euer Gott, er wird sie vor euch verjagen und vor euch vertrei-
ben, und ihr werdet ihr Land in Besitz nehmen, wie der HERR, euer Gott,
6: 1,7! es euch zugesagt hat. 6 Und ihr sollt sehr mutig sein und alles halten,
was im Buch der Weisung des Mose geschrieben steht, und danach han-
7: Ex 23,13! · deln; weicht nicht davon ab, weder nach rechts noch nach links, 7 damit
Dtn 6,13–14 · ihr euch nicht vermengt mit diesen Nationen, mit diesen, die übrig ge-
Ex 20,5 blieben sind bei euch, und ihr sollt den Namen ihrer Götter nicht nen-
nen, nicht bei ihnen schwören lassen, ihnen nicht dienen und euch vor
8: 22,5! ihnen nicht niederwerfen, 8 sondern ihr sollt festhalten am HERRN, eu-
9: 24,18 rem Gott, wie ihr es getan habt bis zum heutigen Tag. 9 Und der HERR
hat grosse und mächtige Nationen vor euch vertrieben, und euch hat
10: Lev 26,8; niemand standhalten können bis zum heutigen Tag. 10 Ein Einziger
Dtn 32,30 · 10,14! von euch jagt tausend vor sich her, denn der HERR, euer Gott, er kämpft
11: 22,5! für euch, wie er es euch zugesagt hat. 11 Um eures Lebens willen achtet
12: Ex 34,16; Esra 9,1 sorgsam darauf, den HERRN, euren Gott, zu lieben, 12 denn wenn ihr
euch abwendet und festhaltet am Rest dieser Nationen, an diesen, die
übrig geblieben sind bei euch, und euch mit ihnen verschwägert und
13: Num 33,55; euch mit ihnen vermengt und sie sich mit euch mischen, 13 könnt ihr
Dtn 7,16; Ri 2,3 sicher sein, dass der HERR, euer Gott, diese Nationen nicht mehr vor
euch vertreiben wird. Dann werden sie euch zur Schlinge werden und
zum Fallstrick, zur Geissel an euren Seiten und zu Dornen in euren Au-
gen, bis ihr vertilgt seid von diesem guten Boden, den der HERR, euer
14: 1Kön 2,2 · 21,45! Gott, euch gegeben hat. 14 Und seht, ich gehe heute den Weg aller Welt.
Bedenkt von ganzem Herzen und von ganzer Seele, dass nichts dahin-
gefallen ist von all dem Guten, das der HERR, euer Gott, euch zugesagt

22,34: Möglicherweise ist der Name, den der Altar erhält, im hebräischen Text ausgefallen.

hat. Alles ist für euch eingetroffen, nichts davon ist dahingefallen.
15 Und so wie alles Gute für euch eingetroffen ist, das der HERR, euer
Gott, euch zugesagt hat, so wird der HERR auch alles Böse über euch
kommen lassen, bis er euch vertilgt hat von diesem guten Boden, den
der HERR, euer Gott, euch gegeben hat, 16 wenn ihr den Bund des
HERRN, eures Gottes, den er euch auferlegt hat, übertretet und hingeht
und anderen Göttern dient und euch vor ihnen niederwerft, und der
Zorn des HERRN wird gegen euch entbrennen, und bald werdet ihr vertilgt sein aus dem guten Land, das er euch gegeben hat.

15: Lev 26,3-39; Dtn 28,15-68
16: Dtn 17,3 · Ri 2,20 · Dtn 4,26; 1Sam 12,25

Die zweite Abschiedsrede Josuas: Der Bundesschluss in Schechem

24 1 Und Josua versammelte alle Stämme Israels in Schechem und
rief die Ältesten Israels, seine Häupter, Richter und Amtleute. Und
sie traten vor Gott, 2 und Josua sprach zum ganzen Volk: So spricht der
HERR, der Gott Israels: Eure Vorfahren, Terach, der Vater von Abraham
und Nachor, wohnten vor Zeiten jenseits des Stroms, und sie dienten
anderen Göttern. 3 Da nahm ich euren Vater, Abraham, von jenseits des
Stroms und liess ihn durch das ganze Land Kanaan wandern, und ich
machte seine Nachkommen zahlreich und gab ihm Isaak. 4 Und Isaak
gab ich Jakob und Esau. Und Esau gab ich das Gebirge Seir zum Besitz,
Jakob aber und seine Söhne zogen hinab nach Ägypten. 5 Und ich sandte
Mose und Aaron, und ich schlug Ägypten, wie ich es dort getan habe,
und danach habe ich euch herausgeführt. 6 Und ich führte eure Vorfah-
ren aus Ägypten. Und ihr kamt ans Meer, und die Ägypter verfolgten
eure Vorfahren mit Wagen und Reitern bis zum Schilfmeer. 7 Und sie
schrien zum HERRN, und er setzte Finsternis zwischen euch und die
Ägypter und liess das Meer über sie kommen, und es bedeckte sie. Und
eure Augen haben gesehen, was ich den Ägyptern angetan habe. Und
lange Zeit seid ihr in der Wüste geblieben. 8 Und ich habe euch ins Land
der Amoriter gebracht, die jenseits des Jordan wohnten. Und sie kämpf-
ten gegen euch, und ich gab sie in eure Hand, und ihr nahmt ihr Land in
Besitz, und ich habe sie vor euch vernichtet. 9 Da erhob sich Balak, der
Sohn Zippors, der König von Moab, und kämpfte gegen Israel, und er
sandte hin und rief Bileam, den Sohn Beors, damit er euch verfluche.
10 Ich aber wollte nicht auf Bileam hören, und immer wieder musste er
euch segnen, und ich habe euch aus seiner Hand gerettet. 11 Und ihr
zogt über den Jordan und kamt nach Jericho, und die Herren von Jeri-
cho, die Amoriter, die Perissiter, die Kanaaniter, die Hetiter, die Girga-
schiter, die Chiwwiter und die Jebusiter kämpften gegen euch, aber ich
gab sie in eure Hand. 12 Und ich sandte die Hornissen vor euch her; und
diese vertrieben sie vor euch, die beiden Könige der Amoriter – das ge-
schah nicht durch dein Schwert und nicht durch deinen Bogen. 13 Und
ich gab euch ein Land, um das du dich nicht abgemüht hattest, und Städ-
te, die ihr nicht gebaut hattet und in denen ihr euch doch niedergelas-
sen habt; ihr esst von Weinbergen und Ölbäumen, die ihr nicht ge-
pflanzt habt. 14 So fürchtet nun den HERRN und dient ihm in Vollkom-
menheit und Treue, und entfernt die Götter, denen eure Vorfahren jen-

1: 23,2! · Ri 20,26; 1Sam 10,19
2: Gen 11,26 · Gen 35,2
3: Gen 12,5-6 · Gen 21,3
4: Gen 25,24-26 · Gen 36,8 · Gen 46,6-7!
5: Ex 6,27 · Ex 12,41.51
6-7: Ex 14,9-10!
7: Ex 14,20.27 · Ex 14,31 · Num 14,33-35
8: Num 21,21-35
9: Num 22,5!
10: Num 23,10!; Mi 6,5
11: 4,1 · 3,10! · 9,2!
12: Ex 23,27-28; Dtn 7,20 · Ps 44,4
13: Dtn 6,11!
14: 1Sam 12,24 · 23; Gen 35,2; Ez 20,7 · Dtn 6,13!

24,12: Die Bedeutung des mit ‹Hornissen› wiedergegebenen hebräischen Worts ist umstritten, manche übersetzen ‹Entsetzen›.

seits des Stroms und in Ägypten gedient haben, und dient dem HERRN.
15: 1Kön 18,21 15 Scheint es euch aber nicht gut, dem HERRN zu dienen, wählt euch
heute, wem ihr dienen wollt: den Göttern, denen eure Vorfahren jen-
seits des Stroms gedient haben, oder den Göttern der Amoriter, in deren
Land ihr wohnt. Ich aber und mein Haus, wir werden dem HERRN die-
nen.
16: 22,29 16 Da antwortete das Volk und sprach: Fern von uns sei es, den
17: Ex 13,3.14 · HERRN zu verlassen und anderen Göttern zu dienen. 17 Denn der HERR
Dtn 7,19; 29,2 ist unser Gott, er ist es, der uns und unsere Vorfahren aus dem Land
Ägypten, aus einem Sklavenhaus, heraufgeführt hat und vor unseren
Augen diese grossen Zeichen getan und uns behütet hat auf dem ganzen
Weg, den wir gegangen sind, und bei allen Völkern, durch die wir gezo-
18: 23,9 gen sind. 18 Und der HERR hat alle Völker, auch die Amoriter, die im
Land wohnten, vor uns vertrieben. Auch wir werden dem HERRN die-
19: Lev 11,45; nen, denn er ist unser Gott. 19 Josua aber sprach zum Volk: Ihr könnt
Ps 99,9 · Ex 20,5 · dem HERRN nicht dienen, denn er ist ein heiliger Gott, ein eifersüchti-
Ex 23,21 ger Gott ist er, er wird eure Missetat und eure Sünden nicht vergeben.
20 Wenn ihr den HERRN verlasst und fremden Göttern dient, wird er
sich abwenden und euch Schlimmes antun und euch aufreiben, nach-
21: Ex 24,7 dem er Gutes für euch getan hat. 21 Und das Volk sprach zu Josua: Nein!
22: Dtn 26,17 Dem HERRN werden wir dienen. 22 Und Josua sprach zum Volk: Ihr
wärt Zeugen gegen euch selbst, dass ihr euch den HERRN erwählt habt,
23: 14! um ihm zu dienen. – Und sie sprachen: Wir wären Zeugen! – 23 Und
nun entfernt die fremden Götter, die bei euch sind, und wendet euer
Herz dem HERRN zu, dem Gott Israels. 24 Und das Volk sprach zu Josua:
Dem HERRN, unserem Gott, werden wir dienen, und auf seine Stimme
25: 2Kön 11,17; 23,3 · werden wir hören. 25 Und Josua schloss einen Bund mit dem Volk an
Ex 15,25 diesem Tag und gab ihm Satzung und Recht in Schechem. 26 Und Josua
26: Ex 24,4 · Gen 31,45! · schrieb diese Worte in das Buch der Weisung Gottes, und er nahm einen
Gen 35,4; Ri 9,6 grossen Stein und richtete ihn dort auf, unter der Terebinthe, die beim
27: 22,27! Heiligtum des HERRN stand. 27 Und Josua sprach zum ganzen Volk:
Seht, dieser Stein soll Zeuge sein gegen uns, denn er hat alle Worte des
HERRN gehört, die er mit uns geredet hat, und er soll Zeuge sein gegen
28: 22,6; Ri 2,6 euch, damit ihr euren Gott nicht verleugnet. 28 Dann entliess Josua das
Volk, einen jeden in seinen Erbbesitz.

Die Grabstätten Josuas, Josefs und Elasars

29: Gen 50,26; 29 Und nach diesen Begebenheiten starb Josua, der Sohn des Nun,
Ri 2,8 der Diener des HERRN; er wurde hundertzehn Jahre alt. 30 Und sie be-
30: 19,50! gruben ihn auf dem Gebiet seines Erbbesitzes in Timnat-Serach, das auf
31: Ri 2,7 dem Gebirge Efraim liegt, nördlich vom Berg Gaasch. 31 Und Israel
diente dem HERRN, solange Josua lebte und solange die Ältesten am Le-
ben waren, die Josua überlebten und die von allem wussten, was der
32: Gen 50,25! · HERR für Israel getan hatte. 32 Und die Gebeine Josefs, die die Israeliten
Gen 33,19! aus Ägypten heraufgebracht hatten, begruben sie in Schechem auf dem
Grundstück, das Jakob von den Nachkommen Chamors, des Vaters von
Schechem, für hundert Kesita gekauft hatte, und es wurde Erbbesitz der
33: Num 20,28 · Nachkommen Josefs. 33 Und als Elasar, der Sohn Aarons, gestorben war,
22,13! begruben sie ihn in Gibea, das seinem Sohn Pinechas gehörte, das ihm
auf dem Gebirge Efraim gegeben worden war.

Das Buch der Richter

Das Buch der Richter erzählt von der Zeit unmittelbar nach dem Tod Josuas, einer Übergangszeit zwischen der im Buch Josua erzählten Inbesitznahme des Landes und der Errichtung des Königtums, einem zentralen Thema im Ersten Buch Samuel.

Diese Periode in der Geschichte Israels ist nach der Darstellung des Buchs der Richter von einem wiederkehrenden Muster geprägt, das ‹Richterschema› genannt wird: Israel fällt von Gott ab, dieser gibt es daraufhin in die Hand der Feinde, auf die Not des Volkes hin aber sendet Gott Richter, durch die das Volk gerettet wird. Dann aber fällt das Volk wieder ab, und der Kreislauf beginnt von neuem. Mit den Richtern sind Heldinnen und Helden gemeint, die für Israels Recht sorgen und durch die es gerettet wird; ihnen verdankt das Buch seinen Namen.

In der Einleitung (Ri 1,1–3,6) findet sich, in Anknüpfung an das Buch Josua, eine Liste von Eroberungen (Ri 1,1–20), der eine Auflistung von Gebieten und Orten folgt, die nicht eingenommen werden konnten (Ri 1,21–36). Warum nicht alle Gebiete erobert werden konnten, begründet das Richterschema mit dem wiederholten Abfallen der Israeliten von Gott (Ri 2,10–19). In Ri 3,7–16,31, dem Hauptteil des Buchs, folgen Erzählungen um die Richter Otniel (Ri 3,7–11), Ehud (Ri 3,12–30), Schamgar (Ri 3,31), Debora und Barak (Ri 4–5), Gideon (Ri 6,11–8,35), Tola und Jair (Ri 10,1–5), Jiftach (Ri 11–12) und Simson (Ri 13–16) sowie die thematisch wichtige Erzählung vom Versuch, in Schechem das Königtum zu errichten, mit der dazugehörigen Jotam-Fabel (Ri 9). Die Texte dieses Buchteils sind von auffallend unterschiedlicher Ausführlichkeit: Von Otniel oder Schamgar etwa wird nicht viel mehr erzählt, als dass sie Israel gerettet haben. Die Erzählungen um Simson hingegen umfassen vier Kapitel, die mit einer Fülle von Einzelheiten die Zeit von Simsons Geburt bis zu seinem Tod abdecken (Ri 13–16). Der dritte Teil des Buchs, Ri 17–21, besteht aus zwei Erzählbögen (Ri 17–18 und 19–21), die die verwerflichen Zustände im Israel jener Epoche vor der Einführung des Königtums illustrieren. Entsprechend wird dieser letzte Teil des Buchs zusammengehalten vom Refrain «In jenen Tagen gab es keinen König in Israel; jeder tat, was in seinen Augen recht schien.» (Ri 17,6; 21,25, ähnlich in Ri 18,1; 19,1), der für das Königtum wirbt.

Die Grundsituation im Hauptteil des Buchs ist Israels Kampf gegen seine Feinde, in deren Hand das Volk geraten ist, weil es immer wieder getan hat, «was böse war in den Augen des HERRN». Wie schon im Buch Josua werden auch die im Buch der Richter geschilderten Kämpfe zur Rettung Israels im Stil der «Kriege des HERRN» erzählt: Obwohl grosse israelitische Heere bereitgestanden hätten, ist es letztlich Gott selbst, der Verwirrung unter den Feinden stiftet (Ri 4,15) und sich in der Regel nur kleinster Mannschaften der Israeliten bedient (Ri 7,1–14). Das ganze Buch ist theologisch zudem ausgerichtet auf die Frage nach der Berechtigung des Königtums in und für Israel. Während sich etwa in den Erzählungen um Gideon (vgl. Ri 8,22–23) und in der Jotam-Fabel (Ri 9,7–21) eine sehr kritische Haltung niedergeschlagen hat (Ri 8,23: «aber Gideon sprach zu ihnen: Nicht ich werde über euch herrschen, und mein Sohn wird nicht über euch herrschen. Der HERR soll über euch herrschen.»), zeigt sich im dritten Teil eine aufgeschlossene Haltung dieser Institution gegenüber: Es wird geradezu darauf gewartet, dass endlich ein König für Israel kommt.

Die Eroberung des Landes nach dem Tod Josuas

1: 2,8! · Num 27,21 · 20,18! 1 1 Und nachdem Josua gestorben war, befragten die Israeliten den
HERRN: Wer von uns soll zuerst hinaufziehen, um gegen die Kana-
2: 20,28; Jos 2,24 aniter zu kämpfen? 2 Und der HERR sprach: Juda soll hinaufziehen;
seht, ich habe das Land in seine Hand gegeben. 3 Und Juda sprach zu
Simeon, seinem Bruder: Zieh mit mir hinauf in meinen Losanteil und
lass uns gegen die Kanaaniter kämpfen; und dann werde auch ich mit
dir in deinen Losanteil gehen. Und Simeon ging mit ihm. 4 Und Juda
zog hinauf, und der HERR gab die Kanaaniter und die Perissiter in ihre
5: 3,5 Hand, und sie schlugen sie in Besek, zehntausend Mann. 5 Und in Be-
sek trafen sie auf Adoni-Besek und kämpften gegen ihn, und sie schlu-
gen die Kanaaniter und die Perissiter. 6 Und Adoni-Besek floh, doch
sie verfolgten und ergriffen ihn und hackten ihm die Daumen und die
7: Mt 15,27 grossen Zehen ab. 7 Und Adoni-Besek sprach: Siebzig Könige, denen
die Daumen und die grossen Zehen abgehackt worden waren, lasen die
Reste zusammen unter meinem Tisch. Wie ich gehandelt habe, so hat
es mir Gott vergolten. Und man brachte ihn nach Jerusalem, und dort
starb er.
8: 21! 8 Und die Nachkommen Judas führten Krieg gegen Jerusalem, und
sie nahmen es ein und schlugen es mit der Schärfe des Schwerts, und
9: Jos 12,8 · Jos 10,40; 11,16–18 die Stadt setzten sie in Brand. 9 Und danach zogen die Nachkommen
Judas hinab, um gegen die Kanaaniter zu kämpfen, die auf dem Gebir-
10: Jos 15,14 ge, im Negev und in der Schefela wohnten. 10 Und Juda zog gegen die
Kanaaniter, die in Chebron wohnten; Chebron hiess früher Kirjat-Ar-
ba. Und sie schlugen Scheschai, Achiman und Talmai. 11 Und von dort
zogen sie gegen die Bewohner von Debir; Debir hiess früher Kirjat-
12: Jos 15,16 Sefer. 12 Und Kaleb sprach: Wer Kirjat-Sefer schlägt und einnimmt,
13: 3,9–11; Jos 15,17 dem werde ich Achsa, meine Tochter, zur Frau geben. 13 Und Otniel,
der Sohn des Kenas, der jüngere Bruder Kalebs, nahm es ein. Und er
gab ihm Achsa, seine Tochter, zur Frau. 14 Und als sie zu ihm kam,
stiftete sie ihn dazu an, von ihrem Vater das Feld zu erbitten. Und sie
stieg vom Esel, und Kaleb sprach zu ihr: Was ist mit dir? 15 Und sie
sprach zu ihm: Gib mir ein Geschenk, weil du mich in den Negev ge-
geben hast, gib mir Wasserbecken. Und Kaleb gab ihr die oberen Be-
16: 1Chr 2,55 · 4,11; Ex 18,1 · 3,13 cken und die unteren Becken. 16 Und die Nachkommen des Keniters,
des Schwiegervaters von Mose, waren mit den Judäern hinaufgezogen

1,10: Siehe Jos 14,15 und die Anm. dazu.
1,15: Siehe die Anm. zu Jos 15,19.

aus der Palmenstadt in die Wüste Juda, die südlich von Arad liegt; und
sie gingen und liessen sich beim Volk nieder.

17 Und Juda zog mit Simeon, seinem Bruder, und sie schlugen die
Kanaaniter, die in Zefat wohnten, und sie weihten die Stadt der Ver-
nichtung, und man nannte die Stadt Chorma. 18 Und Juda eroberte
Gaza und sein Gebiet, Aschkelon und sein Gebiet und Ekron und sein
Gebiet. 19 Und der HERR war mit Juda, und sie eroberten das Gebirge.
Die Bewohner der Ebene aber waren nicht zu vertreiben, denn sie hat-
ten Wagen aus Eisen. 20 Und Chebron gaben sie Kaleb, wie Mose es
gesagt hatte, und er vertrieb daraus die drei Söhne Enaks.

17: Dtn 7,1–4; 20,12–18 · Num 14,45
18: 16,1; Dtn 2,23 · 14,19 · Jer 25,20
19: 1Sam 18,12 · Jos 17,16!
20: Jos 14,14 · Num 14,24; Jos 15,14

21 Die Jebusiter aber, die in Jerusalem wohnten, wurden von den
Benjaminiten nicht vertrieben; und so blieben die Jebusiter mit den
Benjaminiten in Jerusalem wohnen, bis auf den heutigen Tag.

21: 8; 19,11; Jos 15,63

22 Und auch das Haus Josef zog hinauf nach Bet-El, und der HERR
war mit ihnen. 23 Und das Haus Josef liess Bet-El auskundschaften;
früher hiess die Stadt Lus. 24 Und die Späher sahen einen Mann aus
der Stadt kommen, und sie sagten zu ihm: Zeig uns den Zugang zur
Stadt, dann werden wir dir Barmherzigkeit erweisen. 25 Und er zeigte
ihnen den Zugang zur Stadt, und sie schlugen die Stadt mit der Schärfe
des Schwerts. Den Mann aber und seine ganze Sippe liessen sie gehen.
26 Da ging der Mann ins Land der Hetiter und baute eine Stadt und
nannte sie Lus; so heisst sie bis auf den heutigen Tag.

22: Jos 16,1
23: Jos 2,1!
24: Jos 2,14; 1Sam 30,15 · Jos 6,25
26: Gen 28,19

27 Und Manasse vertrieb nicht Bet-Schean und seine Tochterstädte
und nicht Tanach und seine Tochterstädte, nicht die Bewohner von
Dor und seinen Tochterstädten, nicht die Bewohner von Jibleam und
seinen Tochterstädten, und nicht die Bewohner von Megiddo und sei-
nen Tochterstädten. Und so gelang es den Kanaanitern, in diesem Land
wohnen zu bleiben. 28 Doch als Israel stark geworden war, machte es
die Kannaniter fronpflichtig, aber vertreiben konnten sie sie nicht.

27: 1Sam 31,10 · Jos 17,11–13
28: Gen 9,26

29 Und Efraim vertrieb nicht die Kanaaniter, die in Geser wohnten,
und so blieben die Kanaaniter in seiner Mitte wohnen, in Geser.

29: Jos 16,10!

30 Sebulon vertrieb nicht die Bewohner von Kitron und nicht die
Bewohner von Nahalol, und so blieben die Kanaaniter in seiner Mitte
wohnen, aber sie wurden fronpflichtig.

31 Asser vertrieb nicht die Bewohner von Akko und nicht die Be-
wohner von Sidon, Achlab, Achsib, Chelba, Afik und Rechob. 32 Und so
wohnten die Asseriten mitten unter den Kanaanitern, die im Land
wohnten, denn sie hatten sie nicht vertrieben.

31: 1Kön 16,31

33 Naftali vertrieb nicht die Bewohner von Bet-Schemesch und
nicht die Bewohner von Bet-Anat. So wohnten sie mitten unter den
Kanaanitern, die im Land wohnten, doch waren ihnen die Bewohner
von Bet-Schemesch und Bet-Anat fronpflichtig.

34 Die Amoriter aber drängten die Daniten auf das Gebirge und
liessen sie nicht herabkommen in die Ebene. 35 Und so gelang es den
Amoritern, in Har-Cheres, Ajjalon und Schaalbim wohnen zu bleiben;
doch die Hand des Hauses Josef war schwer, und sie wurden fron-
pflichtig. 36 Und das Gebiet der Amoriter erstreckte sich vom Skorpi-
onenpass, von Sela, weiter hinauf.

34: 18,1; Jos 19,47
36: Num 34,4; Jos 15,3

1,17: Im Namen Chorma klingt hebräisch ‹der Vernichtung weihen› an.

Der Bote des HERRN tadelt Israel

1: 6,8.11 · Dtn 1,8 · 2 1 Und der Bote des HERRN zog hinauf von Gilgal nach Bochim. Und
Gen 17,7–8 er sprach: Ich habe euch heraufgeführt aus Ägypten und in das Land
gebracht, das ich euren Vorfahren zugeschworen habe. Und ich sprach:
2: Dtn 7,2–5 · 6,10 Ich werde meinen Bund mit euch in Ewigkeit nicht brechen. 2 Ihr aber
sollt keinen Bund schliessen mit den Bewohnern dieses Landes; ihr sollt
ihre Altäre niederreissen. Aber ihr habt nicht auf meine Stimme gehört.
3: 8,27; Jos 23,13!; Was habt ihr da getan! 3 Und ich habe auch gesagt: Ich werde sie nicht
Ex 23,33 vor euch vertreiben, und sie werden euch zu Feinden werden, und ihre
4: 1Sam 11,4 Götter werden euch zum Fallstrick werden. 4 Als der Bote des HERRN
diese Worte zu allen Israeliten gesprochen hatte, begann das Volk laut
zu weinen. 5 Und sie nannten jenen Ort Bochim. Und dort opferten sie
dem HERRN.

Der Tod Josuas

6: Jos 24,28 6 Und Josua entliess das Volk, und die Israeliten gingen, ein jeder in
7: Jos 24,31 seinen Erbbesitz, um das Land in Besitz zu nehmen. 7 Und das Volk
diente dem HERRN, solange Josua lebte und solange die Ältesten am Le-
ben waren, die Josua überlebten, die das ganze grosse Werk des HERRN
8: 1,1; Jos 24,29 gesehen hatten, das er für Israel getan hatte. 8 Und Josua, der Sohn des
Nun, der Diener des HERRN, starb; er wurde einhundertzehn Jahre alt.
9 Und sie begruben ihn auf dem Gebiet seines Erbbesitzes in Timnat-
Cheres auf dem Gebirge Efraim, nördlich vom Berg Gaasch.

Das Auftreten der Richter und die Nationen, die der HERR verschonte

10: Ex 1,6–8 10 Und als auch jene ganze Generation zu ihren Vorfahren versam-
melt worden war, kam nach ihnen eine andere Generation, die weder
vom HERRN wusste, noch von dem Werk, das er für Israel getan hatte.
11: 3,12; 4,1; 6,1; 10,6; 11 Und die Israeliten taten, was böse war in den Augen des HERRN: Sie
13,1 dienten den Baalen 12 und verliessen den HERRN, den Gott ihrer Vor-
12: Dtn 31,16 · fahren, der sie herausgeführt hatte aus dem Land Ägypten, und sie lie-
Ex 13,14; Dtn 6,12 · fen anderen Göttern nach, Göttern der Völker rings um sie her, und sie
Dtn 4,25 warfen sich vor ihnen nieder und reizten den HERRN. 13 Und sie verlies-
14: 3,8 · 4,2; 10,7 sen den HERRN und dienten dem Baal und den Astarten. 14 Und der
Zorn des HERRN entbrannte über Israel, und er gab sie in die Hand von
Plünderern, die sie ausraubten. Und er verkaufte sie in die Hand ihrer
Feinde ringsum, und sie konnten nicht mehr bestehen vor ihren Fein-
15: Dtn 2,15; den. 15 Wann immer sie auszogen, war die Hand des HERRN gegen sie
1Sam 12,15 · 10,9; zum Unheil, wie der HERR es gesagt hatte und wie der HERR es ihnen
1Sam 13,6 geschworen hatte, und sie gerieten in grosse Bedrängnis. 16 Und der
16: 10,1 · Rut 1,1; HERR liess Richter auftreten, und die retteten sie aus der Hand derer, die
2Sam 7,11; sie ausraubten. 17 Aber auch auf ihre Richter hörten sie nicht, sondern
Neh 9,27; Apg 13,20 sie hurten hinter anderen Göttern her und warfen sich vor ihnen nie-
17: Dtn 31,16; Jer 3,6 der. Bald wichen sie ab von dem Weg, den ihre Vorfahren gegangen wa-
ren, um die Gebote des HERRN zu befolgen. So machten sie es nicht.
18: 3,15! · 6,12 · 3,9! 18 Und wenn der HERR für sie Richter auftreten liess, war der HERR mit
dem Richter und errettete sie aus der Hand ihrer Feinde, solange der
Richter lebte, denn es tat dem HERRN leid, wenn sie klagten über die, die

2,4: Das hebräische Wort Bochim bedeutet ‹Weinende›.

sie quälten und bedrängten. 19 Wenn aber der Richter starb, frevelten 19: 4,1; 8,33 ·
sie wieder, schlimmer als ihre Vorfahren, und liefen anderen Göttern Neh 9,28 · Ex 32,9
nach, dienten ihnen und warfen sich vor ihnen nieder. Sie liessen nicht
ab von ihrem Tun und ihrem halsstarrigen Wandel.
20 Und der Zorn des HERRN entbrannte über Israel, und er sprach:
Weil diese Nation meinen Bund, den ich ihren Vorfahren auferlegt ha-
be, übertreten und auf meine Stimme nicht gehört hat, 21 werde auch 21: Jos 23,13
ich niemanden mehr vor ihnen vertreiben von den Nationen, die Josua
zurückgelassen hat, als er starb, 22 um Israel durch sie auf die Probe zu 22: 3,1.4; Ex 15,25!
stellen, ob sie den Weg des HERRN einhielten, wie ihre Vorfahren ihn
eingehalten haben, und ihn gehen oder nicht. 23 So verschonte der 23: Ps 106,34
HERR diese Nationen; er vertrieb sie nicht sogleich und gab sie nicht in
die Hand Josuas.

3 1 Und dies sind die Nationen, die der HERR verschonte, um durch sie 1: 2,22!
Israel auf die Probe zu stellen: alle diejenigen, die nichts wussten
von all den Kämpfen um Kanaan; 2 nur um die Generationen der Isra-
eliten kennen zu lernen, um sie den Kampf zu lehren. Er verschonte nur
die Nationen, von denen die Israeliten vorher nichts gewusst hatten:
3 die fünf Stadtfürsten der Philister, alle Kanaaniter, die Sidonier und 3: Jos 13,2–5
die Chiwwiter, die Bewohner des Libanongebirges, vom Berg Baal-Her-
mon bis Lebo-Chamat. 4 Und durch sie sollte Israel auf die Probe ge- 4: 2,22!
stellt werden, um zu erfahren, ob sie auf die Gebote hören würden, die
der HERR ihren Vorfahren durch Mose gegeben hatte. 5 Und so wohn- 5: 1Kön 9,20
ten die Israeliten inmitten der Kanaaniter, der Hetiter, der Amoriter,
der Perissiter, der Chiwwiter und der Jebusiter. 6 Und sie nahmen sich 6: Ex 34,16; Dtn 7,3;
ihre Töchter zu Frauen und gaben die eigenen Töchter ihren Söhnen, 1Kön 11,3
und sie dienten ihren Göttern.

Otniel

7 Und die Israeliten taten, was böse war in den Augen des HERRN, sie 7: Dtn 8,11;
vergassen den HERRN, ihren Gott, und dienten den Baalen und den 1Sam 12,9
Ascheren. 8 Und der Zorn des HERRN entbrannte über Israel, und er ver- 8: 2,14
kaufte sie in die Hand von Kuschan-Rischatajim, dem König von Aram-
Naharajim, und die Israeliten dienten Kuschan-Rischatajim acht Jahre
lang. 9 Und die Israeliten schrien zum HERRN, und der HERR liess den 9–11: 1,13!
Israeliten einen Retter auftreten, und er rettete sie: Otniel, den Sohn von 9: 15; 2,18; 4,3; 6,6;
Kenas, den jüngeren Bruder Kalebs. 10 Und der Geist des HERRN war auf 10,10; Ex 2,23
ihm, und er verschaffte Israel Recht: Er zog aus zum Krieg, und der HERR 10: 6,34; 11,29; 13,25; 14,6.19; 15,14
gab Kuschan-Rischatajim, den König von Aram, in seine Hand, und sei-
ne Hand war stark gegen Kuschan-Rischatajim. 11 Und das Land hatte 11: 30; 5,31; 8,28
vierzig Jahre lang Ruhe; und Otniel, der Sohn des Kenas, starb.

Ehud

12 Und wiederum taten die Israeliten, was böse war in den Augen 12: 2,11! · 1Sam 12,9
des HERRN. Und der HERR machte Eglon, den König von Moab, stark
gegen die Israeliten, weil sie taten, was böse war in den Augen des
HERRN. 13 Und Eglon tat sich zusammen mit den Ammonitern und 13: 6,3; 10,9.12;
Amalek, zog hin, schlug Israel und nahm die Palmenstadt in Besitz. Ps 83,6–8 · 1,16
14 Und die Israeliten dienten Eglon, dem König von Moab, achtzehn
Jahre lang.

15: 4,3 · 9! · 15 Und die Israeliten schrien zum HERRN, und der HERR liess einen
1Chr 8,5 · 20,16 Retter für sie auftreten: Ehud, den Sohn von Gera, den Benjaminiten,
der Linkshänder war. Und die Israeliten sandten durch ihn eine Gabe
an Eglon, den König von Moab. 16 Und Ehud machte sich ein zwei-
schneidiges Schwert, eine Elle lang, und er legte es an unter dem Ge-
wand, an der rechten Hüfte. 17 Und er brachte Eglon, dem König von
Moab, die Gabe. Eglon aber war ein sehr fetter Mann. 18 Und als Ehud
die Gabe übergeben hatte, schickte er die fort, die die Gabe getragen
hatten. 19 Er selbst aber kehrte um bei den Götterbildern, die bei Gilgal
waren, und sprach: König, ich habe eine geheime Botschaft für dich.
Und er sagte: Still! Und alle, die bei ihm standen, gingen hinaus.
20 Und Ehud war zu ihm hereingekommen, während er im kühlen
Obergemach sass, das für ihn allein bestimmt war. Und Ehud sprach:
Ich habe einen Gottesspruch für dich. Da erhob er sich vom Stuhl,
21: 2Sam 20,10 21 Ehud aber griff mit der linken Hand nach dem Schwert an seiner
rechten Hüfte, fasste es und stiess es ihm in den Bauch. 22 Und nach
der Klinge fuhr auch noch der Griff hinein und das Fett schloss sich um
die Klinge, denn er zog ihm das Schwert nicht aus dem Bauch, und er
ging hinaus durch ein Schlupfloch. 23 Und Ehud ging hinaus in den
Vorraum, schloss die Türen des Obergemachs hinter sich und verrie-
gelte sie. 24 Und er war hinausgegangen, und seine Diener waren ge-
kommen, und sie sahen, dass die Türen des Obergemachs verriegelt
waren, und sagten: Er bedeckt wohl seine Füsse in dem kühlen Ge-
mach. 25 Und sie warteten beschämend lange, aber sieh: Er machte und
machte die Türen des Obergemachs nicht auf. Da holten sie den Schlüs-
26: 2Sam 4,6 sel und öffneten, und sieh, ihr Herr lag tot auf dem Boden. 26 Ehud aber
war entkommen, während sie noch zögerten, und war über die Götter-
bilder hinausgelangt und entkam nach Seira.

27: 6,34; 7,24; 27 Und als er hinkam, stiess er auf dem Gebirge Efraim in den Scho-
1Sam 13,3; Neh 4,14 far, und die Israeliten stiegen mit ihm vom Gebirge herab, er an ihrer
28: 4,14; 7,9; Spitze. 28 Und er sprach zu ihnen: Folgt mir, denn der HERR hat eure
Jos 10,8 · 12,5; Feinde, Moab, in eure Hand gegeben. Und sie folgten ihm hinab, be-
Jos 2,7 setzten die Jordanfurten vor Moab und liessen niemanden hinüberzie-
hen. 29 Und sie schlugen Moab zu jener Zeit, gegen zehntausend
30: 11! Mann, alles kräftige und tüchtige Männer, und niemand entkam. 30 So
mussten die Moabiter sich an jenem Tag unter die Hand Israels beu-
gen, und das Land hatte achtzig Jahre lang Ruhe.

Schamgar

31: 5,6 · 15,15! 31 Und nach ihm kam Schamgar, der Sohn des Anat, und er schlug
die Philister, sechshundert Mann, mit dem Treiberstecken, und auch er
rettete Israel.

3,22: Die Bedeutung des mit ‹Schlupfloch› wiedergegebenen hebräischen Worts ist nicht gesichert.

3,23: Die Bedeutung des mit ‹Vorraum› wiedergegebenen hebräischen Worts ist nicht gesichert. Möglicherweise handelt es sich um einen Teil des Flachdachs oder des Aborts.

3,24: Die Formulierung ‹seine Füsse bedecken› ist wohl eine Umschreibung für ‹seine Notdurft verrichten›.

Debora und Barak

4 1 Und wiederum taten die Israeliten, was böse war in den Augen des 1: 2,11! · 2,19!
HERRN, Ehud aber war gestorben. 2 Und der HERR verkaufte sie in 2: 2,14! · Jos 11,1! ·
die Hand Jabins, des Königs von Kanaan, der in Chazor regierte, und 1Sam 12,9
sein Heerführer war Sisera, der in Charoschet-Gojim wohnte. 3 Und die 3: 3,9! · 13; Jos 17,16!
Israeliten schrien zum HERRN, denn er hatte neunhundert Wagen aus
Eisen und unterdrückte die Israeliten mit Gewalt, zwanzig Jahre lang.
4 Debora aber, eine Frau, eine Prophetin, die Frau des Lappidot, sie
war in jener Zeit Richterin für Israel. 5 Und sie hatte ihren Sitz unter der 5: Gen 35,8 ·
Deborapalme zwischen Rama und Bet-El auf dem Gebirge Efraim, und 1Sam 7,17
zum Gericht zogen die Israeliten hinauf zu ihr. 6 Und sie sandte hin 6: Hebr 11,32 ·
und rief Barak, den Sohn von Abinoam, aus Kedesch in Naftali und Jos 21,32 · 8,18
sprach zu ihm: Hat der HERR, der Gott Israels, nicht geboten: Geh, zieh
auf den Berg Tabor und nimm zehntausend Mann von den Naftaliten
und den Sebuloniten mit dir? 7 Und ich werde Sisera, den Heerführer 7: 1Kön 18,40
Jabins, seine Wagen und seine Menge zu dir an den Bach Kischon lo-
cken und ihn in deine Hand geben. 8 Und Barak sprach zu ihr: Wenn du
mit mir gehst, werde ich gehen; gehst du aber nicht mit mir, werde ich
nicht gehen. 9 Da sprach sie: Ich werde mit dir gehen! Du aber wirst 9: 9,54
keinen Ruhm ernten auf dem Weg, den du gehst, denn der HERR wird
Sisera in die Hand einer Frau verkaufen. Und Debora machte sich auf
und ging mit Barak nach Kedesch.
10 Und Barak bot Sebulon und Naftali nach Kedesch auf, und zehn- 10: 6,35
tausend Mann folgten ihm hinauf, und auch Debora zog mit ihm hin-
auf. 11 Cheber aber, der Keniter, hatte sich von den Kenitern, den Nach- 11: 1,16! · Jos 19,33
kommen von Chobab, dem Schwiegervater des Mose, getrennt und
schlug sein Zelt auf bei der Terebinthe in Zaannajim, das bei Kedesch
liegt.
12 Und man meldete Sisera, dass Barak, der Sohn Abinoams, auf den
Berg Tabor gezogen war. 13 Und Sisera bot alle seine Wagen auf, neun- 13: 3!
hundert Wagen aus Eisen, und das ganze Volk, das bei ihm war, von
Charoschet-Gojim an den Bach Kischon. 14 Und Debora sprach zu Ba- 14: 3,28! · Dtn 9,3;
rak: Auf! Denn dies ist der Tag, an dem der HERR Sisera in deine Hand 2Sam 5,24
gegeben hat. Ist nicht der HERR vor dir her ausgezogen? Und Barak stieg
vom Berg Tabor, und zehntausend Mann folgten ihm. 15 Und der HERR 15: 5,20
brachte Sisera und alle Wagen und das ganze Heer vor Barak in Verwir-
rung mit der Schärfe des Schwerts, und Sisera sprang vom Kriegswagen
und floh zu Fuss. 16 Und Barak verfolgte die Wagen und das Heer bis 16: Jos 10,10;
Charoschet-Gojim, und das ganze Heer Siseras fiel durch die Schärfe des Ps 83,10
Schwerts, nicht einer blieb übrig.
17 Sisera aber war zu Fuss zum Zelt Jaels, der Frau von Cheber, dem
Keniter, geflohen, denn es war Friede zwischen Jabin, dem König von
Chazor, und dem Haus Chebers, des Keniters. 18 Und Jael trat heraus,
Sisera entgegen, und sagte zu ihm: Kehre nur ein, mein Herr, kehre nur
ein bei mir, fürchte dich nicht. Und er kehrte bei ihr im Zelt ein, und sie
bedeckte ihn mit einer Decke. 19 Er aber sagte zu ihr: Lass mich ein we- 19: 5,25
nig Wasser trinken, denn ich bin durstig. Und sie öffnete den Milch-
schlauch, liess ihn trinken und deckte ihn wieder zu. 20 Und er sagte zu
ihr: Stell dich an den Eingang des Zelts, und wenn einer kommt und dich
fragt: Ist jemand hier?, dann sag: Niemand. 21 Und Jael, die Frau Che-

bers, ergriff den Zeltpflock und nahm den Hammer in die Hand und ging
leise zu ihm hinein und schlug ihm den Pflock durch die Schläfe, und er
drang bis in die Erde. Er aber war vor Müdigkeit in tiefen Schlaf gefallen,
und so starb er. 22 Und sieh, Barak hatte Sisera verfolgt, und Jael trat
heraus, ihm entgegen, und sagte zu ihm: Komm, ich will dir den Mann
zeigen, den du suchst. Und als er zu ihr hereinkam, sieh, da lag Sisera tot
da, und in seiner Schläfe steckte der Pflock. 23 So unterwarf Gott an je-
nem Tag Jabin, den König von Kanaan, vor den Israeliten. 24 Und die
Hand der Israeliten wurde immer härter gegen Jabin, den König von Ka-
naan, bis sie Jabin, den König von Kanaan, vernichtet hatten.

Deboras Siegeslied

1: Ex 15,1; 2Sam 22,1

5 1 Und an jenem Tag sangen Debora und Barak, der Sohn von Abino-
am:

2: 2Chr 17,16

2 Dafür dass Fürsten wirklich Fürsten waren in Israel,
dafür dass das Volk sich bereitwillig einfand,
dafür lobt den HERRN.

3: Ps 146,2

3 Hört, ihr Könige,
merkt auf, ihr Fürsten!
Ich, ich will dem HERRN singen,
werde spielen dem HERRN, dem Gott Israels.

4: Dtn 33,2 · Hab 3,3–6 · 2Sam 22,8! · Ps 68,9

4 HERR, als du auszogst von Seir,
als du einherschrittest von Edoms Gefilde,
da bebte die Erde, troffen auch die Himmel,
auch die Wolken troffen von Wasser.
5 Die Berge wankten vor dem HERRN
– dem vom Sinai –,
vor dem HERRN, dem Gott Israels.

6: 3,31 · 2Chr 15,5

6 In den Tagen von Schamgar, dem Sohn Anats,
in den Tagen von Jael
waren die Wege verödet,
und die auf Pfaden gingen,
mussten gewundene Wege gehen.
7 Keiner bewohnte das offene Land, in Israel bewohnte es niemand,
bis ich mich erhob, Debora,
ich mich erhob, eine Mutter in Israel.

8: 1Sam 13,19.22

8 Gott erwählt Neues,
da hielt man die Tore geschlossen,
als wären Schild und Speer zu sehen gewesen
bei Vierzigtausend in Israel.
9 Mein Herz gehört den Gebietern Israels,
die sich bereitwillig einfanden beim Volk.
Lobt den HERRN.

10: 10,4; 12,14

10 Die ihr auf glänzenden Eselinnen reitet;
die ihr auf edlen Stoffen sitzt
und die ihr auf dem Weg geht, besingt es
11 lauter als die Wasserträger singen zwischen den Tränken.
Dort besingen sie die Heilstaten des HERRN,
die Heilstaten an seinen Bewohnern des Landes in Israel.
Da zog das Volk des HERRN hinab zu den Toren.

12 Wach auf, wach auf, Debora! 12: Ps 57,9
Wach auf, wach auf, sing ein Lied!
Mach dich auf, Barak,
und führe deine Gefangenen in die Gefangenschaft, Sohn Abinoams!
13 Wer übrig geblieben war zog damals hinab zu Herrlichen, zum Volk,
HERR ziehe hinab für mich mit den Helden,
14 aus Efraim, dessen Wurzeln in Amalek sind, 14: Num 32,39; Jos 17,1
hinter dir ist Benjamin mit seinen Völkern.
Aus Machir zogen Gebieter hinab
und aus Sebulon, die mit dem Führerstab ziehen.
15 Und die Obersten in Issaschar waren bei Debora,
und wie Issaschar, so Barak;
ins Tal wurden sie gesandt, hinter ihm her.
In den Abteilungen Rubens
gab es grosse Entscheidungen.
16 Warum hast du zwischen den Körben im Sattel gesessen? 16: Num 32,1–5
Um die Töne der Flöte bei den Herden zu hören?
In den Abteilungen Rubens
gab es grosse Erwägungen.
17 Gilead blieb jenseits des Jordan.
Und Dan – warum hält er sich bei den Schiffen auf?
Asser sass an der Küste des Meeres
und bleibt in seinen Buchten.
18 Sebulon ist ein Volk, das sein Leben verachtete und bereit war zu sterben,
so auch Naftali, auf den Höhen des Feldes.
19 Könige kamen, sie führten Krieg; 19: Jos 12,21
da führten die Könige Kanaans Krieg
in Taanach bei den Wassern von Megiddo;
Silberbeute gewannen sie nicht.
20 Vom Himmel her kämpften die Sterne, 20: 4,15
aus ihren Bahnen kämpften sie gegen Sisera.
21 Der Bach Kischon riss sie fort, 21: Ps 83,10
der uralte Bach, der Bach Kischon.
Meine Seele, tritt auf mit Kraft!
22 Da stampften die Hufe des Pferdes
beim Galopp, dem Galopp seiner Starken.
23 Verflucht Meros!, sprach der Bote des HERRN, 23: 21,8
Verflucht, verflucht seine Bewohner,
denn sie sind dem HERRN nicht zu Hilfe gekommen,
dem HERRN zu Hilfe bei den Helden!
24 Mehr als andere Frauen sei Jael gesegnet, 24: Lk 1,42
die Frau von Cheber, dem Keniter,
mehr als andere Frauen im Zelt sei sie gesegnet.

5,21: Möglicherweise ist die als «der uralte Bach» wiedergegebene hebräische Formulierung als «der Bach wogte ihnen entgegen» zu übersetzen.

25: 4,19 25 Um Wasser hatte er gebeten, Milch hat sie ihm gegeben,
in einer Schale, die Herrlichen zusteht, reichte sie Rahm.
26 Mit ihrer Hand greift sie nach dem Pflock,
und mit ihrer Rechten nach dem Hammer der Arbeiter.
Sie hämmerte ein auf Sisera, zerschlug ihm den Schädel,
und zerschmetterte und durchschlug seine Schläfe.
27 Zwischen ihren Füssen
sank er nieder, fiel er, lag er;
zwischen ihren Füssen sank er nieder, fiel er,
dort fiel er, zugrunde gerichtet.
28: Spr 7,6; Hld 2,9 28 Durch das Fenster hielt die Mutter Siseras Ausschau und klagte,
durch das Gitter:
Warum kommt sein Wagen noch immer nicht?
Warum lässt der Hufschlag seiner Gespanne auf sich warten?
29 Die klügsten ihrer Fürstinnen antworten,
sie selbst wiederholt sich das, was sie sagen:
30 Werden sie nicht Beute finden und sie teilen?
Ein Frauenleib, zwei Frauenleiber für jeden Mann,
bunte Tücher als Beute für Sisera,
bunte Tücher als Beute, Buntgewirktes,
ein buntes Tuch, zwei buntgewirkte Tücher für meinen Hals als Beute!
31: Dtn 6,5 · 31 So werden umkommen alle deine Feinde, HERR!
2Sam 23,4!; Die ihn aber lieben, sind wie die Sonne, wenn sie aufgeht in ihrer
Dan 12,3 · 3,11! Kraft.
Und das Land hatte vierzig Jahre lang Ruhe.

Von den Midianitern bedrängt. Die Berufung Gideons

1: 2,11! · Num 25,17 6 1 Und die Israeliten taten, was böse war in den Augen des HERRN. Da
2: 1Sam 13,6; gab der HERR sie in die Hand Midians, sieben Jahre lang. 2 Und die
Hiob 30,6 Hand Midians war stark gegen Israel. Zum Schutz vor den Midianitern
hatten sich die Israeliten die Schlupflöcher gemacht, die in den Bergen
3: 3,13! · 33 sind, und die Höhlen und Zufluchtsorte. 3 Und wenn Israel gesät hatte,
zogen Midian und Amalek und die aus dem Osten herauf. Und sie zogen
4: Dtn 28,31; herauf gegen sie, 4 belagerten sie und vernichteten den Ertrag des Lan-
Jer 5,17; Mi 6,15 des bis dorthin, wo man nach Gaza kommt, und sie liessen in Israel
nichts zum Leben übrig, auch kein Schaf, kein Rind und keinen Esel.
5: 7,12; Jer 46,23; 5 Wenn sie mit ihren Herden und Zelten heranzogen, kamen sie so
51,14 zahlreich wie Heuschrecken. Sie und ihre Kamele waren zahllos, und sie
6: 3,9! kamen ins Land, um es zu verwüsten. 6 So wurde Israel durch Midian
sehr geschwächt, und die Israeliten schrien zum HERRN.
8: 2,1 7 Und als die Israeliten zum HERRN schrien wegen Midian, 8 sandte
der HERR einen Mann, einen Propheten zu den Israeliten, und er sprach
zu ihnen: So spricht der HERR, der Gott Israels: Ich habe euch heraufge-
bracht aus Ägypten und euch herausgeführt aus dem Sklavenhaus.
9: 10,11; 1Sam 10,18 9 Und ich habe euch gerettet aus der Hand der Ägypter und aus der Hand
aller, die euch quälten, und ich habe sie vor euch vertrieben, und ihr
10: 2,2 · Ex 34,12–16; Land habe ich euch gegeben. 10 Und ich habe zu euch gesprochen: Ich
2Kön 17,35–38 bin der HERR, euer Gott. Ihr sollt die Götter der Amoriter, in deren Land
ihr wohnt, nicht fürchten. Ihr aber habt nicht auf meine Stimme gehört.

n Jerusalem, beim Schaftor ist
ein Teich mit fünf Hallen, der
auf hebräisch Betesda heissT. In
der Halle Lag eine Menge von
KranKen, BLinden, Lahmen, Ver-
krüppelten. Dort war ein Mensch
der achtunddreissig Jahre an
seiner Krankheit gelitten hatte.
Als Jesus diesen Liegen sieht
und erkennt, dass er schon lange
Zeit leidet, spricht er zu ihm:
Willst du gesund werden? Der
Kranke antwortete ihm: Herr,
ich habe keinen Menschen, der
mich in den Teich trägt, sobald
das Wasser aufgewühlt wird; und
suche ich selbst hinzukommen
steigt ein anderer vor mir hin-
ein. Jesus spricht zu ihm: Steh
auf, nimm deine Bahre und
geh umher! Und sogleich wurde
der Mensch gesund, nahm seine
Bahre und ging umher. Joh 5

Schriftbild zu Johannes 5,2–9

11 Und der Bote des HERRN kam und setzte sich unter die Terebinthe, 11: 2,1 · 8,2; Jos 17,2 ·
die in Ofra stand und Joasch, dem Abi-Esriten, gehörte; sein Sohn Gide- Hebr 11,32
on aber drosch Weizen in der Kelter, um ihn vor Midian in Sicherheit zu
bringen. 12 Da erschien ihm der Bote des HERRN und sprach zu ihm: Der 12: 13,3 · 2,18 · 11,1
HERR ist mit dir, tüchtiger Krieger! 13 Und Gideon sprach zu ihm: Mein 13: Dtn 31,17 ·
Herr! Wenn der HERR mit uns ist, weshalb ist uns all das widerfahren? Jes 63,11–13
Und wo sind all seine Wunder, von denen uns unsere Vorfahren erzählt
haben, als sie sprachen: Hat der HERR uns nicht aus Ägypten heraufge-
führt? Nun aber hat der HERR uns verworfen und in die Hand Midians
gegeben. 14 Da wandte sich der HERR zu ihm und sprach: Geh in dieser 14: Ex 3,10 ·
deiner Kraft, und du wirst Israel aus der Hand Midians retten. Habe 1Sam 12,11
nicht ich dich gesandt? 15 Er aber sprach zu ihm: Bitte, Herr, womit soll 15–16: Ex 3,11–12
ich Israel retten? Sieh, meine Tausendschaft ist die unbedeutendste in 15: 1Sam 9,21!
Manasse, und ich bin der Jüngste im Haus meines Vaters. 16 Und der
HERR sprach zu ihm: Wenn ich mit dir bin, wirst du Midian schlagen wie
einen einzigen Mann. 17 Er aber sprach zu ihm: Wenn ich Gnade gefun- 17: 36; Gen 15,8;
den habe in deinen Augen, gib mir ein Zeichen, dass du es bist, der mit Ex 4,1–9
mir spricht. 18 Geh nicht weg von hier, bis ich zu dir zurückkomme und 18: 13,15; Gen 18,3–5
meine Gabe herausbringe und sie vor dir niederlege. Und er sprach: Ich
werde bleiben, bis du zurückkommst. 19 Und Gideon ging hinein und 19: Lev 4,28
bereitete ein Ziegenböcklein zu und ungesäuerte Brote aus einem Efa
Mehl. Das Fleisch hatte er in einen Korb gelegt und die Brühe in einen
Topf gegossen, und er brachte es zu ihm hinaus unter die Terebinthe und
trat hinzu. 20 Und der Bote Gottes sprach zu ihm: Nimm das Fleisch und
die ungesäuerten Brote und lege es auf diesen Felsen und giesse die Brü-
he aus. Und so machte er es. 21 Und der Bote des HERRN streckte den Stab 21: Lev 9,24! · 13,20
aus, den er in der Hand hatte, und berührte mit der Spitze das Fleisch
und die ungesäuerten Brote. Da schlug das Feuer aus dem Felsblock und
verzehrte das Fleisch und die ungesäuerten Brote. Der Bote des HERRN
aber war seinen Augen entschwunden. 22 Und Gideon sah, dass es der 22: 13,22; Jes 6,5!
Bote des HERRN gewesen war. Und Gideon sprach: Wehe, Herr, HERR,
denn ich habe den Boten des HERRN gesehen, von Angesicht zu Ange-
sicht. 23 Aber der HERR sprach zu ihm: Friede sei mit dir! Fürchte dich 23: Gen 32,31
nicht, du musst nicht sterben. 24 Und Gideon baute dem HERRN dort 24: 21,4;
einen Altar und nannte ihn: Der HERR ist Friede. Er ist dort geblieben bis Gen 12,7–8 · 8,32!
auf den heutigen Tag, im abi-esritischen Ofra.

Gideon reisst den Altar des Baal nieder

25 Und in jener Nacht sprach der HERR zu ihm: Nimm einen Jung- 25: Ex 34,13;
stier von den Stieren, die deinem Vater gehören, und einen zweiten 2Kön 11,18 ·
Stier, sieben Jahre alt, und reiss den Altar des Baal nieder, der deinem 2Kön 23,14–15
Vater gehört, und die Aschera, die bei ihm steht, sollst du zerschlagen.
26 Dann sollst du dem HERRN, deinem Gott, einen Altar bauen auf der
Höhe dieser Zufluchtsstätte, einen Altar aus den geschichteten Stei-
nen, und du sollst den zweiten Jungstier nehmen und ein Brandopfer
darbringen mit dem Holz der Aschera, die du zerschlagen sollst.
27 Und Gideon nahm zehn Mann von seinen Knechten und tat, wie der
HERR es ihm gesagt hatte; weil er aber aus Furcht vor seiner Familie

6,26: Möglich ist auch die Übersetzung: «... Altar, wie es der Ordnung entspricht, ...»

und den Männern der Stadt nicht wagte, es bei Tag zu tun, tat er es in
der Nacht.
28 Und früh am Morgen fanden die Männer der Stadt den Altar Baals
niedergerissen und die Aschera, die bei ihm gewesen war, zerschlagen.
Auf dem neu erbauten Altar aber war der zweite Stier als Brandopfer dar-
gebracht worden. 29 Da sagten sie zueinander: Wer hat das getan? Und
sie fragten und forschten nach, und man sagte: Das hat Gideon getan,
der Sohn des Joasch. 30 Und die Männer der Stadt sagten zu Joasch: Gib
deinen Sohn heraus! Er muss sterben, denn er hat den Altar des Baal nie-
31: Dtn 17,2-5 · dergerissen und die Aschera, die bei ihm stand, zerschlagen. 31 Joasch
1Kön 18,21 aber sprach zu allen, die bei ihm standen: Wollt ihr für Baal einstehen?
Wollt etwa ihr ihn retten? Wer für ihn einsteht, soll noch vor dem Mor-
gen getötet werden. Wenn er ein Gott ist, soll er für sich selbst einste-
32: 7,1; 8,29; 9,1; hen, denn man hat seinen Altar niedergerissen. 32 Und an jenem Tage
1Sam 12,11 nannte man ihn Jerubbaal, womit man sagen wollte: Baal soll gegen ihn
streiten, weil er seinen Altar niedergerissen hat.

Gideon bittet um ein Zeichen

33: 3 · Jos 17,16 33 Und ganz Midian und Amalek und die aus dem Osten hatten sich
zusammengetan, und sie zogen herüber und lagerten in der Ebene Jes-
34: 3,10! · 3,27! reel. 34 Und der Geist des HERRN war in Gideon gefahren, und Gideon
35: 4,10 blies den Schofar, und Abieser wurde aufgeboten, ihm zu folgen. 35 Und
er hatte Boten in ganz Manasse umhergesandt, und auch ganz Manasse
wurde aufgeboten, ihm zu folgen. Und er hatte Boten in Asser, Sebulon
und Naftali umhergesandt, und sie zogen hinauf, ihnen entgegen.
36: 17! 36 Und Gideon sprach zu Gott: Wenn du Israel durch meine Hand
37: Gen 24,14 rettest, wie du gesagt hast – 37 sieh, ich lege frisch geschorene Wolle auf
die Tenne. Wenn Tau allein auf der Schurwolle liegt, der Boden aber
überall trocken ist, so werde ich wissen, dass du Israel durch meine
Hand retten wirst, wie du es gesagt hast. 38 Und so geschah es: Früh am
nächsten Morgen wrang er die Schurwolle aus und presste den Tau aus
39: Gen 18,30-32 der Wolle, die ganze Schale war voll Wasser. 39 Und Gideon sprach zu
Gott: Dein Zorn entbrenne nicht über mich, nur einmal noch will ich
reden. Nur einmal noch werde ich es mit der Schurwolle versuchen: Die
Schurwolle allein soll trocken bleiben, auf dem Boden aber soll überall
Tau sein. 40 Und so tat es Gott in jener Nacht: Nur die Wolle war tro-
cken, auf dem Boden aber lag überall Tau.

Sieg über Midian

1: 6,32! · 1Sam 29,1 7 1 Und in der Frühe lagerten Jerubbaal, das ist Gideon, und alles Volk,
das bei ihm war, an der Quelle Charod. Und das Lager Midians lag
2: Dtn 8,17!; nördlich von ihm, beim Hügel More, in der Ebene. 2 Und der HERR
Jes 10,13 sprach zu Gideon: Das Volk, das bei dir ist, ist zu gross, als dass ich Midi-
an in ihre Hand geben könnte. Israel soll sich nicht gegen mich rühmen
3: Dtn 20,8 können und sagen: Meine eigene Hand hat mir geholfen. 3 Und nun
rufe vor dem Volk: Wer sich fürchtet und Angst hat, soll zurückkehren
und das Gebirge Gilead verlassen! Und zweiundzwanzigtausend vom

6,32: Der Name Jerubbaal soll wohl verstanden werden als ‹Baal streitet›.
7,3: Die Bedeutung des mit ‹verlassen› wiedergegebenen hebräischen Worts ist unsicher.

Volk kehrten zurück, und zehntausend blieben übrig. 4 Der HERR aber
sprach zu Gideon: Noch immer ist das Volk zu gross. Führ sie hinab ans
Wasser, und dort werde ich sie für dich prüfen. Und jeder, von dem ich
dir sagen werde: Dieser soll mit dir gehen, soll mit dir gehen. Jeder aber,
von dem ich dir sagen werde: Dieser soll nicht mit dir gehen, soll nicht
gehen. 5 Und er führte das Volk hinab ans Wasser. Und der HERR sprach
zu Gideon: Alle, die mit der Zunge das Wasser lecken, wie der Hund
leckt, die stell zusammen, und so auch alle, die niederknien, um zu trin-
ken. 6 Und die Zahl derer, die leckten, indem sie die Hand zum Mund
führten, war dreihundert Mann. Der ganze Rest des Volks aber hatte
sich niedergekniet, um Wasser zu trinken. 7 Und der HERR sprach zu 7: 1Sam 14,6
Gideon: Mit den dreihundert Mann, die geleckt haben, werde ich euch
retten und Midian in deine Hand geben; das ganze Volk aber soll gehen,
ein jeder an seinen Ort. 8 Und sie nahmen die Wegzehrung des Volks an
sich und ihre Hörner. Und er hatte alle Männer Israels entlassen, einen
jeden zu seinen Zelten; nur die dreihundert Mann behielt er bei sich.
Und das Lager Midians befand sich unter ihm in der Ebene.

9 Und in jener Nacht sprach der HERR zu ihm: Mach dich auf, geh 9: 3,28!
hinab ins Lager, denn ich habe es in deine Hand gegeben. 10 Wenn du
dich aber fürchtest, hinabzugehen, geh mit Pura, deinem Burschen, ins
Lager hinab, 11 und du wirst hören, was sie reden. Und danach werden 11: 2Sam 2,7!
deine Hände stark werden, und du wirst ins Lager hinabgehen. Da ging
er mit Pura, seinem Burschen, hinab bis an den Rand des Lagers, in dem
die zum Kampf Gerüsteten waren. 12 Midian aber und Amalek und all 12: 6,5! · Jos 11,4!
die aus dem Osten lagen in der Ebene, so zahlreich wie Heuschrecken,
und ihre Kamele waren zahllos wie der Sand an der Küste des Meeres.
13 Und als Gideon hinkam, sieh, da erzählte ein Mann einem anderen
einen Traum und sprach: Sieh, ich hatte einen Traum: Sieh, ein Gersten-
brotkuchen rollte ins Lager Midians und kam bis ans Zelt und traf es,
und es stürzte ein, und er warf es über den Haufen, und das Zelt stürzte
ein. 14 Da antwortete der andere und sprach: Das ist nichts anderes als
das Schwert Gideons, des Sohns von Joasch, des Mannes Israels. Gott hat
Midian und das ganze Lager in seine Hand gegeben. 15 Als Gideon die
Erzählung vom Traum und seine Deutung gehört hatte, warf er sich nie-
der. Dann kehrte er zurück ins Lager Israels und sprach: Macht euch auf,
denn der HERR hat das Lager Midians in eure Hand gegeben.

16 Und er teilte die dreihundert Mann in drei Heerhaufen und gab 16: 1Sam 11,11!
ihnen allen Hörner in die Hand und leere Krüge, und in den Krügen
waren Fackeln. 17 Und er sagte zu ihnen: Seht mir zu und macht es
ebenso. Und seht, wenn ich an den Rand des Lagers komme, macht es
so, wie ich es mache: 18 Ich und alle, die bei mir sind, werden das Horn
blasen, und auch ihr sollt die Hörner blasen, rings um das ganze Lager,
und rufen: Für den HERRN und Gideon! 19 Und Gideon und hundert
Mann, die bei ihm waren, kamen bis an den Rand des Lagers zu Beginn
der mittleren Nachtwache; man hatte gerade die Wachen aufgestellt.
Und sie bliesen die Hörner und zerschlugen die Krüge, die sie in den
Händen hielten. 20 Und die drei Haufen bliesen die Hörner und zerbra-
chen die Krüge. Dann ergriffen sie mit der linken Hand die Fackeln und
mit der rechten Hand die Hörner, um sie zu blasen, und riefen: Das 21: 2Chr 20,17 ·
Schwert für den HERRN und für Gideon! 21 Und ein jeder blieb an sei- 2Kön 7,7!

nem Platz stehen, rings um das Lager herum, das ganze Lager aber rann-
22: Jos 6,16 · te, und man schrie und floh. 22 Sie aber bliesen die dreihundert Hörner,
1Sam 14,20! · und der HERR richtete das Schwert eines jeden gegen den anderen, und
Jes 9,3 · Jos 3,16 dies im ganzen Lager. Und das Lager floh bis nach Bet-Schitta, gegen
23: Lev 26,7; Zereda hin, bis an das Ufer des Abel-Mechola, bei Tabbat. 23 Und jeder
1Sam 14,22; Israelit aus Naftali, Asser und aus ganz Manasse wurde aufgeboten, und
1Kön 20,20 24: 3,27! · 8,3; sie verfolgten Midian. 24 Und Gideon hatte überall auf das Gebirge
Ps 83,12 · Jes 10,26 Efraim Boten gesandt und liess sagen: Kommt herab, Midian entgegen,
und besetzt vor ihnen das Wasser bis Bet-Bara und den Jordan. Da wur-
de jeder Mann von Efraim aufgeboten, und sie besetzten vor ihnen das
Wasser bis Bet-Bara und den Jordan. 25 Und sie nahmen die beiden
Fürsten Midians, Oreb und Seeb, gefangen. Und sie erschlugen Oreb am
Rabenfelsen, und Seeb erschlugen sie bei der Wolfskelter. Und sie ver-
folgten sie nach Midian; und den Kopf Orebs und den von Seeb brach-
ten sie zu Gideon jenseits des Jordan.

1: 12,1 8 1 Und die Männer von Efraim sagten zu ihm: Was hast du uns damit
angetan, dass du uns nicht gerufen hast, als du loszogst, um gegen
2: 6,11! Midian zu kämpfen! Und sie stritten heftig mit ihm. 2 Er aber sprach zu
ihnen: Was habe denn ich nun geleistet im Vergleich zu euch? Ist nicht
3: 7,24! die Nachlese Efraims besser als die Weinlese Abiesers? 3 In eure Hand
hat Gott die Obersten Midians, Oreb und Seeb, gegeben. Und was konn-
te ich leisten im Vergleich zu euch? Und als er dieses Wort sprach, liess
ihr Zorn ab von ihm.

Gideon besiegt Sebach und Zalmunna und rächt sich an den Bewohnern von Sukkot und Penuel

4: 1Sam 30,10 4 Und Gideon kam an den Jordan, er zog mit den dreihundert Mann,
5: Gen 33,17! die bei ihm waren, hinüber. Sie waren müde und hungrig. 5 Und er sagte
zu den Männern von Sukkot: Gebt dem Volk, das mir folgt, einige Brote,
denn sie sind müde. Ich verfolge Sebach und Zalmunna, die Könige Mi-
6: 1Sam 25,11 dians. 6 Die Obersten von Sukkot aber sagten: Hast du denn die Faust
Sebachs und Zalmunnas schon in deiner Hand, dass wir deinem Heer
Brot geben sollten? 7 Da sprach Gideon: Dafür werde ich euer Fleisch
dreschen mit Dornengestrüpp aus der Wüste und mit Stacheldisteln,
8: Gen 32,32! wenn der HERR Sebach und Zalmunna in meine Hand gibt. 8 Und er zog
von dort hinauf nach Penuel und redete mit ihnen ebenso. Aber die Män-
ner von Penuel antworteten ihm, wie die Männer von Sukkot geantwor-
tet hatten. 9 Und er sprach auch zu den Männern von Penuel: Wenn ich
wohlbehalten zurückkomme, werde ich diesen Turm niederreissen.

10 Sebach und Zalmunna aber waren in Karkor, ihre Heerlager wa-
ren bei ihnen, gegen fünfzehntausend, alle, die übrig geblieben waren
vom ganzen Heerlager der Männer aus dem Osten. Hundertzwanzig-
11: Num 32,42 · tausend Mann, die das Schwert führten, waren gefallen. 11 Und Gideon
1Sam 30,16–17 ging auf dem Weg der Zeltbewohner hinauf, östlich von Nobach und
Jogboha und schlug das Lager, das Lager aber hatte sich in Sicherheit
12: Jes 9,3! geglaubt. 12 Und Sebach und Zalmunna flohen, und er verfolgte sie und
nahm die beiden Könige Midians, Sebach und Zalmunna, gefangen und
versetzte das ganze Lager in Schrecken.

7,25: Der Name Oreb bedeutet ‹Rabe›; der Name Seeb bedeutet ‹Wolf›.

13 Und Gideon, der Sohn des Joasch, kehrte zurück aus der Schlacht
vom Pass von Cheres 14 und nahm einen jungen Mann von den Män-
nern aus Sukkot gefangen und befragte ihn. Und der schrieb ihm die
Obersten von Sukkot und seine Ältesten auf: siebenundsiebzig Mann.
15 Und er kam zu den Männern von Sukkot und sprach: Seht, da sind
Sebach und Zalmunna, um derentwillen ihr mich verhöhnt habt: Hast
du denn die Faust Sebachs und Zalmunnas in deiner Hand, dass wir dei-
nen müden Männern Brot geben sollten? 16 Und er holte die Ältesten
der Stadt und nahm Dornengestrüpp aus der Wüste und Stacheldisteln
und züchtigte damit die Männer von Sukkot. 17 Den Turm von Penuel
aber riss er nieder, und die Männer der Stadt erschlug er.

18 Und er sagte zu Sebach und Zalmunna: Was waren das für Män- 18: 4,6
ner, die ihr in Tabor erschlagen habt? Sie sagten: Sie waren wie du; jeder
sah aus wie ein Königssohn. 19 Und er sprach: Es waren meine Brüder, 19: Num 35,19!
die Söhne meiner Mutter. So wahr der HERR lebt: Hättet ihr sie am Leben
gelassen, so würde ich euch nicht erschlagen. 20 Und er sprach zu Jeter,
seinem Erstgeborenen: Auf, erschlag sie! Aber der junge Mann zog sein
Schwert nicht, denn er fürchtete sich, weil er noch jung war. 21 Und Se- 21: Ps 83,12 · 26;
bach und Zalmunna sprachen: Auf, stoss du uns nieder! Denn wie der Jes 3,18
Mann, so seine Kraft. Da erhob sich Gideon und erschlug Sebach und
Zalmunna und nahm die Möndchen, die an den Hälsen ihrer Kamele
hingen, an sich.

Gideon lehnt das Königtum ab

22 Und die Männer Israels sprachen zu Gideon: Herrsche über uns, 22: 1Sam 8,5–6
du und auch dein Sohn und der Sohn deines Sohns, denn du hast uns
aus der Hand Midians gerettet. 23 Aber Gideon sprach zu ihnen: Nicht 23: 1Sam 12,12
ich werde über euch herrschen, und auch mein Sohn wird nicht über
euch herrschen. Der HERR soll über euch herrschen.

Gideon verführt Israel

24 Und Gideon sagte zu ihnen: Ich möchte etwas von euch erbitten: 24: Gen 25,12
Jeder von euch soll mir einen Ring aus seiner Beute geben. Denn sie
hatten goldene Ringe, weil sie Ismaeliter waren. 25 Und sie sagten: Wir
werden sie dir geben. Und sie breiteten den Mantel aus, und jeder warf
den Ring aus seiner Beute darauf. 26 Und das Gewicht der goldenen 26: Num 31,50 · 21!
Ringe, die er erbeten hatte, betrug eintausendsiebenhundert Schekel
Gold, abgesehen von den Möndchen und Ohrgehängen und Purpurge-
wändern, die die Könige Midians getragen hatten, und abgesehen von
den Ketten, die an den Hälsen ihrer Kamele gewesen waren. 27 Und 27: 17,5; Hos 3,4 ·
Gideon machte daraus einen Efod und stellte ihn in seiner Stadt, in Ofra Ex 32,2–8 · 32! ·
auf. Und ganz Israel trieb Hurerei mit ihm, und das wurde Gideon und 2,3!
seinem Haus zum Fallstrick. 28 So wurde Midian vor den Israeliten ge- 28: 3,11!
demütigt, und sie erhoben ihr Haupt nicht mehr. Und das Land hatte
vierzig Jahre lang Ruhe, solange Gideon lebte. 29 Und Jerubbaal, der 29: 6,32!
Sohn des Joasch, ging hin und blieb in seinem Haus.

8,21: Bei den ‹Möndchen› handelt es sich um Amulette.

Gideons Tod, Israels Untreue

30: 9,2.5 — 30 Und Gideon hatte siebzig leibliche Söhne, denn er hatte viele
31: 9,1 — Frauen. 31 Und auch seine Nebenfrau, die in Schechem lebte, hatte ihm
32: Gen 25,8 · 27; — einen Sohn geboren, und er gab ihm den Namen Abimelech. 32 Und
6,24 — Gideon, der Sohn des Joasch, starb im hohen Alter und wurde begraben
33: 2,19! · 9,4 — im Grab von Joasch, seinem Vater, im abi-esritischen Ofra. 33 Und als
Gideon gestorben war, hurten die Israeliten wieder hinter den Baalen
her und machten sich den Baal-Berit zum Gott. 34 Und die Israeliten
dachten nicht mehr an den HERRN, ihren Gott, der sie gerettet hatte aus
35: 9,19 — der Hand aller ihrer Feinde ringsum. 35 Und sie erwiesen dem Haus
Jerubbaal-Gideons keine Treue für all das Gute, das er für Israel getan
hatte.

Abimelech wird König

1: 8,31 · 6,32! — 9 1 Und Abimelech, der Sohn Jerubbaals, ging nach Schechem zu den
Brüdern seiner Mutter und sprach zu ihnen und zur ganzen Sippe
2: 8,30! · — der Familie seiner Mutter: 2 Sagt doch vor allen Herren von Schechem:
Gen 29,14! — Was ist besser für euch – dass siebzig Mann über euch herrschen, alle
Söhne Jerubbaals, oder dass ein einziger Mann über euch herrscht?
Denkt daran, dass ich von eurem Fleisch und Blut bin! 3 Und die Brüder
seiner Mutter legten all diese Worte allen Herren von Schechem vor,
und ihr Herz neigte sich Abimelech zu, denn sie sagten: Er ist unser
4: 8,33 · 11,3; — Bruder. 4 Und sie gaben ihm siebzig Schekel Silber aus dem Tempel des
1Sam 22,2; — Baal-Berit, und Abimelech machte sich damit haltlose und freche Män-
2Chr 13,7 — ner dienstbar, und sie folgten ihm. 5 Und er kam in das Haus seines
5: 8,30! · 2Chr 21,4 · — Vaters nach Ofra und erschlug seine Brüder, die Söhne Jerubbaals, sieb-
2Kön 11,3 — zig Mann, auf einem Stein. Jotam aber, der jüngste Sohn Jerubbaals,
6: 2Sam 5,9! · — blieb übrig, denn er hatte sich versteckt. 6 Und alle Herren von Sche-
Gen 35,4; Jos 24,26 — chem und das ganze Bet-Millo versammelten sich, und sie gingen hin
und machten Abimelech zum König bei der Mazzeben-Terebinthe, die
in Schechem steht.

Jotam warnt vor Abimelech: Die Jotam-Fabel

7: Dtn 27,12 — 7 Und man berichtete Jotam davon, und er ging, stellte sich auf den
Gipfel des Bergs Garizim, erhob seine Stimme, rief und sprach zu ihnen:
Hört auf mich, Herren von Schechem, damit Gott auf euch hört.
8 Die Bäume gingen hin, um einen König über sich zu salben.
Und sie sprachen zum Ölbaum: Sei du König über uns!
9 Der Ölbaum aber sprach zu ihnen: Soll ich mein Fett aufgeben, mit
dem man Götter und Menschen ehrt,
und hingehen, um mich über den Bäumen zu wiegen?
10 Da sprachen die Bäume zum Feigenbaum:
Komm du, werde du König über uns!
11 Der Feigenbaum aber sprach zu ihnen: Soll ich meine Süsse auf-
geben und meine köstliche Frucht
und hingehen, um mich über den Bäumen zu wiegen?

8,33: Baal-Berit bedeutet ‹Bundesbaal›, vgl. dazu auch 9,46.
9,2: ‹euer Fleisch und Blut› ist wörtlich: ‹euer Knochen und euer Fleisch›.

12 Da sprachen die Bäume zum Weinstock:
Komm du, werde du König über uns!
13 Der Weinstock aber sprach zu ihnen: Soll ich meinen Wein auf- 13: Ps 104,15
geben, der Götter und Menschen fröhlich macht,
und hingehen, um mich über den Bäumen zu wiegen?
14 Da sprachen alle Bäume zum Dornbusch: 14: 2Kön 14,9
Komm du, werde du König über uns!
15 Und der Dornbusch sprach zu den Bäumen: Wenn ihr wirklich 15: Ez 19,14
mich salben wollt, damit ich König über euch bin, kommt und sucht
Zuflucht in meinem Schatten!
Wenn aber nicht, wird Feuer ausgehen vom Dornbusch und die
Zedern des Libanon verzehren.

16 Und wenn ihr nun treu und aufrichtig gehandelt habt, als ihr Abi-
melech zum König gemacht habt, und wenn ihr Jerubbaal und seinem
Haus Gutes getan habt, und wenn ihr für ihn getan habt, wie er es ver-
dient hat – 17 denn mein Vater hat für euch gekämpft und sein Leben
aufs Spiel gesetzt und euch aus der Hand Midians gerettet, 18 ihr aber
habt euch heute erhoben gegen das Haus meines Vaters, und ihr habt
seine Söhne erschlagen, siebzig Mann auf einem Stein, und ihr habt
Abimelech, den Sohn seiner Magd, zum König gemacht über die Herren
von Schechem, weil er euer Bruder ist –, 19 wenn ihr also heute treu und 19: 8,35
aufrichtig gehandelt habt an Jerubbaal und an seinem Haus, dann wer-
det glücklich mit Abimelech, und auch er soll glücklich werden mit
euch. 20 Wenn aber nicht, so soll Feuer ausgehen von Abimelech und 20: 53; 57
die Herren von Schechem und Bet-Millo verzehren, und es soll Feuer
ausgehen von den Herren von Schechem und von Bet-Millo und Abi-
melech verzehren. 21 Dann floh Jotam und flüchtete vor Abimelech, sei- 21: Num 21,16
nem Bruder, und ging nach Beer und liess sich dort nieder.

Abimelechs Herrschaft und sein Tod

22 Und Abimelech herrschte drei Jahre lang über Israel. 23 Da sandte 23: 1Sam 16,14!
Gott einen bösen Geist zwischen Abimelech und die Herren von Sche-
chem, und die Herren von Schechem handelten treulos an Abimelech,
24 damit die Gewalttat an den siebzig Söhnen Jerubbaals und ihr Blut 24: 1Kön 2,32;
komme und sich auf ihren Bruder Abimelech lege, der sie erschlagen Ps 7,17
hatte, und auf die Herren von Schechem, die ihm die Hand gestärkt hat-
ten, um seine Brüder zu erschlagen. 25 Und die Herren von Schechem
legten ihm Hinterhalte auf den Höhen der Berge, und sie beraubten je-
den, der auf der Strasse an ihnen vorüberzog. Und das wurde Abimelech
berichtet.

26 Und Gaal, der Sohn des Ebed, und seine Brüder kamen und zogen
nach Schechem, und die Herren von Schechem vertrauten ihm. 27 Und
sie gingen hinaus aufs Feld und hielten Lese in ihren Weinbergen und
kelterten. Und sie veranstalteten ein Fest und kamen in den Tempel ih-
res Gottes und assen und tranken und verfluchten Abimelech. 28 Und 28: 1Sam 25,10;
Gaal, der Sohn des Ebed, sagte: Wer ist Abimelech? Und wer ist Sche- 1Kön 12,16 ·
chem, dass wir ihm dienen sollten? Haben nicht der Sohn Jerubbaals Gen 33,19
und Sebul, sein Statthalter, den Männern von Chamor, dem Vater von
Schechem, gedient? Und warum sollten gerade wir ihm dienen?
29 Wenn jemand dieses Volk in meine Hand gäbe, wollte ich Abimelech 29: 2Sam 15,4

verjagen und zu Abimelech sagen: Mach dein Heer grösser und rück
aus! 30 Und Sebul, der Oberste der Stadt, hörte die Worte Gaals, des
Sohns von Ebed, und sein Zorn entbrannte, 31 und er sandte Boten zu
Abimelech nach Torma und liess ihm sagen: Sieh, Gaal, der Sohn des
Ebed, und seine Brüder kommen nach Schechem, und sieh, deinetwe-
32: Jos 8,4 gen bedrängen sie die Stadt. 32 Nun aber, mach dich auf in der Nacht, du
mit dem Volk, das bei dir ist, und leg dich auf dem Feld in den Hinter-
halt. 33 Und am Morgen, wenn die Sonne aufgeht, mach dich auf und
fall über die Stadt her. Und sieh, wenn er mit dem Volk, das bei ihm ist,
gegen dich ausrückt, dann verfahr mit ihm, wie deine Hand es will.

34 Und in der Nacht machte sich Abimelech auf mit allem Volk, das
bei ihm war, und sie legten sich in vier Haufen in den Hinterhalt gegen
Schechem. 35 Und Gaal, der Sohn des Ebed, ging hinaus und trat an den
Eingang des Stadttors; und Abimelech brach auf aus dem Hinterhalt mit
dem Volk, das bei ihm war. 36 Und Gaal sah das Volk und sagte zu Sebul:
Sieh, Volk kommt herab von den Höhen der Berge. Sebul aber sagte zu
37: Ez 38,12 ihm: Du hältst den Schatten der Berge für Männer. 37 Aber Gaal fuhr
fort zu reden und sagte: Sieh, Volk kommt herab vom Nabel des Landes,
und ein Haufen kommt aus der Richtung der Wahrsager-Terebinthe.
38 Und Sebul sagte zu ihm: Wo ist denn nun dein Mund, der du gesagt
hast: Wer ist Abimelech, dass wir ihm dienen sollten? Ist dies nicht das
Volk, das du verachtet hast? Nun rück doch aus und kämpf gegen sie!
39 Und Gaal rückte aus an der Spitze der Herren von Schechem und
kämpfte gegen Abimelech. 40 Abimelech aber verfolgte ihn, und er floh
vor ihm, und viele fielen, bis an den Eingang des Tors lagen die Erschla-
genen. 41 Dann kehrte Abimelech nach Aruma zurück, Sebul aber ver-
trieb Gaal und seine Brüder, so dass sie nicht in Schechem bleiben konn-
ten.

42 Und am nächsten Morgen ging das Volk aufs Feld hinaus, und
man berichtete Abimelech davon. 43 Und er nahm das Volk, teilte es in
drei Haufen und legte auf dem Feld einen Hinterhalt. Und als er sah,
dass das Volk aus der Stadt herauskam, machte er sich auf gegen sie und
schlug sie. 44 Und Abimelech und die Haufen, die bei ihm waren, bra-
chen hervor und bezogen Stellung am Eingang des Stadttors. Die beiden
anderen Haufen aber fielen über alle her, die auf dem Feld waren, und
45: 2Kön 3,25 schlugen sie. 45 Und jenen ganzen Tag lang bekämpfte Abimelech die
Stadt, und er nahm die Stadt ein. Das Volk aber, das in ihr war, erschlug
er, und die Stadt riss er nieder und streute Salz über sie. 46 Und alle
Herren des Turms von Schechem hörten davon und kamen in das Ge-
wölbe des Tempels des El-Berit. 47 Und Abimelech wurde berichtet,
dass sich alle Herren des Turms von Schechem versammelt hatten.
48: Ps 68,15 48 Da zog Abimelech und das ganze Volk, das bei ihm war, auf das Ge-
birge Zalmon, und Abimelech nahm eine Axt in die Hand und schlug
Äste von den Bäumen, hob sie auf und lud sie sich auf die Schulter. Dann
sagte er zu allem Volk, das bei ihm war: Was ihr mich habt tun sehen,
das macht mir eilends nach! 49 Da schlug auch das ganze Volk, ein je-

9,45: Das Ausstreuen von Salz versinnbildlicht, dass die Stadt für immer verwüstet bleiben soll.

9,46: El-Berit bedeutet ‹Bundesgott›; vgl. dazu auch 8,33.

der, Äste ab, und sie folgten Abimelech, legten sie über das Gewölbe und
steckten das Gewölbe über ihnen in Brand. So starben auch alle Männer
des Turms von Schechem, gegen tausend Männer und Frauen.
50 Und Abimelech ging nach Tebez, belagerte Tebez und nahm es
ein. 51 Mitten in der Stadt aber stand ein befestigter Turm, und alle
Männer und Frauen und alle Herren der Stadt flohen dorthin, und sie
schlossen hinter sich zu und stiegen auf das Dach des Turms. 52 Und
Abimelech kam an den Turm und griff ihn an. Und er kam nahe an den
Eingang des Turms, um ihn im Feuer zu verbrennen. 53 Eine Frau aber 53: 20! · 2Sam 11,21
warf Abimelech einen oberen Mühlstein auf den Kopf und zertrümmer-
te seinen Schädel. 54 Da rief er noch den Burschen, der seine Waffen 54: 4,9 · 1Sam 31,4!
trug, und sprach zu ihm: Zieh dein Schwert und töte mich, damit man
nicht von mir sagt: Eine Frau hat ihn erschlagen. Da durchbohrte ihn
sein Bursche, und er starb. 55 Und als die Israeliten sahen, dass Abi-
melech tot war, gingen sie weg, ein jeder an seinen Ort. 56 So vergalt 56: 5
Gott Abimelech das Böse, das er seinem Vater angetan hatte, indem er
seine siebzig Brüder erschlug. 57 Und all das Böse der Männer von Sche- 57: Ps 7,17 · 20!
chem liess Gott auf ihr Haupt zurückfallen. So kam der Fluch Jotams, des
Sohnes von Jerubbaal, über sie.

Tola, Jair

10 1 Nach Abimelech trat Tola auf, der Sohn von Pua, dem Sohn von 1: 2,16 · Gen 46,13;
Dodo, der Mann aus Issaschar, um Israel zu retten. Und er wohnte Num 26,23;
in Schamir auf dem Gebirge Efraim, 2 und dreiundzwanzig Jahre lang Jos 13,30
verschaffte er Israel Recht. Und er starb und wurde in Schamir begra-
ben.
3 Und nach ihm trat Jair auf, der Gileadit, und zweiundzwanzig Jah-
re lang verschaffte er Israel Recht. 4 Und er hatte dreissig Söhne, die auf 4: 5,10! ·
dreissig Eselsfüllen ritten. Und sie besassen dreissig Städte; die heissen Num 32,41;
bis heute Chawwot-Jair und liegen im Land Gilead. 5 Und Jair starb und Dtn 3,14
wurde in Kamon begraben.

Bedrohung Israels durch die Philister und Ammoniter

6 Und wiederum taten die Israeliten, was böse war in den Augen des 6: 2,11!
HERRN: Sie dienten den Baalen und den Astarten, den Göttern Arams,
den Göttern Sidons, den Göttern Moabs, den Göttern der Ammoniter
und den Göttern der Philister, den HERRN aber verliessen sie, und sie
dienten ihm nicht. 7 Da entbrannte der Zorn des HERRN über Israel, und 7: 2,14! · 13,1; 14,4
er verkaufte sie in die Hand der Philister und in die Hand der Ammoni-
ter. 8 Und damals zerschmetterten und misshandelten diese die Isra- 8: Num 32,39
eliten, achtzehn Jahre lang, alle Israeliten, die jenseits des Jordan waren,
im Land der Amoriter, im Gilead.
9 Und die Ammoniter überschritten den Jordan, um auch gegen Ju- 9: 3,13! · 2,15!
da, Benjamin und das Haus Efraim zu kämpfen, und Israel geriet in
grosse Bedrängnis. 10 Da schrien die Israeliten zum HERRN: Wir haben 10: 3,9! · 15;
gegen dich gesündigt, denn wir haben unseren Gott verlassen und den 1Sam 12,10!
Baalen gedient. 11 Und der HERR sprach zu den Israeliten: Ist es nicht so: 11: 6,9! · Ex 14,30 ·
Die Ägypter, die Amoriter, die Ammoniter, die Philister, 12 die Sidonier, Num 21,24
12: 3,13! · 1Chr 4,41

10,4: Zu ‹Chawwot-Jair› siehe die Anm. zu Dtn 3,14.

Amalek und Maon haben euch gequält, und ihr habt zu mir geschrien,
13: 2Chr 12,5 und ich habe euch aus ihrer Hand gerettet. 13 Ihr aber habt mich verlas-
sen und habt anderen Göttern gedient. Darum werde ich euch nicht
14: Dtn 32,38; mehr retten. 14 Geht und schreit zu den Göttern, die ihr erwählt habt!
Jes 46,7; Jer 2,28 Sollen sie euch retten in der Zeit eurer Bedrängnis! 15 Und die Israeliten
15: 10! · 12,10 sprachen zum HERRN: Wir haben gesündigt! Mach mit uns alles, was
16: Jos 24,23; gut ist in deinen Augen, aber rette uns noch heute! 16 Und sie entfern-
1Sam 7,4; ten die fremden Götter aus ihrer Mitte und dienten dem HERRN. Er aber
2Chr 15,8 · 2,18! konnte das Leid Israels nicht länger ertragen.

Jiftach wird Anführer der Gileaditer

17: 11,29; Gen 31,49 17 Und die Ammoniter wurden aufgeboten und lagerten im Gilead,
18: 11,6 und die Israeliten sammelten sich und lagerten in Mizpa. 18 Und das
Volk, die Obersten des Gilead, sagten zueinander: Wer ist der Mann, der
den Kampf aufnimmt gegen die Ammoniter? Der soll das Haupt aller
Bewohner des Gilead sein.

1: 6,12 **11** 1 Und Jiftach, der Gileaditer, war ein tüchtiger Krieger, aber er war
2: Gen 21,10 der Sohn einer Hure. Und Gilead zeugte Jiftach, 2 aber auch die
Frau Gileads hatte ihm Söhne geboren. Als die Söhne der Frau heran-
wuchsen, vertrieben sie Jiftach und sagten zu ihm: Du sollst keinen Erb-
besitz haben im Haus unseres Vaters, denn du bist der Sohn einer ande-
3: 2Sam 10,6–8 · ren Frau. 3 Und Jiftach floh vor seinen Brüdern und blieb im Land Tob.
9,4! Und haltlose Männer scharten sich um Jiftach, und sie zogen aus mit
ihm.
4: 1Sam 11,1 4 Und nach einiger Zeit führten die Ammoniter Krieg gegen Israel.
5 Und als die Ammoniter Krieg führten gegen Israel, gingen die Ältes-
6: 10,18 ten des Gilead hin, um Jiftach aus dem Land Tob zu holen. 6 Und sie
sprachen zu Jiftach: Komm und sei unser Anführer, damit wir gegen die
7: Gen 26,27 Ammoniter kämpfen. 7 Jiftach aber sagte zu den Ältesten des Gilead:
Habt nicht ihr mich gehasst und vertrieben aus dem Haus meines Va-
ters? Und warum kommt ihr nun zu mir, da ihr in Bedrängnis seid? 8 Da
sprachen die Ältesten des Gilead zu Jiftach: Deshalb sind wir nun zu dir
zurückgekommen: Geh mit uns und kämpf gegen die Ammoniter, dann
sollst du unser Haupt über alle Bewohner des Gilead sein. 9 Und Jiftach
sagte zu den Ältesten des Gilead: Wenn ihr mich zurückholt, um gegen
die Ammoniter zu kämpfen, und der HERR gibt sie mir preis, dann wer-
de ich euer Haupt sein. 10 Und die Ältesten des Gilead sprachen zu Jif-
tach: Der HERR wird Zeuge sein gegen uns, wenn wir nicht nach deinem
Wort handeln. 11 Und Jiftach ging mit den Ältesten des Gilead, und das
Volk machte ihn zu seinem Haupt und zum Anführer über sich. Und
Jiftach brachte alle seine Anliegen vor den HERRN in Mizpa.

Jiftach verhandelt mit den Ammonitern

12: Dtn 20,10 12 Und Jiftach sandte Boten zum König der Ammoniter und liess
ihm sagen: Was willst du von mir, dass du gegen mich angerückt bist,
13: Num 21,24 um Krieg zu führen gegen mein Land? 13 Und der König der Ammoniter
sagte zu den Boten Jiftachs: Israel hat mein Land genommen, als es aus
Ägypten heraufzog, vom Arnon bis an den Jabbok und bis an den Jordan.
Und nun gib mir dies in Frieden zurück. 14 Aber Jiftach sandte noch-
15: Dtn 2,9.19 mals Boten zum König der Ammoniter, 15 und sie sagten zu ihm: So hat

Jiftach gesprochen: Israel hat das Land Moabs und das Land der Ammo-
niter nicht genommen. 16 Sondern als sie aus Ägypten heraufzogen und 16: Num 14,25 ·
als Israel durch die Wüste bis ans Schilfmeer zog und nach Kadesch Dtn 1,46
kam, 17 da sandte Israel Boten zum König von Edom und liess ihm sa- 17: Num 20,14–17 ·
gen: Ich würde gern durch dein Land ziehen. Aber der König von Edom Dtn 1,46
hörte nicht. Und auch zum König von Moab sandten sie, aber er wollte
nicht. So blieb Israel in Kadesch, 18 zog dann durch die Wüste und um- 18: Num 21,13
ging das Land Edom und das Land Moab und kam von Osten her auf das
Land Moab zu. Und sie lagerten jenseits des Arnon, in das Gebiet von
Moab aber kamen sie nicht, denn der Arnon ist die Grenze Moabs.
19 Und Israel sandte Boten zu Sichon, dem König der Amoriter, dem
König von Cheschbon, und Israel sagte zu ihm: Wir würden gern durch
dein Land ziehen, bis zu unserem Ort. 20 Aber Sichon traute Israel
nicht, dass es durch sein Gebiet ziehe, und er sammelte sein ganzes
Volk, und sie lagerten bei Jahaz, und er kämpfte gegen Israel. 21 Und der
HERR, der Gott Israels, gab Sichon und sein ganzes Volk in die Hand
Israels, und sie schlugen sie. Und Israel nahm das ganze Land der Amo-
riter, der Bewohner jenes Landes, in Besitz. 22 Und sie nahmen das gan-
ze Gebiet der Amoriter in Besitz, vom Arnon bis an den Jabbok und von
der Wüste bis an den Jordan. 23 Und so hat der HERR, der Gott Israels,
die Amoriter vor seinem Volk Israel vertrieben, und du, du willst uns
enteignen? 24 Ist es nicht so: Was dein Gott Kamosch dir zum Besitz 24: Num 21,29
gibt, das nimmst du in Besitz. Und alles, was der HERR, unser Gott, vor
uns enteignet hat, das nehmen wir in Besitz. 25 Und nun, bist du etwa 25: Num 22,2;
besser als Balak, der Sohn Zippors, der König von Moab? Hat er etwa mit Jos 24,9
Israel gestritten oder hat er etwa gegen sie gekämpft, 26 als Israel in 26: Jos 13,17 ·
Cheschbon und seinen Tochterstädten weilte, in Aroer und seinen Dtn 2,36
Tochterstädten und in allen Städten, die zu beiden Seiten des Arnon lie-
gen – dreihundert Jahre lang? Und warum habt ihr sie uns nicht in jener
Zeit entrissen? 27 Und ich habe mir nichts zuschulden kommen lassen 27: Gen 16,5!
dir gegenüber, du aber tust mir Böses an, indem du Krieg führst gegen
mich. Der HERR, der Richter, wird heute richten zwischen den Israeliten
und den Ammonitern. 28 Aber der König der Ammoniter hörte nicht
auf die Worte Jiftachs, die er ihm zugesandt hatte.

Jiftachs Gelübde und sein Sieg über die Ammoniter

29 Und der Geist des HERRN war auf Jiftach, und er zog durch das 29: 3,10! · 10,17!
Gilead und durch Manasse, und er zog durch Mizpe im Gilead, und von
Mizpe im Gilead zog er hinüber zu den Ammonitern. 30 Und Jiftach 30: Gen 28,20;
legte dem HERRN ein Gelübde ab und sprach: Wenn du die Ammoniter 2Sam 15,8
wirklich in meine Hand gibst, 31 so soll, wer herauskommt, wer aus der 31: 2Kön 3,27
Tür meines Hauses heraus mir entgegenkommt, wenn ich wohlbehal-
ten zurückkehre von den Ammonitern, dem HERRN gehören: Ich will
ihn als Brandopfer darbringen.

32 Dann zog Jiftach gegen die Ammoniter, um gegen sie zu kämp-
fen, und der HERR gab sie in seine Hand. 33 Und er brachte ihnen eine
sehr schwere Niederlage bei, von Aroer an bis dorthin, wo man nach
Minnit kommt, zwanzig Städte, und bis nach Abel-Keramim. So wur-
den die Ammoniter von den Israeliten gedemütigt. 34: 20,1 · 21,21;
34 Und Jiftach kam nach Mizpa zu seinem Haus, und sieh, da kam Ex 15,20!

seine Tochter heraus, ihm entgegen, mit Trommeln und im Reigentanz.
Und sie war sein einziges Kind; ausser ihm hatte er weder Sohn noch
35: Gen 37,29 · Tochter. 35 Und als er sie sah, zerriss er seine Kleider und sprach: Ach,
Num 30,3! meine Tochter! Du hast mich tief gebeugt! Du gehörst zu denen, die
mich ins Unglück stürzen! Ich habe dem HERRN gegenüber meinen
Mund aufgerissen und kann nicht zurück. 36 Sie aber sprach zu ihm:
Mein Vater, du hast dem HERRN gegenüber deinen Mund aufgerissen,
mach mit mir, wie dein Mund es gesagt hat, nachdem der HERR dir Rache
verschafft hat an deinen Feinden, den Ammonitern. 37 Und sie sagte
zu ihrem Vater: Dies sei mir vergönnt: Lass mir zwei Monate, und ich
will weggehen und hinab in die Berge gehen und über meine Jungfräulichkeit
weinen, ich mit meinen Freundinnen. 38 Und er sprach: Geh!
Und er entliess sie für zwei Monate. Und sie ging mit ihren Freundinnen
39: Dtn 12,31 nen und weinte auf den Bergen über ihre Jungfräulichkeit. 39 Und nach
zwei Monaten kam sie zurück zu ihrem Vater, und er erfüllte an ihr sein
Gelübde. Sie hatte aber mit keinem Mann verkehrt. Und das wurde
Brauch in Israel: 40 Jahr für Jahr gehen die Israelitinnen, um die Tochter
Jiftachs, des Gileaditers, zu besingen, vier Tage im Jahr.

Jiftach bekämpft die Efraimiten

1: 8,1 · 14,15; 15,6 **12** 1 Und die Männer Efraims wurden aufgeboten, und sie zogen
nach Zafon und sagten zu Jiftach: Warum bist du gegen die Ammoniter
in den Krieg gezogen und hast uns nicht gerufen, damit wir
mit dir gehen? Wir werden dein Haus über dir im Feuer verbrennen!
2 Und Jiftach sprach zu ihnen: Ich hatte einen schweren Streit, ich und
mein Volk, mit den Ammonitern. Und ich habe euch gerufen, ihr aber
habt mich nicht aus ihrer Hand gerettet. 3 Da sah ich, dass du keine Rettung
warst, und ich nahm mein Leben in meine eigene Hand und zog
gegen die Ammoniter, und der HERR gab sie in meine Hand. Warum
also zieht ihr heute zu mir herauf, um gegen mich zu kämpfen?
4 Und Jiftach sammelte alle Männer des Gilead und bekämpfte
Efraim. Und die Männer des Gilead schlugen die Efraimiten, denn diese
hatten gesagt: Ihr seid Flüchtlinge aus Efraim, Gilead – mitten in
5: 3,28! · 1Sam 1,1 Efraim, mitten in Manasse! 5 Und Gilead besetzte die Furten des Jordan
vor den Efraimiten. Und wenn ein Flüchtling von den Efraimiten
sprach: Ich will hinüber!, sagten die Männer des Gilead zu ihm: Bist du
Efraimit? Sagte er dann: Nein!, 6 so sagten sie zu ihm: Sag Schibbolet.
Sagte er dann Sibbolet, weil er es nicht so aussprechen konnte, ergriffen
sie ihn und machten ihn nieder an den Furten des Jordan. So fielen zu
jener Zeit von Efraim Zweiundvierzigtausend. 7 Und sechs Jahre lang
verschaffte Jiftach Israel Recht. Und Jiftach, der Gileaditer, starb und
wurde in seiner Stadt im Gilead begraben.

Ibzan, Elon, Abdon

8: 17,7! 8 Und nach ihm verschaffte Ibzan aus Betlehem Israel Recht. 9 Und
er hatte dreissig Söhne, und dreissig Töchter verheiratete er nach auswärts,
und für seine Söhne brachte er dreissig Töchter von auswärts.

12,6: In diesem Vers zeigen sich Ausspracheunterschiede im Hebräisch der damaligen Zeit. Schibbolet bedeutet ‹Flut› oder ‹Ähre›.

Und sieben Jahre lang verschaffte er Israel Recht. 10 Und Ibzan starb 10: 10,15
und wurde in Betlehem begraben.

11 Und nach ihm verschaffte Elon, der Sebulonit, Israel Recht, und
zehn Jahre lang verschaffte er Israel Recht. 12 Und Elon, der Sebulonit,
starb und wurde in Ajjalon im Land Sebulon begraben.

13 Und nach ihm verschaffte Abdon, der Sohn Hillels, der Piratoni- 13: 2Sam 23,30
ter, Israel Recht. 14 Und er hatte vierzig Söhne und dreissig Enkel, die 14: 5,10!
auf siebzig Eselsfüllen ritten. Und acht Jahre lang verschaffte er Israel
Recht. 15 Und Abdon, der Sohn Hillels, der Piratoniter, starb und wurde
in Piraton im Land Efraim auf dem Berg der Amalekiter begraben.

Die Ankündigung der Geburt Simsons

13 1 Und wiederum taten die Israeliten, was böse war in den Augen 1: 2,11! · 10,7!
des HERRN. Und der HERR gab sie in die Hand der Philister, vierzig
Jahre lang. 2 Und es war ein Mann aus Zorea, aus der Sippe der Daniten, 2: Gen 11,30!
und sein Name war Manoach, und seine Frau war unfruchtbar und hat-
te nicht geboren. 3 Und der Bote des HERRN erschien der Frau und 3: 6,12 · Lk 1,28 ·
sprach zu ihr: Sieh, du bist unfruchtbar und hast nicht geboren, aber du Gen 18,10; Lk 1,31
wirst schwanger werden und einen Sohn gebären. 4 Und hüte dich nun, 4: 14; Num 6,3!
Wein oder Bier zu trinken und irgendetwas Unreines zu essen! 5 Denn 5: 16,17; 1Sam 1,11!
sieh, du wirst schwanger sein und einen Sohn gebären. Und an sein
Haupt soll kein Schermesser kommen, denn der Knabe wird ein Gott-
geweihter sein vom Mutterleib an. Und er wird anfangen, Israel aus der
Hand der Philister zu retten. 6 Und die Frau kam und sagte zu ihrem 6: 1Sam 2,27 ·
Mann: Der Gottesmann ist zu mir gekommen, und er sah aus wie der Apg 6,15
Bote Gottes – überaus furchterregend. Und ich habe ihn nicht gefragt,
woher er kommt, und er hat mir seinen Namen nicht genannt. 7 Aber er
hat zu mir gesprochen: Sieh, du wirst schwanger sein und einen Sohn
gebären. Und nun trink weder Wein noch Bier und iss nicht irgendet-
was Unreines, denn der Knabe wird ein Gottgeweihter sein vom Mut-
terleib an bis zum Tag seines Todes. 8 Da betete Manoach zum HERRN
und sprach: Bitte, Herr! Der Gottesmann, den du gesandt hast, möge
noch einmal zu uns kommen und uns lehren, wie wir umgehen sollen
mit dem Knaben, der geboren wird.

9 Und Gott hörte auf die Stimme Manoachs, und der Bote Gottes kam
noch einmal zu der Frau, als sie auf dem Feld sass. Und Manoach, ihr
Mann, war nicht bei ihr. 10 Da lief die Frau eilends und berichtete es
ihrem Mann und sagte zu ihm: Sieh, mir ist der Mann erschienen, der
schon zuvor zu mir gekommen ist. 11 Und Manoach machte sich auf und
folgte seiner Frau. Und er kam zu dem Mann und sagte zu ihm: Bist du
der Mann, der mit der Frau geredet hat? Und er sprach: Ich bin es. 12 Da
sprach Manoach: Wenn sich dein Wort nun erfüllt, was soll die Rege-
lung für den Knaben sein, und was soll man mit ihm tun? 13 Und der
Bote des HERRN sprach zu Manoach: Vor allem, was ich der Frau gesagt
habe, soll sie sich hüten: 14 Von allem, was vom Weinstock kommt, soll 14: 4!
sie nichts essen, und Wein oder Bier soll sie nicht trinken, und alles, was
unrein ist, soll sie nicht essen. Alles, was ich ihr geboten habe, soll sie
befolgen. 15 Und Manoach sagte zum Boten des HERRN: Wir würden 15: 6,18!
dich gern noch hier behalten und ein Zicklein von der Herde vor dir zu-
bereiten. 16 Aber der Bote des HERRN sprach zu Manoach: Wenn du

mich hier behieltest, würde ich doch nichts von deiner Speise essen.
Wenn du es aber zubereiten willst, dann bring es dem HERRN als Brand-
opfer dar. Manoach aber wusste nicht, dass es der Bote des HERRN war,
17 und Manoach sprach zum Boten des HERRN: Wie heisst du? Wenn
18: Gen 32,30 dein Wort sich erfüllt, wollen wir dich ehren. 18 Und der Bote des HERRN
sprach zu ihm: Warum fragst du nach meinem Namen? Er ist wunder-
bar! 19 Da nahm Manoach das Zicklein von der Herde und das Speiseop-
fer und brachte es dem HERRN auf dem Felsen dar. Und er vollbrachte
20: 6,21 · Lev 9,24 Wunderbares, und Manoach und seine Frau sahen es: 20 Als die Flamme
vom Altar zum Himmel schlug, stieg der Bote des HERRN in der Flamme
des Altars empor. Manoach und seine Frau aber sahen es und fielen nie-
der zur Erde, auf ihr Angesicht. 21 Und der Bote des HERRN erschien Ma-
noach und seiner Frau nicht mehr. Da erkannte Manoach, dass es der
22: 6,22! Bote des HERRN gewesen war. 22 Und Manoach sprach zu seiner Frau:
Wir müssen sterben, denn wir haben Gott gesehen. 23 Aber seine Frau
sagte zu ihm: Wenn es dem HERRN gefiele, uns zu töten, hätte er nicht
Brandopfer und Speiseopfer aus unserer Hand angenommen, und er
hätte uns nicht all dies sehen und uns jetzt nicht solches hören lassen.

24: Hebr 11,32 · 24 Und die Frau gebar einen Sohn und gab ihm den Namen Simson.
1Sam 2,21.26; Und der Knabe wuchs heran, und der HERR segnete ihn. 25 Und der Geist
Lk 1,80
25: 3,10! · 18,12 · des HERRN begann ihn umzutreiben in Machane-Dan, zwischen Zora
16,31; 18,2 und Eschtaol.

Simson und seine philistäische Frau. Die Rätselfrage

1: Gen 38,12 · 16,1 **14** 1 Und Simson ging hinab nach Timna, und in Timna sah er eine
2: Gen 34,4 von den Philisterinnen. 2 Und er kam herauf und berichtete es
seinem Vater und seiner Mutter und sagte: Ich habe in Timna eine von
3: Gen 24,3 · 15,18; den Philisterinnen gesehen. Nun holt sie mir als Frau. 3 Aber sein Vater
Gen 34,14 · und seine Mutter sagten zu ihm: Gibt es denn keine Frau bei den Töch-
Jos 23,12 tern deiner Brüder und in deinem ganzen Volk, dass du hingehst, um
von den Philistern, den Unbeschnittenen, eine Frau zu holen? Und
Simson sagte zu seinem Vater: Sie sollst du mir bringen, denn in mei-
4: Gen 24,50; nen Augen ist sie die Richtige. 4 Sein Vater und seine Mutter aber er-
Jos 11,20; kannten nicht, dass das vom HERRN kam, denn dieser suchte einen Vor-
1Kön 12,15 · 10,7! wand gegen die Philister. Und zu jener Zeit herrschten die Philister in
Israel.

5 Und Simson ging mit seinem Vater und seiner Mutter hinab nach
Timna. Und sie kamen zu den Weinbergen von Timna, und sieh, da kam
6: 3,10! · ein junger Löwe brüllend auf ihn zu. 6 Da durchdrang ihn der Geist des
1Sam 17,34–35 HERRN, und er riss ihn auseinander, wie man ein Zicklein auseinander
reisst, obwohl er nichts in der Hand hatte. Seinem Vater und seiner
Mutter aber berichtete er nicht, was er getan hatte. 7 Dann ging er hinab
und redete mit der Frau; und in den Augen Simsons war sie die Richtige.
8 Und nach einiger Zeit kehrte er zurück, um sie zu heiraten, und er bog
vom Weg ab, um nach dem Kadaver des Löwen zu sehen, und sieh, ein
9: Spr 24,13! Bienenschwarm war im Leib des Löwen und Honig. 9 Und er nahm ihn
mit seinen Händen heraus und ass im Weitergehen. Und er ging zu sei-
nem Vater und seiner Mutter und gab ihnen davon, und sie assen. Er
berichtete ihnen aber nicht, dass er den Honig aus dem Kadaver des Lö-
wen herausgenommen hatte.

10 Und sein Vater ging hinab zu der Frau, und Simson veranstaltete 10: Gen 29,22
dort ein Gastmahl, denn so machen es die jungen Männer. 11 Und als sie
ihn sahen, holten sie dreissig Gefährten, und die waren bei ihm. 12 Und 12: 1Kön 10,1;
Simson sagte zu ihnen: Ich will euch ein Rätsel aufgeben. Wenn ihr mir Ez 17,2 ·
in den sieben Tagen des Gastmahls die Lösung sagen könnt und sie Gen 29,27 · Gen 45,22;
findet, werde ich euch dreissig Hemden und dreissig Wechselkleider 2Kön 5,22
geben. 13 Wenn ihr sie mir aber nicht sagen könnt, sollt ihr mir dreissig
Hemden und dreissig Wechselkleider geben. Da sagten sie zu ihm: Gib
dein Rätsel auf, damit wir es hören. 14 Und er sprach zu ihnen:

Aus dem Fresser kam Nahrung,
und aus einem Starken kam Süsses.

Aber sie konnten das Rätsel drei Tage lang nicht lösen. 15 Und am 15: 12,1! · 16,5
vierten Tag sagten sie zu Simsons Frau: Verführe deinen Mann, damit er
uns die Lösung sagt, sonst verbrennen wir dich und deine ganze Familie
im Feuer. Habt ihr uns eingeladen, um uns arm zu machen? Ist es nicht
so? 16 Da weinte Simsons Frau bei ihm und sagte: Du hasst mich nur 16: 16,15
und liebst mich nicht. Du hast den Angehörigen meines Volks das Rät-
sel aufgegeben und hast mir die Lösung nicht gesagt. Er aber sprach zu
ihr: Sieh, meinem Vater und meiner Mutter habe ich sie nicht gesagt –
da sollte ich sie dir sagen? 17 Sie aber weinte bei ihm die sieben Tage, 17: 16,16–17
solange sie das Gastmahl hielten; am siebten Tage aber sagte er ihr die
Lösung, denn sie bedrängte ihn. Und sie sagte die Lösung den Angehö-
rigen ihres Volks. 18 Und am siebten Tag sprachen die Männer der Stadt
zu ihm, bevor er nach Cheres kam:

Was ist süsser als Honig?
Und was ist stärker als ein Löwe?

Er aber sprach zu ihnen:

Hättet ihr nicht mit meiner Kuh gepflügt,
hättet ihr mein Rätsel nicht gelöst.

19 Und der Geist des HERRN durchdrang ihn, und er ging hinab nach 19: 3,10! · 1,18
Aschkelon und erschlug dreissig Mann von ihnen. Und er nahm ihre
Ausrüstung und gab denen, die das Rätsel gelöst hatten, die Wechsel-
kleider. Und sein Zorn entbrannte, und er ging hinauf in das Haus sei-
nes Vaters. 20 Simsons Frau aber wurde seinem Gefährten gegeben, sei- 20: 15,2
nem nächsten Freund.

Simson rächt sich an den Philistern

15 1 Und nach einiger Zeit, in den Tagen der Weizenernte, besuchte
Simson seine Frau mit einem Zicklein von der Herde und sagte:
Ich möchte zu meiner Frau in die Kammer gehen. Aber ihr Vater liess
ihn nicht hinein. 2 Und ihr Vater sagte: Ich habe wirklich geglaubt, dass 2: 14,20
du sie hasst, und so habe ich sie deinem nächsten Freund gegeben. Ist
ihre jüngere Schwester nicht schöner als sie? Sie sei dein an ihrer Stelle!
3 Da sprach Simson zu ihnen: Dieses Mal bin ich frei von Schuld an den
Philistern, wenn ich ihnen Schlimmes antue. 4 Und Simson ging und
fing dreihundert Füchse, und er nahm Fackeln, kehrte Schwanz gegen
Schwanz und band eine Fackel zwischen je zwei Schwänze. 5 Dann ent- 5: 2Sam 14,30
zündete er die Fackel und schickte sie in die Kornfelder der Philister und
zündete alles an, vom Garbenhaufen bis zum stehenden Halm und bis
zum Weinberg und Olivenbaum. 6 Und die Philister sagten: Wer hat 6: 12,1!

das getan? Und man sagte: Simson, der Schwiegersohn des Timniters,
denn der hat ihm seine Frau genommen und sie seinem nächsten
Freund gegeben. Und die Philister zogen hinauf und verbrannten sie
und ihren Vater im Feuer. 7 Und Simson sagte zu ihnen: Wenn ihr das
tut – erst wenn ich mich an euch gerächt habe, werde ich Ruhe geben.
8 Und er brach ihnen alle Knochen, er brachte ihnen eine schwere Nie-
derlage bei. Dann zog er hinab und wohnte in der Felsenkluft von Etam.

Simson soll an die Philister ausgeliefert werden

9 Und die Philister zogen hinauf, lagerten in Juda und breiteten sich
in Lechi aus. 10 Die Männer von Juda aber sagten: Warum seid ihr gegen
uns heraufgezogen? Und sie sagten: Um Simson zu fesseln, sind wir her-
aufgezogen, um mit ihm so zu verfahren, wie er mit uns verfahren ist.
11: 14,4 11 Und dreitausend Mann aus Juda zogen hinab zur Felsenkluft von
Etam, und sie sagten zu Simson: Hast du nicht gewusst, dass die Philister
über uns herrschen? Und was hast du uns damit angetan? Er aber sagte
zu ihnen: Wie sie mit mir verfahren sind, so bin ich mit ihnen verfahren.
12 Und sie sagten zu ihm: Um dich zu fesseln, sind wir herabgekommen,
um dich in die Hand der Philister zu geben. Und Simson sagte zu ihnen:
Schwört mir, dass nicht ihr über mich herfallt. 13 Und sie sprachen zu
ihm: Nein! Wir werden dich nur fesseln und in ihre Hand geben, töten
aber werden wir dich nicht. Dann fesselten sie ihn mit zwei neuen Stri-
cken und führten ihn vom Felsen hinauf.
14: 3,10! · 16,9.12 14 Er war bis Lechi gekommen, und die Philister kamen ihm mit Ge-
schrei entgegen, da durchdrang ihn der Geist des HERRN. Und die Stri-
cke an seinen Armen wurden wie Flachsfäden, die vom Feuer versengt
15: 3,31; 2Sam 23,8 waren, und die Fesseln fielen ab von seinen Händen. 15 Und er fand den
frischen Kieferknochen eines Esels, streckte seine Hand aus, ergriff ihn
und erschlug damit tausend Mann. 16 Und Simson sprach:

Mit dem Kieferknochen vom Esel einen Haufen, zwei Haufen,
mit dem Kieferknochen vom Esel erschlug ich tausend Mann.

17 Und als er ausgeredet hatte, warf er den Kieferknochen fort und
18: 14,3! nannte jenen Ort Ramat-Lechi. 18 Und ihn dürstete sehr, und er rief
zum HERRN und sprach: Durch die Hand deines Dieners hast du diesen
grossen Sieg gegeben, nun aber soll ich vor Durst sterben und in die
19: Num 20,11 · Hand der Unbeschnittenen fallen. 19 Da spaltete Gott den Backenzahn,
1Sam 30,12 der in dem Kieferknochen steckte, und Wasser quoll daraus hervor. Und
er trank, und sein Lebensgeist kehrte zurück, und er lebte wieder auf.
Darum nennt man die Quelle, die in Lechi ist, En-Kore, bis auf den heu-
20: 16,31 tigen Tag. 20 Und er verschaffte Israel Recht in den Tagen der Philister,
zwanzig Jahre lang.

15,16: Möglicherweise ist mit einer kleinen Textkorrektur zu übersetzen: «Mit dem Kieferknochen vom Esel habe ich sie entsetzlich zugerichtet, ...»

15,17: Ramat-Lechi bedeutet ‹Kieferknochen-Anhöhe›.

15,19: En-Kore bedeutet ‹Quelle des Rufers›.

Simson in Gaza

16 1 Und Simson ging nach Gaza, und dort sah er eine Hure und ging 1: 1,18! · 14,1
zu ihr. 2 Denen von Gaza wurde berichtet: Simson ist hierher ge- 2: 1Sam 19,11
kommen. Da umstellten sie ihn und lauerten ihm die ganze Nacht über
im Stadttor auf und verhielten sich die ganze Nacht lang ruhig. Sie sag-
ten: Bis der Morgen anbricht – dann werden wir ihn erschlagen!
3 Simson aber schlief bis Mitternacht, und um Mitternacht stand er auf.
Und er ergriff die Flügel des Stadttors und die beiden Pfosten, riss sie
mit dem Riegelbalken heraus, lud sie sich auf die Schultern und trug sie
hinauf auf den Gipfel des Berges gegenüber von Chebron.

Simson und Delila

4 Und nach all dem verliebte er sich in eine Frau im Tal Sorek, und
ihr Name war Delila. 5 Und die Stadtfürsten der Philister zogen herauf 5: 14,15
zu ihr und sagten zu ihr: Verführe ihn, und sieh, wodurch seine Kraft so
gross ist und womit wir ihn bezwingen können. Dann werden wir ihn
fesseln, um ihn zu überwältigen. Dann werden wir dir jeder tausend-
einhundert Schekel Silber geben.

6 Und Delila sagte zu Simson: Lass mich doch wissen, wodurch deine
Kraft so gross ist und womit man dich fesseln muss, um dich zu überwäl-
tigen. 7 Und Simson sagte zu ihr: Wenn man mich fesselt mit sieben
frischen Sehnen, die noch nicht ausgetrocknet sind, werde ich schwach
und wie ein einfacher Mensch. 8 Und die Stadtfürsten der Philister
brachten ihr sieben frische Sehnen herauf, die noch nicht ausgetrocknet
waren, und sie fesselte ihn damit. 9 Und in ihrer Kammer lag man auf 9: 15,14!
der Lauer, als sie zu ihm sagte: Die Philister sind über dir, Simson! Und
er zerriss die Sehnen, wie eine Schnur aus Hanf zerrissen wird, wenn sie
Feuer riecht. Und es wurde nicht bekannt, woher seine Kraft kam.

10 Delila aber sagte zu Simson: Sieh, du hast mich getäuscht und mir
Lügen erzählt. Nun lass mich doch wissen, womit du gefesselt werden
kannst. 11 Und er sagte zu ihr: Wenn man mich mit neuen Stricken bin-
det, mit denen noch keine Arbeit getan worden ist, werde ich schwach
und wie ein einfacher Mensch. 12 Und Delila nahm neue Stricke und 12: 15,14!
fesselte ihn damit. Dann sagte sie zu ihm: Die Philister sind über dir,
Simson! In der Kammer aber lag man auf der Lauer. Und er riss sie von
seinen Armen wie Fäden.

13 Und Delila sagte zu Simson: Bis jetzt hast du mich getäuscht und
mir Lügen erzählt. Lass mich wissen, womit du gefesselt werden kannst.
Und er sagte zu ihr: Wenn du die sieben Strähnen meines Haupthaars
mit den Kettenfäden verwebst. 14 Und sie schlug es mit dem Pflock fest
ein und sagte zu ihm: Die Philister sind über dir, Simson! Da erwachte er
aus seinem Schlaf und riss den Pflock, das Weberschiffchen und die Ket-
tenfäden heraus.

15 Und sie sagte zu ihm: Wie kannst du sagen: Ich liebe dich!, und 15: 14,16
dein Herz ist nicht bei mir? Dreimal hast du mich so getäuscht und mich

16,2: «wurde berichtet» wurde nach der griechischen Überlieferung eingefügt.

16,13: Die antiken Übersetzungen haben am Ende des Verses folgenden zusätzlichen Text: «... verwebst und es mit dem Pflock fest (in die Wand) schlägst, werde ich schwach und wie ein einfacher Mensch. Und sie brachte ihn zum Einschlafen und verwob die sieben Strähnen seines Haupthaars mit den Kettenfäden.»

16–17: 14,17 nicht wissen lassen, wodurch deine Kraft so gross ist. 16 Und da sie ihn
jeden Tag mit ihren Worten drängte und ihm zusetzte, konnte er es auf
17: 13,5! den Tod nicht länger ertragen. 17 Und er öffnete ihr sein Herz ganz und
sagte zu ihr: Es ist noch kein Schermesser an mein Haupt gekommen,
denn ich bin ein Gottgeweihter vom Mutterleib an. Wenn mein Haar
abgeschnitten wird, weicht meine Kraft von mir, und ich werde schwach
und wie alle Menschen. 18 Da sah Delila, dass er ihr sein Herz ganz
geöffnet hatte, und sie sandte hin und rief die Stadtfürsten der Philister
und liess ihnen sagen: Kommt herauf, denn dieses Mal hat er mir sein
Herz ganz geöffnet. Da kamen die Stadtfürsten der Philister herauf zu
19: Koh 7,26 ihr und brachten das Silber mit hinauf. 19 Sie aber brachte ihn auf ihrem
Schoss zum Einschlafen und rief einen Mann, und der schnitt ihm die
sieben Strähnen seines Haupthaars ab. So begann sie ihn zu überwälti-
20: 1Sam 16,14 gen, und seine Kraft wich von ihm. 20 Und sie sagte: Die Philister sind
über dir, Simson! Da erwachte er aus seinem Schlaf und dachte: Ich wer-
de davonkommen wie die Male zuvor und werde mich freischütteln. Er
21: 2Kön 25,7 wusste aber nicht, dass der HERR von ihm gewichen war. 21 Und die Phi-
lister ergriffen ihn und stachen ihm die Augen aus. Dann führten sie ihn
nach Gaza hinab und legten ihn in doppelte Ketten. Und als er im Ge-
fängnis die Mühle drehte, 22 begann sein Haupthaar wieder zu wach-
sen, so wie es abgeschnitten worden war.

Simson reisst die Philister mit sich in den Tod

23: 1Sam 5,2 23 Und die Stadtfürsten der Philister versammelten sich, um Dagon,
ihrem Gott, ein grosses Schlachtopfer darzubringen und ein Freuden-
fest zu feiern. Und sie sprachen:
Unser Gott hat in unsere Hand gegeben:
Simson, unseren Feind!
24 Und als das Volk ihn sah, lobten sie ihren Gott, denn sie sprachen:
Unser Gott hat in unsere Hand gegeben
unseren Feind:
den, der unser Land verwüstet
und der viele von uns erschlagen hat.
25 Und als ihr Herz froh war, sagten sie: Ruft Simson, er soll uns zum
Lachen bringen. Und man rief Simson aus dem Gefängnis, und er musste
vor ihnen Scherze machen. Dann stellten sie ihn zwischen die Säulen.
26 Und Simson sagte zu dem Knaben, der seine Hand hielt: Lass mich los,
ich will die Säulen betasten, die das Haus tragen, und mich an sie lehnen.
27 Das Haus aber war voll von den Männern und Frauen, und alle Stadt-
fürsten der Philister waren dort, und auf dem Dach waren etwa dreitau-
28: Jer 15,15 send Männer und Frauen, die dem Scherzen Simsons zusahen. 28 Da rief
Simson den HERRN an und sprach: Herr, HERR! Denk an mich und mach
mich nur dieses Mal noch stark, Gott, und ich will Rache nehmen an den
Philistern, wenigstens für eines meiner Augen. 29 Und Simson ertastete
die beiden mittleren Säulen, die das Haus trugen, und stemmte sich ge-
gen sie, gegen die eine mit der rechten und gegen die andere mit der lin-
ken Hand. 30 Und Simson sprach: Ich werde mit den Philistern sterben.
Und er streckte sich mit aller Kraft, und das Haus stürzte auf die Stadt-
fürsten und alles Volk, das darin war. Und die er im Sterben tötete, waren
mehr als die, die er während seines Lebens getötet hatte.

31 Und seine Brüder und seine ganze Familie kamen herab, hoben ihn
auf, brachten ihn hinauf und begruben ihn zwischen Zora und Eschtaol
im Grab von Manoach, seinem Vater. Und er hatte Israel zwanzig Jahre
lang Recht verschafft.

31: 13,25! · 15,20

Der Efraimit Micha, sein Gotteshaus und sein Priester

17 1 Und es war ein Mann aus dem Gebirge Efraim, und sein Name
war Michajehu. 2 Und er sagte zu seiner Mutter: Die tausendein-
hundert Schekel Silber, die dir genommen worden sind, und derentwe-
gen du einen Fluch ausgesprochen hast und dies vor meinen Ohren –
sieh, das Silber ist bei mir, ich habe es genommen. Und seine Mutter
sprach: Gesegnet ist mein Sohn vor dem HERRN! 3 Und er gab seiner Mut-
ter die tausendeinhundert Schekel Silber zurück, und seine Mutter sag-
te: Ich weihe das Silber dem HERRN, aus meiner Hand für meinen Sohn,
damit man ein geschnitztes Bild und ein gegossenes Bild daraus mache.
Und so gebe ich es dir zurück. 4 Und er gab seiner Mutter das Silber zu-
rück, und seine Mutter nahm zweihundert Schekel Silber und gab sie
dem Feinschmied, und der machte daraus ein geschnitztes Bild und ein
gegossenes, und das war dann im Haus Michajehus. 5 Und der Mann Mi-
cha hatte ein Gotteshaus, und er machte Efod und Terafim und füllte ei-
nem seiner Söhne die Hand, und er wurde sein Priester. 6 In jenen Tagen
gab es keinen König in Israel; jeder tat, was in seinen Augen recht schien.

1: 18,2
2: Lev 5,1; Spr 29,24
3: Ex 20,23
4: 18,17; Hab 2,18 · Dtn 27,15
5: 8,27! · Gen 31,19 · Ex 28,41; 29,9
6: 18,1; 19,1; 21,25 · Dtn 12,8

7 Und es war ein junger Mann aus Betlehem in Juda, aus der Sippe
Judas, und er war Levit, und er war dort als Fremdling. 8 Und der Mann
ging fort aus der Stadt, aus Betlehem in Juda, um sich als Fremdling nie-
derzulassen, wo es sich gerade ergäbe. Und als er seines Weges zog, kam
er auf das Gebirge Efraim zum Haus Michas. 9 Und Micha sagte zu ihm:
Woher kommst du? Und er sagte zu ihm: Ich bin ein Levit aus Betlehem
in Juda und ich bin unterwegs, um mich als Fremdling niederzulassen,
wo es sich ergibt. 10 Da sagte Micha zu ihm: Bleib bei mir und sei mir
Vater und Priester. Und ich werde dir jährlich zehn Schekel Silber geben
und eine Ausstattung an Kleidern und was du zum Leben brauchst. Und
der Levit ging hin. 11 Und der Levit entschloss sich, bei dem Mann zu
bleiben, und der junge Mann war für ihn wie einer von seinen Söhnen.
12 Und Micha füllte dem Leviten die Hand, und der junge Mann war
sein Priester und blieb im Hause Michas. 13 Und Micha sprach: Nun
weiss ich, dass der HERR mir Gutes tun wird, denn der Levit ist mein
Priester geworden.

7: 12,8; 19,1; Rut 1,1; Mi 5,1 · 18,3
10: 18,19; Gen 45,8 · 1Sam 2,36; 2Kön 23,9
12: 18,4

Die Daniten berauben Michas Gotteshaus

18 1 Und in jenen Tagen gab es keinen König in Israel. Und in jenen
Tagen suchte der Stamm der Daniten Erbbesitz für sich, um sich
niederzulassen, denn bis dahin war ihm bei den Stämmen Israels noch
nichts als Erbbesitz zugefallen. 2 Und die Daniten sandten fünf Männer
aus der Gesamtheit ihrer Sippe, tüchtige Männer, von Zora und von
Eschtaol aus, um das Land auszukundschaften und auszuforschen, und
sie sagten zu ihnen: Geht, forscht das Land aus. Und sie kamen auf das
Gebirge Efraim zum Haus Michas und blieben dort über Nacht. 3 Sie
waren beim Haus Michas, und sie erkannten den Tonfall des jungen
Mannes, des Leviten. Und sie wandten sich dorthin und sagten zu ihm:

1: 17,6! · 1,34!
2: 13,25! · Jos 2,1! · 17,1
3: 17,7

Wer hat dich hierher gebracht? Und was tust du an diesem Ort? Und was
4: 17,12 hast du hier zu suchen? 4 Und er sagte zu ihnen: Dies und jenes hat
Micha mit mir gemacht. Und er hat mich dienstbar gemacht, und ich
5: 1Sam 9,9 bin sein Priester geworden. 5 Und sie sprachen zu ihm: Befrag doch
Gott, damit wir erfahren, ob der Weg, den wir gehen, zum Ziel führt.
6 Und der Priester sagte zu ihnen: Geht in Frieden! Vor dem HERRN liegt
der Weg, den ihr geht.

7: 29! 7 Und die fünf Männer gingen und kamen nach Lajisch, und sie sa-
hen das Volk, das darin sicher wohnte nach Art der Sidonier, ruhig und
sorglos, und es gab niemanden, der einem etwas zu Leide tat im Land,
der etwas unrechtmässig besass, und sie waren weit weg von den Sido-
niern und hatten mit keinem Menschen zu tun. 8 Und sie kamen zu
ihren Brüdern nach Zora und Eschtaol, und ihre Brüder sagten zu ihnen:
9: Num 14,7 · Was bringt ihr? 9 Da sagten sie: Macht euch auf, und lasst uns gegen sie
Jos 18,3 hinaufziehen! Denn wir haben das Land gesehen, und sieh, es ist sehr
gut. Ihr aber zaudert. Zögert nicht! Auf, und kommt, um das Land in
10: Jos 2,24 · Besitz zu nehmen. 10 Wenn ihr hinkommt, kommt ihr zu einem sor-
Dtn 8,9 genlosen Volk. Und das Land ist nach allen Seiten offen, denn Gott hat es
in eure Hand gegeben. Ein Ort, wo es an nichts mangelt, was es auf der
Erde gibt.

11 Und sie brachen auf von dort, von der Sippe der Daniten, von Zora
12: Jos 15,9! · 13,25 und Eschtaol, sechshundert Mann, schwer bewaffnet. 12 Und sie zogen
hinauf und lagerten in Kirjat-Jearim in Juda. Daher nennt man jenen
Ort Machane-Dan bis auf den heutigen Tag. Sieh, es liegt hinter Kirjat-
Jearim. 13 Und von dort zogen sie zum Gebirge Efraim und kamen zum
Haus Michas. 14 Und die fünf Männer, die gegangen waren, um das
Land Lajisch auszukundschaften, ergriffen das Wort und sprachen zu
ihren Brüdern: Habt ihr gewusst, dass es in diesen Häusern Efod und
Terafim gibt und ein geschnitztes und ein gegossenes Bild? Und nun
15: 1Sam 17,22 wisst ihr, was ihr zu tun habt! 15 Und sie wandten sich dorthin und
kamen zum Haus des jungen Mannes, des Leviten, zum Haus Michas,
und sie fragten ihn nach seinem Wohlergehen. 16 Und sechshundert
Mann mit ihrer schweren Bewaffnung, die von den Daniten waren,
17: 17,4! standen am Eingang des Tors. 17 Und die fünf Männer, die gegangen
waren, um das Land auszukundschaften, kamen hinauf, gingen dort
hinein, nahmen das geschnitzte Bild, Efod und Terafim und das gegos-
sene Bild, während der Priester mit den sechshundert Mann, die
schwer bewaffnet waren, am Eingang des Tors stand. 18 Und jene wa-
ren in das Haus Michas gekommen und nahmen das geschnitzte Bild,
Efod und Terafim und das gegossene Bild. Und der Priester sagte zu ih-
19: 17,10! nen: Was tut ihr? 19 Und sie sagten zu ihm: Schweig! Leg deine Hand
auf den Mund und geh mit uns und sei uns Vater und Priester! Ist es
besser für dich, Priester zu sein für das Haus eines einzelnen Mannes
oder Priester zu sein für einen Stamm oder eine Sippe in Israel? 20 Da
war das Herz des Priesters froh, und er nahm Efod und Terafim und das
geschnitzte Bild und reihte sich ins Volk ein. 21 Und sie drehten um

18,7: Die genaue Bedeutung der mit «der etwas unrechtmässig besass» wiedergegebenen hebräischen Formulierung ist unsicher.

18,12: Machane-Dan bedeutet ‹Lager Dans›.

und zogen ab und stellten die Kinder, den Besitz und was wertvoll war,
an ihre Spitze.
22 Während sie sich vom Haus Michas entfernten, waren die Män-
ner aufgeboten worden, die in den Häusern neben Michas Haus wohn-
ten, und sie holten die Daniten ein. 23 Als sie den Daniten zuriefen,
drehten diese sich um und sagten zu Micha: Was ist mit dir, dass du sie
aufgeboten hast? 24 Und er sagte: Ihr habt meinen Gott genommen, 24: Gen 31,30
den ich gemacht habe, und den Priester, und seid abgezogen. Was habe
ich noch? Und was soll das, dass ihr zu mir sagt: Was ist mit dir? 25 Aber
die Daniten sagten zu ihm: Lass deine Stimme nicht mehr bei uns hö-
ren, damit nicht verbitterte Männer über euch herfallen und du dein
Leben und das deines Hauses verlierst. 26 Und die Daniten gingen ihres
Weges. Und als Micha sah, dass sie stärker waren als er, wandte er sich
um und kehrte zurück zu seinem Haus.

Die Daniten lassen sich in Lajisch nieder

27 Sie aber hatten genommen, was Micha gemacht hatte, und auch
den Priester, den er gehabt hatte, und sie zogen gegen Lajisch, gegen ein
ruhiges und sorgloses Volk, und schlugen sie mit der Schärfe des
Schwertes und verbrannten die Stadt im Feuer. 28 Und niemand kam 28: Num 13,21;
zu Hilfe, denn die Stadt lag fern von Sidon, und sie hatten mit keinem 2Sam 10,6
Menschen zu tun. Sie lag nämlich in der Ebene, die zu Bet-Rechob ge-
hört. Und sie bauten die Stadt wieder auf und wohnten in ihr. 29 Und 29: 7; Jos 19,47
sie nannten die Stadt Dan, nach dem Namen Dans, ihres Vaters, der dem
Israel geboren worden war. Früher aber war Lajisch der Name der Stadt
gewesen. 30 Und die Daniten stellten sich das geschnitzte Bild auf, und 30: 1Kön 12,28–29 ·
Jehonatan, der Sohn von Gerschom, dem Sohn von Mose, er und seine Ex 18,2–3 ·
Söhne waren Priester des Stammes der Daniten bis zu dem Tag, an dem 2Kön 15,29
das Land in die Verbannung geführt wurde. 31 Und sie stellten sich das 31: Jos 18,1; Jer 7,12
geschnitzte Bild auf, das Micha gemacht hatte, und es blieb dort, solange
das Haus Gottes in Schilo war.

Die Untat der Benjaminiten von Gibea

19 1 Und in jenen Tagen, als kein König in Israel war, lebte ein Mann, 1: 17,6!.7!
ein Levit, als Fremdling im entlegensten Teil des Gebirges Efraim
und nahm sich eine Nebenfrau aus Betlehem in Juda. 2 Seine Nebenfrau
aber mochte ihn nicht, und sie ging weg von ihm zum Haus ihres Vaters
nach Betlehem in Juda. Und dort blieb sie für einige Zeit, vier Monate.
3 Und ihr Mann machte sich auf und ging ihr nach, um ihr zu Her- 3: Gen 34,3
zen zu reden und sie zurückzubringen; und sein Bursche war mit ihm
und ein Gespann Esel. Und er kam zum Haus ihres Vaters, und als der
Vater der jungen Frau ihn sah, kam er ihm freudig entgegen. 4 Und sein
Schwiegervater, der Vater der jungen Frau, hielt ihn zurück, und er blieb
drei Tage bei ihm, und sie assen und tranken und blieben über Nacht
dort. 5 Und am vierten Tag machten sie sich früh am Morgen auf, um zu 5: Gen 18,5
gehen. Der Vater der jungen Frau aber sagte zu seinem Schwiegersohn:
Stärke dich mit einem Bissen Brot, und danach könnt ihr gehen. 6 Da 6: Rut 3,7; Koh 9,7
blieben sie, und die beiden assen miteinander und tranken. Und der

18,30: Eine spätere jüdische Tradition korrigiert ‹Mose› zu ‹Manasse›.

Vater der jungen Frau sagte zu dem Mann: Entschliess dich doch und
bleib über Nacht, und es wird deinem Herzen gut gehen. 7 Der Mann
aber machte sich auf, um zu gehen, und sein Schwiegervater nötigte
ihn, und er blieb wieder über Nacht dort. 8 Und früh am Morgen des
fünften Tages wollte er gehen. Und der Vater der jungen Frau sagte: Stär-
ke dich doch und wartet, bis der Tag sich neigt. Und so assen die beiden.
9: Lk 24,29 9 Dann machte der Mann sich auf, um zu gehen, er mit seiner Neben-
frau und seinem Burschen. Sein Schwiegervater aber, der Vater der jun-
gen Frau, sagte zu ihm: Sieh doch, der Tag ist fast zu Ende gegangen, es
wird Abend. Bleibt doch über Nacht. Sieh, der Tag neigt sich. Bleib über
Nacht hier, und es wird deinem Herzen gut gehen. Und morgen in der
Frühe könnt ihr euch auf den Weg machen, und du kannst zu deinem
Zelt gehen. 10 Der Mann aber wollte nicht über Nacht bleiben und
machte sich auf und ging und kam bis vor Jebus, das ist Jerusalem. Und
er führte ein Gespann gesattelter Esel mit sich, und seine Nebenfrau
war bei ihm.

11: 1,21! 11 Sie waren bei Jebus, und der Tag war schon fast zu Ende, da sagte
der Bursche zu seinem Herrn: Komm, wir wollen in diese Stadt der Je-
busiter abbiegen und darin über Nacht bleiben. 12 Sein Herr aber sagte
zu ihm: Wir werden nicht abbiegen in eine Stadt von Fremden, die nicht
zu den Israeliten gehören, sondern wir werden weiterziehen bis Gibea.
13: Jes 10,29; 13 Und er sagte zu seinem Burschen: Auf, lass uns bis zu einer der Ort-
Hos 5,8 schaften kommen und über Nacht in Gibea oder in Rama bleiben. 14 So
zogen sie weiter und gingen, und bei Gibea, das zu Benjamin gehört,
15: 20,4 ging ihnen die Sonne unter. 15 Und sie bogen ab, um nach Gibea zu
kommen und über Nacht dort zu bleiben. Und er ging hinein und blieb
auf dem Platz der Stadt, und niemand nahm sie ins Haus auf über Nacht.

16 Und sieh, am Abend kam ein alter Mann von seiner Arbeit auf
dem Feld. Und der Mann stammte vom Gebirge Efraim, und er lebte als
Fremdling in Gibea, die Männer des Ortes aber waren Benjaminiten.
17: Gen 16,8 17 Und als er seine Augen hob und den Reisenden auf dem Platz der
Stadt sah, sagte der alte Mann: Wohin gehst du, und woher kommst du?
18 Und er sagte zu ihm: Wir ziehen von Betlehem in Juda bis in den
entlegensten Teil des Gebirges Efraim. Ich bin von dort, und ich ging
nach Betlehem in Juda und bin nun auf dem Weg zu meinem Haus. Aber
nun nimmt mich niemand in sein Haus auf. 19 Und es gibt doch sowohl
Stroh und Futter für unsere Esel als auch Brot und Wein für mich und
deine Magd und für den Burschen bei deinen Knechten; es fehlt an
20–21: Gen 19,2–3 nichts. 20 Und der alte Mann sagte: Friede sei mit dir! Was immer dir
fehlt, überlass es nur mir. Keinesfalls darfst du auf dem Platz übernach-
21: Gen 18,4! ten. 21 Und er brachte ihn in sein Haus, und er gab den Eseln Futter, und
sie wuschen ihre Füsse und assen und tranken.

22: Gen 19,5 22 Als sie ihr Herz guter Dinge sein liessen, sieh, da umstellten die
Männer der Stadt, nichtsnutzige Männer, das Haus, drängten einander
gegen die Tür und sagten zu dem alten Mann, dem Besitzer des Hauses:
Gib den Mann heraus, der in dein Haus gekommen ist, wir wollen mit
23: Gen 34,7 ihm verkehren. 23 Da trat der Mann, der Besitzer des Hauses, zu ihnen
hinaus und sagte zu ihnen: Nicht, meine Brüder! Tut nichts Böses!
Nachdem dieser Mann in mein Haus gekommen ist, dürft ihr eine sol-
24: Gen 19,8 che Schandtat nicht begehen! 24 Seht, da sind meine Tochter, die Jung-

frau ist, und seine Nebenfrau. Die will ich herausgeben, und ihr könnt
ihnen Gewalt antun und mit ihnen machen, was gut scheint in euren
Augen; diesem Mann aber dürft ihr nichts antun, nicht diese Schandtat.
25 Die Männer aber wollten nicht auf ihn hören. Da ergriff der Mann
seine Nebenfrau und führte sie zu ihnen hinaus auf die Strasse, und sie
verkehrten mit ihr und trieben ihren Mutwillen mit ihr die ganze
Nacht hindurch, bis zum Morgen. Und sie liessen erst ab von ihr, als die
Morgenröte aufstieg. 26 Und bei Anbruch des Morgens kam die Frau
zurück, an der Haustür des Mannes aber, bei dem ihr Herr war, brach sie
zusammen, und dort lag sie, bis es hell wurde.

27 Und am Morgen machte ihr Herr sich auf, öffnete die Tür des
Hauses und trat hinaus, um seines Weges zu gehen. Und sieh, seine
Nebenfrau lag am Eingang des Hauses mit den Händen auf der Schwel-
le. 28 Und er sagte zu ihr: Steh auf, lass uns gehen. Aber niemand ant- 28–30: 20,5–7
wortete. Und er hob sie auf den Esel, und der Mann machte sich auf und
zog an seinen Ort.

29 Und als er in sein Haus kam, nahm er das Messer, ergriff seine 29: 1Sam 11,7
Nebenfrau und zerstückelte sie in zwölf Einzelteile und sandte sie in
das gesamte Gebiet Israels. 30 Und jeder, der es sah, sprach: Solches ist 30: 20,6! · Hos 9,9;
nicht geschehen und nicht gesehen worden seit dem Tag, an dem die 10,9
Israeliten aus dem Land Ägypten heraufgezogen sind, bis auf den heuti-
gen Tag. Denkt darüber nach, beratet und redet.

Israel bestraft die Benjaminiten von Gibea

20 1 Und alle Israeliten zogen aus, und die Gemeinde versammelte 1: 21,1 · 1Sam 3,20! ·
sich vor dem HERRN in Mizpa, wie ein einziger Mann, von Dan bis Jos 22,9 ·
Beer-Scheba und das Land Gilead. 2 Und die Stützen des ganzen Volks, 1Sam 11,7 · 11,34
aller Stämme Israels, traten in die Versammlung des Gottesvolks, vier-
hunderttausend Mann, zu Fuss, die das Schwert führten. 3 Und die Ben- 3: Dtn 13,15 · 12
jaminiten hörten, dass die Israeliten nach Mizpa hinaufgezogen waren.
Und die Israeliten sprachen: Sagt, wie konnte diese Untat geschehen?
4 Und der levitische Mann, der Mann der getöteten Frau, antwortete 4: 19,15
und sprach: Ich war nach Gibea gekommen, das zu Benjamin gehört, ich
mit meiner Nebenfrau, um dort über Nacht zu bleiben. 5 Die Herren 5–7: 19,28–30
von Gibea aber erhoben sich gegen mich und umstellten in der Nacht
das Haus in böser Absicht gegen mich. Mich wollten sie erschlagen, und
meine Nebenfrau haben sie vergewaltigt, und sie starb. 6 Da ergriff ich 6: 19,30; Gen 34,7!
meine Nebenfrau und zerstückelte sie und sandte sie ins gesamte Ge-
biet des Erbbesitzes Israels; denn sie haben Unzucht und eine Schandtat
begangen in Israel. 7 Seht, ihr Israeliten seid alle hier; fällt hier eine Ent-
scheidung und fasst einen Entschluss! 8 Da erhob sich das ganze Volk
wie ein einziger Mann und sprach: Niemand von uns wird zu seinem
Zelt gehen, und niemand wird abbiegen in sein Haus. 9 Und dies ist es
nun, was wir mit Gibea tun werden: Wir werden über die Stadt kom-
men nach dem Los. 10 Und wir werden zehn Männer von je hundert
nehmen aus allen Stämmen Israels, und hundert von je tausend, und
tausend von je zehntausend, damit sie Wegzehrung holen für das Volk,
für die, die kommen, um Gibea in Benjamin die ganze Schandtat zu ver-

20,2: «Stützen» ist wörtlich: «Ecksteine».

gelten, die es in Israel begangen hat. 11 Und alle Männer Israels versam-
melten sich bei der Stadt, verbündet wie ein einziger Mann.
12: 3 12 Und die Stämme Israels sandten Männer im ganzen Stamm Ben-
jamin umher und liessen sagen: Was ist das für eine Untat, die bei euch
13: Ex 21,12; geschehen ist! 13 Und nun liefert die Männer aus, die Ruchlosen, die in
Num 35,33 · Gibea sind, und wir werden sie töten und das Übel aus Israel weg-
Dtn 13,6 schaffen. Aber die Benjaminiten wollten nicht hören auf die Stimme ih-
rer Brüder, der Israeliten. 14 Und die Benjaminiten kamen aus den Städ-
ten zusammen in Gibea, um auszuziehen zum Kampf gegen die Israeli-
ten. 15 Und an jenem Tag wurden die Benjaminiten aus den Städten ge-
mustert: sechsundzwanzigtausend Mann, die das Schwert führten; sie
wurden ohne die Bewohner von Gibea gemustert. Es gab siebenhundert
16: 3,15 · 1Chr 12,2 ausgewählte Männer. 16 Unter diesem ganzen Volk waren siebenhun-
dert ausgewählte Männer, Linkshänder; jeder von ihnen schleuderte
Steine, haargenau, und verfehlte nicht sein Ziel. 17 Auch die Männer Is-
raels wurden gemustert, ohne Benjamin: vierhunderttausend Mann,
18: 23; 27–28; 1,1 die das Schwert führten, jeder einzelne von ihnen ein Krieger. 18 Und
sie machten sich auf, zogen hinauf nach Bet-El und befragten Gott, und
die Israeliten sprachen: Wer von uns soll zuerst hinaufziehen zum
Kampf gegen die Benjaminiten? Und der HERR sprach: Juda zuerst.

19 Und am nächsten Morgen machten sich die Israeliten auf und la-
gerten vor Gibea. 20 Und die Männer Israels zogen aus zum Kampf ge-
gen Benjamin, und die Männer Israels stellten sich in Schlachtordnung
21: 25; Gen 49,27 auf gegen Gibea. 21 Und die Benjaminiten kamen heraus aus Gibea und
streckten an jenem Tag zweiundzwanzigtausend Mann von Israel zu
Boden. 22 Das Volk aber fasste neuen Mut, und die Männer Israels stell-
ten sich noch einmal in Schlachtordnung auf, an dem Ort, wo sie sich
23: 21,2 am ersten Tag aufgestellt hatten. 23 Und die Israeliten zogen hinauf und
weinten vor dem HERRN bis zum Abend, und sie befragten den HERRN:
Soll ich noch einmal in den Kampf eintreten gegen die Benjaminiten,
meinen Bruder? Und der HERR sprach: Zieht hinauf gegen sie!

24 Als nun die Israeliten am zweiten Tag gegen die Benjaminiten
25: 21! anrückten, 25 zog Benjamin ihnen auch am zweiten Tag aus Gibea ent-
gegen und sie streckten noch achtzehntausend Mann von den Israeli-
26: 21,2! · 21,4; ten zu Boden, alle diese führten das Schwert. 26 Da zogen alle Israeliten
2Sam 24,25 hinauf, das ganze Volk, und sie kamen nach Bet-El. Und sie weinten und
blieben dort vor dem HERRN, und sie fasteten an jenem Tag bis zum
Abend und brachten Brandopfer und Heilsopfer dar vor dem HERRN.
27–28: 18! 27 Dann befragten die Israeliten den HERRN – dort befand sich zu jener
28: Ex 6,25 · Zeit nämlich die Lade des Bundes Gottes, 28 und Pinechas, der Sohn von
Jos 24,33 · 1,2! Elasar, dem Sohn Aarons, stand in jenen Tagen vor ihr –, und sie spra-
chen: Soll ich noch einmal ausziehen zum Kampf gegen die Benjamini-
ten, meinen Bruder, oder soll ich es lassen? Und der HERR sprach: Zieht
hinauf, denn morgen werde ich sie in deine Hand geben.

29: Jos 8,2 29 Und Israel legte Hinterhalte rings um Gibea. 30 Und am dritten
Tag zogen die Israeliten gegen die Benjaminiten, und sie stellten sich
gegen Gibea auf wie die Male zuvor. 31 Und die Benjaminiten rückten
aus, dem Volk entgegen, sie waren von der Stadt abgeschnitten worden,
und wie die Male zuvor begannen sie, einige vom Volk zu erschlagen,
auf den Strassen, von denen die eine hinauf nach Bet-El führt und die

andere nach Gibea auf das Feld, etwa dreissig Mann von Israel. 32 Und 32: Jos 8,6
die Benjaminiten sagten: Sie werden vor uns geschlagen sein wie früher.
Die Israeliten aber hatten gesagt: Wir wollen fliehen und sie so auf den
Strassen von der Stadt abschneiden. 33 Und alle Männer Israels hatten
sich aufgemacht von ihrem Ort, und sie stellten sich bei Baal-Tamar auf,
und die aus dem Hinterhalt Israels brachen hervor aus ihrem Ort, von
der Lichtung von Geba. 34 Und zehntausend ausgewählte Männer aus 34: Jos 8,14
ganz Israel kamen von vorn gegen Gibea, und der Kampf war heftig. Jene
aber merkten nicht, dass das Unheil über sie hereinbrach. 35 Und der
HERR schlug Benjamin vor den Israeliten, und die Israeliten machten an
jenem Tag fünfundzwanzigtausend Mann von Benjamin nieder, alle
jene hatten das Schwert geführt. 36 Und die Benjaminiten sahen, dass
sie geschlagen worden waren. Die Männer Israels aber gaben Benjamin
Raum, denn sie vertrauten auf den Hinterhalt, den sie gegen Gibea ge-
legt hatten. 37 Und die aus dem Hinterhalt beeilten sich und überfielen
Gibea: Die aus dem Hinterhalt zogen heran und schlugen die ganze Stadt
mit der Schärfe des Schwertes. 38 Und die Männer Israels hatten mit
denen im Hinterhalt die Abmachung, dass sie ein deutliches Rauchsi-
gnal aus der Stadt aufsteigen lassen sollten. 39 Als sich die Männer Isra-
els im Kampf wendeten und Benjamin begonnen hatte, einige von den
Männern Israels zu erschlagen, etwa dreissig Mann – denn sie sagten:
Sie werden vor uns sicher geschlagen sein wie im früheren Kampf –,
40 da begann das Signal aus der Stadt aufzusteigen, eine Rauchsäule, 40–41: Jos 8,20
und als Benjamin sich umwandte, sieh, da stieg überall aus der Stadt
Rauch zum Himmel. 41 Die Männer Israels aber hatten sich gewendet,
und die Männer Benjamins erschraken, denn sie sahen, dass das Unheil
über sie hereingebrochen war. 42 Und sie drehten ab vor den Männern
Israels in die Richtung der Wüste, der Kampf aber holte sie ein, und die
aus den Städten machten sie nieder in ihrer Mitte. 43 Sie umzingelten
Benjamin, verfolgten ihn von Nucha an, sie holten ihn ein vor Gibea,
gegen Sonnenaufgang. 44 So fielen von Benjamin achtzehntausend
Mann, alles tüchtige Männer. 45 Und sie drehten ab und flohen zur 45: 47; 21,13
Wüste, zum Felsen Rimmon. Jene aber hielten auf den Strassen Nachle-
se unter ihnen, fünftausend Mann. Dann folgten sie ihnen bis Gideom
und erschlugen von ihnen zweitausend Mann. 46 Und an jenem Tag
war die Zahl der Gefallenen von Benjamin fünfundzwanzigtausend
Mann, die das Schwert führten, alle diese waren Krieger. 47 Sechshun- 47: 45!
dert Mann aber drehten ab und flohen in die Wüste, zum Felsen Rim-
mon, und sie blieben vier Monate beim Felsen Rimmon. 48 Und die 48: Gen 34,25–29;
Männer Israels waren zurückgekehrt zu den Benjaminiten und schlu- Dtn 13,13–19
gen sie mit der Schärfe des Schwertes, Menschen und Vieh, alles, was
sich fand; sie setzten auch alle Städte in Brand, die sie vorfanden.

Israel hilft den Benjaminiten, Frauen zu finden

21 1 Und die Männer Israels hatten in Mizpa geschworen: Keiner von 1: 20,1
uns soll seine Tochter einem Benjaminiten zur Frau geben. 2 Und 2: 20,23.26
das Volk kam nach Bet-El, und sie blieben dort bis zum Abend vor Gott,

20,43: Möglicherweise ist das mit «von Nucha an» wiedergegebene hebräische Wort als ‹ohne Ruhe zu geben› zu verstehen.

und sie begannen laut zu weinen 3 und sprachen: Warum, HERR, Gott
Israels, ist das in Israel geschehen, dass heute ein Stamm von Israel
4: 6,24! · 20,26! fehlt? 4 Und am Morgen in der Frühe baute das Volk dort einen Altar und
brachte Brandopfer und Heilsopfer dar. 5 Und die Israeliten sprachen:
Wer aus allen Stämmen Israels ist es, der nicht hinaufgezogen ist in die
Versammlung zum HERRN? Denn es war der feierliche Schwur getan
worden: Wer nicht hinaufzieht vor den HERRN nach Mizpa, muss getö-
tet werden. 6 Und es tat den Israeliten leid um Benjamin, ihren Bruder,
und sie sagten: Heute ist ein Stamm von Israel abgebrochen worden.
7 Was sollen wir nun tun, um ihnen, den Übriggebliebenen, zu Frauen
zu verhelfen, haben wir doch beim HERRN geschworen, ihnen keine un-
8: 1Sam 11,1! · 5,23 serer Töchter zur Frau zu geben? 8 Und sie sagten: Wer ist der eine aus
den Stämmen Israels, der nicht zum HERRN nach Mizpa hinaufgezogen
ist? Und sieh, aus Jabesch im Gilead war niemand zur Versammlung in
das Lager gekommen. 9 Da wurde das Volk gemustert, und sieh, nie-
mand von den Bewohnern von Jabesch im Gilead war da. 10 Da sandte
die Gemeinde zwölftausend Mann von den Kriegern dorthin und befahl
ihnen: Geht und schlagt die Bewohner von Jabesch im Gilead mit der
11: Num 31,17–18 Schärfe des Schwertes, auch die Frauen und Kinder. 11 Und so sollt ihr
verfahren: Alles, was männlich ist, und jede Frau, die mit einem Mann
12: Jos 18,1 verkehrt hat, sollt ihr der Vernichtung weihen. 12 Und sie fanden unter
den Bewohnern von Jabesch im Gilead vierhundert junge Frauen, die
Jungfrauen waren, die mit keinem Mann verkehrt hatten. Und sie
brachten sie ins Lager nach Schilo, das im Land Kanaan liegt.

13: 20,45! 13 Und die ganze Gemeinde sandte hin und redete mit den Benjami-
niten, die beim Felsen Rimmon waren, und sie boten ihnen Frieden an.
14 So kehrte Benjamin in jener Zeit zurück, und sie gaben ihnen die
Frauen, die sie am Leben gelassen hatten von den Frauen aus Jabesch im
Gilead; die aber reichten so nicht aus für sie. 15 Dem Volk aber tat es leid
um Benjamin, denn der HERR hatte einen Riss gemacht in die Stämme
Israels.

16 Und die Ältesten der Gemeinde sprachen: Was sollen wir tun, um
den Übriggebliebenen zu Frauen zu verhelfen? Denn die Frauen von
Benjamin sind ausgerottet. 17 Und sie sprachen: Der Besitz der Gerette-
ten gehört Benjamin; so wird kein Stamm aus Israel getilgt. 18 Wir aber
können ihnen keine von unseren Töchtern zur Frau geben. Denn die
Israeliten hatten geschworen: Verflucht ist, wer Benjamin eine Frau
gibt! 19 Dann sprachen sie: Sieh, das Fest des HERRN findet alljährlich in
Schilo statt, nördlich von Bet-El und gegen Sonnenaufgang von der
Strasse, die von Bet-El hinauf nach Schechem führt und südlich von Le-
bona verläuft. 20 Und sie geboten den Benjaminiten: Geht und legt euch
21: 11,34! · Ex 21,16; in den Weinbergen auf die Lauer. 21 Und wenn ihr seht, dass die Töchter
Dtn 24,7 von Schilo herauskommen, um in Reigentänzen zu tanzen, sollt ihr aus
den Weinbergen hervorkommen und euch ein jeder eine Frau von den
Töchtern Schilos fangen und ins Land Benjamin gehen. 22 Und wenn
ihre Väter oder ihre Brüder kommen, um mit uns zu streiten, werden
wir ihnen sagen: Verschont sie. Denn nicht jeder von ihnen hat sich eine

21,22: «nicht jeder von ihnen» ist wörtlich: «nicht jeder von uns»; mit diesem Satz wird eine Äusserung der Benjaminiten zitiert.

Frau genommen im Krieg. Ihr habt sie ihnen ja nicht selbst gegeben, sonst wäret ihr jetzt schuldig. 23 Und die Benjaminiten machten es so: Nach ihrer eigenen Anzahl nahmen sie Frauen von den Reigentänzerinnen, die sie raubten; dann gingen sie und kehrten zurück in ihren Erbbesitz. Und sie bauten die Städte wieder auf und wohnten darin. 24 Und zu jener Zeit gingen auch die Israeliten von dort auseinander, jeder zu seinem Stamm und zu seiner Sippe, und sie gingen weg von dort, jeder in seinen Erbbesitz.

25 In jenen Tagen gab es keinen König in Israel; jeder tat, was in seinen Augen recht schien. 25: 17,6!

Das Buch Rut

Das Buch Rut erzählt von der Israelitin Noomi und ihrer moabitischen – also nichtisraelitischen – Schwiegertochter Rut, auf die auch der Name des Buchs zurückgeht.

Während einer Hungersnot zur Zeit der Richter (siehe die Einleitung zu Ri) zieht eine judäische Familie nach Moab, um dort ihr Überleben zu sichern. Die Söhne heiraten moabitische Frauen, und als die Männer der Familie sterben, zieht Rut mit ihrer Schwiegermutter Noomi nach Juda, da Gott die dortige Hungersnot beendet hat (Rut 1). In Betlehem trifft Rut auf den reichen Boas, der ihr erlaubt, auf seinen Feldern Nachlese zu halten. Es stellt sich heraus, dass dieser Boas zur Familie Noomis gehört, und als Verwandtem kommen ihm zwei Pflichten zu: Einerseits sollte er die Frau seines verstorbenen Verwandten heiraten (die sogenannte Schwager- oder Leviratsehe), und andererseits sollte er finanziell und juristisch für den Besitz seiner Verwandten einstehen. Dieses Einstehen wird als ‹lösen› bezeichnet, und der Verwandte, dem dieses ‹Lösen› zusteht, ist der ‹Löser›. Mit ‹Lösen› ist in diesem Zusammenhang ein Vorkaufs- oder auch Rückkaufsrecht gemeint, das für den Besitz der Sippe gilt, der in Notsituationen vom Verkauf gefährdet oder schon verkauft ist (Rut 2). Im Rahmen einer nächtlichen Szenerie enthüllt Rut Boas, dass er zu ihren Lösern gehört (Rut 3). Da Boas aber weiss, dass es einen Mann gibt, der noch näher mit den Frauen verwandt ist als er selbst, will er zunächst klären, wie es um dessen Bereitschaft bestellt ist, für die Frauen einzustehen. Als dieser ablehnt, löst Boas den Besitz der Frauen und nimmt sich Rut zur Frau. Der Sohn der beiden wird der Grossvater Davids (Rut 4).

Im Buch wird auffallend mit symbolhaften Namen gearbeitet: Vor dem Hintergrund des sich durch die Erzählung ziehenden Themas der Sicherung des Überlebens ist kaum zufällig Betlehem als Haupthandlungsort gewählt, denn Betlehem bedeutet übersetzt: ‹Haus des Brots›. Von den beiden Söhnen der Noomi erfährt man vor allem, dass sie sterben, und entsprechend sind ihre Namen: Machlon (‹kränkelnd›) und Kiljon (‹Hinfälligkeit›). Der Name Rut selbst bedeutet entweder ‹Gefährtin› oder ‹Erquickung›, was ihrer Rolle im Buch gut entspricht.

Der wohl auffälligste theologische Zug der Erzählung ist die hohe Bedeutung, die einer Ausländerin zugeschrieben wird: Rut ist anerkanntermassen vorbildhaft treu (Rut 1,16.17; 3,11), und sie wird die Urgrossmutter Davids (Rut 4,13–16.18–22). Dennoch ist nicht zu übersehen, dass entscheidende Handlungsfäden bei Noomi zusammenlaufen: Sie erkennt in Boas einen Verwandten (Rut 2,20), sie gibt Rut Anweisungen für deren Verhalten gegenüber Boas (Rut 3,1–4), und der Sohn der Rut kann gar als ‹Sohn für Noomi› bezeichnet werden (Rut 4,17).

Als Vorfahrin Davids begegnet Rut auch im Stammbaum Jesu, wie er im Evangelium nach Matthäus überliefert ist (Mt 1,5).

In der jüdischen Tradition gehört das Buch Rut seit dem Mittelalter zu den ‹Megillot› (hebräisch für ‹Schriftrollen›), womit fünf Schriftrollen gemeint sind, die als Festrollen an den grossen Jahresfesten verlesen werden: Das Buch Rut wird am Wochenfest verlesen, das Hohelied am Passafest, das Buch Kohelet (Der Prediger) am Laubhüttenfest, die Klagelieder am Gedenktag der Zerstörung Jerusalems, dem 9. Ab, und das Buch Ester am Purimfest.

Noomi und ihre moabitische Schwiegertochter Rut

1: Ri 2,16 **1** 1 Und zu der Zeit, als die Richter für Recht sorgten und eine Hun-
gersnot im Land war, zog ein Mann aus Betlehem in Juda mit seiner
Frau und seinen beiden Söhnen fort, um sich als Fremder auf dem Land
von Moab niederzulassen. 2 Und der Name des Mannes war Elimelech,
der Name seiner Frau war Noomi, und die Namen seiner beiden Söhne
waren Machlon und Kiljon, Efratiter aus Betlehem in Juda. Und sie ka-
men auf das Land von Moab und blieben dort.

3 Und Elimelech, der Mann der Noomi, starb, und sie blieb zurück
mit ihren beiden Söhnen. 4 Und diese nahmen sich moabitische Frau-
en: Der Name der einen war Orpa, und der Name der anderen war Rut.
Und sie blieben um die zehn Jahre dort. 5 Und auch die beiden, Machlon
und Kiljon, starben, und die Frau blieb zurück, ohne ihre beiden Kinder
und ohne ihren Mann.

6 Und sie machte sich auf mit ihren Schwiegertöchtern und kehrte
zurück aus dem Land von Moab, denn sie hatte im Gebiet Moabs gehört,
dass der HERR sich seines Volks angenommen und ihm Brot gegeben
hatte. 7 Und sie verliess den Ort, wo sie gewesen war, und ihre beiden
Schwiegertöchter waren bei ihr. Und als sie unterwegs waren, um ins
8: 2Sam 2,6 Land Juda zurückzukehren, 8 sagte Noomi zu ihren beiden Schwieger-
töchtern: Geht, kehrt zurück, jede in das Haus ihrer Mutter. Der HERR
möge euch Güte erweisen, wie ihr sie den Verstorbenen und mir erwie-
9: 3,1 sen habt. 9 Der HERR gebe euch, dass ihr Ruhe findet, jede im Haus ihres
Mannes. Und sie küsste sie, und sie begannen laut zu weinen 10 und
sagten zu ihr: Nein, wir wollen mit dir zurückkehren zu deinem Volk.
11 Aber Noomi sagte: Kehrt zurück, meine Töchter. Warum wollt ihr mit
mir gehen? Habe ich noch Söhne in meinem Leib, die eure Männer wer-
den könnten? 12 Kehrt zurück, meine Töchter, geht, denn ich bin zu alt,
um einem Mann anzugehören. Selbst wenn ich sagen würde: Es gibt
Hoffnung für mich!, selbst wenn ich in der Nacht einem Mann angehö-
13: Gen 38,11 ren würde und sogar Söhne gebären sollte – 13 wolltet ihr darum war-

ten, bis sie gross werden? Wolltet ihr euch darum einschliessen und
nicht wieder heiraten? Nein, meine Töchter, denn es tut mir bitter leid
für euch, dass die Hand des HERRN mich getroffen hat. 14 Da begannen
sie, noch lauter zu weinen, und Orpa küsste ihre Schwiegermutter, Rut
aber blieb bei ihr.

15 Sie aber sagte: Sieh, deine Schwägerin ist zurückgekehrt zu ihrem
Volk und zu ihrem Gott. Kehr auch du zurück, folge deiner Schwägerin.
16 Aber Rut sagte: Dränge mich nicht, dich zu verlassen und zurückzu-
gehen, von dir weg. Denn wohin du gehst, dahin werde auch ich gehen,
und wo du übernachtest, da werde auch ich übernachten; dein Volk ist
mein Volk, und dein Gott ist mein Gott. 17 Wo du stirbst, da werde auch 17: 1Sam 3,17!
ich sterben, und dort will ich begraben werden. Der HERR soll mir an-
tun, was immer er will! Nur der Tod soll uns trennen. 18 Da sah sie, dass
sie fest entschlossen war, mit ihr zu gehen, und hörte auf, ihr zuzure-
den. 19 Und die beiden gingen, bis sie nach Betlehem kamen.

Und als sie in Betlehem angekommen waren, geriet die ganze Stadt
ihretwegen in Bewegung, und die Frauen sagten: Ist das Noomi? 20 Sie 20: Hiob 27,2
aber sagte zu ihnen: Nennt mich nicht Noomi, nennt mich Mara, denn
Schaddai hat mich sehr bitter gemacht. 21 Reich bin ich gegangen, und
mit leeren Händen hat der HERR mich zurückkehren lassen. Warum
nennt ihr mich Noomi, da doch der HERR gegen mich gesprochen,
Schaddai mir Schlimmes angetan hat. 22 Und so kehrte Noomi zurück,
und bei ihr war Rut, die Moabiterin, ihre Schwiegertochter, die zurück-
kehrte vom Land von Moab. Und sie kamen nach Betlehem, als die Gers-
tenernte begann.

Rut trifft Boas

2 1 Und Noomi hatte von der Seite ihres Mannes einen Verwandten,
einen tüchtigen Krieger aus der Sippe Elimelechs, und dessen Name
war Boas. 2 Und Rut, die Moabiterin, sagte zu Noomi: Ich würde gern 2: Lev 19,9–10;
aufs Feld gehen und Ähren lesen hinter einem her, in dessen Augen ich 23,22; Dtn 24,19–22
Gnade finde. Und sie sagte zu ihr: Geh, meine Tochter. 3 Und sie ging
hin und kam und las Ähren auf dem Feld, hinter den Schnittern her. Und
es traf sich, dass sie auf dem Teil des Feldes war, der Boas gehörte, einem
aus der Sippe Elimelechs.

4 Und sieh, Boas war aus Betlehem gekommen und sagte zu den 4: Ps 129,7–8
Schnittern: Der HERR sei mit euch! Und sie sprachen zu ihm: Der HERR
segne dich! 5 Und Boas sagte zu seinem jungen Mann, der über die
Schnitter gesetzt war: Zu wem gehört diese junge Frau? 6 Und der junge
Mann, der über die Schnitter gesetzt war, antwortete und sagte: Sie ist
eine junge moabitische Frau, die mit Noomi aus dem Gebiet Moabs zu-
rückgekommen ist, 7 und sie hat gesagt: Ich würde gern Ähren lesen
und aufsammeln zwischen den Garben, hinter den Schnittern her. So

1,13: Möglich ist auch die Übersetzung: «... Nein, meine Töchter, denn mein Los ist zu bitter für euch, da die Hand des HERRN mich getroffen hat.»

1,20: Im Namen Noomi klingt hebräisch ‹angenehm› an, während im Namen Mara hebräisch ‹bitter› anklingt.

1,20: Schaddai: Siehe die Anm. zu Num 24,4.

ist sie gekommen und vom Morgen bis jetzt geblieben. Sie hat sich
kaum im Haus aufgehalten.

8 Da sagte Boas zu Rut: Du hörst, meine Tochter, nicht wahr? Geh
nicht auf ein anderes Feld, um Ähren zu lesen, und geh auch nicht weg
von hier, sondern bleib bei meinen jungen Frauen und verhalte dich so:
9 Richte deine Augen auf das Feld, wo man schneidet, und gehe hinter
den Frauen her. Habe ich nicht den Männern geboten, dich nicht anzu-
tasten? Und wenn du Durst hast, geh zu den Krügen und trink von dem,
10: Lev 19,34; was die Männer schöpfen. 10 Da fiel sie nieder auf ihr Angesicht, ver-
Dtn 23,3–4 neigte sich zur Erde und sagte zu ihm: Warum habe ich Gnade gefunden
in deinen Augen, dass du mir deine Beachtung schenkst? Ich bin doch
11: Gen 2,24; 12,1; eine Fremde. 11 Daraufhin sagte Boas zu ihr: Es ist mir alles genau berich-
24,7 tet worden, was du nach dem Tod deines Mannes für deine Schwieger-
mutter getan hast. Du hast Vater und Mutter und dein Geburtsland ver-
lassen und bist zu einem Volk gezogen, das du zuvor nicht kanntest.
12: Hiob 34,11 · 12 Der HERR vergelte dir dein Tun, und voller Lohn soll dir zuteil werden
Ps 17,8! vom HERRN, dem Gott Israels, zu dem du gekommen bist, um Zuflucht zu
finden unter seinen Flügeln. 13 Und sie sagte: Ich finde Gnade in deinen
Augen, mein Herr. Denn du hast mich getröstet und zum Herzen deiner
Sklavin gesprochen. Ich aber bin nicht wie eine deiner Sklavinnen.
14 Und als es Zeit war zu essen, sagte Boas zu ihr: Komm her und iss von
dem Brot und tunke deinen Bissen in den Essig. Und sie setzte sich neben
die Schnitter, und er reichte ihr geröstetes Korn, und sie ass und wurde
satt und behielt noch etwas übrig. 15 Dann erhob sie sich, um Ähren zu
lesen, und Boas befahl seinen jungen Männern: Sie darf auch zwischen
16: 2,2! den Garben Ähren lesen, und ihr sollt ihr nicht nahe treten. 16 Und ihr
sollt für sie sogar etwas aus den Ährenbündeln ziehen und es liegen las-
sen, damit sie es auflesen kann, und ihr sollt es ihr nicht verwehren.

17 So las sie bis zum Abend Ähren auf dem Feld, dann klopfte sie aus,
was sie aufgelesen hatte, und es war ungefähr ein Efa Gerste. 18 Und sie
nahm es mit und kam in die Stadt, und ihre Schwiegermutter sah, was sie
aufgelesen hatte. Und sie zog hervor, was sie vom Essen übrig behalten
hatte, und gab es ihr. 19 Und ihre Schwiegermutter sagte zu ihr: Wo hast
du heute Ähren gelesen, wo hast du das getan? Gesegnet sei, der dir seine
Beachtung geschenkt hat. Und sie berichtete ihrer Schwiegermutter,
was sie bei ihm getan hatte, und sagte: Der Name des Mannes, bei dem
20: Lev 25,25.47–49 ich das heute getan habe, ist Boas. 20 Da sprach Noomi zu ihrer Schwie-
gertochter: Gesegnet sei er vom HERRN, der den Lebenden und den Toten
seine Güte nicht versagt hat! Und Noomi sagte zu ihr: Der Mann ist mit
uns verwandt, er ist einer unserer Löser. 21 Und Rut, die Moabiterin, sag-
te: Er hat zu mir auch gesagt: Bleib bei den jungen Männern, die zu mir
22: Dtn 22,25–27 gehören, bis sie mit der ganzen Ernte fertig sind, die mir gehört. 22 Und
Noomi sagte zu Rut, ihrer Schwiegertochter: Es ist gut, meine Tochter,
wenn du mit seinen jungen Frauen hinausgehst, so wird man dich nicht
auf einem anderen Feld anrühren. 23 Und sie blieb beim Ährenlesen bei

2,7: Die Übersetzung «Sie hat sich kaum im Haus aufgehalten.» ist unsicher.

2,15: In der durch «ihr sollt ihr nicht nahe treten» wiedergegebenen hebräischen Wendung klingt sowohl «ihr sollt sie nicht beschimpfen» als auch «ihr sollt sie nicht in Schande bringen» mit.

den jungen Frauen von Boas, bis die Gerstenernte und die Weizenernte
zu Ende waren. Und sie wohnte bei ihrer Schwiegermutter.

Rut gibt sich Boas zu erkennen

3 1 Und Noomi, ihre Schwiegermutter, sagte zu ihr: Meine Tochter, 1: 1,9
sollte ich dir nicht ein Zuhause suchen, in dem es dir gut geht? 2 Und
ist denn nun nicht Boas, mit dessen jungen Frauen du zusammen warst,
unser Verwandter? Sieh, heute Nacht worfelt er die Gerste auf der Ten-
ne. 3 Du aber sollst dich baden und salben und dir deinen Mantel um-
hängen und hinunter zur Tenne gehen. Gib dich dem Mann nicht zu
erkennen, bis er fertig ist mit dem Essen und Trinken. 4 Und wenn er
sich schlafen legt, sollst du dir den Ort merken, wo er sich niederlegt.
Dann geh hin und decke seine Füsse auf und leg dich nieder, und er wird
dich wissen lassen, was du tun sollst. 5 Und sie sagte zu ihr: Alles, was
du sagst, will ich tun.

6 Und sie ging hinunter zur Tenne und machte alles so, wie ihre
Schwiegermutter es ihr geboten hatte. 7 Und Boas ass und trank, und
sein Herz war guter Dinge. Und er ging, um sich am Rand des Getreide-
haufens schlafen zu legen. Und sie kam heimlich und deckte seine Füsse
auf und legte sich nieder. 8 Und mitten in der Nacht erschrak der Mann
und griff um sich, und sieh, da lag eine Frau an seinen Füssen. 9 Und er 9: Ez 16,8 · 2,20!
sagte: Wer bist du? Und sie sagte: Ich bin Rut, deine Magd. Breite den
Saum deines Gewands über deine Magd, denn du bist ein Löser. 10 Da 10: 1,8; 2,11–12
sprach er: Gesegnet bist du vom HERRN, meine Tochter. Du hast jetzt
noch schöner als zuvor gezeigt, wie gut du bist, da du den jungen Ker-
len, ob arm oder reich, nicht nachläufst. 11 Und nun fürchte dich nicht, 11: Spr 31,10.29
meine Tochter. Alles, was du sagst, will ich für dich tun, denn in jedem
Tor meines Volks weiss man, dass du eine tüchtige Frau bist. 12 Und nun 12: Lev 25,25
ist es zwar wahr, dass ich ein Löser bin, es gibt aber einen Löser, der
noch näher verwandt ist als ich. 13 Bleib über Nacht, und am Morgen,
wenn er dich lösen will, gut, so soll er lösen. Wenn er dich aber nicht
lösen will, so werde ich dich lösen, so wahr der HERR lebt. Bleib liegen
bis zum Morgen.

14 Und sie schlief an seinen Füssen bis zum Morgen. Dann stand sie
auf, noch ehe einer den anderen erkennen konnte. Und er sagte: Es soll
nicht bekannt werden, dass die Frau auf die Tenne gekommen ist.
15 Und er sagte: Gib mir den Überwurf, den du trägst, und halte ihn fest.
Und sie hielt ihn fest, und er mass sechs Mass Gerste ab und lud es ihr
auf. Dann ging er in die Stadt, 16 sie aber kam zu ihrer Schwiegermut-
ter. Und diese fragte: Wie steht es mit dir, meine Tochter? Und sie be-
richtete ihr alles, was der Mann für sie getan hatte. 17 Und sie sagte: 17: 1,21
Diese sechs Mass Gerste hat er mir gegeben, denn er hat gesagt: Du
sollst nicht mit leeren Händen zu deiner Schwiegermutter kommen.
18 Und sie sagte: Bleib, meine Tochter, bis du weisst, wie die Sache aus-
geht. Denn der Mann wird nicht ruhen, es sei denn, er habe die Sache
schon heute zu Ende geführt.

Boas steht als Löser ein

4 1 Und Boas war zum Tor hinaufgegangen, und dort setzte er sich. 1: 3,12–13
Und sieh, der Löser, von dem Boas gesprochen hatte, ging vorüber.

Da rief er: Du, komm, setz dich hierher. Und er kam und setzte sich.
2: Dtn 25,7 2 Und er holte zehn Männer von den Ältesten der Stadt und sprach:
Setzt euch hierher. Und sie setzten sich. 3 Und er sprach zum Löser: No-
omi, die aus dem Gebiet Moabs zurückgekommen ist, verkauft den
4: Lev 25,25 Feldanteil, der unserem Bruder Elimelech gehörte. 4 Und ich habe ge-
sagt, ich will dir die Sache vortragen: Erwirb es in Gegenwart derer, die
hier sitzen, und in Gegenwart der Ältesten meines Volks. Wenn du lö-
sen willst, so löse, und wenn du nicht lösen willst, lass es mich wissen,
damit ich es weiss, denn ausser dir gibt es niemanden, um zu lösen, ich
aber komme nach dir. Und er sagte: Ich werde lösen. 5 Und Boas sprach:
An dem Tag, an dem du das Feld von Noomi erwirbst, erwirbst du es
auch von Rut, der Moabiterin, der Frau des Verstorbenen, um den Na-
6–8: Dtn 25,7–10 men des Verstorbenen auf seinem Erbbesitz zu erhalten. 6 Da sprach
der Löser: Ich kann nicht für mich lösen, sonst schädige ich meinen ei-
genen Erbbesitz. Löse du für dich, was ich lösen sollte, denn ich kann
nicht lösen. 7 Und dies machte man früher in Israel immer beim Lösen
oder beim Tausch, um eine Angelegenheit zu bekräftigen: Der eine zog
seine Sandale aus und gab sie dem anderen. Und das war die Bestäti-
gung in Israel. 8 Und der Löser sprach zu Boas: Erwirb du es für dich.
Und er zog seine Sandale aus. 9 Und Boas sprach zu den Ältesten und
zum ganzen Volk: Ihr seid heute Zeugen, dass ich alles, was Elimelech
gehörte, und alles, was Kiljon und Machlon gehörte, von Noomi erwor-
10: Dtn 25,5–6 ben habe. 10 Und ich habe auch Rut, die Moabiterin, die Witwe Mach-
lons, erworben, für mich als Frau, um den Namen des Verstorbenen auf
seinem Erbbesitz zu erhalten, damit der Name des Verstorbenen nicht
getilgt wird unter seinen Brüdern und aus dem Tor seines Ortes. Heute
11: Gen 35,23–24 · seid ihr Zeugen. 11 Und das ganze Volk, das im Tor war, und die Ältesten
Gen 35,19–20; sprachen: Wir sind Zeugen! Der HERR lasse die Frau, die in dein Haus
Mi 5,1 kommt, wie Rachel und wie Lea werden, die zusammen das Haus Israel
gebaut haben. Erwirb dir Reichtum in Efrata, und werde Namensgeber
12: Gen 38,29 in Betlehem. 12 Und dein Haus werde wie das Haus des Perez, den Ta-
mar dem Juda gebar, durch die Nachkommenschaft, die dir der HERR
von dieser jungen Frau geben wird.

13 So heiratete Boas Rut, und sie wurde seine Frau. Und er ging zu
ihr, und der HERR liess sie schwanger werden, und sie gebar einen
Sohn. 14 Und die Frauen sprachen zu Noomi: Gelobt sei der HERR, der
es dir heute an einem Löser nicht hat fehlen lassen; und sein Name soll
ausgerufen werden in Israel. 15 Und er wird dir Lebenskraft zurückge-
ben und im hohen Alter für dich sorgen. Denn deine Schwiegertochter,
die dich liebt, hat ihn geboren, sie, die für dich mehr wert ist als sieben
Söhne. 16 Und Noomi nahm das Kind und hob es auf ihren Schoss und
17: 1Sam 17,12; wurde seine Pflegemutter. 17 Und die Nachbarinnen gaben ihm einen
Mt 1,5 Namen und sagten: Der Noomi wurde ein Sohn geboren. Und sie ga-
ben ihm den Namen Obed. Er ist der Vater von Isai, dem Vater von
David.

Der Stammbaum Davids

18–22: 1Chr 2,4–15; 18 Und dies sind die Nachkommen des Perez: Perez zeugte Chezron,
Mt 1,3–6 19 und Chezron zeugte Ram, und Ram zeugte Amminadab, 20 und Am-
minadab zeugte Nachschon, und Nachschon zeugte Salma, 21 und Sal-

mon zeugte Boas, und Boas zeugte Obed, 22 und Obed zeugte Isai, und Isai zeugte David.

Das Erste Buch Samuel

In der griechischen Bibeltradition werden das Erste und das Zweite Buch Samuel zusammen mit den beiden Büchern der Könige als ‹1–4 Könige› gezählt. Alte hebräische Handschriften zeigen zudem, dass die beiden Bücher Samuel ursprünglich nur ein einziges Buch gebildet haben; die Aufteilung in zwei Bücher erfolgte erst in späterer Zeit. Dass die Teilung in mehrere Bücher künstlich ist, zeigt sich auch in den thematischen Linien, die sich durch beide Samuel-Bücher bis in die Bücher der Könige hineinziehen.

Die Bezeichnung als ‹Buch Samuel› bezieht sich auf die prägende Gestalt Israels im Übergang von der Richterzeit (siehe die Einleitung zu Ri) zum Königtum, die auch den Aufstieg und das Ende des ersten Königs Saul begleitet: auf den Gottesmann Samuel.

Das Erste Buch Samuel erzählt von der Entstehung des Königtums in Israel. Neben Samuel kommt dabei vor allem Saul und David besonderes Gewicht zu. In 1Sam 1–7 steht die Geschichte Samuels im Mittelpunkt, in 1Sam 8 wird Israels Forderung nach einem König formuliert, und daran anschliessend befassen sich die Kapitel 1Sam 9–31 mit Saul als dem ersten König sowie mit den Anfängen seines Nachfolgers David. Dabei sind stets mehrere Handlungsfäden miteinander verbunden. So finden sich in die Geschichte Samuels erste Erzählungen von der Lade eingewoben (1Sam 4–6), die erst in 2Sam 6 weiterverfolgt werden. Besonders eng ist die Person Samuel mit dem Schicksal Sauls verbunden: Samuel ist es, der Saul auf göttlichen Auftrag hin zum König salbt (1Sam 9–10), und er ist es, der Saul das Ende ansagt, als dieser unerlaubterweise den Totengeist Samuels befragt (1Sam 28). Ebenfalls eng mit Saul verbunden ist David, dessen Aufstieg zum König sich parallel zu Sauls Abstieg vollzieht. Den Textbereich 1Sam 16–31; 2Sam 5; 7–8 hat man entsprechend als die ‹Aufstiegsgeschichte Davids› bezeichnet.

Die schon für das Buch der Richter grundlegende Frage nach der Berechtigung eines israelitischen Königtums prägt auch das Erste Buch Samuel, und so finden sich in diesem wie im Buch der Richter durchaus unterschiedliche Sichtweisen: Während etwa 1Sam 11 der Institution gegenüber positiv eingestellt ist (vgl. 1Sam 11,12–15), lehnen 1Sam 8 und andere Passagen das Königtum deutlich ab (vgl. 1Sam 8,7). Schon der erste König scheitert: Nachdem Saul ungehorsam gegen Gott war (1Sam 15) und nicht getan hat «was recht war in den Augen des HERRN», nimmt Gott das Königtum von Saul (1Sam 13,14; 15,10–11), um es auf David zu übertragen.

Das Zweite Buch Samuel erzählt in den Kapiteln 1–6, wie David König über ganz Israel wird und wie er die Lade nach Jerusalem bringt. In der Weissagung durch den Propheten Natan (2Sam 7) wird Davids Königtum ewiger Bestand zugesagt, wenngleich nicht David, sondern erst seinem Nachfolger der Bau des Tempels erlaubt wird. Bald schon aber muss die Herrschaft Davids sich bewähren, besonders unter dem Aufstand von Davids Sohn Absalom (2Sam 13–19). In dieser Zeit klärt sich, wer treu zum Haus Davids steht und wer nicht. Das Zweite Buch Samuel schliesst mit dem Kauf einer Tenne durch David, an deren Stelle später der Tempel gebaut werden wird.

Obgleich er deutlich positiver charakterisiert wird als Saul, ist David keineswegs als reine Heldengestalt gezeichnet: Durch den Ehebruch mit Batseba wird David schuldig an deren Ehemann Urija, der von David schliesslich in den Tod geschickt wird (2Sam 11–12). Und gegen den Willen Gottes führt David eine Volkszählung durch, was von Gott schwer bestraft wird (2Sam 24). Diese negativen Seiten werden in den späteren Büchern der Chronik übergangen (siehe die Einleitung zu 1Chr und 2Chr).

In den Samuel-Büchern sind wahrscheinlich Materialien ganz unterschiedlicher Herkunft verarbeitet worden. Das könnte erklären, warum Samuel einerseits als Prophet (1Sam 3,20), andererseits als «Seher» (1Sam 9,19) oder auch als Richter (1Sam 7,15) erscheint. Entsprechendes gilt für den Befund, dass David anfangs als Musiker an Sauls Hof kommt (1Sam 16,14–23), Saul aber im folgenden Kampf Davids gegen den Philister Goliat nicht weiss, wer dieser junge David ist (1Sam 17). Die Samuel-Bücher finden ihre sachliche Fortsetzung in den beiden Büchern der Könige.

Die Geburt Samuels

1: 9,4 · 1 1 Und es war ein Mann aus Ramatajim-Zofim vom Gebirge Efraim,
1Chr 6,12.19–20 sein Name war Elkana, der Sohn Jerochams, des Sohns des Elihu, des
2: Dtn 21,15–17 · Sohns des Tochu, des Sohns von Zuf, ein Efratiter. 2 Und der hatte zwei
Gen 25,21; 29,31 Frauen. Der Name der einen war Hanna, und der Name der zweiten war
Peninna. Und Peninna hatte Kinder, Hanna aber hatte keine Kinder.
3: 21 · 4,4! · 2,19; 3 Und Jahr um Jahr zog dieser Mann aus seiner Stadt hinauf, um sich in
Lk 2,41 · 11! Schilo niederzuwerfen und dem HERRN der Heerscharen zu opfern.
Und die beiden Söhne Elis, Chofni und Pinechas, waren dort als Priester
des HERRN. 4 Und an dem Tag, an dem Elkana opferte, pflegte er Peninna, seiner Frau, und allen ihren Söhnen und Töchtern Anteile zu ge-
5: Gen 43,34 ben, 5 Hanna aber gab er jeweils einen doppelten Anteil, denn Hanna
6: Gen 16,4–5 liebte er, der HERR aber hatte ihren Mutterleib verschlossen. 6 Und die
andere Frau, die Hanna feind war, kränkte sie dann auch noch, um sie zu
7: 2,22! erniedrigen, weil der HERR ihren Mutterleib verschlossen hatte. 7 Und
so war es Jahr für Jahr: Jedes Mal, wenn sie zum Haus des HERRN hinaufzog, kränkte jene sie in dieser Weise. Dann weinte sie und ass nichts.
8: Rut 4,15 8 Und Elkana, ihr Mann, sagte zu ihr: Hanna, warum weinst du, und
warum isst du nicht, und warum ist dein Herz betrübt? Bin ich dir nicht
9: 4,13 wichtiger als zehn Söhne? 9 Und Hanna machte sich auf, nachdem man
10: Gen 30,1 in Schilo gegessen und nachdem man getrunken hatte. Und Eli, der
11: 3; 21; 28; Num 6,1–21; Priester, sass auf dem Stuhl am Türpfosten des Tempels des HERRN.
Ri 13,5! · 10 Sie aber war verbittert und betete zum HERRN und weinte heftig.
2Sam 16,12! 11 Und sie legte ein Gelübde ab und sprach: HERR der Heerscharen,

wenn du das Elend deiner Magd siehst und an mich denkst, wenn du
deine Magd nicht vergisst und deiner Magd männliche Nachkommen-
schaft gibst, will ich ihn dem HERRN geben, solange er lebt, und an sein
Haupt soll kein Schermesser kommen. 12 Und als sie lange vor dem
HERRN gebetet und Eli auf ihren Mund geachtet hatte, 13 – Hanna rede- 13: Am 2,8; Apg 2,13
te nämlich in ihrem Herzen, nur ihre Lippen bewegten sich, ihre Stim-
me aber war nicht zu hören – hielt Eli sie für betrunken. 14 Und Eli sagte
zu ihr: Wie lange willst du Betrunkene dich so benehmen? Werde nüch-
tern! 15 Hanna aber antwortete und sprach: So ist es nicht, mein Herr, 15: Ps 42,5; 62,9
ich bin eine verzweifelte Frau. Und ich habe weder Wein noch Bier ge-
trunken, ich habe mein Herz vor dem HERRN ausgeschüttet. 16 Halte
deine Magd nicht für eine ruchlose Frau, denn aus tiefer Verzweiflung
und aus Gram habe ich so lange geredet. 17 Daraufhin sagte Eli: Geh in
Frieden! Und der Gott Israels möge dir geben, was du von ihm erbeten
hast. 18 Und sie sprach: Deine Sklavin möge Gnade finden in deinen 18: Gen 33,15
Augen. Und die Frau ging ihres Wegs, und sie ass, und ihr Gesicht war
nicht mehr betrübt.

19 Und früh am Morgen warfen sie sich nieder vor dem HERRN, 19: 7,17; 8,4; 25,1 · Gen 30,22
dann kehrten sie zurück und kamen in ihr Haus nach Rama. Und Elkana
verkehrte mit Hanna, seiner Frau, und der HERR dachte an sie, 20 und 20: 12,11
um die Jahreswende war Hanna schwanger. Und sie gebar einen Sohn
und gab ihm den Namen Samuel: Denn vom HERRN habe ich ihn erbe-
ten.

Samuel wird dem HERRN geweiht

21 Und der Mann, Elkana, zog hinauf mit seinem ganzen Haus, um 21: 2,19; 20,6 · 11!
dem HERRN das alljährliche Schlachtopfer darzubringen und sein Ge-
lübde zu erfüllen. 22 Hanna aber zog nicht hinauf, denn sie hatte zu ih-
rem Mann gesagt: Bis der Knabe entwöhnt ist. Dann werde ich ihn brin-
gen, und er wird vor dem HERRN erscheinen, und dort soll er für immer
bleiben. 23 Und Elkana, ihr Mann, sagte zu ihr: Tu, was in deinen Augen 23: 2Sam 7,25
gut ist. Bleib, bis du ihn entwöhnt hast. Wenn nur der HERR sein Wort
einlöst! So blieb die Frau und stillte ihren Sohn, bis sie ihn entwöhnt
hatte. 24 Und als sie ihn entwöhnt hatte, brachte sie ihn mit hinauf, 24: Gen 21,8
dazu drei Stiere, ein Efa Mehl und einen Schlauch Wein, und sie brachte
ihn hinauf ins Haus des HERRN nach Schilo. Der Knabe aber war noch
jung. 25 Und man schlachtete den Stier, und sie brachten den Knaben
zu Eli. 26 Und sie sprach: Mein Herr, so wahr du lebst, mein Herr, ich 26: 17,55; 25,26;
bin die Frau, die hier bei dir stand, um zum HERRN zu beten. 27 Um 2Sam 15,21
diesen Knaben habe ich gebetet, und der HERR hat mir gegeben, was ich 27: Hiob 22,27
von ihm erbeten habe. 28 Und so gebe nun ich ihn dem HERRN. Solange 28: 11! · 2,20
er lebt, wird er einer sein, der dem HERRN gegeben ist. Und dort warf sie
sich nieder vor dem HERRN.

1,20: «und um die Jahreswende»: Möglicherweise ist zu übersetzen: «und als eine gewisse Zeit um war».

1,28: Das in diesem Vers mit ‹geben› wiedergegebene Wort klingt im Hebräischen sehr ähnlich wie das Wort für ‹ich habe erbeten›, wie es in 1,27 verwendet wird.

P: Lk 1,46–55
Das Loblied der Hanna

1: 10; Ps 89,18 · Ps 21,2; 35,9
2 1 Und Hanna betete und sprach:
Mein Herz freut sich am HERRN,
mein Horn ist erhoben durch den HERRN,
mein Mund ist aufgetan gegen meine Feinde,
denn ich freue mich über deine Hilfe.

2: Dtn 4,35! · Ps 18,32; 2Sam 7,22!
2 Niemand ist so heilig wie der HERR,
denn es gibt keinen ausser dir,
und kein Fels ist wie unser Gott.

3: Ps 94,3–4
3 Führt nicht so viele hochmütige Reden,
nichts Freches komme aus eurem Mund,
denn der HERR ist ein Gott, der alles kennt,
von ihm werden die Taten geprüft.

4: Ps 46,10; Jer 51,56
4 Der Bogen der Helden hat Angst,
Strauchelnde aber haben sich mit Kraft gegürtet.

5: 21; Ps 113,9; Jer 15,9
5 Satte machen sich dienstbar für Brot,
Hungrige aber müssen das nicht mehr tun.
Die Unfruchtbare gebiert sieben,
die aber viele Kinder hat, ist verwelkt.

6: Dtn 32,29; 2Kön 5,7 · Ps 71,20; 30,4
6 Der HERR tötet und macht lebendig,
er führt hinab ins Totenreich und führt wieder hinauf.

7: Ps 75,8; Ez 17,24
7 Der HERR macht arm, und er macht reich.
Er erniedrigt, aber er erhöht auch.

8: Ps 113,7–8 · Hiob 36,7; Jak 2,5
8 Er richtet den Geringen auf aus dem Staub,
hebt den Armen auf aus dem Kot,
um ihn neben Edle zu setzen,
und einen erhabenen Thron teilt er ihnen als Erbbesitz zu.
Denn dem HERRN gehören die Pfeiler der Erde,
und auf sie hat er den Erdkreis gelegt.

9: Ps 121,3 · Hiob 18,18; Nah 1,8 · Ps 33,16
9 Die Füsse seiner Getreuen behütet er,
die Frevler aber kommen um in der Finsternis.
Denn aus eigener Kraft ist der Mensch nicht stark.

10: 7,10; 12,17; Ps 18,13–14 · 1!
10 Wer mit dem HERRN streitet, wird erschrecken,
über ihn lässt er im Himmel Donner erdröhnen.
Der HERR richtet die Enden der Erde.
Seinem König gebe er Stärke,
und er erhebe das Horn seines Gesalbten.

Die Bosheit der Söhne Elis

11: 3,1 · 12: 3,7; Dtn 13,14 · 13: Lev 7,33–34; Dtn 18,3 · 15: Lev 3,3–5

11 Und Elkana ging nach Rama in sein Haus. Und der Knabe diente
dem HERRN vor Eli, dem Priester. 12 Die Söhne Elis aber waren ruchlos,
sie kannten den HERRN nicht 13 und nicht das Recht der Priester beim
Volk. Immer wenn einer ein Schlachtopfer darbrachte, kam der Bursche
des Priesters, wenn man das Fleisch kochte, und hatte eine Gabel mit
drei Zinken in der Hand. 14 Und die stiess er dann in das Becken oder
den Topf oder den Kessel oder die Pfanne. Alles, was die Gabel heraus-
holte, nahm der Priester mit ihr. So machten sie es mit ganz Israel, mit
denen, die dorthin kamen, nach Schilo. 15 Der Bursche des Priesters

2,1: ‹Horn› ist ein Ausdruck für Kraft.

kam sogar, bevor man das Fett in Rauch aufgehen liess, und sagte je-
weils zu dem, der opferte: Gib Fleisch her, damit man es für den Priester
braten kann; er nimmt von dir das Fleisch nicht gekocht, sondern wenn
es roh ist. 16 Sagte der Mann dann aber zu ihm: Zuerst muss man das
Fett verbrennen, dann nimm dir, was du willst!, so sagte er: Nein, gib es
jetzt her, und wenn nicht, nehme ich es mit Gewalt. 17 Und die Sünde
der jungen Männer war sehr gross vor dem HERRN, weil die Männer das
Opfer für den HERRN verachteten.

18 Und Samuel diente vor dem HERRN, ein Knabe, umgürtet mit ei- *18:* 2Sam 6,14;
nem Efod aus Leinen. 19 Und seine Mutter machte ihm Jahr für Jahr ein Ex 28,4–6
kleines Obergewand und brachte es ihm, wenn sie heraufkam mit ih- *19:* 1,3! · 1,21!
rem Mann, um das jährliche Schlachtopfer darzubringen. 20 Dann seg- *20:* 1,28
nete Eli Elkana und seine Frau und sprach: Der HERR gebe dir Nachkom-
menschaft von dieser Frau für die Gabe, für das, was sie dem HERRN
gegeben hat. Dann gingen sie wieder an ihren Ort. 21 Der HERR achtete *21:* 5!; Gen 21,1
auf Hanna, und sie wurde schwanger und gebar drei Söhne und zwei
Töchter, der Knabe Samuel aber wuchs heran beim HERRN.

22 Und Eli war sehr alt geworden. Und immer wieder hörte er von all *22:* 1,7; Ex 38,8
dem, was seine Söhne ganz Israel antaten, und dass sie mit den Frauen
schliefen, die Dienst taten am Eingang des Zelts der Begegnung. 23 Und *23:* Dtn 21,18–21
er sagte zu ihnen: Warum tut ihr solche Dinge? Ich höre diese schlim-
men Dinge, die ihr tut, vom ganzen Volk. 24 So nicht, meine Söhne.
Denn das, was man, wie ich höre, im Volk des HERRN verbreitet, ist nicht
gut. 25 Wenn sich ein Mensch gegen einen Menschen vergeht, fällt Gott *25:* Dtn 1,17 ·
das Urteil über ihn; wenn aber ein Mensch gegen den HERRN sündigt, Hiob 9,33
wer wird sich da ein Urteil über ihn erlauben? Sie aber hörten nicht auf
die Stimme ihres Vaters, denn der HERR fand Gefallen daran, sie zu tö-
ten. 26 Der Knabe Samuel aber wuchs heran und gewann an Gunst, *26:* 3,19; Spr 3,4;
beim HERRN und bei den Menschen. Lk 2,52

27 Und ein Gottesmann kam zu Eli und sprach zu ihm: So spricht der *27–36:* 3,13!
HERR: Habe ich mich nicht dem Haus deines Vaters offenbart, als sie in *27:* 9,6!; 1Kön 13,1;
Ägypten zum Haus des Pharao gehörten? 28 Und ich habe sie mir aus 2Kön 1,9; 2Chr 11,2 *28:* Dtn 18,1 ·
allen Stämmen Israels als Priester erwählt, damit sie hinaufsteigen zu Ex 30,7 · Lev 2,3.10
meinem Altar, um Räucherwerk zu verbrennen, und damit sie vor mir
den Efod tragen. Und alle Feueropfer der Israeliten habe ich dem Haus
deines Vaters gegeben. 29 Warum tretet ihr mein Schlachtopfer und
mein Speiseopfer, die ich bei der Wohnung angeordnet habe, mit Füs-
sen? Du hast deine Söhne mehr geehrt als mich, indem ihr euch gemäs-
tet habt mit dem Besten von allen Opfern Israels, meines Volks. 30 Dar- *30:* Ps 18,27 ·
um, Spruch des HERRN, des Gottes Israels: Ich habe gesagt: Dein Haus 2Sam 20,20 ·
und das Haus deines Vaters sollen allezeit vor mir wandeln. Nun aber 2Sam 12,10
lautet der Spruch des HERRN: Das sei fern von mir! Wer mich ehrt, den
werde ich ehren, und wer mich gering schätzt, der wird verachtet wer-
den. 31 Sieh, es kommen Tage, da werde ich deinen Arm und den Arm *31–34:* 3,12
des Hauses deines Vaters brechen, so dass niemand alt wird in deinem *31:* 1Kön 2,27
Haus. 32 Dann wirst du den Feind in der Wohnung erblicken bei allem,

2,28: Wörtlich: «Und ich habe es ... erwählt, ...», womit das Haus des Vaters gemeint wäre, oder: «Und ich habe ihn ... erwählt ...», womit der Vater gemeint wäre.

2,29: Mit der ‹Wohnung› ist wie in V.32 der Tempel als Wohnung Gottes gemeint.

was er Gutes tun wird für Israel. In deinem Haus aber wird nie mehr
33: 22,18 jemand alt werden. 33 Einen aber werde ich dir an meinem Altar belas-
sen, um deine Augen erlöschen und dich verschmachten zu lassen; die
anderen aber, die deinem Haus geboren werden, werden sterben, wenn
34: 3,12; 4,11.17 sie das Mannesalter erreicht haben. 34 Und was über deine beiden Söh-
ne, Chofni und Pinechas, kommen wird, soll das Zeichen für dich sein:
35: 1Kön 2,35 · Beide werden umkommen an einem einzigen Tag. 35 Ich aber werde für
25,28!; 1Kön 11,38 mich einen treuen Priester auftreten lassen, der nach meinem Herzen
und nach meinem Sinn handeln wird. Und ich werde ihm ein Haus bau-
en, das Bestand hat, und er soll immer vor meinem Gesalbten wandeln.
36: 2Kön 23,9 36 Und jeder, der übrig bleibt in deinem Haus, wird kommen, um sich
vor ihm niederzuwerfen für Bezahlung in Silber oder für einen Laib
Brot, und er wird sagen: Nimm mich doch auf in eines der Priesteräm-
ter, damit ich einen Bissen Brot zu essen habe.

Samuels Berufung

1: 2,11 · Ps 74,9 3 1 Und der Knabe Samuel diente dem HERRN vor Eli. Und in jenen
Tagen war das Wort des HERRN kostbar, Schauungen waren nicht
2: 4,15 häufig. 2 Und eines Tages, als Eli an seinem Ort schlief – seine Augen
aber hatten angefangen, schwach zu werden, er konnte nicht mehr se-
3: Ex 27,20–21 hen – 3 und die Lampe Gottes noch nicht erloschen war und Samuel im
4: Gen 22,1! Tempel des HERRN schlief, wo die Lade Gottes war, 4 da rief der HERR
Samuel, und dieser sprach: Hier bin ich. 5 Und er lief zu Eli und sagte:
Hier bin ich, du hast mich gerufen. Er aber sagte: Ich habe nicht gerufen.
Leg dich wieder schlafen. Und er ging und legte sich schlafen. 6 Der
HERR aber rief nochmals: Samuel! Und Samuel stand auf, ging zu Eli und
sagte: Hier bin ich, du hast mich gerufen. Er aber sagte: Ich habe nicht
7: 2,12! gerufen, mein Sohn. Leg dich wieder schlafen. 7 Samuel aber kannte
den HERRN noch nicht, und noch war ihm das Wort des HERRN nicht
offenbart worden. 8 Und wieder rief der HERR Samuel, zum dritten Mal.
Und er stand auf, ging zu Eli und sagte: Hier bin ich, du hast mich geru-
fen. Da begriff Eli, dass es der HERR war, der den Knaben rief. 9 Und Eli
sagte zu Samuel: Geh, leg dich schlafen, und wenn er dich ruft, so sprich:
Rede, HERR, dein Diener hört. Und Samuel ging und legte sich schlafen
an seinem Ort.
10: 2Sam 24,2 10 Und der HERR kam, stand da und rief wie schon zuvor: Samuel!
11: 2Kön 21,12; Samuel! Und Samuel sprach: Rede, dein Diener hört. 11 Und der HERR
Jer 19,3 sprach zu Samuel: Sieh, ich tue etwas in Israel, dass jedem, der davon
12: 2,31–34 hört, beide Ohren gellen. 12 An jenem Tag werde ich für Eli alles in Erfül-
lung gehen lassen, was ich seinem Haus angekündigt habe, vom Anfang
13: 2,27–36; bis zum Ende. 13 Und ich werde ihm kundtun, dass ich sein Haus auf
1Kön 1,6 ewig verurteile für das Vergehen: Er wusste, dass seine Söhne sich den
Fluch zugezogen haben, und er hat sie nicht zurechtgewiesen. 14 Und
darum habe ich dem Haus Eli geschworen: Niemals wird sich die Schuld
des Hauses Eli sühnen lassen, weder durch Schlachtopfer noch durch
Speiseopfer!
15 Und Samuel schlief bis zum Morgen, dann öffnete er die Türen
des Hauses des HERRN. Samuel aber fürchtete sich, Eli von der Erschei-

3,3: Mit ‹Lampe Gottes› ist die Lampe im Tempel gemeint.

nung zu berichten. 16 Und Eli rief Samuel und sagte: Samuel, mein
Sohn! Und er sagte: Hier bin ich. 17 Und er sagte: Was hat er zu dir ge-
sagt? Verheimliche es mir nicht. Gott soll dir antun, was immer er will,
wenn du mir irgendetwas verheimlichst von dem, was er zu dir gesagt
hat. 18 Da berichtete Samuel ihm alles und verheimlichte ihm nichts.
Und er sagte: Er ist der HERR; er wird tun, was in seinen Augen gut ist.

17: 20,13; 25,22 · 2Sam 3,9
18: 2Sam 10,12!

19 Und Samuel wuchs heran, und der HERR war mit ihm und liess
keines von allen seinen Worten auf die Erde fallen. 20 Und ganz Israel,
von Dan bis Beer-Scheba, erkannte, dass Samuel damit betraut war, Pro-
phet des HERRN zu sein. 21 Und der HERR erschien weiterhin in Schilo,
denn der HERR offenbarte sich Samuel in Schilo durch das Wort des
HERRN.

19: 2,26! · 10,7; 16,18; 20,13; 2Sam 7,3
20: 2Sam 3,10!; Ri 20,1 · Am 2,11

4 1 Und das Wort Samuels erging an ganz Israel.

Der Verlust der Lade des Bundes

Und Israel zog aus zum Kampf, den Philistern entgegen, und lagerte
bei Eben-Eser, und die Philister lagerten in Afek. 2 Und die Philister zo-
gen Israel in Schlachtordnung entgegen. Und als der Kampf nachliess,
war Israel vor den Philistern geschlagen. Und diese erschlugen in der
Schlachtordnung auf dem Feld gegen viertausend Mann. 3 Dann kam
das Volk ins Lager, und die Ältesten Israels sagten: Warum hat der HERR
uns heute vor den Philistern geschlagen? Lasst uns die Lade des Bundes
des HERRN aus Schilo zu uns holen, damit er in unsere Mitte kommt
und uns rettet aus der Hand unserer Feinde. 4 Und das Volk sandte nach
Schilo, und man nahm von dort die Lade des Bundes des HERRN der
Heerscharen, der über den Kerubim thront. Und dort waren die beiden
Söhne Elis, Chofni und Pinechas, bei der Lade des Bundes Gottes. 5 Und
als die Lade des Bundes des HERRN ins Lager kam, brach ganz Israel in
grossen Jubel aus, und die Erde bebte. 6 Und die Philister hörten den
Jubel und sagten: Was bedeutet dieser grosse Jubel im Lager der Hebrä-
er? Da erfuhren sie, dass die Lade des HERRN ins Lager gekommen war,
7 und die Philister fürchteten sich, denn sie dachten: Gott ist in das La-
ger gekommen. Und sie sprachen: Wehe uns! Denn nie zuvor ist solches
geschehen. 8 Wehe uns! Wer wird uns aus der Hand dieses mächtigen
Gottes retten? Das ist der Gott, der Ägypten geschlagen hat mit allen
möglichen Plagen in der Wüste. 9 Fasst Mut und seid Männer, ihr Phi-
lister, damit ihr nicht den Hebräern dienen müsst, wie sie euch gedient
haben. Seid Männer und kämpft. 10 Und die Philister kämpften, und
Israel wurde geschlagen, und jeder floh zu seinen Zelten. Und es war
eine sehr grosse Niederlage, und von Israels Fussvolk fielen dreissigtau-
send Mann. 11 Auch die Lade Gottes wurde genommen, und die beiden
Söhne Elis, Chofni und Pinechas, kamen um.

1b: 5,1; 7,12 · 29,1; Jos 15,53; 1Kön 20,26
3: Num 10,35; Jos 18,1
4: 1,3; 2Sam 6,2; Ex 25,22
5: 1Kön 1,40!
6: 29,3!
7: Ex 9,14
8: 5,7
9: 2Sam 10,12 · 29,3! · Ri 13,1

3,19: «liess keines von allen seinen Worten auf die Erde fallen» bedeutet, dass er alle seine Worte in Erfüllung gehen liess.

4,2: Die Übersetzung «Und als der Kampf nachliess» ist unsicher.

Elis Tod

12: 2Sam 1,2!; 12 Ein Benjaminit aber lief aus der Schlachtreihe fort und kam am
Jos 7,6 selben Tag nach Schilo, und seine Gewänder waren zerrissen, und auf
13: 1,9 seinem Kopf war Erde. 13 Und als er ankam, sieh, da sass Eli auf dem
Stuhl am Weg und hielt Ausschau, denn sein Herz hatte Angst um die
Lade Gottes. Und der Mann war gekommen, um in der Stadt Bericht zu
erstatten, und die ganze Stadt schrie auf. 14 Und Eli hörte das Geschrei
und sagte: Was bedeutet dieser Lärm? Und der Mann kam eilends und
15: 3,2 erstattete Eli Bericht. 15 Eli aber war achtundneunzig Jahre alt, und sei-
ne Augen waren starr geworden, und er konnte nicht mehr sehen.
16 Und der Mann sagte zu Eli: Ich bin der, der aus der Schlachtreihe
kommt, ich bin heute aus der Schlachtreihe geflohen. Und er sagte: Was
17: 2,34! hat sich ereignet, mein Sohn? 17 Und der Botschafter antwortete und
sagte: Israel ist vor den Philistern geflohen. Und es gab auch eine grosse
Niederlage im Volk, und auch deine beiden Söhne, Chofni und Pine-
18: Ri 3,11!; chas, sind umgekommen, und die Lade Gottes wurde genommen. 18 Als
1Kön 2,11; 11,42 er aber die Lade Gottes erwähnte, fiel Eli rückwärts vom Stuhl neben das
Tor, brach sich das Genick und starb, denn der Mann war alt und
schwer. Und vierzig Jahre lang hatte er Israel Recht verschafft.

19 Und seine Schwiegertochter, die Frau von Pinechas, war hoch-
schwanger. Und sie hörte die Nachricht, dass die Lade Gottes genom-
men worden war und ihr Schwiegervater und ihr Mann tot waren. Da
brach sie zusammen und gebar, denn die Wehen waren über sie gekom-
20: Gen 35,16–17 men. 20 Und als sie im Sterben lag, sagten die Frauen, die bei ihr stan-
den: Fürchte dich nicht, denn du hast einen Sohn geboren. Sie aber ant-
21: 14,3 wortete nicht und nahm es nicht wahr. 21 Und sie nannte den Knaben
I-Kabod und sagte: Die Herrlichkeit wurde weggeführt aus Israel! – weil
die Lade Gottes genommen worden war und wegen ihres Schwiegerva-
22: 11! ters und ihres Mannes. 22 Und sie sprach: Die Herrlichkeit wurde weg-
geführt aus Israel, denn die Lade Gottes ist genommen worden.

Die Lade bei den Philistern

1: 4,1b! · Jos 11,22; 5 1 Und die Philister hatten die Lade Gottes genommen und brachten
15,47 sie von Eben-Eser nach Aschdod. 2 Und die Philister nahmen die
2: Ri 16,23; Lade Gottes, brachten sie in das Haus des Dagon und stellten sie neben
1Chr 10,10 · Ps 97,7 Dagon. 3 Und als sich die von Aschdod am folgenden Tag früh aufmach-
ten, sieh, da lag Dagon mit seinem Gesicht auf der Erde vor der Lade des
HERRN. Und sie nahmen Dagon und stellten ihn zurück an seinen Platz.
4: Jes 45,20; 46,7; 4 Und früh am nächsten Morgen, sieh, da lag Dagon mit seinem Gesicht
Ps 115,7 auf der Erde vor der Lade des HERRN. Und der Kopf Dagons und seine
beiden Hände lagen abgeschlagen auf der unteren Schwelle, nur
5: Zef 1,9 Dagons Rumpf war von ihm übrig geblieben. 5 Darum treten die Pries-
ter Dagons und alle, die in das Haus des Dagon kommen, bis auf den
heutigen Tag nicht auf die untere Schwelle Dagons in Aschdod.
6: 9; 6,11; Ex 9,10 6 Und die Hand des HERRN lag schwer auf denen von Aschdod, und

4,18: Wörtlich: «..., fiel er rückwärts vom Stuhl ...»
4,20: Möglich ist auch die Übersetzung: «... und achtete nicht darauf.»
4,21: Der Name I-Kabod bedeutet: ‹Wo ist die Herrlichkeit?›.
5,2: Dagon ist ein Gott der Philister.

er versetzte sie in Schrecken und schlug sie mit Geschwüren, Aschdod
und sein Gebiet. 7 Und die Männer von Aschdod sahen, wie es stand, 7: 4,8
und man sagte: Die Lade des Gottes Israels darf nicht bei uns bleiben,
denn seine Hand ist hart gegen uns und gegen Dagon, unseren Gott.
8 Und sie sandten hin und versammelten alle Stadtfürsten der Philister 8: 6,2 · 17,52
bei sich und sagten: Was sollen wir mit der Lade des Gottes Israels ma-
chen? Und sie sagten: Die Lade des Gottes Israels soll weg nach Gat! Und
man schaffte die Lade des Gottes Israels weg. 9 Und nachdem man sie 9: 6!
weggeschafft hatte, lag die Hand des HERRN auf der Stadt, es herrschte
eine sehr grosse Verwirrung, und er schlug die Männer der Stadt vom
kleinsten bis zum grössten, und es brachen Geschwüre an ihnen auf.
10 Und sie sandten die Lade Gottes nach Ekron. Und als die Lade Gottes 10: 2Sam 6,9!
nach Ekron gekommen war, schrien die von Ekron: Sie haben die Lade
des Gottes Israels weggeschafft, zu mir, um mich und mein Volk zu tö-
ten. 11 Und sie sandten hin und versammelten alle Stadtfürsten der Phi- 11: Ex 10,7
lister und sagten: Schickt die Lade des Gottes Israels weg, damit sie zu-
rückkehrt an ihren Ort und nicht mich und mein Volk tötet. Denn es
war eine tödliche Verwirrung in der ganzen Stadt; sehr schwer war dort
die Hand Gottes. 12 Und die Männer, die nicht gestorben waren, wur-
den mit Geschwüren geschlagen. Und der Hilferuf der Stadt stieg auf
zum Himmel.

Die Rückkehr der Lade

6 1 Und als die Lade des HERRN sieben Monate lang im Gebiet der Phi-
lister war, 2 riefen die Philister die Priester und Wahrsager und sag- 2: Gen 41,8! · 5,8
ten: Was sollen wir mit der Lade des HERRN machen? Lasst uns wissen,
was wir mit ihr an ihren Ort schicken sollen. 3 Da sagten sie: Wenn ihr 3: Lev 5,16
die Lade des Gottes Israels wegschickt, so schickt sie nicht leer, denn ihr
müsst ihm eine Sühnegabe entrichten. Dann werdet ihr gesund, und es
wird euch kundgetan werden, warum seine Hand nicht von euch
weicht. 4 Und sie sagten: Welche Sühnegabe sollen wir ihm entrichten? 4: 17; Jos 13,3
Und sie sagten: Fünf goldene Geschwüre und fünf goldene Mäuse, nach
der Anzahl der Stadtfürsten der Philister, denn euch alle und eure Stadt-
fürsten trifft dieselbe Plage. 5 Und ihr sollt von euren Geschwüren und
euren Mäusen, die das Land verderben, Abbilder anfertigen. Und ihr
sollt dem Gott Israels die Ehre geben, vielleicht lässt er seine Hand leich-
ter werden auf euch, auf eurem Gott und auf eurem Land. 6 Und warum 6: Ex 7,13–14 ·
wollt ihr euer Herz verschliessen, wie die Ägypter und der Pharao ihr Ex 8,28; 9,7; 12,31
Herz verschlossen haben? Nicht wahr, als er seinen Mutwillen mit ih-
nen getrieben hatte, da liess man sie ziehen, und sie gingen. 7 Und nun 7: 2Sam 6,3;
macht einen neuen Wagen und nehmt zwei Kühe, Muttertiere, auf die Num 19,2!
noch kein Joch gekommen ist, und spannt die Kühe vor den Wagen.
Ihre Kälber aber sollt ihr von ihnen weg zum Haus zurücktreiben.
8 Und ihr sollt die Lade des HERRN nehmen und sie auf den Wagen stel-
len, und die Dinge aus Gold, die ihr ihm als Sühnegabe entrichtet, sollt
ihr in die Satteltasche an ihrer Seite legen. So sollt ihr sie wegschicken,
dann wird sie fortziehen. 9 Und ihr werdet sehen: Wenn sie hinauf- 9: Jos 15,10
zieht in Richtung ihres Gebietes, gegen Bet-Schemesch zu, dann war er
es, der uns dieses grosse Unheil angetan hat; wenn aber nicht, dann wis-
sen wir, dass es nicht seine Hand war, die uns getroffen hat. Dann war,

was uns widerfahren ist, ein Zufall. 10 Und die Männer machten es so
und nahmen zwei Kühe, Muttertiere, und spannten sie vor den Wagen,
11: 5,6! ihre Kälber aber sperrten sie zu Hause ein. 11 Dann stellten sie die Lade
des HERRN auf den Wagen, dazu die Satteltasche und die Mäuse aus
12: Jos 15,10 Gold und die Abbilder ihrer Geschwüre. 12 Und die Kühe liefen gerade-
aus, auf dem Weg in Richtung Bet-Schemesch, auf dieser einen Strasse
liefen sie, und sie brüllten unablässig. Und sie wichen nicht ab nach
rechts oder nach links. Die Stadtfürsten der Philister aber folgten ihnen
bis an die Grenze von Bet-Schemesch.

13 Und als die von Bet-Schemesch den Weizen in der Ebene schnit-
ten, da blickten sie auf und sahen die Lade und freuten sich, sie zu se-
14: 2Sam 6,17! hen. 14 Und der Wagen war bis zu dem Feld gekommen, das Jehoschua
aus Bet-Schemesch gehörte, und dort kam er zum Stehen. Und dort war
ein grosser Stein; und sie spalteten das Holz des Wagens und brachten
15: 2Sam 15,24 dem HERRN die Kühe als Brandopfer dar. 15 Die Leviten aber hatten die
Lade des HERRN und die Satteltasche, die bei ihr lag, in der die Dinge aus
Gold waren, heruntergenommen, und sie legten alles auf den grossen
Stein. Und an jenem Tag brachten die Männer aus Bet-Schemesch
Brandopfer dar und opferten dem HERRN Schlachtopfer. 16 Und als die
fünf Stadtfürsten der Philister das gesehen hatten, kehrten sie am sel-
17: 4! ben Tag nach Ekron zurück. 17 Und dies sind die Geschwüre aus Gold,
die die Philister dem HERRN als Sühnegabe entrichteten: eins für Asch-
dod, eins für Gaza, eins für Aschkelon, eins für Gat, eins für Ekron,
18 dazu die Mäuse aus Gold, nach der Anzahl aller Städte der Philister,
die den fünf Stadtfürsten gehörten, von der befestigten Stadt bis zum
offenen Dorf. Und Zeuge ist der grosse Stein, auf den sie die Lade des
HERRN niedergelassen hatten; er ist bis auf den heutigen Tag auf dem
Feld, das Jehoschua aus Bet-Schemesch gehörte.

19: Num 1,51; 2Sam 6,7 19 Und er erschlug Männer aus Bet-Schemesch, denn sie hatten die
Lade des HERRN gesehen: Er erschlug siebzig Mann vom Volk, fünfzig-
tausend Mann, und das Volk trauerte, denn der HERR hatte dem Volk
20: 2Sam 6,9! · Mal 3,20 einen schweren Schlag zugefügt. 20 Und die Männer aus Bet-Sche-
mesch sagten: Wer kann bestehen vor dem HERRN, diesem heiligen
21: Jos 15,9 · 7,2; 2Sam 6,2; Ps 132,6 Gott? Und zu wem könnte er hinaufziehen, weg von uns? 21 Und sie
sandten Boten zu den Bewohnern von Kirjat-Jearim und liessen ihnen
sagen: Die Philister haben die Lade des HERRN zurückgebracht. Kommt
herab, holt sie herauf zu euch.

1: 2Sam 6,3 7 1 Und die Männer von Kirjat-Jearim kamen, holten die Lade des
HERRN herauf und brachten sie in das Haus des Abinadab auf dem
Hügel, und sie weihten Elasar, seinen Sohn, damit er die Lade des
2: 6,21! HERRN bewache. 2 Und von dem Tag an, da die Lade in Kirjat-Jearim
blieb, verging eine lange Zeit, es waren zwanzig Jahre, und das ganze
Haus Israel hielt zum HERRN.

6,18: Die Übersetzung beruht auf antiken Übersetzungen. Der Massoretische Text lautet übersetzt: «... bis zum offenen Dorf und bis zum grossen Abel, wo sie die Lade ...»

6,19: Die Zahlen ‹siebzig› und ‹fünfzigtausend› stehen im hebräischen Text nebeneinander und lassen sich nicht in Einklang bringen.

Israels Sieg über die Philister. Samuel als Richter

3 Und Samuel sprach zum ganzen Haus Israel: Wenn ihr von gan- 3: Ri 2,13 ·
zem Herzen zum HERRN zurückkehren wollt, dann entfernt die frem- Gen 35,2; Jos 24,23
den Götter aus eurer Mitte und die Astarten und richtet eure Herzen auf
den HERRN und dient ihm allein, damit er euch rettet aus der Hand der
Philister. 4 Und die Israeliten entfernten die Baale und die Astarten und 4: Dtn 6,13;
dienten allein dem HERRN. 5 Und Samuel sprach: Versammelt ganz Is- 2Kön 17,39
rael in Mizpa, damit ich für euch zum HERRN bete. 6 Und sie versam- 5: 10,17!; 2Kön 25,23
melten sich in Mizpa, schöpften Wasser und gossen es aus vor dem 6: 2Sam 23,16–17 ·
HERRN. Und an jenem Tag fasteten sie, und dort sprachen sie: Wir haben Ri 20,26;
gegen den HERRN gesündigt. Und in Mizpa sprach Samuel den Israeli- 2Chr 20,3 · 12,10!
ten Recht.

7 Die Philister aber hörten davon, dass sich die Israeliten in Mizpa
versammelt hatten. Da zogen die Stadtfürsten der Philister hinauf ge-
gen Israel. Und die Israeliten hörten davon und fürchteten sich vor den
Philistern. 8 Und die Israeliten sagten zu Samuel: Hör nicht auf, für uns 8: 12,23
zum HERRN, unserem Gott, zu schreien, damit er uns rettet aus der
Hand der Philister. 9 Und Samuel nahm ein Milchlamm und brachte es
dem HERRN als Brandopfer, als Ganzopfer dar, und Samuel schrie für
Israel zum HERRN, und der HERR antwortete ihm. 10 Und an jenem Tag, 10: 2,10! · 14,15!
als Samuel das Brandopfer darbrachte und die Philister angerückt wa-
ren, um gegen Israel zu kämpfen, liess der HERR es laut donnern gegen
die Philister, und er verwirrte sie, und sie wurden vor Israel geschlagen.
11 Und die Männer Israels rückten aus von Mizpa, verfolgten die Philis-
ter und schlugen sie, bis unterhalb von Bet-Kar. 12 Und Samuel nahm 12: Gen 28,18! ·
einen Stein und stellte ihn auf zwischen Mizpa und Schen. Und er gab 4,1b!
ihm den Namen Eben-Eser und sprach: Bis hierher hat uns der HERR
geholfen. 13 So wurden die Philister gedemütigt, und sie kamen nicht 13: 2Sam 8,1!
mehr in das Gebiet Israels. Und die Hand des HERRN lag auf den Philis-
tern, solange Samuel lebte. 14 Und die Städte, die die Philister Israel ab- 14: Jos 15,11 ·
genommen hatten, fielen zurück an Israel, von Ekron bis Gat, und ihr 1Chr 18,1
Gebiet entriss Israel der Hand der Philister. Zwischen Israel und den
Amoritern aber herrschte Friede. 15 Und Samuel verschaffte Israel
Recht, sein Leben lang. 16 Und Jahr für Jahr ging er und zog die Runde 16: Gen 28,19 ·
über Bet-El, Gilgal und Mizpa und verschaffte Israel und allen diesen Jos 5,9–10 · 10,17!
Orten Recht. 17 Dann kehrte er zurück nach Rama, denn dort war sein 17: 1,19! · 14,35;
Haus, und dort verschaffte er Israel Recht. Und dort baute er einen Altar Ri 6,24
für den HERRN.

Israel will einen König

8 1 Und als Samuel alt geworden war, setzte er seine Söhne als Richter
ein für Israel. 2 Und der Name seines erstgeborenen Sohns war Joel, 2: 1Chr 6,13
und der Name seines zweiten war Abija; sie waren Richter in Beer-Sche-
ba. 3 Aber seine Söhne gingen nicht auf seinen Wegen, sondern waren 3: Ex 23,6–8;
hinter dem Gewinn her, nahmen Bestechung an und beugten das Recht. Jes 1,23; Mi 3,11

4 Und alle Ältesten Israels versammelten sich und kamen zu Samuel 4: 1,19!
nach Rama. 5 Und sie sagten zu ihm: Sieh, du bist alt geworden, und 5: 20; Dtn 17,14
deine Söhne gehen nicht auf deinen Wegen. Nun setze uns einen König

7,12: Der Name Eben-Eser bedeutet: ‹Stein der Hilfe›.

6: 15,11!; 12,17.19 ein, damit er uns Recht verschaffe, so wie es bei allen Nationen ist. 6 Sa-
muel aber missfiel, dass sie sagten: Gib uns einen König, damit er uns
7: 22; 12,1 · Ex 16,8 · Recht verschaffe. Und Samuel betete zum HERRN. 7 Und der HERR
10,19; 12,12; Ex 15,18 sprach zu Samuel: Höre auf die Stimme des Volks in allem, was sie dir
sagen, denn nicht dich haben sie verworfen, sondern mich haben sie
verworfen, dass nicht ich König sein soll über sie. 8 Das ist wie alles, was
sie getan haben von dem Tag an, als ich sie aus Ägypten heraufgeführt
habe, bis auf den heutigen Tag: Sie haben mich verlassen und anderen
9: 10,25! Göttern gedient. So machen sie es auch mit dir. 9 Und nun höre auf ihre
Stimme. Aber warne sie unbedingt und tu ihnen das Recht des Königs
kund, der über sie herrschen soll.

10 Und Samuel sagte dem Volk, das einen König von ihm forderte,
11: 14,52; 2Sam 15,1! alle Worte des HERRN 11 und sprach: Dies wird das Recht des Königs
sein, der über euch herrschen soll: Er wird eure Söhne nehmen, um sie
für sich einzusetzen bei seinem Wagen und bei seiner Reiterei – und sie
12: 2Sam 18,1; werden vor seinem Wagen herlaufen – 12 und um sie für sich einzuset-
1Chr 27,1 zen als Anführer über tausend und als Anführer über fünfzig und damit
sie pflügen, was für ihn zu pflügen ist, und damit sie ernten, was für ihn
zu ernten ist, und damit sie die Geräte für seinen Krieg und die Dinge
für seinen Wagen anfertigen. 13 Und er wird eure Töchter nehmen als
14: 22,7 Salbenmischerinnen, Köchinnen und Bäckerinnen. 14 Und er wird
eure Felder, eure Weinberge und eure Ölbäume nehmen, nur die bes-
ten, und er wird sie seinen Dienern geben. 15 Und von euren Saaten und
von euren Weinbergen wird er den Zehnten nehmen und ihn seinen
Höflingen und seinen Dienern geben. 16 Und eure Diener, eure Skla-
vinnen, eure besten jungen Männer und eure Esel wird er nehmen, und
17: 17,8 er wird sie in seinen Dienst stellen. 17 Von euren Schafen wird er den
18: Hiob 27,9!; Zehnten nehmen, und ihr werdet ihm Diener sein. 18 Und an jenem Tag
Ez 8,18 werdet ihr aufschreien eures Königs wegen, den ihr euch erwählt habt,
19: 12,12 · Ps 81,12 der HERR aber wird euch nicht antworten an jenem Tag. 19 Das Volk
aber weigerte sich, auf die Stimme Samuels zu hören, und sie sprachen:
20: 5! Nein! Wir wollen einen König über uns! 20 Dann werden auch wir sein
wie alle Nationen, und unser König soll uns Recht verschaffen, und er
soll vor uns ausziehen und unsere Kriege führen. 21 Und Samuel hörte
22: 7! alle Worte des Volks und trug sie dem HERRN vor. 22 Und der HERR
sprach zu Samuel: Höre auf ihre Stimme und setze ihnen einen König
ein. Und Samuel sagte zu den Männern Israels: Geht, jeder in seine
Stadt!

Saul trifft auf Samuel

1: 14,51 · 16,11 9 1 Und es war ein Mann aus Benjamin, sein Name war Kisch, der
Sohn Abiels, des Sohns des Zeror, des Sohns des Bechorat, des Sohns
2: 1Chr 8,33 · von Afiach, ein Jaminit, ein tüchtiger Krieger. 2 Und er hatte einen Sohn
2Sam 14,25! · und dessen Name war Saul. Der war jung und schön, und unter den
10,23; 16,6.7 Israeliten gab es keinen schöneren Mann als ihn, er überragte alles Volk
3: 10,14! um Kopfeslänge. 3 Und Kisch, dem Vater Sauls, gingen die Eselinnen
verloren, und Kisch sagte zu Saul, seinem Sohn: Nimm doch einen von
den Burschen mit dir, und mach dich auf, geh, such die Eselinnen.
4: 1,1 4 Und er zog durch das Gebirge Efraim, und er zog durch das Land Scha-
lischa, aber sie fanden sie nicht. Dann zogen sie durch das Land Schaa-

lim, aber da waren sie nicht, und sie zogen durch das Land der Jaminiter,
aber sie fanden sie nicht. 5 Sie waren ins Land Zuf gekommen und Saul 5: 10,2
hatte zu seinem Burschen, der bei ihm war, gesagt: Komm, lass uns um-
kehren, sonst sorgt mein Vater sich nicht mehr um die Eselinnen, son-
dern um uns!, 6 da sagte dieser zu ihm: Sieh doch, in dieser Stadt ist ein 6: 2,27; Dtn 33,1
Gottesmann, und der Mann wird verehrt. Alles, was er sagt, trifft mit
Sicherheit ein. Lass uns nun dorthin gehen. Vielleicht tut er uns den
Weg kund, den wir gehen müssen. 7 Und Saul sagte zu seinem Bur- 7: 1Kön 13,7; 14,3;
schen: Und wenn wir hingehen, was bringen wir dem Mann mit? Denn 2Kön 8,8
das Brot in unseren Taschen ist ausgegangen, und wir haben kein Ge-
schenk, das wir dem Gottesmann mitbringen könnten. Was haben wir?
8 Und der Bursche fuhr fort, Saul zu antworten und sagte: Sieh, ich habe
noch ein Viertel Schekel Silber bei mir, und das werde ich dem Gottes-
mann geben, und er wird uns unseren Weg kundtun. 9 – Früher sagte 9: Gen 25,22;
man in Israel, wenn man hinging, um Gott zu befragen: Kommt und Ri 18,5
lasst uns zum Seher gehen. Denn wer heute Prophet genannt wird, war
früher ein Seher. – 10 Und Saul sagte zu seinem Burschen: Dein Wort ist
gut. Komm, lass uns gehen. Und sie gingen nach der Stadt, wo der Got-
tesmann war.

11 Als sie den steilen Weg zur Stadt hinaufgingen, trafen sie junge 11: Gen 24,11!
Frauen, die herauskamen, um Wasser zu schöpfen. Und sie sagten zu
ihnen: Lebt hier der Seher? 12 Und sie antworteten ihnen und sagten: Ja, 12: Gen 31,54;
er ist da; seht, dort vorne; nun beeilt euch, denn er ist heute in die Stadt 1Kön 3,2
gekommen, weil heute auf der Kulthöhe ein Schlachtopfer für das Volk
stattfindet. 13 Wenn ihr in die Stadt kommt, werdet ihr ihn treffen,
noch bevor er hinaufsteigt auf die Kulthöhe, um zu essen. Denn das
Volk wird nicht essen, bis er gekommen ist, weil er es ist, der das
Schlachtopfer segnet. Danach essen die Geladenen. Und nun geht hin-
auf, denn ihn – gerade jetzt werdet ihr ihn noch treffen. 14 Und sie stie- 14: 10,14!
gen zur Stadt hinauf. Als sie in die Mitte der Stadt kamen, sieh, da kam
Samuel gerade heraus, ihnen entgegen, um hinaufzusteigen zur Kult-
höhe.

Samuel salbt Saul zum König

15 Aber einen Tag bevor Saul kam, hatte der HERR Samuel dies ent-
hüllt: 16 Morgen um diese Zeit werde ich einen Mann aus dem Land 16: 10,1!; 2Sam 6,21 ·
Benjamin zu dir schicken, und du sollst ihn zum Fürsten salben über 14,10–23 · Ex 2,23;
mein Volk Israel. Und er wird mein Volk retten aus der Hand der Philis- 3,7
ter, denn ich habe mein Volk gesehen, sein Schreien ist zu mir gedrun-
gen. 17 Als Samuel Saul sah, sprach der HERR zu ihm: Sieh, das ist der
Mann, von dem ich zu dir gesagt habe: Dieser soll über mein Volk herr-
schen. 18 Und Saul trat im Tor auf Samuel zu und sagte: Bitte sag mir, wo
hier das Haus des Sehers ist. 19 Und Samuel antwortete Saul und sagte:
Ich bin der Seher. Geh mir voran, hinauf zur Kulthöhe, und ihr sollt heu-
te mit mir essen. Und am Morgen werde ich dich ziehen lassen und dir
all das kundtun, was du im Herzen trägst. 20 Um die Eselinnen aber, die 20: 10,16
dir vor drei Tagen verloren gegangen sind, musst du dir keine Sorgen
machen, denn sie sind gefunden worden. Und wem gehört alles, was
Israel kostbar ist? Gehört es nicht dir und dem ganzen Haus deines Va- 21: 15,17; 18,18.23;
ters? 21 Daraufhin sagte Saul: Bin ich nicht ein Benjaminit, aus dem Ri 6,15; Ps 68,28

kleinsten der Stämme Israels, und ist meine Sippe nicht die unbedeu-
tendste von allen Sippen der Stämme Benjamins? Warum denn redest
du so zu mir? 22 Samuel aber nahm Saul und seinen Burschen, führte sie
in die Halle und wies ihnen einen Platz an der Spitze der Geladenen zu,
und es waren etwa dreissig Männer. 23 Und Samuel sagte zum Koch:
Bring das Stück, das ich dir gegeben habe, von dem ich dir gesagt habe:
Lege es bei dir zurück. 24 Und der Koch trug die Keule auf und was da-
ran war und setzte sie Saul vor, und er sagte: Sieh, was aufgehoben wor-
den ist. Leg es dir vor; iss, denn es wurde dir für diese Stunde aufbe-
wahrt, weil ich sagte: Ich habe das Volk geladen. Und Saul ass mit Samu-
el an jenem Tag. 25 Und sie gingen von der Kulthöhe hinab zur Stadt,
und er redete mit Saul auf dem Dach. 26 Und früh standen sie auf. Und
als die Morgenröte emporgestiegen war, rief Samuel Saul auf dem Dach
zu: Mach dich auf, und ich werde dich geleiten. Und Saul machte sich
27: 15,16 auf, und beide, er und Samuel, gingen hinaus auf die Strasse. 27 Als sie
hinab stiegen am Ende der Stadt, sagte Samuel zu Saul: Sag dem Bur-
schen, dass er uns vorausgehen soll. Und er ging. Du aber bleib jetzt
stehen, damit ich dich das Wort Gottes hören lasse.

1: 9,16; 16,13! · 2Sam 20,19! · 15,1.17 **10** 1 Und Samuel nahm den Krug mit Öl und goss es über sein Haupt
und küsste ihn und sprach: So hat dich der HERR zum Fürsten über
2: Gen 35,19–20 · 9,5 seinen Erbbesitz gesalbt! 2 Wenn du heute weggehst von mir, wirst du
zwei Männer treffen beim Grab der Rachel an der Grenze Benjamins, in
Zelzach, und sie werden zu dir sagen: Die Eselinnen, nach denen du auf
der Suche warst, sind gefunden worden. Aber sieh, dein Vater denkt
nicht mehr an die Sache mit den Eselinnen, sondern er sorgt sich um
3: 2Sam 16,1; Ri 20,18 euch und sagt: Was kann ich tun für meinen Sohn? 3 Dann wirst du von
dort weiterziehen und zur Eiche von Tabor kommen, und dort werden
dich drei Männer treffen, die hinaufziehen zu Gott, nach Bet-El. Einer
trägt drei Böcklein, einer trägt drei Laibe Brot, und einer trägt einen
4: 2Sam 8,10! Krug mit Wein. 4 Und sie werden dich nach deinem Wohlergehen fra-
gen und dir zwei Brote geben, und du sollst sie von ihnen annehmen.
5: 13,3 · 19,20! · 1Kön 18,29; 1Chr 25,3 5 Danach wirst du nach dem Gibea Gottes kommen, wo die Statthalter
der Philister sind. Und wenn du dort in die Stadt kommst, wirst du auf
eine Schar von Propheten stossen, die von der Kulthöhe herabkommen,
und vor ihnen her Harfe, Pauke, Flöte und Leier, und sie werden sich wie
6: 10; 11,6; 18,10; 19,20; Ri 13,25 Propheten gebärden. 6 Dann wird der Geist des HERRN dich durchdrin-
gen, und du wirst dich zusammen mit ihnen wie ein Prophet gebärden,
7: Koh 9,10 · 3,19! und du wirst in einen anderen Menschen verwandelt werden. 7 Und
wenn diese Zeichen für dich eintreffen, tu, was sich dir anbietet, denn
8: 11,14; 13,4; Jos 4,19 · 13,8; 2Sam 19,16 Gott ist mit dir. 8 Und du sollst vor mir hinab nach Gilgal gehen, und
sieh, ich werde herabkommen zu dir, um Brandopfer darzubringen und
Heilsopfer zu opfern. Sieben Tage sollst du warten, bis ich zu dir komme
und dich wissen lasse, was du tun sollst.

9 Und als er Samuel den Rücken zugewandt hatte, um von ihm weg-
zugehen, da verwandelte ihm Gott das Herz, und an jenem Tag trafen
10–12: 2Sam 6,14 alle diese Zeichen ein. 10 Und als sie dorthin, nach Gibea, kamen, sieh,
10: 6! · 16,13 da kam ihm eine Schar von Propheten entgegen, und der Geist Gottes
durchdrang ihn, und er gebärdete sich unter ihnen wie ein Prophet.
11: 19,24 11 Als aber alle, die ihn von früher her kannten, sahen, wie er sich mit
Propheten wie ein Prophet gebärdete, sagte im Volk einer zum anderen:

Was ist denn geschehen mit dem Sohn des Kisch? Ist auch Saul unter
den Propheten? 12 Und einer von dort sagte daraufhin: Wer ist denn ihr
Vater? Daher ist das zum Sprichwort geworden: Ist auch Saul unter den
Propheten? 13 Und als er aufgehört hatte, sich wie ein Prophet zu gebär-
den, kam er zur Kulthöhe. 14 Und der Onkel Sauls sagte zu ihm und zu 14: 9,3.10
seinem Burschen: Wohin seid ihr gegangen? Und er sagte: Wir wollten
die Eselinnen suchen. Aber wir sahen, dass sie nirgends waren, und so
gingen wir zu Samuel. 15 Und der Onkel Sauls sagte: Bitte berichte mir,
was Samuel euch gesagt hat. 16 Und Saul sagte zu seinem Onkel: Er hat 16: 9,20
uns berichtet, dass die Eselinnen gefunden worden sind. Was Samuel
aber vom Königtum gesagt hatte, berichtete er ihm nicht.

Saul wird König

17 Und Samuel bot das Volk auf zum HERRN nach Mizpa. 18 Und er 17: 7,5.16
sprach zu den Israeliten: So spricht der HERR, der Gott Israels: Ich habe 18: Ex 29,46
Israel heraufgeführt aus Ägypten, und ich habe euch gerettet aus der
Hand der Ägypter und aus der Hand aller Königreiche, die euch gequält
haben. 19 Ihr aber habt heute euren Gott verworfen, der euch aus all 19: 8,7! · Jos 7,14–16
eurem Unheil und von euren Qualen rettet. Und ihr habt zu ihm gesagt:
Setze einen König über uns. So tretet nun vor den HERRN, nach Stäm-
men und nach Tausendschaften. 20 Und Samuel liess alle Stämme Isra- 20: 14,41
els herantreten, und es traf den Stamm Benjamin. 21 Und er liess den
Stamm Benjamin herantreten, nach seinen Sippen, und es traf die Sippe
der Matriten, und es traf Saul, den Sohn des Kisch. Da suchte man ihn, er
aber war nicht zu finden. 22 Und sie befragten den HERRN noch einmal: 22: 23,2!
Ist ausserdem noch einer hier? Und der HERR sprach: Seht, er hält sich
beim Gepäck verborgen. 23 Da liefen sie und holten ihn von dort. Und er 23: 9,2!
stellte sich mitten ins Volk, und er überragte das ganze Volk um Kopfes-
länge. 24 Und Samuel sprach zum ganzen Volk: Seht ihr, wen der HERR 24: 11,15; 12,1;
erwählt hat? Im ganzen Volk gibt es keinen wie ihn. Und das ganze Volk 2Sam 21,6;
jubelte, und sie riefen: Es lebe der König! 25 Und Samuel verkündete 1Kön 1,25
dem Volk das Königsrecht und schrieb es in das Buch und legte es nieder 25: 8,9; Dtn 7,14–20
vor dem HERRN. Dann entliess Samuel das ganze Volk, einen jeden in
sein Haus. 26 Und auch Saul ging in sein Haus nach Gibea, und mit ihm 26: 11,4; 15,34;
gingen die vom Heer, denen Gott das Herz gerührt hatte. 27 Ruchlose 2Sam 21,6
aber sagten: Was kann der uns schon helfen? Und sie verachteten ihn 27: 11,12
und brachten ihm kein Geschenk. Er aber tat, als hörte er nichts.

Sauls Sieg über die Ammoniter

11 1 Und Nachasch, der Ammoniter, zog hinauf und belagerte Ja- 1: 12,12; 2Sam 10,2 ·
besch im Gilead. Und alle Männer von Jabesch sagten zu Na- Ri 11,4 · 9; 31,11;
chasch: Schliesse einen Bund mit uns, dann werden wir dir dienen. 2Sam 2,5; Ri 21,8
2 Aber Nachasch, der Ammoniter, sprach zu ihnen: Unter dieser Bedin- 2: 2Sam 10,4
gung werde ich mich mit euch verbünden: dass ich jedem von euch das
rechte Auge ausstechen und damit Schande bringen kann über ganz Is-
rael. 3 Und die Ältesten von Jabesch sagten zu ihm: Gib uns sieben Tage
Zeit, wir wollen Boten in das ganze Gebiet Israels schicken. Und wenn
da keiner ist, der uns hilft, werden wir uns dir ergeben. 4 Und die Boten 4: 10,26! · 30,4!
kamen zum Gibea Sauls und trugen dem Volk die Worte vor, und alles
Volk begann laut zu weinen.

5 Und sieh, Saul kam vom Feld hinter den Rindern her, und Saul sag-
te: Was ist mit dem Volk, dass sie weinen? Und man erzählte ihm von
6: 10,6! den Worten der Männer von Jabesch. 6 Und als Saul diese Worte hörte,
durchdrang ihn der Geist Gottes, und sein Zorn entbrannte heftig,
7: Ri 19,29 · 7 und er nahm ein Gespann Rinder, zerlegte sie und sandte sie durch
Ri 21,5 · 2Chr 19,7; Boten ins ganze Gebiet Israels und liess sagen: Wer nicht auszieht hin-
Jes 8,13 · 2Sam 19,15! ter Saul und Samuel, mit dessen Rindern wird es ebenso gemacht wer-
den. Da fiel der Schrecken des HERRN auf das Volk, und sie zogen aus wie
ein einziger Mann. 8 Und er musterte sie in Besek: Es waren dreihun-
9: 1! derttausend Israeliten und dreissigtausend Mann aus Juda. 9 Und sie
sagten zu den Boten, die gekommen waren: So sollt ihr zu den Männern
von Jabesch im Gilead sagen: Morgen, wenn die Sonne heiss brennt,
werdet ihr Hilfe erhalten. Und die Boten kamen und berichteten das
den Männern von Jabesch, und diese freuten sich. 10 Und die Männer
von Jabesch sagten: Morgen werden wir uns euch ergeben, dann könnt
ihr mit uns alles machen, was gut ist in euren Augen.
11: 13,17–18; 11 Am anderen Morgen aber stellte Saul das Volk in drei Einheiten
2Sam 18,2; Ri 7,16 · auf, und um die Zeit der Morgenwache kamen sie in das Lager und
14,47! schlugen auf Ammon ein, bis der Tag heiss war. Die aber übrig blieben,
12: 10,27 zerstreuten sich, und nicht zwei von ihnen blieben beieinander. 12 Und
das Volk sagte zu Samuel: Wer sagt da: Soll etwa Saul König sein über
13: 2Sam 19,23 · uns? Gebt uns die Männer, damit wir sie töten. 13 Saul aber sprach: An
2Sam 23,10 diesem Tag soll niemand getötet werden, denn heute hat der HERR Ret-
14: 10,8! tung gebracht in Israel. 14 Und Samuel sagte zum Volk: Kommt, lasst
15: 10,24 · uns nach Gilgal gehen und dort das Königtum neu begründen. 15 Und
2Sam 2,9! das ganze Volk ging nach Gilgal, und dort, vor dem HERRN in Gilgal,
machten sie Saul zum König, und dort schlachteten sie Heilsopfer vor
dem HERRN. Und Saul und alle Männer Israels freuten sich dort über die
Massen.

Samuels Abschied

1: 8,7! · 10,24 12 1 Und Samuel sprach zu ganz Israel: Seht, ich habe auf eure Stim-
me gehört in allem, was ihr mir gesagt habt, und ich habe einen
2: Jos 23,2 · 8,1! König über euch gesetzt. 2 Und nun zieht der König vor euch her, ich
aber bin alt geworden und ergraut, und nun sind ja meine Söhne bei
euch. Ich aber bin vor euch hergegangen von meiner Jugend an bis auf
3: Num 16,15; den heutigen Tag. 3 Hier bin ich! Sagt aus gegen mich vor dem HERRN
Dtn 16,19; Ps 15,5 und vor seinem Gesalbten: Wessen Rind habe ich genommen, oder wes-
sen Esel habe ich genommen? Wen habe ich unterdrückt, wen misshan-
delt? Aus wessen Hand habe ich Sühnegeld genommen und dafür beide
Augen zugedrückt? Ich werde euch antworten. 4 Und sie sprachen: Du
hast uns nicht unterdrückt und uns nicht misshandelt, und du hast von
5: Gen 31,50!; niemandem etwas genommen. 5 Und er sprach zu ihnen: Der HERR
Hiob 16,19 wäre Zeuge gegen euch, und sein Gesalbter wäre Zeuge am heutigen
Tag, dass ihr nichts gegen mich gefunden habt. Und sie sprachen: Er
wäre Zeuge. 6 Und Samuel sprach zum Volk: Der HERR, der Mose und
Aaron geschaffen und der eure Vorfahren aus dem Land Ägypten herauf-
7: Mi 6,5 geführt hat. 7 Und nun stellt euch auf, dann will ich mit euch vor dem

12,3: Möglich ist auch die Übersetzung: «… Ich werde es euch zurückgeben.»

HERRN allen Heilstaten des HERRN, die er euch und euren Vorfahren
erwiesen hat, Anerkennung verschaffen. 8 Als Jakob nach Ägypten ge- 8: Ex 2,23 ·
kommen war, schrien eure Vorfahren zum HERRN, und der HERR sandte Ex 6,26–27 ·
Mose und Aaron, und sie führten eure Vorfahren aus Ägypten heraus Jos 21,43
und liessen sie wohnen an diesem Ort. 9 Sie aber vergassen den HERRN, 9: Ri 3,7; 4,2 ·
ihren Gott, und er verkaufte sie in die Hand Siseras, des Heerführers Ri 10,7 · Ri 3,12 ·
von Chazor, und in die Hand der Philister und in die Hand des Königs Ri 13,1
von Moab, und sie kämpften gegen diese. 10 Und sie schrien zum 10: 7,6; Ri 2,11–13;
HERRN und sprachen: Wir haben gesündigt, denn wir haben den HERRN 10,10; Num 21,7
verlassen und den Baalen und den Astarten gedient. Nun aber rette uns
aus der Hand unserer Feinde, dann werden wir dir dienen. 11 Und der 11: Ri 6,32 ·
HERR sandte Jerubbaal, Bedan, Jiftach und Samuel und rettete euch aus 1Chr 7,17 · Ri 11,1 ·
der Hand eurer Feinde ringsum, und ihr konntet sicher wohnen. 12 Ihr 1,20
aber saht, dass Nachasch, der König der Ammoniter, gegen euch heran- 12: 11,1! · 8,19 · 8,7!
zog, und ihr habt zu mir gesagt: Nein! Ein König soll über uns herr-
schen! Obwohl der HERR, euer Gott, euer König ist. 13 Und nun seht, da
ist der König, den ihr erwählt habt, den ihr gefordert habt. Und seht, der
HERR hat einen König über euch gesetzt. 14 Ob ihr den HERRN fürchten 14: Dtn 13,15
und ihm dienen werdet, auf seine Stimme hören und nicht widerspens-
tig sein werdet gegen den Befehl des HERRN? Und werdet ihr und euer
König, der über euch herrscht, dem HERRN, eurem Gott, folgen?
15 Wenn ihr aber nicht hört auf die Stimme des HERRN, sondern wider- 15: Dtn 31,27;
spenstig seid gegen den Befehl des HERRN, so wird die Hand des HERRN Ri 2,15
gegen euch sein und gegen eure Vorfahren. 16 So stellt euch nun auf
und seht, was der HERR Grosses tut vor euren Augen. 17 Ist zurzeit nicht 17: 2,10! · 8,6
Weizenernte? Ich werde zum HERRN rufen, dass er es donnern und reg-
nen lässt. Dann erkennt und seht, dass es in den Augen des HERRN ein
grosses Unrecht war, was ihr getan habt, als ihr für euch einen König
gefordert habt. 18 Und Samuel rief zum HERRN, und an jenem Tag liess 18: Ex 14,31
der HERR es donnern und regnen, und das ganze Volk fürchtete sich sehr
vor dem HERRN und vor Samuel.

19 Und das ganze Volk sprach zu Samuel: Bete für deine Diener zum 19: Num 21,7;
HERRN, deinem Gott, damit wir nicht sterben müssen, denn über alle Jer 37,3 · 8,6
unsere Sünden hinaus haben wir noch das Unrecht begangen, einen Kö-
nig für uns zu fordern. 20 Und Samuel sprach zum Volk: Fürchtet euch
nicht! Ihr habt all dies Unrecht begangen. Weicht jetzt nicht ab vom
HERRN, sondern dient dem HERRN von ganzem Herzen. 21 Und weicht 21: Dtn 11,16 ·
nicht ab; folgt nicht denen, die nichts sind, die nichts nützen und nicht 2Kön 17,15!;
retten können, denn sie sind nichts! 22 Denn um seines grossen Na- Jes 41,29; Jona 2,9
mens willen wird der HERR sein Volk nicht verwerfen, weil der HERR 22: Ps 106,8;
sich entschlossen hat, euch sich zum Volk zu machen. 23 Auch von mir Ez 20,9.14 ·
sei es fern, mich am HERRN zu versündigen und davon abzulassen, für 2Sam 7,24; Dtn 7,6
euch zu beten, sondern ich werde euch den guten und geraden Weg leh- 23: 7,8 · Jes 30,21
ren. 24 So fürchtet den HERRN und dient ihm in Treue von ganzem Her- 24: Dtn 6,13 ·
zen; seht, was er bei euch Grosses vollbracht hat. 25 Wenn ihr aber den- Jos 24,14; Dtn 29,2
noch Böses tut, so werdet ihr und euer König hinweggerafft werden. 25: Dtn 8,19;
Jos 23,16; 24,20

Die Herrschaft Sauls

1: Apg 13,21–22 **13** 1 Saul war ... Jahre alt, als er König wurde, und zwei Jahre lang war
2: 24,3! · 14,5.31 er König über Israel. 2 Und Saul wählte sich aus Israel dreitausend
aus, zweitausend standen bei Saul in Michmas und auf dem Gebirge
von Bet-El, und tausend waren bei Jonatan in Gibea in Benjamin, den
Rest des Volks aber hatte er entlassen, einen jeden zu seinen Zelten.
3: 14,49 · 10,5 · 3 Und Jonatan erschlug den Statthalter der Philister, der in Geba war,
Ri 3,27! und die Philister hörten davon. Saul aber hatte im ganzen Land den
4: 27,12; Schofar blasen lassen und gesagt: Die Hebräer sollen es hören. 4 Und
Gen 34,30! · 10,8! ganz Israel hatte es gehört: Saul hat den Statthalter der Philister erschla-
gen, und auch Israel hat sich bei den Philistern verhasst gemacht. Und
5: 17,1 · Jos 11,4! · man bot das Volk auf, damit es Saul nach Gilgal folge. 5 Die Philister
14,23; Jos 7,2 aber hatten sich gesammelt, um gegen Israel zu kämpfen, dreissigtau-
send Wagen, sechstausend Reiter und Volk, so zahlreich wie der Sand an
der Küste des Meeres. Und sie zogen hinauf und lagerten in Michmas,
6: 31,7 · 14,11; Ri 6,2 östlich von Bet-Awen. 6 Und als die Männer Israels sahen, dass sie in
Not geraten waren, weil das Volk bedrängt wurde, da versteckte sich das
Volk in Höhlen und Felsspalten, in Felsen, Gewölben und Gruben.
7: 17,11 7 Auch überquerten Hebräer den Jordan, hinein ins Land Gad und ins
Gilead.

Saul aber war noch in Gilgal, und alles Volk war ihm erschrocken
8: 10,8 gefolgt. 8 Und er wartete sieben Tage, bis zu dem Zeitpunkt, den Samuel
bestimmt hatte. Samuel aber kam nicht nach Gilgal, und das Volk zer-
streute sich, verliess ihn. 9 Da sagte Saul: Bringt das Brandopfer und die
Heilsopfer her zu mir. Und er brachte das Brandopfer dar. 10 Als er aber
das Brandopfer dargebracht hatte, sieh, da kam Samuel. Und Saul ging
11: Gen 3,13! hinaus, ihm entgegen, um ihn zu segnen. 11 Samuel aber sprach: Was
hast du getan? Und Saul sagte: Ich sah, dass das Volk sich zerstreute,
mich verliess, und du zur verabredeten Zeit nicht kamst und die Philis-
12: 2Sam 21,1! · ter sich in Michmas versammelten. 12 Da dachte ich: Nun werden die
15,22 Philister herabkommen gegen mich nach Gilgal, und ich habe das Ange-
sicht des HERRN nicht besänftigt! So wagte ich es und brachte das Brand-
13: 26,21!; opfer dar. 13 Und Samuel sprach zu Saul: Du hast dich töricht verhalten!
2Sam 24,10 · Du hast das Gebot des HERRN, deines Gottes, das er dir gegeben hat,
1Chr 10,13 nicht gehalten, sonst hätte der HERR dein Königtum über Israel jetzt für
14: 15,28! · 16,1!; immer befestigt. 14 Nun aber wird dein Königtum keinen Bestand ha-
2Sam 5,2! ben. Der HERR hat sich einen Mann nach seinem Herzen ausgesucht,
und der HERR hat ihn als Fürsten beauftragt über sein Volk, weil du
nicht gehalten hast, was dir der HERR geboten hat.

15: 14,2; 23,13; 27,2; 15 Und Samuel machte sich auf und zog hinauf von Gilgal nach Gi-
2Sam 15,18 · 30,9 bea in Benjamin. Saul aber musterte das Volk, das sich bei ihm befand,
etwa sechshundert Mann. 16 Und während Saul und Jonatan, sein
Sohn, und das Volk, das sich bei ihnen befand, in Geba in Benjamin blie-
17: Jos 18,23 ben, hatten die Philister ihr Lager in Michmas aufgeschlagen. 17 Und
aus dem Lager der Philister rückte die Kampftruppe in drei Einheiten
aus: Die eine Einheit wandte sich in Richtung Ofra, zum Land Schual,
18: Jos 10,10 · 18 die andere Einheit wandte sich in Richtung Bet-Choron, und die drit-
Gen 10,19 te Einheit wandte sich in Richtung des Gebiets, das hinabschaut auf das

13,1: «Saul war ... Jahre alt, ...»: Die Altersangabe fehlt im hebräischen Text.

Tal Zeboim, zur Wüste hin. 19 Im ganzen Land Israel aber fand sich kein 19: 29,3! · Ri 5,8
Schmied, denn die Philister hatten gesagt: Dass sich die Hebräer nur
kein Schwert und keinen Speer machen können! 20 Und ganz Israel
musste hinabgehen zu den Philistern, jeder, um seine Pflugschar, seine
Haue, seine Axt oder seine Sichel zu schärfen. 21 Und ein Pim war der
Preis für die Pflugschar und für die Hacken und für einen Dreizack und
für die Äxte und um den Ochsenstachel zu richten. 22 Und so fand sich
am Tag der Schlacht bei keinem vom Volk, das bei Saul und bei Jonatan
war, ein Schwert oder ein Speer. Saul aber und Jonatan, sein Sohn, hat-
ten Waffen. 23 Und der Posten der Philister rückte aus zum Pass von 23: Jes 10,28
Michmas.

Jonatans Heldentat

14 1 Und eines Tages sagte Jonatan, der Sohn Sauls, zum Burschen, 1: Ri 14,6.9
der seine Waffen trug: Komm, lass uns hinübergehen zum Posten
der Philister, der dort drüben liegt. Seinem Vater aber teilte er es nicht
mit. 2 Und Saul sass am Rande von Gibea unter dem Granatapfelbaum, 2: 22,6 · 13,15!
der in Migron steht. Und das Volk, das bei ihm war, zählte etwa sechs-
hundert Mann. 3 Und Achija, der Sohn von Achitub, dem Bruder von 3: 22,9!; 2Sam 8,17 ·
Ikabod, dem Sohn von Pinechas, dem Sohn Elis, des Priesters des HERRN 4,21 · 2,18;
in Schilo, trug den Efod. Das Volk aber wusste nicht, dass Jonatan weg- Ex 28,6–30
gegangen war. 4 Und zwischen den Durchgängen, wo Jonatan gegen
den Posten der Philister hinübergehen wollte, war auf jeder Seite ein
Felszahn. Und der Name des einen war Bozez, und der Name des ande-
ren war Senne. 5 Der eine Zahn war eine Säule im Norden, gegenüber 5: 13,2! · Jes 10,29
von Michmas, und der andere befand sich im Süden, gegenüber von Ge-
ba. 6 Und Jehonatan sagte zu dem Burschen, der seine Waffen trug: 6: 2Sam 24,1! ·
Komm, lass uns hinübergehen zu dem Posten dieser Unbeschnittenen. 17,26.36
Vielleicht tut der HERR etwas für uns, denn nichts kann den HERRN dar-
an hindern, zu helfen, mit vielem oder wenigem. 7 Und sein Waffenträ- 7: 2Sam 15,15!
ger sagte zu ihm: Tu, was immer du vorhast. Geh nur; sieh, ich bin bei
dir, ganz nach deinem Herzen. 8 Und Jehonatan sagte: Sieh, wir werden
hinübergehen zu den Männern und uns ihnen zeigen. 9 Wenn sie zu
uns sagen: Bewegt euch nicht, bis wir bei euch sind, dann werden wir
unterhalb von ihnen stehen bleiben und nicht zu ihnen hinaufgehen.
10 Wenn sie aber sagen: Kommt herauf zu uns!, so werden wir hinauf- 10–23: 9,16
gehen, denn dann hat der HERR sie in unsere Hand gegeben. Und das 10: Gen 24,14;
wird das Zeichen sein für uns. 11 Da zeigten die beiden sich dem Posten 2Kön 20,9; Lk 2,12
der Philister, und die Philister sagten: Sieh, da kommen Hebräer aus den 11: 29,3! · 13,6!
Löchern, in denen sie sich versteckt haben. 12 Daraufhin sagten die 12: Ri 7,15
Männer des Postens zu Jonatan und seinem Waffenträger: Kommt her-
auf zu uns, euch werden wir etwas erzählen! Und Jonatan sagte zu sei-
nem Waffenträger: Steig hinauf, mir nach, denn der HERR hat sie in die
Hand Israels gegeben. 13 Und Jonatan stieg auf Händen und Füssen hin-
auf, und sein Waffenträger folgte ihm. Und sie fielen vor Jonatan, und
hinter ihm gab ihnen sein Waffenträger den Todesstoss. 14 Und das war

13,21: Die genaue Bedeutung des mit ‹Dreizack› wiedergegebenen hebräischen Worts ist unsicher.

14,6: Jehonatan ist eine andere Form des Namens Jonatan.

der erste Schlag: Jonatan und sein Waffenträger hatten etwa zwanzig
Mann erschlagen, etwa auf der halben Länge einer Furche, die ein Ge-
15: 2Kön 7,7! · 7,10; spann im Acker pflügt. 15 Da entstand ein Schrecken im Lager, im Feld
Gen 35,5!; und überall im Volk; auch der Posten und die Kampftruppe erschraken,
Hiob 6,4; 2Chr 20,29 und die Erde bebte: Es war ein Gottesschrecken.

Der Sieg über die Philister

16 Und die Späher Sauls in Gibea in Benjamin sahen, wie die Menge
unablässig hin und her wogte. 17 Und Saul sagte zum Volk, das bei ihm
war: Prüft doch und seht, wer von uns weggegangen ist. Und sie prüften
es, und sieh, Jonatan und sein Waffenträger waren nicht da. 18 Und Saul
sprach zu Achija: Bring die Lade Gottes her. Denn damals war die Lade
des HERRN bei den Israeliten. 19 Und während Saul mit dem Priester
sprach, wurde die Menge im Lager der Philister unablässig grösser. Und
20: Ri 7,22; Saul sagte zum Priester: Halte ein. 20 Und Saul und alles Volk, das bei
2Chr 20,23; ihm war, wurde aufgeboten, und sie kamen zur Schlacht, und sieh, da
Sach 14,13 war das Schwert eines jeden gegen den anderen gerichtet, eine sehr
grosse Verwirrung. 21 Die Hebräer aber, die zuvor zu den Philistern ge-
hört hatten und mit ihnen hinauf ins Lager gezogen waren ringsum,
22: Ri 7,23 auch sie schlugen sich zu Israel, das bei Saul und Jonatan war. 22 Und als
alle die Männer von Israel, die sich auf dem Gebirge Efraim versteckt
hielten, hörten, dass die Philister die Flucht ergriffen hatten, setzten
23: 13,5! auch sie ihnen nach im Kampf. 23 Und der HERR half Israel an jenem
24: 2Sam 3,35! Tag, und der Kampf zog sich über Bet-Awen hinaus. 24 Und an jenem
Tag waren die Männer Israels in Bedrängnis geraten, und Saul stellte
das Volk an jenem Tag unter einen Fluch, indem er sprach: Verflucht ist
der Mann, der bis zum Abend etwas isst, bevor ich mich an meinen
Feinden gerächt habe. Und niemand im Volk rührte etwas an. 25 Und
das ganze Land kam zu den Honigwaben, und auf dem Boden war Ho-
nig. 26 Und als das Volk zu den Waben kam, sieh, da floss der Honig,
aber niemand führte seine Hand zum Mund, denn das Volk fürchtete
27: Spr 24,13! den Schwur. 27 Jonatan aber hatte es nicht gehört, als sein Vater das
Volk schwören liess, und er streckte den Stab aus, den er in der Hand
hatte, und tauchte dessen Spitze in die Honigwaben und führte die
Hand zum Mund, und seine Augen leuchteten auf. 28 Einer aus dem
Volk aber sagte daraufhin: Dein Vater hat das Volk doch schwören las-
sen: Verflucht ist der Mann, der heute etwas isst. Und das Volk war er-
schöpft! 29 Jonatan aber sagte: Mein Vater stürzt das Land ins Unheil.
Seht doch, wie meine Augen leuchten, weil ich dieses bisschen Honig
gekostet habe. 30 Hätte das Volk heute doch nur von der Beute seiner
Feinde gegessen, die es vorgefunden hat! Denn nun haben die Philister
31: 13,2! · Jos 10,12 keine grosse Niederlage erlitten. 31 Und an jenem Tag schlugen sie die
Philister von Michmas bis Ajjalon, und das Volk war sehr erschöpft.

32: Lev 3,17;17,10–14 32 Da machte sich das Volk über die Beute her: Sie nahmen Scha-
fe und Rinder und Kälber und schlachteten sie auf der Erde, und das
33: Gen 9,4! Volk ass Blutiges. 33 Und man berichtete Saul: Sieh, das Volk versün-
digt sich am HERRN, indem es Blutiges isst. Und er sprach: Ihr seid ab-

14,25: «Und das ganze Land kam zu den Honigwaben»: Gemeint ist wohl, dass überall im Land Honig geerntet wurde.

trünnig geworden! Wälzt noch heute einen grossen Stein her zu mir.
34 Und Saul sprach: Verteilt euch unter das Volk und sagt ihnen: Jeder
soll mir sein Rind bringen und jeder sein Schaf, und ihr sollt es hier
schlachten und essen; und ihr sollt euch nicht am HERRN versündi-
gen, indem ihr Blutiges esst! Und in der Nacht brachte jeder, das ganze
Volk, eigenhändig sein Rind, und dort schlachteten sie. 35 Und Saul 35: 7,17!
baute einen Altar für den HERRN; das war der erste Altar, den er für den
HERRN baute.

36 Und Saul sagte: Lasst uns noch in der Nacht hinabziehen, den Phi-
listern nach, und sie ausplündern, bis es Morgen wird. Und keinen von
ihnen werden wir übrig lassen. Und sie sagten: Tu, was immer gut ist in
deinen Augen. Der Priester aber sprach: Lasst uns hier vor Gott treten.
37 Und Saul fragte Gott: Soll ich hinabziehen, den Philistern nach? 37: 23,2; 30,8 · 28,6
Wirst du sie in die Hand Israels geben? Er aber antwortete ihm nicht an
jenem Tag. 38 Da sprach Saul: Tretet heran, all ihr Stützen des Volks, und 38: Jos 7,11–15
erkennt und seht, wodurch heute diese Sünde begangen worden ist.
39 Denn so wahr der HERR lebt, der Israel rettet: Selbst wenn der Grund 39: 2Sam 12,5 ·
sich bei Jonatan, meinem Sohn, fände, er müsste sterben! Aber vom 2Sam 2,27 ·
ganzen Volk antwortete ihm niemand. 40 Und er sprach zu ganz Israel: Ri 11,30–39
Ihr sollt auf der einen Seite sein, ich aber und Jonatan, mein Sohn, wir
werden auf der anderen Seite sein. Und das Volk sagte zu Saul: Tu, was
gut ist in deinen Augen. 41 Und Saul sprach zum HERRN: Gott Israels, 41: 10,20 · 28,6;
gib Klarheit! Und es traf Jonatan und Saul, das Volk aber kam davon. Ex 28,30
42 Und Saul sprach: Werft das Los zwischen mir und Jonatan, meinem 42: Jos 7,18–19
Sohn. Und es traf Jonatan. 43 Da sagte Saul zu Jonatan: Berichte mir, was
du getan hast. Und Jonatan berichtete es ihm und sprach: Ich habe wirk-
lich ein bisschen Honig gekostet mit der Spitze des Stabs, den ich in der
Hand hatte. Sieh, ich bin bereit zu sterben. 44 Und Saul sprach: Gott soll
mir antun, was immer er will! Ja, du musst sterben, Jonatan. 45 Das 45: 2Sam 14,11;
Volk aber sagte zu Saul: Soll Jonatan sterben, der diese grosse Rettung in Apg 27,34
Israel vollbracht hat? Das sei fern. So wahr der HERR lebt, ihm soll kein
Haar gekrümmt werden, denn mit Gott hat er es an diesem Tag voll-
bracht! So löste das Volk Jonatan aus, und er musste nicht sterben.
46 Und Saul zog hinauf, weg von den Philistern, und die Philister gin-
gen an ihren Ort.

47 Als Saul das Königtum über Israel erlangt hatte, kämpfte er gegen 47: 11,11; 2Sam 1,22;
alle seine Feinde ringsum, gegen Moab und gegen die Ammoniter und Gen 19,37–38 ·
gegen Edom und gegen die Könige von Zoba und gegen die Philister. Gen 36,8 · 2Sam 8,3
Aber wohin er sich auch wandte, er machte sich schuldig. 48 Doch er 48: 15,3.7; Ex 17,8 ·
war tüchtig und schlug Amalek und rettete Israel aus der Hand derer, Ri 2,16
die es ausraubten. 49 Und die Söhne Sauls waren: Jonatan und Jischwi 49: 31,2.12;
und Malki-Schua. Und die Namen seiner beiden Töchter: Der Name der 1Chr 8,33; 9,39 · 13,3 · 18,17.20

14,38: Wörtlich: «…, all ihr Ecksteine des Volks, …»

14,42: Wörtlich: «… Und Jonatan wurde getroffen.»

14,45: Wörtlich: «… So wahr der HERR lebt, kein Haar von seinem Kopf soll auf die Erde fallen, …»

50: 17,55;26,5; älteren war Merab, und der Name der jüngeren war Michal. 50 Und der
2Sam 2,8;3,6 Name von Sauls Frau war Achinoam, die Tochter des Achimaaz. Und der
Name seines Heerführers war Abiner, der Sohn von Ner, dem Onkel
51: 9,1 Sauls. 51 Und Kisch, der Vater Sauls, und Ner, der Vater Abners, waren
52: 8,11! die Söhne Abiels. 52 Und solange Saul lebte, tobte der Krieg gegen die
Philister. Und wenn immer Saul einen Krieger sah, einen tüchtigen
Mann, holte er ihn zu sich.

Der Sieg über Amalek. Saul wird verworfen

1: 10,1! 15 1 Und Samuel sprach zu Saul: Mich hat der HERR gesandt, um dich
zum König zu salben über sein Volk, über Israel. Und nun höre auf
2: Ex 17,8–14; die Worte des HERRN. 2 So spricht der HERR der Heerscharen: Ich ahnde,
Dtn 25,17 was Amalek Israel angetan hat: dass es ihm in den Weg trat, als es aus
3: 14,48! · 8; 22,19; Ägypten heraufzog. 3 Nun geh und schlage Amalek. Und alles, was ihm
27,9; Lev 27,29 gehört, sollt ihr der Vernichtung weihen, und nichts sollst du verscho-
nen, sondern du sollst Mann und Frau, Kind und Säugling, Rind und
Schaf, Kamel und Esel töten. 4 Da bot Saul das Volk auf und musterte sie
in Telaim, zweihunderttausend Mann Fussvolk und zehntausend Mann
5: Jos 8,12 aus Juda. 5 Und Saul kam zur Hauptstadt von Amalek und legte im Bach-
6: 27,10; Ri 1,16 tal einen Hinterhalt. 6 Und Saul sagte zu den Keniten: Geht, entfernt
euch, zieht fort von den Amalekitern, damit ich euch nicht zusammen
mit ihnen einsammle. Ihr habt doch allen Israeliten Freundschaft er-
wiesen, als sie heraufzogen aus Ägypten. Da zogen die Keniten fort von
7: 14,48! · 27,8; Amalek. 7 Und Saul schlug Amalek von Chawila bis dort, wo es nach
Gen 16,7! Schur geht, das vor Ägypten liegt. 8 Und Agag, den König von Amalek,
8: Num 24,7 · 3! nahm er lebend gefangen, alles Volk aber weihte er der Vernichtung mit
9: 28,18!; Jos 6,18 der Schärfe des Schwerts. 9 Und Saul und das Volk verschonten Agag
und die besten von den Schafen und Rindern, die vom zweiten Wurf
und die Lämmer und alles, was wertvoll war, und wollten sie nicht der
Vernichtung weihen; alle wertlose Ware aber und was schwach war,
weihten sie der Vernichtung.
11: 29! · 8,6; 10 Da erging das Wort des HERRN an Samuel: 11 Es reut mich, dass
1Kön 11,9 · ich Saul zum König gemacht habe, denn er hat sich von mir abgewandt
1Chr 10,13 und meine Befehle nicht ausgeführt. Und Samuel war zornig und schrie
12: 25,2 · die ganze Nacht hindurch zum HERRN. 12 Und früh am Morgen ging
2Sam 18,18! Samuel Saul entgegen. Und es wurde Samuel berichtet: Saul ist nach
Karmel gekommen, und sieh, er hat sich ein Denkmal aufgestellt. Dann
13: 23,21 wandte er sich ab, zog weiter und ging hinab nach Gilgal. 13 Und Samuel
kam zu Saul, und Saul sagte zu ihm: Gesegnet bist du vom HERRN! Ich
habe den Befehl des HERRN ausgeführt. 14 Samuel aber sagte: Und was
ist dieses Blöken der Schafe in meinen Ohren und das Brüllen der Rin-
der, das ich höre? 15 Da sagte Saul: Man hat sie von den Amalekitern
hergebracht, denn das Volk hat die besten von den Schafen und Rindern
verschont, um sie dem HERRN, deinem Gott, zu opfern, und das Übrige
16: 9,27 haben wir der Vernichtung geweiht. 16 Samuel aber sagte zu Saul: Hör
auf! Ich will dir berichten, was der HERR in der Nacht zu mir geredet hat.
17: 9,21! · 10,1! Und er sagte zu ihm: Rede. 17 Und Samuel sprach: Ist es nicht so, auch
wenn du klein bist in deinen eigenen Augen, bist du nicht das Haupt der

14,51: Abner ist eine andere Form des Namens Abiner.

Stämme Israels? Und der HERR hat dich zum König gesalbt über Israel.
18 Und der HERR hat dich auf den Weg gesandt, und er hat gesagt: Geh,
und weihe die Sünder, Amalek, der Vernichtung, und kämpfe gegen sie,
bis du sie ausgerottet hast. 19 Und warum hast du nicht auf die Stimme
des HERRN gehört und bist mit Geschrei über die Beute hergefallen und
hast getan, was böse ist in den Augen des HERRN? 20 Und Saul sagte zu
Samuel: Ich habe auf die Stimme des HERRN gehört und bin auf dem
Weg gegangen, auf den der HERR mich gesandt hat, und ich habe Agag,
den König von Amalek, hergebracht, und Amalek habe ich der Vernich-
tung geweiht. 21 Das Volk aber hat Schafe und Rinder von der Beute ge- 21: Gen 3,12
nommen, das Beste von dem, was der Vernichtung geweiht war, um es
dem HERRN, deinem Gott, in Gilgal zu opfern. 22 Samuel aber sagte: 22: 13,12 · Spr 21,3;

Hat der HERR Gefallen an Brandopfern und Schlachtopfern, Koh 4,17; Hos 6,6
wie er Gefallen hat, wenn man hört auf die Stimme des HERRN?
Sieh, Gehorsam ist besser als Schlachtopfer;
besser als Fett von Widdern ist es, achtsam zu sein.
23 Denn ob Wahrsagerei oder Widerspenstigkeit, beides ist Sünde; 23: 28; 16,1;
und ob Terafim oder Widerwilligkeit, beides ist Frevel. 2Sam 7,15
Weil du das Wort des HERRN verworfen hast,
hat er dich verworfen, so dass du nicht mehr König bist.

24 Da sprach Saul zu Samuel: Ich habe gesündigt, denn ich habe den 24: 30; 26,21 ·
Befehl des HERRN und deine Worte übertreten, weil ich das Volk ge- Ex 23,2
fürchtet und auf seine Stimme gehört habe. 25 Nun aber vergib mir 25: Ex 10,17
doch meine Sünde, und kehre mit mir zurück, dann will ich mich nie-
derwerfen vor dem HERRN. 26 Samuel aber sagte zu Saul: Ich werde
nicht mit dir zurückkehren, denn du hast das Wort des HERRN verwor-
fen, und der HERR hat dich verworfen, so dass du nicht mehr König bist
über Israel. 27 Und Samuel wandte sich zum Gehen, Saul aber ergriff 27: 28,14
den Saum seines Obergewandes, und der riss ab. 28 Da sprach Samuel 28: 18,8 ·
zu ihm: Heute hat der HERR dir das Königtum Israels entrissen, und er 1Kön 11,30 · 23;
wird es dem anderen geben, der besser ist als du. 29 Und der Ewige Isra- 13,14; 28,17; 2Sam 3,10
els lügt auch nicht und lässt es sich nicht gereuen, denn er ist kein 29: 11,35; Gen 6,6;
Mensch, dass es ihn reute. 30 Und er sprach: Ich habe gesündigt. Nun Num 23,19!
erweise mir doch die Ehre vor den Ältesten meines Volks und vor Israel, 30: 24!
und kehre mit mir zurück, dann werde ich mich niederwerfen vor dem
HERRN, deinem Gott. 31 Und Samuel kehrte zurück, hinter Saul her, und
Saul warf sich nieder vor dem HERRN.

32 Und Samuel sagte: Bringt Agag, den König von Amalek, her zu 32: Jos 10,22
mir! Und Agag ging gefesselt zu ihm, und Agag sagte: Wahrlich, die Bit-
terkeit des Todes ist gewichen. 33 Samuel aber sprach: Wie dein Schwert
Frauen kinderlos gemacht hat, so soll deine Mutter kinderlos sein bei
den Frauen. Dann schlug Samuel Agag in Stücke vor dem HERRN in Gil-
gal. 34 Und Samuel ging nach Rama; Saul aber zog hinauf zu seinem 34: 10,26!
Haus im Gibea Sauls. 35 Und Samuel sah Saul nicht mehr bis zum Tag 35: 16,1! · 29!
seines Todes, denn Samuel trauerte um Saul. Den HERRN aber reute es,
dass er Saul zum König gemacht hatte über Israel.

15,28: Mit «dem anderen» ist David gemeint.

15,32: Möglicherweise ist das mit «gefesselt» wiedergegebene hebräische Wort mit «heiter» zu übersetzen.

David wird zum König gesalbt

1: 13,14; 15,35 · **16** 1 Und der HERR sprach zu Samuel: Wie lange willst du um Saul
15,23! · Lk 2,32 trauern? Ich selbst habe ihn verworfen, so dass er nicht mehr Kö-
nig ist über Israel. Füll dein Horn mit Öl und geh: Ich werde dich zu Isai,
dem Betlehemiter, senden, denn einen von seinen Söhnen habe ich mir
2: 20,29 · zum König ausersehen. 2 Samuel aber sagte: Wie könnte ich gehen?
1Kön 18,12 Wenn Saul davon hört, wird er mich erschlagen. Und der HERR sprach:
Nimm eine junge Kuh mit dir, und sage: Ich bin gekommen, um dem
3: Dtn 17,15 HERRN zu opfern. 3 Und du sollst Isai zum Opfermahl rufen, und ich
werde dich wissen lassen, was du tun sollst. Dann wirst du mir den sal-
4: Gen 35,19; ben, den ich dir nenne. 4 Und Samuel tat, was der HERR gesagt hatte.
Mi 5,1 · 1Kön 2,13 Und er kam nach Betlehem, und die Ältesten der Stadt gingen ihm er-
schrocken entgegen und sagten: Bedeutet dein Kommen Gutes? 5 Und
er sagte: Es bedeutet Gutes. Ich bin gekommen, um dem HERRN zu op-
fern. Heiligt euch und kommt mir mir zum Opfermahl. Und er heiligte
6: 9,2; 17,13; Isai und dessen Söhne und rief sie zum Mahl. 6 Und als sie kamen, sah
1Chr 2,13 er Eliab und dachte: Der Fürst des HERRN, sein Gesalbter! 7 Der HERR
7: 9,2! · 1Kön 8,39; aber sprach zu Samuel: Schau nicht auf sein Aussehen und seinen ho-
Jes 55,9; Jer 17,10; hen Wuchs, ihn habe ich verworfen. Denn nicht, wie der Mensch ur-
Spr 15,11 teilt – denn der Mensch urteilt nach den Augen, der HERR aber urteilt
8: 1Kön 4,11 nach dem Herzen. 8 Und Isai rief Abinadab und liess ihn vor Samuel
vorübergehen. Der aber sagte: Auch diesen hat der HERR nicht erwählt.
9 Und Isai liess Schamma vorübergehen. Er aber sagte: Auch diesen hat
der HERR nicht erwählt. 10 Und Isai liess seine sieben Söhne vor Samuel
vorübergehen. Samuel aber sagte zu Isai: Diese hat der HERR nicht er-
11: 19 · 17,14; wählt. 11 Und Samuel sagte zu Isai: Sind das alle jungen Männer? Und er
2Sam 7,8!; Ex 3,1; sagte: Es fehlt noch der jüngste. Sieh, er hütet die Schafe. Und Samuel
Ps 78,71–72 sagte zu Isai: Sende hin und hole ihn, denn wir setzen uns nicht in die
12: Gen 25,25 · 18; Runde, bis er hierher gekommen ist. 12 Da sandte er hin und liess ihn
17,42; 2Sam 14,25; kommen: Er war rötlich, mit schönen Augen und schön anzusehen. Und
Gen 39,6 der HERR sprach: Auf, salbe ihn, denn dieser ist es! 13 Und Samuel nahm
13: 10,1; 2Sam 2,4; 5,3; 12,7; Ps 89,21 · das Ölhorn und salbte ihn inmitten seiner Brüder, und der Geist des
10,10 HERRN durchdrang David und lag auf ihm von jenem Tag an. Samuel
aber machte sich auf und ging nach Rama.

David im Dienste Sauls

14: 18,10.12; 19,9 14 Der Geist des HERRN aber war von Saul gewichen, und ein böser
Geist vom HERRN versetzte ihn in Schrecken. 15 Und die Diener Sauls
sagten zu ihm: Sieh doch, ein böser Gottesgeist versetzt dich in Schre-
16: 2Sam 15,15 cken. 16 Unser Herr muss es nur sagen: Deine Diener, die vor dir ste-
hen, werden einen Mann suchen, der es versteht, die Leier zu spielen.
Und wenn der böse Gottesgeist auf dir ist, wird er in die Saiten greifen,
und das wird dir gut tun. 17 Und Saul sagte zu seinen Dienern: Haltet
Ausschau für mich nach einem Mann, der gut spielen kann, und bringt
18: 12! · 3,19! ihn zu mir. 18 Daraufhin sagte einer der Burschen: Sieh, ich habe einen
Sohn von Isai, dem Betlehemiter, gesehen, er versteht es, zu spielen, ein
Kriegsheld, ein Krieger, redegewandt, ein Mann von gutem Aussehen,
19: 11 · 17,15! und der HERR ist mit ihm. 19 Da sandte Saul Boten zu Isai, und er sagte:
Schick David zu mir, deinen Sohn, der bei den Schafen ist. 20 Da nahm
Isai einen Esel, Brot, einen Schlauch mit Wein und ein Ziegenböcklein

und sandte es zu Saul durch David, seinen Sohn. 21 So kam David zu 21: 31,4!
Saul und diente ihm. Und er liebte ihn sehr, und er wurde sein Waffen-
träger. 22 Und Saul sandte zu Isai und liess ihm sagen: Lass doch David 22: 18,2 ·
in meinem Dienst sein, denn er hat Gnade gefunden in meinen Augen. 2Sam 14,22; 16,4;
23 Und wenn Gottesgeist auf Saul war, nahm David die Leier und griff in Gen 33,15
die Saiten; dann wurde es Saul leichter, und es tat ihm gut, und der böse
Geist wich von ihm.

David und Goliat

17 1 Und die Philister sammelten ihre Heere zum Kampf, und sie ver- 1: 13,5 · 1Chr 11,13 ·
sammelten sich in Socho, das zu Juda gehört, und lagerten zwi- Jos 10,10
schen Socho und Aseka in Efes-Dammim. 2 Und Saul und die Männer
Israels hatten sich versammelt und lagerten in der Ebene Ela und stell-
ten sich in Schlachtordnung auf, um gegen die Philister zu ziehen.
3 Und die Philister standen am Berg auf der einen Seite, und Israel stand
am Berg auf der anderen Seite, und zwischen ihnen lag das Tal. 4 Da trat 4: Jos 11,22 ·
der Einzelkämpfer heraus aus den Heeren der Philister. Goliat war sein Dtn 3,11
Name, er war aus Gat, er war sechs Ellen und eine Spanne gross. 5 Und
auf seinem Kopf hatte er einen Helm aus Bronze, und er trug einen
Schuppenpanzer, und das Gewicht des Panzers war fünftausend Sche-
kel Bronze, 6 und er hatte eine bronzene Schiene an seinen Beinen und
ein bronzenes Krummschwert zwischen seinen Schultern. 7 Und der 7: 1Chr 20,5 ·
Schaft seines Speers war wie ein Webbaum, und die Spitze seines 2Sam 21,16.19
Speers wog sechshundert Schekel Eisen, und der Schildträger ging vor
ihm her. 8 Und er stellte sich hin und rief den Schlachtreihen Israels zu 8: 8,17
und sprach zu ihnen: Warum rückt ihr aus, um euch in Schlachtord-
nung aufzustellen? Bin ich nicht der Philister, und seid ihr nicht Diener
Sauls? Wählt euch einen Mann aus, damit er herabkommt zu mir.
9 Wenn er mit mir zu kämpfen vermag und mich erschlägt, werden wir
eure Sklaven sein; wenn aber ich ihn besiege und erschlage, sollt ihr
unsere Sklaven sein und uns dienen. 10 Und der Philister sprach: Am 10: 25–26;
heutigen Tag verhöhne ich die Schlachtreihen Israels. Gebt mir einen 2Sam 21,21; 23,9
Mann, und dann lasst uns miteinander kämpfen. 11 Und Saul und ganz 11: 13,7; 21,13
Israel hörten diese Worte des Philisters, und sie bekamen Angst und
fürchteten sich sehr.
12 David aber war der Sohn dieses efratitischen Mannes aus Betle- 12: 58
hem in Juda. Dessen Name war Isai, und er hatte acht Söhne, und in den
Tagen Sauls gehörte der Mann schon zu den alten Männern. 13 Und die 13: 16,6!
drei ältesten Söhne Isais gingen, sie folgten Saul in den Krieg. Und dies
sind die Namen seiner drei Söhne, die in den Krieg gezogen waren: Eli-
ab hiess der Erstgeborene, Abinadab sein Zweiter und der dritte Scham-
ma. 14 Und David war der jüngste. Die drei ältesten aber waren Saul 14: 16,11!
gefolgt. 15 Und David ging immer wieder weg von Saul, um in Betlehem 15: 34; 16,19; 18,2
die Schafe seines Vaters zu weiden. 16 Und während vierzig Tagen trat
der Philister am Morgen und am Abend heraus und stellte sich hin.
17 Und Isai sagte zu David, seinem Sohn: Nimm doch für deine Brüder
dieses Efa geröstetes Korn und diese zehn Brote, und bringe das deinen

18: 22;25,5 · Brüdern eilends ins Lager. 18 Und diese zehn Stück Käse sollst du dem
Gen 37,14 Anführer der Tausendschaft bringen, und du sollst nach dem Wohler-
gehen deiner Brüder sehen und ihr Pfand holen. 19 Und Saul, sie
und alle Männer Israels kämpfen in der Ebene Ela gegen die Philister.
20 Da machte David sich früh am Morgen auf und überliess die Schafe
einem, der auf sie acht gab. Und er nahm alles und ging, wie Isai es ihm
geboten hatte. Und er kam zur Wagenburg, als das Heer auszog in die
Schlachtreihe und in Kampfgeschrei ausbrach. 21 Und Israel und die
Philister stellten sich auf, Schlachtreihe stand Schlachtreihe gegenüber.
22: 30,21 · 18! 22 Da überliess David die Dinge, die er bei sich hatte, dem, der das Ge-
päck bewachte, und er lief zur Schlachtreihe, ging hinein und fragte sei-
ne Brüder nach ihrem Wohlergehen.

23 Und als er mit ihnen redete, sieh, da kam der Einzelkämpfer her-
auf aus den Schlachtreihen der Philister; Goliat, der Philister, war sein
Name, aus Gat, und er führte die üblichen Reden, und David hörte es.
24 Alle Männer Israels aber flohen vor ihm, als sie den Mann sahen, und
25–26: 10! fürchteten sich sehr. 25 Und die Israeliten sagten: Habt ihr diesen
25: 18,17; Jos 15,16 Mann gesehen, der da heraufkommt? Er kommt herauf, um Israel zu
verhöhnen. Den Mann aber, der ihn erschlägt, wird der König sehr reich
machen, und er wird ihm seine Tochter geben, und das Haus seines Va-
26: 14,6! · 36; ters wird er von Abgaben befreien in Israel. 26 Da sagte David zu den
Dtn 5,26; Männern, die bei ihm standen: Was wird für den getan, der den Philis-
2Kön 19,4 ter da erschlägt und die Schmach von Israel nimmt? Wer ist denn dieser
unbeschnittene Philister, dass er die Schlachtreihen des lebendigen
27–29: 2Sam 16,2 Gottes verhöhnen dürfte? 27 Und das Volk sagte zu ihm, was es zuvor
gesagt hatte: Das und das werde für den getan, der ihn erschlage. 28 Eli-
ab aber, sein ältester Bruder, hörte, wie er mit den Männern redete. Da
entbrannte Eliabs Zorn über David, und er sagte: Warum bist du über-
haupt hierher herabgekommen, und wem hast du die wenigen Schafe
in der Wüste überlassen? Ich kenne deinen Hochmut und die schlim-
men Dinge, die du im Herzen trägst. Du bist doch nur herabgekommen,
um die Schlacht zu sehen. 29 Und David sagte: Was habe ich denn ge-
tan? Es war doch nur eine Frage. 30 Und er wandte sich ab von ihm,
einem anderen zu, und er sagte, was er zuvor gesagt hatte. Und das Volk
antwortete ihm wie beim ersten Mal. 31 Und die Worte, die David gere-
det hatte, wurden gehört, und man berichtete es vor Saul, und der holte
ihn. 32 Und David sagte zu Saul: Niemand soll seinetwegen den Mut
verlieren: Dein Diener wird gehen und gegen diesen Philister kämpfen.
33 Saul aber sagte zu David: Du kannst nicht zu diesem Philister gehen,
um gegen ihn zu kämpfen, denn du bist ein Knabe, er aber ist ein Krie-
34: 15! ger von seiner Jugend auf. 34 Und David sagte zu Saul: Dein Diener hat
für seinen Vater die Schafe gehütet. Und wenn ein Löwe kam oder ein
35: Ri 14,5–6 Bär und ein Schaf von der Herde nahm, 35 so zog ich aus, ihm nach,
erschlug ihn und riss es ihm aus dem Maul. Erhob er sich aber gegen
36: 14,6! · 26! mich, so ergriff ich ihn beim Bart, schlug ihn und tötete ihn. 36 Sowohl
den Löwen als auch den Bären hat dein Diener erschlagen. Und diesem
unbeschnittenen Philister wird es ergehen wie einem von ihnen, denn

17,18: Mit dem Pfand wird bestätigt, dass der Auftrag ausgeführt wurde und dass die Empfänger am Leben sind.

er hat die Schlachtreihen des lebendigen Gottes verhöhnt. 37 Und David 37: 20,13
sprach: Der HERR, der mich aus den Pranken des Löwen und aus den
Klauen des Bären gerettet hat, er wird mich auch retten aus der Hand
dieses Philisters. Da sagte Saul zu David: Geh, und der HERR wird mit dir
sein. 38 Und Saul zog David seine Gewänder an, setzte ihm einen bron-
zenen Helm auf den Kopf und legte ihm einen Panzer um. 39 Und David
gürtete sein Schwert um über seinen Gewändern. Und er versuchte zu
gehen, aber er war es nicht gewohnt. Und David sagte zu Saul: Ich kann
darin nicht gehen, denn ich bin es nicht gewohnt. Und David legte alles
wieder ab. 40 Dann nahm er seinen Stock in die Hand und suchte sich
fünf glatte Steine aus dem Bachtal und legte sie in die Hirtentasche, die
er hatte, in den Beutel für die Schleudersteine, und mit seiner Schleuder
in der Hand trat er auf den Philister zu. 41 Der Philister aber kam und
näherte sich David immer mehr, und vor ihm war der Mann, der den
Schild trug. 42 Und der Philister blickte auf und sah David, und er ver- 42: 16,12!
achtete ihn, denn er war ein Knabe, rötlich, von schönem Aussehen.
43 Und der Philister sagte zu David: Bin ich ein Hund, dass du mit Stö- 43: 24,15;
cken zu mir kommst? Und der Philister verfluchte David bei seinem 2Sam 3,8!;
Gott. 44 Und der Philister sagte zu David: Komm nur her zu mir, dann 2Kön 8,13
will ich dein Fleisch den Vögeln des Himmels und den Tieren des Feldes 44: 2Sam 21,10
geben. 45 David aber sagte zu dem Philister: Du kommst zu mir mit
Schwert und Speer und Krummschwert; ich aber komme zu dir mit dem
Namen des HERRN der Heerscharen, des Gottes der Schlachtreihen Is-
raels, die du verhöhnt hast. 46 Am heutigen Tag wird der HERR dich mir 46: Dtn 28,26;
ausliefern, und ich werde dich erschlagen und dir den Kopf abschlagen. Jer 19,7 · Jos 4,24
Und am heutigen Tag werde ich die Leichen des Lagers der Philister den
Vögeln des Himmels und den Tieren der Erde geben, damit alle Welt
weiss, dass Israel einen Gott hat, 47 und damit jeder in dieser Versamm- 47: Ps 44,7–8 ·
lung weiss, dass der HERR nicht durch Schwert und Speer rettet, denn 2Chr 20,15
der Krieg gehört dem HERRN, und er wird euch in unsere Hand geben.
48 Und als der Philister sich aufmachte, losging und David näher kam,
lief David eilends aus der Schlachtreihe heraus, dem Philister entgegen.
49 Und David griff mit der Hand in die Tasche, nahm einen Stein her-
aus, schleuderte ihn und traf den Philister an der Stirn, und der Stein
drang in seine Stirn, und er fiel zur Erde, auf sein Gesicht. 50 So war 50: 19,5 ·
David mit Schleuder und Stein stärker als der Philister, und er erschlug 2Sam 21,19; Ri 3,31
den Philister und tötete ihn. David aber hatte kein Schwert in der Hand
gehabt. 51 Da lief David hin, trat zu dem Philister, nahm dessen 51: 21,10!; 31,9;
Schwert, zog es aus der Scheide und gab ihm den Todesstoss und schlug 2Sam 4,7!
ihm damit den Kopf ab. Und die Philister sahen, dass ihr Held tot war,
und sie flohen.

52 Die Männer Israels und Judas aber machten sich auf, brachen in 52: 5,8
Kriegsgeschrei aus und verfolgten die Philister bis dorthin, wo es nach
Gai geht und bis an die Tore von Ekron. Und die Philister fielen, ihre
Erschlagenen lagen auf dem Weg von Schaarajim an bis nach Gat und
Ekron. 53 Und die Israeliten kehrten von der Verfolgung der Philister 53: 2Sam 23,10!
zurück und plünderten deren Lager. 54 Und David nahm den Kopf des 54: 21,10!
Philisters und brachte ihn nach Jerusalem, seine Waffen aber legte er in
sein Zelt.

55 Als Saul sah, dass David auszog, dem Philister entgegen, sagte er 55: 14,50! · 1,26!

zu Abner, dem Heerführer: Wessen Sohn ist der Knabe da, Abner? Und
Abner sagte: So wahr du lebst, König, wenn ich das nur wüsste. 56 Und
der König sagte: Erkundige du dich, wessen Sohn der junge Mann da ist!
57 Und als David nach dem Sieg über den Philister zurückgekehrt war,
holte ihn Abner und brachte ihn vor Saul, der Kopf des Philisters aber
58: 12! war noch in seiner Hand. 58 Und Saul sagte zu ihm: Wessen Sohn bist
du, Knabe? Und David sagte: Der Sohn deines Dieners Isai, des Betlehe-
miters.

Davids Freundschaft mit Jehonatan. Sauls Eifersucht

1: 3; 19,1; 20,16–17; **18** 1 Und nachdem er mit Saul geredet hatte, fühlte Jehonatan sich
2Sam 1,25.26 David innig verbunden, und Jehonatan liebte ihn wie sein eigenes
2: 16,22 · 17,15! Leben. 2 Und Saul holte ihn an jenem Tag und liess ihn nicht zurückkeh-
3: 1!; 20,8; 22,8; ren in das Haus seines Vaters. 3 Und Jehonatan und David schlossen
23,18; 2Sam 21,7! einen Bund, denn er liebte ihn wie sein eigenes Leben. 4 Und Jehonatan
4: 2Sam 1,22! zog das Obergewand aus, das er trug, und gab es David, dazu seine Ge-
5: 14! wänder und sogar sein Schwert, seinen Bogen und seinen Gürtel. 5 Und
wenn David ausrückte, und wohin immer Saul ihn sandte, hatte er Er-
folg, und Saul setzte ihn über die Krieger. Und er gefiel dem ganzen Volk
und auch den Dienern Sauls.
6: 2Sam 6,5; 6 Und als sie heimkamen, als David vom Schlag gegen die Philister
Ex 15,20! zurückkehrte, zogen die Frauen singend und im Reigen tanzend aus al-
len Städten Israels Saul, dem König, entgegen mit Trommeln, mit Freu-
7: 21,12; 29,5 denrufen und mit Leiern. 7 Und die tanzenden Frauen sangen dazu:
Saul hat seine Tausende erschlagen
und David seine Zehntausende.
8: 15,28 8 Da wurde Saul sehr zornig, und dieses Wort missfiel ihm, und er
sagte: Sie haben David zehntausende gegeben, und mir haben sie die
tausende gegeben, und sie werden ihm auch noch das Königtum geben!
10: 16,14! · 10,6! · 9 Und von jenem Tag an betrachtete Saul David mit Argwohn. 10 Und
26,7! am folgenden Tag durchdrang ein böser Gottesgeist Saul, und er gebär-
dete sich mitten im Haus wie ein Prophet, während David wie jeden Tag
11: 19,9–10; 20,33 in die Saiten griff. Saul aber hatte den Speer in der Hand. 11 Und Saul
schleuderte den Speer und dachte: Ich werde David an die Wand nageln.
12: 29 · 14; David aber wich ihm zweimal aus. 12 Und Saul fürchtete sich vor David,
2Sam 5,10! · 16,14! denn der HERR war mit ihm, von Saul aber war er gewichen. 13 Und Saul
13: 16; 2Sam 5,2 entfernte ihn aus seiner Umgebung und setzte ihn für sich ein als An-
führer über tausend. Und vor dem Volk rückte er aus und rückte er ein.
14: 5; 1Chr 18,6.13 · 14 Und auf allen seinen Wegen war David erfolgreich, und der HERR
12! war mit ihm. 15 Und Saul sah, dass er sehr erfolgreich war, und ihm
16: 13! graute vor David. 16 Ganz Israel und Juda aber liebte David, denn ihnen
voran rückte er aus und rückte er ein.
17: 19; 14,49!; 17 Und Saul sagte zu David: Sieh, hier ist meine älteste Tochter Mer-
2Sam 21,8 · 25,28 · ab, ich werde sie dir zur Frau geben. Sei aber tüchtig in meinem Dienst
17,25! · 25; und führe die Kriege des HERRN. Saul aber dachte: Nicht meine Hand
2Sam 11,15 soll gegen ihn sein, sondern die Hand der Philister soll gegen ihn sein.

18,6: Die genaue Bedeutung des mit ‹Leiern› wiedergegebenen hebräischen Worts ist unklar; es könnte sich auch um eine Art Rassel handeln.

18,15: Wörtlich: «…, und ihm graute vor ihm.»

18 David aber sagte zu Saul: Wer bin ich? Und was ist mein Leben, die 18: 2Sam 7,18 · 9,21!
Sippe meines Vaters in Israel, dass ich des Königs Schwiegersohn wer-
den soll? 19 Als aber die Zeit gekommen war, Merab, die Tochter Sauls, 19: 2Sam 21,8
David zu geben, wurde sie Adriel, dem Mecholatiter, zur Frau gegeben.
20 Michal aber, die Tochter Sauls, liebte David, und man berichtete Saul 20: 14,49!;
davon, und die Sache war in seinen Augen recht. 21 Und Saul dachte: Ich 2Sam 6,16.20
will sie ihm geben, damit sie ihm zum Fallstrick wird und die Hand der
Philister gegen ihn ist. Und Saul sagte zu David: Ein zweites Mal kannst
du heute mein Schwiegersohn werden. 22 Und Saul gebot seinen Die- 22: 22,14!
nern: Redet heimlich mit David, und sagt: Sieh, der König hat Gefallen
an dir gefunden, und alle seine Diener lieben dich, und nun werde du
des Königs Schwiegersohn. 23 Und die Diener Sauls trugen David diese 23: Spr 29,5 · 9,21!
Worte vor, David aber sagte: Ist es in euren Augen ein Geringes, des
Königs Schwiegersohn zu werden? Ich bin ein armer Mann und werde
gering geachtet. 24 Und die Diener Sauls berichteten ihm dies und sag-
ten: So hat David geredet. 25 Saul aber sagte: So sollt ihr zu David sagen: 25: Gen 34,12
Dem König liegt nichts an Brautgeld, sondern an hundert Vorhäuten
der Philister, um Rache zu nehmen an den Feinden des Königs. Saul aber
hatte vor, David durch die Philister zu Fall zu bringen. 26 Und seine Die- 26–27: 22,14!
ner berichteten David diese Worte, und in Davids Augen war es recht,
des Königs Schwiegersohn zu werden. Die Zeit aber war noch nicht ge-
kommen.

27 Da machte sich David auf, und er ging mit seinen Männern, und 27: 2Sam 3,14
er erschlug von den Philistern zweihundert Mann. Und David brachte
ihre Vorhäute, und man legte sie dem König vollzählig vor, damit er des
Königs Schwiegersohn würde. Da gab Saul ihm Michal, seine Tochter,
zur Frau. 28 Und Saul sah und erkannte, dass der HERR mit David war
und dass Michal, die Tochter Sauls, ihn liebte. 29 Da fürchtete Saul sich 29: 12
noch mehr vor David, und Saul wurde David für alle Zeit feind. 30 Und 30: 19,8!
die Fürsten der Philister zogen aus, und sooft sie auszogen, hatte David
mehr Erfolg als alle Diener Sauls. Und sein Name wurde hoch geehrt.

Saul verfolgt David

19 1 Und Saul sprach mit Jonatan, seinem Sohn, und mit allen seinen 1: 20,1 · 18,1!
Dienern davon, David töten zu wollen. Jehonatan aber, der Sohn
Sauls, hatte grosses Gefallen an David gefunden. 2 Und Jehonatan be- 2: 20,5.24
richtete David: Saul, mein Vater, trachtet danach, dich zu töten. Gib also
acht auf dich am Morgen, bleib in deinem Versteck und verbirg dich.
3 Ich aber werde hinausgehen und mich neben meinen Vater stellen auf 3: 7; 20,9
dem Feld, wo du bist. Und ich werde mit meinem Vater über dich reden
und sehen, wie es steht, und ich werde es dir berichten. 4 Und Jehona-
tan redete gut über David zu Saul, seinem Vater, und sagte zu ihm: Der
König versündige sich nicht an seinem Diener, an David, denn er hat
sich nicht an dir versündigt. Und was er tut, ist sehr gut für dich: 5 Er hat 5: 17,50 · 22,14! ·
sein Leben aufs Spiel gesetzt und den Philister erschlagen, und der HERR 20,1!
hat ganz Israel einen grossen Sieg gebracht. Du hast es gesehen und
dich gefreut. Und warum willst du dich an unschuldigem Blut versün-

18,21: Die Übersetzung des mit «Ein zweites Mal» wiedergegebenen hebräischen Worts ist unsicher.

6: 2Sam 19,24 digen und David ohne Grund töten? 6 Und Saul hörte auf die Stimme
Jehonatans, und Saul schwor: So wahr der HERR lebt, er soll nicht getötet
7: 3! werden! 7 Und Jehonatan rief David, und Jehonatan berichtete ihm alle
diese Worte. Und Jehonatan brachte David zu Saul, und er diente ihm
wie zuvor.

8: 18,30; 23,5 8 Und der Krieg brach wieder aus, und David rückte aus und kämpf-
te gegen die Philister. Und er brachte ihnen eine schwere Niederlage
9–10: 18,11! bei, und sie flohen vor ihm. 9 Und der Geist des HERRN lag als böser
9: 16,14! · 26,7! Geist auf Saul, als er in seinem Haus sass und seinen Speer in der Hand
hielt, während David in die Saiten griff. 10 Da wollte Saul David mit
dem Speer an die Wand nageln. Er aber wich Saul aus, und der stiess den
Speer in die Wand. David aber floh, und in jener Nacht entkam er.
11–17: 2Sam 17,19! 11 Und Saul sandte Boten zum Haus Davids, um ihn zu überwachen und
11: 20,31 · Ps 59,1 am Morgen zu töten. Michal aber, seine Frau, berichtete David davon
und sagte: Wenn du nicht heute Nacht dein Leben rettest, wirst du mor-
12: Jos 2,15! gen getötet. 12 Und Michal liess David durch das Fenster hinab, und er
13: Gen 31,19 ging, floh und entkam. 13 Michal aber nahm den Terafim und legte ihn
auf das Bett, das Geflecht aus Ziegenhaaren aber legte sie an sein Kopf-
ende; dann legte sie die Decke darüber. 14 Und Saul sandte Boten, um
David zu holen. Sie aber sagte: Er ist krank. 15 Saul aber sandte die Bo-
ten, um nach David zu sehen, und sagte: Bringt ihn mit dem Bett herauf
zu mir, ich will ihn töten. 16 Und als die Boten kamen, sieh, da lag der
Terafim auf dem Bett, und das Geflecht aus Ziegenhaaren lag an seinem
Kopfende. 17 Und Saul sagte zu Michal: Warum hast du mich so betro-
gen und meinen Feind weggelassen, so dass er entkommen konnte?
Und Michal sagte zu Saul: Er hat zu mir gesagt: Lass mich gehen, sonst
18: 21,11 · 20,1 muss ich dich töten! 18 David aber war geflohen und entkam. Und er
kam zu Samuel nach Rama und berichtete ihm alles, was Saul ihm ange-
tan hatte. Und er ging mit Samuel, und sie wohnten in den Najot.
19 Und es wurde Saul berichtet: Sieh, David ist in den Najot in Rama.
20: 10,6!; Num 11,25 20 Da sandte Saul Boten, um David zu holen. Als sie aber sahen, dass die
Gemeinschaft der Propheten sich wie Propheten gebärdete und dass Sa-
muel an ihrer Spitze stand, über sie gesetzt war, da kam Gottesgeist
über die Boten Sauls, und auch sie gebärdeten sich wie Propheten.
21 Und man berichtete Saul davon, und er sandte andere Boten, aber
auch sie gebärdeten sich wie Propheten. Saul aber sandte nochmals Bo-
ten, zum dritten Mal, und auch sie gebärdeten sich wie Propheten.
22 Da ging auch er nach Rama, und er kam zur grossen Zisterne, die in
Sechu liegt, und fragte und sagte: Wo sind Samuel und David? Und man
sagte: Sieh, in den Najot in Rama. 23 Und als er dorthin ging, zu den
Najot in Rama, da war Gottesgeist auch auf ihm, und er gebärdete sich
beim Gehen unablässig wie ein Prophet, bis er zu den Najot in Rama
24: Hos 2,5 · 10,11 kam. 24 Und auch er zog seine Kleider aus, und auch er gebärdete sich
vor Samuel wie ein Prophet, und er lag nackt da, jenen ganzen Tag lang
und die ganze Nacht hindurch. Daher sagt man: Ist auch Saul unter den
Propheten?

19,17: Wörtlich: «...: Lass mich gehen! Warum soll ich dich töten?»

19,18: Die genaue Bedeutung des hebräischen Worts ‹Najot› ist unklar; viele vermuten, es handle sich dabei um eine Art Prophetensiedlung.

David und Jehonatan

20 1 Und David floh aus den Najot in Rama, und er trat vor Jehonatan 1: 19,18 · 32; 19,5;
und sagte: Was habe ich getan? Was ist meine Schuld, und was ist 24,12; 26,18 · 19,1
mein Vergehen vor deinem Vater, dass er mir nach dem Leben trachtet?
2 Er aber sagte zu ihm: Das sei fern! Du wirst nicht sterben. Sieh, mein
Vater tut nichts, weder Grosses noch Geringes, ohne es mir zu enthül-
len. Und warum sollte mein Vater dies vor mir verbergen? Es ist nichts
daran. 3 Da beschwor David dies noch, und er sagte: Dein Vater weiss 3: 27,1
sehr wohl, dass ich Gnade gefunden habe in deinen Augen. Und er wird
gesagt haben: Jehonatan soll nichts davon erfahren, damit er nicht be-
trübt ist. Doch so wahr der HERR lebt und so wahr du lebst: Es ist nur ein
Schritt zwischen mir und dem Tod. 4 Da sagte Jehonatan zu David: Was
du sagst, das will ich tun für dich. 5 Und David sagte zu Jehonatan: Sieh, 5: 18.24; 2Kön 4,23 ·
morgen ist Neumond, da müsste ich zum Essen beim König sein. Ent- 19,2!
lass du mich, und ich werde mich auf dem Feld verstecken bis zum über-
nächsten Abend. 6 Wenn mich dein Vater suchen sollte, so sage: David 6: 1,21!
hat sich von mir dringend erbeten, nach Betlehem, in seine Stadt, eilen
zu dürfen, denn dort feiert die ganze Sippe das jährliche Schlachtopfer.
7 Wenn er dann sagt: Gut!, so sieht es gut aus für deinen Diener. Wenn 7: 2Sam 1,25!
er aber heftig in Zorn gerät, so wisse, dass das Unheil bei ihm beschlos-
sen ist. 8 Dann erweise deinem Diener Barmherzigkeit, denn du hast 8: 18,3!
deinen Diener mit dir in den Bund des HERRN treten lassen. Wenn aber
eine Schuld an mir ist, dann töte du mich – warum willst du mich dann
noch zu deinem Vater bringen? 9 Und Jehonatan sagte: Das sei fern von 9: 19,3!
dir! Denn wenn ich Gewissheit darüber habe, das bei meinem Vater be-
schlossen ist, dass das Unheil über dich kommt, wie könnte ich es dir
dann nicht berichten? 10 Und David sagte zu Jehonatan: Wer wird mir
das oder das, was dein Vater dir hart entgegnet, berichten? 11 Und Jeho-
natan sagte zu David: Komm, lass uns hinausgehen auf das Feld. Und die
beiden gingen hinaus auf das Feld. 12 Und Jehonatan sprach zu David:
Beim HERRN, dem Gott Israels: Morgen oder übermorgen um diese Zeit
werde ich meinen Vater aushorchen. Und sieh, wenn es dann gut steht
um David und ich nicht zu dir sende und es dir nicht enthülle, 13 so tue 13: 3,17 · 17,37 ·
der HERR Jehonatan an, was immer er will. Wenn mein Vater das Unheil 3,19!
über dich gutheisst, werde ich es dir enthüllen, und ich werde dich zie-
hen lassen, und du wirst in Frieden gehen. Und der HERR sei mit dir, wie
er mit meinem Vater war. 14 Und solange ich noch lebe, sollst du mir die 14: 2Sam 9,3
Barmherzigkeit des HERRN erweisen; und wenn ich sterbe, 15 sollst du 15: 24,22!
meinem Haus deine Barmherzigkeit niemals entziehen, auch nicht,
wenn der HERR die Feinde Davids, jeden einzelnen, vom Erdboden tilgt.
16 Und Jehonatan verbündete sich mit dem Haus Davids: Der HERR for- 16–17: 18,1!;
dere Rechenschaft von den Feinden Davids. 17 So liess Jehonatan David 2Sam 21,7!
noch einmal schwören, weil er ihn liebte, denn er liebte ihn, wie er sein 16: Jos 22,23
eigenes Leben liebte. 18 Und Jehonatan sagte zu ihm: Morgen ist Neu- 18: 5!
mond, und man wird dich vermissen, wenn dein Platz leer ist. 19 Über-
morgen aber komm rasch herab; da sollst du an den Ort kommen, wo du
dich versteckt hast am Tag jener Tat, und du sollst neben dem Stein Eh-
sel bleiben. 20 Und ich werde drei Pfeile nach seiner Seite hin abschies-
sen, als wollte ich auf ein Ziel schiessen. 21 Und sieh, ich werde den Bur-
schen schicken: Geh, finde die Pfeile. Sollte ich zu dem Burschen sagen:

Sieh, die Pfeile liegen von dir aus gesehen hier, hol sie!, dann kannst du
kommen, denn es sieht gut aus für dich, und es ist nichts, so wahr der
HERR lebt. 22 Wenn ich aber zu dem jungen Mann sage: Sieh, die Pfeile
liegen von dir aus gesehen dort drüben!, dann geh, denn der HERR
23: 42 schickt dich fort. 23 Was wir aber, ich und du, miteinander geredet ha-
24: 5! ben, sieh, der HERR verbindet uns für immer. 24 Und David versteckte
sich auf dem Feld. Und als Neumond war, setzte sich der König zum
Mahl, zum Essen.

25 Und der König setzte sich wie immer an seinen Platz, auf den
Platz an der Wand, Jehonatan aber stand auf, und Abner setzte sich an
26: Lev 11,24; 15,16 die Seite Sauls; der Platz Davids aber war leer. 26 Und an jenem Tag sag-
te Saul nichts, denn er dachte: Es ist ein Zufall. Er ist wohl nicht rein, ja,
er ist nicht rein. 27 Als aber auch am Tag nach dem Neumond, dem zwei-
ten Tag, Davids Platz leer war, sagte Saul zu Jehonatan, seinem Sohn:
Warum ist der Sohn Isais weder gestern noch heute zum Mahl gekom-
men? 28 Und Jehonatan antwortete Saul: David hat sich von mir drin-
29: 16,2 gend erbeten, nach Betlehem gehen zu dürfen, 29 und er hat gesagt:
Lass mich doch gehen, denn wir haben ein Schlachtopfer der Sippe in
der Stadt, und mein Bruder selbst hat es mir geboten. Und wenn ich nun
Gnade gefunden habe in deinen Augen, so will ich mich losreissen, da-
mit ich meine Brüder sehe. Darum ist er nicht zum Tisch des Königs
30: Lev 20,13 gekommen. 30 Da entbrannte der Zorn Sauls über Jehonatan, und er
sprach zu ihm: Du aufsässiger Hurensohn! Als ob ich nicht wüsste, dass
deine Wahl auf den Sohn Isais gefallen ist, dir selbst und der Scham
31: 19,11 · 2Sam 12,5 deiner Mutter zur Schande. 31 Denn solange der Sohn Isais auf dem Erd-
boden lebt, werden weder du noch dein Königtum Bestand haben. Und
nun sende hin und hol ihn her zu mir, denn er ist ein Kind des Todes!
32: 1! 32 Jehonatan aber antwortete Saul, seinem Vater, und sagte zu ihm:
33: 26,7! · 18,11! Warum soll er getötet werden? Was hat er getan? 33 Da schleuderte Saul
den Speer nach ihm, um ihn zu treffen, und Jehonatan erkannte, dass es
bei seinem Vater beschlossen war, David zu töten. 34 Und in glühen-
dem Zorn erhob sich Jehonatan vom Tisch und ass nichts am zweiten
Tag des Neumonds, denn er grämte sich Davids wegen, weil sein Vater
ihn beschimpft hatte.

35 Und am Morgen ging Jehonatan hinaus aufs Feld, um sich mit
David zu treffen, und ein junger Bursche war bei ihm. 36 Und er sagte
zu seinem Burschen: Lauf, finde die Pfeile, die ich abschiesse. Während
der Bursche lief, schoss er den Pfeil über ihn hinaus. 37 Und der Bursche
kam an die Stelle, wo der Pfeil lag, den Jehonatan abgeschossen hatte,
und Jehonatan rief dem Burschen nach und sagte: Liegt der Pfeil von dir
aus gesehen nicht dort drüben? 38 Und Jehonatan rief dem Burschen
nach: Schnell, beeil dich! Bleib nicht stehen. Und der Bursche Jehona-
tans hob den Pfeil auf und kam zu seinem Herrn. 39 Der Bursche aber
wusste von nichts, nur Jehonatan und David wussten von der Sache.
40: 2Sam 1,22! 40 Und Jehonatan gab dem Burschen, der zu ihm gehörte, seine Waffen
41: 24,9; 2Sam 1,2 · Gen 33,4!; Apg 20,37 und sagte zu ihm: Geh, bring sie in die Stadt. 41 Als der Bursche gegan-
gen war, erhob sich David auf der Südseite, warf sich auf sein Angesicht
zur Erde und verneigte sich dreimal. Und sie küssten einander und
42: 23 weinten einer um den anderen, David am heftigsten. 42 Da sprach Je-
honatan zu David: Geh in Frieden. Denn wir beide haben beim Namen

des HERRN geschworen: Der HERR wird dich und mich, meine Nach-
kommen und deine Nachkommen für immer verbinden!

Davids Flucht

21 1 Und er machte sich auf und ging, Jehonatan aber kehrte heim in 1: 23,18
die Stadt. 2 Und David kam nach Nob zu Achimelech, dem Pries- 2: 22,9!; Neh 11,32;
ter. Und Achimelech kam David erschrocken entgegen und sagte zu Jes 10,32
ihm: Warum bist du allein und niemand ist bei dir? 3 Und David sagte
zu Achimelech, dem Priester: Der König hat mir einen Auftrag gegeben
und zu mir gesagt: Niemand soll von der Sache wissen, in der ich dich
sende und mit der ich dich beauftragt habe. Und so habe ich die jungen
Männer an einen bestimmten Ort gewiesen. 4 Und nun, hast du fünf
Brote zur Hand? Gib sie mir oder was sich sonst findet. 5 Daraufhin sag- 5: Ex 25,30! ·
te der Priester zu David: Ich habe kein Brot zur Hand, das nicht heilig Ex 19,15
wäre; es ist nur heiliges Brot da. Wenn sich die jungen Männer nur vor
den Frauen gehütet haben! 6 Und David antwortete dem Priester und
sagte zu ihm: Frauen waren uns versagt, wie früher schon, und als ich
auszog, waren die Waffen der Männer heilig. Zwar ist der Weg nicht
heilig, aber wie sehr wird er heute durch ihre Waffen geheiligt! 7 Da gab 7: Mt 12,3–4 ·
der Priester ihm heiliges Brot, denn es gab dort kein Brot ausser dem Lev 24,5–6
Schaubrot, das vor dem Angesicht des HERRN entfernt wird, damit man
frisches Brot hinlegt an dem Tag, an dem es weggenommen wird. 8 Und 8: Lev 13,4.31 ·
an jenem Tag war dort einer von den Dienern Sauls, festgehalten vor 22,9.22
dem HERRN, und sein Name war Doeg, der Edomiter, der Oberste der
Hirten, die zu Saul gehörten. 9 Und David sagte zu Achimelech: Hast du
hier nicht einen Speer oder ein Schwert zur Hand? Ich habe nämlich
weder mein Schwert noch meine anderen Waffen mit mir genommen,
denn der Auftrag des Königs war dringend. 10 Und der Priester sagte: 10: 17,51.54 · 22,10 ·
Das Schwert Goliats, des Philisters, den du in der Ebene Ela erschlagen Ex 28,6–12
hast, sieh, es liegt in ein Tuch gewickelt hinter dem Efod. Wenn du es an
dich nehmen willst, nimm es, denn ausser diesem ist kein anderes da.
Und David sagte: Es gibt nicht seinesgleichen. Gib es mir.
11 Und David machte sich auf und flüchtete an jenem Tag vor Saul 11: 19,18 · 27,2!;
und kam zu Achisch, dem König von Gat. 12 Und die Diener von Achisch Ps 56,1
sagten zu ihm: Ist das nicht David, der König des Landes? Singen sie von 12: 18,7!
dem nicht im Reigen:

Saul hat seine Tausende erschlagen
und David seine Zehntausende?

13 Und David nahm sich diese Worte zu Herzen, und er fürchtete 13: 17,11!
sich sehr vor Achisch, dem König von Gat. 14 Und er stellte sich geistes- 14–16: Ps 34,1
krank vor ihren Augen und benahm sich in ihrer Gewalt, als wäre er
verrückt, und er trommelte gegen die Torflügel und liess den Geifer in
seinen Bart triefen. 15 Und Achisch sagte zu seinen Dienern: Ihr seht
doch, dass der Mann sich wie ein Verrückter benimmt. Warum bringt
ihr ihn zu mir? 16 Mir fehlen wohl noch Verrückte, dass ihr nun auch
noch den herbringt, damit er sich bei mir wie ein Verrückter benimmt?
Soll der in mein Haus kommen?

22 1 Und David ging weg von dort, und er entkam in die Höhle von 1: 24,4; 2Sam 23,13;
Adullam. Und seine Brüder und das ganze Haus seines Vaters hör- Ps 57,1 · Jos 15,35
ten davon, und sie kamen dorthin zu ihm herab. 2 Und es sammelten 2: Ri 11,3 · 25,13; 30,10

sich um ihn alle, die bedrängt waren, und alle, die verschuldet waren,
und alle, die verbittert waren, und er wurde ihr Anführer, und so waren
3: 2Sam 8,2; Rut 1,1 etwa vierhundert Mann bei ihm. 3 Und von dort ging David nach Mizpe
in Moab, und zum König von Moab sagte er: Lass doch meinen Vater
und meine Mutter bei euch bleiben, bis ich weiss, was Gott mit mir tun
4: 24,23!; 1Chr 11,16 will. 4 Und er geleitete sie vor den König von Moab, und sie blieben bei
5: 2Sam 24,11; ihm, solange David auf der Burg war. 5 Gad, der Prophet, aber sprach zu
1Chr 21,9; 29,29 David: Bleib nicht auf der Burg! Geh und komm ins Land Juda. Da ging
David und kam nach Jaar-Cheret.

Sauls Rache an den Priestern von Nob

6: 14,2 · 19,9 6 Und Saul hörte davon, denn David und die Männer um ihn waren
erkannt worden. Und Saul sass in Gibea unter der Tamariske auf der
Anhöhe und hielt seinen Speer in der Hand, während alle seine Diener
7: 8,14 bei ihm standen. 7 Da sagte Saul zu seinen Dienern, die bei ihm stan-
den: Hört doch, ihr Benjaminiten: Der Sohn Isais wird wohl auch euch
allen Felder und Weinberge geben! Er wird wohl euch alle einsetzen als
8: 18,3! Anführer über tausend und als Anführer über hundert, 8 dass ihr euch
alle gegen mich verschworen habt und niemand es mir enthüllt, wenn
mein Sohn sich mit dem Sohn Isais verbündet, und es niemanden von
euch um meinetwillen schmerzt und niemand mir enthüllt, dass mein
Sohn meinen Diener gegen mich angestiftet hat, mir aufzulauern, wie
9: 21,8! · 19; 14,3; es heute der Fall ist. 9 Daraufhin sagte Doeg, der Edomiter, der über die
21,2!; Ps 52,2 Diener Sauls gestellt war: Ich habe den Sohn Isais gesehen, er ist nach
10: 2Sam 5,19! · Nob gekommen zu Achimelech, dem Sohn des Achitub. 10 Und dieser
21,10 hat für ihn den HERRN befragt und hat ihm Wegzehrung gegeben, und
auch das Schwert Goliats, des Philisters, hat er ihm gegeben. 11 Da sand-
te der König hin, um Achimelech, den Sohn des Achitub, den Priester,
und das ganze Haus seines Vaters, die Priester, die in Nob waren, zu
rufen. Und sie alle kamen zum König. 12 Und Saul sagte: Höre doch,
Sohn des Achitub. Und er sagte: Hier bin ich, mein Herr. 13 Und Saul
sagte zu ihm: Warum habt ihr euch gegen mich verschworen, du und
der Sohn Isais, dass du ihm Brot und ein Schwert gegeben und Gott für
ihn befragt hast, so dass er sich gegen mich erhebt und mir auflauert,
14: 19,5; 18,22.26–27 wie es heute der Fall ist? 14 Achimelech aber antwortete dem König und
sagte: Wer von allen deinen Dienern ist wie David, treu, Schwiegersohn
des Königs, mit Zugang zu deiner Leibwache und geehrt in deinem
Haus? 15 Habe ich denn heute begonnen, Gott für ihn zu befragen?
Das sei fern von mir! Weder seinem Diener noch dem ganzen Haus
meines Vaters lege der König etwas zur Last, denn von all dem hat dein
Diener nichts gewusst, nichts Geringes, nichts Grosses. 16 Der König
aber sprach: Du musst sterben, Achimelech, du und das ganze Haus dei-
nes Vaters! 17 Und der König sagte zu seinen Leibwächtern, die um ihn
standen: Kommt her und tötet die Priester des HERRN, denn auch sie
haben David unterstützt, und obwohl sie wussten, dass er auf der Flucht
war, haben sie es mir nicht enthüllt. Die Diener des Königs aber wollten
18: 2,33 nicht Hand anlegen, um die Priester des HERRN niederzustossen. 18 Da
sagte der König zu Doeg: Komm du her und stosse die Priester nieder.

22,3: Wörtlich: «... meinen Vater und meine Mutter mit euch hinausziehen, ...»

Und Doeg, der Edomiter, kam herbei, und er stiess die Priester nieder.
So tötete er an jenem Tag fünfundachtzig Männer, die den leinenen
Efod trugen. 19 Und Nob, die Stadt der Priester, schlug er mit der Schär- 19: 21,2! · 15,3!
fe des Schwerts: Männer und Frauen, Kinder und Säuglinge, Rinder und
Esel und Schafe, mit der Schärfe des Schwerts.
20 Nur ein einziger Sohn Achimelechs, des Sohns von Achitub, ent- 20: 23,6;
kam, und sein Name war Ebjatar, und er floh, hinter David her. 21 Und 2Sam 15,24;
Ebjatar berichtete David, dass Saul die Priester des HERRN umgebracht 1Kön 2,26
hatte. 22 Und David sagte zu Ebjatar: Schon an jenem Tag habe ich ge- 22: 21,8!
wusst, dass Doeg, der Edomiter, dort war und dass er es Saul sicher be-
richten würde. Ich bin allen aus dem Haus deines Vaters zum Verhäng-
nis geworden. 23 Bleib bei mir; fürchte dich nicht. Denn wer mir nach 23: 23,17;
dem Leben trachtet, trachtet dir nach dem Leben. Bei mir bist du in Si- 2Sam 9,7! ·
cherheit. 1Kön 2,26

David in Keila

23 1 Und man berichtete David: Sieh, die Philister bekämpfen Keila, 1: Jos 15,44;
und sie plündern die Tennen. 2 Und David befragte den HERRN: Neh 3,17–18
Soll ich gehen und diese Philister schlagen? Und der HERR sprach zu 2: 4; 10,22;
David: Geh und schlag die Philister und rette Keila. 3 Die Männer Da- 2Sam 2,1 · 14,37!
vids aber sagten zu ihm: Sieh, wir fürchten uns schon hier in Juda, und
nun sollen wir auch noch nach Keila gegen die Schlachtreihen der Phi-
lister ziehen? 4 Und David befragte den HERRN noch einmal, und der 4: 2! · 30,8!; Ri 7,9
HERR antwortete ihm und sprach: Mach dich auf, zieh hinab nach Keila,
denn ich gebe die Philister in deine Hand. 5 Und David ging mit seinen 5: 19,8!
Männern nach Keila, kämpfte gegen die Philister, vertrieb ihr Vieh und
brachte ihnen eine schwere Niederlage bei. Und so rettete David die Be-
wohner von Keila.
6 Und als Ebjatar, der Sohn Achimelechs, zu David nach Keila floh, 6: 22,20! · 21,10
war er hinabgegangen mit dem Efod in der Hand. 7 Und Saul wurde 7: 12
berichtet, dass David nach Keila gekommen war, und Saul sagte: Gott
hat ihn in meine Hand gegeben, denn da er in eine Stadt mit Toren und
Riegeln gekommen ist, hat er sich selbst eingeschlossen. 8 Und Saul bot
alles Volk auf zur Schlacht, um nach Keila hinabzuziehen und David und
seine Männer zu belagern. 9 David aber erfuhr, dass Saul Böses gegen 9: 30,7
ihn plante, und er sagte zu Ebjatar, dem Priester: Bring den Efod her.
10 Und David sprach: HERR, Gott Israels, dein Diener hat gehört, dass
Saul danach trachtet, nach Keila zu kommen, um die Stadt meinetwe-
gen zu zerstören. 11 Werden die Herren von Keila mich in seine Hand
ausliefern? Wird Saul herabkommen, wie es dein Diener gehört hat?
HERR, Gott Israels, tue das doch deinem Diener kund. Da sprach der
HERR: Er wird herabkommen. 12 Und David sagte: Werden die Herren 12: 7
von Keila mich und meine Männer in die Hand Sauls ausliefern? Und
der HERR sprach: Sie werden euch ausliefern. 13 Da machte David sich 13: 13,15!
mit seinen Leuten auf, etwa sechshundert Mann, und sie zogen fort aus
Keila und bewegten sich, wo sie sich bewegen konnten. Saul aber wurde
berichtet, dass David aus Keila entkommen war; da brach er seinen Feld-
zug ab.

David in der Wüste Sif

14 Und David hielt sich in der Wüste auf, in den Zufluchtsorten, und
dann hielt er sich im Gebirge auf, in der Wüste Sif. Und Saul suchte ihn
15: Jos 15,55 die ganze Zeit, Gott aber gab ihn nicht in seine Hand. 15 Und David sah,
dass Saul ausgerückt war und ihm nach dem Leben trachtete. Und David
16: 30,6; Jes 35,3 war in der Wüste Sif in Choresch. 16 Und Jehonatan, der Sohn Sauls,
machte sich auf und ging zu David nach Choresch. Und er stärkte sein
17: 22,23 · 24,21 Vertrauen auf Gott 17 und sprach zu ihm: Fürchte dich nicht, denn die
Hand Sauls, meines Vaters, wird dich nicht finden. Du wirst König wer-
den über Israel, und ich werde der zweite sein, nach dir. Und das weiss
18: 18,3! · 21,1 auch Saul, mein Vater. 18 Und die beiden schlossen einen Bund vor dem
HERRN, und David blieb in Choresch, Jehonatan aber ging in sein Haus.
19: 26,1; Ps 54,1–2 19 Einige Sifiter aber zogen hinauf zu Saul nach Gibea und sagten:
Hält denn David sich nicht bei uns versteckt, in den Zufluchtsorten in
Choresch, auf dem Hügel von Chachila, der südlich der Einöde liegt?
20 Nun denn, König, wenn es dir beliebt herabzukommen, komm her-
21: 15,13 ab; dann ist es an uns, ihn in die Hand des Königs auszuliefern. 21 Und
Saul sagte: Ihr seid gesegnet vom HERRN, denn ihr habt Mitleid mit mir.
22 Geht also hin, haltet euch weiterhin bereit, merkt euch und prägt
euch ein, wo er auftritt, wer ihn dort gesehen hat, denn man hat mir
23: 27,1 gesagt, dass er sehr listig sei. 23 Seht nach und merkt euch alle Verste-
cke, in denen er sich verstecken könnte, und wenn ihr euch sicher seid,
kommt zurück zu mir; dann werde ich mit euch gehen. Und wenn er im
Land ist, werde ich ihn aufspüren unter allen Tausendschaften Judas.
24: 25,2; Jos 15,55 24 Und sie machten sich auf und gingen Saul voran nach Sif. David aber
und seine Männer waren in der Wüste Maon, in der Steppe südlich der
Einöde. 25 Und Saul ging mit seinen Männern, um ihn zu suchen, und
man berichtete es David, und er zog hinab zu dem Felsen und hielt sich
in der Wüste Maon auf. Saul aber hörte davon und verfolgte David in der
Wüste Maon. 26 Und Saul ging mit seinen Leuten auf der einen Seite
des Berges, David aber war mit seinen Männern auf der anderen Seite
des Berges. Und während David floh, um von Saul wegzukommen,
kreisten Saul und seine Männer David und dessen Männer ein, um sie
zu fassen. 27 Da kam ein Bote zu Saul und sagte: Komm schnell, denn
28: 24,2 die Philister haben das Land überfallen. 28 Da kehrte Saul zurück von
der Verfolgung Davids und zog den Philistern entgegen. Daher nennt
man jenen Ort Sela Machlekot.

David verschont Saul in der Wüste von En-Gedi

1: Jos 15,62; 24 1 Von dort aber zog David hinauf, und er hielt sich in den Zu-
Ez 47,10; Hld 1,14; fluchtsorten von En-Gedi auf. 2 Und als Saul von der Verfolgung
2Chr 20,2 der Philister zurückkehrte, berichtete man ihm: Sieh, David ist in der
2: 23,28
3: 13,2; 26,2 Wüste von En-Gedi. 3 Da nahm Saul dreitausend Mann, ausgewählt aus
ganz Israel, und er ging, um David und seine Männer gegenüber von
4: 22,1! den Steinbock-Felsen zu suchen. 4 Und er kam zu den Schafhürden am
Weg, und dort war eine Höhle. Und Saul ging hinein, um seine Füsse, zu

23,28: Im Namen Sela Machlekot klingt hebräisch ‹Fels der Scheidung› an, was Bezug nimmt auf die Trennung der Wege Sauls und Davids.

24,4: «um seine Füsse zu bedecken»: Siehe die Anm. zu Ri 3,24.

bedecken, David und seine Männer aber sassen im Innern der Höhle.
5 Da sagten die Männer Davids zu ihm: Sieh, heute ist der Tag, von dem 5: 26,8
der HERR zu dir gesagt hat: Sieh, ich gebe deinen Feind in deine Hand,
und du kannst mit ihm tun, was gut ist in deinen Augen. Und David
stand auf und schnitt heimlich den Saum des Mantels ab, der Saul ge-
hörte. 6 Danach aber schlug David das Herz heftig, weil er den Saum 6: 2Sam 24,10
abgeschnitten hatte, der Saul gehörte. 7 Und er sagte zu seinen Män- 7: 11; 26,9.23; 31,4;
nern: Um des HERRN willen sei dies fern von mir, dass ich meinem 2Sam 1,14
Herrn, dem Gesalbten des HERRN, das antue und meine Hand gegen ihn
führe, denn er ist der Gesalbte des HERRN. 8 Und mit diesen Worten
trieb David seine Männer auseinander, und er duldete nicht, dass sie
sich gegen Saul erhoben. Saul aber hatte die Höhle verlassen und ging
seines Wegs. 9 Und danach erhob sich David, trat aus der Höhle und rief 9: 20,41!
Saul nach: Mein Herr und König. Da schaute Saul sich um, und David
neigte das Angesicht zur Erde und warf sich nieder. 10 Und David sagte
zu Saul: Warum hörst du auf die Worte von Menschen, die sagen: Sieh,
David sucht dein Verderben? 11 Sieh, an diesem Tag haben deine Augen 11: 7!
gesehen, dass der HERR dich heute in der Höhle in meine Hand gegeben
hat. Und man sprach davon, dich umzubringen, ich aber habe dich ver-
schont und gesagt: Ich werde meine Hand nicht gegen meinen Herrn
führen, denn er ist der Gesalbte des HERRN. 12 Und sieh, mein Vater, 12: 20,1!
sieh doch den Saum deines Mantels in meiner Hand! Als ich den Saum
deines Mantels abschnitt, habe ich dich nicht umgebracht! Erkenne
und sieh, dass in meiner Hand nichts Böses ist und kein Vergehen und
dass ich mich nicht an dir versündigt habe. Du aber stellst mir nach, um
mir das Leben zu nehmen. 13 Der HERR soll richten zwischen mir und 13: 16; Ri 11,27 ·
dir, der HERR soll Rache nehmen für mich an dir, aber meine Hand soll Gen 16,5!
nicht gegen dich sein. 14 Wie der Spruch der Vorfahren sagt: 14: Hos 10,13

Von Frevlern geht Frevel aus,
meine Hand aber wird nicht gegen dich sein!

15 Hinter wem ist der König Israels her? Hinter wem jagst du her? 15: 17,43!;
Hinter einem toten Hund! Hinter einem einzigen Floh! 16 Der HERR 2Sam 3,8! · 26,20
aber soll Richter sein, und er soll richten zwischen mir und dir; so soll er 16: 13! · 26,24!;
es sich ansehen und meinen Rechtsstreit führen und mir Recht ver- Ps 43,1; 119,154
schaffen von deiner Hand! 17 Und als David diese Worte zu Saul gespro- 17: 26,17
chen hatte, sagte Saul: Ist das deine Stimme, mein Sohn David? Und Saul
begann laut zu weinen 18 und sprach zu David: Du bist gerechter als ich,
denn du hast Gutes für mich getan, ich aber habe dir Böses angetan.
19 Du aber hast heute gezeigt, dass du mir Gutes getan hast, da der HERR
mich dir ausgeliefert hat und du mich nicht umgebracht hast. 20 Wenn 20: 26,25
aber einer seinen Feind trifft, lässt er ihn dann unversehrt seines Weges
ziehen? Was du am heutigen Tag für mich getan hast, vergelte dir der
HERR mit Gutem. 21 Und nun sieh, ich weiss es gewiss, du wirst König 21: 23,17!
werden, und das Königtum über Israel wird Bestand haben in deiner
Hand. 22 Und nun schwöre mir beim HERRN, dass du meine Nachkom- 22: Gen 21,23 ·
men nach mir nicht ausrotten und dass du meinen Namen nicht tilgen 2Sam 21,7!

24,8: Möglicherweise ist statt «trieb David seine Männer auseinander» mit «wies David seine Männer zurecht» zu übersetzen.

23: 22,4; 26,25 wirst aus dem Haus meines Vaters. 23 Und David schwor es Saul. Dann
zog Saul zu seinem Haus, David aber und seine Männer zogen zur Fes-
tung hinauf.

David und Abigajil

1: 28,3; 2Sam 1,12; **25** 1 Und Samuel starb, und ganz Israel versammelte sich und hielt
3,31; 11,26 · 1,19! die Totenklage um ihn, und sie begruben ihn in seinem Haus in
Rama. Und David machte sich auf und zog hinab in die Wüste Paran.
2: 23,24! · 15,12 2 Und es war ein Mann in Maon, der verrichtete seine Arbeit in Karmel,
und der Mann war sehr wohlhabend, ihm gehörten dreitausend Schafe
und tausend Ziegen. Und er war gerade dabei, in Karmel seine Schafe zu
3: 25 · 2Sam 3,3 · scheren. 3 Und der Name des Mannes war Nabal, und der Name seiner
30,14 Frau war Abigajil. Und die Frau hatte einen klugen Verstand und war
von schöner Gestalt, der Mann aber war hart und boshaft, er war ein
Kalebbiter. 4 Und David hörte in der Wüste, dass Nabal dabei war, seine
5: 17,18!; Gen 29,6 Schafe zu scheren. 5 Da sandte David zehn junge Männer aus, und Da-
vid sagte zu den Männern: Zieht hinauf nach Karmel, und wenn ihr zu
Nabal kommt, sollt ihr ihn in meinem Namen nach seinem Wohlerge-
hen fragen. 6 Und so sollt ihr sprechen: Zum Gruss, Friede dir, Friede
deinem Haus und Friede allem, was dir gehört! 7 Und nun habe ich ge-
hört, dass du Scherer hast. Nun waren die Hirten, die zu dir gehören, bei
uns, man ist ihnen nicht nahegetreten, und nichts ist ihnen abhanden
gekommen, solange sie in Karmel waren. 8 Frage deine Männer, damit
sie es dir berichten und damit die Männer Davids Gnade finden in dei-
nen Augen, denn wir sind an einem Festtag gekommen. Bitte gib deinen
Dienern und deinem Sohn, David, was du gerade zur Hand hast. 9 Und
die Männer Davids kamen und sprachen mit Nabal im Namen Davids
10: Ri 9,28; 8,6 allen diesen Worten gemäss, und sie warteten. 10 Daraufhin sprach Na-
bal zu den Dienern Davids: Wer ist David? Wer ist der Sohn Isais? Heut-
zutage gibt es viele Diener, die ihren Herren davonlaufen. 11 Soll ich
mein Brot und mein Wasser und was ich für meine Scherer geschlachtet
habe nehmen und es Männern geben, von denen ich nicht einmal
12: 2Sam 13,23! weiss, woher sie sind? 12 Da wandten sich die Männer Davids um,
machten sich auf ihren Weg und kehrten zurück. Und sie kamen und
13: 22,2! berichteten ihm all diese Worte. 13 Da sagte David zu seinen Männern:
Jeder gürte sein Schwert um! Und jeder gürtete sein Schwert um, und
auch David gürtete sein Schwert um. Und etwa vierhundert Mann zo-
gen hinauf hinter David her, und zweihundert blieben beim Gepäck.

14 Einer von den Burschen aber hatte Abigajil, der Frau Nabals, be-
richtet: Sieh, David hat Boten aus der Wüste gesandt, um unseren Herrn
zu segnen, er aber hat sie angeschrien. 15 Die Männer sind doch sehr
gut zu uns gewesen, sie sind uns nicht nahe getreten, und uns ist nichts
abhanden gekommen, solange wir mit ihnen umherzogen, als wir auf
dem offenen Land waren. 16 Bei Nacht und bei Tag waren sie eine Mau-
er um uns, solange wir bei ihnen die Schafe hüteten. 17 Und nun erken-
ne und sieh, was du tun kannst, denn das Unheil ist beschlossen über
unseren Herrn und über sein ganzes Haus. Er aber ist zu ruchlos, als
18: 17,17; 30,12; dass man mit ihm reden könnte. 18 Da nahm Abigajil eilends zweihun-
2Sam 16,1; 17,28;
1Chr 12,41

25,8: «Davids» wurde in der Übersetzung ergänzt.

dert Brote, zwei Schläuche Wein, fünf zubereitete Schafe, fünf Sea ge-
röstetes Korn, hundert Kuchen aus getrockneten Trauben und zwei-
hundert Feigenkuchen und lud alles auf die Esel. 19 Und sie sagte zu 19: Gen 32,19
ihren Männern: Zieht vor mir her; seht, ich komme euch nach. Ihrem
Mann Nabal aber teilte sie es nicht mit.

20 Und während sie im Schutz des Berges auf dem Esel hinunterritt,
sieh, da kamen auch David und seine Männer herab, ihr entgegen, und
sie traf auf sie. 21 David aber hatte gesagt: Es war ein Fehler von mir, 21: Ps 35,12
alles, was dem da gehört, in der Wüste zu beschützen, damit nichts ab-
handen käme von allem, was ihm gehört! Nun hat er mir Gutes mit Bö-
sem vergolten. 22 Gott tue den Feinden Davids an, was immer er will, 22: 3,17!
wenn ich von allem, was ihm gehört, bis am Morgen etwas übrig lasse,
was an die Wand pisst! 23 Und Abigajil sah David und stieg eilends vom 23: 41; 2Sam 18,28;
Esel, warf sich vor David auf ihr Angesicht und verneigte sich zur Erde. Rut 2,10
24 Und sie fiel ihm zu Füssen und sagte: Allein auf mir, mein Herr, liegt
die Schuld! Deine Magd würde dir gern alles erklären; höre die Worte
deiner Magd. 25 Mein Herr kümmere sich doch nicht um diesen ruch- 25: 3
losen Mann, um Nabal! Denn wie sein Name lautet, so ist er: Sein Name
ist Nabal, und er ist voller Torheit. Ich aber, deine Magd, habe die Män-
ner meines Herrn nicht gesehen, die du gesandt hattest. 26 Und nun, 26: 1,26! · 2,9 ·
mein Herr, so wahr der HERR lebt und so wahr du lebst, den der HERR 2Sam 18,32
davon abgehalten hat, in Blutschuld zu geraten und sich mit eigener
Hand zu helfen: Nun sollen deine Feinde und die meinem Herrn Böses
wollen wie Nabal werden! 27 Nun also, dieses Geschenk, das deine Skla- 27: Gen 33,11
vin für meinen Herrn gebracht hat, möge den Männern gegeben wer-
den, die zum Gefolge meines Herrn gehören. 28 Vergib doch das Verge- 28: 2,35;
hen deiner Magd, denn der HERR wird meinem Herrn gewiss ein Haus 2Sam 7,11.16! ·
gründen, das Bestand hat, da mein Herr die Kriege des HERRN führt. 18,17 · 29,3
Und es soll an dir nichts Böses gefunden werden dein Leben lang.
29 Und erhebt sich ein Mensch, um dich zu verfolgen und dir nach dem 29: Ps 69,29
Leben zu trachten, so möge das Leben meines Herrn verwahrt sein im
Verwahrungsbeutel der Lebenden beim HERRN, deinem Gott. Das Le-
ben deiner Feinde aber schleudere er fort mit der Schleuderpfanne!
30 Und wenn der HERR für meinen Herrn all das Gute tut, das er dir 30: 2Sam 5,2!
zugesagt hat, und dich zum Fürsten über Israel bestimmt, 31 so wird
mein Herr nicht darüber stolpern, und mein Herr muss sich nicht vor-
werfen, grundlos Blut vergossen und sich selbst geholfen zu haben.
Wenn aber der HERR meinem Herrn Gutes tut, dann erinnere dich dei-
ner Magd. 32 Da sprach David zu Abigajil: Gelobt sei der HERR, der Gott 32: Jos 22,33
Israels, der dich mir am heutigen Tag entgegengesandt hat. 33 Und ge-
segnet ist deine Klugheit, und gesegnet bist du, dass du mich am heuti-
gen Tag davon abgehalten hast, in Blutschuld zu geraten und mir mit
eigener Hand zu helfen. 34 Aber so wahr der HERR lebt, der Gott Israels,
der mich daran gehindert hat, dir Böses anzutun: Wenn du mir nicht so
schnell entgegengekommen wärst, wäre Nabal bis zum ersten Morgen-

25,22: «Gott tue den Feinden Davids an»: In der griechischen Überlieferung lautet der Text «Gott tue David an», was zu erwarten wäre.

25,22: «was an die Wand pisst»: Die zugrunde liegende hebräische Formulierung bedeutet in abwertendem Ton: was männlich ist.

25,25: Der Name Nabal bedeutet: ‹Tor› oder ‹Dummkopf›.

35: Num 6,26 licht nichts übrig geblieben, was an die Wand pisst! 35 Und David nahm
aus ihrer Hand, was sie ihm gebracht hatte, und er sagte zu ihr: Zieh in
Frieden hinauf nach deinem Haus. Sieh, ich habe auf deine Stimme ge-
hört und dein Angesicht aufgerichtet.

36: 2Sam 3,20! · 36 Und als Abigajil zu Nabal kam, sieh, da hielt er in seinem Haus ein
Spr 20,1 · Gastmahl wie das Gastmahl des Königs, und Nabal war leichten Her-
2Sam 13,28! zens und schwer betrunken. Und sie berichtete ihm nichts, weder Un-
wichtiges noch Wichtiges, bis zum ersten Morgenlicht. 37 Am Morgen
aber, als Nabal wieder nüchtern wurde, berichtete seine Frau ihm diese
Dinge, und sein Herz starb in seinem Innern, und er wurde zu Stein.
38: 2Sam 6,7; 12,15; 38 Und nach etwa zehn Tagen schlug der HERR Nabal, und er starb.
2Chr 13,20 39 Und David hörte, dass Nabal gestorben war, und er sprach: Gelobt sei
39: Spr 22,23 · der HERR, der den Rechtsstreit geführt hat der Schmähung wegen, die
26,10 · 2Sam 1,16!; Nabal mir angetan hat, und der seinen Diener vor einer bösen Tat be-
Joel 4,4 wahrt hat. Die böse Tat Nabals aber hat der HERR auf sein Haupt zurück-
fallen lassen. Und David sandte hin und warb um Abigajil, um sie zu
seiner Frau zu nehmen. 40 Und die Diener Davids kamen zu Abigajil
nach Karmel, und sie redeten mit ihr und sagten: David hat uns zu dir
41: 23! gesandt, weil er dich zu seiner Frau nehmen will. 41 Da stand sie auf,
warf sich mit dem Angesicht zur Erde nieder und sagte: Sieh, deine
Magd ist eine Sklavin, bereit, den Dienern meines Herrn die Füsse zu
waschen. 42 Und Abigajil machte sich eilends auf und setzte sich auf
den Esel, und ihre fünf jungen Frauen gingen hinter ihr her. Und sie
folgte den Boten Davids und wurde seine Frau.

43: 29,11! · 27,3; 43 Und Achinoam hatte David sich aus Jesreel geholt, und so wurden
30,5; 2Sam 2,2 auch die beiden seine Frauen. 44 Saul aber hatte Michal, seine Tochter,
44: 2Sam 3,15 · die Frau Davids, Palti gegeben, dem Sohne des Lajisch, der aus Gallim
Jes 10,30 war.

David verschont Saul zum zweiten Mal

1: 23,19! **26** 1 Und die Sifiter kamen zu Saul nach Gibea und sagten: Hält David
sich nicht auf dem Hügel von Chachila verborgen, gegenüber der
2: 24,3! Einöde? 2 Da machte sich Saul auf und zog hinab in die Wüste Sif, und
bei ihm waren dreitausend Mann, die Ausgewählten Israels, um David
3: Ps 63,1 in der Wüste Sif zu suchen. 3 Und Saul lagerte auf dem Hügel von
Chachila, der am Weg liegt gegenüber der Einöde, David aber hielt sich
in der Wüste auf. Und er sah, dass Saul ihm in die Wüste nachgekom-
4: Gen 42,9! men war. 4 Und David sandte Kundschafter aus, und er erfuhr, dass Saul
5: 14,50! tatsächlich gekommen war. 5 Da machte David sich auf und kam an den
Ort, wo Saul lagerte. Und David sah den Ort, wo Saul und sein Heerfüh-
rer Abner, der Sohn des Ner, sich niedergelegt hatten: Saul lag in der
6: 2Sam 2,13!.18! Wagenburg, und das Volk lagerte rings um ihn. 6 Daraufhin sagte David
zu Achimelech, dem Hetiter, und zu Abischai, dem Sohn der Zeruja, dem
Bruder Joabs: Wer geht mit mir hinunter zu Saul ins Lager? Und Abi-
7: 18,10; 19,9; 20,33; schai sagte: Ich werde mit dir hinabgehen. 7 Und als David und Abischai
2Sam 1,6 in der Nacht zum Volk kamen, sieh, da lag Saul schlafend in der Wagen-

25,34: «was an die Wand pisst»: Siehe die Anm. zu 25,22.

25,35: Der Ausdruck «ich habe ... dein Angesicht aufgerichtet» bedeutet, dass er die Bitte erhört hat.

burg, und bei seinem Kopfende steckte sein Speer in der Erde. Rings um
ihn aber lagen Abner und das Volk. 8 Und Abischai sagte zu David: Heu- 8: 24,5 ·
te hat Gott deinen Feind in deine Hand ausgeliefert. Und nun will ich 2Sam 16,9!; Ri 4,21
ihn mit dem Speer mit einem Stoss an den Boden nageln, einen zweiten
werde ich für ihn nicht brauchen. 9 David aber sagte zu Abischai: Töte 9: 24,7! ·
ihn nicht! Denn wer hätte seine Hand gegen den Gesalbten des HERRN 2Sam 19,22!
geführt und wäre ungestraft geblieben? 10 Und David sagte: So wahr 10: 25,39 · 31,4
der HERR lebt: Der HERR wird ihn schlagen, oder es kommt sein Tag, da
er sterben muss, oder er zieht hinab in den Krieg und wird weggerafft.
11 Um des HERRN willen sei es fern von mir, dass ich meine Hand gegen
den Gesalbten des HERRN führe! Aber nimm nun den Speer, der bei sei-
nem Kopfende steckt, und den Wasserkrug, und lass uns gehen. 12 Und 12: Gen 2,21;
David nahm den Speer und den Wasserkrug vom Kopfende Sauls, und Gen 15,12
sie entfernten sich. Und niemand sah es, und niemand merkte es, und
niemand wachte auf. Denn sie schliefen alle, da der Tiefschlaf des
HERRN auf sie gefallen war.

13 Und David ging auf die andere Seite hinüber und stellte sich in
einiger Entfernung auf den Gipfel des Bergs; der Abstand zwischen ih-
nen war gross. 14 Dann rief David dem Volk und Abner, dem Sohn des
Ner, zu: Abner, willst du nicht antworten? Und Abner antwortete und
sagte: Wer bist du, dass du dem König zurufst? 15 Und David sagte zu 15: 2Sam 3,38
Abner: Bist du nicht ein Mann? Und wer ist wie du in Israel? Warum
aber hast du deinen Herrn, den König, nicht beschützt? Denn einer vom
Volk ist gekommen, um deinen Herrn, den König, zu töten. 16 Was du
getan hast, ist nicht gut. So wahr der HERR lebt, ihr seid Kinder des To-
des, weil ihr euren Herrn, den Gesalbten des HERRN, nicht beschützt
habt! Und nun sieh nach, wo der Speer des Königs und der Wasserkrug
sind, die bei seinem Kopfende waren. 17 Da erkannte Saul die Stimme 17: 24,17
Davids und sagte: Ist das deine Stimme, mein Sohn David? Und David
sagte: Es ist meine Stimme, mein Herr und König. 18 Und er sagte: War- 18: 20,1!
um denn verfolgt mein Herr seinen Diener? Was habe ich denn getan?
Und was ist Böses in meiner Hand? 19 Und nun höre mein Herr und 19: Gen 8,21;
König doch die Worte seines Dieners: Wenn der HERR dich gegen mich Dtn 13,3
aufgereizt hat, möge er Opfer riechen; wenn es aber Menschen waren,
sind sie verflucht vor dem HERRN, weil sie mich heute vertrieben haben,
so dass ich nicht teilhabe am Erbbesitz des HERRN, denn sie sagen: Geh,
diene anderen Göttern! 20 Und nun soll mein Blut nicht fern vom Ange- 20: 24,15
sicht des HERRN auf die Erde fallen, denn um einen einzigen Floh zu
suchen, ist der König Israels ausgezogen, als jagte er das Rebhuhn auf
den Bergen.

21 Da sagte Saul: Ich habe mich versündigt. Komm zurück, mein 21: 2Kön 1,13 · 13,13;
Sohn David, ich will dir nichts Böses mehr antun, denn am heutigen Tag 15,24
war mein Leben teuer in deinen Augen. Sieh, ich habe töricht gehandelt
und einen sehr schweren Fehler begangen. 22 Daraufhin sagte David:
Sieh, der Speer des Königs! Einer von den Männern soll herüberkom-
men und ihn holen. 23 Der HERR aber vergilt jedem seine Gerechtigkeit 23: 24,7!
und seine Treue, denn heute hat dich der HERR in meine Hand gegeben,
ich aber wollte meine Hand nicht gegen den Gesalbten des HERRN füh-
ren. 24 Und sieh, so wie am heutigen Tag dein Leben wertvoll war in 24: 24,16; 2Sam 4,9
meinen Augen, so möge mein Leben wertvoll sein in den Augen des

25: 24,20 · 24,23! HERRN, und er möge mich erretten aus aller Not! 25 Da sagte Saul zu
David: Du bist gesegnet, mein Sohn David. Gewiss wirst du es vollbrin-
gen, und sicher wird es dir gelingen. Dann ging David seines Wegs, Saul
aber kehrte zurück an seinen Ort.

David bei den Philistern

1: 20,3 · 23,23 **27** 1 David aber sagte sich: Eines Tages werde ich nun dahingerafft
werden durch Sauls Hand. Es gibt für mich nichts Besseres, als
mich ins Land der Philister zu retten. Dann wird Saul es aufgeben, mich
noch länger im ganzen Gebiet Israels zu suchen, und ich entkomme sei-
2: 13,15! · 21,11; ner Hand. 2 Und David machte sich auf und zog mit sechshundert
1Kön 2,39 Mann, die bei ihm waren, hinüber zu Achisch, dem Sohn des Maoch,
3: 25,43! dem König von Gat. 3 Und David blieb bei Achisch in Gat, er und seine
Männer, jeder mit seinem Haus, David mit seinen beiden Frauen, Achi-
noam, der Jesreelitin, und Abigajil, der Frau Nabals, der Karmelitin.
4 Saul aber wurde berichtet, dass David nach Gat geflohen war; da such-
te er ihn nicht länger. 5 Und David sagte zu Achisch: Wenn ich Gnade
gefunden habe in deinen Augen, gebe man mir einen Platz in einer der
Ortschaften auf dem offenen Land, damit ich dort wohnen kann. Denn
6: 30,1!; 1Chr 12,1 warum sollte dein Diener bei dir in der Königsstadt wohnen? 6 Und an
jenem Tag gab Achisch ihm Ziklag. Deshalb gehört Ziklag den Königen
7: 29,3 von Juda bis auf den heutigen Tag. 7 Die Zeit aber, die David auf dem
offenen Land bei den Philistern verbrachte, betrug ein Jahr und vier Mo-
nate.
8: Dtn 3,14! · 8 Und David zog mit seinen Männern hinauf, und sie fielen über die
Lev 13,29! · 15,7! Geschuriter, die Gisriter und die Amalekiter her, denn das waren von
alters her die Bewohner des Landes, das sich bis dort erstreckt, wo es
9: 15,3!; Jos 6,21 nach Schur geht, und bis zum Land Ägypten. 9 Und wenn David das
Land schlug, liess er weder Mann noch Frau am Leben, und er nahm
jeweils Schafe, Rinder, Esel, Kamele und Kleider; dann kehrte er zurück
10: 1Chr 2,9 · und ging zu Achisch. 10 Sagte Achisch dann: Wo seid ihr heute eingefal-
30,29 · 15,6! len?, so sagte David: In den Süden von Juda! In den Süden der Jerachme-
eliten! In den Süden der Keniten! 11 David aber liess weder Männer
noch Frauen am Leben, die er hätte nach Gat bringen können. Er dachte:
Dass sie nur nicht über uns berichten: So ist David verfahren! Und so
hielt er es, solange er auf dem offenen Land bei den Philistern wohnte.
12: 13,4! 12 Achisch aber schenkte David Glauben; er dachte: Er hat sich verhasst
gemacht bei seinem Volk, bei Israel, und wird für immer mein Diener
bleiben.

1: 31,1 · 29,2 **28** 1 Und in jenen Tagen sammelten die Philister ihre Heere zum
Krieg, um gegen Israel zu kämpfen. Und Achisch sagte zu David:
Du weisst ja, dass du mit mir ins Heerlager ausziehen musst, du und
deine Männer. 2 Und David sagte zu Achisch: Da wirst du erfahren, was
dein Diener zu leisten vermag. Und Achisch sagte zu David: Deshalb
setze ich dich für die ganze Zeit als Hüter meines Hauptes ein.

Saul bei der Totenbeschwörerin von En-Dor

3: 25,1! · Ex 22,17!; 3 Samuel aber war gestorben, und ganz Israel hielt die Totenklage
Lev 19,31 um ihn, und sie begruben ihn in Rama, in seiner Stadt. Saul aber hatte
4: Jos 19,18! · 31,1! die Totenbeschwörer und Wahrsager aus dem Land entfernt. 4 Und die

Philister sammelten sich, rückten an und lagerten bei Schunem; Saul
aber versammelte ganz Israel, und sie lagerten im Gilboa. 5 Und Saul
sah das Heer der Philister und fürchtete sich, und sein Herz bebte heftig.
6 Und Saul befragte den HERRN, aber der HERR antwortete ihm nicht, 6: 14,37 ·
nicht durch Träume, nicht durch die Urim, nicht durch die Propheten. Num 12,6 · 14,41!
7 Da sagte Saul zu seinen Dienern: Sucht mir eine Frau, die Herrin ist 7: Jes 8,19–20 ·
über einen Totengeist. Dann will ich zu ihr gehen und sie befragen. Und Jos 17,11
seine Diener sagten zu ihm: Sieh, in En-Dor gibt es eine Frau, die Herrin
ist über einen Totengeist. 8 Da verkleidete sich Saul, zog andere Kleider 8: 1Chr 10,13
an und ging, er und mit ihm zwei Männer, und bei Nacht kamen sie zu
der Frau. Und er sagte: Befrage doch den Totengeist für mich, und bringe
mir den herauf, den ich dir nenne. 9 Die Frau aber sagte zu ihm: Sieh, du
weisst, was Saul getan hat, dass er die Totenbeschwörer und Wahrsager
im Land ausgerottet hat. Warum stellst du mir also eine Falle, so dass ich
getötet werde? 10 Saul aber schwor ihr beim HERRN: So wahr der HERR
lebt, dich soll in dieser Sache keine Schuld treffen! 11 Da sagte die Frau:
Wen soll ich dir heraufbringen? Und er sagte: Bring mir Samuel herauf!
12 Und die Frau sah Samuel und schrie laut auf, und die Frau sagte zu
Saul: Warum hast du mich betrogen? Du bist Saul! 13 Der König aber
sagte zu ihr: Fürchte dich nicht. Was hast du denn gesehen? Und die
Frau sagte zu Saul: Einen Gott sah ich aus der Erde heraufsteigen. 14 Und 14: 1Sam 2,19; 15,27
er sagte zu ihr: Wie sieht er aus? Und sie sagte: Ein alter Mann steigt
herauf, und er ist in einen Mantel gehüllt. Da wusste Saul, dass es Sa-
muel war, und er neigte das Angesicht zur Erde und warf sich nieder.
15 Samuel aber sprach zu Saul: Warum schreckst du mich auf und lässt 15: 30,6 · 16,14
mich heraufkommen? Und Saul sagte: Ich bin in grosser Not: Die Philis-
ter kämpfen gegen mich, und Gott ist von mir gewichen und antwortet
mir nicht mehr, weder durch die Propheten noch durch Träume. Da
habe ich dich gerufen, damit du mich wissen lässt, was ich tun soll.
16 Und Samuel sprach: Warum fragst du mich, da doch der HERR von dir 16: Klgl 2,5
gewichen und dein Feind geworden ist? 17 Der HERR hat für ihn ja so 17: 15,28!; 23,17!
gehandelt, wie er es durch mich angekündigt hat: Der HERR hat dir das
Königtum aus der Hand gerissen und es dem anderen, David, gegeben.
18 Weil du nicht auf die Stimme des HERRN gehört hast und seinen glü- 18: 15,9!; Ex 17,14
henden Zorn an Amalek nicht vollstreckt hast, darum hat der HERR dir
dies am heutigen Tag angetan. 19 Und so wird der HERR mit dir auch 19: 31,6
Israel in die Hand der Philister geben, und morgen wirst du mit deinen
Söhnen bei mir sein. Auch das Heer Israels wird der HERR in die Hand
der Philister geben. 20 Da fiel Saul sogleich seiner ganzen Länge nach 20: 2Sam 12,17!
zur Erde, und er fürchtete sich sehr vor den Worten Samuels. Auch war
keine Kraft mehr in ihm, denn er hatte den ganzen Tag und die ganze
Nacht nichts gegessen. 21 Und die Frau kam zu Saul und sah, dass er
sehr erschrocken war. Und sie sagte zu ihm: Sieh, deine Sklavin hat auf
deine Stimme gehört: Ich habe mein Leben aufs Spiel gesetzt und habe
auf deine Worte gehört, die du zu mir gesagt hast. 22 Und nun höre doch
auch du auf die Stimme deiner Sklavin: Ich will dir einen Bissen Brot
vorsetzen, und du sollst essen, damit du bei Kräften bist, wenn du dei-
nen Weg gehst. 23 Er aber weigerte sich und sagte: Ich werde nicht es-
sen. Da drängten ihn seine Diener und auch die Frau, und er hörte auf
ihre Stimmen, stand von der Erde auf und setzte sich auf das Bett. 24 Die 24: 2Sam 12,4!

Frau aber hatte ein gemästetes Kalb im Haus und schlachtete es eilends.
Dann nahm sie Mehl, knetete es und backte daraus ungesäuerte Brote.
25 Und das stellte sie vor Saul und seine Diener, und sie assen. Dann
standen sie auf, und noch in jener Nacht gingen sie davon.

David wird von den Philistern entlassen

1: 4,1b! · 11!; 29 1 Und die Philister sammelten alle ihre Heere in Afek, Israel aber
2Sam 2,9 lagerte an der Quelle, die in Jesreel ist. 2 Und als die Stadtfürsten
2: 28,1; Jos 13,3 der Philister in Hundertschaften und Tausendschaften hinüberzogen
3: 4,6.9; 13,19; 14,11 · und zuletzt David und seine Männer mit Achisch hinüberzogen, 3 da
27,7 · 25,28 sagten die Obersten der Philister: Was ist mit diesen Hebräern? Und
Achisch sagte zu den Obersten der Philister: Das ist David, der Diener
Sauls, des Königs von Israel, der doch schon seit Tag und Jahr bei mir ist.
Und ich habe nichts gegen ihn gefunden seit dem Tag, an dem er abge-
4: 1Chr 21,1 · fallen ist, bis auf den heutigen Tag. 4 Die Obersten der Philister aber
Ex 1,10; 1Chr 12,20 wurden zornig auf ihn, und die Obersten der Philister sagten zu ihm:
Schick den Mann zurück! Er soll zurückkehren an seinen Ort, den du
ihm zugewiesen hast. Und er soll nicht mit uns in die Schlacht hinabzie-
hen, er darf uns nicht zum Widersacher werden in der Schlacht! Und
womit könnte der sich bei seinem Herrn beliebt machen? Wäre es nicht
5: 18,7! mit den Köpfen dieser Männer? 5 Ist das nicht David, von dem sie im
Reigen singen:

Saul hat seine Tausende erschlagen
und David seine Zehntausende?

6 Da rief Achisch David und sagte zu ihm: So wahr der HERR lebt, du
bist aufrecht, und in meinen Augen ist es gut, wenn du mit mir im Lager
aus- und einziehst, denn ich habe an dir nichts Schlechtes gefunden seit
dem Tag, an dem du zu mir gekommen bist, bis auf den heutigen Tag. In
den Augen der Stadtfürsten aber bist du nicht genehm. 7 So kehre denn
zurück, geh in Frieden, und tu nichts, was schlecht ist in den Augen der
Stadtfürsten der Philister. 8 Und David sagte zu Achisch: Was habe ich
denn getan? Und was hast du gegen deinen Diener gefunden seit dem
Tag, an dem ich in deinen Dienst getreten bin, bis auf den heutigen Tag,
dass ich nicht mitkommen und gegen die Feinde meines Herrn, des Kö-
9: 2Sam 14,17.20; nigs, kämpfen darf? 9 Und Achisch antwortete und sagte zu David: Ich
19,28; Gal 4,14 weiss es ja; in meinen Augen bist du willkommen wie der Bote Gottes,
aber die Obersten der Philister haben gesagt: Er soll nicht mit uns hin-
aufziehen in die Schlacht. 10 Und nun mach dich früh am Morgen auf
mit den Dienern deines Herrn, die mit dir gekommen sind. Und macht
euch früh am Morgen auf und geht, sobald es für euch hell genug ist.
11: 1; 25,43 11 Da machte David sich in der Frühe auf, er und seine Männer, um noch
am Morgen wegzugehen und zurückzukehren ins Land der Philister.
Die Philister aber zogen hinauf nach Jesreel.

Davids Sieg über die Amalekiter

1: 1Chr 12,21–22 · 30 1 Und als David mit seinen Männern am dritten Tag nach Ziklag
26; 27,6; 2Sam 1,1 kam, hatten die Amalekiter den Negev und Ziklag überfallen, und
sie hatten Ziklag geschlagen und im Feuer verbrannt. 2 Und sie hatten
die Frauen, die dort waren, in die Gefangenschaft geführt, ob klein oder
gross. Niemanden hatten sie getötet, sie hatten sie weggeführt und wa-

ren ihres Wegs gezogen. 3 Und als David mit seinen Männern zur Stadt
kam, sieh, da war sie im Feuer verbrannt, und ihre Frauen, Söhne und
Töchter waren in die Gefangenschaft geführt worden. 4 Da begannen 4: 11,4; 2Sam 1,12;
David und das Volk, das bei ihm war, laut zu weinen, bis keine Kraft 3,32; 13,36; 15,23;
mehr in ihnen war zum Weinen. 5 Auch die beiden Frauen Davids, 19,1 5: 25,43!
Achinoam, die Jesreelitin, und Abigajil, die Frau Nabals, die Karmelitin,
waren in die Gefangenschaft geführt worden. 6 Und David war in gros- 6: 28,15 · Ex 17,4 ·
ser Not, weil das Volk davon sprach, ihn steinigen zu wollen. Denn das 23,16!
ganze Volk war verbittert, ein jeder wegen seiner Söhne und wegen sei-
ner Töchter. David aber wusste sich stark durch den HERRN, seinen Gott.
7 Und David sagte zu Ebjatar, dem Priester, dem Sohn des Achimelech: 7: 23,9
Bitte bring den Efod her zu mir. Und Ebjatar brachte den Efod zu David,
8 und David befragte den HERRN und sprach: Soll ich diese Räuberban- 8: 10,22; 14,37!;
de verfolgen? Werde ich sie einholen? Da sprach er zu ihm: Nimm die 23,4; 2Sam 5,19!
Verfolgung auf, denn du wirst sie einholen, und du wirst sie retten!
9 Da ging David, er mit sechshundert Mann, die bei ihm waren, und sie 9: 13,15!
kamen an das Bachtal Besor, die Übrigen aber blieben zurück. 10 Und 10: 22,2! · Ri 8,4
David setzte die Verfolgung fort, er mit vierhundert Mann; zweihun-
dert Mann aber, die zu erschöpft waren, um das Bachtal Besor zu über-
queren, blieben dort. 11 Und sie fanden einen Ägypter auf dem Feld,
brachten ihn zu David und gaben ihm Brot, und er ass, und sie gaben
ihm Wasser zu trinken, 12 und sie gaben ihm ein Stück Feigenkuchen 12: 25,18!
und zwei Kuchen aus getrockneten Trauben. Und er ass, und sein Geist
kehrte zurück zu ihm, denn er hatte drei Tage und drei Nächte lang
nichts gegessen und getrunken. 13 Und David sagte zu ihm: Zu wem 13: 2Sam 1,3
gehörst du, und woher bist du? Und er sagte: Ich bin ein junger ägypti-
scher Mann, Diener eines amalekitischen Mannes, und mein Herr hat
mich zurückgelassen, denn vor drei Tagen bin ich krank geworden.
14 Wir haben den Süden der Keretiter und das, was Juda gehört, und den 14: 25,3
Süden von Kaleb überfallen, und Ziklag haben wir im Feuer verbrannt.
15 Da sagte David zu ihm: Wirst du mich zu dieser Räuberbande hinab- 15: Ri 1,24
führen? Und er sagte: Schwör mir bei Gott, dass du mich nicht töten
oder mich meinem Herrn ausliefern wirst. Dann werde ich dich hinab-
führen zu dieser Räuberbande. 16 Und er führte ihn hinab, und sieh, da 16: Ri 8,11
hatten sie sich über das ganze Land ausgebreitet. Sie assen und tranken
und feierten ein Fest wegen all der grossen Beute, die sie aus dem Land
der Philister und aus dem Land Juda mitgenommen hatten. 17 Und Da- 17: 1Chr 4,43
vid schlug sie von der Morgendämmerung bis zum Abend des nächsten
Tages, und niemand von ihnen entkam, ausser vierhundert jungen
Männern, die auf die Kamele stiegen und flohen. 18 Und David rettete
alles, was Amalek genommen hatte; auch seine beiden Frauen rettete
David. 19 Und sie vermissten nichts, weder Geringes noch Grosses, we- 19: Gen 14,15
der Söhne noch Töchter, weder Beute noch sonst etwas von dem, was sie
mit sich genommen hatten. Das alles hatte David zurückgebracht.
20 Und David nahm alle Schafe und Rinder. Man trieb sie vor jener Her-
de her und sagte: Dies ist die Beute Davids.

21 Und David kam zu den zweihundert Männern, die zu erschöpft 21: 17,22
gewesen waren, um David zu folgen, und die man am Bachtal Besor zu-
rückgelassen hatte. Und diese zogen los, David und dem Volk entgegen,
das bei ihm war. Und David trat auf das Volk zu, und er fragte sie nach

ihrem Wohlergehen. 22 Aber alle Bösen und Ruchlosen unter den Män-
nern, die mit David gegangen waren, sagten daraufhin: Weil sie nicht
mit uns gegangen sind, werden wir ihnen nichts von der Beute geben,
die wir gerettet haben, ausser einem jeden seine Frau und seine Kinder,
23: Dtn 8,17 damit sie diese mitnehmen und gehen. 23 David aber sagte: Meine Brü-
der, so dürft ihr nicht verfahren mit dem, was der HERR uns gegeben
hat: Er hat uns beschützt und diese Räuberbande, die über uns hergefal-
24: Num 31,27 len ist, in unsere Hand gegeben. 24 Wer wird denn in dieser Sache auf
euch hören? Nein, wie der Anteil dessen, der hinabzieht in die Schlacht,
so soll der Anteil dessen sein, der beim Gepäck bleibt; sie sollen mitein-
ander teilen. 25 Und so ist es von jenem Tag an geblieben, und er hat es
für Israel zu Brauch und Recht gemacht. So ist es bis auf den heutigen
Tag.

26: 1! 26 Und David kam nach Ziklag und sandte einen Teil der Beute an
die Ältesten von Juda, an seine Nächsten, mit den Worten: Seht, ein Ge-
27: Jos 19,8 · schenk für euch aus der Beute der Feinde des HERRN 27 an die in Bet-El,
Jos 15,48; 21,14 an die in Ramot-Negev, an die in Jattir, 28 an die in Aroer, an die in Sif-
28: Num 32,34! · 1Chr 27,27 · mot, an die in Eschtemoa, 29 an die in Rachal, an die in den Städten der
Jos 21,14; 1Chr 6,42 Jerachmeeliten, an die in den Städten der Keniten, 30 an die in Chorma,
29: 27,10 an die in Bor-Aschan, an die in Atach 31 und an die in Chebron und an
30: Num 14,45! · Jos 15,42 alle Orte, in denen David umhergezogen war, er mit seinen Männern.

Das Ende Sauls und seiner Söhne

1–13: 1Chr 10,1–12 **31** 1 Und als die Philister gegen Israel kämpften, flohen die Männer
1: 28,1 · 8; 28,4; 2Sam 1,21! Israels vor den Philistern, und Erschlagene lagen auf dem Gebirge
Gilboa. 2 Und die Philister holten Saul und seine Söhne ein, und die Phi-
2: 14,49! lister erschlugen Jehonatan, Abinadab und Malki-Schua, die Söhne
Sauls. 3 Und die Schlacht tobte heftig um Saul, und die Schützen, Män-
ner mit dem Bogen, fanden ihn, und er zitterte sehr vor den Schützen.
4: 16,21; 2Sam 1,9; 4 Da sagte Saul zu seinem Waffenträger: Zieh dein Schwert und durch-
Ri 9,54 · Ri 14,3 · bohre mich, damit nicht diese Unbeschnittenen kommen und mich
24,7! · 26,10 durchbohren und ihren Mutwillen mit mir treiben. Sein Waffenträger
aber weigerte sich, denn er fürchtete sich sehr. Da nahm Saul das
Schwert und stürzte sich hinein. 5 Und sein Waffenträger sah, dass Saul
tot war, und da stürzte auch er sich ins Schwert, und er starb mit ihm.
6: 28,19 6 Und so starben Saul, seine drei Söhne, sein Waffenträger und auch
7: 13,6 alle seine Männer miteinander an jenem Tag. 7 Und die Männer Israels,
die jenseits der Ebene und die jenseits des Jordan waren, sahen, dass die
Männer Israels geflohen und dass Saul und seine Söhne tot waren. Da
verliessen sie die Städte und flohen, und die Philister kamen und setz-
ten sich darin fest.

8: 1! 8 Und am nächsten Tag kamen die Philister, um die Erschlagenen
auszuplündern, und sie fanden Saul und seine drei Söhne, die gefallen
9: 17,51! · auf dem Gebirge Gilboa lagen. 9 Da schlugen sie ihm den Kopf ab und
2Sam 1,20! nahmen ihm seine Waffen ab und sandten sie rings umher im Land der
Philister, um die Nachricht im Haus ihrer Götzen und beim Volk zu ver-
10: Jos 17,11; Ri 1,27 · künden. 10 Und sie legten seine Waffen ins Haus der Astarten, seinen
4,12; Dtn 21,22–23 Leichnam aber spiessten sie auf an der Mauer von Bet-Schan. 11 Und die
11: 11,1! Bewohner von Jabesch im Gilead hörten von ihm, sie hörten, was die
12: 14,49!; Jer 34,5 Philister Saul angetan hatten. 12 Da machten sich alle tüchtigen Männer

auf, gingen die ganze Nacht lang und nahmen die Leiche Sauls und die
Leichen seiner Söhne von der Mauer in Bet-Schan. Und sie kamen nach
Jabesch und verbrannten sie dort. 13 Ihre Gebeine aber nahmen sie und
begruben sie unter der Tamariske in Jabesch. Und sie fasteten sieben
Tage.

13: 2Sam 21,12! · Gen 50,10; 2Sam 1,12

Das Zweite Buch Samuel

Davids Klage um Saul und Jehonatan

1 1 Und nach dem Tod Sauls und nachdem David zurückgekehrt war
vom Schlag gegen Amalek, war er zwei Tage in Ziklag, 2 und sieh, da
kam am dritten Tag ein Mann aus dem Lager, von Saul, und seine Klei-
der waren zerrissen, und auf seinem Kopf war Erde. Und als er zu David
kam, fiel er zur Erde nieder und verneigte sich. 3 Und David sagte zu
ihm: Woher kommst du? Und er sagte zu ihm: Ich bin entronnen aus
dem Lager Israels. 4 Und David sagte zu ihm: Was ist geschehen? Be-
richte es mir doch. Und er sagte: Das Volk ist aus der Schlacht geflohen,
und es ist auch eine grosse Zahl vom Volk gefallen und umgekommen,
und auch Saul und Jehonatan, sein Sohn, sind tot. 5 Und David sagte zu
dem jungen Mann, der ihm dies berichtete: Woher weisst du, dass Saul
und Jehonatan, sein Sohn, tot sind? 6 Und der junge Mann, der ihm be-
richtete, sagte: Zufällig befand ich mich auf dem Gebirge Gilboa, und
sieh, da stand Saul, auf seinen Speer gestützt, und sieh, die Wagen und
die Reiterei hatten ihn eingeholt. 7 Da wandte er sich um und sah mich,
und er rief mich, und ich sagte: Hier bin ich. 8 Und er sagte zu mir: Wer
bist du? Und ich sagte zu ihm: Ich bin ein Amalekiter. 9 Und er sagte zu
mir: Tritt her zu mir und gib mir den Todesstoss, denn Schwäche hat
mich ergriffen, aber noch immer ist mein Leben in mir. 10 Da trat ich zu
ihm und gab ihm den Todesstoss, denn ich wusste, dass er seinen Fall
nicht überleben würde. Dann nahm ich das Diadem, das auf seinem
Kopf war, und die Spange, die an seinem Arm war, und ich habe sie hier-
her gebracht zu meinem Herrn. 11 Da fasste David seine Kleider und
zerriss sie, und so machten es auch alle Männer, die bei ihm waren.
12 Und sie hielten die Totenklage und weinten und fasteten bis zum
Abend für Saul und für Jehonatan, seinen Sohn, und für das Volk des
HERRN und das Haus Israel, weil sie gefallen waren durch das Schwert.
13 Und David sagte zu dem jungen Mann, der ihm berichtet hatte: Wo-
her bist du? Und er sagte: Ich bin der Sohn eines amalekitischen Frem-
den. 14 Und David sagte zu ihm: Wie kommt es, dass du dich nicht ge-
scheut hast, deine Hand auszustrecken, um den Gesalbten des HERRN
umzubringen? 15 Und David rief einen von seinen Männern und sagte:
Komm her, stoss ihn nieder! Und der erschlug ihn, und er starb. 16 Und
David sprach zu ihm: Dein Blut ist auf deinem Haupt, denn dein Mund
hat gegen dich ausgesagt, als du sagtest: Ich habe dem Gesalbten des
HERRN den Todesstoss gegeben.

1–10: 4,4
1: 1Sam 31,4 · 1Sam 30,1!
2: 4,10 · 1Sam 20,41! · 1Sam 4,12; 2Sam 1,11; 3,31; 13,31 · 13,19; 15,32
3: 1Sam 30,13 · 1Sam 4,16
6: 1Sam 28,4; 31,1 · 1Sam 26,7! · 1Sam 31,2 · 10,18
8: 13; 1Sam 30,13
9: 1Sam 31,4!
10: Ex 29,10
11: 2!
12: 3,35!; 1Sam 31,13! · 1Sam 30,4! · 1Sam 25,1!
13: 8!
14: 1Sam 2,10 · 16; 19,22; 1Sam 24,7!
15: 4,10.12
16: 14! · 3,29; 1Sam 25,39; 1Kön 2,32; Apg 18,6

1,4: Jehonatan: Siehe die Anm. zu 1Sam 14,6.

17: 3,33 17 Und David sang dieses Klagelied für Saul und für Jehonatan, sei-
18: Jos 10,13 nen Sohn, 18 und er sagte, man solle es die Judäer lehren als das Lied
vom Bogen; sieh, es steht im Buch des Aufrechten:

19: 21; 1Sam 28,4 19 Die Zierde, Israel,
auf deinen Anhöhen durchbohrt!
Wie sind die Helden gefallen!

20: 1Sam 6,17 · 20 Berichtet es nicht in Gat,
1Sam 31,9; Mi 1,10 · verkündet es nicht in den Gassen von Aschkelon,
Ri 16,23 · Ri 14,3 die Töchter der Philister sollen sich nicht freuen,
die Töchter der Unbeschnittenen sollen nicht frohlocken!

21: 19; 1Sam 31,1! · 21 Berge von Gilboa, kein Tau soll auf euch fallen und kein Regen,
Jes 21,5 ihr Gefilde des Todes,
denn dort wurde der Schild der Helden besudelt,
der Schild Sauls nicht gesalbt mit Öl.

22: 1Sam 18,4; 22 Blut von Gefallenen,
20,40 · Fett von Helden.
1Sam 14,47!; Nie wich Jehonatans Bogen zurück,
Jer 50,9 und Sauls Schwert kehrte nicht erfolglos heim.

23: 17,10 · Jer 4,13; 23 Saul und Jehonatan –
Klgl 4,19 · Ri 14,18 geliebt und liebenswert, solange sie lebten,
auch in ihrem Sterben nicht getrennt.
Schneller waren sie als Adler,
stärker waren sie als Löwen.

24 Töchter Israels,
weint um Saul,
der euch mit Schmuckstücken rot bekleidet hat,
der Goldschmuck geheftet hat an euer Gewand.

25: 1Sam 18,1; 20,7 25 Wie sind die Helden gefallen
im Getümmel der Schlacht!
Jehonatan –
auf deinen Anhöhen durchbohrt!

26: 1Sam 18,1! 26 Deinetwegen bin ich in Not, mein Bruder Jehonatan,
du warst mir so lieb.
Wunderbarer war deine Liebe für mich
als die Liebe von Frauen.

27 Wie sind die Helden gefallen
und verloren die Waffen des Kriegs!

David wird König über Juda, Isch-Boschet über Israel

1: 5,1–3.19–23; 2 1 Und danach befragte David den HERRN und sagte: Soll ich hinauf-
1Sam 23,2! · ziehen in eine der Städte Judas? Und der HERR sprach zu ihm: Zieh
Jos 15,13 hinauf. Und David sagte: Wohin soll ich hinaufziehen? Und er sprach:
2: 1Sam 25,43! Nach Chebron. 2 Und David zog dort hinauf. Und auch seine beiden
Frauen, Achinoam, die Jesreelitin, und Abigajil, die Frau Nabals, des Kar-
3: 1Sam 22,2; meliters, 3 und die Männer, die bei ihm waren, führte David hinauf,
1Chr 12,1–23

1,19: Möglich ist für das mit «Zierde» wiedergegebene Wort auch die Übersetzung «Gazelle»; die Gazelle steht für Anmut und Schnelligkeit.

1,21: Die Übersetzung: «ihr Gefilde des Todes», beruht auf antiken Übersetzungen; der Massoretische Text lautet übersetzt: «Felder der Abgaben»; möglicherweise werden dabei die Toten als heilige Abgaben gedeutet.

jeden mit seinem Haus, und sie blieben in den Ortschaften von Che-
bron. 4 Und die Männer von Juda kamen, und dort salbten sie David 4–5: 21,12!
zum König über das Haus Juda. 4: 1Sam 16,13!;
Und man berichtete David: Die Männer von Jabesch im Gilead, sie 2Kön 11,12
haben Saul begraben. 5 Da sandte David Boten an die Männer von Ja- 5: 1Sam 11,1! · 16,17
besch im Gilead und sagte zu ihnen: Ihr seid gesegnet vom HERRN, dass
ihr eurem Herrn, Saul, diese Barmherzigkeit erwiesen und ihn begra-
ben habt. 6 Und nun möge der HERR euch Barmherzigkeit und Treue 6: 15,20!; Gen 24,27
erweisen, und auch ich will euch dies Gute tun, weil ihr so gehandelt
habt. 7 Und nun sollen eure Hände stark sein, und ihr sollt tüchtig sein, 7: 16,21; 1Sam 23,16;
denn euer Herr, Saul, ist tot, mich aber hat das Haus Juda zum König Ri 7,11 · 13,28
gesalbt.
8 Abner aber, der Sohn des Ner, der Sauls Heerführer gewesen war, 8–10: 4,1!
nahm Isch-Boschet, den Sohn Sauls, und brachte ihn hinüber nach 8: 1Sam 14,50! ·
Machanajim. 9 Und dort machte er ihn zum König über das Gilead, über 3,7 · 17,24.27; Gen 32,3!
die von Asser, über Jesreel, Efrajim, Benjamin und über ganz Israel. 9: 1Sam 11,15;
10 Vierzig Jahre alt war Isch-Boschet, der Sohn Sauls, als er König wurde 1Kön 1,43; 16,16 ·
über Israel, und zwei Jahre lang war er König. Nur das Haus Juda – sie 1Sam 29,1
standen hinter David. 11 Und die Zeit, die David in Chebron König war 11: 5,5; 1Chr 29,27!
über das Haus Juda, betrug sieben Jahre und sechs Monate.

Der Bruderkrieg zwischen Israel und Juda

12 Und Abner, der Sohn des Ner, rückte aus mit den Dienern Isch- 12: Jos 9,3
Boschets, des Sohns von Saul, von Machanajim nach Gibeon. 13 Joab 13: 8,16!; 10,7; 14,1;
aber, der Sohn der Zeruja, war mit den Dienern Davids ausgerückt, und 1Sam 26,6
am Teich von Gibeon trafen sie aufeinander, und die einen blieben auf
der einen Seite des Teichs, und die anderen blieben auf der anderen Sei-
te des Teichs. 14 Da sagte Abner zu Joab: Die jungen Männer sollen sich
aufmachen und uns eine Unterhaltung bieten. Und Joab sagte: Sie sol-
len sich aufmachen. 15 Und sie machten sich auf und gingen hinüber,
abgezählt: zwölf für Benjamin und für Isch-Boschet, den Sohn Sauls,
und zwölf von den Dienern Davids. 16 Und ein jeder hielt sein Gegen-
über am Kopf fest und stiess sein Schwert in die Seite seines Gegen-
übers, und sie fielen miteinander. Und man nannte jenen Ort Chelkat-
Hazzurim; er liegt in Gibeon. 17 Und der Kampf war überaus hart an
jenem Tag, und Abner und die Männer Israels wurden vor den Dienern
Davids geschlagen.
18 Und dort waren auch die drei Söhne der Zeruja: Joab, Abischai und 18: 3,39!; 1Sam 26,6;
Asael. Und Asael war leichtfüssig wie eine der Gazellen auf dem Feld. 1Chr 2,16 · 23,24! ·
19 Und Asael verfolgte Abner und wich bei der Verfolgung nicht von 1Chr 12,9
Abner, weder nach rechts noch nach links. 20 Da wandte sich Abner um
und sagte: Bist du das, Asael? Und er sagte: Ich bin es. 21 Und Abner sagte 21: Ri 14,19
zu ihm: Geh nach rechts oder nach links, greif dir einen von den jungen

2,7: Wörtlich: «... zum König gesalbt über sich.»

2,8: Der Name Isch-Boschet bedeutet: ‹Mann der Schande›; da der Name in 1Chr 8,33 und 9,39 Eschbaal (übersetzt wohl: ‹Mann des Baal›) lautet, wird es sich bei der Form Isch-Boschet um eine Verunstaltung des Namens handeln.

2,16: Der Name Chelkat-Hazzurim bedeutet: ‹Feldstück der Felsen›; durch eine leichte Textkorrektur wird daraus das wohl ursprüngliche ‹Feldstück der Seiten›; es liegt dann eine Anspielung vor auf die ‹Seiten›, in die die Kämpfer einander stachen.

Männern, und nimm dir seine Rüstung. Aber Asael wollte nicht von
ihm ablassen. 22 Da sagte Abner noch einmal zu Asael: Lass ab von mir!
Warum soll ich dich zu Boden schlagen? Wie könnte ich mein Angesicht
23: 3,27; 4,6; 20,10; zu Joab, deinem Bruder, erheben? 23 Er aber weigerte sich, von ihm ab-
Ri 3,21; Dtn 27,24 · zulassen. Da stiess Abner ihm mit dem hinteren Ende des Speers in den
20,12 Bauch, der Speer aber trat hinten wieder aus, und er fiel dort nieder und
starb an Ort und Stelle. Und jeder, der an den Ort kam, wo Asael gefallen
und gestorben war, blieb stehen. 24 Joab und Abischai aber verfolgten
Abner; und als die Sonne untergegangen war, da waren sie nach Gibeat-
Amma gekommen, das gegenüber von Giach liegt, auf dem Weg in die
Wüste von Gibeon. 25 Da sammelten sich die Benjaminiten hinter Ab-
ner zu einem einzigen Haufen und stellten sich auf der Kuppe eines
26: Mt 26,52 Hügels auf. 26 Und Abner rief Joab zu und sagte: Soll denn das Schwert
für immer fressen? Weisst du nicht, dass am Ende Bitterkeit bleibt?
Wann endlich willst du dem Volk sagen, dass sie zurückkehren sollen
27: 1Sam 14,39 · von der Verfolgung ihrer Brüder? 27 Und Joab sagte: So wahr Gott lebt!
Spr 17,14 Hättest du jetzt nicht geredet, dann hätte sich das Volk erst am Morgen
28: 18,16; 20,22 von der Verfolgung seiner Brüder zurückgezogen. 28 Und Joab blies den
Schofar, und alles Volk blieb stehen und verfolgte Israel nicht länger,
und sie setzten den Kampf nicht fort. 29 Nachdem Abner und seine
Männer jene ganze Nacht lang durch die Araba gezogen waren, über-
schritten sie den Jordan, gingen durch die ganze Bitronschlucht und ka-
men nach Machanajim. 30 Joab aber war zurückgekehrt von der Verfol-
gung Abners und versammelte alles Volk, und von den Dienern Davids
wurden neunzehn Mann und Asa-El vermisst. 31 Auch die Diener Da-
vids hatten etliche von Benjamin und von den Männern Abners er-
schlagen; dreihundertsechzig Mann waren tot. 32 Und sie hoben Asael
auf, und man begrub ihn im Grab seines Vaters, das in Betlehem war.
Dann gingen Joab und seine Männer die ganze Nacht lang, und als sie in
Chebron ankamen, wurde es hell.

1: 5,10 **3** 1 Und der Krieg zwischen dem Haus Sauls und dem Haus Davids zog
sich hin, und David wurde immer stärker, das Haus Sauls aber wur-
de immer schwächer.

2–5: 1Chr 3,1–4 2 Und in Chebron wurden David Söhne geboren: Sein Erstgeborener
2: 13,1–39 war Amnon, von Achinoam, der Jesreelitin, 3 sein zweiter war Kilab,
3: 1Sam 25,3 · 13,37; von Abigajil, der Frau Nabals, des Karmeliters, der dritte war Absalom,
14,23; Jos 13,13 der Sohn der Maacha, der Tochter des Talmai, des Königs von Geschur,
4: 1Kön 1,5! 4 der vierte war Adonija, der Sohn der Chaggit, der fünfte war Schefatja,
der Sohn der Abital, 5 und der sechste war Jitream, von Egla, der Frau
Davids. Diese wurden David in Chebron geboren.

David und Abner

6: 1Sam 14,50! 6 Und solange der Krieg währte zwischen dem Haus Sauls und dem
7: 16,21 · 5,13 · Haus Davids, hielt Abner zum Haus Sauls. 7 Saul aber hatte eine Neben-
21,8.11 · 2,8 frau gehabt, und ihr Name war Rizpa, die Tochter des Ajja. Und Isch-
Boschet sagte zu Abner: Warum bist du zur Nebenfrau meines Vaters
8: 9,8; 16,9; gegangen? 8 Abner aber wurde sehr zornig über die Worte Isch-Bo-
1Sam 17,43!; 24,15

3,7: Der Name Isch-Boschet wurde auf der Grundlage einiger Textzeugen eingefügt; der Massoretische Text lautet übersetzt: «... Und er sagte ...»

schets und sagte: Bin ich denn ein Hundskopf, der zu Juda gehört? Heute
erweise ich dem Haus deines Vaters Saul, seinen Brüdern und Freunden
Barmherzigkeit, und ich habe dich nicht in die Hand Davids fallen las-
sen, du aber hast mich heute zur Rede gestellt wegen des Vergehens mit
dieser Frau! 9 Gott tue mir, Abner, an, was immer er will; was der HERR
David geschworen hat, das will ich für ihn tun: 10 Dem Haus Sauls das
Königtum nehmen und den Thron Davids aufrichten über Israel und
Juda, von Dan bis Beer-Scheba. 11 Da konnte er Abner kein Wort erwi-
dern, denn er fürchtete sich vor ihm.

9: 35; 19,14; 1Sam 3,17 · Ps 89,36–37
10: 1Sam 15,28! · 17,11; 24,2; 1Sam 3,20!

12 Und Abner sandte für sich Boten zu David und liess ihm sagen:
Wem gehört das Land? Und weiter: Schliess deinen Bund mit mir, und
sieh, dann ist meine Hand mir dir, um ganz Israel auf deine Seite zu
bringen. 13 Und er sagte: Gut! Ich schliesse einen Bund mit dir; eines
aber fordere ich von dir: Du darfst mich nicht sehen, es sei denn, du
bringst zuvor Michal her, die Tochter Sauls, wenn du kommst, um mich
zu sehen. 14 Und David sandte Boten zu Isch-Boschet, dem Sohn Sauls,
und liess ihm sagen: Gib mir meine Frau, Michal, mit der ich mich für
die hundert Vorhäute der Philister verlobt habe. 15 Und Isch-Boschet
sandte hin und holte sie weg von dem Mann, von Paltiel, dem Sohn des
Lajisch. 16 Ihr Mann aber ging mit ihr; weinend folgte er ihr bis Bachu-
rim. Da sprach Abner zu ihm: Geh, kehr zurück. Und er kehrte zurück.

13: 14,24; Gen 33,10
14: 1Sam 18,27
15: 1Sam 25,44
16: 16,5; 17,18; 19,17

17 Abner aber hatte sich mit den Ältesten Israels besprochen und ge-
sagt: Früher schon habt ihr verlangt, dass David König werde über euch.
18 Handelt jetzt! Denn der HERR hat zu David gesagt: Durch David, mei-
nen Diener, rette ich mein Volk Israel aus der Hand der Philister und aus
der Hand aller seiner Feinde. 19 Und das trug Abner auch Benjamin vor.
Und Abner ging auch, um David in Chebron alles vorzutragen, was gut
war in den Augen Israels und in den Augen des ganzen Hauses Benja-
min. 20 Und Abner kam zu David nach Chebron, und zwanzig Männer
waren bei ihm, und David hielt ein Gastmahl für Abner und für die
Männer, die bei ihm waren. 21 Und Abner sagte zu David: Ich will mich
aufmachen und hingehen und ganz Israel um meinen Herrn, den Kö-
nig, versammeln, damit sie mit dir einen Bund schliessen und du König
wirst, wo es dir beliebt. Und David liess Abner ziehen, und er ging in
Frieden.

17: 5,3; 17,4
20: 1Sam 25,36; Ri 14,10
21: 1Kön 11,37

Abners Tod

22 Und sieh, die Diener Davids kamen mit Joab von einem Streifzug
und brachten reiche Beute mit. Abner aber war nicht mehr bei David in
Chebron, denn der hatte ihn ziehen lassen, und er war in Frieden gegan-
gen. 23 Und Joab war mit dem ganzen Heer, das bei ihm war, angekom-
men, und man berichtete Joab: Abner, der Sohn des Ner, ist zum König
gekommen, und der hat ihn ziehen lassen, und er ist in Frieden gegan-
gen. 24 Da kam Joab zum König und sagte: Was hast du getan? Sieh,
Abner ist zu dir gekommen; wie konntest du ihn ziehen lassen? Nun ist
er fortgegangen. 25 Du kennst Abner, den Sohn des Ner: Er ist gekom-
men, um dich zu betrügen und dein Kommen und Gehen zu erkunden
und um alles in Erfahrung zu bringen, was du tust. 26 Und Joab ging
fort von David und sandte Boten hinter Abner her, und diese brachten
ihn zurück von der Zisterne Sira, ohne dass David etwas davon wusste.

25: 10,3; 15,35; Gen 42,9.12

27: 2,23! · 23,24! 27 Und Abner kam zurück nach Chebron, und Joab führte ihn beiseite,
ins Tor, um ungestört mit ihm zu reden. Dort aber stach er ihn in den
28: 14,9; Jos 2,19; Bauch, und er starb für das Blut Asa-Els, seines Bruders. 28 Und später
Num 35,33 · hörte David davon, und er sprach: Vor dem HERRN sind ich und mein
1Kön 2,5 Königtum für immer unschuldig am Blut Abners, des Sohns des Ner.
29: 1,16! · Lev 15,2! · 29 Es komme auf das Haupt Joabs und auf das ganze Haus seines Vaters!
Lev 13,2 Und es soll im Haus Joabs nie an einem fehlen, der an Ausfluss leidet,
der aussätzig ist, der die Spindel hält, der durch das Schwert fällt oder
30: Num 35,19 · nichts zu essen hat! 30 Joab aber und Abischai, sein Bruder, hatten Ab-
2Kön 14,5 ner umgebracht, weil er Asael, ihren Bruder, in der Schlacht bei Gibeon
getötet hatte.

31: 1,2! · 1Sam 25,1! 31 Und David sprach zu Joab und zu allem Volk, das bei ihm war:
Zerreisst eure Kleider, gürtet die Trauergewänder um und stimmt die
32: 1Sam 30,4! Totenklage an vor Abner! König David aber folgte der Bahre. 32 Und sie
begruben Abner in Chebron, und am Grab Abners begann der König
33: 1,17 · laut zu weinen; und auch alles Volk weinte. 33 Und der König beklagte
Num 23,10; Abner und sagte:
Spr 14,32

Musste Abner sterben, wie ein Tor stirbt?
34: Ri 16,21; 34 Deine Hände waren nicht gefesselt,
2Kön 25,7 und deine Füsse hatten die Ketten nicht berührt.
Wie man durch Schandtäter fällt,
so bist du gefallen.
Da weinte alles Volk noch mehr um ihn.

35: 12,17! · 9! · 1,12; 35 Und alles Volk kam, als es noch Tag war, um David Speise zu rei-
1Sam 14,24; chen, David aber schwor: Gott tue mir an, was immer er will, wenn ich
Ri 20,26 vor Sonnenuntergang Brot oder anderes anrühre! 36 Und als das ganze
Volk davon erfuhr, war es gut in seinen Augen; wie alles, was der König
tat, war es gut in den Augen des ganzen Volks. 37 Und alles Volk und
ganz Israel erkannte an jenem Tag, dass die Ermordung Abners, des
38: 1Sam 26,15 Sohns des Ner, nicht vom König ausgegangen war. 38 Und der König
sagte zu seinen Dienern: Wisst ihr nicht, dass am heutigen Tag ein An-
39: 2,18; 16,9.10; führer, ein Grosser in Israel gefallen ist? 39 Ich aber bin heute schwach,
19,23 · Ri 9,57; obwohl ich zum König gesalbt bin, und diese Männer, die Söhne der
Ps 28,4 Zeruja, sind härter als ich. Der HERR vergelte dem, der Böses tut, nach
seiner Bosheit!

Isch-Boschets Tod

1: 2,8–10; 3,27 **4** 1 Der Sohn Sauls aber hörte, dass Abner in Chebron umgekommen
war, und er verlor den Mut, und ganz Israel erschrak. 2 Und der Sohn
Sauls hatte zwei Männer als Anführer von Streifscharen: Der Name des
einen war Baana, und der Name des zweiten war Rechab, sie waren die
Söhne Rimmons, des Beerotiters, von den Benjaminiten, denn auch Be-
3: Ex 12,48 erot wird zu Benjamin gerechnet. 3 Die Beerotiter aber flohen nach Git-
tajim, und dort sind sie als Fremde geblieben bis auf den heutigen Tag.
4: 1,1–10 · 9,3; 4 Jehonatan aber, der Sohn Sauls, hatte einen Sohn gehabt, der an bei-
1Chr 8,34 den Füssen behindert war. Er war fünf Jahre alt, als aus Jesreel die Nach-
richt von Saul und Jehonatan kam. Und seine Pflegemutter hatte ihn

3,29: «der die Spindel hält» bedeutet wohl: der unmännlich ist. In der griechischen Überlieferung lautet der Text: «der die Krücke ergreift».

aufgehoben und war geflohen; da sie aber hastig floh, fiel er hin und
wurde gelähmt. Und sein Name war Mefiboschet. 5 Und die Söhne Rim-
mons, des Beerotiters, Rechab und Baana, gingen und kamen zum Haus
Isch-Boschets, als der Tag heiss war, der aber hielt den Mittagsschlaf.
6 Und sieh, als Weizenträger waren die beiden bis ins Innere des Hau- 6: 2,23!
ses gelangt, und sie stachen ihn in den Bauch. Und Rechab und Baana,
sein Bruder, entkamen. 7 Und sie kamen in das Haus, während er in 7: 20,22; 1Sam 17,51!
seinem Schlafgemach auf seinem Bett lag, und schlugen auf ihn ein und
töteten ihn. Dann schlugen sie ihm den Kopf ab und nahmen seinen
Kopf und gingen den Weg durch die Araba, die ganze Nacht lang. 8 Und
sie brachten den Kopf Isch-Boschets zu David nach Chebron und sagten
zum König: Sieh, der Kopf von Isch-Boschet, dem Sohn Sauls, deinem
Feind, der dir nach dem Leben getrachtet hat. Und der HERR hat am heu-
tigen Tag meinem Herrn, dem König, Rache gewährt an Saul und seinen
Nachkommen. 9 David aber antwortete Rechab und seinem Bruder Ba- 9: 1Kön 1,29 ·
ana, den Söhnen Rimmons, des Beerotiters, und sprach zu ihnen: So 1Sam 26,24!
wahr der HERR lebt, der mich aus jeder Not erlöst hat: 10 Der mir berich- 10: 1,2.15 · 18,20–22
tet hat: Sieh, Saul ist tot!, und der in seinen eigenen Augen ein Freuden-
bote war, den habe ich gegriffen und in Ziklag umgebracht, und so habe
ich ihm den Botenlohn gegeben. 11 Wenn Frevler einen gerechten 11: Gen 9,5–6;
Mann in seinem Haus auf seinem Bett umgebracht haben – sollte ich Dtn 19,13
dann nicht erst recht sein Blut von eurer Hand fordern und euch wegfe-
gen von der Erde? 12 Und David gab den jungen Männern Befehl, und 12: 1,15 ·
die brachten sie um, hackten ihnen ihre Hände und ihre Füsse ab und 1Sam 31,10!
hängten sie auf am Teich in Chebron. Den Kopf Isch-Boschets aber nah-
men sie, und sie begruben ihn im Grab Abners, in Chebron.

David wird König über ganz Israel

5 1 Und alle Stämme Israels kamen zu David nach Chebron und sag- 1–3: 1Chr 11,1–3
ten: Sieh, wir sind von deinem Fleisch und Blut. 2 Schon damals, als 1: 19,13; Gen 29,14! ·
Saul König war über uns, bist du es gewesen, der Israel hinausgeführt Dtn 17,15
und wieder zurückgeführt hat; und der HERR hat zu dir gesagt: Du sollst 2: 1Sam 18,13! · 6,21!; 7,8!;
mein Volk, Israel, weiden, und du sollst Fürst werden über Israel. 3 Da 1Sam 13,14; 25,30
kamen alle Ältesten Israels zum König nach Chebron, und in Chebron 3: 3,17! ·
schloss König David mit ihnen einen Bund vor dem HERRN, und sie 2Kön 11,17 · 17; 1Sam 16,13!
salbten David zum König über Israel. 4 Dreissig Jahre alt war David, als 4: Gen 41,46;
er König wurde; vierzig Jahre lang war er König. 5 Sieben Jahre und Lk 3,23 5: 1Chr 29,27! ·
sechs Monate lang war er in Chebron König über Juda, und drei- 2,11! · 12,8
unddreissig Jahre lang war er in Jerusalem König über ganz Israel und
Juda.

6 Und der König zog mit seinen Männern nach Jerusalem, gegen die 6–9: 1Chr 11,4–8
Jebusiter, die Bewohner des Landes, und man sagte zu David: Da wirst 6: Jos 15,8.63;
du nicht hineinkommen; die Blinden und die Lahmen vertreiben dich! Ri 1,21
Damit wollte man sagen: Da wird David nicht hineinkommen. 7 David 7: 9; 6,10.12.16;
aber nahm die Burg Zion ein; das ist die Stadt Davids. 8 Und David sagte 1Kön 2,10 · Lev 21,18

4,4: Mefiboschet: Da der Name in 1Chr 9,40 Merib-Baal lautet (übersetzt: ‹Baal streitet für mich›), wird es sich bei der Form Mefiboschet (möglicherweise: ‹aus dem Mund der Schande›) um eine absichtliche Verunstaltung des Namens handeln.

5,1: Siehe die Anm. zu Ri 9,2.

9: 7! · 1Kön 9,15; 2Kön 12,21; Ri 9,6
10: 1Chr 11,9 · 3,1 · 7,9; 1Sam 3,19; 18,12.14
11–25: 1Chr 14,1–16
11: 7,2 · 1Kön 5,15!

an jenem Tag: Wer einen Jebusiter erschlägt und die Lahmen und Blinden, die David in der Seele verhasst sind, und den Wasserschacht erreicht –! Daher sagt man: Kein Blinder und kein Lahmer darf ins Haus kommen! 9 Und David wohnte auf der Burg und nannte sie die Stadt Davids; und ringsum baute David sie aus, vom Millo an einwärts. 10 Und David wurde immer grösser, und der HERR, der Gott der Heerscharen, war mit ihm. 11 Und Chiram, der König von Tyros, sandte Boten zu David und Zedernholz und Zimmermänner und Maurer, und sie bauten David ein Haus. 12 Und David erkannte, dass der HERR ihn als König über Israel fest eingesetzt und sein Königtum emporgebracht hatte um seines Volks Israel willen.

13: 21,11 · 3,7 · Dtn 17,17
14–16: 1Chr 3,5–9
14: 1Kön 4,5

13 Und nachdem er von Chebron gekommen war, nahm David sich weitere Nebenfrauen und Frauen aus Jerusalem, und David wurden weitere Söhne und Töchter geboren. 14 Und dies sind die Namen derer, die ihm in Jerusalem geboren wurden: Schammua, Schobab, Natan, Salomo, 15 Jibchar, Elischua, Nefeg, Jafia, 16 Elischama, Eljada und Elifelet.

Davids Sieg über die Philister

17: 3; 23,14
18: 23,13; Jos 15,8; 18,16
19: 2,1; 1Sam 22,10; 30,8
20: Ri 21,15 · Jes 28,21 · 6,8!

17 Die Philister aber hörten, dass man David zum König über Israel gesalbt hatte, und so zogen alle Philister hinauf, um David zu stellen. Und David hörte davon und ging hinab in die Burg. 18 Und die Philister waren angekommen und breiteten sich in der Ebene Refaim aus. 19 Und David befragte den HERRN: Soll ich hinaufziehen gegen die Philister? Wirst du sie in meine Hand geben? Und der HERR sprach zu David: Zieh hinauf, denn ich werde die Philister in deine Hand geben! 20 Und David kam nach Baal-Perazim, und David schlug sie dort und sagte: Der HERR hat die Reihen meiner Feinde vor mir durchbrochen, wie Wasser durchbricht. Daher nannte man jenen Ort Baal-Perazim. 21 Und dort liessen sie ihre Götzen zurück. David aber und seine Männer trugen die Götzen fort.

22: 21,15
24: Ri 4,14 · 2Kön 7,6
25: 8,1! · Ri 1,29

22 Aber erneut zogen die Philister hinauf, und sie breiteten sich in der Ebene Refaim aus. 23 Und David befragte den HERRN, und dieser sprach: Zieh nicht hinauf! Fall ihnen in den Rücken und mach dich von der Seite der Bakasträucher an sie heran. 24 Und wenn du den Laut von Schritten im Gezweige der Bakasträucher hörst, dann sei achtsam! Denn dann ist der HERR vor dir her ausgezogen, um das Lager der Philister zu schlagen. 25 Und David machte es so, wie der HERR es ihm geboten hatte, und er schlug die Philister von Geba bis dahin, wo es nach Geser geht.

Die Überführung der Lade nach Jerusalem

1–11: 1Chr 13,1–14
2: Jos 15,9; 1Chr 13,6 · 1Sam 6,21! · 1Sam 4,4!

6 1 Und erneut versammelte David alle, die in Israel ausgewählt worden waren, dreissigtausend. 2 Und David machte sich auf, und mit allem Volk, das bei ihm war, ging er von Baale-Jehuda, um von dort die Lade Gottes heraufzuholen, über der der Name ausgerufen war, der

5,8: «Wer … Wasserschacht erreicht –!» soll wohl aussagen, dass derjenige, der das tut, ausgezeichnet wird (vgl. 2Chr 11,16).
5,20: Der Name Baal-Perazim bedeutet ‹Herr der Durchbrüche›.
5,21: Wörtlich: «… trugen sie fort.»

Name des HERRN der Heerscharen, der über den Kerubim thront. 3 Und sie liessen die Lade Gottes auf einem neuen Wagen fahren und brachten sie fort aus dem Haus des Abinadab, das auf dem Hügel lag. Ussa und Achjo aber, die Söhne Abinadabs, lenkten den neuen Wagen. 4 Und sie brachten sie fort aus dem Haus Abinadabs, das mit der Lade Gottes auf dem Hügel lag. Und Achjo ging vor der Lade her. 5 Und David und das ganze Haus Israel tanzten vor dem HERRN, mit verschiedenen Hölzern vom Wacholder, mit Leiern, mit Harfen und Pauken, mit Rasseln und mit Zimbeln. 6 Dann aber kamen sie zur Tenne des Nachon, und Ussa griff nach der Lade Gottes und hielt sie fest, denn die Rinder hatten sich losgerissen. 7 Da entbrannte der Zorn des HERRN über Ussa, und dort schlug ihn Gott dieser Vermessenheit wegen, und er starb dort bei der Lade Gottes. 8 Und David war zornig darüber, dass der HERR mit dem Tod des Ussa eine Lücke gerissen hatte, und man nennt jenen Ort Perez-Ussa bis auf den heutigen Tag. 9 Und an jenem Tag fürchtete sich David vor dem HERRN und sagte: Wie soll die Lade des HERRN zu mir kommen? 10 David aber wollte die Lade des HERRN nicht zu sich in die Stadt Davids bringen lassen, und so führte David sie weg zum Haus Obed-Edoms, des Gattiters. 11 Und im Haus Obed-Edoms, des Gattiters, blieb die Lade des HERRN drei Monate lang, und der HERR segnete Obed-Edom und sein ganzes Haus.

12 Und es wurde König David berichtet: Um der Lade Gottes willen hat der HERR das Haus Obed-Edoms gesegnet und alles, was ihm gehört. Da ging David, und mit Freude brachte er die Lade Gottes aus dem Haus Obed-Edoms hinauf in die Stadt Davids. 13 Und wenn die Träger der Lade des HERRN sechs Schritte gegangen waren, opferte er ein Rind und ein gemästetes Kalb. 14 Und David tanzte voller Hingabe vor dem HERRN, und David war umgürtet mit einem linnenen Efod. 15 Und so brachten David und das ganze Haus Israel die Lade des HERRN hinauf unter Jubel und unter dem Klang des Schofar. 16 Und als die Lade des HERRN in die Stadt Davids gekommen war und Michal, die Tochter Sauls, aus dem Fenster blickte, sah sie, wie König David vor dem HERRN umherwirbelte und tanzte. Da verachtete sie ihn in ihrem Herzen.

17 Und man brachte die Lade des HERRN und stellte sie an ihren Ort im Zelt, das David für sie aufgeschlagen hatte. Und David brachte Brandopfer dar vor dem HERRN und auch Heilsopfer. 18 Und als David die Brandopfer und die Heilsopfer dargebracht hatte, segnete er das Volk im Namen des HERRN der Heerscharen. 19 Dann verteilte er an das ganze Volk, an die ganze Menge Israels, an Mann und Frau, an alle einzeln, je einen Brotkuchen, einen Dattelkuchen und einen Rosinenkuchen. Dann ging alles Volk, ein jeder in sein Haus. 20 Und David kehrte zurück, um sein Haus zu segnen, und Michal, die Tochter Sauls, kam heraus, David entgegen, und sagte: Wie würdevoll hat sich heute der König von Israel benommen, da er sich heute vor den Augen der Mägde seiner Diener entblösst hat, wie sich wirklich nur einer vom Gesindel entblösst! 21 David aber sagte zu Michal: Vor dem HERRN, der mich vor dei-

3: 1Sam 6,7!; Num 7,3 · 1Sam 7,1
5: 1Sam 18,6! · Ps 150,3–5
7: 1Sam 6,19! · 1Sam 25,38! · Num 4,15
8: 5,20; Gen 38,29
9: 1Sam 5,10; 6,20
10: 12.16; 5,7!
11: 1Chr 26,5
12–19: 1Chr 15,1–16,6
12: 10!
14: 1Sam 10,10–12 · Ex 15,20 · 1Sam 2,18
15: Ps 149,5 · Ps 47,6; 98,6
16: 10!; 1Sam 18,20!
17: 7,2! · 24,22; 1Sam 6,14; 1Kön 8,62
18: 1Kön 8,14
19–23: 1Chr 16,37–43
19: Jos 22,6
20: 1Sam 18,20!
21: 5,2! · 1Sam 9,16!

6,7: Die Übersetzung des mit ‹Vermessenheit› wiedergegebenen hebräischen Worts ist unsicher.

6,8: Der Name Perez-Ussa bedeutet: ‹Riss des Ussa› oder ‹Riss bei Ussa›.

nem Vater und seinem ganzen Haus erwählt hat und der mich zum
Fürsten über das Volk des HERRN, über Israel, bestimmt hat, vor dem
HERRN tanze ich. 22 Und ich werde mich noch mehr erniedrigen als die-
ses Mal, und ich werde gering sein in meinen eigenen Augen; bei den
Mägden aber, von denen du gesprochen hast, bei ihnen will ich in Ehren
stehen. 23 Michal aber, die Tochter Sauls, hatte bis zum Tag ihres Todes
keine Kinder.

Gottes Verheissung für David und sein Königtum

7 1 Und als der König in seinem Haus sass und der HERR ihm Ruhe
verschafft hatte vor allen seinen Feinden ringsum, 2 da sagte der Kö-
nig zu Natan, dem Propheten: Sieh doch, ich wohne in einem Haus aus
Zedernholz, die Lade Gottes aber wohnt unter einer Zeltbahn. 3 Und Na-
tan sagte zum König: Geh, tu, was immer du in deinem Herzen hast,
denn der HERR ist bei dir. 4 In jener Nacht aber erging das Wort des
HERRN an Natan: 5 Geh, und sage zu meinem Diener, zu David: So
spricht der HERR: Du willst mir ein Haus bauen, damit ich darin wohne?
6 Ich habe nicht in einem Haus gewohnt seit dem Tag, an dem ich die
Israeliten aus Ägypten heraufgeführt habe, bis auf den heutigen Tag, ich
bin umhergezogen in einem Zelt als Wohnung. 7 In all der Zeit, die ich
mit allen Israeliten umhergezogen bin, habe ich da zu einem einzigen
der Stämme Israels, dem ich geboten hatte, mein Volk, Israel, zu wei-
den, gesagt: Warum habt ihr mir nicht ein Haus aus Zedernholz gebaut?
8 Und nun sollst du so zu meinem Diener, zu David, sprechen: So
spricht der HERR der Heerscharen: Ich habe dich fortgeholt von der Wei-
de, weg von den Schafen, damit du Fürst bist über mein Volk, über Isra-
el. 9 Und wohin du auch gegangen bist, ich bin bei dir gewesen, und alle
deine Feinde habe ich vor dir ausgerottet. Und ich werde dir einen gros-
sen Namen machen, dem Namen derer gleich, die gross sind auf der
Erde. 10 Und ich werde meinem Volk, Israel, einen Ort bestimmen und
es einpflanzen, und dort wird es wohnen, und es muss nicht mehr zit-
tern, und Übeltäter werden es nicht mehr unterdrücken, wie es früher
war, 11 seit dem Tag, an dem ich Richter bestimmt habe über mein Volk
Israel. Und ich werde dir Ruhe verschaffen von allen deinen Feinden.
Und der HERR wird dir verkünden, dass der HERR dir ein Haus bauen
wird. 12 Wenn sich deine Tage vollenden und du dich zu deinen Vor-
fahren legst, werde ich nach dir deinen Nachkommen, der von dir ab-
stammt, auftreten lassen, und ich werde sein Königtum befestigen.
13 Er wird meinem Namen ein Haus bauen, und für alle Zeiten werde
ich den Thron seines Königtums fest stehen lassen. 14 Ich werde ihm
Vater sein, und er wird mir Sohn sein. Wenn er sich vergeht, werde ich
ihn mit einem menschlichem Stock züchtigen und mit menschlichen
Schlägen. 15 Meine Gnade aber wird nicht von ihm weichen, wie ich sie
von Saul habe weichen lassen, den ich vor dir entfernt habe. 16 Und dein
Haus und dein Königtum sollen für alle Zeiten Bestand haben vor dir;
dein Thron soll allezeit fest stehen. 17 All diesen Worten gemäss und
gemäss dieser ganzen Schauung, so sprach Natan zu David.

18 Und König David kam, liess sich vor dem HERRN nieder und
sprach: Wer bin ich, Herr, HERR, und was ist mein Haus, dass du mich
bis hierher gebracht hast? 19 Und selbst dies war noch zu gering in dei-

1–17: 1Chr 17,1–15
1: 11; Dtn 12,10!
2: 12,1 · 5,11 · 6,17; 11,11
3: 1Kön 8,17 · 1Sam 3,19!
4: Num 12,4
5: 1Chr 22,8; 1Kön 5,17
6: 1Kön 8,27; Jes 66,1
7: Jes 66,1
8: Am 7,15 · 5,2!; 1Sam 16,11; Ps 78,70
9: 5,10! · 12,29; 22,38; Dtn 4,38 · Gen 12,2
10: Jes 60,21
11: Ri 2,16! · 1! · 1Sam 25,28!
12: Gen 47,30; 1Kön 1,21! · 1Kön 2,12.46
13: 1Kön 3,2!; 5,19; Ps 89,4–5
14: Ps 2,7; Lk 1,32 · Ps 89,31–33
15: 1Kön 11,13 · 1Sam 15,28!
16: 26; Jes 55,3; 1Sam 25,28!
18–29: 1Chr 17,16–27
18: 1Sam 18,18 · 23,5

nen Augen, Herr, HERR, und so hast du sogar zum Haus deines Dieners
von der Zukunft gesprochen, und dies als Weisung für diesen Men-
schen, Herr, HERR! 20 Und was könnte David dir noch sagen? Du kennst 20: Ps 139,1
deinen Diener, Herr, HERR! 21 Um deines Wortes willen und nach dei-
nem Herzen hast du all dies Grosse getan, indem du es deinen Diener
hast wissen lassen. 22 Darum bist du gross, Herr, HERR. Keiner ist dir 22: 22,32; 1Sam 2,2;
gleich, und bei allem, was wir mit eigenen Ohren gehört haben, gibt es Ps 95,3 · Dtn 4,35!
keinen Gott ausser dir. 23 Und wer ist wie dein Volk, wie Israel, die ein- 23: Dtn 4,7 ·
zige Nation auf Erden, für die ein Gott hingegangen ist, um sie zu erlö- Ps 44,3
sen, damit sie sein Volk sei, und um sich einen Namen zu machen, – um
für euch Grosses zu tun und Furchterregendes für das Land – um vor
deinem Volk, das du dir aus Ägypten erlöst hast, Nationen und Götter zu
vertreiben? 24 Du aber hast dir dein Volk Israel für alle Zeiten als Volk 24: Dtn 26,18 ·
fest gegründet, und du, HERR, bist ihnen Gott geworden. 25 Und nun, Ex 6,7; 1Sam 12,22!
HERR, Gott, erfülle für alle Zeiten das Wort, das du über deinen Diener 25: 1Sam 1,23
und sein Haus gesprochen hast, und handle, wie du es zugesagt hast!
26 Dann wird dein Name gross sein für alle Zeiten, und man wird sagen: 26: Jer 10,6;
Der HERR der Heerscharen ist Gott über Israel. Und fest stehen wird vor Mal 1,11 · 16!
dir das Haus deines Dieners David. 27 Denn du, HERR der Heerscharen, 27: Jes 50,5 ·
Gott Israels, hast deinem Diener enthüllt: Ich werde dir ein Haus bauen. 1Kön 11,38
Darum hat sich dein Diener ein Herz gefasst, und darum betet er mit
diesem Gebet zu dir. 28 Und nun, Herr, HERR: Du bist Gott, und deine 28: Ps 119,160;
Worte sind wahr, und deinem Diener hast du dieses Gute zugesagt. Joh 17,17
29 Und nun tu, was du beschlossen hast, und segne das Haus deines
Dieners, damit es für immer vor dir ist; denn du, Herr, HERR, hast ge-
sprochen, und durch deinen Segen wird das Haus deines Dieners für
immer gesegnet sein.

Davids Kriege und Siege

8 1 Und danach schlug David die Philister, und er unterwarf sie, und 1–15: 1Chr 18,1–14
David nahm den Philistern die langen Zügel aus der Hand. 2 Und er 1: 5,25; 21,15; 1Sam 7,13
schlug Moab, und er mass sie mit der Messschnur ab: Er liess sie sich auf 2: 1Sam 22,3!
die Erde legen und mass jeweils zwei Schnurlängen ab, die tötete er, und
eine Schnurlänge, die liess er am Leben. Und die von Moab wurden Da-
vids Diener, sie entrichteten ihm Tribut. 3 Und David schlug Hadade- 3: 10,16–19;
ser, den Sohn des Rechob, den König von Zoba, als dieser hinzog, um 1Kön 11,23 · 10,6 ·
seine Macht am Eufratstrom wieder herzustellen. 4 Und David nahm 1Sam 14,47
von ihm tausendsiebenhundert Reiter und zwanzigtausend Mann 4: Jos 11,6; Dtn 17,16
Fussvolk gefangen; und David machte alle Wagen unbrauchbar, hun-
dert von den Wagen aber liess er übrig. 5 Und Aram-Damaskus kam Ha-
dadeser, dem König von Zoba, zu Hilfe, und David erschlug von Aram
zweiundzwanzigtausend Mann. 6 Und David setzte Statthalter ein in 6: 14 · 2Kön 18,7!
Aram-Damaskus, und die von Aram wurden Davids Diener, sie entrich-
teten ihm Tribut. Und der HERR stand David bei, wohin er auch zog.
7 Und David nahm die goldenen Köcher, die die Diener Hadadesers bei
sich hatten, und brachte sie nach Jerusalem; 8 und aus Betach und Bero- 8: 1Kön 7,15–47; 1Chr 18,8

8,1: Möglich ist auch die Übersetzung: «..., und David nahm den Philistern Meteg-Amma aus der Hand.», womit ein Ortsname gemeint wäre.

tai, den Städten Hadadesers, nahm König David Bronze in grosser Menge.

9 Und Toi, der König von Chamat, hörte, dass David das ganze Heer Hadadesers geschlagen hatte, 10 und Toi sandte Joram, seinen Sohn, zu König David, um ihn nach seinem Wohlergehen zu fragen und um ihn zu segnen, weil er gegen Hadadeser gekämpft und diesen geschlagen hatte, denn Toi war ein Kriegsgegner Hadadesers. Und in seiner Hand waren Geräte aus Silber, Geräte aus Gold und Geräte aus Bronze. 11 Auch diese weihte König David dem HERRN, zusammen mit dem Silber und dem Gold, das er von all den Nationen weihte, die er unterworfen hatte: 12 von Aram und von Moab und von den Ammonitern und von den Philistern und von Amalek und von der Beute aus dem Sieg über Hadadeser, den Sohn des Rechob, den König von Zoba. 13 Und David machte sich einen Namen, als er zurückkehrte von seinem Schlag gegen Aram im Salztal, es waren achtzehntausend. 14 Und er setzte Statthalter in Edom ein; in ganz Edom setzte er Statthalter ein, und alle von Edom wurden Diener Davids. Und der HERR half David, wohin er auch zog. 15 Und David war König über ganz Israel, und David verschaffte seinem ganzen Volk Recht und Gerechtigkeit.

16 Und Joab, der Sohn der Zeruja, stand der Heerschar vor, und Jehoschafat, der Sohn des Achilud, war Kanzler, 17 und Zadok, der Sohn des Achitub, und Achimelech, der Sohn des Ebjatar, waren Priester, und Seraja war Schreiber, 18 und Benajahu, der Sohn Jehojadas, stand den Kretern und den Pletern vor, und die Söhne Davids waren Priester.

David und Mefiboschet

9 1 Und David sagte: Wenn es noch jemanden gibt vom Haus Sauls, werde ich ihm Barmherzigkeit erweisen um Jonatans willen. 2 Und zum Haus Sauls gehörte ein Diener, und dessen Name war Ziba, und den rief man zu David, und der König sagte zu ihm: Bist du Ziba? Und er sagte: Dein Diener! 3 Und der König sagte: Lebt niemand mehr aus dem Haus Sauls, dem ich die Barmherzigkeit Gottes erweisen könnte? Und Ziba sagte zum König: Es gibt noch einen Sohn Jehonatans, er ist an beiden Füssen behindert. 4 Und der König sagte zu ihm: Wo ist er? Und Ziba sagte zum König: Sieh, er ist im Haus des Machir, des Sohns von Ammiel, in Lo-Debar. 5 Und König David sandte hin und holte ihn aus dem Haus von Machir, dem Sohn von Ammiel, aus Lo-Debar. 6 Da kam Mefiboschet, der Sohn Jehonatans, des Sohns von Saul, zu David, fiel nieder auf sein Angesicht und verneigte sich. Und David sagte: Mefiboschet! Und er antwortete: Sieh, dein Diener ist hier. 7 Und David sagte zu ihm: Fürchte dich nicht, denn ich werde dir Barmherzigkeit erweisen um deines Vaters Jehonatan willen, und ich werde dir das ganze Land Sauls, deines Vaters, zurückgeben, und du sollst immer an meinem Tisch essen. 8 Da warf er sich nieder und sagte: Was ist dein Diener, dass du dich einem toten Hund zugewandt hast, wie ich es bin? 9 Und der König rief Ziba, den Verwalter Sauls, und sagte zu ihm: Alles, was Saul und seinem ganzen Haus gehörte, habe ich dem Sohn deines Herrn ge-

10: 11,7; 1Sam 10,4; Jes 39,1 · 1Kön 10,25
11: Mi 4,13
13: 2Kön 14,7; Ps 60,2
14: 6 · Gen 25,23; Num 24,18; 1Kön 22,48
15: 23,3–4; 1Kön 10,9; Jer 22,15
16–18: 1Chr 18,15–17
16: 20,23; 2,13; 18,2 · 1Kön 4,3
17: 1Sam 14,3! · 15,24; 17,15; 19,12 · 1Sam 22,20!
18: 23,20 · 15,18; 20,7.23; 1Kön 1,38
1: 21,7!
2: 16,1; 19,18
3: 1Sam 20,14 · 13; 4,4; 19,27
4: 17,27
6–7: 19,25
7: 1Sam 22,23; 2Sam 19,29
8: 3,8!
9: 16,4; 19,30

8,13: In 1Chr 18,12 lautet der Text «... gegen Edom ...»; die Worte ‹Edom› und ‹Aram› sind im Hebräischen leicht verwechselbar.

geben. 10 Und du sollst für ihn das Land bestellen, du und deine Söhne 10: 19,18
und deine Diener, und du sollst die Ernte einbringen; so wird der Sohn
deines Herrn genug zu essen haben. Mefiboschet aber, der Sohn deines
Herrn, soll immer an meinem Tisch essen. Ziba aber hatte fünfzehn
Söhne und zwanzig Diener. 11 Und Ziba sagte zum König: So, wie mein 11: 15,15!
Herr, der König, es seinem Diener gebietet, wird dein Diener handeln. –
Und Mefiboschet isst an meinem Tisch wie einer von den Söhnen des
Königs. 12 Und Mefiboschet hatte einen kleinen Sohn, und dessen 12: 1Chr 8,34
Name war Micha, und alle Mitbewohner des Hauses Zibas waren Die-
ner Mefiboschets. 13 Und Mefiboschet wohnte in Jerusalem, denn im- 13: 3!
mer ass er am Tisch des Königs. Und er war an beiden Füssen gelähmt.

Davids Krieg gegen die Ammoniter und die Aramäer

10 1 Und danach starb der König der Ammoniter, und Chanun, sein 10,1–11,1:
Sohn, wurde König an seiner Statt. 2 Und David sagte: Ich werde 1Chr 19,1–20,3 1: 17,27!
Chanun, dem Sohn des Nachasch, Barmherzigkeit erweisen, wie sein 2: 1Sam 11,1! · 9,1.7 ·
Vater mir Barmherzigkeit erwiesen hat. Und David sandte hin, um ihn Jes 61,2
durch seine Diener seines Vaters wegen zu trösten, und die Diener Da-
vids kamen ins Land der Ammoniter. 3 Die Anführer der Ammoniter 3: 3,25!
aber sagten zu Chanun, ihrem Herrn: Will David in deinen Augen wirk-
lich deinen Vater ehren, wenn er Tröster zu dir gesandt hat? Hat David
seine Diener nicht zu dir gesandt, um die Stadt auszuforschen, um sie
auszukundschaften und zu zerstören? 4 Da nahm Chanun die Diener 4: 1Sam 11,2 ·
Davids und rasierte ihnen den Bart zur Hälfte ab und schnitt ihre Ge- Jes 20,4; 47,2;
wänder zur Hälfte ab, bis zu ihrem Gesäss; dann schickte er sie fort. Jer 13,22
5 Und man berichtete David davon, und er sandte ihnen entgegen,
denn die Männer schämten sich sehr, und der König sagte: Bleibt in
Jericho, bis eure Bärte nachgewachsen sind, dann erst kehrt zurück.
6 Die Ammoniter aber sahen, dass sie David verhasst waren. Da sandten 6: 16,21;
die Ammoniter hin und machten sich Aram-Bet-Rechob und Aram-Zoba 1Sam 13,4! · 8,3 ·
dienstbar, zwanzigtausend Mann Fussvolk, dazu den König von Ma- Ri 11,3
acha, tausend Mann, und jeden von Tob, zwölftausend Mann. 7 Und Da- 7: 2,13! · 16,6; 17,8;
vid hörte davon und sandte Joab aus mit der ganzen Heerschar, mit den 20,7; 23,8–22
Helden. 8 Und die Ammoniter rückten aus, und am Eingang des Tors 8: 11,23
stellten sie sich in Schlachtordnung auf für den Kampf; Aram-Zoba aber
und Rechob und alle von Tob und Maacha standen für sich, auf dem
offenen Land. 9 Und Joab sah, dass er eine Front vor sich und eine im 9: Jos 8,3–22;
Rücken hatte. Da traf er eine Auswahl unter allen Ausgewählten Israels, 2Chr 13,14
und in Schlachtordnung zogen sie Aram entgegen. 10 Den Rest des 10: 1Sam 26,6; 18,2
Volks aber unterstellte er Abischai, seinem Bruder, und auch der zog
den Ammonitern in Schlachtordnung entgegen. 11 Und er sagte: Wenn
Aram stärker ist als ich, dann sollst du mir helfen; wenn aber die Am-
moniter stärker sind als du, so werde ich dir zu Hilfe kommen. 12 Sei 12: 1Sam 4,9 ·
mutig! Wir werden mutig sein für unser Volk und für die Städte unseres 15,26; 19,28;
Gottes. Der HERR aber wird tun, was in seinen Augen gut ist. 13 Und Joab 1Sam 3,18
trat mit dem Volk, das bei ihm war, in den Kampf ein gegen Aram, diese
aber flohen vor ihm. 14 Und als die Ammoniter sahen, dass Aram floh,
flohen sie vor Abischai und gelangten in die Stadt. Da liess Joab ab von
den Ammonitern und kam nach Jerusalem. 15 Und Aram sah, dass sie
vor Israel geschlagen waren, und sie sammelten sich wieder. 16 Und 16–19: 8,3

Hadadeser sandte hin und liess die von Aram ausrücken, die jenseits des Stroms waren, und sie kamen nach Chelam, ihnen voran Schobach, der Heerführer Hadadesers. 17 Und dies wurde David berichtet, und er sammelte ganz Israel, überquerte den Jordan und kam nach Chelam. Aram aber zog David in Schlachtordnung entgegen, und sie kämpften gegen ihn. 18 Und Aram floh vor Israel, und David tötete siebenhundert Wagenlenker und vierzigtausend Reiter von Aram; auch Schobach, ihren Heerführer, schlug er, und der starb dort. 19 Und alle Könige, die Diener Hadadesers, sahen, dass sie vor Israel geschlagen waren. Da schlossen sie Frieden mit Israel und dienten ihnen. Und die von Aram fürchteten sich, den Ammonitern weiterhin zu helfen.

David und Batseba

1: 1Kön 20,22.26 · 12,26
2: 14,27! · 16,22 · Dtn 5,21; Spr 6,25; Mt 5,28–29
3: 1Kön 1,11 · 23,34.39
4: 12,24 · Gen 34,2; Lev 20,10 · Lev 15,19
5: Gen 38,24
6: Jes 29,15; Spr 28,13
7: 8,10!
8: Gen 18,4!
11: 7,2! · 1Kön 20,12
13: Gen 19,33; Hab 2,15

11 1 Zur Jahreswende aber, zu der Zeit, da die Könige ausziehen, sandte David Joab aus und seine Diener und ganz Israel mit ihm. Und sie brachten den Ammonitern Vernichtung und belagerten Rabba, David aber blieb in Jerusalem. 2 Und zur Abendzeit erhob sich David von seinem Bett und ging auf dem Dach des Königshauses hin und her. Da sah er vom Dach aus eine Frau, die sich wusch. Und die Frau war von sehr schönem Aussehen. 3 Und David sandte hin und erkundigte sich nach der Frau, und er sagte: Ist das nicht Batseba, Tochter von Eliam, die Frau von Urija, dem Hetiter? 4 Und David sandte Boten und liess sie holen. Und sie kam zu ihm, und er schlief mit ihr; sie aber reinigte sich gerade von ihrer Unreinheit. Dann kehrte sie zurück in ihr Haus. 5 Die Frau aber wurde schwanger, und sie sandte hin und berichtete es David und sagte: Ich bin schwanger.

6 Da sandte David zu Joab: Schick Urija, den Hetiter, zu mir. Und Joab schickte Urija zu David. 7 Und Urija kam zu ihm, und David fragte nach dem Wohlergehen Joabs und nach dem Wohlergehen des Volkes und ob es gut stehe im Krieg. 8 Dann sagte David zu Urija: Geh hinab in dein Haus und wasch deine Füsse. Und Urija verliess das Haus des Königs, und man trug ihm ein Geschenk des Königs nach. 9 Urija aber legte sich zu allen Dienern seines Herrn an den Eingang des Hauses des Königs und ging nicht hinab in sein Haus. 10 Und man berichtete David: Urija ist nicht hinabgegangen in sein Haus. Da sagte David zu Urija: Hast du nicht einen langen Weg hinter dir? Warum bist du nicht hinabgegangen in dein Haus? 11 Und Urija sagte zu David: Die Lade und Israel und Juda wohnen in Hütten, und mein Herr Joab und die Diener meines Herrn lagern auf dem Feld, und ich soll in mein Haus gehen, um zu essen und zu trinken und um mit meiner Frau zu schlafen? So wahr du lebst, bei deinem Leben, das werde ich nicht tun! 12 Da sagte David zu Urija: Dann bleib heute noch hier, morgen aber werde ich dich wegschicken. Urija aber blieb an jenem und am folgenden Tag in Jerusalem. 13 Und David lud ihn ein, und er ass vor ihm und trank, dann aber machte er ihn betrunken. Und am Abend ging er hinaus, um auf seinem Lager bei den Dienern seines Herrn zu schlafen, in sein Haus aber ging er nicht hinab. 14 Und am Morgen schrieb David einen Brief an Joab und

11,8: Die umschreibende Formulierung ‹wasch deine Füsse› fordert Urija zum Geschlechtsverkehr mit seiner Frau auf. ‹Füsse› ist eine häufige Umschreibung für die Geschlechtsteile.

sandte diesen durch Urija. 15 Und er schrieb in dem Brief: Stellt Urija an
die Front, wo die Schlacht am heftigsten tobt, dann zieht euch hinter
ihm zurück, damit er erschlagen wird und umkommt. 16 Und als Joab
die Stadt überblickte, stellte er Urija an den Ort, von dem er wusste, dass
dort tüchtige Männer waren. 17 Da machten die Männer der Stadt einen
Ausfall und bekämpften Joab, und etliche vom Volk, von den Dienern
Davids, fielen, und auch Urija, der Hetiter, kam um.

18 Joab aber sandte hin und berichtete David alles von der Schlacht,
19 und er befahl dem Boten: Wenn du dem König alles von der Schlacht
geschildert hast, 20 und wenn dann der Zorn des Königs aufsteigt und
er zu dir sagt: Warum seid ihr zum Kampf so nahe an die Stadt herange-
rückt? Habt ihr nicht gewusst, dass sie von der Mauer herabschiessen
werden? 21 Wer hat Abimelech erschlagen, den Sohn von Jerubbeschet?
Hat nicht eine Frau einen oberen Mühlstein von der Mauer auf ihn her-
abgeworfen, so dass er in Tebez umgekommen ist? Warum seid ihr so
nahe an die Mauer herangerückt?, dann sollst du sagen: Auch dein Die-
ner Urija, der Hetiter, ist umgekommen. 22 Und der Bote ging und kam
an und berichtete David alles, was Joab ihm aufgetragen hatte. 23 Und
der Bote sagte zu David: Die Männer hatten die Oberhand über uns und
rückten aus gegen uns auf das offene Land, wir aber drängten sie bis an
den Eingang des Tors. 24 Da aber schossen die Schützen von der Mauer
herab auf deinen Diener, und etliche von den Dienern des Königs ka-
men um, und auch dein Diener Urija, der Hetiter, ist umgekommen.
25 Da sagte David zu dem Boten: So sollst du zu Joab sprechen: Dieser
Vorfall muss dir nicht missfallen, denn das Schwert frisst bald hier und
bald dort. Führe entschlossen deinen Kampf gegen die Stadt und reisse
sie nieder. So sollst du ihn ermutigen.

26 Und die Frau Urijas hörte, dass Urija, ihr Mann, tot war, und sie
hielt die Totenklage um ihren Ehemann. 27 Als aber die Trauerzeit vor-
über war, sandte David hin und holte sie in sein Haus, und sie wurde
seine Frau und gebar ihm einen Sohn. Dem HERRN aber missfiel, was
David getan hatte.

Natans Strafrede. Salomos Geburt

12 1 Und der HERR sandte Natan zu David. Und der kam zu ihm und
sprach zu ihm: Es waren zwei Männer in einer Stadt, der eine war
reich, und der andere war arm. 2 Der Reiche besass Schafe und Rinder in
grosser Zahl, 3 der Arme aber besass nichts ausser einem einzigen klei-
nen Lamm, das er gekauft hatte, und er zog es auf, und zusammen mit
seinen Kindern wurde es bei ihm gross. Es ass von seinem Bissen, trank
aus seinem Becher und schlief an seiner Brust, und es war für ihn wie
eine Tochter. 4 Da kam ein Besucher zu dem reichen Mann, und diesen
reute es, eines von seinen eigenen Schafen oder Rindern zu nehmen,
um es für den Reisenden zuzubereiten, der zu ihm gekommen war. Und
so nahm er das Lamm des armen Mannes und bereitete es für den Mann
zu, der zu ihm gekommen war.

5 Da entbrannte der Zorn Davids heftig über den Mann, und er
sprach zu Natan: So wahr der HERR lebt: Der Mann, der das getan hat, ist
ein Kind des Todes! 6 Und das Lamm soll er vierfach ersetzen, weil er
das getan hat und weil er kein Mitleid hatte. 7 Natan aber sprach zu

15: 27! · 1Sam 18,17.25
18: 18,21
21: Ri 9,50–54
23: 10,8
25: 12,26
26: 1Sam 25,1! · 14,2
27: 15; 12,9.14
1–4: 14,5–7
1: 7,2 · Ps 51,2 · Lk 16,19–20
4: 1Sam 28,24
5: 14,11; 1Sam 14,39 · 1Sam 20,31 · Röm 2,1
6: Ex 21,37; Lk 19,8
7: 1Kön 20,40 · 1Sam 16,13! · 22,1

David: Du bist der Mann! So spricht der HERR, der Gott Israels: Ich habe
dich zum König über Israel gesalbt und habe dich aus der Hand Sauls
8: 5,5 gerettet. 8 Und ich habe dir das Haus deines Herrn gegeben, und die
Frauen deines Herrn habe ich an deine Brust gelegt, und ich habe dir das
Haus Israel und Juda gegeben, und wenn das zu wenig ist, will ich dir
9: Num 15,31; darüber hinaus noch manches geben. 9 Warum hast du das Wort des
Spr 14,2 · 11,27! · HERRN verachtet und getan, was ihm missfällt? Urija, den Hetiter, hast
1Kön 15,5 du mit dem Schwert erschlagen, und seine Frau hast du dir zur Frau
genommen, und ihn selbst hast du durch das Schwert der Ammoniter
10: 13,29; 18,14 · umgebracht. 10 So soll nun das Schwert nie von deinem Haus weichen,
1Sam 2,30 weil du mich verachtet und die Frau Urijas, des Hetiters, genommen
11: 16,11.21–22; 20,3 hast, damit sie deine Frau werde. 11 So spricht der HERR: Sieh, ich werde
aus deinem eigenen Haus Unheil gegen dich heraufführen, und deine
Frauen werde ich dir vor deinen Augen wegnehmen und sie deinem
Nächsten geben, und er wird unter den Blicken dieser Sonne mit deinen
12: Koh 12,14; Frauen schlafen. 12 Du hast es heimlich getan, ich aber werde dies vor
Mt 10,26 ganz Israel und vor der Sonne tun. 13 Da sprach David zu Natan: Ich
13: 24,10! · Jes 44,22; Mi 7,18 · habe gegen den HERRN gesündigt. Und Natan sprach zu David: So sieht
Lev 20,10 der HERR über deine Sünde hinweg: Du musst nicht sterben! 14 Aber
14: Neh 5,9 · 11,27! weil du mit dieser Tat den HERRN so verachtet hast, muss nun der Sohn,
15: 1Sam 25,38! der dir geboren worden ist, sterben! 15 Und Natan ging in sein Haus.

Und der HERR schlug das Kind, das die Frau Urijas David geboren
16: Joel 2,12; hatte, und es erkrankte schwer. 16 Und um des Knaben willen suchte
Jona 3,5–9 · 13,31! David Gott, und David fastete; und wenn er heimkam, legte er sich auf
17: 3,35; 1Sam 28,20 den Boden, und so verbrachte er die Nacht. 17 Und die Ältesten seines
Hauses machten sich auf zu ihm, um ihn dazu zu bringen, sich vom
Boden zu erheben, er aber wollte nicht, und er ass nicht mit ihnen.
18 Und am siebten Tag starb das Kind. Die Diener Davids aber fürchte-
ten sich, ihm zu berichten, dass das Kind tot war, denn sie sagten: Seht,
als das Kind noch am Leben war, haben wir ihm zugeredet, und er hat
nicht auf unsere Stimme gehört. Wie sollen wir ihm nun sagen: Das
Kind ist tot. Er würde ein Unheil anrichten! 19 David aber sah, dass sei-
ne Diener miteinander flüsterten. Da begriff David, dass das Kind tot
war, und David sagte zu seinen Dienern: Ist das Kind tot? Und sie sag-
20: 14,2 ten: Es ist tot. 20 Da erhob sich David von der Erde, wusch sich und salb-
te sich, wechselte seine Kleider und ging ins Haus des HERRN und warf
sich nieder. Dann kam er wieder in sein Haus und verlangte, dass man
ihm Speise auftrage, und er ass. 21 Seine Diener aber sagten zu ihm:
Was hat das, was du getan hast, zu bedeuten? Da das Kind noch lebte,
hast du gefastet und geweint; aber als das Kind tot war, bist du aufge-
22: 1Kön 21,27–29; standen und hast gegessen! 22 Und er sagte: Solange das Kind noch leb-
Jes 38,1–8; Jona 3,9 te, habe ich gefastet und geweint, denn ich dachte: Wer weiss, vielleicht
23: Hiob 7,9–10 ist der HERR mir gnädig, und das Kind bleibt am Leben! 23 Nun aber ist
es tot; warum soll ich da fasten? Könnte ich es noch zurückholen? Ich
bin auf dem Weg zu ihm, das Kind aber wird nicht zu mir zurückkeh-
24: 11,4 · 1Chr 22,9; ren. 24 Und David tröstete Batseba, seine Frau, und er ging zu ihr und
Mt 1,6 schlief mit ihr. Und sie gebar einen Sohn, und er nannte ihn Salomo,

12,14: Der Massoretische Text lautet: «... die Feinde des HERRN sträflich verachtet hast,...»
12,23: Wörtlich: «..., es aber wird nicht zu mir zurückkehren.»

und der HERR liebte ihn. 25 Und er übergab ihn Natan, dem Propheten, 25: Neh 13,26
und um des HERRN willen nannte der ihn Jedidjah.
26 Joab aber bekämpfte das Rabba der Ammoniter, und er nahm die 26–31:
Königsstadt ein. 27 Und Joab sandte Boten zu David und sagte: Ich habe 1Chr 19,1–20,3
Rabba bekämpft; auch habe ich die Wasserstadt eingenommen. 28 Und 26: 11,1.25
nun sammle den Rest des Volks, belagere die Stadt und nimm sie ein,
damit nicht ich die Stadt einnehme und mein Name über ihr ausgeru-
fen wird. 29 Da sammelte David alles Volk, zog nach Rabba, bekämpfte 29: 7,9!
es und nahm es ein. 30 Und er nahm ihrem König die Krone vom Haupt,
und ihr Gewicht betrug ein Kikkar Gold, mit einem Edelstein, und Da-
vid trug sie auf seinem Haupt. Und die Beute, die er aus der Stadt her-
ausführte, war sehr gross. 31 Und das Volk, das darin war, führte er hin-
aus und setzte es ein an der Steinsäge, an den Eisenhauen und Eisenäx-
ten, und er liess sie mit der Ziegelform arbeiten. So verfuhr er mit allen
Städten der Ammoniter. Dann kehrte David mit allem Volk zurück nach
Jerusalem.

Amnon und Tamar

13 1 Und danach ereignete sich dies: Absalom, der Sohn Davids, hatte 1–39: 3,2
eine schöne Schwester, und ihr Name war Tamar, und Amnon, der 1: 14,27!
Sohn Davids, verliebte sich in sie. 2 Und Amnon war krank vor 2: 1Chr 3,9
Schmerz, Tamars, seiner Schwester wegen, denn sie war eine Jungfrau,
und in den Augen Amnons war es nicht möglich, ihr etwas anzutun.
3 Und Amnon hatte einen Freund, und dessen Name war Jonadab, er
war der Sohn von Schima, dem Bruder Davids, und Jonadab war ein sehr
kluger Mann. 4 Und er sagte zu ihm: Warum ist dir Morgen für Morgen 4: 1Kön 21,5
so elend, Königssohn? Willst du es mir nicht mitteilen? Da sagte Amnon
zu ihm: Ich liebe Tamar, die Schwester Absaloms, meines Bruders.
5 Und Jehonadab sagte zu ihm: Leg dich auf dein Bett und stell dich
krank. Kommt dann dein Vater, um nach dir zu sehen, so sage zu ihm: Es
möge doch Tamar, meine Schwester, kommen, um mir zu essen zu ge-
ben. Und sie soll das Essen vor meinen Augen zubereiten, damit ich es
sehen kann; dann werde ich aus ihrer Hand essen. 6 Und Amnon legte
sich hin und stellte sich krank. Und der König kam, um nach ihm zu
sehen, und Amnon sagte zum König: Es möge doch Tamar, meine
Schwester, kommen, damit sie vor meinen Augen zwei Lebibot zuberei-
tet; dann will ich aus ihrer Hand essen. 7 Da sandte David ins Haus zu
Tamar und liess ihr sagen: Geh doch in das Haus Amnons, deines Bru-
ders, und bereite ihm das Essen zu. 8 Und Tamar ging ins Haus Amnons,
ihres Bruders, er aber lag da. Und sie nahm den Teig, knetete ihn, berei-
tete alles vor seinen Augen zu und backte die Lebibot. 9 Dann nahm sie
die Pfanne und gab ihm daraus, Amnon aber weigerte sich zu essen.
Und Amnon sagte: Geht alle hinaus, weg von mir! Und alle gingen hin-

12,25: Der Name Jedidjah bedeutet: ‹Liebling des HERRN›.

12,31: Die Übersetzung «..., und er liess sie mit der Ziegelform arbeiten.» beruht auf einer leichten Korrektur des Massoretischen Texts; dieser lautet übersetzt: «..., und er liess sie durch die Ziegelform gehen.»

13,5: Jehonadab ist eine andere Form des Namens Jonadab.

13,6: In ‹Lebibot› klingt das hebräische Wort für Herz an; es handelt sich vermutlich um herzförmiges Gebäck.

aus, weg von ihm. 10 Und Amnon sagte zu Tamar: Bring das Essen ins Gemach, dann will ich aus deiner Hand essen. Da nahm Tamar die Lebibot, die sie zubereitet hatte, und brachte sie Amnon, ihrem Bruder, ins Gemach. 11 Und sie reichte ihm zu essen, er aber ergriff sie und sagte zu ihr: Komm, schlaf mit mir, meine Schwester! 12 Sie aber sagte zu ihm: Nicht, mein Bruder, vergewaltige mich nicht, denn solches darf nicht geschehen in Israel! Diese Schandtat darfst du nicht begehen! 13 Und ich, wohin sollte ich meine Schmach bringen? Und du wärest wie einer der Toren in Israel. Aber nun rede doch mit dem König; er wird mich dir nicht verweigern. 14 Er aber wollte nicht auf ihre Stimme hören und überwältigte sie und vergewaltigte sie und schlief mit ihr. 15 Dann aber empfand Amnon abgrundtiefen Hass auf sie; der Hass, den er empfand, war grösser als die Liebe, die er für sie empfunden hatte. Und Amnon sagte zu ihr: Steh auf, geh! 16 Sie aber sagte zu ihm: Nicht doch! Denn mich fortzuschicken, wäre ein noch grösseres Übel als das andere, das du mir schon angetan hast. Er aber wollte nicht auf sie hören 17 und rief seinen Burschen, der ihm diente, und er sagte: Schick die da hinaus, weg von mir, und verriegle hinter ihr die Tür. 18 Sie aber trug ein Kleid mit langen Ärmeln, denn mit solchen Übergewändern kleiden sich die Königstöchter, die Jungfrauen sind. Und der ihm diente, führte sie hinaus und verriegelte die Tür hinter ihr. 19 Tamar aber warf Staub auf ihr Haupt, zerriss das Kleid mit langen Ärmeln, das sie trug, und legte ihre Hand auf ihr Haupt; dann ging sie schreiend davon. 20 Und Absalom, ihr Bruder, sagte zu ihr: War Amnon, dein Bruder, bei dir? Nun denn, meine Schwester, schweig darüber, er ist dein Bruder. Nimm dir diese Sache nicht zu Herzen. Und Tamar blieb vernichtet im Haus Absaloms, ihres Bruders. 21 König David aber hatte von all diesen Vorfällen gehört und wurde sehr zornig. 22 Absalom aber redete nicht mit Amnon, weder im Bösen noch im Guten, denn Absalom hasste Amnon dieser Sache wegen, weil er Tamar, seine Schwester, vergewaltigt hatte.

11: Gen 39,12
12: Gen 34,7! · Lev 18,9!; 20,17; Dtn 27,22
14: Gen 34,2; Ri 19,24
19: 31; 1,2!; Jer 2,37
21: Gen 35,22 · Gen 34,7; 38,24
22: Gen 31,24

Absaloms Rache an Amnon

23 Und nach zwei Jahren, als die Scherer für Absalom an der Arbeit waren in Baal-Chazor, das bei Efraim liegt, lud Absalom alle Söhne des Königs ein. 24 Und Absalom kam zum König und sagte: Sieh, die Scherer sind für deinen Diener an der Arbeit; möge doch der König samt seinen Dienern mit deinem Diener gehen. 25 Der König aber sagte zu Absalom: Nicht, mein Sohn! Wir wollen nicht alle kommen und dir zur Last fallen. Da drängte er ihn, er aber wollte nicht mitgehen und segnete ihn. 26 Und Absalom sagte: Wenn nicht, so soll Amnon, mein Bruder, mit uns gehen! Da sagte der König zu ihm: Warum soll er mit dir gehen? 27 Absalom aber drängte ihn, und so sandte er Amnon und alle Königssöhne mit ihm. 28 Absalom aber befahl seinen Gefolgsleuten: Seht doch! Wenn das Herz Amnons fröhlich geworden ist vom Wein und ich zu euch sage: Erschlagt Amnon!, dann sollt ihr ihn töten. Fürchtet euch nicht. Habe nicht ich euch den Befehl gegeben? Seid mutig, und seid tüchtig! 29 Und die Gefolgsleute Absaloms verfuhren mit Amnon, wie

23: Gen 31,19; 38,12; 1Sam 25,12
28–29: 14,6
28: Ps 104,15; 1Sam 25,36 · Lev 20,7 · 2,7
29: 12,10! · 18,9; 1Kön 1,33

13,12: «vergewaltige mich nicht»: Möglich ist auch die Übersetzung: «demütige mich nicht»

Du aber gürte deine
Hüften, und mach dich auf
und sage innen alles, was
ich dir gebiete. Erschrick
nicht vor ihnen, damit
nicht ich dich vor ihnen
in Schrecken versetze. Und
ich, sieh, ich mache dich
heute zur befestigten Stadt
zur Säule aus Eisen und zu
Mauern aus Bronze gegen
das ganze Land gegen die
Könige von Juda, seine
Fürsten, seine Priester und
das Volk des Landes. Und
sie werden dich bekämpfen
überwältigen aber werden
sie dich nicht, denn ich bin
bei dir, Spruch des Herrn, um
dich zu retten. Jeremias 1
Für FB
von SB

Schriftbild zu Jeremia 1,17–19

Absalom es ihnen geboten hatte. Da machten sich alle Königssöhne auf,
jeder bestieg sein Maultier, und sie flohen. 30 Und sie waren noch auf
dem Weg, da war die Nachricht schon zu David gedrungen, Absalom
habe alle Königssöhne erschlagen, und kein Einziger von ihnen sei üb-
rig geblieben! 31 Und der König erhob sich, zerriss seine Kleider und 31: 19! · 12,16;
legte sich auf die Erde; auch alle seine Diener, die bei ihm standen, zer- Jos 7,6
rissen ihre Kleider. 32 Daraufhin sagte Jonadab, der Sohn von Schima,
der der Bruder Davids war: Mein Herr muss nicht glauben, dass man
alle jungen Männer, die Söhne des Königs, getötet hat. Vielmehr ist nur
Amnon tot, denn es war beschlossen auf Befehl Absaloms seit dem Tag,
an dem jener Tamar, seine Schwester, vergewaltigt hatte. 33 Und nun 33: 19,20
rede mein Herr, der König, sich doch nicht ein, dass alle Königssöhne
tot seien, denn nur Amnon ist tot.

34 Absalom aber floh. Und als der wachhabende Mann aufblickte
und hinsah, sieh, da kam viel Volk vom Weg hinter ihm, von der Seite
des Berges. 35 Und Jonadab sagte zum König: Sieh, die Söhne des Königs
sind gekommen! Wie dein Diener es gesagt hat, so war es. 36 Und als er 36: 1Sam 30,4!
ausgeredet hatte, sieh, da kamen die Söhne des Königs und begannen
laut zu weinen, und auch der König und alle seine Diener weinten hef-
tig.

37 Absalom aber war geflohen und ging zu Talmai, dem Sohn von 37: 3,3!
Ammihud, dem König von Geschur. David aber trauerte die ganze Zeit
um seinen Sohn. 38 Und Absalom war geflohen und ging nach Geschur, 38: 14,23.32
und dort blieb er drei Jahre lang.

39 Und David, der König, verzehrte sich danach, hinauszuziehen zu
Absalom, denn er hatte sich darüber hinweggetröstet, dass Amnon tot
war.

Absaloms Rückkehr

14 1 Und Joab, der Sohn der Zeruja, wusste, dass das Herz des Königs 1: 2,13
an Absalom hing. 2 Und Joab sandte nach Tekoa, und von dort hol- 2: Jer 6,1; Am 1,1 ·
te er eine weise Frau und sagte zu ihr: Stell dich trauernd, und zieh 20,16 · 11,26 · 12,20
Trauerkleider an; salbe dich nicht mit Öl, und verhalte dich wie eine
Frau, die schon lange um einen Toten trauert. 3 Dann geh zum König 3: Esra 8,17
und sprich zu ihm diesem Wort gemäss. Und Joab legte ihr die Worte in
den Mund. 4 Und die Frau aus Tekoa kam zum König, fiel zur Erde nie- 4: 1Kön 6,26
der auf ihr Angesicht und verneigte sich und sagte: Hilf, König! 5 Und 5–7: 12,1–4
der König sagte zu ihr: Was fehlt dir? Und sie sagte: Ach, ich bin eine 5: 2Kön 4,1
verwitwete Frau, mein Mann ist gestorben. 6 Und deine Sklavin hatte 6: 13,28–29;
zwei Söhne, und die stritten miteinander auf dem Feld, und niemand Gen 4,8; 27,42
trat rettend zwischen sie, und einer hat den anderen erschlagen und ihn
getötet. 7 Und sieh, die ganze Sippe hat sich gegen deine Sklavin erho- 7: Gen 9,5;
ben, und sie haben gesagt: Gib den heraus, der seinen Bruder erschlagen Dtn 19,11–13 ·
hat, damit wir ihn töten für das Leben seines Bruders, den er umge- Mt 21,38 · Jes 42,3
bracht hat, und damit wir so auch den Erben austilgen. Und sie werden
den letzten Funken ersticken, der mir geblieben ist, wenn sie meinem
Mann keinen Namen gewähren und niemanden lassen, der übrig blie-
be auf der Erde. 8 Und der König sprach zu der Frau: Geh in dein Haus,

13,37: Wörtlich: «... Er aber trauerte die ganze Zeit um seinen Sohn.»

9: 3,28! ich selbst werde in deiner Sache Anweisung geben. 9 Und die Frau aus
Tekoa sagte zum König: Mein Herr und König, die Schuld liegt auf mir
und auf dem Haus meines Vaters, der König aber und sein Thron sind
unschuldig! 10 Und der König sagte: Wenn dich einer anspricht, so
11: 12,5! · bringe ihn zu mir, dann wird er dich nicht mehr antasten. 11 Da sagte
Num 35,19! · sie: Der König gedenke doch des HERRN, deines Gottes, damit der Blut-
1Sam 14,45! rächer nicht noch mehr Verderben bringt und damit sie meinen Sohn
nicht austilgen! Und er sprach: So wahr der HERR lebt, deinem Sohn soll
kein Haar gekrümmt werden. 12 Da sagte die Frau: Dürfte deine Sklavin
doch meinem Herrn, dem König, noch ein Wort sagen! Und er sagte:
Rede! 13 Und die Frau sagte: Warum denn planst du selbst so etwas ge-
gen das Volk Gottes? Nach diesem Wort des Königs wäre er selbst ein
Schuldiger, da der König den nicht zurückholt, den er verstossen hat.
14: Koh 9,5 · 14 Denn wir müssen sterben und sind wie Wasser, das auf die Erde
Ps 22,15 · Ps 77,8; rinnt und das man nicht einsammeln kann. Gott aber nimmt nicht das
Klgl 3,31 Leben, sondern er entwirft Pläne, damit ein Verstossener nicht von ihm
verstossen bleibt. 15 Und so bin ich nun gekommen, um dem König,
meinem Herrn, dieses Wort zu sagen, denn das Volk hat mich in Angst
versetzt. Da dachte deine Sklavin: Ich würde es dem König gern sagen.
Vielleicht wird der König die Bitte seiner Magd erfüllen, 16 denn der
König wird zuhören und seine Magd aus der Hand des Mannes retten,
der mich und mit mir meinen Sohn aus dem Erbbesitz Gottes austilgen
17: 20; 1Sam 29,9! · will. 17 Und deine Sklavin hat gedacht: Das Wort meines Herrn, des Kö-
1Kön 3,9 nigs, wird mir eine Beruhigung sein. Denn wie der Bote Gottes, so ist
mein Herr, der König, er hört heraus, was das Gute ist und was das Böse.
Und der HERR, dein Gott, sei mit dir!

18 Daraufhin sagte der König zu der Frau: Bitte verschweige mir
nichts von dem, wonach ich dich frage. Und die Frau sagte: Mein Herr,
19: 1Sam 1,26! der König, möge reden! 19 Und der König sagte: Hat Joab bei all dem
seine Hand im Spiel? Und die Frau antwortete und sagte: So wahr du
lebst, mein Herr und König, es ist nicht möglich, nach rechts oder nach
links auszuweichen vor all dem, was mein Herr, der König, sagt. Ja, dein
Diener Joab, er hat mir Befehl gegeben, und er hat deiner Sklavin alle
20: 17! · 18,13; diese Worte in den Mund gelegt. 20 Um der Sache ein anderes Ausse-
Spr 25,2 hen zu geben, hat dein Diener Joab dies getan; mein Herr aber ist weise,
wie die Weisheit des Boten Gottes, dass er von allem weiss, was auf Er-
den geschieht. 21 Da sprach der König zu Joab: Sieh, ich erfülle diese
22: 1Sam 16,22! Bitte, geh und hol den jungen Mann, Absalom, zurück. 22 Da fiel Joab
zur Erde nieder auf sein Angesicht und verneigte sich und segnete den
König, und Joab sprach: Heute hat dein Diener erkannt, dass ich Gnade
gefunden habe in deinen Augen, mein Herr und König, weil der König
23: 32! · 15,9 · 13,38! die Bitte deines Dieners erfüllt hat. 23 Und Joab machte sich auf und
24: Ex 10,28 · 3,13! ging nach Geschur und brachte Absalom nach Jerusalem. 24 Der König
aber sprach: Er soll in sein Haus gehen und mein Angesicht nicht sehen!
Und Absalom ging in sein Haus, und das Angesicht des Königs sah er
nicht.

25: 1Sam 9,2; 16,12; 25 Und in ganz Israel war kein Mann, den man seiner Schönheit we-
1Kön 1,6 gen so sehr pries wie Absalom, von der Fusssohle bis zum Scheitel war

14,11: Wörtlich: «…, keines von den Haaren deines Sohnes soll auf die Erde fallen.»

kein Makel an ihm. 26 Und wenn er sein Haupt schor – und von Zeit zu
Zeit schor er es; wenn es ihm zu schwer geworden war, schor er es –,
dann betrug das Gewicht seines Haupthaares zweihundert Schekel
nach dem Mass des Königs. 27 Und Absalom wurden drei Söhne gebo- 27: 11,2; 13,1
ren und eine Tochter, und ihr Name war Tamar; sie wurde eine Frau von
schönem Aussehen.

28 Und Absalom wohnte zwei Jahre lang in Jerusalem, das Angesicht
des Königs aber sah er nicht. 29 Dann sandte Absalom nach Joab, um ihn
zum König zu senden, der aber wollte nicht zu ihm kommen. Und er
sandte noch ein zweites Mal nach ihm, aber er wollte nicht kommen.
30 Da sagte er zu seinen Dienern: Seht das Feld Joabs neben dem mei- 30: Ri 15,4–5
nen: Er hat Gerste dort. Geht und steckt alles in Brand! Und die Diener
Absaloms steckten das Feld in Brand. 31 Da machte Joab sich auf und
kam ins Haus zu Absalom und sagte zu ihm: Warum haben deine Die-
ner den Anteil, der mir gehört, in Brand gesteckt? 32 Und Absalom sagte 32: 23; 1Sam 20,8
zu Joab: Sieh, ich habe doch nach dir gesandt und dir gesagt: Komm her,
ich will dich zum König senden, um ihm zu sagen: Warum bin ich aus
Geschur gekommen? Es wäre besser für mich, wenn ich noch dort wäre.
Jetzt aber will ich das Angesicht des Königs sehen! Wenn aber eine
Schuld an mir ist, soll er mich töten. 33 Und Joab kam zum König und 33: 15,5; 19,40;
berichtete es ihm. Und er rief Absalom, und der kam zum König und Gen 33,4; 45,14;
warf sich vor ihm, vor dem König, zur Erde nieder auf sein Angesicht, Lk 15,20
der König aber küsste Absalom.

Absaloms Aufstand gegen David. Davids Flucht

15 1 Und danach verschaffte sich Absalom einen Wagen, Pferde und 1: 1Sam 8,11!;
fünfzig Mann, die vor ihm her liefen. 2 Und jeweils in der Frühe 1Kön 1,5
stellte Absalom sich neben den Torweg; dann rief Absalom jedem zu, der 2: Dtn 21,19! · 1Kön 3,16–28
einen Streit hatte und zur Rechtsprechung zum König kam, und er sag-
te: Aus welcher Stadt bist du? Und sagte der: Dein Diener ist aus einem
der Stämme Israels!, 3 so sagte Absalom zu ihm: Sieh, deine Sache ist gut
und recht, aber du hast beim König niemanden, der dich anhört. 4 Dann 4: Ri 9,29
sagte Absalom: Würde man doch mich einsetzen als Richter im Land!
Dann könnte jeder zu mir kommen, der einen Rechtsstreit oder eine
Rechtssache hat, und ich würde ihm Gerechtigkeit widerfahren lassen.
5 Und wenn jemand sich ihm näherte, um sich vor ihm niederzuwer- 5: 14,33!
fen, streckte er seine Hand aus, hielt ihn fest und küsste ihn. 6 Und das 6: 13; Ri 9,3
machte Absalom mit ganz Israel, wenn sie zur Rechtsprechung zum
König kamen, und so stahl Absalom das Herz der Männer Israels.

7 Und nach vier Jahren sagte Absalom zum König: Ich würde gern 7: Dtn 23,22
gehen und in Chebron das Gelübde erfüllen, das ich dem HERRN abge-
legt habe. 8 Denn als dein Diener in Geschur in Aram wohnte, hat er 8: 13,38 ·
dieses Gelübde abgelegt: Wenn der HERR mich wirklich zurückbringt Gen 28,20–22
nach Jerusalem, werde ich dem HERRN dienen! 9 Und der König sprach 9: 14,23
zu ihm: Geh in Frieden! Da machte er sich auf und ging nach Chebron.
10 Und Absalom schickte Botschafter zu allen Stämmen Israels und sag- 10: 20,1!.22;
te: Wenn ihr den Klang des Schofar hört, sollt ihr sagen: Absalom ist 2Kön 9,13!
König geworden in Chebron! 11 Mit Absalom zogen zweihundert Mann 11: 1Kön 1,9–10
aus Jerusalem, die eingeladen worden waren und nun arglos mitgin- 12: 31; 16,15.23;
gen, und sie wussten nichts von alledem. 12 Und Absalom liess Achito- 17,23 · 23,34

fel, den Giloniter, den Ratgeber Davids, aus seiner Stadt, aus Gilo, holen,
als er die Schlachtopfer darbrachte. So wurde die Verschwörung stark,
und das Volk um Absalom wurde immer zahlreicher.
13: 6! 13 Und es kam einer zu David und berichtete: Das Herz eines jeden
14: Ps 3,1; 19,10 Israeliten hat sich hinter Absalom gestellt. 14 David aber sagte zu allen
seinen Dienern, die bei ihm in Jerusalem waren: Macht euch auf, und
lasst uns fliehen! Denn sonst gibt es für uns kein Entkommen vor Absa-
lom. Beeilt euch, dass ihr fortkommt, damit nicht er sich beeilt und uns
einholt und das Unheil über uns bringt und die Stadt schlägt mit der
15: 9,11; 1Sam 14,7; Schärfe des Schwerts! 15 Und die Diener des Königs sagten zum König:
16,16 Ganz wie unser Herr, der König, will! Sieh, hier sind deine Diener. 16 So
16: 16,21!; 20,3 zog der König aus, und sein ganzes Haus folgte ihm. Zehn Nebenfrauen
aber liess der König zurück, damit sie acht gaben auf das Haus. 17 So zog
der König aus, und das ganze Volk folgte ihm. Beim letzten Haus blieben
18: 8,18! · sie stehen, 18 alle seine Diener aber zogen an ihm vorüber; auch alle
1Sam 13,15! Kreter und alle Pleter und alle Gattiter, sechshundert Mann, die ihm aus
19: 18,2 · Rut 1,15 Gat gefolgt waren, zogen vor dem König vorüber. 19 Und der König sag-
te zu Ittai, dem Gattiter: Warum willst auch du mit uns gehen? Kehr um
und bleib beim König! Denn du bist ein Fremder und wurdest sogar aus
20: 2,6; Ps 61,8 deiner Heimat weggeführt. 20 Gestern erst bist du gekommen, und
heute soll ich dich ins Ungewisse ziehen lassen, nur damit du bei uns
bleibst? Ich aber gehe, wohin ich gehe. Kehr um und bring deine Brüder
21: 1Sam 1,26! · mit dir zurück in Barmherzigkeit und Treue! 21 Daraufhin aber sagte
Rut 1,16 Ittai zum König: So wahr der HERR lebt, und so wahr mein Herr, der
König, lebt: An dem Ort, wo mein Herr, der König, sein wird, es führe
zum Tod oder zum Leben, da wird auch dein Diener sein! 22 Da sagte
David zu Ittai: Geh, und zieh vorüber! Und Ittai, der Gattiter, zog vor-
über mit allen seinen Männern und allen Familien, die bei ihm waren.
23: 1Sam 30,4! · 23 Und das ganze Land weinte laut, während alles Volk hinüberzog;
1Kön 2,37 auch der König zog über das Bachtal des Kidron, und alles Volk zog hin-
24: 8,17! · über auf dem Weg zur Wüste. 24 Und sieh, da waren auch Zadok und
1Sam 6,15 · mit ihm alle Leviten, sie trugen die Lade des Bundes Gottes. Und sie
1Sam 22,20! liessen die Lade Gottes nieder, und Ebjatar brachte Opfer dar, bis alles
25: Ex 33,13 Volk aus der Stadt vorübergezogen war. 25 Der König aber sagte zu Za-
dok: Bring die Lade Gottes zurück in die Stadt! Wenn ich Gnade finde in
den Augen des HERRN, wird er mich zurückführen, und er wird mich sie
26: 20,11; und ihre Wohnstatt wiedersehen lassen. 26 Wenn er aber spricht: Ich
Num 14,8 · 10,12! habe kein Gefallen an dir!, sieh, dann bin ich bereit, dann soll er mit mir
27: 18,19! machen, was gut ist in seinen Augen. 27 Und der König sagte zu Zadok,
dem Priester: Siehst du? Kehre in Frieden zurück in die Stadt, und Achi-
maaz, dein Sohn, und Jehonatan, der Sohn Ebjatars, eure beiden Söhne,
28: 17,16 mit euch. 28 Seht, ich warte bei den Furten in der Wüste, bis ein Wort
von euch kommt und mir Kunde bringt. 29 Und so brachten Zadok und
Ebjatar die Lade Gottes zurück nach Jerusalem, und dort blieben sie.
30: Sach 14,4; 30 Unterdessen stieg David den Ölberg hinauf; als er hinaufstieg, wein-
Lk 19,29 · 19,5; te er, und er hatte sein Haupt verhüllt, und er ging barfuss. Und jeder im
Jer 14,3; Est 6,12

15,24: Der Massoretische Text lautet: «... Und sie leerten die Lade Gottes aus, und Ebjatar ...»

15,27: Für die mit «Siehst du?» wiedergegebene Formulierung ist auch die Übersetzung möglich: «Bist du ein Seher?»

ganzen Volk, das bei ihm war, hatte sein Haupt verhüllt, und weinend
stiegen sie hinauf. 31 Und man hatte David berichtet: Achitofel ist unter 31: 12!; 17,14
den Verschwörern bei Absalom. Und David sagte: HERR, vereitle doch
den Plan Achitofels! 32 Und als David oben angekommen war, wo man 32: 1Kön 3,2 ·
sich niederwirft vor Gott, sieh, da kam Chuschai, der Arkiter, ihm ent- 16,16–19 · 1,2!
gegen, sein Leibrock war zerrissen, und auf seinem Kopf war Erde.
33 Und David sagte zu ihm: Wenn du mit mir ziehst, wirst du für mich
eine Last sein, 34 wenn du aber in die Stadt zurückkehrst und zu Absa- 34: 16,19 · 17,7
lom sagst: Dein Diener, König, ich will es sein; der Diener deines Vaters,
das war ich bisher, nun aber, da bin ich dein Diener!, so kannst du für
mich den Plan Achitofels vereiteln. 35 Und sind dort bei dir nicht auch 35: 3,25! · 17,14
Zadok und Ebjatar, die Priester? Jedes Wort, das du aus dem Haus des
Königs hörst, sollst du Zadok und Ebjatar, den Priestern, berichten.
36 Sieh, dort bei ihnen sind ihre beiden Söhne, Achimaaz gehört zu Za- 36: 17,17; 18,19!
dok und Jehonatan zu Ebjatar. Und durch sie sollt ihr mir jedes Wort
senden, das ihr hört. 37 Und als Chuschai, der Vertraute Davids, in die 37: 16,16; 17,7 ·
Stadt kam, zog Absalom gerade in Jerusalem ein. 16,15

David und Ziba

16 1 Und als David die Bergkuppe ein Stück weit hinter sich gelassen 1: 9,2! ·
hatte, sieh, da kam ihm Ziba entgegen, der Diener Mefi-Boschets, 1Sam 25,18! ·
mit einem Paar gesattelter Esel, und diese trugen zweihundert Brote, 1Sam 10,3
hundert getrocknete Trauben, hundert Früchte und einen Schlauch
Wein. 2 Und der König sagte zu Ziba: Was hast du vor damit? Und Ziba 2: Ri 10,4; 12,14 ·
sagte: Die Esel sind für das Haus des Königs, zum Reiten, und die Brote 1Sam 17,29
und die Früchte sind zum Essen für die jungen Männer, und der Wein
ist zum Trinken für die Ermüdeten in der Wüste. 3 Und der König sagte: 3: 19,26
Und wo ist der Sohn deines Herrn? Und Ziba sagte zum König: Sieh, er
ist in Jerusalem, denn er hat gesagt: Heute wird das Haus Israel mir das
Königtum meines Vaters zurückgeben. 4 Da sprach der König zu Ziba: 4: 9,9! ·
Sieh, dir gehört alles, was Mefi-Boschet gehört! Da sprach Ziba: Ich wer- 1Sam 16,22!
fe mich nieder! Lass mich Gnade finden in deinen Augen, mein Herr
und König!

Schimi verflucht David

5 Als aber König David nach Bachurim kam, sieh, da kam dort ein 5: 3,16! · 19,17–24;
Mann aus der Sippe des Hauses Sauls heraus, und sein Name war Schi- 1Kön 2,8.36–46 ·
mi, der Sohn des Gera; er kam heraus und stiess dabei Verfluchungen Ex 22,27!
aus. 6 Dann warf er mit Steinen nach David und nach allen Dienern von 6: 10,7!
König David, obwohl zu seiner Rechten und zu seiner Linken alles Volk
und alle Helden waren. 7 Und dies sagte Schimi, als er die Verfluchun- 7: 20,1
gen ausstiess: Verschwinde! Verschwinde, du mit Blut besudelter
Mann, du ruchloser Mann! 8 Alles Blut des Hauses Sauls, an dessen Stel-
le du König geworden bist, hat der HERR über dich gebracht, und das
Königtum hat der HERR in die Hand Absaloms, deines Sohnes, gegeben,
und sieh, nun steckst du in deinem Unheil, denn du bist ein mit Blut
besudelter Mann! 9 Da sagte Abischai, der Sohn der Zeruja, zum König: 9–12: 19,22!
9: 3,39; 1Sam 26,8 ·
3,8!

15,31: Die Übersetzung «Und man hatte David berichtet: ...» beruht auf mehreren Textzeugen; der Massoretische Text lautet übersetzt: «Und David hatte berichtet: ...»

Warum verflucht dieser tote Hund meinen Herrn, den König? Ich wür-
10: 3,39!; Ri 11,12; de gern hinübergehen und ihm den Kopf abschlagen. 10 Der König aber
Joh 2,4 · Hiob 9,12 sagte: Was habe ich mit euch zu schaffen, ihr Söhne der Zeruja? Soll er
verfluchen! Wenn der HERR zu ihm gesagt hat: Verfluche David!, wer
11: 1Sam 9,1 wollte da sagen: Warum hast du das getan? 11 Und David sagte zu Abi-
schai und zu allen seinen Dienern: Seht, mein eigener Sohn trachtet mir
nach dem Leben. Wie viel mehr nun erst der Benjaminit! Lasst ihn; er
12: 1Sam 1,11; muss verfluchen, denn der HERR hat es ihm gesagt. 12 Vielleicht sieht
Gen 29,32 · mir der HERR in die Augen, dann wird der HERR mir Gutes geben dafür,
Dtn 23,6; Ps 109,28 dass er mich am heutigen Tag verflucht. 13 Und David ging mit seinen
Männern auf dem Weg, während Schimi am Hang des Berges neben
ihm herging und dabei Verfluchungen ausstiess, und er warf mit Stei-
14: 17,2 nen, an ihm vorbei, und er bewarf ihn mit Erde. 14 Und ermüdet kam
der König an mit allem Volk, das bei ihm war, und dort holte er Atem.

Chuschai und Achitofel

15: 15,37 · 15,12 15 Absalom aber und alles Volk, jeder von Israel, sie waren nach Je-
16: 15,32.37 · rusalem gekommen, und auch Achitofel war bei ihm. 16 Und als
1Kön 1,25.34 Chuschai, der Arkiter, der Vertraute Davids, zu Absalom kam, sagte
17: 2,5 Chuschai zu Absalom: Es lebe der König! Es lebe der König! 17 Absalom
aber sagte zu Chuschai: Das also ist deine Treue dem gegenüber, der dir
Vertrauen schenkt! Warum bist du nicht mit dem gegangen, der dir Ver-
trauen schenkt? 18 Und Chuschai sprach zu Absalom: Nein! Sondern
wen der HERR, wen dieses Volk und wen jeder von Israel erwählt hat, zu
19: 15,34 dem werde ich gehören, und bei dem werde ich bleiben! 19 Und das
Zweite ist: Wem werde ich dienen? Wird es nicht vor seinem Sohn sein?
Wie ich vor deinem Vater gedient habe, so will ich auch vor dir sein.
20 Und Absalom sagte zu Achitofel: Gebt euren Rat! Was sollen wir tun?
21: 10,6! · 3,7; 12,11; 21 Und Achitofel sprach zu Absalom: Geh zu den Nebenfrauen deines
15,16 · 1Sam 13,4! · Vaters, die er zurückgelassen hat, damit sie acht gaben auf das Haus.
2,7 Dann wird ganz Israel hören, dass du dich bei deinem Vater verhasst
gemacht hast, und die Hände aller, die bei dir sind, werden stark sein.
22: Lev 18,8 · 11,2 22 Und man schlug das Zelt für Absalom auf dem Dach auf, und vor den
Augen ganz Israels ging Absalom zu den Nebenfrauen seines Vaters.
23: 15,12! 23 Und der Rat Achitofels, den er in jenen Tagen gab, galt wie das Wort
Gottes, das man einholt. So galt jeder Rat Achitofels, bei David wie bei
Absalom.

1–4: 20,4 17 1 Und Achitofel sagte zu Absalom: Ich will mir zwölftausend
Mann auswählen und mich aufmachen und David heute Nacht
2: 16,14 · verfolgen. 2 Dann werde ich über ihn herfallen, wenn er noch ermattet
1Kön 22,31 ist und seine Hände müde sind. Und ich werde ihn in Schrecken verset-
zen, und alles Volk, das bei ihm ist, wird fliehen, und nur den König
werde ich erschlagen. 3 Dann will ich alles Volk zu dir zurückbringen.
Die Rückkehr aller ist den Mann wert, den du suchst; das ganze Volk
4: 3,17! aber wird unversehrt bleiben. 4 Und das Wort war recht in den Augen
Absaloms und in den Augen aller Ältesten von Israel. 5 Absalom aber
sagte: Ruft doch auch Chuschai, den Arkiter, wir wollen auch hören, was
er zu sagen hat. 6 Und Chuschai kam zu Absalom, und Absalom sagte zu
ihm: Solches hat Achitofel gesagt. Sollen wir tun, was er gesagt hat?
7: 15,34 Wenn nicht, so rede du! 7 Da sagte Chuschai zu Absalom: Der Rat, den

Achitofel diesmal gegeben hat, ist nicht gut. 8 Und Chuschai sagte: Du 8: 10,7! · 2Kön 2,24;
selbst weisst, dass dein Vater und seine Männer Helden sind und dass Hos 13,8; Spr 17,12
sie verbittert sind wie eine Bärin auf dem offenen Land, der man die
Jungen genommen hat. Und dein Vater ist ein Krieger, und er hält keine
Nachtruhe mit dem Volk. 9 Sieh, jetzt hält er sich verborgen in einer der 9: 18,7
Gruben oder an irgendeinem anderen Ort. Wenn nun gleich zu Anfang
einige von euch fallen, wird, wer davon hört, sagen: Es war ein Schlag
gegen das Volk, das hinter Absalom steht! 10 Und dann wird er ganz und 10: 1,23
gar verzagen, mag er auch tüchtig sein, mit einem Herzen wie dem Her-
zen des Löwen, denn ganz Israel weiss, dass dein Vater ein Held ist und
dass die um ihn herum tüchtig sind. 11 Ich rate: Ganz Israel, von Dan bis 11: 3,10! · Jos 11,4!
Beer-Scheba, soll sich bei dir versammeln, so zahlreich wie der Sand am
Meer, wenn du voranziehst in den Kampf. 12 Kommen wir dann zu ihm
an einen der Orte, wo er sich befinden mag, so werden wir über ihm
sein, wie der Tau, der auf den Erdboden fällt, und von ihm und von all
den Männern, die bei ihm sind, soll niemand übrig bleiben, auch nicht
ein Einziger. 13 Wenn er sich aber in einer Stadt sammelt, soll ganz Is-
rael Seile an jene Stadt legen, und wir werden sie bis zum Talgrund
schleifen, bis sich dort nicht einmal mehr ein Steinchen findet. 14 Da 14: 15,31.34–35 ·
sagten Absalom und alle Männer von Israel: Der Rat Chuschais, des Ar- Jos 11,20
kiters, ist besser als der Rat Achitofels. Der HERR aber hatte es so be-
stimmt, dass der gute Rat Achitofels vereitelt würde, damit der HERR das
Unheil über Absalom bringen konnte.

15 Und Chuschai sagte zu Zadok und zu Ebjatar, den Priestern: Das 15: 8,17!; 15,24–29
und das hat Achitofel Absalom und den Ältesten Israels geraten, und das
und das habe ich geraten. 16 Und nun sendet eilends hin und berichtet 16: 15,28
David und sagt: Bleib heute Nacht nicht an den Furten in der Wüste.
Sogleich musst du hinübergehen, damit nicht der König und alles Volk,
das bei ihm ist, aufgerieben werden. 17 Jehonatan aber und Achimaaz 17: Jos 15,7;
standen in En-Rogel, und immer wieder ging die Sklavin hin und brach- 1Kön 1,9
te ihnen Bericht; dann gingen sie und berichteten es König David. Denn
sie durften sich nicht sehen lassen und nicht in die Stadt kommen.
18 Ein junger Mann aber sah sie und berichtete es Absalom. Da eilten 18: 3,16!
beide fort, und sie kamen zum Haus eines Mannes in Bachurim. Und
dieser hatte einen Brunnen in seinem Vorhof, und in den stiegen sie
hinab. 19 Und die Frau nahm eine Decke und breitete sie über die 19: Jos 2,6;
Öffnung des Brunnens und streute Getreidekörner darauf, und so blieb 1Sam 19,11–17
es unbemerkt. 20 Und die Diener Absaloms kamen zu der Frau ins Haus
und sagten: Wo sind Achimaaz und Jehonatan? Und die Frau sagte zu
ihnen: Sie sind am Wasserbehälter vorbeigegangen. Und sie suchten,
fanden sie aber nicht und kehrten zurück nach Jerusalem. 21 Und nach-
dem sie gegangen waren, stiegen die beiden herauf aus dem Brunnen,
gingen und berichteten alles König David und sagten zu David: Macht
euch auf und überquert eilends das Wasser, denn einen solchen Rat hat
Achitofel gegen euch gegeben. 22 Da machte sich David auf mit allem

17,9: Wörtlich: «... einige von ihnen fallen, ...»

17,16: Möglich ist auch die Übersetzung: «..., damit es nicht dem König und allem Volk, das bei ihm ist, mitgeteilt wird.» In diesem Fall wäre Absalom als König gemeint.

17,20: Die Bedeutung der mit ‹Wasserbehälter› wiedergegebenen hebräischen Formulierung ist unsicher.

Volk, das bei ihm war, und sie überquerten den Jordan. Als der Morgen
anbrach, gab es nicht einen, der den Jordan nicht überquert hatte.
23: 2Kön 20,1 · 23 Achitofel aber hatte gesehen, dass sein Rat nicht befolgt wurde; da
15,12! · Mt 27,5 sattelte er den Esel, machte sich auf und zog nach Hause, in seine Stadt,
und bestellte sein Haus. Dann erhängte er sich. Und er starb und wurde
im Grab seines Vaters begraben.

David in Machanajim

24: 27; 2,8! · 24 David aber war nach Machanajim gekommen, und Absalom hatte
1Chr 2,16–17 den Jordan überquert, er und jeder von Israel mit ihm. 25 Und Absalom
25: 19,14; 20,4; hatte Amasa an Joabs Stelle über das Heer gesetzt. Amasa aber war der
1Kön 2,5 Sohn eines Mannes mit Namen Jitra, der Jesreelit, der zu Abigajil gegan-
gen war, der Tochter des Nachasch, der Schwester von Zeruja, der Mut-
27: 24! · 9,4 · ter Joabs. 26 Und Israel und Absalom lagerten im Lande Gilead. 27 Und
19,32–40; 21,8; als David nach Machanajim gekommen war, hatten Schobi, der Sohn
1Kön 2,7 des Nachasch, aus dem Rabba der Ammoniter, und Machir, der Sohn
des Ammiel, aus Lo-Debar, und Barsillai, der Gileaditer aus Rogelim,
28–29: 19,33 28 Betten, Schalen, Tongeschirr, Weizen, Gerste, Mehl, geröstetes Korn,
28: 1Sam 25,18! Bohnen, Linsen, Geröstetes, 29 Honig, Butter, Schafe und Käse aus Kuh-
29: Gen 18,8 · 16,2 milch zum Essen herbeigeschafft für David und für das Volk, das bei ihm
war, denn sie sagten: Das Volk ist hungrig und müde und durstig in der
Wüste.

1: 1Sam 8,12; **18** 1 Und David musterte das Volk, das bei ihm war, und er setzte An-
Ex 18,21; Num 31,14 führer ein über sie, über Tausende und über Hunderte. 2 Und Da-
2–3: 21,17 vid sandte das Volk aus, ein Drittel unter Joab, ein Drittel unter Abi-
2: 1Sam 11,11! · schai, dem Sohn der Zeruja, dem Bruder Joabs, und ein Drittel unter It-
8,16! · 10,10 · tai, dem Gattiter. Und der König sagte zum Volk: Auch ich werde mit
15,19–22 euch ausziehen! 3 Das Volk aber sagte: Du darfst nicht ausziehen! Denn
wenn wir fliehen müssen, wird man sich um uns nicht kümmern; und
selbst wenn die Hälfte von uns stirbt, wird man sich um uns nicht küm-
mern; du aber bist wie zehntausend von uns. Und so ist es besser, wenn
du uns von der Stadt aus hilfst. 4 Und der König sagte zu ihnen: Ich
werde tun, was gut ist in euren Augen! Und der König stellte sich an das
Tor, alles Volk aber zog hinaus, nach Hunderten und nach Tausenden.
5: 12.29; 19,7 5 Und der König befahl Joab und Abischai und Ittai: Schont mir den jun-
gen Mann, den Absalom! Und alles Volk hörte es, als der König allen
Anführern den Absalom betreffenden Befehl gab.

Absaloms Tod

6 Und das Volk zog hinaus ins offene Land, Israel entgegen, und im
7: 17,9 Wald von Efraim kam es zur Schlacht. 7 Und dort wurde das Volk Israel
vor den Dienern Davids geschlagen, und dort war der Schlag hart an
8: 2,26 jenem Tag: zwanzigtausend Mann. 8 Und der Kampf breitete sich dort
über das ganze Land aus, und der Wald frass mehr vom Volk, als das
9: 13,29! Schwert an jenem Tag frass. 9 Und Absalom traf auf die Diener Davids.
Und Absalom ritt auf dem Maultier, und das Maultier kam unter das
Geäst einer grossen Terebinthe, und mit dem Kopf blieb er in der Tere-
binthe hängen, und so hing er zwischen Himmel und Erde, das Maultier
aber, das unter ihm war, lief weiter. 10 Und das sah ein Mann, und er
berichtete es Joab und sagte: Sieh, ich habe Absalom gesehen, er hängt

in der Terebinthe! 11 Da sagte Joab zu dem Mann, der ihm dies berichte-
te: Sieh, wenn du ihn doch gesehen hast, warum hast du ihn dort nicht
zu Boden geschlagen? Dann wäre es nun an mir, dir zehn Schekel Silber
und einen Gürtel zu geben. 12 Der Mann aber sagte zu Joab: Und wenn 12: 5!
ich in meinen Händen tausend Schekel Silber abwöge, ich würde meine
Hand nicht gegen den Sohn des Königs führen, denn vor unseren Oh-
ren hat der König dir und Abischai und Ittai befohlen: Habt acht – wer
auch immer! – auf den jungen Mann, auf Absalom! 13 Oder hätte ich 13: 14,20! · Jer 6,13;
heimtückisch an ihm gehandelt – vor dem König bleibt nichts verbor- 8,10
gen, du aber würdest dich heraushalten. 14 Da sagte Joab: Ich will mich 14–15: 19,11
nicht länger mit dir aufhalten! Dann nahm er drei Stäbe in seine Hand 14: 12,10!
und stiess sie Absalom ins Herz, als er noch lebend in der Terebinthe
hing. 15 Und es traten zehn Burschen heran, die Waffenträger Joabs, 15: 23,37
und sie schlugen auf Absalom ein und töteten ihn. 16 Dann blies Joab 16: 2,28!
den Schofar, und das Volk kehrte zurück von der Verfolgung Israels,
denn Joab wollte das Volk schonen. 17 Und sie nahmen Absalom und 17: Jos 7,26; 8,29 ·
warfen ihn in die grosse Grube im Wald und errichteten einen sehr 20,1
grossen Steinhaufen über ihm. Ganz Israel aber war geflohen, ein jeder
zu seinen Zelten. 18 Absalom aber hatte die Mazzebe genommen, die im 18: 1Sam 15,12;
Königstal war, und schon zu seinen Lebzeiten hatte er sie für sich aufge- Gen 35,20 ·
stellt, denn er hatte gedacht: Ich habe keinen Sohn, um an meinen Na- Gen 14,17
men zu erinnern. Und er hatte die Mazzebe nach seinem Namen be-
nannt, und bis auf den heutigen Tag wird sie Hand-Absaloms genannt.

19 Achimaaz aber, der Sohn Zadoks, hatte gesagt: Ich würde gern lau- 19: 15,27.36
fen und dem König die Freudenbotschaft überbringen, dass der HERR
ihm Recht verschafft hat auf Kosten seiner Feinde. 20 Joab aber sagte zu 20–22: 4,10
ihm: Am heutigen Tag bist du nicht der Mann für eine Botschaft. An
einem anderen Tag kannst du eine Botschaft überbringen, am heutigen
Tag aber darfst nicht du die Botschaft überbringen, denn der Sohn des
Königs ist tot. 21 Dann sagte Joab zu einem Kuschiter: Geh, berichte 21: 11,18
dem König, was du gesehen hast! Und der Kuschit warf sich vor Joab
nieder, dann lief er los. 22 Achimaaz aber, der Sohn Zadoks, sagte noch
einmal zu Joab: Komme, was da will, lass doch mich dem Kuschiter
nachlaufen! Und Joab sagte: Warum denn willst du laufen, mein Sohn?
Es lässt sich keine Freudenbotschaft für dich finden. 23 Komme, was da
will, ich laufe! Da sagte er zu ihm: Lauf! Und so lief Achimaaz den Weg
zur Jordanebene, und er überholte den Kuschiter. 24 Und David sass 24: 19,1 · 2Kön 9,17;
zwischen den beiden Toren, da ging der Wächter auf das Dach des Tors, Jes 21,6
auf die Mauer. Und als er aufblickte und hinsah, sieh, da kam ein Mann
allein gelaufen. 25 Da rief der Wächter und berichtete es dem König,
und der König sagte: Wenn er allein ist, hat er eine Freudenbotschaft auf
den Lippen. Während dieser aber immer näher kam, 26 sah der Wäch-
ter, dass ein weiterer Mann gelaufen kam, und der Wächter rief dem
Torhüter zu und sagte: Sieh, noch ein Mann kommt allein gelaufen! Da
sagte der König: Auch dieser ist ein Freudenbote. 27 Und der Wächter 27: 1Kön 1,42
sagte: Ich sehe, dass der erste läuft, wie Achimaaz, der Sohn Zadoks,
läuft. Und der König sprach: Das ist ein guter Mann, und er wird mit
einer guten Botschaft kommen! 28 Und Achimaaz rief und sagte zum 28: 1Sam 25,23! ·
König: Friede! Dann warf er sich vor dem König zur Erde nieder auf sein 20,21 · Gen 14,20
Angesicht und sprach: Gelobt sei der HERR, dein Gott, der die Männer

ausgeliefert hat, die ihre Hand erhoben haben gegen meinen Herrn, den
29: 5! König! 29 Der König aber sagte: Ist der junge Mann, ist Absalom unver-
sehrt? Und Achimaaz sagte: Ich habe das grosse Getümmel gesehen, als
Joab den Diener des Königs und deinen Diener entsandte, aber ich
weiss nicht, was war. 30 Und der König sprach: Tritt zur Seite, stell dich
31: 22,49 hierhin! Und er trat zur Seite und blieb stehen. 31 Und sieh, der Kuschit
war angekommen, und der Kuschit sagte: Mein Herr, der König, lasse
sich gute Botschaft überbringen! Denn der HERR hat dir heute Recht
32: 1Sam 25,26 verschafft auf Kosten aller, die sich gegen dich erhoben hatten. 32 Der
König aber sagte zu dem Kuschiter: Ist der junge Mann, ist Absalom
unversehrt? Da sagte der Kuschit: Den Feinden meines Herrn, des Kö-
nigs, und allen, die sich in böser Absicht gegen dich erhoben haben, soll
es ergehen wie dem jungen Mann!

David trauert um Absalom

1: 1Sam 30,4! · **19** 1 Da durchfuhr es den König, und er stieg hinauf in das Oberge-
Ri 3,20 · 18,24 mach im Tor und weinte. Und als er ging, sagte er dies: Mein
Sohn! Absalom, mein Sohn! Mein Sohn Absalom! Wäre doch ich an dei-
ner Stelle tot! Absalom, mein Sohn, mein Sohn!
2: Gen 37,35; 2 Und es wurde Joab berichtet: Sieh, der König weint und trauert um
Jer 31,15 Absalom. 3 Und an jenem Tag wurde der Sieg zur Trauer für das ganze
Volk, denn an jenem Tag hörte das Volk: Der König grämt sich seines
Sohns wegen. 4 Und an jenem Tag stahl sich das Volk in die Stadt, wie
sich das Volk davonstiehlt, wenn sie sich schämen, weil sie aus der
5: 15,30! Schlacht geflohen sind. 5 Der König aber hatte sein Angesicht verhüllt,
und mit lauter Stimme schrie der König: Mein Sohn Absalom! Absalom,
mein Sohn, mein Sohn! 6 Da kam Joab zum König ins Haus und sagte:
Heute hast du Schande über alle deine Diener gebracht, die dir, deinen
Söhnen, deinen Töchtern, deinen Frauen und deinen Nebenfrauen heu-
7: 18,5! te das Leben gerettet haben: 7 Die dich hassen, liebst du, und die dich
lieben, hasst du. Heute hast du wahrlich zu verstehen gegeben, dass An-
führer und Diener dir nichts bedeuten. Ja, heute habe ich erkannt:
Wenn Absalom noch lebte und wir alle heute tot wären, dann wäre es
8: Gen 34,3; 50,21 recht in deinen Augen. 8 Und nun steh auf, geh hinaus und rede zum
Herzen deiner Diener, denn ich schwöre beim HERRN: Wenn du nicht
hinausgehst, wird heute Nacht kein einziger Mann bei dir bleiben, und
das wird für dich schlimmer sein als alles Unheil, das seit deiner Jugend
bis jetzt über dich gekommen ist. 9 Da stand der König auf und setzte
sich ins Tor. Und man berichtete dem ganzen Volk: Seht, der König sitzt
im Tor! Da kam das ganze Volk vor den König.

Davids Rückkehr nach Jerusalem

10: 15,14! Israel aber war geflohen, ein jeder zu seinen Zelten, 10 und in allen
Stämmen Israels war das ganze Volk zerstritten und sagte: Der König
hat uns aus der Hand unserer Feinde gerettet, und er war es, der uns aus
der Hand der Philister gerettet hat, und nun ist er vor Absalom aus dem
11: 18,14–15 Land geflohen. 11 Absalom aber, den wir gesalbt haben, dass er über uns
sei, ist in der Schlacht umgekommen. Warum also zögert ihr jetzt, den
König zurückzuholen? 12 Und König David sandte zu Zadok und Ebja-
tar, den Priestern, und sagte: Redet mit den Ältesten von Juda und sagt:

Warum seid ihr die Letzten, die den König zurückholen wollen in sein
Haus? Das Gerede ganz Israels ist ja schon zum König gedrungen, in
sein Haus. 13 Ihr seid meine Brüder, ihr seid von meinem Fleisch und 13: 5,1!
Blut; warum denn wollt ihr die Letzten sein, die den König zurückho-
len? 14 Und zu Amasa sollt ihr sagen: Bist du nicht von meinem Fleisch 14: 17,25! · 3,9!
und Blut? Gott tue mir an, was immer er will, wenn du nicht für immer
Heerführer wirst vor mir an Joabs Stelle! 15 Und so zog er das Herz aller 15: 1Sam 11,7;
Männer Judas zu sich wie einen einzigen Mann, und sie sandten zum Ri 6,16; 20,1
König: Kehre zurück, du mit allen deinen Dienern! 16 Und der König 16: 1Sam 10,8!
kehrte zurück und kam an den Jordan, und Juda war nach Gilgal gekom-
men, um dem König entgegenzugehen und den König über den Jordan
zu geleiten.

17 Auch Schimi, der Sohn des Gera, der Benjaminit, der aus Bachu- 17–24: 16,5!
rim war, eilte mit den Männern Judas hinab, König David entgegen. 17: 3,16!
18 Und bei ihm waren tausend Mann aus Benjamin, wie auch Ziba, der 18: 9,2!
Bursche des Hauses Sauls, und mit ihm seine fünfzehn Söhne und seine
zwanzig Diener. Und sie gelangten vor dem König an den Jordan 19 und
durchschritten die Furt, um das Haus des Königs hinüberzugeleiten
und zu tun, was in seinen Augen gut war. Und Schimi, der Sohn des
Gera, fiel vor dem König nieder, als er den Jordan überschritt, 20 und 20: 13,33
sprach zum König: Mein Herr möge mir keine Schuld anrechnen und
möge nicht mehr daran denken, dass dein Diener sich vergangen hat an
dem Tag, als mein Herr, der König, aus Jerusalem auszog; der König neh-
me es sich nicht zu Herzen. 21 Denn dein Diener weiss, dass ich gesün-
digt habe. Aber sieh, heute bin ich als Erster vom ganzen Haus Josef ge-
kommen, um hinabzuziehen, meinem Herrn, dem König, entgegen.
22 Daraufhin sagte Abischai, der Sohn der Zeruja: Soll Schimi nicht da- 22: 16,9–12 · 1,14.16;
für getötet werden, dass er den Gesalbten des HERRN verflucht hat? 1Sam 26,9
23 David aber sprach: Was habe ich mit euch zu schaffen, ihr Söhne der 23: 3,39! ·
Zeruja, dass ihr mir heute zu Widersachern werdet? Sollte heute jemand 1Sam 11,13
getötet werden in Israel? Weiss ich denn nicht, dass ich heute König bin
über Israel? 24 Und der König sagte zu Schimi: Du musst nicht sterben. 24: 1Sam 19,6 ·
Und der König schwor es ihm. 1Kön 2,8

25 Auch Mefiboschet, der Sohn Sauls, war herabgekommen, dem 25: 9,6–7
König entgegen. Und er hatte seine Füsse nicht gepflegt, und auch sei-
nen Bart hatte er nicht gepflegt, und seine Kleider hatte er nicht gewa-
schen seit dem Tag, an dem der König weggegangen war, bis zu dem
Tag, an dem er in Frieden zurückkehrte. 26 Als er dem König auf dem
Weg nach Jerusalem entgegenkam, sagte der König zu ihm: Warum bist
du nicht mit mir gegangen, Mefiboschet? 27 Und er sagte: Mein Herr 27: 9,3!
und König! Mein Diener hat mich betrogen; denn dein Diener hat ge-
sagt: Ich will mir den Esel satteln und auf ihm reiten und mit dem König
ziehen. Denn dein Diener ist gelähmt. 28 Er aber hat deinen Diener bei 28: 16,3 ·
meinem Herrn, dem König, verleumdet. Mein Herr, der König, aber ist 1Sam 29,9! · 10,12!
wie der Bote Gottes. So tue, was gut ist in deinen Augen. 29 Denn für 29: 1Kön 2,26 · 9,7
meinen Herrn, den König, waren alle aus dem Haus meines Vaters Män-

19,13: Siehe die Anm. zu Ri 9,2.

19,19: Möglich ist für die mit «und überschritten die Furt» wiedergegebene hebräische Formulierung auch die Übersetzung: «und das Floss fuhr hinüber».

ner des Todes, du aber hast deinen Diener zu denen gesetzt, die an dei-
nem Tisch essen. Was für ein Recht habe ich da noch, noch länger zum
30: 9,9! König zu schreien? 30 Der König aber sprach zu ihm: Warum redest du
noch diese Worte? Ich sage: Du und Ziba, ihr werdet euch das Land tei-
len! 31 Da sagte Mefiboschet zum König: Er kann auch das Ganze neh-
men, da mein Herr, der König, wohlbehalten zurückgekehrt ist in sein
Haus!

32–40: 17,27! 32 Und Barsillai, der Gileaditer, war herabgekommen von Rogelim,
und er überquerte mit dem König den Jordan, um ihn am Jordan zu ver-
33: 17,28–29 abschieden. 33 Aber Barsillai war sehr alt, ein Mann von achtzig Jahren.
Und er hatte für den König gesorgt, als er sich in Machanajim aufhielt,
denn er war ein sehr reicher Mann. 34 Und der König sprach zu Barsil-
lai: Zieh du mit mir hinüber! Und bei mir in Jerusalem werde ich für
dich sorgen. 35 Barsillai aber sagte zum König: Wie viele Jahre werde ich
noch leben, dass ich mit dem König hinaufziehen sollte nach Jerusalem?
36: Ps 90,10 · 36 Ich bin heute achtzig Jahre alt. Kann ich da noch unterscheiden zwi-
Koh 2,8 schen Gut und Böse? Und schmeckt dein Diener noch, was er isst und
was er trinkt? Und lausche ich noch der Stimme der Sänger und der Sän-
gerinnen? Warum also soll dein Diener meinem Herrn, dem König,
noch eine Last sein? 37 Nur ein kleines Stück weit zieht dein Diener mit
dem König über den Jordan. Warum denn will der König mir das so
38: Jer 41,17 reich vergelten? 38 Es sei deinem Diener erlaubt, zurückzukehren, da-
mit ich in meiner Stadt sterbe, beim Grab meines Vaters und meiner
Mutter. Aber sieh, dein Diener Kimham soll hinüberziehen mit mei-
nem Herrn, dem König; und für ihn tu, was in deinen Augen gut ist.
39 Da sagte der König: Kimham soll mit mir hinüberziehen, und ich
werde für ihn tun, was in deinen Augen gut ist, und für dich werde ich
40: 14,33! alles tun, was du dir von mir wünschst. 40 Dann überquerte alles Volk
den Jordan, und auch der König hatte ihn überquert. Und der König
küsste Barsillai und segnete ihn, dann kehrte dieser zurück an seinen
Ort. 41 Der König aber zog hinüber nach Gilgal, und Kimham zog mit
ihm hinüber, und auch das ganze Volk von Juda, und sie und auch das
halbe Volk von Israel geleiteten den König hinüber.

42 Und sieh, alle Männer Israels kamen zum König und sagten zum
König: Warum haben unsere Brüder, die Männer Judas, dich entführt
und den König und sein Haus und alle Männer Davids mit ihm über den
Jordan geführt? 43 Da antworteten alle Männer Judas den Männern Is-
raels: Mit uns ist der König verwandt! Warum denn seid ihr darüber
zornig? Haben wir etwa vom König ein Stück gefressen, oder ist er von
uns verschleppt worden? 44 Die Männer Israels aber antworteten den
Männern von Juda und sagten: Wir haben zehnfachen Anteil am König,
auch an David haben wir grösseren Anteil als ihr! Warum denn behan-
delt ihr uns mit Verachtung? Und haben wir nicht als Erste davon gere-
det, unseren König zurückzuholen? Das Reden der Männer von Juda
aber war noch schärfer als das Reden der Männer von Israel.

Schebas Aufstand gegen David

1: 16,7 · 11 · 22; **20** 1 Nun war dort zufällig ein ruchloser Mann, und dessen Name
15,10; 1Kön 12,16 · war Scheba, der Sohn des Bichri, ein Jaminit; und der blies den
19! · 18,17 Schofar und sagte:

Wir haben keinen Anteil an David,
und am Sohn Isais haben wir keinen Erbbesitz!
Ein jeder zu seinen Zelten, Israel!
2 Da liefen alle Männer Israels von David über zu Scheba, dem Sohn 2: 1Kön 12,20
des Bichri; die Männer von Juda aber hielten an ihrem König fest, vom
Jordan bis nach Jerusalem. 3 Und David kam in sein Haus in Jerusalem, 3: 15,16!; 12,11!
und der König nahm die zehn Nebenfrauen, die er zurückgelassen hat-
te, damit sie acht gaben auf das Haus, und er brachte sie in ein bewach-
tes Haus und versorgte sie, aber er ging nicht zu ihnen. Und sie blieben
eingeschlossen bis zum Tag ihres Todes – eine Witwenschaft zu seinen
Lebzeiten.
4 Und der König sagte zu Amasa: Biete mir die Männer von Juda auf! 4: 17,25! · 17,1–4
Drei Tage, dann bist du hier zur Stelle! 5 Und Amasa ging, um Juda auf-
zubieten, aber er verspätete sich, über den Zeitpunkt hinaus, den er ihm
bestimmt hatte. 6 Da sagte David zu Abischai: Nun wird Scheba, der
Sohn des Bichri, uns gefährlicher werden als Absalom. Nimm du die
Diener deines Herrn und verfolge ihn, damit er für sich nicht befestigte
Städte findet und so unser Auge ausreisst. 7 Da zogen die Männer Joabs, 7: 8,18! · 10,7!
die Kreter, die Pleter und alle Helden aus, hinter ihm her, sie zogen aus
Jerusalem fort, um Scheba, den Sohn des Bichri, zu verfolgen. 8 Sie wa-
ren bei dem grossen Stein, der in Gibeon ist, da war Amasa schon vor
ihnen angekommen. Joab aber war umgürtet mit seinem Gewand, sei-
nem Kleid, und darüber war ein Gürtel mit einem Schwert in der Schei-
de, festgebunden an seiner Hüfte. Und als er vorgetreten war, glitt es
heraus. 9 Und Joab sagte zu Amasa: Geht es dir gut, mein Bruder? Dann 9: Mt 26,49
fasste Joab Amasa mit der rechten Hand am Bart, um ihn zu küssen.
10 Amasa aber war nicht auf der Hut vor dem Schwert, das in Joabs Hand 10: 2,23!; 1Kön 2,5
war. Da stiess dieser es ihm in den Bauch. Und seine Eingeweide ergos-
sen sich auf die Erde, er aber gab ihm keinen zweiten Stoss, und er starb.
Joab aber und Abischai, sein Bruder, verfolgten Scheba, den Sohn des
Bichri. 11 Und einer von den Gefolgsleuten Joabs stand bei ihm und sag- 11: 1 · 15,26!
te: Joab nach, wer für Joab ist und wer zu David gehört! 12 Mitten auf der 12: 2,23
Strasse aber wand sich Amasa in seinem Blut. Und der Mann sah, dass
das ganze Volk stehen blieb, und er schaffte Amasa von der Strasse weg
aufs Feld. Und er warf ein Gewand über ihn, als er sah, dass jeder, der auf
ihn zukam, stehen blieb. 13 Als er ihn von der Strasse weggeschafft hat-
te, gingen alle weiter, hinter Joab her, um Scheba, den Sohn des Bichri,
zu verfolgen.
14 Der aber zog durch alle Stämme Israels bis nach Abel und Bet-Ma- 14: 1Kön 15,20;
acha; und alle Beriter, sie versammelten sich, und auch sie folgten ihm. 2Kön 15,29
15 Und sie kamen und belagerten ihn in Abel-Bet-Maacha, und sie 15: Koh 9,14
schütteten eine Rampe auf zur Stadt hin, und diese reichte bis an die
Vormauer. Und während alles Volk, das bei Joab war, sich an der Zerstö-
rung der Mauer beteiligte, um sie zum Einstürzen zu bringen, 16 rief 16: 14,2
eine weise Frau aus der Stadt heraus: Hört her! Hört her! Sagt Joab, er
soll näher kommen, bis hierher, dann will ich mit ihm reden. 17 Und er
kam auf sie zu, und die Frau sagte: Bist du Joab? Und er sagte: Ich bin es.

20,14: Möglich ist auch die Übersetzung: «... bis nach Abel und Bet-Maacha und dem ganzen Berim, und sie versammelten sich, ...»

Da sagte sie zu ihm: Höre die Worte deiner Magd. Und er sagte: Ich höre.
18 Und sie sagte: Früher pflegte man zu sagen: In Abel muss man nach-
19: 1; 1Sam 10,1; 21,3; fragen – so ist man am Ziel! 19 Ich bin eine der Friedfertigen unter den
Dtn 32,9 Getreuen Israels. Du willst eine Stadt und eine Mutter in Israel töten!
20: 1Sam 2,30 Warum willst du den Erbbesitz des HERRN vernichten? 20 Und Joab ant-
wortete und sagte: Das sei fern, das sei fern von mir! Ich will nicht ver-
21: 18,28 nichten und nicht zerstören. 21 So ist es nicht! Sondern ein Mann vom
Gebirge Efraim, Scheba, der Sohn des Bichri ist sein Name, hat seine
Hand gegen den König erhoben, gegen David. Gebt uns den, nur den,
dann will ich abziehen von der Stadt. Da sagte die Frau zu Joab: Sieh,
22: 2,28! sein Kopf wird dir über die Mauer zugeworfen werden. 22 Und mit ih-
rer Weisheit ging die Frau zum ganzen Volk. Und sie schlugen Scheba,
dem Sohn Bichris, den Kopf ab und warfen ihn hinüber zu Joab. Da blies
dieser den Schofar, und sie gingen auseinander, weg von der Stadt, ein
jeder zu seinen Zelten. Joab aber kehrte zurück zum König nach Jerusa-
lem.

23–26: 8,16–18 23 Und Joab stand dem ganzen Heer Israels vor, Benaja, der Sohn
23: 8,16! Jehojadas, stand den Kretern und den Pletern vor, 24 und Adoram stand
den Fronpflichtigen vor. Und Jehoschafat, der Sohn Achiluds, war der
Kanzler, 25 Scheja war Schreiber, Zadok und Ebjatar waren Priester,
26: Dtn 3,14 26 und auch Ira, der Jairiter, war ein Priester Davids.

Die Rache der Gibeoniten an den Söhnen Sauls

1: 2Kön 8,1; Rut 1,1 · 21 1 Und in den Tagen Davids herrschte eine Hungersnot, drei Jahre
1Sam 13,12; lang, Jahr für Jahr. Da suchte David das Angesicht des HERRN. Und
Hos 5,15; Ps 27,8 der HERR sprach: Es ist wegen Saul und des Hauses der Blutschuld, denn
2: Jos 10,1–6 · er hat die Gibeoniter getötet. 2 Da rief der König die Gibeoniter und
Jos 9,15.18–19 sprach zu ihnen – die Gibeoniter aber gehörten nicht zu den Israeliten,
sondern zum Rest der Amoriter, und obwohl die Israeliten ihnen einen
Schwur geleistet hatten, wollte Saul sie erschlagen in seinem Eifer für
3: 20,19! die Israeliten und die Judäer –, 3 David also sprach zu den Gibeonitern:
Was soll ich tun für euch? Und wodurch kann ich Sühne erwirken, da-
mit ihr den Erbbesitz des HERRN segnet? 4 Und die Gibeoniter sagten zu
ihm: Uns geht es nicht um Silber oder Gold gegenüber Saul und gegen-
über seinem Haus; und es geht uns nicht darum, jemanden in Israel zu
töten. Und er sprach: Was immer ihr sagt, ich werde es für euch tun.
5: Dtn 7,22 5 Da sagten sie zum König: Der Mann, der uns ausrotten wollte und der
Pläne ausgeheckt hat gegen uns, um uns zu vernichten, damit wir nir-
6: 1Sam 10,24! gendwo mehr bestehen können im Gebiet Israels, 6 von seinen Söhnen
sollen uns sieben Männer herausgegeben werden. Für den HERRN wer-
den wir ihnen die Knochen brechen im Gibea Sauls, des Auserwählten
7: 9,1; 1Sam 18,3; des HERRN. Da sprach der König: Ich werde sie herausgeben. 7 Mefi-
20,16–17; 24,22 Boschet aber, den Sohn Jehonatans, des Sohns von Saul, verschonte der
König, weil zwischen ihnen der Schwur beim HERRN galt, zwischen Da-
8: 3,7 · vid und Jehonatan, dem Sohn Sauls. 8 Die zwei Söhne der Rizpa aber,
1Sam 18,17.19 der Tochter des Ajja, die diese Saul geboren hatte, Armoni und Mefibo-
schet, und die fünf Söhne der Michal, der Tochter Sauls, die diese Adriel
geboren hatte, dem Sohn Barsillais des Mecholatiters, diese nahm der
9: Num 25,4 König 9 und gab sie in die Hand der Gibeoniter, und diese brachen ih-
nen die Knochen auf dem Berg, vor dem HERRN. So fielen die sieben

gemeinsam. Und in den ersten Tagen der Ernte wurden sie getötet, zu
Beginn der Gerstenernte. 10 Und Rizpa, die Tochter des Ajja, nahm das 10: Dtn 21,22–23 ·
Trauergewand und breitete es sich auf dem Felsen aus, vom Beginn der 3,31; Gen 37,34 ·
Ernte an, bis Wasser vom Himmel auf die Toten fiel. Und sie liess nicht 1Sam 17,44
zu, dass bei Tag die Vögel des Himmels sich auf ihnen niederliessen
oder die Tiere des Feldes bei Nacht. 11 Und David wurde berichtet, was 11: 5,13
Rizpa, die Tochter des Ajja, die Nebenfrau Sauls, getan hatte. 12 Da ging 12: 2,4–5;
David und holte die Knochen Sauls und die Knochen Jehonatans, seines 1Sam 31,13
Sohns, von den Herren von Jabesch im Gilead. Diese hatten sie von dem
Platz in Bet-Schan geraubt, wo die Philister sie aufgehängt hatten, an
dem Tag, als die Philister Saul am Gilboa erschlagen hatten. 13 Und von
dort brachte er die Knochen Sauls und die Knochen Jehonatans, seines
Sohns, herauf. Dann sammelte man die Gebeine derer, denen man die
Knochen gebrochen hatte. 14 Und man begrub die Knochen Sauls und 14: 24,25
Jehonatans, seines Sohns, in Zela im Land Benjamin, im Grab seines Va-
ters Kisch. Und man tat alles, was der König befohlen hatte. Und danach
liess Gott sich für das Land erbitten.

Die Helden Davids und ihre Taten

15 Und wieder hatten die Philister Krieg mit Israel. Und David zog 15: 5,22; 8,1
hinab, und seine Diener waren bei ihm, und sie bekämpften die Philis-
ter, und David war erschöpft. 16 In Nob aber war Jischbi, der zu den Kin- 16: Gen 14,5 ·
dern des Rafa gehörte, und das Gewicht seiner Lanze betrug dreihun- 1Sam 17,7!
dert Schekel Bronze, und er war mit einer neuen Waffe umgürtet, und
er sagte, er wolle David erschlagen. 17 Abischai aber, der Sohn der Zeru- 17: 23,18! · 18,2–3 ·
ja, kam ihm zu Hilfe und schlug den Philister und tötete ihn. Damals 1Kön 11,36;
wurde David von seinen Männern beschworen: Du darfst nicht mehr Ps 132,17
mit uns zum Kampf ausziehen, damit du nicht die Leuchte Israels aus-
löschst. 18 Und danach kam es in Gob noch einmal zur Schlacht gegen 18–22: 1Chr 20,4–8
die Philister. Damals erschlug Sibbechai, der Chuschatiter, Saf, der zu
den Kindern des Rafa gehörte. 19 Und als die Schlacht gegen die Philis- 19: 23,24 ·
ter in Gob noch im Gang war, erschlug Elchanan, der Sohn des Jare-Ore- 1Sam 17,50! ·
gim, der Betlehemit, Goliat, den Gattiter, und das Holz seines Speers 1Sam 17,7!
war wie ein Webbaum. 20 Und in Gat kam es noch einmal zur Schlacht.
Und dort war ein streitsüchtiger Mann, und er hatte sechs Finger an
seinen Händen und sechs Zehen an seinen Füssen, vierundzwanzig ins-
gesamt, und auch er war Rafa geboren worden. 21 Und er verhöhnte Is- 21: 1Sam 17,10! ·
rael; Jehonatan aber, der Sohn des Schima, des Bruders von David, er- 1Sam 16,9; 17,13
schlug ihn. 22 Diese vier waren Rafa in Gat geboren worden, und sie
fielen durch die Hand Davids und durch die Hand seiner Diener.

21,10: Wörtlich: «..., bis Wasser vom Himmel auf sie fiel. ...»

21,14: Möglicherweise ist zu übersetzen: «Und man begrub sie zusammen mit den Knochen Sauls und Jehonatans, seines Sohns, ...»

21,16: Die Übersetzung «In Nob aber war Jischbi» ist unsicher.

21,19: Möglich ist auch die Übersetzung: «Und als es in Gob noch einmal zur Schlacht gegen die Philister kam, ...»

Davids Danklied

1: Dtn 31,30! · 12,7! 22 1 Und David sang dem HERRN die Worte dieses Liedes an dem Tag,
als ihn der HERR aus der Hand aller seiner Feinde und aus der
2–51: Ps 18 Hand Sauls gerettet hatte. 2 Er sprach:
Der HERR ist mein Fels, meine Festung und mein Retter,
3: Ps 31,3–4 · 33; 3 Gott, mein Hort, bei dem ich Zuflucht suche,
Jer 16,19; 25,35; mein Schild und das Horn meines Heils, meine Burg
Hiob 11,20 und meine Zuflucht, mein Helfer,
aus Gewalt rettest du mich.
4 Ich rufe zum HERRN, er sei gepriesen,
und vor meinen Feinden werde ich errettet.
5–7: Ps 116,3–4 5 Ja, Brandungen des Todes hatten mich überrollt,
Ströme des Verderbens erschreckten mich;
6 Stricke des Totenreichs umfingen mich,
über mich fielen Schlingen des Todes.
7 In meiner Not rufe ich zum HERRN,
zu meinem Gott rufe ich,
und von seinem Tempel aus hört er meine Stimme,
und mein Schreien ist in seinem Ohr.
8: Ri 5,4; Ps 77,19 8 Da wankte und schwankte die Erde,
und die Grundfesten des Himmels erbebten;
sie wankten, denn er war zornentbrannt.
9: Ex 24,17; Ps 50,3; 9 Rauch stieg auf in seiner Nase,
97,3 Feuer frass aus seinem Mund,
Kohlen brannten aus ihm heraus.
10: Ps 144,5; 10 Er neigte den Himmel und fuhr herab,
Jes 63,19 · Dtn 4,11 Wolkendunkel unter seinen Füssen.
11: Gen 3,24 · 11 Er ritt auf dem Kerub und flog daher
Ps 68,5.34; 104,3; und zeigte sich auf den Flügeln des Windes.
Dtn 33,26 12 Und er machte Finsternis zu seinem Zelt um sich her,
Wasserdunkel, dichte Wolken.
13 Aus dem Glanz vor ihm brannten feurige Kohlen.
14: 1Sam 7,10; 14 Es liess der HERR vom Himmel her den Donner erdröhnen
Ps 77,18–19 und der Höchste seine Stimme erschallen.
15 Er schoss die Pfeile und streute sie aus.
Ein Blitz! Und er setzte sie in Schrecken.
16: Ex 15,8 16 Da wurden sichtbar die Tiefen des Meeres,
aufgedeckt wurden die Grundfesten der Erde
durch das Schelten des HERRN,
vor dem Schnauben seines zornigen Atems.
17–18: Ps 144,6 17 Er griff herab aus der Höhe, fasste mich,
zog mich heraus aus gewaltigen Wassern.
18 Er entriss mich meinem starken Feind,
meinen Hassern, die mir zu mächtig waren.
19: Jes 41,10 19 Sie überfielen mich am Tag meines Unglücks,
doch der HERR war mir eine Stütze.
20: Ps 31,9 20 Er führte mich hinaus ins Weite,
er befreite mich, denn er hat Gefallen an mir.
21: 25; 1Kön 8,32; 21 Der HERR handelt an mir nach meiner Gerechtigkeit,
2Chr 6,32 nach der Reinheit meiner Hände vergilt er mir.

22 Denn ich hielt mich an die Wege des HERRN
und frevelte nicht gegen meinen Gott.
23 Ja, alle seine Gesetze hatte ich vor Augen, 23: Dtn 17,20;
und seine Satzungen – ich bin nicht von ihnen abgewichen. 1Sam 2,2!
24 Ich war vollkommen vor ihm 24: Ps 17,1–5
und hütete mich vor Sünde.
25 So vergalt mir der HERR nach meiner Gerechtigkeit, 25: 21!
nach meiner Reinheit vor seinen Augen.
26 Dem Treuen zeigst du dich treu, 26–27: Ps 125,4
dem untadeligen Helden ohne Tadel.
27 Dem Reinen zeigst du dich rein,
doch dem Falschen voller Ränke.
28 Und du hilfst dem elenden Volk, 28: Hiob 22,29!
doch deine Augen sind gegen die Hochmütigen, du erniedrigst sie.
29 Du bist meine Leuchte, HERR, 29: Hiob 29,3
und der HERR erhellt meine Finsternis.
30 Mit dir erstürme ich Wälle,
mit meinem Gott überspringe ich Mauern.
31 Gottes Weg ist vollkommen, 31: Dtn 32,4;
das Wort des HERRN ist im Feuer geläutert. Ps 145,17 · Ps 12,7;
Ein Schild ist er allen, die bei ihm Zuflucht suchen. Spr 30,5
32 Denn wer ist Gott als allein der HERR 32: 7,22! · 47; 23,3
und wer ein Fels ausser unserem Gott?
33 Es ist Gott, der meine starke Zuflucht ist 33: 3!
und mir den Weg frei macht, in Vollkommenheit,
34 der meine Füsse schnell wie die Hindinnen macht
und mich auf Höhen stellt,
35 der meine Hände den Kampf lehrt, 35: Ps 144,1
dass meine Arme den ehernen Bogen spannen.
36 Du gabst mir den Schild deiner Hilfe,
und deine Antwort macht mich gross.
37 Weiten Raum schaffst du meinem Schritt,
und meine Knöchel wanken nicht.
38 Ich will meine Feinde verfolgen und reibe sie auf, 38: 7,9!
kehre nicht um, bis ich sie vernichtet habe.
39 Ich rotte sie aus und schlage sie nieder, 39: Jos 10,24;
und sie erheben sich nicht mehr 1Kön 5,17
und fallen unter meine Füsse.
40 Du gürtest mich mit Kraft zum Kampf,
du zwingst unter mich in die Knie, die sich gegen mich erheben.
41 Den Nacken meiner Feinde gibst du mir preis,
die mich hassen, vernichte ich.
42 Sie blicken umher, doch da ist kein Retter,
zum HERRN, doch er erhört sie nicht.
43 Ich zerreibe sie wie den Staub der Erde, 43: Jes 10,6; Mi 7,10
wie Unrat auf der Gasse zermalme ich sie, zerstampfe ich sie.
44 Du rettest mich aus Völkerfehden, 44: Jes 55,5
hast mich bewahrt, damit ich das Haupt von Nationen sei.
Völker, die ich nicht kannte, werden mir untertan.

45: Ps 66,3
45 Fremde schmeicheln mir,
auf blosses Hören hin gehorchen sie mir.
46: Mi 7,17
46 Fremde sinken kraftlos hin,
kommen zitternd aus ihren Burgen hervor.
47–48: Ps 144,1–2 · 47: 32; Ps 89,27
47 Der HERR lebt. Gepriesen ist mein Fels,
erhaben ist Gott, der Fels meines Heils,
48 der Gott, der mir Rache gewährt
und mir Völker unterwirft,
49 der du mich vor meinen Feinden rettest,
der du mich erhöhst über meine Gegner,
mich befreist von Männern, die gewalttätig sind.
50: Ps 57,10; 105,1; 108,4; Röm 15,9
50 Darum will ich dich preisen, HERR, unter den Völkern,
und deinem Namen werde ich singen,
51: 23,1 · Ps 89,29–30!
51 der seinem König grosses Heil verleiht
und seinem Gesalbten Treue erweist,
David und seinen Nachkommen ewiglich.

Davids letzte Worte

1: 1Sam 17,12 · 1Sam 2,10 · 22,51! · 1Sam 18,7
23 1 Und dies sind die letzten Worte Davids:
Spruch Davids, des Sohnes Isais,
Spruch des Mannes, der hochgestellt ist,
des Gesalbten des Gottes Jakobs,
und des Lieblings in den Gesängen Israels:
2 Der Geist des HERRN spricht durch mich,
und auf meiner Zunge ist sein Wort.
3–4: 8,15! · 3: 22,32.47
3 Der Gott Jakobs hat gesprochen,
der Fels Israels hat zu mir geredet:
Wer gerecht herrscht über die Menschen,
wer in Gottesfurcht herrscht,
4: Ri 5,31!; Mal 3,20; Spr 4,18
4 der ist wie das Licht am Morgen, wenn die Sonne aufstrahlt,
am Morgen ohne Wolken,
durch ihren Glanz, der auf den Regen folgt, spriesst das Grün aus der Erde.
5: 7,18 · Gen 9,16!; Jes 55,3!; Ez 16,60 · Jes 42,9!
5 Steht nicht so mein Haus zu Gott?
Einen ewigen Bund hat er mir gesetzt,
wohlgeordnet in allem und bewahrt.
All mein Heil und alles, was gefällt,
lässt nicht er es wachsen?
6: Jes 33,12; Ez 2,6; Mi 7,4
6 Die Ruchlosen aber –
sie alle sind wie weggefegte Dornen,
man fasst sie nicht an mit der Hand,
7: Jes 27,4; Hebr 6,8
7 und niemand berührt sie,
es sei denn mit Eisen oder mit dem Holz eines Speers.
Und auf der Stelle verbrennt man sie im Feuer.

23,7: Die Übersetzung «es sei denn mit Eisen» beruht auf mehreren Textzeugen; der Masoretische Text lautet übersetzt: «muss angefüllt sein mit Eisen».

Die Helden Davids

8 Dies sind die Namen der Helden, die zu David gehörten: Joscheb- *8–23:*
Baschschebet, der Tachkemoniter, das Haupt der Drei; er schwang sei- 1Chr 11,10–25 ·
nen Speer über achthundert, die er auf einmal erschlagen hatte. 9 Und 10,7! *8:* Ri 15,15
dann Elasar, der Sohn des Dodo, des Sohns von Achochi; er war einer der *9:* 1Sam 17,10!
drei Helden bei David, als sie die Philister verhöhnten, als diese sich
dort zur Schlacht versammelt hatten. Und als die Männer Israels hin-
aufzogen, 10 da stand er aufrecht und schlug die Philister, bis seine *10:* 1Sam 11,13 ·
Hand erlahmte und bis seine Hand am Schwert kleben blieb. Und so 1Sam 17,53
brachte der HERR an jenem Tag einen grossen Sieg. Das Volk aber kehrte
zurück, hinter ihm her, um zu plündern. 11 Und dann Schamma, der *11:* Ri 15,9
Sohn des Age, der Harariter. Und die Philister sammelten sich als Heer,
und dort war ein Feldstück voller Linsen. Und als das Volk vor den Phi-
listern floh, 12 da stellte er sich mitten in das Feldstück, entriss es ihnen
und schlug die Philister. Und so brachte der HERR einen grossen Sieg.

13 Und drei von den Dreissig, Hauptleute, gingen hinab, und zur *13:* 1Sam 22,1! ·
Erntezeit kamen sie zu David in die Höhle von Adullam, während das 5,18!
Heer der Philister in der Ebene von Refaim lagerte. 14 David aber war *14:* 5,17
damals in der Burg, der Vorposten der Philister aber war damals in Bet-
lehem. 15 Da wollte David etwas trinken und sagte: Wer holt mir Was-
ser zum Trinken aus dem Brunnen von Betlehem, der im Tor ist? 16 Da *16–17:* 1Sam 7,6
drangen die drei Helden in das Lager der Philister ein, schöpften Wasser
aus dem Brunnen von Betlehem, der im Tor ist, trugen es herbei und
brachten es David, er aber wollte es nicht trinken, sondern goss es aus
für den HERRN. 17 Und er sprach: Um des HERRN willen sei es fern von
mir, dass ich dies tue! Ist dies nicht das Blut der Männer, die unter Ein-
satz ihres Lebens hingegangen sind? Und er wollte es nicht trinken.
Dies haben die drei Helden getan.

18 Und Abischai, der Bruder Joabs, der Sohn der Zeruja, er war das
Haupt der Drei; und er schwang seinen Speer über dreihundert Erschla-
genen, und bei den Dreien hatte er einen Namen. 19 Wurde er nicht
noch mehr als die Dreissig verehrt? Und er wurde ihr Anführer, an die
Drei aber reichte er nicht heran. 20 Und Benajahu, der Sohn des Jehoja- *20:* 8,18
da, war ein tüchtiger, tatkräftiger Mann aus Kabzeel. Er erschlug die
zwei Helden aus Moab, und er ging hinab und erschlug den Löwen im
Brunnen, an dem Tag, als es schneite. 21 Und er erschlug auch den ägyp- *21:* 1Sam 17,51
tischen ansehnlichen Mann. Und in der Hand des Ägypters war ein
Speer, er aber ging mit einem Stock zu ihm hinab, riss dem Ägypter den
Speer aus der Hand und brachte ihn um mit seinem eigenen Speer.
22 Dies hat Benajahu getan, der Sohn des Jehojada, und auch er hatte
einen Namen bei den drei Helden. 23 Mehr als die Dreissig wurde er *23:* 1Sam 22,14
verehrt, an die Drei aber reichte er nicht heran. Und David setzte ihn
über seine Leibwache.

24 Zu den Dreissig gehörten: Asa-El, der Bruder Joabs; Elchanan, der *24–39:*
Sohn Dodos, aus Betlehem; 25 Schamma, der Charoditer; Elika, der Cha- 1Chr 11,26–47 *24:* 2,18; 3,27 · 21,19

23,8: Die Übersetzung «er schwang seinen Speer» beruht auf einer Korrektur des Massoretischen Texts; dieser lautet übersetzt: «er, Adino, der Ezniter» (vgl. V.18).

23,20: Möglich ist statt «die zwei Helden aus Moab» auch die Übersetzung: «die zwei am Altar in Moab».

26: 1Chr 27,10 · roditer; 26 Chelez, der Peletiter; Ira, der Sohn des Ikkesch, des Tekoati-
1Chr 27,9 ters; 27 Abieser, der Anatotiter; Mebunnai, der Chuschatiter; 28 Zal-
mon, der Achoachiter; Mahrai, der Netofatiter; 29 Cheleb, der Sohn des
Baana, der Netofatiter; Ittai, der Sohn des Ribai, aus dem Gibea der Ben-
jaminiten; 30 Benajahu, der Piratoniter; Hiddai aus Nachale-Gaasch;
31: 1Chr 27,25 31 Abi-Albon, der Arbatiter; Asmawet, der Barchumiter; 32 Eljachba, der
Schaalboniter; von den Söhnen des Jaschen: Jehonatan; 33 Schamma,
34: 11,3 · 15,12 der Harariter; Achiam, der Sohn des Scharar, des Harariters; 34 Elifelet,
der Sohn des Achasbai, des Sohns des Maachatiters; Eliam, der Sohn
Achitofels, der Giloniter; 35 Chezrai, der Karmeliter; Paarai, der Arbiter;
37: 18,15 36 Jigal, der Sohn Natans, aus Zoba; Bani, der Gaditer; 37 Zelek, der Am-
moniter; Nachrai, der Beerotiter, der Waffenträger Joabs, des Sohns der
39: 11,3 Zeruja; 38 Ira, der Jitriter; Gareb, der Jitriter; 39 Urija, der Hetiter – im
Ganzen siebenunddreissig.

Davids Volkszählung

1–25: 1Chr 21,1–22,1 **24** 1 Und wieder entbrannte der Zorn des HERRN über Israel, und er
1: Num 25,3! · reizte David auf gegen sie und sprach: Geh, zähle Israel und Juda.
Ri 7,2–7; 1Sam 14,6 2 Und der König sprach zu Joab, dem Anführer des Heeres, der bei ihm
2: 1Sam 3,10 war: Zieh durch alle Stämme Israels, von Dan bis Beer-Scheba. Und mus-
3: Dtn 1,11 tert das Volk, damit ich weiss, wie zahlreich das Volk ist. 3 Joab aber sag-
te zum König: Der HERR, dein Gott, möge dem Volk, so gross es schon ist,
noch hundertmal so viel hinzufügen, und die Augen meines Herrn, des
Königs, mögen es noch sehen! Aber warum hat mein Herr, der König,
4: Ex 30,12 Gefallen daran? 4 Aber das Wort des Königs an Joab und an die Anführer
des Heeres stand fest. Und so zog Joab mit den Anführern des Heeres vor
5: Jos 13,25 dem König aus, um das Volk, Israel, zu mustern. 5 Und sie überquerten
den Jordan, lagerten bei Aroer, zur Rechten der Stadt, die in der Mitte
des Bachtals liegt, bei Gad, zogen nach Jaser 6 und kamen nach Gilead
und ins Land von Tachtim-Chodschi. Dann kamen sie nach Dan-Jaan
7: Jos 19,29 und in die Umgegend von Sidon, 7 sie kamen zum befestigten Tyros
und zu allen Städten der Chiwwiter und Kanaaniter und zogen hinaus
in den Süden von Juda, nach Beer-Scheba. 8 Und so zogen sie durch das
ganze Land, und nach neun Monaten und zwanzig Tagen kamen sie
nach Jerusalem. 9 Und Joab übergab dem König die Zahlen der Muste-
rung des Volks: Israel zählte achthunderttausend tüchtige Männer, die
das Schwert führten, und die Männer Judas waren fünfhunderttausend
Mann.

David baut den Altar auf der Tenne Araunas

10: 1Sam 24,6 · 17; 10 Aber nachdem David das Volk gezählt hatte, schlug ihm das Herz,
12,13 · 1Sam 13,13! und David sprach zum HERRN: Mit dem, was ich getan habe, habe ich
schwer gesündigt. Aber nun, HERR, vergib doch deinem Diener die
11: 1Sam 22,5! Schuld, ich habe mich sehr töricht verhalten. 11 Und als David sich am
Morgen aufmachte, da war das Wort des HERRN an Gad, den Propheten,
den Seher Davids, ergangen: 12 Geh und sprich zu David: So spricht der
HERR: Dreierlei auferlege ich dir; wähle dir eins davon aus, damit ich es
13: Gen 41,30; dir antue. 13 Und Gad kam zu David, berichtete es ihm und sprach zu
2Kön 8,1 · Jer 21,7! ihm: Sollen sieben Jahre Hunger in deinem Land auf dich kommen,
oder willst du, während man dich verfolgt, drei Monate lang fliehen

müssen vor denen, die dich bedrängen, oder soll die Pest drei Tage lang
in deinem Land sein? Nun besinne dich und entscheide, welche Ant-
wort ich dem bringen soll, der mich gesandt hat. 14 Da sagte David zu
Gad: Ich bin in grosser Not! In die Hand des HERRN wollen wir fallen,
denn sein Erbarmen ist gross. In die Hand von Menschen aber will ich
nicht fallen. 15 Und so liess der HERR die Pest ausbrechen in Israel, vom 15: Num 25,9 ·
Morgen an bis zur festgesetzten Zeit, und vom Volk starben siebzigtau- 1Chr 27,24
send Mann, von Dan bis Beer-Scheba. 16 Und der Bote führte seine 16: Ex 32,14 ·
Hand gegen Jerusalem, um es zu vernichten, dem HERRN aber tat das Ex 12,23; Jes 54,16 ·
Unheil leid, und er sprach zu dem Boten, der Vernichtung brachte im 18; 2Chr 3,1
Volk: Genug! Zieh jetzt deine Hand zurück! Der Bote des HERRN aber
war gerade bei der Tenne von Arauna, dem Jebusiter. 17 Und als David 17: 10! · Num 16,22;
den Boten sah, der das Volk schlug, sprach er zum HERRN und sagte: Jona 1,12
Sieh, habe doch ich gesündigt, und habe doch ich mich vergangen. Diese
aber, die Herde, was haben sie getan? Mich und das Haus meines Vaters
soll deine Hand treffen!

Der Kauf des Tempelplatzes

18 Und an jenem Tag kam Gad zu David und sprach zu ihm: Geh hinauf, 18: 16
errichte dem HERRN einen Altar auf der Tenne Araunas, des Jebusiters.
19 Da ging David hinauf, wie Gad es ihm gesagt und wie der HERR es
geboten hatte. 20 Und Arauna hielt Ausschau und sah, dass der König
mit seinen Dienern zu ihm herüberkam. Da ging Arauna hinaus und
warf sich vor dem König zur Erde nieder auf sein Angesicht. 21 Und
Arauna sagte: Warum kommt mein Herr, der König, zu seinem Diener?
Da sagte David: Um dir die Tenne abzukaufen, damit man dem HERRN
einen Altar baue und damit so die Plage abgewendet werde vom Volk.
22 Arauna aber sagte zu David: Mein Herr, der König, nehme und op- 22: 6,17! · Jes 41,15;
fere, was gut ist in seinen Augen. Sieh, da sind die Rinder für das Brand- Am 1,3 · 1Kön 19,21
opfer, und da die Dreschschlitten und das Geschirr der Rinder für
Brennholz. 23 Das alles, König, gibt Arauna dem König. Und Arauna
sprach zum König: Der HERR, dein Gott, nehme dich gnädig an! 24 Der 24: Gen 23,11–16
König aber sagte zu Arauna: Nein, ich werde es für Geld von dir kaufen!
Ich werde dem HERRN, meinem Gott, nicht unbezahlte Brandopfer dar-
bringen. Und David kaufte die Tenne und die Rinder für fünfzig Schekel
Silber. 25 Und dort baute David dem HERRN einen Altar und brachte 25: Ri 21,4 · 21,14 ·
Brandopfer und Heilsopfer dar. Und der HERR liess sich für das Land Num 17,13
erbitten, und die Plage wurde von Israel abgewendet.

Das Erste Buch der Könige

Das Erste Buch der Könige und das Zweite Buch der Könige bilden einen Erzählzusammenhang, der vom Tod des Königs David bis zur Verbannung der Israeliten nach Babylon und damit bis zum Ende des Königtums reicht. Sie stehen in engem Zusammenhang mit den Samuel-Büchern (siehe die Einleitung zu 1Sam und 2Sam).

1Kön 1–11 bilden den ersten thematischen Schwerpunkt und schildern in Anknüpfung an das Zweite Buch Samuel das Ende Davids (1Kön 1–2; vgl. die Einleitung zu 1Sam und 2Sam) und den Weg seines Sohns Salomo zur Macht. Was die Zeit der Herrschaft Salomos betrifft (1Kön 3–11), wird vor allem der von Salomo durchgeführte Bau des Tempels in Jerusalem ausführlich dargestellt (1Kön 5,15–8,66).

Nach Salomos Tod teilt sich dessen Herrschaftsgebiet in zwei je selbständige Reiche: das Nordreich Israel und das Südreich Juda. Von der Geschichte dieser beiden Reiche handelt der zweite thematische Schwerpunkt, der von 1Kön 12 bis 2Kön 17 reicht. Die Geschichte des Nordreichs Israel endet schliesslich mit der Eroberung durch die Assyrer (2Kön 17).

Die letzten Kapitel 2Kön 18–25 befassen sich ausschliesslich mit dem Staat Juda, dem dritten thematischen Schwerpunkt. Der babylonische König Nebukadnezzar erobert die judäische Hauptstadt Jerusalem zwei Mal, führt grosse Bevölkerungsteile nach Babylon in die Verbannung und zerstört schliesslich den Tempel (2Kön 24–25).

Die Darstellung der auf Salomo folgenden Könige wird durch zwei weitgehend fest gefügte Muster bestimmt. Das eine orientiert sich an den Regentschaftsdaten des jeweiligen Königs und das andere an seinem Verhältnis zum Gott Israels. Zunächst wird die Zeit des Herrschaftsantritts genannt, wobei diese Zeitbestimmung sich stets am gerade regierenden König des anderen Reichs orientiert (ein sogenannter Synchronismus); es folgen Regierungsort und -dauer sowie – bei den Königen des Südreichs – der Name der Königsmutter. Beim judäischen König Jehoschafat (1Kön 22,41–42) lautet der entsprechende Text: «Und im vierten Jahr Achabs, des Königs von Israel, wurde Jehoschafat, der Sohn des Asa, König über Juda. Jehoschafat war fünfunddreissig Jahre alt, als er König wurde, und fünfundzwanzig Jahre lang war er König in Jerusalem. Und der Name seiner Mutter war Asuba, die Tochter Schilchis.» Am Ende der jeweiligen Darstellung finden sich eine Art zusammenfassender Verweis und eine Notiz zu Grablegung und Nachfolger. So heisst es bei Jehoschafat (1Kön 22,46.51: «Und was sonst noch von Jehoschafat zu berichten ist und von seiner Tüchtigkeit, mit der er gehandelt hat, und wie er Krieg geführt hat, steht das nicht geschrieben im Buch der Chronik der Könige von Juda? … Und Jehoschafat legte sich zu seinen Vorfahren, und er wurde bei seinen Vorfahren begraben, in der Stadt Davids, seines Vorfahren, und Jehoram, sein Sohn, wurde König an seiner Statt.») Was die theologische Beurteilung betrifft, so werden die Könige gemessen an ihrer Haltung gegenüber dem einen zulässigen Kultort Jerusalem (Kulteinheit) und gegenüber der Verehrung anderer Gottheiten (Kultreinheit), den beiden religiösen Idealen des Deuteronomiums (siehe die Einleitung zu Dtn). Jehoschafat gehört zu den Königen, die positiv beurteilt werden: «Und er ging ganz auf dem Weg Asas, seines Vaters, er wich nicht davon ab und tat, was recht war in den Augen des HERRN. Die Kulthöhen aber verschwanden nicht, noch immer brachte das Volk auf den Kulthöhen Schlachtopfer und Rauchopfer dar.» (1Kön 22,43–44) Da das Nordreich nicht Jerusalem zur Hauptstadt hat, kann das Kriterium der Kulteinheit gar nicht erfüllt werden, und so werden die Könige des Nordreichs durchweg schlecht beurteilt. Jerobeam, der erste König des Nordreichs, hat mit der Einrichtung des illegitimen Kults in Bet-El und Dan (1Kön 12–13) den schlechten Weg seiner Nachfolger vorgezeichnet, so dass immer wieder auf ihn verwiesen wird (1Kön 22,53; 2Kön 13,2). Die Könige des Südreichs werden an David (1Kön 15,2; 2Kön 14,3) oder an ihren unmittelbaren Vorfahren gemessen. Von ihnen werden Chiskija (2Kön 18–20) und Joschija besonders gut beurteilt, da beide Kultreformen durchführten, mit denen die Verehrung fremder Gottheiten beendet und der Jerusalemer Tempel gestärkt wurde. Von besonderer Bedeutung ist die Kultreform Joschijas, die dieser in Gang setzt, nachdem im Tempel ein Buch gefunden wurde, das dem König und dem Volk deren bisheriges kultisches Versagen vor Augen führt (2Kön 22–23; siehe dazu auch die Einleitung zu Dtn).

Die theologischen Urteile zeigen, dass die Bücher der Könige keine Geschichtsschreibung im modernen Sinn, sondern eine theologisch wertende Darstellung sein wollen. Dieser Darstellung gemäss hat der Untergang Israels und Judas seinen Grund im wiederholten religiösen Versagen der Könige und des Volks (2Kön 17).

In der Geschichte der Königreiche spielen nach Darstellung der beiden Bücher der Könige immer wieder Propheten eine zentrale Rolle (wie schon Natan in 2Sam 7 und 12), von denen Elija und Elischa eine besondere Bedeutung zukommt. In ihrem Kampf gegen die Verehrung falscher Gottheiten werden ihnen nicht nur Wunder zugeschrieben, Elija wird darüber hinaus entrückt, das heisst, ihm wird der Tod erspart, da Gott ihn direkt zu sich nimmt (2Kön 2).

Das Zweite Buch der Könige endet in 25,27–30 mit der Begnadigung des judäischen Königs Jojachin, der von den Babyloniern deportiert worden war. Damit deuten die Bücher der Könige am Ende der Geschichte des Königtums die Möglichkeit eines Lebens in der Diaspora an.

Der Kampf um die Nachfolge Davids. Salomo wird zum König gesalbt

1 1 König David aber war alt geworden und hochbetagt, und obwohl 1: Gen 24,1; Jos 13,1!
man ihn in Decken hüllte, wurde ihm nicht warm. 2 Da sagten seine 2: Koh 4,11
Diener zu ihm: Man suche für unseren Herrn, den König, eine junge
Frau, eine Jungfrau, und sie soll in den Dienst des Königs treten: Sie soll
ihn pflegen. Und sie soll in deinem Schoss liegen, dann wird unserem
Herrn, dem König, warm werden. 3 So suchte man überall im Gebiet 3: 15; 2,17.21–22

Israels nach einer schönen jungen Frau, und man fand Abischag, die
4: Gen 4,1 Schunammitin, und brachte sie zum König. 4 Und die junge Frau war
sehr schön, und sie pflegte den König und bediente ihn, der König aber
hatte keinen Verkehr mit ihr.

5: 2,13.28; 5 Adonija aber, der Sohn der Chaggit, erhob sich und sagte: Ich will
2Sam 3,4 · König werden! Und er verschaffte sich Wagen und Pferde und fünfzig
1Sam 22,17; 2Sam 15,1 Mann, die vor ihm her liefen. 6 Und solange sein Vater lebte, hatte die-
6: 2Sam 14,25 · ser ihn nie getadelt und gesagt: Warum tust du so etwas? Und seine
1Chr 3,2 Mutter hatte ihn nach Absalom geboren, und auch er war von sehr schö-
7: 2,5; 2Sam 14,1! · ner Gestalt. 7 Und er hatte Absprachen getroffen mit Joab, dem Sohn der
2,22 Zeruja, und mit Ebjatar, dem Priester, und diese stärkten Adonija den
8: 2,35 · 2,25 · 2,8 · Rücken. 8 Zadok, der Priester, aber und Benajahu, der Sohn des Jehoja-
10 da, und Natan, der Prophet, und Schimi und Rei und die Helden, die zu
9: 2Sam 17,17 · David gehörten, waren nicht auf Adonijahus Seite. 9 Und Adonijahu
2Sam 15,11–12 schlachtete Schafe, Rinder und Mastvieh beim Schlangenstein, der ne-
ben En-Rogel liegt, und alle seine Brüder lud er ein, die Söhne des Kö-
10: 8 nigs, und die Diener des Königs, alles Männer aus Juda. 10 Natan, den
Propheten, aber und Benajahu und die Helden und Salomo, seinen Bru-
der, lud er nicht ein.

11: 2,13; 2Sam 11,3 · 11 Und Natan sagte zu Batseba, der Mutter Salomos: Hast du nicht
2Sam 15,10 gehört, dass Adonijahu, der Sohn der Chaggit, König geworden ist, und
unser Herr David weiss nichts davon? 12 Und nun geh, ich will dir einen
Rat geben, und dann rette dein Leben und das Leben deines Sohns Salo-
13: Gen 18,3; mo. 13 Auf, geh zu König David und sag zu ihm: Hast nicht du selbst,
1Sam 1,11 · 30.35; mein Herr und König, deiner Magd geschworen: Nach mir wird Salo-
2,12 mo, dein Sohn, König sein, und er wird auf meinem Thron sitzen? War-
um denn ist Adonijahu König geworden? 14 Sieh, während du dort noch
mit dem König redest, werde ich selbst, nach dir, hereinkommen und
15: 3! deine Worte bestätigen. 15 Und Batseba kam zum König ins Gemach.
Der König aber war sehr alt, und Abischag, die Schunammitin, bediente
16: 2,19 gerade den König. 16 Und Batseba verneigte sich und warf sich vor dem
König nieder, und der König sagte: Was ist mit dir? 17 Da sagte sie zu
ihm: Mein Herr, beim HERRN, deinem Gott, hast du selbst deiner Magd
geschworen: Nach mir wird Salomo, dein Sohn, König sein, und er wird
auf meinem Thron sitzen. 18 Nun aber sieh, Adonija ist König gewor-
den, und du, mein Herr und König, weisst nichts davon. 19 Und er hat
Rinder, Mastvieh und Schafe in grosser Zahl geschlachtet, und alle Söh-
ne des Königs hat er eingeladen, dazu Ebjatar, den Priester, und Joab,
den Heerführer; Salomo aber, deinen Diener, hat er nicht eingeladen.
20 Und du bist es, mein Herr und König, auf den die Augen ganz Israels
gerichtet sind, dass du ihnen kundtust, wer nach meinem Herrn, dem
21: 2,10; 11,21; König, auf seinem Thron sitzen soll. 21 Sonst werden ich und mein Sohn
2Sam 7,12! Salomo es büssen müssen, wenn mein Herr, der König, sich zu seinen
Vorfahren gelegt hat.

22 Und sieh, während sie noch mit dem König sprach, kam Natan,
der Prophet. 23 Und man berichtete dem König: Sieh, Natan, der Pro-
phet, ist da. Und er kam vor den König und warf sich vor dem König zur

1,6: Wörtlich: «... Und sie hatte ihn nach Absalom geboren ...»
1,8: Adonijahu ist eine andere Form des Namens Adonija.

Erde nieder auf sein Angesicht. 24 Und Natan sagte: Mein Herr und Kö-
nig, du musst gesagt haben: Nach mir soll Adonijahu König sein, und er
soll auf meinem Thron sitzen. 25 Denn heute ist er hinabgegangen, und 25: 31.34.39;
er hat Rinder, Mastvieh und Schafe in grosser Zahl geschlachtet, und 1Sam 10,24!
alle Söhne des Königs hat er eingeladen, dazu die Heerführer und Ebja-
tar, den Priester. Und sieh, nun essen und trinken sie vor ihm und ru-
fen: Es lebe König Adonijahu! 26 Mich aber, der ich dein Diener bin, und
Zadok, den Priester, Benajahu, den Sohn des Jehojada, und Salomo, dei-
nen Diener, hat er nicht eingeladen. 27 Wenn dies von meinem Herrn,
dem König, ausgegangen ist, dann hast du deine Diener wohl nicht wis-
sen lassen, wer nach meinem Herrn, dem König, auf seinem Thron sit-
zen soll.

28 Daraufhin sagte König David: Ruft mir Batseba! Und sie kam vor
den König und stellte sich vor den König. 29 Der König aber schwor und 29: 2,24;17,12;18,10;
sprach: So wahr der HERR lebt, der mich aus aller Not erlöst hat: 30 Wie 1Sam 4,9
ich dir beim HERRN, dem Gott Israels, geschworen habe, dass Salomo, 30: 13!
dein Sohn, nach mir König sein wird und dass er an meiner Statt auf
meinem Thron sitzen wird, so werde ich es noch heute in die Tat umset-
zen. 31 Da verneigte sich Batseba mit dem Angesicht zur Erde, warf sich 31: Neh 2,3; Dan 2,4
vor dem König nieder und sprach: Mein Herr, der König David, soll
ewig leben! 32 Und König David sagte: Ruft mir Zadok, den Priester, und 32: 2Sam 8,18
Natan, den Propheten, und Benajahu, den Sohn des Jehojada! Und sie
kamen vor den König, 33 und der König sprach zu ihnen: Nehmt die 33: 38;10,25;
Diener eures Herrn mit euch und lasst Salomo, meinen Sohn, das Maul- 2Sam 13,29
tier besteigen, das mir gehört, und führt ihn hinab zum Gichon. 34 Und 34: 2Kön 9,13! · 25!
dort sollen Zadok, der Priester, und Natan, der Prophet, ihn zum König
über Israel salben. Dann blast den Schofar und ruft: Es lebe König Salo-
mo! 35 Danach sollt ihr hinter ihm hinaufziehen, er aber soll kommen 35: 13!
und sich auf meinen Thron setzen, und er wird König sein an meiner
Statt. Hiermit gebiete ich, dass er Fürst sein soll über Israel und über
Juda. 36 Daraufhin sprach Benajahu, der Sohn des Jehojada, zum König: 36: Jer 11,5;28,6
Amen – so spreche der HERR, der Gott meines Herrn, des Königs! 37 Wie 37: Jos 1,17 ·
der HERR mit meinem Herrn, dem König, war, so wird er mit Salomo 1Chr 29,25!
sein, und seinen Thron wird er noch grösser machen als den Thron mei-
nes Herrn, des Königs David! 38 Dann gingen Zadok, der Priester, Na- 38: 44;2Sam 8,18! ·
tan, der Prophet, und Benajahu, der Sohn des Jehojada, und die Kreter 33!
und die Pleter hinab, liessen Salomo auf dem Maultier von König David
reiten und führten ihn zum Gichon. 39 Und Zadok, der Priester, nahm 39: Ex 30,25 ·
das Ölhorn aus dem Zelt und salbte Salomo. Dann blies man den Scho- 1Sam 16,1.13 · 25!
far, und alles Volk rief: Es lebe König Salomo! 40 Und alles Volk zog hin- 40: 1Sam 4,5;
ter ihm hinauf, und das Volk spielte auf Flöten, und sie freuten sich über Num 16,31; Ps 141,7
alle Massen, und von ihrem Lärmen brach die Erde auf.

41 Adonijahu aber und alle Geladenen, die bei ihm waren, hörten es,
als sie das Mahl beendet hatten. Und Joab hörte den Klang des Schofar
und sagte: Warum ist das Getöse in der Stadt so laut? 42 Während er 42: 2Sam 18,27
noch redete, sieh, da kam Jonatan, der Sohn des Priesters Ebjatar. Und
Adonijahu sagte: Komm, denn du bist ein tüchtiger Mann und wirst

gute Botschaft bringen. 43 Daraufhin sagte Jonatan zu Adonijahu: In
der Tat! Unser Herr, König David, hat Salomo zum König gemacht!
44 Und der König hat Zadok, den Priester, Natan, den Propheten, Bena-
jahu, den Sohn des Jehojada, und die Kreter und die Pleter mit ihm ge-
sandt, und sie haben ihn auf dem Maultier des Königs reiten lassen.
45: Rut 1,19 45 Dann haben Zadok, der Priester, und Natan, der Prophet, ihn am Gi-
chon zum König gesalbt, und von dort sind sie frohgemut hinaufgezo-
gen, und die Stadt ist in Aufruhr geraten. Das ist das Getöse, das ihr
46: 1Chr 29,23 gehört habt. 46 Und Salomo hat sich auch schon auf den Königsthron
47: Gen 47,31 gesetzt, 47 und die Diener des Königs sind auch schon gekommen, um
unseren Herrn, König David, zu segnen, und sie haben gesprochen:
Dein Gott mache den Namen Salomos noch herrlicher als deinen Na-
men und seinen Thron noch grösser als deinen Thron! Und der König
48: 3,6; 8,15; hat sich auf dem Bett verneigt, 48 und der König hat auch schon dies
1Sam 25,32 gesagt: Gepriesen ist der HERR, der Gott Israels, der heute einen auf mei-
49: Jes 53,6 nen Thron gesetzt hat, und meine Augen dürfen es noch sehen. 49 Da
erzitterten alle Gäste Adonijahus, und sie machten sich auf, und ein je-
50: 2,28; Ex 27,2! der ging seines Wegs. 50 Adonijahu aber fürchtete sich vor Salomo, und
er machte sich auf, ging und ergriff die Hörner des Altars. 51 Und Salo-
mo wurde berichtet: Sieh, Adonijahu fürchtet sich vor König Salomo,
und sieh, er hat die Hörner des Altars ergriffen und gesagt: König Salo-
mo schwöre mir erst, dass er seinen Diener nicht töten wird mit dem
52: 2Sam 14,11 Schwert. 52 Und Salomo sprach: Wenn er sich als tüchtiger Mann er-
weist, soll ihm kein Haar gekrümmt werden; wenn aber Böses an ihm
gefunden wird, muss er sterben! 53 Und König Salomo sandte hin, und
man holte ihn herab vom Altar. Und er kam und warf sich vor König
Salomo nieder, Salomo aber sprach zu ihm: Geh in dein Haus!

Davids letzte Anordnungen. Sein Tod

1: Gen 47,29; **2** 1 Und es kam die Zeit, da David sterben sollte, und er gebot Salomo,
Dtn 31,14 seinem Sohn: 2 Ich gehe den Weg aller Welt. Du aber sei stark und
2: Jos 23,14 *3:* Dtn 17,18–20 · sei ein Mann! 3 Halte, was der HERR, dein Gott, zu halten geboten hat,
Gen 26,5! · und geh auf seinen Wegen, halte seine Satzungen und Gebote, seine
2Chr 23,18 Rechte und Ordnungen, wie es geschrieben steht in der Weisung des
Mose, damit du Erfolg hast bei allem, was du tust und an jedem Ort,
4: 8,25; Ps 132,12 · wohin du dich auch wendest, 4 damit der HERR sein Wort erfüllt, das er
8,48; Dtn 4,29! · zu mir gesprochen hat, als er sagte: Wenn deine Söhne acht haben auf
6,12; 8,25; 9,5 ihren Weg, in Treue vor mir gehen, mit ganzem Herzen und mit ganzer
Seele, dann soll es dir auf dem Thron Israels nie an einem Nachfolger
5: 1,7! · fehlen. 5 Und du selbst weisst ja, was Joab, der Sohn der Zeruja, mir an-
1Sam 14,50 · getan hat, was er den beiden Heerführern Israels, Abner, dem Sohn des
2Sam 17,25! Ner, und Amasa, dem Sohn des Jeter, angetan hat: Er hat sie umgebracht.
Und so hat er den Frieden belastet mit Blut, das im Krieg vergossen wur-
de, und auch seinen Gürtel, der um seine Hüften ist, und seine Schuhe,
die er an seinen Füssen trägt, hat er mit Blut befleckt, das im Krieg ver-

1,43: Je nach Verständnis der Rolle Jonatans kann die mit «In der Tat!» wiedergegebene Äusserung auch ‹Nein!› bedeuten.

1,48: Mit ‹einen› ist Salomo gemeint.

1,52: Siehe die Anm. zu 2Sam 14,11.

2,3: Möglich ist auch die Übersetzung: «Erfülle deine Pflicht am HERRN ...»

gossen wurde. 6 Du aber handle, wie es deiner Weisheit entspricht, und
lass sein graues Haar nicht in Frieden ins Totenreich hinabsteigen.
7 Den Söhnen Barsillais des Gileaditers aber sollst du Barmherzigkeit
erweisen: Sie sollen zu denen gehören, die an deinem Tisch essen, denn
so sind sie auch mir begegnet, als ich auf der Flucht war vor deinem
Bruder Absalom. 8 Und sieh, bei dir ist Schimi, der Sohn des Gera, der
Benjaminit, aus Bachurim: Er hat mich arg verflucht an dem Tag, als ich
nach Machanajim ging. Als er aber an den Jordan herabgekommen war,
mir entgegen, habe ich ihm beim HERRN geschworen: Ich werde dich
nicht mit dem Schwert töten. 9 Du aber sollst ihn nun nicht ungestraft
lassen, denn du bist ein weiser Mann, und du weisst, wie du mit ihm zu
verfahren hast: Mit Blut bedeckt sollst du sein graues Haar ins Toten-
reich hinabbringen.

6–9: Gen 42,38; 44,29.31
6: 2Sam 3,39
7: 2Sam 21,8 · 18,19; 2Sam 9,7.11 · 2Sam 17,27!
8: 36; 1,8 · 2Sam 3,16 · 2Sam 2,8 · 2Sam 16,5–13; 19,17–24

10 Und David legte sich zu seinen Vorfahren, und er wurde in der
Stadt Davids begraben. 11 Und die Zeit, die David König über Israel war,
betrug vierzig Jahre; sieben Jahre lang war er König in Chebron, und
dreiunddreissig Jahre lang war er König in Jerusalem. 12 Salomo aber
setzte sich auf den Thron Davids, seines Vaters, und sein Königtum war
gut gefestigt.

10: 1,21! · 2Sam 5,7! · Apg 2,29
11: 1Chr 29,27!
12: 1,13! · 46

Salomo festigt seine Herrschaft

13 Und Adonijahu, der Sohn der Chaggit, kam zu Batseba, der Mutter
Salomos. Und sie sagte: Bedeutet dein Kommen Gutes? Und er sagte: Es
bedeutet Gutes. 14 Dann sagte er: Ich habe dir etwas zu sagen. Und sie
sagte: Rede. 15 Und er sagte: Du weisst, dass das Königtum mir gehörte
und dass ganz Israel auf mich schaute und erwartet hat, dass ich König
würde. Dann aber hat das Königtum sich gewendet, und es fiel meinem
Bruder zu; durch den HERRN ist es ihm zugefallen. 16 Und nun habe ich
eine einzige Bitte an dich; weise mich nicht ab! Sie aber sagte zu ihm:
Rede. 17 Da sagte er: Sprich doch mit Salomo, dem König – denn dich
wird er nicht abweisen –, dass er mir Abischag, die Schunammitin, zur
Frau gibt. 18 Und Batseba sagte: Gut, ich werde in deiner Sache mit dem
König reden. 19 Und Batseba kam zu König Salomo, um mit ihm über
Adonijahu zu reden. Und der König stand auf, ging ihr entgegen und
warf sich vor ihr nieder. Dann setzte er sich auf seinen Thron, und auch
für die Mutter des Königs stellte man einen Thron auf, und sie setzte
sich zu seiner Rechten. 20 Und sie sagte: Ich habe eine einzige kleine
Bitte an dich; weise mich nicht ab! Und der König sagte zu ihr: Trag die
Bitte vor, Mutter, ich werde dich nicht abweisen. 21 Und sie sagte:
Abischag, die Schunammitin, soll Adonijahu, deinem Bruder, zur Frau
gegeben werden. 22 Daraufhin sagte König Salomo zu seiner Mutter:
Warum denn bittest du für Adonijahu nur um Abischag, die Schunam-
mitin? Erbitte doch gleich das Königtum für ihn! Er ist ja mein älterer
Bruder, und zu ihm gehören Ebjatar, der Priester, und Joab, der Sohn der
Zeruja. 23 Und König Salomo schwor beim HERRN: Gott tue mir an, was
immer er will, dieses Wort kostet Adonijahu das Leben! 24 Und nun, so
wahr der HERR lebt, der mich fest eingesetzt hat und mich auf den Thron
Davids, meines Vaters, gesetzt hat und der mir ein Haus bereitet hat,
wie er es zugesagt hat: Noch heute soll Adonijahu getötet werden!

13: 1,5! · 1Sam 16,4
16: 20
17: 1,3!
19: 1,16 · Ps 110,1
20: 16
22: 2Sam 16,21 · 1,7
23: 19,2; 20,10; 2Sam 3,35
24: 1,29! · 2Sam 7,11–13

25: 1,8 · 2Sam 12,10 25 Und König Salomo beauftragte Benajahu, den Sohn des Jehojada, und
der stiess ihn nieder, und er starb.
26: 2Sam 19,29 · 26 Und zu Ebjatar, dem Priester, sagte der König: Geh nach Anatot
2Sam 15,24–29 · auf deine Ländereien. Zwar bist du ein Mann des Todes, am heutigen
1Sam 20,20! Tag aber werde ich dich nicht töten, denn du hast die Lade Gottes des
HERRN getragen vor David, meinem Vater, und du musstest alles ertra-
27: 1Sam 2,30–35; gen, was mein Vater ertragen musste. 27 Und Salomo vertrieb Ebjatar,
2Chr 36,21 so dass er nicht mehr Priester des HERRN war, und er erfüllte das Wort
des HERRN, das er gegen das Haus Elis in Schilo gesprochen hatte.
28: 1,5.7 · 1,50! 28 Und die Kunde war zu Joab gedrungen, und Joab hatte sich Ado-
nija zugewandt, Absalom aber hatte er sich nicht zugewandt, und Joab
29: Ex 21,14 floh zum Zelt des HERRN und ergriff die Hörner des Altars. 29 Und Kö-
nig Salomo wurde berichtet: Joab ist zum Zelt des HERRN geflohen, und
sieh, er ist neben dem Altar. Da sandte Salomo Benajahu, den Sohn des
Jehojada, und sagte: Geh, stoss ihn nieder! 30 Und Benajahu kam zum
Zelt des HERRN und sagte zu ihm: So spricht der König: Komm heraus!
Er aber sagte: Nein! Hier will ich sterben. Da überbrachte Benajahu dem
König die Antwort und sagte: So hat Joab geredet, und so hat er mir ge-
31: Dtn 19,13 antwortet. 31 Und der König sprach zu ihm: Verfahre, wie er es gesagt
hat: Stoss ihn nieder und begrab ihn. Und so nimmst du das unschuldi-
ge Blut, das Joab vergossen hat, von mir und vom Haus meines Vaters.
32: 37; 2Sam 1,16! · 32 Der HERR aber wird sein Blut über sein Haupt bringen, denn er hat
2Chr 21,13 zwei Männer niedergestossen, die gerechter und besser waren als er, er
hat sie mit dem Schwert umgebracht, mein Vater David aber wusste
nichts davon: Abner, den Sohn des Ner, den Heerführer Israels, und
33: 2Sam 3,29 Amasa, den Sohn des Jeter, den Heerführer Judas. 33 Und ihr Blut wird
über das Haupt Joabs kommen und über das Haupt seiner Nachkom-
men, und dort wird es für alle Zeiten sein; David aber und seinen Nach-
kommen, seinem Haus und seinem Thron soll Heil vom HERRN wider-
fahren für alle Zeiten. 34 Und Benajahu, der Sohn des Jehojada, ging
hinauf, stiess ihn nieder und tötete ihn; und er wurde in seinem Haus in
35: 1,8 der Wüste begraben. 35 Und an seiner Statt setzte der König Benajahu,
den Sohn des Jehojada, über das Heer, und an die Stelle Ebjatars setzte
der König Zadok, den Priester.
36: 8! · 42; 36 Dann sandte der König hin und rief Schimi und sprach zu ihm:
2Kön 5,25 Bau dir ein Haus in Jerusalem und bleibe dort; und von dort darfst du
37: 2Sam 15,23 · 32! nicht weggehen, nicht hierher und nicht dorthin. 37 An dem Tag aber,
an dem du hinausgehst und den Bach Kidron überquerst, wirst du getö-
tet werden – dessen sei dir bewusst; dein Blut wird über dein Haupt
38: 42; 18,24; kommen. 38 Und Schimi sagte zum König: Das Wort ist gut! Wie mein
Dtn 1,14 Herr, der König, geredet hat, so wird dein Diener es machen. Und für
39: 1Sam 27,2 · lange Zeit wohnte Schimi in Jerusalem. 39 Nach drei Jahren aber liefen
2Sam 21,11! Schimi zwei Sklaven davon zu Achisch, dem Sohn des Maacha, dem Kö-
nig von Gat. Und man berichtete Schimi: Sieh, deine Sklaven sind in
Gat. 40 Da machte Schimi sich auf, sattelte seinen Esel und ritt zu
Achisch nach Gat, um seine Sklaven zu suchen. Und so ging Schimi und
holte seine Sklaven aus Gat. 41 Salomo aber wurde berichtet, dass Schi-
mi von Jerusalem nach Gat geritten und wieder zurückgekommen war.
42: 36 · 38! 42 Da sandte der König hin, rief Schimi und sagte zu ihm: Habe ich dich
nicht beim HERRN schwören lassen und habe ich dich nicht gewarnt: An

dem Tag, an dem du weggehst und du gehst hierher oder dorthin, wirst
du getötet werden – dessen sei dir bewusst? Und du hast zu mir gesagt:
Das Wort ist gut! Ich habe es gehört. 43 Warum denn hast du dich nicht
an den Schwur beim HERRN gehalten und an das Gebot, das ich dir auf-
erlegt habe? 44 Und der König sprach zu Schimi: Du kennst all das Böse,
das auch dein Herz kennt, das du meinem Vater David angetan hast.
Deine Bosheit wird der HERR auf dein Haupt kommen lassen! 45 König
Salomo aber ist gesegnet, und der Thron Davids wird für alle Zeiten Be-
stand haben vor dem HERRN. 46 Und der König gab Benajahu, dem
Sohn des Jehojada, Befehl, und dieser ging hinaus und stiess ihn nieder,
und er starb. Und so war das Königtum fest in Salomos Hand.

Salomos Bitte um Weisheit

3 1 Und Salomo verschwägerte sich mit dem Pharao, dem König von
Ägypten, und er nahm die Tochter des Pharao und brachte sie in die
Stadt Davids, bis er sein eigenes Haus, das Haus des HERRN und die
Mauer rings um Jerusalem fertig gebaut hatte. 2 Das Volk jedoch opferte
auf den Kulthöhen, denn bis zu jenen Tagen war dem Namen des HERRN
noch kein Haus gebaut worden. 3 Salomo aber liebte den HERRN und
hielt sich an die Satzungen Davids, seines Vaters; auf den Kulthöhen
jedoch brachte er Schlachtopfer und Rauchopfer dar.
4 Und der König ging nach Gibeon, um dort zu opfern, denn das war
die grösste Kulthöhe. Tausend Brandopfer brachte Salomo auf jenem Al-
tar dar. 5 In Gibeon erschien der HERR dem Salomo nachts im Traum,
und Gott sprach: Erbitte, was ich dir geben soll. 6 Da sagte Salomo: Du
hast deinem Diener David, meinem Vater, grosse Barmherzigkeit er-
wiesen, denn dir zugewandt in Treue und Gerechtigkeit und mit auf-
richtigem Herzen hat er vor dir gelebt, und du hast ihm diese grosse
Barmherzigkeit bewahrt und ihm einen Sohn gegeben, der auf seinem
Thron sitzt, wie es am heutigen Tag der Fall ist. 7 Und nun, HERR, mein
Gott, hast du deinen Diener an Stelle Davids, meines Vaters, zum König
gemacht, ich aber bin noch ein kleiner Junge, ich weiss nichts vom Aus-
rücken und vom Einrücken. 8 Und dein Diener steht mitten in deinem
Volk, das du erwählt hast, ein Volk, so gross, dass es nicht berechnet und
gezählt werden kann. 9 So gib deinem Diener ein Herz, das hört, damit
er deinem Volk Recht verschaffen und unterscheiden kann zwischen
Gut und Böse. Denn wer könnte deinem Volk, das so gewaltig ist, Recht
verschaffen? 10 Und dass Salomo eben darum gebeten hatte, war gut in
den Augen des HERRN. 11 Und Gott sprach zu ihm: Weil du eben darum
gebeten hast und weil du nicht für dich um langes Leben gebeten hast
und auch nicht um Reichtum für dich gebeten hast und auch nicht um
den Tod deiner Feinde gebeten hast, sondern um Einsicht, damit du
dem Recht gehorchen kannst, 12 sieh, deshalb handle ich nach deinen
Worten: Sieh, ich gebe dir ein weises und verständiges Herz, so dass
keiner wie du vor dir gewesen ist und keiner wie du nach dir auftreten
wird. 13 Und ich gebe dir auch, was du nicht erbeten hast: Sowohl Reich-
tum als auch Ehre, so dass keiner wie du unter den Königen ist, solange
du lebst. 14 Und wenn du auf meinen Wegen gehst und meine Satzun-
gen und meine Gebote hältst, wie David, dein Vater, es getan hat, werde
ich dir ein langes Leben geben. 15 Und Salomo erwachte, und sieh, es

44: 1Sam 25,39
45: 2Sam 7,16
46: 2Chr 1,1–5 · 12
1: 9,16.24; 11,1 · 7,8 · 7,1
2: 5,17; 8,17–20; 2Sam 7,13! · 10,1
3: 2Kön 18,3; 22,2 · 14; 2Kön 14,4; 15,4
4–15: 2Chr 1,6–13
4: 1Chr 16,39; 2Chr 1,6
5: 9,2; 11,9
6: 1,48! · 9,4; 2Sam 22,21.25; 2Chr 17,4
7: Num 27,7; Jos 14,11
8: 8,5; 5,21; Gen 15,5
9: Gen 2,9! · 12! · Hebr 5,14
12–13: 5,10; 10,23; 2Chr 9,22
12: 9; 10,3.24; Koh 1,16 · 1Chr 29,25
13: Mt 6,33 · 10,14–29
14: 3!; 11,38 · Dtn 6,2; Ps 21,5
15: Gen 41,7

war ein Traum gewesen. Und er kam nach Jerusalem und trat vor die
Lade des Bundes des Herrn, und er brachte Brandopfer dar und opferte
Heilsopfer und veranstaltete ein Gastmahl für alle seine Diener.

Das Salomonische Urteil

17: 26; Gen 43,20; 1Sam 1,26

16 Damals kamen zwei Huren zum König und traten vor ihn. 17 Und
die eine Frau sprach: Bitte, mein Herr, ich und diese Frau wohnen im
selben Haus, und in diesem Haus habe ich neben ihr geboren. 18 Am
dritten Tag aber nachdem ich geboren hatte, gebar auch diese Frau. Und
wir waren zusammen, niemand sonst war bei uns im Haus; nur wir bei-
de waren im Haus. 19 In der Nacht aber starb das Kind dieser Frau, weil
sie im Schlaf auf ihm gelegen hatte. 20 Da stand sie mitten in der Nacht
auf, nahm mein Kind von meiner Seite, während deine Magd schlief,
und legte es in ihren Schoss, ihr totes Kind aber legte sie in meinen
Schoss. 21 Und als ich am Morgen aufstand, um mein Kind zu stillen,
sieh, da war es tot. Am Morgen aber sah ich es mir genau an, und sieh, es
war nicht das Kind, das ich geboren hatte. 22 Die andere Frau aber sagte:
Nein, das lebende ist mein Kind, und dein Kind ist das tote. Jene aber fiel
ihr ins Wort und sagte: Nein, dein Kind ist das tote, und das lebende ist
mein Kind. So redeten sie vor dem König. 23 Und der König sprach: Die-
se sagt: Dies ist mein Kind, das lebende, und dein Kind ist das tote. Und
diese sagt: Nein, dein Kind ist das tote, und mein Kind ist das lebende.
24 Und der König sprach: Holt mir ein Schwert! Und man brachte das
Schwert vor den König. 25 Und der König sprach: Schneidet das lebende
Kind entzwei, und gebt der einen die eine Hälfte und der anderen die

26: Jes 49,15! · 17! · Gen 43,30

andere Hälfte. 26 Da sagte die Frau, deren Kind das lebende war, zum
König, in aufwallender Liebe für ihr Kind sagte sie: Bitte, mein Herr,
gebt jener das lebende Kind, nur tötet es nicht! Diese aber sagte: Weder
mir noch dir soll es gehören; zerschneidet es! 27 Daraufhin aber sprach
der König: Gebt jener das lebende Kind, und tötet es nicht! Sie ist seine

28: Jos 4,14 · 8,45; 10,9; Dtn 10,18

Mutter. 28 Und ganz Israel hörte von dem Urteil, das der König gefällt
hatte, und sie hatten Ehrfurcht vor dem König; denn sie sahen, dass
göttliche Weisheit in ihm war, um Recht zu schaffen.

Salomos Amtsträger

1: Neh 13,26 · 20; 2Sam 5,5

4 1 Und König Salomo war König über ganz Israel.
2 Und dies waren die Amtsträger, die er hatte:
Asarjahu, der Sohn Zadoks, der Priester;

3: 2Sam 20,25 · 2Sam 8,16; 20,24
4: 1,8! · 1,7!

3 Elichoref und Achija, die Söhne Schischas, Schreiber; Jehoschafat,
der Sohn Achiluds, der Kanzler. 4 Und Benajahu, der Sohn des Jehojada,
stand dem Heer vor; und Zadok und Ebjatar, Priester.

5: 2Sam 15,37; 16,16; Spr 22,11
6: 5,28; 12,18; 2Sam 20,24; 2Chr 10,18

5 Und Asarjahu, der Sohn Natans, stand den Statthaltern vor; und
Sabud, der Sohn Natans, Priester, der Vertraute des Königs. 6 Und
Achischar stand dem Haus vor; und Adoniram, der Sohn des Abda, stand
den Fronpflichtigen vor.

7: 5,7; 1Chr 27,1

7 Und über ganz Israel hatte Salomo zwölf Statthalter, und sie ver-
sorgten den König und sein Haus; je einen Monat im Jahr war einer zur
Versorgung verpflichtet.

8 Und dies waren ihre Namen: Ben-Chur auf dem Gebirge Efraim;

9: Jos 15,10

9 Ben-Deker in Makaz und in Schaalbim, Bet-Schemesch und Elon-Bet-

Chanan; 10 Ben-Chesed in Arubbot, ihm unterstand Socho und das gan-
ze Land von Chefer; 11 Ben-Abinadab, im ganzen Hügelland von Dor;
Tafat, die Tochter Salomos, war seine Frau; 12 Baana, der Sohn des Achi-
lud, in Taanach und Megiddo und ganz Bet-Schean, das neben Zartan ist,
unterhalb von Jesreel, von Bet-Schean bis Abel-Mechola, bis jenseits von
Jokmeam; 13 Ben-Geber in Ramot-Gilead, ihm unterstanden die Zelt-
dörfer des Jair, des Sohns des Manasse, im Gilead; ihm unterstand der
Landstrich von Argob, der im Baschan liegt, sechzig grosse Städte mit
Mauern und eisernen Riegeln; 14 Achinadab, der Sohn des Iddo, in
Machanajim; 15 Achimaaz in Naftali, mit Basemat hatte auch er eine
Tochter Salomos zur Frau genommen; 16 Baana, Sohn des Chuschai, in
Asser und in Alot; 17 Jehoschafat, der Sohn des Paruach, in Issaschar;
18 Schimi, der Sohn des Ela, in Benjamin; 19 Geber, der Sohn des Uri, im
Land Gilead, dem Land von Sichon, dem König der Amoriter, und von
Og, dem König des Baschan. Und es gab nur einen Statthalter, der in
dem Land war.

20 Juda und Israel waren so zahlreich wie der Sand, der am Meer ist;
sie assen und tranken und waren glücklich.

10: 1Sam 17,1; 2Chr 28,18 · Jos 12,17
11: Jos 17,11
12: Jos 17,11 · 7,46; Jos 3,16 · Jos 17,16 · Ri 7,22
13: Dtn 4,43 · Jos 13,30; Num 32,41–42!
14: Jos 13,26
19: Jos 2,10
20: 1! · 5,9; Gen 22,17! · 1Sam 30,16

Salomos Weisheit

5 1 Und Salomo war Herrscher über alle Königreiche vom Strom bis
zum Land der Philister und bis an die Grenze von Ägypten; diese ent-
richteten Tribut und dienten Salomo, solange er lebte. 2 Und für einen
einzigen Tag belief sich Salomos Bedarf an Speise auf dreissig Kor Fein-
mehl und sechzig Kor Weizenmehl, 3 auf zehn gemästete Rinder, zwan-
zig Weiderinder und hundert Schafe; abgesehen von den Widdern, Ga-
zellen, Rehböcken und dem gemästeten Geflügel. 4 Denn er war Herr-
scher über alles diesseits des Stromes, von Tifsach bis nach Gaza, über
alle Könige diesseits des Stromes, und er hatte Frieden nach allen Seiten
um sich herum. 5 Und solange Salomo lebte, wohnten Juda und Israel
sicher, ein jeder unter seinem Weinstock und unter seinem Feigen-
baum, von Dan bis Beer-Scheba. 6 Und Salomo hatte vierzigtausend
Stallplätze für Pferde, die seine Wagen zogen, und zwölftausend Reit-
pferde. 7 Und regelmässig versorgten jene Statthalter König Salomo
und alle jene, die Zutritt hatten zum Tisch von König Salomo, jeder in
seinem Monat; an nichts liessen sie es fehlen. 8 Und die Gerste und das
Stroh für die Pferde und die Gespanne brachten sie an den Ort, wo er
gerade war, jeder der Vorschrift entsprechend, die für ihn galt. 9 Und
Gott gab Salomo Weisheit und tiefe Einsicht und ein Herz, so weit wie
der Strand, der an der Küste des Meeres ist. 10 Und die Weisheit Salo-
mos war grösser als die Weisheit aller Bewohner des Ostens und als alle
Weisheit Ägyptens. 11 Und er war weiser als alle Menschen, als Etan der
Esrachiter und als Heman, Kalkol und Darda, die Söhne Machols, und
sein Name war berühmt bei allen Nationen ringsum. 12 Und er dichtete
dreitausend Sprüche, und von ihm gab es eintausendfünf Lieder.
13 Und er sprach von den Bäumen: von der Zeder, die auf dem Libanon
steht, bis zum Ysop, der aus der Mauer wächst. Und er sprach vom Vieh
und von den Vögeln und von den Kriechtieren und von den Fischen.

1: 2Chr 9,26 · 10,25
2: 25
3: Dtn 14,5 · 2Chr 9,4
4: 18!
5: 1Sam 3,20 · 2Kön 18,31; Mi 4,4; Sach 3,10
6: 2Chr 9,26 · 10,26; 2Chr 1,14
7: 4,7
9: 26; 4,20!; Ps 139,18
10: Jes 19,11; Apg 7,22 · 3,12–13!
11: 1Chr 2,6; 2Chr 9,22 · Ps 89,1 · Ps 88,1 · 1Chr 2,6
12: Spr 1,1!; Hld 1,1

4,13: Der hebräische Name für ‹Zeltdörfer des Jair› lautet Chawwot-Jair.

14: 10,1.24 14 Und aus allen Völkern kamen sie, um die Weisheit Salomos zu hören,
von allen Königen der Erde, die von seiner Weisheit gehört hatten.

Vorbereitungen für den Tempelbau

15–26: 2Chr 2,2–15 15 Und Chiram, der König von Tyros, sandte seine Diener zu Salomo,
15: 9,11; 2Sam 5,11; denn er hatte gehört, dass man ihn zum König gesalbt hatte an seines
2Chr 14,1; Ps 45,13 Vaters Statt; Chiram war immer ein Freund Davids gewesen. 16 Und Sa-
17: 3,2! · 1Chr 22,8 · lomo sandte zu Chiram und sagte: 17 Du weisst, dass David, mein Vater,
2Sam 22,39 dem Namen des HERRN, seines Gottes, kein Haus bauen konnte ange-
sichts des Kriegs, der rings um ihn tobte, bis der HERR sie mir unter die
18: 14!; 2Chr 14,6; Fusssohlen gelegt hat. 18 Nun aber hat der HERR, mein Gott, mir rings-
15,15; 20,20 um Ruhe verschafft; es gibt keinen Widersacher mehr und kein böses
19: 8,17–20; Geschick. 19 Und sieh, ich gedenke, dem Namen des HERRN, meines
2Sam 7,13! Gottes, ein Haus zu bauen, wie der HERR es David, meinem Vater, gesagt
hat: Dein Sohn, den ich auf deinen Thron setzen werde an deiner Statt,
er soll meinem Namen das Haus bauen. 20 So gebiete nun, dass man
mir Zedern vom Libanon fällt. Und meine Diener werden bei deinen
Dienern sein, ich aber werde dir den Lohn für deine Diener geben, ganz
wie du es sagst. Denn du weisst, dass niemand unter uns ist, der es wie
21: 3,8 · 10,9 die Sidonier versteht, Holz zu fällen. 21 Als Chiram die Worte Salomos
hörte, freute er sich sehr und sprach: Gepriesen sei heute der HERR, der
David einen weisen Sohn gegeben hat, diesem grossen Volk vorzuste-
hen! 22 Dann sandte Chiram zu Salomo und sagte: Ich habe gehört, was
du mir übermittelt hast; ich werde deinen Wunsch nach Zedernholz
23: 9,11 und nach Zypressenholz ganz erfüllen. 23 Meine Diener werden es her-
unterbringen vom Libanon zum Meer, und auf dem Meer werde ich
Flösse daraus machen bis an den Ort, den du mir nennen wirst. Und
dort werde ich sie wieder auseinander nehmen, und du kannst das
Holz holen. Du aber sollst auch meinen Wunsch erfüllen und meinem
24: Jes 60,13 Hause Speise liefern. 24 Und so lieferte Chiram Salomo Zedernholz und
25: 2 · Ex 27,20! Zypressenholz, ganz nach dessen Wunsch. 25 Und Salomo lieferte Chi-
ram zwanzigtausend Kor Weizen als Speise für sein Haus, dazu zwanzig
26: 9! · Am 1,9 Kor gestossenes Öl. So belieferte Salomo Chiram Jahr für Jahr. 26 Der
HERR aber gab Salomo Weisheit, wie er es ihm zugesagt hatte. Und es
herrschte Friede zwischen Chiram und Salomo, und die beiden schlos-
27–32: 2Chr 2,16–17 sen einen Bund. 27 Und aus ganz Israel hob König Salomo Fronpflichti-
27: 12,4; 9,15 ge aus; und so wurden dreissigtausend Mann fronpflichtig. 28 Und er
28: 4,6! sandte sie auf den Libanon, jeden Monat zehntausend Mann als Ablö-
sung: Einen Monat waren sie auf dem Libanon, zwei Monate waren sie
29: 11,28 in seinem Haus. Und Adoniram stand den Fronpflichtigen vor. 29 Und
im Gebirge hatte Salomo siebzigtausend Lastenträger und achtzigtau-
send, die Steine brachen, 30 die Obersten der Statthalter Salomos nicht
mitgezählt, die Aufsicht hatten über die Arbeit, dreitausenddreihun-
31: 6,37 dert, die das Volk befehligten, das die Arbeit ausführte. 31 Und der Kö-
nig gab Befehl, und sie brachen grosse Steine heraus, erlesene Steine,
32: Jos 13,5; Ez 27,9 · um die Grundmauern des Hauses mit Quadersteinen zu legen. 32 Dann
6,7 hauten die Bauleute Salomos und die Bauleute Chirams und die von Ge-

5,17: Mit ‹sie› sind die Feinde gemeint.
5,23: «das Holz» wurde in der Übersetzung ergänzt.

bal sie zurecht, und sie richteten das Holz und die Steine zu für den Bau
des Hauses.

Salomos Tempelbau

6 1 Und im vierhundertachtzigsten Jahr nach dem Auszug der Israeli- 1–28: 2Chr 3,1–5,1
ten aus dem Land Ägypten, im vierten Jahr der Königsherrschaft Sa- 1: Ex 12,40 ·
lomos über Israel, im Monat Siw – das ist der zweite Monat – baute er Apg 13,20 · 37–38!
das Haus für den HERRN. 2 Und das Haus, das König Salomo für den 2: Esra 6,3
HERRN baute, hatte eine Länge von sechzig Ellen, eine Breite von zwan-
zig und eine Höhe von dreissig Ellen. 3 Und die Halle vor dem Haupt-
raum des Hauses mass zwanzig Ellen, von der Stirnseite des Hauses aus
gesehen, und ihre Tiefe, vom Haus aus gesehen, betrug zehn Ellen.
4 Und er machte vergitterte Fenster mit Rahmen für das Haus. 5 Und an 4: 7,4–5; Ez 40,16
die Mauer des Hauses baute er ringsum einen Anbau, ringsum an die 5: Jer 35,2; Ez 40,17
Mauern des Hauses beim Hauptraum und beim hinteren Raum, rings-
um machte er Seitenbauten. 6 Der untere Anbau hatte eine Breite von
fünf Ellen, der mittlere hatte eine Breite von sechs Ellen, und der dritte
hatte eine Breite von sieben Ellen; und damit man an den Mauern des
Hauses keine Eingriffe vornehmen musste, hatte er an der Aussenseite
des Hauses ringsum Absätze angebracht. 7 Und als das Haus gebaut 7: Dtn 27,5–6;
wurde, wurde mit unbehauenen Steinen aus dem Bruch gebaut, und Jos 8,31! · 5,32
keine Hämmer und kein Meissel, kein Werkzeug aus Eisen war im Haus
zu hören, als es gebaut wurde. 8 Der Eingang zum unteren Anbau be-
fand sich auf der rechten Seite des Hauses, und auf Wendeltreppen
konnte man zum mittleren und vom mittleren zum dritten hinaufstei-
gen. 9 Und so baute er das Haus und vollendete es. Und er deckte das 9: 14; 7,51; 9,25;
Haus mit Balken und Brettern, mit Zedernholz. 10 Und an das ganze Ex 40,33
Haus baute er den Anbau; fünf Ellen war dessen Höhe, und durch Balken
aus Zedernholz verband er ihn mit dem Haus.

11 Und das Wort des HERRN erging an Salomo: 12 Was dieses Haus 12: 2Sam 7,13–15 ·
betrifft, das du baust: Wenn du dich in meinen Ordnungen bewegst und 2,4!
nach meinen Satzungen handelst und alle meine Gebote hältst und da-
nach lebst, werde ich an dir mein Wort erfüllen, das ich zu David, dei-
nem Vater, gesprochen habe, 13 und ich werde Wohnung nehmen in- 13: Ex 25,8! ·
mitten der Israeliten, und ich werde mein Volk Israel nicht verlassen. Dtn 31,6

14 Und so baute Salomo das Haus und vollendete es. 15 Und im In- 14: 9!
neren des Hauses verkleidete er die Mauern mit Brettern aus Zedern-
holz; vom Boden des Hauses bis an das Mauerwerk, das die Decke trug,
vertäfelte er das Haus innen, und den Boden des Hauses belegte er mit
Brettern aus Wacholderholz. 16 Und mit Brettern aus Zedernholz baute 16: 7,50; 8,16;
er einen Abschnitt von zwanzig Ellen aus, von der Hinterseite des Hau- Ex 26,33–34
ses her, vom Boden des Hauses bis an das Mauerwerk, und diesen baute
er für das Haus in dessen Inneren zu einem hinteren Raum aus, zum
Allerheiligsten. 17 Und das Haus, der Hauptraum in seiner Erstreckung
nach vorne, war vierzig Ellen lang. 18 Und das Zedernholz für das Inne- 18: 7,24; 2Kön 4,39

6,1: In den Kapiteln 6 und 7, der Erzählung von Tempel- und Palastbau, ist die Bedeutung mancher hebräischer Wörter aus dem Bereich der Architektur unsicher.

6,8: Die Übersetzung «zum unteren Anbau» beruht auf den antiken Übersetzungen; der Massoretische Text lautet übersetzt: «zum mittleren Anbau». Möglicherweise ist das mit «auf Wendeltreppen» wiedergegebene hebräische Wort als «durch Bodenluken» zu übersetzen.

re des Hauses war mit kürbisförmigen und blütenkelchförmigen
Schnitzereien versehen; alles war aus Zedernholz, kein Stein war zu se-
hen. 19 Und im Inneren des Hauses errichtete er einen hinteren Raum,
20: Ex 30,3 um die Lade des Bundes des HERRN dort hineinzustellen. 20 Und der
hintere Raum hatte eine Länge von zwanzig Ellen, eine Breite von zwan-
zig Ellen, und auch seine Höhe betrug zwanzig Ellen, und er überzog ihn
mit Feingold. Auch den Zedernholzaltar überzog er. 21 Und im Inneren
kleidete Salomo das Haus mit Feingold aus, und vor dem hinteren Raum
spannte er Ketten aus Gold, und alles überzog er mit Gold. 22 Das ganze
Haus kleidete er mit Gold aus, das ganze Haus, bis in den letzten Win-
kel, und auch den ganzen Altar, der im hinteren Raum stand, überzog er
23–27: 8,6 mit Gold. 23 Und für den hinteren Raum machte er zwei Kerubim aus
23: Ex 25,18–22; Ölbaumholz, ihre Höhe betrug zehn Ellen. 24 Und fünf Ellen mass der
1Chr 28,18 eine Flügel des Kerubs und fünf Ellen der andere Flügel des Kerubs;
zehn Ellen waren es vom einen Ende seiner Flügel bis zum anderen
Ende seiner Flügel. 25 Und zehn Ellen mass auch der zweite Kerub; bei-
de Kerubim hatten dasselbe Mass und dieselbe Gestalt. 26 Die Höhe des
einen Kerubs war zehn Ellen, und ebenso gross war der andere Kerub.
27: 8,7; Ex 25,20 27 Und er stellte die Kerubim ins Innere des Hauses, und die Kerubim
breiteten ihre Flügel aus, und der Flügel des einen berührte die eine
Wand, während der Flügel des zweiten Kerubs die andere Wand berühr-
te, in der Mitte des Hauses aber berührten sich ihre Flügel, ein Flügel
29: Ez 40,16 den anderen Flügel. 28 Und er überzog die Kerubim mit Gold. 29 Und
alle Wände des Hauses versah er rundum mit Schnitzereien, mit ge-
schnitzten Verzierungen, Kerubim, Palmen und Blütenkelchen, im In-
neren und auch aussen. 30 Und auch den Boden des Hauses überzog er
mit Gold, im Inneren und auch aussen. 31 Und für den Eingang in den
hinteren Raum fertigte er Türen aus Ölbaumholz an; die Torpfeiler, die
Türpfosten, fünfeckig. 32 Und die beiden Türflügel waren aus Ölbaum-
holz, und er versah sie mit Schnitzereien, Kerubim und Palmen und
Blütenkelchen, und er überzog sie mit Gold; das Gold aber liess er über
die Kerubim und auf die Palmen hämmern. 33 Und ebenso machte er
für den Eingang des Hauptraums Türpfosten aus Ölbaumholz, vier-
eckig, 34 und zwei Türen aus Wacholderholz; die beiden Flügel der
einen Tür waren drehbar, und auch die beiden Flügel der zweiten Tür
waren drehbar. 35 Und in diese schnitzte er Kerubim, Palmen und Blü-
tenkelche und überzog sie mit Gold, das der Form des Eingeritzten an-
36: 7,12 gepasst war. 36 Und den inneren Vorhof baute er aus drei Lagen Qua-
dersteinen und aus einer Lage Zedernholzbalken.

37–38: 1; 8,2 37 Im vierten Jahr war das Fundament für das Haus des HERRN ge-
legt, im Monat Siw, 38 und im elften Jahr, im Monat Bul – das war der
achte Monat – war das Haus vollendet in allen seinen Teilen und in al-
lem, was dazu gehörte. Und so hat er sieben Jahre lang daran gebaut.

6,20: Die Übersetzung «Und der hintere Raum ...» beruht auf einer Korrektur des Massoretischen Texts; dieser lautet übersetzt: «Und vor dem hinteren Raum ...»

6,21: Möglich ist auch die Übersetzung: «..., und vor dem hinteren Raum brachte er Platten aus Gold an, ...»

6,34: Der Massoretische Text lautet übersetzt: «...; die beiden Bretter der einen Tür waren drehbar, und die beiden Vorhänge der zweiten Tür ...» Die Übersetzung ‹Flügel› statt ‹Vorhänge› beruht auf den antiken Übersetzungen.

Die Palastbauten Salomos

7 1 Und an seinem eigenen Haus baute Salomo dreizehn Jahre, dann 1: 3,1 · 9,10
vollendete er sein ganzes Haus. 2 Und er baute das Libanon-Wald- 2: 10,17.21; Jes 22,8
haus. Es war hundert Ellen lang, fünfzig Ellen breit und dreissig Ellen
hoch. Es hatte vier Reihen tragender Säulen aus Zedernholz, und auf den
Säulen lagen Balken aus Zedernholz. 3 Und es war gedeckt mit Zedern-
holz, das oben auf den Tragbalken lag, die auf den Säulen lagen, fünf-
undvierzig, je fünfzehn in einer Reihe. 4 Und es gab drei Reihen ge- 4–5: 6,4!
rahmter Fenster, Fenster neben Fenster, dreimal. 5 Und alle Türen und
Türpfosten waren viereckig und hatten einen Rahmen, und Fenster lag
neben Fenster, dreimal. 6 Und auch die Säulenhalle machte er, ihre Län-
ge betrug fünfzig Ellen und ihre Breite dreissig Ellen, und davor befand
sich eine Vorhalle mit Säulen und davor ein Aw. 7 Und auch die Thron- 7: Ps 122,5
halle machte er, wo er Recht zu sprechen pflegte, die Halle des Rechts,
und von Boden zu Boden war sie mit Zedernholz getäfelt. 8 Und von 8: 3,1!
dieser Bauart war auch sein eigenes Haus, in dem er wohnte, das in dem
anderen Hof lag, von der Halle aus einwärts. Und auch für die Tochter
des Pharao, die Salomo geheiratet hatte, baute Salomo ein Haus, das wie
diese Halle war. 9 Das alles bestand aus ausgewählten Steinen, die auf
der Innen- und Aussenseite des Hauses nach den Massen von Quader-
steinen mit der Säge zugeschnitten waren, vom Fundament bis zu den
Querträgern, von aussen bis zum grossen Hof. 10 Und auch das Funda-
ment bestand aus auserlesenen Steinen, aus grossen Steinen, Steinen
von zehn Ellen Länge und Steinen von acht Ellen Länge, 11 und darüber
lagen auserlesene Steine, in der Grösse von Quadersteinen, und Zedern-
balken. 12 Und der grosse Hof hatte ringsum drei Lagen Quadersteine 12: 6,36
und eine Lage Balken aus Zedernholz; und ebenso war es beim inneren
Vorhof des Hauses des HERRN und bei der Vorhalle des Hauses.

Die Ausstattung des Tempels

13 Und König Salomo sandte hin und holte Chiram aus Tyros.
14 Dieser war ein Sohn einer Witwe aus dem Stamm Naftali, sein Vater 14: 2Chr 2,12–13 ·
aber war ein Mann aus Tyros gewesen, ein Bronzeschmied. Und Chiram Ex 31,4
hatte die Weisheit, den Verstand und die Kenntnis, um alle Bronzear-
beiten auszuführen. Und so kam er zu König Salomo und führte alle
Arbeiten für ihn aus. 15 Und er goss die zwei Säulen aus Bronze, acht- 15: 2Kön 25,13.17;
zehn Ellen betrug die Höhe der einen Säule, und ein zwölf Ellen langer Jer 52,17.21
Faden konnte die zweite Säule umspannen. 16 Auch zwei aus Bronze
gegossene Kapitelle fertigte er an, um sie oben auf die Säulen zu setzen;
fünf Ellen betrug die Höhe des einen Kapitells, und fünf Ellen betrug die
Höhe des anderen Kapitells. 17 An den Kapitellen, die sich oben auf den
Säulen befanden, waren Geflechte, Flechtwerk, Quasten, kettenartige
Verzierungen, sieben am einen Kapitell und sieben am anderen Kapi-
tell. 18 Dann machte er die Granatäpfel, zwei Reihen rings um das eine
Geflecht, zur Verzierung der Kapitelle, die oben auf den Säulen waren,

7,6: Die Bedeutung des hebräischen Worts ‹Aw› ist unklar.

7,14: «hatte» ist wörtlich: «war erfüllt von».

7,18: Die Übersetzung beruht auf mehreren Textzeugen; der Massoretische Text lautet übersetzt: «Dann machte er die Säulen, zwei Reihen rings um das eine Geflecht, zur Verzierung der Kapitelle, die oben auf den Granatäpfeln waren ...»

und ebenso machte er es beim zweiten Kapitell. 19 Und die Kapitelle,
die oben auf den Säulen waren, hatten lotosartige Verzierungen, wie es
sie auch in der Vorhalle gab, vier Ellen hoch. 20 Und auf beiden Säulen
befanden sich die Kapitelle oberhalb der Ausbuchtung, die neben ei-
nem Geflecht war; und die zweihundert Granatäpfel waren in Reihen
ringsum am zweiten Kapitell angeordnet. 21 Und bei der Vorhalle des
Hauptraums richtete er die Säulen auf. Er richtete die rechte Säule auf
und gab ihr den Namen Jachin, und er richtete die linke Säule auf und
gab ihr den Namen Boas. 22 Und oben an den Säulen waren lotosartige
Verzierungen eingearbeitet. Und so wurde die Arbeit an den Säulen
vollendet.

23: 2Chr 4,6 23 Dann machte er das gegossene Meer, zehn Ellen vom einen Rand
bis zum anderen Rand, ganz rund, und seine Höhe betrug fünf Ellen,
24: 6,18! und eine dreissig Ellen lange Schnur konnte es umspannen. 24 Und
rings um das Meer, unterhalb seines Randes, verliefen zehn Ellen lange
kürbisförmige Verzierungen, die das Meer ringsum einschlossen. In
zwei Reihen waren die kürbisförmigen Verzierungen gegossen wor-
den, als es gegossen wurde. 25 Es ruhte auf zwölf Rindern, drei waren
nach Norden gewandt, und drei waren nach Westen gewandt, drei wa-
ren nach Süden gewandt, und drei waren nach Osten gewandt. Und
oben auf ihnen stand das Meer, und ihre Rückseiten waren alle nach
26: 2Chr 4,5 innen gewandt. 26 Und es war eine Handbreite dick, und sein Rand war
gestaltet wie der Rand eines Bechers, wie eine Lotosknospe, es konnte
zweitausend Bat fassen. 27 Dann fertigte er die Kesselwagen an, zehn
Stück, aus Bronze: Jeder Kesselwagen war vier Ellen lang, seine Breite
betrug vier Ellen, und seine Höhe betrug drei Ellen. 28 Und so war jeder
Kesselwagen gearbeitet: Sie hatten Querstangen, auch zwischen den
Verstrebungen befanden sich Querstangen. 29 Und auf den Querstan-
gen, die sich zwischen den Verstrebungen befanden, waren Löwen, Rin-
der und Kerubim, und ebenso war es oben auf den Verstrebungen, und
unterhalb der Löwen und Rinder waren kranzförmige Verzierungen,
30: Ez 10,9 gehämmerte Arbeit. 30 Jeder Kesselwagen hatte vier Räder aus Bronze
und auch Achsen aus Bronze, und seine vier Füssen hatten Eckpfosten;
die Eckpfosten waren unterhalb des Kessels angegossen, jedem einzel-
nen gegenüber befanden sich kranzartige Verzierungen. 31 Und seine
Öffnung befand sich zwischen den Eckpfosten, und eine Elle ragte sie
über diese hinaus, und seine Öffnung war rund, als Gestell gearbeitet,
anderthalb Ellen, und auch auf seiner Öffnung waren Schnitzereien, de-
ren Querstangen aber waren viereckig, nicht rund. 32 Und die vier Rä-
der befanden sich unterhalb der Querstangen, und die Halterungen für
die Räder waren am Kesselwagen befestigt; und die Höhe jedes Rades
betrug anderthalb Ellen. 33 Die Räder waren gearbeitet wie ein Wagen-
rad gearbeitet ist; ihre Halterungen, ihre Felgen, ihre Speichen und ihre
Radnaben, das alles war gegossen. 34 Und an den vier Ecken jedes Kes-
selwagens befanden sich vier Eckpfosten; die Eckpfosten waren am Kes-
selwagen. 35 Und oben auf dem Kesselwagen befand sich ein Aufsatz,
eine halbe Elle hoch, ganz rund, und von dort gingen die Halterungen
des Kesselwagens und seine Querstangen aus. 36 Und in die Tafeln, in

7,24: Wörtlich: «Und rings um es, ...»

die Halterungen und in die Querstangen gravierte er Kerubim, Löwen,
Palmen und, jeweils nach einem Freiraum, kranzförmige Verzierun-
gen, ringsum. 37 So fertigte er die zehn Kesselwagen an; sie waren alle
in gleicher Weise gegossen, hatten dasselbe Mass und dieselbe Gestalt.
38 Dann fertigte er zehn Kessel aus Bronze an, jeder Kessel konnte vier-
zig Bat fassen, jeder Kessel hatte einen Durchmesser von vier Ellen; je-
der der Kessel war für einen der zehn Kesselwagen bestimmt. 39 Und er
stellte die Kesselwagen auf, fünf an der rechten Seite des Hauses und
fünf an der linken Seite des Hauses, das Meer aber stellte er an der rech-
ten Seite des Hauses in südöstlicher Richtung auf.

40 Und Chiram machte die Kessel, die Schaufeln und die Spreng- 40: Ex 39,32
schalen. Und so vollendete Chiram alle Arbeiten, die er für König Salo-
mo am Haus des HERRN auszuführen hatte: 41 zwei Säulen und die Be-
cken an den Kapitellen, die oben an den beiden Säulen waren, und die
zwei Geflechte zur Verzierung der beiden Becken an den Kapitellen, die
oben an den Säulen waren; 42 die vierhundert Granatäpfel an den bei-
den Geflechten, zwei Reihen Granatäpfel an dem einen Geflecht, zur
Verzierung der zwei Becken an den Kapitellen, die oben auf den Säulen
waren; 43 dazu die zehn Kesselwagen und die zehn Kessel auf den Kes-
selwagen; 44 das einzigartige Meer und die zwölf Rinder unter dem
Meer; 45 die Töpfe, die Schaufeln und die Sprengschalen. Und alle diese
Geräte, die Chiram dem König Salomo für das Haus des HERRN machte,
waren aus polierter Bronze. 46 In der Jordanebene, zwischen Sukkot 46: Gen 13,10–12;
und Zartan, goss der König sie in der Erdgiesserei. 47 Und ihrer sehr 2Sam 18,23 ·
grossen Menge wegen liess Salomo all die Geräte ungewogen, das Ge- Gen 33,17 · 4,12! 47: 2Kön 25,16
wicht der Bronze liess sich nicht ermitteln.

48 Und Salomo fertigte all die Geräte an, die zum Haus des HERRN 48: Ex 25,30!
gehörten: den goldenen Altar und den Tisch, auf dem das Schaubrot lag,
aus Gold, 49 dazu die Leuchter aus Feingold, fünf zur Rechten und fünf
zur Linken vor dem hinteren Raum, und die Blüten, Lampen und Docht-
scheren aus Gold, 50 dazu die Becken, Messer, Sprengschalen, Schüs- 50: Ex 12,22 ·
seln und Pfannen aus Feingold und die goldenen Angeln für die Türen Ex 25,38 · 6,16!
im Inneren des Hauses, für das Allerheiligste, für die Türen des Hauses,
die in den Hauptraum führten.

51 So wurde die ganze Arbeit zu Ende gebracht, die König Salomo am 51: 6,9!
Haus des HERRN ausführte, und Salomo brachte die heiligen Dinge Da-
vids, seines Vaters, das Silber und das Gold und die Geräte, er legte sie in
die Schatzkammern des Hauses des HERRN.

Die Lade des Bundes im Tempel. Salomos Gebet und Opfer

8 1 Damals versammelte Salomo die Ältesten Israels, alle Stammes- 1–66: 2Chr 5,2–7,11
häupter, die Fürsten der Familien der Israeliten, bei König Salomo in 1: 1Chr 15,3 · 12,21
Jerusalem, um die Lade des Bundes des HERRN heraufzuholen aus der
Stadt Davids, das ist Zion. 2 Und alle Männer Israels versammelten sich 2: 6,37–38 · 12,32;
um König Salomo am Festtag im Monat Etanim, das ist der siebte Mo- Lev 23,24
nat. 3 Und alle Ältesten Israels kamen, und die Priester hoben die Lade 3: Num 31,9;
auf, 4 und sie trugen die Lade des HERRN hinauf, das Zelt der Begegnung 2Chr 5,4 4: Ex 27,21
und alle heiligen Geräte, die im Zelt waren. Und die Priester und die
Leviten trugen alles hinauf. 5 Und König Salomo stand mit der ganzen 5: 2Sam 6,13 · 3,8!
Gemeinde Israels, die sich um ihn versammelte, vor der Lade, sie op-

ferten Schafe und Rinder, die ihrer Menge wegen nicht gezählt und
6: 6,23–27 nicht berechnet werden konnten. 6 Dann brachten die Priester die Lade
des Bundes des HERRN an ihre Stätte, in den hinteren Raum des Hauses,
7: 6,27! in das Allerheiligste, unter die Flügel der Kerubim. 7 Denn über dem
Platz für die Lade breiteten die Kerubim die Flügel aus, und von oben
8: Ex 25,15 her beschirmten die Kerubim die Lade und deren Tragstangen. 8 Die
Stangen aber waren lang, und vom Heiligen aus, vor dem hinteren
Raum, waren die Enden der Stangen zu sehen, von draussen aber waren
sie nicht zu sehen. Und dort sind sie geblieben bis auf den heutigen Tag.
9: 21; Ex 25,21 · 9 In der Lade war nichts ausser den zwei steinernen Tafeln, die Mose am
Ex 3,1! Choreb hineingelegt hatte und durch die der HERR sich mit den Israeli-
ten verbündet hatte, als sie aus dem Land Ägypten auszogen.
10: Ex 40,34–35; 10 Als aber die Priester aus dem Heiligtum traten, erfüllte die Wol-
Jes 6,4; Ez 10,4 ke das Haus des HERRN, 11 und angesichts der Wolke konnten die Pries-
11: Ex 40,33 ter nicht hinzutreten, um den Dienst zu verrichten, denn die Herrlich-
keit des HERRN erfüllte das Haus des HERRN.
12: Ex 20,21! 12 Damals sprach Salomo:
Der HERR hat gesagt, dass er wohnen will im Wolkendunkel.
13: Ez 43,9 13 Ich habe ein Haus gebaut,
eine erhabene Wohnung für dich,
eine Stätte, damit du dort wohnen kannst für alle Zeiten.
14: 55; 2Sam 6,18 · 14 Und der König wandte sein Angesicht und segnete die ganze Ver-
Neh 8,7 sammlung Israels, und die ganze Versammlung Israels stand da. 15 Und
15: 56 er sprach: Gepriesen ist der HERR, der Gott Israels, der durch seine Hand
erfüllt hat, was er meinem Vater David zugesagt hat mit seinem Mund,
16: 2Sam 7,6 · 7,15! als er sprach: 16 Seit dem Tag, an dem ich mein Volk, Israel, herausge-
führt habe aus Ägypten, habe ich in keinem der Stämme Israels eine
Stadt erwählt, damit man ein Haus baue und mein Name dort sei; David
17: 1Chr 28,2 · 3,2! aber habe ich dazu erwählt, meinem Volk Israel vorzustehen. – 17 Zwar
lag es David, meinem Vater, am Herzen, dem Namen des HERRN, des
Gottes Israels, ein Haus zu bauen, 18 der HERR aber hat zu David, mei-
nem Vater, gesprochen: Dass es dir am Herzen liegt, meinem Namen
ein Haus zu bauen, daran hast du gut getan. Es liegt dir am Herzen!
19: 1Chr 22,10 · 19 Doch wirst nicht du das Haus bauen, sondern dein Sohn, der aus dei-
5,19! nen Lenden hervorgeht, er wird meinem Namen das Haus bauen. –
20: Apg 7,47 · 3,2! · 20 Und der HERR hat sein Wort gehalten, das er gegeben hat, und ich bin
1Chr 28,6 aufgetreten an meines Vaters David Statt und habe mich auf den Thron
Israels gesetzt, wie der HERR es gesagt hat, und ich habe dem Namen des
21: 9! HERRN, des Gottes Israels, das Haus gebaut. 21 Und dort habe ich eine
Stätte bereitet für die Lade, in der sich der Bund des HERRN befindet, den
er mit unseren Vorfahren geschlossen hat, als er sie herausgeführt hat
22: 38.54; Ex 9,29 aus dem Land Ägypten. 22 Und vor der ganzen Gemeinde Israels trat
Salomo an den Altar des HERRN, breitete seine Hände zum Himmel aus
23: 2Sam 7,22; 23 und sprach: HERR, Gott Israels! Kein Gott ist dir gleich, nicht oben im
Ps 86,8; 1Chr 17,20 · Himmel und nicht unten auf der Erde. Den Bund und die Treue be-
Dtn 4,29 wahrst du deinen Dienern, die mit ganzem Herzen vor dir gehen, 24 der
du deinem Diener David, meinem Vater, gehalten hast, was du ihm zu-
gesagt hast. Mit deinem Mund hast du es zugesagt, und durch deine
25: 2,4! Hand hast du es erfüllt, wie am heutigen Tag. 25 Und nun, HERR, Gott
Israels, halte deinem Diener David, meinem Vater, was du ihm zugesagt

hast, da du gesprochen hast: Es soll dir vor mir nicht fehlen an einem
Nachfolger, der auf dem Thron Israels sitzt, wenn nur deine Söhne acht
haben auf ihren Weg und vor mir gehen, wie du vor mir gegangen bist.
26 Und nun, Gott Israels, lass doch dein Wort wahr werden, das du zu 26: 1Chr 17,23
deinem Diener David, meinem Vater, gesprochen hast. 27 Aber sollte 27: Dtn 10,14;
Gott wirklich auf der Erde wohnen? Sieh, der Himmel, der höchste Him- 2Chr 2,5; Jes 66,1;
mel kann dich nicht fassen, wie viel weniger dann dieses Haus, das ich Apg 7,48
gebaut habe! 28 Wende dich dem Gebet deines Dieners zu und seinem 28: 38; 45.54
Flehen, HERR, mein Gott, und erhöre das Flehen und das Gebet, das dein
Diener heute vor dir betet, 29 damit in der Nacht und bei Tag deine Au- 29: 52; 2Chr 6,20 ·
gen offen sind über diesem Haus, über der Stätte, von der du gesagt hast: Sach 12,4 ·
Dort soll mein Name sein. Und erhöre das Gebet, mit dem dein Diener 2Chr 7,15; Neh 1,6
zu dieser Stätte hin betet. 30 Und erhöre das Flehen deines Dieners und 30: Dan 9,19
deines Volkes Israel, mit dem sie zu dieser Stätte hin beten; erhöre es an
der Stätte, wo du wohnst, im Himmel, erhöre es und vergib. 31 Wenn
jemand sich gegen seinen Nächsten vergeht, und dieser legt eine Ver-
fluchung auf ihn, um ihn unter einen Fluch zu stellen, und er kommt
her und spricht die Verfluchung aus vor deinem Altar in diesem Haus,
32 dann höre du es im Himmel und handle und verschaffe deinen Die- 32: 2,32! · Ps 7,9
nern Recht und sprich den Schuldigen schuldig und lass seine Tat auf
sein Haupt fallen, den Gerechten aber erkläre für gerecht und behandle
ihn, wie es seiner Gerechtigkeit entspricht. 33 Wenn dein Volk Israel 33: 47 · Dtn 30,2;
vor einem Feind geschlagen wird, weil sie gegen dich gesündigt haben, 1Sam 7,3; 2Chr 30,6
und sie kehren zurück zu dir und preisen deinen Namen und beten und
flehen zu dir in diesem Haus, 34 dann erhöre du es im Himmel und
vergib die Sünde deines Volkes Israel und lass sie bleiben auf dem Bo-
den, den du ihren Vorfahren gegeben hast. 35 Wenn der Himmel ver- 35: 17,1; Hag 1,10;
schlossen ist und kein Regen fällt, weil sie gegen dich gesündigt haben, Sach 14,17
und sie beten zu dieser Stätte hin und preisen deinen Namen und keh-
ren sich ab von ihren Sünden, da du sie demütigst, 36 dann erhöre du 36: Ps 32,8 ·
sie im Himmel und vergib die Sünde deiner Diener und deines Volkes Ps 68,10
Israel, denn du zeigst ihnen den guten Weg, den sie gehen sollen. Dann
lass es regnen auf dein Land, das du deinem Volk als Erbbesitz gegeben
hast. 37 Wenn im Land eine Hungersnot herrscht, wenn die Pest aus- 37: 2Chr 20,9
bricht, Getreidebrand, Vergilben, wenn Heuschrecken auftreten oder
Schaben, wenn sein Feind es bedrängt im Land seiner Tore, wenn eine
Plage, eine Krankheit auftritt, 38 und dann ein Gebet, ein Flehen auf- 38: 28! · 22!
steigt, das von einem Menschen kommt, der zu deinem Volk Israel ge-
hört – denn jeder von ihnen weiss, was sein Herz plagt –, und dieser
seine Hände ausbreitet zu diesem Haus hin, 39 dann erhöre du es im 39: 1Sam 16,7!
Himmel, an der Stätte, wo du wohnst, und vergib und greif ein und gib
einem jeden, wie es seinem Tun entspricht, denn du kennst sein Herz –
denn du allein kennst das Herz aller Menschen –, 40 damit sie dich
fürchten, solange sie leben auf dem Boden, den du unseren Vorfahren 41: Jes 56,6–7;
gegeben hast. 41 Und auch den Fremden, der nicht aus deinem Volk Is- Jer 3,17
rael stammt, sondern deines Namens wegen aus einem fernen Land 42: Ex 6,6;
kommt 42 – denn sie werden von deinem grossen Namen hören und 2Kön 17,36;
von deiner starken Hand und deinem ausgestreckten Arm –, wenn er Ez 20,33–34 ·
kommt und zu diesem Haus hin betet, 43 dann erhöre du ihn im Him- Num 15,14
mel, der Stätte, wo du wohnst, und tu alles, um dessentwillen der Frem- 43: Dtn 26,15 · 2Kön 19,19

de dich anruft, damit alle Völker der Erde deinen Namen kennen und
dich fürchten, wie dein Volk Israel es tut, und damit sie erfahren, dass
dein Name ausgerufen ist über diesem Haus, das ich gebaut habe.
44 Wenn dein Volk auszieht in den Kampf gegen seinen Feind auf dem
Weg, auf dem du sie sendest, und sie beten zum HERRN, hingewandt zur
Stadt, die du erwählt hast, und hingewandt zum Haus, das ich deinem
45: 28! · 3,28 Namen gebaut habe, 45 dann erhöre du im Himmel ihr Gebet und ihr
46: Spr 20,9; Flehen und verschaff ihnen Recht. 46 Wenn sie sich an dir versündi-
Koh 7,20; gen – denn es gibt keinen Menschen, der nicht sündigt – und du wirst
Hiob 4,16–19! zornig auf sie und gibst sie einem Feind preis, und ihre Bezwinger füh-
ren sie in die Gefangenschaft ins Feindesland, es sei fern oder nah,
47: 33 47 und sie nehmen es sich zu Herzen in dem Land, in das sie in die Ge-
fangenschaft geführt worden sind, und kehren um und flehen zu dir im
Land ihrer Bezwinger und sprechen: Wir haben gesündigt und haben
48: 1Sam 7,3 · 2,4! · uns vergangen, wir sind schuldig geworden! – 48 wenn sie dann von
Dan 6,11 ganzem Herzen und von ganzer Seele zurückkehren zu dir im Land ih-
rer Feinde, die sie in die Gefangenschaft geführt haben, und beten zu
dir, hingewandt zu ihrem Land, das du ihren Vorfahren gegeben hast,
zu der Stadt hin, die du erwählt hast, und zu dem Haus hin, das ich dei-
nem Namen gebaut habe, 49 dann erhöre du im Himmel, der Stätte, wo
du wohnst, ihr Gebet und ihr Flehen und verschaffe ihnen Recht.
50: 2Chr 30,9; 50 Und vergib deinem Volk, das an dir gesündigt hat, vergib alle ihre
Ps 106,46 Verfehlungen, die sie gegen dich begangen haben, und schenke ihnen
Erbarmen vor denen, die sie gefangen halten, dass diese sich ihrer er-
51: Dtn 4,20! barmen. 51 Denn sie sind dein Volk und dein Erbbesitz, du hast sie her-
52: 28! · 29! ausgeführt aus Ägypten, aus dem Schmelzofen. 52 So mögen deine Au-
gen offen sein für das Flehen deines Dieners und für das Flehen deines
Volkes Israel, dass du sie erhörst in allem, um dessentwillen sie zu dir
rufen. 53 Denn aus allen Völkern der Erde hast du sie dir ausgesondert
als Erbbesitz, wie du es gesagt hast durch Mose, deinen Diener, als du
unsere Vorfahren herausgeführt hast aus Ägypten, Herr, HERR!

54: 22! 54 Und als Salomo dieses ganze Gebet und Flehen zum HERRN be-
endet hatte, erhob er sich von seinem Platz vor dem Altar des HERRN, wo
er gekniet hatte, während seine Hände zum Himmel ausgebreitet wa-
55: 14! ren. 55 Und er trat hin, und mit lauter Stimme segnete er die ganze Ver-
56: 15 · 1Chr 22,9 · sammlung Israels und sprach: 56 Gepriesen ist der HERR, der seinem
Jos 21,45! Volk Israel Ruhe gegeben hat, ganz so, wie er es zugesagt hat! Nicht ein
einziges Wort ist unerfüllt geblieben von allen seinen guten Worten,
57: Dtn 31,6 die er gesprochen hat durch Mose, seinen Diener. 57 Der HERR, unser
Gott, sei mit uns, wie er mit unseren Vorfahren war. Er verlasse und
verwerfe uns nicht; 58 er ziehe unser Herz zu sich hin, damit wir auf
allen seinen Wegen gehen und seine Gebote, seine Satzungen und seine
Vorschriften halten, die er unseren Vorfahren geboten hat. 59 Und die-
se meine Worte, mit denen ich vor dem HERRN gefleht habe, mögen
dem HERRN, unserem Gott, nahe sein bei Tag und in der Nacht, damit er
seinem Diener Recht verschafft und damit er seinem Volk Israel Recht
60: Jes 37,20 verschafft, wie der jeweilige Tag es erfordert, 60 damit alle Völker der
Erde wissen, dass der HERR, dass er allein Gott ist, und keiner sonst.
61: 15,14; 1Chr 28,9 61 Und ungeteilt soll euer Herz beim HERRN, unserem Gott, sein, damit

ihr nach seinen Satzungen lebt und seine Gebote haltet, wie am heuti-
gen Tag.
62 Und der König und ganz Israel mit ihm brachten vor dem HERRN 62: 1Chr 16,1
Schlachtopfer dar. 63 Und Salomo schlachtete Heilsopfer, die er dem 63: Ps 30,1
HERRN opferte: zweiundzwanzigtausend Rinder und hundertzwanzig-
tausend Schafe. So weihten der König und alle Israeliten das Haus des
HERRN ein. 64 An jenem Tag weihte der König die Mitte des Vorhofs,
der vor dem Haus des HERRN liegt, denn dort brachte er das Brandopfer,
das Speiseopfer und das Fett der Heilsopfer dar, weil der bronzene Altar,
der vor dem HERRN stand, zu klein war, um das Brandopfer, das Speise-
opfer und das Fett der Heilsopfer zu fassen. 65 So feierte Salomo damals 65: 2Chr 30,23
das Fest vor dem HERRN, unserem Gott, und mit ihm ganz Israel, eine
grosse Versammlung von da, wo es nach Chamat geht, bis an das Bachtal
Ägyptens, sieben Tage und sieben weitere Tage lang: vierzehn Tage lang.
66 Am achten Tag entliess er das Volk, und sie segneten den König und 66: 12,16; Jos 22,6
gingen zu ihren Zelten, glücklich und frohen Herzens all des Guten we-
gen, das der HERR für David, seinen Diener, und für Israel, sein Volk,
getan hatte.

Gottes Antwort auf Salomos Gebet

9 1 Und als Salomo den Bau des Hauses des HERRN, des Hauses des 1: 10; 3,1
Königs und all das vollendet hatte, was Salomo hatte ausführen wol-
len, 2 erschien der HERR Salomo zum zweiten Mal, wie er ihm schon in 2–9: 2Chr 7,12–22
Gibeon erschienen war. 3 Und der HERR sprach zu ihm: Ich habe dein 2: 3,5!
Gebet gehört und das Flehen, mit dem du vor mir gefleht hast. Dieses 3: 8,28! · Ex 29,44 · Dtn 11,12
Haus, das du gebaut hast, habe ich geheiligt, um dort meinen Namen
niederzulegen für alle Zeiten, und meine Augen und mein Herz werden
für immer dort sein. 4 Und wenn du vor mir lebst, wie David, dein Va- 4: 3,6! · Gen 20,5–6;
ter, es getan hat, mit reinem Herzen und in Aufrichtigkeit, und wenn du Ps 78,72
genau so handelst, wie ich es dir geboten habe, meine Satzungen und
meine Vorschriften hältst, 5 werde ich den Thron deines Königtums 5: 2,4!
über Israel für alle Zeiten aufrichten, wie ich es David, deinem Vater,
zugesagt habe, als ich sprach: Es soll dir auf dem Thron Israels nie an
einem Nachfolger fehlen. 6 Wenn ihr euch aber abwendet von mir, ihr
oder eure Nachkommen, und meine Gebote und meine Satzungen, die
ich euch vorgelegt habe, nicht haltet, sondern geht und anderen Göttern
dient und euch vor ihnen niederwerft, 7 werde ich Israel vertilgen von 7: Jos 23,16 ·
dem Boden, den ich ihnen gegeben habe, und das Haus, das ich meinem Jer 7,12; Ez 24,21 ·
Namen geweiht habe, werde ich von meinem Angesicht verstossen, Dtn 28,37!
und Israel wird zum Sprichwort und zum Gespött werden bei allen Völ-
kern. 8 Und dieses Haus wird zu einem Trümmerhaufen werden. Jeder, 8–9: Jer 22,8–9!
der daran vorübergeht, wird sich entsetzen und zischen, und man wird
sagen: Warum hat der HERR diesem Land und diesem Haus dies ange-
tan? 9 Dann wird man sagen: Weil sie den HERRN, ihren Gott, der ihre

9,8: «Und dieses Haus wird zu einem Trümmerhaufen werden. ...» lautet der Text in den antiken Übersetzungen. Der Text könnte in der hebräischen Tradition verändert worden sein, weil man die ursprüngliche Aussage des Textes als anstössig empfand; der Massoretische Text lautet übersetzt: «Und dieses Haus wird hoch erhaben sein. ...». Dieser ist möglicherweise zu übersetzen als: «Und über dieses Haus, so hoch erhaben es auch sein wird, wird sich jeder, der daran vorübergeht, entsetzen ...»

Vorfahren herausgeführt hat aus dem Land Ägypten, verlassen und an-
deren Göttern angehangen haben, sich vor ihnen niedergeworfen und
ihnen gedient haben, darum hat der HERR all dies Unheil über sie ge-
bracht.

Salomos Herrschaft

10–14: 2Chr 8,1–2 10 Und nach zwanzig Jahren, in denen Salomo die zwei Häuser, das
10: 1! · 7,1 Haus des HERRN und das Haus des Königs, gebaut hatte 11 – Chiram, der
11: 27!; 5,15!.22 König von Tyros, hatte Salomo Zedernholz und Zypressenholz geliefert
und Gold, so viel er haben wollte –, damals gab König Salomo Chiram
zwanzig Städte im Land Galiläa. 12 Und Chiram zog aus von Tyros, um
sich die Städte anzusehen, die Salomo ihm gegeben hatte, in seinen Au-
gen aber waren sie nicht recht. 13 Und er sagte: Was sind das für Städte,
die du mir da gegeben hast, mein Bruder? Und man nennt sie Land Ka-
bul bis auf den heutigen Tag. 14 Und Chiram hat dem König hundert-
zwanzig Kikkar Gold gesandt.

15–23: 2Chr 8,3–10 15 Und so verhielt es sich mit den Fronpflichtigen, die König Salomo
15: 5,27 · 24; 11,27; aufgeboten hatte, um das Haus des HERRN und sein eigenes Haus zu
2Sam 5,9! bauen, dazu den Millo, die Mauer von Jerusalem und Chazor, Megiddo
16: Jos 16,10! · 3,1! und Geser: 16 Der Pharao, der König von Ägypten, war heraufgezogen,
hatte Geser eingenommen, es im Feuer verbrannt und die Kanaaniter
umgebracht, die in der Stadt wohnten. Dann hatte er die Stadt seiner
Tochter, der Frau Salomos, als Mitgift gegeben. 17 Und Salomo baute
Geser und das untere Bet-Choron wieder auf, 18 dazu Baalat und Tad-
mor in der Wüste im Land 19 und alle Vorratsstädte, die Salomo gehör-
ten, und die Städte für die Wagen und die Städte für die Reiterei und
alles, was Salomo in Jerusalem und auf dem Libanon und in seinem gan-
20: Ri 3,3–5; zen Herrschaftsgebiet zu bauen wünschte. 20 Alles Volk, das noch übrig
Esra 9,1–2 war von den Amoritern, Hetitern, Perissitern, Chiwwitern und Jebusi-
21: 20,41; Lev 27,29; tern, die nicht zu den Israeliten gehörten, 21 ihre Nachkommen, die
Jos 16,10 nach ihnen im Land übrig geblieben waren, von denen die Israeliten
nicht alle der Vernichtung geweiht hatten, die machte Salomo zu Fron-
22: Lev 25,39! sklaven, bis auf den heutigen Tag. 22 Von den Israeliten aber machte
Salomo keinen zum Sklaven; sie waren Krieger und seine Diener, seine
Anführer und seine hervorragenden Kämpfer, und die Obersten über
seine Wagen und über seine Reiter. 23 Dies waren die Obersten der
Statthalter, die Aufsicht hatten über die Arbeit für Salomo: fünfhundert-
fünfzig, sie befehligten das Volk, das die Arbeit ausführte.

24: 3,1! · 15! 24 Als die Tochter des Pharao aus der Stadt Davids in ihr Haus hin-
aufgezogen war, das er für sie gebaut hatte, da baute er den Millo.
25: Ex 23,14; 34,23; 25 Und dreimal im Jahr brachte Salomo Brandopfer und Heilsopfer dar
Dtn 16,16 · 6,9 auf dem Altar, den er dem HERRN gebaut hatte, und vor dem HERRN liess
26–28: 2Chr 8,17–18 er sie in Rauch aufgehen. Und er vollendete das Haus. 26 Und in Ezjon-
26: 10,11.22; 22,49 Geber, das bei Elot liegt, am Ufer des Schilfmeers im Land Edom, baute
27: 11; 10,11 König Salomo Schiffe. 27 Und auf den Schiffen sandte Chiram seine Die-
ner aus, Seeleute, die das Meer kannten, zusammen mit den Dienern

9,13: Im Namen Kabul klingt hebräisch ‹wie nichts› an.
9,16: Wörtlich: «... Dann hatte er sie seiner Tochter, ...»

Salomos. 28 Und sie kamen nach Ofir, und von dort holten sie Gold, 28: 1Chr 29,4 ·
vierhundertzwanzig Kikkar, und brachten es König Salomo. 22,49; Ps 45,10

Die Königin von Saba. Salomos Reichtum

10 1 Und die Königin von Saba vernahm die Kunde von Salomo, die 1–13: 2Chr 9,1–12
dem HERRN zum Ruhm gereichte, und kam, um ihn mit Rätseln 1: 24; Jes 60,6;
auf die Probe zu stellen. 2 Und mit sehr reichen Schätzen kam sie nach Ez 27,22; Mt 12,42 ·
Jerusalem, mit Kamelen, die Balsam trugen und sehr viel Gold und Edel- 5,14 · 3,2!
steine. Und sie kam zu Salomo und sagte ihm all das, was sie sich vorge-
nommen hatte. 3 Und Salomo beantwortete ihr alle ihre Fragen; nichts 3: Ri 14,12–17 · 3,12!
war dem König verborgen, es gab nichts, auf das er ihr keine Antwort
hätte geben können. 4 Als aber die Königin von Saba die Fülle der Weis-
heit Salomos sah und das Haus, das er gebaut hatte, 5 und die Speisen
auf seinem Tisch, die Sitzordnung seiner Diener, die Aufwartung durch
seine Diener und ihre Gewänder, seine Getränke und sein Brandopfer,
das er darzubringen pflegte im Haus des HERRN, verschlug es ihr den
Atem. 6 Und sie sagte zum König: Was ich in meinem Land über deine
Worte und über deine Weisheit gehört habe, hat sich als wahr erwiesen.
7 Ich habe den Worten keinen Glauben geschenkt, bis ich hergekom-
men bin und es mit meinen eigenen Augen gesehen habe. Und sieh,
nicht einmal die Hälfte ist mir berichtet worden: Du hast mehr Weis-
heit und Reichtum, als die Kunde sagt, die ich gehört habe. 8 Wohl dei-
nen Männern, wohl diesen deinen Dienern, die ständig vor dir stehen,
die deine Weisheit hören! 9 Gepriesen sei der HERR, dein Gott, der Ge- 9: Dtn 7,8! · 5,21 ·
fallen an dir gefunden hat und dich auf den Thron Israels gesetzt hat! 2Sam 8,15!; Ps 72,2
Weil der HERR Israel für alle Zeiten liebt, hat er dich als König einge-
setzt, damit du Recht und Gerechtigkeit übst. 10 Und sie gab dem König 10: 12; 20
hundertzwanzig Kikkar Gold und sehr grosse Mengen von Balsam und
Edelsteine. Nie wieder ist so viel Balsam ins Land gekommen, wie die
Königin von Saba König Salomo gegeben hat. 11 Auch brachten die 11: 9,26! · 2Chr 2,7
Schiffe Chirams, die Gold aus Ofir trugen, sehr grosse Mengen von Al-
muggimholz und Edelsteine aus Ofir. 12 Und aus dem Almuggimholz 12: 10!
machte der König Holzverzierungen für das Haus des HERRN und für
das Haus des Königs, dazu Leiern und Harfen für die Sänger. Bis auf den
heutigen Tag ist nie wieder so viel Almuggimholz gekommen oder ge-
sehen worden. 13 Und König Salomo gab der Königin von Saba, was im-
mer sie sich wünschte und erbat, abgesehen von dem, was Salomo ihr in
seiner königlichen Grosszügigkeit sonst noch gegeben hat. Dann kehr-
te sie zurück und ging in ihr Land, sie mit ihren Dienern.

14 Und das Gewicht des Goldes, das in einem einzigen Jahr zu Salo- 14–29: 3,13;
mo kam, betrug sechshundertsechsundsechzig Kikkar Gold, 15 nicht 2Chr 9,13–28
gerechnet das, was von den umherziehenden Handelsleuten kam und 14: Mt 6,29
vom Gewinn der Kaufleute, von allen Königen der Wüste und den Statt- 15: Jer 25,24
haltern des Landes. 16 Und König Salomo verfertigte zweihundert 16: 14,26
grosse Schilde aus legiertem Gold; jeden einzelnen Schild überzog er
mit sechshundert Schekel Gold, 17 dazu dreihundert kleinere Schilde 17: 7,2!
aus legiertem Gold; jeden einzelnen Schild überzog er mit drei Minen
Gold. Und der König legte sie in das Libanonwaldhaus. 18 Und der Kö-

10,5: Statt «seine Getränke» ist auch die Übersetzung «seine Mundschenke» möglich.

nig verfertigte einen grossen Thron aus Elfenbein, und er überzog ihn
mit Feingold. 19 Der Thron hatte sechs Stufen, und hinten am Thron
befand sich ein runder Kopf, und auf beiden Seiten der Sitzfläche waren
20: 10! Lehnen, und neben den Lehnen standen zwei Löwen. 20 Und zwölf Lö-
wen standen dort auf den sechs Stufen, auf beiden Seiten; für kein Kö-
21: 7,2! · Est 1,7 nigreich war je dergleichen angefertigt worden. 21 Auch alle Trinkge-
fässe König Salomos waren aus Gold, und alle Geräte des Libanonwald-
hauses waren aus Feingold; es gab kein Silber – es galt nichts zu Salomos
22: 9,26!; Jes 2,16; Zeiten. 22 Denn der König hatte Tarschisch-Schiffe auf dem Meer bei den
23,1.14; 60,9 Schiffen Chirams. Alle drei Jahre kamen die Tarschisch-Schiffe, sie tru-
23: 3,12–13!; gen Gold und Silber, Elfenbein und Affen und Pfauen. 23 Und an Reich-
Koh 1,16! tum und an Weisheit war König Salomo grösser als alle Könige der Erde.
24: 1! · 3,12! 24 Und alle Welt suchte das Angesicht Salomos, um seine Weisheit zu
25: 5,1 · 1,33! hören, die Gott ihm ins Herz gelegt hatte. 25 Und sie brachten ihm, ein
jeder, ein Geschenk: Geräte aus Silber und Geräte aus Gold, Gewänder,
26–29: 2Chr 1,14–17 Waffen und Balsam, Pferde und Maultiere, Jahr für Jahr. 26 Und Salomo
26: 1Chr 12,3 · 5,6! · sammelte Wagen und Pferde, und er hatte tausendvierhundert Wagen
1Chr 9,25 und zwölftausend Pferde, und er brachte sie in die Städte für die Wagen
und zum König nach Jerusalem. 27 Und Silber brachte der König nach
Jerusalem, als handle es sich um Steine, und Zedern brachte er, als hand-
le es sich um Maulbeerfeigenbäume, die es in der Schefela massenhaft
gab. 28 Und die Ausfuhr der Pferde, die für Salomo bestimmt waren,
erfolgte von Ägypten her und von Kewe, gegen Bezahlung holten die
Händler des Königs sie aus Kewe. 29 Und die Ausfuhr eines Wagens aus
Ägypten belief sich auf sechshundert Schekel Silber und die eines Pfer-
des auf hundertfünfzig. Und ebenso führte man sie durch die Händler
aus für alle Könige der Hetiter und für die Könige von Aram.

Salomos Bundesbruch. Sein Tod

1: 9,8; Koh 2,16 · 11 1 Neben der Tochter des Pharao aber liebte König Salomo viele
3,1! · 14,21.31 fremdländische Frauen: moabitische, ammonitische, edomiti-
sche, sidonische und hetitische, 2 von den Nationen, über die der HERR
den Israeliten gesagt hatte: Ihr sollt nicht mit ihnen verkehren, und sie
sollen nicht mit euch verkehren, sonst ziehen sie eure Herzen zu ihren
3: Dtn 17,17 · Göttern hin. An ihnen hing Salomo mit Liebe. 3 Er hatte siebenhundert
Hld 6,8 Hauptfrauen und dreihundert Nebenfrauen. Seine Frauen aber verführ-
4: 33.38; 3,3 ten sein Herz. 4 Und als Salomo alt war, zogen seine Frauen sein Herz zu
anderen Göttern hin, und sein Herz war nicht mehr ungeteilt beim
HERRN, seinem Gott, wie es das Herz Davids, seines Vaters, gewesen
war. 5 Und Salomo lief der Astarte nach, der Göttin der Sidonier, und
6: 15,11; 2Kön 14,3 Milkom, dem Scheusal der Ammoniter. 6 Und Salomo tat, was böse war
in den Augen des HERRN, und er hielt nicht treu zum HERRN, wie es
7: 2Kön 23,13 · David, sein Vater, getan hatte. 7 Damals baute Salomo auf dem Berg, der
Lev 18,21; 20,2; gegenüber von Jerusalem liegt, eine Kulthöhe für Kemosch, das Scheu-
2Kön 23,10 sal Moabs, und für Molech, das Scheusal der Ammoniter. 8 Und so
8: Neh 13,26 machte er es für alle seine fremdländischen Frauen, die ihren Göttern
Rauchopfer darbrachten und opferten.

10,22: Möglicherweise bedeutet das mit «Pfauen» wiedergegebene Wort ‹Paviane›.
10,29: Wörtlich: «Und ebenso führte man sie durch sie aus ...»

9 Der HERR aber wurde zornig über Salomo, weil er sein Herz abge- 9: 1Sam 15,11 · 3,5!
wandt hatte vom HERRN, dem Gott Israels, der ihm zweimal erschienen
war 10 und ihm eben deshalb immer wieder geboten hatte, nicht ande- 10: 9,6–7
ren Göttern nachzulaufen. Er aber hielt nicht, was der HERR ihm gebo-
ten hatte. 11 Und der HERR sprach zu Salomo: Weil du dies wusstest und 11: Gen 17,9;
dennoch meinen Bund und meine Satzungen, die ich dir geboten habe, Ps 132,12 · 31; 14,8;
nicht gehalten hast, werde ich dir das Königtum entreissen und es dei- 1Sam 15,28
nem Diener geben. 12 Aber um Davids, deines Vaters, willen werde ich 12: 21,29 · 11,32.34;
es noch nicht zu deinen Lebzeiten tun; deinem Sohn erst werde ich es 2Kön 8,19
entreissen. 13 Doch nicht das ganze Königreich werde ich ihm entreis- 13: 12,20 · 32;
sen; einen Stamm werde ich deinem Sohn geben um Davids, meines Jes 62,1
Dieners, willen und um Jerusalems willen, das ich erwählt habe.

14 Und als Widersacher für Salomo liess der HERR Hadad, den Edo- 14: 23
miter, auftreten, dieser gehörte zu den Nachkommen des Königs in
Edom. 15 Und als David in Edom gewesen war, als Joab, der Heerführer, 15: 2Sam 8,14 ·
hinaufgezogen war, um die Erschlagenen zu begraben, hatte er alles er- Dtn 20,13
schlagen, was männlich war in Edom. 16 Denn sechs Monate lang blieb
Joab mit ganz Israel dort, bis er alles ausgerottet hatte, was männlich
war in Edom. 17 Und Adad floh, er und edomitische Männer von den
Dienern seines Vaters mit ihm, um nach Ägypten zu entkommen; Ha-
dad aber war noch ein junger Knabe. 18 Und sie machten sich auf aus 18: Ex 2,15! ·
Midian und kamen nach Paran, und aus Paran nahmen sie Männer mit Num 10,12!
sich und kamen nach Ägypten zum Pharao, dem König von Ägypten,
und der gab ihm ein Haus, sagte ihm Speise zu und gab ihm Land.
19 Und Hadad fand grosse Gnade in den Augen des Pharao, und dieser
gab ihm die Schwester seiner Frau, die Schwester der Tachpenes, der
Gebieterin, zur Frau. 20 Und die Schwester der Tachpenes gebar ihm 20: Ex 2,9
Genubat, seinen Sohn, und Tachpenes entwöhnte ihn im Haus des Pha-
rao, und Genubat war im Haus des Pharao bei den Söhnen des Pharao.
21 Hadad aber hatte in Ägypten gehört, dass David sich zu seinen Vor- 21: 2,10.34 · 1,21! ·
fahren gelegt hatte und dass Joab, der Heerführer, gestorben war. Da Ex 4,23!
sagte Hadad zum Pharao: Entlass mich, damit ich in mein Land ziehen
kann! 22 Der Pharao aber sprach zu ihm: Was fehlt dir denn bei mir,
dass du nun in dein Land ziehen willst? Er aber sagte: Nicht, dass mir
etwas fehlte – aber dennoch, entlass mich!

23 Und als Widersacher liess Gott ihm Reson auftreten, den Sohn 23: 14
des Eljada, der Hadadeser davongelaufen war, dem König von Zoba, sei-
nem Herrn. 24 Und dieser hatte Männer um sich gesammelt und war 24: 2Sam 8,3–4 ·
Anführer einer Räuberbande geworden, damals als David sie erschlug. 15,18
Und sie zogen nach Damaskus, blieben dort, und in Damaskus herrsch-
ten sie wie Könige. 25 Und er blieb ein Widersacher Israels, solange Sa-
lomo lebte. Und dies ist das Böse an Hadad: Er empfand Abscheu vor
Israel und wurde König über Aram.

26 Und Jerobeam, der Sohn des Nebat, ein Efraimit aus Zereda – der 26: 12,2; 2Chr 9,29 ·
Name seiner Mutter war Zerua, sie war eine Witwe –, war ein Diener 2Chr 13,6
Salomos, aber auch er erhob die Hand gegen den König. 27 Und dies war 27: 9,15!
der Anlass dafür, dass er die Hand gegen den König erhob: Salomo baute

11,17: Adad ist eine andere Form des Namens Hadad.
11,24: «als David sie erschlug»: Im Blick ist 2Sam 8,3.

den Millo, er schloss die Lücke in der Stadt Davids, seines Vaters.
28: 5,29 28 Und der Mann Jerobeam war ein tüchtiger Krieger, und Salomo sah,
wie der junge Mann die Arbeit ausführte, und er setzte ihn über alle
Lastenträger des Hauses Josef.

29: 1Sam 1,3! 29 Und damals, als Jerobeam einmal hinausgegangen war aus Jeru-
salem, begegnete ihm auf dem Weg Achija der Schiloniter, der Prophet,
und dieser hatte sich einen neuen Mantel übergeworfen, und die bei-
den waren allein auf dem offenen Land. 30 Da fasste Achija den neuen
31: 11! · 12,15; 14,2; Mantel, den er trug, und zerriss ihn in zwölf Teile. 31 Dann sprach er zu
2Chr 10,15; Jerobeam: Nimm dir zehn Teile, denn so spricht der HERR, der Gott Is-
Ps 132,17 raels: Sieh, ich reisse Salomo das Königreich aus der Hand, und dir wer-
32: 12! · 13! de ich die zehn Stämme geben. 32 Den einen Stamm aber soll er haben,
um meines Dieners David willen und um Jerusalems willen, der Stadt,
33: 4! · Dtn 6,18 die ich erwählt habe aus allen Stämmen Israels. 33 Denn mich haben sie
verlassen, vor Astarte aber, der Göttin der Sidonier, und vor Kemosch,
dem Gott Moabs, und vor Milkom, dem Gott der Ammoniter, haben sie
sich niedergeworfen. Auf meinen Wegen aber sind sie nicht gegangen,
und was recht ist in meinen Augen, meine Satzungen und meine Rech-
34: 12! te, haben sie nicht befolgt, wie es David, sein Vater, getan hat. 34 Doch
werde ich ihm das Königtum nicht ganz aus der Hand nehmen; ich wer-
de ihn als Fürsten belassen, solange er lebt, um Davids, meines Dieners,
willen, den ich erwählt habe, der meine Gebote und meine Satzungen
35: 12,16 gehalten hat. 35 Seinem Sohn aber werde ich das Königreich aus der
36: 15,4; 2Kön 8,19; Hand nehmen, und ich werde es dir geben, die zehn Stämme; 36 einen
2Chr 21,7 Stamm aber werde ich seinem Sohn geben, damit David, mein Diener,
immer eine Leuchte hat vor mir in Jerusalem, der Stadt, die ich mir er-
37: 12,20 · wählt habe, um dort meinen Namen niederzulegen. 37 Dich aber werde
2Sam 3,21 ich nehmen, und du wirst König sein über alles, was du begehrst, und
38: 4!; 3,14 · du wirst König sein über Israel. 38 Und wenn du auf alles hörst, was ich
2Sam 7,11.27 dir gebiete, und auf meinen Wegen gehst und tust, was recht ist in mei-
nen Augen, und meine Satzungen und meine Gebote hältst, wie David,
mein Diener, es getan hat, dann werde ich mit dir sein und dir ein Haus
bauen, das Bestand hat, wie ich es David gebaut habe, und ich werde dir
Israel geben. 39 Die Nachkommen Davids aber will ich deswegen de-
mütigen, wenn auch nicht allezeit.

40: 1Sam 19,1–2 · 40 Und Salomo wollte Jerobeam töten, Jerobeam aber machte sich
12,2 · 14,25 auf und floh nach Ägypten zu Schischak, dem König von Ägypten, und in
Ägypten blieb er, bis Salomo gestorben war.

41–43: 2Chr 9,29–31 41 Und was sonst noch von Salomo zu berichten ist, von allem, was
41: 2Kön 1,18; 10,34; er getan hat, und von seiner Weisheit, steht das nicht geschrieben im
13,8.12; 15,21 Buch der Geschichte Salomos? 42 Und die Zeit, die Salomo in Jerusalem
42: 2,11 König war über ganz Israel, betrug vierzig Jahre. 43 Und Salomo legte
43: 2,10 sich zu seinen Vorfahren, und er wurde in der Stadt Davids, seines
Vaters, begraben. Und Rehabeam, sein Sohn, wurde König an seiner
Statt.

Die Spaltung des Reichs

12 1 Und Rehabeam ging nach Schechem, denn ganz Israel war nach 1–19: 2Chr 10,1–19
Schechem gekommen, um ihn zum König zu machen. 2 Und als 1: 16.18.20;
Jerobeam, der Sohn des Nebat, davon hörte – er war noch in Ägypten, 2Sam 2,9; 4,1; 5,5
wohin er vor König Salomo geflohen war –, blieb Jerobeam in Ägypten. 2: 20; 11,26.40
3 Und man sandte hin und rief ihn. Und Jerobeam und die ganze Ver-
sammlung Israels kamen, und sie sprachen zu Rehabeam: 4 Dein Vater 4: 5,27–28; Ex 1,14 ·
hat unser Joch hart gemacht, und nun mach du die harte Arbeit leichter, Jes 10,27; 14,25;
die wir für deinen Vater leisten mussten, und das schwere Joch, das er 47,6
uns aufgebürdet hat, dann werden wir dir dienen. 5 Da sagte er zu ih-
nen: Entfernt euch, in drei Tagen aber, dann kehrt zu mir zurück! Und
das Volk entfernte sich. 6 Und König Rehabeam beriet sich mit den Al- 6: 8 · Hiob 12,12
ten, die vor Salomo, seinem Vater, zu dessen Lebzeiten gedient hatten,
und sagte: Was ratet ihr, diesem Volk zu antworten? 7 Und sie sprachen 7: Spr 15,1
zu ihm: Wenn du dich heute als Diener dieses Volkes erweist, ihnen
dienst und ihnen antwortest und ihnen gute Worte sagst, werden sie
immer deine Diener sein. 8 Er aber verwarf den Rat, den die Alten ihm 8: 6
gaben, und beriet sich mit den Jungen, die mit ihm aufgewachsen wa-
ren, die ihm dienten. 9 Und er sagte zu ihnen: Was ratet ihr, was wir
diesem Volk antworten sollen, das zu mir gesagt hat: Mach das Joch
leichter, das dein Vater uns aufgebürdet hat? 10 Und die Jungen, die mit
ihm aufgewachsen waren, sagten zu ihm: So sollst du zu diesem Volk
sprechen, das zu dir gesagt hat: Dein Vater hat unser Joch schwer ge-
macht, mach du es uns leichter. So sollst du zu ihnen sprechen: Mein
kleiner Finger ist dicker als die Lenden meines Vaters! 11 Und hat nun
mein Vater euch ein schweres Joch aufgeladen, so werde ich euer Joch
noch schwerer machen; hat mein Vater euch mit Peitschen gezüchtigt,
so werde ich euch mit Skorpionen züchtigen.

12 Und am dritten Tag kamen Jerobeam und das ganze Volk zu Reha-
beam, wie der König es gesagt hatte: Kommt am dritten Tag zurück zu
mir. 13 Und der König gab dem Volk eine harte Antwort und verwarf
den Rat, den die Alten ihm gegeben hatten, 14 und so wie die Jungen es
geraten hatten, sprach er zu ihnen: Hat mein Vater euer Joch schwer
gemacht, so werde ich euer Joch noch schwerer machen; hat mein Vater
euch mit Peitschen gezüchtigt, so werde ich euch mit Skorpionen züch-
tigen. 15 Und der König hörte nicht auf das Volk, denn so war es vom 15: Ri 14,4! · 11,31
HERRN gefügt, damit er sein Wort erfüllte, das der HERR durch Achija,
den Schiloniter, zu Jerobeam, dem Sohn des Nebat, gesprochen hatte.

16 Und ganz Israel sah, dass der König nicht auf sie hörte; da gab das 16: 1! · 11,35 ·
Volk dem König zur Antwort: 2Sam 20,1! · 8,66!

Welchen Anteil haben wir an David?
  Und am Sohn Isais haben wir keinen Erbbesitz!
Zu deinen Zelten, Israel!
  Nun sieh du selbst nach deinem Haus, David!

Dann ging Israel zu seinen Zelten.

17 Über die Israeliten aber, die in den Städten Judas wohnten, wurde 17: 14,21
Rehabeam König. 18 Und König Rehabeam sandte Adoram, der den 18: 4,6! · 1! ·
Num 14,10;
Dtn 21,21

12,2: In manchen Textzeugen lautet der Text: «... war –, kehrte Jerobeam aus Ägypten zurück.»

Fronpflichtigen vorstand. Da steinigte ihn ganz Israel, und er starb. Kö-
nig Rehabeam aber war es gelungen, den Wagen zu besteigen und nach
19: 2Kön 17,21; Jes 7,17 Jerusalem zu fliehen. 19 Und Israel brach mit dem Haus Davids, und so
ist es bis auf den heutigen Tag. 20 Und als ganz Israel hörte, dass Jerobe-
20: 1! · 2! · 11,13.37; 2Sam 20,2 am zurückgekommen war, sandten sie hin, riefen ihn in die Gemeinde
und machten ihn zum König über ganz Israel. Niemand hielt zum Haus
Davids, ausser allein dem Stamm Juda.

21–24: 2Chr 11,1–4 21 Und Rehabeam kam nach Jerusalem und versammelte das ganze
21: 8,1 · Mt 1,7 Haus Juda und den Stamm Benjamin, hundertachtzigtausend Ausge-
wählte, die Krieg führen sollten, um gegen das Haus Israel zu kämpfen
und für Rehabeam, den Sohn Salomos, das Königtum zurückzugewin-
22: 2Chr 12,5 nen. 22 Da aber erging das Wort Gottes an Schemaja, den Gottesmann:
23 Sprich zu Rehabeam, dem Sohn Salomos, dem König von Juda, und
24: 15! · 14,30; 15,6 zum ganzen Haus Juda und Benjamin und zum übrigen Volk: 24 So
spricht der HERR: Zieht nicht hinauf, und kämpft nicht gegen eure Brü-
der, die Israeliten. Ein jeder soll zurückkehren in sein Haus, denn dies
ist so von mir gefügt worden. Und sie hörten das Wort des HERRN, und
sie kehrten zurück und gingen, dem Wort des HERRN gemäss.

25 Jerobeam aber baute Schechem aus auf dem Gebirge Efraim und
liess sich dort nieder, und von dort zog er aus und baute Penuel aus.
26: 1Sam 27,1 26 Und Jerobeam dachte in seinem Herzen: Nun wird das Königtum
zurückfallen an das Haus Davids; 27 wenn dieses Volk hinaufzieht, um
Schlachtopfer darzubringen im Haus des HERRN in Jerusalem, wird das
Herz dieses Volks zurückkehren zu ihrem Herrn, zu Rehabeam, dem
König von Juda, mich aber werden sie umbringen, und sie werden zu-
28: Ex 20,4; 2Kön 17,8 · Ex 32,4; Neh 9,18 rückkehren zu Rehabeam, dem König von Juda. 28 Und der König liess
sich beraten und fertigte zwei goldene Kälber an. Dann sprach er zu ih-
nen: Lange genug seid ihr nach Jerusalem hinaufgezogen! Sieh, Israel,
das sind deine Götter, die dich heraufgeführt haben aus dem Land Ägyp-
29: 13,4; 2Kön 10,29; Jer 48,13; Am 8,14 ten. 29 Und das eine stellte er in Bet-El auf, und das andere brachte er
nach Dan. 30 Dies aber war eine Sünde. Und bis nach Dan zog das Volk
30: 13,34; 14,16; 15,26 · Dtn 5,8 vor dem einen her. 31 Und er baute auch ein Kulthöhenhaus, und aus
allen Teilen des Volks machte er solche zu Priestern, die nicht von den
31: 14,23; 2Kön 17,29 · 13,33 Leviten abstammten. 32 Und im achten Monat, am fünfzehnten Tag des
32: 8,2! Monats, stiftete Jerobeam ein Fest wie das Fest, das es in Juda gab. Und
er stieg hinauf zum Altar. So machte er es in Bet-El, um den Kälbern zu
opfern, die er angefertigt hatte. Und die er zu Priestern der Kulthöhen
33: 13,1; 2Kön 16,12 · Neh 6,8 gemacht hatte, liess er in Bet-El ihren Dienst antreten. 33 Und am fünf-
zehnten Tag des achten Monats, des Festmonats, den er sich selbst er-
dacht hatte, stieg er hinauf zum Altar, den er in Bet-El gemacht hatte.
Und er stiftete ein Fest für die Israeliten und stieg hinauf zum Altar, um
Rauchopfer darzubringen.

Jerobeam und der ungehorsame Gottesmann

1: 12,33! 13 1 Und sieh, als Jerobeam am Altar stand, um Rauchopfer darzu-
bringen, kam auf das Wort des HERRN hin aus Juda ein Gottes-
2: 2Kön 23,15–16 mann nach Bet-El. 2 Und auf das Wort des HERRN hin rief er gegen den
Altar und sprach: Altar, Altar! So spricht der HERR: Sieh, dem Haus Da-
vids wird ein Sohn geboren, sein Name ist Joschijahu. Und er wird auf
dir die Priester der Kulthöhen schlachten, die auf dir Rauchopfer dar-

bringen, und Menschenknochen wird man auf dir verbrennen. 3 An je- 3: Ex 7,9
nem Tag kündigte er ein Wunder an und sprach: Dies ist das Wunder,
das der HERR angekündigt hat: Seht, der Altar wird auseinander bre-
chen, und die Asche, die darauf ist, wird verstreut werden. 4 Und als der 4: 12,29!
König das Wort hörte, das der Gottesmann gegen den Altar in Bet-El rief,
streckte Jerobeam vom Altar herab seine Hand aus und sprach: Ergreift
ihn! Da vertrocknete seine Hand, die er gegen ihn ausgestreckt hatte,
und er konnte sie nicht zu sich zurückziehen. 5 Der Altar aber brach 5: Am 3,14
auseinander, und die Asche auf dem Altar wurde verschüttet, wie es der
Gottesmann auf das Wort des HERRN hin als Wunder angekündigt hat-
te. 6 Daraufhin sagte der König zu dem Gottesmann: Besänftige doch 6: Ex 8,4;
das Angesicht des HERRN, deines Gottes, und bete für mich, dass ich 2Kön 13,4 · Num 12,13 ·
meine Hand zurückziehen kann zu mir! Und der Gottesmann besänf- Lk 6,10
tigte das Angesicht des HERRN, und der König konnte seine Hand zu
sich zurückziehen, und sie wurde wie zuvor. 7 Da sagte der König zum 7: Ri 19,5 ·
Gottesmann: Komm mit mir ins Haus und stärke dich, und ich will dir 1Sam 9,7!;
ein Geschenk geben. 8 Der Gottesmann aber sprach zum König: Und 2Kön 5,15 8: Num 22,18 ·
würdest du mir die Hälfte deines Hauses geben – ich werde nicht mit dir Mk 6,23
kommen, und ich werde an diesem Ort nichts essen und auch nichts
trinken. 9 Denn so ist es mir durch das Wort des HERRN geboten wor-
den: Du sollst nichts essen und nichts trinken, und du sollst nicht auf
dem Weg zurückkehren, auf dem du gekommen bist. 10 Und er ging
einen anderen Weg und kehrte nicht auf dem Weg zurück, auf dem er
nach Bet-El gekommen war.

11 In Bet-El aber wohnte ein alter Prophet, und seine Söhne kamen
zu ihm und erzählten ihm von all dem, was der Gottesmann an jenem
Tag in Bet-El getan hatte, auch von den Worten, die er zum König ge-
sprochen hatte. Und sie erzählten es ihrem Vater, 12 und ihr Vater sagte
zu ihnen: Welchen Weg ist er gegangen? Und seine Söhne zeigten ihm
den Weg, den der Gottesmann, der aus Juda gekommen war, gegangen
war. 13 Da sprach er zu seinen Söhnen: Sattelt mir den Esel. Und sie sat-
telten ihm den Esel, und er sass auf, 14 ritt dem Gottesmann nach und 14: 1Sam 10,3
fand ihn, als dieser unter einer Terebinthe sass. Und er sagte zu ihm:
Bist du der Gottesmann, der aus Juda gekommen ist? Und dieser sagte:
Ich bin es. 15 Da sagte er zu ihm: Komm mit mir in das Haus und iss.
16 Er aber sprach: Ich kann nicht mit dir zurückkehren und mit dir
kommen, und ich kann mit dir an diesem Ort auch nichts essen oder
trinken, 17 denn auf das Wort des HERRN hin ist ein Wort an mich er-
gangen: Du sollst nichts essen und dort nichts trinken, du sollst nicht
auf dem Weg zurückkehren, auf dem du gekommen bist. 18 Da sagte er 18: 22,22
zu ihm: Auch ich bin ein Prophet wie du, und auf das Wort des HERRN
hin hat ein Bote zu mir gesprochen: Bring ihn zurück mit dir in dein
Haus, damit er isst und trinkt. Er belog ihn. 19 Da kehrte er mit ihm
zurück, und in seinem Haus ass er und trank er.

20 Als sie aber bei Tisch sassen, erging das Wort des HERRN an den

13,6: Wörtlich: «..., dass meine Hand zurückkehrt zu mir! ...»

13,8: Im vorliegenden Zusammenhang findet sich im Hebräischen stets ‹Brot essen› und ‹Wasser trinken›.

13,12: Die Übersetzung «Und seine Söhne zeigten ihm den Weg» beruht auf den antiken Übersetzungen; der Massoretische Text lautet übersetzt: «Und seine Söhne sahen den Weg».

21: 26 Propheten, der ihn zurückgeholt hatte, 21 und dieser rief dem Gottes-
mann zu, der aus Juda gekommen war: So spricht der HERR: Weil du
widerspenstig warst gegen den Befehl des HERRN und das Gebot nicht
22: 2Kön 22,20 gehalten hast, das der HERR, dein Gott, dir gegeben hat, 22 und zurück-
gekehrt bist und gegessen und getrunken hast an dem Ort, von dem er
dir gesagt hat, dass du dort nichts essen und nichts trinken sollst, da-
rum wird dein Leichnam nicht in das Grab deiner Vorfahren kommen.
23 Und nachdem er gegessen und getrunken hatte, sattelte man ihm
den Esel, der dem Propheten gehörte, der ihn zurückgebracht hatte,
24: 20,36; 24 und er zog fort. Auf dem Weg aber traf ein Löwe auf ihn und tötete
2Kön 2,24 ihn. Und sein Leichnam lag hingestreckt auf dem Weg, und der Esel
stand neben ihm, und auch der Löwe blieb neben dem Leichnam stehen.
25 Und sieh, als einige Männer vorübergingen, sahen sie den Leichnam
hinstreckt auf dem Weg liegen und den Löwen neben dem Leichnam
stehen. Und als sie in die Stadt kamen, wo der alte Prophet wohnte, er-
26: 21 zählten sie davon. 26 Und der Prophet, der ihn zurückgebracht hatte
vom Weg, hörte es und sprach: Das ist der Gottesmann, der widerspens-
tig war gegen den Befehl des HERRN. Und der HERR hat ihn dem Löwen
preisgegeben, und nach dem Wort, das der HERR zu ihm gesprochen
hat, hat dieser ihn zerrissen und getötet. 27 Und zu seinen Söhnen sagte
er: Sattelt mir den Esel. Und sie sattelten ihn. 28 Und er ritt hin und fand
seinen Leichnam hingestreckt auf dem Weg liegen, der Esel und der
Löwe aber standen neben dem Leichnam. Der Löwe hatte den Leichnam
nicht gefressen und den Esel nicht zerrissen. 29 Da hob der Prophet den
Leichnam des Gottesmannes auf, legte ihn auf den Esel und brachte ihn
zurück, und er kam in die Stadt des alten Propheten, um die Totenklage
30: 14,13; Jer 22,18; zu halten und ihn zu begraben. 30 Und er legte den Leichnam in sein
34,5 eigenes Grab, und man klagte um ihn: Ach, mein Bruder! 31 Und nach-
31: 2Kön 23,17 dem er ihn begraben hatte, sprach er zu seinen Söhnen: Wenn ich ster-
be, sollt ihr mich in dem Grab begraben, in dem der Gottesmann begra-
ben ist. Legt meine Gebeine neben seine Gebeine. 32 Denn das Wort
wird sich erfüllen, das er auf das Wort des HERRN hin gerufen hat gegen
den Altar, der in Bet-El ist, und gegen all die Häuser auf den Kulthöhen,
die in den Städten Samarias sind!

33: 12,31! · Ex 28,41 33 Auch nach dieser Begebenheit kehrte Jerobeam nicht zurück von
seinem bösen Weg, und weiterhin setzte er Priester der Kulthöhen ein
aus allen Teilen des Volks. Wer es wollte, dem füllte er die Hand, so dass
34: 12,30! er einer der Priester der Kulthöhen wurde. 34 Und dies war die Sünde
des Hauses Jerobeams und der Grund dafür, dass es ausgetilgt und vom
Erdboden ausgerottet wurde.

Der HERR straft Jerobeam. Jerobeams Tod

2: 1Sam 28,8 · 14 1 In jener Zeit wurde Abija, der Sohn Jerobeams, krank. 2 Und
11,29–31 Jerobeam sagte zu seiner Frau: Auf, verkleide dich, damit man
nicht erkennt, dass du die Frau Jerobeams bist, und geh nach Schilo.
Sieh, dort ist Achija, der Prophet, er hat von mir gesagt, dass ich König
3: 2Kön 4,42 · sein würde über dieses Volk. 3 Nimm zehn Brote und Kuchen und einen
2Kön 8,8–9 Krug Honig mit dir und geh zu ihm; er wird dir mitteilen, was mit dem

Knaben geschehen wird. 4 Und so machte es die Frau Jerobeams: Sie 4: 1Sam 4,15
machte sich auf, ging nach Schilo und kam in das Haus Achijas. Achi-
jahu aber konnte nicht mehr sehen, denn seines hohen Alters wegen
waren seine Augen starr geworden. 5 Der HERR aber hatte zu Achijahu
gesagt: Sieh, die Frau Jerobeams kommt, um von dir ein Wort über ih-
ren Sohn zu erbitten, denn er ist krank. So und so sollst du zu ihr spre-
chen. Aber wenn sie kommt, wird sie sich nicht zu erkennen geben.
6 Und als Achijahu das Geräusch ihrer Schritte hörte, als sie in die Tür
trat, sagte er: Komm herein, Frau von Jerobeam! Warum denn gibst du
dich nicht zu erkennen? Mit einer harten Botschaft für dich bin ich be-
auftragt. 7 Geh, sprich zu Jerobeam: So spricht der HERR, der Gott Isra- 7: 16,2
els: Ich habe dich emporgehoben aus dem Volk und habe dich zum Fürs-
ten gemacht über mein Volk Israel. 8 Und ich habe das Königtum dem 8: 11,11!
Haus Davids entrissen und es dir gegeben, du aber warst nicht wie mein
Diener David, der meine Gebote gehalten hat und der mir gefolgt ist mit
ganzem Herzen und nur tat, was recht ist in meinen Augen: 9 Du hast 9: 22;16,25.30.33;
mehr Böses getan als alle, die vor dir gewesen sind, und du bist gegan- Jer 7,26 · 15,30
gen und hast dir andere Götter gemacht und gegossene Bilder, um mich
zu reizen; mir aber hast du den Rücken zugekehrt. 10 Sieh, darum brin- 10: 15,29;21,21;
ge ich Unheil über das Haus Jerobeams. Und wer zu Jerobeam gehört 2Kön 9,8
und an die Wand pisst, den werde ich ausrotten, Sklaven und Freie in
Israel; und wie man den Kot wegfegt, so werde ich das Haus Jerobeams
wegfegen, bis es ganz aus ist mit ihm. 11 Wer von denen, die zu Jerobe- 11: 16,3–4;21,24;
am gehören, in der Stadt stirbt, den werden die Hunde fressen, und wer 1Sam 17,46
auf dem offenen Land stirbt, den werden die Vögel des Himmels fres-
sen; der HERR hat gesprochen. 12 Du aber mach dich auf, geh in dein
Haus. Sobald du deinen Fuss in die Stadt setzt, wird das Kind sterben.
13 Und ganz Israel wird die Totenklage für ihn halten, und man wird ihn 13: 13,30! ·
begraben. Denn von denen, die zu Jerobeam gehören, wird allein er in 2Chr 12,12
ein Grab kommen, weil sich im Haus Jerobeams nur an ihm etwas ge-
funden hat, das dem HERRN, dem Gott Israels, gefällt. 14 Der HERR aber 14: 15,27–29
wird für sich einen König über Israel auftreten lassen, der das Haus Jero-
beams ausrotten wird. Das wird ein Tag sein! Was aber ist nun? 15 Und 15: 8,46 ·
der HERR wird Israel schlagen, dass es schwanken wird wie das Rohr im Dtn 29,27! ·
Wasser. Und er wird Israel ausreissen aus diesem guten Land, das er 2Kön 17,11.17
ihren Vorfahren gegeben hat, und jenseits des Stroms wird er sie zer-
streuen, denn sie haben sich ihre Ascheren gemacht, und immerzu rei-
zen sie den HERRN. 16 Und er wird Israel preisgeben der Sünden Jero- 16: 12,30!
beams wegen, die dieser begangen hat und zu denen er Israel verführt
hat. 17 Und die Frau Jerobeams machte sich auf und ging und kam nach 17: Jos 12,24
Tirza. Als sie die Schwelle des Hauses betrat, da starb der Knabe. 18 Und
man begrub ihn, und ganz Israel hielt die Totenklage für ihn, nach dem
Wort des HERRN, das er durch seinen Diener Achijahu, den Propheten,
gesprochen hatte.

19 Und was sonst noch von Jerobeam zu berichten ist, wie er Kriege 19: 2Chr 13,2–20 ·
geführt hat und wie er als König war, sieh, das steht geschrieben im 15,31;16,5.14.20.27;
Buch der Chronik der Könige von Israel. 20 Und die Zeit, die Jerobeam 22,39
20: 15,25

14,4: Achijahu ist eine andere Form des Namens Achija.
14,10: «und an die Wand pisst»: Siehe die Anm. zu 1Sam 25,22.

König war, betrug zweiundzwanzig Jahre. Und er legte sich zu seinen
Vorfahren, und Nadab, sein Sohn, wurde König an seiner Statt.

Rehabeam, König in Jerusalem

21–24: 21 Rehabeam aber, der Sohn Salomos, war in Juda König geworden.
2Chr 12,13–13,2 Einundvierzig Jahre alt war Rehabeam, als er König wurde, und sieb-
21: 12,17 · 11,43 · 11,1! zehn Jahre lang war er König in Jerusalem, der Stadt, die der HERR er-
wählt hatte aus allen Stämmen Israels, um dort seinen Namen nieder-
zulegen. Und der Name seiner Mutter war Naama, die Ammoniterin.
22: 9! 22 Und Juda tat, was böse war in den Augen des HERRN, und mehr als es
ihre Vorfahren je getan hatten machten sie ihn eifersüchtig durch ihre
23: 12,31! · Dtn 12,2 Sünden, die sie begingen. 23 Und auch sie bauten sich Kulthöhen, Maz-
zeben und Ascheren auf jedem hohen Hügel und unter jedem grünen
24: 15,12; 22,47; Baum. 24 Und auch Geweihte gab es im Land. Sie handelten ebenso ab-
2Kön 23,7; Hos 4,14 scheulich wie all die Nationen, die der HERR vor den Israeliten vertrie-
ben hatte.

25–28: 2Chr 12,1–12 25 Und im fünften Jahr König Rehabeams zog Schischak, der König
25: 11,40 von Ägypten, herauf gegen Jerusalem. 26 Und er nahm die Schätze des
26: 10,16 Hauses des HERRN und die Schätze des Hauses des Königs, das alles
nahm er, und er nahm auch alle goldenen Schilde, die Salomo angefer-
27: 2Kön 11,4.19 tigt hatte. 27 Und statt ihrer fertigte König Rehabeam Schilde aus Bron-
ze an und übergab sie den Obersten der Leibwache, die den Eingang
zum Haus des Königs bewachten. 28 Und die Leibwächter trugen sie
immer, wenn der König ins Haus des HERRN ging, danach aber brachte
man sie zurück in die Wachstube der Leibwächter.

29–21: 29 Und was sonst noch von Rehabeam zu berichten ist und von al-
2Chr 12,13–13,2 lem, was er getan hat, steht das nicht geschrieben im Buch der Chronik
29: 15,6.23; 22,46; 2Kön 8,23; 15,36 der Könige von Juda? 30 Die ganze Zeit aber herrschte Krieg zwischen
30: 12,24! Rehabeam und Jerobeam. 31 Und Rehabeam legte sich zu seinen Vorfah-
31: 2,10 · 11,1! · 15,1 ren, und er wurde bei seinen Vorfahren in der Stadt Davids begraben.
Und der Name seiner Mutter war Naama, die Ammoniterin. Und Abi-
jam, sein Sohn, wurde König an seiner Statt.

Abijam, König über Juda in Jerusalem

1: 14,31 **15** 1 Und im achtzehnten Jahr König Jerobeams, des Sohns von Ne-
2: 10; 2Chr 11,20–22 bat, wurde Abijam König über Juda. 2 Drei Jahre lang war er König
in Jerusalem. Und der Name seiner Mutter war Maacha, die Tochter Abi-
3: 8,61!; 11,4 saloms. 3 Und er ging auf dem Weg all der Sünden, die vor ihm sein
Vater begangen hatte, und sein Herz war nicht ungeteilt beim HERRN,
seinem Gott, wie das Herz Davids, seines Vorfahren, es gewesen war.
4: 11,12–13 · 11,36 4 Um Davids willen aber gab der HERR, sein Gott, ihm eine Leuchte in
Jerusalem: Nach ihm liess er seinen Sohn auftreten, und Jerusalem liess
5: Dtn 17,20 · er bestehen. 5 Denn David hatte getan, was recht war in den Augen des
2Sam 12,9 HERRN, und sein Leben lang war er nicht abgewichen von allem, was er
ihm befohlen hatte, abgesehen von der Sache mit Urija, dem Hetiter.
6: 12,24! 6 Es herrschte aber Krieg zwischen Rehabeam und Jerobeam, solange er
7: 14,29! lebte. 7 Und was sonst noch von Abijam zu berichten ist und von allem,

14,24: Siehe die Anm. zu Dtn 23,18.
15,2: Abisalom ist eine andere Form des Namens Absalom.

was er getan hat, steht das nicht geschrieben im Buch der Chronik der
Könige von Juda? Es herrschte aber Krieg zwischen Abijam und Jerobe-
am. 8 Und Abijam legte sich zu seinen Vorfahren, und man begrub ihn 8: 2Sam 5,7
in der Stadt Davids. Und Asa, sein Sohn, wurde König an seiner Statt.

Asa, König von Juda in Jerusalem

9 Und im zwanzigsten Jahr Jerobeams, des Königs von Israel, wurde
Asa König, König von Juda. 10 Und einundvierzig Jahre lang war er Kö- 10: 2!
nig in Jerusalem. Und der Name seiner Mutter war Maacha, die Tochter
Abisaloms. 11 Und Asa tat, was recht war in den Augen des HERRN, wie 11: 11,6!
David, sein Vorfahr, es getan hatte. 12 Und er vertrieb die Geweihten aus 12: 22,47;
dem Land und beseitigte alle Mistgötzen, die seine Vorfahren gemacht 2Kön 23,7 · 14,24! ·
hatten. 13 Auch setzte er Maacha, seine Mutter, als Gebieterin ab, die ein 21,26
Schandbild angefertigt hatte für die Aschera. Und Asa zerschlug ihr 13–15: 2Chr 15,1–18
Schandbild und verbrannte es im Kidrontal; 14 die Höhen aber ver- 13: 2Kön 10,26;
schwanden nicht. Das Herz Asas aber war sein Leben lang ungeteilt 23,4.6.12
beim HERRN. 15 Und die heiligen Dinge seines Vaters und seine eige- 14: 3,3! · 8,61!
nen heiligen Dinge brachte er ins Haus des HERRN, Silber, Gold und Ge- 15: 7,51
räte. 16 Die ganze Zeit aber herrschte Krieg zwischen Asa und Bascha, 16–22:
dem König von Israel. 17 Und Bascha, der König von Israel, zog herauf 2Chr 15,19–16,6
gegen Juda und baute Rama aus, um Asa, dem König von Juda, nicht die 16: 32
Möglichkeit zu geben, auszurücken und einzurücken. 18 Und Asa 18: 14,26 ·
nahm alles Silber und Gold, das übrig war in den Schatzkammern des 2Kön 12,19! · 11,24
Hauses des HERRN und in den Schatzkammern des Hauses des Königs,
und gab es seinen Dienern. Dann sandte König Asa diese zu Ben-Hadad,
dem Sohn des Tabrimmon, des Sohns von Chesjon, dem König von
Aram, der in Damaskus wohnte, und sagte: 19 Es gibt einen Bund zwi-
schen mir und dir, zwischen meinem Vater und deinem Vater. Sieh, ich
sende dir ein Geschenk, Silber und Gold. Geh, löse dein Bündnis mit
Bascha, dem König von Israel, damit er abzieht von mir. 20 Und Ben- 20: Ri 18,29 ·
Hadad hörte auf König Asa, und er sandte die Anführer der Heere, die zu 2Sam 20,15;
ihm gehörten, gegen die Städte Israels, und er schlug Ijon, Dan und 2Kön 15,29
Abel-Bet-Maacha und ganz Kinrot, das ganze Land Naftali. 21 Und als
Bascha davon hörte, brach er den Ausbau von Rama ab und kehrte zu-
rück nach Tirza. 22 König Asa aber bot ganz Juda auf, keiner wurde frei- 22: Jer 41,9–10
gestellt, und sie trugen die Steine von Rama weg und das Holz, womit
Bascha gebaut hatte, und König Asa baute damit Geba in Benjamin aus
und Mizpa. 23 Und alles, was sonst noch von Asa zu berichten ist und 23–24:
von all seiner Tüchtigkeit und von allem, was er getan hat, und von den 2Chr 16,11–17,6
Städten, die er gebaut hat, steht das nicht geschrieben im Buch der Chro- 23: 2Chr 14,7–14 ·
nik der Könige von Juda? Im Alter aber wurde er krank an den Füssen. 14,29!
24 Und Asa legte sich zu seinen Vorfahren, und er wurde bei seinen Vor- 24: 22,41
fahren begraben, in der Stadt Davids, seines Vorfahren. Und Jehoscha-
fat, sein Sohn, wurde König an seiner Statt.

Nadab, König über Israel

25 Und Nadab, der Sohn Jerobeams, wurde König über Israel im 25: 14,20
zweiten Jahr Asas, des Königs von Juda, und zwei Jahre lang war er Kö-
nig über Israel. 26 Und er tat, was böse war in den Augen des HERRN, 26: 34; 12,30!
und er ging auf dem Weg seines Vaters und in der Sünde, zu der dieser

27–29: 14,14 Israel verführt hatte. 27 Bascha aber, der Sohn Achijas, der zum Haus
27: 16,15 Issaschar gehörte, zettelte eine Verschwörung an gegen ihn, und Bascha
erschlug ihn bei Gibbeton, das den Philistern gehörte, während Nadab
und ganz Israel Gibbeton belagerten. 28 So tötete Bascha ihn im dritten
Jahr Asas, des Königs von Juda, und er wurde König an seiner Statt.
29: 14,10 · 13,34 29 Und als er König geworden war, erschlug er das ganze Haus Jerobe-
am. Von dem, was zu Jerobeam gehörte, liess er nichts übrig, was Atem
hatte, er vernichtete es, nach dem Wort, das der HERR durch seinen Die-
30: 14,9! ner Achija, den Schiloniter, gesprochen hatte, 30 der Sünden Jerobeams
wegen, die dieser begangen und zu denen er Israel verführt hatte, und
der Kränkung wegen, die er dem HERRN, dem Gott Israels, zugefügt hat-
31: 14,19! te. 31 Und was sonst noch von Nadab zu berichten ist und von allem,
was er getan hat, steht das nicht geschrieben im Buch der Chronik der
32: 16 Könige von Israel? 32 Die ganze Zeit aber herrschte Krieg zwischen Asa
und Bascha, dem König von Israel.

Bascha, König über Israel in Tirza

33 Im dritten Jahr Asas, des Königs von Juda, wurde Bascha, der Sohn
des Achija, in Tirza König über ganz Israel, und er blieb es vierundzwan-
34: 26!; 14,16 zig Jahre lang. 34 Und er tat, was böse war in den Augen des HERRN, und
er ging auf dem Weg Jerobeams und in der Sünde, zu der dieser Israel
verführt hatte.

1: 2Chr 16,7; 19,2; 20,34 **16** 1 Und das Wort des HERRN gegen Bascha erging an Jehu, den Sohn
des Chanani: 2 Weil du, obwohl ich dich aus dem Staub erhoben
2: 1Sam 2,8; Ps 113,7 · 14,7 · 12,30! und dich zum Fürsten gemacht habe über mein Volk Israel, auf dem
Weg Jerobeams gegangen bist und mein Volk Israel zur Sünde verführt
3–4: 14,11! hast, so dass sie mich mit ihren Sünden reizen, 3 sieh, fege ich Bascha
3: 11–12; 15,29 und sein Haus weg, und dein Haus werde ich dem Haus Jerobeams, des
Sohnes von Nebat, gleich machen. 4 Wer von denen, die zu Bascha ge-
hören, in der Stadt stirbt, den werden die Hunde fressen, und wer von
denen, die zu ihm gehören, auf dem offenen Land stirbt, den werden die
5: 14,19 Vögel des Himmels fressen. 5 Und was sonst noch von Bascha zu berich-
ten ist und von dem, was er getan hat, und von seiner Tüchtigkeit, steht
das nicht geschrieben im Buch der Chronik der Könige von Israel?
6: 8 6 Und Bascha legte sich zu seinen Vorfahren, und er wurde in Tirza be-
graben. Und Ela, sein Sohn, wurde König an seiner Statt. 7 Und es war
auch durch Jehu, den Sohn Chananis, den Propheten, das Wort des
HERRN an Bascha und an sein Haus ergangen, all des Bösen wegen, das
er in den Augen des HERRN getan hatte, da er ihn reizte durch das Tun
seiner Hände und sich verhielt wie das Haus Jerobeams und auch weil er
dieses erschlagen hatte.

Ela, König über Israel in Tirza

8: 6 8 Im sechsundzwanzigsten Jahr Asas, des Königs von Juda, wurde
Ela, der Sohn Baschas, in Tirza König über Israel, und er blieb es zwei
9: 20,11! Jahre lang. 9 Sein Diener Simri aber, der Oberste über die Hälfte der
Wagen, zettelte eine Verschwörung an gegen ihn: Während er in Tirza
im Haus von Arza, der dem Haus in Tirza vorstand, zechte und betrun-
10: 15 · 2Kön 9,31 ken war, 10 kam Simri und erschlug ihn. So tötete er ihn im siebenund-
zwanzigsten Jahr Asas, des Königs von Juda, und er wurde König an sei-

ner Statt. 11 Und als er König wurde und sich auf den Thron gesetzt hat- 11–12: 3!
te, erschlug er das ganze Haus Baschas; nichts liess er übrig, was zu die-
sem gehörte und an die Wand pisste, nicht seine Verwandten und nicht
seine Freunde. 12 So rottete Simri das ganze Haus Baschas aus nach dem
Wort des HERRN, das dieser durch Jehu, den Propheten, gegen Bascha
gesprochen hatte, 13 all der Sünden Baschas wegen und der Sünden Elas, 13: 19.26
seines Sohns, wegen, die sie begangen und zu denen sie Israel verführt
hatten, so dass sie den HERRN, den Gott Israels, mit ihren nichtigen Göt-
zen gereizt hatten. 14 Und was sonst noch von Ela zu berichten ist und 14: 14,19!
von allem, was er getan hat, steht das nicht geschrieben im Buch der
Chronik der Könige von Israel?

Simri, König in Tirza

15 Im siebenundzwanzigsten Jahr Asas, des Königs von Juda, wurde 15: 10 · 15,27
Simri König, und sieben Tage lang blieb er es in Tirza, während das Volk
Gibbeton belagerte, das den Philistern gehörte. 16 Und während der Be-
lagerung hörte das Volk, dass Simri eine Verschwörung angezettelt und
auch den König erschlagen hatte. Da machte ganz Israel an jenem Tag
Omri, den Heerführer, im Lager zum König über Israel. 17 Und Omri
zog ab von Gibbeton, und ganz Israel mit ihm, und sie belagerten Tirza.
18 Und als Simri sah, dass die Stadt eingenommen war, kam er in den 18: Ri 9,49; 12,1 ·
Wohnturm im Haus des Königs, steckte das Haus des Königs über sich 2Sam 17,23
in Brand, und so starb er 19 der Sünden wegen, die er begangen hatte, da 19: 13!
er tat, was böse war in den Augen des HERRN, und da er auf dem Weg
Jerobeams ging und in der Sünde, die dieser begangen hatte, indem er
Israel zur Sünde verführte. 20 Und was sonst noch von Simri zu berich- 20: 14,19!
ten ist und von der Verschwörung, die er angezettelt hat, steht das nicht
geschrieben im Buch der Chronik der Könige von Israel?

Omri, König über Israel in Tirza

21 Damals spaltete sich das Volk Israel in zwei Teile; die eine Hälfte
des Volks stand hinter Tibni, dem Sohn Ginats, und wollte ihn zum Kö-
nig machen, und die andere Hälfte stand hinter Omri. 22 Das Volk aber,
das hinter Omri stand, war stärker als das Volk, das hinter Tibni stand,
dem Sohn von Ginat. Und Tibni starb, und Omri wurde König.
23 Im einunddreissigsten Jahr Asas, des Königs von Juda, wurde
Omri König über Israel, und er blieb es zwölf Jahre lang. Sechs Jahre
lang war er König in Tirza. 24 Und von Schemer kaufte er den Berg Sa-
maria für zwei Kikkar Silber, und er befestigte den Berg. Die Stadt aber,
die er gebaut hatte, nannte er Samaria nach dem Namen Schemers, des
Herrn des Berges. 25 Und Omri tat, was böse war in den Augen des 25: Mi 6,16 · 14,9!
HERRN, und er tat mehr Böses als alle, die vor ihm gewesen waren.
26 Und er ging ganz auf dem Weg Jerobeams, des Sohns von Nebat, und 26: 13!
in dessen Sünde, zu der dieser Israel verführt hatte, so dass sie den
HERRN, den Gott Israels, mit ihren nichtigen Götzen reizten. 27 Und 27: 14,19!
was sonst noch von Omri zu berichten ist, von dem, was er getan hat,

16,11: «und an die Wand pisste»: Siehe die Anm. zu 1Sam 25,22.

16,24: In der hebräischen Form des Namens Samaria (‹Schomron›) klingt der Name Schemer an.

und von seiner Tüchtigkeit, mit der er gehandelt hat, steht das nicht
geschrieben im Buch der Chronik der Könige von Israel? 28 Und Omri
legte sich zu seinen Vorfahren, und er wurde in Samaria begraben. Und
Achab, sein Sohn, wurde König an seiner Statt.

Achab, König über Israel in Samaria

29 Und Achab, der Sohn Omris, wurde König über Israel im acht-
unddreissigsten Jahr Asas, des Königs von Juda, und zweiundzwanzig
Jahre lang war Achab, der Sohn Omris, in Samaria König über Israel.
30 Und Achab, der Sohn Omris, tat mehr Böses in den Augen des
31: Offb 2,20 HERRN, als alle, die vor ihm gewesen waren. 31 Und war es nicht genug,
dass er in den Sünden Jerobeams, des Sohns von Nebat, ging? Er nahm
Isebel, die Tochter des Etbaal, des Königs der Sidonier, zur Frau und ging
32: 2Kön 10,18.21 · und diente dem Baal und warf sich vor ihm nieder. 32 Und er errichtete
2Kön 3,2 dem Baal einen Altar im Haus des Baal, das er in Samaria gebaut hatte.
33: 21,25 33 Und Achab fertigte auch eine Aschera an, und Achab tat mehr, um
den HERRN, den Gott Israels, zu reizen, als alle Könige Israels, die vor
34: Jos 6,26 ihm gewesen waren. 34 In seinen Tagen baute Chiel aus Bet-El Jericho
wieder auf. Als er den Grundstein legte, kostete es ihn Abiram, seinen
Erstgeborenen, und als er ihre Tore einsetzte, kostete es ihn Segub, sei-
nen Jüngsten, nach dem Wort des HERRN, das dieser durch Josua, den
Sohn des Nun, gesprochen hatte.

Elija am Bach Kerit und in Zarefat

1: 2Kön 1,3! · 18,15; 17 1 Und Elija, der Tischbiter aus Tischbe im Gilead, sprach zu Achab:
2Kön 3,14 · 8,35!; So wahr der HERR, der Gott Israels, lebt, vor dem ich diene: In die-
Lk 4,25; Jak 5,17 sen Jahren wird kein Tau fallen und kein Regen, es sei denn auf meinen
Befehl! 2 Und das Wort des HERRN erging an ihn: 3 Geh fort von hier
und wende dich nach Osten. Halte dich verborgen am Bach Kerit, der
jenseits des Jordan fliesst. 4 Und aus dem Bach kannst du trinken, und
den Raben habe ich geboten, dich dort zu versorgen. 5 Und er ging und
handelte nach dem Wort des HERRN. Er ging und blieb am Bach Kerit,
6: Ex 16,8.12 der jenseits des Jordan fliesst. 6 Und die Raben brachten ihm am Mor-
gen Brot und Fleisch und auch am Abend Brot und Fleisch, und aus dem
Bach trank er.

7 Nach einiger Zeit aber trocknete der Bach aus, denn es fiel kein
8: Obd 20 Regen im Land. 8 Da erging an ihn das Wort des HERRN: 9 Mach dich
auf, geh nach Zarefat, das zu Sidon gehört, und bleibe dort. Sieh, einer
10: Joh 4,7 Witwe dort habe ich geboten, dich zu versorgen. 10 Und er machte sich
auf und ging nach Zarefat. Und als er an den Eingang der Stadt kam,
sieh, da sammelte dort eine Witwe Holz. Und er rief ihr zu und sagte:
Hole mir doch einen Krug mit etwas Wasser, damit ich trinken kann!
11 Und sie ging, um es zu holen, und er rief ihr nach und sagte: Hole mir
12: 2Kön 4,2–4 · doch auch einen Bissen Brot. 12 Sie aber sagte: So wahr der HERR, dein
1,29! Gott, lebt, ich habe nichts vorrätig, ausser einer Handvoll Mehl im Krug
und ein wenig Öl im Krug. Und sieh, ich bin dabei, zwei, drei Stücke
Holz zu sammeln; dann werde ich gehen und für mich und für meinen
Sohn zubereiten, was noch da ist, und wir werden es essen, dann aber

17,1: In den hebräischen Texten findet sich für Elija häufig die Namensform ‹Elijahu›.

müssen wir sterben. 13 Da sagte Elija zu ihr: Fürchte dich nicht. Geh, tu,
wie du es gesagt hast; doch bereite davon zuerst einen kleinen Brotfla-
den für mich zu und bringe ihn mir heraus; für dich aber und für deinen
Sohn kannst du danach etwas zubereiten. 14 Denn so spricht der HERR,
der Gott Israels:

Das Mehl im Krug
wird nicht ausgehen,
und der Ölkrug
wird nicht leer werden,
bis zu dem Tag, an dem der HERR
dem Erdboden Regen gibt.

15 Da ging sie und handelte nach dem Wort Elijas, und sie hatten zu 15: Mt 10,41
essen, sie und er und ihr Haus, tagelang. 16 Das Mehl im Krug ging
nicht aus, und der Ölkrug wurde nicht leer, nach dem Wort des HERRN,
das dieser durch Elija gesprochen hatte.
17 Nach diesen Begebenheiten aber wurde der Sohn der Frau, der 17: 2Kön 4,20;
Hausherrin, krank, und seine Krankheit wurde immer schwerer, bis Joh 11,11
kein Atem mehr in ihm war. 18 Da sagte sie zu Elija: Was habe ich mit
dir zu schaffen, Gottesmann? Du bist zu mir gekommen, um an meine
Schuld zu erinnern und um meinen Sohn zu töten! 19 Er aber sagte zu
ihr: Gib mir deinen Sohn. Und er nahm ihn aus ihrem Schoss, trug ihn
hinauf ins Obergemach, wo er wohnte, und legte ihn auf sein Lager.
20 Und er rief den HERRN an und sprach: HERR, mein Gott, hast du auch 20: Gen 38,7
über diese Witwe, bei der ich zu Gast bin, Unheil beschlossen, dass du
ihren Sohn tötest? 21 Dann beugte er sich dreimal über das Kind, rief 21: 2Kön 4,34;
zum HERRN und sprach: HERR, mein Gott, lass doch das Leben zurück- Apg 20,10
kehren in dieses Kind! 22 Und der HERR hörte auf die Stimme Elijas, 22: Mt 9,25
und das Leben kehrte zurück in das Kind, und es wurde wieder leben-
dig. 23 Und Elija nahm das Kind und brachte es vom Obergemach hinab 23: 2Kön 4,36!;
in das Haus und gab es seiner Mutter. Und Elija sprach: Sieh, dein Sohn Lk 7,15
lebt. 24 Da sagte die Frau zu Elija: Nun weiss ich, dass du ein Gottes- 24: 2Kön 4,9
mann bist und dass das Wort des HERRN in deinem Mund wahr ist.

Das Gottesurteil auf dem Karmel

18 1 Und nach längerer Zeit, im dritten Jahr, erging das Wort des 1: 17,1 · Jer 14,22
HERRN an Elija: Geh, zeige dich Achab, denn ich will regnen lassen
auf den Erdboden. 2 Und Elija ging, um sich Achab zu zeigen. Der Hun- 2: 2Kön 6,25
ger aber war gross in Samaria. 3 Und Achab rief Obadjahu, der dem 3: 4,6
Haus vorstand. Obadjahu aber hatte grosse Ehrfurcht vor dem HERRN,
4 und als Isebel die Propheten des HERRN ausrotten wollte, hatte Obad- 4: 16,31 · 2Kön 9,7 ·
jahu hundert Propheten genommen und sie versteckt, je fünfzig Mann 13
in einer Höhle, und er hatte sie mit Brot versorgt und mit Wasser. 5 Und
Achab sprach zu Obadjahu: Geh zu allen Wasserquellen und zu allen
Bächen im Land. Vielleicht findet sich Gras, und wir können Pferde und
Maultiere am Leben erhalten und müssen keines der Tiere töten.
6 Dann teilten sie sich das Land auf, um es zu durchziehen. Auf dem
einen Weg zog Achab allein, und auf dem anderen Weg zog Obadjahu
allein. 7 Und als Obadjahu auf dem Weg war, sieh, da kam ihm Elija
entgegen, und er erkannte ihn und fiel nieder auf sein Angesicht und
sagte: Bist du es, mein Herr Elija? 8 Und dieser sprach zu ihm: Ich bin es.

Geh, sag deinem Herrn: Sieh, Elija ist da! 9 Er aber sagte: Was habe ich
mir zuschulden kommen lassen, dass du deinen Diener in die Hand
10: 1,29 Achabs gibst und dieser mich töten kann? 10 So wahr der HERR, dein
Gott, lebt: Es gibt keine Nation und kein Königreich, zu dem mein Herr
nicht gesandt hätte, um dich zu suchen. Sagten sie dann: Er ist nicht da!,
so liess er das Königreich oder die Nation schwören, dass man dich
nicht finden könne. 11 Und nun sagst du: Geh, sag deinem Herrn: Sieh,
12: 2Kön 2,16; Ez 3,12; Apg 8,39 Elija ist da! 12 Wenn ich nun wegginge von dir, könnte der Geist des
HERRN dich forttragen, ich aber wüsste nicht, wohin. Käme ich dann zu
Achab, um es ihm auszurichten, und er fände dich nicht, so würde er
mich umbringen. Dabei hat dein Diener den HERRN gefürchtet von sei-
13: 4 ner Jugend auf! 13 Ist meinem Herrn nicht berichtet worden, was ich
getan habe, als Isebel die Propheten des HERRN umgebracht hat? Dass
ich von den Propheten des HERRN hundert versteckt habe, je fünfzig in
einer Höhle, und sie mit Brot versorgt habe und mit Wasser? 14 Und
nun sagst du: Geh, sag deinem Herrn: Sieh, Elija ist da! – Er würde mich
15: 17,1! umbringen. 15 Elija aber sprach: So wahr der HERR der Heerscharen
lebt, vor dem ich diene: Noch heute werde ich mich ihm zeigen. 16 Da
ging Obadjahu Achab entgegen und richtete ihm alles aus.

17: Jer 38,4 Und Achab ging Elija entgegen, 17 und als Achab Elija erblickte,
18: 16,31 sprach Achab zu ihm: Bist du es, der du Israel ins Unglück stürzt? 18 Er
aber sprach: Nicht ich habe Israel ins Unglück gestürzt, sondern du und
das Haus deines Vaters, da ihr die Gebote des HERRN verlassen habt und
19: 15,13 da du den Baalen nachgelaufen bist. 19 Nun aber sende hin, versammle
ganz Israel bei mir auf dem Berg Karmel und dazu die vierhundertfünf-
zig Propheten des Baal und die vierhundert Propheten der Aschera, die
20: 22,6! am Tisch Isebels essen. 20 Und Achab sandte zu allen Israeliten und ver-
sammelte die Propheten auf dem Berg Karmel.

21: Jos 24,15; 2Kor 6,15 21 Und Elija trat vor das ganze Volk und sprach: Wie lange wollt ihr
auf zwei Krücken hinken? Wenn der HERR Gott ist, so folgt ihm, wenn
22: 19,10.14 aber Baal, so folgt ihm. Das Volk aber gab ihm keine Antwort. 22 Da
sprach Elija zum Volk: Ich allein bin übrig geblieben als Prophet des
HERRN, die Propheten des Baal aber sind vierhundertfünfzig Mann.
23 So gebe man uns zwei Stiere. Dann sollen sie sich einen Stier aus-
wählen, ihn zerlegen und auf das Holz legen, das Feuer aber sollen sie
nicht entzünden. Dann werde ich den anderen Stier herrichten und auf
24: Gen 15,17 das Holz legen, das Feuer aber werde ich nicht entzünden. 24 Dann sollt
ihr den Namen eures Gottes anrufen, ich aber werde den Namen des
HERRN anrufen. Und der Gott, der mit Feuer antwortet, der ist Gott. Dar-
aufhin sagte das ganze Volk: Das Wort ist gut! 25 Dann sprach Elija zu
den Propheten des Baal: Wählt euch einen Stier aus, und dann richtet
ihr ihn als Erste her, denn ihr seid viele. Dann ruft den Namen eures
26: Ps 115,4–8; Jes 46,7 Gottes an, das Feuer aber sollt ihr nicht entzünden. 26 Und sie nahmen
den Stier, den er ihnen gegeben hatte, und richteten ihn her, und vom
Morgen bis zum Mittag riefen sie den Namen Baals an und sprachen:
Baal, antworte uns! Aber nichts war zu hören, niemand gab Antwort.
Und sie hinkten um den Altar, den man gemacht hatte. 27 Und als es
Mittag wurde, verhöhnte Elija sie und sprach: Ruft mit lauter Stimme,

denn er ist ein Gott. Sicher ist er gerade beschäftigt, oder er ist wegge-
gangen und ist nun unterwegs; vielleicht schläft er auch und muss erst
aufwachen. 28 Da riefen sie mit lauter Stimme, und ihrem Brauch ge- 28: Jer 41,5; 47,5;
mäss machten sie sich Einschnitte mit Schwertern und mit Speeren, bis Hos 7,14
Blut an ihnen herunterlief. 29 Und als der Mittag vorbei war, gebärde- 29: Num 28,4–5 ·
ten sie sich wie Propheten, bis um die Zeit, da man das Speiseopfer dar- 1Sam 10,5
bringt. Aber nichts war zu hören, niemand gab Antwort, und niemand
merkte auf. 30 Da sprach Elija zum ganzen Volk: Tretet her zu mir! Und 30: 19,10
alles Volk trat zu ihm, und er baute den Altar des HERRN wieder auf, der
niedergerissen worden war. 31 Und Elija nahm zwölf Steine, nach der 31: Ex 24,4 ·
Zahl der Stämme der Söhne Jakobs, an den dieses Wort des HERRN er- Gen 32,29!; 35,10
gangen war: Dein Name soll Israel sein. 32 Und aus den Steinen baute er 32: Gen 12,7–8;
einen Altar im Namen des HERRN, und rings um den Altar zog er einen Ri 6,24
Graben, zwei Sea Aussaat eingrenzend. 33 Dann schichtete er das Holz 33: Lev 1,6–8
auf, zerlegte den Stier und legte ihn auf das Holz. 34 Und er sagte: Füllt
vier Krüge mit Wasser und giesst es auf das Brandopfer und auf das
Holz. Dann sagte er: Macht es noch einmal. Und sie machten es noch
einmal. Er aber sagte: Macht es ein drittes Mal. Und sie machten es ein
drittes Mal. 35 Da lief das Wasser rings um den Altar, und auch den Gra-
ben füllte er mit Wasser. 36 Um die Zeit aber, da man das Speiseopfer 36: Ex 3,6
darbringt, trat Elija, der Prophet, heran und sprach: HERR, Gott Abra-
hams, Isaaks und Israels, heute soll bekannt werden, dass du Gott bist in
Israel und dass ich dein Diener bin und all dies auf dein Wort hin getan
habe. 37 Antworte mir, HERR, antworte mir, damit dieses Volk erkennt, 37: 2Sam 7,26;
dass du, HERR, Gott bist und dass du ihr Herz zurückwendest. 38 Da fiel 2Kön 19,19
das Feuer des HERRN herab und verzehrte das Brandopfer und das Holz 38: Offb 13,13 · 19,12; Lev 9,24!
und die Steine und die Erde, und auch das Wasser, das im Graben war,
leckte es auf. 39 Und das ganze Volk sah es, und sie fielen nieder auf ihr 39: 24
Angesicht und sprachen: Der HERR, er ist Gott! Der HERR, er ist Gott!
40 Und Elija sprach zu ihnen: Ergreift die Propheten des Baal! Keiner 40: Ex 22,19;
von ihnen soll entrinnen! Und man ergriff sie, und Elija führte sie hinab Dtn 13,6! · Ri 4,7.13
an das Bachtal des Kischon, und dort schlachtete er sie.

41 Und Elija sprach zu Achab: Geh hinauf, iss und trink, denn schon
hört man das Rauschen des Regens. 42 Und Achab ging hinauf, um zu 42: 1Sam 12,18;
essen und zu trinken, Elija aber stieg auf den Gipfel des Karmel, beugte Jak 5,18
sich zur Erde nieder und vergrub sein Angesicht zwischen seinen Kni-
en. 43 Dann sagte er zu seinem Burschen: Geh hinauf, halte Ausschau 43: Jos 6,4;
gegen das Meer hin. Und dieser ging hinauf, hielt Ausschau und sagte: 2Kön 4,35
Dort ist nichts. Er aber sagte: Geh noch einmal hinauf! Und dies sieben
Mal. 44 Beim siebten Mal aber sagte er: Sieh, eine Wolke, klein wie die
Hand eines Mannes, steigt auf aus dem Meer. Da sprach er: Geh hinauf,
sprich zu Achab: Spann an und fahr hinab, und der Regen soll dich nicht
davon abhalten. 45 Unterdessen aber hatte der Himmel sich verfinstert
mit Wolken und mit Sturm, und ein gewaltiger Regen setzte ein. Da
stieg Achab auf und fuhr nach Jesreel. 46 Die Hand des HERRN aber war 46: 2Kön 3,15;
auf Elija, und er gürtete seine Hüften, und bis da, wo es nach Jesreel Ez 1,3; 3,22 ·
geht, lief er vor Achab her. 2Kön 1,8

18,27: Möglich ist auch die Übersetzung: «... Sicher ist er gerade in Gedanken, oder er ist ausgetreten, oder er ist gerade unterwegs; ...»

Die Gottesbegegnung am Choreb

19 1 Und Achab berichtete Isebel alles, was Elija getan hatte und wie
er alle Propheten mit dem Schwert umgebracht hatte. 2 Da sandte
Isebel einen Boten zu Elija und sprach: Die Götter sollen mir antun, was
immer sie wollen – morgen um diese Zeit werde ich dich so zurichten,
dass du wie einer von ihnen bist. 3 Und als er das sah, machte er sich auf
und lief um sein Leben. Und er kam nach Beer-Scheba, das zu Juda ge-
hört, und dort liess er seinen Burschen zurück, 4 er selbst aber ging in
die Wüste, eine Tagesreise weit. Und als er dort war, setzte er sich unter
einen Ginsterstrauch und wünschte sich den Tod, und er sprach: Es ist
genug, HERR, nimm nun mein Leben, denn ich bin nicht besser als mei-
ne Vorfahren. 5 Dann legte er sich hin, und unter einem Ginsterstrauch
schlief er ein. Aber plötzlich berührte ihn ein Bote und sprach zu ihm:
Steh auf, iss! 6 Und als er hinsah, sieh, da waren an seinem Kopfende
ein geröstetes Brot und ein Krug mit Wasser. Und er ass und trank und
legte sich wieder schlafen. 7 Der Bote des HERRN aber kam zum zweiten
Mal und berührte ihn und sprach: Steh auf, iss, denn der Weg, der vor
dir liegt, ist weit. 8 Da stand er auf und ass und trank, und durch diese
Speise wieder zu Kräften gekommen, ging er vierzig Tage und vierzig
Nächte lang bis zum Gottesberg Choreb.

9 Und dort kam er zu einer Höhle, und er übernachtete dort. Und
sieh, da erging an ihn das Wort des HERRN, und er sprach zu ihm: Was
tust du hier, Elija? 10 Und er sprach: Ich habe wahrlich geeifert für den
HERRN, den Gott der Heerscharen! Denn die Israeliten haben deinen
Bund verlassen, deine Altäre haben sie niedergerissen und deine Pro-
pheten haben sie mit dem Schwert umgebracht. Und ich allein bin üb-
rig geblieben, sie aber haben danach getrachtet, mir das Leben zu neh-
men. 11 Da sprach er: Geh hinaus und stell dich auf den Berg vor den
HERRN! Und sieh – da ging der HERR vorüber. Und vor dem HERRN her
kam ein grosser und gewaltiger Sturmwind, der Berge zerriss und Fel-
sen zerbrach, in dem Sturmwind aber war der HERR nicht. Und nach
dem Sturmwind kam ein Erdbeben, in dem Erdbeben aber war der HERR
nicht. 12 Und nach dem Erdbeben kam ein Feuer, in dem Feuer aber war
der HERR nicht. Nach dem Feuer aber kam das Flüstern eines sanften
Windhauchs. 13 Als Elija das hörte, verhüllte er sein Angesicht mit sei-
nem Mantel. Dann ging er hinaus und trat an den Eingang der Höhle.
Und sieh, da sprach eine Stimme zu ihm: Was tust du hier, Elija? 14 Und
er antwortete: Ich habe wahrlich geeifert für den HERRN, den Gott der
Heerscharen! Denn die Israeliten haben deinen Bund verlassen, deine
Altäre haben sie niedergerissen, und deine Propheten haben sie mit
dem Schwert umgebracht. Und ich allein bin übrig geblieben, sie aber
haben danach getrachtet, mir das Leben zu nehmen. 15 Und der HERR
sprach zu ihm: Geh, kehre zurück auf deinen Weg in die Wüste, nach
Damaskus, und geh und salbe Chasael zum König über Aram. 16 Und
Jehu, den Sohn des Nimschi, sollst du zum König salben über Israel, und
Elischa, den Sohn des Schafat, aus Abel-Mechola, sollst du zum Prophe-
ten salben an deiner Statt. 17 Und wer sich vor dem Schwert Chasaels
retten kann, den wird Jehu töten, und wer sich vor dem Schwert Jehus
retten kann, den wird Elischa töten. 18 Siebentausend aber werde ich in

1: 16,29.31 · 18,40
2: 2,23! · 2Kön 6,31
3: Gen 21,31
4: Gen 21,16 · Hiob 6,9; Jer 20,18; Jona 4,3.8
8: Ex 24,18!; Mt 4,2
9–10: 13–14
9: Gen 16,8
10: 2Kön 10,16 · 18,22 · Mk 9,13
11: Ex 33,22 · Ez 1,4; Nah 1,3 · Ps 68,9
12: Dtn 4,11 · 18,38!; Sach 4,6
13–14: 9–10
13: 19; 1Sam 28,14; 2Kön 2,7; Sach 13,4 · Ex 3,6
14: 18,22
15: 2Kön 8,15
16: 2Kön 9,2–3
17: 2Kön 9,24
18: Röm 11,4 · Hiob 31,27!

Israel übrig lassen: alle, deren Knie sich nicht gebeugt haben vor dem
Baal, und alle, deren Mund ihn nicht geküsst hat.

Die Berufung Elischas

19 Und er entfernte sich von dort und begegnete Elischa, dem Sohn 19: Am 7,15 · 13!
des Schafat, als dieser beim Pflügen war mit zwölf Gespannen vor sich,
und er selbst war beim zwölften. Und Elija ging an ihm vorüber und
warf ihm seinen Mantel über. 20 Da verliess dieser die Rinder, lief Elija 20: Gen 31,28!;
nach und sagte: Ich würde gern noch meinen Vater und meine Mutter Lk 9,59–62
küssen, dann will ich dir folgen. Und er sprach zu ihm: Geh hin, dann
aber komm zurück! Vergiss nicht, was ich an dir getan habe. 21 Da 21: 1Sam 6,14;
wandte er sich ab von ihm, nahm das Gespann Rinder und schlachtete 2Sam 24,22 ·
sie. Und auf dem Geschirr der Rinder kochte er das Fleisch und gab es Mt 4,22; 9,9
dem Volk, und sie assen. Dann machte er sich auf, folgte Elija und diente
ihm.

Achabs Krieg gegen die Aramäer. Sein Bund mit König Ben-Hadad

20 1 Ben-Hadad aber, der König von Aram, hatte sein ganzes Heer 1: 2Kön 6,8.24; 8,7
versammelt, und bei ihm waren zweiunddreissig Könige mit
Pferden und Wagen, und er zog herauf, belagerte Samaria und bekämpf-
te es. 2 Und er sandte Boten in die Stadt zu Achab, dem König von Israel, 2: 2Kön 6,24
3 und sagte zu ihm: So spricht Ben-Hadad: Dein Silber und dein Gold
gehören mir, und auch deine Frauen und deine besten Söhne gehören
mir. 4 Und der König von Israel antwortete und sagte: Wie du befiehlst, 4: 2Kön 18,14
mein Herr und König: Ich und was mir gehört, all das ist dein. 5 Die
Boten aber kehrten zurück und sprachen: So spricht Ben-Hadad: Ich
habe doch zu dir gesandt und gesagt, dass du mir dein Silber, dein Gold,
deine Frauen und deine Kinder geben sollst! 6 Wenn ich morgen um
diese Zeit meine Diener zu dir schicke, werden sie dein Haus und auch
die Häuser deiner Diener durchsuchen, und alles, was dir lieb ist, wer-
den sie an sich nehmen und forttragen. 7 Da rief der König von Israel 7: 2Kön 5,7
alle Ältesten des Landes und sprach: Erkennt doch und seht, dass dieser
Böses vorhat! Denn meiner Frauen, meiner Kinder, meines Silbers und
meines Goldes wegen hat er zu mir gesandt, und nichts davon habe ich
ihm verweigert. 8 Und die Ältesten und das ganze Volk sprachen zu
ihm: Hör nicht hin und willige nicht ein! 9 Und so sprach er zu den
Boten Ben-Hadads: Sagt meinem Herrn, dem König: Ich will alles tun,
was du anfangs von deinem Diener gefordert hast; dies aber kann ich
nicht tun. Und die Boten gingen und überbrachten dies als Antwort.
10 Da sandte Ben-Hadad zu ihm und sprach: Die Götter sollen mir an- 10: 2,23!
tun, was immer sie wollen, wenn der Schutt von Samaria ausreicht für
all die leeren Hände in dem Volk, das mir folgt. 11 Daraufhin sprach der 11: 16; 16,9; Jes 5,22;
König von Israel: Sagt ihm: Wer Waffen anlegt, rühme sich nicht wie Spr 27,1; Koh 7,8
einer, der sie ablegt. 12 Und als Ben-Hadad dieses Wort hörte, während 12: Spr 31,4!
er in den Hütten mit den Königen zechte, sprach er zu seinen Dienern:
Greift an! Da griffen sie die Stadt an.

13 Und sieh, ein Prophet war zu Achab getreten, dem König von Isra- 13: Jos 10,8;
el und sprach: So spricht der HERR: Hast du diese ganze gewaltige Men- 2Kön 3,18 · 22; 28

20,12: Wörtlich: «Und als er dieses Wort hörte, …»

ge gesehen? Sieh, heute gebe ich sie in deine Hand, und du wirst erkennen, dass ich der HERR bin. 14 Achab aber sagte: Durch wen? Und er sprach: So spricht der HERR: Durch die Gefolgsleute der Statthalter. Er aber sagte: Wer soll die Schlacht beginnen? Da sprach er: Du. 15 Und Achab musterte die Gefolgsleute der Statthalter, und es waren zweihundertzweiunddreissig; und nach ihnen musterte er das ganze Volk, alle
16: 11! · Jer 6,4 Israeliten, siebentausend. 16 Und am Mittag rückten sie aus, während Ben-Hadad in den Hütten zechte und betrunken war, er und die zweiunddreissig Könige, die ihm halfen. 17 Und die Gefolgsleute der Statthalter rückten als Erste aus. Und man sandte zu Ben-Hadad und berichtete ihm: Aus Samaria sind Männer ausgerückt. 18 Er aber sprach: Wenn sie in friedlicher Absicht ausgezogen sind, sollt ihr sie lebend ergreifen, aber auch wenn sie in kriegerischer Absicht ausgezogen sind, sollt ihr sie lebend ergreifen. 19 Als diese aber aus der Stadt ausgerückt waren,
20: 2Kön 7,7! die Gefolgsleute der Statthalter und das Heer, das ihnen folgte, 20 da schlug jeder seinen Gegner, und Aram floh, und Israel verfolgte sie. Ben-Hadad aber, der König von Aram, entkam auf einem Pferd, und bei ihm waren Reiter. 21 Und der König von Israel zog aus, schlug Pferde und
22: 13! Wagen und brachte Aram eine schwere Niederlage bei. 22 Da trat der Prophet zum König von Israel und sprach zu ihm: Geh, fasse Mut, erkenne und sieh, was du zu tun hast, denn zur Jahreswende wird der König
23: Ri 5,4 von Aram wieder gegen dich heraufziehen. 23 Zum König von Aram aber sprachen dessen Diener: Ihr Gott ist ein Gott der Berge, deshalb waren sie stärker als wir. Kämpfen wir aber in der Ebene gegen sie, werden wir stärker sein als sie. 24 Dies musst du tun: Entferne die Könige, einen jeden von seinem Posten, und setze Statthalter ein an ihrer Statt. 25 Dann stell du dir ein Heer zusammen, wie das Heer, das du verloren hast, und Pferde wie die Pferde, die du verloren hast, und Wagen wie die Wagen, die du verloren hast. Dann lasst uns in der Ebene gegen sie kämpfen, so werden wir stärker sein als sie. Und er hörte auf ihre Stimme und machte es so.

26: 1Sam 4,1b!; 2Kön 13,17 26 Und zur Jahreswende musterte Ben-Hadad Aram und zog hinauf nach Afek, um gegen Israel zu kämpfen. 27 Die Israeliten aber waren
27: Ri 7,12 gemustert und mit Speise versorgt worden und zogen ihnen entgegen, und die Israeliten lagerten ihnen gegenüber, wie zwei zu früh geworfe-
28: 13! ne Zicklein, das Land aber war voll von Aramäern. 28 Da trat der Gottesmann zum König von Israel und sprach und sagte: So spricht der HERR: Weil Aram gesagt hat, dass der HERR ein Gott der Berge ist, aber nicht ein Gott der Ebenen, werde ich diese ganze gewaltige Menge in deine Hand geben, und ihr werdet wissen, dass ich der HERR bin. 29 Und so lagerten sie sieben Tage lang einander gegenüber. Am siebten Tag aber kam es zur Schlacht, und die Israeliten erschlugen Aram, hunderttau-
30: 22,25 send Mann Fussvolk an einem einzigen Tag. 30 Und die übrig geblieben waren, flohen nach Afek in die Stadt. Da aber stürzte die Mauer auf siebenundzwanzigtausend Mann, die übrig geblieben waren. Auch Ben-Hadad war geflohen und in die Stadt gekommen, und nun lief er von

20,15: Wörtlich: «Und er musterte ...»

20,17: Die Übersetzung «Und man sandte zu Ben-Hadad» beruht auf der griechischen Überlieferung; der Massoretische Text lautet übersetzt: «Da schickte Ben-Hadad».

einer Kammer in die andere. 31 Da sagten seine Diener zu ihm: Sieh 31: Gen 37,34
doch, wir haben gehört, dass die Könige des Hauses Israel gnädige Kö-
nige sind. Lasst uns Trauergewänder um unsere Hüften legen und Stri-
cke um unsere Köpfe binden und hinausgehen zum König von Israel!
Vielleicht wird er dich am Leben lassen. 32 Und sie gürteten Trauerge-
wänder um ihre Hüften und banden Stricke um ihre Köpfe und kamen
zum König von Israel und sprachen: Dein Diener Ben-Hadad hat ge-
sprochen: Lass mich doch am Leben! Er aber sprach: Er lebt noch? Er ist
mein Bruder! 33 Darin aber sahen die Männer ein gutes Zeichen, nah- 33: 2Kön 10,15
men es sogleich als Zusage und sprachen: Ben-Hadad ist dein Bruder!
Und er sagte: Geht, holt ihn. Da kam Ben-Hadad heraus zu ihm, und er
liess ihn auf den Wagen steigen. 34 Und dieser sprach zu ihm: Ich wer- 34: 15,20 · Dtn 7,2
de die Städte zurückgeben, die mein Vater deinem Vater abgenommen
hat, und in Damaskus kannst du dir Strassen anlegen, wie mein Vater
sie in Samaria angelegt hat. – Und ich werde dich ziehen lassen, nach-
dem wir einen Bund geschlossen haben. Dann schloss er einen Bund
mit ihm und liess ihn ziehen.

35 Auf das Wort des HERRN hin aber sprach einer von den Jüngern
der Propheten zu seinem Gefährten: Schlag mich! Dieser aber weigerte
sich, ihn zu schlagen. 36 Da sprach er zu ihm: Weil du nicht auf die 36: 13,24
Stimme des HERRN gehört hast, sieh, deshalb wird ein Löwe dich er-
schlagen, wenn du fortgegangen bist von mir. Und er ging fort von ihm,
und der Löwe fand ihn und erschlug ihn. 37 Dann traf er einen anderen
Mann und sagte: Schlag mich! Und der Mann schlug ihn so heftig, dass
er ihn verletzte. 38 Und der Prophet ging, stellte sich dem König in den
Weg und machte sich mit einer Binde über seinen Augen unkenntlich.
39 Und als der König vorüberging, schrie er dem König zu und sagte: 39: 2Kön 10,24
Dein Diener war mit in die Schlacht gezogen; und sieh, da kam einer
und brachte einen Mann zu mir und sagte: Bewache diesen Mann!
Wenn er nicht mehr da sein sollte, haftest du mit deinem Leben für sein
Leben, oder du musst ein Kikkar Silber zahlen. 40 Während aber dein
Diener da und dort zu tun hatte, war jener plötzlich nicht mehr da. Da
sprach der König von Israel zu ihm: Damit hast du dir selbst das Urteil
gesprochen. 41 Da riss er sich die Binde von den Augen, und der König
von Israel erkannte, dass er einer von den Propheten war. 42 Dieser aber 42: 9,21!
sprach zu ihm: So spricht der HERR: Weil du den Mann aus der Hand
gegeben hast, der mir zur Vernichtung geweiht war, haftest du mit dei-
nem Leben für sein Leben, und dein Volk für sein Volk. 43 Da ging der 43: 21,4
König von Israel missmutig und wütend in sein Haus und kam nach
Samaria.

Nabots Weinberg

21 1 Und nach jenen Ereignissen geschah dies: Nabot, der Jesreelit,
hatte einen Weinberg, der in Jesreel lag, neben dem Palast Achabs,
des Königs von Samaria. 2 Und Achab sprach mit Nabot und sagte: Gib
mir doch deinen Weinberg, er soll ein Gemüsegarten für mich werden,
denn er liegt so nah neben meinem Haus. Dann will ich dir einen Wein-
berg dafür geben, der besser ist als dieser, oder ich will dir, wenn das in

20,34: «... – Und ich ...»: An dieser Stelle spricht wieder Achab.

3: Num 36,7–9; deinen Augen gut ist, den Gegenwert in Silber geben. 3 Nabot aber
Ez 46,18 · sprach zu Achab: Um des HERRN willen sei es fern von mir, dass ich dir
2Kön 9,21 *4:* 20,43 den Erbbesitz meiner Vorfahren gebe! 4 Da kam Achab in sein Haus,
missmutig und wütend über das Wort, das Nabot, der Jesreelit, zu ihm
gesprochen hatte, hatte dieser doch gesagt: Ich werde dir den Erbbesitz
meiner Vorfahren nicht geben! Und er legte sich auf sein Bett, wandte
5: 2Sam 13,4 sein Angesicht ab und ass nichts. 5 Da kam Isebel, seine Frau, zu ihm
und sagte zu ihm: Warum denn ist dein Geist missmutig, und warum
willst du nichts essen? 6 Und er sagte zu ihr: Weil ich mit Nabot, dem
Jesreeliten, gesprochen habe. Ich habe zu ihm gesagt: Gib mir deinen
Weinberg gegen Silber, oder ich will dir einen anderen Weinberg dafür
geben, wenn es dir gefällt. Er aber hat gesagt: Ich werde dir meinen
Weinberg nicht geben. 7 Da sagte Isebel, seine Frau, zu ihm: Nun bist
doch du es, der die Königsherrschaft ausübt über Israel! Steh auf, iss
etwas, damit dein Herz froh wird! Ich werde dir den Weinberg Nabots,
des Jesreeliten, verschaffen.

8 Und im Namen Achabs schrieb sie Briefe, versiegelte sie mit sei-
nem Siegel und sandte die Briefe an die Ältesten und an die Edlen, die
9: Jona 3,5 mit Nabot in seiner Stadt wohnten. 9 Und in den Briefen schrieb sie:
Ruft ein Fasten aus und lasst Nabot an der Spitze des Volks sitzen!
10: Ex 22,27! · 10 Ihm gegenüber aber lasst zwei Männer sitzen, ruchlose Menschen,
Lev 24,14–16 · und diese sollen gegen ihn zeugen und sprechen: Du hast Gott und den
Dtn 17,6; 19,15 König verflucht. Dann sollt ihr ihn hinausführen und steinigen, dass er
stirbt. 11 Und die Männer seiner Stadt, die Ältesten und die Edlen, die in
seiner Stadt wohnten, machten es, wie Isebel es ihnen aufgetragen hat-
te, wie es in den Briefen stand, die sie ihnen gesandt hatte: 12 Sie riefen
13: Num 15,36 ein Fasten aus und liessen Nabot an der Spitze des Volks sitzen. 13 Dann
kamen die zwei Männer, ruchlose Menschen, und setzten sich ihm ge-
genüber. Und vor dem Volk zeugten die ruchlosen Männer gegen Nabot
und sagten: Nabot hat Gott und den König verflucht. Da führte man ihn
hinaus aus der Stadt und steinigte ihn, und er starb. 14 Dann sandte
man zu Isebel und sagte: Nabot ist gesteinigt worden, und er ist tot.
15 Und als Isebel hörte, dass Nabot gesteinigt worden war und dass er
tot war, sagte Isebel zu Achab: Mach dich auf, nimm den Weinberg Na-
bots, des Jesreeliten, in Besitz, den er dir für Silber nicht hat geben wol-
16: 2Sam 11,27 len. Denn Nabot lebt nicht mehr, er ist tot! 16 Und als Achab hörte, dass
Nabot tot war, machte sich Achab auf, um hinabzugehen zum Weinberg
Nabots, des Jesreeliten, und ihn in Besitz zu nehmen.

18: 2Sam 12,1 17 Da erging das Wort des HERRN an Elija den Tischbiter: 18 Mach
dich auf, geh hinab, Achab, dem König von Israel, entgegen, der in Sa-
maria ist. Sieh, er ist im Weinberg Nabots, zu dem er hinabgegangen ist,
19: 22,38; 2Kön 9,26 um ihn in Besitz zu nehmen. 19 Und du sollst zu ihm sprechen: So
spricht der HERR: Hast du gemordet und auch noch den Besitz übernom-
men? Dann sollst du zu ihm sprechen: So spricht der HERR: An dem Ort,
wo die Hunde das Blut Nabots aufgeleckt haben, werden die Hunde
20: 22,8 auch dein Blut auflecken! 20 Achab aber sagte zu Elija: Hast du mich
gefunden, mein Feind? Und er sagte: Ich habe dich gefunden, weil du

21,10: Wörtlich: «... und den König gesegnet. ...»; im Hebräischen ist die Formulierung ein Euphemismus.

dich dazu hergegeben hast, zu tun, was böse ist in den Augen des HERRN. 21 Sieh, ich bringe Unheil über dich, und ich werde dich wegfegen, und wer zu Achab gehört und an die Wand pisst, den werde ich ausrotten, Sklaven und Freie in Israel. 22 Und dein Haus werde ich zurichten wie das Haus Jerobeams, des Sohns von Nebat, und wie das Haus Baesas, des Sohns von Achija, denn du hast Grund zum Zorn gegeben, und Israel hast du zur Sünde verführt. 23 Und auch über Isebel sprach der HERR: Auf der Vormauer von Jesreel werden die Hunde Isebel fressen. 24 Wer von denen, die zu Achab gehören, in der Stadt stirbt, den werden die Hunde fressen, und wer auf dem offenen Land stirbt, den werden die Vögel des Himmels fressen. 25 Es gab wirklich niemanden, der sich wie Achab dazu hergegeben hätte, zu tun, was böse ist in den Augen des HERRN; Isebel, seine Frau, hatte ihn dazu angestiftet. 26 Und er handelte ganz abscheulich, da er den Mistgötzen nachlief, genau wie die Amoriter es getan hatten, die der HERR vor den Israeliten vertrieben hatte. 27 Und als Achab diese Worte hörte, zerriss er seine Kleider, legte ein Trauergewand um seinen Leib und fastete. Und in dem Trauergewand schlief er, und bedrückt ging er umher. 28 Da erging das Wort des HERRN an Elija den Tischbiter: 29 Hast du gesehen, dass sich Achab gedemütigt hat vor mir? Weil er sich vor mir gedemütigt hat, werde ich das Unheil nicht schon in seinen Tagen bringen; erst in den Tagen seines Sohns werde ich das Unheil über sein Haus bringen.

Achab und Jehoschafat. Michajehus Prophezeiung

22 1 Dann blieb es drei Jahre lang ruhig, zwischen Aram und Israel herrschte kein Krieg. 2 Im dritten Jahr aber zog Jehoschafat, der König von Juda, hinab zum König von Israel. 3 Und der König von Israel sagte zu seinen Dienern: Ihr wisst doch, dass Ramot-Gilead uns gehört. Und da zaudern wir, statt es dem König von Aram aus der Hand zu nehmen! 4 Und zu Jehoschafat sprach er: Wirst du mit mir in die Schlacht ziehen nach Ramot-Gilead? Und Jehoschafat sprach zum König von Israel: Wie ich, so du; wie mein Volk, so dein Volk; wie meine Pferde, so deine Pferde! 5 Dann aber sagte Jehoschafat zum König von Israel: Hole doch zuvor das Wort des HERRN ein. 6 Und so versammelte der König von Israel die Propheten, etwa vierhundert, und sagte zu ihnen: Soll ich in die Schlacht ziehen gegen Ramot-Gilead oder soll ich es nicht tun? Da sagten sie: Zieh hinauf, damit der Herr es in die Hand des Königs gibt! 7 Jehoschafat aber sagte: Gibt es hier sonst keinen Propheten des HERRN, den wir befragen könnten? 8 Und der König von Israel sagte zu Jehoschafat: Einen gibt es noch, um den HERRN zu befragen. Aber ich hasse ihn, denn er weissagt mir nie Gutes, sondern immer nur Unheil: Michajehu, der Sohn des Jimla. Jehoschafat aber sagte: So sollte der König nicht reden! 9 Da rief der König von Israel einen Kämmerer und sprach: Rasch, hole Michajehu, den Sohn des Jimla!

10 Und während der König von Israel und Jehoschafat, der König von Juda, auf dem Dreschplatz am Eingang des Tors von Samaria sassen, jeder in vollem Ornat auf seinem Thron, und alle Propheten sich vor ihnen als Propheten gebärdeten, 11 da machte sich Zidkija, der Sohn des

21: 14,10!
22: 15,29 · 16,11–12
23: 2Kön 9,10.36
24: 14,11!
25: 16,33 · 2Kön 9,22
27: Jer 36,24 · 2Kön 6,30; 19,1
29: 2Kön 22,19 · 11,12 · 2Kön 9,24–26
1–38: 2Chr 18,1–34
2: 41
3: Ri 18,9
4: 2Kön 3,7
5: 1Sam 23,2–12; 2Sam 5,19.23
6: 18,20; 2Kön 10,19
7: 2Kön 3,11
8: 21,20
11: Dtn 33,17

21,21: «und an die Wand pisst»: Siehe die Anm. zu 1Sam 25,22.

Kenaana, Hörner aus Eisen und sprach: So spricht der HERR: Mit solchen
wirst du Aram niederstossen, bis du sie gänzlich vernichtet hast. 12 Und
ebenso weissagten alle Propheten, und sie sprachen: Zieh hinauf nach
Ramot-Gilead und sei erfolgreich! Der HERR wird es in die Hand des
Königs geben.
13: Jer 28,7–9 13 Und der Bote, der gegangen war, um Michajehu zu rufen, sagte zu
diesem: Sieh doch, die Worte der Propheten verkünden einstimmig Gu-
tes für den König. Auch dein Wort soll sein wie ein Wort von ihnen: Sag
14: Num 22,38; Gutes an! 14 Michajehu aber sprach: So wahr der HERR lebt: Was der
Jer 23,28 HERR zu mir spricht, das werde ich sagen! 15 Und er kam zum König,
und der König sagte zu ihm: Michajehu, sollen wir in die Schlacht zie-
hen nach Ramot-Gilead, oder sollen wir es nicht tun? Da sprach er zu
ihm: Zieh hinauf und sei erfolgreich! Der HERR wird es in die Hand des
Königs geben. 16 Da aber sprach der König zu ihm: Wie oft muss ich
dich beschwören, mir im Namen des HERRN nichts als die Wahrheit zu
17: Nah 3,18 · sagen? 17 Da sprach er:
Num 27,17!; Ganz Israel sah ich
Jer 50,6.17 auf den Bergen zerstreut,
wie Schafe, die keinen Hirten haben.
Und der HERR sprach:
Diese haben keinen Herrn;
es kehre jeder in Frieden zurück in sein Haus!

18 Da sprach der König von Israel zu Jehoschafat: Habe ich dir nicht
gesagt, dass er mir nie Gutes weissagt, sondern immer nur Unheil!
19: Jes 6,1 · 19 Dieser aber sprach: Deshalb höre das Wort des HERRN! Ich sah den
Dtn 4,19; Dan 7,10; HERRN auf seinem Thron sitzen, und bei ihm, zu seiner Rechten und zu
Offb 5,11 seiner Linken, stand das ganze Heer des Himmels. 20 Und der HERR
sprach: Wer könnte Achab überreden, dass er hinaufzieht – damit er in
Ramot-Gilead fällt? Da sagte einer dieses, und ein anderer sagte jenes.
21: Jes 19,14! 21 Dann aber trat der Geist vor, stellte sich vor den HERRN und sprach:
Ich werde ihn überreden. Und der HERR sprach zu ihm: Womit? 22 Und
er sprach: Ich werde hinausgehen, und ich werde ein Lügengeist sein im
Mund aller seiner Propheten. Da sprach er: Überrede ihn, du kannst es!
Geh hinaus und mach es so! 23 Und nun sieh, allen diesen deinen Pro-
pheten hat der HERR einen Lügengeist in den Mund gelegt: Der HERR
24: Mt 26,67; hat Unheil angesagt über dich! 24 Da trat Zidkijahu, der Sohn des Kena-
Apg 23,2 ana, heran, schlug Michajehu ins Gesicht und sagte: Wie sollte denn der
25: 20,30 Geist des HERRN von mir gewichen sein, um mit dir zu reden? 25 Und
Michajehu sprach: Sieh, du wirst es sehen an jenem Tag, da du von Kam-
mer zu Kammer läufst, um dich zu verstecken. 26 Da sprach der König
von Israel: Nimm Michajehu und bring ihn zurück zu Amon, dem
Obersten der Stadt, und zu Joasch, dem Königssohn, 27 und sprich: So
spricht der König: Werft diesen in den Kerker! Und bis ich wohlbehal-
ten zurückkomme sollt ihr ihm nur wenig zu essen und wenig zu trin-
28: Dtn 18,22 · ken geben. 28 Michajehu aber sagte: Wenn du wirklich wohlbehalten
Mi 1,2 zurückkommst, so hat der HERR nicht durch mich geredet. Dann sprach
er: Hört her, ihr Völker alle!

Erneuter Krieg gegen die Aramäer. Achabs Tod

29 Der König von Israel aber und Jehoschafat, der König von Juda,
zogen hinauf nach Ramot-Gilead. 30 Und der König von Israel sprach zu 30: 2Chr 35,22
Jehoschafat: Ich werde mich verkleiden und so in die Schlacht ziehen;
du aber sollst deine eigenen Kleider tragen. Und der König von Israel
verkleidete sich, und so zog er in die Schlacht. 31 Der König von Aram 31: 2Sam 17,2 ·
aber hatte den Obersten über die Wagen, die zu ihm gehörten, den 20,1.16
zweiunddreissig, geboten: Weder Kleine noch Grosse sollt ihr angrei-
fen, sondern nur den König von Israel! 32 Als dann die Obersten über
die Wagen Jehoschafat sahen, sagten sie: Das muss der König von Israel
sein! Und sie wandten sich gegen ihn, um ihn anzugreifen, Jehoschafat
aber schrie auf. 33 Und als die Obersten über die Wagen sahen, dass er
nicht der König von Israel war, liessen sie ab von ihm. 34 Irgendeiner 34: 2Chr 35,23
aber hatte ahnungslos den Bogen gespannt und traf den König von Isra-
el zwischen dem Schuppenpanzer und den Gurten. Da sprach er zu sei-
nem Wagenlenker: Wende und führe mich heraus aus dem Heer, denn
ich bin schwer verwundet. 35 Und an jenem Tag tobte die Schlacht im- 35: 2Kön 9,24
mer heftiger, aber bis zum Abend hielt der König sich gegenüber Aram
aufrecht im Wagen. Am Abend aber starb er, und das Blut aus der Wun-
de floss ins Innere des Wagens. 36 Und als die Sonne untergegangen 36: Jer 46,16
war, erscholl im Heer der Ruf: Jeder in seine Stadt, und jeder in sein
Land! 37 Und so starb der König; und sie kamen nach Samaria, und man
begrub den König in Samaria. 38 Und man wusch den Wagen aus am 38: 21,19!
Teich von Samaria, und die Hunde leckten sein Blut auf, und die Huren
badeten darin, nach dem Wort des HERRN, das dieser gesprochen hatte.
39 Und was sonst noch von Achab zu berichten ist, von allem, was er 39: Am 3,15 · 14,19!
getan hat, und von dem Haus aus Elfenbein, das er gebaut hat, und von
all den Städten, die er gebaut hat, steht das nicht geschrieben im Buch
der Chronik der Könige von Israel? 40 Und Achab legte sich zu seinen 40: 52
Vorfahren, und Achasjahu, sein Sohn, wurde König an seiner Statt.

Jehoschafat, König über Juda in Jerusalem

41 Und Jehoschafat, der Sohn des Asa, wurde König über Juda im 41: 2 · 15,24
vierten Jahr Achabs, des Königs von Israel. 42 Jehoschafat war fünfund- 42–46:
dreissig Jahre alt, als er König wurde, und fünfundzwanzig Jahre lang 2Chr 20,31–34
war er König in Jerusalem. Und der Name seiner Mutter war Asuba, die
Tochter Schilchis. 43 Und er ging ganz auf dem Weg Asas, seines Vaters,
er wich nicht davon ab und tat, was recht war in den Augen des HERRN.
44 Die Kulthöhen aber verschwanden nicht, noch immer brachte das
Volk auf den Kulthöhen Schlachtopfer und Rauchopfer dar. 45 Und Je-
hoschafat hatte Frieden mit dem König von Israel. 46 Und was sonst 46: 14,29!
noch von Jehoschafat zu berichten ist und von seiner Tüchtigkeit, mit
der er gehandelt hat, und wie er Krieg geführt hat, steht das nicht ge-
schrieben im Buch der Chronik der Könige von Juda? 47 Auch rottete er 47: 14,24! · 15,12!
den Rest der Geweihten im Land aus, der übrig geblieben war aus der
Zeit Asas, seines Vaters. 48 In Edom aber gab es keinen König, ein Statt- 48: Gen 27,37!
halter war König. 49 Jehoschafat hatte zehn Tarschisch-Schiffe, die des 49–50:
Goldes wegen nach Ofir fahren sollten; aber man fuhr nicht, denn die 2Chr 20,35–37
Schiffe zerbrachen in Ezjon-Geber. 50 Damals sagte Achasjahu, der 49: 9,26!.28! ·
Sohn des Achab, zu Jehoschafat: Meine Diener sollen mit deinen Die- Ps 48,8

51: 2Kön 8,16 nern auf den Schiffen fahren. Aber Jehoschafat wollte das nicht. 51 Und
Jehoschafat legte sich zu seinen Vorfahren, und er wurde bei seinen Vor-
fahren begraben, in der Stadt Davids, seines Vorfahren, und Jehoram,
sein Sohn, wurde König an seiner Statt.

Achasjahu, König über Israel in Samaria

52: 40 52 Achasjahu, der Sohn des Achab, wurde in Samaria König über Is-
rael im siebzehnten Jahr Jehoschafats, des Königs von Juda, und zwei
Jahre lang war er König über Israel. 53 Und er tat, was böse war in den
Augen des HERRN, und er ging auf dem Weg seines Vaters und auf dem
Weg seiner Mutter und auf dem Weg Jerobeams, des Sohns von Nebat,
54: 2Kön 1,2 der Israel zur Sünde verführt hatte: 54 Er diente dem Baal und warf sich
vor ihm nieder und reizte den HERRN, den Gott Israels, ganz so, wie sein
Vater es getan hatte.

Das Zweite Buch der Könige

Achasja und Elija

1: 3,5; 2Sam 8,2 1 1 Und nach dem Tod Achabs brach Moab mit Israel.
2: 1Kön 22,40.52 · 2 Achasja aber stürzte in seinem Obergemach in Samaria durch das
17,16; 1Kön 22,54 · Gitter und verletzte sich. Und er sandte Boten aus und sprach zu ihnen:
8,8 Geht, befragt den Baal-Sebub, den Gott von Ekron, ob ich diese Verlet-
3: 1Kön 17,1; zung überleben werde. 3 Der Bote des HERRN aber hatte zu Elija, dem
Mal 3,23 · Jes 8,19 Tischbiter, gesprochen: Mach dich auf, zieh hinauf, den Boten des Kö-
nigs von Samaria entgegen und sprich zu ihnen: Gibt es denn in Israel
keinen Gott, dass ihr geht, um den Baal-Sebub, den Gott von Ekron, zu
4: 8,10; 20,1! befragen? 4 Und darum – so spricht der HERR: Vom Lager, auf das du
dich gelegt hast, wirst du nicht mehr aufstehen! Du musst sterben! Und
Elija ging. 5 Und die Boten kehrten zurück zu ihm, und er sagte zu ih-
nen: Warum seid ihr denn schon zurück? 6 Da sagten sie zu ihm: Ein
Mann kam herauf, uns entgegen, und er sprach zu uns: Geht, kehrt zu-
rück zum König, der euch gesandt hat, und sagt zu ihm: So spricht der
HERR: Gibt es denn in Israel keinen Gott, dass du hinsendest, um den
Baal-Sebub, den Gott von Ekron, zu befragen? Darum wirst du von dem
Lager, auf das du dich gelegt hast, nicht mehr aufstehen! Du musst ster-
ben! 7 Und er sprach zu ihnen: Was war das für ein Mann, der heraufge-
kommen ist, euch entgegen, und der diese Worte zu euch gesprochen
8: 1Sam 28,14; hat? 8 Und sie sagten ihm: Es war ein Mann mit einem Fellmantel, und
Sach 13,4; Mt 3,4 um seine Hüften war ein lederner Schurz gebunden. Da sagte er: Das ist
Elija, der Tischbiter!

9: 2,25; 4,25 9 Dann sandte er den Anführer einer Fünfzigschaft und dessen
Fünfzigschaft aus nach ihm. Und dieser ging zu ihm hinauf, und sieh, er
sass auf dem Gipfel des Berges. Und er sprach zu ihm: Mann Gottes, der
10: 1Kön 18,38; König hat gesagt: Komm herab! 10 Daraufhin aber sprach Elija zum An-
Lev 10,2; Hiob 1,16;
Lk 9,54

1,5: Mit ‹ihm› ist König Achasja gemeint.
1,8: Statt «mit einem Fellmantel» ist möglicherweise zu übersetzen: «mit langem Haar».

führer der Fünfzigschaft: Wenn ich denn ein Gottesmann bin, so soll
Feuer vom Himmel fallen, damit es dich und deine Fünfzigschaft ver-
zehrt! Da fiel Feuer vom Himmel und verzehrte ihn und seine Fünfzig-
schaft. 11 Und wiederum sandte er nach ihm, einen anderen Anführer
einer Fünfzigschaft mit seiner Fünfzigschaft. Und dieser sagte darauf-
hin zu ihm: Mann Gottes, so spricht der König: Komm herab, ohne Ver-
zug! 12 Daraufhin sprach Elija zu ihnen: Wenn ich der Gottesmann bin,
so soll Feuer vom Himmel fallen, damit es dich und deine Fünfzigschaft
verzehrt! Da fiel Gottesfeuer vom Himmel und verzehrte ihn und seine
Fünfzigschaft. 13 Und abermals sandte er den Anführer einer Fünfzig- 13: 1Sam 26,21
schaft, einen dritten, mit seiner Fünfzigschaft. Und der dritte Anführer
einer Fünfzigschaft stieg hinauf, und als er ankam, beugte er seine Knie
vor Elija, flehte ihn an und sprach zu ihm: Mann Gottes, mein Leben
und das Leben dieser Fünfzigschaft, deiner Diener, möge teuer sein in
deinen Augen! 14 Sieh, Feuer ist vom Himmel gefallen und hat die bei-
den ersten Anführer einer Fünfzigschaft und ihre Fünfzigschaft ver-
zehrt. Mein Leben aber möge nun teuer sein in deinen Augen! 15 Da
sprach der Bote des HERRN zu Elija: Geh hinab mit ihm, fürchte dich
nicht vor ihm. Und er machte sich auf und ging mit ihm hinab zum
König. 16 Und zu diesem sprach er: So spricht der HERR: Weil du Boten
gesandt hast, um den Baal-Sebub, den Gott von Ekron, zu befragen – gibt
es denn in Israel keinen Gott, dessen Wort man einholen könnte? –,
darum wirst du von dem Lager, auf das du dich gelegt hast, nicht mehr
aufstehen! Du musst sterben!

17 Und er starb nach dem Wort des HERRN, das Elija gesprochen hat- 17: 3,1; 8,16
te. Und Jehoram wurde König an seiner Statt im zweiten Jahr Jehorams,
des Sohns von Jehoschafat, des Königs von Juda; denn er hatte keinen
Sohn. 18 Und was sonst noch von Achasjahu zu berichten ist, was er ge- 18: 1Kön 14,19!
tan hat, steht das nicht geschrieben im Buch der Chronik der Könige
von Israel?

Elija und Elischa. Elijas Entrückung

2 1 Und zu der Zeit, da der HERR Elija im Sturmwind in den Himmel 1: 11 · 1Kön 19,16 · 4,38
auffahren liess, ging Elija mit Elischa aus Gilgal fort. 2 Und Elija 2: 23 · 4.6; 4,30
sprach zu Elischa: Bleibe du doch hier, denn nur mich hat der HERR nach
Bet-El gesandt. Elischa aber sprach: So wahr der HERR lebt und so wahr
du lebst, ich werde nicht von dir lassen! So gingen sie hinab nach Bet-El.
3 Und die Prophetenjünger, die in Bet-El waren, gingen hinaus zu 3: 4,1.38; 5,22; 6,1;
Elischa und sagten zu ihm: Weisst du, dass der HERR deinen Herrn heu- 9,1; 1Kön 20,35
te hinwegnimmt, hoch über dein Haupt hinweg? Und er sagte: Das
weiss auch ich. Schweigt! 4 Und Elija sagte zu ihm: Elischa, bleibe du 4: 2!
doch hier, denn nur mich hat der HERR nach Jericho gesandt. Er aber
sprach: So wahr der HERR lebt und so wahr du lebst, ich werde nicht von
dir lassen! So kamen sie nach Jericho. 5 Und die Prophetenjünger, die in
Jericho waren, traten zu Elischa und sagten zu ihm: Weisst du, dass der
HERR deinen Herrn heute hinwegnimmt, hoch über dein Haupt hin-
weg? Und er sagte: Das weiss auch ich. Schweigt! 6 Und Elija sagte zu 6: 2!
ihm: Bleibe du doch hier, denn nur mich hat der HERR zum Jordan ge-

1,18: Achasjahu ist eine andere Form des Namens Achasja.

sandt. Er aber sprach: So wahr der HERR lebt und so wahr du lebst, ich
werde nicht von dir lassen! So gingen sie beide. 7 Auch fünfzig von den
Prophetenjüngern waren mitgegangen, blieben aber in einiger Entfer-
8: 1Kön 19,13! · 14; nung abseits stehen, die beiden aber traten an den Jordan. 8 Da nahm
Ex 14,22; Jos 3,16 Elija seinen Mantel, rollte ihn zusammen und schlug damit das Wasser;
und es teilte sich nach beiden Seiten, und auf dem Trockenen gingen die
9: Dtn 21,17 beiden hindurch. 9 Und als sie hindurchgegangen waren, sagte Elija zu
Elischa: Erbitte, was ich für dich tun soll, bevor ich von dir hinwegge-
nommen werde. Da sagte Elischa: Möge mir doch von deinem Geist ein
doppelter Anteil zufallen. 10 Und er sagte: Schweres hast du erbeten!
Wenn du siehst, wie ich von dir hinweggenommen werde, möge es dir
11: 6,17 so zuteil werden; aber wenn nicht, so wird es nicht sein. 11 Und wäh-
rend sie weitergingen, im Gespräch, sieh, plötzlich waren da ein Wagen
aus Feuer und Pferde aus Feuer, und die beiden wurden getrennt. Und
12: 5,13 · 13,14 · im Sturmwind fuhr Elija in den Himmel auf, 12 während Elischa zusah
Gen 5,24; Lk 24,51; und schrie: Mein Vater, mein Vater! Der Wagen Israels und seine Reiter!
Apg 1,9 Dann sah er ihn nicht mehr. Da fasste er seine Kleider und zerriss sie in
zwei Teile. 13 Dann hob er den Mantel auf, der von Elija gefallen war,
14: 8! kehrte um und trat an das Ufer des Jordan. 14 Und er nahm den Mantel,
der von Elija gefallen war, schlug damit das Wasser und sprach: Wo ist
der HERR, der Gott Elijas? Auch er schlug das Wasser, und es teilte sich
nach beiden Seiten, und Elischa ging hindurch.

15: 1Kön 19,16; 15 Und die Prophetenjünger, die gegenüber in Jericho waren, sahen
Lk 1,17 ihn und sprachen: Der Geist des Elija ruht auf Elischa! Und sie kamen
16: 1Kön 18,12; ihm entgegen und warfen sich vor ihm zur Erde nieder 16 und sagten zu
Apg 8,39 ihm: Sieh doch, es gibt unter deinen Dienern fünfzig tüchtige Männer;
sie mögen gehen, um deinen Herrn zu suchen. Dass nur nicht der Geist
des HERRN ihn fortgetragen und auf einen der Berge oder in eines der
Täler verschlagen hat! Er aber sagte: Sendet sie nicht! 17 Sie aber be-
drängten ihn in beschämender Weise, und so sagte er: Sendet sie! Da
sandten sie fünfzig Mann aus, und diese suchten ihn drei Tage lang,
fanden ihn aber nicht. 18 Da kehrten sie zu ihm zurück, als er noch in
Jericho weilte, und er sagte zu ihnen: Habe ich euch nicht gesagt: Geht
nicht!

19 Und die Männer der Stadt sagten zu Elischa: Sieh doch – wie un-
ser Herr sieht, lässt sich in dieser Stadt gut wohnen. Das Wasser aber ist
schlecht, und die Erde verursacht Fehlgeburten. 20 Da sagte er: Bringt
mir eine neue Schale und schüttet Salz hinein. Und sie brachten sie ihm.
21: 4,41; Ex 15,25 21 Dann ging er hinaus zu der Wasserquelle und streute Salz hinein und
sprach: So spricht der HERR: Ich mache dieses Wasser gesund; weder
Tod noch Fehlgeburt soll mehr von ihm ausgehen. 22 Und so ist das
Wasser gesund geworden, bis auf den heutigen Tag, nach dem Wort, das
Elischa gesprochen hatte.

23: 2 · Hiob 19,18 23 Und von dort ging er hinauf nach Bet-El, und als er den Weg hin-
aufzog, kamen aus der Stadt kleine Knaben, und sie machten sich über
ihn lustig und riefen ihm zu: Komm herauf, Kahlkopf! Komm herauf,
24: Lev 26,22! Kahlkopf! 24 Da wandte er sich um und sah sie, und er verfluchte sie im
Namen des HERRN. Und aus dem Wald kamen zwei Bärinnen und ris-

2,11: Wörtlich: «..., und diese (die Wagen und Pferde) trennten die beiden. ...»

sen zweiundvierzig von den Kindern in Stücke. 25 Und von dort ging er 25: 1,9!
zum Berg Karmel, und von dort kehrte er zurück nach Samaria.

Jehoram, König über Israel in Samaria. Krieg gegen die Moabiter

3 1 Und Jehoram, der Sohn Achabs, wurde in Samaria König über Isra- 1: 2Chr 22,5 · 1,17!
el im achtzehnten Jahr Jehoschafats, des Königs von Juda, und zwölf
Jahre lang war er König. 2 Und er tat, was böse war in den Augen des 2: 10,26–27;
HERRN, wenn auch nicht wie sein Vater und wie seine Mutter, denn er 1Kön 16,32
beseitigte die Mazzebe des Baal, die sein Vater angefertigt hatte. 3 An 3: 1Kön 12,28–30 ·
den Sünden Jerobeams, des Sohns von Nebat, aber, zu denen dieser Is- 17,21; 14,24!
rael verführt hatte, hielt er fest, er wich nicht davon ab.
4 Und Mescha, der König von Moab, war Schafzüchter, und hun- 4: Am 1,1
derttausend Lämmer und hunderttausend ungeschorene Widder pfleg-
te er dem König von Israel zu liefern. 5 Als aber Achab gestorben war, 5: 1,1
brach der König von Moab mit dem König von Israel. 6 Und in jener Zeit
zog König Jehoram aus Samaria aus und musterte ganz Israel. 7 Und er 7: 1Kön 22,4
ging und sandte zu Jehoschafat, dem König von Juda, und sagte: Der
König von Moab hat mit mir gebrochen. Wirst du mit mir gegen Moab
in die Schlacht ziehen? Und er sprach: Ich werde hinaufziehen. Wie ich,
so du; wie mein Volk, so dein Volk, wie meine Pferde, so deine Pferde!
8 Und er sagte: Auf welchem Weg ziehen wir hinauf? Da sagte er: Auf
dem Weg durch die Wüste von Edom. 9 Und so gingen der König von
Israel, der König von Juda und der König von Edom. Als sie aber einen
Umweg von sieben Tagen machen mussten, gab es kein Wasser mehr
für das Heer und für die Tiere, die ihnen folgten. 10 Und der König von
Israel sagte: Ach! Der HERR hat diese drei Könige gerufen, um sie in die
Hand Moabs zu geben. 11 Jehoschafat aber sagte: Ist hier nirgends ein 11: 1Kön 22,7 ·
Prophet des HERRN? Durch ihn wollen wir den HERRN befragen! Dar- 1Kön 19,21
aufhin sagte einer der Diener des Königs von Israel: Elischa ist hier, der
Sohn Schafats, der Wasser über die Hände Elijas gegossen hat. 12 Und
Jehoschafat sprach: Bei ihm ist das Wort des HERRN! Und der König von
Israel und Jehoschafat und der König von Edom gingen zu ihm hinab.
13 Elischa aber sprach zum König von Israel: Was habe ich mit dir zu 13: 1Kön 17,18 ·
schaffen? Geh zu den Propheten deines Vaters und zu den Propheten Ri 10,14
deiner Mutter! Der König von Israel aber sprach zu ihm: Nicht doch!
Denn der HERR hat diese drei Könige gerufen, um sie in die Hand Moabs
zu geben. 14 Da sprach Elischa: So wahr der HERR der Heerscharen lebt, 14: 5,16; 1Kön 17,1!
vor dem ich diene: Nähme ich nicht Rücksicht auf Jehoschafat, den Kö-
nig von Juda, ich würde dich weder ansehen noch beachten! 15 Nun 15: 1Sam 10,5;
aber holt mir einen Saitenspieler! Und sooft der Saitenspieler spielte, 16,16.23 ·
war die Hand des HERRN auf ihm. 16 Und er sprach: So spricht der HERR: 1Kön 18,46
Grabt in diesem Tal Zisterne neben Zisterne! 17 Denn so spricht der 17: 1Kön 18,1
HERR: Ihr werdet keinen Wind sehen, und ihr werdet keinen Regen se-
hen, und dennoch wird sich jenes Tal mit Wasser füllen, und ihr werdet
trinken, ihr, eure Herden und eure Tiere. 18 Und selbst das ist in den 18: 20,10;
Augen des HERRN noch zu wenig, er wird auch Moab in eure Hand ge- 2Sam 7,19 ·
ben, 19 und ihr werdet jede befestigte Stadt schlagen und jede noch so 1Kön 20,13!
19: Dtn 20,19–20

3,11: «der Wasser über die Hände Elijas gegossen hat» bedeutet hier, dass Elischa dem Elija gedient hat.

auserlesene Stadt, und jeden guten Baum werdet ihr fällen, und alle
Wasserquellen werdet ihr verstopfen, und jedes gute Feldstück werdet
20: Ex 29,39; ihr mit Steinen unbrauchbar machen. 20 Am Morgen aber, zu der Zeit,
Num 28,4–5 da man das Speiseopfer darbringt, sieh, da kam plötzlich Wasser von
Edom her, und das Land füllte sich mit Wasser.

21 Ganz Moab aber hatte gehört, dass die Könige heraufgezogen wa-
ren, um gegen sie zu kämpfen, und man bot alle auf, die im waffenfähi-
gen Alter und darüber waren, und diese stellten sich an der Grenze auf.
22 Und früh am Morgen machten sie sich auf, und als die Sonne über
dem Wasser aufgegangen war, erschien Moab das Wasser von ferne rot
wie Blut. 23 Und sie sagten: Das ist Blut! Gewiss haben sich die Könige
gegenseitig niedergemacht, und einer hat den anderen erschlagen. Und
nun an die Beute, Moab! 24 Und so kamen sie zum Lager Israels, Israel
aber erhob sich, und sie schlugen Moab, und diese flohen vor ihnen.
25: Ri 9,45 · Und sie schlugen Moab vernichtend in seinem eigenen Land. 25 Und
Jes 16,7.11; die Städte rissen sie nieder, und auf jedes gute Feldstück warfen sie Stei-
Jer 48,31.36 ne, ein jeder einen Stein, überall aufs Feld, und jede Wasserquelle ver-
stopften sie, und jeden guten Baum fällten sie, bis von Kir-Chareset nur
noch dessen Steine übrig waren. Und die Schleuderer umzingelten es
und nahmen es unter Beschuss. 26 Und der König von Moab sah, dass
ihm die Schlacht zu heftig wurde, und er nahm siebenhundert Mann
mit sich, die das Schwert führten, um sich zum König von Edom durch-
27: Gen 22,2 · zuschlagen, aber es gelang ihnen nicht. 27 Da nahm er seinen erstgebo-
Lev 18,21; 20,2–3; renen Sohn, der König werden sollte an seiner Statt, und auf der Mauer
Dtn 12,31; Mi 6,7 brachte er ihn als Brandopfer dar. Da aber kam grosser Zorn über Israel,
und sie zogen ab von ihm und kehrten zurück in ihr Land.

Elischa und der Ölkrug der Witwe

1: 2,3! · Lev 25,39!; 4 1 Und eine von den Frauen der Prophetenjünger flehte Elischa an:
Mi 2,9 Dein Diener, mein Mann, ist gestorben, und du selbst weisst, dass
dein Diener den HERRN gefürchtet hat. Nun aber ist der Geldverleiher
2: 1Kön 17,12 gekommen, um sich meine beiden Kinder als Sklaven zu holen. 2 Da
sprach Elischa zu ihr: Was soll ich für dich tun? Sag mir, was du im Haus
hast. Und sie sagte: Gar nichts hat deine Sklavin im Haus, ausser einem
kleinen Krug mit Öl. 3 Da sprach er: Geh, erbitte dir draussen von allen
deinen Nachbarn Gefässe, leere Gefässe, nicht zu wenige! 4 Dann geh
heim, verschliesse die Tür hinter dir und deinen Söhnen und giesse Öl
in alle diese Gefässe; und was voll ist, das stell beiseite. 5 Und sie ging
von ihm fort und verschloss die Tür hinter sich und ihren Söhnen. Wäh-
rend diese ihr Gefässe reichten, goss sie ein. 6 Und als die Gefässe voll
waren, sagte sie zu ihrem Sohn: Reich mir noch ein Gefäss! Er aber sagte
7: Mt 14,20 zu ihr: Es ist kein Gefäss mehr da. Da kam das Öl zum Stillstand. 7 Sie
aber kam und berichtete es dem Gottesmann, und dieser sprach: Geh,
verkaufe das Öl und bezahle deine Schulden; du aber und deine Söhne,
ihr werdet leben können von dem, was übrig bleibt.

3,24: «in seinem eigenen Land» ist wörtlich: «in ihm». Nach einer anderen hebräischen Tradition lautet der Text: «... Und sie kamen ins Land (in es) und schlugen Moab.»

3,27: Die Übersetzung «ihr Land» beruht auf den antiken Übersetzungen; der Massoretische Text lautet übersetzt: «ins Land».

Elischa erweckt das tote Kind der Schunammitin

8 Und eines Tages ging Elischa hinüber nach Schunem. Und dort
war eine reiche Frau, und diese hielt ihn fest und nötigte ihn zu essen.
Und sooft er vorbeikam, kehrte er dort ein, um zu essen. 9 Da sagte sie 9: 1Kön 17,24
zu ihrem Mann: Sieh doch, ich habe erkannt, dass jener, der immer bei
uns vorbeikommt, ein heiliger Gottesmann ist. 10 Lass uns ein kleines
gemauertes Obergemach herrichten, dass wir ihm dort Bett, Tisch,
Stuhl und einen Leuchter hineinstellen. Und wenn er zu uns kommt,
kann er dort einkehren. 11 Und als er eines Tages dorthin kam, kehrte er
in dem Obergemach ein und legte sich dort schlafen. 12 Und er sprach 12: 5,20; 8,4
zu Gechasi, seinem Diener: Ruf diese Schunammitin! Und er rief sie,
und sie trat vor ihn. 13 Und er sagte zu ihm: Sag doch zu ihr: Sieh, du hast
dir unseretwegen so grosse Mühe gemacht, was kann man für dich tun?
Gibt es jemanden, der für dich ein Wort einlegt beim König oder beim
Heerführer? Sie aber sagte: Ich wohne ja inmitten meines Volks. 14 Da
sagte er: Was könnte man denn für sie tun? Und Gechasi sagte: Sie hat
keinen Sohn, und ihr Mann ist alt! 15 Da sagte er: Ruf sie! Und er rief sie,
und sie trat in die Tür. 16 Da sprach er: Genau um diese Zeit in einem 16: Gen 18,10!
Jahr wirst du einen Sohn in den Armen halten. Sie aber sagte: Nicht
doch, mein Herr, du Mann Gottes, belüge nicht deine Sklavin! 17 Die 17: Ps 113,9
Frau aber wurde schwanger, und genau um dieselbe Zeit im nächsten
Jahr gebar sie einen Sohn, wie Elischa es ihr angesagt hatte.

18 Und das Kind wuchs heran, und eines Tages ging es hinaus zu
seinem Vater, zu den Schnittern. 19 Und zu seinem Vater sagte es: Mein
Kopf, mein Kopf! Der Vater aber sagte zum Diener: Trag das Kind zu
seiner Mutter! 20 Und dieser hob es auf und brachte es zu seiner Mut- 20: 1Kön 17,17
ter. Und bis zum Mittag sass es auf ihren Knien, dann aber starb es.
21 Da ging sie hinauf, legte es auf das Bett des Gottesmannes, schloss
hinter ihm zu und ging hinaus. 22 Dann rief sie ihren Mann und sagte:
Bitte schick mir einen von den Dienern mit einer der Eselinnen, ich will
zu dem Gottesmann eilen und dann zurückkehren. 23 Er aber sagte:
Warum willst du gerade heute zu ihm gehen? Es ist weder Neumond
noch Sabbat. Sie aber sagte: Schon gut! 24 Und sie sattelte die Eselin und
sagte zu ihrem Diener: Treibe immerzu an und halte mich nicht auf
beim Reiten, es sei denn, ich sage es dir. 25 Und so zog sie hin und kam 25: 1,9!
zu dem Gottesmann auf den Berg Karmel. Und als der Gottesmann sie
von ferne sah, sprach er zu Gechasi, seinem Diener: Sieh, da ist die Schu-
nammitin. 26 Nun lauf ihr entgegen und sage zu ihr: Geht es dir gut? 26: 5,21
Geht es deinem Mann gut? Geht es dem Kind gut? Und sie sagte: Es ist
alles in Ordnung. 27 Dann aber kam sie zu dem Gottesmann, zu dem 27: Mt 28,9 ·
Berg, und sie ergriff seine Füsse, und Gechasi trat heran, um sie wegzu- Mk 10,13 · Rut 1,20
stossen. Der Gottesmann aber sprach: Lass sie, denn sie ist verbittert,
und der HERR hat es vor mir verborgen und es mir nicht kundgetan.
28 Und sie sagte: Habe ich denn von meinem Herrn einen Sohn erbe- 28: 16
ten? Habe ich nicht gesagt, dass du mir keine Hoffnung machen sollst?
29 Da sprach er zu Gechasi: Gürte deine Hüften und nimm meinen Stab 29: 9,1 · Lk 10,4
mit dir und geh! Wenn du jemanden triffst, so grüsse ihn nicht, und
wenn jemand dich grüsst, so antworte ihm nicht. Und meinen Stab

4,19: Wörtlich: «…: Trag es zu seiner Mutter!»

30: 2,2 · Gen 32,27 sollst du auf das Gesicht des Knaben legen. 30 Die Mutter des Knaben
aber sprach: So wahr der HERR lebt, und so wahr du lebst, ich werde
nicht von dir lassen! Da machte er sich auf und folgte ihr. 31 Gechasi
aber war ihnen vorausgegangen und hatte dem Knaben den Stab auf das
Gesicht gelegt; aber nichts war zu hören, es gab kein Lebenszeichen. Da
kehrte er zurück, ihm entgegen, und berichtete ihm: Der Knabe ist nicht
32: Lk 7,12–16 aufgewacht. 32 Und als Elischa in das Haus kam, sieh, da lag der Knabe
33: 1Kön 17,20; tot auf seinem Bett. 33 Und er ging hinein, schloss die Tür hinter sich
Apg 9,40 und dem Knaben und betete zum HERRN. 34 Dann stieg er auf das Lager,
34: Apg 20,10 legte sich über das Kind und presste seinen Mund auf dessen Mund,
seine Augen auf dessen Augen und seine Handflächen auf dessen Hand-
flächen. Und als er sich so über ihn beugte, wurde der Leib des Knaben
35: 5,10.14; wieder warm. 35 Dann kam er zurück, ging im Haus einmal hierhin
1Kön 18,43 · 13,21; und einmal dorthin, stieg wieder hinauf und beugte sich über ihn. Da
Mt 9,25 nieste der Knabe sieben Mal, und dann schlug der Knabe die Augen auf.
36: 8,1.5; 36 Er aber rief Gechasi und sagte zu ihm: Ruf diese Schunammitin! Und
1Kön 17,23; er rief sie, und sie kam zu ihm, und er sagte: Nimm deinen Sohn! 37 Da
Hebr 11,35 kam sie, fiel zu seinen Füssen nieder und verneigte sich zur Erde, dann
nahm sie ihren Sohn und ging hinaus.

Elischa speist die Hungrigen

38: 8,1 · 2,1.3! 38 Elischa aber war nach Gilgal zurückgekehrt, als die Hungersnot
im Land war. Und als die Prophetenjünger vor ihm sassen, sprach er zu
seinem Burschen: Setz den grossen Kessel auf und koch ein Gericht für
die Prophetenjünger. 39 Da ging einer hinaus aufs Feld, um Malven zu
pflücken, fand aber ein wildes Rankengewächs, und von diesem pflück-
te er wilde Kürbisse, so viele sein Gewand fassen konnte. Dann kam er
und schnitt sie in den Kessel mit dem Gericht, denn man wusste nicht,
was es war. 40 Und man schöpfte den Männern, damit sie assen. Als sie
aber von dem Gericht gegessen hatten, schrien sie auf und sagten: Der
41: 2,21! Tod ist in dem Topf, Mann Gottes! Und sie konnten es nicht essen. 41 Da
sprach er: Holt Mehl! Und das streute er in den Topf und sagte: Schöpft
für das Volk, damit sie zu essen haben. Und da war nichts Schädliches
mehr in dem Topf.
42: 1Sam 9,4 · 42 Und aus Baal-Schalischa war ein Mann gekommen, und der
Ex 23,19 · brachte dem Gottesmann Brot von den Erstlingsgaben, zwanzig Gers-
1Kön 14,3 tenbrote und frisches Korn in einem Beutel. Und er sprach: Gib es dem
43: Num 11,23; Volk, damit sie zu essen haben. 43 Sein Diener aber sagte: Wie soll ich
Mt 14,17 das hundert Männern vorsetzen? Da sprach er: Gib es dem Volk, damit
sie zu essen haben. Denn so spricht der HERR: Man wird essen und da-
44: Mt 14,20 von noch übrig lassen. 44 Und er setzte es ihnen vor, und sie assen und
liessen davon noch übrig, nach dem Wort des HERRN.

Die Heilung des Aramäers Naaman

1: Lk 4,27 · 5 1 Und Naaman, der Heerführer des Königs von Aram, galt vor sei-
Lev 13,2 · 15,5 nem Herrn als bedeutender Mann, und er war angesehen, denn
durch ihn hatte der HERR den Aramäern Sieg verliehen. Aber der Mann,

4,33: Wörtlich: «..., schloss die Tür hinter ihnen beiden ...»
4,42: Die Bedeutung des mit ‹Beutel› wiedergegebenen hebräischen Worts ist unsicher.

ein tüchtiger Krieger, hatte Aussatz. 2 Und Aram war in Streifscharen
ausgezogen, und aus dem Land Israel hatten sie ein junges Mädchen
verschleppt, und dieses diente vor der Frau Naamans. 3 Und sie sagte zu
ihrer Gebieterin: Ach, wäre doch mein Herr vor dem Propheten, der in
Samaria ist. Dann könnte dieser ihn von seinem Aussatz befreien. 4 Da
ging Naaman und berichtete seinem Herrn: So und so hat das Mädchen
gesprochen, das aus dem Land Israel kommt. 5 Und der König von Aram 5: 8,9
sagte: Geh, zieh hin, und ich will dem König von Israel einen Brief sen-
den. Und er ging und nahm zehn Kikkar Silber mit, dazu sechstausend
Schekel Gold und zehn Wechselkleider. 6 Und er brachte dem König
von Israel den Brief, und darin hiess es: Und nun, da dieser Brief an dich
gelangt ist, sieh: Ich habe Naaman, meinen Diener, zu dir gesandt, da-
mit du ihn von seinem Aussatz befreist. 7 Als aber der König von Israel 7: Gen 30,2; 50,19 ·
den Brief gelesen hatte, zerriss er seine Kleider und sprach: Bin ich denn 1Sam 2,6 ·
ein Gott, der töten und lebendig machen kann, dass dieser zu mir sen- 1Kön 20,7
det, damit ich einen Menschen von seinem Aussatz befreie? Begreift
doch und seht, dass er nur einen Anlass zum Streit mit mir sucht.

8 Und als Elischa, der Gottesmann, hörte, dass der König von Israel 8: Ez 2,5
seine Kleider zerrissen hatte, sandte er zum König und sprach: Warum
hast du deine Kleider zerrissen? Soll er doch zu mir kommen, damit er
erfährt, dass es in Israel einen Propheten gibt. 9 Und Naaman kam mit
seinen Pferden und seinem Wagen und trat an die Tür des Hauses, das
Elischa gehörte. 10 Elischa aber sandte einen Boten zu ihm und sprach: 10: 4,35! · Joh 9,7
Geh und wasch dich sieben Mal im Jordan, dann wird dein Leib wieder
rein sein. 11 Da wurde Naaman zornig, ging und sagte: Sieh, ich hatte
mir gesagt, er werde gewiss zu mir herauskommen, sich zu mir stellen
und den Namen des HERRN, seines Gottes, anrufen, dann seine Hand
über der Stelle bewegen und so den Aussätzigen befreien. 12 Sind nicht
der Abana und der Parpar, die Flüsse von Damaskus, besser als alle Was-
ser Israels? Kann ich mich nicht in denen waschen und rein werden?
Und er wandte sich um und ging im Zorn. 13 Seine Diener aber traten zu 13: 2,12
ihm, redeten ihm zu und sagten: Unser Vater, hätte der Prophet Schwe-
res von dir verlangt, würdest du es nicht tun? Und nun erst recht, denn
er hat dir gesagt: Wasche dich und werde rein! 14 Da ging er hinab, und 14: 4,35! ·
nach dem Wort des Gottesmannes tauchte er sieben Mal in den Jordan Lev 14,7-9 ·
ein. Und sein Leib wurde wieder wie der Leib eines jungen Knaben, und Hiob 33,25
er war rein.

15 Dann aber kehrte er zurück zum Gottesmann, er und sein ganzes 15: 19,19 · 1Kön 13,7
Gefolge. Und als er hinkam, trat er vor ihn und sprach: Sieh doch, ich
habe erkannt, dass es nirgendwo sonst auf der Erde einen Gott gibt als
allein in Israel. Und so nimm doch ein Geschenk an von deinem Diener.
16 Er aber sprach: So wahr der HERR lebt, vor dem ich diene, ich nehme 16: 3,14! ·
nichts an! Da drängte er ihn, es anzunehmen, er aber weigerte sich. Gen 14,23; Dan 5,17
17 Und Naaman sagte: Wenn nicht, möge man deinem Diener so viel
Erde mitgeben, wie ein Gespann Maultiere tragen kann, denn dein Die-
ner will keinen anderen Göttern mehr Brandopfer und Schlachtopfer

5,4: Wörtlich: «Da ging er ...»

18: 7,2! · Ex 20,5 · darbringen, sondern nur noch dem HERRN. 18 Nur dies möge der HERR
2Chr 30,18 deinem Diener vergeben: Wenn mein Herr in das Haus des Rimmon
kommt, um sich dort niederzuwerfen, und er stützt sich dabei auf mei-
ne Hand, dann muss auch ich mich niederwerfen im Haus des Rim-
mon – wenn ich mich dann niederwerfe im Haus des Rimmon, möge
der HERR dies deinem Diener vergeben. 19 Da sprach er zu ihm: Geh in
Frieden!

20: 4,12! Als er aber ein Stück weit von ihm gegangen war, 20 dachte Gechasi,
der Bursche Elischas, des Gottesmannes: Sieh, mein Herr hat Naaman,
diesen Aramäer, verschont, und von dem, was jener mitgebracht hat,
hat er nichts angenommen. So wahr der HERR lebt, ich werde ihm nach-
21: 4,26 laufen und mir etwas von ihm holen! 21 Und so folgte Gechasi Naaman,
und Naaman sah, dass er hinter ihm herlief; da sprang er vom Wagen,
22: 2,3! kam ihm entgegen und sagte: Ist alles in Ordnung? 22 Und er sagte: Es
ist alles in Ordnung! Mein Herr hat mich gesandt, um zu sagen: Sieh, da
sind von den Prophetenjüngern nun zwei junge Männer vom Gebirge
Efraim zu mir gekommen. Bitte gib mir für sie ein Kikkar Silber und
zwei Wechselkleider. 23 Da sagte Naaman: Ich bitte dich, nimm zwei
Kikkar! Und er drängte sie ihm auf und band zwei Kikkar Silber in zwei
Beutel und dazu zwei Wechselkleider und gab sie seinen beiden Bur-
24: Jos 7,21 schen, und diese trugen es vor ihm her. 24 Und er kam zu dem Hügel,
nahm es ihnen aus der Hand und verwahrte es im Haus, die Männer
aber schickte er weg, und sie gingen. 25 Und er kam, trat vor seinen
Herrn, und Elischa sprach zu ihm: Woher kommst du, Gechasi? Und er
26: 6,12 sagte: Nirgendwohin ist dein Diener gegangen. 26 Er aber sprach zu
ihm: Ist mein Herz etwa nicht mitgegangen, als einer von seinem Wa-
gen stieg und dir entgegenkam? Ist es an der Zeit, Silber anzunehmen
und Kleider anzunehmen und Ölbäume, Weinberge, Schafe, Rinder,
27: Ex 4,6 Sklaven und Sklavinnen? 27 Für alle Zeiten aber wird der Aussatz Na-
amans an dir und deinen Nachkommen haften. Da ging er fort von ihm,
von Aussatz überschneit.

Weitere Wundertaten Elischas

1: 2,3! 6 1 Und die Prophetenjünger sagten zu Elischa: Sieh doch, der Raum,
in dem wir vor dir wohnen, ist zu eng für uns. 2 Wir würden gern an
den Jordan gehen und uns von dort jeder einen Balken holen, damit wir
uns dort einen Ort herrichten können, um dort zu wohnen. Und er sag-
te: So geht! 3 Einer aber sagte: Ich bitte dich, geh doch mit deinen Die-
nern. Und er sagte: Ich werde mitgehen. 4 Und so ging er mit ihnen.
Und sie kamen an den Jordan und schnitten das Holz zu. 5 Als einer aber
seinen Balken fällte und das Eisen ins Wasser fiel, schrie er auf und sag-
te: Ach, mein Herr, es ist geliehen! 6 Der Gottesmann aber sagte: Wohin
ist es gefallen? Und jener zeigte ihm die Stelle. Da schnitt er ein Stück
Holz ab, warf es dort hinein und brachte das Eisen zum Schwimmen.
7 Dann sagte er: Hol es dir heraus! Da streckte jener seine Hand aus und
holte es.

5,18: Rimmon ist ein Name des aramäischen Gottes Hadad.

5,24: Wörtlich: «Und er kam zum Ofel, ...», womit wohl ein bestimmter Hügel im Stadtbereich von Samaria gemeint ist.

8 Und der König von Aram führte Krieg gegen Israel und beriet sich 8: 24; 1Kön 20,1
mit seinen Dienern und sagte: An jenem Ort soll mein Lager sein. 9 Der
Gottesmann aber sandte zum König von Israel und sprach: Hüte dich
davor, an jenem Ort vorbeizuziehen, denn dort hält Aram sich versteckt.
10 Da sandte der König von Israel an den Ort, den der Gottesmann ihm
genannt hatte. Und so warnte er ihn immer wieder, damit dieser dort
auf der Hut war; und dies geschah nicht nur einmal oder zweimal.
11 Darüber aber wurde das Herz des Königs von Aram unruhig, und er
rief seine Diener und sagte zu ihnen: Könnt ihr mir nicht berichten, wer
von den Unsrigen zum König von Israel hält? 12 Einer seiner Diener 12: 5,26
aber sagte: So ist es nicht, mein Herr und König! Elischa, der Prophet,
der in Israel ist, tut dem König von Israel sogar die Worte kund, die du
in deinem Schlafgemach sprichst. 13 Da sagte er: Geht und seht nach, 13: 1Sam 23,22–23 ·
wo er ist, damit ich hinsenden und ihn holen kann. Und es wurde ihm Gen 37,17
berichtet: Sieh, er ist in Dotan! 14 Da sandte er Pferde, Wagen und eine
grosse Streitmacht dorthin, und sie kamen bei Nacht und umzingelten
die Stadt. 15 Und in der Frühe machte sich der Diener des Gottesmannes
auf, ging hinaus, und sieh, rings um die Stadt lag ein Heer mit Pferden
und Wagen. Da sagte sein Bursche zu ihm: Ach, mein Herr, was sollen
wir tun? 16 Und er sprach: Fürchte dich nicht, denn die bei uns sind, 16: 2Chr 32,7
sind zahlreicher als die bei ihnen. 17 Und Elischa betete: HERR, öffne 17: Num 22,31 · 2,11
ihm doch die Augen, dass er sieht! Und der HERR öffnete dem Burschen
die Augen, und er sah, und sieh, rings um Elischa war der Berg voller
Pferde und Wagen aus Feuer. 18 Dann kamen sie herab gegen ihn, und 18: Gen 19,11;
Elischa betete zum HERRN und sprach: Schlag doch diese Nation mit Sach 12,4; Apg 13,11
Blindheit. Und nach dem Wort Elischas schlug er sie mit Blindheit.
19 Und Elischa sprach zu ihnen: Dies ist nicht der Weg, und dies ist
nicht die Stadt. Folgt mir, dann will ich euch zu dem Mann führen, den
ihr sucht. Da führte er sie nach Samaria. 20 Und als sie nach Samaria
gekommen waren, sprach Elischa: HERR, öffne diesen die Augen, dass
sie sehen. Da öffnete der HERR ihnen die Augen, und sie sahen, und sieh,
sie waren mitten in Samaria. 21 Und als der König von Israel sie erblick-
te, sagte er zu Elischa: Soll ich sie erschlagen? Ich werde sie erschlagen,
mein Vater! 22 Dieser aber sagte: Erschlag sie nicht! Erschlägst du, die 22: Spr 25,21–22;
du nicht mit deinem Schwert und deinem Bogen gefangen genommen Röm 12,20
hast? Setz ihnen Speise vor und Wasser, damit sie zu essen und zu trin-
ken haben und dann zu ihrem Herrn gehen können. 23 Da veranstaltete 23: 24,2!
er ein grosses Mahl für sie, und sie assen und tranken; dann entliess er
sie, und sie gingen zu ihrem Herrn. Die Streifscharen Arams aber ka-
men nicht mehr ins Land Israels.

Die Belagerung und Rettung Samarias

24 Danach aber versammelte Ben-Hadad, der König von Aram, sein 24: 1! · 17,5!
ganzes Heer und zog hinauf und belagerte Samaria. 25 Und in Samaria 25: 1Kön 18,2 ·
brach eine grosse Hungersnot aus, und sieh, sie belagerten es, bis der Lev 26,26;
Kopf eines Esels achtzig Schekel Silber wert war und ein viertel Kab Tau- Ez 4,16–17 · 18,27

6,8: Die Bedeutung des mit ‹mein Lager› wiedergegebenen hebräischen Worts ist unsicher.

6,18: Mit ‹sie› sind die feindlichen Aramäer gemeint.

bendreck fünf Schekel Silber. 26 Und als der König von Israel auf der
Mauer entlangging, flehte ihn eine Frau an: Hilf, mein Herr und König!
27 Er aber sprach: Hilft dir der HERR nicht, wie könnte ich dir helfen?
28: 1Kön 3,16–28 Mit etwas von der Tenne oder von der Kelter? 28 Und der König sagte zu
ihr: Was willst du? Und sie sagte: Diese Frau hat zu mir gesagt: Gib dei-
nen Sohn her, damit wir ihn heute essen, morgen werden wir dann mei-
29: Lev 26,29; nen Sohn essen. 29 Und so haben wir meinen Sohn gekocht und ihn
Klgl 4,10 gegessen. Und am nächsten Tag sagte ich zu ihr: Gib deinen Sohn her,
30: 1Kön 21,27 damit wir ihn essen! Da hat sie ihren Sohn versteckt. 30 Und als der
König die Worte der Frau gehört hatte, zerriss er seine Kleider, während
er auf der Mauer weiterging. Das sah das Volk, dass er unter seinen Klei-
31: 1Sam 3,17 dern das Trauergewand auf seinem Leib trug. 31 Und er sprach: Gott tue
mir an, was immer er will, wenn Elischa, der Sohn Schafats, heute den
32: Ez 8,1! · Kopf auf seinem Hals behält. 32 Elischa aber sass in seinem Haus, und
1Kön 21,19 die Ältesten sassen bei ihm. Da sandte der König einen Mann vor sich
her, und noch bevor der Bote zu ihm kam, sagte Elischa zu den Ältesten:
Habt ihr gesehen, dass dieser Mörder einen gesandt hat, mir den Kopf
abzuschlagen? Seht, wenn der Bote kommt, dann verschliesst die Tür
und drängt ihn mit der Tür zurück. Hört man hinter ihm nicht schon
33: Am 3,6 · das Geräusch der Schritte seines Herrn? 33 Während er noch mit ihnen
Hiob 2,9 sprach, sieh, da kam der Bote herab zu ihm und sprach: Sieh, dies ist das
Unglück, das vom HERRN kommt. Was kann ich noch vom HERRN er-
warten!

1: 1Sam 15,1 · 16; 18 **7** 1 Elischa aber sprach: Hört das Wort des HERRN! So spricht der HERR:
Morgen um diese Zeit wird ein Sea Feinmehl im Tor von Samaria
einen Schekel wert sein, und auch zwei Sea Gerste werden einen Sche-
2: 17; 5,18 · kel wert sein. 2 Daraufhin sagte der hoch gestellte Kämpfer, auf dessen
Gen 7,11; Mal 3,10 · Hand sich der König stützte, zum Gottesmann: Sieh, zwar macht der
19 HERR Fenster am Himmel; wie aber sollte dieses möglich sein? Da
sprach dieser: Du wirst es mit eigenen Augen sehen, davon essen aber
wirst du nicht!

3: Lev 13,46 3 Vor dem Eingang des Tors aber waren vier Männer, die Aussatz
hatten, und diese sagten zueinander: Was sollen wir hier bleiben, bis
4: Jer 21,9 · Est 4,16 wir sterben! 4 Entschliessen wir uns, in die Stadt zu gehen, wo die Hun-
gersnot herrscht, werden wir dort sterben, und bleiben wir hier, ster-
ben wir auch. Nun also auf! Lasst uns ins Lager Arams überlaufen! Las-
sen sie uns leben, bleiben wir am Leben; töten sie uns, sterben wir.
5 Und in der Dämmerung machten sie sich auf, um ins Lager Arams zu
gelangen. Als sie aber an den Rand des Lagers Arams kamen, sieh, da war
6: 6,17 dort kein Mensch. 6 Denn der Herr hatte das Lager Arams das Getöse
von Wagen hören lassen, das Getöse von Pferden, das Getöse einer gros-
sen Streitmacht, und sie hatten zueinander gesagt: Sieh, der König von
Israel hat die Könige der Hetiter und die Könige der Ägypter angewor-
7: Ri 7,21; ben gegen uns, damit sie über uns kommen. 7 So hatten sie sich aufge-
1Sam 14,15; macht, und in der Dämmerung waren sie geflohen. Ihre Zelte aber, ihre
1Kön 20,20

6,32: Wörtlich: «... Da sandte er einen Mann vor sich her, und noch bevor der Bote zu ihm kam, sagte er ...»

7,2: Das mit ‹der hoch gestellte Kämpfer› wiedergegebene hebräische Wort bezeichnet den in der militärischen Rangordnung dritthöchsten Kämpfer.

Pferde und ihre Esel, das Lager, so wie es war, hatten sie zurückgelassen,
und sie waren geflohen, um ihr Leben zu retten. 8 Und jene Aussätzigen
kamen an den Rand des Lagers, gingen in eines der Zelte und assen und
tranken. Da nahmen sie von dort Silber, Gold und Kleider mit, gingen
und versteckten es. Dann aber kehrten sie zurück, gingen in ein anderes
Zelt, nahmen alles daraus mit, gingen und versteckten es. 9 Dann aber
sagten sie zueinander: Was wir da tun, ist nicht recht! Der heutige Tag
ist ein Freudentag. Wenn wir dies hier verschweigen und warten, bis
der Morgen anbricht, wird uns Schuld treffen. Nun aber auf! Lasst uns
gehen und im Haus des Königs davon berichten. 10 Und sie kamen hin,
riefen den Torwächter der Stadt und berichteten ihnen: Wir sind ins
Lager Arams gekommen, und sieh, dort war kein Mensch, und kein
menschlicher Laut war zu hören. Die Pferde waren angebunden, und
die Esel waren angebunden, und die Zelte standen da, so wie sie waren.
11 Da machten die Torwächter Meldung, und drinnen im Haus des Kö-
nigs erstattete man Bericht.

12 Und noch in der Nacht stand der König auf und sprach zu seinen
Dienern: Ich will euch sagen, was Aram gegen uns unternommen hat:
Sie wissen, dass wir Hunger leiden; und so sind sie aus dem Lager ausge-
zogen, um sich auf dem offenen Land zu verstecken, und sie sagen:
Wenn sie aus der Stadt herauskommen, können wir sie lebendig ergrei-
fen, und wir haben Zugang zur Stadt. 13 Daraufhin sagte einer seiner
Diener: Man könnte doch fünf von den übrig gebliebenen Pferden neh-
men, von denen, die übrig geblieben sind in der Stadt. Sieh, es wird ih-
nen ja doch ergehen wie der ganzen Menge Israels, die übrig geblieben
ist in der Stadt! Sieh, es wird ihnen ja doch ergehen wie der ganzen
Menge Israels, die am Ende ist! Diese wollen wir aussenden, und dann
werden wir sehen! 14 Da holte man zwei Wagen mit Pferden, und der
König sandte sie dem Heer Arams nach und sprach: Geht, und haltet
Ausschau! 15 Und diese folgten ihnen bis an den Jordan, und sieh, über-
all auf dem Weg lagen Kleider und Dinge, die Aram weggeworfen hatte
bei seiner überstürzten Flucht. Da machten die Boten kehrt und berich-
teten es dem König. 16 Das Volk aber zog hinaus und plünderte das La- 16: 2Chr 20,25 · 1!
ger Arams. Und ein Sea Feinmehl war einen Schekel wert, und auch
zwei Sea Gerste waren einen Schekel wert, nach dem Wort des HERRN.

17 Der König aber hatte den hoch gestellten Kämpfer, auf dessen 17: 2!
Hand er sich stützte, zum Aufseher im Tor bestellt; dort im Tor aber
überrannte ihn das Volk, und er starb, wie der Gottesmann es angesagt
hatte, wie er es angesagt hatte, als der König zu ihm herabkam. 18 Und 18: 1!
so trat ein, was der Gottesmann dem König angesagt hatte: Morgen um
diese Zeit werden zwei Sea Gerste im Tor von Samaria einen Schekel
wert sein, und auch ein Sea Feinmehl wird einen Schekel wert sein.
19 Daraufhin hatte der hoch gestellte Kämpfer zum Gottesmann gesagt: 19: 2
Sieh, zwar macht der HERR Fenster am Himmel, wie aber sollte dieses
möglich sein? Und er hatte gesagt: Sieh, du wirst es mit eigenen Augen
sehen, davon essen aber wirst du nicht! 20 Und so geschah es denn auch
mit ihm; das Volk überrannte ihn im Tor, und er starb.

7,13: Wörtlich: «…, die übrig geblieben sind in ihr. …, die übrig geblieben ist in ihr! …»

Der wieder gewonnene Besitz der Schunammitin

1: 4,36! · 4,38 · 8 1 Elischa aber sprach zu der Frau, deren Sohn er wieder lebendig ge-
Gen 12,1 · macht hatte: Mach dich auf und geh, du mit deinem Haus, und bleib
Gen 41,27 in der Fremde, wo immer du bleiben kannst, denn der HERR hat den
Hunger herbeigerufen. Und dieser kam denn auch ins Land, für sieben
Jahre. 2 Und die Frau machte sich auf und handelte nach dem Wort des
Gottesmannes: Sie ging, sie mit ihrem Haus, und sieben Jahre lang blieb
3: Rut 1,7 · 4,13 sie als Fremde im Land der Philister. 3 Nach sieben Jahren aber kehrte
die Frau zurück aus dem Land der Philister, und sie ging, um sich ver-
zweifelt an den König zu wenden ihres Hauses und ihres Feldes wegen.
4: 4,12! 4 Der König aber sprach gerade mit Gechasi, dem Burschen des Gottes-
mannes, und sagte: Bitte erzähl mir von all den grossen Taten, die
5: 4,36! Elischa vollbracht hat. 5 Und als er dem König erzählte, wie jener den
Toten wieder lebendig gemacht hatte, sieh, da kam die Frau, deren Sohn
er wieder lebendig gemacht hatte. Verzweifelt rief sie den König an, ih-
res Hauses und ihres Feldes wegen. Da sagte Gechasi: Mein Herr und
König, dies ist die Frau, und dies ist ihr Sohn, den Elischa wieder leben-
dig gemacht hat. 6 Und der König fragte die Frau, und sie erzählte es
ihm. Da gab der König ihr einen Kämmerer mit und sprach: Gib ihr alles
zurück, was ihr gehört, auch den gesamten Ertrag des Feldes, von dem
Tag an, da sie das Land verlassen hat, bis heute.

Elischa und Chasael

7: 1Kön 20,1 7 Und Elischa kam nach Damaskus, als Ben-Hadad, der König von
Aram, krank war. Und diesem wurde gemeldet: Der Gottesmann ist
8: 1Kön 19,15 · hierher gekommen! 8 Da sagte der König zu Chasael: Nimm dir ein Ge-
1Sam 9,7! · 1,2 schenk mit, geh dem Gottesmann entgegen, und frage durch ihn den
9: 5,5 HERRN: Werde ich diese Krankheit überleben? 9 Und Chasael ging ihm
entgegen und nahm ein Geschenk mit, alle Kostbarkeiten von Damas-
kus, so viel vierzig Kamele tragen konnten. Und als er ankam, trat er vor
ihn und sprach: Dein Sohn Ben-Hadad, der König von Aram, hat mich zu
10: 1,4! dir gesandt, und er sagt: Werde ich diese Krankheit überleben? 10 Und
Elischa sprach zu ihm: Geh, sag ihm: Du wirst sie überleben! Der HERR
11: Lk 19,41 aber hat mich sehen lassen, dass er sterben wird! 11 Und mit starrem
Gesicht blickte er ihn unerträglich lange an, dann weinte der Gottes-
12: 10,32–33; 12,18; mann. 12 Da sagte Chasael: Warum weint mein Herr? Und er sagte: Weil
13,3.7.22 · 15,16; ich weiss, welch Unheil du den Israeliten antun wirst: Ihre befestigten
Hos 14,1; Am 1,13 Städte wirst du in Brand stecken, ihre jungen Männer wirst du mit dem
Schwert umbringen, ihre Kinder wirst du zerschmettern, und ihre
13: 1Sam 17,43! Schwangeren wirst du aufschlitzen. 13 Chasael aber sagte: Wer ist dein
Diener, der Hund, dass er so Grosses vollbringen sollte? Da sprach
Elischa: Der HERR hat mich sehen lassen, dass du König sein wirst über
Aram. 14 Da ging er weg von Elischa und kam zu seinem Herrn, und der
sagte zu ihm: Was hat Elischa dir gesagt? Und er sagte: Er hat mir gesagt,
dass du überleben wirst! 15 Am nächsten Tag aber nahm er eine Decke,
tauchte sie ins Wasser und legte sie ihm auf das Gesicht, und er starb.
Und Chasael wurde König an seiner Statt.

Jehoram, König von Juda in Jerusalem

16 Und im fünften Jahr Jorams, des Sohns von Achab, dem König von 16: 1,17!
Israel, und Jehoschafats, des Königs von Juda, wurde Jehoram, der Sohn
Jehoschafats, König, König von Juda. 17 Zweiunddreissig Jahre alt war
er, als er König wurde, und acht Jahre lang war er König in Jerusalem.
18 Und er ging auf dem Weg der Könige von Israel, wie das Haus Achabs 18: 16,3
es tat, denn die Tochter Achabs war seine Frau, und er tat, was böse war
in den Augen des HERRN. 19 Um Davids, seines Dieners, willen aber 19: 1Kön 11,12 ·
wollte der HERR Juda nicht verderben, hatte er ihm doch zugesagt, ihm 1Kön 11,36
für immer eine Leuchte zu geben für seine Nachfahren. 20 In seinen 20–22: 2Chr 21,8–11
Tagen löste sich Edom von der Herrschaft Judas, und sie machten einen 20: Gen 27,40 · 1Kön 22,48
zum König über sich. 21 Da zog Joram hinüber nach Zair, und mit ihm 21: 14,7 · 1Kön 8,66
alle Wagen. Und in der Nacht machte er sich auf und schlug Edom, das
ihn und die Obersten über die Wagen umzingelt hatte, und das Volk
floh zu seinen Zelten. 22 Edom aber hat sich von der Herrschaft Judas 22: 19,8; Jos 10,29.31
gelöst bis auf den heutigen Tag. Damals, in jener Zeit, löste sich auch
Libna. 23 Und was sonst noch von Joram zu berichten ist und von allem, 23: 1Kön 14,29!
was er getan hat, steht das nicht geschrieben im Buch der Chronik der
Könige von Juda? 24 Und Joram legte sich zu seinen Vorfahren, und er 24–27:
wurde bei seinen Vorfahren begraben, in der Stadt Davids. Und Achas- 2Chr 21,20–22,4
jahu, sein Sohn, wurde König an seiner Statt.

Achasjahu, König von Juda in Jerusalem

25 Im zwölften Jahr Jorams, des Sohns des Achab, des Königs von 25: 9,29
Israel, wurde Achasjahu, der Sohn des Jehoram, König, König von Juda.
26 Zweiundzwanzig Jahre alt war Achasjahu, als er König wurde, und 26: 11,1 · 9,1
ein Jahr lang war er König in Jerusalem. Und der Name seiner Mutter
war Ataljahu, die Nachfahrin Omris, des Königs von Israel. 27 Und er
ging auf dem Weg des Hauses Achabs, und wie das Haus Achab tat auch
er, was böse war in den Augen des HERRN, denn er war mit dem Haus
Achabs durch Heirat verwandt.

28 Und mit Joram, dem Sohn des Achab, zog er nach Ramot-Gilead in 28–29: 2Chr 22,5–6
den Krieg gegen Chasael, den König von Aram, die Aramäer aber ver-
wundeten Joram. 29 Da kehrte Joram, der König, zurück, um in Jesreel 29: 9,15
seine Wunden heilen zu lassen, die ihm die Aramäer in Rama geschla-
gen hatten, als er gegen Chasael, den König von Aram, kämpfte. Und
Achasjahu, der Sohn des Jehoram, der König von Juda, kam herab, um
nach Joram, dem Sohn des Achab, in Jesreel zu sehen, denn dieser war
verwundet worden.

Jehu wird zum König von Israel gesalbt und tötet seine Gegner

9 1 Und Elischa, der Prophet, rief einen der Prophetenjünger und 1: 4,29 · 2,3! · 8,28
sprach zu ihm: Gürte deine Hüften, nimm diesen Ölkrug mit dir und
geh nach Ramot-Gilead. 2 Und wenn du dort ankommst, sieh dort nach
Jehu, dem Sohn des Jehoschafat, des Sohns von Nimschi. Dann geh hin-
ein, lass ihn aufstehen aus dem Kreis seiner Brüder und führe ihn ins

8,16: Jehoram ist eine andere Form des Namens Joram.

8,21: Möglich ist auch die Übersetzung: «... und schlug Edom, das ihn umzingelt hatte, und die Obersten über die Wagen, ...»

3: 1Sam 10,1; 16,13 · hinterste Gemach. 3 Dann nimm den Krug mit Öl, giesse es über sein
1Kön 19,16 Haupt und sprich: So spricht der HERR: Ich salbe dich zum König über
Israel! Dann aber öffne die Tür und flieh! Zögere nicht! 4 Da ging der
junge Mann, der junge Prophet, nach Ramot-Gilead. 5 Und als er hin-
kam, sieh, da sassen die Anführer des Heeres beisammen, und er sprach:
Anführer, ich habe dir etwas zu sagen! Und Jehu sagte: Wem von uns
allen? Und er sprach: Dir, Anführer! 6 Da stand dieser auf und kam ins
Haus. Und jener goss ihm das Öl über das Haupt und sprach zu ihm: So
spricht der HERR, der Gott Israels: Ich salbe dich zum König über das
7: Dtn 32,43; Volk des HERRN, über Israel! 7 Das Haus Achabs, deines Herrn, aber
Ps 79,10 · 10,11! · sollst du erschlagen, und so werde ich Rache nehmen an Isebel für das
1Kön 18,4; 19,2 Blut meiner Diener, der Propheten, und für das Blut aller Diener des
8: 1Kön 14,10! · HERRN. 8 Und das ganze Haus Achabs soll umkommen; und wer zu
14,26 Achab gehört und an die Wand pisst, den werde ich ausrotten, Sklaven
9: 1Kön 15,29 · und Freie in Israel. 9 Und das Haus Achabs werde ich zurichten wie das
1Kön 16,11 Haus Jerobeams, des Sohns von Nebat, und wie das Haus des Bascha, des
10: 1Kön 21,23 Sohns von Achija. 10 Und Isebel werden die Hunde fressen auf dem
Feldstück von Jesreel, und niemand wird da sein, der sie begräbt. Dann
öffnete er die Tür und floh.

11: Jer 29,26; 11 Und Jehu war herausgekommen zu den Dienern seines Herrn,
Hos 9,7 und sie sagten zu ihm: Ist alles in Ordnung? Warum ist dieser Verrückte
zu dir gekommen? Da sagte er zu ihnen: Ihr kennt doch den Mann und
sein Geschwätz! 12 Sie aber sagten: Ausflüchte! Berichte uns doch! Da
sagte er: So und so hat er zu mir gesprochen, er hat gesagt: So spricht der
13: Mt 21,8 · 11,14 · HERR: Ich salbe dich zum König über Israel! 13 Da nahmen sie eilends
2Sam 15,10; ihre Gewänder, jeder das seine, und legten es vor ihn auf die nackten
1Kön 1,39 Stufen. Dann bliesen sie den Schofar und sagten: Jehu ist König gewor-
den!

14 So verschwor sich Jehu, der Sohn Jehoschafats, des Sohns von
Nimschi, gegen Joram. Joram aber hatte Wache gehalten in Ramot-Gile-
15: 8,29 ad, er und ganz Israel, gegen Chasael, den König von Aram. 15 Dann
kehrte Jehoram, der König, zurück, um in Jesreel seine Wunden heilen
zu lassen, die ihm die Aramäer geschlagen hatten, als er gegen Chasael,
den König von Aram, kämpfte.

Und Jehu sagte: Wenn ihr einverstanden seid, soll niemand aus der
Stadt entkommen, damit niemand geht und in Jesreel Bericht erstattet.
16 Und Jehu bestieg den Wagen und fuhr nach Jesreel, denn dort lag
Joram. Und auch Achasja, der König von Juda, war herabgekommen, um
17: 2Sam 18,24 nach Joram zu sehen. 17 Der Wächter aber stand auf dem Turm in Jesre-
el und sah die Schar Jehus kommen und sagte: Ich sehe eine Schar! Da
sagte Jehoram: Hol einen Reiter und sende ihn ihnen entgegen, und er
soll sagen: Ist Friede? 18 Und der Berittene kam auf ihn zu und sprach:
So spricht der König: Ist Friede? Jehu aber sagte: Was kümmert dich der
Friede? Schliess dich mir an! Und der Wächter meldete: Der Bote ist bei
ihnen angekommen, aber nicht zurückgekehrt. 19 Da sandte er einen
zweiten Berittenen, und dieser kam zu ihnen und sprach: So spricht der
König: Friede! Jehu aber sagte: Was kümmert dich der Friede? Schliess
dich mir an! 20 Und der Wächter meldete: Er ist bei ihnen angekom-

9,8: Siehe die Anm. zu 1Sam 25,22.

men, aber nicht zurückgekehrt. Da fährt einer wie Jehu fährt, der Sohn
von Nimschi, er fährt wie ein Rasender! 21 Da sagte Jehoram: Spannt an! 21: 1Kön 21,16
Und man spannte seinen Wagen an, und Jehoram, der König von Israel,
und Achasjahu, der König von Juda, fuhren hinaus, ein jeder auf seinem
Wagen. Und sie fuhren hinaus, Jehu entgegen, und beim Feldstück Na-
bots, des Jesreeliten, trafen sie auf ihn.

22 Und als Jehoram Jehu sah, sagte er: Ist Friede, Jehu? Dieser aber 22: Nah 3,4 ·
sagte: Wie kann Friede sein bei der Hurerei Isebels, deiner Mutter, und 1Kön 21,25
ihren vielen Zaubereien? 23 Da machte Jehoram kehrt und floh, und 23: 11,14
Achasjahu rief er zu: Verrat, Achasja! 24 Jehu aber hatte den Bogen er- 24: 10,9;
griffen und traf Jehoram in den Rücken, und vorn trat der Pfeil aus sei- 1Kön 19,17 ·
nem Herzen, und in seinem Wagen brach er zusammen. 25 Da sagte er 1Kön 22,35
zu Bidkar, seinem hoch gestellten Kämpfer: Nimm ihn, wirf ihn auf das
Feldstück Nabots, des Jesreeliten! Denn erinnere dich, wie ich und du
mit Gespannen hinter Achab, seinem Vater, herfuhren, und der HERR
diesen Ausspruch tat über ihn: 26 Wahrlich, gestern habe ich das Blut 26: 1Kön 21,19.29
Nabots und das Blut seiner Söhne gesehen, Spruch des HERRN! Und auf
diesem Feldstück werde ich es dir vergelten, Spruch des HERRN! Und
nun nimm ihn, wirf ihn auf das Feldstück, nach dem Wort des HERRN.
27 Als Achasja, der König von Juda, das sah, floh er in Richtung Bet-Gan,
Jehu aber verfolgte ihn und sprach: Auch ihn! Und noch auf dem Wagen
schlugen sie auf ihn ein, am Pass von Gur, das bei Jibleam liegt. Da floh
er nach Megiddo, und dort starb er. 28 Und seine Diener fuhren ihn 28: 14,20; 23,30
nach Jerusalem, und man begrub ihn in seinem Grab, bei seinen Vorfah-
ren, in der Stadt Davids. 29 Achasja aber war im elften Jahr Jorams, des 29: 8,25
Sohns des Achab, König über Juda geworden. 30 Und Jehu kam nach Jes- 30: Jer 4,30;
reel; Isebel aber hatte davon gehört, und sie schminkte sich ihre Augen, Ez 23,40
schmückte ihr Haupt und blickte aus dem Fenster. 31 Und als Jehu ins 31: 1Kön 16,10
Tor kam, sagte sie: Wie geht es Simri, dem Mörder seines Herrn? 32 Da
blickte er zum Fenster hinauf und sagte: Wer ist auf meiner Seite? Wer?
Und zwei, drei Kämmerer schauten zu ihm hinab, 33 und er sagte:
Stosst sie hinunter! Und sie stiessen sie hinunter, und ihr Blut spritzte
an die Mauer und über die Pferde, und er zerstampfte sie. 34 Dann ging 34: Dtn 21,23;
er hinein, ass, trank und sagte: Seht nach dieser Verfluchten und be- Jos 8,29
grabt sie, denn sie ist eine Königstochter. 35 Und sie gingen, um sie zu 35: Jes 14,18–20;
begraben, fanden von ihr aber nichts als den Schädel, die Füsse und die Koh 6,3
Hände. 36 Da kamen sie zurück und berichteten es ihm, und er sprach: 36: 1Kön 21,23
Das ist das Wort des HERRN, das dieser durch seinen Diener Elija, den
Tischbiter, gesprochen hat: Auf dem Feldstück von Jesreel werden die
Hunde das Fleisch Isebels fressen. 37 Und wie Mist auf dem Feld wird 37: Ps 83,11; Jer 8,2
der Leichnam Isebels sein auf dem Feldstück von Jesreel, so dass man
nicht sagen kann: Dies ist Isebel.

9,27: Der Massoretische Text lautet: «... Auch ihn erschlagt auf dem Wagen am Pass von Gur, ...»

9,31: Mit Simri ist Jehu gemeint; es liegt eine Anspielung auf 1Kön 16,15–20 vor.

Der Untergang des Hauses Achab

1: 1Kön 21,8 · 10 1 In Samaria aber hatte Achab siebzig Söhne. Und Jehu schrieb
Est 2,7; Rut 4,16 Briefe, und diese sandte er nach Samaria an die Obersten von Jes-
reel, an die Ältesten und an die Erzieher der Söhne Achabs, und darin
hiess es: 2 Nun, da dieser Brief an euch gelangt ist, bei euch sind doch
die Söhne eures Herrn und bei euch sind die Wagen und Pferde, eine
befestigte Stadt und die Waffen. 3 Schaut, wer der beste und aufrechtes-
te der Söhne eures Herrn ist, und setzt ihn auf den Thron seines Vaters,
4: 9,24.27 und kämpft für das Haus eures Herrn! 4 Sie aber fürchteten sich über
die Massen und sagten: Sieh, die zwei Könige konnten nicht vor ihm
5: 18,14; Jos 9,25 bestehen, wie sollen wir da bestehen? 5 Und der dem Haus vorstand
und der der Stadt vorstand, die Ältesten und die Erzieher sandten zu
Jehu und sagten: Wir sind deine Diener und werden alles tun, was du
uns sagst. Wir werden niemanden zum König machen. Tu, was gut ist in
deinen Augen. 6 Da schrieb er einen zweiten Brief an sie, und darin
hiess es: Wenn ihr zu mir haltet und auf meine Stimme hört, dann
nehmt die Köpfe der männlichen Nachkommen eures Herrn und bringt
sie morgen um diese Zeit zu mir nach Jesreel. Die Söhne des Königs
aber, siebzig Männer, waren bei den Grossen der Stadt, die sie aufzogen.
7 Und als der Brief zu ihnen kam, holten sie die Söhne des Königs und
schlachteten sie ab, alle siebzig. Dann legten sie ihre Köpfe in Körbe,
8: 1Sam 17,54; 31,9; und diese sandten sie zu ihm nach Jesreel. 8 Und der Bote kam und mel-
2Sam 4,7–8 dete ihm: Man hat die Köpfe der Söhne des Königs gebracht. Da sagte er:
9: 9,24! Legt sie bis zum Morgen in zwei Haufen an den Eingang des Tors. 9 Und
am Morgen ging er hinaus, trat hin und sprach zum ganzen Volk: Ihr
seid ohne Schuld! Seht, ich habe mich verschworen gegen meinen
Herrn, und ich habe ihn umgebracht. Wer aber hat alle diese erschla-
10: Jos 21,45! · gen? 10 Erkennt doch, dass nichts zur Erde fällt von dem Wort des
1Kön 21,19–22 HERRN, das der HERR gegen das Haus Achabs gesprochen hat: Der HERR
hat ausgeführt, was er angekündigt hat durch seinen Diener Elija.
11: 9,7; 1Kön 21,29; 11 Und Jehu erschlug alle, die in Jesreel übrig geblieben waren vom
Hos 1,4 Haus Achabs, auch alle seine Grossen, seine Vertrauten und seine Pries-
ter, und nicht einen, der zu ihm gehörte, liess er entrinnen. 12 Und Jehu
machte sich auf, kam und ging nach Samaria. Als er unterwegs war bei
13–14: 2Chr 22,1.8 Bet-Eked-Roim, 13 traf Jehu auf die Brüder des Achasjahu, des Königs
von Juda, und sagte: Wer seid ihr? Und sie sagten: Wir sind die Brüder
des Achasjahu, und wir sind hinabgezogen, um den Söhnen des Königs
und den Söhnen der Gebieterin den Gruss zu entbieten. 14 Da sprach er:
Ergreift sie lebend! Und man ergriff sie lebend, schlachtete sie ab und
warf sie in die Zisterne von Bet-Eked, zweiundvierzig Mann, und nicht
einen von ihnen liess er übrig.

15: Jer 35,6 · 15 Dann ging er weg von dort und traf auf Jehonadab, den Sohn des
Esra 10,19 · Rechab, der ihm entgegenkam. Und er segnete ihn und sprach zu ihm:
1Kön 20,33 Ist dein Herz so aufrichtig, wie es mein Herz deinem Herzen gegenüber
ist? Und Jehonadab sprach: Ja! Wenn es so ist, so gib mir deine Hand. Da
gab jener ihm die Hand, und er liess ihn zu sich auf den Wagen steigen
16 und sagte: Geh mit mir, und sieh meinen Eifer für den HERRN. Und so

10,1: «der Söhne» wurde in der Übersetzung ergänzt.
10,10: Siehe die Anm. zu 1Sam 3,19.

liess man ihn auf seinem Wagen mitfahren. 17 Und er kam nach Samaria und erschlug alle, die von Achab in Samaria übrig geblieben waren, bis er sie ausgerottet hatte, nach dem Wort des HERRN, das dieser zu Elija gesprochen hatte.

Die Ausrottung des Baaldienstes. Jehus Tod

18 Dann versammelte Jehu das ganze Volk und sprach zu ihnen: Zu 18: 17,16;
wenig hat Achab dem Baal gedient, Jehu wird ihm besser dienen! 1Kön 16,31–32
19 Und nun ruft alle Propheten des Baal zu mir, alle, die ihm dienen und 19: 1Kön 22,6
alle seine Priester. Keiner soll fehlen, denn ich veranstalte ein grosses
Schlachtfest für den Baal. Wer fehlt, wird nicht am Leben bleiben. Das
aber tat Jehu aus Hinterlist, um die auszurotten, die dem Baal dienten.
20 Und Jehu sprach: Setzt eine heilige Festversammlung an für den
Baal. Und sie riefen sie aus. 21 Und Jehu sandte umher in ganz Israel. Da 21: 1Kön 16,32
kamen alle, die dem Baal dienten, und es gab niemanden, der nicht gekommen wäre. Und sie kamen in das Haus des Baal, und das Haus des
Baal wurde voll von einem Ende bis zum anderen. 22 Und er sagte zu
dem, der der Kleiderkammer vorstand: Gib Kleider heraus für alle, die
dem Baal dienen. Und er gab ihnen die Gewänder heraus. 23 Und Jehu
kam mit Jehonadab, dem Sohn des Rechab, in das Haus des Baal und
sagte zu denen, die dem Baal dienten: Forscht nach und seht, dass hier
bei euch nicht etwa einer von den Dienern des HERRN ist, sondern nur
die, die dem Baal dienen. 24 Dann kamen sie, um Schlachtopfer und 24: 1Kön 20,39
Brandopfer darzubringen. Draussen aber hatte Jehu sich achtzig Mann
aufgestellt und gesagt: Wer einen von den Männern entkommen lässt,
die ich in eure Hände treibe, der bezahlt für ihn mit seinem Leben.
25 Und als er das Brandopfer dargebracht hatte, sprach Jehu zu den Leib- 25: 11,18;
wächtern und zu den hoch gestellten Kämpfern: Kommt, erschlagt sie, 1Kön 18,40
kein einziger soll herauskommen! Und sie erschlugen sie mit der
Schärfe des Schwerts, dann warfen die Leibwächter und die hoch gestellten Kämpfer sie hinaus. Darauf gingen sie in die Stadt des Hauses
des Baal 26 und schafften die Mazzeben aus dem Haus des Baal und ver- 26–27: 3,2!
brannten sie, 27 und die Mazzebe des Baal rissen sie nieder. Dann ris- 26: 19,18; 23,4
sen sie das Haus des Baal nieder und machten Aborte daraus, und so ist 27: Esra 6,11
es bis auf den heutigen Tag.

28 Und so vertilgte Jehu den Baal aus Israel. 29 Nur von den Sünden 29: 1Kön 12,29!
Jerobeams, des Sohns von Nebat, zu denen dieser Israel verführt hatte,
liess Jehu nicht ab: von den goldenen Kälbern, die in Bet-El und die in
Dan waren. 30 Und der HERR sprach zu Jehu: Weil du gut ausgeführt 30: 35; 13,1.10;
hast, was recht ist in meinen Augen, weil du ganz nach meinem Herzen 14,23.29; 15,12
gehandelt hast am Haus Achabs, deshalb werden Nachkommen von dir
bis in die vierte Generation auf dem Thron Israels sitzen. 31 Jehu aber 31: Dtn 10,12
achtete nicht darauf, sich von ganzem Herzen in der Weisung des
HERRN, des Gottes Israels, zu bewegen, er liess nicht ab von den Sünden
Jerobeams, zu denen dieser Israel verführt hatte.

32 In jenen Tagen begann der HERR, Teile von Israel abzuhauen, und 32–33: 8,12!
so schlug Chasael sie überall im Gebiet Israels, 33 vom Jordan gegen 33: Dtn 3,12–13
Sonnenaufgang: das ganze Land Gilead, die Gaditen und die Rubeniten
und die Manassiten, von Aroer an, das am Bachtal des Arnon liegt, das
Gilead und den Baschan.

34: 1Kön 14,19! 34 Und was sonst noch von Jehu zu berichten ist und von allem, was
er getan hat, und von all seiner Tüchtigkeit, steht das nicht geschrieben
35: 30! im Buch der Chronik der Könige von Israel? 35 Und Jehu legte sich zu
seinen Vorfahren, und man begrub ihn in Samaria. Und Jehoachas, sein
Sohn, wurde König an seiner Statt. 36 Und die Zeit, die Jehu in Samaria
König war über Israel, betrug achtundzwanzig Jahre.

Die Herrschaft der Atalja. Joasch wird König

1–3: 2Chr 22,10–12 11 1 Als aber Atalja, die Mutter des Achasjahu, sah, dass ihr Sohn tot
1: 8,26 · 9,27 war, machte sie sich auf und brachte alle königlichen Nachkom-
2: 8,16 men um. 2 Jehoscheba aber, die Tochter des Königs Joram, die Schwes-
ter Achasjahus, nahm Joasch, den Sohn Achasjas, stahl ihn aus dem
Kreis der Söhne des Königs, die getötet werden sollten, und brachte ihn
und seine Amme in die Bettenkammer, und man versteckte ihn vor
3: Ex 2,2; Ri 9,5 Ataljahu, und so wurde er nicht getötet. 3 Und sechs Jahre lang hielt er
sich versteckt bei ihr, im Haus des HERRN, während Atalja Königin war
über das Land.

4–16: 2Chr 23,1–15 4 Im siebten Jahr aber sandte Jehojada hin und holte die Obersten
der Hundertschaften der Karier und der Leibwächter, brachte sie zu sich
in das Haus des HERRN und schloss einen Bund mit ihnen, und im Haus
des HERRN liess er sie schwören. Dann zeigte er ihnen den Sohn des
5: Num 1,53 Königs. 5 Und er gebot ihnen: Dies ist es, was ihr tun sollt: Das Drittel
von euch, diejenigen, die am Sabbat antreten und den Wachdienst über-
nehmen im Haus des Königs 6 und das Drittel im Tor Sur und das Drit-
tel im Tor hinter den Leibwächtern, ihr sollt abwechselnd den Wach-
dienst im Haus übernehmen. 7 Im Haus des HERRN aber sollen die bei-
den Abteilungen von euch, alle, die am Sabbat abtreten, die Bewachung
des Königs übernehmen. 8 Und ihr sollt euch rings um den König scha-
ren, jeder mit den Waffen in der Hand, und wer in die Reihen eindringt,
wird getötet. Und ihr bleibt beim König, wenn er hinausgeht und wenn
er hineingeht! 9 Und die Anführer der Hundertschaften machten es ge-
nau, wie Jehojada, der Priester, es ihnen befohlen hatte, und sie nah-
men, ein jeder, ihre Männer, die am Sabbat antraten, zusammen mit
denen, die am Sabbat abtraten, und kamen zu Jehojada, dem Priester.
10: 2Sam 8,7 10 Und der Priester gab den Anführern der Hundertschaften den Speer
und die Rundschilde, die König David gehört hatten und die im Haus
des HERRN waren. 11 Und die Leibwächter stellten sich auf, jeder die
Waffen in der Hand, von der Südecke des Hauses bis zur Nordecke des
12: Ps 21,4 · Hauses, beim Altar und beim Haus, rings um den König. 12 Dann führte
Dtn 17,18; er den Sohn des Königs hinaus, legte ihm das Diadem an, gab ihm die
Ps 132,12 · Urkunde, und sie machten ihn zum König und salbten ihn. Und sie
2Sam 2,4 klatschten in die Hände und sprachen: Es lebe der König!

13 Atalja aber hörte das Lärmen der Leibwächter und des Volks und
14: 23,3 · 9,13 · 9,23 kam zum Volk ins Haus des HERRN. 14 Da sah sie nach und sieh, der
König stand auf dem Podest, wie es Brauch war, und die Obersten und
die Trompeter waren neben dem König, und alles Volk des Landes war
frohen Mutes und blies die Trompeten. Da zerriss Atalja ihre Kleider

11,4: Karier waren Söldner aus dem kleinasiatischen Karien.
11,11: Das erste Haus ist der Tempel, mit dem zweiten ist wohl der Königspalast gemeint.

und rief: Verrat! Verrat! 15 Jehojada, der Priester, aber befahl den Anfüh-
rern der Hundertschaften, den Befehlshabern des Heeres, und sprach zu
ihnen: Führt sie hinaus durch die Reihen, und wer ihr folgt, den tötet
mit dem Schwert. Denn der Priester hatte gesagt: Sie soll nicht im Haus
des HERRN getötet werden. 16 Und man legte Hand an sie, und auf dem 16: 20 · Jer 31,40;
Weg für die Pferde kam sie in das Haus des Königs, und dort wurde sie Neh 3,28
getötet. 17 Und Jehojada schloss den Bund zwischen dem HERRN, dem 17–20:
König und dem Volk, ein Volk des HERRN zu werden, und auch zwischen 2Chr 23,16–21
dem König und dem Volk. 18 Dann kam alles Volk des Landes zum Haus 17: 23,3; Jos 24,25 · 2Sam 5,3
des Baal, und sie rissen es nieder; seine Altäre und seine Bilder zer- 18: 10,25! · 18,4!
schlugen sie ganz und gar, und Mattan, den Priester des Baal, brachten
sie vor den Altären um. Der Priester aber setzte Wachen ein für das Haus
des HERRN. 19 Dann nahm er die Anführer der Hundertschaften, die Ka- 19: 1Kön 1,46; 14,27
rier, die Leibwächter und alles Volk des Landes, und sie geleiteten den
König hinab aus dem Haus des HERRN, und durch das Tor für die Leib-
wächter kamen sie in das Haus des Königs, und er setzte sich auf den
Thron der Könige. 20 Und alles Volk des Landes freute sich, und die 20: 16
Stadt blieb ruhig. Ataljahu aber hatte man im Haus des Königs mit dem
Schwert getötet.

Jehoasch, König in Jerusalem

12 1 Sieben Jahre alt war Jehoasch, als er König wurde. 2 Im siebten 1–3: 2Chr 24,1–3
Jahr Jehus wurde Jehoasch König, und vierzig Jahre lang war er 1: 13,1.10
König in Jerusalem. Und der Name seiner Mutter war Zibja aus Beer-
Scheba. 3 Und sein ganzes Leben lang tat Jehoasch, was recht war in den 3: 18,3; 22,2;
Augen des HERRN, denn Jehojada, der Priester, unterwies ihn. 4 Die 1Kön 15,11
Kulthöhen aber verschwanden nicht; noch immer brachte das Volk auf 4–17: 2Chr 24,4–14 4: 14,4; 15,4.35;
den Kulthöhen Schlachtopfer und Rauchopfer dar. 5 Und Jehoasch 1Kön 22,44
sprach zu den Priestern: Alles Silber von den Weihgaben, das in das 5: Ex 30,13 · Lev 27,2–8 ·
Haus des HERRN gebracht wird, das Silber der üblichen Einschätzung 1Chr 29,6–8!
eines jeden – das Silber aller, ihrer Schätzung entsprechend –, alles Sil-
ber, das einer von sich aus in das Haus des HERRN bringt, 6 das sollen
die Priester an sich nehmen, ein jeder von seinem Verwalter, und sie
sollen die Schäden am Haus ausbessern, wo immer sich daran ein Scha-
den findet. 7 Im dreiundzwanzigsten Jahr des Königs Jehoasch aber hat-
ten die Priester die Schäden am Haus noch nicht ausgebessert. 8 Da rief
König Jehoasch Jehojada, den Priester, und die Priester und sagte zu ih-
nen: Warum bessert ihr die Schäden am Haus nicht aus? Von nun an
sollt ihr von euren Verwaltern kein Silber mehr annehmen; ihr werdet
es abgeben für die Schäden am Haus! 9 Und die Priester willigten ein,
kein Silber mehr anzunehmen vom Volk und die Schäden am Haus
nicht ausbessern zu müssen. 10 Jehojada, der Priester, aber nahm einen 10: Mk 12,41 · 22,4
Kasten, bohrte ein Loch in dessen Deckel und stellte ihn rechts neben
den Altar, wo jeder eintrat in das Haus des HERRN. Dort hinein taten die
Priester, die Hüter der Schwelle, alles Silber, das in das Haus des HERRN

11,15: Mit ‹Reihen› ist entweder ein Spalier der Soldaten oder eine Säulenreihe gemeint.
12,1: Jehoasch ist eine andere Form des Namens Joasch.
12,5: Die Übersetzung «das Silber der üblichen Einschätzung eines jeden» ist unsicher.
12,6: Mit ‹Verwalter› sind Männer gemeint, die für das Geld des Tempels zuständig waren.

gebracht wurde. 11 Und wenn sie sahen, dass viel Silber im Kasten war,
kamen der Schreiber des Königs und der Hohe Priester herauf, banden
es zusammen und zählten das Silber, das sich im Haus des HERRN fand.
12 Das abgewogene Silber aber gab man dann in die Hände der Werk-
meister, die eingesetzt waren im Haus des HERRN, und diese gaben es
heraus an die Zimmerleute und an die Bauleute, die am Haus des HERRN
13: Esra 3,7 arbeiteten, 13 und an die Maurer und Steinmetze, für den Ankauf von
Holz und von Bruchsteinen, um die Schäden am Haus des HERRN aus-
zubessern, und für alles, was bezahlt werden musste für die Ausbesse-
rung des Hauses. 14 Doch wurden von dem Silber, das in das Haus des
HERRN gebracht wurde, keine silbernen Schalen für das Haus des
HERRN angefertigt, keine Messer, keine Sprengschalen, keine Trompe-
ten, keinerlei Geräte aus Gold und keine Geräte aus Silber, 15 sondern
man gab es den Werkmeistern, und diese besserten damit das Haus des
16: 22,7 HERRN aus. 16 Und man rechnete nicht ab mit den Männern, in deren
Hand man das Silber gab, damit sie es den Werkmeistern gaben; sie
17: Lev 7,7–9; handelten in Treue. 17 Das Silber für Schuldopfer aber und das Silber für
Num 18,9 Sündopfer wurde nicht in das Haus des HERRN gebracht, es gehörte den
Priestern.

18: 8,12! 18 Damals zog Chasael, der König von Aram, herauf, bekämpfte Gat
und nahm es ein. Dann machte Chasael sich daran, gegen Jerusalem
19: 16,8; 18,15–16; hinaufzuziehen. 19 Da nahm Jehoasch, der König von Juda, alle heiligen
1Kön 15,19 Dinge, die Jehoschafat, Jehoram und Achasjahu, seine Vorfahren, die
Könige von Juda, geweiht hatten, und seine eigenen heiligen Dinge,
dazu alles Gold, das sich in den Schatzkammern im Haus des HERRN
und im Haus des Königs fand, und sandte alles an Chasael, den König
20: 1Kön 14,29! von Aram. Und dieser zog hinauf, weg von Jerusalem. 20 Und was sonst
noch von Joasch zu berichten ist und von allem, was er getan hat, steht
21–22: das nicht geschrieben im Buch der Chronik der Könige von Juda? 21 Sei-
2Chr 24,23–26 ne Diener aber erhoben sich, zettelten eine Verschwörung an und er-
21: 2Sam 5,9! *22:* 14,5 · 14,1 schlugen Joasch im Haus Millo, wo man hinabgeht nach Silla. 22 Und
Josabad, der Sohn des Schimat, und Jehosabad, der Sohn des Schomer,
seine Diener, erschlugen ihn, und er starb. Und man begrub ihn bei sei-
nen Vorfahren, in der Stadt Davids. Und Amazja, sein Sohn, wurde Kö-
nig an seiner Statt.

Jehoachas, König über Israel in Samaria

1: 12,1! 13 1 Im dreiundzwanzigsten Jahr des Joasch, des Sohns Achasjahus,
des Königs von Juda, wurde Jehoachas, der Sohn Jehus, in Samaria
2: 11 König über Israel; siebzehn Jahre. 2 Und er tat, was böse war in den Au-
gen des HERRN, und er folgte den Sünden Jerobeams, des Sohns von Ne-
3: Ri 2,14 · 8,12! · 24 bat, zu denen dieser Israel verführt hatte; er liess nicht davon ab. 3 Da
entbrannte der Zorn des HERRN über Israel, und er gab sie in die Hand
Chasaels, des Königs von Aram, und in die Hand Ben-Hadads, des Sohns
4: 23 · 14,26 von Chasael, die ganze Zeit. 4 Jehoachas aber besänftigte das Angesicht
des HERRN, und der HERR erhörte ihn, denn er sah die Qualen Israels, da
5: 14,27; der König von Aram sie quälte. 5 Da gab der HERR Israel einen Retter,
1Sam 12,11 · Ri 7,8 und sie entkamen aus der Hand Arams, und die Israeliten wohnten in
6: 11 · 21,3! ihren Zelten wie zuvor. 6 Doch liessen sie nicht ab von den Sünden des
Hauses Jerobeam, zu denen dieser Israel verführt hatte, darin lebte man.

Auch blieb die Aschera in Samaria stehen. 7 Denn er hatte Jehoachas 7: 8,12! · Mi 4,13
nicht mehr Leute übrig gelassen als fünfzig Reiter, zehn Wagen und
zehntausend Mann Fussvolk. Der König von Aram hatte sie vernichtet,
und er hatte sie gemacht wie Staub beim Dreschen. 8 Und was sonst 8: 1Kön 14,19!
noch von Jehoachas zu berichten ist, und von allem was er getan hat,
und von seiner Tüchtigkeit, steht das nicht geschrieben im Buch der
Chronik der Könige von Israel? 9 Und Jehoachas legte sich zu seinen 9: 13 · 10,30!
Vorfahren, und man begrub ihn in Samaria. Und Joasch, sein Sohn, wur-
de König an seiner Statt.

Jehoasch, König über Israel in Samaria

10 Im siebenunddreissigsten Jahr des Joasch, des Königs von Juda, 10: 12,1!
wurde Jehoasch, der Sohn des Jehoachas, in Samaria König über Israel;
sechzehn Jahre. 11 Und er tat, was böse war in den Augen des HERRN, er 11: 2 · 6
liess nicht ab von all den Sünden Jerobeams, des Sohns von Nebat, zu
denen dieser Israel verführt hatte, er lebte darin. 12 Und was sonst noch 12: 14,8–16;
von Joasch zu berichten ist, und von allem, was er getan hat, und von 2Chr 25,21–24 · 1Kön 14,19!
seiner Tüchtigkeit, wie er Krieg geführt hat gegen Amazja, den König
von Juda, steht das nicht geschrieben im Buch der Chronik der Könige
von Israel? 13 Und Joasch legte sich zu seinen Vorfahren, und Jerobeam 13: 9 · 14,16.23
setzte sich auf seinen Thron. Und Joasch wurde in Samaria begraben,
bei den Königen von Israel.

Krankheit und Tod Elischas

14 Elischa aber war von der Krankheit befallen worden, an der er 14: Gen 50,1 · 2,12
sterben würde, und Joasch, der König von Israel, kam herab zu ihm,
weinte über seinem Angesicht und sprach: Mein Vater, mein Vater! Wa-
gen Israels und seine Reiter! 15 Elischa aber sagte zu ihm: Hol Bogen
und Pfeile. Und er holte ihm Bogen und Pfeile. 16 Dann sagte er zum
König von Israel: Spann den Bogen! Und er spannte ihn, und Elischa
legte seine Hände auf die Hände des Königs 17 und sagte: Öffne das 17: 1Kön 20,26
Fenster nach Osten. Und er öffnete es. Dann sagte Elischa: Schiess! Und
er schoss. Da sprach er: Ein Siegespfeil des HERRN! Ein Siegespfeil gegen
Aram: In Afek wirst du Aram vernichtend schlagen. 18 Dann sagte er:
Nimm die Pfeile! Und er nahm sie. Dann sprach er zum König von Isra-
el: Schlage damit auf die Erde. Da schlug er dreimal, dann aber hielt er
inne. 19 Da wurde der Gottesmann zornig über ihn und sprach: Fünf- 19: 25
oder sechsmal hättest du schlagen müssen, dann hättest du Aram ver-
nichtend geschlagen! Nun aber wirst du Aram nur dreimal schlagen.

20 Und Elischa starb, und man begrub ihn. 20: 24,2!

Und kam das neue Jahr, so kamen die Streifscharen Moabs ins Land.
21 Und als man einmal einen Mann begrub, sieh, da sahen sie die Streif- 21: 4,35!
schar und warfen den Mann in das Grab Elischas. Da bewegte er sich,
und als der Mann die Gebeine Elischas berührte, wurde er wieder leben-
dig und stellte sich auf seine Füsse.

13,17: Bei «Da sprach er: Ein Siegespfeil ...» spricht wieder der Prophet.

22: 8,12! 22 Chasael aber, der König von Aram, quälte Israel, solange Jeho-
23: 4 · Ex 2,24; achas lebte. 23 Der HERR aber war ihnen gnädig und erbarmte sich ihrer,
Lev 26,42 · 17,18 und um seines Bundes mit Abraham, Isaak und Jakob willen wandte er
sich ihnen zu und wollte sie nicht vernichten, und er hat sie nicht von
24: 3 seinem Angesicht verstossen, bis heute. 24 Und Chasael, der König von
Aram, starb, und Ben-Hadad, sein Sohn, wurde König an seiner Statt.
25: 19 25 Und Jehoasch, der Sohn des Jehoachas, nahm Ben-Hadad, dem Sohn
Chasaels, die Städte wieder aus der Hand, die dieser Jehoachas, seinem
Vater, im Krieg aus der Hand genommen hatte. Dreimal schlug Joasch
ihn, und so holte er die Städte Israels zurück.

Amazjahu, König von Juda in Jerusalem

1: 12,22 14 1 Im zweiten Jahr des Joasch, des Sohns von Joachas, des Königs
von Israel, wurde Amazjahu, der Sohn des Joasch, König, König
von Juda. 2 Fünfundzwanzig Jahre alt war er, als er König wurde, und
neunundzwanzig Jahre lang war er König in Jerusalem. Und der Name
seiner Mutter war Jehoaddan aus Jerusalem. 3 Und er tat, was recht war
in den Augen des HERRN, wenn auch nicht wie David, sein Vorfahr, son-
4: 12,4! dern ganz so wie Joasch, sein Vater, es getan hatte. 4 Die Kulthöhen aber
verschwanden nicht, noch immer brachte das Volk auf den Kulthöhen
5: 12,22 Schlachtopfer und Rauchopfer dar. 5 Und als das Königtum fest in sei-
ner Hand war, erschlug er diejenigen von seinen Dienern, die den Kö-
6: Dtn 24,16! nig, seinen Vater, erschlagen hatten. 6 Die Kinder der Mörder aber töte-
te er nicht, wie es geschrieben steht im Buch der Weisung des Mose, wie
der HERR es geboten hatte: Die Väter sollen nicht mit den Kindern getö-
tet werden, und die Kinder sollen nicht mit den Vätern getötet werden,
7: 8,21 · 2Sam 8,13 sondern ein jeder soll für seine eigene Sünde getötet werden. 7 Er war
es, der Edom im Salztal schlug, zehntausend, und der Sela im Kampf
eingenommen hat; und er gab Sela den Namen Jokteel, und so heisst es
bis auf den heutigen Tag.
8–14: 2Chr 25,17–24 8 Damals sandte Amazja Boten zu Jehoasch, dem Sohn des Jehoa-
chas, des Sohns von Jehu, dem König von Israel, und sagte: Komm, wir
9: Ri 9,14 wollen uns Auge in Auge gegenüberstehen. 9 Jehoasch aber, der König
von Israel, sandte zu Amazjahu, dem König von Juda, und sagte: Der
Dornstrauch, der auf dem Libanon wuchs, sandte zur Zeder, die auf dem
Libanon stand, und sagte: Gib meinem Sohn deine Tochter zur Frau!
Und die Wildtiere, die auf dem Libanon waren, liefen über ihn hinweg
und zertraten den Dornstrauch. 10 Gewiss, du hast Edom geschlagen,
nun aber macht dein Herz dich hochmütig. Geniesse den Ruhm und
bleib in deinem Haus! Warum denn willst du dich ins Unglück stürzen
und zu Fall kommen, du und Juda mit dir? 11 Amazjahu aber hörte nicht,
und so zog Jehoasch, der König von Israel, hinauf, und in Bet-Sche-
mesch, das zu Juda gehört, standen sie sich Auge in Auge gegenüber, er
12: Ri 7,8; und Amazjahu, der König von Juda. 12 Juda aber wurde vor Israel ge-
1Kön 8,66 schlagen, und sie flohen, ein jeder zu seinen Zelten. 13 Und Jehoasch,
13: Neh 8,16; 12,39 ·
Jer 31,38; Sach 14,10

13,23: «bis heute» ist wörtlich «bis jetzt». Dabei handelt es sich wohl um einen späteren deutenden Zusatz zum Text; «jetzt» bezieht sich auf die Zeit, in der dieser Zusatz eingefügt wurde.

14,7: Wörtlich: «...; und er gab ihm den Namen Jokteel, ...»

der König von Israel, nahm Amazjahu, den König von Juda, den Sohn
des Jehoasch, des Sohns des Achasjahu, in Bet-Schemesch gefangen.
Dann kam er nach Jerusalem, und in die Mauer von Jerusalem riss er
eine Bresche von vierhundert Ellen, vom Efraim-Tor bis zum Eck-Tor.
14 Und er nahm alles Gold und Silber und alle Geräte, die sich im Haus 14: 1Kön 14,26
des HERRN und in den Schatzkammern des Hauses des Königs fanden,
und dazu auch Geiseln; dann kehrte er zurück nach Samaria.
15 Und was sonst noch von Jehoasch zu berichten ist, von dem, was
er getan hat, und von seiner Tüchtigkeit und wie er Krieg geführt hat
gegen Amazjahu, den König von Juda, steht das nicht geschrieben im
Buch der Chronik der Könige von Israel? 16 Und Jehoasch legte sich zu 16: 13,13! · 23
seinen Vorfahren, und er wurde in Samaria begraben, bei den Königen
von Israel. Und Jerobeam, sein Sohn, wurde König an seiner Statt.
17 Und nach dem Tod des Jehoasch, des Sohns von Jehoachas, des Königs
von Israel, lebte Amazjahu, der Sohn des Joasch, der König von Juda,
noch fünfzehn Jahre. 18 Und was sonst noch von Amazjahu zu berich- 18: 1Kön 14,29!
ten ist, steht das nicht geschrieben im Buch der Chronik der Könige von
Juda? 19 In Jerusalem aber zettelte man eine Verschwörung gegen ihn
an, und er floh nach Lachisch. Aber man sandte hinter ihm her nach
Lachisch, und dort tötete man ihn. 20 Dann hob man ihn auf die Pferde, 20: 9,28!
und er wurde in Jerusalem begraben, bei seinen Vorfahren, in der Stadt
Davids. 21 Dann nahm das ganze Volk von Juda den Asarja, der sechzehn 21–22: 2Chr 26,1–2
Jahre alt war, und sie machten ihn zum König an seines Vaters Amazja- 21: 15,1–2
hus Statt. 22 Er baute Elat aus und holte es für Juda zurück, nachdem der 22: 16,6
König sich zu seinen Vorfahren gelegt hatte.

Jerobeam, Sohn des Joasch, König von Israel in Samaria

23 Im fünfzehnten Jahr Amazjahus, des Sohns von Joasch, des Königs 23: 16 · 14,13 ·
von Juda, wurde Jerobeam, der Sohn des Joasch, in Samaria König, König Hos 1,1; Am 1,1
von Israel; einundvierzig Jahre. 24 Und er tat, was böse war in den Augen 24: 3,3; 1Kön 14,16;
des HERRN, er liess nicht ab von all den Sünden Jerobeams, des Sohns von Am 7,9–13
Nebat, zu denen dieser Israel verführt hatte. 25 Er stellte die Grenzen 25: Dtn 3,17 ·
Israels wieder her, von da, wo es nach Chamat geht, bis zum Meer der Jona 1,1
Araba, nach dem Wort der HERRN, des Gottes Israels, das dieser gespro-
chen hatte durch seinen Diener Jona, den Sohn des Amittai, den Prophe-
ten, der aus Gat-Chefer stammte. 26 Denn der HERR hatte gesehen, dass 26: 9,8 · 13,4 ·
das Elend Israels sehr bitter war: Es war aus mit dem Sklaven, und es war Ps 107,12
aus mit dem Freien, und es gab niemanden, der Israel half. 27 Der HERR 27: Dtn 9,14 · 13,5!
aber hatte nicht angekündigt, den Namen Israels austilgen zu wollen
unter dem Himmel, und so rettete er sie durch Jerobeam, den Sohn des
Joasch. 28 Und was sonst noch von Jerobeam zu berichten ist und von 28: 1Kön 14,19!
allem, was er getan hat, und von seiner Tüchtigkeit, wie er Krieg geführt
hat und wie er Damaskus und Chamat zurückgeholt hat für Juda in Isra-
el, steht das nicht geschrieben im Buch der Chronik der Könige von Isra-
el? 29 Und Jerobeam legte sich zu seinen Vorfahren, zu den Königen von 29: 15,8
Israel. Und Secharja, sein Sohn, wurde König an seiner Statt.

14,28: Die Übersetzung hält sich an den Massoretischen Text; vermutlich ist Folgendes gemeint: «... und wie er Damaskus und Chamat, die zu Juda gehört hatten, für Israel zurückgeholt hat, steht ...»

Asarja, König von Juda in Jerusalem

1–2: 14,21 **15** 1 Im siebenundzwanzigsten Jahr Jerobeams, des Königs von Isra-
el, wurde Asarja, der Sohn des Amazja, König, König von Juda.
2–3: 2Chr 26,3–4 2 Sechzehn Jahre alt war er, als er König wurde, und zweiundfünfzig
Jahre lang war er König in Jerusalem. Und der Name seiner Mutter war
3: 34 Jecholjahu aus Jerusalem. 3 Und er tat, was recht war in den Augen des
4: 12,4! HERRN, ganz wie Amazjahu, sein Vater, es getan hatte. 4 Die Kulthöhen
aber verschwanden nicht, noch immer brachte das Volk auf den Kulthö-
5: 5,1 · Lev 13,46! · hen Schlachtopfer und Brandopfer dar. 5 Der HERR aber schlug den Kö-
32 nig, und bis zum Tag seines Todes war er aussätzig und wohnte in ei-
nem abgesonderten Haus. Und Jotam, der Sohn des Königs, stand dem
6: 1Kön 14,29! Haus vor; er verschaffte dem Volk des Landes Recht. 6 Und was sonst
noch von Asarjahu zu berichten ist und von allem, was er getan hat,
steht das nicht geschrieben im Buch der Chronik der Könige von Juda?
7: Jes 6,1 7 Und Asarja legte sich zu seinen Vorfahren, und man begrub ihn bei
seinen Vorfahren, in der Stadt Davids. Und Jotam, sein Sohn, wurde Kö-
nig an seiner Statt.

Secharjahu, König über Israel in Samaria

8: 14,29 8 Im achtunddreissigsten Jahr Asarjahus, des Königs von Juda, wur-
de Secharjahu, der Sohn Jerobeams, in Samaria König über Israel; sechs
9: 1Kön 14,16 Monate. 9 Und er tat, was böse war in den Augen des HERRN, wie seine
Vorfahren es getan hatten; er liess nicht ab von den Sünden Jerobeams,
des Sohns von Nebat, zu denen dieser Israel verführt hatte. 10 Schallum
aber, der Sohn des Jabesch, zettelte eine Verschwörung gegen ihn an,
erschlug ihn vor dem Volk und tötete ihn. Dann wurde er König an sei-
11: 1Kön 14,19! ner Statt. 11 Und was sonst noch von Secharja zu berichten ist, sieh, das
12: 10,30! steht geschrieben im Buch der Chronik der Könige von Israel. 12 Dies ist
das Wort des HERRN, das dieser zu Jehu gesprochen hatte: Bis in die vier-
te Generation werden Nachkommen von dir auf dem Thron Israels sit-
zen. Und so ist es geschehen.

Schallum, König in Samaria

13 Schallum, der Sohn des Jabesch, wurde König im neununddreis-
sigsten Jahr des Usija, des Königs von Juda, und einen Monat lang war
er König in Samaria. 14 Da aber zog Menachem, der Sohn des Gadi, von
Tirza herauf und kam nach Samaria, und in Samaria erschlug er Schall-
um, den Sohn des Jabesch, und tötete ihn. Dann wurde er König an sei-
15: 1Kön 14,19! ner Statt. 15 Und was sonst noch von Schallum zu berichten ist, und von
der Verschwörung, die er angezettelt hat, sieh, das steht geschrieben im
16: 8,12! Buch der Chronik der Könige von Israel. 16 Von Tirza aus schlug Mena-
chem damals Tifsach und alles, was darin war, und ihr Gebiet, denn man
hatte ihm die Stadt nicht geöffnet. Und so schlug er sie, all ihre Schwan-
geren schlitzte er auf.

15,5: «in einem abgesonderten Haus» ist wörtlich «im Haus des Befreitseins».
15,16: «die Stadt» wurde in der Übersetzung ergänzt.

Menachem, König über Israel in Samaria

17 Im neununddreissigsten Jahr Asarjas, des Königs von Juda, wurde
Menachem, der Sohn des Gadi, in Samaria König über Israel; zehn Jahre.
18 Und er tat, was böse war in den Augen des HERRN, er liess nicht ab 18: 1Kön 14,16
von den Sünden Jerobeams, des Sohns von Nebat, zu denen dieser Israel
verführt hatte, solange er lebte. 19 Ful, der König von Assur, war über 19: Hos 5,13 · 29!
das Land gekommen. Und Menachem gab Ful tausend Kikkar Silber, da-
mit er ihm half, das Königtum in seiner Hand zu festigen. 20 Das Silber 20: 23,35
aber trieb Menachem von Israel ein, von allen tüchtigen Kriegern, von
jedem fünfzig Schekel Silber, um es dem König von Assur zu geben. Da
kehrte der König von Assur zurück und blieb nicht dort im Land. 21 Und 21: 1Kön 14,19!
was sonst noch von Menachem zu berichten ist und von allem, was er
getan hat, steht das nicht geschrieben im Buch der Chronik der Könige
von Israel? 22 Und Menachem legte sich zu seinen Vorfahren. Und Pe-
kachja, sein Sohn, wurde König an seiner Statt.

Pekachja, König über Israel in Samaria

23 Im fünfzigsten Jahr des Asarja, des Königs von Juda, wurde Pe-
kachja, der Sohn des Menachem, in Samaria König über Israel; zwei Jah-
re. 24 Und er tat, was böse war in den Augen des HERRN, er liess nicht ab 24: 1Kön 14,16
von den Sünden Jerobeams, des Sohns von Nebat, zu denen dieser Israel
verführt hatte. 25 Und Pekach, der Sohn des Remaljahu, sein hoch ge-
stellter Kämpfer, zettelte eine Verschwörung gegen ihn an, und in Sa-
maria, im Wohnturm im Haus des Königs, erschlug er ihn und ebenso
Argob und Arje, und bei ihm waren fünfzig Mann von den Gileaditern.
So tötete er ihn und wurde König an seiner Statt. 26 Und was sonst noch 26: 1Kön 14,19!
von Pekachja zu berichten ist und von allem, was er getan hat, sieh, das
steht geschrieben im Buch der Chronik der Könige von Israel.

Pekach, König über Israel in Samaria

27 Im zweiundfünfzigsten Jahr des Asarja, des Königs von Juda, wur- 27: 37; Jes 7,1–4; 8,6
de Pekach, der Sohn des Remaljahu, in Samaria König über Israel; zwan-
zig Jahre. 28 Und er tat, was böse war in den Augen des HERRN, er liess 28: 1Kön 14,16
nicht ab von den Sünden Jerobeams, des Sohns von Nebat, zu denen
dieser Israel verführt hatte. 29 In den Tagen Pekachs, des Königs von 29: 19; 16,7 ·
Israel, kam Tiglat-Pileser, der König von Assur, und nahm Ijon, Abel- Jes 8,23b · 18,11;
Bet-Maacha, Janoach, Kedesch, Chazor, das Gilead und Galiläa, das gan- Am 5,27
ze Land Naftali und führte die Bewohner in die Verbannung nach Assur.
30 Und Hoschea, der Sohn des Ela, zettelte eine Verschwörung an gegen 30: 17,1
Pekach, den Sohn des Ramaljahu, erschlug ihn und tötete ihn und wur-
de König an seiner Statt, im zwanzigsten Jahr Jotams, des Sohns von
Usija. 31 Und was sonst noch von Pekach zu berichten ist und von allem, 31: 1Kön 14,19!
was er getan hat, sieh, das steht geschrieben im Buch der Chronik der
Könige von Israel.

15,29: Wörtlich: «... und führte sie in die Verbannung ...»

Jotam, König von Juda in Jerusalem

32–38: 2Chr 27,1–9 32 Im zweiten Jahr des Pekach, des Sohns von Remaljahu, des Königs
32: 5 von Israel, wurde Jotam, der Sohn des Ussijahu, König, König von Juda.
33 Fünfundzwanzig Jahre alt war er, als er König wurde, und sechzehn
Jahre lang war er König in Jerusalem. Und der Name seiner Mutter war
34: 3 Jeruscha, die Tochter des Zadok. 34 Und er tat, was recht war in den Au-
gen des HERRN, ganz wie Ussijahu, sein Vater, es getan hatte, machte er
35: 12,4! es. 35 Die Kulthöhen aber verschwanden nicht, noch immer brachte das
Volk auf den Kulthöhen Schlachtopfer und Brandopfer dar. Er hat das
36: 1Kön 14,29! obere Tor gebaut am Haus des HERRN. 36 Und was sonst noch von Jotam
zu berichten ist, von dem, was er getan hat, steht das nicht geschrieben
37: 27! · 16,5 im Buch der Chronik der Könige von Juda? 37 In jenen Tagen begann der
HERR Rezin, den König von Aram, und Pekach, den Sohn des Ramaljahu,
38: 16,1 gegen Juda zu senden. 38 Und Jotam legte sich zu seinen Vorfahren, und
er wurde bei seinen Vorfahren begraben, in der Stadt Davids, seines
Vorfahren. Und Achas, sein Sohn, wurde König an seiner Statt.

Achas, König von Juda in Jerusalem

1: 15,38 16 1 Im siebzehnten Jahr Pekachs, des Sohns des Remaljahu, wurde
Achas, der Sohn Jotams, König, König von Juda. 2 Zwanzig Jahre
alt war Achas, als er König wurde, und sechzehn Jahre lang war er König
in Jerusalem. Und anders als David, sein Vorfahr, tat er nicht, was recht
3: 8,18 · 17,17.31; war in den Augen des HERRN, seines Gottes: 3 Er ging auf dem Weg der
21,6; 23,10; Könige von Israel und liess sogar seinen Sohn durchs Feuer gehen, wie
Lev 18,21! · 21,2 es den Abscheulichkeiten der Nationen entsprach, die der HERR vor den
Israeliten vertrieben hatte. 4 Und er brachte Schlachtopfer und Rauch-
opfer dar auf den Kulthöhen und auf den Hügeln und unter jedem grü-
nen Baum.

5: 15,37 · Jes 7,1 5 Damals zogen Rezin, der König von Aram, und Pekach, der Sohn
des Remaljahu, der König von Israel, hinauf nach Jerusalem in den
Krieg. Und sie belagerten Achas, bekämpfen aber konnten sie ihn nicht.
6–18: 2Chr 28,16–25 6 In jener Zeit holte Rezin, der König von Aram, Elat für Aram zurück
6: 14,22 und vertrieb die Judäer aus Elat. Und Edomiter kamen nach Elat, und
7: 15,29! · Hos 7,11 dort sind sie geblieben bis auf den heutigen Tag. 7 Achas aber sandte
Boten zu Tiglat-Peleser, dem König von Assur, und sagte: Dein Diener
bin ich und dein Sohn! Komm herauf und rette mich aus der Hand des
Königs von Aram und aus der Hand des Königs von Israel, die sich gegen
8: 18,15; 1Kön 15,18 · mich erhoben haben. 8 Und Achas nahm das Silber und das Gold, das
12,19! sich im Haus des HERRN und in den Schatzkammern des Hauses des
9: Am 1,5 Königs fand, und sandte es dem König von Assur als Geschenk. 9 Und
der König von Assur erhörte ihn, und so zog der König von Assur hinauf
nach Damaskus, eroberte es und führte die Bewohner in die Verban-
nung nach Kir, Rezin aber tötete er.

10 Und König Achas zog nach Damaskus, Tiglat-Pileser, dem König
von Assur, entgegen. Und er sah den Altar, der in Damaskus stand, und
König Achas sandte Urija, dem Priester, das Abbild des Altars und sei-
11: 21,4! · Jes 8,2 nen Bauplan, genau seiner Bauart entsprechend. 11 Und Urija, der Pries-
ter, baute den Altar; genau so, wie König Achas es von Damaskus aus

16,9: Wörtlich: «... und führte es in die Verbannung ...»

vorgegeben hatte, so hatte Urija, der Priester, es ausgeführt, noch bevor
König Achas aus Damaskus kam. 12 Dann kam der König aus Damaskus, 12: 1Kön 12,33
und der König sah den Altar, und der König näherte sich dem Altar und
stieg hinauf 13 und liess sein Brandopfer und sein Speiseopfer in Rauch
aufgehen, brachte sein Trankopfer dar und sprengte das Blut der Heils-
opfer, die von ihm kamen, an den Altar. 14 Den Altar aus Bronze aber, 14: Ex 27,1–2;
der vor dem HERRN stand, rückte er heran von der Vorderseite des Hau- 2Chr 4,1 · Ez 43,8
ses, von dem Platz zwischen dem Altar und dem Haus des HERRN, und
stellte ihn an die Nordseite des Altars. 15 Und König Achas gebot Urija, 15: Ex 29,39
dem Priester: Auf dem grossen Altar sollst du das Brandopfer am Mor-
gen und das Speiseopfer am Abend in Rauch aufgehen lassen, auch das
Brandopfer des Königs und sein Speiseopfer sowie das Brandopfer des
ganzen Volks des Landes und dessen Speiseopfer und dessen Trankop-
fer. Und alles Blut eines Brandopfers und alles Blut eines Schlachtopfers
sollst du darauf sprengen. Was aber den Altar aus Bronze betrifft, so
wird es an mir sein, zu bedenken, was damit geschehen soll. 16 Und
Urija, der Priester, machte alles genau, wie König Achas es ihm geboten
hatte. 17 Und König Achas zertrennte die Querstangen, die Kesselwa- 17: Ex 25,25–27;
gen, und er entfernte die Kessel aus ihnen; und das Meer nahm er her- 1Kön 7,28–35 ·
unter von den Rindern aus Bronze, die darunter waren, und stellte es 1Kön 7,23–39
auf ein Steinpflaster. 18 Und des Königs von Assur wegen veränderte er 18: Ez 44,3
am Haus des HERRN die gedeckte Halle des Sabbats, die man im Haus
gebaut hatte, und den äusseren Eingang des Königs.

19 Und was sonst noch von Achas zu berichten ist, von dem, was er 19–20:
getan hat, steht das nicht geschrieben im Buch der Chronik der Könige 2Chr 28,26–29,2
von Juda? 20 Und Achas legte sich zu seinen Vorfahren, und er wurde 19: 1Kön 14,29! 20: Jes 14,28 · 18,1
bei seinen Vorfahren begraben, in der Stadt Davids. Und Chiskijahu,
sein Sohn, wurde König an seiner Statt.

Hoschea, König über Israel in Samaria

17 1 Im zwölften Jahr des Achas, des Königs von Juda, wurde Ho- 1: 15,30
schea, der Sohn des Ela, in Samaria König über Israel; neun Jahre.
2 Und er tat, was böse war in den Augen des HERRN, wenn auch nicht so
wie die Könige von Israel, die vor ihm gewesen waren. 3 Gegen ihn zog 3: 18,7
Salmanasser herauf, der König von Assur, und Hoschea wurde ihm un-
tertan und zahlte ihm Tribut. 4 Der König von Assur aber fand heraus, 4: Hos 12,2
dass Hoschea eine Verschwörung angezettelt, dass er Boten an So, den
König von Ägypten, gesandt und dass er dem König von Assur den all-
jährlichen Tribut nicht hinaufgebracht hatte. Da nahm der König von
Assur ihn gefangen und warf ihn gefesselt in den Kerker. 5 Und der Kö- 5: 6,24; 18,9
nig von Assur zog hinauf durch das ganze Land, er zog hinauf nach Sa-
maria und belagerte es drei Jahre lang. 6 Im neunten Jahr des Hoschea 6: 18,34; 21,13;
nahm der König von Assur Samaria ein und führte Israel nach Assur in Jes 8,4 · Hos 9,3
die Verbannung. Und in Chalach und am Chabor, dem Fluss von Gosan,
und in den Städten Mediens siedelte er sie an.

16,15: Möglicherweise ist zu übersetzen: «... Was aber den Altar aus Bronze betrifft, so soll er mir für die Opferschau dienen.»

17,3: Der Name Salmanasser lautet im hebräischen Text Schalmaneser.

Die Sünde Israels. Israel wird in die Verbannung geführt

7 Und dies geschah, weil die Israeliten gegen den HERRN, ihren Gott,
gesündigt hatten, der sie heraufgeführt hatte aus dem Land Ägypten,
aus der Hand des Pharao, des Königs von Ägypten. Und sie fürchteten
8: Lev 18,3 andere Götter 8 und lebten in den Satzungen der Nationen, die der
HERR vor den Israeliten vertrieben hatte, und in denen der Könige von
9: 18,8 Israel, die diese eingeführt hatten. 9 Und die Israeliten hatten heimlich
Dinge getan, die nicht recht waren gegen den HERRN, ihren Gott, und in
allen ihren Städten hatten sie sich Kulthöhen gebaut, vom Wachtturm
10: Dtn 16,22! bis zur befestigten Stadt. 10 Und auf jedem hohen Hügel und unter je-
11: 1Kön 14,15 dem grünen Baum stellten sie sich Mazzeben und Ascheren auf, 11 und
dort, auf all den Kulthöhen, brachten sie Rauchopfer dar wie die Nati-
onen, die der HERR vor ihnen in die Verbannung geführt hatte, und sie
12: Ex 20,2–5 taten böse Dinge und reizten den HERRN. 12 Und sie dienten den Mist-
götzen, obwohl der HERR ihnen gesagt hatte: Das dürft ihr nicht tun!
13: Jer 18,11 · 21,10! 13 Und der HERR warnte Israel und Juda durch alle prophetischen Seher
und sprach: Kehrt zurück von euren bösen Wegen und haltet meine Ge-
bote und Satzungen gemäss der ganzen Weisung, die ich euren Vorfah-
ren gegeben habe und die ich euch durch meine Diener, die Propheten,
14: Jer 7,26; 19,15; gesandt habe. 14 Sie aber hörten nicht, sondern waren halsstarrig, wie
Neh 9,16 ihre Vorfahren es gewesen waren, die nicht auf den HERRN, ihren Gott,
15: Dtn 29,24 · vertraut hatten. 15 Und sie verwarfen seine Satzungen und seinen
2Chr 24,19 · Bund, den er mit ihren Vorfahren geschlossen hatte, und seine Mah-
1Sam 12,21! nungen, durch die er sie gewarnt hatte, und sie liefen hinter dem her,
was nichts ist, und wurden nichtig, sie liefen hinter den Nationen her,
die um sie herum waren, obwohl der HERR ihnen geboten hatte, nicht
16: 1,2 · zu handeln wie jene. 16 Und so verliessen sie alle Gebote des HERRN,
1Kön 12,28 · 21,3 · ihres Gottes, und machten sich ein Bild, zwei gegossene Kälber, und sie
10,18! machten eine Aschera. Und vor dem ganzen Heer des Himmels warfen
17: 16,3! · 21,6; sie sich nieder, und sie dienten dem Baal. 17 Und ihre Söhne und ihre
Lev 19,26 · Töchter liessen sie durchs Feuer gehen, sie trieben Wahrsagerei, und sie
1Kön 21,20 deuteten Zeichen und gaben sich dazu her, zu tun, was böse war in den
18: 13,23 · 24,3 Augen des HERRN, und reizten ihn. 18 Und so wurde der HERR sehr zor-
nig auf Israel und entfernte sie von seinem Angesicht, nichts blieb üb-
rig, als allein der Stamm Juda. 19 Aber auch Juda hielt die Gebote des
HERRN, ihres Gottes, nicht, und sie lebten in den Satzungen Israels, die
20: Jer 6,30 sie selbst eingeführt hatten. 20 Und so verwarf der HERR alle Nachkom-
men Israels, demütigte sie und gab sie in die Hand von Räubern, bis er
21: 1Kön 12,19 · 3,3; sie von seinem Angesicht verstiess. 21 Denn Israel hatte sich losgeris-
1Kön 14,16 sen vom Haus Davids, und sie hatten Jerobeam, den Sohn von Nebat,
zum König gemacht, und Jerobeam hatte Israel vom HERRN abgebracht
und es zu grosser Sünde verführt. 22 Und so lebten die Israeliten in all
den Sünden Jerobeams, die dieser begangen hatte, sie liessen nicht ab
23: 25,21 · 21,10! · davon, 23 bis der HERR Israel von seinem Angesicht entfernte, wie er es
1Kön 9,7 · angekündigt hatte durch alle seine Diener, die Propheten. Und er führte
Neh 9,32 Israel fort von seinem Boden nach Assur in die Verbannung, und so ist
es bis auf den heutigen Tag.

17,9: Die genaue Bedeutung des mit ‹heimlich getan› wiedergegebenen hebräischen Worts ist unsicher.

Denn jetzt sehen wir alles in einem Spiegel, in rätselhafter Gestalt

dann aber von Angesicht zu Angesicht.
Jetzt ist mein Erkennen Stückwerk,
dann aber werde ich ganz erkennen,
wie ich auch ganz erkannt worden bin

Schriftbild zu 1. Korinther 13,12

Die Neubesiedlung Samarias

24 Der König von Assur aber brachte Bewohner von Babel, Kuta, 24: Esra 4,2
Awwa, Chamat und Sefarwajim, und an Stelle der Israeliten siedelte er
diese in den Städten Samarias an. Und diese nahmen Samaria in Besitz
und wohnten in den Städten Samarias. 25 In der Anfangszeit aber, als 25: Hos 13,8
sie dort wohnten, fürchteten sie den HERRN nicht, und so liess der HERR
Löwen auf sie los, und diese rissen sie. 26 Und man sagte dem König
von Assur: Die Nationen, die du in die Verbannung geführt und in den
Städten Samarias angesiedelt hast, sie kennen nicht das Recht des Got-
tes des Landes, und so hat er die Löwen auf sie losgelassen. Und sieh,
nun töten diese sie, weil sie das Recht des Gottes des Landes nicht ken-
nen. 27 Da befahl der König von Assur: Lasst einen von den Priestern,
die ich von dort in die Verbannung geführt habe, dorthin gehen, damit
man hingehen und dort wohnen kann. Und er soll sie das Recht des
Gottes des Landes lehren. 28 Da kam einer von den Priestern, die man
aus Samaria in die Verbannung geführt hatte, liess sich in Bet-El nieder
und lehrte sie, wie sie den HERRN fürchten sollten.

29 Nation für Nation aber machten sie sich je ihre eigenen Götter, 29: Mi 4,5
und diese stellten sie in das Kulthöhenhaus, das die Samarier gemacht
hatten, Nation für Nation in ihren Städten, in denen sie wohnten.
30 Und so machten die Männer von Babel den Sukkot-Benot, die Män-
ner von Kut machten den Nergal, die Männer von Chamat machten die
Aschima, 31 und die Awwiter machten den Nibchas und den Tartak. 31: 16,3!
Und für Adrammelech und Anammelech, die Götter von Sefarwajim,
verbrannten die Sefarwiter ihre Kinder im Feuer. 32 Und obwohl sie 32: 1Kön 12,31
den HERRN fürchteten, machten sie sich aus allen Teilen des Volks Pries-
ter für die Kulthöhen, und diese waren im Haus auf den Kulthöhen tätig
für sie. 33 Sie fürchteten den HERRN, zugleich aber dienten sie ihren
Göttern, nach der Weise der Nationen, aus denen man sie weggeführt
hatte.

34 Bis zum heutigen Tag handeln sie nach den alten Bräuchen: Den 34: Gen 32,29!
HERRN fürchten sie nicht, und sie handeln nicht nach den Satzungen
und den Ordnungen und nach der Weisung und dem Gebot, die der
HERR den Söhnen Jakobs gegeben hat. Ihm hatte er den Namen Israel
gegeben. 35 Der HERR aber hatte einen Bund mit ihnen geschlossen, 35: Ex 20,3–5
und er hatte ihnen geboten: Ihr sollt keine anderen Götter fürchten und
euch nicht vor ihnen niederwerfen, ihr sollt ihnen nicht dienen und
ihnen nicht opfern, 36 sondern den HERRN, der euch mit grosser Kraft 36: 1Kön 8,42!
und ausgestrecktem Arm heraufgeführt hat aus dem Land Ägypten, ihn
sollt ihr fürchten, vor ihm sollt ihr euch niederwerfen, und ihm sollt ihr
opfern! 37 Die Satzungen und Rechte aber, die Weisung und das Gebot,
die er für euch niedergeschrieben hat, sollt ihr allezeit halten, und ihr
sollt danach handeln, andere Götter aber sollt ihr nicht fürchten!
38 Und den Bund, den ich mit euch geschlossen habe, sollt ihr nicht 38: Dtn 4,23
vergessen, und andere Götter sollt ihr nicht fürchten, 39 sondern den 39: 1Sam 12,24
HERRN, euren Gott, sollt ihr fürchten; er wird euch retten aus der Hand
all eurer Feinde. 40 Sie aber hörten nicht, sondern handelten nach ihren
alten Bräuchen.

17,24: Wörtlich: «... und wohnten in seinen Städten.»

41 Und so fürchteten diese Nationen den HERRN und dienten
zugleich ihren Bildern; auch ihre Kinder und die Kinder ihrer Kinder
machen es, wie ihre Vorfahren es gemacht haben, bis auf den heutigen
Tag.

Chiskija, König von Juda in Jerusalem

1–3: 2Chr 29,1–2 **18** 1 Und im dritten Jahr des Hoschea, des Sohns von Ela, des Königs
1: 16,20 von Israel, wurde Chiskija, der Sohn des Achas, König, König von
Juda. 2 Fünfundzwanzig Jahre alt war er, als er König wurde, und neun-
undzwanzig Jahre lang war er König in Jerusalem. Und der Name seiner
3: 20,3 · 1Kön 15,11 Mutter war Abi, die Tochter Secharjas. 3 Und er tat, was recht war in den
4: 11,18; 23,14 · Augen des HERRN, ganz wie David, sein Vorfahr, es getan hatte. 4 Er hat
Num 21,8–9 die Kulthöhen abgeschafft und die Mazzeben zerschlagen und die
Aschera zerstört und die Schlange aus Bronze, die Mose gemacht hatte,
zermalmt, denn bis in jene Tage hatten die Israeliten ihr Rauchopfer
5: 19,10 · 23,25 dargebracht. Und man hatte sie Nechuschtan genannt. 5 Er vertraute
auf den HERRN, den Gott Israels, und von allen Königen von Juda nach
ihm war keiner ihm gleich, auch nicht von denen, die vor ihm waren.
6 Und er hing dem HERRN an, er liess nicht ab von ihm, und er hielt die
7: 17,3 · Dtn 28,6; Gebote, die der HERR Mose gegeben hatte. 7 Und der HERR war mit ihm;
1Sam 18,14; bei allem, was er unternahm, hatte er Erfolg. Und gegen den König von
2Sam 8,6 · 20 Assur lehnte er sich auf, und er diente ihm nicht länger. 8 Er schlug die
8: 17,9 Philister bis nach Gaza und bis an seine Grenzen, vom Wachtturm bis
zur befestigten Stadt.
9: 17,5! 9 Und im vierten Jahr des Königs Chiskijahu – das war das siebte
Jahr Hoscheas, des Sohns von Ela, des Königs von Israel – zog Salmanas-
ser, der König von Assur, herauf gegen Samaria und belagerte es,
10: Mi 1,6 10 und nach drei Jahren nahm er es ein. Im sechsten Jahr Chiskijas –
das war das neunte Jahr Hoscheas, des Königs von Israel – wurde Sa-
11: 15,29! maria eingenommen. 11 Und der König von Assur führte Israel nach
Assur in die Verbannung, und in Chelach und am Chabor, dem Fluss
12: Ps 81,12 · von Gosan, und in den Städten der Meder liess er sie wohnen. 12 Denn
Dtn 31,16 sie hatten nicht auf die Stimme des HERRN, ihres Gottes, gehört, und
seinen Bund hatten sie übertreten: alles, was Mose, der Diener des
HERRN, geboten hatte. Und sie hatten nicht darauf gehört und nicht
danach gehandelt.

Sanherib zieht gegen Jerusalem

13–37: Jes 36,1–22 13 Und im vierzehnten Jahr des Königs Chiskija zog Sanherib, der
13: Jes 7,17 · Jes 36,1 König von Assur, herauf gegen alle befestigten Städte Judas und erober-
14: 10,5! te sie. 14 Da sandte Chiskija, der König von Juda, zum König von Assur
nach Lachisch und sagte: Ich habe mich vergangen. Zieh ab von mir; was
du mir aufbürdest, werde ich tragen. Da auferlegte der König von Assur
Chiskija, dem König von Juda, dreihundert Kikkar Silber und dreissig
15–16: 12,19! Kikkar Gold. 15 Und Chiskija gab alles Silber her, das sich im Haus des
15: 16,8!

18,4: Im Namen Nechuschtan klingt hebräisch ‹Bronze› an.
18,13: Der Name Sanherib lautet im hebräischen Text Sancherib.

HERRN und in den Schatzkammern des Hauses des Königs fand. 16 In
jener Zeit brach Chiskija die Beschläge von den Türen im Tempel des
HERRN, die Chiskija, der König von Juda, selbst mit Gold überzogen hat-
te, und gab sie dem König von Assur.

17 Und der König von Assur sandte den Tartan, den Rab-Saris und *17–37:* 2Chr 32,9–18
den Rab-Schake von Lachisch aus zu König Chiskijahu mit einem gewal- *17:* Jes 20,1 ·
tigen Heer nach Jerusalem. Und sie zogen hinauf, kamen nach Jerusa- Jer 39,3 · Jes 7,3;
lem, stiegen hinan, kamen hinein, und am Kanal des oberen Teichs, der 36,2
an der Strasse am Walkerfeld liegt, stellten sie sich auf. 18 Dann riefen *18:* Jes 22,15–20
sie den König, und Eljakim, der Sohn des Chilkijahu, der dem Haus vor-
stand, Schebna, der Schreiber, und Joach, der Sohn des Asaf, der Kanzler,
kamen zu ihnen heraus.

19 Und der Rab-Schake sprach zu ihnen: Sagt doch Chiskijahu: So
spricht der Grosskönig, der König von Assur: Was ist das für eine Zuver-
sicht, die du da hast? 20 Du sagst: Ach, schon ein Wort von den Lippen *20:* 7
ist Rat und Kraft für den Kampf. Nun, auf wen vertraust du, dass du dich
aufgelehnt hast gegen mich? 21 Nun sieh, du setzt dein Vertrauen auf *21:* Ez 29,6–7
diesen abgeknickten Rohrstab, auf Ägypten, der jedem, der sich auf ihn
stützt, in die Hand dringt und sie durchbohrt. So macht es der Pharao,
der König von Ägypten, mit allen, die auf ihn vertrauen. 22 Und wenn *22:* Dtn 12,5.14
ihr zu mir sagt: Auf den HERRN, unseren Gott, vertrauen wir! – Ist das
nicht der, dessen Kulthöhen und Altäre Chiskijahu beseitigt hat? Hat er
doch zu Juda und zu Jerusalem gesprochen: Vor diesem Altar sollt ihr
euch niederwerfen, in Jerusalem! 23 Und nun, geh doch eine Wette ein
mit meinem Herrn, dem König von Assur: Ich will dir zweitausend Pfer-
de geben. Ob du dir wohl die Reiter dazu stellen kannst? 24 Wie willst *24:* 1Kön 20,10
du denn auch nur einen einzigen Statthalter, einen der geringsten Die-
ner meines Herrn, vertreiben? Du hast auf Ägypten vertraut wegen der
Wagen und der Reiter. 25 Nun, bin ich etwa gegen den Willen des *25:* Jes 10,5
HERRN hinaufgezogen gegen diesen Ort, um ihn zu verderben? Der
HERR hat zu mir gesprochen: Zieh hinauf gegen dieses Land, und ver-
dirb es!

26 Da sagten Eljakim, der Sohn des Chilkijahu, Schebna und Joach *26:* Esra 4,7
zum Rab-Schake: Sprich doch Aramäisch zu deinen Dienern, denn wir
verstehen es, und sprich doch nicht Judäisch mit uns vor den Ohren des
Volks, das auf der Mauer ist. 27 Der Rab-Schake aber sprach zu ihnen: *27:* 6,25
Hat mein Herr mich denn, um diese Worte zu sprechen, zu deinem
Herrn und zu dir gesandt, und nicht vielmehr zu den Männern, die auf
der Mauer sitzen, um bei euch ihren Kot zu essen und ihren Urin zu
trinken? 28 Da stellte der Rab-Schake sich hin, und mit lauter Stimme
rief er auf Judäisch und redete und sprach: Hört das Wort des Grosskö-
nigs, des Königs von Assur! 29 So spricht der König: Lasst euch von
Chiskijahu nicht verführen, denn er kann euch nicht retten aus meiner
Hand. 30 Und Chiskijahu soll euch nicht zum Vertrauen auf den HERRN *30:* 19,10
verleiten, wenn er sagt: Gewiss wird der HERR uns retten, und diese
Stadt wird nicht in die Hand des Königs von Assur gegeben werden!

18,16: «mit Gold» wurde in der Übersetzung ergänzt.

18,17: Tartan und Rab-Saris sind Titel hoher Amtsträger, Rab-Schake ist der Titel des obersten königlichen Mundschenks.

31: 1Kön 5,5! 31 Hört nicht auf Chiskijahu. Denn so spricht der König von Assur:
Schliesst Frieden mit mir, und kommt heraus zu mir, und esst, ein jeder
von eurem Weinstock und ein jeder von eurem Feigenbaum, und trinkt,
32: Dtn 8,7–9 ein jeder das Wasser aus eurem Brunnen, 32 bis ich komme und euch in
ein Land hole, das eurem Land gleich ist, ein Land mit Getreide und
Wein, ein Land mit Brot und Weinbergen, ein Land mit Olivenöl und
Honig. Und ihr werdet am Leben bleiben und nicht sterben. Hört nicht
auf Chiskijahu, denn er täuscht euch, wenn er sagt: Der HERR wird uns
33: 19,12 retten! 33 Hat etwa irgendeiner von den Göttern der Nationen sein
34: Jer 49,23 · 17,6! Land aus der Hand des Königs von Assur gerettet? 34 Wo sind die Götter
von Chamat und von Arpad? Wo sind die Götter von Sefarwajim, von
Hena und von Iwwa? Haben sie etwa Samaria aus meiner Hand gerettet?
35: Dan 3,15 35 Welche von allen Göttern der Länder sind es denn, die ihr Land aus
meiner Hand gerettet hätten, dass der HERR nun Jerusalem aus meiner
Hand retten sollte? 36 Das Volk aber schwieg, und sie antworteten ihm
mit keinem Wort, denn der Befehl des Königs lautete: Antwortet ihm
nicht!

37 Da kamen Eljakim, der Sohn des Chilkija, der dem Haus vorstand,
Schebna, der Schreiber, und Joach, der Sohn des Asaf, der Kanzler, mit
zerrissenen Kleidern zu Chiskijahu und berichteten ihm von den Wor-
ten des Rab-Schake.

Jesaja verheisst Rettung

1–9: Jes 37,1–9a 19 1 Und als König Chiskijahu das hörte, zerriss er seine Kleider, zog
1: Gen 37,34; 1Kön 21,27 das Trauergewand über und kam in das Haus des HERRN. 2 Dann
2: 2Chr 26,22 sandte er Eljakim, der dem Haus vorstand, Schebna, den Schreiber, und
die Ältesten der Priester, die sich Trauergewänder übergezogen hatten,
3: Hos 13,13 zu Jesaja, dem Propheten, dem Sohn des Amoz. 3 Und zu ihm sprachen
sie: So spricht Chiskijahu: Ein Tag der Not, der Zurechtweisung und der
Schmach ist dieser Tag! Bis zum Muttermund sind die Kinder gelangt,
4: 16 · 1Sam 17,10! · und nun fehlt die Kraft, um zu gebären! 4 Vielleicht hört der HERR, dein
31 Gott, alle Worte des Rab-Schake, den der König von Assur, sein Herr,
gesandt hat, um den lebendigen Gott zu verhöhnen, und vielleicht weist
er ihn dann zurecht, der Worte wegen, die der HERR, dein Gott, gehört
hat. So sprich ein Gebet für den Rest, der noch da ist.

6: Jes 10,24 5 Und die Diener des Königs Chiskijahu kamen zu Jesaja, 6 und Je-
saja sprach zu ihnen: So sollt ihr zu eurem Herrn sprechen: So spricht
der HERR: Fürchte dich nicht vor den Worten, die du gehört hast, mit
7: 37 · 9a denen die Buben des Königs von Assur mich gelästert haben! 7 Sieh, ich
gebe ihm einen Geist ein, dann wird er eine Nachricht hören und in
sein Land zurückkehren, und in seinem Land werde ich ihn durch das
Schwert zu Fall bringen.

8: 8,22! 8 Der Rab-Schake aber kehrte zurück und traf den König von Assur
im Kampf gegen Libna, denn er hatte gehört, dass dieser von Lachisch
9: 7 9b–14: abgezogen war. 9 Da aber hörte er über Tirhaka, den König von Kusch:
Jes 37,9b–14 Sieh, er ist ausgezogen, um gegen dich zu kämpfen!

18,32: Möglich ist auch die Übersetzung: «..., ein Land mit Ölbäumen mit reicher Frucht. ...»
19,2: Die hebräische Form des Namens Jesaja lautet Jeschajahu.
19,9: «Da aber hörte er ...»: Mit ‹er› ist der König von Assur gemeint.

Sanherib sendet erneut nach Jerusalem

Und er sandte abermals Boten zu Chiskijahu und sprach: 10 So sollt 10: 18,5 · 18,30
ihr zu Chiskijahu, dem König von Juda, sprechen: Dein Gott, auf den du
vertraust, möge dich nicht verführen, da du sagst: Jerusalem wird nicht
in die Hand des Königs von Assur gegeben werden. 11 Sieh, du hast
selbst gehört, was die Könige von Assur allen Ländern angetan haben,
wie man sie der Vernichtung geweiht hat, und da solltest du gerettet
werden? 12 Haben die Götter der Nationen, die von meinen Vorfahren 12: 18,33 · Ez 27,23
vernichtet worden sind, diese ihre Völker gerettet? Gosan, Charan, Re-
zef und die aus Eden, das in Telassar ist? 13 Wo sind der König von Cha-
mat und der König von Arpad und ein König der Stadt Sefarwajim, von
Hena und von Iwwa? 14 Und Chiskijahu nahm den Brief aus der Hand
der Boten und las ihn. Dann ging er hinauf in das Haus des HERRN, und
vor dem HERRN breitete Chiskijahu ihn aus.

Das Gebet Chiskijahus

15 Und Chiskijahu betete vor dem HERRN und sprach: HERR, Gott 15–19: Jes 37,15–20;
Israels, der du über den Kerubim thronst, du allein bist Gott über alle 2Chr 32,20
Königreiche der Erde! Du hast den Himmel und die Erde gemacht. 15: Ex 25,22; Ps 80,2 · Gen 1,1!;
16 Neige, HERR, dein Ohr und höre! Öffne, HERR, deine Augen und sieh! Apg 4,24
Und höre die Worte Sanheribs, der gesandt hat, um den lebendigen Gott 16: 1Kön 8,29;
zu verhöhnen. 17 Es ist wahr, HERR: Die Könige von Assur haben die Dan 9,18 · 4
Nationen und ihre Länder verwüstet, 18 und ihre Götter haben sie dem 18: 10,26 ·
Feuer preisgegeben; aber das waren keine Götter, sondern das war Werk 2Chr 32,19;
von Menschenhand, Holz und Stein. Und so hat man sie vernichtet. Jes 44,9–20
19 Und nun, HERR, unser Gott, rette uns doch aus seiner Hand, damit 19: 5,15
alle Königreiche der Erde wissen, dass du, HERR, allein Gott bist!

Der HERR verurteilt Sanherib

20 Da sandte Jesaja, der Sohn des Amoz, zu Chiskijahu und sprach: 20–37: Jes 37,21–38
So spricht der HERR, der Gott Israels: Was du wegen Sanherib, dem Kö- 20: 20,5
nig von Assur, zu mir gebetet hast – ich habe es gehört.

21 Dies ist das Wort, das der HERR über ihn gesprochen hat:
Es verachtet dich, es verspottet dich
die Jungfrau Tochter Zion;
hinter dir schüttelt den Kopf
die Tochter Jerusalem.
22 Wen hast du verhöhnt und gelästert,
gegen wen bist du laut geworden,
und zu wem hast du deine Augen hoch erhoben?
Zum Heiligen Israels!
23 Den Herrn hast du verhöhnt durch deine Boten, 23: Ps 20,8
und du hast gesagt:
Mit der Menge meiner Wagen
habe ich die höchsten Berge erklommen,
die entlegensten Gegenden des Libanon;
und seine hohen Zedern werde ich schlagen

19,12: «diese ihre Völker» ist wörtlich: «sie».
19,14: Der Massoretische Text lautet: «... nahm die Briefe ... und las sie. ...»

und seine erlesenen Wacholderbäume,
und zu seinem fernsten Nachtlager will ich vordringen,
in das Dickicht seiner Wälder.

24: Jes 19,6; 37,25
24 Ich habe gegraben
und konnte fremdes Wasser trinken,
und mit meinen Fusssohlen werde ich trockenlegen
alle Ströme Mazors.

25: Jes 45,7
25 Hast du es nicht gehört?
Vor Zeiten schon habe ich es so gefügt
und seit den Tagen der Vorzeit, da schon habe ich es vorgebildet.
Nun habe ich es kommen lassen:
Zu verwüsteten Steinhaufen
musstest du befestigte Städte machen.

26: Ps 129,6
26 Und die darin wohnten, Machtlose,
sie waren entsetzt und gerieten in Schande,
zu Kraut des Feldes wurden sie
zu grünem Kraut,
zu Gras auf den Dächern
und versengtem Korn,
bevor es ein stehender Halm wird.

27: Ps 139,1–3
27 Aber ich weiss, wo du sitzt,
wohin du gehst und woher du kommst
und wie du getobt hast gegen mich.

28: 33 · Ez 19,4; 38,4
28 Weil du gegen mich getobt hast
und dein Übermut mir zu Ohren gekommen ist,
werde ich dir meinen Haken in die Nase legen
und meinen Zaum an deine Lippen,
und ich werde dich zurückführen auf dem Weg,
auf dem du gekommen bist.

29: 20,9 · Lev 25,5.22
30: Ps 80,10

29 Und dies ist das Zeichen für dich: In diesem Jahr isst man, was
von selbst wächst, und im zweiten Jahr, was auch dann noch von selbst
wächst. Im dritten Jahr aber sät und erntet, pflanzt Weinberge und esst
ihre Frucht! 30 Und was vom Haus Juda entronnen ist, was übrig geblie-
ben ist, wird unten wieder Wurzel schlagen, und oben wird es Frucht
bringen.

31: Jes 10,20 · 4 · Jes 9,6
31 Denn ein Rest wird entkommen aus Jerusalem,
Entronnene vom Berg Zion.
Der Eifer des HERRN der Heerscharen wird dies bewirken.

33: 28
34: 20,6; Jes 31,5! · Ez 36,22 · 1Kön 11,12

32 Darum, so spricht der HERR über den König von Assur: In diese
Stadt wird er nicht hineinkommen, keinen Pfeil wird er dort hinein-
schiessen, mit keinem Schild wird er gegen sie anrücken, und keine
Rampe wird er gegen sie aufschütten. 33 Auf dem Weg, auf dem er
kommt, wird er zurückkehren, in diese Stadt aber wird er nicht hinein-
kommen, Spruch des HERRN. 34 Und ich werde diese Stadt beschützen
und sie retten, um meinetwillen und um Davids, meines Dieners, wil-
len.

19,23: Möglich ist auch die Übersetzung: «..., in das Dickicht seines Baumgartens».
19,24: Mazor ist ein anderer Name für Ägypten.
19,29: An dieser Stelle ist mit ‹dich› wieder König Chiskijahu direkt angesprochen.

35 Und in jener Nacht ging der Bote des HERRN hinaus und erschlug 35: 2Chr 32,21
hundertfünfundachtzigtausend Mann im Lager Assurs. Und als man
sich früh am Morgen aufmachte, sieh, da lag alles voll mit Leichen, To-
ten. 36 Da brach Sanherib, der König von Assur, auf und ging und kehrte
zurück und blieb in Ninive. 37 Und als er sich niederwarf im Haus des 37: 7 · Gen 8,4
Nisroch, seines Gottes, da erschlugen ihn Adrammelech und Sarezer,
seine Söhne, mit dem Schwert, sie aber entkamen ins Land Ararat. Und
Esar-Chaddon, sein Sohn, wurde König an seiner Statt.

Chiskijahus Krankheit und Genesung

20 1 In jenen Tagen wurde Chiskijahu todkrank. Da kam Jesaja, der 1–11: Jes 38,1–8;
Sohn des Amoz, der Prophet, zu ihm und sprach zu ihm: So spricht 2Chr 32,24
der HERR: Bestell dein Haus, denn du stirbst und wirst nicht überleben. 1: 2Sam 17,23 · 1,4; Dtn 31,14!
2 Da drehte er sein Angesicht zur Wand und betete zum HERRN: 3 Ach 3: Neh 13,14 · 18,3
HERR, denk doch daran, dass ich treu und mit ungeteiltem Herzen vor
dir gelebt habe und dass ich getan habe, was gut ist in deinen Augen.
Und Chiskijahu weinte heftig. 4 Jesaja aber hatte den mittleren Hof
noch nicht verlassen, da erging an ihn das Wort des HERRN: 5 Kehr um 5: 19,20 · Ps 56,9 ·
und sprich zu Chiskijahu, dem Fürsten meines Volks: So spricht der Dtn 32,39
HERR, der Gott Davids, deines Vorfahren: Ich habe dein Gebet gehört,
deine Tränen habe ich gesehen. Sieh, ich mache dich gesund; am dritten
Tag wirst du hinaufgehen in das Haus des HERRN. 6 Und fünfzehn Jahre 6: 19,34!
werde ich hinzufügen zu deinen Tagen, und dich und diese Stadt werde
ich retten aus der Hand des Königs von Assur, und ich werde diese Stadt
beschützen um meinetwillen und um Davids, meines Dieners, willen.
7 Und Jesaja sprach: Holt einen Feigenkuchen! Und man holte ihn und 7: 1Sam 25,18
legte ihn auf das Geschwür, und da wurde er gesund. 8 Chiskijahu aber
sagte zu Jesaja: Was ist das Zeichen dafür, dass der HERR mich gesund
machen wird und dass ich am dritten Tag hinaufgehen werde in das
Haus des HERRN? 9 Und Jesaja sprach: Dies ist das Zeichen vom HERRN 9: 19,29 ·
für dich, dass der HERR das Wort, das er gesprochen hat, ausführen wird: Jos 10,12–13
Soll der Schatten zehn Stufen vorwärts gehen, oder soll er zehn Stufen
zurückgehen? 10 Da sagte Jechiskijahu: Es ist ein leichtes für den Schat- 10: 3,18
ten, sich um zehn Stufen zu neigen. Nein, zehn Stufen zurückgehen soll
der Schatten! 11 Da rief Jesaja, der Prophet, zum HERRN, und dieser liess
den Schatten zurückgehen auf den Stufen, nachdem er schon hinabge-
gangen war auf den Stufen des Achas: zehn Stufen zurück.

Die Gesandtschaft aus Babel. Chiskijahus Tod

12 In jener Zeit sandte Berodach-Baladan, der Sohn des Baladan, der 12–19: Jes 39,1–8;
König von Babel, Briefe und Geschenke an Chiskijahu, denn er hatte ge- 2Chr 32,27–31
hört, dass Chiskijahu krank war. 13 Und Chiskijahu freute sich darüber,
und so zeigte er den Boten sein ganzes Schatzhaus, das Silber und das
Gold, den Balsam, das gute Öl und sein Zeughaus und alles, was sich in
seinen Schatzkammern befand. In seinem Haus und in seinem ganzen

20,9: Die Wiedergabe «Soll der Schatten ...» beruht auf den antiken Übersetzungen; der Massoretische Text lautet übersetzt: «Der Schatten geht ...»

20,13: Die Übersetzung «Und Chiskijahu freute sich» beruht auf mehreren Textzeugen; der Massoretische Text lautet übersetzt: «Und Chiskijahu hörte davon». Wörtlich lautet der Fortgang des Texts: «..., und so zeigte er ihnen sein ...»

Reich gab es nichts, was Chiskijahu ihnen nicht zeigte. 14 Da kam Jesaja,
der Prophet, zu König Chiskijahu und sprach zu ihm: Was haben diese
Männer gesagt? Und woher kommen sie zu dir? Und Chiskijahu sagte:
Aus einem fernen Land sind sie gekommen, aus Babel. 15 Da sagte er:
Was haben sie in deinem Haus gesehen? Und Chiskijahu sagte: Alles,
was in meinem Haus ist, haben sie gesehen. In meinen Schatzkammern
war nichts, das ich ihnen nicht gezeigt hätte. 16 Da sprach Jesaja zu
17: 24,13; Jer 20,5 Chiskijahu: Höre das Wort des HERRN! 17 Sieh, es kommen Tage, da
wird alles, was in deinem Haus ist und was deine Vorfahren gesammelt
haben bis zum heutigen Tag, nach Babel weggetragen werden. Nichts
18: 24,15; Dan 1,3 wird übrig bleiben, spricht der HERR. 18 Und von deinen Söhnen, die
von dir abstammen, die du zeugen wirst, wird man einige nehmen, und
19: 1Kön 2,38 · sie werden Eunuchen sein im Palast des Königs von Babel. 19 Da sprach
22,20 Chiskijahu zu Jesaja: Das Wort des HERRN, das du gesprochen hast, ist
gut. Aber er dachte: Wenn doch nur Friede und Sicherheit herrschen,
solange ich lebe!

20–21: 20 Und was sonst noch von Chiskijahu zu berichten ist und von all
2Chr 32,32–33 · seiner Tüchtigkeit und davon, wie er den Teich und den Kanal gebaut
1Kön 14,29! und so das Wasser in die Stadt geleitet hat, steht das nicht geschrieben
21: 21,1 im Buch der Chronik der Könige von Juda? 21 Und Chiskijahu legte sich
zu seinen Vorfahren, und Manasse, sein Sohn, wurde König an seiner
Statt.

Manasse, König in Jerusalem

1–18: 2Chr 33,1–20 21 1 Zwölf Jahre alt war Manasse, als er König wurde, und fünfund-
1: 20,21 · Jes 62,4 fünfzig Jahre lang war er König in Jerusalem. Und der Name sei-
2: 16; 20 · 16,3 ner Mutter war Chefzi-Bah. 2 Und er tat, was böse war in den Augen des
HERRN, so abscheulich wie das, was die Nationen getan hatten, die der
3: 1Kön 16,33; 13,6 · HERR vor den Israeliten vertrieben hatte. 3 Und er baute die Kulthöhen
17,16 wieder auf, die Chiskijahu, sein Vater, zerstört hatte, und er errichtete
dem Baal Altäre und machte eine Aschera, wie Achab, der König von Is-
rael, es getan hatte, und vor dem ganzen Heer des Himmels warf er sich
4: 16,11 nieder, und er diente ihnen. 4 Und im Haus des HERRN baute er Altäre,
obwohl der HERR gesagt hatte: In Jerusalem werde ich meinen Namen
5: 23,12; Dtn 4,19; niederlegen. 5 Und in beiden Vorhöfen des Hauses des HERRN baute er
Ez 8,16 Altäre für das ganze Heer des Himmels. 6 Und seinen Sohn liess er
6: 16,3! · 17,17! durchs Feuer gehen, und er trieb Zeichendeuterei und Wahrsagerei, er
trieb Totenbeschwörung und Weissagerei, er tat vieles, was böse war in
7: 23,6; Dtn 16,21 · den Augen des HERRN, um ihn zu reizen. 7 Und das Standbild der Asche-
1Kön 9,3–5 ra, das er gemacht hatte, stellte er in das Haus, von dem der HERR zu
David und zu Salomo, seinem Sohn, gesagt hatte: In diesem Haus und in
Jerusalem, das ich erwählt habe aus allen Stämmen Israels, werde ich
8: 2Sam 7,10 meinen Namen niederlegen für alle Zeiten. 8 Und ich werde Israel nicht
mehr von dem Boden vertreiben, den ich ihren Vorfahren gegeben ha-
be, wenn sie nur alles halten, was ich ihnen geboten habe, die ganze
Weisung, die mein Diener Mose ihnen gegeben hat, und danach han-
9: Ez 5,6 deln. 9 Sie aber hörten nicht, und so verführte Manasse sie dazu, mehr

21,8: Wörtlich: «Und ich werde den Fuss Israels nicht mehr ...»

Böses zu tun als die Nationen, die der HERR vor den Israeliten vertilgt
hatte.
10 Da sprach der HERR durch seine Diener, die Propheten: 11 Weil 10: 17,13.23; 24,2;
Manasse, der König von Juda, diese Abscheulichkeiten verübt hat, die Ez 38,17
schlimmer sind als alles, was die Amoriter getan haben, die vor ihm ge- 11: 23,26; Jer 15,4 ·
wesen sind, und weil er auch Juda mit seinen Mistgötzen zur Sünde 1Kön 21,26
verführt hat, 12 darum – so spricht der HERR, der Gott Israels: Sieh, ich 12: 1Sam 3,11;
bringe Unheil über Jerusalem und über Juda, dass jedem, der davon Jer 19,3
hört, beide Ohren gellen. 13 Und an Jerusalem werde ich die Mess- 13: Klgl 2,8;
schnur Samarias ansetzen und die Waage des Hauses Achabs, und ich Jes 28,17; 34,11 ·
werde Jerusalem auswischen, wie man eine Schüssel auswischt, man 17,6!
wischt sie aus und dreht sie um. 14 Und was übrig bleibt von meinem
Erbbesitz, das werde ich verwerfen, und ich werde sie in die Hand ihrer
Feinde geben, und sie werden allen ihren Feinden zum Raub und zur
Beute werden, 15 denn sie haben getan, was böse ist in meinen Augen,
und sie haben mich gereizt seit dem Tag, an dem ihre Vorfahren ausge-
zogen sind aus Ägypten, bis auf den heutigen Tag. 16 Und Manasse hat 16: 24,4 · 2!
auch sehr viel unschuldiges Blut vergossen, bis er Jerusalem damit ge-
füllt hat, von einem Ende bis zum anderen, abgesehen von seiner Sün-
de, zu der er Juda verführt hat, damit sie taten, was böse war in den Au-
gen des HERRN. 17 Und was sonst noch von Manasse zu berichten ist 17: 1Kön 14,29
und von allem, was er getan hat, und von seiner Sünde, die er begangen
hat, steht das nicht geschrieben im Buch der Chronik der Könige von
Juda? 18 Und Manasse legte sich zu seinen Vorfahren, und er wurde im 18: 26 · 19
Garten seines Hauses, im Garten des Ussa, begraben. Und Amon, sein
Sohn, wurde König an seiner Statt.

Amon, König in Jerusalem

19 Zweiundzwanzig Jahre alt war Amon, als er König wurde, und 19–26:
zwei Jahre lang war er König in Jerusalem. Und der Name seiner Mutter 2Chr 33,21–25
war Meschullemet, die Tochter des Charuz aus Jotba. 20 Und er tat, was 19: 18 20: 2!
böse war in den Augen des HERRN, wie Manasse, sein Vater, es getan
hatte: 21 Und er ging ganz auf dem Weg, den sein Vater gegangen war,
und er diente den Mistgötzen, denen sein Vater gedient hatte, und er
warf sich vor ihnen nieder. 22 Den HERRN aber, den Gott seiner Vorfah-
ren, verliess er, und er ging nicht auf dem Weg des HERRN. 23 Und die
Diener Amons verschworen sich gegen ihn und töteten den König in
seinem Haus. 24 Das Volk des Landes aber erschlug alle, die sich gegen 24: 1Kön 13,2 · 26;
König Amon verschworen hatten. Dann machte das Volk des Landes Jo- 22,1
schijahu, seinen Sohn, zum König an seiner Statt. 25 Und was sonst 25: 1Kön 14,29
noch von Amon zu berichten ist, davon, was er getan hat, steht das nicht
geschrieben im Buch der Chronik der Könige von Juda? 26 Und man 26: 18 · Zef 1,1 · 24!
begrub ihn in seinem Grab, im Garten des Ussa. Und Joschijahu, sein
Sohn, wurde König an seiner Statt.

Joschijahu, König in Jerusalem. Das Buch der Weisung wird gefunden

22 1 Acht Jahre alt war Joschijahu, als er König wurde, und einund- 1–2: 2Chr 34,1–2
dreissig Jahre lang war er König in Jerusalem. Und der Name sei- 1: 21,24! ·
ner Mutter war Jedida, die Tochter des Adaja aus Bozkat. 2 Und er tat, 2Sam 12,25
was recht war in den Augen des HERRN: Er ging ganz auf dem Weg Da- 2: 12,3! · Dtn 5,32!

vids, seines Vorfahren, und er wich nicht davon ab, weder nach rechts
noch nach links.
3–20: 2Chr 34,8–28 3 Und im achtzehnten Jahr des Königs Joschijahu sandte der König
3: 23,23 · Jer 36,10 den Schafan, den Sohn des Azaljahu, des Sohns des Meschullam, den
4: 12,10 Schreiber, zum Haus des HERRN und sagte: 4 Geh hinauf zu Chilkijahu,
dem Hohen Priester; er soll das Silber bereitstellen, das in das Haus des
HERRN gebracht wird, das die Hüter der Schwelle eingesammelt haben
vom Volk, 5 damit man es in die Hand der Werkmeister gebe, die eingesetzt sind im Haus des HERRN, damit diese es den Werkmeistern geben,
die im Haus des HERRN sind, um die Schäden am Haus auszubessern,
6 für die Handwerker, die Bauleute und die Maurer und für den Ankauf
7: 12,16 von Holz und von Bruchsteinen, um das Haus auszubessern. 7 Das Silber aber, das in ihre Hand gegeben wird, soll mit ihnen nicht abgerechnet werden, denn sie handeln in Treue.
8: 23,24; 8 Da sprach Chilkijahu, der Hohe Priester, zu Schafan, dem Schrei-
Dtn 31,24–26 ber: Ich habe das Buch der Weisung im Haus des HERRN gefunden. Und
Chilkija gab Schafan das Buch, und der las es. 9 Und Schafan, der Schreiber, kam zum König, erstattete dem König Bericht und sprach: Deine
Diener haben das Silber, das sich im Haus fand, bereitgestellt und es in
die Hand der Werkmeister gegeben, die eingesetzt sind im Haus des
10: Dtn 17,19; HERRN. 10 Dann aber berichtete Schafan, der Schreiber, dem König:
Jer 36,21 Chilkija, der Priester, hat mir ein Buch gegeben. Und Schafan las es dem
11: Jer 36,24 König vor. 11 Und als der König die Worte des Buchs der Weisung hörte,
12: Jer 26,22 · 25,22; zerriss er seine Kleider. 12 Und der König befahl Chilkija, dem Priester,
Jer 26,24! Achikam, dem Sohn des Schafan, Achbor, dem Sohn des Michaja, Schafan, dem Schreiber, und Asaja, dem Diener des Königs: 13 Geht, befragt
den HERRN für mich und für das Volk und für ganz Juda über die Worte
dieses Buchs, das gefunden worden ist, denn gross ist der Zorn des
HERRN, der entbrannt ist gegen uns, weil unsere Vorfahren nicht gehört
haben auf die Worte dieses Buches und nicht nach alledem gehandelt
14: Ex 15,20 haben, was für uns geschrieben steht. 14 Da gingen Chilkijahu, der
Priester, Achikam, Achbor, Schafan und Asaja zu Chulda, der Prophetin,
der Frau des Schallum, des Sohns des Tikwa, des Sohns des Charchas, des
Hüters der Gewänder. Und sie wohnte in Jerusalem, in Mischne, und sie
sprachen mit ihr. 15 Da sprach sie zu ihnen: So spricht der HERR, der
16: 24,2 Gott Israels: Sagt dem Mann, der euch zu mir gesandt hat: 16 So spricht
der HERR: Sieh, ich bringe Unheil über diesen Ort und über seine Be-
17: Jer 7,20 wohner: alle Worte des Buchs, das der König von Juda gelesen hat. 17 Dafür, dass sie mich verlassen und anderen Göttern Rauchopfer dargebracht haben, um mich zu reizen mit all dem Machwerk ihrer Hände,
wird mein Zorn entbrennen gegen diesen Ort, und er wird nicht erlöschen. 18 Zum König von Juda aber, der euch sendet, um den HERRN zu
befragen – so sollt ihr zu ihm sprechen: So spricht der HERR, der Gott
19: 1Kön 21,29; Israels: Was die Worte betrifft, die du gehört hast: 19 Weil dein Herz
2Chr 32,26 weich geworden ist und du dich gedemütigt hast vor dem HERRN, als du
gehört hast, was ich gesagt habe gegen diesen Ort und gegen seine Bewohner – dass sie zum Entsetzen werden sollen und zum Fluch –, und

22,14: Mischne war der Name eines Stadtviertels von Jerusalem.

weil du deine Kleider zerrissen hast und vor mir geweint hast, darum
höre auch ich, Spruch des HERRN. 20 Darum, sieh, ich werde dich mit *20:* 20,19
deinen Vorfahren vereinen, und in Frieden wirst du in deinem Grab mit
ihnen vereint werden, und all das Unglück, das ich über diesen Ort brin-
ge, werden deine Augen nicht sehen. Und sie erstatteten dem König Be-
richt.

Joschijahus Reform

23 1 Da sandte der König aus, und man versammelte bei ihm alle Äl- *1–3:* 2Chr 34,29–32
testen von Juda und Jerusalem. 2 Dann ging der König hinauf in *1:* Jos 24,1
das Haus des HERRN, und alle Männer von Juda und alle Bewohner von *2:* Dtn 31,11!
Jerusalem gingen mit ihm, auch die Priester und die Propheten und al-
les Volk, vom Kleinsten bis zum Grössten, und er trug ihnen alle Worte
des Buchs des Bundes vor, das im Haus des HERRN gefunden worden
war. 3 Und der König stellte sich auf das Podest, und vor dem HERRN *3:* 11,14 · 11,17! ·
schloss er den Bund, dem HERRN zu folgen und seine Gebote, seine Ord- 2Chr 15,12!;
nungen und seine Satzungen zu halten mit ganzem Herzen und von Jer 34,15
ganzer Seele, und die Worte dieses Bundes in Kraft zu setzen, die in
diesem Buch geschrieben standen. Und das ganze Volk trat dem Bund
bei.

4 Und der König gebot Chilkijahu, dem Hohen Priester, und den *4–20:* 2Chr 34,3–7
Priestern der zweiten Ordnung und den Hütern der Schwelle, aus dem *4:* 10,26; 1Kön 15,13
Tempel des HERRN alle Geräte hinauszuschaffen, die gemacht worden
waren für den Baal und für die Aschera und für das ganze Heer des Him-
mels. Dann verbrannte er sie ausserhalb von Jerusalem, auf den Fel-
dern am Kidron, und ihre Asche brachte er nach Bet-El. 5 Und er schaffte *5:* Hos 10,5
die Götzenpriester ab, die die Könige von Juda eingesetzt hatten und die
Rauchopfer darbrachten auf den Kulthöhen in den Städten Judas und
rings um Jerusalem, und die, die Rauchopfer darbrachten für den Baal,
für die Sonne, für den Mond, für die Gestirne und für das ganze Heer des
Himmels. 6 Und die Aschera schaffte er aus dem Haus des HERRN, her- *6:* 21,7!
aus aus Jerusalem, ins Kidrontal, und im Kidrontal verbrannte er sie
und zermalmte sie zu Staub, und ihren Staub warf er auf das Grab der
Leute aus dem Volk. 7 Dann riss er die Häuser der Geweihten nieder, die *7:* 1Kön 14,24!
beim Haus des HERRN waren, in denen die Frauen Bekleidungen für die
Aschera webten. 8 Und alle Priester aus den Städten Judas brachte er
herbei, und er entweihte die Kulthöhen, auf denen die Priester Rauch-
opfer dargebracht hatten, von Geba bis nach Beer-Scheba. Und er riss die
Kulthöhen an den Toren nieder, die am Eingang des Tors Jehoschuas,
des Obersten der Stadt, lagen, links vom Stadttor. 9 Zum Altar des *9:* 1Sam 2,36
HERRN in Jerusalem aber durften die Priester der Kulthöhen nicht hin-
aufsteigen; sie assen ungesäuertes Brot bei ihren Brüdern. 10 Und er *10:* Jer 7,31 ·
entweihte das Tofet, die im Tal Ben-Hinnom lag, damit niemand mehr 2Chr 28,3 · 16,3!

23,4: Die genaue Bedeutung des mit ‹auf den Feldern› wiedergegebenen hebräischen Worts ist unklar.

23,7: «die Häuser der Geweihten»: Siehe die Anm. zu Dtn 23,18.

23,7: Die Wiedergabe ‹Bekleidungen› beruht auf antiken Übersetzungen und einer Umvokalisierung des Massoretischen Texts; dieser lautet übersetzt: ‹Häuser für die Aschera›; möglicherweise ist an gewebte Behausungen für die Aschera gedacht.

seinen Sohn oder seine Tochter für den Moloch durchs Feuer gehen
11: Ez 8,16 liess. 11 Und er schaffte die Pferde ab, die die Könige von Juda für die
Sonne dort aufgestellt hatten, wo man ins Haus des HERRN kommt, in
der Halle des Netan-Melech, des Kämmerers, die sich im Parwarim be-
12: Jes 22,1! · 21,5! · 4! fand. Und die Sonnenwagen verbrannte er im Feuer. 12 Und die Altäre,
die auf dem Dach des Obergemachs des Achas waren, die die Könige von
Juda gemacht hatten, und die Altäre, die Manasse gemacht hatte in den
beiden Vorhöfen des Hauses des HERRN, diese riss der König nieder, er
13: 1Kön 11,5–7 eilte fort von dort und warf ihren Staub ins Kidrontal. 13 Und der König
entweihte die Kulthöhen, die gegenüber von Jerusalem lagen, die zur
Rechten des Bergs des Verderbers lagen, die Salomo, der König von Isra-
el, der Astarte, dem Scheusal der Sidonier, gebaut hatte, und dem Ke-
mosch, dem Scheusal Moabs, und dem Milkom, der Abscheulichkeit der
14: 18,4! Ammoniter. 14 Und er zerschlug die Mazzeben und zerstörte die Asche-
ren, und ihre Stätten füllte er mit Menschenknochen.

15: 1Kön 13,2–3 15 Und auch den Altar, der in Bet-El stand, die Kulthöhe, die Jerobe-
am gemacht hatte, der Sohn von Nebat, der Israel zur Sünde verführt
hatte, auch jenen Altar und die Kulthöhe riss er nieder, und die Kulthö-
he verbrannte er. Er zerstampfte die Aschera zu Staub und verbrannte
sie. 16 Und Joschijahu wandte sich um und sah die Gräber, die dort auf
dem Berg waren, und er sandte hin, nahm die Gebeine aus den Gräbern
und verbrannte sie auf dem Altar, und so entweihte er ihn, nach dem
Wort des HERRN, das der Gottesmann ausgerufen hatte, der diese Worte
17: Ez 39,15 ausgerufen hatte. 17 Dann aber sagte er: Was ist das für ein Grabmal, das
ich da sehe? Und die Männer aus der Stadt sagten zu ihm: Das ist das
Grab des Gottesmannes, der aus Juda gekommen war, der über den Altar
18: 1Kön 13,11–32 von Bet-El diese Worte ausgerufen hat, die du ausgeführt hast. 18 Da
sprach er: Lasst ihn ruhen! Niemand soll seine Gebeine bewegen! Und
so wurden seine Gebeine verschont, zusammen mit den Gebeinen des
Propheten, der aus Samaria gekommen war. 19 Und auch alle Häuser
auf den Kulthöhen, die in den Städten Samarias waren, die die Könige
von Israel gemacht hatten, um den HERRN zu reizen, beseitigte Joschi-
jahu, und er verfuhr mit ihnen genau so, wie er es in Bet-El getan hatte.
20 Und auf den Altären schlachtete er alle Priester der Kulthöhen, die
dort waren, und er verbrannte Menschenknochen auf ihnen. Dann
kehrte er zurück nach Jerusalem.

23,21–25,1: 2Chr 36,1–21 21 Und der König gebot dem ganzen Volk: Feiert ein Passa für den
HERRN, euren Gott, wie es geschrieben steht in diesem Buch des Bun-
21–23: 2Chr 35,1–19 des. 22 Denn ein solches Passa war nicht mehr gefeiert worden seit den
Tagen der Richter, die Israel Recht verschafft hatten, und auch nicht
während der gesamten Zeit der Könige von Israel und der Könige von
23: 22,3 Juda. 23 Erst im achtzehnten Jahr des Königs Joschijahu wurde dem
HERRN dieses Passa in Jerusalem gefeiert.

24: 22,8! 24 Und auch die Totenbeschwörer und die Weissager und die Te-
rafim, die Mistgötzen und alle Scheusale, die im Land Juda und in Jeru-

23,11: Bei ‹Parwarim› handelt es sich vermutlich um einen Gebäudeteil.

23,17: Möglich ist auch die Übersetzung: «..., der diese Worte angekündigt hat, die du ausgeführt hast auf dem Altar von Bet-El.»

23,19: «den HERRN» wurde auf der Grundlage der antiken Übersetzungen ergänzt.

salem zu sehen waren, fegte Joschijahu weg, um die Worte der Weisung
zu erfüllen, die geschrieben standen in dem Buch, das Chilkijahu, der
Priester, im Haus des HERRN gefunden hatte. 25 Und kein König vor 25: 15,20 · 18,5 ·
ihm war ihm gleich, ihm, der zurückgekehrt ist zum HERRN von seinem Dtn 6,5
ganzen Herzen, von seiner ganzen Seele und mit all seiner Kraft, ganz
nach der Weisung des Mose, und auch nach ihm ist keiner aufgetreten,
der ihm gleich gewesen wäre. 26 Doch der HERR liess nicht ab von sei- 26: 21,11!
nem grossen, glühenden Zorn, der in ihm entbrannt war über Juda we-
gen alledem, womit Manasse ihn gereizt hatte. 27 Und der HERR sprach: 27: 1Kön 8,16
Auch Juda werde ich mir aus den Augen schaffen, wie ich Israel weg-
geschafft habe, und diese Stadt, die ich erwählt habe, werde ich verwer-
fen: Jerusalem und das Haus, von dem ich gesagt habe: Dort soll mein
Name sein.

28 Und was sonst noch von Joschijahu zu berichten ist, und von al- 28: 1Kön 14,19!
lem, was er getan hat, steht das nicht geschrieben im Buch der Chronik
der Könige von Juda? 29 In seinen Tagen zog Pharao Necho, der König 29–30:
von Ägypten, herauf gegen den König von Assur, an den Eufratstrom. Da 2Chr 35,20–25
zog König Joschijahu ihm entgegen, und jener tötete ihn in Megiddo, 29: Jer 46,2
als er ihn sah. 30 Und seine Diener fuhren ihn tot von Megiddo fort und 30: 9,28! · Jer 22,11
brachten ihn nach Jerusalem, und man begrub ihn in seinem Grab. Und
das Volk des Landes nahm Jehoachas, den Sohn des Joschijahu, und sie
salbten ihn und machten ihn zum König an seines Vaters Statt.

Jehoachas, König in Jerusalem

31 Dreiundzwanzig Jahre alt war Jehoachas, als er König wurde, und 31: 24,18; Jer 52,1
drei Monate lang war er König in Jerusalem. Und der Name seiner Mut-
ter war Chamutal, die Tochter des Jirmejahu aus Libna. 32 Und er tat,
was böse war in den Augen des HERRN, genau so, wie seine Vorfahren es
getan hatten. 33 In Ribla im Land Chamat aber nahm Pharao Necho ihn 33: 25,6.21
gefangen, als er König war in Jerusalem, und dem Land auferlegte er
eine Strafe: Hundert Kikkar Silber und ein Kikkar Gold. 34 Dann mach- 34: 24,17 · Jer 1,3
te Pharao Necho Eljakim, den Sohn Joschijahus, zum König an Joschija-
hus, seines Vaters, Statt und änderte dessen Namen in Jehojakim. Jeho-
achas aber nahm er mit sich, und so kam dieser nach Ägypten, und dort
starb er. 35 Und das Silber und das Gold gab Jehojakim dem Pharao; 35: 15,20
doch musste er das Land schätzen, um das Silber abliefern zu können,
wie der Pharao es befohlen hatte. Nach der Schätzung eines jeden trieb
er das Silber und das Gold ein beim Volk des Landes, um es Pharao Ne-
cho zu geben.

Jehojakim, König in Jerusalem

36 Fünfundzwanzig Jahre alt war Jehojakim, als er König wurde, und
elf Jahre lang war er König in Jerusalem. Und der Name seiner Mutter
war Sebudda, die Tochter des Pedaja aus Ruma. 37 Und er tat, was böse
war in den Augen des HERRN, genau so, wie seine Vorfahren es getan
hatten.

24 1 In seinen Tagen zog Nebukadnezzar, der König von Babel, her- 1: Jer 21,2 · Dan 1,1 ·
auf, und Jehojakim wurde ihm untertan, drei Jahre lang. Dann 20
aber wandte er sich ab und lehnte sich gegen ihn auf. 2 Da liess der HERR 2: 6,23; 13,20 ·
die Streifscharen der Kasdäer, die Streifscharen Arams, die Streifscha- 21,10! · 22,16

ren Moabs und die Streifscharen der Ammoniter auf Jehojakim los, er
liess sie auf Juda los, um ihn zu verderben, nach dem Wort des HERRN,
3: 17,18 das dieser durch seine Diener, die Propheten, gesprochen hatte. 3 Dies
geschah in Juda auf Befehl des HERRN, um sie sich aus den Augen zu
schaffen, der Sünden Manasses wegen, für all das, was dieser getan hat-
4: 21,16 te. 4 Und auch das unschuldige Blut, das dieser vergossen hatte – hatte
er doch Jerusalem mit unschuldigem Blut gefüllt –, wollte der HERR
5: 1Kön 14,29 nicht vergeben. 5 Und was sonst noch von Jehojakim zu berichten ist
und von allem, was er getan hat, steht das nicht geschrieben im Buch der
Chronik der Könige von Juda? 6 Und Jehojakim legte sich zu seinen Vor-
7: Jer 37,7; 46,2; fahren, und Jehojachin, sein Sohn, wurde König an seiner Statt. 7 Der
Ez 30,21 König von Ägypten aber verliess sein Land nicht mehr, denn vom Bach-
tal Ägyptens bis zum Eufratstrom hatte der König von Babel alles ge-
nommen, was dem König von Ägypten gehört hatte.

Jehojachin, König in Jerusalem

8: Jer 26,22 8 Achtzehn Jahre alt war Jehojachin, als er König wurde, und drei
Monate lang war er König in Jerusalem. Und der Name seiner Mutter
war Nechuschta, die Tochter des Elnatan aus Jerusalem. 9 Und er tat,
was böse war in den Augen des HERRN, genau wie sein Vater es getan
hatte. 10 In jener Zeit zogen die Diener Nebukadnezzars, des Königs
von Babel, herauf nach Jerusalem, und die Stadt geriet in Bedrängnis.
11 Und Nebukadnezzar, der König von Babel, zog gegen die Stadt, und
12: Jer 29,2; Ez 1,2 · seine Diener schlossen sie ein. 12 Und Jehojachin, der König von Juda,
Jer 22,24–30 kam heraus zum König von Babel, er mit seiner Mutter, seinen Die-
nern, seinen Anführern und seinen Kämmerern. Und im achten Jahr
seiner Königsherrschaft nahm der König von Babel ihn gefangen.
13: Dan 5,2 · 20,17! 13 Und alle Schätze des Hauses des HERRN und die Schätze des Hauses
des Königs schaffte er weg von dort, und im Tempel des HERRN zerstör-
te er alle goldenen Geräte, die Salomo, der König von Israel, gemacht
14: 25,21; 1Chr 9,1; hatte, wie der HERR es angekündigt hatte. 14 Und ganz Jerusalem führ-
Jer 52,28! · 25,12 te er in die Verbannung, alle Obersten und alle tüchtigen Krieger, zehn-
tausend, die in die Verbannung gingen, dazu alle Schmiede und die
Metallarbeiter, niemand blieb zurück, ausser den Ärmsten vom Volk
15: 25,27 · 20,18! · des Landes. 15 Und Jehojachin führte er nach Babel in die Verbannung,
Jer 22,26 und auch die Mutter des Königs, die Frauen des Königs, seine Kämme-
rer und die Starken des Landes liess er in die Verbannung gehen, von
Jerusalem nach Babel. 16 Und auch alle Krieger, siebentausend, und die
Schmiede und die Metallarbeiter, tausend, alle kriegstüchtigen Hel-
den, sie brachte der König von Babel in die Verbannung nach Babel.
17: 23,34 · 17 Und der König von Babel machte Mattanja, den Onkel des Jehoja-
1Chr 3,15; Jer 37,1; chin, zum König an seiner Statt, und den Namen Mattanjas änderte er
Ez 17,13 in Zidkijahu.

24,2: Wörtlich: «... die Streifscharen der Ammoniter auf ihn los, ...»

24,15: Wörtlich: «... und die Widder des Landes ...»; der Widder dient als Bild für die Starken.

24,17: «den Onkel des Jehojachin» ist wörtlich «seinen Onkel», und «den Namen Mattanjas» ist wörtlich «seinen Namen».

Zidkijahu, König in Jerusalem. Seine Gefangennahme

18 Einundzwanzig Jahre alt war Zidkijahu, als er König wurde, und 18: 23,31!
elf Jahre lang war er König in Jerusalem. Und der Name seiner Mutter
war Chamutal, die Tochter des Jirmejahu aus Libna. 19 Und er tat, was
böse war in den Augen des HERRN, genau wie Jehojakim es getan hatte.
20 Wegen des Zorns des HERRN kam es so weit in Jerusalem und in Juda, 20: 1
dass er sie wegsandte von seinem Angesicht. Aber Zidkijahu lehnte sich
gegen den König von Babel auf.

25 1 Und im neunten Jahr seiner Königsherrschaft, im zehnten Mo- 1–7: Jer 39,1–7
nat, am Zehnten des Monats, zog Nebukadnezzar, der König von 1: Jer 34,1!; Ez 4,3;
Babel, gegen Jerusalem, er mit seinem ganzen Heer, und er belagerte es, 24,1! · Jer 32,24
und ringsum bauten sie einen Belagerungswall. 2 Und die Stadt geriet
in Bedrängnis, bis ins elfte Jahr des Königs Zidkijahu. 3 Am Neunten des 3: Jes 3,1; Ez 4,16
Monats war der Hunger gross in der Stadt, und es gab kein Brot mehr
für das Volk des Landes. 4 Da wurde die Stadt aufgebrochen; und in der 4: Neh 3,15
Nacht flohen alle Krieger auf dem Weg durch das Tor zwischen den bei-
den Mauern, das am Garten des Königs lag, während die Kasdäer rings
um die Stadt lagen, und der König nahm den Weg zur Araba. 5 Das Heer
der Kasdäer aber verfolgte den König, und in den Steppen von Jericho
holten sie ihn ein, sein ganzes Heer aber hatte sich zerstreut und hatte
ihn verlassen. 6 Und sie ergriffen den König und führten ihn hinauf 6: 23,33! · Ez 12,13
zum König von Babel, nach Ribla, und dieser sprach das Urteil über ihn.
7 Und die Söhne Zidkijahus schlachtete man vor seinen Augen ab, und 7: Ri 16,21 · Jer 21,7;
die Augen Zidkijahus blendete er, dann legte er ihn in doppelte Ketten 37,17
und brachte ihn nach Babel.

Das Ende des Reiches Juda

8 Und im fünften Monat, am Siebten des Monats – das war das 8–20:
neunzehnte Jahr von König Nebukadnezzar, dem König von Babel – 2Chr 36,11–21;
kam Nebusaradan, der Befehlshaber der Leibgarde, der Diener des Kö- Jer 39,8–10;
nigs von Babel, nach Jerusalem. 9 Und er verbrannte das Haus des 52,12–27 9: 1Kön 9,8
HERRN und das Haus des Königs; alle Häuser Jerusalems, jedes grosse
Haus, verbrannte er im Feuer. 10 Und das ganze Heer der Kasdäer, das 10: Neh 1,3
beim Befehlshaber der Leibgarde war, riss die Mauern rings um Jerusa-
lem nieder. 11 Und den Rest des Volks, jene, die übrig geblieben wa-
ren in der Stadt, und die Überläufer, die übergelaufen waren zum Kö-
nig von Babel, und den Rest der Menge führte Nebusaradan, der Be-
fehlshaber der Leibgarde, in die Verbannung. 12 Von den Ärmsten des 12: 24,14
Landes aber liess der Befehlshaber der Leibgarde einige zurück als
Weingärtner und Ackerbauern. 13 Und die Kasdäer zerschlugen die 13–15:
bronzenen Säulen, die im Haus des HERRN waren, und die Kesselwagen 1Kön 7,15–50;
und das bronzene Meer, die im Haus des HERRN waren; deren Bronze Jer 20,5 13: Jer 27,19–22
aber brachte man nach Babel. 14 Und sie nahmen auch die Töpfe und die
Schaufeln und die Messer und die Schüsseln und alle Geräte aus Bronze,
mit denen man den Dienst verrichtet hatte. 15 Und der Befehlshaber 15: Ex 25,38 ·
der Leibgarde nahm auch die Pfannen und die Sprengschalen, die aus Esra 1,9–11
reinem Gold waren und aus reinem Silber. 16 Die beiden Säulen, das 16: 1Kön 7,47
eine Meer und die Kesselwagen, die Salomo für das Haus des HERRN

25,4: Wörtlich: «..., und er nahm den Weg zur Araba. ...»

gemacht hatte – das Gewicht der Bronze all dieser Geräte konnte man
nicht bestimmen. 17 Achtzehn Ellen betrug die Höhe der einen Säule,
und darauf befand sich ein Kapitell aus Bronze. Und die Höhe des Kapi-
tells betrug drei Ellen, und ringsum an dem Kapitell waren Flechtwerk
und Granatäpfel, alles aus Bronze. Und ebenso war es mit dem Flecht-
18: Jer 21,1 werk an der zweiten Säule. 18 Und der Befehlshaber der Leibgarde
nahm Seraja, den ersten Priester, und Zefanjahu, den zweiten Priester,
und die drei Hüter der Schwelle, 19 und aus der Stadt nahm er einen
Kämmerer, der die Aufsicht über die Krieger hatte, und fünf Männer
von den Vertrauten des Königs, die sich in der Stadt fanden, und den
Schreiber des Heerführers, der das Volk des Landes für den Kriegsdienst
aushob, und sechzig Männer vom Volk des Landes, die sich in der Stadt
fanden. 20 Und diese nahm Nebusaradan, der Befehlshaber der Leibgar-
21: 17,23 · 24,14 · de, und brachte sie zum König von Babel nach Ribla. 21 Und der König
23,33! von Babel erschlug sie, er tötete sie in Ribla im Land Chamat. Und so
führte man Juda von seinem Boden fort in die Verbannung.

22: 22,12! 22 Und was das Volk betrifft, das übrig geblieben war im Land Juda,
das Nebukadnezzar, der König von Babel, übrig gelassen hatte – über sie
setzte er Gedaljahu, den Sohn des Achikam, des Sohns des Schafan.
23 Und alle Anführer der Heere, sie und die Männer hörten, dass der
König von Babel Gedaljahu eingesetzt hatte, und sie kamen zu Gedalja-
hu nach Mizpa: Jischmael, der Sohn des Netanja, Jochanan, der Sohn des
Kareach, Seraja, der Sohn des Tanchumet, der Netofatiter, und Jaasanja-
hu, der Sohn des Maachatiters, sie und ihre Männer. 24 Und Gedaljahu
schwor ihnen und ihren Männern und sprach zu ihnen: Fürchtet euch
nicht vor den Dienern der Kasdäer. Bleibt im Land und dient dem König
von Babel, dann wird es euch gut gehen.

25: Jer 41,1–3 25 Im siebten Monat aber kam Jischmael, der Sohn des Netanja, des
Sohns des Elischama, einer von den königlichen Nachkommen, und
mit ihm zehn Männer, und sie erschlugen Gedaljahu, und er starb, und
ebenso erging es auch den Judäern und den Kasdäern, die bei ihm waren
26: Dtn 28,68 · in Mizpa. 26 Dann aber machte sich das ganze Volk auf, vom Kleinsten
Jer 41,17! bis zum Grössten, auch die Anführer der Heere, und sie zogen nach
Ägypten, denn sie fürchteten sich vor den Kasdäern.

Jehojachin wird begnadigt

27–30: Jer 52,31–34 27 Und im siebenunddreissigsten Jahr nach der Verbannung Jeho-
27: 24,15 · jachins, des Königs von Juda, im zwölften Monat, am Siebenundzwan-
Gen 40,13 zigsten des Monats, begnadigte Ewil-Merodach, der König von Babel, in
dem Jahr, als er König wurde, Jehojachin, den König von Juda und ent-
liess ihn aus dem Kerker. 28 Und er sprach freundlich mit ihm und setz-
29: Gen 41,14 te ihn höher als die Könige, die bei ihm in Babel waren. 29 Und er legte
seine Kerkerkleidung ab, und solange er lebte, stets durfte er vor ihm
30: 1Kön 2,7 essen. 30 Und was er zum Leben brauchte, wurde ihm als ständiger Un-
terhalt vom König gegeben, wie der jeweilige Tag es erforderte, alle Tage
seines Lebens.

25,27: «und entliess ihn» wurde in der Übersetzung ergänzt.

Das Erste Buch der Chronik

Das Erste Buch der Chronik und das Zweite Buch der Chronik bilden eine sachliche Einheit; die Aufteilung in zwei Bücher ist erst in späterer Zeit erfolgt. Sie erzählen die Geschichte Israels von ihren Anfängen bis zum Erlass des Königs Kyros von Persien, der den Israeliten die Heimkehr aus dem babylonischen Exil gestattet.

Der Titel ‹Chronik› geht auf die lateinische Übersetzung der Bibel zurück, der hebräische Titel lautet übersetzt ‹Die Begebenheiten der Tage›. Beide Benennungen kennzeichnen die Texte als Geschichtswerk. Der griechische Titel hingegen lautet übersetzt ‹Nachtrag› und macht darauf aufmerksam, dass schon andere Bücher des Alten Testaments, nämlich die Bücher Genesis bis Könige, die Zeit von der Schöpfung bis zum babylonischen Exil dargestellt haben. Die Bücher der Chronik ergänzen die ältere Darstellung nicht nur; an anderen Stellen kürzen sie diese erheblich, was darauf hinweist, dass das Erste und das Zweite Buch der Chronik die Bücher Genesis bis Könige neu auslegen wollen.

Eröffnet werden die Bücher der Chronik durch eine lange Reihe von Stammbäumen, die von Adam über Abraham und seine Söhne bis zur Familie Sauls reichen (1Chr 1–9). Saul selbst ist mit 1Chr 10 lediglich ein einziges Kapitel gewidmet. Für die Zeit Davids (1Chr 11–29) und Salomos (2Chr 1–9) wird die Darstellung ausführlicher. Im Vordergrund stehen dabei der Bau des Tempels und die Regelung des Gottesdienstes. Der letzte Teil der Chronik-Bücher (2Chr 10–36) befasst sich mit der Zeit von der Trennung der beiden Reiche Juda und Israel bis zum Untergang Judas. Er endet mit einem Erlass des Königs Kyros von Persien, von dem auch in Esra 1,1–4 berichtet wird.

Dieser Aufbau zeigt, dass die Bücher der Chronik David als dem Vorbereiter und Salomo als dem Erbauer des Tempels eine hohe Bedeutung zumessen. Die in den Büchern Samuel und in den Büchern der Könige erwähnten schlechten Taten Davids und Salomos werden in den Chronik-Büchern nicht erwähnt (siehe dazu die Einleitung zu 1Sam und 2 Sam). Ihr Einsatz für den Tempel und den Gottesdienst wird zum Massstab, an dem alle folgenden Könige gemessen werden. Allerdings wird ausschliesslich von den Königen des Südreichs Juda berichtet. Die Geschichte des Nordreichs Israel wird nicht weiterverfolgt; dessen Schicksal war bereits besiegelt, als nach der Trennung Israels von Juda (vgl. 2Chr 10) Jerusalem mit dem Tempel nur noch zu Juda gehörte.

Die Chronik-Bücher bringen die Überzeugung zum Ausdruck, dass Israel zu jeder Zeit, unabhängig von den äusseren weltpolitischen Umständen, Gott gehorchen, ihn loben und ihn im Gottesdienst am Tempel verehren kann. Jeder Generation steht Gott gleich nahe. Deshalb muss auch jede Generation den Lohn oder die Strafe für ihr Tun und Lassen empfangen. Wo das in der Darstellung der Bücher Samuel und der Bücher der Könige nicht der Fall zu sein scheint, bringt die Chronik erklärende Ergänzungen an. So wird die lange Regierungszeit des gegenüber Gott ungehorsamen Königs Manasse (vgl. 2Kön 21) damit begründet, dass Manasse Gott um Gnade angefleht habe (2Chr 33,10–13), während der unrühmliche Tod des frommen Königs Joschija (vgl. 2Kön 23,29–30) darauf zurückgeführt wird, dass er zuletzt nicht mehr auf Gott gehört habe (2Chr 35,20–22).

Wiederholt wird in der Chronik auf ältere Quellen verwiesen: Neben dem «Buch der Könige von Juda und Israel» (vgl. etwa 2Chr 16,11) werden dabei auch Schriften von Propheten erwähnt (so beispielsweise in 2Chr 26,22; 32,32 Aufzeichnungen Jesajas). Offenbar haben die Verfasser der Chronik ältere Schriften des Alten Testaments gekannt. Ob ihnen darüber hinaus noch weitere Quellen zur Verfügung standen, ist umstritten. Hauptquelle der Bücher der Chronik sind aber die Bücher Samuel und die Bücher der Könige, die streckenweise wörtlich wiedergegeben werden. Von Beginn an war die Chronik also ein Werk, in dem ältere Texte aufgegriffen und neu ausgelegt wurden. Vermutlich wurde das so entstandene Buch in späterer Zeit seinerseits nochmals durch Zusätze ergänzt.

Die Erzählung der Chronik-Bücher wird in den Büchern Esra und Nehemia fortgesetzt, die manche Gemeinsamkeiten mit der Chronik aufweisen. So findet sich etwa der Erlass des Königs Kyros von Persien (2Chr 36,22–23) auch in Esra 1,1–4. Und wie in der Chronik haben der Tempel und der dort praktizierte Kult auch in den Büchern Esra und Nehemia einen hohen Stellenwert. Wahrscheinlich haben sich die Verfasser der beiden Bücher der Chronik für ihre neue Darstellung der Geschichte Israels bis zum babylonischen Exil die Bücher Esra und Nehemia zum Vorbild genommen.

Obwohl die Bücher der Chronik eine Geschichtsdarstellung bieten, stehen sie in der hebräischen Bibel, anders als in der griechischen, nicht bei den Geschichtsbüchern, sondern ganz am Ende des Kanons. Das hängt wohl damit zusammen, dass sie erst relativ spät, im 4. oder 3. Jahrhundert v. Chr., entstanden sind. In dieser Zeit erzählen sie die Geschichte Israels nochmals von ihren Anfängen bis zum Ende des babylonischen Exils, um so die älteren Überlieferungen für die Gegenwart neu auszulegen.

Von Adam bis zu den Söhnen Israels

1–4: Gen 5 **1** 1 Adam, Schet, Enosch, 2 Kenan, Mahalalel, Jered, 3 Henoch, Metu-
1: Gen 4,25–26 schelach, Lamech, 4 Noah, Sem, Ham und Jafet.
4: Ez 14,14 5 Die Söhne Jafets: Gomer und Magog und Madai und Jawan und
5–23: Gen 10 Tubal und Meschech und Tiras. 6 Und die Söhne Gomers: Aschkanas
und Difat und Togarma. 7 Und die Söhne Jawans: Elischa und Tar-
schisch, die Kittäer und die Rodaniter.
8: Gen 9,18 8 Die Söhne Hams: Kusch und Mizrajim, Put und Kanaan. 9 Und die
Söhne von Kusch: Seba und Chawila und Sabta und Rama und Sabtecha.
Und die Söhne Ramas: Scheba und Dedan. 10 Und Kusch zeugte Nim-
rod; er war der erste Held auf der Erde. 11 Und Mizrajim zeugte die Lu-
dier und die Anamiter und die Lehabiter und die Naftuchiter 12 und die
Patrusiter und die Kasluchiter, von denen die Philister ausgegangen

sind, und die Kaftoriter. 13 Und Kanaan zeugte Sidon, seinen Erstgebo-
renen, und Chet 14 und den Jebusiter und den Amoriter und den Girga-
schiter 15 und den Chiwwiter und den Arkiter und den Siniter 16 und
den Arwaditer und den Zemariter und den Chamatiter.

17 Die Söhne Sems: Elam und Assur und Arpachschad und Lud und 17–27: Gen 11,10–26
Aram und Uz und Chul und Geter und Meschech. 18 Und Arpachschad
zeugte Schelach, und Schelach zeugte Eber. 19 Und Eber wurden zwei
Söhne geboren: der Name des einen war Peleg, denn in seinen Tagen
spaltete sich die Erde; und der Name seines Bruders war Joktan. 20 Und
Joktan zeugte Almodad und Schelef und Chazarmawet und Jerach
21 und Hadoram und Usal und Dikla 22 und Ebal und Abimael und Sche-
ba 23 und Ofir und Chawila und Jobab. Alle diese sind die Söhne Joktans.

24 Schem, Arpachschad, Schelach, 25 Eber, Peleg, Reu, 26 Serug,
Nachor, Terach, 27 Abram, das ist Abraham. 28 Die Söhne Abrahams:
Isaak und Ismael.

29 Dies ist das Verzeichnis ihrer Nachkommen: Nebajot, der Erstge-
borene Ismaels, und Kedar und Adbeel und Mibsam, 30 Mischma und
Duma, Massa, Chadad und Tema, 31 Jetur, Nafisch und Kedma. Das sind
die Söhne Ismaels.

32 Und die Söhne der Ketura, der Nebenfrau von Abraham: Sie gebar
Simran und Jokschan und Medan und Midian und Jischbak und Schu-
ach. Und die Söhne Jokschans: Scheba und Dedan. 33 Und die Söhne Mi-
dians: Efa und Efer und Henoch und Abida und Eldaa. Alle diese sind die
Söhne der Ketura.

34 Und Abraham zeugte Isaak.

Die Söhne Isaaks: Esau und Israel. 35 Die Söhne Esaus: Elifas, Reuel
und Jeusch und Jalam und Korach. 36 Die Söhne des Elifas: Teman und
Omar, Zefi und Gatam, Kenas und Timna und Amalek. 37 Die Söhne
Reuels: Nachat, Serach, Schamma und Missa. 38 Und die Söhne von
Seir: Lotan und Schobal und Zibon und Ana und Dischon und Ezer und
Dischan. 39 Und die Söhne Lotans: Chori und Homam; und die Schwes-
ter Lotans: Timna. 40 Die Söhne Schobals: Aljan und Manachat und
Ebal, Schefi und Onam. Und die Söhne Zibons: Ajja und Ana. 41 Die Söh-
ne Anas: Dischon. Und die Söhne Dischons: Chamran und Eschban und
Jitran und Keran. 42 Die Söhne Ezers: Bilhan und Saawan und Jaakan.
Die Söhne Dischans: Uz und Aran.

43 Und dies sind die Könige, die geherrscht haben im Land Edom, 43–54:
bevor ein König über die Israeliten herrschte: Bela, der Sohn Beors; und Gen 36,31–43
der Name seiner Stadt war Dinhaba. 44 Und Bela starb, und Jobab, der
Sohn Serachs aus Bozra, wurde König an seiner Statt. 45 Und Jobab
starb, und Chuscham aus dem Land der Temaniter wurde König an sei-
ner Statt. 46 Und Chuscham starb, und Hadad, der Sohn Bedads, der Mi-
dian schlug im Gebiet Moabs, wurde König an seiner Statt; und der
Name seiner Stadt war Awit. 47 Und Hadad starb, und Samla aus Masre-
ka wurde König an seiner Statt. 48 Und Samla starb, und Schaul aus Re-
chobot am Strom wurde König an seiner Statt. 49 Und Schaul starb, und
Baal-Chanan, der Sohn Achbors, wurde König an seiner Statt. 50 Und
Baal-Chanan starb, und Hadad wurde König an seiner Statt; und der

1,19: Im Namen Peleg klingt hebräisch ‹sich spalten› an.

Name seiner Stadt war Pai, und der Name seiner Frau war Mehetabel,
die Tochter von Matred, der Tochter von Me-Sahab. 51 Und Hadad starb.
Und die Stammesfürsten Edoms waren: Stammesfürst Timna, Stam-
mesfürst Alwa, Stammesfürst Jetet, 52 Stammesfürst Oholibama, Stam-
mesfürst Ela, Stammesfürst Pinon, 53 Stammesfürst Kenas, Stammes-
fürst Teman, Stammesfürst Mibzar, 54 Stammesfürst Magdiel, Stam-
mesfürst Iram. Das waren die Stammesfürsten Edoms.

1–2: Gen 35,22–26 **2** 1 Dies sind die Söhne Israels: Ruben, Simeon, Levi und Juda, Issa-
2–15: Mt 1,2–6; schar und Sebulon, 2 Dan, Josef und Benjamin, Naftali, Gad und
Lk 3,31–34 Asser.

Der Stamm Juda

3–5: Gen 38; 46,12 3 Die Söhne von Juda: Ehr und Onan und Schela; diese drei wurden
3: 4,21 ihm von der Tochter des Schua, der Kanaaniterin, geboren. Ehr aber, der
Erstgeborene Judas, war böse in den Augen des HERRN, und dieser liess
ihn sterben. 4 Und Tamar, seine Schwiegertochter, gebar ihm Perez und
5: 4,1; Rut 4,18 Serach. Alle Söhne von Juda: fünf. 5 Die Söhne des Perez: Chezron und
6: 1Kön 5,11 Chamul. 6 Und die Söhne des Serach: Simri und Etan und Heman und
7: 4,1 · Jos 7,24! Kalkol und Dara, alle zusammen: fünf. 7 Und die Söhne des Karmi:
Achar, der Israel ins Unglück stürzte, weil er treulos handelte an dem,
was der Vernichtung geweiht war. 8 Und die Söhne des Etan: Asarja.
9–15: Rut 4,19–22 9 Und die Söhne des Chezron, die ihm geboren wurden: Jerachmeel
9: 25 · 18; 42 und Ram und Kelubai. 10 Und Ram zeugte Amminadab, und Ammina-
10: Num 1,7; 2,3 dab zeugte Nachschon, den Fürsten der Söhne Juda. 11 Und Nachschon
zeugte Salma, und Salma zeugte Boas; 12 und Boas zeugte Obed, und
13: 1Sam 16,6! Obed zeugte Jischai. 13 Und Isai zeugte seinen Erstgeborenen, Eliab;
und Abinadab, den Zweiten; und Schima, den Dritten; 14 Netanel, den
15: 1Sam 17,12 Vierten; Raddai, den Fünften; 15 Ozem, den Sechsten; David, den Sieb-
16: 11,20!.26!; 18,15; ten. 16 Und ihre Schwestern: Zeruja und Abigajil. Und die Söhne der
2Sam 2,18! Zeruja: Abschai und Joab und Asa-El: drei. 17 Und Abigajil gebar Amasa;
17: 2Sam 17,25 und der Vater Amasas war Jeter, der Ismaeliten.
18: 9; 42 18 Und Kaleb, der Sohn des Chezron, zeugte Söhne mit Asuba, seiner
Frau, und mit Jeriot; und dies sind ihre Söhne: Jescher und Schobab und
19: 50 · 4,4; Ex 17,10 Ardon. 19 Und Asuba starb, und Kaleb nahm sich Efrat, und sie gebar
20: Ex 31,2 ihm Chur. 20 Und Chur zeugte Uri, und Uri zeugte Bezalel. 21 Und da-
21: 7,14; Num 26,29 nach ging Chezron zur Tochter des Machir, des Vaters von Gilead; und er
22–23: nahm sie, als er sechzig Jahre alt war, und sie gebar ihm Segub. 22 Und
Num 32,40–41; Segub zeugte Jair. Und dieser hatte dreiundzwanzig Städte im Land Gi-
Ri 10,3–6; 1Kön 4,13 lead. 23 Geschur und Aram aber nahmen ihnen die Chawwot-Jair weg,
auch Kenat und seine Tochterstädte, sechzig Städte. Alle diese waren die
24: 4,5 Söhne des Machir, des Vaters von Gilead. 24 Und nach dem Tod Chez-
rons in Kaleb-Efrata, gebar die Frau Chezrons, Abija, ihm Aschchur, den
Vater Tekoas.
25: 9 25 Und die Söhne Jerachmeels, des Erstgeborenen von Chezron, wa-
ren: der Erstgeborene, Ram, und Buna und Oren und Ozem, von Achija.

2,23: Zu ‹Chawwot-Jair› siehe die Anm. zu Dtn 3,14.

2,24: «Und nach dem Tod Chezrons in Kaleb-Efrata, ...»: So lautet der Massoretische Text; möglicherweise sollte übersetzt werden: «Und nach dem Tod Chezrons ging Kaleb zu Efrata, und ..., Abija gebar ihm ...», wie einige antike Übersetzungen dies tun.

26 Und Jerachmeel hatte noch eine andere Frau, und ihr Name war Ata-
ra; sie war die Mutter von Onam. 27 Und die Söhne Rams, des Erstgebo-
renen Jerachmeels, waren: Maaz und Jamin und Eker. 28 Und die Söhne
Onams waren: Schammai und Jada. Und die Söhne Schammais: Nadab
und Abischur. 29 Und der Name der Frau des Abischur war Abihajil; und
sie gebar ihm Achban und Molid. 30 Und die Söhne Nadabs: Seled und
Appajim. Und Seled starb ohne Söhne. 31 Und die Söhne Appajims: Ji-
schi. Und die Söhne Jischis: Scheschan. Und die Söhne Scheschans: Ach-
lai. 32 Und die Söhne des Jada, des Bruders von Schammai: Jeter und
Jonatan. Und Jeter starb ohne Söhne. 33 Und die Söhne Jonatans: Pelet
und Sasa. Das waren die Söhne Jerachmeels.

34 Und Scheschan hatte keine Söhne, sondern Töchter. Scheschan
aber hatte einen ägyptischen Diener, und sein Name war Jarcha. 35 Und
Scheschan gab Jarcha, seinem Diener, seine Tochter zur Frau, und sie
gebar ihm Attai. 36 Und Attai zeugte Natan, und Natan zeugte Sabad,
37 und Sabad zeugte Eflal, und Eflal zeugte Obed, 38 und Obed zeugte
Jehu, und Jehu zeugte Asarja, 39 und Asarja zeugte Chelez, und Chelez
zeugte Elasa, 40 und Elasa zeugte Sismai, und Sismai zeugte Schallum,
41 und Schallum zeugte Jekamja, und Jekamja zeugte Elischama.

42 Und die Söhne Kalebs, des Bruders von Jerachmeel: Mescha, sein 42: 9;18 ·
Erstgeborener – er war der Vater von Sif –, und die Söhne Mareschas, des Jos 15,24.55 ·
Vaters von Chebron. 43 Und die Söhne Chebrons: Korach und Tappuach Jos 15,44 43: Jos 15,34
und Rekem und Schema. 44 Und Schema zeugte Racham, den Vater des
Jorkoam, und Rekam zeugte Schammai. 45 Und der Sohn Schammais 45: Jos 15,55 ·
war Maon, und Maon war der Vater von Bet-Zur. 46 Und Efa, die Neben- Jos 15,58
frau Kalebs, gebar Charan und Moza und Gases. Und Charan zeugte Ga-
ses. 47 Und die Söhne des Johdai: Regem und Jotam und Geschan und
Pelet und Efa und Schaaf. 48 Maacha, die Nebenfrau Kalebs, gebar Sche-
ber und Tirchana; 49 und sie gebar Schaaf, den Vater Madmannas, Sche- 49: Jos 15,31 ·
wa, den Vater Machbenas und den Vater Gibeas. Und die Tochter Kalebs Jos 15,57 · Jos 15,16
war Achsa.

50 Dies waren die Söhne Kalebs: Ben-Chur, der Erstgeborene von 50: 19; 4,1–4 ·
Efrata; Schobal, der Vater von Kirjat-Jearim; 51 Salma, der Vater von Bet- Jos 15,60
lehem; Charef, der Vater von Bet-Gader. 52 Und Schobal, der Vater von 51: 4,4
Kirjat-Jearim, hatte Söhne: Haroeh und die Hälfte von Menuchot;
53 und die Sippen von Kirjat-Jearim: den Jitriter und den Putiter und 53: 11,40 · 4,2
den Schumatiter und den Mischraiter; von diesen sind ausgegangen:
die Zoratiter und die Eschtauliter. 54 Die Söhne Salmas: Betlehem und 54: 9,16; 11,30
der Netofatiter, Atrot-Bet-Joab und die Hälfte der Manachtiter, der Zori-
ter; 55 und die Sippen der Schreiber, die Bewohner von Jabez: Tiratiter, 55: Ri 1,16 ·
Schimatiter, Suchatiter. Das sind die Kiniter, die von Chammat kom- 2Kön 10,15;
men, dem Vater von Bet-Rechab. Jer 35,1–11

Die Nachkommen Davids

3 1 Und dies waren die Söhne Davids, die ihm in Chebron geboren 1–4: 2Sam 3,2–5
wurden: der Erstgeborene, Amnon, von Achinoam, der Jesreelitin;
ein zweiter, Daniel, von Abigajil, der Karmelitin; 2 der Dritte, Absalom,

2,52: «die Hälfte von Menuchot»: Möglicherweise handelt es sich um den Personennamen Chazi-Hammenuchot.

der Sohn der Maacha, der Tochter von Talmai, dem König von Geschur;
der Vierte, Adonija, der Sohn der Chaggit; 3 der Fünfte, Schefatja, von
4: 29,27! Abital; der Sechste, Jitram, von Egla, seiner Frau. 4 Sechs wurden ihm in
Chebron geboren. Und sieben Jahre und sechs Monate lang war er dort
König; und dreiunddreissig Jahre lang war er König in Jerusalem.

5–8: 14,4–7; 5 Und diese wurden ihm in Jerusalem geboren: Schima und Schobab
2Sam 5,14–16 und Natan und Salomo, vier, von Bat-Schua, der Tochter des Ammiel;
5: 2Chr 1–9 6 und Jibchar und Elischama und Elifelet 7 und Nogah und Nefeg und
9: 2Sam 13,1 Jafia 8 und Elischama und Eljada und Elifelet: neun; 9 alles Söhne Da-
vids, ohne die Söhne der Nebenfrauen; und Tamar war ihre Schwester.

10–15: Mt 1,7–11 10 Und der Sohn Salomos: Rehabeam; Abija, sein Sohn; Asa, sein
10: 2Chr 10–20 Sohn; Jehoschafat, sein Sohn; 11 Joram, sein Sohn; Achasjahu, sein Sohn;
11: 2Chr 21–24 12: 2Chr 25–27 Joasch sein Sohn; 12 Amazjahu, sein Sohn; Asarja, sein Sohn; Jotam, sein
13: 2Chr 28,1–33,20 Sohn; 13 Achas, sein Sohn; Chiskijahu, sein Sohn; Manasse, sein Sohn;
14: 14 Amon, sein Sohn; Joschijahu, sein Sohn. 15 Und die Söhne Joschija-
2Chr 33,21–35,27 hus: der Erstgeborene, Jochanan; der Zweite: Jehojakim; der Dritte: Zid-
15: 2Chr 36 16: 2Chr 36 kijahu; der Vierte: Schallum. 16 Und die Söhne Jehojakims: Jechonja,
sein Sohn, Zidkijahu, sein Sohn.

17: 2Kön 24,12 17 Und die Söhne Jechonjas: Assir; Schealtiel, sein Sohn, 18 und Mal-
kiram und Pedaja und Schenazzar, Jekamja, Hoschama und Nedabja.
19: Esra 3,2; Hag 1,1; 19 Und die Söhne Pedajas: Serubbabel und Schimi. Und der Sohn Serub-
Mt 1,12 babels: Meschullam und Chananja; und Schelomit war ihre Schwester;
20 und Chaschuba und Ohel und Berechja und Chasadja, Juschab-Che-
sed: fünf. 21 Und der Sohn Chananjas: Pelatja und Jeschaja; die Söhne
Refajas, die Söhne Arnans, die Söhne Obadjas, die Söhne Schechanjas.

22 Und die Söhne Schechanjas: Schemaja. Und die Söhne Schemajas:
Chattusch und Jigal und Bariach und Nearja und Schafat: sechs. 23 Und
der Sohn Nearjas: Eljoenai, dazu Chiskija und Asrikam: drei. 24 Und die
Söhne Eljoenais: Hodawjahu und Eljaschib und Pelaja und Akkub und
Jochanan und Delaja und Anani: sieben.

Die Familien des Stammes Juda

1: 2,3–7.50; **4** 1 Die Söhne von Juda: Perez, Chezron und Karmi und Chur und Scho-
Num 26,19–22 bal. 2 Und Reaja, der Sohn Schobals, zeugte Jachat; und Jachat zeugte
2: 2,53 Achumai und Lahad. Das sind die Sippen der Zoratiter. 3 Und diese sind
vom Vater des Etam: Jesreel und Jischma und Jidbasch; und der Name
4: 2,19.50–51 ihrer Schwester war Hazlelponi. 4 Und Penuel, der Vater von Gedor;
und Eser, der Vater von Chuscha: Das sind die Söhne des Chur, des Erst-
5: 2,24 geborenen Efratas, des Vaters von Betlehem. 5 Und Aschchur, der Vater
von Tekoa, hatte zwei Frauen: Chela und Naara.

6 Und Naara gebar ihm Achussam und Chefer und Temeni und den
Achaschtariter. Das sind die Söhne der Naara. 7 Und die Söhne der Che-
la: Zeret und Zochar und Etnan. 8 Und Koz zeugte Anub und Zobeba und
9: Gen 3,16! die Sippen des Acharchel, des Sohns von Harum. 9 Und Jabez war ange-
sehener als seine Brüder; und seine Mutter gab ihm den Namen Jabez
und sagte: Denn in Schmerzen habe ich ihn geboren. 10 Und Jabez rief

4,9: Dem Namen Jabez soll hebräisch ‹Schmerz› (hebräisch: ‹ozeb›) zugrunde liegen, die Konsonanten des Namens sind allerdings vertauscht, möglicherweise um den Schmerz vom Namensträger fernzuhalten.

den Gott Israels an und sagte: Dass du mich doch segnen und mein Ge-
biet erweitern mögest und dass deine Hand mit mir sei und du mich
vom Unglück fern hieltest, so dass kein Schmerz mich trifft! Und Gott
liess kommen, was er erbeten hatte.

11 Und Kelub, der Bruder Schuchas, zeugte Mechir; er war der Vater
von Eschton. 12 Und Eschton zeugte Bet-Rafa und Paseach und Te-
chinna, den Vater von Ir-Nachasch; das sind die Männer von Recha.
13 Und die Söhne des Kenas: Otniel und Seraja. Und die Söhne Otniels: 13: Jos 15,17; Ri 1,13
Chatat. 14 Und Meonotai zeugte Ofra; und Seraja zeugte Joab, den Vater 14: Neh 11,35
von Ge-Charaschim, denn sie waren Handwerker. 15 Und die Söhne Ka- 15: 6,41; Num 13,6!;
lebs, des Sohns von Jefunne: Iru, Ela und Naam. Und die Söhne von Ela: Jos 14,14
Kenas. 16 Und die Söhne Jehallelels: Sif und Sifa, Tireja und Asarel.
17 Und der Sohn von Esra: Jeter und Mered und Efer und Jalon. Und sie 17–19: Jos 15,44–58
wurde schwanger mit Mirjam und Schammai und Jischbach, dem Vater
von Eschtemoa. 18 Und seine judäische Frau gebar Jered, den Vater Ge-
dors, und Cheber, den Vater von Socho, und Jekutiel, den Vater von Sa-
noach. Und das sind die Söhne der Bitja, der Tochter des Pharao, die Me-
red zur Frau genommen hatte. 19 Und die Söhne der Frau des Hodija,
der Schwester Nachams: der Vater Keilas, dem Garmiter, und Eschte-
moa, der Maachatiter. 20 Und die Söhne Schimons: Amnon und Rinna,
Ben-Chanan und Tilon. Und die Söhne des Jischi: Sochet und Ben-So-
chet. 21 Die Söhne des Schela, des Sohns von Juda: Ehr, der Vater von 21: 2,3
Lecha, und Lada, der Vater von Marescha; und die Sippen des Hauses der
Byssusarbeit von Bet-Aschbea; 22 und Jokim und die Männer von Kose-
ba; und Joasch und Saraf, die über Moab herrschten; und Jaschubi-Le-
chem. Und die Angaben sind alt. 23 Sie waren die Töpfer und die Bewoh-
ner von Netaim und Gedera; sie wohnten dort beim König, während sie
für ihn arbeiteten.

Der Stamm Simeon

24 Die Söhne Simeons: Nemuel und Jamin, Jarib, Serach, Schaul; 24: Gen 46,10;
25 Schallum, sein Sohn, Mibsam, sein Sohn, Mischma, sein Sohn. Ex 6,15;
26 Und die Söhne Mischmas: Chammuel, sein Sohn, Sakkur, sein Sohn, Num 26,12–14
Schimi, sein Sohn. 27 Und Schimi hatte sechzehn Söhne und sechs
Töchter; seine Brüder aber hatten nicht viele Söhne, und keine ihrer Sip-
pen vermehrte sich so sehr wie die Söhne Judas. 28 Und sie wohnten in 28–33: Jos 15,26–32;
Beer-Scheba und Molada und Chazar-Schual 29 und in Bilha und in 19,1–8
Ezem und in Tolad 30 und in Betuel und in Chorma und in Ziklag 31 und
in Bet-Markabot und in Chazar-Susim und in Bet-Biri und in Schaara-
jim. Das waren ihre Städte, bis David König wurde. 32 Und ihre Gehöfte:
Etam und Ajin, Rimmon und Tochen und Aschan: fünf Orte, 33 und all
ihre Gehöfte, die rings um diese Orte waren bis nach Baal hin. Das wa-
ren ihre Wohnstätten; und sie hatten ihre eigene Eintragung.

34 Und Meschobab und Jamlech und Joscha, der Sohn Amazjas;
35 und Joel und Jehu, der Sohn des Joschibja, des Sohns von Seraja, dem

4,14: Charaschim bedeutet ‹Handwerker›.

4,15: Im vorliegenden Textbereich begegnen mehrere Fälle, in denen die Zahl der aufgezählten Söhne nicht mit der zu erwartenden Anzahl übereinstimmt. Die Übersetzung hält sich an den Massoretischen Text.

Sohn von Asiel; 36 und Eljoenai und Jaakoba und Jeschochaja und Asaja
und Adiel und Jesimiel und Benaja; 37 und Sisa, der Sohn des Schifi, des
Sohns von Allon, dem Sohn des Jedaja, des Sohns des Schimri, des Sohns
des Schemaja: 38 Diese mit Namen Aufgeführten waren Fürsten in ih-
ren Sippen, und ihre Familien breiteten sich stark aus. 39 Und sie zogen
bis da, wo es nach Gedor geht, bis an die Ostseite des Tals, um Weide zu
40: 1,8 suchen für ihre Schafe. 40 Und sie fanden fruchtbare und gute Weide
und ein Land, weiträumig nach beiden Seiten hin und ruhig und fried-
41: 3,13 lich, denn die, die früher dort gewohnt hatten, waren von Ham. 41 Und
diese mit Namen Aufgeschriebenen kamen in den Tagen des Jechiskija-
hu, des Königs von Juda, und sie zerschlugen ihre Zelte und die Meuni-
ter, die sich dort befanden; und sie haben sie der Vernichtung geweiht,
bis auf den heutigen Tag, und wohnten an ihrer Stätte, denn dort war
Weide für ihre Schafe. 42 Und von ihnen, von den Söhnen Simeons, zo-
gen fünfhundert Männer zum Gebirge Seir, und Pelatja und Nearja und
43: Ex 17,14; Refaja und Ussiel, die Söhne des Jischi, waren an ihrer Spitze. 43 Und sie
1Sam 15,2–3 erschlugen den Rest der Entronnenen von Amalek, und dort wohnen sie
bis zum heutigen Tag.

Die Stämme jenseits des Jordan: Ruben, Gad und halb Manasse

1: Gen 35,22; 49,4 5 1 Und die Söhne von Ruben, dem Erstgeborenen Israels – denn er
war der Erstgeborene; weil er aber das Lager seines Vaters entweiht
hatte, wurde sein Erstgeburtsrecht den Söhnen Josefs, des Sohns von
Israel, gegeben, und man konnte ihn nicht dem Erstgeburtsrecht ent-
2: 28,4; sprechend eintragen; 2 denn Juda war seinen Brüdern überlegen, und
Gen 49,8.10 · aus ihm sollte der Fürst kommen; das Erstgeburtsrecht aber gehörte Jo-
Dtn 33,17
3: Gen 46,9; sef; 3 die Söhne Rubens, des Erstgeborenen Israels: Henoch und Pallu,
Ex 6,14; Chezron und Karmi. 4 Die Söhne Joels: Schemaja, sein Sohn; Gog, sein
Num 26,5–7 Sohn; Schimi, sein Sohn; 5 Micha, sein Sohn; Reaja, sein Sohn; Baal, sein
6: 26 Sohn; 6 Beera, sein Sohn, den Tilgat-Pilneeser, der König von Assur, in
die Verbannung führte; er war ein Fürst der Rubeniten. 7 Und seine
Brüder nach ihren Sippen, im Verzeichnis nach ihren Nachkommen:
das Haupt, Jeiel, und Secharjahu 8 und Bela, der Sohn des Asa, des Sohns
von Schema, dem Sohn von Joel; dieser wohnte in Aroer und bis nach
9: Jos 22,9 Nebo und Baal-Meon hin; 9 und gegen Osten reichte sein Wohngebiet
bis da, wo es zur Wüste geht, vom Eufratstrom her; denn ihre Herden
10: 19–22 waren zahlreich im Land Gilead. 10 Und in den Tagen Sauls führten sie
Krieg gegen die Hagriiter; und diese fielen durch ihre Hand, und sie
wohnten in ihren Zelten überall auf der Ostseite des Gilead.

11–12: Gen 46,16; 11 Und ihnen gegenüber, im Land Baschan bis nach Salcha, wohnten
Num 26,15–18 · die Söhne Gads: 12 Joel, das Haupt, und Schafam, der Zweite, und Janai
Jos 13,8–11 und Schafat, im Baschan. 13 Und ihre Brüder, nach ihren Familien: Mi-
chael und Meschullam und Scheba und Jorai und Jakan und Sia und
Eber: sieben. 14 Das sind die Söhne Abichajils, des Sohns des Churi, des

4,38: Die Übersetzung des mit ‹Aufgeführten› wiedergegebenen hebräischen Worts ist unsicher.

4,39: Möglich ist auch die Übersetzung: «... bis zum Eingang von Gedor, ...»

5,6: Tilgat-Pilneeser ist der assyrische König Tiglat-Pileser.

5,9: Möglich ist auch die Übersetzung: «... reichte sein Wohngebiet bis zum Eingang der Wüste, ...»

Sohns des Jaroach, des Sohns des Gilead, des Sohns des Michael, des
Sohns des Jeschischai, des Sohns des Jachdo, des Sohns von Bus. 15 Achi,
der Sohn des Abdiel, des Sohns von Guni, war Haupt ihrer Familien.
16 Und sie wohnten im Gilead, im Baschan und in seinen Tochterstäd-
ten und in allen Weideflächen der Scharon-Ebene bis zu ihren Ausläu-
fern. 17 Sie alle liessen sich eintragen in den Tagen Jotams, des Königs
von Juda, und in den Tagen Jerobeams, des Königs von Israel.

18 Die Söhne Rubens und die Gaditen und der halbe Stamm Manas-
se – was tüchtige Männer betraf, Männer, die Schild und Schwert tru-
gen und den Bogen spannten und erfahren waren im Kampf: 44760, die
mit dem Heer auszogen. 19 Und sie führten Krieg gegen die Hagriiter
und gegen Jetur und Nafisch und Nodab. 20 Und es wurde ihnen gehol-
fen, und die Hagriiter wurden in ihre Hand gegeben mit allem, was bei
ihnen war, denn sie hatten im Kampf zu Gott um Hilfe geschrieen, und
er liess sich von ihnen erbitten, weil sie auf ihn vertraut hatten. 21 Und
sie führten ihre Herden weg. Ihre Kamele: 50000; und Schafe: 250000;
und Esel: 2000; und 100000 Menschen. 22 Viele sind gefallen, durch-
bohrt, denn der Krieg war von Gott. Und sie wohnten an ihrer Stätte bis
zur Verbannung.

23 Und die Söhne des halben Stamms Manasse wohnten im Land
vom Baschan bis Baal-Hermon und bis zum Senir und bis zum Berg Her-
mon; sie waren zahlreich. 24 Und diese waren die Häupter ihrer Famili-
en: Efer und Jischi und Eliel und Asriel und Jirmeja und Hodawja und
Jachdiel, Männer, tüchtige Krieger, Männer von Namen, Häupter ihrer
Familien. 25 Aber sie handelten treulos gegen den Gott ihrer Vorfahren
und hurten hinter den Göttern der Völker des Landes her, die Gott vor
ihnen ausgetilgt hatte. 26 Und der Gott Israels erweckte den Geist des
Pul, des Königs von Assur, und den Geist Tilgat-Pilnesers, des Königs
von Assur, und er führte sie in die Verbannung, die Rubeniten und die
Gaditen und den halben Stamm Manasse, und brachte sie nach Chelach
und an den Chabor und nach Hara und an den Strom von Gosan, und
dort sind sie bis zum heutigen Tag.

16: Jos 13,24–28
17: 2Chr 27 · 2Kön 14,23–29
18: Num 32,33; Jos 1,12 · 2Chr 14,7!
19: 10
20: 2Chr 13,14!
21: 2Chr 14,12–14!
22: Jos 23,10; 2Chr 13,15! · 26
23: Num 32,39; Dtn 3,13!
24: Num 26,29–34
25: 2Kön 17,7–18; 18,11–12
26: 2Chr 21,16; 36,22

Der Stamm Levi

27 Die Söhne Levis: Gerschon, Kehat und Merari. 28 Und die Söhne
Kehats: Amram, Jizhar und Chebron und Ussiel. 29 Und die Kinder Am-
rams: Aaron und Mose und Mirjam. Und die Söhne Aarons: Nadab und
Abihu, Elasar und Itamar. 30 Elasar zeugte Pinechas; Pinechas zeugte
Abischua, 31 und Abischua zeugte Bukki, und Bukki zeugte Ussi, 32 und
Ussi zeugte Serachja, und Serachja zeugte Merajot. 33 Merajot zeugte
Amarja, und Amarja zeugte Achitub, 34 und Achitub zeugte Zadok, und
Zadok zeugte Achimaaz, 35 und Achimaaz zeugte Asarja, und Asarja
zeugte Jochanan, 36 und Jochanan zeugte Asarja; er ist es, der als Pries-
ter diente in dem Haus, das Salomo in Jerusalem gebaut hat. 37 Und
Asarja zeugte Amarja, und Amarja zeugte Achitub, 38 und Achitub zeug-
te Zadok, und Zadok zeugte Schallum, 39 und Schallum zeugte Chilkija,
und Chilkija zeugte Asarja, 40 und Asarja zeugte Seraja, und Seraja
zeugte Jehozadak; 41 und Jehozadak zog mit, als der HERR Juda und Je-
rusalem durch Nebukadnezzar in die Verbannung führte.

27: 6,1; 15,5–7; 23,6; Gen 46,11; Ex 6,16
28: 6,3.7; 23,12; Ex 6,18
29–40: Esra 7,1–5
29–34: 6,35–38
29: 23,13 · 24,1; Ex 6,23
34: 18,16; 2Sam 8,17
35: 1Kön 4,2
36: 2Chr 3,1–5,1
37: 2Chr 19,11
39: 2Kön 22,4 · 9,11
40: 2Kön 25,18; Esra 7,1; Neh 11,11

1–15: Ex 6,16–25; Num 3,14–39 · 1: 5,27! · 2: 23,7 · 4: 23,21; 24,28! Esra 8,18 · 7–8: 22; Ex 6,24 · 8: 2Sam 8,17 · 11–12: 1Sam 1,1 · 13: 18; 1Sam 8,2

6 1 Die Söhne Levis: Gerschom, Kehat und Merari. 2 Und dies sind die Namen der Söhne Gerschoms: Libni und Schimi. 3 Und die Söhne Kehats: Amram und Jizhar und Chebron und Ussiel. 4 Die Söhne Meraris: Machli und Muschi. Und dies sind die Sippen der Leviten nach ihren Vätern: 5 von Gerschom: Libni, sein Sohn; Jachat, sein Sohn; Simma, sein Sohn; 6 Joach, sein Sohn; Iddo, sein Sohn; Serach, sein Sohn; Jeotrai, sein Sohn. 7 Die Söhne Kehats: Amminadab, sein Sohn; Korach, sein Sohn; Assir, sein Sohn; 8 Elkana, sein Sohn; und Ebjasaf, sein Sohn; und Assir, sein Sohn; 9 Tachat, sein Sohn; Uriel, sein Sohn; Ussija, sein Sohn; und Schaul, sein Sohn. 10 Und die Söhne Elkanas: Amasai und Achimot. 11 Elkana, die Söhne Elkanas: Zofai, sein Sohn; und Nachat, sein Sohn; 12 Eliab, sein Sohn; Jerocham, sein Sohn; Elkana, sein Sohn. 13 Und die Söhne Samuels: Der Erstgeborene und ein Zweiter, Abija. 14 Die Söhne des Merari: Machli, Libni, sein Sohn; Schimi, sein Sohn; Ussa, sein Sohn; 15 Schima, sein Sohn; Chaggija, sein Sohn; Asaja, sein Sohn.

16–32: 15,2.16–21; 23,4; 25,1–31 · 16: 15,1–16,6 · 18: 9,32! · 15,17.19; 25,1; Ps 88,1 · 22: 7!

16 Und diese sind es, die David einsetzte zur Leitung des Gesangs im Haus des HERRN, seit die Lade ruhte. 17 Und sie taten Dienst vor der Wohnung des Zelts der Begegnung mit Gesang, bis Salomo das Haus des HERRN in Jerusalem gebaut hatte. Und nach der für sie geltenden Vorschrift taten sie ihren Dienst. 18 Und die ihn versahen und ihre Söhne sind diese: Von den Söhnen der Kehatiten: Heman, der Sänger, der Sohn Joels, des Sohns des Samuel, 19 des Sohns des Elkana, des Sohns des Jerocham, des Sohns des Eliel, des Sohns des Toach, 20 des Sohns des Zuf, des Sohns des Elkana, des Sohns des Machat, des Sohns des Amasai, 21 des Sohns des Elkana, des Sohns des Joel, des Sohns des Asarja, des Sohns des Zefanja, 22 des Sohns des Tachat, des Sohns des Assir, des Sohns des Abjasaf, des Sohns des Korach, 23 des Sohns des Jizhar, des Sohns des Kehat, des Sohns des Levi, des Sohns von Israel.

24: 15,17.19; 16,5; 25,1

24 Und sein Bruder Asaf, der zu seiner Rechten stand: Asaf, der Sohn Berechjahus, des Sohns des Schima, 25 des Sohns des Michael, des Sohns des Baaseja, des Sohns des Malkija, 26 des Sohns des Etni, des Sohns des Serach, des Sohns des Adaja, 27 des Sohns des Etan, des Sohns des Simma, des Sohns des Schimi, 28 des Sohns des Jachat, des Sohns des Gerschom, des Sohns von Levi.

29: 15,17.19; 1Kön 5,11; Ps 89,1

29 Und die Söhne des Merari, ihre Brüder, standen zur Linken: Etan, der Sohn des Kischi, des Sohns des Abdi, des Sohns des Malluch, 30 des Sohns des Chaschabja, des Sohns des Amazja, des Sohns des Chilkija, 31 des Sohns des Amzi, des Sohns des Bani, des Sohns des Schemer, 32 des Sohns des Machli, des Sohns des Muschi, des Sohns des Merari, des Sohns von Levi.

33: 15,2; 23,4!; 2Chr 23,6; 29,11 · 34: 23,13; 2Chr 29,11; Ex 28,1 · Lev 16

33 Und ihre Brüder, die Leviten, waren bestimmt worden für den gesamten Dienst bei der Wohnung des Hauses Gottes. 34 Und Aaron und seine Söhne brachten Rauchopfer dar auf dem Brandopferaltar und auf dem Rauchopferaltar, für jede Arbeit für das Allerheiligste, um Sühne zu erwirken für Israel, entsprechend allem, was Mose, der Diener Gottes, geboten hatte.

35–38: 5,29–34

35 Und dies sind die Söhne Aarons: Elasar, sein Sohn; Pinechas, sein Sohn; Abischua, sein Sohn; 36 Bukki, sein Sohn; Ussi, sein Sohn; Serach-

ja, sein Sohn; 37 Merajot, sein Sohn; Amarja, sein Sohn; Achitub, sein
Sohn; 38 Zadok, sein Sohn; Achimaaz, sein Sohn. 38: 18,16
39 Und dies sind ihre Wohnstätten, nach ihren Zeltlagern in ihrem 39–66: Jos 21,1–42
Gebiet: den Söhnen Aarons von der Sippe der Kehatiten – denn sie hat-
ten das Los –, 40 ihnen gab man Chebron im Land Juda und seine Wei-
deflächen ringsum. 41 Die Felder der Stadt aber und ihre Gehöfte gab 41: 4,15!
man Kaleb, dem Sohn des Jefunne. 42 Und den Söhnen Aarons gab man
die Asylstädte Chebron und Libna und seine Weideflächen und Jattir
und Eschtemoa und seine Weideflächen 43 und Chiles und seine Wei-
deflächen, Debir und seine Weideflächen 44 und Aschan und seine
Weideflächen und Bet-Schemesch und seine Weideflächen.
45 Und vom Stamm Benjamin: Geba und seine Weideflächen und
Alemet und seine Weideflächen und Anatot und seine Weideflächen.
Alle ihre Städte: dreizehn Städte, nach ihren Sippen.
46 Und den Söhnen Kehats, die übrig geblieben waren, von der Sip- 46: 51–55
pe des Stamms: vom halben Stamm, von halb Manasse, durch das Los:
zehn Städte. 47 Und den Söhnen Gerschoms, nach ihren Sippen, vom 47: 56–61
Stamm Issaschar und vom Stamm Asser und vom Stamm Naftali und
vom Stamm Manasse im Baschan: dreizehn Städte. 48 Den Söhnen Me- 48: 62–66
raris, nach ihren Sippen, vom Stamm Ruben und vom Stamm Gad und
vom Stamm Sebulon durch das Los: zwölf Städte.
49 Und die Israeliten gaben den Leviten die Städte und ihre Wei-
deflächen. 50 Und durch das Los gaben sie vom Stamm der Söhne Juda
und vom Stamm der Söhne Simeon und vom Stamm der Söhne Benja-
min diese Städte, die sie mit Namen nannten.
51 Und die übrigen Sippen der Söhne Kehats, sie erhielten die Städte
ihres Loses vom Stamm Efraim. 52 Und man gab ihnen die Asylstädte
Schechem und seine Weideflächen auf dem Gebirge Efraim und Geser
und seine Weideflächen 53 und Jokmeam und seine Weideflächen und
Bet-Choron und seine Weideflächen 54 und Ajjalon und seine Wei-
deflächen und Gat-Rimmon und seine Weideflächen; 55 und vom hal-
ben Stamm Manasse: Aner und seine Weideflächen und Bileam und sei-
ne Weideflächen – der Sippe der übrigen Söhne Kehat.
56 Den Söhnen Gerschoms: von der Sippe des halben Stamms Ma-
nasse: Golan im Baschan und seine Weideflächen und Aschtarot und
seine Weideflächen; 57 und vom Stamm Issaschar: Kedesch und seine
Weideflächen, Dobrat und seine Weideflächen 58 und Ramot und seine
Weideflächen und Anem und seine Weideflächen; 59 und vom Stamm
Asser: Maschal und seine Weideflächen und Abdon und seine Wei-
deflächen 60 und Chukok und seine Weideflächen und Rechob und sei-
ne Weideflächen; 61 und vom Stamm Naftali: Kedesch in Galiläa und
seine Weideflächen und Chammon und seine Weideflächen und Kirja-
tajim und seine Weideflächen.
62 Den übrigen Söhnen Meraris: vom Stamm Sebulon: Rimmono
und seine Weideflächen, Tabor und seine Weideflächen; 63 und vom
Stamm Ruben, jenseits des Jordan von Jericho, östlich des Jordan: Bezer
in der Steppe und seine Weideflächen und Jahza und seine Weideflä-
chen 64 und Kedemot und seine Weideflächen und Mefaat und seine
Weideflächen; 65 und vom Stamm Gad: Ramot im Gilead und seine

Weideflächen und Machanajim und seine Weideflächen 66 und Cheschbon und seine Weideflächen und Jaser und seine Weideflächen.

Die Stämme Issaschar, Benjamin, Naftali, halb Manasse, Efraim und Asser

1: Gen 46,13; 7 1 Und zu den Söhnen Issaschars: Tola und Pua, Jaschub und Schim-
Num 26,23–25 ron: vier. 2 Und die Söhne von Tola: Ussi und Refaja und Jeriel und
Jachmai und Jibsam und Schemuel, Häupter ihrer Familien, zu Tola ge-
hörig, tüchtige Krieger, nach dem Verzeichnis ihrer Nachkommen; in
den Tagen Davids war ihre Zahl 22600. 3 Und die Söhne Ussis: Jisrachja;
und die Söhne Jisrachjas: Michael und Obadja und Joel, Jischschija; fünf
Häupter insgesamt. 4 Und zu ihnen gehörten, nach den Verzeichnissen
ihrer Nachkommen, nach ihren Familien, Streifscharen eines Kriegs-
heers von 36000 Mann, denn sie hatten viele Frauen und Kinder. 5 Und
ihre Brüder, nach allen Sippen Issaschars, tüchtige Krieger: 87000 um-
fasste ihre Eintragung insgesamt.
6: 8,1; Gen 46,21; 6 Benjamin: Bela und Becher und Jediael: drei. 7 Und die Söhne Be-
Num 26,38–41 las: Ezbon und Ussi und Ussiel und Jerimot und Iri: fünf, Familienhäup-
ter, tüchtige Krieger; und ihre Eintragung: 22034. 8 Und die Söhne Be-
chers: Semira und Joasch und Elieser und Eljoenai und Omri und Jere-
mot und Abija und Anatot und Alamet; alle diese waren die Söhne des
Becher. 9 Und ihre Eintragung nach den Verzeichnissen ihrer Nach-
10: 8,6 kommen, den Häuptern ihrer Familien: 20200 tüchtige Krieger. 10 Und
die Söhne Jediaels: Bilhan; und die Söhne Bilhans: Jeusch und Benjamin
und Ehud und Kenaana und Setan und Tarschisch und Achischachar.
11: 2Chr 17,17–18 11 Alle diese waren die Söhne Jediaels, nach den Familienhäuptern,
17200 tüchtige Krieger, die mit dem Heer auszogen in den Krieg. 12 Und
Schuppim und Chuppim, die Söhne des Ir, Chuschim, die Söhne des
Acher.
13: Gen 46,24; 13 Die Söhne Naftalis: Jachaziel und Guni und Jezer und Schallum,
Num 26,48–50 die Söhne von Bilha.
14: Num 26,29–34 · 14 Die Söhne Manasses: Asriel, den seine aramäische Nebenfrau ge-
2,21 boren hatte; sie gebar Machir, den Vater Gileads. 15 Und Machir nahm
15: Num 27,1; 36,2; eine Frau für Chuppim und Schuppim; und der Name seiner Schwester
Jos 17,3 war Maacha. Und der Name des Zweiten war Zelofchad; und Zelofchad
hatte Töchter. 16 Und Maacha, die Frau Machirs, gebar einen Sohn, und
sie gab ihm den Namen Peresch. Und der Name seines Bruders war
Scheresch; und seine Söhne waren Ulam und Rekem. 17 Und die Söhne
des Ulam: Bedan. Das sind die Söhne Gileads, des Sohns des Machir, des
18: Jos 17,2 Sohns von Manasse. 18 Und seine Schwester Hammolechet gebar Isch-
hod und Abieser und Machla. 19 Und die Söhne Schemidas waren Ach-
jan und Schechem und Likchi und Aniam.
20: Num 26,35–37 20 Und die Söhne Efraims: Schutelach und Bered, sein Sohn; und Ta-
chat, sein Sohn; und Elada, sein Sohn; und Tachat, sein Sohn; 21 und Sa-
bad, sein Sohn; und Schutelach, sein Sohn; und Eser und Elad. Und die
Männer von Gat, die im Land geboren waren, erschlugen sie, denn sie
22: Gen 37,34–35 waren hinabgezogen, um ihnen die Herden wegzunehmen. 22 Und
Efraim, ihr Vater, trauerte viele Tage, und seine Brüder kamen, um ihn

zu trösten. 23 Und er ging zu seiner Frau, und sie wurde schwanger und
gebar einen Sohn, und er gab ihm den Namen Beria, denn in seinem
Haus war Unheil. 24 Und seine Tochter war Scheera; und sie baute das 24: Jos 16,3!
untere und das obere Bet-Choron und Ussen-Scheera. 25 Und Refach
war sein Sohn, und Reschef und Telach, sein Sohn; und Tachan, sein
Sohn; 26 Ladan, sein Sohn; Ammihud, sein Sohn; Elischama, sein Sohn; 26: Num 1,10
27 Non, sein Sohn; Josua, sein Sohn. 28 Und ihr Besitz und ihre Wohn- 27: Num 13,8.16;
stätten waren Bet-El und seine Tochterstädte, und gegen Osten Naaran, Jos 1,1
und gegen Westen Geser und seine Tochterstädte, und Schechem und 28: Jos 16,5–10
seine Tochterstädte, bis nach Ajja und seinen Tochterstädten. 29 Und an 29: Jos 17,11
den Seiten der Söhne Manasses waren: Bet-Schean und seine Tochter-
städte, Tanach und seine Tochterstädte, Megiddo und seine Tochter-
städte, Dor und seine Tochterstädte. In ihnen wohnten die Söhne Josefs,
des Sohns von Israel.

30 Die Söhne Assers: Jimna und Jischwa und Jischwi und Beria; und 30–31: Gen 46,17;
Serach war ihre Schwester. 31 Und die Söhne Berias: Cheber und Mal- Num 26,44–47
kiel; er war der Vater von Birsajit. 32 Und Cheber zeugte Jaflet und Scho-
mer und Chotam und deren Schwester Schua. 33 Und die Söhne Jaflets:
Pasach und Bimhal und Aschwat. Das sind die Söhne Jaflets. 34 Und die
Söhne des Schemer: Achi und Rohga und Chubba und Aram. 35 Und der
Sohn des Helem, seines Bruders: Zofach und Jimna und Schelesch und
Amal. 36 Die Söhne Zofachs: Suach und Charnefer und Schual und Beri
und Jimra, 37 Bezer und Hod und Schamma und Schilscha und Jitran
und Beera. 38 Und die Söhne Jeters: Jefunne und Pispa und Ara. 39 Und
die Söhne Ullas: Arach und Channiel und Rizja. 40 Alle diese waren die
Söhne Assers, Häupter der Familien, Auserlesene, tüchtige Krieger,
Häupter der Fürsten, und ihre Eintragung für das Heer im Krieg, nach
der Zahl ihrer Männer: 26000.

Der Stamm Benjamin

8 1 Und Benjamin zeugte Bela, seinen Erstgeborenen; Aschbel, den 1: 7,6!
Zweiten; und Achrach, den Dritten; 2 Nocha, den Vierten; und Rafa,
den Fünften. 3 Und Bela hatte Söhne: Addar und Gera und Abihud 4 und
Abischua und Naaman und Achoach 5 und Gera und Schefufan und
Churam.

6 Und dies waren die Söhne Echuds – diese waren Familienhäupter 6: 7,10
der Bewohner von Geba, und man führte sie in die Verbannung nach
Manachat –: 7 Naaman und Achija und Gera; er führte sie in die Verban-
nung, und er zeugte Ussa und Achichud.

8 Und Schacharajim zeugte Söhne im Gebiet von Moab, nachdem er
sie, Chuschim und Baara, seine Frauen, weggeschickt hatte. 9 Und mit
Chodesch, seiner Frau, zeugte er Jobab und Zibja und Mescha und Mal-
kam 10 und Jeuz und Sachja und Mirma. Das waren seine Söhne, Fami-
lienhäupter. 11 Und mit Chuschim hatte er Abitub und Elpaal gezeugt.
12 Und die Söhne von Elpaal: Eber und Mischam und Schemed; dieser
baute Ono und Lod und seine Tochterstädte.

13 Und Beria und Schema, sie waren Familienhäupter der Bewohner
von Ajjalon; sie verjagten die Bewohner von Gat; 14 und Achjo, Scha-

7,23: Im Namen Beria klingt hebräisch ‹Unheil› an.

schak und Jeremot 15 und Sebadja und Arad und Eder 16 und Michael
und Jischpa und Jocha: die Söhne Berias. 17 Und Sebadja und Meschul-
lam und Chiski und Cheber 18 und Jischmerai und Jislia und Jobab: die
Söhne Elpaals. 19 Und Jakim und Sichri und Sabdi 20 und Elienai und
Zilletai und Eliel 21 und Adaja und Beraja und Schimrat: die Söhne Schi-
mis. 22 Und Jischpan und Eber und Eliel 23 und Abdon und Sichri und
Chanan 24 und Chananja und Elam und Antotija 25 und Jifdeja und Pe-
nuel: die Söhne Schaschaks. 26 Und Schamscherai und Schecharja und
Atalja 27 und Jaareschja und Elija und Sichri: die Söhne Jerochams.
28: 9,3.7.34; 28 Das waren Familienhäupter nach den Verzeichnissen ihrer Nach-
Jos 18,28 kommen, Häupter; sie wohnten in Jerusalem.

29–38: 9,35–44 29 Und in Gibeon wohnten der Vater Gibeons – und der Name sei-
ner Frau war Maacha – 30 und sein erstgeborener Sohn Abdon und Zur
und Kisch und Baal und Nadab 31 und Gedor und Achjo und Secher.
32 Und Miklot zeugte Schima. Und auch sie wohnten gegenüber von
ihren Brüdern in Jerusalem, bei ihren Brüdern.

33: 1Sam 14,51 · 33 Und Ner zeugte Kisch; und Kisch zeugte Saul; und Saul zeugte
1Sam 14,49!; Jehonatan und Malki-Schua und Abinadab und Eschbaal. 34 Und der
2Sam 2,8
34: 2Sam 4,4 · Sohn Jehonatans war Merib-Baal; und Merib-Baal zeugte Micha. 35 Und
2Sam 9,12 die Söhne Michas waren Piton und Melech und Tarea und Achas.
36 Und Achas zeugte Jehoadda; und Jehoadda zeugte Alemet und Asma-
wet und Simri; und Simri zeugte Moza; 37 und Moza zeugte Bina: Rafa,
sein Sohn; Elasa, sein Sohn; Azel, sein Sohn. 38 Und Azel hatte sechs
Söhne; und dies sind ihre Namen: Asrikam, Bocheru und Jischmael und
Schearja und Obadja und Chanan. Alle diese waren die Söhne Azels.
39 Und die Söhne Escheks, seines Bruders: Ulam, sein Erstgeborener;
40: 12,2 Jeusch, der Zweite; und Elifelet, der Dritte. 40 Und die Söhne Ulams wa-
ren Männer, tüchtige Krieger, die den Bogen spannten; und sie hatten
viele Söhne und Enkel: 150. Alle diese waren von den Söhnen Benja-
mins.

1: Neh 7,5 · 9 1 Und ganz Israel hatte sich eintragen lassen; und sieh, sie sind auf-
2Chr 24,27 · geschrieben im Buch der Könige von Israel. Und seiner Untreue we-
2Chr 36,20 gen wurde Juda nach Babel in die Verbannung geführt.

Die Bewohner Jerusalems

2: 2 Und die ersten Bewohner auf ihrem Grundbesitz in ihren Städten
Esra 2,1–2.36.40.43 waren Israeliten, die Priester, die Leviten und die Tempeldiener. 3 Und
3–34: Neh 11,3–19
3: 8,28!; 2Chr 30,11 in Jerusalem wohnten von den Söhnen Juda und von den Söhnen Benja-
4–6: 2,3–4 min und von den Söhnen Efraim und Manasse: 4 Utai, der Sohn des Am-
mihud, des Sohns des Omri, des Sohns des Imri, des Sohns des Bani von
den Söhnen des Perez, des Sohns von Juda; 5 und von den Schiloniten:
Asaja, der Erstgeborene, und seine Söhne; 6 und von den Söhnen Se-
7: 8,28 rach: Jeuel, und ihre Brüder: 690. 7 Und von den Söhnen Benjamin: Sal-
lu, der Sohn Meschullams, des Sohns von Hodawja, dem Sohn Senuas;
8 und Jibneja, der Sohn des Jerocham; und Ela, der Sohn des Ussi, des
Sohns von Michri; und Meschullam, der Sohn des Schefatja, des Sohns
von Reuel, dem Sohn des Jibnija; 9 und ihre Brüder, nach den Verzeich-

9,2: «Israeliten» ist hier wörtlich «Israel».

nissen ihrer Nachkommen: 956. Alle dies waren Männer, Familien-
häupter ihrer Familien.
10 Und von den Priestern: Jedaja und Jehojarib und Jachin 11 und 11: 5,38–39 · 18,16
Asarja, der Sohn des Chilkija, des Sohns des Meschullam, des Sohns des
Zadok, des Sohns des Merajot, des Sohns von Achitub, dem Fürsten des
Hauses Gottes; 12 und Adaja, der Sohn des Jerocham, des Sohns des 12: Esra 2,38!;
Paschchur, des Sohns Malkijas; und Masai, der Sohn Adiels, des Sohns Jer 21,1 · Esra 2,37
von Jachsera, des Sohns des Meschullam, des Sohns von Meschillemit,
des Sohns des Immer; 13 und ihre Brüder, Häupter ihrer Familien: 1760
tüchtige Krieger in der Arbeit im Dienst am Haus Gottes.
14 Und von den Leviten: Schemaja, der Sohn des Chaschschub, des
Sohns von Asrikam, dem Sohn des Chaschabja von den Söhnen des Me-
rari; 15 und Bakbakkar, Cheresch und Galal und Mattanja, der Sohn des 15: 6,24!
Micha, des Sohns des Sichri, des Sohns von Asaf; 16 und Obadja, der 16: 2,54; Neh 12,28
Sohn des Schemaja, des Sohns von Galal, des Sohns von Jedutun; und
Berechja, der Sohn des Asa, des Sohns von Elkana, der in den Gehöften
der Netofatiter wohnte. 17 Und die Torwächter: Schallum und Akkub 17–27: 26,1–19!
und Talmon und Achiman; und ihr Bruder Schallum war das Haupt. 17: Esra 2,42
18 Und bis heute sind sie am Königs-Tor im Osten. Sie waren die Tor-
wächter in den Lagern der Söhne Levi.
19 Und Schallum, der Sohn des Kore, des Sohns von Ebjasaf, dem 19: 6,7 ·
Sohn des Korach, und seine Brüder von seiner Familie, den Korachiten, 2Chr 23,4–5; 34,9
hatten die Aufsicht über die Arbeit beim Dienst als Wächter an den
Schwellen des Zelts und ihre Väter über das Lager des HERRN, als Hüter
des Eingangs. 20 Und Pinechas, der Sohn von Elasar, war zuvor Fürst 20: Num 25,11–13;
über sie. Der HERR war mit ihm. 21 Secharja, der Sohn von Meschelemja, Jos 22,13
war Torwächter am Eingang des Zelts der Begegnung. 22 Sie alle, die 21: 26,14 22: 29,29; 1Sam 9,9
ausgewählt waren als Torwächter an den Schwellen: 212. Ihre Eintra-
gung erfolgte in ihren Gehöften. Sie sind es, die David und Samuel, der
Seher, ihrer Vertrauenswürdigkeit wegen eingesetzt hatten. 23 Und sie 23–24: 2Chr 8,14;
und ihre Söhne hatten als Wachen die Aufsicht über die Tore des Hauses 23,19
des HERRN, des Zelthauses. 24 Die Torwächter standen nach den vier
Winden, nach Osten, Westen, Norden und nach Süden. 25 Und ihre
Brüder in ihren Gehöften mussten zusammen mit ihnen regelmässig
für sieben Tage kommen. 26 Denn sie, die vier Helden der Torwächter, 26: 26,20!
hatten eine Vertrauensstellung, sie, die Leviten. Und sie hatten die Auf-
sicht über die Hallen und über die Schätze des Hauses Gottes. 27 Und 27: Jer 35,4
die Nacht verbrachten sie rings um das Haus Gottes, denn ihnen oblag
der Wachtdienst, und sie hatten die Aufsicht über das Öffnen, Morgen
für Morgen.
28 Und einige von ihnen hatten die Aufsicht über die Geräte für den 28: Num 4,12
Dienst; abgezählt brachten sie diese hinein, und abgezählt brachten sie
sie heraus. 29 Und einige von ihnen waren eingesetzt über die Geräte, 29–30: Ex 30,23–25
und über alle Geräte des Heiligtums und über das Feinmehl und den
Wein und das Öl und den Weihrauch und die Balsam-Öle. 30 Und von
den Söhnen der Priester mischten einige die Salbenmischung aus den
Balsam-Ölen. 31 Und Mattitja von den Leviten – er war der Erstgeborene
Schallums, des Korachiten – war das Tiegelgebäck anvertraut. 32 Und 32: 6,18; 2Chr 29,12 ·
von den Söhnen der Kehatiten, ihren Brüdern, hatten einige die Auf- 23,29!
sicht über das Schaubrot, um es Sabbat für Sabbat vorzubereiten.

33 Und diese, die Sänger, Familienhäupter der Leviten, waren in den
Hallen von anderen Diensten befreit, denn Tag und Nacht waren sie an
34: 8,28 der Arbeit. 34 Das waren die Familienhäupter der Leviten nach den Ver-
zeichnissen ihrer Nachkommen, Häupter; diese wohnten in Jerusalem.

Die Familie Sauls

35–44: 8,29–38 35 Und in Gibeon wohnten der Vater Gibeons, Jeiel, – und der Name
seiner Frau war Maacha – 36 und sein erstgeborener Sohn Abdon und
Zur und Kisch und Baal und Ner und Nadab 37 und Gedor und Achjo
und Secharja und Miklot; 38 und Miklot zeugte Schimam. Und auch sie
wohnten gegenüber von ihren Brüdern in Jerusalem, bei ihren Brüdern.
39 Und Ner zeugte Kisch, und Kisch zeugte Saul; und Saul zeugte Jeho-
natan und Malki-Schua und Abinadab und Eschbaal. 40 Und der Sohn
Jehonatans war Merib-Baal; und Meri-Baal zeugte Micha. 41 Und die
Söhne Michas waren Piton und Melech und Tachrea. 42 Und Achas
zeugte Jara, und Jara zeugte Alemet und Asmawet und Simri; und Simri
zeugte Moza, 43 und Moza zeugte Bina; und Refaja, sein Sohn; Elasa,
sein Sohn; Azel, sein Sohn. 44 Und Azel hatte sechs Söhne, und dies wa-
ren ihre Namen: Asrikam, Bocheru und Jischmael und Schearja und Ob-
adja und Chanan. Das waren die Söhne Azels.

Sauls Niederlage und Tod

1–14: 1Sam 31 10 1 Und die Philister kämpften gegen Israel, und die Männer Israels
flohen vor den Philistern, und Erschlagene lagen auf dem Gebirge
Gilboa. 2 Und die Philister setzten Saul und seinen Söhnen nach, und
die Philister erschlugen Jonatan, Abinadab und Malki-Schua, die Söhne
Sauls. 3 Und die Schlacht tobte heftig gegen Saul, und die Bogenschüt-
zen fanden ihn, und er zitterte vor den Schützen. 4 Da sagte Saul zu sei-
nem Waffenträger: Zieh dein Schwert und durchbohre mich, damit
nicht diese Unbeschnittenen kommen und ihren Mutwillen mit mir
treiben. Sein Waffenträger aber weigerte sich, denn er fürchtete sich
sehr. Da nahm Saul das Schwert und stürzte sich hinein. 5 Als aber sein
Waffenträger sah, dass Saul tot war, stürzte auch er sich ins Schwert und
starb. 6 Und so starben Saul und seine drei Söhne und sein Waffenträ-
ger: Sein ganzes Haus starb miteinander. 7 Und als all die Männer Isra-
els, die in der Ebene waren, sahen, dass sie geflohen und dass Saul und
seine Söhne tot waren, verliessen sie ihre Städte und flohen. Da kamen
die Philister und setzten sich darin fest.

8 Und am nächsten Tag kamen die Philister, um die Erschlagenen
auszuplündern, und sie fanden Saul und seine Söhne, die gefallen auf
dem Gebirge Gilboa lagen. 9 Da zogen sie ihn aus und nahmen seinen
Kopf und seine Waffen und sandten sie rings umher im Land der Philis-
ter, um die Nachricht beim Haus ihrer Götzen und beim Volk zu verkün-
10: 1Sam 5,2 den. 10 Und sie legten seine Waffen ins Haus ihres Gottes, seinen Schä-
del aber spiessten sie auf im Haus Dagons. 11 Und ganz Jabesch im Gile-
ad hörte von all dem, was die Philister Saul angetan hatten, 12 und alle
tüchtigen Männer machten sich auf, und sie nahmen den Körper Sauls
und die Körper seiner Söhne, und sie brachten sie nach Jabesch und be-
gruben ihre Gebeine unter der Terebinthe in Jabesch. Und sie fasteten
sieben Tage.

13 So starb Saul seiner Untreue wegen, die er gegenüber dem HERRN 13: 1Sam 15,11 ·
begangen hatte, des Worts des HERRN wegen, das er nicht beachtet hat- 1Sam 28,8 ·
te, und auch weil er den Totengeist befragt hatte, um Rat zu holen. 2Chr 24,18!
14 Den HERRN aber hatte er nicht befragt. Und dieser liess ihn umkom- 14: 2Chr 16,12
men und das Königtum übergab er David, dem Sohn des Isai.

David wird König und erobert Jerusalem

11 1 Und ganz Israel versammelte sich bei David in Chebron und sag- 1–9: 2Sam 5,1–10
te: Sieh, von deinem Fleisch und Blut sind wir. 2 Schon damals, 1–3: 12,24–41
schon als Saul König war über uns, warst du es, der Israel hinausgeführt
und wieder zurückgeführt hat; und der HERR, dein Gott, hat zu dir ge-
sagt: Du sollst mein Volk, Israel, weiden, und du sollst Fürst sein über
mein Volk Israel. 3 Da kamen alle Ältesten Israels zum König nach Che- 3: 10; 1Sam 16,1.12
bron, und in Chebron schloss David mit ihnen einen Bund vor dem
HERRN, und sie salbten David zum König über Israel, gemäss dem Wort
des HERRN durch Samuel.

4 Und David zog mit ganz Israel nach Jerusalem, das ist Jebus, und
dort waren die Jebusiter die Bewohner des Landes, 5 und die Bewohner
von Jebus sagten zu David: Da wirst du nicht hineinkommen! David
aber nahm die Burg Zion ein; das ist die Stadt Davids. 6 Und David sagte: 6: 18,15; 2Sam 8,16
Wer als Erster einen Jebusiter erschlägt, wird Haupt und Anführer wer-
den. Da stieg Joab, der Sohn der Zeruja, als Erster hinauf, und er wurde
zum Haupt. 7 Und David wohnte auf der Burg; deshalb nennt man sie
die Stadt Davids. 8 Und ringsum baute David die Stadt aus, vom Millo
aus rings herum. Und Joab stellte die übrige Stadt wieder her. 9 Und Da-
vid wurde immer grösser, und der HERR der Heerscharen war mit ihm.

10 Und dies sind die Häupter der Helden, die zu David gehörten, die 10–47:
während seiner Königsherrschaft zu ihm gehalten haben, zusammen 2Sam 23,8–39
mit ganz Israel, um ihn zum König zu machen, nach dem Wort des 10: 3; 12,24.39
HERRN über Israel. 11 Und dies ist die Zahl der Helden, die zu David ge-
hörten: Jaschobam, der Sohn Chachmonis, das Haupt der Dreissig. Er
schwang seinen Speer über dreihundert, die er auf einmal erschlagen
hatte. 12 Und dann Elasar, der Sohn des Dodo, der Achoachiter. Er gehör-
te zu den drei Helden. 13 Er war mit David in Pas-Dammim, als die Phi- 13: 1Sam 17,1
lister sich dort zur Schlacht versammelt hatten. Und da war ein Feld-
stück voller Gerste. Und Volk war vor den Philistern geflohen, 14 sie
aber stellten sich mitten in das Feldstück, entrissen es den Philistern
und schlugen sie. Und so half der HERR mit einem grossen Sieg.

15 Und drei von den Dreissig, Hauptleute, gingen hinab zum Felsen 15: 27,6!
zu David, in die Höhle von Adullam, während das Heerlager der Philis-
ter in der Ebene von Refajim lagerte. 16 David aber war damals in der
Burg, der Vorposten der Philister aber war damals in Betlehem. 17 Da
wollte David etwas trinken und sagte: Wer holt mir Wasser zum Trin-
ken aus dem Brunnen von Betlehem, der im Tor ist? 18 Da drangen die
drei in das Lager der Philister ein, schöpften Wasser aus dem Brunnen
von Betlehem, der im Tor ist, trugen es herbei und brachten es David,
David aber wollte es nicht trinken, sondern goss es aus für den HERRN.
19 Und er sprach: Um des HERRN willen sei es fern von mir, dies zu tun!

11,1: Siehe die Anm. zu Ri 9,2.

Soll ich das Blut dieser Männer trinken, die es unter Einsatz ihres Le-
bens, ja, unter Einsatz ihres Lebens, gebracht haben? Und er wollte es
nicht trinken. Dies haben die drei Helden getan.

20–21: 27,6! 20 Und Abischai, der Bruder Joabs, er war das Haupt der Drei; und er
20: 2,16; 18,12; 19,11 schwang seinen Speer über dreihundert Erschlagenen, und bei den
Dreien hatte er einen Namen. 21 Mehr als die Dreissig wurde er bei den
Zweien verehrt, und er wurde ihr Anführer, an die Drei aber reichte er
22: 18,17! nicht heran. 22 Benaja, der Sohn des Jehojada, war ein tüchtiger, tatkräf-
tiger Mann aus Kabzeel. Er erschlug die zwei Helden aus Moab, und er
ging hinab und erschlug den Löwen im Brunnen, an dem Tag, als es
23: 20,5; 1Sam 17,7 schneite. 23 Und er erschlug auch den ägyptischen Mann, einen hoch-
gewachsenen Mann von fünf Ellen. Und in der Hand des Ägypters war
ein Speer wie ein Weberbaum, er aber ging mit einem Stock zu ihm
hinab, riss dem Ägypter den Speer aus der Hand und brachte ihn um mit
24–25: 27,6! seinem eigenen Speer. 24 Dies hat Benajahu getan, der Sohn des Jehoja-
da, und auch er hatte einen Namen bei den drei Helden. 25 Sieh, er wur-
de mehr als die Dreissig verehrt, an die Drei aber reichte er nicht heran.
Und David setzte ihn über seine Leibwache.

26: 2,16; 27,7 26 Die tüchtigen Krieger waren: Asa-El, der Bruder Joabs; Elchanan,
27: 27,10 der Sohn Dodos, aus Betlehem; 27 Schammot, der Haroriter; Chelez, der
28: 27,9 · 27,12 Peloniter; 28 Ira der Sohn des Ikkesch, des Tekoatiters; Abieser, der Ana-
29: 20,4; 27,11 totiter; 29 Sibbechai, der Chuschatiter; Ilai, der Achochiter; 30 Mahrai,
30: 27,13 · 27,15 · 2,54 der Netofatiter; Cheled, der Sohn des Baana, des Netofatiters; 31 Itai, der
31: 27,14 Sohn des Ribai, aus dem Gibea der Benjaminiten; Benaja, der Piratoni-
ter; 32 Churai, aus Nachale-Gaasch; Abiel, der Arbatiter; 33 Asmawet,
der Bacharumiter; Eljachba, der Schaalboniter; 34 die Söhne von Ha-
schem, dem Gisoniter; Jonatan, der Sohn des Schage, des Harariters;
35 Achiam, der Sohn des Sachar, der Harariter; Elifal, der Sohn des Ur;
36 Chefer, der Mecheratiter; Achija, der Peloniter; 37 Chezro, der Kar-
meliter; Naarai, der Sohn des Esbai; 38 Joel, der Bruder Natans; Mibchar,
der Sohn des Hagri; 39 Zelek, der Ammoniter; Nachrai, der Berotiter,
40: 2,53 der Waffenträger Joabs, des Sohns der Zeruja; 40 Ira, der Jitriter; Gareb,
der Jitriter; 41 Urija, der Hetiter; Sabad, der Sohn Achlais; 42 Adina, der
Sohn des Schisa, der Rubenit, ein Haupt der Rubeniten, und bei ihm
waren dreissig Mann; 43 Chanan, der Sohn von Maacha; und Joschafat,
der Mitniter; 44 Usija, der Aschteratiter; Schama und Jeiel, die Söhne
Chotams, des Aroeriters; 45 Jediael, der Sohn des Schimri; und Jocha,
sein Bruder, der Tiziter; 46 Eliel, der Machawiter; und Jeribai und Jo-
schawja, die Söhne des Elnaam; und Jitma, der Moabiter; 47 Eliel und
Obed und Jaasiel, der Mezobajatiter.

Davids Mitkämpfer in Ziklag

1: 1Sam 27,1–7 12 1 Und dies waren jene, die zu David nach Ziklag kamen, als man
ihn noch fern hielt von Saul, dem Sohn des Kisch; und sie gehör-
ten zu den Helden, die im Kampf halfen, 2 mit Bogen ausgerüstet, fähig,

11,21: Die Übersetzung des mit ‹bei den Zweien› wiedergegebenen hebräischen Worts ist unsicher.

11,22: Siehe die Anm. zu 2Sam 23,20.

12,1: Wörtlich: «..., als er noch ferngehalten wurde, fern von Saul, ...»

mit der rechten wie auch mit der linken Hand Steine zu schleudern und
mit dem Bogen Pfeile zu schiessen. Von den Brüdern Sauls aus Benja-
min: 3 das Haupt, Achieser, und Joasch, die Söhne von Schemaa, dem
Gibeatiter; und Jesiel und Pelet, die Söhne Asmawets; und Beracha und
Jehu, der Anatotiter; 4 und Jischmaja, der Gibeoniter, ein Held unter 4: 27,6!
den Dreissig und über den Dreissig; 5 und Jirmeja und Jachasiel und
Jochanan und Josabad, der Gederatiter; 6 Elusai und Jerimot und Bealja
und Schemarjahu und Schefatjahu, der Charufiter; 7 Elkana und Jisch-
schijahu und Asarel und Joeser und Jaschobam, die Korachiter; 8 und
Joela und Sebadja, die Söhne Jerochams aus Gedor.

9 Und von den Gaditen liefen die tüchtigen Krieger, Kriegsleute, die 9: 2Sam 2,18
Schild und Lanze führten, zu David über, zur Burg in der Wüste, und ihr
Gesicht war wie das Gesicht der Löwen, und sie waren schnell wie Ga-
zellen auf den Bergen: 10 Eser, das Haupt; Obadja, der Zweite; Eliab, der
Dritte; 11 Mischmanna, der Vierte; Jirmeja, der Fünfte; 12 Attai, der
Sechste; Eliel, der Siebte; 13 Jochanan, der Achte; Elsabad, der Neunte;
14 Jirmejahu, der Zehnte; Machbannai, der Elfte. 15 Diese waren von
den Söhnen Gad, die Häupter des Heeres, der Kleinste zählte für hun-
dert und der Grösste für tausend. 16 Diese sind es, die den Jordan über-
querten im ersten Monat, als er seine beiden Ufer überflutete, und sie
riegelten alle Täler gegen Osten und Westen ab.

17 Es kamen aber auch Männer von Benjamin und Juda zur Burg Da-
vids. 18 Und David ging zu ihnen hinaus und sprach dann zu ihnen: 18:
Seid ihr in Frieden zu mir gekommen, um mir zu helfen, so wird mein 1Sam 24,12–13.16
Herz eins sein mit dem euren. Seid ihr aber gekommen, um mich an
meine Feinde zu verraten, obwohl kein Blut an meinen Händen klebt, so
möge der Gott unserer Vorfahren es sehen und strafen.

19 Aber der Geist fuhr in Amasai, das Haupt der Dreissig: 19: 2Chr 15,1! ·
Zu dir gehören wir, David, 27,6!
und mit dir sind wir, Sohn Isais!
Friede, Friede dir,
und Friede dem, der dir hilft!
Denn dir hilft dein Gott!
Da nahm David sie auf und stellte sie zu den Häuptern der Streif-
schar.

20 Und von Manasse fielen einige zu David ab, als er mit den Philis- 20: 1Sam 29,4
tern gegen Saul in den Kampf zog. Diese aber halfen ihnen nicht, denn
bei einer Beratung schickten ihn die Stadtfürsten der Philister weg und
sagten: Er könnte um den Preis unserer Köpfe zu seinem Herrn Saul
abfallen! 21 Als er nach Ziklag zog, fielen von Manasse zu ihm ab: Ad- 21–22: 1Sam 30,1
nach und Josabad und Jediael und Michael und Josabad und Elihu und
Zilletai, die Häupter der Tausendschaften von Manasse. 22 Und sie hal-
fen David gegen die Streifschar, denn sie waren alle tüchtige Krieger,
und sie waren Fürsten im Heer. 23 Denn Tag für Tag kamen Leute zu
David, um ihm zu helfen, bis es ein grosses Heerlager wurde, wie das
Heerlager Gottes.

Davids Heer in Chebron

24 Und dies sind die Zahlen der zum Heeresdienst gerüsteten Häup- 24–41: 11,1–3
ter, sie kamen zu David nach Chebron, um das Königtum Sauls auf ihn 24: 11,10

zu übertragen nach dem Befehl des HERRN: 25 Die Söhne Juda, die
Schild und Lanze trugen: 6800, gerüstet zum Heeresdienst; 26 von den
Söhnen Simeon, tüchtige Krieger für den Heeresdienst: 7100; 27 von
28: 27,5! den Söhnen Levi: 4600; 28 und Jehojada, der Fürst von Aaron, und mit
29: 18,16 ihm 3700; 29 und Zadok, ein junger tüchtiger Krieger und seine Fami-
lie: 22 Anführer; 30 und von den Söhnen Benjamin, den Brüdern von
Saul: 3000. Und bis zu dieser Zeit waren die meisten von ihnen noch
damit beschäftigt, die Aufgaben für das Haus Sauls zu erfüllen. 31 Und
von den Söhnen Efraim: 20800, tüchtige Krieger, Männer von Namen,
nach ihren Familien, 32 und vom halben Stamm Manasse: 18000, die
mit Namen bestimmt waren, hinzugehen und David zum König zu ma-
chen; 33 und von den Söhnen Issaschar, die sich auf die Zeiten verstan-
den und wussten, was Israel zu tun hatte: ihre Häupter, 200, und alle
ihre Brüder folgten ihrem Befehl; 34 von Sebulon, jene die auszogen
mit dem Heer, aufgestellt für den Kampf mit allen möglichen Waffen
für den Kampf: 50000, um ihm mit einmütigem Herzen zu helfen;
35 und von Naftali: 1000 Anführer und mit ihnen 37000 mit Schild und
Speer; 36 und von den Daniten, zum Kampf aufgestellt: 28600; 37 und
jene von Asser, die auszogen mit dem Heer, um sich aufzustellen zum
Kampf: 40000; 38 und von jenseits des Jordan, von den Rubeniten und
den Gaditen und dem halben Stamm Manasse, mit allen möglichen
Kriegswaffen für den Kampf: 120000.

39: 11,10 · 39 Alle diese Kriegsleute in Heeresordnung kamen von ganzem
2Chr 30,12! Herzen nach Chebron, um David zum König zu machen über ganz Isra-
el. Und auch alle Übrigen in Israel waren einmütigen Herzens dafür,
40: 29,22 David zum König zu machen. 40 Und sie waren drei Tage dort bei Da-
vid, assen und tranken, denn ihre Brüder hatten für sie vorgesorgt.
41: 2Sam 17,27–29 · 41 Und auch die, die in ihrer Nähe waren, bis nach Issachar und Sebulon
2Chr 23,21 und Naftali, brachten Nahrung auf Eseln und Kamelen und Maultieren
und Rindern: Mehlspeisen, Feigenkuchen und Rosinenkuchen und
Wein und Öl und Rinder und Schafe in grosser Zahl, denn es herrschte
Freude in Israel.

Die erste Überführung der Lade Gottes

1–14: 2Sam 6,1–11 13 1 Und David hielt Rat mit den Anführern der Tausendschaften
1: 2Sam 18,1 und der Hundertschaften, mit allen Fürsten. 2 Und David sagte
2: 15,4 zur gesamten Versammlung Israels: Wenn es euch gut scheint, und es
dem HERRN, unserem Gott, gefällt, so wollen wir überallhin senden zu
unseren Brüdern, die übrig geblieben sind in allen Gebieten Israels und
mit ihnen auch zu den Priestern und zu den Leviten in den Städten ihres
Weidelandes, damit sie sich bei uns versammeln. 3 Dann wollen wir die
Lade unseres Gottes zu uns zurückholen; denn in den Tagen Sauls haben
wir nicht nach ihr gefragt. 4 Und die ganze Versammlung sagte, dass
man es so halten solle. Denn in den Augen des ganzen Volks war der
Vorschlag gut.

5: 15,3 · Jos 13,3 · 5 Und David versammelte ganz Israel, vom Schichor in Ägypten bis
Num 13,21 · dahin, wo es nach Chamat geht, um die Lade Gottes aus Kirjat-Jearim zu
1Sam 7,1–2 holen. 6 Und David zog mit ganz Israel hinauf nach Baala, nach Kirjat-
6: 15,3! · Jos 15,9 Jearim, das zu Juda gehört, um von dort die Lade Gottes des HERRN, der
über den Kerubim thront, heraufzuholen, die Lade, über der der Name

ausgerufen war. 7 Und sie liessen die Lade Gottes auf einem neuen Wa-
gen aus dem Haus des Abinadab fahren. Ussa und Ahjo aber lenkten den
Wagen. 8 Und David und ganz Israel tanzten vor Gott, voller Hingabe, 8: 15,16.19!.24!;
mit Liedern, mit Leiern, mit Harfen und Pauken, mit Zimbeln und Be- 16,4–6
cken. 9 Dann aber kamen sie zur Tenne des Kidon, und Ussa streckte
seine Hand aus, um die Lade festzuhalten, denn die Rinder hatten sich
losgerissen. 10 Da entbrannte der Zorn des HERRN über Ussa, und er 10: 2Chr 32,25–26!
schlug ihn, weil er seine Hand nach der Lade ausgestreckt hatte, und er
starb dort vor Gott. 11 Und David war zornig, denn der HERR hatte mit 11: 15,13
dem Tod des Ussa eine Lücke gerissen, und man nennt jenen Ort Perez-
Ussa bis auf den heutigen Tag. 12 Und an jenem Tag fürchtete sich David
vor Gott; er sagte: Wie soll ich die Lade Gottes zu mir kommen lassen?
13 David liess die Lade des HERRN nicht zu sich in die Stadt Davids brin-
gen, und so führte er sie weg zum Haus Obed-Edoms, des Gattiters.
14 Und beim Haus Obed-Edoms, in dessen Haus, blieb die Lade Gottes 14: 15,18.24; 16,5;
drei Monate lang, und der HERR segnete das Haus Obed-Edoms und al- 26,4; 2Chr 25,24
les, was zu ihm gehörte.

Das Erstarken des Königtums

14 1 Und Chiram, der König von Tyros, sandte Boten zu David und 1–17: 2Sam 5,11–25
Zedernholz und Maurer und Zimmerleute, damit sie ihm ein 1: 17,1; 2Chr 2,2
Haus bauten. 2 Und David erkannte, dass der HERR ihn als König über
Israel fest eingesetzt hatte, denn sein Königtum war hoch emporge-
bracht worden, um seines Volks Israel willen.

3 Und David nahm sich weitere Frauen in Jerusalem, und David
zeugte weitere Söhne und Töchter. 4 Und dies sind die Namen derer, 4–7: 3,5–8
die ihm in Jerusalem geboren wurden: Schammua, Schobab, Natan, Sa-
lomo, 5 Jibchar, Elischua, Elpelet, 6 Nogah, Nefeg, Jafia, 7 Elischama,
Beeljada und Elifelet.

Davids Sieg über die Philister

8 Die Philister aber hörten, dass David zum König über ganz Israel
gesalbt worden war, und so zogen alle Philister hinauf, um David zu
stellen. Und David hörte davon und zog hinaus, ihnen entgegen. 9 Und
die Philister waren angekommen und breiteten sich in der Ebene Refa-
jim aus. 10 Und David befragte Gott: Soll ich hinaufziehen gegen die
Philister, und wirst du sie in meine Hand geben? Und der HERR sprach
zu ihm: Zieh hinauf, ich werde sie in deine Hand geben. 11 Und sie zo-
gen hinauf nach Baal-Perazim, und David schlug sie dort. Und David
sagte: Durch mich hat Gott die Reihen meiner Feinde durchbrochen,
wie Wasser durchbricht. Daher nannte man jenen Ort Baal-Perazim.
12 Und dort liessen sie ihre Götter zurück. Und David gab Befehl, und
sie wurden im Feuer verbrannt.

13 Aber erneut breiteten die Philister sich in der Ebene aus. 14 Und 14: Dtn 7,5.25
wiederum befragte David Gott, und Gott sprach zu ihm: Zieh nicht hin-
auf, hinter ihnen her! Umgehe sie und mach dich von der Seite der Ba-
kasträucher an sie heran. 15 Und sobald du den Laut von Schritten im

13,11: Siehe die Anm. zu 2Sam 6,8.
14,11: Siehe die Anm. zu 2Sam 5,20.

Gezweige der Bakasträucher hörst, geh in den Kampf! Denn Gott ist vor
16: 20,4 dir her ausgezogen, um das Lager der Philister zu schlagen. 16 Und Da-
vid machte es, wie Gott es ihm geboten hatte, und sie schlugen das Lager
17: 17,8; 2Chr 26,8 der Philister von Gibeon bis Geser. 17 Und Davids Name ging hinaus in
alle Länder, und der HERR legte den Schrecken vor ihm auf alle Natio-
nen.

Die zweite Überführung der Lade

1: 16,1; 17,1; 2Chr 1,4 **15** 1 Und David baute sich Häuser in der Stadt Davids und errichtete
2: 15; Dtn 10,8; eine Stätte für die Lade Gottes und schlug für sie ein Zelt auf. 2 Da-
2Chr 5,4 · 6,33! mals sagte David: Niemand soll die Lade Gottes tragen ausser den Levi-
ten, denn diese hat der HERR erwählt, die Lade des HERRN zu tragen und
3: 25–29!; 13,5–6; ihm zu dienen für alle Zeiten. 3 Und David versammelte ganz Israel
16,1; 2Chr 1,4 nach Jerusalem, um die Lade des HERRN zu ihrer Stätte hinaufzubrin-
gen, die er für sie errichtet hatte.
4: 13,2 4 Und David sammelte die Söhne Aaron und die Leviten; 5 von den
5–7: 5,27! Söhnen Kehat: Uriel, den Anführer, mit seinen Brüdern: 120; 6 von den
Söhnen Merari: Asaja, den Anführer, mit seinen Brüdern: 220; 7 von den
8: Num 3,30 Söhnen Gerschom: Joel, den Anführer, mit seinen Brüdern: 130; 8 von
den Söhnen Elizafan: Schemaja, den Anführer, mit seinen Brüdern: 200;
9–10: 5,28; 6,3.7 9 von den Söhnen Chebron: Eliel, den Anführer, mit seinen Brüdern: 80;
10 von den Söhnen Ussiel: Amminadab, den Anführer, mit seinen Brü-
dern: 112.
11–12: 2Sam 8,17; 11 Und David rief Zadok und Ebjatar, die Priester, und die Leviten
15,29 Uriel, Asaja und Joel, Schemaja und Eliel und Amminadab. 12 Und er
12: 2Chr 29,5; 35,6 sagte zu ihnen: Ihr seid die Familienhäupter der Leviten. Heiligt euch
und eure Brüder und bringt die Lade des HERRN, des Gottes Israels, hin-
13: 13,9–11 auf an die Stätte, die ich für sie errichtet habe. 13 Denn da ihr es beim
ersten Mal nicht getan habt, hat der HERR, unser Gott, einen Riss in un-
sere Reihen gemacht, weil wir ihn nicht der Vorschrift entsprechend
14: 2Chr 5,11! befragt haben. 14 Da heiligten sich die Priester und die Leviten, um die
15: 2!; Ex 25,14 Lade des HERRN, des Gottes Israels, hinaufzubringen. 15 Und die Levi-
ten trugen die Lade Gottes auf ihren Schultern, mit den Tragstangen,
16–21: 6,16–32! wie es Mose geboten hatte nach dem Wort des HERRN. 16 Und David
16: 28; 13,8!; befahl den Anführern der Leviten, ihre Brüder, die Sänger, aufzubieten,
Neh 12,27 mit Instrumenten, Harfen und Leiern und Zimbeln, damit sie laute
Freudenklänge erschallen liessen.
17: 6,18!.24!.29! 17 Da boten die Leviten Heman auf, den Sohn Joels, und von seinen
Brüdern Asaf, den Sohn Berechjahus, und von den Söhnen Merari, ihren
18: 13,14!; 2Sam 6,10 Brüdern, Etan, den Sohn des Kuschajahu, 18 und mit ihnen ihre Brüder
der zweiten Ordnung: Secharjahu, den Sohn, und Jaasiel und Schemira-
mot und Jechiel und Unni, Eliab und Benajahu und Maasejahu und Mat-
titjahu und Elifelehu und Miknejahu und Obed-Edom und Jeiel, die Tor-
19: 13,8!; 16,41–42 wächter. 19 Und die Sänger Heman, Asaf und Etan hatten bronzene
20: Ps 33,2 · Ps 46,1 Zimbeln erklingen zu lassen, 20 und Secharja und Asiel und Schemira-
mot und Jechiel und Unni und Eliab und Maasejahu und Benajahu Har-
21: Ps 6,1; 12,1 · fen nach der Weise junger Mädchen; 21 Mattitjahu aber, und Elifelehu
Ps 81,3; 98,5 und Miknejahu und Obed-Edom und Jeiel und Asasjahu hatten die Auf-

15,12: «an die Stätte» wurde in der Übersetzung ergänzt.

sicht zu führen mit Leiern von acht Saiten. 22 Und Chenanjahu, der An-
führer der Leviten beim Tragen, er unterwies sie beim Tragen, denn er
verstand sich darauf. 23 Und Berechja und Elkana waren Torwächter bei
der Lade. 24 Und Schebanjahu und Joschafat und Netanel und Amasai 24: 13,8!; 16,6;
und Secharjahu und Benajahu und Elieser, die Priester, bliesen Trompe- 2Chr 7,6
ten vor der Lade Gottes; und Obed-Edom und Jechija waren Torwächter
bei der Lade.

25 So zogen David und die Ältesten Israels und die Anführer der Tau- 25–29: 3;
sendschaften aus, um die Lade des Bundes des HERRN mit Freude aus 2Sam 6,12–16
dem Haus Obed-Edoms hinaufzubringen. 26 Und damals, als Gott den 25: 12,21
Leviten half, die die Lade des Bundes des HERRN trugen, opferten sie
sieben junge Stiere und sieben Widder. 27 Und David war gehüllt in ein
Obergewand aus Byssus, ebenso alle Leviten, die die Lade trugen, und
die Sänger und Chenanja, der Anführer beim Tragen der Sänger; und
David trug einen leinenen Efod. 28 Und so brachte ganz Israel die Lade 28: 3! · 16!;
des Bundes des HERRN hinauf unter Jubel und unter dem Klang des 2Sam 6,5
Schofar und mit Trompeten und mit Zimbeln, sie liessen Harfen und
Leiern hören. 29 Und als die Lade des Bundes des HERRN bis zur Stadt
Davids gekommen war und Michal, die Tochter Sauls, aus dem Fenster
blickte, sah sie wie der König David tanzte und spielte. Da verachtete sie
ihn in ihrem Herzen.

Die Aufstellung der Lade. Davids Danklied

16 1 Und man brachte die Lade Gottes und stellte sie in das Zelt, das 1–3: 2Sam 6,17–19
David für sie aufgeschlagen hatte. Und sie brachten Brandopfer 1: 15,3! · 15,1!
und Heilsopfer dar vor Gott. 2 Und als David die Brandopfer und die
Heilsopfer dargebracht hatte, segnete er das Volk im Namen des HERRN.
3 Dann verteilte er an jeden von Israel, an Mann und Frau, an jeden ein-
zelnen, Rundbrot und Dattelkuchen und Rosinenkuchen.

4 Und er setzte Leviten ein als Diener vor der Lade des HERRN, damit 4–6: 13,8!
sie den HERRN, den Gott Israels, priesen und ihm dankten und ihn lob- 4: 41–42; 23,5;
ten: 5 Asaf als Vorsteher, und Secharja als seinen Zweiten, Jeiel und 2Chr 5,12–13; 20,19; Esra 3,10
Schemiramot und Jechiel und Mattitja und Eliab und Benajahu und 5: 13,14!
Obed-Edom und Jeiel mit Harfen und Leiern und Asaf mit Zimbeln
6 und Benajahu und Jachasiel, die Priester, alle Zeit mit Trompeten, vor 6: 15,24!
der Lade des Bundes Gottes.

7 An jenem Tag, damals, liess David zum ersten Mal dem HERRN
durch Asaf und dessen Brüder danken.

8 Preist den HERRN, ruft seinen Namen an, 8–22: Ps 105,1–15
tut kund seine Taten unter den Völkern.
9 Singt ihm, spielt ihm,
redet von all seinen Wundern.
10 Rühmt euch seines heiligen Namens;
das Herz derer, die den HERRN suchen, freue sich.

15,21: Die Übersetzung «von acht Saiten» ist unsicher; möglicherweise ist mit «nach der Weise Scheminits» zu übersetzen.

15,22: Möglicherweise ist mit dem mit ‹Tragen› wiedergegebenen hebräischen Wort das Einsetzen der Stimmen, der Gesang, gemeint.

11 Fragt nach dem HERRN und seiner Macht,
sucht sein Angesicht allezeit.
12 Gedenkt seiner Wunder, die er getan hat,
seiner Zeichen und der Sprüche seines Mundes,
13 ihr Nachkommen Israels, seines Dieners,
ihr Söhne Jakobs, seine Erwählten!
14 Der HERR ist unser Gott,
über die ganze Erde hin gilt sein Urteil.
15 Ewig gedenkt seines Bundes,
für tausend Generationen des Wortes, das er geboten hat,
16 des Bundes, den er mit Abraham geschlossen hat,
und seines Schwurs für Isaak!
17 Er setzte ihn fest für Jakob als Recht,
für Israel als ewigen Bund.
18 Er sprach: Dir gebe ich das Land Kanaan,
euer zugemessenes Erbe.
19 Da ihr noch wenige wart,
erst kurz im Land und Fremde dort,
20 da sie umherzogen von Volk zu Volk,
von einem Königreich zum anderen,
21 erlaubte er niemandem, sie zu bedrücken,
und um ihretwillen wies er Könige zurecht:
22 Meine Gesalbten tastet nicht an,
und meinen Propheten tut kein Leid.
23–33: Ps 96
23 Singt dem HERRN, alle Länder,
verkündet seine Hilfe von Tag zu Tag.
24 Tut kund seine Herrlichkeit unter den Nationen,
unter allen Völkern seine Wunder.
25 Denn gross ist der HERR und hoch zu loben,
furchtbar ist er über alle Götter.
26 Denn alle Götter der Völker sind Nichtse,
der HERR aber hat den Himmel gemacht.
27 Hoheit und Pracht sind vor ihm,
Macht und Freude an seiner Stätte.
28–29: Ps 29,1–2
28 Gebt dem HERRN, ihr Sippen der Völker,
gebt dem HERRN Ehre und Macht.
29 Gebt dem HERRN die Ehre seines Namens,
bringt Gaben und kommt vor ihn,
werft euch nieder vor dem HERRN in heiliger Pracht.
30 Zittert vor ihm, alle Länder,
fest steht der Erdkreis, er wankt nicht.
31 Der Himmel freue sich, und es jauchze die Erde.
Und unter den Nationen soll man sagen: Der HERR ist König!
32 Es brause das Meer und was es erfüllt,
es frohlocke das Feld und alles, was es trägt.
33 Da sollen jubeln die Bäume des Waldes
vor dem HERRN,
denn er kommt, die Erde zu richten.
34: 2Chr 7,3; 20,21; Ps 106,1; 136,1
34 Dankt dem HERRN, denn er ist gut,
ewig währt seine Gnade,

35 und sprecht: Rette uns, Gott unserer Rettung, 35–36:
und sammle uns und rette uns aus den Nationen, Ps 106,47–48
damit wir deinen heiligen Namen preisen
und uns rühmen, dass wir dich loben dürfen.
36 Gepriesen sei der HERR, der Gott Israels,
von Ewigkeit zu Ewigkeit.
Und alles Volk sagte: Amen!, und pries den HERRN.

37 Und David liess Asaf und seine Brüder dort vor der Lade des Bun- 37: 2Chr 8,13;
des des HERRN, damit sie Dienst taten vor der Lade, alle Zeit, wie es ein Esra 3,4
jeder Tag erforderte, 38 sowie Obed-Edom und ihre Brüder, achtund- 38: 26,10
sechzig Männer, und Obed-Edom, den Sohn des Jeditun, und Chosa als
Torwächter. 39 Und Zadok, den Priester, und seine Brüder, die Priester, 39: 21,29
liess er vor der Wohnung des HERRN auf der Höhe bei Gibeon, 40 damit 40: Ex 29,38–42;
sie dem HERRN alle Zeit Brandopfer darbrachten auf dem Brandopferal- 2Chr 2,3
tar, am Morgen und am Abend, entsprechend allem, was in der Wei-
sung des HERRN geschrieben steht, die er Israel geboten hat, 41 und mit 41–42: 4!; 15,19!;
ihnen Heman und Jedutun und die übrigen Auserwählten, die nament- 25,3!
lich dafür bestimmt waren, dem HERRN dafür zu danken, dass seine
Güte ewig währt.

42 Und bei ihnen, bei Heman und Jedutun, waren Trompeten und 42: 26,1–19!
Zimbeln für jene, die sie erklingen lassen sollten, und die Musikinstru-
mente Gottes. Und die Söhne Jedutuns waren zuständig für das Tor.
43 Dann ging alles Volk, ein jeder in sein Haus, und David kehrte zu- 43: 2Sam 6,19–20
rück, um sein Haus zu segnen.

Gottes Verheissung für David und sein Königtum

17 1 Und als David in seinem Haus sass, sagte David zu Natan, dem 1–14: 2Sam 7,1–16
Propheten: Sieh, ich wohne in dem Haus aus Zedernholz, die Lade 1: 29,29! · 14,1 ·
des Bundes des HERRN aber ist unter Zeltbahnen. 2 Und Natan sagte zu 15,1!
David: Tu, was immer du in deinem Herzen hast, denn Gott ist bei dir.
3 In jener Nacht aber erging das Wort Gottes an Natan: 4 Geh, und sage
zu David, meinem Diener: So spricht der HERR: Nicht du wirst mir das
Haus bauen, damit ich darin wohne. 5 Ich habe nicht in einem Haus
gewohnt seit dem Tag, an dem ich Israel heraufgeführt habe, bis auf den
heutigen Tag, ich zog von Zelt zu Zelt und von Wohnung zu Wohnung.
6 In all der Zeit, die ich mit ganz Israel umhergezogen bin, habe ich da
zu einem einzigen der Stämme Israels, dem ich geboten hatte, mein
Volk zu weiden, gesagt: Warum habt ihr mir nicht ein Haus aus Zedern-
holz gebaut? 7 Und nun sollst du so zu meinem Diener, zu David, spre- 7: 2Chr 6,6
chen: So spricht der HERR der Heerscharen: Ich habe dich fortgeholt von
der Weide, weg von den Schafen, damit du Fürst bist über mein Volk
Israel. 8 Und wohin du auch gegangen bist, ich bin bei dir gewesen, und 8: 14,17!
alle deine Feinde habe ich vor dir ausgerottet. Und ich werde dir einen
Namen machen, dem Namen derer gleich, die gross sind auf der Erde.
9 Und ich werde meinem Volk Israel einen Ort bestimmen und es ein-
pflanzen, und dort wird es wohnen, und es muss nicht mehr zittern,
und Übeltäter werden es nicht mehr aufreiben, wie es früher war,
10 seit den Tagen, in denen ich Richter bestimmt habe über mein Volk
Israel. Und ich werde alle deine Feinde demütigen. Und ich habe dir 11–14: 22,9–10;
verkündet: Der HERR wird dir ein Haus bauen. 11 Und wenn sich deine 28,5–7

Tage vollendet haben, dass du dich zu deinen Vorfahren legst, werde ich
nach dir deinen Nachkommen, der einer deiner Söhne sein wird, auf-
12: 2Chr 3,1–5,1 treten lassen, und ich werde sein Königtum befestigen. 12 Er wird mir
ein Haus bauen, und für alle Zeiten werde ich seinen Thron fest stehen
lassen. 13 Ich werde ihm Vater sein, und er wird mir Sohn sein. Meine
Gnade aber werde ich nicht von ihm weichen lassen, wie ich sie habe
14: 28,5; 29,23; von dem weichen lassen, der vor dir war. 14 Und ich werde ihn für alle
2Chr 9,8; 13,8 Zeiten bestehen lassen in meinem Haus und in meinem Königtum; und
15: 2Sam 7,17 sein Thron soll allezeit fest stehen. 15 All diesen Worten gemäss und
gemäss dieser ganzen Schauung, so sprach Natan zu David.

Davids Dankgebet

16–27: 16 Und König David kam, liess sich vor dem HERRN nieder und
2Sam 7,18–29 sprach: Wer bin ich, HERR, Gott, und was ist mein Haus, dass du mich bis
16: 29,14; 2Chr 2,5 hierher gebracht hast? 17 Und selbst dies war zu gering in deinen Au-
gen, Gott, und so hast du zum Haus deines Dieners von der Zukunft
gesprochen und siehst mich an als einen Menschen von hohem Rang,
HERR, Gott! 18 Was könnte David dir noch weiter sagen von der Ehre,
die du deinem Diener erweist? Du kennst deinen Diener! 19 HERR, um
deines Dieners willen und nach deinem Herzen hast du all dies Grosse
getan, indem du all deine grossen Taten kund getan hast. 20 HERR, kei-
ner ist dir gleich, und bei allem, was wir mit eigenen Ohren gehört ha-
ben, gibt es keinen Gott ausser dir. 21 Und wer ist wie dein Volk Israel,
die einzige Nation auf Erden, für die Gott hingegangen ist, um sie zu
erlösen als Volk für sich und um dir einen Namen zu machen mit gros-
sen und furchterregenden Taten, indem du vor deinem Volk, das du aus
Ägypten erlöst hast, Nationen vertrieben hast? 22 Du aber hast dir dein
Volk Israel für alle Zeiten als Volk bestimmt, und du, HERR, bist ihnen
23: 2Chr 1,9 Gott geworden. 23 Und nun, HERR, möge sich das Wort, das du über dei-
nen Diener und sein Haus gesprochen hast, für alle Zeiten als zuver-
lässig erweisen, und handle, wie du es zugesagt hast! 24 Dann wird dein
Name als zuverlässig gelten und gross sein für alle Zeiten, und man
wird sagen: Der HERR der Heerscharen, der Gott Israels, ist Israel Gott.
Und fest steht vor dir das Haus Davids, deines Dieners. 25 Denn du,
mein Gott, hast deinem Diener enthüllt, ihm ein Haus zu bauen. Darum
hat dein Diener es gewagt, vor dir zu beten. 26 Und nun, HERR: Du bist
Gott, und deinem Diener hast du dieses Gute zugesagt. 27 Und nun hast
du dich entschlossen, das Haus deines Dieners zu segnen, damit es für
immer vor dir ist. Du, HERR, hast gesegnet, und es ist immer gesegnet!

Davids Kriege und Siege

1–17: 2Sam 8 **18** 1 Und danach schlug David die Philister, und er unterwarf sie und
1: 1Sam 7,14; nahm den Philistern Gat und seine Tochterstädte aus der Hand.
2Chr 11,8 2 Und er schlug Moab, und die von Moab wurden Diener Davids, sie
3: 2Chr 8,3 entrichteten ihm Tribut. 3 Und David schlug Hadadeser, den König von
Zoba in Chamat, als dieser hinzog, um seine Macht am Eufratstrom auf-
zurichten. 4 Und David nahm von ihm tausend Wagen und siebentau-

17,17: Die Übersetzung der mit ‹und siehst mich an als einen Menschen von hohem Rang› wiedergegebenen hebräischen Formulierung ist unsicher.

send Reiter und zwanzigtausend Mann Fussvolk gefangen; und David
machte alle Wagen unbrauchbar, hundert von den Wagen aber liess er
übrig. 5 Und Aram-Darmaskus kam Hadadeser, dem König von Zoba, zu
Hilfe, und David erschlug von Aram zweiundzwanzigtausend Mann.
6 Und David setzte Statthalter ein in Aram-Darmaskus, und die von
Aram wurden Diener Davids, sie entrichteten ihm Tribut. Und der HERR
stand David bei, wohin er auch zog. 7 Und David nahm die goldenen
Köcher, die die Diener Hadadesers bei sich hatten, und brachte sie nach
Jerusalem; 8 und aus Tibchat und Kun, den Städten Hadadesers, nahm 8: 2Chr 3,15; 4,2.12
David sehr viel Bronze. Damit machte Salomo das bronzene Meer und
die Säulen und die bronzenen Geräte.

9 Tou aber, der König von Chamat, hörte, dass David das ganze Heer
Hadadesers, des Königs von Zoba, geschlagen hatte, 10 und er sandte
Hadoram, seinen Sohn, zu König David, um ihn nach seinem Wohler-
gehen zu fragen und um ihn zu segnen, weil er gegen Hadadeser ge-
kämpft und diesen geschlagen hatte, denn Tou war ein Kriegsgegner
Hadadesers. Und er übersandte allerlei Geräte aus Gold und Silber und
Bronze. 11 Auch diese weihte König David dem HERRN, zusammen mit 11: 26,27
dem Silber und dem Gold, das er von all den Nationen genommen hatte,
von Edom und von Moab und von den Ammonitern und von den Philis-
tern und von Amalek. 12 Und Abischai, der Sohn der Zeruja, schlug 12: 11,20!;
Edom im Salztal, es waren achtzehntausend. 13 Und er setzte Statthalter 2Sam 21,17
in Edom ein; in ganz Edom setzte er Statthalter ein, und alle von Edom
wurden Diener Davids. Und der HERR stand David bei, wohin er auch
zog. 14 Und David war König über ganz Israel, und er verschaffte sei-
nem ganzen Volk Recht und Gerechtigkeit.

15 Und Joab, der Sohn der Zeruja, stand der Heerschar vor, und Je- 15–17: 27,32–34
hoschafat, der Sohn des Achilud, war Kanzler, 16 und Zadok, der Sohn 15: 11,6
des Achitub, und Abimelech, der Sohn des Ebjatar, waren Priester, und 16: 29,22
Schawscha war Schreiber, 17 und Benajahu, der Sohn Jehojadas, stand 17: 27,5!
den Kretern und den Pletern vor, und die Söhne Davids waren die Ers-
ten an der Seite des Königs.

Davids Kampf gegen die Ammoniter

19 1 Und danach starb Nachasch, der König der Ammoniter, und sein 1–19: 2Sam 10
Sohn wurde König an seiner Statt. 2 Und David sagte: Ich werde 1: 1Sam 11,1
Chanun, dem Sohn des Nachasch, Barmherzigkeit erweisen, denn sein
Vater hat mir Barmherzigkeit erwiesen. Und David sandte Boten, um
ihn durch seine Diener zu trösten. Und die Diener Davids kamen ins
Land der Ammoniter zu Chanun, um ihn zu trösten. 3 Die Anführer der
Ammoniter aber sagten zu Chanun: Will David in deinen Augen wirk-
lich deinen Vater ehren, wenn er Tröster zu dir gesandt hat? Sind seine
Diener nicht zu dir gekommen, um auszuforschen und um zu zerstören
und um das Land auszukundschaften? 4 Da nahm Chanun die Diener
Davids und rasierte sie und schnitt ihre Gewänder zur Hälfte ab, bis ans
Gesäss; dann schickte er sie fort, 5 und sie gingen fort. Und man berich-
tete David von den Männern, und er sandte ihnen entgegen, denn die
Männer schämten sich sehr, und der König sagte: Bleibt in Jericho, bis
eure Bärte nachgewachsen sind, dann erst kehrt zurück. 6 Die Ammo-
niter aber sahen, dass sie sich bei David verhasst gemacht hatten. Da

sandten Chanun und die Ammoniter tausend Kikkar Silber, um sich
von Aram-Naharajim und von Aram-Maacha und von Zoba Wagen und
7: Jos 13,9 Reiter dienstbar zu machen. 7 Und sie machten sich zweiunddreissig-
tausend Wagen dienstbar und den König von Maacha mit seinem Volk.
Und diese kamen und lagerten vor Medeba. Und auch die Ammoniter
8: 18,15 sammelten sich aus ihren Städten und kamen zum Kampf. 8 Und David
hörte davon und sandte Joab aus mit der ganzen Heerschar, mit den
Helden. 9 Und die Ammoniter rückten aus, und am Eingang zur Stadt
stellten sie sich in Schlachtordnung auf für den Kampf; die Könige aber,
die gekommen waren, standen für sich, auf dem offenen Land.

10 Und Joab sah, dass er eine Front vor sich und eine im Rücken hat-
te. Da traf er eine Auswahl unter allen Ausgewählten Israels, und in
11: 11,20! Schlachtordnung zogen sie Aram entgegen. 11 Den Rest des Volks aber
unterstellte er Abischai, seinem Bruder, und in Schlachtordnung zogen
sie den Ammonitern entgegen. 12 Und er sagte: Wenn Aram stärker ist
als ich, dann sollst du mir helfen; wenn aber die Ammoniter stärker
sind als du, so werde ich dir helfen. 13 Sei mutig! Wir wollen mutig sein
für unser Volk und für die Städte unseres Gottes. Der HERR aber wird,
was in seinen Augen gut ist, tun. 14 Und Joab stellte sich mit dem Volk,
das bei ihm war, Aram zum Kampf, diese aber flohen vor ihm. 15 Und als
die Ammoniter sahen, dass Aram floh, flohen auch sie vor Abischai, sei-
nem Bruder, und gelangten in die Stadt. Und Joab kam nach Jerusalem.
16 Und Aram sah, dass sie vor Israel geschlagen waren, und sie sandten
Boten und liessen die von Aram ausrücken, die jenseits des Stroms wa-
ren. Und Schobach, der Heerführer Hadadesers, zog vor ihnen her.
17 Und dies wurde David berichtet, und er sammelte ganz Israel, über-
querte den Jordan und kam zu ihnen und stellte Israel gegen sie in
Schlachtordnung auf. Und David zog Aram in Schlachtordnung zum
Kampf entgegen, und sie kämpften gegen ihn. 18 Und Aram floh vor
Israel, und David tötete siebentausend Wagenlenker und vierzigtau-
send Mann Fussvolk von Aram; auch Schobach, den Heerführer, tötete
er. 19 Und die Diener Hadadesers sahen, dass sie vor Israel geschlagen
waren. Da schlossen sie Frieden mit David und dienten ihm. Und Aram
wollte den Ammonitern nicht länger helfen.

Weitere Siege Davids

1: 2Sam 11,1; 12,26 · 18,15 **20** 1 Zur Jahreswende aber, zu der Zeit, da die Könige ausziehen, führ-
te Joab die Streitkräfte an und verwüstete das Land der Ammoni-
ter. Und er kam und belagerte Rabba, David aber blieb in Jerusalem. Und
2–3: 2Sam 12,30–31 Joab schlug Rabba und legte es in Trümmer. 2 Und David nahm ihrem
König die Krone vom Haupt, und er fand, dass sie ein Kikkar Gold wog,
und ein Edelstein war an ihr, und David trug sie auf seinem Haupt. Und
die Beute, die er aus der Stadt herausführte, war sehr gross. 3 Und das
Volk, das darin war, führte er hinaus und setzte es ein an der Steinsäge,
an den Eisenhauen und Äxten. So verfuhr David mit allen Städten der
Ammoniter. Dann kehrte David mit allem Volk zurück nach Jerusalem.

19,17: Wörtlich: «... und stellte es ...»

20,3: Die Übersetzung des mit ‹und setzte es ein› wiedergegebenen hebräischen Worts ist unsicher.

4 Und danach fand bei Geser eine Schlacht statt gegen die Philister. 4–8: 2Sam 21,18–22
Damals erschlug Sibbechai, der Chuschatiter, Sippai, eines von den Kin- 4: 14,16 · 11,29! ·
dern der Refaiter, und sie wurden gedemütigt. 1Sam 7,13
5 Und wieder kam es zum Kampf mit den Philistern. Und Elchanan, 5: 11,23
der Sohn des Jair, erschlug Lachmi, den Bruder Goliats, den Gittiter, und
das Holz seines Speers war wie ein Weberbaum. 6 Und in Gat kam es
noch einmal zur Schlacht. Und dort war ein grossgewachsener Mann,
und er hatte je sechs Finger und sechs Zehen, zusammen vierundzwan-
zig, und auch er war Rafa geboren worden. 7 Und er verhöhnte Israel;
Jehonatan aber, der Sohn des Schima, des Bruders von David, erschlug
ihn. 8 Diese waren Rafa in Gat geboren worden, und sie fielen durch die
Hand Davids und durch die Hand seiner Diener.

Davids Volkszählung. Ihre Folgen

21 1 Und Satan stellte sich gegen Israel und verleitete David dazu, 1–17: 2Sam 24,1–17
Israel zu zählen. 2 Und David sprach zu Joab und den Anführern 1: Hiob 1,6–12!;
des Volks: Geht, zählt Israel, von Beer-Scheba bis Dan, und gebt mir Be- Sach 3,1–2; Lk 22,31
richt, damit ich weiss, wie zahlreich sie sind. 3 Joab aber sagte: Der HERR 3: Ex 30,12
möge seinem Volk, so gross es schon ist, noch hundertmal so viel hin-
zufügen. Sind sie nicht alle, mein Herr und König, Diener meines
Herrn? Warum verlangt mein Herr dies? Warum soll Israel schuldig
werden? 4 Das Wort des Königs an Joab aber stand fest. Und so zog Joab
aus, zog durch ganz Israel und kam dann nach Jerusalem. 5 Und Joab
übergab David die Zahlen der Musterung des Volks: Ganz Israel zählte
1100000 Mann, die das Schwert führten, und Juda zählte 470000 Mann,
die das Schwert führten. 6 Levi aber und Benjamin hatte er nicht ge- 6: 27,24
zählt, denn das Wort des Königs wurde von Joab verabscheut.
7 Und diese Sache war böse in den Augen Gottes, und er schlug Isra- 7: 2Sam 11,27 ·
el. 8 Und David sprach zu Gott: Dass ich diese Sache getan habe, damit 27,24
habe ich schwer gesündigt. Aber nun vergib doch deinem Diener die
Schuld, ich habe mich sehr töricht verhalten. 9 Und der HERR sprach zu 9: 29,29
Gad, dem Propheten, dem Seher Davids: 10 Geh und sprich zu David: So
spricht der HERR: Dreierlei lege ich dir vor; wähle dir eins davon aus,
damit ich es dir antue. 11 Und Gad kam zu David und sprach zu ihm: So
spricht der HERR: Wähle dir 12 drei Jahre Hunger oder während dreier
Monate zugrunde gerichtet zu werden vor denen, die dich bedrängen,
wenn das Schwert deiner Feinde dich einholt, oder drei Tage lang das
Schwert des HERRN und die Pest im Land, wenn der Bote des HERRN
Verderben bringt im ganzen Gebiet Israels. Und nun entscheide, welche
Antwort ich dem bringen soll, der mich gesandt hat. 13 Da sagte David
zu Gad: Ich bin in grosser Not! In die Hand des HERRN will ich fallen,
denn sein Erbarmen ist überaus gross. In die Hand von Menschen aber
will ich nicht fallen. 14 Und so liess der HERR die Pest ausbrechen in
Israel, und von Israel fielen 70000 Mann. 15 Und Gott schickte einen
Boten nach Jerusalem, um es zu vernichten. Und als er es fast vernichtet
hätte, sah es der HERR, und ihm tat das Unheil leid, und er sprach zu dem
Boten, der Verderben brachte: Genug! Zieh jetzt deine Hand zurück! Der
Bote des HERRN aber stand gerade bei der Tenne von Ornan, dem Jebu-
siter. 16 Und David blickte auf und sah den Boten des HERRN zwischen
Himmel und Erde stehen, das gezogene Schwert in seiner Hand, ausge-

streckt über Jerusalem. Da fielen David und die Ältesten, gehüllt in
Trauergewänder, auf ihr Angesicht. 17 Und David sprach zu Gott: Bin
nicht ich es, der Befehl gab, das Volk zu zählen? Und ich bin es, der ge-
sündigt und Böses getan hat. Diese aber, die Herde, was haben sie getan,
HERR, mein Gott? Mich und das Haus meines Vaters soll deine Hand
treffen, nicht aber dein Volk mit dieser Plage.

Der Kauf des Tempelplatzes

18–27: 18 Der Bote des HERRN aber hatte Gad befohlen, David zu sagen, dass
2Sam 24,18–25 David hinaufgehen solle, um dem HERRN einen Altar zu errichten auf
18: 15 · 2Chr 3,1 der Tenne Ornans, des Jebusiters. 19 Da ging David hinauf, dem Wort
Gads entsprechend, das dieser im Namen des HERRN gesprochen hatte.
20: Ri 13,20 20 Ornan aber wandte sich um und sah den Boten, und seine vier Söhne
bei ihm versteckten sich. Ornan aber war daran, Weizen zu dreschen.
21 Und David kam zu Ornan, und Ornan blickte hin und sah David. Da
ging er weg von der Tenne und warf sich vor David zur Erde nieder auf
22: Gen 23,9 das Angesicht. 22 Und David sagte zu Ornan: Gib mir den Platz der Ten-
ne, damit ich darauf dem HERRN einen Altar bauen kann. Für den vollen
Preis gib ihn mir, damit so die Plage abgewendet werde vom Volk. 23 Or-
nan aber sagte zu David: Nimm ihn dir! Mein Herr, der König, tue, was
gut ist in seinen Augen. Sieh, ich gebe die Rinder für die Brandopfer und
die Dreschschlitten für Brennholz und Weizen für das Speiseopfer. Ich
gebe alles! 24 König David aber sagte zu Ornan: Nein, für den vollen
Preis werde ich es kaufen. Denn ich werde nicht, was dir gehört, für den
HERRN nehmen und ein unbezahltes Brandopfer darbringen. 25 So gab
David dem Ornan für den Ort Gold im Gewicht von sechshundert Sche-
26: Lev 9,24!; kel. 26 Und dort baute David dem HERRN einen Altar und brachte
1Kön 18,24; Brandopfer und Heilsopfer dar. Und er rief zum HERRN, und der ant-
2Chr 7,1 wortete ihm mit Feuer, das vom Himmel auf den Brandopferaltar fiel.
27: 15–16 27 Und der HERR sprach zum Boten, und dieser steckte sein Schwert in
die Scheide. 28 Damals, als David sah, dass der HERR ihn erhört hatte auf
29: 16,39; 2Chr 1,6! der Tenne Ornans, des Jebusiters, opferte er dort. 29 Die Wohnung des
HERRN aber, die Mose in der Wüste gemacht hatte, und der Brandopfer-
30: 13,12 altar waren in jener Zeit auf der Höhe bei Gibon. 30 Und David konnte
nicht hingehen und vor ihn treten, um Gott zu befragen, denn er war
vom Schrecken erfasst worden vor dem Schwert des Boten des HERRN.

Vorbereitungen für den Tempelbau

1: 2Chr 3,1 22 1 Und David sprach: Das hier wird das Haus des HERRN, Gottes,
sein, und das der Altar für das Brandopfer Israels.
2: 2Chr 2,16–17; 2 Und David befahl, die Fremden zu versammeln, die im Land Israel
8,7–8 waren, und er stellte Steinhauer ein, um Quadersteine zu hauen, damit
3: 14; 1Kön 7,47 man das Haus Gottes bauen konnte. 3 Und David stellte viel Eisen be-
reit, für die Nägel an den Torflügeln und für die Klammern, und so viel
4: 1Kön 5,20–24 Bronze, dass es nicht zu wiegen war; 4 dazu Zedernbäume, ohne Zahl,
denn die Sidonier und die Tyrer brachten viel Zedernholz zu David.
5: 29,1–5; 1Kön 3,7 · 5 Und David sagte: Salomo, mein Sohn, ist noch jung und zart; das Haus
2Chr 2,4.8 aber, das dem HERRN gebaut werden soll, muss überaus gross werden,
zum Ruhm und zum Preis in allen Ländern. Ich möchte Vorbereitungen
dafür treffen. So traf David viele Vorbereitungen vor seinem Tod.

6 Und er rief Salomo, seinen Sohn, und gebot ihm, dem HERRN, dem — 6: 1Kön 5,19
Gott Israels, ein Haus zu bauen, 7 und David sprach zu Salomo: Mein — 7–10: 28,2–7;
Sohn, es lag mir am Herzen, dem Namen des HERRN, meines Gottes, ein — 2Sam 7,1–16;
Haus zu bauen, 8 aber das Wort des HERRN erging an mich: Du hast viel — 2Chr 6,7–9 8: 1Kön 5,17
Blut vergossen und grosse Kriege geführt; du wirst meinem Namen
kein Haus bauen, denn du hast vor mir viel Blut auf die Erde fliessen
lassen. 9 Sieh, ein Sohn wird dir geboren, er wird ein Mann der Ruhe
sein, und ich werde ihm Ruhe verschaffen vor allen seinen Feinden
ringsum. Sein Name wird Salomo sein, und ich werde Israel Frieden
und Ruhe geben, solange er lebt. 10 Der wird meinem Namen ein Haus — 10: 2Sam 7,13–14;
bauen. Und er wird mir Sohn sein, und ich werde ihm Vater sein. Und — 1Kön 8,19
ich werde seinen königlichen Thron über Israel fest machen für alle
Zeit. 11 Nun, mein Sohn, der HERR sei mit dir, dann wird es dir gelingen,
und du wirst das Haus des HERRN, deines Gottes, bauen, wie er es von
dir gesagt hat. 12 Auch gebe der HERR dir Klugheit und Verstand – und er — 12: 1Kön 3,12; 5,9
setze dich ein über Israel –, dass du die Weisung des HERRN, deines Got-
tes, hältst. 13 Dann wirst du Erfolg haben, wenn du die Satzungen und — 13: 28,7; 2Chr 13,18!;
Rechtsbestimmungen genau befolgst, die der HERR Mose für Israel ge- — 14,6!
boten hat. Sei stark und mutig, fürchte dich nicht und hab keine Angst!
14 Und sieh, trotz meiner Mühsal habe ich für das Haus des HERRN hun-
derttausend Kikkar Gold und tausendmal tausend Kikkar Silber bereit-
gestellt, dazu Bronze und Eisen, zu viel, um gewogen zu werden! Auch
Holz und Steine habe ich bereitgestellt, und du wirst noch mehr hinzu-
fügen. 15 Auch sind bei dir viele Arbeiter, Steinhauer und Leute, die in — 15: 2Chr 2,6
Stein und Holz arbeiten, und allerlei Sachverständige für jegliche Ar-
beit; 16 Gold, Silber und Bronze und Eisen, ohne Zahl. Mach dich auf — 16: 3 · 28,10!;
und handle! Und der HERR möge mit dir sein. 17 Und David gebot allen — 1Kön 2,2
Anführern Israels, Salomo, seinem Sohn, zu helfen. 18 Ist nicht der — 18: 23,25; Dtn 12,10;
HERR, euer Gott, mit euch und hat er euch nicht Ruhe gegeben ringsum? — 2Chr 14,4–6!
Denn er hat die Bewohner des Landes in meine Hand gegeben, und das
Land wurde vor dem HERRN und seinem Volk unterworfen. 19 So rich-
tet nun euer Herz und euren Sinn darauf, den HERRN, euren Gott, zu
suchen. Und macht euch auf und baut das Heiligtum des HERRN, Gottes,
damit man die Lade des Bundes des HERRN und die heiligen Geräte Got-
tes in das Haus bringen kann, das dem Namen des HERRN gebaut wird.

Einteilung und Dienst der Leviten

23 1 Und als David alt war und lebenssatt, machte er Salomo, seinen — 1: 28,5; 29,22.28
Sohn, zum König über Israel, 2 und er versammelte alle Anführer
Israels und die Priester und die Leviten. 3 Und die Leviten von dreissig — 3:
Jahren an aufwärts wurden gezählt, und ihre Zahl, Kopf für Kopf, war — Num 4,2–3.46–48
38000. 4 Von diesen sollen 24000 die Arbeit am Haus des HERRN beauf- — 4: 24.28.32; 6,33! ·
sichtigen und 6000 sind Schriftführer und Richter 5 und 4000 Tor- — 26,29; 2Chr 19,8
wächter und 4000 loben den HERRN mit den Instrumenten, die ich für — 5: 26,1–19! · 16,4!
den Lobgesang gemacht habe.
6 Und David teilte sie in Abteilungen ein, nach den Söhnen Levis, — 6: 24,1–3; 28,21;
Num 4

22,9: Der Name Salomo (hebräisch: Schelomo) klingt ähnlich wie das hebräische Wort ‹Schalom› (Friede).

23,5: Bei den Versen 4 und 5 handelt es sich wohl um wörtliche Rede Davids.

7: 6,2 nach Gerschon, Kehat und Merari. 7 Die Gerschoniten: Ladan und Schi-
8: 26,21–22! mi. 8 Die Söhne Ladans: das Haupt, Jechiel, und Setam und Joel: drei.
9 Die Söhne Schimis: Schelomit und Chasiel und Haran: drei. Diese wa-
ren die Häupter der Familien von Ladan. 10 Und die Söhne Schimis: Ja-
chat, Sina und Jeusch und Beria. Diese waren die Söhne Schimis: vier.
11 Und Jachat war das Haupt, und Sisa war der Zweite. Aber Jeusch und
Beria hatten nicht viele Söhne, und so wurden sie eine Familie, eine ein-
12: 5,28! zige Dienstabteilung. 12 Die Söhne Kehats: Amram, Jizhar, Chebron
13: 5,29 · 6,34!; Lev 9,22–23; Num 6,23; Dtn 10,8 und Ussiel: vier. 13 Die Söhne Amrams: Aaron und Mose. Aaron aber
wurde ausgesondert, damit er das Hochheilige heiligte, er mit seinen
Söhnen, für alle Zeiten, und vor dem HERRN Rauchopfer darbringe, ihm
diene und in seinem Namen segne, für alle Zeiten. 14 Und was Mose
angeht, den Mann Gottes, seine Söhne wurden zum Stamm der Leviten
15: Ex 18,3–4 gerechnet. 15 Die Söhne des Mose: Gerschom und Elieser. 16 Die Söhne
16–23: 24,20–30 16–18: 26,24–25 Gerschoms: Schebuel, das Haupt. 17 Und die Söhne Elieser waren Re-
chabja, das Haupt – Elieser aber hatte keine anderen Söhne –, und die
Söhne Rechabjas waren überaus zahlreich. 18 Die Söhne Jizhars: Schelo-
19: 26,31 mit, das Haupt. 19 Die Söhne Chebrons: Jerijahu, das Haupt; Amarja, der
Zweite; Jachasiel, der Dritte; und Jekamam, der Vierte. 20 Die Söhne Us-
21: 6,4! siels: Micha, das Haupt; und Jischschija, der Zweite. 21 Die Söhne Mera-
22: 7,15 ris: Machli und Muschi. Die Söhne Machlis: Elasar und Kisch. 22 Und
Elasar starb und hatte keine Söhne, sondern Töchter; und die Söhne des
Kisch, ihre Brüder, nahmen sie als Frauen. 23 Die Söhne des Muschi:
Machli und Eder und Jeremot: drei.

24: 4! · 27,23!; 2Chr 31,17 24 Das sind die Söhne Levis nach ihren Familien, die Häupter der
Familien, nach ihren Dienstabteilungen, nach der Zahl der Namen auf-
gezählt, Kopf für Kopf, die die Arbeit leisteten für den Dienst am Haus
25: 22,18! · Ps 132,14 des HERRN, von zwanzig Jahren an aufwärts. 25 Denn David hatte ge-
sagt: Der HERR, der Gott Israels, hat seinem Volk Ruhe verschafft, und er
26: 15,2!; 2Chr 35,3 hat für immer Wohnung genommen in Jerusalem. 26 So müssen auch
die Leviten die Wohnung mit all ihren Geräten für den Dienst an ihr
nicht mehr tragen – 27 denn nach den letzten Anordnungen Davids
wurden nur die Söhne Levi von zwanzig Jahren an aufwärts gezählt –,
28: 4! 28 denn ihr Platz ist an der Seite der Söhne Aaron für den Dienst im
Haus des HERRN, in den Vorhöfen und Kammern und bei der Reinigung
alles Heiligen und bei der Verrichtung des Diensts im Haus Gottes:
29: 9,32; 28,16; 2Chr 2,3! 29 für das Schaubrot und für Feinmehl für das Speiseopfer und für die
ungesäuerten Fladen und für das Plattengebäck und für das Eingerührte
30: 5 und für alles Gewicht und Mass. 30 Und Morgen für Morgen hatten sie
anzutreten, um dem HERRN zu danken und ihn zu loben, und so auch
31: 2Chr 8,13! am Abend 31 und auch immer, wenn dem HERRN Brandopfer darge-
bracht wurden an den Sabbaten, an den Neumonden und an den Festen
nach der für sie vorgeschriebenen Zahl, ohne Unterbruch, vor dem
32: 4! HERRN. 32 So sollten sie die Aufgaben beim Zelt der Begegnung erfüllen,
und die Aufgaben beim Heiligtum und die Aufgaben bei den Söhnen
Aaron, ihren Brüdern, als Dienst im Haus des HERRN.

1–3: 23,6! *Einteilung der Nachkommen Aarons*

1: 5,29! 2: Lev 10,2! 24 1 Und auch die Söhne Aaron hatten ihre Abteilungen: die Söhne
Aarons: Nadab und Abihu, Elasar und Itamar. 2 Aber Nadab und

Abihu starben vor ihrem Vater und hatten keine Söhne. Und Elasar und
Itamar wurden Priester. 3 Und zusammen mit Zadok von den Söhnen
Elasars und mit Achimelech von den Söhnen Itamars teilte sie David
ihren Dienstabteilungen und dem entsprechenden Dienst zu.

4 Und es zeigte sich, dass die Söhne Elasars mehr Häupter unter den
Männern hatten als die Söhne Itamars. Und man teilte sie ein: Von den
Söhnen Elasars sechzehn Familienhäupter und von den Söhnen Itamars
acht Familien. 5 Und man teilte sie, diese wie jene, durch Lose ein; denn 5: 31!
sie waren Hochgestellte im Heiligtum und Hochgestellte vor Gott unter
den Söhnen Elasars und unter den Söhnen Itamars. 6 Und der Schreiber 6: 18,16
Schemaja, der Sohn Netanels, einer von den Leviten, schrieb sie auf vor
dem König und den Obersten und vor Zadok, dem Priester, und vor
Achimelech, dem Sohn des Ebjatar, und vor den Familienhäuptern der
Priester und der Leviten: je eine Familie herausgegriffen für Eleasar und
eine herausgegriffen, herausgegriffen für Itamar.

7 Und das erste Los fiel auf Jehojarib, das zweite auf Jedaja, 8 das drit-
te auf Charim, das vierte auf Seorim, 9 das fünfte auf Malkija, das sechs-
te auf Mijamin, 10 das siebte auf Hakkoz, das achte auf Abija, 11 das 10: Lk 1,5
neunte auf Jeschua, das zehnte auf Schechanjahu, 12 das elfte auf Elja-
schib, das zwölfte auf Jakim, 13 das dreizehnte auf Chuppa, das vier-
zehnte auf Jeschebab, 14 das fünfzehnte auf Bilga, das sechzehnte auf
Immer, 15 das siebzehnte auf Chesir, das achtzehnte auf Happizez,
16 das neunzehnte auf Petachja, das zwanzigste auf Jecheskel, 17 das
einundzwanzigste auf Jachin, das zweiundzwanzigste auf Gamul,
18 das dreiundzwanzigste auf Delajahu, das vierundzwanzigste auf Ma-
asjahu.

19 Das waren ihre Dienstabteilungen für ihren Dienst, in das Haus 19: 6,34
des HERRN zu kommen, nach der für sie geltenden Vorschrift, die ihnen
Aaron, ihr Vater, gegeben hatte, wie es ihm der HERR, der Gott Israels,
geboten hatte.

20 Und zu den übrigen Söhnen Levi: von den Söhnen Amrams: 20–30: 23,16–23;
Schubael; von den Söhnen Schubaels: Jechdejahu; 21 von Rechabjahu, 26,23
von den Söhnen Rechabjahus: das Haupt, Jischschija; 22 von den Jizha- 22: 5,28
ritern: Schelomot; von den Söhnen Schelomots: Jachat. 23 Und die Söh-
ne Chebrons: Jerijahu; Amarjahu, der Zweite; Jachasiel, der Dritte; Jeka-
mam, der Vierte. 24 Die Söhne Ussiels: Micha; von den Söhnen Michas:
Schamir. 25 Der Bruder Michas: Jischschija; von den Söhnen Jischschi-
jas: Secharjahu. 26 Die Söhne Meraris: Machli und Muschi und die Söh- 26: 6,4!
ne Jaasijahus, seines Sohns. 27 Die Söhne Meraris von Jaasijahu, seinem
Sohn: Schoham, Sakkur und Ibri; 28 von Machli: Elasar, dieser aber hat-
te keine Söhne. 29 Von Kisch, die Söhne des Kisch: Jerachmeel. 30 Und
die Söhne des Muschi: Machli und Eder und Jerimot. Das sind die Söhne
der Leviten nach ihren Familien. 31 Und auch sie warfen Lose gleich wie 31: 5; 25,8; 26,13;
ihre Brüder, die Söhne Aaron, vor David, dem König, und vor Zadok und 2Chr 31,15
Achimelech und vor den Familienhäuptern der Priester und der Leviten,
das Familienhaupt genauso wie sein jüngster Bruder.

24,23: «Und die Söhne Chebrons: Jerijahu;»: Der Massoretische Text wurde auf der Grundlage mehrerer Textzeugen korrigiert.

Einteilung und Dienst der Tempelsänger

1–31: 6,16–32!; 16,4! **25** 1 Und David und die Heerführer sonderten zum Dienst die Söhne
1: 3!; 6,18!.24!; 2Chr 29,13–14; Asaf und Hemans und Jedutuns aus, die zu Leiern, zu Harfen und
35,15 zu Zimbeln weissagten. Und die Zahl der Männer, die die Arbeit für ih-
2: Esra 2,41! ren Dienst leisteten: 2 Von den Söhnen Asafs: Sakkur und Josef und Ne-
tanja und Asarela, die Söhne Asafs, unter Anleitung durch Asaf, der nach
3: 1!; 16,41–42 Anleitung des Königs weissagte. 3 Von Jedutun: die Söhne Jedutuns, Ge-
daljahu und Zeri und Jeschajahu, Chaschabjahu und Mattitjahu, diese
sechs, unter Anleitung ihres Vater Jedutun, der zur Leier weissagte, um
dem HERRN zu danken und ihn zu loben. 4 Von Heman: die Söhne He-
mans, Bukkijahu, Mattanjahu, Ussiel, Schebuel und Jerimot, Chananja,
Chanani, Eliata, Giddalti, Romamti-Eser, Joschbekascha, Malloti, Hotir,
5: 2Chr 35,15 Machasiot. 5 Diese alle waren Söhne Hemans, des Sehers des Königs, in
Übereinstimmung mit den Worten Gottes, sein Horn zu erhöhen; und
Gott gab Heman vierzehn Söhne und drei Töchter. 6 Diese alle waren
unter der Anleitung ihres Vaters beim Gesang im Haus des HERRN mit
Zimbeln, Harfen und Leiern für den Dienst im Haus Gottes unter der
7: 2Chr 34,12 Anleitung des Königs – Asaf und Jedutun und Heman. 7 Und zusammen
mit ihren Brüdern, die geübt waren im Gesang für den HERRN, alles
Meister, betrug ihre Zahl zweihundertachtundachtzig.
8: 24,31! 8 Und sie warfen Lose um ihre Aufgaben, der Jüngste wie der Älteste,
9–31: 2–4 der Meister wie der Schüler. 9 Und das erste Los fiel für Asaf auf Josef.
Das zweite auf Gedaljahu; er und seine Brüder und Söhne: zwölf. 10 Das
dritte auf Sakkur, seine Söhne und Brüder: zwölf. 11 Das vierte auf Jizri,
seine Söhne und Brüder: zwölf. 12 Das fünfte auf Netanjahu, seine Söh-
ne und Brüder: zwölf. 13 Das sechste auf Bukkijahu, seine Söhne und
Brüder: zwölf. 14 Das siebte auf Jesarela, seine Söhne und Brüder: zwölf.
15 Das achte auf Jeschajahu, seine Söhne und Brüder: zwölf. 16 Das
neunte auf Mattanjahu, seine Söhne und Brüder: zwölf. 17 Das zehnte
auf Schimi, seine Söhne und Brüder: zwölf. 18 Das elfte auf Asarel, seine
Söhne und Brüder: zwölf. 19 Das zwölfte auf Chaschabja, seine Söhne
und Brüder: zwölf. 20 Das dreizehnte auf Schubael, seine Söhne und
Brüder: zwölf. 21 Das vierzehnte auf Mattitjahu, seine Söhne und Brü-
der: zwölf. 22 Das fünfzehnte auf Jeremot, seine Söhne und Brüder:
zwölf. 23 Das sechzehnte auf Chananjahu, seine Söhne und Brüder:
zwölf. 24 Das siebzehnte auf Joschbekascha, seine Söhne und Brüder:
zwölf. 25 Das achtzehnte auf Chanani, seine Söhne und Brüder: zwölf.
26 Das neunzehnte auf Malloti, seine Söhne und Brüder: zwölf. 27 Das
zwanzigste auf Elijata, seine Söhne und Brüder: zwölf. 28 Das einund-
zwanzigste auf Hotir, seine Söhne und Brüder: zwölf. 29 Das zweiund-
zwanzigste auf Giddalti, seine Söhne und Brüder: zwölf. 30 Das drei-
undzwanzigste auf Machasiot, seine Söhne und Brüder: zwölf. 31 Das
vierundzwanzigste auf Romamti-Eser, seine Söhne und Brüder: zwölf.

Einteilung und Dienst der Torwächter

1–19: 9,17–27; 23,5; **26** 1 Von den Abteilungen der Torwächter: von den Korachiten:
2Chr 34,13; Jer 35,4 Meschelemjahu, der Sohn des Kore, von den Söhnen Asafs.
2 Und Meschelemjahu hatte Söhne: der Erstgeborene: Secharjahu; der

25,5: ‹Horn› ist ein Bild für Kraft: Gott hat zugesagt, Heman viele Kinder zu geben.

Zweite: Jediael; der Dritte: Sebadjahu; der Vierte: Jatniel; 3 der Fünfte:
Elam; der Sechste: Jehochanan; der siebte: Eljehoenai. 4 Und Obed- 4: 13,14!
Edom hatte Söhne: der Erstgeborene: Schemaja; der Zweite: Jehosabad;
der Dritte: Joach; der Vierte: Sachar; der Fünfte: Netanel; 5 der Sechste:
Ammiel; der Siebte: Jisaschar; der Achte: Peulletai; denn Gott hatte ihn
gesegnet.

6 Und Schemaja, seinem Sohn, wurden Söhne geboren, die über ihre
Familien herrschten; denn sie waren tüchtige Krieger. 7 Die Söhne
Schemajas: Otni und Refael und Obed, Elsabad, seine Brüder, tüchtige
Männer, Elihu und Semachjahu. 8 Diese alle waren Söhne Obed-Edoms.
Sie mit ihren Söhnen und Brüdern, tüchtigen Männern, mit Kraft für
den Dienst: zweiundsechzig von Obed-Edom. 9 Und Meschelemjahu
hatte Söhne und Brüder, tüchtige Männer: achtzehn. 10 Und Chosa, von 10: 16,38
den Söhnen Meraris, hatte Söhne: das Haupt: Schimri – er war kein Erst-
geborener, aber sein Vater machte ihn zum Haupt –; 11 der Zweite: Chil-
kijahu; der Dritte: Tebaljahu; der Vierte: Secharjahu. Alle Söhne und Brü-
der von Chosa: dreizehn. 12 Diesen, den Abteilungen der Torwächter,
fiel nach der Zahl der Häupter unter den Männern wie ihren Brüdern
die Aufgabe zu, im Haus des HERRN zu dienen.

13 Und sie warfen Lose, der Jüngste genauso wie der Älteste der Fa- 13: 24,31! · 9,23–24
milien für jedes einzelne Tor. 14 Und das Los für den Osten fiel auf Sche- 14: 9,21
lemjahu; auch für Secharjahu, seinen Sohn, einen klugen Ratgeber, warf
man Lose, und sein Los fiel auf den Norden; 15 für Obed-Edom auf den 15: Neh 12,25
Süden und für seine Söhne auf das Vorratshaus; 16 für Schuppim und
Chosa auf den Westen, beim Tor Schallechet, wo die Strasse hinaufgeht.
Wache gegenüber Wache: 17 im Osten sechs Leviten, im Norden vier
pro Tag, im Süden vier pro Tag und beim Vorratshaus je zwei; 18 am 18: 2Kön 23,11
Parbar im Westen vier an der Strasse und zwei am Parbar selbst. 19 Dies
sind die Abteilungen der Torwächter von den Söhnen der Korachiten
und den Söhnen Merari.

Einteilung und Dienst der Schatzmeister, Amtleute und Richter

20 Und die Leviten: Achija hatte die Aufsicht über die Schätze des 20: 26; 9,26;
Hauses Gottes und die geheiligten Schätze. 21 Die Söhne Ladan, die 2Chr 5,1
Nachkommen der Gerschoniten, die zu Ladan gehörten, die Familien- 21–22: 23,8; 29,8
häupter, die zu Ladan, dem Gerschoniter, gehörten, waren die Jechieli-
ten. 22 Die Söhne Jechiels, Setam und Joel, sein Bruder, hatten die Auf-
sicht über die Schätze des Hauses des HERRN. 23 Von den Amramiten,
Jizhariten, Chebroniten und Assieliten: 24 Schebuel, der Sohn von Ger- 24–25: 23,16–18
schom, dem Sohn des Mose, Fürst über die Schätze. 25 Und seine Brü-
der, von Elieser: Rechabjahu, sein Sohn; und Jeschajahu, sein Sohn; und
Joram, sein Sohn; und Sichri, sein Sohn; und Schelomit, sein Sohn.
26 Dieser Schelomot und seine Brüder hatten die Aufsicht über alle 26: 20!
Schätze der geheiligten Gaben, die David, der König, und die Familien-
häupter von den Anführern der Tausendschaften und der Hundert-
schaften und den Anführern im Heer geheiligt hatten. 27 Aus der 27: 18,11
Kriegsbeute hatten sie das geheiligt, um das Haus des HERRN unterstüt-
zen zu können. 28 Auch alles, was Samuel, der Seher, und Saul, der Sohn

26,18: ‹Parbar› bezeichnet wohl entweder einen Anbau oder einen Platz.

des Kisch, und Abner, der Sohn des Ner, und Joab, der Sohn der Zeruja,
geheiligt hatten – all dieses Geheiligte war in der Hand Schelomits und
seiner Brüder.
29: 23,4 29 Von den Jizhariten waren Kenanjahu und seine Söhne für die Ar-
30: 32! beit draussen in Israel zuständig als Schriftführer und Richter. 30 Von
den Chebroniten hatten Chaschabjahu und seine Brüder, 1700 tüchtige
Männer, die Aufsicht über die Verwaltung Israels, jenseits des Jordan,
westlich davon, über jede Arbeit für den HERRN und über den Dienst für
31: 23,19 · 29,27 den König. 31 Von den Chebroniten war Jerija das Haupt der Chebroni-
ten, gemäss den Verzeichnissen ihrer Vorfahren – im vierzigsten Jahr
der Königsherrschaft Davids wurden sie gesucht, und es wurden unter
32: 5,18 · 30; ihnen tüchtige Krieger in Jaeser im Gilead gefunden – 32 und seine Brü-
2Chr 19,11 der, tüchtige Männer, 2700, Familienhäupter; und diese setzte David,
der König, über die Rubeniten und Gaditen und den halben Stamm Ma-
nasse für jede Angelegenheit Gottes und jede Angelegenheit des Königs.

Die Ordnung des Volks und der königlichen Verwaltung

1: 1Kön 4,7; 2Chr 1,2 **27** 1 Und die Israeliten, nach ihrer Zahl, die Familienhäupter und die
Anführer der Tausendschaften und der Hundertschaften und ihre
Schriftführer, die dem König dienten, in allen Angelegenheiten, die die
Abteilungen betrafen, die aufzogen und abzogen, Monat für Monat, alle
Monate des Jahres, jede Abteilung: 24000.
2 Der ersten Abteilung, für den ersten Monat, stand Jaschobam vor,
der Sohn Sabdiels, und in seiner Abteilung waren 24000. 3 Er war einer
von den Söhnen des Perez, das Haupt aller Heerführer im ersten Monat.
4 Der Abteilung des zweiten Monats stand Dodai vor, der Achochiter,
und in seiner Abteilung war Miklot, der Fürst, und in seiner Abteilung
5: 34; 12,28; 18,17 waren 24000. 5 Der dritte Heerführer, für den dritten Monat, war Be-
najahu, der Sohn des Jehojada, des Priesters, ein Haupt, und in seiner
6: 11,15.20–21.24–25; Abteilung waren 24000. 6 Das ist der Benajahu, der Held der Dreissig
12,4.19 war und den Dreissig vorstand, und seine Abteilung unterstand Ammi-
7: 11,26! sabad, seinem Sohn. 7 Der vierte, für den vierten Monat, war Asa-El, der
Bruder Joabs, und nach ihm Sebadja, sein Sohn, und in seiner Abteilung
waren 24000. 8 Der fünfte, für den fünften Monat, war der Anführer
9: 11,28 Schamhut, der Jisrachiter, und in seiner Abteilung waren 24000. 9 Der
sechste, für den sechsten Monat, war Ira, der Sohn des Ikkesch, der Te-
10: 11,27 koiter, und in seiner Abteilung waren 24000. 10 Der siebte, für den
siebten Monat, war Chelez, der Peloniter, von den Söhnen Efraim, und
11: 11,29! in seiner Abteilung waren 24000. 11 Der achte, für den achten Monat,
war Sibbechai, der Chuschatiter, zu den Serachitern gehörig, und in sei-
12: 11,28 ner Abteilung waren 24000. 12 Der neunte, für den neunten Monat, war
Abieser, der Anatotiter, zu den Benjaminiten gehörig, und in seiner
13: 11,30 Abteilung waren 24000. 13 Der zehnte, für den zehnten Monat, war
Mahrai, der Netofatiter, zu den Serachitern gehörig, und in seiner Ab-
14: 11,31 teilung waren 24000. 14 Der elfte, für den elften Monat, war Benaja, der
Piratoniter, von den Söhnen Efraim, und in seiner Abteilung waren
15: 11,30 24000. 15 Der zwölfte, für den zwölften Monat, war Cheldai, der Neto-
fatiter, zu Otniel gehörig, und in seiner Abteilung waren 24000.
16: 5,3 · 4,24 16 Und den Stämmen Israels standen vor: bei den Rubeniten: Elie-
ser, der Sohn Sichris, als Fürst; bei den Simeoniten: Schefatjahu, der

Sohn des Maacha; 17 bei Levi: Chaschabja, der Sohn Kemuels; bei Aaron: Zadok; 18 bei Juda: Elihu, einer der Brüder Davids; bei Issaschar: Omri, der Sohn des Michael; 19 bei Sebulon: Jischmajahu, der Sohn des Obadjahu; bei Naftali: Jerimot, der Sohn des Asriel; 20 bei den Söhnen Efraim: Hoschea, der Sohn des Asasjahu; beim halben Stamm Manasse: Joel, der Sohn des Pedajahu; 21 beim halben Stamm Manasse im Gilead: Jiddo, der Sohn des Secharjahu; bei Benjamin: Jaasiel, der Sohn Abners; 22 bei Dan: Asarel, der Sohn des Jerocham. Das waren die Anführer der Stämme Israels.

17: 5,27 · 18,16
18: 4,1 · 2,13–15 · 7,1
19: 2,1 · 7,13
20: 7,20 · 5,23
21: 7,14 · 7,6–7
22: 2,2

23 Die Zahl derer aber, die zwanzig Jahre und darunter waren, erhob David nicht, denn der HERR hatte zugesagt, Israel zahlreich zu machen wie die Sterne am Himmel. 24 Joab, der Sohn der Zeruja, hatte zu zählen begonnen, brachte es aber nicht zu Ende, und deswegen kam Zorn über Israel. Und die Zahl fand keine Aufnahme in die Zahlen in der Chronik des Königs David.

23: 21,1–5 · 23,24!; Num 1,3 · Gen 15,5
24: 21,6–7 · 2Chr 32,25–26! · 21,5

25 Und über die Vorräte des Königs hatte Asmawet, der Sohn Adiels, die Aufsicht, und über die Vorräte auf dem Land, in den Städten und in den Dörfern und in den Türmen Jehonatan, der Sohn des Ussijahu. 26 Und über die Feldarbeiter, die das Land bebauten, hatte Esri, der Sohn Kelubs, die Aufsicht, 27 und über die Weinberge Schimi, der Ramatiter; und über das, was in den Weinbergen an Weinvorräten war, Sabdi, der Schifmiter. 28 Und über die Ölbäume und Maulbeerbäume in der Schefela hatte Baal-Chanan, der Gederiter, die Aufsicht, und über die Ölvorräte Joasch. 29 Und über die Rinder, die in der Scharon-Ebene weideten, hatte Schitrai, der Scharoniter, die Aufsicht, über die Rinder in den Tälern aber Schafat, der Sohn Adlais. 30 Und über die Kamele hatte Obil, der Ismaeliter, die Aufsicht, und über die Esel Jechdejahu, der Meronotiter, 31 und über die Schafe Jasis, der Hagriter. Diese alle waren Verwalter der Güter, die König David gehörten. 32 Und Jehonatan, der Onkel Davids, war Ratgeber, er war ein verständiger und schriftkundiger Mann. Und Jechiel, der Sohn Chachmonis, war bei den Söhnen des Königs. 33 Und Achitofel war Ratgeber des Königs. Und Chuschai, der Arkiter, war der Freund des Königs. 34 Und Nachfolger Achitofels waren Jehojada, der Sohn des Benajahu, und Ebjatar. Und Heerführer des Königs war Joab.

32–34: 18,15–17
33: 2Sam 15,12 · 2Sam 15,37
34: 5! · 18,16 · 18,15

Der Auftrag zum Tempelbau und zur Einsetzung Salomos zum König

28 1 Und David versammelte alle Anführer Israels in Jerusalem: die Anführer der Stämme, die Vorsteher der Abteilungen, die dem König dienten, und die Anführer der Tausendschaften und die Anführer der Hundertschaften, und die Verwalter aller Güter und Herden, die dem König und seinen Söhnen gehörten, sowie die Kämmerer und die Helden und alle tüchtigen Krieger. 2 Und David, der König, stellte sich hin, und sprach: Hört mich, meine Brüder und mein Volk! Es liegt mir am Herzen, ein Haus der Ruhe zu bauen für die Lade des Bundes des HERRN und für den Schemel der Füsse unseres Gottes, und ich habe Vorbereitungen getroffen für den Bau. 3 Aber Gott sprach zu mir: Du wirst meinem Namen kein Haus bauen, denn du bist ein Mann der Kriege und hast Blut vergossen. 4 Und der HERR, der Gott Israels, hat mich aus dem ganzen Haus meines Vaters dazu erwählt, König zu sein über Isra-

1: 23,2
2–7: 17,1–14; 22,7–10
2: 1Kön 8,17 · Ps 99,5
3: 2Sam 7,5; 2Chr 6,9 · 1Kön 5,17
4: 5,2; Gen 49,10 · 11,1–3

el, für immer. Denn er hat Juda zum Fürsten erwählt und vom Haus Juda
das Haus meines Vaters, und unter den Söhnen meines Vaters hat er an
mir Gefallen gefunden, so dass er mich zum König gemacht hat über
5: 23,1!; 29,1 · 17,14! ganz Israel. 5 Und von allen meinen Söhnen – denn der HERR hat mir
viele Söhne gegeben – hat er meinen Sohn Salomo dazu erwählt, auf
6: 2Sam 7,13–14 dem Thron der Königsherrschaft des HERRN über Israel zu sitzen. 6 Und
er sprach zu mir: Salomo, dein Sohn, er wird mein Haus und meine Vor-
höfe bauen; denn ich habe ihn mir als Sohn erwählt, und ich selbst wer-
7: 22,13! de ihm Vater sein. 7 Und sein Königtum werde ich fest machen für alle
Zeit, wenn er sich daran hält, nach meinen Geboten und Rechtsbestim-
mungen zu handeln, wie es heute der Fall ist. 8 Und nun, vor den Augen
ganz Israels, der Versammlung des HERRN, und vor den Ohren unseres
Gottes: Haltet und erforscht alle Gebote des HERRN, eures Gottes, damit
ihr das gute Land besitzt und es euren Kinder nach euch vererben
könnt, für alle Zeiten!

9: Dtn 4,29; 9 Und du, Salomo, mein Sohn, erkenne den Gott deines Vaters und
2Chr 12,5; 15,2; diene ihm mit ganzem Herzen und mit verlangender Seele. Denn der
24,20; Jer 29,13–14 HERR erforscht alle Herzen und kennt alles Sinnen und Trachten. Wenn
du ihn suchst, wird er sich von dir finden lassen. Wenn du ihn aber ver-
10: 20; 22,13.16 lässt, wird er dich für immer verstossen! 10 Sieh nun: Der HERR hat dich
erwählt, ein Haus zu bauen als Heiligtum. Sei stark und handle!

11: Ex 25,9 11 Und David gab Salomo, seinem Sohn, den Plan für die Vorhalle
und seine Bauten, seine Schatzkammern und seine Obergemächer und
seine inneren Kammern und für das Haus für die Deckplatte, 12 und
den Plan für alles, was in seinem Sinn war: für die Vorhöfe am Haus des
HERRN und alle Hallen ringsum, für die Schatzkammern im Haus Got-
tes und für die Schatzkammern der geheiligten Gaben 13 und für die
Abteilungen der Priester und der Leviten und für alle Arbeiten für den
Dienst im Haus des HERRN und für alle Geräte für den Dienst im Haus
14–18: 2Chr 4,7–5,1 des HERRN, 14 für das Gold, nach dem Gewicht des Goldes für all die
Geräte für den jeweiligen Dienst, und für alle Geräte aus Silber nach
dem Gewicht, für den jeweiligen Dienst, 15 und das Gewicht für die gol-
denen Leuchter und ihre goldenen Lampen, entsprechend dem Gewicht
jedes Leuchters und seiner Lampen, auch für die silbernen Leuchter,
entsprechend dem Gewicht des Leuchters und seiner Lampen, nach
16: 23,29! dem Zweck eines jeden Leuchters, 16 auch setzte er das Gold im Gewicht
fest für die Tische mit dem Schaubrot, für jeden Tisch; ebenso auch das
des Silbers für die silbernen Tische 17 und für die Gabeln und Becken
und Kannen aus reinem Gold und für die goldenen Schalen, für jeden
Becher sein Gewicht, und für die silbernen Becher, für jeden Becher sein
18: Ex 25,18!; Gewicht, 18 und für den Rauchopferaltar aus reinstem Gold sein Ge-
2Chr 5,7–8 wicht und für den Plan des Thronwagens mit den goldenen Kerubim,
die sich ausbreiteten und oben die Lade des Bundes des HERRN bede-
cken. 19 Das alles hat er mir verständlich gemacht durch eine Schrift
20: 10! · Dtn 31,6; von der Hand des HERRN, alle Arbeiten in dem Plan. 20 Und David
Jos 1,5 sprach zu Salomo, seinem Sohn: Sei stark und mutig und handle! Fürch-
te dich nicht und hab keine Angst! Der HERR, Gott, mein Gott, ist mit dir.

28,11: Wörtlich: «... und für das Haus für die Deckplatte, ...»; gemeint ist die Deckplatte der Lade.

Er wird dich nicht fallen lassen und dich nicht verlassen, bis alle Arbeit
für den Dienst im Haus des HERRN vollendet ist. 21 Und sieh, da sind die 20: 23,6! · Ex 35,10
Abteilungen der Priester und der Leviten zu jedem Dienst im Haus Got-
tes. Und bei jeder Arbeit werden alle in ihrer Weisheit freiwillig bei dir
sein für jeden Dienst, auch die Obersten und das ganze Volk werden bei
dir sein für alle deine Anordnungen.

Reiche Spenden für den Tempelbau. Davids Dankgebet

29 1 Und David, der König, sprach zur ganzen Versammlung: Gott 1: 28,1 · 28,5 · 22,5
hat Salomo, meinen Sohn, der noch jung ist und zart, als Einzigen
erwählt. Das Werk aber ist gross; denn der Tempel ist nicht für einen
Menschen, sondern für den HERRN, Gott. 2 Und ich habe mit all meiner 2–5: 22,5
Kraft für das Haus meines Gottes das Gold für Goldenes und das Silber 2: Ex 28,9; 2Chr 3,6
für Silbernes und die Bronze für Bronzenes, das Eisen für Eisernes und
das Holz für Hölzernes bereitgestellt, Karneolsteine und Eingefasstes,
Steine zur Verzierung, farbige Steine, und alle möglichen Edelsteine
und Alabastersteine massenhaft. 3 Und darüber hinaus: Da ich Gefallen
habe am Haus meines Gottes, gebe ich, was ich an eigenem Besitz, an
Gold und Silber, habe, zusätzlich für das Haus meines Gottes, abgesehen
von allem, was ich schon bereitgestellt habe für das Haus des Heilig-
tums: 4 dreitausend Kikkar Gold, Ofirgold und siebentausend Kikkar 4: 2Chr 8,18; 9,10
reinstes Silber, um die Wände der Bauten zu überziehen, 5 zum Gold 5: Ex 35,4–9
für das Goldene, zum Silber für das Silberne und für alle Arbeit von
Künstlerhand. Und wer ist nun bereit, heute seine Hand für den HERRN
zu füllen? 6 Da waren die Anführer der Familien und die Anführer der 6–8: 2Kön 12,5;
Stämme Israels und die Anführer der Tausendschaften und der Hun- 2Chr 35,8!
dertschaften und die Verwalter der für den König zu erledigenden Ar-
beit bereit, 7 und sie gaben für den Dienst am Haus Gottes Gold, fünf-
tausend Kikkar und zehntausend Dareiken, und Silber, zehntausend
Kikkar, und Bronze, achtzehntausend Kikkar, und Eisen, hunderttau-
send Kikkar. 8 Und bei wem sich Edelsteine fanden, der gab sie zum 8: 26,21–22
Schatz des Hauses des HERRN in die Hand Jechiels, des Gerschoniters.
9 Und das Volk freute sich über die eigene Spendenbereitschaft, denn 9: Esra 1,6!
von ganzem Herzen spendeten sie für den HERRN. Und auch David, der
König, war hocherfreut.

10 Und David lobte den HERRN vor den Augen der ganzen Versamm- 10: 1Kön 8,15;
lung, und David sprach: Gelobt seist du, HERR, Gott Israels, unseres Va- Esra 7,27
ters, von Ewigkeit zu Ewigkeit! 11 Dein, HERR, ist die Grösse und die 11: Ps 96,6 ·
Macht und die Herrlichkeit und der Ruhm und die Hoheit. Denn alles Neh 9,5–6
im Himmel und auf Erden ist dein. Dein, HERR, ist das Reich, und du bist
der, der erhaben ist über alles als Haupt. 12 Und Reichtum und Ehre 12: Ps 103,19 ·
kommen von dir, und du bist Herrscher über alles. Und in deiner Hand 2Chr 20,6
sind Stärke und Macht, und in deiner Hand liegt es, alles gross und stark
zu machen. 13 Und nun, unser Gott, wir danken dir und preisen deinen 13: Ps 145,1–2
herrlichen Namen. 14 Doch wer bin ich, und was ist mein Volk, dass wir 14: 17,16; 2Chr 2,5
noch die Kraft haben, so freigebig zu spenden? Denn von dir kommt
alles, und aus deiner Hand haben wir es dir gegeben. 15 Denn vor dir 15: Lev 25,23;
sind wir Fremde und Beisassen, wie alle unsere Vorfahren. Unsere Tage Ps 39,13 · Ps 144,4
auf Erden sind wie ein Schatten, und es gibt keine Hoffnung. 16 HERR,
unser Gott, all das, was wir bereitgestellt haben, um dir ein Haus zu

bauen, deinem heiligen Namen, ist aus deiner Hand gekommen, und
17: 28,9! das alles ist dein. 17 Und ich weiss, mein Gott, dass du das Herz prüfst
und dass du Wohlgefallen hast an Aufrichtigkeit. Ich habe dies alles mit
aufrichtigem Herzen gespendet, und nun habe ich mit Freude gesehen,
dass dein Volk, das sich hier eingefunden hat, dir freigebig spenden
18: Ex 3,6.15; will. 18 HERR, Gott Abrahams, Isaaks und Israels, unserer Vorfahren,
2Chr 30,6 bewahre dies für alle Zeit als Sinnen und Trachten des Herzens deines
19: 28,9 Volks und richte ihre Herzen fest auf dich! 19 Und gib Salomo, meinem
Sohn, ein ungeteiltes Herz, dass er deine Gebote, Ordnungen und Satzungen hält und alles ausführt und diesen Tempel baut, den ich vorbereitet habe.

20: Neh 9,5; 20 Und David sprach zur ganzen Versammlung: Lobt nun den
Ps 135,19 · Neh 8,6 HERRN, euren Gott! Und die ganze Versammlung lobte den HERRN, den
Gott ihrer Vorfahren, und sie verneigten sich und warfen sich nieder
21: 2Chr 1,6! vor dem HERRN und vor dem König. 21 Dann brachten sie dem HERRN
Schlachtopfer dar. Und am Morgen des folgenden Tages brachten sie
dem HERRN Brandopfer dar, tausend junge Stiere, tausend Widder, tausend Lämmer, dazu ihre Trankopfer sowie massenhaft Schlachtopfer
22: 23,1! für ganz Israel. 22 Und sie assen und tranken an diesem Tag vor dem
HERRN in grosser Freude, und zum zweiten Mal machten sie Salomo,
den Sohn Davids, zum König, und sie salbten ihn vor dem HERRN zum
Fürsten und Zadok zum Priester.

Davids Tod. Salomo wird König

23: 17,14! · 23 So setzte sich Salomo als König anstelle Davids, seines Vaters, auf
1Kön 2,12; 2Chr 1,8 den Thron des HERRN. Und er hatte Erfolg, und ganz Israel hörte auf ihn.
24 Und alle Anführer und Helden, und auch alle anderen Söhne König
25: 1Kön 1,37; Davids unterwarfen sich Salomo, dem König. 25 Und der HERR machte
2Chr 1,1! · Salomo überaus gross vor den Augen von ganz Israel und gab ihm die
1Kön 3,12 Hoheit der Königsherrschaft, wie sie kein König vor ihm über Israel hatte.

27–28: 1Kön 2,11–12 26 So war David, der Sohn des Isai, König über ganz Israel. 27 Und
27: 3,4; 2Sam 5,5; die Zeit, da er König war über Israel, betrug vierzig Jahre: In Chebron
1Kön 2,11 war er sieben Jahre lang König, und in Jerusalem war er dreiunddreissig
28: 23,1! Jahre lang König. 28 Und er starb in gutem Alter, lebenssatt, satt an
Reichtum und Ehre. Und Salomo, sein Sohn, wurde König an seiner
Statt.

29: 9,22! · 17,1; 21,9; 29 Und die Taten Davids, des Königs, die früheren und die späteren,
2Chr 29,25 sieh, sie stehen geschrieben in der Geschichte Samuels, des Sehers, und
in der Geschichte Natans, des Propheten, und in der Geschichte Gads,
des Sehers, 30 zusammen mit der seiner ganzen Königsherrschaft und
seiner Stärke und der Zeiten, die über ihn und Israel und über die Königreiche in allen Ländern hingegangen sind.

29,17: Möglich ist auch die Übersetzung: «... und nun habe ich gesehen, dass dein Volk, ..., dir mit Freude freiwillig spenden will.»

Das Zweite Buch der Chronik

Salomo. Seine Bitte um Weisheit

1 1 Und Salomo, der Sohn Davids, erwies sich als stark in seiner Kö- 1: 1Kön 2,12.46;
nigsherrschaft. Und der HERR, sein Gott, war bei ihm und machte 1Chr 29,25! ·
ihn überaus gross. 2 Und Salomo sprach zu ganz Israel, zu den Obersten 1Chr 22,11.16
der Tausendschaften und der Hundertschaften und zu den Richtern und
zu jedem Fürsten, zu ganz Israel, den Familienhäuptern. 3 Dann zog Sa- 3: 1Chr 16,39; 21,29
lomo und mit ihm die ganze Versammlung zu der Höhe in Gibeon.
Denn dort stand das Zelt der Begegnung Gottes, das Mose, der Diener
des HERRN, in der Wüste errichtet hatte. 4 Die Lade Gottes aber hatte 4: 1Chr 15,3! ·
David von Kirjat-Jearim heraufgebracht an die Stätte, die David für sie 1Chr 15,1!
hergerichtet hatte: Er hatte in Jerusalem für sie ein Zelt aufgeschlagen.
5 Und der bronzene Altar, den Bezalel, der Sohn des Uri, des Sohns von 5: Ex 31,2; 38,1–8
Chur, gemacht hatte, stand dort vor der Wohnung des HERRN, und ihn
suchten Salomo und die Versammlung auf. 6 Und dort opferte Salomo 6: 8,12; 1Chr 21,29;
vor dem HERRN auf dem bronzenen Altar, der zum Zelt der Begegnung 29,21 · 1Kön 3,4
gehörte, und er brachte auf ihm tausend Brandopfer dar.

7 In jener Nacht erschien Gott dem Salomo und sprach zu ihm: Er- 7–12: 1Kön 3,5–13
bitte, was ich dir geben soll. 8 Da sprach Salomo zu Gott: Du hast David, 8: 1Chr 29,23
meinem Vater, grosse Barmherzigkeit erwiesen und mich zum König
gemacht an seiner Statt. 9 Nun, HERR, Gott, mache dein Wort an David, 9: 1Chr 17,23 ·
meinen Vater, wahr, denn du hast mich zum König gemacht über ein 1Chr 28,5; 29,1
Volk, so zahlreich wie der Staub der Erde. 10 Gib mir nun Weisheit und 10: Num 27,17;
Einsicht, dann will ich ausrücken vor diesem Volk und einrücken. Denn 1Kön 3,7
wer soll diesem deinem grossen Volk Recht verschaffen? 11 Und Gott
sprach zu Salomo: Weil du das in deinem Herzen trägst und nicht um
Reichtum, Besitz und Ehre gebeten hast und auch nicht um den Tod de-
rer, die dich hassen, oder gar um langes Leben gebeten hast, sondern
um Weisheit und Einsicht für dich gebeten hast, um mein Volk zu rich-
ten, über das ich dich zum König gemacht habe, 12 wird dir Weisheit 12: 9,22
und Einsicht gegeben. Und ich werde dir Reichtum und Besitz und Ehre
geben, wie sie Könige, die vor dir waren, nie gehabt haben und nach dir
nicht haben werden. 13 Und Salomo kam von der Höhe, die in Gibeon 13: 1Kön 4,1
ist, vom Zelt der Begegnung, nach Jerusalem. Und er war König über
Israel.

14 Und Salomo sammelte Wagen und Pferde, und er hatte tausend- 14–17:
vierhundert Wagen und zwölftausend Pferde, und er brachte sie in die 1Kön 10,26–29
Städte für die Wagen und zum König nach Jerusalem. 15 Und Silber 14: 8,6; 9,25 15: 9,27
und Gold brachte der König nach Jerusalem, als handle es sich um Stei-
ne, und Zedern brachte er, als handle es sich um Maulbeerfeigenbäu-
me, die es in der Schefela massenhaft gab. 16 Und die Ausfuhr der Pfer- 16–17: 9,28
de, die für Salomo bestimmt waren, erfolgte von Ägypten her und von
Kewe, von Kewe holte die Händlerschar des Königs sie gegen Bezah-

lung. 17 Und für sechshundert Lot Silber führte man aus Ägypten einen
Wagen ein und ein Pferd für hundertfünfzig. Und ebenso führte man
sie durch die Händler aus für alle Könige der Hetiter und für die Könige
von Aram.
18: 2,3–4 · 2,11 18 Und Salomo befahl, dem Namen des HERRN ein Haus zu bauen
und ein Haus für seine Königsherrschaft.

Vorbereitungen für den Tempelbau

1–17: 1Kön 5,15–32 2 1 Und Salomo zählte siebzigtausend Lastenträger und achtzigtau-
send Steinhauer im Gebirge und dreitausendsechshundert Aufseher
2: 1Chr 14,1 über sie. 2 Und Salomo sandte zu Churam, dem König von Tyros, und
sagte: Wie du es gemacht hast bei David, meinem Vater, als du ihm Ze-
dern gesandt hast, damit er sich ein Haus bauen konnte, um darin zu
3: 13,11; wohnen – 3 sieh, ich baue ein Haus für den Namen des HERRN, meines
1Chr 23,29! · 24,14; Gottes, um es für ihn zu heiligen, um vor ihm wohlriechendes Räucher-
31,2–3 · 8,13! werk als Rauchopfer darzubringen und das ständige Schaubrot und
Brandopfer am Morgen und am Abend, an den Sabbaten, Neumonden
und zu den Festzeiten des HERRN, unseres Gottes. Dies ist Israels Pflicht
für alle Zeit. 4 Und das Haus, das ich baue, ist gross, denn grösser als alle
5: Jes 66,1 · 6,18; Götter ist unser Gott. 5 Doch wer wäre im Stande, ihm ein Haus zu bau-
1Kön 8,27! en? Denn der Himmel, der höchste Himmel, kann ihn nicht fassen. Und
wer bin ich, dass ich ihm ein Haus bauen könnte, es sei denn, um vor
6: 13; 1Chr 22,15 ihm Rauchopfer darzubringen! 6 So sende mir nun einen erfahrenen
Mann, damit er mit Gold und Silber und Bronze und Eisen und Purpur
und Karmesin und blauem Purpur arbeitet und der zu gravieren ver-
steht, zusammen mit den erfahrenen Männern, die bei mir in Juda und
Jerusalem sind, die David, mein Vater, bestellt hat. 7 Und sende mir Ze-
dern-, Wacholder- und Algummimholz vom Libanon, denn ich weiss,
dass es deine Diener verstehen, Bäume des Libanon zu fällen – und sieh,
meine Diener zusammen mit deinen Dienern! 8 Und man soll mir Holz
in Menge bereitstellen, denn das Haus, das ich baue, wird gross und
prächtig sein. 9 Und sieh, den Holzfällern, denen, die die Bäume schla-
gen, gebe ich Weizen als Speise für deine Diener, zwanzigtausend Kor,
und zwanzigtausend Kor Gerste und zwanzigtausend Bat Wein und
10: 9,8 zwanzigtausend Bat Öl. 10 Da antwortete Churam, der König von Tyros,
in einem Schreiben und sandte es Salomo: Aus Liebe zu seinem Volk hat
11: Gen 1,1! der HERR dich zum König über sie gemacht. 11 Und Churam sagte: Ge-
lobt ist der HERR, der Gott Israels, der den Himmel und die Erde ge-
macht hat, der David, dem König, einen weisen Sohn gegeben hat, be-
gabt mit Verstand und Einsicht, der ein Haus für den HERRN bauen will
12–13: 4,16; und ein Haus für seine Königsherrschaft. 12 Und nun sende ich dir ei-
1Kön 7,13–14 nen erfahrenen Mann, begabt mit Einsicht, den Churam-Abi, 13 den
13: 6; Ex 31,3–5 Sohn einer Frau von den Danitinnen, und sein Vater ist ein tyrischer
Mann. Er weiss mit Gold und Silber, mit Bronze, mit Eisen, mit Steinen
und mit Holz zu arbeiten, mit Purpur, mit blauem Purpur, mit Byssus
und mit Karmesin, und er versteht sich auf alle Gravuren und auf die
Ausarbeitung jedes Entwurfs, der ihm vorgelegt wird, zusammen mit

1,17: Siehe die Fussnote zu 1Kön 10,29.
2,9: Die Übersetzung «Speise» beruht auf einer Korrektur des Massoretischen Texts.

deinen Fachleuten und den Fachleuten meines Herrn David, deines Va-
ters. 14 Und nun: Den Weizen und die Gerste, das Öl und den Wein, von 14–15: Esra 3,7
dem mein Herr gesprochen hat – er möge das seinen Dienern senden.
15 Wir aber werden Bäume auf dem Libanon fällen, so viele du brauchst,
und als Flösse bringen wir sie dir über das Meer nach Jafo, dann kannst
du sie hinaufbringen nach Jerusalem. 16 Und Salomo zählte alle frem- 16–17: 8,7–8;
den Männer, die im Land Israel waren, nach der Zählung, die David, sein 1Chr 22,2
Vater, durchgeführt hatte, und es fanden sich 153600. 17 Und von ihnen
machte er 70000 zu Lastenträgern und 80000 zu Steinhauern im Gebir-
ge und 3600 zu Aufsehern, um das Volk zur Arbeit anzuhalten.

Der Tempelbau

3 1 Und Salomo begann das Haus des HERRN in Jerusalem zu bauen, 1–14: 1Kön 6
auf dem Berg Morija, wo der HERR seinem Vater David erschienen 1: Gen 22,2 ·
war, an der Stätte, die David bestimmt hatte, auf der Tenne des Ornan, 1Chr 21,15.18–26
des Jebusiters. 2 Und im zweiten Monat, am zweiten Tag, im Jahr vier
seiner Königsherrschaft begann er zu bauen. 3 Und dies sind die Grund- 3: 1Chr 28,11–12
masse, nach denen Salomo das Haus Gottes baute: die Länge in Ellen
nach altem Mass: sechzig Ellen und die Breite: zwanzig Ellen. 4 Und die
Halle, die sich über die ganze Breite des Hauses erstreckte, war zwanzig
Ellen breit. Und die Höhe betrug hundertzwanzig Ellen. Und innen klei-
dete er sie mit reinem Gold aus. 5 Und das Hauptgebäude verkleidete er
mit Wacholderholz und überzog dieses mit feinem Gold, und er brachte
darauf Palmen und Ketten an. 6 Er kleidete das Haus mit kostbaren Stei- 6: 1Chr 29,2
nen zur Zierde aus, und das Gold war Gold aus Parwajim. 7 Und er über-
zog das Haus, die Balken, die Schwellen, seine Wände und seine Türen
mit Gold, und in die Wände gravierte er Kerubim.
8 Dann machte er das Haus des Allerheiligsten. Seine Länge war,
entsprechend der Breitseite des Hauses, zwanzig Ellen, und seine Breite
war zwanzig Ellen. Und er schlug es aus mit sechshundert Kikkar reinen
Goldes, 9 und das Gewicht der Nägel betrug fünfzig Schekel Gold. Auch
die Obergemächer überzog er mit Gold. 10 Und im Haus des Allerhei- 10: 5,7–8; Ex 25,18!
ligsten machte er zwei Kerubim als gegossene Arbeit, und er überzog sie
mit Gold. 11 Und die Länge der Flügel der Kerubim betrug zwanzig El-
len. Der Flügel des einen, fünf Ellen lang, berührte die Wand des Hau-
ses, und der andere Flügel, fünf Ellen lang, berührte den Flügel des an-
deren Kerubs. 12 Und der Flügel des zweiten Kerubs, fünf Ellen lang,
berührte die Wand des Hauses, und der andere Flügel, fünf Ellen lang,
reichte bis an den Flügel des anderen Kerubs. 13 Die Flügel dieser Keru-
bim massen ausgebreitet zwanzig Ellen. Und sie standen auf ihren Füs-
sen und ihre Gesichter waren dem Haus zugewandt. 14 Und er machte 14: Ex 26,31!
den Vorhang aus blauem und rotem Purpur, aus Karmesin und aus Bys-
sus und brachte darauf Kerubim an. 15 Und vor dem Haus machte er 15–17: 1Kön 7,15–22
zwei Säulen, fünfunddreissig Ellen hoch. Und das Kapitell, das sich 15: 1Chr 18,8!;
oben auf jeder befand, mass fünf Ellen. 16 Und er machte Ketten im Al- 4,12–13
lerheiligsten und befestigte sie oben an den Säulen, und er machte hun-
dert Granatäpfel und befestigte sie an den Ketten. 17 Und er richtete die
Säulen vor dem Tempel auf, eine zur Rechten und eine zur Linken, und
er nannte die zur Rechten Jachin und die zur Linken Boas.

Die Ausstattung des Tempels

4,1–5,1: **4** 1 Und er machte einen bronzenen Altar: Zwanzig Ellen war seine
1Kön 7,23–51 Länge und zwanzig Ellen seine Breite und zehn Ellen seine Höhe.
1: 7,7; 15,8; 29,18; 33,16; Ex 27,1–2! 2 Dann machte er das gegossene Meer, zehn Ellen vom einen Rand bis
2: 1Chr 18,8! hin zum anderen Rand, ganz rund, und seine Höhe betrug fünf Ellen,
und eine dreissig Ellen lange Schnur konnte es umspannen. 3 Und rings
um das Meer, unterhalb, verliefen zehn Ellen lange rindergestaltige
Verzierungen, die das Meer ringsum einschlossen. In zwei Reihen wa-
ren die rindergestaltigen Verzierungen gegossen worden, als es gegos-
sen wurde. 4 Es ruhte auf zwölf Rindern, drei waren nach Norden ge-
wandt, und drei waren nach Westen gewandt, drei waren nach Süden
gewandt, und drei waren nach Osten gewandt. Und oben auf ihnen
stand das Meer, und ihre Rückseiten waren alle nach innen gewandt.
5 Und es war eine Handbreite dick, und sein Rand war gestaltet wie der
Rand eines Bechers, wie eine Lotosknospe, es konnte dreitausend Bat
6: Ex 30,18–21 aufnehmen. 6 Dann fertigte er zehn Kessel an, und er stellte fünf zur
Rechten und fünf zur Linken auf, um darin zu waschen. Was zum
Brandopfer bereitet wurde, wurde darin gespült. Und das Meer war für
die Priester, damit sie sich darin waschen konnten.

7–22: 1Chr 28,14–18 7 Und er machte die zehn goldenen Leuchter gemäss ihrer Vor-
7: 20; 13,11; Ex 25,37 schrift und stellte sie im Tempel auf, fünf zur Rechten und fünf zur Lin-
ken. 8 Und er machte zehn Tische und stellte sie in den Tempel, fünf zur
Rechten und fünf zur Linken, und er machte hundert goldene Spreng-
9: 1Kön 6,36; 7,12 schalen. 9 Und er machte den Hof der Priester und den grossen Vorhof
und Türen zum Vorhof, und ihre Türen überzog er mit Bronze. 10 Und
das Meer stellte er an der rechten Ecke in südöstlicher Richtung auf.

11: 2,12 11 Und Churam machte die Töpfe, die Schaufeln und die Spreng-
schalen. Und so vollendete Churam die Arbeiten, die er für König Salo-
12: 1Chr 18,8! mo am Haus Gottes auszuführen hatte: 12 zwei Säulen und die Becken
und die Kapitelle oben an den beiden Säulen und die zwei Geflechte zur
Verzierung der beiden Becken an den Kapitellen, die oben an den Säulen
waren; 13 die vierhundert Granatäpfel an den beiden Geflechten, zwei
Reihen Granatäpfel an dem einen Geflecht, zur Verzierung der zwei Be-
14: 6 cken an den Kapitellen, die oben auf den Säulen waren; 14 und auch die
Kesselwagen hatte er gemacht, und die Kessel hat er auf die Kesselwa-
15: 2 gen gesetzt, 15 das einzigartige Meer und die zwölf Rinder darunter;
16: 11 16 und die Töpfe, die Schaufeln und die Fleischgabeln und alle dazuge-
hörigen Geräte machte Churam-Abiw dem König Salomo für das Haus
des HERRN aus polierter Bronze. 17 In der Jordanebene, zwischen Suk-
kot und Zereda, goss der König sie in der Erdgiesserei. 18 Und Salomo
machte alle diese Geräte in sehr grosser Menge, denn das Gewicht der
Bronze liess sich nicht ermitteln.

19: 1 · 8 · 2,3! 19 Und Salomo fertigte all die Geräte an, die zum Haus Gottes gehör-
ten: den goldenen Altar und die Tische, auf denen das Schaubrot lag,
20: 7! 20 dazu die Leuchter und ihre Lampen aus Feingold, um sie gemäss der
Vorschrift vor dem hinteren Raum leuchten zu lassen, 21 und die Blü-
22: 8; 11 · ten, Lampen und Dochtscheren aus Gold, es war reinstes Gold, 22 dazu
1Kön 6,16.31–35 die Messer, Sprengschalen, Schüsseln und Pfannen aus Feingold, und
den Eingang des Hauses, dessen innere Türen zum Allerheiligsten und
die Türen des Hauses, die in den Hauptraum führten, aus Gold.

Die Lade des Bundes im Tempel

5 1 So wurde die ganze Arbeit zu Ende gebracht, die Salomo für das 1: 1Chr 28,14–18;
Haus des HERRN ausführte, und Salomo brachte die heiligen Dinge 29,1–9 ·
Davids, seines Vaters, das Silber und das Gold und all die Geräte, er legte 1Chr 26,20!
sie in die Schatzkammern des Hauses Gottes.
2 Damals versammelte Salomo die Ältesten Israels, alle Stammes- 2–14: 1Kön 8,1–11
häupter, die Fürsten der Familien der Israeliten in Jerusalem, um die 2: 1Chr 15,3!
Lade des Bundes des HERRN heraufzuholen aus der Stadt Davids, das ist
Zion. 3 Und alle Männer Israels versammelten sich um den König am 3: 7,8; Lev 23,34
Fest, es war der siebte Monat. 4 Und alle Ältesten Israels kamen, und die 4: 1Chr 15,2!
Leviten hoben die Lade auf, 5 und sie trugen die Lade hinauf, das Zelt der
Begegnung und alle heiligen Geräte, die im Zelt waren. Die Priester und
die Leviten trugen alles hinauf. 6 Und König Salomo stand mit der gan-
zen Gemeinde Israels, die sich um ihn versammelte, vor der Lade, sie
opferten Schafe und Rinder, die ihrer Menge wegen nicht gezählt und
nicht berechnet werden konnte. 7 Dann brachten die Priester die Lade 7: 35,3 · 3,10
des Bundes des HERRN an ihre Stätte, in den hinteren Raum des Hauses,
in das Allerheiligste, unter die Flügel der Kerubim. 8 Und über dem 8: 1Chr 28,18
Platz für die Lade breiteten die Kerubim die Flügel aus, und von oben
her beschirmten die Kerubim die Lade und deren Tragstangen. 9 Die
Stangen aber waren lang, und von der Lade her, vor dem hinteren Raum,
waren die Enden der Stangen zu sehen, von draussen aber waren sie
nicht zu sehen. Und dort ist sie geblieben bis auf den heutigen Tag. 10 In 10: 6,11
der Lade war nichts ausser den zwei Tafeln, die Mose am Choreb hinein-
getan hatte und durch die der HERR sich mit den Israeliten verbündet
hatte, als sie aus Ägypten auszogen.
11 Als aber die Priester aus dem Heiligtum traten – denn alle Priester, 11: 29,15; 30,3.15.24;
die anwesend waren, hatten sich geheiligt, ohne dass man hätte auf die 35,6; 1Chr 15,14
Abteilungen achten können –, 12 und als die Leviten, die Sänger waren, 12–13: 35,15;
sie alle, Asaf, Heman, Jedutun und ihre Söhne und ihre Brüder, in Byssus 1Chr 25,1! ·
gekleidet, mit Zimbeln und Harfen und Leiern östlich vom Altar stan- 1Chr 16,4!
den, und mit ihnen hundertzwanzig Priester, die die Trompeten blie-
sen, 13 und als die Trompeter und die Sänger wie ein einziger Mann 13–14: 7,1–2!
eine einzige Stimme anzustimmen hatten, um den HERRN zu loben und
zu preisen, und als sie einsetzten mit Trompeten und mit Zimbeln und
mit anderen Musikinstrumenten und als sie den HERRN lobten: Ja, er ist
gut; ja, ewig ist seine Güte!, da wurde das Haus von einer Wolke erfüllt,
das Haus des HERRN. 14 Angesichts der Wolke aber konnten die Priester
nicht hinzutreten, um den Dienst zu verrichten, denn die Herrlichkeit
des HERRN hatte das Haus Gottes erfüllt.

Salomos Gebet

6 1 Damals sprach Salomo: 1–42: 1Kön 8,12–53
Der HERR hat gesagt, dass er wohnen will im Wolkendunkel.
2 Und ich, ich habe ein Haus gebaut,
eine erhabene Wohnung für dich:
eine Stätte, damit du dort wohnen kannst für alle Zeiten.
3 Und der König wandte sein Angesicht und segnete die ganze Ver-

5,5: Möglicherweise ist zu übersetzen: «... Die levitischen Priester trugen alles hinauf.»

sammlung Israels, und die ganze Versammlung Israels stand da. 4 Und
er sprach: Gepriesen ist der HERR, der Gott Israels, der durch seine Hän-
de erfüllt hat, was er meinem Vater David zugesagt hat mit seinem
5–6: 6,20.33; 7,16; Mund, als er sprach: 5 Seit dem Tag, an dem ich mein Volk herausge-
12,13; 20,8–9; 33,4.7 führt habe aus dem Land Ägypten, habe ich in keinem der Stämme Isra-
els eine Stadt erwählt, damit man ein Haus baue und mein Name dort
sei, und ich habe keinen Mann erwählt, Fürst zu sein über mein Volk
6: 1Chr 17,7 Israel. 6 Dann aber habe ich Jerusalem erwählt, dass mein Name dort
sei, und David habe ich dazu erwählt, meinem Volk Israel vorzustehen. –
7–9: 22,7–10! 7 Zwar lag es David, meinem Vater, am Herzen, dem Namen des HERRN,
des Gottes Israels, ein Haus zu bauen, 8 der HERR aber hat zu David,
meinem Vater, gesprochen: Dass es dir am Herzen liegt, meinem Na-
men ein Haus zu bauen, daran hast du gut getan. Es liegt dir am Herzen!
9 Doch wirst nicht du das Haus bauen, sondern dein Sohn, der aus dei-
nen Lenden hervorgeht, er wird meinem Namen das Haus bauen. –
10: 1Chr 22,11 10 Und der HERR hat sein Wort gehalten, das er gegeben hat, und ich bin
aufgetreten an meines Vaters David Statt und habe mich auf den Thron
Israels gesetzt, wie der HERR es gesagt hat, und ich habe dem Namen des
11: 5,10 HERRN, des Gottes Israels, das Haus gebaut. 11 Und dort hinein habe ich
die Lade gestellt, in der sich der Bund des HERRN befindet, den er mit
den Israeliten geschlossen hat. 12 Und vor der ganzen Gemeinde Israels
13: Neh 8,4 trat er an den Altar des HERRN, breitete seine Hände aus 13 – denn Salo-
mo hatte ein bronzenes Podium gemacht und es mitten in den äusseren
Hof gestellt, fünf Ellen lang und fünf Ellen breit und drei Ellen hoch; und
darauf stellte er sich und vor der ganzen Versammlung Israels fiel er auf
14: 20,6 die Knie und breitete seine Hände zum Himmel aus – 14 und sprach:
HERR, Gott Israels! Kein Gott ist dir gleich, nicht im Himmel und nicht
auf der Erde. Den Bund und die Treue bewahrst du deinen Dienern, die
15: 4 mit ganzem Herzen vor dir gehen, 15 der du deinem Diener David, mei-
nem Vater, gehalten hast, was du ihm zugesagt hast. Mit deinem Mund
hast du es zugesagt, und durch deine Hand hast du es erfüllt, wie am
16: 7,17–18; heutigen Tag. 16 Und nun, HERR, Gott Israels, halte deinem Diener Da-
1Chr 17,11–14 vid, meinem Vater, was du ihm zugesagt hast, da du gesprochen hast: Es
soll dir vor mir nicht fehlen an einem Nachfolger, der auf dem Thron
Israels sitzt, wenn nur deine Söhne achthaben auf ihren Weg und nach
meiner Weisung gehen, wie du vor mir gegangen bist. 17 Und nun,
HERR, Gott Israels, lass dein Wort wahr werden, das du zu deinem Die-
ner, zu David, gesprochen hast.
18: 2,5 18 Aber sollte Gott wirklich bei den Menschen auf der Erde wohnen?
Sieh, der Himmel, der höchste Himmel kann dich nicht fassen, wie viel
weniger dann dieses Haus, das ich gebaut habe! 19 Wende dich dem Ge-
bet deines Dieners zu und seinem Flehen, HERR, mein Gott, und erhöre
20: 5–6! · 40; 7,15 das Flehen und das Gebet, das dein Diener heute vor dir betet, 20 damit
in der Tag und bei Nacht deine Augen offen sind über diesem Haus, über
der Stätte, von der du gesagt hast, du wollest deinen Namen dort nieder-
legen. Und erhöre das Gebet, mit dem dein Diener zu dieser Stätte hin
21: 6,30.33.39; 30,27 betet. 21 Und erhöre das Flehen deines Dieners und deines Volkes Isra-
el, mit dem sie zu dieser Stätte hin beten; erhöre du es von der Stätte her,
wo du wohnst, vom Himmel her, erhöre es und vergib. 22 Wenn jemand
sich gegen seinen Nächsten vergeht, und dieser legt eine Verfluchung

auf ihn, um ihn unter einen Fluch zu stellen, und er kommt her und
spricht die Verfluchung aus vor deinem Altar in diesem Haus, 23 dann
höre du es vom Himmel her und handle und verschaffe deinen Dienern
Recht und vergelte es dem Schuldigen und lass seine Tat auf sein Haupt
fallen, den Gerechten aber erkläre für gerecht und behandle ihn, wie es
seiner Gerechtigkeit entspricht. 24 Und wenn dein Volk Israel vor ei-
nem Feind geschlagen wird, weil sie gegen dich gesündigt haben, und
sie kehren zurück zu dir und preisen deinen Namen und beten und fle-
hen vor dir in diesem Haus, 25 dann erhöre du es vom Himmel her und
vergib die Sünde deines Volkes Israel und lass sie bleiben auf dem Bo-
den, den du ihnen und ihren Vorfahren gegeben hast. 26 Wenn der 26–28: 7,13–15
Himmel verschlossen ist und kein Regen fällt, weil sie gegen dich ge-
sündigt haben, und sie beten zu dieser Stätte hin und preisen deinen
Namen, sie kehren sich ab von ihren Sünden, da du sie demütigst,
27 dann erhöre du sie im Himmel und vergib die Sünde deiner Diener
und deines Volkes Israel, denn du zeigst ihnen den guten Weg, den sie
gehen sollen. Dann lass es regnen auf dein Land, das du deinem Volk als
Erbbesitz gegeben hast. 28 Wenn im Land eine Hungersnot herrscht, 28–30: 20,9
wenn die Pest ausbricht, Getreidebrand, Vergilben, wenn Heuschre-
cken auftreten oder Schaben, wenn seine Feinde es bedrängen im Land
seiner Tore, wenn eine Plage oder eine Krankheit auftritt, 29 und dann
ein Gebet, ein Flehen aufsteigt, das von einem Menschen kommt, der zu
deinem Volk Israel gehört – denn jeder von ihnen weiss, was ihn plagt
und was ihn schmerzt –, und dieser seine Hände ausbreitet zu diesem
Haus hin, 30 dann erhöre du es vom Himmel her, an der Stätte, wo du 30: 21! · 1Chr 28,9!
wohnst, und vergib und gib einem jeden, wie es seinem Tun entspricht,
denn du kennst sein Herz – denn du allein kennst das Herz aller Men-
schen –, 31 damit sie dich immer fürchten und auf deinen Wegen ge-
hen, solange sie leben auf dem Boden, den du unseren Vorfahren gege-
ben hast. 32 Und auch den Fremden, der nicht aus deinem Volk Israel
stammt, sondern aus einem fernen Land kommt deines grossen Na-
mens und deiner starken Hand und deines ausgestreckten Arms we-
gen – wenn sie kommen und zu diesem Haus hin beten, 33 so erhöre du 33: 21!
es vom Himmel her, von der Stätte her, wo du wohnst, und tu alles, um
dessentwillen der Fremde dich anruft, damit alle Völker der Erde deinen
Namen kennen und dich fürchten, wie dein Volk Israel es tut, und damit
sie erfahren, dass dein Name ausgerufen ist über diesem Haus, das ich
gebaut habe. 34 Wenn dein Volk auszieht in den Kampf gegen seine
Feinde auf dem Weg, auf dem du sie sendest, und sie beten zu dir, hin-
gewandt zu dieser Stadt, die du erwählt hast, und hingewandt zum
Haus, das ich deinem Namen gebaut habe, 35 dann erhöre du vom Him-
mel her ihr Gebet und ihr Flehen und verschaff ihnen Recht. 36 Wenn 36–39: 7,14!
sie sich an dir versündigen – denn es gibt keinen Menschen, der nicht
sündigt – und du wirst zornig auf sie und gibst sie einem Feind preis,
und ihre Bezwinger führen sie in die Gefangenschaft in ein Land, es sei
fern oder nah, 37 und sie nehmen es sich zu Herzen in dem Land, in das
sie in die Gefangenschaft geführt worden sind, und kehren um und fle-
hen zu dir im Land ihrer Gefangenschaft und sprechen: Wir haben ge-
sündigt, haben uns vergangen und sind schuldig geworden! – 38 wenn
sie dann von ganzem Herzen und von ganzer Seele zurückkehren zu dir

im Land ihrer Gefangenschaft, in das man sie in die Gefangenschaft ge-
führt hat, und sie beten, hingewandt zu ihrem Land, das du ihren Vor-
fahren gegeben hast, zu der Stadt hin, die du erwählt hast, und zu dem
39: 21! Haus hin, das ich deinem Namen gebaut habe, 39 dann erhöre du vom
Himmel her, von der Stätte her, wo du wohnst, ihr Gebet und ihr Flehen
und verschaffe ihnen Recht, und vergib deinem Volk, das an dir gesün-
40: 20; 7,15 digt hat. 40 Nun, mein Gott, mögen doch deine Augen offen und deine
Ohren aufmerksam sein für das Gebet an dieser Stätte!

41–42: Ps 132,8–10 41 Und nun steh auf, HERR, Gott, von deiner Ruhestatt,
du und deine machtvolle Lade!
Deine Priester, HERR, Gott, sollen in Heil sich kleiden
und deine Getreuen sich des Guten freuen!
42 HERR, Gott, weise das Antlitz deines Gesalbten nicht ab,
erinnere dich der Gnadenerweise für David, deinen Diener.

Gottes Antwort auf Salomos Gebet

1–2: 5,13–14; Ex 40,34–35 7 1 Und als Salomo aufgehört hatte zu beten, fuhr das Feuer vom Him-
mel herab und frass das Brandopfer und die Schlachtopfer, und die
1: 1Chr 21,26! Herrlichkeit des HERRN erfüllte das Haus, 2 und die Priester konnten
das Haus des HERRN nicht betreten, denn die Herrlichkeit des HERRN
3: 20,18–19; 29,30! · 1Chr 16,34! erfüllte das Haus des HERRN. 3 Und als alle Israeliten das Feuer herab-
fahren sahen, während die Herrlichkeit des HERRN über dem Haus war,
knieten sie mit dem Angesicht zur Erde nieder, auf das Steinpflaster,
warfen sich nieder und lobten den HERRN: Ja, er ist gut; ja, ewig ist seine
Güte!

4–22: 1Kön 8,62–9,9 4 Und der König und das ganz Volk brachten vor dem HERRN
Schlachtopfer dar. 5 Und König Salomo brachte als Schlachtopfer dar:
zweiundzwanzigtausend Rinder und hundertzwanzigtausend Schafe.
6: 8,14! · 29,26 · 1Chr 15,24! So weihten der König und das ganze Volk das Haus Gottes ein. 6 Und die
Priester standen auf ihren Posten, und die Leviten waren da mit den
Musikinstrumenten des HERRN, die David, der König, gemacht hatte,
damit man den HERRN pries – ja, ewig ist seine Güte –, mit dem Lobge-
sang Davids in ihren Händen. Und ihnen gegenüber bliesen die Priester
7: 4,1! die Trompeten, und ganz Israel stand dabei. 7 Und Salomo weihte die
Mitte des Vorhofs, der vor dem Haus des HERRN liegt, denn dort brachte
er die Brandopfer und das Fett der Heilsopfer dar, denn der bronzene
Altar, den Salomo gemacht hatte, vermochte das Brandopfer und das
8: 5,3! Speiseopfer und die Fettstücke nicht zu fassen. 8 So feierte Salomo da-
mals das Fest, sieben Tage lang, und mit ihm ganz Israel, eine sehr
grosse Versammlung, von da, wo es nach Chamat geht, bis an das Bach-
9: Ex 29,37; Num 7,10 tal Ägyptens. 9 Und am achten Tag hielten sie eine Festversammlung,
denn sieben Tage hatten sie die Einweihung des Altars gefeiert und sie-
ben Tage das Fest. 10 Und am dreiundzwanzigsten Tag des siebten Mo-
nats entliess er das Volk zu ihren Zelten, glücklich und frohen Herzens
des Guten wegen, das der HERR für David und für Salomo und für Israel,
sein Volk, getan hatte. 11 So vollendete Salomo das Haus des HERRN und
das Haus des Königs, und es gelang alles, was Salomo im Haus des
HERRN und in seinem Haus auszuführen in seinem Herzen trug.

12: Dtn 12,5–6 12 Und der HERR erschien Salomo in der Nacht und sprach zu ihm:
Ich habe dein Gebet gehört und mir diese Stätte zum Opferhaus er-

wählt. 13 Wenn ich den Himmel verschliesse und kein Regen fällt, und
wenn ich Heuschrecken gebiete, das Land kahl zu fressen, oder wenn
ich die Pest sende auf mein Volk 14 – wenn dann mein Volk, über dem 14: Jer 14,9! ·
mein Namen genannt ist, sich demütigt, und sie beten und suchen 6,26–28.36–39;
mein Angesicht und wenden sich ab von ihren bösen Wegen, werde ich 12,6–7.12; 32,26;
es vom Himmel her hören und ihre Sünde vergeben und ihr Land hei- 33,12–12; 34,27
len. 15 So sollen nun meine Augen offen und meine Ohren aufmerksam
sein für das Gebet an dieser Stätte. 16 Und nun habe ich dieses Haus 16: 6,5–6!
erwählt und geheiligt, dass mein Name hier bleibe für immer, und mei-
ne Augen und mein Herz sollen dort sein für alle Zeit. 17 Und wenn du 17–18: 6,16
vor mir lebst, wie David, dein Vater, es getan hat, und wenn du genau so
handelst, wie ich es dir geboten habe, meine Satzungen und meine Vor-
schriften hältst, 18 werde ich den Thron deines Königtums aufrichten,
so wie ich mit David, deinem Vater, einen Bund geschlossen habe, als
ich sprach: Es soll dir nie an einem Nachfolger fehlen, der über Israel
herrscht. 19 Wenn ihr euch aber abwendet und meine Satzungen und 19–21: 24,18!;
Gebote verlasst, die ich euch vorgelegt habe, und geht und anderen Göt- 1Chr 28,9!
tern dient und euch vor ihnen niederwerft, 20 werde ich Israel ausreis- 19: 24,20 20: 36,19
sen aus meinem Boden, den ich ihnen gegeben habe, und dieses Haus,
das ich meinem Namen geweiht habe, werde ich von meinem Ange-
sicht verstossen, und ich werde es zum Sprichwort und zum Gespött
machen bei allen Völkern. 21 Und dieses Haus, das so hoch erhoben
war – jeder, der daran vorübergeht, wird sich entsetzen und sagen: War-
um hat der HERR diesem Land und diesem Haus dies angetan? 22 Dann
wird man sagen: Weil sie den HERRN, den Gott ihrer Vorfahren, der sie
herausgeführt hat aus dem Land Ägypten, verlassen und anderen Göt-
tern angehangen haben, sich vor ihnen niedergeworfen und ihnen ge-
dient haben, darum hat er all dies Unheil über sie gebracht.

Salomos Herrschaft

8 1 Und nach zwanzig Jahren, in denen Salomo das Haus des HERRN 1–2: 1Kön 9,10–11
und sein eigenes Haus gebaut hatte 2 – er hatte auch die Städte, die
Churam Salomo gegeben hatte, ausgebaut und die Israeliten dort ange-
siedelt –, 3 zog Salomo nach Chamat-Zoba und unterwarf es. 4 Und er 3: 1Chr 18,3
baute Tadmor in der Wüste wieder auf und alle Vorratsstädte, die er in 4–18: 1Kön 9,17–28
Chamat gebaut hatte. 5 Und er baute das obere Bet-Choron und das un- 4: 17,12 5: Jos 16,3!
tere Bet-Choron zu befestigten Städten aus mit Mauern, Toren und Rie-
geln, 6 dazu Baalat und alle Vorratsstädte, die Salomo gehörten, und die 6: 1,14!
Städte für die Wagen und die Städte für die Reiterei und alles, was Salo-
mo in Jerusalem und auf dem Libanon und in seinem ganzen Herr-
schaftsgebiet zu bauen wünschte. 7 Alles Volk, das noch übrig war von 7–8: 2,16–17
den Hetitern und den Amoritern und den Perissitern und den Chiwwi-
tern und den Jebusitern, die nicht zu Israel gehörten, 8 von ihren Nach-
kommen, die nach ihnen im Land übrig geblieben waren, die die Isra-
eliten nicht völlig vertilgt hatten, die machte Salomo zu Fronarbeitern,
bis auf den heutigen Tag. 9 Von den Israeliten aber machte Salomo kei-
nen zum Sklaven für seine Arbeit; sie waren Krieger und Anführer sei-
ner hervorragenden Kämpfer und die Obersten über seine Wagen und
über seine Reiter. 10 Und dies waren die Obersten der Aufseher, die Sa-
lomo hatte: zweihundertfünfzig, sie befehligten das Volk.

11: 1Kön 3,1; 7,8 11 Und Salomo brachte die Tochter des Pharao aus der Stadt Davids
hinauf in das Haus, das er für sie gebaut hatte; denn er sprach: Keine
meiner Frauen soll im Haus Davids, des Königs von Israel, wohnen,
denn es sind heilige Stätten, in die die Lade des HERRN eingezogen ist.
12: 1,6! 12 Damals brachte Salomo dem HERRN Brandopfer dar auf dem Altar
13: 2,3; 31,3; des HERRN, den er vor der Halle gebaut hatte, 13 was Tag für Tag zu op-
Num 28–29; fern war nach dem Gebot des Mose, an den Sabbaten und den Neumon-
1Chr 23,31 den und zu den Festzeiten dreimal im Jahr: am Fest der ungesäuerten
14: 23,18–19; 29,25; Brote und am Wochenfest und am Laubhüttenfest. 14 Und nach der An-
31,2; 35,2; ordnung Davids, seines Vaters, bestellte er die Abteilungen der Priester
1Chr 23–26 zu ihrem Dienst und die Leviten zu ihren Aufgaben, zu loben und vor
den Priestern zu dienen, wie es jeder Tag erforderte, und die Torwächter
bestellte er nach ihren Abteilungen an die einzelnen Tore; denn so lau-
tete das Gebot Davids, des Mannes Gottes. 15 Und man wich nicht ab
vom Gebot des Königs über die Priester und die Leviten in allen Dingen,
16: 1Kön 6,38 auch über die Schätze. 16 So entstand das ganze Werk Salomos, bis zum
Tag der Grundlegung des Hauses des HERRN und bis zu seiner Fertig-
stellung. Das Haus des HERRN war vollendet.
17 Damals zog Salomo nach Ezjon-Geber und nach Elot am Ufer des
18: 9,10.21; Meers im Land Edom. 18 Und Churam sandte ihm durch seine Diener
1Chr 29,4 Schiffe und Diener, die das Meer kannten, und sie kamen mit den Die-
nern Salomos nach Ofir und holten von dort vierhundertfünfzig Kikkar
Gold und brachten es König Salomo.

Die Königin von Saba. Salomos Reichtum. Salomos Tod

1–28: 1Kön 10 9 1 Und die Königin von Saba hatte die Kunde von Salomo vernom-
men und kam, um Salomo in Jerusalem mit Rätseln auf die Probe zu
stellen, sie kam mit sehr reichen Schätzen und mit Kamelen, die Balsam
trugen und viel Gold und Edelsteine. Und sie kam zu Salomo und be-
sprach mit ihm all das, was sie sich vorgenommen hatte. 2 Und Salomo
beantwortete ihr alle ihre Fragen; nichts war Salomo verborgen, es gab
nichts, auf das er ihr keine Antwort hätte geben können. 3 Als aber die
Königin von Saba die Fülle der Weisheit Salomos sah und das Haus, das
er gebaut hatte, 4 und die Speisen auf seinem Tisch, die Sitzordnung
seiner Diener, die Aufwartung durch seine Diener und ihre Gewänder,
seine Mundschenke und ihre Gewänder und seine Obergemächer, in
die er hinaufzusteigen pflegte im Haus des HERRN, verschlug es ihr den
Atem. 5 Und sie sagte zum König: Was ich in meinem Land über deine
Worte und über deine Weisheit gehört habe, ist wahr. 6 Ich habe ihren
Worten keinen Glauben geschenkt, bis ich hergekommen bin und es
mit meinen eigenen Augen gesehen habe. Und sieh, nicht einmal die
Hälfte von der Grösse deiner Weisheit ist mir berichtet worden: Du hast
mehr, als die Kunde sagt, die ich gehört habe. 7 Wohl deinen Männern
und wohl diesen deinen Dienern, die ständig vor dir stehen, die deine
8: 1Chr 17,14! · 2,10 Weisheit hören! 8 Gepriesen sei der HERR, dein Gott, der Gefallen an dir
gefunden hat und dich auf seinen Thron gesetzt hat als König für den
HERRN, deinen Gott! Weil dein Gott Israel liebt und es für immer beste-
hen lässt, hat er dich über sie als König eingesetzt, damit du Recht und
Gerechtigkeit übst. 9 Und sie gab dem König hundertzwanzig Kikkar
Gold und sehr grosse Mengen von Balsam und Edelsteine. Und nie hatte

es so viel Balsam gegeben, wie die Königin von Saba König Salomo ge-
geben hat. 10 Auch brachten die Diener Churams und die Diener Salo- *10:* 2,7 · 8,18!
mos, die Gold aus Ofir brachten, Algummimholz und Edelsteine. 11 Und
aus dem Algummimholz machte der König Stege für das Haus des
HERRN und für das Haus des Königs, dazu Leiern und Harfen für die
Sänger, und so etwas war nie zuvor gesehen worden im Land Juda.
12 Und König Salomo gab der Königin von Saba, was immer sie sich
wünschte, und erbat, ohne auf das zu achten, was sie dem König ge-
bracht hatte. Dann machte sie kehrt und ging in ihr Land, sie mit ihren
Dienern.

13 Und das Gewicht des Goldes, das in einem einzigen Jahr zu Salo-
mo kam, betrug sechshundertsechsundsechzig Kikkar Gold, 14 nicht
gerechnet das, was die Handelsleute und die Kaufleute brachten. Und
alle Könige Arabiens und die Statthalter des Landes brachten Salomo
Gold und Silber. 15 Und König Salomo verfertigte zweihundert grosse
Schilde aus legiertem Gold; jeden einzelnen Schild überzog er mit
sechshundert Schekel legiertem Gold, 16 dazu dreihundert kleinere
Schilde aus legiertem Gold; mit dreihundert Schekel Gold überzog er
jeden einzelnen Schild. Und der König legte sie in das Libanonwald-
haus. 17 Und der König verfertigte einen grossen Thron aus Elfenbein,
und er überzog ihn mit reinem Gold. 18 Und der Thron hatte sechs Stu-
fen und einen goldenen Fussschemel, die am Thron befestigt waren,
und auf beiden Seiten der Sitzfläche waren Lehnen, und neben den Leh-
nen standen zwei Löwen. 19 Und zwölf Löwinnen standen dort auf den
sechs Stufen, auf beiden Seiten; für kein Königreich war je dergleichen
angefertigt worden. 20 Auch alle Trinkgefässe König Salomos waren
aus Gold, und alle Geräte des Libanonwaldhauses waren aus Feingold; es
gab kein Silber – es galt nichts zu Salomos Zeiten. 21 Denn der König *21:* 8,18!
hatte Schiffe, die nach Tarschisch fuhren mit den Dienern Churams.
Alle drei Jahre kamen die Tarschisch-Schiffe, sie trugen Gold und Silber
und Elfenbein und Affen und Pfauen. 22 Und an Reichtum und Weisheit *22:* 1,12
war König Salomo grösser als alle Könige der Erde. 23 Und alle Könige
der Welt suchten das Angesicht Salomos, um seine Weisheit zu hören,
die Gott ihm ins Herz gelegt hatte. 24 Und sie brachten ihm, ein jeder, *24:* 17,11; 26,8
ein Geschenk: Geräte aus Silber und Geräte aus Gold, Gewänder, Waffen
und Balsam, Pferde und Maultiere, Jahr für Jahr. 25 Und Salomo hatte *25:* 1Kön 5,6 · 1,14!
viertausend Stallplätze für Pferde und Wagen und zwölftausend Reiter,
und er legte sie in die Städte für die Wagen und zum König nach Jerusa-
lem. 26 Und er herrschte über alle Könige vom Strom bis zum Land der *26:* 1Kön 5,1
Philister und bis an die Grenze von Ägypten. 27 Und Silber brachte der *27–28:* 1,15–17
König nach Jerusalem, als handle es sich um Steine, und Zedern brachte
er, als handle es sich um Maulbeerfeigenbäume, die es in der Schefela
massenhaft gab. 28 Und man führte für Salomo Pferde aus Ägypten und
aus allen Ländern aus.

29 Und was ansonsten noch von Salomo zu berichten ist, das Frühe- *29–31:*
re und das Spätere, steht das nicht geschrieben in der Chronik Natans, 1Kön 11,41–43
des Propheten, und in der Weissagung Achijas, des Schiloniters, und in *29:* 1Kön 11,29 ·
der Schauung Jedos, des Sehers, über Jerobeam, den Sohn des Nebat? 10,2; 1Kön 11,26

9,21: Siehe die Anm. zu 1Kön 10,22.

30 Und Salomo war König in Jerusalem über ganz Israel, vierzig Jahre
lang. 31 Und Salomo legte sich zu seinen Vorfahren, und man begrub
ihn in der Stadt Davids, seines Vaters. Und Rehabeam, sein Sohn, wurde
König an seiner Statt.

Rehabeam, König von Juda. Jerobeam. Die Spaltung des Reichs

1–19: 1Kön 12,1–19 **10** 1 Und Rehabeam ging nach Schechem, denn ganz Israel war nach
2: 9,29 · 1Kön 11,40 Schechem gekommen, um ihn zum König zu machen. 2 Und als
Jerobeam, der Sohn des Nebat, davon hörte – er war in Ägypten, wohin
er vor Salomo, dem König, geflohen war –, kehrte Jerobeam aus Ägypten
zurück. 3 Und man sandte hin und rief ihn. Und Jerobeam und ganz
Israel kamen, und sie sprachen zu Rehabeam: 4 Dein Vater hat unser
Joch hart gemacht, nun aber mach du die harte Arbeit leichter, die wir
für deinen Vater leisten mussten, und das schwere Joch, das er uns auf-
gebürdet hat, dann werden wir dir dienen. 5 Da sagte er zu ihnen: Noch
drei Tage, dann kommt zurück zu mir! Und das Volk entfernte sich.
6 Und König Rehabeam beriet sich mit den Alten, die vor Salomo, sei-
nem Vater, zu dessen Lebzeiten gedient hatten, und sagte: Was ratet ihr,
diesem Volk zu antworten? 7 Und sie sprachen zu ihm: Wenn du gut
bist zu diesem Volk und ihnen freundlich gesinnt bist und ihnen gute
Worte sagst, werden sie immer deine Diener sein. 8 Er aber verwarf den
Rat, den die Alten ihm gaben, und beriet sich mit den Jungen, die mit
ihm aufgewachsen waren, die ihm dienten. 9 Und er sagte zu ihnen:
Was ratet ihr, was wir diesem Volk antworten sollen, das zu mir gesagt
hat: Mach das Joch leichter, das dein Vater uns aufgebürdet hat? 10 Und
die Jungen, die mit ihm aufgewachsen waren, redeten mit ihm: So sollst
du zum Volk sprechen, das zu dir gesagt hat: Dein Vater hat unser Joch
schwer gemacht, mach du es uns leichter. So sollst du zu ihnen spre-
chen: Mein kleiner Finger ist dicker als die Lenden meines Vaters!
11 Und hat nun mein Vater euch ein schweres Joch aufgeladen, so werde
ich euer Joch noch schwerer machen; hat mein Vater euch mit Peitschen
gezüchtigt, so werde ich euch mit Skorpionen züchtigen.

12 Und am dritten Tag kamen Jerobeam und das ganze Volk zu Reha-
beam, wie der König es gesagt hatte: Kommt am dritten Tag zurück zu
mir! 13 Und der König gab ihnen eine harte Antwort, und König Reha-
beam verwarf den Rat der Alten, 14 und so wie die Jungen es geraten
hatten, sprach er zu ihnen: Ich werde euer Joch schwer machen, und ich
werde es noch schwerer machen; hat mein Vater euch mit Peitschen ge-
15: 11,4; 22,7; 25,20 · züchtigt, so werde ich euch mit Skorpionen züchtigen. 15 Und der Kö-
1Kön 11,29–31 nig hörte nicht auf das Volk, denn so war es von Gott gefügt, damit der
HERR sein Wort erfüllte, das er durch Achijahu, den Schiloniter, zu Jero-
beam, dem Sohn des Nebat, gesprochen hatte. 16 Als aber ganz Israel
sah, dass der König nicht auf sie hörte, antwortete das Volk dem König:

Welchen Anteil haben wir an David?
 Und am Sohn Isais haben wir keinen Erbbesitz!
Zu deinen Zelten, Israel, ein jeder!
 Nun sieh du selbst nach deinem Haus, David!
Dann ging ganz Israel zu seinen Zelten.

17: 11,3.12 17 Über die Israeliten aber, die in den Städten Judas wohnten, wurde
Rehabeam König. 18 Und König Rehabeam sandte Hadoram, der den

Fronpflichtigen vorstand. Da steinigten die Israeliten ihn, und er starb.
König Rehabeam aber war es gelungen, den Wagen zu besteigen und
nach Jerusalem zu fliehen. 19 Und Israel brach mit dem Haus Davids,
und so ist es bis auf den heutigen Tag.

Rehabeams Herrschaft

11 1 Und Rehabeam kam nach Jerusalem und versammelte das Haus 1–4: 1Kön 12,21–24
Juda und Benjamin, hundertachtzigtausend Ausgewählte, die
Krieg führen sollten, um gegen Israel zu kämpfen und für Rehabeam
das Königtum zurückzugewinnen. 2 Da aber erging das Wort des 2: 12,5.15
HERRN an Schemajahu, den Gottesmann: 3 Sprich zu Rehabeam, dem 3: 12; 10,17
Sohn Salomos, dem König von Juda, und zu ganz Israel in Juda und Ben-
jamin: 4 So spricht der HERR: Zieht nicht hinauf, und kämpft nicht ge- 4: 10,15!
gen eure Brüder. Ein jeder soll zurückkehren in sein Haus, denn dies ist
so von mir gefügt worden. Und sie hörten die Worte des HERRN, und sie
kehrten zurück und zogen nicht gegen Jerobeam.
5 Und Rehabeam blieb in Jerusalem, und er baute in Juda Städte zu 5: 23; 14,5–6;
Festungen aus: 6 Er baute Betlehem und Etam und Tekoa 7 und Bet-Zur 17,2.19; 21,3; 27,4;
und Socho und Adullam 8 und Gat und Marescha und Sif 9 und Adora- 33,14
jim und Lachisch und Aseka 10 und Zora und Ajjalon und Chebron, die 8: 26,6; 1Chr 18,1
in Juda und in Benjamin liegenden befestigten Städte. 11 Und er ver- 11: 5!; 17,13
stärkte die Festungen und setzte in ihnen Fürsten ein und brachte Vor-
räte von Speise, von Öl und von Wein hinein, 12 und Schilde und Speere 12: 3
in jede einzelne Stadt, und er machte sie überaus stark. Und Juda und
Benjamin gehörten ihm.
13 Und die Priester und die Leviten von ganz Israel stellten sich bei
ihm ein, aus allen ihren Gebieten. 14 Denn die Leviten hatten ihre Ort- 14: Lev 25,32–34;
schaften verlassen und ihren Besitz und zogen nach Juda und nach Jeru- 1Chr 6,39–66 · 13,9
salem, denn Jerobeam und seine Söhne hatten sie aus dem Priester-
dienst für den HERRN ausgeschlossen, 15 und Jerobeam hatte sich ei- 15: 1Kön 12,28–32;
gene Priester bestellt für die Kulthöhen und für die Böcke und für die 13,33
Kälber, die er gemacht hatte. 16 Und ihnen folgten aus allen Stämmen 16: 15,9–11;
Israels jene, die von Herzen den HERRN, den Gott Israels, suchten; sie 1Kön 12,26–27 ·
kamen nach Jerusalem, um dem HERRN, dem Gott ihrer Vorfahren, 15,12!
Schlachtopfer darzubringen. 17 Und sie festigten das Königtum Juda 17: 12,1
und stärkten Rehabeam, den Sohn Salomos, drei Jahre lang; denn drei
Jahre gingen sie auf dem Weg Davids und Salomos.
18 Und Rehabeam nahm sich Machalat zur Frau, die Tochter Jeri- 18: 1Sam 17,28
mots, des Sohns von David, und der Abihail, der Tochter Eliabs, des
Sohns von Isai, 19 und sie gebar ihm Söhne: Jeusch und Schemarja und
Saham. 20 Und nach ihr nahm er Maacha, die Tochter Absaloms, und sie 20: 13,1–2; 1Kön 15,2
gebar ihm Abija und Attai und Sisa und Schelomit.
21 Und Rehabeam liebte Maacha, die Tochter Absaloms, mehr als alle 21: 13,21; Dtn 17,17;
seine Frauen und Nebenfrauen; achtzehn Frauen und sechzig Neben- 1Kön 11,3
frauen hatte er genommen, und er zeugte achtundzwanzig Söhne und
sechzig Töchter. 22 Und Rehabeam machte Abija, den Sohn der Maacha,
zum Haupt, zum Fürsten unter seinen Brüdern – um ihn zum König zu
machen. 23 Und er war klug und verteilte Söhne von sich auf alle Gebie- 23: 21,3 · 5!
te von Juda und Benjamin, auf alle befestigten Städte und gab ihnen
Nahrung in reichem Mass und verschaffte ihnen viele Frauen.

Der Einfall der Ägypter. Rehabeams Tod

1–2: 26,16 **12** 1 Als sich aber die Königsherrschaft Rehabeams gefestigt hatte
1: 11,17; 1Kön 14,22–24 und er stark geworden war, verliess er die Weisung des HERRN
2: 9 · 21,10!; 24,18! und mit ihm ganz Israel. 2 Und im fünften Jahr König Rehabeams zog
Schischak, der König von Ägypten, herauf gegen Jerusalem – denn sie
3: 16,8 waren dem HERRN untreu geworden – 3 mit tausendzweihundert Wa-
gen und sechzigtausend Reitern und zahllosem Volk, das mit ihm aus
4: 11,5! Ägypten kam, Libyer, Sukkiter und Kuschiter. 4 Und er nahm die befes-
tigten Städte ein, die zu Juda gehörten, und er gelangte bis vor Jerusa-
lem.

5: 11,2; 1Kön 12,22 · 1Chr 28,9! 5 Da kam Schemaja, der Prophet, zu Rehabeam und den Fürsten Ju-
das, die sich wegen Schischak in Jerusalem versammelt hatten, und sag-
te zu ihnen: So spricht der HERR: Ihr habt mich zurückgelassen, und so
6–7: 7,14! lasse auch ich euch zurück – in der Hand Schischaks! 6 Da demütigten
sich die Fürsten Israels und der König, und sie sagten: Gerecht ist der
HERR! 7 Und als der HERR sah, dass sie sich gedemütigt hatten, erging
das Wort des HERRN an Schemaja: Sie haben sich gedemütigt, ich werde
sie nicht verderben. In Kürze werde ich ihnen Rettung bringen, und
mein Zorn soll sich nicht durch Schischak über Jerusalem ergiessen.
8 Doch sie werden ihm dienstbar werden und meinen Dienst kennen
lernen und den Dienst der Königtümer der Länder!

9–11: 1Kön 14,25–28 9 Und Schischak, der König von Ägypten, zog hinauf gegen Jerusa-
9: 2 · 9,15–16 lem, und er nahm die Schätze des Hauses des HERRN und die Schätze des
Hauses des Königs, das alles nahm er, und er nahm auch die goldenen
Schilde, die Salomo angefertigt hatte. 10 Und statt ihrer fertigte König
Rehabeam Schilde aus Bronze an und übergab sie den Obersten der
Leibwache, die den Eingang zum Haus des Königs bewachten. 11 Und
die Leibwächter kamen immer und trugen sie, wenn der König ins Haus
des HERRN ging, danach aber brachte man sie zurück in die Wachstube
12: 7,14! · 19,3 der Leibwächter. 12 Aber weil er sich demütigte, wandte sich der Zorn
des HERRN von ihm, so dass er ihn nicht ganz zugrunde richtete – und es
geschah in Juda sogar noch Gutes.

13–14: 1Kön 14,21–22 13 So erstarkte König Rehabeam in Jerusalem und war König. Ein-
undvierzig Jahre alt war Rehabeam, als er König wurde, und siebzehn
13: 6,5–6! Jahre lang war er König in Jerusalem, der Stadt, die der HERR erwählt
hatte aus allen Stämmen Israels, um dort seinen Namen niederzulegen.
14: 15,13! Und der Name seiner Mutter war Naama, die Ammoniterin. 14 Aber er
tat, was böse war, denn er richtete sein Herz nicht darauf, den HERRN zu
suchen.

15–16: 1Kön 14,29–31 15 Die Geschichte Rehabeams aber, das Frühere und das Spätere,
steht sie zur Registrierung nicht geschrieben in der Chronik Schemajas,
15: 9,29! · 5; 11,2 · 13,22 des Propheten, und Iddos, des Sehers? Und die Kriege zwischen Reha-
16: 9,31 beam und Jerobeam währten die ganze Zeit. 16 Und Rehabeam legte
sich zu seinen Vorfahren, und er wurde in der Stadt Davids begraben.
Und Abija, sein Sohn, wurde König an seiner Statt.

12,7: Möglich ist auch die Übersetzung: «... Ein wenig Rettung werde ich ihnen bringen, ...»

Abija, König von Juda, und Jerobeam, König von Israel

13 1 Im achtzehnten Jahr König Jerobeams wurde Abija König über 1–2: 1Kön 15,1–2
Juda, 2 drei Jahre lang war er König in Jerusalem. Und der Name 2: 11,20
seiner Mutter war Michajahu, die Tochter Uriels von Gibea. Es herrsch-
te aber Krieg zwischen Abija und Jerobeam. 3 Und Abija begann den 3: 12,15; 1Kön 15,7
Krieg mit einem Heer von tüchtigen Kriegern, vierhunderttausend aus-
erlesenen Männern. Und Jerobeam trat gegen ihn zum Kampf an, mit
achthunderttausend auserlesenen Männern, tüchtigen Kriegern. 4 Da
stellte sich Abija oben auf den Berg Zemarajim, der zum Gebirge Efraim
gehört, und sagte: Hört mich, Jerobeam und ganz Israel! 5 Solltet ihr 5: 6,16;
nicht wissen, dass der HERR, der Gott Israels, David das Königtum über 1Chr 17,7.11–14 ·
Israel für immer gegeben hat, ihm und seinen Söhnen, durch einen 21,7; Num 18,19
Salzbund? 6 Doch Jerobeam, der Sohn Nebats, der Diener Salomos, des 6: 1Kön 11,26
Sohns von David, hat sich erhoben und sich aufgelehnt gegen seinen
Herrn. 7 Und um ihn haben sich haltlose, ruchlose Männer geschart, 7: 1Chr 22,5
und sie haben sich stark gemacht gegenüber Rehabeam, dem Sohn Sa-
lomos. Rehabeam aber war noch jung und zaghaft und konnte sich ih-
nen gegenüber nicht behaupten. 8 Und nun sagt ihr, ihr würdet euch 8: 1Chr 17,14! ·
gegenüber dem Königtum des HERRN in der Hand der Söhne Davids 11,15; 1Kön 12,28–29
behaupten können, weil ihr eine grosse Menge seid und goldene Kälber
bei euch habt, die Jerobeam für euch als Götter gemacht hat! 9 Habt ihr 9: 11,14–15 ·
nicht die Priester des HERRN, die Aaroniden und die Leviten, verstossen Dtn 32,17; Jer 2,11
und euch Priester gemacht wie die Völker der Länder? Wer immer
kommt, um seine Hand zu füllen, mit einem jungen Stier und sieben
Widdern, wird Priester eines Un-Gottes. 10 Wir aber – der HERR ist un-
ser Gott, und wir haben ihn nicht verlassen, und die Aaroniden dienen
dem HERRN als Priester, und die Leviten versehen ihren Dienst. 11 Und 11: 2,3! · 4,7!
Morgen für Morgen und Abend für Abend bringen sie dem HERRN
Brandopfer und wohlriechendes Räucherwerk dar; sie legen die Schau-
brote auf den reinen Tisch und zünden den goldenen Leuchter an und
dessen Lampen, Abend für Abend. Denn wir erfüllen die Aufgaben für
den HERRN, unseren Gott. Ihr aber habt ihn verlassen! 12 Und seht, bei 12: 15,9; 32,8;
uns ist als Haupt Gott und seine Priester und die Signaltrompeten, um Jes 8,10 ·
sie gegen euch erschallen zu lassen. Ihr Israeliten, kämpft nicht gegen Num 10,8–9
den HERRN, den Gott eurer Vorfahren. Ihr werdet keinen Erfolg haben!

13 Jerobeam aber hatte die Leute im Hinterhalt einen Umweg ma-
chen lassen, um ihnen in den Rücken zu fallen; so waren sie vor Juda, die
im Hinterhalt aber waren in ihrem Rücken. 14 Als sich nun Juda um- 14: 14,10; 18,31;
wandte, sieh, da fanden sie sich im Kampf, vorn und hinten. Und sie 20,9; 32,20;
schrien zum HERRN, und die Priester bliesen die Trompeten, 15 und die 1Chr 5,20
Judäer brachen in Kriegsgeschrei aus. Und als all die Judäer in Kriegsge- 15: 14,11–12;
schrei ausbrachen, schlug Gott Jerobeam und ganz Israel, vor Abija und 20,15–17.22.29; 26,7; 32,8; 1Chr 5,22
Juda. 16 Und die Israeliten flohen vor Juda, Gott aber gab sie in ihre
Hand. 17 Und Abija und sein Volk richteten unter ihnen ein grosses Ge-
metzel an, und von Israel fielen, durchbohrt, fünfhunderttausend aus-
erlesene Männer.

18 So wurden zu jener Zeit die Israeliten gedemütigt, und die Judäer 18: 14,10; 16,7–8;
gewannen Oberhand, denn sie stützten sich auf den HERRN, den Gott 27,6; 1Chr 22,13!
ihrer Vorfahren. 19 Und Abija verfolgte Jerobeam und nahm Städte von
ihm ein: Bet-El und seine Tochterstädte und Jeschana und seine Tochter-

20: 1Kön 14,20 städte und Efrajin und seine Tochterstädte. 20 Und so lange Abijahu leb-
te, erlangte Jerobeam keine Macht mehr, und der HERR schlug ihn, und
21: 11,21 er starb. 21 Abijahu aber wurde mächtig, und er nahm sich vierzehn
Frauen und zeugte zweiundzwanzig Söhne und sechzehn Töchter.
22–23: 1Kön 15,7–8 22 Und was sonst noch von Abija zu berichten ist, wie er gelebt und
22: 9,29! · 12,15 was er geredet hat, das steht geschrieben im Midrasch des Propheten
23: 9,31 · 14,4–6 Iddo. 23 Und Abija legte sich zu seinen Vorfahren, und man begrub ihn
in der Stadt Davids. Und Asa, sein Sohn, wurde König an seiner Statt. In
seinen Tagen hatte das Land zehn Jahre lang Ruhe.

Asa, König von Juda. Sein Gottvertrauen

1–5: 1Kön 15,11–12 14 1 Und Asa tat, was gut und recht war in den Augen des HERRN,
2: 17,6; 19,3; 31,1; seines Gottes: 2 Er beseitigte die fremden Altäre und die Kulthö-
34,4.7 hen, zerbrach die Mazzeben und hieb die Ascheren um, 3 und er gebot
3: 33,16 Juda, den HERRN, den Gott ihrer Vorfahren, zu suchen und die Weisung
4–6: 13,23; 15,15; und das Gebot einzuhalten. 4 Und aus allen Städten Judas entfernte er
20,30; 1Chr 22,18! die Kulthöhen und die Räucheraltare, und das Königreich hatte Ruhe
5–6: 11,5! unter ihm. 5 Und er baute in Juda befestigte Städte, denn das Land hatte
Ruhe, und in jenen Jahren gab es keinen Krieg gegen ihn, denn der HERR
6: 15,2.4.12!; 17,4; hatte ihm Ruhe verschafft. 6 Und er sagte zu Juda: Lasst uns diese Städte
26,5; 31,21; 34,3; ausbauen und sie mit einer Mauer umgeben und mit Türmen, Toren
1Chr 28,9! · und Riegeln, so lange das Land frei vor uns liegt. Denn wir haben den
1Chr 22,13! HERRN, unseren Gott, gesucht; wir haben ihn gesucht, und er hat uns
ringsum Ruhe verschafft. Und sie bauten und hatten Erfolg. 7 Asa aber
hatte ein Heer von dreihunderttausend Mann aus Juda, die Schild und
Speer trugen, und zweihundertachtzigtausend Mann aus Benjamin, die
den Schild trugen und den Bogen spannten. All diese waren tüchtige
Krieger.

8 Da zog Serach, der Kuschiter, gegen sie aus mit einem Heer von
tausend mal tausend und dreihundert Wagen, und er kam bis nach Ma-
rescha. 9 Und Asa zog aus, ihm entgegen, und im Tal von Zefata bei Ma-
10: 13,14! · 13,18! rescha stellten sie sich auf zum Kampf. 10 Und Asa rief zum HERRN, sei-
nem Gott, und sagte: HERR, ausser dir ist keiner, der helfen kann im
Kampf zwischen einem Starken und einem Kraftlosen. Hilf uns, HERR,
unser Gott; denn auf dich stützen wir uns, und in deinem Namen sind
wir gegen diese Menge gezogen. HERR, du bist unser Gott; möge kein
11–12: 13,15! Mensch etwas gegen dich ausrichten können! 11 Da schlug der HERR die
12–14: 15,11; 20,25; Kuschiter vor Asa und vor Juda, und die Kuschiter flohen. 12 Und Asa
1Chr 5,21 und das Volk, das bei ihm war, verfolgten sie bis nach Gerar, und von
12: Ex 12,41 den Kuschitern fielen so viele, dass bei ihnen kein Leben mehr war,
denn sie wurden zerschlagen vor dem HERRN und vor seinem Heer.
13: 17,10; 19,7; 20,29; Und sie trugen sehr grosse Beute davon. 13 Sie schlugen auch alle Städte
Gen 35,5! im Umkreis von Gerar, denn der Schrecken des HERRN war auf ihnen.
Und sie plünderten alle Städte; denn viel Beute war in ihnen. 14 Und
auch die Zelte beim Vieh schlugen sie, und sie führten eine Menge von
Schafen und Kamelen weg und kehrten zurück nach Jerusalem.

14,12: Mit «... Und sie trugen ...» sind die Judäer gemeint.

Die Erneuerung des Bundes mit dem HERRN

15 1 Und der Geist Gottes kam über Asarjahu, den Sohn Odeds. 2 Und
er ging hinaus zu Asa und sagte zu ihm: Hört mich an, Asa und
ganz Juda und Benjamin! Der HERR ist mit euch, wenn ihr mit ihm seid,
und wenn ihr ihn sucht, wird er sich für euch finden lassen; wenn ihr
ihn aber verlasst, wird er euch verlassen. 3 Und lange Zeit war Israel
ohne den wahren Gott und ohne einen Priester, der sie lehrte, und ohne
Weisung. 4 Als es aber in Not war, kehrte es zurück zum HERRN, dem
Gott Israels; und sie suchten ihn, und er liess sich von ihnen finden. 5 In
jenen Zeiten war es unsicher, hinauszugehen und hineinzukommen,
denn grosse Verwirrungen kamen über alle Bewohner der Länder.
6 Und Nation stiess sich an Nation und Stadt an Stadt, denn Gott brach-
te sie in Verwirrung durch vielerlei Not. 7 Ihr aber, seid stark und lasst
eure Hände nicht erschlaffen; es gibt einen Lohn für euer Tun!
8 Als Asa diese Worte und die Weissagung Odeds, des Propheten,
hörte, erstarkte er und schaffte die Scheusale aus dem ganzen Land Juda
und Benjamin und aus den Städten, die er auf dem Gebirge Efraim ein-
genommen hatte; und er erneuerte den Altar des HERRN, der vor der
Halle des HERRN stand. 9 Und er versammelte ganz Juda und Benjamin
und die Fremden aus Efraim, Manasse und Simeon, die sich bei ihnen
aufhielten, denn aus Israel waren viele zu ihm übergegangen, als sie
sahen, dass der HERR, sein Gott, bei ihm war. 10 Und sie versammelten
sich in Jerusalem im dritten Monat des fünfzehnten Jahres der Königs-
herrschaft Asas 11 und opferten dem HERRN an jenem Tag von der Beute,
die sie heimgebracht hatten, siebenhundert Rinder und siebentausend
Schafe. 12 Und sie traten ein in den Bund, den HERRN zu suchen, den
Gott ihrer Vorfahren, mit ihrem ganzen Herzen und mit ihrer ganzen
Seele. 13 Und jeder, der den HERRN, den Gott Israels, nicht suchen wür-
de, sollte getötet werden, vom Kleinsten bis zum Grössten, ob Mann
oder Frau. 14 Und sie schworen dem HERRN mit lauter Stimme und un-
ter Jubel und mit Trompeten und Hörnern. 15 Und ganz Juda freute sich
über den Schwur; denn sie hatten von ihrem ganzen Herzen geschwo-
ren und ihn mit ganzem Willen gesucht. Und er liess sich von ihnen
finden, und der HERR verschaffte ihnen Ruhe ringsum.
16 Und er setzte auch Maacha, die Mutter Asas, des Königs, als Ge-
bieterin ab, die für die Aschera ein Schandbild angefertigt hatte. Und
Asa zerschlug ihr Schandbild und zermalmte es, und er verbrannte es
im Kidrontal; 17 die Kulthöhen aber verschwanden nicht aus Israel.
Doch das Herz Asas war sein Leben lang ungeteilt. 18 Und die heiligen
Dinge seines Vaters und seine eigenen heiligen Dinge brachte er ins
Haus Gottes, Silber, Gold und Geräte. 19 Und bis zum fünfunddreissigs-
ten Jahr der Königsherrschaft Asas gab es keinen Krieg.

1: 20,14; 24,20; Ri 3,10; 1Chr 12,19
2: 1Chr 28,9!
3: Klgl 2,9
7: 19,11; 32,7; 1Chr 28,10! · Jer 31,16
8: 1Kön 15,12 · 28,9 · 4,1!; 24,4
12: 23,1; 29,10; 34,31; 2Kön 23,3! · 14,6!; Dtn 4,29
13: 12,14; 20,33; 1Chr 28,9!
15: 14,4–6!
16–18: 1Kön 15,13–15
17: 20,33; 21,11; 28,4.25; 33,17
18: 5,1

Asas Bund mit Aram. Asas Krankheit und Tod

16 1 Im sechsunddreissigsten Jahr der Königsherrschaft Asas zog
Bascha, der König von Israel, herauf gegen Juda und baute Rama
aus, um Asa, dem König von Juda, nicht die Möglichkeit zu geben, aus-
zurücken und einzurücken. 2 Da holte Asa Silber und Gold aus den
Schatzkammern des Hauses des HERRN und des Hauses des Königs und
sandte es zu Ben-Hadad, dem König von Aram, der in Damaskus wohn-

1–6: 1Kön 15,16–22
2: 28,21

te, und sagte: 3 Es gibt einen Bund zwischen mir und dir und zwischen
meinem Vater und deinem Vater. Sieh, ich sende dir Silber und Gold.
Geh, löse dein Bündnis mit Bascha, dem König von Israel, damit er ab-
zieht von mir. 4 Und Ben-Hadad hörte auf König Asa, und er sandte die
Anführer der Heere, die zu ihm gehörten, gegen die Städte Israels, und
sie schlugen Ijon, Dan und Abel-Majim und alle Vorratstädte Naftalis.
5 Und als Bascha davon hörte, brach er den Ausbau von Rama ab und
stellte seine Arbeit ein. 6 Und Asa, der König, holte ganz Juda, und sie
trugen die Steine und das Holz von Rama weg, womit Bascha gebaut
hatte, und er baute damit Geba und Mizpa.

7–8: 13,18! 7 Zu dieser Zeit aber kam Chanani, der Seher, zu Asa, dem König von
7: 19,2 Juda, und sagte zu ihm: Weil du dich auf den König von Aram gestützt
hast und dich nicht auf den HERRN, deinen Gott gestützt hast, darum ist
8: 12,3; 14,8–12 das Heer des Königs von Aram deiner Hand entkommen. 8 Waren die
Kuschiter und die Libyer nicht ein riesiges Heer mit Wagen und Rei-
tern? Doch weil du dich auf den HERRN gestützt hast, hat er sie in deine
9: Hiob 34,21; Hand gegeben. 9 Denn die Augen des HERRN schweifen über die ganze
Jer 16,17 · 15,17.19 Erde, um sich mächtig zu erweisen an denen, deren Herz ihm ungeteilt
gehört. Töricht hast du darin gehandelt, denn von nun an wirst du Krie-
10: 18,26 ge haben. 10 Da wurde Asa ärgerlich über den Seher und warf ihn ins
Gefängnis; denn er war deswegen wütend auf ihn. Und zu dieser Zeit
misshandelte Asa manche aus dem Volk.

11–14: 11 Und sieh, die Geschichte Asas, das Frühere und das Spätere, sieh,
1Kön 15,23–24 sie steht geschrieben im Buch der Könige von Juda und Israel. 12 Und im
11: 9,29! *12:* 1Chr 10,14 neununddreissigsten Jahr seiner Königsherrschaft wurde Asa krank an
seinen Füssen, und seine Krankheit wurde schlimm, aber auch in seiner
Krankheit suchte er nicht den HERRN, sondern die Heilkundigen.
13 Und Asa legte sich zu seinen Vorfahren; und er starb im einundvier-
14: 21,19; Jer 34,5 zigsten Jahr seiner Königsherrschaft. 14 Und man begrub ihn in seiner
Grabanlage, die er sich in der Stadt Davids gegraben hatte. Und man
legte ihn auf das Lager, das gefüllt war mit Balsam und Salben nach der
Art der Salbenmischer, und man entzündete für ihn ein riesig grosses
Feuer.

Jehoschafat, König von Juda

1: 1Kön 15,24 **17** 1 Und Jehoschafat, sein Sohn, wurde König an seiner Statt; und er
gewann Macht gegen Israel. 2 Und er legte Streitkräfte in alle be-
festigten Städte Judas und legte Besatzungen in das Land Juda und in die
3: 20,32; 21,12; 26,4; Städte Efraims, die Asa, sein Vater, erobert hatte. 3 Und der HERR war
27,2; 29,2; 34,2 mit Jehoschafat, denn er ging auf den Wegen Davids, seines Vaters, die
4: 14,6! dieser früher gegangen war, und fragte nicht nach den Baalen, 4 son-
dern fragte nach dem Gott seines Vaters und lebte nach seinen Geboten
5: 18,1; 32,27 und nicht so, wie Israel es machte. 5 Und der HERR festigte das König-
tum in seiner Hand; und ganz Juda brachte Jehoschafat Geschenke, und
6: 14,2!; 19,3 ihm wurde viel Reichtum und Ehre zuteil. 6 Und auf den Wegen des
HERRN gewann sein Herz Mut, und er beseitigte wieder die Kulthöhen
7–9: 15,3; 35,3; und die Ascheren aus Juda. 7 Und im dritten Jahr seiner Königsherr-
Esra 7,25; Neh 8,7 schaft sandte er seine Obersten aus, Ben-Chajil, Obadja, Secharja, Neta-
nel und Michajahu, um in den Städten Judas zu lehren, 8 und mit ihnen
die Leviten Schemajahu, Netanjahu, Sebadjahu, Asael, Schemiramot, Je-

honatan, Adonijahu, Tobijahu und Tob-Adonija, die Leviten, und bei ih-
nen waren Elischama und Jehoram, die Priester. 9 Und sie lehrten in 9: 2Kön 22,8
Juda, und das Buch der Weisung des HERRN hatten sie bei sich. Und sie
zogen umher durch alle Städte Judas und lehrten im Volk.

10 Und der Schrecken des HERRN lag über allen Königreichen der 10: 14,13!
Länder, die rings um Juda waren, und sie führten keinen Krieg gegen
Jehoschafat. 11 Und Philister brachten Jehoschafat Geschenke und Sil- 11: 9,24!
ber als Tribut; sogar die Araber brachten ihm Kleinvieh: siebentausend-
siebenhundert Widder und siebentausendsiebenhundert Ziegenböcke.
12 So wurde Jehoschafat immer grösser, bis er überaus gross war, und er 12: 8,4; 11,5!; 32,28
baute in Juda Burgen und Vorratsstädte. 13 Und in den Städten Judas 13: 11,11
hatte er grosse Arbeiten und in Jerusalem Kriegsleute, tüchtige Krieger.
14 Und dies waren ihre Dienste, entsprechend ihren Familien: Von Juda
waren Anführer von Tausendschaften: Adna, der Anführer, und mit ihm
dreihunderttausend tüchtige Krieger, 15 und an seiner Seite Jehocha-
nan, der Anführer, und mit ihm zweihundertachtzigtausend Mann,
16 und an seiner Seite Amasja, der Sohn Sichris, der sich als Freiwilliger
für den HERRN einfand, und bei ihm waren zweihunderttausend tüch-
tige Krieger. 17 Und aus Benjamin: ein tüchtiger Krieger, Eljada, und 17–18: 1Chr 7,11
mit ihm zweihunderttausend, die Bogen und Schild führten, 18 und an
seiner Seite Jehosabad, und mit ihm hundertachtzigtausend zum Hee-
resdienst Gerüstete. 19 Diese waren es, die dem König dienten, abgese-
hen von denen, die der König in die befestigten Städte überall in Juda
gelegt hatte.

Jehoschafat und Achab, König von Israel. Michajehus Prophezeiung

18 1 Und als Jehoschafat viel Reichtum und Ehre erlangt hatte, ver- 1–34: 1Kön 22,1-37
schwägerte er sich mit Achab. 2 Und einige Jahre später zog er 1: 17,5; 32,27 · 20,35; 21,6
hinab zu Achab nach Samaria. Und Achab schlachtete für ihn und für das 2: 22,5
Volk, das mit ihm kam, eine Menge von Schafen und Rindern und ver-
leitete ihn, gegen Ramot-Gilead hinaufzuziehen. 3 Und Achab, der Kö-
nig von Israel, sprach zu Jehoschafat, dem König von Juda: Wirst du mit
mir ziehen nach Ramot-Gilead? Und er sprach zu ihm: Wie ich, so du;
und wie dein Volk, so mein Volk: mit dir in den Kampf! 4 Dann aber
sagte Jehoschafat zum König von Israel: Hole doch zuvor das Wort des
HERRN ein. 5 Und so versammelte der König von Israel die Propheten,
vierhundert, und sagte zu ihnen: Sollen wir in die Schlacht ziehen ge-
gen Ramot-Gilead, oder soll ich es nicht tun? Da sagten sie: Zieh hinauf,
damit Gott es in die Hand des Königs gibt! 6 Jehoschafat aber sagte: Gibt
es hier sonst keinen Propheten des HERRN, den wir befragen könnten?
7 Und der König von Israel sagte zu Jehoschafat: Einen gibt es noch, um
den HERRN zu befragen. Aber ich hasse ihn, denn er weissagt mir nicht
zum Guten, sondern immer nur zum Unheil: Es ist Michajehu, der Sohn
des Jimla. Jehoschafat aber sagte: So sollte der König nicht reden! 8 Da
rief der König von Israel einen Kämmerer und sprach: Rasch, hole Mi-
chajehu, den Sohn des Jimla!

9 Und während der König von Israel und Jehoschafat, der König von
Juda, beide in vollem Ornat auf ihren Thronen sassen, während sie auf
dem Dreschplatz am Eingang des Tors von Samaria sassen und alle Pro-
pheten sich vor ihnen als Propheten gebärdeten, 10 da machte sich Zid- 10: 23

kijahu, der Sohn des Kenaana, Hörner aus Eisen und sprach: So spricht
der HERR: Mit solchen wirst du Aram niederstossen, bis du sie gänzlich
vernichtet hast. 11 Und ebenso weissagten alle Propheten, und sie spra-
chen: Zieh hinauf nach Ramot-Gilead, und sei erfolgreich! Der HERR
wird es in die Hand des Königs geben.

12 Und der Bote, der gegangen war, um Michajehu zu rufen, sagte zu
diesem: Sieh, die Worte der Propheten verkünden einstimmig Gutes für
den König. Und auch dein Wort soll sein wie eins von ihnen: Sag Gutes
an! 13 Michajehu aber sprach: So wahr der HERR lebt: Was mein Gott zu
mir spricht, das werde ich sagen! 14 Und er kam zum König, und der
König sagte zu ihm: Micha, sollen wir in die Schlacht ziehen nach Ra-
mot-Gilead, oder soll ich es nicht tun? Da sprach er: Zieht hinauf, und
seid erfolgreich! Sie werden in eure Hand gegeben werden. 15 Da aber
sprach der König zu ihm: Wie oft muss ich dich beschwören, mir im
Namen des HERRN nichts als die Wahrheit zu sagen? 16 Da sprach er:

Ganz Israel sah ich
    auf den Bergen zerstreut,
wie Schafe, die keinen Hirten haben.
Und der HERR sprach:
Diese haben keinen Herrn;
    es kehre jeder in Frieden zurück in sein Haus!

17: 7 17 Da sprach der König von Israel zu Jehoschafat: Habe ich dir nicht
gesagt, dass er mir nie Gutes weissagt, sondern immer nur zum Unheil!
18 Dieser aber sprach: Deshalb hört das Wort des HERRN! Ich sah den
HERRN auf seinem Thron sitzen, und zu seiner Rechten und zu seiner
Linken stand das ganze Heer des Himmels. 19 Und der HERR sprach:
Wer könnte Achab, den König von Israel, überreden, dass er hinauf-
zieht – damit er in Ramot-Gilead fällt? Da sagte einer dies, und ein an-
derer sagte das. 20 Dann aber trat der Geist vor, stellte sich vor den
HERRN und sprach: Ich werde ihn überreden. Und der HERR sprach zu
ihm: Womit? 21 Und er sprach: Ich werde hinausgehen, und ich werde
zum Lügengeist im Mund aller seiner Propheten. Da sprach er: Überre-
de ihn, du kannst es! Geh hinaus und mach es so! 22 Und nun sieh, die-
sen deinen Propheten hat der HERR einen Lügengeist in den Mund ge-
23: 10 legt: Der HERR hat Unheil angesagt über dich! 23 Da trat Zidkijahu, der
Sohn des Kenaana, heran, schlug Michajehu ins Gesicht und sagte: Auf
welchem Weg sollte denn der Geist des HERRN von mir gewichen sein,
um mit dir zu reden? 24 Und Michajehu sprach: Sieh, du wirst es sehen
an jenem Tag, da du von Kammer zu Kammer läufst, um dich zu verste-
cken. 25 Da sprach der König von Israel: Nehmt Michajehu und bringt
ihn zurück zu Amon, dem Obersten der Stadt, und zu Joasch, dem Kö-
26: 16,10 nigssohn, 26 und sprecht: So spricht der König: Werft diesen in den
Kerker! Und bis ich wohlbehalten zurückkehre, sollt ihr ihm nur wenig
zu essen und wenig zu trinken geben. 27 Michajehu aber sagte: Wenn
du wirklich wohlbehalten zurückkommst, so hat der HERR nicht durch
mich geredet. Dann sprach er: Hört her, ihr Völker alle!

Jehoschafats Rettung. Achabs Tod

28 Der König von Israel aber und Jehoschafat, der König von Juda,
29: 35,22 zogen hinauf nach Ramot-Gilead. 29 Und der König von Israel sprach zu

Jehoschafat: Ich werde mich verkleiden und so in die Schlacht ziehen;
du aber sollst deine eigenen Kleider tragen. Und der König von Israel
verkleidete sich, und so zogen sie in die Schlacht. 30 Der König von
Aram aber hatte den Obersten über die Wagen, die zu ihm gehörten,
geboten: Weder die Kleinen noch die Grossen sollt ihr angreifen, son-
dern nur den König von Israel! 31 Als dann die Obersten über die Wagen 31: 13,14!
Jehoschafat sahen, sagten sie: Das ist der König von Israel! Und sie kreis-
ten ihn ein, um ihn anzugreifen, Jehoschafat aber schrie auf. Und der
HERR half ihm, und Gott lenkte sie ab von ihm. 32 Und als die Obersten
über die Wagen sahen, dass es nicht der König von Israel war, liessen sie
ab von ihm. 33 Irgendeiner aber hatte ahnungslos den Bogen gespannt 33: 35,23
und traf den König von Israel zwischen dem Schuppenpanzer und den
Gurten. Da sprach er zum Wagenlenker: Wende, und führe mich heraus
aus dem Heer, denn ich bin schwer verwundet. 34 Und an jenem Tag
tobte die Schlacht immer heftiger, aber bis zum Abend hielt der König
von Israel sich gegenüber Aram aufrecht im Wagen. Als aber die Sonne
unterging, starb er.

Jehoschafats Herrschaft

19 1 Und Jehoschafat, der König von Juda, kehrte wohlbehalten in
sein Haus nach Jerusalem zurück. 2 Da trat ihm Jehu, der Sohn des 2: 16,7; 20,34 · 18,3 ·
Chanani, der Seher, entgegen, und sprach zu König Jehoschafat: Willst 32,25–26!
du dem Frevler helfen und die lieben, die den HERRN hassen? Darum
lastet Zorn vom HERRN auf dir. 3 Doch ist auch Gutes an dir gefunden 3: 12,12 · 17,6 ·
worden: Du hast die Ascheren aus dem Land getilgt und dein Herz dar- 15,12!
auf gerichtet, Gott zu suchen. 4 So wohnte Jehoschafat in Jerusalem.
Dann zog er wieder hinaus unter das Volk, von Beer-Scheba bis zum
Gebirge Efraim, und führte sie zurück zum HERRN, dem Gott ihrer Vor-
fahren. 5 Und er setzte Richter im Land ein, in allen befestigten Städten 5: Dtn 16,18
Judas, in Stadt für Stadt, 6 und sagte den Richtern: Schaut zu, was ihr 6: Dtn 1,17
tut; denn nicht für Menschen richtet ihr, sondern für den HERRN, und er
ist mit euch beim Rechtsspruch. 7 Und nun sei der Schrecken des 7: 14,13! · Dtn 10,17;
HERRN auf euch! Nehmt euch in acht bei eurem Tun, denn beim HERRN, 16,19
unserem Gott, gibt es keine Ungerechtigkeit und kein Ansehen der Per-
son und keine Bestechlichkeit.

8 Und auch in Jerusalem setzte Jehoschafat Leviten und Priester und 8: Dtn 17,8–9;
Familienhäupter Israels ein für das Gericht des HERRN und für den 1Chr 23,4
Rechtsstreit. Dann kehrten sie zurück nach Jerusalem. 9 Und er wies sie
an: So sollt ihr verfahren: in der Furcht des HERRN, in Treue und mit
ungeteiltem Herzen. 10 Bei jedem Streit, der vor euch kommt von euren 10: Ex 18,16;
Brüdern, die in ihren Städten wohnen, zwischen Blut und Blut, zwi- Dtn 21,5 · 32,25–26!
schen Weisung und Gebot und Ordnungen und Rechtssatzungen, sollt
ihr sie verwarnen, dann werden sie nicht schuldig am HERRN und es
kommt kein Zorn über euch und eure Brüder. So sollt ihr verfahren,
dann werdet ihr nicht schuldig. 11 Und seht, Amarjahu, der Hohe Pries- 11: 1Chr 5,37 ·
ter, steht über euch in jeder Angelegenheit, die den HERRN betrifft, und 1Chr 26,32 · 15,7!
Sebadjahu, der Sohn Jischmaels, der Fürst des Hauses Juda, in jeder An-
gelegenheit, die den König betrifft; und als Amtsleute sind die Leviten
vor euch. Seid stark, und handelt, und der HERR sei mit dem Guten.

Jehoschafats Sieg über die Ammoniter

1: 26,7; 1Chr 4,41 **20** 1 Danach zogen die Moabiter und die Ammoniter und mit ihnen
2: 1Sam 24,1! eine Anzahl von Meunitern gegen Jehoschafat in den Krieg. 2 Und
man kam und meldete Jehoschafat: Es kommt eine grosse Menge auf
euch zu, von jenseits des Meers, von Aram her, und seht, sie sind in
3–4: 14,6!; 15,12! Chazezon-Tamar – das ist En-Gedi. 3 Da fürchtete sich Jehoschafat und
3: Jer 36,9! richtete sein Sinnen darauf, den HERRN zu suchen, und rief ein Fasten
aus über ganz Juda. 4 Und Juda versammelte sich, um den HERRN zu
befragen; auch aus allen Städten Judas kamen sie, um den HERRN zu
befragen. 5 Da trat Jehoschafat in die Versammlung Judas und Jerusa-
6: 6,21 · lems im Haus des HERRN vor dem neuen Vorhof 6 und sprach: HERR,
1Chr 29,11–12 · Gott unserer Vorfahren, bist du nicht der Gott im Himmel und der, der
6,14; Jer 49,19 über alle Königtümer der Nationen herrscht? Und in deiner Hand sind
7: Dtn 1,8; 4,38 · Kraft und Macht, und niemand kann dir standhalten. 7 Bist nicht du
Jes 41,8; Jak 2,23 unser Gott, der die Bewohner dieses Landes vor deinem Volk Israel ver-
trieben und es der Nachkommenschaft Abrahams, deines Freundes, ge-
8–9: 6,5–6! geben hat für immer? 8 Und sie haben sich darin niedergelassen und
9: 6,28–30 · 13,14! dir darin ein Heiligtum gebaut für deinen Namen und sagten: 9 Wenn
Unheil über uns kommt, Schwert, Gericht und Pest oder Hunger, wol-
len wir vor dieses Haus und vor dich treten – denn dein Name ist in
diesem Haus –, und zu dir werden wir unserer Not wegen schreien, da-
10: Num 20,14–21; mit du hörst und rettest. 10 Und nun, sieh, es kommen die Ammoniter
Dtn 2,19! und Moab und die vom Gebirge Seir, unter die zu gehen du Israel nicht
erlaubt hast, als sie aus dem Land Ägypten kamen; sie sind ihnen ausge-
11: 7; Jos 1,6 wichen und haben sie nicht vertilgt. 11 Und sieh, diese vergelten es uns,
indem sie kommen, um uns aus deinem Besitz zu vertreiben, den du
12: Ps 94,2 uns zum Besitz gegeben hast. 12 Unser Gott! Willst du nicht Gericht hal-
ten über sie? Denn vor dieser grossen Menge, die auf uns zukommt,
fehlt uns die Kraft. Und wir, wir wissen nicht, was wir tun sollen. Auf
dich sind unsere Augen gerichtet! 13 Und während ganz Juda vor dem
14: 15,1! HERRN stand, auch die Kinder, ihre Frauen und ihre Söhne, 14 kam der
Geist des HERRN mitten in der Versammlung auf Jachasiel, den Sohn
Secharjahus, des Sohns Benajas, des Sohns Jeiels, des Sohns Mattanjas,
15–17: 13,15!; den Leviten, von den Söhnen Asaf, 15 und er sprach: Hört hin, ganz Juda
Ex 14,13–14 und ihr Bewohner Jerusalems und du, König Jehoschafat! So spricht der
15: 32,7; 1Chr 28,20 HERR zu euch: Fürchtet euch nicht und habt keine Angst vor dieser gros-
sen Menge! Denn es ist nicht euer, sondern Gottes Krieg. 16 Zieht mor-
gen gegen sie hinab! Seht, sie kommen herauf beim Aufstieg von Ziz.
Und ihr werdet sie finden am Ende des Bachtals vor der Wüste Jeruel.
17: Num 14,9; 17 Es ist nicht an euch, deswegen zu kämpfen! Stellt euch auf, steht fest,
Dtn 3,22 und seht der Rettung durch den HERRN bei euch entgegen, Juda und
Jerusalem. Fürchtet euch nicht und habt keine Angst! Zieht ihnen mor-
gen entgegen, und der HERR wird bei euch sein.

18–19: 29,30! 18 Da verneigte sich Jehoschafat mit dem Angesicht zur Erde, und
ganz Juda und die Bewohner Jerusalems fielen nieder vor dem HERRN,
19: 1Chr 16,4! um sich vor dem HERRN zu verneigen. 19 Und die Leviten von den Ke-
hatiten und den Korachiten erhoben sich, um den HERRN, den Gott Is-

20,1: Der Massoretische Text lautet: «... eine Anzahl von Ammonitern ...»
20,2: Mit dem Meer ist das Tote Meer gemeint.

raels, mit sehr lauter Stimme zu preisen. 20 Und früh am Morgen zogen 20: Jes 7,9; 28,16
sie hinaus in die Wüste Tekoa, und als sie auszogen, trat Jehoschafat vor
und sagte: Hört auf mich, Juda und ihr Bewohner von Jerusalem! Ver-
traut auf den HERRN, euren Gott, und ihr werdet bestehen, vertraut auf
seine Propheten, und ihr werdet Erfolg haben. 21 Dann beriet er sich 21: 1Chr 16,4!.34!
mit dem Volk und stellte Sänger auf für den HERRN, die beim Auszug vor
den Gerüsteten in heiligem Schmuck lobpriesen und sagten: Danket
dem HERRN, denn ewig währt seine Güte!

22 Und zu der Zeit, als sie mit dem Jubel und dem Lobgesang began- 22: 15–17; 13,15!
nen, legte der HERR Hinterhalte gegen die Ammoniter, Moab und die
vom Gebirge Seir, die gegen Juda heranzogen, und sie wurden geschla-
gen.

23 Und die Ammoniter und die von Moab stellten sich gegen die Be- 23: Ri 7,22!;
wohner des Gebirges von Seir, um sie der Vernichtung zu weihen und 1Sam 14,20
sie zu vertilgen, und nachdem sie die Bewohner von Seir aufgerieben
hatten, halfen sie einander, sie zu vernichten. 24 Und als Juda zu dem 24: 2Kön 19,35
Ausblickspunkt gegen die Wüste hin gekommen war, schauten sie nach
der Menge, und sieh, da lagen nur Leichen am Boden, und niemand war
entronnen. 25 Da kamen Jehoschafat und sein Volk, um die Beute zu 25: 14,12–14!
plündern. Und sie fanden bei ihnen in grosser Menge Besitztum und
Kleider und kostbare Geräte, und sie rafften so viel an sich, dass man es
nicht mehr tragen konnte. Drei Tage plünderten sie die Beute, so gross
war sie.

26 Und am vierten Tage versammelten sie sich im Tal Beracha, dort
lobten sie den HERRN. Darum nennt man diesen Ort bis heute Emek-
Beracha. 27 Und alle Männer von Juda und Jerusalem und an ihrer Spit-
ze Jehoschafat, kehrten zurück nach Jerusalem, in Freude, denn Freude
hatte der HERR ihnen bereitet gegenüber ihren Feinden. 28 Und sie ka- 28: 1Chr 16,4!
men nach Jerusalem mit Harfen und Leiern und Trompeten, zum Haus
des HERRN. 29 Und der Schrecken Gottes fiel auf alle Königreiche der 29: 14,13! · 15–17
Länder, als sie hörten, dass der HERR gegen die Feinde Israels gekämpft
hatte. 30 Das Königtum Jehoschafats aber hatte Ruhe, und sein Gott 30: 14,4–6!
schaffte ihm Ruhe ringsum.

31 So war Jehoschafat König über Juda. Er war fünfunddreissig Jahre 31–37:
alt, als er König wurde, und fünfundzwanzig Jahre lang war er König in 1Kön 22,41–50
Jerusalem. Und der Name seiner Mutter war Asuba, die Tochter Schil-
chis. 32 Und er ging auf dem Weg seines Vaters Asa und wich nicht da- 32: 17,3!
von ab und tat, was recht war in den Augen des HERRN. 33 Die Kulthö- 33: 15,17! · 15,13!
hen aber verschwanden nicht, und noch immer wandte das Volk sein
Herz nicht dem Gott seiner Vorfahren zu.

34 Und was sonst noch von Jehoschafat zu berichten ist, das Frühere 34: 9,29! · 16,7; 19,2
und das Spätere, sieh, das steht geschrieben in der Geschichte Jehus, des
Sohns von Chanani, die in das Buch der Könige von Israel aufgenom-
men worden ist.

35 Danach aber verbündete sich Jehoschafat, der König von Juda, mit 35: 18,1; 21,6 ·
Achasja, dem König von Israel; dieser handelte frevelhaft. 36 Er verbün- 1Kön 22,52–54
dete sich mit ihm, um Schiffe zu bauen, die nach Tarschisch fahren soll- 36: Jona 1,3

20,25: Der Massoretische Text lautet: «... Besitztum und Leichen und kostbare Geräte, ...»
20,26: Der hebräische Name Emek-Beracha bedeutet ‹Tal des Lobens›.

ten. Und sie bauten Schiffe in Ezjon-Geber. 37 Da weissagte Elieser, der
Sohn des Dodawahu aus Marescha, gegen Jehoschafat und sagte: Weil
du dich mit Achasjahu verbündet hast, zerbricht der HERR deine Werke.
Und die Schiffe zerbrachen und konnten nicht nach Tarschisch fahren.

Jehoram, König von Juda. Seine Erkrankung

1: 1Kön 22,51 **21** 1 Und Jehoschafat legte sich zu seinen Vorfahren, und er wurde
bei seinen Vorfahren begraben, in der Stadt Davids, und Jehoram,
2–10: 2Kön 8,16–22 sein Sohn, wurde König an seiner Statt. 2 Und er hatte Brüder, die Söhne
Jehoschafats: Asarja und Jechiel und Secharjahu und Asarjahu und Mi-
chael und Schefatjahu; alle diese waren die Söhne Jehoschafats, des Kö-
3: 11,23 · 11,5! nigs von Israel. 3 Und ihr Vater gab ihnen viele Geschenke von Silber
und Gold und Kostbarkeiten sowie befestigte Städte in Juda; die Königs-
herrschaft aber hatte er Jehoram übergeben, denn er war der Erstgebo-
rene. 4 Und Jehoram erhob sich gegen das Königshaus seines Vaters,
wurde stark und brachte alle seine Brüder mit dem Schwert um und
auch einige der Fürsten Israels.
5 Zweiunddreissig Jahre alt war Jehoram, als er König wurde, und
6: 13; 22,3; 28,2 · 18,1; 22,2 acht Jahre lang war er König in Jerusalem. 6 Und er ging auf dem Weg
der Könige von Israel, wie das Haus Achab es tat, denn die Tochter
Achabs war seine Frau, und er tat, was böse war in den Augen des HERRN.
7: 13,5 · 2Sam 21,17; 1Kön 11,36! 7 Um des Bundes willen aber, den er mit David geschlossen hatte, wollte
der HERR das Haus David nicht verderben, hatte er doch zugesagt, ihm
und seinen Nachfahren für immer eine Leuchte zu geben.
8 In seinen Tagen löste sich Edom von der Herrschaft Judas, und sie
machten einen zum König über sich. 9 Da zog Jehoram hinüber mit sei-
nen Obersten und mit ihm alle Wagen. Und in der Nacht hatte er sich
aufgemacht, und er schlug Edom, das ihn und die Obersten über die
10: 12,2; 28,6; 29,6; 1Chr 28,9! Wagen umzingelt hatte. 10 Edom aber hat sich von der Herrschaft Judas
gelöst bis auf den heutigen Tag. Damals, in jener Zeit, löste sich auch
Libna von seiner Herrschaft, denn er hatte den HERRN, den Gott seiner
11: 15,17! · Dtn 31,16 Vorfahren, verlassen. 11 Auch er hatte Kulthöhen auf den Bergen Judas
errichtet, und er stiftete die Bewohner Jerusalems zur Hurerei an und
verführte Juda.
12: 1Kön 17,1 · 14,1; 17,3!–4 12 Da gelangte ein Schreiben von Elija, dem Propheten, an ihn, das
lautete: So spricht der HERR, der Gott Davids, deines Vorfahren: Dafür,
dass du nicht auf den Wegen Jehoschafats, deines Vorfahren, gegangen
13: 6! · 1Kön 16,30–33 bist und nicht auf den Wegen Asas, des Königs von Juda, 13 sondern auf
dem Weg der Könige Israels gegangen bist und Juda und die Bewohner
Jerusalems zur Hurerei – wie den Hurereien im Haus Achab – angestif-
tet hast, und auch weil du deine Brüder, deine Familie, umgebracht hast,
die besser waren als du – 14 sieh, eine grosse Plage bringt der HERR über
dein Volk und über deine Söhne und deine Frauen und über alles, was
15: 16,12 du besitzt. 15 Und du selbst wirst schwer erkranken an einer Krankheit
deiner Eingeweide, bis im Lauf der Zeit als Folge der Krankheit deine
16: 36,22; 1Chr 5,26 · 26,7 Eingeweide herausdringen. 16 Da erweckte der HERR gegen Jehoram
den Geist der Philister und der Araber, die neben den Kuschitern waren,

21,2: Vermutlich muss der Text lauten: «... Jehoschafats, des Königs von Juda.»
21,9: Siehe die Anm. zu 2Kön 8,21.

17 und sie zogen hinauf gegen Juda und brachen dort ein und führten 17: 22,1
den ganzen Besitz weg, der sich im Haus des Königs fand, auch seine
Söhne und seine Frauen, und es blieb ihm kein Sohn, ausser Jehoachas,
dem jüngsten seiner Söhne. 18 Und nach alledem schlug ihn der HERR 18: 15
in seinen Eingeweiden mit einer unheilbaren Krankheit. 19 Und nach 19: 16,14
einer gewissen Zeit, etwa nach Ablauf von zwei Jahren, drangen als Fol-
ge seiner Krankheit seine Eingeweide heraus, und er starb unter schlim-
men Umständen. Und sein Volk entzündete ihm kein Feuer, wie man es
für seine Vorfahren getan hatte.

20 Zweiunddreissig Jahre alt war er, als er König wurde, und acht 20: 5 · 24,25; 28,27
Jahre lang war er König in Jerusalem, und er ging, ohne bedauert zu
werden. Und man begrub ihn in der Stadt Davids, aber nicht in den Grä-
bern der Könige.

Achasjahu, König von Juda. Ataljahu

22 1 Und die Bewohner Jerusalems machten Achasjahu, seinen 1–6: 2Kön 8,25–29
jüngsten Sohn, zum König an seiner Statt; denn alle älteren hatte 1: 21,16–17
die Streifschar, die mit Arabern in das Lager gekommen war, umge-
bracht. So wurde Achasjahu König, der Sohn Jehorams, König von Juda.
2 Zweiundvierzig Jahre alt war Achasjahu, als er König wurde, und ein 2: 21,6
Jahr lang war er König in Jerusalem. Und der Name seiner Mutter war
Ataljahu, die Nachfahrin Omris. 3 Auch er ging auf den Wegen des Hau- 3: 21,6!.13 · 24,7
ses Achab, denn seine Mutter beriet ihn so, dass er Böses tat, 4 und wie
das Haus Achab tat auch er, was böse war in den Augen des HERRN, denn
nach dem Tod seines Vaters waren diese für ihn Berater zu seinem Ver-
derben. 5 Auch folgte er ihrem Rat und zog mit Jehoram, dem Sohn des 5: 2Kön 3,1 · 18,2
Achab, dem König von Israel, nach Ramot-Gilead in den Krieg gegen
Chasael, den König von Aram, die Aramäer aber verwundeten Joram.
6 Da kehrte er zurück, um in Jesreel seine Wunden heilen zu lassen, die
man ihm in Rama geschlagen hatte, als er gegen Chasael, den König
von Aram, kämpfte. Und Asarjahu, der Sohn des Jehoram, der König von
Juda, kam herab, um nach Jehoram, dem Sohn des Achab, in Jesreel zu
sehen, denn dieser war verwundet worden.

7 Von Gott her war es als Untergang Achasjahus gefügt, dass er zu 7: 10,15! ·
Joram ging. Und als er kam, zog er mit Jehoram aus gegen Jehu, den 2Kön 9,21 ·
Sohn Nimschis, den der HERR gesalbt hatte, um das Haus Achab auszu- 2Kön 9,2.6–9
rotten. 8 Und als Jehu am Haus Achab das Gericht vollzog, fand er die 8: 2Kön 10,12–14
Obersten Judas und die Söhne der Brüder des Achasjahu, die Achasjahu
dienten, und er brachte sie um. 9 Dann suchte er Achasjahu, und man 9: 2Kön 9,27–28 ·
nahm ihn gefangen, als er sich in Samaria versteckt hielt. Und sie brach- 15,12!; 17,3–4
ten ihn zu Jehu, töteten ihn und begruben ihn, denn sie sagten: Er ist der
Sohn Jehoschafats, der von ganzem Herzen nach dem HERRN gefragt
hat. Vom Haus Achasjahus aber gab es niemanden, der stark genug ge-
wesen wäre, das Königtum zu behalten.

10 Als aber Ataljahu, die Mutter des Achasjahu, sah, dass ihr Sohn tot 10–12: 2Kön 11,1–3
war, machte sie sich auf und redete mit allen königlichen Nachkommen
des Hauses Juda. 11 Jehoschabat aber, die Tochter des Königs, nahm

21,19: Wörtlich: «... wie das Feuer für seine Vorfahren.»

22,10: «... redete mit ... Nachkommen ...» lautet der Massoretische Text; möglicherweise ist nach 2Kön 11,1 zu übersetzen: «... brachte alle ... um.

Joasch, den Sohn Achasjahus, stahl ihn aus dem Kreis der Söhne des Kö-
nigs, die getötet werden sollten. Und sie brachte ihn und seine Amme in
die Bettenkammer. So versteckte ihn Jehoschabat, die Tochter des Kö-
nigs Jehoram, die Frau Jehojadas, des Priesters – denn sie war die
Schwester Achasjahus – vor Ataljahu, und sie konnte ihn nicht töten.
12 Und sechs Jahre lang hielt er sich versteckt bei ihnen, im Haus Gottes,
während Atalja Königin war über das Land.

Jehojadas Verschwörung. Joasch wird König von Juda

1–21: 2Kön 11,4–20 **23** 1 Im siebten Jahr aber fasste Jehojada Mut und holte die Obersten
1: 15,12! der Hundertschaften zu sich in einen Bund – Asarjahu, den Sohn
Jerochams, und Jischmael, den Sohn Jehochanans, und Asarjahu, den
Sohn Obeds, und Maasejahu, den Sohn des Adajahu und Elischafat, den
2: 11,13 Sohn Sichris. 2 Und sie zogen in Juda umher und sammelten die Leviten
aus allen Städten Judas und die Familienhäupter Israels. Und sie kamen
3: 6,16; 1Chr 17,11–14 nach Jerusalem. 3 Und im Haus Gottes schloss die ganze Versammlung
einen Bund mit dem König, und er sagte zu ihnen: Seht, der Sohn des
Königs soll König sein, wie es der HERR den Söhnen Davids zugesagt
4–5: 1Chr 9,19! hat. 4 Dies ist es, was ihr tun sollt: Ein Drittel von euch, diejenigen, die
am Sabbat antreten, Priester und Leviten, soll Torwächter der Schwellen
sein; 5 und ein Drittel soll im Haus des Königs sein und ein Drittel am
Grund-Tor und das ganze Volk in den Höfen des Hauses des HERRN.
6: 18; 1Chr 6,33! 6 Und niemand soll das Haus des HERRN betreten, ausser den Priestern
und den dienstuenden Leviten. Diese dürfen kommen, denn sie sind
heilig. Und das ganze Volk soll die Aufgaben für den HERRN erfüllen.
7 Und die Leviten sollen sich rings um den König scharen, jeder mit den
Waffen in der Hand, und wer ins Haus eindringt, wird getötet. Und ihr
8: 8,14! bleibt beim König, wenn er hineingeht und wenn er hinausgeht! 8 Und
die Leviten und ganz Juda machten es genau, wie Jehojada, der Priester,
es ihnen befohlen hatte, und sie nahmen, ein jeder, ihre Männer, die am
Sabbat antraten, zusammen mit denen, die am Sabbat abtraten, denn
Jehojada, der Priester, hatte die Abteilungen nicht entlassen. 9 Und Je-
hojada, der Priester, gab den Anführern der Hundertschaften die Speere
und die Setzschilde und die Rundschilde, die König David gehört hat-
ten und die im Haus Gottes waren. 10 Und er stellte das ganze Volk auf,
jeder die Waffe in der Hand, von der Südecke des Hauses bis zur Norde-
cke des Hauses, beim Altar und beim Haus, rings um den König. 11 Dann
führten sie den Sohn des Königs hinaus, legten ihm das Diadem an, ga-
ben ihm die Urkunde, und sie machten ihn zum König, und Jehojada
und seine Söhne salbten ihn und sprachen: Es lebe der König!

12 Ataljahu aber hörte das Lärmen des Volks, das herbeilief und den
13: 16,4! König bejubelte, und sie kam zum Volk ins Haus des HERRN. 13 Da sah
sie nach, und sieh, der König stand auf seinem Podest im Eingang und
die Obersten und die Trompeter waren neben dem König, und alles
Volk des Landes war frohen Mutes und blies die Trompeten. Und da wa-
ren die Sänger mit den Musikinstrumenten und leiteten den Lobge-
sang. Da zerriss Ataljahu ihre Kleider und sprach: Verrat! Verrat! 14 Je-
hojada, der Priester, aber brachte die Anführer der Hundertschaften

23,10: Siehe die Anm. zu 2Kön 11,11.

heraus, die Befehlshaber des Heeres, und sprach zu ihnen: Führt sie hin-
aus durch die Reihen, und wer ihr folgt, wird mit dem Schwert getötet.
Denn der Priester hatte gesagt: Ihr dürft sie nicht im Haus des HERRN
töten! 15 Und man legte Hand an sie, und sie kam bis zum Eingang des
Ross-Tors am Haus des Königs, und dort tötete man sie. 16 Und Jeho- *16:* 3
jada schloss einen Bund zwischen sich, dem ganzen Volk und dem Kö-
nig, ein Volk des HERRN zu werden. 17 Dann kam alles Volk zum Haus
des Baal, und sie rissen es nieder; seine Altäre und seine Bilder zer-
schlugen sie, und Mattan, den Priester des Baal, brachten sie vor den
Altären um. 18 Jehojada aber setzte Wachen ein für das Haus des HERRN, *18–19:* 8,14!
durch die Priester und die Leviten, die David dem Haus des HERRN zuge- *18:* 6!
teilt hatte, um dem HERRN Brandopfer darzubringen, mit Freude und
Gesang, wie es geschrieben steht in der Weisung des Mose, nach den
Anordnungen Davids. 19 Und er stellte die Torwächter an die Tore des
Hauses des HERRN, damit kein irgendwie Unreiner hereinkomme.
20 Dann nahm er die Anführer der Hundertschaften und die Vorneh- *20:* 1Chr 29,23
men und die Mächtigen im Volk und alles Volk des Landes und geleitete
den König aus dem Haus des HERRN, und durch das obere Tor kamen sie
in das Haus des Königs, und sie setzten den König auf den Thron des
Königtums. 21 Und alles Volk des Landes freute sich, und die Stadt blieb *21:* 1Chr 12,41
ruhig. Ataljahu aber hatte man mit dem Schwert getötet.

Joaschs Herrschaft. Seine Blutschuld

24 1 Sieben Jahre alt war Joasch, als er König wurde, und vierzig Jahre *1–14:* 2Kön 12,1–17
lang war er König in Jerusalem. Und der Name seiner Mutter war
Zibja aus Beer-Scheba. 2 Und solange Jehojada, der Priester, lebte, tat Jo-
asch, was recht war in den Augen des HERRN. 3 Und Jehojada gab ihm
zwei Frauen, und er zeugte Söhne und Töchter. 4 Und danach lag es Jo- *4:* 15,8
asch am Herzen, das Haus des HERRN zu erneuern. 5 Und er versam- *5:* 34,8
melte die Priester und die Leviten und sprach zu ihnen: Geht hinaus in
die Städte Judas und sammelt aus ganz Israel Silber, um das Haus eures
Gottes auszubessern, Jahr für Jahr, und ihr sollt euch damit beeilen! Die
Leviten aber beeilten sich nicht. 6 Da rief der König Jehojada, das Haupt, *6:* Ex 30,12–16
und sagte zu ihm: Warum hast du die Leviten nicht gedrängt, von Juda
und von Jerusalem die Abgabe zu bringen, die Mose, der Diener des
HERRN, der Versammlung Israels für das Zelt des Zeugnisses auferlegt
hat? 7 Denn die gottlose Ataljahu und ihre Söhne sind in das Haus Got- *7:* 22,3
tes eingedrungen und haben auch alles Heilige des Hauses des HERRN
zu Baalen gemacht. 8 Und der König gab Anordnung, und man fertigte
einen Kasten an und stellte ihn draussen am Tor des Hauses des HERRN
hin. 9 Und man rief in Juda und Jerusalem aus, man solle dem HERRN *9:* 6
die Abgabe bringen, die Mose, der Diener Gottes, Israel in der Wüste
auferlegt hatte. 10 Und alle Oberen und das ganze Volk freuten sich, und *10:* 1Chr 29,9
sie brachten herbei und füllten den Kasten, bis er voll war. 11 Und im-
mer wenn man, durch die Leviten, den Kasten dem König zur Überprü-
fung brachte und sah, dass viel Silber darin war, kamen der Schreiber
des Königs und der Beauftragte des Hohen Priesters, leerten den Kasten
und trugen ihn zurück an seinen Platz. So hielten sie es Tag für Tag und

23,14: Siehe die Anm. zu 2Kön 11,15.

12: 34,9–11 sammelten viel Silber. 12 Dieses aber gaben der König und Jehojada dem
Werkmeister für die Arbeit am Haus des HERRN, und sie stellten Stein-
hauer und Handwerker ein, um das Haus des HERRN zu erneuern, und
auch Schmiede für Eisen und Bronze, um das Haus des HERRN auszubes-
sern. 13 Und die Werkmeister arbeiteten, und die Arbeit gedieh unter
ihrer Hand. Und sie stellten das Haus in seinen Massen wieder her und
14: 2,3! setzten es instand. 14 Und sobald sie fertig waren, brachten sie den Rest
des Silbers vor den König und vor Jehojada, und dieser liess daraus Ge-
räte machen für das Haus des HERRN, Geräte für den Dienst und für das
Opfern und Schalen und goldene und silberne Geräte. Und im Haus des
HERRN brachten sie ständig Brandopfer dar, solange Jehojada lebte.

15: 1Chr 29,28 15 Und Jehojada wurde alt und lebenssatt, und er starb; hundert-
dreissig Jahre alt war er, als er starb. 16 Und man begrub ihn in der Stadt
Davids, bei den Königen, denn er hatte Gutes getan in Israel und für
Gott und sein Haus.

17 Nach dem Tod Jehojadas aber kamen die Fürsten Judas und war-
18: 7,19–21; 29,6–9; 30,7; 32,25–26!; 34,25 fen sich vor dem König nieder. Da hörte der König auf sie. 18 Und sie
verliessen das Haus des HERRN, des Gottes ihrer Vorfahren, und dienten
den Ascheren und den Götzenbildern. Und wegen dieser ihrer Schuld
19: 36,15–16 kam Zorn über Juda und Jerusalem. 19 Und er sandte Propheten zu ih-
nen, um sie zum HERRN zurückzubringen; und diese ermahnten sie,
20: 15,1! · 1Chr 28,9! doch sie hörten nicht hin. 20 Und der Geist Gottes war über Secharja
gekommen, den Sohn Jehojadas, des Priesters, und er trat vor das Volk
und sprach zu ihnen: So spricht Gott: Warum übertretet ihr die Gebote
des HERRN? Ihr werdet keinen Erfolg haben, denn ihr habt den HERRN
verlassen, und dann hat er euch verlassen! 21 Da verschworen sie sich
gegen ihn, und auf Befehl des Königs steinigten sie ihn im Vorhof des
Hauses des HERRN. 22 Und Joasch, der König, dachte nicht mehr an die
Barmherzigkeit, die Jehojada, sein Vater, ihm erwiesen hatte, und er
brachte dessen Sohn um. Und als dieser im Sterben lag, sagte er: Der
HERR möge es sehen und Rechenschaft fordern!

23–27: 2Kön 12,18–22 23 Und zur Jahreswende zog das Heer Arams gegen ihn hinauf, und
sie kamen nach Juda und Jerusalem und brachten aus dem Volk alle
Obersten des Volks um, und ihre ganze Beute sandten sie dem König
von Damaskus. 24 Obwohl das Heer Arams mit nur wenigen Männern
gekommen war, hatte der HERR ein übergrosses Heer in ihre Hand ge-
geben, denn sie hatten den HERRN, den Gott ihrer Vorfahren, verlassen.
25: 25,27 · 21,20; 28,27 Und sie vollzogen das Gericht an Joasch. 25 Und als sie von ihm wegzo-
gen – sie liessen ihn schwer verwundet zurück – zettelten seine Diener
gegen ihn eine Verschwörung an wegen seiner Blutschuld an den Söh-
nen des Jehojada, des Priesters, und sie erschlugen ihn auf seinem La-
ger, und er starb. Und man begrub ihn in der Stadt Davids, aber man
begrub ihn nicht in den Gräbern der Könige.

26 Und diese sind es, die sich gegen ihn verschworen hatten: Sabad,
der Sohn der Schimat, der Ammoniterin, und Jehosabad, der Sohn der
27: 9,29!; 1Chr 9,1 Schimrit, der Moabiterin. 27 Was aber seine Söhne betrifft und die vie-
len Aussprüche über ihn, wie auch die grundlegende Instandsetzung

24,27: Statt «... die vielen Aussprüche über ihn, ...» ist auch die Übersetzung möglich: «die Menge des ihm auferlegten Tributs, ...»

des Hauses Gottes, sieh, das steht geschrieben im Midrasch des Buchs
der Könige. Und Amazjahu, sein Sohn, wurde König an seiner Statt.

Amazjahu, König von Juda. Seine Abkehr vom HERRN

25 1 Mit fünfundzwanzig Jahren wurde Amazjahu König, und neu- 1–11: 2Kön 14,1–7
nundzwanzig Jahre lang war er König in Jerusalem. Und der
Name seiner Mutter war Jehoaddan aus Jerusalem. 2 Und er tat, was
recht war in den Augen des HERRN, wenn auch nicht mit ungeteiltem
Herzen. 3 Und als das Königtum bei ihm gefestigt war, brachte er dieje- 3: 24,25–26
nigen von seinen Dienern um, die den König, seinen Vater, erschlagen
hatten. 4 Ihre Kinder aber tötete er nicht, denn wie es geschrieben steht 4: Dtn 24,16
in der Weisung, im Buch des Mose, wie der HERR es geboten hatte: Die
Väter sollen nicht mit den Kindern sterben, und die Kinder sollen nicht
mit den Vätern sterben, sondern ein jeder soll für seine eigene Sünde
sterben.
5 Und Amazjahu versammelte Juda und liess sie antreten nach Fa- 5: 26,11–13
milien unter den Obersten der Tausendschaften und den Obersten der
Hundertschaften von ganz Juda und Benjamin. Und er musterte jene,
die zwanzig Jahre alt und älter waren, und er stellte fest, dass es dreihun-
derttausend auserlesene, kriegstüchtige Leute waren, die Schild und
Speer führten. 6 Dazu warb er aus Israel hunderttausend tüchtige Krie-
ger an für hundert Kikkar Silber. 7 Es war aber ein Gottesmann zu ihm 7: 13,12; 15,9
gekommen, und der sagte: König! Lass das Heer Israels nicht mit dir aus-
ziehen, denn der HERR ist nicht mit Israel, nicht mit allen Efraimiten.
8 Wenn du gehst und dich für den Kampf rüstest, wird Gott dich vor 8: 26,7
dem Feind zu Fall bringen, denn bei Gott ist die Kraft, um zu helfen und
um zu Fall zu bringen. 9 Da sagte Amazjahu zum Gottesmann: Und was
wird aus den hundert Kikkar, die ich der Schar aus Israels gegeben habe?
Und der Gottesmann sagte: Der HERR vermag dir mehr als das zu geben!
10 Und Amazjahu sonderte die Schar ab, die aus Efraim zu ihm ge- 10: 32,25–26!
kommen war, damit sie an ihren Ort ging. Da entbrannte ihr Zorn hef-
tig gegen Juda, und in glühendem Zorn kehrten jene an ihren Ort zu-
rück. 11 Amazjahu aber hatte Mut gefasst und führte sein Volk an und
zog ins Salztal, und er erschlug die vom Seir, zehntausend. 12 Und zehn-
tausend nahmen die Judäer lebendig gefangen, führten sie auf eine Fels-
spitze und stiessen sie von der Felsspitze, und sie alle wurden zer-
schmettert. 13 Die Leute der Schar aber, die Amazjahu zurückgeschickt
hatte, ohne dass sie mit ihm in den Krieg gezogen wären, überfielen die
Städte Judas, von Samaria bis Bet-Choron, und sie erschlugen von ihnen
dreitausend und machten grosse Beute.
14 Und nachdem Amazjahu vom Schlag gegen die Edomiter zurück- 14–15: 24,18!
gekommen war, brachte er die Götter derer vom Seir, und stellte sie für 14: 28,23
sich als Götter auf, und er pflegte, sich vor ihnen niederzuwerfen und
ihnen Rauchopfer darzubringen. 15 Da entbrannte der Zorn des HERRN 15: 24,18–19 ·
gegen Amazjahu, und er sandte einen Propheten zu ihm, und der sagte Jes 45,20
ihm: Warum hast du die Götter jenes Volks gesucht, die nicht einmal ihr
eigenes Volk aus deiner Hand retten konnten? 16 Und als er zu ihm re-
dete, sagte er zu ihm: Hat man dich zum Ratgeber des Königs bestellt?
Halt ein! Warum soll man dich erschlagen? Da hielt der Prophet inne
und sagte: Ich habe erkannt, dass Gott beschlossen hat, dich zu vernich-

17–24: ten, weil du dies getan und nicht auf meinen Rat gehört hast! 17 Und
2Kön 14,8–14 Amazjahu, der König von Juda, hielt Rat und sandte zu Joasch, dem Sohn
17: 2Kön 13,10 des Jehoachas, des Sohns von Jehu, dem König Israels, und sagte:
Komm, wir wollen uns Auge in Auge gegenüberstehen. 18 Joasch aber,
der König von Israel, sandte zu Amazjahu, dem König von Juda, und
sagte: Der Dornstrauch, der auf dem Libanon wuchs, sandte zur Zeder,
die auf dem Libanon stand, und sagte: Gib meinem Sohn deine Tochter
zur Frau! Und die Wildtiere, die auf dem Libanon waren, liefen über ihn
hinweg und zertraten den Dornstrauch. 19 Du sagst: Sieh, ich habe
Edom geschlagen. Und nun treibt dein Herz dich an, Ehre zu suchen.
Bleib jetzt in deinem Haus! Warum willst du dich ins Unglück stürzen
20: 14–15; 10,15! und zu Fall kommen, du und Juda mit dir? 20 Amazjahu aber hörte
nicht – denn es kam von Gott, damit sie der Gewalt ausgeliefert würden,
denn sie hatten die Götter Edoms gesucht. 21 Und so zog Joasch, der Kö-
nig von Israel, hinauf, und in Bet-Schemesch, das zu Juda gehört, stan-
den sie sich Auge in Auge gegenüber, er und Amazjahu, der König von
Juda. 22 Juda aber wurde vor Israel geschlagen, und sie flohen, ein jeder
zu seinen Zelten. 23 Und Joasch, der König von Israel, nahm Amazjahu,
den König von Juda, den Sohn des Joasch, des Sohns des Jehoachas, in
Bet-Schemesch gefangen. Dann brachte er ihn nach Jerusalem, und in
die Mauer von Jerusalem riss er eine Bresche von vierhundert Ellen,
24: 1Chr 13,14! vom Efraim-Tor bis zum Eck-Tor. 24 Und er nahm alles Gold und Silber
und alle Geräte, die sich im Haus Gottes bei Obed-Edom und in den
Schatzkammern des Hauses des Königs fanden, und dazu auch Geiseln;
dann kehrte er zurück nach Samaria.

25–28: 25 Und nach dem Tod des Joasch, des Sohns von Jehoachas, des Kö-
2Kön 14,17–20 nigs von Israel, lebte Amazjahu, der Sohn des Joasch, der König von Ju-
26: 9,29! da, noch fünfzehn Jahre. 26 Und was sonst noch von Amazjahu zu be-
richten ist, das Frühere und das Spätere, sieh, steht das nicht geschrie-
27: 24,25 ben im Buch der Könige von Juda und Israel? 27 Und schon seit der Zeit,
da Amazjahu vom HERRN abgefallen war, zettelte man in Jerusalem eine
Verschwörung gegen ihn an, und er floh nach Lachisch. Aber man sand-
28: 9,31 te hinter ihm her nach Lachisch, und dort tötete man ihn. 28 Dann hob
man ihn auf die Pferde, und man begrub ihn bei seinen Vorfahren, in
der Stadt von Juda.

Ussijahu, König von Juda. Sein Hochmut

1–2: 2Kön 14,21–22 **26** 1 Dann nahm das ganze Volk von Juda den Ussijahu, der sechzehn
Jahre alt war, und sie machten ihn zum König an seines Vaters
Amazjahus Statt. 2 Er baute Elat aus und holte es für Juda zurück, nach-
dem der König sich zu seinen Vorfahren gelegt hatte.

3–4: 2Kön 15,2–3 3 Sechzehn Jahre alt war Ussijahu, als er König wurde, und zweiund-
fünfzig Jahre lang war er König in Jerusalem. Und der Name seiner Mut-
4: 17,3!; 25,2 ter war Jecholja aus Jerusalem. 4 Und er tat, was recht war in den Augen
5: 14,6! · des HERRN, ganz wie Amazjahu, sein Vater, es getan hatte. 5 Und er war
1Chr 22,13! darauf bedacht, Gott zu suchen, solange Secharjahu lebte, der die Schau-

25,19: Wörtlich: «...: Sieh, du hast Edom geschlagen. ...»
25,20: Mit ‹sie› sind die Judäer gemeint.
26,1: Der König Ussijahu trägt in 2Kön 15 den Namen Asarja.

ungen Gottes verstand; und solange er den HERRN suchte, schenkte Gott
ihm Gelingen. 6 Und er zog aus und kämpfte gegen die Philister, und er
riss die Mauer von Gat und die Mauer von Jabne und die Mauer von
Aschdod nieder und baute Städte in Aschdod und bei den Philistern.
7 Und Gott half ihm gegen die Philister und gegen die Araber, die in
Gur-Baal wohnten, und gegen die Meuniter. 8 Und die Ammoniter ga-
ben Ussijahu Tribut, und sein Name drang bis da, wo es nach Ägypten
geht; denn er war überaus mächtig geworden. 9 Und in Jerusalem baute
Ussijahu Türme, am Eck-Tor und am Tal-Tor und am Winkel, und er be-
festigte sie. 10 Und er baute Türme in der Wüste und grub viele Brun-
nen, denn er hatte viel Vieh, in der Schefela und in der Ebene, Bauern
und Winzer auf den Bergen und im Fruchtland – denn er liebte den
Landbau.

11 Und Ussijahu hatte ein kriegstüchtiges Heer, das in Abteilungen
in den Kampf zog, entsprechend der Zahl ihrer Musterung durch Jeiel,
den Schreiber, und Maasejahu, den Verwalter, neben Chananjahu, ei-
nem der Obersten des Königs. 12 Die Gesamtzahl der Familienhäupter
unter den tüchtigen Kriegern betrug zweitausendsechshundert. 13 Und
in ihrer Hand lag eine Heeresmacht von dreihundertsiebentausend-
fünfhundert Mann, die mit Heereskraft den Kampf führten, um dem
König beizustehen gegen den Feind. 14 Und Ussijahu rüstete sie, das
ganze Heer, aus mit Rundschilden, Speeren, Helmen, Schuppenpan-
zern, Bogen und Schleudersteinen. 15 Und in Jerusalem fertigte er mit
Sachverstand entwickelte Maschinen an, die auf den Türmen und Zin-
nen stehen sollten, um mit Pfeilen und grossen Steinen zu schiessen. So
ging sein Name hinaus bis in die Ferne; denn ihm wurde wunderbare
Hilfe zuteil, bis er stark war.

16 Als er aber stark geworden war, wurde sein Herz hochmütig, bis
zum Verderben, und er wurde dem HERRN, seinem Gott, untreu und
kam in den Tempel des HERRN, um auf dem Räucheraltar Rauchopfer
darzubringen. 17 Da folgte ihm Asarjahu, der Priester, und bei ihm wa-
ren achtzig Priestern des HERRN, tüchtige Männer; 18 und sie traten Us-
sijahu, dem König, entgegen und sagten zu ihm: Nicht dir, Ussijahu,
steht es zu, dem HERRN Rauchopfer darzubringen, sondern den Pries-
tern, den Söhnen Aaron, die geweiht sind, um Rauchopfer darzubrin-
gen. Verlass das Heiligtum, denn du bist untreu geworden! Das gereicht
dir nicht zur Ehre beim HERRN, Gott. 19 Da wurde Ussijahu zornig, wäh-
rend er noch die Räucherpfanne zum Räuchern in der Hand hielt. Als er
aber zornig wurde über die Priester, brach auf seiner Stirn der Aussatz
aus vor den Priestern im Haus des HERRN beim Räucheraltar. 20 Und
Asarjahu, der Hauptpriester, und alle andern Priester wandten sich ihm
zu, und sieh, da war er auf seiner Stirn vom Aussatz befallen. Da brach-
ten sie ihn eilends weg von dort, und auch er selbst beeilte sich, hinaus-
zukommen, denn der HERR hatte ihn geschlagen. 21 So war Ussijahu,
der König, bis zum Tag seines Todes aussätzig, und als Aussätziger
wohnte er in einem abgesonderten Haus, da er vom Haus des HERRN
ausgeschlossen war. Und Jotam, sein Sohn, stand dem Haus des Königs
vor. Er verschaffte dem Volk des Landes Recht.

7: 13,15!; 25,8 · 21,16 · 20,1
8: 9,24!; 27,5 · 1Chr 14,17!
9–10: 27,4; 32,5
10: 32,29
11–13: 17,13–19
16: 12,1–2; 25,19; 32,25
18: Ex 28,1; Num 18,7
19–23: 2Kön 15,5–7
19: 16,10 · Num 12,9–10

26,21: Siehe die Anm. zu 2Kön 15,5.

22: 9,29! · 32,32; 22 Und was sonst noch von Ussijahu zu berichten ist, das Frühere
Jes 1,1 und das Spätere, hat Jesaja, der Sohn des Amoz, der Prophet, niederge-
schrieben. 23 Und Ussijahu legte sich zu seinen Vorfahren, und man
begrub ihn bei seinen Vorfahren auf dem Gräberfeld für die Könige,
denn man sagte: Er ist aussätzig! Und Jotam, sein Sohn, wurde König an
seiner Statt.

Jotam, König von Juda. Seine Treue

1–9: 2Kön 15,32–38 **27** 1 Fünfundzwanzig Jahre alt war Jotam, als er König wurde, und
sechzehn Jahre lang war er König in Jerusalem. Und der Name
2: 17,3!; 26,4 · 26,16 seiner Mutter war Jeruscha, die Tochter des Zadok. 2 Und er tat, was
recht war in den Augen des HERRN, ganz wie Ussijahu, sein Vater, es ge-
tan hatte, nur ging er nicht in den Tempel des HERRN. Das Volk aber
3: 33,14 handelte noch immer verderblich. 3 Er hat das obere Tor gebaut am
4: 11,5! · 26,9–10; Haus des HERRN. Auch an der Mauer des Ofel baute er viel. 4 Und er
32,5 baute Städte im Bergland von Juda, und in den Waldgebieten baute er
5: 26,8 Burgen und Türme. 5 Und er kämpfte gegen den König der Ammoniter;
und er war stärker als diese. Und die Ammoniter gaben ihm in jenem
Jahr hundert Kikkar Silber und zehntausend Kor Weizen und zehntau-
send an Gerste. Dies lieferten ihm die Ammoniter auch im zweiten und
6: 13,18! dritten Jahr ab. 6 So erstarkte Jotam, denn er hatte seine Wege gefestigt
vor dem HERRN, seinem Gott.
7: 9,29! 7 Und was sonst noch von Jotam zu berichten ist, alle seine Kriege
und seine Wege, sieh, sie stehen geschrieben im Buch der Könige von
Israel und Juda. 8 Fünfundzwanzig Jahre alt war er, als er König wurde,
9: 9,31 und sechzehn Jahre lang war er König in Jerusalem. 9 Und Jotam legte
sich zu seinen Vorfahren, und man begrub ihn in der Stadt Davids. Und
Achas, sein Sohn, wurde König an seiner Statt.

Achas, König von Juda. Seine Treulosigkeit

1–27: 2Kön 16 **28** 1 Zwanzig Jahre alt war Achas, als er König wurde, und sechzehn
Jahre lang war er König in Jerusalem. Und anders als David, sein
2: 21,6! · 33,3 Vorfahr, tat er nicht, was recht war in den Augen des HERRN: 2 Er ging
auf den Wegen der Könige von Israel und machte sogar Gussbilder für
3: 33,6 · 36,14 die Baale. 3 Er selbst brachte im Tal Ben-Hinnom Räucheropfer dar und
liess seine Söhne durchs Feuer gehen, wie es den Abscheulichkeiten der
Nationen entsprach, die der HERR vor den Israeliten vertrieben hatte.
4: 15,17! 4 Und er brachte Schlachtopfer und Rauchopfer dar auf den Kulthöhen
5–6: Jes 7,1 und auf den Hügeln und unter jedem grünen Baum. 5 Da gab ihn der
HERR, sein Gott, in die Hand des Königs von Aram. Und sie schlugen ihn
und machten von ihnen viele Gefangene und brachten sie nach Damas-
kus. Und auch in die Hand des Königs von Israel wurde er gegeben, und
6: 21,10! der brachte ihm eine schwere Niederlage bei. 6 Und Pekach, der Sohn
des Remaljahu, brachte in Juda an einem einzigen Tag hundertzwanzig-
tausend um, alles tüchtige Krieger, weil sie den HERRN, den Gott ihrer
Vorfahren, verlassen hatten. 7 Und Sichri, ein Held Efraims, brachte
Maasejahu um, den Sohn des Königs, und Asrikam, den Verwalter des
Hauses und Elkana, den Zweiten nach dem König. 8 Und die Israeliten
nahmen von ihren Brüdern zweihunderttausend gefangen, Frauen,

Söhne und Töchter, und sie nahmen von ihnen auch grosse Beute und
brachten die Beute nach Samaria.
9 Und dort war ein Prophet des HERRN mit Namen Oded; und dieser 9: 15,8
ging hinaus, dem Heer entgegen, das nach Samaria kam, und sagte zu
ihnen: Seht, weil der HERR, der Gott eurer Vorfahren, über Juda zornig
war, hat er sie in eure Hand gegeben. Und ihr habt unter ihnen gemordet
in einem Zorn, der an den Himmel reicht. 10 Und nun wollt ihr euch die 10: Neh 5,8
aus Juda und Jerusalem als Sklaven und Sklavinnen unterwerfen. Habt
nicht gerade ihr bei euch Verschuldungen gegenüber dem HERRN, eu-
rem Gott? 11 Und nun hört auf mich und bringt die Gefangenen zurück, 11: 32,25–26!
die ihr von euren Brüdern gefangen genommen habt; denn der glühen-
de Zorn des HERRN liegt auf euch. 12 Da erhoben sich Männer von den
Häuptern der Efraimiten, Asarjahu, der Sohn Jejochanans, Berechjahu,
der Sohn Meschillemots, Jechiskijahu, der Sohn Schallums, und Amasa,
der Sohn Chadlais, gegen jene, die vom Feldzug zurückkamen. 13 Und
sie sagten zu ihnen: Bringt die Gefangenen nicht hierher! Wollt ihr die
Schuld vor dem HERRN, die auf uns lastet, noch vergrössern, unsere Sün-
den und unsere Verschuldungen, denn wir haben grosse Schuld, und
brennender Zorn ist über Israel! 14 Da gaben die Gerüsteten die Gefan-
genen und die Beute frei, vor den Fürsten und der ganzen Versammlung.
15 Und die Männer, die mit Namen bezeichnet waren, erhoben sich und 15: 2Kön 6,22
nahmen sich der Gefangenen an, und alle, die nackt waren unter ihnen,
bekleideten sie aus der Beute, und sie gaben ihnen Kleider und Schuh-
werk und Speise und Trank und salbten sie. Und alle, die zu schwach
waren, geleiteten sie auf Eseln, und sie brachten sie nach Jericho, der
Palmenstadt, zu ihren Brüdern. Dann kehrten sie nach Samaria zurück.
16 Zu jener Zeit sandte König Achas zu den Königen von Assur, dass
sie ihm helfen sollten. 17 Und wieder waren Edomiter gekommen, und
sie schlugen Juda und führten Gefangene weg. 18 Und die Philister
überfielen die Städte Judas in der Schefela und im Negev und nahmen
Bet-Schemesch ein und Ajjalon und Gederot und Socho und seine Toch-
terstädte und Timna und seine Tochterstädte und Gimso und seine
Tochterstädte, und dort liessen sie sich nieder. 19 Denn der HERR demü- 19: 5;24,18!
tigte Juda, Achas, des Königs von Israel, wegen, denn er hatte Verwilde-
rung aufkommen lassen in Juda und war treulos geworden gegen den
HERRN. 20 Da zog Tilgat-Pilneeser, der König von Assur, gegen ihn he-
ran und bedrängte ihn, statt ihn zu unterstützten. 21 Obwohl Achas das 21: 16,2
Haus des HERRN und das Haus des Königs und die Fürsten ausgeraubt
und alles dem König von Assur gegeben hatte, wurde ihm keine Hilfe
zuteil. 22 Und so lange er bedrängt war, handelte er, der König Achas,
weiterhin untreu gegenüber dem HERRN. 23 Er brachte den Göttern von 23: 25,14
Damaskus, die ihn geschlagen hatten, Schlachtopfer dar und sagte: Ja,
die Götter der Könige von Aram, sie helfen ihnen; ihnen werde ich
Schlachtopfer darbringen, damit sie mir helfen. Aber sie dienten nur
dazu, ihn und ganz Israel zu Fall zu bringen. 24 Und Achas sammelte die 24: 30,14!; 33,3–5;
Geräte des Hauses Gottes und zerschlug die Geräte des Hauses Gottes, Jer 11,13
und er verschloss die Türen des Hauses des HERRN und machte sich Al-
täre an allen Ecken in Jerusalem. 25 Und in jeder Stadt Judas machte er 25: 15,17! ·
Kulthöhen, um anderen Göttern Rauchopfer darzubringen, und reizte 2Kön 22,17
so den HERRN, den Gott seiner Vorfahren.

26: 9,29! 26 Und was sonst noch von ihm zu berichten ist, und alles, was er
getan hat, das Frühere und das Spätere, sieh, das steht geschrieben im
27: 21,20; 24,25 Buch der Könige von Juda und Israel. 27 Und Achas legte sich zu seinen
Vorfahren, und man begrub ihn in der Stadt, in Jerusalem, denn man
brachte ihn nicht zu den Gräbern der Könige Israels. Und Jechiskijahu,
sein Sohn, wurde König an seiner Statt.

Jechiskijahu, König von Juda. Die Heiligung des Tempels

1–2: 2Kön 18,1–3 29 1 Jechiskijahu wurde König, als er fünfundzwanzig Jahre alt war,
und neunundzwanzig Jahre lang war er König in Jerusalem. Und
2: 17,3! der Name seiner Mutter war Abija, die Tochter Secharjahus. 2 Und er
tat, was recht war in den Augen des HERRN, ganz wie David, sein
Vorfahr, es getan hatte. 3 Im ersten Jahr seiner Königsherrschaft, im
ersten Monat, öffnete er selbst die Türen des Hauses des HERRN und
besserte sie aus. 4 Und er liess die Priester und Leviten kommen, ver-
5: 35,6; 1Chr 15,12 sammelte sie auf dem Platz gegen Osten 5 und sprach zu ihnen: Hört
mich, ihr Leviten! Nun heiligt euch und heiligt das Haus des HERRN,
des Gottes eurer Vorfahren, und schafft das Unreine aus dem Heilig-
6–9: 24,18! tum. 6 Denn unsere Vorfahren haben treulos gehandelt und getan,
6: 12,2; Neh 9,16 · 21,10! was böse war in den Augen des HERRN, unseres Gottes, und sie haben
ihn verlassen. Und sie haben ihr Angesicht abgewandt von der
7: 28,24 · 2,3! Wohnung des HERRN und ihr den Rücken zugekehrt. 7 Auch hielten
sie die Türen der Vorhalle verschlossen und löschten sie die Lampen,
und im Heiligtum brachten sie dem Gott Israels kein Rauchopfer und
8: 32,25–26! · 30,7; 1Kön 9,8 kein Brandopfer dar. 8 Da kam der Zorn des HERRN über Juda und Je-
rusalem und machte sie zu einem Anlass des Schreckens und des Ent-
setzens und des Zischens, wie ihr es mit eigenen Augen seht. 9 Und
seht, unsere Vorfahren sind durch das Schwert gefallen, und unsere
Söhne und Töchter und Frauen sind deswegen in die Gefangenschaft
10: 15,12! · 30,8 gekommen. 10 Nun aber liegt es mir am Herzen, mit dem HERRN, dem
Gott Israels, einen Bund zu schliessen, damit sein glühender Zorn sich
11: Dtn 18,5; 21,5; 1Chr 6,33! von uns abwendet. 11 Meine Söhne, nun seid nicht untätig! Denn euch
hat der HERR erwählt, vor ihm zu stehen und ihm zu dienen und damit
ihr ihm Diener seid und Rauchopfer darbringt.

12 Da machten sich die Leviten auf: Machat, der Sohn Amasais; und
Joel, der Sohn Asarjasjahus von den Kehatiten; und von den Merariten
Kisch, der Sohn Abdis; und Asarjahu, der Sohn Jehallelels; und von den
Gerschoniten Joach, der Sohn Simmas; und Eden, der Sohn Joachs;
13–14: 1Chr 25,1! 13 und von den Söhnen Elizafan Schimri und Jeiel; und von den Söhnen
Asaf Secharjahu und Mattanjahu; 14 und von den Söhnen Heman Je-
chiel und Schimi; und von den Söhnen Jedutun Schemaja und Ussiel.
15–16: 34,3 15 Und sie versammelten ihre Brüder, und sie heiligten sich und gingen
15: 5,11! gemäss dem Befehl des Königs hinein, nach den Worten des HERRN, um
das Haus des HERRN zu reinigen. 16 Dann gingen die Priester ins Innere
des Hauses des HERRN, um es zu reinigen, und sie schafften alles Unrei-
ne, das sie im Tempel des HERRN fanden, in den Hof des Hauses des
HERRN, und die Leviten nahmen es entgegen, um es hinaus in das
17: 3,4 Kidrontal zu schaffen. 17 Am Ersten des ersten Monats begannen sie
mit der Heiligung, und am achten Tag des Monats kamen sie zur Vorhal-
le des HERRN, und sie heiligten das Haus des HERRN acht Tage lang. Und

am sechzehnten Tag des ersten Monats war es getan. 18 Dann gingen 18: 4,1! · 2,3! ·
sie hinein zu Chiskijahu, dem König, und sagten: Wir haben das ganze 4,7–18
Haus des HERRN gereinigt, den Brandopferaltar und all seine Geräte
und den Schaubrottisch und all seine Geräte. 19 Und alle Geräte, die 19: 28,24
König Achas in seiner Königsherrschaft, in seiner Untreue verworfen
hat, haben wir hergerichtet und geheiligt, und sieh, sie sind vor dem
Altar des HERRN.

20 Und früh am Morgen versammelte Jechiskijahu, der König, die
Obersten der Stadt und ging hinauf in das Haus des HERRN. 21 Und man
brachte sieben Stiere, sieben Widder, sieben Schafe und sieben Ziegen-
böcke als Sündopfer für das Königtum und für das Heiligtum und für
Juda. Und er befahl den Söhnen Aaron, den Priestern, sie auf dem Altar
des HERRN darzubringen. 22 Da schlachteten sie die Rinder, und die 22: Lev 4,18
Priester fingen das Blut auf und sprengten es an den Altar; und sie
schlachteten die Widder und sprengten das Blut an den Altar; und sie
schlachteten die Schafe und sprengten das Blut an den Altar. 23 Und sie 23: Lev 4,24
brachten die Böcke für das Sündopfer vor den König und die Versamm-
lung und legten ihre Hände auf sie, 24 und die Priester schlachteten sie 24: Esra 6,17
und brachten mit ihrem Blut ein Sündopfer auf dem Altar dar, um für
ganz Israel Sühne zu erwirken; denn für ganz Israel hatte der König das
Brandopfer und das Sündopfer angeordnet. 25 Und im Haus des HERRN 25: 5,12; 8,14! ·
stellte er die Leviten auf mit Zimbeln, Harfen und Leiern, nach dem Ge- 1Chr 29,29!
bot Davids und Gads, des Sehers des Königs, und Natans, des Propheten,
denn das Gebot kam aus der Hand des HERRN, durch die Propheten.
26 So stellten sich die Leviten auf mit den Instrumenten Davids und die 26–27: 7,6;
Priester mit den Trompeten. 27 Dann ordnete Chiskijahu an, das Brand- 1Chr 23,5;
opfer auf den Altar darzubringen, und als das Brandopfer begann, be- Neh 12,36
gannen auch der Gesang für den HERRN und die Trompeten, mit den
Instrumenten Davids, des Königs von Israel. 28 Und die ganze Ver-
sammlung warf sich nieder, und der Gesang ertönte und die Trompeten
schallten. Dies alles dauerte, bis das Brandopfer zu Ende war. 29 Und als
das Brandopfer zu Ende war, beugten der König und alle, die sich bei
ihm eingefunden hatten, die Knie und warfen sich nieder.

30 Und Jechiskijahu, der König, und die Obersten befahlen den Le- 30: 1Chr 6,24! · 7,3;
viten, den HERRN zu loben mit den Worten Davids und Asafs, des Se- 20,18–19; 30,21;
hers. Und sie lobten mit Freude, verneigten sich und warfen sich nieder. 1Chr 16,4!
31 Daraufhin sprach Jechiskijahu: Nun steht ihr mit vollen Händen vor
dem HERRN, kommt herzu und bringt Schlachtopfer und Dankopfer
zum Haus des HERRN! Und die Versammlung brachte Schlachtopfer
und Dankopfer, und jeder, dessen Herz dazu bereit war, Brandopfer.
32 Und die Zahl der Brandopfer, die die Versammlung brachte, belief
sich auf siebzig Rinder, hundert Widder und zweihundert Schafe; dies
alles als Brandopfer für den HERRN, 33 und an heiligen Gaben sechshun-
dert Rinder und dreitausend Schafe. 34 Doch da waren zu wenig Pries- 34: 30,16–17; 35,11 ·
ter und sie konnten nicht allen Brandopfern die Haut abziehen. Da un- 5,11!; 30,3.15
terstützten ihre Brüder, die Leviten, sie, bis die Arbeit getan war und bis
sich die Priester geheiligt hatten, denn die Leviten waren von Herzen
bemüht, sich zu heiligen, mehr als die Priester. 35 Und es gab auch
Brandopfer in Menge mit den Fettstücken der Heilsopfer und den
Trankopfern zu den Brandopfern.

So wurde der Dienst am Haus des HERRN geordnet. 36 Und Jechiski-
jahu und das ganze Volk freuten sich über das, was Gott dem Volk berei-
tet hatte, denn die Sache hatte sich in sehr kurzer Zeit vollzogen.

Das Passa und das Fest der ungesäuerten Brote

30 1 Da sandte Jechiskijahu nach ganz Israel und Juda, und er schrieb
auch Briefe an Efraim und Manasse, dass sie zum Haus des HERRN
nach Jerusalem kommen sollten, um für den HERRN, den Gott Israels,
2: 15; Num 9,10–11 Passa zu feiern. 2 Und der König und seine Fürsten und die ganze Ver-
sammlung in Jerusalem entschieden, das Passa im zweiten Monat zu
3: 29,34 feiern; 3 sie konnten es nicht sogleich begehen, weil sich nicht genü-
gend Priester geheiligt hatten und das Volk nicht in Jerusalem versam-
melt war. 4 Und dies war recht in den Augen des Königs und in den
5: 2Kön 23,22 Augen der ganzen Versammlung, 5 und sie beschlossen, in ganz Israel,
von Beer-Scheba bis Dan, auszurufen, dass man kommen solle, um für
den HERRN, den Gott Israels, in Jerusalem Passa zu feiern, denn sie hat-
ten es lange Zeit nicht so gefeiert, wie es geschrieben steht.
6: Jer 3,14; Joel 2,12; 6 Da zogen die Läufer mit den Briefen aus der Hand des Königs und
Sach 1,3–4 seiner Fürsten durch ganz Israel und Juda, um dem Befehl des Königs
gemäss zu sagen: Ihr Israeliten, kehrt zurück zum HERRN, dem Gott
Abrahams, Isaaks und Israels, damit er zurückkehrt zu euch, den aus der
7: 24,18! Hand der Könige von Assur Entronnen, euch Übriggebliebenen. 7 Seid
nicht wie eure Vorfahren und wie eure Brüder, die treulos waren gegen-
über dem HERRN, dem Gott ihrer Vorfahren, sodass er sie dem Entset-
8: 7,16 · 29,10; zen preisgab, wie ihr es seht. 8 Seid nun nicht halsstarrig wie eure
32,25–26!; Vorfahren! Reicht dem HERRN die Hand und kommt zu seinem Heilig-
Esra 10,14 tum, das er für ewig geheiligt hat, und dient dem HERRN, eurem Gott,
9: Ex 34,6 damit sich sein glühender Zorn von euch abwendet. 9 Denn wenn ihr
zum HERRN zurückkehrt, werden eure Brüder und eure Söhne Erbar-
men finden bei denen, die sie gefangen weggeführt haben, und sie wer-
den in dieses Land zurückkehren; denn der HERR, euer Gott, ist gnädig
und barmherzig und wird das Angesicht nicht von euch wenden, wenn
ihr zu ihm zurückkehrt.
10: 36,16 10 Und die Läufer liefen von Stadt zu Stadt im Land Efraim und Ma-
nasse und bis nach Sebulon; aber man verlachte sie und verspottete sie.
11: 7,14! 11 Nur einige Männer aus Asser, Manasse und Sebulon demütigten sich
und kamen nach Jerusalem.
12: 1Chr 12,39; 12 Auch in Juda war die Hand Gottes, um ihnen ein einmütiges Herz
Jer 32,39 zu geben, das Gebot des Königs und der Fürsten zu erfüllen, nach dem
Wort des HERRN. 13 Da versammelte sich in Jerusalem viel Volk, um das
Fest der ungesäuerten Brote im zweiten Monat zu feiern, eine sehr
14: 31,1; 32,12; 33,15; grosse Versammlung. 14 Und sie machten sich auf und schafften die Al-
34,3–4 täre weg, die in Jerusalem waren, auch alle Räucheraltäre schafften sie
weg und warfen sie in das Kidrontal.
15–17: 29,34 15 Und am Vierzehnten des zweiten Monats schlachteten sie das
15: 35,1; Ex 12,6; Passa. Und die Priester und die Leviten waren beschämt und heiligten
Esra 6,19 sich und brachten Brandopfer zum Haus des HERRN. 16 Und sie standen
16: 23,18; Esra 3,2 · an ihrem Ort, der für sie geltenden Vorschrift gemäss, wie es der Wei-
35,11 sung des Mose, des Mannes Gottes, entsprach: Die Priester sprengten
17: Ez 44,11 das Blut aus der Hand der Leviten. 17 Es waren aber viele in der Ver-

sammlung, die sich nicht geheiligt hatten. Und so besorgten die Leviten
für alle, die nicht rein waren, die Schlachtung der Passaopfer, um sie
dem Herrn zu weihen. 18 Denn die Mehrzahl des Volks, viele aus
Efraim, Manasse, Issaschar und Sebulon, hatten sich nicht gereinigt,
und so assen sie das Passa nicht, wie es geschrieben steht. Doch Jechis-
kijahu betete für sie und sprach: Der HERR, der Gütige, möge jedem ver-
geben, 19 der sein Herz darauf richtet, Gott den HERRN, den Gott seiner 19: 15,12!
Vorfahren, zu suchen – wenn auch nicht in der Reinheit des Heiligtums.
20 Und der HERR erhörte Jechiskijahu und heilte das Volk. 20: 7,14
21 Und die Israeliten, die sich in Jerusalem befanden, feierten das 21: 35,17; Ex 12,15 ·
Fest der ungesäuerten Brote sieben Tage lang mit grosser Freude. Und 29,30!
Tag für Tag lobten die Leviten und die Priester den HERRN mit den In-
strumenten der Macht des HERRN. 22 Und Jechiskijahu sprach zum 22: 32,6
Herzen aller Leviten, die so einsichtig waren mit Blick auf den HERRN.
Und sieben Tage assen sie das Festopfer, indem sie Heilsopfer schlach-
teten und sich zum HERRN, dem Gott ihrer Vorfahren, bekannten.
23 Und die ganze Versammlung beschloss, das Fest weitere sieben Tage 23: 1Kön 8,65
zu begehen, und sie feierten sieben Tage lang ein Freudenfest. 24 Denn 24: 35,7–9 · 15
Chiskijahu, der König von Juda, hatte der Versammlung tausend Jung-
stiere gespendet und siebentausend Schafe, und die Fürsten spendeten
der Versammlung tausend Jungstiere und zehntausend Schafe, und es
heiligten sich Priester in grosser Zahl. 25 Und so freuten sich die ganze 25: 11; 2,16
Versammlung Judas und die Priester und die Leviten und die ganze
Versammlung derer, die aus Israel gekommen waren, und die Frem-
den, die aus dem Land Israel gekommen waren, und die, die in Juda
wohnten. 26 Und es herrschte grosse Freude in Jerusalem; denn seit 26: Neh 8,17 · 35,18
den Tagen Salomos, des Sohns Davids, des Königs von Israel, hatte es
Derartiges nicht gegeben in Jerusalem. 27 Und die Priester, die Leviten, 27: 1Chr 23,13 ·
erhoben sich und segneten das Volk, und ihre Stimme wurde erhört, 6,21!
und ihr Gebet gelangte bis zu seiner heiligen Wohnung, bis zum Him-
mel.

Die Versorgung der Priester und der Leviten

31 1 Und als all dies vollendet war, zog ganz Israel, alle, die sich ein- 1: 14,2!; 30,14!;
gefunden hatten, hinaus in die Städte Judas, und sie zerschlugen 2Kön 18,4
die Mazzeben und hauten die Ascheren um und rissen die Kulthöhen
nieder und die Altäre in ganz Juda und in Benjamin und in Efraim und
in Manasse, bis alles vernichtet war; dann kehrten alle Israeliten in ihre
Städte zurück, ein jeder in sein Eigentum. 2 Und Jechiskijahu liess die 2–3: 2,3!
Abteilungen der Priester antreten und die Leviten, nach ihren Abteilun- 2: 8,14!
gen, einen jeden entsprechend seinem Dienst, Priester und Leviten, für
das Brandopfer und für die Heilsopfer, um in den Toren der Lager des
HERRN zu dienen und zu loben und zu preisen. 3 Und der Beitrag des 3: 8,13!
Königs aus seinem Besitz war für die Brandopfer bestimmt, für die
Brandopfer des Morgens und des Abends und für die Brandopfer an den
Sabbaten und Neumonden und Festtagen, wie es geschrieben steht in
der Weisung des HERRN. 4 Und er befahl dem Volk, den Bewohnern von 4–5: Num 18,8–24;
Jerusalem, den Priestern und Leviten ihren Anteil zu geben, damit sie Neh 10,36–38;
festhielten an der Weisung des HERRN. 5 Und als sich das Wort ausbrei- 13,10–12
tete, brachten die Israeliten viel an Erstlingsgaben vom Getreide, von

Wein und Öl und Honig und von allem Ertrag des Feldes; und den Zehn-
ten von allem lieferten sie reichlich ab.
6: Lev 27,30–32! 6 Und auch jene Israeliten und Judäer, die in den Städten Judas
wohnten, brachten den Zehnten von Rindern und Schafen und den
Zehnten von den heiligen Gaben, die dem HERRN, ihrem Gott, geweiht
waren. Sie gaben haufenweise. 7 Im dritten Monat begannen sich die
Haufen aufzutürmen, und im siebten Monat wurden sie damit fertig.
8 Dann kamen Jechiskijahu und die Fürsten, und sie sahen die Haufen
und priesen den HERRN und sein Volk Israel.

9 Und Jechiskijahu erkundigte sich bei den Priestern und Leviten
10: 1Kön 4,2 · nach den Haufen, 10 und Asarjahu, der Hohe Priester vom Haus Zadok,
Ez 44,30; Mal 3,10 sagte ihm, er sagte ihm: Seitdem man angefangen hat, die Abgabe in
das Haus des HERRN zu bringen, haben wir gegessen und sind satt ge-
worden, und viel ist noch übrig geblieben, denn der HERR hat sein Volk
11: Neh 13,5 gesegnet; was übrig geblieben ist, ist diese Menge. 11 Da befahl Jechis-
kijahu, im Haus des HERRN Vorratskammern einzurichten, und man
richtete sie ein.

12: 35,8 12 Und getreulich brachte man die Abgabe und den Zehnten und die
Weihegaben. Und Oberaufseher darüber war Konanjahu, der Levit; und
Schimi, sein Bruder, stand an zweiter Stelle; 13 und Jechiel und Asasjahu
und Nachat und Asael und Jerimot und Josabad und Eliel und Jismachja-
hu und Machat und Benajahu waren Aufseher unter Konanjahu und
Schimi, seinem Bruder, entsprechend der Anweisung Jechiskijahus, des
Königs, und Asarjahus, des Fürsten des Hauses Gottes. 14 Und Kore, der
Sohn Jimnas, der Levit, der Wächter am östlichen Tor, war über die frei-
willigen Gaben für Gott gesetzt, um die für den HERRN bestimmten Ab-
15: 1Chr 24,31! gaben und die Weihegaben zu verteilen. 15 Und treu zur Seite standen
ihm Eden und Minjamin und Jeschua und Schemajahu und Amarjahu
und Schechanjahu in den Priesterstädten, um ihren Brüdern, entspre-
chend ihren Abteilungen, ihren Anteil zuzuweisen, den Grossen wie
den Kleinen – 16 den männlichen Personen von drei Jahren an und dar-
über, abgesehen von ihrer Eintragung –, allen, die, wie es jeder Tag er-
forderte, in das Haus des HERRN kamen zu ihrem Dienst in ihren
17: 1Chr 23,24! Dienstabteilungen, gemäss ihren Abteilungen. 17 Die Eintragung in
das Register der Priester nach ihren Familien und der Leviten von zwan-
zig Jahren an und darüber erfolgte gemäss ihren Dienstabteilungen
und ihren Abteilungen. 18 Und sie wurden eingetragen mit all ihren
Kleinkindern, ihren Frauen, Söhnen und Töchtern, die ganze Versamm-
lung, denn in ihrer Treue hielten sie sich heilig. 19 Und für die Nach-
kommen Aarons, die Priester, waren in den Weidegebieten ihrer Städte,
in jeder einzelnen Stadt, mit Namen bezeichnete Männer bestellt, um
allen männlichen Angehörigen unter den Priestern Anteile zu geben
und ebenso allen Eingetragenen unter den Leviten.

20: 14,1 20 Und so machte es Jechiskijahu in ganz Juda, und er tat das Gute
21: 14,6! · 32,30; und das Rechte und das Wahre vor dem HERRN, seinem Gott. 21 Und in
2Kön 18,7; allem, was er unternahm, im Dienst für das Haus Gottes und in der Wei-
1Chr 22,13! sung und im Gebot, Gott zu suchen, handelte er von ganzem Herzen,
und er hatte Erfolg.

Sanheribs Feldzug gegen Jerusalem. Jechiskijahus Tod

32 1 Nach diesen Ereignissen und diesem Treueerweis zog Sanherib, 1: 9; 2Kön 18,13
der König von Assur, heran und fiel in Juda ein und belagerte die
befestigten Städte und wollte sie für sich einnehmen. 2 Und Jechiskija-
hu sah, dass Sanherib heranzog, sein Angesicht zum Kampf gegen Jeru-
salem gerichtet, 3 und er beschloss mit seinen Fürsten und Helden, die 3–4: 30; 2Kön 20,20
Wasserquellen, die ausserhalb der Stadt waren, zuzuschütten; und sie
halfen ihm. 4 Und es versammelte sich viel Volk, und sie schütteten alle
Quellen und den Bach zu, der mitten durch das Land floss, und sie sag-
ten: Warum sollen die Könige von Assur kommen und viel Wasser
vorfinden? 5 Und er erstarkte und baute die ganze eingerissene Mauer 5: 25,23 · 26,9–10;
wieder auf und errichtete Türme darauf und ausserhalb eine weitere 27,4
Mauer. Und er verstärkte den Millo der Stadt Davids und machte Wurf-
geschosse in grosser Zahl und Schilde. 6 Und er setzte Kriegsführer
über das Volk, versammelte sie um sich auf dem Platz am Tor der Stadt
und sprach zu ihren Herzen: 7 Seid mutig und stark, fürchtet euch nicht 7: 15,7! · 20,15
und habt keine Angst vor dem König von Assur und vor der ganzen
Menge, die bei ihm ist; denn mit uns ist ein Grösserer als mit ihm. 8 Mit 8: Jer 17,5.7 · 13,12;
ihm ist ein Arm aus Fleisch, mit uns aber ist der HERR, unser Gott, um 15,9 · 13,15!
uns zu helfen und unsere Kriege zu führen. Und das Volk verliess sich
auf die Worte Jechiskijahus, des Königs von Juda.

9 Danach sandte Sanherib, der König von Assur, seine Diener nach 9–18: 2Kön 18,17–37
Jerusalem – während er mit seiner ganzen Streitmacht vor Lachisch lag – 9: 2Kön 18,13–14
zu Jechiskijahu, dem König von Juda, und zu allen von Juda, die in Jeru-
salem waren, und liess sagen: 10 So spricht Sanherib, der König von As-
sur: Worauf vertraut ihr, dass ihr unter Belagerung in Jerusalem bleibt?
11 Täuscht euch Jechiskijahu nicht, um euch dem Tod durch Hunger und
Durst auszuliefern, wenn er sagt: Der HERR, unser Gott, wird uns aus der
Hand des Königs von Assur retten? 12 Ist nicht er es, Jechiskijahu, der 12: 31,1
seine Kulthöhen und seine Altäre beseitigt hat? Hat er doch zu Juda und
Jerusalem gesprochen: Vor einem einzigen Altar sollt ihr euch nieder-
werfen, und auf ihm sollt ihr Brandopfer darbringen. 13 Wisst ihr nicht, 13–14:
was ich und meine Vorfahren all den Völkern der Länder angetan haben? 2Kön 19,11–12;
Konnten denn die Götter der Nationen der Länder ihr Land aus meiner Jes 10,8–11
Hand retten? 14 Welcher von allen Göttern dieser Nationen, die meine
Vorfahren der Vernichtung geweiht haben, ist es denn, der es vermocht
hätte, sein Volk aus meiner Hand zu retten, dass euer Gott nun euch aus
meiner Hand retten sollte? 15 Und nun, lasst euch von Chiskijahu nicht
verführen, und lasst euch von ihm nicht auf diese Weise täuschen!
Glaubt ihm nicht! Denn kein Gott irgendeiner Nation oder eines König-
reichs vermochte sein Volk aus meiner Hand oder aus der Hand meiner
Vorfahren zu retten; wie viel weniger wird euer Gott euch aus meiner
Hand retten! 16 Und noch Weiteres redeten seine Diener gegen den 16–17: 2Kön 19,8–13
HERRN, Gott, und gegen Jechiskijahu, seinen Diener. 17 Und er hatte 17: 2Kön 19,14
Briefe geschrieben, um den HERRN, den Gott Israels, zu schmähen und
gegen ihn zu reden, indem er sagte: Wie die Götter der Nationen der
Länder ihr Volk nicht aus meiner Hand gerettet haben, so wird der Gott
Jechiskijahus sein Volk nicht aus meiner Hand retten! 18 Und sie riefen
mit lauter Stimme dem Volk Jerusalems, das auf der Mauer war, auf Ju-
däisch zu, um ihnen Furcht und Schrecken einzuflössen und die Stadt in

19: Jes 10,11 · 2Kön 19,18; Jes 44,9-17
20: 2Kön 19,15-19 · 32; 2Kön 19,20
21: 2Kön 19,35-37

ihre Gewalt zu bekommen. 19 Und sie redeten vom Gott Jerusalems wie von den Göttern der Völker der Erde: Machwerk von Menschenhand.

20 Da beteten deswegen Jechiskijahu, der König, und Jesaja, der Sohn des Amoz, der Prophet, und sie schrien zum Himmel. 21 Und der HERR sandte einen Boten, und der vernichtete alle tüchtigen Krieger, Fürsten und Obersten im Lager des Königs von Assur, und mit Schande bedeckt kehrte er zurück in sein Land. Und er kam in das Haus seines Gottes, und dort brachten ihn einige seiner leiblichen Söhne durch das Schwert zu Fall. 22 So half der HERR Jechiskijahu und den Bewohnern Jerusalems aus der Hand Sanheribs, des Königs von Assurs, und aus der Hand aller, und er verschaffte ihnen Ruhe nach allen Seiten. 23 Und viele brachten Gaben für den HERRN und für Jerusalem und Kostbarkeiten für Jechiskijahu, den König von Juda, und von da an war er hoch geachtet in den Augen aller Nationen.

24: 2Kön 20,1 · 2Kön 20,8-11
25-26: 19,10; 24,18; 30,8; 34,21; 36,16; 1Chr 27,24
25: 24,18!
26: 7,14!; Jer 26,19
27-28: 2Kön 20,13
27: 17,5; 18,1; 1Chr 29,28
30: 3-4 · 31,21
31: Jes 39,1

24 In jenen Tagen wurde Jechiskijahu todkrank. Und er betete zum HERRN, und der HERR sprach zu ihm und gab ihm ein Zeichen. 25 Doch Jechiskijahu vergalt die Wohltat nicht, die ihm erwiesen wurde; sein Herz wurde hochmütig. Und Zorn kam über ihn und über Juda und Jerusalem. 26 Da demütigte sich Jechiskijahu wegen des Hochmuts seines Herzens, er und die Bewohner Jerusalems; und der Zorn des HERRN kam nicht über sie, solange Jechiskijahu lebte. 27 Und Jechiskijahu gewann Reichtum und Ehre in grosser Fülle, und er machte sich Schatzkammern für Silber und für Gold und für Edelsteine und für Balsamöle und für Schilde und für alles Kostbare 28 und Vorratsstädte für den Ertrag von Getreide und Wein und Öl und Ställe für allerlei Vieh und Stallplätze für die Herden. 29 Und er legte sich Städte an und einen grossen Besitz an Schafen und Rindern; denn Gott gab ihm ein sehr grosses Vermögen. 30 Und Jechiskijahu war es, der den oberen Ausfluss des Gichon-Wassers zuschüttete und dieses hinab nach der Westseite der Stadt Davids umleitete. Und bei allem, was er tat, hatte Jechiskijahu Erfolg. 31 So auch als die Wortführer der Fürsten von Babel zu ihm gesandt wurden, um nach dem Zeichen zu fragen, das im Land geschehen war. Gott hatte ihn verlassen, um ihn zu prüfen und all das zu erkennen, was in seinem Herzen war.

32-33: 2Kön 20,20-21
32: 9,19! · 20; 26,22
33: 9,31

32 Und was sonst noch von Jechiskijahu zu berichten ist und von seinen guten Taten, sieh, das steht geschrieben in der Schau Jesajas, des Sohns von Amoz, des Propheten, im Buch der Könige von Juda und von Israel. 33 Und Jechiskijahu legte sich zu seinen Vorfahren, und man begrub ihn beim Aufgang zu den Gräbern der Nachkommen Davids; und ganz Juda und die Bewohner Jerusalems erwiesen ihm Ehre bei seinem Tod. Und Manasse, sein Sohn, wurde König an seiner Statt.

Manasse, König von Juda. Seine Versündigung und seine Demütigung

1-20: 2Kön 21,1-18
3-5: 28,24!
3: 31,1

33 1 Zwölf Jahre alt war Manasse, als er König wurde, und fünfundfünfzig Jahre lang war er König in Jerusalem. 2 Und er tat, was böse war in den Augen des HERRN, so abscheulich wie das, was die Nationen getan hatten, die der HERR vor den Israeliten vertrieben hatte. 3 Und er baute die Kulthöhen wieder auf, die Jechiskijahu, sein Vater, niedergerissen hatte, und er errichtete den Baalen Altäre und machte Ascheren, und vor dem ganzen Heer des Himmels warf er sich nieder, und er dien-

SELIG
M GEIST
AS HIMMEL
DIE ARMEN
IHNEN GEHÖRT
REICH
SELIG DIE
SIE WERDEN
TRAUERNDEN
GETRÖSTET
WERDEN
SELIG DIE
SIE WERDEN
GEWALTLOSEN
DAS LAND ERBEN
SELIG DIE HU
ÜRSTEN NACH
EIT-SIE WERDEN
NGERN UND
DER GERECHTIG
GESÄTTIGT WERDEN
SELIG DIE
SIE WERDEN
ARMHERZIGKEIT
BARMHERZIGEN
ERLANGEN
SELIG DIE
SIND SIE
GOTT
REINEN HERZENS
WERDEN
SCHAUEN
ELIG DIE FRIE
SIE WERDEN
GOTTES GENA
DEN STIFTEN
SÖHNE + TÖCHTER
NNT WERDEN
ELIG DIE VER
M DER GERECH
HNEN GEHÖRT
FOLGT SIND
TIGKEIT WILLEN
DAS HIMMELREICH

Schriftbild zu Matthäus 5,3–12

te ihnen. 4 Und im Haus des HERRN baute er Altäre, obwohl der HERR 4: 6,5–6!
gesagt hatte: In Jerusalem soll mein Name sein für immer. 5 Und in bei-
den Vorhöfen des Hauses des HERRN baute er Altäre für das ganze Heer
des Himmels. 6 Und er war es, der seine Söhne durch das Feuer gehen 6: 28,3
liess im Tal Ben-Hinnom, und er trieb Zeichendeuterei und Wahrsage-
rei und Zauberei, und er trieb Totenbeschwörung und Weissagerei, er
tat vieles, was böse war in den Augen des HERRN, um ihn zu reizen.
7 Und das Götzenstandbild, das er gemacht hatte, stellte er in das Haus 7: 6,5–6!
Gottes, von dem Gott zu David und zu Salomo, seinem Sohn, gesagt hat-
te: In diesem Haus und in Jerusalem, das ich erwählt habe aus allen
Stämmen Israels, werde ich meinen Namen niederlegen für alle Zeiten.
8 Und ich werde Israel nicht mehr von dem Boden entfernen, den ich
euren Vorfahren bestimmt habe, wenn sie nur alles halten, was ich
ihnen geboten habe, die ganze Weisung, die Satzungen und die Rechts-
bestimmungen, die durch Mose ergangen sind, und danach handeln.
9 Manasse aber verführte Juda und die Bewohner Jerusalems, mehr Bö-
ses zu tun als die Nationen, die der HERR vor den Israeliten vertilgt
hatte.

10 Da sprach der HERR zu Manasse und zu seinem Volk; sie aber ach-
teten nicht darauf. 11 Und der HERR brachte die Heerführer des Königs
von Assur über sie, und sie nahmen Manasse gefangen mit Haken und
legten ihn in doppelte Ketten und führten ihn nach Babel. 12 Und in 12–13: 7,14!
seiner Bedrängnis flehte er den HERRN, seinen Gott, an und demütigte
sich tief vor dem Gott seiner Vorfahren 13 und betete zu ihm. Und er 13: 1Chr 5,20;
liess sich von ihm erbitten, und er erhörte sein Flehen und brachte ihn Esra 8,23 ·
nach Jerusalem in sein Königtum zurück. Und Manasse erkannte, dass 1Kön 18,39
der HERR Gott ist.

14 Und danach baute er die äussere Mauer für die Stadt Davids, west- 14: 32,5 · 27,3
lich vom Gichon, im Tal und bis da, wo man zum Fisch-Tor kommt, und
rings um den Ofel, und er machte sie sehr hoch. Und in allen befestigten
Städten Judas setzte er Heerführer ein. 15 Dann schaffte er die fremden 15: 7; 14,2!; 30,14!
Götter und das Götzenbild aus dem Haus des HERRN und alle Altäre, die
er auf dem Berg des Hauses des HERRN und in Jerusalem errichtet hatte,
und warf sie hinaus vor die Stadt. 16 Und er stellte den Altar des HERRN 16: 4,1! · 14,3
wieder her und opferte auf ihm Heilsopfer und Dankopfer und befahl
Juda, dem HERRN, dem Gott Israels, zu dienen. 17 Doch das Volk opferte 17: 15,17!
noch immer auf den Kulthöhen – aber für den HERRN, ihren Gott.

18 Und was sonst noch von Manasse zu berichten ist, und sein Gebet 18: 9,29!
zu seinem Gott und die Worte der Seher, die im Namen des HERRN, des
Gottes Israels, zu ihm geredet haben, sieh, das steht in der Geschichte
der Könige Israels. 19 Und sein Gebet und wie er erhört wurde und alle 19: 12
seine Versündigung und seine Untreue und die Stätten, an denen er
Kulthöhen gebaut und die Ascheren und Götzenbilder errichtet hatte,
bevor er sich demütigte, sieh, das steht geschrieben in der Geschichte
der Seher. 20 Und Manasse legte sich zu seinen Vorfahren, und man 20: 21,20
begrub ihn in seinem Haus, und Amon, sein Sohn, wurde König an sei-
ner Statt.

33,19: Der Massoretische Text lautet wörtlich: «... in den Worten meiner Seher.» Möglicherweise ist aber ein Personenname zu übersetzen: «... in den Worten von Chosai.»

Amon, König von Juda. Seine Schuld
21–25: 21 Zweiundzwanzig Jahre alt war Amon, als er König wurde, und
2Kön 21,19–26 zwei Jahre lang war er König in Jerusalem. 22 Und er tat, was böse war in
den Augen des HERRN, wie Manasse, sein Vater, es getan hatte: Und
Amon opferte allen Götzenbildern, die Manasse, sein Vater, gemacht
23: 12–13 hatte, und diente ihnen. 23 Und er demütigte sich nicht vor dem HERRN,
wie sich Manasse, sein Vater, gedemütigt hatte, sondern er, Amon, ver-
mehrte die Schuld. 24 Und seine Diener verschworen sich gegen ihn
25: 25,3 und töteten ihn in seinem Haus. 25 Das Volk des Landes aber erschlug
alle, die sich gegen König Amon verschworen hatten. Dann machte das
Volk des Landes Joschijahu, seinen Sohn, zum König an seiner Statt.

Joschijahu, König von Juda. Der Fund des Buchs der Weisung
1–2: 2Kön 22,1–2 34 1 Acht Jahre alt war Joschijahu, als er König wurde, und einund-
2: 17,3! dreissig Jahre lang war er König in Jerusalem. 2 Und er tat, was
recht war in den Augen des HERRN: Er ging auf den Wegen Davids, sei-
nes Vorfahren, und er wich nicht ab, weder nach rechts noch nach links.
3–7: 2Kön 23,4–20 3 Und im achten Jahr seiner Königsherrschaft – er war noch ein Knabe –
3–4: 14,2!; 29,15–16; begann er den Gott seines Vorfahren David zu suchen, und im zwölften
30,14!; 33,15 Jahr begann er Juda und Jerusalem von den Kulthöhen und den Asche-
3: 14,6! ren und den geschnitzten und gegossenen Bildern zu reinigen. 4 Und
vor ihm riss man die Altäre der Baale nieder; und die Rauchopferaltäre
oben auf ihnen haute er um, und er zertrümmerte und zermalmte die
Ascheren und die geschnitzten und gegossenen Bilder und streute sie
5: 1Kön 13,2 auf die Gräber derer, die ihnen geopfert hatten. 5 Und die Gebeine der
Priester verbrannte er auf ihren Altären und reinigte Juda und Jerusa-
6–7: 31,1 lem. 6 Und in den Städten von Manasse und Efraim und Simeon und bis
nach Naftali, in ihren Trümmern ringsumher, 7 riss er die Altäre nieder
und zerschlug und zermalmte die Ascheren und die Götzenbilder, und
alle Rauchopferaltäre haute er um im ganzen Land Israels; dann kehrte
er nach Jerusalem zurück.
8–28: 2Kön 22,3–20 8 Und im achtzehnten Jahre seiner Königsherrschaft, als er das Land
8: 24,5 und das Haus gereinigt hatte, sandte er den Schafan, den Sohn Azalja-
hus, und Maasejahu, den Obersten der Stadt, und Joach, den Sohn des
Joachas, den Chronisten, um das Haus des HERRN, seines Gottes, auszu-
9: 1Chr 9,19! bessern. 9 Und sie kamen zu Chilkijahu, dem Hohen Priester, und über-
gaben das Silber, das in das Haus Gottes gebracht worden war, das die
Leviten, die Hüter der Schwellen, von Manasse und Efraim und dem
ganzen übrigen Israel und von ganz Juda und Benjamin und den Bewoh-
nern Jerusalems gesammelt hatten. 10 Und sie gaben es in die Hand der
Werkmeister, die am Haus des HERRN eingesetzt waren, und diese ga-
ben es den Arbeitern, die am Haus des HERRN arbeiteten, um das Haus
auszubessern und zu verstärken. 11 Und sie gaben es den Zimmerleuten
und den Bauleuten, um behauene Steine zu kaufen und Hölzer für die
Klammern und Balken für die Gebäude, die die Könige von Juda hatten
12: 1Chr 23,4; verfallen lassen. 12 Bei der Arbeit handelten die Männer in Treue, und
Esra 3,9 · 1Chr 25,7 Jachat und Obadjahu, die Leviten von den Söhnen Merari, und Secharja
und Meschullam von den Söhnen der Kehatiter waren zur Aufsicht

34,6: Der Massoretische Text lautet übersetzt: «... Naftali, auf dem Berg ihrer Häuser,»

über sie gesetzt. Und alle Leviten, die sich auf Musikinstrumente ver-
standen, 13 waren über die Lastträger gesetzt und hatten Aufsicht über 13: 1Chr 26,1–19!
alle Arbeiter, je nach ihrem Dienst. Und andere von den Leviten waren
Schreiber und Verwalter und Torwächter.

14 Und als sie das Silber herausnahmen, das in das Haus des HERRN
gebracht worden war, fand Chilkijahu, der Priester, das Buch der
Weisung des HERRN, gegeben durch die Hand des Mose. 15 Daraufhin
sagte Chilkijahu und sagte zu Schafan, dem Schreiber: Ich habe die Wei-
sung im Haus des HERRN gefunden. Und Chilkijahu gab Schafan das
Buch.

16 Und Schafan brachte das Buch dem König, und überdies erstatte-
te er dem König Bericht und sagte: Alles, was deinen Dienern aufgetra-
gen wurde, das tun sie; 17 sie haben das Silber, das sich im Haus des
HERRN fand, ausgeschüttet und es in die Hand der Aufseher und in die
Hand der Werkmeister gegeben. 18 Dann aber berichtete Schafan, der
Schreiber, dem König: Chilkijahu, der Priester, hat mir ein Buch gege-
ben. Und Schafan las daraus dem König vor. 19 Und als der König die
Worte der Weisung hörte, zerriss er seine Kleider. 20 Und der König
befahl Chilkijahu, Achikam, dem Sohn des Schafan, Abdon, dem Sohn
des Micha, Schafan, dem Schreiber, und Asaja, dem Diener des Königs:
21 Geht, befragt den HERRN für mich und für den Rest in Israel und Juda 21: 32,25–26!
über die Worte des Buchs, das gefunden worden ist, denn gross ist der
Zorn des HERRN, der sich ergossen hat gegen uns, weil unsere Vorfahren
nicht das Wort des HERRN gehalten haben und nicht nach alledem ge-
handelt haben, was in diesem Buch geschrieben steht. 22 Da ging Chil-
kijahu mit denen, die der König sandte, zu Chulda, der Prophetin, der
Frau von Schallum, dem Sohn Tokhats, des Sohns von Chasra, dem Hü-
ter der Gewänder. Und sie wohnte in Jerusalem, in Mischne, und dem-
gemäss redeten sie mit ihr. 23 Da sprach sie zu ihnen: So spricht der
HERR, der Gott Israels. Sagt dem Mann, der euch zu mir gesandt hat:
24 So spricht der HERR: Sieh, ich bringe Unheil über diesen Ort und
über seine Bewohner: alle Verfluchungen, die in dem Buch geschrieben
sind, das man dem König von Juda vorgelesen hat. 25 Dafür dass sie 25: 24,18!
mich verlassen und anderen Göttern Rauchopfer dargebracht haben,
um mich zu reizen mit all dem Machwerk ihrer Hände, wird mein Zorn
sich ergiessen gegen diesen Ort, und er wird nicht erlöschen. 26 Zum
König von Juda aber, der euch sendet, um den HERRN zu befragen – so
sollt ihr zu ihm sprechen: So spricht der HERR, der Gott Israels, die
Worte betreffend, die du gehört hast: 27 Weil dein Herz weich gewor- 27: 7,14!
den ist und du dich gedemütigt hast vor Gott, als du seine Worte gegen
diesen Ort und gegen seine Bewohner gehört hast, und weil du dich vor
mir gedemütigt und deine Kleider zerrissen und vor mir geweint hast,
darum höre auch ich, Spruch des HERRN. 28 Sieh, ich werde dich mit 28: 32,26
deinen Vorfahren vereinen, und in Frieden wirst du in deinem Grab mit
ihnen vereint werden, und all das Unglück, das ich über diesen Ort brin-
ge und über seine Bewohner, werden deine Augen nicht sehen. Und sie
erstatteten dem König Bericht.

Die Erneuerung des Bundes

29–32: 2Kön 23,1–3 29 Und der König sandte hin und versammelte alle Ältesten von Juda
und Jerusalem. 30 Dann ging der König hinauf in das Haus des HERRN
mit allen Männern von Juda und den Bewohner von Jerusalem und den
Priestern und den Leviten und allem Volk, vom Kleinsten bis zum
Grössten, und er trug ihnen alle Worte des Buchs des Bundes vor, das im
31: 15,12! Haus des HERRN gefunden worden war. 31 Und der König stellte sich an
seinen Ort, und vor dem HERRN schloss er den Bund, dem HERRN zu
folgen und seine Gebote, seine Ordnungen und seine Satzungen zu hal-
ten mit seinem ganzen Herzen und von ganzer Seele und nach den Wor-
ten des Bundes zu handeln, die in diesem Buch geschrieben sind.
32 Und alle, die sich in Jerusalem und in Benjamin befanden, liess er
dem Bund beitreten. Und die Bewohner Jerusalems handelten gemäss
33: 3–7 dem Bund Gottes, des Gottes ihrer Vorfahren. 33 Und Joschijahu ent-
fernte all die Abscheulichkeiten aus allen Ländern, die den Israeliten
gehörten, und er hielt alle, die sich in Israel befanden, dazu an, dem
HERRN, ihrem Gott, zu dienen. So lange er lebte, wichen sie nicht ab
vom HERRN, dem Gott ihrer Vorfahren.

Das Passa Joschijahus

35

1–27: 2Kön 23,21–30 1 Und Joschijahu feierte in Jerusalem Passa für den HERRN; und
1: 30,15; Ex 12,6! sie schlachteten das Passa am Vierzehnten des ersten Monats.
2: 8,14! 2 Und er bestellte die Priester zu ihrer Pflicht und ermutigte sie zum
3: 17,7–9 · 5,7; Dienst im Haus des HERRN. 3 Und zu den Leviten, die ganz Israel unter-
1Chr 23,26 wiesen und die dem HERRN heilig waren, sagte er: Stellt die heilige Lade
in das Haus, das Salomo, der Sohn Davids, der König von Israel, gebaut
hat. Ihr müsst die Last nicht auf der Schulter tragen. Nun dient dem
4–5: 8,14! HERRN, eurem Gott, und seinem Volk Israel, 4 und haltet euch bereit,
nach euren Familien, nach euren Abteilungen, gemäss der Schrift Da-
vids, des Königs von Israel, und gemäss der Schrift Salomos, seines
Sohns. 5 Und tretet an im Heiligtum, entsprechend den Einteilungen
der Familien eurer Brüder, der Leute aus dem Volk: je eine Familienab-
6: 5,11! teilung der Leviten, 6 und schlachtet das Passa und heiligt euch und be-
reitet es zu für eure Brüder, um nach dem Wort des HERRN zu handeln,
das durch Mose gegeben wurde!
7–9: 30,24 7 Und Joschijahu spendete für die Leute aus dem Volk Kleinvieh,
7: Ez 45,17 Schafe und junge Ziegen, alles für die Passaopfer, für alle, die sich einge-
funden hatten, dreissigtausend an der Zahl, und dreitausend Rinder.
8: 31,12–13; 32,23; Dies aus dem Besitz des Königs. 8 Und seine Obersten spendeten frei-
1Chr 29,6–8! willig für das Volk, für die Priester und die Leviten. Chilkija und Sechar-
jahu und Jechiel, die Fürsten des Hauses Gottes, gaben den Priestern für
die Passaopfer zweitausendsechshundert Stück Kleinvieh und dreihun-
dert Rinder. 9 Und Konanjahu und Schemajahu und Netanel, seine Brü-
der, und Chaschabjahu, Jeiel und Josabad, die Fürsten der Leviten, spen-
deten den Leviten für die Passaopfer fünftausend Stück Kleinvieh und
fünfhundert Rinder.
10: 8,14! 10 So wurde der Dienst geordnet. Und die Priester standen an ihrem
Ort und die Leviten in ihren Abteilungen, gemäss dem Befehl des Kö-

nigs. 11 Und sie schlachteten das Passa, und die Priester sprengten das 11: 29,34; 30,16
Blut aus ihrer Hand, während die Leviten den Tieren die Haut abzogen.
12 Das Brandopfer aber legten sie beiseite, um es den Gruppen der Fami-
lien aus dem Volk zu geben, damit sie es dem HERRN darbringen konn-
ten, wie es im Buch des Mose geschrieben steht. Ebenso machten sie es
mit den Rindern. 13 Und sie brieten das Passa nach der Vorschrift am
Feuer; und das Heilige kochten sie in Kesseln, Töpfen und Schüsseln und
brachten es eilends allen Leuten des Volks. 14 Und danach bereiteten sie 14: Esra 6,20
es für sich und die Priester zu; denn die Priester, die Söhne Aaron, waren
mit der Darbringung der Brandopfer und der Fettstücke bis in die Nacht
beschäftigt. Und so bereiteten es die Leviten zu für sich und für die Pries-
ter, die Söhne Aaron. 15 Und die Sänger, die Nachkommen Asafs, waren 15: 8,14! · 5,12;
an ihrem Ort, der Anordnung Davids gemäss: Asaf, Heman und Jedutun, 1Chr 25,1!; 25,5
der Seher des Königs. Und die Torwächter an den einzelnen Toren muss-
ten nicht von ihrem Dienst weichen, denn ihre Brüder, die Leviten, be-
reiteten es für sie zu. 16 An jenem Tage wurde der ganze Dienst des
HERRN geordnet, um das Passa zu feiern und Brandopfer auf dem Altar
des HERRN darzubringen, gemäss dem Befehl des Königs Joschijahu.
17 Und damals feierten die Israeliten, die sich einfanden, das Passa und 17: 30,21
das Fest der ungesäuerten Brote, sieben Tage lang.

18 Ein solches Passa war in Israel nicht gefeiert worden seit den Ta- 18: 30,26
gen Samuels, des Propheten, und keiner der Könige Israels hatte ein Pas-
sa gefeiert, wie es Joschijahu und die Priester und die Leviten und ganz
Juda und Israel, die sich eingefunden hatten, und die Bewohner Jerusa-
lems feierten. 19 Im achtzehnten Jahr der Königsherrschaft Joschijahus
wurde dieses Passa gefeiert.

20 Nach alledem, als Joschijahu das Haus wieder hergerichtet hatte, 20: 32,1
zog Necho, der König von Ägypten, herauf, um bei Karkemisch am Euf-
rat zu kämpfen. Da zog Joschijahu aus, ihm entgegen. 21 Er aber sandte 21: Ri 11,12
Boten zu ihm und sagte: Was habe ich mit dir zu schaffen, König von
Juda? Nicht gegen dich geht es heute, sondern gegen das Haus, das mit
mir Krieg führt. Gott hat mir Eile geboten. Lass ab von Gott, der mit mir
ist, damit er dich nicht verdirbt. 22 Joschijahu aber wandte sein Gesicht 22: 18,29
nicht ab von ihm, sondern verkleidete sich, um gegen ihn zu kämpfen.
Und er hörte nicht auf die Worte Nechos aus dem Mund Gottes und zog
in die Ebene von Megiddo in den Kampf.

23 Und die Schützen schossen auf König Joschijahu. Und der König 23: 18,33
sagte zu seinen Dienern: Bringt mich weg, denn ich bin schwer verwun-
det. 24 Und seine Diener hoben ihn aus dem Streitwagen in das zweite 24: 32,33
Gefährt, das er hatte. Und sie geleiteten ihn nach Jerusalem, und er starb
und wurde in den Grabstätten seiner Vorfahren begraben, und ganz
Juda und Jerusalem trauerten um Joschijahu. 25 Und Jeremia hielt die 25: 2Sam 1,17
Totenklage auf Joschijahu, und alle Sänger und Sängerinnen sangen in
ihren Klageliedern von Joschijahu, bis auf den heutigen Tag. Und man
machte sie zum festen Brauch für Israel. Und sieh, sie sind aufgezeich-
net in den Klageliedern.

26 Und was sonst noch von Joschijahu zu berichten ist, und seine 26–27: 9,29!
guten Taten, die dem entsprachen, was geschrieben steht in der Wei-

35,11: In der Übersetzung wurden «das Blut» und «den Tieren» ergänzt.

sung des HERRN, 27 und seine Geschichte, das Frühere und das Spätere,
sieh, das ist aufgezeichnet im Buch der Könige von Israel und von Juda.

Jehoachas, Eljakim, Jehojachin, Zidkijahu, Könige von Juda.
Wegführung nach Babel

1–21: 36 1 Und das Volk des Landes nahm Jehoachas, den Sohn des Joschi-
2Kön 23,30–25,21 jahu, und sie machten ihn in Jerusalem zum König an seines
1: 23,20; 33,25 Vaters Statt. 2 Dreiundzwanzig Jahre alt war Joachas, als er König wur-
de, und drei Monate lang war er König in Jerusalem. 3 Und der König
von Ägypten setzte ihn ab in Jerusalem, und dem Land auferlegte er eine
Strafe: hundert Kikkar Silber und ein Kikkar Gold. 4 Und der König von
Ägypten machte Eljakim, seinen Bruder, zum König über Juda und Jeru-
salem und änderte dessen Namen in Jehojakim. Joachas aber, seinen
Bruder, nahm Necho fest und brachte ihn nach Ägypten.
5 Fünfundzwanzig Jahre alt war Jehojakim, als er König wurde, und
elf Jahre lang war er König in Jerusalem, und er tat, was böse war in den
6: 33,11 Augen des HERRN, seines Gottes. 6 Gegen ihn zog Nebukadnezzar, der
König von Babel, herauf, und er legte ihn in doppelte Ketten, um ihn
7: 10; Esra 1,7; nach Babel zu führen. 7 Auch Geräte des Hauses des HERRN brachte
Dan 1,2 Nebukadnezzar nach Babel, und er legte sie in seinen Tempel in Babel.
8: 9,29! · 8 Und was sonst noch von Jehojakim zu berichten ist und die Abscheu-
Jer 22,13–19 lichkeiten, die er beging, und was über ihn gefunden wurde, sieh, das
steht geschrieben im Buch der Könige von Israel und von Juda. Und Je-
hojachin, sein Sohn, wurde König an seiner Statt.
9 Achtzehn Jahre alt war Jehojachin, als er König wurde, und drei
Monate und zehn Tage lang war er König in Jerusalem, und er tat, was
böse war in den Augen des HERRN.
10 Und um die Jahreswende sandte König Nebukadnezzar hin und
liess ihn samt den kostbaren Geräten des Hauses des HERRN nach Babel
bringen. Und er machte Zidkijahu, seinen Bruder, zum König über Juda
und Jerusalem.
11–21: Jer 39,1–10; 11 Einundzwanzig Jahre alt war Zidkijahu, als er König wurde, und
52,1–27 elf Jahre lang war er König in Jerusalem. 12 Und er tat, was böse war in
12: Jer 37,2 den Augen des HERRN, seines Gottes, er demütigte sich nicht vor Jere-
13: 30,8; Neh 9,16 mia, dem Propheten, der redete, wie der HERR zu ihm sprach. 13 Und
auch gegen König Nebukadnezzar, der ihn bei Gott hatte schwören las-
sen, lehnte er sich auf. Und er verhärtete seinen Nacken und verstockte
sein Herz, so dass er nicht umkehrte zum HERRN, dem Gott Israels.
14: 28,3 14 Auch alle Obersten der Priester und das Volk häuften Untreue auf
Untreue, allen Abscheulichkeiten der Nationen entsprechend, und sie
machten das Haus des HERRN unrein, das er in Jerusalem geheiligt hat-
15–16: 24,19; 30,10; te. 15 Und der HERR, der Gott ihrer Vorfahren, sandte durch seine Boten
Jer 7,25 zu ihnen, sandte immer wieder eifrig, denn er hatte Mitleid mit seinem
16: 32,25–26! Volk und seiner Wohnung. 16 Aber sie verhöhnten die Boten Gottes
und verachteten seine Worte und verspotteten seine Propheten, bis der
Zorn des HERRN gegen sein Volk aufstieg, so dass es keine Heilung mehr
17: Jer 21,7 gab. 17 Da liess er den König der Kasdäer gegen sie hinaufziehen, und
der tötete ihre jungen Männer durch das Schwert im Haus ihres Heilig-
tums; er schonte weder Jüngling noch Jungfrau, weder Alte noch Hoch-
18: Jer 27,19–22 betagte; alles gab er in seine Hand. 18 Und alle Geräte des Hauses Gottes,

die grossen und die kleinen, und die Schätze des Hauses des HERRN und
die Schätze des Königs und seiner Fürsten, dies alles brachte er nach
Babel. 19 Und sie verbrannten das Haus Gottes und rissen die Mauer 19: 7,20
Jerusalems ein, und alle seine Paläste verbrannten sie im Feuer und all
seine kostbaren Geräte vernichteten sie. 20 Und den Rest, der dem 20–21: Lev 26,34; Jer 25,11; 29,10; Dan 9,2
Schwert entrann, führte er in die Verbannung nach Babel, und sie wur-
den ihm und seinen Söhnen dienstbar, bis das Königreich der Perser zur
Herrschaft kam – 21 damit das Wort des HERRN durch den Mund Jere-
mias erfüllt werde: bis dem Land seine Sabbate ersetzt werden. Die gan-
ze Zeit der Verwüstung lag es brach, bis siebzig Jahre erfüllt waren.

Der Erlass des Kyros

22 Und im Jahr eins des Kyros, des Königs von Persien, erweckte der 22–23: Esra 1,1–3
HERR, damit sich das Wort des HERRN aus dem Mund des Jeremia er- 22: Jer 29,10 · 21,16; 1Chr 5,26
fülle, den Geist des Kyros, des Königs von Persien, und dieser liess einen
Aufruf durch sein ganzes Königreich ergehen, auch schriftlich: 23 So 23: Jes 45,13
spricht Kyros, der König von Persien: Alle Königreiche der Erde hat mir
der HERR, der Gott des Himmels, gegeben, und er selbst hat mir aufge-
tragen, ihm ein Haus zu bauen in Jerusalem, das in Juda liegt. Wer im-
mer von euch aus seinem Volk ist – der HERR, sein Gott, ist mit ihm, und
er ziehe hinauf!

Das Buch Esra

Zusammen mit dem Buch Nehemia berichtet das Buch Esra vom Wiederaufbau Jerusalems und Judas nach dem babylonischen Exil (siehe auch die Einleitung zu Neh). Benannt ist es nach dem Schriftgelehrten Esra, von dessen Rückkehr aus Babylon und dessen Wirken in Jerusalem die zweite Hälfte des Buchs handelt.

Der erste Teil (Esra 1–6) erzählt von Ereignissen, die noch vor dem Wirken Esras liegen. Esra 1,1–4 setzt ein mit einem Erlass, in dem Kyros, der König von Persien, den Wiederaufbau des Tempels in Jerusalem und die Rückkehr der Judäer aus dem Exil anordnet (vgl. 2Chr 36,22–23). Damit sind die Themen der folgenden Kapitel benannt: Esra 1–2 handeln von der Rückkehr, Esra 3–6 vom Tempelbau, der durch Widerstände von Seiten der Samaritaner zwar verzögert wird, mit Unterstützung durch die Propheten Haggai und Sacharja dann aber doch vollendet werden kann. Hauptfiguren in diesem ersten Teil sind Scheschbazzar sowie Serubbabel, ein Nachkomme Davids, und der Priester Jeschua, die auch aus den Prophetenbüchern Haggai und Sacharja bekannt sind. Der zweite Teil des Buchs (Esra 7–10) handelt von Ereignissen, die viele Jahrzehnte später stattfinden, und erst hier wird von der Mission Esras berichtet: Beauftragt vom persischen König Artaxerxes, zieht Esra mit einer grossen Schar von Heimkehrern von Babylon nach Jerusalem. Mit sich bringt er neben Spenden das «Gesetz des Gottes des Himmels», das er auf Befehl des persischen Königs in Juda zur Geltung bringen soll

(Esra 7–8). Dabei könnte an den Pentateuch (die Bücher Genesis bis Deuteronomium) oder an einen älteren Bestandteil desselben gedacht sein. Esras Massnahmen konzentrieren sich auf das Problem der Mischehen: Nach einem Bussgebet (Esra 9) versammelt er die ganze Gemeinde und verpflichtet die Männer, sich von ihren nichtisraelitischen Frauen zu trennen (Esra 10).

Das Buch Esra findet seine Fortsetzung im Buch Nehemia: Dort begegnet Esra wieder (vgl. Neh 8; 12), Mischehen bleiben ein Problem (Neh 12,44–13,31), und es ist von weiteren Massnahmen zum Aufbau der Gemeinde nach ihrer Rückkehr aus dem Exil zu hören. Zahlreiche literarische Verbindungen (etwa die beiden Bussgebete in Esra 9 und Neh 9; die Feier des Laubhüttenfests in Esra 3 und Neh 8; die identische Liste der Heimkehrer in Esra 2 und Neh 7,4–72) zeigen, dass es sich bei den Büchern Esra und Nehemia eigentlich um ein einziges zusammenhängendes Buch handelte. Dieses wurde erst in späterer Zeit in zwei Bücher aufgeteilt. Das Buch Esra-Nehemia kann als Fortsetzung der Bücher der Könige oder der Bücher der Chronik gelesen werden.

Während sich der Tempelbau (520–515 v. Chr.) und das Wirken Nehemias (445–433 v. Chr.) eindeutig datieren lassen, lässt es sich nicht mit letzter Sicherheit klären, ob Esra vor Nehemia, gleichzeitig mit ihm oder erst nach ihm aufgetreten ist (siehe dazu die Einleitung zu Neh). Diese Schwierigkeiten hängen damit zusammen, dass das Buch Esra-Nehemia über einen längeren Zeitraum hin entstanden ist, wohl zwischen dem 5. und dem 3. Jahrhundert v. Chr. (vgl. den Verweis auf ältere aramäische Quellen in Esra 4,7.11; 7,11). Im Lauf der Zeit gewann Esra gegenüber Nehemia immer stärker an Bedeutung und wurde zum Idealbild des Schriftgelehrten, der treu zur Weisung Gottes steht (vgl. vor allem Neh 8).

Den Verfassern des Buchs ging es offenbar weniger um einen historisch genauen Bericht über die tatsächlichen Ereignisse als vielmehr darum, ein Gesamtbild des Wiederaufbaus der jüdischen Gemeinde nach dem Exil zu zeichnen und es theologisch zu deuten. Anders als manche ihrer Zeitgenossen konnten sie sich einen Neuanfang nicht erst in der Zukunft vorstellen, sondern schon in der Gegenwart unter persischer Herrschaft, ohne politische Selbständigkeit in einem eigenen Staat. Im Entwurf der Verfasser wird ein solcher Neuanfang möglich, wenn sich das Leben der Gemeinschaft an der Weisung des Mose ausrichtet. Neben dem Verbot von Mischehen (vgl. Ex 34; Dtn 7) gilt die Aufmerksamkeit im Buch Esra dabei besonders dem Tempel. In der richtigen Ausübung des Gottesdienstes (Opferdienst, Feste) bleibt die Gemeinde nach dem babylonischen Exil mit derjenigen vor dem Exil verbunden.

Der Erlass des Kyros

1–3: 2Chr 36,22–23 · 1: Dan 1,21 · Jer 25,11; 29,10 · Jes 45,1

1 1 Und im Jahr eins des Kyros, des Königs von Persien, erweckte der
HERR, damit sich das Wort des HERRN aus dem Mund des Jeremia
erfülle, den Geist des Kyros, des Königs von Persien, und dieser liess

1,1: Der Name Kyros lautet im hebräischen Text Koresch.

einen Aufruf durch sein ganzes Königreich ergehen, auch schriftlich:
2 So spricht Kyros, der König von Persien: Alle Königreiche der Erde hat
mir der HERR, der Gott des Himmels, gegeben, und er selbst hat mir
aufgetragen, ihm ein Haus zu bauen in Jerusalem, das in Juda liegt.
3 Wer immer von euch aus seinem Volk ist – sein Gott sei mit ihm, und
er ziehe hinauf nach Jerusalem, das in Juda liegt, und er baue das Haus
des HERRN, des Gottes Israels; das ist der Gott, der in Jerusalem ist.
4 Und jeden, der übrig geblieben ist an irgendeinem Ort, wo er sich als
Fremder aufhält, den sollen die Männer seines Orts mit Silber und mit
Gold unterstützen und mit Gütern und mit Vieh, ausserdem mit den
freiwilligen Gaben für das Haus des Gottes in Jerusalem!

2: 6,10; 7,12; Neh 1,4–5; 2,4.20 · 6,3!
3: 5,13; 6,7; Jes 44,28
4: 9,15

Die Rückkehr von Verbannten nach Jerusalem

5 Und die Familienhäupter Judas und Benjamins und die Priester
und die Leviten, alle, deren Geist Gott erweckt hatte, machten sich auf,
um hinaufzuziehen und das Haus des HERRN in Jerusalem zu bauen.
6 Und alle, die um sie herum waren, stärkten ihre Hände mit Geräten
aus Silber, mit Gold, mit Gütern und mit Vieh und mit Kostbarkeiten,
abgesehen von allen freiwilligen Gaben. 7 Und König Kyros gab die Ge-
räte des Hauses des HERRN heraus, die Nebukadnezzar aus Jerusalem
fortgeschafft und in das Haus seines Gottes getan hatte. 8 Und Kyros,
der König von Persien, händigte sie Mitredat, dem Schatzmeister, aus,
und dieser zählte sie Scheschbazzar vor, dem Fürsten von Juda. 9 Und
dies war ihre Zahl: Goldschalen: 30; Silberschalen: 1000; Ersatzstücke:
29; 10 Goldschälchen: 30; Silberschälchen der anderen Art: 410; andere
Geräte: 1000. 11 Alle Geräte aus Gold und aus Silber zusammen: 5400.
Dies alles brachte Scheschbazzar mit hinauf, als die Verbannten aus Ba-
bel nach Jerusalem hinaufgeführt wurden.

5: Hag 1,14
6: Ex 12,36 · 7,15–16; 8,25–30; 1Chr 29,9
7: 5,14; 6,5; 2Chr 36,7!; 2Kön 25,13–15
8: 2,2; 3,2.8; 5,14–16; Neh 12,47; Sach 4,6
10: 2Kön 25,15
11: Jer 27,21–22

Die Liste der Heimkehrer

2 1 Und dies sind die aus der Provinz, die heraufzogen aus der Gefan-
genschaft jener Verbannten, die Nebukadnezzar, der König von Ba-
bel, in die Verbannung nach Babel geführt hatte, und die nach Jerusalem
und Juda zurückkehrten, ein jeder in seine Stadt, 2 die mit Serubbabel,
Jeschua, Nehemia, Seraja, Reelaja, Mordochai, Bilschan, Mispar, Bigwai,
Rechum und Baana kamen.

Die Zahl der Männer des Volkes Israel: 3 die Söhne Parosch: 2172;
4 die Söhne Schefatja: 372; 5 die Söhne Arach: 775; 6 die Söhne Pachat-
Moab, von den Söhnen Jeschua und Joab: 2812; 7 die Söhne Elam: 1254;
8 die Söhne Sattu: 945; 9 die Söhne Sakkai: 760; 10 die Söhne Bani: 642;
11 die Söhne Bebai: 623; 12 die Söhne Asgad: 1222; 13 die Söhne Adoni-
kam: 666; 14 die Söhne Bigwai: 2056; 15 die Söhne Adin: 454; 16 die
Söhne Ater, von Jechiskija: 98; 17 die Söhne Bezai: 323; 18 die Söhne Jora:
112; 19 die Söhne Chaschum: 223; 20 die Söhne Gibbar: 95; 21 die von
Betlehem: 123; 22 die Männer von Netofa: 56; 23 die Männer von Anatot:
128; 24 die Söhne Asmawet: 42; 25 die von Kirjat-Arim, Kefira und Be-
erot: 743; 26 die von Rama und Geba: 621; 27 die Männer von Michmas:

1: 1Chr 9,2; 2Chr 36,20 · Neh 12,1 · 70
2: 1,8! · Hag 1,1; Sach 3,1
3: 8,3; 10,25; Neh 3,25 5: Neh 6,18; 7,10 6: 8,4! 7: 31 8: 8,5 10: 8,10
22: 2Sam 23,28
23: Jer 1,1
24: Neh 12,29!
25: Jos 9,17
26: Jos 18,24
27: 1Sam 13,2; Neh 11,31

1,10: Die Übersetzung des mit ‹der anderen Art› wiedergegebenen hebräischen Worts ist unsicher.

28: Sach 7,2
31: 7
33: 1Chr 8,12
35: Neh 3,3; 7,38
37: 10,20; 1Chr 9,12; 24,14
38: 10,22; 1Chr 9,12
39: 10,21; 1Chr 24,8
40: 8,33 · 3,9; Neh 12,8
41: 3,10; 1Chr 25,2
42: 1Chr 26,1! · 1Chr 9,17
43: 7,7; 10,17; Neh 3,26; 11,21
61: Neh 3,4.21; 7,63 · 2Sam 17,27
62: Num 17,5
63: Lev 2,3 · Neh 8,9! · Lev 22,10 · Ex 28,30
68: Ex 35,21 · 9,9
69: 1Chr 29,7
70: 1

122; 28 die Männer von Bet-El und Ai: 223; 29 die Söhne Nebo: 52; 30 die Söhne Magbisch: 156; 31 die Söhne des anderen Elam: 1254; 32 die Söhne Charim: 320; 33 die von Lod, Chadid und Ono: 725; 34 die von Jericho: 345; 35 die Söhne Senaa: 3630.

36 Die Priester: die Söhne Jedaja, vom Haus Jeschua: 973; 37 die Söhne Immer: 1052; 38 die Söhne Paschchur: 1247; 39 die Söhne Charim: 1017. 40 Die Leviten: die Söhne Jeschua und Kadmiel, von den Söhnen Hodawja: 74. 41 Die Sänger: die Söhne Asaf: 128. 42 Die Torwächter: die Söhne Schallum, die Söhne Ater, die Söhne Talmon, die Söhne Akkub, die Söhne Chatita, die Söhne Schobai, zusammen: 139. 43 Die Tempeldiener: die Söhne Zicha, die Söhne Chasufa, die Söhne Tabbaot, 44 die Söhne Keros, die Söhne Siaha, die Söhne Padon, 45 die Söhne Lebana, die Söhne Chagaba, die Söhne Akkub, 46 die Söhne Chagab, die Söhne Schalmai, die Söhne Chanan, 47 die Söhne Giddel, die Söhne Gachar, die Söhne Reaja, 48 die Söhne Rezin, die Söhne Nekoda, die Söhne Gassam, 49 die Söhne Ussa, die Söhne Paseach, die Söhne Besai, 50 die Söhne Asna, die Söhne Meunim, die Söhne Nefusim, 51 die Söhne Bakbuk, die Söhne Chakufa, die Söhne Charchur, 52 die Söhne Bazlut, die Söhne Mechida, die Söhne Charscha, 53 die Söhne Barkos, die Söhne Sisera, die Söhne Tamach, 54 die Söhne Neziach, die Söhne Chatifa. 55 Die Nachkommen der Diener Salomos: die Söhne Sotai, die Söhne Soferet, die Söhne Peruda, 56 die Söhne Jaala, die Söhne Darkon, die Söhne Giddel, 57 die Söhne Schefatja, die Söhne Chattil, die Söhne Pocheret-Zebajim, die Söhne Ami. 58 Alle Tempeldiener und Nachkommen der Diener Salomos zusammen: 392.

59 Und dies sind diejenigen, die heraufgezogen sind aus Tel-Melach, Tel-Charscha, Kerub-Addan und Immer, ohne angeben zu können, ob sie nach Familie und Herkunft von Israel abstammten: 60 die Söhne Delaja, die Söhne Tobija, die Söhne Nekoda: 652. 61 Und von den Priestern: die Söhne Chobaja, die Söhne Koz, die Söhne jenes Barsillai, der eine von den Töchtern des Gileaditers Barsillai zur Frau genommen hatte und nach deren Namen benannt wurde. 62 Diese suchten ihre Eintragung unter den Registrierten, sie wurden aber nicht gefunden, und so wurden sie als unrein ausgeschlossen vom Priestertum, 63 und der Tirschata befahl ihnen, nicht vom Hochheiligen zu essen, bis ein Priester für Urim und Tummim auftrete.

64 Die ganze Versammlung insgesamt: 42360, 65 abgesehen von ihren Knechten und ihren Mägden; es waren 7337. Und sie hatten Sänger und Sängerinnen: 200. 66 Ihre Pferde: 736, ihre Maultiere: 245, 67 ihre Kamele: 435, Esel: 6720.

68 Und als sie zum Haus des HERRN in Jerusalem kamen, spendeten einige von den Familienhäuptern freiwillig für das Haus Gottes, um es an seiner Stätte wieder erstehen zu lassen. 69 Nach ihren Kräften gaben sie Gold an den Schatz für das Werk: 61000 Drachmen; und Silber: 5000 Minen; und Priestergewänder: 100.

70 Und die Priester und die Leviten und ein Teil des Volks und die Sänger und die Torwächter und die Tempeldiener liessen sich in ihren Städten nieder. Und ganz Israel war in seinen Städten.

2,63: Tirschata war der Titel eines persischen Amtsträgers.

Die Wiederaufnahme der Opfer in Jerusalem

3 1 Und der siebte Monat kam, und die Israeliten waren in ihren Städ- 1: Dtn 16,16 ·
ten, und das Volk versammelte sich einmütig in Jerusalem. 2 Und Neh 8,1 · Neh 7,72
Jeschua, der Sohn des Jozadak, machte sich auf mit seinen Brüdern, den 2: 5,2! · 1Chr 5,41 ·
Priestern, und mit Serubbabel, dem Sohn des Schealtiel, und mit dessen 1,8! · Ex 27,1–2! ·
Brüdern, und sie bauten den Altar des Gottes Israels auf, um auf ihm Dtn 33,1
Brandopfer darzubringen, wie es geschrieben steht in der Weisung des
Mose, des Mannes Gottes. 3 Und sie errichteten den Altar an seiner al- 3: Ex 29,38–42
ten Stätte – Schrecken vor den Völkern der Länder lag auf ihnen –, und
sie brachten darauf dem HERRN Brandopfer dar, Brandopfer am Morgen
und am Abend. 4 Und sie begingen das Laubhüttenfest, wie es geschrie- 4: Lev 23,34
ben steht: Tag für Tag ein Brandopfer, abgezählt, entsprechend der auf
die Erfordernisse eines jeden Tages bezogenen Vorschrift; 5 und danach 5: Num 28,14 ·
das regelmässige Brandopfer und das an den Neumonden und das an Neh 10,34; 2Chr 2,3
allen geheiligten Festtagen des HERRN und das von einem jeden, der
dem HERRN freiwillige Gaben spendete. 6 Am Tag eins des siebten Mo- 6: Num 29,1
nats begannen sie, dem HERRN Brandopfer darzubringen, die Grund-
mauern des Tempels des HERRN aber waren noch nicht gelegt. 7 Da ga- 7: 1Kön 5,25 ·
ben sie den Steinhauern und den Zimmerleuten Silber und den Sido- 1Kön 5,20;
niern und Tyrern Speise und Trank und Öl, damit sie Zedernholz vom 2Chr 2,15 · 6,4
Libanon zum Meer von Jafo brächten, gemäss der ihnen von Kyros, dem
König von Persien, gegebenen Vollmacht.

Der Beginn des Tempelbaus

8 Und im zweiten Jahr nach ihrer Ankunft beim Haus Gottes, in Je- 8: 4,5! · 1,8! · 2! ·
rusalem, im zweiten Monat, begannen Serubbabel, der Sohn des Sche- 1Chr 23,24
altiel, und Jeschua, der Sohn des Jozadak, und ihre anderen Brüder, die
Priester und die Leviten, und alle, die aus der Gefangenschaft nach Jeru-
salem gekommen waren, und sie liessen die Leviten von zwanzig Jah-
ren und darüber antreten, damit sie die Arbeit am Haus des HERRN be-
aufsichtigten. 9 Und Jeschua, seine Söhne und seine Brüder, Kadmiel 9: 2,40! · Neh 3,24;
und seine Söhne, die Söhne Juda, traten einmütig an zur Aufsicht über 10,10 · 2Chr 34,12
jene, die die Arbeit am Haus Gottes ausführten – auch die Söhne Chena-
dad, ihre Söhne und ihre Brüder, die Leviten. 10 Dann legten die Bauleu- 10: 2Chr 5,12 ·
te die Grundmauern des Tempels des HERRN. 2,41! · 1Chr 16,4!

Und man stellte die Priester auf, in ihren Gewändern, mit Trompe-
ten, und die Leviten, die Söhne Asaf, mit Zimbeln, damit sie den HERRN
lobten nach den Anordnungen Davids, des Königs von Israel. 11 Und 11: 1Chr 16,34;
den HERRN preisend und ihm dankend, stimmten sie an: Ja, er ist 2Chr 5,13; Jer 33,11
freundlich, denn ewig währt seine Gnade über Israel! Und das ganze
Volk brach in lauten Jubel aus, als man den HERRN pries, da die Grund-
mauern des Hauses des HERRN gelegt waren. 12 Und viele von den Pries- 12: Hag 2,3
tern und den Leviten und den Familienhäuptern, die Alten, die das erste
Haus noch gesehen hatten – dies war der Tempel in ihren Augen –,
weinten mit lauter Stimme, und viele konnten vor Freude nicht anders,
als in lauten Jubel auszubrechen. 13 Und niemand aus dem Volk konnte 13: Neh 12,43
den lauten Freudenjubel vom lauten Weinen des Volks unterscheiden,
denn das Volk jubelte so laut, und der Lärm war bis in die Ferne zu hö-
ren.

Die Einstellung des Tempelbaus

1: Neh 3,33 **4** 1 Und die Gegner Judas und Benjamins hörten, dass die aus der Ver-
2: Jer 41,5 · bannung dem HERRN, dem Gott Israels, einen Tempel bauten. 2 Da
2Kön 19,37 · traten sie an Serubbabel heran und an die Familienhäupter und sagten
2Kön 17,24 zu ihnen: Wir wollen mit euch bauen, denn wir verehren euren Gott wie
ihr, und wir opfern ihm seit den Tagen Esar-Chaddons, des Königs von
3: Neh 2,20 Assur, der uns hier heraufgeführt hat. 3 Serubbabel aber und Jeschua
und die übrigen Familienhäupter Israels sagten zu ihnen: Es ist nicht an
euch, sondern an uns, unserem Gott ein Haus zu bauen, denn wir allein
werden für den HERRN, den Gott Israels, bauen, wie König Kyros, der
4: Neh 6,9 König von Persien, es uns befohlen hat. 4 Und so geschah es, dass das
Volk des Landes die Hände des Volks von Juda erschlaffen liess und sie
5: 24; 3,8; 6,15 vom Bauen abschreckte. 5 Und sie bestachen Ratgeber gegen sie, um ihr
Vorhaben zu verhindern, solange Kyros, der König von Persien, lebte
und bis zur Königsherrschaft von Darius, dem König von Persien.

6: Est 1,1 6 Und unter der Königsherrschaft des Xerxes, zu Beginn seiner
Königsherrschaft, schrieben sie eine Anklage gegen die Bewohner
7: 7,1; Neh 2,1 · von Juda und Jerusalem. 7 Und in den Tagen des Artaxerxes schrieb
2Kön 18,26 Bischlam mit Mitredat, Tabeel und seinen übrigen Gefährten an Arta-
xerxes, den König von Persien. Und der Brief war in aramäischer Schrift
geschrieben und ins Aramäische übersetzt: 8 Rechum, der Befehlsha-
ber, und Schimschai, der Schreiber, schrieben, wie folgt, einen Brief ge-
gen Jerusalem an Artaxerxes, den König. 9 Sodann also: Rechum, der
Befehlshaber, und Schimschai, der Schreiber, und ihre übrigen Gefähr-
ten, die Dinäer und Afarsatchaten, Tarpelaten, Afarsiter, Arkowaiter, Ba-
bylonier, Schuschaniter, das sind Elamiter, 10 und die übrigen Völker,
die der grosse und ruhmreiche Asnappar in die Verbannung geführt
und in den Städten Samarias und den übrigen Gebieten jenseits des
Stroms angesiedelt hat. Und nun: 11 Dies ist der Wortlaut des Briefs,
den sie ihm sandten: An Artaxerxes, den König; deine Diener, die Leute
12: Neh 6,6 · jenseits des Stroms. Und nun: 12 Es sei dem König zur Kenntnis ge-
Neh 3,38 bracht, dass die Judäer, die von dir heraufzogen, zu uns nach Jerusalem
gekommen sind. Sie bauen die aufrührerische und böse Stadt wieder
auf, und sie vollenden die Mauern und bessern die Fundamente aus.
13: 7,24 13 Nun sei dem König zur Kenntnis gebracht: Wenn diese Stadt aufge-
baut wird und die Mauern vollendet sind, werden sie keine Steuer, kei-
ne Abgaben und keine Bodensteuer entrichten, und ganz gewiss wird
das den Königen schaden. 14 Weil wir nun das Salz des Palasts gegessen
haben und es sich für uns nicht ziemt, die Blossstellung des Königs mit-
anzusehen, darum senden wir hin und bringen es dem König zur
15: Est 2,23! · Kenntnis, 15 damit man nachforsche im Buch der Denkwürdigkeiten
Est 3,8 deiner Vorfahren. Und im Buch der Denkwürdigkeiten wirst du finden

4,5: Der Name Darius lautet im hebräischen Text Dorjawesch.

4,6: Der Name Xerxes lautet im hebräischen Text Achaschwerosch.

4,7: Der Name Artaxerxes lautet im hebräischen und im aramäischen Text Artachschasta. Der folgende Abschnitt 4,8–6,18 ist aramäisch.

4,9: Dinäer, Afarsatchaten und Tarpelaten waren vermutlich persische Amtsträger.

4,10: Asnappar ist der assyrische König Assurbanipal. Der aramäische Text lautet: «... in der Stadt von Samaria ...»; die Übersetzung folgt den antiken Übersetzungen.

4,14: ‹Das Salz des Palasts essen› bedeutet, dass man dem Königshof verpflichtet ist.

und erfahren, dass jene Stadt eine aufrührerische Stadt ist, die Schaden
verursacht hat für Könige und Provinzen und in deren Mitte man schon
immer Aufruhr gestiftet hat. Darum ist diese Stadt zerstört worden.
16 So bringen wir dem König zur Kenntnis: Wenn diese Stadt aufgebaut
wird und die Mauern vollendet werden, wirst du in der Folge am Gebiet
jenseits des Stroms keinen Anteil mehr haben.

17 Der König sandte Bescheid: An Rechum, den Befehlshaber, und 17: 5,7
Schimschai, den Schreiber, und alle ihre Gefährten, die in Samaria und
im übrigen Gebiet jenseits des Stroms wohnen: Frieden! Und nun:
18 Das Schreiben, das ihr an uns gesandt habt, ist mir Wort für Wort
vorgelesen worden. 19 Und von mir ist Befehl erlassen worden und man
hat nachgeforscht und gefunden, dass sich diese Stadt schon immer ge-
gen Könige aufgelehnt hat und dass Aufstand und Aufruhr in ihr gestif-
tet worden sind. 20 Und Jerusalem hatte mächtige Könige, und sie 20: 1Kön 5,1
herrschten über alles jenseits des Stroms, und ihnen wurden Steuer,
Abgaben und Bodensteuer entrichtet. 21 Nun gebt Befehl, jenen Män-
nern Einhalt zu gebieten: Diese Stadt darf nicht aufgebaut werden, bis
von mir Befehl erlassen wird! 22 Und hütet euch vor Nachlässigkeit in
dieser Angelegenheit! Warum soll grosser Schaden entstehen zum
Nachteil der Könige?

23 Als dann der Wortlaut des Schreibens des Artaxerxes, des Königs,
vor Rechum und Schimschai, dem Schreiber, und ihren Gefährten vor-
gelesen worden war, gingen sie eilends nach Jerusalem zu den Judäern
und geboten ihnen Einhalt mit Macht und Gewalt. 24 Darauf wurde die 24: 5!
Arbeit am Haus Gottes in Jerusalem eingestellt, und sie blieb eingestellt
bis zum zweiten Jahr der Königsherrschaft von Darius, dem König von
Persien.

Die Wiederaufnahme des Tempelbaus. Tattenais Bericht an König Darius

5 1 Und Haggai, der Prophet, und Sacharja, der Sohn des Iddo, die Pro- 1: Hag 1,1 · 6,14;
pheten, weissagten im Namen des Gottes Israels, der über ihnen Sach 1,1; 4,9
war, über die Judäer in Juda und in Jerusalem. 2 Da machten sich Serub- 2: 3,2.8; 10,18 ·
babel, der Sohn Schealtiels, und Jeschua, der Sohn Jozadaks, auf, und sie Hag 1,14 · Sach 8,9
fingen an, das Haus Gottes in Jerusalem zu bauen. Und bei ihnen waren
die Propheten Gottes, die sie unterstützten.

3 Zur selben Zeit kamen zu ihnen Tattenai, der Statthalter jenseits 3: 6; 6,6
des Stroms, und Schetar-Bosnai und ihre Gefährten, und so sprachen sie
zu ihnen: Wer hat euch Befehl gegeben, dieses Haus zu bauen und die-
ses Bauwerk zu vollenden? 4 Dann redeten sie so zu ihnen: Welches
sind die Namen der Männer, die dieses Gebäude bauen? 5 Aber das Auge 5: Dtn 11,12
ihres Gottes war über den Ältesten der Judäer, und man gebot ihnen
nicht Einhalt, bis ein Bericht an Darius gelange und man dann ein
Schreiben darüber zurückbringen würde.

6 Der Wortlaut des Briefs, den Tattenai, der Statthalter jenseits des 6: 3!
Stroms, mit Schetar-Bosnai und seinen Gefährten, den Afarsechaten
jenseits des Stroms, an Darius, den König, sandte. 7 Sie sandten eine 7: 4,17

5,4: Die Übersetzung «… redeten sie …» beruht auf mehreren Textzeugen; der Massoretische Text lautet: «… redeten wir …»

5,6: Afarsechaten waren wahrscheinlich hohe persische Amtsträger.

Nachricht an ihn, und dies war darin geschrieben: Darius, dem König,
8: 6,4! allen Frieden! 8 Es sei dem König zur Kenntnis gebracht, dass wir in die
Provinz Juda zum Haus des grossen Gottes gegangen sind: Es wird daran
mit Quadersteinen gebaut, und Holz wird in die Wände eingelegt. Und
diese Arbeit wird gewissenhaft durchgeführt und kommt unter ihren
Händen gut voran. 9 Da haben wir jene Ältesten befragt; so haben wir zu
ihnen geredet: Wer hat euch Befehl gegeben, dieses Haus zu bauen und
dieses Bauwerk zu vollenden? 10 Und auch nach ihren Namen haben
wir sie gefragt, damit wir die Namen der Männer aufschreiben konn-
ten, die an ihrer Spitze stehen, um sie dir zur Kenntnis zu bringen.
11: Gen 24,3 · 11 Und Folgendes gaben sie uns zur Antwort: Wir sind die Diener des
1Kön 6,1; 9,10 Gottes des Himmels und der Erde, und wir bauen das Haus wieder auf,
das früher, vor vielen Jahren, erbaut worden ist und das ein grosser Kö-
12: 2Chr 34,25 · nig Israels gebaut und vollendet hatte. 12 Da aber unsere Vorfahren den
2Kön 25,9–11 Gott des Himmels erzürnten, gab er sie in die Hand Nebukadnezzars,
des Königs von Babel, des Kasdäers. Und der zerstörte dieses Haus und
13: 1,3! führte das Volk nach Babel in die Verbannung. 13 Aber im Jahr eins des
Kyros, des Königs von Babel, gab Kyros, der König, Befehl, dieses Haus
14–16: 1,8! Gottes wieder aufzubauen. 14 Und auch die goldenen und silbernen Ge-
14: 1,7! räte des Hauses Gottes, die Nebukadnezzar aus dem Tempel in Jerusa-
lem weggenommen und in den Tempel von Babel gebracht hatte, nahm
Kyros, der König, aus dem Tempel von Babel, und sie wurden einem mit
Namen Scheschbazzar übergeben, den er als Statthalter eingesetzt hat-
te. 15 Und er sprach zu ihm: Nimm diese Geräte, ziehe hin, lege sie im
Tempel in Jerusalem nieder, und das Haus Gottes soll an seiner Stätte
wieder aufgebaut werden. 16 Da kam jener Scheschbazzar, er legte die
Fundamente des Hauses Gottes in Jerusalem. Und seit damals wird bis
17: 6,1 · 8,36 jetzt daran gebaut, es ist aber nicht vollendet. 17 Und nun, wenn es dem
König gefällt, soll nachgeforscht werden im Schatzhaus des Königs, dort
in Babel, ob es einen von Kyros, dem König, erlassenen Befehl gibt, die-
ses Haus Gottes in Jerusalem zu bauen. Und die Entscheidung des Kö-
nigs in dieser Sache möge er uns zusenden.

Die Antwort des Königs Darius

1: 5,17 6 1 Da erliess Darius, der König, Befehl, und man forschte nach im
Haus der Schriften, wo man in Babel die Schätze niederzulegen
pflegte. 2 Und es fand sich in Achmeta, in der Burg, in der Provinz Me-
dien eine Schriftrolle, und darin war dieses als Protokoll aufgeschrie-
3: 14; 1,2 · 1Kön 6,2 ben: 3 Im Jahr eins des Kyros, des Königs, erliess Kyros, der König, einen
Befehl: Das Haus des Gottes in Jerusalem betreffend: Das Haus soll ge-
baut werden als eine Stätte, an der man Schlachtopfer darbringt, und
seine Fundamente sollen erhalten werden, seine Höhe sei sechzig Ellen,
4: 5,8; 1Kön 6,36 · seine Breite sei sechzig Ellen, 4 drei Schichten Quadersteine und eine
3,7 · 7,20 Schicht Holz. Und die Kosten sollen vom Haus des Königs getragen wer-
5: 1,7! den. 5 Und man soll auch die goldenen und silbernen Geräte des Hauses
des Gottes zurückgeben, die Nebukadnezzar aus dem Tempel in Jerusa-
lem weggenommen und nach Babel gebracht hat, und das alles soll in

6,2: Achmeta ist die persische Residenzstadt Ekbatana.

den Tempel in Jerusalem an seinen Ort kommen. Und im Haus des Got-
tes sollst du es niederlegen.
6 Nun, Tattenai, Statthalter jenseits des Stroms, Schetar-Bosnai und *6:* 5,3!
eure Gefährten, die Afarsechaten jenseits des Stroms: Haltet euch fern
von dort! 7 Lasst dem Statthalter der Judäer und den Ältesten der Judäer *7:* 1,3!
freie Hand für die Arbeit an diesem Haus des Gottes. Sie sollen dieses
Haus des Gottes an seiner Stätte errichten.
8 Und von mir ergeht Befehl, wie ihr mit jenen Ältesten der Judäer *8:* Neh 2,8
verfahren sollt, damit sie dieses Haus des Gottes bauen können: Aus den
Gütern des Königs, aus der Steuer jenseits des Stroms, sollen für diese
Männer gewissenhaft die Ausgaben bezahlt werden, damit sie nicht
aufgehalten werden. 9 Und was sie benötigen an Jungstieren und Wid-
dern und Lämmern für Brandopfer für den Gott des Himmels, an Wei-
zen, Salz, Wein und Öl, soll ihnen nach dem Geheiss der Priester in Je-
rusalem gegeben werden, Tag für Tag, ohne Nachlässigkeit, 10 damit sie *10:* 1,2! · 7,23 ·
dem Gott des Himmels beschwichtigende Opfer darbringen und für das 1Tim 2,2; Jer 29,7
Leben des Königs und seiner Söhne beten.
11 Und von mir ergeht Befehl: Wenn irgendjemand diesen Erlass *11:* 2Kön 10,27;
missachtet, so soll aus dessen Haus ein Balken herausgerissen werden, Dan 2,5
und er soll gepfählt, er soll an ihn geschlagen werden, und sein Haus soll
wegen dieser Angelegenheit zu einem Dreckshaufen gemacht werden.
12 Und der Gott, der seinen Namen dort hat wohnen lassen, stürze je- *12:* Dtn 12,5
den König und jedes Volk, das seine Hand ausstreckt, um dies zu miss-
achten und dieses Haus des Gottes in Jerusalem zu zerstören! Ich, Dari-
us, habe Befehl erlassen; er ist gewissenhaft auszuführen!

Vollendung und Einweihung des Tempels

13 Da führten Tattenai, der Statthalter jenseits des Stroms, Schetar-
Bosnai und ihre Gefährten es sorgfältig aus, wie Darius, der König, es
geschrieben hatte. 14 Und die Ältesten der Judäer bauten, und sie ka- *14:* 5,1! · Sach 1,16 ·
men gut voran durch die Weissagung Haggais, des Propheten, und 3! · 7,1
Sacharjas, des Sohns von Iddo. Und sie bauten und vollendeten den Bau
nach dem Befehl des Gottes Israels und nach dem Befehl des Kyros und
des Darius und des Artaxerxes, des Königs von Persien. 15 Und bis zum *15:* 3,8! · Sach 4,9
dritten Tag des Monats Adar vollendete man dieses Haus, es war das
sechste Jahr der Königsherrschaft von Darius, dem König.
16 Und die Israeliten, die Priester und die Leviten und die Übrigen *16:* 1Kön 8,62–66;
aus der Verbannung feierten voller Freude die Einweihung dieses Hau- Neh 12,27!
ses Gottes. 17 Und zur Einweihung dieses Hauses Gottes brachten sie *17:* 8,35; 2Chr 29,24
100 Stiere, 200 Widder, 400 Lämmer dar und als Sündopfer für ganz
Israel 12 Ziegenböcke, der Zahl der Stämme Israels entsprechend.
18 Und sie bestellten die Priester in ihren Ordnungen und die Leviten *18:* 1Chr 24,1.19;
in ihren Abteilungen zum Dienst an Gott in Jerusalem, wie es geschrie- 2Chr 7,6 · Num 3,6
ben steht im Buch des Mose.
19 Und am Vierzehnten des ersten Monats bereiteten die aus der *19:* 2Chr 30,15!
Verbannung das Passa. 20 Denn die Priester und die Leviten hatten sich *20:* 2Chr 30,15;
einmütig gereinigt, sie alle waren rein; und sie schlachteten das Passa Neh 12,30! ·
für alle aus der Verbannung und für ihre Brüder, die Priester, und für 2Chr 35,11

6,14: «den Bau» wurde in der Übersetzung ergänzt.

21: 9,11! sich selbst. 21 Und die Israeliten, die aus der Verbannung Zurückge-
kehrten, und alle, die sich von der Unreinheit der Nationen im Land zu
ihnen hin abgesondert hatten, assen, um den HERRN, den Gott Israels,
22: Dtn 16,3 zu suchen. 22 Und sie feierten das Fest der ungesäuerten Brote sieben
Tage lang mit Freude, denn der HERR hatte sie mit Freude erfüllt und
ihnen das Herz des Königs von Assur zugewandt, damit dieser ihre Hän-
de stärkte bei der Arbeit am Haus Gottes, des Gottes Israels.

Esras Rückkehr nach Jerusalem. Seine Vollmacht

1: 4,7! · 1Chr 5,40 · 2Kön 25,18 7 1 Und nach diesen Begebenheiten unter der Königsherrschaft des
Artaxerxes, des Königs von Persien, zog Esra, der Sohn des Seraja, des
Sohns des Asarja, des Sohns des Chilkija, 2 des Sohns des Schallum, des
Sohns von Zadok, dem Sohn des Achitub, 3 des Sohns des Amarja, des
Sohns von Asarja, dem Sohn Merajots, 4 des Sohns Serachjas, des Sohns
Ussis, des Sohns Bukkis, 5 des Sohns Abischuas, des Sohns des Pinechas,
6: Neh 12,26! · 21 · Neh 9,13 · 9! des Sohns von Elasar, dem Sohn von Aaron, dem Hohen Priester – 6 die-
ser Esra zog von Babel herauf. Und er war ein Schriftgelehrter, bewan-
dert in der Weisung des Mose, die der HERR, der Gott Israels, gegeben
hatte. Und da die Hand des HERRN, seines Gottes, über ihm war, gewähr-
7: 8,1 · 2,43! te der König ihm, was immer er wünschte. 7 Und Israeliten und Priester
und die Leviten und die Sänger und Torwächter und Tempeldiener zo-
gen im Jahr sieben des Artaxerxes, des Königs, nach Jerusalem herauf,
8 und im fünften Monat kam er nach Jerusalem. Es war das siebte Jahr
9: 8,32 · 7,6.28; 8,18.22; Neh 2,8.18 des Königs. 9 Denn am Ersten des ersten Monats erging die Anordnung
zum Aufbruch aus Babel, und am Ersten des fünften Monats kam er
10: Ps 1,2; Ps 119,112 · 25; 2Chr 17,9 nach Jerusalem, da die gute Hand seines Gottes über ihm war. 10 Denn
Esra hatte sein Herz darauf gerichtet, die Weisung des HERRN zu
ergründen und zu halten und in Israel Satzung und Recht zu lehren.

11: Neh 2,7 11 Und dies ist der Wortlaut des Schreibens, das König Artaxerxes
Esra, dem Priester, mitgab, dem Schriftgelehrten, der zuständig war für
12: Ez 26,7; Dan 2,37; Offb 17,14 · 1,2! die Worte der Gebote und Satzungen des HERRN für Israel: 12 Artaxer-
xes, der König der Könige, an Esra, den Priester, der zuständig ist für das
Gesetz des Gottes des Himmels – und so weiter. Und nun: 13 Von mir
ergeht Befehl, dass jeder aus dem Volk Israel und von seinen Priestern
und den Leviten in meinem Königreich, der gewillt ist, nach Jerusalem
14: Est 1,14 zu ziehen, mit dir ziehen darf, 14 weil du vom König und seinen sieben
Räten gesandt bist, um eine Untersuchung über Juda und Jerusalem
durchzuführen mit dem Gesetz deines Gottes, das du in deiner Hand
15–16: 1,6! hältst, 15 und um das Silber und das Gold zu überbringen, das der König
15: 2Chr 32,23 und seine Räte freiwillig für den Gott Israels gespendet haben, dessen
16: 8,25–28 · Ps 135,21 Wohnung in Jerusalem ist, 16 sowie alles Silber und Gold, das du in der
ganzen Provinz Babel bekommen wirst, samt den freiwilligen Gaben
des Volks und der Priester, die sie spenden für das Haus ihres Gottes in
17: Num 15,1–13 Jerusalem. 17 Dementsprechend sollst du mit diesem Geld gewissen-
haft Stiere, Widder, Lämmer und die dazugehörigen Speiseopfer und
die dazugehörigen Trankopfer kaufen und sie darbringen auf dem Altar

7,11: Der Text 7,11–26 ist aramäisch.

7,12: Die Bedeutung der mit ‹und so weiter› wiedergegebenen aramäischen Formulierung ist unsicher; es handelt sich wohl um eine Formel zur Abkürzung des Grusses.

des Hauses eures Gottes in Jerusalem. 18 Und was dir und deinen Brü-
dern mit dem übrigen Silber und Gold zu tun gut erscheint, das tut, dem
Willen eures Gottes gemäss. 19 Und liefere die Geräte, die dir für den
Dienst im Haus deines Gottes übergeben werden, vor dem Gott Jerusa-
lems vollzählig ab. 20 Und den übrigen Bedarf für das Haus deines Got- 20: 6,4
tes, für den du aufzukommen hast, kannst du aus dem Schatzhaus des
Königs decken. 21 Und von mir, Artaxerxes, dem König, ergeht Befehl 21: 6
an alle Schatzmeister jenseits des Stroms: Alles, was Esra, der Priester,
der zuständig ist für das Gesetz des Gottes des Himmels, von euch ver-
langt, soll gewissenhaft ausgeführt werden: 22 Silber bis zu hundert
Kikkar und Weizen bis zu hundert Kor und Wein bis zu hundert Bat und
Öl bis zu hundert Bat und Salz unbegrenzt. 23 Alles, was auf Befehl des 23: 6,10
Gottes des Himmels erforderlich ist, ist für das Haus des Gottes des
Himmels sorgfältig auszuführen. Warum denn soll Zorn kommen über
das Reich des Königs und seiner Söhne? 24 Und es sei euch zur Kennt- 24: 4,13
nis gebracht, dass es nicht erlaubt ist, irgendeinem der Priester oder der
Leviten, der Sänger, der Torwächter, der Tempeldiener oder der Diener
dieses Hauses des Gottes Steuer, Abgaben und Bodensteuer aufzuerle-
gen. 25 Du aber, Esra, setze nach der Weisheit deines Gottes, die in dei- 25: 1Kön 3,28 ·
ner Hand liegt, Richter und Rechtspfleger ein, die dem ganzen Volk jen- Ex 18,21–22 · 10!
seits des Stroms Recht sprechen sollen, allen, die die Gesetze deines
Gottes kennen. Und wer sie nicht kennt, dem sollt ihr sie bekannt ma-
chen. 26 Und über jeden, der das Gesetz deines Gottes und das Gesetz 26: 10,8; Dtn 27,26
des Königs nicht befolgt, soll gewissenhaft Gericht gehalten werden, sei
es zum Tod, sei es zur Verstossung, sei es zu Geldbusse oder zu Gefäng-
nis. –
27 Gepriesen ist der HERR, der Gott unserer Vorfahren, der dem Kö- 27: 1Chr 29,10
nig etwas wie dies ins Herz gegeben hat, um das Haus des HERRN in
Jerusalem zu verherrlichen, 28 und der mir Gunst verschafft hat vor 28: 9,9 · 9! · 8,15
dem König und seinen Räten und all den mächtigen Obersten des Kö-
nigs! Und ich fasste Mut, da die Hand des HERRN, meines Gottes, über
mir war, und sammelte Häupter aus Israel, damit sie mit mir hinaufzo-
gen.

Esras Gefolgschaft bei seinem Zug nach Jerusalem

8 1 Und dies sind die Familienhäupter und die Registrierungen derer, 1: 7,7
die mit mir unter der Königsherrschaft von Artaxerxes, dem König,
aus Babel heraufgezogen sind:
2 Von den Söhnen Pinechas: Gerschom; von den Söhnen Itamar: Da- 2: 1Chr 5,29 ·
niel; von den Söhnen David: Chattusch, 3 von den Söhnen Schechanja; 1Chr 3,22
von den Söhnen Parosch: Secharja; und mit ihm männliche Registrierte: 3: 2,3! · 1Chr 3,22
150; 4 von den Söhnen Pachat-Moab: Eljehoenai, der Sohn des Serachja, 4: 2,6; 10,30
und mit ihm 200 männliche Personen; 5 von den Söhnen Schechanja: 5: 2,8
der Sohn des Jachasiel, und mit ihm 300 männliche Personen; 6 und
von den Söhnen Adin: Ebed, der Sohn des Jonatan, und mit ihm 50
männliche Personen; 7 und von den Söhnen Elam: Jeschaja, der Sohn 7: 10,2!
Ataljas, und mit ihm 70 männliche Personen; 8 und von den Söhnen
Schefatja: Sebadja, der Sohn des Michael, und mit ihm 80 männliche
Personen; 9 von den Söhnen Joab: Obadja, der Sohn des Jechiel, und mit
ihm 218 männliche Personen; 10 und von den Söhnen Schelomit: der 10: 2,10

11: 10,28 Sohn des Josifja, und mit ihm 160 männliche Personen; 11 und von den
Söhnen Bebai: Secharja, der Sohn des Bebai, und mit ihm 28 männliche
Personen; 12 und von den Söhnen Asgad: Jochanan, der Sohn des Katan,
und mit ihm 110 männliche Personen; 13 und von den Söhnen Adoni-
kam: die Letzten, und dies sind ihre Namen: Elifelet, Jeiel und Schemaja,
und mit ihnen 60 männliche Personen; 14 und von den Söhnen Bigwai:
Utai und Sabbud, und mit ihm 70 männliche Personen.

15: 7,28 15 Und ich sammelte sie am Fluss, der nach Ahawa fliesst, und dort
lagerten wir drei Tage. Und ich sah mich um unter dem Volk und bei den
Priestern, fand dort aber keinen von den Leviten. 16 Da sandte ich zu
Elieser, Ariel, Schemaja und Elnatan und Jarib und Elnatan und Natan
und Secharja und Meschullam, Häuptern, und zu Jojarib und Elnatan,
17: 2Sam 14,3 verständigen Männern, 17 und gab ihnen Anweisung für Iddo, das
Haupt in der Ortschaft Kasifja, und ich legte ihnen die Worte in den
Mund, die sie zu Iddo und seinem Bruder, den Tempeldienern in der
Ortschaft Kasifja, sagen sollten, damit man uns Diener für das Haus un-
18: 7,9! · 1Chr 6,4 · seres Gottes bringen würde. 18 Und da die gute Hand unseres Gottes
Neh 8,7 über uns war, brachte man uns einen kundigen Mann von den Söhnen
des Machli, des Sohns von Levi, dem Sohn Israels: Scherebja und seine
Söhne und seine Brüder, 18 Männer; 19 und Chaschabja und mit ihm
Jeschaja von den Söhnen Merari, seine Brüder und ihre Söhne, 20 Män-
20: Num 3,9 ner; 20 und von den Tempeldienern, die David und die Obersten für den
Dienst bei den Leviten bestimmt hatten: 220 Tempeldiener. Sie alle wa-
ren mit Namen aufgeführt.

21: 2Chr 20,3; 21 Und dort, am Fluss Ahawa, rief ich ein Fasten aus, um uns vor un-
Neh 9,1 · Ps 5,9 serem Gott zu demütigen, um von ihm einen glücklichen Weg zu erbit-
22: Neh 2,9 · 7,9! ten für uns und unsere Kinder und für all unsere Habe. 22 Denn ich
hätte mich geschämt, vom König Kriegsvolk und Reiter zu erbitten als
Hilfe für uns gegen den Feind auf dem Weg, hatten wir doch zum König
gesagt: Die Hand unseres Gottes ist zum Guten über allen, die ihn su-
chen, seine Macht und sein Zorn aber ist über allen, die ihn verlassen. –
23: 1Chr 5,20; 23 Und so fasteten wir und erbaten dies von unserem Gott, und er liess
2Chr 33,13 sich von uns erbitten.

24 Und ich sonderte zwölf von den Obersten der Priester aus: Sche-
25–30: 1,6! rebja, Chaschabja, und mit ihnen zehn von ihren Brüdern. 25 Und ich
25–28: 7,16 wog ihnen das Silber und das Gold und die Geräte ab, als Weihegabe für
das Haus unseres Gottes, die der König und seine Räte und seine Obers-
ten und ganz Israel, die sich dort befanden, gespendet hatten. 26 Und
ich wog es ab in ihre Hand: Silber: 650 Kikkar; und silberne Geräte im
Wert von 100 Kikkar; Gold: 100 Kikkar, 27 und 20 Goldschälchen im
Wert von 1000 Dareiken; und 2 Geräte aus rot glänzender, feiner Bron-
28: Lev 21,6–8 · ze, kostbar wie Gold. 28 Und ich sprach zu ihnen: Ihr seid dem HERRN
Neh 10,40 heilig, und die Geräte sind heilig; und das Silber und das Gold ist eine
freiwillige Gabe für den HERRN, den Gott eurer Vorfahren. 29 Seid
wachsam und bewahrt es, bis ihr es abwägen könnt vor den Obersten
der Priester und der Leviten und den Obersten der Familien Israels in
Jerusalem, in den Kammern des Hauses des HERRN. 30 Und die Priester
und die Leviten nahmen das abgewogene Silber und Gold und die Gerä-
te entgegen, um all das nach Jerusalem zu bringen, in das Haus unseres
Gottes.

31 Und am Zwölften des ersten Monats brachen wir vom Fluss Aha-
wa auf, um nach Jerusalem zu ziehen, und die Hand unseres Gottes war
über uns, und er rettete uns vor der Hand des Feindes und vor Wegela-
gerern. 32 So kamen wir nach Jerusalem und blieben dort drei Tage. 32: Neh 2,11 · 7,9
33 Und am vierten Tag wurden das Silber und das Gold und die Geräte 33: Neh 10,6! ·
im Haus unseres Gottes abgewogen, zuhanden Meremots, des Sohns 2,40 · 10,23! ·
des Urija, des Priesters – und bei ihm war Elasar, der Sohn des Pinechas, Neh 10,10
und bei ihnen waren Josabad, der Sohn des Jeschua, und Noadja, der
Sohn des Binnui, die Leviten –, 34 alles geordnet nach Zahl und nach
Gewicht. Und das ganze Gewicht wurde damals aufgeschrieben.
35 Die aus der Gefangenschaft gekommen waren, die aus der Ver- 35: 6,17!
bannung, brachten dem Gott Israels Brandopfer dar: 12 Stiere für ganz
Israel; 96 Widder, 77 Lämmer, 12 Sündopferböcke; all das als Brandopfer
für den HERRN. 36 Und sie übergaben die Erlasse des Königs den Satra- 36: 5,17
pen des Königs und den Statthaltern jenseits des Stroms, und diese un-
terstützten das Volk und das Haus Gottes.

Esras Kampf gegen die Mischehen. Sein Gebet

9 1 Und als dies vollbracht war, traten die Obersten an mich heran und 1: Lev 18,30 · 10,11! ·
sagten: Das Volk Israel und die Priester und die Leviten haben sich Dtn 7,1 · Neh 13,1!
nicht abgesondert von den Völkern der Länder mit ihren Abscheulich-
keiten, von den Kanaanitern, den Hetitern, den Perissitern, den Jebusi-
tern, den Ammonitern, den Moabitern, den Ägyptern und den Amori-
tern. 2 Sondern sie haben sich von deren Töchtern Frauen genommen 2: Neh 13,23! ·
für sich und für ihre Söhne, und so hat sich der heilige Same mit den Jes 6,13 · 10,44
Völkern der Länder vermischt, und die Obersten und die Vorsteher gin-
gen voran bei dieser Untreue. 3 Und als ich das hörte, zerriss ich mein 3: Jos 7,6!
Kleid und mein Obergewand und raufte das Haar meines Hauptes und
meines Bartes, und betäubt sass ich da. 4 Da versammelten sich um 4: 10,3; Jes 66,2
mich alle, die vor den Worten des Gottes Israels zitterten wegen des
Treuebruchs der Verbannten, doch ich blieb betäubt sitzen bis zum
Abendopfer. 5 Beim Abendopfer aber erhob ich mich aus meiner De- 5: Ex 9,29; 2Chr 6,13
mütigung, bei der ich mein Kleid und mein Obergewand zerrissen hat-
te, und ich sank nieder auf meine Knie und breitete meine Hände aus
zum HERRN, meinem Gott.
6 Und ich sprach: Mein Gott, ich schäme mich, und ich scheue mich, 6: Neh 1,6 ·
mein Angesicht zu dir zu erheben, mein Gott. Denn unsere Verschul- Lk 18,13 · Ps 38,5 ·
dungen sind zahlreich geworden, sind uns über den Kopf gewachsen; 2Chr 28,9
und bis zum Himmel ist unsere Schuld angewachsen. 7 Seit den Tagen 7: Ps 106,6; Jer 3,25
unserer Vorfahren bis auf diesen heutigen Tag sind wir in grosser
Schuld, und unserer Verschuldungen wegen sind wir, unsere Könige,
unsere Priester, in die Hand der Könige der Länder gegeben worden
durch das Schwert, die Gefangenschaft und die Plünderung und durch
öffentliche Schande, wie es heute der Fall ist. 8 Und nun ist uns für ei- 8: Jes 22,23;
nen kleinen Augenblick vom HERRN, unserem Gott, Erbarmen wider- Sach 10,4 · Ps 13,4
fahren: Er hat uns einen Rest von Geretteten übrig gelassen und uns
einen festen Halt gegeben an seiner heiligen Stätte, und unser Gott hat
unsere Augen leuchten lassen und uns ein wenig Aufleben geschenkt in
unserer Knechtschaft. 9 Denn Knechte sind wir, doch in unserer 9: Neh 9,36 · 7,28 ·
Knechtschaft hat unser Gott uns nicht verlassen, und er hat uns Gunst 2,68

verschafft vor den Königen von Persien, er hat uns ein Aufleben ge-
schenkt: Das Haus unseres Gottes wird aufgerichtet, und aus seinen
Trümmern wird es aufgebaut, und er gibt uns eine Mauer in Juda und in
10: Neh 9,34 Jerusalem. 10 Nun aber, unser Gott, was können wir danach noch sa-
11: 6,21; Lev 18,25 gen? Denn wir haben deine Gebote verlassen, 11 die du befohlen hast
durch deine Diener, die Propheten, indem zu sprachst: Das Land, in das
ihr kommt, um es in Besitz zu nehmen, ist ein beflecktes Land wegen
der Befleckung der Völker der Länder, wegen ihrer Abscheulichkeiten,
mit denen sie es in ihrer Unreinheit angefüllt haben von einem Ende
12: Dtn 7,3 · bis zum anderen. 12 Und nun sollt ihr eure Töchter nicht ihren Söhnen
Dtn 23,7 · geben, und ihre Töchter sollt ihr nicht für eure Söhne nehmen, und ihr
1Chr 28,8 dürft nie wieder ihren Frieden und ihr Wohl suchen, damit ihr stark
werdet und das Gute des Landes geniesst und es euren Nachkommen
13: Ps 103,10 zum Besitz gebt auf ewig. – 13 Aber nach allem, was über uns gekom-
men ist durch unsere bösen Taten und durch unsere grosse Schuld –
doch du, unser Gott, hast uns weniger gestraft, als unsere Verschuldun-
14: Dtn 7,3; Jos 23,12 gen es verdienten, und hast uns eine solche Rettung verschafft –, 14 soll-
ten wir da wiederum deine Gebote brechen und uns verschwägern mit
den Völkern, die diese Abscheulichkeiten treiben? Müsstest du uns da
nicht bis zur Vernichtung zürnen, so dass kein Rest bliebe und keine
15: Neh 9,8 · 1,4 · Rettung? 15 HERR, Gott Israels, du bist gerecht! Wir aber sind als Geret-
Ps 130,3 tete übrig geblieben, wie es heute der Fall ist. Sieh uns vor dir in unserer
Schuld! Ja, darum ist es nicht möglich, vor dir zu bestehen.

Versammlung Israels und Schwur. Die Auflösung der Mischehen

1: Jos 7,6 · **10** 1 Und als Esra betete und dies bekannte, weinend und niederge-
Neh 1,4! · fallen vor dem Haus Gottes, sammelte sich bei ihm eine sehr
2Chr 20,9 grosse Versammlung aus Israel, Männer und Frauen und Kinder; das
2: 26; 8,7 Volk weinte heftig. 2 Daraufhin sagte Schechanja, der Sohn des Jechiel,
von den Söhnen Elam, zu Esra: Wir sind unserem Gott untreu geworden
und haben fremdländische Frauen aus den Völkern des Landes heimge-
3: Neh 10,1! · 9,4! führt. Und trotzdem gibt es nun Hoffnung für Israel! 3 Und jetzt wer-
den wir mit unserem Gott einen Bund schliessen, all die Frauen und die
von ihnen Geborenen fortzuschicken, gemäss dem Beschluss meines
Herrn und derer, die das Gebot unseres Gottes fürchten. Und nach der
4: 1Chr 28,20 Weisung soll gehandelt werden! 4 Erhebe dich! Denn dir obliegt es, und
5: Neh 5,12! wir sind mit dir. Sei stark und handle! 5 Da erhob sich Esra und liess die
Obersten der Priester, die Leviten und ganz Israel schwören, nach die-
6: Neh 13,4 · sem Wort zu handeln, und sie schworen. 6 Und Esra erhob sich vor dem
Dtn 9,18 Haus Gottes und ging in die Kammer des Jehochanan, des Sohns von
Eljaschib. Und dorthin ging er, er ass kein Brot und trank kein Wasser,
denn er trauerte über die Untreue der Verbannten.

7 Und durch Juda und Jerusalem liess man an alle aus der Verban-
8: 7,26! · Neh 13,28 nung einen Aufruf ergehen, sich in Jerusalem zu versammeln. 8 Und
jeder, der nicht innerhalb von drei Tagen komme, gemäss dem Be-
schluss der Obersten und der Ältesten, dessen ganze Habe solle der Ver-
nichtung geweiht sein, und er selbst solle aus der Versammlung der

10,3: Möglich ist auch die Übersetzung: «..., gemäss dem Beschluss des Herrn ...», womit der Beschluss Gottes gemeint wäre.

Verbannten ausgeschlossen werden. 9 Da versammelten sich alle Män-
ner Judas und Benjamins innerhalb von drei Tagen in Jerusalem. Es war
der neunte Monat, am Zwanzigsten im Monat. Und das ganze Volk sass
auf dem Platz vor dem Haus Gottes, zitternd der Sache wegen und we-
gen des strömenden Regens. 10 Da erhob sich Esra, der Priester, und
sprach zu ihnen: Ihr habt treulos gehandelt und habt fremdländische
Frauen heimgeführt, und habt damit die Schuld Israels vergrössert.
11 So legt nun dem HERRN, dem Gott eurer Vorfahren, ein Bekenntnis ab *11:* 9,1; Neh 9,2;
und folgt seinem Willen: Trennt euch von den Völkern des Landes und 10,29; 13,3
von den fremdländischen Frauen! 12 Da antwortete die ganze Ver-
sammlung und sprach mit lauter Stimme: Ja, es ist unsere Pflicht, so zu
handeln, wie du es gesagt hast! 13 Doch das Volk ist zahlreich, und es ist
Regenzeit, und wir haben nicht die Kraft, im Freien zu stehen. Auch ist
das keine Aufgabe für einen Tag und auch nicht für zwei Tage, denn vie-
le von uns haben sich in dieser Sache vergangen. 14 Unsere Obersten *14:* 2Chr 30,8
mögen die ganze Versammlung vertreten; und alle in unseren Städten,
die fremdländische Frauen heimgeführt haben, sollen zu bestimmten
Zeiten kommen, und mit ihnen sollen die Ältesten jeder einzelnen Stadt
und ihre Richter kommen, bis wir den glühenden Zorn unseres Gottes
in dieser Sache von uns abgewendet haben.

15 Nur Jonatan, der Sohn des Asael, und Jachseja, der Sohn des Tik- *15:* 29
wa, traten dagegen auf, und Meschullam und Schabbetai, der Levit,
standen ihnen bei. 16 Die aus der Verbannung aber machten es so, und *16:* Dtn 13,15
Esra, der Priester, sonderte Männer aus, Häupter ihrer Familien, und
alle mit Namen. Und am ersten Tag des zehnten Monats setzten sie sich
zusammen, um die Sache zu untersuchen. 17 Und bis zum Tag eins des
ersten Monats brachten sie die ganze Sache mit den Männern, die
fremdländische Frauen heimgeführt hatten, zu Ende.

18 Es fanden sich aber auch Söhne von Priestern, die fremdländische *18:* Jer 23,11 ·
Frauen heimgeführt hatten: Von den Söhnen des Jeschua, des Sohns von 2,36–39 · 5,2!
Jozadak, und seinen Brüdern: Maaseja und Elieser und Jarib und Gedal-
ja. 19 Und sie gaben ihre Hand darauf, ihre Frauen fortzuschicken; und *19:* 2Kön 10,15;
ihrer Schuld bewusst opferten sie einen Widder von den Schafen für Ez 17,18 · Lev 5,25
ihre Schuld. 20 Und von den Söhnen Immer: Chanani und Sebadja; *20:* 2,37!
21 und von den Söhnen Charim: Maaseja und Elija und Schemaja und *21:* 2,39!
Jechiel und Usija; 22 und von den Söhnen Paschchur: Eljoenai, Maaseja, *22:* 2,38!
Jischmael, Netanel, Josabad und Elasa. 23 Und von den Leviten: Josabad *23:* 8,33; Neh 8,7;
und Schimi und Kelaja – das ist Kelita –, Petachja, Jehuda und Elieser. 10,11
24 Und von den Sängern: Eljaschib; und von den Torwächtern: Schal-
lum und Telem und Uri. 25 Und von Israel: von den Söhnen Parosch: *25:* 2,3!
Ramja und Jissija und Malkija und Mijamin und Elasar und Malkija und
Benaja; 26 und von den Söhnen Elam: Mattanja, Secharja und Jechiel *26:* 2!
und Abdi und Jeremot und Elija; 27 und von den Söhnen Sattu: Eljoenai,
Eljaschib, Mattanja und Jeremot und Sabad und Asisa; 28 und von den *28:* 8,11 · Neh 3,20
Söhnen Bebai: Jehochanan, Chananja, Sabbai, Atlai; 29 und von den Söh- *29:* 15
nen Bani: Meschullam, Malluch und Adaja, Jaschub und Scheal und Ra-
mot; 30 und von den Söhnen Pachat-Moab: Adna und Kelal, Benaja, Ma- *30:* 8,4!
aseja, Mattanja, Bezalel und Binnui und Manasse; 31 und von den Söh-
nen Charim: Elieser, Jischschija, Malkija, Schemaja, Schimon, 32 Benja-
min, Malluch, Schemarja; 33 von den Söhnen Chaschum: Mattenai,

Mattatta, Sabad, Elifelet, Jeremai, Manasse, Schimi; 34 von den Söhnen
Bani: Maadai, Amram und Uel, 35 Benaja, Bedeja, Keluhu, 36 Wanja,
Meremot, Eljaschib, 37 Mattanja, Mattenai und Jaasai; 38 und Bani und
Binnui, Schimi 39 und Schelemja und Natan und Adaja, 40 Machnad-
bai, Schaschai, Scharai, 41 Asarel und Schelemjahu, Schemarja,
42 Schallum, Amarja, Josef; 43 von den Söhnen Nebo: Jeiel, Mattitja, Sa-
bad, Sebina, Jaddai und Joel, Benaja.

44: 9,2 44 Diese alle hatten fremdländische Frauen genommen, und es gab
unter ihnen Frauen, die Kinder geboren hatten.

Das Buch Nehemia

Im Anschluss an das Buch Esra berichtet das Buch Nehemia von weiteren Massnahmen zur Neuorganisation der judäischen Gemeinde nach dem babylonischen Exil (siehe auch die Einleitung zu Esra). Benannt ist es nach seiner Hauptfigur Nehemia, Mundschenk am persischen Königshof, der von Schuschan (Susa) nach Jerusalem zieht, die zerstörte Stadtmauer aufbaut und die soziale und religiöse Ordnung wieder herstellt.

Im Mittelpunkt des ersten Buchteils (Neh 1,1–7,3) steht der Wiederaufbau der Stadtmauer von Jerusalem unter der Leitung Nehemias. Ähnlich wie der Tempelbau im Buch Esra (vgl. Esra 3–6) wird auch dieses Vorhaben durch Widerstände von aussen bedroht, kann aber trotz alledem zu einem guten Abschluss gebracht werden. Im zweiten Teil (Neh 7,4–10,40) findet sich in Neh 7 zunächst die Liste der Heimkehrer (bzw. Bewohner Judas), die auch in Esra 2 vorliegt. Auch der Fortgang des Texts weist auf das Buch Esra zurück, insofern hier neben Nehemia wieder der Schriftgelehrte Esra begegnet und in einer feierlichen Zeremonie die Weisung des Mose verliest (Neh 8). Es folgen ein an Esra 9 erinnerndes Bussgebet des Volks sowie eine feierliche Verpflichtung des Volks auf die Weisung (Neh 9–10). Im dritten Teil (Neh 11–13) wird von Massnahmen Nehemias berichtet, mit denen er die Neuorganisation vollendet und die Ausrichtung auf die Weisung des Mose durchsetzt: So wird die Stadt Jerusalem durch Umsiedlung von Landbewohnern neu bevölkert (Neh 11), das Kultpersonal wird bestimmt (Neh 12), und die Scheidung von allen nichtisraelitischen Frauen (vgl. schon Esra 9–10) sowie die Einhaltung des Sabbats werden durchgesetzt (Neh 13).

Das Auftreten Esras in Neh 8 und 12 und die anderen erwähnten Verbindungen zwischen den Büchern Esra und Nehemia zeigen, dass diese beiden Schriften eng zusammengehören und als Einheit zu verstehen sind (siehe dazu auch die Einleitung zu Esra). Der Schwerpunkt liegt in beiden Büchern auf der Gestalt des Esra: Die Darstellung seines Wirkens ist dem Bericht über die Tätigkeit Nehemias vorgeordnet, und er ist es, der bei der Verlesung der Weisung und der Verpflichtung des

10,44: Die Übersetzung «..., die Kinder geboren hatten.» ist unsicher.

Volks (Neh 8–10) die führende Rolle spielt. Nehemia und seinen sozialpolitischen Massnahmen wird demgegenüber deutlich weniger Gewicht beigemessen.

Die Frage nach dem zeitlichen Verhältnis von Esra und Nehemia ist schwierig zu beantworten, da sich die verschiedenen Angaben in den beiden Büchern nur schwer in Übereinstimmung bringen lassen. Manches spricht dafür, dass Nehemia schon vor Esra nach Jerusalem reiste. Sein Wirken lässt sich genau datieren: Es fällt in die Regierungszeit des persischen Königs Artaxerxes I., genauer in die Jahre 445–433 v.Chr. Offenbar waren die Verhältnisse in Juda auch viele Jahrzehnte nach dem Wiederaufbau des Tempels (520–515 v.Chr.; vgl. Esra 1–6) noch weitgehend ungeordnet: Die Stadtmauer war beschädigt, Jerusalem war entvölkert, die Bewohner Judas waren verschuldet und missachteten grundlegende religiöse Vorschriften wie die Ruhe am Sabbat.

Das Buch Esra-Nehemia ist über einen längeren Zeitraum entstanden, vermutlich zwischen dem 5. und dem 3. Jahrhundert v.Chr. Dabei wurden ältere Quellen verwendet und in einen neuen Zusammenhang gebracht. Neben verschiedenen Listen (vgl. Neh 3; 7; Esra 2; Neh 10; 11) ist zu diesen vermutlich auch eine sogenannte Denkschrift Nehemias zu zählen: Aus ihr stammen Abschnitte in Neh 1–7 und 11–13, in denen Nehemia in der Ich-Form von seinen Erlebnissen berichtet.

In der Endgestalt weist das Buch Esra-Nehemia zahlreiche Berührungen mit den Büchern der Chronik auf, so dass es sehr wahrscheinlich ist, dass die Verfasser dieser Bücher zum gleichen Kreis von Schriftgelehrten gehörten, die dem Tempel nahestanden (vgl. die Einleitung zu 1Chr und 2Chr). Mit dem Buch Esra-Nehemia wollten diese kaum einen genauen Bericht über die historischen Ereignisse schreiben, sondern die grundlegende Rolle der Weisung des Mose und des Kults für die Gemeinde hervorheben. Im Bemühen, die Bedeutung des Pentateuch (der Bücher Genesis bis Deuteronomium) für die Gegenwart herauszustellen, gewinnt dabei auch die Auslegung der älteren Schriften an Bedeutung: Immer wieder werden die Massnahmen Esras und Nehemias mit Verweisen auf die Weisung des Mose gerechtfertigt, und in Neh 8 wird beschrieben, wie die Weisung des Mose verlesen und dabei erläutert wurde.

Nehemias Trauer über das zerstörte Jerusalem. Sein Gebet

1 1 Die Worte Nehemias, des Sohns von Chachalja: Im Monat Kislew, 1: 2,1 · Est 1,2;
im zwanzigsten Jahr, als ich in Schuschan, in der Burg, war, 2 kam Dan 8,2
Chanani, einer meiner Brüder, er mit Männern aus Juda, und ich befrag- 2: 7,2 · 2Kön 24,14
te sie über die Judäer, die Geretteten, die nicht gefangen genommen
worden waren, und über Jerusalem. 3 Und sie sagten mir: Die Übrigge- 3: 2Kön 25,10 ·
bliebenen, jene dort in der Provinz, die nicht gefangen genommen wor- 2,3.13.17; Klgl 2,9
den waren, sind in grossem Unglück und in Schande: Die Mauer Jerusa-
lems ist niedergerissen und seine Tore sind im Feuer verbrannt.

1,1: Der Namen Nehemia lautet im Hebräischen Nechemja.

1,2: Möglich ist auch die Übersetzung: «..., die Geretteten, die übrig geblieben waren nach der Gefangenschaft, ...»

4–5: Esra 1,2! 4: Esra 10,1; Ps 119,136; Ri 2,4 5: Dan 9,4 · 4,8; 9,32; Dtn 7,21; Ps 89,8 6: 1Kön 8,28 · Esra 9,6 7: Ps 89,31 8: Lev 26,33; Dtn 4,27 9: Lev 26,3 · Dtn 30,1–3 10: Dtn 9,29 11: Gen 43,14 · 2,1

4 Und als ich diese Worte gehört hatte, setzte ich mich und weinte und trauerte tagelang, und dabei fastete ich und betete vor dem Gott des Himmels. 5 Und ich sprach: Ach, HERR, Gott des Himmels, du grosser und furchterregender Gott, der den Bund und die Treue hält denen, die ihn lieben und seine Gebote halten! 6 Möchte doch dein Ohr aufmerksam und möchten deine Augen offen sein, dass du das Gebet deines Dieners hörst, das ich heute Tag und Nacht für die Israeliten, deine Diener, vor dir bete. Und ich bekenne die Sünden der Israeliten, mit denen wir gegen dich gesündigt haben. Auch wir haben gesündigt, ich und das Haus meines Vaters. 7 Wir haben uns schwer vergangen gegen dich, und wir haben die Gebote und die Satzungen und die Rechtsbestimmungen nicht gehalten, die du Mose, deinem Diener, aufgetragen hast. 8 Erinnere dich doch des Worts, das du Mose, deinem Diener, aufgetragen hast, als du sprachst: Handelt ihr treulos, werde ich selbst euch unter die Völker zerstreuen! 9 Kehrt ihr aber zurück zu mir und haltet meine Gebote und handelt danach: Wären eure Versprengten am Ende des Himmels, würde ich sie von dort sammeln und sie an die Stätte bringen, die ich erwählt habe, um meinen Namen dort wohnen zu lassen. 10 Und sie sind deine Diener und dein Volk, das du mit deiner grossen Kraft und deiner starken Hand erlöst hast. 11 Ach Herr, möchte doch dein Ohr aufmerksam sein auf das Gebet deines Dieners und auf das Gebet deiner Diener, die mit Freude deinen Namen fürchten! Und lass es doch heute deinem Diener gelingen, und lass ihm Barmherzigkeit widerfahren vor diesem Mann! – Ich war Mundschenk des Königs.

Nehemias Entsendung als Statthalter von Jerusalem

1: 1,1 · Esra 4,7! · 1,11 2: Gen 40,7 · Spr 15,13 3: Dan 2,4! · 1,3! 4: Esra 1,2! 6: 13,6 7: Esra 7,11 8: Esra 6,8 · Esra 7,9!

2 1 Und es war im Monat Nisan, im zwanzigsten Jahr des Artaxerxes, des Königs: Als Wein vor ihm stand, nahm ich den Wein und gab ihn dem König. Und ich hatte vor ihm nie traurig ausgesehen. 2 Da sagte der König zu mir: Warum hast du ein so trauriges Gesicht? Du bist doch nicht krank? Das kann nur eine Traurigkeit des Herzens sein! Da fürchtete ich mich sehr. 3 Und ich sagte zum König: Ewig soll der König leben! Wie sollte ich kein trauriges Gesicht haben, da die Stadt, die Stätte der Gräber meiner Vorfahren, verwüstet ist und ihre Tore vom Feuer verzehrt sind? 4 Und der König sagte zu mir: Was ist denn deine Bitte? Da betete ich zum Gott des Himmels, 5 und ich sagte zum König: Wenn es dem König gefällt und dein Diener dir genehm ist, so sende mich nach Juda, in die Stadt der Gräber meiner Vorfahren, damit ich sie aufbaue. 6 Und während die Königin an seiner Seite sass, sagte der König zu mir: Wie lange soll deine Reise dauern, und wann kommst du zurück? Und es gefiel dem König, und er entsandte mich, und ich nannte ihm einen Zeitpunkt. 7 Dann sagte ich zum König: Wenn es dem König gefällt, gebe man mir Briefe mit an die Statthalter jenseits des Stroms, damit sie mich durchziehen lassen, bis ich nach Juda komme, 8 und einen Brief an Asaf, den Aufseher über den königlichen Forst, damit er mir Holz gibt und man die Tore der Burg, die zum Tempelhaus gehört, mit Balken bauen kann, und Holz für die Mauer der Stadt und für das

2,1: Siehe die Anm. zu Esra 4,7.

Haus, in das ich einziehen werde. Und der König gewährte es mir, da die
gute Hand meines Gottes über mir war.
9 Und ich kam zu den Statthaltern jenseits des Stroms und übergab 9: Esra 8,22
ihnen die Briefe des Königs. Und mit mir sandte der König Heerführer
und Reiter. 10 Und Sanballat, der Choroniter, und Tobija, der ammoni- 10: 19; 3,35; 6,1;
tische Amtsträger, hörten davon, und es missfiel ihnen sehr, dass einer 13,4 · 3,33; 4,1
kam, um für das Wohl der Israeliten zu sorgen.

Die Besichtigung der Mauer

11 Und ich kam nach Jerusalem. Und als ich drei Tage dort war, 11: Esra 8,32
12 machte ich mich nachts auf, ich mit einigen wenigen Männern, ohne 12: 16
einem Menschen verraten zu haben, was mein Gott mir ins Herz legte,
für Jerusalem zu tun. Und kein Tier war bei mir ausser dem Tier, auf
dem ich ritt. 13 Und in der Nacht ging ich hinaus durch das Tal-Tor, bis 13: 3,13–14; 12,31;
vor die Schakal-Quelle und zum Mist-Tor hin, wobei ich die Mauern 2Chr 26,9 · 1,3!
Jerusalems prüfte, die niedergerissen waren, und seine Tore, die vom
Feuer verzehrt waren. 14 Und ich ging hinüber zum Quell-Tor und zum 14: 3,15–16; 12,37;
Königsteich, und es gab keinen Raum zum Durchkommen für das Tier, 2Kön 20,20
auf dem ich ritt. 15 So stieg ich bei Nacht das Bachtal hinauf und prüfte 15: 3,13; 2Chr 26,9
die Mauer; dann ging ich wieder durch das Tal-Tor hinein und kehrte
zurück.
16 Die Vorsteher aber wussten nicht, wohin ich gegangen war und 16: 12
was ich tat: Bis dahin hatte ich den Judäern und den Priestern und den
Edlen und den Vorstehern und den Übrigen, die an dem Werk mitarbei-
ten sollten, nichts mitgeteilt. 17 Da sagte ich zu ihnen: Ihr seht das 17: 1,3! · Mi 7,11
Elend, in dem wir uns befinden: dass Jerusalem verwüstet ist und seine
Tore im Feuer verbrannt sind. Kommt, lasst uns die Mauer Jerusalems
wieder aufbauen, dann sind wir nicht länger ein Anlass für Gespött.
18 Und ich berichtete ihnen, wie gut die Hand meines Gottes über mir 18: Esra 7,9!
war, und ich berichtete auch von den Worten, die der König mir gesagt
hatte. Und sie sagten: Wir werden uns aufmachen und bauen! Und sie
stärkten ihre Hände zum guten Werk.
19 Aber Sanballat, der Choroniter, und Tobija, der ammonitische 19: 10! · 13,4 · 6,6
Amtsträger, und Geschem, der Araber, hörten davon und spotteten über
uns und verachteten uns und sagten: Was soll das werden, was ihr da
tut? Wollt ihr euch gegen den König auflehnen? 20 Da antwortete ich 20: Esra 1,2! ·
ihnen und sagte zu ihnen: Der Gott des Himmels, er wird es für uns Esra 4,3
gelingen lassen! Und wir, seine Diener, werden uns aufmachen und
bauen; ihr aber habt weder Anteil noch Anrecht noch Erinnerung in Je-
rusalem!

Der Wiederaufbau der Mauer. Verzeichnis der Bauleute

3 1 Und Eljaschib, der Hohe Priester, machte sich auf mit seinen Brü- 1: 20; 12,10.22; 13,4 ·
dern, den Priestern, und sie bauten das Schaf-Tor auf. Sie waren es, 12,39; Jer 31,38!
die es heiligten und seine Torflügel einsetzten, und sie heiligten es bis
zum Turm Mea, bis zum Turm Chananel. 2 Und neben ihm bauten die
Männer von Jericho, und neben ihm baute Sakkur, der Sohn des Imri.
3 Und das Fisch-Tor bauten die Söhne Senaa; sie waren es, die es mit 3: 12,39; 2Chr 33,14;
Balken bauten und seine Torflügel, Klammern und Riegel einsetzten. Zef 1,10 · Esra 2,35!
4 Und neben ihnen führte Meremot, der Sohn von Urija, dem Sohn des 4: 10,6! · Esra 2,61! · 30; 6,18

Koz, Ausbesserungsarbeiten aus, und neben ihnen besserte Meschul-
lam aus, der Sohn von Berechja, dem Sohn des Meschesabel, und neben
5: 27 ihnen besserte Zadok aus, der Sohn des Baana. 5 Und neben ihnen führ-
ten die von Tekoa Ausbesserungsarbeiten aus; ihre Vornehmen aber
6: 12,39 beugten ihren Nacken nicht zur Arbeit für ihren Herrn. 6 Und das
Jeschana-Tor besserten Jojada, der Sohn des Paseach, und Meschullam,
der Sohn des Besodja, aus; sie waren es, die es mit Balken bauten und
7: 1Chr 27,3 seine Torflügel und Klammern und Riegel einsetzten. 7 Und neben ih-
nen führte Melatja, der Gibeoniter, Ausbesserungsarbeiten aus, zusam-
men mit Jadon, dem Meronotiter, den Männern von Gibeon und Mizpa,
8: 12,38 die zum Amtssitz des Statthalters jenseits des Stroms gehörten, 8 und
daneben besserte Ussiel aus, der Sohn des Charhaja, von den Gold-
schmieden, und neben ihm besserte Chananja aus, der von den Salben-
mischern. Und sie gingen über Jerusalem hinaus bis zur breiten Mauer.
9 Und neben ihnen führte Refaja, der Sohn des Chur, der Oberste über
10: 10,5 den halben Bezirk Jerusalem, Ausbesserungsarbeiten aus, 10 und neben
ihnen besserte Jedaja aus, der Sohn des Charumaf, gegenüber seinem
Haus, und neben ihm besserte Chattusch aus, der Sohn des Chaschab-
11: 7,35 · 7,11 · 12,38 neja. 11 Einen zweiten Abschnitt besserten Malkija, der Sohn des Cha-
rim, und Chaschschub, der Sohn von Pachat-Moab, aus und dazu den
12: 7,45 Ofen-Turm. 12 Und neben ihm besserte Schallum aus, der Sohn des Lo-
chesch, der Oberste über den halben Bezirk Jerusalem, er mit seinen
13–14: 2,13! Töchtern. 13 Das Tal-Tor besserten Chanun und die Bewohner von Sa-
13: 2,15! · 11,30 noach aus – sie waren es, die es bauten und seine Torflügel, Klammern
und Riegel einsetzten – und weiter tausend Ellen an der Mauer, bis zum
Mist-Tor. 14 Und das Mist-Tor besserte Malkija aus, der Sohn des Re-
chab, der Oberste über den Bezirk Bet-Kerem. Er war es, der es baute und
15–16: 2,14! dessen Torflügel, Klammern und Riegel einsetzte. 15 Und das Quell-Tor
15: 2Kön 20,20 besserte Schallun aus, der Sohn des Kol-Chose, der Oberste über den
Bezirk Mizpa. Er war es, der es baute und es überdachte und dessen Tor-
flügel, Klammern und Riegel einsetzte, und er besserte die Mauer am
Teich der Wasserleitung des Königsgartens aus bis zu den Stufen, die
16: Apg 2,29 von der Stadt Davids hinabführen. 16 Hinter ihm führte Nehemia, der
Sohn des Asbuk, der Oberste über den halben Bezirk Bet-Zur, Ausbesse-
rungsarbeiten aus bis gegenüber den Davidsgräbern und bis an den
17: 12,3 · 9,4 künstlichen Teich und bis zum Haus der Helden. 17 Hinter ihm führten
die Leviten Ausbesserungsarbeiten aus, Rechum, der Sohn des Bani, ne-
ben ihm besserte Chaschabja, der Oberste über den halben Bezirk Keila,
seinen Bezirk aus, 18 hinter ihm besserten ihre Brüder unter Bawwai
aus, dem Sohn des Chenadad, dem Obersten über den halben Bezirk
Keila. 19 Und neben ihm besserte Eser, der Sohn des Jeschua, der Obers-
te von Mizpa, einen weiteren Abschnitt aus, gegenüber dem Aufgang
20: Esra 10,28 · 1! zum Zeughaus beim Winkel; 20 hinter ihm besserte Baruch, der Sohn
des Sabbai, voller Eifer einen weiteren Abschnitt aus, vom Winkel bis an
21: 10,6! · Esra 2,61! die Haustür von Eljaschib, dem Hohen Priester; 21 hinter ihm besserte
Meremot, der Sohn des Urija, des Sohns des Koz, einen weiteren Ab-
schnitt aus, von der Haustür des Eljaschib bis zum Ende des Hauses des
Eljaschib. 22 Und hinter ihm führten die Priester, die Männer aus dem

3,19: Möglich ist auch die Übersetzung: «... Aufgang zu den Waffen ...»

Umland, Ausbesserungsarbeiten aus. 23 Dahinter führten Benjamin
und Chaschschub gegenüber ihrem Haus Ausbesserungsarbeiten aus,
dahinter besserte Asarja aus, der Sohn des Maaseja, des Sohns von
Ananja, neben seinem Haus. 24 Hinter ihm besserte Binnui, der Sohn 24: Esra 3,9!
des Chenadad, einen weiteren Abschnitt aus, vom Haus des Asarja bis
zum Winkel und bis an die Ecke. 25 Palal, der Sohn des Usai, war gegen- 25: 12,39; Jer 32,2 ·
über dem Winkel und dem Turm, der vom oberen Haus des Königs Esra 2,3
beim Wachthof vorspringt; hinter ihm war Pedaja, der Sohn des Pa-
rosch, 26 – und die Tempeldiener wohnten auf dem Ofel – bis gegen- 26: Esra 2,43! ·
über dem Wasser-Tor im Osten und dem vorspringenden Turm. 27 Hin- 11,21 · 8,1!
ter ihm besserten die von Tekoa einen weiteren Abschnitt aus, von ge- 27: 5
genüber dem grossen vorspringenden Turm bis an die Mauer des Ofel.
28 Oberhalb des Ross-Tors führten die Priester Ausbesserungsarbeiten 28: Jer 31,40
aus, jeder seinem Haus gegenüber; 29 dahinter besserte Zadok, der 29: 7,40 · Ez 40,6
Sohn des Immer, aus, seinem Haus gegenüber, und hinter ihm besserte
Schemaja aus, der Sohn von Schechanja, der Hüter des Ost-Tors. 30 Hin- 30: 4!
ter ihm besserten Chananja, der Sohn des Schelemja, und Chanun, der
sechste Sohn des Zalaf, einen weiteren Abschnitt aus; dahinter besserte
Meschullam aus, der Sohn des Berechja, gegenüber seiner Kammer;
31 hinter ihm führte Malkija, der von den Goldschmieden, Ausbesse-
rungsarbeiten aus bis zum Haus der Tempeldiener und der Kaufleute,
dem Mifkad-Tor gegenüber und bis an den Ecksöller. 32 Und zwischen
dem Ecksöller und dem Schaf-Tor führten die Goldschmiede und die
Kaufleute Ausbesserungsarbeiten aus.

Widerstand gegen den Mauerbau

33 Als aber Sanballat hörte, dass wir die Mauer bauten, wurde er zor- 33: 2,10! · Esra 4,1
nig und ärgerte sich sehr, und er spottete über die Judäer. 34 Und er 34: 12,43
redete vor seinen Brüdern und den Oberen von Samaria und sagte: Was
machen die erbärmlichen Judäer da? Soll man sie gewähren lassen?
Wollen sie schon schlachten? Wollen sie es schon heute vollenden?
Werden sie die Steine aus dem Schutthaufen wieder zum Leben brin-
gen, die doch verbrannt sind? 35 Und neben ihm stand Tobija, der Am- 35: 2,10!
moniter, und sagte: Wenn sie auch noch so bauen, wenn ein Schakal
hinaufspringt, reisst er ihre Steinmauer ein! –

36 Höre, unser Gott, wie wir verachtet werden! Lass ihr Schmähen 36: 2Kön 19,4 ·
auf ihren Kopf zurückfallen und gib sie der Plünderung preis in einem Ps 79,12
Land der Gefangenschaft! 37 Und decke ihre Schuld nicht zu, und lass
ihre Sünde nicht ausgelöscht sein vor dir, denn den Bauleuten gegen-
über haben sie Kränkungen ausgesprochen! – 38 Und wir bauten die 38: Esra 4,12
Mauer weiter, und bis zur halben Höhe schloss sich die Mauer ganz.
Und das Volk war mit dem Herzen bei der Arbeit.

Die Verteidigung des Mauerbaus

4 1 Als aber Sanballat und Tobija und die Araber und die Ammoniter 1: 2,10!
und die Aschdoditer hörten, dass die Wiederherstellung der Mauer
Jerusalems vorankam und die Risse sich zu schliessen begannen, wur-

3,34: Möglich ist auch die Übersetzung: «... vor seinen Brüdern und dem Heer von Samaria und ...»

den sie sehr zornig. 2 Und sie alle verschworen sich miteinander, her-
zukommen und Jerusalem zu bekämpfen und Verwirrung gegen mich
zu stiften. 3 Da beteten wir zu unserem Gott und stellten Tag und Nacht
Wachen auf gegen sie, zum Schutz vor ihnen. 4 Juda aber sprach: Die
Kraft des Trägers ist erschöpft, und da ist viel Schutt, und wir schaffen es
nicht, an der Mauer zu bauen.

5 Und unsere Gegner sagten: Die sollen nichts merken und nichts
sehen, bis wir mitten unter ihnen sind und sie erschlagen und so der
Arbeit ein Ende machen. 6 Und als die Judäer kamen, die neben ihnen
wohnten, sagten sie uns zehnmal: In allen Orten, wohin ihr auch
kommt, sind sie gegen uns! 7 Da stellte ich an den Stellen, die tiefer
lagen als der Platz hinter der Mauer, an den offenen Stellen, das Volk auf.
Und ich stellte es auf nach Sippen geordnet, mit ihren Schwertern, ih-
8: 1,5! ren Lanzen und ihren Bogen. 8 Dann sah ich es mir an und machte mich
auf und sagte zu den Edlen und den Vorstehern und dem übrigen Volk:
Fürchtet euch nicht vor ihnen! Denkt an den grossen und furchterre-
genden Herrn, und kämpft für eure Brüder, eure Söhne und eure Töch-
ter, eure Frauen und eure Häuser!

9 Als aber unsere Feinde hörten, dass es uns bekannt geworden war
und Gott ihren Plan zunichte gemacht hatte, kehrten wir alle zur Mauer
zurück, ein jeder zu seiner Arbeit. 10 Und von jenem Tag an arbeitete
nur die Hälfte meiner jungen Männer am Werk, die andere Hälfte von
ihnen aber hielt die Lanzen, Schilde und Bogen und Rüstungen bereit,
und die Obersten standen hinter dem ganzen Haus Juda. 11 Die, die an
der Mauer bauten, und die Träger, die die Lasten trugen, arbeiteten mit
einer Hand am Werk, und mit der anderen hielten sie die Waffe bereit.
12 Und bei den Bauleuten hatte ein jeder sein Schwert um die Hüfte ge-
gürtet, und so bauten sie. Und der, der den Schofar blies, war an meiner
13: 6,3 Seite. 13 Da sagte ich zu den Edlen und den Vorstehern und dem übrigen
Volk: Das Werk ist gross und weitläufig, und auf der Mauer sind wir
14: Ri 3,27! · voneinander getrennt, ein jeder weit von seinem Bruder. 14 Sammelt
Ex 14,14! euch um uns an dem Ort, wo ihr den Klang des Schofar hört. Unser Gott
wird für uns kämpfen! 15 So arbeiteten wir an dem Werk, und die Hälfte
hielt die Lanzen bereit, vom Aufgang der Morgenröte, bis die Sterne er-
schienen.

16 Zu jener Zeit sagte ich dem Volk auch: Ein jeder bleibe nachts mit
seinem Burschen innerhalb Jerusalems, dann können sie nachts für uns
Wache halten und tags am Werk arbeiten. 17 Und keiner, weder ich
noch meine Brüder noch meine jungen Männer noch die Wachtleute
hinter mir, keiner von uns zog seine Kleider aus, jeder hielt seine Waffe
in der Rechten.

Der Schuldenerlass. Nehemias Selbstlosigkeit

5 1 Und es gab ein grosses Geschrei beim Volk und ihren Frauen über
ihre judäischen Brüder. 2 Da waren solche, die sagten: Wir mit un-
seren Söhnen und unseren Töchtern sind viele! Und wir wollen Getrei-

4,2: Der Massoretische Text lautet übersetzt: «... Verwirrung gegen ihn zu stiften.»

4,17: Die Übersetzung «jeder hielt seine Waffe in der Rechten» beruht auf einer Korrektur des Massoretischen Texts; dieser lautet übersetzt: «jeder hatte seine Waffe, das Wasser».

de haben, damit wir essen und überleben können! 3 Und da waren sol- 3: 11; Lev 25,35–37
che, die sagten: Wir müssen unsere Felder und unsere Weinberge und
unsere Häuser verpfänden, damit wir Getreide bekommen in der Hun-
gersnot. 4 Und da waren solche, die sagten: Wir mussten Geld leihen
für die Steuer des Königs, auf unsere Felder und unsere Weinberge.
5 Und nun: Wie das Fleisch unserer Brüder ist unser Fleisch, wie ihre 5: Spr 22,7;
Kinder sind unsere Kinder. Und seht: Wir müssen unsere Söhne und Jer 34,8–9; Am 2,6
unsere Töchter zu Sklaven erniedrigen! Und manche von unseren Töch-
tern sind bereits erniedrigt worden, und wir haben nichts dagegen in
der Hand, und unsere Felder und unsere Weinberge gehören anderen!

6 Und als ich ihren Hilferuf und diese Worte hörte, wurde ich sehr 6: 13,8!
zornig. 7 Und mein Herz in mir ging mit sich zu Rate, und ich zog die 7: Ex 22,24
Edlen und die Vorsteher zur Rechenschaft und sagte ihnen: Ihr treibt
Wucher, ein jeder gegenüber seinem Bruder! Und ich brachte eine
grosse Versammlung gegen sie zusammen 8 und sagte ihnen: Wir, wir 8: Lev 25,47–48
haben unsere judäischen Brüder, die an die Nationen verkauft waren,
freigekauft, soweit es uns möglich war, und da verkauft ihr eure Brüder,
und sie müssen sich an uns verkaufen! Da schwiegen sie und fanden
keine Worte. 9 Und ich sagte: Es ist nicht gut, was ihr tut! Solltet ihr
nicht in der Furcht vor unserem Gott leben angesichts des Hohns der
Nationen, unserer Feinde? 10 Und auch ich, meine Brüder und meine 10: 10,32; Dtn 15,1–2;
jungen Männer haben ihnen Geld und Getreide geliehen. Erlassen wir Ez 18,5–7
ihnen doch diese Schuld! 11 Gebt ihnen doch noch heute ihre Felder, 11: 3!
ihre Weinberge, ihre Ölbäume und ihre Häuser zurück und den Hun-
dertsten des Geldes und des Getreides, des Weins und des Öls, das ihr
ihnen geliehen habt! 12 Da sagten sie: Wir geben es zurück und fordern 12: 10,30; Esra 10,5
nichts von ihnen; so wie du es sagst, werden wir es machen. Und ich rief
die Priester und liess sie schwören, nach diesem Wort zu handeln.
13 Auch schüttelte ich meinen Gewandbausch aus und sagte: So schüttle 13: Apg 18,6 · 8,6;
Gott einen jeden aus seinem Haus und seinem Besitz, der sich nicht an Dtn 27,15–26;
dieses Wort hält. Und so wird er ausgeschüttelt und leer sein! Und die 1Chr 16,36
ganze Versammlung sagte: Amen!, und sie priesen den HERRN. Und das
Volk handelte nach diesem Wort.

14 Auch habe ich von dem Tag an, an dem er mich beauftragte, ihr 14: 8,9! · 13,6
Statthalter im Land Juda zu sein, mit meinen Brüdern nicht das Brot des
Statthalters gegessen – vom zwanzigsten Jahr bis zum zweiunddreis-
sigsten Jahr von Artaxerxes, dem König, zwölf Jahre lang. 15 Aber die
früheren Statthalter, die vor mir waren, hatten das Volk schwer be-
drückt und von ihnen etwas für Brot und Wein, dazu noch vierzig Sil-
berschekel genommen; sogar ihre jungen Männer sind herrisch umge-
gangen mit dem Volk. Ich aber handelte nicht so, aus Furcht vor Gott.
16 Auch packte ich an bei der Arbeit an dieser Mauer, und wir haben
kein Feld gekauft, und alle meine jungen Männer waren dort bei der
Arbeit versammelt. 17 Und an meinem Tisch waren Judäer und Vorste-
her, hundertfünfzig Mann, und diejenigen, die von den Nationen um
uns herum zu uns kamen. 18 Und was an einem einzigen Tag zubereitet
wurde: Ein Rind, sechs auserlesene Schafe und Geflügel wurden mir zu-
bereitet und alle zehn Tage viel Wein von allerlei Art! Und dennoch
habe ich die Verpflegung für den Statthalter nicht eingefordert, denn
die Arbeit lastete schwer auf diesem Volk. 19 Erinnere dich meiner, 19: 13,14!

mein Gott, mir zum Besten, erinnere dich all dessen, was ich für dieses
Volk getan habe!

Mordpläne gegen Nehemia

1: 2,10! · 7,1 6 1 Als es aber Sanballat und Tobija und Geschem, dem Araber, und
dem Rest unserer Feinde zu Ohren kam, dass ich die Mauer gebaut
hatte und dass in ihr kein Riss mehr war – auch wenn ich bis zu jener
2: 11,35 Zeit die Torflügel noch nicht in die Tore eingesetzt hatte –, 2 da sandten
Sanballat und Geschem zu mir, um mir zu sagen: Komm, lasst uns zu-
sammenkommen in Kefirim in der Ebene Ono. Sie aber planten, mir
3: 4,13 Böses anzutun. 3 Da sandte ich Boten zu ihnen, um ihnen zu sagen: Ich
habe eine grosse Arbeit zu tun und kann nicht hinunterkommen. War-
um sollte die Arbeit ruhen, nur weil ich sie liegen liesse, um herabzu-
kommen zu euch? 4 Und in gleicher Weise sandten sie vier Mal zu mir,
und ich gab ihnen in gleicher Weise Antwort.

5 Da sandte Sanballat zum fünften Mal in gleicher Weise seinen
6: 2,19 · Esra 4,12 Diener zu mir mit einem offenen Brief in seiner Hand. 6 Darin war ge-
schrieben: Unter den Nationen hat man gehört, und Gaschmu sagt es,
dass du mit den Judäern einen Aufstand planst! Deshalb baust du die
Mauer; und du willst ihr König werden – so heisst es. 7 Auch sollst du
Propheten eingesetzt haben, damit sie in Jerusalem über dich ausrufen:
König in Juda! Nun werden solche Worte dem König aber zu Ohren
kommen; und so komm nun, wir wollen miteinander beraten! 8 Da
sandte ich zu ihm, um ihm zu sagen: Nichts von dem, was du sagst, ist
9: Esra 4,4 geschehen, sondern du hast es in deinem Herzen erfunden. – 9 Denn
sie alle wollten uns einschüchtern, da sie sagten: Ihre Hände werden
von der Arbeit lassen, und sie wird nicht getan werden. – Und nun, stär-
ke meine Hände!

10 Ich selbst aber war in das Haus des Schemaja gekommen, des
Sohns von Delaja, dem Sohn von Mehetabel, der eingeschlossen war,
und er sagte: Wir müssen zusammenkommen im Haus Gottes, im In-
neren des Tempels! Und dann lasst uns die Türen des Tempels ver-
schliessen, denn man kommt, um dich umzubringen, in der Nacht
11: Ps 11,1; Spr 28,1 kommt man, um dich umzubringen! 11 Ich aber sagte: Ein Mann wie ich
soll fliehen? Und wer, der meinesgleichen wäre, ginge in den Tempel,
12: Jer 23,16 nur um am Leben zu bleiben? Ich gehe nicht hinein! 12 Und ich erkann-
te: Sieh, nicht Gott hatte ihn gesandt, sondern er sprach die Weissagung
über mich, da Tobija und Sanballat ihn gekauft hatten. 13 Dazu war er
gekauft worden, dass ich mich fürchten und so handeln und mich ver-
sündigen sollte und dass ihnen das als üble Nachrede dienen würde,
14: 13,29; Ps 137,7 damit sie mich verhöhnen könnten. 14 Erinnere dich, mein Gott, des
Tobija und des Sanballat, wie es diesen ihren Taten entspricht, und auch
der Noadja, der Prophetin, und der übrigen Propheten, die mich ein-
schüchtern wollten!

Die Vollendung des Mauerbaus. Die Sicherung der Stadt

15 Und die Mauer wurde vollendet am Fünfundzwanzigsten des
16: Ps 109,27 Monats Elul, in zweiundfünfzig Tagen. 16 Und als alle unsere Feinde das
hörten, fürchteten sich all die Nationen, die rings um uns waren, und in

ihren eigenen Augen verloren sie sehr an Ansehen. Und sie erkannten,
dass dieses Werk von unserem Gott getan worden war.
17 Auch liessen in jenen Tagen die Edlen Judas zahlreiche Briefe an
Tobija gehen, und es kamen welche von Tobija zu ihnen. 18 Denn viele *18:* Esra 2,5! · 3,4!
in Juda waren ihm durch einen Eid verbunden: Er war ein Schwieger-
sohn des Schechanja, des Sohns von Arach, und Jehochanan, sein Sohn,
hatte die Tochter des Meschullam, des Sohns von Berechja, zur Frau ge-
nommen. 19 Auch sprachen sie vor mir über seine guten Taten, und
meine Worte hinterbrachten sie ihm. Tobija sandte Briefe, um mich
einzuschüchtern.

7 1 Und als die Mauer gebaut und die Torflügel eingehängt waren, *1:* 6,1 · 1Chr 23,24
wurden die Torwächter und die Sänger und die Leviten eingesetzt.
2 Dann übertrug ich den Befehl über Jerusalem auf Chanani, meinen *2:* 1,2 · Ex 18,21
Bruder, und auf Chananja, den Obersten auf der Burg, denn er galt als
zuverlässiger Mann und war gottesfürchtiger als viele. 3 Und ich sagte
ihnen: Die Tore Jerusalems sollen nicht geöffnet werden, bevor die Son-
ne brennt; und bevor sie dastehen, soll man die Torflügel schliessen und
verriegeln. Dann stelle man Wachen auf von den Bewohnern Jerusa-
lems, jeden auf seinen Posten, und jeden gegenüber seinem Haus.

Verzeichnis der Rückkehrer

4 Die Stadt aber war weiträumig und gross und das Volk in ihr ge- *4:* 11,1
ring, und es waren noch keine Häuser gebaut worden. 5 Da legte es mir *5:* 1Chr 9,1 *10:*
mein Gott ins Herz, und ich versammelte die Edlen und die Vorsteher Esra 2,5! *11:* 3,11 *26:*
und das Volk, damit sie sich registrieren liessen. Und ich fand das Regis- 12,28; 1Chr 9,16
terbuch derer, die zuerst heraufgezogen waren, und darin fand ich ge-
schrieben:
6 Dies sind die aus der Provinz, die heraufzogen aus der Gefangen-
schaft jener Verbannten, die Nebukadnezzar, der König von Babel, in
die Verbannung geführt hatte und die nach Jerusalem und Juda zurück-
kehrten, ein jeder in seine Stadt, 7 jene, die mit Serubbabel kamen und
mit Jeschua, Nehemia, Asarja, Raamja, Nachamani, Mordochai, Bil-
schan, Misperet, Bigwai, Nechum und Baana.
Die Zahl der Männer des Volkes Israel: 8 die Söhne Parosch: 2172;
9 die Söhne Schefatja: 372; 10 die Söhne Arach: 652; 11 die Söhne Pachat-
Moab, von den Söhnen Jeschua und Joab: 2818; 12 die Söhne Elam: 1254;
13 die Söhne Sattu: 845; 14 die Söhne Sakkai: 760; 15 die Söhne Binnui:
648; 16 die Söhne Bebai: 628; 17 die Söhne Asgad: 2322; 18 die Söhne
Adonikam: 667; 19 die Söhne Bigwai: 2067; 20 die Söhne Adin: 655;
21 die Söhne Ater, von Chiskija: 98; 22 die Söhne Chaschum: 328; 23 die
Söhne Bezai: 324; 24 die Söhne Charif: 112 25 ; die von Gibeon: 95; 26 die
Männer von Betlehem und Netofa: 188; 27 die Männer von Anatot: 128;
28 die Männer von Bet-Asmawet: 42; 29 die Männer von Kirjat-Jearim, *28:* 12,29!
Kefira und Beerot: 743; 30 die Männer von Rama und Geba: 621; 31 die *30:* 11,31; 12,29
Männer von Michmas: 122; 32 die Männer von Bet-El und Ai: 123; 33 die *32:* 11,31
Männer des anderen Nebo: 52; 34 die Söhne des anderen Elam: 1254;
35 die Söhne Charim: 320; 36 die von Jericho: 345; 37 die von Lod, Cha- *35:* 3,11
did und Ono: 721; 38 die Söhne Senaa: 3930. *38:* Esra 2,35!

7,3: Mit «bevor sie dastehen» sind wohl die Torwächter gemeint.

39: 11,3 39 Die Priester: die Söhne Jedaja, vom Haus Jeschua: 973; 40 die Söh-
40: 3,29 ne Immer: 1052; 41 die Söhne Paschchur: 1247; 42 die Söhne Charim:
43: 11,3 · 10,10; 12,8 1017. 43 Die Leviten: die Söhne Jeschua von Kadmiel von den Söhnen
45: 3,12 Hodewa: 74. 44 Die Sänger: die Söhne Asaf: 148. 45 Die Torwächter: die
Söhne Schallum, die Söhne Ater, die Söhne Talmon, die Söhne Akkub,
46: 11,3; 10,29 die Söhne Chatita und die Söhne Schobai: 138. 46 Die Tempeldiener: die
Söhne Zicha, die Söhne Chasufa, die Söhne Tabbaot, 47 die Söhne Keros,
die Söhne Sia, die Söhne Padon, 48 die Söhne Lebana, die Söhne Chaga-
ba, die Söhne Schalmai, 49 die Söhne Chanan, die Söhne Giddel, die
Söhne Gachar, 50 die Söhne Reaja, die Söhne Rezin, die Söhne Nekoda,
51 die Söhne Gassam, die Söhne Ussa, die Söhne Paseach, 52 die Söhne
Besai, die Söhne der Meuniter, die Söhne der Nefischesiter, 53 die Söh-
ne Bakbuk, die Söhne Chakufa, die Söhne Charchur, 54 die Söhne Bazlit,
die Söhne Mechida, die Söhne Charscha, 55 die Söhne Barkos, die Söhne
Sisera, die Söhne Tamach, 56 die Söhne Neziach, die Söhne Chatifa.
57: 11,3 57 Die Nachkommen der Diener Salomos: die Söhne Sotai, die Söhne
Soferet, die Söhne Perida, 58 die Söhne Jaala, die Söhne Darkon, die Söh-
ne Giddel, 59 die Söhne Schefatja, die Söhne Chattil, die Söhne Poche-
ret-Zebajim, die Söhne Amon. 60 Alle Tempeldiener und Nachkommen
der Diener Salomos: 392.

61 Und dies sind diejenigen, die heraufgezogen sind aus Tel-Melach,
Tel-Charscha, Kerub-Addon und Immer, ohne angeben zu können, ob
sie nach Familie und Herkunft von Israel abstammten: 62 die Söhne De-
63: Esra 2,61! laja, die Söhne Tobija, die Söhne Nekoda: 642; 63 und von den Priestern:
die Söhne Chobaja, die Söhne Koz, die Söhne jenes Barsillai, der eine
von den Töchtern des Gileaditers Barsillai zur Frau genommen hatte
und nach deren Namen benannt wurde. 64 Diese suchten ihre Eintra-
gung unter den Registrierten, sie wurde aber nicht gefunden, und so
65: Lev 6,9–11; wurden sie als unrein ausgeschlossen vom Priestertum, 65 und der Tir-
Num 18,9 · schata befahl ihnen, nicht vom Hochheiligen zu essen, bis der Priester
Ex 28,30 für Urim und Tummim auftrete.

66 Die ganze Versammlung insgesamt: 42360, 67 abgesehen von ih-
ren Knechten und ihren Mägden; es waren 7337. Und sie hatten Sänger
und Sängerinnen: 245. 68 Kamele: 435, Esel: 6720.

69 Und ein Teil der Familienhäupter spendete für das Werk. Der Tir-
schata spendete für den Schatz 1000 Golddareiken, 50 Sprengschalen,
530 Priestergewänder. 70 Und einige der Familienhäupter spendeten
an den Schatz für das Werk 20000 Golddareiken und 2200 Silberminen.
71 Und was das übrige Volk spendete: 20000 Golddareiken und 2000
Silberminen und 67 Priestergewänder.

72: Esra 3,1 72 Und die Priester und die Leviten und die Torwächter und die Sän-
ger und die Leute aus dem Volk und die Tempeldiener und ganz Israel
liessen sich in ihren Städten nieder. Und der siebte Monat kam, und die
Israeliten waren in ihren Städten.

7,65: Siehe die Anm. zu Esra 2,63.

Die Verlesung der Weisung. Das Laubhüttenfest

8 1 Und das ganze Volk versammelte sich einmütig auf dem Platz, der 1: Esra 3,1 · 3; 3,26;
vor dem Wasser-Tor war, und sie baten Esra, den Schriftgelehrten, er 12,37 · 12,26!
möge das Buch der Weisung des Mose bringen, die der HERR Israel ge-
boten hatte. 2 Da brachte Esra, der Priester, die Weisung vor die Ver- 2: Lev 23,24;
sammlung, vor Mann und Frau und vor jeden, der zu hören verstand, Num 29,1 · Dtn 31,11!
am Tag eins des siebten Monats. 3 Und er las daraus vor, auf dem Platz, 3: Jos 8,35 · 1!
der vor dem Wasser-Tor war, vom ersten Tageslicht bis zum Mittag, vor
den Männern und Frauen, die es verstehen konnten, und die Ohren des
ganzen Volks waren auf das Buch der Weisung gerichtet. 4 Und Esra, 4: 9,4
der Schriftgelehrte, stand auf einem Holzgerüst, das man für diesen An-
lass errichtet hatte, und neben ihm standen zu seiner Rechten Mattitja
und Schema und Anaja und Urija und Chilkija und Maaseja und zu sei-
ner Linken Pedaja und Mischael und Malkija und Chaschum und
Chaschbaddana, Secharja und Meschullam. 5 Und Esra öffnete das Buch
vor den Augen des ganzen Volks – denn er stand höher als das ganze
Volk. Und als er es öffnete, erhob sich das ganze Volk. 6 Und Esra pries 6: 5,13! · Ps 63,5
den HERRN, den grossen Gott. Und das ganze Volk antwortete mit erho-
benen Händen: Amen! Amen! Und sie verneigten sich, und mit dem
Angesicht zur Erde warfen sie sich nieder vor dem HERRN. 7 Und Je- 7: 9,4 · Esra 8,18 ·
schua und Bani und Scherebja, Jamin, Akkub, Schabbetai, Hodija, Ma- Esra 10,23! ·
aseja, Kelita, Asarja, Josabad, Chanan, Pelaja und die Leviten unterrich- Dtn 33,10 · 1Kön 8,14
teten das Volk in der Weisung, während das Volk an seinem Platz blieb.
8 Und sie lasen vor aus dem Buch, aus der Weisung Gottes, wobei Ab- 8: 9,3; 13,1;
schnitt für Abschnitt erklärt wurde, und sie leiteten zum Verstehen an, 2Kön 23,2
und man verstand, was vorgelesen wurde.
9 Und Nehemia – er war der Tirschata – und Esra, der Priester, der 9: 5,14; 10,2;
Schriftgelehrte, und die Leviten, die das Volk unterrichteten, sprachen Esra 2,63 ·
zum ganzen Volk: Dieser Tag ist dem HERRN, eurem Gott, heilig! Trauert 2Kön 22,11
nicht und weint nicht. Denn das ganze Volk weinte, als es die Worte der
Weisung gehört hatte. 10 Und er sagte zu ihnen: Geht, esst Fettes, und 10: Est 9,22 ·
trinkt Süsses, und gebt davon denen ab, für die nichts zubereitet wird. Ps 89,17–18
Denn dieser Tag ist unserem Herrn heilig. Und seid nicht bekümmert,
denn die Freude am HERRN, sie ist eure Zuflucht! 11 Und die Leviten
hiessen das ganze Volk schweigen, indem sie sagten: Seid still, denn der
Tag ist heilig! Und seid nicht bekümmert. 12 Da ging das ganze Volk, um 12: 1Chr 29,22
zu essen und zu trinken und anderen davon abzugeben und um ein
grosses Freudenfest zu feiern. Denn sie hatten die Worte verstanden,
die man ihnen kundgetan hatte.
13 Und am zweiten Tag versammelten sich die Familienhäupter des
ganzen Volks, die Priester und die Leviten bei Esra, dem Schriftgelehr-
ten, um Einsicht zu gewinnen in die Worte der Weisung. 14 Und in der 14–15: Lev 23,34–42
Weisung, die der HERR durch Mose geboten hatte, fanden sie geschrie-
ben, dass die Israeliten am Fest im siebten Monat in Hütten wohnen
sollten 15 und was sie kundtun sollten. Und man liess einen Aufruf
durch alle ihre Städte und durch Jerusalem ergehen: Geht ins Gebirge,
und holt Zweige vom Ölbaum und Zweige vom wilden Ölbaum und
Zweige von Myrte und Zweige von Palmen und Zweige von dicht be-
laubten Bäumen, um Hütten zu machen, wie es geschrieben steht. 16 Da 16: 12,39
zog das Volk hinaus und brachte sie, und sie machten sich Hütten, jeder

auf seinem Dach und in ihren Höfen und in den Vorhöfen des Hauses
Gottes und auf dem Platz am Wasser-Tor und auf dem Platz am Efraim-
17: Jos 1,1 · Tor. 17 Und die ganze Versammlung, alle, die aus der Gefangenschaft
2Chr 30,26 zurückgekehrt waren, machten Hütten und wohnten in den Hütten.
Denn seit den Tagen Josuas, des Sohns von Nun, bis auf jenen Tag hatten
es die Israeliten nicht mehr so gemacht. Und es herrschte sehr grosse
18: Lev 23,36 Freude. 18 Und Tag für Tag las er aus dem Buch der Weisung Gottes vor,
vom ersten Tag bis zum letzten Tag. Und sie feierten sieben Tage lang
ein Fest, und am achten Tag war die Festversammlung nach der Vor-
schrift.

Das Gebet der Israeliten

1: Esra 8,21! · 9 1 Und als sie fasteten, versammelten sich die Israeliten am vierund-
Jos 7,6 zwanzigsten Tag jenes Monats in Trauergewändern und mit Erde
2: Esra 10,11! · auf ihrem Haupt. 2 Da sonderte sich die Nachkommenschaft Israels von
Lev 26,40 allen Fremden ab, und sie traten herzu und bekannten ihre Sünden und
3: 8,8! die Verschuldungen ihrer Vorfahren. 3 Und sie erhoben sich an ihrem
Platz, und man las vor aus dem Buch der Weisung des HERRN, ihres Got-
tes, ein Viertel des Tags. Und während eines Viertels bekannten sie und
4–5: 12,24! warfen sich nieder vor dem HERRN, ihrem Gott. 4 Und auf dem Podest
4: 3,17 · 8,4 · 8,7 · der Leviten erhoben sich Jeschua und Bani, Kadmiel, Schebanja, Bunni,
2Chr 20,19 Scherebja, Bani und Kenani und riefen mit lauter Stimme zum HERRN,
5: 1Chr 16,36; ihrem Gott. 5 Und die Leviten Jeschua und Kadmiel, Bani, Chaschabne-
Dan 2,20 · Ps 72,19 ja, Scherebja, Hodija, Schebanja und Petachja sagten: Erhebt euch! Preist
den HERRN, euren Gott, von Ewigkeit zu Ewigkeit. Und man preise dei-
nen herrlichen Namen, der über allen Lobpreis und Ruhm erhaben ist:
6: Dtn 6,4 · 6 Du bist der HERR, du allein! Du hast den Himmel gemacht, den
Dtn 10,14 · höchsten Himmel und sein ganzes Heer, die Erde und alles, was auf ihr
Gen 2,1 · Gen 1,1–25 ist, die Meere und alles, was in ihnen ist, und sie alle hältst du am Leben,
7: Gen 11,31 · und das Heer des Himmels wirft sich nieder vor dir. 7 Du bist der HERR,
Gen 17,5 der Gott, der Abram erwählt und ihn aus Ur in Kasdäa herausgeführt
8: Gen 15,18–21 · und ihm den Namen Abraham gegeben hat. 8 Und du hast sein Herz
Esra 9,15 · 33 treu gefunden vor dir und hast mit ihm den Bund geschlossen, das Land
der Kanaaniter, der Hetiter, der Amoriter und der Perissiter und der Je-
busiter und der Girgaschiter zu geben, es seiner Nachkommenschaft zu
geben, und du hast deine Worte wahr gemacht, denn du bist gerecht.
9: Ex 3,7 · Ex 14,15 9 Und du hast das Elend unserer Vorfahren in Ägypten gesehen und ihr
10: Ex 3,20! · Schreien am Schilfmeer gehört. 10 Und du hast Zeichen und Wunder
Ex 18,11 · Dan 9,15! getan am Pharao und an allen seinen Dienern und am ganzen Volk sei-
nes Landes. Denn du wusstest, dass sie vermessen an ihnen gehandelt
hatten; und du hast dir einen Namen gemacht, wie es am heutigen Tag
11: Ex 14,21.23; 15,5 der Fall ist. 11 Und das Meer hast du vor ihnen gespalten, und sie sind
mitten durch das Meer gegangen, auf dem Trockenen, und ihre Verfol-
ger hast du in die Tiefen geworfen wie einen Stein in mächtige Wasser.
12: Ex 13,21 12 Und durch eine Wolkensäule hast du sie geleitet am Tag und durch
eine Feuersäule in der Nacht, indem du ihnen den Weg erhellt hast, auf
13: Ex 19,18 · dem sie gehen sollten. 13 Und du bist auf den Berg Sinai herabgekom-
Ex 20,22 · Esra 7,6 men und hast vom Himmel her mit ihnen gesprochen und hast ihnen
14: Ex 20,8 · 10,32! · richtige Rechtssatzungen und zuverlässige Weisungen, gute Satzungen
Ex 24,12 und Gebote gegeben. 14 Und deinen heiligen Sabbat hast du ihnen

kundgetan, und Gebote und Satzungen und Weisung hast du ihnen ge-
boten durch Mose, deinen Diener. 15 Und Brot vom Himmel hast du 15: 20; Ex 16,15! ·
ihnen gegeben für ihren Hunger, und Wasser hast du ihnen aus dem Ex 17,6 · Dtn 1,8
Felsen fliessen lassen für ihren Durst. Und du hast ihnen geboten, hin-
zugehen und das Land in Besitz zu nehmen; du hast deine Hand erho-
ben, es ihnen zu geben.

16 Sie aber, unsere Vorfahren, haben vermessen gehandelt und wa- 16–17: 29; Ex 32,9
ren halsstarrig und hörten nicht auf deine Gebote. 17 Und sie haben sich 17–19: 31!
geweigert zu hören und dachten nicht an die Wunder, die du bei ihnen 17: Num 14,4 ·
getan hast. Und sie waren halsstarrig und haben sich in den Kopf ge- Ps 86,15; Ex 34,6
setzt, zu ihrem Sklavendienst in Ägypten zurückzukehren. Du aber bist
ein Gott der Vergebung, gnädig und barmherzig, langmütig und reich
an Güte, und du hast sie nicht verlassen, 18 obwohl sie sich ein gegosse- 18: Ex 32,4
nes Kalb gemacht und gesagt haben: Das ist dein Gott, der dich herauf-
geführt hat aus Ägypten. Und sie haben schwer gelästert. 19 Du aber
hast sie in deiner grossen Barmherzigkeit in der Wüste nicht verlassen.
Die Wolkensäule ist nicht von ihnen gewichen bei Tag, um sie auf dem
Weg zu leiten, noch die Feuersäule bei Nacht, um ihnen den Weg zu
erhellen, auf dem sie gehen sollten. 20 Und deinen guten Geist hast du 20: Num 11,25 · 15
gegeben, um sie zur Einsicht zu bringen, und dein Manna hast du ihrem
Mund nicht vorenthalten, und Wasser hast du ihnen gegeben für ihren
Durst. 21 Und vierzig Jahre lang hast du für sie in der Wüste gesorgt, an 21: Dtn 8,4
nichts hat es ihnen gefehlt, ihre Kleider sind nicht zerfallen, und ihre
Füsse sind nicht angeschwollen. 22 Und du hast ihnen Königreiche und 22: Num 21,21–35;
Völker gegeben und sie ihnen zugeteilt als Randgebiet; und sie haben Dtn 4,46–47
das Land Sichons und das Land des Königs von Cheschbon und das Land
von Og, dem König des Baschan, in Besitz genommen. 23 Und ihre Kin- 23: Gen 22,17! ·
der hast du zahlreich werden lassen wie die Sterne am Himmel, und du Jos 1,2
hast sie in das Land gebracht, in das zu gehen du ihren Vorfahren gebo-
ten hast, damit sie es in Besitz nahmen.

24 Dann sind die Nachfahren gekommen und haben das Land in Be- 24: Jos 21,43
sitz genommen, und du hast die Bewohner des Landes, die Kanaaniter,
vor ihnen gedemütigt und hast sie in ihre Hand gegeben, sowohl ihre
Könige als auch die Völker des Landes, damit sie nach ihrem Belieben
mit ihnen verfuhren. 25 Und sie haben befestigte Städte und fruchtba- 25: Dtn 6,10–11;
res Ackerland eingenommen, und sie haben Häuser in Besitz genom- 32,15
men, voll von allem möglichen Guten, ausgehauene Brunnen, Weinber-
ge und Ölbäume und eine Menge Fruchtbäume, und sie haben gegessen
und sind satt und fett geworden und haben geschwelgt in deinen reich-
lichen Gütern. 26 Aber sie sind widerspenstig geworden und haben sich 26: 1Kön 14,9 ·
gegen dich aufgelehnt und sich von deiner Weisung abgekehrt, und dei- 1Kön 19,10
ne Propheten haben sie umgebracht, die sie ermahnten, um sie zu dir
zurückzuführen, und sie haben schwer gelästert. 27 Da hast du sie in die 27: Ri 2,14 · Ri 2,16!
Hand ihrer Bedränger gegeben, und diese haben sie bedrängt. Und in
der Zeit ihrer Bedrängnis haben sie zu dir geschrien, und du, du hast sie
vom Himmel her erhört und ihnen, wie es deiner grossen Barmherzig-
keit entspricht, immer wieder Retter gegeben, damit diese sie retteten
aus der Hand ihrer Bedränger. 28 Sobald sie aber Ruhe hatten, taten sie 28: Ri 2,19

9,22: Die Übersetzung «als Randgebiet» ist unsicher.

wieder Böses vor dir. Da hast du sie zurückgelassen in der Hand ihrer
Feinde; und diese haben sie verfolgt. Da schrien sie wieder zu dir, und
du, du hast sie vom Himmel her erhört und sie viele Male gerettet, wie
29: Lev 18,5! · es deiner Barmherzigkeit entspricht. 29 Und du hast sie ermahnt, um
16–17! sie zurückzuführen zu deiner Weisung. Sie aber handelten vermessen
und hörten nicht auf deine Gebote, und gegen deine Rechtsbestimmun-
gen haben sie gesündigt, gegen sie, durch die der Mensch lebt, wenn er
nach ihnen handelt. Und sie waren störrisch und halsstarrig und hörten
30: 2Chr 24,19; nicht. 30 Viele Jahre lang hattest du Geduld mit ihnen, und du hast sie
Jer 7,25–26 ermahnt durch deinen Geist, durch deine Propheten, doch sie haben
nicht darauf gehört. Da hast du sie in die Hand der Völker der Länder
31: 17–19; Ex 34,6; gegeben. 31 In deiner grossen Barmherzigkeit aber hast du sie nicht völ-
Dtn 4,31 lig vertilgt und sie nicht verlassen, denn du bist ein gnädiger und barm-
herziger Gott.

32: 1,5! 32 Und nun, unser Gott, du grosser, heldenhafter und furchterre-
gender Gott, der du den Bund und die Treue hältst, achte all die Mühsal
vor deinem Angesicht nicht gering, die uns getroffen hat, unsere Köni-
ge, unsere Obersten und unsere Priester und unsere Propheten und un-
sere Vorfahren und dein ganzes Volk, seit den Tagen der Könige von
33: 8 · 1Kön 8,47 Assur bis auf diesen heutigen Tag. 33 Und du bist gerecht bei allem, was
über uns kommt; du hast die Treue bewahrt, wir aber haben uns schul-
34: Esra 9,10 dig gemacht. 34 Und unsere Könige, unsere Obersten, unsere Priester
und unsere Vorfahren haben nicht nach deiner Weisung gehandelt und
nicht geachtet auf deine Gebote und deine Warnungen, mit denen du
35: Dtn 28,47 sie ermahnt hast. 35 Und sie – in ihrem Königtum und bei deinen rei-
chen Gütern, die du ihnen gegeben hast, und in dem weiten und frucht-
baren Land, das du ihnen zu Füssen gelegt hast – haben dir nicht ge-
dient, und sie haben sich nicht abgekehrt von ihren bösen Taten.
36: Esra 9,9 36 Sieh, heute sind wir Knechte, und das Land, das du unseren Vorfah-
ren gegeben hast, damit man seine Frucht und seine Güter isst – sieh,
37: Dtn 28,31 darin sind wir Knechte. 37 Und seinen reichen Ertrag bringt es für die
Könige, die du unserer Sünden wegen über uns gesetzt hast. Und nach
ihrem Belieben herrschen sie über unsere Leiber und über unser Vieh,
und wir sind in grosser Not!

Die schriftliche Verpflichtung auf die Weisung

1: 30; 2Chr 34,31; **10** 1 Und wegen alledem schliessen wir eine Vereinbarung und
Esra 10,3 schreiben sie nieder. Und auf der Versiegelung stehen die Namen
2: 8,9! unserer Obersten, unserer Leviten und unserer Priester. 2 Und auf den
Versiegelungen stehen: Nehemia, der Tirschata, der Sohn Chachaljas,
3: 11,11 · 12,33–34 und Zidkija, 3 Seraja, Asarja, Jirmeja, 4 Paschchur, Amarja, Malkija,
5: 3,10 *6:* 3,4.21; 12,3; 5 Chattusch, Schebanja, Malluch, 6 Charim, Meremot, Obadja, 7 Da-
Esra 8,33 niel, Ginneton, Baruch, 8 Meschullam, Abija, Mijamin, 9 Maasja, Bilgai,
9: 12,34 Schemaja – dies sind die Priester.

10: Esra 8,33 · 10 Und die Leviten: Jeschua, der Sohn Asanjas, Binnui, von den Söh-
Esra 3,9! · 7,43! nen Chenadads, Kadmiel; 11 und ihre Brüder: Schebanja, Hodija, Kelita,
11: Esra 10,23! Pelaja, Chanan, 12 Micha, Rechob, Chaschabja, 13 Sakkur, Scherebja,
Schebanja, 14 Hodija, Bani, Beninu.

15 Die Häupter des Volks: Parosch, Pachat-Moab, Elam, Sattu, Bani,
16 Bunni, Asgad, Bebai, 17 Adonija, Bigwai, Adin, 18 Ater, Chiskija, As-

sur, 19 Hodija, Chaschum, Bezai, 20 Charif, Anatot, Nebai, 21 Magpi-
asch, Meschullam, Chesir, 22 Meschesabel, Zadok, Jaddua, 23 Pelatja,
Chanan, Anaja, 24 Hoschea, Chananja, Chaschschub, 25 Lochesch, Pil-
cha, Schobek, 26 Rechum, Chaschabna, Maaseja, 27 und Achija, Chanan,
Anan, 28 Malluch, Charim, Baana.

29 Und das übrige Volk, die Priester, die Leviten, die Torwächter, die 29: Esra 10,11! ·
Sänger, die Tempeldiener und alle, die sich von den Völkern der Länder 7,46!
zur Weisung Gottes hin abgesondert haben, ihre Frauen, ihre Söhne
und ihre Töchter, alle, die Erkenntnis und Einsicht haben, 30 schliessen 30: 1! · 5,12! ·
sich ihren vornehmsten Brüdern an und teilen Eid und Schwur, nach 2Kön 23,3
der Weisung Gottes zu leben, die durch Mose, den Diener Gottes, gege-
ben worden ist, und alle Gebote des HERRN, unseres Herrn, und seine
Rechtsbestimmungen und seine Satzungen zu halten und danach zu
handeln: 31 dass wir unsere Töchter nicht den Völkern des Landes geben 31: 13,23!
und ihre Töchter nicht für unsere Söhne nehmen 32 und dass wir, wenn 32: 9,14; 13,15;
die Völker des Landes die Waren und alles mögliche Getreide am Sab- Ex 31,12 · 5,10!
battag zum Verkauf bringen, ihnen am Sabbat oder an einem heiligen
Tag nichts abnehmen und dass wir die Felder im siebten Jahr brachlie-
gen lassen und jede Schuld erlassen.

33 Und wir auferlegen uns als Gebote, dass man uns jährlich einen 33: Ex 30,11.16;
Drittelschekel für die Arbeit im Haus unseres Gottes berechne, 34 für 2Chr 24,6
das Schaubrot und das regelmässige Speiseopfer und für das regelmäs- 34: Ex 25,30 · Lev 6,6; Num 28,3 ·
sige Brandopfer, für die Sabbate, die Neumonde, für die Festzeiten und Esra 3,5!
für die heiligen Gaben und für die Sündopfer, damit man Israel entsüh-
nen kann, und für jede Tätigkeit im Haus unseres Gottes. 35 Auch haben 35: 13,31
wir – wir, die Priester, die Leviten und das Volk – die Lose geworfen über
die Holzlieferung, damit wir es nach den Ordnungen unserer Familien
zu bestimmten Zeiten, Jahr für Jahr, zum Haus unseres Gottes bringen
und man es auf dem Altar des HERRN, unseres Gottes, verbrennen kann,
wie es in der Weisung geschrieben steht. 36 Und dass wir die erste Ern- 36: 12,44; 13,5;
te unseres Bodens und die erste Ernte aller Früchte von all den Bäumen, Ex 23,19
Jahr für Jahr, zum Haus des HERRN bringen 37 und dass wir unsere erst- 37: Ex 13,2
geborenen Söhne und die Erstgeburten unseres Viehs, wie es in der
Weisung geschrieben steht, und die Erstgeburten unserer Rinder und
unserer Schafe zum Haus unseres Gottes bringen, zu den Priestern, die
im Haus unseres Gottes Dienst tun, 38 auch das Beste von unserem 38: Num 15,20–21! ·
Schrotmehl und unseren Abgaben und von den Früchten all der Bäume, Num 18,21 · 13,31
von Wein und Öl – wir bringen es den Priestern in die Kammern des
Hauses unseres Gottes und den Zehnten unseres Bodens den Leviten.
Und sie, die Leviten, sind es, die den Zehnten einsammeln in allen Städ-
ten, in denen wir arbeiten. 39 Und der Priester, der Nachkomme 39: Num 18,26 ·
Aarons, soll bei den Leviten sein, wenn die Leviten den Zehnten einsam- 12,47; Num 18,26
meln. Und die Leviten sollen den Zehnten vom Zehnten hinaufbringen
zum Haus unseres Gottes, in die Kammern des Schatzhauses. 40 Denn 40: 13,12;
in die Kammern sollen die Israeliten und die Leviten die Abgabe vom 2Chr 31,11 ·
Getreide, vom Wein und vom Öl bringen: Dort sind die Geräte des Hei- Esra 8,28 · 13,10
ligtums und die Priester, die den Dienst verrichten, und die Torwächter
und die Sänger. Und wir werden das Haus unseres Gottes nicht vernach-
lässigen!

Verzeichnis der Häupter der Provinz

1: 1Chr 8,28 · 11 1 Und die Obersten des Volks wohnten in Jerusalem, und das üb-
Jos 18,10 · 7,4 rige Volk warf Lose, um einen von zehn kommen zu lassen, damit
er sich in Jerusalem, der heiligen Stadt, niederlasse, die anderen neun
aber in den Städten blieben. 2 Und das Volk segnete all die Männer, die
sich bereit erklärten, in Jerusalem zu wohnen.
3: 7,39 · 7,43 · 3 Und dies sind die Häupter der Provinz, die in Jerusalem wohnten
7,46! · 7,57 und die in den Städten Judas wohnten, ein jeder auf seinem Grundbe-
sitz, in ihren Städten: Israel, die Priester und die Leviten und die Tem-
peldiener und die Nachkommen der Diener Salomos. 4 Und in Jerusa-
lem wohnten Judäer und Benjaminiten.
Von den Judäern: Ataja, der Sohn von Ussija, dem Sohn des Secharja,
des Sohns des Amarja, des Sohns des Schefatja, des Sohns des Mahalalel,
von den Söhnen Perez, 5 und Maaseja, der Sohn Baruchs, des Sohns von
Kol-Chose, dem Sohn des Chasaja, des Sohns des Adaja, des Sohns des
Jojarib, des Sohns des Secharja, der von den Schilonitern. 6 Die Gesamt-
heit der Söhne Perez, die in Jerusalem wohnten: 468 tüchtige Männer.
7 Und dies waren die Benjaminiten: Sallu, der Sohn Meschullams,
des Sohns von Joed, dem Sohn des Pedaja, des Sohns des Kolaja, des
Sohns des Maaseja, des Sohns des Itiel, des Sohns von Jeschaja, 8 und
hinter ihm: Gabbai, Sallai: 928; 9 und Joel, der Sohn Sichris, ihr Vorge-
setzter, und Juda, der Sohn des Senua, der Zweite über die Stadt.
11: 10,3 · 2Chr 31,13 10 Von den Priestern: Jedaja, der Sohn Jojaribs, Jachin, 11 Seraja, der
Sohn Chilkijas, des Sohns von Meschullam, dem Sohn des Zadok, des
Sohns des Merajot, des Sohns des Achitub, des Fürsten des Hauses Got-
tes, 12 und ihre Brüder, die die Tätigkeiten für das Haus versahen: 822;
und Adaja, der Sohn Jerochams, des Sohns von Pelalja, dem Sohn des
Amzi, des Sohns des Secharja, des Sohns des Paschchur, des Sohns Mal-
kijas, 13 und seine Brüder, Familienhäupter: 242; und Amaschsai, der
Sohn Asarels, des Sohns des Achsai, des Sohns von Meschillemot, dem
Sohn des Immer, 14 und ihre Brüder, tüchtige Krieger: 128. Und ihr Vor-
gesetzter war Sabdiel, der Sohn Haggedolims.
15 Und von den Leviten: Schemaja, der Sohn von Chaschschub, dem
Sohn des Asrikam, des Sohns des Chaschabja, des Sohns des Bunni;
16 und Schabbetai und Josabad von den Häuptern der Leviten waren
17: 12,46! über die Tätigkeiten aussen beim Haus Gottes gesetzt; 17 und Mattanja,
der Sohn Michas, des Sohns von Sabdi, dem Sohn Asafs, der Leiter, der
beim Gebet den Lobpreis anstimmte, und Bakbukja, der Zweite unter
seinen Brüdern, und Abda, der Sohn Schammuas, des Sohns von Galal,
dem Sohn Jedutuns. 18 Die Gesamtheit der Leviten in der heiligen
Stadt: 284.
19: 12,25; 19 Und die Torwächter: Akkub, Talmon und ihre Brüder, die in den
1Chr 26,15–17; Toren Wache hielten: 172.
2Chr 8,14
20: Jos 24,28 20 Der Rest Israels aber, die Priester und die Leviten, war in all den
21: 3,26 · Esra 2,43! Städten Judas, jeder auf seinem Erbbesitz. 21 Und die Tempeldiener
wohnten auf dem Ofel, und Zicha und Gischpa standen den Tempeldie-
nern vor. 22 Und der Vorgesetzte der Leviten in Jerusalem war Ussi, der
Sohn Banis, des Sohns von Chaschabja, dem Sohn des Mattanja, des
Sohns Michas, von den Söhnen Asaf, den Sängern beim Dienst im Haus

Gottes. 23 Denn es gab ein Gebot des Königs über sie und eine Vereinbarung für die Sänger, über das, was an jedem Tag zu tun war.

24 Und Petachja, der Sohn Meschesabels, von den Söhnen Serach, *24:* Gen 46,12
des Sohns von Juda, stand dem König zur Seite für alle Angelegenheiten,
die das Volk betrafen. 25 Und was die Gehöfte auf ihren Feldern betrifft: *25:* Jos 14,15
Judäer wohnten in Kirjat-Arba und in seinen Tochterstädten und in Dibon und in seinen Tochterstädten und in Jekkabzeel und in seinen Gehöften 26 und in Jeschua und in Molada und in Bet-Pelet 27 und in Chazar-Schual und in Beer-Scheba und in seinen Tochterstädten 28 und in Ziklag und in Mechona und in seinen Tochterstädten 29 und in En-Rimmon und in Zora und in Jarmut, 30 Sanoach, Adullam und ihren Gehöften, Lachisch und seinen Feldern, Aseka und seinen Tochterstädten, und sie siedelten von Beer-Scheba bis zum Hinnom-Tal.

26–27: 1Chr 4,28 · *28:* 1Chr 4,30 · *30:* 3,13

31 Und die Benjaminiten: von Geba an, in Michmas und Ajja und Bet-El und seinen Tochterstädten, 32 Anatot, Nob, Ananja, 33 Chazor, Rama, Gittajim, 34 Chadid, Zeboim, Neballat, 35 Lod und Ono im Handwerker-Tal. 36 Und von den Leviten gehörten Abteilungen in Juda zu Benjamin.

31: 1Sam 13,2 · 7,30! · 7,32 · *35:* 6,2 · 1Chr 4,14

Verzeichnis der Priester und Leviten

12 1 Und dies sind die Priester und die Leviten, die mit Serubbabel, dem Sohn Schealtiels, und mit Jeschua heraufgezogen sind: Seraja, Jirmeja, Esra, 2 Amarja, Malluch, Chattusch, 3 Schechanja, Rechum, Meremot, 4 Iddo, Ginnetoi, Abija, 5 Mijamin, Maadja, Bilga, 6 Schemaja und Jojarib, Jedaja, 7 Sallu, Amok, Chilkija und Jedaja. Dies waren die Häupter der Priester und ihrer Brüder in den Tagen Jeschuas. 8 Und die Leviten: Jeschua, Binnui, Kadmiel, Scherebja, Juda und Mattanja: Er und seine Brüder waren zuständig für die Danklieder. 9 Und Bakbukja und Unni, ihre Brüder, standen ihnen gegenüber, nach Dienstabteilungen. 10 Und Jeschua zeugte Jojakim, und Jojakim zeugte Eljaschib und Eljaschib den Jojada. 11 Und Jojada zeugte Jonatan, und Jonatan zeugte Jaddua.

1: Hag 1,1 · Esra 2,1 · *3:* 10,6! · 3,17 · *4:* Lk 1,5 · *8:* 7,43! · 24! · Esra 2,40! · 46! · *10:* 3,1! · 13,28 · *11:* 22

12 Und in den Tagen Jojakims waren Priester Familienhäupter: von Seraja: Meraja; von Jirmeja: Chananja; 13 von Esra: Meschullam; von Amarja: Jehochanan; 14 von Melichu: Jonatan; von Schebanja: Josef; 15 von Charim: Adna; von Merajot: Chelkai; 16 von Iddo: Secharja; von Ginneton: Meschullam; 17 von Abija: Sichri; von Minjamin: ...; von Moadja: Piltai; 18 von Bilga: Schammua; von Schemaja: Jehonatan; 19 und von Jojarib: Mattenai; von Jedaja: Ussi; 20 von Sallai: Kallai; von Amok: Eber; 21 von Chilkija: Chaschabja; von Jedaja: Netanel.

16: Sach 1,1

22 Die Leviten – in den Tagen Eljaschibs, Jojadas und Jochanans und Jadduas wurden sie nach Familienhäuptern verzeichnet, und auch die Priester, bis zur Königsherrschaft von Darius, dem Perser. 23 Die Leviten, die Familienhäupter, sind in der Chronik verzeichnet bis zu den Tagen Jochanans, des Sohns von Eljaschib.

22: 11 · 3,1!

24 Und die Häupter der Leviten waren: Chaschabja, Scherebja und Jeschua, der Sohn des Kadmiel; und ihre Brüder, ihnen gegenüber, die

24: 8; 9,4–5 · 36! · 46!

12,17: Der auf «von Minjamin:» zu erwartende Name fehlt im Text.
12,22: Siehe die Anm. zu Esra 4,5.

zu loben und zu preisen hatten nach dem Gebot Davids, des Mannes
25: 11,19! · 44 Gottes, Dienstabteilung gegenüber Dienstabteilung: 25 Mattanja und
Bakbukja, Obadja, Meschullam, Talmon und Akkub hielten als Torwäch-
26: 1Chr 5,40 · 8,1; ter Wache bei den Vorratskammern der Tore. 26 Diese lebten in den Ta-
Esra 7,6 gen Jojakims, des Sohns von Jeschua, dem Sohn Jozadaks, und in den
Tagen Nehemias, des Statthalters, und Esras, des Priesters, des Schrift-
gelehrten.

Die Einweihung der Mauer

27: 43; Esra 6,16 · 27 Und bei der Einweihung der Mauer Jerusalems holte man die Le-
1Chr 15,16 viten aus allen ihren Orten um sie nach Jerusalem zu bringen, damit
man die Einweihung als Freudenfest feiern konnte, mit Dankliedern
28: 7,26! und mit Gesang, mit Zimbeln, Harfen und Leiern. 28 Da versammelten
sich die Sänger aus dem Umland rings um Jerusalem und aus den Ge-
29: 7,30! · 7,28; höften der Netofatiter, 29 und aus Bet-Gilgal und vom Land von Geba
Esra 2,24 · 13,10 und Asmawet – denn die Sänger hatten sich Gehöfte rings um Jerusalem
30: 13,22; gebaut. 30 Und die Priester und die Leviten reinigten sich, und sie
Num 8,6–7; machten das Volk und die Tore und die Mauer rein.
Esra 6,20 ·
2Chr 29,5 31 Und ich liess die Obersten von Juda auf die Mauer steigen und
31: 2,13! stellte zwei grosse Dankchöre und Festzüge auf; der eine zog oben auf
der Mauer nach rechts, zum Mist-Tor. 32 Und hinter ihnen schritten
33–34: 10,3 Hoschaja und die Hälfte der Obersten von Juda 33 und Asarja, Esra und
34: 10,9 Meschullam, 34 Juda und Benjamin und Schemaja und Jirmeja; 35 und
von den Priestern mit Trompeten: Secharja, der Sohn des Jonatan, des
Sohns des Schemaja, des Sohns des Mattanja, des Sohns des Michaja, des
36: 24; Dtn 33,1! Sohns von Sakkur, dem Sohn von Asaf, 36 und seine Brüder: Schemaja
und Asarel, Milalai, Gilalai, Maai, Netanel und Juda, Chanani, mit den
Musikinstrumenten Davids, des Mannes Gottes, und vor ihnen war Es-
37: 2,14! · 8,1! ra, der Schriftgelehrte. 37 Dann zum Quell-Tor hin, und geradeaus stie-
gen sie hinan auf den Stufen der Stadt Davids beim Aufgang zur Mauer,
38: 3,11 · 3,8 von oberhalb des Hauses Davids bis zum Wasser-Tor im Osten. 38 Und
der zweite Dankchor, der einherschritt, ging zur anderen Seite und ich
hinter ihm, mit der Hälfte des Volks, oben auf der Mauer, über den Ofen-
39: 8,16 · 3,6 · 3,3! · Turm bis zur breiten Mauer 39 und über das Efraim-Tor und über das
3,1! · 3,25! Jeschana-Tor und über das Fisch-Tor und den Chananel-Turm und den
Mea-Turm bis zum Schaf-Tor; und beim Wacht-Tor blieben sie stehen.
40 Und die beiden Dankchöre stellten sich beim Haus Gottes auf,
auch ich und die Hälfte der Vorsteher mit mir 41 und die Priester Elja-
kim, Maaseja, Minjamin, Michaja, Eljoenai, Secharja, Chananja mit
Trompeten 42 und Maaseja und Schemaja und Elasar und Ussi und Je-
hochanan und Malkija und Elam und Eser. Und die Sänger liessen sich
43: 3,34 · 27! · hören, und ihr Leiter war Jisrachja. 43 Und an jenem Tag schlachteten
Esra 3,13 sie grosse Schlachtopfer und freuten sich, denn Gott hatte sie mit gros-
ser Freude erfüllt; und auch die Frauen und die Kinder freuten sich. Und
noch von ferne war die Freude Jerusalems zu hören.

Die Wiederherstellung der Ordnung nach der Weisung

44: 13,13 · 25 · 44 Und an jenem Tag wurden Männer eingesetzt über die Kammern
10,36! für die Vorräte, für die Abgaben, für das Beste und für die Zehnten, um
in ihnen von den Feldern der Städte die der Weisung entsprechenden

Anteile für die Priester und für die Leviten zu sammeln. Denn Juda hatte
Freude an den Priestern und an den Leviten, die im Dienst standen.
45 Und sie versahen den Dienst für ihren Gott und den Dienst der Rei-
nigung und den der Sänger und der Torwächter gemäss dem Gebot Da-
vids und Salomos, seines Sohns. 46 Denn schon in den Tagen Davids 46: 1Chr 6,24 ·
und Asafs, seit alter Zeit, gab es die Häupter der Sänger und Lobgesang 24.46; 11,17;
und Danklieder für Gott. 47 Und in den Tagen Serubbabels und in den 1Chr 25,1–7
Tagen Nehemias lieferte ganz Israel die Anteile für die Sänger und die 47: Esra 1,8! · 10,39!
Torwächter, den täglichen Bedarf; den Leviten aber brachten sie Weihe-
gaben, und die Leviten brachten diese den Aaroniden.

13 1 An jenem Tag wurde vor den Ohren des Volks aus dem Buch des 1: 8,8! · Dtn 23,4;
Mose vorgelesen, und es fand sich darin geschrieben: Niemals Esra 9,1
darf ein Ammoniter oder Moabiter in die Versammlung Gottes kom-
men, 2 denn sie sind den Israeliten nicht mit Brot und Wasser entge- 2: Num 22,5!
gengekommen, sondern haben Bileam gegen sie gedungen, damit er sie
verfluche. Unser Gott aber hat den Fluch in Segen verwandelt. – 3 Und 3: Esra 10,11!
als sie die Weisung gehört hatten, sonderten sie alles Mischvolk von
Israel ab.

4 Vorher aber hatte Eljaschib, der Priester, der über die Kammern 4: 3,1! · 2,10! ·
des Hauses unseres Gottes gesetzt war, ein Verwandter Tobijas, 5 die- Esra 10,6 · 2,19
sem eine grosse Kammer hergerichtet. Früher hatte man dort die 5: 10,36!
Speiseopfer gelagert, den Weihrauch und die Geräte und den Zehnten
vom Getreide, vom Wein und vom Öl, was den Leviten und den Sängern
und den Torwächtern zustand und die Abgaben für die Priester. 6 Bei 6: 5,14 · 2,6
alledem war ich aber nicht in Jerusalem. Denn im zweiunddreissigsten
Jahr des Artaxerxes, des Königs von Babel, war ich zum König gekom-
men, und nach einiger Zeit hatte ich den König gebeten, mich freizu-
stellen. 7 Und so kam ich nach Jerusalem und bemerkte das Unrecht,
das Eljaschib zugunsten Tobijas begangen hatte, indem er ihm eine
Kammer in den Vorhöfen der Hauses Gottes herrichtete. 8 Und das 8: 11.17.25; 5,6
missfiel mir sehr, und ich warf den ganzen Hausrat Tobijas hinaus aus
der Kammer. 9 Und auf meinen Befehl hin machte man die Kammern 9: 2Chr 29,15
rein, und ich brachte die Geräte des Hauses Gottes, das Speiseopfer und
den Weihrauch dorthin zurück.

10 Und ich erfuhr, dass die Anteile für die Leviten nicht entrichtet 10: 10,40 · 12,29
worden waren und dass die Leviten und die Sänger, die die Arbeit ver-
richten sollten, daraufhin weggelaufen waren, jeder auf sein Feld. 11 Da 11: 8!
zog ich die Vorsteher zur Rechenschaft und sagte: Warum ist das Haus
Gottes verlassen? Und ich versammelte sie und wies ihnen ihren Platz
an. 12 Und ganz Juda brachte den Zehnten vom Getreide und vom Wein 12: 10,40!
und vom Öl in die Vorratskammern. 13 Und über die Vorräte bestimmte 13: 12,44
ich Schelemja, den Priester, und Zadok, den Schreiber, und Pedaja von
den Leviten und ihnen zur Seite Chanan, den Sohn von Sakkur, dem
Sohn Mattanjas. Denn sie galten als zuverlässig, und ihnen oblag die
Zuteilung an ihre Brüder. 14 Darum erinnere dich meiner, mein Gott, 14: 22.31; 5,19 · 29
und lösche meine guten Taten nicht aus, die ich dem Haus meines Got-
tes und dem Dienst an ihm erwiesen habe!

15 In jenen Tagen sah ich in Juda Leute, die am Sabbat die Keltern 15: 10,32!
traten und die Garben einbrachten und auf Esel luden und auch Wein,
Trauben und Feigen und allerlei Traglast und dies am Sabbattag nach

Jerusalem hereinbrachten. Und ich ermahnte sie, an diesem Tag keine
Lebensmittel zu verkaufen. 16 Und die Tyrer, die dort wohnten, brach-
ten Fisch und allerlei Ware herein und verkauften sie am Sabbat an die
17: 8! Judäer und in Jerusalem. 17 Da zog ich die Edlen von Juda zur Rechen-
schaft und sagte ihnen: Was ist das für eine böse Sache, die ihr da tut: Ihr
18: Ez 20,12–13 entweiht den Sabbattag! 18 Haben eure Vorfahren nicht genau so ge-
handelt, und hat unser Gott nicht all dies Unheil über uns und über die-
se Stadt gebracht? Und ihr bringt noch grösseren Zorn über Israel, in-
dem ihr den Sabbat entweiht!

19: Jer 17,21 19 Und sobald die Tore Jerusalems vor dem Sabbat dunkel geworden
waren, wurden auf meinen Befehl hin die Torflügel geschlossen, und
ich befahl, sie bis nach dem Sabbat nicht zu öffnen, und ich stellte Die-
ner von mir an die Tore. Am Sabbattag darf keine Traglast hereinkom-
men! 20 Da übernachteten die Händler und die Verkäufer all der Waren
draussen vor Jerusalem, einmal und zweimal. 21 Und ich warnte sie und
sagte zu ihnen: Warum übernachtet ihr vor der Mauer? Wenn ihr das
noch einmal tut, lege ich Hand an euch! Von dieser Zeit an kamen sie
22: 12,30! · 14! nicht mehr am Sabbat. 22 Und ich befahl den Leviten, sich zu reinigen
und als Wächter zu den Toren zu kommen, damit man den Sabbattag
heilig halten konnte. Auch dafür erinnere dich meiner, mein Gott, und
blicke voller Mitleid auf mich, wie es deiner grossen Güte entspricht!

23: 10,31; Ex 34,16; Dtn 7,3; Esra 9,2 23 In jenen Tagen sah ich auch die Judäer, die aschdodische, ammo-
nitische, moabitische Frauen heimgeführt hatten. 24 Und die Hälfte ih-
rer Kinder redete aschdoditisch – und sie konnten nicht judäisch reden,
25: 8! · Dtn 7,3! sondern nur die Sprache dieses oder jenes Volks. 25 Und ich stritt mit
ihnen und verfluchte sie und schlug Männer von ihnen und raufte ihre
Haare. Und ich beschwor sie bei Gott: Wenn ihr eure Töchter ihren Söh-
nen gebt oder Töchter von ihnen für eure Söhne oder für euch nehmt ...!
26: 1Kön 11,1 · 1Kön 3,12–13 · 2Sam 12,24 · 1Kön 4,1 26 Hat sich ihretwegen nicht schon Salomo, der König von Israel, ver-
sündigt? Und unter den vielen Nationen hat es keinen König gegeben
wie ihn, und er war geliebt von seinem Gott, und Gott hat ihn zum Kö-
nig über ganz Israel gemacht. Auch ihn haben die fremdländischen
Frauen zur Sünde verführt! 27 Muss man nun auch von euch hören,
dass ihr das gleiche grosse Unrecht begeht, treulos gegen unseren Gott
28: 12,10 · Esra 10,8 zu handeln, indem ihr fremdländische Frauen heimführt? 28 Und einer
von den Söhnen Jojadas, des Sohns des Eljaschib, des Hohen Priesters,
war ein Schwiegersohn Sanballats, des Choroniters; und den trieb ich
29: 6,14! · Num 25,13 · 14 · Mal 2,8 von mir weg. 29 Vergiss es ihnen nicht, mein Gott, dass sie den Priester-
stand und den Bund des Priesterstands und der Leviten unrein gemacht
haben!

30: 2Chr 13,10 30 Und ich machte sie rein von allem Fremden, und ich stellte
Dienstabteilungen der Priester und der Leviten auf, einen jeden in sei-
31: 10,35 · 10,38 · 14! nem Arbeitsbereich 31 und für die Holzlieferung zu bestimmten Zeiten
und für die Abgaben von der ersten Ernte. Erinnere dich meiner, mein
Gott, mir zum Besten!

13,19: Möglich ist auch die Übersetzung: «... Tore, damit am Sabbattag keine Last hereinkam.»

13,26: ‹ihretwegen› bezieht sich auf die nichtisraelischen Frauen.

Das Buch Ester

Das Buch Ester erzählt vom Aufstieg der Jüdin Ester zur persischen Königin und von ihrem mutigen Verhalten, durch das die Juden in der Fremde vor der Vernichtung gerettet werden. Neben Rut ist Ester die einzige Frauengestalt im hebräischen Alten Testament, nach der ein ganzes Buch benannt ist.

Die Erzählung beginnt damit, dass die persische Königin Waschti in Ungnade fällt und Ester, ein Pflegekind des Juden Mordochai, zur neuen persischen Königin wird (Est 1–2). Darauf folgen zwei miteinander verwobene, ähnlich aufgebaute Hauptteile, die beide von tödlicher Bedrohung, der Vernichtung von Feinden sowie von letztendlicher Rettung handeln. Im ersten Hauptteil (Est 3–7) geht es um den Konflikt zwischen den Einzelpersonen Haman und Mordochai, im zweiten Hauptteil (Est 8–10) um die Bedrohung aller Juden im persischen Reich. In beiden Auseinandersetzungen ist es Ester, die schliesslich die Rettung herbeiführt. Die letzten eineinhalb Kapitel (ab Est 9,20) berichten von der Einführung eines Fests, mit dem in Zukunft alljährlich an die Errettung der Juden erinnert werden soll. Da der Tag der geplanten Judenvernichtung mit Losen (hebräisch: purim) bestimmt wurde, erhält es den Namen Purimfest.

Das Buch Ester ist der Text, auf den sich dieses im Judentum bis heute gefeierte Purimfest gründet. Deshalb wird es im Kanon der hebräischen Bibel seit dem Mittelalter zu den Megillot gerechnet, zu den fünf Schriftrollen also, die an den hohen Jahresfesten verlesen werden (siehe die Einleitung zu Rut). In der griechischen Bibel, der sogenannten Septuaginta, ist das Buch Ester das letzte der Geschichtsbücher.

Die Erzählung spielt zur Zeit der persischen Herrschaft über den Vorderen Orient (539–333/331 v.Chr.), genauer: zur Zeit der Regierung des Königs Xerxes (Xerxes I.: 486–465 v.Chr.). Die berichteten Ereignisse fallen damit in die Zeit zwischen der ersten Rückkehr von Juden aus dem babylonischen Exil unter Serubbabel (vgl. Esra 1–6) und dem Wirken Esras (vgl. Esra 7–10). Ort der Handlung ist Schuschan (Susa), eine der vier Hauptstädte des persischen Grossreichs, die auch aus den Büchern Daniel und Nehemia bekannt ist (im Süden des heutigen Iran).

Obwohl das Buch Ester gute Kenntnisse der persischen Verhältnisse verrät, enthält es wohl auch unhistorische Details – eine Königin Waschti etwa hat es nie gegeben. Offenbar liegt mit dem Buch keine Darstellung konkreter geschichtlicher Ereignisse vor, sondern eine Novelle oder romanhafte Erzählung. Darin geht es nicht um eine historische, sondern um eine literarische Auseinandersetzung mit dem Problem der Judenfeindschaft. Verfasst wurde die Erzählung zwischen dem 5. und dem 3. Jahrhundert v.Chr., vermutlich in einer jüdischen Gemeinde im Osten des Perserreichs. Später wurde sie durch umfangreiche, nur auf Griechisch erhaltene Zusätze ergänzt. In manchen anderen Bibelausgaben findet man daher eine längere Version des Texts.

Der kunstvolle literarische Charakter des Buchs Ester zeigt sich unter anderem an den vielen Anspielungen auf andere biblische Texte: Allen voran zu nennen sind die Anspielungen auf den Konflikt zwischen den Israeliten und den Amalekitern (vgl. Est 2,5 und 3,1 mit 1Sam 15), auf die Josefsgeschichte (Gen 37–50: Aufstieg eines Israeliten an einem ausländischen Königshof) und auf die Exodus- bzw. Passa-Überlieferung (Rettung aus bzw. in der Fremde; Termine des Purimfests am 14./15. Adar und des Passafests am 14./15. Nissan).

Theologisch herausfordernd ist die Rolle, die in diesem Buch der Gewalt zukommt, da kritiklos von der Ermordung von zehntausenden von Feinden der Juden die Rede ist. Gott wird in der hebräischen Fassung, die dieser Übersetzung zugrunde liegt, an keiner Stelle erwähnt. Indirekt aber zeigt sich in der Erzählung die Gewissheit, dass der scheinbar verborgene Gott sein Volk nicht im Stich lässt, sondern es im Moment höchster Bedrohung rettet (vgl. die Erwähnung der Hilfe «von anderer Seite» in Est 4,14).

Der persische König verstösst seine Königin

1: 4,6; 9,30 · 8,9 **1** 1 Und in den Tagen des Xerxes – das ist jener Xerxes, der König war
von Hoddu bis Kusch, über hundertsiebenundzwanzig Provinzen –,
2: Neh 1,1 2 in jenen Tagen, als König Xerxes den Thron seines Königreichs bestie-
3: 3,7 · 2,18; gen hatte, der in Schuschan, in der Burg, war, 3 im Jahr drei seiner Kö-
Gen 40,20; Dan 5,1 nigsherrschaft, veranstaltete er ein Festmahl für alle seine Fürsten und
seine Diener. Das Heer von Persien und Medien, die Vornehmen und
die Fürsten der Provinzen waren bei ihm, 4 als er während vieler Tage,
hundertachtzig Tage, den Reichtum seines königlichen Prunks zur
Schau stellte und die Pracht seiner majestätischen Grösse.
5 Und als diese Tage vorüber waren, veranstaltete der König ein Fest-
mahl für alles Volk, das sich in Schuschan, in der Burg, befand, vom
Grössten bis zum Kleinsten, sieben Tage lang, im Hof am Garten des
Palasts des Königs: 6 Da gab es weisses, feines Leinentuch und blauen
Purpur, mit Schnüren aus Byssus befestigt, und roten Purpur an Ringen
aus Silber und Säulen aus Alabaster; Ruhelager aus Gold und Silber auf
einem Mosaikfussboden aus smaragdfarbenem Marmor, Alabaster,
7: 1Kön 10,21 Perlmutt und dunklen Mineralien; 7 und die Getränke in Schalen aus
Gold, und alle Schalen unterschieden sich voneinander, und es gab
reichlich königlichen Wein, wie es der Grosszügigkeit des Königs ent-
sprach. 8 Und beim Trinken galt die Regel, dass niemand jemanden zu
etwas drängen durfte. Denn so hatte der König es für jeden Grossen in
seinem Haus bestimmt, dass jeder sich verhalten durfte, wie es ihm be-
liebte. 9 Auch Waschti, die Königin, veranstaltete ein Festmahl, für die
Frauen, im königlichen Haus, das König Xerxes gehörte.
10: 3,15; Spr 31,4! · 10 Am siebten Tag, als der König vom Wein frohen Herzens war, be-
7,9 fahl er Mehuman, Biseta, Charbona, Bigta und Abagta, Setar und Karkas,

1,1: Der Name Xerxes lautet im hebräischen Text Achaschwerosch; Hoddu ist der Name für die persische Provinz Indien.

den sieben Eunuchen, die König Xerxes bedienen durften, 11 Waschti,
die Königin, vor den König zu bringen, mit dem königlichen Kopf-
schmuck, um den Völkern und den Fürsten ihre Schönheit zu zeigen,
denn sie war von anmutigem Aussehen. 12 Königin Waschti aber wei- 12: 1Petr 3,1
gerte sich, dem Wort des Königs, das durch die Eunuchen überbracht
worden war, Folge zu leisten und zu kommen. Da wurde der König sehr
zornig, und seine Wut entbrannte in ihm.
13 Und der König sprach zu den Weisen, die sich auf die Zeiten ver- 13: 1Chr 12,33
standen – denn es war üblich, dass die Sache des Königs vor alle Geset-
zes- und Rechtskundigen kam, 14 und die ihm am nächsten standen, 14: Esra 7,14
waren Karschena, Schetar, Admata, Tarschisch, Meres, Marsena, Me-
muchan, die sieben Fürsten von Persien und Medien, die das Angesicht
des Königs sehen durften, die den obersten Sitz im Königreich hatten –:
15 Wie ist nach dem Gesetz mit der Königin Waschti zu verfahren, da
sie den durch die Eunuchen überbrachten Befehl des Königs Xerxes
nicht befolgt hat? 16 Da sprach Memuchan vor dem König und den
Fürsten: Nicht allein gegen den König hat Waschti, die Königin, sich
verfehlt, sondern gegen alle Fürsten und gegen alle Völker, die in allen
Provinzen des Königs Xerxes sind. 17 Denn die Sache mit der Königin
wird sich unter allen Frauen verbreiten; und es wird ihre Männer lä-
cherlich machen in ihren Augen, wenn man sagt: König Xerxes hat be-
fohlen, Waschti, die Königin, vor ihn zu bringen, sie aber ist nicht ge-
kommen. 18 Und noch heute werden die Fürstinnen von Persien und
Medien, die von der Sache mit der Königin gehört haben, allen Fürsten
des Königs davon erzählen; und es wird Geringschätzung und Verdruss
zur Genüge geben. 19 Wenn es dem König recht ist, soll ein königliches 19: 8,8; Dan 6,9.16 ·
Wort von ihm ergehen, das in die Gesetze von Persien und Medien ein- 2,1
getragen wird und das unwiderruflich ist: Waschti darf nicht mehr vor
König Xerxes kommen, und ihren königlichen Rang wird der König ei-
ner anderen geben, die besser ist als sie. 20 Und die Anordnung des Kö- 20: Eph 5,33
nigs, die der König in seinem gesamten Königreich, das so gross ist,
erlassen wird, wird Gehör finden, und alle Frauen werden ihren Män-
nern die Ehre erweisen, vom Grössten bis zum Kleinsten. 21 Und das
Wort war gut in den Augen des Königs und der Fürsten, und der König
handelte nach dem Wort Memuchans, 22 und er sandte Schreiben in 22: 1Tim 2,12;
alle Provinzen des Königs, in Provinz um Provinz in je ihrer Schrift und 1Petr 3,6 · 3,12; 8,9
an Volk um Volk in je seiner Sprache, jeder Mann müsse das Sagen ha-
ben in seinem Haus und dabei befehlen können in der Sprache seines
Volks.

Ester wird Königin

2 1 Nach diesen Begebenheiten, als die Wut des Königs Xerxes sich 1: 1,19
gelegt hatte, dachte er an Waschti und daran, was sie getan hatte
und was über sie beschlossen worden war. 2 Und die Diener des Kö- 2: 1Kön 1,2
nigs, die den Dienst bei ihm verrichteten, sagten: Für den König soll
man junge Frauen, Jungfrauen, von anmutigem Aussehen suchen.
3 Und der König setze Beauftragte ein in allen Provinzen seines König-
reichs, damit sie alle jungen Frauen, Jungfrauen, von anmutigem Aus-
sehen in Schuschan, in der Burg, versammeln, im Haus der Frauen, un-
ter der Aufsicht des Hege, des Eunuchen des Königs, des Wächters über

die Frauen, und man ihnen gebe, was der Pflege ihrer Schönheit dient.
4 Und die junge Frau, die den Augen des Königs gefällt, soll Königin
werden an Waschtis statt. Und das Wort war gut in den Augen des Kö-
nigs, und er handelte so.

5: 2Sam 16,5 · 5 In Schuschan, in der Burg, war ein jüdischer Mann, und sein Name
1Sam 9,1 war Mordochai, der Sohn des Jair, des Sohns von Schimi, dem Sohn des
6: 2Kön 24,15; Kisch, ein Jaminiter, 6 der aus Jerusalem in die Verbannung geführt
Jer 24,1 worden war mit den Verbannten, die weggeführt worden waren mit Je-
chonja, dem König von Juda, die Nebukadnezzar, der König von Babel,
7: 15; 8,1; in die Verbannung geführt hatte. 7 Und er war der Pflegevater der Ha-
Hiob 31,17–18 dassa – das ist Ester –, der Tochter seines Onkels, denn sie hatte keinen
Vater und keine Mutter mehr. Und die junge Frau war von schöner Ge-
stalt und anmutigem Aussehen, und beim Tod ihres Vaters und ihrer
Mutter hatte Mordochai sie als Tochter angenommen. 8 Und als man
das Wort des Königs hörte und sein Gesetz und als viele junge Frauen
unter die Aufsicht des Hegai versammelt wurden in Schuschan, in der
Burg, da wurde auch Ester in das Haus des Königs geholt unter die Auf-
9: Dan 1,9 sicht des Hegai, des Wächters über die Frauen. 9 Und die junge Frau
gefiel seinen Augen und erlangte seine Gunst, und er beeilte sich, ihr
das zu geben, was der Pflege ihrer Schönheit diente, sowie die richtige
Kost, und ihr sieben Dienerinnen aus dem Haus des Königs zu geben,
die besonders ausgewählt waren. Und ihr und ihren Dienerinnen teilte
10: 20 er das Beste zu im Haus der Frauen. 10 Ester aber hatte nicht gesagt, aus
welchem Volk und welcher Herkunft sie war, denn Mordochai hatte ihr
geboten, es nicht zu sagen. 11 Mordochai aber ging Tag für Tag vor dem
Hof des Hauses der Frauen auf und ab, um in Erfahrung zu bringen, ob
es Ester gut ging und was mit ihr geschehen würde.

12 Und als junge Frau um junge Frau an die Reihe kam, zu König
Xerxes hineinzugehen, nachdem sie zwölf Monate lang der Vorschrift
für die Frauen entsprechend verbracht hatte – denn so lange währten
die Tage ihrer Schönheitspflege, sechs Monate mit Myrrheöl und sechs
Monate mit Balsamölen und anderen Schönheitsmitteln für die Frauen,
13 und erst danach ging die junge Frau hinein zum König –, da wurde
der jungen Frau gegeben, was immer sie dann nannte, damit es mit ihr
14: 4,11 aus dem Haus der Frauen in das Haus des Königs komme. 14 Am Abend
ging sie hinein, und am Morgen kam sie heraus und begab sich in das
zweite Haus der Frauen, unter die Aufsicht Schaaschgas, des Eunuchen
des Königs, des Wächters über die Nebenfrauen. Zum König durfte sie
dann nicht mehr hinein, es sei denn, der König hatte Gefallen an ihr
15: 9,29 · 7! gefunden und sie wurde beim Namen gerufen. 15 Und als Ester, die
Tochter des Abichajil, des Onkels von Mordochai, der sie als seine Toch-
ter angenommen hatte, an der Reihe war, zum König hineinzugehen,
wünschte sie nichts, als das, was Hegai, der Eunuch des Königs, der
Wächter über die Frauen, ihr eingeschärft hatte. Und Ester erlangte
Wohlwollen in den Augen aller, die sie sahen. 16 Und so wurde Ester zu
König Xerxes in sein königliches Haus geholt im zehnten Monat, das ist

2,6: Jechonja ist ein anderer Name für Jojachin.
2,8: Vermutlich ist Hegai derselbe Eunuch, der in 2,3 Hege heisst.
2,13: Wörtlich: «…, da wurde ihr gegeben, …»

der Monat Tebet, im Jahr sieben seiner Königsherrschaft. 17 Und der 17: 4,14!
König liebte Ester mehr als alle anderen Frauen; und mehr als alle ande-
ren Jungfrauen erlangte sie sein Wohlwollen und seine Gnade, und er
setzte ihr einen königlichen Kopfschmuck auf das Haupt und machte
sie zur Königin an Waschtis statt. 18 Dann veranstaltete der König ein 18: 1,3! · Gen 29,22
grosses Festmahl für alle seine Fürsten und Diener: das Festmahl Esters.
Und den Provinzen gewährte er einen Steuererlass, und er gab eine
Spende, wie es der Grosszügigkeit des Königs entsprach.

Mordochai deckt eine Verschwörung auf

19 Und als zum zweiten Mal Jungfrauen zusammengebracht wur-
den, hielt Mordochai sich gerade im Königs-Tor auf. – 20 Wie Mordo- 20: 10
chai es ihr befohlen hatte, sagte Ester nichts über ihre Herkunft und
nicht, aus welchem Volk sie war; und Ester befolgte den Befehl Mordo-
chais, wie in der Zeit, als sie bei ihm in Pflege gewesen war. – 21 In jenen
Tagen, während Mordochai sich gerade im Königs-Tor aufhielt, gerie-
ten Bigtan und Teresch, die zwei Eunuchen des Königs, die zu den Hü-
tern der Schwelle gehörten, in Zorn und trachteten danach, Hand an
König Xerxes zu legen. 22 Mordochai aber erfuhr davon und berichtete 22: 6,2
es Ester, der Königin, und im Namen Mordochais sagte Ester es dem
König. 23 Da wurde die Angelegenheit untersucht und bestätigt, und 23: Dtn 21,22–23 ·
die beiden wurden an einem Pfahl erhängt. Und vor dem König wurde 6,1; 10,2; Esra 4,15
es aufgeschrieben im Buch der Begebenheiten der Tage.

Haman plant, die Juden auszurotten

3 1 Nach diesen Begebenheiten machte König Xerxes den Haman, den 1: Num 24,7;
Sohn des Hammedata, den Agagiter, gross, und er erhöhte ihn, und 1Sam 15,8 · 5,11;
seinen Stuhl setzte er höher als den aller Fürsten, die bei ihm waren. 10,3
2 Und alle Diener des Königs, die im Königs-Tor waren, beugten die 2: Gen 41,43
Knie und warfen sich nieder vor Haman, denn so hatte es der König mit
Blick auf ihn befohlen. Mordochai aber beugte nie die Knie und warf
sich auch nicht nieder. 3 Und die Diener des Königs, die im Königs-Tor
waren, sagten zu Mordochai: Warum übertrittst du das Gebot des Kö-
nigs? 4 Und da sie es Tag für Tag zu ihm sagten, er aber nicht auf sie
hörte, berichteten sie es Haman, um zu sehen, ob die Gründe Mordo-
chais Bestand hätten, denn dieser hatte ihnen mitgeteilt, dass er Jude
war.

5 Und Haman sah, dass Mordochai nicht die Knie beugte und sich 5: 5,9; Ps 37,12
nicht vor ihm niederwarf, und in Haman stieg der Zorn auf. 6 In seinen 6: Ps 83,5
Augen aber war es zu wenig, nur an Mordochai Hand zu legen, denn
man hatte ihm mitgeteilt, aus welchem Volk Mordochai war. Und so
trachtete Haman danach, alle Juden auszurotten, die überall im König-
reich des Xerxes waren, das Volk Mordochais. 7 Im ersten Monat, das 7: Ex 12,2 · 1,3 ·
war der Monat Nisan, im Jahr zwölf des Königs Xerxes, warf man vor 9,24–26
Haman das Pur – das ist das Los – für einen Tag nach dem anderen Tag
und für einen Monat nach dem anderen Monat, und es fiel auf den
zwölften, das ist der Monat Adar.

8 Und Haman sagte zu König Xerxes: Es gibt da ein Volk, das ist zer- 8: Lev 26,33 ·
streut und abgesondert von den Völkern in allen Provinzen deines Num 23,9 ·
Königreichs. Und ihre Gesetze unterscheiden sich von denen jedes an- Dan 6,14

deren Volks, die Gesetze des Königs aber befolgen sie nicht, und es ist
9: 4,7 unter der Würde des Königs, sie gewähren zu lassen! 9 Wenn es dem
König recht ist, wird aufgesetzt, dass man sie ausmerze. Dann werde ich
zehntausend Kikkar Silber in die Hände der Zuständigen auszahlen, da-
10: 8,2; Gen 41,42 mit sie es in die Schatzkammern des Königs bringen. 10 Da zog der Kö-
nig seinen Siegelring von seiner Hand und gab ihn Haman, dem Sohn
des Hammedata, dem Agagiter, dem Bedränger der Juden. 11 Und der
König sagte zu Haman: Das Silber sei dir überlassen, und das Volk – mit
12: 1,22! · 8,8! ihm soll verfahren werden, wie es gut ist in deinen Augen. 12 Und im
ersten Monat, an seinem dreizehnten Tag, wurden die Schreiber des Kö-
nigs gerufen, und genau wie Haman es befohlen hatte, wurde es aufge-
setzt für die Satrapen des Königs und die Statthalter, die in den einzel-
nen Provinzen waren, und für die Fürsten der einzelnen Völker, für Pro-
vinz um Provinz in je ihrer Schrift und für Volk um Volk in je seiner
Sprache. Aufgesetzt wurde es im Namen des Königs Xerxes, und mit
13: 7,4; 8,5.12; 9,1.17 dem Siegelring des Königs wurde es besiegelt. 13 Und durch die Eilbo-
ten wurden Schreiben in alle Provinzen des Königs gesandt, dass alle
Juden auszurotten, umzubringen und auszumerzen seien, vom Jüngs-
ten bis zum Ältesten, Kinder und Frauen, an ein und demselben Tag, am
dreizehnten des zwölften Monats, das war der Monat Adar, und ihr Be-
sitz dürfe geraubt werden. 14 Die Abschrift des Texts war in jeder Pro-
vinz als Gesetz zu erlassen, musste allen Völkern bekannt sein, damit
15: 1,10! · 8,15; sie an diesem Tag bereit waren. 15 Auf das Wort des Königs zogen die
Spr 29,2 Eilboten sogleich aus, und in Schuschan, in der Burg, wurde das Gesetz
erlassen. Und der König und Haman hatten sich niedergelassen, um zu
trinken. Die Stadt Schuschan aber war in Aufregung.

Mordochai bewegt Ester zum Einschreiten

1: Dan 9,3; Jona 3,6 · **4** 1 Und Mordochai hatte alles erfahren, was getan worden war, und
Gen 27,34 Mordochai zerriss seine Kleider und kleidete sich in Sack und Asche.
Dann ging er hinaus, mitten in die Stadt, und er schrie verzweifelt, laut
und bitter. 2 Und er kam bis vor das Königs-Tor, im Trauergewand aber
durfte niemand hineingehen in das Königs-Tor. 3 Und in jeder Provinz,
wohin auch das Wort des Königs und sein Gesetz gelangten, herrschte
grosse Trauer bei den Juden: Fasten und Weinen und Trauern; vielen
dienten Trauergewand und Asche als Lager. 4 Und die Dienerinnen Es-
ters und ihre Eunuchen kamen und berichteten es ihr, und die Königin
wurde von grossem Schrecken erfasst. Und sie sandte Gewänder, um
Mordochai mit diesen zu bekleiden und damit er sein Trauergewand
ablege. Er aber nahm sie nicht an. 5 Da rief Ester den Hatach, einen der
Eunuchen des Königs, den dieser beauftragt hatte, ihr zu dienen, und
sie befahl ihn zu Mordochai, um in Erfahrung zu bringen, was das be-
6: 1,1! deutete und warum es geschah. 6 Und Hatach ging hinaus zu Mordo-
7: 3,9 chai auf den Platz in der Stadt, der vor dem Königs-Tor lag. 7 Und
Mordochai berichtete ihm alles, was ihm widerfahren war, auch von der
genauen Summe an Silber, die Haman an die Schatzkammern des Kö-

4,1: ‹Sack› (hebräisch: Saq) ist der hebräische Name für das Trauergewand.
4,5: Möglich ist auch die Übersetzung: «..., und wegen Mordochai befahl sie ihm, in Erfahrung zu bringen, ...».

nigs zu zahlen versprochen hatte als Preis für die Juden, um sie ausmer-
zen zu können. 8 Und er gab ihm die Abschrift des Gesetzestexts, der,
um sie auszurotten, in Schuschan erlassen worden war, damit er sie Es-
ter zeigte und es ihr berichtete und um ihr zu gebieten, zum König hin-
einzugehen und ihn um Erbarmen anzuflehen und bei ihm für ihr Volk
zu bitten.
9 Und Hatach kam und berichtete Ester die Worte Mordochais.
10 Und Ester sprach zu Hatach und befahl ihm, Mordochai zu sagen:
11 Alle Diener des Königs und das Volk in den Provinzen des Königs wis- 11: 2,14 · 5,2; 8,4
sen, dass für jeden Mann und jede Frau, für alle, die hineingehen zum
König in den inneren Hof, ohne gerufen zu werden, ein und dasselbe
Gesetz gilt: dass sie zu töten sind; es sei denn, der König streckt ihnen
das goldene Zepter entgegen – dann bleiben sie am Leben. Und ich, ich
bin schon dreissig Tage nicht mehr gerufen worden, um zum König
hineinzugehen. 12 Und man berichtete Mordochai die Worte Esters.
13 Und Mordochai liess Ester antworten: Bilde dir nicht ein, im Haus
des Königs gerettet zu werden, anders als alle anderen Juden. 14 Denn 14: 2,17; Gen 45,8
wenn du in dieser Zeit tatsächlich schweigen solltest, wird den Juden
Befreiung und Rettung von anderer Seite erstehen, du aber und deine
Familie, ihr werdet umkommen. Und wer weiss, ob du nicht gerade für
eine Zeit wie diese zur Königswürde gelangt bist? 15 Da liess Ester
Mordochai antworten: 16 Geh, versammle alle Juden, die in Schuschan 16: 2Chr 20,3;
zu finden sind, und fastet um meinetwillen: Drei Tage lang sollt ihr Esra 8,21 · 5,1 ·
nichts essen und nichts trinken, weder in der Nacht noch am Tag. Eben- 2Kön 7,4
so werde auch ich mit meinen Dienerinnen fasten. Danach aber werde
ich zum König hineingehen, auch wenn es nicht dem Gesetz entspricht.
Und wenn ich umkomme, so komme ich um! 17 Und Mordochai ging
hin und machte alles so, wie Ester es ihm befohlen hatte.

Ester bereitet die Rettung vor

5 1 Und am dritten Tag kleidete Ester sich königlich und stellte sich in 1: 4,16
den Innenhof des Hauses des Königs, dem Haus des Königs gegen-
über, während der König auf seinem königlichen Thron im königlichen
Haus sass, dem Eingang des Hauses gegenüber. 2 Und als der König Es- 2: 4,11!
ter, die Königin, im Hof stehen sah, erlangte sie Wohlwollen in seinen
Augen, und der König streckte Ester das goldene Zepter entgegen, das er
in seiner Hand hatte. Und Ester näherte sich und berührte die Spitze des
Zepters.
3 Und der König sprach zu ihr: Was hast du, Ester, Königin, und was 3: Neh 2,4 · 6; 7,2;
ist dein Wunsch? Wäre es auch das halbe Königreich – er soll dir ge- 9,12; Mk 6,22
währt werden! 4 Und Ester sagte: Wenn es dem König recht ist, komme
der König heute mit Haman zum Festmahl, das ich für ihn ausgerichtet
habe. 5 Da sagte der König: Holt Haman unverzüglich, damit wir tun,
was Ester sagt! Und der König kam mit Haman zum Festmahl, das Ester
ausgerichtet hatte. 6 Und beim Wein sprach der König zu Ester: Was ist 6: 3!
deine Bitte? Sie soll dir gewährt werden! Und was ist dein Wunsch?
Wäre es auch das halbe Königreich – er soll erfüllt werden! 7 Daraufhin
sagte Ester: Meine Bitte und mein Wunsch – 8 wenn ich Wohlwollen 8: 6,14; 7,1
gefunden habe in den Augen des Königs und wenn es dem König recht
ist, mir meine Bitte zu gewähren und meinen Wunsch zu erfüllen, kom-

me der König mit Haman zu dem Festmahl, das ich für sie ausrichten
will. Dann werde ich morgen tun, was der König erwartet.

Haman plant die Hinrichtung Mordochais

9: 3,5! 9 Und an jenem Tag ging Haman hinaus, fröhlich und frohen Her-
zens. Als Haman aber Mordochai im Königs-Tor sah und jener sich nicht
erhob und keine Furcht vor ihm zeigte, stieg in Haman die Wut auf über
Mordochai. 10 Doch Haman hielt sich zurück, und er kam in sein Haus.
Dann aber sandte er hin und liess seine Freunde und Seresch, seine
11: Ps 49,7 · 9,10! · Frau, kommen. 11 Und ihnen erzählte Haman von seinem herrlichen
3,1! Reichtum und von seinen vielen Söhnen und von all dem, dass der Kö-
nig ihn gross gemacht und ihn erhöht hatte über die Fürsten und die
12: Spr 27,1 Diener des Königs. 12 Und Haman sagte: Ja, niemanden ausser mir hat
Ester, die Königin, mit dem König zu dem Festmahl kommen lassen, das
sie ausgerichtet hat, und auch morgen bin ich zu ihr eingeladen, ge-
meinsam mit dem König. 13 Aber all dies reicht mir nicht, solange ich
14: 6,4; 7,9–10 Mordochai, den Juden, im Königs-Tor sitzen sehe! 14 Da sagten Seresch,
seine Frau, und alle seine Freunde zu ihm: Man soll einen Pfahl herrich-
ten, fünfzig Ellen hoch, und am Morgen rede du dem König zu, dass
man Mordochai daran erhänge. Dann kannst du mit dem König fröh-
lich zu dem Festmahl gehen. Und das Wort gefiel Haman, und er richte-
te den Pfahl her.

Haman muss Mordochai Ehre erweisen

1: 2,23! 6 1 In jener Nacht floh den König der Schlaf. Da befahl er, das Buch der
denkwürdigen Ereignisse der Tage zu bringen, und es wurde dem
2: 2,22 König daraus vorgelesen. 2 Und es fand sich aufgezeichnet, dass Mordo-
chai Bericht erstattet hatte wegen Bigtana und Teresch, den beiden Eu-
nuchen des Königs, die zu den Hütern der Schwelle gehört hatten, die
3: Gen 40,23 danach getrachtet hatten, Hand an König Xerxes zu legen. 3 Da sprach
der König: Was ist Mordochai dafür an Ehrung und Auszeichnung zu-
teil geworden? Und die Diener des Königs, die ihren Dienst bei ihm
4: 5,14! verrichteten, sagten: Nichts ist ihm zuteil geworden. 4 Und der König
sagte: Wer ist im Hof? Da war Haman gerade in den äusseren Hof des
Hauses des Königs gekommen, um dem König zuzureden, dass man
Mordochai an dem Pfahl erhängen solle, den er für ihn errichtet hatte.
5 Und die Diener des Königs sagten zu ihm: Sieh, Haman steht im Hof.
6: Spr 16,18 Da sagte der König: Er soll hereinkommen! 6 Und Haman kam herein,
und der König sprach zu ihn: Was soll man tun mit dem Mann, dessen
Ehrung dem König eine Freude wäre? Da sagte Haman in seinem Her-
zen: Wem sollte der König lieber Ehre erweisen wollen als mir? 7 Und
Haman sagte zum König: Ein Mann, dessen Ehrung dem König eine
8–9: 1Kön 1,33 Freude wäre? 8 Man soll ein königliches Gewand bringen, das der König
8: Dan 5,29 selbst schon getragen hat, und ein Pferd, auf dem der König selbst gerit-
ten ist und dem man einen königlichen Kopfschmuck auf den Kopf ge-
9: Gen 41,42–43 setzt hat. 9 Dann soll man das Gewand und das Pferd einem der vor-
nehmsten Fürsten des Königs übergeben, und den Mann, dessen Eh-
rung dem König eine Freude wäre, soll man bekleiden, und auf dem
Platz in der Stadt soll man ihn auf dem Pferd reiten lassen, und vor ihm
her soll man ausrufen: Das wird für den Mann getan, dessen Ehrung

dem König eine Freude ist! 10 Da sagte der König zu Haman: Beeile dich,
nimm das Gewand und das Pferd, wie du es gesagt hast, und mach es so
mit Mordochai, dem Juden, der im Königs-Tor sitzt. Unterlasse nichts
von all dem, was du erwähnt hast. 11 Und Haman nahm das Gewand und 11: 8,15! · Spr 27,18
das Pferd und bekleidete Mordochai, und auf dem Platz in der Stadt liess
er ihn reiten, und vor ihm her rief er aus: Das wird für den Mann getan,
dessen Ehrung dem König eine Freude ist!

12 Dann kehrte Mordochai zum Königs-Tor zurück, Haman aber 12: 2Sam 15,30!
stürmte in sein Haus, traurig und mit verhülltem Haupt. 13 Und Haman 13: Gen 12,3
erzählte Seresch, seiner Frau, und allen seinen Freunden alles, was ihm
widerfahren war. Da sagten seine Weisen und Seresch, seine Frau, zu
ihm: Wenn Mordochai, vor dem dein Niedergang begonnen hat, aus der
Nachkommenschaft der Judäer ist, kannst du ihm nichts anhaben, denn
vor ihm wirst du vollends zu Fall kommen. 14 Während sie noch mit 14: 5,8!
ihm redeten, trafen die Eunuchen des Königs ein und beeilten sich, Ha-
man zum Festmahl zu bringen, das Ester zubereitet hatte.

Hamans Sturz

7 1 Und so kam der König mit Haman, um bei Ester, der Königin, zu 1: 5,8!
trinken. 2 Und beim Wein sprach der König auch an diesem zweiten 2: 5,3!
Tag zu Ester: Was ist deine Bitte, Königin Ester? Sie soll dir gewährt wer-
den! Und was ist dein Wunsch? Wäre es auch das halbe Königreich – er
soll erfüllt werden! 3 Daraufhin sagte Ester, die Königin: Wenn ich
Wohlwollen gefunden habe in deinen Augen, König, und wenn es dem
König recht ist, werde mir mein Leben geschenkt um meiner Bitte wil-
len und das meines Volks um meines Wunsches willen! 4 Denn mich 4: 3,13!
und mein Volk hat man verkauft, um uns auszurotten, umzubringen
und auszumerzen. Und wären wir nur als Sklaven und Mägde verkauft
worden, hätte ich geschwiegen, denn dann würde die Bedrängnis es
nicht rechtfertigten, den König zu belästigen. 5 Da sprach König Xerxes
und sagte zu Ester, der Königin: Wer ist das, und wo ist der, der sich
vorgenommen hat, solches zu tun? 6 Und Ester sagte: Widersacher und
Feind ist Haman, dieser Verbrecher! Und Haman wurde vor dem König
und der Königin von Schrecken gepackt.

7 Und in seiner Wut hatte der König sich von der Weintafel erhoben 7: Spr 14,35; 16,14
und war in den Garten des Palasts gegangen. Haman aber war geblie-
ben, um bei Ester, der Königin, um sein Leben zu bitten, denn er sah,
dass sein Verderben beim König beschlossen war. 8 Und als der König
aus dem Garten des Palasts zurückkehrte in das Haus, in dem die Wein-
tafel bereitet war, sank Haman gerade auf das Lager nieder, auf dem Es-
ter lag. Da sagte der König: Soll denn die Königin hier bei mir im Haus
noch vergewaltigt werden? Kaum hatte das Wort den Mund des Königs
verlassen, da hatte man schon Hamans Gesicht verhüllt. 9 Und Charbo- 9–10: 5,14!
na, einer der Eunuchen, die den König bedienten, sagte: Sieh, da steht 9: 1,10
beim Haus Hamans auch schon der Pfahl, den Haman hergerichtet hat
für Mordochai, der dem König einen guten Dienst erwiesen hat; fünfzig
Ellen hoch. Da sagte der König: Hängt ihn daran auf! 10 Und man er- 10: 8,7; 9,14.25 ·
hängte Haman am Pfahl, den er für Mordochai errichtet hatte. Und die Spr 26,27
Wut des Königs legte sich.

Mordochais Erhöhung

1: 2,7! 8 1 An jenem Tag schenkte König Xerxes Ester, der Königin, das Haus
Hamans, des Bedrängers der Juden. Und Mordochai durfte vor den
2: 3,10! · 10,2 König kommen, denn Ester hatte dargelegt, was er ihr bedeutete. 2 Und
der König streifte seinen Siegelring ab, den er Haman hatte abnehmen
lassen, und gab ihn Mordochai. Und Ester setzte Mordochai über das
Haus Hamans.

Die Juden dürfen für ihr Leben einstehen

3 Ester aber sprach noch einmal beim König vor und fiel ihm zu Füssen nieder, weinte und flehte ihn an, das von Haman, dem Agagiter,
geplante Unheil und den Plan, den dieser gegen die Juden geschmiedet
4: 4,11! hatte, abzuwenden. 4 Und der König streckte Ester das goldene Szepter
5: 3,13! entgegen, und Ester erhob sich und stellte sich vor den König. 5 Und sie
sprach: Wenn es dem König recht ist und wenn ich sein Wohlwollen
gefunden habe und die Sache dem König richtig zu sein scheint und ich
wohlgefällig bin in seinen Augen, soll schriftlich angeordnet werden,
den Plan Hamans, des Sohns des Hammedata, des Agagiters, rückgängig
zu machen, die Schreiben, die er aufgesetzt hatte, um die Juden auszu-
6: Gen 44,34 merzen, die in allen Provinzen des Königs sind. 6 Denn wie könnte ich
das Unglück mitansehen, das mein Volk treffen soll? Und wie könnte
ich die Vernichtung derer mitansehen, die gleicher Herkunft sind wie
7: 7,10! ich? 7 Da sagte König Xerxes zu Ester, der Königin, und zu Mordochai,
dem Juden: Seht, das Haus Hamans habe ich Ester gegeben, und ihn
selbst hat man am Pfahl erhängt, weil er seine Hand gegen die Juden
8: 1,19! · 10; 3,12 erhoben hat. 8 Und ihr, ihr könnt, was die Juden betrifft, im Namen des
Königs aufsetzen, was gut ist in euren Augen, und es besiegeln mit dem
Siegelring des Königs, denn einen Erlass, der im Namen des Königs geschrieben und mit dem Siegelring des Königs besiegelt worden ist,
9: 1,1 · 1,22! kann niemand rückgängig machen. 9 Und damals, im dritten Monat,
das war der Monat Siwan, an seinem Dreiundzwanzigsten, wurden die
Schreiber des Königs gerufen, und genau wie Mordochai es befahl, wurde ein Schreiben aufgesetzt für die Juden und die Satrapen und die Statthalter und für die Fürsten in den Provinzen, von Hoddu bis Kusch, hundertsiebenundzwanzig Provinzen, für Provinz um Provinz in je ihrer
Schrift und für Volk um Volk in je seiner Sprache und für die Juden in
10: 8! ihrer Schrift und in ihrer Sprache. 10 Und er setzte es auf im Namen des
Königs Xerxes und besiegelte es mit dem Siegelring des Königs. Und
durch die berittenen Eilboten – sie ritten auf den schnellen königlichen
11: 9,5! · 9,10! Pferden aus den Gestüten – sandte er Schreiben, 11 in denen der König
den Juden, die in all den einzelnen Städten waren, erlaubte, sich zusammenzutun und für ihr Leben einzustehen, jede bewaffnete Gruppe in
einem Volk oder in einer Provinz, die sie bedrängte, auszurotten, umzubringen und auszumerzen, auch Kinder und Frauen, und ihren Besitz
12: 3,13! zu rauben, 12 an ein und demselben Tag in allen Provinzen des Königs
Xerxes, am dreizehnten des zwölften Monats, das war der Monat Adar.
13 Die Abschrift des Texts war in jeder Provinz als Gesetz zu erlassen,
musste allen Völkern bekannt sein, damit die Juden an diesem Tag bereit waren, Rache zu nehmen an ihren Feinden. 14 Auf das Wort des Königs zogen die Eilboten, die auf den schnellen königlichen Pferden rit-

ten, unverzüglich aus, und in Schuschan, in der Burg, wurde das Gesetz
erlassen.
15 Mordochai aber verliess den König in einem königlichen Gewand 15: 6,11; Dan 5,29 ·
aus blauem Purpur und weissem Leinen und mit einem grossen golde- 3,15!
nen Kopfschmuck und einem Mantel aus Byssus und rotem Purpur,
und die Stadt Schuschan jauchzte und war fröhlich. 16 Bei den Juden 16: Ps 30,12
herrschten Licht und Freude, Glück und Ehrgefühl. 17 Und in jeder Pro- 17: Sach 8,23 ·
vinz und in jeder Stadt, wohin auch das Wort des Königs und sein Ge- 9,2–3; Ps 105,38
setz gelangten, herrschten Freude und Glück bei den Juden, gab es ein
Festmahl und war ein Freudentag, und unter den Völkern der Erde
machten sich viele zu Juden, denn der Schrecken vor den Juden hatte sie
ergriffen.

Die Juden stehen für ihr Leben ein

9 1 Und im zwölften Monat, das war der Monat Adar, an seinem drei- 1: 3,13!
zehnten Tag, an dem das Wort des Königs und sein Gesetz zur Aus-
führung kommen sollten, an dem Tag, da die Feinde der Juden erwartet
hatten, sie zu überwältigen, und es nun umgekehrt so war, dass die
Juden ihrerseits jene überwältigen sollten, von denen sie gehasst wur-
den, 2 da taten sich die Juden in ihren Städten in allen Provinzen des 2–3: 8,17!
Königs Xerxes zusammen, um Hand an jene zu legen, die ihr Unglück
wollten. Und niemand stellte sich ihnen entgegen, denn der Schrecken
vor ihnen hatte alle Völker ergriffen. 3 Und alle Fürsten in den Provin-
zen und die Satrapen und die Statthalter und die, die Dienst leisteten
für den König, unterstützten die Juden, denn der Schrecken vor Mordo-
chai hatte sie ergriffen: 4 Mordochai war mächtig im Haus des Königs, 4: Jos 6,27
und die Kunde von ihm ging durch alle Provinzen, denn der Mann,
Mordochai, wurde immer mächtiger. 5 Und die Juden schlugen zu bei 5: 8,11; 15–16 ·
allen ihren Feinden: Sie erschlugen sie mit dem Schwert, brachten sie Neh 9,24
um und merzten sie aus, und mit denen, von denen sie gehasst wur-
den, verfuhren sie, wie es ihnen beliebte. 6 Und in Schuschan, in der
Burg, brachten die Juden fünfhundert Mann um und merzten sie aus.
7 Auch Parschandata und Dalfon und Aspata 8 und Porata und Adalja
und Aridata 9 und Parmaschta und Arisai und Aridai und Waisata,
10 die zehn Söhne Hamans, des Sohns von Hammedata, des Bedrängers 10: 5,11 · 15–16; 8,11;
der Juden, brachten sie um, nach der Beute aber streckten sie ihre Hand Gen 14,23
nicht aus.
11 An jenem Tag kam die Zahl der in Schuschan, in der Burg, Getöte-
ten vor den König. 12 Und der König sagte zu Ester, der Königin: In 12: 5,3!
Schuschan, in der Burg, haben die Juden fünfhundert Mann umge-
bracht und ausgemerzt, auch die zehn Söhne Hamans. In den übrigen
Provinzen des Königs – was haben sie wohl dort getan? Doch was ist
deine Bitte? Sie soll dir gewährt werden! Und was ist darüber hinaus
dein Wunsch? Er soll erfüllt werden! 13 Da sprach Ester: Wenn es dem
König recht ist, wird den Juden, die in Schuschan sind, auch morgen
erlaubt, nach dem Gesetz zu handeln, das heute galt, und die zehn Söhne
Hamans soll man an den Pfahl hängen. 14 Und der König befahl, so zu 14: 7,10!
verfahren, und in Schuschan wurde ein Gesetz erlassen, und die zehn
Söhne Hamans hängte man auf. 15 Und die Juden, die in Schuschan wa- 15–16: 5! · 10!
ren, taten sich auch am vierzehnten Tag des Monats Adar zusammen

und brachten in Schuschan dreihundert Mann um, nach der Beute aber
streckten sie ihre Hand nicht aus. 16 Und auch die übrigen Juden, die in
den Provinzen des Königs waren, hatten sich zusammengetan und stan-
den für ihr Leben ein und hatten Ruhe vor ihren Feinden; und unter
denen, von denen sie gehasst wurden, brachten sie fünfundsiebzigtau-
17: 3,13! send um, nach der Beute aber streckten sie ihre Hand nicht aus. 17 Dies
geschah am dreizehnten Tag des Monats Adar, und an seinem vierzehn-
ten hatten sie Ruhe und machten ihn zu einem Tag des Festmahls und
der Freude. 18 Die Juden aber, die in Schuschan waren, hatten sich an
seinem dreizehnten und an seinem vierzehnten zusammengetan und
hatten erst an seinem fünfzehnten Ruhe und machten diesen zu einem
19: Offb 11,10 Tag des Festmahls und der Freude. 19 Deshalb feiern die Juden auf dem
offenen Land, jene, die in den Ortschaften des offenen Landes wohnen,
den vierzehnten Tag des Monats Adar mit Freude und Festmahl und als
Festtag und lassen einander Speisen zukommen.

Das Purimfest wird eingesetzt

20 Und Mordochai schrieb diese Begebenheiten auf und sandte
Schreiben an alle Juden, die in allen Provinzen des Königs Xerxes waren,
an jene in der Nähe und an jene in der Ferne, 21 um sie zu verpflichten,
den vierzehnten Tag des Monats Adar und seinen fünfzehnten Tag all-
22: Ps 30,12; jährlich zu feiern – 22 den Tagen entsprechend, an denen die Juden vor
Sach 8,19 ihren Feinden Ruhe hatten, und in dem Monat, da für sie aus Qual Freu-
de und aus Trauer ein Festtag geworden war –, sie zu feiern als Tage des
Festmahls und der Freude, an denen sie einander Speisen und den Ar-
men Geschenke zukommen lassen sollten. 23 Und was sie damals zum
ersten Mal taten und was Mordochai ihnen geschrieben hatte, machten
24–26: 3,7 sich die Juden zum Brauch. 24 Denn Haman, der Sohn des Hammedata,
der Agagiter, der Bedränger aller Juden, hatte gegen die Juden geplant,
sie auszumerzen, und er hatte das Pur – das ist das Los – geworfen, um
25: 1Sam 25,39 · sie in Verwirrung zu stürzen und sie dann auszumerzen. 25 Als es aber
7,10! vor den König kam, befahl dieser in dem Schreiben, sein böser Plan, den
er gegen die Juden geschmiedet hatte, solle sich gegen sein eigenes
Haupt wenden und ihn und seine Söhne solle man an den Pfahl hängen.
26 Deshalb hat man, nach dem Namen des Pur, diese Tage Purim ge-
nannt. Deshalb, wegen all der Worte dieses Briefs und wegen dessen,
27: Jes 56,3.6; was sie gesehen hatten und was ihnen widerfahren war, 27 machten die
Sach 2,15 Juden es unwiderruflich zur Pflicht und zum Brauch für sich und für
ihre Nachkommen und für alle, die sich ihnen anschliessen, alljährlich
diese zwei Tage zu feiern, entsprechend dem dafür geltenden Erlass und
entsprechend der dafür festgesetzten Zeit. 28 Und man erinnert sich
dieser Tage, und sie werden gefeiert in jeder Generation, in Sippe um
Sippe, in Provinz um Provinz und in Stadt um Stadt, und diese Tage des
Purim sollen nicht untergehen bei den Juden, und bei ihren Nachkom-
men soll die Erinnerung daran nicht abreissen.

29: 2,15 29 Und Ester, die Königin, die Tochter des Abichajil, und Mordochai,
der Jude, setzten ein nachdrückliches Schriftstück auf, um jenen zwei-

9,25: Möglich ist auch die Übersetzung: «Als sie aber ...», womit Ester gemeint wäre; mit «sein böser Plan» ist Hamans böser Plan gemeint.

ten Purimbrief verpflichtend zu machen. 30 Und man sandte Schreiben 30: 1,1!
an alle Juden, an hundertsiebenundzwanzig Provinzen, an das König-
reich des Xerxes, Worte des Friedens und der Treue, 31 um diese Tage
des Purim zur Pflicht zu machen zu den dafür festgesetzten Zeiten, wie
Mordochai, der Jude, und Ester, die Königin, es ihnen zur Pflicht ge-
macht hatten und wie sie sich selbst und ihren Nachkommen die Worte
über das Fasten und über ihr Wehklagen zur Pflicht gemacht hatten.
32 Und der Befehl Esters machte diese Worte über das Purim verpflich-
tend, und in einer Urkunde wurde es aufgezeichnet.

Das Ansehen Mordochais

10 1 Und König Xerxes auferlegte dem Festland und den Inseln im 1: Gen 10,5
Meer eine Steuer. 2 Und all seine gewaltigen und mächtigen Ta- 2: 8,2 · 2,23!
ten und die eingehende Beschreibung der Grösse Mordochais, wie der
König ihn gross gemacht hatte, ist das nicht aufgezeichnet im Buch der
Begebenheiten in den Tagen der Könige von Medien und Persien?
3 Denn Mordochai, der Jude, war der Zweite nach König Xerxes, und bei 3: 3,1! · Neh 2,10
den Juden war er gross, und bei der Menge seiner Brüder war er beliebt
als einer, der das Wohl seines Volks suchte und zum Wohl aller seiner
Nachkommen redete.

Das Buch Hiob

Der Name Hiob, der in anderen Übersetzungen auch als Job oder Ijob wiedergegeben wird, bedeutet wahrscheinlich ‹Wo ist der Vater (Gott)?›. Er kann aber auch als ‹der Anfeinder› oder ‹der Angefeindete› gedeutet werden. Dieser Name passt gut zum Hauptthema des Buchs: der Frage nach dem Leiden unschuldiger gottesfürchtiger Menschen und der Verantwortung Gottes dafür.

Die Hauptperson des Buchs ist Hiob, ein unglaublich reicher, schuldloser und gottesfürchtiger Mensch. Da fordert der Satan Gott dazu heraus, Hiob ins Leid zu stürzen, um so zu erproben, wie gottesfürchtig Hiob wirklich ist. Und so verliert Hiob nach und nach alles, am Ende bleibt ihm nur sein Leben (Hiob 1–2). Trotz des unerträglichen Leids, das ihn getroffen hat, beharrt Hiob auf seiner Unschuld und hält er an seinem Gott fest – auch als seine drei Freunde Bildad, Zofar und Elifas auftauchen (Hiob 2,11–13), die ihn in langen Reden von seiner Schuld überzeugen wollen (Hiob 4–31). Von nun an entwickelt sich die Handlung in Form von langen Redegängen zwischen Hiob und seinen Freunden, zu denen in Hiob 32–37 auch noch Elihu tritt. In Hiob 38–41 ergreift dann endlich Gott selbst das Wort. Er gibt dem vor ihm kapitulierenden Hiob gegenüber den Freunden schliesslich Recht, lässt ihn wieder gesund werden und erstattet ihm (entsprechend dem Gesetz, vgl. Ex 22,3) seinen Besitz doppelt zurück.

Nur schon die extreme Überzeichnung von Hiobs Glück und Unglück macht deutlich, dass es sich hier nicht um eine historische Gestalt handelt. Sie soll das Problem unverschuldeten Leidens veranschaulichen, das zur Frage führt, ob es in der Welt und im Leben gerecht zugehe oder nicht und inwieweit Gott dafür verantwortlich sei. In der Literatur des Alten Orients sind diese Fragen schon Jahrhunderte vor dem Buch Hiob immer wieder aufgeworfen und bearbeitet worden. Die verschiedenen Ansätze zu ihrer Beantwortung, die dabei entwickelt wurden, kommen auch im biblischen Buch Hiob zur Sprache. So kann das Leiden eines Menschen als Strafe für seine Schuld gedeutet werden, als Massnahme Gottes zu seiner Erziehung oder zu seiner Erprobung. Leiden kann als ein unvermeidlicher Bestandteil der Welt und des menschlichen Lebens betrachtet werden oder als ein unerklärliches Geheimnis, das der Mensch nicht begreift, von dem ihn Gott aber erlösen kann. In der Rahmenerzählung des Buchs Hiob (in Hiob 1; 2; 42), in der Auseinandersetzung zwischen Hiob und seinen drei Freunden (Hiob 3–31), in den Reden des Elihu (Hiob 32–37) und in den abschliessenden Reden Gottes (Hiob 38–41) werden diese unterschiedlichen Ansätze zu einer Erklärung und Bewältigung der Erfahrung unverschuldeten Leidens vorgestellt und kritisch diskutiert. Als eindeutig falsch stellt sich am Ende nur der scheinbar fromme Versuch der Freunde Hiobs heraus, menschliches Leiden in jedem Fall als Folge von Schuld zu erklären. So meinen die Freunde, ungebrochen an der Vorstellung einer (nach ihren eigenen Massstäben) gerechten Ordnung der Welt festhalten zu können. Für die Leser des Buchs aber besteht von Anfang an kein Zweifel daran, dass Hiob unschuldig leidet. Andere Erklärungsansätze scheinen dagegen ihr begrenztes und relatives Recht zu behalten – bis hin zu den massiven Vorwürfen, die Hiob in Hiob 9 Gott entgegenschleudert.

Als Gott Hiob am Ende des Buchs Recht gibt, geht er mit keinem Wort mehr auf seine Diskussion mit dem Satan ein, die nach Hiob 1; 2 doch der Auslöser für das ganze Unglück Hiobs war. So bleiben am Schluss des Buchs trotz Hiobs ‹glücklichem Ende› Fragen offen. Dass sie offen bleiben müssen und sich jeder einfachen und schlüssigen Beantwortung entziehen, scheint die skeptische Pointe des Buchs Hiob zu sein.

Das Buch ist vermutlich im 4. Jahrhundert v.Chr. in Judäa entstanden. Vor allem in die Rahmenerzählung (in Hiob 1; 2; 42) sind möglicherweise ältere Stoffe aufgenommen worden. Das Buch Ezechiel, das in Ez 14 Hiob neben Noah und Daniel als einen beispielhaften Gerechten erwähnt, hat vielleicht eine solche ältere Hiobüberlieferung im Blick. Einige mehr oder weniger umfangreiche Abschnitte wie das Gedicht über die Weisheit in Hiob 28 oder die Reden des Elihu in Hiob 32–37 sind wohl erst später (im 3. oder 2. Jahrhundert v.Chr.) eingefügt worden.

Das Buch Hiob hat unter anderem in der alltäglichen Rede von der ‹Hiobsbotschaft› seine Spuren hinterlassen.

Hiobs Frömmigkeit und Glück

1 1 Im Lande Uz lebte ein Mann, der hiess Hiob. Und dieser Mann war 1: Jer 25,20;
schuldlos und aufrecht, er fürchtete Gott und mied das Böse. 2 Und Klgl 4,21;
es wurden ihm sieben Söhne und drei Töchter geboren, 3 und er besass Ez 14,14.20 · 22,5–9; 29,11–17;
siebentausend Schafe und dreitausend Kamele, fünfhundert Joch Rin- 31,5–34
der und fünfhundert Eselinnen und viel Gesinde. So war dieser Mann 2: 42,13
grösser als alle anderen, die im Osten wohnten. 4 Seine Söhne aber 4–5: 8,4
pflegten Gastmähler zu halten, ein jeder in seinem Haus an seinem Tag.
Und sie sandten zu ihren drei Schwestern und luden sie ein, mit ihnen
zu essen und zu trinken. 5 Wenn dann die Tage des Gastmahls vorüber
waren, sandte Hiob zu ihnen und liess sie weihen, und früh am Morgen
brachte er für jedes Kind ein Brandopfer dar. Denn Hiob dachte: Viel-
leicht haben meine Kinder gesündigt und Gott gelästert in ihrem Her-
zen. Das tat Hiob jedes Mal.

Erste Prüfung Hiobs

6 Eines Tages aber kamen die Götter, um vor den HERRN zu treten, 6–12: 2,1–7
und auch der Satan kam mit ihnen. 7 Da sprach der HERR zum Satan:
Woher kommst du? Und der Satan antwortete dem HERRN und sprach:
Ich habe die Erde durchstreift und bin auf ihr hin und her gezogen.
8 Und der HERR sprach zum Satan: Hast du auf meinen Diener Hiob 8: 2,3
geachtet? Auf Erden ist keiner wie er: Er ist schuldlos und aufrecht, er
fürchtet Gott und meidet das Böse. 9 Der Satan aber antwortete dem
HERRN und sprach: Ist Hiob ohne Grund gottesfürchtig? 10 Hast du 10: 3,23; 29,4
nicht ihn und sein Haus und alles, was er hat, ringsum beschützt? Das
Werk seiner Hände hast du gesegnet, und seine Herden haben sich im
Lande ausgebreitet. 11 Doch strecke deine Hand aus und taste seine gan- 11: 19,21
ze Habe an – wenn er dich dann nicht ins Angesicht lästert! 12 Da sprach
der HERR zum Satan: Sieh, alles, was er hat, ist in deiner Hand. Nur ge-
gen ihn selbst strecke deine Hand nicht aus! Da entfernte sich der Satan
vom Angesicht des HERRN.

13 Eines Tages aber, als seine Söhne und Töchter im Haus ihres erst-
geborenen Bruders assen und Wein tranken, 14 kam ein Bote zu Hiob 14–15: 5,5
und sprach: Die Rinder waren beim Pflügen, und die Eselinnen weide-
ten daneben. 15 Da sind die Sabäer eingefallen und haben sie wegge-
nommen und die Knechte mit der Schärfe des Schwerts erschlagen, und
ich allein bin entkommen, es dir zu melden.

16 Während dieser noch redete, kam ein anderer und sprach: Feuer 16: Ps 78,48
Gottes ist vom Himmel gefallen und hat die Schafe und die Knechte ver-
brannt und verzehrt, und ich allein bin entkommen, es dir zu melden.

17 Während dieser noch redete, kam ein anderer und sprach: Die 17: Gen 11,28.31;
Chaldäer haben drei Heerhaufen aufgestellt und sind über die Kamele Jer 51,24
hergefallen und haben sie weggenommen und die Knechte mit der
Schärfe des Schwerts erschlagen, und ich allein bin entkommen, es dir
zu melden.

18 Während dieser noch redete, kam ein anderer und sprach: Deine 18–19: 5,4
Söhne und Töchter assen und tranken Wein im Haus ihres erstgebore-
nen Bruders, 19 und sieh, da kam ein Sturmwind von der Wüste her und 19: 8,15
hat das Haus an den vier Ecken gepackt, und es ist über den jungen Leu-
ten eingestürzt, und sie sind umgekommen, und ich allein bin entkom-

20: 2,12; 2Sam 1,11; men, es dir zu melden. 20 Da stand Hiob auf und zerriss sein Gewand
Est 4,1 und schor sein Haupt, und er liess sich zur Erde sinken und warf sich
21: Koh 5,14! · nieder 21 und sprach:
1Sam 2,6 Nackt bin ich gekommen aus dem Leib meiner Mutter,
und nackt gehe ich wieder dahin.
Der HERR hat gegeben, der HERR hat genommen,
der Name des HERRN sei gepriesen.
22: 2,10 22 Bei alldem sündigte Hiob nicht, und er sagte nichts Törichtes ge-
gen Gott.

Zweite Prüfung Hiobs

1: 1,6; Ps 109,6 **2** 1 Eines Tages aber kamen die Götter, um vor den HERRN zu treten,
und auch der Satan kam mit ihnen, um vor den HERRN zu treten.
2 Da sprach der HERR zum Satan: Woher kommst du? Und der Satan
antwortete dem HERRN und sprach: Ich habe die Erde durchstreift und
3: 1,8 bin auf ihr hin und her gezogen. 3 Und der HERR sprach zum Satan: Hast
du auf meinen Diener Hiob geachtet? Auf Erden ist keiner wie er: Er ist
schuldlos und aufrecht, er fürchtet Gott und meidet das Böse. Und noch
immer hält er sich schuldlos, du aber hast mich gegen ihn aufgereizt,
ihn ohne Grund zu verderben. 4 Und der Satan antwortete dem HERRN
und sprach: Haut für Haut! Alles, was der Mensch hat, gibt er hin für
sein Leben. 5 Doch strecke deine Hand aus und taste sein Gebein an und
sein Fleisch – wenn er dich dann nicht ins Angesicht lästert! 6 Da sprach
der HERR zum Satan: Sieh, er ist in deiner Hand. Nur lass ihn am Leben!
7: Dtn 28,35 7 Da entfernte sich der Satan vom Angesicht des HERRN und schlug
8: 42,6; Jer 6,26; Hiob mit bösen Geschwüren von der Sohle bis zum Scheitel. 8 Und er
Ez 27,30; Jona 3,6 nahm sich eine Scherbe, um sich damit zu schaben, und er sass in der
Asche.
9 Da sprach seine Frau zu ihm: Willst du auch jetzt noch schuldlos
10: Ps 14,1 · 1,22 bleiben? Lästere Gott und stirb! 10 Er aber sprach zu ihr: Wie eine Törin
redet, so redest du. Das Gute nehmen wir an von Gott, und das Böse
sollten wir nicht annehmen? Bei alldem sündigte Hiob nicht mit seinen
Lippen.

Besuch der drei Freunde Hiobs

11: 42,9; 11 Die drei Freunde Hiobs aber hörten von all dem Unglück, das ihm
1Chr 1,32.36; widerfahren war, und sie kamen, jeder von seinem Ort, Elifas von Te-
Jos 15,41 man, Bildad von Schuach und Zofar von Naama. Und sie trafen sich, um
12: 1,20; Jos 7,6; zu ihm zu gehen, mit ihm zu klagen und ihn zu trösten. 12 Und als sie
Klgl 2,10 ihn aus der Ferne erblickten, erkannten sie ihn nicht. Da fingen sie an,
laut zu weinen, und jeder zerriss sein Gewand, und sie warfen Staub
13: Gen 50,10 gegen den Himmel und auf ihre Häupter. 13 Und sie setzten sich zu ihm
auf die Erde, sieben Tage und sieben Nächte, und keiner sagte ein Wort
zu ihm, denn sie sahen, dass der Schmerz sehr gross war.

Hiobs Klage

3 1 Danach tat Hiob seinen Mund auf und verfluchte seinen Tag.
2 Und Hiob begann und sprach:
3: Jer 20,14!; 3 Getilgt sei der Tag, da ich geboren wurde,
10,18–22! und die Nacht, die sprach: Ein Knabe ist empfangen worden.

4 Jener Tag werde Finsternis, 4: 36,20!
Gott in der Höhe soll nicht nach ihm fragen,
und kein Lichtstrahl soll auf ihn fallen.
5 Finsternis und Dunkelheit sollen ihn einfordern,
dichte Wolken sollen über ihm lagern,
Tagverfinsterung soll ihn überfallen.
6 Dunkelheit raffe jene Nacht dahin,
zu den Tagen des Jahres geselle sie sich nicht,
sie gehe nicht ein in die Zahl der Monate.
7 Unfruchtbar sei jene Nacht,
kein Jubel kehre bei ihr ein.
8 Verwünschen sollen sie, die den Tag verfluchen, 8: 40,25–41,26;
die den Leviatan aufstören können. Ps 74,14; Jes 27,1
9 Finster seien die Sterne ihrer Dämmerung,
sie hoffe auf Licht, doch es komme nicht,
und die Strahlen der Morgenröte schaue sie nicht.
10 Denn sie hat mir die Pforte des Mutterleibs nicht verschlossen
und vor meinen Augen das Leid nicht verborgen.
11 Warum durfte ich nicht umkommen im Mutterschoss, 11–23: 10,18–22!
aus dem Mutterleib kommen und sterben?
12 Warum nahmen mich Knie entgegen,
und wozu Brüste, dass ich trank?
13 Ich läge jetzt schon und ruhte aus, 13: 17,13; Koh 6,3–5
ich schliefe und hätte Ruhe,
14 bei Königen und Ratsherren der Erde,
die sich Gräber erbauten, die jetzt verfallen,
15 oder bei Fürsten, die Gold besassen,
mit Silber ihre Häuser füllten.
16 Oder ich wäre dahin wie eine verscharrte Fehlgeburt, 16: Ps 58,9; Koh 6,3!
wie Kinder, die nie das Licht erblickten.
17 Dort lassen Frevler vom Wüten ab,
und Erschöpfte finden dort Ruhe.
18 Gefangene rasten miteinander, 18: 39,7
die Stimme des Treibers hören sie nicht.
19 Die Kleinen sind dort wie die Grossen,
und frei ist der Sklave von seinem Herrn.
20 Warum gibt er dem Leidenden Licht
und Leben denen, die verbittert sind –,
21 die sich sehnen nach dem Tod, doch er kommt nicht, 21: Offb 9,6
und nach ihm suchen, mehr als nach Schätzen,
22 die sich freuen würden und jubelten,
die frohlockten, wenn sie ein Grab fänden –
23 dem Mann, dessen Weg verborgen ist, 23: 1,10; 19,8;
den Gott ringsum eingeschlossen hat? Ps 88,9; Klgl 3,7
24 Noch vor meinem Essen kommt mein Seufzen,
und wie Wasser ergiesst sich mein Stöhnen.
25 Wovor mir angst war, das hat mich getroffen,
und wovor mir graute, das kam über mich.

3,8: Siehe die Anm. zu 40,15.

26 Ich habe weder Frieden gefunden noch Rast noch Ruhe,
nur Unruhe hat sich eingestellt.

Erste Rede des Elifas

1: 15,1; 22,1; 42,9
4 1 Da antwortete Elifas von Teman und sprach:
2 Ist es dir lästig, wenn man mit dir redet?
Aber wer könnte die Worte zurückhalten?
3: 29,25 3 Sieh, viele hast du unterwiesen,
und müde Hände hast du stark gemacht.
4 Deine Worte haben den Strauchelnden aufgerichtet,
und wankenden Knien hast du Kraft gegeben.
5 Jetzt aber kommt es über dich, und du gibst auf,
dich trifft es, und du bist bestürzt.
6 Ist nicht deine Gottesfurcht dein Trost
und dein schuldloser Wandel deine Hoffnung?
7 Bedenke: Wann ist je ein Schuldloser umgekommen,
und wo wurden Aufrechte je vernichtet?
8: Spr 22,8!; 8 Ich habe gesehen: Die Unrecht pflügen
Koh 8,12–13 und Unheil säen, die ernten es auch.
9: 15,30; Jes 11,4; 9 Durch Gottes Atem kommen sie um,
2Thess 2,8 und vor dem Hauch seines Zorns schwinden sie hin.
10 Der Löwe brüllt nicht mehr, noch knurrt der Leu,
und die Zähne der jungen Löwen sind ausgeschlagen.
11 Der Löwe kommt um, weil ihm Beute fehlt,
und die Jungen der Löwin werden versprengt.
12–16: 33,15–18; 12 Zu mir aber stahl sich ein Wort,
Gen 15,12 und mein Ohr nahm ein Flüstern davon auf.
13 Beim Grübeln über Nachtgesichte,
wenn tiefer Schlaf auf die Menschen fällt,
14: 30,15! 14 kam Furcht und Zittern über mich,
und schreckte meine Glieder auf.
15: Dan 7,28; 15 Und ein Geist geht an mir vorüber,
Ps 119,120 die Haare meines Leibes sträuben sich.
16 Da steht er, doch ich erkenne seine Gestalt nicht,
ein Bild ist vor meinen Augen,
ich höre das Flüstern einer Stimme:
17–19: 14,4; 17 Kann ein Mensch im Recht sein vor Gott,
15,14–16; 25,4–6; ein Mann vor seinem Schöpfer rein?
1Kön 8,46!
17: 9,2 18 Sieh, seinen Dienern traut er nicht,
und seinen Engeln wirft er Irrtum vor.
19: 13,28; 27,18 19 Wie erst denen, die wohnen in Häusern aus Lehm,
die im Staub ihre Grundmauer haben!
Wie eine Motte zerdrückt man sie,
20 zwischen Morgen und Abend werden sie zermalmt,
unbeachtet kommen sie um, für alle Zeit.
21: 36,12 21 Wird nicht ihr Zeltseil losgerissen?
Sie sterben, doch nicht in Weisheit.
1: 1,6; 33,23 5 1 Ruf doch! Gibt dir einer Antwort?
Und an wen von den Heiligen willst du dich wenden?

2 Den Toren bringt der Unmut um,
und den Einfältigen tötet der Eifer.
3 Einen Toren sah ich Wurzeln schlagen 3: Ps 37,35–36;
und verfluchte sogleich seine Wohnstatt. Jer 12,1–3
4 Fern von jeder Hilfe sind seine Kinder, 4: 1,18–19
und sie werden zertreten im Tor,
und keiner ist da, der rettet.
5 Seine Ernte verzehrt ein Hungriger, 5: 1,14–15
selbst aus den Dornen holt er sie heraus,
und Durstige lechzen nach seinem Gut.
6 Nicht aus dem Staub geht das Unheil hervor, 6: Gen 3,17–19
und nicht aus der Erde sprosst die Mühsal.
7 Der Mensch ist zur Mühsal geboren,
wie Feuerfunken nach oben fliegen.
8 Ich aber würde mich an Gott wenden 8: 8,5–6; 11,13–15;
und meine Sache vor Gott bringen, 1Petr 5,7
9 der Grosses tut und Unergründliches, 9: 9,10; 36,26; 37,5;
Wunderbares, ohne Zahl. Ps 40,6
10 Er lässt es auf die Erde regnen 10: 28,26; 36,27–29;
und sendet Wasser auf die Fluren. 37,4
11 Er erhöht die Niedrigen, 11: 22,29!; 1Sam 2,8;
und die Trauernden werden wieder glücklich. Ps 75,8; 126,5;
12 Er vereitelt die Pläne der Klugen, Lk 1,52
und ihre Hände bringen nichts zustande.
13 Er fängt die Weisen in ihrer Klugheit, 13: 1Kor 3,19
und der Plan der Schlauen läuft ins Leere.
14 Am Tag geraten sie in Finsternis, 14: 12,25; 18,18;
und am Mittag tappen sie umher wie bei Nacht. Gen 19,11; Ex 10,21!
15 Er aber rettet vor dem Schwert, vor ihrem Mund 15: 36,6; Ps 35,10
und vor der Hand des Starken den Armen.
16 So kann der Schwache Hoffnung haben, 16: Ps 107,41–42
und die Bosheit verschliesst ihr Maul.
17 Wohl dem Menschen, den Gott zurechtweist. 17–18: 33,19–22!;
So verachte die Zucht Schaddais nicht! Hebr 12,5–6;
18 Er verletzt, und er verbindet, Jak 1,12
er schlägt Wunden, und seine Hände heilen. 18: Dtn 32,39; Hos 6,1
19 Aus sechs Nöten rettet er dich, 19: Ps 34,20; 91,10;
und in sieben rührt kein Leid dich an. Spr 24,16
20 In Hungersnot erlöst er dich vom Tod 20: Ps 33,19; 37,19
und im Krieg aus der Gewalt des Schwerts.
21 Vor der Geissel der Zunge bist du geborgen
und musst dich nicht fürchten, wenn das Verderben kommt.
22 Über Verderben und Hunger kannst du lachen, 22: Jes 11,6; 35,9;
und vor wilden Tieren musst du dich nicht fürchten. 65,25; Ez 34,25
23 Mit den Steinen des Ackers stehst du im Bund,
und die Tiere des Feldes leben mit dir in Frieden.
24 Da wirst du sehen, dass dein Zelt sicher ist,
und wenn du deine Wohnstatt prüfst, so fehlt dir nichts.

5,17: Siehe die Anm. zu Num 24,4.

25: Ps 72,16
25 Da wirst du sehen, dass deine Nachkommen zahlreich sind
und deine Sprösslinge wie das Kraut der Erde.
26: Gen 25,8; 35,29
26 Hochbetagt gehst du ins Grab,
wie man Garben einbringt zu ihrer Zeit.
27 Sieh, das haben wir ergründet, so ist es.
Höre es und begreife es.

Hiobs Antwort

6 1 Da antwortete Hiob und sprach:
2: 31,6
2 Würde doch mein Unmut gewogen
und mein Unglück dazu auf die Waage gelegt.
3 Es ist nun schwerer als der Sand der Meere,
darum waren meine Worte unbedacht.
4: 16,13; 30,15!; Ps 38,3; Klgl 2,4
4 Die Pfeile Schaddais stecken in mir,
mein Geist hat ihr Gift getrunken,
die Schrecken Gottes greifen mich an.
5: 30,7
5 Schreit denn ein Wildesel, wenn er Gras hat,
oder brüllt ein Rind, wenn es sein Futter hat?
6 Isst man Fades ohne Salz,
und findet man Geschmack am Schleim des Eibisch?
7 Ich sträube mich, es anzurühren,
es ist wie verdorbenes Brot.
8 Käme doch, worum ich bitte,
und gäbe Gott, worauf ich hoffe.
9: 7,16; Num 11,15; 1Kön 19,4!
9 Wollte Gott mich doch zermalmen,
seine Hand ausstrecken und mich abschneiden.
10: 23,12
10 So könnte ich mich noch trösten
und tanzen in schonungslosem Schmerz,
denn ich habe die Worte des Heiligen nicht verleugnet.
11 Was ist meine Kraft, dass ich ausharre,
und was ist mein Ende, dass ich mich gedulde?
12 Ist denn meine Kraft die Kraft von Steinen,
und ist mein Fleisch aus Erz?
13: Ps 22,2
13 Ich selbst kann mir nicht helfen,
und Rettung ist fern von mir!
14 Der Verzweifelte verdient das Mitleid seines Freundes,
auch wenn er Schaddai nicht mehr fürchtet.
15: Ps 38,12; 41,10; Jer 15,18
15 Meine Brüder sind trügerisch wie ein Bach,
wie Wasserläufe, die versickern,
16 die trübe sind vom Eis,
in denen der Schnee sich verbirgt:
17 In der Sommerglut sind sie verschwunden,
wenn es heiss wird, sind sie an ihrer Stätte versiegt.
18 Karawanen schlagen den Weg zu ihnen ein,
sie ziehen hinauf in die Wüste und kommen um.
19: Gen 25,15! · 1,15; Ps 72,10; Ez 27,22–23
19 Die Karawanen von Tema hielten Ausschau nach ihnen,
auf sie hofften die Wanderzüge von Saba.
20 Sie wurden zuschanden, weil sie vertrauten,

6,6: Der Schleim des Eibisch-Strauchs wurde als Medikament verwendet.

sie kamen hin und wurden betrogen.
21 So seid ihr jetzt für mich geworden.
Ihr schaut das Schreckliche und fürchtet euch.
22 Habe ich denn gesagt: Gebt mir etwas,
und von eurem Vermögen bringt mir Geschenke,
23 und rettet mich aus der Hand des Bedrängers, 23: Ps 49,16
und kauft mich los aus der Hand der Gewalttätigen!?
24 Belehrt mich, und ich will schweigen,
und erklärt mir, wo ich mich verging!
25 Wie könnten aufrichtige Worte kränken?
Und was tadelt euer Tadel?
26 Wollt ihr etwa Worte tadeln?
Und spricht der Verzweifelte in den Wind?
27 Selbst um eine Waise würdet ihr losen,
und um euren Freund würdet ihr feilschen.
28 Wollt ihr euch jetzt nicht zu mir wenden?
Ich lüge euch gewiss nicht ins Angesicht.
29 Kehrt um, kein Unrecht soll geschehen, 29: 17,10 · 13,18; 19,6–7; 27,5–6; 31,6; 33,9; 34,5
kehrt um, noch bin ich im Recht.
30 Ist denn Unrecht auf meiner Zunge,
und schmeckt mein Gaumen nicht, was verderblich ist?

7 1 Ist des Menschen Los auf Erden nicht Kriegsdienst, 1–2: 14,6
und sind seine Tage nicht wie die Tage eines Söldners?
2 Wie einem Sklaven, der nach Schatten lechzt,
und wie einem Tagelöhner, der auf seinen Lohn hofft,
3 so gab man Monde der Enttäuschung mir zum Erbe,
und Nächte voller Mühsal wurden mir zugeteilt.
4 Wenn ich mich niederlege, denke ich: 4: Dtn 28,67
Wann kann ich aufstehen?
Doch der Abend zieht sich hin,
und ich bin voller Unrast, bis es dämmert.
5 Mein Leib ist gekleidet in Maden und Schorf, 5: 21,26; 24,20; 30,30; Jes 14,11
meine Haut ist verharscht und eitert.
6 Schneller als ein Weberschiffchen sind meine Tage verflogen, 6–7: 9,25; Jes 38,12; Jak 4,14
und ohne Hoffnung sind sie dahingeschwunden.
7 Bedenke, mein Leben ist ein Hauch, 7: Ps 78,39
nie wieder wird mein Auge Gutes sehen.
8 Kein Auge, das nach mir sieht, erblickt mich,
wenn deine Augen mich suchen, bin ich nicht mehr da.
9 Wie die Wolke, die entschwand und dahinzog,
so kommt nicht mehr herauf, wer ins Totenreich hinabstieg.
10 In sein Haus kehrt er nicht mehr zurück, 10: 10,21; 14,12 · Ps 103,16
und seine Stätte kennt ihn nicht mehr.
11 Darum will auch ich meinen Mund nicht zügeln, 11: 10,1; 32,18
will reden in der Not meines Herzens,
will klagen im bitteren Leid meiner Seele.
12 Bin ich das Meer oder ein Drache, 12: Ps 74,13
dass du eine Wache aufstellst gegen mich?
13 Wenn ich dachte: Mein Bett soll mich trösten,
mein Lager soll meine Verzweiflung lindern,

14 so erschrecktest du mich mit Träumen
und überfielst mich mit Gesichten,
15 so dass ich lieber ersticken wollte,
der Tod mir lieber war als dieser Körper.
16: 6,9!
16 Ich gebe auf, ich will nicht ewig weiterleben.
Lass ab von mir, denn nur ein Hauch sind meine Tage.
17: 14,3; 34,36; Ps 8,5; 144,3; Hebr 2,6
17 Was ist der Mensch, dass du ihn wichtig nimmst
und auf ihn achtest,
18 dass du ihn jeden Morgen prüfst,
ihn jeden Augenblick erprobst?
19: 9,18; 10,20; 36,7!
19 Wann endlich blickst du weg von mir,
lässt mich in Ruhe, nur für einen Atemzug?
20 Wenn ich gesündigt habe, was schadet es dir, du Hüter der Menschen?
Warum hast du mich zu deiner Zielscheibe gemacht,
dass ich mir selbst eine Last bin?
21 Und warum vergibst du nicht mein Vergehen
und verzeihst nicht meine Schuld?
Nun werde ich mich in den Staub legen,
und wenn du mich suchst, so bin ich nicht mehr da.

Erste Rede des Bildad

1: 18,1
8
1 Da antwortete Bildad von Schuach und sprach:
2 Wie lange willst du noch solche Reden führen,
und wie lange stürmen hervor die Worte deines Mundes?
3: 11,7; 34,10.12; 37,23; Gen 18,25
3 Verdreht denn Gott das Recht,
und Schaddai, verdreht er die Gerechtigkeit?
4: 1,4–5
4 Haben deine Kinder gegen ihn gesündigt,
so gab er sie in die Gewalt ihrer Schuld.
5–6: 5,8!
5 Wenn du Gott suchst
und Schaddai um Gnade anflehst,
6: Ps 35,23
6 wenn du rein bist und aufrecht,
dann wacht er auf um deinetwillen
und stellt deine Wohnstatt wieder her, wie es dir zusteht.
7: 42,10
7 Dann ist dein Anfang klein,
dein Ende aber herrlich gross.
8–10: 32,4! *8:* 12,12
8 Frage doch, die vor dir waren,
und achte auf das, was ihre Vorfahren ergründet haben.
9 Denn wir sind erst seit gestern und wissen nichts,
ein Schatten sind unsere Tage auf Erden.
10 Werden jene dich nicht lehren, zu dir sprechen
und Worte aus ihrem Herzen sagen?
11 Wächst Schilfrohr, wo kein Sumpf ist,
wird Riedgras ohne Wasser gross?
12–19: 18,16; Ps 1,3–4; 92,13–14; Jer 17,7–8
12 Noch grünt es, ist nicht reif zum Schnitt,
da verdorrt es schon vor allem Gras.
13: 11,20; 13,16; 20,5; 27,8; Spr 10,28
13 So sind die Wege derer, die Gott vergessen,
und so wird die Hoffnung des Ruchlosen zunichte.

7,19: Wörtlich: «..., lässt mich in Ruhe, bis ich meinen Speichel geschluckt habe?»

14 Seine Zuversicht ist ein dünner Faden, 14: Jes 59,5
und sein Vertrauen ein Spinnengewebe.
15 Er verlässt sich auf sein Haus, doch es hält nicht stand, 15: 1,19; Jer 22,13; Mt 7,26–27
er klammert sich daran, doch es steht nicht fest.
16 In vollem Saft steht einer in der Sonne,
und seine Zweige überwuchern seinen Garten.
17 Über Geröll schlingen sich seine Wurzeln,
zwischen Steinen hält er sich fest.
18 Tilgt man ihn aus von seiner Stätte,
verleugnet sie ihn: Nie habe ich dich gesehen.
19 Sieh, das wird aus dem Glück seines Weges,
und andere sprossen aus dem Staub.
20 Sieh, Gott verschmäht den Schuldlosen nicht,
und die Hand der Übeltäter hält er nicht fest.
21 Er wird deinen Mund noch mit Lachen füllen 21: Ps 126,2
und deine Lippen mit Jubel.
22 Die dich hassen, müssen sich in Schande kleiden, 22: Ps 35,26; 109,29
und das Zelt der Frevler ist nicht mehr da.

Hiobs Antwort

9 1 Da antwortete Hiob und sprach: 1: 18,1; 25,1
2 Gewiss, ich weiss, so ist es, 2: 4,17; Ps 143,2
und wie könnte ein Mensch im Recht sein vor Gott?
3 Wenn er mit ihm streiten wollte, 3: 33,13
könnte er ihm nicht auf eins von tausend Antwort geben.
4 Er hat ein weises Herz und grosse Kraft. 4: 36,5; 12,13
Wer hat ihm je getrotzt und blieb unversehrt?
5 Berge versetzt er, und sie merken es nicht, 5: Ps 114,4.6
in seinem Zorn stürzt er sie um.
6 Die Erde schreckt er auf von ihrem Ort, 6: Hag 2,6.21; Hebr 12,26
und ihre Säulen erzittern.
7 Zur Sonne spricht er, und sie strahlt nicht auf, 7: Jes 10,13; Joel 2,10; 4,15
und die Sterne legt er unter Siegel.
8 Er spannte den Himmel aus, er allein, 8: Gen 1,7
und er schritt einher auf den Wogen des Meeres.
9 Er schuf den Grossen Bären, den Orion, 9: 37,9; 38,31–32; Am 5,8
das Siebengestirn und die Kammern des Südens.
10 Grosses tut er, Unergründliches, 10: 5,9!
und Wunderbares, ohne Zahl.
11 Geht er an mir vorüber, sehe ich ihn nicht, 11: 23,8–9; 35,14; Ex 33,18–23; 34,6
und zieht er vorbei, erkenne ich ihn nicht.
12 Rafft er hinweg, wer kann ihn hindern, 12: Jes 43,13; 45,9
wer darf zu ihm sagen: Was tust du da?
13 Gott hält seinen Zorn nicht zurück, 13: 26,12; Jes 51,9; Ps 89,11
unter ihm haben sich die Helfer Rahabs gebeugt.
14 Und wie könnte ich ihm Rede stehen,
meine Worte wählen vor ihm?
15 Auch wenn ich im Recht bin, kann ich nicht antworten,
zu meinem Richter muss ich um Gnade flehen.
16 Riefe ich und gäbe er mir Antwort,

ich glaube nicht, dass er wirklich auf mich hörte.
17: 38,1; 40,6 17 Im Sturm wird er nach mir greifen
und ohne Grund meine Wunden mehren.
18: 7,19! 18 Er lässt mich keinen Atem schöpfen,
sondern erfüllt mich mit bitterem Leid.
19 Sucht man die Kraft eines Starken: Seht, da ist er!
Doch sucht man das Recht: Wer lädt ihn vor?
20: 15,6 20 Auch wenn ich im Recht bin, meine Worte setzen mich ins Unrecht.
Schuldlos bin ich, er aber hat mich schuldig gesprochen.
21: 10,7; 11,4; 16,17 21 Schuldlos bin ich! Ich sorge mich nicht,
ich verachte mein Leben.
22: 10,3; Gen 18,23; Koh 9,2–3; Ez 21,8; Mt 5,45 22 Es ist alles eins! Darum sage ich:
Den Schuldlosen wie den Schuldigen bringt er um.
23 Wenn die Geissel plötzlich tötet,
lacht er über die Verzweiflung der Unschuldigen.
24 In die Hand eines Frevlers ist die Erde gegeben,
das Gesicht ihrer Richter verhüllt er.
Wenn nicht er, wer ist es dann?
25: 7,6–7 25 Und schneller als ein Läufer sind meine Tage dahingeeilt,
sie sind entflohen, nichts Gutes haben sie gesehen.
26 Wie Kähne aus Schilfrohr sind sie vorübergeschossen,
dem Adler gleich, der sich auf seine Beute stürzt.
27 Wenn ich denke: Ich will mein Leid vergessen,
will meine Miene ändern und heiter blicken,
28 so graut mir vor all meinen Schmerzen.
Ich weiss, du sprichst mich nicht frei.
29 Schuldig soll ich sein,
warum soll ich mich vergeblich abmühen?
30: Jer 2,22 30 Auch wenn ich mich mit Schnee gewaschen
und meine Hände mit Lauge gereinigt hätte,
31: Ps 88,7 31 würdest du mich in die Grube tauchen,
dass meine Kleider sich vor mir ekelten.
32: Koh 6,10; Jes 45,9; Jer 49,19 32 Denn er ist kein Mann wie ich, dem ich antworten könnte,
dass wir zusammen vor Gericht gingen.
33: 16,21; 1Sam 2,25 33 Kein Richter vermittelt zwischen uns
und legt seine Hand auf uns beide.
34: 13,21!; 21,9 34 Seinen Stock soll er von mir nehmen,
und sein Schrecken soll mich nicht mehr ängstigen.
35 Dann kann ich reden und muss mich nicht vor ihm fürchten,
denn dazu habe ich keinen Grund.

1: 7,11 **10** 1 Mich ekelt vor meinem Leben,
meiner Klage will ich freien Lauf lassen,
will reden aus der Bitternis meiner Seele.
2 Ich sage zu Gott: Sprich mich nicht schuldig,
lass mich wissen, warum du gegen mich streitest.
3: 9,22! 3 Gefällt es dir, zu unterdrücken,
das Werk deiner Hände zu verachten
und den Plan der Frevler gelingen zu lassen?
4: 1Sam 16,7 4 Hast du Menschenaugen,

und siehst du wie ein Sterblicher?
5 Sind deine Tage wie Menschentage 5: Ps 90,4; 2Petr 3,8
oder deine Jahre wie die eines Mannes?
6 Du suchst nach meiner Schuld
und forschst nach meiner Sünde.
7 Doch du weisst, dass ich nicht schuldig bin, 7: 9,21!
und dass keiner retten kann aus deiner Hand.
8 Deine Hände haben mich gebildet und gemacht 8: Ps 119,73; Jer 18,4
ganz und gar – und dann hast du mich vernichtet.
9 Bedenke, aus Lehm hast du mich geschaffen, 9: 33,6; Gen 3,19; Jes 64,7
und zu Staub lässt du mich wieder werden.
10 Hast du mich nicht hingegossen wie Milch
und wie Käse mich gerinnen lassen?
11 Mit Haut und Fleisch hast du mich umkleidet
und mit Knochen und Sehnen mich durchflochten.
12 Leben und Gnade hast du mir gegeben,
und deine Fürsorge hat meinen Geist beschützt.
13 Doch dies hast du in deinem Herzen verborgen,
ich weiss, dass es so bei dir beschlossen war:
14 Wenn ich sündigte, wolltest du darauf achten
und mich nicht freisprechen von meiner Schuld.
15 Wenn ich schuldig würde, dann wehe mir!
Aber auch wenn ich im Recht wäre, dürfte ich mein Haupt nicht erheben,
gesättigt mit Schmach und getränkt mit Elend.
16 Sollte es sich doch erheben, würdest du mich jagen wie ein Löwe 16: Jes 38,13
und wieder unbegreiflich an mir handeln.
17 Neue Zeugen würdest du gegen mich aufstellen
und deinen Unmut gegen mich mehren,
immer neue Heere gegen mich führen.
18 Und warum hast du mich aus dem Mutterschoss kommen lassen? 18–22: 3,11–23; 7,16; Jer 20,14
Wäre ich doch umgekommen, bevor ein Auge mich erblickte!
19 So wär ich, als wäre ich nie gewesen,
vom Mutterleib ins Grab gebracht.
20 Ich habe doch nur wenige Tage. 20: 7,19!
So halte ein und lass ab von mir,
damit ich ein wenig heiter sein kann,
21 ehe ich dahingehe ohne Wiederkehr, 21: 7,10; 16,22
ins Land der Finsternis und des Dunkels,
22 ins Land, so düster wie die schwarze Nacht,
ins Dunkel, wo keine Ordnung herrscht,
wo der helle Tag ist wie tiefe Nacht.

Erste Rede des Zofar

11 1 Da antwortete Zofar von Naama und sprach: 1: 20,1
2 Soll eine lange Rede ohne Antwort bleiben,
und soll Recht bekommen, wer gut reden kann?
3 Lässt dein Gerede Männer verstummen,
und darfst du spotten, ohne dass dich einer beschämt?

4: 9,21! 4 Sagtest du doch: Rein ist meine Lehre,
und lauter war ich in deinen Augen.
5 Wenn Gott doch sprechen wollte
und seine Lippen auftun gegen dich
6: 12,7–9; Esra 9,13 6 und dir die Geheimnisse der Weisheit kundtun:
Wie Wunder sind sie für den klugen Verstand.
Dann würdest du erkennen,
dass Gott von deiner Schuld noch manches übersieht.
7: 8,3! · Koh 3,11; Röm 11,33 7 Kannst du die Tiefen Gottes ergründen
oder die Vollkommenheit Schaddais fassen?
8 Sie ist hoch wie der Himmel – was kannst du tun?
Tiefer ist sie als das Totenreich – was kannst du wissen?
9 Weiter ist sie als die Erde
und breiter als das Meer.
10 Wenn er daherfährt und gefangen nimmt
und zum Gericht ruft, wer kann ihn dann zurückhalten?
11 Denn er erkennt die bösen Menschen
und sieht den Frevel und achtet darauf.
12 Ein Hohlkopf kann zur Einsicht kommen
und ein Wildesel noch zum Menschen werden.
13–15: 5,8! 13: Ex 9,29! 13 Wenn du dein Herz in Ordnung bringst
und deine Hände zu ihm erhebst –
14: 22,13! 14 ist Frevel in deiner Hand, schaffe ihn weg
und lass in deinen Zelten kein Unrecht wohnen –,
15 dann kannst du ohne Makel dein Angesicht erheben,
und fest stehst du da und musst dich nicht fürchten.
16 Du vergisst die Mühsal
und denkst daran wie an Wasser, das vorüberfloss.
17 Und heller als der Mittag ist nun dein Leben,
die Finsternis wird zum Morgen.
18–19: Ps 4,9 18 Und du bist zuversichtlich, weil es Hoffnung gibt,
und du schaust dich um und kannst dich ruhig schlafen legen.
19 Du lagerst dich, und niemand schreckt dich auf,
und viele werden dir schmeicheln.
20: 8,13! 20 Die Augen der Frevler aber ermatten,
und sie haben keine Zuflucht mehr,
und ihre Hoffnung ist es, das Leben auszuhauchen.

Hiobs Antwort

12 1 Da antwortete Hiob und sprach:
2: 17,10 2 Wahrhaftig, ihr seid die rechten Leute,
und mit euch wird die Weisheit sterben.
3: 13,2 3 Ich habe Verstand so gut wie ihr,
ich stehe nicht hinter euch zurück,
und wer wüsste all dies nicht?
4: 17,2!; Ps 91,15 4 Dem eigenen Freund werde ich zum Gespött,
der ich zu Gott rief, dass er antworte.
Zum Gespött wird der Gerechte, der Schuldlose.
5 Dem Unglück Verachtung!, denkt der Sichere,
ein Stoss noch denen, deren Fuss schon wankt!

6 Um die Zelte der Gewalttätigen steht es gut, 6: 21,7!
und sicher leben, die Gott erzürnen,
die glauben, Gott in der Hand zu haben.
7 Aber befrage das Vieh, dass es dich lehre, 7–9: 11,6; Jes 41,20
und die Vögel des Himmels, dass sie es dir kundtun.
8 Oder sprich zur Erde, dass sie dich lehre,
und die Fische des Meeres sollen es dir erzählen:
9 Wer von ihnen allen wüsste nicht,
dass die Hand des HERRN es so gemacht hat?
10 In seiner Hand ist die Seele alles Lebenden 10: 26,13; 33,4; Num 16,22
und der Geist im Leib jedes Menschen.
11 Soll nicht das Ohr die Worte prüfen, 11: 34,3
wie der Gaumen die Speise kostet?
12 Bei Greisen soll Weisheit sein, 12: 8,8; 32,7
und langes Leben soll Einsicht bringen?
13 Weisheit und Macht sind bei ihm, 13: 9,4
ihm gehören Rat und Einsicht.
14 Was er niederreisst, wird nie wieder aufgebaut, 14: Offb 3,7
wen er einkerkert, dem wird nie wieder aufgetan.
15 Wenn er die Wasser zurückhält, herrscht Dürre, 15: 1Kön 8,35 · Gen 7,19–23
und wenn er sie loslässt, verheeren sie das Land.
16 Bei ihm sind Macht und Einsicht,
ihm gehört, wer irrt und wer irreführt.
17 Ratgeber lässt er barfuss gehen,
und Richter macht er zu Narren.
18 Das Band von Königen löst er auf,
und um ihre Hüften bindet er einen Schurz.
19 Priester lässt er barfuss gehen,
und alte Geschlechter bringt er zu Fall.
20 Bewährten nimmt er die Sprache,
und Ältesten raubt er die Urteilskraft.
21 Verachtung giesst er aus über Edle 21: Ps 107,40
und löst den Gürtel der Starken.
22 Er deckt Verborgenes auf aus dem Dunkel, 22: Dan 2,22; Mt 10,26; 1Kor 4,5
und das Finstere bringt er ans Licht.
23 Er macht die Völker gross und vernichtet sie,
breitet die Völker aus und treibt sie fort.
24 Den Häuptern des Landes nimmt er den Verstand, 24: Ps 107,40; Dan 4,29–30
und in wegloser Öde lässt er sie irren.
25 Sie tappen im Dunkeln ohne Licht, 25: 5,14!
und wie Trunkene lässt er sie taumeln.

13 1 Siehe, all das hat mein Auge gesehen,
mein Ohr hat es gehört und darauf acht gegeben.
2 So viel, wie ihr wisst, weiss auch ich, 2: 12,3; 15,9
ich stehe nicht hinter euch zurück.
3 Aber ich will zu Schaddai reden, 3: 23,4
und mit Gott zu streiten, ist mein Wunsch.
4 Denn ihr seid nur Lügendichter,
Kurpfuscher seid ihr allesamt.
5 Wenn ihr doch endlich schweigen wolltet! 5: Spr 17,28

Dann könntet ihr als Weise gelten.
6 Hört meine Entgegnung,
und vernehmt die Anklage meiner Lippen.
7 Wollt ihr Falsches reden für Gott
und Lügen vorbringen für ihn?
8 Wollt ihr für ihn Partei ergreifen
oder den Rechtsstreit führen für Gott?
9 Geht es gut aus, wenn er euch erforscht,
und könnt ihr ihn täuschen, wie man Menschen täuscht?
10 Hart wird er euch zurechtweisen,
wenn ihr versteckt Partei ergreift.
11: 31,23 11 Wird nicht seine Hoheit euch ängstigen
und sein Schrecken euch überfallen?
12 Sprüche aus Staub sind eure Merksätze,
tönerne Schilde sind eure Schilde.
13 Schweigt nun und lasst mich reden,
dann komme über mich, was kommen mag.
14 Wozu soll ich meinen Leib mit meinen Zähnen verteidigen?
Ich setze mein Leben aufs Spiel!
15 Seht, er wird mich töten, nichts habe ich zu hoffen.
Doch meine Wege will ich vor ihm verteidigen.
16: 8,13! 16 Schon darin sehe ich mein Heil,
denn vor ihn kommt kein Ruchloser.
17 Hört aufmerksam auf meine Rede,
und was ich erkläre, dringe in eure Ohren.
18: 6,29! 18 Seht, ich bin gerüstet für den Rechtsstreit,
ich weiss, dass ich im Recht bin.
19 Wer könnte den Rechtsstreit gegen mich gewinnen?
Dann wollte ich schweigen und sterben.
20 Zwei Dinge nur tu mir nicht an,
dann muss ich mich nicht vor dir verbergen:
21: Ps 39,11 · 9,34; 33,7 21 Nimm deine Hand von mir,
und dein Schrecken soll mich nicht ängstigen.
22: Ps 34,5; Jes 58,9; Jer 33,3 22 Dann rufe, und ich will antworten,
oder lass mich reden und gib mir Antwort!
23 Was sind meine Vergehen und Sünden?
Lass mich mein Verbrechen und meine Sünde wissen!
24: Ps 13,2; 44,25; 88,15 · 19,11; 33,10 24 Warum verbirgst du dein Angesicht
und behandelst mich wie deinen Feind?
25 Willst du ein verwehtes Blatt erschrecken
und einen dürren Halm verfolgen?
26: Ps 25,7 26 Bitteres teilst du mir zu,
und für die Sünden meiner Jugend lässt du mich büssen.
27: 33,11 27 Meine Füsse legst du in den Block
und überwachst alle meine Wege,
um meine Füsse ziehst du eine Grenze.
28: 4,19!; Jes 50,9 28 Er aber zerfällt wie Moder,

13,14: Wörtlich: «Wozu soll ich mein Fleisch zwischen meine Zähne nehmen? Ich lege mein Leben (oder: meine Seele) auf meine Hand!»

wie ein mottenzerfressenes Kleid:

14 1 der Mensch, geboren von der Frau, 1: Koh 2,23
kurzlebig und voller Unruhe.
2 Er geht auf wie eine Blume und verwelkt, 2: 24,24; Ps 90,6; 103,15; Koh 6,12; Jes 40,6
er flieht wie ein Schatten und hat keinen Bestand.
3 Und über ihm hältst du dein Auge offen, 3: 7,17–18
und ihn ziehst du vor dein Gericht.
4 Könnte ein Reiner vom Unreinen kommen? 4: 4,17–19!
Nicht einer!
5 Wenn seine Tage feststehen, 5: Ps 31,16; Ps 39,5
die Zahl seiner Monde bei dir,
wenn du seine Grenzen gesetzt hast, die er nicht überschreiten kann,
6 dann blicke weg von ihm, dass er Ruhe findet, 6: 7,1–2
dass er sich seines Tages freuen kann wie ein Tagelöhner.
7 Denn für den Baum gibt es Hoffnung: 7–9: 19,10; Ps 92,12–15
Wird er gefällt, so schlägt er wieder aus,
und an Trieben fehlt es ihm nicht.
8 Wenn seine Wurzel auch alt wird in der Erde
und sein Stumpf abstirbt im Staub,
9 so sprosst er wieder vom Duft des Wassers,
und wie ein junges Reis treibt er Zweige.
10 Der Mann aber stirbt, und kraftlos liegt er da, 10: 14.20; 15,22; Koh 3,21
der Mensch kommt um – und wo ist er?
11 Wie Wasser schwindet aus dem See
und ein Strom versiegt und austrocknet,
12 so legt der Mensch sich nieder und steht nicht wieder auf. 12: 7,10! · Ps 102,27; Jes 61,6; 2Petr 3,10
Der Himmel vergeht, bevor sie erwachen
und erweckt werden aus ihrem Schlaf.
13 Könntest du mich doch im Totenreich bewahren, 13: Jes 26,20
mich verbergen, bis dein Zorn sich wendet,
mir eine Frist setzen und dich dann meiner erinnern!
14 Kann ein Mann, wenn er stirbt, wieder lebendig werden? 14: 10.20
Alle Tage meines Dienstes wollte ich ausharren,
bis meine Ablösung käme.
15 Du würdest rufen, und ich gäbe dir Antwort,
nach dem Werk deiner Hände sehntest du dich.
16 Wenn du dann meine Schritte zähltest, 16: Ps 139,1–3
gäbst du nicht acht auf meine Sünde.
17 Mein Vergehen wäre im Beutel versiegelt, 17: Hos 13,12; Dtn 32,34
und meine Schuld hättest du übertüncht.
18 Doch auch ein Berg stürzt und zerfällt, 18: 18,4
und ein Fels weicht von seinem Ort.
19 Steine werden vom Wasser zerrieben, 19: 17,15; 19,10; 22,16
der Wolkenbruch schwemmt das Erdreich fort:
So machst du die Hoffnung des Menschen zunichte.
20 Du überwältigst ihn, für immer geht er dahin, 20: 10.14
du entstellst sein Gesicht und schickst ihn weg.
21 Kommen seine Kinder zu Ehren, so weiss er es nicht, 21: 21,21; Koh 9,5!
werden sie verachtet, so bemerkt er es nicht.

22 Nur sein eigener Leib macht ihm Schmerzen,
und nur um ihn selbst trauert seine Seele.

Zweite Rede des Elifas

1: 4,1! 15 1 Da antwortete Elifas von Teman und sprach:
2: 16,3; 1Kor 4,6.19 2 Darf ein Weiser windiges Wissen zur Antwort geben,
sich aufblähen mit Wind?
3 Darf er zurechtweisen mit einem Wort, das nichts taugt,
und mit Worten, die nichts nützen?
4: Spr 1,7; Ps 119,97.99 4 Du zerstörst die Gottesfurcht
und verletzt die Andacht vor Gott.
5 Denn deine Schuld lehrt deinen Mund,
und du wählst die Sprache der Listigen.
6: 9,20; Lk 19,22 6 Dein Mund spricht dich schuldig und nicht ich,
und deine Lippen sagen gegen dich aus.
7: 38,4; Spr 8,25 7 Bist du als Erster der Menschen geboren
und noch vor den Hügeln zur Welt gekommen?
8: Jer 23,18! 8 Kannst du zuhören in Gottes Rat
und die Weisheit an dich reissen?
9: 13,2 9 Was weisst du, das wir nicht wissen,
was verstehst du, das wir nicht verstehen?
10: 8,8–10 10 Auch unter uns sind Ergraute, Alte,
reicher an Tagen als dein Vater.
11 Ist Gottes Trost dir zu gering
und ein Wort, dir in Sanftmut gesagt?
12 Warum reisst dein Herz dich hin,
und was rollen deine Augen,
13 dass du deinen Zorn gegen Gott richtest
und solche Worte aus deinem Munde kommen lässt?
14–16: 4,17–19! 14 Was ist der Mensch, dass er rein sein könnte,
und wie könnte gerecht sein, wer von einer Frau geboren wurde?
15: Hebr 9,23 15 Sieh, selbst seinen Heiligen traut er nicht,
und der Himmel ist nicht rein in seinen Augen.
16: 34,7 16 Wie viel weniger ein Abscheulicher und Verdorbener,
ein Mann, der Unrecht tut, wie man Wasser trinkt.
17 Ich will dich unterweisen, höre mir zu,
und was ich geschaut habe, das will ich erzählen,
18 was Weise verkünden
und nicht verhehlten seit den Zeiten der Vorfahren –
19 das Land war ihnen allein gegeben,
und kein Fremder zog bei ihnen umher –:
20 Sein Leben lang ängstigt sich der Frevler,
und dem Gewalttätigen sind nur wenige Jahre bestimmt.
21: 18,11; 30,15! 21 Schreckensrufe gellen in seinen Ohren,
im Frieden kommt der Verderber über ihn.
22: 14,10–12 22 Er hat keine Hoffnung, aus der Finsternis wiederzukehren,
und für das Schwert ist er ausersehen.
23: 18,12 23 Auf der Suche nach Brot irrt er umher.
Er weiss, dass ein finsterer Tag auf ihn wartet.
24 Not und Bedrängnis schrecken ihn,

sie überwältigen ihn wie ein König, der angreift.
25 Denn gegen Gott hat er seine Hand ausgestreckt,
und Schaddai fordert er heraus.
26 Halsstarrig rennt er gegen ihn an,
mit den dicken Buckeln seiner Schilde.
27 Sein Gesicht ist fett geworden, 27: Ps 17,10
und an der Lende hat er Speck angesetzt.
28 Und in zerstörten Städten hat er Wohnung genommen,
in Häusern, die niemand mehr bewohnen sollte,
die bestimmt waren, Trümmer zu bleiben.
29 Er bleibt nicht reich, und sein Besitz hat keinen Bestand, 29: 20,28; 27,18
und seine Ähre neigt sich nicht zur Erde.
30 Der Finsternis entkommt er nicht, 30: 4,9
seine Schösslinge dörrt die Flamme aus,
und beim Hauch seines Mundes schwindet er dahin.
31 Er vertraue nicht auf Nichtiges, er wird getäuscht,
denn was er dafür eintauscht, wird Nichtiges sein.
32 Bevor sein Tag kommt, erfüllt es sich,
und sein Palmzweig grünt nicht mehr.
33 Er ist wie ein Weinstock, der seine unreifen Trauben abstösst, 33: Mt 3,10
und wie ein Ölbaum, der seine Blüte abwirft.
34 Denn unfruchtbar ist die Bande der Ruchlosen,
und Feuer frisst die Zelte der Bestechlichen.
35 Sie sind schwanger mit Mühsal und gebären Unheil, 35: Jes 59,4; Ps 7,15; Gal 6,8
und was ihr Schoss hervorbringt, ist nichtig.

Hiobs Antwort

16 1 Da antwortete Hiob und sprach:
2 Derlei habe ich oft gehört, 2: 21,34
ihr alle seid leidige Tröster.
3 Nehmen die windigen Worte ein Ende? 3: 15,2
Und was reizt dich zu antworten?
4 Auch ich könnte reden wie ihr, 4: Ps 22,8
wenn ihr an meiner Stelle wärt.
Ich könnte mit Worten gegen euch glänzen
und meinen Kopf über euch schütteln.
5 Ich wollte euch stärken mit meinem Mund
und euch trösten mit meinen Lippen.
6 Wenn ich spreche, wird mein Schmerz nicht gelindert,
und auch wenn ich es lasse, weicht er nicht von mir.
7 Jetzt aber hat er mich zermürbt. 7: 19,13–15
Du hast meinen Umkreis verödet
8 und hast mich gepackt. 8: 30,18
Mein Verfall sagt gegen mich aus
und erhebt sich als Zeuge gegen mich,
ins Angesicht klagt er mich an.
9 Sein Zorn zerreisst und verfolgt mich, 9: 30,21
er fletscht die Zähne gegen mich,
mit Blicken durchbohrt mich mein Feind.

10: Ps 22,14; 35,21
10 Sie reissen ihr Maul auf gegen mich,
voller Hohn schlagen sie mir auf die Backen,
sie rotten sich zusammen gegen mich.

11: Ps 71,4
11 Gott liefert mich den Schurken aus,
und er stösst mich in die Hände von Frevlern.

12–17: 30,16–19
12: Ps 137,9 · 7,20; Klgl 3,12
12 Ich lebte ruhig, da hat er mich erschüttert
und hat mich beim Nacken gepackt und zerschmettert,
und als seine Zielscheibe hat er mich hingestellt.

13: 6,4
13 Seine Geschosse umschwirren mich,
erbarmungslos durchbohrt er meine Nieren,
lässt meine Galle auf die Erde fliessen.

14 Bresche um Bresche schlägt er in mich,
wie ein Krieger stürmt er gegen mich an.

15: Gen 37,34 · 1Kön 22,11
15 Einen Sack habe ich um meine Haut genäht
und mein Horn in den Staub gesenkt.

16 Mein Gesicht ist rot vom Weinen,
und tiefes Dunkel liegt auf meinen Lidern.

17: 10,7; 27,6
17 Doch an meinen Händen klebt kein Unrecht,
und mein Gebet ist rein.

18: Gen 4,10; 37,26; Jes 26,21; Ez 24,7
18 O Erde, decke mein Blut nicht zu,
und mein Schreien komme nicht zur Ruhe.

19: 33,23–24; Röm 1,9 · 17,3
19 Aber seht, schon jetzt ist im Himmel mein Zeuge
und mein Bürge in der Höhe.

20: 17,6; 21,3; 30,9
20 Meine Freunde verspotten mich,
mit Tränen blickt mein Auge zu Gott,

21: 31,35; 9,33
21 dass er Recht schaffe dem Mann bei Gott
und zwischen Mensch und Mensch.

22: 10,21
22 Denn nur wenige Jahre kommen noch,
dann gehe ich den Weg ohne Wiederkehr.

17 1 Mein Geist ist verstört,
meine Tage sind ausgelöscht,
mir bleibt nur das Grab.

2: 17,6; 12,4; 30,9
2 Nichts als Spott begleitet mich,
und von ihren Anfeindungen kommt mein Auge nicht los.

3: 16,19 · Spr 6,1
3 Sei du selbst mein Bürge bei dir!
Wer sonst wäre bereit, für mich zu bürgen?

4 Denn ihr Herz hast du der Einsicht verschlossen,
darum wirst du ihnen den Sieg nicht geben.

5 Zum Teilen lädt einer die Freunde ein,
doch die Augen seiner Kinder verschmachten.

6: 17,2 · 16,20!; Jes 50,6
6 Er hat mich bei den Menschen zum Spott gemacht,
und ich muss mir ins Angesicht spucken lassen.

7 Und mein Auge ist vor Gram erloschen,
und alle meine Glieder sind wie ein Schatten.

8 Die Aufrechten entsetzen sich darüber,
und der Unschuldige empört sich über den Ruchlosen.

9: Spr 4,18 · Ps 24,4
9 Doch der Gerechte hält fest an seinem Weg,
und wer reine Hände hat, wird stark.

10: 6,29; 12,2
10 Ihr alle aber, kommt nur wieder her,
ich finde doch keinen Weisen unter euch.

11 Meine Tage sind dahin,
zerrissen meine Pläne,
die Wünsche meines Herzens.
12 Die Nacht erklären sie zum Tag:
Das Licht werde die Finsternis vertreiben.
13 Ich erhoffe nichts mehr, das Totenreich ist mein Haus, 13: 3,13
in der Finsternis habe ich mein Lager ausgebreitet.
14 Zur Grube sage ich: Du bist mein Vater!,
zur Made: Meine Mutter, meine Schwester!
15 Wo aber ist meine Hoffnung, 15: 14,19!
und wer kann schauen, was ich erhoffe?
16 Fährt es mit mir ins Totenreich,
und sinken wir zusammen in den Staub?

Zweite Rede des Bildad

18 1 Da antwortete Bildad von Schuach und sprach: 1: 8,1!
2 Wie lange wollt ihr noch eure Worte zügeln?
Kommt zur Einsicht, und dann lasst uns reden!
3 Warum hält man uns für Vieh, 3: Ps 73,22
warum betrachtet ihr uns als unrein?
4 Du zerreisst dich selbst in deinem Zorn. 4: 14,18
Soll deinetwegen sich die Erde entvölkern
und ein Fels von seiner Stelle rücken?
5 Das Licht des Frevlers erlischt, 5: 21,13.17; Spr 13,9!
und die Flamme seines Feuers leuchtet nicht mehr.
6 Das Licht in seinem Zelt verfinstert sich, 6: 21,17; 38,15
und seine Leuchte erlischt über ihm.
7 Seine kräftigen Schritte werden kurz, 7: Spr 4,12 · 5,12–13;
und sein eigener Plan bringt ihn zu Fall. 15,6
8 Denn von den eigenen Füssen wird er ins Netz getrieben, 8–10: 19,6;
und er geht über Flechtwerk. Ps 35,7–8; 140,4
9 Die Falle packt ihn an der Ferse,
die Schlinge hält ihn fest.
10 Versteckt liegt sein Fangstrick am Boden
und die Falle für ihn auf dem Pfad.
11 Ringsum ängstigen ihn Schrecken 11: 30,15!; Lev 26,36
und hetzen ihn auf Schritt und Tritt.
12 Das Unheil ist hungrig nach ihm, 12: 15,23
und das Verderben steht bereit zu seinem Sturz.
13 Es frisst Stücke seiner Haut, 13: 27,15; Mi 3,3
seine Glieder frisst der Erstgeborene des Todes.
14 Aus seinem sicheren Zelt wird er herausgerissen,
und zum König der Schrecken wird er getrieben.
15 In seinem Zelt wird ein Fremder wohnen, 15: Gen 19,24;
Schwefel wird auf seine Wohnstätte gestreut. Ps 11,6; Ez 38,22
16 Unten verdorren seine Wurzeln, 16: 8,12–16!
und oben verwelken seine Zweige.
17 Die Erinnerung an ihn schwindet aus dem Land, 17: Ps 9,6; 34,17;
und auf der Gasse hat er keinen Namen mehr. Spr 10,7

18: 5,14! 18 Man stösst ihn aus dem Licht in die Finsternis
und verjagt ihn vom Erdkreis.
19 Er hat keinen Spross, keinen Nachkommen in seinem Volk,
und wo er einst weilte, ist keiner mehr übrig.
20 Die im Westen erschaudern über seinen Tag,
und die im Osten packt Entsetzen.
21 So ergeht es den Wohnungen des Frevlers
und so der Stätte dessen, der Gott nicht kennt.

Hiobs Antwort

19 1 Da antwortete Hiob und sprach:
2 Wie lange wollt ihr meine Seele quälen
und mich mit Worten zermalmen?
3: Num 14,22 3 Zehnmal habt ihr mich nun schon geschmäht,
und ihr schämt euch nicht, mich zu misshandeln.
4 Hätte ich wirklich gefehlt,
so müsste ich doch selbst meine Verfehlung tragen.
5 Wollt ihr wirklich grosstun gegen mich
und mir meine Schmach beweisen?
6: 6,29! · 18,8–10! 6 Erkennt doch, dass Gott mir unrecht getan
und sein Fangnetz um mich gelegt hat.
7: 24,12; 30,20; Jer 20,8; Hab 1,2 7 Seht, ich schreie: Gewalt!, und bekomme keine Antwort,
ich rufe um Hilfe, doch da ist kein Recht.
8: 3,23! 8 Meinen Weg hat er versperrt, ich kann nicht weiter,
und Finsternis legt er auf meine Pfade.
9: 29,14; Ps 89,45 9 Meiner Ehre hat er mich entkleidet,
und die Krone hat er mir vom Haupt genommen.
10: 14,7–9! 10 Ganz und gar hat er mich zerbrochen, und ich fahre dahin,
und meine Hoffnung hat er ausgerissen wie einen Baum.
11: 13,24! 11 Und seinen Zorn liess er gegen mich entbrennen
und behandelte mich wie seinen Feind.
12: 30,12 12 Vereint kamen seine Scharen herbei
und bahnten sich ihren Weg gegen mich
und lagerten rings um mein Zelt.
13–19: 16,7; Ps 31,12 · Ps 69,9; 88,9.19 13 Meine Brüder hat er mir entfremdet,
und die mich kennen, haben sich abgewandt von mir.
13: 42,11 14 Meine Verwandten und Vertrauten halten sich fern,
vergessen haben mich,
15 die in meinem Hause Gast waren,
und meine Mägde halten mich für einen Fremden,
ein Unbekannter bin ich nun in ihren Augen.
16 Ich rufe meinen Knecht, er aber antwortet nicht,
mit meinem Mund muss ich ihn anflehen.
17 Meiner Frau ist mein Atem widerlich
und meinen Geschwistern mein Gestank.
18: 30,1! 18 Selbst Kinder verachten mich,
wenn ich aufstehen will, verhöhnen sie mich.
19: 13; Ps 41,10; Joh 13,18 19 Alle meine Vertrauten verabscheuen mich,
und die ich liebte, haben sich gegen mich gewandt.

20 Ich bin nur noch Haut und Knochen,
und die Haare fallen mir aus.
21 Habt Erbarmen, Erbarmen mit mir, meine Freunde,
denn Gottes Hand hat mich geschlagen.
22 Warum wollt ihr mich wie Gott verfolgen
und werdet nicht satt, mich zu zerfleischen?
23 Würden meine Worte doch aufgeschrieben,
in eine Tafel geritzt,
24 mit eisernem Griffel und mit Blei
für immer in den Fels gemeisselt!
25 Ich aber weiss: Mein Anwalt lebt,
und zuletzt wird er sich über dem Staub erheben.
26 Und nachdem meine Haut so zerschunden wurde,
werde ich Gott schauen ohne mein Fleisch.
27 Ich werde ihn schauen,
und meine Augen werden ihn sehen und niemand sonst.
In meinem Innern verzehren sich meine Nieren.
28 Wenn ihr denkt: Wie können wir ihn verfolgen,
bei ihm selbst den Grund der Sache finden?,
29 so fürchtet euch vor dem Schwert!
Denn Zorn wird mit dem Schwert bestraft,
damit ihr wisst: Es gibt ein Gericht.

20: 33,21!
21: 1,11; Ps 38,3
22: Ps 27,2
25: 42,5; Jer 50,34; Ps 119,154; Spr 23,11
27: 42,5
29: Koh 12,14

Zweite Rede des Zofar

20 1 Da antwortete Zofar von Naama und sprach:
2 Darauf antworten mir meine Gedanken,
und darüber denke ich nach:
3 Ich muss hören, wie man mich schmäht und tadelt,
doch der Geist meiner Einsicht lässt mich antworten.
4 Weisst du es nicht: Seit alten Zeiten,
seit er Menschen auf die Erde setzte,
5 ist der Jubel der Frevler von kurzer Dauer
und währt die Freude des Ruchlosen nur einen Augenblick.
6 Steigt auch sein Übermut zum Himmel,
und reicht sein Haupt bis an die Wolken,
7 für immer vergeht er wie sein Kot.
Die ihn sahen, sagen: Wo ist er?
8 Wie ein Traum löst er sich auf, unauffindbar,
weggescheucht wie ein Nachtgesicht.
9 Das Auge, das ihn sah, sieht ihn nicht wieder,
und seine Stätte erblickt ihn nicht mehr.
10 Seine Kinder müssen die Armen begütigen
und seine Hände den Raub erstatten.
11 Voller Jugendkraft waren seine Glieder,
doch mit ihm legt sie sich in den Staub.

1: 11,1
4: 8,8–10!
5: 8,13!
6: Jes 14,13; Ez 31,3; Dan 4,8; Ps 37,35–36
7: Mi 7,10
8: Ps 73,20
9: Ps 37,10
10: 20,18

19,20: Wörtlich: «An meiner Haut und meinem Fleisch klebt mein Gebein, und an der Haut meiner Zähne bin ich kahl geworden.»

19,26: Möglich ist auch die Übersetzung: «… werde ich Gott schauen in meinem Fleisch.», das heisst: noch lebendig.

12: Spr 9,17; 20,17
12 Wenn das Böse süss schmeckt in seinem Mund,
wenn er es unter der Zunge birgt,
13 es aufspart und nicht loslassen will
und es zurückhält in seinem Gaumen,
14 verwandelt sich die Speise in seinem Innern,
wird zu Viperngift in seinem Leib.
15 Ausspeien muss er das Gut, das er verschlungen hat,
aus seinem Bauch treibt Gott es heraus.

16: Dtn 32,33
16 Das Gift von Vipern saugt er ein,
die Zunge der Otter tötet ihn.

17: 29,6!
17 Er darf sich nicht freuen an Bächen,
an Flüssen, an Strömen von Honig und Sahne.

18: 20,10
18 Den Ertrag gibt er zurück, und er kann ihn nicht verschlingen,
sein erhandeltes Gut kann er nicht geniessen.

19: 27,4; 35,9
19 Denn er schlug Arme nieder und liess sie liegen,
raubte ein Haus, doch er kann es nicht ausbauen.
20 Weil sein Bauch keine Ruhe gab,
wird er nichts retten von seinen Schätzen.
21 Nichts entging seiner Fressgier,
darum hat sein Gut nicht Bestand.
22 In der Fülle seines Überflusses gerät er in Not,
die ganze Wucht des Leidens kommt über ihn.
23 Indem er ihm den Bauch füllt,
lässt Gott die Glut seines Zorns auf ihn los
und lässt seinen Grimm auf ihn regnen.

24: Ps 18,35
24 Flieht er vor der eisernen Rüstung,
durchbohrt ihn der eherne Bogen.

25: 15,21!
25 Konnte er den Pfeil aus seinem Rücken ziehen
und die blitzende Klinge aus seiner Galle,
überfallen ihn Schrecken.

26: Dtn 32,22 · 1,16; 15,34 · 18,14
26 Lauter Finsternis ist aufgespart für ihn,
es verzehrt ihn ein Feuer, das nicht angefacht wurde,
es frisst, was übrig blieb in seinem Zelt.
27 Der Himmel deckt seine Schuld auf,
und die Erde erhebt sich gegen ihn.

28: Dtn 28,31 · 21,30
28 Weggeführt wird der Ertrag seines Hauses,
dahingerafft am Tag seines Zorns.

29: 27,13; 31,2
29 Das ist von Gott das Los eines Menschen, der frevelt,
und das Erbe, das Gott ihm zugesprochen hat.

Hiobs Antwort

21 1 Da antwortete Hiob und sprach:

2: 34
2 Hört doch, hört mein Wort,
und das sei der Trost, den ihr mir gewährt.

3: 16,20!
3 Ertragt es, dass ich rede,
und danach könnt ihr über mich spotten.
4 Richte ich denn meine Klage an Menschen?
Und warum sollte ich nicht ungeduldig sein?

5: 29,9; 40,4; Spr 30,32; Mi 7,16
5 Wendet euch zu mir und erstarrt
und legt die Hand auf euren Mund!

6 Wenn ich daran denke, bin ich bestürzt,
und ein Zittern erfasst meinen Leib:
7 Warum bleiben die Frevler am Leben,
werden alt, ja nehmen zu an Kraft?
8 Fest stehen ihre Nachkommen vor ihrem Angesicht
und ihre Sprösslinge vor ihren Augen.
9 Ihre Häuser sind vor dem Schrecken sicher,
und der Stab Gottes schlägt sie nicht.
10 Ihre Stiere bespringen nicht umsonst,
ihre Kühe kalben ohne Fehlgeburt.
11 Wie die Schafe lassen sie ihre Knaben hinaus,
und ihre Kinder tanzen und springen.
12 Sie singen zu Trommel und Leier
und freuen sich beim Klang der Flöte.
13 Ihre Tage verbringen sie im Glück,
und friedlich fahren sie ins Totenreich hinab.
14 Und sie sagen zu Gott: Bleib uns fern,
von deinen Wegen wollen wir nichts wissen.
15 Warum sollen wir Schaddai dienen,
und was nützt es uns, wenn wir ihn bitten?
16 Doch ihr Glück liegt nicht in ihrer Hand,
das Denken der Frevler ist mir fern.
17 Wie oft geschieht es denn, dass die Leuchte der Frevler erlischt,
dass Unglück über sie kommt,
dass er ihnen Verderben zuteilt in seinem Zorn,
18 dass sie werden wie Stroh vor dem Wind
und wie Spreu, die der Sturmwind fortträgt?
19 Spart Gott das Unheil auf für die Kinder des Frevlers?
Ihn selbst soll er strafen, dass er es spürt!
20 Mit eigenen Augen soll er seinen Untergang sehen
und trinken vom Zorn Schaddais!
21 Denn was liegt ihm noch an seinem Haus,
wenn die Zahl seiner Monde vollendet ist?
22 Muss man Gott Erkenntnis lehren,
da er doch die Höchsten richtet?
23 Der eine stirbt in voller Kraft,
friedlich und ohne jede Sorge.
24 Voll Milch sind seine Tröge,
und saftig ist das Mark seiner Knochen.
25 Der andere stirbt im Herzen verbittert
und hat vom Guten nie gekostet.
26 Zusammen liegen sie im Staub,
und Maden bedecken sie.
27 Seht, ich kenne eure Gedanken
und die Pläne, die ihr gegen mich ersinnt.
28 Ihr sagt: Wo ist das Haus des Vornehmen
und wo das Zelt, in dem die Frevler wohnten? –
29 Habt ihr denn nie die Reisenden gefragt,
und versteht ihr nicht ihre Zeichen?
30 Am Tag des Verderbens bleibt der Böse verschont,

6: Jer 23,9; Hab 3,16; Ps 55,6
7: 12,6; Jer 12,1; Ps 73,3.12
9: 9,34; Ps 73,5
12: Jes 5,12!
13: 18,5; Spr 13,9!
14: 22,17; Ps 10,4
15: 34,9; 35,3; Mal 3,14
16: 22,18; Ps 1,1
17: 18,6!
18: Ps 1,4; 35,5
19: 27,14; Ex 20,5
20: Ps 75,9; Jes 51,17; Jer 25,15; Offb 14,10
21: 14,21–22!
22: Jes 45,9; Röm 11,34
24: Ps 63,6
26: 7,5!; Koh 9,2–3 · Jes 14,11
30: Dtn 32,35; Jer 18,17; Obd 13

am Tag der Zornesfluten wird er gerettet.
31 Wer hält ihm ins Gesicht seinen Wandel vor,
und wer vergilt ihm, was er getan hat?
32: Koh 8,10 32 Er aber wird zur Grabstätte geleitet,
und bei seinem Grab hält man Wache.
33 Die Schollen des Schachtes sind ihm angenehm,
und hinter ihm her zieht alle Welt
und vor ihm die zahllose Menge.
34: 2 34 Wie tröstet ihr mich mit Nichtigem!
Und von euren Antworten bleibt nur Betrug.

Dritte Rede des Elifas

1: 4,1! 22 1 Da antwortete Elifas von Teman und sprach:
2–3: 35,7 2 Kann denn ein Mann Gott Nutzen bringen?
Nein, ein Kluger nützt nur sich selbst.
3 Liegt Schaddai daran, dass du gerecht bist,
und ist es sein Gewinn, wenn deine Wege unschuldig sind?
4 Straft er dich etwa deiner Gottesfurcht wegen,
geht er darum mit dir ins Gericht?
5–9: 1,1! 5 Ist deine Bosheit nicht gross,
und sind deine Sünden nicht endlos?
6: 24,9–10; Ex 22,25–26; Dtn 24,10 6 Ohne Grund hast du deine Brüder gepfändet,
und den Nackten hast du die Kleider ausgezogen.
7: 31,17; Jes 58,7; Ez 18,7; Mt 25,42–43 7 Dem Erschöpften hast du kein Wasser gegeben,
und dem Hungrigen hast du das Brot verweigert.
8 Dem Mächtigen gehört das Land,
und sein Günstling darf darin wohnen.
9: 29,12; 31,16.21; Ex 22,21–22 9 Witwen hast du mit leeren Händen fortgeschickt,
und den Waisen sind die Arme gebrochen worden.
10: 18,8–10!; 31,4 10 Darum bist du von Fallen umgeben,
und es ängstigt dich plötzlicher Schrecken
11 oder Finsternis, in der du nichts siehst,
und eine Wasserflut, die dich bedeckt.
12: 35,5; Ps 8,4 12 Ist Gott nicht erhaben wie der Himmel?
Und sieh, wie hoch die höchsten Sterne stehen!
13–14: 11,14; Ps 10,11; 73,11; Ez 8,12 13 Du aber sagst: Was weiss denn Gott?
Kann er richten hinter den dunklen Wolken?
14: Ps 139,11–12 14 Wolken umhüllen ihn, dass er nichts sieht,
und auf dem Kreis des Himmels geht er einher.
15–16: Gen 7,21 15 Willst du dem Pfad der Vorzeit folgen,
den die Männer des Unheils gegangen sind,
16: 14,19!; Jes 28,2; Mt 7,26–27 16 die dahingerafft wurden vor der Zeit,
über deren Grund sich ein Strom ergoss,
17: 21,14! 17 die zu Gott sprachen: Bleib uns fern!,
und: Was kann Schaddai uns tun?
18: 21,16! 18 Er aber hat ihre Häuser mit Gutem gefüllt.
Das Denken der Frevler ist mir fern!
19: Ps 58,11; 107,42 19 Die Gerechten werden es sehen und sich freuen,
und der Schuldlose wird über sie spotten:
20 Vernichtet sind unsere Gegner,

und was von ihnen übrig blieb, hat das Feuer verzehrt.
21 Vertrage dich mit ihm und schliesse Frieden,
so wird Gutes zu dir kommen.
22 Nimm die Weisung an aus seinem Mund,
und bewahre seine Worte in deinem Herzen.
23 Wenn du umkehrst zu Schaddai, wirst du aufgerichtet.
Wenn du aus deinem Zelt das Unrecht entfernst,
24 das Golderz in den Staub wirfst
und das Ofirgold zu den Steinen der Bäche,
25 dann wird Schaddai dein Golderz sein
und strahlendes Silber für dich.
26 Dann wirst du dich an Schaddai erfreuen
und dein Angesicht zu Gott erheben.
27 Du wirst ihn bitten, und er wird dich erhören,
und deine Gelübde wirst du erfüllen.
28 Was du beschliesst, wird dir gelingen,
und über deinen Wegen strahlt Licht.
29 Denn Gott erniedrigt, die hochmütig reden,
wer aber die Augen niederschlägt, dem hilft er.
30 Er rettet selbst den, der nicht schuldlos ist,
durch die Reinheit deiner Hände wird er gerettet.

22: 6,10; 23,12 · Ps 119,11
23: 11,14
24: Ex 32,2; Jes 2,20
26: 27,10; Jes 58,14
28: Ps 119,105
29: 5,11!; Spr 3,34; Mt 23,12; Jak 4,6; 1Petr 5,5

Hiobs Antwort

23 1 Da antwortete Hiob und sprach:
2 Auch heute ist meine Klage Widerspruch,
die Last seiner Hand lässt mich stöhnen.
3 Wüsste ich doch, wie ich ihn finden,
zu seiner Stätte gelangen könnte!
4 Ich wollte den Rechtsfall vor ihm darlegen
und meinen Mund mit Beweisen füllen.
5 Ich möchte wissen, was er mir erwidert,
und erfahren, was er mir zu sagen hat.
6 Würde er mit mir streiten in der Fülle seiner Macht?
Wollte er doch nur auf mich achten!
7 Ein Aufrechter würde dort mit ihm streiten,
und für immer hätte ich mein Recht gesichert.
8 Seht, geh ich nach Osten, so ist er nicht da,
und nach Westen, so erkenne ich ihn nicht.
9 Wirkt er im Norden, so erblicke ich ihn nicht,
verbirgt er sich im Süden, so sehe ich ihn nicht.
10 Er aber kennt meinen Weg,
wenn er mich prüfte, wäre ich wie Gold.
11 Mein Fuss ist auf seiner Spur geblieben,
seinen Weg hielt ich ein und wich nicht ab.
12 Ich liess nicht ab vom Gebot seiner Lippen,
die Worte seines Mundes bewahrte ich in meiner Brust.
13 Er aber hat es beschlossen, und wer könnte ihn umstimmen?
Und was er wollte, hat er getan.
14 Er wird vollenden, was mir bestimmt ist,
und hält noch mehr davon bereit.

2–6: 26,5–14
2: Ps 32,4
3–7: 31,35!
4: 13,3
8–9: 9,11!; Ps 139,7–10
10: Ps 139,1–3 · 27,6!; Sach 13,9; Ps 17,3
11: Ps 17,5
12: 22,22!
13: Ps 115,3

15 Darum erschrecke ich vor ihm.
Denke ich daran, macht er mir Angst.
16 Gott hat mein Herz verzagt gemacht,
und Schaddai hat mich erschreckt.
17 Denn nicht von der Finsternis werde ich vernichtet,
und nicht, weil Dunkelheit mein Angesicht bedeckt.

1–12: 30,1–10
24 1 Warum hat Schaddai keine Zeiten der Strafe bestimmt,
und warum erleben, die ihn kennen, seine Gerichtstage nicht?
2: Dtn 19,14!; Hos 5,10
2 Man verrückt Marksteine,
man raubt die Herde und lässt sie weiden.
3: 1Sam 12,3 · 22,9
3 Den Esel der Waisen treibt man weg,
das Rind der Witwe nimmt man zum Pfand.
4–5: 30,2–3
4 Man drängt die Armen vom Weg,
die Elenden des Landes müssen sich alle verstecken.
5: 39,5–6; Dan 5,21
5 Sie sind wie Wildesel in der Wüste,
sie ziehen aus zu ihrer Arbeit,
in der Steppe suchen sie nach Nahrung,
nach Brot für sich und ihre Kinder.
6 In der Nacht ernten sie auf dem Feld,
und sie plündern den Weinberg des Frevlers.
7: 31,19–20.32; Dtn 24,12–13; Jak 2,15–16
7 Nackt, ohne Kleidung, verbringen sie die Nacht,
und in der Kälte haben sie keine Decke.
8: Jes 32,2
8 Vom Regen der Berge sind sie durchnässt,
und an den Felsen suchen sie Schutz.
9–10: 22,6!
9 Man reisst das Waisenkind von der Mutterbrust,
und den Säugling des Armen nimmt man zum Pfand.
10: 31,19–20
10 Nackt gehen sie einher, ohne Kleidung,
und hungernd tragen sie Garben.
11 In den Gärten pressen sie Öl,
treten die Kelter und leiden Durst dabei.
12: 19,7!; 35,12
12 In der Stadt hört man Menschen stöhnen,
und Verletzte schreien um Hilfe,
und Gott nimmt keinen Anstoss.
13: 16; Joh 3,20
13 Sie sind zu Feinden des Lichts geworden,
sie kennen nicht seine Wege
und bleiben nicht auf seinen Pfaden:
14: Jer 49,9; Obd 5
14 Vor dem ersten Licht erhebt sich der Mörder,
er tötet den Elenden und Armen,
und der Dieb geht um in der Nacht.
15: Ps 10,8–11
15 Und der Ehebrecher lauert auf die Dämmerung.
Er denkt: Kein Auge soll mich sehen!,
und verhüllt sein Gesicht.
16: 13
16 Im Finstern brechen sie ein in die Häuser,
bei Tag schliessen sie sich ein,
denn sie scheuen das Licht.
17 Als Morgen gilt ihnen die Finsternis,
mit den Schrecken der Finsternis sind sie vertraut.
18 Schnell fahren sie dahin wie auf Wasser,
verflucht ist ihr Erbteil auf Erden,
zu den Weinbergen gehen sie nicht mehr.

19 Dürre und Hitze nehmen das Schmelzwasser weg,
so das Totenreich die, die gesündigt haben.
20 Der Mutterschoss vergisst sie, 20: 7,5! · Spr 10,7
an ihnen laben sich die Maden,
niemand erinnert sich an sie,
und das Unrecht wird zerbrochen wie ein Baum.
21 Man bedrückt die Unfruchtbare, die nicht gebären kann,
und der Witwe tut man nichts Gutes.
22 Doch Gott erhält die Mächtigen durch seine Kraft,
wer sein Leben schon aufgegeben hat, steht wieder auf.
23 Er gibt ihnen Sicherheit, und sie stützen sich darauf, 23: Ps 11,4; Spr 15,3
und seine Augen wachen über ihren Wegen.
24 Sie kommen hoch für kurze Zeit, dann ist er nicht mehr da, 24: 14,2!
und sie werden erniedrigt, dahingerafft wie alle,
und verwelken wie die Spitze der Ähre.
25 Und wenn es nicht so ist, wer will mich Lügen strafen
und meine Worte zunichte machen?

Dritte Rede des Bildad

25 1 Da antwortete Bildad von Schuach und sprach: 1: 9,1!
2 Herrschaft und Schrecken sind bei ihm,
der Frieden schafft in seinen Höhen.
3 Kann man seine Scharen zählen?
Und über wem geht nicht sein Licht auf?
4 Wie könnte da ein Mensch im Recht sein vor Gott, 4–6: 4,17–19!
und wie könnte rein sein, wer von einer Frau geboren wurde?
5 Wenn selbst der Mond nicht hell ist
und die Sterne nicht rein sind in seinen Augen,
6 wie viel weniger der Sterbliche, diese Made, 6: Ps 22,7
und der Mensch, dieser Wurm!

Hiobs Antwort

26 1 Da antwortete Hiob und sprach:
2 Wie hast du doch dem Kraftlosen geholfen
und dem Ohnmächtigen beigestanden!
3 Wie hast du den Unweisen doch beraten
und eine Fülle von Tiefsinn kundgetan!
4 Mit wessen Hilfe hast du gesprochen,
und wessen Geist ging aus von dir?
5 Es erzittern die Schatten dort unten, 5–14: 23,2–6 · Jes 14,9; Spr 9,18; 21,16
die Wasser und ihre Bewohner.
6 Nackt liegt das Totenreich vor ihm 6: 28,20–22; Ps 139,8; Spr 15,11
und unverhüllt der Abgrund.
7 Er spannt den Norden aus über der Leere 7: 38,6
und hängt die Erde auf über dem Nichts.
8 Er bindet das Wasser in seine Wolken, 8: 36,27–28; 37,11
und die Wolken zerreissen darunter nicht.
9 Er verschliesst den Thron vor den Blicken
und breitet seine Wolken darüber.
10 Rund um das Wasser hat er eine Grenze gezogen, 10: 38,8; Gen 1,4; Spr 8,27

wo Licht und Finsternis sich scheiden.
11 Die Säulen des Himmels erzittern
und erschrecken vor seinem Drohen.
12: 9,13! 12 Mit seiner Kraft hat er das Meer erregt
und mit seiner Klugheit Rahab zerschmettert.
13: 12,10! · Jes 27,1! 13 Durch seinen Atem wurde der Himmel heiter,
seine Hand hat die flüchtige Schlange durchbohrt.
14 Seht, das sind nur die Säume seiner Wege,
und wie leise ist das Wort, das wir vernehmen!
Wer aber könnte das Donnern seiner Macht begreifen?

1–11: 42,15
1: 26,1
2: 34,5 · 9,18; 13,26

27 1 Und Hiob setzte seine Rede fort und sprach:
2 So wahr Gott lebt, der mir mein Recht entzogen,
und Schaddai, der mein Leben verbittert hat:
3: Gen 2,7; 33,4 3 Solange noch Lebensgeist in mir ist
und Gottes Atem in meiner Nase,
4: 20,19!; Ps 34,14 4 sollen meine Lippen kein Unrecht reden,
und meine Zunge soll nichts Falsches sprechen.
5–6: 6,29! 5 Fern sei es mir, euch Recht zu geben,
bis in den Tod gebe ich meine Unschuld nicht preis.
6: 33,9; 23,10; 16,17 6 An meiner Gerechtigkeit halte ich fest, und ich lasse sie nicht,
keinen meiner Tage hält mein Gewissen mir vor.
7 Wie dem Frevler soll es meinem Feind ergehen
und meinem Gegner wie dem Übeltäter.
8: 8,13! 8 Denn welche Hoffnung hat der Ruchlose, wenn er dahingeht,
wenn Gott ihm sein Leben nimmt?
9: 35,12; Ps 18,42; Spr 1,28; Jer 14,12; Mi 3,4 9 Wird Gott sein Schreien hören,
wenn Not ihn überfällt?
10: 22,26 10 Wird er seine Lust haben an Schaddai,
Gott anrufen zu jeder Zeit?
11 Ich will euch über Gottes Macht belehren,
euch nicht verhehlen, was Schaddai denkt.
12 Seht, ihr alle habt es gesehen,
warum bringt ihr so Nichtiges vor?
13: 20,29! 13 Das ist das Los des Frevlers bei Gott
und das Erbe jedes Gewalttätigen, das er von Schaddai empfängt:
14: 21,19 14 Wenn seine Kinder zahlreich werden, so ist es für das Schwert,
und seine Sprösslinge essen sich nicht satt.
15: 18,13 15 Die übrig bleiben, bringt die Pest ins Grab,
und seine Witwen beweinen ihn nicht.
16–19: Lk 12,16–21 16 Wenn er auch Silber anhäuft wie Staub
und Kleider aufhäuft wie Lehm,
17: Spr 13,22! 17 er häuft sie auf, doch tragen wird sie ein Gerechter,
und das Silber wird ein Schuldloser bekommen.
18: 4,19! 18 Wie eine Motte hat er sein Haus gebaut,
wie eine Hütte, die der Wächter aufstellt.
19 Reich legt er sich nieder, und nichts ist ihm genommen,
aber schlägt er die Augen auf, ist nichts mehr da.
20: 15,21! · Mt 7,27 20 Schrecken holt ihn ein wie eine Wasserflut,
bei Nacht rafft ihn der Sturmwind weg.
21 Der Ostwind packt ihn, dass er dahinfährt,

er fegt ihn fort von seinem Ort.
22 Schonungslos wirft er sich auf ihn,
vor seiner Macht muss er fliehen.
23 Man klatscht in die Hände über ihn 23: Klgl 2,15
und zischt ihm nach von seiner Stätte her.

28 1 Es gibt eine Fundstätte für das Silber
und einen Ort für das Gold, das man läutert.
2 Aus der Erde wird Eisen gewonnen, 2: Dtn 8,9
und aus dem Gestein wird Kupfer geschmolzen.
3 Der Finsternis hat man ein Ende gesetzt,
bis in den letzten Winkel erforscht man
das dunkle und finstere Gestein.
4 Fremde Leute haben einen Schacht gebrochen,
niemand denkt an sie,
ohne Halt für den Fuss hängen sie,
schweben sie fern von den Menschen.
5 Oben auf der Erde sprosst das Getreide,
und unten wird sie zerwühlt wie von Feuer.
6 Ihr Gestein ist der Ort des Lapislazuli,
und Goldstaub findet sich darin.
7 Kein Raubvogel kennt den Pfad, 7: 21
und das Auge des Habichts hat ihn nicht erspäht.
8 Die stolzen Tiere haben ihn nicht betreten, 8: 40,11; 41,26
der Löwe ist nicht auf ihm geschritten.
9 An Kieselgestein hat man die Hand gelegt, 9: Ps 144,5
von Grund auf die Berge umgewühlt.
10 Durch die Felsen hat man Stollen geschlagen,
und lauter Kostbares hat das Auge erblickt.
11 Die Wasseradern hat man eingedämmt,
und was verborgen ist, bringt man ans Licht.
12 Die Weisheit aber, wo ist sie zu finden, 12–19: Spr 3,13–15 · 20–22
und wo ist der Ort der Erkenntnis?
13 Kein Mensch kennt ihren Wert,
und im Land der Lebenden ist sie nicht zu finden.
14 Die Urflut spricht: In mir ist sie nicht, 14: 22
und das Meer spricht: Bei mir ist sie nicht.
15 Man kann sie nicht mit Feingold kaufen 15–19: Spr 8,10
und ihren Preis nicht mit Silber aufwiegen.
16 Mit Ofirgold kann man sie nicht bezahlen,
nicht mit kostbarem Karneol oder Lapislazuli.
17 Gold und Glas haben nicht ihren Wert,
und gegen goldenes Gerät kann man sie nicht eintauschen,
18 zu schweigen von Korallen und Kristall.
Und wer Weisheit hat, besitzt mehr als Perlen.
19 Der Chrysolith aus Kusch hat nicht ihren Wert, 19: Spr 8,19
mit reinem Gold kann man sie nicht bezahlen.
20 Und die Weisheit, woher kommt sie, 20–22: 26,6 · 12–19
und wo hat die Erkenntnis ihren Ort?
21 Den Augen aller Lebenden ist sie verborgen, 21: 7
und vor den Vögeln des Himmels ist sie versteckt.

22: 14
22 Abgrund und Tod sprechen:
Die Kunde von ihr kam uns zu Ohren.
23: Spr 2,6
23 Gott weiss den Weg zu ihr,
und er kennt ihren Ort.
24 Denn er schaut bis zu den Enden der Erde,
er sieht alles, was unter dem Himmel ist.
25–27: Spr 8,22–31
25: Jes 40,12
25 Als er dem Wind sein Gewicht gab
und das Mass des Wassers bestimmte,
26: 5,10!; 38,25; Gen 1,7–8
26 als er dem Regen eine Grenze schuf
und Blitz und Donner einen Weg,
27 da hat er sie gesehen und ermessen,
er hat sie gefestigt und ergründet.
28: Ps 111,10; Spr 1,7
28 Zum Menschen aber sprach er:
Sieh, die Furcht des Herrn, das ist Weisheit,
und Böses meiden ist Erkenntnis.

29

1 Und Hiob setzte seine Rede fort und sprach:
2 Ach, wäre ich doch wie in früheren Monden,
wie in den Tagen, da Gott mich beschützte,
3: Ps 18,29
3 da er seine Leuchte über meinem Haupt erstrahlen liess,
da ich in seinem Licht durch das Dunkel ging,
4: 1,10
4 wie ich in früheren Zeiten war,
als Gottes Freundschaft mein Zelt beschützte,
5 als Schaddai noch bei mir war,
meine Kinder mich umgaben,
6: 20,17; Dtn 32,13; 33,24; Hld 5,1
6 als ich meine Füsse in Sahne badete,
und der Fels mir Bäche von Öl ergoss,
7: Rut 4,1
7 als ich durchs Tor ging zur Stadt hinauf,
meinen Sitz einnahm auf dem Platz.
8: 32,4!; Lev 19,32
8 Sahen mich die Jungen, so traten sie zurück,
und die Alten erhoben sich und blieben stehen.
9: 21,5!
9 Die Fürsten hörten auf zu reden
und legten die Hand auf ihren Mund.
10: Ps 137,5
10 Die Stimme der Vornehmen verstummte,
und ihre Zunge klebte am Gaumen.
11–17: 1,1!
11 Wessen Ohr mich hörte, der pries mich glücklich,
und wessen Auge mich sah, der bezeugte mir,
12: 22,9!
12 dass ich den Elenden rettete, der um Hilfe schrie,
und die Waise, die ohne Helfer war.
13 Der Segen des Verlorenen kam auf mich,
und das Herz der Witwe machte ich jubeln.
14: 19,9; Ps 132,9; Jes 11,5; 59,17; Eph 6,11
14 Gerechtigkeit zog ich an als mein Kleid,
das Recht war mein Mantel und Turban.
15 Ich war Augen für den Blinden
und Füsse für den Lahmen.
16: Spr 29,7; Ps 68,6–7
16 Ein Vater war ich für die Armen,
und die Rechtssache des Unbekannten habe ich geprüft.
17: 1Sam 17,34–35; Ps 3,8; Joh 10,11–12
17 Ich zerschmetterte dem Frevler den Kiefer
und entriss seinen Zähnen die Beute.
18 So dachte ich: Wie der Phönix werde ich sterben
mit meinem Nest und lange leben.

19 Meine Wurzel reicht bis zum Wasser, 19: Ps 1,1–3; Ez 31,7
und auf meinen Zweigen nächtigt der Tau.
20 Immer frisch bleibt mir meine Ehre,
und mein Bogen erneuert sich in meiner Hand.
21 Sie hörten auf mich und warteten
und lauschten schweigend meinem Rat.
22 Nach meinem Wort sprachen sie nicht mehr,
und meine Rede träufelte auf sie.
23 Und wie auf den Regen harrten sie auf mich 23: Dtn 32,7
und sperrten ihren Mund auf wie nach Spätregen.
24 Ich lachte über die, die mir nicht glaubten, 24: Spr 16,15
und mein strahlendes Gesicht konnten sie nicht trüben.
25 Ich bestimmte ihren Weg und sass da als ihr Haupt 25: 4,3
und wohnte wie ein König bei der Kriegerschar,
wenn er die Traurigen tröstet.

30 1 Jetzt aber lachen über mich, 1–10: 24,1–12
die jünger sind als ich, 1: 9; 17,2; 19,18
deren Vorfahren ich so verachtete,
dass ich sie bei den Hunden meiner Herde nicht geduldet hätte.
2 Was hätte mir auch die Arbeit ihrer Hände genützt? 2–3: 24,4–5
Sie hatten ja keine Kraft mehr
3 aus Mangel und vor hartem Hunger.
Sie nagen die Steppe ab,
das wüste und öde Land.
4 Sie pflücken das Salzkraut beim Gesträuch,
und Ginsterwurzeln sind ihre Speise.
5 Aus der Gemeinschaft werden sie vertrieben,
man schreit ihnen nach wie einem Dieb.
6 An den Talhängen müssen sie hausen,
in Erdlöchern und Felsklüften.
7 In den Sträuchern schreien sie, 7: 6,5
unter wildem Gestrüpp drängen sie sich zusammen.
8 Verworfene Leute ohne Namen,
sie wurden hinausgepeitscht aus dem Land.
9 Und nun singen sie Spottlieder über mich, 9–10: 16,20!
und auf mich zielt ihr Gerede. 9: 1!; Ps 69,13; Klgl 3,14
10 Sie verabscheuen mich, sie halten sich von mir fern 10: Num 12,14;
und spucken mir ins Gesicht. Dtn 25,9; Jes 50,6; Mt 26,67
11 Denn er hat meine Bogensehne gelöst und mich niedergebeugt,
sie aber liessen die Zügel vor mir schiessen.
12 Zur Rechten erhebt sich die Brut, 12: 19,12
sie haben meine Füsse weggestossen
und ihre Unheilswege gegen mich gebahnt.
13 Meinen Pfad haben sie aufgerissen,
sie schüren mein Verderben,
und niemand hält sie auf.
14 Wie durch eine breite Bresche kommen sie,
zwischen den Trümmern wälzen sie sich heran.

29,24: Möglich ist auch die Übersetzung: «Ich lachte ihnen zu, wenn sie verzagt waren, ...»

15: 4,14; 6,4; 18,11; 27,20
15 Schrecken stürzt auf mich ein,
wie der Wind verfliegt meine Würde,
und mein Heil ist entschwunden wie eine Wolke.

16–19: 16,12–17 · Ps 22,15
16 Und nun zerfliesst meine Seele in mir,
Tage des Elends packen mich.
17 Bei Nacht werden mir die Knochen durchbohrt,
und meine nagenden Schmerzen hören nicht auf.

18: 16,8
18 Mit grosser Gewalt packt er mich am Kleid,
wie der Kragen meines Leibrocks schnürt er mich ein.

19: 42,6; Gen 18,27
19 Er hat mich in den Dreck geworfen,
ich bin wie Staub und Asche geworden.

20: 19,7!; Ps 22,3
20 Ich schreie zu dir, und du antwortest mir nicht,
ich stehe da, und du bemerkst mich nicht.

21: 16,9
21 Grausam wirst du gegen mich,
mit der Macht deiner Hand verfolgst du mich.
22 Du hebst mich in den Sturm, lässt mich dahinfahren
und lässt mich vergehen im Heulen des Windes.
23 Ich weiss: Du treibst mich in den Tod,
in das Haus, wo alles, was lebt, sich versammelt.
24 Doch streckt man nicht die Hand aus, wenn man unter Trümmern liegt,
und schreit man nicht um Hilfe, wenn man ins Unglück gerät?

25: 4,3–4
25 Habe ich nicht geweint um einen, der harte Tage hatte,
war meine Seele nicht betrübt des Armen wegen?

26: Jer 8,15
26 Ich hoffte auf Gutes, und Böses kam,
ich wartete auf Licht, und es kam Finsternis.
27 Aufgewühlt ist mein Inneres, und es kommt nicht zur Ruhe,
Tage des Elends haben mich ereilt.
28 Finster ist mein Leben, ohne Sonne,
in der Gemeinde stehe ich auf und schreie um Hilfe.

29: Jes 34,13; 35,7; Jer 9,10; Ps 41,10
29 Ein Bruder der Schakale bin ich geworden
und ein Gefährte der Strausse.

30: 7,5; Klgl 4,8 · Ps 102,4
30 Meine Haut ist schwarz und löst sich ab,
und vor Fieber glühen meine Knochen.
31 Traurig klingt meine Leier,
und meine Flöte weint.

1: Ex 20,17; Dtn 5,21; Mt 5,28–29
2: 20,29!

31

1 Einen Bund hatte ich mit meinen Augen geschlossen,
nie einer Jungfrau nachzuschauen.
2 Was gäbe Gott von oben mir sonst als Teil
und als Erbteil Schaddai aus der Höhe?
3 Trifft nicht Unglück den Frevler
und Missgeschick die Übeltäter?

4: 23,10; 34,21
4 Sieht er nicht meine Wege,
und zählt er nicht alle meine Schritte?

5–34: 1,1!
5 Habe ich mich auf Falschheit eingelassen,
und eilte mein Fuss zum Betrug?

6: 6,2 · 6,29!
6 So wäge Gott mich auf gerechter Waage,
und er wird erkennen, dass ich schuldlos bin.
7 Ist mein Schritt abgewichen vom Weg,
und ist mein Herz meinen Augen gefolgt,

und klebt an meinen Händen ein Makel?
8 So will ich säen, und ein anderer soll essen,
und meine Sprösslinge sollen entwurzelt werden.
8: Lev 26,16; Dtn 28,30–31.38–40; Mi 6,15
9 Hat mein Herz sich von einer Frau betören lassen,
und habe ich an der Tür meines Nachbarn gelauert?
9: Spr 5,8
10 So soll meine Frau für einen anderen mahlen,
und andere sollen sich auf sie legen.
10: 2Sam 12,11; Jer 8,10
11 Denn das wäre eine Schandtat
und eine Schuld, die vor die Richter gehört.
11: 28; Dtn 22,22; Spr 6,32
12 Ein Feuer wäre es, das bis zum Abgrund fressen
und meinen ganzen Ertrag vernichten würde.
12: 26,6!
13 Habe ich das Recht meines Knechtes und meiner Magd missachtet,
wenn sie eine Klage gegen mich vorbrachten?
13: Ex 21,2–11; Dtn 5,14
14 Was könnte ich tun, wenn Gott sich erhebt,
und was ihm erwidern, wenn er es untersucht?
15 Hat nicht er, der mich im Mutterleib erschuf, auch ihn erschaffen,
und hat nicht einer uns im Mutterschoss gebildet?
15: 33,6; 34,19; Spr 22,2; Mal 2,10
16 Habe ich den Armen einen Wunsch versagt
und die Augen der Witwe verschmachten lassen?
16: 22,9!
17 Habe ich meinen Bissen allein gegessen,
und die Waise ass nicht mit?
17: 22,7!
18 Von Jugend an hat er mich grossgezogen wie ein Vater
und von Geburt an mich geleitet.
19 Habe ich mit angesehen, dass einer umkam, weil er keine Kleider hatte,
und dass ein Armer keine Decke hatte?
19–20: 24,7.10
20 Haben seine Lenden mich nicht gesegnet,
und konnte er sich nicht wärmen mit der Wolle meiner Schafe?
21 Habe ich gegen die Waise meine Hand erhoben,
weil ich Helfer für mich sah im Tor?
21: 22,9!
22 So soll meine Schulter mir vom Nacken fallen
und mein Arm mir aus dem Gelenk brechen.
23 Denn mit Schrecken dachte ich an Gottes Strafe,
und vor seiner Hoheit hätte ich nicht bestehen können.
23: 13,11
24 Habe ich mein Vertrauen auf Gold gesetzt
und das Feingold meine Zuversicht genannt?
24: Ps 52,9; Spr 11,28; Mt 6,19–20
25 Habe ich mich gefreut, dass mein Reichtum so gross war
und dass meine Hand viel erworben hatte?
26 Habe ich gesehen, wie die Sonne strahlte
und der Mond herrlich dahinzog,
26–27: Dtn 4,19; 17,2–3; Jer 8,2; Ez 8,16
27 und hat sich mein Herz dann heimlich betören lassen,
so dass ich ihnen Kusshände zuwarf?
27: 1Kön 19,18; Hos 13,2
28 Auch das wäre eine Schuld, die vor die Richter gehört,
denn ich hätte Gott in der Höhe verleugnet.
28: 11!
29 Habe ich mich über den Untergang meines Feindes gefreut
und triumphiert, weil ihn ein Unglück traf?
29: Spr 24,17
30 Ich erlaubte meinem Mund nicht zu sündigen,
mit einem Fluch sein Leben zu verwünschen.

31 Haben nicht meine Zeltgenossen gesagt:
Wer wird von seinem Fleisch nicht satt?
32: 24,7! 32 Kein Fremdling musste im Freien nächtigen,
dem Wanderer öffnete ich meine Türen.
33: Spr 28,13 33 Habe ich meine Vergehen verborgen, wie es Menschen tun,
meine Schuld in meiner Brust versteckt,
34 weil ich die grosse Menge fürchtete
und die Verachtung der Sippen mich erschreckte,
so dass ich mich still verhielt und nicht vor die Türe ging?
35: 16,21; 23,3–7; Ez 9,4.6 35 Ach, hätte ich einen, der mich anhört!
Hier ist mein Zeichen! Schaddai gebe mir Antwort!
Hätte ich die Klageschrift, die mein Gegner geschrieben hat!
36 Auf meine Schulter wollte ich sie legen,
als Kranz sie um das Haupt mir winden.
37 Jeden meiner Schritte wollte ich ihm kundtun,
ihm nahen wie ein Fürst.
38: Gen 4,10–11 38 Hat mein Acker gegen mich geklagt,
und weinten alle seine Furchen?
39: 1Kön 21,1–29 39 Habe ich seinen Ertrag verzehrt, ohne zu bezahlen,
und seinen Besitzer ums Leben gebracht?
40: Gen 3,17 40 So sollen Dornen wachsen statt des Weizens,
und statt der Gerste stinkendes Kraut!
Zu Ende sind die Reden Hiobs.

Die Reden Elihus

2: 1,1!; Gen 22,21 · 6,29!; 35,2

4: 8,8–10; 15,10; 29,8; 30,1

32 1 Nun hörten die drei Männer auf, Hiob zu antworten, denn er
hielt sich selbst für gerecht. 2 Da entbrannte der Zorn Elihus, des
Sohnes Barachels, des Busiters aus der Sippe Ram. Über Hiob entbrann-
te sein Zorn, weil er sich für gerechter hielt als Gott. 3 Und über seine
drei Freunde entbrannte sein Zorn, weil sie keine Antwort gefunden
und so Gott ins Unrecht gesetzt hatten. 4 Elihu aber hatte mit seinen
Worten an Hiob gewartet, da sie älter waren als er. 5 Dann aber sah Eli-
hu, dass die drei Männer keine Antwort mehr wussten. Da entbrannte
sein Zorn.
6: Lev 19,32 6 Und Elihu, der Sohn Barachels, der Busiter, begann zu sprechen:
Ich bin noch jung,
ihr aber seid hochbetagt.
Darum habe ich mich zurückgehalten und mich gescheut,
euch mein Wissen zu offenbaren.
7: 12,12 7 Ich dachte: Die Alten sollen reden,
und die Bejahrten sollen Weisheit lehren.
8: 33,4 · 35,11; Spr 2,6; Koh 2,26 8 Aber es ist der Geist in den Menschen
und der Hauch Schaddais, der ihnen Einsicht gibt.
9 Nicht viele sind weise,
und nicht die Alten verstehen, was recht ist.
10 Darum sage ich: Hört mir zu,
auch ich will mein Wissen offenbaren.
11: 6 11 Seht, ich habe auf eure Worte gewartet,
auf eure klugen Reden wollte ich hören,
bis ihr die rechten Worte gefunden hättet.

12 Aufmerksam bin ich euch gefolgt,
doch seht, keiner hat Hiob zurechtgewiesen,
keiner von euch hat seine Worte widerlegt.
13 Sagt nicht: Wir sind auf Weisheit gestossen,
Gott kann ihn besiegen, nicht ein Mensch.
14 Aber nicht gegen mich hat er seine Worte gerichtet,
und nicht mit euren Reden werde ich ihm erwidern.
15 Sie sind bestürzt, geben keine Antwort mehr,
es fehlen ihnen die Worte.
16 Ich habe gewartet, doch sie sagen nichts,
sie stehen da, geben keine Antwort mehr.
17 Auch ich will meinen Teil zur Antwort geben,
mein Wissen will auch ich offenbaren.
18 Denn ich bin voll von Worten, 18: 7,11
mich drängt der Geist, der in mir ist.
19 Seht, mein Inneres ist wie Wein, der keine Luft hat, 19: Jer 20,9; Mt 9,17
wie neugefüllte Schläuche will es bersten.
20 Ich muss reden, damit mir leichter wird,
meine Lippen öffnen und Antwort geben.
21 Ich will für keinen Partei ergreifen 21: Spr 28,23; 29,5
und keinem Menschen schmeicheln.
22 Denn aufs Schmeicheln verstehe ich mich nicht,
sonst raffte mich mein Schöpfer bald hinweg.

33 1 So achte, Hiob, auf meine Rede, 1: 33
und allen meinen Worten höre zu.
2 Sieh doch, ich habe meinen Mund geöffnet,
es redet die Zunge in meinem Mund.
3 Aus aufrichtigem Herzen kommen meine Worte,
und meine Lippen künden klare Erkenntnis.
4 Der Geist Gottes hat mich geschaffen, 4: 12,10! · 32,8!;
und der Atem Schaddais gibt mir Leben. Gen 2,7
5 Widerlege mich, wenn du es kannst,
lege es mir vor und stelle dich!
6 Sieh, vor Gott bin ich wie du, 6: 31,15! · 10,9!
vom Lehm genommen bin auch ich.
7 Sieh, Furcht vor mir muss dich nicht schrecken, 7: 13,21!
und kein Drängen von mir soll auf dir lasten.
8 Aber vor meinen Ohren hast du gesagt,
und ich höre noch den Laut deiner Worte:
9 Rein bin ich, ohne Vergehen, 9: 6,29!; 27,6!
makellos und frei von Schuld.
10 Seht, er erfindet Anklagen gegen mich, 10: 13,24!
er behandelt mich wie seinen Feind.
11 Er legt meine Füsse in den Block, 11: 13,27
überwacht alle meine Wege.
12 Sieh, da hast du nicht Recht. Ich antworte dir: 12: 1Joh 5,9
Gott ist grösser als der Mensch.
13 Warum hast du ihm vorgeworfen, 13: 9,3
dass er auf Menschenworte keine Antwort gebe?
14 Einmal redet Gott und ein zweites Mal, 14: 29; 2Kön 6,10

doch man achtet nicht darauf.
15–18: 4,12–16; 15 Im Traum, im Nachtgesicht,
Gen 20,3–7; wenn tiefer Schlaf auf die Menschen fällt,
Dan 4,10–17 im Schlummer auf dem Lager,
16: 36,10 16 da öffnet er das Ohr der Menschen
und erschreckt sie mit seiner Warnung.
17 Er will den Menschen abbringen von seinem Tun
und dem Mann seinen Hochmut austreiben.
18 Er will ihn vor dem Grab bewahren
und sein Leben vor dem Tod.
19–22: 5,17–18; 19 Und er wird gemahnt durch Schmerz auf seinem Lager
Spr 3,11–12 und durch unaufhörlichen Streit in seinen Gliedern.
19: 30,17
20: Ps 107,18 20 Und bei diesem Leben wird ihm das Brot zum Ekel
und seiner Kehle die Lieblingsspeise.
21: 19,20; 21 Sein Fleisch schwindet dahin, es ist nicht mehr zu sehen,
Ps 91,11–13; und blossgelegt sind seine Knochen, die man zuvor nicht sah.
Mt 18,10 22 So naht er sich dem Grab,
und sein Leben naht sich den Todesmächten.
23: 5,1! · 16,19! 23 Ist dann ein Engel für ihn da,
ein Mittler, einer von den tausend,
der dem Menschen erklärt, was recht ist,
24: 36,18 24 und sich seiner erbarmt und spricht:
Lass ihn nicht ins Grab hinabfahren,
das Lösegeld habe ich aufgebracht!,
25: 42,12–17 25 wird sein Fleisch wieder frisch von Jugendkraft,
zur Zeit seiner Jugend kehrt er zurück.
26 Er betet zu Gott, und der nimmt ihn gnädig an,
und er darf sein Angesicht mit Freuden schauen.
Und er gibt dem Menschen seine Unschuld wieder.
27 Er wird vor den Leuten lobsingen und sagen:
Ich habe gesündigt und das Recht verkehrt,
aber es ist mir nicht vergolten worden.
28 Er hat mich losgekauft, dass ich nicht ins Grab fuhr,
und mein Leben darf das Licht schauen.
29: 14 29 Sieh, dies alles tut Gott
zweimal, dreimal mit dem Menschen:
30: Ps 56,14; 103,4 30 Er holt ihn zurück aus dem Grab,
dass ihm das Licht des Lebens leuchtet.
31 Gib acht, Hiob, hör mir zu,
schweig, ich aber will reden!
32 Doch hast du Worte, so entgegne mir,
sprich, denn gern gäbe ich dir Recht!
33: 1 33 Wenn nicht, so hör du mir zu,
schweig, und ich will dich Weisheit lehren!

34

1 Elihu aber begann wieder und sprach:
2 Achtet, ihr Weisen, auf meine Rede,
und ihr Einsichtigen, hört mir zu!
3: 12,11 3 Denn das Ohr prüft die Worte,
4: Gen 3,5.22; wie der Gaumen die Speise kostet.
1Kön 3,9 4 Was recht ist, wollen wir untersuchen,

miteinander erforschen, was gut ist.
5 Denn Hiob hat gesagt: Ich bin gerecht, — 5: 6,29! · 27,2
Gott aber hat mir mein Recht verweigert.
6 Soll ich verhehlen, dass ich im Recht bin?
Tödlich traf mich der Pfeil, obwohl ich ohne Schuld bin. –
7 Wo wäre ein Mann wie Hiob, — 7: 15,16
der lästert, wie man Wasser trinkt,
8 der mit Übeltätern gemeinsame Sache macht
und Umgang pflegt mit Frevlern?
9 Denn er hat gesagt: Es nützt einem nichts, — 9: 21,15
wenn man Gott zu gefallen sucht.
10 Darum, ihr Verständigen, hört mir zu! — 10: 8,3; 36,23; Spr 24,12
Niemals wird Gott freveln
und Schaddai Unrecht tun.
11 Was ein Mensch getan hat, vergilt er ihm,
und jeden lässt er treffen, was seinem Wandel entspricht.
12 Das ist gewiss: Gott tut kein Unrecht, — 12: 8,3!
und Schaddai verdreht nicht das Recht.
13 Wer hat ihm die Erde übergeben,
und wer hat ihm den ganzen Erdkreis anvertraut?
14 Wenn er es wollte, — 14–15: Ps 104,29
könnte er seinen Geist und seinen Atem zurücknehmen,
15 dann käme alles Fleisch um auf einen Schlag, — 15: Gen 3,19; 6,3; Koh 12,7
und der Mensch würde wieder zu Staub.
16 Hast du nun Verstand, so höre dies,
achte genau auf meine Worte.
17 Kann denn herrschen, wer das Recht hasst? — 17: 40,8
Oder willst du den Gerechten, den Gewaltigen beschuldigen?
18 Er sagt zu einem König: Du Nichtswürdiger!, — 18: Jes 40,23
zu Edlen: Frevler!
19 Er ergreift nicht Partei für Fürsten, — 19: 31,15!
und den Vornehmen zieht er dem Geringen nicht vor,
denn sie alle sind das Werk seiner Hände.
20 Plötzlich sterben sie, und mitten in der Nacht
kommen Vornehme um und fahren dahin,
und Mächtige werden abgesetzt, ohne dass eine Hand sich rührt.
21 Denn seine Augen wachen über den Wegen des Menschen, — 21: 31,4; Spr 5,21
und er sieht alle seine Schritte.
22 Es gibt kein Dunkel und keine Finsternis, — 22: Ps 139,11–12
wo Übeltäter sich verbergen könnten.
23 Er muss den Menschen nicht erst
vor Gottes Gericht erscheinen lassen.
24 Die Gewaltigen zerschlägt er ohne Verhör, — 24: Dan 2,21
und andere setzt er an ihre Stelle.
25 So achtet er auf ihre Taten — 25: 36,20!
und stürzt sie über Nacht, und sie werden zermalmt.
26 Für ihre Freveltaten schlägt er sie
vor aller Augen,
27 weil sie von ihm gewichen sind
und seine Wege nicht beachtet haben.

28: 35,9; Dtn 24,15
28 So lässt er das Schreien des Armen zu sich dringen,
und das Schreien der Elenden hört er.
29 Verhält er sich aber still, wer darf ihn beschuldigen?
Und verbirgt er das Angesicht, wer könnte ihn sehen?
Er aber wacht über Völker und Menschen,
30 dass nicht ein Ruchloser König wird,
einer, der dem Volk zum Fallstrick würde.
31 Wenn aber einer zu Gott spricht:
Ich habe geirrt, ich will nicht mehr unrecht handeln.
32: 36,22
32 Was ich nicht sehe, lehre du mich.
Habe ich Unrecht getan, so will ich es nicht wieder tun! –
33 Soll er dann nach deinem Sinn vergelten, weil du ihn verwirfst?
Entscheide du, nicht ich,
und sage, was du erkannt hast!
34 Verständige werden mir zustimmen,
und jeder Weise, der mir zuhört:
35: 38,2; 42,3
35 Hiob redet ohne Einsicht,
und seinen Worten fehlt die Weisheit.
36: 7,17
36 Soll Hiob doch immer weiter geprüft werden,
weil er Antworten gibt wie die Frevler!
37 Denn Frevel fügt er noch zu seiner Sünde,
in unserer Mitte treibt er Spott,
und viele Reden führt er gegen Gott.

35 1 Elihu aber begann wieder und sprach:
2: 32,2
2 Hältst du es für richtig,
dass du sagst: Ich bin gerechter als Gott,
3: 21,15; 34,9
3 dass du fragst, was es dir nützt:
Was habe ich davon, wenn ich ohne Sünde bin?
4 Ich will dir Antwort geben
und deinen Freunden bei dir.
5: 22,12; 37,16
5 Blicke auf zum Himmel und sieh,
und schau die Wolken an, hoch über dir.
6 Wenn du sündigst, was schadest du ihm,
und wenn deine Missetaten zahlreich sind, was tust du ihm an?
7: 22,2–3; Röm 11,35
7 Wenn du gerecht bist, was gibst du ihm,
und was empfängt er aus deiner Hand?
8 Männer wie dich trifft dein Frevel
und Menschen deine Gerechtigkeit.
9: 34,28
9 Unter grosser Bedrückung schreien sie,
vor dem Arm der Mächtigen rufen sie um Hilfe.
10: Ps 42,9
10 Aber keiner sagt: Wo ist Gott, mein Schöpfer,
der Lobgesänge schenkt in der Nacht,
11: 32,8!
11 der uns verständiger macht als die Tiere der Erde
und weiser als die Vögel des Himmels.
12: 24,12; 27,9!
12 Da schreien sie – doch er gibt nicht Antwort –,
weil die Bösen übermütig sind.
13: Jes 1,15; Jer 11,11
13 Es ist umsonst, Gott hört es nicht,
und Schaddai achtet nicht darauf.
14: 9,11!
14 Und wenn du sagst, du kannst ihn nicht sehen:
Der Rechtsfall liegt vor ihm, warte nur auf ihn!

15 Jetzt aber, da sein Zorn nicht gestraft hat
und er sich um Torheit nicht viel kümmert,
16 reisst Hiob seinen Mund auf zu leerem Gerede,
macht viele Worte ohne Einsicht.

36 1 Und Elihu fuhr fort und sprach:
2 Habe etwas Geduld, so will ich dich belehren, 2: 22
denn es gibt noch mehr zu sagen für Gott.
3 Mein weites Wissen will ich zeigen
und meinem Schöpfer Recht verschaffen.
4 Das ist gewiss: Meine Worte trügen nicht,
vor dir steht ein Mann, der alles weiss.
5 Sieh, Gott ist gewaltig und gibt nicht nach, 5: 9,4
gewaltig ist die Kraft seines Herzens.
6 Den Frevler lässt er nicht am Leben, 6: 5,15
aber den Elenden schafft er Recht.
7 Er wendet seine Augen nicht ab von den Gerechten 7: 7,19; Ps 33,18; 34,16
und setzt sie zu Königen auf den Thron,
und sie werden für immer erhöht.
8 Doch wenn sie in Ketten gefesselt sind, 8: Ps 107,10
in Stricken des Elends gefangen werden,
9 so hält er ihnen ihr Tun vor
und ihre Vergehen, ihre Überheblichkeit.
10 Und er öffnet ihr Ohr für die Warnung 10: 15; 33,16
und befiehlt ihnen, vom Bösen zu lassen.
11 Wenn sie hören und sich unterwerfen,
vollenden sie ihre Tage im Glück
und ihre Jahre in Freuden.
12 Wenn sie aber nicht hören, so laufen sie in den Tod 12: 4,21
und kommen um ohne Einsicht.
13 Ruchlos Gesinnte aber hegen Zorn,
sie rufen nicht um Hilfe, wenn er sie gefesselt hat.
14 In der Jugend muss ihre Seele sterben,
und ihr Leben endet im Jünglingsalter.
15 Den Elenden rettet er durch sein Elend 15: 10
und öffnet durch Drangsal sein Ohr.
16 Du aber wurdest verführt, weil die Not fern war, 16: Ps 23,5; 18,20
weit war dein Raum und ohne Bedrängnis
und voll von fetten Speisen dein behaglicher Tisch.
17 Da hat dich das Gericht über den Frevler getroffen,
Gericht und Urteil haben dich erfasst.
18 Lass dich nicht vom Zorn zum Spott verleiten 18: 33,24
und von hohem Lösegeld verführen.
19 Kann dein Schreien dich aus der Not befreien,
oder können es alle Anstrengungen der Kraft?
20 Sehne nicht die Nacht herbei, 20: 3,4; 34,25
da Völker sich erheben von ihrer Stätte.
21 Hüte dich, wende dich nicht zum Bösen,
dass du es dem Elend vorziehst.
22 Sieh, Gott ist erhaben in seiner Macht. 22: 2; 34,32; 38,3
Wer ist ein Lehrer wie er?

23: 34,10; Jes 40,13–14; Röm 11,34
23 Wer hat ihm seinen Weg vorgeschrieben,
und wer hat je gesagt: Du hast Unrecht getan?
24 Denke daran, sein Tun zu preisen,
das Menschen besungen haben.
25 Alle Menschen haben es gesehen,
ein jeder kann es von ferne erblicken.

26: 5,9!; 38,21
26 Sieh, Gott ist erhaben, und wir begreifen nichts,
unerforschlich ist die Zahl seiner Jahre.

27–29: 5,10!; 26,8; 28,26
27 Er zieht die Wassertropfen herauf,
als Regen fallen sie aus dem Dunst.

28: Ps 147,8
28 Die Wolken ergiessen den Regen
und lassen ihn reichlich niedergehen auf die Menschen.
29 Wer versteht, wie er die Wolken ausbreitet,
wie er donnert aus seinem Zelt?
30 Sieh, er hat sich mit Blitzen umgeben
und die Gründe des Meeres bedeckt.

31: Ps 104,13–15
31 Damit richtet er die Völker,
Speise gibt er im Überfluss.

32: 37,2–5; 38,35; Ps 18,14–15; 29; 93,3–4
32 Seine Hände sind mit Blitzen bedeckt,
und er setzt sie gegen den Angreifer ein.

33: 40,9
33 Sein Donner kündet ihn an,
wenn er voll Zorn gegen den Frevel eifert.

37 1 Darüber erbebt mein Herz
und will mir aus dem Leib springen.

2–5: 36,32!
2 Hört das Tosen seiner Stimme
und das Grollen aus seinem Mund.

3: 12
3 Er lässt es dahinfahren unter dem ganzen Himmel
und sein Licht bis an die Enden der Erde.

4: 5,10!
4 Hinter ihm her brüllt der Donner,
er donnert mit seiner majestätischen Stimme
und hält die Blitze nicht zurück,
wenn man seinen Donner hört.

5: 5,9!
5 Gott donnert wunderbar mit seiner Stimme,
tut grosse Dinge, die wir nicht verstehen.

6: Ps 147,16
6 Zum Schnee spricht er: Fall nieder zur Erde!,
zum Regenschwall: Werde mächtig!
7 Er versiegelt die Hände aller Menschen,
dass jedermann sein Tun erkenne.

8: Ps 104,22
8 Da gehen die Tiere ins Versteck
und bleiben in ihren Höhlen.

9: 9,9; 38,22; Ps 135,7
9 Aus seiner Kammer kommt der Sturm
und mit den Nordwinden die Kälte.

10: 38,29–30; Ps 147,17
10 Durch Gottes Atem entsteht das Eis,
und die weite Fläche des Wassers erstarrt.

11: 26,8!
11 Er belädt die Wolken mit Wasser,
die Wolken streuen seine Blitze aus.

12: 3; Ps 148,8
12 Und sie zucken hin und her,
wie er sie lenkt,
dass sie alles tun, was er ihnen befiehlt,
über den ganzen Erdkreis hin.

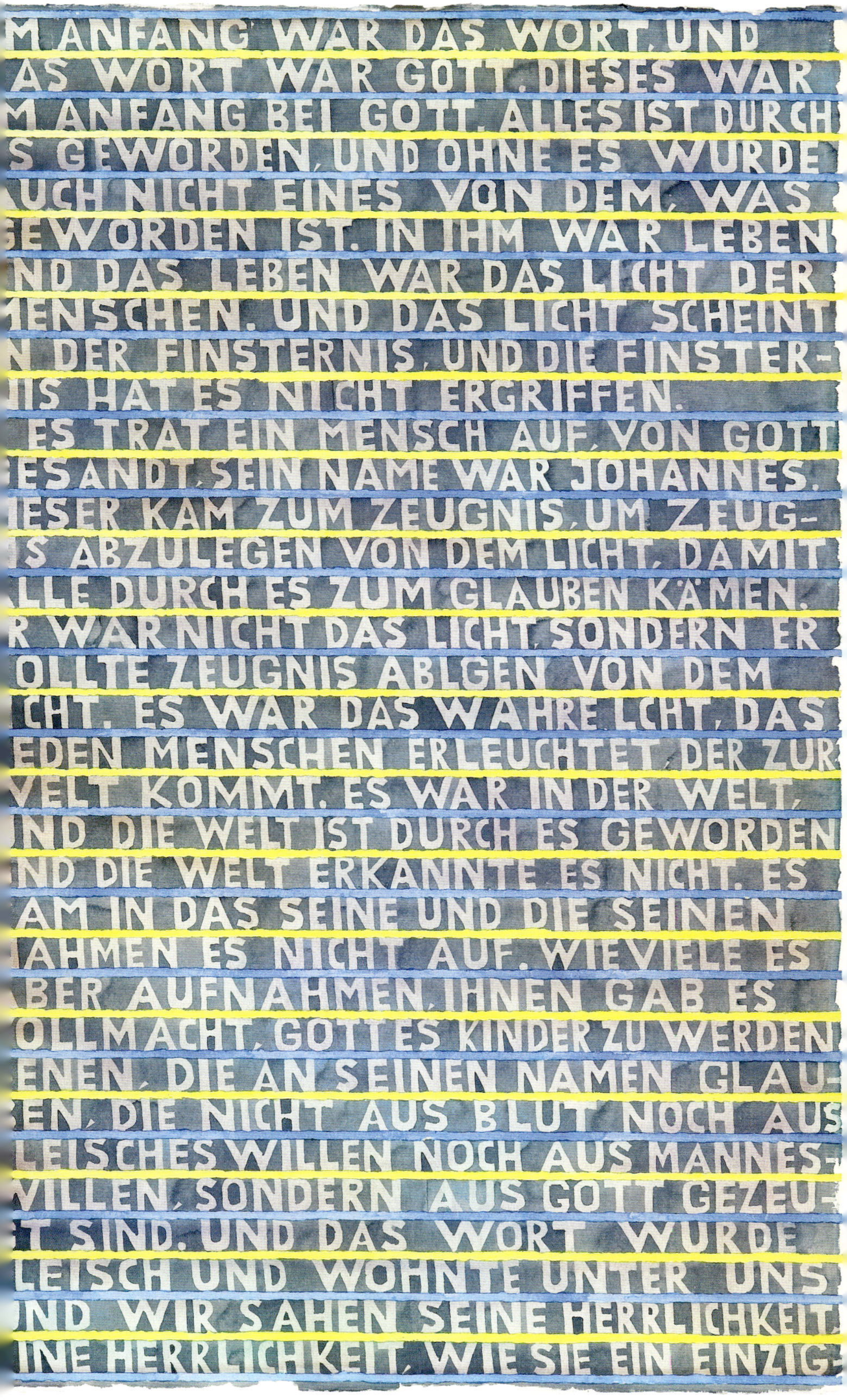
M ANFANG WAR DAS WORT, UND
AS WORT WAR GOTT. DIESES WAR
M ANFANG BEI GOTT. ALLES IST DURCH
S GEWORDEN, UND OHNE ES WURDE
AUCH NICHT EINES VON DEM, WAS
EWORDEN IST. IN IHM WAR LEBEN
ND DAS LEBEN WAR DAS LICHT DER
IENSCHEN. UND DAS LICHT SCHEINT
N DER FINSTERNIS, UND DIE FINSTER-
IIS HAT ES NICHT ERGRIFFEN.
ES TRAT EIN MENSCH AUF, VON GOTT
ESANDT, SEIN NAME WAR JOHANNES.
IESER KAM ZUM ZEUGNIS, UM ZEUG-
S ABZULEGEN VON DEM LICHT, DAMIT
LLE DURCH ES ZUM GLAUBEN KÄMEN.
R WAR NICHT DAS LICHT, SONDERN ER
OLLTE ZEUGNIS ABLGEN VON DEM
CHT. ES WAR DAS WAHRE LCHT, DAS
EDEN MENSCHEN ERLEUCHTET, DER ZUR
VELT KOMMT. ES WAR IN DER WELT,
ND DIE WELT IST DURCH ES GEWORDEN
ND DIE WELT ERKANNTE ES NICHT. ES
AM IN DAS SEINE UND DIE SEINEN
AHMEN ES NICHT AUF. WIEVIELE ES
BER AUFNAHMEN, IHNEN GAB ES
OLLMACHT, GOTTES KINDER ZU WERDEN
ENEN, DIE AN SEINEN NAMEN GLAU-
EN, DIE NICHT AUS BLUT NOCH AUS
LEISCHES WILLEN NOCH AUS MANNES-
WILLEN, SONDERN AUS GOTT GEZEU-
T SIND. UND DAS WORT WURDE
LEISCH UND WOHNTE UNTER UNS
ND WIR SAHEN SEINE HERRLICHKEIT,
INE HERRLICHKEIT, WIE SIE EIN EINZIG-

Schriftbild zu Johannes 1,1–14

13 Als Zuchtrute für die Erde
oder zum Segen lässt er sie kommen.
14 Höre dies, Hiob, 14: Ps 111,2
steh auf und betrachte die Wunder Gottes!
15 Weisst du, wie Gott über sie gebietet,
wie er das Licht seiner Wolken blitzen lässt?
16 Begreifst du das Schweben der Wolken, 16: 35,5
die Wunder dessen, der alles weiss?
17 Du, dem die Kleider zu warm sind,
wenn die Erde still liegt unter dem Südwind,
18 kannst du wie er die Wolkendecke ausbreiten, 18: Lev 26,19;
fest wie einen gegossenen Spiegel? Dtn 28,23; Ps 104,2
19 Belehre uns, was wir ihm sagen sollen, 19: 12,25
nichts können wir vorbringen in der Finsternis.
20 Muss man ihm sagen, dass ich rede?
Muss man ihm kundtun, dass einer etwas sagt?
21 Eben sah man das Licht nicht,
das hinter den Wolken leuchtet,
doch dann fuhr ein Wind vorüber und fegte sie weg.
22 Von Norden kommt goldener Glanz, 22: Ez 1,4; Hab 3,4
von furchtbarer Hoheit ist Gott umgeben.
23 Schaddai begreifen wir nicht, 23: 8,3!
er ist erhaben an Kraft und reich an Gerechtigkeit.
Und das Recht beugt er nicht.
24 Darum sollen ihn die Menschen fürchten.
Ob einer weise ist, kümmert ihn nicht.

Die Reden Gottes und Hiobs Antworten

38 1 Und der HERR antwortete Hiob aus dem Sturm und sprach: 1: 9,17!
2 Wer behauptet, mein Walten sei finster, 2: 34,35!; 40,2; 42,3
und redet ohne Einsicht?
3 Gürte deine Lenden wie ein Mann, 3: 40,7 · 36,22;
dann will ich dich fragen, und du lehre mich! Jes 45,9
4 Wo warst du, als ich die Erde gegründet habe? 4: 15,7; Ps 78,69;
Rede, wenn du es weisst! 104,9; 148,6
5 Wer hat ihre Masse bestimmt? Weisst du es? 5: Sach 1,16
Und wer hat die Messschnur über sie gespannt?
6 Wo sind ihre Pfeiler eingesenkt, 6: 26,7
und wer hat ihren Eckstein gelegt,
7 als alle Morgensterne jauchzten 7: Ps 148,3 · 1,6!
und alle Götter jubelten?
8 Und wer hat das Meer mit Toren verschlossen, 8–11: Ps 33,7;
als es hervorbrach aus dem Mutterschoss? Spr 8,29!; Jer 5,22
8: 26,10
9 Ich habe ihm Gewölk als Kleid gegeben
und dunkle Wolken als Windeln.
10 Ich habe ihm ein Becken gegraben
und ihm Tor und Riegel gegeben.
11 Und ich habe gesagt: Bis hierher und nicht weiter! 11: Ps 89,10; 93,4;
Hier müssen deine stolzen Wogen sich legen. 104,7
12 Hast du in deinem Leben je dem Morgen geboten, 12–13: Mal 3,20

der Morgenröte ihren Ort gezeigt,
13 dass sie die Enden der Erde fasse
und die Frevler von ihr abgeschüttelt werden?
14 Wie Ton unter dem Siegel wandelt sie sich
und wirft Falten wie ein buntes Kleid.
15: 18,6! 15 Den Frevlern wird ihr Licht genommen,
und der erhobene Arm wird zerbrochen.
16: Ps 77,20 16 Bist du zu den Quellen des Meeres gekommen
und auf dem Grund der Urflut geschritten?
17: Ps 9,14 17 Haben sich dir die Tore des Todes aufgetan,
und hast du die Tore der Finsternis gesehen?
18 Hast du ermessen, wie weit die Erde ist?
Rede, wenn du das alles weisst!
19 Wo ist der Weg zur Wohnung des Lichts,
und wo hat die Finsternis ihren Ort?
20 Kannst du sie in ihr Gebiet begleiten,
und kennst du die Wege zu ihrem Haus?
21: 36,26 21 Du weisst es, du wurdest ja damals geboren,
und gross ist die Zahl deiner Tage!
22: 37,9! 22 Bist du zu den Speichern des Schnees gelangt,
und hast du die Speicher des Hagels gesehen?
23: Ex 9,18; Jes 30,30; Ez 13,11–13 23 Ich habe sie aufgespart für die Zeit der Bedrängnis,
für den Tag des Kampfes und der Schlacht.
24 Auf welchem Weg breitet das Licht sich aus,
verteilt der Ostwind sich über die Erde?
25: 28,26 25 Wer hat der Regenflut die Bahn gebrochen
und Blitz und Donner den Weg bestimmt,
26 es regnen zu lassen auf unbewohntes Land,
auf die menschenleere Wüste,
27 den Durst von Öde und Wildnis zu stillen
und frisches Gras gedeihen zu lassen?
28: Jer 14,22 28 Hat der Regen einen Vater,
und wer hat die Tropfen des Taus gezeugt?
29–30: 37,10! 29 Aus wessen Schoss ist das Eis gekommen,
und wer hat den Reif des Himmels geboren?
30 Zu Stein erstarren die Gewässer,
und die Wasserfläche gefriert.
31–32: 9,9! 31 Knüpfst du die Bande des Siebengestirns,
und löst du die Fesseln des Orion?
32 Führst du die Sterne des Tierkreises heraus zur rechten Zeit,
und leitest du den Grossen und den Kleinen Bären?
33: Jer 31,35–36 33 Kennst du die Gesetze des Himmels,
und setzt du auf der Erde seine Herrschaft durch?
34 Erhebst du deine Stimme zu den Wolken,
dass ein Regenguss auf dich niederströmt?
35: 36,32! 35 Entsendest du die Blitze, dass sie niederfahren
und zu dir sagen: Hier sind wir!?

36 Wer hat dem Ibis Weisheit verliehen 36: 39,17
und wer dem Hahn Einsicht gegeben?
37 Wer zählt mit Weisheit die Wolken ab,
und wer schüttet die Krüge des Himmels aus,
38 wenn der Erdboden hart ist, als sei er gegossen,
und die Schollen fest aneinander haften?
39 Erjagst du Beute für die Löwin, 39: Ps 104,21
stillst du die Gier der jungen Löwen,
40 wenn sie kauern in den Höhlen, 40: 38,40
im Dickicht auf der Lauer liegen?
41 Wer bereitet dem Raben sein Futter, 41: Ps 147,9; Mt 6,26
wenn seine Jungen zu Gott schreien,
ohne Nahrung umherflattern?

39 1 Kennst du die Zeit, da das Steinwild gebärt, 1: Ps 29,9
achtest du auf das Kreissen der Hirschkühe?
2 Zählst du die Monate, da sie trächtig sind,
und kennst du die Zeit, da sie gebären?
3 Sie kauern nieder, sie werfen ihre Jungen,
sie werden frei von ihren Wehen.
4 Ihre Jungen werden kräftig, im Freien wachsen sie auf,
ziehen davon und kommen nicht wieder.
5 Wer hat den Wildesel freigelassen, 5–6: 24,5
wer hat ihm seine Fesseln gelöst?
6 Ich gab ihm die Steppe zur Behausung
und das salzige Land zur Wohnung.
7 Er lacht über das Lärmen der Stadt, 7: 3,18
das Geschrei des Treibers hört er nicht.
8 In den Bergen sucht er seine Weide,
und allem, was grün ist, spürt er nach.
9 Wird der Wildstier dir dienen wollen
und an deiner Krippe nächtigen?
10 Zwingst du ihn am Strick in die Furche,
und wird er hinter dir pflügen in den Tälern?
11 Vertraust du ihm, weil er so stark ist,
und überlässt du ihm deine Arbeit?
12 Glaubst du daran, dass er wiederkommt
und deine Ernte auf deine Tenne bringt?
13 Munter schlägt die Straussenhenne mit den Flügeln,
doch birgt ihre Schwinge wie die eines Storchs oder eines Falken?
14 Nein, sie überlässt ihre Eier der Erde
und hält sie warm im Staub
15 und vergisst, dass ein Fuss sie zerdrücken
und ein Tier sie zertreten kann.
16 Hart ist sie zu ihren Jungen, als wären es fremde, 16: Klgl 4,3
es kümmert sie nicht, wenn ihre Mühe umsonst war.
17 Denn Gott hat ihr die Weisheit versagt 17: 38,36
und ihr keinen Anteil an Einsicht gegeben.

38,36: Ibis und Hahn galten als Wetterpropheten.

18 Wenn sie aber in die Höhe schnellt,
lacht sie über Ross und Reiter.
19 Gibst du dem Ross die Kraft,
bekleidest du seinen Hals mit der Mähne?
20–25: Joh 2,4–9; Jer 8,16
20 Lässt du es springen wie die Heuschrecke?
Schrecklich ist sein majestätisches Schnauben.
21 Es scharrt im Tal und freut sich seiner Kraft,
es zieht aus, den Waffen entgegen.
22 Es lacht über die Furcht und hat keine Angst
und weicht nicht zurück vor dem Schwert.
23 Über ihm klirrt der Köcher,
blitzen der Speer und das Schwert.
24 Mit Donnern und Tosen fliegt es dahin
und lässt sich nicht halten, wenn das Horn ertönt.
25 Wenn das Horn ertönt, wiehert es froh,
und es wittert von weitem die Schlacht,
das Lärmen der Anführer und das Kriegsgeschrei.
26: Jer 8,7
26 Schwingt der Falke sich auf dank deiner Einsicht
und breitet seine Flügel aus in den Südwind?
27: Spr 23,5; 30,19
27 Steigt auf deinen Befehl der Adler auf
und baut seinen Horst in der Höhe?
28–30: Hab 1,8
28 Auf Felsen wohnt und nächtigt er,
auf dem Felszahn und der Bergspitze.
29 Von dort erspäht er den Frass,
seine Augen blicken in die Ferne,
30: Ps 79,2; Jer 7,33; 16,4; Mt 24,28
30 und seine Jungen schlürfen Blut,
und wo es Erschlagene gibt, da ist er.

40 1 Und der HERR antwortete Hiob und sprach:
2: 38,2; Jes 45,9
2 Will der Besserwisser mit Schaddai streiten?
Wer Gott anklagen will, der antworte nun!
3 Da antwortete Hiob dem HERRN und sprach:
4: Gen 32,11 · 21,5!
4 Siehe, ich bin zu gering, was könnte ich dir erwidern?
Ich lege die Hand auf meinen Mund.
5 Einmal habe ich geredet, und ich wiederhole es nicht,
zweimal, und ich tue es nicht wieder.
6: 9,17!
6 Und der HERR antwortete Hiob aus dem Sturm und sprach:
7: 38,3
7 Gürte deine Lenden wie ein Mann,
dann will ich dich fragen, und du lehre mich!
8: 34,17
8 Willst du wirklich mein Recht bestreiten,
mich schuldig sprechen, damit du Recht bekommst?
9: 36,33
9 Hast du denn einen Arm wie Gott,
und kannst du donnern wie er?
10 Schmücke dich doch mit Majestät und Hoheit,
und kleide dich mit Herrlichkeit und Pracht!
11: 28,8!
11 Lass die Fluten deines Zorns sich ergiessen,
und erniedrige jeden Stolzen mit deinem Blick,
12: Dan 4,34
12 mit deinem Blick beuge jeden Stolzen nieder,
und zertritt die Frevler an ihrem Ort!
13 Verscharre sie allesamt im Staub,
schliesse sie im Verborgenen ein!

14 Dann will auch ich dich preisen, 14: Ps 8,6
weil deine Rechte dir Erfolg verleiht.
15 Sieh doch den Behemot, den ich schuf wie auch dich.
Gras frisst er wie das Rind.
16 Sieh doch die Kraft in seinen Lenden
und die Stärke in den Muskeln seines Leibes!
17 Sein Schwanz ist stark wie eine Zeder,
die Sehnen seiner Schenkel sind dicht geflochten.
18 Seine Knochen sind Röhren aus Bronze,
seine Gebeine gleichen eisernen Stäben.
19 Er ist das Erste von Gottes Geschöpfen. 19: 41,25; Spr 8,22
Hätte sein Schöpfer ihm ein Schwert geben sollen?
20 Die Berge bringen ihm Ertrag,
und alle wilden Tiere spielen dort.
21 Er lagert unter Lotusbüschen, 21: 38,40
versteckt im Schilf und im Sumpf.
22 Lotusbüsche spenden ihm Schatten,
und die Weiden am Bach umgeben ihn.
23 Wenn der Strom anschwillt, läuft er nicht weg,
er bleibt ruhig, selbst wenn der Jordan ihm ins Maul dringt.
24 Kann man ihn fangen, wenn er die Augen offen hat,
ihm mit Haken die Nase durchbohren?
25 Kannst du den Leviatan an der Angel ziehen 25: Jes 27,1
und mit dem Strick seine Zunge niederdrücken?
26 Legst du ihm ein Binsenseil um die Nase, 26: Jes 37,29!
und durchbohrst du seinen Kiefer mit einem Haken?
27 Wird er dich lange um Gnade bitten
und freundlich mit dir sprechen?
28 Wird er einen Vertrag mit dir schliessen,
dass er für immer dein Sklave wird?
29 Spielst du mit ihm wie mit einem Vogel, 29: Ps 104,26
und bindest du ihn an für deine Mädchen?
30 Feilschen die Jagdgenossen um ihn,
verteilen sie ihn unter die Händler?
31 Kannst du seine Haut mit Spiessen spicken
und mit Fischharpunen seinen Kopf?
32 Lege nur deine Hand daran,
denk an den Kampf! – Du wirst es nicht noch einmal tun!

41 1 Sieh, die Hoffnung wird enttäuscht,
schon wer es sieht, wird niedergeworfen.
2 Niemand ist so tollkühn, es aufzustören.
Und wer könnte mir standhalten?
3 Wer hat je etwas für mich getan, dass ich ihm etwas schuldig 3: Dtn 10,14; Ps 24,1
wäre?
Mir gehört alles, was unter dem Himmel ist.
4 Ich will nicht schweigen von seinen Gliedern,
seiner grossen Kraft und seiner anmutigen Gestalt.

40,15: Behemot und Leviatan (40,25) sind unbezwingbare Riesentiere. In der Regel werden sie mit Nilpferd (Behemot) und Krokodil (Leviatan) gleichgesetzt.

5 Wer hätte je sein Kleid aufgedeckt,
wer könnte ihm zwischen die Zähne greifen?
6 Wer hätte das Tor seines Rachens geöffnet?
Seine Zähne sind von Schrecken umgeben.
7 Sein Rücken besteht aus Reihen von Schilden,
mit festem Siegel verschlossen.
8 Einer fügt sich an den andern,
kein Lufthauch dringt zwischen ihnen durch.
9 Fest haftet einer am andern,
sie greifen ineinander und lassen sich nicht trennen.
10 Sein Niesen lässt ein Licht aufstrahlen,
und seine Augen sind wie die Lider der Morgenröte.
11–13: Offb 9,17
11 Fackeln fahren aus seinem Maul,
Feuerfunken sprühen hervor.
12 Rauch kommt aus seinen Nüstern
wie aus einem kochend heissen Topf.
13: Ps 18,9
13 Sein Atem entzündet Kohlen,
und eine Flamme schlägt aus seinem Maul.
14 Stärke wohnt in seinem Nacken,
und vor ihm her tanzt die Angst.
15 Straff ist sein Bauch,
hart und fest.
16 Hart wie Stein ist sein Herz
und hart wie der untere Mühlstein.
17 Selbst Göttern graut es, wenn es sich erhebt,
vor Schrecken ziehen sie sich zurück.
18 Trifft man es, hält kein Schwert ihm stand,
kein Speer, kein Wurfgeschoss oder Pfeil.
19 Eisen gilt ihm wie Häcksel,
Bronze wie morsches Holz.
20 Ein Pfeil jagt es nicht in die Flucht,
Schleudersteine sind ihm nur Stroh.
21 Wie Stroh gilt ihm die Keule,
und es lacht über das Klirren des Schwerts.
22: Jes 41,15; Am 1,3
22 An seiner Unterseite sind spitze Scherben,
einen Dreschschlitten zieht es über den Schlamm.
23 Es macht die Tiefe zu einem siedenden Kessel,
das Meer zu einem Salbentopf.
24 Hinter sich lässt es eine leuchtende Spur,
man meint, die Flut sei Silberhaar.
25: 40,19
25 Auf Erden gibt es nichts, das ihm gleicht:
ein Geschöpf ohne Furcht.
26: 28,8!
26 Auf alles Hohe blickt es herab,
es ist König über alle Stolzen.

42

1 Da antwortete Hiob dem HERRN und sprach:
2: Mt 19,26
2 Ich weiss, dass du alles vermagst.
Nichts, was du willst, ist dir unmöglich.
3: 34,35! · Ps 139,6
3 Wer behauptet ohne Einsicht, mein Walten sei finster?
Darum habe ich vorgebracht, was ich nicht verstehe,
was zu wunderbar ist für mich und was ich nicht begreife.

4 Höre, und ich will reden, 4: 38,3; 40,7
ich will dich fragen, und du lehre mich!
5 Vom Hörensagen hatte ich von dir gehört, 5: 19,25.27
jetzt aber hat mein Auge dich gesehen.
6 Darum gebe ich auf und tröste mich 6: 30,19; 2,8
im Staub und in der Asche.

Hiobs Wiederherstellung

7 Nachdem der HERR diese Worte zu Hiob geredet hatte, sprach der 7: Num 23,1;
HERR zu Elifas von Teman: Mein Zorn ist gegen dich und deine beiden 1Chr 15,26
Freunde entbrannt, denn ihr habt nicht die Wahrheit über mich ge-
sprochen wie mein Diener Hiob.
8 So nehmt euch nun sieben Stiere und sieben Widder und geht zu 8: Ez 14,14.20
meinem Diener Hiob und bringt ein Brandopfer für euch dar. Mein Die-
ner Hiob aber soll für euch bitten, denn auf ihn will ich hören, so dass
ich euch nichts Schlimmes antue, weil ihr nicht die Wahrheit über mich
gesprochen habt wie mein Diener Hiob. 9 Da gingen Elifas von Teman, 9: 4,1! · 2,11
Bildad von Schuach und Zofar von Naama und taten, was der HERR ih-
nen gesagt hatte. Und der HERR hörte auf Hiob. 10 Und der HERR wen- 10: 8,7
dete das Geschick Hiobs, als er für seine Freunde bat, und der HERR gab
Hiob doppelt so viel, wie er besessen hatte.
11 Da kamen alle seine Brüder und Schwestern und alle seine frühe- 11: 19,13–14 ·
ren Bekannten zu ihm und assen mit ihm in seinem Haus und bekun- Gen 33,19
deten ihm ihre Teilnahme und trösteten ihn über all das Unglück, das
der HERR auf ihn gebracht hatte. Und jeder gab ihm eine Kesita und ei-
nen goldenen Ring. 12 Der HERR aber segnete Hiob danach mehr als zu- 12–17: 33,25
vor. Er hatte vierzehntausend Schafe, sechstausend Kamele, tausend
Joch Rinder und tausend Eselinnen. 13 Und er hatte sieben Söhne und 13: 1,2
drei Töchter. 14 Und er nannte die erste Jemima, die zweite Kezia und
die dritte Keren-Happuch. 15 Es fanden sich aber im ganzen Land keine 15: 27,1–11
Frauen, die so schön waren wie die Töchter Hiobs, und ihr Vater gab
ihnen Erbbesitz wie ihren Brüdern.
16 Und Hiob lebte danach noch hundertvierzig Jahre, und er sah sei- 16: Ps 90,10 ·
ne Kinder und Enkel, vier Generationen. 17 Und Hiob starb alt und le- Ps 128,5–6
benssatt. 17: Gen 25,8!

Die Psalmen

Das Wort Psalm geht zurück auf das griechische Wort ‹psalmos›, das ‹Saitenlied› bedeutet. Der hebräische Titel ‹Tehillim› lautet übersetzt: Lobpreisungen. Die Sammlung der Psalmen nennt man ‹Psalter› oder ‹Buch der Psalmen›. Der Psalter umfasst hundertfünfzig poetisch gestaltete Gebete und Lieder. Sie geben unterschiedlichen menschlichen Le-

42,6: Möglich ist auch die Übersetzung: «Darum widerrufe ich und bereue ...»
42,11: Kesita ist eine antike Geldeinheit.
42,14: Die Namen der Töchter bedeuten: Turteltaube, Zimtblüte und Schminkfläschchen.

benslagen sprachlichen Ausdruck. Nach ihrem Selbstzeugnis handelt es sich bei den Psalmen nicht um Gottes Wort, sondern um Worte an Gott.

Häufig findet sich in ihnen – charakteristisch für die hebräische Poesie – die zweifache Formulierung eines Gedankens. So heisst es in Ps 5,2: «Höre meine Worte, HERR, / vernimm mein Seufzen». Die beiden Vershälften legen sich in der Regel gegenseitig aus. Es gibt ‹strophische› Elemente mit refrainartiger Wiederholung einzelner Aussagen, durch die sich eine Gliederung der Lieder ergibt (vgl. etwa Ps 46; 107). Andere Eigenheiten wie das Versmass (die sogenannte Metrik) sind bis heute umstritten. Manche Psalmen gleichen sich im Aufbau und verwenden ähnliche Motive und Themen. Finden sich mehrere Psalmen mit übereinstimmenden Elementen, spricht man von einer bestimmten ‹Textsorte› oder ‹Gattung›: Besonders häufig finden sich ‹Hymnen› (etwa Ps 8; 29; 104) und ‹Klagelieder des Einzelnen› (etwa Ps 7; 13; 39), aber auch ‹Danklieder des Einzelnen› (wie Ps 30; 116; 118) oder ‹Klagelieder des Volks› (wie Ps 74; 79–80).

Mit Blick auf den Inhalt lassen sich thematische Gruppen erkennen wie Schöpfungspsalmen (Ps 19,1–7; 104; 148), Psalmen über die Weisung (Ps 1; 19,8–15; 104), Geschichtspsalmen (Ps 78; 105–106), Zionspsalmen (Ps 46; 48; 76), Königspsalmen (wie Ps 2; 18; 45; 72; 89) und Psalmen, in denen die Königsherrschaft Gottes Thema ist (Ps 47; 93–100).

Einige Psalmen entstammen wahrscheinlich dem Tempelgottesdienst in Jerusalem. Viele Gebete und Lieder im Psalter sind aber wohl von vornherein als Meditationstexte entstanden. In der Zeit des zweiten Tempels (beginnend mit dem späten 6. Jahrhundert v.Chr.) hat man den Psalter vermutlich vor allem als Lese- und Meditationsbuch verwendet, wie dies seine Einleitung (Ps 1) nahelegt. Der Psalter ist in fünf Bücher untergliedert, die jeweils mit einer Lobpreisung Gottes (einer sogenannten Doxologie), enden (Ps 1–41; 42–72; 73–89; 90–106; 107–150). Dass diese fünf Bücher des Psalters – wohl den fünf Büchern der Tora (Genesis bis Deuteronomium; siehe die Einleitung zu Gen) entsprechend – ein zusammenhängendes Ganzes bilden, zeigt der hymnische Abschluss des gesamten Psalters in den wiederholten Aufforderungen zum «Halleluja» (hebräisch für ‹Lobt den HERRN›) (Ps 146–150).

Häufig bedenken die Psalmen grundlegende Fragen der menschlichen Existenz. Ein zentrales Thema ist die Stellung des Menschen in der Spannung zwischen Leben, Lebensbedrohung und Tod. In der Bildsprache der Psalmen können ‹Leben› und ‹Tod› dabei für den geistig-leiblichen wie auch für den zwischenmenschlichen Bereich stehen: Nicht nur Krankheit, sondern auch Feindschaft und Unrecht verkörpern elementare Lebensbedrohungen. Oft miteinander verbunden, bringen sie den Betenden an die Grenze zum Tod oder sogar in den Bereich des Todes und damit in die Situation der Gottesferne. Aus ihr ruft der Betende zu Gott.

In der Rezeptionsgeschichte der Psalmen wird meist auf einzelne Psalmen oder Psalmenverse zurückgegriffen und nur selten auf den Psalter als Ganzes. Im Neuen Testament ist der Psalter die am meisten zitierte Schrift des Alten Testaments (hier vor allem Ps 110). Die alttestamentlichen Psalmen zählten von Anfang an zu den grundlegenden Texten christlicher Tradition.

ERSTES BUCH (PS 1–41)

Die beiden Wege

1 1 Wohl dem, 1: 17,5; 26,4–5; 40,5;
der nicht dem Rat der Frevler folgt 119,1.101;
und nicht auf den Weg der Sünder tritt, Spr 1,10.15;
noch sitzt im Kreis der Spötter, 4,14–15.27
2 sondern seine Lust hat an der Weisung des HERRN 2: 37,31; 40,9; 94,12;
und sinnt über seiner Weisung Tag und Nacht. 112,1; 119,1; Jos 1,8
3 Der ist wie ein Baum, 3: 52,10; 92,13–15;
an Wasserbächen gepflanzt: Jer 17,7–8
Er bringt seine Frucht zu seiner Zeit,
und seine Blätter welken nicht.
Alles, was er tut, gerät ihm wohl.
4 Nicht so die Frevler; 4: 35,5; 83,14;
sie sind wie Spreu, Hiob 21,18
die der Wind verweht.
5 Darum werden die Frevler nicht bestehen im Gericht,
noch die Sünder in der Gemeinde der Gerechten.
6 Denn der HERR kennt den Weg der Gerechten, 6: 2,12; 112,10;
der Weg der Frevler aber vergeht. Spr 4,18–19

Der HERR und sein Gesalbter

2 1 Warum sind die Nationen in Aufruhr 1–2: Apg 4,25–26
und sinnen die Völker Nichtiges?
2 Die Könige der Erde erheben sich,
und es verschwören sich die Fürsten
gegen den HERRN und seinen Gesalbten:
3 Lasst uns zerreissen ihre Stricke 3: 149,8
und von uns werfen ihre Fesseln!
4 Der im Himmel thront, lacht, 4: 11,4! · 37,13; 59,9
der Herr spottet ihrer.
5 Da fährt er sie an in seinem Zorn,
und in seinem Grimm erschreckt er sie:
6 Ich selbst habe meinen König eingesetzt
auf Zion, meinem heiligen Berg.
7 Kundtun will ich den Beschluss des HERRN: 7: 89,27–28;
Er sprach zu mir: Mein Sohn bist du, 2Sam 7,14; Mt 3,17;
ich habe dich heute gezeugt. Lk 3,22; Apg 13,33; Hebr 1,5; 5,5
8 Bitte mich, so gebe ich dir die Nationen zum Erbe 8: 72,8–11
und die Enden der Erde zum Eigentum.
9 Du kannst sie zerschlagen mit eisernem Stab, 9: Offb 2,27; 12,5;
wie Töpfergeschirr sie zerschmeissen. 19,15 · Jer 18,6
10 Darum, ihr Könige, kommt zur Einsicht, 10–11: 72,11
lasst euch warnen, ihr Herrscher der Erde!

11 Dient dem HERRN mit Furcht,
und mit Zittern küsst seine Füsse,
12: 1,6! · 34,9 — 12 damit er nicht zürnt und ihr nicht umkommt auf eurem Weg,
denn leicht entbrennt sein Zorn.
Wohl allen, die Zuflucht suchen bei ihm.

Wie zahlreich sind meine Feinde

1: 2Sam 15,13–14 — **3** 1 Ein Psalm Davids, als er vor seinem Sohn Absalom floh.
2: 25,19 — 2 HERR, wie zahlreich sind meine Feinde,
viele sind es, die gegen mich aufstehen,
3 viele, die von mir sagen:
Er hat keine Hilfe bei Gott. *Sela*
4: 7,11; 18,3 · 62,8 · 27,6; 110,7 — 4 Du aber, HERR, bist mir Schild,
bist meine Ehre und erhebst mein Haupt.
5 Laut rufe ich zum HERRN,
und er antwortet mir von seinem heiligen Berg. *Sela*
6: 4,9! — 6 Ich lag und schlief,
nun bin ich erwacht, denn der HERR hält mich.
7: 27,3 — 7 Ich fürchte mich nicht vor vielen tausend Kriegern,
die ringsum mich belagern.
8: 58,7 — 8 Steh auf, HERR,
hilf mir, mein Gott.
Allen meinen Feinden hast du das Kinn zerschmettert,
die Zähne der Frevler hast du zerschlagen.
9 Beim HERRN ist die Hilfe,
dein Segen über deinem Volk. *Sela*

Du lässt mich sicher wohnen

4 1 Für den Chormeister. Mit Saitenspiel. Ein Psalm Davids.
2: 118,5 — 2 Erhöre mich, wenn ich rufe,
Gott meiner Gerechtigkeit.
In der Bedrängnis hast du mir Raum geschaffen.
Sei mir gnädig und höre mein Gebet.
3 Ihr Mächtigen, wie lange noch bleibt meine Ehre geschändet,
wollt ihr Nichtiges lieben, auf Lügen sinnen? *Sela*
4 Erkennt, dass der HERR seinen Getreuen erwählt hat.
Der HERR hört, wenn ich zu ihm rufe.
5: Eph 4,26 — 5 Ereifert euch, doch sündigt nicht,
bedenkt es auf eurem Lager und werdet still. *Sela*
6: 51,21 — 6 Bringt wahre Opfer dar
und vertraut auf den HERRN.

2,11–12: Der Massoretische Texts wurde korrigiert; er lautet übersetzt: «Dient dem HERRN mit Furcht, und jauchzt mit Zittern. 12 Küsst den Sohn, damit er nicht ...»

3,1: Die Psalmenüberschriften sind spätere Zusätze. Sie enthalten Hinweise für die musikalische Aufführung, Angaben über Verfasser, Zweck und Entstehungshintergrund eines Psalms.

3,3: «Sela» ist ein den Psalmen nachträglich hinzugefügter Fachausdruck für die Rezitation oder die musikalische Begleitung; er wird meist als Wiederholungszeichen (da capo) oder als Pausenzeichen für ein musikalisches Zwischenspiel verstanden.

7 Viele sagen: Wer lässt uns Gutes schauen?
Entschwunden ist über uns das Licht deines Angesichts, HERR. 7: 31,17; 44,4; 67,2; 80,4; 119,135; Num 6,25.26
8 Du hast mir Freude ins Herz gegeben,
mehr als in der Zeit, da es Korn und Wein gibt in Fülle.
9 In Frieden will ich mich niederlegen und schlafen, 9: 3,6; Lev 26,6; Spr 3,24
denn du allein, HERR, lässt mich sicher wohnen.

Du segnest den Gerechten

5 1 Für den Chormeister. Zum Flötenspiel. Ein Psalm Davids.
2 Höre meine Worte, HERR, 2–3: 86,6; 130,1–2
vernimm mein Seufzen.
3 Achte auf mein lautes Schreien, 3: 44,5; 84,4; 145,1
mein König und mein Gott,
denn ich will zu dir beten.
4 HERR, am Morgen hörst du meine Stimme, 4: 46,6; 88,14
am Morgen richte ich dir Opfer zu und warte.
5 Denn du bist nicht ein Gott, dem Frevel gefällt, 5: 15,1; 101,7
nicht darf der Böse bei dir weilen.
6 Prahler dürfen nicht
vor deine Augen treten.
Du hasst alle Übeltäter,
7 vernichtest die Lügner. 7: 55,24
Den Mörder und Betrüger
verabscheut der HERR.
8 Ich aber darf durch deine grosse Güte 8: 138,2
eintreten in dein Haus.
Zu deinem heiligen Tempel hin will ich mich niederwerfen
in Ehrfurcht vor dir.
9 HERR, leite mich in deiner Gerechtigkeit 9: 25,4!–5; 27,11; 143,10; Jes 26,7
um meiner Feinde willen,
ebne vor mir deinen Weg.
10 Denn in ihrem Mund ist nichts Wahres, 10: 12,3!; 55,22; Röm 3,13
ihr Inneres ist Verderben,
ein offenes Grab ist ihre Kehle,
aalglatt ist ihre Zunge.
11 Lass sie büssen, Gott,
sie sollen fallen durch ihre eigenen Ränke.
Ihrer vielen Verbrechen wegen verstosse sie,
denn sie lehnen sich auf gegen dich.
12 Doch freuen sollen sich alle, die bei dir Zuflucht suchen, 12: 40,17; 64,11 · 69,37!
immerfort sollen sie jubeln.
Beschütze sie, dass über dich frohlocken,
die deinen Namen lieben.
13 Denn du, HERR, segnest den Gerechten,
wie mit einem Schild deckst du ihn mit Wohlgefallen.

4,7: Möglich ist auch die Übersetzung: «... Erhebe über uns das Licht deines Angesichts, HERR.»

5,1: Möglicherweise ist statt «Zum Flötenspiel.» zu übersetzen: «Gegen Krankheit.»

Strafe mich nicht in deinem Zorn

6 1 Für den Chormeister. Mit Saitenspiel auf der Achten. Ein Psalm Davids.

2: 38,2; Jer 10,24 2 HERR, strafe mich nicht in deinem Zorn
und züchtige mich nicht in deinem Grimm.
3: 41,5; Jer 17,14 3 Sei mir gnädig, HERR, denn ich verschmachte,
heile mich, HERR, denn meine Gebeine sind erschrocken.
4: 13,2.3 4 Tief erschrocken ist meine Seele.
Du aber, HERR, wie lange?
5 Kehre wieder, HERR, errette mein Leben,
hilf mir um deiner Gnade willen.
6: 30,10; 88,11–13; 115,17; Jes 38,18 6 Denn im Tod gedenkt man deiner nicht,
wer wird im Totenreich dich preisen?
7 Ich bin erschöpft von meinem Seufzen,
ich tränke jede Nacht mein Bett,
mit meinen Tränen überschwemme ich mein Lager.
8: 31,10; Hiob 17,7 8 Schwach geworden ist mein Auge vor Gram,
matt geworden von allen, die mich bedrängen.
9: 119,115! 9 Weicht von mir, ihr Übeltäter alle,
denn der HERR hat mein lautes Weinen gehört.
10 Der HERR hat mein Flehen gehört,
der HERR nimmt mein Gebet an.
11: 35,4! 11 Es werden zuschanden, es erschrecken alle meine Feinde,
sie werden zurückweichen, werden zuschanden im Nu.

Gott ist ein gerechter Richter

7 1 Ein Klagelied Davids, das er dem HERRN sang wegen des Benjaminiten Kusch.

2 HERR, mein Gott, bei dir suche ich Zuflucht,
hilf mir vor allen meinen Verfolgern und rette mich,
3: 10,9; 17,12; 22,14 3 damit mich nicht einer wie ein Löwe zerreisst,
mich zerfleischt, und keiner ist da, der rettet.
4 HERR, mein Gott, wenn ich dies getan habe:
Wenn Unrecht an meinen Händen klebt,
5 wenn ich dem, der gut zu mir war, Böses tat
und den beraubte, der mich ohne Grund bedrängt,
6: 44,26; 143,3 6 so verfolge mich der Feind und hole mich ein,
trete zu Boden mein Leben
und lege in den Staub meine Ehre. *Sela*
7: 10,12! 7 Steh auf, HERR, in deinem Zorn,
erhebe dich gegen den Grimm meiner Feinde
und mache dich auf, mir zu helfen im Gericht, das du bestellt hast.
8 Lass die Schar der Völker um dich stehen,
und throne über ihr in der Höhe.
9: 9,5 9 Der HERR richtet die Völker.
Schaffe mir Recht, HERR, nach meiner Gerechtigkeit,
und nach meiner Unschuld geschehe mir.

7,8: Der Massoretische Text wurde korrigiert; er lautet übersetzt: «..., und über ihr kehre zurück in die Höhe.»

10 Zu Ende gehe die Bosheit der Frevler, 10: 26,2!; Jer 11,20; 17,10
doch dem Gerechten gib Bestand,
du, der du die Herzen und Nieren prüfst,
gerechter Gott.
11 Mein Schild ist Gott, 11: 3,4!
der denen hilft, die aufrichtigen Herzens sind.
12 Gott ist ein gerechter Richter 12: 9,5
und ein Gott, der täglich zürnt.
13 Fürwahr, schon wieder schärft einer sein Schwert,
hat seinen Bogen gespannt, bereit zum Schuss,
14 Todeswaffen hält er sich bereit,
seine Pfeile macht er zu Brandgeschossen.
15 Sieh, er empfängt Frevel, geht schwanger mit Unheil 15: Hiob 15,35; Jes 59,4
und gebiert Lug und Trug.
16 Er grub eine Grube und hob sie aus, 16: 9,16; 35,7–8; 57,7; 141,10; Spr 26,27
doch er stürzte in das Grab, das er machte.
17 Sein Frevel kommt zurück auf sein Haupt, 17: 1Kön 8,32
auf seinen Scheitel fährt seine Untat herab.
18 Ich will den HERRN preisen für seine Gerechtigkeit, 18: 18,50!
will singen dem Namen des HERRN, des Höchsten.

Was ist der Mensch

8 1 Für den Chormeister. Nach dem Kelterlied. Ein Psalm Davids.
2 HERR, unser Herr,
wie herrlich ist dein Name in allen Landen,
der du deine Hoheit über den Himmel gebreitet hast.
3 Aus dem Mund der Kinder und Säuglinge 3: Mt 21,16
hast du ein Bollwerk errichtet
deiner Widersacher wegen,
um ein Ende zu bereiten dem Feind und dem Rachgierigen.
4 Wenn ich deinen Himmel sehe, das Werk deiner Finger, 4: 19,2; 102,26
den Mond und die Sterne, die du hingesetzt hast:
5 Was ist der Mensch, dass du seiner gedenkst, 5–7: Hebr 2,6–8
und des Menschen Kind, dass du dich seiner annimmst? 5: 144,3; Hiob 7,17
6 Du hast ihn wenig geringer gemacht als Gott, 6: Gen 1,26–28
mit Ehre und Hoheit hast du ihn gekrönt.
7 Du hast ihn zum Herrscher gesetzt über die Werke deiner Hände, 7: 1Kor 15,27; Eph 1,22
alles hast du ihm unter die Füsse gelegt:
8 Schafe und Rinder, sie alle,
dazu auch die Tiere des Feldes,
9 die Vögel des Himmels und die Fische im Meer,
was da die Pfade der Meere durchzieht.
10 HERR, unser Herr,
wie herrlich ist dein Name in allen Landen.

8,1: Möglicherweise ist statt «Nach dem Kelterlied.» zu übersetzen: «Nach der gittischen Weise.»

8,2: Der Massoretische Text wurde korrigiert; er lautet übersetzt: ..., der du, breite deine Hoheit über den Himmel.»

Vergiss nicht die Gebeugten (Ps 9 und 10)

9 1 Für den Chormeister. Nach der Weise «Stirb für den Sohn».
Ein Psalm Davids.

2: 138,1 2 Ich will dich preisen, HERR, von ganzem Herzen, *(Alef)*
will verkünden alle deine Wunder.
3 Ich will mich freuen und frohlocken über dich,
will deinem Namen singen, du Höchster,
4 dass meine Feinde zurückweichen, *(Bet)*
dass sie straucheln und umkommen vor dir.
5: 7,9.12 5 Denn du hast mein Recht und meine Sache geführt,
dich auf den Thron gesetzt als ein gerechter Richter.
6: 34,17! 6 Du hast die Nationen gescholten, den Frevler vernichtet, *(Gimel)*
ihren Namen getilgt für immer und ewig.
7 Der Feind ist zunichte, für immer in Trümmern,
Städte hast du entvölkert, dahin ist ihr Ruhm.
8: 10,16!; 45,7; 93,2; 102,13; Klgl 5,19 8 Der HERR aber thront ewig,
zum Gericht hat er seinen Thron aufgestellt.
9: 67,5; 96,13; 98,9; Apg 17,31 9 Er richtet den Erdkreis in Gerechtigkeit,
spricht gerechtes Urteil den Völkern.
10: 18,3!; 37,39; 46,2.8.12 10 So wird der HERR eine Burg für den Bedrückten, *(Waw)*
eine Burg in der Zeit der Not.
11: 91,14 11 Darum vertrauen auf dich, die deinen Namen kennen,
denn du verlässt nicht, die dich suchen, HERR.
12 Singt dem HERRN, der auf Zion thront, *(Sajin)*
verkündet unter den Völkern seine Taten.
13: Hiob 34,28 13 Denn er, der Blutschuld rächt, hat ihrer gedacht,
hat nicht vergessen den Notschrei der Gebeugten.
14 Sei mir gnädig, HERR, sieh, wie elend ich bin, weil sie mich hassen, *(Chet)*
du hebst mich empor aus den Toren des Todes,
15 damit ich all deinen Ruhm verkünde,
in den Toren der Tochter Zion über deine Hilfe jauchze.
16: 7,16! 16 Nationen sind versunken in der Grube, die sie selbst gegraben haben, *(Tet)*
im Netz, das sie heimlich legten, hat ihr Fuss sich verfangen.
17 Kundgetan hat sich der HERR, Gericht hat er gehalten,
im Werk seiner Hände hat sich der Frevler verstrickt.
Zwischenspiel. Sela
18: 50,22 18 Zurückkehren ins Totenreich müssen die Frevler, *(Jod)*
alle Nationen, die Gott vergessen.
19 Doch der Arme bleibt nicht für immer vergessen, *(Kaf)*
die Hoffnung der Elenden nicht auf ewig verloren.
20: 10,12! 20 Steh auf, HERR, damit nicht der Mensch triumphiert,
damit die Nationen gerichtet werden vor dir.

Ps 9 und 10: Die beiden Psalmen bilden eine Einheit. Es handelt sich um ein sogenanntes alphabetisches Lied, dessen Strophen in der Regel mit dem jeweils nächsten Buchstaben des hebräischen Alphabets einsetzen.

9,1: Möglicherweise ist statt «Stirb für den Sohn» zu übersetzen: «Nach Mädchenweise» oder: «Nach der elamitischen Weise».

21 Lege, HERR, Schrecken auf sie,
erkennen sollen die Nationen, dass sie Menschen sind. *Sela*

10 1 Warum, HERR, bist du fern, *(Lamed)*
verbirgst dich in der Zeit der Not?
2 In seinem Hochmut verfolgt der Frevler den Elenden.
Sie sollen sich fangen in den Ränken, die sie ersonnen haben.
3 Es rühmt der Frevler seine freche Gier, 3–4: 10,13
und der Habsüchtige lästert, verachtet den HERRN.
4 Hochmütig wähnt der Frevler: 4: 14,1
Er greift nicht ein, es ist kein Gott.
Das ist all sein Denken.
5 Seine Wege haben jederzeit Bestand.
Fern von ihm, hoch droben sind deine Gerichte,
alle seine Gegner fährt er an.
6 Er spricht in seinem Herzen: Ich werde nicht wanken,
von Generation zu Generation bin ich vom Unglück verschont.
7 Voll Fluch ist sein Mund, voll Trug und Gewalttat, *(Pe)* 7: Röm 3,14
unter seiner Zunge ist Verderben und Unheil.
8 In Verstecken liegt er auf der Lauer, 8: 37,32
im Verborgenen bringt er den Unschuldigen um.
Seine Augen spähen nach dem Wehrlosen, *(Ajin)*
9 er lauert im Versteck wie ein Löwe im Dickicht. 9: 7,3!
Er lauert darauf, den Elenden zu fangen,
er fängt den Elenden, schleppt ihn fort in seinem Netz.
10 Zerschmettert sinken die Wehrlosen nieder
und fallen durch seine Gewalt.
11 Er spricht in seinem Herzen: Gott hat es vergessen, 11: 64,6; 94,7;
er hat sein Angesicht verborgen, er sieht es nimmermehr. Jes 29,15; Ez 8,12; 9,9
12 Steh auf, HERR! Gott, erhebe deine Hand, *(Qof)* 12: 7,7; 9,20
vergiss nicht die Gebeugten.
13 Warum darf der Frevler Gott verachten, 13: 10,3–4
in seinem Herzen sprechen: Du greifst nicht ein.
14 Doch du siehst Unheil und Kummer, *(Resch)* 14: 31,8 · 146,8.9!
blickst hin, nimmst es in deine Hand.
Dir überlässt es der Wehrlose,
dem Verwaisten bist du Helfer.
15 Zerbrich den Arm des Frevlers und des Bösen, *(Schin)* 15: 37,17
ahnde seinen Frevel, dass man nichts mehr findet von ihm.
16 Der HERR ist König für immer und ewig, 16: 9,8!; 93,1!–2;
verschwunden sind die Nationen aus seinem Land. 146,10; Ex 15,18; Jer 10,10
17 Das Verlangen der Gebeugten hast du vernommen, HERR, *(Taw)*
fest machst du ihr Herz, du neigst dein Ohr,
18 um Recht zu schaffen dem Verwaisten und Bedrückten. 18: Dtn 10,18
Keiner wird mehr gewalttätig sein auf Erden.

10,10: Möglich ist auch die Übersetzung: «Er duckt sich, kauert sich nieder, und durch seine Übermacht fallen die Wehrlosen.»

Beim HERRN bin ich geborgen

11 1 Für den Chormeister. Von David.
Beim HERRN bin ich geborgen. Wie könnt ihr zu mir sagen:
Flieh in die Berge wie ein Vogel.
2: 37,14; 57,5; 64,4
2 Denn sieh, die Frevler spannen den Bogen,
schon haben sie ihren Pfeil auf die Sehne gelegt,
um im Dunkel zu schiessen auf die,
die aufrichtigen Herzens sind.
3 Wenn die Grundfesten stürzen,
was vermag der Gerechte?
4: Hab 2,20 · 2,4; Jes 66,1; Mt 5,34 · 14,2; 102,20
4 Der HERR ist in seinem heiligen Palast,
der HERR hat im Himmel seinen Thron.
Seine Augen schauen herab,
seine Blicke prüfen die Menschen.
5 Der HERR prüft den Gerechten und den Frevler,
und seine Seele hasst den, der Gewalt liebt.
6: 140,11; Gen 19,24
6 Feurige Kohlen und Schwefel lasse er auf die Frevler regnen,
und Glutwind sei das Los ihres Bechers.
7: 45,8 · 140,14
7 Denn der HERR ist gerecht, er liebt gerechte Taten;
die Aufrichtigen werden sein Angesicht schauen.

Die Worte des HERRN sind lauter

12 1 Für den Chormeister. Auf der Achten. Ein Psalm Davids.
2: 14,1–3; Jer 9,1; Mi 7,2
2 Hilf, HERR, denn dahin ist der Getreue,
verschwunden sind die Getreuen unter den Menschen.
3: 5,10; 28,3; 52,4–6; 55,22; 62,5; 120,2; Spr 26,24–25; Jes 59,3.4; Jer 9,7
3 Nichtiges reden sie untereinander,
mit glatter Zunge, mit zwiespältigem Herzen reden sie.
4 Der HERR vertilge alle falschen Lippen,
die Zunge, die vermessen redet,
5 die da sagen: Mit unserer Zunge sind wir mächtig,
unser Mund spricht für uns, wer kann Herr sein über uns.
6: Jes 33,10
6 Die Elenden werden unterdrückt, die Armen seufzen,
darum stehe ich auf, spricht der HERR,
und bringe Rettung dem, den man hart bedrängt.
7: 18,31!
7 Die Worte des HERRN sind lautere Worte,
Silber, im Schmelztiegel geläutert,
von Erde gereinigt siebenfach.
8 Du, HERR, wirst sie halten,
wirst ihn für immer bewahren vor dieser Generation,
9 auch wenn ringsum Frevler sind
und Niedertracht sich erhebt unter den Menschen.

11,1: Der Massoretische Text wurde korrigier; er lautet übersetzt: «…: Flieht zu eurem Berg, ihr Vögel.»

11,6: Der Massoretische Text wurde korrigiert; er lautet übersetzt: «Fallen, Feuer und Schwefel lasse er …»

Willst du mich ganz vergessen?

13 1 Für den Chormeister. Ein Psalm Davids.
2 Wie lange, HERR! Willst du mich ganz vergessen? 2–3: 6,4
Wie lange verbirgst du dein Angesicht vor mir? 2: 42,10; 44,25
3 Wie lange soll ich Sorgen tragen in meiner Seele,
Kummer in meinem Herzen, Tag für Tag?
Wie lange noch soll mein Feind sich über mich erheben?
4 Sieh mich an, erhöre mich, HERR, mein Gott.
Mache meine Augen hell, damit ich nicht zum Tod entschlafe,
5 damit mein Feind nicht sage: Ich habe ihn überwältigt, 5: 25,2; 30,2;
meine Gegner nicht jauchzen, dass ich wanke. 35,19.24; 38,17
6 Ich aber vertraue auf deine Güte, 6: 116,7
über deine Hilfe jauchze mein Herz.
Singen will ich dem HERRN,
denn er hat mir Gutes getan.

Die Torheit der Gottlosen

14 1 Für den Chormeister. Von David. 1–7: 53,1–7
Der Tor spricht in seinem Herzen: 1–3: Röm 3,10–12
Es ist kein Gott. 1: 10,4
Verderbt, abscheulich handeln sie,
keiner ist, der Gutes tut.
2 Der HERR schaut herab vom Himmel 2: 11,4!
auf die Menschen,
zu sehen, ob da ein Einsichtiger sei,
einer, der nach Gott fragt.
3 Alle sind sie abtrünnig, 3: 12,2!
alle verdorben,
keiner ist, der Gutes tut,
auch nicht einer.
4 Haben denn keine Einsicht all die Übeltäter,
die mein Volk verzehren, wie man Brot isst,
die den HERRN nicht anrufen?
5 Da trifft sie gewaltiger Schrecken,
denn Gott ist beim Geschlecht der Gerechten.
6 An eurem Plan gegen den Elenden werdet ihr zuschanden,
denn der HERR ist seine Zuflucht.
7 Möge von Zion Israels Hilfe kommen. 7: 20,3; 121,1–2 ·
Wenn der HERR das Geschick seines Volkes wendet, 85,2; 126,1
jauchze Jakob, freue sich Israel!

Wer darf weilen in deinem Zelt?

15 1 Ein Psalm Davids. 1: 24,3 · 5,5!
HERR, wer darf weilen in deinem Zelt,
wer darf wohnen auf deinem heiligen Berg?
2 Der in Vollkommenheit seinen Weg geht 2: 26,1.11; 84,12;
und Gerechtigkeit übt, 101,2.6; 119,1;
der von Herzen die Wahrheit sagt, Spr 20,7
3 nicht verleumdet mit seiner Zunge,

der nicht Böses tut seinem Nächsten
und nicht Schmach lädt auf seinen Nachbarn,
4 der den Verworfenen verachtet
und ehrt, die den HERRN fürchten,
der Wort hält,
auch wenn er zum eigenen Schaden geschworen hat,
5: Ex 22,24; Spr 17,23; Ez 22,12
5 der sein Geld nicht um Zins gibt
und nicht Bestechung annimmt gegen den Unschuldigen.
Wer das tut,
wird niemals wanken.

Gott vor Augen

1: 25,20; 86,2
16 1 Ein Lied Davids.
Behüte mich, Gott, denn bei dir suche ich Zuflucht.
2 Ich spreche zum HERRN: Du bist Herr,
mein Glück ist nur bei dir.
3 An den Heiligen, die im Lande sind,
an den Herrlichen habe ich grosses Gefallen.
4 Zahlreich sind die Schmerzen derer,
die einen anderen umwerben.
Opfer von Blut will ich ihnen nicht bringen
und ihren Namen nicht auf meine Lippen nehmen.
5: 73,26; 142,6; Klgl 3,24
5 HERR, du mein Besitz und Becher,
du hältst mein Los in Händen.
6 Auf schönes Land fiel mir die Messschnur,
mein Erbe gefällt mir wohl.
7 Ich preise den HERRN, der mich beraten hat,
auch des Nachts mahnt mich mein Inneres.
8–11: Apg 2,25–28
8 Allezeit habe ich den HERRN vor Augen,
steht er mir zur Rechten, wanke ich nicht.
9 Darum freut sich mein Herz und jauchzt meine Seele,
auch mein Leib wird sicher wohnen.
10: Apg 13,35
10 Denn du gibst mein Leben nicht dem Totenreich preis,
du lässt deinen Getreuen das Grab nicht schauen.
11 Du zeigst mir den Weg des Lebens,
Freude in Fülle ist vor dir,
Wonne in deiner Rechten auf ewig.

Im Schatten deiner Flügel

17 1 Ein Gebet Davids.
Höre, HERR, im Namen der Gerechtigkeit,
nimm wahr mein Flehen,
vernimm mein Gebet
von Lippen ohne Falsch.
2 Von dir geht aus mein Recht,
deine Augen sehen Gerechtigkeit.

16,7: Wörtlich: «..., auch des Nachts mahnen mich meine Nieren.»

3 Du prüfst mein Herz, siehst nach bei Nacht, 3: 26,2!
du erprobst mich und findest nichts Böses an mir,
mein Mund vergeht sich nicht.
4 Bei den Taten der Menschen 4: Hiob 23,12
achte ich auf das Wort deiner Lippen.
5 Von den Wegen des Gewalttätigen bleiben meine Schritte fern, 5: 1,1!; Hiob 23,11
auf deinen Pfaden wanken meine Tritte nicht.
6 Ich rufe zu dir, denn du erhörst mich, Gott;
neige zu mir dein Ohr, höre meine Rede.
7 Erweise deine wunderbare Güte, du Retter aller, die Zuflucht suchen
vor denen, die sich auflehnen gegen deine Rechte.
8 Behüte mich wie den Augapfel, den Stern des Auges, 8: 36,8; 57,2; 61,5; 63,8; 91,4; Dtn 32,10.11
birg mich im Schatten deiner Flügel
9 vor den Frevlern, die mir Gewalt antun,
vor meinen Feinden, die gierig mich umringen.
10 Ihr Herz haben sie verschlossen,
anmassend reden sie mit ihrem Mund.
11 Sie sind mir auf den Fersen, schon haben sie mich umstellt,
sie trachten danach, mich zu Boden zu strecken,
12 wie ein Löwe, der begierig ist zu reissen, 12: 7,3!
wie ein Löwe, der im Hinterhalt liegt.
13 Steh auf, HERR, tritt ihm entgegen, zwing ihn in die Knie,
rette mein Leben vor dem Frevler mit deinem Schwert.
14 Von solchen Menschen, HERR,
von solchen Menschen sei fern deine Hand,
ihr Anteil am Leben sei gering.
Was du gegen sie bereithältst, damit stopfe ihren Bauch,
dass noch die Kinder satt werden
und auch deren Kinder einen Rest bekommen.
15 Ich aber will in Gerechtigkeit dein Angesicht schauen,
will mich sättigen, wenn ich erwache, an deinem Bilde.

Grosse Hilfe schenkt er seinem König

18 1 Für den Chormeister. Von David, dem Diener des HERRN, der 1–51: 2Sam 22
dem HERRN die Worte dieses Liedes sang an dem Tag, als der HERR
ihn aus der Hand aller seiner Feinde und aus der Hand Sauls errettet
hatte. 2 Er sprach:
Ich liebe dich, HERR, meine Stärke.
3 Der HERR ist mein Fels, meine Festung und mein Retter, 3: 3,4!; 9,10!; 31,3–4; 71,3; 94,22; 144,2
mein Gott, mein Hort, bei dem ich Zuflucht suche,
mein Schild und das Horn meiner Hilfe, meine Burg.
4 Ich rufe zum HERRN, gepriesen sei er,
und vor meinen Feinden werde ich errettet.

17,3–5: In der Einteilung des Massoretischen Texts lauten die Verse: «3 …, du erprobst mich und findest nichts, Böses kommt nicht über meinen Mund. 4 Bei den Taten der Menschen hüte ich mich nach dem Wort deiner Lippen vor den Wegen des Gewalttätigen. 5 Meine Schritte bleiben auf deinen Pfaden, meine Tritte wanken nicht.»

17,10: Wörtlich: «Ihr Fett haben sie verschlossen, …»

17,11: Der Massoretische Text wurde korrigiert; er lautet übersetzt: «Unsere Schritte – nun haben sie mich (nach anderer Tradition: uns) umstellt, …»

5–7: 116,3–4
5 Stricke des Todes schnürten mich ein,
und Ströme des Verderbens erschreckten mich.
6 Stricke des Totenreichs umfingen mich,
über mich fielen Schlingen des Todes.
7 In meiner Not rufe ich zum HERRN,
zu meinem Gott schreie ich.
Von seinem Tempel aus hört er meine Stimme,
und mein Schreien dringt an sein Ohr.

8: 68,9
8 Da wankte und schwankte die Erde,
und die Grundfesten der Berge erbebten,
sie wankten, denn er war zornentbrannt.

9: 50,3; 97,3
9 Rauch stieg auf aus seiner Nase,
Feuer frass aus seinem Mund,
Kohlen brannten aus ihm heraus.

10: 144,5
10 Er neigte den Himmel und fuhr herab,
Wolkendunkel unter seinen Füssen.

11: 68,5.34; 104,3; Dtn 33,26
11 Er ritt auf dem Kerub und flog daher
und schwebte auf den Flügeln des Windes.
12 Er machte Finsternis zu seiner Hülle um sich her,
Wasserdunkel, dichte Wolken zu seinem Zelt.
13 Aus dem Glanz vor ihm brachen seine Wolken hervor,
Hagel und feurige Kohlen.

14: 77,18–19
14 Es liess der HERR im Himmel den Donner erdröhnen
und der Höchste seine Stimme erschallen,
mit Hagel und feurigen Kohlen.

15: 144,6
15 Er schoss seine Pfeile und zerstreute die Feinde,
er schleuderte Blitze und setzte sie in Schrecken.
16 Da wurden sichtbar die Tiefen des Wassers,
und aufgedeckt wurden die Grundfesten der Erde
vor deinem Schelten, HERR,
vor dem Schnauben deines zornigen Atems.

17–18: 144,7
17 Er griff herab aus der Höhe, fasste mich,
zog mich heraus aus gewaltigen Wassern.
18 Er entriss mich meinem starken Feind,
meinen Hassern, die mir zu mächtig waren.
19 Sie überfielen mich am Tag meines Unglücks,
doch der HERR wurde mir zur Stütze.

20: 31,9
20 Er führte mich hinaus ins Weite,
er befreite mich, denn er hat Gefallen an mir.
21 Der HERR handelt an mir nach meiner Gerechtigkeit,
nach der Reinheit meiner Hände vergilt er mir.
22 Denn ich hielt mich an die Wege des HERRN
und frevelte nicht gegen meinen Gott.
23 Ja, alle seine Gesetze hatte ich vor Augen,
und seine Satzungen wies ich nicht von mir.
24 Ich war vollkommen vor ihm
und hütete mich vor Sünde.

18,12: Wörtlich: «..., dichte Wolken zu seiner Hütte.»

25 So vergalt mir der HERR nach meiner Gerechtigkeit,
nach der Reinheit meiner Hände vor seinen Augen.
26 Dem Treuen zeigst du dich treu, 26–27: 125,4
dem Untadeligen ohne Tadel.
27 Dem Reinen zeigst du dich rein,
doch dem Falschen voller Ränke.
28 Ja, du hilfst dem elenden Volk, 28: Hiob 22,29;
doch hochmütige Augen erniedrigst du. 1Petr 5,5
29 Du lässt meine Leuchte strahlen, HERR, 29: Hiob 29,3
mein Gott erhellt meine Finsternis.
30 Mit dir erstürme ich Wälle,
mit meinem Gott überspringe ich Mauern.
31 Gottes Weg ist vollkommen, 31: 12,7; Spr 30,5
das Wort des HERRN ist im Feuer geläutert.
Ein Schild ist er allen, die bei ihm Zuflucht suchen.
32 Denn wer ist Gott als allein der HERR 32: 1Sam 2,2;
und wer ein Fels ausser unserem Gott? Jes 44,8
33 Gott ist es, der mich mit Kraft umgürtet
und meinen Weg vollkommen macht,
34 der meine Füsse schnell wie die Hindinnen macht
und mich auf Höhen stellt,
35 der meine Hände den Kampf lehrt, 35: 144,1
dass meine Arme den ehernen Bogen spannen.
36 Du gabst mir den Schild deiner Hilfe,
deine Rechte stützt mich, und dein Zuspruch macht mich stark.
37 Weiten Raum schaffst du meinem Schritt,
und meine Knöchel wanken nicht.
38 Ich verfolge meine Feinde und hole sie ein,
kehre nicht um, bis ich sie vernichtet habe.
39 Ich schlage sie nieder, und sie können sich nicht mehr erheben,
sie fallen unter meine Füsse.
40 Du hast mich zum Kampf mit Kraft gegürtet,
du zwingst unter mich in die Knie, die sich gegen mich erheben.
41 Den Nacken meiner Feinde gibst du mir preis,
und die mich hassen, vernichte ich.
42 Sie schreien, doch da ist kein Retter,
zum HERRN, doch er erhört sie nicht.
43 Ich zerreibe sie wie Staub vor dem Wind,
wie Unrat schütte ich sie auf die Gassen.
44 Du rettest mich aus Völkerfehden,
setzt mich zum Haupt von Nationen.
Völker, die ich nicht kannte, werden mir untertan.
45 Auf blosses Hören hin gehorchen sie mir, 45: 66,3
Fremde schmeicheln mir.
46 Fremde sinken kraftlos hin, 46: Mi 7,17
kommen zitternd aus ihren Burgen hervor.
47 Der HERR lebt. Gepriesen ist mein Fels, 47: 144,1
erhaben der Gott meiner Rettung,
48 der Gott, der mir Rache gewährt 48: 144,2
und mir Völker unterwirft,

49 der mich vor meinen Feinden rettet,
der du mich erhöhst über meine Gegner,
mich befreist von Gewalttätigen.
50: 7,18; 30,5; 57,10; 105,1; 108,4; Röm 15,9
50 Darum will ich dich preisen unter den Nationen, HERR,
und deinem Namen singen,
51: 89,29!–30; 144,10
51 der seinem König grosse Hilfe schenkt
und seinem Gesalbten Treue erweist,
David und seinen Nachkommen ewiglich.

Der Himmel erzählt die Herrlichkeit Gottes

19 1 Für den Chormeister. Ein Psalm Davids.
2: 8,4!; 50,6!; Röm 1,20
2 Der Himmel erzählt die Herrlichkeit Gottes,
und das Firmament verkündet das Werk seiner Hände.
3 Ein Tag sagt es dem andern,
und eine Nacht tut es der anderen kund,
4 ohne Sprache, ohne Worte,
mit unhörbarer Stimme.
5: Röm 10,18
5 In alle Länder hinaus geht ihr Schall,
bis zum Ende der Welt ihr Reden.
Der Sonne hat er am Himmel ein Zelt errichtet:
6 Wie ein Bräutigam kommt sie hervor aus ihrer Kammer,
läuft freudig wie ein Held die Bahn.
7 An einem Ende des Himmels geht sie auf
und läuft bis zum anderen Ende,
und nichts bleibt ihrer Glut verborgen.
8: 119,130
8 Die Weisung des HERRN ist vollkommen,
sie gibt neues Leben.
Das Zeugnis des HERRN ist verlässlich,
es macht den Einfältigen weise.
9: 119,140
9 Die Befehle des HERRN sind gerecht,
sie erfreuen das Herz.
Das Gebot des HERRN ist lauter,
es erleuchtet die Augen.
10 Die Furcht des HERRN ist rein,
sie hat für immer Bestand.
Die Gesetze des HERRN sind Wahrheit,
allesamt sind sie gerecht.
11: 119,72!
11 Kostbarer sind sie als Gold,
als viel feines Gold,
und süsser als Honig,
als Wabenseim.
12 Auch dein Diener lässt sich warnen durch sie,
wer sie hält, hat reichen Lohn.
13 Aber wer kennt alle Verfehlungen?
Sprich mich frei von denen, die mir verborgen sind.
14 Auch vor vermessenen Menschen bewahre deinen Diener,
dass sie nicht über mich herrschen.

19,5: Wörtlich: «... hat er an ihm ein Zelt erreichtet:»

Dann bin ich schuldlos
und frei von jedem Vergehen.
15 Lass dir die Worte meines Mundes gefallen, 15: 104,34
und das Sinnen meines Herzens gelange zu dir,
HERR, mein Fels und mein Erlöser.

Der HERR hilft seinem Gesalbten

20 1 Für den Chormeister. Ein Psalm Davids.
2 Der HERR erhöre dich am Tag der Not, 2: Spr 18,10
der Name des Gottes Jakobs beschütze dich.
3 Er sende dir Hilfe vom Heiligtum, 3: 14,7!
und vom Zion her stütze er dich.
4 Er gedenke all deiner Opfer,
und dein Brandopfer nehme er an. *Sela*
5 Er gebe dir, was dein Herz begehrt, 5: 21,3; 37,4
und lasse all deine Pläne gelingen.
6 Wir wollen jubeln über deinen Sieg,
im Namen unseres Gottes das Banner erheben.
Der HERR erfülle alle deine Bitten.
7 Nun weiss ich:
Der HERR hilft seinem Gesalbten,
er erhört ihn von seinem heiligen Himmel her
mit der rettenden Macht seiner Rechten.
8 Diese setzen auf Wagen und jene auf Rosse, 8: 33,16–17; 44,7!–8; 147,10; 1Sam 17,47; Jes 31,1; Hos 1,7
wir aber rufen an den Namen des HERRN, unseres Gottes.
9 Sie sinken und fallen,
wir aber stehen und bleiben.
10 HERR, hilf dem König
und erhöre uns an dem Tag, da wir rufen.

König aus Gottes Gnade

21 1 Für den Chormeister. Ein Psalm Davids.
2 HERR, über deine Macht freut sich der König, 2: 63,12
und wie jauchzt er laut über deine Hilfe!
3 Den Wunsch seines Herzens hast du ihm gewährt, 3: 20,5!
das Begehren seiner Lippen ihm nicht verweigert. *Sela*
4 Du kamst ihm entgegen mit Segen und Glück, 4: 132,18
setztest auf sein Haupt eine goldene Krone.
5 Leben erbat er von dir, du gabst es ihm, 5: 1Kön 3,14; 2Kön 20,1–7
langes Leben für immer und ewig.
6 Gross ist sein Ruhm durch deine Hilfe, 6: 45,4
du verleihst ihm Hoheit und Pracht.
7 Du machst ihn zum Segen für immer, 7: 72,17!
beglückst ihn mit Freude vor deinem Angesicht.
8 Denn der König vertraut auf den HERRN,
und in der Gnade des Höchsten wird er nicht wanken.
9 Deine Hand wird alle deine Feinde treffen,

20,10: Der Massoretische Text wurde korrigiert; er lautet übersetzt: «HERR, hilf! Der König, er wird uns antworten an dem Tag, da wir rufen.»

deine Rechte wird treffen, die dich hassen.
10 Wie einen Ofen lässt du sie glühen,
wenn dein Angesicht, HERR, erscheint.
In seinem Zorn wird er sie verschlingen,
und das Feuer wird sie verzehren.
11: 109,13! 11 Ihr Geschlecht wirst du von der Erde vertilgen
und ihre Nachkommen aus der Gemeinschaft der Menschen.
12 Haben sie auch Böses gegen dich vor,
Ränke ersonnen, sie richten nichts aus.
13 Denn du schlägst sie in die Flucht,
mit deinem Bogen zielst du auf ihr Gesicht.
14 Erhebe dich, HERR, in deiner Macht.
Deiner Stärke wollen wir singen und spielen.

Mein Gott, mein Gott, warum hast du mich verlassen?

22 1 Für den Chormeister. Nach der Weise «Hindin der Morgenröte». Ein Psalm Davids.
2: Mt 27,46; Mk 15,34 2 Mein Gott, mein Gott, warum hast du mich verlassen,
bist fern meiner Rettung, den Worten meiner Klage?
3 Mein Gott, ich rufe bei Tag, doch du antwortest nicht,
bei Nacht, doch ich finde keine Ruhe.
4 Du aber, Heiliger,
thronst auf den Lobgesängen Israels.
5 Auf dich vertrauten unsere Vorfahren,
sie vertrauten, und du hast sie befreit.
6: 25,2! 6 Zu dir schrien sie, und sie wurden gerettet,
auf dich vertrauten sie, und sie wurden nicht zuschanden.
7 Ich aber bin ein Wurm und kein Mensch,
der Leute Spott und verachtet vom Volk.
8: 35,16; 44,15; 109,25; Mt 27,39 8 Alle, die mich sehen, verspotten mich,
verziehen den Mund und schütteln den Kopf:
9: Mt 27,43 9 Wälze es auf den HERRN. Der rette ihn,
er befreie ihn, er hat ja Gefallen an ihm.
10: Jes 44,2.24; 46,3 10 Du bist es, der mich aus dem Mutterschoss zog,
der mich sicher barg an der Brust meiner Mutter.
11: 71,6 11 Auf dich bin ich geworfen vom Mutterleib an,
von meiner Mutter Schoss an bist du mein Gott.
12: 22,20; 35,22; 38,22; 71,12 12 Sei nicht fern von mir,
denn die Not ist nahe;
keiner ist da, der hilft.
13 Zahlreiche Stiere sind um mich,
Baschanbüffel umringen mich.
14: 7,3! 14 Sie sperren ihr Maul auf gegen mich,
ein reissender, brüllender Löwe.
15 Wie Wasser bin ich hingeschüttet,
und es fallen auseinander meine Gebeine.
Wie Wachs ist mein Herz,
zerflossen in meiner Brust.

16 Trocken wie eine Scherbe ist meine Kehle, 16: Joh 19,28
und meine Zunge klebt mir am Gaumen,
in den Staub des Todes legst du mich.
17 Um mich sind Hunde,
eine Rotte von Übeltätern umzingelt mich,
sie binden mir Hände und Füsse.
18 Zählen kann ich alle meine Knochen.
Sie aber schauen zu, weiden sich an mir.
19 Sie teilen meine Kleider unter sich 19: Mt 27,35; Joh 19,23–24
und werfen das Los um mein Gewand.
20 Du aber, HERR, sei nicht fern, 20: 22,12! · 38,22–23; 40,14; 71,12
meine Stärke, eile mir zu Hilfe.
21 Errette vor dem Schwert mein Leben, 21: 35,17
aus der Gewalt der Hunde meine verlassene Seele.
22 Hilf mir vor dem Rachen des Löwen, 22: 2Tim 4,17
vor den Hörnern der Wildstiere.
Du hast mich erhört.
23 Ich will deinen Namen meinen Brüdern verkünden, 23: 35,18; 40,10; 109,30; Hebr 2,12
in der Versammlung will ich dich loben.
24 Die ihr den HERRN fürchtet, lobt ihn,
alle Nachkommen Jakobs, ehret ihn,
erschauert vor ihm, alle Nachkommen Israels.
25 Denn er hat nicht verachtet
noch verabscheut
des Elenden Elend,
hat sein Angesicht nicht vor ihm verborgen,
und da er schrie, erhörte er ihn.
26 Von dir geht aus mein Lobgesang in grosser Versammlung, 26: 50,14; 61,9; 66,13; 116,14.18
meine Gelübde erfülle ich vor denen, die ihn fürchten.
27 Die Elenden essen und werden satt, 27: 69,33
es loben den HERRN, die ihn suchen.
Aufleben soll euer Herz für immer.
28 Alle Enden der Erde 28: 86,9; Jes 45,22; 52,10
werden dessen gedenken und umkehren zum HERRN,
und vor ihm werden sich niederwerfen
alle Sippen der Nationen.
29 Denn des HERRN ist das Reich, 29: 145,13!
und er herrscht über die Nationen.
30 Vor ihm werfen sich nieder alle Mächtigen der Erde,
vor ihm beugen sich alle, die in den Staub sinken.
31 Erzählen wird man vom Herrn der Generation, 31–32: 71,18; 78,6; 102,19

22,16: Der Massoretische Text wurde korrigiert; er lautet übersetzt: «Trocken wie eine Scherbe ist meine Kraft, ...»

22,17: Der Massoretische Text wurde korrigiert; er lautet übersetzt: «... umzingelt mich, wie ein Löwe meine Hände und Füsse.»

22,28: Der Massoretische Text wurde korrigiert; er lautet übersetzt: «..., und vor dir werden sich niederwerfen ...»

22,30–31: Der Massoretische Text wurde korrigiert; er lautet übersetzt: «30 Es assen und warfen sich nieder alle Mächtigen (wörtlich: Fetten) der Erde, vor ihm beugen sich alle, die in den Staub sinken. Seine Seele aber erhielt er nicht am Leben; 31 Nachkommen werden ihm dienen. Erzählen wird man ...»

32 die noch kommt,
und verkünden seine Gerechtigkeit dem Volk,
das noch geboren wird.
Er hat es vollbracht.

Der HERR ist mein Hirt

1: 34,11; Joh 10,11
23 1 Ein Psalm Davids.
Der HERR ist mein Hirt, mir mangelt nichts,
2–3: 31,4 / 2: Ez 34,14–15; Offb 7,17 / 3: 25,4!–5
2 er weidet mich auf grünen Auen.
Zur Ruhe am Wasser führt er mich,
3 neues Leben gibt er mir.
Er leitet mich auf Pfaden der Gerechtigkeit
um seines Namens willen.
4 Wandere ich auch im finstern Tal,
fürchte ich kein Unheil,
denn du bist bei mir,
dein Stecken und dein Stab,
sie trösten mich.
5: 92,11
5 Du deckst mir den Tisch
im Angesicht meiner Feinde.
Du salbst mein Haupt mit Öl,
übervoll ist mein Becher.
6: 27,4!
6 Güte und Gnade werden mir folgen
alle meine Tage,
und ich werde zurückkehren ins Haus des HERRN
mein Leben lang.

Er ist der König der Herrlichkeit

1: 50,12; 89,12; 1Kor 10,26
24 1 Ein Psalm Davids.
Dem HERRN gehört die Erde und was sie erfüllt,
der Erdkreis und die ihn bewohnen.
2: 89,12!
2 Denn er ist es, der sie auf Meeren gegründet,
über Strömen fest errichtet hat.
3: 15,1
3 Wer darf hinaufziehen zum Berg des HERRN,
wer an seine heilige Stätte treten?
4 Wer reine Hände hat und ein lauteres Herz,
wer nicht auf Nichtiges seinen Sinn richtet
und nicht falsch schwört.
5 Der wird Segen empfangen vom HERRN
und Gerechtigkeit vom Gott seiner Hilfe.
6: 27,8; 105,4
6 Das ist das Geschlecht derer, die nach ihm fragen,
die dein Angesicht suchen, Jakob. *Sela*
7: 118,19.20
7 Erhebt, ihr Tore, eure Häupter,
erhebt euch, ihr uralten Pforten,
dass einziehe der König der Herrlichkeit.
8: Ex 15,3
8 Wer ist der König der Herrlichkeit?
Der HERR, der Starke und Held,
der HERR, der Held im Kampf.
9 Erhebt, ihr Tore, eure Häupter,
erhebt euch, ihr uralten Pforten,

dass einziehe der König der Herrlichkeit.
10 Wer ist der König der Herrlichkeit?
Der HERR der Heerscharen,
er ist der König der Herrlichkeit. *Sela*

Leite mich in deiner Wahrheit

25 1 Von David. 1: 86,4; 143,8
Zu dir, HERR,
erhebe ich meine Seele, mein Gott.
2 Auf dich vertraue ich, ich will nicht zuschanden werden, 2: 22,6; 25,20 · 13,5!
lass meine Feinde nicht über mich frohlocken.
3 Denn die auf dich hoffen, werden nicht zuschanden, 3: Jes 49,23
zuschanden werden, die ohne Treue sind.
4 Zeige mir, HERR, deine Wege, 4–5: 5,9!; 23,3;
lehre mich deine Pfade. 86,11; 139,24; 143,8
5 Leite mich in deiner Wahrheit und lehre mich,
denn du bist der Gott meiner Hilfe,
und auf dich hoffe ich den ganzen Tag.
6 Denke, HERR, an deine Barmherzigkeit
und deine Gnaden, die seit Ewigkeit sind.
7 Denke nicht an die Sünden meiner Jugend noch an meine Verfehlungen, 7: Hiob 13,26
nach deiner Gnade denke an mich
um deiner Güte willen, HERR.
8 Gut und gerecht ist der HERR,
darum weist er den Sündern den Weg.
9 Er lässt die Demütigen gehen im Recht,
er lehrt die Demütigen seinen Weg.
10 Alle Pfade des HERRN sind Gnade und Treue 10: 103,17–18
denen, die seinen Bund und seine Gesetze halten.
11 Um deines Namens willen, HERR, 11–12: 130,4!
vergib mir meine Schuld, denn sie ist gross.
12 Wer ist es, der den HERRN fürchtet? 12: 32,8
Ihm weist er den Weg, den er wählen soll.
13 Der wird im Glück wohnen, 13: 37,9!
und seine Nachkommen werden das Land besitzen.
14 Am Rat des HERRN haben teil, die ihn fürchten,
und er offenbart ihnen seinen Bund.
15 Stets blicken meine Augen auf den HERRN, 15: 121,1; 123,1–2;
denn er allein kann meine Füsse aus dem Netz befreien. 141,8 · 31,5!
16 Wende dich zu mir und sei mir gnädig, 16: 86,16; 119,132
denn ich bin einsam und elend.
17 Ängste bestürmen mein Herz, 17: 143,11!
führe mich hinaus aus meiner Bedrängnis.
18 Sieh an mein Elend und meine Mühsal,
und vergib mir alle meine Sünden.
19 Sieh, wie zahlreich meine Feinde sind, 19: 3,2

25,17: Der Massoretische Text wurde korrigiert; er lautet übersetzt: «Ängste haben mein Herz weit gemacht, ...»

wie sie mich hassen mit tödlichem Hass.

20: 25,2! · 16,1! 20 Bewahre mein Leben und rette mich,
ich will nicht zuschanden werden, denn bei dir suche ich Zuflucht.

21 Unschuld und Redlichkeit mögen mich behüten,
denn ich hoffe auf dich.

22: 130,8 22 Gott, erlöse Israel
aus allen seinen Nöten.

Ich aber wandle in Vollkommenheit

1: 43,1 · 15,2! **26** 1 Von David.
Schaffe mir Recht, HERR,
denn in Vollkommenheit bin ich meinen Weg gegangen,
und auf den HERRN habe ich vertraut,
ohne zu wanken.

2: 7,10!; 17,3; 139,23 2 Prüfe mich, HERR, und erprobe mich,
erforsche mir Nieren und Herz.

3 Denn deine Güte stand mir vor Augen,
und in deiner Wahrheit bin ich meinen Weg gegangen.

4–5: 1,1 4 Ich sass nicht bei falschen Menschen,
und bei Heuchlern trat ich nicht ein.

5 Ich hasste die Rotte der Übeltäter,
und bei den Frevlern sass ich nicht.

6: 73,13; Mt 27,24! 6 Ich wasche meine Hände in Unschuld
und umschreite, HERR, deinen Altar,

7 um laut das Loblied anzustimmen
und alle deine Wunder zu verkünden.

8: 27,4! 8 HERR, ich liebe die Stätte deines Hauses,
den Ort, da deine Herrlichkeit wohnt.

9: 28,3 9 Raffe meine Seele nicht hin mit den Sündern,
nicht mein Leben mit den Mördern.

10 Schandtat klebt an ihren Händen,
voller Bestechung ist ihre Rechte.

11: 15,2! 11 Ich aber gehe meinen Weg in Vollkommenheit,
erlöse mich und sei mir gnädig.

12 Mein Fuss steht auf rechtem Grund,
in Versammlungen will ich preisen den HERRN.

Der HERR ist mein Licht und meine Rettung

1: 36,10 · 118,6! **27** 1 Von David.
Der HERR ist mein Licht und meine Rettung,
vor wem sollte ich mich fürchten?
Der HERR ist meines Lebens Zuflucht,
vor wem sollte ich erschrecken?

2 Dringen Übeltäter auf mich ein,
mich zu zerfleischen,
meine Gegner und meine Feinde,
sie müssen straucheln und fallen.

3: 3,7 3 Mag ein Heer mich belagern,
mein Herz fürchtet sich nicht;

mag Krieg sich gegen mich erheben,
bleibe ich doch voll Zuversicht.
4 Eines nur habe ich vom HERRN erbeten, 4: 23,6; 26,8; 63,3; 65,5!
dies eine begehre ich:
zu wohnen im Hause des HERRN
alle meine Tage,
zu schauen die Freundlichkeit des HERRN
und nachzusinnen in seinem Tempel.
5 Denn er birgt mich in seiner Hütte 5: 31,21
am Tage des Unheils,
er beschirmt mich im Schutz seines Zeltes,
hebt mich empor auf einen Felsen.
6 Nun kann mein Haupt sich erheben 6: 3,4
über meine Feinde rings um mich her.
Ich will Opfer darbringen in seinem Zelt,
Opfer des Jubels,
will singen und spielen dem HERRN.
7 Höre, HERR, mein lautes Rufen,
sei mir gnädig und erhöre mich.
8 An dein Wort denkt mein Herz: 8: 24,6!
Sucht mein Angesicht.
Dein Angesicht, HERR, will ich suchen.
9 Verbirg dein Angesicht nicht vor mir.
Weise deinen Diener nicht ab im Zorn.
Du bist meine Hilfe.
Verstosse mich nicht und verlass mich nicht,
du Gott meiner Rettung.
10 Wenn auch Vater und Mutter mich verlassen,
nimmt der HERR mich auf.
11 Weise mir, HERR, deinen Weg, 11: 5,9!
und leite mich auf ebener Bahn
um meiner Feinde willen.
12 Gib mich nicht preis 12: Mt 26,59
der Gier meiner Gegner,
denn falsche Zeugen stehen auf gegen mich
und ruchlose Ankläger.
13 Hätte ich doch die Gewissheit, 13: 52,7; 116,9; 142,6; Jes 38,11
die Güte des HERRN zu schauen
im Land der Lebenden.
14 Hoffe auf den HERRN. 14: 31,25
Sei stark, dein Herz sei unverzagt.
Hoffe auf den HERRN.

Höre den Ruf meines Flehens

28 1 Von David. 1: 143,7
Zu dir, HERR, rufe ich,

27,4: Möglich sind auch die Übersetzungen: «... und zu betrachten seinen Tempel» und: «... und auszuspähen in seinem Tempel.»
27,8: Wörtlich: «Von dir sagt mein Herz: ...»

mein Fels, verschliesse dich mir nicht.
Denn wenn du schweigst, werde ich denen gleich,
die hinabfahren zur Grube.
2: 134,2! 2 Höre den Ruf meines Flehens,
wenn ich zu dir schreie,
wenn ich meine Hände erhebe
zum Allerheiligsten.
3: 26,9 · 12,3! 3 Raffe mich nicht hin mit den Frevlern
und mit den Übeltätern,
die freundlich reden mit ihrem Nächsten,
aber Böses hegen in ihren Herzen.
4: 62,13! 4 Gib ihnen nach ihrem Tun,
nach der Bosheit ihrer Taten,
nach dem Werk ihrer Hände gib ihnen,
vergilt ihnen ihre Untat.
5: Jes 5,12 5 Denn auf die Taten des HERRN achten sie nicht,
noch auf das Werk seiner Hände.
So wird er sie niederreissen
und nicht wieder aufbauen.
6 Gepriesen sei der HERR,
denn er hat den Ruf meines Flehens gehört.
7 Der HERR ist mein Schutz und mein Schild,
auf ihn vertraute mein Herz;
mir wurde geholfen, und mein Herz frohlockte,
mit meinem Lied will ich ihn preisen.
8 Der HERR ist Schutz seinem Volk,
rettende Burg seinem Gesalbten.
9: 78,71; Dtn 9,29 9 Hilf deinem Volk
und segne dein Erbe,
weide und trage sie in Ewigkeit.

Die Stimme des HERRN

1: 96,7 **29** 1 Ein Psalm Davids.
Gebt dem HERRN, ihr Götter,
gebt dem HERRN Ehre und Macht.
2: 96,8–9 2 Gebt dem HERRN die Ehre seines Namens,
werft euch nieder vor dem HERRN in heiliger Pracht.
3: 77,19; 104,7; Hiob 37,4.5 3 Die Stimme des HERRN über den Wassern,
der Gott der Herrlichkeit donnert,
der HERR über gewaltigen Wassern.
4 Die Stimme des HERRN mit Macht,
die Stimme des HERRN mit Majestät.
5 Die Stimme des HERRN zerbricht Zedern,
der HERR zerschmettert die Zedern des Libanon.
6: 114,4.6 6 Wie ein Kalb lässt er hüpfen den Libanon,
den Sirjon wie einen jungen Stier.
7 Die Stimme des HERRN sprüht Feuerflammen.

28,8: Der Massoretische Text wurde korrigiert; er lautet übersetzt: «Der Herr ist ihnen Schutz, ...»

8 Die Stimme des HERRN lässt die Wüste beben,
beben lässt der HERR die Wüste von Kadesch.
9 Die Stimme des HERRN bringt die Hirschkuh zum Kreissen,
macht Wälder kahl.
Und in seinem Palast ruft alles: Ehre.
10 Der HERR thront über der Flut,
der HERR thront als König in Ewigkeit.
11 Der HERR gebe Macht seinem Volk, 11: 68,36
der HERR segne sein Volk mit Frieden.

Du hast mich aus der Tiefe gezogen

30 1 Ein Psalm. Ein Lied zur Tempelweihe. Von David.
2 Ich will dich erheben, HERR, denn du hast mich aus der Tiefe gezogen 2: 13,5!
und meine Feinde nicht über mich triumphieren lassen.
3 HERR, mein Gott, ich schrie zu dir,
und du hast mich geheilt.
4 HERR, du hast mich heraufgeholt aus dem Totenreich, 4: 1Sam 2,6
zum Leben mich zurückgerufen von denen, die hinab zur Grube fuhren.
5 Singt dem HERRN, ihr seine Getreuen, 5: 18,50!; 97,12
und preist seinen heiligen Namen.
6 Denn sein Zorn währt einen Augenblick, ein Leben lang seine Gnade; 6: Jes 54,7.8 · 126,5!–6
am Abend ist Weinen, doch mit dem Morgen kommt Jubel.
7 Ich aber sprach in meiner Sorglosigkeit:
Nie werde ich wanken.
8 HERR, in deiner Gnade stelltest du mich auf mächtige Berge, 8: 104,29
doch als du dein Angesicht verbargst, traf mich der Schrecken.
9 Zu dir, HERR, rief ich,
ich flehte zu meinem Gott.
10 Was nützt dir mein Blut, wenn ich ins Grab hinabfahre? 10: 6,6!
Kann denn Staub dich preisen, deine Treue verkünden?
11 Höre, HERR, und sei mir gnädig.
HERR, sei du mein Helfer.
12 Du hast mir meine Klage in Reigen verwandelt, 12: Jer 31,13
mein Trauergewand gelöst und mich mit Freude umgürtet,
13 damit mein Herz dir singe und nicht verstumme.
HERR, mein Gott, in Ewigkeit will ich dich preisen.

In deiner Hand steht mein Geschick

31 1 Für den Chormeister. Ein Psalm Davids.
2 Bei dir, HERR, suche ich Zuflucht, 2–3: 71,1–3
ich will nicht zuschanden werden auf ewig,
in deiner Gerechtigkeit rette mich.
3 Neige zu mir dein Ohr, 3–4: 18,3!
eile, mich zu befreien,
sei mir ein Fels der Zuflucht,
eine feste Burg, mich zu retten.
4 Denn mein Fels und meine Burg bist du, 4: 23,2–3

um deines Namens willen
leite und führe mich.

5: 25,15; 140,6! 5 Zieh mich aus dem Netz, das sie mir heimlich legten,
denn du bist meine Zuflucht.

6: Lk 23,46; Apg 7,59 6 In deine Hand befehle ich meinen Geist,
du hast mich erlöst, HERR, du treuer Gott.

7 Ich hasse, die sich an nichtige Götzen halten,
ich aber vertraue auf den HERRN.

8: 10,14 8 Ich will frohlocken und mich freuen an deiner Gnade,
dass du mein Elend gesehen,
auf die Nöte meiner Seele geachtet hast.

9: 18,20 9 Du hast mich nicht der Hand des Feindes ausgeliefert,
hast meine Füsse auf weiten Raum gestellt.

10: 6,8! 10 Sei mir gnädig, HERR, denn mir ist bange,
schwach geworden vor Gram ist mein Auge, meine Kehle,
mein Leib.

11: 32,3 11 Im Kummer schwindet dahin mein Leben,
meine Jahre vergehen mit Seufzen.
Meine Kraft ist zerfallen durch meine Schuld,
und schwach geworden sind meine Gebeine.

12 Allen meinen Feinden bin ich zum Spott geworden
und mehr noch meinen Nachbarn,
ein Schrecken denen, die mir vertraut sind;
die mich auf der Strasse sehen, fliehen vor mir.

13 Vergessen bin ich, wie ein Toter aus dem Sinn,
bin geworden wie ein zerbrochenes Gefäss.

14: Jer 20,10 14 Ich höre das Zischeln der Menge,
Grauen ringsum,
wenn sie gegen mich sich verschwören,
darauf sinnen, mir das Leben zu nehmen.

15: 140,7 15 Ich aber vertraue auf dich, HERR,
ich spreche: Du bist mein Gott.

16 In deiner Hand steht mein Geschick,
rette mich aus der Hand meiner Feinde und vor meinen
Verfolgern.

17: 4,7!; 119,135 17 Lass leuchten dein Angesicht über deinem Diener,
hilf mir in deiner Gnade.

18 HERR, ich will nicht zuschanden werden, denn ich rufe zu dir.
Zuschanden werden sollen die Frevler, heulend ins Totenreich
fahren.

19 Verstummen sollen die Lügenlippen,
die frech reden gegen den Gerechten, mit Hochmut und Spott.

20 Wie gross ist deine Güte,
die du denen bereithältst, die dich fürchten,
die du vor den Menschen denen erweist,
die Zuflucht suchen bei dir.

21: 27,5 21 Du beschirmst sie im Schutz deines Angesichts
vor dem Toben der Menschen,
du birgst sie in einer Hütte
vor dem Gezänk der Zungen.

22 Gepriesen sei der HERR,
denn wunderbar hat er mir seine Gnade erwiesen
in einer festen Stadt.
23 Ich aber sprach, da ich weglief vor Angst:
Ich bin verstossen aus deinen Augen.
Doch du hast mein lautes Flehen gehört,
als ich zu dir schrie.
24 Liebt den HERRN, all seine Getreuen. 24: 62,13!
Die Getreuen behütet der HERR,
doch über die Massen vergilt er dem,
der Hochmut übt.
25 Seid stark, euer Herz sei unverzagt, 25: 27,14
ihr alle, die ihr harrt auf den HERRN.

Wohl dem, dessen Missetat vergeben ist

32 1 Von David. Ein Weisheitslied. 1: 85,3
Wohl dem, dessen Missetat vergeben,
dessen Sünde getilgt ist.
2 Wohl dem Menschen, dem der HERR
die Schuld nicht anrechnet
und in dessen Sinn nichts Falsches ist.
3 Ich verstummte, es zerfielen meine Gebeine, 3: 31,11
da ich den ganzen Tag schrie.
4 Denn schwer lag deine Hand auf mir 4: 38,3
Tag und Nacht,
verdorrt war meine Lebenskraft
in der Sommerglut. *Sela*
5 Meine Sünde habe ich dir gestanden 5: 38,19; Spr 28,13
und meine Schuld nicht verborgen.
Ich sprach: Bekennen will ich
dem HERRN meine Missetaten.
Und du vergabst mir
die Schuld meiner Sünde. *Sela*
6 Darum bete jeder Getreue zu dir
in der Zeit der Not;
wenn gewaltige Wasser strömen,
ihn werden sie nicht erreichen.
7 Du bist mir Schutz, vor Not bewahrst du mich,
mit Jubelgesängen der Rettung umgibst du mich. *Sela*
8 Ich will dich lehren und dir den Weg weisen, den du gehen sollst, 8: 25,12 · 33,18;
ich will dir raten, mein Auge wacht über dir. 34,16
9 Seid nicht wie ein Ross, wie ein Maultier, ohne Verstand,
nur mit Zaum und Zügel ist sein Ungestüm zu bändigen,
sonst kommt es nicht zu dir.
10 Zahlreich sind die Schmerzen des Frevlers,
wer aber auf den HERRN vertraut, den umgibt er mit Gnade.
11 Freut euch des HERRN und frohlockt, ihr Gerechten, 11: 33,1; 58,11; 64,11;
und jubelt alle, die ihr aufrichtigen Herzens seid. 68,4; 97,12

32,6: Der Massoretische Text wurde korrigiert.

Er sprach, und es geschah

1: 32,11! · 147,1
33 1 Jubelt, ihr Gerechten, dem HERRN,
den Aufrichtigen ist der Lobgesang Freude.
2: 92,4; 144,9
2 Preist den HERRN mit der Leier,
spielt ihm auf zehnsaitiger Harfe.
3: 96,1; 98,1; 144,9; 149,1
3 Singt ihm ein neues Lied,
schlagt die Saite mit Jubelklang.
4: 51,6
4 Denn das Wort des HERRN ist gerecht
und all sein Tun verlässlich.
5: 119,64
5 Er liebt Gerechtigkeit und Recht,
von der Gnade des HERRN ist die Erde voll.
6: Gen 1,6–8.14–18
6 Durch das Wort des HERRN sind die Himmel gemacht
und durch den Hauch seines Mundes ihr ganzes Heer.
7 Er fasst das Wasser des Meeres wie mit einem Damm,
in Kammern legt er die Fluten.
8 Alle Länder, fürchtet den HERRN,
zittern sollen vor ihm alle, die den Erdkreis bewohnen.
9: 148,5
9 Denn er ist es, der sprach, und es geschah,
der gebot, und es stand da.
10 Der HERR vereitelt den Ratschluss der Nationen,
macht zunichte die Pläne der Völker.
11 Der Ratschluss des HERRN bleibt ewig bestehen,
die Pläne seines Herzens von Generation zu Generation.
12: 144,15
12 Wohl der Nation, deren Gott der HERR ist,
dem Volk, das er sich zum Erbteil erwählt hat.
13 Vom Himmel herab blickt der HERR,
sieht alle Menschen.
14 Von der Stätte, da er thront, schaut er
auf alle, die die Erde bewohnen,
15 er, der ihnen allen das Herz gebildet,
der achthat auf alle ihre Werke.
16–17: 20,8!
16 Keine Hilfe ist dem König das grösste Heer,
der Held wird nicht gerettet durch grösste Kraft.
17 Trügerische Hilfe ist das Ross,
und mit all seiner Stärke rettet es nicht.
18: 32,8! · 130,7; 147,11
18 Seht, das Auge des HERRN ruht auf denen, die ihn fürchten,
die auf seine Gnade harren,
19 dass er vom Tod ihr Leben errette
und sie am Leben erhalte, wenn sie Hunger leiden.
20: 115,9–11
20 Unsere Seele wartet auf den HERRN,
er ist unsere Hilfe und unser Schild.
21 Über ihn freut sich unser Herz,
auf seinen heiligen Namen vertrauen wir.
22 Deine Gnade, HERR, sei über uns,
denn wir harren auf dich.

Die Augen des HERRN sind bei den Gerechten

1: 1Sam 21,11–16
34 1 Von David, als er sich vor Abimelech wahnsinnig stellte und
dieser ihn fortjagte und er wegging.
2 Ich will den HERRN preisen allezeit,

immer soll sein Lob in meinem Munde sein.
3 Meine Seele rühme sich des HERRN,
die Gebeugten sollen es hören und sich freuen.
4 Erhebt den HERRN mit mir,
und lasst uns alle seinen Namen ehren.
5 Ich suchte den HERRN, und er hat mich erhört,
von allen meinen Ängsten hat er mich befreit.
6 Die auf ihn blicken, werden strahlen,
ihr Angesicht soll nicht zuschanden werden.
7 Da ist ein Elender, der rief, und der HERR hat es gehört,
aus allen seinen Nöten hat er ihm geholfen.
8 Der Bote des HERRN lagert sich 8: 91,11
um die, die ihn fürchten, und er rettet sie.
9 Spürt und seht, wie gütig der HERR ist. 9: 1Petr 2,3 · 2,12
Wohl dem, der bei ihm Zuflucht sucht.
10 Fürchtet den HERRN, ihr seine Heiligen,
denn die ihn fürchten, leiden keinen Mangel.
11 Löwen mögen darben und hungern, 11: 23,1
denen aber, die den HERRN suchen, fehlt nichts Gutes.
12 Kommt, ihr Söhne, hört mir zu, 12: Spr 4,1
Furcht des HERRN will ich euch lehren.
13 Wer begehrt das Leben, 13–17: 1Petr 3,10–12
wer will glückliche Tage sehen?
14 Hüte deine Zunge vor Bösem
und deine Lippen vor trügerischer Rede.
15 Meide das Böse und tue das Gute, 15: 37,27 · Mt 5,9
suche Frieden und jage ihm nach.
16 Die Augen des HERRN sind bei den Gerechten 16: 32,8!
und seine Ohren bei ihrem Schreien.
17 Das Angesicht des HERRN steht gegen die, die Böses tun, 17: 9,6; 109,15
um ihr Andenken zu tilgen von der Erde.
18 Schreien die Gerechten, hört es der HERR,
und er befreit sie aus all ihrer Not.
19 Der HERR ist nahe denen, die zerbrochenen Herzens, 19: 51,19; Jes 57,15; 66,2
hilft denen, die zerschlagenen Geistes sind.
20 Zahlreich sind die Leiden des Gerechten,
doch aus allem befreit ihn der HERR.
21 Er behütet alle seine Gebeine, 21: Joh 19,36
nicht eines von ihnen wird zerbrochen.
22 Den Frevler wird das Unheil töten,
und die den Gerechten hassen, werden es büssen.
23 Der HERR erlöst das Leben seiner Diener,
und keiner wird es bereuen, der Zuflucht sucht bei ihm.

Erwache für mein Recht

35 1 Von David.
Streite, HERR, wider die, die gegen mich streiten,
kämpfe gegen die, die mich bekämpfen.

34,18: «die Gerechten» wurde auf der Grundlage der antiken Übersetzungen ergänzt.

2 Ergreife Schild und Panzer
und steh auf, mir zu Hilfe.
3 Richte Speer und Lanze
gegen meine Verfolger.
Sprich zu mir:
Ich bin deine Hilfe.
4: 6,11; 35,26; 40,15; 71,13.24
4 In Schmach und Schande sollen geraten,
die mir nach dem Leben trachten,
zurückweichen und beschämt werden,
die auf mein Unglück sinnen.
5: 1,4!
5 Wie Spreu sollen sie werden vor dem Wind,
wenn der Bote des HERRN sie vertreibt.
6: 73,18
6 Finster und schlüpfrig sei ihr Weg,
wenn der Bote des HERRN sie verfolgt.
7–8: 7,16!
7 Denn hinterhältig haben sie mir ihr Netz gelegt,
grundlos mir eine Grube gegraben.
8 Nicht gekanntes Verderben komme über ihn,
und das Netz, das er legte, fange ihn selbst,
ins eigene Verderben stürze er hinein.
9 Meine Seele aber wird über den HERRN frohlocken,
wird sich freuen über seine Hilfe.
10 Alle meine Gebeine werden sagen:
HERR, wer ist wie du,
der den Elenden rettet vor dem, der stärker ist als er,
den Elenden und Armen vor dem, der ihn ausraubt?
11 Ruchlose Zeugen stehen auf,
was ich nicht weiss, das fragen sie mich.
12: 38,21; 109,5; Jer 18,20
12 Sie vergelten mir Gutes mit Bösem,
machen mich einsam.
13 Ich aber habe mich in Trauer gehüllt, als sie krank waren,
kasteite mich mit Fasten.
Ich betete mit gesenktem Haupt,
14 als wären sie mir Freund und Bruder.
Ich ging wie im Leid um die Mutter,
in Trauer tief gebeugt.
15 Doch da ich stürzte, freuten sie sich und taten sich zusammen,
taten sich zusammen gegen mich.
Fremde, die ich nicht kenne,
lästerten ohne Unterlass.
16: 22,8!
16 Ruchlos ist ihr Gespött,
sie knirschen mit den Zähnen gegen mich.
17: 22,21
17 Herr, wie lange willst du zusehen?
Rette mein Leben vor ihrem Wüten,
vor den Löwen meine Seele.
18: 22,23!
18 Ich will dich preisen in grosser Versammlung,
vor vielem Volk will ich dich loben.

35,15: Der Massoretische Text wurde korrigiert; er lautet übersetzt: «... Geschlagene (oder: Gelähmte), die ich nicht kenne, ...»

19 Über mich sollen sich nicht freuen, die mich grundlos anfeinden, 19: 13,5! · 69,5!
die ohne Grund mich hassen, die mit den Augen zwinkern.
20 Denn feindlich reden sie,
und gegen die Stillen im Land
ersinnen sie arglistige Reden.
21 Weit reissen sie ihr Maul auf gegen mich, 21: 40,16
sie sagen: Ha, mit eigenen Augen haben wir es gesehen.
22 Du hast es gesehen, HERR, schweige nicht. 22: 50,3; 83,2; 109,1 · 22,12!
Herr, bleibe nicht fern von mir.
23 Wache auf, erwache für mein Recht, 23: 44,24
mein Gott und mein Herr, für meinen Streit.
24 Schaffe mir Recht nach deiner Gerechtigkeit, HERR, mein Gott, 24: 13,5!
dass sie sich nicht über mich freuen.
25 Sie sollen nicht sprechen in ihrem Herzen: 25: 40,16
Ha, das ist's, was wir begehrten.
Sie sollen nicht sagen: Wir haben ihn verschlungen.
26 Zuschanden und beschämt werden sollen alle, 26: 35,4!
die sich über mein Unglück freuen,
Schmach und Schande sollen bedecken,
die gegen mich grosstun.
27 Es sollen jubeln und sich freuen, 27: 40,17
die Gefallen haben an meiner Gerechtigkeit,
immerdar sollen sie sprechen:
Gross erweist sich der HERR, der Gefallen hat
am Wohlergehen seines Dieners.
28 Meine Zunge aber wird deine Gerechtigkeit verkünden,
den ganzen Tag dein Lob.

Bei dir ist die Quelle des Lebens

36 1 Für den Chormeister. Vom Diener des HERRN, von David.
2 Die Sünde raunt dem Frevler zu 2: Röm 3,18
im Innern seines Herzens:
Es gibt kein Erschrecken vor Gott.
So steht es ihm vor Augen.
3 Er gefällt sich darin,
schuldig zu werden, zu hassen.
4 Die Worte seines Mundes sind Lug und Trug,
er will keine Einsicht, will nicht mehr Gutes tun.
5 Unheil sinnt er auf seinem Lager, 5: Mi 2,1
er tritt auf unguten Weg,
das Böse verwirft er nicht.
6 HERR, bis in den Himmel reicht deine Güte, 6: 57,11; 108,5
bis zu den Wolken deine Treue.
7 Deine Gerechtigkeit ist wie die Gottesberge,
deine Gerichte sind wie die grosse Flut.
Menschen und Tieren hilfst du, HERR.

36,2: Der Massoretische Text wurde korrigiert; er lautet übersetzt: «... im Innern meines Herzens: ...»

8: 17,8! 8 Wie kostbar ist deine Güte.
Götter und Menschen
suchen Zuflucht im Schatten deiner Flügel.
9: 65,5! 9 Sie laben sich am Überfluss deines Hauses,
und am Strom deiner Wonnen tränkst du sie.
10: Jer 2,13 · 27,1 10 Denn bei dir ist die Quelle des Lebens,
in deinem Licht schauen wir das Licht.
11 Erhalte deine Güte denen, die dich kennen,
und deine Gerechtigkeit denen, die aufrichtigen Herzens sind.
12 Hochmut trete nicht ein bei mir,
und die Macht der Frevler vertreibe mich nicht.
13 Da fallen die Übeltäter,
sie werden niedergeworfen und stehen nicht wieder auf.

Befiehl dem HERRN deinen Weg

1: 73,3; Spr 24,19 **37** 1 Von David.
Erhitze dich nicht über die Übeltäter,
ereifere dich nicht über die, die Unrecht tun.
2: 90,5!–6 2 Denn schnell wie das Gras verwelken sie,
und wie grünes Kraut verdorren sie.
3 Vertraue dem HERRN und tue das Gute,
bleibe im Land und bewahre die Treue.
4: 20,5! 4 Freue dich des HERRN,
und er wird dir geben, was dein Herz begehrt.
5: Spr 3,5–6 5 Befiehl dem HERRN deinen Weg
und vertraue auf ihn, er wird es vollbringen.
6: 112,3–4; Hiob 11,17; Jes 58,8.10 6 Er wird deine Gerechtigkeit aufgehen lassen wie das Licht
und dein Recht wie den Mittag.
7: 62,2! 7 Sei still vor dem HERRN
und harre auf ihn.
Erhitze dich nicht über den, dessen Weg gelingt,
und nicht über den, der Ränke schmiedet.
8 Lass ab vom Zorn, gib auf den Grimm,
erhitze dich nicht, es bringt nur Böses.
9: 25,13; 37,11.22.29!.34; 69,36–37; Spr 2,21–22; Mt 25,34.41 9 Denn die Übeltäter werden ausgerottet,
die aber auf den HERRN hoffen, sie werden das Land besitzen.
10 Nur eine Weile noch, und der Frevler ist nicht mehr,
und suchst du seine Stätte, so ist sie dahin.
11: Mt 5,5 11 Die Gebeugten aber werden das Land besitzen
und sich freuen an der Fülle des Friedens.
12 Arges sinnt der Frevler gegen den Gerechten,
und er knirscht mit den Zähnen gegen ihn.
13: 2,4! 13 Der Herr aber lacht über ihn,
denn er sieht, dass sein Tag kommt.
14: 11,2! 14 Die Frevler zücken das Schwert
und spannen ihren Bogen,
um den Elenden und Armen zu fällen,
um hinzuschlachten, die auf geradem Wege sind.
15 Ihr Schwert dringt ihnen ins eigene Herz,
und ihre Bogen werden zerbrochen.

16 Besser das wenige, das der eine Gerechte hat, 16: Spr 15,16; 16,8
als der Überfluss der vielen Frevler.
17 Denn die Arme der Frevler werden zerbrochen, 17: 10,15
die Gerechten aber stützt der HERR.
18 Der HERR kennt die Tage der Getreuen,
und ihr Erbe wird ewig bestehen.
19 Sie werden nicht zuschanden in böser Zeit,
in den Tagen des Hungers werden sie satt.
20 Doch die Frevler kommen um, 20: 68,3
die Feinde des HERRN;
wie die Pracht der Auen
schwinden sie dahin, im Rauch schwinden sie dahin.
21 Der Frevler borgt und zahlt nicht zurück,
der Gerechte aber ist freigebig und schenkt.
22 Die von ihm gesegnet sind, werden das Land besitzen, 22: 37,9!
die aber von ihm geschmäht sind, werden ausgerottet.
23 Der HERR festigt dem die Schritte, 23: Spr 20,24
dessen Weg ihm gefällt.
24 Kommt er zu Fall, so stürzt er doch nicht, 24: 145,14
denn der HERR stützt seine Hand.
25 Ich bin jung gewesen und bin alt geworden, 25: 109,10
und nie sah ich den Gerechten verlassen,
nie seine Nachkommen betteln um Brot.
26 Allezeit ist er freigebig und zu leihen bereit,
und seine Nachkommen werden zum Segen.
27 Meide das Böse und tue das Gute, 27: 34,15
und du wirst auf ewig bleiben.
28 Denn der HERR liebt das Recht,
und er verlässt seine Getreuen nicht;
auf ewig sind sie behütet,
das Geschlecht der Frevler aber wird ausgerottet.
29 Die Gerechten werden das Land besitzen 29: 37,9!; Jes 60,21
und für immer darin wohnen.
30 Der Mund des Gerechten spricht Weisheit,
und seine Zunge lehrt das Recht.
31 Die Weisung seines Gottes trägt er im Herzen, 31: 40,9!; Dtn 6,6;
und seine Schritte wanken nicht. Jer 31,33
32 Der Frevler lauert dem Gerechten auf 32: 10,8
und sucht ihn zu töten.
33 Der HERR aber überlässt ihn nicht seiner Hand
und spricht ihn nicht schuldig vor Gericht.
34 Hoffe auf den HERRN 34: 37,9!
und halte dich an seinen Weg,
so wird er dich erhöhen, das Land in Besitz zu nehmen;
du wirst sehen, wie die Frevler ausgerottet werden.
35 Ich sah den Frevler, bereit zur Gewalt,
er spreizte sich wie eine üppige Zeder.

37,35: Der Massoretische Text wurde korrigiert; er lautet übersetzt: «... wie ein üppiger Einheimischer.»

36 Doch als ich wieder vorüberging, sieh, da war er nicht mehr,
ich suchte ihn, und er war nicht zu finden.

37: Spr 23,18; 24,14
37 Halte dich an den Getreuen, und sieh auf den Aufrichtigen,
denn der Friedfertige hat Zukunft.
38 Die Abtrünnigen aber werden allesamt vertilgt,
die Zukunft der Frevler wird zunichte gemacht.

39: 9,10!
39 Die Rettung der Gerechten kommt vom HERRN,
er ist ihre Zuflucht in der Zeit der Not.
40 Der HERR steht ihnen bei und rettet sie,
vor den Frevlern rettet er sie und hilft ihnen,
denn sie suchen Zuflucht bei ihm.

HERR, *strafe mich nicht in deinem Zorn*

38 1 Ein Psalm Davids. Zur Verkündigung.

2: 6,2!
2 HERR, strafe mich nicht in deinem Zorn,
und züchtige mich nicht in deinem Grimm.

3: Hiob 6,4 · 32,4
3 Denn deine Pfeile haben mich getroffen,
und deine Hand ist auf mich herabgefahren.
4 Nichts Heiles ist an meinem Fleisch wegen deines Grolls,
nichts Unversehrtes ist an meinen Gebeinen wegen meiner Sünde.
5 Denn meine Vergehen kommen über mein Haupt,
sie erdrücken mich wie eine schwere Last.
6 Meine Wunden stinken und eitern
wegen meiner Torheit.
7 Ich bin verstört, tief gebeugt,
in Trauer verbringe ich den ganzen Tag.
8 Denn meine Lenden sind voller Brand,
und nichts Heiles ist an meinem Fleisch.
9 Kraftlos bin ich und zerschlagen,
in der Qual meines Herzens schreie ich auf.
10 Herr, vor dir liegt all mein Sehnen,
und mein Seufzen ist dir nicht verborgen.
11 Heftig pocht mein Herz, meine Kraft hat mich verlassen,
und das Licht meiner Augen ist mir erloschen.

12: 88,9.19; Hiob 19,13–19
12 Meine Freunde und Gefährten wenden sich ab von meiner Plage,
und meine Nächsten halten sich fern.
13 Die mir nach dem Leben trachten, legen Schlingen,
und die mein Unheil suchen, drohen mit Verderben
und sinnen Arges den ganzen Tag.
14 Ich aber bin wie ein Tauber, ich höre nicht,
wie ein Stummer, der seinen Mund nicht auftut.
15 Ich wurde wie einer, der nicht hört
und keine Widerrede hat in seinem Mund.
16 Doch auf dich, HERR, harre ich,
du wirst antworten, Herr, mein Gott.

37,36: Der Massoretische Text wurde korrigiert; er lautet übersetzt: «Doch als er wieder vorüberging, …»

17 Denn ich spreche: Sie sollen sich nicht freuen über mich, 17: 13,5!
nicht grosstun gegen mich, wenn mein Fuss wankt.
18 Dem Sturz bin ich nahe,
und stets gegenwärtig ist mir mein Schmerz.
19 Ich bekenne meine Schuld, 19: 32,5!
bekümmert bin ich meiner Sünde wegen.
20 Meine Feinde aber leben und sind stark,
zahlreich sind, die mich grundlos hassen.
21 Die Gutes mit Bösem vergelten, 21: 35,12!
klagen mich an, weil ich nach dem Guten jage.
22 Verlass mich nicht, HERR, 22–23: 22,20!
mein Gott, sei nicht fern von mir. 22: 22,12!
23 Eile zu meiner Hilfe,
Herr, meine Rettung.

Lass mich erkennen, HERR, mein Ende

39 1 Für den Chormeister. Von Jedutun. Ein Psalm Davids.
2 Ich dachte: Ich will achthaben auf meine Wege,
dass ich nicht sündige mit meiner Zunge.
Ich will meinen Mund im Zaum halten,
solange der Frevler vor mir steht.
3 Und ich blieb stumm und schwieg,
blieb still, fern vom Glück.
Doch Schmerz erfasste mich,
4 mein Herz glühte in meiner Brust,
bei meinem Seufzen entbrannte ein Feuer.
Da sprach ich mit eigener Zunge:
5 Lass mich erkennen, HERR, mein Ende 5: 90,12
und was das Mass meiner Tage ist.
Ich will erkennen, wie vergänglich ich bin.
6 Sieh, nur handbreit hast du meine Tage gemacht, 6: 39,12!
wie nichts ist meine Lebenszeit vor dir.
Nur ein Hauch ist der Mensch. *Sela*
7 Nur als Schatten geht er einher, 7: 102,12!
um ein Nichts macht er Lärm, häuft zusammen
und weiss nicht, wer es einbringen wird.
8 Und nun, was habe ich zu hoffen, Herr?
Meine Hoffnung ist allein bei dir.
9 Errette mich von allen meinen Sünden
und mache mich nicht zum Spott des Toren.
10 Ich bin verstummt, will meinen Mund nicht auftun,
denn du hast es getan.
11 Nimm deine Plage weg von mir,
unter der Wucht deiner Hand vergehe ich.
12 Mit Strafen züchtigst du jeden für seine Schuld 12: 39,6; 62,10;
und zerstörst wie die Motte, was ihm kostbar ist. 144,4; Hiob 7,7;
Nur ein Hauch ist der Mensch. *Sela* Jak 4,14
13 Höre mein Gebet, HERR, 13: 119,19; Lev 25,23;
und vernimm mein Schreien, 1Chr 29,15;
schweige nicht zu meinen Tränen. Hebr 11,13

Denn ein Fremder bin ich bei dir,
ein Beisasse, wie alle meine Vorfahren.
14: Hiob 7,19; 14,6 14 Blicke weg von mir, damit ich heiter werde,
bevor ich dahingehe und nicht mehr bin.

Deine Weisung trage ich im Herzen

40 1 Für den Chormeister. Von David. Ein Psalm.
2 Sehnlichst hoffte ich auf den HERRN,
da neigte er sich zu mir und hörte mein Schreien.
3: 69,3! 3 Er zog mich herauf aus der Grube des Grauens,
aus Morast und Schlamm,
und stellte meine Füsse auf Felsgrund,
machte meine Schritte fest.
4: 52,8; 64,10 4 Er legte mir in den Mund ein neues Lied,
einen Lobgesang auf unseren Gott.
Viele werden es sehen und sich fürchten
und auf den HERRN vertrauen.
5: 1,1–2; Jer 17,7 5 Wohl dem, der auf den HERRN
sein Vertrauen setzt,
sich nicht zu den Trotzigen wendet
noch zu denen, die sich in Lügen verstricken.
6: 92,6; 139,17–18 6 Zahlreich sind deine Wunder und Pläne,
die du, HERR, mein Gott, für uns vollbracht hast,
nichts ist dir zu vergleichen.
Wollte ich davon künden und reden,
zu viele sind es, sie zu zählen.
7: 50,8–9.13; 51,18; 69,32; Jes 1,11; Jer 6,20; 7,22; Hos 6,6; Am 5,21–22; Mi 6,6–7
7 An Schlachtopfern und Speiseopfern hast du kein Gefallen,
aber Ohren hast du mir aufgetan,
Brandopfer und Sündopfer hast du nicht verlangt.
8 Da sprach ich: Sieh, ich bin gekommen,
in der Schriftrolle steht geschrieben, was für mich gilt.
9: 1,2!; 37,31! 9 Deinen Willen zu tun, mein Gott, ist mir eine Lust,
und deine Weisung trage ich im Herzen.
10: 22,23! 10 Froh künde ich Gerechtigkeit
in grosser Versammlung,
sieh, meine Lippen verschliesse ich nicht.
HERR, du weisst es:
11 Deine Gerechtigkeit habe ich nicht verborgen
in meinem Herzen,
von deiner Treue und Hilfe habe ich geredet,
deine Güte und Treue habe ich nicht verschwiegen
vor grosser Versammlung.
12 Du, HERR, wirst mir dein Erbarmen
nicht verschliessen,
deine Güte und Treue
werden mich immer behüten.
13: 69,5 13 Denn Leiden umfangen mich
ohne Zahl,
meine Sünden haben mich eingeholt,
ich kann nicht mehr aufsehen,

zahlreicher sind sie als die Haare meines Hauptes,
und verlassen hat mich mein Mut.
14 Möge es dir gefallen, HERR, mich zu retten, 14–18: 70,2–6
HERR, eile mir zu Hilfe. 14: 22,20!
15 In Schmach und Schande sollen geraten alle, 15: 35,4!
die mir nach dem Leben trachten,
es sollen zurückweichen und sich schämen,
die mein Unglück wollen.
16 Erstarren sollen in ihrer Schande, 16: 35,21.25
die mich verlachen.
17 Frohlocken sollen und deiner sich freuen 17: 5,12!; 35,27
alle, die dich suchen.
Die sich nach deiner Hilfe sehnen,
sollen allezeit sagen: Gross ist der HERR!
18 Ich aber bin elend und arm,
der Herr rechne es mir an.
Meine Hilfe und mein Retter bist du,
mein Gott, säume nicht.

Wohl dem, der sich des Schwachen annimmt

41 1 Für den Chormeister. Ein Psalm Davids.
2 Wohl dem, der sich des Schwachen annimmt. 2: Spr 14,21
Am Tag des Unheils wird der HERR ihn retten.
3 Der HERR wird ihn behüten und am Leben erhalten,
und glücklich wird er gepriesen im Land.
Gib ihn nicht preis der Gier seiner Feinde.
4 Der HERR wird ihn stützen auf dem Krankenbett,
auf seinem Lager hebst du seine Krankheit auf.
5 Ich sprach: HERR, sei mir gnädig, 5: 6,3!
heile mich, denn ich habe gegen dich gesündigt.
6 Meine Feinde reden Böses über mich:
Wann wird er sterben, wann wird sein Name vergehen?
7 Und kommt einer zu Besuch, so redet falsch sein Herz,
er sammelt sich Bosheit, geht hinaus und trägt es weiter.
8 Einmütig zischeln sie gegen mich, alle, die mich hassen,
Böses führen sie gegen mich im Schilde:
9 Verderben ist über ihn ausgegossen,
und wer einmal liegt, steht nicht wieder auf.
10 Selbst mein Freund, dem ich vertraute, 10: 55,13!–14;
der mein Brot ass, tritt mich mit Füssen. Joh 13,18
11 Du aber, HERR, sei mir gnädig und richte mich auf,
ich will es ihnen vergelten.
12 Daran erkenne ich, dass du Gefallen an mir hast,
dass mein Feind nicht über mich frohlocken darf.
13 Mich aber hältst du fest um meiner Unschuld willen
und lässt mich für immer vor deinem Angesicht stehen.
14 Gepriesen sei der HERR, der Gott Israels, 14: 72,18–19; 89,53;
von Ewigkeit zu Ewigkeit. 106,48
Amen, Amen.

ZWEITES BUCH (PS 42–72)

Meine Seele dürstet nach Gott (Ps 42 und 43)

1: Num 26,11
2–3: 63,2; 143,6

42 1 Für den Chormeister. Ein Weisheitslied der Korachiter.
2 Wie die Hindin lechzt
an versiegten Bächen,
so lechzt meine Seele,
Gott, nach dir.
3 Meine Seele dürstet nach Gott,
dem lebendigen Gott.
Wann darf ich kommen
und Gottes Angesicht schauen?

4: 80,6; 102,10 · 42,11; 79,10; 115,2; Joel 2,17; Mi 7,10; Mal 2,17

4 Meine Tränen sind mein Brot
bei Tag und bei Nacht,
denn allezeit sagen sie zu mir:
Wo ist dein Gott?
5 Daran will ich denken
und mich in meiner Seele erinnern,
dass ich einherging in dichtem Gedränge, mit ihnen ging
zum Haus Gottes
mit lautem Jubel und Dank
in feiernder Menge.

6: Mt 26,38

6 Was bist du so gebeugt, meine Seele,
und so unruhig in mir?
Harre auf Gott, denn ich werde ihn wieder preisen,
ihn, meine Hilfe und meinen Gott.
7 Meine Seele ist gebeugt in mir,
darum gedenke ich deiner
vom Land des Jordan und vom Hermon her,
vom Berg Mizar.

8: 69,2–3; 88,8; 124,4–5; Jona 2,6

8 Flut ruft zur Flut
beim Tosen deiner Wasserfälle,
alle deine Brandungen und Wogen
gehen über mich hin.
9 Am Tag erweist
der HERR seine Gnade,
und des Nachts ist sein Lied bei mir,
ein Gebet zum Gott meines Lebens.

10: 13,2!

10 Ich spreche zu Gott, meinem Fels:
Warum hast du mich vergessen?
Warum muss ich trauernd umhergehen,
bedrängt vom Feind?

Ps 42 und 43: Die beiden Psalmen bilden, wie der Kehrvers 42,6.12 und 43,5 zeigt, ein zusammenhängendes Lied.

42,3: Der Massoretische Text wurde korrigiert; er lautet übersetzt: «... kommen und erscheinen vor Gott?»

11 Wie Mord ist es in meinen Gebeinen, 11: 42,4!
wenn meine Gegner mich verhöhnen,
da sie allezeit zu mir sagen:
Wo ist dein Gott?
12 Was bist du so gebeugt, meine Seele,
und so unruhig in mir?
Harre auf Gott, denn ich werde ihn wieder preisen,
ihn, meine Hilfe und meinen Gott.

43 1 Schaffe mir Recht, Gott, 1: 26,1
und führe meine Sache
gegen treuloses Volk,
errette mich vor falschen
und bösen Menschen.
2 Du bist der Gott meiner Zuflucht.
Warum hast du mich verstossen?
Warum muss ich trauernd umhergehen,
bedrängt vom Feind?
3 Sende dein Licht und deine Wahrheit,
sie sollen mich leiten,
mich bringen zu deinem heiligen Berg
und zu deinen Wohnungen.
4 So will ich hineingehen zum Altar Gottes,
zum Gott meiner Freude.
Jauchzend will ich dich mit der Leier preisen,
Gott, mein Gott.
5 Was bist du so gebeugt, meine Seele,
und so unruhig in mir?
Harre auf Gott, denn ich werde ihn wieder preisen,
ihn, meine Hilfe und meinen Gott.

Warum schläfst du, HERR?

44 1 Für den Chormeister. Von den Korachitern. Ein Weisheitslied.
2 Gott, mit eigenen Ohren haben wir es gehört, 2: 78,3
unsere Vorfahren haben es uns erzählt:
Eine Tat hast du getan in ihren Tagen,
in den Tagen der Vorzeit,
3 du mit deiner Hand. 3: 78,55; 80,9; 105,44
Nationen hast du vertrieben, sie aber eingepflanzt,
Völker hast du zerschlagen, sie aber ausgebreitet.
4 Denn nicht mit ihrem Schwert gewannen sie das Land, 4: 4,7!
und nicht ihr Arm schaffte ihnen den Sieg,
sondern deine Rechte und dein Arm
und das Licht deines Angesichts,
denn du hattest Gefallen an ihnen.

43,4: Der Massoretische Text wurde korrigiert; er lautet übersetzt: «..., zum Gott der Freude meines Jubels und dich ... preisen, ...»

5: 5,3! 5 Du allein bist mein König, Gott,
sende deine Hilfe für Jakob.
6: 60,14 6 Mit dir stossen wir unsere Feinde nieder,
in deinem Namen zertreten wir, die sich gegen uns erheben.
7: 20,8!; Jos 24,12 7 Denn nicht auf meinen Bogen vertraue ich,
und mein Schwert hilft mir nicht,
8 sondern du hast uns geholfen vor unseren Feinden,
und die uns hassen, hast du zuschanden gemacht.
9 Wir rühmen uns Gottes den ganzen Tag,
und deinen Namen preisen wir immerdar. *Sela*
10: 60,12 10 Und doch hast du uns verstossen und mit Schmach bedeckt,
du ziehst nicht aus mit unseren Heeren.
11 Du lässt uns zurückweichen vor dem Feind,
und die uns hassen, haben sich Beute genommen.
12: Lev 26,33; Dtn 28,64 12 Du gibst uns hin wie Schlachtvieh,
unter die Nationen hast du uns zerstreut.
13: Jes 52,3 13 Du verkaufst dein Volk um ein Spottgeld
und hast keinen Gewinn aus seinem Erlös.
14: 79,4; 80,7; 89,42 14 Du machst uns zum Gespött bei unseren Nachbarn,
zu Spott und Hohn bei allen ringsum.
15: 22,8! 15 Du machst uns zum Sprichwort unter den Nationen,
die Völker schütteln den Kopf über uns.
16: 69,8 16 Den ganzen Tag steht meine Schande mir vor Augen,
und Scham bedeckt mein Angesicht
17 vom Lärm der Lästerer und Spötter,
vom Blick des rachgierigen Feindes.
18 All dies ist über uns gekommen, doch wir haben dich nicht vergessen
und deinen Bund nicht verraten.
19 Unser Herz ist nicht abtrünnig geworden,
auch sind unsere Schritte nicht abgewichen von deinem Pfad.
20 Du aber hast uns zermalmt am Ort der Schakale
und mit Finsternis uns bedeckt.
21 Hätten wir den Namen unseres Gottes vergessen
und zu einem fremden Gott unsere Hände ausgestreckt,
22 würde Gott es nicht ergründen?
Denn er kennt die Geheimnisse des Herzens.
23: Röm 8,36 23 Um deinetwillen werden wir getötet Tag für Tag,
sind wir geachtet wie Schafe, zum Schlachten bestimmt.
24: 35,23 · 74,1; 77,8 24 Wach auf! Warum schläfst du, Herr?
Erwache! Verstosse nicht auf ewig!
25: 13,2! 25 Warum verbirgst du dein Angesicht,
vergisst unsere Not und Bedrängnis?
26: 7,6; 119,25 26 Denn unsere Seele ist in den Staub gebeugt,
unser Leib klebt an der Erde.
27 Steh auf, uns zur Hilfe,
und erlöse uns um deiner Gnade willen.

Ein Gedicht zur Ehre des Königs

45 1 Für den Chormeister. Nach der Weise «Lilien». Von den Korachitern. Ein Weisheitslied. Ein Liebeslied.

2 Mein Herz ist bewegt von schöner Rede,
vortragen will ich mein Gedicht zur Ehre des Königs.
Meine Zunge ist der Griffel
eines gewandten Schreibers.
3 Du bist der Schönste unter den Menschen,
Anmut ist ausgegossen über deine Lippen;
darum hat Gott dich
für immer gesegnet.
4 Gürte dein Schwert um die Hüfte, du Held, 4: 21,6
deine Hoheit und deine Pracht.
5 In deiner Pracht triumphiere,
besteige den Wagen zum Kampf für Wahrheit, Demut und Recht.
Und furchterregende Taten lehre dich deine Rechte.
6 Geschärft sind deine Pfeile, dass Völker dir unterliegen,
sie dringen in das Herz der Feinde des Königs.
7 Dein Thron, Gott, steht immer und ewig, 7: 9,8!
das Zepter des Rechts ist das Zepter deines Reichs.
8 Du liebst Gerechtigkeit 8: 11,7
und hasst den Frevel;
darum hat dich Gott, dein Gott, gesalbt
mit Freudenöl wie keinen deiner Gefährten.
9 Von Myrrhe und Aloe,
von Kassia duften alle deine Gewänder,
aus Elfenbeinpalästen erfreut dich das Saitenspiel.
10 Königstöchter stehen da in deinen Kleinodien,
an deine Rechte tritt die Gemahlin in Ofirgold.
11 Höre, Tochter, sieh und neige dein Ohr:
Vergiss dein Volk und das Haus deines Vaters.
12 Und begehrt der König deine Schönheit,
er, dein Herr,
so verneige dich vor ihm.
13 Auch die Tochter Tyros kommt mit Gaben, 13: 72,10!
deine Gunst suchen die Reichsten im Volk.
14 Lauter Pracht ist die Königstochter in den Gemächern,
goldgewirkt ist ihr Gewand.
15 In bunt gestickten Kleidern wird sie zum König geleitet,
Jungfrauen in ihrem Gefolge, ihre Gespielinnen werden dir gebracht.
16 Mit Freudenrufen und Jubel geleitet,
ziehen sie ein in den Palast des Königs.
17 An deiner Vorfahren Statt werden deine Söhne treten,
zu Fürsten wirst du sie machen im ganzen Land.
18 Ich will deinen Namen verkünden von Generation zu Generation,
darum werden die Völker dich preisen immer und ewig.

45,14: «in den Gemächern» ist wörtlich «drinnen».

Eine Burg ist uns der Gott Jakobs

46 1 Für den Chormeister. Von den Korachitern. Nach Mädchenweise. Ein Lied.

2: 9,10! 2 Gott ist uns Zuflucht und Schutz,
eine Hilfe in Nöten, wohl bewährt.
3: Jes 54,10 3 Darum fürchten wir uns nicht, wenn die Erde schwankt
und die Berge wanken in der Tiefe des Meeres.
4 Toben mag, schäumen mag sein Wasser,
Berge mögen erzittern, wenn es sich bäumt. *Sela*
5 Eines Stromes Arme erfreuen die Gottesstadt,
die heiligste der Wohnungen des Höchsten.
6: 125,1! · 5,4! 6 Gott ist in ihrer Mitte, sie wird nicht wanken,
Gott hilft ihr, wenn der Morgen anbricht.
7 Nationen toben, Königreiche wanken,
er lässt seine Stimme erschallen, und die Erde erbebt.
8: Jes 7,14; 8,10 · 9,10! 8 Der HERR der Heerscharen ist mit uns,
eine Burg ist uns der Gott Jakobs. *Sela*
9: 66,5 9 Kommt und schaut die Taten des HERRN,
der Entsetzen verbreitet auf Erden.
10: 76,4; Sach 9,10 10 Der den Kriegen Einhalt gebietet
bis ans Ende der Erde,
der Bogen zerbricht, Speere zerschlägt
und Wagen im Feuer verbrennt.
11: 59,14; 83,19 11 Lasst ab und erkennt, dass ich Gott bin,
erhaben unter den Nationen, erhaben auf Erden.
12: 9,10! 12 Der HERR der Heerscharen ist mit uns,
eine Burg ist uns der Gott Jakobs. *Sela*

Der HERR, der König der ganzen Erde

47 1 Für den Chormeister. Von den Korachitern. Ein Psalm.
2 Ihr Völker alle, klatscht in die Hände,
jauchzet Gott mit Jubelschall.
3: 95,3! 3 Denn der HERR, der Höchste, ist furchterregend,
ein grosser König über die ganze Erde.
4 Er zwingt Völker unter uns
und Nationen unter unsere Füsse.
5 Er erwählt uns unseren Erbbesitz,
den Stolz Jakobs, den er liebt. *Sela*
6: 68,19 · 98,6 6 Gott stieg empor unter Jubelklang,
der HERR beim Hörnerschall.
7 Singt Gott, singt!
Singt unserem König, singt!
8: 93,1!; Jer 10,7 8 Denn König der ganzen Erde ist Gott.
Singt ein festliches Lied!
9 Gott ist König über die Nationen,
Gott sitzt auf seinem heiligen Thron.
10: 89,19 10 Die Fürsten der Völker sind versammelt
als Volk des Gottes Abrahams.
Denn Gott gehören die Schilde der Erde,
hoch ist er erhaben.

Die Stadt unseres Gottes

48 1 Ein Lied. Ein Psalm der Korachiter.
2 Gross ist der HERR und hoch zu preisen
in der Stadt unseres Gottes.
Sein heiliger Berg,
3 schönster Gipfel,
der ganzen Welt Wonne,
der Berg Zion, äusserster Norden,
ist die Stadt eines grossen Königs.
4 Gott ist in ihren Palästen,
als Schutzburg hat er sich kundgetan.
5 Denn sieh, Könige taten sich zusammen,
zogen gemeinsam heran.
6 Sie sahen es und erstarrten,
flohen entsetzt davon.
7 Zittern ergriff sie dort,
Wehen wie eine Gebärende.
8 Mit dem Oststurm zerschmetterst du
die Schiffe von Tarschisch.
9 Wie wir es gehört, so haben wir es gesehen
in der Stadt des HERRN der Heerscharen, in der Stadt
unseres Gottes:
Auf ewig lässt Gott sie bestehen. *Sela*
10 Wir bedenken, Gott, deine Güte,
mitten in deinem Tempel.
11 Wie dein Name, Gott, so reicht dein Ruhm
bis an die Enden der Erde,
voller Gerechtigkeit ist deine Rechte.
12 Es freue sich der Berg Zion,
die Töchter Judas sollen frohlocken
über deine Gerichte.
13 Umkreist den Zion, umschreitet ihn,
zählt seine Türme.
14 Bewundert sein Bollwerk,
erkundet seine Paläste,
damit ihr erzählen könnt
einer künftigen Generation:
15 Dies ist Gott,
unser Gott immer und ewig,
er wird uns leiten.

2: 96,4; 99,2; 145,3; 147,5
3: Klgl 2,15 · 78,58! · Mt 5,35
7: Jes 13,8
9: 87,5
12: 97,8
13–14: 122,3; 147,13; Jes 26,1

Was ist der Mensch in seiner Pracht?

49 1 Für den Chormeister. Von den Korachitern. Ein Psalm.
2 Hört dies, ihr Völker alle,
merkt auf, alle Bewohner der Welt,

48,15: Am Versende folgt im Massoretischen Text eine Formulierung, die entweder als musikalische Anweisung («Nach der Weise Stirb») zu verstehen ist oder «bis an den Tod» bedeutet.

3 ihr Geringen wie auch ihr Vornehmen,
allesamt, Reiche und Arme.
4 Mein Mund spricht Weisheit,
und das Sinnen meines Herzens ist Einsicht.
5 Dem Weisheitsspruch neige ich mein Ohr,
zur Leier löse ich mein Rätsel.
6 Was soll ich mich fürchten in bösen Tagen,
wenn der Frevel meiner tückischen Feinde mich umgibt,
7: 52,9; Spr 10,15 7 die auf ihren Besitz vertrauen
und sich ihres grossen Reichtums rühmen?
8–9: Mt 16,26 8 Niemals kann einer den anderen loskaufen,
keiner sich freikaufen bei Gott,
9 zu hoch ist der Preis für ihr Leben,
für immer muss er es lassen.
10 Sonst lebte er weiter auf ewig
und schaute die Grube nicht.
11: Koh 2,16 11 Denn jeder kann es sehen: Es sterben die Weisen,
Tor und Narr, allesamt kommen sie um,
und anderen lassen sie ihren Besitz.
12 Gräber sind ihre Behausung auf ewig,
ihre Wohnstatt von Generation zu Generation,
wenn sie auch Länder
nach ihren Namen benannten.
13: 49,21; Koh 3,19 13 Der Mensch in seiner Pracht ist ohne Bestand,
er gleicht dem Vieh, das verstummt.
14 Das ist der Weg derer, die sich selbst vertrauen,
und die Zukunft derer, denen das eigene Reden gefällt. *Sela*
15 Wie Schafe ziehen sie ins Totenreich,
der Tod weidet sie,
und die Aufrichtigen herrschen über sie am Morgen.
Ihre Gestalt zerfällt,
das Totenreich ist ihre Bleibe.
16: 73,24! 16 Gott aber wird mein Leben loskaufen,
aus der Gewalt des Totenreichs nimmt er mich auf. *Sela*
17 Fürchte dich nicht, wenn einer reich wird,
wenn die Pracht seines Hauses sich mehrt.
18: Lk 12,20; 1Tim 6,7 18 Denn nichts nimmt er mit, wenn er stirbt,
seine Herrlichkeit folgt ihm nicht hinab.
19 Mag er sich selbst glücklich preisen in seinem Leben,
mögen sie dich loben, dass du dir Gutes schaffst,
20 dennoch kommt er zum Geschlecht seiner Vorfahren,
die das Licht nie mehr sehen.
21: 49,13! 21 Der Mensch in Pracht, doch ohne Verstand,
er gleicht dem Vieh, das verstummt.

49,6: Der Massoretische Text wurde korrigiert; er lautet übersetzt: «... der Frevel meiner Fersen mich umgibt,»

49,12: Der Massoretische Text wurde korrigiert; er lautet übersetzt: «Ihr Inneres ist ihre Behausung ...»

Wer Dank opfert, ehrt mich

50 1 Ein Psalm Asafs.
Der Gott der Götter, der HERR,
spricht und ruft die Erde
vom Aufgang der Sonne bis zu ihrem Niedergang.
2 Vom Zion her, der Krone der Schönheit, erstrahlt Gott.
3 Unser Gott kommt und schweigt nicht. 3: 35,22! · 18,9!
Feuer frisst vor ihm her,
und rings um ihn stürmt es mit Gewalt.
4 Dem Himmel oben ruft er zu
und der Erde, zu richten sein Volk:
5 Versammelt mir meine Getreuen,
die beim Opfer den Bund mit mir schlossen.
6 Die Himmel sollen seine Gerechtigkeit verkünden, 6: 19,2; 97,6
Gott selbst ist Richter. *Sela*
7 Höre, mein Volk, ich will reden,
Israel, ich will dich ermahnen.
Ich bin Gott, dein Gott.
8 Nicht deiner Schlachtopfer wegen klage ich dich an, 8–9: 40,7!
und deine Brandopfer sind immer mir vor Augen.
9 Ich will keinen Stier aus deinem Haus
noch Böcke aus deinen Hürden.
10 Denn alles Wild des Waldes ist mein eigen,
die Tiere auf den Bergen zu Tausenden.
11 Alle Vögel der Berge kenne ich,
und was sich auf dem Felde regt, ist mein eigen.
12 Hätte ich Hunger, ich brauchte es dir nicht zu sagen, 12: 24,1!
denn mir gehört der Erdkreis und was ihn erfüllt.
13 Sollte ich das Fleisch von Stieren essen 13: 40,7!
und das Blut von Böcken trinken?
14 Bringe Gott Dank als Opfer dar 14: 22,26!
und erfülle dem Höchsten deine Gelübde.
15 Und rufe zu mir am Tag der Not, 15: 86,7; 91,15
ich will dich erretten, und du wirst mich ehren.
16 Zum Frevler aber spricht Gott:
Was zählst du meine Satzungen her,
was redest du von meinem Bund,
17 da du doch Zucht hasst
und meine Worte hinter dich wirfst?
18 Siehst du einen Dieb, so hast du Gefallen an ihm,
und mit Ehebrechern hältst du Gemeinschaft.
19 Dein Maul lässt du Böses reden,
und deine Zunge brauchst du zum Betrug.
20 Du setzt dich hin, redest gegen deinen Bruder,
auf den Sohn deiner Mutter häufst du Verleumdung.
21 Das hast du getan, und ich sollte schweigen?
Denkst du, ich sei wie du?
Nun klage ich dich an
und halte es dir vor Augen.
22 Merket doch dies, die ihr Gott vergesst, 22: 9,18

damit ich nicht zerreisse, und keiner ist da, der rettet.

23: 91,16
23 Wer Dank opfert, ehrt mich
und wählt den Weg, auf dem ich ihn Gottes Hilfe schauen lasse.

Schaffe mir, Gott, ein reines Herz

2: 2Sam 11,1–12,25

51 1 Für den Chormeister. Ein Psalm Davids, 2 als der Prophet Natan zu ihm kam, nachdem er zu Batseba gegangen war.

3: Lk 18,13
3 Sei mir gnädig, Gott, nach deiner Güte,
nach dem Mass deines Erbarmens tilge meine Freveltaten.
4 Wasche mich rein von meiner Schuld,
und reinige mich von meiner Sünde.
5: Jes 59,12
5 Denn meine Freveltaten kenne ich wohl,
und immer steht meine Sünde mir vor Augen.
6: 33,4 · Röm 3,4
6 An dir allein habe ich gesündigt,
und ich habe getan, was dir missfällt;
so bist du gerecht in deinem Spruch,
rein stehst du da, wenn du richtest.
7 Sieh, in Schuld bin ich geboren,
und in Sünde hat mich meine Mutter empfangen.
8 Sieh, an Wahrheit hast du Gefallen, tief im Verborgenen,
und im Geheimen tust du mir Weisheit kund.
9: Num 19,18 · Jes 1,18
9 Entsündige mich mit Ysop, und ich werde rein,
wasche mich, und ich werde weisser als Schnee.
10 Lass mich Freude und Wonne hören,
frohlocken werden die Gebeine, die du zerschlagen hast.
11 Verbirg dein Angesicht vor meinen Sünden,
und tilge alle meine Vergehen.
12: Ez 11,19; 36,26; Mt 5,8
12 Schaffe mir, Gott, ein reines Herz,
und gib mir einen neuen, beständigen Geist.
13 Verstosse mich nicht von deinem Angesicht,
und deinen heiligen Geist nimm nicht von mir.
14 Bringe mir wieder die Freude deiner Hilfe,
und stärke mich mit einem willigen Geist.
15 Die Abtrünnigen will ich deine Wege lehren,
und die Sünder kehren um zu dir.
16 Rette mich vor Blutschuld, Gott, du Gott meiner Rettung,
so wird meine Zunge jubeln über deine Gerechtigkeit.
17 Herr, tue meine Lippen auf,
und mein Mund wird deinen Ruhm verkünden.
18: 40,7!
18 Denn an Schlachtopfern hast du kein Gefallen,
und wollte ich Brandopfer bringen, so willst du sie nicht.
19: 34,19!
19 Das Opfer, das Gott gefällt, ist ein zerbrochener Geist,
ein zerbrochenes und zerschlagenes Herz wirst du, Gott, nicht verachten.
20: 69,36; 102,17; 126,1; 147,2
20 Tue Zion Gutes nach deinem Wohlgefallen,
baue die Mauern Jerusalems.
21: 4,6
21 Dann wirst du Gefallen haben an rechten Opfern,
an Brandopfern und Ganzopfern,
dann wird man Stiere darbringen auf deinem Altar.

Was rühmst du dich der Bosheit?

52 1 Für den Chormeister. Ein Weisheitslied, 2 als der Edomiter Doeg kam und Saul meldete und zu ihm sprach: «David ist in Ahimelechs Haus gekommen.» 2: 1Sam 21,8; 22,9–19

3 Was rühmst du dich der Bosheit, du Held?
Gottes Güte währt allezeit.
4 Verderben planst du, 4–6: 12,3!
deine Zunge ist wie ein scharfes Messer,
du Ränkeschmied.
5 Du liebst das Böse mehr als das Gute,
die Lüge mehr als wahrhaftige Rede. *Sela*
6 Du liebst jedes Wort, das Verwirrung stiftet,
du falsche Zunge.
7 Doch Gott wird dich zerstören für alle Zeit, 7: 27,13!
dich packen und herausreissen aus dem Zelt
und dich entwurzeln aus dem Land der Lebenden. *Sela*
8 Und die Gerechten werden es sehen und sich fürchten, 8: 40,4!
über ihn aber werden sie lachen:
9 Seht, das ist der Mann, der nicht Gott 9: 49,7!
zu seiner Zuflucht macht.
Auf seinen grossen Reichtum vertraute er,
suchte Zuflucht bei seinem Verderben.
10 Ich aber bin wie ein üppiger Ölbaum 10: 1,3!; 92,14
im Hause Gottes,
ich vertraue auf Gottes Güte
immer und ewig.
11 Ewig will ich dich preisen, 11: 54,8
denn du hast es getan,
ich hoffe auf deinen Namen mit deinen Getreuen,
denn er ist gut.

Die Torheit der Gottlosen

53 1 Für den Chormeister. Nach der Weise «machalat». Ein Weisheitslied Davids. 1–7: Ps 14,1–7

2 Der Tor spricht in seinem Herzen:
Es gibt keinen Gott!
Verderbt, abscheulich handeln sie,
keiner ist, der Gutes tut.
3 Gott schaut herab vom Himmel
auf die Menschen,
zu sehen, ob da ein Verständiger sei,
einer, der nach Gott fragt.
4 Alle sind sie abtrünnig,
alle verdorben,
keiner ist, der Gutes tut,
auch nicht einer.

53,1: Die Bedeutung des hebräischen Begriffs «machalat» ist ungeklärt.

5 Haben denn keine Einsicht die Übeltäter,
die mein Volk verzehren, wie man Brot isst,
die Gott nicht anrufen?
6 Da trifft sie gewaltiger Schrecken,
wie es noch nie einen Schrecken gab,
denn Gott zerstreut die Gebeine dessen,
der dich bedrängt.
Du machst sie zuschanden,
denn Gott hat sie verworfen.
7 Möge von Zion Israels Hilfe kommen.
Wenn Gott das Geschick seines Volkes wendet,
jauchze Jakob, freue sich Israel.

Gott, hilf mir durch deinen Namen

54 1 Für den Chormeister. Mit Saitenspiel. Ein Weisheitslied Da-
2: 1Sam 23,19; 26,1 vids, 2 als die Sifiter kamen und zu Saul sagten: «David hält
sich bei uns verborgen.»
3 Gott, hilf mir durch deinen Namen,
und schaffe mir Recht durch deine Macht.
4 Gott, höre mein Gebet,
vernimm die Worte meines Mundes.
5: 86,14 5 Denn Fremde sind gegen mich aufgestanden,
und Gewalttätige trachten mir nach dem Leben,
sie haben Gott nicht vor Augen. *Sela*
6: 118,7 6 Sieh, Gott ist mein Helfer,
der Herr ist es, der mein Leben erhält.
7 Das Unheil falle zurück auf meine Feinde,
in deiner Treue vernichte sie.
8: 52,11 8 Freudig will ich dir Opfer bringen,
will deinen Namen preisen, HERR, denn er ist gut.
9: 59,11; 91,8; 92,12; 118,7 9 Aus aller Not hat er mich errettet,
und an meinen Feinden weidet sich mein Auge.

Gewalttat und Hader in der Stadt

55 1 Für den Chormeister. Mit Saitenspiel. Ein Weisheitslied Da-
vids.
2 Vernimm, Gott, mein Gebet,
und verbirg dich nicht vor meinem Flehen.
3 Höre auf mich und antworte mir.
Ich irre umher in meiner Klage.
4 Ich bin verstört vom Lärmen des Feindes,
vom Geschrei des Frevlers.
Denn Unheil wälzen sie auf mich,
und sie befehden mich voller Grimm.
5 Mein Herz bebt in meiner Brust,

54,7: In einer anderen hebräischen Tradition lautet der Text: «Er lasse das Unheil zurückfallen auf meine Feinde, ...»

55,4: Möglich ist auch die Übersetzung: «... des Feindes, von der Bedrängung durch den Frevler. ...»

und Todesschrecken haben mich befallen.
6 Furcht und Zittern kommt über mich,
und Grauen bedeckt mich.
7 Da sprach ich: Hätte ich doch Flügel wie die Taube,
ich wollte fliegen und mir eine Bleibe suchen.
8 Sieh, weit weg wollte ich flüchten, 8: Jer 9,1
in der Wüste bleiben über Nacht. *Sela*
9 An einen sicheren Ort möchte ich eilen
vor dem tobenden Wind, vor dem Sturm.
10 Verwirre, Herr,
entzweie ihre Sprache.
Denn ich sehe Gewalttat
und Hader in der Stadt.
11 Tag und Nacht umkreisen sie die Stadt
auf ihren Mauern,
Frevel und Unheil sind in ihrer Mitte,
12 Verderben ist in ihrer Mitte,
und von ihrem Markt weichen nicht
Unterdrückung und Betrug.
13 Denn nicht der Feind ist es, der mich schmäht, 13–14: 41,10!;
das würde ich ertragen. Jer 9,3.7
Nicht einer, der mich hasst, hat grossgetan gegen mich,
vor ihm könnte ich mich verbergen.
14 Nein, du bist es, ein Mensch meinesgleichen,
mein Freund und mein Vertrauter,
15 die wir enge Gemeinschaft hatten
im Hause Gottes,
zusammen gingen bei festlichem Treiben.
16 Verwüstung über sie!
Bei lebendigem Leib sollen sie hinabfahren ins Totenreich,
denn Bosheit ist in ihrem Herzen, in ihrer Brust.
17 Ich aber rufe zu Gott,
und der HERR wird mir helfen.
18 Abends und morgens und mittags 18: Dan 6,10
will ich klagen und seufzen,
und er wird meine Stimme hören.
19 Er befreit mich,
birgt mich in Sicherheit,
dass sie mir nicht nahen können,
denn viele sind gegen mich.
20 Gott wird erhören und sie demütigen,
er, der da thront von Urzeit her. *Sela*
Denn sie ändern sich nicht
und fürchten Gott nicht.
21 Er legt Hand an seine Freunde,
entweiht seinen Bund.
22 Glatt wie Butter ist seine Rede, 22: 5,10; 12,3!; 57,5!
doch Krieg ist sein Sinnen,

55,21: Mit ‹er› ist der Feind gemeint.

seine Worte sind milder als Öl
und sind doch gezückte Schwerter.

23: 1Petr 5,7

23 Wirf deine Last auf den HERRN,
er wird dich versorgen,
den Gerechten lässt er
niemals wanken.

24: 5,7

24 Du aber, Gott, wirst sie hinabstürzen
tief in die Grube;
Mörder und Betrüger,
sie werden nicht die Hälfte ihrer Tage erreichen.
Ich aber vertraue auf dich.

Steht nicht alles in deinem Buch?

1: 1Sam 21,11–16

56 1 Für den Chormeister. Nach der Weise «Taube der fernen Terebinthen». Von David, ein Lied, als die Philister ihn in Gat ergriffen.
2 Sei mir gnädig, Gott, denn Menschen stellen mir nach,
Krieger bedrängen mich jeden Tag,
3 täglich stellen mir meine Feinde nach;
viele sind es, die mich voller Hochmut bekämpfen.
4 Wenn ich mich fürchte,
vertraue ich auf dich.

5: 56,11 · 118,6!

5 Auf Gott, ich preise sein Wort,
auf Gott vertraue ich, und ich fürchte mich nicht.
Was kann ein Sterblicher mir tun?
6 Jeden Tag fechten sie meine Worte an,
auf mein Verderben geht ihr ganzes Sinnen.
7 Sie greifen an, sie lauern,
sie beobachten meine Spuren,
denn sie trachten mir nach dem Leben.
8 Sollen sie trotz des Frevels entkommen?
Im Zorn, Gott, stürze die Völker hinab.
9 Mein Elend hast du aufgezeichnet,
meine Tränen sind verwahrt bei dir.
Steht nicht alles in deinem Buch?

10: 118,6.7

10 Es weichen meine Feinde zurück,
wenn ich rufe,
denn ich weiss,
dass Gott für mich ist.

11: 56,5

11 Auf Gott – ich preise sein Wort –,
auf den HERRN – ich preise sein Wort –,

12: 118,6!

12 auf Gott vertraue ich, und ich fürchte mich nicht.
Was kann ein Mensch mir tun?
13 Was ich dir gelobt habe, Gott, liegt auf mir,
Dankopfer will ich dir darbringen.

14: 116,8–9

14 Denn du hast mein Leben vom Tod errettet

56,1: Der Massoretische Text wurde korrigiert; er lautet übersetzt: «Nach der Weise Stumme Taube unter den Fernen».

56,9: Wörtlich: «..., meine Tränen sind verwahrt in deinem Schlauch. ...»

und meine Füsse vor dem Sturz,
damit ich wandle vor Gott
im Licht des Lebens.

Gross bis zum Himmel ist deine Güte

57 1 Für den Chormeister. Nach der Weise «Zerstöre nicht». Von David. Ein Lied, als er vor Saul in die Höhle floh. 1: 142,1; 1Sam 22,1
2 Sei mir gnädig, Gott, sei mir gnädig, 2: 17,8!
denn bei dir suche ich Zuflucht.
Im Schatten deiner Flügel suche ich Zuflucht,
bis das Verderben vorüber ist.
3 Ich rufe zu Gott, dem Höchsten,
zu Gott, der für mich eintritt.
4 Er wird vom Himmel senden und mir helfen
vor der Schmähung dessen, der mir nachstellt. *Sela*
Seine Güte und Treue
wird Gott senden.
5 Mitten unter Löwen muss ich liegen, 5: 11,2!; 55,22; 59,8; 64,4
die Menschen verschlingen,
ihre Zähne sind Spiesse und Pfeile,
und ihre Zunge ist ein scharfes Schwert.
6 Erhebe dich über den Himmel, Gott, 6: 57,12; 113,4!
und über die ganze Erde in deiner Herrlichkeit.
7 Ein Netz haben sie meinen Schritten gelegt, 7: 7,16!
niedergebeugt meine Seele.
Sie haben mir eine Grube gegraben
und fielen selbst hinein. *Sela*
8 Mein Herz ist bereit, Gott, 8–12: 108,2–6
mein Herz ist bereit,
ich will singen und spielen.
9 Wache auf, meine Seele.
Wacht auf, Harfe und Leier,
ich will das Morgenrot wecken.
10 Ich will dich preisen unter den Völkern, Herr, 10: 18,50!
will dir singen unter den Nationen.
11 Denn gross bis zum Himmel ist deine Güte, 11: 36,6!
und bis an die Wolken reicht deine Treue.
12 Erhebe dich über den Himmel, Gott,
und über die ganze Erde in deiner Herrlichkeit.

Sprecht ihr wirklich Recht?

58 1 Für den Chormeister. Nach der Weise «Zerstöre nicht». Von David. Ein Lied.
2 Sprecht ihr wirklich Recht, ihr Mächtigen,
richtet ihr die Menschen gerecht?

57,4: Möglich ist auch die Übersetzung: «... mir helfen, indem er den verwirrt, der mir nachstellt. ...»

58,2: Der Massoretische Text wurde korrigiert; er lautet übersetzt: «Es ist wahr, stumm ist die Gerechtigkeit, wenn ihr redet, richtet ihr ...»

3 Mit Absicht übt ihr Frevel im Land,
der Gewalttat eurer Hände lasst ihr freien Lauf.
4 Abtrünnig sind die Frevler vom Mutterschoss an,
vom Mutterleib an gehen in die Irre die Lügner.
5: 140,4; Dtn 32,33 5 Gift haben sie gleich dem Gift der Schlange,
wie eine taube Viper, die ihr Ohr verschliesst,
6 die nicht hört die Stimme der Beschwörer,
den Bann des Zauberers.
7: 3,8 7 Gott, zerbrich ihnen die Zähne im Mund,
zerschlage, HERR, das Löwengebiss.
8 Wie Wasser, das verrinnt, sollen sie zergehen,
verdorren wie Gras auf dem Weg,
9: Hiob 3,16; Koh 6,3–4 9 wie eine Schnecke, die in Schleim zerfliesst,
wie eine Fehlgeburt, die nie die Sonne schaut.
10 Ehe eure Töpfe warm sind,
fegt der Sturm den Dornstrauch, frisch oder brennend, hinweg.
11: 32,11! · 68,24 11 Der Gerechte wird sich freuen, wenn er Rache schaut,
seine Füsse wird er baden im Blut des Frevlers.
12 Und die Menschen werden sagen: Lohn wird dem Gerechten zuteil,
es gibt einen Gott, der auf Erden richtet.

Rette mich vor meinen Feinden

1: 1Sam 19,11 59 1 Für den Chormeister. Nach der Weise «Zerstöre nicht». Von David. Ein Lied, als Saul hinsandte und man das Haus bewachte, um ihn zu töten.
2 Rette mich vor meinen Feinden, mein Gott,
vor meinen Widersachern beschütze mich.
3 Rette mich vor den Übeltätern,
und hilf mir vor den Mördern.
4 Denn sieh, sie trachten mir nach dem Leben,
Mächtige greifen mich an.
An mir ist kein Frevel und keine Sünde, HERR.
5 Schuldlos bin ich, doch sie stürmen heran und stellen sich auf.
Wache auf, komm und sieh.
6 Du bist der HERR, der Gott der Heerscharen,
der Gott Israels.
Wache auf, alle Völker heimzusuchen.
Sei keinem gnädig, der treulos frevelt. *Sela*
7 Am Abend kommen sie wieder,
und kläffend wie die Hunde
durchstreifen sie die Stadt.
8: 57,5! 8 Sieh, ihr Mund geifert,
Schwerter sind ihre Lippen:
Wer wird es schon hören?
9: 2,4! 9 Du aber, HERR, lachst über sie,

58,8: Der Massoretische Text wurde korrigiert; er lautet übersetzt in etwa: «... zergehen, er (Gott) spanne seine Pfeile, da verdorren sie wie ...»
58,10: Wörtlich: «Ehe eure Töpfe den Dornstrauch bemerken, fegt der Sturm ihn ... hinweg.»

du spottest aller Nationen.
10 Meine Stärke, an dich will ich mich halten,
denn Gott ist meine Burg.
11 Der Gott meiner Gnade kommt mir entgegen, 11: 54,9!
Gott gönnt mir den Anblick meiner Feinde.
12 Töte sie nicht, damit mein Volk es nicht vergisst,
zerstreue sie mit deinem Heer und stürze sie nieder,
Herr, unser Schild.
13 Ihr Mund versündigt sich mit jedem Wort, das über ihre Lippen kommt,
sie sollen sich verfangen in ihrem Hochmut.
Des Fluches wegen und der Lüge, die sie reden,
14 vertilge sie im Zorn, vertilge sie, dass sie nicht mehr sind. 14: 46,11!; Ez 5,13
Sie sollen erkennen, dass Gott Herrscher ist in Jakob
bis an die Enden der Erde. *Sela*
15 Am Abend kommen sie wieder,
und kläffend wie die Hunde
durchstreifen sie die Stadt.
16 Sie streunen umher nach Frass
und knurren, wenn sie nicht satt werden.
17 Ich aber will deine Macht besingen
und jubeln am Morgen über deine Gnade,
denn du bist meine Burg
und eine Zuflucht am Tag meiner Not.
18 Meine Stärke, dir will ich singen,
denn Gott ist meine Burg,
der Gott meiner Gnade.

Gott, du hast uns verstossen

60 1 Für den Chormeister. Nach der Weise «Lilie des Zeugnisses». Ein Lied. Von David. Zum Lehren, 2 als er gegen Aram-Naharajim und gegen Aram-Zoba stritt und als Joab umkehrte und Edom im Salztal schlug, zwölftausend Mann. 2: 2Sam 8,3–14; 10,6–19
3 Gott, du hast uns verstossen, unsere Reihen durchbrochen,
du hast gezürnt, stelle uns wieder her.
4 Du hast die Erde erschüttert, hast sie gespalten.
Heile ihre Risse, denn sie wankt.
5 Hartes hast du dein Volk erfahren lassen, 5: 75,9; Jes 51,17.21–22; Jer 25,15–26
du hast uns getränkt mit Taumelwein.
6 Denen aber, die dich fürchten, hast du ein Zeichen aufgestellt,
damit sie fliehen können vor dem Bogen. *Sela*
7 Damit gerettet werden, die dir lieb sind, 7–14: 108,7–14
hilf mit deiner Rechten und erhöre uns.
8 Gott hat gesprochen in seinem Heiligtum:
Ich will frohlocken, ich will Schechem verteilen
und ausmessen das Tal von Sukkot.
9 Mein ist Gilead, mein ist Manasse, 9: Gen 49,10 · Jes 11,13
Efraim ist der Schutz meines Hauptes,

59,10: Der Massoretische Text wurde korrigiert; er lautet übersetzt: «Seine Stärke, ...»

Juda mein Herrscherstab.
10: Jes 11,14; Obd 19–20 10 Moab ist mein Waschbecken,
auf Edom werfe ich meinen Schuh,
Philistäa, jauchze mir zu.
11 Wer führt mich hin zu der befestigten Stadt,
wer geleitet mich nach Edom?
12: 44,10 12 Bist nicht du es, Gott, der uns verstossen hat?
Du, Gott, ziehst nicht aus mit unseren Heeren.
13 Schaffe uns Hilfe vor dem Feind,
denn Menschenhilfe ist nichtig.
14: 44,6 14 Mit Gott werden wir Machttaten vollbringen,
er ist es, der unsere Feinde zertritt.

Führe mich hinauf auf den Felsen

61 1 Für den Chormeister. Zum Saitenspiel. Von David.
2 Höre, Gott, mein Flehen,
achte auf mein Gebet.
3 Vom Ende der Erde
rufe ich zu dir,
da mein Herz verzagt.
Führe mich hinauf auf den Felsen,
der mir zu hoch ist.
4 Denn du bist meine Zuflucht,
ein starker Turm vor dem Feind.
5: 17,8! 5 Lass mich Gast sein in deinem Zelt auf ewig,
Zuflucht suchen im Schutz deiner Flügel. *Sela*
6 Denn du, Gott, hast auf meine Gelübde gehört,
hast denen das Erbe gegeben, die deinen Namen fürchten.
7–8: 72,15 7 Füge den Tagen des Königs Tage hinzu,
seine Jahre mögen dauern wie Generation um Generation.
8 Ewig throne er vor Gottes Angesicht,
lass Gnade und Treue ihn behüten.
9: 22,26! 9 So will ich deinem Namen singen allezeit,
um meine Gelübde zu erfüllen Tag für Tag.

Meine Seele ist still zu Gott

62 1 Für den Chormeister. Nach Jedutun. Ein Psalm Davids.
2: 37,7; 62,6 2 Zu Gott allein ist meine Seele still,
von ihm kommt meine Hilfe.
3 Er allein ist mein Fels und meine Hilfe,
meine Burg, nie werde ich wanken.
4 Ihr alle, wie lange wollt ihr morden,
anstürmen gegen einen Mann
wie gegen eine eingestossene Wand,
eine umgestürzte Mauer?
5: 12,3! 5 Sie planen, ihn von seiner Höhe zu vertreiben,
sie lieben den Trug.
Sie segnen mit ihrem Mund,
aber in ihrem Herzen fluchen sie. *Sela*
6: 62,2! 6 Zu Gott allein sei still, meine Seele,

denn von ihm kommt meine Hoffnung.
7 Er allein ist mein Fels und meine Hilfe,
meine Burg, ich werde nicht wanken.
8 Meine Rettung ist bei Gott und meine Ehre, 8: 3,4
mein schützender Fels, meine Zuflucht ist in Gott.
9 Vertraue auf ihn, Volk, zu jeder Zeit.
Schüttet euer Herz vor ihm aus.
Gott ist unsere Zuflucht. *Sela*
10 Nur Hauch sind die Menschen, 10: 39,12!
Trug die Sterblichen.
Auf der Waage schnellen sie empor,
allesamt leichter als Hauch.
11 Vertraut nicht auf erpresstes Gut 11:
und setzt nicht eitle Hoffnung auf Raub. Hiob 31,24–25.28;
Wenn der Reichtum wächst, Koh 5,9–10; Mt 6,19–21;
hängt euer Herz nicht daran. 1Tim 6,17
12 Eines hat Gott geredet,
zwei Dinge sind es, die ich hörte:
Bei Gott ist die Macht
13 und bei dir, Herr, die Güte, 13: 28,4; 31,24;
denn du vergiltst Jer 17,10; Mt 16,27;
einem jeden nach seinem Tun. Röm 2,6; 2Tim 4,14

An dir hängt meine Seele

63 1 Ein Psalm Davids, als er in der Wüste Juda war. 1: 1Sam 23,14; 24,2
2 Gott, du bist mein Gott, den ich suche, 2: 42,2!–3
meine Seele dürstet nach dir.
Mein Leib schmachtet nach dir
im dürren, lechzenden Land ohne Wasser.
3 So schaue ich dich im Heiligtum 3: 27,4
und sehe deine Macht und Herrlichkeit.
4 Denn deine Gnade ist besser als das Leben,
meine Lippen sollen dich rühmen.
5 So will ich dich preisen mein Leben lang, 5: 134,2!
in deinem Namen meine Hände erheben.
6 Wie an Mark und Fett wird meine Seele satt,
und mit jubelnden Lippen singt mein Mund,
7 wenn ich deiner gedenke auf meinem Lager, 7: 119,148!
nächtelang über dich sinne.
8 Denn du bist mir Hilfe geworden, 8: 17,8!
und im Schatten deiner Flügel will ich jubeln.
9 An dir hängt meine Seele,
deine Rechte hält mich fest.
10 Sie aber trachten zum eigenen Verderben mir nach dem Leben
und fahren hinab in die Tiefen der Erde.
11 Der Gewalt des Schwertes werden sie preisgegeben,
Beute der Schakale werden sie sein.
12 Der König aber wird sich freuen über Gott, 12: 21,2
rühmen wird sich jeder, der bei ihm schwört,
denn den Lügnern wird der Mund gestopft.

Bewahre mein Leben

64 1 Für den Chormeister. Ein Psalm Davids.
2 Höre, Gott, meine Stimme, wenn ich klage,
bewahre mein Leben vor dem Schrecken des Feindes.
3 Verbirg mich vor dem Anschlag der Bösen,
vor dem Aufruhr der Übeltäter.
4: 11,2!; 57,5! 4 Sie haben ihre Zunge geschärft wie ein Schwert,
ihren Pfeil angelegt zu bitterer Rede,
5 um aus dem Versteck auf den Schuldlosen zu schiessen,
unvermutet schiessen sie auf ihn und fürchten sich nicht.
6: 10,11! 6 Sie sind fest entschlossen zu böser Tat,
sie sinnen darauf, Fallen zu stellen,
und sagen: Wer wird sie sehen?
7 Freveltaten hecken sie aus:
Wir haben einen tückischen Plan gefasst.
Unergründlich sind
Herz und Sinn.
8 Gott aber traf sie mit Pfeilen,
unvermutet kam ihre Verwundung.
9 Die eigene Zunge brachte sie zu Fall,
es höhnen alle, die sie sehen.
10: 40,4! 10 Da fürchten sich alle Menschen
und verkünden Gottes Tun
und verstehen sein Werk.
11: 5,12!; 32,11! 11 Der Gerechte freut sich über den HERRN und sucht Zuflucht bei ihm,
und alle, die aufrichtigen Herzens sind, werden sich rühmen.

Du hast das Jahr mit deiner Güte gekrönt

65 1 Für den Chormeister. Ein Psalm Davids. Ein Lied.
2 Lobpreis gebührt dir,
du Gott auf dem Zion,
und dir erfülle man Gelübde,
3: Jes 66,23 3 der du das Gebet erhörst.
Zu dir kommt alles Fleisch
4 um der Sünden willen.
Zu schwer lasten unsere Vergehen auf uns,
du allein kannst sie vergeben.
5: 27,4!; 36,9; 84,3.5 5 Wohl dem, den du erwählst und nahen lässt,
der in deinen Vorhöfen wohnen darf.
Sättigen wollen wir uns an den guten Gaben deines Hauses,
an der Heiligkeit deines Tempels.
6: Jes 66,19 6 Mit furchterregenden Taten antwortest du uns in Gerechtigkeit,
Gott unserer Hilfe,
du Zuversicht aller Enden der Erde
und des fernsten Meeres,

65,4: Der Massoretische Text wurde korrigiert; er lautet übersetzt: «... lasten unsere Vergehen auf mir, ...»

7 der die Berge gründet in seiner Kraft,
sich mit Macht umgürtet,
8 der das Brausen der Meere stillt, 8: 89,10; 107,29!;
das Brausen ihrer Wellen und das Tosen der Völker. Jes 17,12
9 Darum fürchten sich die Bewohner der Enden der Erde
vor deinen Zeichen,
die Pforten des Morgens und Abends lässt du jubeln.
10 Du hast dich des Landes angenommen und ihm Überfluss geschenkt, 10–14: 144,13–14
du machtest es überreich.
Voll Wasser ist der Bach Gottes;
du bereitest ihnen ihr Getreide, so richtest du es her.
11 Du wässerst seine Furchen, ebnest seine Schollen,
mit Regenschauern weichst du es auf und segnest sein Gewächs.
12 Du hast das Jahr mit deiner Güte gekrönt,
und deine Spuren triefen von Fett.
13 Es triefen die Auen der Steppe, 13: 96,12!
und mit Jubel gürten sich die Hügel.
14 Die Weiden kleiden sich mit Herden,
und die Täler hüllen sich in Korn,
sie jauchzen sich zu, und sie singen.

Kommt und seht die Taten Gottes

66 1 Für den Chormeister. Ein Lied. Ein Psalm. 1: 98,4!
Jauchzet Gott, alle Länder.
2 Singt zur Ehre seines Namens,
macht herrlich sein Lob.
3 Sprecht zu Gott: Wie furchterregend sind deine Werke. 3: 18,45
Deiner gewaltigen Macht schmeicheln deine Feinde.
4 Alle Länder werfen sich nieder vor dir
und singen dir, singen deinem Namen. *Sela*
5 Kommt und seht die Taten Gottes, 5: 46,9
er waltet furchterregend über die Menschen.
6 Das Meer wandelte er in trockenes Land, 6: 114,3!;
zu Fuss schritten sie durch den Strom; Ex 14,21–22;
wir wollen uns seiner freuen. Jos 3,16–17; Jes 44,27; 50,2
7 Ewig herrscht er in seiner Macht,
seine Augen prüfen die Nationen;
die Empörer können sich nicht erheben. *Sela*
8 Preist, ihr Völker, unseren Gott,
lasst laut sein Lob erschallen,
9 der uns das Leben gab 9: 121,3
und unseren Fuss nicht wanken liess.
10 Denn du hast uns geprüft, Gott, 10: Spr 17,3;
hast uns geläutert, wie man Silber läutert. Jes 48,10
11 Du hast uns ins Netz geraten lassen,
hast drückende Last auf unsere Hüften gelegt.
12 Du hast Menschen über unser Haupt dahinfahren lassen, 12: Jes 43,2
durch Feuer und Wasser sind wir gegangen,
aber du hast uns herausgeführt zu reichem Überfluss.

13: 22,26! 13 Ich komme in dein Haus mit Brandopfern,
ich erfülle dir meine Gelübde,
14 zu denen sich meine Lippen geöffnet haben,
die mein Mund gesprochen hat in meiner Not.
15 Brandopfer von fetten Schafen bringe ich dir dar
mit Opferrauch von Widdern,
Rinder und Böcke will ich zubereiten. *Sela*
16 Kommt, hört, ihr, die ihr Gott fürchtet, alle,
ich will erzählen,
was er an mir getan hat.
17 Zu ihm rief ich mit meinem Mund,
und Lobgesang war auf meiner Zunge.
18: Joh 9,31 18 Hätte ich Frevel geplant in meinem Herzen,
so würde der Herr nicht hören.
19 Aber Gott hat gehört,
er hat geachtet auf mein Gebet.
20 Gepriesen sei Gott,
der mein Gebet nicht abgewiesen
und seine Gnade mir nicht entzogen hat.

Gott sei uns gnädig und segne uns

67 1 Für den Chormeister. Mit Saitenspiel. Ein Psalm. Ein Lied.
2: 4,7!; Num 6,24–25 2 Gott sei uns gnädig und segne uns,
er lasse sein Angesicht leuchten bei uns, *Sela*
3 dass man auf Erden deinen Weg erkenne,
unter allen Nationen deine Hilfe.
4 Preisen sollen dich die Völker, Gott,
preisen sollen dich die Völker alle.
5: 9,9! 5 Freuen sollen sich die Nationen und jubeln,
denn du richtest die Völker gerecht
und leitest die Nationen auf Erden. *Sela*
6 Preisen sollen dich die Völker, Gott,
preisen sollen dich die Völker alle.
7: 85,13; Lev 26,4 7 Das Land hat seinen Ertrag gegeben,
es segne uns Gott, unser Gott.
8 Es segne uns Gott,
und es sollen ihn fürchten
alle Enden der Erde.

Der Gott vom Sinai in seinem Heiligtum

68 1 Für den Chormeister. Von David. Ein Psalm. Ein Lied.
2: Num 10,35; Jes 33,3 2 Gott steht auf, und seine Feinde zerstieben,
und die ihn hassen, fliehen sein Angesicht.
3: 37,20 · 97,5! 3 Du verwehst sie wie Rauch;
wie Wachs vor dem Feuer schmilzt,
so vergehen die Frevler vor Gottes Angesicht.
4: 32,11! 4 Die Gerechten aber freuen sich, frohlocken vor Gott
und jauchzen voll Freude.

5 Singt Gott, spielt seinem Namen, 5: 18,11!
baut eine Strasse dem, der auf den Wolken dahinfährt,
Jah ist sein Name, frohlockt vor ihm.
6 Ein Vater der Waisen und ein Anwalt der Witwen 6: 146,9!
ist Gott in seiner heiligen Wohnung.
7 Den Einsamen gibt Gott ein Zuhause, 7: 107,14!
die Gefangenen führt er heraus ins Glück,
die Empörer aber bleiben in der Öde.
8 Gott, als du auszogst vor deinem Volk, 8–9: Dtn 33,2; Ri 5,4–5; Hab 3,3
als du einherschrittest durch die Wüste, *Sela*
9 da bebte die Erde, 9: Ex 19,16.18 · 68,18
die Himmel troffen
vor Gott, dem vom Sinai,
vor Gott, dem Gott Israels.
10 Reichen Regen spendest du, Gott,
dein erschöpftes Erbland hast du gefestigt.
11 Deine Wohnstatt, darin sie sich niederliessen,
richtest du für die Elenden her,
Gott, in deiner Güte.
12 Ein Wort ging aus vom Herrn,
Freudenbotinnen in grosser Schar.
13 Die Könige der Heere fliehen, sie fliehen, 13: Ri 5,19
und auf der Tempelflur verteilt man Beute.
14 Wollt ihr bei den Hürden bleiben? 14: Ri 5,16
Die Flügel der Taube sind mit Silber überzogen
und ihre Schwingen mit gelbem Gold.
15 Als der Allmächtige
dort Könige zerstreute,
fiel Schnee auf dem Zalmon.
16 Berg Gottes, Baschansberg,
Berg vieler Gipfel, Baschansberg:
17 Warum blickt ihr scheel,
Berge vieler Gipfel,
auf den Berg, den Gott zum Thronsitz begehrt hat?
Dort wird der HERR ewig wohnen.
18 Die Wagen Gottes, vielmal tausend und abertausend, 18: 2Kön 2,11; 6,17 · 68,9
der Herr ist unter ihnen, der vom Sinai ist im Heiligtum.
19 Du bist emporgestiegen zur Höhe, hast Gefangene weggeführt, 19: 47,6; Eph 4,8–10
du hast Gaben empfangen unter den Menschen;
auch Empörer
sollen wohnen beim HERRN, Gott.
20 Gepriesen sei der Herr Tag für Tag, 20: Dtn 32,11
der uns trägt, der Gott, der unsere Hilfe ist. *Sela*
21 Gott ist uns ein Gott der Rettung, 21: Jes 43,3–4
Gott der HERR kann herausführen aus dem Tod.
22 Gott wird zerschmettern das Haupt seiner Feinde,
den Schädel dessen, der in Schuld ist.

68,5: ‹Jah› ist eine Kurzform für Jahwe, den Eigennamen des Gottes Israels; vgl. auch Gen 4,26.

23 Der Herr hat gesprochen: Aus dem Baschan bringe ich sie zurück,
ich bringe sie zurück aus den Tiefen des Meeres,
24: 58,11 24 damit dein Fuss im Blute bade,
die Zungen deiner Hunde an den Feinden ihren Teil haben.
25 Man schaute deine Festzüge, Gott,
die Festzüge meines Gottes, meines Königs, im Heiligtum:
26 Voran die Sänger, dann die Saitenspieler,
inmitten von Mädchen, die die Trommel schlagen.
27 Preist Gott in den Versammlungen,
den HERRN, die ihr vom Quell Israels seid.
28: Jes 8,23b 28 Da schreitet voran Benjamin, der Jüngste,
die Fürsten Judas mit ihrer lärmenden Schar,
die Fürsten von Sebulon, die Fürsten von Naftali.
29 Biete auf, Gott, deine Macht,
erweise dich mächtig, Gott, der du für uns gewaltet hast,
30: 72,10! 30 von deinem Tempel aus hoch über Jerusalem.
Könige sollen dir Gaben bringen.
31 Bedrohe das Tier im Schilf,
die Horde der Stiere unter den Kälbern, den Völkern;
tritt denen entgegen, die nach Silber rennen,
zerstreue die Völker, die ihre Lust an Kriegen haben.
32: 72,10!; Jes 18,7; 45,14; Zef 3,10 32 Aus Ägypten kommen bronzene Geräte,
Kusch bringt Gaben eilends zu Gott.
33 Ihr Königreiche der Erde,
singt Gott,
spielt dem Herrn, *Sela*
34: 18,11! 34 ihm, der dahinfährt am höchsten, am ewigen Himmel.
Sieh, er lässt seine Stimme erschallen, die mächtige Stimme.
35 Gebt Gott Macht,
dessen Hoheit über Israel und dessen Macht in den Wolken ist.
36: 29,11 36 Furchterregend bist du, Gott, von deinem Heiligtum aus.
Israels Gott, Kraft und Stärke gibt er dem Volk.
Gepriesen sei Gott.

Schmach und Schande bedecken mein Angesicht

69 1 Für den Chormeister. Nach der Weise «Lilien». Von David.
2–3: 42,8!; Jona 2,6 2 Hilf mir, Gott, das Wasser
steht mir bis zum Hals.
3: 40,3; 69,15 3 Ich bin versunken in tiefem Schlamm,
wo kein Grund ist.
In Wassertiefen bin ich geraten,
und die Flut reisst mich fort.
4 Ich bin erschöpft von meinem Rufen,
meine Kehle brennt,

68,24: Der Massoretische Text wurde korrigiert; er lautet übersetzt: «damit dein Fuss sie im Blut zerschmettere, …»

68,29: Der Massoretische Text wurde korrigiert; er lautet übersetzt: «Aufgeboten hat dein Gott, …»

68,31: Der Massoretische Text wurde korrigiert.

meine Augen ermatten,
da ich harre auf meinen Gott.
5 Zahlreicher als die Haare auf meinem Haupt
sind, die mich grundlos hassen,
mächtig sind, die mich verderben wollen,
die mich ohne Ursache anfeinden;
was ich nicht geraubt habe,
soll ich erstatten.
6 Gott, du allein weisst um meine Torheit,
und meine Schuld ist vor dir nicht verborgen.
7 Mögen durch mich nicht zuschanden werden, die auf dich hoffen,
Herr, du HERR der Heerscharen.
Mögen durch mich nicht in Schande geraten, die dich suchen,
Gott Israels.
8 Denn um deinetwillen trage ich Schmach,
bedeckt Schande mein Angesicht.
9 Entfremdet bin ich meinen Brüdern,
ein Fremder den Söhnen meiner Mutter.
10 Denn der Eifer für dein Haus hat mich verzehrt,
und die Schmähungen derer, die dich schmähen, sind auf mich gefallen.
11 Ich weinte und fastete,
und es brachte mir Schmach.
12 Ich nahm als Kleid den Sack
und wurde ihnen zum Gespött.
13 Es reden über mich, die im Tor sitzen,
und mit Liedern die Zecher beim Wein.
14 Ich aber komme mit meinem Gebet zu dir,
HERR, zur Zeit deines Wohlgefallens;
Gott, in deiner grossen Güte erhöre mich
mit deiner treuen Hilfe.
15 Rette mich aus dem Schlamm, dass ich nicht versinke,
dass ich gerettet werde vor denen, die mich hassen, und aus den Wassertiefen,
16 dass die Wasserflut mich nicht fortreisse
und die Tiefe mich nicht verschlinge,
noch der Brunnen seinen Mund über mir schliesse.
17 Erhöre mich, HERR, denn deine Güte ist köstlich,
in deinem grossen Erbarmen wende dich mir zu.
18 Verbirg dein Angesicht nicht vor deinem Diener,
denn mir ist bange, erhöre mich bald.
19 Sei mir nah, erlöse mich,
um meiner Feinde willen befreie mich.
20 Du kennst meine Schmach und meine Schande,
vor Augen sind dir alle meine Widersacher.
21 Die Schmach hat mir das Herz gebrochen,
ich sieche dahin.
Ich hoffte auf Mitleid, doch da war keines,
auf Tröster, doch ich fand sie nicht.

5: 40,13 · 35,19; Joh 15,25
8: Jer 15,15 · 44,16
9: Hiob 19,13–14
10: 119,139; Joh 2,17 · Röm 15,3
14: Jes 49,8
15: 69,3!
18: 102,3; 143,7
21: Klgl 1,2.9

22: Mt 27,34.48; Joh 19,28–29
22 Gift gaben sie mir zur Speise
und Essig zu trinken für meinen Durst.
23–24: Röm 11,9–10
23 Es werde ihr Tisch vor ihnen zur Falle
und ihren Freunden zum Fallstrick.
24 Ihre Augen sollen dunkel werden, dass sie nicht sehen,
und ihre Hüften lass immerfort wanken.
25 Giess aus über sie deinen Grimm,
und die Glut deines Zornes erfasse sie.
26: Apg 1,20
26 Veröden möge ihr Lagerplatz,
und niemand wohne in ihren Zelten.
27 Denn sie haben verfolgt, den du selbst geschlagen hast,
und vom Schmerz derer, die du trafst, erzählen sie mit Lust.
28 Häufe ihnen Schuld auf Schuld,
dass sie nicht eingehen in deine Gerechtigkeit.
29: Ex 32,32.33; Jes 4,3; Dan 12,1; Offb 3,5
29 Sie sollen getilgt werden aus dem Buch des Lebens,
sie sollen nicht aufgeschrieben werden bei den Gerechten.
30 Ich aber bin elend und voller Schmerzen,
deine Hilfe, Gott, beschütze mich.
31 Ich will den Namen Gottes preisen im Lied,
will ihn rühmen mit Lobgesang.
32: 40,7!
32 Das gefällt dem HERRN besser als ein Opferstier,
als ein Rind mit Hörnern und Klauen.
33: 22,27
33 Die Gebeugten haben es gesehen und freuen sich;
ihr, die ihr Gott sucht, euer Herz lebe auf.
34 Denn der HERR erhört die Armen,
und seine Gefangenen verachtet er nicht.
35 Himmel und Erde sollen ihn preisen,
die Meere und alles, was sich in ihnen regt.
36: 51,20!; Jes 44,26 · 37,9!
36 Denn Gott wird Zion helfen
und die Städte Judas aufbauen,
und dort werden sie sich niederlassen und es in Besitz nehmen;
37: 102,29; Jes 57,13; 65,9 · 5,12; 119,132
37 und die Nachkommen seiner Diener werden es erben,
und die seinen Namen lieben, werden darin wohnen.

Eile, Gott, mich zu retten

70 1 Für den Chormeister. Von David. Zur Verkündigung.
2–6: 40,14–18
2 Eile, Gott, mich zu retten,
HERR, eile mir zu Hilfe.
3 In Schmach und Schande sollen geraten,
die mir nach dem Leben trachten,
es sollen zurückweichen und sich schämen,
die mein Unglück wollen.
4 Weichen sollen in ihrer Schande,
die mich verlachen.
5 Frohlocken sollen und deiner sich freuen
alle, die dich suchen;
und die sich nach deiner Hilfe sehnen,
sollen allezeit sagen: Gross ist Gott!

69,29: Möglich ist auch die Übersetzung: «... aus dem Buch der Lebenden, ...»

6 Ich aber bin elend und arm,
eile, Gott, zu mir.
Meine Hilfe und mein Retter bist du,
HERR, säume nicht.

Verwirf mich nicht in der Zeit des Alters

71 1 Bei dir, HERR, suche ich Zuflucht, 1–3: 31,2–4
ich will nicht zuschanden werden auf ewig.
2 In deiner Gerechtigkeit rette und befreie mich,
neige zu mir dein Ohr und hilf mir.
3 Sei mir ein Fels, eine Wohnung, 3: 18,3!
zu der ich immer kommen kann.
Du hast zugesagt, mir zu helfen,
denn du bist mein Fels und meine Burg.
4 Mein Gott, befreie mich aus der Hand des Frevlers,
aus der Faust des Gewalttäters und Unterdrückers.
5 Denn du bist meine Hoffnung, Herr, HERR, mein Gott,
meine Zuversicht von Jugend an.
6 Auf dich habe ich mich verlassen vom Mutterleib an, 6: 22,11
vom Schoss meiner Mutter hast du mich getrennt,
dir gilt mein Lobpreis allezeit.
7 Ein Zeichen bin ich für viele,
du bist meine starke Zuflucht.
8 Mein Mund sei voll deines Lobes,
deines Ruhms den ganzen Tag.
9 Verwirf mich nicht in der Zeit des Alters, 9: Jes 46,4
wenn meine Kraft schwindet, verlass mich nicht.
10 Denn meine Feinde reden über mich,
und die meinem Leben auflauern, ratschlagen miteinander.
11 Sie sagen: Gott hat ihn verlassen,
verfolgt und greift ihn, denn da ist keiner, der rettet.
12 Gott, sei nicht fern von mir, 12: 22,20! · 22,12!
eile, mein Gott, mir zu Hilfe.
13 In Schmach sollen enden, 13: 35,4!; 71,24
die mein Leben anfeinden,
in Schimpf und Schande sich hüllen,
die mein Unglück suchen.
14 Ich aber will allezeit harren
und mehren all deinen Ruhm.
15 Mein Mund tue deine Gerechtigkeit kund,
deine Hilfe den ganzen Tag,
ich kann sie nicht ermessen.
16 Dank der Grosstaten Gottes des HERRN gehe ich hin,
deine Gerechtigkeit allein will ich rühmen.
17 Gott, du hast mich gelehrt von Jugend an,
bis heute verkünde ich deine Wunder.
18 Auch bis ins hohe Alter, 18: 22,31!–32
Gott, verlass mich nicht,
damit ich der Nachwelt deine Taten verkünde,
allen, die noch kommen werden, deine Macht.

19: 86,8; Jer 10,6
19 Denn hoch reicht, Gott, deine Gerechtigkeit,
der du Grosses getan hast.
Gott, wer ist dir gleich?
20: 85,7; 1Sam 2,6
20 Der du uns viel Angst und Not hast erfahren lassen,
du wirst uns wieder beleben,
und aus den Fluten der Unterwelt
wirst du mich wieder heraufführen.
21 Bring mich zu Ehren,
und tröstend wende dich mir zu.
22 Auch ich will dich preisen mit Harfenspiel,
deine Treue, mein Gott;
ich will dir spielen auf der Leier,
Heiliger Israels.
23 Jubeln sollen meine Lippen, wenn ich dir spiele,
und meine Seele, die du erlöst hast.
24: 35,4!; 71,13
24 Auch meine Zunge soll reden von deiner Gerechtigkeit
den ganzen Tag,
denn in Schmach und Schande sind,
die mein Unglück suchen.

Gott, gib dein Recht dem König

72 1 Von Salomo.
Gott, gib dein Recht dem König
und deine Gerechtigkeit dem Königssohn,
2 dass er dein Volk richte in Gerechtigkeit
und deine Elenden nach dem Recht.
3 Die Berge mögen Frieden tragen für das Volk
und die Hügel Gerechtigkeit.
4 Er schaffe Recht den Elenden des Volkes,
helfe den Armen
und zermalme die Unterdrücker.
5: 89,37–38
5 Er möge leben, solange die Sonne scheint
und der Mond, Generation um Generation.
6: Hos 6,3
6 Er komme herab wie Regen auf die gemähte Flur,
wie Regengüsse, die die Erde tränken.
7 Es sprosse in seinen Tagen der Gerechte
und Frieden in Fülle, bis der Mond nicht mehr ist.
8–11: 2,8
8: Sach 9,10
8 Er herrsche von Meer zu Meer
und vom Strom bis an die Enden der Erde.
9: Mi 7,17
9 Vor ihm müssen sich beugen die Bewohner der Wüste,
und seine Feinde sollen den Staub lecken.
10: 45,13; 68,30.32!; 1Kön 10,1–13; Jes 49,23; 60,5–6
10 Die Könige von Tarschisch und den Inseln
müssen Geschenke bringen,
die Könige von Saba und Seba
Tribut entrichten.
11: 2,10–11
11 Vor ihm sollen sich niederwerfen alle Könige,
alle Nationen sollen ihm dienen.

72,5: Der Massoretische Text wurde korrigiert; er lautet übersetzt: «Man möge dich fürchten, solange ...»

12 Denn er rettet den Armen, der um Hilfe schreit, 12: Hiob 29,12
den Elenden, dem keiner hilft.
13 Er erbarmt sich des Schwachen und Armen,
das Leben der Armen rettet er.
14 Aus Bedrückung und Gewalttat erlöst er ihr Leben, 14: 116,15!
und kostbar ist ihr Blut in seinen Augen.
15 So möge er leben, und man gebe ihm 15: 61,7–8
Gold aus Saba,
allezeit bete man für ihn
und wünsche ihm Segen den ganzen Tag.
16 Korn in Fülle möge es geben im Land,
auf dem Gipfel der Berge rausche es,
wie der Libanon sei seine Frucht,
und seine Halme mögen blühen wie das Kraut der Erde.
17 Ewig soll sein Name bestehen, 17: 21,7; Gen 12,2
solange die Sonne scheint; sprosse sein Name.
Und in ihm sollen sich Segen wünschen,
ihn sollen glücklich preisen alle Nationen.
18 Gepriesen sei der HERR, Gott, der Gott Israels, 18–19: 41,14!;
der allein Wunder tut. 136,3–4
19 Und gepriesen sei sein herrlicher Name in Ewigkeit, 19: Jes 6,3
und die ganze Erde werde voll seiner Herrlichkeit.
Amen, Amen.
20 Zu Ende sind die Gebete Davids, des Sohnes Isais.

DRITTES BUCH (PS 73–89)

Nun aber bleibe ich stets bei dir

73 1 Ein Psalm Asafs. 1: Mt 5,8
Lauter Güte ist Gott gegen Israel,
gegen die, die reinen Herzens sind.
2 Ich aber wäre beinahe ausgeglitten mit meinen Füssen,
um ein Haar wären meine Schritte ins Wanken geraten.
3 Denn ich ereiferte mich über die Prahler, 3: 37,1; Hiob 21,7;
als ich sah, dass es den Frevlern gut geht. Jer 12,1
4 Sie leiden keine Qualen bis zu ihrem Tod,
und fett ist ihr Leib.
5 Von der Mühsal der Sterblichen sind sie frei,
sie werden nicht geplagt wie andere Menschen.
6 Darum ist Hochmut ihr Halsgeschmeide,
Gewalttat das Gewand, das sie umhüllt.
7 Sie sehen kaum aus den Augen vor Fett,
ihr Herz quillt über von bösen Plänen.

72,16: Der Massoretische Text wurde korrigiert; er lautet übersetzt: «..., und sie sollen hervorblühen aus der Stadt wie das Kraut ...»

8 Bösartig höhnen und reden sie,
gewalttätig reden sie von oben herab.
9 Sie reissen ihr Maul auf bis an den Himmel,
und ihre Zunge hat auf Erden freien Lauf.
10 Darum wendet sich sein Volk ihnen zu,
in vollen Zügen schlürfen sie Wasser.
11 Sie sagen: Wie sollte Gott es wissen,
gibt es ein Wissen beim Höchsten?
12 Sieh, das sind die Frevler,
immer im Glück häufen sie Reichtum.
13: 26,6! 13 Ganz umsonst hielt ich mein Herz rein,
wusch ich meine Hände in Unschuld.
14 Ich war geplagt jeden Tag,
Morgen für Morgen traf mich Züchtigung.
15 Hätte ich gesagt: So will auch ich reden,
dann hätte ich die Generation deiner Söhne verraten.
16 Da sann ich nach, es zu verstehen,
Qual war es in meinen Augen,
17 bis ich zum Heiligtum Gottes kam
und achthatte auf ihr Ende.
18: 35,6 18 Du stellst sie auf schlüpfrigen Boden,
du lässt sie ins Leere fallen.
19: 104,35 19 Wie werden sie zum Entsetzen im Nu!
Sie verschwinden, nehmen ein Ende mit Schrecken.
20 Wie einen Traum nach dem Erwachen, Herr,
so verachtest du, wenn du aufwachst, ihr Bild.
21 Als mein Herz verbittert war
und ich stechenden Schmerz in den Nieren spürte,
22 da war ich ein Narr und hatte keine Einsicht,
dumm wie ein Vieh war ich vor dir.
23 Nun aber bleibe ich stets bei dir,
du hältst mich an meiner rechten Hand.
24: 49,16; Gen 5,24; 2Kön 2,3.5.11 24 Nach deinem Ratschluss leitest du mich,
und hernach nimmst du mich auf in Herrlichkeit.
25 Wen hätte ich im Himmel!
Bin ich bei dir, so begehre ich nichts auf Erden.
26: 16,5! 26 Mögen mein Leib und mein Herz verschmachten,
der Fels meines Herzens und mein Teil ist Gott auf ewig.
27 Denn sieh, die dir fern sind, kommen um,
du vernichtest jeden, der treulos dich verlässt.
28 Mein Glück aber ist es, Gott nahe zu sein;
bei Gott dem HERRN habe ich meine Zuflucht.
Alle deine Werke will ich verkünden.

Warum, Gott, hast du uns für immer verstossen?

1: 44,24! · 79,13; 80,2; 95,7; 100,3

74

1 Ein Weisheitslied Asafs.
Warum, Gott, hast du uns für immer verstossen,
warum raucht dein Zorn gegen die Schafe deiner Weide?
2: Jes 63,17; Jer 10,16; 51,19 · Ex 15,17 2 Denke an deine Gemeinde, die du vor alters erworben,
die du erlöst hast zum Stamm deines Erbteils,

des Bergs Zion,
auf dem du Wohnung genommen hast.
3 Richte deine Schritte zu den ewigen Trümmern,
alles im Heiligtum hat der Feind verheert.
4 Deine Widersacher brüllten inmitten deiner heiligen Stätte,
stellten ihre Feldzeichen auf als Zeichen des Sieges.
5 Es war, wie wenn einer im dichten Gehölz
die Axt schwingt,
6 so zerschlugen sie das ganze Schnitzwerk
mit Hacke und Beil.
7 An dein Heiligtum legten sie Feuer, 7: Jes 64,10
bis auf den Grund entweihten sie die Wohnstatt deines Namens.
8 Sie sprachen in ihrem Herzen: Wir zwingen sie nieder allesamt;
und sie verbrannten alle Gottesstätten im Land.
9 Unsere Zeichen sehen wir nicht, kein Prophet ist mehr da, 9: Klgl 2,9; Ez 7,26
und niemand ist bei uns, der wüsste, wie lange.
10 Wie lange, Gott, soll der Gegner schmähen,
soll der Feind deinen Namen ewig lästern?
11 Warum ziehst du deine Hand zurück
und hältst deine Rechte im Busen verborgen?
12 Aber Gott ist mein König von alters her,
der Heilstaten vollbringt auf Erden.
13 Du hast in deiner Kraft das Meer aufgestört, 13: 89,10–11;
die Häupter der Ungeheuer über dem Wasser zerschmettert. Ex 14,21; Jes 51,9–10
14 Du hast die Köpfe des Leviatan zerschlagen, 14: 104,26
ihn den Seeleuten zur Speise gegeben.
15 Du hast Quelle und Bach aufgebrochen, 15: 104,10; Ex 17,6;
nie versiegende Ströme ausgetrocknet. Jos 3,15–16
16 Dein ist der Tag, dein auch die Nacht, 16: 104,19!
du hast Leuchte und Sonne hingestellt.
17 Du bist es, der alle Grenzen der Erde festgesetzt hat,
Sommer und Winter, du hast sie geschaffen.
18 Denke daran: Der Feind schmäht den HERRN,
und ein törichtes Volk lästert deinen Namen.
19 Gib nicht dem Raubtier preis das Leben deiner Taube,
das Leben deiner Elenden vergiss nicht für immer.
20 Blick auf den Bund, denn die Schlupfwinkel des Landes
sind Stätten voll von Gewalt.
21 Der Unterdrückte soll nicht wieder beschämt werden,
Elende und Arme sollen deinen Namen loben.
22 Steh auf, Gott, führe deinen Streit,
gedenke der Schmach, die der Tor dir bereitet jeden Tag.
23 Vergiss nicht das Geschrei deiner Widersacher,
das Toben deiner Gegner, das ständig emporsteigt.

74,14: Möglicherweise ist statt «den Seeleuten» mit «dem Volk der Wüstenbewohner» zu übersetzen.

Wenn die Zeit gekommen ist

75 1 Für den Chormeister. Nach der Weise «Zerstöre nicht». Ein Psalm Asafs. Ein Lied.

2 Wir preisen dich, Gott, wir preisen dich,
nahe ist dein Name denen, die deine Wunder verkünden.
3 Wenn die Zeit gekommen ist,
halte ich gerechtes Gericht.
4 Mag die Erde wanken mit all ihren Bewohnern,
ich selbst habe ihre Säulen fest gesetzt. *Sela*
5–6: 89,18! 5 Ich spreche zu den Prahlern: Lasst euer Prahlen,
und zu den Frevlern: Erhebt nicht das Horn.
6: 94,4 6 Erhebt nicht zur Höhe euer Horn,
redet nicht aus frechem Hals.
7 Denn nicht vom Aufgang und nicht vom Niedergang
und nicht von Wüste und Berg kommt es,
8: 1Sam 2,7 8 sondern Gott ist Richter.
Er erniedrigt den einen, den andern erhöht er.
9: 60,5! 9 Ein Kelch ist in der Hand des HERRN
mit schäumendem Wein voller Würze,
und er schenkt davon ein;
auch seine Hefe müssen schlürfen,
müssen trinken alle Frevler der Erde.
10 Ich aber will es immerdar verkünden,
will singen dem Gott Jakobs.
11: 89,18! 11 Und alle Hörner der Frevler schlage ich ab,
aber hoch erhoben werden die Hörner des Gerechten.

Wer kann vor dir bestehen?

76 1 Für den Chormeister. Mit Saitenspiel. Ein Psalm Asafs. Ein Lied.

2 Bekannt ist Gott in Juda,
gross sein Name in Israel.
3: 132,13! 3 In Salem war seine Hütte
und seine Wohnstatt auf dem Zion.
4: 46,10! 4 Dort zerbrach er die Blitze des Bogens,
Schild und Schwert und Krieg. *Sela*
5 Von Glanz bist du umgeben,
gewaltiger als die ewigen Berge.
6 Zur Beute wurden die beherzten Streiter,
sanken hin in Schlaf,
und allen Helden
versagten die Hände.
7 Von deinem Schelten, Gott Jakobs,
wurden Wagen und Ross betäubt.
8 Furchterregend bist du,

76,5: Der Massoretische Text wurde korrigiert; er lautet übersetzt: «..., gewaltiger als die Beuteberge.»

wer kann vor dir bestehen,
wenn dein Zorn losbricht?
9 Vom Himmel her hast du das Urteil verkündet;
die Erde geriet in Furcht und verstummte,
10 da Gott aufstand zum Gericht,
um allen Gebeugten der Erde zu helfen. *Sela*
11 Selbst der Grimm des Menschen muss dich preisen,
die dem grimmigen Wüten entkommen, gürtest du dir um.
12 Tut Gelübde und erfüllt sie dem HERRN, eurem Gott,
alle rings um ihn sollen Gaben bringen dem Furchterregenden.
13 Er demütigt Fürstensinn,
Furchterregend begegnet er den Königen der Erde.

Durch das Meer ging dein Weg

77 1 Für den Chormeister. Nach Jedutun. Von Asaf. Ein Psalm.
2 Laut will ich schreien zu Gott,
laut zu Gott, dass er auf mich höre.
3 Am Tag meiner Not suche ich den Herrn,
meine Hand ist ausgestreckt des Nachts und ermattet nicht,
meine Seele will sich nicht trösten lassen.
4 Ich denke an Gott und seufze, 4: 119,148!
ich sinne nach, und mein Geist will verzagen. *Sela*
5 Du hältst meine Augen wach,
ich bin voller Unruhe und kann nicht reden.
6 Ich denke nach über die Tage von einst, 6: 143,5; Dtn 32,7
die längst vergangenen Jahre.
7 Ich denke an mein Saitenspiel des Nachts,
in meinem Herzen sinne ich nach,
und es forscht mein Geist.
8 Wird der Herr auf ewig verstossen 8: 44,24!
und nie mehr gnädig sein?
9 Hat seine Güte für immer ein Ende,
ist sein Wort verstummt für alle Zeit?
10 Hat Gott seine Gnade vergessen,
hat er im Zorn sein Erbarmen verschlossen? *Sela*
11 Und ich sprach: Das ist mein Schmerz,
dass so anders geworden ist das Handeln des Höchsten.
12 Ich will gedenken der Werke des HERRN,
will gedenken deiner früheren Wunder.
13 Ich will bedenken all dein Tun,
und über deine Taten will ich nachsinnen.
14 Gott, dein Weg ist heilig.
Wer ist ein Gott, so gross wie unser Gott?
15 Du allein bist der Gott, der Wunder tut,
du hast deine Macht unter den Völkern kundgetan.
16 Mit deinem Arm hast du dein Volk erlöst,
die Söhne Jakobs und Josefs. *Sela*

77,12: Nach einer anderen hebräischen Tradition lautet der Text: «Ich will verkünden die Werke ...»

17: 114,3! 17 Die Wasser sahen dich, Gott,
die Wasser sahen dich und erbebten,
die Urfluten erzitterten.
18–19: 18,14 18 Die Wolken gossen Wasser,
es donnerte das Gewölk,
und deine Pfeile blitzten hin und her.
19: 29,3! · 97,4! 19 Rollend erdröhnte dein Donner,
Blitze erhellten den Erdkreis,
es erzitterte und bebte die Erde.
20: Ex 14–15 20 Durch das Meer ging dein Weg
und dein Pfad durch gewaltige Wasser,
doch deine Spuren waren nicht zu erkennen.
21: 78,52! 21 Wie Schafe führtest du dein Volk
durch Moses und Aarons Hand.

Was unsere Vorfahren uns erzählten

78 1 Ein Weisheitslied Asafs.
Höre, mein Volk, meine Weisung,
neigt euer Ohr den Worten meines Mundes.
2: Mt 13,35 2 Ich will meinen Mund auftun zu einem Spruch,
will Rätsel kundtun aus der Vorzeit.
3–4: 145,4 3: 44,2 3 Was wir gehört und erfahren haben,
was unsere Vorfahren uns erzählten,
4 wollen wir ihren Söhnen nicht verschweigen,
sondern erzählen der künftigen Generation
die Ruhmestaten des HERRN und seine Stärke
und seine Wunder, die er getan hat.
5–6: Dtn 4,9; 6,6–7 5: 147,19; Dtn 33,4 5 Er stellte ein Zeugnis auf in Jakob,
und Weisung gab er in Israel,
als er unseren Vorfahren gebot,
sie ihren Söhnen kundzutun,
6: 22,31!–32 6 damit eine künftige Generation sie erfahre,
die Nachkommen, die geboren würden,
dass sie aufstünden und es ihren Nachkommen erzählten
7 und auf Gott ihr Vertrauen setzten,
die Taten Gottes nicht vergässen
und seine Gebote hielten,
8: Dtn 32,5.20 8 und nicht wie ihre Vorfahren würden,
eine störrische und trotzige Generation,
eine Generation, die nicht festen Sinnes war
und deren Geist nicht treu zu Gott hielt.
9: Hos 7,16 9 Die Söhne Efraims, wohl gerüstete Bogenschützen,
wandten sich ab am Tag der Schlacht.
10 Sie hielten den Bund Gottes nicht
und weigerten sich, nach seiner Weisung zu wandeln.
11: 106,7 11 Sie vergassen seine Taten
und seine Wunder, die er sie hatte schauen lassen.
12 Vor ihren Vorfahren hatte er Wunder getan
im Land Ägypten, im Gefilde Zoan.
13: Ex 14,21–22; 15,8 13 Er spaltete das Meer und führte sie hindurch,

liess die Wasser stehen wie einen Damm.
14 Er leitete sie mit der Wolke bei Tag
und die ganze Nacht mit Feuerschein.
15 Er spaltete Felsen in der Wüste
und tränkte sie reichlich wie mit Urfluten.
16 Bäche liess er hervorbrechen aus dem Stein
und Wasser herabfliessen wie Ströme.
17 Sie aber fuhren fort zu sündigen gegen ihn,
zu trotzen dem Höchsten im dürren Land.
18 Sie versuchten Gott in ihrem Herzen,
forderten Speise in ihrer Gier.
19 Sie redeten gegen Gott
und sprachen: Kann Gott
einen Tisch in der Wüste decken?
20 Sieh, er hat einen Felsen geschlagen,
und Wasser flossen
und Bäche strömten,
aber wird er auch Brot geben können
oder Fleisch verschaffen seinem Volk?
21 Darum, als der HERR das hörte, wurde er zornig,
Feuer entzündete sich gegen Jakob,
und Zorn stieg auf gegen Israel,
22 weil sie Gott nicht glaubten
und nicht auf seine Hilfe vertrauten.
23 Er gebot den Wolken droben,
und die Türen des Himmels öffnete er.
24 Er liess Manna auf sie regnen, dass sie zu essen hatten,
gab ihnen Himmelskorn.
25 Menschen assen Engelsbrot,
Nahrung sandte er ihnen, dass sie satt wurden.
26 Er liess den Ostwind losbrechen am Himmel
und trieb in seiner Kraft den Südwind heran,
27 liess Fleisch auf sie regnen wie Staub
und Vögel wie Sand am Meer,
28 mitten in sein Lager liess er sie fallen,
rings um seine Wohnungen.
29 Da assen sie und wurden mehr als satt,
und was sie begehrten, brachte er ihnen.
30 Noch hatten sie von ihrer Gier nicht gelassen,
noch war die Speise in ihrem Mund,
31 da stieg der Zorn Gottes auf gegen sie
und tötete die Stattlichsten unter ihnen,
und die Besten Israels streckte er nieder.
32 Trotz allem aber sündigten sie weiter
und glaubten nicht an seine Wunder.
33 Da liess er ihre Tage in Nichtigkeit vergehen
und ihre Jahre in jähem Schrecken.
34 Tötete er sie, so fragten sie nach ihm,

14: 105,39; Ex 13,21
15–16: 105,41; 114,8; Ex 17,1–7; Num 20,2–13; Jes 48,21
18: 106,14; Ex 16; Num 11
20: 78,15!.16 · Ex 16,3.8; Num 11,4–6.13
21–22: Num 11,1.10
23–24: Ex 16,4.13–15.31; Num 11,9
24: 105,40; Neh 9,15; Joh 6,31
26–28: Ex 16,13; Num 11,31–32
30–31: Num 11,33–34
32: Num 14,11
33: Num 14,22–23
34: Jes 26,16; Hos 5,15

78,25: «Engelsbrot» ist wörtlich «Brot der Starken».

kehrten um und suchten Gott.
35 Sie erinnerten sich, dass Gott ihr Fels,
Gott, der Höchste, ihr Erlöser ist.
36 Doch sie betrogen ihn mit ihrem Mund,
und mit ihrer Zunge belogen sie ihn.
37 Ihr Herz hielt nicht fest an ihm,
und seinem Bund blieben sie nicht treu.
38: 85,4 38 Er aber, voll Erbarmen,
vergibt die Schuld
und vertilgt nicht;
immer wieder hält er seinen Zorn zurück
und erweckt nicht all seinen Grimm.
39 Er dachte daran, dass sie Fleisch sind,
ein Hauch, der vergeht und nicht wiederkehrt.
40 Wie oft trotzten sie ihm in der Wüste,
kränkten ihn in der Einöde.
41 Immer wieder versuchten sie Gott
und betrübten den Heiligen Israels.
42: 106,21 42 Sie gedachten nicht seiner Hand,
des Tages, da er sie vom Feind erlöste,
43–52: 105,27–37 43 als er in Ägypten seine Zeichen tat
43: 135,9 und seine Wunder im Gefilde Zoan.
44: Ex 7,14–25 44 Er verwandelte in Blut ihre Flüsse
und ihre Bäche, dass sie nicht trinken konnten.
45: 45 Er liess Stechfliegen auf sie los, die sie frassen,
Ex 7,26–8,11.16–28 und Frösche, die ihnen Verderben brachten.
46: Ex 10,1–20 46 Ihren Ertrag gab er der Grille
und die Frucht ihrer Arbeit der Heuschrecke.
47: Ex 9,13–35 47 Er zerschlug mit Hagel ihren Weinstock
und ihre Maulbeerbäume mit Gewitter.
48 Er gab ihr Vieh dem Hagel preis
und ihre Herden den Blitzen.
49 Er liess die Glut seines Zorns gegen sie los,
Grimm und Wut und Bedrängnis,
eine Schar Unheil bringender Boten.
50: Ex 9,1–7 50 Er liess seinem Zorn freien Lauf,
ersparte ihnen nicht den Tod,
und der Pest gab er ihr Leben preis.
51: 135,8!; Ex 11,4–8; 51 Er schlug alle Erstgeburt in Ägypten,
12,29 die Erstlinge der Manneskraft in den Zelten Hams.
52: 77,21; Ex 12,37; 52 Er liess sein Volk aufbrechen wie Schafe
13,21 und leitete sie wie eine Herde durch die Wüste.
53: Ex 14–15 53 Er führte sie sicher, sie fürchteten sich nicht,
ihre Feinde aber bedeckte das Meer.
54: 114,1!–2 54 Er brachte sie in seinen heiligen Bezirk,
zu dem Berg, den seine Rechte erworben hat.
55: 44,3! 55 Er vertrieb vor ihnen die Nationen,
verteilte sie mit der Messschnur als Erbe,
und in ihren Zelten liess er die Stämme Israels wohnen.
56 Doch sie versuchten Gott, den Höchsten, und trotzten ihm,

und seine Gesetze hielten sie nicht.
57 Sie wurden abtrünnig und waren treulos wie ihre Vorfahren, 57: Hos 7,16
versagten wie ein schlaffer Bogen.
58 Sie erzürnten ihn mit ihren Kulthöhen, 58: Dtn 32,16.21
und mit ihren Götzen reizten sie ihn zur Eifersucht.
59 Gott hörte es und wurde zornig,
und er verwarf Israel ganz und gar.
60 Er verliess die Wohnung von Schilo, 60: 1Sam 1,3; Jer 7,12.14
das Zelt, das er unter den Menschen aufgeschlagen hatte.
61 Er gab seine Kraft in Gefangenschaft
und seine Zier in die Hand des Feindes.
62 Er überlieferte sein Volk dem Schwert,
und über sein Erbe zürnte er.
63 Seine jungen Männer frass das Feuer,
und seine jungen Frauen wurden nicht besungen.
64 Seine Priester fielen durch das Schwert,
und seine Witwen konnten nicht weinen.
65 Da erwachte wie ein Schlafender der Herr,
wie ein Held, der betäubt war vom Wein.
66 Er schlug seine Feinde zurück,
ewige Schmach verhängte er über sie.
67 Er verwarf das Zelt Josefs,
den Stamm Efraim erwählte er nicht.
68 Er erwählte den Stamm Juda, 68: 48,3; 87,2; 132,13!
den Berg Zion, den er liebt.
69 Er baute den Höhen gleich sein Heiligtum,
fest wie die Erde, die er auf ewig gegründet hat.
70 Er erwählte David, seinen Diener, 70: 89,21; 1Sam 16,11–13; 2Sam 7,8
und nahm ihn weg von den Hürden der Schafe.
71 Von den Muttertieren holte er ihn fort, 71: 28,9
zu weiden Jakob, sein Volk,
und Israel, sein Erbe.
72 Und er weidete sie mit reinem Herzen,
und er führte sie mit kluger Hand.

Völker sind in dein Erbe eingedrungen

79

1 Ein Psalm Asafs. 1: Jer 9,10; Klgl 1,10
Gott, Nationen sind in dein Erbe eingedrungen,
haben deinen heiligen Tempel entweiht,
Jerusalem zum Trümmerhaufen gemacht.
2 Sie haben die Leichen deiner Diener 2: Jer 7,33
den Vögeln des Himmels zum Frass gegeben,
das Fleisch deiner Getreuen den Tieren des Feldes.
3 Sie haben ihr Blut vergossen wie Wasser 3: Zef 1,17 · Jer 14,16
rings um Jerusalem, und niemand hat sie begraben.
4 Wir sind zur Schande geworden vor unseren Nachbarn, 4: 44,14!
zu Spott und Hohn bei denen, die rings um uns wohnen.
5 Wie lange, HERR – willst du immerfort zürnen? 5: 85,6; 89,47
Soll wie Feuer dein Eifer brennen?
6 Giess aus deinen Grimm über die Nationen, 6: Jer 10,25

die dich nicht kennen,
und über die Königreiche,
die deinen Namen nicht anrufen.
7 Denn sie haben Jakob aufgezehrt
und seine Wohnstatt verwüstet.
8: 142,7 8 Rechne uns nicht an die Schuld der Vorfahren,
schnell komme dein Erbarmen uns entgegen,
denn wir sind sehr schwach geworden.
9 Hilf uns, Gott unserer Hilfe,
um der Ehre deines Namens willen,
rette uns und vergib unsere Sünden
um deines Namens willen.
10: 42,4! 10 Warum sollen die Nationen sagen:
Wo ist ihr Gott?
Vor unseren Augen möge kundwerden an den Nationen
die Rache für das vergossene Blut deiner Diener.
11: 102,21 11 Es dringe zu dir das Stöhnen des Gefangenen,
durch die Macht deines Armes verschone die dem Tod Geweihten.
12 Und auf unsere Nachbarn lass siebenfach zurückfallen
die Schmach, mit der sie dich schmähten, Herr.
13: 74,1! 13 Wir aber, dein Volk und die Schafe deiner Weide,
wir wollen dich ewig preisen,
von Generation zu Generation deinen Ruhm verkünden.

Gott, nimm dich deines Weinstocks an

80 1 Für den Chormeister. Nach der Weise «Lilien». Ein Zeugnis. Von Asaf. Ein Psalm.
2: 74,1! · 99,1 2 Hirt Israels, höre,
der du Josef leitest wie Schafe.
Der du auf den Kerubim thronst, erstrahle
3 vor Efraim, Benjamin und Manasse.
Erwecke deine Macht
und komm uns zu Hilfe.
4: 4,7! 4 Gott, lass uns zurückkehren,
und lass dein Angesicht leuchten, so ist uns geholfen.
5 HERR, Gott der Heerscharen,
wie lange noch zürnst du beim Gebet deines Volks?
6: 42,4! 6 Du hast sie mit Tränenbrot gespeist
und sie mit Tränen getränkt über die Massen.
7: 44,14! 7 Du setzt uns dem Streit unserer Nachbarn aus,
und unsere Feinde treiben ihren Spott.
8 Gott der Heerscharen, lass uns zurückkehren,
und lass dein Angesicht leuchten, so ist uns geholfen.
9: Jes 5,1–2; Jer 2,21; Hos 10,1 · 44,3! 9 Einen Weinstock hast du in Ägypten ausgehoben,
hast Nationen vertrieben und ihn eingepflanzt.

79,7: Der Massoretische Text wurde korrigiert; er lautet übersetzt: «Denn er hat Jakob aufgezehrt …»

80,6: «über die Massen» ist wörtlich: «mit dem Drittelmass».

10 Raum hast du ihm geschaffen,
und er schlug Wurzeln
und füllte das Land.
11 Berge wurden bedeckt von seinem Schatten,
von seinen Ranken die Zedern Gottes.
12 Seine Triebe hat er ausgestreckt bis ans Meer 12: Dtn 11,24
und bis zum Strom seine Schosse.
13 Warum hast du seine Mauern eingerissen, 13: 89,41–42
so dass alle, die des Weges kommen, von ihm pflücken?
14 Das Wildschwein aus dem Wald frisst ihn kahl,
und was sich auf dem Feld regt, weidet ihn ab.
15 Gott der Heerscharen, wende dich um,
blicke vom Himmel herab und sieh,
nimm dich dieses Weinstocks an
16 und des Stamms, den deine Rechte gepflanzt hat,
des Sprosses, den du dir gezogen hast.
17 Er ist abgeschnitten und im Feuer verbrannt,
vor dem Drohen deines Angesichts kommen sie um.
18 Deine Hand sei über dem Menschen zu deiner Rechten,
über dem, den du dir grossgezogen hast.
19 Von dir werden wir nicht weichen,
erhalte uns am Leben, so wollen wir deinen Namen anrufen.
20 HERR, Gott der Heerscharen, lass uns zurückkehren,
lass dein Angesicht leuchten, so ist uns geholfen.

Höre, mein Volk, ich will dich ermahnen

81

1 Für den Chormeister. Ein Kelterlied. Von Asaf.
2 Jubelt Gott zu, unserer Stärke,
jauchzt dem Gott Jakobs zu.
3 Stimmt an den Gesang und schlagt die Trommel,
die liebliche Leier samt der Harfe.
4 Stosst ins Horn am Neumond, 4: Num 10,10
am Vollmond, zum Tag unseres Fests.
5 Denn das ist Satzung für Israel,
Ordnung des Gottes Jakobs.
6 Als Gesetz hat er es in Josef erlassen,
als er auszog gegen das Land Ägypten.
Eine Sprache, die ich nicht kenne, vernehme ich:
7 Ich habe die Last von seiner Schulter genommen, 7: Ex 1,14; 6,6
seine Hände sind vom Tragkorb befreit.
8 In der Not hast du gerufen, und ich habe dich gerettet, 8: Ex 19,19 ·
ich antwortete dir aus dem Donnergewölk, 95,8!–9; 106,32;
prüfte dich an den Wassern von Meriba. *Sela* Ex 17,1–7; Num 20,2–13
9 Höre, mein Volk, ich will dich ermahnen, 9: 95,7
Israel, wolltest du doch auf mich hören.
10 Kein anderer Gott soll bei dir sein, 10: Dtn 32,12 ·
nicht sollst du dich niederwerfen vor einem fremden Gott. Ex 20,3.4–5; 23,24; Dtn 5,7.8–9
11 Ich bin der HERR, dein Gott, 11: Ex 20,2; Dtn 5,6

80,17: Möglich ist auch die Übersetzung: «Er ist wie Kehrricht im Feuer verbrannt, ...»

der dich heraufgeführt hat aus dem Land Ägypten.
Öffne weit deinen Mund, und ich will ihn füllen.
12 Aber mein Volk hörte nicht auf meine Stimme,
Israel gehorchte mir nicht.
13 Da überliess ich sie der Verstocktheit ihres Herzens,
sie folgten ihren eigenen Plänen.
14: Jes 48,18 14 Wenn doch mein Volk auf mich hörte,
Israel auf meinen Wegen ginge.
15 Wie bald wollte ich ihre Feinde bezwingen
und meine Hand wenden gegen ihre Bedränger.
16 Die den HERRN hassen, müssten ihm zu Füssen kriechen,
das wäre ihr Los auf ewig.
17: 147,14; Dtn 32,13 17 Ich aber würde es speisen mit bestem Weizen
und aus dem Felsen dich mit Honig sättigen.

Inmitten der Götter hält er Gericht

1: Jes 3,13 **82** 1 Ein Psalm Asafs.
Gott steht in der Gottesversammlung,
inmitten der Götter hält er Gericht:
2 Wie lange wollt ihr ungerecht richten
und die Frevler begünstigen? *Sela*
3: Jes 1,17 3 Schafft Recht dem Geringen und der Waise,
dem Elenden und Bedürftigen verhelft zum Recht.
4 Rettet den Geringen und den Armen,
befreit ihn aus der Hand der Frevler.
5 Sie wissen nichts und verstehen nichts,
im Finstern tappen sie umher,
es wanken alle Grundfesten der Erde.
6: Joh 10,34 6 Ich habe gesprochen: Götter seid ihr
und Söhne des Höchsten allesamt.
7 Doch fürwahr, wie Menschen sollt ihr sterben
und wie einer der Fürsten fallen.
8 Steh auf, Gott, richte die Erde,
denn dein Eigentum sind die Nationen alle.

Schrecke die Völker mit deinem Sturm

83 1 Ein Lied. Ein Psalm Asafs.
2: 35,22! 2 Gott, sei nicht stumm,
schweige nicht und ruhe nicht, Gott.
3 Denn sieh, deine Feinde toben,
und die dich hassen, haben das Haupt erhoben.
4 Gegen dein Volk planen sie Anschläge,
und sie beraten sich gegen die, die unter deinem Schutz sind.
5 Sie sagen: Kommt, wir tilgen sie aus, dass sie kein Volk mehr sind,
des Namens Israel werde nicht mehr gedacht.
6 Einmütig haben sie sich beraten,
einen Bund gegen dich zu schliessen:

81,17: Der Massoretische Text wurde korrigiert; er lautet übersetzt: «Er aber würde es speisen ...»

7 die Zelte Edoms und die Ismaeliter,
Moab und die Hagriter,
8 Gebal und Ammon und Amalek,
Philistäa samt den Bewohnern von Tyros.
9 Auch Assur hat sich mit ihnen verbündet,
leiht seinen Arm den Söhnen Lots. *Sela*
10 Tu ihnen wie Midjan, wie Sisera, 10: Ri 4,1–24; 7,15.23; Jes 9,3; 10,26
wie Jabin am Bach Kischon:
11 Sie wurden vernichtet bei En-Dor,
wurden zu Dünger für den Acker.
12 Verfahre mit ihren Edlen wie mit Oreb und Seeb, 12: Ri 7,25; 8,21
wie mit Sebach und Zalmunna, mit allen ihren Fürsten,
13 die sprachen: Wir wollen
die Wohnstätten Gottes erobern.
14 Mein Gott, mache sie der Distel gleich, 14: 1,4!
wie Spreu vor dem Wind.
15 Wie Feuer, das den Wald verbrennt,
wie die Flamme, die Berge versengt,
16 so verfolge sie mit deinem Wetter
und schrecke sie mit deinem Sturm.
17 Erfülle ihr Angesicht mit Schmach,
dass sie deinen Namen suchen, HERR.
18 Für immer sollen sie zuschanden werden und erschrecken,
sie sollen beschämt zugrunde gehen.
19 Und sie werden erkennen: 19: 46,11! · 97,9
HERR ist dein Name,
du allein bist der Höchste über die ganze Erde.

Wie lieblich sind deine Wohnungen

84

1 Für den Chormeister. Nach dem Kelterlied. Von den Korachitern. Ein Psalm.
2 Wie lieblich sind deine Wohnungen,
HERR der Heerscharen.
3 Meine Seele sehnt sich, sie schmachtet 3: 65,5!
nach den Vorhöfen des HERRN,
mein Herz und mein Leib, sie rufen
zum lebendigen Gott.
4 Auch der Sperling hat ein Haus gefunden 4: 5,3!
und die Schwalbe ein Nest,
wohin sie ihre Jungen gelegt hat –
deine Altäre, HERR der Heerscharen, mein König und mein Gott.
5 Wohl denen, die in deinem Hause wohnen, 5: 65,5!
sie werden dich immerdar loben. *Sela*
6 Wohl dem Menschen, dessen Zuflucht bei dir ist,
denen, die sich zur Wallfahrt rüsten.
7 Ziehen sie durch das Bachatal,

84,6: Möglich ist auch die Übersetzung: «Wohl dem Menschen, dessen Kraft in dir gründet, ...»

machen sie es zum Quellgrund,
und in Segen hüllt es der Frühregen.
8 Sie schreiten dahin mit wachsender Kraft,
bis sie vor Gott erscheinen auf Zion.
9 HERR, Gott der Heerscharen, höre mein Gebet,
vernimm es, Gott Jakobs. *Sela*
10 Schau, Gott, auf unseren Schild,
und blicke auf das Angesicht deines Gesalbten.
11 Denn besser ist ein Tag in deinen Vorhöfen
als tausend nach meinem Gefallen,
lieber an der Schwelle zum Haus meines Gottes stehen
als in den Zelten des Frevels wohnen.
12: 15,2! 12 Denn Sonne und Schild ist Gott der HERR,
Gnade und Ehre gibt der HERR;
kein Glück versagt er denen,
die in Vollkommenheit einhergehen.
13 HERR der Heerscharen,
wohl dem Menschen,
der auf dich vertraut.

Du hast dein Land begnadigt

85

1 Für den Chormeister. Von den Korachitern. Ein Psalm.
2: 14,7! 2 Du hast dein Land begnadigt, HERR,
hast Jakobs Geschick gewendet.
3: 32,1 3 Du hast die Schuld deines Volkes vergeben,
getilgt all ihre Sünde. *Sela*
4: 78,38 4 Du hast zurückgezogen all deinen Grimm,
abgewendet die Glut deines Zorns.
5 Wende dich zurück zu uns, Gott unseres Heils,
und lass ab von deinem Unmut gegen uns.
6: 79,5! 6 Willst du uns ewig zürnen,
deinen Zorn hinziehen von Generation zu Generation?
7: 71,20! 7 Bist du nicht der, der uns das Leben wiedergeben kann,
dass dein Volk sich deiner freut?
8 Lass uns, HERR, deine Güte schauen,
und schenke uns deine Hilfe.
9 Ich will hören, was Gott spricht;
der HERR, er verkündet Frieden
seinem Volk und seinen Getreuen,
damit sie nicht wieder der Torheit verfallen.
10 Nahe ist denen seine Hilfe, die ihn fürchten,
dass Herrlichkeit wohne in unserem Land.
11: 89,15 11 Gnade und Treue finden zusammen,
es küssen sich Gerechtigkeit und Friede.
12: Jes 45,8 12 Treue sprosst aus der Erde,
und Gerechtigkeit schaut vom Himmel hernieder.
13: 67,7! 13 Der HERR gibt das Gute
und unser Land seinen Ertrag.
14: Jes 58,8 14 Gerechtigkeit geht vor ihm her
und bestimmt den Weg seiner Schritte.

Reich an Güte und Treue

86 1 Ein Gebet Davids.
Neige, HERR, dein Ohr, erhöre mich,
denn ich bin elend und arm.
2 Bewahre mein Leben, denn ich bin getreu,
hilf du, mein Gott, deinem Diener, der auf dich vertraut. 2: 16,1!
3 Sei mir gnädig, Herr,
denn zu dir rufe ich allezeit.
4 Erfreue das Herz deines Dieners, 4: 25,1!
denn zu dir, Herr, erhebe ich meine Seele.
5 Denn du, Herr, bist gut und bereit zu vergeben, 5: 130,4!
reich an Gnade gegen alle, die dich anrufen.
6 Höre, HERR, mein Gebet 6: 5,2!–3
und achte auf den Ruf meines Flehens.
7 Am Tag der Not rufe ich zu dir, 7: 50,15!
denn du erhörst mich.
8 Keiner ist dir gleich unter den Göttern, Herr, 8: 71,19!
und nichts gleicht deinen Werken.
9 Alle Völker, die du geschaffen hast, 9: 22,28!
werden kommen und vor dir sich niederwerfen, Herr,
und deinen Namen ehren.
10 Denn du bist gross und tust Wunder,
du allein bist Gott.
11 Weise mir, HERR, deinen Weg, dass ich in deiner Wahrheit gehe, 11: 25,4!–5 · 26,3
richte mein Herz darauf, deinen Namen zu fürchten.
12 Ich will dich preisen, Herr, mein Gott, von ganzem Herzen
und ewig deinen Namen ehren.
13 Denn gross ist über mir deine Gnade,
und aus tiefem Totenreich hast du mich errettet.
14 Gott, vermessene Menschen haben sich gegen mich erhoben, 14: 54,5
und eine Rotte von Gewalttätigen trachtet mir nach dem Leben,
dich haben sie nicht vor Augen.
15 Du aber, Herr, bist ein barmherziger und gnädiger Gott, 15: 103,8; 111,4;
langmütig und reich an Güte und Treue. 112,4; 116,5; 145,8; Ex 34,6; Neh 9,17; Joel 2,13; Jona 4,2
16 Wende dich zu mir und sei mir gnädig, 16: 25,16! · 116,16
gib deinem Diener deine Kraft,
und hilf dem Sohn deiner Magd.
17 Tu an mir ein Zeichen zum Guten,
und die mich hassen, sollen es sehen und zuschanden werden,
denn du, HERR, hast mir geholfen und mich getröstet.

In Zion geboren

87 1 Von den Korachitern. Ein Psalm. Ein Lied.
Seine Gründung
liegt auf heiligen Bergen,
2 der HERR liebt die Tore Zions 2: 78,68!
mehr als alle Wohnungen Jakobs.
3 Herrliches redet man von dir,
du Stadt Gottes. *Sela*
4 Ich rechne Rahab und Babel zu denen, die mich kennen,

Philistäa und Tyros samt Kusch,
diese sind dort geboren.
5: 48,9 5 Vom Zion aber wird man sagen:
Ein jeder ist da geboren,
und er selbst, der Höchste, gibt ihm Bestand.
6 Der HERR schreibt auf, wenn er die Völker verzeichnet:
Diese sind dort geboren. *Sela*
7 Und man singt beim Reigentanz:
Alle meine Quellen sind in dir.

Elend bin ich und dem Tode nahe

88 1 Ein Lied. Ein Psalm der Korachiter. Für den Chormeister. Nach der Weise «machalat» zu singen. Ein Weisheitslied Hemans, des Esrachiters.
2 HERR, Gott meiner Rettung,
bei Tage schreie ich,
des Nachts stehe ich vor dir.
3 Mein Gebet gelange zu dir,
neige dein Ohr meinem Flehn.
4 Denn ich bin mit Leiden gesättigt,
und mein Leben ist dem Totenreich nahe.
5 Ich zähle zu denen, die zur Grube hinabsteigen,
bin wie ein kraftloser Mann,
6 ausgestossen unter die Toten,
Erschlagenen gleich,
die im Grabe liegen,
deren du nicht mehr gedenkst;
von deiner Hand sind sie getrennt.
7 Du hast mich hinunter in die Grube gebracht,
in Finsternis und Tiefe.
8: 42,8! 8 Dein Grimm lastet auf mir,
und mit allen deinen Brandungen hast du mich niedergeworfen.
Sela
9: 38,12! 9 Meine Vertrauten hast du mir entfremdet,
hast mich ihnen zum Abscheu gemacht.
Eingeschlossen bin ich, komme nicht hinaus,
10 mein Auge vergeht vor Elend.
Ich rufe zu dir, HERR, allezeit,
strecke meine Hände aus nach dir.
11–13: 6,6! 11 Tust du an den Toten Wunder,
stehen Schatten auf, dich zu preisen? *Sela*
12 Wird deine Güte im Grab verkündet,
deine Treue im Abgrund?
13 Werden deine Wunder in der Finsternis kund
und deine Gerechtigkeit im Land des Vergessens?
14: 5,4! 14 Ich aber schreie zu dir, HERR,
mein Gebet kommt vor dich am Morgen.

88,1: Siehe die Anm. zu Ps 53,1.

15 Warum, HERR, verstösst du mich,
verbirgst dein Angesicht vor mir?
16 Elend bin ich und krank zum Tode von Jugend auf,
schutzlos deinem Schrecken ausgesetzt.
17 Deine Zornesgluten sind über mich gekommen,
deine Schrecknisse haben mich vernichtet.
18 Sie umgeben mich wie Wasser den ganzen Tag,
umfluten mich ganz und gar.
19 Entfremdet hast du mir Freund und Gefährten, 19: 38,12!
mein Vertrauter ist die Finsternis.

Wo sind deine Gnadentaten?

89 1 Ein Weisheitslied Etans, des Esrachiters.
2 Die Gnadentaten des HERRN will ich ewig besingen,
von Generation zu Generation deine Treue kundtun mit meinem Mund.
3 Ich bekenne: Auf ewig ist Gnade erbaut,
im Himmel gründest du fest deine Treue.
4 Ich habe einen Bund geschlossen mit meinem Erwählten, 4–5: 132,11; 2Sam 7,12–13; Jes 55,3
habe David, meinem Diener, geschworen:
5 Für ewig gründe ich deine Nachkommenschaft,
und für alle Generationen erbaue ich deinen Thron. *Sela*
6 Die Himmel sollen preisen deine Wunder, HERR,
und deine Treue in der Versammlung der Heiligen.
7 Denn wer in den Wolken kann sich messen mit dem HERRN,
wer unter den Gottessöhnen gleicht dem HERRN?
8 Ein Gott, gefürchtet im Kreis der Heiligen,
gross und furchterregend über allen rings um ihn her.
9 HERR, Gott der Heerscharen, wer ist wie du?
Stark bist du, HERR, und deine Treue ist rings um dich her.
10 Du bist es, der über das Ungestüm des Meeres herrscht, 10: 65,8!
wenn seine Wellen sich erheben, du besänftigst sie.
11 Du hast Rahab zermalmt wie einen Erschlagenen, 11: Jes 51,9
mit deinem starken Arm deine Feinde zerstreut.
12 Dein ist der Himmel, dein auch die Erde, 12: 24,1! · 24,2; 102,26
der Erdkreis und was ihn erfüllt, du hast sie gegründet.
13 Du hast Nord und Süd erschaffen,
Tabor und Hermon jubeln über deinen Namen.
14 Du hast einen Arm voller Kraft,
stark ist deine Hand, hoch erhoben deine Rechte.
15 Gerechtigkeit und Recht sind die Stütze deines Throns, 15: 97,2 · 85,11
Gnade und Treue stehen vor deinem Angesicht.
16 Wohl dem Volk, das zu jubeln weiss,
HERR, sie gehen im Licht deines Angesichts.
17 Über deinen Namen jauchzen sie allezeit,
und in deiner Gerechtigkeit richten sie sich auf.
18 Denn du bist ihnen Stolz und Kraft, 18: 75,5–6.11; 89,25; 92,11; 112,9; 132,17; 148,14; 1Sam 2,1.10
und in deinem Wohlgefallen erhebst du unser Horn.

89,18: In einer anderen hebräischen Tradition lautet der Text: «… erhebt sich unser Horn.»

19: 47,10
19 Dem HERRN gehört unser Schild,
dem Heiligen Israels unser König.
20 Einst hast du geredet in einer Schauung,
zu deinen Getreuen gesprochen:
Einem Helden habe ich Hilfe gewährt,
einen jungen Mann aus dem Volk erhöht.

21–22: Jes 42,1
21: 78,70!; 1Sam 16,13
21 Ich habe David, meinen Diener, gefunden,
mit meinem heiligen Öl ihn gesalbt,
22 an dem meine Hand festhalten wird,
mein Arm wird ihn stärken.
23 Kein Feind soll je ihn überlisten,
kein Ruchloser ihn bezwingen.
24 Vor ihm zerschmettere ich seine Gegner,
und die ihn hassen, schlage ich nieder.

25: 89,18!
25 Meine Treue und meine Gnade werden mit ihm sein,
und in meinem Namen ist sein Horn erhoben.
26 Ich lasse ihn die Hand auf das Meer legen
und auf die Ströme seine Rechte.

27–28: 2,7; 2Sam 7,14
27 Er wird mich anrufen: Mein Vater bist du,
mein Gott und der Fels meiner Rettung.

28: Offb 1,5
28 Ich aber will ihn zum Erstgeborenen machen,
zum Höchsten unter den Königen der Erde.

29–30: 18,51; Jes 55,3; Jer 33,20–21
30: 2Sam 7,12–13
29 Ewig bewahre ich ihm meine Gnade,
und mein Bund hat für ihn Bestand.
30 Für immer setze ich seine Nachkommen ein
und seinen Thron, solange der Himmel steht.

31–34: 1Chr 28,7
31 Wenn seine Söhne meine Weisung verlassen
und ihren Weg nicht nach meinen Vorschriften gehen,

32–34: 2Sam 7,14–15
32 wenn sie meine Satzungen entweihen
und meine Gebote nicht halten,
33 werde ich ihr Vergehen ahnden mit dem Stock
und mit Schlägen ihre Schuld.
34 Doch meine Gnade will ich ihm nicht entziehen,
und meine Treue will ich nicht brechen.
35 Ich will meinen Bund nicht entweihen
und den Spruch meiner Lippen nicht ändern.

36: 110,4
36 Ein für alle Mal habe ich bei meiner Heiligkeit geschworen,
und wie sollte ich David belügen:

37–38: 72,5.7.17
37 Ewig soll seine Nachkommenschaft bestehen
und sein Thron wie die Sonne vor mir,
38 wie der Mond, der ewig fest steht,
ein treuer Zeuge in den Wolken. *Sela*
39 Aber du hast verstossen, verworfen,
zürnst gegen deinen Gesalbten.
40 Widerrufen hast du den Bund mit deinem Diener,
zu Boden geworfen, entweiht sein Diadem.

41–42: 80,13
41 Du hast alle seine Mauern eingerissen,
seine Festungen in Trümmer gelegt.

42: 44,14!
42 Alle, die des Weges kommen, haben ihn geplündert,
seinen Nachbarn ist er zum Spott geworden.

43 Die Rechte seiner Gegner hast du erhoben,
hast alle seine Feinde erfreut.
44 Stumpf gemacht hast du sein scharfes Schwert
und hast ihn nicht bestehen lassen im Kampf.
45 Du hast seinem Glanz ein Ende gemacht
und seinen Thron zu Boden gestürzt.
46 Du hast die Tage seiner Jugend verkürzt, 46: 102,24–25
hast ihn mit Schande umhüllt. *Sela*
47 Wie lange, HERR! Willst du dich immerzu verbergen? 47: 79,5!
Soll dein Grimm wie Feuer brennen?
48 Bedenke, Herr, was ist das Leben, 48: 90,3!
wie nichtig hast du alle Menschen erschaffen.
49 Wo ist einer, der lebt und den Tod nicht schaut,
der sein Leben rettet vor der Macht des Totenreichs? *Sela*
50 Wo sind deine früheren Gnadentaten, Herr,
die du David in deiner Treue geschworen hast?
51 Bedenke, Herr, die Schmach deiner Diener,
dass ich in meiner Brust trage den Hohn der Völker,
52 mit dem deine Feinde schmähen, HERR,
mit dem sie schmähen die Spuren deines Gesalbten.
53 Gepriesen sei der HERR in Ewigkeit. 53: 41,14!
Amen, Amen.

VIERTES BUCH (PS 90–106)

All unsere Tage gehen dahin unter deinem Zorn

90

1 Ein Gebet des Mose, des Gottesmanns.
Herr, ein Hort
warst du uns
von Generation zu Generation.
2 Noch ehe Berge geboren wurden
und Erde und Erdkreis in Wehen lagen,
bist du, Gott, von Ewigkeit zu Ewigkeit.
3 Du lässt den Menschen zum Staub zurückkehren 3: 89,48; 103,14; 104,29; Gen 3,19; Koh 12,7
und sprichst: Kehrt zurück, ihr Menschen.
4 Denn in deinen Augen sind tausend Jahre 4: 2Petr 3,8
wie der gestrige Tag, wenn er vorüber ist,
und wie eine Wache in der Nacht.
5 Du raffst sie dahin, 5–6: 37,2; 102,12; 103,15–16; Jes 40,6–8
ein Schlaf am Morgen sind sie
und wie das Gras, das vergeht.

89,48: Der Massoretische Text wurde in Angleichung an den Versanfang von Ps 89,51 korrigiert.

89,51: Der Massoretische Text wurde korrigiert; er lautet übersetzt: «..., dass ich in meiner Brust all die vielen Völker trage,»

6 Am Morgen blüht es, doch es vergeht,
am Abend welkt es und verdorrt.
7 Denn wir schwinden dahin durch deinen Zorn,
und durch deinen Grimm werden wir hinweggeschreckt.
8 Du hast unsere Sünden vor dich gestellt,
unsere verborgene Schuld ins Licht deines Angesichts.
9 All unsere Tage gehen dahin unter deinem Zorn,
unsere Jahre beenden wir wie einen Seufzer.
10 Unser Leben währt siebzig Jahre,
und wenn es hoch kommt, achtzig Jahre.
Und was an ihnen war, ist Mühsal und Trug.
Denn schnell ist es vorüber, im Flug sind wir dahin.
11 Wer erkennt die Gewalt deines Zorns
und deinen Grimm, wie es die Furcht vor dir verlangt?
12: 39,5 12 Unsere Tage zu zählen, lehre uns,
damit wir ein weises Herz gewinnen.
13 Kehre zurück, HERR! Wie lange noch?
Habe Mitleid mit deinen Dienern.
14: 143,8 14 Sättige uns am Morgen mit deiner Gnade,
so werden wir jubeln und uns freuen alle unsere Tage.
15 Erfreue uns so viele Tage, wie du uns beugtest,
so viele Jahre, wie wir Unglück schauten.
16 Lass deine Diener dein Walten schauen
und ihre Kinder deine Herrlichkeit.
17 Und die Freundlichkeit des Herrn, unseres Gottes, sei über uns,
gib dem Werk unserer Hände Bestand,
ja, gib dem Werk unserer Hände Bestand.

Wer im Schutz des Höchsten wohnt

91 1 Wer im Schutz des Höchsten wohnt,
der ruht im Schatten des Allmächtigen.
2 Ich spreche zum HERRN:
Meine Zuflucht und meine Burg,
mein Gott, auf den ich vertraue.
3: 124,7! 3 Er rettet dich
aus der Schlinge des Jägers,
vor Pest und Verderben.
4: 17,8! 4 Mit seinen Schwingen bedeckt er dich,
und unter seinen Flügeln findest du Zuflucht,
Schild und Mauer ist seine Treue.
5: Spr 3,25 5 Du musst dich nicht fürchten vor dem Schrecken der Nacht,
vor dem schwirrenden Pfeil am Tag,
6 nicht vor der Pest, die umgeht im Finstern,
vor der Seuche, die wütet am Mittag.
7 Mögen tausend fallen an deiner Seite,
zehntausend zu deiner Rechten,
dich trifft es nicht.
8: 54,9! 8 Mit eigenen Augen wirst du es schauen
und sehen, dass den Frevlern vergolten wird.

9 Du, HERR, bist meine Zuflucht.
Den Höchsten hast du zu deinem Hort gemacht,
10 dir wird kein Unheil begegnen, 10: Hiob 5,19.24
und keine Plage naht sich deinem Zelt.
11 Denn er wird seinen Boten gebieten, 11–12: Mt 4,6
dich zu behüten auf allen deinen Wegen. 11: 34,8
12 Auf den Händen werden sie dich tragen, 12: Spr 3,23
damit dein Fuss nicht an einen Stein stosse.
13 Über Löwen und Vipern wirst du schreiten, 13: Lk 10,19
wirst zertreten Löwen und Drachen.
14 Weil er zu mir hält, will ich ihn retten, 14: 9,11
ich will ihn schützen, denn er kennt meinen Namen.
15 Ruft er zu mir, erhöre ich ihn, 15: 50,15!
ich bin bei ihm in der Not,
ich befreie ihn und bringe ihn zu Ehren.
16 Ich sättige ihn mit langem Leben 16: 50,23
und lasse ihn meine Rettung sehen.

Gepflanzt im Haus des HERRN

92 1 Ein Psalm. Ein Lied für den Sabbattag.
2 Gut ist es, den HERRN zu preisen 2: 147,1
und deinem Namen, Höchster, zu singen,
3 am Morgen deine Güte zu verkünden
und deine Treue in den Nächten,
4 zur zehnsaitigen Laute und zur Harfe, 4: 33,2!
zum Klang der Leier.
5 Denn du hast mich erfreut, HERR, durch dein Walten,
über die Werke deiner Hände juble ich.
6 Wie gross sind deine Werke, HERR, 6: 40,6!
wie tief deine Gedanken!
7 Ein Narr, der es nicht erkennt,
ein Tor, der es nicht begreift.
8 Auch wenn die Frevler wie Unkraut wuchern
und alle Übeltäter blühen,
sie werden vernichtet für immer.
9 Du aber, HERR, bist in der Höhe auf ewig.
10 Denn sieh, deine Feinde, HERR,
sieh, deine Feinde müssen vergehen,
und alle Übeltäter werden zerstreut.
11 Doch du hast mein Horn erhoben wie das eines Wildstiers, 11: 89,18! · 23,5
du hast mich mit frischem Öl übergossen.
12 Mit Lust blickt mein Auge auf die, die mich belauern, 12: 54,9!
hören meine Ohren vom Geschick der Übeltäter,
die gegen mich aufstehen.
13 Der Gerechte sprosst wie die Palme, 13–15: 1,3!
er wächst wie die Zeder auf dem Libanon.

92,11: Der Massoretische Text wurde korrigiert; er lautet übersetzt: «..., ich habe mit frischem Öl übergossen.»

14: 52,10
14 Gepflanzt im Haus des HERRN,
blühen sie auf in den Vorhöfen unseres Gottes.
15 Noch im Alter tragen sie Frucht,
bleiben saftig und frisch,
16: Dtn 32,4
16 um kundzutun: Gerecht ist der HERR,
mein Fels, und an ihm ist kein Unrecht.

Der HERR ist König

1: 10,16!; 47,8; 96,10; 97,1; 99,1; Jes 52,7 · 104,1

93 1 Der HERR ist König. Mit Hoheit ist bekleidet,
ist bekleidet der HERR, er hat sich gegürtet mit Macht.
Fest steht der Erdkreis, er wankt nicht.
2: 9,8!
2 Fest steht dein Thron von Anbeginn,
von Ewigkeit her bist du.
3 Ströme erhoben, HERR,
Ströme erhoben ihre Stimme,
Ströme erheben ihr Tosen.
4 Mächtiger als das Donnern gewaltiger Wasser,
mächtiger als die Brandungen des Meeres
ist mächtig der HERR in der Höhe.
5 Wahrhaft verlässlich sind deine Zeugnisse,
Heiligkeit gebührt deinem Haus,
HERR, für alle Zeit.

Erhebe dich, Richter der Erde

1: Nah 1,2

94 1 Gott der Rache, HERR,
Gott der Rache, erscheine.
2: Gen 18,25
2 Erhebe dich, Richter der Erde,
vergilt den Stolzen ihr Tun.
3 Wie lange sollen die Frevler, HERR,
wie lange sollen die Frevler frohlocken?
4: 75,6
4 Sie geifern, reden frech daher,
es brüsten sich alle Übeltäter.
5 Dein Volk, HERR, zermalmen sie,
und dein Erbe bedrücken sie.
6: Ex 22,21; Dtn 5,17; Ez 22,7 · 146,9!
6 Witwe und Fremdling töten sie,
und sie ermorden die Waisen,
7: 10,11!
7 und sie sagen: Der HERR sieht es nicht,
der Gott Jakobs merkt es nicht.
8 Merkt es, ihr Narren im Volk,
ihr Toren, wann werdet ihr klug?
9: Ex 4,11; Spr 20,12
9 Der das Ohr einpflanzt, sollte der nicht hören?
Der das Auge bildet, sollte der nicht sehen?
10 Der die Völker unterweist, sollte der nicht zurechtweisen,
er, der die Menschen Erkenntnis lehrt?
11: 1Kor 3,20
11 Der HERR kennt die Gedanken der Menschen,
denn sie sind Hauch.
12: 1,1–2; Hiob 5,17
12 Wohl dem,
den du, HERR, erziehst,
den du aus deiner Weisung belehrst,

13 um ihm Ruhe zu schaffen vor bösen Tagen,
bis dem Frevler die Grube gegraben ist.
14 Denn der HERR wird sein Volk nicht verstossen
und sein Erbe nicht verlassen.
15 Zur Gerechtigkeit wird zurückkehren das Recht,
und alle werden ihm folgen, die aufrichtigen Herzens sind.
16 Wer steht auf für mich gegen die Bösen,
wer tritt ein für mich gegen die Übeltäter?
17 Wäre der HERR nicht meine Hilfe,
wohnte ich schon im Lande des Schweigens.
18 Wenn ich auch denke: Jetzt wankt mein Fuss,
stützt mich doch, HERR, deine Gnade.
19 Wenn dunkle Gedanken in meinem Herzen mächtig werden,
erheitert dein Trost meine Seele.
20 Kann mit dir der Thron des Verderbens verschworen sein,
der Unheil schafft gegen das Gesetz?
21 Sie rotten sich zusammen gegen das Leben des Gerechten
und verurteilen unschuldiges Blut.
22 Doch der HERR ist mir zur Burg geworden
und mein Gott zum Fels meiner Zuflucht.
23 Er vergilt ihnen ihren Frevel,
und er vernichtet sie durch ihre eigene Bosheit,
es vernichtet sie der HERR, unser Gott.

14: 1Sam 12,22
17: 115,17
19: 2Kor 1,4
22: 18,3!

Verhärtet nicht euer Herz

95 1 Kommt, lasst uns dem HERRN jubeln
und jauchzen dem Fels unserer Hilfe.
2 Lasst uns mit Lobpreis vor sein Angesicht treten,
mit Gesängen ihm jauchzen.
3 Denn ein grosser Gott ist der HERR
und ein grosser König über alle Götter.
4 In seiner Hand sind die Tiefen der Erde,
und ihm gehören die Gipfel der Berge.
5 Sein ist das Meer, er hat es gemacht,
sein auch das Land, das seine Hände gebildet haben.
6 Kommt, wir werfen uns nieder und wollen uns beugen,
niederknien vor dem HERRN, unserem Schöpfer.
7 Denn er ist unser Gott,
und wir sind das Volk seiner Weide,
die Schafe seiner Hand.
Wenn ihr doch heute
auf seine Stimme hörtet.
8 Verhärtet nicht euer Herz wie in Meriba,
wie am Tag von Massa in der Wüste,
9 als eure Vorfahren mich versuchten,
mich prüfen wollten, obgleich sie mein Tun sahen.

1: Dtn 32,15
2: 100,2
3: 47,3; 96,4–5; 97,9; 135,5!; Dan 2,47
7–11: Hebr 3,7–11
7: 100,3 · 74,1! · 81,9
8: 81,8!; Dtn 6,16; 33,8

94,17: Wörtlich: «..., wohnte ich schon im Schweigen.»

10: Num 14,34
10 Vierzig Jahre ekelte mir vor dieser Generation,
und ich sprach: Sie sind ein Volk verwirrten Sinnes,
meine Wege haben sie nicht erkannt.

11: 132,8.14; Num 14,23.30; Dtn 12,9
11 So habe ich geschworen in meinem Zorn:
Sie sollen nicht eingehen in meine Ruhe.

Tut kund seine Herrlichkeit unter den Völkern

1–13: 1Chr 16,23–33
1: 33,3!; 98,1

96 1 Singt dem HERRN ein neues Lied,
singt dem HERRN, alle Länder.

2: 98,2
2 Singt dem HERRN, preist seinen Namen,
verkündet seine Hilfe von Tag zu Tag.

3: 105,1–2
3 Tut kund seine Herrlichkeit unter den Nationen,
unter allen Völkern seine Wunder.

4–5: 95,3!
4: 48,2!
4 Denn gross ist der HERR und hoch zu loben,
Furchterregend ist er über allen Göttern.

5: 97,7
5 Denn alle Götter der Völker sind Nichtse,
der HERR aber hat den Himmel gemacht.

6 Hoheit und Pracht sind vor ihm,
Macht und Glanz in seinem Heiligtum.

7: 29,1
7 Gebt dem HERRN, ihr Sippen der Völker,
gebt dem HERRN Ehre und Macht.

8–9: 29,2
8 Gebt dem HERRN die Ehre seines Namens,
bringt Gaben und kommt in seine Vorhöfe.

9: 97,4!
9 Werft euch nieder vor dem HERRN in heiliger Pracht,
zittert vor ihm, alle Länder.

10: 93,1!
10 Sprecht unter den Nationen: Der HERR ist König.
Fest steht der Erdkreis, er wankt nicht.
Gerechtes Urteil spricht er den Völkern.

11: 98,7; Jes 44,23; 49,13
11 Der Himmel freue sich, und es jauchze die Erde,
es brause das Meer und was es erfüllt.

12: 65,13; 98,8; Jes 55,12
12 Es frohlocke das Feld und alles, was es trägt;
jubeln sollen alle Bäume des Waldes

13: 9,9!; 98,9
13 vor dem HERRN, denn er kommt,
denn er kommt, die Erde zu richten;
er richtet den Erdkreis in Gerechtigkeit
und die Völker in seiner Treue.

Hoch erhaben über alle Götter

1: 93,1!

97 1 Der HERR ist König. Es jauchze die Erde,
freuen sollen sich die vielen Inseln.

2: 89,15
2 Gewölk und Wolkendunkel ist rings um ihn her,
Gerechtigkeit und Recht sind die Stütze seines Throns.

3: 18,9!
3 Feuer geht vor ihm her
und versengt seine Feinde ringsum.

4: 77,19; 96,9; 114,7
4 Seine Blitze erhellen den Erdkreis,
die Erde sieht es und bebt.

5: 68,3; Mi 1,4
5 Berge schmelzen wie Wachs vor dem HERRN,
vor dem Herrn der ganzen Erde.

96,4: Möglich ist auch die Übersetzung: «... zu loben, mehr zu fürchten als alle Götter.»

6 Die Himmel verkünden seine Gerechtigkeit, 6: 50,6!
und alle Völker schauen seine Herrlichkeit.
7 Zuschanden werden alle Götzendiener, 7: 96,5
die sich der Nichtse rühmen,
alle Götter werfen sich nieder vor ihm.
8 Zion hört es und freut sich, 8: 48,12
und es jauchzen die Töchter Judas,
weil du, HERR, gerecht regierst.
9 Denn du, HERR, bist der Höchste über der ganzen Erde, 9: 83,19 · 95,3!
hoch erhaben über alle Götter.
10 Die ihr den HERRN liebt, hasset das Böse. 10: 121,7–8
Der das Leben seiner Getreuen behütet,
wird sie retten aus der Hand der Frevler.
11 Licht breitet sich aus über dem Gerechten 11: 112,4!
und Freude über denen, die aufrichtigen Herzens sind.
12 Freut euch des HERRN, ihr Gerechten, 12: 30,5; 32,11!
und preist seinen heiligen Namen.

Er kommt, um die Erde zu richten

98 1 Ein Psalm. 1: 96,1! · Jes 52,10
Singt dem HERRN ein neues Lied,
denn er hat Wunder getan.
Geholfen hat ihm seine Rechte
und sein heiliger Arm.
2 Der HERR hat seine Hilfe kundgetan, 2: 96,2
vor den Augen der Völker seine Gerechtigkeit offenbart.
3 Er gedachte seiner Gnade und seiner Treue
zum Haus Israel.
Alle Enden der Erde
haben die Hilfe unseres Gottes gesehen.
4 Jauchzt dem HERRN, alle Länder, 4: 66,1; 100,1;
seid fröhlich, jubelt und spielt. Jes 52,9
5 Spielt dem HERRN auf der Leier,
auf der Leier mit frohem Gesang.
6 Mit Trompeten und Hörnerschall 6: 47,6
jauchzt vor dem König, dem HERRN.
7 Es brause das Meer und was es erfüllt, 7: 96,11
der Erdkreis und die darauf wohnen.
8 Die Ströme sollen in die Hände klatschen, 8: 96,12!
die Berge jubeln im Chor
9 vor dem HERRN, denn er kommt, 9: 9,9!; 96,13
um die Erde zu richten;
er richtet den Erdkreis in Gerechtigkeit
und die Völker nach dem Recht.

97,7: Möglich ist auch die Übersetzung: «..., werft euch vor ihm nieder, all ihr Götter.»

Heilig ist der HERR

1: 93,1! · 80,2 **99** 1 Der HERR ist König, es erzittern die Völker,
er thront auf Kerubim, es wankt die Erde.
2: 48,2! 2 Gross ist der HERR in Zion
und erhaben über alle Völker.
3: 111,9 3 Deinen Namen sollen sie preisen,
den grossen und furchterregenden,
heilig ist er.
4 Es ist die Stärke des Königs, dass er das Recht liebt.
Du bist es, der das Recht gegründet hat,
Recht und Gerechtigkeit in Jakob
hast du allein geschaffen.
5: 132,7; Ez 43,7 5 Erhebt den HERRN, unseren Gott,
und werft euch nieder vor dem Schemel seiner Füsse,
heilig ist er.
6 Mose und Aaron von seinen Priestern,
und von denen, die seinen Namen anrufen, Samuel,
sie riefen zum HERRN,
und er erhörte sie.
7: Ex 33,9 7 Aus der Wolkensäule redete er zu ihnen,
sie bewahrten seine Gesetze und die Satzung, die er ihnen gab.
8 HERR, unser Gott, du hast sie erhört,
du warst ihnen ein vergebender Gott,
aber ein Rächer ihrer Vergehen.
9 Erhebt den HERRN, unseren Gott,
und werft euch nieder vor seinem heiligen Berg,
denn heilig ist der HERR, unser Gott.

Kommt zu seinen Toren mit Dank

1: 98,4! **100** 1 Ein Psalm zum Lobopfer.
Jauchzt dem HERRN, alle Länder.
2: 95,2 2 Dient dem HERRN mit Freuden,
kommt vor sein Angesicht mit Jubel.
3: 95,7 · 74,1! 3 Erkennt, dass der HERR allein Gott ist.
Er hat uns gemacht, und nicht wir selbst,
sein Volk sind wir und die Schafe seiner Weide.
4–5: 135,1–3 4 Kommt zu seinen Toren mit Dank,
in seine Vorhöfe mit Lobgesang,
dankt ihm, preist seinen Namen.
5: 106,1!; 117,2; 119,90; Dtn 7,9 5 Denn der HERR ist gut, ewig währt seine Gnade
und seine Treue von Generation zu Generation.

Wer auf dem Weg der Vollkommenheit geht

101 1 Von David. Ein Psalm.
Gnade und Recht will ich besingen,
dir, HERR, will ich spielen.
2: 15,2! 2 Ich will mich halten an den Weg der Vollkommenheit,

100,3: In einer anderen hebräischen Tradition lautet der Text: «... Er hat uns gemacht, und sein sind wir, ...»

Du sollst keine anderen Götter haben neben mir
Du sollst dir kein Gottesbild machen
Du sollst den Namen deines Gottes nicht missbrauchen
Denke an den Sabbattag und halte ihn heilig
Ehre deinen Vater und deine Mutter
Du sollst nicht töten
Du sollst nicht ehebrechen
Du sollst nicht stehlen
Du sollst nicht als falscher Zeuge aussagen gegen deinen Nächsten
Du sollst nicht begehren irgendetwas, das deinem Nächsten gehört

Schriftbild zu Exodus 20,2–17

wann kommst du zu mir?
Ich lebe mit reinem Herzen
in meinem Haus.
3 Nichts Unwürdiges
will ich vor meine Augen lassen,
Böses tun ist mir widerwärtig,
nichts davon soll an mir haften.
4 Falschheit des Herzens bleibt mir fern, 4: Spr 11,20; 17,20
Böses kenne ich nicht.
5 Wer seinen Nächsten heimlich verleumdet, 5: Spr 21,4
den bringe ich zum Schweigen;
wer hochmütige Augen hat und ein anmassendes Herz,
den kann ich nicht ertragen.
6 Meine Augen ruhen auf den Treuen im Land, 6: 15,2!
sie sollen bei mir wohnen;
wer auf dem Weg der Vollkommenheit geht,
der dient mir.
7 In meinem Haus soll keiner wohnen, 7: 5,5!
der Ränke schmiedet;
wer Lügen redet, besteht nicht
vor meinen Augen.
8 Morgen für Morgen bringe ich zum Schweigen
alle Frevler im Lande,
rotte ich aus alle Übeltäter
aus der Stadt des HERRN.

Aufgeschrieben für eine künftige Generation

102 1 Gebet eines Elenden, wenn er verzagt und vor dem HERRN
seine Sorge ausschüttet.
2 HERR, höre mein Gebet,
mein Schreien dringe zu dir.
3 Verbirg dein Angesicht nicht vor mir 3: 69,18!
am Tag meiner Not.
Neige dein Ohr zu mir;
wenn ich rufe, erhöre mich bald.
4 Denn im Rauch sind meine Tage entschwunden,
wie im Feuer glühen meine Gebeine.
5 Versengt wie Kraut und verdorrt ist mein Herz,
ich vergesse gar, mein Brot zu essen.
6 Vor lauter Seufzen 6: Hiob 19,20
bin ich nur Haut und Knochen.
7 Ich gleiche der Eule in der Wüste,
bin wie das Käuzchen in den Ruinen.
8 Ich liege wach und bin
wie ein Vogel, einsam auf dem Dach.
9 Den ganzen Tag schmähen mich meine Feinde,
die mich zum Gespött machen, fluchen mit meinem Namen.
10 Staub muss ich essen wie Brot, 10: 42,4!
und mit Tränen mische ich meinen Trank
11 unter deinem Zorn und deinem Grimm,

denn du hast mich aufgehoben und mich hingeworfen.

12: 39,7; 109,23; 144,4; Hiob 14,2 · 90,5!–6

12 Meine Tage sind wie lange Schatten,
und wie Kraut muss ich verdorren.

13: 9,8! · 135,13

13 Du aber, HERR, thronst ewig,
und dein Name bleibt von Generation zu Generation.
14 Du wirst aufstehen, dich Zions erbarmen.
Die Zeit ist da, ihm gnädig zu sein, die Stunde ist gekommen.

15: Jes 52,2

15 Denn deine Diener lieben seine Steine,
und um seinen Schutt tragen sie Leid.

16: Jes 59,19

16 Dann werden die Völker den Namen des HERRN fürchten
und alle Könige der Erde deine Herrlichkeit,

17: 51,20! · Jes 60,1

17 wenn der HERR Zion wieder gebaut hat
und erschienen ist in seiner Herrlichkeit,
18 wenn er sich zuwendet dem Gebet der Entblössten
und ihr Gebet nicht verachtet.

19: 22,31!–32

19 Das sei aufgeschrieben für eine künftige Generation,
und ein neu geschaffenes Volk wird den HERRN preisen,

20: 11,4!

20 wenn der HERR von seiner heiligen Höhe herabschaut,
vom Himmel auf die Erde blickt,

21: 79,11

21 das Stöhnen der Gefangenen zu hören,
die dem Tod Geweihten zu befreien.
22 Dann wird man in Zion den Namen des HERRN verkünden
und sein Lob in Jerusalem,
23 wenn sich die Völker alle versammeln
und die Königreiche, um dem HERRN zu dienen.

24–25: 89,46

24 Auf meinem Weg hat er mir die Kraft gebrochen,
meine Tage verkürzt.
25 Ich spreche: Mein Gott,
nimm mich nicht hinweg in der Hälfte meiner Tage,
du, dessen Jahre Generation um Generation überdauern.

26–28: Hebr 1,10–12
26: 89,12! · 8,4!

26 Vor Zeiten hast du die Erde gegründet,
und der Himmel ist das Werk deiner Hände.

27: Jes 51,6; 65,17; 66,22; Lk 21,33; 2Petr 3,10; Offb 21,1

27 Sie werden vergehen, du aber bleibst,
sie alle zerfallen wie ein Gewand.
Wie ein Kleid wechselst du sie,
und sie gehen dahin.
28 Du aber bleibst derselbe,
und deine Jahre nehmen kein Ende.

29: 69,37!

29 Die Söhne deiner Diener werden wohnen bleiben,
und ihre Nachkommen werden Bestand haben vor dir.

Lobe den HERRN, meine Seele

103

1 Von David.
Lobe den HERRN, meine Seele,
und alles, was in mir ist, seinen heiligen Namen.
2 Lobe den HERRN, meine Seele,
und vergiss nicht, was er dir Gutes getan hat.

3: 130,4!

3 Der all deine Schuld vergibt
und alle deine Krankheiten heilt,
4 der dein Leben aus der Grube erlöst,

der dich krönt mit Gnade und Erbarmen,
5 der dich mit Gutem sättigt dein Leben lang. 5: Jes 40,31
Dem Adler gleich erneuert sich deine Jugend.
6 Taten der Gerechtigkeit vollbringt der HERR 6: 146,7–8
und Recht für alle Unterdrückten.
7 Seine Wege hat er Mose kundgetan,
den Israeliten seine Taten.
8 Barmherzig und gnädig ist der HERR, 8: 86,15!
langmütig und reich an Güte.
9 Nicht für immer klagt er an, 9: Jes 57,16; Jer 3,12
und nicht ewig verharrt er im Zorn.
10 Nicht nach unseren Sünden handelt er an uns,
und er vergilt uns nicht nach unserer Schuld.
11 So hoch der Himmel über der Erde,
so mächtig ist seine Gnade über denen, die ihn fürchten.
12 So fern der Aufgang ist vom Untergang,
so fern lässt er unsere Verfehlungen von uns sein.
13 Wie ein Vater sich der Kinder erbarmt, 13: Lk 1,50
so erbarmt der HERR sich derer, die ihn fürchten.
14 Denn er weiss, welch ein Gebilde wir sind, 14: 90,3!
bedenkt, dass wir Staub sind.
15 Des Menschen Tage sind wie Gras, 15–16: 90,5!–6
er blüht wie eine Blume des Feldes:
16 Wenn der Wind darüber fährt, ist er dahin,
und seine Stätte weiss nicht mehr von ihm.
17 Aber die Gnade des HERRN währt von Ewigkeit zu Ewigkeit 17–18: 25,10;
über denen, die ihn fürchten, Ex 20,6; Lk 1,50
und seine Gerechtigkeit über Kindeskindern,
18 über denen, die seinen Bund halten
und seiner Gebote gedenken in der Tat.
19 Der HERR hat im Himmel seinen Thron errichtet, 19: 145,13!
und sein Königtum herrscht über das All.
20 Lobt den HERRN, ihr seine Boten, 20–22: Ps 148
ihr starken Helden, die ihr sein Wort vollbringt,
gehorsam seinem gebietenden Wort.
21 Lobt den HERRN, all seine Heerscharen,
ihr seine Diener, die ihr seinen Willen tut.
22 Lobt den HERRN, all seine Werke, 22: 104,1!; 145,10
an allen Orten seiner Herrschaft.
Lobe den HERRN, meine Seele.

Wie zahlreich sind deine Werke P: Gen 1; Spr 8,22–31

104 1 Lobe den HERRN, meine Seele. 1: 103,22; 104,35 ·
HERR, mein Gott, du bist so gross. 93,1
In Hoheit und Pracht bist du gekleidet,
2 der du dich hüllst in Licht wie in einen Mantel, 2: Gen 1,6–8;
Jes 44,24

103,5: Der Massoretische Text wurde korrigiert; er lautet übersetzt: «der mit Gutem sättigt deinen Schmuck. ...»

der den Himmel ausspannt wie ein Zelt,
3: 18,11! 3 der im Wasser seine Gemächer baut,
der Wolken zu seinem Wagen macht,
auf Flügeln des Sturms dahinfährt,
4: Hebr 1,7 4 der Winde zu seinen Boten bestellt,
zu seinen Dienern lohendes Feuer.
5 Der die Erde auf ihre Pfeiler gegründet hat,
dass sie niemals mehr wankt.
6: Gen 1,9–10 6 Mit der Urflut bedecktest du sie wie mit einem Kleid,
hoch über den Bergen standen die Wasser.
7: 29,3! 7 Vor deinem Schelten flohen sie,
vor deiner Donnerstimme wichen sie zurück.
8 Sie stiegen an Bergen hinan und sanken in Täler hinab,
an den Ort, den du ihnen bestimmt hast.
9: Hiob 26,10; 38,10–11; Spr 8,29; Jer 5,22 9 Du hast eine Grenze gesetzt, die sie nicht überschreiten;
nie dürfen sie wieder die Erde bedecken.
10: 74,15 10 Quellen schickt er in die Täler,
zwischen den Bergen fliessen sie dahin.
11 Sie tränken alle Tiere des Feldes,
Wildesel stillen ihren Durst.
12 An ihren Ufern wohnen die Vögel des Himmels,
aus dem Gezweig erschallt ihre Stimme.
13–14: 147,8–9 13 Von seinen Gemächern aus tränkt er die Berge,
von der Frucht deiner Werke wird die Erde satt.
14: Gen 1,11–12.29–30; 3,17–19 14 Gras lässt er sprossen für das Vieh
und Kraut dem Menschen zunutze,
damit er Brot hervorbringe aus der Erde
15: Gen 9,20 15 und Wein, der des Menschen Herz erfreut,
damit er das Angesicht erglänzen lasse von Öl
und Brot das Herz des Menschen stärke.
16 Die Bäume des HERRN trinken sich satt,
die Zedern des Libanon, die er gepflanzt hat;
17 dort nisten die Vögel,
der Storch hat in den Zypressen sein Haus.
18 Die Gebirge gehören den Steinböcken,
die Felsen bieten den Klippschliefern Zuflucht.
19: 74,16; Gen 1,14–19 19 Er hat den Mond gemacht zur Bestimmung der Zeiten,
die Sonne, die ihren Untergang weiss.
20 Du bringst Finsternis, und es wird Nacht,
in ihr regen sich alle Tiere des Waldes.
21: Hiob 38,39 21 Die Löwen brüllen nach Beute
und fordern von Gott ihren Frass.
22: Hiob 37,8; 38,40 22 Strahlt die Sonne auf, ziehen sie sich zurück
und lagern in ihren Verstecken.
23 Der Mensch geht hinaus an sein Werk,
an seine Arbeit bis zum Abend.

104,8: Möglich ist auch die Übersetzung: «Berge stiegen empor, es senkten sich Täler, ...»

24 Wie zahlreich sind deine Werke, HERR.
Du hast sie alle in Weisheit gemacht,
die Erde ist voll von deinen Geschöpfen.
25 Da ist das Meer, so gross und so weit,
darin ein Gewimmel ohne Zahl,
Tiere gross und klein.
26 Schiffe ziehen dahin, 26: 107,23 · 74,14
der Leviatan, den du gebildet hast,
um mit ihm zu spielen.
27 Sie alle warten auf dich, 27–28: 145,15!–16
dass du ihnen Speise gibst zur rechten Zeit.
28 Gibst du ihnen, so sammeln sie ein,
tust du deine Hand auf, so werden sie satt von Gutem.
29 Verbirgst du dein Angesicht, erschrecken sie, 29: 30,8 · 146,4;
nimmst du ihren Atem weg, kommen sie um Hiob 34,14–15 ·
und werden wieder zu Staub. 90,3!
30 Sendest du deinen Atem aus, werden sie erschaffen, 30: Gen 2,7;
und du erneuerst das Angesicht der Erde. Hiob 33,4
31 Ewig währe die Herrlichkeit des HERRN,
der HERR freue sich seiner Werke.
32 Er blickt die Erde an, und sie erbebt, 32: 144,5
er rührt die Berge an, und sie rauchen.
33 Ich will dem HERRN singen mein Leben lang, 33: 146,2
will meinem Gott spielen, solange ich bin.
34 Möge mein Dichten ihm gefallen, 34: 19,15
ich freue mich des HERRN.
35 Mögen die Sünder verschwinden von der Erde 35: 73,19 · 104,1!
und die Frevler nicht mehr sein.
Lobe den HERRN, meine Seele.
Hallelujah.

Ewig gedenkt er seines Bundes mit Abraham

105 1 Preist den HERRN, ruft seinen Namen an, 1–15: 1Chr 16,8–22
tut kund seine Taten unter den Völkern. 1–2: 96,3
1: 18,50!; Jes 12,4–5
2 Singt ihm, spielt ihm, 2: 145,5
redet von all seinen Wundern.
3 Rühmt euch seines heiligen Namens;
das Herz derer, die den HERRN suchen, freue sich.
4 Fragt nach dem HERRN und seiner Macht, 4: 24,6!
sucht sein Angesicht allezeit.
5 Gedenkt seiner Wunder, die er getan hat,
seiner Zeichen und der Sprüche seines Mundes,
6 ihr Nachkommen Abrahams, seines Dieners, 6: Jes 41,8; 51,2
ihr Söhne Jakobs, seines Erwählten.
7 Der HERR ist unser Gott,
über die ganze Erde hin gilt sein Urteil.
8 Ewig gedenkt er seines Bundes,
auf tausend Generationen des Wortes, das er geboten hat,
9 des Bundes, den er mit Abraham geschlossen hat, 9: Gen 15; 17; 26,3
und seines Schwurs für Isaak.

10 Er setzte ihn fest für Jakob als Recht,
für Israel als ewigen Bund.
11: Gen 15,18 — 11 Er sprach: Dir gebe ich das Land Kanaan,
euer zugemessenes Erbe.
12–13: Gen 12,1; 13,1 — 12 Da sie noch wenige waren,
erst kurz im Lande und Fremdlinge dort,
13 da sie umherzogen von Volk zu Volk,
von einem Königreich zum anderen,
14: Gen 12,10–20; — 14 erlaubte er niemandem, sie zu bedrücken,
20; 26,1–11 — und um ihretwillen wies er Könige zurecht:
15 Meine Gesalbten tastet nicht an,
und meinen Propheten tut kein Leid.
16: Gen 41,54 — 16 Doch dann rief er Hunger ins Land
und nahm allen Vorrat an Brot.
17: Gen 37,28; — 17 Er sandte einen vor ihnen her,
45,4–5 — als Sklave wurde Josef verkauft.
18: Gen 39,20 — 18 Sie zwangen seine Füsse in Fesseln,
in Eisen wurde sein Hals gelegt
19: Gen 40–41 — 19 bis zu der Zeit, da sein Wort sich erfüllte,
der Spruch des HERRN ihn läuterte.
20: Gen 41,14 — 20 Er sandte einen König, ihn loszubinden,
einen Herrscher der Völker, ihn freizulassen.
21: Gen 41,40–41 — 21 Der setzte ihn zum Herrn über sein Haus
und zum Herrscher über all seinen Besitz,
22 damit er seine Fürsten unterweise nach seinem Sinn
und seine Ältesten Weisheit lehre.
23: Gen 46,1–47,12 — 23 Und Israel kam nach Ägypten,
Jakob weilte als Fremdling im Lande Hams.
24: Gen 47,27; — 24 Er aber machte sein Volk sehr fruchtbar,
Ex 1,7 — machte es stärker als seine Feinde;
25: Ex 1,8–10 — 25 deren Herz verdrehte er, damit sie sein Volk hassten,
mit Arglist handelten an seinen Dienern.
26: Ex 3,1–10; — 26 Er sandte Mose, seinen Diener,
4,14–16.27 — und Aaron, den er erwählt hatte.
27–37: 78,43–52 — 27 Die taten seine Zeichen unter ihnen
und Wunder im Lande Hams.
28: Ex 10,21–29 — 28 Er sandte Finsternis, und es wurde finster,
doch sie trotzten seinem Wort.
29: Ex 7,14–25 — 29 Er verwandelte ihre Gewässer in Blut,
und ihre Fische liess er sterben.
30: Ex 7,26–8,11 — 30 Ihr Land wimmelte von Fröschen
bis in die Gemächer ihrer Könige.
31: Ex 8,12–15.16–28 — 31 Er sprach, und es kamen Stechfliegen,
Mücken über ihr ganzes Gebiet.
32: Ex 9,13–35 — 32 Hagel gab er ihnen statt Regen,
flammendes Feuer über ihr Land.
33 Und er schlug ihren Weinstock und ihren Feigenbaum

105,20: Möglich ist auch die Übersetzung: «Es sandte der König, ..., der Herrscher der Völker, ...»

und zerbrach die Bäume ihres Gebiets.
34 Er sprach, und es kamen Heuschrecken
und Grillen ohne Zahl,
35 die frassen alles Kraut in ihrem Land
und frassen die Frucht ihres Ackers.
36 Und er schlug alle Erstgeburt in ihrem Land,
die Erstlinge all ihrer Manneskraft.
37 Dann führte er sie hinaus mit Silber und Gold,
und es war keiner, der strauchelte, in ihren Stämmen.
38 Ägypten freute sich, als sie auszogen,
denn Schrecken vor ihnen hatte sie befallen.
39 Er breitete eine Wolke aus als Decke
und Feuer als Licht in der Nacht.
40 Sie baten, und er brachte Wachteln,
und mit Himmelsbrot sättigte er sie.
41 Er öffnete einen Felsen, und Wasser floss heraus
und ergoss sich als ein Strom ins dürre Land.
42 Denn er gedachte seines heiligen Wortes
zu Abraham, seinem Diener.
43 So führte er sein Volk in Freude heraus,
mit Jubel seine Erwählten.
44 Und er gab ihnen die Länder der Völker,
und sie nahmen in Besitz, was sich Nationen erworben,
45 damit sie seine Satzungen hielten
und seine Weisungen bewahrten.
Hallelujah.

34: Ex 10,1–20
36: 78,51!; Ex 11,4–8; 12,29
37: Ex 12,35–36
38: Ex 12,33
39: 78,14!
40: 78,24!.27; Ex 16,4.13–15.31
41: 78,15!–16; Ex 17,1–7
44–45: Dtn 4,37–40; 11,24
44: 44,3!

Wir haben gesündigt wie unsere Vorfahren

106 1 Hallelujah.
Preist den HERRN, denn er ist gut,
ewig währt seine Gnade.
2 Wer kann die machtvollen Taten des HERRN erzählen,
all seinen Ruhm verkünden?
3 Wohl denen, die das Recht beachten,
dem, der Gerechtigkeit übt allezeit.
4 Gedenke meiner, HERR, in der Liebe zu deinem Volk,
wende dich mir zu mit deiner Hilfe,
5 damit ich das Glück deiner Erwählten schaue,
an der Freude deines Volks mich freue,
gemeinsam mit deinem Erbe mich rühme.
6 Wir haben gesündigt wie unsere Vorfahren,
wir haben Unrecht getan und gefrevelt.
7 Unsere Vorfahren in Ägypten
achteten nicht auf deine Wunder,
sie gedachten nicht deiner vielen Gnadentaten,
und schon am Meer, am Schilfmeer trotzten sie dir.
8 Er aber rettete sie um seines Namens willen,
um kundzutun seine Macht.

1: 100,5!; 107,1; 118,1–4.29; 135,3; 136,1–3; 138,8
2: Joh 21,25
3: Jes 56,1–2
6: 1Kön 8,47; Dan 9,5
7: 78,11; Ex 14,11–12; Ez 20,8–9.13–14

105,40: Der Massoretische Text wurde korrigiert; er lautet übersetzt: «Er bat, ...»

9: Ex 14,21–22; 15,8
9 Er schalt das Schilfmeer, da wurde es trocken,
und er führte sie durch die Fluten wie durch eine Wüste.
10–11: Ex 14–15
10 Er rettete sie aus der Hand des Hassers
und erlöste sie aus der Hand des Feindes.
11: Ex 14,28
11 Wasser bedeckte ihre Gegner,
nicht einer von ihnen blieb übrig.
12: Ex 14,31; 15,1–21
12 Da glaubten sie seinen Worten
und sangen seinen Lobpreis.
13 Doch schnell vergassen sie seine Taten
und warteten nicht auf seinen Rat.
14: 78,18; Num 11,4–6.18–20
14 Voller Gier waren sie in der Wüste,
und sie versuchten Gott in der Einöde.
15: Num 11,33
15 Er gab ihnen, was sie begehrten,
und sandte die Schwindsucht gegen sie.
16: Num 16
16 Sie eiferten gegen Mose im Lager,
gegen Aaron, den Heiligen des HERRN.
17: Dtn 11,6
17 Die Erde tat sich auf und verschlang Datan
und bedeckte die Rotte Abirams.
18 Ein Feuer entbrannte gegen ihre Rotte,
eine Flamme verzehrte die Frevler.
19: Ex 32; Dtn 9,7–21
19 Am Choreb machten sie ein Kalb
und warfen sich nieder vor einem Bild;
20: Jer 2,11
20 sie tauschten ihre Herrlichkeit
gegen das Bild eines Stiers, der Gras frisst.
21: 78,42
21 Sie vergassen Gott, ihren Retter,
der Grosses getan hatte in Ägypten,
22 Wunder im Lande Hams,
furchterregende Taten am Schilfmeer.
23: Ex 32,9–14; Dtn 9,24–29
23 Da gedachte er, sie zu verderben,
wäre nicht Mose, sein Erwählter,
vor ihm in die Bresche getreten,
um seinen Grimm von der Vernichtung abzuhalten.
24 Und sie verschmähten das köstliche Land,
und seinem Wort glaubten sie nicht.
25 Sie murrten in ihren Zelten
und hörten nicht auf die Stimme des HERRN.
26–27: Ez 20,23 · 26: Num 14,26–38
26 Da erhob er seine Hand gegen sie,
um sie niederzustrecken in der Wüste,
27 ihre Nachkommen unter die Völker zu werfen
und sie in die Länder zu zerstreuen.
28–29: Num 25
28 Sie unterwarfen sich dem Joch des Baal-Peor
und assen Totenopfer.
29 Sie reizten ihn mit ihren Taten.
Da brach eine Plage über sie herein.
30: Num 25,6–11
30 Doch Pinhas trat auf und hielt Gericht,
und der Plage wurde Einhalt geboten.
31: Num 25,12–13 · Gen 15,6
31 Das wurde ihm als Gerechtigkeit angerechnet,
von Generation zu Generation auf ewig.
32: 81,8!
32 Dann erzürnten sie ihn an den Wassern von Meriba,
und Mose erging es übel um ihretwillen.

33 Denn sie trotzten seinem Geist,
er aber redete unbedacht mit seinen Lippen.
34 Sie vertilgten die Völker nicht,
wie der HERR ihnen gesagt hatte,
35 sondern vermischten sich mit den Nationen
und lernten ihre Werke.
36 Sie dienten ihren Götzen,
und die wurden ihnen zum Fallstrick.
37 Sie opferten ihre Söhne
und ihre Töchter den Dämonen
38 und vergossen unschuldiges Blut,
das Blut ihrer Söhne und Töchter,
die sie den Götzen Kanaans opferten.
So wurde durch Blutschuld das Land entweiht.
39 Durch ihre Werke wurden sie unrein,
und in ihren Taten trieben sie Hurerei.
40 Da entbrannte der Zorn des HERRN gegen sein Volk,
und er verabscheute sein Erbe.
41 Er gab sie in die Hand der Völker,
und die sie hassten, herrschten über sie.
42 Ihre Feinde bedrängten sie,
und sie mussten sich beugen unter ihre Hand.
43 Viele Male befreite er sie,
sie aber blieben widerspenstig bei ihrem Plan
und versanken in ihrer Schuld.
44 Er aber sah ihre Not,
sooft er ihr Flehen hörte.
45 Ihnen zuliebe erinnerte er sich seines Bundes,
und in seiner grossen Gnade erfasste ihn Reue.
46 Er liess sie Erbarmen finden
bei allen, die sie gefangen hielten.
47 Rette uns, HERR, unser Gott,
und sammle uns aus den Völkern,
damit wir deinen heiligen Namen preisen
und uns rühmen, dass wir dich loben dürfen.
48 Gepriesen sei der HERR, der Gott Israels,
von Ewigkeit zu Ewigkeit.
Und alles Volk spreche: Amen.
Hallelujah.

34: Dtn 20,16–18; Ri 1
35: Lev 18,3; Ri 2,1–5
36: Ex 23,33; Ri 2,11–14
37–38: Lev 18,21; Dtn 32,17; 2Kön 17,17
38: Num 35,33
39–45: Ri 2,13–22
46: 1Kön 8,50; Esra 9,9
47–48: 1Chr 16,35–36
47: Dtn 30,3
48: 41,14!

FÜNFTES BUCH (PS 107–150)

So sollen sprechen die Erlösten des HERRN

107 1 Preist den HERRN, denn er ist gut,
ewig währt seine Gnade.
2 So sollen sprechen die Erlösten des HERRN,

1: 106,1!
2: Jes 62,12

die er erlöst hat aus der Hand des Feindes
3: 106,47; Jes 43,5–6; 49,12; Sach 8,7–8
3 und die er aus den Ländern gesammelt hat,
vom Aufgang und vom Niedergang,
vom Norden und vom Meer.
4: 107,7.36
4 Sie irrten umher in der Wüste, auf verödetem Weg,
fanden keine Stadt, in der sie wohnen konnten,
5: Jes 49,10
5 waren hungrig und durstig,
und ihre Seele verzagte in ihnen.
6: 107,13.19.28
6 Da schrien sie zum HERRN in ihrer Not,
und er befreite sie aus ihrer Bedrängnis
7: 107,4! · Jes 35,8; 40,3; 43,19
7 und führte sie auf dem richtigen Weg,
dass sie zu einer Stadt gelangten, in der sie wohnen konnten.
8: 107,15.21.31
8 Preisen sollen sie den HERRN für seine Gnade
und für seine Wunder an den Menschen.
9: Jes 49,10; 55,1; Lk 1,53
9 Denn er hat die lechzende Seele gesättigt
und die hungrige Seele mit Gutem gelabt.
10–11: 106,42–43; Hiob 36,8–9; Jes 42,7.22
10 Die in Dunkel und Finsternis sassen,
gefangen in Elend und Eisen,
11 weil sie den Worten Gottes getrotzt
und verachtet hatten den Ratschluss des Höchsten.
12 Ihr Herz beugte er durch Mühsal,
sie strauchelten, und keiner war da, der half.
13: 107,6!
13 Da schrien sie zum HERRN in ihrer Not,
und er rettete sie aus ihrer Bedrängnis.
14: 68,7; 146,7–8; Jes 42,7.16; 49,9; 51,14; 52,2; 61,1
14 Er führte sie heraus aus Dunkel und Finsternis
und zerriss ihre Fesseln.
15: 107,8!
15 Preisen sollen sie den HERRN für seine Gnade
und für seine Wunder an den Menschen.
16: Jes 45,2
16 Denn eherne Türen hat er zerbrochen
und eiserne Riegel zerschlagen.
17 Die Toren wurden geplagt um ihres sündigen Wegs
und ihrer Vergehen willen.
18: Hiob 6,6–7
18 Jede Speise wurde ihnen zum Abscheu,
und sie gerieten an die Pforten des Todes.
19: 107,6!
19 Da schrien sie zum HERRN in ihrer Not,
und er rettete sie aus ihrer Bedrängnis.
20: 147,15.18; Jes 55,11
20 Er sandte sein Wort und heilte sie
und bewahrte sie vor ihren Gräbern.
21: 107,8!
21 Preisen sollen sie den HERRN für seine Gnade
und für seine Wunder an den Menschen.
22 Opfer des Dankes sollen sie darbringen
und jubelnd seine Werke verkünden.
23: 104,26
23 Die auf Schiffen das Meer befuhren,
Handel trieben auf mächtigen Wassern,
24 sie sahen die Werke des HERRN
und seine Wunder in der Tiefe.
25: Jona 1,4
25 Er sprach und liess einen Sturmwind entstehen,
der hoch seine Wellen türmte.
26 Zum Himmel stiegen sie empor, sanken hinab in die Fluten,
und ihre Seele verging vor Qual.

27 Sie tanzten und schwankten einem Trunkenen gleich,
und alle ihre Weisheit wurde zunichte.
28 Da schrien sie zum HERRN in ihrer Not, 28: 107,6! · Jona 1,14–15
und er führte sie heraus aus ihrer Bedrängnis.
29 Er machte den Sturm zur Stille, 29: 65,8!; Mt 8,26–27
und es schwiegen die Wellen.
30 Da freuten sie sich, dass es still geworden war,
und er führte sie zum ersehnten Hafen.
31 Preisen sollen sie den HERRN für seine Gnade 31: 107,8!
und für seine Wunder an den Menschen.
32 Sie sollen ihn erheben in der Versammlung des Volkes
und ihn loben im Kreis der Alten.
33 Er machte Ströme zur Wüste 33: Jes 42,15
und Wasserquellen zu dürstendem Ödland,
34 fruchtbares Land zur salzigen Steppe 34: Gen 13,10; 19
wegen der Bosheit derer, die darin wohnten.
35 Er machte die Wüste zum Wasserteich 35: 114,8; Jes 41,18
und dürres Land zu Wasserquellen.
36 Dort siedelte er Hungernde an, 36: 107,4!
und sie gründeten eine Stadt, in der sie wohnen konnten.
37 Sie besäten Felder und pflanzten Weinberge 37–38: Dtn 7,13–14
und erzielten reichen Ertrag.
38 Und er segnete sie, und sie mehrten sich sehr,
auch an Vieh liess er es nicht fehlen.
39 Ihre Zahl aber nahm ab, und sie mussten sich beugen
unter der Last von Unglück und Gram.
40 Der Verachtung ausgiesst über Edle, 40–41: 113,7–8 40: Hiob 12,21.24
liess sie umherirren in wegloser Öde.
41 Den Armen aber schützte er vor dem Elend,
und seine Sippen machte er einer Herde gleich.
42 Die Aufrichtigen sehen es und freuen sich, 42: Hiob 22,19 · Hiob 5,16
alle Bosheit aber muss ihren Mund schliessen.
43 Wer ist weise? Der merke sich dies 43: Hos 14,10
und achte auf die Gnadentaten des HERRN.

Ich will dich preisen unter den Völkern

108 1 Ein Lied. Ein Psalm Davids.
2 Mein Herz ist bereit, Gott, 2–6: 57,8–12
ich will singen und spielen.
Auf, meine Seele!
3 Wacht auf, Harfe und Leier,
ich will das Morgenrot wecken.
4 Ich will dich preisen unter den Völkern, HERR, 4: 18,50!
will dir singen unter den Nationen.
5 Denn gross, über den Himmel hinaus, ist deine Güte, 5: 36,6!
und bis an die Wolken reicht deine Treue.
6 Erhebe dich über den Himmel, Gott, 6: 113,4
und über die ganze Erde mit deiner Herrlichkeit.
7 Damit gerettet werden, die dir lieb sind, 7–15: 60,7–14
hilf mit deiner Rechten und erhöre uns.

8 Gott hat gesprochen in seinem Heiligtum:
Ich will frohlocken, ich will Schechem verteilen
und ausmessen das Tal von Sukkot.
9 Mein ist Gilead, mein auch Manasse,
Efraim ist der Schutz meines Hauptes,
Juda mein Herrscherstab.
10 Moab ist mein Waschbecken,
auf Edom werfe ich meinen Schuh,
über Philistäa will ich jauchzen.
11 Wer führt mich hin zu der befestigten Stadt,
wer geleitet mich nach Edom?
12 Bist nicht du es, Gott, der uns verstossen hat?
Du, Gott, ziehst nicht aus mit unseren Heeren.
13 Schaffe uns Hilfe vor dem Feind,
denn Menschenhilfe ist nichtig.
14 Mit Gott werden wir Machttaten vollbringen,
er ist es, der unsere Feinde zertritt.

Handle an mir um deines Namens willen

1: 35,22!
109 1 Für den Chormeister. Ein Psalm Davids.
Gott, du mein Lobpreis, schweige nicht.
2 Denn Frevelmund und Lügenmaul haben sie gegen mich aufgetan,
und mit falscher Zunge haben sie zu mir geredet.
3 Mit Worten voll Hass umringen sie mich,
und ohne Grund bekämpfen sie mich.
4 Meiner Liebe wegen klagen sie mich an,
während ich im Gebet verharre.
5: 35,12!
5 Gutes vergalten sie mir mit Bösem
und meine Liebe mit Hass:
6 Man bestelle gegen ihn einen Frevler,
und ein Ankläger trete zu seiner Rechten.
7 Aus dem Gericht gehe er als Schuldiger hervor,
selbst sein Gebet werde zur Sünde.
8: Apg 1,20
8 Seine Tage sollen wenige werden,
ein anderer nehme sein Amt ein.
9–10: Jer 18,21
9 Seine Kinder sollen Waisen werden
und seine Frau eine Witwe.
10: 37,25; Hiob 24,12
10 Heimatlos sollen seine Kinder umherziehn und nichts mehr besitzen,
betteln von ihren Trümmerstätten aus.
11 Der Gläubiger bemächtige sich all seiner Habe,
und Fremde sollen den Ertrag seiner Arbeit rauben.
12 Keiner sei da, der ihm Gnadenfrist gibt,
und keiner, der sich seiner Waisen erbarmt.
13: 21,11; Hiob 18,17; Spr 10,7
13 Seine Nachkommenschaft sei zur Vernichtung bestimmt,
in der nächsten Generation schon erlösche ihr Name.
14: Ex 20,5; Jer 18,23
14 Die Schuld seiner Väter bleibe erinnert beim HERRN,
und die Sünde seiner Mutter werde nicht gelöscht.
15: 34,17!
15 Stets seien sie dem HERRN gegenwärtig,
und er tilge ihr Andenken von der Erde,

16 weil er nicht daran dachte, Gutes zu tun,
sondern den Elenden und Armen verfolgte
und zu töten trachtete den, der verzagten Herzens war.
17 Er liebte den Fluch, und er kam über ihn,
er verschmähte den Segen, und er wich von ihm.
18 Den Fluch zog er an wie sein Gewand,
und er drang ein in sein Inneres wie Wasser
und wie Öl in seine Gebeine.
19 So werde er ihm wie das Kleid, in das er sich hüllt,
und zum Gürtel, mit dem er stets sich gürtet.
20 Dies sei der Lohn des HERRN für meine Ankläger,
für die, die Böses gegen mich reden.
21 Du aber, Gott, mein HERR,
handle an mir um deines Namens willen,
denn gut ist deine Gnade, errette mich.
22 Denn ich bin elend und arm,
und mein Herz ist durchbohrt in meiner Brust.
23 Wie ein Schatten, der sich neigt, schwinde ich dahin, 23: 102,12!
wie eine Heuschrecke bin ich abgeschüttelt.
24 Meine Knie wanken vom Fasten,
und mein Fleisch nimmt ab und zerfällt.
25 Ich bin ihnen zum Gespött geworden, 25: 22,8!
sehen sie mich, so schütteln sie ihr Haupt.
26 Hilf mir, HERR, mein Gott,
rette mich nach deiner Gnade.
27 Erkennen sollen sie, dass deine Hand es war,
dass du es, HERR, getan hast.
28 Sie mögen fluchen, du aber wirst segnen, 28: Num 22–24
erheben sie sich, werden sie zuschanden,
dein Diener aber darf sich freuen.
29 Meine Ankläger müssen sich kleiden in Schmach,
in ihre Schande sich hüllen wie in einen Mantel.
30 Ich will den HERRN laut preisen mit meinem Mund 30: 22,23!
und inmitten vieler ihn loben.
31 Denn er tritt zur Rechten des Armen,
um ihn zu retten vor denen, die ihn verdammen.

Du bist Priester in Ewigkeit

110 1 Von David. Ein Psalm. 1: Mt 22,44; Apg 2,33.34–35; Hebr 1,13
Spruch des HERRN an meinen Herrn:
Setze dich zu meiner Rechten,
bis ich hinlege deine Feinde
als Schemel deiner Füsse.
2 Das Zepter deiner Macht
wird der HERR ausstrecken vom Zion;
herrsche inmitten deiner Feinde.
3 Dein Volk ist bereit
am Tag, da deine Macht erscheint;
in heiliger Pracht, aus dem Schoss der Morgenröte,
kommt dir der Tau deiner Jugend zu.

4: 89,36 · Hebr 5,6; 7,17 · Gen 14,18

4 Der HERR hat geschworen,
und es wird ihn nicht reuen:
Du bist Priester in Ewigkeit
nach der Weise Melchisedeks.

5: 2

5 Der Herr ist zu deiner Rechten,
er zerschmettert Könige am Tag seines Zorns.
6 Er hält Gericht unter den Völkern, es häufen sich die Leichen,
er zerschmettert Häupter weithin auf Erden.

7: 3,4

7 Auf dem Weg trinkt er vom Bach,
darum erhebt er das Haupt.

Der Anfang der Weisheit ist die Furcht des HERRN

111 1 Hallelujah.
Ich will den HERRN preisen von ganzem Herzen,
im Kreis der Aufrichtigen und der Gemeinde.
2 Gross sind die Werke des HERRN,
allen erkennbar, die an ihnen Gefallen haben.

3: 112,3

3 Hoheit und Pracht ist sein Tun,
und seine Gerechtigkeit bleibt für immer bestehen.

4: 86,15!; 112,4

4 Ein Gedächtnis hat er seinen Wundern gestiftet,
gnädig und barmherzig ist der HERR.
5 Speise gibt er denen, die ihn fürchten,
er gedenkt seines Bundes auf ewig.
6 Die Macht seiner Werke hat er seinem Volk kundgetan,
da er ihnen das Erbe der Völker gab.
7 Die Werke seiner Hände sind Treue und Recht,
verlässlich sind alle seine Gebote,
8 gültig auf immer und ewig,
in Treue geschaffen und gerecht.

9: 99,3

9 Er hat seinem Volk Erlösung gesandt,
seinen Bund auf ewig bestimmt,
heilig und furchterregend ist sein Name.

10: Hiob 28,28; Spr 1,7; 9,10

10 Der Anfang der Weisheit ist die Furcht des HERRN,
heilsame Einsicht für alle, die so handeln,
sein Ruhm bleibt für immer bestehen.

Wohl dem, der den HERRN *fürchtet*

1: 1,1–2!; 128,1

112 1 Hallelujah.
Wohl dem, der den HERRN fürchtet,
an seinen Geboten grosses Gefallen hat.

2: 115,13–15; 128,3–4

2 Mächtig werden seine Nachkommen sein im Land,
das Geschlecht der Aufrichtigen wird gesegnet.

3: 111,3

3 Wohlstand und Reichtum sind in seinem Haus,
und seine Gerechtigkeit bleibt für immer bestehen.

4: 37,6!; 97,11 · 86,15!; 111,4

4 In der Finsternis erstrahlt den Aufrichtigen ein Licht,
gnädig, barmherzig und gerecht.
5 Gut ist, wer freigebig und zu leihen bereit ist
und seine Geschäfte gerecht besorgt.
6 Denn niemals wird er wanken,
ewig wird der Gerechte im Gedächtnis sein.

7 Vor bösem Gerücht fürchtet er sich nicht,
fest ist sein Herz, voll Vertrauen auf den HERRN.
8 Getrost ist sein Herz, er fürchtet sich nicht,
bis sein Blick sich weidet an seinen Feinden.
9 Er verteilt und gibt den Armen, 9: 89,18!
seine Gerechtigkeit bleibt für immer bestehen,
hoch in Ehren ragt sein Horn.
10 Der Frevler sieht es voller Wut, 10: 1,6!
er knirscht mit den Zähnen und vergeht,
zunichte wird das Verlangen der Frevler.

Der auf Himmel und Erde schaut

113 1 Hallelujah. 1: 134,1!
Lobt, ihr Diener des HERRN,
lobt den Namen des HERRN.
2 Der Name des HERRN sei gepriesen
von nun an bis in Ewigkeit.
3 Vom Aufgang der Sonne bis zu ihrem Niedergang
sei gelobt der Name des HERRN.
4 Der HERR ist erhaben über alle Nationen 4: 57,6.12; 108,6
und seine Herrlichkeit über die Himmel.
5 Wer ist dem HERRN gleich, unserem Gott,
der hoch droben thront,
6 der tief hinunterschaut
auf Himmel und Erde!
7 Der aus dem Staub den Geringen aufrichtet, 7–8: 107,40–41;
aus dem Kot den Armen erhebt, 1Sam 2,8
8 um ihn neben Edle zu setzen,
neben die Edlen seines Volkes.
9 Der der Unfruchtbaren Hausrecht gibt 9: 1Sam 2,5
als fröhliche Mutter von Kindern.
Hallelujah.

Als Israel auszog aus Ägypten

114 1 Als Israel auszog aus Ägypten, 1–2: 78,54;
das Haus Jakobs aus barbarischem Volk, Ex 15,17–18; 19,6
2 da wurde Juda sein Heiligtum,
Israel sein Reich.
3 Das Meer sah es und floh, 3: 66,6!; 77,17;
der Jordan wich zurück. Ex 14,21; Jos 3,16–17
4 Die Berge hüpften wie Widder, 4: 29,6
die Hügel wie Lämmer.
5 Was hast du, Meer, dass du fliehst,
du, Jordan, dass du zurückweichst?
6 Ihr Berge, was hüpft ihr wie Widder, 6: 29,6
ihr Hügel wie Lämmer?
7 Vor dem Herrn erbebe, Erde, 7: 97,4!
vor dem Gott Jakobs,
8 der den Felsen verwandelt in einen Wasserteich, 8: 78,15!–16; 107,35
den Kiesel in einen Wasserquell.

Gesegnet seid ihr vom HERRN

115 1 Nicht uns, HERR, nicht uns,
sondern deinem Namen gib Ehre,
um deiner Gnade, um deiner Treue willen.
2: 42,4! 2 Warum sollen die Völker sagen:
Wo ist denn ihr Gott?
3: 135,6 3 Unser Gott ist im Himmel,
er vollbringt, was ihm gefällt.
4–7: 135,15–17 · 4 Ihre Götzen sind Silber und Gold,
Dtn 4,28; Machwerk von Menschenhand.
Jes 44,9–20; 5 Sie haben einen Mund und sprechen nicht,
Jer 10,1–16 haben Augen und sehen nicht.
6 Sie haben Ohren und hören nicht,
haben eine Nase und riechen nicht.
7 Mit ihren Händen fühlen sie nicht,
mit ihren Füssen gehen sie nicht,
mit ihrer Kehle geben sie keinen Laut.
8: 135,18 8 Ihnen werden gleich sein, die sie machen,
jeder, der ihnen vertraut.
9–11: 118,2–4; 9 Israel, vertraue auf den HERRN.
135,19–20 · 33,20 Er ist ihre Hilfe und ihr Schild.
10 Haus Aarons, vertraut auf den HERRN.
Er ist ihre Hilfe und ihr Schild.
11 Die ihr den HERRN fürchtet, vertraut auf den HERRN.
Er ist ihre Hilfe und ihr Schild.
12 Der HERR hat unser gedacht, er segnet.
Er segnet das Haus Israel,
er segnet das Haus Aarons.
13–15: 112,2! 13 Er segnet, die den HERRN fürchten,
die Kleinen und die Grossen.
14 Der HERR mehre euch,
euch und eure Kinder.
15: 134,3 15 Gesegnet seid ihr vom HERRN,
der Himmel und Erde gemacht hat.
16 Der Himmel ist der Himmel des HERRN,
die Erde aber hat er den Menschen gegeben.
17: 6,6! · 94,17 17 Nicht die Toten loben den HERRN,
keiner von allen, die hinabfuhren ins Schweigen.
18 Wir aber, wir preisen den HERRN
von nun an bis in Ewigkeit.
Hallelujah.

Ich liebe den HERRN

116 1 Ich liebe den HERRN, denn er hört
meine Stimme, mein Flehen.
2 Er hat sein Ohr zu mir geneigt,
ich will ihn anrufen mein Leben lang.
3–4: 18,5–7 3 Stricke des Todes hatten mich umfangen,
Ängste des Totenreichs mich befallen,
ich geriet in Not und Kummer.

4 Da rief ich den Namen des HERRN an:
Ach, HERR, rette mein Leben.
5 Gnädig ist der HERR und gerecht, 5: 86,15!
und unser Gott ist barmherzig.
6 Der HERR behütet die Einfältigen;
bin ich schwach, so hilft er mir.
7 Finde wieder Ruhe, meine Seele, 7: 13,6
denn der HERR hat dir Gutes getan.
8 Du hast mein Leben vom Tod errettet, 8–9: 56,14
mein Auge vor Tränen bewahrt, meinen Fuss vor dem Sturz. 8: Jes 25,8; Offb 21,4
9 Ich darf einhergehen vor dem HERRN 9: 27,13!
im Land der Lebenden.
10 Ich habe den Glauben bewahrt, auch wenn ich sprach:
Ich bin tief gebeugt.
11 Ich sprach in meiner Bestürzung:
Alle Menschen sind Lügner.
12 Wie kann ich wiedergeben dem HERRN,
was er mir Gutes getan hat?
13 Den Kelch der Rettung will ich erheben
und den Namen des HERRN anrufen.
14 Meine Gelübde will ich dem HERRN erfüllen 14: 22,26!
vor seinem ganzen Volk.
15 Teuer ist in den Augen des HERRN 15: 72,14; Jes 43,4
der Tod seiner Getreuen.
16 Ach, HERR, ich bin dein Diener, 16: 86,16; 143,12
ich bin dein Diener, der Sohn deiner Magd,
du hast meine Fesseln gelöst.
17 Ich will dir ein Opfer des Dankes darbringen
und anrufen den Namen des HERRN.
18 Meine Gelübde will ich dem HERRN erfüllen 18: 22,26!
vor seinem ganzen Volk,
19 in den Vorhöfen am Haus des HERRN,
in deiner Mitte, Jerusalem.
Hallelujah.

Lobt den HERRN, alle Völker

117 1 Lobt den HERRN, alle Völker! 1: Röm 15,11
Rühmt ihn, ihr Nationen alle!
2 Denn mächtig waltet über uns seine Güte, 2: 100,5!
und die Treue des HERRN währt in Ewigkeit.
Hallelujah.

Tut mir auf die Tore der Gerechtigkeit

118 1 Preist den HERRN, denn er ist gut, 1: 106,1!; 118,29
ewig währt seine Gnade.
2 Es spreche Israel: 2–4: 115,9!–11
Ewig währt seine Gnade. 2: 124,1!
3 Es spreche das Haus Aarons:
Ewig währt seine Gnade.

4 Sprechen sollen, die den HERRN fürchten:
Ewig währt seine Gnade.

5: 4,2

5 Aus der Bedrängnis rief ich zum HERRN,
der Herr erhörte mich und schuf mir weiten Raum.

6: 27,1; 56,5.10.12; Röm 8,31; Hebr 13,6
7: 54,6 · 54,9!

6 Der HERR ist für mich, ich fürchte mich nicht,
was können Menschen mir antun?
7 Der HERR ist für mich, ist mir Helfer,
weiden wird sich mein Blick an denen, die mich hassen.
8 Besser ist es, beim HERRN Zuflucht zu suchen,
als Menschen zu vertrauen.

9: 146,3

9 Besser ist es, beim HERRN Zuflucht zu suchen,
als Fürsten zu vertrauen.
10 Alle Nationen umringen mich,
im Namen des HERRN aber wehre ich sie ab.
11 Sie umkreisen, sie umringen mich,
im Namen des HERRN aber wehre ich sie ab.

12: Dtn 1,44

12 Wie Bienen umkreisen sie mich;
wie ein Dornenfeuer verlöschen sie,
im Namen des HERRN wehre ich sie ab.
13 Man hat mich gestossen, damit ich falle,
der HERR aber hat mir geholfen.

14: Ex 15,2; Jes 12,2

14 Meine Kraft und meine Stärke ist der HERR,
und er wurde mir zur Rettung.
15 Jubel und Siegesruf erschallen
in den Zelten der Gerechten.
Machttaten vollbringt die Rechte des HERRN.
16 Die Rechte des HERRN erhöht,
Machttaten vollbringt die Rechte des HERRN.
17 Ich werde nicht sterben, sondern leben
und die Taten des HERRN verkünden.
18 Der HERR hat mich hart gezüchtigt,
dem Tod aber nicht preisgegeben.

19: 24,7.9; Jes 26,2

19 Tut mir auf die Tore der Gerechtigkeit.
Ich will durch sie einziehen, um den HERRN zu preisen.
20 Dies ist das Tor zum HERRN,
die Gerechten ziehen hier ein.
21 Ich will dich preisen, denn du hast mich erhört
und bist mir zur Rettung geworden.

22–23: Mt 21,42 · Jes 28,16
22: Apg 4,11

22 Der Stein, den die Bauleute verworfen haben,
ist zum Eckstein geworden.
23 Durch den HERRN ist es geschehen,
wunderbar ist es in unseren Augen.
24 Dies ist der Tag, den der HERR gemacht hat,
wir wollen jauchzen und uns an ihm freuen.

25–26: Mt 21,9
25: Neh 1,11

25 Ach, HERR, hilf!
Ach, HERR, lass gelingen!

26: Mt 23,39 · 129,8

26 Gesegnet sei, wer kommt, im Namen des HERRN.
Wir segnen euch vom Haus des HERRN.

27 Der HERR ist Gott, er gab uns Licht. 27: Lev 23,40; Neh 8,15
Schmückt das Fest mit Zweigen
bis zu den Hörnern des Altars.
28 Du bist mein Gott, ich will dich preisen,
mein Gott, ich will dich erheben.
29 Preist den HERRN, denn er ist gut, 29: 118,1!
ewig währt seine Gnade.

Ewig gilt die Weisung deiner Gerechtigkeit

119 1 Wohl denen, deren Weg vollkommen ist, *(Alef)* 1: 1,1!–2! · 15,2!
die leben in der Weisung des HERRN.
2 Wohl denen, die seine Vorschriften befolgen, 2: Dtn 4,29; 2Chr 31,21; Jer 29,13–14
die ihn von ganzem Herzen suchen,
3 die auch kein Unrecht tun,
auf seinen Wegen gehen.
4 Du selbst hast deine Befehle erlassen,
dass man sie genau beachte.
5 Wären doch meine Wege darauf gerichtet,
deine Satzungen zu halten!
6 Dann werde ich nicht zuschanden,
wenn ich auf alle deine Gebote schaue.
7 Ich will dich mit aufrichtigem Herzen preisen,
wenn ich die Gesetze deiner Gerechtigkeit lerne.
8 Deine Satzungen will ich halten,
verlass mich nie.
9 Wie kann einer seinen Pfad unsträflich gehen? *(Bet)*
Indem er sich an dein Wort hält.
10 Von ganzem Herzen suche ich dich,
lass mich nicht abirren von deinen Geboten.
11 In meinem Herzen berge ich dein Wort,
damit ich nicht gegen dich sündige.
12 Gepriesen seist du, HERR,
lehre mich deine Satzungen.
13 Mit meinen Lippen zähle ich auf
alle Gesetze deines Mundes.
14 Ich freue mich, meinen Weg nach deinen Vorschriften zu gehen,
wie über allen Reichtum.
15 Über deine Befehle will ich sinnen
und auf deine Pfade will ich schauen.
16 An deinen Satzungen erfreue ich mich,
dein Wort will ich nicht vergessen.
17 Tue Gutes deinem Diener, dass ich am Leben bleibe, *(Gimel)*
so will ich dein Wort halten.
18 Öffne meine Augen, und ich will schauen
die Wunder aus deiner Weisung.

119: Der Psalm gehört zu den sogenannten alphabetischen Liedern (siehe die Anm. zu Ps 9–10). Der Reihenfolge des hebräischen Alphabets folgend, haben in diesem Fall je acht Verse den gleichen Anfangsbuchstaben.

119,9: Wörtlich: «Wie kann ein junger Mann seinen Pfad ...»

19: 39,13! 19 Ein Fremder bin ich auf Erden,
verbirg deine Gebote nicht vor mir.
20 Meine Seele verzehrt sich in Sehnsucht
nach deinen Gesetzen allezeit.
21 Du hast gescholten die Verfluchten,
die von deinen Geboten abirren.
22 Nimm weg von mir Schmach und Verachtung,
denn deine Vorschriften habe ich befolgt.
23 Sitzen auch Fürsten und beraten sich gegen mich,
dein Diener sinnt über deine Satzungen.
24 Deine Vorschriften sind meine Wonne,
sind meine Berater.
25: 44,26 25 Meine Seele klebt am Staub, *(Dalet)*
schenke mir Leben nach deinem Wort.
26 Ich erzählte von meinen Wegen, und du erhörtest mich,
lehre mich deine Satzungen.
27 Lass mich den Weg deiner Befehle verstehen,
und ich will über deine Wunder sinnen.
28 Meine Seele zerfliesst vor Kummer,
richte mich auf nach deinem Wort.
29 Halte fern von mir den Weg der Lüge,
und begnade mich nach deiner Weisung.
30 Den Weg der Wahrheit habe ich erwählt,
deine Gesetze stehen mir vor Augen.
31 Ich hange an deinen Vorschriften,
HERR, lass mich nicht zuschanden werden.
32 Ich laufe den Weg deiner Gebote,
denn du machst mein Herz weit.
33 Weise mir, HERR, den Weg deiner Satzungen, *(He)*
und ich will ihn beachten bis ans Ende.
34 Gib mir Einsicht, und ich will deine Weisung befolgen
und sie halten von ganzem Herzen.
35 Leite mich auf dem Pfad deiner Gebote,
denn daran habe ich Gefallen.
36 Neige mein Herz deinen Vorschriften zu
und nicht dem Gewinn.
37 Halte meine Augen davon ab, nach Nichtigem zu schauen,
schenke mir Leben auf deinen Wegen.
38 Erfülle an deinem Diener dein Wort,
dass man dich fürchte.
39 Wende ab meine Schmach, vor der mir graut,
denn deine Gesetze sind gut.
40 Sieh, ich sehne mich nach deinen Befehlen,
schenke mir Leben durch deine Gerechtigkeit.
41 Auf mich möge kommen die Fülle deiner Gnade, HERR, *(Waw)*
deine Hilfe nach deinem Wort.
42 So kann ich Antwort geben dem, der mich schmäht,
denn ich vertraue auf dein Wort.
43 Nimm nicht meinem Mund das Wort der Wahrheit,
denn ich hoffe auf deine Gesetze.

44 Und stets will ich deine Weisung halten,
immer und ewig.
45 In weitem Raum will ich gehen,
denn deine Befehle suche ich.
46 Von deinen Vorschriften will ich vor Königen reden
und mich nicht scheuen.
47 Ich will mich ergötzen an deinen Geboten,
die ich liebe.
48 Ich will meine Hände erheben zu deinen Geboten, die ich liebe,
und über deine Satzungen sinnen.
49 Gedenke des Wortes an deinen Diener, *(Sajin)*
wie du mich hast hoffen lassen.
50 Das ist mein Trost in meinem Elend,
dass dein Wort mich am Leben erhält.
51 Vermessene Menschen haben mich frech verhöhnt,
doch von deiner Weisung bin ich nicht abgewichen.
52 Ich gedenke deiner ewigen Gesetze,
HERR, und ich finde Trost.
53 Wut hat mich gepackt wegen der Frevler,
die deine Weisung verlassen.
54 Lieder sind mir deine Satzungen geworden
im Haus meiner Fremdlingschaft.
55 Des Nachts gedenke ich deines Namens, HERR,
und ich halte deine Weisung.
56 Das ist mir zuteil geworden,
dass ich deine Befehle befolge.
57 Mein Teil, HERR, sprach ich, ist es, *(Chet)*
deine Worte zu halten.
58 Ich habe mich um deine Gunst bemüht von ganzem Herzen,
sei mir gnädig nach deinem Wort.
59 Ich habe meine Wege überdacht
und meine Schritte zu deinen Vorschriften zurückgelenkt.
60 Ich eile und säume nicht,
deine Gebote zu halten.
61 Stricke von Frevlern umfangen mich,
deine Weisung aber habe ich nicht vergessen.
62 Mitten in der Nacht stehe ich auf, dich zu preisen
für die Gesetze deiner Gerechtigkeit.
63 Ich bin ein Freund aller, die dich fürchten,
und derer, die deine Befehle halten.
64 Von deiner Gnade, HERR, ist die Erde voll, 64: 33,5
lehre mich deine Satzungen.
65 Gutes hast du deinem Diener getan, *(Tet)*
HERR, nach deinem Wort.
66 Lehre mich rechtes Urteil und Erkenntnis,
denn ich vertraue deinen Geboten.
67 Ehe ich mich beugte, ging ich in die Irre,
nun aber halte ich dein Wort.
68 Du bist gut und tust Gutes,
lehre mich deine Satzungen.

69 Vermessene haben mich mit Lügen besudelt,
ich aber befolge deine Befehle von ganzem Herzen.
70 Fühllos wie Fett ist ihr Herz,
ich aber ergötze mich an deiner Weisung.
71 Es war gut für mich, dass ich gebeugt wurde,
damit ich deine Satzungen lerne.
72: 19,11; 119,103.127
72 Die Weisung deines Mundes ist mir lieber
als Tausende von Gold- und Silberstücken.
73: 139,14; Hiob 10,8
73 Deine Hände haben mich gemacht und bereitet, *(Jod)*
gib mir Einsicht, ich will deine Gebote lernen.
74: 130,5
74 Die dich fürchten, werden mich sehen und sich freuen,
denn auf dein Wort hoffe ich.
75 Ich habe erkannt, HERR, dass deine Gesetze gerecht sind
und du mich aus Treue gebeugt hast.
76 Deine Gnade werde mir zum Trost,
getreu deinem Wort an deinen Diener.
77 Dein Erbarmen komme über mich, so werde ich leben,
denn deine Weisung ist meine Wonne.
78 Es sollen zuschanden werden die Vermessenen, die mich mit Lügen bedrücken,
ich aber will über deine Befehle sinnen.
79 Mir mögen sich zuwenden, die dich fürchten
und die deine Vorschriften kennen.
80 Mein Herz richte sich ganz nach deinen Satzungen,
damit ich nicht zuschanden werde.
81 Meine Seele schmachtet nach deiner Hilfe, *(Kaf)*
auf dein Wort hoffe ich.
82 Meine Augen schmachten nach deinem Wort,
sie fragen: Wann wirst du mich trösten?
83 Fürwahr, ich bin wie ein Weinschlauch im Rauch,
deine Satzungen aber habe ich nicht vergessen.
84 Wie viele Tage noch bleiben deinem Diener?
Wann wirst du Gericht halten über meine Verfolger?
85: 7,16!
85 Vermessene haben mir Gruben gegraben,
sie, die nicht nach deiner Weisung leben.
86 Alle deine Gebote sind Wahrheit;
sie aber verfolgen mich mit Lügen. Hilf mir!
87 Fast hätten sie mich vernichtet im Land,
ich aber habe nicht abgelassen von deinen Befehlen.
88 Schenke mir Leben nach deiner Gnade,
und ich will halten, was dein Mund mir gebietet.
89 Auf ewig, HERR, *(Lamed)*
steht dein Wort im Himmel.
90–91: 148,5–6
90: 100,5!
90 Von Generation zu Generation währt deine Treue,
du hast die Erde gegründet, und sie stand.
91 Nach deinen Gesetzen bestehen sie bis heute,
denn das All ist dir dienstbar.
92 Wäre deine Weisung nicht meine Wonne,
ich wäre umgekommen in meinem Elend.
93 Nie will ich deine Befehle vergessen,

denn durch sie hast du mir Leben geschenkt.
94 Dein bin ich, rette mich,
denn deine Befehle suche ich.
95 Frevler lauern mir auf, mich zu verderben,
ich aber achte auf deine Vorschriften.
96 Ich sah, dass alles Vollkommene eine Grenze hat,
aber grenzenlos weit reicht dein Gebot.
97 Wie liebe ich deine Weisung! *(Mem)*
Allezeit bestimmt sie mein Sinnen.
98 Dein Gebot macht mich weiser, als meine Feinde sind,
denn ewig ist es mein.
99 Ich bin klüger geworden als alle meine Lehrer,
denn deine Vorschriften bestimmen mein Sinnen.
100 Ich bin einsichtiger als die Alten,
denn ich befolge deine Befehle.
101 Von jedem bösen Pfad hielt ich meine Schritte zurück, *101:* 1,1!–2
um dein Wort zu halten.
102 Von deinen Gesetzen bin ich nicht abgewichen,
denn du hast mich unterwiesen.
103 Wie süss sind deine Worte meinem Gaumen, *103:* 119,72!
süsser als Honig meinem Mund.
104 Aus deinen Befehlen schöpfe ich Einsicht,
darum hasse ich jeden Pfad der Lüge.
105 Dein Wort ist eine Leuchte meinem Fuss *(Nun)* *105:* Spr 6,23; Joh 8,12
und ein Licht auf meinem Pfad.
106 Ich habe geschworen und bekräftigt,
zu halten die Gesetze deiner Gerechtigkeit.
107 Ich bin tief gebeugt,
HERR, schenke mir Leben nach deinem Wort.
108 Nimm, HERR, die Opfer meines Mundes gnädig an,
und lehre mich deine Gesetze.
109 Ständig ist mein Leben in Gefahr,
aber deine Weisung vergesse ich nicht.
110 Frevler haben mir eine Falle gestellt, *110:* 140,6
ich aber bin nicht abgeirrt von deinen Befehlen.
111 Deine Vorschriften habe ich auf ewig zum Erbe erhalten,
sie sind meines Herzens Freude.
112 Ich neige mein Herz, deine Satzungen zu befolgen,
auf ewig, bis ans Ende.
113 Wankelmütige hasse ich, *(Samech)*
deine Weisung aber habe ich lieb.
114 Mein Schutz und mein Schild bist du,
auf dein Wort hoffe ich.
115 Weicht von mir, ihr Übeltäter, *115:* 6,9; Mt 7,23
ich will die Gebote meines Gottes befolgen.
116 Stütze mich nach deinem Wort, so werde ich leben,
und lass mich nicht zuschanden werden in meiner Hoffnung.
117 Halte mich, damit ich gerettet werde,
und stets will ich auf deine Satzungen schauen.
118 Du verwirfst alle, die von deinen Satzungen abirren,

denn Lüge sind ihre Machenschaften.
119 Wie Schlacken wirfst du alle Frevler der Erde weg,
darum liebe ich deine Vorschriften.
120 Mein Leib erschauert aus Angst vor dir,
und vor deinen Gesetzen fürchte ich mich.
121 Recht und Gerechtigkeit habe ich geübt, *(Ajin)*
gib mich nicht meinen Unterdrückern preis.
122 Tritt ein für das Wohl deines Dieners,
Vermessene sollen mich nicht unterdrücken.
123 Meine Augen sehnen sich nach deiner Hilfe
und nach deinem Wort der Gerechtigkeit.
124 Handle an deinem Diener nach deiner Gnade,
und lehre mich deine Satzungen.
125 Ich bin dein Diener, gib mir Einsicht,
damit ich deine Vorschriften verstehe.
126 Es ist Zeit zu handeln, HERR,
sie haben deine Weisung gebrochen.
127: 119,72! 127 Darum liebe ich deine Gebote
mehr als Gold und Feingold.
128 Darum folge ich allen deinen Befehlen,
jeden Pfad der Lüge aber hasse ich.
129 Wunder sind deine Vorschriften, *(Pe)*
darum befolgt sie meine Seele.
130: 19,8 130 Die Kundgabe deiner Worte erleuchtet,
Einfältige macht sie verständig.
131 Ich habe meinen Mund geöffnet und lechze,
mich verlangt nach deinen Geboten.
132: 25,16! · 69,37! 132 Wende dich zu mir und sei mir gnädig,
wie es denen gebührt, die deinen Namen lieben.
133 Festige meine Schritte durch dein Wort,
und lass kein Unrecht über mich herrschen.
134 Erlöse mich von Unterdrückung durch Menschen,
und ich will deine Befehle halten.
135: 4,7!; 31,17 135 Lass dein Angesicht leuchten über deinem Diener,
und lehre mich deine Satzungen.
136 Wasserbäche strömen aus meinen Augen,
weil man deine Weisung nicht hält.
137 Du, HERR, bist gerecht, *(Zade)*
und recht sind deine Gesetze.
138 Du hast in Gerechtigkeit deine Vorschriften erlassen
und in grosser Treue.
139: 69,10 139 Mein Eifer verzehrt mich,
denn meine Feinde haben deine Worte vergessen.
140: 19,9 140 Dein Wort ist rein und lauter,
und dein Diener hat es lieb.
141 Ich bin gering und verachtet,
doch deine Befehle habe ich nicht vergessen.
142 Deine Gerechtigkeit bleibt ewig Gerechtigkeit,

119,128: Der Massoretische Text wurde korrigiert.

und deine Weisung ist Wahrheit.
143 Not und Drangsal haben mich getroffen,
doch deine Gebote sind meine Wonne.
144 Deine Vorschriften sind auf ewig gerecht,
gib mir Einsicht, so werde ich leben.
145 Ich rufe von ganzem Herzen, erhöre mich, HERR, *(Qof)*
ich will deine Satzungen befolgen.
146 Ich rufe zu dir, hilf mir,
so will ich deine Vorschriften einhalten.
147 Schon in der Dämmerung stehe ich auf und schreie,
auf dein Wort hoffe ich.
148 Meine Augen eilen den Nachtwachen voraus, 148: 63,7; 77,4
um über dein Wort zu sinnen.
149 Höre meine Stimme in deiner Gnade,
schenke mir Leben, HERR, nach deinen Gesetzen.
150 Niederträchtige Verfolger nahen,
sie haben sich entfernt von deiner Weisung.
151 Du bist nahe, HERR,
und alle deine Gebote sind Wahrheit.
152 Schon immer weiss ich von deinen Vorschriften,
dass du sie für ewig gegründet hast.
153 Sieh mein Elend an und rette mich, *(Resch)*
denn ich habe deine Weisung nicht vergessen.
154 Führe meine Sache und erlöse mich,
schenke mir Leben nach deinem Wort.
155 Fern von den Frevlern ist die Hilfe,
denn sie fragen nicht nach deinen Satzungen.
156 Reich ist dein Erbarmen, HERR,
schenke mir Leben nach deinen Gesetzen.
157 Zahlreich sind meine Verfolger und Feinde,
doch von deinen Vorschriften bin ich nicht abgewichen.
158 Ich habe Abtrünnige gesehen, und mich widerte an,
dass sie dein Wort nicht halten.
159 Sieh, wie ich deine Befehle liebe,
HERR, schenke mir Leben nach deiner Gnade.
160 Die Summe deines Wortes ist Wahrheit,
und ewig gilt das ganze Gesetz deiner Gerechtigkeit.
161 Fürsten verfolgen mich ohne Grund, *(Schin)*
doch nur vor deinen Worten bebt mein Herz.
162 Ich freue mich über dein Wort
wie einer, der reiche Beute findet.
163 Lüge hasse und verabscheue ich,
deine Weisung habe ich lieb.
164 Siebenmal des Tages lobe ich dich
um der Gesetze deiner Gerechtigkeit willen.
165 Die deine Weisung lieben, haben Wohlergehen in Fülle,
und nichts lässt sie straucheln.
166 Ich warte auf deine Hilfe, HERR, 166: Gen 49,18
und deine Gebote erfülle ich.
167 Meine Seele hält deine Vorschriften,

und ich liebe sie innig.
168 Ich halte deine Befehle und Vorschriften,
denn alle meine Wege liegen offen vor dir.
169 Meine Klage dringe zu dir, HERR, *(Taw)*
gib mir Einsicht, getreu deinem Wort.
170 Mein Flehen gelange vor dich,
rette mich nach deinem Wort.
171 Meine Lippen sollen sprudeln von Lob,
denn du lehrst mich deine Satzungen.
172 Meine Zunge soll dein Wort besingen,
denn alle deine Gebote sind gerecht.
173 Deine Hand sei da, mir zu helfen,
denn deine Befehle habe ich erwählt.
174 Ich sehne mich nach deiner Hilfe, HERR,
und deine Weisung ist meine Lust.
175 Meine Seele möge leben und dich loben,
und deine Gesetze mögen mir helfen.
176 Ich irre umher wie ein verlorenes Schaf;
suche deinen Diener!
Deine Gebote habe ich nicht vergessen.

Rette mein Leben vor falscher Zunge

120 1 Ein Wallfahrtslied.
Zum HERRN rief ich in meiner Not,
und er erhörte mich.
2: 12,3! 2 HERR, rette mein Leben vor lügnerischer Lippe,
vor falscher Zunge.
3 Was soll er dir geben und was dir dazutun,
du falsche Zunge?
4 Scharfe Pfeile eines Kriegers
mit glühenden Kohlen vom Ginsterstrauch.
5 Weh mir, dass ich als Fremdling in Meschech weilen,
dass ich bei den Zelten von Kedar wohnen muss.
6 Zu lange schon habe ich gewohnt
bei dem, der den Frieden hasst.
7: 140,3 7 Ich will Frieden, und so rede ich,
sie aber sind für den Krieg.

Ich hebe meine Augen auf zu den Bergen

1: 25,15!; 123,1–2 · 125,2 · 14,7! 121 1 Ein Wallfahrtslied.
Ich hebe meine Augen auf zu den Bergen:
Woher wird mir Hilfe kommen?
2: 124,8; 146,5–6 2 Meine Hilfe kommt vom HERRN,
der Himmel und Erde gemacht hat.
3: 66,9 3 Er lässt deinen Fuss nicht wanken;
der dich behütet, schlummert nicht.
4 Sieh, nicht schlummert noch schläft
der Hüter Israels.
5: 127,1 5 Der HERR ist dein Hüter,
der HERR ist dein Schatten zu deiner Rechten.

6 Bei Tage wird dich die Sonne nicht stechen
noch der Mond des Nachts.
7 Der HERR behütet dich vor allem Bösen, 7–8: 97,10
er behütet dein Leben.
8 Der HERR behütet deinen Ausgang und Eingang 8: Dtn 28,6
von nun an bis in Ewigkeit.

Wünscht Jerusalem Frieden

122 1 Ein Wallfahrtslied. Von David. 1: Jes 2,3
Ich war voller Freude, als sie zu mir sprachen:
Wir gehen zum Haus des HERRN.
2 Nun stehen unsere Füsse
in deinen Toren, Jerusalem.
3 Jerusalem, gebaut 3: 48,13!–14
als fest gefügte Stadt,
4 wohin die Stämme hinaufziehen,
die Stämme des HERRN,
getreu dem Gesetz für Israel,
den Namen des HERRN zu preisen.
5 Denn dort stehen Throne für das Gericht,
Throne für das Haus Davids.
6 Wünscht Jerusalem Frieden!
Sicher mögen leben, die dich lieben.
7 Friede wohne in deinen Mauern,
Sicherheit in deinen Palästen.
8 Um meiner Brüder und Freunde willen
will ich dir Frieden wünschen.
9 Um des Hauses des HERRN, unseres Gottes, willen
suche ich dein Bestes.

Unsere Augen blicken auf den HERRN

123 1 Ein Wallfahrtslied. 1–2: 25,15!; 121,1
Zu dir erhebe ich meine Augen,
der du im Himmel thronst.
2 Sieh, wie die Augen der Diener
auf die Hand ihres Herrn,
wie die Augen der Magd
auf die Hand ihrer Herrin,
so blicken unsere Augen auf den HERRN, unseren Gott,
bis er uns gnädig ist.
3 Sei uns gnädig, HERR, sei uns gnädig,
denn übersatt sind wir der Verachtung.
4 Übersatt ist unsere Seele
vom Spott der Selbstsicheren,
von der Verachtung der Hochmütigen.

Unsere Hilfe steht im Namen des HERRN

124 1 Ein Wallfahrtslied. Von David. 1: 118,2; 129,1
Wäre es nicht der HERR gewesen, der für uns war,
so spreche Israel,

2 wäre es nicht der HERR gewesen, der für uns war,
als Menschen gegen uns aufstanden,
3: Spr 1,12 3 so hätten sie uns bei lebendigem Leib verschlungen,
als ihr Zorn gegen uns entbrannte.
4–5: 42,8! 4 Dann hätte das Wasser uns fortgerissen,
ein Wildbach hätte sich ergossen über uns,
5 über uns hätten sich ergossen
die tobenden Wasser.
6 Gepriesen sei der HERR,
der uns nicht ihren Zähnen zur Beute gab.
7: 91,3 · Spr 6,5 7 Unser Leben ist wie ein Vogel
dem Netz der Vogelsteller entkommen,
das Netz ist zerrissen,
und wir sind entkommen.
8: 121,2! 8 Unsere Hilfe steht im Namen des HERRN,
der Himmel und Erde gemacht hat.

Von Bergen rings umgeben

1: 46,6; Spr 10,30 **125** 1 Ein Wallfahrtslied.
Die auf den HERRN vertrauen, sind wie der Berg Zion,
der nicht wankt, der ewig bleibt.
2: 121,1 2 Von Bergen rings umgeben ist Jerusalem;
so umgibt der HERR sein Volk,
von nun an bis in Ewigkeit.
3 Denn das Zepter des Frevels wird nicht lasten
auf dem Erbteil der Gerechten,
damit die Gerechten ihre Hände
nicht nach dem Unrecht ausstrecken.
4: 18,26–27 4 Tue Gutes, HERR, den Guten
und denen, die aufrichtig sind in ihrem Herzen.
5: 128,6; Gal 6,16 5 Die aber ihre krummen Wege gehen,
die lasse der HERR dahinfahren samt den Übeltätern.
Friede über Israel!

Als der HERR Zions Geschick wandte

1: 14,7!; 51,20! **126** 1 Ein Wallfahrtslied.
Als der HERR wandte Zions Geschick,
waren wir wie Träumende.
2: Hiob 8,21 2 Da war unser Mund voll Lachen
und unsere Zunge voll Jubel.
Da sprach man unter den Nationen:
Der HERR hat Grosses an ihnen getan.
3: Lk 1,49 3 Grosses hat der HERR an uns getan,
wir waren voll Freude.
4: Dtn 30,3 4 Wende, HERR, unser Geschick,
versiegten Bächen im Südland gleich.
5: 30,6; Jes 65,18.19; Lk 6,21; Joh 16,20 5 Die mit Tränen säen,
werden mit Jubel ernten.

6 Weinend geht hin,
der den Saatbeutel trägt,
doch mit Jubel kommt heim,
der seine Garben trägt.

Dem Seinen gibt er es im Schlaf

127 1 Ein Wallfahrtslied. Von Salomo. 1: 121,5.7.8 · Spr 10,22
Wenn nicht der HERR das Haus baut,
mühen sich umsonst, die daran bauen;
wenn nicht der HERR die Stadt behütet,
wacht der Hüter umsonst.
2 Umsonst ist es, dass ihr früh aufsteht
und spät euch niedersetzt,
dass ihr Brot der Mühsal esst.
Dem Seinen gibt er es im Schlaf.
3 Sieh, das Erbteil des HERRN sind Söhne, 3: 115,14; 128,3–4; Gen 33,5; Dtn 28,11
ein Lohn ist die Frucht des Leibes.
4 Wie Pfeile in der Hand des Helden,
so sind die Söhne der Jugendzeit.
5 Wohl dem,
der seinen Köcher mit ihnen gefüllt hat.
Sie werden nicht zuschanden,
wenn sie mit Feinden rechten im Tor.

Wohl dir, du hast es gut

128 1 Ein Wallfahrtslied. 1: 112,1!
Wohl jedem, der den HERRN fürchtet,
der auf seinen Wegen geht.
2 Was deine Hände erarbeitet haben, darfst du geniessen,
wohl dir, du hast es gut.
3 Wie ein fruchtbarer Weinstock ist deine Frau 3–4: 112,2!; 127,3
im Innern deines Hauses, 3: 144,12; Hiob 29,5
wie Triebe des Ölbaums sind deine Söhne
rings um deinen Tisch.
4 Sieh, so wird gesegnet,
wer den HERRN fürchtet.
5 Es segne dich der HERR vom Zion her. 5: 134,3
Schaue das Glück Jerusalems
alle deine Tage,
6 und sieh die Söhne deiner Söhne. 6: 125,5!
Friede über Israel!

Oft haben sie mich bedrängt

129 1 Ein Wallfahrtslied. 1: 124,1!
Oft haben sie mich bedrängt, von Jugend an,
so spreche Israel,
2 oft haben sie mich bedrängt, von Jugend an,
doch sie haben mich nicht bezwungen.
3 Auf meinem Rücken haben Pflüger gepflügt, 3: Jes 51,23
ihre Furchen lang gezogen.

4 Der HERR aber ist gerecht, den Strick der Frevler
hat er zerhauen.
5 Es sollen zuschanden werden und zurückweichen
alle, die Zion hassen.
6: 2Kön 19,26; Jes 37,27
6 Sie sollen sein wie das Gras auf den Dächern,
das verdorrt, noch ehe man es ausreisst.
7 Ein Schnitter füllt nicht seine Hand damit,
noch ein Ährensammler den Bausch seines Kleids.
8: 118,26
8 Und die vorübergehen, sprechen nicht:
Der Segen des HERRN über euch.
Wir segnen euch im Namen des HERRN.

Aus der Tiefe rufe ich, HERR, zu dir

1–2: 5,2!–3
1: Klgl 3,55

130 1 Ein Wallfahrtslied.
Aus der Tiefe rufe ich, HERR, zu dir,
2 Herr, höre meine Stimme,
lass deine Ohren vernehmen
den Ruf meines Flehens.
3: Nah 1,6
3 Wenn du Sünden anrechnest, HERR,
Herr, wer kann bestehen?
4: 25,11–12; 86,5; 103,3; Neh 9,17; Dan 9,9
4 Doch bei dir ist die Vergebung,
damit man dich fürchte.
5: 119,74
5 Ich hoffe auf den HERRN, meine Seele hofft,
ich harre auf sein Wort.
6: Jes 21,11–12
6 Meine Seele harrt auf den Herrn,
mehr als die Wächter auf den Morgen,
mehr als die Wächter auf den Morgen.
7: 33,18; 131,3
7 Harre, Israel, auf den HERRN.
Denn beim HERRN ist die Gnade,
und bei ihm ist Erlösung in Fülle.
8: 25,22 · Mt 1,21
8 Er wird Israel erlösen
von allen seinen Sünden.

Meine Seele ist ruhig in mir

1: 139,6

131 1 Ein Wallfahrtslied. Von David.
HERR, mein Herz will nicht hoch hinaus,
und meine Augen blicken nicht hochmütig,
ich gehe nicht mit grossen Dingen um,
mit Dingen, die mir zu wunderbar sind.
2 Fürwahr, ich habe meine Seele
besänftigt und beruhigt;
wie ein entwöhntes Kind bei seiner Mutter,
wie das entwöhnte Kind ist meine Seele ruhig in mir.
3: 130,7
3 Harre, Israel, auf den HERRN
von nun an bis in Ewigkeit.

Um Davids willen

132 1 Ein Wallfahrtslied.
Rechne, HERR, dem David
alle seine Entbehrungen an,

2 da er dem HERRN schwur, 2: Gen 49,24
dem Starken Jakobs gelobte:
3 Ich will das Zelt meines Hauses nicht betreten, 3–5: 2Sam 7,1–2;
will mich nicht zur Ruhe legen, 1Chr 28,2
4 ich will meinen Augen keinen Schlaf gönnen, 4: Spr 6,4
meinen Wimpern keinen Schlummer,
5 bis ich eine Stätte finde für den HERRN,
eine Wohnung für den Starken Jakobs.
6 Seht, wir hörten von ihr in Efrata, 6: 1Sam 7,1–2
fanden sie in den Gefilden von Jaar.
7 Lasst uns einziehen in seine Wohnung, 7: 99,5!
uns niederwerfen vor dem Schemel seiner Füsse.
8 Steh auf, HERR, von deiner Ruhestatt, 8–11: 2Chr 6,41–42
du und deine machtvolle Lade. 8: Num 10,35–36
9 Deine Priester sollen sich in Gerechtigkeit kleiden,
jubeln sollen deine Getreuen.
10 Um Davids, deines Dieners, willen
weise deinen Gesalbten nicht ab.
11 Der HERR hat David geschworen, 11: 89,4!–5.36–37;
gewiss rückt er davon nicht ab: 110,4
Einen Spross aus deinem Geschlecht
will ich auf deinen Thron setzen.
12 Wenn deine Söhne meinen Bund halten 12: 89,30–34
und mein Gesetz, das ich sie lehre,
sollen auch ihre Söhne für immer
auf deinem Thron sitzen.
13 Denn der HERR hat den Zion erwählt, 13: 76,3; 78,68!
ihn zu seinem Wohnsitz erkoren:
14 Dies ist meine Ruhestatt für immer,
hier will ich wohnen, denn ich habe sie erkoren.
15 Mit Nahrung will ich sie reichlich segnen,
ihre Armen sättigen mit Brot.
16 Ihre Priester will ich mit Heil bekleiden, 16: 2Chr 6,41;
und laut sollen ihre Getreuen jubeln. Jes 61,10
17 Dort will ich David ein Horn sprossen lassen, 17: 89,18!; Lk 1,69 ·
für meinen Gesalbten halte ich eine Leuchte bereit. 1Kön 11,36
18 Seine Feinde will ich in Schande kleiden, 18: 21,4
doch ihm soll auf dem Haupt sein Diadem erglänzen.

Der HERR gewährt Segen

133 1 Ein Wallfahrtslied. Von David.
Sieh, wie gut und schön ist es,
wenn Brüder beieinander wohnen.
2 Wie das köstliche Öl auf dem Haupt, 2: Ex 29,7; 30,30
das herabrinnt in den Bart,
in den Bart Aarons,
der herabwallt auf den Saum seiner Gewänder.

132,11: Wörtlich: «… Einen von der Frucht deines Leibes …»

3 Wie der Tau des Hermon, der herabfällt
auf die Berge Zions.
Denn dort gewährt der HERR den Segen,
Leben bis in Ewigkeit.

Preist den HERRN in den Nächten

1: 113,1; 135,1–2
134 1 Ein Wallfahrtslied.
Wohlan, preist den HERRN,
all ihr Diener des HERRN,
die ihr steht im Haus des HERRN
in den Nächten.
2: 28,2; 63,5; 141,2
2 Erhebt eure Hände zum Heiligtum
und preist den HERRN.
3: 128,5; 115,15
3 Es segne dich vom Zion her der HERR,
der Himmel und Erde gemacht hat.

Gepriesen sei der HERR vom Zion her

1–3: 100,4–5
1–2: 134,1!
135 1 Hallelujah.
Lobt den Namen des HERRN,
lobt ihn, ihr Diener des HERRN,
2 die ihr steht im Haus des HERRN,
in den Vorhöfen des Hauses unseres Gottes.
3: 106,1!
3 Lobt den HERRN, denn der HERR ist gut,
singt seinem Namen, denn er ist lieblich.
4: Dtn 7,6
4 Denn der HERR hat sich Jakob erwählt,
Israel zu seinem Eigentum.
5: 95,3!; Ex 18,11
5 Ich weiss: Gross ist der HERR,
unser Herr ist grösser als alle Götter.
6: 115,3; Mt 6,10
6 Alles, was dem HERRN gefällt,
vollbringt er im Himmel und auf Erden,
in den Meeren und in allen Tiefen.
7: Jer 10,13; 51,16
7 Der Wolken heraufführt vom Ende der Erde,
Blitze zu Regen macht,
der den Wind hervorholt aus seinen Kammern.
8: 78,51; 105,36; 136,10; Ex 11,4–8; 12,29
8 Der die Erstgeborenen Ägyptens schlug,
vom Menschen bis zum Vieh,
9: 78,43
9 der Zeichen und Wunder sandte
in deine Mitte, Ägypten,
gegen den Pharao und alle seine Diener.
10–12: 136,17–22; Jos 12
10 Der viele Nationen schlug
und mächtige Könige tötete:
11: Num 21,21–24.33–35
11 Sichon, den König der Amoriter,
und Og, den König des Baschan,
und alle Königreiche Kanaans.
12: Jos 11,23
12 Und er gab ihr Land zum Erbe,
zum Erbe Israel, seinem Volk.
13: 102,13
13 HERR, dein Name währt ewig,
dein Ruhm, HERR, von Generation zu Generation.

14 Denn der HERR schafft Recht seinem Volk
und erbarmt sich seiner Diener.
15 Die Götzen der Nationen sind Silber und Gold,
Machwerk von Menschenhand.
16 Sie haben einen Mund und sprechen nicht,
haben Augen und sehen nicht.
17 Sie haben Ohren und hören nicht,
auch ist kein Atem in ihrem Mund.
18 Ihnen werden gleich sein, die sie machen,
jeder, der ihnen vertraut.
19 Haus Israel, preist den HERRN!
Haus Aarons, preist den HERRN!
20 Haus Levis, preist den HERRN!
Die ihr den Herrn fürchtet, preist den HERRN!
21 Gepriesen sei vom Zion her der HERR,
der in Jerusalem wohnt.
Hallelujah.

14: Dtn 32,36
15–18: 115,4–6.8
19–20: 115,9!–11

Ewig währt seine Gnade

136 1 Preist den HERRN, denn er ist gut,
ewig währt seine Gnade.
2 Preist den Gott der Götter,
ewig währt seine Gnade.
3 Preist den Herrn der Herren,
ewig währt seine Gnade.
4 Der alleine grosse Wunder tut,
ewig währt seine Gnade.
5 Der den Himmel in Weisheit gemacht hat,
ewig währt seine Gnade.
6 Der die Erde über den Wassern gefestigt hat,
ewig währt seine Gnade.
7 Der grosse Lichter gemacht hat,
ewig währt seine Gnade,
8 die Sonne zur Herrschaft über den Tag,
ewig währt seine Gnade,
9 den Mond und die Sterne zur Herrschaft über die Nacht,
ewig währt seine Gnade.
10 Der die Erstgeborenen schlug in Ägypten,
ewig währt seine Gnade,
11 und Israel herausführte aus ihrer Mitte,
ewig währt seine Gnade,
12 mit starker Hand und ausgestrecktem Arm,
ewig währt seine Gnade.
13 Der das Schilfmeer in Stücke zerteilte,
ewig währt seine Gnade,
14 und Israel mitten hindurchziehen liess,
ewig währt seine Gnade,
15 und den Pharao und sein Heer ins Schilfmeer trieb,
ewig währt seine Gnade.
16 Der sein Volk durch die Wüste führte,

1: 106,1!
2: Dtn 10,17
3–4: 72,18–19
5: Spr 3,19; 8,27; Jer 10,12; 51,15
7: Gen 1,16
10: 135,8!
11–12: Dtn 4,34
13–15: Ex 14,15–31
16: Dtn 8,2.15

ewig währt seine Gnade.
17–22: 135,10–12 17 Der grosse Könige schlug,
ewig währt seine Gnade,
18 und mächtige Könige tötete,
ewig währt seine Gnade,
19 Sichon, den König der Amoriter,
ewig währt seine Gnade,
20 und Og, den König des Baschan,
ewig währt seine Gnade,
21 und ihr Land zum Erbe gab,
ewig währt seine Gnade,
22 zum Erbe Israel, seinem Diener,
ewig währt seine Gnade.
23 Der unser gedachte in unserer Erniedrigung,
ewig währt seine Gnade,
24 und uns unseren Feinden entriss,
ewig währt seine Gnade.
25: 145,15!–16 25 Der Speise gibt allem Fleisch,
ewig währt seine Gnade.
26 Preist den Gott des Himmels,
ewig währt seine Gnade.

An den Strömen Babels

1: Ez 1,1; 3,15 137 1 An den Strömen Babels,
da sassen wir und weinten,
als wir an Zion dachten.
2 Unsere Leiern hängten wir
an die Weiden im Land.
3 Denn dort verlangten,
die uns gefangen hielten, Lieder von uns,
und die uns quälten, Freudengesänge:
Singt uns
Zionslieder.
4 Wie könnten wir Lieder des HERRN singen
auf fremdem Boden.
5: Jer 51,50 5 Wenn ich dich vergesse, Jerusalem,
soll meine Rechte verdorren.
6 Meine Zunge soll an meinem Gaumen kleben,
wenn ich deiner nicht mehr gedenke,
wenn ich Jerusalem nicht erhebe
über die höchste meiner Freuden.
7: Klgl 4,21–22; Ez 25,12–14; 35; Obd 8–15 7 Den Tag Jerusalems, HERR,
rechne den Edomitern an,
die sprachen: Nieder, nieder mit ihr
bis auf den Grund.
8–9: Jes 14,22; 47; Jer 50–51; 50,29 8 Tochter Babel, der Vernichtung geweiht,
wohl dem, der dir die Untat heimzahlt,
die du an uns getan hast.
9 Wohl dem, der deine Kinder packt
und am Felsen zerschmettert.

Du gabst meiner Seele Kraft

138 1 Von David. 1: 9,2
Ich will dich preisen von ganzem Herzen,
vor Göttern will ich dir singen.
2 Zu deinem heiligen Tempel hin will ich mich niederwerfen 2: 5,8
und deinen Namen preisen um deiner Gnade und Treue willen,
denn du hast dein Wort gross gemacht um deines Namens willen.
3 Am Tag, da ich rief, erhörtest du mich,
du gabst meiner Seele Kraft.
4 Preisen sollen dich, HERR, alle Könige der Erde,
denn sie haben die Worte deines Mundes gehört.
5 Sie sollen singen von den Wegen des HERRN,
denn gross ist die Herrlichkeit des HERRN.
6 Erhaben ist der HERR, doch den Niedrigen sieht er,
und den Hochmütigen erkennt er von fern.
7 Gehe ich auch mitten durch Bedrängnis,
du erhältst mich am Leben, dem Zorn meiner Feinde zum Trotz,
du streckst deine Hand aus,
und deine Rechte rettet mich.
8 Der HERR wird es vollenden für mich. 8: 106,1!
HERR, deine Gnade währt ewig,
lass nicht fahren die Werke deiner Hände.

Erforsche mich, Gott

139 1 Für den Chormeister. Von David. Ein Psalm. 1: Jer 12,3
HERR, du hast mich erforscht, und du kennst mich.
2 Ob ich sitze oder stehe, du weisst es, 2: 2Kön 19,27;
du verstehst meine Gedanken von fern. Jes 37,27–28
3 Ob ich gehe oder liege, du hast es bemessen, 3: Hiob 31,4
und mit allen meinen Wegen bist du vertraut.
4 Kein Wort ist auf meiner Zunge,
das du, HERR, nicht ganz und gar kennst.
5 Hinten und vorne hältst du mich umschlossen,
und deine Hand hast du auf mich gelegt.
6 Zu wunderbar ist es für mich, dies zu erkennen, 6: 131,1
zu hoch, ich kann es nicht fassen.
7 Wohin soll ich gehen vor deinem Geist
und wohin fliehen vor deinem Angesicht?
8 Stiege ich hinauf zum Himmel, du bist dort, 8: Spr 15,11; Am 9,2
und schlüge ich mein Lager auf im Totenreich, sieh, du bist da.
9 Nähme ich die Flügel der Morgenröte
und liesse mich nieder am äussersten Ende des Meeres,
10 auch dort würde deine Hand mich leiten
und deine Rechte mich fassen.
11 Und spräche ich: Finsternis breche über mich herein, 11–12: Hiob 34,22
und Nacht sei das Licht um mich her,

138,2: Möglich ist auch die Übersetzung: «..., denn du hast gross gemacht dein Wort über deinen ganzen Ruhm hinaus.»

12 so wäre auch die Finsternis nicht finster für dich,
und die Nacht wäre licht wie der Tag,
Finsternis wie das Licht.
13 Denn du bist es, der meine Nieren geschaffen,
der mich im Leib meiner Mutter gewoben hat.
14: 119,73! 14 Ich preise dich, dass ich so herrlich, so wunderbar geschaffen bin;
wunderbar sind deine Werke,
meine Seele weiss dies wohl.
15 Mein Gebein war dir nicht verborgen,
als ich im Dunkeln gemacht wurde,
kunstvoll gewirkt in den Tiefen der Erde.
16 Noch bevor ich geboren war, sahen mich deine Augen,
in deinem Buch war alles verzeichnet,
die Tage waren schon geformt,
als noch keiner von ihnen da war.
17–18: 40,6! 17 Mir aber, wie schwer sind mir deine Gedanken, Gott,
wie gewaltig ist ihre Zahl.
18 Wollte ich sie zählen, es wären mehr als der Sand,
wache ich auf, ist mein Sinn noch bei dir.
19 Wolltest du, Gott, doch den Frevler töten!
Ihr Mörder, weicht von mir.
20 Sie sprechen von dir voller Tücke,
es erheben sich deine Feinde im Wahn.
21 Sollte ich nicht hassen, HERR, die dich hassen,
sollten mich nicht ekeln, die sich gegen dich auflehnen?
22 Ich hasse sie mit glühendem Hass,
auch mir sind sie zu Feinden geworden.
23: 26,2! 23 Erforsche mich, Gott, und erkenne mein Herz,
prüfe mich und erkenne meine Gedanken.
24: 25,4!–5 24 Sieh, ob ein gottloser Weg mich verführt,
und leite mich auf ewigem Weg.

Rette mich, HERR, *vor bösen Menschen*

140 1 Ein Psalm Davids.
2 Rette mich, HERR, vor bösen Menschen,
bewahre mich vor Gewalttätigen,
3: 120,7 3 die Böses im Herzen ersinnen,
die allezeit Krieg anzetteln.
4: 58,5; Röm 3,13 4 Sie schärfen ihre Zungen wie eine Schlange,
Viperngift ist auf ihren Lippen. *Sela*
5 Behüte mich, HERR, vor den Händen des Frevlers,
bewahre mich vor Gewalttätigen,
die darauf sinnen, mich zu Fall zu bringen.
6: 31,5!; 141,9; 142,4 6 Hochmütige haben mir heimlich Schlingen gelegt
und Stricke zu einem Netz gespannt,
den Weg entlang mir Fallen gestellt. *Sela*
7: 31,15 7 Ich spreche zum HERRN: Du bist mein Gott,
vernimm, HERR, den Ruf meines Flehens.
8 HERR, mein Herr, du Hort meiner Hilfe,
du beschirmst mein Haupt am Tag der Waffen.

9 HERR, gib dem Drängen der Frevler nicht nach,
lass ihren Plan nicht gelingen,
wenn sie sich überheben. *Sela*
10 Das Unheil ihrer Lippen bedecke
das Haupt derer, die mich umringen.
11 Feurige Kohlen sollen auf sie fallen, 11: 11,6!
in Gruben stürze er sie, nie wieder sollen sie sich erheben.
12 Der Verleumder wird nicht bestehen im Land,
den Gewalttätigen wird Unglück jagen, Schlag auf Schlag.
13 Ich weiss, der HERR vertritt
die Sache der Elenden, das Recht der Armen.
14 Die Gerechten werden deinen Namen preisen, 14: 11,7
die Aufrichtigen werden vor deinem Angesicht wohnen.

Vor dir stehe mein Gebet

141 1 Ein Psalm Davids.
HERR, zu dir rufe ich, eile zu mir,
vernimm meine Stimme, wenn ich zu dir rufe.
2 Als Rauchopfer stehe mein Gebet vor dir, 2: 134,2!
als Abendopfer das Erheben meiner Hände.
3 Setze, HERR, meinem Mund eine Wache,
hüte die Tür meiner Lippen.
4 Lass mein Herz sich nicht neigen zu böser Rede
und zu frevelndem Tun
mit den Übeltätern;
von ihren Leckerbissen will ich nicht kosten.
5 Schlägt mich der Gerechte aus Güte und züchtigt er mich, 5: Spr 27,6.9
so ist es Öl für das Haupt, mein Haupt soll sich nicht sträuben.
Gegen ihre Bosheit steht mein Gebet.
6 Fallen sie in die steinharte Hand ihrer Richter,
werden sie hören, wie freundlich meine Worte sind.
7 Wie beim Pflügen und Aufreissen der Erde
liegen unsere Gebeine zerstreut im Rachen des Totenreichs.
8 Doch auf dich, Gott, mein HERR, sind meine Augen gerichtet, 8: 25,15!
bei dir suche ich Zuflucht,
schütte mein Leben nicht weg.
9 Behüte mich vor der Schlinge, die sie mir legten, 9: 140,6!
und vor den Fallen der Übeltäter.
10 Die Frevler sollen in ihre eigenen Netze fallen, 10: 7,16!
ich aber gehe sicher daran vorbei.

Wenn mein Geist in mir verzagt

142 1 Ein Weisheitslied Davids, als er in der Höhle war. Ein Gebet. 1: 57,1; 1Sam 22,1
2 Laut schreie ich zum HERRN,
laut flehe ich zum HERRN.
3 Meine Sorge schütte ich vor ihm aus,
tue kund vor ihm meine Not.
4 Wenn mein Geist in mir verzagt, 4: 143,4 · 140,6!
kennst doch du meinen Pfad;

auf dem Weg, den ich gehe,
haben sie mir Schlingen gelegt.
5 Blicke zur Rechten und sieh,
niemand will mich kennen,
verloren ist mir die Zuflucht,
niemand fragt nach mir.
6: 16,5! · 27,13! 6 HERR, ich schreie zu dir,
ich spreche: Du bist meine Zuflucht,
mein Teil im Land der Lebenden.
7: 79,8 7 Vernimm mein Flehen,
denn ich bin sehr schwach.
Rette mich vor meinen Verfolgern,
denn sie sind mir zu mächtig.
8: 143,11! 8 Führe mich hinaus aus dem Kerker,
damit ich deinen Namen preise.
Die Gerechten werden sich um mich scharen,
weil du mir Gutes tust.

Dein guter Geist leite mich

143

1 Ein Psalm Davids.
HERR, höre mein Gebet,
vernimm mein Flehen,
in deiner Treue erhöre mich, in deiner Gerechtigkeit.
2: Hiob 4,17; 9,2; Koh 7,21; Röm 3,19–20 2 Geh nicht ins Gericht mit deinem Diener,
denn kein Lebender ist gerecht vor dir.
3: 7,6 · Klgl 3,6 3 Denn der Feind verfolgt mich,
er tritt mein Leben zu Boden,
in Finsternis lässt er mich wohnen, ewig Verstorbenen gleich.
4: 142,4 4 Mein Geist verzagt in mir,
das Herz erstarrt in meiner Brust.
5: 77,6! 5 Ich gedenke vergangener Tage,
ich sinne über all dein Tun,
erwäge das Werk deiner Hände.
6: 42,2!–3 6 Ich breite meine Hände aus zu dir,
meine Seele dürstet nach dir wie lechzendes Land. *Sela*
7: 69,18! · 28,1 7 HERR, erhöre mich bald,
es verschmachtet mein Geist,
verbirg dein Angesicht nicht vor mir,
damit ich denen nicht gleich werde, die hinabfahren zur Grube.
8: 90,14 · 25,4!–5 · 25,1! 8 Lass mich am Morgen deine Gnade hören,
denn auf dich vertraue ich.
Tue mir kund den Weg, den ich gehen soll,
denn zu dir erhebe ich meine Seele.
9 Rette mich vor meinen Feinden, HERR,
zu dir hin fliehe ich.
10: 5,9! 10 Lehre mich, deinen Willen zu tun,
denn du bist mein Gott,
dein guter Geist leite mich
auf ebenem Grund.

11 Um deines Namens willen, HERR, erhalte mich am Leben, 11: 25,17; 142,8
in deiner Gerechtigkeit führe meine Seele aus der Not.
12 In deiner Güte vertilge meine Feinde, 12: 116,16
und lass umkommen alle, die mich bedrängen,
denn ich bin dein Diener.

Wohl dem Volk, dessen Gott der HERR ist

144 1 Von David. 1: 18,47 · 18,35
Gepriesen sei der HERR, mein Fels,
der meine Hände den Kampf lehrt,
meine Finger den Krieg.
2 Meine Gnade und meine Festung, 2: 18,3! · 18,48
meine Burg und mein Retter,
mein Schild, bei dem ich Zuflucht suche,
der mein Volk unter mich zwingt.
3 HERR, was ist der Mensch, dass du ihn kennst, 3: 8,5!
des Menschen Kind, dass du es beachtest?
4 Der Mensch gleicht einem Hauch, 4: 39,12! · 102,12!
seine Tage sind wie ein flüchtiger Schatten.
5 HERR, neige deinen Himmel und fahre herab, 5: 18,10 · 104,32
rühre die Berge an, dass sie rauchen.
6 Lass Blitze zucken und zerstreue sie, 6: 18,15
schiesse deine Pfeile und schrecke sie.
7 Strecke deine Hand herab aus der Höhe, 7: 18,17–18
rette mich und reisse mich heraus
aus gewaltigen Wassern,
aus der Hand der Fremden,
8 deren Mund Falsches redet
und deren Rechte sich zum Meineid erhebt.
9 Gott, ein neues Lied will ich dir singen, 9: 33,3! · 33,2!
auf zehnsaitiger Harfe will ich dir spielen,
10 dir, der den Königen Hilfe schenkt, 10: 18,51
der David, seinen Diener, vor bösem Schwert errettet.
11 Rette mich und reisse mich heraus
aus der Hand der Fremden,
deren Mund Falsches redet
und deren Rechte sich zum Meineid erhebt.
12 Unsere Söhne sind wie Pflanzen, 12: 128,3
grossgezogen in ihrer Jugend,
unsere Töchter sind wie Säulen, fein geschnitzt,
ein Abbild des Palasts.
13 Unsere Speicher sind gefüllt, 13–14: 65,10–14
spenden Vorrat jeglicher Art.
Unsere Schafe mehren sich tausendfach,
vieltausendmal auf unseren Fluren.
14 Unsere Rinder sind trächtig,
ohne Schaden und ohne Fehlgeburt,
kein Wehgeschrei ist auf unseren Gassen.
15 Wohl dem Volk, dem es so ergeht, 15: 33,12
wohl dem Volk, dessen Gott der HERR ist.

Dein ist das Reich

1: 5,3!

145 1 Ein Loblied Davids.
Ich will dich erheben, mein Gott und König,
und deinen Namen preisen immer und ewig.
2 Allezeit will ich dich preisen
und deinen Namen loben immer und ewig.
3: 48,2!; 147,5 — 3 Gross ist der HERR und hoch zu loben,
unerforschlich ist seine Grösse.
4: 78,3–4 — 4 Eine Generation rühmt der andern deine Werke,
und deine mächtigen Taten verkünden sie.
5: 105,2 — 5 Pracht und Glanz deiner Hoheit
und die Kunde deiner Wunder will ich bedenken.
6 Von der Macht deiner furchterregenden Taten sollen sie sprechen,
deine Grosstaten will ich erzählen.
7 Den Ruhm deiner grossen Güte sollen sie ausbreiten
und deine Gerechtigkeit bejubeln.
8: 86,15! — 8 Gnädig und barmherzig ist der HERR,
langmütig und reich an Gnade.
9 Der HERR ist gut gegen alle,
und sein Erbarmen waltet über allen seinen Werken.
10: 103,22 — 10 Es preisen dich, HERR, alle deine Werke,
und deine Getreuen loben dich.
11 Sie sprechen von der Herrlichkeit deines Reichs
und reden von deiner Macht,
12 um den Menschen kundzutun deine mächtigen Taten,
Glanz und Pracht deines Reichs.
13: 22,29; 103,19; 1Chr 29,11–12; Dan 3,33; Mt 6,10 — 13 Dein Reich ist ein Reich für alle Zeiten,
und deine Herrschaft währt von Generation zu Generation.
14: 37,24; 146,8; 147,6 — 14 Der HERR stützt alle, die fallen,
und richtet alle Gebeugten auf.
15–16: 104,27–28; 136,25; 146,7; 147,9!; Mt 6,11.25–26 — 15 Aller Augen warten auf dich,
und du gibst ihnen Speise zur rechten Zeit.
16 Du tust deine Hand auf
und sättigst alles, was lebt, mit Wohlgefallen.
17: Dtn 32,4 — 17 Der HERR ist gerecht auf allen seinen Wegen
und getreu in allen seinen Werken.
18: Dtn 4,7 — 18 Der HERR ist nahe allen, die ihn anrufen,
allen, die ihn wahrhaft anrufen.
19 Er erfüllt das Verlangen derer, die ihn fürchten,
er hört ihr Schreien und rettet sie.
20 Der HERR behütet alle, die ihn lieben,
alle Frevler aber wird er vertilgen.
21 Mein Mund verkünde das Lob des HERRN,
und alles Fleisch preise seinen heiligen Namen,
immer und ewig.

Wohl dem, dessen Hilfe der Gott Jakobs ist

146 1 Hallelujah.
Lobe den HERRN, meine Seele.
2 Ich will den HERRN loben mein Leben lang, 2: 104,33
will meinem Gott singen, solange ich bin.
3 Vertraut nicht auf Fürsten, 3: 118,9; Jes 2,22
nicht auf den Menschen, bei dem keine Hilfe ist.
4 Schwindet sein Atem, wird er wieder zur Erde, 4: 104,29!
gleichentags sind seine Pläne zunichte.
5 Wohl dem, dessen Hilfe der Gott Jakobs ist, 5–6: 121,2!
der seine Hoffnung auf den HERRN setzt, seinen Gott,
6 der Himmel und Erde gemacht hat
und das Meer und alles, was in ihnen ist,
der Treue bewahrt auf ewig,
7 der Recht schafft den Unterdrückten, 7–8: 68,7; 103,6; 107,14!
der den Hungrigen Brot gibt. 7: 145,15!–16
Der HERR befreit die Gefangenen.
8 Der HERR macht Blinde sehend, 8: 145,14!
der HERR richtet die Gebeugten auf,
der HERR liebt die Gerechten.
9 Der HERR behütet die Fremdlinge, 9: 10,14; 68,6; 94,6!
Waisen und Witwen hilft er auf,
doch in die Irre führt er den Weg der Frevler.
10 Der HERR ist König in Ewigkeit, 10: 10,16!; 145,13
dein Gott, Zion, von Generation zu Generation.
Hallelujah.

Jerusalem, rühme den HERRN

147 1 Hallelujah. 1: 33,1; 92,2
Gut ist es, unserem Gott zu singen,
schön ist es, ein Loblied anzustimmen.
2 Der HERR baut Jerusalem auf, 2: 51,20! · Jes 11,12; 56,8; Jer 31,10
er sammelt die Versprengten Israels.
3 Er heilt, die gebrochenen Herzens sind, 3: Hiob 5,18; Jes 61,1; Jer 33,6; Hos 6,1
und verbindet ihre Wunden.
4 Er bestimmt den Sternen die Zahl, 4: Jes 40,26
ruft sie alle mit Namen.
5 Gross ist unser Herr und reich an Kraft, 5: 145,3!
unermesslich ist seine Weisheit.
6 Der HERR hilft den Gebeugten auf, 6: 145,14!; 1Sam 2,7.8
erniedrigt die Frevler in den Staub.
7 Antwortet dem HERRN mit Dank,
spielt unserem Gott auf der Leier.
8 Der den Himmel mit Wolken bedeckt, 8–9: 104,13–14
der Erde den Regen schafft,
der auf Bergen Gras spriessen lässt,
9 der dem Vieh Nahrung gibt, 9: 145,15!–16; Hiob 38,41; Lk 12,24
den Raben, wonach sie krächzen.
10 An der Kraft des Rosses hat er keine Freude, 10: 20,8!
kein Gefallen an den Schenkeln des Mannes.

11: 33,18; 149,4 11 Gefallen hat der HERR an denen, die ihn fürchten,
an denen, die auf seine Gnade harren.
12 Jerusalem, rühme den HERRN,
lobe, Zion, deinen Gott.
13: 48,13!–14 · 107,16 · Jes 54,13 13 Denn die Riegel deiner Tore hat er festgemacht,
deine Söhne in deiner Mitte gesegnet.
14: 81,17 14 Deinen Grenzen schafft er Frieden,
mit dem besten Weizen sättigt er dich.
15–18: 148,8! 15: 107,20! 15 Er sendet sein Wort zur Erde,
schnell eilt sein Wort.
16: Hiob 38,22 16 Er spendet Schnee wie Wolle,
streut aus den Reif wie Asche.
17: Hiob 37,10 17 Wie Brocken wirft er das Eis,
wer könnte bestehen vor seinem Frost?
18: 107,20! 18 Er sendet sein Wort und bringt alles zum Schmelzen,
er lässt den Wind wehen, und es rinnt das Wasser.
19: 78,5! 19 Er verkündet Jakob sein Wort,
Israel seine Satzungen und Gesetze.
20: Dtn 4,7–8 20 An keinem Volk hat er gleich gehandelt,
und seine Gesetze kennen sie nicht.
Hallelujah.

Sein Name allein ist erhaben

1–14: Ps 103,20–22 148 1 Hallelujah.
Lobt den HERRN vom Himmel her,
lobt ihn in den Höhen.
2 Lobt ihn, alle seine Boten,
lobt ihn, alle seine Heerscharen.
3 Lobt ihn, Sonne und Mond,
lobt ihn, all ihr leuchtenden Sterne.
4 Lobt ihn, ihr Himmel der Himmel
und ihr Wasser über dem Himmel.
5–6: 119,90–91 5: 33,9 5 Sie sollen loben den Namen des HERRN,
denn er gebot, und sie wurden geschaffen.
6: Jer 31,35–36 6 Er setzte sie für immer und ewig,
er gab eine Ordnung, und niemand darf sie verletzen.
7 Lobt den HERRN von der Erde her,
ihr Ungeheuer und alle Fluten.
8: 147,15–18; Jes 55,10–11 8 Feuer und Hagel, Schnee und Nebel,
du Sturmwind, der sein Wort vollzieht,
9: Jes 44,23 9 ihr Berge und all ihr Hügel,
ihr Fruchtbäume und alle Zedern,
10: Jes 43,20 10 ihr wilden Tiere und alles Vieh,
Kriechtiere und gefiederte Vögel.
11 Ihr Könige der Erde und all ihr Nationen,
ihr Fürsten und alle Richter der Erde,

147,19: Nach einer anderen hebräischen Tradition lautet der Text: «... seine Worte, ...»
147,20: Der Massoretische Text wurde korrigiert; er lautet übersetzt: «..., und die Gesetze kennen sie nicht. ...»

12 ihr jungen Männer und auch ihr jungen Frauen,
ihr Alten und Jungen.
13 Sie sollen loben den Namen des HERRN,
denn sein Name allein ist erhaben,
seine Hoheit über Erde und Himmel.
14 Er hat seinem Volk das Horn erhoben, 14: 89,18!
zum Ruhm für alle seine Getreuen,
für die Israeliten, das Volk, das ihm nahe ist.
Hallelujah.

Lobpreisungen Gottes

149 1 Hallelujah. 1: 33,3!
Singt dem HERRN ein neues Lied,
sein Lob in der Versammlung der Getreuen.
2 Es freue Israel sich seines Schöpfers,
die Söhne Zions sollen jauchzen über ihren König.
3 Seinen Namen sollen sie loben beim Reigentanz, 3: 87,7; 150,3–4
mit Trommel und Leier ihm spielen.
4 Denn der HERR hat Gefallen an seinem Volk, 4: 147,11!; Jes 61,2–3
die Gebeugten schmückt er mit Heil.
5 Frohlocken sollen die Getreuen in Herrlichkeit,
jubeln auf ihren Lagern,
6 Lobpreisungen Gottes im Munde
und ein zweischneidiges Schwert in der Hand,
7 Rache zu vollziehen an den Völkern,
Strafgerichte an den Nationen,
8 ihre Könige mit Ketten zu binden 8: 2,3
und ihre Edlen mit eisernen Fesseln,
9 an ihnen zu vollstrecken das geschriebene Urteil.
Ehre ist dies allen seinen Getreuen.
Hallelujah.

Hallelujah

150 1 Hallelujah.
Lobt Gott in seinem Heiligtum,
lobt ihn in seiner starken Feste.
2 Lobt ihn um seiner machtvollen Taten willen,
lobt ihn in seiner gewaltigen Grösse.
3 Lobt ihn mit Hörnerschall, 3–4: 149,3!
lobt ihn mit Harfe und Leier.
4 Lobt ihn mit Trommel und Reigentanz,
lobt ihn mit Saiten und Flöte.
5 Lobt ihn mit klingenden Zimbeln,
lobt ihn mit schallenden Zimbeln.
6 Alles, was Atem hat, lobe den HERRN.
Hallelujah.

Das Buch der Sprüche

Das Buch der «Sprüche Salomos» (vgl. Spr 1,1) folgt in der griechischen Bibel (der sogenannten Septuaginta) auf das Buch der Psalmen. In der hebräischen Tradition steht manchmal das Buch Hiob zwischen den Psalmen und den Sprüchen. Während David als Ahnvater und Vorbild aller Psalmendichter galt, war Salomo das Urbild eines weisen Menschen (vgl. 1Kön 3; 5). Deshalb galt er als Autor von Weisheitsbüchern, es finden sich aber auch andere Zuschreibungen in den Teilüberschriften des Buchs (vgl. die Hinweise in Spr 22,17; 24,23; 30,1; 31,1).

Das Buch der Sprüche will Weisheit vermitteln, also Regeln und Einsichten, die helfen, ein gutes Leben zu führen. Es ist geleitet von der im Alten Orient weit verbreiteten Überzeugung, dass eine gute Lebensführung, ein Leben, das sich von der Gerechtigkeit und der Rücksichtnahme auf andere leiten lässt, zum Wohlergehen eines Menschen beiträgt. Ungerechtigkeit und Rücksichtslosigkeit hingegen schaden letztlich dem Menschen selbst (vgl. Spr 26,27). Allerdings mögen die Ungerechten und Rücksichtslosen kurzfristig und vordergründig erfolgreicher sein. Die Wirklichkeit kann aber nicht allein auf der Grundlage der Erfahrungen eines einzelnen Menschen beurteilt werden, da ein Einzelner immer nur eine relativ kurze Zeitspanne überblickt. Deshalb haben die Einsichten und Überlieferungen der Alten und der Vorfahren einen hohen Stellenwert (vgl. Spr 13,1).

Weniger wichtig ist, ob diese Traditionen aus der eigenen Kultur stammen oder von fremden Völkern. Die «Worte Agurs» in Spr 30 und die «Worte Lemuels» in Spr 31 stammen wohl von Nichtisraeliten. Und bei den «Worten der Weisen» in Spr 22,17–24,34 scheint es sich um eine israelitische Bearbeitung von Teilen der ägyptischen ‹Lehre des Amenemope› zu handeln.

Im Hebräischen werden die weisheitlichen Überlieferungen ebenso wie die Weisung des Mose in den Büchern des Pentateuch (siehe die Einleitung zu Gen) als ‹Lehre› oder eben ‹Weisung› (hebräisch: tora) für die Lebensführung bezeichnet. Wie sich diese beiden Lehren zueinander verhalten, ist nicht immer klar. Wenn aber Angehörige fremder Völker den Israeliten lebensförderliche Einsichten vermitteln können, wird es theologisch fragwürdig, die Weisung als Aufforderung zu einer strikten Abgrenzung nach aussen aufzufassen.

Spr 10–29 besteht vor allem aus kurzen Sprüchen, die einen Gedanken in zwei Sätzen zum Ausdruck bringen; sie formulieren einen Gegensatz (so in Spr 10,1), benennen zwei ähnliche Sachverhalte (so in Spr 26,28) oder begründen eine Aufforderung (so in Spr 27,1). Die Sprüche scheinen nicht planlos zusammengestellt worden zu sein, sondern so, dass sie sich, im Zusammenhang gelesen, gegenseitig ergänzen oder auch korrigieren (vgl. etwa Spr 10,4 mit Spr 10,22). Manchmal werden mehrere Sprüche zu einer kleinen Abhandlung über ein Thema zusammengestellt (so in Spr 23,29–35). Grössere Lehrgedichte finden sich vor allem in Spr 30–31 und Spr 1–9.

Das Buch lässt sich folgendermassen gliedern: Einleitung Spr 1–9; Hauptteil Spr 10–29, mit den Untergruppen «Sprüche Salomos» (Spr 10,1–22,16), «Worte der Weisen» (Spr 22,17–24,22 und 24,23–34) und «Sprüche Salomos, die die Männer Chiskijas, des Königs von Juda, zusammengestellt haben» (Spr 25–29); Schluss Spr 30–31, gegliedert in «Worte Agurs» (Spr 30,1–10), Zahlensprüche (Spr 30,15–33), «Worte Lemuels» (Spr 31,1–9) und ‹Lob der tüchtigen Frau› (Spr 31,10–31).

Spr 1–9 gehört zu den jüngsten Teilen des Buchs und stammt wohl erst aus dem 3. Jahrhundert v.Chr. Die Kapitel warnen vor Ehebruch, Trunksucht, Unrecht und Faulheit und stellen dem die Weisheit gegenüber, die zu Wohlstand und langem Leben verhilft, als «Baum des Lebens» (Spr 3,18). Der wie ein Motto vorangestellte Vers Spr 1,7 unterstreicht, dass Weisheit und Religion («Furcht des HERRN») eng zusammengehören. Weisheit und Torheit werden in Gestalt zweier Frauen einander gegenübergestellt, die die mit dem Buch der Sprüche angesprochenen Männer für sich einzunehmen versuchen. Auch bei der fremden Frau, vor deren Verführungskünsten immer wieder gewarnt wird, ist vielleicht nicht nur an ‹wirkliche› (mit einem anderen Mann verheiratete oder ausländische?) Frauen zu denken, sondern auch an attraktive, aus der Sicht der Verfasser aber törichte Lebenslehren (fremder Kulturen?). Nach Spr 8 war die Weisheit schon bei der Schöpfung der Welt zugegen. Das konnte in späterer christlicher Auslegung als ein Hinweis darauf gedeutet werden, dass Christus schon vor seiner Zeugung und Geburt bei Gott lebte.

Die weiteren Spruchsammlungen – sie enthalten wohl viel älteres Material, aber auch jüngere Zusätze – machen deutlich, dass Weisheit auch Tugenden wie Gerechtigkeit und Fleiss umfasst. Reichtum, Wohlstand und Ansehen sind dann erstrebenswert, wenn sie mit Weisheit und Gerechtigkeit erlangt werden können (vgl. Spr 16,8). Letztlich kann der Mensch ein erfolgreiches Leben nur mit der Hilfe Gottes erreichen (vgl. Spr 16,1–9).

Spr 30–31 bilden den Abschluss des Buchs und in verschiedenen Hinsichten ein Gegengewicht zu Spr 1–9. Spr 30 betont die Grenzen menschlicher Weisheit, und Spr 31 hebt die Bedeutung von Frauen (Mutter und Ehefrau) für den Erfolg der Männer hervor. Der patriarchalische Hintergrund der Sprüche Salomos wird damit allerdings nicht überwunden, sondern eher noch unterstrichen.

ERSTER TEIL (SPR 1–9)

Die Furcht des HERRN ist der Anfang der Erkenntnis

1 1 Die Sprüche Salomos, des Sohns Davids,
des Königs von Israel.
2 Sie lehren Weisheit und Unterweisung,
verständige Worte zu verstehen,

1: 10,1a; 25,1; 1Kön 5,12 · Koh 1,1
2: 4,1 · 19,20

3: 2,9; 8,33
3 Unterweisung anzunehmen, die verständig macht,
Gerechtigkeit, Recht und Geradheit.
4: Tit 2,6
4 Einfältigen verleihen sie Klugheit,
einem jungen Mann Wissen und Umsicht.
5: 9,9; 21,11; Hiob 34,2
5 Der Weise hört und lernt dazu,
und der Verständige erwirbt Kenntnisse,
6 so dass er Spruch und Anspielung versteht,
die Worte der Weisen und ihre Rätsel.
7: 29; 9,10; 15,33; Ps 111,10 · 15,5
7 Die Furcht des HERRN ist der Anfang der Erkenntnis,
Toren verachten Weisheit und Unterweisung.

Warnung vor Verführung

8: 4,1; 6,20; 13,1; 23,22 · 31,1
8 Höre, mein Sohn, auf die Unterweisung durch deinen Vater,
und verwirf nicht die Weisung deiner Mutter,
9: 3,22
9 denn sie sind ein schöner Kranz für dein Haupt
und eine Schmuckkette für deinen Hals.
10: 16,29
10 Mein Sohn, wenn die Sünder dich verführen wollen,
lass dich nicht darauf ein,
11: 12,6
11 wenn sie sagen: Komm mit uns,
wir wollen im Hinterhalt liegen, um Blut zu vergiessen,
grundlos dem Unschuldigen nachstellen.
12: Ps 124,3
12 Wie das Totenreich wollen wir sie lebendig verschlingen,
ganz und gar, wie solche, die hinab in die Grube steigen.
13 Viel kostbares Gut werden wir finden,
unsere Häuser werden wir mit Beute füllen.
14 Du kannst dein Los mit uns werfen,
wir alle werden nur einen Beutel haben.
15: 3,31; 4,14; 5,8; 22,25; Ps 1,1
15 Mein Sohn, geh ihren Weg nicht mit,
lass deinen Fuss nicht auf ihren Pfad treten.
16: 6,18; Jes 59,7; Röm 3,15
16 Denn ihre Füsse laufen zum Bösen
und eilen, Blut zu vergiessen.
17 Vergeblich ist das Netz ausgebreitet
vor den Augen aller Vögel.
18 Sie aber lauern darauf, ihr eigenes Blut zu vergiessen,
und trachten sich selbst nach dem Leben.
19: 15,27 · Ps 7,16
19 So sind die Pfade aller, die hinter Gewinn her sind:
Er nimmt denen das Leben, die ihn an sich bringen.

Der Ruf der Weisheit

20: 8,1.4; 9,3.15
20 Die Weisheit ruft auf der Strasse,
auf den Plätzen erhebt sie ihre Stimme.
21: 8,3
21 Im grössten Lärm ruft sie,
am Eingang der Stadttore spricht sie ihre Worte:
22 Wie lange noch, ihr Einfältigen, liebt ihr die Einfalt,
und wie lange gefällt den Spöttern ihr Spott
und verschmähen die Dummen die Erkenntnis?
23 Wenn ihr umkehrt auf meine Ermahnung hin,
dann will ich meinen Geist strömen lassen für euch,
meine Worte will ich euch kundtun.

24 Weil ich gerufen habe und ihr nicht wolltet, 24: Jes 50,2!
weil ich meine Hand ausgestreckt habe und niemand darauf
acht gab,
25 und weil ihr jeden Rat von mir in den Wind geschlagen habt 25: 2Chr 33,10;
und meine Ermahnung nicht wolltet, 36,16; Ps 107,11
26 darum will auch ich lachen bei eurem Unglück; 26: Dtn 28,63 ·
wenn Schrecken über euch kommt, will ich spotten, 3,34; 19,29
27 wenn Schrecken über euch kommt wie ein Unwetter 27: 10,25; Jer 23,19
und euer Unglück wie ein Sturm heranzieht,
wenn Not und Angst euch überfallen.
28 Dann werden sie mich rufen, ich aber werde nicht antworten, 28: Jes 1,15!
sie werden mich suchen und nicht finden,
29 weil sie die Erkenntnis verachtet 29: 7!
und sich nicht für die Furcht des HERRN entschieden haben.
30 Meinen Rat haben sie nicht gewollt, 30: 5,12
jede Ermahnung von mir haben sie verschmäht,
31 darum müssen sie essen von der Frucht ihres Weges 31: 14,14; Jes 3,10
und satt werden von ihren Plänen.
32 Denn ihre Untreue bringt die Einfältigen um, 32: 2,18; 5,23; 8,36;
und die Dummen richtet ihre Sorglosigkeit zugrunde. 10,21; 21,16
33 Wer aber auf mich hört, wohnt sicher 33: Lev 25,18
und hat Ruhe vor dem Schrecken des Unheils.

Wenn du der Weisheit dein Ohr leihst

2 1 Mein Sohn, wenn du meine Worte annimmst 1: 7,1
und meine Gebote bei dir bewahrst,
2 wenn du der Weisheit dein Ohr leihst, 2: Ps 119,112
dein Herz der Einsicht zuneigst,
3 wenn du nach Verstand rufst,
mit erhobener Stimme nach Einsicht,
4 wenn du sie wie Silber suchst 4: 16,16; Kol 2,3
und wie nach Schätzen nach ihr forschst,
5 dann wirst du die Furcht des HERRN verstehen, 5: Jes 33,6
und Gotteserkenntnis wirst du finden.
6 Denn der HERR gibt Weisheit, 6: 1Kön 10,24;
aus seinem Mund kommen Erkenntnis und Einsicht, Dan 2,21; Jak 1,5
7 für die Rechtschaffenen hält er Hilfe bereit, 7: Ps 3,4; 7,11
ein Schild ist er denen, die schuldlos ihren Weg gehen.
8 Er schützt die Pfade des Rechts, 8: 1Sam 2,9
und den Weg seiner Getreuen bewacht er.
9 Dann wirst du verstehen, was Gerechtigkeit ist und Recht, 9: 15 · 1,3! · 4,12
Geradheit und jede Bahn des Guten.
10 Denn die Weisheit wird in dein Herz einziehen,
und das Wissen wird deiner Seele wohltun.
11 Die Umsicht wird über dir wachen, 11: 4,6
die Einsicht wird dich beschützen.
12 Sie werden dich bewahren vor dem Weg des Bösen, 12: 6,12!
vor dem Mann, der Falsches redet,
13 vor denen, die die geraden Pfade verlassen,
um auf den Wegen der Finsternis zu gehen,

14: 4,16; Röm 1,32
15: 14,2; 21,8; Ps 125,5; Jes 59,8! · 9
16: 5,3; 6,24; 7,5.21 · Ps 12,4 · 26,28
17: Mal 2,14
18: 1,32! · 5,5; 7,27; 9,18; Koh 7,26
20: 4,11; 8,20
21: Ps 37,9.18.29
22: 10,30

14 die sich freuen, Böses zu tun,
die die Verkehrtheit des Bösen bejubeln,
15 deren Pfade krumm sind
und die auf ihren Bahnen in die Irre gehen.
16 Sie werden dich bewahren vor der fremden Frau,
vor der Fremden, die schmeichlerisch redet,
17 die den Freund ihrer Jugendzeit verlässt
und den Bund ihres Gottes vergessen hat.
18 Ihr Haus neigt sich dem Tode zu,
und zu den Schatten führen ihre Bahnen.
19 Wer zu ihr geht, kehrt nicht zurück
und gelangt nicht wieder auf die Pfade des Lebens.
20 So gehst du auf dem Weg der Guten
und bleibst auf den Pfaden der Gerechten.
21 Die Rechtschaffenen werden das Land bewohnen,
und die Schuldlosen werden darin bleiben.
22 Die Frevler aber werden aus dem Land getilgt,
und die Treulosen werden aus ihm vertrieben.

Fürchte den HERRN und meide das Böse

1: 4,4; Lev 18,5 · 4,21; Dtn 6,6
2: 16; 4,10; Dtn 5,16; 11,21
3: 20,28 · 6,21; Dtn 6,8 · 7,3; Jer 17,1
4: Gen 39,4; 1Sam 2,26
5: 28,26
6: Ps 25,4; Jes 26,7
7: 12,15; 26,12; Jes 5,21 · 14,16
8: 4,22; 12,18; 16,24
9: Ex 23,16–19; Num 15,20
10: Dtn 28,8
11–12: Hebr 12,5–6
11: Hiob 5,17

3 1 Mein Sohn, vergiss nicht meine Weisung,
und dein Herz bewahre meine Gebote,
2 denn sie werden die Tage und Jahre deines Lebens vermehren
und dir reichlich Wohlergehen bringen.
3 Güte und Treue sollen dich nicht verlassen.
Binde sie dir um den Hals,
schreibe sie auf die Tafel deines Herzens,
4 und finde so Gunst und Anerkennung
in den Augen Gottes und bei den Menschen.
5 Vertraue auf den HERRN mit deinem ganzem Herzen,
und verlass dich nicht auf deinen eigenen Verstand.
6 Erkenne ihn auf allen deinen Wegen,
dann wird er deine Pfade gerade machen.
7 Sei nicht weise in deinen eigenen Augen,
fürchte den HERRN und meide das Böse.
8 Das wird heilsam sein für deinen Leib
und eine Erfrischung für deine Glieder.
9 Ehre den HERRN mit deinem Gut
und mit den Erstlingen deines ganzen Ertrags,
10 dann füllen sich deine Speicher bis an den Rand,
und deine Keltern laufen über von Most.
11 Verachte nicht, mein Sohn, die Unterweisung durch den HERRN
und sei nicht unwillig, wenn er dich ermahnt.
12 Denn wen der HERR liebt, den weist er zurecht,
und er ist ihm zugetan wie ein Vater dem Sohn.

3,8: Die Übersetzung «für deinen Leib» beruht auf der griechischen Überlieferung; der Massoretische Text lautet: «für deinen Nabel».

Das Lob der Weisheit

13 Wohl dem Menschen, der Weisheit gefunden hat, 13: 8,34!
und dem Menschen, dem Einsicht zuteil wird.
14 Sie zu erwerben ist besser, als Silber zu erwerben, 14: 8,10!
und besser ist es, sie zu gewinnen als Gold.
15 Sie ist wertvoller als Perlen,
und keine deiner Kostbarkeiten kommt ihr gleich.
16 Langes Leben ist in ihrer Rechten, 16: 2! · 35; 4,8;
in ihrer Linken sind Reichtum und Ehre. 1Kön 3,13
17 Ihre Wege sind angenehme Wege,
und all ihre Strassen sind friedlich.
18 Ein Baum des Lebens ist sie denen, die sie ergreifen, 18: 11,30; 13,12; 15,4 ·
und wer sie festhält, ist glücklich zu preisen. 8,32
19 Der HERR hat mit Weisheit die Erde gegründet, 19: 8,29; Jer 10,12
mit Einsicht hat er den Himmel befestigt.
20 Seine Kenntnis liess die Fluten hervorbrechen, 20: Hiob 36,27
und die Wolken Tau träufeln.

Weigere dich nicht, Gutes zu tun

21 Mein Sohn, lass nicht aus deinen Augen
Klugheit und Umsicht, achte darauf.
22 Dann werden sie Leben sein für dich 22: 1,9
und ein Schmuck für deinen Hals.
23 Dann wirst du deinen Weg sicher gehen, 23: 4,12; 6,22;
und dein Fuss wird nirgends anstossen. Ps 91,12
24 Legst du dich nieder, wirst du nicht aufschrecken, 24: 19,23; Lev 26,6 ·
und wenn du liegst, wird dein Schlaf süss sein. Ps 3,6
25 Fürchte dich nicht vor plötzlichem Schrecken 25: Ps 91,5
und vor dem Verderben der Frevler, wenn es hereinbricht,
26 denn der HERR wird deine Zuversicht sein, 26: 10,29!
und er wird deinen Fuss vor der Falle bewahren.
27 Weigere dich nicht, dem Gutes zu tun, der ein Anrecht darauf hat, 27: Koh 9,10
wenn es in deiner Macht steht, es zu tun.
28 Sage nicht zu deinem Nächsten: Geh und komm später wieder, 28: Mt 5,42
morgen will ich dir etwas geben – wenn du es jetzt vermagst.
29 Plane nichts Böses gegen deinen Nächsten, 29: Sach 7,10
der friedlich bei dir wohnt.
30 Streite mit niemandem ohne Grund,
wenn er dir nichts Böses getan hat.
31 Einen Gewalttätigen beneide nicht, 31: 24,1; Ps 37,1;
und wähle keinen seiner Wege, 73,3 · 1,15!
32 denn wer Irrwege geht, den verabscheut der HERR, 32: Ps 25,14
die Rechtschaffenen aber sind seine Freunde.
33 Der Fluch des HERRN ist im Haus des Frevlers, 33: Sach 5,4 · 10,6;
aber die Wohnung der Gerechten segnet er. 14,11
34 Er spottet über die Spötter, 34: 1,26! · Jak 4,6;
den Demütigen aber erweist er seine Gunst. 1Petr 5,5
35 Die Weisen werden Ehre erben, 35: 16!
die Dummen aber Schande davontragen.

Erwirb Weisheit, erwirb Verstand

1: 1,8! · 1,2 — **4** 1 Hört, ihr Söhne, auf die Unterweisung durch den Vater,
und gebt acht, damit ihr lernt, verständig zu sein,
2: 8,6; Hiob 33,3 — 2 denn ich habe euch gute Lehre gegeben.
Lasst meine Weisung nicht ausser acht.
3 Da ich als Sohn bei meinem Vater war,
als zartes und einziges Kind bei meiner Mutter,
4: 3,1! · 7,2 — 4 da lehrte er mich und sprach zu mir:
Dein Herz nehme meine Worte auf.
Halte meine Gebote, so wirst du leben.
5: 23,23 — 5 Erwirb Weisheit, erwirb Verstand;
vergiss sie nicht und weiche nicht ab von den Worten meines Mundes.
6: 2,11 — 6 Verlasse sie nicht, und sie wird dich beschützen,
liebe sie, und sie wird dich behüten.
7 Der Anfang der Weisheit ist: Erwirb Weisheit,
und erwirb Verstand mit deinem ganzen Besitz.
8: 3,16! — 8 Halte sie hoch, und sie wird dich erhöhen,
sie bringt dich zu Ehren, wenn du sie umarmst.
9: 14,18 — 9 Sie legt einen schönen Kranz auf dein Haupt,
eine prächtige Krone schenkt sie dir.

Betritt nicht den Pfad der Frevler

10: 3,2! — 10 Höre, mein Sohn, und nimm meine Worte an,
so wirst du viele Jahre leben.
11: 2,10! — 11 Den Weg der Weisheit habe ich dich gelehrt,
ich habe dich auf geraden Bahnen geleitet.
12: 2,9 · 3,23! — 12 Wenn du gehst, wird dein Schritt nicht gehemmt,
und wenn du läufst, wirst du nicht straucheln.
13: 6,23; 10,17; 15,32; Ez 20,11 — 13 Halte dich an die Unterweisung, lass nicht von ihr ab,
bewahre sie, denn sie ist dein Leben.
14: 1,15! — 14 Betritt nicht den Pfad der Frevler,
und geh nicht auf dem Weg der Bösen.
15 Meide ihn, folge ihm nicht,
beachte ihn nicht und geh weiter.
16: 2,14! — 16 Denn sie können nicht schlafen, wenn sie nichts Böses tun,
und es raubt ihnen den Schlaf, wenn sie niemanden zu Fall bringen können.
17 Sie essen das Brot des Frevels
und trinken den Wein der Gewalttat.
18: 2Sam 23,4!; Ps 97,11 · 13,9; Ri 5,31 — 18 Doch der Pfad der Gerechten ist wie der Glanz am Morgen,
er wird immer heller bis zum vollen Tag.
19: 24,20; Hiob 5,14; Ps 82,5; Jer 23,12 — 19 Der Weg der Frevler ist wie die dunkle Nacht;
sie erkennen nicht einmal, worüber sie straucheln.

Geh auf gerader Bahn

20: 5,1; 22,17; Ps 34,12 — 20 Mein Sohn, achte auf meine Worte,
zu meinen Reden neige dein Ohr.
21: 3,1! — 21 Lass sie nicht aus deinen Augen,
bewahre sie in deinem Herzen.

22 Denn sie sind Leben für die, die sie finden, 22: 3,8!
und Heilung sind sie für den ganzen Leib.
23 Mehr als auf alles gib acht auf dein Herz,
denn aus ihm strömt das Leben.
24 Halte fern von dir die Verkehrtheit des Mundes, 24: Ps 34,14;
und meide die Falschheit der Lippen. 1Petr 3,10; Eph 4,25
25 Geradeaus sollen deine Augen blicken, 25: 17,24
und deine Wimpern sollen nach vorn gerichtet sein.
26 Achte auf die Bahn deiner Füsse, 26: 21,29 · 15,21;
und alle deine Wege werden sicher sein. 23,19; Hebr 12,13
27 Biege nicht ab nach rechts oder links, 27: Dtn 5,32
halte deinen Fuss vom Bösen fern.

Halte dich fern von der fremden Frau

5 1 Mein Sohn, gib acht auf meine Weisheit, 1: 4,20!
zu meiner Einsicht neige dein Ohr,
2 damit du die Umsicht behältst 2: 16,23
und deine Lippen das Wissen bewahren.
3 Denn Honigseim träufelt von den Lippen der fremden Frau, 3: 2,16!
und glatter als Öl ist ihr Gaumen.
4 Zuletzt aber ist sie bitter wie Wermut,
scharf wie ein zweischneidiges Schwert.
5 Ihre Füsse gehen hinab zum Tod, 5: 2,18!
ins Totenreich führen ihre Schritte.
6 Sie achtet nicht auf den Pfad des Lebens,
ihre Bahnen gehen in die Irre, sie merkt es nicht.
7 So hört nun auf mich, ihr Söhne, 7: 7,24
und weicht nicht ab von den Worten meines Mundes.
8 Halte dich fern von ihr auf deinem Weg, 8: 1,15!
und nähere dich nicht der Tür ihres Hauses,
9 damit du nicht anderen dein Gut überlassen musst
und deine Jahre einem Grausamen,
10 damit nicht andere sich sättigen durch deine Kraft
und du dich abmühst im Haus eines Fremden
11 und du am Ende stöhnst,
wenn dir Leib und Fleisch dahinschwinden,
12 und du sagst: Warum habe ich die Unterweisung abgelehnt 12: 1,30
und hat mein Herz die Mahnung verschmäht,
13 so dass ich auf die Stimme meiner Erzieher nicht gehört
und mein Ohr nicht geneigt habe zu meinen Lehrern.
14 Fast wäre ich tief ins Unglück geraten 14: Ps 73,2
in der Versammlung und der Gemeinde.
15 Trink Wasser aus deiner eigenen Zisterne
und frisches Wasser aus deinem Brunnen.
16 Sollen sich deine Quellen auf die Strasse ergiessen,
die Wasserbäche auf die freien Plätze?
17 Dir allein sollen sie gehören
und nicht den Fremden neben dir.
18 Deine Quelle sei gesegnet, 18: Koh 9,9
und freue dich an der Frau deiner Jugendzeit,

19: Hld 2,9 · Hld 4,5

19 am lieblichen Reh und der anmutigen Gemse.
Ihre Brüste sollen dich allezeit trunken machen,
an ihrer Liebe sollst du dich immer berauschen.

20: Mal 2,14

20 Warum, mein Sohn, willst du dich an einer anderen berauschen
und den Busen einer Fremden umarmen?

21: 15,3; Ps 139,3; Jer 16,17; 2Chr 16,9

21 Vor den Augen des HERRN liegen die Wege eines jeden,
und er achtet auf alle seine Bahnen.
22 Seine eigenen Vergehen fangen den Frevler,
und er wird gefesselt von den Fesseln seiner Sünde.

23: 1,32!

23 Er stirbt, weil er keine Unterweisung hat,
und seiner grossen Torheit wegen taumelt er.

Vier Warnungen

1: 11,15; 17,18; 20,16; 22,26

6 1 Mein Sohn, wenn du für deinen Nächsten eine Bürgschaft geleistet hast,
dich durch Handschlag verpflichtet hast für einen anderen,
2 wenn du dich gebunden hast durch die Worte deines Mundes,
durch die Worte deines Mundes gefangen bist,
3 dann tu dies, mein Sohn, und rette dich so,
denn du bist in die Gewalt deines Nächsten geraten:
Geh eilends und bestürme deinen Nächsten.

4: Ps 132,4

4 Gönne deinen Augen keinen Schlaf
und deinen Wimpern keinen Schlummer.

5: Ps 124,7

5 Rette dich wie eine Gazelle aus seiner Gewalt
und wie ein Vogel aus der Gewalt des Fängers.

6: 10,26; 15,19; 19,24; 26,13–15

6 Geh zur Ameise, du Fauler,
sieh dir ihre Wege an, und werde weise.
7 Obwohl sie keinen Anführer hat,
keinen Aufseher und Herrscher,

8: 20,4 · 10,5; 30,25

8 sorgt sie im Sommer für ihr Futter,
sammelt sie in der Erntezeit ihre Nahrung.

9: 26,14

9 Wie lange, du Fauler, willst du liegen bleiben,
wann willst du aufstehen von deinem Schlaf?

10–11: 24,33–34

10 Noch ein wenig schlafen, noch ein wenig schlummern,
noch ein wenig die Hände ineinander legen und liegen bleiben –

11: 10,4; 12,24; 19,15; 20,13

11 da kommt wie ein Räuber die Armut über dich
und wie ein bewaffneter Mann der Mangel.

12: 2,12; 16,27; 6,12; Jak 3,6

12 Ein nichtsnutziger Mensch, ein Frevler ist,
wer Verkehrtheit im Mund führt,

13: 10,10; 16,30 · Jes 58,9

13 wer mit den Augen zwinkert, mit den Füssen Zeichen gibt,
mit den Fingern deutet.

14: 14,22

14 Mit falschem Herzen plant er Böses,
allezeit entfacht er Streit.

15: 24,22; 29,1

15 Darum wird plötzlich das Unglück über ihn kommen,
im Nu wird er zerschmettert, ohne Heilung.

16: Hiob 5,19

16 Sechs Dinge hasst der HERR,
und sieben sind ihm ein Abscheu:

17: 8,13; 13,10; 16,5; 21,4 · 12,22 · 2Kön 21,16

17 hochmütige Augen, eine verlogene Zunge
und Hände, die das Blut Unschuldiger vergiessen,

18: 11,20; 15,26; 24,8 · 1,16!

18 ein Herz, das tückische Pläne entwirft,

Füsse, die eilends zum Bösen laufen,
19 wenn einer Lügen vorbringt als falscher Zeuge 19: 12,17; 14,5.25; 19,5.9; 25,18 · 16,28
und wenn einer Streit entfacht zwischen Brüdern.

Warnung vor Ehebruch

20 Bewahre, mein Sohn, das Gebot deines Vaters, 20: 1,8!
und verwirf nicht die Weisung deiner Mutter.
21 Binde sie für immer auf dein Herz, 21: 3,3
lege sie dir um den Hals.
22 Wenn du gehst, leitet sie dich, 22: 3,23!
wenn du dich niederlegst, wacht sie über dir,
und wachst du auf, spricht sie mit dir.
23 Denn das Gebot ist eine Leuchte und die Weisung ein Licht, 23: Ps 119,105 · 4,13!
und die Ermahnungen der Unterweisung sind ein Weg zum Leben,
24 Sie bewahren dich vor der bösen Frau, 24: 2,16!
vor der glatten Zunge der Fremden.
25 Begehre in deinem Herzen nicht ihre Schönheit, 25: Dtn 5,21 · Hld 4,9
und lass nicht zu, dass sie dich fängt mit ihren Wimpern.
26 Denn eine Hure kostet nicht mehr als einen Laib Brot, 26: 29,3
die Frau eines anderen Mannes aber trachtet nach dem kostbaren Leben.
27 Kann einer Feuer tragen in den Falten seines Gewandes, 27–28: Hiob 31,9–12
ohne sich die Kleider zu verbrennen?
28 Oder kann man auf glühenden Kohlen gehen,
ohne sich die Füsse zu versengen?
29 So ist es bei dem, der zur Frau seines Nächsten geht, 29: Lev 18,20!
wer sie berührt, bleibt nicht ungestraft.
30 Man verachtet den Dieb nicht, wenn er stiehlt,
um sein Verlangen zu stillen, weil er Hunger hat.
31 Und wird er ertappt, muss er es siebenfach ersetzen, 31: Ex 21,37
den ganzen Besitz seines Hauses muss er geben.
32 Wer aber Ehebruch begeht mit einer Frau, dem fehlt der Verstand, 32: Hos 4,11
wer sein Leben zerstören will, der tut das.
33 Schaden und Schande handelt er sich ein,
und nie wird seine Schmach getilgt.
34 Voll Eifersucht glüht der Zorn des Mannes, 34: 27,4
und am Tag der Rache kennt er keine Schonung.
35 Er nimmt kein Sühnegeld an
und gibt auch nicht nach, wenn du ihn grosszügig beschenkst.

Warnung vor der fremden Frau

7 1 Mein Sohn, beachte meine Worte, 1: 2,1
und meine Gebote bewahre bei dir.
2 Achte auf meine Gebote, so wirst du leben, 2: 4,4 · Ps 17,8
und auf meine Weisung wie auf deinen Augapfel.
3 Binde sie dir um die Finger, 3: Dtn 6,8! · 3,3
schreibe sie auf die Tafel deines Herzens.
4 Sprich zur Weisheit: Du bist meine Schwester!,
und nenne die Einsicht: Vertraute!

5: 2,16! 5 So wird sie dich bewahren vor der fremden Frau,
vor der Fremden, die schmeichlerisch redet.
6: Ri 5,28 6 Durch das Fenster meines Hauses,
durch mein Gitter schaute ich hinaus.
7 Da sah ich bei den Einfältigen,
bemerkte ich unter den Söhnen
einen jungen Mann, dem fehlte der Verstand.
8 Er ging über die Strasse bei ihrer Ecke
und nahm den Weg zu ihrem Haus,
9: Hiob 24,15 9 in der Dämmerung, am Abend des Tages,
in der Stunde der Nacht und des Dunkels.
10: Gen 38,15; 2Kön 9,30 10 Und sieh, da kommt ihm eine Frau entgegen,
gekleidet wie eine Hure und mit listiger Absicht.
11: 9,13 11 Unruhig ist sie und zügellos,
zu Hause finden ihre Füsse keine Ruhe.
12: 23,28 12 Bald auf der Strasse, bald auf den Plätzen,
und an jeder Ecke lauert sie.
13 Und sie packt ihn und küsst ihn,
mit dreister Miene spricht sie ihn an:
14: Lev 7,15–17 14 Zu Heilsopfern war ich verpflichtet,
heute habe ich meine Gelübde erfüllt.
15 Deshalb bin ich ausgegangen, dir entgegen,
ich wollte dich suchen, und ich habe dich gefunden.
16 Mit Decken habe ich mein Lager bereitet,
mit Tüchern aus ägyptischem Leinen.
17: Hld 3,6; 4,14 17 Mein Bett habe ich besprengt
mit Myrrhe, Aloe und Zimt.
18 Komm, wir wollen uns berauschen an der Liebe bis zum Morgen,
wir wollen schwelgen in Liebeslust.
19 Denn der Mann ist nicht in seinem Haus,
er ist auf Reisen unterwegs, weit weg.
20: Num 5,13; Ez 16,32 20 Den Geldbeutel hat er mitgenommen,
erst am Tag des Vollmonds kehrt er heim.
21: 2,16! 21 Mit vielen Überredungen hat sie ihn verleitet,
mit ihren glatten Lippen verführt sie ihn.
22 Er folgt ihr ohne Verzug,
so wie ein Rind zur Schlachtbank läuft
und wie ein Hirsch in die Schlinge geht,
23 bis ein Pfeil ihm die Leber durchbohrt,
wie ein Vogel in die Falle fliegt
und nicht merkt, dass es ihn das Leben kostet.
24: 5,7 24 So hört nun auf mich, ihr Söhne,
und gebt acht auf die Worte meines Mundes.
25 Dein Herz biege nicht ab auf ihre Wege,
verirre dich nicht auf ihren Strassen.
26 Denn viele sind umgekommen, die sie zu Fall gebracht hat,

7,22: Die Übersetzung «und wie ein Hirsch in die Schlinge geht» beruht auf einer Korrektur des Massoretischen Texts; dieser lautet übersetzt: «und wie eine Fussfessel zur Erziehung des Toren»

und unzählige hat sie getötet.
27 Ihr Haus ist der Weg ins Totenreich, 27: 2,18!
hinab zu den Kammern des Todes.

Die Weisheit ruft

8 1 Ruft nicht die Weisheit, 1: 1,20!
und erhebt nicht die Einsicht ihre Stimme?
2 Oben auf den Höhen, am Weg, 2: 9,3
wo die Strassen sich kreuzen, steht sie.
3 Bei den Pforten, am Zugang zur Stadt, 3: 1,21
am Eingang der Tore ruft sie:
4 Euch, Männer, rufe ich, 4: 1,20!
und an die Menschen richtet sich meine Rede.
5 Werdet klug, ihr Einfältigen,
und ihr Dummen, werdet verständig!
6 Hört zu, denn Richtiges will ich reden 6: 4,2!
und meine Lippen öffnen für das, was recht ist.
7 Meine Zunge spricht Wahrheit, 7: Hiob 36,4
und Frevel verabscheuen meinen Lippen.
8 Gerecht sind alle Worte meines Mundes,
nichts Hinterlistiges und Falsches ist in ihnen.
9 Recht sind sie alle für den Verständigen
und richtig für die, die Wissen erlangen wollen.
10 Statt Silber nehmt meine Unterweisung an, 10: 19; 3,14; 16,16; 20,15
und Wissen lieber als reines Gold.
11 Denn Weisheit ist besser als Perlen,
und keine Kostbarkeit kommt ihr gleich.
12 Ich, die Weisheit, wohne bei der Klugheit
und finde umsichtiges Wissen.
13 Den HERRN fürchten heisst das Böse hassen. 13: Ps 97,10; Röm 12,9 · 6,17!
Hochmut, Anmassung, Weg des Bösen
und einen falschen Mund hasse ich.
14 Ich verfüge über Rat und Klugheit, 14: Hiob 12,13
ich bin die Einsicht, ich habe Macht.
15 Durch mich herrschen Könige, 15: 16,12; 25,5; 29,4; 1Kön 3,28
und Mächtige setzen fest, was Recht ist.
16 Durch mich regieren Fürsten
und Edle, alle gerechten Richter.
17 Ich liebe, die mich lieben, 17: Joh 14,21 · Jes 55,6
und die mich suchen, werden mich finden.
18 Bei mir sind Reichtum und Ehre, 18: 24,4
stattliches Vermögen und Gerechtigkeit.
19 Besser als Gold und Feingold ist meine Frucht, 19: 10!
und mein Ertrag besser als reines Silber.
20 Ich gehe auf dem Pfad der Gerechtigkeit, 20: 2,20!
auf den Strassen des Rechts.
21 Denen, die mich lieben, verschaffe ich Besitz,
und ihre Schatzkammern fülle ich.

22: Hiob 28,23–27; Joh 1,1
22 Der HERR hat mich geschaffen am Anfang seines Wegs,
vor seinen anderen Werken, vor aller Zeit.
23 In fernster Zeit wurde ich gebildet,
am Anfang, in den Urzeiten der Erde.
24 Als es noch keine Fluten gab, wurde ich geboren,
als es noch keine wasserreichen Quellen gab.

25: Ps 104,8 · Hiob 15,7; Ps 90,2
25 Bevor die Berge eingesenkt wurden,
vor den Hügeln wurde ich geboren,
26 als er die Erde noch nicht geschaffen hatte und die Fluren
und die ersten Schollen des Erdkreises.

27: Hiob 26,10!
27 Als er den Himmel befestigte, war ich dabei,
als er den Horizont festsetzte über der Flut,

28: Gen 7,11
28 als er die Wolken droben befestigte,
als die Quellen der Flut mächtig waren,

29: Gen 1,9; Hiob 38,8–11!; Ps 104,9 · 3,19!
29 als er dem Meer seine Grenze setzte,
und die Wasser seinen Befehl nicht übertraten,
als er die Grundfesten der Erde festsetzte,
30 da stand ich als Werkmeisterin ihm zur Seite
und war seine Freude Tag für Tag,
spielte vor ihm allezeit.
31 Ich spielte auf seinem Erdkreis
und hatte meine Freude an den Menschen.

32: 3,18
32 So hört nun auf mich, ihr Söhne!
Wohl denen, die auf meinen Wegen bleiben.

33: 1,3!
33 Hört auf die Unterweisung und werdet weise,
und schlagt sie nicht in den Wind.

34: 3,13; 1Kön 10,8
34 Wohl dem Menschen, der auf mich hört,
der Tag für Tag an meinen Türen wacht,
die Pfosten meiner Tore hütet.
35 Denn wer mich gefunden hat, hat das Leben gefunden
und Wohlgefallen erlangt beim HERRN.

36: 1,32!
36 Aber wer mich verfehlt, schädigt sich selbst;
alle, die mich hassen, lieben den Tod.

Frau Weisheit und Frau Torheit

9 1 Die Weisheit hat ihr Haus gebaut,
ihre sieben Säulen hat sie aufgerichtet.

2: Mt 22,4
2 Sie hat ihr Vieh geschlachtet, ihren Wein gemischt,
auch ihren Tisch hat sie gedeckt.

3: 8,2 · 1,20! · Mt 13,12
3 Ihre jungen Frauen hat sie ausgesandt, sie ruft
oben auf den Höhen der Stadt:

4: 16
4 Wer einfältig ist, kehre hier ein!
Zu dem, dem es an Verstand fehlt, spricht sie:

5: Jes 55,1
5 Kommt, esst von meiner Speise
und trinkt vom Wein, den ich gemischt habe.

8,22: Wörtlich: «Der HERR hat mich erworben …»

8,30: Möglicherweise ist «da stand ich als Werkmeisterin ihm zur Seite» zu übersetzen als: «da stand ich ihm beständig zur Seite».

9,1: Die Übersetzung «aufgerichtet» beruht auf den antiken Übersetzungen; der Massoretische Text lautet übersetzt: «ausgehauen».

6 Lasst ab von der Einfalt, so werdet ihr leben,
und geht auf dem Weg des Verstandes.
7 Wer einen Spötter zurechtweist, trägt Schande davon,
und einen Makel, wer den Frevler rügt.
8 Rüge nicht einen Spötter, sonst wird er dich hassen, 8: 23,9
rüge einen Weisen, und er wird dich lieben.
9 Gib dem Weisen, und er wird noch weiser, 9: 1,5!
belehre den Gerechten, und er lernt dazu.
10 Der Anfang der Weisheit ist die Furcht des HERRN, 10: 1,7! · 30,3
und das Erkennen des Heiligen ist Verstand.
11 Durch mich werden deine Tage zahlreich, 11: 10,27; Dtn 6,2
und deine Lebensjahre mehren sich.
12 Bist du weise, so bist du weise für dich selbst, 12: 11,17 · Hiob 19,4
und bist du ein Spötter, musst du allein es tragen.
13 Frau Torheit ist unruhig, 13: 7,11
einfältig und versteht nichts.
14 Sie sitzt an der Tür ihres Hauses
auf einem Sessel auf den Höhen der Stadt
15 und ruft jene, die auf dem Weg vorüberziehen,
die auf geraden Pfaden gehen:
16 Wer einfältig ist, kehre hier ein! 16: 4
Und zum Unvernünftigen spricht sie:
17 Gestohlenes Wasser ist süss, 17: 20,17; Hiob 20,12
und im Verborgenen schmeckt das Brot köstlich.
18 Er aber weiss nicht, dass dort die Schatten wohnen, 18: 2,18! · 15
in den Tiefen des Totenreichs sind, die sie gerufen hat.

ZWEITER TEIL (SPR 10,1–22,16)

10 1 Die Sprüche Salomos. 1a: 1,1!

Der Gerechte hat für immer Bestand 1b: 15,20; 17,21.25; 19,13; 23,24
Ein weiser Sohn macht seinem Vater Freude,
ein dummer Sohn aber ist der Kummer seiner Mutter.
2 Unrecht erworbene Schätze nützen nichts, 2: 11,4!
Gerechtigkeit aber rettet vor dem Tod.
3 Den Gerechten lässt der HERR nicht hungern, 3: 13,25; Jes 65,13
aber die Gier der Frevler stösst er weg.
4 Wer mit träger Hand arbeitet, wird arm, 4: 18,9! · 6,11! · 12,27; 13,4; 21,5
die Hand der Fleissigen aber macht reich.
5 Wer im Sommer sammelt, ist ein verständiger Sohn, 5: 6,8!
wer die Erntezeit verschläft, ist ein schändlicher Sohn.
6 Segenswünsche kommen auf das Haupt eines Gerechten, 6: 3,33! · 11,26; 28,20
aber der Mund der Frevler verbirgt Gewalttat.
7 Man gedenkt des Gerechten, um Segen zu wünschen, 7: Hiob 18,17!

der Name der Frevler aber verwest.
8: 12,1
8 Wer ein weises Herz hat, nimmt Gebote an,
ein törichter Schwätzer aber kommt zu Fall.
9 Wer schuldlos seinen Weg geht, geht sicher,
wer aber krumme Wege geht, wird ertappt.
10: 6,13!
10 Wer mit den Augen zwinkert, verursacht Schmerz,
und ein törichter Schwätzer kommt zu Fall.
11: 13,14; 14,27; 16,22
11 Eine Quelle des Lebens ist der Mund des Gerechten,
der Mund der Frevler aber verdeckt Gewalttat.
12: 17,9; 1Petr 4,8
12 Hass erweckt Streit,
aber Liebe verdeckt alle Vergehen.
13: 19,29; 26,3
13 Auf den Lippen eines Verständigen findet man Weisheit,
auf den Rücken eines Unvernünftigen aber gehört der Stock.
14: 13,3
14 Die Weisen halten ihr Wissen zurück,
aber der Mund eines Toren führt schnell ins Verderben.
15: 18,11
15 Der Besitz des Reichen ist seine feste Burg,
ihre Armut ist das Verderben der Geringen.
16: 21,21; 22,4
16 Der Lohn des Gerechten erhält ihn am Leben,
der Ertrag des Frevlers verführt ihn zur Sünde.
17: 4,13!
17 Wer die Unterweisung beachtet, weist den Pfad zum Leben,
wer aber der Ermahnung nicht folgt, führt andere in die Irre.
18: 26,24–26 · Lev 19,16
18 Wer seinen Hass verdeckt, hat Lügen auf den Lippen,
wer aber eine Verleumdung verbreitet, ist dumm.
19: 11,12–13; 12,23; 17,27–28
19 Wo viel geredet wird, bleiben Vergehen nicht aus,
wer aber seine Lippen im Zaum hält, ist verständig.
20: 20,15
20 Reines Silber ist die Zunge eines Gerechten,
das Herz der Frevler ist wenig wert.
21: Koh 12,11 · 1,32! · 15,7
21 Die Lippen eines Gerechten leiten viele,
aber die Toren sterben an ihrer Unvernunft.
22: Ps 127,1
22 Der Segen des HERRN macht reich,
und eigene Mühe fügt ihm nichts hinzu.
23: 15,21; 26,19
23 Dem Dummen bereitet eine Schandtat Vergnügen,
Weisheit aber dem einsichtigen Mann.
24: Ez 11,8 · Ps 37,4
24 Was dem Frevler Angst macht, kommt über ihn,
und was die Gerechten wünschen, geschieht.
25: Mt 7,24–27 · 1,27! · 12,3!
25 Wenn der Sturm vorüber ist, ist der Frevler nicht mehr da,
der Gerechte aber hat für immer Bestand.
26: 6,6!
26 Wie Essig für die Zähne und Rauch für die Augen
ist der Faule für die, die ihm einen Auftrag geben.
27: 9,11! · Hiob 15,32
27 Die Furcht des HERRN vermehrt die Lebenstage,
die Jahre der Frevler aber werden vermindert.
28: 11,7; Hiob 8,13!
28 Die Gerechten erwartet Freude,
aber die Hoffnung der Frevler wird zunichte.
29: 3,26; 21,15
29 Der Weg des HERRN ist Zuflucht für den Schuldlosen,
aber den Übeltätern bringt er Verderben.
30: Ps 15,5 · 2,22
30 Ein Gerechter wird niemals wanken,
aber die Frevler werden im Lande nicht wohnen bleiben.

10,29: Die Übersetzung «für den Schuldlosen» beruht auf einer Umvokalisierung des Masoretischen Texts; dieser lautet übersetzt: «für die Rechtschaffenheit».

31 Der Mund des Gerechten lässt die Weisheit spriessen,
eine falsche Zunge aber wird abgeschnitten.
32 Die Lippen des Gerechten wissen, was Gefallen findet,
der Mund der Frevler aber weiss Dinge zu verdrehen.

31: Ps 37,30 · Ps 12,4
32: Koh 10,12 · 15,28

11 1 Eine falsche Waage verabscheut der HERR,
ein volles Gewicht aber gefällt ihm.
2 Kommt der Hochmut, kommt auch die Schande,
bei den Bescheidenen aber ist Weisheit.
3 Die Rechtschaffenen leitet ihre Unschuld,
die Abtrünnigen aber richtet ihre Verkehrtheit zugrunde.
4 Besitz nützt nichts am Tag des Zorns,
Gerechtigkeit aber rettet vor dem Tod.
5 Die Gerechtigkeit des Schuldlosen macht seinen Weg gerade,
der Frevler aber kommt durch seinen Frevel zu Fall.
6 Die Rechtschaffenen rettet ihre Gerechtigkeit,
die Abtrünnigen aber werden gefangen durch ihre Gier.
7 Wenn ein böser Mensch stirbt, ist seine Hoffnung verloren,
und die falsche Erwartung ist dahin.
8 Ein Gerechter wird aus der Not gerettet,
und ein Frevler muss an seine Stelle treten.
9 Mit dem Mund richtet ein Ruchloser seinen Nächsten zugrunde,
durch Wissen aber werden die Gerechten gerettet.
10 Über das Glück der Gerechten freut sich die Stadt,
und über den Untergang der Frevler herrscht Jubel.
11 Durch den Segen der Rechtschaffenen steigt eine Stadt auf,
durch den Mund der Frevler aber wird sie niedergerissen.
12 Wer seinen Nächsten verachtet, dem fehlt der Verstand,
der einsichtige Mann aber schweigt.
13 Wer als Verleumder umhergeht, gibt Vertrauliches preis,
wer aber verlässlich ist, behält Geheimnisse für sich.
14 Wo die Führung fehlt, kommt ein Volk zu Fall,
wo aber viele Ratgeber sind, gibt es Rettung.
15 Wer für einen anderen gebürgt hat, dem ergeht es übel,
wer aber den Handschlag meidet, ist sicher.
16 Eine anmutige Frau erlangt Ehre,
Gewalttätige aber erlangen nur Reichtum.
17 Wer gütig ist, nützt auch sich selbst,
ein Grausamer aber schneidet sich ins eigene Fleisch.
18 Der Frevler verschafft sich einen trügerischen Lohn,
wer aber Gerechtigkeit sät, hat ein beständiges Einkommen.
19 Wer fest steht in der Gerechtigkeit, dem gereicht es zum Leben,
wer aber dem Bösen nachjagt, dem gereicht es zum Tod.
20 Der HERR verabscheut, die ein falsches Herz haben,
die aber untadelig leben, gefallen ihm.
21 Die Hand darauf: Kein Böser bleibt ungestraft,
die Nachkommen der Gerechten aber werden gerettet.

1: 20,10.23; Hos 12,8 · 16,11; Lev 19,36!
2: 16,18
4: Hiob 20,28 · 6.19; 10,2; 12,28
5: 15,19; Jes 26,7 · 13,6; 14,32
6: 4!
7: 10,28!
8: 21,18
10: 28,12
12–13: 10,19!
12: 14,21; Ps 15,3
13: 20,19; 25,9
14: 15,22; 20,18; 24,6
15: 6,1!
17: 9,12
18: Gal 6,8
19: 19,23; 21,21; Dtn 16,20 · 4!
20: 6,18! · 12,22
21: 16,5 · 12,21

11,16: Im hebräischen Text sind möglicherweise zwei Halbzeilen ausgefallen; die griechische Übersetzung liest: «Eine anmutige Frau erlangt Ehre, aber ein Thron der Schande ist eine Frau, die Gerechtigkeit hasst. Die Faulen haben kein Vermögen, Mutige aber erlangen Reichtum.»

22: 31,30 22 Wie ein Schwein mit einem goldenen Ring im Rüssel,
so ist eine schöne Frau ohne Geschmack.
23: 12,5 · 13,2 23 Was die Gerechten wünschen, führt zum Guten,
was die Frevler hoffen, führt zum Zorngericht.
24: Mt 25,29; Lk 6,38; 2Kor 9,6 24 Der eine ist freigiebig und gewinnt noch dazu,
der andere ist sparsam, mehr als nötig, und hat doch Mangel.
25: Jes 58,10 25 Wer wohltätig ist, wird gesättigt,
und wer zu trinken gibt, dem gibt man zu trinken.
26: 28,27 · 10,6! 26 Wer Getreide zurückhält, den verwünschen die Leute,
wer es aber auf den Markt bringt, dessen Haupt wird gesegnet.
27 Wer Gutes erstrebt, findet Wohlgefallen,
wer aber nach Bösem trachtet, über den wird es kommen.
28: Hiob 31,24! · Ps 1,3 28 Wer auf seinen Reichtum vertraut, kommt zu Fall,
aber wie Blätter sprossen die Gerechten.
29 Wer sein Haus verkommen lässt, behält nur den Wind,
und der Tor wird ein Sklave des Weisen.
30: 3,18! 30 Der Gerechte isst vom Baum des Lebens,
Unrecht aber raubt das Leben.
31: Ps 58,12 · Jes 3,11 31 Wenn dem Gerechten auf Erden vergolten wird,
wie viel mehr dem Frevler und Sünder.

Dem Gerechten widerfährt kein Unheil

1: 13,18 · 10,8 · 15,10! **12** 1 Wer die Unterweisung liebt, liebt Erkenntnis,
wer aber die Ermahnung verschmäht, ist ein Narr.
2: 14,17 2 Wer gut ist, erlangt Wohlgefallen beim HERRN,
den Heimtückischen aber spricht er schuldig.
3: 7; 10,25; Ps 125,1 3 Durch Frevel gewinnt kein Mensch Bestand,
aber fest bleibt die Wurzel der Gerechten.
4: 18,22; 19,14; 31,10.25 · 30,23 · 14,30 4 Eine tüchtige Frau ist die Krone ihres Mannes,
eine schändliche aber ist wie Fäulnis in seinen Knochen.
5: 11,23 · 14,8 5 Die Gerechten trachten nach dem Recht,
die Frevler planen Betrug.
6: 14,3 · 1,11 6 Hinterhältig reden die Frevler, um Blut zu vergiessen,
die Rechtschaffenen aber rettet der Mund.
7: 14,11! · 3! 7 Die Frevler werden gestürzt und sind nicht mehr da,
das Haus der Gerechten aber bleibt bestehen.
8 Für seinen Verstand wird ein Mann gelobt,
einer mit verkehrtem Sinn aber wird zum Gespött.
9 Besser, gering geachtet sein und einen Sklaven besitzen,
als vornehm tun und nichts zu essen zu haben.
10: 27,23; Ex 23,5; Dtn 25,4 10 Der Gerechte kümmert sich um sein Vieh,
das Erbarmen der Frevler aber ist grausam.
11: 20,13; 28,19 11 Wer seinen Acker bebaut, hat genug Brot,
wer aber Nichtigem nachjagt, dem fehlt der Verstand.
12: 21,10 12 Der Frevler verstrickt sich im Netz seiner Wünsche,
die Gerechten aber sind fest verwurzelt.

11,30: Die Übersetzung «Unrecht aber raubt das Leben» beruht auf der griechischen Überlieferung; der Massoretische Text lautet wohl: «und der Weise gewinnt Seelen».
12,12: Die Übersetzung des Verses beruht auf einer Korrektur des Massoretischen Texts.

13 Der Böse verfängt sich in den falschen Worten seiner Lippen, 13: Ps 34,20
der Gerechte aber entgeht der Not.
14 Von der Frucht seines Mundes wird man satt, 14: 13,2; 18,20
und was seine Hände tun, wird dem Menschen vergolten.
15 Dem Toren erscheint sein Weg gerade, 15: 3,7! · 13,10
aber weise ist, wer auf Rat hört.
16 Ein Tor zeigt seinen Unmut auf der Stelle 16: 29,11
ein Kluger aber steckt eine Schmähung ein.
17 Wer die Wahrheit spricht, sagt, was recht ist, 17: 6,19!
ein falscher Zeuge aber betrügt.
18 Mancher Schwätzer verletzt wie ein Schwert, 18: Ps 57,5 · 3,8!
die Zunge der Weisen aber bringt Heilung.
19 Wahrhaftige Lippen haben für immer Bestand,
eine falsche Zunge aber nur für einen Augenblick.
20 Betrug ist im Herzen derer, die Böses planen, 20: 26,24 · Mt 5,9
aber wer zum Frieden rät, wird Freude erfahren.
21 Dem Gerechten widerfährt kein Unheil, 21: 11,21
aber die Frevler trifft das Unglück voll.
22 Lügnerische Lippen verabscheut der HERR, 22: 6,17 · 11,20
wer aber für die Wahrheit eintritt, gefällt ihm.
23 Ein kluger Mensch verbirgt sein Wissen, 23: 10,19! · 13,16;
das Herz der Dummen aber schreit die Torheit hinaus. 18,2
24 Die Hand der Fleissigen wird herrschen, 24: 6,11!
die träge aber muss Frondienst tun.
25 Sorge drückt das Herz eines Mannes nieder, 25: 15,13; 17,22 ·
ein gutes Wort aber erfreut es. 15,23!
26 Der Gerechte findet seine Weide, 26: 14,22
die Frevler aber führt ihr Weg in die Irre.
27 Der Träge erjagt sich kein Wild, 27: 10,4!
ein fleissiger Mensch aber gewinnt kostbares Gut.
28 Auf dem Pfad der Gerechtigkeit ist Leben, 28: 11,4!
der schändliche Weg aber führt zum Tod.

Die Lehre des Weisen ist eine Quelle des Lebens

13 1 Zum weisen Sohn wird man mit der Unterweisung durch 1: 1,8! · 15,12
den Vater,
zum Spötter wird, wer nicht auf Warnungen hört.
2 Von der Frucht seines Mundes kann man Gutes essen, 2: 12,14! · 11,23
aber die Abtrünnigen gieren nach Gewalttat.
3 Wer seine Lippen hütet, schützt sein Leben, 3: 10,14 · 18,21 ·
wer seinen Mund aufreisst, den trifft das Verderben. 21,23
4 Der Faule ist gierig und kommt dennoch zu nichts, 4: 20,4; 21,25;
aber das Verlangen der Fleissigen wird gestillt. 24,30 · 10,4!
5 Ein Gerechter hasst verlogene Worte, 5: 30,8; Ps 119,163 · 18,3

12,13: Die Übersetzung «verfängt sich» beruht auf einer Korrektur des Massoretischen Texts.

12,16: Die Übersetzung «zeigt» beruht auf einer Umvokalisierung des Massoretischen Texts.

12,26: Der hebräische Text von 12,26–28 ist problematisch, die Übersetzung deshalb schwierig und an manchen Stellen unsicher. Der Text wurde stellenweise korrigiert.

ein Frevler aber handelt schimpflich und schändlich.

6: 11,5!
6 Die Gerechtigkeit schützt den, der schuldlos wandelt,
den Frevel aber bringt die Sünde zu Fall.

7: Offb 2,9; 3,17
7 Manch einer gibt sich reich und besitzt nichts,
manch einer gibt sich arm und hat grossen Besitz.

8 Wer Reichtum hat, kann Lösegeld zahlen für sein Leben,
ein Armer aber kann sich nicht loskaufen.

9: 4,18! · 20,20; 24,20; Hiob 21,13!
9 Das Licht der Gerechten erstrahlt,
aber die Leuchte der Frevler erlischt.

10: 6,17! · 12,15
10 Hochmut führt nur zu Streit,
Weisheit aber ist bei denen, die sich beraten lassen.

11: 21,6; 28,20
11 Erjagtes Vermögen schwindet dahin,
wer aber bedächtig sammelt, wird reich.

12: 19 · 3,18
12 Unerfüllte Hoffnung macht das Herz krank,
ein Baum des Lebens aber ist ein erfüllter Wunsch.

13: 16,20
13 Wer das Wort verachtet, erleidet Schaden,
wer Achtung hat vor dem Gebot, wird belohnt.

14: 10,11!
14 Die Weisung des Weisen ist eine Quelle des Lebens,
mit ihr entgeht man den Fallen des Todes.

15 Richtige Einsicht bringt Gunst,
aber der Weg der Abtrünnigen ist ihr Verderben.

16: 12,23!
16 Ein Kluger tut alles mit Verstand,
ein Dummer aber verbreitet Torheit.

17: 25,13
17 Ein frevlerischer Bote stürzt ins Unglück,
aber ein zuverlässiger Gesandter bringt Heilung.

18: 12,1 · 15,31
18 Wer die Unterweisung in den Wind schlägt, erntet Armut und Schande,
aber wer die Ermahnung beachtet, wird geehrt.

19: 12 · 29,27
19 Ein erfüllter Wunsch tut der Seele gut,
die Dummen aber wollen das Böse nicht meiden.

20: 22,24–25; 1Kor 15,33
20 Wer mit Weisen geht, wird weise,
wer aber mit Dummen verkehrt, dem wird es übel ergehen.

21 Unheil verfolgt die Sünder,
die Gerechten aber belohnt das Glück.

22: Ps 112,2 · 28,8; Hiob 27,17; Koh 2,26
22 Der Gute hinterlässt sein Erbe den Enkeln,
aber das Vermögen des Sünders ist aufgespart für den Gerechten.

23 Der Acker der Vornehmen gibt reichlich Nahrung,
aber durch Unrecht wird es hinweggrafft.

24: 19,18; 22,15; 23,13; 29,17; Hebr 12,6
24 Wer seinen Stock schont, hasst seinen Sohn,
wer ihn aber liebt, sorgt für seine Unterweisung.

25: 10,3!
25 Der Gerechte kann essen, bis sein Hunger gestillt ist,
der Bauch der Frevler aber muss darben.

13,8: Die Übersetzung «ein Armer aber kann sich nicht loskaufen» beruht auf einer Korrektur des Massoretischen Texts; dieser lautet: «ein Armer aber hört nicht auf Warnungen».

13,11: Die Übersetzung «Erjagtes Vermögen schwindet dahin» beruht auf einer Korrektur des Massoretischen Texts.

13,15: Die Übersetzung «ihr Verderben» beruht auf einer Korrektur des Massoretischen Texts.

13,16: Die Übersetzung «Ein Kluger tut alles mit Verstand» beruht auf einer Umvokalisierung des Massoretischen Texts; dieser lautet übersetzt: «Jeder Kluge handelt mit Verstand».

Die Weisheit der Frauen hat ihr Haus gebaut

14 1 Die Weisheit der Frauen hat ihr Haus gebaut, 1: 24,3; 31,16
aber Torheit reisst es nieder mit ihren Händen.
2 Wer aufrichtig geht, fürchtet den HERRN, 2: 2,15
wer aber krumme Wege geht, verachtet ihn.
3 Was der Tor im Mund führt, kommt als Rute auf seinen Rücken, 3: 18,7 · 26,3 · 12,6
aber den Weisen bewahren seine Lippen.
4 Wo keine Rinder sind, spart man das Futter,
aber die Kraft des Ochsen bringt reichen Ertrag.
5 Ein zuverlässiger Zeuge lügt nicht, 5: 6,19!
aber ein falscher Zeuge bringt Lügen vor.
6 Der Spötter sucht Weisheit, aber vergeblich, 6: 17,16; 24,7; 28,5
doch dem Verständigen fällt das Erkennen leicht.
7 Geh einem dummen Mann aus dem Weg –
du lernst keine verständigen Lippen kennen.
8 Die Weisheit des Klugen lässt ihn seinen Weg verstehen, 8: 12,5
aber die Torheit der Dummen ist trügerisch.
9 Die Schuld macht die Toren zu Spöttern,
zwischen Rechtschaffenen aber herrscht gutes Einvernehmen.
10 Das Herz allein kennt die eigene Bitterkeit,
und seine Freude kann kein anderer teilen.
11 Das Haus der Frevler wird vernichtet, 11: 12,7; 15,25 · 3,33!
das Zelt der Rechtschaffenen aber gedeiht.
12 Da ist ein Weg, der einem gerade erscheint, 12: 16,25
aber am Ende sind es Wege des Todes.
13 Auch beim Lachen kann das Herz voller Schmerzen sein,
und am Ende wird aus Freude Bitterkeit.
14 Wer ein abtrünniges Herz hat, wird die Frucht seiner Wege ernten – 14: 1,31!
und ein guter Mann die Frucht seiner Taten.
15 Der Einfältige glaubt jedes Wort,
aber der Kluge achtet auf seinen Schritt.
16 Der Weise fürchtet und meidet das Böse, 16: 3,7
der Dumme aber braust auf und fühlt sich sicher.
17 Ein Jähzorniger begeht eine Torheit, 17: 29 · 20,3 · 12,2
ein Umsichtiger aber macht sich verhasst.
18 Die Einfältigen haben die Unwissenheit geerbt, 18: 4,9
aber die Klugen schmücken sich mit Erkenntnis.
19 Böse mussten sich beugen vor Guten
und Frevler an den Toren des Gerechten.
20 Selbst seinem Nächsten ist der Arme verhasst, 20: 19,4!
der Reiche aber hat viele Freunde.
21 Wer seinen Nächsten verachtet, ist ein Sünder, 21: 11,12! · 22,9;
aber wohl dem, der sich der Elenden erbarmt. Ps 41,2; Mt 5,7
22 Gehen nicht in die Irre, die Böses planen? 22: 12,26 · 6,14
Wer aber Gutes plant, erfährt Güte und Treue.
23 Alle Mühe führt zu Gewinn, 23: Koh 3,9
leeres Geschwätz aber führt nur zu Mangel.

14,14: Die Übersetzung «und ein guter Mann die Frucht seiner Taten» beruht auf einer Korrektur des Massoretischen Texts.

24 Die Krone der Weisen ist ihr Reichtum,
aber der Kranz der Dummen ist Torheit.
25: 6,19! 25 Ein ehrlicher Zeuge rettet Leben,
wer aber Lügen vorbringt, ist ein Betrüger.
26: 18,10; Ps 20,2; 61,4 · 20,7 26 In der Furcht des HERRN liegt feste Zuversicht,
es wird auch den Kindern eine Zuflucht sein.
27: 10,11! 27 Die Furcht des HERRN ist eine Quelle des Lebens,
mit ihr entgeht man den Fallen des Todes.

Die Gerechtigkeit erhöht eine Nation

28 Die Ehre eines Königs ist ein grosses Volk,
und ohne Nation geht ein Mächtiger zugrunde.
29: 15,18; 16,32; 19,11; Koh 7,8 · 17 29 Ein Langmütiger hat viel Einsicht,
aber ein Ungeduldiger stellt seine Torheit zur Schau.
30: 12,4 30 Ein gelassenes Herz ist Leben für den Leib,
Leidenschaft aber ist Knochenfrass.
31: 17,5; 22,2; 29,13; Hiob 31,1 31 Wer einen Geringen unterdrückt, schmäht seinen Schöpfer,
aber wer Erbarmen hat mit einem Armen, ehrt ihn.
32: 11,5! 32 Durch seine Bosheit wird ein Frevler gestürzt,
aber ein Gerechter ist selbst im Tod geborgen.
33 Weisheit bleibt im Herzen des Verständigen,
bei den Dummen aber zeigt sie sich nicht.
34: 29,4; Dtn 4,6 34 Die Gerechtigkeit erhöht eine Nation,
aber die Sünde ist die Schande der Nationen.
35: Lk 19,17–27 · 16,13; 22,11 35 Ein verständiger Diener findet das Wohlgefallen des Königs,
sein Zorn aber trifft den, der schändlich handelt.

Die Augen des HERRN sind überall

1: 25,15; 29,8 · 1Kön 12,14 15 1 Eine sanfte Antwort beschwichtigt die Erregung,
aber ein kränkendes Wort steigert den Zorn.
2 Die Zunge der Weisen fördert das Wissen,
aus dem Mund der Dummen aber sprudelt Torheit.
3: 5,21! 3 Die Augen des HERRN sind überall,
sie wachen über Böse und Gute.
4: 3,18! 4 Eine sanfte Zunge ist ein Baum des Lebens,
eine falsche aber bricht den Lebensmut.
5: 1,7 5 Ein Tor verschmäht die Unterweisung durch seinen Vater,
wer aber die Ermahnung beachtet, ist klug.
6: 21,20 6 Im Haus des Gerechten gibt es reichlich Vorrat,
im Ertrag des Frevlers aber liegt Verderben.
7: 10,21 7 Die Lippen der Weisen streuen das Wissen aus,
das Herz der Dummen aber ist falsch.
8: 29! · 21,27; 28,9 8 Das Opfer der Frevler verabscheut der HERR,
aber das Gebet der Rechtschaffenen gefällt ihm.

14,24: Die Übersetzung «aber der Kranz der Dummen ist Torheit» beruht auf der griechischen Überlieferung; der Massoretische Text lautet übersetzt: «die Torheit der Dummen ist Torheit».

14,33: Die Übersetzung «bei den Dummen aber zeigt sie sich nicht» beruht auf einer Korrektur des Massoretischen Texts.

9 Der HERR verabscheut den Weg des Frevlers, 9: Ps 5,5–7 · Ps 11,7
aber er liebt den, der nach Gerechtigkeit trachtet.
10 Wer den Pfad verlässt, wird schwer bestraft, 10: 12; 12,1
wer Ermahnung verschmäht, muss sterben.
11 Totenreich und Abgrund liegen offen vor dem HERRN, 11: Hiob 26,6! ·
wie viel mehr die Herzen der Menschen. 1Sam 16,7!;
2Chr 6,30
12 Der Spötter liebt es nicht, dass man ihn rügt, 12: 10! · 13,1
zu den Weisen geht er nicht.

Ein frohes Herz macht das Gesicht heiter

13 Ein frohes Herz macht das Gesicht heiter, 13: 17,22 · 12,25!
wenn aber das Herz leidet, wird der Lebensmut getrübt.
14 Das Herz eines Verständigen sucht nach Erkenntnis, 14: 18,15
der Mund der Dummen aber ist auf Torheit aus.
15 Wer bedrückt ist, hat lauter böse Tage,
wer aber ein frohes Herz hat, feiert ständig.
16 Besser wenig in der Furcht des HERRN 16: 16,8; 17,1;
als ein grosser Schatz und keine Ruhe. Ps 37,16; Koh 4,6
17 Besser ein Gericht von Gemüse mit Liebe,
als ein gemästetes Rind mit Hass.
18 Ein zorniger Mann erregt Zwietracht, 18: 22,24; 26,21;
aber ein Langmütiger schlichtet den Streit. 29,22 · 14,29!
19 Der Weg eines Faulen ist wie eine Dornenhecke, 19: 22,5; 24,30–31 ·
aber der Pfad der Rechtschaffenen ist wohl gebahnt. 6,6! · 11,5!

Das gute Wort zur rechten Zeit

20 Ein weiser Sohn macht seinem Vater Freude, 20: 10,1b!
aber ein dummer Mensch verachtet seine Mutter.
21 Torheit macht dem Einfältigen Freude, 21: 10,23! · 4,26!
ein einsichtiger Mann aber geht geradeaus.
22 Pläne scheitern, wo Beratung fehlt, 22: 11,14!
wo aber viele Rat geben, kommt der Erfolg.
23 Einem Mann macht es Freude, wenn er zu antworten weiss, 23: 30; 12,25; 16,24;
und wie gut ist ein Wort zur rechten Zeit! 24,26; 25,11
24 Der Pfad des Lebens führt den Verständigen nach oben,
so dass er dem Totenreich unten entgeht.

Die Furcht des HERRN ist Unterweisung zur Weisheit

25 Das Haus der Stolzen reisst der HERR nieder, 25: 14,11! ·
aber er sichert die Grenze der Witwe. Dtn 19,14
26 Der HERR verabscheut die Pläne des Bösen, 26: 6,18!
aber freundliche Worte sind rein.
27 Wer Gewinn macht, zerstört sein Haus, 27: 1,19 · 28,16;
wer aber Bestechung hasst, wird leben. Ps 15,5
28 Das Herz des Gerechten überlegt, was zu antworten ist, 28: 10,32 · 19,28
aus dem Mund der Frevler aber sprudeln Bosheiten.
29 Fern ist der HERR den Frevlern, 29: 8; Ps 34,16;
aber er hört das Gebet der Gerechten. Joh 9,31
30 Ein freundlicher Blick erfreut das Herz, 30: 23! · 25,25
eine gute Botschaft stärkt die Glieder.

31: 13,18 31 Das Ohr, das auf eine heilsame Ermahnung hört,
verweilt unter Weisen.
32: 4,13! 32 Wer die Unterweisung in den Wind schlägt, verachtet sich selbst,
wer aber auf die Ermahnung hört, erwirbt Vernunft.
33: 1,7! · 16,18; 18,12; 22,4; 29,23 33 Die Furcht des HERRN ist Unterweisung zur Weisheit,
und vor der Ehre kommt die Demut.

Vertraue dem HERRN deine Werke an

1: 9! 16 1 Der Mensch überlegt in seinem Herzen,
vom HERRN aber kommt, was die Zunge spricht.
2: 17,3; 21,2; 24,12 2 Einem Mann erscheinen alle seine Wege rein,
aber der HERR prüft den Geist.
3: Ps 37,5 3 Vertraue dem HERRN deine Werke an,
so werden deine Pläne gelingen.
4 Der HERR hat alles für seinen Zweck erschaffen,
so auch den Frevler für den Tag des Unheils.
5: 6,17! · 11,21 5 Der HERR verabscheut jeden Hochmütigen.
Die Hand darauf: Er bleibt nicht ungestraft.
6 Durch Güte und Treue wird Schuld gesühnt,
und in der Furcht des HERRN meidet man das Böse.
7 Wenn dem HERRN die Wege eines Mannes gefallen,
versöhnt er mit ihm auch seine Feinde.
8: 15,16! 8 Besser wenig mit Gerechtigkeit
als reichen Ertrag mit Unrecht.
9: 1.33; 19,21; 20,24 9 Das Herz des Menschen plant seinen Weg,
aber der HERR lenkt seinen Schritt.
10: 25,2! 10 Auf den Lippen des Königs ist Weissagung,
sein Mund verfehlt sich nicht, wenn er Recht spricht.
11: 11,1! 11 Waage und gerechte Waagschalen gehören dem HERRN,
alle Gewichtsteine im Beutel sind sein Werk.
12: 8,15! · 20,28! 12 Könige verabscheuen Freveltaten,
denn durch Gerechtigkeit wird ein Thron gefestigt.
13: 14,35! 13 Königen gefallen gerechte Lippen,
denn man liebt den, der aufrichtig redet.
14–15: 19,12; 20,2 14 Der Zorn eines Königs ist ein Bote des Todes,
aber ein weiser Mann kann ihn besänftigen.
15: 29,26 15 Im heiteren Gesicht eines Königs liegt Leben,
und sein Wohlgefallen ist wie die Regenwolke im Frühling.
16: 2,4! · 8,10! 16 Es ist besser, Weisheit zu erwerben als Gold,
und Verstand zu erwerben ist wertvoller als Silber.
17: 19,16 17 Böses zu meiden, ist die Strasse der Rechtschaffenen,
wer auf seinen Weg achtet, bewahrt sein Leben.
18: 11,2 · 15,33! 18 Stolz kommt vor dem Sturz
und Hochmut vor dem Fall.
19 Besser bescheiden sein mit den Elenden,
als Beute teilen mit den Stolzen.
20: 13,13 · Ps 2,12 20 Wer auf das Wort achtet, findet Glück,
und wohl dem, der auf den HERRN vertraut.

16,2: Wörtlich: «... prüft die Geister.»

21 Wer ein weises Herz hat, den nennt man verständig,
und die gefällige Rede fördert die Belehrung.
22 Dem Verständigen ist der Verstand Quelle des Lebens, 22: 10,11!
und den Toren ist die Torheit Strafe.
23 Das Herz des Weisen macht seinen Mund klug 23: 5,2
und mehrt auf seinen Lippen die Belehrung.
24 Freundliche Worte sind Honigwaben, 24: 15,23! · 27,9 ·
süss für die Seele und heilsam für die Glieder. 3,8!
25 Da ist ein Weg, der einem gerade erscheint, 25: 14,12
aber am Ende sind es Wege des Todes.
26 Der Hunger des Arbeiters arbeitet für ihn, 26: Koh 6,7
denn sein Mund treibt ihn an.
27 Ein Nichtsnutziger gräbt nach Bösem, 27: 6,12!
und auf seinen Lippen ist es wie versengendes Feuer.
28 Ein Falscher entfacht Streit, 28: 6,19 · 26,20 ·
und ein Verleumder entzweit Freunde. 17,9
29 Ein Gewalttätiger verführt seinen Nächsten 29: 1,10
und bringt ihn auf einen Weg, der nicht gut ist.
30 Wer mit den Augen zwinkert, plant Falsches, 30: 6,13!
wer die Lippen verzieht, hat das Böse schon getan.
31 Graues Haar ist eine prächtige Krone, 31: 20,29
man findet sie auf dem Weg der Gerechtigkeit.
32 Besser langmütig sein als ein Kriegsheld, 32: 14,29!
und besser sich selbst beherrschen als Städte bezwingen.
33 In den Falten des Gewandes schüttelt man das Los, 33: 9!
aber jeder Entscheid kommt vom HERRN.

Der HERR prüft die Herzen

17 1 Besser ein trockener Bissen in Ruhe 1: 15,16!
als ein Haus voller Festspeisen mit Streit.
2 Ein verständiger Sklave wird Herr über einen schändlichen Sohn
und teilt mit den Brüdern das Erbe.
3 Der Schmelztiegel ist für das Silber da und der Ofen für das Gold, 3: 27,21 · Ps 66,10;
der HERR aber prüft die Herzen. 1Petr 1,7 · 16,2!
4 Der Übeltäter hängt an trügerischen Lippen,
der Lügner hört auf die Zunge, die Verderben bringt.
5 Wer den Armen verspottet, schmäht seinen Schöpfer, 5: 14,31! · 24,17;
wer sich freut über ein Unglück, bleibt nicht ungestraft. Hiob 31,29
6 Kindeskinder sind die Krone der Alten,
und Väter sind der Stolz ihrer Kinder.
7 Gehobene Sprache passt nicht zu einem Toren,
noch weniger passt verlogene Sprache zu einem Edlen.
8 Ein Geschenk ist ein Zauberstein in den Augen des Gebers, 8: 18,16; 19,6; 21,14
wohin er sich wendet, hat er Erfolg.
9 Wer eine Verfehlung zudeckt, trachtet nach Liebe, 9: 10,12! · 16,28
wer aber eine Sache aufrührt, vertreibt den Freund.
10 Tadel trifft einen Verständigen härter 10: 19,25!
als hundert Schläge einen Dummen.
11 Ein Böser trachtet nur nach Aufruhr,
aber gegen ihn wird ein grausamer Bote gesandt.

12: 2Sam 17,8! · 27,3
12 Lieber einer Bärin begegnen, der man die Jungen geraubt hat,
als einem Dummen in seiner Torheit.
13: Jer 18,20
13 Wenn einer Gutes mit Bösem vergilt,
weicht das Unglück nicht von seinem Haus.
14: 20,3
14 Wer Streit anfängt, entfesselt eine Wasserflut,
darum lass ab vom Streit, bevor er losbricht!
15: 18,5; 24,24; Dtn 25,1; Jes 5,23
15 Wer Frevler freispricht und wer Gerechte für schuldig erklärt –
beide verabscheut der HERR.
16: 14,6!
16 Was nützt das Geld in der Hand des Dummen?
Kann er Weisheit kaufen, wenn er keinen Verstand hat?
17: 18,24; 27,10
17 Ein Freund ist jederzeit liebevoll,
und für die Bedrängnis wird ein Bruder geboren.
18: 6,1!
18 Ein Mensch ohne Verstand verpflichtet sich durch Handschlag
und leistet Bürgschaft bei seinem Nächsten.
19: Jak 3,16
19 Wer die Verfehlung liebt, liebt den Streit,
wer seine Tür zu hoch macht, führt den Einsturz herbei.
20 Wer ein verkehrtes Herz hat, findet kein Glück,
und wer sich verstellt mit seiner Zunge, stürzt ins Unglück.
21: 10,1b!
21 Wer einen Dummen zeugt, dem bringt es Kummer,
und der Vater eines Toren hat keine Freude.
22: 15,13 · 18,14 · 12,25!
22 Ein frohes Herz ist die beste Medizin,
aber ein niedergeschlagener Geist lässt die Glieder verdorren.
23: Ex 23,8
23 Der Frevler nimmt heimliche Geschenke an,
um die Wege des Rechts zu beugen.
24: 4,25
24 Der Verständige wendet sich der Weisheit zu,
aber die Augen des Dummen schweifen ab bis ans Ende der Erde.
25: 10,1b!
25 Ein dummer Sohn bereitet seinem Vater Verdruss
und Kummer seiner Mutter, die ihn geboren hat.
26 Eine Geldstrafe für den Gerechten ist nicht gut,
Edle zu schlagen ist gegen das Recht.
27–28: 10,19! 27: Jak 1,19
27 Wer seine Worte zurückhält, hat Erkenntnis,
und wer kühl überlegt, ist ein einsichtiger Mann.
28: Hiob 13,5
28 Auch einen Toren hält man für weise, solange er schweigt,
für verständig, solange er seine Lippen verschliesst.

Der Dumme hat kein Gefallen an Erkenntnis

18 1 Wer sich absondert, folgt seinen eigenen Wünschen,
er widersetzt sich aller Klugheit.
2: 12,23!
2 Der Dumme hat kein Gefallen an Erkenntnis,
sondern daran, sein Inneres zur Schau zu stellen.
3: 13,5
3 Kommt ein Frevler, kommt auch Verachtung,
und mit der Schandtat kommt die Schmach.
4: 20,5
4 Die Worte aus dem Mund eines Mannes sind ein tiefes Wasser,
ein sprudelnder Bach ist die Quelle der Weisheit.
5: 17,15! · 24,23; 28,21
5 Es ist nicht gut, für einen Schuldigen Partei zu ergreifen
und einen Unschuldigen abzuweisen vor Gericht.
6 Die Lippen eines Dummen bringen Streit,
und sein Mund ruft nach Schlägen.
7: 14,3
7 Der Mund eines Dummen bringt ihm Verderben,
und seine Lippen werden ihm selbst zur Falle.

8 Die Worte des Verleumders sind wie Leckerbissen
und gleiten hinab in die Kammern des Leibes. 8: 26,22
9 Auch wer nur nachlässig ist bei seiner Arbeit,
ist schon ein Bruder dessen, der alles verderben lässt. 9: 10,4; Koh 10,18 · 28,24
10 Der Name des HERRN ist ein starker Turm,
der Gerechte eilt dorthin und findet Schutz. 10: 14,26!
11 Der Besitz des Reichen ist seine feste Burg
und wie eine hohe Mauer – denkt er. 11: 10,15
12 Hochmütig ist das Herz eines Mannes vor dem Sturz,
und vor der Ehre kommt die Demut. 12: 15,33!
13 Wenn einer Antwort gibt, bevor er zugehört hat,
ist das töricht und schändlich für ihn.
14 Der menschliche Geist hält der Krankheit stand,
ein zerbrochener Geist aber – wer kann ihn aufrichten? 14: 17,22
15 Das Herz des Verständigen verschafft sich Erkenntnis,
und Erkenntnis sucht das Ohr der Weisen. 15: 15,14
16 Die Geschenke eines Menschen schaffen ihm Raum
und führen ihn vor die Grossen. 16: 17,8!
17 Wer als erster eine Sache vertritt, bekommt Recht,
aber dann kommt ein anderer und prüft nach.
18 Das Los macht Streitigkeiten ein Ende
und trennt Mächtige voneinander.
19 Ein getäuschter Bruder ist verschlossener als eine Festung,
und Streitigkeiten sind wie der Riegel an einer festen Burg. 19: Gen 27,41!
20 Von der Frucht seines Mundes nährt sich der Leib des Mannes,
vom Ertrag seiner Lippen sättigt er sich. 20: 12,14!
21 Tod und Leben sind in der Gewalt der Zunge,
und wer sie liebevoll gebraucht, nährt sich von ihrer Frucht. 21: 13,3
22 Wer eine Frau gefunden hat, der hat das Glück gefunden
und Wohlgefallen erlangt beim HERRN. 22: 12,4!
23 Bittend redet der Arme,
aber der Reiche antwortet mit Härte. 23: 22,7
24 Es gibt Gefährten, die sich zugrunde richten,
manch ein Freund aber ist anhänglicher als ein Bruder. 24: 17,17!

Wer einsichtig bleibt, findet Glück

19 1 Besser ein Armer, der schuldlos seinen Weg geht,
als ein Dummer mit verlogenen Lippen. 1: 28,6
2 Unvernünftige Begierde ist nicht gut,
und wer hastig läuft, tritt fehl. 2: 21,5; 29,20
3 Seine eigene Torheit führt den Menschen in die Irre,
sein Herz aber zürnt über den HERRN.
4 Vermögen vermehrt die Zahl der Freunde,
der Arme aber wird von seinem Freund verlassen. 4: 6–7; 14,20
5 Ein falscher Zeuge bleibt nicht ungestraft,
und wer Lügen vorbringt, wird nicht entkommen. 5: 6,19! · 21,28
6 Viele schmeicheln dem Vornehmen,
und wer Geschenke verteilt, hat jeden zum Freund. 6–7: 4! 6: 17,8

7 Den Armen verschmähen alle seine Brüder,
und auch seine Freunde bleiben ihm fern.
8 Wer sich Verstand erwirbt, liebt sein Leben,
wer einsichtig bleibt, findet Glück.
9: 6,15! 9 Ein falscher Zeuge bleibt nicht ungestraft,
und wer Lügen vorbringt, geht zugrunde.
10: 26,1; 30,22; Koh 10,6–7 10 Einem Dummen steht es nicht zu, in Wohlstand zu leben,
noch weniger einem Sklaven, über Fürsten zu herrschen.
11: 14,29! · 20,22! 11 Einsicht macht einen Menschen geduldig,
und ehrenvoll ist es für ihn, über Verfehlungen hinwegzugehen.
12: 16,14–15! 12 Wie das Knurren des Löwen ist der Zorn des Königs,
und wie Tau auf dem Gras ist seine Gunst.
13: 10,1b! · 21,9! 13 Ein dummer Sohn ist ein Unglück für den Vater,
und die Streitsucht einer Frau ist wie ein ständig tropfendes Dach.
14: 12,4! 14 Haus und Habe sind das Erbe der Väter,
eine verständige Frau aber ist ein Geschenk des HERRN.
15: 6,11! 15 Faulheit lässt in tiefen Schlaf fallen,
und wer träge ist, wird Hunger leiden.
16: 16,17 16 Wer das Gebot hält, schützt sein Leben,
wer nicht auf seine Wege achtet, wird sterben.
17: 22,9; 28,27; Mt 10,42 17 Wer sich des Armen erbarmt, leiht dem HERRN,
und der wird ihm seine gute Tat vergelten.
18: 13,24! · Dtn 21,18–21 18 Züchtige deinen Sohn, solange noch Hoffnung ist,
doch lass dich nicht hinreissen, ihn zu töten.
19: 6,19! 19 Wer jähzornig ist, muss bestraft werden,
denn wenn du ihn schonst, machst du es noch schlimmer.
20: 1,2 20 Höre auf den Rat und nimm die Unterweisung an,
damit du weise wirst für die Zukunft.
21: 21,30; Ps 33,10 · 16,9! 21 Im Herzen eines Mannes sind viele Pläne,
aber der Ratschluss des HERRN wird Wirklichkeit.
22 Die Güte eines Menschen macht ihn begehrenswert,
und ein Armer ist besser als ein Lügner.
23: 11,19! · 3,24! 23 Die Furcht des HERRN führt zum Leben:
satt geht man schlafen, erfährt nichts Böses.
24: 6,6! · 26,15 24 Hat ein Fauler mit seiner Hand in die Schüssel gegriffen,
so bringt er sie nicht einmal zum Mund zurück.
25: 17,10; 21,11 25 Schlägst du einen Spötter, wird ein Einfältiger klug,
und weist man einen Verständigen zurecht, gewinnt er Erkenntnis.
26: 20,20; 28,24; 30,11.17; Ex 21,17 26 Wer den Vater misshandelt, die Mutter verstösst,
ist ein schändlicher und verkommener Sohn.
27 Hör auf, mein Sohn, dir Unterweisung anzuhören
und dann doch abzuirren von den Worten der Erkenntnis.
28: 15,28 28 Ein nichtsnutziger Zeuge verspottet das Recht,
und der Mund der Frevler verbreitet Unheil.

19,7: Im Massoretischen Text folgt am Versende: «Er jagt Worten nach, die nicht sind.»
19,28: Möglich ist für «und der Mund der Frevler verbreitet Unheil» auch die Übersetzung: «und der Mund der Frevler verschlingt Unheil».

29 Auf die Spötter warten Strafen, 29: 1,26! · 10,13!
und auf den Rücken der Dummen gehören Schläge.

Sag nicht: Ich will Böses heimzahlen

20 1 Ein Spötter ist der Wein, ein Lärmer das Bier, 1: 23,20–35;
und keiner, der davon berauscht ist, wird weise. Jes 28,7; Hos 4,11
2 Wie das Knurren eines Löwen ist das Drohen des Königs, 2: 16,14–15!
wer seinen Zorn erregt, verwirkt sein Leben.
3 Es ehrt einen Mann, dem Streit fernzubleiben, 3: 17,14 · 14,17
jeder Tor aber fängt Streit an.
4 Im Herbst will der Faule nicht pflügen; 4: 6,8 · 13,4!
wenn er dann in der Erntezeit sucht, findet er nichts.
5 Die Pläne im Herzen eines Mannes sind tiefe Wasser, 5: 18,4
ein einsichtiger Mann aber weiss daraus zu schöpfen.
6 Viele Menschen rühmen ihre Treue, 6: 27,2 · Ps 12,2;
wer aber findet einen zuverlässigen Mann? Jer 5,1
7 Ein Gerechter geht schuldlos seinen Weg, 7: Ps 15,2–5 · 14,26
wohl seinen Kindern, die nach ihm kommen.
8 Ein König, der auf dem Richterstuhl sitzt, 8: 26
zerstreut schon mit seinen Augen alles Böse.
9 Wer darf sagen: Ich habe mein Herz geläutert, 9: 30,12; 1Kön 8,46!;
ich bin rein geworden von meiner Sünde? Hiob 9,2
10 Zweierlei Gewicht und zweierlei Mass – 10: 11,1!
der HERR verabscheut beides.
11 Ein junger Mann zeigt mit seinem Verhalten, 11: 22,6 · Mt 7,16
ob sein Tun rein ist und recht.
12 Das Ohr, das hört, und das Auge, das sieht – 12: Ex 4,11
der HERR hat beide geschaffen.
13 Liebe nicht den Schlaf, damit du nicht verarmst, 13: 6,11! · 12,11!
halte deine Augen offen, so kannst du dich satt essen.
14 Schlecht, schlecht!, sagt der Käufer,
doch wenn er weggeht, rühmt er sich.
15 Gold gibt es und viele Perlen, 15: 10,20 · 8,10!
der kostbarste Schmuck aber sind verständige Lippen.
16 Nimm dem das Kleid, der für einen Fremden gebürgt hat, 16: 27,13 · 6,1!
und pfände ihn statt der Ausländer.
17 Süss schmeckt dem Mann erlogene Speise, 17: 9,17! · Klgl 3,16
danach aber füllt sein Mund sich mit Kieseln.
18 Durch Beratung kommen Pläne zustande; 18: 11,14! · 24,6;
und mit Überlegung führe Krieg. Lk 14,31
19 Wer als Verleumder umhergeht, gibt Vertrauliches preis, 19: 11,13
darum lass dich nicht mit einem Schwätzer ein.
20 Wer seinen Vater und seine Mutter verflucht, 20: 19,26! · 13,9!
dessen Leuchte wird erlöschen, wenn es finster wird.
21 Ein Erbe, zu Anfang verachtet,
wird nicht gesegnet sein am Ende.
22 Sag nicht: Ich will Böses heimzahlen. 22: 19,11; 24,29;
Hoffe auf den HERRN, dass er dir hilft. Lev 19,18 · Ps 37,40
23 Zweierlei Gewichte verabscheut der HERR, 23: 11,1!
und eine falsche Waage ist nicht gut.

24: 16,9! 24 Die Schritte des Mannes lenkt der HERR;
wie könnte der Mensch seinen Weg verstehen?
25: Dtn 23,22; Ri 11,25; Koh 5,3 25 Vorschnell zu geloben und erst danach zu überlegen,
ist eine Falle für den Menschen.
26: 8 26 Ein weiser König zerstreut die Frevler
und drischt sie mit dem Rad.
27 Der Atem des Menschen ist eine Leuchte des HERRN,
er erforscht alle Kammern des Leibes.
28: Ps 61,8 · 3,3 · 16,12; 29,14 28 Güte und Treue behüten den König,
und durch Güte stützt er seinen Thron.
29: 16,31 29 Der Stolz der jungen Männer ist ihre Kraft,
und der Schmuck der Alten ist das graue Haar.
30 Blutige Striemen läutern den Bösen
und Schläge die Kammern des Leibes.

Kein Rat kann bestehen gegen den HERRN

1: Esra 1,1 21 1 Wie Wasserbäche ist das Herz des Königs in der Hand des HERRN,
er kann es lenken, wohin er will.
2: 16,2! 2 Jedem Mann erscheint sein Weg richtig,
der HERR aber prüft die Herzen.
3: 1Sam 15,22! 3 Gerechtigkeit und Recht zu üben,
gefällt dem HERRN besser als Opfer.
4: 30,13 · 6,17! 4 Hochmütige Augen und ein überhebliches Herz,
die Leuchte der Frevler, sind Sünde.
5: 10,4! · 19,2! 5 Was ein Fleissiger plant, bringt Gewinn,
wer aber hastet, macht nur Verlust.
6: 13,11! 6 Wer Schätze erwirbt mit verlogener Zunge,
ist flüchtig wie der Atem derer, die den Tod suchen.
7 Die Gewalt der Frevler rafft sie hinweg,
denn sie wollen nicht das Rechte tun.
8: 2,15! · Jes 26,7 8 Krumm ist der Weg eines Schuldigen,
das Tun eines Reinen aber ist gerade.
9: 19; 19,13; 25,24; 27,15 9 Besser in einer Ecke auf dem Dach wohnen
als mit einer streitsüchtigen Frau im gleichen Haus.
10: 12,12 10 Der Frevler verlangt nach Bösem,
sein Nächster findet bei ihm kein Erbarmen.
11: 19,25! · 1,5! 11 Bestraft man einen Spötter, wird ein Einfältiger weise,
und belehrt man einen Weisen, gewinnt er Erkenntnis.
12 Der Gerechte handelt klug am Haus des Frevlers:
Er stürzt die Frevler ins Verderben.
13 Wer sein Ohr verschliesst vor dem Hilferuf eines Armen,
erhält auch keine Antwort, wenn er selbst um Hilfe ruft.
14: 17,8! 14 Eine heimliche Gabe besänftigt den Zorn
und ein Geschenk im Verborgenen die heftige Wut.
15: 10,29! · Ps 119,16 15 Recht zu üben, macht einem Gerechten Freude,
für Übeltäter aber ist es schrecklich.
16: 1,32! 16 Ein Mensch, der abirrt vom Weg der Einsicht,
wird bald in der Versammlung der Schatten ruhen.
17: 23,21 17 Einer, der das Vergnügen liebt, wird Mangel leiden,

wer Wein und Öl liebt, wird nicht reich.
18 Der Frevler muss für den Gerechten bezahlen, 18: 11,8
und der Abtrünnige muss für die Rechtschaffenen büssen.
19 Besser in der Wüste hausen 19: 9!
als Verdruss haben mit einer streitsüchtigen Frau.
20 In der Wohnung des Weisen ist ein kostbarer Schatz und Öl, 20: 15,6
aber ein dummer Mensch vergeudet es.
21 Wer nach Gerechtigkeit und Güte strebt, 21: 11,19! · 10,16!
der findet auch Leben, Gerechtigkeit und Ehre.
22 Ein Weiser hat die Stadt der Helden erobert 22: 24,5; Koh 9,18
und das Bollwerk niedergerissen, auf das sie vertraute.
23 Wer seinen Mund und seine Zunge hütet, 23: 13,3
behütet sein Leben vor der Not.
24 Wer stolz und überheblich ist, heisst ein Spötter,
er handelt in masslosem Hochmut.
25 Was sich der Faule wünscht, bringt ihm den Tod, 25: 13,4!
denn seine Hände wollen nichts tun.
26 Der Gierige giert den ganzen Tag, 26: Ps 37,26
aber der Gerechte gibt und geizt nicht.
27 Das Opfer der Frevler ist abscheulich, 27: 15,8!
erst recht, wenn man es in schändlicher Absicht darbringt.
28 Ein lügnerischer Zeuge geht zugrunde, 28: 19,5
ein Mann aber, der zuhört, kann für immer reden.
29 Ein Frevler macht ein freches Gesicht, 29: 4,25
aber ein Rechtschaffener geht auf festen Wegen.
30 Keine Weisheit und keine Einsicht 30: 19,21!
und kein Rat kann bestehen gegen den HERRN.
31 Das Ross ist gerüstet für den Tag der Schlacht, 31: Ps 20,8
aber die Rettung kommt vom HERRN.

Erzieh den jungen Mann am Anfang seines Wegs

22 1 Ein guter Ruf ist wertvoller als grosser Reichtum, 1: Koh 7,1
Ansehen ist besser als Silber und Gold.
2 Reiche und Arme begegnen sich, 2: 14,31!
erschaffen hat sie alle der HERR.
3 Ein Kluger sieht das Unheil kommen und verbirgt sich, 3: 27,12
die Einfältigen aber gehen weiter und müssen es büssen.
4 Der Lohn der Demut und der Furcht des HERRN 4: 15,33! · 10,16!
ist Reichtum, Ehre und Leben.
5 Dornen und Schlingen sind auf dem Weg des Falschen, 5: 15,19!
wer sein Leben schützen will, bleibt ihnen fern.
6 Erzieh den jungen Mann am Anfang seines Wegs, 6: 20,11
dann weicht er auch im Alter nicht davon ab.
7 Der Reiche herrscht über die Armen, 7: 18,23
und der Schuldner ist der Sklave des Gläubigers.
8 Wer Unrecht sät, wird Unheil ernten, 8: Hiob 4,8;
und mit dem Stock seines Zorns hat es ein Ende. Hos 8,7; Gal 6,7
9 Wer ein gütiges Auge hat, wird gesegnet, 9: 14,21! · 19,17!

21,26: Die Übersetzung «Der Gierige» beruht auf einer Korrektur des Massoretischen Texts.

denn er gibt dem Armen von seinem Brot.
10: 26,20 10 Vertreibe den Spötter, so geht auch der Hader,
und Streiten und Schmähen hören auf.
11: 14,35! 11 Wer ein reines Herz liebt und anmutige Lippen hat,
dessen Freund ist der König.
12: Hiob 5,12 12 Die Augen des HERRN wachen über die Erkenntnis,
aber die Worte des Abtrünnigen verwirrt er.
13: 26,13 13 Der Faule sagt: Draussen ist ein Löwe,
auf offener Strasse könnte ich getötet werden.
14: 23,27 · Koh 7,26 14 Eine tiefe Grube ist der Mund fremder Frauen,
wem der HERR zürnt, der fällt hinein.
15: 13,24! · 29,15 15 Torheit haftet am Herzen des jungen Mannes,
der Stock der Unterweisung treibt sie ihm aus.
16 Wer einen Armen unterdrückt, macht ihn reich,
wer einem Reichen gibt, macht nur Verlust.

DRITTER TEIL (SPR 22,17–24,34)

Neige dein Ohr den Worten der Weisen

17: 4,20! · 24,23 17 Neige dein Ohr den Worten der Weisen und höre sie,
und nimm dir mein Wissen zu Herzen.
18 Schön ist es, wenn du sie in dir bewahrst,
wenn sie bereitstehen auf deinen Lippen.
19 Damit du auf den HERRN vertraust,
unterweise ich dich heute.
20 Habe ich dir nicht dreissig Sprüche aufgeschrieben,
mit Ratschlägen und Erkenntnissen,
21 um dich die Wahrheit zu lehren, zuverlässige Worte,
so dass du denen zuverlässig antworten kannst, die dich gesandt haben.
22: Ex 23,6–7; Lev 19,13 22 Beraube nicht einen Geringen, weil er gering ist,
und unterdrücke nicht einen Elenden im Tor.
23: 23,11; Ps 12,6 · Jes 33,1! 23 Denn ihren Rechtsstreit wird der HERR führen,
und er wird denen das Leben rauben, die sie berauben.
24–25: 13,20! 24: 15,18! 24 Befreunde dich nicht mit einem Jähzornigen,
und verkehre nicht mit einem Hitzkopf,
25: 1,15! 25 damit du dich nicht an seine Pfade gewöhnst
und dir nicht selbst eine Falle stellst.
26: 6,1! 26 Sei nicht einer, der sich durch Handschlag verpflichtet,
der Bürgschaft leistet für Schulden,
27 Soll man dir dein Bett nehmen,
wenn du nicht zahlen kannst?
28: 23,10; Dtn 19,14! 28 Verrücke nicht die uralte Grenze,
die deine Väter gesetzt haben.

22,16: Möglich ist auch die Übersetzung: «..., macht sich reich, ...»

29 Siehst du einen Mann, der gewandt ist in seinem Beruf:
Er darf vor Könige treten,
vor Niedrige muss er nicht treten.

23 1 Wenn du dich setzt, um mit einem Herrscher zu essen,
so achte darauf, wen du vor dir hast,
2 und setze dir ein Messer an die Kehle,
wenn du hungrig bist.
3 Begehre nicht seine Leckerbissen,
denn sie sind eine trügerische Speise.
4 Mühe dich nicht ab um Reichtum, 4: 28,22; Jer 9,22; 1Tim 6,9
da spar dir deine Klugheit!
5 Lässt du deine Augen darüber gleiten, ist er schon weg; 5: 27,24; Hiob 27,19; Mt 6,19
denn er macht sich Flügel,
wie ein Adler entfliegt er zum Himmel.
6 Iss nicht das Brot eines Missgünstigen,
und begehre nicht seine Leckerbissen.
7 Er ist einer, der bei sich nachrechnet. 7: 26,25; Jer 12,6
Iss und trink!, sagt er zu dir,
aber sein Herz ist nicht mit dir.
8 Den Bissen, den du gegessen hast, musst du erbrechen, 8: 25,16
und deine schönen Worte hast du vergeudet.
9 Rede nicht in die Ohren eines Dummen, 9: 9,8
denn er wird deine klugen Worte verachten.
10 Verrücke nicht die uralte Grenze, 10: 22,28! · Jer 7,6
und dring nicht ein in die Felder der Waisen.
11 Denn ihr Anwalt ist stark, 11: 22,23!
er wird ihren Rechtsstreit gegen dich führen.
12 Öffne dein Herz für die Unterweisung
und dein Ohr für die Worte der Erkenntnis.
13 Du sollst dem jungen Mann die Unterweisung nicht vorenthalten. 13: 13,24!
Er wird nicht sterben, wenn du ihn mit dem Stock schlägst.
14 Du schlägst ihn zwar mit dem Stock,
aber du rettest sein Leben vor dem Totenreich.
15 Mein Sohn, wenn dein Herz weise ist, 15: 29,3! · 24
freut sich auch mein Herz,
16 und meine Nieren jubeln, 16: 3Joh 4
wenn deine Lippen reden, was recht ist.
17 Dein Herz eifere nicht gegen die Sünder, 17: 24,19; Ps 37,1
sondern jederzeit nach der Furcht des HERRN.
18 Denn sie haben keine Zukunft, 18: 24,14
aber deine Hoffnung wird nicht zerschlagen werden.
19 Höre, mein Sohn, und werde weise, 19: 4,26!
und leite dein Herz auf geradem Weg!
20 Sei nicht einer, der Wein säuft, 20–35: 20,1!
der unmässig Fleisch isst. 20: 28,7; Dtn 21,20
21 Denn Säufer und Schlemmer verarmen, 21: 21,17
und Schläfrigkeit kleidet in Lumpen.
22 Höre auf deinen Vater, der dich gezeugt hat, 22: 1,8!
und verachte deine Mutter nicht, wenn sie alt geworden ist.
23 Erwirb Wahrheit, und gib nicht preis 23: 4,5

Weisheit und Unterweisung und Verstand.

24: 15 · 10,1b! 24 Der Vater eines Gerechten hat allen Grund zum Jubeln,
wer einen Weisen gezeugt hat, der kann sich über ihn freuen!
25 Dein Vater und deine Mutter sollen sich freuen,
und jubeln soll, die dich geboren hat.
26 Mein Sohn, gib mir dein Herz,
und meine Wege mögen deinen Augen gefallen.
27: 22,14 27 Denn eine tiefe Grube ist die Hure
und ein enger Brunnen die fremde Frau.
28: 7,12 28 Wie ein Räuber liegt sie auf der Lauer
und macht noch mehr Menschen abtrünnig.
29 Wer hat Ach, wer hat Weh,
wer hat Streit, wer hat Klage?
Wer hat Wunden ohne Grund,
wer hat trübe Augen?
30 Die spät noch beim Wein sitzen,
die kommen, um den Mischwein zu kosten.
31 Schau nicht hin, wie der Wein rot schimmert,
wie er funkelt im Becher.
Sanft rinnt er hinunter,
32 aber am Ende beisst er wie eine Schlange
und sticht wie eine Viper.
33 Deine Augen sehen seltsame Dinge,
und dein Herz redet verworren.
34 Und du bist wie einer, der schläft auf hoher See,
wie einer, der im Mastkorb schläft.
35: Jes 56,12 35 Sie haben mich geschlagen, es hat mir nicht wehgetan,
sie haben mich geprügelt, ich habe es nicht gespürt.
Wann wache ich auf?
Ich will noch mehr haben!

1: 3,31! **24** 1 Sei nicht neidisch auf böse Menschen,
und sehne dich nicht nach ihrer Gesellschaft.
2 Denn ihr Herz denkt an Gewalt,
und ihre Lippen reden Unheil.
3: 14,1! 3 Durch Weisheit wird ein Haus gebaut,
und durch Einsicht gewinnt es Bestand,
4: 31,10–31 · 8,18 4 und durch Erkenntnis werden die Kammern gefüllt
mit vielen kostbaren und angenehmen Gütern.
5: 21,22! 5 Ein weiser Mann ist stark,
und ein Mann der Erkenntnis wird kräftig.
6: 20,18! · 11,14! 6 Denn mit Überlegung gewinnst du den Krieg,
und viele Ratgeber verhelfen zum Sieg.
7: 14,6! · 31,23 7 Die Weisheit ist dem Narren zu hoch,
im Tor macht er den Mund nicht auf.
8: 6,18! 8 Wer plant, Böses zu tun,
den nennt man einen Ränkeschmied.
9 Die Ränke der Torheit sind Sünde,
und den Spötter verabscheuen die Menschen.
10 Bist du mutlos am Tag der Not,
wird deine Kraft versagen.

11 Befreie, die zum Tod geschleppt werden,
und rette, die zur Hinrichtung wanken!
12 Wenn du sagst: Sieh, wir haben das nicht gewusst! – 12: 16,2! · Jer 17,10
wird er, der die Herzen prüft, es nicht durchschauen?
Und der über dein Leben wacht, er weiss es,
und er vergilt dem Menschen nach seinem Tun.
13 Iss Honig, mein Sohn, denn er ist gut, 13: 25,16.27; Ri 14,9; 1Sam 14,27
und Honigseim ist süss für deinen Gaumen.
14 Erkenne, dass so auch die Weisheit für dein Leben ist. 14: Ps 19,10–11 · 23,18
Wenn du sie findest, hast du eine Zukunft,
und deine Hoffnung wird nicht zerschlagen.
15 Belauere nicht als Frevler die Wohnung des Gerechten,
zerstöre nicht seinen Lagerplatz!
16 Denn siebenmal fällt der Gerechte und steht wieder auf, 16: Ps 37,24 · Am 8,14
aber die Frevler stürzen nieder im Unglück.
17 Freue dich nicht, wenn dein Feind fällt, 17: 17,5!
und dein Herz soll nicht jubeln, wenn er strauchelt.
18 Sonst sieht es der HERR, und es ist böse in seinen Augen,
und er wendet seinen Zorn von ihm ab.
19 Entrüste dich nicht über die Übeltäter, 19: 23,17!
ereifere dich nicht über die Frevler!
20 Denn der Böse hat keine Zukunft, 20: 4,19! · 13,9!
die Leuchte der Frevler erlischt.
21 Fürchte den HERRN, mein Sohn, und den König, 21: Koh 8,2; 1Petr 2,17
lass dich nicht mit Aufrührern ein.
22 Denn plötzlich geht Verderben aus von ihnen, 22: 6,15!
und unversehens kommt Unheil von beiden.

Weitere Worte von Weisen

23 Auch dies sind Worte von Weisen. 23: 22,17 · 18,5!
Die Person ansehen im Gericht, ist nicht gut.
24 Wer zum Schuldigen sagt: Du bist im Recht, 24: 17,15!
den verfluchen die Völker, verwünschen die Nationen.
25 Doch denen, die für das Recht eintreten, geht es gut,
und über sie kommt Segen und Glück.
26 Einen Kuss auf die Lippen gibt, 26: 15,23!
wer richtig antwortet.
27 Verrichte draussen deine Arbeit
und bestelle dein Feld,
danach erst baue dir dein Haus.
28 Tritt nicht grundlos als Zeuge auf gegen deinen Nächsten, 28: Ex 20,16; Dtn 5,20
oder willst du irreführen mit deinen Lippen!
29 Sage nicht: Was er mir angetan hat, 29: 20,22!
will ich ihm antun,
ich will ihm vergelten nach seinem Tun.
30 Am Feld eines Faulen ging ich vorüber 30–31: 15,19!
und am Weinberg eines Menschen, der keinen Verstand hat. 30: 13,4!

24,21: Möglich sind auch die Übersetzungen: «..., lass dich nicht mit Andersgesinnten ein.» oder «..., lass dich nicht mit Leuten von hohem Rang ein.»

31 Und sieh, er war ganz überwuchert von Nesseln,
sein Boden war mit Unkraut bedeckt,
und die Steine seiner Mauer waren heruntergerissen.
32 Und ich sah es, nahm es mir zu Herzen,
ich betrachtete es, zog daraus die Lehre:
33–34: 6,10–11
33 Noch ein wenig schlafen, noch ein wenig schlummern,
noch ein wenig die Hände ineinander legen und ausruhen –
34 da kommt wie ein Räuber die Armut über dich
und wie ein bewaffneter Mann der Mangel.

VIERTER TEIL (SPR 25–29)

1: 1,1! · 2Kön 18,1

25 1 Auch dies sind Sprüche Salomos, die die Männer Chiskijas, des Königs von Juda, zusammengestellt haben.

Brüste dich nicht vor dem König

2: 16,10; Dtn 29,28
2 Gottes Ehre ist es, eine Sache zu verbergen,
und die Ehre der Könige, eine Sache zu ergründen.
3 Die Höhe des Himmels und die Tiefe der Erde
und das Herz der Könige sind nicht zu ergründen.
4: Ps 66,10; Jes 1,25; Mal 3,3
4 Entferne die Schlacke vom Silber,
so gelingt dem Feinschmied ein Schmuckstück.
5: 8,15!
5 Entferne den Frevler vom König,
so wird sein Thron durch Gerechtigkeit gefestigt.
6 Brüste dich nicht vor dem König,
und stelle dich nicht auf den Platz der Grossen.
7: Lk 14,10
7 Denn besser man sagt zu dir: Komm hier herauf!,
als dass man dich vor einem Edlen herabsetzt.
Wenn deine Augen etwas gesehen haben,
8 geh damit nicht zu schnell vor Gericht.
Denn was willst du später tun,
wenn dein Nächster dich beschämt?
9: 11,13!
9 Führe deinen Rechtsstreit mit deinem Nächsten,
und verrate nicht, was ein anderer dir anvertraut hat,
10 damit dich nicht beschimpft, wer es hört,
und das Gerede gegen dich kein Ende nimmt.
11: 15,23!
11 Goldene Äpfel in silbernen Schalen,
so ist ein Wort, das zur rechten Zeit gesprochen wird.
12 Ein goldener Ring, ein Geschmeide aus Feingold,
so ist ein weiser Mahner für ein Ohr, das hört.
13: 13,17
13 Wie kühlender Schnee an einem Sommertag
ist ein zuverlässiger Bote für den, der ihn sendet:
Er erquickt die Seele seines Herrn.

24,32: Möglich ist auch die Übersetzung: «..., ich betrachtete es, nahm es als Unterweisung an:»

14 Wolken, Wind und doch kein Regen,
so ist ein Mann, der mit einem Geschenk prahlt, ohne es zu geben.
15 Mit Geduld kann man einen Fürsten überreden,
und eine sanfte Zunge kann Knochen zerbrechen.
16 Hast du Honig gefunden, iss nicht mehr, als du verträgst,
sonst hast du ihn satt und musst ihn erbrechen.
17 Betritt nur selten das Haus deines Nächsten,
sonst hat er dich satt und verschmäht dich.
18 Ein Hammer, ein Schwert, ein spitzer Pfeil,
so ist ein Mann, der falsch aussagt gegen seinen Nächsten.
19 Ein brüchiger Zahn, ein wankender Fuss,
so ist das Vertrauen auf einen Treulosen am Tag der Not.
20 Wie einer, der sein Kleid ablegt an einem kalten Tag,
wie einer, der Essig auf eine Wunde giesst,
so ist einer, der einem missmutigen Herzen Lieder singt.
21 Wenn dein Feind hungrig ist, gib ihm zu essen,
und wenn er durstig ist, gib ihm zu trinken.
22 Denn so häufst du glühende Kohlen auf sein Haupt,
und der HERR wird es dir vergelten.
23 Der Nordwind bringt Regen
und eine heimtückische Zunge erzürnte Gesichter.
24 Besser in einer Ecke auf dem Dach wohnen
als mit einer streitsüchtigen Frau im gleichen Haus.
25 Kühles Wasser für eine lechzende Kehle,
so ist eine gute Nachricht aus fernem Land.
26 Eine trübe Quelle, ein verschmutzter Brunnen,
so ist ein Gerechter, der vor einem Frevler wankt.
27 Zu viel Honig essen ist nicht gut,
und sei sparsam mit ehrenden Worten.
28 Eine Stadt mit eingerissener Mauer –
so ist ein Mann, der sich selbst nicht beherrscht.

14: Jud 12
15: 15,1!
16: 24,13! · 23,8
18: 6,19!
20: Ps 137,3
21–22: Röm 12,20
21: Lk 6,27.35
22: 1Sam 24,18–20
23: Hiob 37,9
24: 21,9!
25: 15,30
27: 24,13!
28: 29,11

Wer eine Grube gräbt, fällt hinein

26 1 So wenig wie Schnee zum Sommer und Regen zur Ernte,
passt Ehre zu einem Dummen.
2 Wie der Sperling wegflattert, wie die Schwalbe entfliegt,
so ist ein Fluch ohne Grund: Er trifft nicht ein.
3 Für das Pferd gibt es die Peitsche, für den Esel den Zaum
und für den Rücken der Dummen den Stock.
4 Antworte dem Dummen nicht nach seiner Torheit,
damit du nicht wirst wie er.
5 Antworte dem Dummen nach seiner Torheit,
damit er sich nicht selbst für weise hält.

1: 1Sam 12,17 · 19,10!
2: Num 23,8
3: 14,3 · Ps 32,9 · 10,13!

25,19: Möglich ist auch die Übersetzung: «..., so ist das Vertrauen, das trügt am Tag der Not.»
25,27: Die Übersetzung «und sei sparsam mit ehrenden Worten» beruht auf der griechischen Überlieferung; der Sinn des Massoretischen Texts («und das Suchen nach ihrer Ehre ist Ehre») ist unklar.

6 Die Füsse schlägt sich ab, Unheil muss schlucken,
wer eine Botschaft durch einen Dummen sendet.
7 Kraftlos sind die Beine eines Gelähmten,
so auch ein Spruch aus dem Mund der Dummen.
8 Wie ein Beutel mit Edelsteinen auf einem Steinhaufen,
so ist es, wenn man einem Dummen Ehre erweist.
9 Ein Dorn geriet in die Hand eines Betrunkenen
und ein Spruch in den Mund der Dummen.
10 Ein Bogenschütze, der alle verletzt, ist,
wer einen Dummen anstellt
und wer den ersten Besten, der vorübergeht, anstellt.
11: 2Petr 2,22
11 Wie ein Hund, der zu seinem Erbrochenen zurückkehrt,
so ist ein Dummer, der seine Torheit wiederholt.
12: 3,7! · 29,20
12 Hast du jemanden gesehen, der sich selbst für weise hält –
für einen Dummen gibt es mehr Hoffnung als für ihn.
13–15: 6,6! 13: 22,13
13 Der Faule sagt: Auf dem Weg ist ein Raubtier,
ein Löwe ist auf den Strassen.
14: 6,9
14 Die Tür dreht sich in ihrer Angel,
und der Faule dreht sich in seinem Bett.
15: 19,24
15 Hat ein Fauler mit seiner Hand in die Schüssel gegriffen,
ist er zu träge, sie zum Mund zurückzuführen.
16 Der Faule hält sich selbst für weiser
als sieben, die verständig antworten.
17: 1Petr 4,15
17 Einen Hund packt bei den Ohren,
wer sich im Vorübergehen über einen Streit ereifert, der ihn nichts angeht.
18 Wie ein Wahnsinniger,
der brennende Pfeile schleudert und Tod,
19: 10,23!
19 so ist einer, der seinen Nächsten betrogen hat
und dann sagt: Ich mache nur Spass!
20: 16,28 · 22,10
20 Ohne Holz geht das Feuer aus,
und ohne Verleumder erlischt der Streit.
21: 15,18! · 29,22; 30,33
21 Kohle braucht es für die Glut und Holz für das Feuer
und einen zänkischen Mann, um Streit zu entfachen.
22: 18,8
22 Die Worte des Verleumders sind wie Leckerbissen
und gleiten hinab in die Kammern des Leibes.
23 Wie Silberglasur auf Tongeschirr,
so sind feurige Lippen und ein böses Herz.
24–26: 10,18 24: 12,20
24 Wer hasst, verstellt sich mit seinen Lippen,
aber in seinem Inneren hegt er Betrug.
25: 23,7!
25 Wenn er freundlich redet, trau ihm nicht,
denn siebenfach ist Abscheuliches in seinem Herzen.
26 Mag Hass sich auch betrügerisch verhüllen,
in der Versammlung wird seine Bosheit doch offenbar.
27: 28,10; Ps 7,16; Koh 10,8
27 Wer eine Grube gräbt, fällt hinein,
und wer einen Stein wälzt, auf den rollt er zurück.
28: 29,5; Hiob 18,7–10
28 Eine falsche Zunge hasst ihre Opfer,
und ein glatter Mund schafft Verderben.

Lass deinen Freund nicht im Stich

27 1 Rühme dich nicht des morgigen Tages, 1: 1Kön 20,11!;
denn du weisst nicht, was ein Tag gebiert. Jak 4,14
2 Ein anderer soll dich rühmen, und nicht dein eigener Mund, 2: 20,6
ein Fremder, und nicht deine eigenen Lippen.
3 Der Stein ist schwer, und der Sand ist eine Last, 3: 17,12
aber Ärger über einen Toren ist schwerer als beide.
4 Die Wut ist grausam, und der Zorn schäumt über, 4: 6,34
wer aber kann vor der Eifersucht bestehen?
5 Offene Ermahnung ist besser 5: Lev 19,17
als Liebe, die verborgen bleibt.
6 Gut gemeint sind die Schläge eines Freundes, 6: Ps 141,5 ·
die Küsse eines Feindes aber sind zahlreich. 2Sam 20,9;
Mt 26,49
7 Ein Satter tritt Honigseim mit Füssen, 7: Lk 15,16
einem Hungrigen aber schmeckt alles Bittere süss.
8 Wie ein Vogel, der fern irrt von seinem Nest,
so ist ein Mann, der fern irrt von seiner Heimat.
9 Salböl und Räucherwerk erfreuen das Herz, 9: 16,24
und die Herzlichkeit eines Freundes ist mehr wert als der eigene Rat.
10 Lass deinen Freund nicht im Stich und den Freund deines Vaters, 10: 17,17!
und geh nicht in das Haus deines Bruders, wenn du in Not bist.
Besser ein Nachbar in der Nähe
als ein Bruder in der Ferne.
11 Sei weise, mein Sohn, und erfreue mein Herz, 11: 29,3! · Ps 119,42
damit ich dem antworten kann, der mich schmäht.
12 Ein Kluger sieht das Unheil kommen und verbirgt sich, 12: 22,3
die Einfältigen gehen weiter und müssen es büssen.
13 Nimm dem das Kleid, der für einen Fremden gebürgt hat, 13: 20,16
und pfände ihn statt der Ausländerin.
14 Wer seinem Nächsten allzu laut Glück wünscht in der Frühe,
dem wird es als Verwünschung ausgelegt.
15 Ein ständig tropfendes Dach in der Regenzeit 15: 21,9!
und eine streitsüchtige Frau gleichen einander.
16 Wer sie aufhalten will, will den Wind aufhalten,
und seine Rechte will nach Öl greifen.
17 Eisen schleift man mit Eisen,
und ein Mann schleift den anderen.
18 Wer einen Feigenbaum pflegt, kann seine Frucht essen, 18: 1Kor 9,7
und wer auf seinen Herrn achtet, wird geehrt.
19 Wie das Wasser ein Spiegel ist für das Gesicht,
so ist das Herz ein Spiegel für den Menschen.
20 Totenreich und Abgrund sind unersättlich, 20: 30,16; Jes 5,14;
und unersättlich sind die Augen des Menschen. Hab 2,5 · Koh 1,8!
21 Der Schmelztiegel ist für das Silber da und der Ofen für das Gold, 21: 17,3
und ein Mann muss sich vor dem Mund dessen bewähren, der ihn lobt.
22 Auch wenn du den Toren im Mörser zerstampfst
samt den Körnern mit dem Stössel,
weicht seine Torheit nicht von ihm.

23: 12,10! 23 Achte auf das Aussehen deiner Schafe,
und richte dein Herz auf deine Herden!
24: 23,5! 24 Denn kein Vorrat hält ewig,
und keine Krone bleibt von Geschlecht zu Geschlecht.
25 Ist das Heu eingebracht und frisches Grün erschienen
und sind die Kräuter der Berge gesammelt,
26: Ez 27,21 26 dann gibt es Lämmer für deine Kleidung
und Böcke als Kaufpreis für ein Feld,
27 und reichlich Ziegenmilch ist da als Nahrung
für dich und dein Haus
und genug zum Leben für deine jungen Frauen.

Wer die Weisung beachtet, ist verständig

1: Lev 26,17 28 1 Der Frevler flieht, auch wenn ihn niemand verfolgt,
der Gerechte aber fühlt sich sicher wie ein Löwe.
2 Ein aufrührerisches Land bringt viele Herrscher hervor,
aber ein verständiger, einsichtiger Mensch
verschafft der Ordnung Bestand.
3 Ein Mann, der ein Haupt ist und die Geringen unterdrückt,
ist wie ein Regen, der die Nahrung fortschwemmt und vernichtet.
4 Wer von der Weisung abweicht, rühmt den Frevler,
wer aber die Weisung beachtet, bekämpft ihn.
5: 14,6! · 1Kor 2,14 5 Böse Menschen verstehen nicht, was recht ist,
die aber den HERRN suchen, verstehen alles.
6: 19,1 6 Besser ein Armer, der schuldlos seinen Weg geht,
als ein Reicher, der auf krummen Wegen geht.
7: 23,20! 7 Wer die Weisung befolgt, ist ein verständiger Sohn,
wer aber mit Verschwendern verkehrt, macht seinem Vater Schande.
8: 13,22! 8 Wer sein Vermögen durch Zins und Wucher vermehrt,
häuft es an für einen, der sich der Geringen erbarmt.
9: 15,8! 9 Wenn einer sein Ohr abwendet und nicht auf die Weisung hört,
ist auch sein Gebet abscheulich.
10: 26,27! 10 Wer Rechtschaffene irreführt auf einen bösen Weg,
fällt in seine eigene Grube,
die Schuldlosen aber werden Glück erlangen.
11 Der Reiche hält sich selbst für weise,
ein Geringer aber, der einsichtig ist, durchschaut ihn.
12: 28; 29,2 · 11,10 12 Wenn die Gerechten triumphieren, ist der Jubel gross,
wenn aber die Frevler sich erheben, halten sich die Menschen versteckt.
13: Hiob 31,33 13 Wer seine Vergehen verbergen will, hat keinen Erfolg,
wer sie aber bekennt und meidet, findet Erbarmen.
14: Koh 8,12 · 29,1 14 Wohl dem Menschen, der die Furcht nie verlernt;
wer aber sein Herz verhärtet, stürzt ins Unglück.
15: Zef 3,3 15 Ein knurrender Löwe, ein gieriger Bär,
so ist ein ungerechter Herrscher über ein armes Volk.

28,3: Möglich ist auch die Übersetzung: «Ein Mann, der arm ist und ...»

16 Ein Fürst, dem es an Einsicht fehlt, unterdrückt viele,
doch wer ungerechten Gewinn verabscheut, wird lange leben.
17 Ein Mensch, den Blutschuld bedrückt,
muss bis zur Grube fliehen, man soll ihn nicht aufhalten.
18 Wer schuldlos seinen Weg geht, dem wird geholfen,
wer aber krumme Wege geht, kommt plötzlich zu Fall.
19 Wer seinen Acker bebaut, hat genug Brot,
wer aber Nichtigem nachjagt, hat genug Armut.
20 Ein zuverlässiger Mann wird oft gesegnet,
wer aber schnell reich werden will, bleibt nicht ungestraft.
21 Es ist nicht gut, die Person anzusehen,
schon für ein Stück Brot kann einer zum Verbrecher werden.
22 Ein missgünstiger Mann will schnell zu Vermögen gelangen
und weiss nicht, dass Mangel über ihn kommen wird.
23 Wer einen Menschen zurechtweist, findet schliesslich Dank,
mehr als einer, der mit glatter Zunge spricht.
24 Wer seinen Vater und seine Mutter beraubt und sagt: Es ist kein Unrecht!,
der verbündet sich mit dem Verbrecher.
25 Der Habgierige erregt Streit,
wer aber auf den HERRN vertraut, wird gesättigt.
26 Wer auf seinen eigenen Verstand vertraut, ist ein Dummer,
wer aber seinen Weg in Weisheit geht, wird gerettet.
27 Wer einem Armen gibt, hat keinen Mangel,
aber viele Flüche treffen den, der seine Augen verschliesst.
28 Wenn die Frevler sich erheben, verbergen sich die Menschen,
wenn sie aber zugrunde gehen, nimmt die Zahl der Gerechten zu.

16: 15,27!
17: Gen 4,12
19: 12,11!
20: 10,6! · 13,11!
21: 18,5! · Ez 13,19
22: 23,4!
24: Mt 15,5 · 19,26! · 18,9
26: 3,5
27: 19,17! · 11,26
28: 12!

Ohne Offenbarung wird ein Volk zügellos

29 1 Wer ermahnt wird und halsstarrig bleibt,
wird im Nu zerschmettert, ohne Rettung.
2 Wenn die Gerechten an der Macht sind, freut sich das Volk,
aber wenn ein Frevler herrscht, stöhnt das Volk.
3 Wer die Weisheit liebt, macht seinem Vater Freude,
wer aber mit Huren verkehrt, verschleudert das Vermögen.
4 Durch Recht gibt ein König dem Land Bestand,
wer aber Steuern erhebt, richtet es zugrunde.
5 Ein Mann, der seinem Nächsten schmeichelt,
breitet ein Netz aus vor seinen Füssen.
6 Ein böser Mann verstrickt sich in seinem Vergehen,
aber ein Gerechter jubelt und freut sich.
7 Der Gerechte kennt das Recht der Geringen,
der Frevler hat kein Verständnis.
8 Spötter bringen eine Stadt in Aufruhr,
Weise aber beschwichtigen den Zorn.
9 Wenn ein Weiser mit einem Toren vor Gericht geht,
dann tobt der und lacht, und es gibt keine Ruhe.
10 Blutgierige hassen den Schuldlosen,
die Rechtschaffenen aber bemühen sich um sein Leben.
11 Ein Dummer lässt seiner ganzen Wut freien Lauf,

1: 28,14 · 6,15!
2: 28,12!
3: 23,15; 27,11 · 6,26
4: 14,34! · 8,15!
5: 26,28!
7: Hiob 29,16
8: 15,1!
11: 12,16 · 25,28

ein Weiser aber hält ihn bis zuletzt zurück.
12 Wenn ein Herrscher auf verlogene Worte hört,
werden alle seine Diener zu Frevlern.
13: 14,31! · Ps 13,4 13 Der Arme und der Unterdrücker begegnen einander,
der HERR gibt beiden das Augenlicht.
14: 20,28! 14 Wenn ein König in Treue das Recht des Geringen sichert,
steht sein Thron für immer fest.
15: 22,15 · 21; 1Kön 1,6 15 Stock und Ermahnung verleihen Weisheit,
ein Knabe aber, der sich selbst überlassen bleibt, macht seiner Mutter Schande.
16: Ps 37,34 16 Wenn die Frevler an der Macht sind, nimmt das Vergehen zu,
die Gerechten aber werden sehen, wie sie stürzen.
17: 13,24! 17 Züchtige deinen Sohn, so wird er dich zufrieden machen
und dir Freude bereiten.
18 Ohne Offenbarung wird ein Volk zügellos,
doch wohl ihm, wenn es die Weisung beachtet.
19 Durch Worte lässt sich ein Sklave nicht zurechtweisen,
er versteht sie zwar, aber er fügt sich nicht.
20: Koh 5,1 · 19,2! · 26,12 20 Siehst du einen Mann, der übereilt redet –
für einen Dummen gibt es mehr Hoffnung als für ihn.
21: 15! 21 Wenn einer seinen Sklaven von Jugend an verwöhnt,
so wird der schliesslich aufsässig.
22: 26,21! · 15,18! 22 Ein zorniger Mann entfacht Streit,
und ein Hitzkopf begeht viele Sünden.
23: 15,33! · 1Petr 5,5 23 Der Hochmut eines Menschen erniedrigt ihn,
aber ein Demütiger wird Ehre erlangen.
24: Lev 5,1 24 Wer mit einem Dieb teilt, hasst sich selbst,
er hört den Fluch und zeigt es nicht an.
25: 30,5! 25 Die Angst eines Menschen wird ihm zur Falle,
wer aber auf den HERRN vertraut, findet Schutz.
26: 16,15 26 Viele wenden sich an den Herrscher,
beim HERRN aber bekommt jeder sein Recht.
27: 13,19 27 Die Gerechten verabscheuen den, der Unrecht tut,
und der Frevler verabscheut den, der auf geradem Wege geht.

FÜNFTER TEIL (SPR 30; 31)

Die Worte Agurs

1: 31,1 · Gen 25,14; Ex 17,7 30 1 Die Worte Agurs, des Sohns des Jake, von Massa, der Ausspruch des Mannes:
Ich bin erschöpft, o Gott,
ich bin erschöpft, o Gott, und ich bin am Ende.

30,1: Die Übersetzung «... der Ausspruch des Mannes: ... am Ende.» beruht auf einer Korrektur des Massoretischen Texts und ist unsicher; der Massoretische Text lautet übersetzt: «..., der Ausspruch des Mannes an Itiel, an Itiel und Uchal.»

2 Ich bin zu töricht, um ein Mann zu sein,
und habe keinen Menschenverstand.
3 Und ich habe keine Weisheit erworben
und keine Erkenntnis des Heiligen gewonnen.
4 Wer ist hinaufgestiegen in den Himmel und wieder herab?
Wer hat mit seinen Händen den Wind eingefangen?
Wer hat das Wasser in ein Gewand gebunden?
Wer hat alle Enden der Erde festgesetzt?
Wie ist sein Name und wie der Name seines Sohnes?
Weisst du das?
5 Jedes Wort Gottes ist im Feuer geläutert.
Ein Schild ist er denen, die bei ihm Zuflucht suchen.
6 Füge seinen Worten nichts hinzu,
damit er dich nicht zurechtweist und du nicht als Lügner dastehst.
7 Zwei Dinge erbitte ich von dir,
verwehre sie mir nicht, bevor ich sterbe:
8 Halte Falschheit und Lüge fern von mir,
gib mir weder Armut noch Reichtum,
gib mir zu essen, soviel ich brauche,
9 damit ich nicht satt werde und dich verleugne
und sage: Wer ist der HERR?,
und damit ich nicht verarme und stehle
und den Namen meines Gottes nicht missbrauche.
10 Verleumde nicht einen Knecht bei seinem Herrn,
sonst verflucht er dich, und du musst es büssen.
11 Eine Generation, die ihren Vater verflucht
und ihre Mutter nicht segnet,
12 eine Generation, die sich selbst für rein hält,
obwohl von ihrem Schmutz nichts abgewaschen ist,
13 eine Generation mit so hochmütigen Augen
und stolzen Wimpern,
14 eine Generation mit Zähnen wie Schwertern,
mit einem Gebiss wie aus Messern,
um die Elenden auf der Erde zu verschlingen
und die Armen unter den Menschen.
15 Der Blutegel hat zwei Töchter: Gib her, gib her!
Drei sind es, die nicht satt werden,
Vier, die nie sagen: Es ist genug!
16 Das Totenreich und der verschlossene Mutterleib,
die Erde, die nicht satt wird von Wasser,
und das Feuer, das nie sagt: Es ist genug!
17 Ein Auge, das den Vater verspottet
und der Mutter nicht gehorchen will,
das werden die Raben am Bach aushacken,
und die jungen Geier werden es fressen.
18 Drei Dinge sind es, die mir zu wunderbar sind,
und vier, die ich nicht begreife:

2: 1Kor 3,18
3: 9,10
4: Joh 3,13 · Hiob 26,8; Jes 40,12
5: Ps 12,7; Ps 119,140 · 29,25; Ps 18,31
6: Dtn 4,2
8: 13,5! · Mt 6,11; 1Tim 6,8
9: Hos 13,6 · Ex 5,2; Hiob 21,15; Ps 12,5
11: 19,26!
12: 20,9!
13: 21,4
14: Ps 57,5 · Ps 14,4; Jes 3,15; Mi 3,3
16: 27,20 · Gen 30,1
17: 19,26!
18: Ps 139,6

19 den Weg des Geiers am Himmel,
den Weg der Schlange auf dem Felsen,
den Weg des Schiffs auf hoher See
und den Weg des Mannes bei der jungen Frau.

20: Jer 2,23
20 Dies ist der Weg einer Ehebrecherin:
Sie isst und wischt sich den Mund ab
und sagt: Ich habe kein Unrecht getan.

21 Unter dreien erzittert die Erde,
und vier kann sie nicht ertragen:

22: 19,10!
22 einen Sklaven, der König wird,
einen Toren, der sich satt essen kann,

23: 12,4 · Gen 16,4
23 eine Verstossene, die wieder geheiratet wird,
eine Sklavin, die ihre Herrin verdrängt.

24: Hiob 12,7
24 Vier sind die Kleinsten auf der Erde,
und doch sind sie äusserst gewitzt:

25: 6,8!
25 Die Ameisen sind kein starkes Volk,
und doch sorgen sie im Sommer für ihr Futter.

26: Lev 11,5; Ps 104,18
26 Die Klippschliefer sind kein mächtiges Volk,
und doch legen sie im Felsen ihre Wohnung an.

27: Ex 10,15
27 Die Heuschrecken haben keinen König,
und doch ziehen sie alle geordnet aus.

28: Lev 11,29
28 Die Eidechse kannst du mit den Händen fangen,
und doch ist sie in Königspalästen.

29 Drei sind es, die stattlich schreiten,
und vier, die stattlich einhergehen:

30: 2Sam 1,23
30 Der Löwe, das mächtigste unter den Tieren,
der vor niemandem zurückweicht.

31 Der stolze Hahn und der Ziegenbock
und der König vor seinen Leuten.

32: Hiob 21,5!
32 Ob du töricht und überheblich gehandelt hast
oder ob du Pläne gemacht hast im Geheimen –
lege die Hand auf den Mund!

33: 26,21!
33 Denn Druck auf die Milch erzeugt Butter,
und Druck auf die Nase erzeugt Blut,
und Druck auf den Zorn erzeugt Streit.

Die Worte Lemuels

1: 30,1 · 1,8
31 1 Die Worte Lemuels, des Königs von Massa,
die ihn seine Mutter gelehrt hat.

2: 1Sam 1,11
2 Mein Sohn, was soll ich dich lehren,
Sohn meines Leibes,
Sohn meiner Gelübde?

3: Dtn 17,17
3 Gib deine Kraft nicht den Frauen hin,
und widme dich nicht der Vernichtung von Königen.

4: 1Kön 20,12; Est 1,10; Koh 10,17
4 Könige, Lemuel, sollen keinen Wein trinken
und Mächtige nicht nach Bier verlangen.

30,21: Möglich ist auch die Übersetzung: «Unter dreien erzittert das Land, ...»
30,31: Die Übersetzung «und der König vor seinen Leuten» ist unsicher.

5 Sonst trinken sie und vergessen die Satzung 5: Jes 5,22–23
und beugen das Recht aller Elenden.
6 Dem, der zugrunde geht, gebt Bier, 6: Mk 15,23
und Wein denen, die verbittert sind.
7 Sie sollen trinken und ihre Armut vergessen 7: Ps 104,15
und nicht mehr an ihr Elend denken.
8 Öffne deinen Mund für den Stummen, 8: Hiob 29,12
für das Recht aller Schwachen.
9 Öffne deinen Mund, richte gerecht,
und schaffe Recht dem, der elend ist und arm.

Die tüchtige Frau

10 Eine tüchtige Frau – wer findet sie? 10–31: 24,4
Ihr Wert ist weit höher als der von Perlen. 10: 12,4!
11 Das Herz ihres Mannes vertraut auf sie,
und an Einkommen fehlt es ihm nicht.
12 Sie tut ihm Gutes und nicht Böses
alle Tage ihres Lebens.
13 Sie sorgt für Wolle und Flachs
und arbeitet, was ihren Händen gefällt.
14 Sie gleicht den Schiffen eines Kaufmanns,
von weit her bringt sie ihre Speisen.
15 Noch in der Nacht steht sie auf 15: Lk 12,42
und versorgt ihr Haus mit Nahrung
und weist ihren Mägden die Arbeit zu.
16 Sie will einen Acker haben und nimmt ihn sich, 16: 14,1!
vom Ertrag ihrer Hände pflanzt sie einen Weinberg.
17 Sie gürtet ihre Hüften mit Kraft 17: Lk 12,35;
und macht ihre Arme stark. 1Petr 1,13
18 Sie sieht, dass ihr Handel Gewinn bringt,
in der Nacht erlischt ihre Lampe nicht.
19 Mit ihren Händen greift sie nach dem Spinnrocken, 19: Ex 35,25–26
und ihre Finger fassen die Spindel.
20 Ihre Hand öffnet sie für den Elenden,
und dem Bedürftigen reicht sie ihre Hände.
21 Sie fürchtet nicht den Schnee für ihr Haus,
denn ihr ganzes Haus ist gekleidet in Karmesin.
22 Decken hat sie für sich gemacht,
aus feinem Leinen und rotem Purpur ist ihr Gewand.
23 Ihr Mann ist geachtet in den Toren, 23: 24,7
wenn er bei den Ältesten des Landes sitzt.
24 Sie stellt Hemden her und verkauft sie,
und an die Händler liefert sie Gürtel.
25 Kraft und Hoheit sind ihr Gewand, 25: 12,4!
und dem kommenden Tag lacht sie entgegen.
26 Sie öffnet ihren Mund mit Weisheit, 26: Tit 2,3
und auf ihrer Zunge ist gütige Weisung.
27 Das Tun und Treiben in ihrem Haus überwacht sie,
und das Brot des Müssiggangs isst sie nicht.
28 Ihre Söhne stehen auf und preisen sie,

auch ihr Mann erhebt sich und rühmt sie:
29: Rut 3,11 29 Es gibt viele Frauen, die sich als tüchtig erwiesen haben,
du aber übertriffst sie alle.
30: 11,22 30 Anmut ist trügerisch und Schönheit flüchtig,
aber eine Frau, die den HERRN fürchtet, darf sich rühmen.
31 Gebt ihr Anteil vom Ertrag ihrer Hände,
und ihre Werke sollen ihren Ruhm verkünden in den Toren!

Das Buch Kohelet

(DER PREDIGER)

Das Buch Kohelet wird in seiner Überschrift (Koh 1,1) – vielleicht erst durch einen späteren Herausgeber – dem König Salomo zugeschrieben und dadurch eng mit dem Buch der Sprüche und dem Hohelied verbunden. In der älteren jüdischen und christlichen Tradition bildeten diese drei Bücher die Gruppe der ‹salomonischen› Schriften in der hebräischen Bibel (siehe die Einleitung zu Hld). Wie vergleichbare Werke des Alten Orients wurden sie einem sagenhaften, für seine Weisheit und Dichtkunst gerühmten (vgl. 1Kön 5) König der Vorzeit zugeschrieben, ohne dass dieser als ihr Verfasser im modernen Sinn verstanden worden wäre. Das Buch Kohelet wurde vermutlich erst gegen Ende des 3. Jahrhunderts v. Chr. in Jerusalem verfasst, lange nach König Salomo. In der jüdischen Tradition gehört es zu den Megillot, den fünf Schriftrollen also, die an den hohen Jahresfesten verlesen werden (siehe die Einleitung zu Rut); das Buch Kohelet wird am Laubhüttenfest verlesen.

Das hebräische Wort ‹kohelet› kann als ‹Sprecher der Versammlung (oder Gemeinde)› gedeutet werden. Das könnte jemand sein, der zur Gemeinde oder Volksversammlung spricht, oder jemand, der deren Denken, sozusagen als ‹Stimme des Volkes›, zur Sprache bringt. Nur in Koh 1–2 tritt Kohelet als fiktiver König auf. Danach spricht er einfach als ein Weiser (vgl. Koh 12,9). In seiner literarischen Form zeigt das Buch Kohelet sowohl Entsprechungen zu ägyptischen Weisheitslehren, die als Testament eines Königs gestaltet waren, als auch zu populär-philosophischen griechischen Schriften seiner Zeit (sogenannten Diatriben).

Der Mensch ist vergänglich, seine Erkenntnis- und seine Handlungsfähigkeit sind begrenzt. Deshalb sind all seine Arbeit und sein Mühen «nichtig und ein Greifen nach Wind» (so etwa Koh 2,11.26; 4,16). Nach Kohelet besteht für den Menschen das einzige erreichbare und erstrebenswerte Gut darin, zu essen, zu trinken und sich des Lebens zu freuen, wann immer ihm das möglich ist; darin sieht er das grösste Geschenk des Schöpfers an die Menschen (so Koh 2,22–24; 3,13; 9,7–10). Und so kritisiert Kohelet soziale Missstände, durch die es Menschen unmöglich gemacht wird, ihr Leben zu geniessen (Koh 4,1–3). Ebenso spricht er sich dagegen aus, dass Menschen freiwillig darauf verzichten, ihr Leben zu geniessen, weil sie sich später im Leben oder gar nach dem Tod einen Gewinn oder Vorteil davon versprechen (so z.B. Koh 5,12–14; 6,3–6). Die Menschen sollen vielmehr sich selbst und anderen die Freuden gönnen, die Gott ihnen ermöglicht, und in Ehrfurcht vor Gott hinnehmen, was sie nicht begreifen und nicht verändern können.

Damit nimmt Kohelet (ähnlich wie Hiob 28) einen skeptischen Zug der älteren israelitischen Weisheitstraditionen auf (vgl. Spr 10–30) und wendet ihn kritisch gegen optimistischere Erwartungen seiner Zeitgenossen: Weisheit ist kein zuverlässiger Weg zu einem glücklichen Leben (vgl. Spr 1–9 und siehe die Einleitung zu Spr). Wer darauf hofft, dass Gott in die Geschichte eingreifen wird, um die Welt grundlegend umzugestalten (so etwa Jes 65; 66), gibt sich ebenso Illusionen hin wie diejenigen, die eine göttliche Vergeltung für den einzelnen Menschen nach seinem Tod erwarten (so etwa Ps 49; 73). Demgegenüber verweist Kohelet ganz im Sinn der biblischen Urgeschichte (Gen 1–11) darauf, dass Gott die Welt im Grossen und Ganzen gut und schön geschaffen hat und dass es vor allem die Menschen sind, die sich selbst und einander das Leben schwer machen – nicht zuletzt durch ihre vermeintliche Weisheit.

Das Buch Kohelet hat bis in die Alltagssprache der Gegenwart gewirkt: Dass es «nichts Neues unter der Sonne gibt» (Koh 1,9) und «alles seine Zeit hat» (Koh 3,1), sind sprichwörtliche Redensarten geworden.

Nichtig und flüchtig

1 1 Die Worte Kohelets, des Sohnes Davids, des Königs in Jerusalem. 1: 12; Spr 1,1
2 Nichtig und flüchtig, sprach Kohelet, 2: Ps 12,8; 39,6; 62,10; 144,4
nichtig und flüchtig, alles ist nichtig.

Was einmal geschah, wird wieder geschehen

3 Welchen Gewinn hat der Mensch von seiner ganzen Mühe und Arbeit unter der Sonne? 3: 2,22; 3,9; 6,11
4 Ein Geschlecht geht, und ein Geschlecht kommt, 4: 3,14
und die Erde bleibt ewig bestehen.
5 Und die Sonne geht auf, und die Sonne geht unter 5: Ps 19,5–7
und strebt nach dem Ort,
wo sie aufgeht.
6 Es weht nach Süden und dreht nach Norden,
dreht, dreht, weht, der Wind.
Und weil er sich dreht, kommt er wieder, der Wind.
7 Alle Flüsse fliessen zum Meer,
und das Meer wird nicht voll.
Zum Ort, dahin die Flüsse fliessen,
fliessen sie und fliessen.
8 Alles Reden müht sich ab, 8: 4,8; 5,9; 6,7; Spr 27,20
keiner kommt damit zum Ziel.
Das Auge sieht sich niemals satt,
und das Ohr wird vom Hören nicht voll.

9: 3,15; 6,10 9 Was einmal geschah, wird wieder geschehen,
und was einmal getan wurde, wieder getan,
und nichts ist wirklich neu unter der Sonne.
10 Wohl sagt man:
Sieh dies an! Es ist neu! –
Es war längst schon einmal da,
in den Zeiten, die vor uns waren.
11: 2,16; 7,24; 9,5; 11 An die Früheren erinnert man sich nicht,
Ps 49,11 und an die Späteren, die kommen werden,
auch an sie wird man sich nicht erinnern
bei denen, die zuletzt sein werden.

Ich, Kohelet, wurde König

12: 1 12 Ich, Kohelet, wurde König über Israel in Jerusalem. 13 Da nahm
13: 8 · 4,4 · 3,10 ich mir vor, in Weisheit alles zu erforschen und zu erkunden, was unter
dem Himmel getan wird. Das ist eine leidige Mühe. Gott hat es den
14: 2,11.17 Menschen überlassen, sich damit abzumühen. 14 Ich betrachtete alle
Werke, die unter der Sonne vollbracht wurden, und siehe, alles war
15: 7,13 nichtig und ein Greifen nach Wind. 15 Was krumm ist, kann nicht gera-
de werden, und was fehlt, kann man nicht zählen.
16: 2,9; 1Kön 5,9–10; 16 Ich dachte mir: Sieh, ich bin grösser und weiser als jeder, der vor
10,23; 2Chr 9,22 mir über Jerusalem geherrscht hat, und mein Herz hat viel Weisheit und
17: 2,12; 7,25; 8,16 Erkenntnis gesehen. 17 So nahm ich mir vor zu erkennen, was Weisheit
ist, und zu erkennen, was Verblendung ist und Torheit. Ich erkannte,
18: 12,12; 2,22–23 dass auch dies ein Greifen nach Wind war. 18 Denn mit viel Weisheit
kommt viel Verdruss, und wer mehr erkennt, hat mehr zu leiden.
1: 3,12; 7,4 2 1 Ich dachte mir: Versuch es doch mit der Freude und geniesse etwas
Gutes! Und siehe, auch dies war nichtig. 2 Vom Lachen sagte ich: tö-
richt! Und von der Freude: Was kann sie bewirken?
3: Spr 31,4 3 Ich dachte mir aus, meinen Leib im Wein zu baden, doch sollte
mein Verstand in Weisheit die Führung behalten. Und nach der Torheit
wollte ich greifen, bis ich sehen würde, was gut ist für die Menschen,
4: 1Kön 7,1 was sie tun sollten unter dem Himmel, solange sie leben. 4 Ich voll-
brachte grosse Werke: Ich baute mir Häuser, ich pflanzte mir Weinber-
ge. 5 Ich legte mir Gärten an und Haine und pflanzte darin Fruchtbäu-
me jeglicher Art. 6 Ich machte mir Wasserteiche, um aus ihnen den
7: 1Kön 5,3 Wald zu tränken, voller spriessender Bäume. 7 Ich kaufte Sklaven und
Sklavinnen und besass auch im Haus geborene. Auch Herden, Rinder
und Schafe hatte ich mehr als alle, die vor mir in Jerusalem waren.
8: 1Kön 9,28 · 8 Auch häufte ich mir Silber an und Gold und den Besitz von Königen
1Kön 11,1–3 und Ländern. Ich verschaffte mir Sänger und Sängerinnen und die Lust
9: 1,16! der Männer: Frauen und nochmals Frauen. 9 So wurde ich grösser und
reicher als jeder, der vor mir in Jerusalem war. Auch blieb mir meine
Weisheit erhalten. 10 Und was immer meine Augen begehrten, ver-
wehrte ich ihnen nicht. Keine Freude versagte ich meinem Herzen.
Mein Herz freute sich nach all meiner Mühe, und das war mein Teil
11: 1,14 nach all meiner Mühe. 11 Doch als ich alle meine Werke ansah, die mei-
ne Hände vollbracht hatten, und alles, was ich mit Mühe und Arbeit ge-

2,7: Mit «im Haus geborene» sind ebenfalls Sklaven gemeint.

schaffen hatte, siehe, da war alles nichtig und ein Greifen nach Wind, und es gab keinen Gewinn unter der Sonne.

Was hat der Mensch von all seinem Mühen?

12 Da ging ich daran, Weisheit, Verblendung und Torheit zu betrach- 12: 1,17! · 1,9!
ten. Was bleibt dem Menschen zu tun, der nach dem König kommt?
Was man schon längst getan hat!
13 Und ich sah, dass die Weisheit mehr Gewinn bringt als die Tor- 13: 7,11–12
heit, wie das Licht mehr Gewinn bringt als die Dunkelheit. 14 Der Wei- 14: 9,2; Ps 49,11;
se hat Augen im Kopf, aber der Tor tappt im Dunkeln. Doch erkannte ich Hiob 9,22!
auch, dass ein und dasselbe Geschick beide treffen kann. 15 So dachte 15: 6,8
ich: Wie dem Toren kann es auch mir ergehen. Wozu bin ich denn so
weise geworden? Da dachte ich, dass auch dies nichtig war. 16 Denn we- 16: 1,11!
der an den Weisen noch an den Toren wird man sich ewig erinnern: In
den Tagen, die kommen, werden alle längst vergessen sein. Ach, der
Weise muss sterben genau wie der Tor! 17 Da hasste ich das Leben, denn 17: 1,14!
übel erschien mir alles Tun unter der Sonne: Alles war nichtig und ein
Greifen nach Wind.
18 Und ich hasste alles, was ich mir mühevoll erarbeitet hatte unter 18: 21
der Sonne, denn dem Menschen, der nach mir kommt, muss ich es hin-
terlassen. 19 Und wer weiss, ob es ein Weiser oder ein Tor sein wird?
Und doch wird er über alles verfügen, wofür ich Mühe und Weisheit
aufgewandt habe unter der Sonne. Auch das ist nichtig. 20 So kam ich
dazu, an allem zu verzweifeln, wofür ich mich abgemüht hatte unter der
Sonne. 21 Denn da müht sich nun einer ab mit Weisheit und Erkenntnis 21: 18
und mit Geschick, und dann muss er es einem Menschen als Erbteil
überlassen, der sich nicht dafür abgemüht hat. Auch das ist nichtig und
ein grosses Übel.
22 Was hat denn der Mensch von all seinem Mühen und Streben, 22: 1,3!
davon dass er sich abmüht unter der Sonne? 23 Sein Leben bringt ihm 23: 8,16
nur Leiden und seine Mühe Verdruss, und selbst bei Nacht kommt sein
Herz nicht zur Ruhe. Auch das ist nichtig. 24 Nichts Gutes bringt der 24: 5,17; 8,15; 9,7
Mensch selbst zustande: Dass er essen und trinken und sich etwas Gu-
tes gönnen kann bei seiner Mühe, auch das kommt, so sah ich, aus Got-
tes Hand. 25 Wer kann essen und wer muss sich sorgen, wenn nicht ich?
26 Einem Menschen, der ihm gefällt, gibt er Weisheit und Einsicht und 26: Spr 13,22!
Freude. Den aber, dessen Leben verfehlt ist, lässt er sammeln und an-
häufen, um es dann dem zu geben, der Gott gefällt. Auch das ist nichtig
und ein Greifen nach Wind.

Zeit und Stunde

3 1 Für alles gibt es eine Stunde, 1: 8,6
und Zeit gibt es für jedes Vorhaben unter dem Himmel:
2 Zeit zum Gebären
und Zeit zum Sterben,
Zeit zum Pflanzen
und Zeit zum Ausreissen des Gepflanzten,
3 Zeit zum Töten
und Zeit zum Heilen,

Zeit zum Einreissen
und Zeit zum Aufbauen,
4 Zeit zum Weinen
und Zeit zum Lachen,
Zeit des Klagens
und Zeit des Tanzens,
5: 1Kor 7,5 5 Zeit, Steine zu werfen,
und Zeit, Steine zu sammeln,
Zeit, sich zu umarmen,
und Zeit, sich aus der Umarmung zu lösen,
6 Zeit zum Suchen
und Zeit zum Verlieren,
Zeit zum Bewahren
und Zeit zum Wegwerfen,
7: Spr 25,11; 15,23 7 Zeit zum Zerreissen
und Zeit zum Nähen,
Zeit zum Schweigen
und Zeit zum Reden,
8 Zeit zum Lieben
und Zeit zum Hassen,
Zeit des Kriegs
und Zeit des Friedens.
9: 1,3! 9 Welchen Gewinn hat, wer etwas tut, davon, dass er sich abmüht?

Gott hat alles schön gemacht

11: Gen 1,31 · 8,17; 10 Ich sah, was Gott den Menschen zu tun überlassen hat. 11 Alles
11,5 hat er so gemacht, dass es schön ist zu seiner Zeit. Auch die ferne Zeit hat
er den Menschen ins Herz gelegt, nur dass der Mensch das Werk, das
12: 22; 7,14 Gott gemacht hat, nicht von Anfang bis Ende begreifen kann. 12 Ich er-
kannte, dass sie nichts Besseres zustande bringen, als sich zu freuen
13: 5,18 und Gutes zu tun im Leben. 13 Und wenn irgendein Mensch bei all sei-
ner Mühe isst und trinkt und Gutes geniesst, ist auch dies ein Geschenk
14: 1,4; Ps 33,11 · Gottes. 14 Ich erkannte, dass alles, was Gott schafft, endgültig ist. Nichts
Dtn 4,2; 13,1 ist ihm hinzuzufügen, und nichts ist davon wegzunehmen. Und Gott
15: 1,9! hat es so gemacht, dass man sich vor ihm fürchtet. 15 Was einmal ge-
schah, ist längst wieder geschehen, und was geschehen wird, ist längst
schon geschehen. Gott aber sucht, was verloren ging.

Den Gerechten und den Frevler wird Gott richten

16: 4,1; 5,7 16 Und weiter sah ich unter der Sonne: Zur Stätte des Rechts dringt
17: 11,9; 12,14 das Unrecht vor, und zur Stätte der Gerechtigkeit das Unrecht. 17 Ich
sagte mir: Den Gerechten und den Frevler wird Gott richten. Denn Zeit
gibt es für jegliches Vorhaben und so auch für alles, was dort geschieht.
18 Ich dachte über die Menschen: Gott hob sie heraus und sah, dass sie
19: Ps 49,13.21 doch nur Tiere sind. 19 Das Geschick der Menschen gleicht dem Ge-
schick der Tiere, es trifft sie dasselbe Geschick. Jene müssen sterben wie

3,19: Die Übersetzung beruht auf einer Umvokalisierung des Massoretischen Texts; dieser lautet: «Die Menschen sind vom Schicksal bestimmt, und die Tiere sind vom Schicksal bestimmt, es trifft sie dasselbe Geschick. ...»

diese, beide haben denselben Lebensgeist, und nichts hat der Mensch
dem Tier voraus, denn nichtig und flüchtig sind sie alle. 20 Alle gehen 20: 12,7; Gen 3,19!
an ein und denselben Ort, aus dem Staub sind alle entstanden, und alle
kehren zurück zum Staub. 21 Wer weiss denn, ob der Lebensgeist des 21: Hiob 14,10!
Menschen nach oben steigt und der Lebensgeist der Tiere hinab in die
Erde? 22 So sah ich, dass es nichts Besseres gibt, als dass der Mensch sich 22: 12! · 6,12; 7,14;
freut bei seinem Tun, denn das ist sein Teil. Wer würde ihn denn dazu 8,7; 9,2; 10,14
bringen zu sehen, was künftig sein wird?

Die Tränen der Unterdrückten

4 1 Und wiederum sah ich all die Unterdrückung, die unter der Sonne 1: 3,16! · Ps 69,21;
verübt wird. Und sieh: die Tränen der Unterdrückten, und sie haben Klgl 1,16–17
keinen, der sie tröstet. Und von der Hand ihrer Unterdrücker geht Ge-
walt aus, und sie haben keinen, der sie tröstet. 2 Da pries ich die Toten,
die schon gestorben sind, glücklicher als die Lebenden, die noch da sind.
3 Besser als beide aber hat es, wer noch nicht da war, wer das böse Tun 3: 7,1; 6,3; Hiob 3,16;
noch nicht gesehen hat, das unter der Sonne verübt wird. Jer 20,14–18

Besser eine Hand voll Ruhe als beide Hände voll Mühe

4 Und ich sah, dass alle Mühe und alles geschickte Tun Neid des ei- 4: 1,13
nen auf den anderen ist. Auch das ist nichtig und ein Greifen nach
Wind. 5 Der Tor legt seine Hände ineinander und verzehrt sein eigenes 5: Spr 6,9
Fleisch. 6 Besser eine Hand voll Ruhe als beide Hände voll Mühe und 6: 6,4–5; Spr 15,16!
Greifen nach Wind.

Zwei haben es besser als einer allein

7 Und wiederum sah ich Nichtiges unter der Sonne: 8 Da ist einer 8: 1,8! · Lk 12,20 ·
allein, ohne einen anderen, hat weder einen Sohn noch einen Bruder. 1,13
Und all seine Mühe hat kein Ende. Auch kann sein Auge nicht genug
Reichtum sehen. Und für wen mühe ich mich ab und versage mir jeden
Genuss? Auch das ist nichtig und eine leidige Mühe. 9 Zwei haben es 9: Gen 2,18
besser als einer allein, denn sie haben einen guten Lohn für ihre Mühe.
10 Wenn sie fallen, kann der eine seinem Gefährten aufhelfen. Doch
wehe dem, der allein ist und fällt, und keiner ist da, der ihm aufhelfen
kann. 11 Auch ist zweien warm, wenn sie sich schlafen legen. Doch einer 11: 1Kön 1,2
allein, wie kann ihm warm werden? 12 Und wenn einer den überwäl-
tigt, der allein ist, so halten die zwei jenem stand. Und der dreifache
Faden zerreisst nicht so bald.

Der König und die Armen

13 Besser ein Kind, arm aber weise, als ein König, alt aber töricht, der
nicht mehr die Einsicht hat, sich warnen zu lassen. 14 Selbst wenn einer
aus dem Gefängnis auf den Thron kam, wurden doch auch unter seiner
Herrschaft Arme geboren. 15 Ich sah, wie all die Lebenden, die unter der
Sonne wandeln, schon auf der Seite eines nächsten Kindes standen, das
an seine Stelle treten sollte. 16 Wer immer sich an ihre Spitze stellte,

3,21: Die Übersetzung beruht auf einer Umvokalisierung des Massoretischen Texts; dieser lautet: «Wer kennt den Lebensgeist des Menschen, der nach oben aufsteigt, und den Lebensgeist der Tiere, der hinabsteigt, hinab in die Erde?»

hatte zahlloses Volk hinter sich. Doch die Späteren hatten keine Freude
mehr an ihm. Denn auch das ist nichtig und ein Greifen nach Wind.

Fürchte Gott

17: 1Sam 15,22!; 17 Gib acht auf deine Füsse, wenn du zum Hause Gottes gehst. Und
Ps 40,7 tritt hinzu, um zu hören, und nicht, um ein Schlachtopfer zu stiften wie
die Toren. Sie verstehen nicht, dass sie Schlechtes tun.
1: Mt 6,7 **5** 1 Sei nicht vorschnell mit deinem Mund, und dein Herz übereile
sich nicht, etwas vor Gott zu bringen. Denn Gott ist im Himmel, und
2: 10,14; Spr 10,19 du bist auf der Erde. Darum mach nicht viele Worte. 2 Denn wer viel
Mühe hat, fängt an zu träumen, und wer viel spricht, fängt an, töricht zu
3: Num 6,3!; reden. 3 Wenn du Gott ein Gelübde ablegst, erfülle es ohne Verzug.
Spr 20,25! Denn die Toren gefallen ihm nicht. Was du gelobst, das halte. 4 Besser
5: Mal 2,7 du gelobst gar nichts, als dass du gelobst und es nicht hältst. 5 Lass nicht
zu, dass dein Mund dich in Schuld bringt, und sage nicht vor dem Boten:
Es war ein Versehen. Warum soll Gott zornig werden über dein Reden
6: 3,14; 12,13 und das Werk deiner Hände verderben? 6 Wo Träume sich mehren und
Nichtigkeiten und viele Worte, da fürchte Gott!

Die Armen und der König

7: 3,16!; Ex 23,6 7 Siehst du, dass in der Provinz die Armen unterdrückt und Recht
und Gerechtigkeit verweigert werden, so wundere dich nicht darüber.
Denn ein Höherer gibt von oben acht auf einen Hohen, und über ihnen
8: 2Chr 26,10 sind noch Höhere. 8 So ist es für ein Land allemal ein Gewinn, wenn
jedes bebaute Feld einen König hat.

Reichtum und Armut

9: 1,8! 9 Wer das Geld liebt, wird des Geldes nicht satt. Und wer liebt Reich-
10: Spr 19,6 tum ohne Ertrag? Auch das ist nichtig. 10 Mehrt sich das Gut, so mehren
sich, die es verzehren. Und welchen Gewinn hat der Besitzer ausser dem
Zusehen? 11 Süss ist der Schlaf des Arbeiters, ob er wenig oder viel zu
essen hat. Doch die Sättigung des Reichen lässt ihn nicht schlafen.
12 Es gibt ein schlimmes Übel, das ich unter der Sonne sah: Da wurde
Reichtum von seinem Besitzer aufgespart für einen Unglücksfall.
13: Spr 27,24 13 Doch durch ein Unglück ging der Reichtum verloren. Er aber hatte
14: Hiob 1,21; einen Sohn gezeugt, und nun hat er nichts mehr in der Hand. 14 Wie er
1Tim 6,7; Ps 49,18 aus dem Leib seiner Mutter kam, so muss er wieder gehen, so nackt wie
er kam. Und nichts bleibt ihm von seiner Mühe, das er weitergeben
könnte.
15: 1,3 15 Auch dies aber ist ein schlimmes Übel: Wie einer kam, so muss er
wieder gehen, und welchen Gewinn hat er, wenn er sich abmüht für den
16: 2,22–23 Wind? 16 All seine Tage muss er in der Finsternis fristen, er hat viel Ver-
druss, ist krank und zornig.
17: 2,24!; 3,12 17 Sieh, was ich Gutes sah: Es ist schön, zu essen und zu trinken und
Gutes zu geniessen für all die Mühe und Arbeit unter der Sonne in der
ganzen Zeit seines Lebens, die Gott einem gegeben hat. Das steht einem
18: 3,13 jeden zu als sein Teil. 18 Auch wenn Gott einem Menschen Reichtum
und Vermögen gibt und ihm gestattet, davon zu essen und seinen Teil

5,5: Mit dem Boten ist wahrscheinlich der Priester gemeint (vgl. Mal 2,7).

davonzutragen und sich zu freuen an dem, wofür er sich abgemüht hat,
so ist das ein Geschenk Gottes. 19 Nicht oft denkt er an die Frist seines
Lebens, denn Gott erfreut sein Herz.

6 1 Es gibt ein Übel, das ich unter der Sonne sah, und schwer lastet es 1: 8,6
auf dem Menschen: 2 Da gibt Gott einem Mann Reichtum, Vermö- 2: Lk 12,20
gen und Ehre, und es mangelt ihm an nichts von allem, was er begehrt.
Doch Gott erlaubt es ihm nicht, davon zu essen, sondern ein Fremder
verzehrt es. Das ist nichtig und ein schlimmes Leiden.

3 Wenn ein Mann hundert Kinder zeugte und viele Jahre lebte und 3: 4,3!
ein hohes Alter erreichte, sich aber nicht sättigen könnte von seinem
Gut – selbst wenn er nicht begraben wäre, sage ich: Die Fehlgeburt hat
es besser als er. 4 Denn in Nichtigkeit kam sie, und im Dunkel geht sie
dahin, und im Dunkel bleibt ihr Name verborgen. 5 Auch hat sie die
Sonne nicht gesehen und nicht gekannt. Sie hat mehr Ruhe als er. 6 Und 6: 3,20
wenn einer zweimal tausend Jahre gelebt, aber nicht Gutes genossen
hätte – gehen nicht alle an denselben Ort?

7 Alles Mühen des Menschen ist für seinen Mund, und doch wird 7: 1,8!; Spr 16,26
sein Verlangen nie gestillt. 8 Denn was hat der Weise dem Toren vor- 8: 2,15
aus? Was nützt es dem Armen, wenn er zu leben versteht? 9 Besser ge-
niessen, was man vor Augen hat, als das Verlangen schweifen lassen.
Auch das ist nichtig und ein Greifen nach Wind.

Wer weiss, was gut ist für den Menschen?

10 Was war, ist längst mit Namen benannt, und bekannt ist, was ein 10: 1,9!; Jer 1,5;
Mensch ist, und dass er nicht rechten kann mit dem, der mächtiger ist Hiob 9,32!
als er. 11 Doch es gibt viele Worte, die das Nichtige vermehren. Was hat
der Mensch davon? 12 Wer weiss denn, was gut ist für den Menschen im 12: 1Chr 29,15;
Leben, in der Zeit seines flüchtigen Lebens, die er verbringt wie ein Ps 144,4 · 3,22!
Schatten? Wer könnte dem Menschen kundtun, was künftig sein wird
unter der Sonne?

7 1 Besser ein guter Ruf als guter Geruch – und der Tag des Todes als 1: Spr 22,1 · 4,2
der Tag der Geburt. 2 Besser, in ein Haus zu gehen, wo man trauert, 2: 9,5
als in ein Haus zu gehen, wo man feiert; denn da zeigt sich das Ende
jedes Menschen, und der Lebende nimmt es sich zu Herzen. 3 Besser
verdriesslich sein als lachen, denn bei trauriger Miene geht es dem Her-
zen gut. 4 Das Herz der Weisen ist in einem Haus, wo man trauert, das 4: 2,2
Herz der Toren aber im Haus, wo man sich freut. 5 Besser, man hört 5: Spr 13,1; 15,32
einen Weisen schelten als die Toren singen. 6 Denn wie das Knistern
der Dornen unter dem Topf, so ist das Lachen des Toren. Doch auch das
ist nichtig. 7 Denn Unterdrückung macht einen Weisen töricht, und 7: Ex 23,8; Dtn 16,19
Geschenke verderben den Verstand.

8 Besser der Ausgang einer Sache als ihr Anfang, besser langmütig 8: Spr 14,29
als hochmütig. 9 Werde nicht zu rasch verdriesslich, denn Toren tragen 9: Spr 22,24;
in sich Verdruss. 10 Sage nicht: Wie kommt es, dass die früheren Zeiten Jak 1,19
besser waren als die jetzigen? Denn nicht aus Weisheit fragst du so. 10: Dtn 4,32
11 Weisheit ist so gut wie Besitz und ein Vorteil für jene, die die Sonne
schauen; 12 denn Weisheit beschirmt und Geld beschirmt, doch dies ist 12: Spr 3,2.14; 16,16
der Vorteil des Wissens: Wer Weisheit hat, den erhält sie am Leben.

13 Betrachte das Werk Gottes: Wer kann gerade machen, was er ge- 13: 1,15
krümmt hat? 14 Am Tag des Glücks sei guter Dinge, und am Tag des Un- 14: Hiob 2,10 · 3,22!

glücks bedenke: Auch diesen wie jenen hat Gott gemacht, und was künf-
tig sein wird, kann der Mensch nicht wissen.

Sei nicht übergerecht, und gib dich nicht gar zu weise

15: 8,14; Hiob 12,6; 15 Beides sah ich in meinen flüchtigen Tagen: Da ist ein Gerechter,
Ps 73,12 der zugrunde geht in seiner Gerechtigkeit, und da ist ein Ungerechter,
16: 2,15 der lange lebt in seiner Bosheit. 16 Sei nicht übergerecht, und gib dich
nicht gar zu weise. Warum willst du scheitern? 17 Sei nicht zu oft unge-
recht, und sei kein Tor. Warum willst du sterben vor deiner Zeit? 18 Gut
ist es, wenn du dich an das eine hältst und auch vom anderen nicht lässt.
Wer Gott fürchtet, wird beidem gerecht.
19: Spr 24,5; 9,16 19 Die Weisheit macht den Weisen stärker als zehn Machthaber in
20: 1Kön 8,46!; der Stadt. 20 Doch kein Mensch auf Erden ist so gerecht, dass er nur
Ps 14,3; Hiob 4,16! Gutes tut und niemals sündigt. 21 Achte auch nicht auf all die Worte, die
man redet, damit du nicht hörst, wie dein Knecht dich schmäht.
22 Denn du weisst, dass auch du selbst oft andere geschmäht hast.

Sie suchten grosse Erkenntnisse

23 All dies versuchte ich mit der Weisheit. Ich sprach: Ich will Weis-
heit erlangen. Sie aber blieb mir fern.
24: 1,11 24 Fern ist, was war, und tief, tief – wer könnte es begreifen? 25 Ich
25: 1,17! nahm mir vor, Weisheit und Erkenntnis zu verstehen, zu erkennen und
zu suchen, zu verstehen, dass Unrecht Torheit ist und Unverstand Ver-
26: Spr 22,14 blendung. 26 Und nun finde ich: Die Frau ist bitterer als der Tod, sie ist
eine Schlinge, ihr Herz ist ein Netz, ihre Hände sind Fesseln. Wer Gott
gefällt, entkommt ihr, der Sünder aber wird von ihr gefangen. 27 Sieh,
dies fand ich, sprach Kohelet: Alles in allem findet sich die Erkenntnis,
28 dass ich ständig suchte, aber nicht fand. Unter tausend fand ich ei-
nen einzigen Mann, eine Frau aber fand ich bei all diesen nicht. 29 Nur
dies fand ich, sieh: Gott hat den Menschen recht gemacht, sie aber such-
ten grosse Erkenntnisse.

Wenn der Mensch Macht hat über den Menschen

8 1 Wer ist wie der Weise, und wer versteht es, ein Wort zu deuten?
Die Weisheit eines Menschen lässt sein Gesicht leuchten, und seine
2: Spr 24,21 harten Züge lösen sich. 2 Gehorche dem Befehl eines Königs, denn du
3: 10,4; Spr 20,2; hast ihm einen Eid geschworen bei Gott. 3 Geh nicht vorschnell weg von
Dan 5,19 ihm, lass dich nicht auf Schlechtes ein, denn alles, was er will, kann er
tun. 4 Denn das Wort eines Königs hat Macht, und wer könnte zu ihm
5–6: 3,1 sagen: Was tust du? 5 Wer dem Befehl gehorcht, lernt nichts Schlechtes
5: Spr 19,16 kennen, und das Herz eines Weisen kennt Zeit und Gericht.
6: 6,1 6 Für jedes Vorhaben gibt es Zeit und Gericht, denn die Bosheit des
7: 3,22! Menschen lastet schwer auf ihm. 7 Er weiss ja nicht, was geschehen
8: 9,12 wird; denn wer könnte ihm kundtun, was sein wird? 8 Kein Mensch hat
Macht über den Wind, so dass er den Wind aufhalten könnte, und kei-

8,2–3: Möglich ist auch die Übersetzung: «2 Gehorche dem Befehl eines Königs, doch wenn du einen Schwur bei Gott leisten sollst, 3 handle nicht vorschnell. Geh weg von ihm, lass dich nicht auf Schlechtes ein, denn alles, was er will, kann er tun.»

8,5: Möglich ist auch die Übersetzung: «Wer das Gebot beachtet, ...»

Fürchte
Dich Nicht denn
ich Erlöse Dich
ICH rufe Dich
bei deinem
Namen Mein
bist Du!
Jesaja 43,1

Schriftbild zu Jesaja 43,1

ner hat Macht über den Tag des Todes. Und im Krieg gibt es keine Entlas-
sung, und Unrecht kann seinen Täter nicht retten. 9 All dies sah ich, und 9: 5,7
ich achtete auf alles, was unter der Sonne getan wurde: Schlecht ist für
den Menschen eine Zeit, in der der Mensch Macht hat über den Men-
schen.

Frevler und Gerechte

10 Sodann sah ich, wie Frevler begraben wurden und zur Ruhe ein-
gingen; die aber Recht getan hatten, mussten von der heiligen Stätte
weichen und wurden in der Stadt vergessen. Auch das ist nichtig.
11 Weil das Urteil über die böse Tat nicht sogleich vollstreckt wird,
wächst in den Menschen die Lust, Böses zu tun. 12 Denn ein Sünder tut 12*b*–15: 3,16–22 ·
hundertmal Böses und lebt doch lange. Ich aber weiss: Es ist gut für die Ps 37,17–18;
Gottesfürchtigen, dass sie sich fürchten vor Gott. 13 Und es ist nicht gut Spr 10,27 13: 6,12!
für den Frevler und er wird nicht länger leben als ein Schatten, wenn er
sich nicht fürchtet vor Gott. 14 Es gibt Nichtiges, das auf Erden ge- 14: 7,15; Jer 12,1
schieht: Es gibt Gerechte, denen es ergeht, als hätten sie gehandelt wie
Frevler, und es gibt Frevler, denen es ergeht, als hätten sie gehandelt wie
Gerechte. Ich dachte: Auch dies ist nichtig. 15 So pries ich die Freude: Es 15: 2,24!
gibt für den Menschen nichts Gutes unter der Sonne ausser zu essen
und zu trinken und sich zu freuen. Das kann ihn begleiten bei seiner
Mühe in der Zeit seines Lebens, die Gott ihm gegeben hat unter der Son-
ne.

Der Mensch kann die Werke Gottes nicht begreifen

16 Als ich mir vornahm, Weisheit zu verstehen und das Treiben zu 16: 1,17 · 2,23
betrachten, das auf der Erde geschah – bei Tag und bei Nacht gönnt man
seinen Augen keinen Schlaf –, 17 sah ich das ganze Werk Gottes: dass 17: 3,11!
der Mensch das Geschehen unter der Sonne nicht begreifen kann. Auch
wenn der Mensch sich abmüht zu suchen, so findet er doch nicht. Und
wenn der Weise behauptet, es zu verstehen, so kann er es doch nicht
begreifen.

Ein lebender Hund hat es besser als ein toter Löwe

9 1 All dies nahm ich mir zu Herzen, um all dies zu prüfen: Die Gerech- 1: 3,22!
ten und die Weisen und ihre Werke sind in Gottes Hand. Sei es Lie-
be, sei es Hass, alles, was vor ihnen liegt, können die Menschen nicht
erkennen. 2 Jeden trifft, was ihm gebührt. Dasselbe Geschick trifft den 2: 2,14!
Gerechten und den Frevler, den Guten und Reinen und den Unreinen,
den, der opfert, und den, der nicht opfert; den Guten wie den Sünder,
den, der schwört, wie den, der sich scheut zu schwören. 3 Das ist 3: 8,11; Gen 6,5
schlimm bei allem, was unter der Sonne geschieht, dass alle dasselbe
Geschick trifft. Auch ist das Herz der Menschen voll Bosheit, und Ver-
blendung ist in ihrem Herzen, solange sie leben, und danach – zu den
Toten.
4 Doch wer zu den Lebenden gehört, hat Hoffnung; denn ein leben-
der Hund hat es besser als ein toter Löwe. 5 Die Lebenden wissen, dass 5: 7,2 · 1,11!;
sie sterben werden, die Toten aber wissen gar nichts, und sie haben kei- Hiob 14,21; Ps 88,13
nen Lohn mehr, denn die Erinnerung an sie ist geschwunden. 6 Ihre 6: Hiob 3,18; Ps 146,4

Liebe, ihr Hass, ihre Eifersucht sind längst dahin, und auf ewig haben
sie keinen Anteil mehr an all dem, was unter der Sonne getan wird.

Geniesse das Leben

7: 2,24! 7 Auf, iss dein Brot mit Freude, und trink deinen Wein mit frohem
Herzen; denn längst schon hat Gott dieses Tun gebilligt. 8 Jederzeit sei-
en deine Kleider weiss, und an Öl auf deinem Haupt soll es nicht fehlen.
9: Spr 5,18 9 Geniesse das Leben mit einer Frau, die du liebst, all die Tage deines
flüchtigen Lebens, die er dir gegeben hat unter der Sonne, all deine
flüchtigen Tage. Das ist dein Teil im Leben, bei deiner Mühe und Arbeit
10: Jes 38,18 unter der Sonne. 10 Was immer du zu tun vermagst, das tu. Denn weder
Tun noch Planen, weder Wissen noch Weisheit gibt es im Totenreich,
dahin du gehst.

Nicht die Schnellen gewinnen den Wettlauf

11 Wiederum sah ich unter der Sonne: Nicht die Schnellen gewin-
nen den Wettlauf und nicht die Helden den Kampf, auch nicht die Wei-
sen das Brot und nicht die Verständigen Reichtum und die Einsichtigen
12: 8,8 · Spr 24,22 Gunst. Denn Zeit und Zufall treffen sie alle. 12 Auch kennt der Mensch
nicht seine Zeit: Wie die Fische, die ins tückische Netz geraten, wie die
Vögel, die gefangen werden, so werden die Menschen verstrickt zur Zeit
des Unglücks, wenn es sie plötzlich überfällt.

Die Weisheit des Armen wird verachtet

13 Auch dieses Beispiel von Weisheit sah ich unter der Sonne, und es
erschien mir bedeutend: 14 Es gab einmal eine kleine Stadt mit wenig
Leuten darin, und gegen sie zog ein grosser König heran, schloss sie ein
und errichtete gewaltige Belagerungstürme gegen sie. 15 Da fand er in
ihr einen armen, weisen Mann, und der rettete durch seine Weisheit
16: 7,19! die Stadt. Aber niemand hat sich jenes Armen erinnert. 16 Da dachte ich:
Weisheit ist besser als Stärke, doch die Weisheit des Armen wird ver-
achtet, und auf seine Worte hört man nicht. 17 Auf ruhige Worte von
Weisen hört man eher als auf das Geschrei eines Herrschers unter den
18: 10,10 Toren. 18 Weisheit ist besser als Kriegsgerät, aber ein Einziger, der fehl-
geht, kann viel Gutes zerstören.

Wertvoller als viel Weisheit ist wenig Torheit

10 1 Tote Fliegen lassen das Öl des Salbenmischers stinken und gä-
2: 2,14! ren. Wertvoller als Weisheit und Ehre ist wenig Torheit. 2 Der
Weise hat den Verstand zu seiner Rechten, der Tor hat den Verstand zu
seiner Linken. 3 Und wenn der Tor unterwegs ist, fehlt es ihm an Ver-
stand. Er aber denkt von jedem: Er ist ein Tor.

Die Torheit ist in höchste Würden eingesetzt

4: 8,3 4 Wenn der Unmut des Herrschers sich gegen dich erhebt, gib dei-
nen Platz nicht auf; denn Gelassenheit deckt grosse Verfehlungen zu.
5 Da ist ein Übel, das ich sah unter der Sonne, ein Fehler, wie ihn ein
6: Spr 30,22 Machthaber begeht: 6 Die Torheit ist in höchste Würden eingesetzt,
und Reiche sitzen unten. 7 Ich sah Knechte hoch zu Ross und Fürsten,
die wie Knechte zu Fuss gehen mussten.

Wer eine Grube gräbt, kann hineinfallen
8 Wer eine Grube gräbt, kann hineinfallen, und wer eine Mauer ein- 8: Spr 26,27!
reisst, den kann eine Schlange beissen. 9 Wer Steine bricht, kann sich
wehtun dabei, wer Holz spaltet, bringt sich in Gefahr. 10 Wird das Eisen 10: 9,18
stumpf, und man schärft seine Schneide nicht, so braucht man mehr
Kraft. Weisheit aber ist der Vorteil dessen, der kundig ist. 11 Doch wenn
die Schlange vor der Beschwörung beisst, so hat der Beschwörer keinen
Gewinn.

Die Mühe des Toren ermüdet ihn
12 Dem Weisen bringen die Worte seines Mundes Gunst, den Toren 12: Spr 10,32; 15,2
aber verschlingen seine eigenen Lippen. 13 Mit Torheit beginnt er zu
reden, mit schlimmer Verblendung hört er zu reden auf. 14 Und der Tor 14: 5,2! · 3,22!
macht viele Worte. Der Mensch weiss nicht, was geschehen wird. Und
was künftig sein wird, wer würde es ihm kundtun? 15 Den Toren ermü-
det seine Mühe, den Weg zur Stadt findet er nicht.

Das Geld macht alles möglich
16 Weh dir, du Land, dessen König ein Knabe ist und dessen Fürsten 16: Jes 3,4 · Jes 5,11
schon am Morgen tafeln. 17 Wohl dir, du Land, dessen König ein Edler 17: Spr 31,4!
ist und dessen Fürsten zur rechten Zeit tafeln, um sich zu stärken und
nicht, um sich zu betrinken. 18 Wo Trägheit wohnt, senkt sich das Ge- 18: Spr 19,15
bälk, und wo die Hände müssig sind, tropft es ins Haus. 19 Zum Vergnü- 19: Ps 104,15
gen bereiten sie das Mahl, und der Wein erfreut das Leben, und das Geld
macht alles möglich. 20 Auch in Gedanken schmähe nicht den König, 20: Ex 22,27!
auch in deiner Schlafkammer schmähe nicht den Reichen; denn die Vö-
gel des Himmels könnten den Laut forttragen, und was Flügel hat,
könnte das Wort verraten.

Wirf dein Brot ins Wasser
11 1 Wirf dein Brot ins Wasser, nach vielen Tagen kannst du es wie-
derfinden. 2 Teile mit sieben oder acht, denn du weisst nicht, was
für ein Unglück kommen mag auf Erden. 3 Wenn die Wolken schwer
sind, giessen sie Regen auf die Erde. Und fällt ein Holz nach Süden oder
nach Norden – wohin das Holz auch fällt, da bleibt es liegen. 4 Wer auf
den Wind achtet, sät nicht, und wer nach den Wolken schaut, erntet
nicht. 5 Den Weg des Windes kennst du nicht, noch das Werden des 5: 3,11! · 1,6;
Kindes im Leib der Schwangeren; so kennst du auch nicht das Tun Got- Joh 3,8 · Ps 139,15
tes, der all dies erschafft. 6 Am Morgen säe deinen Samen, und am
Abend lass deine Hand nicht ruhen; denn du weisst nicht, was gedeihen
wird, ob dieses oder jenes oder ob beides gleich gut gerät.

Freue dich in deiner Jugend
7 Süss aber ist das Licht, und für die Augen ist es gut, die Sonne zu 7: 12,2
schauen. 8 Wenn der Mensch viele Jahre lebt, freut er sich darüber, 8: Hiob 10,21
denkt aber auch an die dunklen Tage, denn sie sind zahlreich. Alles, was
kommt, ist flüchtig. 9 Freue dich, junger Mann, in deiner Jugend, und 9: 3,12 · 12,14

10,10: Die Übersetzung der zweiten Vershälfte beruht auf einer Umvokalisierung des Masoretischen Texts; dieser lautet: «... Ein Vorteil ist es, Weisheit richtig anzuwenden.»

dein Herz erfreue dich in deinen Jugendtagen. Geh deinen Weg mit Verstand und mit offenen Augen. Und wisse, dass über all dies Gott mit dir ins Gericht gehen wird. 10 Lass dein Herz frei sein von Verdruss, und halte deinem Leib das Übel fern. Denn Jugend und schwarzes Haar sind flüchtig.

12 1 Und denke an deinen Schöpfer in deinen Jugendtagen,
bevor die schlechten Tage sich nahen
und Jahre kommen, von denen du sagen wirst:
Sie gefallen mir nicht.
2: 11,7 2 Bevor sich die Sonne verfinstert
und das Licht und der Mond und die Sterne,
und die Wolken wiederkehren nach dem Regen.
3 Wenn die Wächter des Hauses zittern
und die starken Männer sich krümmen,
die Müllerinnen ruhen, weil sie nur noch wenige sind,
und dunkel werden, die aus den Fenstern schauen,
4 die Türen zur Strasse hin geschlossen werden.
Wenn das Geräusch der Mühle leise wird
und hoch wie das Zwitschern der Vögel
und alle Lieder still verklingen.
5: Jer 9,16; Mk 5,38 5 Selbst vor einer Anhöhe fürchtet man sich,
und Schrecknisse sind auf dem Weg,
und der Mandelbaum blüht,
und die Heuschrecke wird schwer,
und die Kaper bricht auf.
Denn der Mensch geht in sein ewiges Haus,
und durch die Strasse ziehen die Klagenden.
6 Bevor der silberne Faden zerreisst
und die goldene Schale zerspringt
und der Krug an der Quelle zerschellt
und das Schöpfrad zerbrochen in die Zisterne fällt
7: 3,20! 7 und der Staub zurückkehrt zur Erde, wie es gewesen ist,
und der Lebensgeist zurückkehrt zu Gott, der ihn gegeben hat.

Flüchtig und nichtig

8: 1,2 8 Flüchtig und nichtig, sprach Kohelet,
alles ist flüchtig.

Das viele Studieren ermüdet den Leib

9 Kohelet war nicht nur ein Weiser, sondern lehrte auch das Volk
Erkenntnis. Er wog ab und prüfte und berichtigte viele Sprüche. 10 Ko-
helet suchte gefällige Worte zu finden und wahre Worte richtig aufzu-
schreiben. 11 Worte von Weisen sind wie Ochsenstacheln, und wie ein-
geschlagene Nägel sind gesammelte Sprüche. Sie sind von einem einzi-
12: Spr 10,21 · 1,18 gen Hirten gegeben. 12 Und über diese hinaus – mein Sohn, lass dich
warnen! – werden viele Bücher gemacht, ohne Ende, doch das viele Stu-
13: 5,6!; Dtn 6,2 dieren ermüdet den Leib. 13 Ist alles gehört, lautet der Schluss: Fürchte
14: 11,9; Röm 2,16 Gott und halte seine Gebote. Das gilt für alle Menschen. 14 Denn alles
Tun bringt Gott vor ein Gericht über alles Verborgene, es sei gut oder
böse.

Das Hohelied

Beim Hohelied handelt sich um eine Sammlung von Liebesliedern, die als Zwiegespräch zwischen einem Liebespaar gestaltet sind. Seine vorliegende Fassung ist wohl nicht früher als im 3. Jahrhundert v.Chr. entstanden. Ältere Vorbilder für solche Sammlungen sind aus dem Alten Orient bekannt, besonders aus Ägypten.

In der jüdischen und christlichen Auslegung wurde das Hohelied lange Zeit allegorisch (sinnbildlich) gedeutet: als Gespräch zwischen Gott und seinem geliebten Volk Israel oder als Gespräch zwischen Christus und der Gemeinde oder der Seele des gläubigen Christen. Ursprünglich war das Hohelied jedoch eine erotische Dichtung. Auch wenn darin (abgesehen von Hld 8,6) nicht ausdrücklich von Gott die Rede ist, haben die Gedichte doch auch eine religiöse und theologische Bedeutung: Im Rausch der Liebe werden die Liebenden zum ‹König› und zur ‹Königin› (vgl. Hld 1,4.12; 3,7.11). Sie leben in Harmonie miteinander und mit der Natur. Ihre Liebe ist so stark wie der Tod (Hld 8,6). All das erinnert an die Darstellung der guten Schöpfung Gottes vor dem Einbruch von Sünde und Gewalt und der Vertreibung aus dem Paradies in Gen 1; 2. Für die begrenzte und gefährdete Dauer der Lust (Hld 2,7; 3,5; 8,4) erfahren die Liebenden nach dem Hohelied etwas davon, wie die Welt sein könnte, wenn sie so geblieben wäre, wie Gott sie geschaffen hat.

Der hebräische Titel, den das Hohelied selbst bietet, lautet übersetzt ‹Das Lied der Lieder Salomos› (Hld 1,1, das bedeutet: Das schönste Lied Salomos). In Anlehnung daran folgte das Hohelied nach der älteren Überlieferung als dritte ‹salomonische› Schrift auf das Buch der Sprüche und das Buch Kohelet. Diese drei Schriften wollen Regeln und Einsichten für eine gute Lebensführung vermitteln und sind auch thematisch verbunden: Das Buch der Sprüche preist in seinem letzten Kapitel den Wert einer tüchtigen Frau für ihren Mann. Und Kohelet fordert seine Leser und Schüler dazu auf, ihr Leben mit einer geliebten Frau zu geniessen (Koh 9,9). Im Anschluss daran besingt das Hohelied die Liebe zwischen Mann und Frau als Krönung eines guten und Gott wohlgefälligen Lebens (vgl. auch Gen 2,18).

In der späteren jüdischen Überlieferung wurde das Hohelied den Megillot zugeordnet, den fünf Schriftrollen also, die an den hohen Jahresfesten verlesen werden (siehe die Einleitung zu Rut); das Hohelied wird am Passafest verlesen.

1 1 Das Lied der Lieder Salomos — 1: 1Kön 5,12
2 Er küsse mich mit Küssen seines Mundes! — 2: 5,16; 7,10
Köstlicher als Wein ist deine Liebe,
3 köstlicher als der Duft deiner Salböle. — 3: Joh 12,3 · Koh 7,1

Ausgegossenes Salböl ist dein Name,
darum lieben dich die jungen Frauen.

4: 12; 3,9–11; 7,6 · Ps 45,15–16

4 Zieh mich mit dir! Lass uns eilen!
Der König hat mich in seine Gemächer geführt.
Lass uns jauchzen und uns erfreuen an dir,
deine Liebe rühmen mehr als den Wein.
Mit Recht lieben sie dich.

5: 5,10; Klgl 4,7

5 Dunkel bin ich und anmutig,
ihr Töchter Jerusalems,
wie die Zelte Kedars,
wie die Zeltdecken Salomos.

6: 8,8–10 · 2,15; 8,12; Jes 5,1

6 Seht nicht darauf, dass ich dunkel bin,
dass auf mich die Sonne schien.
Die Söhne meiner Mutter zürnten mir,
sie machten mich zur Wächterin der Weinberge;
meinen eigenen Weinberg habe ich nicht bewacht.

7 Sag mir, du, den meine Seele liebt:
Wo weidest du,
wo lässt du lagern am Mittag?
Warum soll ich sein wie eine, die umherirrt
bei den Herden deiner Gefährten?

8: 5,9; 6,1 · 4,5; 7,4

8 Weisst du es nicht,
du schönste unter den Frauen,
so geh hinaus auf den Spuren der Schafe
und weide deine Zicklein
bei den Wohnungen der Hirten.

9 Einer Stute bei den Wagen des Pharao
vergleiche ich dich, meine Freundin.

10: Ez 16,11

10 Anmutig sind deine Wangen mit den Bändern,
dein Hals mit den Ketten.
11 Bänder aus Gold wollen wir dir machen,
mit silbernen Punkten.

12: 4,10–11; 7,9.14

12 Solange der König bei seiner Tafel weilte,
verströmte meine Narde ihren Duft.

13 Ein Myrrhenbeutel ist mir mein Geliebter,
er ruht zwischen meinen Brüsten.

14: 1Sam 24,1!

14 Eine Hennablüte ist mir mein Geliebter,
in den Weinbergen von En-Gedi.

15: 4,1.7; 6,4

15 Du bist so schön, meine Freundin!
Du bist so schön! Deine Augen sind Tauben.

16: 5,10–16

16 Du bist so schön, mein Geliebter, so anziehend!
Unser Lager ist grün,
17 Zedern sind die Balken unseres Hauses,
Wacholder unsere Dachsparren.

2 1 Ich bin die Lilie des Scharon, 1: 4,5; 6,2–3; 7,3
die Lotosblume der Täler.
2 Wie eine Lotosblume unter den Dornen,
so ist meine Freundin unter den jungen Frauen.
3 Wie ein Apfelbaum unter den Bäumen des Waldes, 3: 8,5 · 4,6
so ist mein Geliebter unter den jungen Männern.
In seinem Schatten begehrte ich zu sitzen,
und seine Frucht war meinem Gaumen süss.
4 Er führte mich ins Weinhaus,
und sein Zeichen über mir war die Liebe.
5 Stärkt mich mit Rosinenkuchen, 5: 2Sam 13,5
erfrischt mich mit Äpfeln,
denn krank bin ich vor Liebe.
6 Seine Linke liegt unter meinem Haupt, 6: 8,3
und seine Rechte umarmt mich.
7 Ich beschwöre euch, ihr Töchter Jerusalems, 7: 3,5; 8,4–5; 5,2
bei den Gazellen oder bei den Hinden des Feldes:
Weckt nicht, stört nicht
die Liebe, solange die Lust währt.

8 Horch, mein Geliebter!
Sieh, da kommt er,
springend über die Berge,
hüpfend über die Hügel.
9 Einer Gazelle gleicht mein Geliebter 9: 17; 8,14
oder dem jungen Hirsch.
Sieh, da steht er
hinter unserer Mauer,
schaut herein durch die Fenster,
späht durch die Gitter.
10 Mein Geliebter hob an und sprach zu mir: 10: 13
Steh auf, meine Freundin,
meine Schöne, und komm!
11 Sieh doch, dahin ist der Winter,
vorbei, vorüber der Regen.
12 Die Blumen sind im Land zu sehen,
die Zeit des Singens ist gekommen,
und das Gurren der Taube hört man in unserem Land.
13 Der Feigenbaum lässt seine Früchte reifen, 13: 10
und die Weinstöcke blühen und duften.
Steh auf, meine Freundin,
meine Schöne, und komm!
14 Meine Taube in den Felsenklüften, 14: 5,2; 6,9 · 8,13
im Versteck an der Bergwand,
lass mich geniessen deinen Anblick,
lass mich hören deine Stimme,
denn angenehm ist deine Stimme,
und anmutig dein Anblick.

15 Fangt uns die Füchse,
die kleinen Füchse,
die Weinberge verwüsten,
denn unsere Weinberge blühen.

16: 6,3; 7,11
16 Mein Geliebter gehört mir, und ich gehöre ihm,
auf der Weide in den Lotosblumen.
17: 9; 4,6
17 Bis der Tagwind weht
und die Schatten fliehen,
komm her, mein Geliebter, gleich einer Gazelle
oder dem jungen Hirsch
auf den Bergen von Beter.

1–4: 5,2–8; 1,7–8
3 1 Des Nachts auf meinem Lager suchte ich,
den meine Seele liebt.
Ich suchte ihn und fand ihn nicht.
2 Ich will aufstehen und die Stadt durchstreifen,
die Strassen und Plätze,
will suchen, den meine Seele liebt.
Ich suchte ihn und fand ihn nicht.
3 Mich fanden die Wächter,
die die Stadt durchstreifen.
Habt ihr ihn gesehen, den meine Seele liebt?
4: 8,2
4 Kaum war ich an ihnen vorüber,
da fand ich ihn,
den meine Seele liebt.
Ich fasste ihn und liess ihn nicht,
bis ich ihn führte ins Haus meiner Mutter
und ins Gemach derer, die mich gebar.
5: 2,7; 8,4
5 Ich beschwöre euch, ihr Töchter Jerusalems,
bei den Gazellen oder bei den Hinden des Feldes:
Weckt nicht, stört nicht
die Liebe, solange die Lust währt.

6: 8,5; 6,10
6 Wer steigt da herauf aus der Wüste
wie Säulen von Rauch,
umräuchert von Myrrhe und Weihrauch,
von jedem Gewürz des Händlers?
7 Sieh, es ist Salomos Sänfte.
Sechzig Helden sind rings um sie her
von den Helden Israels.
8 Sie alle tragen ein Schwert,
sind geschult im Kampf.
Jeder hat sein Schwert an der Hüfte
gegen den Schrecken des Nachts.
9 Eine Sänfte machte der König sich,
Salomo, aus Hölzern vom Libanon.
10 Ihre Säulen machte er aus Silber,
ihre Lehne aus Gold,

ihren Sitz aus rotem Purpur.
Ihr Inneres ist ausgelegt mit Liebe
von den Töchtern Jerusalems.
11 Kommt heraus und seht ihn an, ihr Töchter Zions, 11: Jes 61,10
König Salomo mit dem Kranz,
den seine Mutter ihm flocht
am Tag seiner Hochzeit,
am Tag, da sein Herz sich freute.

4 1 Du bist so schön, meine Freundin! 1–3: 6,5–7
Du bist so schön! 1: 7; 1,15; 6,4 · Gen 24,65; 38,14
Deine Augen sind Tauben
hinter deinem Schleier.
Dein Haar ist wie die Herde der Ziegen,
die vom Gebirge Gileads herabsprangen.
2 Deine Zähne sind wie die Herde geschorener Schafe,
die von der Schwemme heraufstiegen.
Sie alle werfen Zwillinge,
und keines von ihnen ist ohne Junge.
3 Wie ein Karmesinband sind deine Lippen,
und lieblich ist dein Mund.
Wie die Scheibe des Granatapfels ist deine Schläfe
hinter deinem Schleier.
4 Wie der Turm Davids ist dein Hals, 4: 7,5 · 1,10; 4,9
Schicht um Schicht gebaut.
Tausend Schilde sind daran aufgehängt,
alle Köcher der Helden.
5 Deine beiden Brüste sind wie zwei Kitze, 5: 7,4; Spr 5,19
Zwillinge einer Gazelle,
die in den Lotosblumen weiden.
6 Bis der Tagwind weht 6: 2,17; 8,14
und die Schatten fliehen,
will ich zum Myrrhenberg gehen
und zum Weihrauchhügel.
7 Alles an dir ist schön, meine Freundin, 7: 1; 2Sam 14,25
und kein Makel ist an dir.

8 Mit mir vom Libanon, Braut, 8: 2,14 · Dtn 3,9!
mit mir vom Libanon wirst du kommen,
herabsteigen vom Gipfel des Amana,
vom Gipfel des Senir und des Chermon,
von den Verstecken der Löwen,
von den Bergen der Panther.
9 Du hast mich betört, meine Schwester, Braut,
mit einem einzigen deiner Blicke hast du mich betört,
mit einer einzigen Kette von deinem Halsschmuck.
10 Wie schön ist deine Liebe, meine Schwester, Braut, 10: 1,2.4
wie viel köstlicher als Wein ist deine Liebe
und der Duft deiner Salböle
als alle Balsamdüfte.

11: Hos 14,7 11 Honigseim träufelt von deinen Lippen, Braut,
Honig und Milch sind unter deiner Zunge,
und der Duft deiner Gewänder
ist wie der Duft des Libanon.

12: Spr 5,15–17 12 Ein verschlossener Garten ist meine Schwester, Braut,
ein verschlossener Brunnen, ein versiegelter Quell.
13 Aus dir gehen hervor ein Hain von Granatbäumen
mit köstlichen Früchten,
Hennasträucher samt Nardenkräutern,
14 Narde und Safran,
Gewürzrohr und Zimt
samt allen Weihrauchhölzern,
Myrrhe und Aloe
samt allen besten Balsamsträuchern,
15 ein Gartenquell, ein Brunnen lebendigen Wassers,
Bäche vom Libanon.
16 Nordwind wach auf, und Südwind komm!
Weh durch meinen Garten! Seine Balsamdüfte sollen verströmen!
In seinen Garten komme mein Geliebter
und esse seine köstlichen Früchte.

1: 4,9 · 4,16 · 4,11 5 1 In meinen Garten kam ich, meine Schwester, Braut,
pflückte meine Myrrhe samt meinem Balsam.
Ich ass meine Wabe samt meinem Honig,
trank meinen Wein samt meiner Milch.
Esst, ihr Freunde,
trinkt und seid trunken von Liebe!

2–8: 3,1–4; 1,7–8 2 Ich schlief, doch wach war mein Herz.
2: 2,14; 6,9 Horch, mein Geliebter klopft:
Öffne mir, meine Schwester, meine Freundin,
meine Taube, meine Makellose!
Voll Tau ist mein Haupt,
meine Locken voll Tropfen der Nacht.
3 Ich habe mein Kleid abgelegt,
wie könnte ich es wieder anziehen?
Ich habe meine Füsse gewaschen,
wie könnte ich sie wieder beschmutzen?
4 Mein Geliebter streckte seine Hand durch die Öffnung,
da bebte mein Inneres ihm entgegen.
5 Ich stand auf, meinem Geliebten zu öffnen,
und meine Hände troffen von Myrrhe
und meine Finger von flüssiger Myrrhe
an den Griffen des Riegels.
6 Ich öffnete meinem Geliebten,
doch mein Geliebter war gegangen, war fort.
Ausser mir war ich, dass er sich weggewandt hatte.
Ich suchte ihn und fand ihn nicht,
rief ihn, doch er gab nicht Antwort.

7 Mich fanden die Wächter,
die die Stadt durchstreifen.
Sie schlugen mich, verwundeten mich.
Meinen Überwurf nahmen mir weg
die Wächter der Mauern.

8 Ich beschwöre euch,
ihr Töchter Jerusalems:
Wenn ihr meinen Geliebten findet,
was sollt ihr ihm sagen?
Dass ich krank bin vor Liebe!
9 Was hat dein Geliebter einem anderen voraus, 9: 1,8; 6,1
du schönste unter den Frauen?
Was hat dein Geliebter einem anderen voraus,
dass du uns so beschwörst?
10 Mein Geliebter ist glänzend und rot, 10: Ps 104,15;
unter Zehntausend ragt er heraus. 1Sam 16,12; Klgl 4,7
11 Sein Haupt ist feines, gediegenes Gold,
seine Locken sind Palmwedel,
schwarz wie der Rabe.
12 Seine Augen sind wie Tauben
an Wasserbächen,
sie baden in Milch,
sitzen am Teich.
13 Seine Wangen sind wie ein Balsambeet, 13: Ps 133,2
Gewürzkräuter lassen sie sprossen.
Seine Lippen sind Lotosblumen,
flüssige Myrrhe träufelt von ihnen.
14 Seine Arme sind goldene Walzen,
besetzt mit Topas.
Sein Bauch ist eine Platte aus Elfenbein,
bedeckt mit Lapislazuli.
15 Seine Schenkel sind Alabastersäulen,
gegründet auf Sockel von gediegenem Gold.
Sein Anblick gleicht dem Libanon,
erlesen wie die Zedern.
16 Sein Gaumen ist Süsse, 16: 1,2; 7,10
und alles an ihm ist begehrenswert.
Das ist mein Geliebter, das ist mein Freund,
ihr Töchter Jerusalems!

6 1 Wohin ist dein Geliebter gegangen, 1: 1,8; 5,9
du schönste unter den Frauen?
Wohin hat dein Geliebter sich gewandt?
Suchen wollen wir ihn mit dir!
2 Mein Geliebter ist hinabgestiegen in seinen Garten, 2–3: 2,1; 4,5; 7,3
zu den Balsambeeten,
auf die Weide in den Gärten,
um Lotosblumen zu pflücken.
3 Ich gehöre meinem Geliebten, und mein Geliebter gehört mir, 3: 2,16; 7,11
auf der Weide in den Lotosblumen.

4: 1,15; 4,1.7 · Klgl 2,15

4 Schön bist du, meine Freundin, wie Tirza,
anmutig wie Jerusalem,
erschreckend wie die Sternbilder.

5–6: 4,1–3

5 Wende deine Augen ab von mir,
denn sie haben mich verwirrt.
Dein Haar ist wie die Herde der Ziegen,
die herabsprangen von Gilead.
6 Deine Zähne sind wie die Herde der Mutterschafe,
die von der Schwemme heraufstiegen.
Sie alle werfen Zwillinge,
und keines von ihnen ist ohne Junge.

7: 4,1!

7 Wie die Scheibe des Granatapfels ist deine Schläfe
hinter deinem Schleier.

8 Sechzig sind Königinnen
und achtzig Nebenfrauen,
und zahllos sind die jungen Frauen.

9: 2,14; 5,2

9 Eine ist meine Taube, meine Makellose,
einzigartig war sie für ihre Mutter,
rein für die, die sie gebar.
Junge Frauen sahen sie und priesen sie glücklich,
Königinnen und Nebenfrauen, und rühmten sie.

10: 3,6; 8,5 · Jes 30,26

10 Wer blickt da herab wie die Morgenröte,
schön wie der weisse Mond,
rein wie die glühende Sonne,
erschreckend wie die Sternbilder?

11: 7,13

11 In den Nussgarten stieg ich hinab,
zu sehen nach den Sprossen der Palme,
zu sehen, ob der Weinstock trieb,
ob die Granatbäume blühten.
12 Ich wusste nicht wie, meine Seele brachte mich
zu den Wagen Ammi-Nadibs.

1: Gen 32,3!

7 1 Dreh dich um, dreh dich um, Schulammit!
Dreh dich um, dreh dich um, dass wir dich anschauen können!
Was wollt ihr Schulammit anschauen
wie beim Reigentanz von Machanajim?

2: 7

2 Wie schön sind deine Füsse in den Sandalen,
du Fürstentochter!
Die Rundungen deiner Schenkel sind wie Geschmeide,
ein Werk von Künstlerhänden.

3: 4,5; 2,1; 6,2–3

3 Dein Schoss ist eine runde Schale,
an Mischwein soll es nicht fehlen!
Dein Bauch ist ein Weizenhaufen,
von Lotosblumen umsäumt.

4: 4,5; Spr 5,19

4 Deine beiden Brüste sind wie zwei Kitze,
Zwillinge einer Gazelle.

5: 4,4

5 Dein Hals ist wie der Elfenbeinturm.
Deine Augen sind die Teiche bei Cheschbon,

am Tor von Bat-Rabbim.
Deine Nase ist wie der Libanonturm,
der nach Damaskus schaut.
6 Dein Haupt ragt auf wie der Karmel,
und das Haar deines Hauptes ist wie Purpur,
ein König wird von den Locken gefangen.
7 Wie schön du bist und wie anziehend! 7: 2
Liebe, voller Wollust!
8 Dein Wuchs gleicht einer Palme
und deine Brüste Trauben.
9 Ich sprach: Ich will die Palme besteigen,
will greifen nach ihren Rispen,
und deine Brüste sollen sein
wie die Trauben des Weinstocks
und der Duft deines Atems wie Äpfel,
10 und dein Gaumen wie der köstlichste Wein, 10: 1,2; 5,16
sanft rinnt er bei meinen Liebkosungen,
benetzt die Lippen der Schlummernden.

11 Ich gehöre meinem Geliebten, 11: 2,16; 6,3 ·
und sein Verlangen steht nach mir. Gen 3,16
12 Komm, mein Geliebter,
lass uns hinausgehen aufs Feld,
bei den Hennasträuchern die Nacht verbringen.
13 Früh wollen wir uns aufmachen zu den Weinbergen, 13: 6,11
wollen sehen, ob der Weinstock getrieben hat,
die Knospen aufgesprungen,
die Granatbäume erblüht sind.
Dort will ich dir
meine Liebe schenken!
14 Die Liebesäpfel duften, 14: Gen 30,14–19
und an unseren Türen gibt es alle köstlichen Früchte,
neue wie alte.
Dir habe ich sie aufbewahrt, mein Geliebter.

8 1 Könntest du doch mein Bruder sein,
der an den Brüsten meiner Mutter sog!
Fände ich dich draussen, so küsste ich dich,
und niemand dürfte mich verachten.
2 Ich führte dich, brächte dich 2: 3,3
ins Haus meiner Mutter, die mich lehrte.
Vom Würzwein gäbe ich dir zu trinken,
von meinem Granatapfelmost.
3 Seine Linke liegt unter meinem Haupt, 3: 2,6
und seine Rechte umarmt mich.
4 Ich beschwöre euch, 4: 2,7; 3,5
ihr Töchter Jerusalems:
Weckt nicht, stört nicht
die Liebe, solange die Lust währt!

5: 3,6 · 2,7!
5 Wer steigt da herauf aus der Wüste,
an ihren Geliebten gelehnt?
Unter dem Apfelbaum weckte ich dich.
Dort hat deine Mutter dich empfangen,
dort kam in Wehen, die dich gebar.

6: Gen 38,18; 41,42; Jer 22,24 · Dtn 4,24
6 Leg mich auf dein Herz wie ein Siegel,
wie ein Siegel an deinen Arm!
Denn stark wie der Tod ist die Liebe,
hart wie das Totenreich die Leidenschaft.
Feuerglut ist ihre Glut,
Flamme des HERRN.
7: Ps 29,3
7 Gewaltige Wasser können
die Liebe nicht löschen,
und Ströme schwemmen sie nicht fort.
Wollte einer sein ganzes Gut
hingeben für die Liebe,
man würde ihn nur verachten.

8–10: 1,6
8 Wir haben eine kleine Schwester,
die hat noch keine Brüste.
Was tun wir mit unserer Schwester,
wenn man um sie wirbt?
9 Ist sie eine Mauer, so bauen wir auf ihr
eine silberne Zinne,
und ist sie eine Tür,
verschliessen wir sie
mit einem Zedernbrett.
10 Ich bin eine Mauer,
und meine Brüste sind wie Türme.
So wurde ich in seinen Augen
zu einer, die das Glück fand.

11: Jes 7,23
11 Einen Weinberg hatte Salomo
in Baal-Hamon.
Er gab den Weinberg den Wächtern,
für seine Frucht musste jeder tausend Silberstücke bringen.
12: 1,6
12 Vor mir steht mein eigener Weinberg.
Die tausend gehören dir, Salomo,
und zweihundert denen, die seine Frucht bewachen.

13: 2,14
13 Die du wohnst in den Gärten,
wo Gefährten lauschen,
deine Stimme lass mich hören!
14: 2,9 · 4,6
14 Flieh, mein Geliebter,
gleich einer Gazelle
oder dem jungen Hirsch
auf den Balsambergen!

Das Buch Jesaja

Das Buch Jesaja ist mit «Die Schauung des Propheten Jesaja» (Jes 1,1) überschrieben. Sein Inhalt bezieht sich auf die Epoche der Assyrer (8. und 7. Jahrhundert v.Chr.), der Babylonier (6. Jahrhundert v.Chr.) sowie auf die Zeit der Perser (5. und 4. Jahrhundert v.Chr.) und erwartet schliesslich die Neuschöpfung von Himmel und Erde.

Jesaja, der Sohn des Amoz, trat der Buchüberschrift nach (Jes 1,1) unter den judäischen Königen Ussijahu, Jotam, Achas und Jechiskijahu (Chiskijahu) in der zweiten Hälfte des 8. Jahrhunderts v.Chr. auf. Er hatte zwei Söhne mit symbolhaften Namen, die «Ein-Rest-wird-zurückkehren» (Jes 7,3) und «Eilebeute-Raschgeraubt» (Jes 8,3) bedeuten, und zumindest der letztgenannte stammte aus der Verbindung mit einer Prophetin (Jes 8,3). Jesaja wird Jerusalemer gewesen sein und hatte vielleicht eine hohe soziale Position inne (Jes 7,3–4; 8,2). Er hat wohl Schüler um sich geschart (Jes 8,16). Die spärlichen Angaben zum Propheten zeigen, dass das Buch wenig interessiert ist an seiner Person. Im Vordergrund steht vielmehr seine Botschaft, die nach seinem Tod weiter überliefert wurde.

In der überwiegenden Mehrzahl der Texte spricht der Prophet selbst in der ‹Ich›-Form, oder er übermittelt Gottesworte; Erzähltexte über den Propheten gibt es nur vereinzelt (Jes 7; 20; 36–39, zum Teil übernommen aus 2Kön 18–20).

Die ersten Kapitel (Jes 1–12) bieten vor allem Gerichtsworte gegen Juda und Israel, in die aber auch Heilsansagen wie Jes 9,1–6 und 11,1–10 eingebettet sind. Nach einer Reihe von Sprüchen gegen fremde Völker (Jes 13–23), die in der Schilderung einer universalen Katastrophe gipfeln (Jes 24–27), folgen wieder Gerichtsworte gegen das Gottesvolk (Jes 28–35). Sie werden durchzogen von Heilsausblicken wie Jes 29,17–24; 35, die teilweise bereits die Thematik des nachfolgenden Spruchkomplexes ab Jes 40 vorwegnehmen, der nun ganz von Heilsankündigungen geprägt ist: Gott wird wieder zum Zion zurückkehren, sein Volk wird aus der Gefangenschaft erlöst werden und ebenfalls heimkehren. Dieser neue Auszug aus Babylon wird den alten Auszug aus Ägypten bei weitem übertreffen. So wird Gott eine neue Heilsgeschichte schaffen, die grösser sein wird als alles Bisherige. Der Neuanfang wird auch sichtbar in der geheimnisvollen Gestalt, die in der Tradition ‹Gottesknecht› genannt wird und von der die vier sogenannten ‹Gottesknechtslieder› handeln (Jes 42,1–4; 49,1–6; 50,5–9; 52,13–53,12).

In Jes 56–66 herrschen wieder anklagende Worte vor. Soziale und kultische Vergehen im Gottesvolk verhindern den Durchbruch des in Jes 40–55 angesagten Heils, diese Zustände müssen zunächst beseitigt werden. Das Buch endet mit der Unterscheidung von Frevlern und Gerechten im Gottesvolk; für die Gerechten, aber auch für Menschen aus anderen Völkern, wird ein neuer Himmel und eine neue Erde entstehen.

Im alttestamentlichen Kanon nimmt das Buch Jesaja nach der hebräischen und der lateinischen Tradition – der letzteren folgt auch die Zürcher Bibel – die erste Stelle unter den Prophetenbüchern ein. Jesaja ist damit der ‹Stimmführer› der auf ihn folgenden Propheten.

Auf den historischen Propheten Jesaja des 8. Jahrhunderts v.Chr. geht wohl nur ein Teil der Texte in Jes 1–39 zurück. Das übrige Textgut in Jes 1–39 haben jüngere Tradenten verfasst, die die Botschaft Jesajas als gültiges Gotteswort erkannt und über mehrere Jahrhunderte immer wieder neu ausgelegt und fortgeschrieben haben. So aktualisierte man die Botschaft des Propheten und bewahrte ihn davor, zu einer Stimme der Vergangenheit zu werden. Die Texte in Jes 40–66 enthalten keine Prophezeiungen des historischen Jesaja aus dem 8. Jahrhundert v.Chr.; er wird auch nicht mehr namentlich genannt. Die Erwähnung des Perserkönigs Kyros in Jes 44,28 und 45,1 sowie die thematische Prägung der Texte als Heilsprophetien zeigen vielmehr, dass das babylonische Exil für den zweiten Teil des Buchs Jesaja bereits in der Vergangenheit liegt. Erst durch die Verbindung von Jes 1–39 und 40–66 wurde der Prophet Jesaja aus dem 8. Jahrhundert v.Chr. zum Propheten der Weltgeschichte, wie ihn dieses Buch heute präsentiert.

Ausserhalb des nach ihm benannten Prophetenbuchs wird Jesaja, der Sohn des Amoz, im Alten Testament noch in 2Kön 19–20 sowie in 2Chr 26,22 und 32,20.32 erwähnt. Das Christentum zeigte nicht nur am Buch Jesaja Interesse, sondern auch an der Gestalt des Jesaja: So wurde dem Propheten Jesaja die Schrift ‹Himmelfahrt des Jesaja› zugeschrieben, in der Jesaja den Märtyrertod erleidet und in den Himmel entrückt wird. Im Neuen Testament werden einige Weissagungen aus dem Buch Jesaja auf Jesus hin gedeutet: die Immanuel-Weissagung aus Jes 7,14 in Mt 1,23; die Messias-Weissagung aus Jes 9,5–6 in Lk 1,32–33 und die Weissagung über den Gottesknecht aus Jes 53,4–5 in Mt 8,17 und Röm 4,25.

Buchüberschrift

1: 2Chr 26,22 · 2,1 · Hos 1,1; Mi 1,1

1 1 Die Schauung des Jesaja, des Sohns von Amoz, die er geschaut hat über Juda und Jerusalem in den Tagen des Ussijahu, des Jotam, des Achas und des Jechiskijahu, der Könige von Juda.

Anklage gegen das treulose Volk

2: Dtn 32,1; Mi 1,2; Jer 6,19 · Jer 13,15

2 Himmel, höre,
und Erde, horch auf!
Denn der HERR hat gesprochen:
Kinder habe ich aufgezogen und gross werden lassen,
sie aber haben mit mir gebrochen.

3: 27,11; Jer 4,22

3 Noch immer hat ein Ochse seinen Besitzer gekannt
und ein Esel den Futtertrog seines Herrn –
Israel hat nichts erkannt,
uneinsichtig ist mein Volk.

4: 30,9; 57,4 · Dtn 32,15 · Jer 2,13!; Zef 1,6

4 Wehe der Nation, die sündigt,
dem Volk, das belastet ist mit Schuld,

1,1: Die hebräische Form des Namens Jesaja ist Jeschajahu.

der Brut von Übeltätern,
denen, die Verderben bringen.
Sie haben den HERRN verlassen,
den Heiligen Israels verworfen,
ihm haben sie den Rücken zugewandt.
5 Wohin könntet ihr noch geschlagen werden –
noch immer seid ihr widerspenstig!
Das ganze Haupt ist krank,
und das ganze Herz ist von Krankheit befallen.
6 Von der Fusssohle bis zum Kopf ist nichts Gesundes an ihm,
Wunden, Striemen und frische Verletzungen,
nicht versorgt und nicht verbunden
und nicht mit Öl gelindert.
7 Verwüstet ist euer Land,
im Feuer sind eure Städte verbrannt;
den Ertrag eures Ackers – vor euren Augen verzehren ihn Fremde:
eine Verwüstung, wie sie Fremde bewirken.
8 Und übrig geblieben ist die Tochter Zion
wie eine Hütte im Weinberg,
wie eine Nachthütte im Gurkenfeld,
wie eine belagerte Stadt.
9 Hätte der HERR der Heerscharen
nicht einige wenige Entronnene für uns übrig gelassen,
wir wären wie Sodom geworden,
wir wären Gomorra gleich.

Nutzlose Gaben

10 Hört das Wort des HERRN, ihr Oberhäupter von Sodom!
Horcht auf die Weisung unseres Gottes, Volk von Gomorra.
11 Was soll ich mit euren vielen Schlachtopfern?,
spricht der HERR.
Die Brandopfer von Widdern und das Fett der Mastkälber habe ich satt,
und am Blut der Stiere, der Lämmer und der Böcke habe ich kein Gefallen.
12 Wenn ihr kommt, um mein Angesicht zu schauen –
wer hat denn von euch verlangt, dass ihr meine Vorhöfe zertretet?
13 Bringt nicht länger nutzlose Gaben –
mir ein abscheulicher Gestank!
Neumond und Sabbat, Versammlungen einberufen –
Unrecht und Festtag ertrage ich nicht!
14 Eure Neumonde und eure Feste hasse ich;
sie sind mir zur Last geworden,
ich bin es müde, sie zu ertragen.
15 Und wenn ihr eure Hände ausbreitet,
schliesse ich meine Augen vor euch.

6: Jer 2,30; 6,7; 8,22
7: Dtn 28,33
8: 24,20 · Jer 10,5
9: 10,20; 37,4; Jer 42,2 · Gen 19,24; Röm 9,29
10: Dtn 32,32; Jer 23,14
11: Ps 40,7–9; Jer 6,20; Am 5,22; Hos 8,13
13: 66,3 · Num 10,10; 28,10.14
14: Am 5,21 · 29,1
15: Spr 1,28; Jer 14,12 · 59,3

1,6: Mit ‹ihm› ist das Volk gemeint.

Auch wenn ihr noch so viel betet,
ich höre nicht hin!
Eure Hände triefen von Blut.

16: Jer 4,14; Jak 4,8 · 55,7

16 Wascht euch, reinigt euch!
Schafft mir eure bösen Taten aus den Augen!
Hört auf, Böses zu tun!

17: Ez 45,9 · 23; 10,2; Ez 22,7

17 Lernt Gutes tun, sucht das Recht,
weist den, der unterdrückt, in seine Schranken!
Verschafft der Waise Recht,
führt den Rechtsstreit für die Witwe!

18: 3,13; 41,21; 43,26 · Ps 51,9

18 So kommt denn, und lasst uns miteinander rechten, spricht der HERR.
Wenn eure Sünden wie Purpur sind,
sind sie dann weiss wie Schnee?
Wenn sie rot sind wie Karmesin,
sind sie dann wie Wolle?

19: 55,2; Lev 26,3–5

19 Wenn ihr guten Willen zeigt und gehorcht,
werdet ihr das Beste des Landes essen.

20: Lev 26,25 · 40,5; 58,14

20 Wenn ihr euch aber weigert und widerspenstig seid,
werdet ihr vom Schwert gefressen.
Der Mund des HERRN hat gesprochen!

Die Läuterung Jerusalems

21: Jer 2,20 · 5,7

21 Wie ist sie zur Hure geworden, die treue Stadt,
die erfüllt war von Recht;
Gerechtigkeit war da in der Nacht,
und nun Mörder!

22: Jer 6,30; Ez 22,18.22

22 Dein Silber ist zu Schlacke geworden,
dein Wein ist mit Wasser gepanscht.

23: 17! · Hos 9,15 · 1Sam 8,3!

23 Deine Anführer sind störrisch
und Kumpane von Dieben.
Jeder liebt Bestechung
und jagt Geschenken nach.
Der Waise verschaffen sie nicht Recht,
und der Rechtsstreit der Witwe gelangt nicht vor sie.
24 Darum, Spruch des Herrn, des HERRN der Heerscharen, des Starken Israels:
Wehe! Ich werde mich an meinen Gegnern rächen,
und an meinen Feinden werde ich Rache nehmen!

25: 4,4; 48,10; Spr 25,4!; Ps 119,119

25 Und ich will meine Hand gegen dich wenden,
um deine Schlacke wie mit Lauge zu läutern,
und all dein Blei will ich wegschaffen.

26: Sach 8,3

26 Und ich will deine Richter zurückbringen, wie es war,
und deine Ratgeber, wie am Anfang.
Danach wird man dich Stadt-der-Gerechtigkeit nennen,
treue Stadt.
27 Zion wird losgekauft werden durch Recht,
und seine Bekehrten mit Gerechtigkeit.

1,25: Mit ‹dich› ist Jerusalem gemeint.

28 Die Abtrünnigen und die Sünder aber brechen zusammen! 28: 64,6
Und die den HERRN verlassen, kommen um!
29 Ihr werdet euch schämen wegen der Terebinthen, 29: 57,5! · 17,10;
die ihr so gern habt, 65,3; 66,17
und ihr werdet beschämt sein wegen der Gärten,
die euer Gefallen gefunden haben!
30 Denn ihr werdet sein wie eine Terebinthe, deren Blätter welken, 30: 64,5
und wie ein Garten, dem das Wasser fehlt.
31 Und der Starke wird eine Schnur aus Hanf sein 31: 66,24
und sein Werk ein Funke,
und gemeinsam werden beide verbrennen,
und da wird niemand sein, der löscht.

Vom Zion geht Weisung aus

2 1 Das Wort, das Jesaja, der Sohn des Amoz, geschaut hat über Juda 1: 1,1
und Jerusalem:
2 In fernen Tagen wird der Berg des Hauses des HERRN fest 2: Mi 4,1–5 · 60,3;
gegründet sein, 66,23; Jer 3,17; 16,19
der höchste Gipfel der Berge,
und erhoben über die Hügel.
Und alle Nationen werden zu ihm strömen,
3 und viele Völker werden hingehen und sagen: 3: Sach 8,21–22 ·
Kommt und lasst uns hinaufziehen zum Berg des HERRN, Sach 2,15 · 51,4
zum Haus des Gottes Jakobs,
damit er uns in seinen Wegen unterweise
und wir auf seinen Pfaden gehen.
Denn vom Zion wird Weisung ausgehen
und das Wort des HERRN von Jerusalem.
4 Und er wird für Recht sorgen zwischen den Nationen 4: Ps 110,6 · 42,1 ·
und vielen Völkern Recht sprechen. Joel 4,10
Dann werden sie ihre Schwerter zu Pflugscharen schmieden
und ihre Speere zu Winzermessern.
Keine Nation wird gegen eine andere das Schwert erheben,
und das Kriegshandwerk werden sie nicht mehr lernen.
5 Haus Jakob, kommt und lasst uns gehen im Licht des HERRN! 5: 60,1–2; Ps 89,16

Gegen Abgötterei und Hochmut

6 Aufgegeben hast du dein Volk, das Haus Jakob! 6: 2Kön 17,20 · 3,3;
Denn überall bei ihnen waren Leute aus dem Osten Dtn 18,14
und Wahrsager wie die Philister,
und Kinder von Fremden hatten sie mehr als genug.
7 Und ihr Land wurde voll von Silber und Gold, 7: 31,1; Mi 5,9
und sie hatten unendlich viele Schätze,
und ihr Land wurde voll von Pferden,
und sie hatten unendlich viele Wagen.

1,27: Das mit ‹Bekehrten› wiedergegebene Wort kann auch «Rückkehrer» bedeuten.
2,6: Die Bewohner des Ostens galten als Sterndeuter.

8: Jer 1,16
8 Und ihr Land wurde voll von Götzen;
das Werk ihrer Hände beteten sie an,
das, was ihre Finger gemacht hatten.
9: Jos 24,19
9 Da wurde der Mensch gebeugt,
und ein jeder war niedrig.
Vergib ihnen nicht!
10: 19!
10 Geh hinein in den Felsen,
und halte dich verborgen in der Erde
vor dem Schrecken des HERRN
und vor der Pracht seiner Hoheit!
11: 17; 5,15–16; 10,12; Ps 18,28 · 5,16
11 Niedergeschlagen sind die hochmütigen Augen des Menschen,
und der Stolz eines jeden wird sich beugen,
und erhaben ist an jenem Tag allein der HERR.
12: 10,33!
12 Denn ein Tag des HERRN der Heerscharen kommt
über alles Stolze und Hohe
und über alles, was sich erhebt,
und es wird niedrig sein:
13: 10,34; Ps 29,5 · Sach 11,2
13 über alle hohen und sich erhebenden Zedern des Libanon
und über alle Eichen des Baschan,
14 und über alle hohen Berge
und über alle Hügel, die sich erheben,
15: 30,25
15 und über jeden hohen Turm
und über jede feste Mauer,
16: 23,1.14; 60,9; Ps 48,8
16 und über alle Tarschisch-Schiffe
und über alle kostbaren Boote.
17: 11!
17 Und der Hochmut des Menschen wird sich beugen,
und der Stolz aller wird niedrig sein,
und erhaben ist an jenem Tag allein der HERR.
18: Jer 51,18
18 Und die Götzen – sie werden samt und sonders vergehen!
19: 10; Offb 6,15
19 Dann geht in Felshöhlen und in Erdgruben
vor dem Schrecken des HERRN und vor der Pracht seiner Hoheit,
wenn er sich erhebt, um die Erde in Angst zu versetzen!
20: 10,3! · 30,22; 31,7
20 An jenem Tag wird der Mensch
seine Götzen aus Silber
und seine Götzen aus Gold,
die er sich gemacht hat, um sich niederzuwerfen
vor den Spitzmäusen und den Fledermäusen,
21 und er wird in die Felsspalten und in die Steinklüfte gehen
vor dem Schrecken des HERRN und vor der Pracht seiner Hoheit,
wenn er sich erhebt, um die Erde in Angst zu versetzen.
22: 31,3; Ps 146,3–4
22 Kümmert euch nicht um den Menschen,
denn in seiner Nase ist Hauch.
Was ist von ihm schon zu halten!

Jerusalem ist gestürzt, und Juda ist gefallen

1: Lev 26,26!
3 1 Denn sieh, der Herr, der HERR der Heerscharen,
nimmt Stütze und Stab aus Jerusalem und aus Juda,
den ganzen Vorrat an Brot
und den ganzen Vorrat an Wasser,

2 den Helden und den Krieger,
den Richter und den Propheten, den Wahrsager und den Ältesten,
3 den Anführer einer Fünfzigschaft und den Angesehenen
und den Ratgeber und den Zauberkundigen
und den, der sich auf Beschwörung versteht.
4 Dann werde ich ihnen Knaben als Anführer geben,
und Willkür wird über sie herrschen.
5 Und im Volk wird man sich bedrängen,
einer den anderen und jeder seinen Nächsten,
der Junge wird dem Alten zusetzen
und der Verachtete dem, der geehrt wird.
6 Wenn dann einer seinen Bruder in dessen Vaterhaus ergreift und
sagt: Du hast einen Mantel, du sollst unser Oberhaupt sein, und dieser
Trümmerhaufen wird dir untertan sein!, 7 wird dieser an jenem Tag die
Stimme erheben, um zu sagen: Ich kann nicht Wunden verbinden, in
meinem Haus gibt es weder Brot noch einen Mantel! Macht mich nicht
zum Oberhaupt des Volks! 8 Jerusalem ist gestürzt, und Juda ist gefallen! Denn ihre Zungen und ihre Taten waren gegen den HERRN, sie waren widerspenstig gegen die Blicke seiner Herrlichkeit. 9 Der Ausdruck
ihrer Gesichter hat gegen sie gezeugt, und wie Sodom haben sie ihre
Sünde hinausposaunt, sie haben sie nicht verhehlt. Wehe ihnen: Sich
selbst haben sie Böses angetan! 10 Sagt vom Gerechten, dass es ihm gut
gehen wird: Die Frucht seiner Taten wird er geniessen. 11 Wehe dem
Frevler! Ihm wird es schlecht ergehen: Was seine Hände tun, wird ihm
angetan werden. 12 Mein Volk – seine Bedränger halten Nachlese, und
Frauen beherrschen es. Mein Volk – die dich führen sind Verführer, und
auf dem Weg, den du ziehen musst, führen sie dich in die Irre.
13 Der HERR steht bereit, den Rechtsstreit zu führen,
und er steht da, um Völker zu richten.
14 Der HERR wird ins Gericht gehen
mit den Ältesten seines Volks und mit dessen Fürsten:
Ihr habt den Weinberg kahl gefressen!
Was dem Armen geraubt wurde, ist in euren Häusern.
15 Was ist mit euch! Ihr zerschlagt mein Volk,
und das Gesicht der Armen zermalmt ihr.
Spruch des Herrn, des HERRN der Heerscharen.

Die hochmütigen Frauen von Jerusalem

16 Und der HERR sprach:
Weil die Töchter Zions hochmütig geworden sind
und mit gestrecktem Hals und mit geschminkten Augen spazieren,
weil sie trippeln, wenn sie daherstolzieren,
und mit den Spangen an ihren Füssen klimpern,
17 wird der Herr den Scheitel der Töchter Zions kahl machen,
und ihre Stirn wird der HERR entblössen.

3: 2,6!
4: Koh 10,16
5: 9,18; 19,2; 2Chr 15,6 · Mi 7,6
9: Dtn 1,17 · Gen 18,20 · Jer 2,19
10: Ps 58,12; 128,2
11: 13,11
12: 9,15 · Mi 3,5
13: 1,18!
14: 5,7; Jer 12,10 · Jer 5,27
15: Am 2,7
16: 32,9
17: 47,3

3,9: Möglich ist auch die Übersetzung: «Dass sie die Person angesehen haben, hat ...»

18: Ri 8,21.26 18 An jenem Tag wird der Herr den Schmuck wegnehmen: die Fuss-
19: Ex 32,2 spangen, die kleinen Sonnen und die Möndchen, 19 die Ohrgehänge,
die Armketten und die Schleier, 20 den Kopfschmuck und die Fussket-
21: Gen 24,47; chen, die Brustschärpen, die Riechfläschchen und die Amulette, 21 die
Ez 16,12 Fingerringe und die Nasenringe, 22 die Festkleider und die Überkleider,
die Überwürfe und die Täschchen 23 und die feinen Gewänder und die
Hemden, die Kopfbinden und die Kopftücher.

24: 15,2! · Jer 6,26 24 Und wo Balsamduft war, wird Modergeruch sein,
und wo ein Gürtel war, ein Strick,
und wo Haarkunst war, wird eine Glatze sein,
und wo ein Prunkgewand war, ein umgürteter Sack –
das wird sein, wo Schönheit war!
25 Deine Männer werden durch das Schwert fallen,
und dein Heldenmut geht im Kampf verloren.
26: Klgl 1,4 26 Dann werden ihre Pforten klagen und trauern,
und verlassen wird sie am Boden kauern.

1: 54,4; Gen 30,23 4 1 Und sieben Frauen werden sich an jenem Tag
an einen einzigen Mann klammern und sagen:
Unsere eigene Speise werden wir essen,
und mit unserem eigenen Gewand werden wir uns kleiden,
aber lass uns deinen Namen tragen,
nimm die Schande von uns!

Rettung für den Rest Israels

2: 11,1; 53,2; Jer 23,5; 2 An jenem Tag wird, was der HERR spriessen lässt,
Sach 3,8; 6,12 eine Zierde sein und herrlich,
und die Frucht des Landes wird Hoheit sein und Schmuck
für die Geretteten Israels.
3: 6,13! · Ex 32,33!; 3 Und wer zum Rest gehört in Zion
Ps 69,29; Mal 3,16 und wer übrig ist in Jerusalem,
wird heilig genannt werden,
alle, die für das Leben aufgeschrieben sind in Jerusalem.
4: 1,25! · Jer 50,20 4 Wenn der Herr den Kot abgewaschen hat von den Töchtern Zions
und wenn er das Blut von Jerusalem abspült aus seiner Mitte,
durch den Geist des Gerichts
und durch den Geist des Kahlfrasses,
5: Ex 13,21; Sach 2,9 5 dann wird der HERR eine Wolke für den Tag
und Rauch und flammenden Feuerglanz für die Nacht erschaffen
über der ganzen Stätte des Bergs Zion
und über dessen Versammlungen –
ein Schutzdach über all der Herrlichkeit,
6: 25,4; 32,2 6 und dies wird als Hütte Schatten spenden vor der Hitze am Tag,
und es wird eine Zuflucht und ein Obdach sein vor Unwetter und
Regen.

3,18: Bei den Sonnen und Monden handelt es sich um Amulette.

3,26: Hier und im vorangehenden Vers ist Jerusalem gemeint. Städte sind im Hebräischen grammatikalisch weiblich, weshalb von Städten häufig wie von Frauen gesprochen wird.

Das Lied vom Weinberg

5 1 Erlaubt, dass ich singe von meinem Freund, 1: 27,2; Ez 19,10
das Lied meines lieben Freundes von seinem Weinberg.
Mein Freund hatte einen Weinberg,
an steiler Höhe,
überaus fruchtbar.
2 Und er grub ihn um und befreite ihn von Steinen, und er bepflanzte 2: Ps 80,9; Jer 2,21! ·
ihn mit edlen Reben, und in seiner Mitte baute er einen Turm, und auch Mt 21,33
eine Kelter schlug er darin aus. Und so hoffte er, dass er Trauben trage,
doch er brachte stinkende Fäulnis hervor.
3 Und nun, Bewohner von Jerusalem und Männer aus Juda, richtet
doch zwischen mir und meinem Weinberg. 4 Was bliebe noch zu tun
für meinen Weinberg, das ich nicht getan hätte? Wie konnte ich hoffen,
er würde Trauben tragen – stinkende Fäulnis hat er hervorgebracht!
5 Und nun erlaubt, dass ich euch wissen lasse, was ich mit meinem 5: Ps 89,41; Jer 45,4;
Weinberg mache: Hos 2,14
Seine Hecke ausreissen,
dann soll er kahl gefressen werden;
seinen Zaun einreissen,
dann soll er zertreten werden.
6 Und ich habe ihn zur Verwüstung freigegeben, 6: 7,23–25; 32,13;
er wird nicht geschneitelt werden und nicht behackt, 34,13; Hos 9,6
und Dornen und Disteln werden aufspriessen in ihm.
Und was die Wolken betrifft, so werde ich Befehl geben,
keinen Regen mehr auf ihn fallen zu lassen.
7 Der Weinberg des HERRN der Heerscharen ist das Haus Israel, 7: Hos 10,1 · 3,14! ·
und die Männer aus Juda sind, was er aus Leidenschaft gepflanzt 1,21
hat.
Und er hoffte auf Rechtsspruch, doch seht: Rechtsbruch!
Und auf Gerechtigkeit, doch seht: Schlechtigkeit!

Wehrufe

8 Wehe denen, die Haus an Haus reihen, 8: Dtn 5,21; Mi 2,2;
die Feld an Feld rücken, Hab 2,6
bis kein Platz mehr ist
und bis ihr allein noch im Herzen des Landes wohnt.
9 In meinen Ohren ist der Schwur des HERRN der Heerscharen: 9: 6,11; Lev 26,33;
Viele Häuser werden verheert sein, Mi 7,13
grosse und schöne,
dass niemand in ihnen wohnen kann!
10 Zehn Zemed Reben werden ein Bat bringen, 10: Hag 1,6
und ein Chomer Samen wird ein Efa bringen.
11 Wehe denen, die schon früh am Morgen dem Bier nachjagen, 11: 22!
die der Wein erhitzt bis tief in die Nacht.
12 Und da sind Leier, Harfe, Handpauke, Flöte 12: 22,13; Am 6,4;
und Wein bei ihren Gelagen; Hiob 21,12 · Ps 28,5
das Tun des HERRN aber beachten sie nicht,
und das Werk seiner Hände haben sie nicht gesehen.
13 Darum ist mein Volk in die Verbannung gekommen
aus Mangel an Erkenntnis.

Seine Herrlichkeit sind Hungermänner,
und seine Massen sind ausgedörrt vor Durst.

14: Spr 27,20!

14 Darum hat das Totenreich seinen Rachen weit geöffnet
und sein Maul masslos aufgesperrt,
so dass hinunterfahren wird ihre Pracht und ihr Getümmel
und ihr Lärmen und wer darin frohlockt.

15: 2,11!

15 Und der Mensch wurde gebeugt, und ein jeder wurde erniedrigt,
und die Hohen mussten die Augen niederschlagen.

16: 2,11 · Ez 28,22

16 Der HERR der Heerscharen aber war erhaben durch das Gericht,
und durch Gerechtigkeit hat sich der heilige Gott als heilig erwiesen.

17: 7,25

17 Und Schafe werden weiden, als wären sie auf ihrer Trift,
und auf den Trümmerstätten der Fettschafe werden Zicklein äsen.

18 Wehe denen, die die Schuld herbeiziehen mit den Stricken der Nichtigkeit
und die Sünde wie mit Wagenseilen!

19: 66,5; Jer 17,15; Am 5,18

19 Die sagen:
Er soll sich beeilen, er soll sein Werk beschleunigen,
damit wir es sehen.
Es nahe, es soll kommen der Ratschluss des Heiligen Israels,
damit wir ihn erfahren.

20: 32,5

20 Wehe denen, die das Böse gut nennen
und das Gute böse,
die Finsternis zu Licht machen
und Licht zu Finsternis,
die Bitteres süss machen
und Süsses bitter!

21: 10,13; Spr 3,7! · Röm 12,16

21 Wehe denen, die in ihren eigenen Augen weise sind
und sich selbst für verständig halten!

22: 11; 28,1.7; 56,12

22 Wehe denen, die Helden sind im Weintrinken
und tüchtige Kerle im Brauen von Bier!

23: 10,2; 29,21; Ex 23,6–8; Spr 17,15!

23 Die aus einem Schuldigen einen Gerechten machen gegen Bestechung
und Gerechten ihre Gerechtigkeit absprechen!

24: 9,17; Hiob 18,16 · Jer 6,19; Am 2,4

24 Darum – wie die Zunge des Feuers Stroh verzehrt
und wie dürres Gras in der Flamme zusammensinkt:
Ihre Wurzel wird wie Moder sein,
und ihre Blüte wird zerstieben wie Staub,
denn die Weisung des HERRN der Heerscharen haben sie verworfen,
und das Wort des Heiligen Israels haben sie verschmäht.

Der HERR ruft ein fremdes Volk herbei

25: Ez 6,14 · Jer 4,24 · 9,11.16.20; 10,4

25 Darum ist der Zorn des HERRN entbrannt über sein Volk,
und er hat seine Hand dagegen ausgestreckt und es geschlagen,
und die Berge bebten,
und wie Kot waren ihre Leichen in den Gassen.

5,14: Mit ‹ihrer› Pracht ist die Pracht Jerusalems gemeint.

Bei alledem hat sein Zorn sich nicht abgewandt,
und seine Hand ist noch immer ausgestreckt.
26 Und er wird ein Feldzeichen erheben für die Nationen in der Ferne. 26: 7,18; Ps 105,31
Und er wird es herbeipfeifen vom Ende der Erde.
Und sieh: Rasend schnell wird es kommen.
27 In seinen Reihen ist keiner, der müde ist, und niemand, der strauchelt,
es schläft nicht und schlummert nicht;
und der Schurz um seine Lenden löst sich nicht,
und der Riemen seiner Sandalen zerreisst nicht.
28 Seine Pfeile sind gespitzt,
und alle seine Bogen sind gespannt;
die Hufschläge seiner Pferde werden für Kieselsteine gehalten
und seine Wagenräder für Sturmwind.
29 Sein Brüllen ist wie das der Löwin, 29: Jer 2,15 · 42,22
und wie junge Löwen brüllt er,
und er grollt und packt die Beute
und bringt sie in Sicherheit,
und da ist niemand, der rettet.
30 Dann aber wird er dagegen grollen an jenem Tag, 30: 17,12; Jer 6,23 ·
wie das Meer grollt. 8,22; Jer 4,23
Dann wird er auf die Erde blicken,
und sieh: bedrohliche Finsternis,
und das Licht ist verfinstert durch ihr Gewölk.

Der HERR beruft Jesaja

6 1 Im Todesjahr des Königs Ussijahu sah ich den Herrn auf einem 1: 2Kön 15,7;
Thron sitzen, hoch und erhaben, und der Saum seines Gewandes 2Chr 26,23 ·
füllte den Tempel. 2 Über ihm standen Serafim; sechs Flügel hatte 1Kön 22,19
ein jeder, mit zweien hielt ein jeder sein Angesicht bedeckt, mit zweien 2: Ez 1,11
hielt ein jeder seine Füsse bedeckt, und mit zweien hielt ein jeder sich in
der Luft. 3 Und unablässig rief der eine dem anderen zu und sprach: 3: Offb 4,8 · Ps 8,2;
Heilig, heilig, heilig ist der HERR der Heerscharen! Ez 43,2; Joh 12,41
Die Fülle der ganzen Erde ist seine Herrlichkeit.
4 Und von der Stimme dessen, der rief, erzitterten die Türzapfen in den 4: Am 9,1 ·
Schwellen, und das Haus füllte sich mit Rauch. 5 Da sprach ich: Wehe 1Kön 8,10!; Ez 10,4;
mir, ich bin verloren! Denn ich bin ein Mensch mit unreinen Lippen, Offb 15,8
und ich wohne in einem Volk mit unreinen Lippen, und meine Augen 5: 24,16 · Ex 6,12 ·
haben den HERRN der Heerscharen gesehen! 6 Da flog einer der Serafim Ex 3,6; Ri 6,22
zu mir, eine glühende Kohle in seiner Hand, die er mit einer Dochtsche-
re vom Altar genommen hatte. 7 Und die liess er meinen Mund berüh- 7: Dan 10,16 ·
ren, und er sprach: Sieh, hat das deine Lippen berührt, so verschwindet Zef 3,9
deine Schuld, und deine Sünde wird gesühnt. 8 Und ich hörte die Stim- 8: 1Kön 22,20
me des Herrn sagen: Wen werde ich senden? Und wer von uns wird
gehen? Da sprach ich: Hier bin ich, sende mich! 9 Und er sprach: Geh, 9–10: 63,17
und sprich zu diesem Volk: Hören sollt ihr, immerzu hören, begreifen 9: 42,20; 43,8; 48,8;
aber sollt ihr nicht! Und sehen sollt ihr, immerzu sehen, verstehen aber Mt 13,14–15
sollt ihr nicht! 10 Mach das Herz dieses Volks träge, mach seine Ohren 10: Ps 119,70 ·
schwer, und verklebe seine Augen, damit es mit seinen Augen nicht 29,10; 32,3; 44,18 · Joh 12,40

sieht und mit seinen Ohren nicht hört und damit sein Herz nicht be-
11: 17,9! · 5,9! greift und damit es nicht umkehrt und sich Heilung verschafft. 11 Da
sprach ich: Herr, bis wann? Und er sprach: Bis die Städte verödet sind
und niemand mehr in ihnen wohnt und die Häuser menschenleer sind
und der Boden völlig verwüstet wird. 12 Und der HERR wird die Men-
schen weit fortführen, und die Einsamkeit wird gross sein im Herzen
13: Am 5,3 · des Landes. 13 Und ist noch ein Zehntel darin, so soll es noch einmal
Hiob 14,7–9; kahl gefressen werden, wie es bei der Terebinthe und wie es bei der Ei-
Ez 6,8 · 4,3; 65,8 che ist, von denen beim Fällen etwas stehen bleibt. Ein heiliger Same ist,
was von ihm stehen bleibt.

Der HERR ermutigt König Achas

1: 2Kön 16,1.5 · 8,6; 7 1 Und in den Tagen des Achas, des Sohns des Jotam, des Sohns des
2Kön 15,27 Ussijahu, des Königs von Juda, zogen Rezin, der König von Aram,
und Pekach, der Sohn des Remaljahu, der König von Israel, hinauf nach
Jerusalem zum Krieg gegen die Stadt, angreifen aber konnten sie sie
nicht. 2 Und dem Haus David wurde berichtet: Aram hat in Efraim sein
Lager aufgeschlagen! Da erzitterte sein Herz und das Herz seines Volks,
3: 22,11! · wie die Bäume im Wald zittern vor dem Wind. 3 Und der HERR sprach
2Kön 18,17 zu Jesaja: Geh doch hinaus, Achas entgegen, du mit Schear-Jaschub, dei-
nem Sohn, ans Ende des Kanals des oberen Teichs, zur Strasse am Wal-
4: 28,12! · 8,6 kerfeld. 4 Dann sprich zu ihm: Fasse dich, und bewahre die Ruhe! Fürch-
te dich nicht, verzage nicht vor diesen zwei rauchenden Holzstummeln,
trotz des glühenden Zorns Rezins, Arams und des Sohns von Remalja-
hu! 5 Weil Aram Böses gegen dich geplant hat, weil Efraim und der Sohn
des Remaljahu gesagt haben: 6 Wir werden hinaufziehen nach Juda und
ihm Furcht einjagen und es in unsere Gewalt bringen. Dann werden wir
7: 8,10; Ps 33,10 in ihm einen anderen zum König machen: den Sohn des Tabal. 7 So
spricht Gott der HERR: Das wird nicht gelingen, und das wird nicht ge-
8: 2Kön 17,23; schehen! 8 Denn das Haupt von Aram ist Damaskus, und das Haupt von
Hos 13,1 Damaskus ist Rezin, und binnen fünfundsechzig Jahren wird Efraim
9: 2Kön 15,27 · zerschlagen und kein Volk mehr sein. 9 Und das Haupt von Efraim ist
2Chr 20,20 Samaria, und das Haupt von Samaria ist der Sohn des Remaljahu. Glaubt
ihr nicht, so bleibt ihr nicht!

Immanu-El als Zeichen

11: 2Kön 19,29 10 Und der HERR fuhr fort, zu Achas zu sprechen: 11 Erbitte dir ein
Zeichen vom HERRN, deinem Gott, sei es tief unten oder weit oben.
12 Achas aber sagte: Ich werde nichts erbitten, und ich werde den
13: 43,24! HERRN nicht versuchen! 13 Da sprach er: Hört doch, Haus David, reicht
es euch nicht, Menschen zu ermüden, dass ihr auch noch meinen Gott
14: 37,30; 38,7.22 · ermüdet? 14 Deshalb wird der Herr selbst euch ein Zeichen geben: Seht,
Mi 5,2; Lk 1,31 · die junge Frau ist schwanger, und sie gebiert einen Sohn. Und sie wird
Mt 1,23
15: 22 ihm den Namen Immanu-El geben. 15 Dickmilch und Honig wird er es-

6,10: Möglich ist auch die Übersetzung: «... und damit sein Herz nicht begreift. Dann aber wird es umkehren, und er wird es heilen.»

7,1: Wörtlich: «... zum Krieg gegen sie, ...»

7,3: Der hebräische Name Schear-Jaschub bedeutet: Ein Rest wird zurückkehren.

7,4: Wörtlich: «... Fürchte dich nicht, dein Herz muss keine Angst haben ...»

7,14: Der Name Immanu-El bedeutet: Gott ist bei uns.

sen, bis er versteht, das Böse zu verwerfen und das Gute zu wählen.
16 Denn bevor der Knabe versteht, das Böse zu verwerfen und das Gute 16: 8,4 · 2Kön 15,29
zu wählen, wird das Land verlassen sein, vor dessen zwei Königen du
dich fürchtest.

Das drohende Gericht

17 Über dich, über dein Volk und über das Haus deines Vaters wird 17: 1Kön 12,19 · 8,7
der HERR Tage bringen, wie sie nicht gekommen sind seit dem Tag, an
dem Efraim von Juda abgewichen ist – den König von Assur! 18 Und an 18: 5,26!
jenem Tag wird der HERR die Fliege herbeipfeifen, die am Ende der Kanäle
Ägyptens ist, und die Biene, die im Land Assur ist. 19 Dann werden
sie kommen, und sie alle werden sich niederlassen in den Schluchten
zwischen den Felswänden und in den Felsspalten, in allen Dornensträuchern
und auf allen Triften. 20 Mit dem Schermesser, das von jenseits 20: Ez 5,1 · 36,1
des Stroms in Dienst genommen ist, mit dem König von Assur, wird der
Herr an jenem Tag das Haupt scheren und das Haar an den Füssen, und
auch den Bart wird es abschneiden. 21 Und an jenem Tag wird sich jeder
eine junge Kuh und zwei Schafe halten. 22 Und wegen der vielen Milch, 22: 15
die man gewinnt, wird er Dickmilch essen. Denn Dickmilch und Honig
wird jeder essen, der übrig geblieben ist im Herzen des Landes. 23 Und 23–25: 5,6!
an jenem Tag wird jeder Ort, an dem jetzt tausend Reben tausend Schekel 23: Hld 8,11
Silber kosten, den Dornen und den Disteln gehören. 24 Nur mit
Pfeilen und mit Bogen wird man dorthin gelangen, denn mit Dornen
und Disteln wird das ganze Land überwuchert sein. 25 Und aus Furcht 25: 5,17
vor den Dornen und Disteln wirst du keinen der Berge betreten, die
man mit der Hacke behackt, und es wird eine Trift sein für die Stiere
und Land, das Schafe zertreten.

Der Sohn des Propheten als Zeichen

8 1 Und der HERR sprach zu mir: Nimm dir eine grosse Tafel, und 1: 30,8; Jer 30,2;
schreibe darauf mit menschlichem Griffel: Besitz von Eilebeute- Hab 2,2
Raschgeraubt. 2 Dann will ich mir Urija, den Priester, und Secharjahu, 2: Dtn 19,15 ·
den Sohn des Jeberechjahu, als vertrauenswürdige Zeugen bestellen. 2Kön 16,10–11
3 Und ich kam der Prophetin nahe, und sie wurde schwanger und gebar 3: Hos 1,4
einen Sohn. Da sprach der HERR zu mir: Gib ihm den Namen Eilebeute-
Raschgeraubt. 4 Denn noch bevor der Knabe rufen kann: Mein Vater!, 4: 17,1; Am 1,5 ·
und: Meine Mutter!, wird man den Reichtum von Damaskus und die 9,10; 2Kön 17,6!
Beute aus Samaria vor den König von Assur tragen.

Das Gericht über Juda und die Völker

5 Und der HERR fuhr fort und sprach weiter zu mir: 6 Weil dieses
Volk die sanft fliessenden Wasser des Schiloach verworfen hat und
Freude hat an Rezin und dem Sohn des Ramaljahu, 7 darum, sieh, lässt 7: 7,17 · 59,19;
der Herr die reissenden Wassermassen des Stroms – den König von Assur Jer 46,7!
und seine ganze Herrlichkeit – über sie emporsteigen.

Und er wird emporsteigen über alle seine Flussarme,
und er wird über alle seine Ufer treten.

7,20: ‹Haar an den Füssen› ist eine Umschreibung für das Schamhaar.

8: 28,15 8 Dann wird er sich auf Juda zubewegen,
er überschwemmt und überflutet,
bis zum Hals wird er reichen,
und seine ausgebreiteten Ränder
werden die Weite deines Landes füllen, Immanu-El!
9: Jer 46,3–4; 9 Tobt, ihr Völker, und erschreckt!
Ez 38,7 Und horcht auf,
all ihr fernen Orte der Erde!
Gürtet euch, und erschreckt!
Gürtet euch, und erschreckt!
10: 7,7! 10 Plant einen Plan, so wird er vereitelt!
Beschliesst einen Beschluss, so wird er nicht ausgeführt!
Denn Gott ist bei uns!
11: Jer 20,7; Ez 3,14 11 Denn so sprach der HERR zu mir, als die Hand mich ergriff und er
mich ermahnte, nicht auf dem Weg dieses Volks zu gehen: 12 Nennt
nicht alles Verschwörung, was dieses Volk Verschwörung nennt. Und
wovor es sich fürchtet, davor sollt ihr euch nicht fürchten, und davor
13: 29,23; 1Sam 11,7 sollt ihr nicht erschrecken. 13 Den HERRN der Heerscharen, ihn sollt ihr
heilig halten: Er ist es, der euch das Fürchten lehrt, und er ist es, der euch
14: Mt 21,44; erschreckt. 14 Und er wird ein Heiligtum sein und ein Stein des Anstos-
Lk 2,34; ses und ein Fels, an dem man strauchelt, für die beiden Häuser Israels,
Röm 9,32–33; 1Petr 2,8 ein Netz und eine Falle für den, der in Jerusalem wohnt. 15 Und viele
15: 28,13; Jer 6,21 von ihnen werden straucheln, fallen und zerbrechen, und sie werden
sich verstricken und gefangen werden.

Allein die Weisung gilt

16: Dan 12,4 16 Was bezeugt ist, einschliessen! Die Weisung versiegeln in mei-
17: Ps 27,14 · 33,2; nen Schülern! 17 Und ich werde auf den HERRN warten, der sein Ange-
54,8; 57,17; 64,6 sicht verbirgt vor dem Haus Jakob, und auf ihn werde ich hoffen.
18: Hebr 2,13 · 18 Sieh, ich und die Kinder, die der HERR mir gegeben hat, sind Zeichen
Sach 3,8 und Wahrzeichen in Israel, vom HERRN der Heerscharen, der auf dem
19: Lev 19,31; Berg Zion wohnt. 19 Und wenn sie zu euch sagen: Befragt die Totengeis-
Jer 27,9 · 1Sam 28,8 ter und die Wahrsager, die wispernden und murmelnden! Befragt ein
20: Mi 3,6 Volk nicht seine Götter, nicht die Toten für die Lebenden? – 20 Allein die
Weisung und allein, was bezeugt ist! Wenn sie anders sprechen, gibt es
für keinen von ihnen ein Morgenlicht. 21 Dann wird man sie durch-
streifen, bedrückt und hungrig, und ist man hungrig, wird man in Zorn
geraten und seinen König verfluchen und seinen Gott. Dann wird man
22: 5,30! sich nach oben wenden 22 und auf die Erde blicken. Aber sieh: Not und
Finsternis, kein Licht schimmert in der Bedrängnis, und ins Dunkel ist
man gestossen. 23 Denn kein Licht schimmert für den, der in Drangsal
ist.

23: 2Kön 15,29 · *Der Friedensfürst*

Mt 4,15–16 In früheren Zeiten hat er das Land Sebulon und das Land Naftali un-
bedeutend gemacht, zuletzt aber hat er dem Weg zum Meer Ehre verlie-
hen, von jenseits des Jordan bis zum Galiläa der Nationen.

8,21: Mit ‹sie› ist die Stadt Jerusalem gemeint.

9 1 Das Volk, das in der Finsternis geht, 1: 60,2; Mt 4,16;
hat ein grosses Licht gesehen, Lk 1,79; 2Kor 4,6
die im Land tiefsten Dunkels leben,
über ihnen ist ein Licht aufgestrahlt.
2 Du hast die Nation zahlreich werden lassen, 2: Lk 2,10 · Ps 4,8
hast die Freude für sie gross gemacht.
Sie haben sich vor dir gefreut,
wie man sich freut in der Erntezeit,
wie man jubelt, wenn man Beute verteilt.
3 Denn das Joch, das auf ihnen lastet, 3: 10,27; 14,25 ·
und den Stab auf ihrer Schulter, 14,5! · 10,26;
den Stock dessen, der sie treibt, Ri 7,12; Ps 83,10
hast du zerschmettert wie am Tag Midians.
4 Denn jeder Stiefel, der dröhnend aufstampft,
und der Mantel, der im Blut geschleift ist,
der wird brennen,
wird ein Frass des Feuers sein.
5 Denn ein Kind ist uns geboren, 5–6: Jer 23,5
ein Sohn ist uns gegeben, 5: Sach 6,13 · 22,22 ·
und auf seine Schulter ist die Herrschaft gekommen. Hebr 7,2
Und er hat ihm seinen Namen gegeben:
Wunderbarer Ratgeber, Heldengott,
Vater für alle Zeit, Friedensfürst.
6 Die Herrschaft wird grösser und grösser,
und der Friede ist grenzenlos
auf dem Thron Davids
und in seinem Königreich;
er gründet es fest
und stützt es durch Recht und durch Gerechtigkeit,
von nun an für immer.
Dies vollbringt der Eifer des HERRN der Heerscharen.

Zorn über das Nordreich Israel

7 Ein Wort hat der Herr gegen Jakob gesandt,
und es ist auf Israel gefallen,
8 damit das Volk zur Erkenntnis komme, das ganze Volk:
Efraim und wer in Samaria wohnt.
In Hochmut und Überheblichkeit hat man geredet:
9 Ziegelmauern sind gefallen,
mit Quadersteinen werden wir bauen;
Maulbeerfeigenbäume wurden abgehauen,
durch Zedern werden wir sie ersetzen.
10 Und der HERR hat die Gegner Rezins gross gemacht gegen ihn, 10: 8,4!
und seine Feinde hat er aufgereizt:
11 Aram von Osten und die Philister von hinten, 11: 5,25!
und sie frassen Israel mit gierigem Maul.
Bei alledem hat sein Zorn sich nicht abgewandt,
und seine Hand ist noch immer ausgestreckt.
12 Das Volk aber hat sich nicht dem zugewandt, der es geschlagen
hat,

und nach dem HERRN der Heerscharen haben sie nicht gefragt.

13: 10,33; 19,15 13 Und der HERR schnitt Israel den Kopf ab und den Schwanz,
Spross und Binse des Schilfs an einem einzigen Tag.
14 Der Älteste und Angesehene, der ist der Kopf,
und der Prophet, der Lüge lehrt, das ist der Schwanz.
15: 3,12 15 Und die dieses Volk führten, waren Verführer,
und die Geführten wurden in die Irre geführt.
16: Jer 18,21 · 5,25! 16 Deshalb freut sich der Herr nicht an seinen jungen Männern,
erbarmt sich nicht seiner Waisen und seiner Witwen.
Denn jeder Einzelne ist gottlos und tut Böses,
und jeder Mund redet törichtes Geschwätz.
Bei alledem hat sein Zorn sich nicht abgewandt,
und seine Hand ist noch immer ausgestreckt.
17: 5,24! · 33,12 17 Wie Feuer brannte die Schuld,
sie verzehrte Dornen und Disteln
und entzündete das Gestrüpp des Waldes,
und in Rauchsäulen wirbelten sie empor!
18: 3,5! 18 Durch den Zorn des HERRN der Heerscharen krümmte sich das Land,
und das Volk war wie Feuerfrass,
keiner hat seinen Bruder verschont.
19: Lev 26,26 · Sach 11,9 19 Und man frass zur Rechten und blieb hungrig,
und man ass zur Linken und wurde nicht satt,
jeder nagte das Fleisch von seinem Arm,
20: 11,13! · 5,25! 20 Manasse frass Efraim,
und Efraim frass Manasse,
und zusammen waren sie gegen Juda.
Bei alledem hat sein Zorn sich nicht abgewandt,
und seine Hand ist noch immer ausgestreckt.

Wehe den ungerechten Richtern

10 1 Wehe denen, die Satzungen des Unrechts setzen,
und den Schreibern, die die Qual festschreiben,
2: 5,23! · 1,17! 2 um die Machtlosen aus dem Gericht zu drängen
und die Elenden meines Volks um das Recht zu bringen,
damit die Witwen ihre Beute werden
und sie die Waisen berauben.
3: 2,20; Zef 1,18 3 Und was werdet ihr tun am Tag der Heimsuchung
und beim Unheil, das heraufzieht von ferne?
Zu wem werdet ihr fliehen, um Hilfe zu finden,
und wo werdet ihr eure Herrlichkeit lassen?
4: 5,25! · Jer 15,2 4 Wer nicht mit den Gefangenen in die Knie gegangen ist,
wird fallen mit denen, die erschlagen werden!
Bei alledem hat sein Zorn sich nicht abgewandt,
und seine Hand ist noch immer ausgestreckt.

9,18: Statt «krümmte sich das Land» übersetzen andere: «wurde das Land finster» oder «wurde das Land verbrannt»; die genaue Bedeutung des hebräischen Worts ist unsicher.

9,20: «frass» wurde in der Übersetzung ergänzt.

Assur wird heimgesucht

5 Wehe Assur, dem Knüppel meines Zorns: 5: 15
Es ist ein Stock in ihrer Hand – meine Wut.
6 Auf eine gottlose Nation lasse ich ihn niederfahren, 6: 2Sam 22,43
und gegen das Volk meines Zorns befehlige ich ihn,
um Beute zu erbeuten
und Raub zu rauben
und um es zu zertreten wie Dreck in den Gassen.
7 Er aber denkt nicht so,
und sein Herz urteilt anders:
In seinem Herzen trägt er den Wunsch, zu vernichten
und nicht wenige Nationen auszurotten.
8 Denn er spricht: Sind meine Fürsten nicht allesamt Könige?
9 Ist nicht Kalno wie Karkemisch 9: Am 6,2 · 2Chr 35,20 · Jer 49,23
oder Chamat wie Arpad
oder Samaria wie Damaskus?
10 Da meine Hand nach den Königreichen der Götzen gegriffen hat – 10: 37,19; 2Kön 18,33-35
und ihre Bilder waren zahlreicher als die in Jerusalem und in Samaria –,
11 werde ich da nicht Jerusalem und seinen Götzenbildern antun, was 11: 36,19
ich Samaria und seinen Götzen angetan habe?
12 Wenn aber der Herr sein ganzes Werk am Berg Zion und an Jeru- 12: 2,11!
salem beendet, werde ich heimsuchen die Frucht der Überheblichkeit
des Königs von Assur und die hochmütige Schönheit seiner Blicke.
13 Denn er hat gesagt: 13: 5,21! · 37,25; 2Kön 19,23
Durch die Kraft meiner Hand habe ich es vollbracht
und durch meine Weisheit, denn ich bin klug.
Und die Grenzen der Völker entferne ich
und ihre Vorräte habe ich geplündert,
und Thronende stürze ich wie der Starke.
14 Und nach dem Reichtum der Völker hat meine Hand gegriffen
wie nach einem Vogelnest,
und wie man verlassene Eier einsammelt, habe ich die ganze Erde eingesammelt,
und niemand hat mit dem Flügel geschlagen,
und niemand hat den Schnabel aufgerissen und gepiepst.
15 Rühmt sich das Beil vor dem, der mit ihm schlägt? 15: Röm 9,20 · 5
Oder brüstet sich die Säge vor dem, der sie zieht?
Als schwänge der Knüppel die, die ihn aufheben,
als höbe der Stock den auf, der nicht aus Holz ist!
16 Deshalb wird der Herr, der HERR der Heerscharen, 16: 17,4
die Schwindsucht schicken gegen seine Fetten,
und unter seiner Herrlichkeit wird ein Brand brennen
wie der Brand des Feuers.
17 Und das Licht Israels wird zu Feuer
und sein Heiliger zur Flamme.
Und sie wird brennen und seine Dornen und seine Disteln verzehren –
an einem einzigen Tag.
18 Und der Herrlichkeit seines Waldes und seines Weinbergs

wird er ein Ende bereiten, Seele und Leib,
so, als ob ein Verzagter zerflösse.
19: 13,12 19 Und was übrig bleibt von den Bäumen seines Waldes, wird man zählen können,
und ein Knabe kann es aufschreiben.

Ein Rest wird zurückkehren

20: 1,9! · 17,7 20 Und an jenem Tag werden der Rest Israels und die Entronnenen
vom Haus Jakob sich nicht mehr auf den stützen, der sie schlägt. Son-
dern auf den HERRN, den Heiligen Israels, werden sie sich in Treue stüt-
zen. 21 Ein Rest wird zurückkehren, der Rest Jakobs, zum Heldengott.
22: Gen 22,17; Röm 9,27 · Jer 44,28 22 Denn mag dein Volk Israel auch sein wie der Sand am Meer, nur ein
Rest davon wird zurückkehren. Vernichtung ist beschlossen, überflutet
23: 28,22 alles mit Gerechtigkeit. 23 Denn die Vertilgung und was beschlossen
ist, führt der Herr aus, der HERR der Heerscharen, inmitten der ganzen
24: 37,6 Erde. 24 Darum, so spricht der Herr, der HERR der Heerscharen: Mein
Volk, das du in Zion wohnst, fürchte dich nicht vor Assur, das dich mit
dem Knüppel schlägt und das seinen Stock gegen dich erhebt wie Ägyp-
25: 14,25; 31,8; 37,36 ten es tat. 25 Denn es fehlt nur noch wenig, dann ist der Zorn erloschen,
und meine Wut gilt ihrer Vernichtung.
26: 30,31 · 9,3! · Ex 14,16.26 26 Und der HERR der Heerscharen wird eine Peitsche schwingen über ihm
wie damals, als er Midian schlug am Rabenfelsen,
und seinen Stab über dem Meer, er wird ihn erheben
wie einst gegen Ägypten.
27: 9,3! 27 Und an jenem Tag wird seine Last von deiner Schulter weichen
und sein Joch von deinem Hals.
Und weggerissen wird das Joch vom Nacken.
28: 1Sam 14,2 · 1Sam 13,2 28 Er zieht heran gegen Ajjat,
hat Migron durchzogen,
nach Michmas befiehlt er seine Waffen.
29: 1Sam 13,23 · Hos 5,8 · 1Sam 14,2 29 Durch den Engpass sind sie gezogen:
Geba ist unser Nachtquartier!
Rama ist erschrocken,
das Gibea Sauls geflohen.
30 Schreie laut, Tochter Gallim!
Gib acht, Laischa!
Antworte ihr, Anatot!
31 Madmena ist geflüchtet,
die Bewohner Gebims haben sich in Sicherheit gebracht.
32: 1Sam 21,2! · 2Chr 32,1–2; Mi 1,9 32 Am selben Tag noch steht er in Nob,
schwingt seine Hand gegen den Berg der Tochter Zion,
gegen den Hügel Jerusalems.
33: 9,13! · 2,12; 32,19; Jer 22,7 33 Sieh, der Herr, der HERR der Heerscharen,
haut die Äste ab mit Schreckensgewalt,
und die Höhen der Hügel sind in Stücke geschlagen,
und was hoch ist, wird niedrig sein.

10,21: Bei «Ein Rest wird zurückkehren» klingt hebräisch der Name Schear-Jaschub aus 7,3 an.

34 Und das Gestrüpp des Waldes zerfetzt er mit dem Eisen,
und es fällt der Libanon durch einen Starken.

Das kommende Friedensreich

11 1 Und aus dem Baumstumpf Isais wird ein Schössling hervorgehen, 1: 4,2!
und ein Spross aus seinen Wurzeln wird Frucht tragen.
2 Und auf ihm wird der Geist des HERRN ruhen, 2: 42,1; 61,1;
der Geist der Weisheit und der Einsicht, Mt 3,16 · 1Kön 3,12
der Geist des Rates und der Kraft,
der Geist des Wissens und der Furcht des HERRN.
3 Und er wird die Furcht des HERRN atmen, 3: Joh 7,24
und er wird nicht richten nach dem, was seine Augen sehen,
und nicht entscheiden nach dem, was seine Ohren hören:
4 Den Machtlosen wird er Recht verschaffen in Gerechtigkeit, 4: Offb 1,16 ·
und für die Elenden im Land wird er einstehen in Geradheit. Hiob 4,9!
Und mit dem Knüppel seines Mundes wird er das Land schlagen
und mit dem Hauch seiner Lippen den Frevler töten.
5 Und Gerechtigkeit wird der Schurz an seinen Hüften sein 5: Hiob 29,14!
und Treue der Gurt um seine Lenden.
6 Und der Wolf wird beim Lamm weilen,
und die Raubkatze wird beim Zicklein liegen.
Und Kalb, junger Löwe und Mastvieh sind beieinander,
und ein junger Knabe leitet sie.
7 Und Kuh und Bärin werden weiden, 7: 65,25; Ez 34,25
und ihre Jungen werden beieinander liegen,
und der Löwe wird Stroh fressen wie das Rind.
8 Und der Säugling wird sich vergnügen an der Höhle der Viper, 8: Gen 3,15
und zur Höhle der Otter streckt ein Kleinkind die Hand aus.
9 Nirgendwo wird man Böses oder Zerstörerisches tun 9: 65,25 · 33,6;
auf meinem heiligen Berg, Hab 2,14
denn das Land ist voll von Erkenntnis des HERRN,
wie von Wasser, das das Becken des Meeres füllt.
10 Und an jenem Tag werden Nationen nach der Wurzel Isais fragen, 10: 12! · Röm 15,12
die dasteht als Feldzeichen für die Völker, und ihr Ruheort wird Herrlichkeit sein.
11 Und an jenem Tag wird der Herr noch einmal, zum zweiten Mal, 11: 27,13; Hos 11,11 ·
mit seiner Hand den Rest seines Volks freikaufen, der übrig geblieben Jer 44,1 · Dan 1,2
ist in Assur und in Ägypten, in Patros, in Kusch und in Elam, in Schinear
und in Chamat und auf den Inseln im Meer.
12 Und er wird ein Feldzeichen aufrichten für die Nationen, 12: 13,2; 18,3; 49,22;
und die Versprengten Israels wird er zusammenbringen, 62,10 · 43,6; 49,12
und die Zerstreuten Judas wird er sammeln
von den vier Säumen der Erde.
13 Dann wird die Eifersucht Efraims weichen, 13: 9,20; Jer 3,18
und die Bedränger Judas werden ausgerottet.
Efraim wird nicht eifersüchtig sein auf Juda,
und Juda wird Efraim nicht bedrängen.
14 Und sie werden zum Bergrücken der Philister fliegen, zum Meer hin, 14: Jer 49,2

gemeinsam werden sie die im Osten ausplündern.
Edom und Moab sind im Machtbereich ihrer Hand,
und die Ammoniter gehorchen ihnen.

15: 19,16; Sach 2,13
15 Dann wird der HERR die Zunge des ägyptischen Meers der Vernichtung weihen,
und unter der Gewalt seines Hauchs wird er seine Hand schwingen über dem Strom,
und in sieben Bäche wird er ihn zerschlagen,
so dass man ihn in Sandalen betreten kann.

16: 19,23 · 40,3; Ex 14,22.29
16 Und dort wird eine Strasse sein
für den Rest seines Volks,
der übrig geblieben ist in Assur,
wie es eine gab für Israel
an dem Tag, als es hinaufzog aus dem Land Ägypten.

Dank für die Rettung

1: Hos 14,5
12 1 An jenem Tag wirst du sagen:
HERR, ich preise dich! Du hast mir gezürnt!
Möge dein Zorn sich wenden, dass du mich tröstest.

2: Ex 15,2; Ps 118,14 · 49,5 · Jer 3,23
2 Sieh, Gott ist meine Rettung! Ich bin voll Vertrauen und habe keine Angst,
denn meine Stärke und meine Kraft ist Jah, der HERR:
Er war meine Rettung.

3: 55,1; Ps 87,7; Sach 13,1
3 Dann werdet ihr jubelnd Wasser schöpfen
aus den Quellen der Rettung.

4–5: Ps 105,1
4: Ps 148,13
4 Und an jenem Tag werdet ihr sprechen:
Danket dem HERRN! Ruft seinen Namen aus,
macht seine Taten bekannt bei den Völkern,
erinnert daran, dass sein Name erhaben ist!
5 Singt dem HERRN!
Denn Erhabenes hat er vollbracht,
und das soll bekannt sein in aller Welt.

6: 52,9
6 Jauchze und juble, Bewohnerin von Zion!
Denn gross ist in deiner Mitte der Heilige Israels!

Gericht über Babel

1: Jer 23,33
13 1 Ausspruch über Babel, den Jesaja, der Sohn des Amoz, geschaut hat:

2: 11,12! · 45,2
2 Errichtet ein Feldzeichen auf kahlem Berg,
ruft laut ihnen zu!
Winkt mit der Hand,
damit sie einziehen durch die Tore der Edlen!

3: Joel 4,11
3 Ich selbst habe meine Geweihten aufgeboten,
auch habe ich meine Helden herbeigerufen zum Zorngericht,
die frohlocken über meine Hoheit.
4 Horch! In den Bergen ein Tosen wie von mächtigem Volk.

11,15: Die genaue Bedeutung des mit ‹Gewalt› wiedergegebenen hebräischen Worts ist nicht gesichert.

12,2: «Jah»: Siehe die Anm. zu Ps 68,5.

Horch! Ein Lärmen von Königreichen, von versammelten Nationen:
Der HERR der Heerscharen mustert das Kriegsheer!
5 Aus fernem Land, vom Ende des Himmels kommen sie: 5: Jer 50,25
der HERR und die Werkzeuge seines Zorns,
um die ganze Erde zugrunde zu richten.
6 Heult auf! Denn nah ist der Tag des HERRN, 6: 9; Ez 30,3;
er kommt wie eine Verheerung durch Schaddai Joel 1,15; 2,1; Obd 15
7 Darum werden alle Hände schlaff, 7: Ez 21,12; Nah 2,11
und mutlos wird eines jeden Menschen Herz.
8 Und sie werden sich entsetzen, 8: 21,3; 26,17;
Krämpfe und Wehen werden sie packen, Jer 4,31; Ps 48,7
wie eine Gebärende werden sie sich winden.
Einer starrt den anderen an:
Ihre Gesichter sind entflammt.
9 Sieh, der Tag des HERRN kommt, 9: 6!
grausam und mit Wut und glühendem Zorn,
um die Erde entsetzlich zu verwüsten
und ihre Sünder von ihr zu tilgen.
10 Die Sterne des Himmels und seine Orione lassen ihr Licht nicht strahlen, 10: 24,23; 50,3; Ez 32,7; Joel 2,10; Am 8,9; Mt 24,29
finster ist die Sonne bei ihrem Aufgang,
und der Mond lässt sein Licht nicht scheinen!
11 Dann werde ich die Bosheit heimsuchen am Erdkreis 11: Gen 6,5–6 · 3,11
und an den Frevlern ihre Schuld.
Und ich werde der Überheblichkeit der Vermessenen ein Ende setzen
und den Hochmut der Tyrannen erniedrigen.
12 Rarer als Feingold werde ich die Menschen machen, 12: 10,19
und rarer als Golderz aus Ofir die Menschen.
13 Darum werde ich den Himmel erzittern lassen, 13: Hiob 9,6;
und die Erde wird aufschrecken von ihrem Ort, Jer 4,24; Hag 2,6
unter der Wut des HERRN der Heerscharen,
am Tag seines glühenden Zorns.
14 Und wie eine aufgescheuchte Gazelle
und wie Schafe, wenn niemand da ist, der sie sammelt,
wird jeder sich zu seinem Volk wenden
und jeder in sein Land fliehen.
15 Jeder, der gefunden wird, wird durchbohrt,
und jeder, der aufgegriffen wird, fällt durch das Schwert.
16 Vor ihren Augen werden ihre Kinder zerschmettert, 16: Ps 137,9;
ihre Häuser geplündert Nah 3,10 · Klgl 5,11
und ihre Frauen vergewaltigt.
17 Sieh, ich hetze die Meder auf sie, 17: 21,2!
die von Silber nichts halten
und kein Gefallen haben am Gold.
18 Und Bogen werden junge Männer niederstrecken,

13,6: «Schaddai»: Siehe die Anm. zu Num 24,4.

und mit der Frucht des Leibes werden sie kein Erbarmen kennen,
und um die Kinder werden sie keine Träne vergiessen.

19: Gen 19,24–25; Jer 49,18

19 Und Babel, die Zierde der Königreiche,
die stolze Pracht der Kasdäer,
wird sein wie Sodom und wie Gomorra,
als Gott sie verwüstete.

20: 25,2

20 Nie wieder wird es bewohnt sein
und in keiner Generation besiedelt,
und kein Araber wird dort sein Zelt aufschlagen,
und Hirten werden dort nicht lagern lassen.

21: 14,23; Jer 50,39; Zef 2,14; Offb 18,2

21 Wüstentiere werden dort lagern,
und ihre Häuser werden voller Eulen sein,
dort werden Strausse wohnen
und Bocksgeister werden dort tanzen.

22: 34,14 · Dtn 32,35

22 Und in ihren Prachtbauten werden Wildhunde heulen
und Schakale in den Palästen der Lust.
Und bald, sehr bald kommt ihre Zeit,
und ihre Tage verzögern sich nicht.

Spott über den König von Babel

1: Lev 26,42; Ez 39,25 · Sach 1,17 · 56,3

2: 60,4! · 66,12 · 61,5 · 60,14

3: 40,2

14 1 Der HERR wird sich Jakobs erbarmen und Israel noch einmal er-
wählen, und er wird sie lagern lassen in ihrem Heimatland. Und
der Fremde wird sich ihnen anschliessen und sich zum Haus Jakob ge-
sellen. 2 Und Völker werden sie tragen und an ihren Ort bringen. Im
Land des HERRN aber wird das Haus Israel sich diese zum Erbbesitz ma-
chen, zu Sklaven und zu Sklavinnen. Und sie werden die gefangen hal-
ten, deren Gefangene sie waren, und sie werden herrschen über ihre
Treiber. 3 Und am Tag, an dem der HERR dir Ruhe verschafft von deiner
Mühsal, von deinem Ungemach und von der harten Knechtschaft, mit
der du geknechtet worden bist, 4 wirst du dieses Spottlied anstimmen
auf den König von Babel und sagen:

Wie still ist der Treiber geworden,
wie still das Stürmen!

5: 9,3; Jer 48,17

5 Der HERR hat den Stock der Frevler zerbrochen,
den Knüppel der Herrschenden,
6 der Völker schlägt in Wut,
sie ohne Unterlass schlägt,
der Nationen niedertritt im Zorn,
sie schonungslos verfolgt.
7 Die ganze Welt ist zur Ruhe gekommen, in Ruhe liegt sie da,
man bricht in Jubel aus.
8 Selbst die Wacholderbäume freuen sich über dich,
die Zedern des Libanon:
Seit du dich niedergelegt hast,
steigt niemand herauf, um uns zu fällen.

13,21: Die genaue Bedeutung des mit ‹Eulen› wiedergegebenen hebräischen Worts ist nicht gesichert.

14,2: Mit ‹diese› sind die Völker gemeint.

14,4: Die Übersetzung «Stürmen» beruht auf mehreren Textzeugen; das schwierige Wort im Massoretischen Text lautet übersetzt möglicherweise: «Schrecken».

9 Deinetwegen bebte tief unten das Totenreich,
es hat deine Ankunft erwartet.
Deinetwegen hat er die Schatten geweckt,
alle Mächtigen der Erde,
von ihren Thronen liess er sich erheben
alle Könige der Nationen.
10 Sie alle heben an und sprechen zu dir: 10: Ez 32,21
Auch dir wurde die Kraft genommen wie uns,
uns bist du gleich geworden!
11 Ins Totenreich hinabgestürzt wurde deine Überheblichkeit, 11: Hiob 7,5!
der Klang deiner Harfen,
als Lager ausgebreitet sind unter dir Maden,
und Würmer sind deine Decke.
12 Wie bist du vom Himmel gestürzt, 12: Offb 8,10
du Morgenstern, Sohn der Morgenröte!
Wie bist du zu Boden geschmettert,
der du Nationen besiegt hast!
13 Du aber hattest in deinem Herzen gesprochen: 13: Hiob 20,6!;
Zum Himmel empor will ich steigen, Jer 51,53!; Dan 8,10
hoch über den Sternen Gottes werde ich meinen Thron
aufrichten,
und ich werde auf dem Berg der Versammlung sitzen, im höchsten
Norden!
14 Über Wolkenhöhen will ich emporsteigen, 14: Ez 28,2
dem Höchsten mich gleichmachen!
15 Doch du wirst ins Totenreich hinabgestürzt, 15: Ez 31,16; 32,23;
in die tiefsten Tiefen der Gruft. Obd 3; Mt 11,23
16 Die dich sehen, betrachten dich,
schauen dich prüfend an:
Ist das der, der die Erde erbeben,
der Königreiche erzittern liess,
17 der den Erdkreis der Wüste gleichgemacht
und seine Städte zerstört hat,
der seine Gefangenen nicht nach Hause entliess?
18 Alle Könige der Nationen, sie alle
haben sich niedergelegt in Ehren, ein jeder in seinem Haus;
19 du aber liegst hingeworfen, fern von deinem Grab 19: 34,3!
wie ein Spross, den niemand will,
bedeckt mit Erschlagenen,
vom Schwert Durchbohrten,
die hinabsteigen zu den Steinen der Gruft,
wie ein zertretener Leichnam.
20 Mit ihnen wirst du nicht vereint werden im Grab, denn zugrunde
gerichtet hast du dein Land, umgebracht dein Volk. Das Geschlecht de-
rer, die Unrecht begehen, soll nie mehr genannt werden. 21 Bereitet die 21: Ex 20,5
Schlachtbank vor für seine Söhne, der Schuld ihrer Vorfahren wegen,
damit sie sich nicht aufmachen und die Welt in Besitz nehmen und den
Erdkreis mit Städten füllen. 22 Und ich werde mich gegen sie erheben, 22: Ps 12,6

14,13: Mit ‹Berg der Versammlung› ist der Berg der Götterversammlung gemeint.

Spruch des HERRN der Heerscharen, und ich werde Babel Ruhm und
Rest, Nachkommenschaft und Nachfahren nehmen, Spruch des HERRN.
23: 34,11 · 13,21! 23 Und ich werde es zum Besitz des Igels machen und zu Wassertüm-
peln, und mit dem Besen der Vernichtung will ich es wegfegen, Spruch
des HERRN der Heerscharen.

Gericht über Assur

24: 46,10 24 Der HERR der Heerscharen hat geschworen:
Fürwahr, wie ich es geplant habe, so ist es gekommen,
und was ich beschlossen habe, das geschieht:
25: 10,25! · 9,3! 25 Zerschmettern will ich Assur in meinem Land,
und auf meinen Bergen werde ich es zertreten,
dann wird sein Joch von ihnen weichen
und seine Last weichen von ihrer Schulter.
26: 23,11 · 60,17 26 Dies ist der Beschluss, der beschlossen ist über die ganze Erde,
und dies ist die Hand, die ausgestreckt ist über alle Nationen.
27: 43,13 27 Der HERR der Heerscharen hat es beschlossen,
wer könnte es vereiteln?
Und seine Hand ist ausgestreckt,
wer könnte sie zurückstossen?

Über die Philister

28: 2Kön 16,20; 2Chr 28,27 28 Im Todesjahr des Königs Achas erging dieser Ausspruch:
29: 30,6; Num 21,6; Dtn 8,15 29 Freue dich nicht, Philisterland, in keiner deiner Ortschaften,
dass der Knüppel zerbrochen worden ist, der dich
geschlagen hat,
denn aus der Wurzel der Schlange kommt eine Giftschlange,
und ein fliegender Seraf wird ihre Frucht sein.
30 Und auf meinen Bergen werden die Erstgeborenen der Machtlo-
sen weiden
und die Armen sicher lagern,
deine Wurzel aber werde ich durch Hunger töten,
und deinen Rest wird er umbringen.
31 Tor, heul auf! Stadt, schrei auf!
Philisterland, verzage, in allen deinen Ortschaften!
Denn Rauch zieht heran von Norden,
und niemand kann sich absetzen von seinen Scharen.
32: 28,16 · 25,4 32 Und was wird man den Boten der Nation antworten?
Der HERR hat die Grundmauern Zions gelegt,
und dort finden Zuflucht die Elenden seines Volks!

Über Moab

1: Num 21,28 15 1 Ausspruch: Moab
Über Nacht wurde Ar-Moab verheert, es ist verloren!
Über Nacht wurde Kir-Moab verheert, es ist verloren!
2: Num 21,30 · 3,24; Jer 48,37 2 Es ist hinaufgestiegen zum Haus,
Dibon ist hinaufgestiegen auf die Kulthöhen, um zu weinen.

15,2: Möglicherweise ist zu übersetzen: «Auf die Kulthöhen gestiegen ist das Haus Dibon, um zu weinen. ...»

Über den Nebo und über Medeba heult Moab,
all seine Häupter sind kahl,
abgeschnitten ist jeder Bart.
3 Auf seinen Gassen haben sie den Sack umgegürtet, 3: Jer 48,38; Klgl 2,10
auf ihren Dächern und auf ihren Plätzen heult ein jeder,
in Tränen zerfliessend.
4 Und Cheschbon und Elale schrien auf, 4: 16,9 · Num 21,23
bis Jahaz war ihre Stimme zu hören.
Darum bebten die Lenden Moabs,
zitterte in ihm seine Seele!
5 Mein Herz schreit auf über Moab, 5: Gen 19,22
seine Flüchtlinge – bis nach Zoar, bis Eglat-Schelischija.
Den Pass von Luchit –
unter Tränen zieht man ihn hinauf!
Auf dem Weg nach Choronajim
schreit man ohne Unterlass über den Zusammenbruch!
6 Die Wasser von Nimrim werden zur Öde,
verdorrt ist das Gras, verschwunden das frische Kraut,
es gibt kein Grün!
7 Darum trägt man, was geblieben ist
und was sie aufbewahrt haben,
über den Pappeln-Fluss.
8 Durch das Gebiet Moabs ist das Schreien gedrungen, 8: Num 21,16
bis Eglajim ist sein Jammern gedrungen
und bis Beer-Elim sein Jammern.
9 Die Gewässer von Dimon sind voll Blut, 9: Num 21,30
für Dimon mache ich es noch schlimmer:
einen Löwen für die Entronnenen Moabs
und für den Rest des Landes!

16 1 Sendet einen Widder für den Herrscher des Landes, von Sela 1: 2Kön 3,4 · 2Kön 14,7
durch die Wüste zum Berg der Tochter Zion. 2 Und wie ein flie- 2: Num 21,13
hender Vogel, wie ein aufgescheuchtes Nest, so werden die Töchter Mo-
abs sein an den Furten des Arnon. 3 Gib Rat, triff die Entscheidung,
mach deinen Schatten zur Mittagszeit, wie er in der Nacht ist, verbirg
die Versprengten, verrate den nicht, der flieht! 4 Die Versprengten Mo-
abs werden bei dir zu Gast sein, vor dem Verwüster sei ihnen Versteck.
Wenn es ein Ende nimmt mit dem Unterdrücker, wenn es aus ist mit
dem Verwüster, wenn der aus dem Land verschwunden ist, der zertritt,
5 wird fest aufgerichtet werden ein Thron durch Güte, so dass auf ihm, 5: 9,6; 11,5
im Zelt Davids, in Treue einer sitzt, der richtet, der das Recht sucht und
nach Gerechtigkeit strebt.

6 Wir haben gehört von der unglaublichen Überheblichkeit Moabs, 6: 25,10!
von seinem Hochmut, seiner Überheblichkeit und seiner Anmassung,
von seinem Geschwätz, das nicht wahr ist. 7 Darum wird Moab heulen 7: 2Kön 3,25
um Moab, jeder wird heulen! Um den Traubenkuchen von Kir-Chareset

15,9: Möglicherweise ist statt ‹Land› ein Name, Adama (übersetzt: Land), zu lesen.

16,4: Die Übersetzung beruht auf einer leichten Änderung der Vokalisation des Massoretischen Texts; dieser lautet übersetzt: «Meine Versprengten werden bei dir zu Gast sein, Moab, vor ...»

8: Num 21,32 wimmern sie, ganz und gar geschlagen. 8 Denn vertrocknet sind die
Gefilde von Cheschbon, der Weinstock von Sibma: Die Herren der Nati-
onen haben seine Trauben abgeschlagen, diese reichten bis Jaeser, in die
Wüste verirrten sie sich, seine Ranken wucherten, bis ans Meer sind sie
9: 15,4 vorgedrungen. 9 Darum werde ich mit Jaeser weinen um den Wein-
stock Sibmas, mit meinen Tränen werde ich dich tränken, Cheschbon
und Elale, denn über deinen Sommer und über deine Ernte war Jauch-
10: 32,15! · zen ausgebrochen. 10 Und Freude und Jubel im Baumgarten wird abge-
Jer 48,33; Ez 7,7 erntet, und in den Weinbergen wird nicht gejubelt, frohlockt man
nicht, kein Kelterer tritt Wein in den Keltern, dem Jauchzen habe ich
ein Ende gesetzt. 11 Darum gibt mein Inneres einer Leier gleich keine
Ruhe wegen Moab, und mein Innerstes wegen Kir-Cheres. 12 Und
wenn Moab erscheint, wenn es sich abmüht auf der Kulthöhe und in
sein Heiligtum kommt, um zu beten, dann richtet es nichts aus. 13 Dies
14: 21,16; Hiob 7,1 ist das Wort, das der HERR damals gesprochen hat über Moab. 14 Nun
aber spricht der HERR: Binnen dreier Jahre, den Jahren eines Söldners
gleich, wird die Herrlichkeit Moabs verachtet sein, bei all dem gewalti-
gen Tosen, und der Rest wird winzig klein sein, machtlos.

Über Damaskus und das Nordreich Israel

1: 8,4! **17** 1 Ausspruch: Damaskus
Sieh, Damaskus hört auf, eine Stadt zu sein,
und wird zur Trümmerstätte, zum Trümmerhaufen!
2: Jos 13,25 · Ez 25,5 2 Verlassen sind die Städte von Aroer,
den Herden werden sie gehören,
und die werden dort lagern, und da wird niemand sein, der
aufschreckt.
3 Und verschwinden werden die befestigte Stadt aus Efraim
und das Königtum aus Damaskus und der Rest von Aram;
wie der Herrlichkeit der Israeliten wird es diesen ergehen,
Spruch des HERRN der Heerscharen.
4: 10,16 4 Und an jenem Tag
wird die Herrlichkeit Jakobs armselig sein,
und das Fett seines Fleisches wird schwinden.
5: Jer 51,33; 5 Und es wird sein, als fasste ein Schnitter die Halme
Joel 4,13 · und als schnitte sein Arm die Ähren
Lev 19,9–10 · Jos 15,8 und als läse man Ähren im Tal Refaim.
6: 24,13 6 Und es wird an ihm eine Nachlese übrig bleiben, wie beim
Abschlagen der Oliven,
zwei, drei reife Oliven ganz oben im Geäst,
vier, fünf an seinen Zweigen, am Fruchtbaum,
Spruch des HERRN, des Gottes Israels.
7: 10,20 7 An jenem Tag wird der Mensch zu dem blicken, der ihn gemacht hat,
8: 27,9 · Hos 14,9 zum Heiligen Israels werden seine Augen schauen. 8 Zu den Altären
aber, zum Werk seiner Hände, wird er nicht blicken, und zu dem, was
seine Finger gemacht haben, wird er nicht schauen, auch nicht zu den
9: 6,11; Mi 7,13 Ascheren und den Altären für die Rauchopfer. 9 An jenem Tag werden
10: 51,13 · 30,29; die Städte seiner Zuflucht wie ein verlassener Wald sein, wie verlasse-
44,8; 1Sam 2,2 · nes Geäst, denn man hat sie verlassen vor den Israeliten, und da wird
1,29! eine Wüstenei sein. 10 Denn du hast den Gott deiner Hilfe vergessen,

und an den Fels deiner Zuflucht hast du nicht gedacht. Darum magst du
Pflanzungen des Lieblichen pflanzen und mit Reben eines Fremden sie
besäen: 11 Am Tag, an dem du pflanzt, magst du es grossziehen, und am
Morgen, an dem du säst, magst du es zum Sprossen bringen – hin ist die
Ernte am Tag des Siechtums und des unheilbaren Schmerzes!

Wehruf über die Völker

12 Wehe! Ein Tosen vieler Völker; 12: 5,30!
wie das Tosen des Meeres tosen sie!
Und ein Brausen von Völkerschaften;
wie das Brausen gewaltiger Wassermengen brausen sie!
13 Völkerschaften brausen wie das Brausen grosser Wassermengen, 13: 33,3; Ps 65,8! · 29,5; 40,24; Ps 83,14
er aber weist sie zurecht, und noch fern, fliehen sie schon,
und sie werden gejagt wie die Spreu auf den Bergen vom Wind
und wie ein Dornenstrauch vom Sturmwind!
14 Zur Abendzeit, sieh: Schrecken! 14: 37,36
Ehe der Morgen kommt, sind sie nicht mehr.
Das fällt denen zu, die uns ausrauben,
und das ist das Los derer, die uns ausplündern.

Über Kusch

18 1 Wehe dem Land der geflügelten Schiffe, 1: Ez 30,9 · Zef 3,10
das jenseits der Flüsse von Kusch liegt,
2 das Boten entsendet auf dem Meer
und auf dem Wasser in Papyruskähnen.
Geht hin, ihr leichtfüssigen Boten,
zu einer hochgewachsenen Nation mit glatter Haut,
zu einem Volk, weit und breit gefürchtet,
zu einer Nation, die mit unglaublicher Kraft zertritt,
deren Land von Flüssen durchzogen wird!
3 All ihr Bewohner des Erdkreises 3: 11,12!
und die ihr wohnt auf der Erde:
Wenn man das Feldzeichen aufrichtet auf den Bergen, seht hin!
Und wenn man den Schofar bläst, hört her!
4 Denn so hat der HERR zu mir gesprochen: 4: Ps 33,13–14; 2Chr 6,21
In aller Ruhe will ich von meiner Stätte aus zuschauen
wie die flimmernde Hitze über dem Licht,
wie das Taugewölk in der Hitze der Ernte.
5 Denn vor der Ernte, wenn das Sprossen vorüber ist
und bevor das Unreife reift und zur Blüte wird,
schneidet er mit Messern die Reben
und entfernt die Ranken, reisst sie ab.
6 Sie alle werden den Raubvögeln auf den Bergen überlassen 6: Ez 31,13
und den Tieren des Landes,
und die Raubvögel verbringen darauf den Sommer
und alle Tiere des Landes den Winter.

17,10: Mit dem ‹Lieblichen› ist vermutlich ein Fruchtbarkeitsgott gemeint.
18,1: Statt «Land der geflügelten Schiffe» übersetzen andere: «Land des Flügelgeschwirrs».

7: 45,14; Ps 68,32; Zef 3,10
7 Zu jener Zeit werden dem HERRN der Heerscharen Gaben dargebracht
von einem hochgewachsenen Volk mit glatter Haut,
und von einem Volk, weit und breit gefürchtet,
einer Nation, die mit unglaublicher Kraft zertritt,
deren Land von Flüssen durchzogen wird,
hin zur Stätte des Namens des HERRN der Heerscharen, zum Berg Zion.

Über Ägypten

1: Ps 18,11!
19 1 Ausspruch: Ägypten
Sieh, auf schneller Wolke reitet der HERR,
und er kommt nach Ägypten.
Da erbeben vor ihm die Götzen Ägyptens,
und Ägyptens Herz zerfliesst in seinem Innern.
2: 3,5!
2 Dann werde ich Ägypten gegen Ägypten aufstacheln,
und jeder kämpft gegen seinen Bruder
und jeder gegen seinen Nächsten,
Stadt gegen Stadt,
Reich gegen Reich.
3: Hiob 5,12 · 47,12
3 Und verstört wird in seinem Innern der Geist Ägyptens,
und seinen Ratschlag werde ich verwirren.
Und sie werden sich an die Götzen wenden und an die Totengeister,
an die Geister der Verstorbenen und an die Wahrsager.
4: 20,3–4
4 Und ich werde Ägypten ausliefern
in die Hand eines harten Herrn,
und ein starker König wird sie beherrschen,
Spruch des Herrn, des HERRN der Heerscharen.
5: Jer 51,36
5 Und das Wasser wird aus dem Meer verschwinden,
und versiegen wird der Fluss und austrocknen.
6: 37,25
6 Und die Kanäle werden stinken;
armselig und verödet sind die Ströme Mazors,
Rohr und Schilf sind verwelkt,
7: 2Kön 19,24
7 die Binsen im Nil, an der Mündung des Nil;
und alles Saatland des Nil
wird verdorren, wird verweht und ist nicht mehr.
8: Ex 7,21!
8 Dann werden die Fischer klagen und trauern,
alle, die den Angelhaken in den Nil halten;
und die das Fischernetz auswerfen auf dem Wasser, sind verkümmert.
9 Und zuschanden werden, die den Flachs verarbeiten, die ihn kämmen,
und die Weber sind bleich geworden.
10 Und die ihn verweben, werden niedergeschlagen sein,
bekümmert sind alle, die für Lohn arbeiten.
11: 30,4 · 1Kön 5,10
11 Dummköpfe sind die Fürsten von Zoan,
die weisen Ratgeber des Pharao,

19,6: Mazor ist ein anderer Name für Ägypten.
19,9: Wörtlich: «..., die den Flachs zu Gekämmtem verarbeiten, ...»

als dumm hat sich der Rat erwiesen!
Wie könnt ihr zum Pharao sagen:
Ein Sohn von Weisen bin ich,
ein Sohn aus uraltem Königsgeschlecht?
12 Wo sind denn deine Weisen? 12: 1Kor 1,20
Sollen doch sie dir kundtun
und dich wissen lassen,
was der HERR der Heerscharen über Ägypten beschlossen hat.
13 Die Fürsten von Zoan haben sich als Toren erwiesen, 13: Jer 44,1
falschen Hoffnungen hingegeben
haben sich die Fürsten von Nof;
die Ecksteine seiner Stämme bringen Ägypten ins Taumeln.
14 In seiner Mitte hat der HERR einen Geist der Verwirrung gebraut, 14: 28,8; 29,9; 1Kön 22,21; Jer 48,26
und sie bringen Ägypten ins Taumeln bei all seinem Tun,
wie ein Trunkener taumelt in sein Erbrochenes.
15 Und nichts wird für Ägypten getan werden, das Kopf und Schwanz, 15: 9,13!
Spross und Binse des Schilfs noch tun könnten.
16 An jenem Tag werden die Ägypter wie Frauen sein, und man wird 16: Jer 51,30!; Nah 3,13 · 11,15!
erschrecken und Furcht haben vor der erhobenen Hand des HERRN der
Heerscharen, die er gegen sie erhebt.
17 Und das Land Juda wird Ägypten beschämen: Jeder, den man daran erinnert, wird erschrecken über den Ratschluss des HERRN der Heerscharen, den er über Ägypten beschliesst.
18 An jenem Tag werden fünf Städte im Land Ägypten die Sprache 18: 65,16; Jer 4,2
Kanaans sprechen und sich mit dem HERRN der Heerscharen im Schwur verbinden; eine wird man Stadt-der Zerstörung nennen.
19 An jenem Tag wird ein Altar des HERRN mitten im Land Ägypten stehen und an seiner Grenze eine Mazzebe des HERRN.
20 Und das wird Zeichen und Zeuge sein für den HERRN der Heerscharen im Land Ägypten: Wenn sie zum HERRN schreien im Angesicht derer, die sie quälen, damit er ihnen einen Retter sendet, dann wird er den Streit führen und sie retten.
21 Und der HERR wird sich Ägypten zu erkennen geben, und an 21: 66,19
jenem Tag werden die Ägypter den HERRN erkennen, und sie werden ihm dienen mit Schlachtopfern und Speiseopfern und dem HERRN Gelübde ablegen und sie erfüllen.
22 Und der HERR wird Ägypten schlagen, schlagen und heilen. Dann werden sie zurückkehren zum HERRN, und er wird sich von ihren Bitten bewegen lassen und sie heilen.
23 An je- 23: 11,16
nem Tag wird eine Strasse von Ägypten nach Assur führen; und Assur wird nach Ägypten kommen und Ägypten nach Assur, und zusammen mit Assur wird Ägypten dienen.
24 An jenem Tag wird Israel der Dritte 24: Gen 12,2; Sach 8,13
sein, neben Ägypten und Assur, ein Segen im Mittelpunkt der Welt,
25 denn der HERR der Heerscharen hat es gesegnet, indem er sprach: 25: 63,17; Dtn 4,20; 32,9; Sach 2,16
Gesegnet ist mein Volk, Ägypten, und das Werk meiner Hände, Assur, und mein Erbbesitz, Israel!

19,17: Wörtlich: „..., den er über es beschliesst.»
19,18: Manche meinen, der Text müsse statt «Stadt-der-Zerstörung» (hebräisch: Ir-Haheres) «Stadt-der-Sonne» (hebräisch: Ir-Hacheres) lauten, womit Heliopolis gemeint wäre.

Über Ägypten und Kusch

1: 2Kön 18,17 · **20** 1 In dem Jahr, als der Tartan nach Aschdod kam, als Sargon, der
1Sam 5,1 König von Assur, ihn sandte, bekämpfte er Aschdod und nahm es
2: 1Sam 19,24; ein. 2 Zu jener Zeit hat der HERR durch Jesaja, den Sohn des Amoz, ge-
Mi 1,8 sprochen: Geh, und löse das Trauergewand von deinen Hüften, und zie-
he deine Sandalen von deinen Füssen! Und so machte er es, nackt ging
3–4: 19,4 er und barfuss. 3 Da sprach der HERR: Wie mein Diener Jesaja drei Jahre
3: Jer 13,1; Ez 4,1–3 lang nackt und barfuss gegangen ist, als Zeichen und Wunderzeichen
4: 2Sam 10,4! gegen Ägypten und gegen Kusch, 4 so wird der König von Assur die
Gefangenen Ägyptens und die Weggeführten von Kusch forttreiben,
Junge und Alte, nackt und barfuss und mit entblösstem Gesäss, zur
5: 30,3–5 Schande Ägyptens. 5 Dann werden sie erschrecken, und sie werden sich
schämen wegen Kusch, ihrer Hoffnung, und wegen Ägypten, ihres
Schmucks. 6 Und wer an jenem Tag an dieser Küste wohnt, wird spre-
chen: Seht, so steht es um unsere Hoffnung, zu der wir geflohen sind,
um Hilfe zu finden, um uns zu retten vor dem König von Assur. Und wie
könnten wir da entrinnen?

Babel fällt

1: Hiob 37,9 **21** 1 Ausspruch: Die Wüste des Meeres
Wie Sturmwinde aus dem Negev daherbrausen,
so kommt es aus der Wüste,
aus einem Land, das Furcht erregt.
2: 24,16; 33,1 · 13,17; 2 Eine harte Schau wurde mir gewährt:
Jer 49,35; 51,11 Der Betrüger betrügt,
und der Verwüster verwüstet!
Elam, ziehe herauf!
Medien, belagere!
All ihrem Seufzen habe ich ein Ende gesetzt.
3: 13,8! 3 Darum ist ein Zittern in meinen Hüften,
Wehen haben mich gepackt
wie die Wehen einer Gebärenden.
Ich bin so verstört, dass ich nicht hören,
so entsetzt, dass ich nicht sehen kann.
4: Jer 4,19 · Ps 55,6 4 Wild schlägt mein Herz,
Entsetzen hat mich überfallen,
hat mir die Dämmerung, an der ich meine Freude hatte,
zum Schrecken gemacht.
5: 2Sam 1,21 5 Den Tisch bereiten, die Sitzordnung bestimmen, essen, trinken!
Auf, ihr Fürsten, salbt den Schild!
6: 2Sam 18,25; 6 Denn so hat der Herr zu mir gesprochen:
Hab 2,1 Geh, stell den Späher auf!
Was er sieht, soll er melden.

20,1: Der Tartan war ein hoher Befehlshaber im assyrischen Heer.

20,4: Statt «zur Schande Ägyptens» ist auch die Übersetzung möglich: «mit entblösster Scham Ägyptens».

21,5: Die genaue Bedeutung der mit ‹die Sitzordnung bestimmen› wiedergegebenen hebräischen Formulierung ist unsicher.

7 Und sieht er Reiter, Pferdegespanne,
einen Zug Esel, einen Zug Kamele,
so soll er aufmerksam acht geben, mit grosser Aufmerksamkeit!
8 Und der, der Ausschau hielt, rief:
Auf der Warte, Herr, stehe ich beständig am Tag,
und auf meinem Wachtposten bin ich jede Nacht.
9 Und sieh da, ein Menschenzug kam,
Pferdegespanne!
Daraufhin sprach er:
Gefallen, gefallen ist Babel!
Und alle Bilder ihrer Götter hat er auf dem Boden zerschmettert!
10 Mein zertretenes Volk, du Sohn meiner Tenne!
Was ich gehört habe vom HERRN der Heerscharen, dem Gott Israels,
das habe ich euch berichtet.

9: Jer 51,8; Offb 14,8 · 46,1; Jer 51,47

Über Edom und Arabien

11 Ausspruch: Duma
Von Seir ruft man mir zu:
Wächter, wie weit ist die Nacht?
Wächter, wie weit ist die Nacht?
12 Der Wächter hat gesprochen:
Es kommt der Morgen und auch die Nacht!
Wollt ihr fragen, so fragt! Kommt wieder!
13 Ausspruch: In der Wüste
Im Gestrüpp in der Wüste werdet ihr übernachten,
Karawanen der Dedaniter!
14 Dem Durstigen bringt Wasser,
ihr Bewohner des Landes Tema,
mit Brot für ihn begegnet dem, der flieht!
15 Denn vor Schwertern sind sie geflohen,
vor gezücktem Schwert
und vor gespanntem Bogen
und vor der Last des Kriegs.
16 Denn so hat der Herr zu mir gesprochen: Binnen dreier Jahre, den
Jahren eines Söldners gleich, wird es aus sein mit aller Herrlichkeit Ke-
dars, 17 und was an Bogen übrig bleibt bei den Helden der Kedariter,
wird wenig sein. Der HERR, der Gott Israels, hat gesprochen!

11: Gen 32,4
12: Röm 13,12
13–17: Gen 25,3!; Jer 49,28–33
13: Jer 25,24
16: 16,14! · 60,7

Der Frevel Jerusalems

22 1 Ausspruch: Das Tal der Schauung
Was ist denn mit dir,
dass alle deine Bewohner auf die Dächer gestiegen sind,
2 du von Lärm erfüllte, lärmende Stadt,
du frohlockende Stadt?
Nicht vom Schwert sind deine Erschlagenen erschlagen worden,
und nicht im Kampf sind sie umgekommen.

1: 2Kön 23,12; Jer 19,13; Zef 1,5
2: 32,13

21,8: Die Übersetzung von «Und der, der Ausschau hielt, rief» beruht auf mehreren Textzeugen; der Massoretische Text lautet übersetzt: ‹und der Löwe rief› oder ‹und er rief als Löwe›.
21,11: Die erste Zeile lautet in manchen Handschriften: «Ausspruch: Edom»

3: 2Kön 25,4; Jer 39,4

3 Alle deine Machthaber sind miteinander geflohen,
ohne Bogen wurden sie gefangen;
alle, die bei dir gefunden wurden, sind auf einen Schlag gefangen worden,
in die Ferne wollten sie fliehen.

4: 33,7; Jer 8,23

4 Darum habe ich gesprochen:
Schaut mich nicht an, ich weine bitterlich.
Versucht nicht, mich zu trösten
über die Verwüstung der Tochter meines Volks.

5: Zef 1,15

5 Denn es ist ein Tag der Verwirrung,
der Zertretung und des Umherirrens,
ein Tag des Herrn, des HERRN der Heerscharen, im Tal der Schauung.
Lärm lässt er erschallen
und Schreie hin zum Gebirge.

6: 2Kön 16,9

6 Und Elam erhob den Köcher,
da waren bemannte Wagen, Reiter,
und Kir zog die Hülle vom Schild.
7 Und deine erlesenen Täler waren voller Wagen,
und die Reiter bezogen Stellung gegen das Tor.

8: 1Kön 10,17; 9: 2Chr 32,4; 10: Jer 33,4; 11: 7,3; 2Kön 20,20 · 37,26

8 Und er zog die Decke weg von Juda.
Und du hast an jenem Tag deine Blicke auf die Waffen im Waldhaus
gerichtet. 9 Und ihr habt gesehen, dass die Schäden in der Stadt Davids
zahlreich waren, und ihr habt das Wasser des unteren Teichs gesam-
melt. 10 Und ihr habt die Häuser Jerusalems gezählt, und dann habt ihr
die Häuser abgebrochen, um die Mauer unzugänglich zu machen.
11 Und zwischen den beiden Mauern habt ihr ein Sammelbecken ange-
legt für das Wasser des alten Teichs.
Auf den aber, der das verursacht hat, habt ihr nicht geblickt,
und auf den, der es seit langem vorbereitet hat, habt ihr nicht geschaut.

12: 37,1–2; Am 8,10

12 Und an jenem Tag rief der Herr, der HERR der Heerscharen, auf
zum Weinen und Trauern,
zum Kahlscheren und dazu, sich das Trauergewand umzugürten.

13: 5,12! · 1Kor 15,32

13 Aber sieh, Jubel und Freude:
Rindertöten und Schafeschlachten,
Fleischessen und Weintrinken!
Lasst uns essen und trinken,
denn morgen sind wir tot!

14: Am 8,7

14 Der HERR der Heerscharen aber offenbart sich meinen Ohren: Diese Schuld wird euch nicht vergeben, bis ihr sterbt!, spricht der Herr, der HERR der Heerscharen.

Schebna und Eljakim

15: 36,3; 37,2; 2Kön 18,18

15 So spricht der Herr, der HERR der Heerscharen: Auf, geh zu diesem
Verwalter, zu Schebna, der dem Haus vorsteht. 16 Was hast du hier, und
wen hast du hier, dass du dir hier ein Grab ausgehauen hast? Der in der

22,5: Die Bedeutung der mit ‹Lärm lässt er erschallen› wiedergegebenen hebräischen Formulierung ist unsicher. Möglicherweise ist zu übersetzen: «er bringt die Mauer (hebräisch: ‹kir›) zum Einsturz», wobei Kir auch der Name der Stadt ist, die im folgenden Vers genannt wird.

Höhe sein Grab aushaut, der in den Fels sich eine Wohnung meisselt:
17 Sieh, der HERR wird dich kräftig ausschütteln, du Kerl, und dich 17: Jer 10,18
gründlich entlausen. 18 Wie ein Knäuel wird er dich fortschleudern, 18: Am 7,17
weit hinein in ein nach jeder Seite offenes Land. Dort wirst du sterben,
und dorthin kommen deine prächtigen Wagen, du Schande des Hauses
deines Herrn. 19 Und ich werde dich aus deinem Amt jagen und von
dort, wo du stehst, herunterreissen.

20 An jenem Tag aber werde ich meinen Diener Eljakim rufen, den 20: 15!
Sohn des Chilkijahu. 21 Und mit deinem Leibrock bekleide ich ihn, und 21: Gen 45,8
deine Schärpe binde ich ihm um, und in seine Hand gebe ich deine
Herrschaft, und er wird ein Vater sein für den, der in Jerusalem wohnt,
und für das Haus Juda. 22 Und auf seine Schulter lege ich die Schlüssel- 22: 9,5 · Mt 16,19;
gewalt des Hauses David, und er wird öffnen, und da wird niemand Offb 3,7
sein, der verschliesst, und er wird verschliessen, und da wird niemand
sein, der öffnet. 23 Und an einem festen Ort werde ich ihn als Pflock 23: Esra 9,8;
einschlagen, und er wird ein gewichtiger Thron sein für das Haus seines Sach 10,4
Vaters. 24 Dann aber wird sich das ganze Gewicht des Hauses seines
Vaters an ihn hängen, die Sprösslinge und was dazukommt, alles Klein-
geschirr, von den Schalen bis hin zu allen möglichen Krügen. 25 An je-
nem Tag, Spruch des HERRN der Heerscharen, wird der Pflock wanken,
der an einem festen Ort eingeschlagen wurde, und er wird abgeschla-
gen werden und stürzen, und die Last, die an ihm hängt, wird zerschla-
gen, denn der HERR hat gesprochen!

Über Tyros und Sidon

23 1 Ausspruch: Tyros 1: 2,16! · 12;
Heult, ihr Tarschisch-Schiffe, denn drinnen wurde Verwüstung an- Gen 10,4; Jer 2,10;
gerichtet, man kommt nicht mehr hinein. Vom Land der Kittim her Ez 27,6
wurde es ihnen kundgetan. 2 Es wehklagten die Bewohner der Küste,
die Händler aus Sidon, die daherzogen über das Meer ... 3 und über ge- 3: Jer 2,18
waltige Wassermassen. Die Saat des Schichor, die Ernte des Nil war ihr
Ertrag, und das ergab den Gewinn aus dem Handel mit den Nationen.
4 Schäme dich, Sidon, denn das Meer spricht, die Festung, das Meer 4: Ez 28,21
sagt: Ich hatte keine Wehen und habe nicht geboren, ich habe keine jun-
gen Männer grossgezogen, keine jungen Frauen aufgezogen. 5 Wenn
die Nachricht nach Ägypten kommt, werden sie Wehen haben, wie bei
der Nachricht über Tyros. 6 Fahrt hinüber nach Tarschisch! Heult, ihr
Bewohner der Küste! 7 Ist dies eure frohlockende Stadt, deren Ursprung
in frühester Zeit liegt, deren Füsse sie hinaustragen, damit sie auch weit
weg in der Fremde sein kann? 8 Wer hat dies beschlossen über Tyros, 8: Sach 9,3
die andere krönte, deren Händler Fürsten waren und deren Kaufleute
angesehen waren auf der Erde? 9 Der HERR der Heerscharen hat es be-
schlossen, um der Überheblichkeit all des Zierrats die Weihe zu neh-

22,24: Die genaue Bedeutung des mit ‹was dazukommt› wiedergegebenen hebräischen Worts ist nicht gesichert; möglicherweise bedeutet es ‹die Blätter›.

23,1: ‹drinnen› bezieht sich auf die Stadt Tyros. Die Übersetzung des Verses ist unsicher.

23,2: Am Ende des Verses folgt im Massoretischen Text: «sie haben dich (die Stadt) angefüllt».

23,3: Schichor ist ein Teil des Nil. Mit ‹ihr› Ertrag ist der Ertrag der Stadt Tyros gemeint.

23,8: Möglich ist auch die Übersetzung: «..., die die Krone trug, ...»

men, um unbedeutend zu machen alle, die angesehen sind auf der Erde.
10 Überflute dein Land wie der Nil, Tochter Tarschisch, es gibt keine
11: 14,26 Werft mehr. 11 Über das Meer hat er seine Hand ausgestreckt, Königrei-
che hat er erschüttert, über Kanaan hat der HERR verhängt, dass seine
12: 1! Zufluchtsorte zerstört werden. 12 Und er sprach: Du sollst nicht mehr
frohlocken, du Jungfrau, Tochter Sidon, die du vergewaltigt wurdest!
Mach dich doch auf zu den Kittim, fahr hinüber! Auch dort wirst du
keine Ruhe finden! 13 Sieh, das Land der Kasdäer, dies ist das Volk, das
nie war. Assur hat es den Schiffen zugewiesen. Man hat die Belage-
rungstürme errichtet, seine Paläste hat man geschleift, zu einem Trüm-
14: 1 · 2,16! merhaufen hat er es gemacht. 14 Heult, ihr Tarschisch-Schiffe! Denn
eure Festung ist verwüstet.

15: Jer 25,11–12; 29,10 15 Und von jenem Tag an wird Tyros siebzig Jahre lang vergessen
sein, solange das Leben eines Königs währt. Nach siebzig Jahren wird
für Tyros gelten, was gesagt wird im Lied von der Hure: 16 Nimm die
Leier, zieh deine Kreise in der Stadt, du vergessene Hure! Spiel gut, sin-
17: Offb 17,2 ge fleissig, damit man sich deiner erinnert! 17 Und nach siebzig Jahren
wird der HERR sich der Stadt Tyros annehmen, und sie wird wieder zu
ihrem Hurenlohn kommen, und sie wird Hurerei treiben mit allen Kö-
nigreichen der Erde auf dem Erdboden. 18 Ihr Gewinn aber und ihr
Lohn werden dem HERRN heilig sein. Nichts wird angehäuft oder auf-
gespart: Ihr Gewinn wird denen zukommen, die vor dem HERRN woh-
nen, damit sie sich satt essen und prächtig kleiden!

Die Erde wird verheert

24 1 Sieh, der HERR verheert die Erde
und verwüstet sie,
entstellt ihr Antlitz
und zerstreut ihre Bewohner.
2: Ez 7,12–13; Hos 4,9 2 Und wie das Volk wird der Priester sein,
wie der Sklave dessen Herr,
wie die Sklavin deren Gebieterin,
wie der Käufer der Verkäufer,
wie der Verleiher der, der sich leiht,
wie der Gläubiger sein Schuldner.
3: 42,22 3 Entsetzlich verheert wird die Erde
und restlos geplündert,
denn dieses Wort hat der HERR gesprochen!
4: 51,6; 2Petr 3,10 · 33,9; Jer 12,4; Hos 4,3 4 Vertrocknet, verwelkt ist die Erde,
verkümmert, verwelkt der Erdkreis,
verkümmert die Höhe des Volks der Erde.
5: Jer 3,2.9 · Jer 11,10; Ez 16,59; Hos 6,7 5 Ist doch die Erde unter ihren Bewohnern entweiht,
denn sie haben die Weisungen übertreten,
die Satzung verletzt,
den ewigen Bund gebrochen.

23,13: Wörtlich: «... seine Belagerungstürme ...», womit entweder die Belagerungstürme gegen das Volk gemeint sind oder aber die Belagerungstürme Gottes.

23,17: «der Stadt» wurde in der Übersetzung ergänzt.

24,5: Wörtlich: «..., die Satzung verändert, ...»

6 Darum frass ein Fluch die Erde,
und die sie bewohnten, mussten es büssen.
Darum schwanden die Bewohner der Erde,
und wenige Menschen sind übrig.
7 Vertrocknet ist der junge Wein, 7: 32,10
der Weinstock verkümmert,
ins Seufzen geraten sind alle, die frohen Herzens waren.
8 Vorbei ist es mit der Freude der Handpauken, 8: Jer 7,34; Ez 26,13;
aufgehört hat das Lärmen derer, die frohlockten, Am 6,7
vorbei ist es mit der Freude der Leier.
9 Beim Gesang trinkt man keinen Wein,
bitter schmeckt das Bier denen, die es trinken.
10 Die verödete Stadt ist zertrümmert, 10: 25,2.12; 26,5;
verschlossen ist jedes Haus, 27,10; 32,14
man kommt nicht hinein.
11 Klagegeschrei um den Wein in den Gassen! 11: Joel 1,12
Untergegangen ist alle Freude,
verbannt wurde von der Erde der Jubel.
12 Verwüstung ist in der Stadt geblieben, 12: Klgl 2,9
und verödet liegt das zerschlagene Tor.
13 So wird es sein auf der Erde, unter den Völkern: 13: 17,6
Wie beim Abschlagen der Oliven,
wie bei der Nachlese, wenn die Weinlese vorbei ist.
14 Sie werden ihre Stimme erheben, werden jubeln,
vom Meer her jauchzen über die Hoheit des HERRN.
15 Darum ehrt den HERRN in den Ländern des Ostens, 15: 42,10; Ps 97,1
ehrt auf den Inseln im Meer den Namen des HERRN, des Gottes Israels.
16 Vom Rand der Erde hörten wir Gesänge: 16: 6,5 · 21,2!
Herrlichkeit dem Gerechten!
Ich aber sprach:
Es ist aus mit mir! Es ist aus mit mir! Wehe mir!
Betrüger haben betrogen,
und Betrug haben Betrüger begangen.
17 Grauen und Grube und Greifnetz 17–18: Jer 48,43–44
über dich, Bewohner der Erde!
18 Und wer vor der Stimme des Grauens flieht, 18: Hiob 20,24;
wird in die Grube stürzen, Am 5,19 ·
und wer aus der Grube steigt, Klgl 3,47 · Gen 7,11
wird sich im Greifnetz verfangen,
denn in der Höhe haben sich die Schleusen geöffnet,
und die Grundmauern der Erde haben gebebt.
19 Ein Bersten,
die Erde ist geborsten,
ein Beben,
die Erde hat gebebt,

24,12: Möglich ist auch die Übersetzung: «In der Stadt übrig geblieben sind Verwüstung und Verödung, zerbrochen ist das Tor.»

24,15: «in den Ländern des Ostens»: wörtlich: «in den Ländern des Lichts»

ein Wanken,
die Erde hat gewankt.
20: Jer 4,24; 51,29
20 Wie ein Betrunkener taumelt die Erde,
und wie eine Nachthütte schwankt sie.
Und schwer lastet ihr Vergehen auf ihr,
und sie fällt und steht nicht wieder auf.
21 Und an jenem Tag fordert der HERR Rechenschaft
vom Heer der Höhe in der Höhe
und von den Königen der Erde auf der Erde.
22 Und sie werden eingesperrt, als Gefangene einsperrt in einer Zisterne,
und sie werden eingeschlossen im Verschlossenen,
und nach vielen Tagen wird Rechenschaft von ihnen gefordert.
23: 13,10! · 60,19! · 33,23; 52,7; Mi 4,7
23 Dann wird der helle Mond beschämt sein,
und die glühende Sonne wird sich schämen,
denn König geworden ist der HERR der Heerscharen
auf dem Berg Zion und in Jerusalem,
und vor seinen Ältesten ist Herrlichkeit.

Danklied der Erlösten

1: Ps 31,15 · Ex 15,2; Ps 118,28 · 46,10
25 1 HERR, du bist mein Gott!
Dich will ich erheben,
deinen Namen will ich preisen,
denn du hast Wunder vollbracht,
hast Rat gegeben seit langem schon, wahr und wahrhaftig.
2: 24,10! · 13,20
2 Aus der Stadt hast du einen Steinhaufen gemacht,
die befestigte Stadt hast du zu einem Trümmerhaufen gemacht.
Die Palastanlage der Fremden ist keine Stadt mehr,
nie wieder wird sie aufgebaut!
3 Darum ehrt dich das starke Volk,
fürchtet dich die Stadt der gewalttätigen Nationen.
4: 14,32 · 4,6!
4 Denn für den Machtlosen warst du eine Festung,
eine Festung für den Armen in seiner Not,
eine Zuflucht vor dem Unwetter,
ein Schatten vor der Hitze,
denn das Schnauben der Tyrannen ist wie ein Unwetter an einer Mauer,
5 wie Hitze in trockenem Land.
Das Lärmen der Fremden demütigst du;
wie die Hitze durch den Schatten der Wolke,
dämpft er den Gesang der Tyrannen.

Das Freudenmahl

6: Mt 8,11; Offb 19,9
6 Auf diesem Berg aber wird der HERR der Heerscharen allen Völkern ein fettes Mahl zubereiten, ein Mahl mit alten Weinen, mit fettem Mark, mit alten, geläuterten Weinen.
7: 2Kor 3,16
7 Und verschlingen wird er auf diesem Berg
die Hülle, die Hülle über allen Völkern,
und die Decke, die über alle Nationen gedeckt ist.

8 Den Tod hat er für immer verschlungen, 8: 1Kor 15,54 · Offb 7,17 · 60,15
und die Tränen wird Gott der HERR von allen Gesichtern wischen,
und die Schmach seines Volks wird er verschwinden lassen von der ganzen Erde,
denn der HERR hat gesprochen.
9 Und an jenem Tag wird man sagen: 9: 40,9!
Seht, das ist unser Gott,
auf ihn haben wir gehofft, dass er uns hilft!
Das ist der HERR, auf ihn haben wir gehofft.
Lasst uns jubeln und froh sein über seine Hilfe!
10 Denn die Hand des HERRN ruht auf diesem Berg. 10: 16,6; Zef 2,9
Moab aber wird an Ort und Stelle zertreten,
wie Stroh zertreten wird in der Jauche des Misthaufens.
11 Und breitet es seine Hände darin aus,
wie der Schwimmer sie ausbreitet, um zu schwimmen,
dann wird er seinen Hochmut erniedrigen,
bei allem Bemühen seiner Hände.
12 Und die befestigten, unzugänglichen Mauern, 12: 24,10!
hat er niedergeworfen,
hat er erniedrigt,
er hat sie zu Boden gestossen, in den Staub.

Jubellied des Volks

26 1 An jenem Tag wird dieses Lied gesungen im Land Juda: 1: 60,18
Wir haben eine starke Stadt,
zum Schutz stellt er Mauern und Wall bereit.
2 Öffnet die Tore, 2: Ps 118,19–20
damit die gerechte Nation einzieht,
die die Treue bewahrt!
3 Frieden bewahrst du dem unerschütterlichen Sinnen, Frieden,
denn dieses vertraut auf dich.
4 Vertraut für immer auf den HERRN, 4: Ps 62,9 · Dtn 32,4; Ps 18,3!
denn Jah, der HERR,
ist ein ewiger Fels!
5 Denn die Bewohner der Höhe warf er nieder, 5: 24,10!
die unzugängliche Stadt;
er erniedrigt sie, erniedrigt sie, bis sie am Boden liegt,
stösst sie in den Staub.
6 Füsse zertreten sie, 6: Mal 3,21
die Füsse des Armen,
die Tritte der Machtlosen.

Hoffnung auf den HERRN

7 Der Pfad für den Gerechten ist eine gerade Bahn, 7: Spr 11,5
gerade ist der Weg des Gerechten, du bahnst ihn.
8 Auch auf dem Pfad deiner Gerichtstaten, HERR,
haben wir auf dich gehofft.
Nach deinem Namen und danach, zu dir zu rufen,
steht das Verlangen der Seele.

9: Ps 63,7; 119,55

9 Mit meiner Seele verlange ich nach dir in der Nacht,
ja, ich suche nach dir mit meinem Geist in meinem Innern.
Denn wenn immer deine Gerichtstaten über die Erde gekommen sind,
haben die Bewohner des Erdkreises gelernt,
was Gerechtigkeit ist.
10 Wird einem Frevler Gnade gewährt, so hat er nicht gelernt, was Gerechtigkeit ist;
Unrecht begeht er im Land des Rechts,
und die Hoheit des HERRN sieht er nicht.

11: 66,5; Ex 15,6 · Mal 3,19; Hebr 10,27

11 HERR, hoch erhoben ist deine Hand –
sie sehen es nicht!
Der Eifer für das Volk –
sie werden ihn sehen und sich schämen!
Das Feuer –
es wird deine Feinde verzehren!

12: Num 6,26

12 HERR, du wirst uns Heil schaffen,
denn auch all unsere Taten hast du für uns vollbracht.
13 HERR, unser Gott,
neben dir haben andere Herren uns beherrscht,
dich allein, deinen Namen preisen wir!

14: Hiob 7,9 · Hiob 18,17; 24,20; Ps 9,6–7

14 Tote werden nicht lebendig,
Schatten stehen nicht auf.
Darum hast du sie heimgesucht und vernichtet
und jede Erinnerung an sie getilgt.

15: Jer 30,19 · 33,17; 54,2

15 Noch mehr hast du der Nation gegeben, HERR,
du hast die Nation zahlreicher gemacht, hast dich verherrlicht
und alle Grenzen des Landes erweitert.

16: Ps 77,3; Hos 5,15

16 HERR, in der Not haben sie dich aufgesucht,
sie haben geschrien, entkräftet –
du hast sie gezüchtigt.

17: 13,8!

17 Wie eine Schwangere sich kurz vor dem Gebären windet,
in ihren Wehen schreit,
so waren wir, fern von deinem Angesicht, HERR:
18 Wir waren schwanger,
wir wanden uns –
es war, als hätten wir Wind geboren:
Dem Land bringen wir keine Rettung,
und dem Erdkreis werden keine Bewohner geboren.

19: Ps 88,11; Ez 37,12; Hos 6,2 · Dan 12,2

19 Deine Toten aber werden leben,
ihre Leichname stehen wieder auf.

26,14: Mit ‹sie› sind die ‹Herren› im vorangehenden V.13 gemeint.

26,15: Die beiden ersten Verszeilen, «Noch mehr hast du der Nation gegeben, HERR» und «du hast die Nation zahlreicher gemacht, hast dich verherrlicht», lauten im Hebräischen gleich; dabei hört man sowohl ‹noch mehr hast du der Nation gegeben› als auch ‹du hast die Nation zahlreicher gemacht›.

26,16: Die zweite Hälfte des hebräischen Verses ist kaum übersetzbar; die obige Wiedergabe ist ein Übersetzungsversuch.

26,19: Der hebräische Text wurde auf der Grundlage antiker Übersetzungen korrigiert, vom Konsonantenbestand her ist auch die Lesart «meine Leichname» möglich.

Wacht auf, und jubelt, ihr Bewohner des Staubs!
Denn ein Tau von Lichtern ist dein Tau,
und die Erde wird die Schatten gebären.

Die Vernichtung der Weltmächte. Israels Rettung

20 Geh, mein Volk, geh hinein in deine Kammern,
und verschliess deine Türen hinter dir;
verbirg dich einen kurzen Augenblick,
bis der Zorn vorüber ist.

21 Denn sieh, der HERR zieht aus von seiner Stätte, um die Schuld der Bewohner der Erde an ihnen heimzusuchen. Und die Erde wird ihr Blut offenlegen und ihre Getöteten nicht mehr zudecken.

27 1 An jenem Tag wird der HERR mit seinem schweren, grossen und starken Schwert den Leviatan heimsuchen, die flüchtige Schlange, den Leviatan, die gewundene Schlange, und er wird das Ungeheuer umbringen, das im Meer ist.

2 An jenem Tag:
ein anmutiger Weinberg!
Singt von ihm!
3 Ich, der HERR, bin sein Hüter,
ich tränke ihn alle Zeit.
Damit man ihn nicht heimsucht,
hüte ich ihn bei Nacht und bei Tag.
4 Ich hege keinen Zorn.
Zeigte man mir Dornen, Disteln im Kampf,
ich wollte darauf losgehen,
sie alle auf einmal verbrennen;
5 es sei denn, man suchte Zuflucht bei mir,
man schlösse Frieden mit mir,
man schlösse mit mir Frieden.
6 In den Tagen, die kommen, wird Jakob Wurzeln schlagen,
wird Israel blühen und sprossen,
und den Boden des Erdkreises werden sie ertragreich machen.
7 Hat er es geschlagen, wie er die geschlagen hat,
die es geschlagen haben?
Oder wurde es umgebracht, wie die umgebracht wurden,
die es umgebracht haben?
8 Während du es aufgescheucht, während du es verjagt hast,
hast du den Rechtsstreit geführt mit ihm.
Mit seinem schweren Sturm hat er es fortgetrieben
am Tag des Winds aus dem Osten.

9 Darum wird die Schuld Jakobs so gesühnt; und all dies ist die Frucht
davon, dass seine Sünde entfernt wird: Wenn es alle Altarsteine zer-

20: Ex 12,22
21: Mi 1,3; Sach 2,17 · Hiob 16,18!; Ez 24,7
1: 51,9; Hiob 26,13; Ps 74,13–14!; Ez 29,3
2: 5,1!
3: 44,3
6: 37,31; Hos 14,6
8: 64,5
9: 17,8

26,21: Mit ‹ihr› Blut ist das Blut der Erde gemeint.

27,6: Die Übersetzung ‹wird Wurzeln schlagen› beruht auf mehreren Textzeugen; im Masoretischen Text wird der Wunsch formuliert: ‹möge Jakob Wurzeln schlagen›.

27,7: Mit ‹es› ist Jakob/Israel gemeint. Die Übersetzung beruht auf einer Umvokalisierung des Masoretischen Texts, der übersetzt «... Oder wurde es umgebracht, wie seine Umgebrachten umgebracht wurden» lautet.

schlagenen Kalksteinen gleichmacht, werden Ascheren und Altäre für Rauchopfer sich nicht mehr erheben.

10: 24,10! 10 Einsam liegt die befestigte Stadt,
eine Wohnstätte, entvölkert und verlassen wie die Wüste.
Dort weidet das Kalb,
und es lagert dort,
und es verzehrt ihre Zweige.

11: Ez 15,6 · 1,3! 11 Wenn ihr Geäst vertrocknet ist, wird es abgebrochen,
Frauen kommen, lassen die Stadt in Flammen aufgehen.
Denn dies ist kein Volk, das Einsicht hätte;
darum erbarmt sich seiner nicht, der es gemacht hat,
und der es gebildet hat, ist ihm nicht gnädig.

12: 1Kön 8,65 · 28,27; Dtn 30,3–4; Jer 3,14
13: Mt 24,31 · 11,11!

12 Und an jenem Tag wird der HERR Ähren ausklopfen, vom Strom bis
zum Fluss Ägyptens, und ihr werdet aufgelesen werden, einer nach dem
anderen, ihr Israeliten. 13 Und an jenem Tag wird der grosse Schofar
geblasen werden, und dann kommen die im Land Assur Verlorenen und
die im Land Ägypten Versprengten, und sie werden sich niederwerfen
vor dem HERRN auf dem heiligen Berg in Jerusalem.

Das Nordreich wird zertreten

1: 5,22!

28 1 Wehe der hochmütigen Krone der Betrunkenen von Efraim
und der welkenden Blume, seiner prachtvollen Zierde,
auf dem Gipfel über dem fruchtbaren Tal
der vom Wein Bezwungenen!

2 Sieh, ein Starker und Gewaltiger des Herrn,
wie Unwetter mit Hagel, Sturm des Verderbens,
wie ein Unwetter mit gewaltigen, flutenden Wassermassen,
mit Macht wirft er zu Boden.

3 Mit Füssen wird zertreten werden
die hochmütige Krone der Betrunkenen von Efraim.

4: Nah 3,12 4 Und die welkende Blume seines prachtvollen Schmucks,
die auf dem Gipfel über dem fruchtbaren Tal ist,
wird sein wie die Frühfeige dort, vor der Ernte im Sommer,
die, wer sie sieht, verschluckt,
kaum dass sie in seiner Hand ist.

5 An jenem Tag wird der HERR der Heerscharen eine zierende Krone sein
und ein schmückender Kranz
für den Rest seines Volks

6 und Geist des Rechts
für den, der zu Gericht sitzt,
und Heldenkraft
für die, die den Kampf zurücktreiben zum Tor.

Über die Priester und Propheten in Jerusalem

7: 5,22! 7 Und auch diese schwanken vom Wein
und taumeln vom Bier,

27,11: Wörtlich: «..., lassen sie in Flammen aufgehen. ...»

Priester und Prophet schwanken vom Bier,
vom Wein sind sie benommen,
sie taumeln vom Bier,
schwanken beim Schauen,
ein Spruch – sie wanken.
8 Voll mit ekelhaftem Erbrochenen
sind alle Tische,
alles ist voll!
9 Wen will er Wissen lehren
und wem das Gehörte begreiflich machen?
Denen, die von der Milch entwöhnt,
die abgesetzt sind von der Brust?
10 Ja, Zaw Lazaw, Zaw Lazaw,
Qaw Laqaw, Qaw Laqaw.
Hier ein wenig,
dort ein wenig.
11 Ja, mit Unverständlichem von der Lippe
und in fremder Zunge
wird er zu diesem Volk sprechen;
12 er, der ihnen gesagt hatte:
Dies ist die Ruhe. Verschafft dem Müden Ruhe!
Und dies ist der Ruheplatz.
Sie aber wollten nicht hören.
13 Und es wird das Wort des HERRN an sie ergehen:
Zaw Lazaw, Zaw Lazaw,
Qaw Laqaw, Qaw Laqaw.
Hier ein wenig,
dort ein wenig –
damit sie gehen und rücklings straucheln und zerbrechen,
damit sie sich verstricken und gefangen werden.
14 Darum hört das Wort des HERRN, ihr Schwätzer,
ihr Herrscher dieses Volks in Jerusalem.
15 Denn ihr habt gesagt:
Mit dem Tod haben wir einen Bund geschlossen,
und mit dem Totenreich haben wir einen Vertrag.
Die knallende Peitsche – wenn sie niederfährt,
wird sie uns nicht erreichen,
denn Lüge haben wir zu unserer Zuflucht gemacht,
und in der Täuschung haben wir uns versteckt.

Der Grundstein in Zion

16 Darum, so spricht Gott der HERR:
Sieh, in Zion lege ich einen Grundstein,
einen harten Stein,
einen kostbaren Eckstein als festen Grund.
Wer glaubt, wird nicht weichen!

8: 19,14!
9: Jer 6,10
11–12: 1Kor 14,21
11: 33,19; Dtn 28,49; Jer 5,15; Ez 3,5
12: 7,4; 30,15; Jer 6,16; Mt 11,28
13: 8,15!
14: 46,12
15: 18; 8,8 · 30,12; Jer 13,25
16: Ps 118,22! · 14,32

28,10: Es handelt sich um eine spöttische Nachahmung prophetischer Rede.

17: Hiob 38,22–23; Mt 7,27

17 Und das Recht mache ich zur Richtschnur
und Gerechtigkeit zur Waage.
Und Hagel wird die Zuflucht der Lüge wegfegen
und Wasser das Versteck fortschwemmen.

18: 15!

18 Und euer Bund mit dem Tod wird aufgehoben werden,
und euer Vertrag mit dem Totenreich hat keinen Bestand.
Die knallende Peitsche – wenn sie niederfährt,
werdet ihr von ihr zerschlagen.
19 So oft sie niederfährt, wird sie euch packen:
Morgen für Morgen fährt sie nieder,
bei Tag und bei Nacht.
Dann aber wird man die Kunde nur noch mit Entsetzen begreifen.
20 Denn das Ruhelager ist zu kurz, um sich auszustrecken,
und die Decke zu schmal, wenn man sich umhüllen will.

21: 2Sam 5,20 · Jos 10,11! · 29,14; 64,2

21 Denn wie am Berg Perazim wird der HERR sich erheben,
rasen wird er wie im Tal von Gibeon,
um seine Tat zu tun –
befremdlich, was er tut! –
und sein Werk zu vollbringen –
fremd ist sein Werk!

22: 10,23

22 Und nun spielt euch nicht auf, damit eure Fesseln nicht noch
strammer werden, denn ich habe gehört, dass Vernichtung und Ende
beschlossen sind, vom Herrn, dem HERRN der Heerscharen, über die
ganze Erde.

23 Horcht auf, und hört meine Stimme!
Gebt acht, und hört, was ich sage!
24 Pflügt der Pflüger den ganzen Tag, um zu säen?
Zieht er den ganzen Tag Furchen, um seinen Ackerboden zu eggen?

25 Ist es nicht so: Wenn er ihn geebnet hat, streut er dann nicht
Schwarzkümmel aus, streut er dann nicht Kümmel, und sät er nicht
Weizen, Hirse und Gerste ... und Emmer an seinem Rand? 26 Und er
unterweist ihn, damit er recht handelt, sein Gott lehrt ihn.

27: 27,12!

27 Denn nicht mit dem Dreschwagen wird Schwarzkümmel gedroschen,
und das Wagenrad wird nicht über den Kümmel geführt,
sondern mit dem Stock wird Schwarzkümmel ausgeklopft,
und Kümmel mit dem Knüppel.

28: Jer 10,24 · 29: Jer 32,19

28 Fein zermahlen wird das Korn. Aber nicht endlos drischt er darauf
ein und treibt er das Rad seines Wagens und seine Pferde darüber; er
zermalmt es nicht. 29 Auch dies geht aus vom HERRN der Heerscharen,
er weiss wunderbaren Rat, handelt mit grosser Umsicht.

28,17: Das hebräische Wort für ‹Richtschnur› ist identisch mit dem Buchstabennamen Qaw, der in V.10 und 13 verwendet wird. Möglich ist auch die Übersetzung: «... und Gerechtigkeit zum Gewichtsstein. ...»

28,25: Die genaue Bedeutung des mit ‹Hirse› wiedergegebenen hebräischen Worts ist nicht gesichert. Auf ‹Gerste› folgt im Massoretischen Text ein Wort, dessen Bedeutung unbekannt ist.

Strafe und Rettung

29 1 Wehe dir, Ariel, Ariel, 1: Ez 43,15–16 · 1,14
Stadt, wo David lagerte!
Reiht Jahr an Jahr,
die Feste kommen wieder!
2 Dann aber werde ich Ariel bedrängen, 2: 33,7
und Traurigkeit wird herrschen und Trauer,
und wie ein Brandopferaltar wird es für mich sein.
3 Und von allen Seiten werde ich dich belagern, 3: Ez 4,1–3; Lk 19,43
und die Stellungen werde ich gegen dich zusammenziehen,
und Schanzen werde ich gegen dich errichten.
4 Dann wirst du niedrig sein, auf dem Boden wirst du sprechen,
und aus dem Staub dringen undeutlich deine Worte,
und geisterhaft klingt deine Stimme aus der Erde,
und aus dem Staub werden deine Worte wispern.
5 Und die Menge deiner Fremden wird wie feiner Staub sein 5: 17,13!
und die Menge der Tyrannen wie Spreu, die vorüberweht.
Dann aber geschieht es, plötzlich, überraschend:
6 Vom HERRN der Heerscharen wirst du heimgesucht 6: 30,30; Ez 38,22;
unter Donnern und Beben und grossem Lärm, Hebr 12,29
mit Sturmwind und Stürmen
und Flammen, mit verzehrendem Feuer.
7 Und wie ein Traum, wie eine Schauung in der Nacht wird die Menge 7: Hiob 20,8
all der Nationen sein, die Ariel bekämpfen, und all derer, die es und sei-
ne Burg bekämpfen und es bedrängen. 8 Und es wird sein, wie wenn der
Hungrige träumt, und sieh: Er isst! Erwacht er dann, ist seine Kehle leer.
Und es wird sein, wie wenn der Durstige träumt, und sieh: Er trinkt!
Erwacht er dann, sieh, ist er erschöpft, und seine Kehle lechzt. So wird es
der Menge all der Nationen ergehen, die den Berg Zion bekämpfen.
9 Haltet inne, und staunt, 9: Jer 2,12 · 51,21 ·
seid wie Blinde, und erblindet! 19,14!
Sie sind betrunken geworden, aber nicht vom Wein,
sie sind ins Taumeln geraten, aber nicht vom Bier!
10 Denn einen Geist der Betäubung hat der HERR über euch ausgegossen, 10: Röm 11,8 · 6,10!
und eure Augen hat er verschlossen,
die Propheten und eure Häupter, die Seher, hat er verhüllt.
11 Und die Schau von alledem war für euch wie die Worte des versiegel- 11: Dan 12,4;
ten Buchs. Gibt man es einem, der lesen kann, und sagt man ihm: Lies Offb 5,1.5
dies doch!, so wird der sagen: Ich kann nicht, denn es ist versiegelt.
12 Und gibt man das Buch einem, der nicht lesen kann, und sagt: Lies
dies doch!, so wird er sagen: Ich kann nicht lesen.

29,2: Es liegt ein Wortspiel vor: Das hebräische Wort ‹Ariel› bedeutet ‹Brandopferaltar›.

29,7: Die Übersetzung «und seine Burg» basiert auf mehreren Textzeugen; der Massoretische Text lautet übersetzt: «und sein Netz».

Die Verkehrtheit des Volks und die Antwort des HERRN

13: Jer 3,10; 12,2; Hos 7,14 · Mt 15,8–9
14: 28,21! · 1Kor 1,19 · 44,25

13 Und der Herr sprach: Weil dieses Volk sich mit seinem Mund und
mit seinen Lippen genähert hat, weil sie mich so zwar geehrt haben,
sein Herz aber fern ist von mir und ihre Furcht vor mir nur angelernter
Befehl von Menschen war, 14 darum, sieh, werde ich an diesem Volk
weiterhin wundersam handeln, wundersam und überraschend, und die
Weisheit seiner Weisen wird zunichte werden, und der Verstand seiner
Verständigen wird sich verstecken.

15: 47,10; Ez 8,12

15 Wehe denen, die ihren Plan in der Tiefe verbergen vor dem HERRN
und ihre Taten an finsterer Stätte verüben
und sagen:
Wer sieht uns, und wer weiss von uns?

16: 45,9; 64,7; Röm 9,20

16 Eure Verkehrtheit!
Soll denn der Töpfer geachtet werden wie der Ton,
dass das Werk von dem, der es gemacht hat, sagen könnte: Er hat mich nicht gemacht!,
und das Gebilde von seinem Bildner: Nichts hat er begriffen!

17: 32,15!

17 Nicht wahr? Nur noch eine kleine Weile,
dann verwandelt sich der Libanon in einen Baumgarten,
und der Karmel wird dem Wald gleich geachtet.

18: 32,3; 35,5; 42,7; Mt 11,5; Apg 26,18

18 Und die taub sind, werden an jenem Tag die Worte des Buchs hören,
und befreit von Dunkel und Finsternis werden die Augen der Blinden sehen.

19: 41,16; Ps 22,27

19 Und die Armen werden sich wieder freuen über den HERRN,
und die Ärmsten der Menschen werden jubeln über den Heiligen Israels.

20: Mi 2,1–3

20 Denn es ist aus mit dem Tyrannen,
und der Schwätzer ist am Ende,
und ausgerottet werden alle, die auf Unheil aus sind,

21: Am 5,10 · 5,23!

21 die in einer Rechtssache Menschen zur Sünde verleiten
und dem, der sie im Tor zurechtweist, eine Falle stellen
und den Gerechten mit Nichtigem verdrängen.

22: 45,17; 54,4

22 Darum, so spricht der HERR, der Abraham erlöst hat, zum Haus Jakob:
Nun wird Jakob nicht mehr zuschanden werden,
und sein Angesicht wird nun nicht mehr erbleichen.

23: 8,13!

23 Denn wenn er seine Kinder, das Werk meiner Hände, in seiner Mitte sieht,
wird man meinen Namen heilig halten,
und man wird den Heiligen Jakobs heilig halten,
und vor dem Gott Israels wird man sich fürchten.

24: 32,4

24 Und die irren Geistes sind, werden erkennen, was Erkenntnis ist,
und die Nörgler werden lernen, was Einsicht ist.

29,17: Es liegt ein Wortspiel vor: Das hebräische Wort für ‹Baumgarten› lautet ‹Karmel›, was zugleich der Name eines Gebirges ist.

Vom HERRN allein kommt Hilfe

30 1 Wehe den störrischen Kindern, 1–2: 31,1; Dtn 17,16
Spruch des HERRN, 1: Ez 2,3–4
die einen Plan ausführen, der nicht der meine ist,
und ein Trankopfer spenden ohne meinen Geist,
um Sünde auf Sünde zu häufen,
2 die unterwegs sind, um hinabzuziehen nach Ägypten 2: 2Kön 18,21
und meinen Mund nicht befragt haben,
um Zuflucht zu suchen in der Zuflucht des Pharao
und sich zu bergen im Schatten Ägyptens!
3 Die Zuflucht des Pharao wird eure Schande sein, 3–5: 20,5
und sich im Schatten Ägyptens zu bergen, wird zur Schmach. 3: 36,6!
4 Mögen seine Fürsten auch in Zoan gewesen 4: 19,11
und seine Boten bis Chanes gelangt sein,
5 alle sind zuschanden geworden an dem für sie nutzlosen Volk,
das keine Hilfe ist und nichts nutzt,
sondern nur Schande und auch noch Hohn einbringt.
6 Ausspruch: Die Tiere des Negev 6: Sach 6,6 · 14,29!
Durch ein Land der Not und der Bedrängnis,
woher Löwin und Löwe kommen,
die Giftschlange und der fliegende Saraf,
tragen sie ihre Güter auf dem Rücken von Eselshengsten
und auf dem Höcker von Kamelen ihre Schätze
zu dem nutzlosen Volk:
7 Vergeblich und nichtig wird Ägyptens Hilfe sein. 7: 31,3; Jer 37,7 ·
Darum nenne ich es: Rahab sind sie! Untätigkeit! Ps 89,11; Ez 29,3
8 Nun komm, schreib es auf eine Tafel bei ihnen, 8: 8,1! · Jer 36,2!
und verzeichne es in einem Buch,
damit es an einem künftigen Tag Zeuge ist für alle Zeiten.
9 Denn es ist ein widerspenstiges Volk, 9: Dtn 31,27;
verlogene Kinder, Apg 7,51 · 1,4!
Kinder, die nicht hören wollen auf die Weisung des HERRN,
10 die zu den Sehern sprechen: Seht nicht! 10: Am 2,12; Mi 2,6 ·
und zu denen, die schauen: Erschaut für uns nicht, was wahr ist, 2Tim 4,3
sagt uns Schmeichelhaftes, schaut Täuschungen!
11 Weicht ab vom Weg,
biegt ab vom Pfad,
lasst uns in Ruhe mit dem Heiligen Israels!
12 Darum, so spricht der Heilige Israels: 12: 28,15!
Weil ihr dieses Wort verworfen habt
und auf Gewalt vertraut habt und auf Arglist
und weil ihr euch darauf verlassen habt,
13 darum wird diese Schuld für euch sein wie ein Riss, der zum Einsturz 13: Ps 62,4; Ez 13,14
führt, der aufbricht an einer hohen Mauer: Überraschend, plötzlich
kommt ihr Zusammenbruch. 14 Und wenn er sie zerbricht, wird es sein, 14: Jer 19,11!
als zerbreche ein getöpferter Krug, in Stücke zerschlagen, rücksichtslos.
Und in seinen zerschlagenen Stücken wird man keine Scherbe finden,

30,1: Das Spenden eines Trankopfers ist hier Umschreibung für einen Vertragsschluss.
30,7: Rahab ist ein mythisches Ungetüm; hier verwendet als Bild für die Ägypter.

um Feuer von der Feuerstelle zu nehmen oder Wasser aus dem Tümpel
15: 28,12! zu schöpfen. 15 Denn so spricht Gott der HERR, der Heilige Israels:
In Umkehr und Gelassenheit werdet ihr gerettet,
in der Ruhe und im Vertrauen liegt eure Stärke.
Ihr aber wolltet nicht
16 und sagtet: Nein! Auf Pferden werden wir fliehen!
Darum werdet ihr fliehen.
Und auf Rennpferden werden wir reiten!
Darum werden eure Verfolger rennen.
17: Lev 26,36; Dtn 32,30
17 Tausend werden fliehen vor dem Drohen eines Einzigen,
vor dem Drohen von fünfen werdet ihr fliehen,
bis ihr ein Rest seid,
wie ein Heereszeichen auf dem Gipfel des Bergs
und wie ein Feldzeichen auf dem Hügel.
18: Jer 31,20 · Ps 2,12; Jer 17,7; Klgl 3,25
18 Und darum wartet der HERR darauf, euch gnädig zu sein,
und darum erhebt er sich, um sich eurer zu erbarmen,
denn der HERR ist ein Gott des Rechts.
Wohl allen, die auf ihn warten!
19: 35,10! · 58,9; 65,24; Jer 29,12
19 Du Volk, das in Zion wohnt, in Jerusalem,
nie mehr wirst du weinen!
Er wird sich deiner erbarmen, wenn du schreist;
sobald er dich hört, wird er dir antworten.
20 Und der Herr wird euch Brot der Not geben
und Wasser der Bedrängnis,
und deine Lehrer werden sich nicht mehr verbergen,
und deine Augen werden deine Lehrer sehen.
21: 48,17; Dtn 5,32; Jer 6,16
22: 2,20
21 Und wenn ihr nach rechts oder nach links gehen wollt, werden deine
Ohren hinter dir das Wort hören: Dies ist der Weg, geht ihn! 22 Und ihr
werdet deine mit Silber überzogenen Bilder und deine mit Gold umklei-
deten gegossenen Bilder verunreinigen; wie etwas Unreines wirst du
23: Lev 26,3–5; Joel 2,23 · 32,20
sie wegwerfen. Hinaus!, wirst du dazu sagen. 23 Und deiner Saat, die du
auf den Ackerboden säst, wird er Regen geben, und das Korn, der Ertrag
des Ackerbodens, wird füllig und fruchtbar sein. Auf weiter Weide wer-
den deine Herden weiden an jenem Tag. 24 Und die Rinder und Esel, die
den Ackerboden bearbeiten, werden Futter mit Sauerampfer fressen,
25: Joel 4,18 · 2,15
das ausgeteilt wird mit Schaufel und mit Gabel. 25 Und auf jedem ho-
hen Berg und auf jedem Hügel, der sich erhebt, werden Wassergräben,
Wasserläufe sein am Tag des grossen Mordens, wenn die Türme fallen.
26: Mal 3,20 · Jer 30,17
26 Dann wird das Licht des bleichen Monds wie das Licht der glühen-
den Sonne sein, und das Licht der Sonne wird siebenfach sein, wie das
Licht von sieben Tagen, an dem Tag, an dem der HERR die Verletzung
seines Volks verbindet und die Wunde heilt, die ihm geschlagen wurde.
27: Ri 5,4–5
27 Sieh, der Name des HERRN kommt aus der Ferne mit brennen-
dem Zorn und mit Wucht, auffahrend, mit seinen Lippen voller Wut
und mit seiner Zunge wie verzehrendem Feuer 28 und mit seinem
Schnauben wie mit einem flutenden Fluss, der bis zum Hals reicht, um
Nationen zu schwingen mit der Schwinge des Nichts und Völkern Zügel

30,22: Möglicherweise bedeutet die mit ‹Hinaus!› wiedergegebene hebräische Formulierung: ‹Dreck!›.

anzulegen, die sie in die Irre leiten. 29 Für euch wird das Lied sein wie
ein Lied in der Nacht der Festweihe, und ihr werdet Freude im Herzen
tragen wie der, der mit Flötenspiel dahinzieht, um auf den Berg des
HERRN zu kommen, zum Fels Israels.

29: Ps 42,5 · 17,10!

30 Und der HERR wird die Hoheit seiner Stimme hören lassen,
und das Niederfahren seines Arms wird er sehen lassen,
in grimmigem Zorn und mit Flammen, verzehrendem Feuer,
mit prasselndem Regen und Unwetter und Hagelsteinen.

30: Ps 29,3–9 · 29,6! · 52,10; 53,1 · Jos 10,11!

31 Assur wird erschrecken vor der Stimme des HERRN,
mit dem Knüppel schlägt er zu!

31: 10,26

32 Und jeder Hieb des Stocks der Züchtigung, den der HERR auf ihn nie-
derfahren lässt, wird begleitet von Trommelwirbeln und Leierklang,
und beim Reigentanz zur geschwungenen Weihegabe bekämpft er sie.
33 Denn längst schon ist die Brandstätte vorbereitet, auch für den König
errichtet, tief hat er sie gemacht und breit. Ihr Scheiterhaufen hat Feuer
und Holz in Fülle. Wie ein Strom aus Schwefel entzündet ihn der Atem
des HERRN.

33: Offb 19,20 · 33,14; Nah 1,6; Hebr 12,29

31 1 Wehe denen, die hinabziehen nach Ägypten, um Hilfe zu suchen,
die sich auf Pferde verlassen!
Sie haben auf Streitwagen vertraut, denn es waren viele,
und auf Reiter, weil sie so zahlreich waren,
auf den Heiligen Israels aber haben sie nicht geschaut,
und den HERRN haben sie nicht befragt.

1: 30,1–2! · Ps 20,8 · 2,7!

2 Doch auch er ist weise, und er hat Unheil herbeigeführt,
und seine Worte hat er nicht zurückgenommen.
Und so wird er sich erheben gegen das Haus der Übeltäter
und gegen die Hilfe derer, die Böses tun.

2: Jos 9,14

3 Denn die Ägypter sind Menschen und nicht Gott,
und ihre Pferde sind Fleisch und nicht Geist!
Und der HERR wird seine Hand ausstrecken,
und der Helfer strauchelt,
und es fällt der, dem geholfen wird,
und gemeinsam gehen sie alle zugrunde.

3: Ez 28,2 · 30,7! · 2,22!

4 Denn so hat der HERR zu mir gesprochen:
Wie der Löwe knurrt,
der junge Löwe über seinem Raub,
gegen den die ganze Hirtenschar gerufen wird,
vor deren Stimmen er aber nicht erschrickt
und vor deren Lärmen er sich nicht duckt,
so wird der HERR der Heerscharen herabfahren,
um zu kämpfen auf dem Berg Zion,
auf seinem Hügel.

4: 19,11

5 Wie schwebende Vögel
wird der HERR der Heerscharen Jerusalem beschützen,
beschützen und retten,
verschonen und davonkommen lassen.

5: 35,4; 37,35; 2Kön 19,34

30,32: Die Übersetzung «beim Reigentanz» beruht auf einer Korrektur des Massoretischen Texts, der übersetzt ‹in Kriegen› lautet.

6: Jer 3,12!; Sach 1,3 6 Kehrt zurück zu dem, gegen den die Israeliten so widerspenstig waren!

7: 2,20! 7 An jenem Tag wird jeder seine silbernen Götzen verwerfen
und seine goldenen Götzen,
die eure Hände für euch gemacht haben – eine Sünde!

8: 10,25! 8 Und Assur fällt durch ein Schwert,
doch nicht durch das eines Menschen.
Und das Schwert – nicht das eines Menschen – wird ihn fressen,
und er wird fliehen vor dem Schwert,
und seine jungen Männer werden Fronknechte.

9: Dtn 32,31 9 Und vor Grauen wird sein Fels vergehen,
und erschreckt werden seine Führer das Feldzeichen verlassen,
Spruch des HERRN,
der ein Feuer in Zion
und der einen Ofen hat in Jerusalem.

Das künftige Reich der Gerechtigkeit

1: Jer 23,5 **32** 1 Sieh, wie es der Gerechtigkeit entspricht,
wird ein König herrschen,
und wie es das Recht verlangt,
werden sie als Fürsten regieren.

2: 4,6! 2 Und jeder wird sein wie ein Schutz vor dem Wind
und wie ein Versteck vor dem Unwetter,
wie Wasserbäche in trockenem Land,
wie der Schatten eines mächtigen Felsens in lechzendem Land.

3: 6,10! · 29,18! 3 Und die Augen der Sehenden werden nicht verklebt sein,
und die Ohren der Hörenden werden aufmerksam sein.

4: 29,23 · 35,6 4 Und das Herz der Voreiligen wird begreifen, was rechte Erkenntnis ist,
und die Zunge der Stammler wird fliessend reden und deutlich.

5: 5,20 5 Der Tor wird nicht mehr edel genannt,
und vom Schurken wird nicht gesagt: ein Vornehmer.

6–8: Mt 12,34
6: Mt 25,42 6 Denn der Tor redet Törichtes,
und Unheil bringt sein Herz:
Er handelt gottlos und redet Falsches über den HERRN,
die Kehle des Hungrigen lässt er leer,
und dem Durstigen verweigert er den Trank.

7: Mi 2,1 7 Und der Schurke – seine Waffen sind böse,
er schmiedet Ränke,
um mit Lügenworten die Elenden zu verderben,
während der Arme redet, was recht ist.

8 Der Edle aber plant Edles,
und auf Edlem wird er bestehen.

31,8: Mit ‹ihn› ist Assur gemeint.

32,1–2: Möglich ist auch die Übersetzung: «Wenn, wie es der ... entspricht, ein König herrscht, und sie, wie es das Recht verlangt, als Fürsten regieren, 2 dann wird jeder sein wie ein Schutz vor dem Wind ...»

32,3: Die Übersetzung «werden nicht verklebt sein» beruht auf einer Umvokalisierung des Massoretischen Texts, der übersetzt «werden nicht sehen» lautet.

Über die sorglosen Frauen

9 Ihr sorglosen Frauen, 9: 3,16
auf, hört meine Stimme!
Vertrauensselige Töchter,
horcht auf das, was ich sage!
10 Über Jahr und Tag werdet ihr zittern, 10: 24,7
ihr Vertrauensseligen!
Denn mit der Weinlese ist es aus,
eine Ernte wird es nicht geben.
11 Ihr Sorglosen, erbebt! 11–12: Joel 1,7–8
Zittert, ihr Vertrauensseligen!
Zieht euch aus und entblösst euch
und gürtet die Lenden!
12 Klagend schlagen sie sich auf die Brust
der anmutigen Felder,
des fruchtbaren Weinstocks wegen,
13 des Ackerbodens meines Volks wegen, 13: 5,6! · 22,2
der aufgeht in Dornengestrüpp,
ja, all der Häuser wegen, in denen Freude herrschte,
in der frohlockenden Stadt!
14 Denn verlassen liegt der Palast, 14: 24,10! ·
verebbt ist das Lärmen der Stadt; 2Chr 27,3
als Höhle dienen Ofel und Wachturm, für immer,
eine Freude für die Wildesel,
eine Weide für die Herden,
15 bis über uns ausgegossen wird der Geist aus der Höhe. 15: 16,10; 29,17 ·
Dann wird die Wüste zum Baumgarten, 44,3; Ez 36,27;
und der Karmel wird geachtet gleich dem Wald. Joel 3,1
16 Und das Recht wird in der Wüste wohnen,
und auf dem Karmel wird Gerechtigkeit sein.
17 Und das Werk der Gerechtigkeit wird Friede sein 17: 54,14
und der Ertrag der Gerechtigkeit Ruhe und Sicherheit für immer.
18 Und mein Volk wird an der Wohnstätte des Friedens weilen, 18: 33,20; Jer 33,16;
an sicheren Orten und sorgenfreien Ruheplätzen. Ez 34,28
19 Und beim Sturz des Waldes wird Hagel niedergehen, 19: 10,33!
und die Stadt wird in Niedrigkeit versinken.
20 Wohl euch, die ihr an allen Wassern sät, 20: 30,23
die ihr Rind und Esel freien Lauf lasst.

Der HERR ist Retter und König

33 1 Wehe dir, Verwüster, der du selbst nicht verwüstet bist, 1: 21,2! · Hab 2,8;
und dir, Betrüger, den man nicht betrogen hat! Mt 7,2
Wenn du das Verwüsten beendet hast, wirst du verwüstet werden.
Wenn du aufgehört hast zu betrügen, wird man dich betrügen.
2 HERR, sei uns gnädig, 2: 8,17!
auf dich hoffen wir!

32,14: Ofel war ein Stadtteil Jerusalems.
32,15: Siehe die Anm. zu 29,17.

Sei ihr Arm an jedem Morgen,
ja, unsere Hilfe in der Zeit der Not!
3: 17,13! 3 Vor dem Getöse flüchten Völker,
wenn du dich erhebst, zerstreuen sich Nationen.
4 Und eure Beute wird eingesammelt,
wie die Heuschrecke einsammelt,
wie der Überfall der Heuschreckenschwärme
fällt man darüber her.
5: Ps 97,9 5 Erhaben ist der HERR,
er wohnt in der Höhe,
mit Recht und Gerechtigkeit
hat er Zion gefüllt.
6: 11,9! 6 Dann wirst du sichere Zeiten haben.
Ein Vorrat an Hilfe sind Weisheit und Erkenntnis,
die Furcht des HERRN, sie ist sein Schatz.
7: 29,2 · 22,4! 7 Sieh, draussen schreien verzweifelt die Helden,
bitterlich weinen die Friedensboten.
8: Ri 5,6 8 Verödet sind die Strassen,
niemand zieht mehr des Wegs.
Man hat den Bund gebrochen,
die Städte hat man verworfen,
den Menschen achtet man nicht.
9: 24,4! · 65,10! · Am 1,2; Nah 1,4 9 Man trauert, das Land ist ausgetrocknet,
beschämt ist der Libanon, verwelkt.
Wie die Araba ist die Ebene von Scharon geworden,
und der Baschan und der Karmel werfen ihr Laub ab.
10: Ps 12,6; 76,10; 82,8; 94,2 10 Nun werde ich aufstehen, spricht der HERR,
nun mich aufrichten,
nun mich erheben.
11: 59,4; Hiob 15,35; Ps 7,15 11 Mit dürrem Gras geht ihr schwanger,
Stoppeln werdet ihr gebären,
euer Schnauben ist ein Feuer, das euch verzehren wird.
12: 9,17 12 Und Völker werden verbrannt zu Kalk,
abgehauene Dornen, die man im Feuer verbrennt.
13: 52,10 13 Ihr in der Ferne, hört, was ich getan habe,
und ihr in der Nähe, erkennt meine Kraft!
14: 30,33! 14 In Zion sind die Sünder erschrocken,
Zittern hat die Gottlosen ergriffen:
Wer von uns könnte sich aufhalten bei dem verzehrenden Feuer?
Wer von uns könnte sich aufhalten bei den ewigen Gluten?
15: Ps 15,2; 24,3–5 · Ex 23,8; Ps 15,5 15 Wer gerecht lebt
und aufrichtig redet,
wer erpressten Gewinn verwirft,
wer mit seinen Händen abwehrt und keine Bestechung annimmt,

33,7: Die Übersetzung «Helden» beruht auf mehreren alten Handschriften. Beim schwierigen Wort im Massoretischen Text handelt es sich möglicherweise um eine Bezeichnung für die Bewohner von Ariel/Jerusalem.

wer sein Ohr verstopft, damit er nichts hört von Blutschuld,
und wer seine Augen verschliesst, damit er nichts Böses sieht,
16 der wird auf Höhen wohnen. 16: Dtn 33,29; Ps 62,8
Schutzburgen in den Felsen sind seine Zuflucht,
sein Brot wird ihm gereicht,
sein Wasser versiegt nicht.
17 Deine Augen werden den König in seiner Schönheit schauen, 17: 26,15!
ein weites Land werden sie sehen.
18 Dein Herz wird an den Schrecken denken:
Wo ist, der zählte? Wo der, der wog?
Wo ist, der die Türme zählte?
19 Das freche Volk wirst du nicht sehen, 19: 28,11!
das Volk mit einer Sprache, so unverständlich, dass man sie nicht hören kann,
mit stammelnder Zunge, nicht zu verstehen.
20 Schau auf Zion, 20: Ps 48,14; 128,5 · 32,18!
die Stadt unserer Feste,
deine Augen werden Jerusalem sehen, die sorgenfreie Wohnstatt,
das Zelt, das man nicht abbricht,
nie werden seine Pflöcke herausgerissen,
und keiner seiner Stricke wird zerrissen.
21 Dort ist ein Mächtiger für uns da, der HERR!
Es ist ein Ort mit Flüssen, breiten Strömen,
kein Ruderschiff fährt darauf,
und kein protzendes Schiff zieht dahin.
22 Der HERR ist unser Richter, 22: Ps 50,6 · 24,23!
der HERR führt uns,
der HERR ist unser König,
er hilft uns!
23 Schlaff sind deine Taue, 23: Ps 68,13 · 24,23!
das Gestell ihres Mastbaums können sie nicht halten,
die Flagge haben sie nicht entrollt.
Dann wird viel Raubgut aufgeteilt,
Lahme haben Beute erbeutet.
24 Und kein Einwohner wird sagen: Ich leide. 24: Joel 4,10; Sach 12,8 · 44,22
Dem Volk, das darin wohnt, ist die Schuld vergeben.

Edom wird der Vernichtung geweiht

34 1 Kommt her, ihr Nationen, und hört, 1: Ps 49,2
und ihr Völker, gebt acht!
Es höre die Erde und was sie erfüllt,
der Erdkreis und alles, was auf ihm wächst.
2 Denn der HERR ist zornig über alle Nationen 2: 63,6; Jer 25,15; Zef 3,8 · 66,16; Jer 25,31
und wütend über ihr ganzes Heer;
er hat sie der Vernichtung geweiht,
hat sie zur Schlachtung freigegeben.
3 Dann werden ihre Erschlagenen hingeworfen, 3: 14,19; Ez 32,5–6; Nah 3,3; Joel 2,20
und ihre Leichen – ihr Gestank wird aufsteigen,
und die Berge werden aufgeweicht sein von ihrem Blut. 4: Hebr 1,12; Offb 6,14
4 Und das ganze Heer des Himmels verfault,

und wie eine Schriftrolle rollt sich der Himmel zusammen,
und sein ganzes Heer verwelkt,
wie das Blatt am Weinstock verwelkt
und wie welkes Laub am Feigenbaum.

5–17: Jer 49,7–22! 5–6: Dtn 32,42; Jer 46,10; Zef 1,7

5 Denn trunken ist im Himmel mein Schwert,
sieh, auf Edom fährt es nieder,
auf das Volk, das ich der Vernichtung geweiht habe, zum Gericht;

6: 63,1

6 ein Schwert des HERRN, blutverschmiert, triefend vom Fett,
vom Blut der Lämmer und der Böcke,
vom Nierenfett der Widder,
denn ein Schlachtopfer veranstaltet der HERR in Bozra,
ein grosses Schlachtfest im Land Edom.

7: Jer 50,27 · Ez 39,18

7 Und mit ihnen werden Wildstiere fallen
und junge Bullen gemeinsam mit starken Stieren,
und mit Blut wird ihr Land getränkt,
und mit Fett wird ihre Erde gedüngt.

8: 35,4; 47,3; 61,2; 63,4

8 Denn es ist ein Tag der Rache des HERRN,
ein Jahr der Vergeltung für den Streit um Zion.

9: Gen 19,24

9 Und seine Flusstäler verwandeln sich in Pech
und seine Erde in Schwefel,
und sein Land wird zu brennendem Pech.

10: Offb 14,11; 19,3 · Jer 49,18; 50,40

10 Nacht und Tag wird es nicht erlöschen,
sein Rauch steigt auf für immer,
von Generation zu Generation wird es in Trümmern liegen,
nie mehr wird man es durchstreifen.

11: 14,23

11 Und Eule und Igel nehmen es in Besitz,
und Ibis und Rabe hausen darin,
und die Messschnur der Verödung spannt er darüber aus
und das Senkblei der Leere.
12 Seine Edlen: Dort ruft man kein Königtum aus,
und alle seine Fürsten sind am Ende.

13: 5,6!

13 Und in seinen Palästen werden Dornen aufspriessen,
Unkraut und Dornensträucher in seinen befestigten Städten,
und es wird eine Wohnstatt für Schakale sein,
eine Wiese für junge Strausse.

14: Zef 2,14 · 13,22 · 2Kön 21,13

14 Und Wüstentiere werden auf Wildhunde treffen,
und Bocksgeister begegnen einander,
nur Lilit kann dort noch verweilen
und eine Stätte der Ruhe finden für sich.
15 Dort baut die Schlange ihr Nest und legt Eier
und brütet sie in ihrem Schatten aus,
dort können nur Raubvögel sich noch versammeln
und sich ihr Stelldichein geben.
16 Forscht nach im Buch des HERRN und lest:
Nichts von dem bleibt aus,
eines muss das andere nicht suchen,

34,9: Mit ‹seine Flusstäler› sind die Flusstäler Edoms gemeint.
34,14: Lilit ist eine nichtisraelitische Dämonin.
34,15: Statt «Schlange» ist möglicherweise «Wüstenhuhn» zu übersetzen.

denn sein Mund hat es geboten,
und sein Geist, er hat all das angesammelt.
17 Und er hat das Los für sie geworfen,
und mit der Messschnur hat seine Hand es ihnen zugeteilt,
sie werden es besitzen für immer,
von Generation zu Generation werden sie darin wohnen.

17: 60,21; Joel 4,20; Ez 37,25

Die Geretteten kehren zurück

35 1 Wüste und trockenes Land werden sich freuen,
und die Steppe wird jauchzen und blühen wie die Lilie.
2 Üppig wird sie blühen und jauchzen,
jauchzen und jubeln!
Die Herrlichkeit des Libanon wird ihr gegeben,
die Pracht des Karmel und der Ebene von Scharon.
Diese werden die Herrlichkeit des HERRN sehen,
die Pracht unseres Gottes.
3 Stärkt die schlaffen Hände
und macht die weichen Knie stark!
4 Sagt denen, die bestürzt sind:
Seid stark, fürchtet euch nicht!
Seht, euer Gott! Die Rache kommt,
die Vergeltung Gottes,
er selbst kommt, um euch zu retten.
5 Dann werden die Augen der Blinden aufgetan
und die Ohren der Tauben geöffnet.
6 Dann wird der Lahme springen wie der Hirsch,
und die Zunge des Stummen wird jubeln,
denn in der Wüste brechen Wasser hervor
und Flüsse in der Steppe.
7 Und die glühende Hitze wird zum Schilfteich,
und aus dem Trockenland wird ein Land voller Quellen.
An der Stätte, wo Schakale lagerten,
wird das Gras zu Schilfrohr und Papyrus.
8 Und dort wird eine Strasse sein und ein Weg:
Weg-der-Heiligkeit wird er genannt werden.
Kein Unreiner wird ihn betreten,
ihnen wird er gehören,
die auf dem Weg gehen,
und Toren werden nicht in die Irre gehen.
9 Dort wird kein Löwe sein,
und kein reissendes Tier zieht auf ihm hinauf,
kein Einziges wird dort gefunden.
Erlöste werden darauf gehen,
10 und die Ausgelösten des HERRN werden zurückkehren
und nach Zion kommen unter Jubel,
und über ihrem Haupt wird ewige Freude sein.
Frohlocken und Freude holen sie ein,
und Kummer und Seufzen fliehen.

1: 51,3
2: 55,12; Ps 65,14; 96,12 · 60,13 · 40,5
3: Hebr 12,12
4: 31,5! · 40,9! · 34,8!
5: 29,18!
6: 32,4 · 41,18; 43,19; Ps 107,35; 114,8
8: 52,1; Ez 44,9; Offb 21,27
9: Ez 34,25 · 51,10; 62,12
10: 61,7 · 30,19; 51,11; 65,19

35,8: Mit ‹ihnen› sind die zurückkehrenden Israeliten gemeint.

Sanherib sendet den Rab-Schake nach Jerusalem

1–22: 2Kön 18,13–37 **36** 1 Und im vierzehnten Jahr des Königs Chiskijahu zog Sanherib,
1: 7,20 der König von Assur, herauf gegen alle befestigten Städte Judas
2: 2Kön 8,17 und eroberte sie. 2 Und der König von Assur sandte den Rab-Schake von
Lachisch aus nach Jerusalem zu König Chiskijahu mit einem gewaltigen
Heer. Und am Kanal des oberen Teichs, an der Strasse am Walkerfeld,
3: 22,15! stellte er sich auf. 3 Und Eljakim, der Sohn des Chilkijahu, der dem Haus
vorstand, und Schebna, der Schreiber, und Joach, der Sohn des Asaf, der
Kanzler, kamen zu ihm heraus.

4 Und der Rab-Schake sprach zu ihnen: Sagt doch Chiskijahu: So
spricht der Grosskönig, der König von Assur: Was ist das für eine Zuver-
sicht, die du da hast? 5 Du sagst: Ach, schon ein Wort von den Lippen ist
Rat und Kraft für den Kampf. Nun, auf wen vertraust du, dass du dich
6: 30,3; Ez 29,6–7 aufgelehnt hast gegen mich? 6 Sieh, du setzt dein Vertrauen auf diesen
abgeknickten Rohrstab, auf Ägypten, der jedem, der sich auf ihn stützt,
in die Hand dringt und sie durchbohrt. So macht es der Pharao, der Kö-
7: 2Kön 18,4 nig von Ägypten, mit allen, die auf ihn vertrauen. 7 Und wenn du zu mir
sagst: Auf den HERRN, unseren Gott, vertrauen wir! – Ist das nicht der,
dessen Kulthöhen und Altäre Chiskijahu beseitigt hat? Hat er doch zu
Juda und zu Jerusalem gesprochen: Vor diesem Altar sollt ihr euch nie-
derwerfen! 8 Und nun, geh doch eine Wette ein mit meinem Herrn,
dem König, mit Assur: Ich will dir zweitausend Pferde geben. Ob du dir
wohl die Reiter dazu stellen kannst? 9 Wie willst du denn auch nur ei-
nen einzigen Statthalter, einen der geringsten Diener meines Herrn,
vertreiben? Du hast auf Ägypten vertraut wegen der Wagen und der Rei-
ter. 10 Und nun, bin ich etwa gegen den Willen des HERRN hinaufgezo-
gen gegen dieses Land, um es zu verderben? Der HERR hat zu mir ge-
sprochen: Zieh hinauf gegen dieses Land, und verdirb es!

11: Dan 2,4 11 Da sagten Eljakim, Schebna und Joach zum Rab-Schake: Sprich
doch Aramäisch zu deinen Dienern, denn wir verstehen es, und sprich
doch nicht Judäisch zu uns vor den Ohren des Volks, das auf der Mauer
ist. 12 Der Rab-Schake aber sprach: Hat mein Herr mich denn, um diese
Worte zu sprechen, zu deinem Herrn und zu dir gesandt, und nicht viel-
mehr zu den Männern, die auf der Mauer sitzen, um bei euch ihren Kot
zu essen und ihren Urin zu trinken? 13 Da stellte der Rab-Schake sich
hin, und mit lauter Stimme rief er auf Judäisch und sprach: Hört die
Worte des Grosskönigs, des Königs von Assur! 14 So spricht der König:
Lasst euch von Chiskijahu nicht verführen, denn er kann euch nicht ret-
15: 37,10 ten. 15 Und Chiskijahu soll euch nicht zum Vertrauen auf den HERRN
verleiten, wenn er sagt: Gewiss wird der HERR uns retten, diese Stadt
16: 1Kön 5,5; Mi 4,4 wird nicht in die Hand des Königs von Assur gegeben werden! 16 Hört
nicht auf Chiskijahu. Denn so spricht der König, der von Assur:
Schliesst Frieden mit mir, und kommt heraus zu mir, und esst, ein jeder
von eurem Weinstock und ein jeder von eurem Feigenbaum, und trinkt,
ein jeder das Wasser aus eurem Brunnen, 17 bis ich komme und euch in
ein Land hole, das eurem Land gleich ist, ein Land mit Getreide und
18: 37,12 Wein, ein Land mit Brot und Weinbergen, 18 damit Chiskijahu euch

36,1: Siehe die Anm. zu 2Kön 18,13.
36,2: Rab-Schake ist der Titel des obersten königlichen Mundschenks.

nicht täuschen kann, wenn er sagt: Der HERR wird uns retten! Hat denn
irgendeiner von den Göttern der Nationen sein Land aus der Hand des
Königs von Assur gerettet? 19 Wo sind die Götter von Chamat und von 19: 10,11
Arpad? Wo sind die Götter von Sefarwajim? Haben denn sie etwa Sama-
ria aus meiner Hand gerettet? 20 Welche von allen Göttern dieser Län-
der sind es denn, die ihr Land aus meiner Hand gerettet hätten, dass der
HERR nun Jerusalem aus meiner Hand retten sollte? 21 Sie aber schwie-
gen und antworteten ihm mit keinem Wort, denn der Befehl des Königs
lautete: Antwortet ihm nicht!
22 Da kamen Eljakim, der Sohn des Chilkijahu, der dem Haus vor-
stand, Schebna, der Schreiber, und Joach, der Sohn des Asaf, der Kanzler,
mit zerrissenen Kleidern zu Chiskijahu und berichteten ihm von den
Worten des Rab-Schake.

Jesaja verheisst Rettung

37 1 Und als König Chiskijahu das hörte, zerriss er seine Kleider, zog 1–35: 2Kön 19,1–37
das Trauergewand über und kam in das Haus des HERRN. 2 Dann 1–2: 22,12!
sandte er Eljakim, der dem Haus vorstand, Schebna, den Schreiber, und 1: 14 2: 22,15!
die Ältesten der Priester, die sich Trauergewänder übergezogen hatten,
zu Jesaja, dem Sohn des Amoz, dem Propheten. 3 Und zu ihm sprachen 3: 66,9; Hos 13,13
sie: So spricht Chiskijahu: Ein Tag der Not, der Zurechtweisung und der
Schmach ist dieser Tag! Bis zum Muttermund sind die Kinder gelangt,
und nun fehlt die Kraft, um zu gebären! 4 Vielleicht hört der HERR, dein 4: 1,9!
Gott, die Worte des Rab-Schake, den der König von Assur, sein Herr,
gesandt hat, um den lebendigen Gott zu verhöhnen, und vielleicht weist
er ihn dann zurecht, der Worte wegen, die der HERR, dein Gott, gehört
hat. So sprich ein Gebet für den Rest, der noch da ist.
5 Und die Diener des Königs Chiskijahu kamen zu Jesaja, 6 und Je- 6: 10,24 · 51,7
saja sprach zu ihnen: So sollt ihr zu eurem Herrn sprechen: So spricht
der HERR: Fürchte dich nicht vor den Worten, die du gehört hast, mit
denen die Buben des Königs von Assur mich gelästert haben! 7 Sieh, ich 7: 37–38
gebe ihm einen Geist ein, dann wird er eine Nachricht hören und in
sein Land zurückkehren, und in seinem Land werde ich ihn durch das
Schwert zu Fall bringen.
8 Der Rab-Schake aber kehrte zurück und traf den König von Assur
im Kampf gegen Libna, denn er hatte gehört, dass dieser von Lachisch
abgezogen war. 9 Da aber hörte er über Tirhaka, den König von Kusch:
Er ist ausgezogen, um gegen dich zu kämpfen!

Die zweite Gesandtschaft Sanheribs

Und er hörte davon und sandte Boten zu Chiskijahu und sprach:
10 So sollt ihr zu Chiskijahu, dem König von Juda, sprechen: Dein Gott, 10: 36,15
auf den du vertraust, möge dich nicht verführen, da du sagst: Jerusalem
wird nicht in die Hand des Königs von Assur gegeben werden. 11 Sieh,
du hast selbst gehört, was die Könige von Assur allen Ländern angetan
haben, wie man sie der Vernichtung geweiht hat, und da solltest du ge-
rettet werden? 12 Haben die Götter der Nationen, die von meinen Vor- 12: 36,18
fahren vernichtet worden sind, diese ihre Völker gerettet? Gosan, Cha-

37,9: Siehe die Anm. zu 2Kön 19,9a.

ran, Rezef und die aus Eden, das in Telassar ist? 13 Wo sind der König
von Chamat und der König von Arpad und ein König der Stadt Sefarwa-
14: 1 jim, von Hena und von Iwwa? 14 Und Chiskijahu nahm den Brief aus
der Hand der Boten und las ihn. Dann ging er hinauf in das Haus des
HERRN, und vor dem HERRN breitete Chiskijahu ihn aus.

Das Gebet Chiskijahus

15: 1Kön 8,28–30 15 Und Chiskijahu betete zum HERRN und sprach: 16 HERR der Heer-
16: 1Sam 4,4; Ps 80,2 scharen, Gott Israels, der du über den Kerubim thronst, du allein bist
Gott über alle Königreiche der Erde! Du hast den Himmel und die Erde
17: Dan 9,18 gemacht. 17 Neige, HERR, dein Ohr und höre! Öffne, HERR, dein Auge und
sieh! Und höre all die Worte Sanheribs, der gesandt hat, um den lebendi-
gen Gott zu verhöhnen. 18 Es ist wahr, HERR: Die Könige von Assur ha-
19: 10,10! ben alle Nationen und deren Land verwüstet, 19 und ihre Götter haben
sie dem Feuer preisgegeben; aber das waren keine Götter, sondern das
war Werk von Menschenhand, Holz und Stein. Und so hat man sie ver-
20: 45,6 nichtet. 20 Und nun, HERR, unser Gott, rette uns aus seiner Hand, damit
alle Königreiche der Erde wissen, dass du allein der HERR bist!

Der HERR verurteilt Sanherib

21: 38,5 21 Da sandte Jesaja, der Sohn des Amoz, zu Chiskijahu und sprach: So
spricht der HERR, der Gott Israels: Was du wegen Sanherib, des Königs
von Assur, zu mir gebetet hast – 22 Dies ist das Wort, das der HERR über
ihn gesprochen hat:

Es verachtet dich, es verspottet dich
die Jungfrau Tochter Zion;
hinter dir schüttelt den Kopf
die Tochter Jerusalem.
23 Wen hast du verhöhnt und gelästert,
und gegen wen bist du laut geworden,
und zu wem hast du deine Augen hoch erhoben?
Zum Heiligen Israels!
24: Ez 21,2 24 Den Herrn hast du verhöhnt durch deine Diener,
und du hast gesagt:
Mit der Menge meiner Wagen
habe ich die höchsten Berge erklommen,
die entlegensten Gegenden des Libanon;
und seine hohen Zedern werde ich schlagen,
seine besten Wacholderbäume,
und zu seiner fernsten Höhe werde ich vordringen,
in das Dickicht seiner Wälder.
25: 10,13! · 19,6 25 Ich habe gegraben
und konnte Wasser trinken,
und mit meinen Fusssohlen werde ich trockenlegen
alle Ströme Mazors.

37,12: Siehe die Anm. zu 2Kön 19,12.
37,14: Siehe die Anm. zu 2Kön 19,14.
37,18: Wörtlich: «... haben alle Länder und deren Land verwüstet,»
37,24: Siehe die Anm. zu 2Kön 19,23.
37,25: «Mazor»: siehe die Anm. zu 19,6.

26 Hast du es nicht gehört? 26: 22,11
Vor Zeiten schon habe ich es so gefügt
und in den Tagen der Vorzeit, da schon habe ich es vorgebildet.
Nun habe ich es kommen lassen:
Zu verwüsteten Steinhaufen
musstest du befestigte Städte machen.
27 Und die darin wohnten, Machtlose, 27: Ps 129,6
sie waren entsetzt und gerieten in Schande,
zu Kraut des Feldes wurden sie,
zu grünem Kraut,
zu Gras auf den Dächern
und auf den Terrassen,
bevor es ein stehender Halm wird.
28 Aber ich weiss, wo du sitzt,
wohin du gehst und woher du kommst
und wie du getobt hast gegen mich.
29 Weil du gegen mich getobt hast 29: Hiob 40,26; Ez 29,4
und dein Übermut mir zu Ohren gekommen ist,
werde ich dir meinen Haken in die Nase legen
und meinen Zaum an deine Lippen,
und ich werde dich zurückführen auf dem Weg,
auf dem du gekommen bist.
30 Und dies ist das Zeichen für dich: In diesem Jahr isst man, was von 30: 7,14!
selbst wächst, und im zweiten Jahr, was auch dann noch wild wächst. Im
dritten Jahr aber sät und erntet, pflanzt Weinberge, und esst ihre
Frucht! 31 Und was vom Haus Juda entronnen ist, was übrig geblieben 31: 27,6!
ist, wird unten wieder Wurzel schlagen, und oben wird es Frucht brin-
gen.
32 Denn ein Rest wird entkommen aus Jerusalem, 32: 9,6
Entronnene vom Berg Zion.
Der Eifer des HERRN der Heerscharen wird dies bewirken.
33 Darum, so spricht der HERR über den König von Assur: In diese Stadt
wird er nicht hineinkommen, keinen Pfeil wird er dort hineinschies-
sen, mit keinem Schild wird er gegen sie anrücken, und keine Rampe
wird er gegen sie aufschütten. 34 Auf dem Weg, auf dem er gekommen
ist, wird er zurückkehren, in diese Stadt aber wird er nicht hineinkom-
men, Spruch des HERRN. 35 Und ich werde diese Stadt beschützen und 35: 31,5! · 19,6 ·
sie retten, um meinetwillen und um Davids, meines Dieners, willen. 43,25!
36 Und der Bote des HERRN ging hinaus und erschlug hundertfünfun- 36: 17,14 · 10,25!
dachtzigtausend Mann im Lager Assurs. Und als man sich früh am Mor-
gen aufmachte, sieh, da lag alles voll mit Leichen, Toten. 37 Da brach 37–38: 7
Sanherib, der König von Assur, auf und ging und kehrte zurück und
blieb in Ninive. 38 Und als er sich niederwarf im Haus des Nisroch, sei-
nes Gottes, da erschlugen ihn Adrammelech und Sarezer, seine Söhne,
mit dem Schwert, sie aber entkamen ins Land Ararat. Und Esar-Chad-
don, sein Sohn, wurde König an seiner Statt.

37,30: Siehe die Anm. zu 2Kön 19,29.

Chiskijahus Krankheit und Genesung

1–8: 2Kön 20,1–11! 38 1 In jenen Tagen wurde Chiskijahu todkrank. Da kam Jesaja, der
Sohn des Amoz, der Prophet, zu ihm und sprach zu ihm: So spricht
der HERR: Bestell dein Haus, denn du stirbst und wirst nicht überleben.
2 Da drehte Chiskijahu sein Angesicht zur Wand und betete zum
3: 2Kön 18,3–6 HERRN 3 und sprach: Ach HERR, denk doch daran, dass ich treu und mit
ungeteiltem Herzen vor dir gelebt habe und dass ich getan habe, was gut
ist in deinen Augen. Und Chiskijahu weinte heftig. 4 Und das Wort des
5: 37,21 · Ps 6,9 HERRN erging an Jesaja: 5 Geh, und sprich zu Chiskijahu: So spricht der
HERR, der Gott Davids, deines Vorfahren: Ich habe dein Gebet gehört,
deine Tränen habe ich gesehen. Sieh, fünfzehn Jahre werde ich hinzufü-
gen zu deinen Tagen, 6 und dich und diese Stadt werde ich retten aus
der Hand des Königs von Assur, und ich werde diese Stadt beschützen.
7: 7,14! 7 Und dies ist das Zeichen vom HERRN für dich, dass der HERR dieses
Wort, das er gesprochen hat, ausführen wird: 8 Sieh, ich lasse den Schat-
ten zurückgehen auf den Stufen, nachdem er schon hinabgegangen ist
auf den Stufen des Achas, ich lasse die Sonne zehn Stufen zurückgehen.
Und die Sonne ging zehn Stufen zurück auf den Stufen, nachdem sie
schon hinabgegangen war.

9 Eine Aufzeichnung Chiskijahus, des Königs von Juda, als er krank
war und dann seine Krankheit überlebte:

10: Ps 102,25 10 Ich sprach: In der Hälfte meiner Tage muss ich durch die Tore des
Totenreichs gehen,
dorthin wurde ich aufgeboten für den Rest meiner Jahre.
11: Ps 27,13; 116,9; 11 Ich sprach: Ich werde Jah nicht mehr sehen,
142,6 Jah im Land der Lebenden,
keinen Menschen mehr erblicken
bei dem, was die Erde bewohnt.
12: 2Kor 5,1; 12 Herausgerissen wurde mein Wohnzelt
Hiob 4,21 · und abgedeckt über mir
Hiob 7,6–7! wie das Zelt eines Hirten.
Wie ein Weber habe ich mein Leben zusammengerollt,
vom Faden schneidet er mich ab.
Vom Tag bis in die Nacht hast du mich preisgegeben,
13: Hiob 10,16 · 13 bis zum Morgen habe ich versucht, ihn zu besänftigen.
Klgl 3,4 · Ps 90,6 Wie ein Löwe, so bricht er mir alle Knochen,
vom Tag bis in die Nacht hast du mich preisgegeben.
14: 59,11; Nah 2,8 · 14 Wie ein Mauersegler, eine Schwalbe, so piepse ich,
Hiob 17,3 ich gurre wie eine Taube.
Nach der Höhe verzehren sich meine Augen:
Herr, ich werde bedrängt,
tritt ein für mich!
15 Was soll ich reden, und was wird er mir sagen,
da doch er es getan hat?
Ständig wandle ich im Schlaf,
meiner Verbitterung wegen.

38,10: «dorthin» wurde in der Übersetzung ergänzt.
38,11: «Jah»: siehe die Anm. zu Ps 68,5.
38,12: Der Massoretische Text lautet übersetzt: «... wie das Zelt meines Hirten. ...»

16 Herr, dadurch lebt man,
und durch alles, was darin ist, lebt mein Geist –
du wirst mich wieder stark machen und leben lassen!
17 Sieh, Bitteres ist mir zum Heil geworden, Bitteres, 17: Jona 2,7 ·
und in deiner Liebe hast du mich gerettet Ps 103,3–4; Mi 7,19
vor dem Grab des Verderbens,
denn hinter deinen Rücken hast du alle meine Sünden geworfen.
18 Denn nicht die Totenwelt preist dich, 18: Ps 6,6
nicht der Tod lobt dich,
auf deine Treue hoffen nicht die, die hinabsteigen in die Grube.
19 Der Lebende, der Lebende, 19: Ex 10,2; Dtn 4,9!
er ist es, der dich preist,
wie ich es heute tue.
Ein Vater lässt die Kinder von deiner Treue wissen.
20 Gewiss rettet mich der HERR!
Dann werden wir mein Saitenspiel erklingen lassen
alle Tage unseres Lebens, beim Haus des HERRN!
21 Und Jesaja sprach: Man soll einen Feigenkuchen nehmen und ihn auf
das Geschwür streichen, dann wird er gesund. 22 Da sprach Chiskijahu: 22: 7,14!
Was ist das Zeichen, dass ich hinaufgehen werde in das Haus des
HERRN?

Chiskijahu und die Gesandtschaft aus Babel

39 1 In jener Zeit sandte Merodach-Baladan, der Sohn des Baladan, 1–8: 2Kön 20,12–19
der König von Babel, Briefe und Geschenke an Chiskijahu, und er 1: 2Sam 8,10!
hörte, dass Chiskijahu krank gewesen und genesen war. 2 Und Chiski-
jahu freute sich darüber, und so zeigte er den Boten sein Schatzhaus, das
Silber und das Gold, den Balsam, das beste Öl und sein ganzes Zeughaus
und alles, was sich in seinen Schatzkammern befand. In seinem Haus
und in seinem ganzen Reich gab es nichts, was Chiskijahu ihnen nicht
zeigte. 3 Da kam Jesaja, der Prophet, zu König Chiskijahu und sprach zu 3: Jer 4,16
ihm: Was haben diese Männer gesagt? Und woher kommen sie zu dir?
Und Chiskijahu sagte: Aus einem fernen Land sind sie zu mir gekom-
men, aus Babel. 4 Da sagte er: Was haben sie in deinem Haus gesehen?
Und Chiskijahu sagte: Alles, was in meinem Haus ist, haben sie gese-
hen. In meinen Schatzkammern war nichts, das ich ihnen nicht gezeigt
hätte. 5 Da sprach Jesaja zu Chiskijahu: Höre das Wort des HERRN der
Heerscharen! 6 Sieh, es kommen Tage, da wird alles, was in deinem 6: 2Kön 24,13
Haus ist und was deine Vorfahren angesammelt haben bis zum heuti-
gen Tag, nach Babel weggetragen werden. Nichts wird übrig bleiben,
spricht der HERR. 7 Und von deinen Söhnen, die von dir abstammen, die 7: Dan 1,3
du zeugen wirst, wird man einige nehmen, und sie werden Eunuchen
sein im Palast des Königs von Babel. 8 Da sprach Chiskijahu zu Jesaja:
Das Wort des HERRN, das du gesprochen hast, ist gut. Aber er dachte:
Solange ich lebe, werden Friede und Sicherheit herrschen!

38,16: Die Übersetzung von «Herr, dadurch ... mein Geist –» ist unsicher.
39,2: Wörtlich: «... zeigte er ihnen sein Schatzhaus, ...»

Zion wird getröstet

1: 49,13; 51,3.12; 66,13; Sach 1,17

40 1 Tröstet, tröstet mein Volk!,
spricht euer Gott.

2: 14,3 · Klgl 4,22 · Ex 22,3; Jer 16,18

2 Redet zum Herzen Jerusalems und ruft ihr zu,
dass ihr Frondienst vollendet,
dass ihre Schuld abgetragen ist.
Aus der Hand des HERRN musste sie nehmen
das Doppelte für all ihre Sünden.

3: 11,16! · Mal 3,1; Mt 3,3; Joh 1,23

3 Horch, ein Rufer:
Bahnt den Weg des HERRN in der Wüste,
in der Steppe macht die Strasse gerade für unseren Gott!

4: 42,16; 49,11; 57,14; 62,10

4 Jedes Tal wird sich heben,
und senken werden sich alle Berge und Hügel,
und das Unebene wird flach,
und was hügelig ist, wird zur Ebene.

5: 35,2 · 66,18 · 1,20!

5 Und die Herrlichkeit des HERRN wird sich offenbaren,
und gemeinsam wird alles Fleisch es sehen.
Der Mund des HERRN hat gesprochen!

6: 51,12

6 Horch, einer spricht: Rufe!
Und er sagt: Was soll ich rufen?
Alles Fleisch ist Gras,
und alles, was gut ist daran, ist wie die Blume auf dem Feld.

7: Ps 103,15

7 Das Gras vertrocknet,
die Blume verwelkt,
wenn der Atem des HERRN darüberweht.
Wahrlich, das Volk ist Gras!

8: Ps 119,89

8 Das Gras vertrocknet,
die Blume verwelkt,
das Wort unseres Gottes aber besteht für immer.

9: 41,27! · 25,9; 35,4

9 Steig auf einen hohen Berg, du Freudenbotin Zion!
Erhebe deine Stimme mit Kraft,
du Freudenbotin Jerusalem!
Erhebe sie, fürchte dich nicht!
Sag den Städten Judas: Seht, euer Gott!

10: Sach 2,14; Mal 3,1 · 51,5.9 · 62,11

10 Sieh, Gott der HERR, er kommt als ein Starker,
und sein Arm übt die Herrschaft aus für ihn.
Sieh, sein Lohn ist bei ihm,
und seine Belohnung zieht vor ihm her.

11: 46,4; Ps 23,1; Ez 34,12

11 Wie ein Hirt weidet er seine Herde,
die Lämmer sammelt er auf seinen Arm,
und er trägt sie an seiner Brust,
die Muttertiere leitet er.

Der Gott Israels ist unvergleichlich

12 Wer hat mit der hohlen Hand das Wasser gemessen
und mit der Spanne seiner Hand den Himmel abgemessen?

40,3: Möglich ist auch die Übersetzung: «Die Stimme eines Rufers: ...»
40,6: Möglich ist auch die Übersetzung: «Die Stimme von einem, der spricht: ...»
40,10: Mit ‹Lohn› und ‹Belohnung› sind die aus Babel heimkehrenden Israeliten gemeint.

Und wer erfasst mit dem Drittelmass den Staub der Erde
und wiegt mit der Waage die Berge
und mit Waagschalen die Hügel?
13 Wer hätte den Geist des HERRN geprüft,
und welcher Mensch wäre sein Ratgeber, würde ihn unterweisen?
14 Mit wem könnte er sich beraten, der ihm Einsicht verschafft
und ihn belehrt hätte über den Pfad des Rechts
und ihn Erkenntnis gelehrt hätte
und ihm nun den Weg der Einsicht wiese?
15 Sieh, wie ein Tropfen in einem Eimer sind die Nationen,
und wie Staub auf Waagschalen werden sie geachtet.
Sieh, Inseln hebt er empor, als wären sie ohne Gewicht.
16 Und der Libanon reicht nicht aus für den Brand,
und sein Wild reicht nicht aus für das Brandopfer.
17 Vor ihm sind alle Nationen, als gäbe es sie nicht,
wie das Nichts, wie das, was nicht ist, werden sie von ihm geachtet.
18 Und mit wem wollt ihr Gott vergleichen
und was als Ebenbild ihm gegenüberstellen?
19 Das Standbild giesst der Handwerker, und der Schmied überzieht es
mit Gold und schmiedet daran silberne Ketten. 20 Wer nicht so viel ge-
ben kann, wählt ein Holz, das nicht fault, er sucht sich einen geschick-
ten Handwerker, um das Standbild zu befestigen, es soll ja nicht wa-
ckeln.
21 Wisst ihr es nicht, hört ihr es nicht?
Ist es euch nicht von Anfang an verkündet worden?
Habt ihr es, seit die Erde gegründet wurde, nicht begriffen?
22 Er thront über dem Kreis der Erde,
und wie Heuschreckenschwärme sind ihre Bewohner,
wie einen Schleier breitet er den Himmel aus,
und wie ein Zelt hat er ihn ausgespannt, um darin zu wohnen.
23 Fürsten macht er zunichte,
Richter der Erde macht er zu dem, was wie das Nichts ist.
24 Kaum sind sie gepflanzt, kaum sind sie gesät,
kaum hat ihr Baumstumpf Wurzeln geschlagen in der Erde,
da hat er sie auch schon angehaucht, und sie sind verdorrt,
und wie Stoppeln trägt der Sturm sie davon.
25 Und mit wem wollt ihr mich vergleichen, dass ich ihm gleich wäre?,
spricht der Heilige.
26 Blickt nach oben
und seht: Wer hat diese geschaffen?

13: Hiob 21,22 · Röm 11,34; 1Kor 2,16
15: Ps 62,10; Dan 4,32
18: 25; 46,5; Ps 89,7
19: 41,7; 46,6
20: Jer 10,4
22: 42,5; 44,24; 45,11; 48,13; 51,13; Hiob 9,8
24: 17,13
25: 18!
26: Ps 147,4

40,19: Siehe die Anm. zu 1Kön 6,21.
40,20: Die Übersetzung «wer nicht so viel geben kann» ist umstritten.
40,22: Die genaue Bedeutung des mit ‹Schleier› wiedergegeben hebräischen Worts ist nicht gesichert.
40,26: Mit ‹diese› sind die Sterne gemeint.

Er, der ihr Heer hervortreten lässt, abgezählt,
sie alle ruft er mit Namen herbei.
Der Fülle an Kraft wegen, und weil er vor Kraft strotzt,
geht kein Einziger verloren.
27: 49,14 27 Warum, Jakob, sagst du,
und, Israel, warum sprichst du:
Mein Weg ist dem HERRN verborgen,
und mein Recht entgeht meinem Gott?
28: Gen 21,33 28 Hast du es nicht erkannt, hast du es nicht gehört:
Ein ewiger Gott ist der HERR,
der die Enden der Erde geschaffen hat!
Er ermattet nicht und wird nicht müde,
seine Einsicht ist unerforschlich.
29: 50,4; Hiob 4,4 29 Dem Ermatteten gibt er Kraft,
und wo keine Kraft ist, gibt er grosse Stärke.
30 Und junge Männer ermatten und werden müde,
Männer straucheln unvermeidlich.
31: Ps 103,5 31 Die aber, die auf den HERRN hoffen, empfangen neue Kraft,
wie Adlern wachsen ihnen Schwingen,
sie laufen und werden nicht müde,
sie gehen und ermatten nicht.

Die Macht des HERRN

1: 49,1 · 21 41 1 Hört mir zu, und schweigt, ihr Inseln,
und die Völker werden neue Kraft empfangen!
Sie sollen kommen, dann können sie reden!
Miteinander wollen wir vor Gericht treten.
2: 45,13; 46,11; Esra 1,2 · 25; 45,1 2 Wer hat ihn vom Aufgang der Sonne her erweckt?
Gerechtigkeit begegnet ihm auf Schritt und Tritt,
Nationen wirft er vor sich nieder, und Könige unterwirft er.
Sein Schwert macht sie wie Staub,
wie verwehte Stoppeln sein Bogen.
3 Er verfolgt sie, zieht siegreich dahin,
den Boden berührt er nicht mit seinen Füssen.
4: 20 · 44,6; 48,12; Offb 1,17 4 Wer hat dies getan und vollbracht?
Der von Anfang an die Generationen gerufen hat:
Ich, der HERR, bin der Erste,
und ich bin es noch bei den Letzten.
5 Die Inseln haben es gesehen und fürchten sich,
die Enden der Erde zittern,
sie haben sich genähert und sind herangekommen.
6 Einer steht dem anderen bei
und sagt zu seinem Bruder: Sei stark!
7: 40,19! 7 Und so hat der Handwerker den Schmied ermutigt,
der mit dem Hammer glättet, den, der mit dem Klöppel schlägt.
Von der Nahtstelle sagt er: Das ist gut so!
Hat er es doch mit Nägeln befestigt, es soll ja nicht wackeln.

40,31: Möglich ist auch die Übersetzung: «…, erheben sie die Schwingen, …»
41,2: Mit ‹ihn› ist der Perserkönig Kyros gemeint.

Israel, Diener des HERRN

8 Du aber, Israel, mein Diener,
Jakob, den ich erwählt habe,
Nachkomme Abrahams, meines Freundes,
9 du, den ich mit festem Griff von den Enden der Erde geholt habe
und den ich herbeigerufen habe aus ihren entlegensten Winkeln
und zu dem ich gesprochen habe:
Du bist mein Diener,
ich habe dich erwählt,
und ich habe dich nicht verworfen.
10 Fürchte dich nicht, denn ich bin bei dir!
Hab keine Angst, denn ich bin dein Gott!
Ich mache dich stark, ja, ich stehe dir bei!
Ja, ich halte dich mit der rechten Hand meiner Gerechtigkeit!
11 Sieh, alle, die dir zürnen, müssen sich schämen und geraten in Schande;
die mit dir streiten werden sein, als gäbe es sie nicht, und gehen zugrunde;
12 die mit dir hadern – du wirst sie suchen und nicht finden;
die gegen dich Krieg führen werden sein, als gäbe es sie nicht,
und wie das, was nicht ist.
13 Denn ich, der HERR, bin dein Gott, der deine rechte Hand stark macht,
der zu dir spricht: Fürchte dich nicht, ich stehe dir bei!
14 Fürchte dich nicht, Jakob, du kleiner Wurm,
ihr Israeliten,
ich stehe dir bei, Spruch des HERRN,
und dein Erlöser ist der Heilige Israels.
15 Sieh, ich mache dich zum Dreschschlitten, schneidend scharf, neu,
mit Klingen,
Berge wirst du dreschen und zermalmen,
und Hügel wirst du machen wie Spreu.
16 Du wirst sie worfeln, und der Wind wird sie forttragen,
und der Sturm wird sie zerstreuen;
du aber wirst jubeln über den HERRN,
des Heiligen Israels wirst du dich rühmen.
17 Die Elenden und die Armen suchen Wasser, aber es gibt keines,
ihre Zunge vertrocknet vor Durst:
Ich, der HERR, ich erhöre sie,
ich, der Gott Israels, verlasse sie nicht.
18 Auf kahlen Höhen lasse ich Flüsse entspringen
und in Tälern Quellen,
die Wüste mache ich zum Schilfteich
und das trockene Land zu Wasserquellen.
19 In die Wüste bringe ich Zedern, Akazien, Myrten und Ölbäume,
in der Steppe setze ich Wacholder, Ulmen und Zypressen dazu,

8: 43,10; 44,1–2.21; 45,4; Dtn 7,6 · Jak 2,23
10: 43,5; Gen 26,24 · Sach 10,6 · Ps 18,36
11: 45,24 · 54,17; 60,12
13: 45,1
14: Lk 12,32 · 59,20 · 43,3.14; 47,4; 48,17
15: Mi 4,13
16: Jer 15,7; 51,2 · 29,19!
17: 55,1!
18: 35,6!
19: 55,13; 60,13

41,19: Die genaue Bedeutung des mit ‹Ulmen› wiedergegebenen hebräischen Worts ist nicht gesichert; möglicherweise handelt es sich um eine Nadelbaumart.

20: 4
20 damit sie sehen und erkennen,
es aufnehmen und auch einsehen,
dass die Hand des HERRN dies getan
und dass der Heilige Israels es geschaffen hat.

21: 1,18! · 1
21 Tretet an mit eurem Rechtsstreit!, spricht der HERR.
Bringt eure Beweise vor!, spricht der König Jakobs.

22: 42,9; 43,9; 44,7
22 Sie sollen es vorbringen und uns kundtun, was nahe bevorsteht!
Das Frühere, was war es? Tut es kund, dann wollen wir es uns zu
Herzen nehmen, damit wir erkennen, wie es enden wird. Oder lasst ihr
23: Jer 10,5
uns hören, was kommt! 23 Tut kund, was künftig kommt, damit wir er-
kennen können, ob ihr Götter seid. Tut doch etwas Gutes oder etwas
Böses, dann wollen wir Ehrfurcht haben und es miteinander betrach-
ten.

24: 44,9! · Dtn 7,25–26
24 Seht, ihr seid nichts,
und wertlos ist euer Tun.
Abscheulich, wer euch erwählt!

25: 2!
25 Aus dem Norden habe ich ihn erweckt, und er ist gekommen,
vom Aufgang der Sonne her ruft er meinen Namen an,
und Statthalter hat er zertreten wie Ton,
wie der Töpfer den Töpferlehm zerstampft.

26 Wer hat das von Anfang an kundgetan, dass wir es hätten wissen können,
und im Voraus, dass wir hätten sagen können: Richtig!
Da war keiner, der es verkündet hätte!
Da war keiner, der es hätte hören lassen!
Da war keiner, der von euch Worte gehört hätte.

27: 40,9; 52,7; Nah 2,1
27 Ich habe es Zion als Erster verkündet:
Sieh, da sind sie,
und Jerusalem werde ich einen Freudenboten geben!

28 Und ich schaue mich um, doch da ist keiner,
und von diesen weiss ja niemand Rat,
dass ich sie fragen könnte und sie mir Antwort gäben.

29 Sieh, sie alle sind nichtig,
nichts sind ihre Werke,
Wind und Nichts ihre gegossenen Bilder.

Der Gottesknecht, das Licht der Nationen

1–6: Mt 12,18–21
1: 49,3; 50,10; 52,13 · 11,2! · 2,4

42 1 Seht meinen Diener, ich halte ihn,
meinen Erwählten, an ihm habe ich Gefallen.
Ich habe meinen Geist auf ihn gelegt,
das Recht trägt er hinaus zu den Nationen.

2 Er schreit nicht und wird nicht laut
und lässt seine Stimme nicht hören auf der Gasse.

3 Das geknickte Rohr zerbricht er nicht,

41,25: Die Übersetzung «hat er zertreten» beruht auf einer Korrektur des Massoretischen Texts, der übersetzt «er kommt» lautet.

41,29: Der Massoretische Text lautet übersetzt: «..., sie alle sind Unrecht, ...»

42,1: ‹Gottesknecht› ist eine traditionelle Bezeichnung, die deshalb in dieser Übersetzung in den folgenden Überschriften beibehalten wird; im Text wird ‹Diener› verwendet.

und den verglimmenden Docht löscht er nicht aus,
treu trägt er das Recht hinaus.
4 Er erlischt nicht 4: 60,9
und wird nicht geknickt,
bis er das Recht in Kraft gesetzt hat auf der Erde;
auf seine Weisung warten die Inseln.
5 So spricht der Gott, der HERR, 5: Ps 96,5 · 40,22!
der den Himmel geschaffen hat und ihn ausspannt,
der die Erde ausbreitet und was auf ihr wächst,
der den Menschen auf ihr Atem gibt
und Odem denen, die auf ihr gehen:
6 In Gerechtigkeit habe ich, der HERR, dich gerufen, 6: 49,6.8; 51,4; Lk 2,32
und ich ergreife deine Hand,
und ich behüte dich und mache dich zum Zeichen des Bundes mit dem Volk,
zum Licht der Nationen,
7 um blinde Augen zu öffnen, 7: 29,18! · 45,13; 49,9; 61,1
um Gefangene hinauszuführen aus dem Gefängnis
und aus dem Kerker, die in der Finsternis sitzen.
8 Ich bin der HERR, das ist mein Name, 8: Ex 3,14; Ps 83,19 · 48,11
und keinem anderen werde ich meine Ehre geben
und meinen Ruhm nicht den Bildern.
9 Das Frühere – sieh, es ist eingetroffen, 9: 41,22!
und das Neue – ich tue es kund.
Noch ehe es sprosst, lasse ich es euch hören.
10 Singt dem HERRN ein neues Lied, 10: Ps 33,3 · 24,15!
seinem Ruhm vom Ende der Erde her,
die ihr hinabreicht in das Meer und die ihr darin seid,
ihr Inseln und ihr, die ihr auf ihnen wohnt!
11 Die Wüste und ihre Städte werden einstimmen, 11: 60,7; Ez 27,21
die Gehöfte, die Kedar bewohnt,
die Felsenbewohner werden frohlocken,
laut jauchzen vom Gipfel der Berge.
12 Dem HERRN werden sie die Ehre geben
und seinen Ruhm auf den Inseln verkünden.
13 Der HERR zieht aus wie ein Held, 13: 59,17; Ex 15,3 · Ps 78,65
wie ein Kriegsmann weckt er die Kampfeslust,
stimmt den Schlachtruf an,
stösst das Feldgeschrei aus,
gegen seine Feinde erweist er sich als Held.
14 Lange bin ich still gewesen, 14: Ps 50,21
habe ich geschwiegen, habe ich mich zurückgehalten,
wie die Gebärende werde ich nun schreien,
werde so sehr schnauben, dass ich um Luft ringen muss.
15 Berge und Hügel werde ich ausdörren, 15: 50,2; Ps 107,33
und all ihr Grün lasse ich vertrocknen,
aus Flüssen mache ich Inseln
und Schilfteiche lasse ich austrocknen.
16 Und Blinde lasse ich einen Weg gehen, den sie nicht kannten, 16: Jer 31,8 · 40,4!
Pfade, die sie nicht kannten, lasse ich sie betreten,

die Dunkelheit vor ihnen mache ich zu Licht,
und holpriges Gelände wird flach.
Dies sind die Dinge, die ich tue und von denen ich nicht lasse.
17: 44,11; Ps 97,7 17 Zurückgewichen, tief in Schande sind, die auf Standbilder vertrauen,
die zu Gussbildern sagen: Ihr seid unsere Götter!

Die Strafe kommt vom HERRN

18 Die ihr taub seid, hört,
und ihr Blinden, schaut her, damit ihr seht!
19 Wer ist blind, wenn nicht mein Diener,
und taub wie mein Bote, den ich sende?
Wer ist blind wie Meschullam
und blind wie der Diener des HERRN?
20: 6,9! · 53,1 20 Viel zu sehen – du aber hast nie darauf geachtet.
Die Ohren offen – aber nie hat er zugehört.
21 Um seiner Gerechtigkeit willen hat es dem HERRN gefallen,
der Weisung Grösse und Herrlichkeit zu verleihen.
22: 24,3 · 5,29 22 Doch es ist ein ausgeraubtes und ausgeplündertes Volk,
gefangen in Höhlen sind sie alle
und in Kerkern versteckt,
zur Beute geworden, und da ist keiner, der rettet,
Plünderung – und da ist keiner, der sagt: Gib zurück!
23 Wer von euch wird darauf horchen,
wird acht geben,
damit er hört für die Zeit, die kommt?
24 Wer hat Jakob der Plünderung preisgegeben
und Israel denen, die Beute machen?
War es nicht der HERR, gegen den wir gesündigt haben
und auf dessen Wegen sie nicht gehen wollten
und auf dessen Weisung sie nicht gehört haben?
25: Jer 12,11 25 Da hat er Zorn ausgegossen über ihn, seine Wut,
und die Gewalt des Kriegs,
und diese hat ihn von allen Seiten versengt,
er aber hat nicht erkannt,
und sie hat ihn in Brand gesetzt,
er aber nimmt es sich nicht zu Herzen.

Der HERR erlöst sein Volk

1: 44,2.24; 45,11 · 48,20 43 1 Und nun, so spricht der HERR, dein Schöpfer, Jakob,
und der dich gebildet hat, Israel:
Fürchte dich nicht,
denn ich habe dich erlöst,
ich habe dich bei deinem Namen gerufen,
du gehörst zu mir.

42,19: Der hebräische Name Meschullam bedeutet: Als Ersatz gegeben.
42,21: Möglicherweise bedeutet der Text: «Um seiner Gerechtigkeit willen hat er (der Diener?) dem HERRN gefallen, er macht die Weisung gross und herrlich.»
42,25: Mit ‹ihm› ist Jakob/Israel gemeint, der von Gott gestraft wird.

2 Wenn du durch Wasser gehst – ich bin bei dir, 2: Ex 14,21; Ps 32,6; 66,12; Dan 3,27
und durch Flüsse – sie überfluten dich nicht.
Wenn du durch Feuer schreitest, wirst du nicht verbrannt,
und die Flamme versengt dich nicht.
3 Denn ich, der HERR, bin dein Gott, 3: 41,14! · 45,15
der Heilige Israels, dein Retter.
Ägypten habe ich als Lösegeld für dich hingegeben,
für dich Kusch und Saba.
4 Weil du teuer bist in meinen Augen,
geachtet bist, und weil ich dich liebe,
gebe ich Menschen für dich
und Völker für dein Leben.
5 Fürchte dich nicht, denn ich bin bei dir! 5: 41,10! · 54,7
Vom Aufgang der Sonne bringe ich deine Nachkommen herbei,
und vom Untergang her sammle ich dich.
6 Zum Norden sage ich: Gib her! 6: 11,12!
Und zum Süden: Halte nicht zurück!
Bring meine Söhne aus der Ferne
und meine Töchter vom Ende der Erde,
7 alle, die nach meinem Namen benannt sind
und die ich zu meiner Ehre geschaffen habe!
Ich habe sie gebildet, ja, ich habe sie gemacht.

Der HERR ist der Retter

8 Das blinde Volk hat er herausgeführt, das doch Augen hat, 8: 6,9!
und die Tauben, die doch Ohren haben.
9 Alle Nationen haben sich versammelt, 9: 41,22!
und die Völker kommen zusammen.
Wer unter ihnen verkündet solches?
Das Frühere sollen sie uns hören lassen!
Sie sollen ihre Zeugen aufbieten, damit sie Recht behalten,
damit man es hört und sagt: Es ist wahr!
10 Ihr seid meine Zeugen, Spruch des HERRN, 10: 12; 44,8; 55,4 · 41,8! · 44,6
und mein Diener, den ich erwählt habe,
damit ihr erkennt und mir glaubt
und begreift, dass ich es bin!
Vor mir ist kein Gott gebildet worden,
und nach mir wird keiner sein.
11 Ich, ich bin der HERR, 11: Hos 13,4
und keinen Retter gibt es ausser mir.
12 Ich war es, der es verkündet hat, 12: Dtn 32,12 · 10!
und ich habe gerettet, und ich habe es hören lassen,
und kein fremder Gott war bei euch.
Und ihr seid meine Zeugen, Spruch des HERRN,
und ich bin Gott.
13 Auch künftig bin ich es, 13: Dtn 32,39 · 14,24
und keinen gibt es, der aus meiner Hand rettet.
Ich mache es, und wer könnte es wenden?

43,12: «kein fremder Gott»: wörtlich: «kein Fremder».

Der HERR legt einen Weg durch die Wüste

14: 41,14!
14 So spricht der HERR,
euer Erlöser, der Heilige Israels:
Um euretwillen habe ich nach Babel gesandt,
und als Flüchtlinge treibe ich sie alle hinab,
die Kasdäer auf den Schiffen, auf denen sie gejubelt haben.
15: Hab 1,12
15 Ich bin der HERR, euer Heiliger,
der Schöpfer Israels, euer König.
16: 51,10; Ex 14,22; Jos 3,16; Ps 77,20
16 So spricht der HERR, der einen Weg bahnt im Meer
und einen Pfad in mächtigen Wassern,
17 der Wagen und Pferde ausziehen lässt, Heer und Starke,
gemeinsam liegen sie da, nie mehr stehen sie auf,
sind ausgelöscht, verloschen wie ein Docht.
18: 65,17 · 46,9
18 Denkt nicht an das, was früher war,
und was vormals war – kümmert euch nicht darum.
19: 48,6; Offb 21,5 · 35,6!
19 Seht, ich schaffe Neues,
schon spriesst es,
erkennt ihr es nicht?
Ja, durch die Wüste lege ich einen Weg
und Flüsse durch die Einöde.
20: Ps 148,10 · 48,21
20 Die Tiere des Feldes werden mich ehren,
die Schakale und die Strausse,
denn in die Wüste bringe ich Wasser,
in die Einöde Flüsse,
um mein Volk, meine Erwählten, trinken zu lassen,
21 das Volk, das ich für mich gebildet habe.
Von meinen Ruhm werden sie erzählen.

Israels Untreue

22: 64,6; Hos 7,7
22 Doch nicht mich hast du gerufen, Jakob,
um mich hast du dich nicht bemüht, Israel.
23: 1,11–15
23 Nicht mir hast du die Schafe deiner Brandopfer dargebracht,
und nicht mich hast du mit deinen Schlachtopfern geehrt.
Ich habe es dir nicht schwer gemacht mit Speiseopfern,
und mit Weihrauch habe ich dich nicht ermüdet.
24: Ex 30,13! · 7,13; Mi 6,3; Mal 2,17
24 Mir hast du kein Gewürzrohr gekauft für Silber,
und das Fett deiner Schlachtopfer – mich hast du damit nicht gesättigt.
Mit deinen Sünden hast du es mir wahrlich schwer gemacht,
mit deinen Verschuldungen hast du mich ermüdet.
25: 44,22 · 37,35; 48,11 · 64,8; Jer 31,34
25 Ich, ich bin es, der deine Vergehen tilgt, um meinetwillen,
und an deine Sünden werde ich nicht mehr denken.
26: 1,18!
26 Zeige mich an! Wir wollen miteinander rechten,
berichte du, damit du Recht bekommst.
27: Hos 12,4
27 Schon dein frühester Vorfahr hat gesündigt,
und deine Wortführer haben mit mir gebrochen.
28: Ps 79,4; Jer 24,9
28 Und so habe ich die Fürsten des Heiligtums entweiht,
um Jakob der Vernichtung preiszugeben
und Israel den Schandreden.

Der HERR segnet Israel

44 1 Nun aber höre, Jakob, mein Diener, 1–2: 41,8!
Israel, den ich erwählt habe! 1: 48,12
2 So spricht der HERR, der dich gemacht 2: 43,1! · Dtn 32,15
und gebildet hat vom Mutterleib an, der dir hilft:
Fürchte dich nicht, mein Diener Jakob,
Jeschurun, den ich erwählt habe,
3 denn über den Durstigen werde ich Wasser giessen 3: 27,3 · 32,15! ·
und Bäche über die Trockenheit. Apg 2,17
Meinen Geist werde ich ausgiessen über deine Nachkommen
und über deine Nachfahren meinen Segen,
4 und sie werden spriessen zwischen dem Gras 4: Ps 1,3
wie Weiden an Wasserläufen.
5 Dieser wird sprechen: Ich gehöre zum HERRN!
Und jenen wird nach dem Namen Jakobs benennen,
und ein anderer schreibt auf seine Hand: Dem HERRN zugehörig!
Und man wird ihm den Ehrennamen Israel geben.
6 So spricht der HERR, der König Israels 6: 41,4! · 43,10
und sein Erlöser, der HERR der Heerscharen:
Ich bin der Erste, und ich bin der Letzte,
und es gibt keinen Gott ausser mir.
7 Und wer ist wie ich? Laut soll er es sagen, 7: 41,22!
dass er es kundtut und mir darlegt,
für die Zeit, seit ich ein ewiges Volk eingesetzt habe.
Und das Kommende und das, was kommen wird,
sollen sie ihnen kundtun!
8 Erschreckt nicht und fürchtet euch nicht! 8: 43,10 · 17,10!
Habe ich es dir nicht schon damals verkündet und kundgetan?
Und ihr seid meine Zeugen.
Gibt es einen Gott ausser mir?
Und es gibt keinen Fels! Ich weiss von keinem.

Die nutzlosen Götzen

9 Die Bildner der Bilder sind alle nichtig, 9: 41,24; 45,16
und ihre Lieblinge nützen nichts,
und ihre Zeugen, sie sehen nichts und verstehen nichts,
damit sie zuschanden werden.
10 Wer hat je einen Gott gebildet und ein Bild gegossen, 10: 45,20; 46,7;
damit es nichts nützt? Jer 10,5; Hab 2,18
11 Sieh, alle seine Gefährten werden zuschanden, 11: Hos 13,2 · 42,17!
und die Handwerker, sie sind Menschen!
Sollen sie sich doch alle versammeln, sich aufstellen,
sie werden erschrecken, allesamt werden sie zuschanden.
12 Man hat Eisen zum Messer geschmiedet
und es in der Kohlenglut bearbeitet,
und unermüdlich hat man es mit Hämmern geformt,
und mit starkem Arm hat man es schliesslich angefertigt.

44,2: Im Namen Jeschurun klingt hebräisch ‹aufrecht› an. Der Name wird hier auf Israel/Jakob bezogen.

44,7: Die Übersetzung «für die Zeit, seit ich ein ewiges Volk eingesetzt habe» ist unsicher.

Sogar gehungert hat man, und die Kraft ist geschwunden,
man hat kein Wasser getrunken und ist ermattet.
13: Dtn 4,16; Röm 1,23 · Dtn 27,15
13 Der Zimmermann hat die Richtschnur ausgespannt,
unermüdlich hat er mit dem Griffel vorgezeichnet,
es mit den Schnitzmessern ausgeführt
und mit dem Zirkel vorgezeichnet,
und wie das Bild eines Menschen hat er es schliesslich ausgeführt,
wie ein Prachtstück von einem Menschen, damit es in einem Haus stehe.
14 Er ist gegangen, um sich Zedern zu fällen,
und hat eine Steineiche genommen oder eine Eiche,
und unter den Bäumen des Waldes hat er ihn kräftig werden lassen für sich.
Er hat Lorbeer gepflanzt,
und der Regen hat ihn gross gemacht,
15 und dann hat er einem Menschen als Brennholz gedient.
Und dieser hat davon genommen und hat sich damit gewärmt.
Er zündet es an und backt Brot!
Er macht einen Gott daraus!
Und schliesslich hat er sich niedergeworfen,
hat es zum Bild gemacht und sich vor ihm verbeugt.
16 Die eine Hälfte davon hat er im Feuer verbrannt,
auf dieser Hälfte isst er Fleisch,
brät einen Braten, damit er satt wird.
Auch wärmt er sich und sagt dann: Ah,
mir ist warm geworden, ich habe das Feuer gesehen.
17 Und was davon übrig ist, hat er zu einem Gott gemacht, zu seinem Bild,
vor ihm verbeugt er sich und wirft sich nieder,
und zu ihm betet er
und spricht: Rette mich,
denn du bist mein Gott!
18: 45,20 · 6,10!
18 Sie haben nichts erkannt und begreifen nichts,
denn ihre Augen sind so verklebt, dass sie nichts sehen,
und ihr Herz ist so, dass sie keine Einsicht haben!
19 Und er nimmt es sich nicht zu Herzen
und hat keine Erkenntnis und keine Einsicht, dass er sagen würde:
Die eine Hälfte davon habe ich im Feuer verbrannt,
und auf seinen Kohlen habe ich Brot gebacken,
nun brate ich Fleisch und esse es.
Und was davon übrig ist, sollte ich zu einer solchen Abscheulichkeit machen?
Vor einem Holzklotz sollte ich mich verbeugen?
20: Hos 4,12
20 Wer sich mit Asche abgibt,
dessen Herz wurde getäuscht, es hat ihn verführt;
sich selbst rettet er nicht, und er sagt nicht:
Ist das nicht Lüge, woran ich mich halte?

44,20: Wörtlich: «...: Ist das nicht Lüge in meiner Rechten?»

Der HERR hat Israel erlöst

21 Denk daran, Jakob, 21: 41,8!
Israel, denn du bist mein Diener!
Ich habe dich gebildet, mein Diener bist du.
Israel, vergiss mich nicht.
22 Wie eine Wolke habe ich deine Vergehen weggewischt 22: 43,25 · 55,7; Jer 3,14.22; Hos 14,2 · 33,24
und deine Sünden wie Gewölk.
Kehr zurück zu mir, denn ich habe dich erlöst.
23 Juble, Himmel, denn der HERR hat es getan! 23: 49,13; 55,12; 1Chr 16,33 · 49,3
Jauchzt, ihr Tiefen der Erde!
Brecht in Jubel aus, ihr Berge,
du Wald und jeder Baum darin!
Denn der HERR hat Jakob erlöst,
und in Israel verherrlicht er sich.
24 So spricht der HERR, dein Erlöser, 24: 40,22!
der dich schon im Mutterleib gebildet hat:
Ich bin der HERR, der alles macht,
der den Himmel ausspannt, ganz allein,
der die Erde ausbreitet – es kommt von mir –,
25 der die Zeichen der Orakelpriester ungültig macht 25: 29,14
und die Wahrsager zum Gespött,
der die Weisen zurückdrängt
und ihr Wissen lächerlich macht,
26 der das Wort seines Dieners erfüllt 26: Ps 69,36; 102,17; Jer 30,18
und den Plan seiner Boten vollendet,
der zu Jerusalem spricht: Werde bewohnt!,
und zu den Städten Judas: Werdet aufgebaut!
Und ihre Trümmer richte ich auf!,
27 der zur Tiefe spricht: Versiege! 27: 50,2; 63,12; Jer 50,38
Und deine Ströme trockne ich aus!,
28 der zu Kyros spricht: Mein Hirt! 28: 45,1! · 45,13; Esra 1,3!
Und alles, was mir gefällt, wird er vollenden.
Und zu Jerusalem wird er sagen: Es wird aufgebaut werden!,
und zum Tempel: Werde gegründet!

Der HERR stärkt Kyros

45 1 So spricht der HERR zu seinem Gesalbten, zu Kyros, 1: 44,28; 2Chr 36,22 · 41,2! · 41,13
den ich bei seiner Rechten ergriffen habe,
um Nationen vor ihm zu unterwerfen –
und Königen werde ich den Gürtel von den Hüften reissen –,
um Türen vor ihm zu öffnen,
und Tore werden nicht verschlossen bleiben:
2 Ich selbst werde vor dir herziehen, 2: 13,2 · Ps 107,16; Jer 51,30
und bergiges Gelände mache ich flach,

44,24: In manchen alten Handschriften lautet der Text mit anderer Vokalisierung: «... – wer war (oder: ist) bei mir? –, ...»
44,28: Die hebräische Form des Namens Kyros ist Koresch.

Türen aus Bronze zerbreche ich,
und eiserne Riegel schlage ich in Stücke.
3 Und ich werde dir Schätze aus der Finsternis geben
und versteckte Reichtümer,
damit du erkennst, dass ich es bin, der HERR,
der dich bei deinem Namen ruft, der Gott Israels.
4: 41,8!
4 Um meines Dieners Jakob willen,
um Israels, meines Erwählten, willen,
deshalb habe ich dich bei deinem Namen gerufen.
Ich gebe dir einen Ehrennamen,
auch wenn du mich nicht erkannt hast.
5: Ps 18,33
5 Ich bin der HERR und keiner sonst,
ausser mir gibt es keinen Gott.
Ich gürte dich,
auch wenn du mich nicht erkannt hast,
6: 59,19 · 37,20 · 46,9; Joel 2,27
6 damit sie erkennen, vom Aufgang der Sonne
und von ihrem Untergang her,
dass es keinen gibt ausser mir.
Ich bin der HERR und keiner sonst.
7: Klgl 3,38; Am 3,6; 5,8
7 Der das Licht bildet
und die Finsternis schafft,
der Heil vollbringt
und Unheil schafft,
ich, der HERR, bin es, der all dies vollbringt.
8: Ps 72,6; 85,12; Hos 10,12 · 61,11
8 Ergiesse dich, Himmel, von oben,
und die Wolken sollen überfliessen vor Recht!
Die Erde soll sich öffnen, damit sie Heil tragen als Frucht,
und zugleich lasse sie Gerechtigkeit spriessen!
Ich, der HERR, habe es erschaffen.

Der HERR allein ist Gott

9: Hiob 40,2 · 29,16!
9 Wehe dem, der rechtet mit dem, der ihn gestaltet hat:
eine Tonscherbe unter irdenen Scherben!
Sagt denn der Lehm zu dem, der ihn gestaltet: Was tust du?
Und sagt dein Werk: Er hat keine Hände?
10 Wehe dem, der zum Vater sagt: Was zeugst du?,
und zur Frau: Was liegst du in Wehen?
11: 43,1! · 63,16; 64,7; Ex 4,22; Dtn 32,6
11 So spricht der HERR, der Heilige Israels und sein Schöpfer:
Die Dinge, die kommen – man befragt mich über meine Kinder,
und für das Werk meiner Hände macht ihr mir Vorschriften.
12: 40,22!
12 Ich – ich habe die Erde gemacht
und den Menschen auf ihr geschaffen.
Ich – meine Hände haben den Himmel ausgespannt,
und all sein Heer habe ich befehligt.
13: 41,2! · 44,28! · 42,7! · 52,3; 1Petr 1,18
13 Ich – in Gerechtigkeit habe ich ihn erweckt,
und alle seine Wege mache ich eben.
Er ist es, der meine Stadt aufbauen wird
und meine Weggeführten befreit,

45,8: Mit ‹sie› sind wohl die Bewohner gemeint.

ohne Kaufpreis und nicht für Geschenke,
spricht der HERR der Heerscharen.
14 So spricht der HERR: 14: Hiob 1,15 · 18,7! · 60,14!
Der Ertrag Ägyptens und der Gewinn von Kusch
und die Sabäer, hochgewachsene Männer,
sie werden herüberkommen zu dir
und dir gehören,
hinter dir her werden sie gehen,
in Fesseln dahinziehen,
und vor dir werden sie sich niederwerfen,
und sie werden zu dir flehen:
Nur bei dir ist ein Gott, und sonst gibt es keinen,
die Götter sind nichts.
15 Fürwahr, du bist ein Gott, der sich verbirgt, 15: Röm 11,33 · 43,3
der Gott Israels, der rettet!
16 Sie alle müssen sich schämen und sind auch in Schande geraten, 16: 44,9!
allesamt sind die Schmiede der Götterbilder in Schmach einhergegangen.
17 Durch den HERRN ist Israel gerettet worden, 17: 29,22!
eine Rettung für alle Zeiten,
nie wieder werdet ihr euch schämen müssen,
nie wieder werdet ihr in Schande geraten.
18 Denn so spricht der HERR, der Schöpfer des Himmels, 18: Ps 115,16
er, der Gott, der die Erde gebildet und sie gemacht hat, er gründet sie fest –
nicht als Leere hat er sie erschaffen,
damit man auf ihr wohne, hat er sie gebildet –:
Ich bin der HERR und keiner sonst.
19 Nicht im Verborgenen habe ich gesprochen, 19: 48,16; Dtn 30,11–14 · Jer 29,13–14
nicht an einem Ort im Land der Finsternis,
zur Nachkommenschaft Jakobs habe ich nicht gesagt:
Sucht mich im Leeren!
Ich, der HERR, ich sage, was gerecht,
tue kund, was recht ist.
20 Versammelt euch, und kommt her, 20: 44,18 · 44,10!
tretet heran allesamt,
die ihr entronnen seid von den Nationen!
Die das Holz ihres Standbilds tragen,
die zu einem Gott flehen, der nicht hilft,
sie haben nichts erkannt.
21 Tut es kund, und bringt es vor!
Sollen sie sich doch untereinander beraten:
Wer hat solches seit je hören lassen,
schon damals es kundgetan?
Bin nicht ich es, der HERR?
Und ausser mir gibt es sonst keinen Gott,
einen gerechten, rettenden Gott gibt es nicht ausser mir!
22 Wendet euch zu mir, und lasst euch retten, alle Enden der Erde, 22: Ps 22,28; 65,6
denn ich bin Gott und keiner sonst.

23: Gen 22,16! · Röm 14,11

23 Bei mir selbst habe ich geschworen,
von meinem Mund ist Gerechtigkeit ausgegangen,
ein Wort, und es wird nicht rückgängig gemacht:
Mir wird sich jedes Knie beugen,
jede Zunge wird mir schwören:

24: 41,11 · 25: Jer 9,22–23

24 Nur beim HERRN – er hat es mir gesagt – ist die Fülle von Gerechtig-
keit und die Stärke. Zu ihm wird man kommen, und schämen müssen
sich alle, die mit ihm gehadert haben. 25 Die ganze Nachkommenschaft
Israels wird gerecht sein durch den HERRN und sich preisen.

Babels Götter stürzen

1: 21,9! · Jer 51,44! · Jer 10,5

46 1 Bel ist in die Knie gegangen,
Nebo krümmte sich,
den Tieren waren ihre Götzenbilder anvertraut worden, dem Vieh;
eure Bilder, die man tragen muss, waren den Erschöpften als Last
aufgeladen worden.

2: 2Sam 5,21

2 Sie krümmten sich, gingen allesamt in die Knie,
sie konnten die Last nicht retten,
und sie selbst gingen in die Gefangenschaft.

3: 63,9; Dtn 1,31; Hos 11,3

3 Hört auf mich, Haus Jakob,
und ihr, der ganze Rest des Hauses Israel,
die ihr mir schon im Leib eurer Mutter aufgeladen worden seid
und die ihr vom Mutterschoss an getragen worden seid:

4: Ps 71,18 · 40,11!

4 Bis in euer Alter bin ich es
und bis ins hohe Alter: Ich bin es, der euch schleppt.
Ich habe es getan, und ich werde tragen,
und ich werde euch schleppen und euch retten.

5: 40,18!

5 Mit wem wollt ihr mich vergleichen und gleichstellen
und wem mich ähnlich machen, dass wir uns glichen?

6: Ri 17,4 · 40,19! · 7: 44,10! · 1Kön 18,26

6 Die Gold aus dem Beutel anbieten und Silber abwiegen mit der Waa-
ge, sie stellen einen Schmied an, damit er einen Gott daraus mache, sie
beugen sich, werfen sich sogar nieder! 7 Sie tragen ihn auf der Schulter,
sie schleppen ihn, um ihn an seinem Ort abzusetzen, und dann steht er
da: Er rührt sich nicht von der Stelle. Auch schreit man zu ihm, aber er
antwortet nicht, niemandem hilft er aus der Not.

8 Denkt daran, und verhaltet euch wie Männer,
ihr Abtrünnigen, nehmt es zu Herzen!

9: 43,18 · Jer 6,16 · 45,6! · Ex 15,11

9 Denkt an den Anfang, an das, was schon immer war:
Ich bin Gott und keiner sonst,
ich bin Gott, und meinesgleichen gibt es nicht:

10: 25,1 · 14,24 · 48,3

10 Der von Anfang an kundtut, wie es endet,
und schon in frühester Zeit, was noch ungeschehen ist,
der sagt: Was ich geplant habe, wird sich erfüllen,
und was immer mir gefällt, das führe ich aus,

11: 41,2!

11 der ich den Raubvogel rufe vom Aufgang der Sonne,
aus einem Land in der Ferne den Mann meines Plans.
Ich habe gesprochen! Ich lasse es kommen!
Ich habe es entworfen, ich führe es aus!

46,1: Bel und Nebo sind babylonische Gottheiten.

12 Hört mir zu, die ihr trotzig seid, 12: 28,14
die ihr fern seid von der Gerechtigkeit:
13 Ich habe meine Gerechtigkeit nahe gebracht, sie ist nicht fern, 13: 51,5; 56,1
und meine Rettung verzögert sich nicht.
Und in Zion werde ich Rettung schaffen
für Israel, meine Zier.

Babel fällt

47 1 Steig herab, und setz dich in den Staub, Jungfrau Tochter Babel! 1: Dtn 28,56
Setz dich auf die Erde, ohne Thron, Tochter der Kasdäer!
Man wird dich nicht mehr zart und verwöhnt nennen!
2 Nimm die Mühle, und mahle Mehl, 2: 2Sam 10,4!
hebe deinen Schleier, raffe den Rock,
entblösse den Schenkel, wate durch Flüsse!
3 Deine Scham wird aufgedeckt, 3: 3,17 · Jer 13,26;
auch deine Schande kann man sehen! Nah 3,5 · 34,8!
Ich nehme Rache
und komme den Menschen nicht entgegen.
4 Unser Erlöser, HERR der Heerscharen ist sein Name, 4: 48,2; 51,15; 54,5 ·
der Heilige Israels. 41,14!
5 Setze dich wortlos, und geh in die Finsternis, Tochter der Kasdäer!
Man wird dich nicht mehr Gebieterin der Königreiche nennen!
6 Ich war zornig auf mein Volk, 6: Sach 1,15 ·
entweihte meinen Erbbesitz Dtn 28,50;
und gab sie in deine Hand. Klgl 4,16
Du hast kein Erbarmen mit ihnen gezeigt,
dem Greis hast du dein schweres Joch aufgebürdet.
7 Und du hast gesagt: Immer werde ich eine Gebieterin sein, 7: Dtn 32,29;
auf ewig! Klgl 1,9
Dies hast du dir nicht zu Herzen genommen:
Du hast nicht bedacht, wie es ausgeht.
8 Und nun höre dies, du Liebreizende, die sorglos thront, 8: 10; Zef 2,15 ·
die in ihrem Herzen spricht: Offb 18,7
Ich und niemand sonst!
Ich werde nicht als Witwe dasitzen,
und Kinderlosigkeit werde ich nicht kennen!
9 Aber dieses, beides, kommt über dich, auf einen Schlag, an einem ein- 9: Nah 3,4
zigen Tag: Kinderlosigkeit und Witwenschaft. In vollem Mass kommen
sie über dich, trotz deiner vielen Zaubereien und trotz der grossen
Macht deiner Beschwörungen. 10 Du aber hast auf deine Bosheit ver- 10: 29,15! · 8!
traut, hast gesagt: Niemand sieht mich! Deine Weisheit und dein Wis-
sen, sie haben dich verführt, und in deinem Herzen hast du gesagt: Ich
und niemand sonst!
11 Aber Schlimmes wird über dich kommen –
du wirst nicht wissen, wie es zu bannen ist,
und Verderben überfällt dich –
du kannst es nicht abwenden,

47,2: Die genaue Bedeutung des mit ‹Rock› wiedergegebenen hebräischen Worts ist nicht gesichert.

und Unheil kommt über dich, plötzlich –
du ahnst nichts.

12: 19,3
12 Tritt doch her mit deinen Beschwörungen, mit deinen vielen Zaube-
reien, mit denen du dich abgemüht hast seit deiner Jugend! Vielleicht
kannst du helfen, vielleicht wirst du Furcht einflössen. 13 Mit deinen
vielen Beratern hast du dich herumgequält – sollen sie doch hertreten!
Und sollen dir doch helfen, die den Himmel einteilen, die in die Sterne
schauen, die an jedem Neumond wissen lassen, was über dich kommen
wird.

14: Nah 1,10

14 Sieh, wie Stoppeln sind sie geworden,
das Feuer hat sie verbrannt,
sie können ihr Leben nicht retten aus der Gewalt der Flamme;
es gibt keine Glut, um sich zu wärmen,
kein Feuer, um davor zu sitzen.

15 So sind dir die geworden, um die du dich bemüht hast – deine Händ-
ler – seit deiner Jugend. Ein jeder taumelt nach seiner Seite. Da ist kei-
ner, der dich rettet!

Der HERR wirbt um das Volk

1: 51,1–2; Ps 68,27 · Lev 19,12!; Zef 1,5

48 1 Hört dies, Haus Jakob,
die sich nach dem Namen Israels nennen
und hervorgegangen sind aus den Wassern Judas,
die beim Namen des HERRN schwören
und den Gott Israels preisen –
aber nicht in Wahrheit und nicht in Gerechtigkeit,

2: Jer 7,4 · Mi 3,11 · 47,4!

2 denn aus der Stadt des Heiligtums sind sie herausgerufen
worden –
und die sich gestützt haben auf den Gott Israels,
HERR der Heerscharen ist sein Name:

3: 46,10

3 Schon längst habe ich das, was damals geschehen ist, verkündet,
aus meinem Mund ist es hervorgegangen,
und ich habe es sie hören lassen.
Überraschend habe ich es getan,
und es ist eingetroffen.

4: Jer 5,3

4 Weil ich wusste, dass du hartnäckig bist,
dass dein Nacken eine Sehne aus Eisen
und deine Stirn aus Bronze ist,
5 habe ich es dir schon damals verkündet,
ehe es eintraf, habe ich es dich hören lassen,
damit du nicht sagst:
Mein Götze hat es getan,
und mein Standbild, mein Gussbild hat es befohlen.

6: 43,19!

6 Du hast es gehört, sieh dir das alles an!
Und ihr, wollt ihr es nicht verkünden?
Von nun an lasse ich dich Neues hören
und das, was wohlgehütet ist, wovon du nichts weisst.
7 Jetzt erst ist es geschaffen worden und nicht schon damals,
und vor dem heutigen Tag hast du nichts davon gehört,

47,13: Wörtlich: «Mit deinen vielen Plänen ...»

damit du nicht sagst: Sieh, ich habe es gewusst!
8 Weder hast du davon gehört, noch hast du es gewusst,
auch hat dein Ohr sich nicht schon damals geöffnet,
denn ich wusste, wie treulos du bist
und vom Mutterleib an abtrünnig genannt wirst.
9 Um meines Namens willen halte ich meinen Zorn zurück,
und um meines Ruhmes willen bezähme ich mich zu deinen Gunsten,
dass ich dich nicht ausrotte.
10 Sieh, ich habe dich geläutert, aber nicht wie Silber,
im Ofen des Elends habe ich dich geprüft.
11 Um meinetwillen, um meinetwillen werde ich es tun,
denn welch eine Entweihung!
Und keinem anderen werde ich meine Ehre geben.
12 Hör mir zu, Jakob,
und Israel, mein Berufener!
Ich bin es! Ich bin der Erste,
bin auch der Letzte!
13 Hat doch meine Hand die Erde gegründet
und meine Rechte den Himmel ausgespannt.
Ich rufe ihnen zu – miteinander stehen sie da!
14 Versammelt euch alle, und hört!
Wer von ihnen hat solches verkündet?
Der HERR liebt ihn, er wird seinen Willen an Babel vollstrecken
und seine Macht zeigen an den Kasdäern.
15 Ich, ich habe gesprochen,
ja, ich habe ihn gerufen,
habe ihn kommen lassen,
und seinen Weg lasse ich gelingen.
16 Kommt heran zu mir, hört dies!
Von Anfang an habe ich nie im Verborgenen gesprochen,
ich bin da seit der Zeit, da es geschieht.
Und nun hat Gott der HERR mich gesandt und seinen Geist.
17 So spricht der HERR, dein Erlöser,
der Heilige Israels:
Ich, der HERR, dein Gott, bin es, der dich lehrt, zu deinem Nutzen,
der dich den Weg betreten lässt, den du gehen sollst.
18 Hättest du doch auf meine Gebote acht gegeben!
Dann wäre dein Heil wie ein Strom geworden
und deine Gerechtigkeit wie die Wogen des Meers.
19 Dann wäre deine Nachkommenschaft wie der Sand,
und wie dessen Körner wären die Sprösslinge deines Leibes,
ihr Name würde nicht ausgerottet und nicht getilgt vor mir.
20 Zieht fort aus Babel,
flieht, fort aus Kasdäa!
Verkündet es unter Jubelrufen,
lasst es hören,
bis ans Ende der Erde tragt es hinaus,
sagt: Der HERR hat seinen Diener Jakob erlöst!

8: 6,9
10: Ps 66,10; Sach 13,9 · 1,25 · Dtn 4,20!
11: 43,25! · 42,8
12: 44,1 · 41,4!
13: 40,22! · Ps 33,9
16: 45,19! · 61,1; Mt 12,18
17: 41,14! · 30,21!
18: Dtn 5,29 · 66,12
19: Gen 22,17
20: 52,11; Jer 50,8; Sach 2,10 · 43,1

21: 43,20 · Ex 17,6; Neh 9,15

21 Und als er sie durch trockenes Land führte,
verspürten sie keinen Durst,
aus dem Felsen liess er für sie Wasser fliessen:
Er spaltete den Felsen,
und das Wasser strömte.

22: 57,21; Spr 28,1

22 Keinen Frieden für die Frevler!, spricht der HERR.

Der Gottesknecht, das Licht für die Nationen

1: 41,1 · Jer 1,5

49 1 Hört mich, ihr Inseln,
und ihr Völker in der Ferne, gebt acht!
Schon im Mutterleib hat der HERR mich berufen,
im Schoss meiner Mutter schon meinen Namen genannt.

2: Hebr 4,12; Offb 1,16 · 51,16

2 Und wie ein scharfes Schwert hat er meinen Mund gemacht,
im Schatten seiner Hand hält er mich verborgen,
und zu einem spitzen Pfeil hat er mich gemacht,
in seinem Köcher hat er mich versteckt.

3: 42,1! · 44,23

3 Und er sprach zu mir: Du bist mein Diener,
Israel, an dir werde ich meine Herrlichkeit zeigen.

4: 1Kor 15,58

4 Ich aber sprach: Vergeblich habe ich mich abgemüht,
für nichts und wieder nichts meine Kraft verbraucht.
Doch mein Recht ist beim HERRN
und mein Lohn bei meinem Gott.

5: 12,2

5 Nun aber hat der HERR gesprochen,
der mich schon im Mutterleib zum Diener gebildet hat für sich,
damit ich Jakob zurückbringe zu ihm
und Israel zu ihm gesammelt wird.
Dann werde ich geehrt in den Augen des HERRN,
und mein Gott ist meine Kraft geworden.

6: 42,6!

6 Und er sprach: Zu wenig ist es, dass du mein Diener bist,
um die Stämme Jakobs aufzurichten
und die von Israel zurückzubringen, die bewahrt worden sind:
Zum Licht für die Nationen werde ich dich machen,
damit mein Heil bis an das Ende der Erde reicht.

7: 53,3

7 So spricht der HERR, der Erlöser Israels, sein Heiliger,
zu dem, der verachtet wird,
der von der Nation verabscheut wird,
zu dem, der Herrschenden dient:
Könige werden es sehen und sich erheben,
Fürsten – und sie werden sich niederwerfen,
um des HERRN willen, der treu ist,
um des Heiligen Israels willen.
Und dieser hat dich erwählt.

8: 61,2! · Ps 69,14; 2Kor 6,2 · 42,6! · 59,12!

8 So spricht der HERR:
In der Zeit des Wohlwollens habe ich dich erhört
und am Tag des Siegs habe ich dir geholfen,

48,21: Die Übersetzung «durch trockenes Land» beruht auf einer Umvokalisierung des Massoretischen Texts, der übersetzt «durch Trümmerstätten» lautet.

49,7: Die Übersetzung von «zu dem, der ... verabscheut wird» beruht auf mehreren Textzeugen; der Massoretische Text lautet übersetzt: «zu dem, der das Leben verachtet und die Nation verabscheut».

um dich zu behüten und dich zum Bundeszeichen zu machen für das Volk,
um das Land aufzurichten,
um verwüsteten Erbbesitz zu verteilen
9 und den Gefangenen zu sagen: Geht hinaus!, 9: 42,7! · Ez 34,13 · 60,9
zu denen, die in der Finsternis sind: Zeigt euch!
An Wegen werden sie weiden,
und ihre Weide ist auf allen kahlen Höhen.
10 Sie werden nicht hungern und nicht dürsten, 10: Ps 121,6; Offb 7,16–17
und Hitze und Sonne werden ihnen nichts anhaben,
denn der sich ihrer erbarmt, wird sie leiten
und sie zu Wasserquellen führen.
11 Und alle meine Berge mache ich gangbar, 11: 40,4!
und meine Strassen werden hoch dahinführen.
12 Sieh diese, sie kommen aus der Ferne, 12: 11,12! · Lk 13,29
und sieh, diese aus dem Norden und vom Meer her
und diese aus dem Land der Sinim.
13 Frohlocke, Himmel, und juble, Erde! 13: 40,1! · 44,23!
Ihr Berge, brecht in Jubel aus,
denn der HERR tröstet sein Volk,
und seiner Elenden erbarmt er sich.

Verheissung für Zion

14 Zion aber hat gesagt: Der HERR hat mich verlassen, 14: 60,15 · 40,27
und vergessen hat mich der Herr.
15 Würde eine Frau ihren Säugling vergessen, 15: 1Kön 3,26; Ps 27,10; Jer 31,20
ohne Erbarmen mit dem Kind ihres Leibs?
Selbst wenn diese es vergessen würden,
werde doch ich dich nicht vergessen!
16 Sieh, ich habe dich in die Handflächen geritzt,
stets sind deine Mauern mir vor Augen.
17 Deine Söhne sind herbeigeeilt. 17–18: 60,4
Die dich niedergerissen und verwüstet haben, ziehen weg von dir.
18 Blicke auf, ringsum, und sieh:
Sie alle haben sich versammelt, zu dir sind sie gekommen.
So wahr ich lebe, Spruch des HERRN:
Wie Schmuck wirst du sie alle anlegen,
und wie eine Braut wirst du sie dir umbinden.
19 Denn deine Trümmerstätten, deine verwüsteten Orte und dein verheertes Land, 19: 54,3; Sach 10,10
nun wird es zu eng sein für den Bewohner!
Und die dir Verderben bringen, werden fern sein.
20 Eines Tages werden die Kinder deiner Kinderlosigkeit zu dir sagen: 20: 54,1!
Der Ort ist mir zu eng,
schaff mir doch Raum, damit ich wohnen kann.
21 Dann wirst du in deinem Herzen sagen: 21: 66,8

49,17: Der Konsonantenbestand des hebräischen ‹deine Söhne› lässt auch die Lesung ‹deine Erbauer› zu.

Wer hat mir diese geboren?
Bin ich doch kinderlos und unfruchtbar!
Gefangen und verstossen!
Und diese – wer hat sie grossgezogen?
Sieh, ich allein bin übrig geblieben.
Diese – wo sind sie gewesen?

22: 14,2! · 11,12!

22 So spricht Gott der HERR:
Sieh, ich hebe meine Hand zu den Nationen,
und mein Feldzeichen richte ich auf für die Völker,
dann werden sie deine Söhne auf den Armen bringen,
und deine Töchter werden auf der Schulter getragen.

23: 60,16! · 60,14; Ps 72,9 · Ex 6,7 · 50,7

23 Und Könige werden deine Betreuer sein
und ihre Fürstinnen deine Ammen.
Mit dem Gesicht zur Erde werden sie sich niederwerfen vor dir,
und von deinen Füssen werden sie den Staub lecken,
Dann wirst du erkennen, dass ich der HERR bin,
dass sich nicht schämen müssen, die auf mich hoffen.
24 Kann man einem Helden die Beute entreissen,
oder entkommt der Gefangene eines Gerechten?

25: Mt 12,29

25 So spricht der HERR:
Ja, auch einem Helden wird der Gefangene entrissen,
und auch die Beute eines Mächtigen entkommt!
Und ich selbst werde mit deinem Gegner streiten,
und deine Kinder werde ich retten.

26: Offb 16,6

26 Und die dich bedrängen, lasse ich ihr eigenes Fleisch essen,
und an ihrem eigenen Blut werden sie sich satt trinken wie am Saft der Traube,
dann wird alles Fleisch erkennen, dass ich, der HERR, dein Retter bin,
und dein Erlöser, der Starke Jakobs.

Der HERR erwartet Umkehr

1: 54,6; 59,2; Dtn 24,1! · 52,3; Mt 18,25

50 1 So spricht der HERR:
Wo wäre denn der Scheidebrief eurer Mutter,
mit dem ich sie verstossen hätte?
Oder wer von meinen Gläubigern sollte es sein,
an den ich euch verkauft hätte?
Seht, eurer Verschuldungen wegen seid ihr verkauft worden,
und eurer Vergehen wegen wurde eure Mutter verstossen.

2: 65,12; 66,4; Spr 1,24 · 59,1 · 42,15! · 44,27!

2 Warum war niemand da, als ich kam,
gab keiner Antwort, als ich rief?
Ist meine Hand etwa zu fern, um zu befreien?
Oder ist keine Kraft in mir, um zu retten?
Seht, mit meinem Schelten lasse ich das Meer versiegen,
mache ich Flüsse zur Wüste;
ihre Fische stinken aus Mangel an Wasser
und sterben vor Durst.

3: 13,10!

3 Ich kleide den Himmel in Schwärze,
und ein Trauerkleid mache ich zu seinem Gewand.

49,22: Wörtlich: «... deine Söhne an der Brust bringen, ...»

Der geschmähte Gottesknecht ist treu

4 Gott der HERR hat mir die Zunge eines Schülers gegeben, 4: 40,29!
damit ich den Müden zu helfen weiss mit einem Wort.
Er weckt auf, Morgen für Morgen weckt er mir das Ohr,
damit ich höre wie ein Schüler.
5 Gott der HERR hat mir das Ohr aufgetan,
und ich bin nicht widerspenstig gewesen,
bin nicht zurückgewichen.
6 Denen, die schlugen, habe ich meinen Rücken dargeboten, 6: 53,7 · Hiob 30,10! · Klgl 3,30; Mt 26,67
und meine Wangen denen, die mich an den Haaren rissen,
gegen Schmähungen und Speichel habe ich mein Angesicht nicht verdeckt.
7 Gott der HERR aber steht mir bei! 7: 49,23 · Ez 3,8!
Darum bin ich nicht zuschanden geworden.
Darum habe ich mein Angesicht wie Kieselstein gemacht,
ich wusste, dass ich nicht in Schande geraten würde.
8 Er, der mir Recht schafft, ist nahe! 8: Röm 8,33
Wer will mit mir streiten? Lasst uns zusammen hintreten!
Wer ist Herr über mein Recht? Er soll zu mir kommen!
9 Seht, Gott der HERR steht mir bei, 9: 51,8
wer ist es, der mich schuldig sprechen will?
Seht, wie ein Gewand zerfallen sie alle,
Motten fressen sie.
10 Wer unter euch fürchtet den HERRN, 10: 42,1!
hört auf die Stimme seines Dieners?
Wer in der Finsternis geht
und wem kein Lichtstrahl scheint,
der vertraue auf den Namen des HERRN
und stütze sich auf seinen Gott!
11 Seht, ihr alle, die ihr Feuer entfacht, die ihr euch Brandpfeile umgürtet, 11: Jer 17,4 · 65,14
lauft ins Licht eures Feuers
und in die Brandpfeile, die ihr in Brand gesetzt habt!
Von meiner Hand ist euch dies widerfahren,
in Qualen werdet ihr darniederliegen!

Heil und Gerechtigkeit für alle Zeiten

51 1 Hört auf mich, die ihr der Gerechtigkeit folgen wollt, 1–2: 48,1! 1: Spr 15,9 · Dtn 32,18 · 2Chr 15,2
die ihr den HERRN sucht.
Schaut auf den Felsen, aus dem ihr gehauen,
und auf den Stein, aus dem ihr gebrochen seid!
2 Schaut auf Abraham, euren Vater, 2: Röm 4,1 · Ez 33,24 · 24,1!
und auf Sara, die euch geboren hat.
Denn als ich ihn rief, war er nur einer,
dann aber habe ich ihn gesegnet und zahlreich gemacht.

50,4: Die genaue Bedeutung des mit ‹helfen› wiedergegebenen hebräischen Worts ist unsicher.

51,1: «und auf den Stein»: wörtlich: «und auf den Steinbruch» oder «und auf den Schacht»

3: 40,1! · Gen 2,8 · 35,1 · Jer 31,13; 33,11

3 Der HERR hat Zion getröstet,
getröstet all ihre Trümmerstätten,
und wie Eden hat er ihre Wüste gemacht
und ihre Steppe wie den Garten des HERRN!
Dort findet sich Frohlocken und Freude,
Dank und lauter Lobgesang.

4: 2,3 · 42,6!

4 Hört mir gut zu, mein Volk,
schenkt mir Gehör, meine Leute!
Denn Weisung wird von mir ausgehen
und mein Recht als Licht der Völker.
Ich schaffe Ruhe.

5: 46,13! · 40,10!

5 Meine Gerechtigkeit ist nahe, mein Heil ist hinausgegangen,
und meine Arme verschaffen den Völkern Recht.
Die Inseln hoffen auf mich
und warten auf meinen Arm.

6: 24,4! · Ps 102,27; Mt 5,18 · Hebr 1,11

6 Blickt auf zum Himmel,
und schaut auf die Erde unten,
denn wie Rauch ist der Himmel zerfetzt,
und wie ein Gewand zerfällt die Erde,
und ihre Bewohner sterben wie Mücken.
Mein Heil aber besteht für alle Zeiten,
und meine Gerechtigkeit wird nicht zerschmettert.

7: Dtn 6,6; Jer 31,33 · 37,6

7 Hört auf mich, die ihr die Gerechtigkeit kennt!
Volk, das meine Weisung im Herzen trägt!
Fürchtet euch nicht vor dem Schmähen der Menschen,
und erschreckt nicht vor ihrem Lästern.

8: 50,9

8 Denn wie ein Kleid wird die Motte sie fressen,
und wie Wolle wird die Schabe sie fressen.
Meine Gerechtigkeit aber besteht für alle Zeiten
und mein Heil von Generation zu Generation.

Der grosse Aufbruch

9: 17! · 40,10! · 27,1!

9 Wach auf! Wach auf! Kleide dich mit Kraft, Arm des HERRN!
Wach auf wie in den Tagen der Vorzeit,
der Generationen längst vergangener Zeiten!
Bist nicht du es, der Rahab zerhauen,
der das Ungeheuer durchbohrt hat?

10: 35,9 · 43,16!

10 Bist nicht du es, der das Meer versiegen liess,
die Wasser der gewaltigen Urflut,
der die Tiefen des Meeres gangbar machte,
damit die Erlösten hindurchziehen konnten?

11: 35,10!

11 Und die Befreiten des HERRN werden zurückkehren
und nach Zion kommen unter Jubel,
und über ihrem Haupt wird ewige Freude sein.
Frohlocken und Freude werden bei ihnen sein,
Kummer und Seufzen aber werden fliehen.

12: 40,1! · Ps 56,5 · 40,6

12 Ich, ich bin es, der euch tröstet.

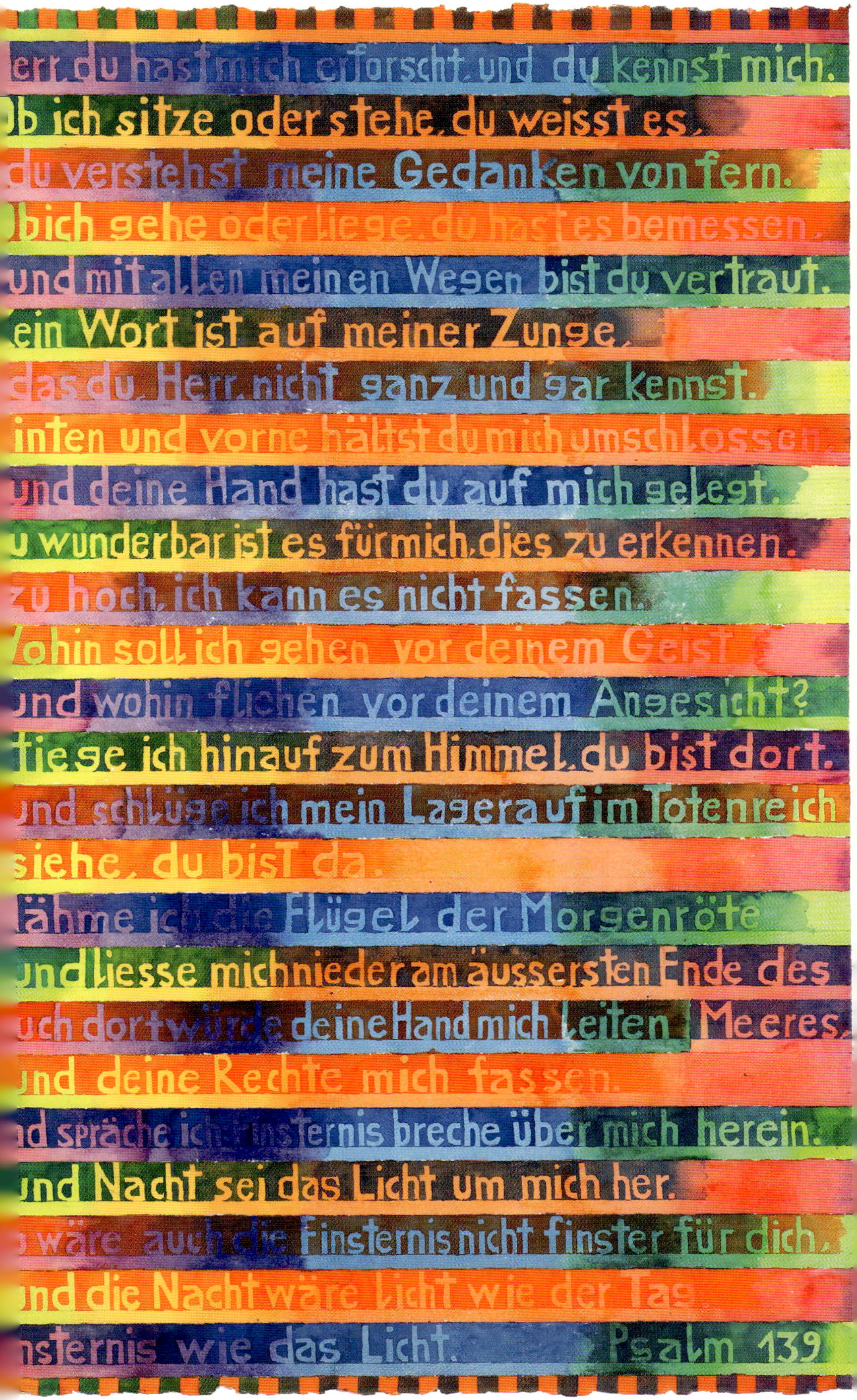
err, du hast mich erforscht, und du kennst mich.
Ob ich sitze oder stehe, du weisst es,
du verstehst meine Gedanken von fern.
Obich gehe oder liege, du hast es bemessen,
und mit allen meinen Wegen bist du vertraut.
ein Wort ist auf meiner Zunge,
das du, Herr, nicht ganz und gar kennst.
inten und vorne hältst du mich umschlossen,
und deine Hand hast du auf mich gelegt.
u wunderbar ist es für mich, dies zu erkennen,
zu hoch, ich kann es nicht fassen.
Wohin soll ich gehen vor deinem Geist
und wohin fliehen vor deinem Angesicht?
tiege ich hinauf zum Himmel, du bist dort,
und schlüge ich mein Lager auf im Totenreich
siehe, du bist da.
Nähme ich die Flügel der Morgenröte
und liesse mich nieder am äussersten Ende des
uch dort würde deine Hand mich leiten Meeres,
und deine Rechte mich fassen.
nd spräche ich: Finsternis breche über mich herein,
und Nacht sei das Licht um mich her,
wäre auch die Finsternis nicht finster für dich,
und die Nacht wäre licht wie der Tag,
insternis wie das Licht.
Psalm 139

Schriftbild zu Psalm 139,1–12

Wer bist du, dass du dich gefürchtet hast vor Menschen, die ja dahinsterben,
und vor Menschen, die dahingegeben werden wie Gras,
13 und dass du den HERRN vergessen hast, der dich gemacht hat, 13: 17,10 · 40,22!
der den Himmel ausgespannt und die Erde gegründet hat,
und dass du alle Zeit, dauernd, zitterst vor dem Zorn des Bedrängers,
wenn er zielt, um zu vernichten?
Wo ist denn der Zorn des Bedrängers?
14 Rasch wird befreit, wer gekrümmt in seinen Fesseln liegt, 14: 52,2
er muss nicht sterben, nicht ins Grab,
und an Brot hat er keinen Mangel.
15 Und ich bin der HERR, dein Gott, 15: Hiob 26,12 · 47,4!
der das Meer in Bewegung brachte,
dass seine Wogen brausten.
HERR der Heerscharen ist sein Name.
16 Und in deinen Mund habe ich meine Worte gelegt, 16: 59,21; Ex 4,15! · Hos 2,25
und im Schatten meiner Hand habe ich dich geborgen,
den Himmel spanne ich aus, und die Erde gründe ich,
und zu Zion spreche ich: Du bist mein Volk.
17 Raff dich auf! Raff dich auf! Erhebe dich, Jerusalem, 17: 9; 60,1; Ps 44,24 · 63,6; Ps 60,5; Offb 14,10
die du den Becher seines Zorns getrunken hast aus der Hand des HERRN,
aus dem Kelch, dem Taumelbecher, hast du getrunken, geschlürft!
18 Keines von all den Kindern, die sie geboren hat, leitet sie, 18: Ez 34,6
und von all den Kindern, die sie aufzogen hat, fasst keines sie bei der Hand.
19 Dies beides ist dir widerfahren – 19: Jer 15,5; Nah 3,7 · Ez 14,21
wer bekundet dir seine Anteilnahme?
Verheerung und Zusammenbruch, Hunger und Schwert –
wer tröstet dich?
20 Deine Kinder sind ohnmächtig geworden, 20: Klgl 2,11.19
wie eine Antilope im Netz liegen sie überall an den Enden der Gassen,
voll vom Zorn des HERRN,
vom Schelten deines Gottes.
21 Darum höre doch dies, du Gedemütigte 21: 29,9
und die du trunken bist, und nicht vom Wein:
22 So spricht dein Herr, der HERR, und dein Gott – er streitet für sein Volk: 22: Jer 50,34; Klgl 3,58
Sieh, ich nehme dir den Taumelbecher aus der Hand,
den Kelch, den Becher meines Zorns,
nie mehr wirst du aus ihm trinken.
23 Und ich gebe ihn in die Hand deiner Peiniger, 23: Ps 66,12; 129,3
die zu dir gesagt haben:
Bück dich, wir wollen über dich hinwegschreiten!

51,12: «du»: Angesprochen ist eine weibliche Person, wohl Zion/Jerusalem.
51,18: Mit ‹sie› ist die Frau Jerusalem gemeint, die nicht geleitet wird.
51,19: Die Übersetzung «... – wer tröstet dich?» beruht auf mehreren Textzeugen; der Masoretische Text lautet übersetzt wohl: «... – wie könnte ich dich trösten?»

Und so hast du deinen Rücken dem Boden gleichgemacht
und wie eine Strasse für die, die vorüberziehen.

1: 51,17! · 35,8! 52 1 Wach auf! Wach auf! Kleide dich in deine Stärke, Zion!
Kleide dich mit den Kleidern deiner Herrlichkeit,
Jerusalem, heilige Stadt!
Denn kein Unbeschnittener und kein Unreiner wird dich jemals mehr betreten.

2: 51,14 2 Schüttle den Staub von dir,
komm, setz dich, Jerusalem!
Befrei dich von den Fesseln an deinem Hals,
du Gefangene, Tochter Zion!

3: 50,1! · 45,13! 3 Denn so spricht der HERR:
Ohne Gegenwert seid ihr verkauft worden,
und nicht gegen Silber werdet ihr ausgelöst.

4: Gen 46,6 · 2Kön 17,6 4 Denn so spricht Gott der HERR:
Vor langer Zeit ist mein Volk hinabgezogen nach Ägypten, um sich dort in der Fremde aufzuhalten, und ohne Grund hat Assur ihm Gewalt angetan.

5: Ez 36,20; Röm 2,24 5 Aber nun, was hält mich hier? Spruch des HERRN.
Denn ohne Gegenwert ist mein Volk fortgenommen worden.
Seine Herrscher wehklagen, Spruch des HERRN,
aber immerfort, dauernd, wird mein Name verlästert.

6: Ex 3,14! 6 Darum soll mein Volk meinen Namen erkennen,
darum, an jenem Tag,
dass ich es bin, der spricht: Hier bin ich!

Gute Botschaft für Zion

7: 61,1; Nah 2,1; Röm 10,15 · 41,27! · 24,23! 7 Wie lieblich klingen die Schritte des Freudenboten auf den Bergen,
der Frieden verkündet, der gute Botschaft bringt, der Rettung verkündet,
der zu Zion spricht: Dein Gott ist König geworden!

8: 62,6 8 Horch, deine Wächter haben die Stimme erhoben,
allesamt jubeln sie,
denn Auge in Auge werden sie sehen,
wie der HERR zurückkehrt nach Zion.

9: 12,6 9 Freut euch, jubelt allesamt,
ihr Trümmerstätten Jerusalems!
Denn der HERR hat sein Volk getröstet,
hat Jerusalem erlöst.

10: 30,30! · 33,13 10 Vor den Augen aller Nationen hat der HERR seinen heiligen Arm entblösst,
und alle Enden der Erde werden das Heil unseres Gottes sehen.

11: 48,20! · Num 16,26 11 Flieht! Flieht! Zieht weg von dort!
Rührt nichts Unreines an.
Zieht weg aus ihrer Mitte!
Haltet euch rein, die ihr die Geräte des HERRN tragt!

12: Ex 12,11; Dtn 16,3 · 58,8; Ex 13,21 12 Nicht in Hast werdet ihr ausziehen,
und nicht als Flüchtlinge werdet ihr gehen,

52,11: Mit ‹ihrer› ist die Stadt Babel gemeint.

denn der HERR zieht vor euch her,
und der Gott Israels ist eure Nachhut!

Das Leiden des Gottesknechts

13 Sieh, mein Diener wird Erfolg haben,
er wird emporsteigen, wird hoch erhoben und sehr erhaben sein.
14 Wie sich viele über dich entsetzt haben –
so entstellt, nicht mehr menschlich war sein Aussehen,
und seine Gestalt war nicht wie die eines Menschen –,
15 so wird er viele Nationen besprengen,
und Könige werden ihren Mund vor ihm verschliessen.
Denn was ihnen nie erzählt wurde, werden sie gesehen haben,
und was sie nie hörten, werden sie verstanden haben.

53 1 Wer hat geglaubt, was uns verkündet wurde;
und der Arm des HERRN, über wem ist er offenbar geworden?
2 Und wie ein Säugling wuchs er auf vor ihm
und wie eine Wurzel aus dürrem Land.
Er hatte keine Gestalt und keine Pracht,
dass wir ihn angesehen hätten,
und sein Aussehen war nicht so,
dass er uns gefallen hätte.
3 Verachtet war er und von Menschen verlassen,
ein Mann der Schmerzen und mit Krankheit vertraut
und wie einer, vor dem man das Gesicht verhüllt,
ein Verachteter, und wir haben ihn nicht geachtet.
4 Doch unsere Krankheiten, er hat sie getragen,
und unsere Schmerzen hat er auf sich genommen.
Wir aber hielten ihn für einen Gezeichneten,
für einen von Gott Geschlagenen und Gedemütigten.
5 Durchbohrt aber wurde er unseres Vergehens wegen,
unserer Verschuldungen wegen wurde er zerschlagen,
auf ihm lag die Strafe, die unserem Frieden diente,
und durch seine Wunden haben wir Heilung erfahren.
6 Wie Schafe irrten wir alle umher,
ein jeder von uns wandte sich seinem eigenen Weg zu,
der HERR aber liess ihn unser aller Schuld treffen.
7 Er wurde bedrängt,
und er ist gedemütigt worden,
seinen Mund aber hat er nicht aufgetan
wie ein Lamm, das zur Schlachtung gebracht wird,
und wie ein Schaf vor seinen Scherern verstummt.
Und seinen Mund hat er nicht aufgetan.
8 Aus Drangsal und Gericht wurde er herausgenommen,
doch sein Geschick – wen kümmert es?
Denn aus dem Land der Lebenden wurde er herausgeschnitten,
der Schuld meines Volks wegen hat es ihn getroffen.

13: 42,1!
14: 53,2
15: Röm 15,21
1: Joh 12,38; Röm 10,16 · 42,20 · 30,30!
2: 4,2! · 52,14
3: 49,7 · Phil 2,7
4: Mt 8,17
5: Röm 4,25 · 1Petr 2,24
6: 56,11; 66,3; Jer 50,6
7: 50,6 · 1Petr 2,23 · Apg 8,32
8: Klgl 3,54

52,15: Mit dem Besprengen ist möglicherweise eine kultische Handlung gemeint. Viele korrigieren den Text zu: «so werden sich viele Nationen über ihn wundern, ...»
53,8: Die Übersetzung von «doch sein Geschick – wen kümmert es?» ist unsicher.

9: 1Petr 2 22
9 Und bei Frevlern gab man ihm sein Grab
und bei Reichen, als er starb,
obwohl er keine Gewalttat verübt hatte
und kein Trug in seinem Mund war.

10: Sach 13,7 · Lev 5,15 · Gal 1 4; Hebr 9,26
10 Dem HERRN aber gefiel es, ihn mit Krankheit zu schlagen.
Wenn du ihn zur Tilgung der Schuld einsetzt,
wird er Nachkommen sehen, wird er lange leben,
und die Sache des HERRN wird Erfolg haben durch ihn.

11: Joh 1,29
11 Der Mühsal seines Lebens wegen wird er sich satt sehen,
durch seine Erkenntnis wird er, der Gerechte, mein Diener, den Vielen Gerechtigkeit verschaffen,
und ihre Verschuldungen, er wird sie auf sich nehmen.

12: Mt 27,38; Lk 22,37 · Hebr 9,28 · Lk 23,34
12 Darum werde ich ihm Anteil geben bei den Vielen,
und mit Starken wird er Beute teilen
dafür, dass er sein Leben dem Tod hingegeben hat
und sich den Übeltätern zurechnen liess.
Er hat die Sünde vieler getragen,
und für die Übeltäter trat er ein.

Der Gnadenbund

1: 49,20; 60,22; Gal 4,27
54 1 Juble, du Unfruchtbare,
die nicht geboren hat!
Brich in Jubel aus und jauchze,
du, die nicht in Wehen gelegen hat!
Denn die Kinder einer Verwüsteten sind zahlreicher
als die Kinder einer Verheirateten, spricht der HERR.

2: 26,15!
2 Den Raum deines Zelts mach weit,
und spann die Zeltdecken deiner Wohnungen aus, spare nicht,
mach deine Zeltstricke lang
und deine Pflöcke fest!

3: 61,6 · 49,19!
3 Denn nach rechts und nach links wirst du dich ausbreiten,
und deine Nachkommen werden Nationen enteignen
und verwüstete Städte besiedeln.

4: 29,22! · 47,4! · 65,16 · 4,1!
4 Fürchte dich nicht, denn du wirst nicht zuschanden werden,
und schäme dich nicht, denn du wirst nicht beschämt werden.
Denn die Schande deiner Jugendzeit wirst du vergessen,
und an die Schmach deiner Witwenschaft wirst du nicht mehr denken.

5: Hos 2,18
5 Denn der dich gemacht hat, ist dein Gemahl,
HERR der Heerscharen ist sein Name,
und der Heilige Israels ist dein Erlöser,
der Gott der ganzen Erde wird er genannt.

6: 50,1! · 62,4; Jer 30,17
6 Denn wie eine verlassene Frau und eine, die tief gekränkt ist,
hat dich der HERR gerufen.
Und die Frau der Jugendzeit, kann man sie verwerfen?,
spricht dein Gott.

7: Ps 30,6; Klgl 3,31 · 43,5
7 Eine kleine Weile habe ich dich verlassen,
mit grossem Erbarmen aber werde ich dich sammeln.

53,9: Möglicherweise steht ‹der Reiche› hier als Inbegriff des Übeltäters.

8 Im Auffluten der Wut habe ich mein Angesicht eine Weile vor dir verborgen,
mit immerwährender Güte aber habe ich mich deiner erbarmt,
spricht dein Erlöser, der HERR.
9 Denn dies ist für mich wie die Wasser Noahs:
Wie ich geschworen habe,
dass die Wasser Noahs nicht mehr über die Erde kommen,
so habe ich geschworen,
dir nicht zu zürnen und dich nicht zu schelten.
10 Denn die Berge werden weichen
und die Hügel wanken,
meine Gnade aber wird nicht von dir weichen,
und mein Friedensbund wird nicht wanken,
spricht, der sich deiner erbarmt, der HERR.
11 Du Gedemütigte, Sturmzerzauste, Nichtgetröstete,
sieh, ich lege deine Steine mit hartem Mörtel
und deine Grundmauern mit Saphiren.
12 Und deine Schilde mache ich wie Edelsteine
und deine Tore zu Feuersteinen
und deinen ganzen Wall zu kostbarem Gestein.
13 Und all deine Kinder sind Schüler des HERRN,
und das Heil deiner Kinder wird gross sein.
14 Und du wirst fest gegründet sein in Gerechtigkeit.
Von Gewalt halte dich fern,
du musst dich nicht fürchten,
und von Schrecken,
er wird dir nicht nahe kommen!
15 Sollte man angreifen, es kommt nicht von mir!
Wer hat dich angegriffen? Gegen dich wird er fallen!
16 Sieh, ich selbst habe den Schmied geschaffen,
der das Kohlenfeuer anfacht
und eine Waffe hervorbringt zu ihrem Zweck.
Und ich selbst habe den Zerstörer geschaffen,
damit er Verderben bringt.
17 Keine gegen dich geschmiedete Waffe wird Erfolg haben,
und jede Zunge, die sich anschickt, mit dir ins Gericht zu gehen,
wirst du ins Unrecht setzen.
Dies ist der Erbbesitz der Diener des HERRN:
Ihre Gerechtigkeit kommt von mir, Spruch des HERRN.

8: 8,17! · 60,10
9: Gen 9,15
10: Ez 34,25
11–12: Offb 21,18–21
12: Sach 9,16
13: Joh 6,45
14: 32,17
17: 41,11!

Der HERR verspricht Heil

55 1 Auf, geht zum Wasser, all ihr Dürstenden,
und die ihr kein Silber habt,
geht, kauft Getreide, und esst,
und geht, kauft Getreide, nicht für Silber,
und Wein und Milch, nicht für Geld!

1: 41,17; Joh 7,37; Offb 21,6 · 12,3!

54,11: Die genaue Bedeutung des mit ‹harter Mörtel› wiedergegebenen hebräischen Worts ist unsicher; möglicherweise ist auch ein Auftragen von Farbe auf die Steine gemeint.

54,12: Gedacht ist an sonnenförmige Schilde, die aussen an den Stadtmauern angebracht waren.

2 Warum bietet ihr Silber für etwas, das kein Brot ist,
und euren Verdienst für das, was nicht sättigt?
So hört mir zu, und esst Gutes,
damit ihr eure Freude habt am Fett.

3: 61,8; 2Sam 23,5!; Jer 32,40 · Apg 13,34

3 Neigt euer Ohr, und kommt zu mir!
Hört, dann werdet ihr leben,
und ich will einen ewigen Bund mit euch schliessen:
die unverbrüchlichen Gnadenerweise für David.

4: 43,10!

4 Sieh, zum Zeugen für Völker habe ich ihn gemacht,
zum Fürsten und Gebieter von Völkern.

5: Sach 8,23 · 60,9

5 Sieh, du wirst eine Nation rufen, die du nicht kennst,
und eine Nation, die dich nicht kannte – sie werden zu dir eilen,
um des HERRN, deines Gottes,
um des Heiligen Israels willen,
denn er hat dich verherrlicht.

6: Ps 32,6; Jer 29,13–14; Mt 7,8

6 Sucht den HERRN, da er sich finden lässt,
ruft ihn, da er nahe ist!

7: 1,16 · Ez 18,27 · 44,22!

7 Der Frevler verlasse seinen Weg
und der Mann des Unheils seine Gedanken,
und zum HERRN kehre er zurück,
dann wird dieser sich seiner erbarmen,
zu unserem Gott,
denn er ist reich an Vergebung.

8: Röm 11,33

8 Denn meine Gedanken sind nicht eure Gedanken,
und eure Wege sind nicht meine Wege, Spruch des HERRN,

9: 1Sam 16,7!

9 denn so hoch der Himmel über der Erde ist,
so viel höher sind meine Wege als eure Wege
und meine Gedanken als eure Gedanken.

10–11: Mk 4,8; 2Kor 9,10; Kol 1,6

10 Denn wie der Regen und der Schnee herabkommen vom Himmel
und nicht dorthin zurückkehren,
sondern die Erde tränken
und sie fruchtbar machen und sie zum Spriessen bringen
und Samen geben dem, der sät,
und Brot dem, der isst,
11 so ist mein Wort, das aus meinem Mund hervorgeht:
Nicht ohne Erfolg kehrt es zu mir zurück,
sondern es vollbringt, was mir gefällt,
und lässt gelingen, wozu ich es gesandt habe.

12: 44,23! · 35,2!

12 Denn mit Freude werdet ihr ausziehen,
und in Frieden werdet ihr geleitet.
Vor euch werden die Berge und die Hügel in Jubel ausbrechen,
und alle Bäume des Feldes werden in die Hände klatschen.

13: 60,17 · 41,19!

13 Wacholder wird spriessen statt der Dornen,
Myrte wird spriessen statt der Nessel.
Und dem HERRN zum Ruhm wird es geschehen,
als ewiges Zeichen; nie wird es getilgt.

Der HERR nimmt auch die Fremden an

56 1 So spricht der HERR: 1: Ps 106,3; Hos 12,7 · 46,13!
Wahrt das Recht, und übt Gerechtigkeit,
denn bald schon kommt mein Heil,
und meine Gerechtigkeit wird offenbar.
2 Wohl dem Menschen, der so handelt, 2: Lk 11,28 · 58,13; Ex 20,8
und dem Menschen, der daran festhält:
der den Sabbat hält und ihn nicht entweiht
und der auf seine Hand achtet, dass sie nichts Böses tut.
3 Und der Fremde, der sich dem HERRN angeschlossen hat, soll nicht sagen: 3: 14,1 · Dtn 23,2.4.8
Gewiss wird der HERR mich ausschliessen aus seinem Volk!
Und der Eunuch soll nicht sagen:
Sieh, ich bin ein vertrockneter Baum!
4 Denn so spricht der HERR:
Den Eunuchen, die meine Sabbate halten
und wählen, woran ich Gefallen habe,
und die an meinem Bund festhalten,
5 ihnen gebe ich in meinem Haus und in meinen Mauern Denkmal und Name,
was mehr ist als Söhne und als Töchter.
Einen ewigen Namen werde ich ihnen geben,
der nicht getilgt wird.
6 Und die Fremden, die sich dem HERRN anschliessen, um ihm zu dienen
und um den Namen des HERRN zu lieben,
um ihm Diener zu sein,
alle, die den Sabbat halten und ihn nicht entweihen
und die an meinem Bund festhalten,
7 sie werde ich zu meinem heiligen Berg bringen, 7: 57,13; 65,11 · 1Kön 8,41–43 · Mt 21,13
und in meinem Bethaus werde ich sie erfreuen.
Ihre Brandopfer und ihre Schlachtopfer werden ein Wohlgefallen sein auf meinem Altar,
denn mein Haus soll Bethaus genannt werden – für alle Völker.
8 Spruch Gottes des HERRN, 8: Ps 147,2
der die Versprengten Israels sammelt:
Noch mehr werde ich zu ihm sammeln, zu seinen Gesammelten.

Ohne Einsicht kein Heil

9 All ihr Tiere des Feldes, kommt, um zu fressen, 9: Jer 12,9
all ihr Tiere im Wald.
10 Blind sind alle seine Wächter, nichts nehmen sie wahr, 10: Ez 33,6; Mt 15,14
sie alle sind stumme Hunde, sie können nicht bellen,
sie hecheln, liegen da, sie lieben es, zu schlafen.
11 Und die Hunde sind gierig, kennen keine Sättigung. 11: 53,6! · Ez 34,2 · Jer 6,13; 1Petr 5,2
Und das sind die Hirten!

56,5: «Denkmal und Name»: wörtlich: «Hand und Name», hebräisch: ‹jad waschem›; so lautet der Name der Gedenkstätte Yad Vashem in Jerusalem.
56,8: Mit ‹ihm› ist das Haus gemeint.

Sie haben keine Einsicht.
Sie alle haben sich ihrem eigenen Weg zugewandt,
ein jeder seinem Gewinn, einer wie der andere:
12: Am 4,1 · 5,22! 12 Kommt, ich will Wein holen,
und mit Bier wollen wir uns betrinken.
Und morgen wird es ebenso sein,
über alle Massen herrlich!

1: Mi 7,2 57 1 Wer gerecht ist, kommt um,
und nicht einer nimmt es sich zu Herzen.
Und die Treuen werden dahingerafft,
ohne dass jemand darauf achtet.
Von der Bosheit wird der Gerechte dahingerafft!
2: Jer 6,16 2 Er geht ein zum Frieden,
auf ihren Lagern ruhen sie,
ein jeder, der seinen geraden Weg geht.
3–8: Jer 3,6–9 3 Ihr aber, kommt her, ihr Kinder einer Zauberin,
3: Hos 2,46; Joh 8,41 Nachkommen eines Ehebrechers, hat sie doch Hurerei getrieben!
4: 1,4! 4 Über wen macht ihr euch lustig?
Gegen wen reisst ihr das Maul auf,
wem streckt ihr die Zunge heraus?
Seid ihr nicht Kinder des Vergehens,
Nachkommen der Lüge:
5: 1,29; Jer 2,20!; 5 die ihr in Erregung geratet bei den Terebinthen,
Hos 4,13 · Ez 16,21 unter jedem grünen Baum,
die ihr die Kinder schlachtet in den Bachtälern
unter den Felsenklüften.
6 Bei den glatten Steinen im Bachtal ist dein Anteil,
sie, sie sind dein Losanteil,
auch hast du ihnen Trankopfer geopfert,
hast Opfer dargebracht.
Sollte es mich deshalb reuen?
7 Auf einem hohen und hoch sich erhebenden Berg
hast du dein Lager bereitet,
auch bist du dort hinaufgestiegen,
um Schlachtopfer darzubringen.
8 Und hinter der Tür und dem Türpfosten hast du dein Erinnerungszeichen angebracht. Denn von mir abgewandt hast du dein Lager aufgedeckt und bist du hinaufgestiegen, hast es breit gemacht und hast dir von ihnen abgeschnitten. Ihr Lager hast du geliebt, hast die Hand angeschaut.
9: Ez 16,33; 23,16 9 Du bist zum König gezogen mit Öl,
und viele Salben hast du dir angerührt,

57,5: Im Hintergrund der mit «die ihr in Erregung geratet bei den Terebinthen» erwähnten Vorgänge stehen kultische sexuelle Handlungen.

57,8: Die Formulierung ‹und hast dir von ihnen abgeschnitten› ist möglicherweise ein Ausdruck dafür, dass etwas ausgehandelt wurde. Vermutlich ist ‹die Hand› hier ein umschreibender Ausdruck für das männliche Geschlechtsteil.

57,9: Die genaue Bedeutung des mit ‹gezogen› wiedergegebenen hebräischen Worts ist nicht gesichert.

und deine Boten hast du in die Ferne geschickt
und tief hinab bis ins Totenreich.
10 Von deinem weiten Weg bist du müde geworden,
du hast nicht gesagt: Es ist zum Verzweifeln!
Du hast Belebung deiner Hand gefunden,
darum bist du nicht schwach geworden.
11 Wen hast du denn gescheut und gefürchtet, dass du gelogen
und nicht an mich gedacht hast, es dir nicht zu Herzen genommen hast?
Nicht wahr, ich schweige und das seit langer Zeit,
und mich musst du ja nicht fürchten!
12 Ich selbst werde deine Gerechtigkeit kundtun
und deine Taten, und sie werden dir nichts nützen.
13 Wenn du schreist, sollen die dich retten, die du dir angesammelt hast;
der Wind aber wird sie alle forttragen,
ein Hauch wird sie hinwegnehmen.
Wer aber bei mir Zuflucht sucht, der wird das Land erben
und meinen heiligen Berg.

Frieden dem Fernen und dem Nahen

14 Und er spricht: Legt einen Weg an, legt einen Weg an, räumt den Weg frei!
Räumt meinem Volk die Hindernisse aus dem Weg!
15 Denn so spricht der Hohe und Erhabene,
der ewig wohnt und dessen Name Der-Heilige ist:
In der Höhe und als Heiliger wohne ich,
bei den Zerschlagenen und Erniedrigten,
um den Geist der Erniedrigten zu beleben
und das Herz der Zerschlagenen zu beleben.
16 Denn nicht für immer werde ich streiten
und nicht ohne Ende zürnen,
denn ihr Geist würde vor mir verschmachten
und die, die atmen –
habe doch ich sie gemacht!
17 Über die Schuld, über ihre Habsucht war ich zornig,
so dass ich sie geschlagen habe,
mein Angesicht habe ich verborgen, und ich war zornig,
sie aber gingen abtrünnig auf dem Weg ihres eigenen Herzens.
18 Ihre Wege habe ich gesehen,
und ich werde sie heilen.
Und ich werde sie leiten
und es ihnen mit Tröstungen vergelten,
ihnen und ihren Trauernden.

11: Ps 50,21

13: Jer 2,28 · Ps 37,9 · 56,7!

14: 40,4!

15: Ps 111,9; Lk 1,49 · 66,2; Ps 34,19

16: 64,8; Ps 103,9; Jer 3,12

17: 8,17!

18: Hos 14,5 · 58,11 · 61,2

57,13: Mit «die ..., die du dir angesammelt hast» sind Götzen gemeint.

57,16: «ihr» wurde in der Übersetzung ergänzt.

57,17: «mein Angesicht» wurde in der Übersetzung ergänzt. Zur Vereinfachung wurde in diesem und im folgenden Vers die Mehrzahl ‹sie› gesetzt, wo im hebräischen Text die Einzahl ‹es› (das Volk) steht.

19: Eph 2,17
19 Ich schaffe Frucht der Lippen,
Frieden, Frieden dem Fernen und dem Nahen,
spricht der HERR.
Und ich werde sie heilen.
20: Jer 49,23; Jud 13
20 Die Frevler aber sind wie das aufgewühlte Meer,
es kann keine Ruhe finden,
und seine Wasser wühlen Schlamm auf und Dreck.
21: 48,22!
21 Kein Frieden für die Frevler!, spricht mein Gott.

Wahres Fasten

1: Ez 16,2; Mi 3,8
58 1 Rufe aus voller Kehle, halte dich nicht zurück!
Einem Schofar gleich erhebe deine Stimme,
und verkünde meinem Volk sein Vergehen
und dem Haus Jakob seine Sünden!
2 Tag für Tag suchen sie mich,
und es gefällt ihnen, meine Wege zu erkennen.
Wie eine Nation, die Gerechtigkeit übt
und das Recht ihres Gottes nicht verlassen hat,
fragen sie mich nach den Satzungen der Gerechtigkeit,
es gefällt ihnen, wenn Gott sich nähert.
3: Jer 14,12
3 Warum haben wir gefastet, und du hast es nicht gesehen,
haben wir uns gedemütigt, und du weisst nichts davon?
Seht, an eurem Fastentag geht ihr anderen Dingen nach,
und alle eure Arbeiter treibt ihr an.
4 Seht, ihr fastet so, dass es zu Streit kommt und zu Zank
und dass man zuschlägt mit der Faust des Unrechts.
Ihr fastet heute nicht so,
dass ihr eure Stimme in der Höhe zu Gehör bringt.
5: Mt 6,16
5 Soll das ein Fasten sein, wie ich es will:
Ein Tag, an dem der Mensch sich demütigt?
Soll man seinen Kopf hängen lassen wie die Binse
und sich in Sack und Asche betten?
Soll man das ein Fasten nennen
und einen Tag, dem HERRN wohlgefällig?
6 Ist nicht dies ein Fasten, wie ich es will:
Ungerechte Fesseln öffnen,
die Stricke der Jochstange lösen
und Misshandelte freilassen
und dass ihr jedes Joch zerbrecht?
7: Dtn 15,11; Hiob 31,19; Ez 18,7; Mt 25,35
7 Bedeutet es nicht, dem Hungrigen dein Brot zu brechen
und dass du Arme, Obdachlose ins Haus bringst?
Wenn du einen Nackten siehst, dann bedeck ihn,
und deinen Brüdern sollst du dich nicht entziehen!
8: 10; Hiob 11,17; Ps 37,6 · 62,1! · 52,12!
8 Dann wird dein Licht hervorbrechen wie das Morgenrot,
und rasch wird deine Heilung gedeihen,
vor dir her zieht deine Gerechtigkeit,
und deine Nachhut ist die Herrlichkeit des HERRN.
9: 30,19!
9 Dann wirst du rufen, und der HERR wird antworten,

58,7: Wörtlich: «... deinem Fleisch sollst du dich nicht entziehen!»

du wirst um Hilfe rufen, und er wird sprechen: Sieh, hier bin ich!
Wenn du aus deiner Mitte das Joch entfernst,
das Zeigen mit dem Finger
und die unrechte Rede
10 und dem Hungrigen gewährst, was du selbst zum Leben brauchst, 10: 8!
und satt machst den, der gedemütigt ist,
dann wird dein Licht aufstrahlen in der Finsternis,
und deine Dunkelheit wird sein wie der Mittag.
11 Und allezeit wird der HERR dich leiten, 11: 57,18 · Jer 31,12
und in dürrem Land macht er dich satt,
und deine Knochen macht er stark.
Und du wirst sein wie ein bewässerter Garten
und wie eine Wasserquelle, deren Wasser nicht trügen.
12 Und die von dir abstammen, werden die uralten Trümmerstätten aufbauen, 12: 61,4; Esra 9,9; Neh 3,34 · 49,8!
die Grundmauern vergangener Generationen wirst du aufrichten.
Und du wirst Der-die-Bresche-zumauert genannt werden,
Der-Pfade-wieder-herstellt-damit-man-wohnen-kann.
13 Wenn du am Sabbat deinen Fuss zurückhältst, 13: 56,2!
deine Dinge nicht erledigst an meinem heiligen Tag
und den Sabbat eine Lust,
das Heilige des HERRN ehrwürdig nennst,
und ihn ehrst und nicht deine Gänge machst,
deinen Dingen nicht nachgehst und keine Worte machst,
14 dann wirst du deine Freude haben am HERRN, 14: Hiob 22,26; Ps 37,4 · Dtn 32,13 · 1,20!
und ich werde dich einherfahren lassen über die Höhen der Erde,
und den Erbbesitz Jakobs, deines Vaters, werde ich dich geniessen lassen.
Der Mund des HERRN hat gesprochen!

Durch Schuld vom HERRN getrennt

59 1 Seht, die Hand des HERRN ist nicht zu fern, um zu helfen, 1: 50,2!
und sein Ohr ist nicht schwerhörig, dass er nicht hörte,
2 sondern eure Verschuldungen haben euch von eurem Gott getrennt, 2: 50,1!
und eure Sünden haben sein Angesicht vor euch verdeckt,
so dass er nicht hört.
3 Denn eure Hände sind mit Blut besudelt 3: 1,15 · Jer 9,2; Mi 6,12
und eure Finger mit Schuld,
eure Lippen haben Lüge geredet,
eure Zunge murmelt Schlechtes.
4 Keiner spricht laut in Gerechtigkeit, 4: 33,11!
und niemand tritt in Treue vor Gericht.
Auf Nichtiges vertrauen und Sinnloses reden,
mit Mühsal schwanger gehen und Unheil gebären!
5 Viperneier haben sie ausgebrütet,
und Spinnenfäden weben sie.

Wer von ihren Eiern isst, stirbt,
und aus dem zerdrückten Ei schnellt eine giftige Schlange.
6 Ihre Fäden taugen nicht für ein Kleid,
und mit dem, was sie wirken, kann man sich nicht bedecken;
ihre Werke sind Werke des Unheils,
und in ihren Händen ist Gewalttat.
7–8: Röm 3,15–17 7: Spr 1,16!
7 Ihre Füsse laufen zum Bösen,
und sie eilen, um unschuldiges Blut zu vergiessen,
ihre Gedanken sind Gedanken des Unheils,
Verheerung und Zusammenbruch sind auf ihren Strassen.
8: Spr 2,15!; Ps 125,5
8 Den Weg des Friedens kennen sie nicht,
und in ihren Spuren ist kein Recht,
ihre Pfade haben sie sich krumm gemacht,
niemand, der darauf geht, weiss, was Frieden ist.
9: Hiob 30,26
9 Darum ist das Recht fern von uns,
und die Gerechtigkeit erreicht uns nicht.
Wir hoffen auf das Licht, und sieh: Finsternis,
auf Lichtglanz, aber wir gehen im Dunkel umher.
10: Dtn 28,29 · Spr 4,19; Jer 13,16! · Klgl 3,6
10 Wie die Blinden an der Wand müssen wir tasten
und tasten, als hätten wir keine Augen!
Am Mittag sind wir gestrauchelt wie in der Dämmerung,
unter den Wohlgenährten sind wir wie die Toten.
11: 38,14!
11 Wir knurren alle wie die Bären,
und wie die Tauben gurren wir,
wir hoffen auf das Recht, und es ist nicht da,
auf das Heil – es ist fern von uns.
12: Jer 14,7 · 49,8; 61,4; Am 9,11
12 Denn zahlreich sind unsere Vergehen vor dir,
und unsere Sünden haben gegen uns ausgesagt;
denn unsere Vergehen sind mit uns,
und unsere Verschuldungen kennen wir:
13 Verbrecherisch handeln und den HERRN verleugnen
und abtrünnig sein von unserem Gott,
von Gewalt reden und Falschheit,
mit Lügenworten schwanger gehen und sie aus dem Herzen hervorbringen.
14 Und das Recht wird zurückgedrängt,
und die Gerechtigkeit verharrt in der Ferne,
denn die Wahrheit ist gestrauchelt auf dem Platz,
und das, was recht ist, kann keinen Eingang finden.
15: 65,12; 66,4
15 Und so ist es dahin gekommen, dass die Wahrheit vermisst wird,
und wer das Böse meidet, der macht sich zur Beute.
Und der HERR sah es,
und es war böse in seinen Augen, dass es kein Recht gab.
16: 63,5
16 Und er sah, dass niemand da war,
und er war entsetzt, dass niemand einstand.
Da half ihm sein Arm,
und seine Gerechtigkeit, sie stützte ihn.

Vergeltung und Erlösung

17 Und wie einen Schuppenpanzer zog er Gerechtigkeit an, 17: Hiob 29,14!; 1Thess 5,8 · 42,13!
und auf sein Haupt setzte er den Helm des Heils,
und die Kleider der Rache zog er an als Gewand,
und er hüllte sich in Eifer wie in einen Mantel.
18 Gemäss den Taten wird er vergelten: 18: Jer 32,19 · 66,6
Zorn für seine Gegner,
Vergeltung für seine Feinde.
An den Inseln übt er Vergeltung.
19 Und so wird man den Namen des HERRN fürchten, 19: Ps 67,8 · 8,7!
wo die Sonne untergeht,
und seine Herrlichkeit,
wo die Sonne aufgeht,
denn er wird kommen wie ein eingeengter Strom,
den der Atem des HERRN vorantreibt.
20 Und der Erlöser wird nach Zion kommen 20–21: Röm 11,26–27 20: 41,14
und zu denen, die sich abwenden von den Vergehen in Jakob,
Spruch des HERRN.
21 Ich aber – dies ist mein Bund mit ihnen, spricht der HERR: Mein 21: Jer 31,33 · 51,16!
Geist, der auf dir ist, und meine Worte, die ich in deinen Mund gelegt
habe, werden nicht weichen aus deinem Mund und aus dem Mund dei-
ner Nachkommen und aus dem Mund der Nachkommen deiner Nach-
kommen, spricht der HERR, von nun an für alle Zeit.

Zions Herrlichkeit

60 1 Mach dich auf, werde licht! 1–2: 2,5! 1: 51,17! · Lk 2,32
Denn dein Licht kommt,
und die Herrlichkeit des HERRN ist aufgestrahlt über dir.
2 Denn sieh, Finsternis bedeckt die Erde 2: 62,1! · 9,1!
und Wolkendunkel die Völker,
über dir aber wird der HERR aufstrahlen,
und seine Herrlichkeit wird erscheinen über dir.
3 Und Nationen werden zu deinem Licht gehen 3–7: 66,20 3: 2,2! · Offb 21,24
und Könige zu deinem strahlenden Lichtglanz.
4 Blicke auf, ringsum, und sieh: 4: 49,17–18 · 14,2!
Alle haben sie sich versammelt,
sind zu dir gekommen.
Von ferne kommen deine Söhne,
und deine Töchter werden auf der Hüfte getragen.
5 Dann wirst du es sehen und strahlen, 5: Jer 33,9 · 61,6
und dein Herz wird beben und sich öffnen,
denn die Schätze des Meeres wenden sich dir zu,
die Reichtümer der Nationen kommen zu dir.
6 Eine Menge von Kamelen wird dich bedecken, 6: Gen 25,4 · 1Kön 10,1! · Jer 6,20
die Kamelhengste von Midian und Efa,
aus Saba kommen sie alle,
und sie tragen Gold und Weihrauch

59,19: Das mit ‹Atem› wiedergegebene hebräische Wort kann auch ‹Geist› bedeuten.

und verkünden die Ruhmestaten des HERRN.

7: Ez 27,21 · 42,11! · 21,16 · Hag 2,7–9

7 Alle Schafe von Kedar werden sich bei dir versammeln,
die Widder von Nebajot werden dir zu Diensten sein,
zum Wohlgefallen werden sie auf meinen Altar kommen,
und das Haus meiner Herrlichkeit werde ich verherrlichen.
8 Wer sind diese? Sie fliegen wie eine Wolke
und wie Tauben zu ihren Schlägen.

9: 51,5 · 42,4 · 2,16! · 55,5

9 Denn auf mich hoffen die Inseln
und die Tarschisch-Schiffe schon längst,
um deine Kinder aus der Ferne zu bringen,
ihr Gold und Silber ist bei ihnen,
für den Namen des HERRN, deines Gottes,
für den Heiligen Israels,
denn er hat dich verherrlicht.

10: Sach 6,15 · 54,8

10 Und Fremde werden deine Mauern bauen,
und ihre Könige werden dir zu Diensten sein,
denn in meinem Zorn habe ich dich geschlagen,
in meinem Wohlwollen aber habe ich mich deiner erbarmt.

11: Offb 21,25

11 Und allezeit werden deine Tore offenstehen,
Tag und Nacht werden sie nicht geschlossen,
damit man die Reichtümer der Nationen hineinbringt zu dir
und ihre Könige, die vertrieben wurden.

12: 41,11!

12 Die Nation und das Königreich aber, die dir nicht dienen, werden untergehen,
und die Nationen werden verheert!

13: 35,2 · 1Kön 5,22–24 · 41,19!

13 Die Herrlichkeit des Libanon wird zu dir kommen,
Zypresse, Ulme und Wacholder allesamt,
um die Stätte meines Heiligtums zu verherrlichen,
und so werde ich die Stätte meiner Füsse ehren.

14: 14,2; 45,14; Offb 3,9 · 49,23!

14 Die Kinder deiner Unterdrücker aber werden gebückt zu dir gehen,
und alle, die dich geschmäht haben, werden sich zu deinen Füssen niederwerfen,
dann wird man dich Stadt-des-HERRN nennen,
Zion-des-Heiligen-Israels.

15: 49,14 · 25,8

15 Statt dass du verlassen bist und verhasst
und dass niemand hindurchzieht,
werde ich dich zu immerwährendem Stolz machen,
zur Freude von Generation zu Generation.

16: 49,23; 66,11

16 Und du wirst die Milch der Nationen trinken,
und an der Brust von Königen wirst du trinken.
Dann wirst du erkennen, dass ich, der HERR, dein Retter bin,
und dein Erlöser, der Starke Jakobs.

17: 55,13 · 14,26

17 Statt Bronze bringe ich Gold,
und statt Eisen bringe ich Silber,
und statt Holz Bronze
und statt Steinen Eisen.
Und Frieden mache ich zu deiner Wache
und Gerechtigkeit zu deiner Obrigkeit.

18 In deinem Land wird nichts mehr zu hören sein von Gewalttat,
nichts von Verheerung und Zusammenbruch in deinen Grenzen,
und deine Mauern wirst du Heil nennen
und deine Tore Ruhm.
19 Nicht mehr wird die Sonne für dich Licht sein am Tag,
und nicht der Mond wird als Lichtglanz für dich leuchten:
Der HERR wird ewiges Licht sein für dich
und dein Gott deine Herrlichkeit.
20 Deine Sonne wird nicht mehr untergehen,
und dein Mond wird nicht verschwinden,
denn der HERR wird ewiges Licht sein für dich,
und die Tage deiner Trauer werden ein Ende haben.
21 Und dein Volk, sie alle werden Gerechte sein
und das Land für immer besitzen,
als Spross meiner Pflanzung,
als Werk meiner Hände,
damit ich mich selbst verherrliche.
22 Der Kleinste wird zur Tausendschaft
und der Geringste zur starken Nation.
Überraschend werde ich, der HERR, es herbeiführen zu seiner Zeit.

18: 26,1
19: 24,23; Offb 21,23; 22,5
20: Sach 14,7
21: Zef 3,13 · Am 9,15 · 34,17! · 61,3
22: 54,1!

Der HERR schafft Gerechtigkeit

61 1 Der Geist Gottes des HERRN ist auf mir.
Denn der HERR hat mich gesalbt,
um den Elenden frohe Botschaft zu bringen,
er hat mich gesandt,
um die zu heilen, die gebrochenen Herzens sind,
um Freilassung auszurufen für die Gefangenen
und Befreiung für die Gefesselten,
2 um ein Jahr des Wohlwollens des HERRN auszurufen
und einen Tag der Rache unseres Gottes,
um alle Trauernden zu trösten,
3 um dies bereitzustellen für die, die um Zion trauern:
um ihnen einen Kopfschmuck zu geben statt Asche,
Freudenöl statt Trauer,
ein Gewand des Ruhms
statt trüben Geists.
Dann werden sie Terebinthen-der-Gerechtigkeit genannt werden,
Pflanzung-des-HERRN,
damit er sich selbst verherrlicht.
4 Und die uralten Trümmerstätten werden sie aufbauen,
die Ruinen der Früheren aufrichten
und die Städte der Verwüstung erneuern,
die Ruinen früherer Generationen.
5 Und Fremde werden dastehen und eure Schafe weiden,
und andere werden eure Landarbeiter und Weingärtner sein.
6 Ihr aber werdet Priester-des-HERRN genannt werden,
Diener-unseres-Gottes wird von euch gesagt werden.

1: 48,16! · 52,7! · 11,2! · 42,7!
2: 49,8; Lev 25,10! · 34,8! · 57,18
3: Ps 30,12; Joh 16,20 · 60,21
4: 59,12! · 58,12!
5: 14,2
6: Ex 19,6 · 54,3 · 60,5

61,6: Die Übersetzung «Diener-unseres-Gottes wird von euch gesagt werden» ist unsicher.

Die Reichtümer der Nationen werdet ihr geniessen,
und mit ihrer Herrlichkeit werdet ihr euch rühmen.
7: 35,10 · Sach 9,12 7 Dafür dass eure Schmach eine doppelte war
und man die Schmähung als ihren Anteil bejubelte,
deshalb werden sie in ihrem Land doppelt so viel besitzen,
immerwährende Freude werden sie haben.
8: Ps 11,7; 37,28 · 55,3! 8 Denn ich, der HERR, liebe das Recht,
hasse Raub und Unrecht.
Und in Treue werde ich ihnen ihre Belohnung geben
und einen ewigen Bund mit ihnen schliessen.
9: 65,23 9 Und ihre Nachkommen werden bekannt sein bei den Nationen
und ihre Sprösslinge bei den Völkern,
alle, die sie sehen, werden von ihnen wissen,
dass sie Nachkommen sind, die der HERR gesegnet hat.
10: Ps 132,9.16 · Offb 21,2 10 Wie werde ich mich freuen am HERRN!
Meine Seele jauchze über meinen Gott,
denn mit Gewändern des Heils hat er mich bekleidet,
in den Mantel der Gerechtigkeit hüllt er mich,
wie der Bräutigam nach Priesterart den Kopfschmuck trägt
und wie die Braut sich schmückt mit ihrem Geschmeide.
11: 45,8 11 Denn wie die Erde hervorbringt, was spriesst,
und wie der Garten seine Saaten spriessen lässt,
so wird Gott der HERR Gerechtigkeit spriessen lassen
und Ruhm vor allen Nationen.

Zions Heil kommt

1: 58,8; 60,2; Mal 3,20 62 1 Um Zions willen werde ich nicht schweigen
und um Jerusalems willen nicht still sein,
bis seine Gerechtigkeit hervorbricht wie ein Lichtglanz
und sein Heil wie eine brennende Fackel.
2: 57,15! · 65,15; Offb 2,17; 3,12 2 Dann werden die Nationen deine Gerechtigkeit sehen
und alle Könige deine Herrlichkeit,
und du wirst mit einem neuen Namen benannt werden,
den der Mund des HERRN bestimmt.
3: Sach 9,16; 2Tim 4,8 3 Und du wirst eine herrliche Krone sein in der Hand des HERRN
und ein königlicher Kopfschmuck in der Hand deines Gottes.
4: 54,6! · Ez 36,35 · Ps 16,3 · Hos 2,22 4 Von dir wird nicht mehr gesagt werden: eine Verlassene,
und von deinem Land wird nicht mehr gesagt werden:
verwüstet!,
sondern Mein-Gefallen-an-ihr wirst du genannt werden
und dein Land In-Besitz-genommen,
denn der HERR hat Gefallen an dir,
und dein Land wird in Besitz genommen werden.
5: 65,19; Zef 3,17 5 Denn wie ein junger Mann eine Jungfrau in Besitz nimmt,
so werden deine Söhne dich in Besitz nehmen,
und wie der Bräutigam sich an der Braut freut,
so freut sich dein Gott an dir.

61,7: Die Übersetzung «Dafür dass ... bejubelte» ist unsicher.
62,5: «deine Söhne»: siehe die Anm. zu 49,17.

6 Auf deinen Mauern, Jerusalem, habe ich Wächter eingesetzt,
den ganzen Tag und die ganze Nacht,
niemals schweigen sie!
Die ihr den HERRN erinnert, gönnt euch keine Ruhe,
7 und lasst ihm keine Ruhe,
bis er es fest gründet
und bis er Jerusalem ruhmreich macht auf der Erde.
8 Der HERR hat geschworen mit seiner Rechten
und mit seinem starken Arm:
Ich werde dein Korn nicht mehr deinen Feinden als Speise geben,
und Fremde werden deinen Wein nicht trinken, um den du dich abgemüht hast!
9 Sondern die es ernten, sollen es essen
und den HERRN loben,
und die ihn einbringen, sollen ihn trinken
in den Vorhöfen meines Heiligtums.
10 Zieht hin, zieht hin durch die Tore!
Räumt meinem Volk den Weg frei!
Legt die Strasse an, legt sie an,
befreit sie von Steinen,
richtet den Völkern ein Feldzeichen auf!
11 Seht, bis ans Ende der Erde lässt der HERR es hören:
Sagt der Tochter Zion:
Sieh, dein Heil kommt!
Sieh, sein Lohn ist bei ihm,
und seine Belohnung zieht vor ihm her.
12 Dann wird man sie nennen: Heiliges-Volk,
Erlöste-des-HERRN.
Und du wirst genannt werden: Gesuchte,
Nie-mehr-verlassene-Stadt.

6: Jer 6,17; Ez 3,17 · 52,8
8: 65,22!
9: Jer 31,5
10: Ps 24,7 · 40,4! · 11,12!
11: Sach 9,9; Mt 21,5 · 40,10
12: 63,18; 1Petr 2,9 · 35,9

Gericht über Edom

63 1 Wer ist es, der da aus Edom kommt,
aus Bozra in grellen Kleidern,
so auffallend in seinem Gewand,
einherschreitend in der Fülle seiner Kraft?
Ich bin es, der ich in Gerechtigkeit spreche,
stark genug, um zu retten.
2 Warum ist dein Gewand so rot
und sind deine Kleider wie bei einem, der in der Kelter tritt?
3 Allein habe ich im Keltertrog getreten,
und niemand war bei mir von den Völkern.
Da trat ich sie in meiner Wut,
und in meinem Zorn zerstampfte ich sie,
und ihr Saft spritzte auf meine Kleider,
und ich besudelte alle meine Gewänder.

1–6: Jer 49,7–22!
1: Gen 36,33! · Offb 19,13 · 34,6
3: Klgl 1,15; Joel 4,13 · Gen 49,11

62,6: Gemeint ist das Erinnern an das Schicksal Jerusalems.
62,11: Siehe die Anm. zu 40,10.

4: 34,8!

4 Denn in meinem Herzen war ein Tag der Rache,
und mein Jahr der Besudelung war gekommen.

5: 59,16

5 Da schaute ich mich um, und da war keiner, der half,
und ich war entsetzt, aber da war keiner, der mich stützte.
Da half mir mein Arm,
und mein Zorn, er stützte mich.

6: 34,2! · 51,17!

6 Und so zertrat ich die Völker in meiner Wut,
und in meinem Zorn machte ich sie betrunken,
und ihren Saft liess ich zur Erde fliessen.

Klage und Bittgebet

7: Ps 77,12; 89,2; 103,2

7 An die Gnadentaten des HERRN werde ich erinnern,
an die Ruhmestaten des HERRN,
an alles, was der HERR für uns getan hat,
und an die Fülle des Guten für das Haus Israel,
was er für sie getan hat, wie es seinem Erbarmen
und der Fülle seiner Gnadentaten entspricht.

8: 64,8; Dtn 7,6; 1Sam 12,22 · Dtn 32,5

8 Und er sprach: Sie sind mein Volk!
Kinder, die nicht treulos handeln!
Und so wurde er ihr Retter.

9: Ex 33,14 · 46,3!

9 All ihre Not war auch seine Not,
und der Bote seines Angesichts hat sie gerettet.
In seiner Liebe und in seinem Mitleid hat er sie erlöst,
und er hat sie emporgehoben,
und alle Tage der längst vergangenen Zeit hat er sie getragen.

10: Dtn 1,26.43; Ps 107,11 · Eph 4,30

10 Sie aber waren widerspenstig
und kränkten seinen heiligen Geist.
Da verwandelte er sich in ihren Feind,
er selbst bekämpfte sie.

11: Ps 77,12.21 · Num 11,17

11 Dann aber erinnerte man sich der Tage der längst vergangenen Zeit,
an Mose, an sein Volk:
Wo ist der, der sie heraufgeführt hat aus dem Meer
mit den Hirten seiner Schafe?
Wo ist der, der seinen heiligen Geist in sein Inneres gelegt hat,

12: Neh 9,20 · Ex 14,29 · 44,27!

12 der den Arm seiner Herrlichkeit
zur Rechten des Mose einherziehen liess,
der das Wasser vor ihnen teilte,
um sich einen ewigen Namen zu machen?

13: Ps 105,37

13 Der sie durch die Fluten gehen liess
wie ein Pferd in der Wüste:
ohne Straucheln.

14: 2Sam 7,23; Jer 32,20

14 Wie dem Vieh, das hinabsteigt ins Tal,
verschafft der Geist des HERRN ihm Ruhe.
So hast du dein Volk geleitet,
um dir einen herrlichen Namen zu machen.

15: Dtn 26,15 · 64,11; Ps 77,10

15 Schau herab vom Himmel und sieh herab
von der Wohnung deiner Heiligkeit und deiner Herrlichkeit!
Wo sind dein Eifer und deine Kraft?

Das Aufwallen deiner Gefühle und dein Erbarmen –
mir hast du es nicht gezeigt.
16 Du bist doch unser Vater! 16: 45,11!
Abraham hat nichts von uns gewusst,
und Israel kennt uns nicht.
Du, HERR, bist unser Vater,
Unser-Erlöser-seit-uralten-Zeiten ist dein Name.
17 Warum, HERR, lässt du uns umherirren, fern von deinen Wegen, 17: 6,9–10 · 19,25!
verhärtest unser Herz, so dass wir dich nicht fürchten?
Kehre zurück um deiner Diener,
um der Stämme deines Erbbesitzes willen.
18 Für eine kurze Zeit haben sie dein heiliges Volk enteignet, 18: 62,12! · 64,10; Ps 79,1; Offb 11,2
dein Heiligtum haben unsere Feinde zertreten.
19 Wir sind wie die geworden, 19: 65,1 · Ri 5,5
über die du nie geherrscht hast,
über denen dein Name nicht ausgerufen wurde.
Hättest du doch schon den Himmel zerrissen,
wärst schon herabgestiegen,
so dass die Berge vor dir erbebt wären,
64 1 wie Feuer Reisig entzündet,
wie Feuer Wasser zum Aufwallen bringt,
um deinen Name bekannt zu machen bei deinen Feinden.
Die Nationen zittern vor dir,
2 wenn du wunderbare Dinge tust, 2: 28,21!
auf die wir nicht zu hoffen wagen.
Wenn du herabsteigst, beben die Berge vor dir.
3 Und nie zuvor hat man davon gehört, 3: 2Sam 7,22; 1Kor 2,9
nie haben wir davon gehört:
Kein Auge hat je einen Gott ausser dir gesehen,
der solches tut für die, die auf ihn warten.
4 Du kommst dem entgegen, der freudig Gerechtigkeit übt, 4: Esra 9,7
denen, die auf deinen Wegen an dich denken.
Aber sieh, du warst zornig, und wir haben auf ihnen lange gesündigt
und werden doch gerettet.
5 Und wie der Unreine sind wir alle geworden, 5: Sach 3,3 · 1,30 · 27,8
und all unsere Gerechtigkeit ist wie ein von der monatlichen Blutung beflecktes Gewand,
und wie Laub sind wir alle verwelkt,
und wie der Wind trug unsere Schuld uns davon.
6 Und da ist niemand, der deinen Namen anruft, 6: Hos 7,7 · 43,22! · 8,17! · 1,28
der sich aufrafft, an dir festzuhalten,
denn du hast dein Angesicht vor uns verborgen
und hast uns zergehen lassen in der Macht unserer Schuld.
7 Nun aber bist doch du, HERR, unser Vater! 7: 45,11! · 29,16!
Wir sind der Ton und du unser Bildner,
und wir alle sind das Werk deiner Hand.
8 Zürne nicht zu sehr, HERR, 8: 57,16! · 43,25! · 63,8!
und denke nicht für immer an die Schuld.
Sieh, schau doch: Wir alle sind dein Volk.

9: Lev 26,31

9 Deine heiligen Städte sind zur Wüste geworden,
Zion ist zur Wüste geworden,
Jerusalem ist verwüstet.

10: 63,18!

10 Unser heiliges und herrliches Haus,
wo unsere Vorfahren dich gelobt haben,
ist ein Raub des Feuers geworden,
und all unsere Kostbarkeit ist verwüstet.

11: 63,15 · Sach 1,12

11 Willst du, HERR, bei all dem dich zurückhalten,
schweigen und uns demütigen über die Massen?

Die Antwort des HERRN: Vergeltung und Segen

1–2: Röm 10,20–21
1: 63,19

65 1 Ich war erfragbar für die, die nicht nach mir fragten,
ich liess mich finden von denen, die mich nicht suchten.
Hier bin ich! Hier bin ich!, sprach ich
zu einer Nation, die nicht nach meinen Namen benannt war.

2: Mt 23,37 · Ps 36,5

2 Immerfort habe ich meine Hände ausgestreckt zu einem widerspenstigen Volk,
zu denen, die den Weg gehen, der nicht gut ist,
ihren eigenen Gedanken folgend;

3: Dtn 32,21 · 1,29!

3 das Volk, das mich ohne Unterlass ins Angesicht kränkt,
die Schlachtopfer darbringen in den Gärten
und Rauchopfer auf den Ziegelsteinen,

4: Lev 19,31 · 66,17; Lev 11,7 · Dtn 14,3

4 die in den Gräbern sitzen
und in den Höhlen die Nacht verbringen,
die Schweinefleisch essen
und unreines Zeug in ihren Töpfen haben,

5: Ez 44,19

5 die sagen: Bleib, wo du bist!
Komm mir nicht nah. Sonst könnte ich dich heiligen.
Rauch sind sie in meiner Nase,
ein Feuer, das den ganzen Tag lodert!

6: Ps 79,12

6 Sieh, es ist aufgeschrieben vor mir,
ich werde nicht schweigen, bis ich es vergolten habe!
Und in ihren Gewandbausch werde ich es ihnen vergelten:

7: Jer 16,18

7 eure Verschuldungen zusammen mit den Verschuldungen eurer Vorfahren, spricht der HERR,
die auf den Bergen Rauchopfer dargebracht haben
und mich auf den Hügeln geschmäht haben.
Auch den Lohn für ihre damaligen Taten werde ich ihnen in ihren Gewandbausch zumessen.

8: 6,13! · Gen 18,26–33

8 So spricht der HERR: Wie wenn sich Saft in der Traube findet
und man sagt: Verdirb sie nicht,
denn es ist ein Segen darin!,
so werde ich um meiner Diener willen handeln,
dass ich nicht das Ganze verderbe.

9: Ps 69,37; Obd 17

9 Und ich werde aus Jakob Nachkommen hervorgehen lassen
und aus Juda den Besitzer meiner Berge.

65,6: Der Gewandbausch diente als Tasche. Er steht hier als Hinweis auf die grosse Menge der Vergeltung bzw. des Lohns.

Und meine Auserwählten werden es besitzen,
und meine Diener werden dort wohnen.
10 Und die Ebene von Scharon wird eine Weide für Schafe sein
und das Tal Achor ein Lagerplatz für Rinder,
für mein Volk, das nach mir fragt.
11 Ihr aber, die ihr den HERRN verlassen,
meinen heiligen Berg vergessen habt,
die ihr dem Glück den Tisch bereitet
und dem Schicksal den Krug füllt:
12 Euch werde ich dem Schwert übergeben,
und in die Knie gehen werdet ihr alle für die Schlachtung!
Denn ich habe gerufen, und ihr habt keine Antwort gegeben,
ich habe gesprochen, und ihr habt nicht gehört,
sondern ihr habt getan, was böse ist in meinen Augen,
und was mir nicht gefällt, das habt ihr gewählt.
13 Darum, so spricht Gott der HERR:
Seht, meine Diener werden essen,
ihr aber werdet hungern!
Seht, meine Diener werden trinken,
ihr aber werdet dürsten!
Seht, meine Diener werden fröhlich sein,
ihr aber werdet zuschanden!
14 Seht, meine Diener werden jubeln aus Herzenslust,
ihr aber werdet schreien aus Herzensleid,
und vor Verzweiflung werdet ihr aufheulen!
15 Und euren Namen werdet ihr meinen Auserwählten als Fluchschwur hinterlassen:
Gott der HERR wird dich töten!
Meine Diener aber wird man mit einem anderen Namen rufen:
16 Wer sich im Land segnet, wird sich segnen beim Gott der Treue,
und wer im Land schwört, wird schwören beim Gott der Treue.
Die früheren Nöte sind vergessen
und mir aus den Augen!

Verheissung eines neuen Himmels und einer neuen Erde

17 Denn seht, ich schaffe einen neuen Himmel und eine neue Erde,
und dessen, was früher war, wird nicht mehr gedacht werden,
und man wird es nicht mehr bedenken.
18 Vielmehr frohlockt und jubelt endlos
über das, was ich schaffe!
Denn seht, ich schaffe Jerusalem als Jubel
und ihr Volk als Frohlocken.
19 Und über Jerusalem werde ich jubeln,
und frohlocken werde ich über mein Volk.
Und Weinen und Schreien
wird in ihr nicht mehr zu hören sein.

10: 33,9; 1Chr 27,29 · Jos 7,26 · Jer 33,12
11: 56,7! · Jer 7,18
12: 59,15! · 50,2! · 66,4
13: Spr 13,25
14: 50,11
15: Jer 24,9; 29,22 · 62,2!
16: 19,18! · 54,4
17: 66,22; Gen 1,1; 2Petr 3,13; Offb 21,1 · 43,18
18: 66,10
19: 62,5! · 35,10!

65,11: Glück und Schicksal (hebräisch: Gad und Mani) sind nichtisraelitische Gottheiten.
65,18: Mit ‹ihr› Volk ist das Volk Jerusalems gemeint. Siehe die Anm. zu 3,26.

20: Sach 8,4

20 Dort wird es keinen Säugling mehr geben, der nur wenige Tage lebt,
und keinen Greis, der sein Leben nicht vollendet,
denn ein junger Mann wird sein, wer mit hundert Jahren stirbt,
und wer hundert Jahre nicht erreicht, gilt als mit dem Fluch belegt.

21: Jer 31,5; Ps 128,2; Am 9,14

21 Und sie werden Häuser bauen und darin wohnen
und Weinberge pflanzen und deren Früchte essen.

22: 62,8; Dtn 28,30; Am 9,14

22 Sie werden nicht bauen, damit ein anderer wohnt,
sie werden nicht pflanzen, damit ein anderer isst,
denn das Alter meines Volks wird sein wie das Alter des Baums,
und was ihre Hände erarbeitet haben, werden meine Auserwählten geniessen.

23: Hiob 21,8

23 Sie werden sich nicht vergeblich abmühen
und nicht in entsetzlicher Angst Kinder gebären,
denn sie sind die Nachkommen der Gesegneten des HERRN,
und ihre Sprösslinge werden ihnen bleiben.

24: 30,19!

24 Und noch ehe sie rufen, antworte ich,
noch während sie reden, erhöre ich sie.

25: 11,7! · Gen 3,14 · 11,9

25 Wolf und Lamm werden einträchtig weiden,
und der Löwe wird Stroh fressen wie das Rind,
und die Schlange – ihre Nahrung ist der Staub.
Nirgendwo auf meinem heiligen Berg wird man Böses tun oder Zerstörendes, spricht der HERR.

Der HERR straft und tröstet

1: Apg 7,49 · 1Chr 28,2; Mt 5,35 · 1Kön 8,27!

66 1 So spricht der HERR:
Der Himmel ist mein Thron,
und die Erde ist der Schemel meiner Füsse.
Was für ein Haus wollt ihr mir bauen
und was für eine Stätte, an der ich meine Ruhe finden soll?

2: 57,15!

2 Hat doch meine Hand dies alles gemacht,
und so ist all dies entstanden!, Spruch des HERRN.
Und auf den werde ich blicken:
auf den, der arm ist und der zerschlagenen Geistes ist und der zittert vor meinem Wort.

3: 1,13 · Hag 2,14 · 53,6!

3 Man schlachtet einen Stier und erschlägt einen Menschen,
man opfert ein Schaf und bricht einem Hund das Genick,
man bringt Speiseopfer dar, aber auch Schweineblut,
man preist mit Weihrauch und lobt einen Götzen.
Wie sie selbst sich ihre Wege gewählt haben
und Gefallen haben an ihren Scheusslichkeiten,

4: 59,15! · 50,2! · 65,12

4 so werde ich für sie Misshandlungen wählen
und ihnen bringen, wovor ihnen graut.
Denn ich habe gerufen, und niemand hat Antwort gegeben,
ich habe gesprochen, und sie haben nicht gehört,

65,23: Möglich ist für «..., und ihre Sprösslinge werden ihnen bleiben.» auch die Übersetzung: «..., und ihre Sprösslinge mit ihnen.»

sondern sie haben getan, was böse ist in meinen Augen,
und was mir nicht gefällt, haben sie gewählt.
5 Hört das Wort des HERRN, die ihr zittert vor seinem Wort! 5: 5,19! · 26,11!
Es spotten eure Brüder, die euch hassen,
die euch meines Namens wegen verstossen:
Der HERR ehre euch, damit wir eure Freude sehen!
Sie aber werden zuschanden werden.
6 Horch! Getöse von der Stadt. 6: Offb 16,1 · Joel 4,16 · 59,18
Horch! Vom Tempel!
Horch! Der Herr übt Vergeltung an seinen Feinden.
7 Noch bevor sie in Wehen liegt, hat sie geboren,
noch bevor die Wehen über sie kommen,
wird sie einen Knaben geboren haben.
8 Wer hat solches gehört? 8: 49,21
Wer hat dergleichen gesehen?
Wird ein Land an einem einzigen Tag zur Welt gebracht?
Oder wird eine Nation auf einmal geboren?
Kaum in Wehen, hat Zion ihre Kinder auch schon geboren!
9 Sollte ich es bis zur Geburt kommen und sie nicht gebären lassen?, 9: 37,3!
spricht der HERR.
Oder sollte ich, der ich gebären lasse, den Schoss verschliessen?,
spricht dein Gott.
10 Freut euch mit Jerusalem, und jauchzt über sie, alle, die ihr sie liebt! 10: 65,18
Frohlockt von Herzen mit ihr, alle, die ihr um sie trauert!
11 Damit ihr trinkt und satt werdet an der Brust ihres Trosts, 11: 60,16!
damit ihr schlürft und euch erquickt an ihrer prall gefüllten Mutterbrust.
12 Denn so spricht der HERR: 12: 48,18 · 14,2!
Sieh, wie einen Strom leite ich den Frieden zu ihr
und den Reichtum der Nationen wie einen flutenden Fluss,
und ihr werdet trinken,
auf der Hüfte werdet ihr getragen,
und auf den Knien werdet ihr geschaukelt.
13 Wie einen, den seine Mutter tröstet, 13: 40,1! · Ps 131,2
so werde ich euch trösten,
und getröstet werdet ihr in Jerusalem.
14 Und ihr werdet es sehen, und euer Herz wird frohlocken, 14: Joh 16,22
und eure Knochen werden erstarken wie junges Grün.
Und die Hand des HERRN wird sich bekannt machen bei seinen Dienern
und sein Zorn bei seinen Feinden.
15 Denn sieh, der HERR wird im Feuer kommen, 15: Ps 50,3 · Sach 6,1
und wie der Sturmwind kommen seine Wagen,
um seinen Zorn zurückzubringen unter Wüten
und mit Feuerflammen sein Schelten.
16 Denn mit Feuer und mit seinem Schwert geht der HERR ins Gericht 16: 34,2!
mit allem Fleisch,

und die der HERR erschlagen hat, werden zahlreich sein.
17: Lev 11,29 · 17 Die sich weihen und sich reinigen für die Gärten,
65,4! · 1,29! dem einen folgend, der in der Mitte ist,
die Schweinefleisch essen
und was abscheulich ist und Mäuse –
allesamt gehen sie zugrunde, Spruch des HERRN.
18: Ps 94,11 · 40,5 18 Ich aber, ich kenne ihre Werke und ihre Gedanken,
ich komme, um alle Nationen und Zungen zu versammeln,
und sie werden kommen und meine Herrlichkeit sehen.
19: Mt 28,19 · 19 Und bei ihnen richte ich ein Zeichen auf,
Gen 10,2! · 19,21 und die von ihnen entkommen sind, werde ich zu den Nationen senden,
nach Tarschisch, Pul und Lud, zu den Bogenschützen in Tubal und nach Jawan,
an die fernsten Inseln, die keine Kunde von mir gehört
und meine Herrlichkeit nicht gesehen haben,
und sie werden meine Herrlichkeit kundtun bei den Nationen.
20: 60,3-7 20 Und auf Pferden und Wagen und in Sänften und auf Maultieren und
Kamelstuten werden sie all eure Brüder aus allen Nationen dem HERRN
als Gabe bringen, auf meinen heiligen Berg, nach Jerusalem, spricht der
HERR, wie die Israeliten die Gaben in reinen Gefässen in das Haus des
HERRN bringen. 21 Und von ihnen werde ich sogar etliche als levitische
22: 65,17! Priester nehmen, spricht der HERR. 22 Denn wie der neue Himmel und
die neue Erde, die ich mache, vor mir bestehen bleiben, Spruch des
23: 2,2! · 61,9 HERRN, so bleiben eure Nachkommen und euer Name bestehen. 23 Und
Neumond für Neumond und Sabbat für Sabbat wird alles Fleisch kommen, um sich vor mir niederzuwerfen, spricht der HERR.
24: 1,31 · Mk 9,48 24 Und sie werden hinausgehen und die Leichen der Menschen sehen, die mit mir gebrochen haben, denn ihr Wurm wird nicht sterben, und ihr Feuer wird nicht erlöschen, und sie werden ein Abscheu sein für alles Fleisch.

Das Buch Jeremia

Das Buch Jeremia ist das umfangreichste Prophetenbuch im Alten Testament. Seine zweiundfünfzig Kapitel enthalten Prophetenworte und Erzählungen über Jeremia, die im 6. Jahrhundert v. Chr. in den letzten Jahrzehnten des Königtums Juda und in den darauf folgenden Jahren spielen.

Jeremia, Sohn des Priesters Chilkija, stammt aus dem benjaminitischen Anatot, wirkt aber vor allem in Jerusalem. Seine Botschaft thematisiert das von Norden hereinbrechende Unheil über Juda und Jerusalem. Dieses Unheil wurde in Gestalt der heranrückenden babylonischen Militärmacht alsbald Wirklichkeit. Das Buch Jeremia macht die-

66,20: Möglicherweise bedeutet das mit ‹Kamelstuten› wiedergegebene Wort: ‹Wagen›.

sen Vorgang als Gericht des Gottes Israels über sein eigenes Volk verständlich. Es löst sich damit von der üblichen Vorstellung, dass Gott ein Schutzgott sei, der sich nicht gegen sein Volk wende. Vielmehr hält Gott Gericht über sein schuldig gewordenes Volk und dessen Anführer. In ungekannter Schärfe kann das Buch Jeremia deshalb Anklagen gegen die Könige, gegen die Priester und gegen die Bewohner von Jerusalem und Juda erheben: Sie selbst haben die Verbindung zu Gott durch ihr frevlerisches Handeln zerstört, und deshalb wird sie nun das ihnen angekündigte Geschick ereilen.

Zu den Besonderheiten des Buchs Jeremia gehören einige Klagetexte, die das Leiden des Propheten an seinem Verkündigungsauftrag beschreiben und die man als die ‹Konfessionen Jeremias› bezeichnet hat (Jer 11–12; 15; 17–18; 20). Sie zeigen, wie schon der Bericht über die Berufung Jeremias (Jer 1), dass dieser das prophetische Amt nicht von sich aus gesucht hat. Er ist Prophet wider seinen eigenen Willen, er ist Prophet, weil er von Gott dazu genötigt wird. Eine Art Illustration der ‹Konfessionen› bieten die Erzählungen über Jeremias Schicksal in Jer 26–45.

Vor allem in Jer 29–33 finden sich auch Heilsworte, darunter die Ankündigung eines neuen Bundes (Jer 31,31–34). Sie verankern eine Hoffnungsperspektive, die – wie es auch in den anderen Prophetenbüchern des Alten Testaments der Fall ist – eine Zukunft nach dem Gericht ins Auge fasst.

Das Buch Jeremia enthält seine eigene Entstehungslegende (Jer 36): Es wird berichtet, wie der König Jehojakim das ihm vorgelesene Buch des Propheten Jeremia abschnittsweise verbrennt, Jeremia daraufhin aber seinem Schreiber eine neue Niederschrift des Buchs diktiert, von der ausdrücklich gesagt wird, dass ihr «viele ähnliche Worte [...] hinzugefügt» worden seien (Jer 36,32). Im Buch Jeremia selbst wird also darauf hingewiesen, dass es mehr und anderes ist als eine schriftliche Dokumentation der Verkündigung des Propheten Jeremia. Es ist wahrscheinlich über mehrere Jahrhunderte hinweg zu seiner jetzigen Gestalt angewachsen. Die griechische Übersetzung des Buchs, die etwa ein Siebtel kürzer ist als die hebräische Fassung, scheint gegen Ende des 3. Jahrhunderts v.Chr. zu einem Zeitpunkt erstellt worden zu sein, da das hebräische Buch noch nicht seine endgültige Gestalt hatte. Dass am Buch Jeremia so lange gearbeitet worden ist, hängt wahrscheinlich vor allem damit zusammen, dass der Prophet Jeremia historisch mit dem wichtigsten Datum der alttestamentlichen Geschichte Judas verbunden ist – der Zerstörung Jerusalems durch die Babylonier 587/6 v.Chr. So bot es sich an, theologisch wichtige Anliegen mit der Autorität Jeremias zu verbinden und in sein Buch einzutragen.

Auf den Propheten Jeremia und seinen Schreiber Baruch (vgl. Jer 36) sind noch weitere Schriften zurückgeführt worden. So wird das Buch der Klagelieder in seiner griechischen Übersetzung ausdrücklich als «Klagelieder Jeremias» überschrieben (siehe die Einleitung zu Klgl). Daneben kennen die lateinischen, griechischen und orientalischen Bibel-Traditionen Bücher wie den ‹Brief Jeremias›, das ‹Baruchbuch› oder die syrische Baruchapokalypse. Im Neuen Testament, in den Abendmahlsworten (Lk 22,20; 1Kor 11,25) und im Hebräerbrief (Hebr 8,8–13;

10,16–17), spielt namentlich der neue Bund (Jer 31,31–40) eine wichtige Rolle.

Buchüberschrift

1: 11,21–23; 32,7; 37,12 — 2: 2Kön 22,1 — 3: 2Kön 23,34; 24,17 · 52,12–15

1 1 Die Worte Jeremias, des Sohns von Chilkijahu, einem der Priester
in Anatot im Land Benjamin, 2 an den das Wort des HERRN erging in
den Tagen Joschijahus, des Sohns von Amon, des Königs von Juda, im
Jahr dreizehn seiner Königsherrschaft, 3 und es erging auch in den Ta-
gen Jehojakims, des Sohns von Joschijahu, des Königs von Juda, bis zum
Ende des Jahres elf von Zidkijahu, des Sohns von Joschijahu, des Königs
von Juda, bis zur Verbannung Jerusalems, im fünften Monat.

Die Berufung Jeremias

4 Und das Wort des HERRN erging an mich:

5: Jes 49,1 · Jes 42,1; Ez 3,4–6

5 Bevor ich dich gebildet habe im Mutterleib,
habe ich dich gekannt,
und bevor du aus dem Mutterschoss gekommen bist,
habe ich dich geweiht,
zum Propheten für die Nationen habe ich dich bestimmt.

6: Ex 4,10! — 7: Ex 6,29! — 8: 15,20; 30,10–11; 39,11–12; 42,11 — 9: Jes 6,7 · Dtn 18,18 — 10: 12,14–17; 18,7.9; 24,6; 31,28; 42,10; 45,4

6 Und ich sprach: Ach, Herr, HERR, sieh, ich weiss nicht, wie man redet,
ich bin ja noch jung! 7 Der HERR aber sprach zu mir: Sag nicht: Ich bin
noch jung. Wohin ich dich auch sende, dahin wirst du gehen, und was
immer ich dir gebiete, das wirst du sagen. 8 Fürchte dich nicht vor ih-
nen, denn ich bin bei dir, um dich zu retten! Spruch des HERRN. 9 Dann
streckte der HERR seine Hand aus und berührte meinen Mund, und der
HERR sprach zu mir: Sieh, ich lege meine Worte in deinen Mund.
10 Sieh, am heutigen Tag setze ich dich über die Nationen und über die
Königreiche, um auszureissen und niederzureissen, um zu zerstören
und zu vernichten, um zu bauen und zu pflanzen.

12: 31,28; 51,12; Jes 55,11; Ez 12,28 — 14–15: 4,6; 6,1.22; 10,22; 13,20; 25,9; 46,24; 50,41 — 16: 2,13! — 17: 7 — 18: Ez 3,8!

11 Und das Wort des HERRN erging an mich: Was siehst du, Jere-
mia? Und ich sprach: Ich sehe den Zweig eines Mandelbaums. 12 Und
der HERR sprach zu mir: Du hast richtig gesehen: Ich wache über mein
Wort und führe es aus. 13 Und zum zweiten Mal erging das Wort des
HERRN an mich: Was siehst du? Und ich sprach: Ich sehe einen einge-
heizten Kessel, und er neigt sich von Norden her. 14 Da sprach der HERR
zu mir: Von Norden her wird das Unheil eröffnet über alle Bewohner
des Landes. 15 Denn sieh, ich rufe alle Sippen der Königreiche des Nor-
dens, Spruch des HERRN, und sie werden kommen, und jeder stellt sei-
nen Thron auf am Eingang der Tore von Jerusalem und gegen alle seine
Mauern ringsum und gegen alle Städte Judas. 16 Und ich werde meine
Urteile über sie sprechen, all ihrer Bosheit wegen: dass sie mich verlas-
sen und anderen Göttern Rauchopfer dargebracht und sich niederge-
worfen haben vor den Machwerken ihrer Hände. 17 Du aber, gürte dei-
ne Hüften und mach dich auf und sage ihnen alles, was ich dir gebiete.
Erschrick nicht vor ihnen, damit nicht ich dich vor ihnen in Schrecken
versetze. 18 Und ich, sieh, ich mache dich heute zur befestigten Stadt,

1,1: Die hebräische Form des Namens Jeremia lautet Jirmejahu.
1,11–12: Im Hebräischen sind sich die Worte ‹Mandel› und ‹wachen› sehr ähnlich.

zur Säule aus Eisen und zu Mauern aus Bronze gegen das ganze Land,
gegen die Könige von Juda, seine Fürsten, seine Priester und das Volk
des Landes. 19 Und sie werden dich bekämpfen, überwältigen aber wer- 19: 11,19; 15,10;
den sie dich nicht, denn ich bin bei dir, Spruch des HERRN, um dich zu 18,18.23; 36,26
retten.

Israels Untreue

2 1 Und das Wort des HERRN erging an mich: 2 Geh und rufe in die 2: 7,2! · 51,5;
Ohren Jerusalems: So spricht der HERR: Hos 2,17 · Dtn 2,7
Ich erinnere mich an dich – an die Treue deiner Jugend,
die Liebe deiner Brautzeit,
du folgtest mir in der Wüste,
im nicht besäten Land.
3 Heilig war Israel dem HERRN, 3: 31,40; Dtn 7,6 ·
das Beste seiner Ernte; 10,25!
alle, die davon assen, wurden schuldig,
Unheil kam über sie. Spruch des HERRN.
4 Hört das Wort des HERRN, Haus Jakob
und all ihr Sippen des Hauses Israel.
5 So spricht der HERR: 5: Mi 6,3 · 10,3!
Was haben eure Vorfahren Schlechtes gefunden an mir,
dass sie sich von mir entfernten
und denen nachliefen, die nichts sind,
um selbst zunichte zu werden?
6 Und sie haben nicht gefragt: 6: 7,22; 32,21; 34,13;
Wo ist der HERR, Dtn 8,15
der uns heraufgeführt hat aus dem Land Ägypten,
der uns geführt hat in der Wüste,
im Land von Steppe und Schlucht,
im Land von Dürre und tiefster Dunkelheit,
im Land, das niemand durchwandert
und in dem kein Mensch wohnt?
7 Und ins Land der Baumgärten habe ich euch gebracht, 7: 3,1.9; Jes 24,5
damit ihr seine Früchte und, was es Gutes bietet, essen konntet.
Ihr aber seid gekommen und habt mein Land unrein
und meinen Erbbesitz abscheulich gemacht.
8 Die Priester haben nicht gefragt: Wo ist der HERR? 8: 5,5 · 8,8–9 ·
Und die Hüter der Weisung haben mich nicht gekannt, 23,1–2!
und die Hirten sind von mir abgefallen,
und die Propheten weissagten im Namen des Baal
und liefen denen nach, die nichts nützen.
9 Darum werde ich weiterhin mit euch rechten, Spruch des HERRN, 9: 2,29.35; Hos 4,1;
und auch mit den Kindern eurer Kinder werde ich rechten. Mi 6,2
10 Geht hinüber zu den Inseln der Kittäer und seht, 10: 18,13!
und sendet nach Kedar und gebt sorgsam acht!
Und seht, ob es je dergleichen gegeben hat:
11 Hat je eine Nation Götter eingetauscht? 11: 5,7; 16,20;
Und das sind nicht einmal Götter! Dtn 32,21 ·
Mein Volk aber hat seine Herrlichkeit eingetauscht Ps 106,20
gegen das, was nichts nützt.

12 Entsetze dich, Himmel, darüber,
und erschaudere über die Massen! Spruch des HERRN.
13: 17; 1,16; 5,19; 16,11; 19,4; 22,9; Jes 1,4
13 Denn eine doppelte Bosheit hat mein Volk begangen:
Mich haben sie verlassen, die Quelle lebendigen Wassers,
um sich dann Brunnen auszuhauen,
rissige Brunnen, die das Wasser nicht halten.
14 Ist Israel ein Sklave
oder ein unfrei Geborener?
Warum ist er zur Beute geworden?
15: 4,26–27; 9,10; 10,22; 12,10–11; 22,6; 34,22
15 Immerfort haben die Löwen gegen ihn gebrüllt,
haben ihre Stimme erhoben
und sein Land zur Wüste gemacht,
seine Städte sind verbrannt, sind ohne Bewohner.
16 Auch die von Nof und Tachpanches
werden dir den Scheitel abweiden.
17: 4,18; 5,25; 13,22; 44,2–3.7
17 Hast du dir dies nicht selbst angetan,
da du den HERRN, deinen Gott, verlassen hast,
in der Zeit, als er dich leitete auf dem Weg?
18: 36; Hos 7,11
18 Und nun, was bringt dir der Weg nach Ägypten –
um Wasser des Schichor zu trinken?
Und was bringt dir der Weg nach Assur –
um Wasser des Stroms zu trinken?
19 Deine eigene Bosheit wird dich züchtigen,
und deine Abtrünnigkeit wird dich strafen.
Erkenne und sieh: Böse und bitter ist es,
dass du den HERRN, deinen Gott, verlassen hast
und dass du keine Furcht vor mir hast!
Spruch des Herrn, des HERRN der Heerscharen.
20: 3,1–13; 5,7–8; 13,27; 17,2; Jes 57,5!
20 Denn schon vor langer Zeit habe ich dein Joch zerbrochen,
habe ich deine Fesseln zerrissen,
du aber hast gesagt: Ich diene nicht!
Auf jedem hohen Hügel und unter jedem saftig-grünen Baum
hast du dich als Hure geräkelt!
21: 5,10; 6,9; Jes 5,2
21 Ich aber hatte dich als edle Rebe gepflanzt,
als ganz und gar ehrliches Gewächs,
und wie hast du dich mir verändert zum abartigen Weinstock –
fremd!
22: 15,1; 22,24; Hiob 9,30; Jes 1,15–16
22 Selbst wenn du dich mit Lauge schrubbtest
und dir noch so viel Laugensalz nähmst,
der Schmutz deiner Schuld bleibt vor mir!
Spruch Gottes des HERRN.
23 Wie kannst du sagen: Ich habe mich nicht unrein gemacht,
bin nicht den Baalen nachgelaufen!

2,12: Die Übersetzung «…, und erschaudere über die Massen! …» beruht auf der griechischen Überlieferung; der Massoretische Text lautet übersetzt: «…, und erschaudere, sehr tief heftig erschüttert! …»

2,14: Mit «ein unfrei Geborener» (wörtlich: «ein im Haus Geborener») ist das Kind eines Sklaven gemeint.

2,20: Von Israel wird häufig im Bild einer Frau gesprochen.

Sieh dir deinen Weg an im Tal,
erkenne, was du getan hast:
eine leichtfüssige junge Kamelstute,
die hin und her läuft auf ihren Wegen.
24 Eine wilde Eselin, an die Wüste gewöhnt,
in ihrer Gier schnappt sie nach Luft.
Ihre Brunst, wer kann sie hemmen?
Wer immer sie sucht, braucht sich nicht anzustrengen,
in ihrer Brunstzeit findet man sie.
25 Bewahre deinen Fuss vor dem Barfussgehen
und deine Kehle vor dem Dürsten.
Du aber hast gesagt: Verflucht! Nein!
Denn ich liebe die Fremden, und ihnen werde ich nachlaufen.
26 In Schande, wie der Dieb, wenn er ertappt wird, 26: 4,9; 5,5; 32,32
so sind sie beschämt, das Haus Israel:
sie, ihre Könige, ihre Fürsten
und ihre Priester und ihre Propheten,
27 die zum Holz sagen: Du bist mein Vater!, 27: 3,4.19 · 7,24;
und zum Stein: Du hast mich geboren! 18,17; 32,33
Mir haben sie den Rücken zugekehrt
und nicht das Gesicht!
In der Zeit ihrer Not aber sagen sie:
Mach dich doch auf und hilf uns!
28 Wo sind denn deine Götter, 28: Dtn 32,37–38 ·
die du dir gemacht hast? 11,13
Sollen doch sie sich aufmachen!
Ob sie dir helfen in der Zeit deiner Not?
So zahlreich wie deine Städte
sind deine Götter geworden, Juda!
29 Warum streitet ihr mit mir? 29: 2,8.17; 3,13; 5,6
Ihr alle seid von mir abgefallen! Spruch des HERRN.
30 Vergeblich habe ich eure Kinder geschlagen, 30: 5,3; 17,23; 32,33
sie haben die Unterweisung nicht angenommen.
Wie ein reissender Löwe
hat euer Schwert eure Propheten gefressen.
31 Welch eine Generation seid ihr! 31: 8,5!
Seht das Wort des HERRN.
Bin ich eine Wüste geworden für Israel
oder ein Land der Finsternis?
Warum spricht mein Volk: Immer sind wir frei umhergeschweift,
zu dir werden wir nicht mehr kommen.
32 Vergisst eine Jungfrau ihren Schmuck, 32: 13,25; 18,15;
eine Braut ihre Brustbänder? 23,27; Dtn 32,18
Mein Volk aber hat mich vergessen,
schon vor unendlich langer Zeit.
33 Wie geschickt du es anstellst, Liebschaft zu suchen.
Darum hast du dein Leben selbst an Übeltaten gewöhnt.

2,27: In einer anderen hebräischen Tradition lautet der Text: «...: Du hast uns geboren! ...»

34: 7,6; 19,4; 22,3.17; 26,15
34 Selbst an deinen Säumen findet sich
das Blut von unschuldigen, armen Menschen.
Nicht bei Einbrechern habe ich es gefunden,
sondern an diesen allen.

35: 16,10
35 Du aber hast gesagt: Ich bin unschuldig,
hat doch sein Zorn sich von mir abgewandt!
Sieh, ich werde mit dir ins Gericht gehen,
weil du sagst: Ich habe nicht gesündigt.

36: 18; 37,7; Jes 31,1–3
36 Wie leicht es dir fällt,
deinen Weg zu ändern!
Auch an Ägypten wirst du zuschanden werden,
wie du an Assur zuschanden geworden bist.
37 Auch von dort wirst du ausziehen,
mit den Händen auf dem Kopf,
denn der HERR hat die verworfen, auf die du vertraust,
und mit ihnen wirst du keinen Erfolg haben.

Anklage und Aufforderung zur Umkehr

1–13: 2,20! *1:* Dtn 24,1–4

3 1 Folgendes: Wenn ein Mann seine Frau verstösst und sie fortgeht
von ihm und dann einem anderen Mann gehört – wird er dann noch
zu ihr zurückkehren? Ist jenes Land nicht vollkommen entweiht? Du
aber hast mit vielen Liebhabern gehurt, und da solltest du zu mir zu-
rückkehren? Spruch des HERRN. 2 Blick auf zu den kahlen Höhen und
sieh: Wo wärest du nicht beschlafen worden? An den Wegen hast du für
sie gesessen wie ein Araber in der Wüste. Und durch deine Hurerei und
durch deine Bosheit hast du das Land entweiht.

3: 14,1–6! · 6,15
3 Da wurde der Frühlingsregen zurückgehalten,
und der Spätregen kam nicht.
Du aber hattest die Stirn einer Hure,
hast dich nicht geschämt.

4: 19; 2,27; 31,9
4 Hast du mir nicht gerade noch zugerufen: Mein Vater,
du bist der Freund aus meiner Jugend!

5: Ps 85,6
5 Wird er ewig zürnen,
wird er für immer nachtragen?
Sieh, so hast du geredet
und hast Böses getan und es durchgesetzt.

6: 2,20; 1Kön 14,23 *7:* 15,7; 23,14 · Ez 16,46; 23,2–4 *8:* 5,7; 7,9; 9,1; 13,27; 23,10; 29,23

6 Und in den Tagen Joschijahus, des Königs, sprach der HERR zu mir:
Hast du gesehen, was die Abtrünnige, Israel, getan hat: Sie ist auf jeden
hohen Berg gegangen und unter jeden saftig-grünen Baum und hat dort
Hurerei getrieben. 7 Da sagte ich mir: Nachdem sie all dies getan hat,
wird sie zurückkehren zu mir, aber sie ist nicht zurückgekehrt. Und die
Treulose, ihre Schwester Juda, hat es gesehen. 8 Und sie sah, dass ich die
Abtrünnige, Israel, gerade wegen ihres Ehebruchs verstossen und dass
ich ihr den Scheidebrief gegeben hatte. Die Treulose aber, Juda, ihre
Schwester, scheute sich nicht, sondern ging, und auch sie hurte. 9 Und
so führte ihr lärmendes Huren dazu, dass sie das Land entweihte; und

2,34: Möglicherweise ist zu übersetzen: «Nicht bei einem Einbruch hast du sie ertappt, sondern bei all diesem.»

3,8: In einer anderen hebräischen Tradition lautet der Text: «Und ich sah, dass ...»

mit Stein und Holz trieb sie Ehebruch. 10 Und selbst bei alledem ist die
Treulose, ihre Schwester Juda, nicht mit ganzem Herzen zu mir zurück-
gekehrt, sondern heuchlerisch. Spruch des HERRN.
11 Und der HERR sprach zu mir: Die Abtrünnige, Israel, ist gerechter *11:* Ez 16,51; 23,11
als die Treulose, Juda. 12 Geh und rufe diese Worte nach Norden und *12:* 22; 4,1; 18,11;
sprich: 25,5; 31,21; Jes 31,6

Kehre zurück, du Abtrünnige, Israel!
Spruch des HERRN.
Ich werde nicht finster auf euch blicken,
denn ich bin gütig, Spruch des HERRN,
ich werde nicht ewig zürnen.

13 Erkenne doch deine Schuld! Vom HERRN, deinem Gott, bist du abge- *13:* 2,29! · 2,25 ·
fallen, und unter jedem saftig-grünen Baum hast du dich den Fremden 32,23!
willig hingegeben, auf meine Stimme aber habt ihr nicht gehört!
Spruch des HERRN. 14 Kehrt zurück, abtrünnige Kinder, Spruch des *14:* 31,32 · 29,14!
HERRN, denn ich bin Herr über euch, und ich werde euch holen, einen
aus jeder Stadt und zwei aus jeder Sippe, und ich werde euch nach Zion
bringen. 15 Und ich werde euch Hirten nach meinem Herzen geben, *15:* 23,4; Ez 34,23
und mit Erkenntnis und Einsicht werden sie euch weiden. 16 Und wenn *16:* 23,3; 29,6; 30,19
ihr euch in jenen Tagen mehrt und fruchtbar werdet im Land, Spruch
des HERRN, wird man nicht mehr sagen: Die Lade des Bundes des
HERRN! Und sie wird niemandem mehr in den Sinn kommen, und man
wird nicht mehr an sie denken, und man wird sie nicht vermissen, und
sie wird nicht wieder hergestellt werden. 17 In jener Zeit wird man Je- *17:* 14,21; 17,12;
rusalem Thron-des-HERRN nennen. Und dort werden sich alle Nationen Ez 43,7 · Jes 2,2!
versammeln, beim Namen des HERRN, in Jerusalem, und dem Starrsinn
ihres bösen Herzens werden sie nicht mehr folgen. 18 In jenen Tagen *18:* 23,6–8; 50,4;
werden die vom Haus Juda zu denen vom Haus Israel gehen, und ge- Jes 11,12; Hos 2,2
meinsam werden sie aus dem Land des Nordens kommen in das Land,
das ich euren Vorfahren als Erbbesitz gegeben habe.

19 Und ich hatte mir gesagt: *19:* 4; 2,27
Wie gern nehme ich dich auf unter die Kinder
und gebe dir ein kostbares Land,
einen Erbbesitz, die prächtigste Zierde unter den Nationen!
Und ich sagte mir, dass du mich: Mein Vater! nennen
und dich nicht von mir abwenden würdest.
20 Wahrlich, wie eine Frau ihrem Freund die Treue bricht, *20:* 5,11; Ez 16,32
so habt ihr mir die Treue gebrochen, Haus Israel! Spruch des HERRN.
21 Auf kahlen Höhen hört man ein Geräusch, *21:* 9,17; 31,15.18;
flehendes Weinen der Israeliten, Klgl 1,2!
denn sie haben verkehrte Wege genommen,
den HERRN, ihren Gott, haben sie vergessen.
22 Kehrt zurück, abtrünnige Kinder, *22:* 12! · 30,17!
ich werde eure Abtrünnigkeiten heilen. –
Da sind wir, wir sind zu dir gekommen,
denn du bist der HERR, unser Gott. –
23 Wahrlich, trügerisch kommt es von den Hügeln,
der Lärm auf den Bergen.

Wahrlich, beim HERRN, unserem Gott,
ist die Rettung Israels.
24–25: 6,15! 24 Und die Schande hat den Besitz unserer Vorfahren gefressen,
seit unserer Jugend:
ihre Schafe und ihre Rinder,
ihre Söhne und ihre Töchter.
25: 8,14; 14,7.20; 22,21!; Klgl 5,16 25 In unsere Schande wollen wir uns betten,
und unsere Schmach soll uns bedecken.
Denn gegen den HERRN, unseren Gott,
haben wir und unsere Vorfahren gesündigt,
seit unserer Jugend bis auf den heutigen Tag,
und auf die Stimme des HERRN, unseres Gottes,
haben wir nicht gehört.
1: 3,12! 4 1 Willst du zurückkehren, Israel, Spruch des HERRN,
kehre zurück zu mir,
und willst du mir deine Scheusale aus den Augen schaffen,
so wirst du nicht heimatlos sein.
2: 5,2; 12,16; 16,14; 44,26 · Mal 1,11 2 Und schwörst du in Treue, in Recht und in Gerechtigkeit:
So wahr der HERR lebt!,
werden sich Nationen in ihm segnen
und seiner sich rühmen.
3: Hos 10,12 3 Denn so spricht der HERR zum Mann aus Juda
und zu Jerusalem:
Pflügt euch einen neuen Acker,
und sät nicht unter die Dornen.
4: 9,25; Dtn 10,16! · 15,14! 4 Beschneidet euch für den HERRN
und entfernt die Vorhaut eures Herzens,
Mann aus Juda und ihr Bewohner Jerusalems,
damit mein Zorn nicht ausbricht wie Feuer und brennt,
und keiner ist da, der löscht,
wegen der Bosheit eurer Taten.

Ankündigung des Untergangs

5: 19; 6,1; 51,27 · 8,14 5 Verkündet es in Juda,
und lasst es in Jerusalem hören und sprecht,
blast den Schofar im Land,
ruft aus voller Kehle und sprecht:
Versammelt euch, und lasst uns ziehen
in die befestigten Städte!
6: 1,14–15! 6 Erhebt ein Feldzeichen nach Zion hin,
bringt euch in Sicherheit, bleibt nicht stehen,
denn von Norden her führe ich Unheil heran
und grossen Zusammenbruch.
7: 49,19! · 2,15! 7 Aus seinem Gestrüpp ist ein Löwe aufgesprungen,
einer, der Nationen vernichtet,
ist aufgebrochen, ist von seiner Stätte gekommen,
um dein Land zu verwüsten;
deine Städte werden verfallen,
niemand wird mehr darin wohnen.

8 Deshalb: Gürtet die Trauergewänder um,
stimmt die Totenklage an und heult!
Denn nicht abgewandt von uns
hat sich der glühende Zorn des HERRN.
9 Und an jenem Tag, Spruch des HERRN,
wird der Mut des Königs und der Mut der Fürsten zergehen,
und die Priester werden entsetzt sein,
und die Propheten werden erstarren.
10 Und ich sprach:
Ach Herr, HERR, wahrlich,
bitter getäuscht hast du dieses Volk und Jerusalem:
Frieden werdet ihr haben! –
Wir aber haben das Schwert an der Kehle.
11 In jener Zeit
wird diesem Volk und Jerusalem gesagt:
Von kahlen Höhen in der Wüste rollt ein heisser Sturm
auf die Tochter meines Volkes zu,
nicht um zu worfeln und nicht um zu läutern,
12 ein Sturm, viel stärker, wird kommen für mich;
nun werde auch ich ihnen Urteile sprechen.
13 Sieh, wie Wolken zieht er herauf,
und wie Sturmwind sind seine Wagen,
schneller als Adler seine Pferde.
Wehe uns, wir sind vernichtet!
14 Reinige dein Herz von Bosheit, Jerusalem,
damit du gerettet wirst.
Wie lange noch sollen in dir nisten
deine Unrechtsgedanken?
15 Eine Stimme bringt Bericht aus Dan
und lässt Unheil hören vom Gebirge Efraim!
16 Erinnert die Nationen,
seht, über Jerusalem lasst es hören:
Aus fernem Land kommen Belagerer,
und gegen die Städte Judas haben sie ihre Stimme erhoben.
17 Wie Wachen auf dem Feld sind sie rings um sie,
denn sie war widerspenstig gegen mich. Spruch des HERRN.
18 Dein Weg und deine Taten
haben dir dies beschert.
Das kommt von deiner Bosheit, dass es so bitter ist,
dass es dir nach dem Herzen greift.
19 Mein Inneres, meine Eingeweide!
Ich muss mich winden.
Die Wände meines Herzens –
mein Herz ist mir unruhig,
ich kann nicht schweigen!
Denn ich höre den Klang des Schofar,
Kriegsgeschrei.

8: 6,26; 49,3; Jes 32,11 · Jes 5,25
9: 2,26!
10: 14,13!
11–12: 23,19; 25,32; 30,23
13: 6,23; 48,40; Klgl 4,19
14: 2,22; Jes 1,16 · 13,27
15: 8,16
16: 6,18 · 5,15!
17: 5,23; 6,28; Dtn 9,24; Ez 2,7
18: 2,17!
19: 8,18; Klgl 1,20 · 20,9

4,19: In einer anderen hebräischen Tradition lautet der Text: «...Eingeweide! Ich will warten. ...»

20: 9,18; 10,20
20 Zusammenbruch über Zusammenbruch wird ausgerufen,
verwüstet ist das ganze Land!
Ohne Ankündigung sind meine Zelte verwüstet,
meine Zeltdecken, wie aus dem Nichts.
21 Wie lange noch muss ich das Feldzeichen sehen,
hören den Klang des Schofar?

22: 5,4.21; 8,7; 9,2.5; Dtn 32,28
22 Dumm ist mein Volk, mich kennen sie nicht,
törichte Kinder sind sie und ohne Einsicht!
Weise sind sie nur, um Böses zu tun,
doch wie man Gutes tut, wissen sie nicht.

23: Gen 1,2 · Jes 5,30
23 Ich sah die Erde, und sieh: wüst und öde!,
und sah zum Himmel: Sein Licht ist erloschen!

24: Jes 5,25; Ez 38,19–20
24 Ich sah die Berge, und sieh, sie wankten,
und alle Hügel schwankten.

25: 9,9–10; 12,4!; 33,10
25 Ich sah hin, und sieh, da war kein Mensch,
und alle Vögel des Himmels waren geflohen.

26: 2,15!
26 Ich sah hin, und sieh, der Baumgarten war eine Wüste,
und all seine Städte waren niedergerissen vor dem HERRN,
vor seinem glühenden Zorn.

27: 5,10.18; 10,24; 30,11; 46,28; Am 9,8
27 Denn so spricht der HERR:
Das ganze Land wird verwüstet,
doch will ich es nicht ganz vernichten.
28 Darüber wird die Erde trauern
und der Himmel oben sich verfinstern,
denn ich habe gesprochen, habe es geplant
und bedaure es nicht und lasse nicht ab davon.

29: 25!; 2,6; 51,43!
29 Vor dem Lärm von Reiter und Bogenschütze
flieht die ganze Stadt,
in die Wälder sind sie gezogen
und auf die Felsen gestiegen.
Verlassen ist jede Stadt,
und kein Mensch wohnt mehr darin.

30: 30,14
30 Und du, Verwüstete, was wirst du tun?
Selbst wenn du dich in Purpur kleidest,
dich schmückst mit Schmuck aus Gold,
die Augen gross machst mit Schminke –
vergeblich machst du dich schön!
Die Liebhaber haben dich verschmäht,
sie fordern dein Leben.

31: 6,24; 13,21; 22,23; 30,6; 48,41; 50,43
31 Denn eine Stimme höre ich wie von einer, die sich in Schmerzen windet,
Schreie wie von einer, die zum ersten Mal gebärt,
die Stimme der Tochter Zion, sie stöhnt, breitet ihre Hände aus:
Wehe mir, mein Leben erliegt den Mördern!

Untreue des Volks und Ankündigung der Strafe

1: Gen 18,16.32; Ps 14,2–3
5 1 Durchstreift die Gassen Jerusalems,
und seht doch und erkundet
und sucht auf ihren Plätzen, ob ihr einen findet,
ob es einen gibt, der Recht übt, der Treue sucht,

damit ich ihr vergebe.
2 Und wenn sie sagen: So wahr der HERR lebt! 2: 4,2! · 7,9
Sie schwören falsch!
3 HERR, deine Augen, sind sie nicht auf Treue gerichtet? 3: 2,30! · 8,5
Du hast sie geschlagen,
aber es schmerzt sie nicht,
du hast sie aufgerieben,
sie haben sich geweigert, die Unterweisung anzunehmen.
Härter als Fels haben sie ihr Angesicht gemacht,
sie weigern sich zurückzukehren.
4 Ich aber, ich sagte mir: 4: 4,22!
Das sind die Geringen, sie sind töricht,
denn sie verstehen nicht den Weg des HERRN,
das Recht ihres Gottes.
5 Ich will zu den Grossen gehen, 5: 2,8; 2,26!; Mi 3,1 ·
und mit ihnen will ich reden, 2,20
denn sie verstehen den Weg des HERRN,
das Recht ihres Gottes.
Aber zusammen haben sie das Joch zerbrochen,
die Stricke zerrissen.
6 Deshalb schlägt sie der Löwe im Wald, 6: 2,15 · 2,29!
in den Steppen verstümmelt sie der Wolf,
vor ihren Städten lauert der Panther,
wer immer sie verlässt, wird zerrissen.
Denn zahlreich sind ihre Vergehen,
und oft sind sie abgefallen.
7 Wie sollte ich dir da verzeihen? 7: 2,13! · 2,11! · 3,8!
Deine Kinder haben mich verlassen,
und sie haben bei denen geschworen, die nicht Gott sind.
Und ich habe sie satt gemacht,
sie aber haben die Ehe gebrochen,
und immer wieder waren sie zu Gast im Hurenhaus.
8 Brünstige Hengste sind sie geworden, geil, 8: Ez 22,11
ein jeder wiehert nach der Frau des anderen.
9 Sollte ich dies nicht ahnden, Spruch des HERRN, 9: 29; 9,8
und mich nicht rächen an einer Nation wie dieser?
10 Steigt hinauf in ihre Pflanzungen und verwüstet sie, 10: 4,27! · 2,21
doch vernichtet sie nicht ganz.
Entfernt ihre Ranken,
denn sie gehören nicht zum HERRN.
11 Wie treulos sie an mir gehandelt haben, 11: 3,20
das Haus Israel und das Haus Juda! Spruch des HERRN.
12 Sie haben den HERRN verleugnet 12: 14,13!; Jes 28,15 ·
und haben gesagt: Er nicht! 11,22!
Und kein Unheil wird über uns kommen,
und Schwert und Hunger werden wir nicht sehen.

5,1: Mit «ihren Plätzen» sind die Plätze Jerusalems gemeint.

5,10: Die genaue Bedeutung des mit ‹Pflanzungen› wiedergegebenen hebräischen Worts ist unsicher.

13: 14,14!

13 Und die Propheten werden zu Wind,
und das Wort ist nicht in ihnen.
So wird es ihnen selbst ergehen!

14: 1,9! · 20,9; 23,29

14 Darum, so spricht der HERR, der Gott der Heerscharen:
Weil ihr dies sagt –
sieh, zu Feuer mache ich meine Worte in deinem Mund,
und dieses Volk ist Brennholz, und es wird sie fressen.

15: 4,16; 6,22; Dtn 28,49 · Jes 28,11!

15 Seht, ich bringe über euch, Haus Israel, Spruch des HERRN,
eine Nation aus der Ferne.
Es ist eine Nation, die Bestand hat,
es ist eine Nation, die es schon immer gab,
eine Nation, deren Sprache du nicht kennst,
und was sie redet, kannst du nicht verstehen.
16 Wie ein offenes Grab ist ihr Köcher,
sie alle sind Helden.

17: 6,12; Dtn 28,33

17 Und sie wird deine Ernte fressen und dein Brot,
sie werden deine Söhne fressen und deine Töchter,
sie wird deine Schafe fressen und deine Rinder,
sie wird deinen Weinberg kahl fressen und deinen Feigenbaum.
Deine befestigten Städte, auf die du dich verlässt,
zerschlägt sie mit dem Schwert.

18: 4,27!

18 Doch auch in jenen Tagen, Spruch des HERRN,
will ich euch nicht ganz vernichten.

19: 9,11–15; 13,22; 16,10–13; 22,8–9

19 Und wenn ihr sagt: Wofür hat der HERR, unser Gott, uns all dies ange-
tan?, dann sage ihnen: Wie ihr mich verlassen und fremden Göttern ge-
dient habt in eurem eigenen Land, so werdet ihr Fremden dienen in
einem Land, das euch nicht gehört.
20 Verkündet dies im Haus Jakob
und lasst es hören in Juda:

21: 4,22! · 6,10; 7,13!; Ez 12,2!

21 Hört doch dies,
dummes Volk ohne Verstand.
Augen haben sie und sehen nicht,
Ohren haben sie und hören nicht!

22: 31,35; Spr 8,29

22 Mich wollt ihr nicht fürchten, Spruch des HERRN,
vor mir nicht zittern,
der ich dem Meer den Sand als Grenze gesetzt habe,
als ewige Schranke, die es nicht überschreiten darf?
Und wogten die Wellen auch hin und her,
nichts können sie erreichen,
und brausen auch seine Wogen,
sie werden sie nicht überschreiten.

23: 4,17!

23 Dieses Volk aber hatte ein störrisches und widerspenstiges Herz,
abgewichen sind sie und fortgegangen.

24: 10,13!; Dtn 11,14; Joel 2,23; Jak 5,7

24 Und nie haben sie in ihrem Herzen gesagt:
Lasst uns den HERRN, unseren Gott, fürchten,
der Regen gibt, Frühregen und Spätregen zur rechten Zeit,

5,22: «die Wellen» wurde in der Übersetzung ergänzt. Mit «sie nicht überschreiten» ist gemeint, dass die Grenze oder Schranke nicht überschritten wird.

die Wochen der Erntefrist sichert er uns.
25 Eure Verschuldungen haben dies gestört, 25: 2,17!; 14,1–6!
und eure Sünden haben das Gute von euch fern gehalten.
26 Denn in meinem Volk finden sich Frevler;
wie der Vogelfänger lauert man im Versteck,
Fallen stellen sie,
fangen Menschen.
27 Wie ein Käfig voller Vögel, 27: 6,13!
so sind ihre Häuser voller Trug,
darum sind sie gross geworden und reich.
28 Fett sind sie geworden, feist, 28: 22,3!.17; Jes 1,23; Mal 3,5
selbst das Mass des Bösen haben sie überschritten,
das Recht haben sie nicht durchgesetzt,
das Recht der Waise, sie haben sie nicht zum Erfolg geführt,
und den Rechtsanspruch der Armen haben sie nicht eingelöst.
29 Sollte ich dies nicht ahnden, Spruch des HERRN, 29: 9!
mich nicht rächen an einer Nation wie dieser?
30 Entsetzliches und Grässliches 30: 6,15; 7,10; 18,13; 23,14; 44,4; Ez 8,6
hat sich ereignet im Land:
31 Verlogen haben die Propheten geweissagt, 31: 14,13!–14! · Jes 10,3
und die Priester herrschten mit ihrer Unterstützung,
und meinem Volk hat es so gefallen.
Was aber werdet ihr tun danach?

Das Unheil aus dem Norden

6 1 Bringt euch in Sicherheit, ihr Benjaminiten, 1: 4,5! · 1,14–15!
fort aus Jerusalem!
Und blast den Schofar in Tekoa,
und lasst Rauchzeichen aufsteigen über Bet-Kerem,
denn von Norden blickt Unheil herab
und grosser Zusammenbruch.
2 Die Schöne und Verzärtelte, 2: 23; 4,31
die Tochter Zion vernichte ich.
3 Zu ihr kommen Hirten mit ihren Herden, 3: 4,17; 52,4
sie schlagen ihre Zelte auf, ringsum, gegen sie,
sie weiden ab, ein jeder seinen Teil.
4 Erklärt den Kampf gegen sie für heilig! 4: 22,7; Joel 4,9; Mi 3,5
Auf, und lasst uns hinaufziehen am Mittag.
Wehe uns, der Tag neigt sich,
die Schatten des Abends werden länger.
5 Auf, und lasst uns hinaufziehen in der Nacht, 5: 17,27; 52,7.13
und dann lasst uns ihre Paläste zerstören!
6 Denn so spricht der HERR der Heerscharen: 6: 32,24; 33,4
Fällt Bäume
und schüttet eine Sturmrampe auf gegen Jerusalem.
Sie ist die Stadt, von der man weiss:
Überall in ihr herrscht Gewalt.

5,28: Die Bedeutung des mit ‹feist› wiedergegebenen hebräischen Worts ist unsicher.
6,2: Die Bedeutung des mit ‹vernichten› wiedergegebenen hebräischen Worts ist unsicher.

7: 8,22; 10,19; 14,17; 15,18; 30,12; 46,11

7 Wie ein Brunnen sein Wasser sprudeln lässt,
so lässt sie ihre Bosheit sprudeln,
man hört von Gewalttat und Vernichtung in ihr,
ständig vor Augen sind mir Wunden und Schläge.
8 Lass dich zurechtweisen, Jerusalem,
damit ich mich nicht von dir abwende mit einem Schlag,
damit ich dich nicht verwüste,
zum unbewohnten Land mache.

9: 2,21!

9 So spricht der HERR der Heerscharen:
Nachlese – am Rest Israels wird man Nachlese halten
wie im Weinberg.
Lass deine Hand noch einmal lesen,
wie ein Winzer an den Ranken.

10: 5,21!

10 Wem soll ich noch zureden
und wen ermahnen, damit sie hören?
Sieh, ihr Ohr ist nicht beschnitten,
und sie können nicht hinhören.
Sieh, zum Hohn geworden ist ihnen das Wort des HERRN,
es gefällt ihnen nicht.

11: 5,14; 20,9 · 14,16; 51,22

11 Ich bin voll vom Zorn des HERRN,
bin zu müde, ihn zurückzuhalten.
Giesse ihn aus über das Kind auf der Gasse
wie auch über den Kreis der jungen Männer.
Getroffen wird auch der Mann mit der Frau,
der Alte und der Hochbetagte!

12–15: 8,10–12
12: 5,17; Dtn 28,30 · 15,6; 51,25; Jes 5,25

12 Und ihre Häuser werden in den Besitz anderer übergehen,
die Felder wie auch die Frauen.
Gegen die Bewohner des Landes strecke ich meine Hand aus!
Spruch des HERRN.

13: 5,27–28; 23,11

13 Denn von ihrem Kleinsten bis zu ihrem Grössten
sind sie alle nur hinter Gewinn her,
und vom Propheten bis zum Priester
sind sie alle Betrüger.

14: 14,13!

14 Und nur scheinbar geheilt haben sie
den Zusammenbruch meines Volks,
als sie sagten: Friede! Friede!
Doch da ist kein Friede.

15: 9,18; 11,13; 15,9; 20,11 · 3,3

15 In Schande stehen sie da,
denn sie haben Abscheuliches getan,
sie schämen sich nicht im Geringsten,
begreifen nicht, dass sie auch Schande bringen.
Darum werden sie mit denen fallen, die fallen.
Zur Zeit, da ich sie heimsuche, werden sie stürzen!,
spricht der HERR.

16: 7,3; 31,21 · Mt 11,29

16 So spricht der HERR:
Stellt euch an die Wege und schaut,
und fragt nach den uralten Pfaden,
welches denn der Weg des Guten sei,
und nehmt ihn
und findet einen Ruheplatz für euch.

Sie aber sagten: Wir gehen ihn nicht!
17 Und immer wieder habe ich Wächter über sie bestellt: *17:* Ez 3,17 · 8,5!
Achtet auf den Klang des Schofar!
Sie aber sagten: Wir achten nicht darauf!
18 Darum hört, ihr Nationen, *18:* 4,16; Jes 34,1
und Versammlung, erkenne, was mit ihnen geschieht.
19 Höre, Erde: *19:* 22,29; Jes 1,2! ·
Sieh, ich bringe diesem Volk Unheil, 11,11! · 21,14
die Frucht ihrer Gedanken,
denn auf meine Worte haben sie nicht geachtet,
und meine Weisung, sie haben sie verachtet.
20 Was soll ich denn mit Weihrauch aus Saba *20:* 7,21–22; 14,12;
und mit köstlichem Gewürzrohr aus fernem Land? Ps 40,7; Hos 8,13
Eure Brandopfer gefallen mir nicht,
und eure Schlachtopfer sind mir nicht genehm.
21 Darum, so spricht der HERR: *21:* Jes 8,14–15
Sieh, ich lege diesem Volk Steine in den Weg,
und sie werden darüber stürzen,
die Väter mit den Kindern,
der Nachbar und sein Nächster,
sie werden zugrunde gehen.
22 So spricht der HERR: *22–24:* 50,41–43
Sieh, aus dem Land des Nordens kommt ein Volk, *22:* 5,15!; 25,32
und eine grosse Nation wird geweckt von den Enden der Erde.
23 Bogen führen sie und Sichelschwert, *23:* 5,16 · 50,42!
grausam ist es, und sie haben kein Erbarmen.
Sie tönen wie das Meer, wenn es tost,
und reiten auf Pferden,
gerüstet wie ein Mann für den Krieg,
gegen dich, Tochter Zion.
24 Wir haben die Kunde von ihm gehört, *24:* 4,31!
unsere Hände sind erschlafft,
Not hat uns ereilt,
Wehen wie die Gebärende.
25 Geht nicht hinaus auf das Feld, *25:* 20,3.10; 46,5;
und geht nicht auf dem Weg, 49,29
denn da ist das Schwert des Feindes,
Grauen ringsum!
26 Tochter meines Volks, gürte das Trauergewand um *26:* 4,8!; 25,34 · 15,8
und wälze dich im Staub.
Trauere wie um den einzigen Sohn,
bitterste Trauer.
Denn plötzlich
wird der Verwüster über uns kommen.

6,18: Die Übersetzung «und Versammlung, ... geschieht» ist unsicher.

6,25: In einer anderen hebräischen Tradition lautet der Text: «Geh nicht hinaus auf das Feld, und geh nicht auf den Weg, ...», womit wohl die ‹Tochter meines Volks› angesprochen ist, von der in V.27 die Rede ist.

27 Zum Prüfer in meinem Volk habe ich dich gemacht,
zu einer befestigten Stadt,
damit du ihren Weg erkennst und prüfst.
28: 4,17! · 9,3 · Ez 22,18
28 Die Störrischsten der Störrischen sind sie alle,
als Verleumder sind sie unterwegs,
sind Bronze und Eisen,
sie alle bringen Verderben.
29: 13,23; 17,1; Ez 24,11–12
29 Der Blasebalg hat geschnaubt,
unversehrt vom Feuer ist das Blei,
vergeblich hat man geschmolzen und geschmolzen,
die Bösen lassen sich nicht ausscheiden.
30: Jes 1,22 · 7,15!
30 Verworfenes Silber nennt man sie,
denn der HERR hat sie verworfen.

Jeremias Tempelrede

2: 2,2; 17,19–20; 19,2–3; 22,1–2; 26,2–3

7 1 Das Wort, das vom HERRN an Jeremia erging: 2 Stell dich ins Tor
zum Haus des HERRN und rufe dort dieses Wort aus und sprich: Hört
das Wort des HERRN, ganz Juda, die ihr durch diese Tore hineingeht, um
euch vor dem HERRN niederzuwerfen.
3: 6,16!; 18,11; 25,5; 26,13; 35,15
3 So spricht der HERR der Heerscharen, der Gott Israels: Macht eure
Wege besser und eure Taten, dann will ich euch wohnen lassen an die-
4: Mi 3,11
ser Stätte. 4 Verlasst euch nicht auf verlogene Worte wie diese: Der Tem-
pel des HERRN, der Tempel des HERRN, das ist der Tempel des HERRN.
5–9: 26,13; Ez 18,5–9
5 Macht vielmehr eure Wege besser und eure Taten. Wenn ihr wirklich
6: 22,3! · 16,11!
Recht schafft untereinander 6 und den Fremden, die Waise und die Wit-
we nicht unterdrückt – und kein unschuldiges Blut an dieser Stätte ver-
giesst – und nicht anderen Göttern nachlauft, zu eurem eigenen Unheil,
7: 17,25
7 dann werde ich euch wohnen lassen an dieser Stätte, in dem Land, das
8: 13,25; 14,14!
ich euren Vorfahren gegeben habe, vor langer Zeit für immer. 8 Seht, ihr
9: Ex 20,3.13–16 · 3,8! · 5,2 · 11,13!
verlasst euch auf die verlogenen Worte – ohne Nutzen. 9 Stehlen, töten
und ehebrechen und falsch schwören und dem Baal Rauchopfer dar-
10: 32,34; 34,15; 1Kön 8,43
bringen und anderen Göttern nachlaufen, die ihr nicht kennt! 10 Und
da kommt ihr und tretet vor mich in diesem Haus, über dem mein
Name ausgerufen ist, und sprecht: Wir sind gerettet!, um dann all diese
11: Mt 21,13 · 16,17!
Abscheulichkeiten zu begehen! 11 Ist denn dieses Haus, über dem mein
Name ausgerufen ist, in euren Augen eine Räuberhöhle geworden?
Auch ich, seht, ich habe es gesehen! Spruch des HERRN.
12 Geht doch zu meiner Stätte in Schilo, wo ich anfangs meinen Na-
men habe wohnen lassen, und seht, was ich ihr angetan habe wegen der
13: 11,8; 13,10; 17,23; 32,23!
Bosheit meines Volks Israel. 13 Und nun, weil ihr all diese Taten begeht,
Spruch des HERRN, obwohl ich zu euch geredet habe, immer wieder eif-
rig geredet habe, und ihr nicht gehört habt und ich euch rief und ihr
14: 26,6.9; Ps 78,60 · 12,7!
nicht geantwortet habt: 14 Was ich Schilo angetan habe, werde ich dem
Haus antun, über dem mein Name ausgerufen ist und auf das ihr ver-
15: 29; 6,30; 23,33.39; 33,24
traut, und der Stätte, die ich euch und euren Vorfahren gegeben habe.
15 Und ich werde euch von meinem Angesicht verstossen, wie ich all
eure Brüder verstossen habe, alle Nachkommen Efraims.

7,4: Wörtlich: «..., sie sind der Tempel ...»

Bestrafung für Götzendienst

16 Und du, bitte nicht für dieses Volk! Und flehe nicht und bete nicht *16:* 11,14; 14,11–12;
für sie, und dränge mich nicht, denn ich werde dich nicht anhören! 15,1
17 Siehst du nicht, was sie in den Städten Judas tun und in den Gassen
Jerusalems? 18 Die Kinder sammeln Holz, die Väter zünden das Feuer *18:* 44,17–19 · 19,4!
an, und die Frauen kneten den Teig, um für die Himmelskönigin Opfer-
kuchen zu machen, und fremden Göttern spendet man Trankopfer, um
mir zu schaden. 19 Schaden sie mir, Spruch des HERRN, und nicht viel- *19:* 2,17!
mehr sich selbst, zu ihrer eigenen Schande?

20 Darum, so spricht Gott der HERR: Seht, mein Zorn, meine Wut *20:* 15,14!
wird sich über diese Stätte ergiessen, über Mensch und über Tier und
über die Bäume auf dem Feld und über die Früchte des Bodens, und er
wird brennen und nicht erlöschen. 21 So spricht der HERR der Heer-
scharen, der Gott Israels: Eure Brandopfer – häuft sie nur auf eure
Schlachtopfer, und esst Fleisch! 22 Über Brandopfer und Schlachtopfer *22:* 2,6! · 6,20!
habe ich euren Vorfahren nichts gesagt und ihnen nichts geboten an
dem Tag, da ich sie herausgeführt habe aus dem Land Ägypten! 23 Viel- *23:* 11,4; 30,22!;
mehr habe ich ihnen dies geboten: Hört auf meine Stimme, dann werde 38,20!; Ex 19,5–6 ·
ich euch Gott sein, und ihr werdet mir Volk sein. Und geht getreu auf 42,6
dem Weg, den ich euch gebiete, damit es euch gut geht. 24 Sie aber ha- *24:* 11,8 · 9,13! ·
ben nicht gehorcht und mir kein Gehör geschenkt. Und sie lebten stör- 2,27!
risch nach den Ratschlägen ihres bösen Herzens, und sie zeigten mir
den Rücken und nicht das Gesicht.

25 Seit dem Tag, an dem eure Vorfahren ausgezogen sind aus dem *25:* 11,7; 35,15; 44,4;
Land Ägypten, bis auf den heutigen Tag habe ich alle meine Diener, die 2Chr 36,15!
Propheten, zu euch gesandt, täglich, mit Eifer habe ich sie immer wieder
gesandt. 26 Sie aber haben nicht auf mich gehört und mir kein Gehör *26:* 19,15 · 16,12
geschenkt, und sie haben ihren Nacken hart gemacht, sie waren schlim-
mer als ihre Vorfahren.

27 Und du wirst ihnen alle diese Worte sagen, sie aber werden nicht *27:* 1,17; Ez 3,7
auf dich hören. Und du wirst sie rufen, sie aber werden dir nicht ant-
worten. 28 Und du wirst ihnen sagen: Dies ist die Nation, die auf die *28:* 2,30!
Stimme des HERRN, ihres Gottes, nicht gehört hat und die Unterwei-
sung nicht angenommen hat. Die Treue ist verloren gegangen, und aus
ihrem Mund ist sie getilgt.

29 Schneide dir die Haare ab und wirf sie weg, *29:* Mi 1,16 · 15!
und auf kahlen Höhen stimm die Klage an,
denn der HERR hat verworfen
und aufgegeben die Generation seines Zorns.

30 Denn die Judäer haben getan, was böse ist in meinen Augen! Spruch *30:* 4,1; 16,18; 23,11;
des HERRN. In das Haus, über dem mein Name ausgerufen ist, haben sie 32,34
ihre Scheusale gestellt, um es unrein zu machen. 31 Und sie haben die *31–33:* 19,5–7
Kulthöhen des Tofet gebaut, die im Tal Ben-Hinnom sind, um ihre Söh- *31:* 32,35; 2Chr 28,3;
ne und ihre Töchter im Feuer zu verbrennen, was ich ihnen niemals Ez 20,31
geboten habe und was nie in meinen Sinn gekommen wäre.

32 Darum, sieh, es kommen Tage, Spruch des HERRN, da wird nicht
mehr gesagt: Tofet und Tal Ben-Hinnom, sondern: Tal des Mordens!

7,31: Tofet bedeutet wohl ‹Kochherd›, zugleich klingt hebräisch aber das abfällige ‹Speichel› mit. Im Text bezieht sich Tofet auf eine Opferstätte.

Und im Tofet wird man so viele begraben, dass kein Platz mehr ist.
33: 16,4!; 19,7; 34,20; Dtn 28,26 33 Und die Leichen dieses Volks werden den Vögeln des Himmels und
den Tieren der Erde als Nahrung dienen, und da wird niemand sein, der
34: 16,9; 25,10 · 25,9–11; 44,2.6 sie verscheucht. 34 Und in den Städten Judas und in den Gassen Jerusa-
lems mache ich den Jubelschreien und den Freudenrufen ein Ende, der
Stimme des Bräutigams und der Stimme der Braut, denn das Land wird
verwüstet.

8 1 In jener Zeit, Spruch des HERRN, wird man die Gebeine der Könige
von Juda und die Gebeine seiner Fürsten und die Gebeine der Pries-
ter und die Gebeine der Propheten und die Gebeine der Bewohner Jeru-
2: 19,13; 2Kön 21,5 · Ez 6,5! · 16,4! salems aus ihren Gräbern holen. 2 Und der Sonne und dem Mond wird
man sie hinwerfen und dem ganzen Heer des Himmels, denen, die sie
geliebt haben und denen sie gedient haben und denen sie nachgelaufen
sind und die sie befragt und vor denen sie sich niedergeworfen haben.
Sie werden nicht eingesammelt und nicht begraben, als Dünger auf
dem Acker werden sie dienen. 3 Und dem ganzen Rest derer, die übrig
bleiben von dieser bösen Sippe an all den Orten, wohin ich die Übrigge-
bliebenen verstosse, wird der Tod besser erscheinen als das Leben!
Spruch des HERRN der Heerscharen.

Fehlende Einsicht

4 Und du sollst zu ihnen sagen:
So spricht der HERR:
Wenn man fällt,
steht man dann nicht wieder auf?
Oder wendet sich einer weg
und wendet sich nicht wieder hin?
5: 2,31; 5,3; 6,17; 15,7 5 Warum wendet dieses Volk, Jerusalem, sich ab,
sich fortwährend ab?
Am Trug halten sie fest,
sie weigern sich, sich wieder hinzuwenden.
6: 5,1 6 Ich gab acht und hörte hin:
Es ist nicht so, wie sie sagen!
Keiner bereut seine Bosheit,
dass er sagte: Was habe ich getan!
Jeder wendet sich ab in seinem Lauf,
wie ein Pferd, das in die Schlacht stürmt.
7: 4,22!; Jes 1,3 7 Selbst der Storch am Himmel kennt seine Zeiten,
und Taube, Mauersegler und Schwalbe halten die Zeit ihrer Heimkehr ein,
mein Volk aber kennt nicht die Ordnung des HERRN.
8–9: 2,8 8 Wie könnt ihr sagen: Wir sind weise,
und bei uns ist die Weisung des HERRN!
Wahrlich, seht, das hat der Griffel zur Lüge gemacht,
zur Lüge der Schreiber.
9: 6,19 9 Weise werden zuschanden,
werden von Schrecken erfüllt und gefangen.

8,7: Möglicherweise ist statt mit «Schwalbe» mit «Drossel» zu übersetzen.

Sieh, das Wort des HERRN haben sie verachtet.
Und welche Weisheit ist ihnen geblieben?
10 Deshalb werde ich ihre Frauen anderen geben 10–12: 6,12–15
und ihre Felder anderen Besitzern, 10: 22,17
denn vom Kleinsten bis zum Grössten
sind sie alle nur hinter Gewinn her,
vom Propheten bis zum Priester
sind sie alle Betrüger.
11 Und nur scheinbar geheilt haben sie 11: 14,13!
den Zusammenbruch der Tochter meines Volks,
als sie sagten: Friede! Friede!
Doch da ist kein Friede.
12 In Schande stehen sie da, 12: 6,15; 9,24–25;
denn sie haben Abscheuliches getan, 11,23; 23,12; 46,21!
sie schämen sich nicht im Geringsten
und kennen keine Scham.
Darum werden sie mit denen fallen, die fallen.
Zur Zeit ihrer Heimsuchung werden sie stürzen!,
spricht der HERR.
13 Einsammeln werde ich sie! Spruch des HERRN.
Am Weinstock sind keine Trauben mehr
und am Feigenbaum keine Feigen,
und die Blätter sind verwelkt.
So habe ich es für sie bestimmt,
man wird über sie herfallen!
14 Wozu bleiben wir sitzen? 14: 9,14! · 3,25!
Versammelt euch,
und lasst uns in die befestigten Städte ziehen
und uns dort still verhalten!
Der HERR, unser Gott, hat uns untergehen lassen
und uns giftiges Wasser zu trinken gegeben,
denn wir haben gesündigt gegen den HERRN!
15 Auf Wohlergehen hat man gehofft, 15: 12,12; 14,19; 30,5;
doch da ist nichts Gutes, Ez 7,25
auf eine Zeit der Heilung,
doch sieh: Schrecken!
16 Von Dan her ist das Schnauben seiner Pferde zu hören, 16: 4,15 · 6,23
vom lauten Wiehern seiner starken Hengste
erbebt das ganze Land,
und sie sind gekommen und haben das Land gefressen und was darin ist,
die Stadt und die darin wohnen.
17 Denn sieh, ich werde Schlangen gegen euch loslassen, 17: Num 21,6!
Giftschlangen, gegen die keine Beschwörung hilft,
und sie werden euch beissen! Spruch des HERRN.

8,14: Möglich ist auch die Übersetzung: «... und lasst uns dort untergehen! ...»

Jeremias Verzweiflung

18: 4,19; Klgl 1,22

18 Erheiterung anstelle meines Kummers!
Mein Herz in mir ist krank.

19: 11,17; 25,6–7; 32,29–32; 44,3.8

19 Sieh, horch, der Hilferuf der Tochter meines Volks
aus dem hintersten Winkel des Landes:
Ist denn der HERR nicht in Zion?
Ist ihr König nicht in ihr?
Warum haben sie mich gereizt mit ihren Götzenbildern,
mit den Nichtsen aus der Fremde?
20 Die Ernte ist vorbei,
die Sommerernte zu Ende,
und wir sind nicht gerettet worden.
21 Über dem Zusammenbruch der Tochter meines Volks
bin ich zerbrochen.
Ich trauere,
Entsetzen hat mich ergriffen.

22: 6,7!

22 Gibt es im Gilead keinen Balsam?
Und gibt es dort keinen Arzt?
Warum ist die Heilung der Tochter meines Volks
nicht vorangeschritten?

23: 9,9; 13,17; 14,17; Klgl 3,48–49

23 Dass doch mein Haupt zerflösse
und mein Auge zur Tränenquelle würde,
dann wollte ich Tag und Nacht weinen
um die Erschlagenen der Tochter meines Volks!

Betrug und Vernichtung

1: 3,8!

9 1 Gäbe man mir ein Nachtquartier für Reisende in der Wüste,
so wollte ich mein Volk verlassen
und fortgehen von ihnen.
Denn sie alle sind Ehebrecher,
eine Gesellschaft von Betrügern!

2: 4,22!

2 Und wie ihren Bogen haben sie ihre Zunge gespannt:
Mit Lüge und nicht in Treue sind sie stark geworden im Land.
Von einer Bosheit kommen sie zur nächsten Bosheit!
Mich aber kennen sie nicht! Spruch des HERRN.

3: 12,6; Mi 7,5 · 6,28

3 Jeder hüte sich vor seinem Nächsten!
Und keinem Bruder solltet ihr trauen.
Denn jeder Bruder ist hinterhältig,
und als Verleumder ist jeder Nächste unterwegs.
4 Und alle betrügen einander,
und was wahr ist, sagen sie nicht,
sie haben ihre Zunge das Lügen gelehrt,
haben sich bemüht, falsch zu handeln.

8,18: Die Übersetzung «Erheiterung anstelle meines Kummers!» ist sehr unsicher.

8,19: Von Zion wird wie von einer Frau gesprochen; ‹ihr› bezieht sich deshalb auf Zion.

8,22: Die genaue Bedeutung des mit ‹Balsam› wiedergegebenen hebräischen Worts ist unsicher.

9,3: Im hebräischen Wort für ‹hinterhältig sein› klingt der Name Jakob an, der seinen Bruder hintergangen hat (Gen 27).

5 Du lebst im Betrug!
Sie sind betrügerisch,
haben sich geweigert, mich zu erkennen.
Spruch des HERRN.
6 Darum, so spricht der HERR der Heerscharen: 6: Jes 1,25; Sach 13,9
Sieh, ich werde sie läutern
und sie prüfen.
Was bleibt mir zu tun,
wenn ich die Tochter meines Volks ansehe?
7 Ihre Zunge ist ein spitzer Pfeil, 7: Jes 59,3; Ps 12,3
man redet betrügerisch,
mit seinem Mund redet man friedfertig zum anderen,
im Innern aber legt man ihm einen Hinterhalt.
8 Sollte ich dies nicht ahnden an ihnen, Spruch des HERRN, 8: 5,9.29
mich nicht rächen an einer Nation wie dieser?
9 Über die Berge stimme ich Weinen an und Wehklagen 9: 8,23!; Am 5,1 · 4,25!
und über die Weiden in der Steppe ein Klagelied,
denn sie sind verwüstet und niemand zieht hindurch,
und keinen Laut hört man von Herden.
Von den Vögeln des Himmels bis zum Vieh:
Geflohen sind sie, fortgezogen.
10 Und Jerusalem werde ich zu Steinhaufen machen, 10: 26,18! · 10,22; 49,33! · 2,15!
zur Behausung für Schakale,
und die Städte Judas werde ich verwüsten,
sie werden ohne Bewohner sein.
11 Wer ist der Mann, so weise, 11–15: 5,19!
dass er dies versteht,
und zu dem der Mund des HERRN gesprochen hat,
damit er kundtut,
warum das Land zugrunde gegangen,
verwüstet worden ist wie die Wüste,
und niemand zieht hindurch.
12 Und der HERR sprach: 12: 2,8; 32,23; 44,10
Weil sie meine Weisung verlassen haben,
die ich ihnen vorgelegt habe,
und nicht auf meine Stimme gehört
und nicht danach gelebt haben
13 und dem Starrsinn ihres Herzens gefolgt 13: 7,24; 11,8; 13,10; 16,12
und den Baalen nachgelaufen sind,
an die ihre Vorfahren sie gewöhnt hatten:
14 Darum, so spricht der HERR der Heerscharen, der Gott Israels: 14: 8,14; 23,15; Klgl 3,15
Sieh, ich werde ihnen, diesem Volk, Wermut zu essen
und giftiges Wasser zu trinken geben.
15 Und ich werde sie unter die Nationen zerstreuen, 15: 13,24; 18,17; Lev 26,33 · 24,10; 25,16
die sie und ihre Vorfahren nicht gekannt haben,
und hinter ihnen her werde ich das Schwert senden,
bis ich sie ganz vernichtet habe.

9,7: Die genaue Bedeutung des mit ‹spitz› wiedergegebenen hebräischen Worts ist unsicher.

16 So spricht der HERR der Heerscharen:
Gebt acht und ruft die Klagefrauen,
sie sollen kommen,
und schickt nach den weisen Frauen,
sie sollen kommen.
17: 3,21! 17 Und sie sollen sich beeilen
und die Wehklage anstimmen über uns,
damit unsere Augen überfliessen vor Tränen
und unsere Wimpern zerfliessen in Wasser.
18: 6,15! · 4,20! 18 Denn laute Wehklage ist aus Zion zu hören:
Wie sind wir vernichtet!
Wir sind in grosse Schande geraten,
wir mussten das Land verlassen,
unsere Wohnungen hat man niedergestossen!
19 So hört, ihr Frauen, das Wort des HERRN,
und euer Ohr nehme das Wort seines Mundes auf!
Und lehrt eure Töchter die Wehklage,
und eine jede lehre die andere das Klagelied:
20: 6,11! 20 Durch unsere Fenster ist der Tod eingestiegen,
in unsere Paläste ist er gekommen,
um das Kind auf der Gasse zu vernichten,
die jungen Männer auf den Plätzen.
21: 16,4! 21 Rede: So lautet der Spruch des HERRN:
Die Leichen der Menschen werden herumliegen
wie Dünger auf dem Feld
und wie abgeschnittene Ähren
hinter dem Schnitter,
und da ist niemand, der sie sammelt.
22 So spricht der HERR:
Wer weise ist, rühme sich nicht seiner Weisheit,
und der Starke rühme sich nicht seiner Stärke,
wer reich ist, rühme sich nicht seines Reichtums.
23: 1Kor 1,31; 2Kor 10,17 · 31,34! · Mi 6,8 23 Sondern dessen rühme sich, wer sich rühmt:
einsichtig zu sein und mich zu erkennen,
dass ich, der HERR, es bin,
der Gnade, Recht und Gerechtigkeit übt auf Erden,
denn daran habe ich Gefallen. Spruch des HERRN.
24–25: 8,12!; 46,21! 24 Sieh, es kommen Tage, Spruch des HERRN, da suche ich alle heim, die
25: 4,4! an der Vorhaut beschnitten sind: 25 Ägypten und Juda und Edom und
die Ammoniter und Moab und alle mit gestutztem Haarrand, die in der
Wüste wohnen, denn alle Nationen sind unbeschnitten, und das ganze
Haus Israel hat ein unbeschnittenes Herz.

Nichtige Götzen. Der wahrhaftige Gott

10 1 Hört das Wort, das der HERR über euch gesprochen hat, Haus Israel!

2: Jes 44,8 2 So spricht der HERR:

9,23: Möglich ist auch die Übersetzung: «..., denn an diesen habe ich Gefallen. ...», was sich auf jene Menschen bezieht, die einsichtig sind.

An den Weg der Nationen sollt ihr euch nicht gewöhnen,
und vor den Zeichen am Himmel sollt ihr nicht erschrecken,
denn vor ihnen erschrecken die Nationen.
3 Denn was bei den Völkern gilt – das ist Nichts! 3: 8; 8,19; 14,22;
Es ist Holz, das einer im Wald geschlagen hat, 51,18 · Jes 44,13–17
das Werk der Hände eines Handwerkers,
mit dem Beil geschlagen!
4 Mit Silber und mit Gold verziert er es, 4: Jes 40,19; 41,7
mit Nägeln und mit Hämmern befestigt man es,
es darf nicht wackeln.
5 Sie sind wie ein Pfahl im Gurkenfeld 5: Ps 115,4–7;
und reden nicht; Jes 46,1.7
sie müssen getragen werden,
denn sie bewegen sich nicht.
Fürchtet euch nicht vor ihnen,
denn sie tun nichts Böses;
aber auch Gutes – sie tun es nicht.
6 Dir, HERR, ist keiner gleich. 6–7: 49,19; Jes 40,18
Gross bist du,
und gross ist dein Name durch Stärke.
7 Wer wird dich nicht fürchten, du König der Nationen? 7: 5,22; Offb 15,4
Dir gebührt es!
Denn von allen Weisen der Nationen und in all ihren Königreichen
ist keiner dir gleich!
8 Und allesamt sind sie dumm und töricht;
was man von den Nichtsen lernt: Es ist Holz.
9 Gehämmertes Silber, aus Tarschisch wird es gebracht,
und Gold aus Ufas,
das Werk eines Handwerkers
und der Hände des Schmieds,
aus blauem und rotem Purpur ist ihr Kleid,
sie alle sind das Werk von Künstlern.
10 Der HERR aber ist wahrhaftig Gott, 10: 23,36 · 51,29
er ist ein lebendiger Gott und ewiger König.
Vor seinem Zorn erbebt die Erde,
und gegen seine Wut kommen die Nationen nicht an.
11 Dies sollt ihr ihnen sagen: 11: Jes 44,9
Die Götter, die weder den Himmel noch die Erde gemacht haben,
werden verschwinden von der Erde und unter diesem Himmel.
12 Er ist es, der die Erde gemacht hat durch seine Kraft, 12–16: 51,15–19;
den Erdkreis fest gegründet hat in seiner Weisheit Jes 40,12–26
und den Himmel ausgespannt in seiner Einsicht. 12: 27,5; 32,17; 51,15;
Ps 104,24

10,3: Mit «Nichts» ist ein Götterbild gemeint.

10,5: Die genaue Bedeutung des mit ‹Pfahl› wiedergegebenen hebräischen Worts ist unsicher.

10,8: Die Übersetzung «was man von den Nichtsen lernt: Es ist Holz!» ist unsicher.

10,9: Möglicherweise handelt es sich bei ‹Ufas› nicht um den Namen einer Region, sondern um ein Wort, das die entferntesten Gegenden bezeichnet.

10,11: Jer 10,11 ist in Aramäisch verfasst.

13: 5,24; 14,22
13 Ertönt sein Befehl, finden sich Wassermassen am Himmel ein,
und Nebelschwaden lässt er aufsteigen vom Ende der Erde,
zum Regen schafft er Blitze,
und den Sturm holt er hervor aus seinen Kammern.

14: Jes 44,10–11
14 Dumm steht da ein jeder Mensch, ohne Erkenntnis,
zuschanden wird jeder Schmied an seinen Bildern,
denn sein gegossenes Bild ist Lüge,
und kein Atem ist darin.

15: 11; 43,12–13; 50,2; 51,18.44.47.52
15 Sie sind Nichts,
ein lächerliches Machwerk,
zur Zeit ihrer Heimsuchung gehen sie unter.

16: 51,19; Dtn 32,9
16 Nicht wie diese ist der Anteil Jakobs,
denn er ist es, der alles gestaltet,
und Israel ist der Stamm seines Erbbesitzes,
HERR der Heerscharen ist sein Name.

Jeremias Trauer. Bitte um Bestrafung der Feinde

17: 46,19; Ez 12,3
17 Hebe dein Bündel auf von der Erde,
die du in der Bedrängnis kauerst.

18: 16,13; 22,26
18 Denn so spricht der HERR:
Sieh, dieses Mal werde ich die Bewohner des Landes fortschleudern
und sie in Bedrängnis bringen – man soll sie finden!

19: 6,7!
19 Wehe mir, denn ich bin zusammengebrochen,
unheilbar ist meine Wunde!
Und ich hatte mir gesagt: Das ist nun mein Leiden,
und ich werde es ertragen.

20: 4,20! · 31,15; Jes 51,18
20 Verwüstet ist mein Zelt,
und alle meine Zeltstricke sind zerrissen,
meine Kinder sind fortgezogen von mir
und sind nicht mehr da.
Da ist keiner mehr, der mein Zelt aufschlägt
und meine Zeltdecken befestigt.

21: 2,8; 12,10; 23,1–2!; 50,6; Ez 34,6
21 Denn als dumm haben sich die Hirten erwiesen,
und den HERRN haben sie nicht gesucht;
darum hatten sie keinen Erfolg,
und ihre ganze Herde hat sich zerstreut.

22: 1,14–15! · 2,15! · 9,10!
22 Horch! Eine Nachricht, sieh, sie kommt
mit gewaltigem Beben aus dem Land des Nordens,
um die Städte Judas zu verwüsten,
sie zur Behausung für Schakale zu machen.

23 Ich habe erkannt, HERR, dass der Mensch nicht über seinen Weg bestimmt,
dass der, der geht, nicht seinen Schritt bestimmt.

24: 4,27!
24 Weise mich zurecht, HERR –,
aber im Gerichtsverfahren,

10,16: Mit dem «Anteil Jakobs» ist der Gott Israels gemeint.

10,19: Die Übersetzung «mein Leiden» beruht auf den antiken Übersetzungen; der Masoretische Text lautet übersetzt: «ein Leiden».

nicht in deinem Zorn,
damit du mich nicht auslöschst.
25 Giess deinen Zorn aus über die Nationen, 25: 2,3; 30,16;
die dich nicht kennen, Ps 79,6–7
und über die Sippen,
die deinen Namen nicht anrufen,
denn sie haben Jakob gefressen,
sie haben ihn gefressen und aufgerieben,
und seine Weide haben sie verwüstet.

Bruch des Bundes

11 1 Das Wort, das vom HERRN an Jeremia erging: 2 Hört die Worte
dieses Bundes. Und du sollst sie den Männern von Juda und den
Bewohnern Jerusalems sagen. 3 Und du sollst ihnen sagen: So spricht 3: Dtn 27,26!
der HERR, der Gott Israels: Verflucht ist, wer den Worten dieses Bundes
nicht gehorcht, 4 die ich euren Vorfahren geboten habe an dem Tag, als 4: 34,13; 5,2–3 ·
ich sie herausgeführt habe aus dem Land Ägypten, aus dem Schmelz- Dtn 4,20! · 7,23!
ofen, als ich sprach: Hört auf meine Stimme und handelt danach, all
dem gemäss, was ich euch gebiete! Dann werdet ihr mir Volk sein, und
ich werde euch Gott sein, 5 damit ich den Schwur erfülle, den ich euren 5: 32,22; Dtn 11,9
Vorfahren geschworen habe: ihnen ein Land zu geben, wo Milch und
Honig fliessen, wie es heute der Fall ist. Daraufhin sprach ich: Amen,
HERR!
6 Und der HERR sprach zu mir: Rufe alle diese Worte aus in den Städ-
ten Judas und in den Gassen Jerusalems: Hört die Worte dieses Bundes
und handelt danach! 7 Denn eindringlich habe ich eure Vorfahren er- 7: 7,25! · Dtn 4,1
mahnt an dem Tag, da ich sie heraufgeführt habe aus dem Land Ägypten,
bis auf den heutigen Tag; eifrig habe ich sie ermahnt: Hört auf meine
Stimme! 8 Sie aber haben nicht gehört und haben mir kein Gehör ge- 8: 7,13!.24
schenkt, und sie lebten, ein jeder, im Starrsinn ihres bösen Herzens,
und ich habe alle Worte dieses Bundes über sie gebracht, nach denen zu
handeln ich ihnen geboten habe, sie aber haben es nicht getan.
9 Und der HERR sprach zu mir: Eine Verschwörung wurde aufge-
deckt unter den Männern von Juda und unter den Bewohnern Jerusa-
lems. 10 Sie sind zurückgekehrt zu den Vergehen ihrer Vorfahren, der 10: 16,11! · 31,32;
Früheren, die sich geweigert haben, meine Worte zu hören; auch sind 33,20
sie anderen Göttern nachgelaufen, um ihnen zu dienen. Das Haus Israel
und das Haus Juda haben meinen Bund gebrochen, den ich mit ihren
Vorfahren geschlossen habe. 11 Darum, so spricht der HERR: Sieh, ich 11: 6,19; 18,11; 19,3;
bringe ihnen Unheil, dem sie nicht entrinnen können. Und sie werden 23,12; 45,5 · 14,12
zu mir schreien, ich aber werde nicht auf sie hören. 12 Und die Städte 12: 19,4!
Judas und die Bewohner Jerusalems werden gehen und zu den Göttern
schreien, denen sie Rauchopfer darbringen, sie aber werden ihnen
nicht helfen in der Zeit ihres Unheils. 13 Denn so zahlreich wie deine 13: 2,28 · 7,9; 19,5;
Städte sind deine Götter geworden, Juda, und so viele Gassen Jerusalem 32,29.35
hat, so viele Altäre habt ihr der Schande errichtet, Altäre, um dem Baal
Rauchopfer darzubringen. 14 Und du, bitte nicht für dieses Volk! Und 14: 7,16!
flehe nicht und bete nicht für sie, denn ich werde nicht hören, wenn sie
mich rufen in ihrem Unheil.

15 Was will die von mir Geliebte in meinem Haus?
Dunkle Pläne führt sie aus!
Werden Gelübde und heiliges Fleisch von dir abwenden,
dass dies dein Unheil ist?
Dann könntest du jubeln!
16: 2,21; Röm 11,17
16 Einen saftig-grünen Ölbaum, schön, voller Früchte,
hat der HERR dich genannt.
Der Lärm einer grossen Volksmenge:
Feuer hat er an ihn gelegt,
und schlecht wird es seinen Zweigen ergehen.
17: 1,10! · 8,19!
17 Und der HERR der Heerscharen, der dich gepflanzt hat, hat Unheil
über dich verkündet, der Bosheit des Hauses Israel und des Hauses Juda
wegen, die sie sich selbst angetan haben, als sie mich reizten, indem sie
dem Baal Rauchopfer darbrachten.

Jeremias Klage

18 Und der HERR hat es mich erkennen lassen, und ich habe es er-
19: 1,19! · Jes 53,7
kannt. Damals hast du mir ihre Taten gezeigt. 19 Ich aber war wie ein
zutrauliches Lamm, das zur Schlachtung geführt wird. Und ich wusste
nicht, dass sie Pläne gegen mich geschmiedet hatten: Lasst uns den
Baum in seiner Blüte verderben und ihn tilgen aus dem Land der Leben-
den, dann wird seines Namens nicht mehr gedacht.
20: 12,3; 15,15; 17,18; 18,21–23; 20,11–12
20 Der HERR der Heerscharen aber richtet gerecht,
er prüft Nieren und Herz.
Deine Rache an ihnen werde ich sehen,
denn dir habe ich meinen Rechtsstreit anvertraut.
21: 12,6 · Jes 30,10
21 Darum, so spricht der HERR über die Männer von Anatot, die dir nach
dem Leben trachten und sagen: Im Namen des HERRN darfst du nicht
22: 5,12; 14,15.18; Klgl 4,9
weissagen, sonst stirbst du durch unsere Hand! 22 Darum, so spricht
der HERR der Heerscharen: Sieh, ich suche sie heim: Die jungen Männer
werden durch das Schwert sterben, ihre Söhne und ihre Töchter werden
23: 44,14! · 8,12!
sterben vor Hunger. 23 Und von ihnen wird kein Rest bleiben, denn ich
werde den Männern von Anatot Unheil bringen, das Jahr ihrer Heimsu-
chung.

1: Hiob 21,7!
12 1 Du, HERR, bist gerecht,
wenn ich mit dir streite.
Dennoch befrage ich dich zum Recht:
Warum führt der Weg der Frevler zum Erfolg,
haben Ruhe alle, die treulos handeln?
2 Du hast sie gepflanzt, auch sind sie fest verwurzelt,
sie wachsen, auch haben sie Frucht gebracht;
ihrem Mund bist du nahe,
ihrem Innern aber fern.
3: Ps 17,3; 139,1–3 · 11,20!
3 Und du, HERR, du kennst mich,
du siehst mich und prüfst, ob mein Herz bei dir ist.

11,15–16: Diese Verse sind im Massoretischen Text vieldeutig. Die Wiedergabe «Gelübde» beruht auf antiken Übersetzungen; der Massoretische Text lautet übersetzt: «die Vielen».
11,19: Wörtlich: «… den Baum mit seiner Frucht …»

Sondere sie aus wie Schafe zur Schlachtung,
und weihe sie für den Tag der Tötung.
4 Wie lange soll das Land trauern
und überall auf dem Feld das Kraut verdorren?
Der Bosheit seiner Bewohner wegen wurden Vieh und Vögel dahingerafft,
denn sie haben gesagt: Er sieht unsere Pfade nicht.
5 Wenn du mit denen, die zu Fuss gehen, gelaufen bist und sie dich müde gemacht haben,
wie willst du da mit den Pferden um die Wette laufen?
Und fühlst du dich nur sicher in friedlichem Land,
was willst du da tun im Dickicht am Jordan?
6 Denn selbst deine Brüder und das Haus deines Vaters,
auch sie haben treulos an dir gehandelt,
auch sie haben laut hinter dir her geschrien.
Traue ihnen nicht, wenn sie freundlich mit dir reden.

4: 14,1–6! · 4,25!; 32,43; 36,29; Hos 4,3
6: 9,3; 11,21

Klage des HERRN

7 Ich habe mein Haus verlassen,
meinen Erbbesitz aufgegeben,
in die Hand ihrer Feinde habe ich die von mir Geliebte gegeben.
8 Wie ein Löwe im Wald ist mir mein Erbbesitz geworden,
seine Stimme hat er gegen mich erhoben,
darum hasse ich ihn.
9 Ist mir mein Erbbesitz zum Lager der Hyäne geworden?
Die Raubvögel kreisen über ihm.
Kommt, versammelt alle Tiere des Feldes,
bringt sie herbei zum Fressen.
10 Viele Hirten haben meinen Weinberg verwüstet,
meinen Anteil zertreten,
meinen kostbaren Anteil zur verödeten Wüste gemacht.
11 Man hat ihn veröden lassen,
verödet trauert er vor mir.
Das ganze Land ist verödet,
denn niemand hat es sich zu Herzen genommen.

7: 7,14; 22,5; Klgl 2,7
9: 7,33!; Jes 56,9
10: 6,3 · 2,21!
11: 2,15!

Kein Friede!

12 Über alle kahlen Höhen in der Wüste
sind Verwüster gekommen.
Ein Schwert des HERRN frisst
vom einen Ende des Landes bis zum anderen Ende des Landes.
Kein Friede für alles Fleisch!
13 Sie haben Weizen gesät und Dornen geerntet,
haben sich abgemüht, hatten keinen Nutzen.
Schämt euch für euren Ertrag,
vor dem glühenden Zorn des HERRN!

12: 6,26! · 25,29; 47,6–7; 48,10 · 8,15
13: 15,14!

12,4: Die Übersetzung «...: Er sieht unsere Pfade nicht.» beruht auf der griechischen Überlieferung. Der Massoretische Text ist möglicherweise zu verstehen als «...: Er sieht nicht, was hinter uns geschieht.»

14–17: 1,10! 14 So spricht der HERR über alle meine bösen Nachbarn, die den Besitz
antasten, den ich meinem Volk, Israel, als Erbe gegeben habe: Sieh, aus
ihrem Boden werde ich sie ausreissen, und das Haus Juda reisse ich aus
15: 24,6; 29,10.14!; ihrer Mitte. 15 Aber nachdem ich sie ausgerissen habe, werde ich mich
30,3; 31,10; 32,37 ihrer wieder erbarmen, und ich werde sie zurückbringen, einen jeden
16: 4,2!; Dtn 6,13 auf seinen Erbbesitz und einen jeden in sein Land. 16 Und wenn sie
wirklich die Wege meines Volks lernen, so dass sie bei meinem Namen
schwören: So wahr der HERR lebt! – wie sie mein Volk gelehrt haben,
beim Baal zu schwören –, sollen sie aufgebaut werden mitten in meinem Volk. 17 Wenn sie aber nicht hören, werde ich diese Nation ausreissen, ausreissen und vernichten! Spruch des HERRN.

Das Bild vom verrotteten Schurz

1: 18,2; 19,1.10; 27,2; **13** 1 So hat der HERR zu mir gesprochen: Geh und kaufe dir einen
43,9; 51,63 Schurz aus Leinen und leg ihn dir um die Hüften, lass aber kein
Wasser daran kommen. 2 Und nach dem Wort des HERRN kaufte ich
den Schurz und legte ihn mir um die Hüften. 3 Und zum zweiten Mal
4: 51,63 erging das Wort des HERRN an mich: 4 Nimm den Schurz, den du gekauft hast, den du dir um die Hüften gelegt hast, und mach dich auf, geh
zum Eufrat und verbirg ihn dort in der Felsspalte. 5 Und ich ging und
verbarg ihn am Eufrat, wie der HERR es mir geboten hatte. 6 Und nach
langer Zeit sprach der HERR zu mir: Auf, geh zum Eufrat und hole von
7: 18,4; 24,8 dort den Schurz, den ich dir dort zu verbergen geboten habe. 7 Und ich
ging zum Eufrat und grub und nahm den Schurz von der Stelle, wo ich
ihn verborgen hatte. Und sieh, der Schurz war verrottet, zu nichts mehr
9: 25,18 nütze. 8 Und das Wort des HERRN erging an mich: 9 So spricht der
HERR: Genau so werde ich den Hochmut Judas und den grossen Hochmut Jerusalems verrotten lassen. 10 Dieses böse Volk, das sich weigert,
10: 7,13! · 9,13! · 16,11! meine Worte anzuhören, das im Starrsinn seines Herzens lebt und
fremden Göttern nachgelaufen ist, um ihnen zu dienen und sich vor
11: 33,9 ihnen niederzuwerfen – es wird wie dieser Schurz sein, der zu nichts
nütze ist. 11 Denn wie der Schurz sich an die Hüften eines Mannes
schmiegt, so habe ich das ganze Haus Israel und das ganze Haus Juda
sich an mich schmiegen lassen, Spruch des HERRN, damit sie mein Volk,
Ruhm, Lobpreis und Schmuck würden, sie aber haben nicht gehört.

12 Und sage ihnen dieses Wort: So spricht der HERR, der Gott Israels:
Jeder Krug wird mit Wein gefüllt. Sie aber werden zu dir sagen: Als
wüssten wir nicht selbst, dass jeder Krug mit Wein gefüllt wird!
13: 25,15–29! 13 Dann wirst du zu ihnen sagen: So spricht der HERR: Sieh, mit Trunkenheit fülle ich alle Bewohner dieses Landes, die Könige, die für David
auf seinem Thron sitzen, und die Priester und die Propheten und alle
14: 15,5–6; 16,5.13; Bewohner Jerusalems. 14 Und ich werde sie zerschmettern, einen am
21,7; Klgl 3,43! anderen, und die Väter zusammen mit den Kindern! Spruch des HERRN.
Ich werde kein Mitleid haben, und es wird mir nicht leidtun, ohne Erbarmen werde ich sie vernichten.

Unheil über Juda und Jerusalem

15 Hört und horcht, seid nicht hochmütig,
denn der HERR hat gesprochen!

16 Gebt dem HERRN, eurem Gott, die Ehre,
bevor er es finster werden lässt,
und bevor eure Füsse anstossen
auf Bergen in der Dunkelheit.
Dann hofft ihr auf Licht,
er aber wird es zu tiefster Finsternis machen,
zu Wolkendunkel macht er es.
17 Wenn ihr aber nicht darauf hört, 17: 8,23!
weine ich im Verborgenen über den Hochmut,
und vergiesse Tränen ohne Ende,
und vor Tränen zerfliesst mein Auge,
dass die Herde des HERRN fortgeführt worden ist in die Gefangenschaft.
18 Sage dem König und der Gebieterin: 18: 22,26 · Klgl 5,16
Setzt euch auf den Boden!
Denn eure prächtige Krone
ist euch vom Kopf gefallen.
19 Die Städte im Negev sind verschlossen, 19: 52,28–29!
und da ist niemand, der öffnet;
ganz Juda ist in die Verbannung geführt,
vollzählig ist es in die Verbannung geführt worden.
20 Blickt auf und seht hin, 20: 1,14–15!
sie kommen von Norden.
Wo ist die Herde, die dir gegeben worden war,
deine schmucken Schafe?
21 Was wirst du sagen, wenn er die als Oberhaupt über dich setzt, 21: 4,31!
die du selbst als Vertraute an dich gewöhnt hast?
Werden nicht Wehen dich ergreifen
wie eine Frau, die gebärt?
22 Und sprichst du in deinem Herzen: 22: 5,19! · 2,17!
Warum hat mich dies getroffen?
Der Menge deiner Vergehen wegen
wurde dein Gewand hochgehoben,
wurde deinen Fersen Gewalt angetan.
23 Kann ein Kuschit seine Hautfarbe ändern 23: 6,29
oder ein Panther die Flecken auf seinem Fell?
Dann könntet auch ihr Gutes tun,
die ihr das Böse gewohnt seid.
24 Und ich werde sie zerstreuen wie Stroh, 24: 9,15!; Ps 1,4
das zerstiebt im Wüstenwind.
25 Dies ist dein Los, dein Anteil, 25: 2,32! · 7,8
dir zugemessen von mir, Spruch des HERRN,
weil du mich vergessen
und auf Lüge vertraut hast.
26 Und auch ich hebe dein Gewand hoch, 26: Jes 47,2–3; Ez 16,37
bis über dein Gesicht,

13,22: ‹Ferse› ist an dieser Stelle ein umschreibendes Wort für die weiblichen Geschlechtsteile.

dass man deine Schmach sieht.
27: 3,8! · 2,20! · 4,14
27 Dein Ehebrechen und dein Wiehern,
die Schande deiner Hurerei,
auf Hügeln, im Feld –
ich habe deine Scheusslichkeiten gesehen.
Wehe dir, Jerusalem!
Du wirst nicht rein werden. –
Wie lange noch?

Klage in der Dürre. Antwort des HERRN

1–6: 3,3; 5,24–25; 12,4; 23,10; Am 4,7
14 1 Das war das Wort des HERRN an Jeremia aus Anlass der Dürre:
2 Juda trauert,
und seine Tore sind verfallen,
trauernd sind sie zu Boden gesunken,
und Jerusalems Schreie steigen empor.
3: 2,13 · Am 4,8
3 Und ihre Mächtigen schicken ihre Diener nach Wasser,
sie kommen zu den Zisternen,
sie finden kein Wasser,
sie kehren zurück, ihre Krüge sind leer,
sie stehen in Schande und sind beschämt
und verhüllen ihr Haupt.
4: Joel 1,11
4 Wegen des Ackers voller Risse,
weil kein Regen auf das Land fiel,
stehen die Landarbeiter in Schande da,
haben sie ihr Haupt verhüllt.
5 Sogar die Hirschkuh auf dem Feld:
Sie verlässt das Junge, das sie geworfen hat,
denn da ist kein Gras.
6 Und Wildesel stehen auf kahlen Höhen,
wie die Schakale schnappen sie nach Luft,
ihre Augen sind erloschen,
denn da ist kein Kraut.
7: 20–21; 3,25!
7 Wenn unsere Vergehen gegen uns zeugen,
HERR, so handle, um deines Namens willen!
Oft sind wir treulos gewesen,
wir haben gesündigt gegen dich!
8: 17,13; 50,7 · 16,19!
8 Du, Hoffnung Israels,
sein Retter in der Zeit der Not!
Warum bist du wie ein Fremder im Land
und wie ein Wanderer, der einkehrt, nur um zu übernachten?
9: 20,11! · 15,16; Dtn 28,10
9 Warum bist du wie ein Hilfloser,
wie ein Held, der nicht helfen kann?
Du bist doch in unserer Mitte, HERR,
und dein Name ist ausgerufen über uns!
Verlass uns nicht!
10: 2,23–25.31 · 8,12!
10 So spricht der HERR zu diesem Volk:
Hierhin und dorthin zu laufen, so haben sie es geliebt,
sie haben ihre Füsse nicht geschont.

14,2: Mit ‹sie› sind die Bewohner gemeint.

Der HERR aber hat kein Gefallen an ihnen,
nun wird er an ihre Verschuldung denken
und ihre Sünden heimsuchen.
11 Und der HERR sprach zu mir: Bitte nicht für dieses Volk, nicht um Wohlergehen! *11: 7,16!*
12 Denn wenn sie fasten, höre ich nicht auf ihr Flehen, *12: 11,11; Jes 1,15 · 15,1–3*
und wenn sie Brandopfer und Gaben darbringen, habe ich kein Gefallen an ihnen.
Mit dem Schwert und mit dem Hunger und mit der Pest vernichte ich sie!
13 Da sprach ich: Ach, Herr, HERR, sieh, die Propheten sagen ihnen: Ihr *13: 5,12–13; 6,14; 23,17; Ez 13,10*
werdet kein Schwert sehen, und Hunger wird nicht über euch kommen,
sondern beständigen Frieden gebe ich euch an diesem Ort. 14 Und der *14: 23,9–40; 27,9–10.14–18; 28,1–17; 29,8–9*
HERR sprach zu mir: Lüge prophezeien die Propheten in meinem Na-
men! Ich habe sie nicht gesandt und sie nicht beauftragt, und ich habe
nicht zu ihnen gesprochen. Sie prophezeien euch Lügenschauung und
leere Weissagung und selbst ersonnenen Betrug. 15 Darum, so spricht *15: 23,30–32; 28,15–17; Dtn 18,20*
der HERR über die Propheten, die in meinem Namen prophezeien, ob-
wohl ich sie nicht gesandt habe, und die sagen: Schwert und Hunger
wird es nicht geben in diesem Land! – Durch das Schwert und durch
Hunger werden diese Propheten ihr Ende finden. 16 Und das Volk, dem *16: 16,4!*
sie weissagen, wird auf den Gassen Jerusalems liegen, niedergestreckt
vom Hunger und vom Schwert, und da ist keiner, der sie begräbt – sie,
ihre Frauen und ihre Söhne und ihre Töchter; und ihre eigene Bosheit
werde ich über sie ausschütten.
17 Und sage ihnen dieses Wort: *17: 8,23! · 6,7!*
Tag und Nacht zerfliessen meine Augen vor Tränen
und dürfen nicht ruhen,
denn gebrochen ist die Jungfrau, die Tochter meines Volks,
grosser Zusammenbruch,
schwerste Verwundung!
18 Gehe ich hinaus aufs Feld,
sieh: vom Schwert Durchbohrte.
Und komme ich in die Stadt,
sieh: Hungerqualen.
Ja, auch Prophet und Priester ziehen in ein Land
und kennen es nicht.
19 Hast du Juda ganz verworfen? *19: 7,15!; Klgl 5,22 · 8,15*
Bist du Zions überdrüssig geworden?
Warum hast du uns so geschlagen,
dass es keine Heilung gibt für uns?
Man hofft auf Frieden, aber da ist nichts Gutes,
und auf eine Zeit der Heilung, aber sieh: Schrecken.
20 Unseren Frevel, HERR, haben wir erkannt, *20: 3,25!*
die Schuld unserer Vorfahren;
wir haben gesündigt gegen dich!
21 Verachte uns nicht, um deines Namens willen, *21: 7; Ps 25,11 · 3,17!*
missachte nicht den Thron deiner Herrlichkeit.
Erinnere dich, brich nicht deinen Bund mit uns.

22: 10,3! · 10,13! 22 Gibt es unter den Nichtsen der Völker solche, die regnen lassen?
Oder ist es der Himmel, der Regen gibt?
Bist nicht du es, HERR, unser Gott,
und hoffen wir nicht auf dich?
Denn du hast all dies getan.

1: Ex 32,11–14; 1Sam 7,8–10 15 1 Und der HERR sprach zu mir: Selbst wenn Mose und Samuel vor
mich träten, diesem Volk würde ich mich nicht zuwenden! Schick
2: 43,11; Sach 11,9 Sie weg von mir, damit sie fortgehen. 2 Und wenn sie zu dir sagen:
Wohin sollen wir gehen?, dann sage ihnen: So spricht der HERR:
Was dem Tod gehört, zum Tod,
und was dem Schwert gehört, zum Schwert,
und was dem Hunger gehört, zum Hunger,
und was der Gefangenschaft gehört, in die Gefangenschaft!

3: Dtn 32,24–25 · 7,33! 3 Und vier Sippen werde ich gegen sie aufbieten, Spruch des HERRN: das
Schwert, um sie umzubringen, und die Hunde, um sie zu verschleppen,
und die Vögel des Himmels und die Tiere der Erde, um sie zu fressen
4: 18,16!; 24,9; 29,18; 34,17; Dtn 28,37! und zu vernichten. 4 Und ich mache sie zum Schrecken für alle König-
reiche der Erde, wegen Manasse, des Sohns des Jechiskijahu, des Königs
von Juda, um dessen willen, was er in Jerusalem getan hat.

5: Klgl 1,17! 5 Jerusalem, wer wird Mitleid haben mit dir
und wer dir sein Beileid bezeugen?
Und wer wird abweichen von seinem Weg,
um nach deinem Wohl zu fragen?

6: 2,13!; 7,24! · 6,12! 6 Du hast mich aufgegeben, Spruch des HERRN,
wendest mir immerfort den Rücken zu.
Da habe ich meine Hand gegen dich ausgestreckt
und habe dich vernichtet,
ich war es leid, nachsichtig zu sein.

7: 51,2! · 3,7! 7 Und mit der Worfschaufel habe ich sie geworfelt,
in den Toren des Landes;
kinderlos habe ich mein Volk gemacht,
habe es zugrunde gehen lassen.
Sie sind nicht zurückgekehrt von ihren Wegen.

8: 6,26 8 Seine Witwen sind mir zahlreicher geworden
als der Sand am Meer.
Am hellen Mittag habe ich ihnen,
auch der Mutter des jungen Mannes,
den Verwüster gebracht,
aus dem Nichts habe ich Schrecken und Entsetzen auf sie fallen lassen.

9: Am 8,9 9 Verwelkt ist, die sieben geboren hat,
sie hat ihr Leben ausgehaucht,
ihre Sonne ging unter, als es noch Tag war,
in Schande und Schmach ist sie geraten.
Und was übrig ist von ihnen, liefere ich ans Schwert, im Angesicht ihrer Feinde!
Spruch des HERRN.

15,3: «vier Sippen» steht bildlich für ‹vier Arten›.

Jeremias zweite Klage. Antwort des HERRN

10 Wehe mir, dass du, meine Mutter, mich geboren hast, 10: 20,14! · 1,19!
einen Mann des Streits,
einen Mann, der zerstritten ist mit dem ganzen Land,
niemand ist mir etwas schuldig,
und ich schulde niemandem etwas:
Jeder verflucht mich.
11 Der HERR spricht:
Ich erlöse dich
zu deinem Besten,
ich trete ein für dich
in der Zeit des Unheils
und in der Zeit der Not
beim Feind.
12 Zerbricht man Eisen,
Eisen aus dem Norden und Bronze?
13 Dein Vermögen und deine Schätze gebe ich dem Raub preis, 13: 17,3; 20,5
ohne Gegenwert zu verlangen,
für all deine Sünden
und überall in deinen Gebieten.
14 Und deine Feinde werde ich durchziehen lassen 14: 4,4; 7,20; 17,4; 44,6; Dtn 32,22; Klgl 4,11!
in ein Land, das du nicht kennst,
denn ein Feuer hat sich entzündet an meinem Zorn,
es lodert gegen euch.
15 Du weisst es, HERR: 15: 11,20!
Gedenke meiner und nimm dich meiner an
und nimm Rache für mich an denen, die mich verfolgen,
der du langmütig bist, raffe mich nicht hinweg,
erkenne, dass ich deinetwegen Schmach auf mich genommen habe.
16 Empfing ich deine Worte, 16: 1,9; Ez 3,3! · 14,9
so habe ich sie verschlungen,
und deine Worte wurden meine Wonne,
die Freude meines Herzens,
denn dein Name ist ausgerufen über mir,
HERR, Gott der Heerscharen.
17 Nie habe ich im Kreis derer gesessen, die ihren Spass hatten, 17: 16,8 · 6,11
und nie war ich fröhlich,
aus Furcht vor deiner Hand sass ich einsam,
denn mit Groll hast du mich erfüllt.
18 Warum nimmt mein Schmerz kein Ende
und ist meine Wunde unheilbar?
Sie will nicht heilen.
Wie ein trügerischer Bach, so bist du für mich,
Wasser, auf das kein Verlass ist.
19 Darum, so spricht der HERR: 19: 3,12! · 1,9!; Ex 4,15–16

15,11: Die Übersetzung «beim Feind» ist unsicher.

15,14: Einige Handschriften lauten: «Und mit deinen Feinden lasse ich dich ziehen in ein Land, ...»

Wenn du umkehrst,
lasse ich dich wieder vor mir stehen,
und wenn du Wertvolles hervorbringst, nicht Leichtfertiges,
wirst du sein wie mein Mund.
Sie werden zurückkehren zu dir,
du aber wende dich ihnen nicht zu!
20: 1,8.18 · Ez 3,8! 20 Und zur unüberwindbaren Mauer aus Bronze
mache ich dich für dieses Volk,
und sie werden dich bekämpfen,
aber sie können nichts ausrichten gegen dich,
denn ich bin bei dir, um dir zu helfen und dich zu retten!
Spruch des HERRN.
21: 20,13; 26,24; 21 Und ich rette dich aus der Hand der Übeltäter
36,26 und erlöse dich aus der Faust der Gewalttäter.

Jeremias Ehelosigkeit. Vernichtung und Verbannung

16 1 Und das Wort des HERRN erging an mich: 2 Nimm dir keine
Frau, und du sollst keine Söhne und Töchter haben an diesem Ort.
3 Denn so spricht der HERR über die Söhne und über die Töchter, die
geboren werden an diesem Ort und über ihre Mütter, die sie gebären,
4: 21,6 · 7,33!; 8,2; und über ihre Väter, die sie zeugen, in diesem Land: 4 Eines qualvollen
9,21; 14,16; 25,33 Todes werden sie sterben, sie werden nicht beklagt und nicht begraben,
sie werden zu Dünger auf dem Acker; und durch das Schwert und durch
den Hunger werden sie umkommen, und ihre Leichen werden den Vö-
geln des Himmels und den Tieren der Erde zum Frass werden.
5: 13,14! 5 Denn so spricht der HERR: Betritt kein Haus, in dem ein Trauer-
mahl stattfindet, und geh nicht hin, um zu beklagen, und bekunde ih-
nen kein Beileid, denn diesem Volk habe ich meinen Frieden entzogen,
6: 41,5; 47,5; 48,37; Spruch des HERRN, die Gnade und das Erbarmen! 6 Und Grosse wie
Dtn 14,1 Kleine werden sterben in diesem Land, sie werden nicht begraben wer-
den, und man wird sie nicht beklagen: Man wird sich keine Schnitt-
7: Ez 24,16–23 wunden zufügen und sich ihretwegen keine Glatze scheren. 7 Und man
wird ihnen kein Trauerbrot brechen, um jemanden eines Toten wegen
zu trösten, und man wird ihnen ihres Vaters oder ihrer Mutter wegen
8: 15,17 keinen Trostbecher zu trinken geben. 8 Und ein Haus, in dem ein Fest-
mahl stattfindet, sollst du nicht betreten, um bei ihnen zu sitzen, zu
9: 7,34! essen und zu trinken. 9 Denn so spricht der HERR der Heerscharen, der
Gott Israels: Seht, vor euren Augen und in euren Tagen lasse ich an die-
sem Ort die Stimme des Jubels und die Stimme der Freude, die Stimme
10–13: 5,19! des Bräutigams und die Stimme der Braut verstummen. 10 Und wenn
10: 2,35 du diesem Volk alle diese Worte verkündest, werden sie zu dir sagen:
Warum hat der HERR dieses ganze grosse Unheil gegen uns angekün-
digt? Und was ist unser Vergehen und was unsere Sünde, die wir began-
11: 2,13! · 11,10; gen haben gegen den HERRN, unseren Gott? 11 Dann sage ihnen: Weil
13,10; 25,6; 44,3 eure Vorfahren mich verlassen haben, Spruch des HERRN, und anderen
Göttern nachgelaufen sind und weil sie ihnen gedient und sich vor ih-
nen niedergeworfen, mich aber verlassen und meine Weisung nicht be-
12: 7,26 · 9,13! folgt haben 12 und weil ihr es noch schlimmer getrieben habt als eure

16,6: Das Zufügen von Schnittwunden und das Scheren von Glatzen waren Trauerbräuche.

Vorfahren – seht, ihr folgt, ein jeder, dem Starrsinn eures bösen Her-
zens und hört nicht auf mich –, 13 werde ich euch fortschleudern aus 13: 10,18! · 15,14 · Dtn 28,64
diesem Land, in ein Land, das ihr nicht kennt und das eure Vorfahren
nicht gekannt haben, und dort werdet ihr Tag und Nacht anderen Göt-
tern dienen, denn ich werde euch keine Gnade gewähren!
14 Darum, sieh, es kommen Tage, Spruch des HERRN, da wird nicht 14–15: 23,7-8
mehr gesagt werden: So wahr der HERR lebt, der die Israeliten heraufge- 14: 2,6!
führt hat aus dem Land Ägypten!, 15 sondern: So wahr der HERR lebt, der 15: 12,15!
die Israeliten heraufgeführt hat aus dem Land des Nordens und aus al-
len Ländern, in die er sie verjagt hat! Und ich werde sie zurückbringen
auf ihren Boden, den ich ihren Vorfahren gegeben habe.

16 Sieh, nach vielen Fischern sende ich, Spruch des HERRN, 16: Ez 12,13; Hab 1,15
und diese werden sie herausfischen,
und danach sende ich nach vielen Jägern,
und diese werden sie erjagen
auf jedem Berg und auf jedem Hügel und in den Felsspalten.
17 Denn meine Augen sind auf alle ihre Wege gerichtet, 17: 7,11; 23,24; 32,19; Hiob 34,21-22
sie können sich nicht verstecken vor mir,
und meinen Augen ist ihre Schuld nicht verborgen.
18 Zuerst aber vergelte ich ihre Schuld und ihre Sünde doppelt, 18: Jes 40,2 · 7,30!
denn sie haben mein Land entweiht mit dem Aas ihrer Scheusale
und meinen Erbbesitz angefüllt mit ihren Abscheulichkeiten.
19 HERR, meine Stärke und meine Burg 19: 14,8; 17,17 · Jes 2,2!
und meine Zuflucht am Tag der Not.
Von den Enden der Erde werden Nationen zu dir kommen
und sagen:
Nur Lüge haben unsere Vorfahren geerbt,
Nichtigkeiten, und darunter ist nichts, das nützt.
20 Kann ein Mensch sich Götter machen? 20: 2,11!
Das sind doch keine Götter!
21 Darum, sieh, dieses Mal lasse ich sie es erkennen, 21: 31,34!; 33,2; Ex 3,15
ich werde sie meine Hand und meine Macht erkennen lassen,
und sie werden erkennen, dass mein Name HERR ist.

Falsches und richtiges Vertrauen

17 1 Mit eisernem Griffel ist die Sünde Judas aufgeschrieben, 1: 6,29 · Hiob 19,24
mit einer Spitze aus Diamant,
eingeritzt in die Tafel ihres Herzens
und in die Hörner ihrer Altäre.
2 Wie an ihre Kinder denken sie an ihre Altäre 2: 2,20!
und an ihre Ascheren bei saftig-grünen Bäumen,
auf hohen Hügeln.
3 Mein Berg, im offenen Land, 3: 15,13!
dein Vermögen, all deine Schätze gebe ich dem Raub preis,
auch deine Kulthöhen,
für die Sünde in deinen Gebieten überall.
4 Und lassen musst du – durch eigenes Verschulden – deinen
Erbbesitz, 4: Klgl 5,2 · 16,13 · 15,14!

17,4: Die Übersetzung «durch eigenes Verschulden» ist unsicher.

den ich dir gegeben habe.
Und ich mache dich deinen Feinden dienstbar
in einem Land, das du nicht kennst,
denn in meinem Zorn habt ihr ein Feuer entzündet,
es lodert unaufhörlich.
5: Ps 118,8 · 5 So spricht der HERR:
2Chr 32,8 Verflucht der Mann, der auf Menschen vertraut
und Fleisch zu seiner Kraft macht
und dessen Herz sich vom HERRN entfernt:
6: 48,6 6 Wie Wacholder in der Steppe wird er sein,
nichts Gutes wird er kommen sehen,
und im Glutland, in der Wüste wird er wohnen,
im Salzland, dort aber kannst du nicht bleiben.
7: Ps 84,13 7 Gesegnet der Mann, der auf den HERRN vertraut
und dessen Zuversicht der HERR ist:
8: Ps 1,3 8 Er wird sein wie ein Baum, am Wasser gepflanzt,
und zum Bach streckt er seine Wurzeln aus.
Und nichts hat er zu befürchten, wenn die Hitze kommt,
das Laub bleibt ihm;
und im Jahr der Dürre muss er sich nicht sorgen,
er hört nicht auf, Frucht zu bringen.
9: 9,13!; Gen 6,5 9 Verschlagener als alles andere ist das Herz,
und unheilbar ist es,
wer kann das verstehen?
10: 11,20; 20,12; 10 Ich, der HERR, erforsche das Herz, prüfe die Nieren,
Ps 7,10 · 32,19! um jedem zu geben nach seinen Wegen,
nach der Frucht seiner Taten.
11 Ein Rebhuhn, das brütet und nicht gelegt hat,
ist, wer Reichtum erwirbt, doch nicht zu Recht.
In der Mitte seiner Tage muss er ihn zurücklassen,
und an seinem Ende steht er da als Tor.

Jeremias dritte Klage

12: 3,17!; Ez 43,7 12 Ein Thron der Herrlichkeit,
seit Anbeginn erhaben,
ist die Stätte unseres Heiligtums.
13: 14,8! · 2,13!; 13 Du, Hoffnung Israels, HERR,
Jes 1,28 alle, die dich verlassen, werden zuschanden.
In den Staub geschrieben werden, die sich von mir entfernen,
denn die Quelle lebendigen Wassers haben sie verlassen:
den HERRN.
14: 31,18; Ps 6,3 14 Heile mich, HERR, damit ich geheilt werde,
hilf mir, damit mir geholfen wird,
denn du bist mein Ruhm.
15: Jes 5,19! 15 Sieh, sie sagen mir:
Wo ist das Wort des HERRN?
Möge es doch kommen.
16: 18,20; 20,7 16 Und ich habe mich dem Hirtendienst nicht entzogen,
bin dir gefolgt,

und den Tag des Unglücks habe ich nie herbeigesehnt,
du weisst es.
Was über meine Lippen kommt,
liegt vor dir.
17 Werde mir nicht zum Schrecken, 17: 1,17.19; 16,19!
du bist meine Zuflucht am Tag des Unheils.
18 Meine Verfolger sollen zuschanden werden, 18: 11,20!; Ps 35,4
ich aber will nicht zuschanden werden;
sie sollen sich entsetzen,
ich aber will mich nicht entsetzen.
Bring den Tag des Unheils über sie,
zerschmettere sie mit doppelter Wucht.

Ermahnung zur Heiligung des Sabbats

19 So hat der HERR zu mir gesprochen: Geh und stell dich in das Tor 19–20: 7,2!
derer, die zum Volk gehören, durch das die Könige Judas einziehen und
durch das sie ausziehen, und in alle Tore Jerusalems, 20 und sprich zu
ihnen: Hört das Wort des HERRN, ihr Könige von Juda und ganz Juda
und all ihr Bewohner Jerusalems, die ihr durch diese Tore einzieht. 21 So 21: Neh 13,19
spricht der HERR: Hütet euch um eures Lebens willen, und tragt am Sab-
battag keine Last und bringt sie nicht hinein durch die Tore Jerusalems.
22 Und bringt am Sabbattag auch keine Last heraus aus euren Häusern: 22: Ex 20,8–11
Ihr sollt überhaupt keine Arbeit verrichten, sondern den Sabbattag sollt
ihr heilig halten, wie ich es euren Vorfahren geboten habe! 23 Sie aber 23: 7,13!.26; 19,15 ·
haben nicht gehört und haben mir kein Gehör geschenkt, und sie waren 2,30!
hartnäckig und haben nicht gehört und haben keine Unterweisung an-
genommen. 24 Wenn ihr aber wirklich hört, Spruch des HERRN, und am 24–25: 22,4
Sabbattag keine Last durch die Tore dieser Stadt bringt und den Sabbat-
tag heilig haltet und an ihm keine Arbeit verrichtet, 25 dann werden 25: 7,7
durch die Tore dieser Stadt in Wagen und auf Pferden Könige und Fürs-
ten einziehen, die auf dem Thron Davids sitzen, sie und ihre Fürsten,
der Mann aus Juda und die Bewohner Jerusalems, und diese Stadt wird
für immer bewohnt sein. 26 Und aus den Städten Judas und dem Um- 26: 32,44; 33,13
kreis Jerusalems und aus dem Land Benjamin und aus der Schefela und
vom Gebirge und aus dem Negev werden sie kommen und Brandopfer
und Schlachtopfer und Speiseopfer und Weihrauch bringen, und auch
Dankopfer bringen sie in das Haus des HERRN. 27 Wenn ihr aber nicht 27: Ez 20,12–13 ·
auf mich hört und den Sabbattag nicht heilig haltet und Lasten tragt und 6,5; 7,20; 21,14!
hineingeht durch die Tore Jerusalems am Sabbattag, werde ich Feuer an
seine Tore legen, und es wird die Paläste Jerusalems fressen, und es wird
nicht erlöschen.

Das Gleichnis vom Töpfer

18 1 Das Wort, das vom HERRN an Jeremia erging: 2 Mach dich auf 2: 13,1!
und geh hinab in das Haus des Töpfers, und dort werde ich dich
meine Worte hören lassen. 3 Und ich ging hinab in das Haus des Töp-
fers, und sieh, er war gerade mit Arbeit an der Töpferscheibe beschäf-
tigt. 4 Und wenn das Gefäss, das er aus dem Ton machte, in den Händen 4: 13,7
des Töpfers missriet, machte er daraus ein anderes Gefäss; der Töpfer
machte es so, wie er es für richtig hielt. 5 Und das Wort des HERRN er-

6: Jes 64,7; ging an mich: 6 Kann ich mit euch nicht verfahren wie dieser Töpfer,
Röm 9,21 Haus Israel? Spruch des HERRN. Seht, wie der Ton in der Hand des Töp-
7: 1,10! fers, so seid ihr in meiner Hand, Haus Israel. 7 Einmal rede ich über ein
Volk und über ein Königreich, dass ich es ausreissen und niederreissen
8: 26,3.13; 36,3; und vernichten will. 8 Kehrt aber jenes Volk, über das ich geredet habe,
42,10; Ez 33,11; zurück von seiner Bosheit, so bereue ich das Unheil, das ich ihnen anzu-
Joel 2,13 tun geplant habe. 9 Und ein anderes Mal rede ich über ein Volk und
10: 32,23! · Gen 6,6! über ein Königreich, dass ich es aufbauen und pflanzen will. 10 Tut es
dann aber, was böse ist in meinen Augen, und hört es nicht auf meine
Stimme, so bereue ich das Gute, das ich ihm zu erweisen zugesagt habe.
11–12: 2Kön 17,13–14 11 Und nun rede doch zum Mann aus Juda und zu den Bewohnern Jeru-
11: 11,11! · 3,12!; 7,3! salems: So spricht der HERR: Seht, ich bilde Unheil gegen euch und
schmiede gegen euch einen Plan. Kehrt doch zurück, ein jeder von sei-
12: 2,25; 6,16 nem bösen Weg, und macht eure Wege besser und eure Taten! 12 Sie
aber werden sagen: Verflucht! Nein, wir werden unseren Plänen folgen!
Und ein jeder wird nach dem Starrsinn seines bösen Herzens handeln!
13: 2,10; 30,6 · 5,30! 13 Darum, so spricht der HERR:

Fragt doch nach unter den Nationen:
Wer hat dergleichen je gehört?
Ganz Abscheuliches hat die Jungfrau Israel getan.
14 Schwindet der Schnee des Libanon vom Fels im Feld?
Oder versiegt das kalte, rieselnde Wasser, das aus der Fremde kommt?
15: 2,32! · 19,4! 15 Mich aber hat mein Volk vergessen,
den Nichtsen bringen sie Rauchopfer dar,
und diese haben sie straucheln lassen auf ihren Wegen,
auf den uralten Pfaden,
sie liessen sie Wege gehen,
einen ungebahnten Weg,
16: 15,4!; 19,8; 29,18; 16 damit sie ihr Land zum Entsetzen machen,
Klgl 2,15 zu immer währendem Spott;
jeder, der es durchwandert, entsetzt sich
und schüttelt den Kopf.
17: 9,15! · 2,27! 17 Wie der Ostwind zerstreue ich sie vor dem Feind,
den Rücken und nicht das Angesicht lasse ich sie sehen
am Tag ihres Unglücks.

Jeremias vierte Klage

18: 1,19! · 44,16 18 Sie aber haben gesagt: Kommt, wir wollen Pläne schmieden ge-
gen Jeremia! Denn niemals wird dem Priester die Weisung oder dem
Weisen der Rat oder dem Propheten das Wort ausgehen. Kommt, wir
wollen ihn schlagen mit Sprache und auf keines seiner Worte achten.
19 Achte du, HERR, auf mich,
und höre die Stimme derer, die mit mir streiten.
20: Ps 35,7.12 · 7,16! 20 Soll Gutes mit Bösem vergolten werden?
Sie haben mir eine Grube gegraben!

18,11: Das hebräische Wort für ‹bilden› an dieser Stelle liegt auch dem hebräischen Wort für ‹Töpfer› zugrunde.

18,14: Die Übersetzung «versiegt» beruht auf einer Korrektur des Massoretischen Texts.

Erinnere dich, wie ich vor dir gestanden habe,
um Gutes über sie zu reden,
um deinen Zorn von ihnen abzuwenden.
21 Darum, gib ihre Kinder dem Hunger preis 21–23: 11,20!
und übergib sie der Gewalt des Schwerts: 21: 11,22; 24,10!
Ihre Frauen sollen kinderlos sein und Witwen werden,
und ihre Männer ereile der Tod,
ihre jungen Männer sollen vom Schwert erschlagen werden in der Schlacht.
22 Aus ihren Häusern ertönen Schreie,
wenn du die Kriegsschar über sie kommen lässt aus dem Nichts.
Denn sie haben eine Grube gegraben, um mich zu fangen,
und Netze ausgelegt für meine Füsse.
23 Du aber, HERR, weisst von all dem, 23: 1,19!;
was sie gegen mich beschlossen haben, um mich zu töten. Klgl 3,60–66
Vergib ihnen nicht ihre Schuld,
und ihre Sünde lösche nicht aus vor dir,
damit sie zu Fall gebracht werden vor dir,
tu es ihnen an in der Zeit deines Zorns!

Das Bild vom zerbrochenen Krug

19 1 So sprach der HERR: Geh und kaufe dir einen Krug, gebildet aus 1: 13,1!
Ton, und nimm mit dir einige von den Ältesten des Volks und von
den Ältesten der Priester. 2 Dann geh hinaus ins Tal Ben-Hinnom, das 2–3: 7,2!
am Eingang des Scherben-Tors liegt, und dort rufe die Worte aus, die ich
dir sagen werde, 3 und sprich: Hört das Wort des HERRN, Könige von 3: 11,11!; 2Kön 21,12
Juda und Bewohner Jerusalems! So spricht der HERR der Heerscharen,
der Gott Israels: Seht, ich bringe Unheil über diese Stätte, dass jedem,
der davon hört, die Ohren gellen. 4 Darum, weil sie mich verlassen und 4: 2,13! · 1,16; 7,18;
diese Stätte missbraucht haben und an ihr anderen Göttern Rauchopfer 18,15; 44,3 · 2,34!
dargebracht haben, die sie und ihre Vorfahren und die Könige von Juda
nicht kannten, und weil sie diesen Ort mit dem Blut Unschuldiger über-
schwemmt 5 und die Kulthöhen des Baal gebaut haben, um ihre Kinder 5–7: 7,31–33
im Feuer zu verbrennen als Brandopfer für den Baal, was ich ihnen 5: 11,13!
niemals geboten habe und wovon ich nichts gesagt habe und was
nie in meinen Sinn gekommen wäre! 6 Darum, sieh, es kommen Tage,
Spruch des HERRN, da wird diese Stätte nicht mehr Tofet und Tal Ben-
Hinnom genannt werden, sondern: Tal des Mordens! 7 Und das Planen 7: 21,7 · 7,33!; 15,3
Judas und Jerusalems werde ich vereiteln an diesem Ort, und durch das
Schwert werde ich sie fallen lassen vor ihren Feinden, durch die, die
ihnen nach dem Leben trachten. Und ihre Leichen werfe ich den Vögeln
des Himmels und den Tieren der Erde zum Frass vor. 8 Und diese Stadt 8: 18,16! · 50,13
werde ich entsetzlich zurichten und zu einem Anlass zum Zischen ma-
chen; jeder, der an ihr vorübergeht, wird sich entsetzen, so dass er
zischt, wenn er das Ausmass ihrer Zerstörung sieht. 9 Und ich wer- 9: Lev 26,29!
de sie das Fleisch ihrer Söhne und das Fleisch ihrer Töchter essen

19,1: «nimm mit dir» ist nach der griechischen Überlieferung ergänzt.
19,6: Siehe die Anm. zu 7,31.
19,8: Das Zischen sollte das Unglück fernhalten, das man sah.

lassen, und jeder wird das Fleisch seines Nächsten essen in der Bedräng-
nis und in der Drangsal, in die ihre Feinde, die ihnen nach dem Leben
10: 13,1! trachten, sie bringen. 10 Und vor den Augen der Männer, die mit dir
11: 25,34; 48,12.38; gehen, sollst du den Krug zerbrechen, 11 und du sollst zu ihnen sagen:
51,20; Jes 30,14 So spricht der HERR der Heerscharen: Ebenso werde ich dieses Volk zer-
brechen und diese Stadt, wie man das Gefäss des Töpfers zerbricht, das
man nicht mehr ganz machen kann. Und im Tofet wird man so viele
begraben, dass kein Platz mehr ist zum Begraben. 12 So werde ich es mit
diesem Ort machen, Spruch des HERRN, und mit seinen Bewohnern, um
13: 4 · 8,2 diese Stadt dem Tofet gleich zu machen. 13 Und die Häuser Jerusalems
und die Häuser der Könige von Juda werden wie die Stätte des Tofet
sein – die unreinen! –, all die Häuser, auf deren Dächern sie dem ganzen
Heer des Himmels Rauchopfer dargebracht und anderen Göttern Trank-
opfer gespendet haben.

Misshandlung Jeremias

14 Und Jeremia kam vom Tofet, wohin der HERR ihn gesandt hatte,
um zu weissagen, und er stellte sich in den Vorhof des Hauses des
15: 3; 7,26; 17,23 HERRN und sprach zum ganzen Volk: 15 So spricht der HERR der Heer-
scharen, der Gott Israels: Seht, dieser Stadt und über all ihre Ortschaften
bringe ich das ganze Unheil, das ich gegen sie angesagt habe, denn sie
sind hartnäckig und hören nicht auf meine Worte.

20 1 Und Paschchur, der Sohn des Immer, der Priester, der oberste
Aufseher im Haus des HERRN, hörte, wie Jeremia diese Worte
2: 26,8; 32,2; weissagte. 2 Und Paschchur schlug Jeremia, den Propheten, und sperrte
37,15–16; 38,6; 39,15 ihn in den Block, der sich im oberen Benjamin-Tor beim Haus des
3: 6,25! HERRN befand. 3 Und am nächsten Tag entliess Paschchur den Jeremia
aus dem Block, und Jeremia sprach zu ihm: Nicht Paschchur nennt dich
4: 21,7!; 52,28–29! der HERR, sondern: Grauen-ringsum! 4 Denn so spricht der HERR: Sieh,
ich mache dich zum Grauen für dich und für alle deine Freunde; und
durch das Schwert ihrer Feinde werden sie fallen, und deine Augen
müssen es mitansehen. Und ganz Juda gebe ich in die Hand des Königs
von Babel, und dieser wird sie nach Babel in die Verbannung führen,
5: 15,13!; Jes 39,6 und mit dem Schwert wird er sie erschlagen. 5 Und alle Vorräte dieser
Stadt und den ganzen Ertrag ihrer Arbeit und all ihre Kostbarkeiten und
alle Schätze der Könige von Juda gebe ich in die Hand ihrer Feinde, und
diese werden sie ausplündern und sie mitnehmen, und man wird sie
6: 14,14! nach Babel bringen. 6 Und du, Paschchur, und alle, die in deinem Haus
wohnen, ihr werdet in die Gefangenschaft gehen: Nach Babel wirst du
kommen, und dort wirst du sterben, und dort wirst du begraben wer-
den, du und alle deine Freunde, denen du verlogen geweissagt hast.

Jeremias fünfte Klage

7: 1,4–8; 17,16 7 Du hast mich überredet, HERR,
und ich habe mich überreden lassen;
du bist stärker als ich,
und du hast gewonnen;
den ganzen Tag lang bin ich ein Gespött,
jeder macht sich lustig über mich.

8 Denn wenn immer ich rede, schreie ich auf. 8: 6,7 · 15,10.15
Gewalttat und Unterdrückung!, rufe ich.
Denn den ganzen Tag lang
gereicht mir das Wort des HERRN zu Hohn und Spott.
9 Und wenn ich sage: Ich werde nicht an ihn denken 9: 4,19; 5,14!
und nicht mehr in seinem Namen sprechen!,
dann wird es in meinem Herzen wie brennendes Feuer,
eingeschlossen in meinem Gebein.
Und ich habe mich abgemüht, es zu ertragen,
und ich kann es nicht.
10 Von vielen habe ich Gerede gehört: 10–11: 1,19!
Grauen ringsum! Erstattet Bericht! 10: 3; 6,25!; 18,18
Lasst uns Bericht erstatten!
Alle, mit denen ich Frieden hielt, lauern auf meinen Fall:
Vielleicht lässt er sich verleiten, dann wollen wir ihn überwältigen
und unsere Rache an ihm nehmen!
11 Der HERR aber ist bei mir, wie ein mächtiger Held, 11: 14,9; 32,18
deshalb werden meine Verfolger straucheln,
und sie können nicht gewinnen.
In tiefer Schande stehen sie da
und ohne Erfolg!
Eine ewige Schmach,
sie wird nicht vergessen werden!
12 Der HERR der Heerscharen aber prüft den Gerechten, 12: 11,20!; 17,10!
er sieht Nieren und Herz.
Deine Rache an ihnen werde ich sehen,
denn dir habe ich meinen Rechtsstreit anvertraut.
13 Singt dem HERRN, 13: 15,21!
lobt den HERRN,
denn aus der Hand der Übeltäter
hat er das Leben des Armen gerettet.
14 Verflucht ist der Tag, 14: 17–18; 15,10; Hiob 3,3
an dem ich geboren wurde;
der Tag, an dem meine Mutter mich geboren hat,
er sei nicht gesegnet.
15 Verflucht ist der Mann, der meinem Vater die Botschaft brachte:
Ein Sohn ist dir geboren worden!
Wie glücklich hat er ihn gemacht!
16 Und jener Mann soll sein 16: 49,18!
wie die Städte, die der HERR umgestürzt
und deren er sich nicht erbarmt hat.
Dann wird er Schreie hören am Morgen
und Kriegslärm zur Mittagszeit.
17 Denn er hat mir nicht den Todesstoss gegeben im Mutterleib, 17: Hiob 3,11
und meine Mutter wurde nicht mein Grab,
und ihr Leib blieb nicht schwanger für immer.
18 Warum nur kam ich aus dem Mutterleib? 18: Hiob 3,10; 10,18
Um Mühsal zu sehen und Qual?
In Schande sind meine Tage vergangen.

Ankündigung des Falls von Jerusalem

1: 38,1 · 29,25! **21** 1 Das Wort, das vom HERRN an Jeremia erging, als König Zidkija-
hu den Paschchur, den Sohn des Malkija, und Zefanja, den Sohn
2: 37,3! · 34,1! des Maaseja, den Priester, zu ihm sandte, um zu sagen: 2 Befrage doch
den HERRN für uns, denn Nebukadrezzar, der König von Babel, führt
Krieg gegen uns. Vielleicht handelt der HERR so wunderbar an uns, wie
3: 27,12 er es so oft getan hat, so dass er wegzieht von uns. 3 Da sprach Jeremia zu
4: 37,9! ihnen: So sollt ihr zu Zidkijahu reden: 4 So spricht der HERR, der Gott
Israels: Sieh, ich wende die Kriegswaffen, die in eurer Hand sind, mit
denen ihr den König von Babel und die Kasdäer, die euch belagern, aus-
serhalb der Mauer bekämpft, und ziehe sie zusammen in der Mitte die-
5: Jes 63,10; ser Stadt. 5 Und ich selbst werde euch bekämpfen mit ausgestreckter
Klgl 2,4; Ez 20,33 Hand und starkem Arm und voller Grimm und Wut und grossem Zorn.
6: 16,4; Ez 14,19 6 Und die Bewohner dieser Stadt werde ich schlagen, Mensch und Tier;
7: 10!; 22,25; 32,3; an einer schrecklichen Pest werden sie sterben. 7 Und danach, Spruch
34,20; 38,3 des HERRN, gebe ich Zidkijahu, den König von Juda, und seine Diener
und das Volk, die, die in dieser Stadt verschont geblieben sind von der
Pest, vom Schwert und vom Hunger, in die Hand Nebukadrezzars, des
Königs von Babel, und in die Hand ihrer Feinde, in die Hand derer, die
ihnen nach dem Leben trachten, und mit der Schärfe des Schwerts wird
er sie erschlagen. Er wird sie nicht verschonen, und er wird kein Mitleid
haben, und er wird sich nicht erbarmen.

8: Dtn 30,15 8 Und zu diesem Volk sollst du sagen: So spricht der HERR: Seht, den
9: 38,2! · 39,18! Weg des Lebens und den Weg des Todes lege ich euch vor. 9 Wer in die-
ser Stadt bleibt, wird sterben durch das Schwert, vor Hunger oder an der
Pest. Wer aber hinausgeht und überläuft zu den Kasdäern, die euch be-
lagern, bleibt am Leben, und er wird als Beute sein Leben haben.
10: 39,16! · 7!; 10 Denn zum Bösen und nicht zum Guten habe ich mein Angesicht auf
32,28–29; 34,2; diese Stadt gerichtet, Spruch des HERRN, in die Hand des Königs von
39,8! Babel wird sie gegeben werden, und er wird sie im Feuer verbrennen.

11 Und an das Haus des Königs von Juda: Hört das Wort des HERRN.
12: 22,3! · 15,14! 12 Haus Davids, so spricht der HERR:

Sorgt für Recht, an jedem Morgen,
und rettet den Beraubten aus der Hand des Unterdrückers,
damit nicht mein Grimm ausbricht wie das Feuer
und brennt, und da ist keiner, der löscht,
wegen der Bosheit eurer Taten.

13: 49,4 13 Sieh, ich gehe gegen dich vor, die du im Tal wohnst,
du Fels in der Ebene, Spruch des HERRN,
die ihr sagt: Wer sollte herabfahren gegen uns?
Und wer eindringen in unsere Verstecke?

14: 6,19; 32,19! · 14 Und wie es der Frucht eurer Taten gebührt
17,27!; 22,7 werde ich euch heimsuchen,
Spruch des HERRN,
und ich werde Feuer legen an ihren Wald,
und alles, was rings um sie ist, wird es fressen.

21,2: Im Buch Jeremia werden für den babylonischen König die Namensformen Nebukadnezzar und Nebukadrezzar verwendet.

21,14: Mit ‹ihren› ist die Stadt gemeint.

Drohung gegen den König

22 1 So spricht der HERR: Geh hinab in das Haus des Königs von Juda — 1–2: 7,2!; 21,11–12
und sprich dort dieses Wort 2 und sage: Höre das Wort des
HERRN, König von Juda, der du auf dem Thron Davids sitzt, du und deine
Diener und dein Volk, die ihr durch diese Tore einzieht: 3 So spricht der — 3: 16; 7,6; 21,12;
HERR: Übt Recht und Gerechtigkeit, und rettet den Beraubten aus der — Jes 1,17 · 2,34!
Hand des Unterdrückers, und unterdrückt nicht den Fremden, die Wai-
se und die Witwe, und tut ihnen keine Gewalt an, und vergiesst kein
unschuldiges Blut an dieser Stätte. 4 Wenn ihr wirklich nach diesem — 4: 17,24–25
Wort handelt, dann werden durch die Tore dieses Hauses in Wagen und
auf Pferden Könige einziehen, die auf dem Thron Davids sitzen, sie und
ihre Diener und ihr Volk. 5 Wenn ihr aber nicht auf diese Worte hört, — 5: 12,7!; 1Kön 9,8
habe ich mir geschworen, Spruch des HERRN, dass dieses Haus ein
Trümmerhaufen wird. 6 Denn so spricht der HERR über das Haus des — 6: 8,22 · 2,15!
Königs von Juda:

Gilead bist du für mich,
der Gipfel des Libanon.
Ich mache dich zur Wüste,
zu unbewohnten Städten!
7 Und ich werde gegen dich Zerstörer weihen, — 7: 6,4 · 21,14!
einen jeden mit seinen Waffen,
und sie werden deine erlesenen Zedern fällen
und sie ins Feuer werfen.

8 Und viele Nationen werden an dieser Stadt vorübergehen, und ein je- — 8–9: 5,19!;
der wird zu seinem Nächsten sagen: Warum hat der HERR so an dieser — Dtn 29,24–28;
grossen Stadt gehandelt? 9 Dann wird man sagen: Weil sie den Bund — 1Kön 9,8–9 9: 16,11!
des HERRN, ihres Gottes, verlassen und sich vor anderen Göttern nieder-
geworfen und ihnen gedient haben.

10 Weint nicht um den, der tot ist, — 10:
und trauert nicht um ihn! — 2Kön 23,29–30.34;
Weint, weint um den, der fortgeht, — 2Chr 35,24–25
denn er kehrt nicht mehr zurück,
und sieht sein Heimatland nicht wieder.

11 Denn so spricht der HERR über Schallum, den Sohn des Joschijahu,
den König von Juda, der König ist an Joschijahus, seines Vaters, Statt,
der fortgezogen ist von diesem Ort: Nie mehr wird er dahin zurückkeh-
ren, 12 sondern an dem Ort, wohin man ihn in die Verbannung geführt — 12: 2Chr 36,1–4
hat, wird er sterben, dieses Land aber wird er nicht wiedersehen.

13 Wehe dem, der sein Haus nicht auf Gerechtigkeit baut — 13: 16; Mi 3,10;
und seine Obergemächer nicht auf Recht, — Hab 2,12 · Lev 19,13
der seinen Nächsten ohne Entgelt arbeiten lässt
und ihm seinen Lohn nicht gibt!
14 Der sagt: Ich will mir ein geräumiges Haus bauen
und luftige Obergemächer!
Und der sich darin Fenster ausbricht –
mit Zedernholz ist es getäfelt –
und es mit Mennige streicht.

15 Bist du dafür König, dass du wetteiferst um Zedernholz? Dein Vater, — 15–16: 2Kön 23,25 · 3; 23,5

22,14: Der Massoretische Text lautet übersetzt: «meine Fenster».

hat nicht auch er gegessen und getrunken? Er aber hat Recht und Ge-
16: 31,34!; Hos 6,6 rechtigkeit geübt. Ihm ging es damals gut. 16 Er sorgte für das Recht des
Elenden und des Armen. Damals war es gut. Heisst nicht dies, mich zu
erkennen? Spruch des HERRN.

17: 8,10 · 2,34! · 5,28 17 Deine Augen aber und dein Herz
sind auf nichts gerichtet als auf deinen Gewinn
und darauf, unschuldiges Blut zu vergiessen,
und darauf, zu unterdrücken und zu erpressen.

18: 34,5 · 16,6! 18 Darum, so spricht der HERR über Jehojakim, den Sohn des Joschijahu,
den König von Juda:
Man wird nicht um ihn klagen:
Ach, mein Bruder! Und: Ach, Schwester!
Man wird nicht um ihn klagen:
Ach, Herr! Und: Ach, seine Hoheit!

19: 36,30 19 Wie ein Esel begraben wird,
wird er begraben werden,
fortschleifen und hinwerfen wird man ihn
weit draussen vor die Tore Jerusalems.

20: 30,14 20 Steig auf den Libanon und schreie,
und im Baschan lass deine Stimme hören,
und schreie vom Abarim,
denn alle deine Liebhaber sind zerbrochen!

21: 2,25; 32,23! · 3,24–25; 32,30 21 Ich habe dir zugeredet, als du keine Sorgen kanntest.
Du hast gesagt: Ich werde nicht hören!
Das ist dein Weg seit deiner Jugend:
Du hast nicht auf meine Stimme gehört!

22: 23,1–2! · 6,15! 22 Der Sturm wird alle deine Hirten weiden,
und deine Liebhaber werden in die Gefangenschaft gehen.
Dann wirst du dich schämen und zuschanden werden
all deiner Bosheit wegen.

23: Ez 17,3 · 4,31! 23 Die du auf dem Libanon thronst,
eingenistet in den Zedern,
wie wirst du stöhnen, wenn Wehen dich ereilen –
Schmerzen wie die einer Gebärenden!

24: 2,22! · Hag 2,23 24 So wahr ich lebe, Spruch des HERRN: Selbst wenn Konjahu, der Sohn
des Jehojakim, der König von Juda, ein Siegelring wäre an meiner rech-
25: 21,7!; 32,28!; ten Hand, ich würde dich von der Hand reissen. 25 Und ich werde dich
52,28! in die Hand derer geben, die dir nach dem Leben trachten, und in die
Hand derer, vor denen dir graut, und in die Hand Nebukadrezzars, des
26: 2Kön 24,15; Königs von Babel, in die Hand der Kasdäer. 26 Und dich und deine Mut-
25,30 · 10,18! ter, die dich geboren hat, werde ich in ein anderes Land schleudern, in
dem ihr nicht geboren wurdet, und dort werdet ihr sterben. 27 In das
Land aber, in das sie sich zurücksehnen, dahin werden sie nicht zurück-
kehren.

28: 19,11! 28 Ist dieser Mann, Konjahu, ein verachtetes Tongefäss,
das man zerschlagen kann?

22,20: Abarim ist eine Bezeichnung für das Hochland.
22,24: Konjahu ist ein anderer Name für Jehojachin.

Ist er ein Gefäss,
an dem niemand Gefallen hat?
Warum sind sie fortgeschleudert worden,
er und seine Nachkommen,
und in das Land geworfen worden,
das sie nicht kannten?
29 Land, Land, Land, höre das Wort des HERRN! 29: 6,19
30 So spricht der HERR: Schreibt diesen Mann auf als kinderlos, als ei- 30: 36,30
nen Mann, dem nichts gelingt sein Leben lang, denn keinem seiner
Nachkommen wird es gelingen, auf dem Thron Davids zu sitzen und
noch einmal zu herrschen über Juda!

Schlechte und gute Hirten. Der Davidsspross

23 1 Wehe den Hirten, die die Schafe meiner Weide zugrunde rich- 1–2: 10,21!; 22,22;
ten und zerstreuen! Spruch des HERRN. 2 Darum, so spricht der 25,34–36;
HERR, der Gott Israels, über die Hirten, die mein Volk weiden: Ihr habt Ez 34,2–10
meine Schafe zerstreut und versprengt und euch nicht um sie geküm-
mert. Seht, ich werde mich um die Bosheit eurer Taten kümmern!
Spruch des HERRN. 3 Und ich selbst werde den Rest meiner Schafe sam- 3–4: Ez 34,11–23
meln aus allen Ländern, wohin ich sie versprengt habe, und ich werde 3: 29,14!; 50,19 ·
sie zurückbringen auf ihren Weideplatz, und sie werden fruchtbar sein 3,16!
und sich mehren. 4 Dann lasse ich Hirten über sie auftreten, und diese 4: 3,15
werden sie weiden, und sie werden sich nicht mehr fürchten und nicht
mehr erschrecken, und keines wird vermisst werden. Spruch des
HERRN. 5 Sieh, es kommen Tage, Spruch des HERRN, da lasse ich für Da- 5: 30,9; 33,14–17 ·
vid einen gerechten Spross auftreten, und dieser wird als König herr- Jes 9,6; 11,1–5
schen und einsichtig handeln und Recht und Gerechtigkeit üben im
Land. 6 In seinen Tagen wird Juda gerettet werden, und Israel wird si- 6: 30,10; 32,37;
cher wohnen. Und dies ist sein Name, den man ihm geben wird: Der 33,16; 46,27
HERR ist unsere Gerechtigkeit! 7 Darum, sieh, es kommen Tage, Spruch 7–8: 16,14–15
des HERRN, da wird man nicht mehr sagen: So wahr der HERR lebt, der
die Israeliten heraufgeführt hat aus dem Land Ägypten!, 8 sondern: So 8: 1,14–15!; 3,18
wahr der HERR lebt, der die Nachkommen des Hauses Israel heraufge-
führt und hergebracht hat aus dem Land des Nordens und aus allen Län-
dern, wohin er sie versprengt hat! Dann werden sie auf ihrem eigenen
Boden wohnen.

Falsche Propheten

9 Über die Propheten: 9–40: 14,14!
Mein Herz ist gebrochen in meinem Innern,
mir zittern alle Gebeine;
wie ein Betrunkener bin ich geworden
und wie einer, den der Wein überwältigt hat,
wegen des HERRN und seiner heiligen Worte.
10 Das Land ist voller Ehebrecher, 10: 3,8!; 9,2 · 14,1–6!
wegen des Fluchs ist das Land vertrocknet,

23,6: «Der HERR ist unsere Gerechtigkeit»: Vermutlich liegt ein Wortspiel mit dem Namen des Königs Zidkijahu zugrunde, dessen Bedeutung ‹Der HERR ist meine Gerechtigkeit› ist.

sind die Weideplätze in der Steppe verdorrt.
Und ihr Streben war Bosheit,
und ihre Stärke war nicht rechtens.
11: 5,31; 6,13 11 Sogar Prophet und Priester sind gottlos,
sogar in meinem Haus bin ich auf ihre Bosheit gestossen!
Spruch des HERRN.
12: 13,16 · 11,11! · 8,12! 12 Darum wird ihr Weg für sie wie ein rutschiger Pfad im Dunkel,
sie werden versprengt und kommen auf ihm zu Fall,
denn Unheil bringe ich über sie, das Jahr ihrer Heimsuchung!
Spruch des HERRN.
13: 2,8 13 Auch bei den Propheten Samarias habe ich Ärgerliches gesehen:
Im Namen des Baal haben sie geweissagt,
und mein Volk, Israel, haben sie in die Irre geführt.
14: 3,7!; Ez 13,22 · 49,18!; Dtn 32,32 14 Bei den Propheten Jerusalems aber habe ich Grässliches gesehen:
Ehebruch und Leben in Lüge,
und den Übeltätern stärken sie die Hände,
damit sie nicht zurückkehren, jeder von seiner Bosheit.
Wie Sodom sind sie mir alle geworden
und seine Bewohner wie Gomorra.
15: 9,14! 15 Darum, so spricht der HERR der Heerscharen über die Propheten:
Sieh, ich gebe ihnen Wermut zu essen
und lasse sie giftiges Wasser trinken,
denn von den Propheten Jerusalems
ist Gottlosigkeit ausgegangen über das ganze Land.
16: 14,14!; 27,9! 16 So spricht der HERR der Heerscharen:
Hört nicht auf die Worte der Propheten, die euch weissagen!
Sie täuschen euch,
sie verkünden die Schauung ihres eigenen Herzens,
nicht das, was aus dem Mund des HERRN kommt.
17: 14,13! 17 Immer wieder sagen sie zu denen, die mich verachten:
Der HERR hat gesagt: Ihr werdet Frieden haben!
Und zu jedem, der im Starrsinn seines Herzens lebt, sagen sie:
Es wird kein Unheil über euch kommen!
18: 1Kön 22,19; Hiob 15,8; Jes 6 18 Wer hat denn in der Versammlung des HERRN gestanden,
dass er sein Wort gesehen und gehört hätte?
Wer hat auf sein Wort geachtet und hat es gehört?
19–20: 30,23–24 19: 4,11–12! 19 Sieh, der Sturm des HERRN ist losgebrochen als Zorn,
ein wirbelnder Sturm,
gegen das Haupt der Frevler wirbelt er.
20: 1,12! 20 Die Wut des HERRN wird sich nicht legen, bis er die Pläne seines Her-
zens ausgeführt und verwirklicht hat. In ferner Zukunft werdet ihr es
ganz begreifen.
21: 14,14! 21 Ich habe die Propheten nicht gesandt,
und dennoch sind sie gelaufen,
ich habe nicht zu ihnen gesprochen,
und dennoch haben sie geweissagt.
22: 18,11 22 Wenn sie aber in meiner Versammlung gestanden haben,
sollen sie mein Volk meine Worte hören lassen
und sie zurückbringen von ihrem bösen Weg
und von der Bosheit ihrer Taten.

23 Bin ich denn ein Gott der Nähe, Spruch des HERRN, 23: Ps 139,7–12; Am 9,2
und nicht auch ein Gott der Ferne?
24 Kann sich einer in Verstecken verstecken, 24: 16,17!; 49,10 · Jes 6,3
und ich würde ihn nicht sehen? Spruch des HERRN.
Fülle ich nicht den Himmel und die Erde?
Spruch des HERRN.
25 Ich habe gehört, was die Propheten gesagt haben, die in meinem Na- 25: 29,8
men Lüge weissagen: Ich habe geträumt, ich habe geträumt! 26 Wie lan-
ge noch? Haben die Propheten, die Lüge weissagen und die den Trug
ihres Herzens weissagen, überhaupt Verstand; 27 sie, die planen, mit 27: 2,32!; Ri 3,7
ihren Träumen, die sie einander erzählen, meinen Namen in Verges-
senheit zu bringen bei meinem Volk, wie ihre Vorfahren meinen Na-
men vergessen haben über dem Baal? 28 Der Prophet, der einen Traum 28: 42,4
hat, soll einen Traum erzählen, der aber, der mein Wort hat, soll treu
mein Wort sagen. Was hat das Stroh mit dem Getreide gemein? Spruch
des HERRN. 29 Ist mein Wort nicht so: wie Feuer, Spruch des HERRN, 29: 5,14!; Hebr 4,12
und wie ein Hammer, der Felsen zerschmettert?
30 Darum: 30–32: 14,15!
Sieh, ich gehe gegen die Propheten vor, Spruch des HERRN,
von denen einer dem anderen meine Worte stiehlt!
31 Sieh, ich gehe gegen die Propheten vor, Spruch des HERRN,
die ihre Zunge brauchen und sprechen: Spruch!
32 Sieh, ich gehe gegen die vor, die Lügenträume weissagen, Spruch des 32: Mi 3,5
HERRN, und diese erzählen und mein Volk irreführen mit ihren Lügen
und ihrem Geflunker! Ich aber habe sie nicht gesandt und habe sie nicht
beauftragt. Und diesem Volk nützen sie nichts! Spruch des HERRN.
33 Und wenn dieses Volk oder der Prophet oder ein Priester dich 33: 7,15!
fragt: Was ist der Ausspruch des HERRN?, dann sage ihnen, was die Last
ist: Ich werfe euch ab! Spruch des HERRN. 34 Und den Propheten, den
Priester oder das Volk, wer dann noch sagt: Ausspruch des HERRN!, die-
sen Mann und sein Haus werde ich heimsuchen! 35 So sollt ihr ein jeder
zu seinem Nächsten und ein jeder zu seinem Bruder sagen: Was hat der
HERR geantwortet und was hat der HERR gesagt? 36 Aber ihr sollt nicht 36: 10,10
mehr denken an: Ausspruch des HERRN!, denn dieses Wort wird jedem,
der es ausspricht, zur Last, und damit verdreht ihr die Worte des leben-
digen Gottes, des HERRN der Heerscharen, unseres Gottes. 37 So sollst
du zum Propheten sagen: Was hat der HERR dir geantwortet und was hat
der HERR gesagt? 38 Solltet ihr aber sagen: Ausspruch des HERRN! –
dann, so spricht der HERR: Weil ihr dieses Wort: Ausspruch des HERRN!
ausgesprochen habt, obwohl ich zu euch gesandt habe, um zu sagen: Ihr
dürft nicht sagen: Ausspruch des HERRN!, 39 darum, seht, will ich euch 39: 7,15!; 32,31
loswerden, loswerden, und dann werde ich euch und die Stadt, die ich
euch und euren Vorfahren gegeben habe, abwerfen, weg von meinem
Angesicht. 40 Und ewige Schande werde ich auf euch legen und ewige
Schmach, die nicht vergessen wird.

23,31: Mit «Spruch!» ist gemeint: ‹Spruch des HERRN›.

23,33–39: Für ‹Ausspruch› und für ‹Last› steht im Hebräischen dasselbe Wort. In V.33–39 liegt somit ein Wortspiel vor, das sich in der Übersetzung nicht wiedergeben lässt.

Das Bild von guten und schlechten Feigen

1: Am 8,1 · 52,28! **24** 1 Der HERR liess mich sehen, und sieh: Zwei Körbe mit Feigen wa-
ren vor den Tempel des HERRN bestellt. Dies geschah, nachdem
Nebukadrezzar, der König von Babel, den Jechonjahu, den Sohn des Je-
hojakim, den König von Juda, und die Fürsten von Juda und die Schmie-
de und Metallarbeiter aus Jerusalem in die Verbannung geführt und sie
nach Babel gebracht hatte. 2 In einem Korb waren sehr gute Feigen, wie
Frühfeigen, im anderen Korb aber waren sehr schlechte Feigen, so
3: 1,11; Am 7,8; schlecht, dass sie ungeniessbar waren. 3 Und der HERR sprach zu mir:
Sach 4,2 Was siehst du, Jeremia? Und ich sagte: Feigen. Die guten Feigen sind
sehr gut, die schlechten aber sind sehr schlecht, so schlecht, dass sie un-
5: 29,11; geniessbar sind. 4 Da erging das Wort des HERRN an mich: 5 So spricht
Lev 26,44–45 der HERR, der Gott Israels: Wie diese guten Feigen, so wohlwollend wer-
de ich die Verbannten aus Juda ansehen, die ich von dieser Stätte in das
6: 12,15! · 1,10!; 33,7 Land der Kasdäer geschickt habe. 6 Und wohlwollend werde ich mein
Auge auf sie richten, und ich werde sie zurückbringen in dieses Land,
und ich werde sie aufbauen und nicht niederreissen, und ich werde sie
7: 31,33–34!; 32,39; einpflanzen und nicht ausreissen. 7 Und ich werde ihnen ein Herz ge-
Ez 11,19 · 30,22! ben, damit sie mich erkennen – dass ich der HERR bin. Dann werden sie
mir Volk sein, und ich, ich werde ihnen Gott sein, denn mit ihrem gan-
8: 29,17 · 13,7 zen Herzen werden sie zurückkehren zu mir. 8 Und wie die schlechten
Feigen, die so schlecht sind, dass sie ungeniessbar sind, so spricht der
HERR, so werde ich Zidkijahu machen, den König von Juda, und seine
Fürsten und den Rest von Jerusalem, die übrig geblieben sind in diesem
9: 15,4! Land, und die, die im Land Ägypten wohnen. 9 Und auf Unheil bedacht
werde ich sie zum Schrecken machen für alle Königreiche der Erde, zum
Hohn und zum sprichwörtlichen Gespött und zur Verfluchung an allen
10: 9,15!; 14,12; 15,2; Orten, wohin ich sie versprenge. 10 Und ich werde ihnen das Schwert,
29,17–18; Ez 5,12 den Hunger und die Pest schicken, bis sie ausgemerzt sind auf dem Bo-
den, den ich ihnen und ihren Vorfahren gegeben habe.

Die siebzigjährige Herrschaft Babels

25 1 Das Wort, das an Jeremia erging über das ganze Volk von Juda im
vierten Jahr des Jehojakim, des Sohns von Joschijahu, des Königs
von Juda – das war das erste Jahr Nebukadrezzars, des Königs von Ba-
bel –, 2 das Jeremia, der Prophet, zum ganzen Volk von Juda und zu allen
Bewohnern Jerusalems gesprochen hat:

3–4: 7,13!; 26,5; 3 Seit dem dreizehnten Jahr des Joschijahu, des Sohns von Amon,
29,19; 35,14–15; des Königs von Juda, bis auf den heutigen Tag, das sind dreiundzwan-
37,2! zig Jahre, ist das Wort des HERRN an mich ergangen, und ich habe zu
euch gesprochen, mit Eifer gesprochen, ihr aber habt nicht gehört.
4 Und immer wieder hat der HERR alle seine Diener, die Propheten, zu
euch gesandt, mit Eifer gesandt, ihr aber habt nicht gehört und ihnen
5: 18,11 euer Ohr nicht geneigt, dass ihr gehört hättet. 5 Er hat gesagt: Kehrt
doch zurück, ein jeder von seinem bösen Weg und von der Bosheit
eurer Taten! Dann bleibt ihr auf dem Boden, den der HERR euch und
6: 16,11! · 8,19! euren Vorfahren vor langer Zeit für immer gegeben hat. 6 Und lauft
nicht anderen Göttern nach, um ihnen zu dienen und um euch vor
ihnen niederzuwerfen, und reizt mich nicht mit dem Machwerk eurer
7: 7,13! Hände, damit ich euch kein Unheil antue. 7 Ihr aber habt nicht auf

mich gehört, Spruch des HERRN, um mich zu reizen mit dem Machwerk
eurer Hände, zu eurem eigenen Unheil.
8 Darum, so spricht der HERR der Heerscharen: Weil ihr nicht auf
meine Worte gehört habt, 9 seht, sende ich hin und hole alle Sippen des
Nordens, Spruch des HERRN, – auch zu Nebukadrezzar, dem König von
Babel, meinem Diener –
und lasse sie über dieses Land kommen
und über die, die darin wohnen,
und über alle diese Nationen ringsum.
Und ich werde sie verwüsten
und entsetzlich zurichten,
ich mache sie zu einem Anlass zum Zischen
und zu Trümmerhaufen für immer.
10 Und ich lasse bei ihnen zu Ende gehen Jubelschreie und
Freudenrufe,
die Stimme des Bräutigams und die Stimme der Braut,
das Geräusch der Handmühle und das Licht der Lampe.
11 Und dieses ganze Land wird verwüstet,
wird zur Einöde,
und diese Nationen werden dem König von Babel dienen,
siebzig Jahre lang.
12 Und wenn siebzig Jahre erfüllt sind, werde ich am König von Babel
und an jener Nation, Spruch des HERRN, ihre Schuld heimsuchen, auch
am Land der Kasdäer, und ich werde sie für immer verwüsten. 13 Und
über jenes Land lasse ich all meine Worte kommen, die ich darüber ge-
sprochen habe, all das, was geschrieben steht in diesem Buch, was Jere-
mia geweissagt hat über alle Nationen. 14 Denn auch sie werden vielen
Nationen und grossen Königen dienen, und nach ihrem Tun und nach
dem Machwerk ihrer Hände werde ich ihnen vergelten.

Der Kelch des Zorns

15 Denn so hat der HERR, der Gott Israels, zu mir gesprochen: Nimm
diesen Kelch mit Wein, mit Zorn, aus meiner Hand und lass alle Nati-
onen daraus trinken, zu denen ich dich sende. 16 Und sie werden trin-
ken und sich erbrechen und sich wie Wahnsinnige verhalten vor dem
Schwert, das ich unter sie sende. 17 Und ich nahm den Kelch aus der
Hand des HERRN und gab allen Nationen daraus zu trinken, zu denen
der HERR mich sandte: 18 Jerusalem und den Städten Judas und seinen
Königen und seinen Fürsten, um sie zu verwüsten, sie entsetzlich zuzu-
richten, sie zu einem Anlass zum Zischen und zur Verfluchung zu ma-
chen, wie es am heutigen Tag der Fall ist; 19 dem Pharao, dem König von
Ägypten, und seinen Dienern und seinen Fürsten und seinem ganzen
Volk 20 und allen Beduinen und allen Königen des Landes Uz und allen
Königen im Land der Philister: denen von Aschkelon, von Gaza, von
Ekron und vom Rest von Aschdod; 21 Edom und Moab und den Ammo-
nitern, 22 und allen Königen von Tyros und allen Königen von Sidon
und den Königen der Küste jenseits des Meeres 23 und Dedan und Tema

9–11: 7,34!; 22,5
9: 1,14–15! · 27,6; 43,10; Jes 44,28
10: 7,34!
11: 2Chr 36,20–21!
12: 50,12–13.39; 51,26.55–56.62
14: 27,7 · 50,15!
15–29: 13,13; 48,26; 49,12; 51,7.39
15: Jes 51,17; Ez 23,32; Offb 14,10
16: 9,15!
18: 18,16!; 24,9
19: 43,9–13; 46,2–26
20: 47,1–7
21: 27,2–6 · 49,7–22 · 48,1–47 · 49,1–6
22: Ez 26–28
23: 49,7–8 · 9,25; 49,32

25,20: Die Übersetzung des mit ‹Beduinen› wiedergegebenen hebräischen Worts ist unsicher.

und Bus und allen mit gestutztem Haarrand 24 und allen Königen der
25: 49,34–39 Araber und allen Königen Arabiens, die in der Wüste leben, 25 und al-
len Königen von Simri und allen Königen von Elam und allen Königen
26: 51,41 von Madai 26 und allen Königen des Nordens, den nahen und den fer-
nen, einem nach dem anderen, und allen Königreichen der Erde, die auf
dem Erdboden sind, und nach ihnen wird der König von Scheschach
trinken.

27 Und zu ihnen sollst du sagen: So spricht der HERR der Heerscha-
ren, der Gott Israels: Trinkt und werdet betrunken und übergebt euch!
Stürzt und steht nicht wieder auf vor dem Schwert, das ich unter euch
28–29: 49,12 sende! 28 Wenn sie sich aber weigern, den Kelch aus deiner Hand zu
nehmen, um zu trinken, sage ihnen: So spricht der HERR der Heerscha-
29: 19,3; Ez 9,6 · 12,12! ren: Ihr werdet trinken! 29 Denn seht, in der Stadt, über der mein Name
ausgerufen ist, beginne ich mit dem Unheil, und da solltet ihr unge-
straft bleiben? Ihr werdet nicht ungestraft bleiben, denn ich rufe das
Schwert gegen alle Bewohner der Erde! Spruch des HERRN der Heer-
30: Joel 4,16; Am 1,2 scharen. 30 Und du, du wirst ihnen alle diese Worte weissagen und zu
ihnen sprechen:

Der HERR wird brüllen aus der Höhe
und aus seiner heiligen Wohnung seine Stimme hören lassen,
entsetzlich brüllen wird er über dem Platz seiner Weide,
ein Jauchzen wie die Keltertreter stimmt er an
über alle Bewohner der Erde.

31: 51,36; Jes 3,13 · 45,5; Gen 6,13
31 Bis ans Ende der Erde dringt das Tosen,
denn einen Rechtsstreit hat der HERR mit den Nationen.
Er hält Gericht mit allem Fleisch,
die Frevler – er hat sie dem Schwert übergeben!
Spruch des HERRN.

32: 4,11–12! · 6,22
32 So spricht der HERR der Heerscharen:
Sieh, Unheil geht aus, von Nation zu Nation,
und ein gewaltiger Sturm bricht los
aus den entlegensten Winkeln der Erde.

33: 51,4! · 16,4!
33 Und an jenem Tag werden die vom HERRN Durchbohrten dalie-
gen
von einem Ende der Erde bis zum anderen Ende der Erde;
sie werden nicht betrauert und nicht eingesammelt und nicht be-
graben,
sie werden zu Dünger auf dem Acker.

34: 23,1–2! · 19,11!
34 Heult, ihr Hirten, und schreit auf!
Wälzt euch im Staub, ihr Herren der Schafe!
Denn eure Tage sind erfüllt: Es kann geschlachtet werden!
Und ich werde euch zerstreuen!
Und wie ein kostbares Gefäss werdet ihr fallen!

35 Und für die Hirten wird es keine Zuflucht geben
und kein Entrinnen für die Herren der Schafe.

36: Sach 11,3
36 Horch, der Aufschrei der Hirten
und das Heulen der Herren der Schafe!

25,34: Die Übersetzung «Und ich werde euch zerstreuen!» beruht auf einer Korrektur des Massoretischen Texts.

Der HERR verwüstet ihre Weide!
37 Und verwüstet sind die friedlichen Weideplätze
vom glühenden Zorn des HERRN.
38 Wie ein Löwe hat er sein Dickicht verlassen, 38: 49,19! · 12,12!;
ihr Land ist verwüstet 46,16!
von der gewalttätigen Glut
und von seinem glühenden Zorn.

Jeremias Tempelrede und seine Gefangennahme. Ermordung des Urija

26 1 Zu Beginn der Königsherrschaft des Jehojakim, des Sohns von
Joschijahu, des Königs von Juda, erging dieses Wort vom HERRN:
2 So spricht der HERR: Stell dich in den Vorhof des Hauses des HERRN 2–3: 7,2!
und sprich zu allen Städten von Juda, die kommen, um sich niederzu- 2: 1,7
werfen im Haus des HERRN, alle Worte, die ihnen zu sagen ich dir be-
fohlen habe; lass kein Wort aus. 3 Vielleicht hören sie und kehren zu- 3: 18,8!
rück, ein jeder von seinem bösen Weg; dann bedaure ich das Unheil, das
ich ihnen anzutun plane wegen der Bosheit ihrer Taten. 4 Und sage ih- 4: Dtn 28,15
nen: So spricht der HERR: Wenn ihr nicht auf mich hört und nicht nach
meiner Weisung lebt, die ich euch vorgelegt habe, 5 und nicht hört auf 5: 25,3–4!
die Worte meiner Diener, der Propheten, die ich zu euch sende, eifrig
sende – und ihr habt nicht gehört! –, 6 dann werde ich dieses Haus zu- 6: 7,12–14 · 15,4!
richten wie Schilo, und diese Stadt werde ich zur Verfluchung machen
bei allen Nationen der Erde.
7 Und die Priester und die Propheten und alles Volk hörten, wie Je-
remia diese Worte sprach im Haus des HERRN. 8 Und als Jeremia alles 8: 20,2! · 1,19!
gesagt hatte, was der HERR ihm geboten hatte, dem ganzen Volk zu sa-
gen, ergriffen ihn die Priester und die Propheten und alles Volk, und sie
sagten: Du musst sterben! 9 Warum hast du im Namen des HERRN ge- 9: 32,3 · 4–6; 6,8
weissagt: Wie Schilo wird dieses Haus werden, und diese Stadt wird zer-
stört sein, niemand wird mehr darin wohnen! Und alles Volk versam-
melte sich um Jeremia im Haus des HERRN. 10 Und die Fürsten Judas 10: 36,12; 39,3
hörten von diesen Dingen, und sie zogen hinauf vom Haus des Königs
zum Haus des HERRN und setzten sich in den Eingang des neuen Tors
vom Haus des HERRN. 11 Dann sprachen die Priester und die Propheten 11: 38,4; Am 7,10–13
zu den Fürsten und zu allem Volk: Dieser Mann ist des Todes schuldig!
Er hat gegen diese Stadt geweissagt, wie ihr mit eigenen Ohren gehört
habt. 12 Da sprach Jeremia zu allen Fürsten und zum ganzen Volk: Der
HERR hat mich gesandt, damit ich gegen dieses Haus und gegen diese
Stadt all die Worte weissage, die ihr gehört habt. 13 Und nun macht eure 13: 7,3! · 18,8!
Wege und eure Taten besser und hört auf die Stimme des HERRN, eures
Gottes, damit der HERR das Unheil bedauert, das er über euch angekün-
digt hat. 14 Ich aber, seht, ich bin in eurer Hand. Verfahrt mit mir, wie es 14: Jos 9,25
gut und rechtens ist in euren Augen. 15 Doch ihr müsst wissen: Wenn 15: 2,34! · 1,17; 28,9
ihr mich tötet, bringt ihr unschuldiges Blut über euch und über diese
Stadt und ihre Bewohner! Denn es ist wahr, dass mich der HERR zu euch
gesandt hat, damit ich alle diese Worte in eure Ohren sage. 16 Da sagten
die Fürsten und alles Volk zu den Priestern und zu den Propheten: Die-
ser Mann ist nicht des Todes schuldig, denn im Namen des HERRN, un-
seres Gottes, hat er zu uns gesprochen! 17 Und es erhoben sich Männer
von den Ältesten des Landes, und sie sprachen zur ganzen Volksver-

18: Mi 1,1; 3,12 · sammlung: 18 In den Tagen des Chiskijahu, des Königs von Juda, hat
9,10; 22,5; 25,9 Micha, der Moraschtiter, geweissagt, und er sprach zum ganzen Volk
von Juda: So spricht der HERR der Heerscharen:

Zion wird umgepflügt zum Feld,
und Jerusalem wird zu Trümmerhaufen
und der Tempelberg zu überwucherten Höhen!

19: 3; Ex 32,14 19 Haben etwa Chiskijahu, der König von Juda, und ganz Juda ihn getö-
tet? Hat er nicht den HERRN gefürchtet und das Angesicht des HERRN
besänftigt, und hat der HERR nicht das Unheil bedauert, das er über sie
angekündigt hatte? Und da wollen wir ein so grosses Unheil über uns
selbst bringen!

20 Und da war noch ein Mann, der als Prophet im Namen des HERRN
auftrat: Urijahu, der Sohn des Schemajahu aus Kirjat-Jearim, und er
weissagte gegen diese Stadt und gegen dieses Land, ganz den Worten
Jeremias entsprechend. 21 Und König Jehojakim und alle seine Helden
und alle Fürsten hörten seine Worte, und der König wollte ihn töten.
Urijahu aber hörte davon und fürchtete sich und floh und kam nach
22: 36,12.25 Ägypten. 22 Da sandte König Jehojakim Männer nach Ägypten: Elnatan,
den Sohn des Achbor, und mit ihm sandte er weitere Männer nach
23: 2,30! Ägypten. 23 Und sie holten Urijahu aus Ägypten und brachten ihn zu
König Jehojakim, und er erschlug ihn mit dem Schwert, und seinen
24: 39,14; 40,5; Leichnam warf er zu den Gräbern des einfachen Volks. 24 Achikam je-
2Kön 22,12 · 15,21! doch, der Sohn des Schafan, stand Jeremia bei, so dass man ihn nicht in
die Hand des Volks gab, um ihn zu töten.

Aufforderung, sich dem Joch Babels zu beugen

27 1 Zu Beginn der Königsherrschaft des Jehojakim, des Sohns von
Joschijahu, des Königs von Juda, erging dieses Wort vom HERRN
2: 13,1! an Jeremia. 2 So hat der HERR zu mir gesprochen: Mach dir Stricke und
3: 25,21–22 Jochstangen und lege sie dir auf den Nacken 3 und dann sende sie dem
König von Edom und dem König von Moab und dem König der Ammo-
niter und dem König von Tyros und dem König von Sidon durch Boten,
die nach Jerusalem zu Zidkijahu, dem König von Juda, gekommen sind.
4 Und befiehl ihnen, ihren Herren zu sagen: So spricht der HERR der
5: 10,12!; Jes 45,12 · Heerscharen, der Gott Israels: So sollt ihr zu euren Herren reden: 5 Ich
Dan 4,14! bin es, der die Erde gemacht hat, die Menschen und die Tiere, die auf der
Erde sind, durch meine grosse Kraft und durch meinen ausgestreckten
6: 28,14; Ez 26,7; Arm, und ich gebe sie dem, der aufrecht ist in meinen Augen. 6 Und
Dan 2,38 · 25,9! nun: Ich bin es, der alle diese Länder in die Hand Nebukadnezzars, des
Königs von Babel, meines Dieners, gegeben hat. Und auch die Tiere des
7: 25,11–12.14 Feldes habe ich ihm gegeben, damit sie ihm dienen. 7 Und alle Nationen
sollen ihm und seinem Sohn und dem Sohn seines Sohns dienen, bis
auch für sein Land die Zeit kommt. Dann werden viele Nationen und
8: 38,2! grosse Könige ihn dienstbar machen. 8 Die Nation und das Königreich
aber, die ihm, Nebukadnezzar, dem König von Babel, nicht dient und die
den eigenen Nacken nicht unter das Joch des Königs von Babel legt, die-
se Nation werde ich heimsuchen mit dem Schwert und dem Hunger

27,1: In manchen Handschriften lautet der Text: «... Königsherrschaft des Zidkijahu, ...»
27,5: Mit ‹sie› ist die Erde gemeint.

und der Pest, Spruch des HERRN, bis ich sie ganz in seine Hand gebe!
9 Und ihr, hört doch nicht auf eure Propheten und auf eure Wahrsager 9: 23,16; 29,8
und auf eure Träume und auf eure Zeichendeuter und auf eure Zauberer,
die euch sagen: Ihr werdet dem König von Babel nicht dienen müssen!
10 Denn Lüge ist, was sie euch weissagen, um euch von eurem Boden zu 10: 14,14!;
entfernen und damit ich euch versprenge und ihr umkommt. 11 Die Na- Sach 10,2 · 13,25
tion aber, die ihren Nacken dem Joch des Königs von Babel fügt und ihm 11: 40,9
dient, werde ich auf ihrem Boden belassen, Spruch des HERRN, und sie
wird ihn bearbeiten und auf ihm wohnen.
12 Und zu Zidkijahu, dem König von Juda, habe ich, all diesen Wor- 12: 21,3
ten gemäss, gesprochen: Fügt eure Nacken dem Joch des Königs von Ba-
bel und dient ihm und seinem Volk, dann werdet ihr am Leben bleiben.
13 Warum wollt ihr, du und dein Volk, durch das Schwert, den Hunger 13: 38,2!
und die Pest sterben, wie der HERR es der Nation angekündigt hat, die
dem König von Babel nicht dient? 14 Und hört doch nicht auf die Worte 14–18: 14,14!
der Propheten, die euch sagen: Ihr werdet dem König von Babel nicht 14: 14,15!
dienen müssen! Denn Lüge ist, was sie euch weissagen. 15 Denn ich
habe sie nicht gesandt, Spruch des HERRN, und verlogen weissagen sie
in meinem Namen, damit ich euch versprenge und ihr umkommt, ihr
und die Propheten, die euch weissagen. 16 Und zu den Priestern und zu 16: 28,3
diesem ganzen Volk habe ich gesprochen: So spricht der HERR: Hört
doch nicht auf die Worte eurer Propheten, die euch weissagen: Seht, in
Kürze werden die Geräte des Hauses des HERRN zurückgebracht aus Ba-
bel! Denn Lüge ist, was sie euch weissagen. 17 Hört nicht auf sie. Dient 17: 9,10
dem König von Babel, dann werdet ihr am Leben bleiben. Warum soll
diese Stadt eine Trümmerstätte werden? 18 Und wenn sie Propheten 18: 7,16!
sind und wenn das Wort des HERRN bei ihnen ist, sollen sie doch den
HERRN der Heerscharen drängen, dass nicht die Geräte nach Babel kom-
men, die übrig geblieben sind im Haus des HERRN und im Haus des
Königs von Juda und in Jerusalem. 19 Denn so spricht der HERR der 19: 1Kön 7,15.23.27
Heerscharen über die Säulen und über das Meer und über die Kesselwa-
gen und über den Rest der Geräte, die übrig geblieben sind in dieser
Stadt, 20 die Nebukadnezzar, der König von Babel, nicht mitgenommen 20: 22,24–27; 29,2 ·
hat, als er Jechonja, den Sohn des Jehojakim, den König von Juda, aus 52,28!
Jerusalem nach Babel in die Verbannung geführt hat, mit allen Vorneh-
men Judas und Jerusalems; 21 so also spricht der HERR der Heerscharen,
der Gott Israels, über die Geräte, die übrig geblieben sind im Haus des
HERRN und im Haus des Königs von Juda und in Jerusalem: 22 Nach 22: 15,13!;
Babel werden sie gebracht werden, und dort werden sie bleiben bis zu 2Chr 36,18 ·
dem Tag, an dem ich mich ihrer annehme, Spruch des HERRN, und sie Esra 1,7–11
wieder heraufbringe, zurück an diese Stätte.

Jeremia und der falsche Prophet Chananja

28 1 Und in jenem Jahr, am Anfang der Königsherrschaft des Zidkija, 1: 27,1
des Königs von Juda, im vierten Jahr, im fünften Monat, sprach
Chananja, der Sohn des Asur, der Prophet aus Gibeon, im Haus des
HERRN vor den Augen der Priester und des ganzen Volks zu mir: 2 So 2: Lev 26,13!
spricht der HERR der Heerscharen, der Gott Israels: Zerbrochen habe ich
das Joch des Königs von Babel! 3 Alle Geräte des Hauses des HERRN, die 3: 27,16
Nebukadnezzar, der König von Babel, von dieser Stätte weggenommen

und die er nach Babel gebracht hat, bringe ich binnen zweier Jahre an
4: 27,20! · 52,28! diese Stätte zurück. 4 Und Jechonja, den Sohn des Jehojakim, den König
von Juda, und alle Verbannten aus Juda, die nach Babel gekommen sind,
bringe ich zurück an diese Stätte, Spruch des HERRN, denn das Joch des
Königs von Babel werde ich zerbrechen. 5 Da sprach Jeremia, der Pro-
phet, zu Chananja, dem Propheten, vor den Augen der Priester und vor
den Augen des ganzen Volks, aller, die im Haus des HERRN standen –
6: 11,5 · 17,16 6 Jeremia, der Prophet, sprach: Amen! So soll der HERR handeln! Möge
der HERR deine Worte, die du geweissagt hast, erfüllen und die Geräte
des Hauses des HERRN und alle Verbannten aus Babel zurückbringen an
diese Stätte! 7 Aber höre doch dieses Wort, das ich in deine Ohren und
8: 26,18.20 in die Ohren des ganzen Volks spreche: 8 Die Propheten, die schon lan-
ge Zeit vor mir und vor dir gewesen sind, sie haben über viele Länder
und über grosse Königreiche geweissagt von Krieg und Unheil und
9: 14,13! · Pest. 9 Der Prophet, der von Frieden weissagt – wenn das Wort des Pro-
Dtn 18,21–22 pheten eintrifft, wird der Prophet erkannt werden, den wirklich der
10: 27,2 HERR gesandt hat. 10 Da nahm Chananja, der Prophet, die Jochstange
vom Nacken Jeremias, des Propheten, und zerbrach sie. 11 Und Chanan-
ja sprach vor den Augen des ganzen Volks: So spricht der HERR: Ebenso
werde ich binnen zweier Jahre das Joch Nebukadnezzars, des Königs
von Babel, vom Nacken aller Nationen brechen. Jeremia aber, der Pro-
phet, ging seines Wegs.

12 Und das Wort des HERRN erging an Jeremia, nachdem Chananja,
der Prophet, die Stange vom Nacken Jeremias, des Propheten, gebro-
chen hatte: 13 Geh und sage zu Chananja: So spricht der HERR: Stangen
aus Holz hast du zerbrochen, an ihrer Statt aber werde ich Stangen aus
14: Dtn 28,48 · 27,6 Eisen machen. 14 Denn so spricht der HERR der Heerscharen, der Gott
Israels: Ein eisernes Joch habe ich auf den Nacken all dieser Nationen
gelegt, damit sie Nebukadnezzar, dem König von Babel, dienen. Und sie
werden ihm dienen! Und selbst die Tiere des Feldes habe ich ihm gege-
15: 14,14!; 29,31 ben. 15 Und Jeremia, der Prophet, sprach zu Chananja, dem Propheten:
Höre doch, Chananja. Der HERR hat dich nicht gesandt, du aber, du hast
16: 29,32; Dtn 13,6! dieses Volk auf Lüge vertrauen lassen. 16 Darum, so spricht der HERR:
Sieh, ich schicke dich weg vom Erdboden, noch in diesem Jahr bist du
ein toter Mann, denn du hast Abtrünnigkeit gepredigt gegen den
17: 14,15! HERRN. 17 Und Chananja, der Prophet, starb in jenem Jahr, im siebten
Monat.

Jeremias Brief an die Verbannten

1: 52,28! **29** 1 Und dies sind die Worte des Briefs, den Jeremia, der Prophet, aus
Jerusalem gesandt hat an den Rest der Ältesten der Verbannten
und an die Priester und an die Propheten und an alles Volk, das Nebu-
kadnezzar in die Verbannung geführt hatte von Jerusalem nach Babel,
2: 27,20! 2 nachdem Jechonja, der König, und die Gebieterin und die Eunuchen,
die Fürsten von Juda und Jerusalem und die Handwerker und die
3: 26,24 Schlosser fortgezogen waren aus Jerusalem. 3 Er hat ihn gesandt durch
Elasa, den Sohn des Schafan, und durch Gemarja, den Sohn des Chilkija,

28,13: Die Übersetzung «werde ich … machen.» beruht auf der griechischen Überlieferung; der Massoretische Text lautet übersetzt: «wirst du … machen.»

die Zidkija, der König von Juda, nach Babel gesandt hatte zu Nebukad-
nezzar, dem König von Babel; er lautete:
4 So spricht der HERR der Heerscharen, der Gott Israels, zu allen Ver-
bannten, die ich in die Verbannung geführt habe, von Jerusalem nach
Babel: 5 Baut Häuser und wohnt darin, pflanzt Gärten und esst ihre 5: Jes 65,21;
Frucht, 6 nehmt Frauen und zeugt Söhne und Töchter, und nehmt Frau- Am 9,14
en für eure Söhne und gebt eure Töchter Männern, damit sie Söhne und 6: 3,16!
Töchter gebären, damit ihr dort zahlreicher werdet und nicht weniger.
7 Und sucht das Wohl der Stadt, in die ich euch in die Verbannung ge-
führt habe, und betet für sie zum HERRN, denn in ihrem Wohl wird euer
Wohl liegen. 8 So spricht der HERR der Heerscharen, der Gott Israels: 8: 23,25; 27,9!
Eure Propheten, die in eurer Mitte sind, und eure Wahrsager sollen
euch nicht täuschen; und hört nicht auf die Träume, die ihr euch von
ihnen träumen lasst. 9 Denn verlogen weissagen sie euch in meinem 9: 14,14
Namen. Ich habe sie nicht gesandt! Spruch des HERRN.

10 Denn so spricht der HERR: Erst wenn siebzig Jahre erfüllt sind für 10: 2Chr 36,20–21! ·
Babel, werde ich mich um euch kümmern. Dann werde ich mein gutes 33,14
Wort an euch einlösen und euch zurückbringen an diese Stätte. 11 Denn 11: 24,5–6; 33,6 ·
ich, ich kenne die Gedanken, die ich über euch denke, Spruch des 31,17
HERRN, Gedanken des Friedens und nicht zum Unheil, um euch eine
Zukunft zu geben und Hoffnung. 12 Und ihr werdet mich rufen, und ihr 12: 33,3
werdet kommen, und ihr werdet zu mir beten, und ich werde euch er-
hören. 13 Und ihr werdet mich suchen, und ihr werdet mich finden, 13: 50,4; Dtn 4,29 ·
wenn ihr nach mir fragt mit eurem ganzen Herzen. 14 Dann werde ich 24,7
mich für euch finden lassen, Spruch des HERRN, und ich werde euer Ge- 14: 33,7! · 3,14; 23,3;
schick wenden und euch sammeln aus allen Nationen und aus allen Or- 31,8; 32,37
ten, wohin ich euch versprengt habe, Spruch des HERRN, und ich werde
euch zurückbringen an die Stätte, von der ich euch in die Verbannung
geführt habe.

15 Ja, wenn ihr sagt: Der HERR hat für uns Propheten auftreten lassen
in Babel – 16 so spricht der HERR zum König, der auf dem Thron Davids
sitzt, und zu allem Volk, das in dieser Stadt wohnt, zu euren Brüdern, die
nicht mit euch in die Verbannung fortgegangen sind, 17 so spricht der 17: 24,10! · 24,8
HERR der Heerscharen: Seht, das Schwert und den Hunger und die Pest
schicke ich ihnen, und ich mache sie wie die verdorbenen Feigen, die so
schlecht sind, dass man sie nicht geniessen kann. 18 Und ich werde sie 18: 15,4! · 42,18! ·
verfolgen mit dem Schwert, mit dem Hunger und mit der Pest, und ich 18,16!
werde sie zum Schrecken machen für alle Königreiche der Erde und
zum Fluchwort, und ich werde sie entsetzlich zurichten und zu einem
Anlass zum Zischen machen und zum Hohn bei allen Völkern, unter die
ich sie versprengt habe, 19 dafür, dass sie nicht auf meine Worte gehört 19: 25,3–4!
haben, Spruch des HERRN, mit denen ich meine Diener, die Propheten,
zu ihnen gesandt habe, immer wieder mit Eifer gesandt habe, auf die ihr
aber nicht gehört habt! Spruch des HERRN.

20 Und ihr, hört das Wort des HERRN, all ihr Verbannten, die ich von
Jerusalem nach Babel geschickt habe: 21 So spricht der HERR der Heer- 21: 14,14!
scharen, der Gott Israels, über Achab, den Sohn des Kolaja, und über Zid-
kijahu, den Sohn des Maaseja, die euch in meinem Namen Lüge weissa-
gen: Seht, ich gebe sie in die Hand Nebukadrezzars, des Königs von Ba-
bel, und vor euren Augen wird er sie erschlagen. 22 Und sie werden zum 22: 24,9 · 14,15!

Anlass genommen werden für ein Fluchwort bei allen Verbannten aus
Juda, die in Babel sind, und man wird sagen: Der HERR behandle dich
23: Gen 34,7 · 23,14 wie Zidkijahu und wie Achab, die der König von Babel im Feuer geröstet
hat! 23 Denn Schändliches haben sie begangen in Israel, und mit den
Frauen ihrer Nächsten haben sie Ehebruch begangen, und in meinem
Namen haben sie ein Wort geredet – Lüge –, das ich ihnen nicht befoh-
len habe. Und ich weiss davon und bin Zeuge! Spruch des HERRN.

Drohung gegen Schemajahu

25: 21,1; 37,3; 52,24 24 Und zu Schemajahu, dem Nechelamiter, sage: 25 So spricht der
HERR der Heerscharen, der Gott Israels: Weil du an alles Volk, das in
Jerusalem ist, und an Zefanja, den Sohn des Maaseja, den Priester, und
an alle Priester in deinem Namen Briefe gesandt hast, um ihnen mitzu-
26: 20,1 · 20,2 teilen: 26 Der HERR hat dich zum Priester gemacht an Jehojadas, des
Priesters, Statt, damit es Aufseher gibt im Haus des HERRN für jeden
Verrückten, für jeden, der sich als Prophet aufspielt, und damit du ihn in
den Block und ins Halseisen schliesst. 27 Und nun, warum hast du Jere-
mia, den Anatotiter, nicht zurechtgewiesen, der sich bei euch als Pro-
phet aufspielt? 28 Denn zu uns nach Babel hat er die Botschaft gesandt:
Es dauert noch lange! Baut Häuser und wohnt darin, pflanzt Gärten und
esst ihre Frucht. 29 Und Zefanja, der Priester, las diesen Brief Jeremia,
dem Propheten, vor. 30 Und das Wort des HERRN erging an Jeremia:
31: 13,25; 14,14!; 31 Sende an alle Verbannten die Botschaft: So spricht der HERR über
28,15 Schemaja, den Nechelamiter: Weil euch Schemaja geweissagt hat und
32: 28,16! ich ihn nicht gesandt habe und er euch auf Lüge vertrauen liess, 32 dar-
um, so spricht der HERR: Seht, Schemaja, den Nechelamiter, und seine
Nachkommen suche ich heim: Niemand, der zu ihm gehört, wird in die-
sem Volk wohnen bleiben und das Gute sehen, das ich für mein Volk tue,
Spruch des HERRN, denn er hat Abtrünnigkeit gepredigt gegen den
HERRN.

Ankündigung der Erlösung

2: 36,2!; Jes 8,1! 30 1 Das Wort, das vom HERRN an Jeremia erging: 2 So spricht der
HERR, der Gott Israels: Schreibe dir alle Worte, die ich zu dir ge-
3: 12,15!; 33,7! sprochen habe, in ein Buch. 3 Denn sieh, es kommen Tage, Spruch des
HERRN, da wende ich das Geschick meines Volkes Israel und Juda,
spricht der HERR. Dann werde ich sie zurückbringen in das Land, das ich
ihren Vorfahren gegeben habe, damit sie es besitzen. 4 Und dies sind
die Worte, die der HERR gesprochen hat über Israel und Juda:

5: 8,15! 5 Fürwahr, so spricht der HERR:
Angstgeschrei haben wir gehört!
Schrecken und kein Friede!
6: 18,13! · 4,31! 6 Fragt doch und seht,
ob ein Mann gebären kann!
Warum sehe ich jeden Mann
mit seinen Händen auf den Hüften
wie eine, die gebiert,
und warum werden alle Gesichter blass?
7: 47,4; Joel 2,11; 7 Wehe! Gross ist jener Tag,
Zef 1,14–15 keiner ist ihm gleich!

Und eine Zeit der Not ist es für Jakob,
er aber wird aus ihr errettet!
8 Und an jenem Tag, Spruch des HERRN der Heerscharen, breche ich 8: 28,11.13; Jes 10,27
sein Joch von deinem Nacken, und deine Stricke werde ich zerreissen,
und Fremde werden ihn nicht mehr knechten. 9 Dann werden sie dem 9: 23,5!; Ez 34,23;
HERRN, ihrem Gott, dienen und David, ihrem König, den ich für sie auf- Hos 3,5
treten lasse.
10 Und du, fürchte dich nicht, mein Diener Jakob, 10: 46,27;
Spruch des HERRN, Jes 43,1.5 · 23,6!
und erschrick nicht, Israel!
Denn sieh, dich rette ich aus der Ferne
und deine Nachkommen aus dem Land ihrer Gefangenschaft,
und Jakob wird zurückkehren und Ruhe haben
und keine Sorgen kennen,
und da wird keiner sein, der ihn aufschreckt.
11 Denn ich bin bei dir, Spruch des HERRN, um dir zu helfen. Ich werde 11: 1,8!; 46,28 ·
allen Nationen, unter die ich dich zerstreut habe, ein Ende bereiten. Nur 4,27!; Ex 34,7
dir werde ich nicht ein Ende bereiten, damit ich dich zurechtweisen
kann, wie es rechtens ist. Ganz ungestraft werde ich dich nicht lassen.
12 Denn so spricht der HERR: 12: 6,7!; Jes 1,6
Deine Verletzung ist nicht zu heilen,
unheilbar ist deine Wunde.
13 Da ist keiner, der deine Rechtssache führt – für das Geschwür,
es gibt für dich kein verheiltes Fleisch.
14 All deine Liebhaber haben dich vergessen, 14: 4,30 · 2,30!
nach dir fragen sie nicht.
Denn wie ein Feind zuschlägt, habe ich dich geschlagen
mit grausamer Unterweisung,
weil deine Schuld gross ist,
weil deine Sünden zahlreich sind.
15 Was schreist du deiner Verletzung wegen,
über deinen nicht heilbaren Schmerz?
Weil deine Schuld gross ist,
weil deine Sünden zahlreich sind,
habe ich dir dies angetan.
16 Darum werden alle gefressen, die dich fressen, 16: 10,25!; 51,35;
und alle deine Bedränger, sie alle gehen in die Gefangenschaft, Jes 33,1
und die dich plündern, fallen der Plünderung anheim,
und alle, die dich berauben, gebe ich dem Raub preis.
17 Denn ich bringe dir Genesung, 17: 3,22; 33,6;
und von deinen Wunden werde ich dich heilen, Spruch Jes 57,18–19
des HERRN,
denn sie nennen dich: Versprengte.
Das ist Zion, niemand fragt nach ihr.
18 So spricht der HERR: 18: 33,7! · 31,4;
Sieh, ich wende das Geschick der Zelte Jakobs, Am 9,11
und seiner Wohnungen werde ich mich erbarmen.
Und die Stadt wird aufgebaut werden auf ihrem Schutthügel,
und der Palast wird stehen an seinem rechtmässigen Platz.

19: 33,11! · 3,16!
19 Und Dank wird ausgehen von ihnen
und lautes Lachen.
Und ich werde sie zahlreich machen,
und sie werden nicht weniger werden,
und ich werde sie zu Ehren bringen,
und sie werden nicht unbedeutend sein.

20: Jes 1,26 · 46,21!
20 Und seine Kinder werden sein wie zuvor,
und seine Gemeinde bleibt bestehen vor mir,
alle seine Peiniger aber suche ich heim.

21: 9; 23,5!; Dtn 17,15; Mi 5,2
21 Und aus ihm selbst wird sein Machthaber stammen,
und sein Herrscher wird hervorgehen aus seiner Mitte.
Und ihn werde ich mir nahen lassen,
und er wird sich mir nähern,
denn wer sonst würde sein Leben dafür einsetzen,
sich mir zu nähern? Spruch des HERRN.

22: 7,23!; 24,7; 31,1.33; 32,38
22 Dann werdet ihr mir Volk sein,
und ich, ich werde euch Gott sein.

23–24: 23,19–20
23 Seht, der Sturm des HERRN, Zorn, ist losgebrochen,
ein wirbelnder Sturm,
auf das Haupt der Frevler stürmt er herab.
24 Der glühende Zorn des HERRN wendet sich nicht,
bis er ausgeführt, in die Tat umgesetzt hat
die Pläne seines Herzens.
In ferner Zukunft werdet ihr es begreifen.

1: 30,22!
31 1 In jener Zeit, Spruch des HERRN,
werde ich allen Sippen Israels Gott sein,
und sie, sie werden mir Volk sein.

Rettung durch den HERRN

2: Dtn 12,9
2 So spricht der HERR:
Gnade gefunden hat in der Wüste
ein Volk: dem Schwert Entkommene.
Ich ging, um Israel Ruhe zu schaffen.

3: 2,2; Hos 11,4
3 Aus der Ferne ist mir der HERR erschienen:
Mit unendlicher Liebe habe ich dich geliebt,
darum habe ich dich zu mir gezogen aus Güte.

4: 30,18 · 30,19
4 Ich werde dich wieder aufbauen,
und du wirst aufgebaut sein,
Jungfrau Israel!
Du wirst dich noch mit deinen Pauken schmücken
und wirst ausziehen im Reigentanz der Lachenden.

5: 29,5; Jes 65,21!
5 Du wirst noch Weingärten pflanzen
auf den Bergen Samarias;
Pflanzer pflanzen sie,
und man wird sie in Gebrauch nehmen.

30,23: Die Wiedergabe «ein wirbelnder Sturm» beruht auf einer hebräischen Handschrift; der Massoretische Text lautet wohl übersetzt: «ein Sturm, der sich als Fremder aufhält».

31,3: Möglich ist auch die Übersetzung: «..., darum war ich geduldig mit dir, aus Güte.»

6 Denn es gibt einen Tag,
da rufen die Wächter auf dem Gebirge Efraim:
Auf, und lasst uns hinaufziehen nach Zion,
zum HERRN, unserem Gott!
7 Denn so spricht der HERR:
Jubelt über Jakob voller Freude,
und jauchzt über das Haupt der Nationen!
Lasst es hören, lobt und sagt:
Rette, HERR, dein Volk,
den Rest Israels!
8 Seht, ich bringe sie aus dem Land des Nordens,
und aus den hintersten Winkeln der Erde sammle ich sie,
unter ihnen Blinde und Lahme,
Schwangere und Gebärende miteinander.
Als grosse Versammlung kehren sie hierher zurück.
9 Weinend kommen sie,
und ich leite sie, während sie flehen,
ich führe sie zu Wasserbächen auf ebenem Weg,
sie straucheln nicht auf ihm,
denn ich bin für Israel zum Vater geworden,
und Efraim, er ist mein Erstgeborener.
10 Hört das Wort des HERRN, ihr Nationen,
und verkündet es auf den Inseln in der Ferne
und sprecht:
Der Israel zerstreut hat, sammelt es
und hütet es wie ein Hirt seine Herde.
11 Denn der HERR hat Jakob losgekauft
und hat ihn ausgelöst aus der Hand von einem,
der stärker war als er.
12 Und sie werden kommen,
und auf der Höhe des Zion werden sie jubeln,
und sie werden strahlen über die Wohltaten des HERRN:
über das Getreide und den Wein und das Öl
und über die Schafe und das Vieh.
Und sie werden wie ein bewässerter Garten sein,
und sie werden nicht mehr verschmachten.
13 Dann wird sich die Jungfrau beim Reigentanz freuen,
Junge und Alte zusammen;
und ihre Trauer werde ich in Freude verwandeln,
und ich werde sie trösten und glücklich machen,
frei von ihrem Kummer.
14 Und die Seele der Priester tränke ich mit Fett,
und an meinen Wohltaten isst mein Volk sich satt.
Spruch des HERRN.
15 So spricht der HERR:
Horch! In Rama wird Wehklagen vernommen,
bitteres Weinen.

6: 50,5; Jes 27,13
7: 44,14!
8: 29,14! · Jes 42,16; Mi 4,6–7
9: 50,4 · Jes 49,10 · 3.4.19 · Ex 4,22!
10: 12,15! · Jes 40,11
11: Jes 48,20
12: Jes 35,10 · Jes 58,11
13: Jes 51,12
14: 33,9; Ez 34,14
15: Mt 2,18 · 3,21! · 10,20

31,11: Mit ‹er› ist Jakob gemeint.

Rachel weint um ihre Kinder,
sie will sich nicht trösten lassen über ihre Kinder –
dass sie nicht mehr da sind.

16: Jes 40,10 · 29,14!

16 So spricht der HERR:
Verwehre deiner Stimme das Weinen
und deinen Augen die Tränen,
denn es gibt einen Lohn für deine Mühe,
Spruch des HERRN:
sie werden zurückkehren aus dem Land des Feindes.

17: 29,11 · Ez 37,21

17 Und es gibt Hoffnung auf Zukunft für dich,
Spruch des HERRN:
die Kinder werden zurückkehren in ihr Gebiet.

18: Hos 4,16 · 17,14; Klgl 5,21!

18 Deutlich habe ich es gehört:
Efraim klagt um sich selbst:
Du hast mich zurechtgewiesen,
und wie ein junger, ungebändigter Stier
bin ich zurechtgewiesen worden.
Bringe mich zurück, damit ich zurückkehre,
denn du bist der HERR, mein Gott.

19: 22,21!

19 Denn nach meiner Rückkehr bereue ich,
und nachdem ich zur Erkenntnis gebracht worden bin,
schlage ich mir auf die Hüfte.
Ich schäme mich und bin auch zuschanden geworden,
denn ich trage die Schmach meiner Jugend. –

20: Jes 49,15!; Hos 11,8

20 Ist mir Efraim ein teurer Sohn,
ist er ein Kind, an dem man Freude hat?
Denn so oft ich gegen ihn rede –
immer wieder muss ich an ihn denken!
Darum ist mein Innerstes seinetwegen in Unruhe,
ich muss mich seiner erbarmen! Spruch des HERRN.

21: 6,16! · 3,12!

21 Stell dir Wegmarken auf,
setz dir Wegzeichen,
achte auf die Strasse,
auf den Weg, den du gegangen bist!
Kehre zurück, Jungfrau Israel,
kehre zurück zu diesen deinen Städten!

22: 2,18.23 · Jes 43,19

22 Wie lange willst du umherschweifen,
du abtrünnige Tochter?
Der HERR schafft Neues im Land:
Die Frau wird beim Mann sein.

23: 33,7! · 50,7; Jes 1,26; 11,9

23 So spricht der HERR der Heerscharen, der Gott Israels: Wenn ich ihr
Geschick wende, wird man dieses Wort wieder sagen im Land Juda und
in seinen Städten: Der HERR segne dich, du Weide der Gerechtigkeit, du
heiliger Berg.

24: 33,13

24 Und gemeinsam werden Juda und all seine Städte in dir wohnen,
die Landarbeiter und die mit der Herde ziehen.

25: Ps 107,9

25 Den Erschöpften gebe ich zu trinken,
und reichlich gebe ich all den Schmachtenden.

26 Darüber erwachte ich und sah hin, und mein Schlaf war mir angenehm gewesen.

27 Sieh, es kommen Tage, Spruch des HERRN, da besäe ich das Haus 27: 3,16!; Ez 36,11
Israel und das Haus Juda mit Menschensaat und Tiersaat. 28 Und wie 28: 1,12! · 1,10!;
ich über sie gewacht habe, um auszureissen und niederzureissen, zu 32,41–42;
vernichten und zu zerstören und Unheil anzurichten, so werde ich über Sach 8,14–15
sie wachen, um aufzubauen und zu pflanzen! Spruch des HERRN. 29 In 29: Ez 18,2–3
jenen Tagen wird man nicht mehr sagen: Die Vorfahren haben unreife
Früchte gegessen, den Kindern aber werden die Zähne stumpf!, 30 son- 30: Dtn 24,16!
dern jeder wird für seine eigene Schuld sterben; jedem Menschen, der
die unreifen Früchte isst, werden die eigenen Zähne stumpf.

Der neue Bund

31 Sieh, es kommen Tage, Spruch des HERRN, da schliesse ich einen 31–34: 32,40; 50,5;
neuen Bund mit dem Haus Israel und mit dem Haus Juda, 32 nicht wie Ez 37,26; Lk 22,20;
der Bund, den ich mit ihren Vorfahren geschlossen habe an dem Tag, da Hebr 8,8–12
ich sie bei der Hand nahm, um sie herauszuführen aus dem Land Ägyp- 32: Dtn 5,2 · 11,10!
ten; denn sie, sie haben meinen Bund gebrochen, obwohl doch ich mich
als Herr über sie erwiesen hatte! Spruch des HERRN. 33 Dies ist der 33: Ez 11,19;
Bund, den ich mit dem Haus Israel schliessen werde nach jenen Tagen, Hebr 10,16–17 ·
Spruch des HERRN: Meine Weisung habe ich in ihre Mitte gegeben, und 30,22!
in ihr Herz werde ich sie ihnen schreiben. Und ich werde ihnen Gott
sein, und sie, sie werden mir Volk sein. 34 Dann wird keiner mehr sei- 34: 9,23; 16,21;
nen Nächsten und keiner seinen Bruder belehren und sagen: Erkennt 24,7!; Jes 11,9 ·
den HERRN! Sondern vom Kleinsten bis zum Grössten werden sie mich 33,8!
alle erkennen, Spruch des HERRN, denn ich werde ihre Schuld verzei-
hen, und an ihre Sünden werde ich nicht mehr denken.

35 So spricht der HERR,
der die Sonne zum Licht am Tag gemacht hat,
die Ordnungen des Monds und der Sterne zum Licht in der Nacht,
der das Meer in Bewegung versetzt hat,
dass seine Wellen brausten,
HERR der Heerscharen ist sein Name:
36 Könnten diese Ordnungen vor mir verschwinden, 36–37: 33,25–26;
Spruch des HERRN, Jes 54,9–10
so könnten auch die Nachkommen Israels für immer aufhören,
vor mir eine Nation zu sein.
37 So spricht der HERR:
Könnte der Himmel oben vermessen werden,
und könnten die Grundmauern der Erde bis in die Tiefe erforscht
werden,
könnte auch ich alle Nachkommen Israels verwerfen
wegen all dem, was sie getan haben! Spruch des HERRN.

38 Sieh, es kommen Tage, Spruch des HERRN, da wird die Stadt wieder 38: Sach 14,10
aufgebaut werden für den HERRN, vom Turm des Chananel bis zum Eck-
Tor, 39 und die Messschnur wird noch weiter reichen, geradeaus über 39: Sach 2,5–6
den Hügel Gareb, und dann wird sie sich nach Goa ziehen. 40 Und das 40: 7,32 · 23 ·
ganze Tal, die Leichen und die Asche und alle Felder bis zum Kidron-Tal, Ps 48,9
bis zur Ecke des Ross-Tors nach Osten hin, werden dem HERRN heilig
sein.

Nie wird wieder ausgerissen und niedergerissen werden.

Der Feldkauf in Anatot als Zeichen

32 1 Das Wort, das vom HERRN an Jeremia erging im zehnten Jahr
des Zidkijahu, des Königs von Juda, das war das achtzehnte Jahr
2: 34,1! · 20,2! Nebukadrezzars. 2 Und damals belagerte das Heer des Königs von Babel
Jerusalem. Jeremia aber, der Prophet, wurde gefangen gehalten im
3: 26,9 · 21,7! Wachhof, der sich im Haus des Königs von Juda befand. 3 Denn Zidkija-
hu, der König von Juda, hatte ihn gefangen genommen und gesagt: War-
um weissagst du: So spricht der HERR: Seht, in die Hand des Königs von
4–5: 34,21; 37,17; 38,23; 39,1–10; 52,1–11 Babel gebe ich diese Stadt, und er wird sie einnehmen. 4 Und Zidkijahu,
der König von Juda, wird sich nicht retten können aus der Hand der
Kasdäer, vielmehr wird er in die Hand des Königs von Babel gegeben
werden, und er wird von Angesicht zu Angesicht mit ihm reden und
ihm Auge in Auge gegenüberstehen. 5 Und er wird Zidkijahu nach Babel
führen, und dort wird dieser bleiben, bis ich mich seiner annehme!
Spruch des HERRN. Wenn ihr gegen die Kasdäer kämpft, werdet ihr kei-
nen Erfolg haben!

6 Und Jeremia sprach: Das Wort des HERRN ist an mich ergangen:
7–9: Lev 25,25!; Rut 4,3–4 7 Sieh, Chanamel, der Sohn von Schallum, deinem Onkel, kommt zu
dir, um zu sagen: Kaufe dir mein Feld in Anatot, denn du hast das Recht
8: Sach 11,11 des Lösens, es zu kaufen. 8 Und dem Wort des HERRN gemäss kam Cha-
namel, der Sohn meines Onkels, zu mir in den Wachhof und sagte zu
mir: Kaufe doch mein Feld in Anatot, im Land Benjamin; denn du hast
das Eigentumsrecht und dir steht die Auslösung zu. Kaufe es dir! Da
wusste ich, dass es das Wort des HERRN gewesen war. 9 Und so kaufte
ich von Chanamel, dem Sohn meines Onkels, das Feld in Anatot und
10: Rut 4,11 wog ihm das Silber ab, siebzehn Schekel Silber. 10 Und ich unterzeich-
nete die Urkunde und versiegelte sie und zog Zeugen bei und wog das
Silber auf der Waage ab. 11 Dann nahm ich die Kaufurkunde, die versie-
gelte mit der Abmachung und den Bestimmungen und die nicht versie-
12: 36,4; 43,3; 45,1 · 51,59 gelte, 12 und ich gab die Kaufurkunde Baruch, dem Sohn des Nerija, des
Sohns von Machseja, vor den Augen Chanamels, des Sohns meines On-
kels, und vor den Augen der Zeugen, die die Kaufurkunde unterzeichnet
hatten, vor den Augen aller Judäer, die sich im Wachhof aufhielten.
13 Und vor ihren Augen befahl ich Baruch: 14 So spricht der HERR der
Heerscharen, der Gott Israels: Nimm diese Urkunden, diese Kaufurkun-
de, die versiegelte und diese nicht versiegelte Urkunde, und lege sie in
15: 43–44 ein Gefäss aus Ton, damit sie lange Zeit erhalten bleiben. 15 Denn so
spricht der HERR der Heerscharen, der Gott Israels: In diesem Land wer-
den wieder Häuser und Felder und Weinberge gekauft werden.

16 Und nachdem ich die Kaufurkunde Baruch, dem Sohn des Nerija,
17: 10,12!; Neh 9,6 · Hiob 42,2 übergeben hatte, betete ich zum HERRN: 17 Ach, Herr, HERR, sieh, du
hast den Himmel und die Erde gemacht mit deiner grossen Kraft und
18: Ex 20,5–6 deinem ausgestreckten Arm; nichts ist dir zu wunderbar, 18 der du Tau-
senden Gnade erweist und die Schuld der Vorfahren heimzahlst an der
Brust ihrer Kinder, die nach ihnen kommen, du grosser und heldenhaf-
19: 16,17! · 17,10; 21,14; 25,14 ter Gott, HERR der Heerscharen ist sein Name, 19 gross an Rat und
mächtig an Tat. Deine Augen sind offen über allen Wegen der Men-
schen, um jedem seinen Wegen gemäss zu geben und entsprechend der
20: Dtn 11,3 Frucht seiner Taten; 20 der du Zeichen und Wunder getan hast im Land
Ägypten, bis auf den heutigen Tag, an Israel und an der Menschheit und

dir so einen Namen gemacht hast, wie es heute der Fall ist. 21 Und dein 21: 2,6!; Dtn 26,8
Volk, Israel, hast du herausgeführt aus dem Land Ägypten mit Zeichen
und Wundern, mit starker Hand und ausgestrecktem Arm und grossem
Schrecken. 22 Und du hast ihnen dieses Land gegeben, wie du ihren 22: 11,5!
Vorfahren geschworen hast, es ihnen zu geben, ein Land, in dem Milch
und Honig fliessen. 23 Und sie sind gekommen und haben es in Besitz 23: 7,13!; 22,21; 40,3;
genommen, auf deine Stimme aber haben sie nicht gehört, und nach 42,21
deiner Weisung haben sie nicht gelebt; von alledem, was du ihnen zu
tun geboten hast, haben sie nichts getan. Und so hast du dafür gesorgt,
dass ihnen all dieses Unheil widerfährt. 24 Sieh, die Sturmrampen rei- 24: 36; 24,10!; 38,2!
chen bis an die Stadt, um sie einzunehmen, und durch das Schwert und
den Hunger und die Pest ist die Stadt in die Hand der Kasdäer gegeben,
die gegen sie kämpfen. Und was du angekündigt hast, ist eingetroffen:
Sieh, du siehst es! 25 Und du, Herr, HERR, sagst zu mir: Kaufe dir das
Feld für Silber und ziehe Zeugen bei! Die Stadt aber ist in die Hand der
Kasdäer gegeben!

26 Da erging das Wort des HERRN an Jeremia: 27 Sieh, ich bin der 27: Num 16,22 · 17!
HERR, der Gott allen Fleisches. Sollte mir etwas unmöglich sein? 28 Dar- 28: 22,25; 38,18;
um, so spricht der HERR: Sieh, ich gebe diese Stadt in die Hand der Kas- 43,3
däer und in die Hand Nebukadrezzars, des Königs von Babel, und er
wird sie einnehmen. 29 Und die Kasdäer, die diese Stadt bekämpfen, 29: 19,13; 39,8!
werden kommen und diese Stadt in Brand stecken und sie verbrennen:
die Häuser, auf deren Dächern man dem Baal Rauchopfer und fremden
Göttern Trankopfer dargebracht hat, um mich zu reizen. 30 Denn von 30: 22,21! · 8,19!
Jugend auf haben die Israeliten und die Judäer immer nur getan, was
böse ist in meinen Augen; ja, die Israeliten reizen mich mit dem Mach-
werk ihrer Hände! Spruch des HERRN. 31 Denn Grund für meinen Zorn 31: 15,14! · 23,39;
und für meine Wut war mir diese Stadt von dem Tag an, da man sie 52,3
erbaut hat, bis auf den heutigen Tag, so dass ich sie mir aus den Augen
schaffen muss 32 wegen all der Bosheit der Israeliten und der Judäer, die 32: 2,26!
sie begangen haben, um mich zu reizen, sie, ihre Könige, ihre Fürsten,
ihre Priester und ihre Propheten, der Mann aus Juda und die Bewohner
Jerusalems. 33 Und den Rücken haben sie mir zugekehrt und nicht das 33: 2,27! · 7,13! ·
Gesicht. Und immer wieder habe ich sie belehrt, mit Eifer belehrt, sie 2,30!
aber hören nicht und nehmen keine Unterweisung an. 34 Und in dem 34: 7,10! · 7,30!;
Haus, über dem mein Name ausgerufen ist, haben sie ihre Scheusale 2Kön 21,4–5
aufgestellt, um es zu verunreinigen. 35 Und die Kulthöhen des Baal, die 35: 11,13! · 7,31!;
im Tal Ben-Hinnom sind, haben sie gebaut, um ihre Söhne und ihre 2Kön 23,10
Töchter dem Moloch darzubringen: niemals habe ich ihnen geboten –
und nie wäre es in meinen Sinn gekommen –, diese Scheusslichkeit zu
verüben und Juda so zur Sünde zu verleiten.

36 Und darum, so spricht nun der HERR, der Gott Israels, zu dieser
Stadt, von der ihr sagt, dass sie in die Hand des Königs von Babel gege-
ben ist durch das Schwert und den Hunger und die Pest: 37 Sieh, ich 37: 12,15! · 23,6!;
sammle sie aus allen Ländern, in die ich sie versprengt habe in meinem Ez 28,25–26
Zorn und in meiner Wut und in meinem grossen Groll, und ich werde
sie zurückbringen an diese Stätte und sie sicher wohnen lassen. 38 Und 38: 30,22!
sie werden mir Volk sein, und ich, ich werde ihnen Gott sein. 39 Und ich 39: 24,7!;
werde ihnen ein einmütiges Herz und ein einmütiges Verhalten geben, Ez 11,19–20
damit sie mich alle Tage fürchten, ihnen zum Besten und ihren Kindern

40: 31,31–34! · nach ihnen. 40 Und einen ewigen Bund werde ich mit ihnen schliessen,
Ez 36,27 dass ich mich nicht von ihnen abwende und nicht aufhöre, ihnen Gutes
zu tun; und die Furcht vor mir werde ich ihnen ins Herz legen, damit sie
41: 1,10!; Ez 36,36; nicht abtrünnig werden von mir. 41 Dann werde ich meine Freude an
Am 9,15 ihnen haben und ihnen Gutes tun, und in beständiger Treue werde ich
sie in dieses Land einpflanzen, mit meinem ganzen Herzen und mit
42: 31,28; 33,14! meiner ganzen Seele. 42 Denn so spricht der HERR: Wie ich all dies
grosse Unheil über dieses Volk gebracht habe, so bringe ich über sie all
43: 12,4! das Gute, das ich ihnen zusage. 43 Und das Feld wird gekauft werden in
diesem Land, von dem ihr sagt: Es ist verwüstet, ohne Mensch und Tier,
44: 17,26! · 33,7! in die Hand der Kasdäer ist es gegeben! 44 Für Silber wird man Felder
kaufen, und die Urkunde wird man unterzeichnen und versiegeln, und
man wird Zeugen beiziehen im Land Benjamin und in der Umgebung
Jerusalems, in den Städten Judas und in den Städten auf dem Gebirge, in
den Städten der Schefela und in den Städten des Negev. Denn ich werde
ihr Geschick wenden! Spruch des HERRN.

Verheissungen

1: 32,2 33 1 Und das Wort des HERRN erging zum zweiten Mal an Jeremia,
2: 16,21! noch während er im Wachhof eingeschlossen war: 2 So spricht
der HERR, der es ausführt, der HERR, der es bildet, um es zu verwirkli-
3: 29,12 · Jes 48,6 chen; sein Name ist HERR: 3 Rufe zu mir, dann werde ich dir antworten,
und ich werde dir Grosses und Unfassbares kundtun, wovon du nichts
4: Jes 22,10 gewusst hast. 4 Denn so spricht der HERR, der Gott Israels, über die Häu-
ser in dieser Stadt und über die Häuser der Könige von Juda, die nieder-
gerissen worden sind wegen der Rampen und wegen des Schwerts.
5: 15,14! · 5 Sie kommen, um gegen die Kasdäer zu kämpfen und um die Häuser zu
Dtn 31,17–18! füllen mit den Leichen der Menschen, die ich erschlagen habe in mei-
nem Zorn und in meiner Wut und um all deren Bosheit willen ich mein
6: 30,17! Angesicht vor dieser Stadt verborgen habe. 6 Sieh, ich bringe ihr Gene-
sung und Heilung, und ich werde sie heilen, und reichen Frieden und
Treue werde ich ihnen offenbaren.

7: 26; 29,14; 30,3; 7 Und ich wende das Geschick Judas und das Geschick Israels, und
32,44 · 24,6 ich baue sie auf, es wird sein wie früher. 8 Und ich werde sie reinigen
8: 31,34; 50,20; von all ihrer Schuld, mit der sie sich an mir versündigt haben, und ich
Lev 16,30 werde ihnen all ihre Verschuldungen verzeihen, mit denen sie sich an
9: 31,14 mir versündigt und durch die sie mit mir gebrochen haben. 9 Und das
wird ein Name der Freude, Ruhm und Ehre sein für mich bei allen Nati-
onen der Erde, die von all dem Guten hören, das ich für sie tue, und sie
werden zittern und beben all des Guten und all des Heils wegen, das ich
für sie wirke.

10: 2,15!; 32,43 10 So spricht der HERR: An dieser Stätte, von der ihr sagt: Sie ist ver-
wüstet, ist ohne Mensch und ohne Tier!, in den Städten Judas und in den
Gassen Jerusalems, die verwüstet sind, ohne Menschen und ohne Be-
11: 7,34!; 30,19 · wohner und ohne Tiere, 11 werden wieder Jubelrufe und Freuden-
17,26 schreie vernommen werden, die Stimme des Bräutigams und die Stim-
me der Braut, die Stimme derer, die sagen: Dankt dem HERRN der Heer-
scharen, denn der HERR ist gut, ewig währt seine Gnade!, derer, die

33,5: Wörtlich: «... und um sie zu füllen ...»

Dankopfer bringen in das Haus des HERRN. Denn ich wende das Ge-
schick des Landes, es wird sein wie früher, spricht der HERR.
12 So spricht der HERR der Heerscharen: An dieser Stätte, die ver- 12: Jes 65,10
wüstet ist, ohne Mensch und Tier, und in allen ihren Städten wird wie-
der eine Weide sein für Hirten, die die Schafe lagern lassen. 13 In den 13: 17,26! · 31,24
Städten auf dem Gebirge, in den Städten der Schefela und in den Städten
des Negev und im Land Benjamin und in der Umgebung Jerusalems
und in den Städten Judas werden die Schafe wieder unter den Händen
dessen durchgehen, der sie zählt, spricht der HERR.
14 Sieh, es kommen Tage, Spruch des HERRN, da löse ich das gute 14: 29,10; 32,42
Wort ein, das ich dem Haus Israel und dem Haus Juda zugesagt habe.
15 In jenen Tagen und in jener Zeit werde ich für David einen Spross der 15: 23,5!
Gerechtigkeit sprossen lassen, und dieser wird Recht und Gerechtigkeit
üben im Land. 16 In jenen Tagen wird Juda Hilfe erfahren, und Jerusa- 16: 23,6!
lem wird sicher wohnen; und so wird man es nennen: Der-HERR-ist-
unsere-Gerechtigkeit! 17 Denn so spricht der HERR: Nie wird es David 17: 1Kön 2,4;
an einem Nachfolger fehlen, der auf dem Thron des Hauses Israel sitzt. Ps 89,30
18 Und den levitischen Priestern wird es nie an einem Mann fehlen, der
vor mir steht und alle Tage Brandopfer darbringt und Speiseopfer ver-
brennt und Schlachtopfer opfert.
19 Und das Wort des HERRN erging an Jeremia: 20 So spricht der 20–21: 25–26
HERR: Wenn ihr meinen Bund mit dem Tag und meinen Bund mit der 20: Gen 8,22
Nacht aufheben könntet, so dass es Tag und Nacht nicht mehr gäbe zu
ihrer Zeit, 21 könnte auch mein Bund mit David, meinem Diener, aufge- 21: 2Sam 23,5 ·
hoben werden, so dass er keinen Nachkommen hätte, der auf seinem Num 25,12–13
Thron König wäre, und auch mein Bund mit den Leviten, den Priestern,
die meine Diener sind. 22 Unzählbar wie das Heer des Himmels und 22: Gen 15,5; 22,17
unmessbar wie der Sand am Meer, so zahlreich werde ich die Nachkom-
men Davids, meines Dieners, machen und die Leviten, die mir zu
Diensten sind.
23 Und das Wort des HERRN erging an Jeremia: 24 Hast du nicht ge- 24: 7,15!
sehen, was dieses Volk redet: Die zwei Sippen, die der HERR erwählt hat,
die hat er verworfen! Und mein Volk verachten sie, so dass es nicht
mehr als Nation gilt bei ihnen. 25 So spricht der HERR: Wenn mein 25–26: 31,35–37
Bund mit Tag und Nacht nicht bestünde, wenn ich die Ordnungen des
Himmels und der Erde nicht festgesetzt hätte, 26 dann würde ich auch 26: 7! · 31,20
die Nachkommen Jakobs und Davids, meines Dieners, verwerfen, so
dass ich von seinen Nachkommen keine Herrscher mehr nähme über
die Nachkommen Abrahams, Isaaks und Jakobs. Aber ich werde ihr Ge-
schick wenden und mich ihrer erbarmen!

Ankündigung für König Zidkija

34 1 Das Wort, das vom HERRN an Jeremia erging, als Nebukadrezzar, 1: 32,2; 39,1; 52,4;
der König von Babel, und sein ganzes Heer und alle Königreiche 2Kön 25,1!
seines Herrschaftsgebiets und alle Völker gegen Jerusalem und alle sei-
ne Städte kämpften: 2 So spricht der HERR, der Gott Israels: Geh und 2: 21,10!; 32,3
sprich zu Zidkijahu, dem König von Juda, und sage ihm: So spricht der
HERR: Sieh, ich gebe diese Stadt in die Hand des Königs von Babel, und er
wird sie im Feuer verbrennen. 3 Und du selbst wirst dich nicht retten 3: 32,4–5!
können aus seiner Hand, sondern du wirst ergriffen und in seine Hand

gegeben werden, und du wirst dem König von Babel Auge in Auge ge-
genüberstehen, und er wird von Angesicht zu Angesicht mit dir reden,
4: 38,17; 52,11 und du wirst nach Babel kommen! 4 Höre doch das Wort des HERRN,
Zidkijahu, König von Juda! So spricht der HERR über dich: Du wirst nicht
5: 2Chr 16,14 · durch das Schwert sterben, 5 in Frieden wirst du sterben. Und wie es die
22,18 Feuer gab für deine Vorfahren, die früheren Könige, die vor dir gewesen
sind, so wird man für dich das Feuer entzünden und dich betrauern:
Ach, Herr! – Ich habe ein Wort gesprochen! Spruch des HERRN. 6 Und
Jeremia, der Prophet, sprach alle diese Worte zu Zidkijahu, dem König
7: 4,5; 2Chr 11,5.9 von Juda, in Jerusalem, 7 als das Heer des Königs von Babel Jerusalem
bekämpfte und alle Städte Judas, die übrig waren: Lachisch und Aseka;
denn von den Städten Judas waren nur sie übrig geblieben als befestigte
Städte.

Wortbruch gegenüber den Freigelassenen

8 Das Wort, das vom HERRN an Jeremia erging, nachdem König Zid-
kijahu mit dem ganzen Volk, das in Jerusalem war, einen Bund ge-
schlossen hatte, für sie eine Freilassung auszurufen, 9 dass jeder seinen
Sklaven und jeder seine Sklavin, sofern Hebräer oder Hebräerin, als
Freie entlasse, so dass keiner sie – einen Judäer, seinen Bruder – ver-
sklave. 10 Und alle Oberen und das ganze Volk, die in den Bund eintra-
ten, hörten, dass jeder seinen Sklaven und jeder seine Sklavin als Freie
entlassen solle, so dass er sie nicht mehr versklave; sie hörten es und
entliessen sie. 11 Danach aber wandten sie sich davon ab und holten die
Sklaven und die Sklavinnen zurück, die sie als Freie entlassen hatten,
und machten sie sich dienstbar als Sklaven und Sklavinnen. 12 Und das
13: 11,4! · 2,6!; Wort des HERRN erging vom HERRN an Jeremia: 13 So spricht der HERR,
Ex 13,3 der Gott Israels: Ich selbst habe mit euren Vorfahren einen Bund ge-
schlossen an dem Tag, als ich sie herausgeführt habe aus dem Land
14: Ex 21,2! · 11,7–8 Ägypten, aus einem Sklavenhaus: 14 Nach sieben Jahren sollt ihr ein je-
der seinen hebräischen Bruder, der sich dir verkauft hat, entlassen; sechs
Jahre lang aber soll er dir dienen, dann sollst du ihn als einen Freigelas-
senen aus deinem Dienst entlassen. Eure Vorfahren aber haben nicht
15: 31,31 · 7,10! auf mich gehört und mir ihr Ohr nicht geneigt. 15 Ihr aber seid heute
zurückgekehrt und habt getan, was recht ist in meinen Augen, und habt
eine Freilassung ausgerufen, jeder für seinen Nächsten, und vor mir
habt ihr einen Bund geschlossen in dem Haus, über dem mein Name
ausgerufen ist. 16 Dann aber habt ihr euch davon abgewandt und habt
meinen Namen entweiht, und ein jeder hat seinen Sklaven und seine
Sklavin zurückgeholt, die ihr als Freie, auf sich selbst gestellt, entlassen
hattet, und ihr habt sie euch dienstbar gemacht, so dass sie zu Sklaven
17: 15,4! und Sklavinnen für euch wurden. 17 Darum, so spricht der HERR: Ihr
habt nicht auf mich gehört und habt keine Freilassung ausgerufen, ein
jeder für seinen Bruder und ein jeder für seinen Nächsten. Seht, ich rufe
über euch eine Freilassung aus, Spruch des HERRN, für das Schwert, für
die Pest und für den Hunger, und ich mache euch zum Schrecken für alle
18: 11,2 · Königreiche der Erde. 18 Und die Männer, die meinen Bund übertreten,
Gen 15,10.17 die die Worte des Bundes nicht eingehalten haben, den sie vor mir ge-

34,14: Möglich ist auch die Übersetzung «..., der dir verkauft wird, ...»

schlossen haben, mache ich zu dem Rind, das sie entzweigeschnitten
haben und zwischen dessen Stücken sie hindurchgegangen sind, 19 die
Fürsten Judas und die Fürsten Jerusalems, die Eunuchen und die Pries-
ter und das ganze Volk des Landes, die hindurchgegangen sind zwi-
schen den Stücken des Rinds. 20 Und ich gebe sie in die Hand ihrer 20: 21,7!; 39,6 · 7,33!
Feinde und in die Hand derer, die ihnen nach dem Leben trachten, und
ihre Leichen werden zum Frass für die Vögel des Himmels und die Tiere
der Erde. 21 Auch Zidkijahu, den König von Juda, und seine Fürsten wer- 21: 32,3!.4–5! · 37,5
de ich in die Hand ihrer Feinde geben, in die Hand derer, die ihnen nach
dem Leben trachten, in die Hand des Heers des Königs von Babel, das
von euch abzieht. 22 Seht, ich gebe Befehl, Spruch des HERRN, und lasse 22: 21,10!; 37,8 ·
sie zurückkehren in diese Stadt, und sie werden sie bekämpfen und sie 2,15!
einnehmen und sie im Feuer verbrennen; und die Städte Judas werde
ich verwüsten, niemand wird mehr darin wohnen.

Die Treue der Rechabiten

35 1 Das Wort, das vom HERRN an Jeremia erging in den Tagen Jeho-
jakims, des Sohns von Joschijahu, des Königs von Juda: 2 Geh zur 2: 1Chr 2,55 ·
Sippe der Rechabiten und sprich zu ihnen und bringe sie ins Haus des 1Chr 28,12
HERRN, in eine der Kammern, und gib ihnen Wein zu trinken. 3 Da hol-
te ich den Jaasanja, den Sohn des Jeremia, des Sohns von Chabazzinja,
und seine Brüder und alle seine Söhne, die ganze Sippe der Rechabiten.
4 Und ich brachte sie in das Haus des HERRN, in die Kammer der Söhne 4: 29,25! · 52,24;
des Chanan, des Sohns von Jigdaljahu, des Gottesmannes, die neben der 1Chr 26,1–19!
Kammer der Fürsten ist, die über der Kammer des Maasejahu, des
Sohns von Schallum, dem Hüter der Schwelle, liegt. 5 Und ich setzte den
Angehörigen der Sippe der Rechabiten mit Wein gefüllte Trinkschalen
und Becher vor und sprach zu ihnen: Trinkt Wein! 6 Sie aber sagten: 6: 2Kön 10,15 ·
Wir trinken keinen Wein! Denn Jonadab, der Sohn des Rechab, unser Num 6,2–3
Vorfahr, hat uns geboten: Ihr sollt niemals Wein trinken, weder ihr
noch eure Kinder! 7 Und ihr sollt kein Haus bauen und keine Saat aus- 7: 29,5; 32,15
säen und keinen Weinberg pflanzen oder besitzen; sondern euer Leben
lang sollt ihr in Zelten wohnen, damit ihr lange lebt auf dem Boden, auf
dem ihr euch als Fremde aufhaltet. 8 Und in allem, was er uns geboten
hat, haben wir auf die Stimme des Jehonadab gehört, des Sohns von Re-
chab, unseres Vorfahren, und so trinken wir unser Leben lang keinen
Wein, wir, unsere Frauen, unsere Söhne und unsere Töchter, 9 und wir
bauen keine Häuser, um darin zu wohnen, und Weinberg und Acker
und Saat besitzen wir nicht. 10 Und wir haben in Zelten gewohnt und
haben gehorcht, und gemäss all dem, was Jonadab, unser Vorfahr, uns
geboten hat, haben wir gehandelt. 11 Und als Nebukadrezzar, der König 11: 34,1; 2Kön 24,1–2
von Babel, heraufzog in das Land, sagten wir: Kommt, dass wir hinein-
gehen nach Jerusalem vor dem Heer der Kasdäer und vor dem Heer von
Aram! Und in Jerusalem sind wir geblieben.

12 Und das Wort des HERRN erging an Jeremia: 13 So spricht der 13: 2,30!
HERR der Heerscharen, der Gott Israels: Geh und sage zu dem Mann aus
Juda und zu den Bewohnern von Jerusalem: Wollt ihr nicht Unterwei-
sung annehmen und auf meine Worte hören? Spruch des HERRN. 14 Die 14–15: 25,3–4! ·
Worte des Jehonadab, des Sohns von Rechab, der seinen Söhnen gebo- 7,25!.26!; 25,3
ten hat, keinen Wein zu trinken, wurden eingehalten, und bis auf den

heutigen Tag haben sie keinen getrunken, denn sie haben auf das Gebot
ihres Vorfahren gehört. Und ich, ich habe zu euch gesprochen, immer
wieder mit Eifer gesprochen, ihr aber habt nicht auf mich gehört!
15: 7,3! · 16,11! 15 Und ich habe alle meine Diener, die Propheten, zu euch gesandt, im-
mer wieder mit Eifer gesandt, um euch zu sagen: Kehrt doch zurück, ein
jeder von seinem bösen Weg, und macht eure Taten besser und lauft
nicht anderen Göttern nach, um ihnen zu dienen; dann bleibt ihr auf
dem Boden, den ich euch und euren Vorfahren gegeben habe. Ihr aber
habt mir euer Ohr nicht geneigt und habt nicht auf mich gehört! 16 Die
Söhne des Jehonadab, des Sohns von Rechab, haben das Gebot ihres
Vorfahren eingehalten, das dieser ihnen geboten hat, dieses Volk aber
17: 11,11! · Jes 65,12 hat nicht auf mich gehört! 17 Darum, so spricht der HERR, der Gott der
Heerscharen, der Gott Israels: Seht, Juda und allen Bewohnern von Jeru-
salem bringe ich all das Unheil, das ich gegen sie angekündigt habe,
denn ich habe zu ihnen gesprochen, sie aber haben nicht gehört, und
ich habe sie gerufen, sie aber haben nicht geantwortet. 18 Und zur Sippe
der Rechabiten sprach Jeremia: So spricht der HERR der Heerscharen,
der Gott Israels: Weil ihr auf das Gebot Jehonadabs, eures Vorfahren,
gehört habt und alle seine Gebote gehalten habt und gemäss allem ge-
19: 33,18 handelt habt, was er euch geboten hat, 19 darum, so spricht der HERR
der Heerscharen, der Gott Israels: Niemals wird es Jonadab, dem Sohn
von Rechab, an einem fehlen, der vor mir steht.

Jehojakim verbrennt die Schriftrolle

36 1 Und im vierten Jahr des Jehojakim, des Sohns von Joschijahu,
des Königs von Juda, erging dieses Wort vom HERRN an Jeremia:
2: 30,2; 51,60; 2 Nimm dir eine Schriftrolle und schreibe darauf alle Worte, die ich zu
Jes 30,8 dir gesprochen habe über Israel und über Juda und über alle Nationen,
von dem Tag an, an dem ich zu dir gesprochen habe, seit den Tagen des
3: 11,11! · 18,8! Joschijahu bis zum heutigen Tag. 3 Vielleicht hört das Haus Juda von all
dem Unheil, das ich vorhabe, ihnen anzutun, damit sie umkehren, ein
jeder von seinem bösen Weg, und damit ich ihnen ihre Schuld und ihre
4: 32,12! · 18; 45,1 Sünde verzeihe. 4 Und Jeremia rief Baruch, den Sohn des Nerija, und auf
Diktat Jeremias schrieb Baruch alle Worte des HERRN, die dieser zu ihm
gesprochen hatte, auf die Schriftrolle. 5 Und Jeremia gebot Baruch: Ich
werde aufgehalten, ich kann nicht in das Haus des HERRN kommen.
6: 7,2 6 Du aber sollst kommen, und am Fastentag sollst du dem Volk im Haus
des HERRN die Worte des HERRN vorlesen aus der Rolle, die du nach
meinem Diktat geschrieben hast, und auch ganz Juda, die aus ihren
7: 31,21 · 15,14!; Städten kommen, sollst du sie vorlesen. 7 Vielleicht gelangt ihr Flehen
2Kön 22,13 vor den HERRN, so dass sie zurückkehren, ein jeder von seinem bösen
Weg. Denn gross ist der Zorn, die Wut, die der HERR diesem Volk ange-
kündigt hat. 8 Und Baruch, der Sohn des Nerija, handelte all dem ge-
mäss, was Jeremia, der Prophet, ihm geboten hatte, und verlas die Wor-
9: 2Chr 20,3; te des HERRN aus der Schrift im Haus des HERRN. 9 Und im fünften Jahr
Joel 1,14; Jona 3,5 des Jehojakim, des Sohns von Joschijahu, des Königs von Juda, im neun-
ten Monat, rief man das ganze Volk in Jerusalem und alles Volk, das aus
den Städten Judas nach Jerusalem kam, zu einem Fasten auf vor dem

35,19: «der vor mir steht» bedeutet hier: der als Diener vor ihm steht.

HERRN. 10 Und im Haus des HERRN, in der Kammer des Gemarjahu, des 10: 26,24
Sohns von Schafan, dem Schreiber, im oberen Vorhof, am Eingang zum
neuen Tor des Hauses des HERRN, las Baruch dem ganzen Volk die Wor-
te Jeremias aus der Schrift vor.
11 Und Michajehu, der Sohn des Gemarjahu, des Sohns von Schafan,
hörte alle Worte des HERRN aus der Schrift. 12 Und er ging hinab zum 12: 26,10 · 26,22
Haus des Königs, in die Kammer des Schreibers, und sieh, dort sassen
alle Oberen: Elischama, der Schreiber, und Delajahu, der Sohn des Sche-
majahu, und Elnatan, der Sohn von Achbor, und Gemarjahu, der Sohn
des Schafan, und Zidkijahu, der Sohn von Chananjahu, alle Oberen.
13 Und Michajehu berichtete ihnen alle Worte, die er gehört hatte, als
Baruch dem Volk aus der Schrift vorlas. 14 Da sandten all die Oberen
Jehudi, den Sohn des Netanjahu, des Sohns von Schelemjahu, dem Sohn
von Kuschi, zu Baruch um zu sagen: Die Rolle, aus der du dem Volk vor-
gelesen hast, nimm sie in deine Hand und komm! Und Baruch, der Sohn
des Nerija, nahm die Rolle in seine Hand und kam zu ihnen. 15 Und sie
sagten zu ihm: Setz dich doch und lies sie uns vor. Und Baruch las sie
ihnen vor. 16 Und als sie alle Worte gehört hatten, sahen sie einander 16: 24!
erschrocken an und sagten zu Baruch: Wir müssen dem König alle diese
Worte berichten! 17 Und Baruch baten sie: Berichte uns doch, wie du all
diese Worte nach seinem Diktat aufgeschrieben hast. 18 Da sagte Ba- 18: 4!
ruch zu ihnen: Als Diktat hat er mir alle diese Worte vorgesagt, während
ich sie mit Tinte aufgeschrieben habe. 19 Da sagten die Oberen zu Ba- 19: 26,24
ruch: Geh, versteckt euch, du und Jeremia, und niemand soll erfahren,
wo ihr seid.
20 Dann kamen sie zum König in den Hof, die Rolle aber hatten sie
in der Kammer des Elischama, des Schreibers, hinterlegt. Und sie be-
richteten dem König alle Worte. 21 Da sandte der König den Jehudi, um 21: 2Kön 22,10
die Rolle zu holen, und dieser nahm sie aus der Kammer des Elischama,
des Schreibers. Und Jehudi las sie dem König und allen Oberen, die
beim König standen, vor. 22 Und der König sass im Winterhaus, im
neunten Monat, und das Kohlenbecken vor ihm war angezündet.
23 Und immer wenn Jehudi drei oder vier Spalten vorgelesen hatte, zer-
schnitt er sie mit dem Schreibermesser und warf sie in das Feuer, das im
Kohlenbecken brannte, bis die ganze Rolle im Feuer vernichtet war, das
im Kohlenbecken brannte. 24 Und der König und alle seine Diener, die 24: 16; 2Kön 22,11
alle diese Worte hörten, erschraken nicht und zerrissen auch nicht ihre
Kleider. 25 Auch drängten Elnatan, Delajahu und Gemarjahu den König,
die Rolle nicht zu verbrennen, er aber hörte nicht auf sie. 26 Und Jerach- 26: 1,19!; 15,21!
meel, dem Königssohn, und Serajahu, dem Sohn des Asriel, und Sche-
lemjahu, dem Sohn des Abdeel, befahl der König, Baruch, den Schreiber,
und Jeremia, den Propheten, zu holen. Der HERR aber verbarg sie.
27 Und das Wort des HERRN erging an Jeremia, nachdem der König
die Rolle mit den Worten, die Baruch nach dem Diktat Jeremias ge-
schrieben hatte, verbrannt hatte: 28 Nimm dir eine andere Rolle und 28: Ex 34,1
schreibe alle früheren Worte darauf, die auf der früheren Rolle waren,
die Jehojakim, der König von Juda, verbrannt hat. 29 Und über Jehoja- 29: 32,3 · 25,9.11! ·
kim, den König von Juda, sollst du sagen: So spricht der HERR: Du hast 12,4!
diese Rolle verbrannt und gesagt: Warum hast du darauf geschrieben:
Der König von Babel wird kommen, und dieses Land wird er verwüsten,

30: 22,30 · 16,4!; und Mensch und Tier in ihm wird er ein Ende bereiten. 30 Darum, so
22,19 spricht der HERR über Jehojakim, den König von Juda: Ihm wird nie-
mand bleiben, der auf dem Thron Davids sässe! Und sein Leichnam
wird weggeworfen daliegen in der Hitze am Tag und im Frost bei Nacht.
31: 8,12! · 11,11! · 31 Und an ihm, an seinen Nachkommen und an seinen Dienern werde
7,13! ich ihre Schuld heimsuchen, und über sie und über die Bewohner Jeru-
salems und über den Mann aus Juda werde ich all das Unheil bringen,
das ich ihnen angekündigt habe. Sie aber haben nicht gehört. 32 Und
Jeremia nahm eine andere Rolle und gab sie Baruch, dem Sohn des Ne-
rijahu, dem Schreiber, und nach dem Diktat Jeremias schrieb dieser dar-
auf alle Worte der Schrift, die Jehojakim, der König von Juda, im Feuer
verbrannt hatte, und viele ähnliche Worte wurden ihnen hinzugefügt.

Jeremias Gefangennahme

1: 2Kön 24,17! **37** 1 Und Zidkijahu, der Sohn des Joschijahu, wurde König anstelle
von Konjahu, dem Sohn von Jehojakim, den Nebukadrezzar, der
2: 25,3–4!; König von Babel, zum König gemacht hatte im Land Juda. 2 Und weder
2Chr 36,11–16 er noch seine Diener, noch das Volk des Landes hörten auf die Worte des
HERRN, die dieser durch Jeremia, den Propheten, gesprochen hatte.
3: 38,1 · 29,25! · 3 Und König Zidkijahu sandte Jehuchal, den Sohn des Schelemja, und
2,27; 7,16!; 21,2; Zefanjahu, den Sohn des Maaseja, den Priester, zu Jeremia, dem Prophe-
42,2–3 ten, um zu sagen: Bete doch für uns zum HERRN, unserem Gott! 4 Da-
mals ging Jeremia ein und aus im Volk, und man hatte ihn noch nicht in
5: Ez 17,15 · 34,21 den Kerker geworfen. 5 Das Heer des Pharao aber war ausgezogen aus
Ägypten, und die Kasdäer, die Jerusalem belagerten, hörten die Kunde
von ihnen und zogen ab von Jerusalem. 6 Und das Wort des HERRN er-
7: 2,36; 46,17; ging an Jeremia, den Propheten: 7 So spricht der HERR, der Gott Israels:
Jes 36,6 So sollt ihr zum König von Juda sprechen, der euch zu mir sendet, um
mich zu befragen: Sieh, das Heer des Pharao, das auszieht, um euch zu
8: 34,22 · 39,8! helfen, kehrt zurück in sein Land, nach Ägypten. 8 Die Kasdäer aber
werden zurückkommen und gegen diese Stadt kämpfen, und sie wer-
9: 21,4; 32,5 den sie einnehmen und sie im Feuer verbrennen! 9 So spricht der HERR:
Betrügt euch nicht selbst, indem ihr sagt: Gewiss werden die Kasdäer
abziehen von uns! – Sie werden nicht abziehen! 10 Selbst wenn ihr das
ganze Heer der Kasdäer, die gegen euch kämpfen, schlagen würdet und
von ihnen nur schwer verletzte Männer übrig blieben – sie würden sich
erheben, ein jeder in seinem Zelt, und diese Stadt im Feuer verbrennen.
11 Und als das Heer der Kasdäer von Jerusalem wegzog vor dem Heer
12: 1,1; 32,8 des Pharao, 12 verliess Jeremia Jerusalem, um ins Land Benjamin zu ge-
hen und dort an einer Erbschaftsteilung teilzunehmen, im Kreis des
Volks. 13 Als er aber im Benjamin-Tor war, war dort ein Wachhabender,
und dessen Name war Jirija, der Sohn des Schelemja, des Sohns von
Chananja, und dieser ergriff Jeremia, den Propheten, und sagte: Du
willst überlaufen zu den Kasdäern! 14 Jeremia aber sagte: Lüge! Ich will
nicht zu den Kasdäern überlaufen! Er aber hörte nicht auf ihn, und so
15: 20,2! · 38,26 ergriff Jirija den Jeremia und brachte ihn zu den Oberen. 15 Und die
Oberen waren zornig über Jeremia und schlugen ihn und warfen ihn
ins Gefängnis im Haus des Jehonatan, des Schreibers, denn dieses hatte
man zum Kerker gemacht. 16 So kam Jeremia in das Zisternenhaus, in
die Gewölbe, und dort blieb Jeremia lange Zeit.

17 König Zidkijahu aber sandte hin und holte ihn. Und in seinem 17: 38,14 · 21,7!;
Haus befragte der König ihn im Verborgenen und sagte: Gibt es ein 32,4–5!
Wort vom HERRN? Und Jeremia sagte: Es gibt eines! Und er sprach: In
die Hand des Königs von Babel wirst du gegeben werden! 18 Dann aber
sagte Jeremia zu König Zidkijahu: Wodurch bin ich an dir, an deinen
Dienern und an diesem Volk schuldig geworden, dass ihr mich in den
Kerker geworfen habt? 19 Wo sind denn eure Propheten, die euch ge- 19: 14,13!
weissagt haben: Der König von Babel wird nicht über euch und über
dieses Land kommen? 20 Und nun höre doch, mein Herr und König! 20: 38,26 · 15
Möge mein Flehen vor dich gelangen, und schick mich nicht zurück in
das Haus Jehonatans, des Schreibers, damit ich dort nicht sterbe. 21 Da 21: 38,9! · 32,2;
gab König Zidkijahu Befehl, und man verwahrte Jeremia im Wachhof 38,28
und gab ihm täglich ein Rundbrot aus der Bäckergasse, bis alles Brot in
der Stadt aufgebraucht war. Und Jeremia blieb im Wachhof.

Anschlag auf Jeremia. Seine Rettung

38 1 Schefatja aber, der Sohn des Mattan, und Gedaljahu, der Sohn 1: 37,3 · 21,1
des Paschchur, und Juchal, der Sohn des Schelemjahu, und Pasch-
chur, der Sohn des Malkija, hörten von den Worten, die Jeremia zum
ganzen Volk sprach, als er sagte: 2 So spricht der HERR: Wer in dieser 2: 17–18; 21,9;
Stadt bleibt, wird durch das Schwert, den Hunger oder die Pest sterben; 27,12–13; 32,24! ·
wer aber hinausgeht zu den Kasdäern, bleibt am Leben, er wird als Beute 39,18!
sein Leben haben und überleben. 3 So spricht der HERR: Diese Stadt 3: 21,7!
wird in die Gewalt des Heers des Königs von Babel gegeben werden, und
er wird sie einnehmen! 4 Da sagten die Oberen zum König: Dieser 4–6: 1,19!
Mann sollte getötet werden, denn er entmutigt die Krieger, die übrig 4: 26,11; Am 7,10 ·
geblieben sind in dieser Stadt, und das ganze Volk, wenn er Worte wie 14,13!
diese zu ihnen redet. Nicht das Wohlergehen dieses Volkes will dieser
Mann, sondern das Unheil! 5 Und König Zidkijahu sprach: Seht, er ist in
eurer Hand, denn der König kann euch nichts entgegensetzen. 6 Da 6: 20,2!; Gen 37,24
nahmen sie Jeremia und warfen ihn in die Zisterne des Malkijahu, des
Königssohns, die sich im Wachhof befand, und an Stricken liessen sie
Jeremia hinab. In der Zisterne aber war kein Wasser, sondern Schlamm,
und Jeremia sank ein im Schlamm.

7 Ebed-Melech aber, der Kuschit, ein Eunuch, der gerade im Haus 7: 39,16
des Königs war, hörte, dass man Jeremia in die Zisterne geworfen hatte;
der König aber hielt sich gerade im Benjamin-Tor auf. 8 Und Ebed-Me-
lech verliess das Haus des Königs und redete mit dem König, um ihm zu
sagen: 9 Mein Herr und König, diese Männer haben übel gehandelt mit 9: 19,9; 37,20–21;
allem, was sie Jeremia, dem Propheten, angetan haben; sie haben ihn in 52,6; Klgl 1,11!
die Zisterne geworfen, damit er da, wo er ist, vor Hunger sterbe. Denn es
gibt kein Brot mehr in der Stadt! 10 Da gebot der König dem Ebed-Me-
lech, dem Kuschiten: Nimm von hier drei Männer mit dir und hole Je-
remia, den Propheten, aus der Zisterne, bevor er stirbt. 11 Und Ebed-
Melech nahm die Männer mit sich und kam in das Haus des Königs,
unter die Vorratskammer, und von dort nahm er Lumpen, zerschlissene
Kleider und Kleiderfetzen, und diese liess er an Stricken hinab zu Jere-
mia in die Zisterne. 12 Und Ebed-Melech, der Kuschit, sagte zu Jeremia:

38,4: Wörtlich: «..., denn er macht die Hände der Kriegsleute schlaff, ...»

Lege die Lumpen, die zerschlissenen Kleider und die Kleiderfetzen in
13: Gen 37,28 · deine Achselhöhlen, über die Seile. Und Jeremia machte es so. 13 Dann
37,21 zog man Jeremia an den Seilen heraus, und so holte man ihn aus der
Zisterne. Und Jeremia blieb im Wachhof.

14: 37,17 14 König Zidkijahu aber sandte hin und holte Jeremia, den Prophe-
ten, zu sich, an den dritten Eingang im Haus des HERRN. Und der König
sagte zu Jeremia: Ich stelle dir eine Frage; verheimliche nichts vor mir.
15 Jeremia aber sagte zu Zidkijahu: Wenn ich dir Auskunft gebe, wirst
du mich dann nicht mit Sicherheit töten? Und wenn ich dir einen Rat
16: 4,2! gebe, wirst du ja doch nicht auf mich hören. 16 Da schwor König Zidki-
jahu dem Jeremia im Verborgenen: So wahr der HERR lebt, der uns dieses
Leben erschaffen hat, ich werde dich nicht töten und dich nicht in die
17: 44,7 · 2!; 34,4 Hand dieser Männer geben, die dir nach dem Leben trachten! 17 Und
Jeremia sprach zu Zidkijahu: So spricht der HERR, der Gott der Heer-
scharen, der Gott Israels: Wenn du hinausgehst zu den Fürsten des Kö-
nigs von Babel, bleibt dir das Leben erhalten, und diese Stadt wird nicht
im Feuer verbrannt, und du bleibst am Leben, du und dein Haus.
18: 32,28!; 39,8! · 18 Wenn du aber nicht hinausgehst zu den Fürsten des Königs von Ba-
32,4–5! bel, wird diese Stadt in die Hand der Kasdäer gegeben werden, und sie
werden sie im Feuer verbrennen, und du selbst wirst dich nicht retten
können aus ihrer Hand. 19 Da sagte König Zidkijahu zu Jeremia: Mir ist
bange wegen der Judäer, die zu den Kasdäern übergelaufen sind, dass
20: 7,23!; 42,6 man mich in ihre Hand gibt und sie mir übel mitspielen. 20 Jeremia
aber sagte: Man wird dich nicht ausliefern! Höre doch auf die Stimme
des HERRN in dem, was ich dir sage, damit es dir gut geht und du am
Leben bleibst. 21 Wenn du dich aber weigerst, hinauszugehen – dies ist,
was der HERR mich hat sehen lassen: 22 Sieh, alle Frauen, die übrig ge-
blieben sind im Haus des Königs von Juda, werden hinausgeführt zu
den Fürsten des Königs von Babel, und dabei sagen sie:

Hinters Licht geführt und überwältigt haben dich
  die Männer deines Vertrauens,
im Sumpf haben sie deine Füsse versinken lassen,
  sie aber sind entwichen.

23: 18 23 Und alle deine Frauen und deine Kinder werden hinausgebracht zu
den Kasdäern, und du selbst wirst dich nicht retten können aus ihrer
Hand, sondern von der Hand des Königs von Babel wirst du ergriffen
werden, und diese Stadt wird im Feuer verbrannt werden. 24 Da sagte
Zidkijahu zu Jeremia: Von diesen Worten soll niemand etwas erfahren,
damit du nicht stirbst. 25 Wenn aber die Oberen hören, dass ich mit dir
geredet habe, werden sie zu dir kommen und zu dir sagen: Berichte uns
doch, was du dem König gesagt hast; verheimliche nichts vor uns, dann
26: 37,15.20 werden wir dich nicht töten. Und was hat der König dir gesagt? 26 Dann
sage ihnen: Ich habe mein Flehen niedergelegt vor dem König, er möge
mich nicht zurückschicken in das Haus des Jehonatan, dass ich dort
nicht sterbe. 27 Und es kamen alle Fürsten zu Jeremia und befragten
ihn. Und er gab ihnen Auskunft gemäss all jenen Worten, die ihm der
König aufgetragen hatte. Da verstummten sie vor ihm, denn niemand

38,23: Die Wiedergabe «wird … verbrannt werden.» beruht auf mehreren Textzeugen; der Massoretische Text lautet übersetzt: «wirst du … verbrennen.»

Denn wir
wissen, dass
die ganze
Schöpfung
seufzt und in
Wehen liegt
bis zum
heutigen Tag

Schriftbild zu Römer 8,22

hatte das Gespräch mitgehört. 28 Und Jeremia blieb im Wachhof bis zu 28: 13;37,21;39,14
dem Tag, an dem Jerusalem eingenommen wurde. – Und dies geschah,
als Juda eingenommen wurde.

Die Eroberung Jerusalems durch den König von Babel

39 1 Im neunten Jahr des Zidkijahu, des Königs von Juda, im zehnten 1–10: 52,1–27;
Monat, zog Nebukadrezzar, der König von Babel, mit seinem gan- 2Kön 25,1–12
zen Heer gegen Jerusalem, und sie belagerten es. 2 Im elften Jahr des 1: 34,1! 2: 21,4
Zidkijahu, im vierten Monat, am neunten des Monats, wurde die Stadt
aufgebrochen, 3 und alle Fürsten des Königs von Babel kamen und blie- 3: 26,10
ben im mittleren Tor: Nergal-Sar-Ezer, Samgar-Nebu-Sar-Sechim, der
Oberste der Eunuchen, Nergal-Sar-Ezer, der Rab-Mag, und alle übrigen
Obersten des Königs von Babel. 4 Und als Zidkijahu, der König von Juda, 4: Ez 12,12
und alle Krieger sie sahen, flohen sie, und in der Nacht machten sie ei-
nen Ausfall aus der Stadt auf dem Weg zum Garten des Königs durch ein
Tor zwischen den beiden Mauern, und der König zog hinaus auf dem
Weg zur Araba. 5 Das Heer der Kasdäer aber verfolgte sie, und in den 5: 38,18
Steppen von Jericho holten sie Zidkijahu ein. Da fassten sie ihn und
führten ihn hinauf zu Nebukadrezzar, dem König von Babel, nach Ribla
im Land Chamat, und dieser sprach die Urteile über ihn. 6 Und in Ribla 6: 34,19–20
schlachtete der König von Babel die Söhne Zidkijahus vor dessen Augen
ab, und auch alle Vornehmen von Juda schlachtete der König von Babel
ab. 7 Und die Augen Zidkijahus blendete er, dann legte er ihn in doppel- 7: 32,4–5!;Ez 12,13
te Ketten, um ihn nach Babel zu bringen. 8 Und das Haus des Königs 8: 21,10!;32,29;37,8;
und die Häuser des Volks verbrannten die Kasdäer im Feuer, und die 38,18;52,13
Mauern von Jerusalem rissen sie nieder. 9 Und den Rest des Volks, jene, 9: 44,14! · 40,1
die übrig geblieben waren in der Stadt, und die Überläufer, die überge-
laufen waren zu ihm, und den Rest des Volks, jene, die übrig geblieben
waren, führte Nebusar-Adan, der Befehlshaber der Leibgarde, nach Ba-
bel in die Verbannung. 10 Vom Volk aber, von den Ärmsten, die nichts 10: 40,7;2Kön 24,14
besassen, liess Nebusaradan, der Befehlshaber der Leibgarde, an jenem
Tag einige zurück im Land Juda und gab ihnen Weinberge und Äcker.

Die Rettung Jeremias und Ebed-Melechs

11 Und Jeremia betreffend befahl Nebukadrezzar, der König von Ba-
bel, durch Nebusaradan, den Befehlshaber der Leibgarde, das Folgende:
12 Nimm ihn und achte auf ihn und tu ihm kein Leid an, sondern ver- 12: 1,8!;40,4
fahre mit ihm so, wie er es dir sagen wird! 13 Da sandten Nebusaradan,
der Befehlshaber der Leibgarde, Nebuschasban, der Oberste der Eunu-
chen, Nergal-Sar-Ezer, der Rab-Mag, und alle Obersten des Königs von
Babel, 14 sie also sandten hin und holten Jeremia aus dem Wachhof und 14: 38,28 · 40,5 ·
übergaben ihn Gedaljahu, dem Sohn des Achikam, des Sohns von Scha- 26,24
fan, um ihn in das Haus zu holen. Und er wohnte beim Volk.

15 An Jeremia aber war das Wort des HERRN ergangen, als er im
Wachhof eingeschlossen war: 16 Geh und sage zu Ebed-Melech, dem 16: 38,7 · 21,10;
Kuschiten: So spricht der HERR der Heerscharen, der Gott Israels: Sieh, 44,11.27;Am 9,4
zum Bösen und nicht zum Guten bringe ich dieser Stadt meine Worte,
und sie werden vor dir liegen an jenem Tag. 17 Dich aber werde ich ret- 17: 20,13

39,3: Rab-Mag ist Titel eines babylonischen Amtsträgers.

ten an jenem Tag, Spruch des HERRN, und du wirst nicht in die Hand der
18: 21,9; 38,2; 45,5 Männer gegeben werden, vor denen du dich fürchtest. 18 Denn ich wer-
de dich entkommen lassen, und du wirst nicht durch das Schwert fallen,
sondern du wirst als Beute dein Leben haben, denn du hast mir vertraut!
Spruch des HERRN.

Gedaljas Statthalterschaft und seine Ermordung

1: 39,9 **40** 1 Das Wort, das vom HERRN an Jeremia erging, nachdem Nebusa-
radan, der Befehlshaber der Leibgarde, ihn aus Rama entlassen
hatte, als er ihn holte und er mit Handfesseln gebunden unter all den
Verbannten aus Jerusalem und Juda war, die nach Babel in die Verban-
2: 11,11! nung geführt wurden. 2 Und der Befehlshaber der Leibgarde nahm Je-
remia und sprach zu ihm: Der HERR, dein Gott, hat dieser Stätte dieses
3: 39,16; Sach 1,6 · Unheil angekündigt. 3 Und er hat es gebracht, und der HERR hat gehan-
32,23! delt, wie er es angekündigt hat, denn ihr habt euch am HERRN versün-
digt und nicht auf seine Stimme gehört, und darum geschieht euch dies.
4: 39,12 4 Und nun, sieh, heute befreie ich dich von den Fesseln an deiner Hand.
Wenn es in deinen Augen gut ist, mit mir nach Babel zu kommen, so
komm, dann werde ich auf dich achten; wenn es in deinen Augen aber
schlecht ist, mit mir nach Babel zu kommen, so lass es! Schau das ganze
Land vor dir; wohin zu gehen gut und recht ist in deinen Augen, dorthin
5: 39,14 · 26,24 geh. 5 – Er aber wollte noch nicht zurückkehren. – Kehre zurück zu Ge-
dalja, dem Sohn des Achikam, des Sohns von Schafan, den der König von
Babel eingesetzt hat über die Städte von Juda, und bleib bei ihm unter
dem Volk, oder geh, wohin immer zu gehen recht ist in deinen Augen.
Und der Befehlshaber der Leibgarde gab ihm Wegzehrung und ein Ge-
6: 1Sam 7,5 schenk und entliess ihn. 6 Und Jeremia kam zu Gedalja, dem Sohn des
Achikam, nach Mizpa und blieb bei ihm unter dem Volk, das übrig ge-
blieben war im Land.

7–9: 2Kön 25,22–24 7 Und alle Anführer der Heere, die mit ihren Männern im Feld wa-
7: 41,10; 43,6 · 39,10 ren, hörten, dass der König von Babel Gedaljahu, den Sohn des Achikam,
über das Land eingesetzt und dass er ihm Männer, Frauen und Kinder
anvertraut hatte, von den Ärmsten im Land, von denen, die nicht in die
8: 41,1 · 41,11; 42,1; Verbannung nach Babel geführt worden waren, 8 und sie kamen zu Ge-
43,2 dalja nach Mizpa: Jischmael, der Sohn des Netanjahu, und Jochanan und
Jonatan, die Söhne des Kareach, und Seraja, der Sohn des Tanchumet,
die Söhne des Efai, des Netofatiters, und Jesanjahu, der Sohn des Ma-
9: 27,11–12 achatiters, sie und ihre Männer. 9 Und Gedaljahu, der Sohn des Achi-
kam, des Sohns von Schafan, schwor ihnen und ihren Männern: Fürch-
tet euch nicht, den Kasdäern zu dienen. Bleibt im Land und dient dem
König von Babel, damit es euch gut geht. 10 Und ich, seht, ich bleibe in
Mizpa, um vor den Kasdäern zu stehen, die zu uns kommen werden. Ihr
aber, erntet ihr Wein und Obst und Öl und füllt es in eure Gefässe und
11: 44,14! wohnt in euren Städten, die in eurem Besitz sind. 11 Und auch alle Judä-
er, die in Moab und bei den Ammonitern und in Edom waren, und jene,
die in all den übrigen Ländern waren, hörten, dass der König von Babel
Juda einen Rest gelassen und dass er Gedaljahu, den Sohn des Achikam,

40,7: Möglich ist auch die Übersetzung: «... anvertraut hatte und einige von den Ärmsten im Land, ...», womit eine zusätzliche Gruppe gemeint wäre.

des Sohns von Schafan, über sie eingesetzt hatte. 12 Da kehrten alle Ju-
däer zurück von allen Orten, wohin sie versprengt worden waren, und
kamen ins Land Juda zu Gedaljahu nach Mizpa und ernteten Wein und
Obst in sehr grosser Menge.

13 Auch Jochanan, der Sohn des Kareach, und alle Anführer der Hee-
re, die im Feld waren, kamen zu Gedaljahu nach Mizpa. 14 Und sie sag- 14: 41,1-3.10
ten zu ihm: Weisst du nicht, dass Baalis, der König der Ammoniter,
Jischmael, den Sohn des Netanja, gesandt hat, um dich umzubringen?
Gedaljahu aber, der Sohn des Achikam, glaubte ihnen nicht. 15 Und im
Verborgenen in Mizpa sagte Jochanan, der Sohn des Kareach, zu Gedal-
jahu: Lass mich gehen, dass ich Jischmael, den Sohn des Netanja, er-
schlage, und niemand wird davon erfahren. Warum soll er dich erschla-
gen? Ganz Juda, das sich um dich sammelt, würde zerstreut, und der
Rest Judas ginge zugrunde! 16 Gedaljahu aber, der Sohn des Achikam,
sagte zu Jochanan, dem Sohn des Kareach: Tu das nicht, denn was du
über Jischmael sagst, ist Lüge.

41 1 Und im siebten Monat kamen Jischmael, der Sohn des Netanja, 1: 40,7-8
des Sohns von Elischama, aus der königlichen Nachkommen-
schaft, und die Grossen des Königs und mit ihm zehn Männer zu Gedal-
jahu, dem Sohn des Achikam, nach Mizpa, und dort, in Mizpa, assen sie
zusammen. 2 Da erhoben sich Jischmael, der Sohn des Netanja, und die 2-3: 40,14;
zehn Männer, die bei ihm waren, und stachen mit dem Schwert auf Ge- 2Kön 25,25
daljahu ein, den Sohn des Achikam, des Sohns von Schafan, und so töte-
ten sie ihn, den der König von Babel im Land eingesetzt hatte. 3 Auch
alle Judäer, die bei ihm, bei Gedaljahu, in Mizpa waren, und die Kasdäer,
die sich dort befanden, die Krieger, erschlug Jischmael.

Anschläge gegen Judäer

4 Und am zweiten Tag nach der Ermordung Gedaljahus, als noch
niemand etwas erfahren hatte, 5 kamen Männer aus Schechem, aus 5: 16,6!
Schilo und aus Samaria, achtzig Mann, mit abgeschnittenem Bart und
zerrissenen Kleidern und Schnittwunden, die sie sich selbst beigebracht
hatten, und sie hatten Opfergaben und Weihrauch bei sich, um sie zum
Haus des HERRN zu bringen. 6 Und Jischmael, der Sohn des Netanja,
ging ihnen von Mizpa aus entgegen, wobei er ohne Unterlass weinte.
Und als er ihnen begegnete, sagte er zu ihnen: Kommt zu Gedaljahu,
dem Sohn des Achikam! 7 Als sie aber in die Mitte der Stadt gekommen
waren, schlachtete Jischmael, der Sohn des Netanja, sie ab und warf sie
in die Zisterne, er und die Männer, die bei ihm waren. 8 Zehn Männer
aber, die sich unter ihnen befanden, die sagten zu Jischmael: Töte uns
nicht, denn wir haben verborgene Vorräte auf dem Feld: Weizen und
Gerste und Öl und Honig! Da liess er ab und tötete sie nicht inmitten
ihrer Brüder. 9 Die Zisterne aber, in die Jischmael all die Leichen der 9: 1Kön 15,16-22
Männer warf, die er hatte erschlagen können aufgrund der Sache mit
Gedaljahu, das war die, die König Asa angelegt hatte wegen Bascha, dem
König von Israel; diese füllte Jischmael, der Sohn des Netanjahu, mit
Erschlagenen. 10 Dann führte Jischmael den ganzen Rest des Volks, der 10: 40,7! · 40,14
in Mizpa war, in die Gefangenschaft: die Töchter des Königs und alles
Volk, das übrig geblieben war in Mizpa, über das Nebusaradan, der Be-
fehlshaber der Leibgarde, Gedaljahu, den Sohn des Achikam, eingesetzt

hatte. Jischmael also, der Sohn des Netanja, führte sie in die Gefangen-
schaft, dann aber ging er fort, um zu den Ammonitern überzulaufen.
11: 40,8!.13–16 11 Und Jochanan, der Sohn des Kareach, und alle Anführer der Heere,
die bei ihm waren, hörten von all dem Bösen, das Jischmael, der Sohn
12: 2Sam 2,13 des Netanja, verübt hatte. 12 Da nahmen sie alle Männer und gingen,
um gegen Jischmael, den Sohn des Netanja, zu kämpfen, und sie trafen
auf ihn am grossen Wasser von Gibeon. 13 Und alles Volk, das bei
Jischmael war, freute sich, als es Jochanan sah, den Sohn des Kareach,
und alle Heerführer, die bei ihm waren. 14 Und alles Volk, das Jischmael
von Mizpa in die Gefangenschaft geführt hatte, wandte sich, und sie
kehrten zurück und gingen zu Jochanan, dem Sohn des Kareach.
15 Jischmael aber, der Sohn des Netanja, entkam dem Jochanan mit acht
Mann und ging zu den Ammonitern.
16: 40,7 16 Und Jochanan, der Sohn des Kareach, und alle Heerführer, die bei
ihm waren, nahmen den ganzen Rest des Volks, den er zurückgebracht
hatte von Jischmael, dem Sohn des Netanja, von Mizpa, nachdem dieser
den Gedalja, den Sohn des Achikam, erschlagen hatte – Männer, Krieger
und Frauen und Kinder und Eunuchen, die er zurückgebracht hatte aus
17: 42,14; 43,5–7; Gibeon –, 17 und sie gingen und blieben in Gerut-Kimham, das bei Bet-
2Kön 25,26 lehem liegt, um weiterzuziehen und nach Ägypten zu kommen, 18 um
18: 42,11 · 44,12–13! den Kasdäern zu entkommen, denn sie fürchteten sich vor ihnen, da
Jischmael, der Sohn des Netanja, Gedaljahu, den Sohn des Achikam, er-
schlagen hatte, der vom König von Babel im Land eingesetzt worden
war.

Vergebliche Warnung vor der Auswanderung nach Ägypten

1: 40,8! · 43,2 **42** 1 Und es kamen alle Anführer der Heere und Jochanan, der Sohn
des Kareach, und Jesanja, der Sohn des Hoschaja, und das ganze
2: 37,3! · 44,14! Volk, vom Kleinsten bis zum Grössten, 2 und sie sprachen zu Jeremia,
dem Propheten: Möge doch unser Flehen zu dir gelangen! Und bete für
uns zum HERRN, deinem Gott, für diesen ganzen Rest – denn wie du es
mit eigenen Augen siehst, sind von uns nur wenige übrig geblieben von
3: 7,23 den vielen –, 3 damit der HERR, dein Gott, uns mitteilt, welchen Weg
4: 23,28 wir gehen und was wir tun sollen. 4 Da sprach Jeremia, der Prophet, zu
ihnen: Ich habe es gehört. Seht, ich werde zum HERRN, eurem Gott, be-
ten, wie ihr es gesagt habt. Und jedes Wort, das der HERR euch antwor-
5: Dtn 5,27 tet, werde ich euch mitteilen; nichts werde ich euch vorenthalten. 5 Da
sagten sie zu Jeremia: Der HERR sei ein treuer und verlässlicher Zeuge
gegen uns, wenn wir nicht nach jedem Wort handeln, mit dem der
6: 38,20! HERR, dein Gott, dich zu uns sendet! 6 Es sei Gutes oder Schlechtes – auf
die Stimme des HERRN, unseres Gottes, zu dem wir dich senden, werden
wir hören, damit es uns gut geht, weil wir auf die Stimme des HERRN,
unseres Gottes, hören.
7 Und nach zehn Tagen erging das Wort des HERRN an Jeremia. 8 Da
rief er Jochanan, den Sohn des Kareach, und alle Heerführer, die bei ihm
waren, sowie das ganze Volk, vom Kleinsten bis zum Grössten, 9 und
sprach zu ihnen: So spricht der HERR, der Gott Israels, zu dem ihr mich
10: 1,10! · 18,8! gesandt habt, um ihm euer Flehen nahe zu bringen: 10 Wenn ihr wirk-

41,16: Mit ‹er› ist Jochanan gemeint.

lich in diesem Land bleibt, werde ich euch aufbauen und nicht nieder-
reissen, und ich werde euch einpflanzen und nicht ausreissen, denn ich
bedaure das Unheil, das ich euch angetan habe. 11 Fürchtet euch nicht 11: 1,8!; 20,13; 41,18
vor dem König von Babel, vor dem ihr euch jetzt fürchtet. Fürchtet euch
nicht vor ihm, Spruch des HERRN, denn ich bin bei euch, um euch zu
helfen und euch aus seiner Hand zu retten. 12 Und ich werde euch 12: 31,20; 1Kön 8,50
Barmherzigkeit widerfahren lassen, und er wird sich eurer erbarmen
und euch zurückbringen auf euren Boden. 13 Wenn ihr aber sagt: Wir 13: 43,4
bleiben nicht in diesem Land!, und nicht auf die Stimme des HERRN,
eures Gottes, hört 14 und sagt: Nein! Ins Land Ägypten werden wir zie- 14: 41,17!–18 · 4,5! ·
hen, wo wir keinen Krieg sehen und den Klang des Schofar nicht hören Ex 16,3
werden und auch nicht nach Brot hungern, und dort werden wir blei-
ben! – 15 nun denn, darum hört das Wort des HERRN, Rest von Juda: So
spricht der HERR der Heerscharen, der Gott Israels: Wenn ihr wirklich
entschlossen seid, nach Ägypten zu ziehen, und ihr zieht hin, um dort
als Fremde zu bleiben, 16 wird euch dort das Schwert, vor dem ihr euch 16–17: 44,12–13!
fürchtet, einholen, im Land Ägypten, und der Hunger, vor dem euch 16: Ez 11,8
bange ist, wird euch dort, in Ägypten, verfolgen, und ihr werdet dort
sterben. 17 Und all die Männer, die entschlossen sind, nach Ägypten zu 17: 44,14!; Klgl 2,22
ziehen, um dort als Fremde zu bleiben, werden durch das Schwert, vor
Hunger oder an der Pest sterben, und keiner von ihnen wird entrinnen,
und keiner wird sich retten können vor dem Unheil, das ich über sie
bringe. 18 Denn so spricht der HERR der Heerscharen, der Gott Israels: 18: 7,20 · 18,16!;
Wie meine Wut, mein Zorn, sich ergossen hat über die Bewohner Jeru- 24,9; 29,18; 44,12
salems, so wird mein Zorn sich über euch ergiessen, wenn ihr nach
Ägypten zieht. Und ihr werdet zum Fluchwort werden und verwüstet
sein, ihr werdet zur Verfluchung und zum Hohn, und niemals wieder
werdet ihr diese Stätte sehen!

19 Der HERR hat zu euch gesprochen, Rest von Juda: Zieht nicht nach 19: Dtn 17,16
Ägypten. Ihr wisst sehr gut, dass ich euch heute ermahnt habe! 20 Denn
um den Preis eures Lebens habt ihr versucht, abzulenken, da ihr mich
zum HERRN, eurem Gott, gesandt habt mit den Worten: Bete für uns
zum HERRN, unserem Gott! Und alles, was der HERR, unser Gott, sagt,
teile uns mit, und wir werden es tun! 21 Und heute habe ich es euch 21: 32,23!
mitgeteilt, ihr aber habt nicht auf die Stimme des HERRN, eures Gottes,
gehört und nicht auf all das, womit er mich zu euch gesandt hat. 22 Und 22: 15–16
nun wisst ihr sehr gut, dass ihr sterben werdet durch das Schwert, vor
Hunger oder an der Pest, an der Stätte, wohin ihr ziehen wolltet, um
dort als Fremde zu bleiben.

Auswanderung nach Ägypten

43 1 Und als Jeremia zum ganzen Volk alle Worte des HERRN, ihres
Gottes, gesprochen hatte, all jene Worte, mit denen der HERR, ihr
Gott, ihn zu ihnen gesandt hatte, 2 da sagten Asarja, der Sohn des 2: 42,1 · 40,8! ·
Hoschaja, und Jochanan, der Sohn des Kareach, und all die vermessenen 14,14!–15 · 42,19
Männer – sie sagten zu Jeremia: Lüge ist, was du sagst! Der HERR, unser
Gott, hat dich nicht gesandt, um zu sagen: Ihr sollt nicht nach Ägypten
ziehen, um dort als Fremde zu bleiben! 3 Vielmehr stachelt Baruch, der 3: 32,12!
Sohn des Nerija, dich gegen uns auf, damit man uns in die Hand der
Kasdäer gibt, dass sie uns töten oder uns nach Babel in die Verbannung

4: 42,13.21 führen. 4 Und Jochanan, der Sohn des Kareach, und alle Anführer der
Heere und das ganze Volk hörten nicht auf die Stimme des HERRN, im
5: 40,11–12 Land Juda zu bleiben. 5 Und Jochanan, der Sohn des Kareach, und alle
Anführer der Heere nahmen den ganzen Rest von Juda, alle, die zurück-
gekehrt waren aus all den Nationen, unter die sie versprengt worden
6: 40,7! waren, um im Land Juda zu bleiben: 6 die Männer und die Frauen und
die Kinder und die Töchter des Königs, alle, die Nebusaradan, der Be-
fehlshaber der Leibgarde, bei Gedaljahu gelassen hatte, dem Sohn des
Achikam, des Sohns von Schafan, auch Jeremia, den Propheten, und Ba-
7: 41,16–17! · 42,21 ruch, den Sohn des Nerijahu. 7 Und sie kamen ins Land Ägypten, denn
sie hatten nicht auf die Stimme des HERRN gehört. Und sie kamen nach
Tachpanches.

8 Und das Wort des HERRN erging an Jeremia in Tachpanches:
9: 13,1! 9 Nimm grosse Steine mit und vergrabe sie im Lehmboden bei der Zie-
gelterrasse, die am Eingang des Hauses des Pharao in Tachpanches ist,
10: 25,9! vor den Augen judäischer Männer, 10 und sprich zu ihnen: So spricht
der HERR der Heerscharen, der Gott Israels: Seht, ich sende hin und hole
Nebukadrezzar, den König von Babel, meinen Diener, und über diesen
Steinen, die ich verborgen habe, werde ich seinen Thron aufstellen, und
11: 44,30; 46,13; er wird darüber seinen Prachtteppich ausbreiten. 11 Und er wird kom-
Ez 29,19 · 15,2; men und das Land Ägypten schlagen:
44,12–13!

Was dem Tod gehört, gehört dem Tod,
und was der Gefangenschaft gehört, gehört der Gefangenschaft,
und was dem Schwert gehört, gehört dem Schwert.

12: 10,11.15!; 12 Und an die Häuser der Götter von Ägypten werde ich Feuer legen, und
46,25–26; Ez 30,13 er wird sie verbrennen und sie in die Gefangenschaft führen. Und er
wird das Land Ägypten entlausen, wie der Hirt sein Gewand entlaust,
und dann wird er wohlbehalten fortziehen von dort. 13 Und die Mazze-
ben von Bet-Schemesch im Land Ägypten wird er zerbrechen, und die
Häuser der Götter von Ägypten wird er im Feuer verbrennen.

Heimsuchung in Ägypten

1: 2,16; 43,7.9 **44** 1 Das Wort, das an Jeremia erging für alle Judäer, die im Land
Ägypten wohnten, die in Migdol und in Tachpanches und in Nof
2: 11,11! · 2,15!; 27,17 und im Land Patros wohnten: 2 So spricht der HERR der Heerscharen,
der Gott Israels: Ihr selbst habt all das Unheil gesehen, das ich über Jeru-
salem und über alle Städte von Juda gebracht habe: Seht, heute sind sie
3: 4,18! · 19,4! · eine Trümmerstätte, und niemand wohnt darin 3 wegen ihrer Bosheit,
16,11! die sie verübt haben, da sie mich gereizt haben und gegangen sind,
Rauchopfer darzubringen und anderen Göttern zu dienen, die sie nicht
kannten, die ihr nicht kennt und die eure Vorfahren nicht gekannt ha-
4: 7,25! · 5,30! ben. 4 Und ich habe alle meine Diener, die Propheten, zu euch gesandt,
immer wieder mit Eifer gesandt, um zu sagen: Verübt doch nicht diese
5: 7,26! Abscheulichkeit, die ich hasse! 5 Sie aber haben nicht gehört und haben

43,9: Die genaue Übersetzung der mit ‹Ziegelterrasse› wiedergegebenen Ortsangabe ist unsicher.

43,10: Möglicherweise ist das mit «Prachtteppich» wiedergegebene hebräische Wort mit «Prachtzelt» zu übersetzen.

43,12: Mit ‹er› ist Nebukadnezzar und mit ‹sie› sind die Ägypter gemeint.

43,13: Mit den Mazzeben sind an dieser Stelle Obelisken gemeint.

mir ihr Ohr nicht geneigt, so dass sie von ihrer Bosheit zurückgekehrt
wären und anderen Göttern keine Rauchopfer dargebracht hätten. 6 Da 6: 15,14!
hat mein Zorn, meine Wut, sich ergossen, und in den Städten Judas und
in den Gassen von Jerusalem hat er gelodert, und sie sind zur Trümmer-
stätte geworden, sind verwüstet worden, wie es heute der Fall ist. 7 Und 7: 2,17! · 14!
nun, so spricht der HERR, der Gott der Heerscharen, der Gott Israels:
Warum tut ihr euch selbst so grosses Unheil an, dass ihr bei euch Mann
und Frau, Kind und Säugling ausrottet aus Juda und euch keinen Rest
übrig lasst, 8 indem ihr mich reizt durch die Machwerke eurer Hände, 8: 18,16!; 24,9
indem ihr anderen Göttern Rauchopfer darbringt im Land Ägypten,
wohin ihr gehen wollt, um dort als Fremde zu bleiben, und euch so
selbst ausrottet und zur Verfluchung und zum Hohn werdet bei allen
Nationen der Erde? 9 Habt ihr die Bosheiten eurer Vorfahren und die 9: 7,17
Bosheiten der Könige von Juda und die Bosheiten seiner Fürsten und
eure eigenen Bosheiten und die Bosheiten eurer Frauen vergessen, die
sie im Land Juda begangen haben und in den Gassen von Jerusalem?
10 Auch heute noch sind sie nicht zerknirscht, und sie haben sich nicht 10: 2,30! · 9,12!
gefürchtet und haben nicht nach meiner Weisung gelebt und in mei-
nen Satzungen, die ich euch und euren Vorfahren vorgelegt habe.
11 Darum, so spricht der HERR der Heerscharen, der Gott Israels: Seht, 11: 27; 21,10
im Bösen richte ich mein Angesicht auf euch: Ganz Juda will ich ausrot-
ten! 12 Und den Rest von Juda werde ich nehmen, jene, die entschlossen 12–13: 27; 38,2!;
sind, ins Land Ägypten zu ziehen, um dort als Fremde zu bleiben, und 42,16–19.22; 43,11
sie alle werden umkommen, im Land Ägypten werden sie fallen, durch
das Schwert, vor Hunger werden sie umkommen, vom Kleinsten bis
zum Grössten, durch das Schwert und vor Hunger werden sie sterben.
Und sie werden zum Fluchwort, werden verwüstet sein, und sie werden
zur Verfluchung und zum Hohn. 13 Und die im Land Ägypten wohnen,
werde ich heimsuchen, wie ich Jerusalem heimgesucht habe: mit dem
Schwert, dem Hunger und der Pest. 14 Und vom Rest Judas, von denen, 14: 28; 11,23; 24,8;
die kommen, um dort, im Land Ägypten, als Fremde zu bleiben, wird 31,7; 39,9; 40,11;
keiner gerettet werden und keiner entrinnen, um zurückzukehren ins 42,2.17
Land Juda, wohin sie sich zurückzukehren sehnen, um dort zu wohnen.
Sie werden nicht zurückkehren, bis auf die Geretteten!

15 Und alle Männer, die wussten, dass ihre Frauen anderen Göttern
Rauchopfer darbrachten, und alle Frauen, die dabeistanden, eine grosse
Versammlung, und alles Volk, das im Land Ägypten, in Patros, wohnte,
sie antworteten Jeremia: 16 Das Wort, das du zu uns gesprochen hast im 16: 18,18; 25,3–4!
Namen des HERRN – wir hören nicht auf dich! 17 Vielmehr werden wir 17: 19,4! · 7,18
jedes Wort ausführen, das hervorgegangen ist aus unserem Mund: Der
Himmelskönigin wollen wir Rauchopfer darbringen, und ihr wollen
wir Trankopfer spenden, wie wir es getan haben, wir und unsere Vor-
fahren, unsere Könige und unsere Fürsten, in den Städten Judas und in
den Gassen von Jerusalem. Da konnten wir uns satt essen mit Brot, und
wir waren glücklich und haben kein Unheil gesehen! 18 Seit wir aber
aufgehört haben, der Himmelskönigin Rauchopfer darzubringen und
ihr Trankopfer zu spenden, mangelt es uns an allem, und wir kommen
um durch das Schwert und vor Hunger. 19 Und wenn wir der Himmels-
königin Rauchopfer darbringen und ihr Trankopfer spenden, haben wir

ihr etwa ohne das Wissen unserer Männer Opferkuchen zubereitet, um
sie nachzubilden, und ihr Trankopfer gespendet?
20 Da sprach Jeremia zum ganzen Volk, zu den Männern und zu den
21: 16,17! Frauen, zum ganzen Volk, das ihm antwortete: 21 Das Rauchopfer, das
ihr dargebracht habt in den Städten Judas und in den Gassen von Jerusalem,
ihr und eure Vorfahren, eure Könige und eure Fürsten und das
Volk des Landes – hat der HERR sich nicht daran erinnert, und ist es
22: 15,6 · 4,4 · 2 nicht aufgestiegen in sein Herz? 22 Und der HERR konnte es nicht länger
ertragen, wegen der Bosheit eurer Taten, wegen der Abscheulichkeiten,
die ihr verübt habt, und so ist euer Land zur Trümmerstätte geworden
und verwüstet worden und zur Verfluchung geworden, niemand
23: 3 · 10 wohnt mehr darin, wie es heute der Fall ist. 23 Weil ihr Rauchopfer dargebracht
und gegen den HERRN gesündigt und nicht auf die Stimme des
HERRN gehört habt und nicht nach seiner Weisung, nach seinen Satzungen
und nach seinen Mahnungen gelebt habt, darum ist euch dieses
Unheil widerfahren, wie es heute der Fall ist!
24 Und Jeremia sprach zum ganzen Volk und zu allen Frauen: Hört
das Wort des HERRN, ganz Juda, die ihr im Land Ägypten seid! 25 So
spricht der HERR der Heerscharen, der Gott Israels: Ihr und eure Frauen,
mit eurem Mund habt ihr gesprochen, und mit euren Händen habt ihr
es ausgeführt; ihr habt gesagt: Unsere Gelübde, die wir gelobt haben,
werden wir erfüllen: Wir wollen der Himmelskönigin Rauchopfer darbringen
und ihr Trankopfer spenden! Eure Gelübde wollt ihr halten,
26: 22,5 · 4,2! und eure Gelübde wollt ihr erfüllen! 26 Darum hört das Wort des
HERRN, ganz Juda, die ihr im Land Ägypten wohnt! Seht, bei meinem
grossen Namen habe ich es geschworen, spricht der HERR: Nie wieder
soll irgendwo im Land Ägypten mein Name genannt werden im Mund
irgendeines Mannes aus Juda, der sagt: So wahr Gott der HERR lebt!
27–29: 1,12! 27 Sieh, im Bösen und nicht im Guten wache ich über sie. Und alle Män-
27: 11; 39,16! · 12–13! ner aus Juda, die im Land Ägypten sind, werden umkommen durch das
28: 14!; 51,50; Ez 6,8 Schwert und vor Hunger, bis sie ganz ausgerottet sind. 28 Vor dem
Schwert Gerettete aber werden zurückkehren aus dem Land Ägypten in
das Land Juda, wenige, damit der ganze Rest von Juda, die, die ins Land
Ägypten gekommen sind, um dort als Fremde zu bleiben, erkennt, wes-
29: Jes 38,7 sen Wort sich erfüllt, meines oder das ihre. 29 Und dies wird das Zeichen
für euch sein, Spruch des HERRN, dass ich euch heimsuche an dieser
Stätte, damit ihr erkennt, dass meine Worte sich erfüllen zu eurem
30: 43,10–11; Unheil: 30 So spricht der HERR: Sieh, ich gebe Pharao Chofra, den König
46,25–26 von Ägypten, in die Hand seiner Feinde und in die Hand derer, die ihm
nach dem Leben trachten, wie ich Zidkijahu, den König von Juda, in die
Hand Nebukadrezzars gegeben habe, des Königs von Babel, seines
Feinds – dessen, der ihm nach dem Leben trachtete.

Trost für Baruch

1: 32,12! · 36,4.18 **45** 1 Das Wort, das Jeremia, der Prophet, zu Baruch, dem Sohn des
Nerija, gesprochen hat, als Baruch diese Worte nach dem Diktat
Jeremias in ein Buch schrieb, im vierten Jahr des Jehojakim, des Sohns
von Joschijahu, des Königs von Juda: 2 So spricht der HERR, der Gott Is-

44,19: Mit ‹sie› ist die Himmelskönigin gemeint.

raels, über dich, Baruch: 3 Du hast gesagt: Wehe mir, denn zu meinem
Schmerz hat der HERR noch Kummer hinzugefügt. Müde geworden bin
ich von meinem Seufzen, und Ruhe finde ich nicht. 4 So sollst du zu ihm 4: 1,10!
sagen: So spricht der HERR: Sieh, was ich gebaut habe, reisse ich nieder,
und was ich gepflanzt habe, reisse ich aus – das ganze Land! 5 Und du 5: 11,11! · 25,31! ·
trachtest nach Grossem für dich! Trachte nicht danach. Denn sieh, ich 39,18!
bringe Unheil über alles Fleisch, Spruch des HERRN, dir aber gebe ich als
Beute dein Leben, an allen Orten, wohin du auch gehst.

Über Ägypten

46 1 Das war das Wort des HERRN an Jeremia, den Propheten, gegen 1: 25,15
die Nationen:

2 Über Ägypten 2–26: Jes 19–20; Ez 29–32
Gegen das Heer des Pharao Necho, des Königs von Ägypten, das am 2: 25,19 ·
Strom Eufrat in Karkemisch lag, das Nebukadrezzar, der König von Ba- 2Kön 23,29; 24,7
bel, schlug im vierten Jahr des Jehojakim, des Sohns von Joschijahu,
dem König von Juda:

3 Macht Kleinschild und Setzschild bereit 3–4: 51,11
und rückt aus in die Schlacht!
4 Spannt die Pferde an
und sitzt auf, ihr Reiter!
Und tretet an, behelmt!
Poliert die Lanzen,
legt die Panzer um!
5 Warum sind sie schreckerfüllt, wie ich es gesehen habe, 5: 6,25!
warum weichen sie zurück,
und warum werden ihre Helden versprengt?
Und in hastiger Flucht sind sie geflohen,
und sie sehen sich nicht um.
Grauen ringsum! Spruch des HERRN.
6 Der Schnelle versuche nicht, zu fliehen, 6: Am 2,14–16
und der Held versuche nicht, sich zu retten.
Im Norden, am Ufer des Stroms Eufrat,
sind sie gestrauchelt und gefallen.
7 Wer ist das, der anschwillt wie der Nil, 7: 47,2; 50,42!;
und dessen Wasser wogt wie Ströme? 51,42; Jes 8,7
8 Ägypten – wie der Nil schwillt es an,
und wie Ströme wogt das Wasser.
Und es sprach: Anschwellen will ich, will das Land bedecken,
will die Stadt vernichten und die Bewohner in ihr!
9 Bäumt euch auf, ihr Pferde!
Und rast wie von Sinnen, ihr Wagen!
Und die Helden sollen ausrücken:
Kusch und Put, die den Schild tragen,
und Luditer, die den Bogen tragen, ihn spannen!

46,4: Möglich ist für «und sitzt auf ihr, Reiter!» auch die Übersetzung: «und besteigt die Pferde!»

46,5: Möglich ist für «Und in hastiger Flucht sind sie geflohen, ...» auch die Übersetzung: «Und sie sind zum Fluchtort geflohen, ...»

10: 12,12!; 50,15!; Jes 34,5–6!; Zef 1,7
11: 8,22; 51,8; Ez 30,21
12: 6; 48,14
13: 43,11!
14: 2,16; 44,1
16: Lev 26,37 · 25,38!; 50,16
17: 37,7!
18: 48,15; 51,57
19: 10,17! · Jes 20,4
21: 8,12!; 9,24–25; 48,44; 49,8; 50,27.31

10 Jener Tag aber gehört dem Herrn,
dem HERRN der Heerscharen,
ein Tag der Rache,
um sich zu rächen an seinen Feinden.
Und das Schwert wird sich satt fressen
und sich satt trinken an ihrem Blut,
denn der Herr, der HERR der Heerscharen, feiert ein Schlachtfest
im Land des Nordens, am Strom Eufrat.
11 Steig hinauf nach Gilead und hole Balsam,
du Jungfrau, Tochter Ägypten!
Vergebens hast du Heilmittel angehäuft,
es gibt keine Heilung für dich!
12 Von deiner Schmach haben die Nationen gehört,
und dein Klagegeschrei hat die Erde erfüllt,
denn ein Held ist über den anderen Helden gestürzt,
miteinander sind beide gefallen.
13 Das Wort, das der HERR zu Jeremia, dem Propheten, gesprochen hat,
dass Nebukadrezzar, der König von Babel, kommen werde, um das Land
Ägypten zu schlagen:
14 Verkündet es in Ägypten, und in Migdol lasst es hören,
und lasst es hören in Nof und in Tachpanches!
Sagt: Tritt an und mach dich bereit!
Denn schon hat rings um dich her das Schwert gefressen.
15 Warum wurde dein Starker weggeschwemmt?
Er hielt nicht stand,
denn der HERR stiess ihn weg.
16 Massenhaft straucheln sie,
auch ist einer über den anderen gefallen.
Da haben sie gesagt:
Auf und lasst uns zurückkehren zu unserem Volk
und in das Land unserer Herkunft,
um dem gewalttätigen Schwert zu entkommen!
17 Dort hat man ausgerufen:
Der Pharao, der König von Ägypten,
ist einer, der lärmt,
den rechten Zeitpunkt hat er verstreichen lassen.
18 So wahr ich lebe, Spruch des Königs –
HERR der Heerscharen ist sein Name –,
wie der Tabor unter den Bergen
und wie der Karmel am Meer,
so wird er kommen!
19 Für die Verbannung mach dir die Sachen bereit,
du Sesshafte, Tochter Ägypten!
Denn Nof wird verwüstet
und wird zerstört,
niemand wohnt mehr darin.
20 Eine sehr schöne junge Kuh ist Ägypten,
von Norden fliegt eine Bremse heran, sie kommt.
21 Auch seine Söldner in seiner Mitte
sind wie Mastkälber,

aber auch sie haben sich abgewandt, allesamt sind sie geflohen,
sie haben nicht standgehalten,
denn der Tag ihres Unglücks ist über sie gekommen,
die Zeit ihrer Heimsuchung.
22 Es macht Geräusche wie die Schlange,
die sich davonmacht,
denn mit dem Heer ziehen sie heran,
und mit Äxten sind sie zu ihm gekommen
wie Holzfäller.
23 Seinen Wald haben sie gefällt, Spruch des HERRN, 23: Jes 10,34 ·
obgleich er undurchdringlich war! 51,14.27
Denn zahlreicher als die Heuschrecken sind sie,
sie sind ohne Zahl.
24 Zuschanden geworden ist die Tochter Ägypten, 24: 1,14–15!
in die Hand des Volks aus dem Norden ist sie gegeben.
25 Der HERR der Heerscharen, der Gott Israels, spricht: Sieh, den Amon 25: 43,12–13;
von No suche ich heim und den Pharao und Ägypten und seine Götter Ez 30,14; Nah 3,8
und seine Könige, den Pharao und jene, die auf ihn vertrauen. 26 Und 26: 44,30! ·
ich werde sie in die Hand derer geben, die ihnen nach dem Leben trach- Ez 29,13–14
ten: in die Hand Nebukadrezzars, des Königs von Babel, und in die Hand
seiner Diener. Danach aber wird es bewohnt sein wie in früheren Ta-
gen! Spruch des HERRN.
27 Und du, fürchte dich nicht, mein Diener Jakob, 27: 30,10! · 12,15!
und erschrecke nicht, Israel!
Denn sieh, dich rette ich aus der Ferne
und deine Nachkommen aus dem Land ihrer Gefangenschaft.
Und Jakob wird zurückkehren
und Ruhe haben und sicher sein,
und da wird keiner sein, der ihn aufschreckt.
28 Du musst dich nicht fürchten, mein Diener Jakob, Spruch des 28: 30,11; Jes 43,5 ·
HERRN, denn ich bin bei dir. Ich werde allen Nationen, unter die ich 10,24; 30,11
dich versprengt habe, ein Ende bereiten. Dir aber werde ich nicht ein
Ende bereiten, damit ich dich zurechtweisen kann, wie es rechtens ist.
Ganz ungestraft werde ich dich nicht lassen.

Über die Philister

47 1 Das war das Wort des HERRN an Jeremia, den Propheten, über 1–7: 25,20;
die Philister, bevor der Pharao Gaza schlug. Jes 14,29–32; Ez 25,15–17; Am 1,6–8
2 So spricht der HERR:
Sieh, von Norden her steigt Wasser an 2: 6,22 · 46,7
und wird zum Fluss, der überflutet,
so dass es das Land überflutet und was darin ist,
die Stadt und die in ihr wohnen.
Und die Menschen werden schreien,
und wehklagen werden alle Bewohner der Erde.
3 Wegen des Stampfens der Hufe seiner Starken, 3: 4,13!; 46,9
des Getöses seiner Wagen,
des Lärmens seiner Räder
sehen die Väter sich nicht nach den Kindern um,
sind die Hände erschlafft,

4: 30,7; Joel 1,15
4 wegen des Tags, der kommt, um alle Philister zu vernichten,
um Tyros und Sidon zu vernichten,
jeden Entkommenen, der helfen will.
Der HERR vernichtet die Philister,
den Rest der Insel Kaftor!

5: Zef 2,4; Sach 9,5
5 Kahlheit ist über Gaza gekommen,
Aschkelon wurde zum Schweigen gebracht.
Du Rest aus ihrer Tiefebene,
wie lange willst du dich blutig ritzen?

6–7: 12,12!; Ez 14,17
6 Wehe! Schwert des HERRN,
wann kommst du zur Ruhe?
Zieh dich zurück in deine Scheide,
verhalte dich ruhig und still!
7 Wie solltest du Ruhe finden?
Hat doch der HERR ihm Befehl erteilt!
Nach Aschkelon und an die Küste des Meeres,
dorthin hat er es aufgeboten.

Über Moab

1–47: 25,21; Jes 15–16; Ez 25,8–11; Am 2,1–3; Zef 2,8–11
48 1 Über Moab.
So spricht der HERR der Heerscharen, der Gott Israels:
Wehe über Nebo, denn es ist verwüstet,
zuschanden geworden, eingenommen ist Kirjatajim.
zuschanden geworden ist die Zuflucht und zerbrochen.

2: 47,6–7
2 Moabs Ruhm ist nicht mehr,
in Cheschbon hat man sein Unheil geplant:
Kommt und lasst es uns ausrotten,
dass es keine Nation mehr ist!
Auch du, Madmen, wirst untergehen,
hinter dir läuft das Schwert.

3: Jes 15,5
3 Horch: Verzweifeltes Schreien aus Choronajim,
Verwüstung und grosser Zusammenbruch!
4 Moab ist zusammengebrochen!
Man hört das Geschrei seiner Jüngsten.
5 Den Pass von Luchit
zieht man hinauf mit Weinen, mit Weinen.
Beim Abstieg von Choronajim
hat man verzweifelte Schreie gehört über den Zusammenbruch.

6: 49,8.30; 51,6
6 Flieht, rettet euer Leben,
und seid wie Wacholder in der Wüste!

7: 46; Num 21,29 · 49,3
7 Denn weil du auf deine Taten und auf deine Vorräte vertraut hast,
wirst auch du eingenommen werden.
Und Kemosch wird hinausziehen in die Verbannung,
seine Priester zusammen mit seinen Fürsten.

8: 18.32; 6,26!; 51,48.53.56
8 Und in jede Stadt kommt der Verwüster,
und keine Stadt wird gerettet,

47,5: ‹Kahlheit› steht hier für Trauer; als Zeichen der Trauer schnitt man sich die Haupthaare ab.

48,2: Im Hebräischen klingen Cheschbon und ‹planen› ähnlich.

und das Tal geht unter,
und die Ebene wird unbrauchbar gemacht,
wie der HERR es gesagt hat.
9 Gebt Moab Salz, 9: 2,15!
denn es wird verfallen!
Und seine Städte werden verwüstet sein,
niemand wohnt mehr in ihnen.
10 Verflucht ist, 10: 12,12!
wer die Arbeit für den HERRN nachlässig verrichtet,
und verflucht ist,
wer seinem Schwert das Blut verweigert!
11 Seit seiner Jugend war Moab ungestört, 11: Zef 1,12
und ruhig lag es auf seinen Hefen,
und nie wurde es umgeschüttet von einem Gefäss ins andere Gefäss,
und es musste nicht in die Verbannung gehen.
Deshalb hat es seinen Geschmack behalten,
und sein Geruch hat sich nicht verändert.
12 Darum, sieh, es kommen Tage, Spruch des HERRN, 12: 38!
da werde ich ihm Küfer senden,
und die werden es umfüllen,
und seine Gefässe werden sie leeren,
und ihre Krüge werden sie zerschlagen.
13 Und Moab wird an Kemosch zuschanden werden, 13: 2,36 ·
wie das Haus Israel zuschanden geworden ist 1Kön 12,29!; Am 5,5
an Bet-El, seiner Zuversicht.
14 Wie könnt ihr sagen: 14: 41; 46,12;
Helden sind wir, 51,30.56
Krieger für die Schlacht?
15 Verwüstet ist Moab, 15: 11,19! · 46,18!
und seine Städte hat man erklommen,
und die Besten seiner jungen Männer
sind niedergesunken zur Schlachtung.
Spruch des Königs, HERR der Heerscharen ist sein Name.
16 Bald ist Moabs Unglück da,
und rasend schnell eilt sein Unheil herbei.
17 Bekundet ihm eure Teilnahme, ihr alle, seine Nachbarn, 17: Jes 14,4–5
und alle, die ihr seinen Namen kennt!
Sprecht: Wie ist das Zepter der Macht zerbrochen,
der Stab der Pracht!
18 Steige herab von der Herrlichkeit und setze dich in den Schmutz, 18: Jes 47,1 · 8!
Bewohnerin der Tochter Dibon!
Denn der Verwüster Moabs ist hinaufgestiegen zu dir,
hat deine Befestigungen zerstört.
19 Stell dich an den Weg und halte Ausschau,
Bewohnerin von Aroer,
frage den Flüchtling und die Entronnene,
sprich: Was ist geschehen?

48,18: «Steige herab … Schmutz, …»: Der Massoretische Text («Nimm Wohnung, wo Durst herrscht, …») wurde korrigiert.

20: 38 20 Zuschanden geworden ist Moab, denn es ist zerbrochen!
Heult und schreit!
Berichtet am Arnon,
dass Moab verwüstet ist!
21 Das Gericht ist gekommen in das Land in der Ebene, nach Cholon,
nach Jahza und über Mefaat, 22 über Dibon, über Nebo und über Bet-
Diblatajim, 23 über Kirjatajim, über Bet-Gamul und über Bet-Meon,
24: Gen 36,33! 24 über Kerijot, über Bozra und über alle Städte des Landes Moab, die
fernen und die nahen.
25: Ps 75,11 · Ez 30,21 25 Moabs Horn ist abgehauen
und sein Arm zerbrochen!
Spruch des HERRN.
26: 25,15–29! · 42; 50,29 · Jes 19,14! 26 Macht es betrunken, denn gegen den HERRN hat es gross getan. In
seinem eigenen Erbrochenen aber wird Moab sich übergeben und dann
selbst zum Gespött werden.
27: 2,26 · 39; 24,9 27 Oder ist dir Israel nicht zu einem Gespött geworden?
Ist es denn unter Dieben ertappt worden,
dass du dich schüttelst, sooft du von ihm sprichst?
28: 49,16; Hld 2,14 28 Verlasst die Städte und wohnt in den Felsen,
ihr Bewohner von Moab,
und werdet wie die Taube,
die an den Rändern des Abgrunds nistet!
29–36: Jes 16,6–11 29: 13,9; 49,16 29 Von der Vermessenheit Moabs haben wir gehört,
der allzu hochmütigen,
von seinem Hochmut, seiner Vermessenheit, seiner Anmassung
und von der Überheblichkeit seines Herzens.
30 Ich, ich kenne, Spruch des HERRN,
seine Überheblichkeit – es ist nicht so!,
sein Geschwätz – nie haben sie so gehandelt!
31 Darum wehklage ich über Moab,
und wegen Moab, ganz Moab, schreie ich voller Verzweiflung,
wegen der Männer von Kir-Cheres wimmert man.
32: 2,21 · 8! 32 Mehr als um Jaser weine ich um dich,
Weinstock von Sibma.
Deine Ranken wuchsen hinüber bis ans Meer,
sie reichten bis ans Meer, bis Jaser.
Über dein Sommerobst und deine Weinlese
ist der Verwüster hergefallen.
33: Jes 24,7; Joel 1,12.16 33 Und abgeerntet werden Freude und Jubel
im Baumgarten und im Land Moab.
Und den Wein in den Kelterbecken habe ich verschwinden lassen,
keiner tritt ihn mit einem Jauchzen,
das Jauchzen ist kein Jauchzen!
34: Jes 15,4–6 34 Vom Geschrei von Cheschbon bis Elale:
Bis Jahaz haben sie ihre Stimme erhoben,
von Zoar bis Choronajim und Eglat-Schelischija,
denn auch das Wasser von Nimrim wird zur Wüstenei.
35 Und ich beseitige in Moab, Spruch des HERRN, den, der Rauchopfer
auf eine Kulthöhe trägt und seinem Gott darbringt.

36 Darum klagt mein Herz wie Flöten Moabs wegen,
und klagt mein Herz wie Flöten um die Männer von Kir-Cheres.
Darum ist verloren, was es erspart hat.
37 Denn jeder Kopf ist kahlgeschoren 37: 16,6!; Jes 15,2
und jeder Bart ist abgeschnitten,
alle Hände sind blutig geritzt,
und um die Hüften ist das Trauergewand gelegt.
38 Auf allen Dächern Moabs und auf seinen Plätzen, 38: 20; 19,11!
überall herrscht Trauer,
denn ich habe Moab zerbrochen wie ein Gefäss,
das niemandem gefällt. Spruch des HERRN.
39 Wie schreckerfüllt es ist!
Heult!
Wie hat Moab sich abgewandt,
ist es zuschanden geworden!
Und zum Gespött und zum Schrecken wird Moab
bei allen seinen Nachbarn.
40 Denn so spricht der HERR: 40–41: 4,13; 49,22 ·
Sieh, wie ein Adler stösst er herab, 14 · 4,31!
und über Moab spannt er seine Flügel aus.
41 Eingenommen sind die Städte,
und die Festungen sind erobert.
Und an jenem Tag wird das Herz der Helden von Moab
wie das Herz einer Frau in den Wehen sein.
42 Und Moab wird getilgt, 42: 26
so dass es kein Volk mehr ist,
denn gegen den HERRN hat es gross getan.
43 Schrecken und Grube und Netz 43: Jes 24,17;
für dich, Bewohner von Moab! Spruch des HERRN. Klgl 3,47
44 Wer vor dem Schrecken flieht, 44: Jes 24,18;
fällt in die Grube, Am 5,19 · 46,21!
und wer aus der Grube steigt,
verfängt sich im Netz.
Denn ihm, Moab, bringe ich
das Jahr seiner Heimsuchung! Spruch des HERRN.
45 Im Schatten von Cheschbon 45–46:
sind kraftlos Flüchtlinge stehen geblieben. Num 21,28–29;
Denn Feuer ging aus von Cheschbon 24,17
und eine Flamme mitten aus Sichon,
und es frass die Schläfe Moabs
und den Scheitel derer, die lärmen.
46 Wehe dir, Moab! 46: 7
Verloren ist das Volk des Kemosch,
denn deine Söhne sind in die Gefangenschaft geholt worden
und deine Töchter in die Unfreiheit.
47 In ferner Zukunft aber wende ich das Geschick Moabs! Spruch 47: 33,7!; 49,6.39
des HERRN.
So weit das Gericht über Moab.

Über die Ammoniter

1–6: 25,21; Ez 21,33–37; Am 1,13–15; Zef 2,8–11

49 1 Über die Ammoniter
So spricht der HERR:
Hat Israel keine Kinder,
hat es keinen Erben?
Warum hat ihr König Gad in Besitz genommen
und warum wohnt sein Volk in dessen Städten?

2: Jes 14,2

2 Darum, sieh, es kommen Tage, Spruch des HERRN, da lasse ich Kriegsgeschrei ertönen über das Rabba der Ammoniter, und es wird zum Trümmerhügel, und seine Tochterstädte werden im Feuer verbrannt, und Israel wird die in Besitz nehmen, die es in Besitz genommen haben!, spricht der HERR.

3: 4,8! · 48,7

3 Wehklage, Cheschbon,
denn Ai ist verwüstet!
Schreit auf, ihr Töchter von Rabba,
gürtet euch Trauerkleider um!
Stimmt die Totenklage an,
und lauft hin und her in den Mauern!
Denn ihr König geht in die Verbannung,
seine Priester zusammen mit seinen Fürsten.

4: 21,13; 48,7

4 Was rühmst du dich der Täler,
deines überfliessenden Tals,
du abtrünnige Tochter,
die auf ihre Vorräte vertraut und sagt:
Wer kann an mich herankommen?

5: Nah 3,18

5 Sieh, ich bringe Schrecken über dich,
Spruch des Herrn, des HERRN der Heerscharen,
von überall rings um dich her,
und ihr werdet versprengt werden, ein jeder für sich,
und da ist keiner, der die Flüchtenden sammelt.

6: 48,47!

6 Danach aber werde ich das Geschick der Ammoniter wenden!
Spruch des HERRN.

Über Edom

7–22: 25,21; Jes 34,5–17; 63,1–6; Ez 25,12–14; Obd 1–21; Am 1,11–12

7 Über Edom
So spricht der HERR der Heerscharen:
Ist denn keine Weisheit mehr in Teman?
Den Verständigen ist der Rat ausgegangen,
verrottet ist ihre Weisheit.

8: 48,6! · 46,21!

8 Flieht, wendet euch, versteckt euch in der Tiefe,
Bewohner von Dedan!
Denn das Unglück Esaus habe ich über ihn gebracht,
die Zeit, da ich ihn heimsuche.

9: 48,32

9 Wenn Winzer über dich kommen,
werden sie keine Nachlese lassen;
wenn Diebe in der Nacht kommen,
werden sie vernichten, was ihnen beliebt.

49,1: Die antiken Übersetzungen lesen «ihr König» als den Namen des Gottes Milkom; die Konsonanten der Worte ‹ihr König› und Milkom sind im Hebräischen identisch.

10 Denn ich, ich habe Esau entblösst, 10: 23,24
seine Verstecke habe ich aufgedeckt,
und er kann sich nicht verbergen.
Vernichtet sind seine Nachkommen, seine Brüder und seine Nachbarn,
und er ist nicht mehr.
11 Verlass du deine Waisen, 11: 22,3!;
ich selbst erhalte sie am Leben, Dtn 10,17–18
und deine Witwen,
mir können sie vertrauen.
12 Denn so spricht der HERR: Sieh, die nicht verurteilt sind, aus dem 12: 25,28–29;
Kelch zu trinken, die werden trinken! Und du, du solltest ungestraft Klgl 4,21
bleiben? Du wirst nicht ungestraft bleiben, du wirst trinken! 13 Denn 13: 33; 22,5; 44,22 ·
bei mir habe ich geschworen, Spruch des HERRN, dass Bozra verwüstet Am 1,12
wird, zum Hohn wird, zertrümmert und zur Verfluchung wird und dass
alle seine Städte zu ewigen Trümmerstätten werden.
14 Vom HERRN habe ich eine Botschaft gehört, 14: 46,3–4; Jes 13,4
und ein Bote ist unter die Nationen gesandt:
Versammelt euch und kommt über sie,
und macht euch auf zum Kampf!
15 Denn sieh, klein mache ich dich unter den Nationen,
verachtet bei den Menschen.
16 Getäuscht hat dich die Furcht, die du verbreitest, 16: 48,29 · 51,25.53
die Vermessenheit deines Herzens,
der du in den Felsenklüften wohnst
und die Höhe des Hügels besetzt hast.
Baust du dein Nest auch in der Höhe wie der Adler –
selbst von dort stürze ich dich hinab! Spruch des HERRN.
17 Und Edom wird entsetzlich zugerichtet werden, jeder, der es durch- 17: 51,37
zieht, wird sich entsetzen, so dass er zischt, wenn er das Ausmass seiner
Zerstörung sieht. 18 Wie damals, als Sodom und Gomorra und seine 18: 23,14; 50,40;
Nachbarn umgestürzt wurden, spricht der HERR, wird niemand dort Dtn 29,22 · 51,43!
wohnen, und kein Mensch wird sich darin aufhalten. 19 Sieh, wie ein 19–21: 50,44–46
Löwe aus dem Dickicht am Jordan heraufsteigt zur Weide, wo es stets 19: 2,15; 4,7; 25,38 ·
Wasser gibt – wie aus dem Nichts vertreibe ich es daraus und setze den 10,6–7
darüber ein, der auserwählt ist. Denn wer ist mir gleich? Und wer will
mich vorladen? Und wer ist der Hirt, der vor mir bestehen könnte?
20 Darum hört den Beschluss des HERRN, 20: 30; 50,45;
was er beschlossen hat über Edom, Jes 14,26–27
und seine Pläne,
die er geplant hat für die Bewohner von Teman:
Man wird sie fortschleppen, die Kleinsten der Herde!
Ihretwegen wird man ihre Weide verwüsten!
21 Vor ihrem lauten Fall
erbebt die Erde,
verzweifelte Schreie, am Schilfmeer werden sie vernommen.
22 Sieh, wie ein Adler steigt er auf und fliegt, 22: 48,40–41
und über Bozra spannt er seine Flügel aus.
Und an jenem Tag wird das Herz der Helden von Edom
wie das Herz einer Frau in den Wehen sein.

Über Damaskus

23–27: Jes 17,1–3; 23 Über Damaskus
Am 1,3–5 Zuschanden geworden sind Chamat und Arpad,
eine schlechte Nachricht haben sie gehört, sie sind verzagt.
Besorgnis herrscht am Meer,
keine Ruhe kann man finden.
24: 4,31!; Jes 13,8 24 Damaskus ist ermattet, hat sich zur Flucht gewandt,
und Schrecken hat es gepackt,
Angst und Wehen haben es ergriffen
wie eine Gebärende.
25 Wieso ist die ruhmreiche Stadt nicht verlassen,
die Stadt meiner Freude?
26: 50,30 26 Darum werden auf ihren Plätzen ihre jungen Männer fallen,
und alle Krieger werden umkommen an jenem Tag!
Spruch des HERRN der Heerscharen.
27: 17,27! 27 Und an die Mauer von Damaskus werde ich Feuer legen,
und es wird die Paläste Ben-Hadads fressen.

Über Kedar und die Königreiche von Chazor

28–33: 25,24; 28 Über Kedar und über die Königreiche von Chazor, die Nebu-
Jes 21,13–17! kadrezzar, der König von Babel, schlug.
So spricht der HERR:
Auf, zieht herauf nach Kedar
und vernichtet die aus dem Osten!
29: 4,20 · 6,25! 29 Ihre Zelte und ihre Schafe wird man nehmen,
ihre Zeltdecken und alle ihre Geräte,
auch ihre Kamele wird man ihnen nehmen,
und über sie wird man ausrufen: Grauen ringsum!
30: 48,6! · 20! 30 Flieht, flüchtet, so schnell ihr könnt,
versteckt euch in der Tiefe, Bewohner von Chazor,
Spruch des HERRN,
denn Nebukadrezzar, der König von Babel,
hat einen Beschluss gegen euch beschlossen
und einen Plan gegen euch geplant!
31: Ez 38,11 31 Auf, zieht herauf gegen die sorglose Nation,
die sicher wohnt, Spruch des HERRN,
sie hat weder Türen noch Riegel –
sie wohnen für sich.
32: 36; 51,2! · 9,25; 32 Und ihre Kamele werden zum Raub werden
25,23 und ihre zahlreichen Herden zur Beute,
und in alle Winde werde ich sie zerstreuen,
die mit gestutztem Haarrand,
und von allen Seiten bringe ich ihr Unglück über sie!
Spruch des HERRN.
33: 13; 9,10!; 51,37 · 33 Und Chazor wird zur Behausung für Schakale werden,
51,43! verwüstet für alle Zeiten,
niemand wird dort wohnen,
und kein Mensch wird sich darin aufhalten.

Über Elam

34 Das war das Wort des HERRN an Jeremia, den Propheten, über 34–39: 25,25;
Elam, am Anfang der Königsherrschaft des Zidkija, des Königs von Ez 32,24–25
Juda:
35 So spricht der HERR der Heerscharen:
Sieh, ich zerbreche den Bogen Elams,
ihre wichtigste Kraft.
36 Und von den vier Enden des Himmels lasse ich vier Winde über Elam 36: 32
kommen, und in alle diese Winde zerstreue ich sie, und es wird keine
Nation geben, zu der nicht die Versprengten aus Elam kommen.
37 Und ich werde Elam Angst einflössen vor ihren Feinden, 37: 44,30
vor denen, die ihnen nach dem Leben trachten,
und ich werde Unheil über sie bringen,
meinen glühenden Zorn, Spruch des HERRN,
und hinter ihnen her werde ich das Schwert senden,
bis ich sie ausgerottet habe.
38 Und in Elam werde ich meinen Thron aufstellen,
und König und Fürsten lasse ich dort umkommen!
Spruch des HERRN.
39 In ferner Zukunft aber wende ich das Geschick Elams! Spruch des 39: 48,47!
HERRN.

Über Babel

50 1 Das Wort, das der HERR durch Jeremia, den Propheten, gespro- 50,1–51,64: 25,12;
chen hat, über Babel, über das Land der Kasdäer: Jes 13–14; 21,1–10; 47
2 Tut es kund unter den Nationen 2: 51,31 · 51,44!
und lasst es hören
und erhebt das Feldzeichen,
lasst es hören, verbergt es nicht.
Sagt: Babel ist eingenommen!
Bel ist zuschanden geworden,
Merodach ist zerbrochen!
Zuschanden geworden sind seine Bilder,
seine Mistgötzen sind zerbrochen!
3 Denn von Norden zieht eine Nation herauf gegen Babel, 3: 41; 1,14–15!;
sie wird sein Land verwüsten, 51,27–29! · 39;
und niemand wird mehr darin wohnen, 4,25!; 51,62
kein Mensch und kein Tier,
sie sind geflohen, sind weggezogen.
4 In jenen Tagen und in jener Zeit, Spruch des HERRN, 4: 3,18! · 29,13–14;
werden die Israeliten kommen, Hos 3,5
sie und mit ihnen die Judäer,
weinend werden sie einherziehen,
und den HERRN, ihren Gott, werden sie suchen.
5 Nach Zion werden sie fragen, 5: 32,40
ihr Angesicht dorthin gewandt:

50,3: Hier und an etlichen anderen Stellen in diesem und im folgenden Kapitel steht statt Babel ‹es›.

Kommt, wir wollen uns dem HERRN anschliessen –
ein ewiger Bund, der nicht vergessen wird!
6: 17; Jes 53,6! · 10,21! 6 Eine Schafherde, die verloren ging, war mein Volk,
ihre Hirten haben sie in die Irre geführt,
auf Bergen sie abtrünnig gemacht,
von Berg zu Hügel sind sie gezogen,
ihre Lagerstätte haben sie vergessen.
7: 10,25! · 40,3 · 31,23 7 Wer immer sie fand, hat sie gefressen,
und ihre Gegner sagten: Wir werden nicht schuldig!
Denn sie haben gesündigt gegen den HERRN,
die Weide der Gerechtigkeit,
und die Hoffnung ihrer Vorfahren: den HERRN.
8: 51,6; Jes 48,20! 8 Flüchtet aus Babels Mitte,
und verlasst das Land der Kasdäer,
und seid wie Leitböcke vor den Schafen!
9 Denn sieh, eine Sammlung grosser Nationen setze ich in Bewegung, aus dem Land des Nordens,
und ich führe sie herauf gegen Babel;
und sie werden gegen Babel zum Kampf antreten,
von dort wird es eingenommen werden.
Ihre Pfeile sind wie ein siegreicher Held:
Er kehrt nicht mit leeren Händen zurück.
10 Und Kasdäa wird zum Raub;
alle, die es berauben, werden satt! Spruch des HERRN.
11: 10,16 11 Ja, ihr freut euch, ja, ihr frohlockt,
die ihr meinen Erbbesitz plündert;
ja, ihr macht Sprünge wie ein Kalb, das drischt,
und ihr wiehert wie Starke.
12: 51,43 12 Wie ist eure Mutter zuschanden geworden,
beschämt ist, die euch geboren hat!
Sieh, die letzte unter den Nationen
ist eine Wüste, ein dürres Land, eine Steppe!
13: 25,12!; 51,37 · 19,8; 49,17! 13 Wegen des Zorns des HERRN wird es nicht bewohnt sein,
und es wird ganz verwüstet.
Jeder, der an Babel vorübergeht,
wird sich entsetzen,
so dass er zischt, wenn er das Ausmass seiner Zerstörung sieht.
14: 51,3.11 14 Tretet an gegen Babel ringsum,
alle, die ihr den Bogen spannt!
Beschiesst es, spart nicht mit Pfeilen,
es hat gesündigt gegen den HERRN.
15: 28; 46,10; 51,6 · 25,14; 51,24.56 15 Erhebt das Kriegsgeschrei
ringsum gegen Babel!
Es hat sich ergeben,
seine Türme sind gefallen,
niedergerissen sind seine Mauern!

50,6: Möglich ist auch die Übersetzung: «…, Berge haben sie abtrünnig gemacht, …»
50,9: Die Übersetzung «siegreicher Held» beruht auf einer Umvokalisierung des Massoretischen Texts, der übersetzt «eines Helden, der fehlgebiert» lautet.

Das ist die Rache des HERRN!
Rächt euch an Babel!
Verfahrt mit ihm, wie Babel verfahren ist!
16 Rottet in Babel den aus, der sät, 16: 46,16!
und den, der die Sichel ergreift in der Erntezeit.
Um dem gewalttätigen Schwert zu entkommen,
wendet ein jeder sich zu seinem Volk
und jeder flieht in sein Land.
17 Israel ist ein versprengtes Schaf, 17: 2,15 ·
Löwen haben es auseinander getrieben. 2Kön 17,6 ·
Der erste hat es gefressen: der König von Assur, 51,34.28–29!
und dieser, der letzte, hat seine Knochen abgenagt:
Nebukadrezzar, der König von Babel.
18 Darum, so spricht der HERR der Heerscharen, der Gott Israels: 18: 27
Sieh, den König von Babel und sein Land suche ich heim,
wie ich den König von Assur heimgesucht habe.
19 Israel aber werde ich zurückführen auf seine Weide, 19: 23,3; 33,12;
und auf dem Karmel und im Baschan wird es weiden, Ez 34,13
und auf dem Gebirge Efraim und im Gilead wird es sich sättigen.
20 In jenen Tagen und in jener Zeit, 20: 33,8!
Spruch des HERRN,
wird gesucht nach der Schuld Israels,
aber sie ist nicht mehr da,
und nach den Sünden Judas,
aber sie werden nicht gefunden werden,
denn ich vergebe denen, die ich übrig lasse.
21 Gegen das Land Meratajim – ziehe dagegen herauf 21: 25,9; 51,3;
und gegen die Bewohner von Pekod! Jes 34,2
Mache sie nieder,
und weihe der Vernichtung, die nach ihnen kommen! Spruch des HERRN.
Und handle, wie ich es dir geboten habe!
22 Kriegslärm ist im Land 22: 51,54
und grosser Zusammenbruch!
23 Wie wurde in Stücke geschlagen und zerbrochen 23: 51,20 · 51,41
der Schmiedehammer der ganzen Welt!
Wie ist Babel zum Entsetzen geworden
unter den Nationen!
24 Mit dem Stellholz habe ich dir aufgelauert,
auch bist du gefangen worden, Babel,
und hast es nicht bemerkt;
du bist ertappt und ergriffen worden,
denn mit dem HERRN wolltest du dich messen.
25 Der HERR hat seinen Waffenschrank geöffnet 25: Jes 13,5
und die Waffen seines Zorns hervorgeholt.
Denn auf den Herrn, den HERRN der Heerscharen,
wartet Arbeit im Land der Kasdäer.
26 Kommt herein, von überall her!
Öffnet seine Speicher!

50,21: Meratajim (Doppeltrotz) und Pekod (Heimsuchung) sind symbolhafte Ortsnamen.

Häuft es auf wie Getreidehaufen
und weiht es der Vernichtung!
Kein Rest soll davon bleiben.
27: 48,15; Jes 34,6–8 · 18; 46,21!
27 Macht alle seine Stiere nieder,
zur Schlachtung sollen sie niedersinken!
Wehe über sie,
denn ihr Tag ist gekommen,
die Zeit ihrer Heimsuchung.
28: 51,10–11
28 Horch! Flüchtlinge und Gerettete aus dem Land Babel!
In Zion verkünden sie die Rache des HERRN, unseres Gottes,
die Rache für seinen Tempel.
29: 48,26
29 Bietet Schützen auf nach Babel,
alle, die den Bogen spannen!
Lagert rings um es herum,
keiner soll daraus entkommen.
Vergeltet ihm nach seinem Tun,
nach allem, was es getan hat, so verfahrt mit ihm!
Denn gegen den HERRN war es frech,
gegen den Heiligen Israels.
30: 49,26; 51,3
30 Darum werden auf ihren Plätzen ihre jungen Männer fallen,
und an jenem Tag kommen alle Krieger um!
Spruch des HERRN.
31: 51,25; Jes 2,12
31 Sieh, ich gehe gegen dich vor, Vermessenheit,
Spruch des Herrn, des HERRN der Heerscharen,
denn dein Tag ist gekommen,
die Zeit deiner Heimsuchung!
32: 51,64 · 21,14!
32 Und Vermessenheit wird straucheln und fallen,
und da wird niemand sein, der sie aufrichtet.
Und an ihre Städte werde ich Feuer legen,
und es wird alles verzehren, was sie umgibt.
33: Jes 14,17
33 So spricht der HERR der Heerscharen:
Unterdrückt werden die Israeliten
und die Judäer mit ihnen.
Und alle, die sie in die Gefangenschaft geführt haben,
halten sie fest,
weigern sich, sie freizulassen.
34: Jes 41,14 · 51,36; Jes 51,22 · 31,2
34 Ihr Anwalt ist stark,
HERR der Heerscharen ist sein Name!
Zuverlässig wird er ihren Rechtsstreit führen,
um dem Land Ruhe zu verschaffen,
den Bewohnern von Babel aber wird er Unruhe bereiten.
35: 12,12!
35 Das Schwert über die Kasdäer, Spruch des HERRN,
und für die Bewohner von Babel
und für seine Fürsten und Weisen!
36: Jes 44,25
36 Das Schwert den Orakelpriestern,
dann werden sie sich als Toren erweisen!
Das Schwert seinen Helden,
dann werden sie von Schrecken erfüllt sein!

50,31: ‹Vermessenheit› ist hier ein Symbolname für Babel.

37 Das Schwert seinen Pferden und seinen Wagen
und allem fremden Volk in seiner Mitte,
dann werden sie sein wie Frauen!
Das Schwert seinen Vorräten,
dann werden sie geplündert!
38 Trockenheit seinen Gewässern,
dann werden sie vertrocknen!
Denn es ist ein Land voller Götzenbilder,
und angesichts der Schrecken verhalten sie sich, als wären sie von Sinnen.
39 Darum werden Wüstentiere mit Wildhunden dort hausen,
und Strausse werden darin wohnen,
und nie wieder wird es bewohnt sein,
und keine Generation wird dort wohnen.
40 Wie damals, als Gott Sodom und Gomorra und seine Nachbarn umgestürzt hat,
Spruch des HERRN,
wird niemand dort wohnen,
und kein Mensch wird sich darin aufhalten.
41 Sieh, von Norden kommt ein Volk,
eine grosse Nation und viele Könige
brechen auf von den Rändern der Erde.
42 Bogen und Sichelschwert führen sie,
grausam sind sie und ohne Erbarmen.
Sie machen Geräusche wie das Meer, wenn es braust,
und sie reiten auf Pferden,
gerüstet wie ein Mann für die Schlacht –
gegen dich, Tochter Babel!
43 Der König von Babel hat die Kunde von ihnen gehört,
und seine Hände sind erschlafft,
Angst hat ihn gepackt,
Wehen, wie die, die gebiert.
44 Sieh, wie ein Löwe aus dem Dickicht am Jordan heraufsteigt zur Weide, wo es stets Wasser gibt – wie aus dem Nichts vertreibe ich sie daraus und setze den darüber ein, der auserwählt ist. Denn wer ist mir gleich? Und wer will mich vorladen? Und wer ist der Hirt, der vor mir bestehen könnte?
45 Darum hört den Beschluss des HERRN,
was er beschlossen hat über Babel,
und seine Pläne,
die er geplant hat für das Land der Kasdäer:
Man wird sie fortschleppen, die Kleinsten der Herde!
Ihretwegen wird man die Weide verwüsten!
46 Vom Ruf: Babel ist genommen!
wird die Erde erschüttert,
und Geschrei wird bei den Nationen vernommen.

37: 51,21 · 51,30! · 10
39: 3!; 25,12!; 51,37!
40: 49,18! · 51,43!
41–43: 6,22–24
41: 3!
42: 6,23; 46,7!; 51,55; Jes 17,12
43: 4,31! · Dan 5,6
44–46: 49,19–21

50,39: Möglicherweise bezeichnet das mit ‹Wüstentiere› wiedergegebene hebräische Wort Dämonen und das mit ‹Strausse› wiedergegebene Eulen.
50,44: Mit ‹sie› sind die Babylonier gemeint.

1: 11
51
1 So spricht der Herr:
Sieh, ich erwecke gegen Babel
und gegen die Bewohner von Leb-Kamai
den Geist eines Vernichters.

2: 4,11; 15,7; 49,32.36
2 Und ich schicke Fremde nach Babel,
und sie werden es zerstreuen
und sein Land verwüsten.
Von überall her gehen sie dagegen vor
am Tag des Unheils.

3: 11; 50,14 · 50,21!
3 Wer seinen Bogen spannt, spanne ihn gegen den, der den Bogen spannt,
und gegen den, der sich erhebt in seinem Panzer!
Und schont nicht seine jungen Männer,
sein ganzes Heer weiht der Vernichtung!

4: 25,33; 51,47.49; Jes 66,16
4 Und durchbohrt werden sie daliegen im Land der Kasdäer
und tödlich getroffen auf seinen Strassen.

5: 2,2; Jes 54,4–6 · 50,29
5 Denn nicht durch die Schuld ihres Gottes sind Israel und Juda verwitwet,
nicht durch die Schuld des HERRN der Heerscharen,
sondern weil ihr Land voll ist von Schuld
gegenüber dem Heiligen Israels.

6: 45; 48,6; 50,8! · 50,15!
6 Flieht aus Babel, und rettet euch, jeder sein Leben,
ihr müsst nicht umkommen wegen seiner Bestrafung,
denn es ist eine Zeit der Rache für den HERRN.
Vergeltung! Er zahlt es ihm heim.

7: 39; 25,15–29!; Offb 18,3
7 Ein goldener Kelch ist Babel in der Hand des HERRN,
die ganze Erde macht er betrunken.
Von seinem Wein haben die Nationen getrunken,
darum verhalten sich die Nationen, als wären sie von Sinnen.

8: Jes 21,9; Offb 14,8
8 Plötzlich ist Babel gefallen und zerbrochen.
Wehklagt seinetwegen!
Holt Balsam für seinen Schmerz,
vielleicht ist er zu heilen.

9: 50,16
9 Wir wollten Babel heilen, aber es war nicht zu heilen.
Verlasst es, und lasst uns gehen, ein jeder in sein Land!
Denn bis zum Himmel reicht das Gericht an ihm,
und bis zu den Wolken erhebt es sich.

10: 50,28; Ps 73,28
10 Der HERR hat unsere gerechte Sache ans Licht gebracht.
Kommt und lasst uns in Zion erzählen
von der Tat des HERRN, unseres Gottes!

11: 51,1.28; Jes 13,17 · 50,28
11 Schärft die Pfeile,
füllt die Köcher!
Der Herr hat den Geist der Könige der Meder erweckt,
denn gegen Babel richtet sich sein Plan, es zu vernichten.
Ja, das ist die Rache des HERRN,
die Rache für seinen Tempel!

51,3: Die Übersetzung des Verses ist unsicher.

12 Gegen die Mauern von Babel erhebt das Feldzeichen,
verstärkt die Wache,
stellt Wächter auf,
legt die Hinterhalte!
Denn der HERR hat geplant und auch ausgeführt,
was er den Bewohnern von Babel angekündigt hat.
13 Die du wohnst an Wassermassen,
reich bist an Schätzen,
dein Ende ist gekommen,
dein Mass ist voll!
14 Der HERR der Heerscharen hat bei sich selbst geschworen:
Wie mit Heuschrecken fülle ich dich mit Menschen,
und sie werden in Kriegsgeschrei ausbrechen gegen dich.
15 Er ist es, der die Erde gemacht hat durch seine Kraft,
den Erdkreis fest gegründet hat in seiner Weisheit
und den Himmel ausgespannt in seiner Einsicht.
16 Ertönt sein Befehl, finden sich Wassermassen am Himmel ein,
und Nebelschwaden lässt er aufsteigen vom Ende der Erde,
zum Regen schafft er Blitze,
und den Sturm holt er hervor aus seinen Kammern.
17 Dumm steht da ein jeder Mensch, ohne Erkenntnis,
zuschanden wird jeder Schmied an seinen Bildern,
denn sein gegossenes Bild ist Lüge,
und kein Atem ist darin.
18 Sie sind Nichts,
ein lächerliches Machwerk,
zur Zeit ihrer Heimsuchung gehen sie unter.
19 Nicht wie diese ist der Anteil Jakobs,
denn er ist es, der alles gestaltet,
und er ist der Stamm seines Erbbesitzes,
HERR der Heerscharen ist sein Name.
20 Ein Hammer bist du mir,
Waffen für den Krieg.
Und mit dir zerschlage ich Nationen,
und mit dir vernichte ich Königreiche.
21 Und mit dir zerschlage ich das Pferd und seinen Reiter,
und mit dir zerschlage ich den Wagen und seinen Fahrer.
22 Und mit dir zerschlage ich Mann und Frau,
und mit dir zerschlage ich Alt und Jung,
und mit dir zerschlage ich den jungen Mann und die junge Frau.
23 Und mit dir zerschlage ich den Hirt und seine Herde,
und mit dir zerschlage ich den Landarbeiter und sein Gespann,
und mit dir zerschlage ich Statthalter und Vorsteher.
24 Und Babel und allen Bewohnern von Kasdäa werde ich vor euren Au-
gen all das Böse vergelten, das sie in Zion verübt haben! Spruch des
HERRN.

12: 1,12!; 49,20!; Klgl 2,17
13: Ez 7,2; Am 8,2
14: 44,26 · 46,23!
15–19: 10,12–16
15: Jes 44,24
20: 50,23 · 19,11!
21: 50,37
22: 2Chr 36,17; Klgl 2,21
24: 6

51,13: Babel kann, wie alle Städte, wie eine Frau angesprochen werden.
51,19: Siehe die Anm. zu 10,16.

25: 50,31 · 6,12! · 49,16
25 Sieh, ich gehe gegen dich vor, Berg des Verderbens, Spruch des HERRN,
der du die ganze Erde verdirbst.
Und ich strecke meine Hand aus gegen dich
und wälze dich herab von den Felsen
und mache dich zu einem Berg des Brandes.
26: 25,12!
26 Und weder Eckstein noch Grundstein kann man dir nehmen,
denn du wirst in Trümmern liegen, für immer!
Spruch des HERRN.
27: 4,5!
27 Erhebt das Feldzeichen auf der Erde!
Blast den Schofar unter den Nationen!
Weiht Nationen gegen sie!
Bietet die Königreiche Ararat, Minni und Aschkenas gegen sie auf!
Setzt gegen sie einen Heerschreiber ein!
Lasst Rosse heraufkommen wie borstige Heuschrecken!
28: 11; Dan 5,28
28 Weiht gegen sie Nationen: die Könige von Medien,
seine Statthalter und alle seine Vorsteher
und sein gesamtes Herrschaftsgebiet.
29: 10,10 · 12 · 43
29 Da bebte die Erde und erzitterte,
denn an Babel haben sich die Pläne des HERRN erfüllt,
das Land Babel zu verwüsten,
niemand wohnt mehr darin.
30: 48,14!; 50,37; Jes 19,16!
30 Die Helden von Babel haben aufgehört zu kämpfen,
sie sitzen in den Festungen,
ihre Kraft ist versiegt,
wie Frauen sind sie geworden.
Seine Wohnstätten hat man angezündet,
seine Riegel sind zerbrochen.
31: 50,2
31 Ein Läufer läuft dem anderen Läufer entgegen
und ein Melder dem anderen Melder,
um dem König von Babel zu melden,
dass seine Stadt eingenommen worden ist von allen Seiten
32 und dass die Furten besetzt
und die Vorwerke im Feuer verbrannt
und die Krieger von Sinnen sind.
33: Joel 4,13; Mi 4,12
33 Denn so spricht der HERR der Heerscharen, der Gott Israels:
Die Tochter Babel ist wie ein Dreschplatz
in der Zeit, da man ihn feststampft,
noch eine kleine Weile,
dann kommt für sie die Zeit der Ernte.
34: 44; 50,7!.17
34 Gefressen, ausgesaugt hat mich Nebukadrezzar, der König von Babel,
als leeres Gefäss hat er mich abgestellt,
wie ein Ungeheuer hat er mich verschlungen,
hat seinen Bauch gefüllt mit dem, was mir gefiel,
hat mich fortgestossen.

51,27: Mit ‹sie› ist die Stadt Babel gemeint.
51,30: Mit ‹seine› ist Babel gemeint.

35 Die an mir begangene Gewalttat und mein Zusammenbruch über Babel!, 35: 30,16; Klgl 1,22
soll die Bewohnerin von Zion sagen.
Und mein Blut über die Bewohner im Land der Kasdäer!,
soll Jerusalem sagen.
36 Darum, so spricht der HERR: 36: 50,34; 25,31! ·
Sieh, ich führe deinen Rechtsstreit 50,15!
und werde die Rache für dich vollziehen.
Und sein Meer werde ich versiegen lassen,
und seine Quelle lasse ich austrocknen.
37 Und Babel wird zu Steinhaufen, 37: 49,33; 50,13.39
zur Behausung für Schakale,
wird verwüstet und wird ein Anlass zum Zischen,
niemand wohnt mehr darin.
38 Sie alle brüllen wie die Löwen, 38: 2,15
knurren wie Löwenjunge.
39 Wenn sie erhitzt sind, richte ich ihre Gelage aus 39: 57; 25,15–29!
und mache sie betrunken, damit sie fröhlich werden
und einen ewigen Schlaf schlafen und nicht mehr erwachen!
Spruch des HERRN.
40 Wie Lämmer zur Schlachtung lasse ich sie niedersinken, 40: 12,3; Jes 34,6
wie Widder und Böcke.
41 Wie ist Scheschach eingenommen 41: 25,26 · 50,23;
und erobert der Ruhm der ganzen Welt! Jes 13,19
Wie ist Babel zum Anlass des Entsetzens geworden
unter den Nationen!
42 Aufgestiegen über Babel ist das Meer,
von seinen tosenden Wogen wurde es bedeckt.
43 Seine Städte sind verwüstet, 43: 49,18.33;
ein Land der Dürre und eine Steppe, 50,12.40; 51,37.62
ein Land – niemand wohnt mehr darin,
und kein Mensch wandert hindurch.
44 Und in Babel suche ich Bel heim, 44: 10,15!; 50,2;
und was er verschlungen hat, Jes 46,1 · 58!
reisse ich ihm aus dem Rachen.
Und die Nationen werden ihm nicht mehr zuströmen.
Auch Babels Mauer ist gefallen.
45 Mein Volk, zieh fort von dort, 45: 6!; Jes 48,20
und rettet euch, ein jeder,
vor dem glühenden Zorn des HERRN,
46 dass euer Herz nicht verzagt und ihr euch nicht fürchtet
wegen der Kunde, die vernommen wird im Land –
in einem Jahr kommt diese Kunde
und danach, im nächsten Jahr, jene Kunde –,
dass Gewalttat herrscht im Land
und Herrscher gegen Herrscher steht.

51,35: Die Übersetzung «mein Zusammenbruch» beruht auf einer Korrektur des Massoretischen Texts («mein Fleisch»).

47 Darum, sieh, es kommen Tage,
da suche ich die Götzenbilder von Babel heim,
und sein ganzes Land wird zuschanden,
und in seiner Mitte liegen all seine Erschlagenen.
48: Jes 44,23 · 48 Und Himmel und Erde und alles, was darin ist,
48,8!; 50,3 wird jubeln über Babel,
denn von Norden her ziehen die Verwüster gegen Babel heran!
Spruch des HERRN.
49 Auch Babel muss fallen, ihr Erschlagenen Israels,
sind doch überall auf der Erde für Babel Erschlagene gefallen.
50: 44,28 · Ez 6,9 50 Die ihr dem Schwert entkommen seid,
bewegt euch, bleibt nicht stehen.
Denkt an den HERRN in der Ferne,
und Jerusalem komme in euren Sinn!
51: 31,19 · Ps 79,1; 51 Wir sind zuschanden geworden,
Klgl 1,10 Schändliches haben wir uns anhören müssen,
Scham bedeckt unsere Gesichter.
Denn Fremde sind gekommen
über die heiligen Dinge im Haus des HERRN.
52: 44! · 4! 52 Darum, sieh, es kommen Tage, Spruch des HERRN,
da suche ich seine Götzenbilder heim,
und überall in seinem Land werden Durchbohrte stöhnen.
53: 49,16; Gen 11,4; 53 Wenn Babel hinaufstiege in den Himmel
Jes 14,13! und seine starke Höhe unzugänglich machte –
von mir her zögen die Verwüster gegen Babel!
Spruch des HERRN.
54: 50,22 54 Horch! Geschrei aus Babel
und grosser Zusammenbruch im Land der Kasdäer!
55: 50,42! 55 Denn der HERR verwüstet Babel
und macht dem lauten Lärmen in ihm ein Ende.
Und wie Wassermassen brausen ihre Wogen,
es ertönt der Lärm ihrer Stimmen.
56: 48,8! · 6! 56 Ja, der Verwüster kommt über es, über Babel,
und seine Helden werden gefangen;
zerbrochen sind ihre Bogen.
Denn ein Gott der Vergeltung ist der HERR,
er zahlt es heim!
57: 39! · 46,18! 57 Und seine Fürsten und seine Weisen, seine Statthalter, seine Vorsteher und seine Helden mache ich betrunken, dass sie einen ewigen Schlaf schlafen und nicht mehr erwachen! Spruch des Königs, HERR der Heerscharen ist sein Name.
58: 44; 50,15 · 58 So spricht der HERR der Heerscharen:
Hab 2,13 Die breite Mauer Babels wird geschleift bis auf den Grund,
und seine hohen Tore werden im Feuer verbrannt,
so dass Völker sich mühen für nichts
und Nationen sich abmühen für das Feuer.
59: 32,12 59 Das Wort, das Jeremia, der Prophet, dem Seraja, dem Sohn des Nerija,
des Sohns von Machseja, gebot, als dieser mit Zidkijahu, dem König von
Juda, nach Babel ging im vierten Jahr seiner Königsherrschaft. Und Sera-
60: 36,2! ja war Quartiermeister. 60 Und in einem Buch schrieb Jeremia all das

Unheil auf, das über Babel kommen sollte, alle diese Worte, die über Ba-
bel aufgeschrieben sind. 61 Und Jeremia sagte zu Seraja: Wenn du nach
Babel kommst, dann sieh zu und verlies alle diese Worte 62 und sprich: 62: 43!; 50,3!; 25,12!
HERR, du hast dieser Stätte angekündigt, sie zu vernichten, dass kein Be-
wohner in ihr bleiben soll, kein Mensch und auch kein Tier, da sie für
immer in Trümmern liegen wird. 63 Und wenn du diese Schrift ganz ver- 63: 13,1!.4
lesen hast, binde einen Stein daran und wirf sie in den Eufrat 64 und 64: 50,32;
sprich: So wird Babel versinken, und es wird nicht wieder auftauchen Offb 18,21
wegen des Unheils, das ich über es bringe. Und sie werden sich abmühen.
So weit die Worte Jeremias.

Eroberung und Zerstörung Jerusalems

52 1 Einundzwanzig Jahre alt war Zidkijahu, als er König wurde, und 1–27: 39,1–10;
elf Jahre lang war er König in Jerusalem. Und der Name seiner 2Kön 24,18–25,21
Mutter war Chamutal, Tochter des Jirmejahu aus Libna. 2 Und er tat, 2: 18,10
was böse war in den Augen des HERRN, genau wie Jehojakim es getan
hatte. 3 Wegen des Zorns des HERRN kam es so weit in Jerusalem und 3: 32,31
Juda, dass er sie wegsandte von seinem Angesicht. Aber Zidkijahu lehn-
te sich gegen den König von Babel auf.
4 Und im neunten Jahr seiner Königsherrschaft, im zehnten Monat, 4: 4,17; 6,3
am Zehnten des Monats, zog Nebukadnezzar, der König von Babel, ge-
gen Jerusalem, er mit seinem ganzen Heer, und sie belagerten es, und
ringsum bauten sie einen Belagerungswall. 5 Und die Stadt geriet in Be-
drängnis, bis ins elfte Jahr des Königs Zidkijahu. 6 Im vierten Monat, 6: 38,9!
am Neunten des Monats war der Hunger gross in der Stadt, und es gab
kein Brot mehr für das Volk des Landes. 7 Da brachen sie in die Stadt ein,
und alle Krieger flohen. Und sie machten nachts einen Ausfall aus der
Stadt auf dem Weg durch das Tor zwischen den beiden Mauern, das am
Garten des Königs lag, während die Kasdäer rings um die Stadt lagen,
und sie nahmen den Weg zur Araba. 8 Das Heer der Kasdäer aber ver- 8–11: 32,4–5!
folgte den König, und in den Steppen von Jericho holten sie Zidkijahu
ein, sein ganzes Heer aber hatte sich zerstreut und hatte ihn verlassen.
9 Und sie ergriffen den König und führten ihn hinauf zum König von
Babel, nach Ribla im Land Chamat, und dieser sprach die Urteile über
ihn. 10 Und der König von Babel schlachtete die Söhne Zidkijahus vor
dessen Augen ab, und auch alle Fürsten Judas schlachtete er in Ribla ab.
11 Und die Augen Zidkijahus blendete er, dann legte er ihn in doppelte
Ketten, und der König von Babel brachte ihn nach Babel und sperrte ihn
in den Kerker bis zum Tag seines Todes.

Wegführung in die Verbannung

12 Und im fünften Monat, am Zehnten des Monats – das war das 12–27: 20,4!
neunzehnte Jahr von König Nebukadrezzar, dem König von Babel – kam 12: 39,9
Nebusaradan, der Befehlshaber der Leibgarde; er diente in Jerusalem
vor dem König von Babel. 13 Und er verbrannte das Haus des HERRN 13: 6,5; 39,8!
und das Haus des Königs; alle Häuser Jerusalems, jedes grosse Haus,
verbrannte er im Feuer. 14 Und das ganze Heer der Kasdäer, das beim
Befehlshaber der Leibgarde war, riss alle Mauern rings um Jerusalem
nieder. 15 Und etliche von den Ärmsten des Volks und den Rest des
Volks, jene, die übrig geblieben waren in der Stadt, und die Überläufer,

die übergelaufen waren zum König von Babel, und den Rest der Hand-
werker führte Nebusaradan, der Befehlshaber der Leibgarde, in die Ver-
bannung. 16 Von den Ärmsten des Landes aber liess Nebusaradan, der
Befehlshaber der Leibgarde, einige zurück als Weingärtner und Acker-
17: 27,19–22! bauern. 17 Und die Kasdäer zerschlugen die bronzenen Säulen, die im
Haus des HERRN waren, und die Kesselwagen und das bronzene Meer,
die im Haus des HERRN waren; deren gesamte Bronze aber brachte man
nach Babel. 18 Und sie nahmen auch die Töpfe und die Schaufeln und
die Messer und die Sprengschalen und die Schüsseln und alle Geräte
aus Bronze, mit denen man den Dienst verrichtet hatte. 19 Und der Be-
fehlshaber der Leibgarde nahm auch die Schalen und die Pfannen und
die Sprengschalen und die Töpfe und die Leuchter und die Schüsseln
und die Spendeschalen, die aus reinem Gold waren und aus reinem Sil-
ber. 20 Die beiden Säulen, das eine Meer und die zwölf Rinder aus Bron-
ze, die unter den Kesselwagen waren, die König Salomo für das Haus des
HERRN gemacht hatte – das Gewicht ihrer Bronze, der Bronze all dieser
Geräte, konnte man nicht bestimmen. 21 Und die Säulen: Achtzehn El-
len betrug die Höhe der einen Säule, und ein zwölf Ellen langer Faden
konnte sie umspannen, und sie war vier Finger dick, hohl. 22 Und dar-
auf befand sich ein Kapitell aus Bronze. Und die Höhe des einen Kapi-
tells betrug fünf Ellen, und ringsum an dem Kapitell waren Flechtwerk
und Granatäpfel, alles aus Bronze. Und ebenso war es an der zweiten
Säule, mit Granatäpfeln. 23 Und an den Seiten waren sechsundneunzig
Granatäpfel; insgesamt waren es hundert Granatäpfel ringsum am
24: 29,25! · 35,4 Flechtwerk. 24 Und der Befehlshaber der Leibgarde nahm Seraja, den
ersten Priester, und Zefanja, den zweiten Priester, und die drei Hüter
der Schwelle, 25 und aus der Stadt nahm er einen Kämmerer, der die
Aufsicht über die Krieger hatte, und sieben Männer von den Vertrauten
des Königs, die sich in der Stadt fanden, und den Schreiber des Heerfüh-
rers, der das Volk des Landes für den Kriegsdienst aushob, und sechzig
Männer vom Volk des Landes, die sich mitten in der Stadt fanden.
26 Und diese nahm Nebusaradan, der Befehlshaber der Leibgarde, und
27: 21,7! brachte sie zum König von Babel nach Ribla. 27 Und der König von Babel
erschlug sie, er tötete sie in Ribla im Land Chamat. Und so führte man
Juda von seinem Boden fort in die Verbannung.

28–29: 13,19; 20,4 28 Dies ist das Volk, das Nebukadrezzar in die Verbannung geführt
28: 22,25; 24,1; hat: Im siebten Jahr dreitausenddreiundzwanzig Judäer, 29 im acht-
27,20!; 28,4; 29,1; zehnten Jahr Nebukadrezzars achthundertzweiunddreissig Menschen
2Kön 24,14 aus Jerusalem; 30 im dreiundzwanzigsten Jahr Nebukadrezzars führte
29: 2Kön 25,11 Nebusaradan, der Befehlshaber der Leibgarde, siebenhundertfünfund-
vierzig von den Judäern in die Verbannung – alle Menschen zusammen:
viertausendsechshundert.

Begnadigung Jehojachins

31–34: 31 Und im siebenunddreissigsten Jahr nach der Verbannung Jeho-
2Kön 25,27–30 jachins, des Königs von Juda, im zwölften Monat, am Fünfundzwan-
zigsten des Monats, begnadigte Ewil-Merodach, der König von Babel,

52,23: Die genaue Bedeutung des mit ‹Und an den Seiten› wiedergegebenen hebräischen Worts ist unsicher (‹Zum Wind hin›?).

im ersten Jahr seiner Königsherrschaft, Jehojachin, den König von Juda, und entliess ihn aus dem Kerker. 32 Und er sprach freundlich mit ihm und setzte ihn höher als die Könige, die bei ihm in Babel waren. 33 Und er legte seine Kerkerkleidung ab, und solange er lebte, durfte er stets vor ihm essen. 34 Und was er zum Leben brauchte, wurde ihm als ständiger Unterhalt vom König von Babel gegeben, wie der jeweilige Tag es erforderte, bis zum Tag seines Todes, alle Tage seines Lebens.

Die Klagelieder

Die Klagelieder umfassen fünf poetisch gestaltete Kompositionen. Sie beklagen die Zerstörung Jerusalems und seines Tempels und versuchen, das Geschehene theologisch zu bewältigen. Untergangsgedichte in Form von Klagen über das Ende anderer bedeutender Städte sind auch aus Israels Umwelt bekannt. Drei der Gedichte in den Klageliedern beginnen mit dem hebräischen Wort ‹echa› (übersetzt: «ach, wie»; 1,1; 2,1; 4,1), und dies ist der Name des Buchs in der jüdischen Tradition. Der Name ‹Klagelieder› geht zurück auf die Benennung des Buchs in der griechisch-lateinischen Bibeltradition.

Das erste Lied (Klgl 1) schildert in Klgl 1,1–11 die Not der Stadt, von der im Bild einer einsamen, weinenden Frau gesprochen wird. Die meisten Bewohner sind fort, wer noch da ist, hungert, keiner kommt zu den Festen, es bleibt nur die Erinnerung an vergangene bessere Zeiten. Die Gegner haben gewonnen, doch trägt Jerusalem selbst die Verantwortung für diesen Zustand. Die meisten Aussagen in Klgl 1,12–22 sind als Klagen einer Einzelperson gestaltet – gemeint ist wohl Jerusalem –, die schliesslich aber Gott zur Vergeltung an ihren Feinden aufruft.

Das zweite Lied (Klgl 2) bringt in Klgl 2,1–12 vor allem das strafende Handeln Gottes zur Sprache; Gott war es, der Jerusalem und ihre Bewohner in grösste Not gestürzt hat. In Klgl 2,13–22 wird in einer direkten Anrede an die Stadt deren Not beklagt, bevor ab Klgl 2,20 Gott zum Eingreifen aufgefordert wird.

Im dritten Lied (Klgl 3) bedenkt ein Einzelner in mehreren Schritten Gottes Zorn und Gnade. Vermutlich ist dieser Text gezielt ins Zentrum der Klagelieder gestellt worden, damit seine Aussagen besonderes Gewicht erhalten. Der Einzelne beklagt zunächst sein Unglück, in das Gott ihn gestossen hat (Klgl 3,1–24). Es folgen Empfehlungen für das rechte Verhalten im Leid angesichts des gerechten Strafens Gottes (Klgl 3,25–33.34–39). Daran schliesst sich folgerichtig ein Schuldbekenntnis an (Klgl 3,40–47). Der erneuten Schilderung der Not folgt eine Aufforderung an Gott, er möge eingreifen (Klgl 3,48–66).

Das vierte Lied (Klgl 4) beschreibt nochmals das gegenwärtige Elend Jerusalems und des Tempels, bekennt daraufhin die Schuld der Verantwortlichen und bietet schliesslich Trostworte für Jerusalem und eine Vergeltungsankündigung für Edom.

Das fünfte Lied (Klgl 5) beginnt mit einem sogenannten Volksklagelied (Klgl 5,1–18), in dem eine Gruppe die verheerende Situation in Jerusalem beklagt. Abgeschlossen werden das fünfte Lied und die Gesamtkomposition der Klagelieder durch ein Lob Gottes, dem eine Bitte um Wiederherstellung folgt (Klgl 5,19–22).

Die fünf Lieder setzen die Zerstörung Jerusalems und des Tempels im Jahr 587 v.Chr. voraus und sind in der exilischen und nachexilischen Zeit entstanden. Möglicherweise waren manche der Lieder ursprünglich selbständige Gedichte, die erst später in die Gesamtkomposition eingefügt worden sind. In der jetzigen Form der Klagelieder wird das geschichtliche Ergehen Jerusalems gleichsam in mehreren Anläufen, die um Klgl 3 kreisen, theologisch bedacht.

In der hebräischen Tradition werden die Klagelieder dem Kanonteil ‹Schriften› zugeordnet, und dort finden sie sich unter den Megillot, den fünf Schrifttrollen, die an den hohen Jahresfesten verlesen werden (siehe die Einleitung zu Rut). Als Festrolle kommen die Klagelieder am 9. Tag des jüdischen Monats Ab zur Verlesung, dem jüdischen Feiertag zur Erinnerung an die Zerstörung Jerusalems im Jahr 587 v.Chr. und an die Zerstörung des zweiten Tempels durch die Römer im Jahr 70 n.Chr.

Obwohl die Klagelieder keinen Verfasser nennen, hat die griechische Bibeltradition dieses Buch dem Propheten Jeremia zugeschrieben. So folgen die Klagelieder in der griechischen Bibel (der sogenannten Septuaginta) auf das Buch Jeremia, und dort tragen sie den Titel «Klagelieder Jeremias». Diese Tradition geht wohl aus von 2Chr 35,25, wo es heisst, Jeremia habe den Tod Joschijas beklagt, und das sei aufgezeichnet «in den Klageliedern».

Das erste Klagelied

1 1 Ach, wie liegt sie einsam da, *(Alef)*
die Stadt, einst reich an Volk,
nun einer Witwe gleich!
Eine Grosse unter den Nationen,
eine Fürstin unter den Provinzen,
nun in Fronarbeit!

2: 2,11.18; 3,48–49; Jer 31,15!

2 Bitter weint sie in der Nacht, *(Bet)*
und ihre Tränen sind auf ihren Wangen,
keinen hat sie, der tröstet,
unter all denen, die sie geliebt haben;
all ihre Freunde haben treulos an ihr gehandelt,
sind nun ihre Feinde.

3: 4,15; Dtn 28,65

3 Juda ist in die Verbannung gegangen *(Gimel)*
seines Elends und der harten Arbeit wegen;
unter den Nationen weilt es,
es findet keine Ruhe,

1,1: In den Klageliedern finden sich mehrere sogenannte alphabetische Lieder, deren Aufbau am hebräischen Alphabet ausgerichtet ist.

1,3: Möglich ist auch die Übersetzung: «... fort aus seinem Elend und weg von der harten Arbeit; ...»

alle seine Verfolger haben es eingeholt
mitten in den Bedrängnissen.
4 Die Wege nach Zion trauern, *(Dalet)* 4: 5,15 · 2,6
denn da ist keiner, der zum Fest kommt,
alle ihre Tore sind verwüstet,
ihre Priester seufzen,
ihre Jungfrauen sind voller Kummer,
und sie selbst ist voll von Bitterkeit.
5 Ihre Gegner haben die Oberhand gewonnen, *(He)* 5: 1,7.21; 2,17 · 1,8!.22
ihre Feinde sind zufrieden,
denn der HERR hat Jerusalem in Kummer gestürzt,
ihrer vielen Vergehen wegen.
Gefangen mussten ihre Jüngsten vor dem Gegner hinziehen.
6 Und all ihre Pracht ist aus der Tochter Zion fortgezogen, *(Waw)* 6: 5,16 · 4,19!
ihre Fürsten sind wie Hirsche geworden, die keine Weide finden,
und ohne Kraft sind sie weggelaufen vor ihren Verfolgern.
7 Jerusalem erinnert sich *(Sajin)* 7: 3,19
in den Tagen ihres Elends und ihrer Heimatlosigkeit
all ihrer Kostbarkeiten
aus den Tagen vor der Zeit,
da ihr Volk in die Hand des Gegners fiel
und keiner da war, der ihr half.
Die Gegner sahen sie,
lachten darüber, dass es zu Ende war mit ihr.
8 Schwer hat Jerusalem gesündigt, *(Chet)* 8: 5,7.16 · Jer 24,9
darum ist sie zum Gespött geworden.
All ihre Verehrer verachten sie,
denn sie haben ihre Blösse gesehen.
Sie selbst seufzt und hat sich abgewendet.
9 Ihre Unreinheit klebt an ihren Säumen, *(Tet)* 9: 4,15 · Jes 47,7
sie hat nicht bedacht, wie es mit ihr enden könnte,
und ist entsetzlich heruntergekommen;
da ist keiner, der sie tröstet.
Sieh dir, HERR, mein Elend an,
der Feind tut sich gross!
10 Der Gegner hat seine Hand ausgestreckt *(Yod)* 10: 2Kön 24,13 · Jer 51,51
nach all ihren Kostbarkeiten.
Sie musste mitansehen, wie Nationen in ihr Heiligtum kamen,
denen du geboten hattest,
nicht in deine Versammlung zu kommen!
11 Ihr ganzes Volk seufzt, sie suchen Brot, *(Kaf)* 11: 2,19; 4,4–5.9; 5,10
ihre Kostbarkeiten haben sie für Nahrung hergegeben,
um wieder zu Kräften zu kommen.
Sieh, HERR, und schau doch,
wie verachtet ich nun bin!

1,4: Mit ‹ihre Tore› sind die Tore Jerusalems gemeint. Von Jerusalem wird wie von einer Frau gesprochen.

1,5: Wörtlich: «..., denn der HERR hat sie in Kummer gestürzt, ...»

12: 4,11!
12 Euch bedeutet es nichts, *(Lamed)*
euch allen, die ihr vorüberzieht auf dem Weg.
Schaut her und seht, ob es einen Schmerz gibt wie den Schmerz,
der mir zugefügt worden ist,
mit dem der HERR mich in Kummer gestürzt hat
am Tag seines glühenden Zorns.

13: 2,3 · Hiob 19,6
13 Aus der Höhe sandte er Feuer in meine Gebeine, *(Mem)*
und dann zertrat er sie.
Meinen Füssen hat er ein Netz gelegt,
er hat mich zurückgedrängt,
mich entsetzlich zugerichtet,
er hat mich krank gemacht für alle Zeit.

14: Jer 28,14
14 Das Joch meiner Vergehen lässt mir keine Ruhe, *(Nun)*
zusammengefügt von seiner Hand.
Man hat es auf meinen Nacken gelegt,
das hat meine Kraft gebrochen.
Der Herr hat mich jenen in die Hände gegeben,
denen ich nicht standhalten kann.

15: 2,21 · Jes 63,3
15 Wertlos machte der Herr alle meine Starken in meiner Mitte,
(Samech)
eine Festversammlung hat er gegen mich einberufen,
um meine jungen Männer zu brechen.
Der Herr trat die Kelter:
die Jungfrau Tochter Juda!

16: 2 · 5
16 Darüber weine ich, *(Ajin)*
mein Auge, mein Auge zerfliesst von Wasser,
denn fern von mir ist, wer trösten könnte,
mich wieder zu Kräften brächte.
Entsetzlich sind meine Kinder zugerichtet worden,
denn der Feind war überlegen!

17: 1,2.9.21; Jer 15,5 · 2Kön 24,2
17 Zion hat ihre Hände ausgestreckt, *(Pe)*
da ist keiner, der sie tröstet.
Gegen Jakob hat der HERR
ringsum dessen Gegner aufgeboten.
Unter ihnen ist Jerusalem unrein geworden.

18: 3,42; Jer 4,17 · Jer 13,17
18 Gerecht ist er, der HERR, *(Zade)*
ich aber war widerspenstig gegen sein Wort.
Hört doch, all ihr Völker,
und seht meinen Schmerz!
Meine jungen Frauen und meine jungen Männer
mussten in die Gefangenschaft!

19: 2 · 11!
19 Ich rief nach denen, die mich geliebt haben, *(Qof)*
sie haben mich im Stich gelassen,
meine Priester und meine Ältesten sind umgekommen in der Stadt –
sie hatten sich Nahrung gesucht,
um wieder zu Kräften zu kommen.

20: 2,11; Jer 4,19 · Dtn 32,25
20 Sieh, HERR, dass ich in Not bin, *(Resch)*
mein Inneres steht in Flammen,
mein Herz dreht sich mir,
denn ich war so widerspenstig!

Draussen raubt das Schwert die Kinder,
im Haus ist es wie tot.
21 Man hörte mich seufzen, *(Schin)* 21: 5! · Jer 30,7
da war keiner, der mich tröstete.
Alle meine Feinde haben von meinem Unglück gehört,
sie haben sich gefreut,
dass du es warst, der es getan hat!
Bringst du den Tag, den du ausgerufen hast,
wird es ihnen ergehen wie mir!
22 All ihre Bosheit soll vor dich kommen, *(Taw)* 22: Jer 51,35! · 5,17;
dann verfahre mit ihnen Jer 8,18
wie du mit mir verfahren bist
all meiner Vergehen wegen!
Denn zahlreich sind meine Seufzer,
und mein Herz ist krank.

Das zweite Klagelied

2 1 Ach, wie taucht in seinem Zorn der Herr *(Alef)* 1: 3,43–44; 4,11! ·
ins Wolkenschwarz die Tochter Zion. 1Chr 28,2
Vom Himmel zur Erde gestürzt hat er
die Zierde Israels,
und des Schemels seiner Füsse hat er nicht gedacht
am Tag seines Zorns.
2 Verschlungen hat der Herr – ohne Mitleid – *(Bet)* 2: 2,21; 3,43
alle Weideplätze Jakobs,
niedergerissen hat er in seiner Wut
die befestigten Städte der Tochter Juda,
er hat sie zu Boden geschleudert.
Das Königreich hat er entweiht und dessen Fürsten.
3 Abgeschlagen hat er in glühendem Zorn *(Gimel)* 3: Ps 74,11 · 4,11
jedes Horn Israels,
seine rechte Hand hat er zurückgezogen,
im Angesicht des Feindes.
Und in Jakob hat er gebrannt wie das Feuer einer Flamme,
die ringsum gefressen hat.
4 Wie ein Feind hat er seinen Bogen gespannt, *(Dalet)* 4: 3,12; Hiob 19,11;
wie ein Gegner hat er sich aufgestellt mit seiner erhobenen Jer 21,5!
Rechten,
und alles hat er umgebracht,
was dem Auge kostbar war.
Im Zelt der Tochter Zion
hat er seinen Zorn ausgegossen wie Feuer.
5 Der Herr war wie ein Feind, Israel hat er verschlungen, *(He)* 5: 5,15
all ihre Paläste hat er verschlungen,
seine befestigten Städte hat er zerstört,
und in der Tochter Juda hat er
Traurigkeit und Trauer gross gemacht.
6 Und seine Hütte hat er verwüstet wie einen Garten, *(Waw)* 6: Jer 45,4 · 1,4;
seine Festversammlung hat er vernichtet. Hos 2,13

Vergessen machte der HERR in Zion Fest und Sabbat,
und in seinem wütenden Zorn hat er König und Priester verschmäht.

7: Jer 12,7!; Ez 24,21 · Ps 74,4

7 Seinen Altar hat der Herr verstossen, *(Sajin)*
sein Heiligtum hat er verworfen;
die Mauern ihrer Paläste
hat er preisgegeben der Hand des Feindes.
Im Haus des HERRN hat man gelärmt
wie am Tag des Fests.

8: Jes 22,5 · 2Kön 21,13!

8 Der HERR hat geplant, *(Chet)*
die Mauer der Tochter Zion zu zerstören.
Er hat die Messschnur angelegt,
hat seine Hand nicht davon abgehalten, wegzureissen.
Und Heer und Mauer hat er in Trauer gestürzt,
zusammen sind sie dahingeschwunden.

9: Jes 24,12 · 2Chr 15,3

9 In die Erde eingesunken sind ihre Tore, *(Tet)*
ihre Riegel hat er zerstört und zerbrochen.
Ihr König und ihre Fürsten sind unter den Nationen.
Es gibt keine Weisung!
Auch haben ihre Propheten keine Schauung empfangen vom HERRN.

10: Jes 15,3; Jer 6,26

10 Die Ältesten der Tochter Zion sitzen auf der Erde, sie schweigen, *(Yod)*
auf ihr Haupt haben sie Staub gestreut,
Trauergewänder haben sie umgürtet.
Die Jungfrauen von Jerusalem
haben ihr Haupt zur Erde gesenkt.

11: 1,16 · 1,20 · 3,48! · 2,19; 4,4

11 In Tränen sind meine Augen erloschen, *(Kaf)*
mein Inneres steht in Flammen,
meine Leber hat sich auf die Erde ergossen
denn die Tochter meines Volks ist zusammengebrochen,
als Kind und Säugling verschmachteten
auf den Plätzen der Stadt.

12: 1,11!

12 Zu ihren Müttern sagen sie: *(Lamed)*
Wo sind Getreide und Wein?,
während sie wie Verwundete verschmachten
auf den Plätzen der Stadt,
während sich ihr Leben verflüchtigt
im Schoss ihrer Mütter.

13: 3,47 · Jer 30,13

13 Was soll ich dir bezeugen, womit dich vergleichen, *(Mem)*
Tochter Jerusalem,
wem dich gleichstellen, um dich zu trösten,
Jungfrau, Tochter Zion?
Denn gewaltig wie das Meer ist dein Zusammenbruch!
Wer könnte dich heilen?

14: Ez 13,10

14 Deine Propheten haben für dich *(Nun)*
Lüge und Tünche geschaut.

2,8: Wörtlich: «... davon abgehalten, zu verschlingen. ...»

Deine Schuld aber haben sie nicht aufgedeckt,
so dass sie dein Geschick hätten wenden können.
Und sie schauten für dich
Aussprüche, die verlogen waren und zur Verstossung führten.
15 Alle, die des Wegs ziehen, *(Samech)* 15: Jer 18,16! · Ps 48,3; Ez 16,14
schlagen die Hände zusammen über dich,
sie zischen und schütteln ihren Kopf
über die Tochter Jerusalem:
Ist das die Stadt, von der man sagt:
Vollkommene Schönheit!
Eine Wonne für die ganze Welt!
16 Alle deine Feinde haben ihr Maul aufgerissen über dich, *(Pe)* 16: 3,46; Jer 51,34
sie haben gezischt und mit den Zähnen geknirscht,
sie sagten: Wir haben verschlungen!
Ja, dies ist der Tag, auf den wir gehofft haben,
wir haben ihn erlebt, wir haben es gesehen!
17 Der HERR hat ausgeführt, was er geplant hat, *(Ajin)* 17: Jer 51,12! · 1,5
sein Wort hat er erfüllt,
was er angeordnet hat seit den Tagen der Vorzeit:
Er hat niedergerissen, und er hatte kein Mitleid!
Und den Feind hat er sich freuen lassen über dich,
das Horn deiner Gegner hat er erhöht.
18 Ihr Herz schrie zum Herrn! *(Zade)* 18: 1,2!
Du, Mauer der Tochter Zion,
lass deine Tränen fliessen wie einen Fluss
bei Tag und in der Nacht,
gönne dir keine Ruhe,
dein Augapfel stehe nicht still.
19 Auf, wimmere in der Nacht, *(Qof)* 19: Ps 62,9 · 11!
zu Beginn der Nachtwachen,
schütte dein Herz aus wie Wasser
vor dem Angesicht des Herrn.
Zu ihm erhebe deine Hände
um des Lebens deiner Jüngsten willen,
die vor Hunger verschmachten
an allen Strassenenden.
20 Schau, HERR, und sieh doch, *(Resch)* 20: 4,10!
mit wem du so verfahren bist!
Sollen denn Frauen ihre Leibesfrucht essen,
die gesund geborenen Jüngsten?
Sollen denn Priester und Prophet umgebracht werden
im Heiligtum des Herrn?
21 Auf dem Boden, auf den Strassen liegen Junge und Alte, *(Schin)* 21: 1,15 · 3,43!
meine jungen Frauen und Männer sind gefallen durch das
Schwert!
Du hast sie umgebracht am Tag deiner Wut,
hast sie abgeschlachtet, ohne Mitleid!
22 Wie am Festtag hast du von ringsum herbeigerufen, *(Taw)* 22: 4,11! · Hos 9,12–13
wovor mir graute,

und es gab keinen Geretteten und keinen Entkommenen
am Tag des Zorns des HERRN.
Die ich gesund geboren und grossgezogen habe,
ihnen hat mein Feind ein Ende bereitet!

Das dritte Klagelied

1: Jer 20,18 3 1 Ich bin der Mann, der das Elend gesehen hat, *(Alef)*
das Werk des Stocks seines Zorns.
2 Mich hat er vertrieben und fortgeführt *(Alef)*
in die Finsternis und nicht ins Licht.
3 Ja, gegen mich wendet er wieder und wieder seine Hand, *(Alef)*
jeden Tag.
4: 1,13; Hiob 30,30 4 Mein Fleisch und meine Haut hat er schwinden lassen, *(Bet)*
meine Knochen hat er zerbrochen.
5 Gegen mich hat er gebaut, und mich hat er eingeschlossen *(Bet)*
mit Gift und mit Mühsal.
6: Ps 143,3 6 In tiefster Finsternis hat er mich wohnen lassen, *(Bet)*
wie jene, die lange schon tot sind.
7: Hiob 3,23! 7 Er hat mich eingemauert, und ich komme nicht heraus, *(Gimel)*
mit bronzenen Ketten hat er mich beschwert.
8: 44; Hiob 19,7; Ps 22,3 8 Auch wenn ich schreie und um Hilfe rufe – *(Gimel)*
er hat sich meinem Gebet verschlossen.
9: Hiob 19,8 9 Meinen Weg hat er mit Quadersteinen vermauert, *(Gimel)*
meine Pfade hat er verdreht.
10: Hiob 10,16; Jer 25,38; Hos 13,7 10 Ein lauernder Bär ist er für mich, *(Dalet)*
ein Löwe im Verborgenen.
11: 1,13 11 Meine Wege hat er mit Dornen versperrt, *(Dalet)*
und er hat mich zerrissen,
übel hat er mich zugerichtet!
12: 2,4; Hiob 6,4 12 Er spannte seinen Bogen und stellte mich auf *(Dalet)*
wie die Zielscheibe für den Pfeil.
13 In meine Nieren liess er eindringen *(He)*
die Söhne seines Köchers.
14: 63; Hiob 30,9!; Jer 20,7 14 Für mein ganzes Volk bin ich zum Hohn geworden, *(He)*
ihr Spottlied für jeden Tag.
15: 19 15 Mit bitteren Kräutern hat er mich gesättigt, *(He)*
mit Wermut hat er meinen Durst gestillt.
16 Und auf Kies liess er meine Zähne sich zerreiben, *(Waw)*
in den Staub trat er mich nieder.
17: Jer 15,17; 16,5 17 Und aus dem Frieden hast du mich verstossen, *(Waw)*
was Glück ist, habe ich vergessen!
18: 2,15; Ez 37,11 18 Und ich sagte: Verloren ist mein Ruhm *(Waw)*
und meine Hoffnung auf den HERRN.
19: 1,7 · 3,5.15 19 An mein Elend und meine Heimatlosigkeit denken *(Sajin)*
ist Wermut und Gift.
20 Ständig denke ich daran, *(Sajin)*
und tief bin ich gebeugt!

3,11: Die genaue Bedeutung des durch ‹mit Dornen versperren› wiedergegebenen hebräischen Worts ist nicht gesichert.

21 Dies werde ich zurückbringen in mein Herz, *(Sajin)*
darum werde ich hoffen:
22 Es sind die Gnadenerweise des HERRN, *(Chet)* 22: Neh 9,31; Ps 89,2
dass es nicht ganz und gar zu Ende ist mit uns,
denn sein Erbarmen hat sich nicht erschöpft.
23 An jedem Morgen ist es neu. *(Chet)*
Deine Treue ist gross!
24 Mein Anteil ist der HERR!, habe ich gesagt. *(Chet)* 24: Ps 73,26
Darum werde ich auf ihn hoffen.
25 Der HERR ist gut zu dem, der auf ihn hofft, *(Tet)* 25: Esra 8,22; Jes 30,18!
zu dem, der nach ihm fragt.
26 Gut ist es, schweigend zu warten *(Tet)* 26: Ps 62,2
auf die Rettung durch den HERRN.
27 Gut ist es für den Mann, *(Tet)* 27: 1,14
wenn er das Joch in seiner Jugend trägt.
28 Allein soll er sitzen, und er soll schweigen, *(Yod)* 28: 1,1; 2,10; Jer 15,17
wenn er es ihm auferlegt.
29 Er tue seinen Mund in den Staub, *(Yod)*
vielleicht gibt es Hoffnung!
30 Er halte dem die Wange hin, der ihn schlägt, *(Yod)* 30: Jes 50,6
der sich sättigt an der Schmach.
31 Denn er verstösst nicht für immer, *(Kaf)* 31: Jer 3,12
der Herr.
32 Vielmehr: Hat er in Kummer gestürzt, dann erbarmt er sich, *(Kaf)* 32: Jes 63,7
wie es der grossen Zahl seiner Gnadenerweise entspricht.
33 Denn nicht von Herzen hat er erniedrigt *(Kaf)*
und die Menschen in Kummer gestürzt.
34 Dass man unter seinen Füssen *(Lamed)*
alle Gefangenen des Landes zertritt,
35 dass man das Recht eines Mannes beugt *(Lamed)* 35: Dtn 27,19
vor dem Angesicht des Höchsten,
36 dass man einen Menschen behindert bei seinem Rechtsstreit *(Lamed)* – 36: Ps 94,5–9
das sollte der Herr nicht sehen?
37 Wer sollte das sein, der sprach und es geschah, *(Mem)*
ohne dass der Herr es geboten hätte?
38 Kommt nicht aus dem Mund des Höchsten *(Mem)* 38: Hiob 2,10; Jes 45,7!
das Schlimme und das Gute?
39 Was beklagt sich der Mensch, der lebt, *(Mem)* 39: 4,6!
was beklagt sich ein Mann über seine Sünden?
40 Lasst uns unsere Wege prüfen und erforschen, *(Nun)* 40: 5,21; Hos 6,1
und lasst uns zurückkehren zum HERRN!
41 Wir erheben unser Herz und unsere Hände *(Nun)* 41: 2,19
zu Gott im Himmel.
42 Wir, wir haben uns vergangen und waren widerspenstig, *(Nun)* 42: 1,18
du, du hast es nicht verziehen.
43 Du hast dich in Zorn gehüllt und hast uns verfolgt, *(Samech)* 43: 4,11! · 2,21; Jer 13,14
du hast uns umgebracht, ohne Mitleid.
44 In eine Wolke hast du dich gehüllt, *(Samech)* 44: 2,1 · 8
so dass kein Gebet hindurchdrang.

45 Zu Kehricht und Unrat hast du uns gemacht *(Samech)*
inmitten der Völker.
46: 2,16; Ps 22,14 46 Alle unsere Feinde *(Pe)*
haben ihr Maul gegen uns aufgerissen.
47: Jes 24,17 47 Grauen und Grube sind uns zuteil geworden, *(Pe)*
Verheerung und Zusammenbruch.
48–49: 1,2!; Jer 8,23! · 2,11; 4,10 48 Bäche stürzen aus meinem Auge *(Pe)*
über den Zusammenbruch der Tochter meines Volks.
49 Mein Auge ergiesst sich und findet keine Ruhe, *(Ajin)*
es hört und hört nicht auf,
50: Ps 80,15; Jes 63,15 50 bis der HERR vom Himmel *(Ajin)*
herabblickt und hinsieht.
51 Mein Auge schmerzt mich *(Ajin)*
all der Töchter meiner Stadt wegen.
52: Ps 35,19 52 Gejagt, gejagt wie einen Vogel haben mich *(Zade)*
meine Feinde, ohne Grund!
53 In der Grube wollten sie mein Leben zum Schweigen bringen, *(Zade)*
und Steine haben sie auf mich geworfen.
54: Ps 69,2–3 · Ps 88,6 54 Wasser flutete über mein Haupt, *(Zade)*
ich sagte: Ich bin vom Leben abgeschnitten!
55: Ps 130,1 55 Ich rief deinen Namen, HERR, *(Qof)*
von tief unten aus der Grube.
56: Ps 55,2 56 Du hast meine Stimme gehört, *(Qof)*
verschliesse nicht dein Ohr,
zu meiner Erleichterung, zu meiner Rettung!
57: Ps 138,3 · Jer 1,8! 57 Am Tag, da ich dich rief, hast du dich genaht, *(Qof)*
du sprachst: Fürchte dich nicht.
58: Jer 50,34! 58 Du, Herr, hast um mich die Rechtsstreite geführt, *(Resch)*
hast mein Leben erlöst.
59: Ps 10,14 59 HERR, du hast gesehen, wie man mir das Recht beugt, *(Resch)*
verschaffe du mir mein Recht!
60: Jer 18,23 60 Du hast all ihre Rachegelüste gesehen, *(Resch)*
all ihre Pläne gegen mich.
61 Ihr Schmähen hast du vernommen, HERR, *(Schin)*
all ihre Pläne gegen mich,
62 das Reden jener, die sich gegen mich erheben, und ihr Gerede *(Schin)*
gegen mich, jeden Tag.
63: 14 63 Ob sie sitzen oder sich erheben – schau hin: *(Schin)*
Ich bin ihr Spottlied!
64: Ps 28,4; Jer 11,20; 50,15 64 Zahle es ihnen heim, HERR, *(Taw)*
wie es dem Tun ihrer Hände entspricht.
65 Gib ihnen Verblendung ins Herz. *(Taw)*
Dein Fluch über sie!
66 Verfolge sie voller Zorn und zerschmettere sie *(Taw)*
unter dem Himmel des HERRN!

3,54: «vom Leben» wurde in der Übersetzung ergänzt.

Das vierte Klagelied

4 1 Ach, wie färbt das Gold sich schwarz, *(Alef)*
wie verändert sich das Feingold!
Die Steine des Heiligtums liegen herum
an allen Strassenenden.
2 Die kostbaren Kinder Zions, *(Bet)* 2: Jer 19,11; Hos 8,8
wertvoll wie reines Gold,
ach, sie werden geachtet wie Krüge aus Ton,
wie ein Werk von Töpferhänden!
3 Selbst Schakale reichen die Brust, *(Gimel)* 3: Jes 43,20 · Hiob 39,13–16
säugen ihre Jungen!
Die Tochter meines Volks aber ist grausam geworden
wie die Strausse in der Wüste.
4 Die Zunge des Säuglings haftet *(Dalet)* 4: 1,11!; 2,11!; Jes 41,17
an seinem Gaumen vor Durst.
Die Jüngsten haben nach Brot gefragt,
da ist keiner, der es ihnen bricht.
5 Die Leckerbissen verzehrten, *(He)* 5: Hiob 2,8
sind auf den Strassen zugrunde gegangen;
die auf Karmesin getragen wurden,
klammern sich an Abfallhaufen.
6 Und die Schuld der Tochter meines Volks war grösser *(Waw)* 6: 13 · Gen 19,24–25; Jer 23,14
als die Sünde Sodoms,
das umgestürzt wurde wie aus dem Nichts,
ohne dass sich darin Hände gerührt hätten.
7 Ihre Geweihten waren reiner als Schnee, *(Sajin)* 7: Hld 5,10!
strahlten heller als Milch,
ihr Leib war röter als Korallenperlen,
ihre Gestalt war Saphir.
8 Dunkler als Schwärze ist nun ihr Aussehen, *(Chet)* 8: 5,10; Hiob 30,30!
auf den Strassen erkennt man sie nicht,
ihre Haut hat sich zusammengezogen auf ihren Knochen,
ist trocken geworden wie Holz.
9 Die vom Schwert Dahingerafften hatten es besser *(Tet)* 9: 1,11!; Jer 11,22!
als die vom Hunger Dahingerafften,
die dahinsiechend verenden,
ohne die Erträge des Feldes.
10 Die Hände barmherziger Frauen *(Yod)* 10: 2,20; Jer 19,9! · 3,48!
haben die eigenen Kinder gekocht;
sie dienten ihnen als Speise
beim Zusammenbruch der Tochter meines Volks.
11 Der HERR hat sein Zornwerk vollendet, *(Kaf)* 11: 1,12; 2,1–6; 3,43; Jer 15,14!
seinen glühenden Zorn hat er ausgegossen
und ein Feuer in Zion entzündet,
und es hat seine Grundmauern gefressen.
12 Die Könige der Erde glaubten es nicht, *(Lamed)* 12: 1,7
und keiner der Bewohner des Erdkreises glaubte es,
dass Gegner und Feind eindringen würden
in die Tore von Jerusalem

13: 2,14; Jer 23,11; Ez 22,26–28

13 der Sünden ihrer Propheten, *(Mem)*
der Verschuldungen ihrer Priester wegen,
die in ihrer Mitte
das Blut von Gerechten vergossen.

14: Jes 59,3 · Hag 2,12

14 Blind wankten sie auf den Strassen, *(Nun)*
mit Blut waren sie befleckt,
was sie nicht anrühren dürfen,
berührten sie mit ihren Kleidern.

15: 1,9; Lev 13,45 · 1,3

15 Weg von hier! Unrein!, rief man ihnen zu. *(Samech)*
Weg von hier, weg von hier, berührt es nicht.
Ja, sie sind geflohen, mussten umherirren.
Unter den Nationen hat man gesagt:
Sie dürfen nicht länger bleiben!

16: 5,12

16 Das Angesicht des HERRN hat sie zerstreut, *(Pe)*
er sieht sie nicht länger an.
Das Angesicht der Priester hat man nicht erhoben,
den Ältesten war man nicht gnädig.

17: 5,6

17 Noch verzehren sich unsere Augen *(Ajin)*
auf der Suche nach Hilfe für uns – vergeblich!
Auf unserer Warte hielten wir Ausschau
nach einer Nation – die nicht helfen kann.

18: Ez 7,2; Am 8,2

18 Auf unsere Schritte hat man Jagd gemacht, *(Zade)*
so dass wir auf unseren Plätzen nicht gehen konnten,
unser Ende ist nahe,
unsere Tage sind abgelaufen,
ja, unser Ende ist gekommen.

19: 1,3.6; 5,5 · Jer 4,13!

19 Unsere Verfolger waren schneller *(Qof)*
als Adler am Himmel,
auf den Bergen haben sie uns verfolgt mit Feuereifer,
in der Wüste haben sie uns aufgelauert.

20: 2Kön 25,6–7; Ps 2,2

20 Unser Lebensatem – der Gesalbte des HERRN – *(Resch)*
ist in ihren Gruben gefangen,
er, von dem wir gesagt haben:
In seinem Schatten werden wir leben unter den Nationen!

21: Ez 35,14; Obd 16

21 Sei fröhlich und freue dich, Tochter Edom, *(Sin)*
die du wohnst im Lande Uz!
Auch zu dir wird der Kelch kommen,
du wirst dich betrinken und dich entblössen.

22: Jes 40,2; Jer 50,20

22 Tochter Zion, deine Schuld ist getilgt, *(Taw)*
nicht länger lässt er dich in der Verbannung!
Tochter Edom, deine Schuld sucht er heim,
deine Sünden hat er aufgedeckt!

Das fünfte Klagelied

5 1 Erinnere dich, HERR, was mit uns geschehen ist,
schau her und sieh unsere Schande!

2: 1,10; Ez 7,24

2 Unser Erbbesitz ist Fremden zugefallen,
unsere Häuser gehören den anderen.

4,13: Mit «ihrer Mitte» ist die Mitte Jerusalems gemeint.

3 Wir sind Waisen geworden, da ist kein Vater, 3: Ex 22,23
Witwen gleich sind unsere Mütter.
4 Gegen Silber dürfen wir von unserem Wasser trinken,
gegen Bezahlung kommt unser Holz.
5 Die uns verfolgen, sitzen uns im Nacken, 5: 4,19!
wir sind erschöpft, keine Ruhe wird uns zuteil.
6 Ägypten haben wir die Hand gereicht, 6: 4,17; Jer 2,18;
Assur, um genug Brot zu haben. Hos 12,2
7 Unsere Vorfahren haben gesündigt und sind nicht mehr, 7: 1,8; Ex 20,5;
ihre Verschuldungen tragen wir! Ez 18,2
8 Knechte herrschen über uns, 8: Sach 11,6
da ist keiner, der uns ihrer Hand entreisst.
9 Unter Einsatz unseres Lebens holen wir unser Brot
in der Wüste im Angesicht des Schwerts.
10 Glühend wie ein Ofen ist unsere Haut geworden, 10: 4,8 · 1,11!
der Hungerqualen wegen.
11 In Zion hat man Frauen Gewalt angetan, 11: Sach 14,2
Jungfrauen in den Städten von Juda.
12 Fürsten sind erhängt worden von ihrer Hand, 12: 4,16
den Ältesten hat man die Ehre verweigert.
13 Junge Männer hat man genommen, damit sie die Handmühle bedienen,
und unter der Last des Holzes sind Knaben gestrauchelt.
14 Die Ältesten bleiben dem Tor fern, 14: 1,4 · Jer 7,34!
die jungen Männer dem Saitenspiel.
15 Die Freude unseres Herzens hat aufgehört, 15: 2,8.10;
in Trauer hat sich unser Reigentanz verwandelt. Hiob 30,31
16 Unsere Krone ist vom Kopf gefallen. 16: Hiob 19,9 · 1,8;
Wehe uns, wir haben gesündigt! Jer 3,25!
17 Darum ist unser Herz krank geworden, 17: 1,22 · Dtn 28,65
deshalb sind unsere Augen verdüstert:
18 wegen des Bergs Zion, der verödet ist; 18: 1,4; Jes 64,9;
Schakale streunen auf ihm. Jer 9,10!
19 Du, HERR, bleibst in Ewigkeit,
dein Thron bleibt von Generation zu Generation.
20 Warum willst du uns für immer vergessen, 20: Ps 42,10;
uns verlassen für alle Zeit? Jes 49,14
21 Bring uns zurück, HERR, zu dir, wir wollen umkehren. 21: 3,40; Jes 44,22;
Mach unsere Tage neu, wie sie einst waren. Jer 31,18
22 Oder hast du uns ganz und gar verworfen, 22: 2,7; Jer 14,9
bist du über alle Massen zornig auf uns?

5,18: Statt «Schakale» übersetzen andere: «Füchse».
5,20: Möglicherweise ist zu übersetzen: «..., uns verlassen, solange wir leben?»

Das Buch Ezechiel

Das Buch Ezechiel wirkt stärker als die anderen Prophetenbücher wie ein einheitlich gestaltetes literarisches Ganzes. Es ist deutlich in drei Hauptteile gegliedert: Ez 1–24 bietet vorwiegend Unheilsankündigungen gegen Israel, Ez 25–32 vorwiegend Unheilsankündigungen gegen fremde Völker und Ez 33–48 vorwiegend Heilsankündigungen für das eigene Volk. Das Buch berichtet – durchgängig in der Ich-Form – von Empfang und Weitergabe des Gottesworts durch den Propheten Ezechiel; die einzigen Ausnahmen sind Ez 1,2–3 und Ez 24,24. Immer wieder wird das genaue Datum angegeben, an dem Ezechiel ein Wort Gottes oder eine Schauung empfangen hat (beispielsweise Ez 8,1–2; 31,1; 32,1). Ezechiel wird im Gegenüber zu Gott von diesem als «Mensch» angesprochen. Die einzelnen Texte im Buch werden deutlich gegliedert durch Formeln wie «und das Wort des HERRN erging an mich» oder «so spricht Gott der HERR» sowie «und ihr werdet erkennen, dass ich der HERR bin». Das Buch Ezechiel enthält neben einfachen Unheils- und Heilsankündigungen Berichte über Schauungen (Ez 1–3; 8–11; 37; 40–48), Berichte über prophetische Zeichenhandlungen (Ez 4–5; 12; 21; 24; 37), Geschichtsrückblicke (Ez 16; 20; 23), Bildworte (Ez 15–17; 19; 23–24), Streitgespräche (Ez 14; 18; 20) und Bestimmungen für den Gottesdienst am zukünftigen Tempel (Ez 43–48).

Ezechiel wirkte nach den Datumsangaben des Buchs zwischen 593 und 573 v.Chr. Er war ein Priester und wurde nach der ersten Einnahme Jerusalems durch die Babylonier 597 v.Chr. mit den ‹oberen Zehntausend› der Stadt (vgl. 2Kön 24,14) nach Tel Abib am Fluss Kebar bei Nippur in Babylon ins Exil geführt (Ez 1,2–3). Dort erlebte er 593 v.Chr. seine Berufung zum Propheten und kündigte zunächst dem eigenen Volk Unheil an: Dass Jerusalem von den Babyloniern eingenommen und seine Oberschicht ins Exil geführt wurde, war in der Sicht Ezechiels Gottes Strafe dafür, dass die Israeliten den Tempel und das Land durch ihre Ungerechtigkeit und ihren Götzendienst unrein gemacht hatten. Gott hat seinen Tempel und seine Stadt verlassen (Ez 8–11) und wird sie der völligen Vernichtung preisgeben und sein Volk in alle Winde zerstreuen. Dies wird die Strafe sein für den fortgesetzten Ungehorsam jener Bewohner, die nach der ersten Eroberung in der Stadt verblieben waren und die sich den damals ins Exil Geführten überlegen fühlten (Ez 11; 14,12–23; 33,23–33).

587 v.Chr. wurden Jerusalem und der Tempel von den Babyloniern eingenommen und zerstört. Darin konnte man eine Bestätigung der Unheilsankündigungen Ezechiels gegen Israel sehen, aber auch ein Zeichen dafür, dass Gott sein Volk nicht völlig vernichten wollte, lebte es doch im Land Israel, im babylonischen Exil und an verschiedenen Zufluchtsorten in der Zerstreuung weiter. Das gab den Anstoss zur Entwicklung heilvoller Zukunftshoffnungen, die im Buch Ezechiel in die

Verheissung münden, dass alle Israeliten in ihr Land zurückkehren und dort von König David regiert werden (Ez 37) und dass Gott in einen neuen Tempel zurückkehren wird, der ausserhalb des neuen Jerusalem liegen wird (Ez 40–48). Damit die Israeliten ihm nicht noch einmal untreu werden, wird Gott ihnen ein neues Herz und einen neuen Geist geben, die sie dazu anleiten, seine Gebote zu befolgen (Ez 11,19–20; 36,26–27).

Die Prophezeiungen Ezechiels sind wahrscheinlich in späterer Zeit mehrfach bearbeitet und ergänzt worden. Am deutlichsten erkennbar sind spätere Zusätze in Ez 38–39 und in Ez 43–48. Zwischen der hebräischen und der griechischen Fassung des Buchs gibt es zahlreiche Unterschiede; sie zeugen von der bewegten Entstehungsgeschichte dieses Prophetenbuchs.

Das Buch Ezechiel gehört zu den prophetischen Schriften und steht in der hebräischen Bibel, der zeitlichen Abfolge der Propheten entsprechend, zwischen dem Buch Jeremia und dem Zwölfprophetenbuch (den Büchern Hosea bis Maleachi). In der griechischen Bibel (der sogenannten Septuaginta) folgt es auf die Bücher Jeremia, Baruch, Klagelieder und Brief Jeremias und steht als vorletztes Buch des Alten Testaments vor dem Buch Daniel.

Die bilderreichen und zum Teil rätselhaft wirkenden Prophezeiungen Ezechiels sind später immer wieder aufgegriffen, neu ausgelegt und weiterentwickelt worden. So hat die Darstellung des göttlichen Thronwagens in Ez 1 zu mystischen Spekulationen Anlass gegeben (vgl. im Neuen Testament Offb 4). Die Schlacht gegen Gog aus dem Land Magog (Ez 38–39) ist zum Bestandteil jüdischer und christlicher Endzeiterwartungen geworden (vgl. Offb 20,8). Die Einsetzung Ezechiels zum «Wächter» über sein Volk (Ez 3; 33) wirkt im Gedanken eines prophetischen Wächteramts in der Kirchengeschichte nach.

Ezechiels erste Schauung der Herrlichkeit des HERRN

1 1 Und im dreissigsten Jahr, im vierten Monat, am Fünften des Mo-
nats, als ich unter den Verbannten am Fluss Kebar war, öffnete sich
der Himmel, und ich sah göttliche Schauungen. 2 Am Fünften des
Monats – es war das fünfte Jahr der Verbannung des Königs Jojachin –
3 erging wahrhaftig das Wort des HERRN an Ezechiel, den Sohn des Busi,
den Priester, im Land der Kasdäer, am Fluss Kebar, und dort kam die
Hand des HERRN über ihn.
4 Und ich sah, und sieh: Vom Norden kam ein Sturmwind, eine
grosse Wolke und flackerndes Feuer, und rings um sie war ein Glänzen,
und darin, im Feuer, sah es aus wie Bernstein. 5 Und mitten darin war
die Gestalt von vier Wesen, und dies war ihr Aussehen: Sie hatten Men-
schengestalt. 6 Und jedes hatte vier Gesichter, und jedes von ihnen hat-
te vier Flügel. 7 Und ihre Beine waren aufrechte Beine, und ihre Fuss-
sohlen waren wie die Fusssohle eines jungen Stiers, und sie funkelten,
es war wie der Anblick blanker Bronze. 8 Und unter ihren Flügeln wa-
ren Menschenhände, an ihren vier Seiten, und alle vier hatten ihre Ge-

1: 3; 3,11.15.23; 10,15; 43,3 · 8,3; 11,24; 40,2
2: 19,9
3–28: 10,1–22; Jes 6; Offb 4
3: 1Chr 24,16 · 1! · 3,14.22; 8,1; 33,22; 37,1
4: Ex 13,21; 19,18; Hiob 40,6 · 13.27; 10,3.4
5: 10,15.20; Offb 4,6–8
6: 10
8: 10,8.21

1,4: Die genaue Bedeutung des mit ‹Bernstein› wiedergegebenen hebräischen Worts ist unsicher; möglicherweise handelt es sich um ein Metall.

9: 11.23 sichter und ihre Flügel. 9 Ihre Flügel berührten einander. Wenn sie sich
bewegten, änderten sie nicht die Richtung, jedes bewegte sich gerade-
10: 10,14; 41,18–19; aus. 10 Und das war die Gestalt ihrer Gesichter: Sie hatten ein Men-
Offb 4,7 schengesicht, und auf der rechten Seite hatten alle vier ein Löwenge-
sicht, und auf der linken Seite hatten alle vier das Gesicht eines Stiers,
11: 9.23; Jes 6,2 und alle vier hatten ein Adlergesicht. 11 Das waren ihre Gesichter. Und
ihre Flügel waren nach oben hin ausgespannt; jedes hatte zwei, die sich
12: 17.20 berührten, und zwei, die ihre Leiber bedeckten. 12 Und jedes bewegte
sich geradeaus. Wohin der Geiststurm sich bewegen wollte, bewegten
sie sich; wenn sie sich bewegten, änderten sie nicht die Richtung.
13: 4! 13 Und das war die Gestalt der Wesen: Ihr Aussehen war wie das bren-
nender Feuerkohlen; was sich zwischen den Wesen hin und her beweg-
te, hatte das Aussehen von Fackeln. Und das Feuer verbreitete einen
Glanz, und aus dem Feuer zuckten Blitze. 14 Und die Wesen bewegten
sich vorwärts und zurück, es sah aus wie ein Blitzen.

15–21: 3,13; 10,2.9–17 15 Und ich sah die Wesen, und sieh: Da war je ein Rad auf der Erde
16: 10,9.10; 28,13; neben den Wesen, an ihren vier Vorderseiten. 16 Das Aussehen der Rä-
Dan 10,5–6 der und ihre Machart war wie der Anblick von Topas, und alle vier hat-
ten die gleiche Gestalt. Und sie sahen aus und waren gemacht, als wäre
17: 12; 10,17 ein Rad mitten im anderen Rad. 17 Wenn sie sich bewegten, bewegten
sie sich nach ihren vier Seiten; wenn sie sich bewegten, änderten sie
18: 10,12; Offb 4,8 nicht die Richtung. 18 Und ihre Felgen, sie waren hoch, und sie waren
Furcht erregend: Ihre Felgen waren ringsum voller Augen, bei allen vie-
ren. 19 Und wenn die Wesen sich bewegten, bewegten sich die Räder
neben ihnen, und wenn die Wesen sich von der Erde erhoben, erhoben
20: 12; 10,16 sich die Räder. 20 Wohin der Geist sich bewegen wollte, bewegten sie
sich: dahin, wohin der Geist sich bewegen wollte. Und genau wie sie
erhoben sich die Räder, denn der Geist des Wesens war in den Rädern.
21 Wenn diese sich bewegten, bewegten sich jene, und wenn diese ste-
hen blieben, blieben jene stehen, und wenn diese sich von der Erde er-
hoben, erhoben sich die Räder genau wie sie, denn der Geist des Wesens
war in den Rädern.

22: 10,1; Gen 1,6–8; 22 Und was über den Köpfen der Wesen war, hatte die Gestalt eines
Ex 24,10; Offb 4,6 Gewölbes, es war wie der Anblick eines Furcht erregenden Kristalls, aus-
23: 9.11 gespannt oben über ihren Köpfen. 23 Und unter dem Gewölbe waren
ihre Flügel gerade ausgestreckt, jeder hin zum anderen; jedes hatte zwei,
die sie bedeckten, und jedes hatte zwei, die ihnen ihre Leiber bedeckten.
24: 3,13; 10,5; 43,2; 24 Und ich hörte das Geräusch ihrer Flügel: Es war wie das Geräusch
Offb 1,15 · Gen 17,1 grosser Wassermassen; wie die Stimme von Schaddai war es, wenn sie
sich bewegten, der Lärm einer Volksmenge, wie das Lärmen eines Heer-
lagers. Wenn sie stehen blieben, liessen sie ihre Flügel sinken.

25 Und es kam eine Stimme von oberhalb des Gewölbes, das sich
über ihren Köpfen befand. Wenn sie stehen blieben, liessen sie ihre Flü-
26–28: 8,2; gel sinken. 26 Und oberhalb des Gewölbes, das sich über ihren Köpfen
Dan 10,5–6 befand, war, dem Aussehen von Saphirgestein gleich, die Gestalt eines
26: 10,1; Jes 6,1; Throns, und auf der Gestalt des Throns, oben auf ihm, war die Gestalt
Dan 7,9; Offb 4,3 von einem, der das Aussehen eines Menschen hatte. 27 Und ich sah: Es
27: 4! · 8,2

1,12: Für ‹Geist› und ‹Sturm› oder ‹Wind› verwendet das Hebräische dasselbe Wort.
1,24: Siehe die Anm. zu Num 24,4.

war wie der Anblick von Bernstein, es hatte das Aussehen von Feuer in
einem Gehäuse, aufwärts von dem, was aussah wie seine Hüften, und
abwärts von dem, was aussah wie seine Hüften, ich sah etwas, das das
Aussehen von Feuer hatte, und ringsum war ein Glanz. 28 Wie das Aus- 28: Gen 9,13 · 8,4! ·
sehen des Bogens, der am Regentag in der Wolke ist, so war das Ausse- 3,23!
hen des Glanzes ringsum.

Das war das Aussehen der Gestalt der Herrlichkeit des HERRN. Und
ich sah und fiel nieder auf mein Angesicht. Dann hörte ich die Stimme
von einem, der redete.

Die Sendung Ezechiels

2 1 Und er sprach zu mir: Du Mensch, stelle dich auf deine Füsse, und 1: Dan 8,17
ich will zu dir sprechen! 2 Und sobald er zu mir sprach, kam Geist in 2: 3,24; 37,10.14;
mich und stellte mich auf meine Füsse, und ich hörte den, der zu mir Dan 8,18
sprach. 3 Und er sprach zu mir: Mensch, ich sende dich zu den Israeli- 3: 3,4 · 5,6; 11,12;
ten, zu Nationen, die sich auflehnen, die sich aufgelehnt haben gegen 16,47; 20,1–44
mich. Sie und ihre Vorfahren haben mit mir gebrochen, so ist es bis auf
diesen heutigen Tag. 4 Und zu den Nachkommen mit verhärteten Ge- 4: 3,7; Ex 4,21;
sichtern und hartem Herzen, zu ihnen sende ich dich, und du wirst ih- Ex 7,3
nen sagen: So spricht Gott der HERR! 5 Und sie – mögen sie hören oder 5: 3,11.27 · 33,33
es lassen, denn sie sind ein Haus der Widerspenstigkeit! –, sie sollen
wissen, dass ein Prophet unter ihnen gewesen ist. 6 Und du, Mensch, 6: 3,9; Jer 1,8.17 ·
fürchte dich nicht vor ihnen und vor ihren Worten. Fürchte dich nicht, 28,24
auch wenn sie dir widersprechen und Dornen für dich sind und du auf
Skorpionen sitzt. Vor ihren Worten fürchte dich nicht, und vor ihren
Gesichtern hab keine Angst! Sie sind ein Haus der Widerspenstigkeit!
7 Und du wirst ihnen meine Worte sagen, mögen sie hören oder es las-
sen! Sie sind ein Haus der Widerspenstigkeit!

8 Du aber, Mensch, höre, was ich zu dir rede. Sei nicht widerspenstig 8: Jer 1,6 · 3,1;
wie das Haus der Widerspenstigkeit, öffne deinen Mund, und iss, was Jer 1,9; Offb 10,8–11
ich dir gebe. 9 Und ich sah, und sieh: Zu mir hin war eine Hand ausge- 9: 8,3 · Sach 5,2;
streckt, und sieh, in ihr war eine Schriftrolle. 10 Und er breitete sie vor Offb 5,1; Offb 10,2
mir aus, und sie war auf der Vorderseite und auf der Rückseite beschrie-
ben, und auf ihr aufgeschrieben waren Klagen und Seufzer und Wehru-
fe.

3 1 Und er sprach zu mir: Du Mensch, iss, was du vorfindest, iss diese 1: 2,8; Jer 1,9;
Schriftrolle, und geh, sprich zum Haus Israel! 2 Und ich öffnete mei- Offb 10,8–11
nen Mund, und er liess mich jene Rolle essen. 3 Und er sprach zu mir: 3: Offb 10,10 ·
Mensch, gib deinem Bauch zu essen und fülle dein Inneres mit dieser Ps 19,11; Jer 15,16
Schriftrolle, die ich dir gebe! Da ass ich sie, und in meinem Mund wurde
sie wie Honig, süss.

4 Und er sprach zu mir: Auf, du Mensch, geh zum Haus Israel, und 4: 2,3
sprich zu ihnen mit meinen Worten. 5 Denn nicht zu einem Volk mit 5: Jes 28,11!
schwieriger Sprache und schwerer Zunge wirst du gesandt – zum Haus
Israel! –, 6 nicht zu vielen Völkern mit schwieriger Sprache und schwe-
rer Zunge, deren Worte du nicht verstehst. Hätte ich dich zu diesen ge-
sandt, sie würden dich anhören! 7 Das Haus Israel aber wird dich nicht 7: 2,4; Jes 6,10

3,6: Die Übersetzung «Hätte ich dich zu diesen gesandt, ...» beruht auf der griechischen Überlieferung.

hören wollen, denn sie wollen mich nicht hören. Das ganze Haus Israel
8: Jes 50,7; Jer 1,18; hat eine harte Stirn, und sie haben ein verhärtetes Herz! 8 Sieh, ich ma-
15,20 che dein Angesicht hart, genau wie ihr Angesicht, und deine Stirn hart,
9: 2,6 genau wie ihre Stirn. 9 Wie Diamant, härter als Fels, mache ich deine
Stirn. Fürchte dich nicht vor ihnen, und hab keine Angst vor ihrem An-
gesicht. Sie sind ein Haus der Widerspenstigkeit! 10 Und er sprach zu
mir: Du Mensch, alle meine Worte, die ich dir sage, nimm sie auf in dein
11: 1,1! · 33,2.17.30; Herz, und höre sie mit deinen Ohren. 11 Und auf, geh zu den Verbann-
37,18 · 27 ten, zu denen aus deinem Volk, und sprich zu ihnen und sage ihnen: So
spricht Gott der HERR! – Mögen sie hören oder es lassen!

Die Einsetzung Ezechiels zum Wächter: Vom Ungerechten und vom Gerechten. Ezechiels Verstummen

12: Ps 29,9; 12 Da hob Geist mich empor, und hinter mir hörte ich von ihrer Stät-
Jes 6,3–4; te her ein lautes Dröhnen: Gepriesen sei die Herrlichkeit des HERRN!
Lk 2,13–14
13: 1,24; 10,5; 43,2; 13 Und das war das Geräusch der Flügel der Wesen, die einander berühr-
Offb 1,15 · 1,15–21! ten, und zugleich das Geräusch der Räder, ein lautes Dröhnen. 14 Und
14: Jer 15,17 · 1,3! Geist hatte mich emporgehoben und nahm mich fort, und ich ging, bit-
15: 1,1! · Esra 9,3–4 ter, aufgewühlt, und schwer lag die Hand des HERRN auf mir. 15 Und ich
kam zu den Verbannten nach Tel Abib, die am Fluss Kebar wohnten, und
ich blieb, während sie dort wohnten, und dort sass ich sieben Tage lang,
unter ihnen Entsetzen verbreitend.
16 Nach Ablauf von sieben Tagen aber, da erging das Wort des
17–21: 33,2–9 · HERRN an mich: 17 Mensch, zum Wächter für das Haus Israel habe ich
13,22; 14,12–23; dich gemacht: Du wirst ein Wort aus meinem Mund hören und sie vor
18,1–32; 33,10–20
17: 33,2.7 mir warnen! 18 Wenn ich zum Ungerechten spreche: Du musst ster-
18: Gen 9,5 ben!, und du hast ihn nicht gewarnt und hast nicht geredet, um den
Ungerechten vor seinem ungerechten Weg zu warnen und ihn am Le-
ben zu erhalten, wird er, der Ungerechte, seiner Schuld wegen sterben,
sein Blut aber fordere ich aus deiner Hand. 19 Hast du aber den Unge-
rechten gewarnt, und er hat sich nicht abgekehrt von seinem Unrecht
und von seinem ungerechten Weg, wird er seiner Schuld wegen ster-
20: 18,24; 33,13; ben, du aber hast dein Leben gerettet. 20 Und wenn sich ein Gerechter
2Petr 2,21 · Gen 9,5 von seiner Gerechtigkeit abkehrt und Unrecht begeht und ich ihn stür-
zen lasse, muss er sterben. Wenn du ihn nicht gewarnt hast, wird er
seiner Sünde wegen sterben, und seiner gerechten Taten, die er getan
hat, wird nicht gedacht werden, sein Blut aber fordere ich aus deiner
21: 1Tim 4,16; Hand. 21 Wenn aber du ihn, den Gerechten, gewarnt hast, damit der Ge-
Jak 5,19–20 rechte nicht sündigt, und er sündigt nicht, so wird er am Leben bleiben,
denn er hat sich warnen lassen, und du hast dein Leben gerettet.
22: 1,3! · 8,4; 37,1 22 Und dort kam die Hand des HERRN über mich, und er sprach zu
mir: Steh auf, geh hinaus in die Ebene, und dort will ich zu dir sprechen.
23: 1,1! · 9,8; 11,13; 23 Und ich stand auf und ging hinaus in die Ebene, und sieh, dort stand
43,3; 44,4; Offb 1,17 die Herrlichkeit des HERRN, wie die Herrlichkeit, die ich am Fluss Kebar
24: 2,2 gesehen hatte. Da fiel ich nieder auf mein Angesicht. 24 Und Geist kam

3,15: In einer anderen hebräischen Tradition lautet der Text: «…, die am Fluss Kebar wohnten, die dort wohnten, und dort …»

3,18: «sein Blut aber fordere ich aus deiner Hand» bedeutet, dass der Prophet die Verantwortung für das Ergehen des Ungerechten übernehmen muss.

in mich und stellte mich auf meine Füsse. Und er sprach zu mir und
sagte zu mir: Geh, schliess dich in deinem Haus ein! 25 Und du, 25: 4,8
Mensch, sieh, man wird dir Stricke anlegen, um dich damit zu fesseln,
und du wirst nicht hinausgehen können in ihre Mitte. 26 Und ich wer-
de deine Zunge an deinem Gaumen haften lassen, damit du verstummst
und ihnen nicht zu einem wirst, der sie zurechtweist. Sie sind ein Haus
der Widerspenstigkeit! 27 Aber wenn ich zu dir spreche, werde ich dei- 27: 24,27; 33,22 · 11
nen Mund öffnen, und du wirst ihnen sagen: So spricht Gott der HERR!
Wer hört, wird hören, und wer es lässt, wird es lassen. Sie sind ein Haus
der Widerspenstigkeit!

Prophetische Zeichen gegen Jerusalem und gegen Israel und Juda

4 1 Und du, Mensch, nimm dir einen Ziegelstein und lege ihn vor dich
hin, und ritze eine Stadt darauf: Jerusalem. 2 Und verhänge eine Be- 2: 17,17; 21,27; 26,8
lagerung gegen sie, und baue einen Belagerungswall gegen sie, und
schütte eine Sturmrampe gegen sie auf, und errichte Heerlager gegen
sie, und stelle ringsum Sturmböcke gegen sie bereit. 3 Und du, nimm 3: Lev 2,5 ·
dir eine Eisenplatte und stelle sie als eiserne Mauer zwischen dich und 2Kön 25,1! · 14,8;
die Stadt und richte dein Angesicht gegen sie: Sie soll unter Belagerung 20,12.20
sein, und du wirst sie belagern. Ein Zeichen ist dies für das Haus Israel!

4 Und du, lege dich auf deine linke Seite, und lege die Schuld des 4: 9,9; 39,23
Hauses Israel darauf. So viele Tage du auf ihr liegst, so lange wirst du
ihre Schuld tragen. 5 Und ich, ich auferlege dir die Jahre ihrer Schuld in 5: 9
einer Zahl von Tagen, dreihundertneunzig Tagen, und du wirst die
Schuld des Hauses Israel tragen. 6 Und du wirst diese vollenden und 6: 9,9
dich ein zweites Mal niederlegen, auf deine rechte Seite, und du wirst
die Schuld des Hauses Juda tragen, vierzig Tage lang; je einen Tag für
jedes Jahr auferlege ich dir. 7 Und richte dein Angesicht und deinen ent- 7: 3
blössten Arm auf die Belagerung Jerusalems und weissage gegen es.
8 Und sieh, ich lege dir Stricke an, und du wirst dich nicht von einer 8: 3,25
Seite auf die andere wenden können, bis du die Tage deiner Belagerung
vollendet hast.

9 Und du, nimm dir Weizen und Gerste und Bohnen und Linsen 9: Lev 19,19 · 4,5
und Hirse und Emmer, und schütte dies in ein Gefäss und mache dir
Brot daraus. So viele Tage du auf deiner Seite liegst, dreihundertneunzig
Tage, so lange wirst du davon essen. 10 Und dein Essen, das du isst, wird 10: 16–17; 5,16;
abgewogen sein: zwanzig Schekel am Tag; von Zeit zu Zeit wirst du da- 12,18–19; 14,13;
von essen. 11 Auch das Wasser wirst du abgemessen trinken: ein Sechs- Lev 26,26!
tel Hin; von Zeit zu Zeit wirst du trinken. 12 Als Gerstenbrot wirst du es 12: Dtn 23,13–14 ·
essen; in Menschenkot sollst du es backen, vor ihren Augen. 13 Und der 12,3–7; 21,11; 37,20;
HERR sprach: So werden die Israeliten ihr Brot essen: unrein, unter den 43,11
13: Hos 9,3; Am 7,17
Nationen, wohin ich sie versprengen werde. 14 Ich aber sprach: Ach 14: 44,31; Ex 22,30;
Herr, HERR, sieh, ich bin noch nie verunreinigt worden, und seit meiner Lev 22,8; Apg 10,14
Kindheit bis jetzt habe ich kein Aas und kein zerrissenes Tier gegessen,
und verdorbenes Fleisch ist nicht in meinen Mund gekommen. 15 Da
sprach er zu mir: Schau, statt Menschenkot gebe ich dir Kuhdreck: Ma-
che dein Brot darauf. 16 Dann sprach er zu mir: Mensch, sieh, ich zer- 16–17: 10!
breche den Brotstab in Jerusalem: Abgewogen werden sie das Brot es-
sen, voller Kummer, und abgemessen werden sie das Wasser trinken,

17: 24,23; 33,10; mit Entsetzen, 17 damit sie Mangel leiden an Brot und an Wasser und
Lev 26,39; sich entsetzen, einer wie der andere, und ihrer Schuld wegen verfaulen!
Sach 14,12
1–4: 21,13–22 **5** 1 Und du, Mensch, nimm dir ein scharfes Schwert! Nimm es dir als
1: Lev 21,5; Jes 7,20 Schermesser und lass es über deinen Kopf und durch deinen Bart
2: 12,15; 17,21; 20,23; fahren. Dann nimm dir eine Waage und teile die Haare: 2 Ein Drittel
22,15 · 12; 12,14; sollst du im Feuer verbrennen, mitten in der Stadt, wenn die Tage der
21,8–10 Belagerung vollendet sind. Dann nimm ein Drittel, schlage mit dem
Schwert darauf ein, rings um die Stadt. Und ein Drittel streue in den
Wind, und ich werde hinter ihnen her sein und das Schwert ziehen.
3: 6,8; 9,8; 12,16; 3 Dann nimm einen kleinen Teil davon, und den binde in deinen Ge-
14,22 wandbausch. 4 Und von diesen sollst du noch einige nehmen und sie
4: 19,14 ins Feuer werfen und sie im Feuer verbrennen. Feuer wird davon über-
springen auf das ganze Haus Israel!

5: 38,12 5 So spricht Gott der HERR: Dies ist Jerusalem! Mitten unter die
6: 2,3! Nationen und die Länder ringsum habe ich es gesetzt. 6 Aber es ist
schuldig geworden, war gegen meine Rechtssätze widerspenstiger als
die Nationen und gegen meine Satzungen widerspenstiger als die Län-
der, die es rings umgeben. Denn meine Rechtssätze haben sie verwor-
7: 11,12 fen, und meine Satzungen – nach ihnen haben sie nicht gelebt! 7 Dar-
um, so spricht Gott der HERR: Weil es bei euch wilder zuging als bei
den Nationen, die rings um euch sind, weil ihr nicht nach meinen Sat-
zungen gelebt habt und nicht nach meinen Rechtssätzen gehandelt
habt und auch nicht nach den Rechtssätzen der Nationen gehandelt
8: 10.15; 11,9; 16,41; habt, die rings um euch sind, 8 darum, so spricht Gott der HERR: Sieh,
25,11; 28,22; 30,14 auch ich gehe gegen dich vor! Und in deiner Mitte werde ich Urteile
vollstrecken vor den Augen der Nationen. 9 Und wegen all deiner Ab-
scheulichkeiten werde ich dir antun, was ich noch nie getan habe und
10: Lev 26,29 · 8! · was ich niemals wieder tun werde. 10 Darum werden Väter in deiner
Lev 26,33; Jer 49,36 Mitte Kinder essen, und Kinder werden ihre Väter essen. Und ich wer-
de Urteile in dir vollstrecken, und was übrig bleibt von dir, werde ich
11: 7,20; 11,18.21 · in alle Winde streuen. 11 Darum, so wahr ich lebe, Spruch Gottes des
7,4.9; 8,18; 9,5.10; HERRN: Weil du mein Heiligtum mit all deinen Scheusalen und mit all
24,14 deinen Abscheulichkeiten unrein gemacht hast, werde auch ich dich
kahlscheren. Und kalt wird mein Auge blicken, und auch ich werde
12: 2! kein Mitleid haben! 12 Ein Drittel von dir wird an der Pest sterben und
vor Hunger zugrunde gehen in deiner Mitte, und ein Drittel wird
durch das Schwert fallen in deinem Umland, und ein Drittel werde ich
in alle Winde streuen, und ich werde hinter ihnen her sein und das
13: 7,8! · 16,42; Schwert ziehen. 13 Und meine Wut wird sich austoben, und ich werde
21,22; 24,13 · 24,8; meinen Zorn an ihnen stillen und mich rächen. Und sie werden erken-
25,14 · 35,11! nen, dass ich, der HERR, in meiner Eifersucht geredet habe, wenn ich
14: 22,4; 29,9; 33,28; meinen Zorn an ihnen auslasse! 14 Und ich werde dich zur Trümmer-
35,4 stätte machen und zum Hohn unter den Nationen, die rings um dich
15: 22,4 · 8! sind, vor den Augen eines jeden, der vorübergeht. 15 Und für die Nati-
onen, die rings um dich sind, wirst du zum Hohn und zur Schmähung,

5,1: Wörtlich: «... und teile sie:»
5,2: Wörtlich: «... rings um sie.»
5,7: Die Übersetzung der mit «Weil es bei euch wilder zuging» wiedergegebenen hebräischen Formulierung ist unsicher.
5,8: Mit ‹dich› und ‹deiner› ist Jerusalem gemeint.

zur Warnung und zum Entsetzen, wenn ich Urteile an dir vollstrecke,
voller Wut und voll Zorn und mit zornigen Züchtigungen. Ich, der
HERR, habe gesprochen! 16 Wenn ich die schrecklichen Pfeile des Hun- 16: 4,10!; Dtn 32,23
gers gegen dich sende, die Vernichtung bedeuten, die ich sende, um
euch zu vernichten, lasse ich den Hunger für euch immer schlimmer
werden, und ich zerbreche euch den Brotstab. 17 Und ich werde Hun- 17: 5,3; 11,8; 14,17 ·
ger und böse Tiere gegen euch senden, und sie werden dich der Kinder 33,27!
berauben, und Pest und Blut werden durch dich hindurchziehen, und
ich werde das Schwert über dich bringen. Ich, der HERR, habe gespro-
chen!

Ankündigung der Verwüstung der Berge Israels

6 1 Und das Wort des HERRN erging an mich: 2 Mensch, richte dein 1–7: 36,1–12
Angesicht gegen die Berge Israels und weissage ihnen 3 und sprich: 3: 31,12; 35,8; 36,4 ·
Berge Israels, hört das Wort Gottes des HERRN! So spricht Gott der 5,17; 11,8; 14,17 ·
HERR zu den Bergen und den Hügeln, zu den Flussbetten und den Tä- 20,29!
lern: Seht, ich bringe das Schwert über euch, und eure Kulthöhen werde
ich zerstören! 4 Und eure Altäre werden verwüstet und eure Räucheral- 4: Jes 17,8 · 6; 8,11;
täre werden zerbrochen werden, und eure Erschlagenen lasse ich vor 16,18; 23,41
euren Mistgötzen zu Boden gehen. 5 Und die Leichen der Israeliten 5: 9,7; 2Kön 23,16;
werfe ich vor ihre Mistgötzen, und eure Knochen streue ich rings um Jer 8,2
eure Altäre. 6 Und wo immer ihr wohnt, werden die Städte in Trüm- 6: Mi 1,7 · 20,29! ·
mern liegen und die Kulthöhen verödet sein, damit eure Altäre in 30,13 · 4.13; 8,5
Trümmern liegen und die Schuld büssen und eure Mistgötzen zerbro-
chen werden und es ein Ende mit ihnen hat und eure Räucheraltäre in
Stücke geschlagen und eure Machwerke getilgt werden. 7 Und in eurer
Mitte werden Erschlagene liegen, und ihr werdet erkennen, dass ich der
HERR bin! 8 Und ich werde einen Rest übrig lassen: Wenn von euch sol- 8: 5,3! · 36,19!
che, die dem Schwert entkommen sind, unter den Nationen sind, wenn
ihr in die Länder verstreut werdet, 9 werden die von euch, die entkom- 9: 16,1–63; 23,1–49 ·
men sind, an mich denken bei den Nationen, wohin sie in die Gefangen- 20,43; 36,31
schaft geführt worden sind. Zerbrochen habe ich ihr Hurenherz, das von
mir abgewichen ist, und ihre Augen, die hinter ihren Mistgötzen her-
gehurt haben. Und sie werden sich vor sich selbst ekeln, der Bosheiten
wegen, die sie begangen haben, all ihrer Abscheulichkeiten wegen.
10 Und sie werden erkennen, dass ich der HERR bin. Nicht ohne Grund 10: 14,23
habe ich angekündigt, ihnen dieses Unheil anzutun!

11 So spricht Gott der HERR: Klatsche in deine Hände und stampfe 11: 21,19; 25,6 · 8,6 ·
auf mit deinem Fuss, und sprich: Wehe über all die schlimmen Abscheu- 33,27!
lichkeiten des Hauses Israel! Durch das Schwert, vor Hunger und durch
die Pest werden sie fallen! 12 Wer fern ist, wird an der Pest sterben, und 12: 5,12 · 7,8!
wer nah ist, wird durch das Schwert fallen, und wer übrig bleibt und
bewahrt worden ist, wird vor Hunger sterben: Ich werde meinen Zorn
an ihnen auslassen! 13 Und sie werden erkennen, dass ich der HERR bin, 13: 8,5 · 20,28! ·
wenn ihre Erschlagenen inmitten ihrer Mistgötzen liegen, rings um 16,19; 20,28.41
ihre Altäre, auf jedem hohen Hügel, auf allen Berggipfeln und unter je-
dem saftig-grünen Baum und unter jeder dicht belaubten Terebinthe,
dort, wo sie all ihren Mistgötzen beschwichtigenden Duft dargebracht
haben. 14 Und ich werde meine Hand gegen sie ausstrecken, und ich 14: 13,9; 14,9; 25,7 ·
werde das Land verwüsten und zur Einöde machen, von der Wüste bis 15,8!

nach Dibla, wo immer sie wohnen, und sie werden erkennen, dass ich der HERR bin.

Das Ende kommt

7 1 Und das Wort des HERRN erging an mich:
2: 21,7–8; 36,6; Am 8,2 · Offb 7,1
2 Und du, Mensch – so spricht Gott der HERR zu Israels Boden:
Es ist zu Ende,
das Ende kommt
über die vier Ränder des Landes!
3–4: 8–9 3: 18,30; 33,20
3 Nun ist das Ende für dich gekommen:
Ich werde meinen Zorn gegen dich senden
und dich richten nach deinen Wegen
und all deine Abscheulichkeiten über dich bringen.
4: 5,11!
4 Und kalt wird mein Auge auf dich blicken,
und ich werde kein Mitleid haben:
Deine Taten werde ich über dich bringen,
und deine Abscheulichkeiten werden in deiner Mitte sein,
und ihr werdet erkennen, dass ich der HERR bin.
5: 26
5 So spricht Gott der HERR:
Unheil über Unheil!
Sieh, es kommt!
6 Es nimmt ein Ende,
das Ende kommt,
gegen dich ist es erwacht,
sieh, es kommt!
7: 10.12.19; 13,5; 22,24; 30,3; 39,8 · 22,5
7 Nun geht es gegen dich, Bewohner des Landes!
Es kommt die Zeit,
nah ist der Tag:
Bestürzung und kein Jauchzen auf den Bergen!
8–9: 3–4 8: 5,13; 6,12; 13,15; 20,8; Klgl 4,11! · 12,23!
8 Schon bald giesse ich nun meinem Zorn aus über dich,
und ich lasse meine Wut aus an dir
und richte dich nach deinen Wegen
und lasse all deine Abscheulichkeiten über dich kommen.
9: 5,11!
9 Und kalt wird mein Auge blicken,
und ich werde kein Mitleid haben:
Nach deinen Wegen werde ich es dir heimzahlen,
und deine Abscheulichkeiten werden in deiner Mitte sein,
und ihr werdet erkennen, dass ich es bin, der zuschlägt, der HERR.
10: 7! · Jes 28,5 · Num 17,20
10 Sieh, der Tag,
sieh, er kommt!
Das Verhängnis nimmt seinen Lauf,
erblüht ist der Stab,
aufgeblüht die Vermessenheit.
11: 23,42; 26,13
11 Die Gewalttat hat sich erhoben,
ist Zepter des Unrechts geworden.
Nichts bleibt von ihnen,

7,7: Die Übersetzung «Nun geht es gegen dich, Bewohner des Landes!» ist unsicher.

7,7: Der Massoretische Text («... und nicht des Donnerns auf den Bergen!») wurde korrigiert.

und nichts bleibt von ihrer Menge
und von ihrem Lärmen,
und nichts Erhabenes bleibt an ihnen.
12 Es kommt die Zeit, 12: 7! · 14
es naht der Tag!
Wer kauft, soll sich nicht freuen,
und wer verkaufen muss, soll nicht traurig sein,
denn über alles auf ihm kommt glühender Zorn.
13 Wer verkauft, kehrt nicht zurück zu dem, was verkauft ist, 13: Lev 25,8–17 ·
selbst wenn sie noch unter den Lebenden sind, 12,21–28; 13,16
denn über alles auf ihm kommt eine Schauung,
er kehrt nicht zurück,
und seiner Schuld wegen kann keiner sein Leben festhalten.
14 Man bläst das Horn und stellt alles bereit – 14: 33,3; Jer 6,1;
niemand zieht in den Kampf. Hos 5,8; Am 3,6 ·
Denn über seine gesamte Menge kommt mein glühender Zorn. 12
15 Draussen das Schwert 15: 33,27!
und drinnen die Pest und der Hunger!
Wer auf dem offenen Land ist, stirbt durch das Schwert,
und wer in der Stadt ist, den verzehren Hunger und Pest.
16 Aber von ihnen werden Gerettete entkommen, 16: Mk 13,14 ·
und sie werden auf den Bergen sein wie die Tauben in den Schluchten, Jer 48,28
sie alle stöhnen,
ein jeder seiner Schuld wegen.
17 Alle Hände werden schlaff, 17: 27; 21,12;
und alle Knie zergehen wie Wasser. 2Sam 4,1; Jes 13,7; Jer 6,24
18 Und sie werden die Trauergewänder umgürten, 18: 27,31; Jes 15,2–3;
und Schrecken wird sie eindecken, Jer 48,37; Am 8,10
und auf allen Gesichtern liegt Schande,
und all ihre Häupter sind kahl.
19 Sie werden ihr Silber auf die Gassen werfen, 19: 18,6! · 7! · 14,3;
und ihr Gold wird zu Unrat. 18,30; 44,12
Ihr Silber und Gold kann sie nicht retten
am Tag des Zorns des HERRN,
sie werden sich nicht sättigen
und ihren Bauch nicht füllen.
Denn es ist ihnen Anstoss zur Verschuldung geworden!
20 Und das Schönste seines Schmucks haben sie für ihren Hochmut missbraucht, 20: 5,11! · 16,17
und sie haben daraus ihre abscheulichen Bilder, ihre Scheusale, gemacht.
Darum mache ich es für sie unrein, ganz und gar!
21 Und ich gebe es in die Hand der Fremden als Beute 21: 24; 28,7; 31,12
und den schlimmsten Übeltätern der Erde zum Raub,
und sie werden es entweihen.
22 Ich aber wende mein Angesicht von ihnen ab. 22: 39,10

7,11: Die Bedeutung des mit ‹Erhabenes› wiedergegebenen hebräischen Worts ist unsicher.
7,12: Mit ‹ihm› ist der Boden Israels gemeint.

Und man wird entweihen, was mir wertvoll ist,
und Räuber werden eindringen und es entweihen.

23: 8,17; 9,9; Mi 3,10
23 Fertige die Kette an,
denn das Land ist voll von Blutschuld
und die Stadt ist voll von Gewalttat!

24: 21 · 16,56
24 Und ich werde die schlimmsten Nationen bringen,
und sie nehmen ihre Häuser in Besitz.
Und dem Hochmut der Starken bereite ich ein Ende,
und ihre Heiligtümer werden entweiht.

25 Beklemmende Angst kommt,
und sie werden Frieden suchen,
doch es wird keinen Frieden geben.

26: 5 · Jes 29,14; Jer 18,18; Klgl 2,9; Mi 3,6
26 Unglück kommt auf Unglück,
und es wird Nachricht auf Nachricht geben.
Und beim Propheten werden sie Schauung suchen,
und der Priester wird keine Weisung haben
und die Ältesten keinen Rat.

27: 17,12.16 · 19,1! · 17! · 3!
27 Der König wird trauern, und der Fürst wird sich mit Entsetzen bekleiden, und die Hände des Volks des Landes werden von Schrecken ergriffen. Wie es ihrem Weg entspricht, werde ich mit ihnen verfahren, und nach ihren eigenen Urteilen werde ich über sie richten. Und sie werden erkennen, dass ich der HERR bin.

Ezechiels Entrückung. Seine Schauungen in Jerusalem

1: 14,1; 20,1; 2Kön 6,32 · 1,3!
2: 1,26–28; Dan 10,5–6
3: 2,9 · 1,1; 11,24; 40,2 · 5 · 35,11!

8 1 Und im sechsten Jahr, im sechsten Monat, am Fünften des Monats,
als ich in meinem Haus sass und die Ältesten von Juda vor mir sas-
sen, fiel dort auf mich die Hand Gottes des HERRN. 2 Und ich sah, und
sieh: Da war eine Gestalt, die das Aussehen von Feuer hatte; abwärts von
dem, was aussah wie seine Hüften, war Feuer, und von seinen Hüften an
aufwärts sah es aus wie Glanz, wie der Anblick von Bernstein. 3 Und er
streckte etwas wie eine Hand aus und nahm mich bei meinen Haaren,
und Geist hob mich empor zwischen Himmel und Erde und brachte
mich mit göttlichen Schauungen nach Jerusalem, an den Eingang des
Tors zum Inneren, das nach Norden gerichtet ist, wo der Ort des Bilds

4: 9,3; 10,19; 11,22; 43,2 · 1,28!; 3,22.23
5: 3; 6,4.6.13; Dtn 32,16.21; 2Kön 21,4–5
6–17: 2Chr 36,14
6: 9.13.15; 6,11

der Eifersucht ist, das Eifersucht weckt. 4 Und sieh: Dort war die Herr-
lichkeit des Gottes Israels; es war wie die Erscheinung, die ich in der
Ebene gesehen hatte. 5 Und er sprach zu mir: Du Mensch, richte deine
Blicke nach Norden! Da richtete ich meine Blicke nach Norden, und
sieh: Nördlich vom Tor stand der Altar, am Eingang stand dieses Bild der
Eifersucht. 6 Da sprach er zu mir: Mensch, siehst du, was sie tun? Grosse
Abscheulichkeiten sind es, die das Haus Israel hier verübt: Von meinem
Heiligtum halten sie sich fern! Aber du wirst weitere grosse Abscheu-
lichkeiten sehen.

8: 12,5
9: 6.13.15; 6,11; 43,8

7 Und er brachte mich an den Eingang zum Vorhof, und ich sah, und
sieh: Da war ein Loch in der Wand. 8 Und er sprach zu mir: Mensch,
durchbrich die Wand. Da durchbrach ich die Wand, und sieh: Da war ein
Eingang. 9 Und er sprach zu mir: Geh hinein, und sieh dir die schlim-

7,22: Wörtlich: «... Und man wird entweihen, was ich verborgen halte, ...»
8,2: Siehe die Anm. zu 1,4.

men Abscheulichkeiten an, die sie hier verüben. 10 Und ich ging hinein 10: 18,6.15; 23,14;
und sah, und sieh: Da waren all die Abbilder von Kriechtieren und von Dtn 4,16
grossen Tieren, Scheusale, und all die Mistgötzen des Hauses Israel, ein-
geritzt ringsum in die Wand. 11 Und vor ihnen standen siebzig Männer 11: 14,1; 20,1 ·
von den Ältesten des Hauses Israel, und mitten unter ihnen stand Ja- 2Kön 22,3 · 6,4!
asanjahu, der Sohn des Schafan. Und jeder hielt seine Rauchopferpfan-
ne in der Hand, und der Geruch vom Qualm des Rauchopfers stieg auf.
12 Da sprach er zu mir: Hast du gesehen, Mensch, was die Ältesten des 12: Lev 26,1 · 9,9;
Hauses Israel im Finstern tun, jeder in der Kammer, in der sein Götzen- Jes 29,15;
bild steht? Denn sie sagen: Der HERR sieht uns nicht, der HERR hat das Hiob 22,13–14!
Land verlassen! 13 Und er sprach zu mir: Du wirst noch weitere grosse 13: 6.9.15; 6,11
Abscheulichkeiten sehen, die sie verüben.

14 Und er brachte mich an den Eingang des Tors zum Haus des 14: Jes 17,10–11;
HERRN, das nach Norden gerichtet ist, und sieh, dort sassen die Frauen Sach 12,11
und weinten um Tammuz. 15 Und er sprach zu mir: Hast du es gesehen, 15: 6.9.13; 6,11
du Mensch? Du wirst noch grössere Abscheulichkeiten als diese sehen.

16 Und er brachte mich in den inneren Vorhof des Hauses des 16: Dtn 17,3;
HERRN, und sieh: Am Eingang des Tempels des HERRN, zwischen der 2Kön 23,5;
Vorhalle und dem Altar, waren etwa fünfundzwanzig Männer, mit dem 2Chr 29,6
Rücken zum Tempel des HERRN und den Gesichtern nach Osten, und sie
warfen sich nieder gegen Osten, vor der Sonne. 17 Und er sprach zu mir: 17: 7,23; 9,9 · 16,50;
Hast du es gesehen, Mensch? Reicht es dem Haus Juda nicht, die Ab- 18,12 · 15,2; 17,6
scheulichkeiten zu verüben, die sie hier verübt haben? Das Land haben
sie mit Gewalttat erfüllt, und immer wieder haben sie mich gereizt. Und
sieh, sie halten sich die Weinranke unter ihre Nasen! 18 Aber auch ich 18: 5,11!; 9,1;
werde zornerfüllt handeln! Kalt wird mein Auge blicken, und ich werde Jer 11,11; Mi 3,4
kein Mitleid haben! Und sie werden mir mit lauter Stimme in die Oh-
ren rufen, ich aber werde sie nicht hören!

9 1 Und mit lauter Stimme rief er in meine Ohren: Nahe gekommen 1: 8,18 · 12,23!
sind die Heimsuchungen der Stadt, und jeder hält in seiner Hand
sein Werkzeug, um zu zerstören! 2 Und sieh: Sechs Männer kamen vom 2: 2Kön 15,35 ·
oberen Tor her, das nach Norden gerichtet ist, und in seiner Hand hielt Jer 51,20 · 10,2
jeder sein Werkzeug, um zu zerschlagen, und unter ihnen war ein
Mann, der in Leinen gekleidet war, die Schreibertafel an seiner Hüfte,
und sie kamen und stellten sich neben den bronzenen Altar. 3 Die Herr- 3: 8,4!; 10,4; 11,23;
lichkeit des Gottes Israels aber hatte sich erhoben von dem Kerub, über 43,2–5 · 10,2; 28,14;
dem sie gewesen war, hin zur Schwelle des Hauses. Und er rief den 41,18
Mann, der in Leinen gekleidet war, der die Schreibertafel an seiner Hüf-
te trug. 4 Und der HERR sprach zu ihm: Schreite mitten durch die Stadt, 4: 6; Gen 4,15;
mitten durch Jerusalem, und mache ein Taw-Zeichen auf die Stirn der Offb 7,3
Männer, die seufzen und stöhnen über all die Abscheulichkeiten, die in
ihr begangen werden. 5 Zu jenen aber hörte ich ihn vor meinen Ohren 5: Ex 32,27;
sprechen: Schreitet durch die Stadt, hinter diesem her, und schlagt zu! Num 25,5 · 5,11!
Kalt sollen eure Augen blicken, und ihr sollt kein Mitleid haben! 6 Grei- 6: 4!; Offb 9,4 ·
se, junge Männer und junge Frauen und Kinder und Frauen – bringt sie Jer 25,29;
1Petr 4,17 · 8,16

8,14: Gemeint ist ein kultisches Weinen um den Fruchtbarkeitsgott Tammuz.

8,17: «sie halten sich die Weinranke unter ihre Nasen» bezieht sich auf einen nichtisraelitischen kultischen Brauch.

9,4: Taw ist ein hebräischer Buchstabe, der ursprünglich die Form eines Markierungskreuzes hatte.

um, vernichtet sie! All denen aber, die das Taw-Zeichen tragen, sollt ihr
euch nicht nähern. Und bei meinem Heiligtum sollt ihr beginnen. Und
sie begannen mit den Männern, den Ältesten, die vor dem Haus waren.
7: 6,5 · 11,6 7 Und er sprach zu ihnen: Macht das Haus unrein und füllt die Vorhöfe
mit Erschlagenen! Geht hinaus! Da gingen sie hinaus, und immer wie-
8: 11,13 · 3,23! · der schlugen sie zu in der Stadt. 8 Und als sie zugeschlagen hatten, so
5,3! · Ex 32,11–13 dass ich allein übrig blieb, fiel ich nieder auf mein Angesicht und schrie
auf und sprach: Ach, Herr, HERR, vernichtest du den gesamten Rest Isra-
9: 7,23; 8,17; els, indem du deinen Zorn ausgiesst über Jerusalem? 9 Da sprach er zu
Mi 3,10 · 4,4; mir: Über die Massen gross ist die Schuld des Hauses Israel und Juda.
39,23 · 8,12! Mit Blut hat sich das Land gefüllt, und die Stadt ist voll von Rechtsbeu-
gung. Denn sie sagen: Der HERR hat das Land verlassen, der HERR sieht
10: 5,11! · 11,21 es nicht! 10 Und so wird auch mein Auge kalt blicken, und ich werde
kein Mitleid haben! Ihre Taten lasse ich zurückfallen auf ihr Haupt.
11 Und sieh: Der Mann, der in Leinen gekleidet war, der die Schreiber-
tafel an seiner Hüfte trug, erstattete Bericht: Ich habe es gemacht, wie du
es mir geboten hast.

Erneute Schauung der Herrlichkeit des HERRN

1–22: 1,3–28 **10** 1 Und ich sah, und sieh: Über dem Gewölbe, das über dem Haupt
1: 1,22; Jes 6,1; der Kerubim war, war etwas wie Saphirgestein; etwas, das aussah
Offb 4,3 · 20! wie die Gestalt eines Throns, war über ihnen zu sehen. 2 Und er sprach
2: 9,2 · 13; 1,15–21 · 9,3! · Offb 8,5 zu dem Mann, der in Leinen gekleidet war; er sprach: Geh hinein in das
Räderwerk, unter den Kerub, und nimm zwei Hände voll von den glü-
henden Kohlen, die zwischen den Kerubim sind, und streue sie über die
Stadt. Und vor meinen Augen ging er hinein. 3 Und als der Mann hin-
einging, standen die Kerubim südlich des Hauses, und die Wolke füllte
4: 9,3! · 1,4 · 1,24; den inneren Vorhof. 4 Da erhob sich die Herrlichkeit des HERRN von
3,13; 1Kön 8,10! dem Kerub hin zur Schwelle des Hauses, und das Haus wurde von der
Wolke erfüllt, und der Vorhof war erfüllt vom Glanz der Herrlichkeit
5: 43,2; Offb 1,15 des HERRN. 5 Und bis in den äusseren Vorhof war das Geräusch der Flü-
gel der Kerubim zu hören, gleich der Stimme von El-Schaddai, wenn er
6: 9,2! · 2 spricht. 6 Und als er dem Mann, der in Leinen gekleidet war, gebot:
Nimm von dem Feuer zwischen dem Räderwerk, zwischen den Keru-
7: 9,3! · 20! · 35,8 bim!, ging er hinein und stellte sich neben das Rad. 7 Da streckte der
Kerub seine Hand zwischen den Kerubim hervor nach dem Feuer, das
zwischen den Kerubim war, nahm davon und gab es in die Hände des-
sen, der in Leinen gekleidet war, und dieser nahm es und kam heraus.
8: 21; 1,8 8 Und an den Kerubim war etwas wie eine Menschhand zu sehen,
9–17: 1,15–21; 3,13 unter ihren Flügeln. 9 Und ich sah, und sieh: Neben den Kerubim waren
9: 1,16; 28,13; vier Räder, je ein Rad neben je einem Keruben, und das Aussehen der
Dan 10,6 Räder war wie der Anblick von Topasgestein. 10 Und dies war ihr Ausse-
hen: Alle vier hatten dieselbe Gestalt, als wäre ein Rad mitten im ande-
11: 1,17 ren Rad. 11 Wenn sie sich bewegten, bewegten sie sich nach ihren vier
Seiten. Wenn sie sich bewegten, änderten sie nicht die Richtung, son-
dern dorthin, wohin das Haupt sich wandte, bewegten sie sich, ihm
12: 1,18 nach; wenn sie sich bewegten, änderten sie nicht die Richtung. 12 Und
ihr ganzer Leib und ihr Rücken und ihre Hände und ihre Flügel und die

10,5: Siehe die Anm. zu Gen 17,1.

Räder waren ringsum voller Augen, bei allen ihren vier Rädern. 13 Die 13: 2
Räder, sie wurden vor meinen Ohren Galgal genannt. 14 Und jedes hat- 14: 22; 1,10
te vier Gesichter: Das Gesicht des einen war das Gesicht eines Kerubs,
das Gesicht des Zweiten war ein Menschengesicht, und das dritte war
ein Löwengesicht, und das vierte war ein Adlergesicht. 15 Und die Keru- 15: 20! · 20.22; 1,1! ·
bim erhoben sich. Das war das Wesen, das ich am Fluss Kebar gesehen 1,5
hatte. 16 Und wenn die Kerubim sich bewegten, bewegten sich die Rä- 16: 1,20
der neben ihnen, und wenn die Kerubim ihre Flügel hoben, um sich
vom Boden zu erheben, wichen auch die Räder nicht von ihrer Seite.
17 Wenn jene stehen blieben, blieben diese stehen, und wenn jene sich 17: 1,21
erhoben, erhoben diese sich mit ihnen, denn der Geist des Wesens war
in ihnen.

18 Und die Herrlichkeit des HERRN verliess die Schwelle des Hauses
und blieb über den Kerubim stehen. 19 Und die Kerubim hoben ihre 19: 8,4! · 9,3! · 11,1;
Flügel, und vor meinen Augen erhoben sie sich vom Boden, als sie sich 43,4
entfernten, und die Räder genau wie sie. Und am Eingang des östlichen
Tors am Haus des HERRN blieb die Herrlichkeit des Gottes Israels ste-
hen, und sie war oben über ihnen. 20 Das war das Wesen, das ich unter 20: 1,1! · 15; 1,5 ·
dem Gott Israels am Fluss Kebar gesehen hatte. Und ich erkannte, dass 1.7.15; 11,22;
es Kerubim waren. 21 Jeder hatte vier Gesichter, und jeder hatte vier Flü- 41.18.25
gel, und unter ihren Flügeln war die Gestalt von Menschenhänden. 21: 8; 1,8
22 Und die Gestalt ihrer Gesichter – es waren die Gesichter, die ich am 22: 1,1! · 14; 1,6.10
Fluss Kebar gesehen hatte, ihr Aussehen und sie selbst. Jeder bewegte
sich geradeaus.

Weissagung gegen die Obersten der Stadt

11 1 Und Geist hob mich empor und brachte mich zum östlichen Tor 1–12: 24,1–14;
am Haus des HERRN, das nach Osten gerichtet ist. Und sieh: Am Jer 1,13; Mi 3,3
Eingang des Tors waren fünfundzwanzig Männer, und unter ihnen 1: 8,3 · 10,19; 43,4 ·
sah ich Jaasanja, den Sohn des Asur, und Pelatjahu, den Sohn des Bena- 13 · 22,27
jahu, die Obersten des Volks. 2 Da sprach er zu mir: Du Mensch, das sind 2: Mi 2,1
die Männer, die Unheil planen und schlechten Rat erteilen in dieser
Stadt, 3 die sagen: In nächster Zeit müssen keine Häuser gebaut wer- 3: 28,26
den! Sie ist der Kessel, und wir sind das Fleisch. 4 Darum weissage ge-
gen sie! Weissage, Mensch! 5 Da fiel der Geist des HERRN auf mich, und
er sprach zu mir: Sage: So spricht der HERR: So habt ihr geredet, Haus
Israel! Und was in eurem Geist aufsteigt – ich weiss es! 6 Viele habt ihr 6: 9,7; 22,1–12; 35,8
erschlagen in dieser Stadt, und ihre Gassen habt ihr mit Erschlagenen
gefüllt. 7 Darum, so spricht Gott der HERR: Die ihr erschlagen habt, die
ihr niedergemacht habt in ihrer Mitte, jene sind das Fleisch, und diese
ist der Kessel. Euch aber werde ich aus ihr vertreiben. 8 Das Schwert 8: 5,17; 6,3; 14,17
fürchtet ihr, und das Schwert werde ich über euch bringen! Spruch Got-
tes des HERRN. 9 Und ich werde euch aus ihr vertreiben und euch in die 9: 2Kön 25,18–21 ·
Hand von Fremden geben, und ich werde Urteile an euch vollstrecken! 5,8!
10 Durch das Schwert werdet ihr fallen, an der Grenze Israels werde ich
euch richten, und ihr werdet erkennen, dass ich der HERR bin! 11 Sie
wird für euch kein Kessel sein, und ihr werdet nicht das Fleisch darin
sein; an der Grenze Israels werde ich euch richten. 12 Und ihr werdet 12: 2,3! · Lev 18,3;
Dtn 12,30

10,13: Galgal bedeutet ‹Räderwerk›; vgl. 10,2.

erkennen, dass ich der HERR bin, nach dessen Satzungen ihr nicht ge-
lebt und nach dessen Geboten ihr nicht gehandelt habt. Vielmehr habt
ihr nach den Gebräuchen der Nationen gehandelt, die rings um euch
13: 1 · 3,23! · 9,8 sind. 13 Und als ich geweissagt hatte, war Pelatjahu, der Sohn des Bena-
jahu, gestorben. Da fiel ich nieder auf mein Angesicht und schrie mit
lauter Stimme und sprach: Ach, Herr, HERR, du löschst den Rest Israels
aus!

14–21: Jer 32,37–41 14 Und das Wort des HERRN erging an mich: 15 Mensch, deine Brü-
15: 33,24; 36,2; der, deine Brüder, deine Verwandten und das ganze Haus Israel, sie alle
Lev 25,23–25 sind es, von denen die Bewohner Jerusalems sagen: Sie sind fern vom
16: 36,19! · Jes 8,14 HERRN! Uns gehört es, uns ist das Land zum Besitz gegeben! 16 Darum
sprich: So spricht Gott der HERR: Obwohl ich sie weit fort unter die Na-
tionen gebracht habe, und obwohl ich sie in die Länder zerstreut habe,
bin ich ihnen kaum zum Heiligtum geworden in den Ländern, in die sie
17: 20,34; 28,25; gekommen sind. 17 Darum sprich: So spricht Gott der HERR: Ich werde
34,13; 36,24; 37,21; euch sammeln aus den Völkern und euch zusammenbringen aus den
38,8; 39,27 Ländern, in die ihr zerstreut worden seid, und ich werde euch Israels
18: 5,11! Boden geben. 18 Dann werden sie dorthin kommen und all seine Scheu-
19: 18,31; 36,26; sale und all seine Abscheulichkeiten von ihm entfernen. 19 Und ich
Jer 24,7!; 2Kor 3,3 werde ihnen ein einmütiges Herz geben, und in ihr Inneres werde ich
einen neuen Geist legen. Das Herz aus Stein aber werde ich entfernen
20: 14,11; 34,24; aus ihrem Leib, und ich werde ihnen ein Herz aus Fleisch geben, 20 da-
36,28; 37,23 mit sie nach meinen Satzungen leben und meine Rechtssätze halten
und danach handeln. Dann werden sie mir Volk sein, und ich werde
21: 5,11! · 9,10 ihnen Gott sein. 21 Ihr Herz aber folgt dem Herzen ihrer Scheusale und
ihrer Abscheulichkeiten. Ihre Taten lasse ich zurückfallen auf ihr
Haupt! Spruch Gottes des HERRN.

Der Auszug der Herrlichkeit des HERRN

22: 8,4! · 10,20! 22 Und die Kerubim hoben ihre Flügel, und die Räder bewegten sich
genau wie sie, und die Herrlichkeit des Gottes Israels war oben über
23: 9,3! · Sach 14,4 ihnen. 23 Und die Herrlichkeit des HERRN stieg auf aus der Mitte der
Stadt, und über dem Berg, der im Osten der Stadt liegt, blieb sie stehen.
24: 1,1; 8,3; 40,2 24 Geist aber hatte mich emporgehoben und brachte mich in einer Er-
scheinung durch den Geist Gottes nach Kasdäa, zu den Verbannten. Und
die Erscheinung, die ich gesehen hatte, stieg auf, hinweg von mir.
25 Und ich sprach zu den Verbannten alle Worte des HERRN, die er mich
hatte sehen lassen.

Ezechiels Auszug als Zeichen kommender Verbannung

2: Jes 6,9; Jer 5,21!; 12 1 Und das Wort des HERRN erging an mich: 2 Du Mensch, du lebst
Mk 8,18 mitten im Haus der Widerspenstigkeit, bei denen, die Augen ha-
ben, um zu sehen, und nicht sehen, die Ohren haben, um zu hören, und
3–7: 4,12! nicht hören. Sie sind ein Haus der Widerspenstigkeit! 3 Und du,
Mensch, mach dir Gepäck für die Verbannung bereit, und zieh in die
Verbannung, bei Tag, vor ihren Augen! Und zieh in die Verbannung, fort
von deiner Stätte an einen anderen Ort, vor ihren Augen! Vielleicht se-
hen sie es. Sie sind ein Haus der Widerspenstigkeit! 4 Und wie Gepäck

11,18: Mit ‹seine Scheusale› sind die Scheusale des Bodens Israels gemeint.

für die Verbannung sollst du dein Gepäck hinausschaffen, bei Tag, vor
ihren Augen. Du selbst aber sollst am Abend hinausgehen, vor ihren
Augen, wie man hinausgeht, wenn man in die Verbannung zieht.
5 Durchbrich dir vor ihren Augen die Mauer, und schaff das Gepäck dort 5: 8,8
hinaus. 6 Hebe es vor ihren Augen auf die Schulter, schaff es in der Dun- 6: 11; 24,24.27;
kelheit hinaus, verhülle dein Angesicht, und blicke nicht auf das Land, Jes 8,18; Jes 20,3
denn ich habe dich zu einem Zeichen gemacht für das Haus Israel!
7 Und ich machte es so, wie es mir geboten worden war: Wie Gepäck für
die Verbannung schaffte ich mein Gepäck bei Tag hinaus, und am Abend
durchbrach ich mir die Mauer mit der Hand; in der Dunkelheit schaffte
ich es weg, und vor ihren Augen hob ich es auf die Schulter.

8 Und am Morgen erging das Wort des HERRN an mich: 9 Du 9: 17,12; 24,19; 37,18
Mensch, hat nicht das Haus Israel, das Haus der Widerspenstigkeit, zu
dir gesagt: Was tust du da? 10 Sprich zu ihnen: So spricht Gott der HERR: 10: 19,1!
Der Fürst ist diese Last in Jerusalem und das ganze Haus Israel, alle, die
bei ihnen sind. 11 Sprich: Ich bin das Zeichen für euch. Wie ich gehan- 11: 6!
delt habe, so wird an ihnen gehandelt werden: In die Verbannung, in die
Gefangenschaft werden sie gehen. 12 Und der Fürst, der in ihrer Mitte 12: 2Kön 25,7;
ist, wird in der Dunkelheit die Schulter beladen und hinausgehen. Die Jer 39,7; Jer 52,11
Mauer wird man durchbrechen, um es dort hinauszuschaffen. Sein An-
gesicht wird er verhüllen, denn er selbst wird das Land nicht zu Gesicht
bekommen. 13 Und ich werde mein Fangnetz über ihn ausspannen, und 13: 17,20; 19,8; 32,3;
in meinem Netz wird er gefangen werden. Und ich werde ihn nach Ba- Jes 8,14
bel bringen, ins Land der Kasdäer, sehen aber wird er es nicht, und dort
wird er sterben! 14 Und alle, die um ihn sind, seine Helfer und all seine 14: 5,2.12; 21,8–10;
Scharen, werde ich in alle Winde streuen, und ich werde hinter ihnen Lev 26,33
her sein und das Schwert ziehen. 15 Und sie werden erkennen, dass ich 15: 5,2!; 36,19!
der HERR bin, wenn ich sie unter die Nationen zerstreue und sie in die
Länder streue. 16 Eine Anzahl von ihnen aber werde ich übrig lassen, 16: 5,3! · 33,27!
fern vom Schwert, von Hunger und von Pest, damit sie von all ihren
Abscheulichkeiten erzählen unter den Nationen, zu denen sie kommen.
Und sie werden erkennen, dass ich der HERR bin.

17 Und das Wort des HERRN erging an mich: 18 Du Mensch, zitternd 18: 4,10!
wirst du dein Brot essen, und von Angst gepackt und voller Sorge wirst
du dein Wasser trinken! 19 Und zum Volk des Landes wirst du spre-
chen: So spricht Gott der HERR über die Bewohner Jerusalems auf Isra-
els Boden: Sie werden ihr Brot voller Sorge essen und voller Entsetzen
ihr Wasser trinken! Ihr Land wird verwüstet, so dass nichts mehr darin
ist, wegen der Gewalttätigkeit all derer, die darin wohnen! 20 Und die 20: 14,15; 29,9; 30,7;
bewohnten Städte werden in Trümmern liegen, und das Land wird zur 35,15; 36,34
Einöde, und ihr werdet erkennen, dass ich der HERR bin.

21 Und das Wort des HERRN erging an mich: 22 Du Mensch, was soll 21–28: 7,13; 13,16
diese Redensart bei euch, auf Israels Boden: Die Tage ziehen sich in die 22: 14,8; 18,2;
Länge, und keine Schauung bringt etwas! 23 Darum sprich zu ihnen: So Dtn 28,37 · Jes 5,19; 2Petr 3,4
spricht Gott der HERR: Dieser Redensart mache ich ein Ende, und man 23: 18,3 · 27; 7,8; 9,1;
wird sie in Israel nicht mehr als Redensart verwenden. Sprich vielmehr 30,3; 36,8;
zu ihnen: Nahe sind die Tage und das Wort jeder Schauung! 24 Denn es Offb 22,20 24: 13,10; 22,28;
wird keine nichtige Schauung und keine schmeichlerische Wahrsa- Jes 30,10

12,5: Wörtlich: «..., und schaff es dort hinaus.»

25: 24,14; gung mehr geben im Haus Israel, 25 denn ich, der HERR, werde sagen,
Num 11,23; Jes 50,2 was ich sagen werde: Ein Wort, und es wird ausgeführt, es wird sich
nicht mehr hinziehen. Noch in euren Tagen, Haus der Widerspenstig-
keit, werde ich ein Wort sagen und es ausführen! Spruch Gottes des
HERRN.

27: 23!; Hab 2,3 26 Und das Wort des HERRN erging an mich: 27 Mensch, sieh, das
Haus Israel, sie sagen: Die Schauung, die er schaut, gilt weit entfernten
28: Num 23,19; Tagen, und er weissagt für ferne Zeiten. 28 Darum sprich zu ihnen: So
Jer 1,12! spricht Gott der HERR: Keins meiner Worte wird sich mehr hinziehen.
Was ich sagen werde: Ein Wort, und es wird ausgeführt! Spruch Gottes
des HERRN.

Gegen falsche Propheten und Prophetinnen

1–16: Jer 23,9–40 13 1 Und das Wort des HERRN erging an mich: 2 Du Mensch, weissa-
2: 17 ge für die Propheten Israels, die da weissagen! Und sprich zu de-
3: Jer 23,26 nen, die aus sich heraus weissagen: Hört das Wort des HERRN! 3 So
spricht Gott der HERR: Wehe den törichten Propheten, die ihrem ei-
4: Klgl 5,18 genen Geist folgen, ohne etwas gesehen zu haben! 4 Wie Schakale in
5: 22,30; Ps 106,23 · den Trümmern sind deine Propheten geworden, Israel. 5 Ihr habt euch
7,7! nicht in die Bresche geworfen und habt keinen Wall errichtet um das
Haus Israel, damit es standhalten könnte im Kampf am Tag des HERRN.
6: 23; 21,34; 22,28 · 6 Nichtiges haben sie geschaut und verlogene Wahrsagung, sie, die sa-
Jer 23,32; Jer 27,12 gen: Spruch des HERRN!, obwohl der HERR sie nicht gesandt hat. Und
7: Dtn 18,21–22 dann erwarten sie, dass er ein Wort erfüllt! 7 Ist es nicht nichtige Schau-
ung, was ihr geschaut, und verlogene Wahrsagung, was ihr geredet
habt? Und sie sagen: Spruch des HERRN! Ich aber habe nicht gespro-
chen! 8 Darum, so spricht Gott der HERR: Weil ihr Nichtiges geredet
und Lüge geschaut habt, darum, seht, gehe ich gegen euch vor! Spruch
9: 6,14!; 14,9 · Gottes des HERRN. 9 Und meine Hand wird gegen die Propheten sein,
20,38; Jes 4,3 die Nichtiges schauen und Lüge wahrsagen! Sie werden nicht im Kreis
meines Volkes sein, und im Verzeichnis des Hauses Israel werden sie
nicht verzeichnet, und auf Israels Boden werden sie nicht kommen, und
10: 16; 12,24; 22,28; ihr werdet erkennen, dass ich Gott der HERR bin. 10 Darum, weil sie
1Thess 5,3 · mein Volk in die Irre geführt haben, als sie sagten: Friede!, und da war
Mt 23,27; Apg 23,3 kein Friede – und baut man eine Wand, sieh, dann verputzen diese sie
11: 38,22; Mt 7,27 mit Tünche –, 11 sprich zu denen, die sie mit Tünche verputzen, so dass
sie einstürzt: Flutartiger Regen kommt; und ihr Hagelsteine sollt fallen;
und ein gewaltiger Sturmwind wird losbrechen! 12 Und seht: Schon ist
die Mauer eingestürzt! Wird man dann nicht zu euch sagen: Wo ist der
Putz, mit dem ihr verputzt habt? 13 Darum, so spricht Gott der HERR:
Einen gewaltigen Sturmwind lasse ich losbrechen in meinem Zorn, und
flutartiger Regen wird kommen mit meiner Wut und Hagelsteine mit
14: Mi 1,6 meinem Zorn, um zu vernichten. 14 Und die Mauer, die ihr mit Tünche
verputzt habt, werde ich niederreissen und zu Boden stürzen lassen,
und ihre Grundmauer wird blossgelegt werden, und sie wird einstür-
zen, und mitten darin werdet ihr euer Ende finden, und ihr werdet er-
15: 7,8! kennen, dass ich der HERR bin. 15 Und ich werde meinen Zorn auslassen
an der Mauer und an denen, die sie mit Tünche verputzen, und ich wer-

13,10: Im Hebräischen klingt im Wort für ‹Tünche› wohl das Wort ‹Unsinniges› an.

de euch sagen: Die Mauer ist nicht mehr, und auch jene, die sie ver-
putzen, sind nicht mehr: 16 die Propheten Israels, die für Jerusalem 16: 10!; 7,13; 12,21–28
weissagen und für Jerusalem eine Friedensschauung schauen, und da
ist kein Friede! Spruch Gottes des HERRN.
17 Und du, Mensch, richte dein Angesicht gegen die Töchter deines 17–23: Lev 19,26.31;
Volks, die aus sich heraus weissagen, und weissage gegen sie, 18 und Dtn 18,10–14
sprich: So spricht Gott der HERR: Wehe denen, die Zauberbinden nähen 17: 2
für jedes Handgelenk und Kopfbedeckungen machen für Köpfe jeder
Grösse, um Jagd zu machen auf Menschenleben! Auf die Menschen in
meinem Volk macht ihr Jagd, und Menschen, die zu euch gehören, lasst
ihr am Leben! 19 Und für ein paar Handvoll Gerste und für einige Bissen 19: Num 22,7;
Brot habt ihr mich entweiht bei meinem Volk, da ihr Menschen tötet, Mi 3,5
die nicht sterben sollten, und Menschen am Leben lasst, die nicht leben
sollten, und mein Volk belügt, das auf Lüge hört. 20 Darum, so spricht
Gott der HERR: Seht, ich gehe gegen eure Zauberbinden vor, mit denen
ihr Jagd macht auf die Menschen als wären sie Vögel, und ich werde sie
euch von den Armen reissen! Und ich werde die Menschen freilassen,
die Menschen, auf die ihr Jagd macht, als wären sie Vögel. 21 Und eure 21: 34,10; 37,23
Kopfbedeckungen werde ich zerreissen, und mein Volk werde ich ret-
ten aus eurer Hand, und sie werden keine Beute mehr sein in eurer
Hand, und ihr werdet erkennen, dass ich der HERR bin. 22 Weil ihr das 22: 3,18–21; Jer 23,14
Herz des Gerechten mit Lüge peinigt – nicht ich habe ihn gepeinigt! –,
indem ihr die Hände des Ungerechten stärkt, so dass dieser nicht zu-
rückkehrt von seinem bösen Weg, um am Leben zu bleiben, 23 darum 23: 6
werdet ihr nicht mehr Nichtiges schauen und keine Wahrsagerei mehr
treiben: Ich werde mein Volk aus eurer Hand retten, und ihr werdet er-
kennen, dass ich der HERR bin!

Gegen die Götzendiener des Hauses Israel

14 1 Und von den Ältesten Israels kamen Männer zu mir und liessen 1: 8,1.11; 20,1;
sich vor mir nieder. 2 Und das Wort des HERRN erging an mich: 2Kön 6,32
3 Du Mensch, diese Männer haben ihre Mistgötzen in ihr Herz dringen 3: 7,19! · 20,3
lassen und haben den Anstoss zu ihrer Verschuldung vor sich hinge-
stellt. Sollte ich mich da von ihnen befragen lassen? 4 Darum rede zu 4: 7
ihnen und sprich zu ihnen: So spricht Gott der HERR: Jeder Einzelne
vom Haus Israel, der seine Mistgötzen in sein Herz dringen lässt und
den Anstoss zu seiner Verschuldung vor sich hinstellt und dann zum
Propheten kommt – ich selbst, der HERR, lasse mich dadurch zur Ant-
wort an ihn bewegen, trotz seiner vielen Mistgötzen, 5 um dem Haus 5: Jes 1,4
Israel ans Herz zu greifen, denen, die sich ihrer Mistgötzen wegen von
mir abgewendet haben, ihnen allen. 6 Darum sprich zum Haus Israel: 6: 18,30; 33,11;
So spricht Gott der HERR: Kehrt zurück und wendet euch ab von euren Jer 3,14
Mistgötzen und wendet eure Gesichter ab von all euren Abscheulichkei-
ten! 7 Wenn irgendeiner vom Haus Israel oder von den Fremden, die als 7: 4 · 7,19! · 47,22
Fremde in Israel sind, sich von mir abwendet und seine Mistgötzen in
sein Herz dringen lässt und den Anstoss zu seiner Verschuldung vor
sich hinstellt und dann zum Propheten kommt, um mich für sich zu
befragen – ich selbst, der HERR, ich lasse mich zur Antwort an ihn bewe-

13,16: Wörtlich «... und für es eine Friedensschauung schauen, ...»

8: 15,7 · 4,3; gen. 8 Und ich werde mein Angesicht gegen jenen Mann richten, und
20,12.20 · 12,22; ich werde veranlassen, dass man ihn zu einem Zeichen macht und dass
18,2 man Redensarten über ihn prägt, und ich werde ihn ausrotten aus mei-
9: 6,14!; 13,9 nem Volk, und ihr werdet erkennen, dass ich der HERR bin. 9 Wenn aber
der Prophet sich überreden lässt und ein Wort spricht, habe ich, der
HERR, jenen Propheten überredet, und ich werde meine Hand gegen ihn
ausstrecken und ihn tilgen aus meinem Volk Israel. 10 Und sie werden
ihre Schuld tragen; die Schuld dessen, der fragt, wird sein wie die Schuld
11: 20,43; 36,17 · des Propheten, 11 damit das Haus Israel nicht mehr von mir abirrt und
11,20! sie sich nicht mehr unrein machen mit all ihren Vergehen. Und sie wer-
den mir Volk sein, und ich werde ihnen Gott sein! Spruch Gottes des
HERRN.

Der Gerechte rettet nur sich selbst. Die Schlechtigkeit der Überlebenden im Land

12–23: 3,17–21; 12 Und das Wort des HERRN erging an mich: 13 Du Mensch, wenn
18,1–32; 33,10–20 ein Land gegen mich sündigt, indem es die Treue bricht, und ich meine
13: 19 · 4,10! · 6,14! · 25,13; 29,8 Hand gegen es ausstrecke und ihm den Brotstab zerbreche und Hunger
14: 20; Jer 15,1 · hineinsende und Mensch und Tier darin ausrotte, 14 und es wären die-
Gen 6–9 · 28,3 se drei Männer in seiner Mitte: Noah, Daniel und Hiob – selbst sie wür-
den durch ihre Gerechtigkeit nur ihr eigenes Leben retten! Spruch Got-
15: 33,27! · 12,20! tes des HERRN. 15 Oder wenn ich reissende Tiere durch das Land strei-
fen lasse und diese es seiner Kinder berauben, und es wird zur Wüste-
nei, da der Tiere wegen niemand mehr hindurchzieht – 16 wären diese
drei Männer in seiner Mitte, so wahr ich lebe, Spruch Gottes des HERRN,
sie würden weder Söhne noch Töchter retten; nur sie, sie würden geret-
17: 5,17; 6,3; 11,8 tet werden, das Land aber würde zur Wüstenei. 17 Oder wenn ich ein
Schwert über jenes Land bringe und spreche: Ein Schwert fahre durch
das Land!, und ich Mensch und Tier darin ausrotte, 18 und diese drei
Männer wären in seiner Mitte: So wahr ich lebe, Spruch Gottes des
HERRN, sie würden weder Söhne noch Töchter retten, sondern nur sie,
19: 13 · 28,23; 38,22 sie würden gerettet werden. 19 Oder wenn ich jenem Land die Pest sen-
de und meinen Zorn darüber ausschütte und Blut vergiesse, so dass ich
20: 14 Mensch und Tier darin ausrotte, 20 und Noah, Daniel und Hiob wären
in seiner Mitte: So wahr ich lebe, Spruch Gottes des HERRN, sie würden
weder Sohn noch Tochter retten, selbst sie würden durch ihre Gerech-
21: 33,27! tigkeit nur ihr eigenes Leben retten. 21 Ja, so spricht Gott der HERR:
Wenn ich nun meine vier schrecklichen Strafen, Schwert und Hunger
und reissende Tiere und Pest, nach Jerusalem sende, um Mensch und
22: 5,3!; 9,4; 16,54; Tier darin auszurotten, 22 seht, dann werden darin Gerettete übrig blei-
31,16 ben, die herausgeführt werden, Söhne und Töchter. Seht, sie kommen
heraus zu euch, und ihr werdet ihren Weg und ihre Taten sehen, und ihr
werdet euch trösten über das Unheil, das ich über Jerusalem gebracht
23: 6,10 habe, über all das, was ich über es gebracht habe. 23 Und sie werden euer
Trost sein, denn ihr werdet ihren Weg und ihre Taten sehen, und ihr
werdet erkennen, dass ich all das, was ich Jerusalem angetan habe, nicht
ohne Grund getan habe! Spruch Gottes des HERRN.

14,15: Die Übersetzung «Oder» beruht auf der griechischen Überlieferung.
14,23: Wörtlich: «... was ich ihr angetan habe, ...»

Das Gleichnis vom Holz des Weinstocks

15 1 Und das Wort des HERRN erging an mich: 1–8: 19,10–14;
2 Du Mensch, welchen Vorteil hat das Holz des Weinstocks gegen- Jes 5,1–7
über allem anderen Holz – die Ranke, die unter den Bäumen des Waldes 2: 8 17; 17,6; 19,10
war?

3 Wird davon Holz genommen, 3: Jes 22,23–25
um es zu bearbeiten?
Oder nimmt man davon einen Zapfen,
um etwas daran aufzuhängen?
4 Sieh, dem Feuer ist es zum Frass gegeben worden: 4: 19,12; Jes 9,13;
Seine beiden Enden hat das Feuer gefressen, Joh 15,6
und seine Mitte ist angebrannt.
Taugt es zur Bearbeitung?
5 Sieh, wenn es unversehrt ist,
wird es nicht bearbeitet.
Wenn aber Feuer es gefressen hat
und es angebrannt ist,
wird es dann bearbeitet werden?

6 Darum, so spricht Gott der HERR: Wie unter dem Holz des Waldes das
Holz des Weinstocks, das ich dem Feuer zum Frass gegeben habe, so
mache ich die Bewohner Jerusalems. 7 Und ich werde mein Angesicht 7: 14,8
gegen sie richten: Aus dem Feuer sind sie herausgekommen, aber das
Feuer wird sie fressen. Und ihr werdet erkennen, dass ich der HERR bin,
wenn ich mein Angesicht gegen sie richte! 8 Und das Land werde ich 8: 6,14; 29,12; 32,15;
zur Wüstenei machen, weil sie die Treue gebrochen haben! Spruch Got- 33,28; 35,3
tes des HERRN.

Jerusalem, die treulose Frau

16 1 Und das Wort des HERRN erging an mich: 2 Du Mensch, halte 1–63: 6,9; 23,1–49;
Jerusalem ihre Abscheulichkeiten vor, 3 und sprich: So spricht Hos 1–3
Gott der HERR zu Jerusalem: Nach deiner Herkunft und deiner Geburt 2: 20,4; 22,2; Jer 2,2
kommst du aus dem Land der Kanaanäer, dein Vater ist der Amoriter 3: 45; Ri 1,21
und deine Mutter eine Hetiterin. 4 Und bei deiner Geburt, am Tag, als
du geboren wurdest, wurde deine Nabelschnur nicht durchgeschnitten,
und du wurdest nicht mit Wasser gewaschen für das Einsalben, und du
wurdest nicht mit Salz abgerieben und nicht in Windeln gewickelt.
5 Kein Auge blickte mitleidig auf dich, dass man eins von diesen Dingen
für dich getan und sich deiner erbarmt hätte. Und du wurdest auf das
offene Feld geworfen ohne Achtung für dein Leben, an dem Tag, als du
geboren wurdest. 6 Da aber ging ich bei dir vorüber und sah dich stram- 6: 22; 20,17;
peln in deinem Blut, und ich sprach zu dir in deinem Blut: Lebe, 7 wach- Dtn 32,10
se heran! Wie den Spross auf dem Feld habe ich dich gemacht. Und du 7: Ex 1,7 · Hld 4 · 16,39; Hos 2,5

16,2: Mit ‹ihre Abscheulichkeiten› sind die Abscheulichkeiten Jerusalems gemeint: Im Hebräischen sind Städte weiblich, weshalb in diesem Text von Jerusalem als Frau gesprochen werden kann.

16,6: Manche übersetzen: «... Blut und sprach zu dir: Durch dein Blut lebe! 7 Wachse heran! Wie ...»

16,7: Die Übersetzung «wachse heran! Wie den ...» beruht auf der griechischen Überlieferung. Der Massoretische Text lautet übersetzt: «Zu vielen tausend, wie den Spross auf dem Feld habe ich dich gemacht. ...»

bist herangewachsen und bist gross geworden und kamst zu schönstem
Schmuck: Die Brüste wurden prall und dein Haar wuchs; doch du warst
nackt und bloss. 8 Da aber ging ich bei dir vorüber und sah dich, und
sieh, deine Zeit war die Zeit der Liebe. Da breitete ich den Saum meines
Gewands über dich und bedeckte deine Scham. Und ich schwor dir und
trat ein in einen Bund mit dir, Spruch Gottes des HERRN, und du gehör-
test zu mir. 9 Und ich wusch dich mit Wasser und spülte dein Blut von
dir ab und salbte dich mit Öl. 10 Und ich kleidete dich in bunte Stoffe
und zog dir Sandalen an aus Tachasch, und ich hüllte dich in Leinen und
bedeckte dich mit feinem Kleiderstoff. 11 Und ich schmückte dich mit
Schmuck, und an deine Handgelenke legte ich Armbänder und um dei-
nen Hals eine Kette. 12 Und ich hängte einen Ring an deine Nase und
Ringe an deine Ohren und setzte dir eine prächtige Krone auf das
Haupt. 13 Und du schmücktest dich mit Gold und Silber und mit dei-
nem Kleid aus Leinen und feinen und bunten Stoffen. Weizengriess
und Honig und Öl hast du gegessen, und du wurdest sehr, sehr schön
und wurdest tauglich zum Königtum. 14 Und dein Ruhm ging hinaus
unter die Nationen, deiner Schönheit wegen, denn sie war vollkommen
durch meine Pracht, die ich dir verliehen hatte. Spruch Gottes des
HERRN.

15 Du aber hast dich auf deine Schönheit verlassen und hast Hurerei
getrieben, da du berühmt warst, und jeden, der vorbeiging, hast du mit
deiner Hurerei übergossen; für ihn geschah es. 16 Und du hast von dei-
nen Gewändern genommen und dir bunt gemusterte Kulthöhen ge-
macht, und auf ihnen hast du Hurerei getrieben; … 17 Und du hast deine
Schmuckstücke aus meinem Gold und aus meinem Silber genommen,
das ich dir gegeben hatte, und du hast dir daraus Figuren von Männern
gemacht und mit ihnen Hurerei getrieben. 18 Und deine Gewänder aus
bunten Stoffen hast du genommen und sie damit eingekleidet, und
mein Öl und mein Räucherwerk hast du ihnen vorgelegt. 19 Und meine
Speise, die ich dir gegeben habe – Weizengriess und Öl und Honig habe
ich dir zu essen gegeben –, die hast du ihnen vorgelegt als beschwichti-
genden Duft. Und so war es! Spruch Gottes des HERRN. 20 Und deine
Söhne und Töchter, die du mir geboren hast, hast du genommen und sie
geschlachtet, jenen zum Frass. War es dir zu wenig, Hurerei zu treiben,
21 dass du meine Kinder geschlachtet und sie dahingegeben und sie für
jene verbrannt hast? 22 Und bei all deinen Abscheulichkeiten und dei-
ner Hurerei hast du nicht der Tage gedacht, da du jung warst, da du
nackt und bloss strampelnd in deinem Blut lagst. 23 Und nach all deiner
Bosheit – wehe, wehe dir! Spruch Gottes des HERRN –, 24 da hast du dir
einen Sockel gebaut und dir eine Kultstätte gemacht, auf jedem Platz.
25 An jeder Strassenecke hast du deine Kultstätte gebaut und deine
Schönheit geschändet: Du hast deine Beine gespreizt für jeden, der vor-
überging, und hast viel Hurerei getrieben! 26 Und du hast Hurerei ge-
trieben mit den Ägyptern, deinen Nachbarn mit dem grossen Glied, und
du hast viel Hurerei getrieben, um mich zu reizen. 27 Und sieh, ich habe
meine Hand gegen dich ausgestreckt und dir entzogen, was dir zuge-

8: Rut 3,9; Jes 54,4–8 · Hos 2,10 · 60
10: 18; Ps 45,14–15
11: 17; 23,42; Jes 3,18–23
13: 19; Dtn 32,13
14: Klgl 2,15
15: 25; Dtn 31,16; Jes 1,21; Jes 57,8
16: 20,29!
17: 11; 7,20; Ex 32,2; Hos 2,10 · Hos 8,4
18: 6,4! · 10 · 23,41; Ex 27,20; Ex 30,7
19: 13 · 6,13; 20,28; 44,7; Lev 2,11
20: 36; 23,37; 2Kön 3,27; Jes 57,5
22: 6; Jes 54,4
23: 57
24: 31.39; Dtn 12,2
25: 15; Jer 11,13
26: 17,15; 20,28; Jes 30,2 · 20,7; 23,20
27: 37; 25,15; Ps 27,12 · 57

16,16: Am Ende des Verses folgen noch die schwer verständlichen Worte: «… nicht durch das Zeichen, und es wird nicht sein.»

standen hätte, und ich habe dich der Gier derer preisgegeben, die dich
hassten, den Philisterinnen, die sich schämten wegen deines schändli-
chen Wegs. 28 Und du hast Hurerei getrieben mit den Assyrern, weil du 28: 23,5.12;
nicht genug bekommen konntest. Und du hast mit ihnen Hurerei ge- 2Kön 16,7; Hos 5,13
trieben, aber auch dann hast du nicht genug gehabt. 29 Und du hast viel 29: 17,4; 23,16
Hurerei getrieben mit dem Land der Händler, mit Kasdäa, aber auch das
war dir nicht genug. 30 Wie fiebrig war dein Herz, Spruch Gottes, der
HERRN, wenn du all dies getan hast nach Art einer gewaltigen Hure,
31 wenn du dir einen Sockel gebaut hast an jeder Strassenecke und dir 31: 24.39
eine Hochstätte gemacht hast auf jedem Platz. Aber du warst nicht wie
eine gewöhnliche Hure, du hast Geschenke verschmäht! 32 Die Frau,
die die Ehe bricht, nimmt sich Fremde statt ihres Mannes. 33 Allen Hu- 33: Hos 8,9;
ren gibt man Lohn, du aber hast deinen Lohn all deinen Liebhabern ge- 2Kön 16,8
geben und hast sie beschenkt, damit sie von ringsum zu dir kamen und
du Hurerei treiben konntest. 34 Und bei dir war es das Gegenteil von
dem, was sonst der Fall ist bei den Frauen; bei deiner Hurerei wurde dir
nicht nachgehurt; und da du Geschenke gabst, dir aber keine Geschenke
gegeben wurden, bist du zum Gegenteil geworden.

35 Darum, Hure, höre das Wort des HERRN! 36 So spricht Gott der 36: 20
HERR: Weil deine Monatsblutung sich ergossen hat und bei deiner Hu-
rerei deine Scham aufgedeckt wurde vor deinen Liebhabern und allen
deinen abscheulichen Mistgötzen, und wegen des Bluts deiner Kinder,
die du ihnen gegeben hast, 37 darum, sieh, sammle ich alle deine Lieb- 37: 27; 23,29;
haber, denen du gefallen hast, und all jene, die du geliebt hast, zusam- Offb 17,16 ·
men mit allen, die du gehasst hast! Und ich werde sie von ringsum ge- Jer 13,26
gen dich versammeln und deine Scham vor ihnen aufdecken, und sie
werden deine ganze Blösse sehen! 38 Und ich werde dich richten nach 38: 23,45; Gen 9,6;
dem Recht für Ehebrecherinnen und Frauen, die Blut vergiessen, und Lev 20,10 · 35,11!
ich tauche dich in das Blut des Zorns und der Eifersucht. 39 Und ich wer- 39: 24.31 · 7; 23,26;
de dich in ihre Hand geben, und sie werden deinen Sockel niederreissen Hos 2,5
und deine Kultstätten abbrechen, und sie werden dir deine Kleider aus-
ziehen und deine Schmuckstücke nehmen und dich nackt und bloss lie-
gen lassen. 40 Und sie werden eine Versammlung gegen dich heranfüh- 40: 23,47; Dtn 22,21
ren und dich steinigen und dich mit ihren Schwertern in Stücke schla-
gen. 41 Und deine Häuser werden sie im Feuer verbrennen, und an dir 41: 5,8!; 2Kön 25,9
werden sie Urteile vollstrecken, vor den Augen vieler Frauen. Und ich
werde dir ein Ende bereiten, so dass du keine Hure mehr sein kannst
und auch keine Geschenke mehr verteilst. 42 Und ich werde meinen 42: 35,11!
Zorn an dir stillen! Dann wird meine Eifersucht von dir weichen, und
ich werde meine Ruhe finden und nicht mehr zürnen. 43 Weil du nicht 43: 8 · 58
der Tage gedacht hast, da du jung warst, und weil du aufgebracht warst
gegen mich bei all dem, sieh, lasse auch ich deine Taten zurückfallen auf
dein Haupt. Spruch Gottes des HERRN. Hast du nicht Schandtaten ver-
übt zu all deinen Abscheulichkeiten hinzu?

44 Sieh, jeder, der Reden über dich macht, wird als Redensart brau-
chen: Wie die Mutter, so ihre Tochter! 45 Du bist die Tochter deiner 45: 3
Mutter, des Mannes und der Kinder überdrüssig, und du bist die
Schwester deiner Schwestern, die ihrer Männer und ihrer Kinder über-
drüssig geworden sind. Eure Mutter ist eine Hetiterin, und euer Vater 46: 55.61 · 23,4;
ist ein Amoriter! 46 Und deine grosse Schwester ist Samaria, sie mit Jer 3,8 · 21,2

ihren Töchtern, die nördlich von dir wohnt, und deine Schwester, die
kleiner ist als du, die südlich von dir wohnt, ist Sodom mit ihren Töch-
47: 52;2,3!;23,11; tern. 47 Und du bist nicht nur auf ihren Wegen gegangen und du hast
Klgl 4,6 nicht nur ihre Abscheulichkeiten begangen – eine kurze Zeit, und du
hast auf allen deinen Wegen verdorbener gehandelt als sie! 48 So wahr
ich lebe, Spruch Gottes des HERRN: Sodom, deine Schwester, sie mit
ihren Töchtern, hat nicht gehandelt, wie du gehandelt hast, du mit dei-
49: Gen 18,20; nen Töchtern! 49 Sieh, dies war die Verschuldung von Sodom, deiner
Obd 3 Schwester: Stolz, Nahrung im Überfluss und sorglose Ruhe hatten sie
und ihre Töchter, aber die Hand des Elenden und Armen hat sie nicht
50: 8,17;18,12.13 · gestärkt, 50 vielmehr wurden sie hochmütig und begingen Abscheu-
Gen 19,24–25 lichkeiten vor mir. Und da ich es gesehen habe, habe ich sie beseitigt.
51: Jer 3,11 51 Und Samaria hat nicht halb so viel gesündigt wie du, und du hast
mehr Abscheulichkeiten begangen als sie und hast deine Schwestern als
Gerechte dastehen lassen bei all deinen Abscheulichkeiten, die du be-
52: 47 gangen hast. 52 Nun trage auch du deine Schande, du, die du eingetre-
ten bist für deine Schwestern. Durch deine Sünden stehen sie gerechter
da als du, da du abscheulicher gehandelt hast als sie. Und schäme auch
du dich und trage deine Schande, denn du hast deine Schwestern als
53: 29,14;39,25; Gerechte dastehen lassen! 53 Dann aber werde ich ihr Geschick wen-
Dtn 30,3 den, das Geschick Sodoms und ihrer Töchter und das Geschick Samarias
und ihrer Töchter, und auch dein Geschick werde ich wenden, in ihrer
54: 14,22 Mitte, 54 damit du deine Schande trägst und dich schämst wegen all
55: 46;36,11 dem, was du getan hast, als du ihnen zum Trost geworden bist. 55 Und
deine Schwestern: Sodom und ihre Töchter werden wieder sein, was sie
einst waren, und Samaria und ihre Töchter werden wieder sein, was sie
einst waren. Auch du und deine Töchter, ihr werdet wieder sein, was ihr
56: 7,24 einst wart. 56 Und war nicht Sodom, deine Schwester, als abschrecken-
57: 23.27 des Beispiel in deinem Mund in der Zeit deines Hochmuts, 57 bevor dei-
ne Bosheit aufgedeckt worden ist, zur Zeit da die Töchter Arams und alle
um sie herum gehöhnt haben, die Töchter der Philister, die dich verach-
58: 43;23,35.49 ten ringsum? 58 Deine Schandtat und deine Abscheulichkeiten, du
wirst sie tragen! Spruch des HERRN.

59: 17,16 59 Denn so spricht Gott der HERR: Ich werde an dir handeln, wie du
gehandelt hast: Du hast die angedrohte Verfluchung missachtet, hast
60: 8 · 37,26; den Bund gebrochen. 60 Dann aber werde ich mich an meinen Bund
Jer 31,31–34 mit dir erinnern, aus den Tagen, als du jung warst, und ich werde für
61: 46 · 20,43;36,31 dich einen ewigen Bund in Kraft setzen. 61 Und du wirst an deine Wege
denken und dich schämen, wenn ich dich nehme mit deinen Schwes-
tern, die grösser sind als du, und mit denen, die kleiner sind als du, und
sie dir als Töchter gebe, aber nicht weil du den Bund gehalten hättest!
62 Und ich werde meinen Bund mit dir in Kraft setzen, und du wirst
63: Jes 52,15; erkennen, dass ich der HERR bin, 63 damit du dich daran erinnerst und
Hiob 21,5 dich schämst und deiner Schande wegen den Mund nicht mehr auftust,
wenn ich dir all das vergebe, was du getan hast! Spruch Gottes des
HERRN.

16,61: Wörtlich: «…, aber nicht wegen deines Bundes!»

Das Gleichnis von Adler und Weinstock

17 1 Und das Wort des HERRN erging an mich: 2 Du Mensch, gib dem
Haus Israel ein Rätsel auf, und erzähle ein Gleichnis, 3 und sage:
So spricht Gott der HERR: Der grosse Adler mit grossen Flügeln, langer
Schwinge, mit vollem Gefieder, der so farbenprächtig war, kam zum Li-
banon und nahm den Wipfel der Zeder fort. 4 Den obersten ihrer
Schösslinge riss er ab und brachte ihn in das Land der Händler, er setzte
ihn in eine Kaufmannsstadt. 5 Und er nahm vom Samen des Landes
und legte ihn in ein Saatfeld, als Weide, an reichlichem Wasser setzte er
ihn als Ufergewächs. 6 Und er sprosste und wurde zu einem wuchern-
den Weinstock von niedrigem Wuchs, seine Ranken wandten sich ihm
zu, und seine Wurzeln blieben unter ihm. Und er wurde zum Wein-
stock und trieb Schosse und streckte Zweige aus. 7 Aber da war noch ein
grosser Adler mit grossen Flügeln und dichtem Gefieder. Und sieh, ihm
wandte jener Weinstock seine Wurzeln zu, und nach ihm streckte er
seine Ranken aus, damit er ihm zu trinken gebe, besser als die Beete, in
die er gepflanzt war. 8 Auf ein gutes Feld, an reichlich Wasser war er
gepflanzt, damit er Zweige treiben und Frucht tragen und ein prächtiger
Weinstock werden konnte. 9 Sprich: So spricht Gott der HERR: Wird er
etwas taugen? Wird man nicht seine Wurzeln ausreissen, und wird sei-
ne Frucht nicht verfaulen, und werden nicht alle seine sprossenden jun-
gen Zweige vertrocknen? Er wird vertrocknen, aber nicht, weil ein star-
ker Arm und viel Volk ihn aus seiner Verwurzelung risse. 10 Und sieh, er
ist gepflanzt – wird er etwas taugen? Wird er nicht vertrocknen, sobald
der Ostwind ihn berührt? In den Beeten, in denen er sprosste, wird er
vertrocknen!

11 Und das Wort des HERRN erging an mich: 12 Sprich doch zum
Haus der Widerspenstigkeit: Versteht ihr nicht, was dies bedeutet?
Sprich: Seht, der König von Babel kam nach Jerusalem und nahm dessen
König und dessen Fürsten und brachte sie zu sich nach Babel. 13 Und er
nahm einen von den Nachkommen des Königshauses und schloss ei-
nen Bund mit ihm und stellte ihn unter eine Verfluchung und nahm die
Gewalthaber des Landes mit sich, 14 damit das Königtum niedrig blieb
und sich nicht erheben konnte, damit es den Bund mit ihm einhielt und
so bestehen bleiben konnte. 15 Dieser aber lehnte sich gegen ihn auf
und sandte seine Boten nach Ägypten, damit man ihm Pferde und viel
Volk gebe. Taugt das etwas? Wird der davonkommen, der dies tut? Und
wird davonkommen, wer einen Bund bricht? 16 So wahr ich lebe,
Spruch Gottes des HERRN: Am Ort des Königs, der ihn zum König ge-
macht hat und dessen Verfluchung er missachtet und dessen Bund er
gebrochen hat, bei ihm in Babel wird er sterben! 17 Und der Pharao wird
ihm im Krieg nicht mit grossem Heer und zahlreicher Schar beistehen,
wenn man eine Sturmrampe aufschüttet und einen Belagerungswall
baut, um viele Menschen zu vernichten. 18 Er hat ja die Verfluchung
missachtet, da er den Bund gebrochen hat. Und sieh, er hat seine Hand

2: 21,5; 24,3; Ri 14,12; 1Kön 10,1
3: Offb 12,14 · 22; 31,3; Jer 22,6
4: 12 · 16,29
5: 13
6: 8,17; 15,2; 19,10
7: 15; 31,4
8: Dtn 8,7
9: 15
10: 19,12; 27,26; Hos 13,15
11–21: 2Kön 24,10–20
12: 16; 7,27 · 12,9; 24,19; 37,18
13: 2Kön 24,17! · 31,11
15: 16,26!; Jes 31,1–3 · 29,6.16
16: 12; 7,27 · 16,59
17: 4,2; 21,27; 26,8
18: 13 · 2Kön 10,15

17,5: Die Bedeutung des mit ‹als Weide› wiedergegebenen hebräischen Worts ist unsicher.
17,9: Möglicherweise ist zu übersetzen: «…, und wird man seine Frucht nicht abreissen, …»
17,13: Für ‹Nachkommen› hat das Hebräische das gleiche Wort wie für ‹Same›, das in V.5 verwendet wird.

gegeben, aber all dies getan – er wird nicht davonkommen! 19 Darum,
so spricht Gott der HERR: So wahr ich lebe, meine Verfluchung, die er
missachtet, und meinen Bund, den er gebrochen hat – ich werde es zu-
20: 12,13! rückfallen lassen auf sein Haupt! 20 Und ich werde mein Fangnetz über
ihn ausspannen, und er wird in meinem Netz gefangen werden. Und
ich werde ihn nach Babel bringen, und dort werde ich mit ihm ins Ge-
21: 5,2! · 36,19! richt gehen, seines Treuebruchs wegen, den er an mir verübt hat. 21 Und
alle seine besten Männer in all seinen Scharen werden durch das
Schwert fallen, und jene, die übrig bleiben, werden in alle Winde zer-
streut werden. Und ihr werdet erkennen, dass ich, der HERR, gespro-
chen habe.

22: 3 · 34,23; Jes 11,1; 22 So spricht Gott der HERR: Ich selbst werde etwas vom hohen Wip-
Jer 23,5 fel der Zeder nehmen und einsetzen. Von den obersten ihrer Schösslin-
ge werde ich einen zarten abreissen. Und ich selbst werde ihn einpflan-
23: 20,40; 34,14; zen auf einem hohen und aufragenden Berg, 23 auf dem hohen Berg Is-
36,8 · 31,6; Mt 13,32 raels werde ich ihn einpflanzen. Und er wird Zweige treiben und Frucht
tragen und eine prächtige Zeder werden. Und unter ihr werden Vögel
aller Art leben, alles, was Flügel hat; im Schatten ihrer Zweige werden
24: 21,31; 36,36; sie leben. 24 Dann werden alle Bäume des Feldes erkennen, dass ich, der
37,14 HERR, den hohen Baum erniedrigt und den niedrigen Baum erhöht ha-
be, dass ich den grünen Baum habe vertrocknen lassen und dass ich den
vertrockneten Baum zum Blühen bringe. Ich, der HERR, habe es ange-
kündigt, und ich führe es aus.

Vom Gerechten und vom Ungerechten

1–32: 3,17–21; 18 1 Und das Wort des HERRN erging an mich: 2 Was soll das bei
14,12–23; 33,10–20 euch, dass ihr diese Redensart braucht auf Israels Boden: Die Vor-
2: 12,22; 14,8 · Jer 31,29–30; fahren essen unreife Früchte, den Kindern aber werden die Zähne
Klgl 5,7 stumpf! 3 So wahr ich lebe, Spruch Gottes des HERRN, diese Redensart
3: 12,23 werdet ihr nicht mehr verwenden in Israel!
4: 20! 4 Seht, alle Menschenleben gehören mir! Das Leben des Vaters wie
das Leben des Sohns – mir gehören sie! Derjenige, der sündigt, der muss
5–9: 22,6–12; sterben! 5 Wenn aber einer gerecht ist und nach Recht und Gerechtig-
Lev 19,4–18; Ps 15 keit handelt, 6 auf den Bergen nicht isst und nicht aufblickt zu den
6: 11.15; 22,9 · 7,19; 22,10; 36,17 · 8,10 · Mistgötzen des Hauses Israel und die Frau seines Nächsten nicht un-
Lev 18,20! rein macht und sich keiner Frau nähert, die ihre Monatsblutung hat,
7: 22,29 · Lev 19,13 · 7 und niemanden unterdrückt, der, was er gepfändet hat, schuldpflich-
Ex 22,25! · Jes 58,7! tig zurückgibt, keinen Raub begeht, sein Brot dem Hungrigen gibt und
8: 13; 22,12 · den Nackten bekleidet, 8 nichts gegen Zins gibt und keinen Aufschlag
Lev 19,35 · Lev 19,15 nimmt, seine Hand von Unrecht fernhält, rechte Urteile fällt zwischen
9: 20,11.13.21; allen, 9 nach meinen Satzungen lebt und meine Rechtssätze hält und
Lev 18,5 treu danach handelt – der ist gerecht, er wird am Leben bleiben! Spruch
Gottes des HERRN.
10: 22,9; Gen 9,6 10 Zeugt er aber einen gewalttätigen Sohn, der Blut vergiesst und –
11: 6.15 ach! – eins von diesen Dingen tut 11 – obwohl er selbst all diese Dinge

17,21: In einer anderen hebräischen Tradition lautet der Text: «Und alle seine Flüchtlinge in all ...»
18,6: Mit dem Essen auf den Bergen ist der kultische Verzehr von Opferfleisch gemeint.
18,11: Mit ‹er selbst› ist der Vater gemeint.

nicht getan hat –, wenn dieser sogar auf den Bergen isst und die Frau
seines Nächsten unrein macht, 12 den Elenden und Armen unterdrückt, 12: 7 · 8,17; 16,50
Raub begeht, Gepfändetes nicht zurückgibt und aufblickt zu den Mist-
götzen, Abscheuliches tut, 13 gegen Zins gibt und Aufschlag nimmt – 13: 8; 22,12 · 33,4;
sollte der am Leben bleiben? Er wird nicht am Leben bleiben! Er hat all Lev 20,9
diese Abscheulichkeiten begangen, er muss sterben! Blutschuld lastet
auf ihm!

14 Und seht, hat er einen Sohn gezeugt, und dieser hat all die Sünden
gesehen, die sein Vater begangen hat, und er hat es gesehen und handelt
nicht so: 15 Er isst nicht auf den Bergen und blickt nicht auf zu den Mist- 15: 6.11; 22,9 · 8,10
götzen des Hauses Israel, die Frau seines Nächsten macht er nicht un-
rein, 16 und er unterdrückt niemanden, er pfändet nichts und begeht 16: 7
keinen Raub, er gibt sein Brot dem Hungrigen und bekleidet den Nack-
ten, 17 vom Armen hält er seine Hand fern, er nimmt weder Zins noch 17: 8–9 · 11,20!
Aufschlag, hält meine Rechtssätze, lebt nach meinen Satzungen – er
muss nicht sterben für die Schuld seines Vaters, er wird am Leben blei-
ben!

18 Sein Vater, wenn er Erpressung verübt, den Bruder beraubt und 18: 7
unter seinen Verwandten getan hat, was nicht gut ist – seht, er stirbt für
seine eigene Schuld!

19 Ihr aber werdet sagen: Warum trägt nicht auch der Sohn die 19: Ex 20,5
Schuld des Vaters? – Der Sohn hat nach Recht und Gerechtigkeit gehan-
delt, hat alle meine Satzungen gehalten und danach gehandelt; er wird
am Leben bleiben! 20 Der Mensch, der sündigt, der muss sterben! Ein 20: 4; Dtn 24,16!
Sohn trägt nicht die Schuld des Vaters, und ein Vater trägt nicht die
Schuld des Sohns. Die Gerechtigkeit des Gerechten kommt nur ihm
selbst zugute, und die Ungerechtigkeit eines Ungerechten lastet nur auf
ihm selbst.

21 Wenn aber der Ungerechte sich abkehrt von all seinen Sünden, 21: 27; 33,19; Jer 18,8
die er begangen hat, und alle meine Satzungen hält und nach Recht und
Gerechtigkeit handelt, wird er am Leben bleiben, er muss nicht sterben.
22 Alle seine Vergehen, die er begangen hat, werden ihm nicht ange- 22: 33,16
rechnet; der Gerechtigkeit wegen, die er geübt hat, wird er am Leben
bleiben. 23 Habe ich etwa Gefallen am Tod eines Ungerechten?, Spruch 23: 32; 33,11; Lk 15,7
Gottes des HERRN. Nicht vielmehr daran, dass er zurückkehrt von sei-
nen Wegen und am Leben bleibt? 24 Wenn aber ein Gerechter sich ab- 24–27: 33,12
kehrt von seiner Gerechtigkeit und Unrecht begeht, alle möglichen Ab- 24: 3,20; 33,13;
scheulichkeiten, wie der Ungerechte sie begeht – kann er sie begehen 2Petr 2,21
und am Leben bleiben? –, wird all seiner gerechten Taten, die er getan
hat, nicht gedacht; seines Treuebruchs wegen, den er begangen hat, und
seiner Sünde wegen, die er begangen hat, ihretwegen muss er sterben.

25 Ihr aber werdet sagen: Der Weg des Herrn ist nicht gerecht! Hört 25: 29; 33,17
doch, Haus Israel: Mein Weg ist nicht gerecht? Sind nicht eure Wege
nicht gerecht? 26 Wenn ein Gerechter sich abkehrt von seiner Gerech- 26: 24
tigkeit und Unrecht begeht, muss er deswegen sterben; wegen seines
Unrechts, das er begangen hat, muss er sterben. 27 Und wenn ein Unge- 27: 21; 33,19; Jer 18,8
rechter sich abkehrt von seiner Ungerechtigkeit, die er begangen hat,
und nach Recht und Gerechtigkeit handelt, erhält er sich sein Leben.
28 Und hat er es eingesehen und sich abgekehrt von all seinen Verge-

hen, die er begangen hat, wird er am Leben bleiben, er muss nicht ster-
ben.
29: 25; 33,17 29 Das Haus Israel aber wird sagen: Der Weg des Herrn ist nicht ge-
recht! – Meine Wege sind nicht gerecht, Haus Israel? Sind nicht eure
30: 7,3; 33,20 · Wege nicht gerecht? 30 Darum werde ich einen jeden von euch nach
7,19! · 14,6; 33,11 seinen Wegen richten, Haus Israel! Spruch Gottes des HERRN. Kehrt
um und wendet euch ab von all euren Vergehen, dann werden sie euch
31: 11,19; 36,26; nicht Anstoss zur Verschuldung! 31 Werft all eure Vergehen von euch,
Jer 24,7; 2Kor 3,3 mit denen ihr euch vergangen habt, und schafft euch ein neues Herz
und einen neuen Geist! Warum denn wollt ihr sterben, Haus Israel?
32: 23; 33,11; Lk 15,7 32 Ich habe kein Gefallen am Tod dessen, der sterben muss! Spruch Got-
tes des HERRN. Kehrt um und bleibt am Leben!

Klage über Israels Fürsten

1: 14! · 7,27; 12,10; 21,17; 22,6; 34,24; 37,25; 44,3; 45,9; 46,2; 48,21
2–9: Gen 49,9

19 1 Und du, stimme eine Klage an über die Fürsten von Israel, 2 und sprich:

Welch eine Löwin war deine Mutter,
zwischen Löwen lagerte sie!
Inmitten von jungen Löwen
zog sie ihre Jungen auf.

3: 6; 22,25; 32,2
3 Und eins von ihren Jungen hob sie heraus,
es wurde ein junger Löwe,
und er lernte Beute zu reissen,
er frass Menschen.

4: 8 · 29,4; 38,4; 2Kön 23,31–34; Jer 22,11
4 Da hörten Nationen von ihm,
in ihrer Grube wurde er gefangen,
und an Haken brachten sie ihn ins Land Ägypten.

5: 2Kön 24,8
5 Und sie sah, dass sie töricht gewesen war,
dass ihre Hoffnung dahin war.
Und sie nahm eins von ihren Jungen,
machte es zu einem jungen Löwen.

6: 3
6 Und er schritt einher inmitten von Löwen,
wurde ein junger Löwe,
und er lernte Beute zu reissen,
er frass Menschen.

7: 2Kön 24,9
7 Und in ihren Palästen richtete er Unheil an,
und ihre Städte legte er in Trümmer,
und das Land und was darin war, war entsetzt
über sein lautes Gebrüll.

8: 4 · 12,13!
8 Da setzte man Nationen auf ihn an,
ringsum aus den Provinzen.
Und sie spannten ihr Netz über ihn,
in ihrer Grube wurde er gefangen.

9: 29,4 · 1,2; 2Kön 24,15
9 Und an Haken legten sie ihn in ein Halseisen
und brachten ihn zum König von Babel,
brachten ihn in Netzen,
damit seine Stimme nicht mehr zu hören war
auf den Bergen von Israel.

19,7: Der Massoretische Text («Und er erkannte seine Witwen, ...») wurde korrigiert.

10 Deine Mutter war wie ein Weinstock im Weinberg,
am Wasser gepflanzt.
Voller Früchte und Zweige war er
des reichlichen Wassers wegen.

10–14: 15,1–8; Jes 5,1–7
10: 15,2; 17,6; Ps 1,3

11 Und starke Äste wurden an ihm
zu Zeptern für Herrscher,
und er wuchs empor im Geäst,
und er war gut zu sehen seiner Grösse
und der Menge seiner Reben wegen.

11: 14; 31,3

12 Dann aber wurde er ausgerissen im Zorn,
auf den Boden geworfen,
und der Ostwind liess seine Frucht vertrocknen;
abgerissen und vertrocknet, sein starker Ast –
Feuer hat ihn gefressen.

12: 15,4!; 17,10; 27,26

13 Und nun ist er in die Wüste gepflanzt,
in trockenes und durstiges Land.
14 Und Feuer ging aus von einem Ast,
es frass seine Ranken, seine Frucht,
und an ihm blieb kein starker Ast,
kein Zepter zum Herrschen.
Dies ist eine Klage, es ist eine Klage geworden.

14: 11 · 1; 26,17; 27,2.32; 28,12; 32,2.16

Die Geschichte von Israels Untreue und der Langmut des HERRN

20 1 Und im siebten Jahr, im fünften Monat, am Zehnten des Mo-
nats, kamen von den Ältesten Israels Männer, um den HERRN zu
befragen, und sie liessen sich vor mir nieder. 2 Da erging das Wort des
HERRN an mich: 3 Du Mensch, rede mit den Ältesten Israels und sprich
zu ihnen: So spricht Gott der HERR: Um mich zu befragen seid ihr ge-
kommen? So wahr ich lebe, von euch werde ich mich nicht befragen
lassen! Spruch Gottes des HERRN. 4 Wirst du für ihr Recht sorgen?
Wirst du für Recht sorgen, Mensch? Lass sie die Abscheulichkeiten ih-
rer Vorfahren erkennen, 5 und sprich zu ihnen: So spricht Gott der
HERR: Am Tag als ich Israel erwählte, habe ich für die Nachkommen des
Hauses Jakob meine Hand erhoben, und ich habe mich von ihnen er-
kennen lassen im Land Ägypten, und ich habe für sie meine Hand erho-
ben: Ich bin der HERR, euer Gott! 6 An jenem Tag habe ich für sie meine
Hand erhoben, sie herauszuführen aus dem Land Ägypten in ein Land,
das ich für sie erkundet hatte, in dem Milch und Honig fliessen, das eine
Zierde ist für alle Länder. 7 Und ich sprach zu ihnen: Werft die Scheusa-
le weg, die ihr vor Augen habt, ein jeder, und macht euch nicht unrein
mit den Mistgötzen Ägyptens! Ich bin der HERR, euer Gott! 8 Sie aber
waren widerspenstig gegen mich und wollten nicht auf mich hören:
Keiner warf die Scheusale weg, die sie vor Augen hatten, und sie haben
die Mistgötzen Ägyptens nicht verlassen. Da gedachte ich, meinen Zorn
über sie auszugiessen, meine Wut an ihnen auszulassen, mitten im
Land Ägypten. 9 Um meines Namens willen aber verfuhr ich so, dass er
nicht entweiht würde vor den Augen der Nationen, unter denen sie wa-

1–44: 2,3!; Ps 106
1: 8,1.11; 14,1; 2Kön 6,32
3: 31; 14,3
4: 16,2–3; 22,2; 23,36
5: Ex 3,7–9 · 36,7; 44,12; 47,14 · Ex 20,2
6: 15 · Num 13 · Dtn 8,10; Jer 3,19
7: 18.31; 23,7; 36,18; 37,23 · 16,26; 23,3
8: 7,8! · 13
9: 14.22; 36,20–22; 39,25; Jes 48,11

19,10: Der Massoretische Text («... wie ein Weinstock in deinem Blut, ...») wurde korrigiert.

10: Ex 12,37–42; Jer 2,6
11: 13.21; 18,9; Lev 18,5! · 20,25
12: Ex 31,13 · 20; 4,3; 14,8 · Lev 20,8
13: 11,21; 18,9 · 16.24; 22,8; 23,38 · 8
14: 9! · 44
15: 6 · Num 14,28–30; Ps 106,26
16: 13.24; 22,8.26; 23,38 · Dtn 6,14
17: 16,6
18: 7!
19: 11
20: 12; 4,3; 14,8 · 44,24
21: 7,8! · 11.13; 18,9; Lev 18,5
22: 9! · Num 17,25
23: 5,2! · 36,19! · 12,15; Lev 26,33
24: 13.16; 22,8.26; 23,38
25: 11!
26: 31; 23,37; Jer 19,5 · Ex 13,2.12

ren, vor deren Augen ich mich ihnen kundgetan hatte: Ich führte sie
hinaus aus dem Land Ägypten.

10 Und ich führte sie aus dem Land Ägypten und brachte sie in die
Wüste. 11 Und ich gab ihnen meine Satzungen und tat ihnen meine
Rechtssätze kund, die der Mensch halten soll und durch die er am Leben
bleibt. 12 Und auch meine Sabbate habe ich ihnen gegeben; sie sollten
ein Zeichen sein zwischen mir und ihnen, damit man erkennt, dass ich,
der HERR, es bin, der sie heiligt. 13 Das Haus Israel aber war widerspens-
tig gegen mich in der Wüste, sie haben nicht nach meinen Satzungen
gelebt, und meine Rechtssätze, nach denen der Mensch handeln soll
und durch die er am Leben bleibt, haben sie missachtet. Und wie haben
sie meine Sabbate entweiht! Da gedachte ich, meinen Zorn über sie aus-
zugiessen in der Wüste und ihnen ein Ende zu bereiten. 14 Um meines
Namens willen aber verfuhr ich so, dass er nicht entweiht würde vor
den Augen der Nationen, vor deren Augen ich sie herausgeführt hatte.
15 Und ich, ich habe meine Hand für sie erhoben in der Wüste, sie nicht
in das Land zu bringen, das ich ihnen gegeben hatte, in dem Milch und
Honig fliessen, das eine Zierde ist für alle Länder, 16 weil sie meine
Rechtssätze missachtet haben und meine Satzungen – nach ihnen ha-
ben sie nicht gelebt, und meine Sabbate haben sie entweiht, denn ihren
Mistgötzen ist ihr Herz nachgelaufen. 17 Mein Auge aber blickte voller
Mitleid auf sie, so dass ich sie nicht vernichtet habe, und so habe ich sie
nicht ausgelöscht in der Wüste.

18 Und ich sprach zu ihren Nachkommen in der Wüste: Nach den
Satzungen eurer Vorfahren sollt ihr nicht leben, und ihre Rechtssätze
sollt ihr nicht halten, und mit ihren Mistgötzen sollt ihr euch nicht un-
rein machen. 19 Ich bin der HERR, euer Gott: Nach meinen Satzungen
habt ihr zu leben, und meine Rechtssätze habt ihr zu halten, und nach
ihnen habt ihr zu handeln! 20 Und meine Sabbate habt ihr heilig zu hal-
ten; dann werden sie ein Zeichen sein zwischen mir und euch, damit
man erkennt, dass ich der HERR bin, euer Gott. 21 Die Nachkommen
aber waren widerspenstig gegen mich: Sie haben nicht nach meinen
Satzungen gelebt und haben meine Rechtssätze nicht gehalten, dass sie
nach ihnen gehandelt hätten, nach denen der Mensch handeln soll und
durch die er am Leben bleibt; meine Sabbate haben sie entweiht. Da
dachte ich daran, meinen Zorn über sie auszugiessen und meine Wut an
ihnen auszulassen in der Wüste. 22 Aber ich zog meine Hand zurück,
und um meines Namens willen verfuhr ich so, dass er nicht entweiht
würde vor den Augen der Nationen, vor deren Augen ich sie herausge-
führt hatte. 23 Ich, ich habe für sie meine Hand erhoben in der Wüste,
sie unter die Nationen zu zerstreuen und sie in die Länder zu streuen,
24 weil sie nicht nach meinen Rechtssätzen gehandelt und weil sie mei-
ne Satzungen missachtet und meine Sabbate entweiht haben und weil
ihre Augen hinter den Mistgötzen ihrer Vorfahren her waren. 25 Da
habe ich selbst ihnen Satzungen gegeben, die nicht gut waren, und
Rechtssätze, durch die sie nicht am Leben bleiben konnten. 26 Und
wenn sie jede Erstgeburt aus dem Mutterleib durchs Feuer gehen lies-
sen, habe ich sie unrein werden lassen durch ihre Gaben, um sie in
Schrecken zu versetzen, damit sie erkannten, dass ich der HERR bin!

27 Darum rede zum Haus Israel, du Mensch, und sprich zu ihnen: So

spricht Gott der HERR: Auch noch dadurch haben eure Vorfahren mich
verhöhnt, dass sie mir die Treue gebrochen haben. 28 Und ich habe sie 28: 5,13; Jes 57,5 ·
in das Land gebracht: Ich hatte meine Hand erhoben, dass ich es ihnen 41; 16,19 · 16,26!
geben werde. Dann aber haben sie irgendeinen hohen Hügel und ir-
gendeinen dicht belaubten Baum gesehen und haben dort ihre
Schlachtopfer geschlachtet und dort ihre widerwärtigen Gaben darge-
bracht und dort ihr Räucherwerk für den beschwichtigenden Duft nie-
dergelegt und dort ihre Trankopfer dargebracht. 29 Da sprach ich zu ih- 29: 6,3.6; 16,16;
nen: Was soll die Kulthöhe, zu der ihr geht? Und bis auf diesen heutigen 36,2; 43,7;
Tag nennt man sie: Bama. Lev 26,30

30 Darum sprich zum Haus Israel: So spricht Gott der HERR: Auf 30: 6,9
dem Weg eurer Vorfahren wollt ihr euch unrein machen, und ihren
Scheusalen hurt ihr nach? 31 Dadurch dass ihr eure Gaben darbringt, 31: 26! · 7! · 3
indem ihr eure Kinder durchs Feuer gehen lasst, macht ihr euch unrein
an allen euren Mistgötzen, bis auf den heutigen Tag! Und da soll ich
mich von euch befragen lassen, Haus Israel! So wahr ich lebe, Spruch
Gottes des HERRN, von euch werde ich mich nicht befragen lassen!
32 Und es darf nie geschehen, was aufsteigt in eurem Geist, dass ihr 32: 25,8 · Dtn 4,28;
sagt: Wir wollen sein wie die Nationen, wie die Sippen der Länder, und 28,64
Holz und Steinen dienen! 33 So wahr ich lebe, Spruch Gottes des HERRN: 33: Dtn 4,34;
Mit starker Hand und mit ausgestrecktem Arm und mit ausgegossenem Jer 21,5
Zorn werde ich über euch herrschen. 34 Und ich werde euch herausfüh- 34: 41 · 6,8! · 11,17!
ren aus den Völkern und euch sammeln aus den Ländern, in die ihr zer-
streut worden seid, mit starker Hand und mit ausgestrecktem Arm und
mit ausgegossenem Zorn. 35 Und ich werde euch in die Wüste der 35: Hos 2,16
Völker bringen, und dort werde ich mit euch ins Gericht gehen, von An-
gesicht zu Angesicht! 36 Wie ich mit euren Vorfahren ins Gericht ge- 36: 17
gangen bin in der Wüste des Landes Ägypten, so werde ich mit euch ins
Gericht gehen! Spruch Gottes des HERRN. 37 Und ich werde euch unter 37: Lev 27,32;
dem Stab hindurchgehen lassen und euch in den überlieferten Bund Mi 7,14 · 16,60
aufnehmen. 38 Die aber von euch, die sich auflehnen und die mit mir 38: 13,9
brechen, werde ich aussondern! Aus dem Land, in dem sie als Fremde
leben, werde ich sie herausführen, auf Israels Boden aber werden sie
nicht kommen. Und ihr werdet erkennen, dass ich der HERR bin.
39 Und ihr, Haus Israel, so spricht Gott der HERR: Geht doch, ein jeder 39: 36,20; 43,8
zu seinen Mistgötzen, dient ihnen! Danach aber werdet ihr auf mich
hören und meinen heiligen Namen nicht mehr entweihen mit euren
Gaben und euren Mistgötzen. 40 Denn auf meinem heiligen Berg, auf 40: 17,23; 34,14;
dem hohen Berg Israels, Spruch Gottes des HERRN, dort werden sie 36,8 · 40,2 · 44,30
mir dienen im Land, das ganze Haus Israel, alle! Dort werde ich sie an-
nehmen, und dort werde ich eure Abgaben einfordern: das Beste eurer
Gaben, all eure heiligen Gaben. 41 Beim beschwichtigenden Duft werde 41: 28; 6,13 · 6,8! ·
ich euch annehmen, wenn ich euch herausführe aus den Völkern und 11,17! · 28,22; 36,23;
euch sammle aus den Ländern, in die ihr zerstreut worden seid, und 38,16; 39,27
ich werde mich an euch als heilig erweisen vor den Augen der Nati-
onen. 42 Und ihr werdet erkennen, dass ich der HERR bin, wenn ich 42: 5.28
euch auf Israels Boden bringe, in das Land, das euren Vorfahren zu ge-
ben ich meine Hand erhoben habe. 43 Und dort werdet ihr an eure 43: 6,9; 36,31 ·
14,11; 36,17 · 16,61;
36,31

20,29: Bama bedeutet ‹Kulthöhe›.

Wege denken und an all eure Taten, mit denen ihr euch unrein gemacht
habt. Und ihr werdet euch ekeln vor euch selbst all der Untaten wegen,
44: 14 die ihr begangen habt. 44 Und ihr werdet erkennen, dass ich der HERR
bin, wenn ich an euch handle um meines Namens willen, nicht nach
euren bösen Wegen und euren verdorbenen Taten, Haus Israel! Spruch
Gottes des HERRN.

Gegen Israels Boden

2: 16,46 **21** 1 Und das Wort des HERRN erging an mich: 2 Du Mensch, richte
dein Angesicht nach Teman und lass die Worte nach Süden strö-
3: Jes 9,17; Jer 21,14 · men und weissage gegen den Wald des offenen Landes im Negev. 3 Und
Lk 23,31 · 9 sprich zum Wald des Negev: Höre das Wort des HERRN! So spricht Gott
der HERR: Sieh, ich entzünde ein Feuer in dir, und es wird jeden grünen
Baum und jeden trockenen Baum in dir fressen. Die lodernde Flamme
wird nicht erlöschen, und vom Negev bis in den Norden werden von ihr
4: Jes 40,5 alle Gesichter versengt. 4 Und alles Fleisch wird sehen, dass ich, der
5: 17,2 HERR, es entfacht habe; es wird nicht erlöschen! 5 Da sprach ich: Ach,
Herr, HERR! Sie sagen von mir: Spricht er nicht in Rätseln?
7: 7,2; 36,6 6 Und das Wort des HERRN erging an mich: 7 Du Mensch, richte
dein Angesicht gegen Jerusalem und lass die Worte strömen gegen Hei-
8–10: 5,2; 12,14 ligtümer, und weissage gegen Israels Boden. 8 Und sprich zu Israels Bo-
8: Hiob 9,22! den: So spricht der HERR: Sieh, ich gehe gegen dich vor: Ich werde mein
Schwert aus seiner Scheide ziehen und Gerechte und Ungerechte auf dir
9: 3 vernichten! 9 Weil ich Gerechte und Ungerechte auf dir vernichte, dar-
um wird mein Schwert aus seiner Scheide kommen gegen alles Fleisch
vom Negev bis in den Norden. 10 Und alles Fleisch wird erkennen, dass
ich, der HERR, mein Schwert aus seiner Scheide gezogen habe. Es wird
nicht mehr dorthin zurückkehren!

Das Schwert der Bestrafung

11: 24,17 · 4,12! 11 Und du, Mensch, stöhne! Mit brechenden Hüften und vor Verbit-
12: 20 · 7,17; Jes 13,7; terung sollst du vor ihren Augen stöhnen! 12 Und wenn sie zu dir sagen:
Jer 6,24 · 39,8 Worüber stöhnst du?, dann sage: Über eine Nachricht! Wenn sie sich
erfüllt, löst jedes Herz sich auf, und alle Hände werden schlaff, und jeder
Geist verzagt, und alle Knie zergehen wie Wasser. Seht, es kommt und
wird sich ereignen! Spruch Gottes des HERRN.
13–22: 5,1–4; 13 Und das Wort des HERRN erging an mich: 14 Du Mensch, weissa-
Dtn 32,41; Offb 6,4 ge und sprich: So spricht der Herr. – Sprich:
14: 33 Ein Schwert, ein Schwert ist geschärft
und auch geschliffen!
15: 18 15 Für ein grosses Schlachten ist es geschärft,
um zum Blitz zu werden, ist es geschliffen!
Oder sollten wir uns freuen:
Das Zepter meines Sohns verachtet jedes Holz!
16 Und er hat es übergeben, damit es geschliffen wird,
damit man es mit der Faust ergreift.

21,2: Im Hebräischen sind Teman und Negev nicht nur Namen von Regionen, sondern bedeuten zugleich ‹Süden›.

Ein Schwert, es ist geschärft,
und es ist geschliffen
für die Hand eines Scharfrichters.
17 Schrei auf und wehklage, du Mensch, *17:* 19,1!
denn gegen mein Volk hat es sich gerichtet,
es ist gegen alle Fürsten Israels;
sie und mein Volk sind vor das Schwert geworfen.
Darum schlage dir auf die Hüfte!
18 Denn die Probe ist gemacht. *18:* 15 · Jer 31,19
Was aber, wenn nicht dieses Zepter wäre,
das andere verachtet?
Spruch Gottes des HERRN.
19 Und du, Mensch, weissage *19:* 22; 6,11; 25,6
und schlag die Hände zusammen!
Dann wird das Schwert sich verdoppeln!
Und noch ein Drittel dazu!
Ein Schwert für Erschlagene,
es ist ein Schwert für einen Erschlagenen – den Grössten –,
das sie umkreist.
20 Das Herz soll wanken, *20:* 12 · Jer 18,23
und viele werden straucheln;
an alle ihre Tore
habe ich das Schlachten des Schwerts gebracht!
Ach, zum Blitzen gemacht,
geschliffen für das Schlachten.
21 Wende dich nach hinten, nach rechts, nach links,
wohin deine Schneide befohlen ist!
22 Und auch ich werde meine Hände zusammenschlagen, *22:* 5,13! · 19; 6,11; 25,6
und meinen Zorn werde ich stillen!
Ich, der HERR, habe gesprochen.
23 Und das Wort des HERRN erging an mich: 24 Und du, Mensch, be- *24–25:* 30,24–25; 32,11
stimme dir zwei Wege, damit das Schwert des Königs von Babel kom-
men kann; von einem einzigen Land sollen sie beide ausgehen. Und
schaffe Platz für ein Zeichen, am Anfang des Weges zu jeder Stadt
schaffe ihm Platz. 25 Einen Weg sollst du bestimmen, damit das *25:* 25,5; Dtn 3,11; Jer 49,2; Am 1,14
Schwert kommen kann über das Rabba der Ammoniter und über Juda,
das nur noch in Jerusalem Befestigungen hat. 26 Denn der König von *26:* Ri 17,5; Hos 3,4
Babel hat sich am Scheideweg aufgestellt, am Anfang der beiden Wege,
um das Losorakel zu befragen: Die Pfeile hat er geschüttelt, die Terafim
befragt, die Leber beschaut. 27 In seiner Rechten war das Losorakel für *27:* 4,2; 26,8
Jerusalem, dass er Sturmböcke aufstelle, dass er den Mund auftue beim
Losschlagen, dass er die Stimme erhebe mit Kriegsgeschrei, dass er

21,17: Schlagen auf die Hüfte war entweder Ausdruck der Trauer oder Abwehr von Unheil.

21,18: Die Übersetzung des Verses ist unsicher.

21,19: Möglicherweise ist statt «das sie umkreist» zu übersetzen: «das tief in sie eindringt».

21,20: Der schwierige hebräische Text wurde korrigiert.

21,21: Die Übersetzung «Wende dich nach hinten» beruht auf einer Korrektur des Massoretischen Texts.

21,25: Rabba war eine ammonitische Stadt.

Sturmböcke aufstelle gegen Tore, dass er eine Sturmrampe aufschütte,
dass er einen Belagerungswall baue. 28 Für sie aber, in ihren Augen,
wird es wie ein Losorakel sein, das keine Bedeutung hat; sie haben die
heiligsten Schwüre, er aber bringt Schuld in Erinnerung, damit sie er-
griffen werden.

29: 39,24 — 29 Darum, so spricht Gott der HERR: Weil ihr eure Schuld in Erin-
nerung bringt, da eure Vergehen offenbar und eure Sünden sichtbar
werden in allen euren Taten, weil an euch erinnert worden ist, werdet
30: 19,1! · 35,5 · 34 — ihr mit der Faust ergriffen werden. 30 Und du, Entweihter, Verbrecher,
31: Ex 28,4 · 17,24; 36,36; 37,14; Lk 1,52 · 14 — Fürst Israels, dessen Tag kommt zur Zeit der letzten Verschuldung! 31 So
spricht Gott der HERR:

Weg mit dem Kopfschmuck,
und herunter mit der Krone!
Nichts ist, was es ist:
Das Niedrige erhöht,
und das Hohe erniedrigt!

32 Trümmer, Trümmer, Trümmer mache ich aus der Stadt! Auch dies
geschieht nicht, bis der kommt, dem das Recht zusteht und dem ich es
gebe.

33–37: 25,1–7; Jer 49,1–6! 33: 14 — 33 Und du, Mensch, weissage und sprich: So spricht Gott der HERR
über die Ammoniter und ihr Höhnen. Sprich:

Ein Schwert, ein Schwert ist gezückt,
um zu schlachten ist es geschliffen,
dass man es ergreift,
damit es zum Blitz wird –

34: 13,6.23; 22,28 · 30 — 34 während man Nichtiges schaut für dich,
während man Lüge wahrsagt für dich –,
um es an den Hals der entweihten Verbrecher zu legen,
deren Tag kommt zur Zeit der letzten Verschuldung.

35 Stecke es zurück in seine Scheide!
Dort, wo du erschaffen worden bist, im Land deiner Herkunft,
werde ich dich richten.

36: 22,21.31; 36,5; 38,19 — 36 Und ich werde meine Wut über dich ausgiessen,
das Feuer meines Zorns werde ich gegen dich anfachen,
und ich werde dich in die Hand roher Männer geben,
Künstler der Vernichtung.

37 Ein Frass des Feuers sollst du werden, mitten im Land wird dein Blut
fliessen, deiner wird nicht mehr gedacht werden! Ich, der HERR, habe
gesprochen.

Gegen die Stadt des vergossenen Bluts

1–12: 9,7; 11,6; 35,8 — 22 1 Und das Wort des HERRN erging an mich: 2 Und du, Mensch,
2: 16,2 · 20,4; 23,36 · 24,6.9; Nah 3,1 — wirst du für Recht sorgen, wirst du für Recht sorgen für die Stadt
des vergossenen Bluts? Lass sie all ihre Abscheulichkeiten erkennen,
3: 33,25 — 3 und sprich: So spricht Gott der HERR:

Stadt, die Blut vergiesst in ihrer Mitte,
so dass ihre Zeit kommt,

21,32: Wörtlich: «... mache ich aus ihr! ...». Mit ‹es› ist in diesem Vers das Recht gemeint.

und die sich Mistgötzen macht,
so dass sie unrein wird!
4 Durch dein Blut, das du vergossen hast, 4: 5,14! · 36,18 · 21,30
bist du schuldig geworden,
und durch deine Mistgötzen, die du gemacht hast,
bist du unrein geworden,
und du hast deine Zeit nahe herangebracht
und bist an das Ende deiner Jahre gekommen.
Darum mache ich dich für die Nationen zum Hohn
und für alle Länder zum Gespött!
5 Ob nah oder fern von dir, 5: 43,7 · 7,7
sie werden sich lustig machen über dich,
die du einen unreinen Namen hast;
die Bestürzung ist gross!
6 Sieh, die Fürsten Israels: 6: 18,27; 19,1!; Jes 1,23
In dir hat jeder sein Bestes getan,
um Blut zu vergiessen.
7 In dir hat man Vater und Mutter verachtet, 7: Ex 20,12 · Ex 22,21 · Ex 22,22
mitten in dir war man zum Fremden gewalttätig,
in dir hat man Waisen und Witwen unterdrückt.
8 Was mir heilig ist, hast du verachtet, 8: 26; 20,13.16.24; 23,38; Lev 19,30
und meine Sabbate hast du entweiht.
9 In dir sind Verleumder gewesen, um Blut zu vergiessen, 9: Lev 19,16 · 18,6.11.15
und in dir hat man auf den Bergen gegessen,
mitten in dir hat man Schandtaten begangen.
10 In dir hat man die Blösse des Vaters aufgedeckt, 10: Lev 18,6–7; Lev 20,11 · 18,6!
in dir hat man die gedemütigt, die unrein ist in der Monatsblutung.
11 Und mit der Frau seines Nächsten hat ein jeder 11: Lev 18,9!
Abscheuliches getan,
und seine Schwiegertochter hat jeder unrein gemacht
durch Schandtaten,
und seine Schwester, die Tochter seines Vaters,
hat jeder gedemütigt in dir.
12 In dir hat man Bestechung angenommen, 12: Dtn 27,25; Jer 22,17 · 18,8.13 · 23,35
damit Blut vergossen wird,
Zins und Aufschlag hast du genommen,
und deinen Nächsten hast du durch Bestechung Schaden zugefügt,
und mich hast du vergessen!
Spruch Gottes des HERRN.
13 Aber sieh, ich schlage meine Hand auf deinen Gewinn, den du gemacht hast, und auf dein Blut in deiner Mitte.
14 Wird dein Herz standhalten, und werden deine Hände stark sein in den Tagen, da ich gegen dich vorgehe? Ich, der HERR, habe gesprochen, und ich führe es aus.
15 Und ich werde dich unter die Nationen zerstreuen und dich in die Länder streuen und deine Unreinheit von dir tilgen. 15: 5,2!; 36,19!
16 Und durch dich

22,12: Möglich ist auch die Übersetzung: «..., und deinen Nächsten hast du übervorteilt mit Gewalt, ...»

selbst wirst du entweiht vor den Augen der Nationen, und du wirst er-
kennen, dass ich der HERR bin.
17 Und das Wort des HERRN erging an mich: 18 Du Mensch, das
Haus Israel ist mir zu Schlacke geworden! Sie alle sind Bronze und Zinn
und Eisen und Blei mitten im Schmelzofen; Schlacken sind sie, Silber
sind sie gewesen. 19 Darum, so spricht Gott der HERR: Weil ihr alle zu
Schlacken geworden seid, darum seht, sammle ich euch mitten in Jeru-
salem. 20 Silber und Bronze und Eisen und Blei und Zinn werden in ei-
nem Schmelzofen gesammelt, um ein Feuer darunter anzufachen und
es zu schmelzen. So werde ich euch in meiner Wut und in meinem Zorn
sammeln und hineinwerfen und schmelzen. 21 Und ich werde euch zu-
sammenraffen und das Feuer meines Zorns gegen euch anfachen, und
darin werdet ihr geschmolzen. 22 Wie Silber im Schmelzofen ge-
schmolzen wird, so werdet ihr darin geschmolzen werden, und ihr wer-
det erkennen, dass ich, der HERR, meinen Zorn über euch ausgegossen
habe.

17–22: Jes 1,22.25; Jer 6,28–30
18: Ps 119,119
20: Mal 3,2–3
21: 31; 21,36; 36,5; 38,19
22: Sach 13,9

Gegen das Land und seine Bevölkerung

23 Und das Wort des HERRN erging an mich: 24 Du Mensch, sprich
zu ihm: Du bist ein Land, das nicht rein gemacht wurde, auf das kein
Regen fiel am Tag des Zorns. 25 Die Zusammenrottung seiner Prophe-
ten in ihm gleicht einem brüllenden Löwen, der Beute reisst: Sie haben
Menschen gefressen, haben Schätze und Kostbarkeiten an sich genom-
men, seine Witwen haben sie zahlreich gemacht in ihm. 26 Seine Pries-
ter haben meiner Weisung Gewalt angetan und entweiht, was mir hei-
lig war; zwischen heilig und nicht heilig haben sie nicht unterschieden,
und den Unterschied zwischen dem Unreinen und dem Reinen haben
sie nicht gelehrt, und vor meinen Sabbaten haben sie ihre Augen ver-
schlossen. Und so wurde ich in ihrer Mitte entweiht. 27 Seine Fürsten
in seiner Mitte sind wie Wölfe, die Beute reissen: Sie vergiessen Blut,
vernichten Leben, um Gewinn zu machen. 28 Und seine Propheten ha-
ben es ihnen noch immer mit Tünche verputzt, schauen Nichtiges und
wahrsagen Lüge für sie, sie sagen: So spricht Gott der HERR!, aber der
HERR hat nicht gesprochen! 29 Das Volk des Landes hat Erpressung ver-
übt und Raub begangen, den Armen und Elenden haben sie unter-
drückt, und gegen jedes Recht haben sie dem Fremden Gewalt angetan.
30 Und ich habe unter ihnen einen gesucht, der einen Wall gebaut hätte
und vor mir in die Bresche gesprungen wäre für das Land, damit ich es
nicht vernichten muss, aber ich habe keinen gefunden. 31 Da habe ich
meine Wut über sie ausgegossen, habe ihnen ein Ende bereitet im Feuer
meines Zorns. Ihre Taten lasse ich zurückfallen auf ihr Haupt! Spruch
Gottes des HERRN.

24: 7,7!
25: 19,3; Zef 3,3–4; 1Petr 5,8
26: 42,19; 44,23; Lev 10,10! · 8; 20,13.16.24; 23,38
27: 6.12; 11,1; Zef 3,3
28: 13,10–16
29: 18,7.12.17
30: 13,5; Ps 106,23; Jes 59,16
31: 21; 21,36; 36,5; 38,19

Das Gleichnis von Ohola und Oholiba

23 1 Und das Wort des HERRN erging an mich: 2 Du Mensch, es wa-
ren zwei Frauen, Töchter derselben Mutter. 3 Und sie trieben Hu-
rerei in Ägypten, in ihrer Jugend trieben sie Hurerei; dort wurden ihre
Brüste befingert, und dort griff man nach ihren jungfräulichen Brüsten.

1–49: 6,9; 16,1–63; Jer 3,6–13; Hos 1–3
3: 8.19–21; 20,7

4 Und dies waren ihre Namen: Ohola war die ältere, und Oholiba war 4: 16,46
ihre Schwester. Und sie gehörten zu mir und gebaren Söhne und Töch-
ter. Und dies waren ihre Namen: Ohola ist Samaria, und Oholiba ist Je-
rusalem.
5 Und Ohola trieb Hurerei, wurde mir untreu und hatte Verlangen 5: 16,28; Hos 5,13
nach ihren Liebhabern, nach Assur, nach Kämpfern, 6 gekleidet in blau- 6: 12.23
en Purpur, nach Statthaltern und Vorstehern; hübsche Kerle sie alle,
Reiter, hoch zu Ross. 7 Und ihnen schenkte sie ihre Hurenlust; sie alle 7: 20,7!
waren die Besten der Assyrer. Bei allem aber, wonach sie Verlangen hat-
te, machte sie sich unrein mit all ihren Mistgötzen. 8 Auch von ihrer 8: 3.19–21; 20,7 · 17
Hurerei, die sie in Ägypten getrieben hatte, liess sie nicht ab, denn in
ihrer Jugend hatten diese mit ihr geschlafen, und sie waren es, die nach
ihren jungfräulichen Brüsten gegriffen und die ihre Hurerei über sie
gebracht hatten.
9 Darum habe ich sie in die Hand ihrer Liebhaber gegeben, in die
Hand der Assyrer, nach denen sie Verlangen hatte. 10 Sie deckten ihre 10: 48
Blösse auf, nahmen ihr die Söhne und Töchter, und sie selbst erschlugen
sie mit dem Schwert, und so kam sie zu ihrem Ruf bei den Frauen, und
man vollstreckte Strafgerichte an ihr.
11 Und ihre Schwester Oholiba sah es, aber sie trieb es mit ihrem 11: 16,47; Jer 3,11
Verlangen noch schlimmer als jene und mit ihrer Hurerei noch weiter
als ihre Schwester mit ihrer Hurerei. 12 Nach den Assyrern hatte sie Ver- 12: 6.23; 16,28
langen, nach Statthaltern und Vorstehern, die sich ihr näherten, makel-
los gekleidet, Reiter, hoch zu Ross, hübsche Kerle sie alle.
13 Und ich sah, dass sie sich unrein gemacht hatte; ein und densel-
ben Weg hatten sie beide. 14 Und sie trieb ihre Hurerei noch weiter: Sie 14: 8,10
sah sich Männer an, Bilder von Kasdäern, die in die Wand eingeritzt
waren, eingeritzt mit Mennige, 15 gegürtet mit einem Schurz um ihre 15: 23
Hüften, einen herabhängenden Turban auf ihren Köpfen, sie alle mit
dem Aussehen von hoch gestellten Kämpfern nach Art der Babylonier;
Kasdäa war das Land ihrer Herkunft. 16 Und sie hatte Verlangen nach 16: 40; 16,29
ihnen, danach, sie mit ihren eigenen Augen zu sehen, und so sandte sie
Boten zu ihnen, nach Kasdäa. 17 Und die Babylonier kamen zu ihr auf
das Liebeslager und machten sie unrein mit ihrer Hurerei, und sie wur-
de unrein durch sie. Dann aber wandte sie sich jäh von ihnen ab.
18 Und sie machte ihre Hurerei offenbar und deckte ihre Blösse auf. Da 18: 10
wandte ich mich jäh von ihr ab, wie ich mich von ihrer Schwester abge-
wandt hatte. 19 Sie aber trieb noch mehr Hurerei und dachte an die 19: 3.8; 20,7
Tage ihrer Jugend, als sie Hurerei getrieben hatte im Land Ägypten.
20 Und sie hatte Verlangen nach ihren Liebhabern, deren Glied das 20: 16,26; Jer 2,24;
Glied von Eseln war und deren Penis der Penis von Hengsten war. Jer 5,8
21 Und du hast dich gesehnt nach der Schandtat deiner Jugend, als die
Ägypter nach deinen Brüsten griffen, deiner jugendlichen Brüste we-
gen.
22 Darum, Oholiba, so spricht Gott der HERR: Sieh, ich hetze deine 22: 28–29; 16,37
Liebhaber auf dich, die, von denen du dich jäh abgewandt hast, und von

23,4: Der Name Ohola bedeutet ‹ihr eigenes Zelt›, und der Name Oholiba bedeutet ‹mein Zelt ist in ihr›.

23,15: «hoch gestellte Kämpfer»: Siehe die Anm. zu 2Kön 7,2; siehe auch Ez 23,23.

23: 15 · Jer 50,21 · ringsum führe ich sie heran gegen dich, 23 die Babylonier und alle Kas-
6.12 däer, Pekod und Schoa und Koa, alle Assyrer mit ihnen, hübsche Ker-
le, Statthalter und Vorsteher, sie alle, hoch gestellte Kämpfer und Beru-
24: 38,15; 39,2 fene, sie alle hoch zu Ross. 24 Und sie werden über dich kommen mit
Waffen, mit Wagen und Rädern und mit einer Menge von Völkern;
Setzschild und Rundschild und Helm setzen sie ringsum gegen dich
ein. Und ich werde ihnen den Rechtsfall vorlegen, und sie werden dich
25: 35,11! richten nach ihren Gesetzen. 25 Und ich werde meine Eifersucht gegen
dich richten, und voller Zorn werden sie mit dir verfahren: Deine Nase
und deine Ohren werden sie abschneiden, und alle, die du zurücklässt,
werden durch das Schwert fallen: Sie werden es sein, die dir deine Söh-
ne und Töchter nehmen, und was du zurücklässt, wird vom Feuer ge-
26: 16,7.39; Hos 2,5 fressen werden. 26 Und sie werden dir die Kleider ausziehen und deine
27: 3 Schmuckstücke nehmen. 27 Und deinem schändlichen Verhalten wer-
de ich ein Ende setzen und deiner Hurerei, die du seit der Zeit im Land
Ägypten getrieben hast, und du wirst nicht mehr aufblicken zu ihnen
und nicht mehr an Ägypten denken.

28: 9 28 Denn so spricht Gott der HERR: Sieh, ich gebe dich in die Hand
derer, die du hasst, in die Hand derer, von denen du dich jäh abgewandt
29: 16,37 hast. 29 Und voll Hass werden sie mit dir verfahren: Alles was du erar-
beitet hast, werden sie wegnehmen, und dich werden sie nackt und
bloss zurücklassen, und deine hurerische Blösse wird aufgedeckt wer-
30: 6,9; 20,7! den wie auch deine Schandtaten und deine Hurerei. 30 Dies wird dir
widerfahren, weil du Nationen nachgehurt hast, weil du dich verunrei-
nigt hast mit ihren Mistgötzen.

31–34: Ps 75,9; 31 Auf dem Weg deiner Schwester bist du gegangen, und ihren Kelch
Jes 51,17; gebe ich in deine Hand.
Jer 25,15–17; 49,12 32 So spricht Gott der HERR:

Den Kelch deiner Schwester wirst du trinken,
den tiefen und weiten –
lachen und spotten wird man über dich –,
der so viel fasst!

33: 4 33 Von Trunkenheit und Qual wirst du voll werden;
ein Kelch des Entsetzens und der Vernichtung
ist der Kelch deiner Schwester Samaria.

34 Und du wirst ihn austrinken und ausschlürfen, und seine Scherben
wirst du abnagen und dir dabei die Brüste aufreissen. Ich habe gespro-
chen! Spruch Gottes des HERRN.

35: 49; 16,58 · 35 Darum, so spricht Gott der HERR: Weil du mich vergessen und
22,12 · 1Kön 14,9 hinter dich geworfen hast, trage auch du deine Schandtat und deine Hu-
rerei!

36: 16,2–3; 20,4; 36 Und der HERR sprach zu mir: Du Mensch, wirst du für Recht sor-
22,2 gen für Ohola und Oholiba? Dann lege ihnen ihre Abscheulichkeiten
37: 16,20; 20,26! vor! 37 Denn sie haben Ehebruch begangen, und an ihren Händen ist
Blut: Mit ihren Mistgötzen haben sie Ehebruch begangen, und auch ihre
Kinder, die sie mir geboren hatten, haben sie für jene durch das Feuer
38: 38; 20,13; gehen lassen, als Frass. 38 Auch noch das haben sie mir angetan: An je-
22,8.26

23,24: Die Übersetzung «mit Waffen» ist unsicher; die griechische Überlieferung lautet übersetzt: «von Norden».

nem Tag haben sie mein Heiligtum unrein gemacht, und meine Sabbate
haben sie entweiht. 39 Und wenn sie ihre Kinder für ihre Mistgötzen 39: 44,7
geschlachtet haben, sind sie am selben Tag in mein Heiligtum gekom-
men, um es zu entweihen. Und sieh, mitten in meinem Haus haben sie
es so getrieben!

40 Und sie haben auch immer wieder zu Männern gesandt, die aus 40: 16; Jer 4,30
der Ferne kamen. Zu ihnen ist ein Bote gesandt worden, und sieh, sie
sind gekommen, sie, für die du dich gebadet, dir die Augen geschminkt
und Schmuck angelegt hast. 41 Und dann hast du dich auf ein prachtvol- 41: 6,4! · 16,18
les Lager gesetzt, und davor war ein Tisch zurechtgemacht, und darauf
hast du mein Räucherwerk und mein Öl gelegt. 42 Und bei ihr war das 42: 7,11; 26,13 ·
Lärmen einer sorglosen Menge. Und zu Männern aus der Menge wur- 16,11–12
den Zecher aus der Wüste gebracht. Und man legte Armspangen an ihre
Hände und eine prächtige Krone auf ihre Köpfe. 43 Und von der durch
Ehebrecherei Verbrauchten sprach ich: Nun treibt man Hurerei mit ihr,
und sie –! 44 Und man kam zu ihr, wie man zu einer Frau kommt, die
Hurerei treibt, so sind sie zu Ohola und zu Oholiba gekommen, zu Frau-
en der Schande! 45 Gerechte Männer aber, sie werden sie richten, nach 45: 16,38; Gen 9,3;
dem Recht für Ehebrecherinnen und dem Recht für Frauen, die Blut ver- Lev 20,10
giessen, denn sie begehen Ehebruch, und an ihren Händen ist Blut!
46 Denn so spricht Gott der HERR: Führe eine Versammlung gegen sie 46: 7,21
heran, und gib sie dem Schrecken und der Plünderung preis! 47 Und 47: 16,40;
eine Versammlung wird sie steinigen und sie zurechtstutzen mit ihren Dtn 22,21 · 24,21
Schwertern. Ihre Söhne und ihre Töchter wird man umbringen, und
ihre Häuser wird man im Feuer verbrennen. 48 Und ich werde der 48: 10
Schandtat im Land ein Ende bereiten, und alle Frauen werden sich war-
nen lassen und nicht schändlich handeln, wie ihr es getan habt. 49 Und 49: 35; 16,58
man wird eure Schandtat auf euch zurückfallen lassen, und ihr werdet
die Sünden mit euren Mistgötzen tragen, und ihr werdet erkennen,
dass ich Gott der HERR bin.

Das Gleichnis vom Kessel

24 1 Und das Wort des HERRN erging an mich im neunten Jahr, im 1–14: 11,1–12;
zehnten Monat, am Zehnten des Monats: 2 Du Mensch, schreibe Jer 1,13; Mi 3,3
dir den Namen des Tages auf, genau dieses Tages: An eben diesem Tag 1: 2Kön 25,1!; Jer 52,4
hat der König von Babel sich auf Jerusalem gestürzt. 3 Und lege dem 3: 17,2
Haus der Widerspenstigkeit ein Gleichnis vor, und sprich zu ihnen: So
spricht Gott der HERR:

Setz den Kessel auf, setz ihn auf,
  und giesse auch Wasser hinein!
4 Lege seine Fleischstücke zusammen hinein, 4: 10
  jedes Stück ein gutes, Schenkel und Schulter,
mit dem Besten an Knochen fülle ihn.
5 Nimm die Besten der Schafe,
  und auch schichte unter ihm die Knochen auf,
bring ihn zum Sieden,
  auch sollen seine Knochen in ihm kochen.

24,3: Im Hebräischen klingt ‹setz auf› ähnlich wie ‹sprich das Urteil›, und ‹Kessel› klingt ähnlich wie ‹Stadt›.

6: 9; 22,2; Nah 3,1 · 11–12 — 6 Darum, so spricht Gott der HERR:
Wehe der Stadt des vergossenen Bluts,
dem Kessel, an dem Rost ist
und dessen Rost sich nicht abgelöst hat!
Nimm Fleischstück für Fleischstück heraus,
ohne auszulosen.

7: Lev 17,13; Jes 26,21! — 7 Denn ihr Blut war in ihrer Mitte,
auf nackten Fels hat sie es gegossen,
nicht auf die Erde hat sie es gegossen,
dass der Staub es bedecke.

8: 5,13! — 8 Um Zorn heraufzuführen,
um Rache zu nehmen,
habe ich ihr Blut auf nackten Fels gegossen,
dass es nicht bedeckt wird.

9: 6; 22,2; Nah 3,1 · Jes 30,33 — 9 Darum, so spricht Gott der HERR:
Wehe der Stadt des vergossenen Bluts:
Auch ich mache den Scheiterhaufen gross!

10: 4–5 — 10 Sorge für reichlich Holz,
entzünde das Feuer,
koche das Fleisch gar
und rühre das Angerührte um.
Und die Knochen sollen glühen!

11: 6 — 11 Dann stelle ihn leer auf seine Kohlen, damit seine Bronze heiss wird
und glüht und seine Unreinheit in ihm zum Schmelzen gebracht wird,
sein Rost muss weg.
12 Welche Anstrengungen, wie ermüdend! Sein starker Rost aber
13: 5,13! — löst sich nicht ab, auch im Feuer bleibt sein Rost. 13 Wegen deiner Un-
reinheit, der Schandtat, weil ich dich reinigen wollte und du nicht rein
geworden bist: Von deiner Unreinheit wirst du nicht mehr rein werden,
14: 12,25; Num 11,23; Jes 50,2 · 5,11! — bis ich meinen Zorn an dir gestillt habe! 14 Ich, der HERR, habe gespro-
chen. Es kommt, und ich werde es tun, ich werde nicht davon absehen,
und ich werde kalt blicken und es nicht bereuen. Wie es deinen Wegen
und deinen Taten entspricht, so wird man dich richten! Spruch Gottes
des HERRN.

Der Tod von Ezechiels Frau. Sein Verhalten als Zeichen für Israels Zukunft

16: 21.25 — 15 Und das Wort des HERRN erging an mich: 16 Du Mensch, sieh,
mit einem Schlag nehme ich dir deine Augenweide, du aber darfst nicht
17: 21,11 · 2Sam 15,30 · Jer 16,7; Hos 9,4 — trauern und nicht weinen und keine Träne vergiessen! 17 Stöhne, bleib
regungslos, keine Trauerbräuche für Tote! Deinen Kopfschmuck leg dir
an und deine Sandalen zieh an deine Füsse und verhülle nicht den Lip-
penbart und iss das Brot nicht, das dir Menschen reichen!
18 Und am Morgen sprach ich zum Volk, und am Abend starb meine
Frau. Und am nächsten Morgen verhielt ich mich, wie es mir geboten
19: 12,9; 17,12; 37,18 — worden war. 19 Und das Volk sprach zu mir: Willst du uns nicht sagen,
was es für uns bedeutet, dass du dich so verhältst? 20 Und ich sprach zu

24,7: Mit ‹ihr› ist die Stadt gemeint.

24,12: «Welche Anstrengungen, wie ermüdend!»: Die Übersetzung dieses ersten Versteils ist unsicher.

ihnen: Das Wort des HERRN ist an mich ergangen: 21 Sprich zum Haus 21: Klgl 2,7 · 16.25 ·
Israel: So spricht Gott der HERR: Seht, ich entweihe mein Heiligtum, 23,47
euren Schutz, auf den ihr stolz seid, eure Augenweide, und das, wonach
ihr euch sehnt; und eure Söhne und eure Töchter, die ihr verlassen habt,
werden durch das Schwert fallen. 22 Dann werdet ihr euch verhalten, 22: 17
wie ich mich verhalten habe: Den Lippenbart werdet ihr nicht verhül-
len, und Brot, das die Menschen euch reichen, werdet ihr nicht essen.
23 Und euer Kopfschmuck wird auf euren Köpfen und eure Sandalen 23: 4,17; 33,10;
werden an euren Füssen sein, ihr werdet nicht trauern und nicht wei- Lev 26,39;
nen, und eurer Schuld wegen werdet ihr vergehen, und ihr werdet auf- Sach 14,12
stöhnen, wenn ihr einander anseht. 24 Und Ezechiel wird für euch ein 24: 12,6!
Zeichen sein: So wie er sich verhalten hat, werdet ihr euch verhalten.
Wenn es eintrifft, dann werdet ihr erkennen, dass ich Gott der HERR
bin.

Ankündigungen: Der Entkommene und das Ende der Verstummung

25 Und du, Mensch, an dem Tag, da ich ihnen die Stätte ihrer Zu- 25: 16.21
flucht nehme, ihre Pracht, an der sie Freude haben, ihre Augenweide
und wonach sie sich sehnen, ihre Söhne und ihre Töchter, wird da
nicht –? 26 An jenem Tag wird der Entkommene zu dir kommen, um es 26: 33,21
die Ohren hören zu lassen. 27 An jenem Tag, mit dem Entkommenen, 27: 3,27; 33,22 ·
wird dein Mund geöffnet werden, und du wirst reden und nicht mehr 12,6!
stumm sein. Und du wirst für sie ein Zeichen sein, und sie werden er-
kennen, dass ich der HERR bin.

Gegen die Ammoniter, gegen Moab, Edom und die Philister

25 1 Und das Wort des HERRN erging an mich: 2 Du Mensch, richte 1–7: 21,33–37;
dein Angesicht gegen die Ammoniter und weissage gegen sie, Jer 49,1–6;
3 und sprich zu den Ammonitern: Hört das Wort Gottes des HERRN! So Am 1,13–15
spricht Gott der HERR: Weil du Ha! gesagt hast über mein Heiligtum, da 3: 26,2; 36,2
es entweiht ist und über Israels Boden, da er verwüstet wurde, und über
das Haus Juda, da sie in die Verbannung gegangen sind, 4 darum, sieh: 4: 10
Ich gebe dich denen aus dem Osten zum Besitz, und sie werden in dir
ihre Zeltlager aufschlagen und ihre Wohnungen in dir errichten. Sie
sind es, die deine Früchte essen, und sie sind es, die deine Milch trinken
werden. 5 Und Rabba mache ich zur Kamelweide und die Ammoniter 5: 21,25; Dtn 3,11;
zum Ruheplatz für Schafe. Und ihr werdet erkennen, dass ich der HERR Jer 49,2; Am 1,14
bin!

6 Denn so spricht Gott der HERR: Weil du in die Hände geklatscht 6: 6,11; 21,19
und mit dem Fuss aufgestampft und dich gefreut hast mit deiner gan-
zen Verachtung für Israels Boden im Herzen, 7 darum, sieh, strecke ich 7: 6,14! · 26,5; 34,8;
meine Hand aus gegen dich und mache dich zur Beute für die Nationen 36,4
und rotte dich aus unter den Völkern und tilge dich aus den Ländern. Ich
werde dich vernichten, und du wirst erkennen, dass ich der HERR bin.

8 So spricht Gott der HERR: Weil Moab und Seir sagen: Seht, das 8–11: Jer 48,1–47!
Haus Juda ist wie alle Nationen!, 9 darum, seht, nehme ich die Städte 8: 35,1–14 · 20,32
vom Bergrücken Moabs, seine Städte, ohne Ausnahme, die Zierde des 9: Jos 12,3; 13,20 ·
Landes, Bet-Jeschimot, Baal-Meon, bis nach Kirjatajim. 10 Denen aus Num 32,38 ·
dem Osten gebe ich es zu den Ammonitern hinzu zum Besitz, damit der Jos 13,19
Ammoniter nicht gedacht wird unter den Nationen. 11 Und an Moab 10: 4
11: 5,8!

werde ich Urteile vollstrecken, und sie werden erkennen, dass ich der
HERR bin.
12–14: 32,29; 35,15; 12 So spricht Gott der HERR: Weil Edom am Haus Juda rachsüchtig
Jer 49,7–22! gehandelt und mehr und mehr Schuld auf sich geladen und sich immer
13: 6,14! · 14,13; wieder an ihnen gerächt hat, 13 darum, so spricht Gott der HERR: Ich
29,8 · 27,15.20; werde meine Hand ausstrecken gegen Edom und Mensch und Tier da-
38,13 rin ausrotten, und von Teman an werde ich es in Trümmer legen, und
14: 5,13! bis nach Dedan hin werden sie fallen durch das Schwert. 14 Meine Ra-
che an Edom aber werde ich in die Hand meines Volks Israel legen, und
wie es meiner Wut und meinem Zorn entspricht, werden sie mit Edom
verfahren, und sie werden meine Rache erfahren! Spruch Gottes des
HERRN.
15–17: Jer 47,1–7! 15 So spricht Gott der HERR: Weil die Philister aus Rache gehandelt
15: 16,27 · Ri 15–16 · und sich gerächt haben mit Verachtung im Herzen, um Verderben zu
35,5
16: 6,14! · Zef 2,5 bringen in ewiger Feindschaft, 16 darum, so spricht Gott der HERR:
Seht, ich strecke meine Hand aus gegen die Philister, und die Kreter
rotte ich aus, und den Rest an der Küste des Meeres vernichte ich.
17: 5,13! 17 Und mit zornigen Züchtigungen werde ich meine schreckliche Ra-
che an ihnen vollziehen. Und sie werden erkennen, dass ich der HERR
bin, wenn ich ihnen meine Rache bringe.

Gegen Tyros

1–21: 27,1–36; **26** 1 Und im elften Jahr, am Ersten des Monats, erging das Wort des
28,1–19; Jes 23,1–18; HERRN an mich: 2 Du Mensch, weil Tyros von Jerusalem gesagt
Am 1,9–10
2: 25,3; 36,2 hat: Ha, zerbrochen ist das Tor der Völker, mir fällt es zu, ich werde
3: 27,3 reich, sie aber ist verwüstet!, 3 darum, so spricht Gott der HERR:
Sieh, ich gehe gegen dich vor, Tyros,
und lasse viele Nationen gegen dich ansteigen,
wie das Meer seine Wogen ansteigen lässt.
4: 14 4 Und sie werden die Mauern von Tyros zerstören
und seine Türme niederreissen,
und ich werde sein Erdreich wegfegen von ihm
und es zum nackten Fels machen.
5: 25,7! 5 Ein Ort, wo die Netze trocknen, soll es sein, mitten im Meer, denn ich
habe gesprochen, Spruch Gottes des HERRN, und es wird zur Beute für
die Nationen. 6 Und seine Töchter, die auf dem offenen Land sind, wer-
den umgebracht mit dem Schwert, und sie werden erkennen, dass ich
der HERR bin.
7: 29,17–21; 7 Denn so spricht Gott der HERR: Sieh, von Norden her bringe ich
Jer 46,26 Nebukadrezzar nach Tyros, den König von Babel, den König der Könige,
mit Pferden und Wagen und mit Reitern und einer Menschenmenge,
8: 4,2; 21,27 · mit zahlreichem Gefolge. 8 Deine Töchter auf dem offenen Land wird er
2Kön 25,1; Jes 23,13 mit dem Schwert umbringen, und gegen dich wird er einen Belage-
rungswall errichten, und er wird eine Sturmrampe aufschütten gegen
dich und ein Schilddach gegen dich aufstellen. 9 Und mit seinem
Rammbock wird er den Stoss gegen deine Mauern führen, und mit sei-
nen Brecheisen wird er deine Türme einreissen. 10 Seine Pferde sind so
zahlreich, dass ihr Staub dich bedecken wird; vom Getöse der Reiter und
der Räder und der Wagen werden deine Mauern erbeben, wenn er
durch deine Tore kommt, wie man in eine aufgebrochene Stadt kommt.

11 Alle deine Strassen wird er mit den Hufen seiner Pferde zerstampfen; *11:* Gen 28,18
dein Volk wird er mit dem Schwert umbringen, und die Mazzeben, die
dir Kraft geben sollten, wird er zu Boden stürzen. 12 Und man wird dei-
nen Reichtum rauben und deine Handelsgüter plündern und deine
Mauern niederreissen und deine kostbaren Häuser einreissen, und dei-
ne Steine und deine Balken und dein Erdreich werden sie ins Wasser
werfen.

13 Und dem Lärm deiner Lieder werde ich ein Ende bereiten, *13:* 7,11; 23,42 ·
und der Klang deiner Leiern wird nicht mehr zu hören sein. Jes 24,8!; Am 5,23;
Offb 18,22

14 Und ich werde dich zu einem nackten Fels machen, *14:* 4–5
du wirst zum Ort, wo Netze trocknen,
und nie mehr wirst du aufgebaut,
denn ich, der HERR, habe gesprochen!
Spruch Gottes des HERRN.

15 So spricht Gott der HERR zu Tyros: *15:* Jer 49,21
Werden vom Getöse deines Sturzes,
wenn der Erschlagene aufstöhnt,
wenn gemetzelt wird in deiner Mitte,
nicht die Inseln erbeben?

16 Und alle Fürsten des Meeres werden von ihren Thronen steigen, und *16:* 27,35; 32,10 ·
sie werden ihre Mäntel ablegen und ihre bunten Gewänder ausziehen. Jona 3,6
Sie kleiden sich in Angst, setzen sich auf den Boden und zittern und
zittern und sind entsetzt über dich.

17 Und sie stimmen eine Klage an über dich und sagen zu dir: *17:* 19,14!
Wie bist du verschwunden, du vom Meer Umspülte,
gepriesene Stadt,
die mächtig war im Meer,
sie und ihre Bewohner,
die du Angst eingeflösst hast allen, die daran wohnten!

18 Nun werden die Inseln zittern *18:* Jes 41,5
am Tag deines Sturzes,
und die Inseln im Meer werden entsetzt sein
über dein Ende.

19 Denn so spricht Gott der HERR: Wenn ich dich zur verwüsteten Stadt *19:* 27,34
mache, den Städten gleich, die nicht mehr bewohnt sind, wenn ich die
Flut über dich steigen lasse und die Wassermassen dich bedecken,
20 dann lasse ich dich hinabsteigen zusammen mit denen, die hinab- *20:* 31,14; 32,18
steigen in die Grube, zu dem uralten Volk, und ich lasse dich wohnen in
der Tiefe der Erde, wie uralte Trümmer, zusammen mit denen, die hin-
absteigen in die Grube, damit du nicht mehr bewohnt wirst. Dem Land
der Lebenden aber werde ich eine Zierde schenken. 21 Ich werde dich *21:* 27,36; 28,19 ·
zum Schrecknis machen, und du wirst nicht mehr sein! Und nach dir Dan 11,19;
wird gesucht, aber du wirst nie mehr gefunden werden! Spruch Gottes Offb 18,21
des HERRN.

26,15: Die Übersetzung «wenn gemetzelt wird» beruht auf einer Korrektur des Massoretischen Texts.

Klage über den Untergang von Tyros

1–36: 26,1–21; 28,1–19; Jes 23,1–18; Am 1,9–10; Offb 18,9–24
2: 19,14!
3: 26,3 · 9 · 28,12

27 1 Und das Wort des HERRN erging an mich:
2 Und du, Mensch, stimme eine Klage an über Tyros, 3 und sprich
zu Tyros, die an den Zugängen zum Meer wohnt, die unter den Völ-
kern Handel treibt mit vielen Inseln: So spricht Gott der HERR:

Tyros, du selbst hast gesagt:
Ich bin von vollkommener Schönheit!

4: 25; 28,2.8

4 Im Herzen der Meere verlaufen deine Grenzen,
vollkommen haben deine Erbauer deine Schönheit gemacht.

5: Dtn 3,9! · 17,3

5 Aus Wacholder vom Senir haben sie dir alle Planken gebaut
beidseits;
eine Zeder vom Libanon haben sie genommen,
um auf dir einen Mast zu machen.

6: Jes 2,13 · 39,18 · Jes 24,1!

6 Aus Eichen vom Baschan
haben sie deine Ruder gemacht,
dein Deck haben sie aus Elfenbein gemacht, aus dem Holz von Zypressen,
von den Küsten der Kittäer.

7: Spr 7,16 · Gen 10,4

7 Von buntem Leinen aus Ägypten war dein Segel,
damit es dir als Zeichen diente;
aus blauem und rotem Purpur von den Inseln Elischas
war deine Überdachung.

8: 28,20–23 · Gen 10,18

8 Die Bewohner von Sidon und Arwad
dienten dir als Ruderer,
deine Weisen waren auf dir, Tyros,
sie waren deine Schiffsleute.

9: Jos 13,15 · 3

9 Die Ältesten von Gebal und seine Weisen waren in dir,
sie besserten dein Leck aus.
Alle Schiffe des Meeres und deren Seeleute waren in dir,
um Tauschhandel mit dir zu treiben.

10: 30,5; 38,5; Jer 46,9 · Gen 10,6.13

10 Paras und Lud und Put waren in deinem Heer
als deine Krieger;
Schild und Helm hängten sie auf in dir,
sie verliehen dir Erhabenheit.

11: Hld 4,4
12: 25; 38,13; Gen 10,4; Jes 23,1
13: 32,26; 38,2; 39,1 · Gen 10,2!
14: 38,6
15: 20; 25,13; 38,13; Gen 10,7 · 21

11 Die Arwaditer und die aus deinem Heer waren ringsum auf deinen
Mauern, und Gammaditer waren auf deinen Türmen. Ihre Schilde
hängten sie ringsum an deine Mauern; sie machten deine Schönheit
vollkommen. 12 Tarschisch war deine Händlerin wegen der Grösse dei-
nes gesamten Besitzes: Für Silber, Eisen, Zinn und Blei lieferte man dei-
ne Waren. 13 Jawan, Tubal und Meschech, sie waren deine Handelsleu-
te: Für Menschen und bronzene Geräte lieferte man deine Tauschware.
14 Aus Bet-Togarma lieferten sie Zugpferde und Reitpferde und Maul-
tiere als deine Waren. 15 Die Dedaniter waren deine Handelsleute, viele
Küsten waren deine Einkäufer an deiner Seite; Elfenbeinzähne und
Ebenholz entrichteten sie dir als Abgabe. 16 Aram war dein Einkäufer
wegen der Menge deiner Erzeugnisse: Für Halbedelsteine, roten Purpur

27,6: Die Übersetzung «dein Deck haben sie aus Elfenbein gemacht, aus dem Holz von Zypressen» beruht auf einer Korrektur des Massoretischen Texts.

und bunte Stoffe und Byssus und Perlen und Edelsteine lieferte man dei-
ne Waren. 17 Juda und das Land Israel, sie waren deine Händler: Für
Reis und Pannag und Honig und Öl und Balsam lieferten sie deine
Tauschware. 18 Damaskus war dein Ankäufer wegen der Menge deiner 18: Hos 14,8
Erzeugnisse, wegen der Grösse all deines Besitzes: für Wein aus Chel-
bon und Wolle aus Zachar. 19 Wedan und Jawan aus Usal lieferten für 19: Gen 10,27
deine Waren: Bearbeitetes Eisen, Zimtblüte und Gewürzrohr gab es für
deine Tauschware. 20 Dedan war deine Händlerschaft für Satteldecken. 20: 15; 25,13; 38,13;
21 Arabien und alle Fürsten von Kedar, sie waren Einkäufer an deiner Gen 10,7
Seite für Lämmer und Widder und Böcke, dafür waren sie deine Einkäu- 21: Gen 25,13; Jer 49,28 · 15
fer. 22 Die Händler von Saba und Ragma, sie waren deine Händler: Für 22: 38,13; Gen 10,7;
das Beste von allerlei Balsamölen und für allerlei Edelsteine und Gold 1Kön 10,1!
lieferten sie deine Waren. 23 Charan und Kanne und Eden, die Händler 23: Gen 11,31 ·
von Saba, Assur, Kilmad waren deine Händlerschaft, 24 sie waren deine Jes 37,12
Händler: Für Prachtgewänder, für Mäntel aus blauem Purpur und bun-
ten Stoffen, für Teppiche aus zweifarbigem Gewebe, für geflochtene
und gedrehte Taue, dafür waren sie deine Händlerschaft. 25 Die Schiffe 25: 12; 38,13;
aus Tarschisch zogen für dich dahin mit deiner Tauschware. Und du Gen 10,4 · 4; 28,2.8
wurdest reich und überaus bedeutend im Herzen der Meere. 26 Über 26: 17,10; 19,12
weite Wasser brachten dich jene, die für dich ruderten. –

Im Herzen der Meere hat der Ostwind dich zerbrochen: 27 Dein Be-
sitz und deine Waren, deine Tauschware, deine Seeleute und deine Ma-
trosen, jene, die dein Leck ausbessern, und jene, die deine Tauschware
tauschen, und alle deine Krieger auf dir und deine ganze Menge auf dir,
sie stürzen ins Herz der Meere, am Tag deines Sturzes. 28 Beim lauten
Geschrei deiner Matrosen werden die Weidegebiete beben, 29 und alle
Steuermänner steigen herab von ihren Schiffen: Seeleute, alle Matrosen
des Meeres, sie stehen auf dem Festland.

30 Und über dich lassen sie ihre Stimme hören, 30: Offb 18,19;
    und bitter schreien sie auf, Jos 7,6
und auf ihre Häupter streuen sie Staub,
    sie wälzen sich in der Asche.
31 Und deinetwegen scheren sie sich eine Glatze 31: 7,18; Jes 15,2–3;
    und gürten Trauergewänder um, Jer 48,37; Am 8,10
und voller Verbitterung weinen sie um dich,
    bittere Trauer.
32 Und bei ihrem Trauern werden sie eine Klage anstimmen 32: 19,14!
über dich
    und um dich klagen:
Wer ist wie Tyros,
    wie eine Vernichtete, mitten im Meer?
33 Wenn deine Waren heraufkamen vom Meer,
    hast du viele Völker satt gemacht;
mit der Fülle deines Besitzes und deiner Tauschwaren
    hast du die Könige der Erde reich gemacht.

27,16: Möglicherweise ist das mit «Perlen» wiedergegebene hebräische Wort als «Korallen» zu übersetzen.

27,17: Pannag ist wahrscheinlich ein Gebäck.

27,24: «..., dafür waren sie deine Händlerschaft.»: Die Übersetzung des Versendes beruht auf antiken Übersetzungen.

34: 26,19 34 Nun bist du zerbrochen,
verschwunden von den Meeren, in den Tiefen des Wassers,
deine Tauschware und dein ganzes Aufgebot sind hinabgestürzt von dir.

35: 26,16; 32,10 35 Alle Bewohner der Inseln
sind entsetzt über dich,
und ihre Könige schaudert es,
verstört sind die Gesichter.

36: 26,21; 28,19 · Jer 18,16; Klgl 2,16 36 Die Ankäufer unter den Völkern
zischen über dich;
zum Schrecknis bist du geworden,
und für immer bist du dahin!

Klage über den Fürsten von Tyros

1–19: 26,1–21; 27,1–36; Jes 23,1–18; Am 1,9–10
2: 16,50 · 9; 2Thess 2,4 · 8; 27,4.25
3: 14,14.20
4: Sach 9,2–3

28 1 Und das Wort des HERRN erging an mich: 2 Du Mensch, sprich
zum Fürsten von Tyros: So spricht Gott der HERR: Weil dein Herz
hochmütig geworden ist und du gesagt hast: Ich bin ein Gott! Auf einem
Göttersitz wohne ich im Herzen der Meere! – Doch du bist ein Mensch
und kein Gott, dein Herz aber hast du dem Herzen eines Gottes gleich-
gestellt. 3 Sieh, du bist weiser als Daniel, kein Geheimnis bereitet dir
Kummer. 4 Durch deine Weisheit und deine Klugheit hast du dir Reich-
tum erworben und Gold und Silber in deine Schatzkammern geschafft.
5 Durch deine grosse Weisheit bei deinem Handel hast du deinen
Reichtum vermehrt, dein Herz aber ist hochmütig geworden wegen
deines Reichtums!

7: 30,11; 32,12 · 7,21.24; 31,12
8: 9,7 · 27,4.25

6 Darum, so spricht Gott der HERR: Weil du dein Herz dem Herzen
eines Gottes gleichgestellt hast, 7 darum sieh, lasse ich Fremde über
dich kommen, die gewalttätigsten Nationen, und sie werden ihre
Schwerter ziehen gegen die Schönheit deiner Weisheit, und deinen
strahlenden Glanz werden sie entweihen. 8 In den Abgrund werden sie
dich hinabsteigen lassen, und du wirst den Tod eines Erschlagenen ster-
ben im Herzen der Meere.

9: 2 9 Wirst du auch dann noch sagen: Ich bin göttlich!,
im Angesicht dessen, der dich umbringt –
und du bist ein Mensch und kein Gott! –,
in der Hand derer, die dich erschlagen?

10: 31,18; 32,19.28.32 10 Den Tod von Unbeschnittenen wirst du sterben durch die Hand von
Fremden. Ich habe gesprochen! Spruch Gottes des HERRN.

11 Und das Wort des HERRN erging an mich:

12: 19,14! · Hag 2,23 · 27,3 12 Du Mensch, stimme eine Klage an über den König von Tyros und
sprich zu ihm: So spricht Gott der HERR:
Du warst ein Siegel,
ein vollendetes Urbild
voller Weisheit
und von vollkommener Schönheit.

27,34: Die Übersetzung «nun» beruht auf einer Korrektur des Massoretischen Texts.
28,12–19: Die Übersetzung der Verse 12–19 ist an manchen Stellen unsicher.

13 In Eden, dem Gottesgarten, warst du,
aus vielerlei Edelsteinen war, was dich umgab:
Rubin, Topas und Johalom,
Topas aus Tarschisch, Karneol und Jaspis,
Lapislazuli, Malachit und Beryll,
und mit Gold waren deine Verzierungen ausgearbeitet
und deine Vertiefungen an dir.
Am Tag, als du erschaffen wurdest,
wurde es festgemacht.
14 Ein Kerub warst du mit ausgebreiteten Flügeln,
der Beschirmende.
Und ich stellte dich auf den heiligen Berg,
göttlich warst du,
inmitten von feurigen Steinen hast du dich bewegt.
15 Untadelig warst du auf deinen Wegen
seit dem Tag, an dem du erschaffen wurdest,
bis Unrecht an dir gefunden wurde.
16 Bei der Menge deines Handels
hat man dein Inneres mit Gewalttat gefüllt,
und du hast gesündigt.
Da habe ich dich entweiht, dich vom Gottesberg verstossen
und dich vernichtet, du beschirmender Kerub,
weit weg von den feurigen Steinen.
17 Dein Herz war hochmütig geworden
deiner Schönheit wegen,
deine Weisheit hattest du zunichte gemacht
um deines strahlenden Glanzes willen.
Ich habe dich auf den Boden geworfen,
dich Königen preisgegeben,
damit sie sich an dir ergötzten.
18 Durch die Grösse deiner Schuld,
durch das Unrecht bei deinem Handel
hast du entweiht, was dir heilig war.
Da liess ich Feuer hervorbrechen aus deiner Mitte,
es hat dich gefressen,
und so habe ich dich zu Asche gemacht auf der Erde
vor den Augen aller, die dich sehen.
19 Alle unter den Völkern, die dich kennen, sind entsetzt über dich, zu
einem Schrecknis bist du geworden, und für immer bist du dahin!

Gegen Sidon. Verheissung für das Haus Israel

20 Und das Wort des HERRN erging an mich: 21 Du Mensch, richte
dein Angesicht gegen Sidon und weissage gegen es, 22 und sprich: So
spricht Gott der HERR:

13: 31,8; 36,35; Gen 2,8! · 1,16; 10,9

14: 9,3! · Ex 25,20 · 20,40; Jes 14,13 · 1,13

16: 27,9 · 9,3!

17: Jes 14,12

18: Am 1,10; Sach 9,4

19: 26,21; 27,36

20–23: 27,8; 32,30; Gen 10,15; Joel 4,4–8
22: 20,41!

28,13: Welche Edelsteine genau gemeint sind, ist nicht in jedem Fall klar. Die Übersetzung «deine Verzierungen» beruht auf einer Korrektur des Massoretischen Texts, der übersetzt «deine Handpauken» lautet. Statt mit «Vertiefungen an dir» ist möglicherweise mit «Bohrungen an dir» zu übersetzen.

28,14: Möglicherweise bedeutet das als ‹mit ausgebreiteten Flügeln› wiedergegebene hebräische Wort ‹voller Glanz›.

Sieh, ich gehe gegen dich vor, Sidon,
und werde mich verherrlichen in deiner Mitte.
Und ihr werdet erkennen, dass ich der HERR bin,
wenn ich an dir Urteile vollstrecke
und mich als heilig erweise an dir.
23: 14,19; 38,21–22 23 Und in die Stadt sende ich die Pest
und auf ihre Strassen Blut,
und in ihrer Mitte werden Erschlagene liegen,
wenn von allen Seiten ein Schwert über sie kommt.
Und sie werden erkennen, dass ich der HERR bin.
24: 2,6 24 Für das Haus Israel aber wird es keinen Dorn mehr geben,
der Schmerzen zufügt,
und keinen Stachel,
der Schmerz verursacht,
von allen rings um sie,
von denen sie verachtet werden.
Und sie werden erkennen, dass ich Gott der HERR bin.
25: 36,19! · 11,17! · 25 So spricht Gott der HERR: Wenn ich das Haus Israel sammle aus den
20,41! · 37,25 Völkern, unter die sie zerstreut worden sind, werde ich mich an ihnen
als heilig erweisen vor den Augen der Nationen, und sie werden auf ih-
rem Boden wohnen, den ich meinem Diener, Jakob, gegeben habe.
26: 34,27–28; 26 Und sie werden in Sicherheit darauf wohnen und Häuser bauen und
38,8.11.14; 39,26 · Weinberge pflanzen, sicher werden sie wohnen; wenn ich Urteile voll-
11,3 · 5,8! strecke an all denen rings um sie her, von denen sie verachtet werden,
werden sie erkennen, dass ich der HERR bin, ihr Gott.

Gegen den Pharao und Ägypten

1–21: Jes 19,1–25; 29 1 Im zehnten Jahr, im zehnten Monat, am Zwölften des Monats,
Jer 46,2–28 erging das Wort des HERRN an mich: 2 Du Mensch, richte dein
2: 31,2; 32,2.16.18 Angesicht gegen den Pharao, den König von Ägypten, und weissage ge-
3: 32,2; Jes 27,1! gen ihn und gegen ganz Ägypten. 3 Rede und sage: So spricht Gott der
HERR: Sieh, ich gehe gegen dich vor, Pharao, König von Ägypten, du
grosses Krokodil, das in den Armen seines Nil liegt, das sagt: Mir gehört
4: 19,4.9; 38,4; mein Nil, und ich habe ihn gemacht. 4 Und ich werde Haken in deinen
Jes 37,29!; Kiefer schlagen und die Fische in den Armen deines Nil an deinen
Hab 1,14–15 Schuppen haften lassen, und ich werde dich heraufholen aus den Ar-
men deines Nil, zusammen mit allen Fischen in den Armen deines Nil;
5: 32,4; 39,4; an deinen Schuppen werden sie haften. 5 Und ich werde dich in die
Jer 7,33; Jer 8,2 Wüste werfen, zusammen mit allen Fischen aus den Armen deines Nil.
Auf dem offenen Land wirst du liegen, du wirst nicht aufgehoben und
nicht aufgenommen; den Tieren des Landes und den Vögeln des Him-
6: 2Kön 18,21; mels überlasse ich dich zum Frass. 6 Und alle Bewohner von Ägypten
Jes 36,6 · 16 werden erkennen, dass ich der HERR bin. Weil sie dem Haus Israel nur
eine Stütze aus Schilfrohr gewesen sind – 7 wenn sie dich mit der Hand
ergreifen, knickst du ein und reisst ihnen die ganze Schulter auf, und
wenn sie sich auf dich stützen, zerbrichst du und machst allen die Hüf-
8: 30,4; 33,2–6 · ten steif –, 8 darum, so spricht Gott der HERR: Sieh, ich lasse ein
14,13; 25,13

28,23: Wörtlich: «Und in sie sende ich ...»
29,3: Die Übersetzung «und ich ... gemacht» beruht auf der griechischen Überlieferung.

Schwert über dich kommen und rotte Mensch und Tier in dir aus. 9 Und 9: 5,14! · 12,20!
das Land Ägypten wird zur Einöde und zum Trümmerfeld, und sie wer-
den erkennen, dass ich der HERR bin.

Weil er gesagt hat: Der Nil gehört mir, und ich bin es, der ihn ge-
macht hat!, 10 darum, sieh, gehe ich gegen dich vor und gegen deinen 10: 30,6 · Ex 14,2 ·
Nil und seine Arme. Und das Land Ägypten mache ich zu Trümmerfel- Gen 2,13
dern der Verwüstung, zur Einöde, von Migdol bis nach Syene und bis
an die Grenze von Kusch. 11 Keines Menschen Fuss wird es durchque- 11: 32,13
ren, und keines Tieres Fuss wird es durchqueren, und vierzig Jahre lang
wird es nicht bewohnt sein. 12 Und ich mache das Land Ägypten zur 12: 15,8!; 30,7 ·
Einöde inmitten verödeter Länder, und seine Städte werden öde sein 30,23; 36,19!
inmitten zertrümmerter Städte, vierzig Jahre lang. Und die Ägypter
werde ich unter die Nationen zerstreuen und in die Länder streuen.

13 Denn so spricht Gott der HERR: Nach vierzig Jahren werde ich die 13: 11,17! ·
Ägypter sammeln aus den Völkern, unter die sie zerstreut worden sind. Jes 19,21–25
14 Und ich werde das Geschick Ägyptens wenden und sie zurückbrin- 14: 16,53; 39,25 ·
gen in das Land Patros, das Land ihrer Herkunft, und dort werden sie ein 30,14; Gen 10,14
niedriges Königtum sein. 15 Niedriger als die anderen Königreiche
wird es sein, und über die Nationen wird es sich nicht mehr erheben.
Und ihre Zahl werde ich verringern, damit sie nicht herrschen über die
Nationen. 16 Und es wird dem Haus Israel nie mehr Grund zum Ver- 16: 6; 17,15
trauen geben, so dass Schuld in Erinnerung käme, wenn es sich ihnen
anschliessen würde. Und sie werden erkennen, dass ich Gott der HERR
bin.

17 Und im siebenundzwanzigsten Jahr, im ersten Monat, am Ersten 17–21: 26,7;
des Monats, erging das Wort des HERRN an mich: 18 Du Mensch, der Jer 46,26
König von Babel, Nebukadrezzar, hat sein Heer schwere Arbeit leisten
lassen gegen Tyros. Jeder Kopf ist kahl geschoren, und jede Schulter ist
zerschunden, Lohn aber ist aus Tyros weder ihm noch seinem Heer zu-
teil geworden für die Arbeit, die er gegen Tyros geleistet hat.

19 Darum, so spricht Gott der HERR: Sieh, Nebukadrezzar, dem Kö- 19: 30,10–11; 32,11;
nig von Babel, gebe ich das Land Ägypten, und er wird dessen Reichtum Jer 43,11! · 30,4
forttragen, und er wird plündern, was es dort zu plündern gibt, und rau-
ben, was es dort zu rauben gibt, und das wird seinem Heer als Lohn
zuteil werden. 20 Als seinen Lohn, für den er gearbeitet hat, gebe ich
ihm das Land Ägypten, denn für mich haben sie es getan! Spruch Gottes
des HERRN. 21 An jenem Tag lasse ich dem Haus Israel ein Horn spries- 21: 1Sam 2,1;
sen, und dir gewähre ich in ihrer Mitte die Öffnung des Mundes, und sie Ps 132,17 · 3,27
werden erkennen, dass ich der HERR bin.

30 1 Und das Wort des HERRN erging an mich: 2 Du Mensch, weissa-
ge und sprich: So spricht Gott der HERR:

Wehklagt: Ach, welch ein Tag!
3 Denn nah ist ein Tag, 3: 7,7!; 12,23! ·
nah ist ein Tag des HERRN, 34,12 · Lk 21,24
ein Tag des Gewölks,
Zeit für die Nationen!
4 Und nach Ägypten kommt ein Schwert, 4: 11; 29,8 ·
und in Kusch herrscht Zittern, Zef 2,12 · 29,19

29,18: Wörtlich: «..., die er gegen es geleistet hat.»

wenn Erschlagene in Ägypten fallen;
und seinen Reichtum nimmt man weg,
und seine Grundmauern werden niedergerissen.
5: 27,10; 38,5; 5 Kusch und Put und Lud und das ganze Völkergemisch und Kuw und
Jer 46,9 · Jer 25,20 die aus dem Land des Bundes fallen mit ihnen durch das Schwert.
6: 29,10; 32,12 6 So spricht der HERR: Die Ägypten stützen, werden fallen, und der
Hochmut seiner Macht kommt herab! Von Migdol bis nach Syene wer-
den sie darin fallen durch das Schwert! Spruch Gottes des HERRN.
7: 12,20!; 29,12 7 Und sie werden verwüstet sein inmitten verwüsteter Länder, und sei-
ne Städte werden inmitten zertrümmerter Städte sein. 8 Und sie wer-
den erkennen, dass ich der HERR bin, wenn ich Feuer lege an Ägypten
9: Jes 18,2 und alle seine Helfer zerbrechen. 9 An jenem Tag werden Boten von mir
auf Schiffen ausfahren, um das sichere Kusch in Schrecken zu versetzen.
Und bei ihnen wird Zittern herrschen am Tag von Ägypten. Sieh, es
kommt!
10: 29,19 10 So spricht Gott der HERR: Dem Reichtum Ägyptens werde ich ein
Ende bereiten durch die Hand Nebukadrezzars, des Königs von Babel.
11: 28,7; 32,12 · 29,8 11 Er und mit ihm sein Volk, die gewalttätigsten Nationen, werden her-
angeführt, um das Land zu verwüsten. Und sie werden ihre Schwerter
12: Jes 19,5 · 7,21 gegen Ägypten ziehen und das Land mit Erschlagenen füllen. 12 Und die
Arme des Nil lege ich trocken, und das Land liefere ich aus in die Hand
von Übeltätern. Und das Land und was darin ist, werde ich durch die
Hand von Fremden verwüsten lassen. Ich, der HERR, habe gesprochen.
13: 6,6 · Jer 46,25 13 So spricht Gott der HERR: Die Mistgötzen lasse ich verschwinden,
und in Nof bereite ich den Götzen ein Ende; und einen Fürsten aus dem
Land Ägypten, den wird es nicht mehr geben! Und ins Land Ägypten
14: 29,14 · Jes 19,11 · bringe ich Furcht! 14 Und Patros verwüste ich, und an Zoan lege ich Feu-
Jer 46,25! · 5,8! er, und an No vollstrecke ich Urteile. 15 Und über Sin, die Zuflucht Ägyp-
tens, giesse ich meinen Zorn aus, und die Volksmenge von No rotte ich
aus. 16 Und ich lege Feuer an Ägypten, Sin wird sich winden und No
17: Gen 41,45 wird aufgebrochen, und Nof – Gegner am helllichten Tag! 17 Die jungen
Männer von Awen und Pi-Beset fallen durch das Schwert, und die Frau-
18: 34,27 · Jer 2,16 en gehen in die Gefangenschaft. 18 Und in Tachpanches wird es nicht
Tag werden, wenn ich dort die Jochstangen Ägyptens zerbreche, und der
Hochmut seiner Macht findet darin ein Ende. Gewölk wird es bedecken,
19: 5,8! und seine Töchter gehen in die Gefangenschaft. 19 Und die Urteile ge-
gen Ägypten werde ich vollstrecken, und sie werden erkennen, dass ich
der HERR bin.

20 Und im elften Jahr, im ersten Monat, am Siebten des Monats, er-
ging das Wort des HERRN an mich: 21 Du Mensch, ich habe den Arm des
Pharao, des Königs von Ägypten, zerbrochen, und sieh: Er ist nicht ver-
bunden worden, dass man ihm Heilmittel gegeben und ihm einen Ver-
band angelegt und ihn verbunden hätte, damit er wieder stark würde,
um das Schwert zu ergreifen.

22 Darum, so spricht Gott der HERR: Sieh, ich gehe gegen den Pharao
vor, den König von Ägypten, und zerbreche seine Arme, den starken und
23: 26; 29,12; 36,19! den gebrochenen, und lasse das Schwert aus seiner Hand fallen. 23 Und
die Ägypter werde ich unter die Nationen zerstreuen und in die Län-
24: 21,24–25; 32,11 · der streuen. 24 Die Arme des Königs von Babel aber mache ich stark, und
29,19 mein Schwert gebe ich in seine Hand. Die Arme des Pharao aber werde

ich zerbrechen, und wie ein tödlich Verwundeter wird er vor ihm stöh-
nen. 25 Und die Arme des Königs von Babel werde ich stark machen, die 25: Jos 8,18
Arme des Pharao aber sinken herab. Und sie werden erkennen, dass ich
der HERR bin, wenn ich mein Schwert in die Hand des Königs von Babel
gebe und er es ausstreckt gegen das Land Ägypten. 26 Und ich werde die 26: 23; 29,12; 36,19!
Ägypter unter die Nationen zerstreuen und sie in die Länder streuen,
und sie werden erkennen, dass ich der HERR bin.

Klagen über den Pharao

31 1 Und im elften Jahr, im dritten Monat, am Ersten des Monats,
erging das Wort des HERRN an mich: 2 Du Mensch, sprich zum 2: 18 · 29,2; 32,2 ·
Pharao, dem König von Ägypten, und zu seiner Menschenmenge: Wem 32,18
warst du gleich in deiner Grösse?

3 Sieh, Assur war eine Zeder auf dem Libanon 3: 32,22 · 17,3 ·
mit schönen Zweigen – 19,11; Dan 4,7
ein Wald, der Schatten spendete –
und von hohem Wuchs,
und ihr Wipfel war zwischen den Wolken.
4 Wasser hatte sie gross werden lassen, 4: 17,7; 34,29
die Flut hatte sie aufschiessen lassen,
deren Ströme umspülten seine Pflanzung,
und zu allen Bäumen auf dem Feld sandte sie ihre Kanäle.
5 Darum war ihr Wuchs höher
als der aller anderen Bäume auf dem Feld.
Und ihre Zweige wurden zahlreich
und ihre Äste lang
vom vielen Wasser,
als sie sich ausbreitete.
6 In ihren Zweigen nisteten all die Vögel des Himmels, 6: 12; 17,23
und unter ihren Ästen warfen all die Tiere des Feldes;
und in ihrem Schatten wohnten alle grossen Nationen.
7 Und sie war schön in ihrer Grösse,
wegen der Länge ihrer Zweige,
denn ihre Wurzel war an reichlichem Wasser.
8 Die Zedern verdeckten sie nicht im Gottesgarten, 8: 16.18; 28,13;
die Zweige der Wacholder waren den ihren nicht gleich, 36,35; Gen 2,8
und die Platanen hatten keine Äste wie sie,
kein Baum im Gottesgarten war ihr gleich
in ihrer Schönheit.
9 Ich hatte sie schön gemacht
mit ihren vielen Zweigen,
und es beneideten sie alle Bäume in Eden,
im Gottesgarten.
10 Darum, so sprach Gott der HERR: 10: 14; Ps 37,35;
Weil du so hoch gewachsen bist Jes 2,12–13
und sie sich mit ihrem Wipfel bis in die Wolken gereckt hat
und ihr Herz hochmütig geworden ist ihrer Höhe wegen,

31,3: Die Übersetzung «zwischen den Wolken» beruht auf der griechischen Überlieferung; der Massoretische Text lautet übersetzt: «zwischen den Ästen».

11: 17,13 11 gebe ich sie in die Hand von einem,
der mächtig ist unter den Nationen;
ihrer Bosheit gemäss wird er mit ihr verfahren;
ich verstosse sie!

12: 7,21; 28,7; 30,11 · 6,3! · 6 12 Und Fremde, die gewalttätigsten Nationen, haben sie gefällt und weggeworfen:
Auf die Berge und in alle Täler fielen ihre Zweige,
und überall zerbrachen ihre Äste in den Flussbetten des Landes,
und alle Völker der Erde zogen fort aus ihrem Schatten
und liessen sie liegen.

13: 32,4 13 Auf ihrem gefällten Stamm liessen sich all die Vögel des Himmels nieder,
und auf ihren Ästen waren all die Tiere des Feldes.

14: 10 · 26,20 14 Dies geschah, damit kein Baum am Wasser hochmütig würde seiner
Höhe wegen und sich mit seinem Wipfel bis in die Wolken reckte und
damit nicht die Mächtigen unter ihnen, alle vom Wasser Getränkten,
sich ihrer Höhe wegen überheben würden!
Denn sie alle sind dem Tod geweiht,
müssen hinab in die Tiefe der Erde
inmitten von Menschen,
zu denen, die hinabsteigen in die Grube.

15: 32,18 15 So spricht Gott der HERR:
Am Tag, als sie hinabstieg ins Totenreich,
rief ich eine Trauer aus:
Ihretwegen verhüllte ich die Flut
und hielt ihre Ströme zurück,
und die Wassermassen wurden ferngehalten.
Und ihretwegen hüllte ich den Libanon in Trauer,
und ihretwegen verloren alle Bäume auf dem Feld ihre Kraft.

16: 8.18; 28,13; 36,35; Gen 2,8 · 14,22 16 Mit dem Getöse ihres Falls liess ich Nationen erbeben,
als ich sie hinabsteigen liess ins Totenreich
mit denen, die hinabsteigen in die Grube.
Und in der Tiefe der Erde trösteten sich alle Bäume aus Eden,
das Auserlesene und Beste des Libanon,
alle, die vom Wasser getränkt worden waren.

17: 35,8 · 6 17 Mit ihr sind auch sie hinabgestiegen ins Totenreich,
zu den vom Schwert Erschlagenen:
ihre Helfer, die in ihrem Schatten gewohnt hatten
inmitten von Nationen.

18: 2 · 28,10; 32,19 · 8.16; 28,13; 36,35 18 Wem warst du gleich an Herrlichkeit und Grösse
unter den Bäumen in Eden?
Mit den Bäumen aus Eden aber wirst du hinabgesandt
in die Tiefe der Erde,
inmitten von Unbeschnittenen wirst du liegen,
mit den vom Schwert Erschlagenen.
Das ist der Pharao und seine gesamte Menschenmenge! Spruch Gottes des HERRN.

2: 19,14! · 16.18; 29,2; 31,2 · 19,3 · 29,3–5 · 34,18 **32** 1 Und im zwölften Jahr, im zwölften Monat, am Ersten des Monats,
erging das Wort des HERRN an mich: 2 Du Mensch, stimme eine
Klage an über den Pharao, den König von Ägypten, und sprich zu ihm:

Einem jungen Löwen unter den Nationen warst du gleich!
Und du warst wie das Krokodil im Wasser
und hast es aufgewühlt in deinen Strömen
und hast das Wasser trübe gemacht mit deinen Füssen
und hast ihre Ströme eingetrübt.
3 So spricht Gott der HERR:
Ich werde mein Netz über dich ausspannen
durch eine Menge vieler Völker,
und in meinem Schleppnetz werden sie dich heraufziehen.
4 Dann werfe ich dich aufs Land,
aufs offene Feld werde ich dich schleudern,
und ich werde dafür sorgen,
dass alle Vögel des Himmels sich auf dir niederlassen
und dass die Tiere der ganzen Erde sich an dir sättigen.
5 Und dein Fleisch lege ich auf die Berge,
und mit deinen Bergen von Leichen fülle ich die Täler.
6 Und mit deinem Blut, das du verlierst, tränke ich das Land
bis zu den Bergen,
und die Schluchten werden sich damit füllen.
7 Und wenn ich dich auslösche,
verhülle ich den Himmel
und verdunkle ich seine Sterne,
die Sonne verhülle ich mit Gewölk,
und der Mond wird sein Licht nicht leuchten lassen.
8 Alle leuchtenden Lichter am Himmel
verdunkle ich über dir,
und über dein Land bringe ich Finsternis!
Spruch Gottes des HERRN.
9 Und das Herz vieler Völker versetze ich in Unruhe,
wenn ich deinen Zusammenbruch unter die Nationen bringe
in Länder, die du nicht kennst.
10 Und viele Völker lasse ich entsetzt sein über dich,
und deinetwegen wird es ihre Könige schaudern,
wenn ich mein Schwert vor ihnen schwinge,
und sie werden zittern und zittern, ein jeder um sein Leben,
am Tag deines Falls.
11 Denn so spricht Gott der HERR:
Das Schwert des Königs von Babel wird über dich kommen!
12 Durch die Schwerter von Helden bringe ich deine Menschenmenge zu Fall,
die gewalttätigsten Nationen sind sie alle,
und den Stolz Ägyptens macht man zunichte,
und vernichtet wird seine gesamte Menschenmenge.
13 Und alle seine Tiere tilge ich
aus den Wassermassen,
und keines Menschen Fuss macht sie mehr trüb,
und trüb macht sie keines Tieres Klaue.
14 Dann lasse ich ihre Wasser absinken,
und zäh wie Öl lasse ich ihre Ströme fliessen.

3: 12,13!
4: 29,5; 31,13; 39,4; Jer 7,33; Jer 8,2
7: Jes 13,10!; Offb 6,12
8: Gen 1,14
10: 26,16; 27,35; Jes 52,14
11: 21,24–25; 29,19; 30,24–25
12: 28,7; 30,11 · 31; 30,6
13: 29,11

Spruch Gottes des HERRN.

15: 15,8! 15 Wenn ich das Land Ägypten verwüste
und wenn das Land verödet ist, ohne seine Fülle,
wenn ich alle Bewohner darin erschlage,
werden sie erkennen, dass ich der HERR bin.

16: 19,14! · 2.18; 29,2; 31,2 16 Dies ist ein Klagelied, und man wird es singen,
die Töchter der Nationen werden es singen,
über Ägypten und über seine gesamte Menschenmenge werden sie es singen.
Spruch Gottes des HERRN.

17 Und im zwölften Jahr, am Fünfzehnten des Monats, erging das Wort
des HERRN an mich:

18: 32 · 2.16; 29,2; 31,2 · 26,20; 31,14–15 18 Du Mensch, wehklage über die Menschenmenge von Ägypten, und
lass sie hinabsteigen,
Ägypten und die Töchter der Nationen;
ich lasse sie hinabsteigen in die Tiefen der Erde,
mit denen, die hinabsteigen in die Grube!

19: 28.32; 28,10; 31,18 19 Wen übertriffst du nun an Lieblichkeit?
Steig hinab, und leg dich nieder
mit den Unbeschnittenen!

20: 35,8 20 Inmitten derer, die vom Schwert erschlagen sind, werden sie fallen;
das Schwert wurde übergeben,
ergriffen wurden Ägypten und alle seine Menschenmengen!

21: 27; 39,18; Gen 6,4 21 Aus dem Totenreich heraus, bei seinen Helfern, werden jene, die
gottähnlich sind unter den Helden, von ihm sagen:
Herabgestiegen sind,
niedergelegt haben sich
die Unbeschnittenen,
die vom Schwert Erschlagenen!

22: 31,3 22 Da ist Assur und sein gesamtes Aufgebot –
rings um sie sind ihre Gräber,
alle sind sie erschlagen,
gefallen durch das Schwert –,

23 dem seine Gräber zugewiesen wurden
in den hintersten Winkeln der Grube,
und rings um seine Grabstätten hat sein Aufgebot sich eingefunden,
alle sind sie erschlagen,
gefallen durch das Schwert,
sie, die Schrecken verbreitet haben im Land der Lebenden.

24: Gen 10,22 24 Da ist Elam und seine gesamte Menschenmenge,
ringsum sind seine Grabstätten,
alle sind sie erschlagen,
gefallen durch das Schwert,
sie, die unbeschnitten hinabgestiegen sind in die Tiefen der Erde,
die Schrecken vor sich verbreitet haben im Land der Lebenden

32,18: Wörtlich «..., es und die Töchter der Nationen; ...»
32,20: Wörtlich: «..., ergriffen wurden es und alle ...»

Mache dich
auf, werde
licht, denn
dein Licht
kommt, und
die Herrlich
keit des
Herrn geht
auf über dir

Schriftbild zu Jesaja 60,1

und die ihre Schande tragen mussten,
mit denen, die hinabsteigen in die Grube.
25 Inmitten von Erschlagenen gab man ihm ein Lager,
bei seiner gesamten Menschenmenge,
rings um sie sind seine Grabstätten,
sie alle sind Unbeschnittene,
erschlagen vom Schwert.
Denn der Schrecken vor ihnen war verbreitet im Land der Lebenden,
und ihre Schande mussten sie tragen mit denen, die hinabsteigen in die
Grube; inmitten von Erschlagenen sind sie niedergelegt worden.
26 Da sind Meschech und Tubal und ihre gesamte Menschenmenge, 26: 27,13; 38,2; 39,1
rings um sie sind ihre Grabstätten,
sie alle sind Unbeschnittene,
erschlagen vom Schwert.
Sie haben Schrecken vor sich verbreitet
im Land der Lebenden!
27 Und sie liegen nicht bei Helden – 27: 21; Gen 6,4
Gefallene unter Unbeschnittenen! –,
die mit ihren Kriegswaffen hinabgestiegen sind ins Totenreich
und deren Schwerter man unter ihre Häupter gelegt hat.
Auf ihren Gebeinen lasten ihre Vergehen,
denn vor ihrer Heldenkraft herrschte Schrecken
im Land der Lebenden!
28 Inmitten von Unbeschnittenen wirst auch du zerbrechen 28: 19.32; 28,10; 31,18
und daliegen mit vom Schwert Erschlagenen.
29 Da ist Edom, seine Könige und alle seine Fürsten, 29: 25,12–14
die trotz ihrer Heldenkraft zu den vom Schwert Erschlagenen
gelegt worden sind.
Sie, sie liegen bei Unbeschnittenen,
bei denen, die hinabgestiegen sind in die Grube!
30 Da sind die Stammesfürsten des Nordens, 30: 28,20–23
sie alle und alle Sidonier,
die hinabgestiegen sind mit Erschlagenen,
obwohl Schrecken vor ihnen herrschte,
zuschanden geworden ohne ihre Heldenkraft.
Und unbeschnitten haben sie sich niedergelegt
mit den vom Schwert Erschlagenen
und mussten ihre Schande tragen,
mit denen, die hinabgestiegen sind in die Grube.
31 Sie wird der Pharao sehen, und er wird sich hinwegtrösten über seine 31: 12; 30,6
ganze eigene verlorene Pracht. Vom Schwert Erschlagene sind der Pha-
rao und sein ganzes Heer! Spruch Gottes des HERRN.
32 Denn ich habe Schrecken vor mir verbreitet 32: 18–19
im Land der Lebenden.
Und inmitten von Unbeschnittenen wird er niedergelegt,
mit vom Schwert Erschlagenen,
der Pharao und seine gesamte Menschenmenge!
Spruch Gottes des HERRN.

Ezechiel als Wächter: Vom Ungerechten und vom Gerechten

2–9: 3,17–21! **33** 1 Und das Wort des HERRN erging an mich: 2 Du Mensch, sprich
2: 17.30; 3,11; 37,18 · zu denen von deinem Volk und sage zu ihnen: Wenn ich das
29,8 · 7; 3,17 Schwert über ein Land kommen lasse, und das Volk des Landes nimmt
3: 7,14; Jes 18,3; einen aus den eigenen Reihen und macht ihn sich zum Wächter, 3 und
Jer 6,1; Hos 5,8; dieser sieht, dass das Schwert über das Land kommt, und bläst den Scho-
Am 3,6 far und warnt das Volk, 4 und es hört einer den Klang des Schofar, lässt
4: 18,13; Apg 18,6 sich aber nicht warnen, und das Schwert kommt und nimmt ihn weg, so
wird sein Blut über sein eigenes Haupt kommen. 5 Den Klang des Scho-
far hat er gehört, aber er hat sich nicht warnen lassen; sein Blut wird auf
ihm sein. Lässt jener sich aber warnen, so hat er sein Leben gerettet.
6: 3 · 8 6 Und wenn der Wächter sieht, dass das Schwert kommt und er bläst
nicht den Schofar, und das Volk wird nicht gewarnt, und das Schwert
kommt und nimmt einen von ihnen weg, so wird dieser seiner Schuld
wegen weggenommen, sein Blut aber fordere ich aus der Hand des
Wächters.

7: 2; 3,17 7 Und dich, Mensch, habe ich zum Wächter für das Haus Israel ge-
macht: Du wirst ein Wort aus meinem Mund hören und sie vor mir
8: 6 warnen! 8 Wenn ich zum Ungerechten spreche: Ungerechter, du musst
sterben!, und du hast nicht geredet, um einen Ungerechten vor seinem
Weg zu warnen, so wird er als Ungerechter seiner Schuld wegen ster-
ben, sein Blut aber fordere ich aus deiner Hand. 9 Hast du aber den Un-
gerechten vor seinem Weg gewarnt, damit er sich von ihm abkehrt, und
er kehrt sich nicht ab von seinem Weg, so wird er seiner Schuld wegen
sterben, du aber hast dein Leben gerettet.

10–20: 3,17–21; 10 Und du, Mensch, sprich zum Haus Israel: Das habt ihr gesagt: Un-
14,12–23; 18,1–32 sere Vergehen und unsere Sünden lasten auf uns, und darum vergehen
10: 4,17; 24,23; wir! Wie könnten wir am Leben bleiben? 11 Sprich zu ihnen: So wahr ich
Lev 26,39; Sach 14,12 lebe, Spruch Gottes des HERRN, ich habe kein Gefallen am Tod des Un-
11: 18,23.32; Lk 15,7 · gerechten, sondern daran, dass ein Ungerechter sich abkehrt von sei-
14,6; 18,30; Jer 3,14 nem Weg und am Leben bleibt. Kehrt zurück, kehrt zurück von euren
bösen Wegen! Warum denn wollt ihr sterben, Haus Israel?

12: 18,24–27 12 Und du, Mensch, sprich zu denen von deinem Volk: Die Gerech-
tigkeit des Gerechten wird diesen nicht retten an dem Tag, da er sich
vergeht. Und die Ungerechtigkeit des Ungerechten – er wird durch sie
nicht zu Fall gebracht werden an dem Tag, da er sich abkehrt von seiner
Ungerechtigkeit. Und ein Gerechter wird nicht am Leben bleiben kön-
13: 18; 3,20; 18,24; nen durch seine Gerechtigkeit an dem Tag, da er sündigt. 13 Wenn ich
2Petr 2,21 zum Gerechten sage: Du wirst am Leben bleiben!, und er verlässt sich
auf seine Gerechtigkeit und begeht Unrecht, so wird all seiner gerech-
ten Taten nicht gedacht werden, und seines Unrechts wegen, das er be-
gangen hat, dafür muss er sterben. 14 Und wenn ich zum Ungerechten
sage: Du musst sterben!, und er kehrt sich ab von seiner Sünde und
15: 18,7; Lev 19,13 handelt nach Recht und Gerechtigkeit 15 – gibt ein Ungerechter zu-
rück, was er gepfändet, erstattet er, was er geraubt hat, und lebt er nach
den Satzungen des Lebens und begeht kein Unrecht –, so wird er am
16: 18,22 Leben bleiben, er muss nicht sterben! 16 All seine Sünden, die er be-
gangen hat, werden ihm nicht angerechnet. Er hat nach Recht und

33,12: Wörtlich: «… nicht am Leben bleiben können durch sie …»

Gerechtigkeit gehandelt, er wird am Leben bleiben! 17 Die aus deinem 17: 20 · 2.30; 3,11;
Volk aber werden sagen: Der Weg des Herrn ist nicht gerecht! – Euer 37,18 · 18,25
eigener Weg ist nicht gerecht! 18 Wenn ein Gerechter sich abkehrt von 18: 13
seiner Gerechtigkeit und Unrecht begeht, so muss er deswegen sterben.
19 Und wenn ein Ungerechter sich abkehrt von seiner Ungerechtigkeit 19: 18,21.27; Jer 18,8
und nach Recht und Gerechtigkeit handelt, so bleibt er deswegen am
Leben. 20 Ihr aber werdet sagen: Der Weg des Herrn ist nicht gerecht! – 20: 17 · 20; 7,3;
Einen jeden von euch werde ich nach seinen Wegen richten, Haus Isra- 18,30; Jer 17,10
el!

Die Ankunft des Entkommenen und das Ende der Verstummung

21 Und im zwölften Jahr unserer Verbannung, im zehnten Monat, 21: 24,26
am Fünften des Monats, kam der aus Jerusalem Entkommene zu mir
und sprach: Die Stadt ist geschlagen! 22 Und am Abend, bevor der Ent- 22: 1,3! · 3,27; 24,27
kommene kam, war die Hand des HERRN auf mich gekommen, und be-
vor jener am Morgen zu mir kam öffnete er meinen Mund; und er öffne-
te meinen Mund, und ich war nicht mehr stumm.

Der überhebliche Anspruch der im Land Verbliebenen

23 Und das Wort des HERRN erging an mich: 24 Du Mensch, die Be- 24: 2Kön 25,12 ·
wohner dieser Trümmer auf Israels Boden sagen: Abraham war ein Gen 12,7; Jes 51,2 ·
Einzelner und hat das Land besessen. Und wir sind viele – uns ist das 11,15; 36,2
Land zum Besitz gegeben! 25 Darum sprich zu ihnen: So spricht Gott 25: 1Sam 14,32 ·
der HERR: Ihr esst Blutiges, blickt auf zu euren Mistgötzen und ver- 22,3–4
giesst Blut, und da wollt ihr das Land besitzen? 26 Ihr Männer habt euch 26: 18,6
auf euer Schwert gestützt, ihr Frauen habt Abscheuliches verübt, und
ihr habt, ein jeder, die Frau eures Nächsten unrein gemacht, und da
wollt ihr das Land besitzen? 27 So wirst du zu ihnen sprechen: So 27: 5,17; 6,11; 7,15;
spricht Gott der HERR: So wahr ich lebe, die auf den Trümmern werden 12.16; 14,15;
durch das Schwert fallen, und die auf dem offenen Land gebe ich den Offb 6,1–8 · 39,5
Tieren zum Frass, und die in den Festungen und in den Höhlen werden
an der Pest sterben! 28 Und ich verwüste das Land und mache es zur 28: 5,14! · 15,8!
Einöde, und seine hochmütige Macht wird ein Ende haben. Und die Ber-
ge Israels werden verödet sein, niemand wird sie durchstreifen. 29 Und 29: 5,13
sie werden erkennen, dass ich der HERR bin, wenn ich das Land verwüs-
te und zur Einöde mache all ihrer Abscheulichkeiten wegen, die sie ver-
übt haben.

30 Und du, Mensch, über dich reden die von deinem Volk, an den 30: 2.17; 3,11; 37,18
Wänden und in den Eingängen der Häuser, und einer redet mit dem
anderen, jeder mit seinem Bruder: Kommt doch und hört, was für ein
Wort ausgeht vom HERRN! 31 Und sie kommen zu dir, wie Volk zusam- 31: Jes 29,13;
menkommt, und als mein Volk setzen sie sich nieder vor dir und hören Jak 1,22–25
deine Worte, handeln aber nicht danach! Denn ihr Mund ist voller Ver-
langen, danach handeln sie, und ihr Herz ist hinter ihrem Gewinn her!
32 Und sieh, du bist für sie wie einer, der vom Verlangen nach Liebe 32: Lk 7,32
singt, mit schöner Stimme und gut im Saitenspiel, und sie hören deine
Worte, aber sie handeln nicht danach! 33 Wenn es aber kommt – sieh, es 33: 2,5
kommt! –, werden sie erkennen, dass ein Prophet unter ihnen war.

Gegen die treulosen Hirten

1–31: Jer 23,1–4; 34 1 Und das Wort des HERRN erging an mich: 2 Du Mensch, weissa-
1Petr 5,2–4 ge gegen die Hirten Israels, weissage und sprich zu ihnen, zu den
2: Sach 11,16 Hirten: So spricht Gott der HERR: Wehe den Hirten Israels, die sich
3: Jes 56,11; selbst geweidet haben! Sollten die Hirten nicht die Schafe weiden? 3 Das
Sach 11,4–5 Fett esst ihr und mit der Wolle bekleidet ihr euch und die fetten Schafe
4: 16 · 45,9; Jer 23,2 schlachtet ihr – ihr weidet die Schafe nicht! 4 Die Schwachen habt ihr
nicht gestärkt, und was krank war, habt ihr nicht geheilt, und was ge-
brochen war, habt ihr nicht verbunden, und was versprengt war, habt
ihr nicht zurückgeholt, und was verloren gegangen war, habt ihr nicht
gesucht, und mit Macht habt ihr sie niedergetreten und mit Gewalt.
5: Num 27,17; 5 Und weil kein Hirt da war, haben sie sich zerstreut und sind sie zum
Sach 10,2; Mt 9,36 Frass geworden für alle Tiere des Feldes, und so haben sie sich zerstreut.
6: Jes 53,6 6 Auf allen Bergen und auf jedem hohen Hügel irren meine Schafe um-
her, über das ganze Land sind meine Schafe zerstreut, und da ist nie-
mand, der nach ihnen fragt, und niemand ist da, der nach ihnen sucht.
8: 25,7! 7 Darum, Hirten, hört das Wort des HERRN! 8 So wahr ich lebe,
Spruch Gottes des HERRN, weil meine Schafe zur Beute und meine
Schafe zum Frass geworden sind für alle Tiere des Feldes, ohne Hirt, und
meine Hirten nicht nach meinen Schafen gefragt haben und die Hirten
sich selbst geweidet und meine Schafe nicht geweidet haben, 9 darum,
10: 13,21; Sach 10,3 Hirten, hört das Wort des HERRN! 10 So spricht Gott der HERR: Seht, ich
gehe gegen die Hirten vor und fordere meine Schafe aus ihrer Hand und
sorge dafür, dass sie keine Schafe mehr weiden, und auch sich selbst
werden die Hirten nicht mehr weiden. Und ich werde meine Schafe vor
ihrem Rachen retten, und sie werden ihnen nicht zum Frass werden.
11: Jes 40,11 · 11 Denn so spricht Gott der HERR: Seht, ich selbst, ich werde nach
Mt 18,12–14; meinen Schafen fragen und mich um sie kümmern. 12 Wie ein Hirt sich
Joh 10,1–5 um seine Herde kümmert am Tag, da er inmitten seiner Schafe ist, die
12: Jer 31,10 · 30,3; Joel 2,2; Zef 1,15 aufgeteilt worden sind, so werde ich mich um meine Schafe kümmern
und sie retten aus allen Orten, wohin sie zerstreut worden sind am Tag
13: 11,17! des Gewölks und des Wolkendunkels. 13 Und ich werde sie herausfüh-
ren aus den Völkern und sie sammeln aus den Ländern, und ich werde
sie auf ihren Boden bringen, und auf den Bergen Israels, an den Fluss-
14: 17,23; 20,40; betten und an allen Wohnorten im Land werde ich sie weiden. 14 Auf
36,8 · Jer 50,19 guter Weide werde ich sie weiden, und auf den hohen Bergen Israels
wird ihr Weideplatz sein; dort werden sie auf gutem Weideplatz lagern,
und auf fetter Weide werden sie weiden auf den Bergen Israels. 15 Ich
selbst werde meine Schafe weiden, und ich selbst werde sie lagern las-
16: 4 sen! Spruch Gottes des HERRN. 16 Was verloren gegangen ist, werde ich
suchen, und was versprengt worden ist, werde ich zurückholen, und
was gebrochen ist, werde ich verbinden, und was krank ist, werde ich
stärken. Was aber fett und kräftig ist, werde ich vernichten; ich werde
sie weiden und für Recht sorgen.
17: Mt 25,32–33 17 Und ihr, meine Schafe, so spricht Gott der HERR: Seht, ich sorge
für Recht zwischen den Schafen, den Widdern und den Böcken!
18: 32,2 18 Reicht es euch nicht, die beste Weide abzuweiden? Was dann übrig

34,6: Möglich ist auch die Übersetzung: «..., über die ganze Erde sind meine Schafe zerstreut, ...»

bleibt von eurem Weideland, zertretet ihr mit euren Füssen! Und das
klare Wasser trinkt ihr, und was übrig ist, macht ihr mit euren Füssen
trüb. 19 Und meine Schafe – was eure Füsse zertreten haben, müssen sie
abweiden, und was eure Füsse trüb gemacht haben, müssen sie trinken!
20 Darum, so spricht Gott der HERR zu ihnen: Seht, ich selbst, ich
sorge für Recht zwischen den fetten Schafen und den mageren Schafen:
21 Weil ihr all die Schwachen mit Seite und Schulter wegdrängt und mit
euren Hörnern niederstosst, bis ihr sie zerstreut und vertrieben habt,
22 komme ich meinen Schafen zu Hilfe, und sie werden nicht mehr zur 22: 25,7!
Beute werden, und ich werde für Recht sorgen zwischen den Schafen.
23 Und ich werde einen einzigen Hirten über sie auftreten lassen, und 23: 17,22; Jes 11,1;
dieser wird sie weiden, meinen Diener David, er wird sie weiden, und er Jer 23,5 · 37,24;
wird ihnen Hirt sein. 24 Und ich, der HERR, werde ihnen Gott sein, und Jer 3,15
24: 11,20! · 19,1!
mein Diener David wird Fürst sein in ihrer Mitte. Ich, der HERR, habe
gesprochen. 25 Und ich werde einen Friedensbund mit ihnen schlies- 25: 37,26;
sen und den bösen Tieren im Land ein Ende bereiten, und in Sicherheit Num 25,12! ·
werden sie in der Wüste wohnen und in den Wäldern schlafen können. Lev 26,6; Hos 2,20
26 Und sie und das Gelände rings um meinen Hügel mache ich zum 26: 20,40! ·
Segen, und ich lasse den Regen fallen zu seiner Zeit: Regen des Segens Lev 26,4; Jer 5,24
wird es sein! 27 Und die Bäume auf dem Feld werden ihre Früchte tra- 27: 36,30;
gen, und das Land wird seinen Ertrag geben; und sie werden auf ihrem Lev 25,19 · 28,26! ·
Boden in Sicherheit sein. Und sie werden erkennen, dass ich der HERR 30,18; Jer 30,8
bin, wenn ich die Stangen ihres Jochs zerbreche und sie rette aus der
Hand derer, die sie knechten. 28 Und sie werden nicht mehr Beute sein 28: 25,7! · 28,26!;
für die Nationen, und die Tiere des Landes werden sie nicht fressen, und Lev 26,6; Jer 30,10
sie werden sicher wohnen, und da wird niemand sein, der sie auf-
schreckt. 29 Und ich werde ihnen zum Ruhm eine Pflanzung einrich- 29: 31,4; 39,26 ·
ten, und sie werden nicht mehr Opfer des Hungers sein im Land, und 36,15
die Schmähung durch die Nationen werden sie nicht mehr ertragen
müssen. 30 Und sie werden erkennen, dass ich, der HERR, ihr Gott, bei 30: 37,27
ihnen bin und dass sie mein Volk sind, das Haus Israel. Spruch Gottes
des HERRN. 31 Und ihr, meine Schafe, die Schafe meiner Weide, ihr seid
Menschen; ich bin euer Gott! Spruch Gottes des HERRN.

Gegen das Gebirge von Seir

35 1 Und das Wort des HERRN erging an mich: 2 Du Mensch, richte 1–15: 25,8
dein Angesicht gegen das Gebirge von Seir und weissage gegen
dieses, 3 und sprich zu ihm: So spricht Gott der HERR: Sieh, ich gehe 3: 15,8!
gegen dich vor, Gebirge von Seir, und ich strecke meine Hand gegen
dich aus und verwüste dich und mache dich zur Einöde. 4 Deine Städte 4: 9 · 5,14!
lege ich in Trümmer, und du wirst verwüstet sein, und du wirst erken-
nen, dass ich der HERR bin. 5 Weil du ewige Feindschaft hegst und die 5: 25,15 · 21,30
Israeliten ausgeliefert hast in die Gewalt des Schwerts in der Zeit ihres
Unheils, zur Zeit der letzten Verschuldung, 6 darum, so wahr ich lebe, 6: Offb 16,6
Spruch Gottes des HERRN, werde ich dich bluten lassen, und Blut wird
dich verfolgen! Du hast dich nicht vor dem Blut gescheut, und Blut wird
dich verfolgen! 7 Und ich verwüste das Gebirge von Seir, und es wird 7: Sach 7,14
verwüstet sein, und ich werde in ihm ausrotten den, der dort hin und

34,31: Möglich ist auch die Übersetzung: «Und ihr seid meine Schafe, die Schafe ...»

8: 6,3! · 31,17; her zieht. 8 Und seine Berge werde ich mit seinen Erschlagenen anfül-
32,20–32 · 9,7; 11,6; len: Auf deinen Hügeln und in deinen Tälern und in all deinen Schluch-
22,1–12 ten, dort werden vom Schwert Erschlagene liegen. 9 Für immer werde
9: 4 · 15,8! ich dich verwüsten, und deine Städte werden nicht bewohnt sein, und
ihr werdet erkennen, dass ich der HERR bin.

10: 37,16 · 48,35 10 Weil du gesagt hast: Die beiden Nationen und die beiden Länder
werden mir gehören, und wir werden sie besitzen! – obwohl der HERR
11: 5,13; 8,3; 16,38; dort war, 11 darum, so wahr ich lebe, Spruch Gottes des HERRN: So zor-
23,25 · Obd 15 nig und eifrig wie du aus deinem Hass heraus mit ihnen verfahren bist,
so werde ich verfahren. Bei ihnen aber werde ich mich zu erkennen ge-
ben, wenn ich dich richte, 12 und du wirst erkennen, dass ich der HERR
bin. Ich habe all deine Schmähreden gehört, die du über die Berge von
Israel gesprochen hast, als du gesagt hast: Sie sind verwüstet! Uns sind
sie zum Frass gegeben! 13 Und mit eurem Mund habt ihr gross getan
gegen mich, und eure Frechheiten habt ihr gegen mich geäussert. Ich
habe es gehört!

14 So spricht Gott der HERR: Wenn das ganze Land sich freut, werde
15: 12,20! · 25,12–14; ich dich verwüsten! 15 So wie du dich gefreut hast über den Erbbesitz
36,5 des Hauses Israel, darüber dass er verwüstet worden ist, so werde ich
mit dir verfahren: Verwüstet wirst du sein, Gebirge von Seir, und ganz
Edom – alles! –, und sie werden erkennen, dass ich der HERR bin!

Weissagung für die Berge Israels

1–12: 6,1–7 **36** 1 Und du, Mensch, weissage über die Berge Israels und sprich: Ihr
1: 20,29! Berge Israels, hört das Wort des HERRN! 2 So spricht Gott der
2: 25,3; 26,2 · 11,15; 33,24 HERR: Weil der Feind über euch gesagt hat: Ha!, und: Uralte Höhen sind
3: Jer 20,10 übergegangen in unseren Besitz!, 3 darum weissage und sprich: So
spricht Gott der HERR: Darum, weil man euch verwüstet hat und von
ringsum nach euch greift, damit ihr in den Besitz des Rests der Natio-
nen übergeht, und weil ihr ins Gerede der Zungen und ins Geschwätz
4: 6,3! · 25,7! der Leute gekommen seid, 4 darum, ihr Berge von Israel, hört das Wort
Gottes des HERRN! So spricht Gott der HERR zu den Bergen und Hügeln,
zu den Schluchten und Tälern und zu den verwüsteten Trümmern und
den verlassenen Städten, die zur Beute geworden sind und zum Gespött
5: 21,36; 22,21; beim Rest der Nationen ringsum, 5 darum, so spricht Gott der HERR: Im
38,19 · 35,15 Feuer meines Eifers habe ich gegen den Rest der Nationen und gegen
ganz Edom gesprochen, die sich mein Land zu ihrem Besitz gemacht
haben, voller Freude im Herzen und mit Verachtung in der Seele, damit
sein Weideland zur Beute würde.

6: 6,3! · 7,2; 21,7–8 6 Darum weissage über Israels Boden und sprich zu den Bergen und
Hügeln, zu den Schluchten und Tälern: So spricht Gott der HERR: Seht, in
meinem Eifer und in meinem Zorn spreche ich: Weil ihr den Hohn der
7: 20,5; 44,12; 47,14; Nationen ertragen musstet, 7 darum, so spricht Gott der HERR: Ich er-
Ex 6,8 hebe meine Hand: Die Nationen, die rings um euch sind, sie werden
ihre Schmach ertragen müssen!

35,9: In einer anderen hebräischen Tradition lautet der Text übersetzt: «..., und deine Städte werden nicht wiederhergestellt werden, ...»

35,13: Die Übersetzung «und eure Frechheiten habt ihr gegen mich geäussert» beruht auf einer Korrektur des Massoretischen Texts; dieser lautet übersetzt: «und ihr habt eure Worte gebetet gegen mich».

8 Ihr aber, Berge von Israel, werdet eure Zweige treiben und eure *8:* 12,23! · 17,23;
Frucht tragen für mein Volk Israel, denn es kommt schon bald. 9 Denn 20,40; 34,14
seht, ich komme zu euch und wende mich euch zu, und ihr werdet be-
stellt und besät. 10 Und die Menschen mache ich zahlreich auf euch, das *10:* 33; Jes 58,12;
ganze Haus Israel – das ganze! –, und die Städte werden bewohnt sein, Jer 30,19; Ps 69,36
und die Trümmerstätten werden aufgebaut. 11 Und Menschen und Tie- *11:* 37 · 16,55
re mache ich zahlreich auf euch, und sie werden sich mehren und
fruchtbar sein. Und ich lasse euch bewohnt sein wie in euren früheren
Zeiten, und ich erweise euch mehr Gutes als während eurer Anfänge,
und ihr werdet erkennen, dass ich der HERR bin. 12 Und ich lasse Men-
schen auf euch gehen, mein Volk Israel. Und sie werden dich besitzen,
und ihnen wirst du als Erbbesitz gehören, und du wirst sie nicht mehr
ihrer Kinder berauben.

13 So spricht Gott der HERR: Weil sie zu euch sagen: Du bist eine *13:* Num 13,32
Menschenfresserin, und deine Nation hast du kinderlos gemacht!,
14 darum wirst du keine Menschen mehr fressen und deine Nation
nicht mehr kinderlos machen! Spruch Gottes des HERRN. 15 Und ich *15:* 34,29
werde dich den Hohn der Nationen nicht mehr hören lassen, und den
Spott der Völker wirst du nicht mehr ertragen müssen, und deine
Nation wirst du nicht mehr zu Fall bringen! Spruch Gottes des HERRN.

16 Und das Wort des HERRN erging an mich: 17 Du Mensch, als das *17:* 18,6! · 14,11;
Haus Israel auf seinem Boden wohnte, machten sie ihn unrein durch 20,43; Esra 9,11
ihren Weg und durch ihre Taten; wie die Unreinheit der Monatsblu-
tung war ihr Weg vor mir. 18 Da habe ich meinen Zorn über sie ausge- *18:* 22,4; 20,7!
gossen wegen des Bluts, das sie auf das Land gegossen hatten, und weil
sie es unrein gemacht hatten mit ihren Mistgötzen. 19 Und ich habe sie *19:* 6,8; 11,16; 12,15;
zerstreut unter die Nationen, und sie wurden verstreut in die Länder. 17,21; 20,23; 22,15;
Wie es ihrem Weg und ihren Taten entspricht, so habe ich sie gerichtet! 28,25; 29,12; 30,23
20 Und sie kamen zu den Nationen, wohin immer sie kamen, und ent- *20:* 20,39; 43,8;
weihten meinen heiligen Namen, da man von ihnen sagte: Diese sind Jes 52,5
das Volk des HERRN, und aus seinem Land mussten sie ausziehen! 21 Da
tat es mir leid um meinen heiligen Namen, den das Haus Israel ent-
weihte unter den Nationen, wohin sie gekommen waren.

22 Darum, sprich zum Haus Israel: So spricht Gott der HERR: Nicht *22:* 32 · 20,9!
euretwegen greife ich ein, Haus Israel, sondern für meinen heiligen Na-
men, den ihr entweiht habt unter den Nationen, wohin immer ihr ge-
kommen seid. 23 Und ich werde meinen grossen Namen wieder heilig *23:* 20,41! · 38,16
machen, der entweiht ist unter den Nationen, den ihr unter ihnen ent-
weiht habt. Und die Nationen werden erkennen, dass ich der HERR bin,
Spruch Gottes des HERRN, wenn ich mich vor ihren Augen an euch als
heilig erweise. 24 Und ich werde euch aus den Nationen holen und aus *24:* 11,17!
allen Ländern sammeln und euch auf euren Boden bringen. 25 Und ich *25:* 37,23; Num 8,7;
werde euch mit reinem Wasser besprengen, und ihr werdet rein wer- Jes 4,4; Jer 33,8
den; von all euren Unreinheiten und von all euren Mistgötzen werde
ich euch rein machen. 26 Und ich werde euch ein neues Herz geben, *26:* 11,19; 18,31;
und in euer Inneres lege ich einen neuen Geist. Und ich entferne das Jer 24,7; 2Kor 3,3
steinerne Herz aus eurem Leib und gebe euch ein Herz aus Fleisch.
27 Und meinen Geist werde ich in euer Inneres legen, und ich werde
bewirken, dass ihr nach meinen Satzungen lebt und meine Rechtssätze
haltet und nach ihnen handelt. 28 Und ihr werdet wohnen in dem Land, *28:* 28,25 · 11,20!

das ich euren Vorfahren gegeben habe, und ihr werdet mir Volk sein,
29: 2Kön 8,1 und ich, ich werde euch Gott sein. 29 Und ich werde euch retten aus all
euren Unreinheiten. Und ich werde das Getreide rufen und es vermeh-
30: 34,27 ren und euch keinen Hunger bringen. 30 Auch die Früchte der Bäume
und den Ertrag des Feldes werde ich vermehren, damit ihr die Schmach
des Hungers nicht mehr auf euch nehmen müsst unter den Nationen.
31: 6,9; 20,43 · 31 Und ihr werdet eurer bösen Wege gedenken und eurer Taten, die
16,61; 20,43 nicht gut waren, und ihr werdet euch ekeln vor euch selbst eurer
32: 22 Verschuldungen und eurer Abscheulichkeiten wegen. 32 Nicht euret-
wegen handle ich, Spruch Gottes des HERRN, das sei euch kundgetan!
Tragt eure Schande und schämt euch eurer Wege, Haus Israel!

33: 10 33 So spricht Gott der HERR: An dem Tag, da ich euch reinige von all
euren Verschuldungen, lasse ich die Städte bewohnt sein, und die Trüm-
34: 12,20! merstätten werden aufgebaut. 34 Und das verwüstete Land wird be-
stellt werden und nicht mehr verwüstet sein vor den Augen eines jeden,
35: 35; 28,13; 31,8; der vorübergeht. 35 Und man wird sagen: Dieses Land, das verwüstet
Gen 2,8; Jes 51,3 war, ist wie der Garten Eden geworden, und die Städte, die in Trümmern
lagen und die verwüstet und niedergerissen waren, sind befestigt, wer-
36: 17,24; 21,31; den bewohnt. 36 Und die Nationen, die dann rings um euch übrig ge-
37,14 blieben sind, werden erkennen, dass ich, der HERR, aufgebaut habe, was
niedergerissen war, bepflanzt habe, was verwüstet war. Ich, der HERR,
habe gesprochen, und ich werde es tun.

37: 11 37 So spricht Gott der HERR: Ich werde mich vom Haus Israel bitten
lassen, auch noch dies für sie zu tun: Ich werde sie zahlreich an Men-
schen machen, wie eine Herde an Schafen. 38 Wie Schafe für Weihega-
ben, wie die Schafe Jerusalems zu seinen Festzeiten, so werden die Städ-
te, die in Trümmern liegen, voll sein von Menschenherden, und sie wer-
den erkennen, dass ich der HERR bin.

Die Schauung von den Gebeinen und ihrer Belebung

1: 1,3! · Offb 1,10 · **37** 1 Die Hand des HERRN war auf mir, und durch den Geist des
3,22 · Jer 25,33 HERRN führte er mich hinaus, und mitten in der Ebene liess er
mich nieder, und diese war voller Gebeine. 2 Und er führte mich an ih-
nen vorbei, rings um sie herum, und sieh, in der Ebene waren sehr viele,
3: Offb 7,13–14 und sieh, sie waren völlig vertrocknet. 3 Und er sprach zu mir: Du
Mensch, werden diese Gebeine wieder lebendig werden? Und ich
sprach: Herr, HERR, du weisst es. 4 Und er sprach zu mir: Weissage über
diese Gebeine und sprich zu ihnen: Ihr vertrockneten Gebeine, hört das
5: Gen 2,7! Wort des HERRN! 5 So spricht Gott der HERR zu diesen Gebeinen: Seht,
ich lasse Geist in euch kommen, und ihr werdet leben. 6 Und ich gebe
euch Sehnen und lasse Fleisch wachsen an euch, und ich überziehe euch
mit Haut und lege Geist in euch, und ihr werdet leben, und ihr werdet
7: 3,12 erkennen, dass ich der HERR bin. 7 Und ich weissagte, wie es mir gebo-
ten worden war, und als ich geweissagt hatte, war da ein Lärmen, und
sieh, ein Beben, und Gebeine rückten aneinander, eines an das andere.
8 Und ich schaute hin, und sieh, auf ihnen waren Sehnen, und Fleisch

36,34: Möglicherweise ist zu übersetzen: «... wird neu bestellt werden, dafür dass es verwüstet war vor den Augen eines jeden, der vorüberging.»

37,5: Siehe die Anm. zu 1,12.

war gewachsen, und darüber zog er Haut, Geist aber war nicht in ihnen.
9 Und er sprach zu mir: Weissage über den Geist, weissage, Mensch, 9: Offb 7,1
und sprich zum Geist: So spricht Gott der HERR: Geist, komm herbei
von den vier Winden und hauche diese Getöteten an, damit sie leben.
10 Und ich weissagte, wie er es mir geboten hatte, und der Geist kam in 10: 2,2; Offb 11,11
sie, und sie wurden lebendig und stellten sich auf ihre Füsse, ein sehr,
sehr grosses Heer.

11 Und er sprach zu mir: Du Mensch, diese Gebeine sind das ganze 11: 16 · Jes 53,8;
Haus Israel! Sieh, sie sagen: Unsere Gebeine sind vertrocknet, und un- Klgl 3,54
sere Hoffnung ist dahin. Wir sind abgeschnitten! 12 Darum weissage 12: Jes 26,19!;
und sprich zu ihnen: So spricht Gott der HERR: Seht, ich öffne eure Grä- Dan 12,2; Mt 27,52
ber, und ich lasse euch, mein Volk, aus euren Gräbern steigen und brin-
ge euch auf Israels Boden. 13 Und ihr werdet erkennen, dass ich der
HERR bin, wenn ich eure Gräber öffne und euch, mein Volk, aus euren
Gräbern steigen lasse. 14 Und ich werde meinen Geist in euch legen, 14: 2,2; 39,29 ·
und ihr werdet leben, und ich werde euch auf euren Boden bringen, und 17,24; 21,31; 36,36
ihr werdet erkennen, dass ich der HERR bin. Ich habe gesprochen, und
ich werde es tun! Spruch des HERRN.

Die zwei Holzstücke als Zeichen der Vereinigung von Israel und Juda

15 Und das Wort des HERRN erging an mich: 16 Und du, Mensch, 16: Sach 11,7 · 11;
nimm dir ein Stück Holz und schreibe darauf: Juda und die Israeliten, 35,10 ·
die mit ihm verbunden sind. Und nimm ein Stück Holz und schreibe Gen 41,50–52
darauf: Josef, das Holzstück Efraims, und das ganze Haus Israel, das mit
ihm verbunden ist. 17 Dann füge sie dir zusammen, eines an das andere,
zu einem einzigen Holzstück, und sie sollen eins werden in deiner
Hand. 18 Und wenn die von deinem Volk zu dir sagen: Willst du uns 18: 3,11; 33,2.17.30 ·
nicht sagen, was sie für dich bedeuten?, 19 so sage ihnen: So spricht Gott 12,9; 17,12; 24,19
der HERR: Seht, ich nehme das Holzstück Josefs, das in der Hand Efraims 19: Sach 11,14
ist, und die Stämme Israels, die mit ihm verbunden sind, und lege sie
darauf, das Holz Judas, und mache sie zu einem einzigen Stück Holz,
und sie werden eins in meiner Hand. 20 Und die Hölzer, auf die du 20: 4,12!
schreibst, sollen vor ihren Augen in deiner Hand sein, 21 und du sollst 21: 11,17! · Mi 2,12
zu ihnen sprechen: So spricht Gott der HERR: Seht, ich hole die Israeli-
ten aus den Nationen, wohin sie gegangen sind, und sammle sie von
ringsum und bringe sie auf ihren Boden. 22 Und ich mache sie zu einer 22: Jes 11,13; Jer 3,18
einzigen Nation im Land, auf den Bergen von Israel, und ein einziger
König wird für sie alle König sein. Und sie werden nicht mehr zu zwei
Nationen werden und sich nicht mehr in zwei Königreiche teilen.
23 Und sie werden sich nicht mehr unrein machen mit ihren Mistgöt- 23: 20,7 · 13,21 ·
zen und ihren Scheusalen und durch all ihre Vergehen, und ich werde 36,25 · 11,20!
sie retten aus all ihren Wohnorten, in denen sie sich versündigt haben,
und ich mache sie rein. Und sie werden mir Volk sein, und ich werde
ihnen Gott sein. 24 Und mein Diener David wird König sein über sie, 24: 34,23
und sie alle werden einen einzigen Hirten haben. Und sie werden nach
meinen Rechtssätzen leben, und meine Satzungen werden sie einhalten
und danach handeln. 25 Und sie werden in dem Land wohnen, das ich 25: 28,25–26;
meinem Diener, Jakob, gegeben habe, in dem eure Vorfahren gewohnt Jer 17,25; Joel 4,20 ·
19,1!

37,18: Mit ‹sie› sind die Hölzer gemeint.

haben. Und darin werden sie wohnen, sie und ihre Kinder und die Kin-
der ihrer Kinder, für immer; und David, mein Knecht, wird ihnen Fürst
26: 16,60; 34,25; sein für immer. 26 Und ich werde einen Friedensbund mit ihnen
Jer 31,31–34! · 43,7 schliessen, es wird ein ewiger Bund mit ihnen sein. Und dazu mache ich
sie: Ich mache sie zahlreich. Und ich setze mein Heiligtum für immer in
27: 43,7; Offb 21,3 · ihre Mitte. 27 Und meine Wohnung wird über ihnen sein, und ich wer-
11,20!; 34,30 de ihnen Gott sein, und sie, sie werden mir Volk sein. 28 Und die
Nationen werden erkennen, dass ich es bin, der HERR, der Israel heilig
macht, wenn mein Heiligtum für immer in ihrer Mitte ist.

Gegen Gog und Magog

2: Gen 10,2! · 27,13; **38** 1 Und das Wort des HERRN erging an mich: 2 Du Mensch, richte
32,26; 39,1 · dein Angesicht gegen Gog, gegen das Land Magog, gegen den
Offb 20,8–10 Grossfürsten von Meschech und Tubal, und weissage gegen ihn, 3 und
sprich: So spricht Gott der HERR: Sieh, ich gehe gegen dich vor, Gog,
4: 19,4.9; 29,4 Grossfürst von Meschech und Tubal! 4 Und ich werde dich herumreis-
sen und Haken in deinen Kiefer schlagen! Aber ich lasse dich und dein
ganzes Heer ausziehen, Pferde und Reiter, alle makellos gekleidet, ein
grosses Aufgebot mit Setzschild und Rundschild, sie alle führen das
5: 27,10; 30,5; Schwert. 5 Bei ihnen sind Paras, Kusch und Put, alle mit Rundschild und
Jer 46,9 Helm, 6 Gomer und alle seine Scharen, das Haus Togarma aus dem äus-
6: 27,14 sersten Norden und alle seine Scharen; viele Völker sind bei dir. 7 Berei-
te dich vor und halte dich bereit, du mit deinem ganzen Aufgebot und
die, die sich um dich versammelt haben, und sei du wachsam für sie.
8: 11,17! · 28,26! 8 Nach langer Zeit wirst du aufgeboten werden, in fernen Jahren
kommst du in ein Land, das wiederhergestellt ist, fern vom Schwert,
gesammelt aus vielen Völkern, auf den Bergen von Israel, die so lange
eine Trümmerstätte waren. Und sie sind herausgeführt worden aus Völ-
kern, und sie alle wohnen in Sicherheit.

9: 16; Jer 4,13 9 Und du wirst heraufziehen wie das Unwetter,
du wirst kommen,
du wirst sein wie die Wolke, um das Land zu bedecken,
du und all deine Scharen und viele Völker mit dir.

10 So spricht Gott der HERR: In jener Zeit werden Dinge in dein Herz
11: 28,26!; Sach 2,8 aufsteigen, und du wirst einen bösen Plan schmieden 11 und sagen: Ich
will hinaufziehen gegen ein offenes Land, ich werde herfallen über jene,
die ihre Ruhe gefunden haben, die in Sicherheit wohnen – ohne Mauer
12: 5,5 wohnen sie alle und haben weder Riegel noch Tore –, 12 um zu plün-
dern, was zu plündern, und um zu rauben, was zu rauben ist!, um deine
Hand zurückkehren zu lassen gegen bewohnte Trümmerstätten und zu
einem Volk, das aus Nationen gesammelt ist, das sich Vieh und Besitz
13: 27,22 · 25,13; verschafft; auf dem Nabel der Erde wohnen sie. 13 Saba und Dedan
27,15; Gen 10,7 · und die Händler von Tarschisch und alle seine Löwen werden zu dir
27,12 sagen: Du kommst, um zu plündern, was zu plündern ist? Du hast dein
Aufgebot aufgeboten, um zu rauben, was zu rauben ist? Um Silber und

38,2: Manche übersetzen «..., gegen den Fürsten von Rosch, Meschech und Tubal, ...»

38,8: Wörtlich: «... Und es ist herausgeführt ...», womit das Land gemeint ist, das hier für die Bewohner steht.

38,9: Möglich ist auch die Übersetzung: «Du aber wirst heraufziehen, wie das Unwetter kommt, ...»

Gold fortzutragen, um Vieh und Besitz wegzunehmen und viel Plünder-
gut zu plündern!
14 Darum weissage, Mensch, und sprich zu Gog: So spricht Gott der 14: 28,26!
HERR: Ist es nicht so: In jener Zeit, wenn mein Volk Israel in Sicherheit
wohnt, dann wirst du es erfahren. 15 Dann wirst du kommen von dei- 15: 23,24; 39,2
nem Ort, aus dem äussersten Norden, du und viele Völker mit dir, sie
alle hoch zu Ross, ein grosses Aufgebot, ein grosses Heer. 16 Und du 16: 9 · 36,23 · 20,41!
wirst heraufziehen gegen mein Volk Israel wie eine Wolke, um das Land
zu bedecken. Nach langer Zeit wird es geschehen: Da lasse ich dich über
mein Land kommen, damit die Nationen mich erkennen, wenn ich
mich an dir als heilig erweise vor ihren Augen, Gog.
17 So spricht Gott der HERR: Bist du nicht der, von dem ich in frühe- 17: Jes 14,31; Jer 1,14
ren Tagen gesprochen habe durch meine Diener, die Propheten Israels,
die in jenen Tagen, in jenen Jahren, geweissagt haben, dass ich dich
kommen lassen werde gegen sie!
18 Und an jenem Tag, am Tag, da Gog über Israels Boden kommt,
Spruch Gottes des HERRN, wird mein Zorn in mir aufsteigen. 19 Und in 19: 21,36; 22,21;
meinem Eifer, im Feuer meines Zorns spreche ich: Wahrlich, an jenem 36,5 · Jer 4,24;
Tag wird es ein grosses Beben geben auf Israels Boden! 20 Da erbeben Offb 6,12 20: Gen 1,20–26 ·
vor mir die Fische im Meer und die Vögel am Himmel und die Tiere auf 30,4
dem Feld und alle Kriechtiere, die auf dem Boden kriechen, und alle
Menschen, die auf dem Erdboden sind. Und die Berge werden niederge-
rissen, und die Berghänge rutschen ab, und jede Mauer stürzt zu Boden.
21 Und für alle meine Berge rufe ich das Schwert herbei gegen ihn! 21: 28,23; Jer 25,29 ·
Spruch Gottes des HERRN. Das Schwert eines jeden wird sich gegen den Ri 7,22
eigenen Bruder richten! 22 Und mit Pest und mit Blut werde ich mit 22: 14,19; 28,23 ·
ihm ins Gericht gehen. Und Regenflut und Hagelsteine, Feuer und 13,11 · Gen 19,24;
Schwefel lasse ich auf ihn regnen und auf all seine Scharen und auf die Offb 20,9
vielen Völker, die bei ihm sind. 23 Und ich werde mich als gross und 23: 20,41!
heilig erweisen und mich erkennen lassen vor den Augen vieler Nati-
onen, und sie werden erkennen, dass ich der HERR bin.
39 1 Und du, Mensch, weissage gegen Gog und sprich: So spricht 1: 27,13; 32,26; 38,2
Gott der HERR: Sieh, ich gehe gegen dich vor, Gog, Grossfürst von
Meschech und Tubal! 2 Und ich reisse dich herum und lasse dich kom- 2: 23,24; 38,15
men und führe dich herauf aus dem äussersten Norden, und ich bringe
dich auf die Berge Israels. 3 Und ich schlage dir deinen Bogen aus deiner
linken Hand, und aus deiner rechten Hand lasse ich deine Pfeile fallen.
4 Auf den Bergen Israels wirst du fallen, du mit allen deinen Scharen 4: 6,2! · 29,5; 32,4;
und den Völkern, die bei dir sind. Raubvögeln, allem, was Flügel hat, Jer 7,33; Jer 8,2
und den Tieren des Feldes werfe ich dich zum Frass vor! 5 Auf dem 5: 33,27
offenen Feld wirst du fallen, denn ich habe gesprochen! Spruch Gottes
des HERRN. 6 Und ich sende Feuer gegen Magog und gegen jene, die an
den Küsten sicher wohnen, und sie werden erkennen, dass ich der HERR
bin. 7 Meinen heiligen Namen aber mache ich bekannt inmitten mei- 7: 20,41; 36,22
nes Volks Israel, und ich werde meinen heiligen Namen nicht mehr
entweihen! Und die Nationen werden erkennen, dass ich der HERR bin,
heilig in Israel. 8 Sieh, es kommt und wird geschehen! Spruch Gottes 8: 21,12 · 7,7!
des HERRN. Dies ist der Tag, von dem ich gesprochen habe. 9 Und die in 9: Ps 46,10
den Städten Israels wohnen, werden hinausgehen, und sie werden Feu-
er machen und heizen mit Waffen, Rundschilden und Setzschilden, mit

Bogen und mit Pfeilen und mit Schlagstöcken und mit Speeren. Sieben
10: 7,22; Jes 33,1; Jahre lang werden sie damit Feuer machen. 10 Und sie brauchen kein
Jer 30,16 Holz vom Feld zu holen oder in den Wäldern zu schlagen, denn mit den
Waffen werden sie Feuer machen. Und sie werden jene plündern, von
denen sie geplündert worden sind, und jene ausrauben, von denen sie
ausgeraubt worden sind. Spruch Gottes des HERRN.

11: Nah 3,3 11 Und an jenem Tag weise ich Gog dort eine Stätte zu, wo in Israel
eine Grabstätte ist: im Tal Oberim östlich des Meeres; und denen, die
hindurchziehen wollen, wird es den Weg versperren. Und dort wird
man Gog und seine ganze Menschenmenge begraben, und man wird es
12: Num 19,16 Tal Hamon-Gog nennen. 12 Und um das Land rein zu machen, wird das
Haus Israel sie begraben – sieben Monate lang! 13 Und das ganze Volk
des Landes wird Gräber ausheben, und das wird ihnen zum Ruhm gerei-
chen an dem Tag, da ich mich verherrliche. Spruch Gottes des HERRN.
14 Und um das Land rein zu machen wird man Männer aussondern, die
unablässig durch das Land ziehen und jene begraben, die hindurchge-
zogen sind, die auf dem Boden des Landes liegen geblieben sind. Nach
15: 12 Ablauf von sieben Monaten sollen sie damit beginnen. 15 Und die, die
durch das Land ziehen, sollen hindurchziehen, und sieht einer Gebein
eines Menschen, soll er neben diesem ein Steinmal bauen, bis die To-
tengräber es begraben haben im Tal Hamon-Gog. 16 – Hamona ist auch
der Name einer Stadt. – Und sie werden das Land rein machen.

17: Jes 56,9; 17 Und du, Mensch, so spricht Gott der HERR: Sprich zu den Vögeln,
Offb 19,17 · zu allem, was Flügel hat, und zu allen Tieren des Feldes: Versammelt
Jer 46,10 · 6,2! euch und kommt herbei, von ringsum kommt zusammen zu meinem
Schlachtopfer, das ich für euch schlachte, ein grosses Schlachtopfer auf
den Bergen von Israel! Und ihr werdet Fleisch fressen und Blut trinken.
18: 32,21 · 27,6; 18 Fleisch von Helden werdet ihr fressen, und das Blut der Fürsten der
Dtn 32,14; Am 4,1 Erde werdet ihr trinken: Widder, Lämmer und Böcke, Stiere – Mastvieh
aus dem Baschan sind sie alle. 19 Und ihr werdet Fett essen, bis ihr satt
seid, und Blut trinken, bis ihr betrunken seid von meinem Schlachtop-
20: Offb 19,21 fer, das ich für euch schlachte. 20 Und an meinem Tisch werdet ihr euch
satt essen an Pferden und Reitern, an Helden und allen möglichen Krie-
gern. Spruch Gottes des HERRN.

21: Ex 7,4 21 Und ich werde meine Herrlichkeit unter die Nationen bringen,
und alle Nationen werden mein Gericht sehen, das ich vollstrecke, und
22: Joel 2,27 meine Hand, die ich an sie gelegt habe. 22 Und das Haus Israel wird er-
kennen, dass ich, der HERR, ihr Gott bin, von jenem Tag an und darüber
23: 4,4; 9,9 hinaus. 23 Und die Nationen werden erkennen, dass das Haus Israel sei-
ner Schuld wegen in die Verbannung musste, darum, weil sie mir die
Treue gebrochen haben und ich mein Angesicht vor ihnen verborgen
und sie in die Hand ihrer Gegner gegeben habe; und sie alle sind durch
24: 21,29 das Schwert gefallen. 24 Wie es ihrer Unreinheit entspricht und ihren
Vergehen, so bin ich mit ihnen verfahren, und mein Angesicht habe ich
vor ihnen verborgen.

39,11: Tal Oberim bedeutet ‹Tal derer, die hindurchziehen› oder ‹Tal für die, die hindurchziehen›. Tal Hamon-Gog bedeutet ‹Tal der Menschenmenge Gogs›.

39,14: Wörtlich: «Und um es rein zu machen ...»

39,16: Hamona ist eine Form des Worts, das im Namen Tal Hamon-Gog enthalten ist.

Die Verheissung der Rückkehr Israels

25 Darum, so spricht Gott der HERR: Nun werde ich das Geschick 25: 16,53; 29,14;
Jakobs wenden und mich des ganzen Hauses Israel erbarmen, und für Dtn 30,3 · 20,5 ·
meinen heiligen Namen werde ich eifern. 26 Und sie werden ihre 20,9! 26: 28,26! · 34,29
Schmach ertragen müssen und das ganze Ausmass ihres Treuebruchs,
den sie an mir begangen haben, wenn sie in Sicherheit auf ihrem Boden
wohnen; und da wird keiner sein, der sie aufschreckt. 27 Wenn ich sie 27: 11,17! · 20,41!
zurückbringe aus den Völkern, werde ich sie sammeln aus den Ländern
ihrer Feinde und mich an ihnen als heilig erweisen vor den Augen vieler
Nationen. 28 Und sie werden erkennen, dass ich, der HERR, ihr Gott bin,
wenn ich sie zu den Nationen in die Verbannung führe und sie dann auf
ihrem eigenen Boden versammle, und ich werde keinen von ihnen je
dort zurücklassen. 29 Und ich werde mein Angesicht nie mehr vor ih- 29: 37,14; Jes 44,3;
nen verbergen, denn ich giesse meinen Geist aus über das Haus Israel. Joel 3,1
Spruch Gottes des HERRN.

Ezechiels Schauung der Vermessung des Tempels

40 1 Im fünfundzwanzigsten Jahr unserer Verbannung, am Anfang 1: Ex 12,2–3 · 33,21 ·
des Jahres, am Zehnten des Monats, im vierzehnten Jahr nachdem 1,3!
die Stadt geschlagen worden war, an ebendiesem Tag kam die Hand des
HERRN über mich, und er brachte mich dorthin: 2 Mit göttlichen Schau- 2: 1,1; 8,3; 11,24 ·
ungen brachte er mich ins Land Israel, und auf einem sehr hohen Berg 20,40; Mt 4,8;
liess er mich nieder, und auf diesem war, im Süden, etwas wie der Bau Offb 21,10
einer Stadt. 3 Und dorthin brachte er mich. Und sieh, da war ein Mann, 3: 1,7 · 5; 43,6; 47,3 ·
dessen Aussehen war wie das Aussehen von Kupfer, und in seiner Hand Offb 11,1; Offb 21,15
waren eine Schnur aus Leinen und das Messrohr. Und er stand im Tor.
4 Und der Mann sprach zu mir: Du Mensch, sieh mit deinen Augen und 4: 43,11; 44,5 ·
höre mit deinen Ohren, und richte dein Herz auf alles, was ich dich se- Ex 25,9.40
hen lasse, denn du bist hierher gebracht worden, damit ich dich sehen
lasse. Berichte dem Haus Israel alles, was du siehst!
5 Und sieh, da war eine Mauer, aussen rings um das Haus. Und in 5: 42,20 · 3! · 41,8
der Hand des Mannes war das Messrohr von sechs Ellen, nach dem Mass
einer üblichen Elle und einer Handbreite. Und er mass die Breite des
Bauwerks: ein Messrohr; und die Höhe: ein Messrohr. 6 Dann betrat er 6: 42,15; 43,1; 44,1
das Tor, dessen Vorderseite nach Osten gerichtet war, und stieg auf des-
sen Stufen hinauf. Und er vermass die Schwelle des Tors: ein Messrohr
in der Breite; jede Schwelle war ein Messrohr breit. 7 Und die Nische: 7: 10
ein Messrohr in der Länge und ein Messrohr in der Breite. Und zwi-
schen den Nischen war ein Abstand von fünf Ellen. Und die Schwelle
des Tors bei der Vorhalle des Tors: ein Messrohr. 8 Und er vermass die
Vorhalle des Tors im Innern der Anlage: ein Messrohr. 9 Und er vermass
die Vorhalle des Tors: acht Ellen, und deren Pfeiler: zwei Ellen. Und die
Vorhalle des Tors lag im Innern der Anlage. 10 Und die Nischen des nach 10: 7
Osten gerichteten Tors – drei auf der einen und drei auf der anderen
Seite –: die drei hatten das gleiche Mass. Und auch die Pfeiler auf der
einen und die auf der anderen Seite hatten das gleiche Mass. 11 Dann 11: 41,2
vermass er die Breite der Toröffnung: zehn Ellen; die Länge des Tors:

40,6: Manche übersetzen «…; die erste Schwelle war ein Messrohr breit.»
40,8: In der Übersetzung der V. 8, 9 und 16 ist «der Anlage» jeweils ergänzt.

dreizehn Ellen. 12 Und vor den Nischen war eine Schranke von einer
Elle: eine Elle mass die Schranke auf der einen und die auf der anderen
Seite. Und die Nischen: sechs Ellen auf der einen und sechs Ellen auf der
anderen Seite. 13 Dann vermass er das Tor vom Deckenansatz einer Ni-
sche bis zum Deckenansatz der anderen: fünfundzwanzig Ellen in der
Breite; Tür gegenüber Tür. 14 Dann ging er an die Pfeiler: sechzig Ellen,
bis zum Pfeiler des Vorhofs, ringsum im Tor. 15 Und von der äusseren
Vorderseite des Tors bis zur inneren Vorderseite der Vorhalle des Tors:
16: 41,16.26; 1Kön 6,4 · 26.31; 41,18.26 fünfzig Ellen. 16 Und in den Nischen und an ihren Pfeilern waren rings-
um im Tor verschlossene Fenster, die in das Innere der Anlage blickten;
und ebenso war es bei den Vorhallen: Fenster ringsum, ins Innere bli-
ckend, und an jedem Pfeiler waren Palmenverzierungen.

17: 42,1; 1Chr 28,12 17 Dann brachte er mich in den äusseren Vorhof, und sieh, da waren
Kammern und ein Steinpflaster, angelegt für den Vorhof, ringsum; auf
dem Steinpflaster waren dreissig Kammern. 18 Und das Steinpflaster
war seitlich an den Toren, der Tiefe der Tore entsprechend: Das war das
untere Steinpflaster. 19 Dann mass er die Breite von der Vorderseite des
unteren Tors bis zur äusseren Vorderseite des inneren Vorhofs: hundert
Ellen nach Osten und nach Norden. 20 Und das Tor am äusseren Vorhof,
dessen Vorderseite nach Norden gerichtet war: Er vermass seine Länge
21: 13 und seine Breite. 21 Und mit seinen Nischen – drei auf der einen und
drei auf der anderen Seite – und seinen Pfeilern und seiner Vorhalle war
es so: Die Masse waren wie die des ersten Tors. Fünfzig Ellen war seine
Länge und fünfundzwanzig die Breite, in Ellen. 22 Und seine Fenster
und seine Vorhalle und seine Palmen hatten Masse wie das Tor, dessen
Vorderseite nach Osten gerichtet war. Und sieben Stufen steigt man in
ihm hinauf, und vor diesen liegt seine Vorhalle. 23 Und ein Tor am in-
neren Vorhof lag gegenüber dem Tor im Norden, und eines lag gegen-
über dem Tor im Osten. Und er mass von Tor zu Tor: hundert Ellen.
24: 13.21 24 Dann liess er mich nach Süden gehen, und sieh, da war ein nach Sü-
den gerichtetes Tor. Und er vermass seine Pfeiler und seine Vorhalle:
Die Masse waren wie die der anderen. 25 Und das Tor und seine Vorhal-
le hatten ringsum Fenster, den Fenstern der anderen gleich: Fünfzig El-
26: 16.31; 41,18.26; 1Kön 6,29 len in der Länge und fünfundzwanzig Ellen in der Breite. 26 Und sieben
Stufen bildeten seinen Aufgang, und vor diesen lag seine Vorhalle. Und
an seinen Pfeilern hatte es Palmen, eine auf einer und eine auf der ande-
ren Seite. 27 Und der innere Vorhof hatte ein Tor, das nach Süden ge-
richtet war, und er mass von dem einen Tor zum Tor, das nach Süden
wies: hundert Ellen.

28 Dann brachte er mich zum inneren Vorhof in das Südtor, und er
vermass das Südtor: Die Masse waren wie die der anderen. 29 Und seine
Nischen und seine Pfeiler und seine Vorhalle: Die Masse waren wie die

40,12: In der Übersetzung von V.12 wurde «und die auf der anderen Seite» nach der griechischen Überlieferung ergänzt.

40,14: Die Übersetzung des Verses ist unsicher.

40,15: Die Übersetzung beruht auf der griechischen Überlieferung.

40,15: Mit der «äusseren Vorderseite des Tors» ist die dem Inneren der Anlage zugewandte Seite des Tors gemeint.

40,22: Mit ‹vor diesen› ist vor den Stufen gemeint.

40,25: In diesem und den folgenden Versen findet sich im hebräischen Text statt «das Tor» an manchen Stellen «es».

der anderen. Und das Tor und seine Vorhalle hatten ringsum Fenster.
Fünfzig Ellen war die Länge und fünfundzwanzig Ellen die Breite.
30 Und ringsum waren Vorhallen: fünfundzwanzig Ellen in der Länge
und fünf Ellen in der Breite. 31 Und seine Vorhalle lag am äusseren Vor- 31: 16.26; 41,18.26;
hof, und an seinen Pfeilern waren Palmen, und acht Stufen führten hin- 1Kön 6,29
auf. 32 Dann brachte er mich in den inneren Vorhof, in den östlichen
Bereich, und er vermass das Tor: Die Masse waren wie die der anderen.
33 Und seine Nischen und seine Pfeiler und seine Vorhalle: Die Masse
waren wie die der anderen. Und das Tor und seine Vorhallen hatten
ringsum Fenster. Fünfzig Ellen war die Länge und fünfundzwanzig El-
len die Breite. 34 Und seine Vorhalle lag am äusseren Vorhof, und an
seinen Pfeilern waren Palmen, auf der einen Seite und auf der anderen
Seite, und acht Stufen führten hinauf. 35 Dann brachte er mich zum 35: 28; 47,2
Nordtor, und er vermass es: Die Masse waren wie die der anderen –
36 seine Nischen, seine Pfeiler und seine Vorhalle; und das Tor hatte
ringsum Fenster. Fünfzig Ellen war die Länge und fünfundzwanzig El-
len die Breite. 37 Und seine Pfeiler waren am äusseren Vorhof, und an
seinen Pfeilern waren Palmen, auf der einen und auf der anderen Seite,
und acht Stufen führten hinauf.

38 Und da war eine Kammer, und deren Eingang lag an den Pfeilern 38: Lev 1,9;
der Tore; dort spült man das Brandopfer ab. 39 Und in der Vorhalle des 2Chr 4,6
Tors waren zwei Tische auf der einen und zwei Tische auf der anderen 39: Lev 4–5
Seite, damit man darauf das Brandopfer, das Sündopfer und das Schuld-
opfer schlachtet. 40 Auch aussen an der Seitenwand, beim Aufstieg zum
Eingang des Nordtors, waren zwei Tische, und an der anderen Seiten-
wand der Vorhalle des Tors waren zwei Tische. 41 Vier Tische waren an
der einen Seite, und vier Tische waren an der anderen Seite an der Sei-
tenwand des Tors: acht Tische, auf denen man schlachtet. 42 Und vier
Tische für das Brandopfer: aus Quadersteinen, eineinhalb Ellen in der
Länge, eineinhalb Ellen in der Breite und eine Elle in der Höhe; darauf
legte man die Geräte, mit denen man das Brandopfer schlachtet und das
Schlachtopfer. 43 Und die Ablageleiste, eine Hand breit, war ringsum 43: 42,13; 46,20
im Haus befestigt. Und auf die Tische kam das Opferfleisch.

44 Und aussen am inneren Tor waren Kammern für Sänger im in- 44: 1Chr 6,16–17
neren Vorhof, an der Seitenwand des Nordtors, und ihre Vorderseiten
waren nach Süden gerichtet; eine war an der Seitenwand des Osttors,
ihre Vorderseite war nach Norden gerichtet. 45 Und er sprach zu mir:
Diese, die Kammer, deren Vorderseite nach Süden gerichtet ist, ist für
die Priester bestimmt, die den Dienst am Haus wahrnehmen. 46 Und 46: 43,19; 44,10.15;
die Kammer, deren Vorderseite nach Norden gerichtet ist, ist für die 48,11; 2Sam 8,17
Priester bestimmt, die den Dienst am Altar wahrnehmen: Das sind die
Zadokiden, diejenigen von den Leviten, die sich dem HERRN nähern
dürfen, um ihm zu dienen. 47 Und er vermass den Vorhof: hundert El- 47: 1Kön 8,64
len in der Länge und hundert Ellen in der Breite, ein Viereck. Und der
Altar stand vor dem Haus.

48 Dann brachte er mich in die Vorhalle des Hauses, und er vermass 48: 1Kön 6,3;
die Pfeiler der Vorhalle: fünf Ellen die auf der einen und fünf Ellen die 2Chr 3,4

40,43: Die Bedeutung des mit ‹Ablageleiste› wiedergegebenen hebräischen Worts ist umstritten; andere übersetzen mit ‹Haken›.

auf der anderen Seite. Und die Breite des Tors: drei Ellen auf der einen
49: 1Kön 7,21; und drei Ellen auf der anderen Seite. 49 Die Länge der Vorhalle: zwanzig
2Chr 3,15–17 Ellen; und die Breite: elf Ellen. Und auf den Stufen, die man zu ihr hin-
aufsteigt, waren Pfeiler bei den Säulen, einer auf der einen und einer auf
der anderen Seite.

41 1 Dann brachte er mich in die Tempelhalle, und er vermass die
Pfeiler: sechs Ellen in der Breite auf der einen Seite und sechs Ellen
2: 40,11 · 1Kön 6,17 in der Breite auf der anderen Seite. Das war die Breite des Zelts. 2 Und
die Breite des Eingangs: zehn Ellen; und die der Seitenwände des Ein-
gangs: fünf Ellen auf der einen und fünf Ellen auf der anderen Seite. Und
3: 1Kön 6,20; er mass seine Länge: vierzig Ellen; und die Breite: zwanzig Ellen. 3 Dann
2Chr 3,8 betrat er das Innere und vermass die Pfeiler am Eingang: zwei Ellen; und
den Eingang: sechs Ellen; und die Breite des Eingangs: sieben Ellen.
4: 1Kön 6,16 4 Und er mass seine Länge: zwanzig Ellen; und die Breite: zwanzig Ellen
bis an die Vorderseite der Tempelhalle. Und er sprach zu mir: Dies ist
das Allerheiligste.

5: 1Kön 6,5–6 5 Und er vermass die Wand des Hauses: sechs Ellen; und die Breite
des Seitenbaus: vier Ellen, rings um das Haus, ringsum. 6 Und die Sei-
tenräume: Seitenraum an Seitenraum, je dreissig in drei Stockwerken.
Und an der Wand des Hauses waren Absätze für die Seitenräume rings-
um, damit es Auflageflächen gab, ohne dass Auflageflächen in die Wand
des Hauses eingelassen waren. 7 Und der Umgang wurde nach oben
hin, bei den Seitenräumen, breiter, denn die Umbauung des Hauses
verlief nach oben hin rings um das Haus. Deshalb hatte das Haus nach
oben hin eine Verbreiterung. Und so stieg man vom unteren über das
8: 40,5 mittlere zum oberen hinauf. 8 Und ringsum sah ich eine Erhöhung am
Haus. Die Grundmauern der Seitenräume entsprachen einem ganzen
Messrohr, sechs Ellen im Seitenmass. 9 Die Tiefe der Aussenwand, die
zum Seitenbau gehörte: fünf Ellen; und sie lag an einem unbebauten
Streifen bei den Seitenbauten, die am Haus waren. 10 Und zwischen
den Kammern war ein Abstand von zwanzig Ellen in der Breite, rings
um das Haus, ringsum. 11 Und die Türen des Seitenbaus gingen auf den
unbebauten Streifen, eine Tür wies nach Norden, und eine Tür ging
nach Süden. Und die Breite des Bereichs, der unbebaut war: ringsum
fünf Ellen. 12 Und das Gebäude, das an der Vorderseite des abgetrennten
Platzes stand, auf der Westseite, mass siebzig Ellen in der Breite. Und
die Mauer des Gebäudes war ringsum fünf Ellen tief, und seine Länge
betrug neunzig Ellen. 13 Dann vermass er das Haus: hundert Ellen in der
Länge; und den abgetrennten Platz und den Bau und dessen Mauern:
hundert Ellen in der Länge; 14 und die Breite der Vorderseite des Hauses
und den abgetrennten Platz nach Osten hin: hundert Ellen. 15 Und er
vermass die Länge des Gebäudes an der Vorderseite des abgetrennten
Platzes auf seiner Rückseite und dessen Absätze auf der einen und auf
der anderen Seite: hundert Ellen. Und das Innere der Tempelhalle und
16: 1Kön 6,14–18 die Hallen des Vorhofs 16 waren getäfelt. Und ringsum hatten die ver-
schlossenen Fenster und die Absätze in ihren drei Teilen gegenüber der
Schwelle eine Verkleidung aus Holz, ringsum: vom Boden bis an die

41,7–9: Die Übersetzung der Verse 7–9 ist zum Teil unsicher.
41,15: Statt «Absätze» ist möglicherweise «Durchgänge» zu übersetzen.

Fenster – die Fenster aber waren verhängt – 17 bis über den Eingang.
Und bis ins Haus hinein, im Inneren und aussen, an der ganzen Wand
ringsum, im Inneren und aussen, waren abgemessene Flächen. 18 Und 18: 1,10; 9,3!; 10,20! ·
auf ihnen waren Kerubim und Palmen angebracht, je eine Palme zwi- 26; 40,16.26.31;
schen zwei Kerubim, und jeder Kerub hatte zwei Gesichter: 19 Ein Men- 1Kön 6,29
schengesicht war auf der einen Seite zur Palme hin angebracht und ein
Löwengesicht auf der anderen Seite zur Palme hin, ringsum am ganzen
Haus. 20 Vom Boden bis über den Eingang waren die Kerubim und die
Palmen angebracht, an der Wand der Tempelhalle. 21 Die Tempelhalle
hatte viereckige Türpfosten. Und bei der Vorderseite des Heiligsten war
die Erscheinung von etwas, das aussah wie 22 ein Altar aus Holz. Drei 22: Ex 30,1!;
Ellen betrug die Höhe und zwei Ellen seine Länge, und er hatte Ecken. 1Kön 6,20–21 ·
Und sein Sockel und seine Wände waren aus Holz. Und er sprach zu Ex 25,30; Lev 24,6
mir: Das ist der Tisch, der vor dem HERRN steht. 23 Und die Tempelhalle 23: 1Kön 6,34
und das Heiligste hatten zwei Türen. 24 Und die Türen hatten zwei Tür-
flügel, zwei drehbare Türflügel: zwei hatte die eine Tür, und zwei Tür-
flügel hatte die andere. 25 Und an ihnen, an den Türen der Tempelhalle, 25: 10,20!
waren Kerubim und Palmen angebracht, wie sie an den Wänden ange-
bracht waren. Und aussen an der Vorderseite der Vorhalle war ein Aw
aus Holz. 26 Und verschlossene Fenster und Palmen waren an der einen 26: 18; 40,16.26.31;
Seite und an der anderen Seite, an den Seitenwänden der Vorhalle und 1Kön 6,29
in den Seitenräumen des Hauses und an den Ubbim.

42 1 Dann führte er mich hinaus in den äusseren Vorhof, auf dem 1: 40,17; 46,19;
Weg nach Norden, und er brachte mich zu den Kammern, die ge- 1Chr 28,12
genüber dem abgetrennten Platz und dem Gebäude gegenüber im Nor-
den lagen. 2 An der Vorderseite: hundert Ellen in der Länge am Eingang
im Norden und fünfzig Ellen in der Breite. 3 Gegenüber den zwanzig
Ellen des inneren Vorhofs und gegenüber dem Steinpflaster, das zum
äusseren Vorhof gehörte, war Absatz vor Absatz, in drei Abstufungen.
4 Und vor den Kammern war ein Gang von zehn Ellen in der Breite, zum
Inneren hin war ein Weg von einer Elle. Und ihre Türen waren nach
Norden gerichtet. 5 Und die oberen Kammern waren kleiner, denn die
unteren und die mittleren Absätze des Gebäudes nahmen ihnen Raum.
6 Denn sie waren in drei Stockwerken angelegt und hatten keine Säu-
len wie die Säulen in den Vorhöfen; darum hatte man sie gegenüber den
unteren und den mittleren von unten her kleiner angelegt. 7 Und da
war eine Mauer, die aussen an den Kammern entlang auf den äusseren
Vorhof zulief, an der Vorderseite der Kammern: Ihre Länge war fünfzig
Ellen. 8 Denn die Länge der Kammern am äusseren Vorhof betrug fünf-
zig Ellen, und sieh, an der Vorderseite der Tempelhalle waren es hun-
dert Ellen. 9 Und unterhalb dieser Kammern war der Eingang von Os-
ten her, wenn man vom äusseren Vorhof zu ihnen kam, 10 in der Tiefe
der Mauer des Vorhofs. An der östlichen Vorderseite des abgetrennten

41,22: Die Übersetzungen «ein Altar aus Holz» und «Und sein Sockel» beruhen auf der griechischen Überlieferung.

41,25: Die Bedeutung des hebräischen Worts Aw ist unbekannt.

41,26: Die Bedeutung des hebräischen Worts Ubbim ist unbekannt; es handelt sich um die Mehrzahl des Wortes Aw in 41,25.

42,10: «östlichen Vorderseite»: Vermutlich muss der Text hier mit der griechischen Überlieferung «südlichen Vorderseite» lauten.

Platzes und an der Vorderseite des Gebäudes waren Kammern, 11 und
vor ihnen war ein Weg. Ihr Aussehen entsprach dem der Kammern, die
nach Norden lagen – wie ihre Länge, so war ihre Breite –, und alle ihre
Ausgänge und ihre Einrichtungen und ihre Türen waren wie die der an-
deren. 12 Und wie bei den Türen der Kammern, die nach Süden lagen, so
war eine Tür am Anfang eines Wegs, eines Wegs an der Vorderseite der
13: 40,43; 46,20 · Schutzmauer nach Osten hin, wenn man hineinkam. 13 Und er sprach
Lev 2,3 · 44,29 zu mir: Die Kammern im Norden, die Kammern im Süden, die an den
Stirnseiten des abgetrennten Platzes liegen, sie sind die Kammern der
Heiligkeit, wo die Priester, die sich dem HERRN nähern dürfen, die
hochheiligen Gaben essen. Dort legt man die hochheiligen Gaben nie-
der, das Speiseopfer und das Sündopfer und das Schuldopfer, denn der
14: 44,19 Ort ist heilig. 14 Wenn die Priester hineingegangen sind, dürfen sie aus
dem Heiligen nicht in den äusseren Vorhof hinausgehen; erst müssen
sie dort ihre Kleider ablegen, in denen sie den Dienst verrichten, denn
sie sind heilig; sie müssen andere Kleider anziehen, und erst dann dür-
fen sie sich dem nähern, was zum Volk gehört.
15: 40,6; 43,1.4; 44,1 15 Und er beendete die Vermessung des inneren Hauses und führte
mich hinaus auf dem Weg durch das Tor, das nach Osten gerichtet war.
Dann vermass er die Anlage ringsum. 16 Er mass die Ostseite mit dem
Messrohr: fünfhundert Messrohre, ringsum mit dem Messrohr. 17 Er
mass die Nordseite: fünfhundert Messrohre, ringsum mit dem Mess-
rohr. 18 Die Südseite mass er: fünfhundert Messrohre, mit dem Mess-
rohr. 19 Er wandte sich nach Westen; er mass fünfhundert Messrohre
20: 40,5 · 22,26; mit dem Messrohr. 20 Auf vier Seiten vermass er die Anlage. Ringsum
Lev 10,10 hatte sie eine Mauer: fünfhundert in der Länge und fünfhundert in der
Breite, um zu trennen zwischen dem, was heilig ist, und dem, was nicht
heilig ist.

Weitere Schauung der Herrlichkeit des HERRN

1: 4; 40,6; 42,15; 44,1 **43** 1 Dann liess er mich zu dem Tor gehen, das nach Osten gerichtet
2–5: 9,3! · Jes 52,8 war. 2 Und sieh, die Herrlichkeit des Gottes Israels kam von Os-
2: 8,4! · 1,24; 3,13; ten, und das Geräusch war wie das Geräusch von Wassermassen, und
10,5; Offb 1,15 · von seiner Herrlichkeit leuchtete das Land. 3 Und das Aussehen der Er-
Offb 18,1 scheinung, die ich sah, war wie die Erscheinung, die ich gesehen hatte,
3: 1,1! · 3,23! · 8,2 als ich kam, um die Stadt zu vernichten, und das waren Erscheinungen
wie die Erscheinung, die ich am Fluss Kebar gesehen hatte. Da fiel ich
4: 8,4; 9,3; 10,4.18; nieder auf mein Angesicht. 4 Und die Herrlichkeit des HERRN kam in
11,1.22 · 1; 42,15; das Haus auf dem Weg durch das Tor, das nach Osten lag. 5 Und Geist
44,1 *5:* 3,12! · 44,4; hob mich empor und brachte mich in den inneren Vorhof, und sieh, das
Ex 40,34 Haus war erfüllt von der Herrlichkeit des HERRN. 6 Und ich hörte einen,
6: 1,28 · 40,3! der aus dem Haus zu mir redete, während neben mir ein Mann stand.
7: Jer 3,17! · 7 Und er sprach zu mir: Du Mensch, das ist die Stätte meines Throns
Jes 60,13 · 37,26 · und die Stätte meiner Fusssohlen, wo ich inmitten der Israeliten für im-
20,29! mer wohnen werde! Und das Haus Israel wird meinen heiligen Namen

42,14: Mit ‹dort› sind die nördlichen Kammern gemeint.

42,15: In diesem Vers und in V.20 lautet der Text wörtlich «... vermass er sie. ...»

43,3: In manchen Handschriften lautet der Text: «..., als er kam, ...»

43,6: Der Massoretische Text («Und ich hörte einen vom Haus her, ohne dass er zu mir redete, ...») wurde leicht korrigiert.

nicht mehr unrein machen – weder sie noch ihre Könige – durch ihre
Hurerei und mit den Leichen ihrer Könige auf ihren Kulthöhen, 8 als sie *8:* 20,39; 36,20 ·
ihre Schwelle an meine Schwelle und ihren Türpfosten neben meinen 8,7–11; 1Kön 7,1–12
Türpfosten gesetzt haben, so dass zwischen mir und ihnen nur die Mau-
er war. Und so haben sie meinen heiligen Namen unrein gemacht mit
ihren Abscheulichkeiten, die sie verübt haben, und ich habe sie in mei-
nem Zorn vertilgt. 9 Nun werden sie ihre Hurerei und die Leichen ihrer *9:* 7
Könige von mir fernhalten, und ich werde für immer in ihrer Mitte
wohnen. 10 Du, Mensch, berichte dem Haus Israel von dem Haus, damit
sie sich aller ihrer Vergehen schämen und die Anlage vermessen. 11 Und *11:* 40,4; 44,5 · 4,12!
wenn sie sich all dessen schämen, was sie getan haben, dann unterrich-
te sie über das Bild des Hauses und seine Ausstattung und seine Ausgän-
ge und seine Eingänge und alle entsprechenden Bilder und alle seine
Satzungen und alle entsprechenden Bilder und alle seine Weisungen,
und schreib es vor ihren Augen auf, damit sie all seine Bilder und seine
Satzungen umsetzen und danach handeln. 12 Dies ist die Weisung für *12:* 45,1
das Haus: Sein gesamtes Gebiet auf dem Gipfel des Berges ist ringsum
hochheilig. Sieh, das ist die Weisung für das Haus.

Der Altar und seine Satzungen

13 Und dies sind die Masse des Altars in Ellen, eine Elle gerechnet als *13–17:* Ex 27,1–2!;
eine gewöhnliche Elle und eine Handbreite: Da ist ein Graben von einer 1Kön 8,64
Elle und einer Elle in der Breite, und ringsum an seinem Rand ist eine
Begrenzung von einer Spanne. Und dies ist der Sockelwulst des Altars:
14 vom Graben, vom Boden, bis zur unteren Einfassung: zwei Ellen, und
eine Elle in der Breite. Und von der kleineren Einfassung bis zur grösse-
ren Einfassung: vier Ellen, und eine Elle in der Breite. 15 Der Opferherd:
vier Ellen; und die Hörner auf dem Opferherd: vier. 16 Und der Opfer-
herd: zwölf Ellen in der Länge auf zwölf Ellen in der Breite, an allen vier
Seiten gleich lang. 17 Und die Einfassung: vierzehn in der Länge auf
vierzehn in der Breite, an allen vier Seiten; und ringsum seine Begren-
zung: die halbe Elle; und der Graben an ihm: eine Elle ringsum. Und
seine Stufen sind an der Seite gegen Osten.

18 Und er sprach zu mir: Du Mensch, so spricht Gott der HERR: Dies *18:* 45,18;
sind die Satzungen für den Altar: Am Tag, da er bereit ist, damit man Ex 29,36–37;
Brandopfer auf ihm darbringt und Blut an ihn sprengt, 19 sollst du den Lev 5,9
levitischen Priestern – die aus der Nachkommenschaft Zadoks sind, die *19:* 44,15 · 40,46! · Ex 29,1
sich mir nähern dürfen, Spruch Gottes des HERRN, um mir zu dienen –
einen jungen Stier als Sündopfer geben. 20 Und du sollst von seinem *20:* 45,19; Lev 8,15
Blut nehmen und es an die vier Hörner des Altars streichen und an die
vier Ecken der Einfassung und ringsum an die Begrenzung, und du
sollst ihn entsündigen und ihn entsühnen. 21 Dann sollst du den Stier *21:* Ex 29,14!
nehmen, das Sündopfer, und man soll ihn auf dem dafür vorgesehenen
Platz am Haus verbrennen, ausserhalb des Heiligtums. 22 Und am zwei- *22:* Lev 16,5
ten Tag soll man einen makellosen Ziegenbock als Sündopfer darbrin-
gen und den Altar entsündigen, wie man ihn mit dem Stier entsündigt

43,7: Möglich ist aber auch die Übersetzung: «... – durch ihre Hurerei und durch die Totenopfer ihrer Könige auf ihren Kulthöhen,» (vgl. auch V.9).

43,20: Wörtlich: «... und es an seine vier Hörner streichen ...»

hat. 23 Wenn du die Entsündigung vollzogen hast, sollst du einen ma-
kellosen jungen Stier und einen makellosen Widder von den Schafen
24: Lev 2,13 darbringen. 24 Und du sollst sie vor dem HERRN darbringen, und die
Priester sollen Salz auf sie streuen und sie dem HERRN als Brandopfer
25: 45,23; darbringen. 25 Sieben Tage lang sollst du täglich einen Bock als Sündop-
Lev 8,33–35 fer darbringen; und einen jungen Stier und einen Widder von den Scha-
26: Ex 29,37 fen, makellose Tiere, soll man darbringen. 26 Sieben Tage lang soll man
27: 20,40 den Altar entsühnen und ihn rein machen und ihn weihen 27 und so
diese Tage vollenden. Und vom achten Tag an sollen die Priester eure
Brandopfer und eure Heilsopfer auf dem Altar darbringen. Dann werde
ich euch gnädig sein. Spruch Gottes des HERRN.

Anweisungen für den Dienst im Haus des HERRN

1: 40,6; 42,15; 43,1 **44** 1 Dann führte er mich zurück zum äusseren Tor des Heiligtums,
2: 43,4; 46,1 das nach Osten wies, und es war geschlossen. 2 Da sprach der
HERR zu mir: Dieses Tor bleibt geschlossen, es wird nicht geöffnet, und
niemand wird hier hineingehen, denn hier ist der HERR, der Gott Isra-
3: 19,1!; 46,2.12 els, eingezogen, und es wird geschlossen bleiben. 3 Der Fürst, als Fürst
darf er sich hier aufhalten, zum Opfermahl vor dem HERRN; auf dem
Weg durch die Vorhalle des Tors wird er hereinkommen, und auf dem-
selben Weg wird er hinausgehen.
4: 43,5 · 3,23! 4 Dann brachte er mich durch das Nordtor zur Vorderseite des Hau-
ses. Und ich sah hin, und sieh, die Herrlichkeit des HERRN erfüllte das
5: 40,4; 43,11 Haus des HERRN. Da fiel ich nieder auf mein Angesicht. 5 Und der HERR
sprach zu mir: Du Mensch, nimm dir alles zu Herzen, und sieh mit dei-
nen Augen, und höre mit deinen Ohren auf alles, was ich dir sage zu
allen Satzungen des Hauses des HERRN und allen seinen Weisungen,
und richte dein Herz in allen Ausgängen des Heiligtums auf das, was
6: 45,9 gilt für den Zutritt zum Haus. 6 Und sprich zur Widerspenstigkeit, zum
Haus Israel: So spricht Gott der HERR: Lasst es genug sein mit all euren
7: 9; Jer 4,4 · 23,39 · Abscheulichkeiten, Haus Israel! 7 Als ihr Fremde, unbeschnitten am
16,19 · Jes 56,6–7 Herzen und unbeschnitten am Fleisch, habt hereinkommen lassen, so
dass sie in meinem Heiligtum waren, um mein Haus zu entweihen, als
ihr meine Speise, Fett und Blut, dargebracht habt, hat man meinen Bund
8: 2Chr 13,9–11 gebrochen mit all euren Abscheulichkeiten! 8 Und ihr habt den Dienst
an dem, was mir heilig ist, nicht wahrgenommen, sondern habt jene
eingesetzt, dass sie an eurer Stelle den Dienst für mich wahrnehmen im
Heiligtum.
9: 7 9 So spricht Gott der HERR: Kein Fremder, unbeschnitten am Her-
zen und unbeschnitten am Fleisch, darf mein Heiligtum betreten, kei-
10: 40,46! · 20,16 ner von all den Fremden, die unter den Israeliten sind! 10 Die Leviten
aber, die sich von mir entfernt haben, als Israel in die Irre ging, als sie in
die Irre gingen, weg von mir, hinter ihren Mistgötzen her, sie werden
11: Num 3,6–9 ihre Schuld tragen: 11 Sie werden in meinem Heiligtum Dienst tun als
Wachen an den Toren des Hauses, und sie werden den Dienst am Haus
verrichten. Sie sind es, die das Brandopfer und das Schlachtopfer für das
Volk schlachten, und sie sind es, die vor ihnen stehen werden, um ihnen
12: 7,19! · 20,5; 36,7; zu dienen. 12 Weil sie ihnen immer wieder vor ihren Mistgötzen ge-
47,14; Ex 6,8

44,5: Die Übersetzung «..., was gilt für den Zutritt zum Haus.» ist unsicher.

dient haben und dem Haus Israel Anstoss zur Verschuldung geworden
sind, darum habe ich meine Hand gegen sie erhoben, Spruch Gottes des
HERRN. Und sie werden ihre Schuld tragen. 13 Und sie dürfen mir nicht
nahe kommen, um mir als Priester zu dienen und um all dem nahe zu
sein, was mir heilig ist, dem, was hochheilig ist. Sondern sie werden
ihre Schande tragen und ihre Abscheulichkeiten, die sie begangen ha-
ben! 14 Und ich lasse sie den Dienst am Haus wahrnehmen, für alle Ar- 14: 48,18
beit in ihm und für alles, was in ihm getan werden muss.

15 Die levitischen Priester aber, die Zadokiden, die den Dienst an 15: 43,19;
meinem Heiligtum wahrgenommen haben, als die Israeliten in die Irre Num 25,13 · 40,46!
gingen, weg von mir, sie sind es, die sich mir nähern dürfen, um mir zu
dienen, und sie werden vor mir stehen, um mir Fett und Blut darzubrin-
gen. Spruch Gottes des HERRN. 16 Sie sind es, die mein Heiligtum be-
treten dürfen, und sie sind es, die sich meinem Tisch nähern dürfen, um
mir zu dienen, und sie werden den Dienst für mich wahrnehmen.
17 Und wenn sie die Tore des inneren Vorhofs betreten, sollen sie Klei- 17: Ex 28,40–43
der aus Leinen tragen; und es soll keine Wolle auf ihnen sein, wenn sie
Dienst tun in den Toren des inneren Vorhofs und im Haus. 18 Auf ihren
Köpfen sollen Kopfbinden aus Leinen sein, und an ihren Hüften sollen
Beinkleider aus Leinen sein; sie dürfen sich nicht mit etwas gürten, das
sie zum Schwitzen bringt. 19 Und wenn sie hinausgehen in den äusse- 19: 42,14; 46,20;
ren Vorhof, in den äusseren Vorhof zum Volk, müssen sie ihre Kleider, Ex 30,29
in denen sie Dienst tun, ausziehen und sie niederlegen in den Kam-
mern der Heiligkeit, und sie müssen andere Kleider anziehen, damit sie
durch ihre Kleider nicht Heiligkeit übertragen auf das Volk. 20 Und ihre 20: Lev 19,27;
Köpfe dürfen sie nicht kahl scheren, sie dürfen das Haupthaar aber auch Lev 21,5.10
nicht frei wachsen lassen; kurz sollen sie ihr Haupthaar schneiden.
21 Und kein Priester darf Wein trinken, wenn er den inneren Vorhof 21: Lev 10,9
betritt. 22 Und eine Witwe oder eine, die verstossen worden ist, sollen 22: Lev 21,7.13–14
sie nicht zur Frau nehmen, sondern Jungfrauen aus der Nachkommen-
schaft des Hauses Israel. Die Witwe aber, die eine Priesterwitwe ist, dür-
fen sie nehmen. 23 Und sie sollen mein Volk den Unterschied lehren 23: 22,26; 42,19;
zwischen dem, was heilig, und dem, was nicht heilig ist, und sie sollen Lev 10,10
sie den Unterschied erkennen lassen zwischen dem, was unrein, und
dem, was rein ist. 24 Und bei einem Rechtsstreit sollen sie bereitstehen, 24: 20,20 ·
um für Recht zu sorgen, nach meinen Rechtssätzen sollen sie richten. Dtn 17,8–9
Und zu allen meinen Festzeiten sollen sie meine Weisungen und
meine Satzungen einhalten, und meine Sabbate sollen sie heilig halten.
25 Und zu einem toten Menschen darf er nicht hineingehen, er würde 25: Lev 21,1–4
unrein. Unrein machen dürfen sie sich nur an Vater und Mutter und
Sohn und Tochter und Bruder und an einer Schwester, die zu keinem
Mann gehört hat. 26 Und nach seiner Reinigung soll man für ihn sieben 26: Num 19,12
Tage abzählen. 27 Und an dem Tag, da er in das Heiligtum kommt, in
den inneren Vorhof, um Dienst zu tun im Heiligtum, muss er sein
Sündopfer darbringen. Spruch Gottes, der HERRN. 28 Und das wird ihr 28: Num 18,20!
Erbbesitz sein: Ich bin ihr Erbbesitz. Und Eigentum sollt ihr ihnen in
Israel nicht geben; ich bin ihr Eigentum. 29 Das Speiseopfer und das 29: 42,13 · Lev 7,7
Sündopfer und das Schuldopfer, das ist es, was sie essen werden; und

44,29: Möglich ist auch die Übersetzung: «..., sie sind es, die es essen werden; ...»

ihnen soll alles gehören, was in Israel der Vernichtung geweiht wird.
30: 20,40 · Ex 23,19 30 Und das Beste aller Erstlingsgaben von allem und jede Abgabe von
allem, von allen euren Abgaben, wird den Priestern gehören. Und das
beste eures Schrotmehls sollt ihr dem Priester geben, damit Segen auf
31: 4,14; Lev 22,8 eurem Haus ruht. 31 Aas oder ein zerrissenes Tier, sei es ein Vogel oder
ein grosses Tier, dürfen die Priester nicht essen.

Anweisungen für die Aufteilung des Landes, für Abgaben, Opfer und Passa

1: 43,12; 47,13; **45** 1 Und wenn ihr das Land als Erbbesitz verlost, sollt ihr eine Abga-
48,8–22; be für den HERRN entrichten, einen heiligen Bereich vom Land;
Num 26,55 die Länge: fünfundzwanzigtausend Ellen in der Länge, und zehntau-
send Ellen in der Breite. In ihrem ganzen Gebiet ringsum ist die Abgabe
2: 42,15–20; heilig. 2 Dem Heiligtum wird davon ein Viereck, fünfhundert auf fünf-
Num 35,2 hundert gehören, ringsum; und fünfzig Ellen ringsum werden ihm als
Weideland gehören. 3 Und von dieser Fläche sollst du eine Länge von
fünfundzwanzigtausend und eine Breite von zehntausend abmessen,
4: 44,28 und darin wird das Heiligtum als Hochheiliges sein. 4 Ein heiliger Be-
reich vom Land ist das; er wird den Priestern gehören, die den Dienst
verrichten im Heiligtum, die sich nähern dürfen, um dem HERRN zu
dienen, und es wird ihnen als Platz für Häuser und als heilige Stätte für
5: 44,11; 48,13 das Heiligtum dienen. 5 Und fünfundzwanzigtausend in der Länge und
zehntausend in der Breite wird den Leviten gehören, die den Dienst am
Haus verrichten, ihnen wird es als Eigentum gehören, für zwanzig
6: 48,15 Kammern. 6 Und als Eigentum der Stadt sollt ihr fünftausend in der
Breite und fünfundzwanzigtausend in der Länge abgeben, entlang der
Abgabe für das Heiligtum; dem ganzen Haus Israel wird es gehören.
7: 19,1!; 48,21 7 Und dem Fürsten gehört Land auf der einen Seite und auf der anderen
Seite der Abgabe für das Heiligtum und des Eigentums der Stadt, neben
der Abgabe für das Heiligtum und neben dem Eigentum der Stadt, auf
der Westseite westwärts und auf der Ostseite ostwärts, in der Länge ent-
sprechend einem der Anteile von der Westgrenze bis zur Ostgrenze
8: 47,13 8 des Landes. Als Eigentum in Israel wird es ihm gehören. Und meine
Fürsten werden mein Volk nicht mehr bedrücken, und nach seinen
Stämmen werden sie dem Haus Israel das Land geben.
9: 19,1!; 44,6; 46,18; 9 So spricht Gott der HERR: Lasst es genug sein, ihr Fürsten Israels!
Jer 22,1–5 Beseitigt Gewalt und Unterdrückung, und handelt nach Recht und Ge-
rechtigkeit! Hört auf, mein Volk zu vertreiben! Spruch Gottes des
10: Lev 19,36 HERRN. 10 Gerechte Waage und gerechtes Efa und gerechtes Bat sollt ihr
haben. 11 Ein einheitliches Mass sollen das Efa und das Bat haben: Das Bat
soll den zehnten Teil des Chomer fassen, und das Efa soll den Zehnten des
Chomer fassen; nach dem Chomer soll sich ihre Massbestimmung rich-
12: Lev 27,25 ten. 12 Der Schekel sind zwanzig Gera. Zwanzig Schekel, fünfundzwan-
13: Ex 30,13–16 zig Schekel, fünfzehn Schekel sollen die Mine bei euch sein. 13 Dies ist
die Abgabe, die ihr entrichten sollt: Ein sechstel Efa vom Chomer Weizen
und ein sechstel Efa vom Chomer Gerste; 14 und als Gebühr an Öl, das Öl
in Bat: den zehnten Teil eines Bat vom Kor; zehn Bat sind ein Chomer, ja,
15: 42,13 zehn Bat sind ein Chomer; 15 und ein Tier von den Schafen, eins von je

44,*30:* Wörtlich: «... auf deinem Haus ...»
45,*1:* Wörtlich: «... ringsum ist sie heilig.»

zweihundert, vom wasserreichen Land Israels, als Speiseopfer und als
Brandopfer und als Heilsopfer, um sie zu entsühnen. Spruch Gottes des
HERRN. 16 Zu dieser Abgabe an den Fürsten in Israel ist das ganze Volk,
das Land, verpflichtet. 17 Dem Fürsten aber obliegen die Brandopfer 17: 2Chr 31,3
und das Speiseopfer und das Trankopfer an den Festen und an den Neu-
monden und an den Sabbaten, zu allen Festzeiten des Hauses Israel. Er ist
es, der das Sündopfer und das Speiseopfer und das Brandopfer und das
Heilsopfer darbringt, um Sühne zu erwirken für das Haus Israel.
18 So spricht Gott der HERR: Im ersten Monat, am Ersten des Mo- 18: 43,18 · Lev 16,16
nats, sollst du einen makellosen jungen Stier nehmen und das Heilig-
tum entsündigen. 19 Und der Priester soll vom Blut des Sündopfers 19: 43,20; Lev 8,15
nehmen und es an den Türpfosten des Hauses und an die vier Ecken der
Einfassung des Altars und an den Türpfosten des Tors zum inneren Vor-
hof streichen. 20 Und ebenso sollst du am Siebten in jenem Monat ver- 20: Lev 4,2
fahren um dessentwillen, der sich aus Versehen vergeht, und wegen des
Einfältigen. So werdet ihr das Haus entsühnen. 21 Im ersten Monat, am 21: Ex 12,3–15;
vierzehnten Tag des Monats, wird für euch das Passa sein; ein Fest von Lev 23,5
sieben Tagen, da soll man ungesäuerte Brote essen. 22 Und an jenem
Tag soll der Fürst für sich und für das ganze Volk des Landes einen Stier
als Sündopfer darbringen. 23 Und während der sieben Tage des Fests 23: 43,25
soll er als Brandopfer für den HERRN täglich, die sieben Tage lang, sie-
ben junge Stiere und sieben Widder, makellose Tiere, darbringen und
als Sündopfer täglich einen Ziegenbock. 24 Und als Speiseopfer soll er 24: 46,5
ein Efa zu jedem Stier und ein Efa zu jedem Widder darbringen und an
Öl ein Hin zu jedem Efa. 25 Im siebten Monat, am fünfzehnten Tag des 25: Lev 23,34
Monats, am Fest, soll er die sieben Tage lang ebenso verfahren: das ent-
sprechende Sündopfer, das entsprechende Brandopfer und das entspre-
chende Speiseopfer und die entsprechende Menge Öl.

Anweisungen für den Fürsten

46 1 So spricht Gott der HERR: Das Tor des inneren Vorhofs, das nach 1: 44,2 · 45,17
Osten gerichtet ist, bleibt während der sechs Werktage geschlos-
sen; am Sabbattag aber wird es geöffnet, und am Neumondtag wird es
geöffnet. 2 Und der Fürst wird von aussen auf dem Weg durch die Vor- 2: 12; 19,1!; 44,3
halle des Tors kommen und beim Türpfosten des Tors stehen bleiben.
Dann werden die Priester sein Brandopfer und sein Heilsopfer darbrin-
gen, er aber wird sich auf der Schwelle des Tors niederwerfen und dann
hinausgehen, und das Tor soll bis zum Abend nicht geschlossen werden.
3 Und am Eingang dieses Tors soll das Volk des Landes sich an den Sab- 3: Jes 66,23
baten und an den Neumonden niederwerfen vor dem HERRN. 4 Und das 4–7: Num 28,9–14
Brandopfer, das der Fürst dem HERRN darbringen wird: am Sabbattag
sechs makellose Lämmer und einen makellosen Widder. 5 Und als 5: 45,24
Speiseopfer: ein Efa zum Widder; und als Speiseopfer zu den Lämmern
so viel er geben kann, und an Öl ein Hin zu jedem Efa. 6 Und am Neu-
mondtag: einen makellosen jungen Stier und sechs Lämmer und einen
Widder; makellos sollen sie sein. 7 Und als Speiseopfer soll er ein Efa 7: Lev 5,11
zum Stier und ein Efa zum Widder darbringen und zu den Lämmern,
wie er es sich leisten kann, und an Öl ein Hin zu jedem Efa. 8 Und wenn 8: 2; 19,1!; 44,3
der Fürst kommt, soll er auf dem Weg durch die Vorhalle des Tors kom-
men, und auf diesem Weg soll er hinausgehen. 9 Wenn aber das Volk 9: Ex 23,14–17

des Landes zu den Festzeiten vor den HERRN kommt, soll, wer auf dem
Weg durch das Nordtor hereinkommt, um sich niederzuwerfen, auf
dem Weg durch das Südtor hinausgehen, und wer auf dem Weg durch
das Südtor hereinkommt, soll auf dem Weg durch das Tor im Norden
hinausgehen. Niemand darf durch das Tor zurückkehren, durch das er
gekommen ist, sondern durch das gegenüberliegende soll er hinausge-
hen. 10 Und in ihrer Mitte soll der Fürst hereinkommen, wenn sie her-
11: 5 einkommen; und wenn sie hinausgehen, soll er hinausgehen. 11 Und an
den Festen und den Festzeiten ist das Speiseopfer ein Efa zu jedem Stier
und ein Efa zu jedem Widder, und zu den Lämmern so viel man geben
12: Lev 7,16 · 2; 44,3 kann, und an Öl ein Hin zu jedem Efa. 12 Und wenn der Fürst eine frei-
willige Gabe darbringen will, ein Brandopfer oder Heilsopfer als freiwil-
lige Gabe für den HERRN, soll man ihm das Tor öffnen, das nach Osten
gerichtet ist, und er soll sein Brandopfer und seine Heilsopfer darbrin-
gen, wie er es am Sabbattag zu tun pflegt. Dann soll er hinausgehen, und
13: Ex 29,39 nachdem er hinausgegangen ist, soll man das Tor schliessen. 13 Und als
Brandopfer soll er dem HERRN täglich ein makelloses einjähriges Lamm
darbringen; Morgen für Morgen soll er es darbringen. 14 Und als
Speiseopfer soll er dazu Morgen für Morgen ein sechstel Efa darbrin-
gen, und an Öl ein drittel Hin, um das Feinmehl zu besprengen als
Speiseopfer für den HERRN – ständige Satzungen auf ewig. 15 Und Mor-
gen für Morgen soll man das Lamm und das Speiseopfer und das Öl dar-
bringen als regelmässiges Brandopfer.

16: Lev 25,10! 16 So spricht Gott der HERR: Wenn der Fürst einem seiner Söhne ein
Geschenk macht: Es ist sein Erbbesitz, es wird seinen Söhnen gehören,
es ist ihr Eigentum als Erbesitz. 17 Wenn er aber einem seiner Diener
ein Geschenk von seinem Erbbesitz macht, wird es diesem bis zum Jahr
der Freilassung gehören und dann zurückfallen an den Fürsten. Nur sei-
18: 45,9 nen Söhnen, ihnen wird es als sein Erbbesitz bleiben. 18 Der Fürst darf
aber nichts vom Erbbesitz des Volks nehmen, indem er sie mit Gewalt
von ihrem Besitz vertreibt. Von seinem eigenen Besitz soll er seine Söh-
ne erben lassen, damit mein Volk sich nicht zerstreut und damit nie-
mand seinen Besitz verliert.

19: 42,1 19 Dann brachte er mich durch den Eingang, der an der Seite des Tors
zu den heiligen Kammern ist, die nach Norden ausgerichtet sind, zu den
Priestern, und sieh, da war eine Stätte auf der Hinterseite, gegen Westen.
20: 40,43; 42,13; 44,19 20 Und er sprach zu mir: Dies ist die Stätte, wo die Priester das Schuldop-
fer und das Sündopfer kochen, wo sie das Speiseopfer backen, damit man
es nicht hinausbringt in den äusseren Vorhof und Heiligkeit auf das Volk
überträgt. 21 Dann führte er mich hinaus in den äusseren Vorhof und
liess mich an den vier Ecken des Vorhofs vorübergehen, und sieh, in je-
der Ecke des Vorhofs war ein Hof. 22 In den vier Ecken des Vorhofs waren
kleine Höfe, vierzig Ellen in der Länge und dreissig in der Breite; alle vier
hatten dasselbe Mass. 23 Und in ihnen verlief ringsum eine Steinlage,
ringsum in allen vieren, und unten an den Steinlagen waren ringsum

46,22: Die Übersetzung «kleine Höfe» beruht auf der griechischen Überlieferung. Die Bedeutung der hebräischen Formulierung an dieser Stelle ist umstritten; möglicherweise bezeichnet sie Höfe, von denen Rauch aufsteigt.

46,22: Im Massoretischen Text folgt noch ein Wort («Ecken»?), das nach Anweisung der Massoreten nicht beachtet werden sollte.

Kochstellen angelegt. 24 Und er sprach zu mir: Dies sind die Häuser der
Köche, wo die Diener des Hauses das Schlachtopfer des Volks kochen.

Die Schauung des heilenden Wassers aus dem Tempel

47 1 Dann brachte er mich zurück an den Eingang des Hauses. Und 1–12: Offb 22,1–2
sieh, Wasser quoll unter der Schwelle des Hauses hervor, nach Os- 1: Joel 4,18;
ten, denn die Vorderseite des Hauses war nach Osten gerichtet. Und un- Sach 14,8
ter der südlichen Seite des Hauses, südlich vom Altar, floss das Wasser
hinab. 2 Dann führte er mich hinaus auf dem Weg durch das Nordtor 2: 40,35
und liess mich aussen herumgehen zum äusseren Tor, das nach Osten
gerichtet ist, und sieh, aus der südlichen Seite sprudelte Wasser. 3 Wäh- 3: 40,3!
rend der Mann hinausging nach Osten, hielt er eine Messschnur in sei-
ner Hand, und er mass tausend Ellen ab. Dann liess er mich durch das
Wasser gehen: Das Wasser reichte mir bis an die Knöchel. 4 Und er
mass tausend ab und liess mich durch das Wasser gehen: Das Wasser
reichte mir bis an die Knie. Und er mass tausend und liess mich hin-
durchgehen: Das Wasser reichte mir bis an die Hüften. 5 Und er mass
tausend ab: Da war es ein Fluss, durch den ich nicht gehen konnte, denn
das Wasser war so tief, dass man im Wasser hätte schwimmen müssen,
ein Fluss, der nicht durchschritten werden konnte. 6 Und er sprach zu 6: 8,12.15.17
mir: Hast du gesehen, du Mensch? Dann führte er mich zurück an das
Ufer des Flusses. 7 Als ich zurückkam, sieh, da waren sehr viele Bäume 7: 12
am Ufer des Flusses, auf der einen wie auf der anderen Seite. 8 Und er 8: Dtn 1,1; Sach 14,8
sprach zu mir: Dieses Wasser fliesst hinaus in den östlichen Bezirk,
strömt hinab in die Araba und fliesst dann ins Meer, ins Meer fliesst das
hinausgeleitete Wasser, und das Wasser wird geheilt. 9 Und alle Lebe-
wesen, von denen es dort überall wimmelt, wohin die beiden Flussarme
kommen, werden leben, und die Fische werden überaus zahlreich sein.
Wenn dieses Wasser dorthin kommt, dann wird es geheilt werden, und
wohin der Fluss kommt, da wird Leben sein. 10 Und es wird geschehen, 10: 1Sam 24,1!
dass Fischer an ihm stehen von En-Gedi bis En-Eglajim; es wird ein ein-
ziger Trockenplatz für Schleppnetze sein. Aller Art werden seine Fische
sein, wie die Fische des grossen Meeres, überaus zahlreich. 11 Seine
sumpfigen Stellen und Tümpel, diese werden nicht geheilt werden; sie
dienen der Gewinnung von Salz. 12 Und am Fluss, an seinen Ufern auf 12: 7; Offb 22,2
der einen und auf der anderen Seite, werden Bäume aller Art mit essba-
ren Früchten wachsen; ihre Blätter werden nicht welken, und ihre
Früchte werden nicht aufgebraucht. In ihren Monaten werden sie
Früchte tragen, denn ihr Wasser kommt aus dem Heiligtum. Und ihre
Früchte werden als Speise dienen und ihre Blätter als Heilmittel.

Das Land und seine Aufteilung

13 So spricht Gott der HERR: Dies ist die Umgrenzung, in der ihr das 13–21: Num 34,1–12
Land als Erbbesitz zuteilen werdet an die zwölf Stämme Israels; Josef 13: 45,1; Num 26,55
erhält zwei Teile. 14 Und ihr werdet es als Erbbesitz erhalten, ein jeder 14: 20,5; 36,7; 44,12;
wie sein Bruder, denn ich habe meine Hand erhoben, es euren Vorfah- Ex 6,8
ren zu geben, und so wird euch dieses Land als Erbbesitz zufallen.
15 Und dies ist die Grenze des Landes: Auf der Seite im Norden vom 15: Num 34,2–12;
Jos 1,1–14

47,8: Mit dem Wasser, das geheilt wird, ist das Salzwasser des Toten Meers gemeint.

grossen Meer Richtung Chetlon bis da, wo es nach Zedad geht, 16 Cha-
mat, Berota, Sibrajim, das zwischen dem Gebiet von Damaskus und
dem Gebiet von Chamat liegt, das mittlere Chazer, das an der Grenze
zum Chauran liegt. 17 Die Grenze wird also vom Meer bis Chazer-Enon
und dem Gebiet von Damaskus verlaufen. Und der Norden: Nördlich ist
das Gebiet von Chamat. Das ist die Nordseite. 18 Und die Ostseite: Zwi-
schen dem Chauran, Damaskus, dem Gilead und dem Land Israels ver-
läuft der Jordan. Von der Grenze bis zum östlichen Meer werdet ihr sie
19: 48,28 ausmessen. Das ist die Seite im Osten. 19 Und die Südseite nach Teman
hin: von Tamar bis Me-Meribot bei Kadesch, hin zum Fluss, bis zum
grossen Meer. Das ist die Seite nach Teman hin, im Süden. 20 Und die
Westseite: das grosse Meer von der Grenze bis gegenüber von dort, wo
es nach Chamat geht. Dies ist die Westseite.

21 Und dieses Land werdet ihr unter euch verteilen, nach den Stäm-
22: 14,7; Ex 12,48; men Israels. 22 Und so wird es sein: Dem Los entsprechend werdet ihr
Lev 19,34 es als Erbbesitz unter euch verteilen und unter den Fremden, die bei
euch leben, die Kinder gezeugt haben bei euch. Und sie werden für euch
wie Einheimische sein unter den Israeliten; zusammen mit euch wer-
den sie es durch das Los als Erbbesitz erhalten. 23 Und in dem Stamm,
bei dem der Fremde lebt, dort werdet ihr ihm seinen Erbbesitz geben.
Spruch Gottes des HERRN.

1–7: 48,23–29; 48 1 Und dies sind die Namen der Stämme: Vom äussersten Norden
Ex 1,1–5; Jos 14–19 entlang dem Weg nach Chetlon, wo es nach Chamat geht, nach
Chazar-Enan – das Gebiet von Damaskus im Norden, neben Chamat –
das wird ihm gehören, von der Ostseite nach Westen: Dan, ein Anteil.
2 Und neben dem Gebiet von Dan, von der Ostseite bis zur Seite im
Westen: Asser, ein Anteil. 3 Und neben dem Gebiet von Asser, von der
Seite im Osten bis zur Seite im Westen: Naftali, ein Anteil. 4 Und neben
dem Gebiet von Naftali, von der Seite im Osten bis zur Seite im Westen:
Manasse, ein Anteil. 5 Und neben dem Gebiet von Manasse, von der Sei-
te im Osten bis zur Seite im Westen: Efraim, ein Anteil. 6 Und neben
dem Gebiet von Efraim, von der Ostseite bis zur Seite im Westen: Ru-
ben, ein Anteil. 7 Und neben dem Gebiet von Ruben, von der Ostseite
bis zur Seite im Westen: Juda, ein Anteil.

8–22: 45,1–6 8 Und neben dem Gebiet von Juda, von der Ostseite bis zur Seite im
Westen, wird die Abgabe liegen, die ihr entrichten werdet: Fünfund-
zwanzigtausend Ellen in der Breite, und in der Länge wie einer der An-
teile, von der Seite im Osten bis zur Seite im Westen, und in der Mitte
wird das Heiligtum sein. 9 Die Abgabe, die ihr für den HERRN entrich-
ten werdet: Fünfundzwanzigtausend in der Länge und zwanzigtausend
in der Breite. 10 Und diesen wird die heilige Abgabe zukommen: den
Priestern. Nach Norden hin fünfundzwanzigtausend. Und nach Westen
hin zehntausend in der Breite. Und nach Osten hin zehntausend in der
Breite. Und nach Süden hin fünfundzwanzigtausend in der Länge. Und
11: 40,46! in der Mitte wird das Heiligtum des HERRN sein. 11 Den geweihten

47,18: Mit der ‹Grenze› ist die Nordgrenze gemeint.

47,20: Mit der ‹Grenze› ist die Südgrenze gemeint.

47,22: Möglich ist auch die Übersetzung: «… werden sie es durch das Los verteilen unter den Stämmen Israels.»

Priestern von den Zadokiden, die den Dienst für mich wahrgenommen
haben, die nicht wie die Leviten in die Irre gegangen sind, als die Isra-
eliten in die Irre gegangen sind, 12 ihnen wird es zukommen als beson-
dere Abgabe von der Abgabe vom Land, als Hochheiliges, neben dem
Gebiet der Leviten. 13 Und die Leviten, entsprechend dem Gebiet der 13: 45,5
Priester: fünfundzwanzigtausend in der Länge und zehntausend in der
Breite. Die gesamte Länge: fünfundzwanzigtausend; und die Breite:
zehntausend. 14 Und sie dürfen davon nichts verkaufen, und man darf 14: Lev 25,32–34
es nicht eintauschen, und das Beste des Landes darf nicht in andere
Hände übergehen, denn es ist dem HERRN heilig. 15 Und die fünftau- 15: 45,6
send, die übrig sind in der Breite, entlang den fünfundzwanzigtausend,
sind nichtheiliges Gebiet für die Stadt als Wohngebiet und als Weide-
land. Und in der Mitte wird die Stadt sein. 16 Und dies sind ihre Masse: 16: Offb 21,15–17
die Nordseite viertausendfünfhundert und die Südseite viertausend-
fünfhundert und an der Ostseite viertausendfünfhundert und die Seite
im Westen viertausendfünfhundert. 17 Und als Weideland wird zur
Stadt gehören: nach Norden hin zweihundertfünfzig und nach Süden
hin zweihundertfünfzig und nach Osten hin zweihundertfünfzig und
nach Westen hin zweihundertfünfzig. 18 Und was der heiligen Abgabe 18: 44,14
entsprechend in der Länge übrig ist, zehntausend nach Osten und zehn-
tausend nach Westen, der heiligen Abgabe entsprechend, dessen Ertrag
wird denen als Speise dienen, die in der Stadt arbeiten. 19 Und die in der
Stadt arbeiten, diese werden es bearbeiten, aus allen Stämmen Israels.
20 Die gesamte Abgabe: fünfundzwanzigtausend auf fünfundzwanzig- 20: 45,1
tausend. Ein Quadrat werdet ihr als die heilige Abgabe entrichten, den
Besitz der Stadt eingeschlossen. 21 Und was übrig ist, gehört dem Fürs- 21: 19,1!; 45,7
ten: Auf dieser und auf jener Seite von der heiligen Abgabe und vom
Besitz der Stadt, entlang den fünfundzwanzigtausend der Abgabe bis
zur Grenze im Osten. Und im Westen entlang den fünfundzwanzigtau-
send bis zur Grenze im Westen; den Anteilen entsprechend gehört es
dem Fürsten. Und in der Mitte werden die heilige Abgabe und das Tem-
pelheiligtum sein. 22 Und abgesehen vom Eigentum der Leviten und
vom Eigentum der Stadt, die zwischen dem liegen, was dem Fürsten
gehören wird, soll dem Fürsten gehören, was zwischen dem Gebiet von
Juda und dem Gebiet von Benjamin liegt.

23 Und die übrigen Stämme: von der Seite im Osten bis zur Seite im 23–29: 1–7
Westen: Benjamin, ein Anteil. 24 Und neben dem Gebiet von Benjamin,
von der Seite im Osten bis zur Seite im Westen: Simeon, ein Anteil.
25 Und neben dem Gebiet von Simeon, von der Seite im Osten bis zur
Seite im Westen: Issaschar, ein Anteil. 26 Und neben dem Gebiet von
Issaschar, von der Seite im Osten bis zur Seite im Westen: Sebulon, ein
Anteil. 27 Und neben dem Gebiet von Sebulon, von der Seite im Osten
bis zur Seite im Westen: Gad, ein Anteil. 28 Und neben dem Gebiet von 28: 47,19
Gad, auf der Südseite, nach Teman hin, wird die Grenze von Tamar nach
Me-Meribat bei Kadesch, hin zum Fluss, bis zum grossen Meer verlau-
fen. 29 Das ist das Land, das ihr den Stämmen Israels durch das Los zu- 29: Jos 11,23

48,11: Die Übersetzung «den geweihten Priestern» beruht auf einer Korrektur des Masso-
retischen Texts.

teilen werdet vom Erbbesitz, und das sind ihre Anteile. Spruch Gottes
des HERRN.

Die Tore und der Name der Stadt

30 Und dies sind die Ausgänge der Stadt: auf der Nordseite, die vier-
31: Offb 21,12–13 tausendfünfhundert misst 31 – die Stadttore nach den Namen der Stäm-
me Israels –, drei Tore im Norden, das Ruben-Tor eines, das Juda-Tor
eines, das Levi-Tor eines; 32 und auf der Seite im Osten – viertausend-
fünfhundert mit drei Toren, das Josef-Tor eines, das Benjamin-Tor eines,
das Dan-Tor eines; 33 und auf der Seite im Süden, die viertausendfünf-
hundert misst, mit drei Toren, das Simeon-Tor eines, das Issaschar-Tor
eines, das Sebulon-Tor eines; 34 auf der Seite im Westen – viertausend-
fünfhundert; ihre Tore: drei, das Gad-Tor eines, das Asser-Tor eines, das
35: 35,10 · Jes 1,26; Naftali-Tor eines. 35 Ein Umfang von achtzehntausend. Und fortan lau-
Jer 3,17; Offb 3,12 tet der Name der Stadt: Hier-ist-der-HERR.

Das Buch Daniel

Das Buch Daniel enthält hauptsächlich Erzählungen und Schauungen. Es erzählt in seinem ersten Teil (Dan 1–6), wie Daniel und seine drei Freunde am babylonischen und medischen Königshof ihrer religiösen Überzeugungen wegen in Schwierigkeiten geraten, aber immer wieder von Gott gerettet werden. Als Herr der Welt steht der Gott Israels über den irdischen Königen und kann diese ein- und absetzen. Der zweite Teil (Dan 7–12) enthält Schauungen, in denen Daniel sieht, wie Gott allen Weltreichen ein Ende machen und selbst die Herrschaft übernehmen bzw. seine Herrschaft den Engeln oder dem Volk Israel übertragen wird. Der Abschnitt Dan 2,4–7,28 ist aramäisch, der Rest des Buchs hebräisch abgefasst. In der griechischen Bibel (der sogenannten Septuaginta) findet sich noch eine Reihe von Zusätzen zum Buch Daniel: ein Gebet Asarjas und ein Lied der drei Männer im Feuerofen in Dan 3 und weitere Erzählungen über Susanna und Daniel sowie über Bel und einen Drachen (Dan 13–14 im griechischen Text). Aus Qumran ist ein mit Dan 4 verwandter Text bekannt (das sogenannte ‹Gebet Nabonids›).

Die Erzählungen im ersten Teil des Buchs (Dan 1–6) handeln von Daniel und seinen Freunden am babylonischen Hof (Dan 1), von Nebukadnezzars Traum von den vier Weltreichen (Babylonien, Medien, Persien, Griechenland) und deren Ablösung durch das Gottesreich (Dan 2), von den drei Männern im Feuerofen (Dan 3), von Nebukadnezzars Hochmut, Fall und Wiederherstellung (Dan 3,31–4,34), vom Gastmahl Belschazzars (Dan 5) und von der Rettung Daniels aus der Löwengrube (Dan 6). An mehreren, oft herausgehobenen Stellen finden sich Bekenntnisse zum Gott Israels als dem Herrn aller irdischen Reiche und ihrer Könige (Dan 2,20–22; 3,31–33; 4,31–32; 6,27–28). Durch diese Bekenntnisse wird die Gegenwärtigkeit der Herrschaft Gottes unterstrichen.

Die auf Dan 1–6 folgenden Schauungen in Dan 7–12, dem zweiten Teil des Buchs, betonen hingegen (wie schon der Traum Nebukadnezzars in Dan 2) stärker die Zukünftigkeit der Gottesherrschaft, die allen Weltreichen und Weltherrschern ein Ende machen wird. Hierzu gehören Dan 7, in dem einem menschenähnlichen Wesen die Weltherrschaft übergeben wird, die Schauung vom Widder und vom Ziegenbock in Dan 8 und die Prophezeiung von den «Jahrwochen» in Dan 9. Dan 8 und 9 beschreiben eine Zeit grosser Bedrängnis vor dem Ende und fragen, wie lange sie dauern wird. Auch die letzte Schauung (Dan 10–12) berichtet von einer sich noch steigernden Bedrängnis gegen das Ende hin. Schliesslich werden die Toten auferstehen und als Vergeltung für ihr Tun oder ihr Leiden entweder das ewige Leben empfangen oder zu «ewigem Abscheu» verurteilt werden (Dan 12,2).

Das Buch Daniel ist wahrscheinlich über einen längeren Zeitraum hin entstanden. Die Legenden in Kapitel 1–6 sind vielleicht schon in der Zeit der persischen Herrschaft (539–331 v.Chr.) entstanden und gesammelt worden. In den Träumen und Schauungen von Dan 2; 7 und 8 spiegeln sich Erfahrungen mit der griechischen Fremdherrschaft nach der Eroberung des Orients durch den makedonischen König Alexander den Grossen (332 v.Chr.). Dan 9–12 gehen auf die Zeit der Unterdrückung der jüdischen Religion unter dem griechischen Herrscher Antiochos IV. in den Jahren nach 168 v.Chr. zurück, von der die beiden zu den Apokryphen gehörenden Bücher der Makkabäer berichten.

Im Verlauf der Entstehung des Buchs Daniel, der sich in der Abfolge der Kapitel widerspiegelt, rückt die Erwartung der Herrschaft Gottes von der Gegenwart mehr und mehr in die Zukunft. Mit seiner Gegenüberstellung von Weltreichen und Gottesherrschaft, seinen genauen Vorhersagen des Geschichtsverlaufs bis zum Ende, der Erwartung einer Auferstehung der Toten und eines ‹jüngsten Gerichts› und dem Auftreten von Engeln, die dem fiktiven Verfasser seine Schauungen erklären, gehört das Buch Daniel zur sogenannten apokalyptischen Literatur (siehe im Neuen Testament Offb).

In der hebräischen Bibel steht das Buch Daniel im Kanonteil ‹Schriften›, wohl weil der Kanonteil ‹Propheten› bereits abgeschlossen war, als das Buch vollendet wurde. Nach der hebräischen Tradition steht es zwischen der Gruppe der sogenannten Megillot (Rut, Hohelied, Kohelet, Klagelieder, Ester; siehe dazu die Einleitung zu Rut) und den Büchern Esra und Nehemia, manchmal auch vor dem Buch Ester. Die griechische Bibel zählt Daniel zu den grossen Propheten. In ihrer Anordnung ist das Buch Daniel das letzte Buch des Alten Testaments, das mit der Verheissung des ‹Menschensohns› in Dan 7 (siehe die Anmerkung zu Dan 7,13 im Bibeltext) und der Auferstehung der Toten in Dan 12 zum Neuen Testament überleitet.

Im Neuen Testament hat die Schauung vom ‹Menschensohn› in Dan 7 die Erwartung der Wiederkunft Christi beeinflusst, und die Verheissung einer Auferstehung der Toten wurde aus Dan 12 (und älterer jüdischer Literatur ausserhalb der Bibel) aufgenommen. Das Geschichtsbild von Dan 2 und 7 hat lange Zeit nachgewirkt, wobei die vier

Weltreiche dann meist als diejenigen der Babylonier, der Meder und Perser (diese beiden verstanden als ein einziges Reich), der Griechen und der Römer gedeutet wurden.

Daniel und seine Gefährten am Hof von Babel

1: 2Kön 23,36; 1 1 Im Jahr drei der Königsherrschaft des Jehojakim, des Königs von
24,1–2 Juda, kam Nebukadnezzar, der König von Babel, nach Jerusalem und
2: 2Kön 24,12–13 · belagerte es. 2 Und der Herr gab Jehojakim, den König von Juda, und
Gen 10,10! einen Teil der Geräte des Hauses Gottes in seine Hand, und er brachte
diese in das Land Schinar, in das Haus seines Gottes; in das Schatzhaus
seines Gottes brachte er die Geräte.

3 Und der König befahl Aschpenas, dem Wichtigsten seiner Eunuchen, Israeliten herzubringen, und zwar aus der königlichen Nachkommenschaft und von den Vornehmsten, 4 Knaben, an denen kein Makel war und die von schönem Aussehen waren und begabt für jede Wissenschaft, reich an Kenntnissen und von rascher Auffassung und die fähig waren, im Palast des Königs in den Dienst zu treten. Und er sollte sie
5: 5,1; unterrichten in den Schriften und der Sprache der Kasdäer, 5 – und die
2Kön 25,29–30 tägliche Versorgung teilte der König ihnen zu von der Speise des Königs
und von dem Wein, den er selbst trank –, und er sollte sie drei Jahre lang
aufziehen, und danach sollten sie vor den König treten.

6: Ez 14,14; 28,3 6 Und unter ihnen waren Judäer: Daniel, Chananja, Mischael und
7: Gen 41,45; Asarja. 7 Der Oberste der Eunuchen aber gab ihnen diese Namen: Da-
2Kön 23,34; 24,17 niel nannte er Beltschazzar, Chananja Schadrach, Mischael Meschach
8: Dtn 14,3–21 und Asarja Abed-Nego. 8 Und Daniel war entschlossen, sich nicht un-
rein zu machen mit der Speise des Königs und mit dem Wein, den die-
ser trank. Und so erbat er sich vom Obersten der Eunuchen, sich nicht
9: Gen 39,4.21; unrein machen zu müssen. 9 Und Gott liess Daniel Gnade und Erbar-
Est 2,9 men finden vor dem Obersten der Eunuchen. 10 Aber der Oberste der
Eunuchen sagte zu Daniel: Ich fürchte meinen Herrn, den König, der
euch die Speise und die Getränke zugeteilt hat: Warum soll er sehen,
dass eure Gesichter schmaler sind als die der Knaben, die gleich alt sind
wie ihr? Ihr würdet mein Haupt vor dem König mit Schuld beladen.
11 Da sprach Daniel zu dem Aufseher, den der Oberste der Eunuchen
über Daniel, Chananja, Mischael und Asarja eingesetzt hatte: 12 Versu-
che es doch zehn Tage lang mit deinen Dienern: Man soll uns Gemüse
zu essen und Wasser zu trinken geben. 13 Dann soll unser Aussehen
und das Aussehen der Knaben, die die Speise des Königs essen, vor dir
geprüft werden, und je nach dem, was du dann siehst, magst du mit
deinen Dienern verfahren. 14 Und er hörte auf sie in dieser Sache und
versuchte es zehn Tage lang mit ihnen. 15 Und nach zehn Tagen sahen
sie besser aus und wohlgenährter als alle Knaben, die die Speise des Kö-
16: 5,1 nigs assen. 16 Und der Aufseher trug jeweils ihre Speise weg und auch
17: 2,19; 4,5–6; 5,12; den Wein, den sie trinken sollten, und gab ihnen Gemüse. 17 Und die-
6,4; 10,1; Gen 41,12 sen vier Knaben gab Gott Kenntnisse und Begabung für alle Schriften
und jede Wissenschaft: Und Daniel verstand sich auf Schauungen und
Träume jeder Art.

18 Und nach Ablauf der Frist, die der König gesetzt hatte, um sie danach vorzuführen, brachte sie der Oberste der Eunuchen vor Nebukad-

nezzar. 19 Und der König sprach mit ihnen, und unter ihnen allen fand 19: Gen 41,37–46
sich keiner wie Daniel, Chananja, Mischael und Asarja. Und so traten sie
in den Dienst des Königs. 20 Und immer, wenn der König von ihnen ein
Wort weiser Einsicht einholte, fand er sie allen Wahrsagepriestern und
Beschwörern, die in seinem ganzen Königreich waren, zehnfach über-
legen. 21 Und Daniel blieb bis zum Jahr eins von Kyros, dem König. 21: 6,29; 10,1; 2Chr 36,22

Nebukadnezzars Traum von den vier Weltreichen

2 1 Und im Jahr zwei der Königsherrschaft Nebukadnezzars hatte Ne- 1: 4,2!; 7,1; Gen 41,1
bukadnezzar Träume, und sein Geist fühlte sich umgetrieben, und
um seinen Schlaf war es geschehen. 2 Da befahl der König, die Magier 2: 4,3–4; 5,7–8;
und die Zauberer und die Hexer und die Sterndeuter zu rufen, um dem Gen 41,8!; Ex 7,11
König seine Träume kundzutun. Und sie kamen und traten vor den Kö-
nig. 3 Und der König sprach zu ihnen: Ich hatte einen Traum, und mein
Geist wurde umgetrieben, wollte den Traum verstehen. 4 Und die 4: 3,9; 5,10; 6,7.22
Sterndeuter sprachen auf Aramäisch zum König: Ewig lebe der König!
Erzähle deinen Dienern den Traum, dann werden wir die Deutung
kundtun. 5 Daraufhin sprach der König zu den Sterndeutern: Die Sache 5: 3,29; Esra 6,11
ist bei mir entschieden: Wenn ihr mir den Traum und seine Deutung
nicht eröffnet, werdet ihr in Stücke gehauen, und eure Häuser werden
zu Dreckshaufen gemacht. 6 Wenn ihr mir aber den Traum und seine 6: 5,7.16
Deutung kundtut, werdet ihr Gaben und Geschenke und grosse Ehre
von mir empfangen. Deshalb tut mir den Traum und seine Deutung
kund. 7 Daraufhin sprachen sie wiederum: Der König möge seinen Die-
nern den Traum erzählen, dann werden wir die Deutung kundtun.
8 Daraufhin sprach der König: Ich weiss genau, dass ihr nur Zeit gewin-
nen wollt, weil ihr seht, dass die Sache bei mir entschieden ist: 9 Wenn
ihr mir den Traum nicht eröffnet, kann das Urteil über euch nur eines
sein! Ihr habt euch doch verabredet, Lug und Trug vor mir zu reden, bis
die Zeiten sich ändern. Darum erzählt mir den Traum, damit ich weiss,
ob ihr mir seine Deutung kundtun könnt. 10 Daraufhin sprachen die 10: 27; 4,4; 5,8;
Sterndeuter vor dem König: Es gibt keinen Menschen auf der Erde, der Gen 41,8.24
kundtun könnte, was der König verlangt. Deshalb hat noch kein König,
wie gross und mächtig er auch war, solches von irgendeinem Magier
oder Zauberer oder Sterndeuter verlangt. 11 Was der König verlangt, ist 11: 19
schwer, und es gibt niemanden, der es vor dem König kundtun könnte,
ausser allein den Göttern; deren Wohnung aber ist nicht beim Fleisch.
12 Darüber ärgerte sich der König, und er wurde sehr zornig und befahl,
alle Weisen Babels umzubringen. 13 Und das Urteil erging, und die
Weisen sollten getötet werden. Und man suchte Daniel und seine Ge-
fährten, um sie zu töten.

14 Da begegnete Daniel mit Rat und Einsicht dem Arjoch, dem
Obersten der Vollstrecker des Königs, der ausgezogen war, um die Wei-
sen Babels zu töten. 15 Dabei sprach er zu Arjoch, dem Bevollmächtigten
des Königs: Warum der strenge Befehl vom König? Da erklärte Arjoch

1,21: Der Name Kyros lautet im hebräischen Text Koresch.

2,2: Das hebräische Wort für Sterndeuter lautet ‹kasdim›, und dies ist zugleich der Name der Babylonier, die als in der Sterndeutung bewandert galten.

2,4: Bis 7,28 ist der Text des Buchs Daniel aramäisch.

Daniel die Sache, 16 und Daniel ging hinein und bat den König, ihm
eine Frist zu gewähren, um dem König die Deutung kundzutun.
17: 1,6 17 Danach ging Daniel in sein Haus und erklärte Chananja, Mischael
18: 2,19.37.44; und Asarja, seinen Gefährten, die Sache, 18 um dieses Geheimnisses
Gen 24,3 wegen Erbarmen zu erbitten vom Gott des Himmels, damit Daniel und
seine Gefährten nicht umgebracht würden mit den übrigen Weisen Ba-
19: 1,17 · bels. 19 Da wurde Daniel in einer nächtlichen Schauung das Geheimnis
2,11.27–30.47 · enthüllt. Da pries Daniel den Gott des Himmels. 20 Dabei sprach Da-
7,2.7 *20:* Hiob 12,13 niel: Gepriesen sei der Name Gottes von Ewigkeit zu Ewigkeit! Denn die
21: 7,12 · 4,14! Weisheit und die Stärke, sie gehören ihm. 21 Und er ist es, der Zeiten
und Fristen wechseln lässt, er setzt Könige ab und setzt Könige ein. Er
22: Dtn 29,28; gibt Weisen die Weisheit und Verständigen den Verstand. 22 Er ist es,
Hiob 12,22! der das Tiefe und das Verborgene enthüllt; er weiss, was in der Finster-
nis ist, und bei ihm wohnt das Licht. 23 Dich, Gott meiner Vorfahren,
preise und lobe ich, dass du mir die Weisheit und die Stärke gegeben
hast und mich nun hast wissen lassen, was wir von dir erbeten haben:
Was der König verlangt, hast du uns wissen lassen.
24: 12–13 24 Daraufhin ging Daniel hinein zu Arjoch, der vom König beauf-
tragt war, die Weisen Babels umzubringen; er ging, und so sprach er zu
ihm: Was die Weisen Babels angeht, bring sie nicht um! Führe mich
hinein vor den König, dann werde ich dem König die Deutung kundtun.
25: 1,6 · 5,13; 25 Da führte Arjoch Daniel eilends hinein vor den König, und so sprach
Gen 41,14 er zu ihm: Ich habe unter den Weggeführten aus Juda einen Mann ge-
26: 1,7 · 5–7 funden, der dem König die Deutung eröffnen wird. 26 Daraufhin
sprach der König zu Daniel, dessen Name Beltschazzar war: Bist du im-
stande, mir den Traum, den ich hatte, zu eröffnen und auch seine Deu-
27: 10! tung? 27 Daraufhin sprach Daniel vor dem König: Keine Weisen, Zau-
berer, Magier oder Seher können dem König das Geheimnis kundtun,
28: 2,11.19; nach dem der König fragt. 28 Aber es gibt einen Gott im Himmel, der
Gen 40,8 · 10,14! Geheimnisse enthüllt, und er hat den König Nebukadnezzar wissen las-
sen, was am Ende der Tage sein wird.

Dein Traum und was du auf deinem Lager in deinem Kopf geschaut
hast, ist dies: 29 Dir, König, sind auf deinem Lager Gedanken aufgestie-
gen über das, was künftig sein wird. Und der die Geheimnisse enthüllt,
hat dich wissen lassen, was sein wird. 30 Mir aber ist dieses Geheimnis
nicht durch Weisheit, die ich allem Lebenden voraus hätte, enthüllt
worden, sondern damit man dem König die Deutung eröffnet und du
die Gedanken in deinem Herzen verstehst.
31: 3,1 31 Du, König, hattest eine Schauung, und sieh: Ein sehr grosses
Standbild! Dieses Standbild war gewaltig und sein Glanz ausserordent-
32–33: 7,3! lich; es stand vor dir, und furchterregend war sein Anblick. 32 Dieses
Standbild – sein Kopf aus gediegenem Gold, seine Brust und seine Arme
33: 7,7! aus Silber, sein Bauch und seine Lenden aus Bronze, 33 seine Schenkel
34: Lk 20,18 · 8,25; aus Eisen, seine Füsse, teils aus Eisen und teils aus Ton. 34 Das hast du
Hiob 34,20; geschaut; da löste sich ein Stein, nicht durch Menschenhand, und traf
Klgl 4,6 das Standbild, seine Füsse aus Eisen und aus Ton, und zermalmte sie.
35 Da waren das Eisen, der Ton, die Bronze, das Silber und das Gold auf
einen Schlag zermalmt, und sie waren wie die Spreu auf den Tennen im
Sommer, und der Wind trug sie fort, und es fand sich keine Spur mehr

von ihnen. Der Stein aber, der das Standbild zerschlagen hatte, wurde
zu einem gewaltigen Felsen und bedeckte die ganze Erde.
36 Das ist der Traum, und seine Deutung werden wir vor dem König 36: 4,21; 5,26; 7,16;
darlegen. 37 Du, König, König der Könige, der dir der Gott des Himmels Gen 40,12!
die Königsherrschaft, die Macht, die Stärke und die Ehre gegeben hat 37: 5,18; Esra 1,2
38 – und in deine Hand hat er die Menschen gegeben, wo immer sie 38: 4,18–19;
wohnen, die Tiere des Feldes und die Vögel des Himmels, und über sie Jer 27,6! · 7,4!
alle hat er dich zum Herrscher gemacht –, der Kopf aus Gold, das bist du!
39 Und nach dir wird ein anderes Königreich erstehen, geringer als das 39: 7,5! · 7,6!
deine, und ein drittes Königreich, ein anderes, aus Bronze, das über die
ganze Erde herrschen wird. 40 Und ein viertes Königreich wird stark 40: 7,7!
sein wie Eisen, denn Eisen zermalmt und zertrümmert alles, und wie
Eisen, das alles zerschmettert, wird es zermalmen und zerschmettern.
41 Und dass du die Füsse und die Zehen teils aus Ton vom Töpfer und 41–42: 7,7!
teils aus Eisen geschaut hast: Es wird ein geteiltes Königreich sein. Und
es wird etwas an sich haben von der Härte des Eisens, denn, wie du es
geschaut hast, war das Eisen mit Tonerde gemischt. 42 Und die Zehen
der Füsse, teils aus Eisen und teils aus Ton: Einerseits wird die Königs-
herrschaft stark und andererseits wird sie zerbrechlich sein. 43 Dass du 43: 11,6.17
das Eisen vermischt mit Tonerde geschaut hast: Sie vermischen sich un-
tereinander durch menschliche Nachkommenschaft, und doch wird
keiner am anderen haften bleiben, so wie sich das Eisen nicht mit dem
Ton vermischt. 44 Und in den Tagen jener Könige wird der Gott des 44: 3,33; 4,31; 6,27;
Himmels ein Königreich erstehen lassen für immer, es wird nicht un- 7,14.18.27; Ps 145,13
tergehen, und das Königtum wird keinem anderen Volk überlassen
werden. Es wird alle diese Königreiche zermalmen und ihnen ein Ende
bereiten, selbst aber wird es Bestand haben bis in alle Ewigkeit, 45 wie 45: Gen 41,28
du geschaut hast, dass sich von dem Fels, nicht durch Menschenhand,
ein Stein gelöst und das Eisen, die Bronze, den Ton, das Silber und das
Gold zermalmt hat. Ein grosser Gott hat den König wissen lassen, was
künftig sein wird. Und der Traum ist wahr, und verlässlich ist seine
Deutung.
46 Da fiel König Nebukadnezzar auf sein Angesicht und huldigte
Daniel und befahl, ihm Opfergaben und Rauchopfer darzubringen.
47 Daraufhin sprach der König zu Daniel: Es ist wahr, dass euer Gott der 47: 3,28–29.31–33;
Gott der Götter ist und der Herr der Könige und der Enthüller von Ge- 4,31–34; 6,26–28
heimnissen, denn du konntest dieses Geheimnis enthüllen. 48 Dann 48: 6; 4,6; 5,11.29;
machte der König Daniel gross, und er gab ihm viele grosse Geschenke, Gen 41,41
und er machte ihn zum Herrscher über die ganze Provinz Babel und
zum Obersten der Vorsteher, über alle Weisen Babels. 49 Und Daniel 49: 1,7
trug dem König eine Bitte vor, und so setzte dieser Schadrach, Meschach
und Abed-Nego ein über die Verwaltung der Provinz Babel. Und Daniel
blieb im Tor des Königs.

Daniels Gefährten im Feuerofen

3 1 Nebukadnezzar, der König, machte ein Standbild aus Gold, sechzig 1: 2,31
Ellen war seine Höhe, sechs Ellen seine Breite. In der Ebene von Dura
in der Provinz Babel stellte er es auf. 2 Und Nebukadnezzar, der König, 2: 27; 4,33; 5,1; 6,8
sandte aus, um die Satrapen, die Vorsteher, die Statthalter, die Ratgeber,
die Schatzmeister, die Richter und die Gerichtsbeamten, alle Machtha-

ber der Provinzen, zu versammeln, damit sie zur Einweihung des Stand-
bilds kämen, das Nebukadnezzar, der König, aufgestellt hatte.
3 Da versammelten sich die Satrapen, die Vorsteher und die Statthal-
ter, die Ratgeber, die Schatzmeister, die Richter, die Gerichtsbeamten,
alle Machthaber aus den Provinzen, zur Einweihung des Standbilds, das
Nebukadnezzar, der König, aufgestellt hatte. Und vor dem Standbild,
4: 3,7.31; 5,19; 6,26; das Nebukadnezzar aufgestellt hatte, stellten sie sich auf. 4 Und laut rief
7,14 der Herold: Euch, Völker, Nationen und Sprachen, wird gesagt: 5 Sobald
ihr den Klang des Horns, der Pfeife, einer Zither, der Harfe, von Hack-
brettern, einer Doppelflöte oder irgendeiner Art von Musik hört, sollt
ihr niederfallen und dem goldenen Standbild huldigen, das Nebukad-
6: 6,8; Offb 13,15 nezzar, der König, aufgestellt hat! 6 Und wer nicht niederfällt und hul-
digt, wird umgehend in den lodernden Feuerofen geworfen. 7 Deshalb
fielen damals, als man den Klang des Horns, der Pfeife, einer Zither, der
Harfe, von Hackbrettern oder irgendeiner Art von Musik hörte, alle Völ-
ker, Nationen und Sprachen nieder. Sie huldigen dem goldenen Stand-
bild, das Nebukadnezzar, der König, aufgestellt hatte.
8: 2,2 8 Deshalb kamen damals kasdäische Männer und verleumdeten die
9: 2,4! Judäer. 9 Dabei sagten sie zu Nebukadnezzar, dem König: Ewig lebe der
10: 6,13 König! 10 Du, König, hast einen Befehl erlassen: Jeder, der den Klang des
Horns, der Pfeife, einer Zither, der Harfe, von Hackbrettern oder einer
Doppelflöte oder irgendeiner Art von Musik hört, soll niederfallen und
11: 6,13 dem goldenen Standbild huldigen! 11 Und wer nicht niederfällt und
12: 2,48–49 · 6,14 huldigt, wird in den lodernden Feuerofen geworfen. 12 Es gibt judäische
Männer, die du eingesetzt hast über die Verwaltung der Provinz Babel:
Schadrach, Meschach und Abed-Nego. Diese Männer scheren sich nicht
um dich, König! Deinen Göttern dienen sie nicht, und dem goldenen
Standbild, das du aufgestellt hast, huldigen sie nicht. 13 Da befahl Ne-
bukadnezzar voller Zorn und Wut, Schadrach, Meschach und Abed-
Nego herzubringen.
Da wurden jene Männer vor den König gebracht. 14 Daraufhin
sprach Nebukadnezzar zu ihnen: Ist es wahr, Schadrach, Meschach und
Abed-Nego, dass ihr meinen Göttern nicht dient und dem goldenen
15: 5–6 · Jes 36,20 Standbild, das ich aufgestellt habe, nicht huldigt? 15 Nun, wenn ihr be-
reit seid, euch niederzuwerfen und dem Standbild, das ich gemacht ha-
be, zu huldigen, sobald ihr den Klang des Horns, der Pfeife, einer Zither,
der Harfe, von Hackbrettern und einer Doppelflöte oder irgendeiner Art
von Musik hört – wenn ihr aber nicht huldigt, werdet ihr umgehend in
den lodernden Feuerofen geworfen. Und wer sollte der Gott sein, der
euch aus meinen Händen retten könnte? 16 Daraufhin sprachen
Schadrach, Meschach und Abed-Nego zum König: Nebukadnezzar, dar-
17: 6,28! auf müssen wir dir keine Antwort geben. 17 Wenn der Gott, dem wir
dienen, uns retten kann, wird er uns aus dem lodernden Feuerofen und
18: Ex 20,3–5 aus deiner Hand, König, retten. 18 Und wenn nicht – es sollte dir be-
kannt sein, König, dass wir deinen Göttern nicht dienen und dem gol-
19: Est 3,5 denen Standbild, das du aufgestellt hast, nicht huldigen werden! 19 Da
schäumte Nebukadnezzar vor Wut, und der Ausdruck seines Gesichts
änderte sich gegenüber Schadrach, Meschach und Abed-Nego. Darauf-

3,7: Wörtlich: «… damals, als alle Völker den Klang des Horns, …»

hin befahl er, den Ofen einzuheizen, siebenmal stärker als man ihn üb-
licherweise einheizte. 20 Und einigen Männern, tüchtigen Kriegern,
die in seinem Heer waren, befahl er, Schadrach, Meschach und Abed-
Nego zu fesseln, um sie in den lodernden Feuerofen zu werfen.
21 Da wurden diese Männer in ihren Hosen, ihren Kleidern und mit
ihren Mützen und Gewändern gefesselt und in den lodernden Feuer-
ofen geworfen. 22 Weil das Wort des Königs streng war und der Ofen
ungewöhnlich stark geheizt war, tötete die Flamme des Feuers jene
Männer, die Schadrach, Meschach und Abed-Nego hinaufbrachten.
23 Und diese drei Männer, Schadrach, Meschach und Abed-Nego, fielen
gefesselt in den lodernden Feuerofen.
24 Da erschrak Nebukadnezzar, der König, und erhob sich eilends. 24: 4,2!
Daraufhin sagte er zu seinen Staatsräten: Haben wir die drei Männer
nicht gefesselt in den Feuerofen geworfen? Daraufhin sagten sie zum
König: Gewiss, König! 25 Daraufhin sagte er: Seht, ich sehe vier Männer
frei umhergehen im Feuer, und sie haben keine Verletzung, und das
Aussehen des Vierten gleicht dem einer Gottheit. 26 Da trat Nebukad- 26: 6,21 · 32;
nezzar an die Tür des lodernden Feuerofens. Daraufhin sagte er: 4,21–22.29; 5,18.21;
Schadrach, Meschach und Abed-Nego, ihr Diener des höchsten Gottes, 7,25
kommt heraus und kommt her! Da gingen Schadrach, Meschach und
Abed-Nego hinaus aus dem Feuer. 27 Und es versammelten sich die 27: 6,24
Satrapen, die Vorsteher, die Statthalter und die Staatsräte des Königs.
Sie sahen diese Männer, über deren Körper das Feuer keine Macht hatte.
Und das Haar auf ihren Köpfen war nicht versengt und ihre Kleider wa-
ren unversehrt, und nicht einmal der Hauch eines Feuers war an sie
gekommen. 28 Daraufhin sagte Nebukadnezzar: Gepriesen ist der Gott 28–29: 2,47!
von Schadrach, Meschach und Abed-Nego, der seinen Engel geschickt 28: 6,23
und seine Diener gerettet hat, die ihm vertraut haben und die das Wort
des Königs übertreten und ihre Körper hingegeben haben, um keinem
Gott dienen und huldigen zu müssen ausser allein ihrem Gott. 29 Und 29: 2,5 · 6,28!
so wird ein Befehl von mir erlassen, der an jedes Volk, jede Nation und
jede Sprache ergeht: Wer nachlässig redet über den Gott von Schadrach,
Meschach und Abed-Nego, der wird in Stücke gehauen, und sein Haus
wird zu einem Dreckshaufen gemacht, denn es gibt keinen anderen
Gott, der so retten kann wie dieser. 30 Dann sorgte der König dafür, dass 30: 2,48–49
es Schadrach, Meschach und Abed-Nego in der Provinz Babel wieder gut
ging.

Nebukadnezzar berichtet von seiner Erniedrigung

31 Nebukadnezzar, der König, an alle Völker, Nationen und Spra- 31–33: 2,47!
chen, die irgendwo auf der Erde wohnen: Allumfassend sei euer Friede! 31: 4! · 6,26
32 Es hat mir gefallen, die Zeichen und Wunder kundzutun, die der 32: 26!
höchste Gott an mir getan hat. 33 Wie gross sind seine Zeichen und wie 33: 2,44!
gewaltig seine Wunder! Seine Königsherrschaft ist eine ewige Königs-
herrschaft, und seine Herrschaft währt von Generation zu Generation.

3,21: Welche Kleidungsstücke mit dem als ‹ihren Kleidern› wiedergegebenen aramäischen Wort bezeichnet werden, ist unklar.

4 1 Ich, Nebukadnezzar, war sorglos in meinem Haus und glücklich in
2: 16!; 2,1; 3,24; 5,6.9 meinem Palast. 2 Ich hatte einen Traum, und der erschreckte mich:
Erscheinungen, die ich auf meinem Lager hatte, und die Schauungen in
3: 2,2! meinem Kopf ängstigten mich. 3 Und ein Befehl wurde von mir erlas-
sen, alle Weisen Babels vor mich zu bringen, damit sie mir die Deutung
des Traums eröffneten.
4: 2,10! 4 Da kamen die Magier, die Zauberer, die Sterndeuter und die Wahr-
sager, und vor ihnen erzählte ich den Traum, sie aber eröffneten mir
5: 1,7 · 15; 5,11.14 seine Deutung nicht, 5 bis zuletzt Daniel vor mich trat, dessen Name
Beltschazzar ist, wie der Name meines Gottes, und in dem der Geist der
6: 2,48! · 1,17! heiligen Götter ist. Auch vor ihm erzählte ich den Traum: 6 Beltschaz-
zar, Oberster der Magier, von dem ich weiss, dass der Geist der heiligen
Götter in dir ist und dass kein Geheimnis dich bedrängt, erkläre mir die
Schauungen in meinem Traum, die ich gesehen habe, und seine Deu-
7: Ps 37,35; Ez 31,3 tung. 7 Und die Schauungen in meinem Kopf, die ich auf meinem Lager
hatte: Ich schaute, und sieh, ein Baum, im Mittelpunkt der Welt, und
seine Grösse war gewaltig! 8 Der Baum wuchs und wurde stark: Sein
Wipfel reichte bis an den Himmel und seine Krone bis ans Ende der
9: Ez 31,6 ganzen Erde. 9 Seine Blätter waren schön, und er trug reiche Frucht, und
Nahrung war an ihm für alle. Die Tiere des Feldes suchten Schutz unter
ihm, und in seinen Zweigen wohnten die Vögel des Himmels, und von
10: 8,13 ihm ernährte sich alles Fleisch. 10 In den Schauungen in meinem Kopf,
die ich auf meinem Lager hatte, schaute ich, und sieh: Ein Wächter, ein
11: Ez 31,12 Heiliger, stieg herab vom Himmel, 11 er rief laut, und so sprach er: Fällt
den Baum und haut seine Zweige ab, schüttelt seine Blätter herunter
und verstreut seine Früchte! Die Tiere sollen unter ihm weg fliehen und
die Vögel aus seinen Zweigen! 12 Seinen Wurzelstock aber lasst in der
Erde, in Fesseln aus Eisen und Bronze im Gras des Feldes. Und mit dem
Tau vom Himmel soll er benetzt werden, und mit den Tieren soll er sei-
13: Hiob 12,24 nen Anteil haben an den Kräutern der Erde. 13 Sein Verstand wird ver-
wandelt, dass er nicht mehr der eines Menschen ist, und der Verstand
eines Tieres wird ihm gegeben, und sieben Zeiten werden über ihm da-
14: 2,21; 5,21; hingehen. 14 Diese Botschaft beruht auf dem Beschluss der Wächter,
7,12.27; Jer 27,5; und die Entscheidung ist das Wort der Heiligen, damit die Lebenden
Röm 13,1 erkennen, dass der Höchste Macht hat über die menschliche Königs-
herrschaft, und dass er sie gibt, wem er will, und dass er den Niedrigsten
der Menschen darüber setzen kann. 15 Diesen Traum hatte ich, König
Nebukadnezzar; du aber, Beltschazzar, sage mir seine Deutung. Denn
alle Weisen in meinem Königreich können mir die Deutung nicht
eröffnen, du aber bist imstande dazu, denn in dir ist der Geist der heili-
gen Götter.
16: 7,15.28; 8,17.27; 16 Da erstarrte Daniel, dessen Name Beltschazzar war, einen Augen-
10,8–9 blick lang vor Entsetzen, und seine Gedanken erschreckten ihn. Darauf-
hin sprach der König: Beltschazzar, der Traum und seine Deutung
müssen dich nicht erschrecken! Daraufhin sprach Beltschazzar: Mein

4,5: Im Namen Beltschazzar hörte man wohl einen Anklang an den babylonischen Gott Bel.
4,10: Mit dem Wächter ist ein Engel gemeint.
4,13: Wörtlich: «Sein Herz wird verwandelt, ...»; das Herz galt als Sitz des Verstandes. Möglich ist auch die Übersetzung «... wird verwandelt, dass er kein Mensch mehr ist, ...»

Herr, der Traum denen, die dich hassen, und seine Deutung deinen Wi-
dersachern! 17 Der Baum, den du geschaut hast, der wuchs und stark
wurde und dessen Wipfel bis an den Himmel reichte und dessen Krone
die ganze Erde überwölbte 18 und dessen Blätter schön waren und der
reiche Frucht trug und an dem Nahrung war für alle, unter dem die Tiere
des Feldes wohnten und in dessen Zweigen die Vögel des Himmels leb-
ten, 19 das bist du, König, der du gross bist und stark; und deine Grösse 19: 2,37–38; 5,18–19
ist gewachsen, und sie reicht bis an den Himmel und deine Herrschaft
bis ans Ende der Erde. 20 Und dass der König einen Wächter, einen Hei-
ligen, geschaut hat, der vom Himmel herabstieg und sprach: Fällt den
Baum und zerstört ihn! Seinen Wurzelstock aber lasst in der Erde, in
Fesseln aus Eisen und Bronze im Gras des Feldes! Und mit dem Tau vom
Himmel soll er benetzt werden, und mit den Tieren des Feldes soll er
seinen Anteil haben, bis sieben Zeiten dahingegangen sind über ihm! –
21 Dies ist die Deutung, König, und es ist der Beschluss des Höchsten, 21: 2,36! · 3,26!
der ergangen ist über meinen Herrn, den König: 22 Aus der Gemein- 22: 14!
schaft der Menschen vertreibt man dich, und bei den Tieren des Feldes
wird deine Bleibe sein, und wie dem Vieh gibt man dir Kräuter zu essen,
und mit dem Tau des Himmels benetzt man dich, und sieben Zeiten
werden dahingehen über dich, bis du erkennst, dass der Höchste Macht
hat über die menschliche Königsherrschaft und dass er sie gibt, wem er
will. 23 Und dass man befahl, den Wurzelstock des Baums zu belassen:
Deine Königsherrschaft bleibt dir, sobald du erkennst, dass der Himmel
die Macht ausübt. 24 Darum, König, möge dir mein Rat gefallen: Tilge
deine Sünden durch Gerechtigkeit und deine Verschuldungen durch
Barmherzigkeit gegen die Elenden, wenn dein Glück von Dauer sein
soll.

25 All dies widerfuhr Nebukadnezzar, dem König: 26 Als der König
zwölf Monate später auf dem königlichen Palast von Babel auf und ab
schritt, 27 sprach der König: Ist das nicht das grosse Babel, das ich ge- 27: Gen 11,4;
baut habe als Sitz der Herrschaft durch meine gewaltige Macht und zur Dtn 8,17; Ez 29,3
Ehre meiner Herrlichkeit? 28 Das Wort war noch im Mund des Königs, 28: 5,20
da kam eine Stimme vom Himmel: Dir, Nebukadnezzar, dem König,
wird gesagt: Die Königsherrschaft ist dir genommen, 29 und aus der 29: 22; 5,21 · 14!
Gemeinschaft der Menschen vertreibt man dich, und bei den Tieren des
Feldes ist deine Bleibe. Wie dem Vieh wird man dir Kräuter zu essen
geben, und sieben Zeiten werden dahingehen über dir, bis du erkennst,
dass der Höchste Macht hat über die menschliche Königsherrschaft und
dass er sie gibt, wem er will. 30 In diesem Augenblick erfüllte sich das
Wort an Nebukadnezzar: Aus der Gemeinschaft der Menschen wurde er
vertrieben, und wie das Vieh ass er Kräuter, und sein Leib wurde benetzt
vom Tau des Himmels, bis sein Haar lang war wie Adlerfedern und seine
Nägel lang waren wie Vogelkrallen.

31 Nach diesen Zeiten aber blickte ich, Nebukadnezzar, auf zum 31–34: 2,47!
Himmel, und mein Verstand kehrte zurück zu mir. Und ich lobte den 31: 12,7 · 2,44!
Höchsten und pries und verherrlichte den Ewiglebenden: Seine Herr-
schaft ist eine ewige Herrschaft, und seine Königsherrschaft währt von
Generation zu Generation. 32 Und alle Bewohner der Erde werden wie 32: Jes 40,15–17 ·
nichts geachtet, und nach seinem Belieben verfährt er mit dem Heer des Hiob 9,12; Jes 45,9
Himmels und mit den Bewohnern der Erde, und da ist niemand, der

33: 3,2! ihm in den Arm fällt und zu ihm sagt: Was tust du? 33 Zur selben Zeit
kehrte mein Verstand zurück zu mir, und meine Herrlichkeit und mein
Glanz kehrten zurück zu mir zur Ehre meiner Königsherrschaft. Und
meine Staatsräte und meine Grossen suchten mich auf, und ich wurde
wieder eingesetzt in meine Königsherrschaft, und gewaltige Grösse
34: 9,14 wurde mir hinzugegeben. 34 Ich, Nebukadnezzar, preise und erhebe
und verherrliche nun den König des Himmels, dessen Taten allesamt
Wahrheit sind und dessen Weg das Recht ist und der die erniedrigen
kann, die hochmütig daherkommen.

Belschazzars Mahl

1: 7,1; 8,1 · Est 1,3! 5 1 Belschazzar, der König, veranstaltete ein üppiges Mahl für seine
2: 1,2! tausend Grossen, und vor den Tausend trank er Wein. 2 In Weinlau-
ne befahl Belschazzar, die goldenen und die silbernen Gefässe herzu-
bringen, die Nebukadnezzar, sein Vater, aus dem Tempel in Jerusalem
weggenommen hatte, damit der König und seine Grossen, seine Frauen
und seine Nebenfrauen daraus trinken konnten. 3 Da brachte man die
goldenen Gefässe, die man aus dem Tempel, dem Haus Gottes in Jerusa-
lem, weggenommen hatte, und der König und seine Grossen, seine
4: Jes 40,19 Frauen und seine Nebenfrauen tranken daraus. 4 Sie tranken den Wein
und priesen die goldenen und silbernen, bronzenen, eisernen, hölzer-
nen und steinernen Götter.

5 In diesem Augenblick erschienen Finger einer Menschenhand,
und sie schrieben dem Leuchter gegenüber auf die getünchte Wand des
Königspalasts, und der König sah den Rücken der Hand, die schrieb.
6: 4,2!; Jer 50,43 6 Da erbleichte der König, und seine Gedanken erschreckten ihn, und
seine Hüftgelenke wurden kraftlos, und seine Knie schlugen aneinan-
7: 2,2! · 16; 2,6 der. 7 Der König rief laut, man solle die Zauberer, die Sterndeuter und
die Wahrsager hereinbringen. Daraufhin sprach der König zu den Wei-
sen Babels: Wer diese Schrift lesen und mir ihre Deutung kundtun
kann, wird Purpur tragen, und um den Hals wird er die goldene Kette
8: 2,10! tragen, und als Dritter wird er im Königreich herrschen. 8 Da kamen all
die Weisen des Königs herein, aber sie waren weder imstande, die
9: 6 Schrift zu lesen, noch dem König ihre Deutung zu eröffnen. 9 Da er-
schrak König Belschazzar sehr, und er erbleichte, und seinen Grossen
wurde angst und bange.

10: 2,4! · 5,1-2 10 Auf die Worte des Königs und seiner Grossen hin kam die Köni-
gin in das Haus des Gelages. Da sprach die Königin: Ewig lebe der König!
Deine Gedanken müssen dich nicht erschrecken, und du musst nicht
11: 4,5! · 2,48! erbleichen. 11 In deinem Königreich gibt es einen Mann, in dem der
Geist der heiligen Götter ist, und in den Tagen deines Vaters fand sich
bei ihm Erleuchtung und Einsicht und Weisheit, der Weisheit der Göt-
ter gleich. Und König Nebukadnezzar, dein Vater, hat ihn eingesetzt als
Obersten der Magier, Zauberer, Sterndeuter und Wahrsager, dein Vater,
12: 1,17! · 1,7 der König; 12 denn ein aussergewöhnlicher Geist, Verstand und die Fä-
higkeit, Träume zu deuten, Rätsel kundzutun und Knoten zu lösen, ha-
ben sich bei Daniel gefunden, dem der König den Namen Beltschazzar

5,7: «Dritter» bezeichnet einen hohen Machthaber im Land.

gegeben hatte. Nun soll Daniel gerufen werden, dann wird er die Deu-
tung kundtun.
13 Da wurde Daniel hereingeführt vor den König. Daraufhin sprach 13: 1,6 · 2,25
der König zu Daniel: Du bist dieser Daniel, einer von den Weggeführten
aus Juda, die der König, mein Vater, aus Juda hergebracht hat. 14 Und ich 14: 4,5!
habe von dir gehört, dass der Geist der Götter in dir sei und dass sich in
dir Erleuchtung und Einsicht und aussergewöhnliche Weisheit gefun-
den haben. 15 Und nun sind die Weisen, die Zauberer vor mich geführt
worden, damit sie diese Schrift lesen und mir ihre Deutung eröffnen,
aber sie sind nicht imstande, die Deutung der Sache kundzutun. 16 Ich 16: Gen 41,15 · 7
aber habe von dir gehört, dass du Deutungen geben und Knoten lösen
kannst. Nun, wenn du die Schrift lesen und mir ihre Deutung eröffnen
kannst, sollst du Purpur tragen, und um deinen Hals sollst du die golde-
ne Kette tragen, und als Dritter sollst du im Königreich herrschen.
17 Da sprach Daniel daraufhin vor dem König: Behalte deine Gaben
für dich und gib deine Geschenke einem anderen. Die Schrift jedoch
werde ich dem König vorlesen, und die Deutung werde ich ihm
eröffnen. 18 Du bist der König! Der höchste Gott gab Nebukadnezzar, 18: 2,37–38; 4,19 ·
deinem Vater, die Königsherrschaft, die Grösse, die Würde und die 3,26!
Herrlichkeit. 19 Und wegen der Grösse, die er ihm gegeben hat, zitter- 19: 3,4! · 4,14
ten und erschraken vor ihm alle Völker, Nationen und Sprachen: Er tö-
tete, wen er wollte, und liess am Leben, wen er wollte, und er erhöhte,
wen er wollte, und erniedrigte, wen er wollte. 20 Als sein Herz sich aber 20: 4,28
überhob und sein Geist hochmütig geworden war bis zur Vermessen-
heit, wurde er vom Thron seiner Königsherrschaft gestürzt, und seine
Würde hat man ihm genommen. 21 Und aus der Gemeinschaft der 21: 4,13–14.22.29–30
Menschen wurde er vertrieben, und sein Verstand wurde dem eines Tie-
res gleich gemacht, und bei den Wildeseln war seine Bleibe; wie dem
Vieh gab man ihm Kräuter zu essen, und mit dem Tau vom Himmel
wurde sein Leib benetzt, bis er erkannte, dass der höchste Gott Macht
hat über die menschliche Königsherrschaft und dass er darüber einset-
zen kann, wen er will. 22 Und du, sein Sohn Belschazzar, hast dein Herz
nicht bescheiden gehalten, obwohl du all dies gewusst hast! 23 Und 23: 1–4 · Ps 115,5–7 ·
über den Herrn des Himmels hast du dich erhoben, und man hat die 8,11.25 · Hiob 12,10
Gefässe seines Hauses vor dich gebracht, und du und deine Grossen,
deine Frauen und deine Nebenfrauen, ihr trinkt daraus Wein. Und die
silbernen und goldenen, bronzenen, eisernen, hölzernen und steiner-
nen Götter, die nichts sehen und nichts hören und nichts wissen, hast
du gepriesen, dem Gott aber, in dessen Hand dein Atem ist und bei dem
dein ganzes Geschick liegt, hast du keine Ehre erwiesen. 24 Da wurde 24: 5
von ihm die Hand gesandt, und diese Schrift wurde geschrieben.
25 Und dies ist die Schrift, die geschrieben worden ist: Mene, Mene,
Tekel u Parsin 26 Dies ist die Deutung des Wortes: 26: 2,36!
Mene – gezählt hat Gott deine Königsherrschaft, und er hat sie be-
endet.

5,25: Mene, Tekel und Parsin (die Einzahl lautet Peres, wie es in V.28 begegnet) sind Gewichtseinheiten: Mine, Schekel und Halbschekel.

5,26: Im Aramäischen klingen die Worte ‹Mene› und ‹zählen› fast gleich.

27 Tekel – gewogen worden bist du auf der Waage, und für zu leicht
bist du befunden worden.
28: 7,5!–6! 28 Peres – zerteilt ist deine Königsherrschaft, und den Medern und
den Persern ist sie gegeben.
29: 7; 2,48!; Est 10,3 29 Da gab Belschazzar Befehl, und man bekleidete Daniel mit Purpur
und legte ihm die goldene Kette um den Hals; und öffentlich rief man
über ihn aus, dass er der Drittmächtigste im Königreich sei.
30 In derselben Nacht wurde Belschazzar, der kasdäische König, getötet.

Daniel in der Löwengrube

1: 9,1; 11,1 6 1 Und Darius der Meder empfing die Königsherrschaft, als er zwei-
undsechzig Jahre alt war. 2 Darius hielt es für gut, einhundertzwan-
zig Satrapen über das Königreich einzusetzen, verteilt im ganzen Kö-
3: 5,29 nigreich, 3 und über sie drei hohe Amtsträger – von denen einer Daniel
war –, damit jene Satrapen ihnen Rechenschaft ablegten und der König
nicht zu Schaden käme.
4: 1,17!.19–20 4 Da zeichnete sich dieser Daniel unter den hohen Amtsträgern und
den Satrapen aus, denn in ihm war ein aussergewöhnlicher Geist. Und
der König hatte die Absicht, ihn über das ganze Königreich zu setzen.
5 Da versuchten die hohen Amtsträger und die Satrapen gegen Daniel
einen Vorwand zu finden, der die Königsherrschaft betraf, sie konnten
aber weder einen Vorwand noch etwas Schlechtes finden, weil er treu
war, und es wurde weder eine Nachlässigkeit noch sonst etwas Schlech-
tes gegen ihn gefunden. 6 Da sagten jene Männer: Wir werden an die-
sem Daniel keinen Vorwand finden, es sei denn, wir fänden im Gesetz
7: 2,4! seines Gottes etwas gegen ihn. 7 Dann stürmten jene hohen Amtsträger
und Satrapen zum König hinein, und so sprachen sie zu ihm: Ewig lebe
8: 3,2! · 3,6 Darius, der König! 8 Alle hohen Amtsträger des Königreichs, die Vor-
steher und die Satrapen, die Staatsräte und die Statthalter haben sich
beraten, es sei eine Verordnung des Königs zu erlassen und ein Verbot
in Kraft zu setzen, dass jeder in die Löwengrube geworfen werde, der
innerhalb von dreissig Tagen etwas von irgendeinem Gott oder Men-
9: Est 1,19 schen erbittet, ausser von dir, König. 9 Nun, König, setze das Verbot in
Kraft und setze das Schriftstück auf, das nicht geändert werden darf,
dem Gesetz der Meder und Perser entsprechend, das unwiderruflich ist.
10 Daraufhin setzte König Darius das Schriftstück auf und erliess das
11: 9,3 · 1Kön 8,48 Verbot. 11 Und als Daniel erfahren hatte, dass das Schriftstück aufge-
setzt war, ging er in sein Haus. Und in seinem Obergemach hatte er
Fenster, die in Richtung Jerusalem geöffnet waren, und dreimal am Tag
kniete er nieder, betete und sprach Preisungen vor seinem Gott, wie er
es auch zuvor getan hatte.
12 Da stürmten jene Männer herein und fanden Daniel bittend und
13: 8–9; 3,8–11 flehend vor seinem Gott. 13 Dann kamen sie zum König und sprachen
vor ihm über das Verbot des Königs: Hast du nicht ein Verbot erlassen,
dass jeder in die Löwengrube geworfen wird, der innerhalb von dreissig

5,27: Im Aramäischen klingen die Worte ‹Tekel› und ‹wiegen› fast gleich. Wörtlich: «... und für mangelhaft bist du befunden worden.»

5,28: Im Aramäischen klingen die Worte ‹Peres›, ‹zerteilen› und Perser fast gleich.

Tagen von irgendeinem Gott oder Menschen etwas erbittet, ausser von
dir, König? Daraufhin sprach der König: Die Sache ist entschieden nach
dem Gesetz der Meder und Perser, das unwiderruflich ist. 14 Da spra- 14: 1,6 · 3,12; Est 3,8
chen sie daraufhin vor dem König: Daniel, einer von den Weggeführten
aus Juda, schert sich nicht um dich, König, und nicht um das Verbot, das
du erlassen hast: Dreimal am Tag verrichtet er sein Gebet. 15 Als der Kö-
nig von der Sache hörte, missfiel es ihm sehr, aber er sann darauf, Daniel
zu helfen, und so war er bis zum Sonnenuntergang bemüht, ihn zu ret-
ten. 16 Da stürmten jene Männer zum König herein und sprachen zum
König: Beachte, König, dass es Gesetz ist bei den Medern und Persern,
dass kein Verbot und keine Verordnung, die der König erlässt, geändert
werden darf. 17 Da gab der König Befehl, und man brachte Daniel und 17: 28!
warf ihn in die Löwengrube. Daraufhin sprach der König zu Daniel:
Dein Gott, dem du unerschütterlich dienst, er möge dir helfen! 18 Und 18: Mt 27,66
ein Stein wurde herbeigebracht und über die Öffnung der Grube gelegt,
und der König versiegelte sie mit seinem Siegelring und mit den Siegel-
ringen seiner Grossen, damit im Fall Daniel nichts geändert würde.
19 Danach ging der König in seinen Palast und verbrachte die Nacht mit
Fasten, und ... brachte man nicht hinein vor ihn, und der Schlaf floh ihn.

20 In der Morgendämmerung, bei Tagesanbruch, stand der König
sogleich auf, und eilends ging er zur Löwengrube. 21 Und als er sich der 21: 3,26
Grube näherte, rief er mit betrübter Stimme Daniel zu; dabei sprach der
König zu Daniel: Daniel, Diener des lebendigen Gottes, dein Gott, dem
du unerschütterlich dienst – hat er dich retten können vor den Löwen?
22 Da redete Daniel mit dem König: Ewig lebe der König! 23 Mein Gott 22: 2,4!
hat seinen Engel gesandt und hat den Löwen das Maul verschlossen, 23: 3,28 · Ps 22,22; 2Tim 4,17
und sie haben mir kein Leid angetan. Denn vor ihm bin ich für unschul-
dig befunden worden, und auch dir gegenüber, König, habe ich kein
Verbrechen begangen. 24 Da war der König hoch erfreut, und er befahl, 24: 3,27
Daniel aus der Grube heraufzuholen. Und Daniel wurde aus der Grube
heraufgeholt, und es wurde keine Verletzung an ihm gefunden, denn er
hatte seinem Gott vertraut. 25 Und der König gab Befehl, und man holte 25: Dtn 19,19; Spr 11,8
jene Männer, die Daniel verleumdet hatten, und warf sie, ihre Kinder
und ihre Frauen in die Löwengrube. Und sie waren noch nicht auf dem
Boden der Grube aufgeschlagen, da waren die Löwen schon über sie her-
gefallen und hatten ihnen alle Knochen zermalmt.

26 Da schrieb Darius, der König, an alle Völker, Nationen und Spra- 26–28: 2,47
chen, die auf der ganzen Erde wohnten: Allumfassend sei euer Friede! 26: 3,4! · 3,31
27 Es ergeht von mir der Befehl, dass man vor dem Gott Daniels zittere 27: 2,44!
und sich fürchte im ganzen Machtbereich meiner Königsherrschaft.

Denn er ist der lebendige Gott,
und er bleibt in alle Ewigkeit,
und seine Königsherrschaft wird nicht untergehen,
und seine Herrschaft hat kein Ende.
28 Er rettet und er befreit, 28: 17; 3,17.29
und er tut Zeichen und Wunder
im Himmel und auf der Erde,

6,19: Die Bedeutung des aramäischen Worts vor «brachte man nicht ...» ist unbekannt; es bezeichnet wohl etwas Wohlriechendes, ein Tablett mit Speisen oder Frauen.

er, der Daniel gerettet hat
aus der Gewalt der Löwen.

29: 1,21! 29 Und dieser Daniel war erfolgreich unter der Königsherrschaft
des Darius und unter der Königsherrschaft von Kyros, dem Perser.

Die Schauung von den vier Tieren

1: 2,1; 4,2 **7** 1 Im Jahr eins des Belschazzar, des Königs von Babel, hatte Daniel
einen Traum, und auf seinem Lager hatte er in seinem Kopf Schau-
ungen. Da schrieb er den Traum auf; was wichtig war, erwähnte er: 2 Da-
niel hob an und sprach: Ich schaute in meiner nächtlichen Schauung,
und sieh: Die vier Winde des Himmels wühlten das grosse Meer auf,
3: 17; 2,32–33.38–40; 3 und vier grosse Tiere stiegen herauf aus dem Meer, jedes anders als
Offb 12,18–13,10 das andere. 4 Das erste war einem Löwen gleich, und es hatte Adlerflü-
4: 2,32.38 gel. Ich schaute, da wurden ihm die Flügel ausgerissen und es wurde
von der Erde hochgehoben und wie ein Mensch auf zwei Füsse gestellt,
5: 2,32.39; 5,28; und es wurde ihm der Verstand eines Menschen gegeben. 5 Und sieh,
8,3–4.20; 11,2 ein anderes Tier, ein zweites, es glich einem Bären, und es war auf einer
Seite aufgerichtet, und in seinem Maul hatte es drei Rippen zwischen
6: 2,32.39; 5,28; seinen Zähnen, und so redete man zu ihm: Auf, friss viel Fleisch! 6 Da-
8.3–4.20 nach schaute ich, und sieh, ein anderes, einem Panther gleich, und an
seinen Seiten hatte es vier Vogelflügel, und vier Köpfe hat das Tier, und
7: 2,33.40; 8,5–6.21; ihm wurde Macht gegeben. 7 Danach schaute ich in den nächtlichen
10,20; 11,3 · 8,8; 11,4 Schauungen, und sieh: Ein viertes Tier, Furcht einflössend und schreck-
lich und aussergewöhnlich stark. Und es hatte grosse Zähne aus Eisen,
es frass und zermalmte, und was übrig blieb, zertrat es mit seinen Füs-
sen. Und es war anders als all die Tiere vor ihm, und es hatte zehn Hör-
8: 9; 11,21 · 11,36; ner. 8 Ich achtete auf die Hörner, und sieh, ein anderes Horn, ein klei-
Offb 13,5–6 nes, wuchs zwischen ihnen, und drei von den ersten Hörnern wurden
vor ihm ausgerissen. Und sieh, an diesem Horn waren Augen, den Au-
gen eines Menschen gleich, und ein Mund, der grossmäulig redete.
9: Offb 1,14 · 10,5–6; 9 Ich schaute: Da wurden Throne aufgestellt, und ein Hochbetagter
Ez 1,26! setzte sich. Sein Gewand war weiss wie Schnee und das Haar auf seinem
Kopf wie reine Wolle, sein Thron Feuerflammen, die Räder daran waren
10: 10,21; 12,1; loderndes Feuer. 10 Ein Feuerstrom ergoss sich und brach vor ihm her-
Offb 20,12 vor. Tausendmal Tausende dienten ihm, und Unzählige erhoben sich
vor ihm. Das Gericht setzte sich, und Bücher wurden aufgeschlagen.
11 Da schaute ich wegen des Lärms der grossmäuligen Worte, die das
Horn redete. Ich schaute: Da wurde das Tier getötet, und sein Körper
wurde vernichtet, und es wurde dem lodernden Feuer übergeben.
12: 2,21 12 Und den übrigen Tieren wurde ihre Macht genommen, und auf Frist
13: 8,15; 10,16.18; und Zeit wurde ihnen Lebensdauer gegeben. 13 Ich schaute in den
Ez 1,26–28; nächtlichen Schauungen, und sieh: Mit den Wolken des Himmels kam
Offb 1,13 einer, der einem Menschen glich, und er kam vor den Hochbetagten,
und vor diesen führte man ihn. 14 Und ihm wurde Macht gegeben und
Ehre und Königsherrschaft, und alle Völker, Nationen und Sprachen
dienen ihm. Seine Macht ist eine ewige Macht, die nie vergeht, und sei-

7,1: Die Übersetzung «was wichtig war, erwähnte er» ist unsicher.

7,13: Die traditionelle Wiedergabe für «der einem Menschen glich» ist «der einem Menschensohn glich».

ne Königsherrschaft wird nicht untergehen. 15 Mir, Daniel, wurde 15: 4,16!
mein Geist im Innern betrübt, und die Schauungen in meinem Kopf
erschreckten mich.

16 Ich trat zu einem von denen, die dastanden, und erbat von ihm
verlässliche Auskunft über all dies. Und er sprach zu mir und liess mich
die Bedeutung der Dinge wissen: 17 Diese grossen Tiere, jene vier: Vier
Könige werden sich über die Erde erheben, 18 und die Heiligen des Al- 18: 8,24 · 2,44!;
lerhöchsten werden die Königsherrschaft empfangen, und für immer Offb 22,5
und alle Zeiten werden sie die Königsherrschaft besitzen. 19 Dann woll-
te ich Genaueres wissen über das vierte Tier, das anders war als all die
anderen, überaus Furcht einflössend – seine Zähne waren aus Eisen und
seine Krallen aus Bronze –, das frass, zermalmte und mit seinen Füssen
zerstampfte, was übrig bleibt, 20 und über die zehn Hörner auf seinem
Kopf und über das andere, das wuchs und vor dem drei ausfielen, jenes
Horn, das Augen hatte und einen Mund, der grossmäulig redete, und
dessen Erscheinung grösser war als die der anderen. 21 Ich schaute, und 21: 8,9; 9,26; 11,28;
jenes Horn führte Krieg gegen die Heiligen, und es besiegte sie, 22 bis 12,7; Offb 13,7
der Hochbetagte kam und das Gericht den Heiligen des Allerhöchsten 22: Offb 20,4
gegeben wurde und die Zeit da war und die Heiligen die Königsherr-
schaft in Besitz nahmen. 23 Er sprach so: Das vierte Tier: Ein viertes Kö-
nigreich wird auf Erden sein, das anders ist als alle anderen Königrei-
che, und es wird die ganze Erde fressen und sie zerstampfen und zer-
malmen. 24 Und die zehn Hörner: Aus dem Königreich werden sich 24: 8,23!
zehn Könige erheben, und nach ihnen wird sich ein anderer erheben,
und er wird anders sein als die früheren, und er wird drei Könige stür-
zen. 25 Und gegen den Höchsten wird er Reden führen und die Heiligen 25: 3,26! · 9,27! ·
des Allerhöchsten wird er aufreiben, und er wird danach trachten, Zei- 8,14; 12,7
ten und Gesetz zu ändern; und sie werden in seine Hand gegeben wer-
den für eine Zeit und für Zeiten und eine halbe Zeit. 26 Und das Gericht 26: 11,45!
wird sich setzen, und man wird ihm seine Macht nehmen, um ihn end-
gültig zu vertilgen und zu vernichten. 27 Dem Volk der Heiligen des 27: 4,14!
Allerhöchsten aber wird das Königreich und die Macht und die Grösse
der Königreiche unter dem ganzen Himmel gegeben werden. Seine Kö-
nigsherrschaft ist eine ewige Königsherrschaft, und alle Mächte dienen
ihm und sind ihm gehorsam.

28 Hier endet der Bericht. Mich, Daniel, erschreckten meine Gedan- 28: 4,16!
ken sehr, und ich erbleichte, und ich bewahrte die Sache in meinem
Herzen.

Die Schauung vom Widder und vom Ziegenbock

8 1 Im Jahr drei der Königsherrschaft von Belschazzar, dem König, 1: 5,1; 7,1
wurde mir, Daniel, eine Schauung zuteil, nach dem, was mir zuerst
zuteil geworden war. 2 Und in der Schauung sah ich, und als ich sah, da 2: Neh 1,1; Est 1,2
war ich in Schuschan, in der Burg, die sich in Elam, der Provinz,
befindet. Und in der Schauung sah ich, und da war ich am Kanal Ulai.
3 Und ich blickte auf und sah hin. Und sieh: Ein Widder stand vor dem 3–4: 7,5!.6!
Kanal, und er hatte zwei Hörner. Und die zwei Hörner waren lang, und

7,25: Viele verstehen hier und in 12,7 ‹Zeiten› im Sinn von ‹zwei Zeiten›.
8,1: Von 8,1 an ist der Text wieder hebräisch.

das eine war länger als das andere, und das längere wuchs später. 4 Ich
sah, wie der Widder nach Westen und nach Norden und nach Süden
stiess, und kein Tier hielt ihm stand, und da war niemand, der aus sei-
5–6: 7,7! ner Hand rettete, und er tat, was er wollte, und er tat gross. 5 Und ich gab
acht, und sieh: Von Westen kam ein Ziegenbock über die ganze Erde,
ohne den Boden zu berühren, und zwischen seinen Augen hatte der Zie-
genbock ein ansehnliches Horn. 6 Und er kam auf den Widder mit den
zwei Hörnern zu, den ich vor dem Kanal hatte stehen sehen, und mit
grimmiger Wucht rannte er gegen ihn an. 7 Und ich sah, wie er den
Widder erreichte, und er war erbittert gegen ihn und stiess den Widder
und zerbrach ihm die beiden Hörner, und der Widder hatte nicht die
Kraft, ihm standzuhalten. Und er warf ihn zu Boden und zertrat ihn,
8: 7,7! und es gab niemanden, der den Widder aus seiner Hand rettete. 8 Und
der Ziegenbock tat über die Massen gross; doch als er stark geworden
war, wurde das grosse Horn abgebrochen, und an seiner Stelle wuchsen
9–12: 7,21! vier ansehnliche, in die vier Winde des Himmels. 9 Und aus dem einen
9: 7,8! · 11,16.41.45 von ihnen kam ein Horn hervor, aus dem kleinsten, und es wurde über-
mässig gross, gegen Süden und gegen Osten und gegen die Zierde.
10: Jes 14,13!; 10 Und es wurde gross, bis an das Heer des Himmels, und es warf etliche
Offb 12,4 vom Heer und von den Sternen hinab auf die Erde und zertrat sie.
11–12: 9,27!; 11 Auch gegen den Fürsten des Heeres tat es gross, und diesem wurde
Ex 29,38–42 das regelmässige Opfer entzogen, und die Stätte seines Heiligtums
11: 25; 5,23 wurde niedergetreten, 12 und unrechtmässig wurde für das regelmäs-
sige Opfer ein anderer Opferdienst eingesetzt. Und die Wahrheit warf
es zu Boden, und was es unternahm, das tat es mit Erfolg.
13: 4,10 · 11,31 13 Und ich hörte einen Heiligen reden, und ein anderer Heiliger
sprach zu dem, der redete: Bis wann gilt die Schauung vom regelmässi-
gen Opfer und vom Unrecht, von der Verwüstung, dass Heiligtum und
14: 7,25 Opferdienst preisgegeben und zertreten werden? 14 Da sprach er zu
mir: Bis zu zweitausenddreihundert Abenden und Morgen; dann wird
das Heiligtum zu seinem Recht kommen.
15–16: 9,21–23; 15 Und als ich, Daniel, die Schauung sah, suchte ich zu verstehen,
10,5–6.11–21; 11,2; und sieh, da stand mir einer gegenüber, der aussah wie ein Mann.
Offb 1,1 *15:* 7,13! 16 Und ich hörte eine Menschenstimme aus dem Ulai, und sie rief und
16: 9,21; Lk 1,19 sprach: Gabriel! Lass diesen die Erscheinung verstehen! 17 Und er trat
17: 4,16! · 10,14!; neben mich. Und als er kam, erschrak ich und fiel auf mein Angesicht.
11,27.35.40; 12,4.7–13 Und er sprach zu mir: Gib acht, du Mensch: Die Schauung gilt der Zeit
des Endes. 18 Und als er mit mir redete, sank ich betäubt nieder, mit
dem Angesicht zur Erde. Da berührte er mich und stellte mich an mei-
nen Platz. 19 Und er sprach: Sieh, ich eröffne dir, was sein wird in der
letzten Zeit des Zorns, denn es gilt der festgesetzten Zeit des Endes.
20: 7,5!–6! 20 Der Widder mit den zwei Hörnern, den du gesehen hast, das sind die
Könige von Medien und Persien. 21 Und der langhaarige Ziegenbock ist
der König von Jawan, und das grosse Horn zwischen seinen Augen, das
22: 8 ist der erste König. 22 Und das zerbrochene – und dass an seine Stelle

8,9: Mit «die Zierde» ist das Land Israel gemeint.

8,12: Die Bedeutung des mit «anderer Opferdienst» wiedergegebenen hebräischen Worts ist an dieser Stelle unsicher.

8,21: Jawan ist ein Name für Griechenland.

vier traten: Vier Königreiche werden aus einer Nation auftreten, aber
nicht in seiner Stärke. 23 Und in der letzten Zeit ihrer Königsherrschaft, 23: 7,24; 11,21
wenn die, die Unrecht tun, das Mass voll gemacht haben, wird ein König
auftreten mit hartem Angesicht und erfahren im Betrügen. 24 Und sei- 24: 7,18 · 7,21!
ne Macht ist gewaltig, doch nicht aus eigener Kraft, und in unglaubli-
chem Ausmass wird er Vernichtung bringen, und er wird Erfolg haben,
wenn er etwas unternimmt, und Gewaltige und ein Volk von Heiligen
wird er vernichten. 25 Und dank seines Verstands und mit hinterlisti- 25: 11; 5,23 · 2,34! ·
ger Hand wird er Erfolg haben, und in seinem Herzen wird er gross tun, 11,45!
und während Sorglosigkeit herrscht, wird er viele vernichten. Und ge-
gen den Fürsten der Fürsten wird er auftreten, aber ohne dass Hand an-
gelegt würde, wird er zerbrochen. 26 Und die Erscheinung von den 26: 12,4! · 10,14!
Abenden und den Morgen: Was gesagt wurde, ist wahr. Du aber halte
die Schauung geheim, denn sie gilt fernen Tagen.
27 Und ich, Daniel, war erschöpft, und eine Zeit lang war ich krank. 27: 4,16! · 12,8
Dann aber erhob ich mich und kam den Pflichten beim König nach. Und
ich war bestürzt über die Erscheinung und verstand sie nicht.

Die Deutung der siebzig Jahre aus dem Buch Jeremia

9 1 Im Jahr eins des Darius, des Sohns von Xerxes aus dem Geschlecht 1: 6,1; 11,1
der Meder, der zum König gemacht worden war über das Königreich
der Kasdäer, 2 im Jahr eins seines Königtums erfasste ich, Daniel, in den 2: 2Chr 36,20–21!
Schriften die Zahl der Jahre, die sich erfüllen sollten über den Trüm-
mern Jerusalems, nach dem Wort des HERRN, das an Jeremia, den Pro-
pheten, ergangen war: siebzig Jahre. 3 Und ich wandte mein Angesicht 3: 6,11
zum Herrn, Gott, um ihn zu bitten im Gebet und mit Flehen, unter Fas-
ten und in Sack und Asche. 4 Und ich betete zum HERRN, meinem Gott, 4–19: Lev 26,40!
und sprach ein Bekenntnis und sagte: Ach Herr, du grosser und Furcht 4: Ex 20,6; Dtn 7,9
einflössender Gott, der den Bund und die Gnade bewahrt denen, die ihn
lieben und seine Gebote halten, 5 wir haben gesündigt und sind schul- 5: Dtn 1,41;
dig geworden, wir haben gefrevelt und sind abgefallen, und von deinen 1Kön 8,47
Geboten und deinen Rechtssatzungen sind wir abgewichen. 6 Und wir 6: 2Chr 36,15–16;
haben nicht auf deine Diener, die Propheten, gehört, die in deinem Na- Neh 9,30; Sach 1,4
men geredet haben zu unseren Königen, unseren Fürsten und unseren
Vorfahren und zum ganzen Volk des Landes. 7 Du, Herr, bist im Recht, 7: Neh 1,8
uns aber steht die Schande ins Gesicht geschrieben, wie es heute der Fall
ist, uns, den Männern Judas und den Bewohnern Jerusalems und ganz
Israel, seien sie nah oder fern, in allen Ländern, in die du sie versprengt
hast für den Treuebruch, den sie an dir begangen haben. 8 HERR, uns
steht die Schande ins Gesicht geschrieben, uns, unseren Königen, unse-
ren Fürsten und unseren Vorfahren, weil wir gegen dich gesündigt ha-
ben. 9 Beim Herrn, unserem Gott, ist das Erbarmen und die Vergebung; 9: Neh 9,17;
gegen ihn haben wir uns aufgelehnt. 10 Und auf die Stimme des HERRN, Ps 130,4
unseres Gottes, haben wir nicht gehört, so dass wir nach seinen Wei- 10: Jer 32,23
sungen gelebt hätten, die er uns vorgelegt hat durch seine Diener, die

8,24: Möglich ist auch folgendes Verständnis: «Und seine Macht ist gewaltig, aber er kommt nicht in seiner Kraft, ...», wobei mit «seiner Kraft» die Kraft des ersten Königs gemeint wäre.

9,1: Der Name Xerxes lautet im hebräischen Text Achaschwerosch.

11: Dtn 8,20 · Dtn 27,15–26; 28,15–68
Propheten. 11 Und ganz Israel hat deine Weisung übertreten und ist ab-
gewichen, hat nicht auf deine Stimme gehört. Und ergossen hat sich
über uns der Fluch, der Schwur, der geschrieben steht in der Weisung
des Mose, des Dieners Gottes, denn gegen ihn haben wir gesündigt.
12: Klgl 2,17; Ez 5,9
12 Und er hat sein Wort wahr gemacht, das er gegen uns gesprochen hat
und gegen unsere Richter, die Recht gesprochen haben über uns: Gros-
ses Unheil hat er über uns gebracht, das nirgendwo unter dem Himmel
so geschehen ist, wie es geschehen ist in Jerusalem. 13 Wie es geschrie-
ben steht in der Weisung des Mose, so ist all dies Unheil über uns ge-
kommen. Wir aber haben das Angesicht des HERRN, unseres Gottes,
nicht besänftigt und haben uns nicht abgewandt von unserem Verge-
hen und haben auf deine Wahrheit nicht geachtet. 14 Und so war der
HERR auf das Unheil bedacht und liess es über uns kommen, denn der
HERR, unser Gott, ist gerecht in allen seinen Taten, die er vollbringt. Wir
15: Ex 13,3 · Neh 9,10; Jes 63,12; Jer 32,20–21
aber haben nicht auf seine Stimme gehört. 15 Und nun, Herr, unser
Gott, der du dein Volk mit starker Hand aus dem Land Ägypten geführt
und dir einen Namen gemacht hast, wie es heute der Fall ist: Wir haben
16: Ps 79,4; Ez 22,4
gesündigt, haben gefrevelt! 16 Herr, möge doch, wie es all deinen ge-
rechten Taten entspricht, deine Wut und dein Zorn sich abwenden von
deiner Stadt Jerusalem, deinem heiligen Berg! Denn unserer Sünden
und der Vergehen unserer Vorfahren wegen sind Jerusalem und dein
17: 1Kön 8,28 · Num 6,25!
Volk zum Hohn geworden bei allen rings um uns. 17 Und nun, unser
Gott, höre auf das Gebet deines Dieners und auf sein Flehen und lass
dein Angesicht leuchten über dein verwüstetes Heiligtum, um des
18: 2Kön 19,16 · Dtn 12,5; Jer 7,11
Herrn willen! 18 Neige, mein Gott, dein Ohr und höre, öffne deine Au-
gen und sieh unsere Verwüstungen und die Stadt, über der dein Name
ausgerufen ist! Nicht unserer gerechten Taten wegen bringen wir unser
Flehen vor dich, sondern deiner grossen Barmherzigkeit wegen!
19: 1Kön 8,30 · Ez 36,22 · Jes 63,19; Jer 14,9
19 Herr, höre! Herr, vergib! Herr, höre hin und handle, zögere nicht, um
deinetwillen, mein Gott! Denn dein Name ist ausgerufen über deiner
Stadt und über deinem Volk.

20 Und während ich noch redete und betete und meine Sünde und
die Sünde meines Volks Israel bekannte und mein Flehen für den heili-
gen Berg meines Gottes niederlegte vor dem HERRN, meinem Gott,
21: 8,16!
21 während ich noch im Gebet redete, eilte im Flug der Mann, Gabriel,
herbei, den ich zuvor bei der Schauung gesehen hatte, er berührte mich
um die Zeit des Abendopfers. 22 Und er liess mich verstehen und redete
mit mir und sprach: Daniel, nun bin ich ausgezogen, um dich Verständ-
23: 10,11.19
nis erlangen zu lassen. 23 Als dein Flehen begann, erging ein Wort, und
ich bin gekommen, um es kundzutun, denn du wirst geliebt. Nun achte
24: Jes 51,6.8
auf das Wort und begreife die Erscheinung: 24 Siebzig Jahrwochen sind
verhängt über dein Volk und über deine heilige Stadt, um das Unrecht
zu beenden und das Mass der Sünden voll zu machen, um das Vergehen
zu sühnen und ewige Gerechtigkeit zu bringen und um Schauung und
25: Neh 2,5
Prophet zu versiegeln und um zu salben, was hochheilig ist. 25 Und du
sollst wissen und verstehen: Von der Zeit an, da das Wort erging, Jerusa-
lem wiederherzustellen und aufzubauen, bis ein Gesalbter, ein Fürst,
kommt, sind es sieben Wochen; und zweiundsechzig Wochen lang wer-
den Plätze und Strassen wiederhergestellt und gebaut werden, in der
26: 7,21!; 11,10!
Bedrängnis der Zeiten. 26 Nach den zweiundsechzig Wochen aber wird

der Gesalbte vernichtet werden, und nichts wird ihm bleiben. Und das
Volk des Fürsten, der kommt, wird die Stadt und das Heiligtum vernich-
ten. Und sein Ende kommt mit einer Flut, und bis zum Ende ist Krieg:
beschlossene Verwüstungen. 27 Und einen Bund für die Vielen wird er *27:* 7,25; 8,11–12;
stark machen, für eine Woche, und in der Mitte der Woche wird er 11,31; 12,11 · 11,31! ·
Schlachtopfer und Speiseopfer aufhören lassen. Und auf dem Flügel der 11,45!
Greuel kommt einer, der verwüstet, bis sich beschlossene Vernichtung
über den Verwüster ergiesst.

Die Zeit des Endes

10 1 Im Jahr drei von Kyros, dem König von Persien, wurde Daniel, *1:* 1,21! · 9,22–23
der Beltschazzar genannt wurde, etwas offenbart, und es ist wahr
und bedeutet grosse Mühsal. Und er verstand es und konnte die Er-
scheinung verstehen. 2 In jenen Tagen trauerte ich, Daniel, drei Wo-
chen lang. 3 Köstliche Speise ass ich nicht, und Fleisch und Wein kamen
nicht in meinen Mund, und ich salbte mich nicht, bis drei volle Wochen
um waren.

4 Und am vierundzwanzigsten Tag des ersten Monats, als ich am
Ufer des grossen Flusses, des Chiddekel, war, 5 blickte ich auf und sah *5–6:* 7,9; 8,15–16!;
hin, und sieh: Ein Mann, in Leinen gekleidet, und seine Hüften waren 12,6; Ez 1,7!; 9,2;
umgürtet mit Feingold, 6 und sein Leib war wie Topas, und sein Ange- Offb 1,13–16
sicht sah aus wie ein Blitz, und seine Augen waren wie Feuerfackeln,
und seine Arme und seine Füsse sahen aus wie blanke Bronze, und der
Klang seiner Worte war wie das Lärmen einer Menschenmenge. 7 Und *7:* Apg 22,9
nur ich, Daniel, sah die Erscheinung, und die Männer, die bei mir wa-
ren, sahen die Erscheinung nicht, aber es befiel sie grosse Furcht, und
sie flohen und verbargen sich. 8 Und ich blieb allein zurück und sah *8:* 16; 4,16!
diese gewaltige Erscheinung, und mir blieb keine Kraft. Und die Farbe
wich aus meinem Gesicht bis zur Unkenntlichkeit, und ich behielt kei-
ne Kraft. 9 Und ich hörte den Klang seiner Worte, und als ich den Klang *9–10:* 8,18
seiner Worte gehört hatte, lag ich betäubt auf meinem Angesicht, mit
dem Angesicht zur Erde. 10 Und sieh, eine Hand berührte mich und rüt-
telte mich auf, und ich kam auf meine Knie und meine Handflächen.

11 Und er sprach zu mir: Daniel, du Mann, der du geliebt wirst, achte *11:* 9,23 · Ez 2,1
auf die Worte, die ich dir sage, und steh an deinem Platz, denn nun bin
ich zu dir gesandt worden. Und als er mir dieses Wort sagte, stand ich
zitternd da. 12 Und er sprach zu mir: Fürchte dich nicht, Daniel! Denn *12:* Offb 1,17
vom ersten Tag an, als du dich bemüht hast, zu verstehen und dich vor
deinem Gott zu demütigen, sind deine Worte erhört worden, und dei-
ner Worte wegen bin ich gekommen. 13 Einundzwanzig Tage lang aber *13:* 21; 12,1
stand der Fürst des Königreichs Persien mir gegenüber, und sieh, Mi-
chael, einer der obersten Fürsten, kam, um mir zu helfen. Und ich war
dort zurückgelassen worden bei den Königen von Persien. 14 Und ich *14:* 8,15–16!;
komme, um dich verstehen zu lassen, was deinem Volk widerfahren 9,22–23 · 2,28;
wird in den letzten Tagen, denn erst jenen Tagen gilt die Schauung. 8,17!.26; 12,13

9,26: Wörtlich: «... ein Gesalbter ...»
10,1: Möglich ist auch die Übersetzung: «... und bei der Erscheinung verstand er.»
10,4: Der Chiddekel ist der Tigris.
10,5: Andere übersetzen: «... mit Gold aus Ufas,»
10,13: Mit «einer der obersten Fürsten» ist ein Engelfürst gemeint.

15 Und als er so mit mir redete, richtete ich mein Angesicht zur Erde
16: 7,13! · Jes 6,7; und verstummte. 16 Und sieh, einer, der den Menschen ähnlich war,
Jer 1,9 berührte meine Lippen, und ich öffnete meinen Mund, und ich redete
und sprach zu dem, der vor mir stand: Mein Herr, bei der Erscheinung
kamen Krämpfe über mich, und ich behielt keine Kraft. 17 Und wie
könnte der Diener dieses meines Herrn mit diesem meinem Herrn re-
den? Und ich – von nun an wird keine Kraft mehr in mir sein, und kein
18: 16; 8,18 Atem ist mir geblieben. 18 Und der aussah wie ein Mensch, berührte
19: 12 mich abermals und gab mir Mut. 19 Und er sprach: Fürchte dich nicht,
du liebenswerter Mann. Friede sei mit dir! Sei stark, sei stark! Und als er
mit mir geredet hatte, fühlte ich mich ermutigt und sprach: Mein Herr,
20: 13 rede, denn du hast mir Mut gegeben. 20 Da sprach er: Weisst du, warum
ich zu dir gekommen bin? Nun aber werde ich zurückkehren, um gegen
den Fürsten Persiens zu kämpfen. Und wenn ich ihn verlasse, sieh, dann
21: 7,10! kommt der Fürst von Jawan. 21 – Aber ich werde dir kundtun, was aufge-
zeichnet ist in der Schrift der Wahrheit! – Und da ist nicht einer, der mir
stark zur Seite steht gegen jene, ausser Michael, eurem Fürsten.

1: 6,1; 9,1 11 1 Und ich – im Jahr eins von Darius, dem Meder, war es meine
2: 8,15–16!; 10,21 · Aufgabe, ihn zu stärken und zu schützen. 2 Und nun werde ich dir
7,5! Wahrheit kundtun: Sieh, noch drei Könige treten für Persien auf, und
der vierte wird es zu grösserem Reichtum bringen als alle anderen. Und
wenn er durch seinen Reichtum stark geworden ist, wird er alles in Be-
3: 7,7! wegung setzen gegen das Königreich von Jawan. 3 Dann wird ein hel-
denhafter König auftreten, und er wird eine gewaltige Herrschaft aus-
4: 7,7! üben, und er wird tun, was er will. 4 Nachdem er aber aufgetreten ist,
wird sein Königtum zerbrochen, und es wird verteilt werden an die vier
Winde des Himmels und nicht an seine Nachkommen, und sie wird
nicht mehr sein wie die Herrschaft, die er ausgeübt hat, denn sein Kö-
nigtum wird ausgerissen und anderen zuteil werden, aber nicht jenen.
5 Und der König des Südens wird stark werden, aber auch einer von
seinen Fürsten wird stark werden, und dieser wird stärker sein als je-
ner, und er wird herrschen, seine Herrschaft wird eine gewaltige Herr-
6: 17; 2,43 schaft sein. 6 Und nach einigen Jahren werden sie sich verbünden, und
die Tochter des Königs des Südens wird zum König des Nordens kom-
men, um ein Abkommen zu treffen. Aber sie wird die Kraft der Streit-
macht nicht behalten, und auch er wird nicht bestehen und auch seine
Streitmacht nicht. Und sie wird dahingegeben werden, sie und die sie
gebracht haben, der sie gezeugt hat, und jener, der sie stark gemacht hat
in jenen Zeiten. 7 Und an seiner Stelle wird einer auftreten aus einem
Spross aus ihren Wurzeln. Und er wird gegen das Heer ziehen und in
die Festung des Königs des Nordens eindringen, und mit aller Härte
wird er gegen sie vorgehen. 8 Und auch ihre Götter mit ihren gegosse-
nen Bildern und ihren kostbaren Geräten, Silber und Gold, wird er als
Beutegut nach Ägypten bringen, danach aber wird er sich jahrelang
fernhalten vom König des Nordens. 9 Und dann wird dieser in das
Reich des Königs des Südens kommen, aber er wird zurückkehren müs-
sen in sein Land.

10: 11,22.40; 9,26 10 Und seine Söhne werden sich rüsten und eine gewaltige Heeres-
masse versammeln, und sie kommt und kommt und überflutet und
überschwemmt, dann aber wird man zurückkehren und sich rüsten für

Unser Vater

UNSER VATER IM HIMMEL.
GEHEILIGT WERDE DEIN NAME.
DEIN REICH KOMME.
DEIN WILLE GESCHEHE,
WIE IM HIMMEL, SO AUF ERDEN.
UNSER TÄGLICHES BROT GIB UNS HEUTE
UND VERGIB UNS UNSERE SCHULD,
WIE AUCH WIR VERGEBEN
UNSERN SCHULDIGERN.
UND FÜHRE UNS NICHT IN VERSUCHUNG
SONDERN ERLÖSE UNS VON DEM BÖSEN
DENN DEIN IST DAS REICH UND DIE KRAFT
UND DIE HERRLICHKEIT IN EWIGKEIT.

AMEN

Schriftbild zu Matthäus 6,9–13

den Sturm auf die Festung. 11 Und der König des Südens wird unerbitt-
lich sein, und er wird ausziehen und gegen ihn kämpfen, gegen den
König des Nordens. Und dieser wird eine gewaltige Menge aufstellen,
doch die Menge wird in seine Hand gegeben werden. 12 Und die Menge *12:* 5,20; Ez 28,2
wird weggeschafft, und sein Herz wird überheblich werden, und Un-
zählige wird er niederwerfen, dann aber wird er sich nicht als stark er-
weisen. 13 Und der König des Nordens wird abermals eine Menge auf-
stellen, grösser als die erste, und nach Ablauf der Zeiten, nach einigen
Jahren, wird er wieder und wieder kommen, mit grosser Heeresmacht
und gewaltigem Tross. 14 Und in jenen Zeiten werden viele gegen den
König des Südens auftreten, und aus deinem Volk werden sich Gewalt-
tätige erheben, um die Schauung wahr zu machen, sie aber werden zu
Fall gebracht. 15 Und der König des Nordens wird kommen, und er wird
eine Sturmrampe aufschütten und eine befestigte Stadt einnehmen.
Und die Streitkräfte des Südens werden nicht standhalten und auch
nicht das Volk seiner Auserlesenen, und da wird keine Kraft sein, um
standzuhalten. 16 Und der, der gegen ihn zieht, wird tun, was er will, *16:* 11,41.45; 8,9
und niemand wird ihm standhalten. Dann wird er im Land der Zierde
stehen, und in seiner Hand wird Vernichtung sein. 17 Und er wird sich *17:* 6
zum Ziel setzen, sein ganzes Königreich in seine Gewalt zu bekommen,
und er wird eine Abmachung mit ihm treffen und ihm eine Frau geben,
um es zu verderben. Aber das wird keinen Bestand haben, und es wird
ihm nicht gelingen. 18 Dann wird er sich die Inseln zum Ziel setzen,
und viele wird er einnehmen. Ein Feldherr aber wird ihm, seinem
Schmähen, ein Ende bereiten, sein Schmähen wird er ihm vergelten.
19 Dann wird er sich die Festungen seines Landes zum Ziel setzen, aber
er wird zu Fall gebracht und wird stürzen und nicht mehr gefunden
werden. 20 Und an seiner Stelle wird einer auftreten, der einen Eintrei-
ber durch die Pracht des Königreichs ziehen lässt, aber in wenigen Ta-
gen wird er zerbrochen werden, und das nicht durch Zorn und nicht im
Krieg.

21 Und an seiner Stelle wird ein Verachteter auftreten, dem man die *21:* 7,8!; 8,23!
Würde der Königsherrschaft nicht gegeben hat. Und während Sorglo-
sigkeit herrscht, wird er kommen, und durch Heucheleien wird er die
Königsherrschaft an sich reissen. 22 Und heranflutende Streitkräfte *22:* 10! · 9,25
werden vor ihm weggeschwemmt, und sie werden zerbrochen, und so
auch ein Fürst des Bundes. 23 Nachdem er sich aber mit ihm verbündet *23:* 8,24
hat, handelt er mit Hinterlist und zieht herauf, und mit wenig Volk wird
er mächtig werden. 24 Während Sorglosigkeit herrscht, dann wird er in *24:* 8,25
die fruchtbarsten Gegenden einer Provinz einfallen, und er wird tun,
was weder seine Vorfahren noch die Vorfahren seiner Vorfahren getan
haben. Beutegut, Raub und Habe wird er an sie verteilen, und gegen Fes-
tungen wird er seine Pläne schmieden, doch nur bis zu einem gewissen
Zeitpunkt. 25 Dann wird er mit grossem Heer seine Kraft und seinen
Mut aufbieten gegen den König des Südens, und der König des Südens
rüstet zum Krieg mit grossem und überaus mächtigem Heer. Und er
wird nicht standhalten, denn man schmiedet Pläne gegen ihn. 26 Und

11,11: Mit «seine Hand» ist die Hand des Königs des Südens gemeint.
11,16: Siehe die Anmerkung zu 8,9.

die von seiner Speise essen, werden ihn zerbrechen, und sein Heer ver-
27: 8,17! läuft sich, und viele werden erschlagen daliegen. 27 Die beiden Könige
aber sinnen auf Böses, und am selben Tisch reden sie Lüge. Doch es wird
ihnen nicht gelingen, denn das Ende kommt erst zur festgesetzten Zeit.
28: 7,21! 28 Und mit grossem Gewinn kehrt er zurück in sein Land, und sein
Herz ist gegen den heiligen Bund, und so handelt er auch und kehrt
zurück in sein Land. 29 Zur festgesetzten Zeit wird er erneut gegen den
Süden ziehen; beim zweiten Mal aber wird es nicht sein wie beim ers-
30: Num 24,24 ten Mal. 30 Und kittäische Schiffe werden heranziehen gegen ihn, und
er wird erschrecken; dann wird er wieder Verwünschungen ausstossen
gegen den heiligen Bund und entsprechend handeln. Und er wird wie-
derum denen Beachtung schenken, die den heiligen Bund verlassen.
31: 9,27! · 9,27; 31 Und Teile seiner Streitkräfte werden da sein, und sie werden das Hei-
12,11; Mt 24,15 ligtum, die Burg, entweihen und das regelmässige Opfer abschaffen
und den Greuel aufstellen, der Verwüstung bringt. 32 Und die frevelhaft
gegen den Bund handeln, wird er durch Heucheleien zum Abfall verlei-
ten, das Volk derer aber, die ihren Gott kennen, wird stark bleiben und
33: 35; 12,3.10 entsprechend handeln. 33 Und die Verständigen im Volk werden viele
zur Einsicht bringen; für eine gewisse Zeit aber werden sie zu Fall ge-
bracht durch Schwert und durch Flamme, durch Gefangenschaft und
durch Raub. 34 Und wenn sie zu Fall gebracht werden, wird ihnen durch
eine kleine Hilfe geholfen, und viele werden sich ihnen heuchlerisch
35: 12,10 · 8,17! anschliessen. 35 Und von den Verständigen werden manche zu Fall ge-
bracht, damit eine Läuterung unter ihnen erwirkt wird und eine Sich-
tung und eine Reinigung bis zur Zeit des Endes, denn noch wird es dau-
ern bis zur festgesetzten Zeit.

36: 7,8! · 8,19 · 36 Und der König wird tun, was er will, und er wird sich überheben
9,26–27 und gross tun gegen jeden Gott, und gegen den Gott der Götter wird er
unglaubliche Reden führen, und er wird Erfolg haben, bis der Zorn en-
37: Jes 14,14; det. Denn was beschlossen ist, wird ausgeführt. 37 Und dem Gott seiner
2Thess 2,4 · Ez 8,14 Vorfahren schenkt er keine Beachtung, und auch dem Liebling der Frau-
en oder sonst einem Gott schenkt er keine Beachtung. Allen gegenüber
tut er gross! 38 Und statt dessen ehrt er den Gott der Burgen; und einen
Gott, den seine Vorfahren nicht kannten, ehrt er mit Gold und mit Sil-
ber, mit Edelgestein und mit Kostbarkeiten. 39 Und mit einem fremden
Gott geht er vor gegen die befestigten Burgen. Viel Ehre verleiht er de-
nen, die ihn anerkennen, und er lässt sie herrschen über viele, und als
Belohnung verteilt er Land an sie.

40: 8,17! · 10! 40 In der Zeit des Endes aber wird der König des Südens mit ihm
zusammenstossen, und mit Wagen und Reitern und vielen Schiffen
wird der König des Nordens gegen jenen anstürmen. Und er wird in die
41: 16 Länder einfallen und sie überfluten und überschwemmen. 41 Und auch
in das Land der Zierde wird er kommen, und viele werden zu Fall ge-
bracht werden. Diese aber werden sich aus seiner Hand retten: Edom
und Moab und der Rest der Ammoniter. 42 Und er wird seine Hand
nach den Ländern ausstrecken, und für das Land Ägypten wird es kein
Entrinnen geben. 43 Und er wird herrschen über die Gold- und Silber-
schätze und über alle Kostbarkeiten Ägyptens; und Lubier und Kuschi-
ten werden in seinem Gefolge sein. 44 Gerüchte aus dem Osten und
dem Norden aber werden ihn erschrecken, und in grossem Zorn wird er

ausziehen, um viele auszumerzen und sie der Vernichtung zu weihen.
45 Und zwischen dem Meer und dem Berg der heiligen Zierde wird er 45: 16; 9,16.20 ·
seine Prunkzelte aufschlagen. Dann wird er sein Ende finden, und da 7,26; 8,25; 9,27
wird niemand sein, der ihm hilft.

12 1 Und in jener Zeit wird Michael auftreten, der grosse Fürst, der 1: 10,13.21;
schützend über den Kindern deines Volks steht. Und es wird eine Offb 12,7 ·
Zeit der Bedrängnis sein, wie noch keine gewesen ist, seit es Nationen Mt 24,21 · 7,10!
gibt, bis zu jener Zeit. Und in jener Zeit wird dein Volk gerettet werden,
jeder, der sich aufgezeichnet findet in dem Buch. 2 Und viele von denen, 2: Jes 26,19;
die im Erdenstaub schlafen, werden erwachen, die einen zu ewigem Le- Mt 25,46; Joh 5,29
ben und die anderen zu Schmach, zu ewigem Abscheu. 3 Die Verständi- 3: 11,33.35 ·
gen aber werden glänzen wie der Glanz der Himmelsfeste, und wie die Mt 13,43
Sterne diejenigen, die viele zur Gerechtigkeit geführt haben, für immer
und ewig. 4 Du aber, Daniel, halte die Worte geheim und versiegle das 4: 9; 8,26; Jes 8,16;
Buch bis zur Zeit des Endes. Viele werden umherstreifen, damit die Er- Offb 10,4 · Am 8,12
kenntnis sich mehre.

5 Und ich, Daniel, sah, und sieh: Da standen zwei andere, einer am
diesseitigen Ufer des Stroms und einer am jenseitigen Ufer des Stroms.
6 Und einer sprach zu dem Mann, der in Leinen gekleidet war, der über 6: 10,5 · 8,13
dem Wasser des Stroms war: Wann kommt das Ende dieser wundersa-
men Dinge? 7 Da hörte ich den Mann, der in Leinen gekleidet war, der 7: 4,31 · 7,25 · 7,21!
über dem Wasser des Stroms war. Und er erhob seine Rechte und seine
Linke zum Himmel und schwor beim Ewiglebenden: Eine festgesetzte
Zeit, festgesetzte Zeiten und eine halbe, und wenn die Zerschlagung der
Kraft des heiligen Volks ein Ende hat, wird sich all dies erfüllen. 8 Und 8: 8,27
ich hörte es, verstand es aber nicht und sprach: Mein Herr, was ist das
letzte dieser Dinge? 9 Und er sprach: Geh, Daniel, denn die Dinge wer-
den geheim gehalten und sind versiegelt bis zur Zeit des Endes. 10 Viele 10: 11,35
werden gesichtet, gereinigt und geläutert werden, die Frevler aber wer-
den frevlerisch handeln, und kein Frevler wird es verstehen; die Ver-
ständigen aber werden es verstehen. 11 Und von der Zeit an, da das re- 11: 9,27! · 11,31!
gelmässige Opfer abgeschafft worden ist, damit der Greuel der Verwüs-
tung aufgestellt werde, sind es tausendzweihundertneunzig Tage.
12 Wohl dem, der Geduld hat und tausenddreihundertfünfunddreissig
Tage erreicht! 13 Und du, geh dem Ende entgegen! Und lege dich zur 13: 10,14! · Joh 11,24
Ruhe; und du wirst in deinem Erbteil stehen, am Ende der Tage.

11,45: Mit dem «Berg der heiligen Zierde» ist der Zion gemeint.

12,7: Siehe die Anmerkung zu 7,25.

12,13: «in deinem Erbteil» ist wörtlich «in deinem Los», wie es im Buch Josua im Zusammenhang mit der Landverteilung begegnet.

Das Buch Hosea

Hosea ist der erste von zwölf ‹kleinen Propheten›, die in der Zeit vom 8. bis zum 4. Jahrhundert v. Chr. gewirkt und kürzere Schriften hinterlassen haben als die ‹grossen Propheten› Jesaja, Jeremia und Ezechiel. Ihre Schriften wurden in einer Buchrolle gesammelt und ihrer zeitlichen Abfolge entsprechend angeordnet (vgl. die Zeitangaben am Anfang der Bücher Hosea, Amos, Micha, Zefanja, Haggai und Sacharja); die Anordnung der nicht datierten Bücher ist in der hebräischen Bibel anders als in der griechischen (der sogenannten Septuaginta). Man verstand sie in der Antike als ein einziges zusammenhängendes Buch (deshalb spricht man noch heute vom ‹Zwölfprophetenbuch›). Tatsächlich zeigen Verkettungen der Einzelschriften durch wörtliche Berührungen und durchlaufende Themen, dass sie im Zusammenhang gelesen werden sollten.

Der Prophet Hosea wirkte ungefähr von 750 bis 725 v. Chr. im Nordreich Israel, das er häufig als «Efraim» anspricht. Seine Wirksamkeit fiel in die Zeit der wirtschaftlichen Blüte unter König Jerobeam II. (787–747), die mit schweren sozialen Konflikten einherging (vgl. die Einleitung zu Am). Er wurde Zeuge des Konflikts zwischen dem Nordreich Israel und dem Südreich Juda in den Jahren 733 und 732 (vgl. 1Kön 16; Hos 5,10). Die Eroberung Israels durch die Assyrer 722 scheint Hosea nicht mehr erlebt zu haben. Die ihr vorausgehende Politik wechselnder Bündnisse mit Ägypten und Assur hat er scharf kritisiert. Wohl erst nach dem Ende seines Wirkens wurden Hoseas Worte zum Buch Hosea zusammengestellt und später noch mehrmals ergänzt und aktualisiert. Die Worte boten die Möglichkeit, den Untergang Israels als Strafe Gottes für die Verfehlungen des Volks zu deuten. In Juda konnten sie nach 722 auch als Warnung und Mahnung gelesen werden, die Fehler des grösseren Schwesterreichs im Norden nicht zu wiederholen. Und schliesslich konnten sie nach dem Untergang Israels 722 und dem Ende Judas 587 die Hoffnung begründen, dass damit noch nicht das letzte Wort Gottes über sein Volk gesprochen war.

In Hos 1–3 wird die Ehe des Propheten mit einer Frau, die Hurerei treibt und die Ehe bricht, zum Bild für die Beziehung zwischen Gott und seinem Volk Israel, das ihm untreu ist. Damit wird das Hauptthema des Buchs eingeführt: die Kritik an Israels religiöser Ausrichtung. In der Geschichte Israels erkennt Hosea einen Bruch: Während Israel in der Zeit des Auszugs aus Ägypten und der Wanderung durch die Wüste seinem Gott, dem HERRN, folgte, hat es sich im verheissenen Land mehr und mehr vom HERRN entfernt. Wenn Hosea seinen Zeitgenossen vorwirft, «Baal» oder die «Baale» zu verehren, muss das nicht (nur) heissen, dass Israel den HERRN und seine Heiligtümer vernachlässigt und andere Götter verehrt. Hosea kann damit auch meinen, dass Israel aus dem HERRN einen Baal macht (vgl. Hos 2,18), einen Gott, der so berechenbar und zuverlässig ist wie der Wechsel der Tages- und Jahreszeiten, und den man sich durch Opfer gewogen machen kann (vgl. Hos 6,1–6). Der HERR dagegen ist ein Gott, der Israel aus der Sklaverei in die Freiheit geführt hat und der von seinem Volk erwartet, dass es diesen Ursprüngen treu bleibt und die ihm geschenkte Freiheit in Liebe und Gerechtigkeit bewahrt, statt sich göttlichen Herren (Baal bedeutet ‹Herr› bzw. ‹Meister›) oder irdischen Grossmächten (wie Ägypten und Assur) zu unterwerfen. Statt an seine Herkunft zu denken und sich ganz der unverfügbaren Macht der Freiheit und der Liebe zu verschreiben, versucht Israel, sich die Macht Gottes durch Gottes- oder Stierbilder zu vergegenwärtigen. Dafür wird es von Gott bestraft und in die Unfreiheit zurückgeführt werden. Diesem Geschick kann es nur entgehen, wenn es zu seinem Gott umkehrt und dieser es begnadigt.

Diese Botschaft wird in Hos 4–14 weiter entfaltet. Hos 4 macht besonders die Priester und Propheten für die religiösen Missstände in Israel verantwortlich. In Hos 5–8 wird Kritik laut an den Königen, die durch die Staatsheiligtümer in Dan und Bet-El (vgl. 1Kön 12; 13) und «das Kalb von Samaria» zur falschen religiösen Ausrichtung beitragen. Hos 9–12 blicken auf die Geschichte Israels zurück. Dabei stellt Hos 12 das negative Bild Jakobs (bzw. Israels) dem positiv dargestellten Auszug aus Ägypten gegenüber. Hos 11 schildert eindrücklich, wie Gottes Liebe zu Israel über seinen berechtigten Zorn und seinen Strafwillen siegt: Gott wird Israel trotz allem nicht preisgeben (und damit in seiner Liebe zu seinem Volk auch nicht scheitern), sondern er wird seine Absichten mit Israel gegen alle Widerstände des Volks durchsetzen. Deshalb enden die abschliessenden Kapitel Hos 13 und Hos 14 nicht mit der Ankündigung des Untergangs Israels, sondern münden in einem Aufruf an das Volk, zu seinem Gott umzukehren, und in der Verheissung einer neuen, heilvollen Gemeinschaft zwischen Gott und seinem Volk.

Buchüberschrift

1 1 Das Wort des HERRN, das an Hosea erging, den Sohn des Beeri, in 1: 2Kön 14,23–29;
den Tagen des Ussija, des Jotam, des Achas, des Jechiskija, der Könige 15,32–16,20;
von Juda, und in den Tagen von Jerobeam, dem Sohn des Joasch, dem 18,1–20,21;
König von Israel. 1Chr 26,1–23

Hoseas Frau und ihre Kinder als Bild für Israels Untreue

2 Der Anfang des Redens des HERRN durch Hosea: Der HERR sprach 2: 4,12; 9,1; Nah 3,4
zu Hosea: Geh, nimm dir eine hurerische Frau und Hurenkinder, denn
das Land treibt entsetzliche Hurerei, ist dem HERRN fern! 3 Da ging er
und nahm Gomer, die Tochter des Diblajim, und sie wurde schwanger
und gebar ihm einen Sohn. 4 Und der HERR sprach zu ihm: Gib ihm den 4: 2,2 ·
Namen Jesreel, denn nur noch kurze Zeit, dann suche ich das Haus des 2Kön 9,15–27; 10,11;
Jehu heim, der Blutschuld Jesreels wegen, und dem Königtum des Hau- Am 7,9.11
ses Israel mache ich ein Ende. 5 Und an jenem Tag zerbreche ich den
Bogen Israels in der Ebene von Jesreel.

6: 2,3 6 Und sie wurde nochmals schwanger und gebar eine Tochter. Und
er sprach zu ihm: Gib ihr den Namen Lo-Ruchama, denn ich werde mich
des Hauses Israel nicht mehr erbarmen und ihnen nicht vergeben.
7: 14,4; Ps 20,8!; 7 Des Hauses Juda aber werde ich mich erbarmen, und ich werde sie
Sach 4,6 retten durch den HERRN, ihren Gott. Und ich werde sie nicht retten
durch Bogen und Schwert und Krieg, durch Pferde und Reiter.
8 Und sie entwöhnte Lo-Ruchama und wurde schwanger und gebar
9: 2,3! einen Sohn. 9 Und er sprach: Gib ihm den Namen Lo-Ammi, denn ihr
seid nicht mein Volk, und ich gehöre nicht zu euch!

Aussicht auf Versöhnung

1: Gen 22,17 **2** 1 Dann aber werden die Israeliten zahlreich sein wie der Sand am
Meer, der nicht gemessen und nicht gezählt werden kann.
Und an einem Ort, wo man von ihnen sagt:
Ihr seid nicht mein Volk!,
wird man von ihnen sagen:
Kinder des lebendigen Gottes!
2: Jer 3,18; 2 Und die Judäer werden sich versammeln,
Ez 37,15–28 · 1,4; zusammen mit den Israeliten,
2,25 · 3,5! und sie werden für sich ein einziges Haupt bestimmen,
und sie werden heraufziehen aus dem Land,
denn gross ist der Tag von Jesreel!
3: 1,6.9 3 Sagt zu euren Brüdern: Mein Volk!,
und zu euren Schwestern: Sie hat Erbarmen gefunden!

Ehe und Hurerei als Bild für das Verhältnis von Gott und Israel

4: 4,1! 4 Führt einen Rechtsstreit mit eurer Mutter,
führt einen Rechtsstreit –
denn sie ist nicht meine Frau,
und ich bin nicht ihr Mann –,
damit sie ihre Hurerei aus ihrem Gesicht beseitigt
und die Zeichen ihrer Ehebrecherei zwischen ihren Brüsten.
5: 2,12; Ez 16,37; 5 Sonst ziehe ich sie nackt aus
Nah 3,5! und lasse sie dastehen
wie am Tag, als sie geboren wurde,
und mache sie wie die Wüste
und lasse sie sein wie trockenes Land
und lasse sie sterben vor Durst!
6: 1,2 6 Und ihrer Kinder werde ich mich nicht erbarmen:
Es sind Hurenkinder!
7: 1,2 · 2,9.15; 7 Denn ihre Mutter hat Hurerei getrieben;
Jer 2,25; Ez 16,33; die mit ihnen schwanger war, hat schändlich gehandelt,
23,16.40 denn sie hat gesagt:
Meinen Liebhabern will ich nachlaufen,
die mir mein Brot geben und mein Wasser,

1,6: Der Name Lo-Ruchama bedeutet ‹Die kein Erbarmen findet›.

1,8: Der Name Lo-Ammi bedeutet ‹Nicht mein Volk›.

1,8: Möglicherweise hörte man bei «ich gehöre nicht zu euch» im Hebräischen eine Anspielung an die Erklärung des Gottesnamens JHWH aus Ex 3,14 («ich werde sein»).

2,3: In diesem Vers werden die Namen der Kinder aus Hos 1 ins Gute gewendet.

meine Wolle und meinen Flachs,
mein Öl und was ich trinke.
8 Darum, sieh, ich versperre deinen Weg mit Dornen
und baue eine Mauer vor ihr,
und sie wird ihre Pfade nicht finden!
9 Dann wird sie ihren Liebhabern nachrennen, aber sie nicht einholen, 9: 2,7!
und sie wird sie suchen, aber nicht finden,
und sie wird sagen:
Ich will gehen und zurückkehren zu meinem ersten Mann,
denn damals ging es mir besser als jetzt!
10 Sie selbst aber hat nicht erkannt, 10: 3,4; Ez 16,10–13.16–19
dass ich es war,
der ihr das Getreide und den Wein und das Öl gegeben hat;
und ich habe ihr viel Silber gegeben und Gold –
sie haben es für den Baal verwendet!
11 Darum werde ich mein Getreide wieder nehmen zu seiner Zeit 11: Ez 16,10
und meinen Wein, wenn er so weit ist,
und ich entreisse ihr meine Wolle und meinen Flachs,
womit sie ihre Blösse bedecken sollte.
12 Nun aber decke ich ihre Scham auf vor den Augen ihrer Liebhaber, 12: 2,5!
und niemand wird sie retten aus meiner Hand.
13 Und all ihrer Freude mache ich ein Ende: 13: Am 5,21!–23
ihrem Fest, ihrem Neumond und ihrem Sabbat
und all ihren Festzeiten.
14 Und ich verwüste ihren Weinstock und ihren Feigenbaum, 14: Mi 1,7
von denen sie gesagt hat: Das ist mein Lohn,
den meine Liebhaber mir gegeben haben.
Und ich mache sie zum Gestrüpp,
und die Tiere des Feldes fressen sie ab.
15 Und sie selbst werde ich heimsuchen der Tage der Baale wegen, da sie 15: 11,2 · 2,7 · 4,6
ihnen Rauchopfer dargebracht und sich geschmückt hat mit ihrem Ring
und ihrem Schmuck und da sie ihren Liebhabern nachgelaufen ist.
Mich aber hat sie vergessen! Spruch des HERRN.

Der HERR will sich Israel zur Braut machen

16 Darum, sieh, ich locke sie
und lasse sie in die Wüste gehen,
und dann werde ich ihr zu Herzen reden.
17 Und von dort aus werde ich ihr ihre Weinberge geben 17: Jes 65,10 · Jer 2,2; Ez 16,22.43
und das Tal Akkor als Pforte der Hoffnung.
Und dort wird sie antworten wie in den Tagen ihrer Jugendzeit
und wie am Tag, als sie heraufzog aus dem Land Ägypten.
18 Und an jenem Tag, Spruch des HERRN, 18: Jes 54,5
wirst du sagen: Mein Mann!,
und du wirst nicht mehr zu mir sagen: Mein Baal!
19 Und die Namen der Baale entferne ich aus ihrem Mund, 19: Sach 13,2
und an ihren Namen wird nicht mehr gedacht werden. 20: Gen 1,20 · Mi 4,3
20 Und an jenem Tag schliesse ich einen Bund mit ihnen,

mit den Tieren des Feldes und mit den Vögeln des Himmels
und mit den Kriechtieren auf dem Erdboden.
Und Bogen und Schwert und Krieg werde ich zerbrechen im Land,
und in Sicherheit lasse ich sie schlafen.

21–22: Sach 8,8

21 Dann mache ich dich für immer zu meiner Verlobten,
und ich mache dich zu meiner Verlobten für Recht und Gerechtigkeit als Brautpreis
und für Gnade und Erbarmen.
22 Und ich mache dich zu meiner Verlobten für Treue als Brautpreis,
und du wirst den HERRN erkennen.
23 Und an jenem Tag werde ich Antwort geben,
Spruch des HERRN,
ich antworte dem Himmel,
und dieser antwortet der Erde.

24: Joel 2,19 · 2,2!

24 Und die Erde antwortet
dem Korn und dem Wein und dem Öl,
und diese antworten Jesreel.

25: 2,2! · 2,3! · 1Petr 2,10

25 Und ich werde sie für mich aussäen im Land,
und über Lo-Ruchama werde ich mich erbarmen,
und zu Lo-Ammi werde ich sagen: Du bist mein Volk!,
und es wird sagen: Mein Gott!

Die Liebe zur Ehebrecherin. Israels Rückkehr zum HERRN und zu David

1: 1,2

3 1 Und der HERR sprach zu mir: Geh noch einmal, liebe eine Frau, die
von einem anderen geliebt wird und die eine Ehebrecherin ist – wie
der HERR die Israeliten liebt, während sie sich anderen Göttern zuwenden und Traubenkuchen lieben!
2 Und für fünfzehn Schekel Silber und
einen Chomer Gerste und einen Letech Gerste kaufte ich sie für mich.
3 Und ich sagte zu ihr: Lange Zeit wirst du für mich da sein, du darfst
keine Hurerei treiben und keinem anderen Mann gehören! Und auch
ich werde nicht zu dir kommen.
4 Denn lange Zeit werden die Israeliten
ohne König und ohne Fürst bleiben und ohne Schlachtopfer und ohne
Mazzebe und ohne Efod und Terafim.
5 Danach werden die Israeliten
zurückkehren und den HERRN, ihren Gott, suchen und David, ihren König. Und in fernen Tagen werden sie zitternd zum HERRN kommen und
zu seiner Güte.

4: 10,3

5: 6,1 · 2,2; Jer 30,9; Ez 34,24 · 11,11; Mi 7,17

Der Rechtsstreit des HERRN mit Israel, den Priestern und dem Königshaus

1: 2,4; 12,3; Mi 6,2 · 8,2

4 1 Hört das Wort des HERRN, ihr Israeliten! Der HERR hat einen
Rechtsstreit mit den Bewohnern des Landes, denn es gibt keine
Wahrhaftigkeit und keine Treue und keine Gotteserkenntnis im Land!
2 Verfluchen und Lügen und Töten und Stehlen und Ehebrechen haben
sich ausgebreitet, und Blutschuld reiht sich an Blutschuld!
3 Darum
wird das Land trauern, und hinfällig ist alles, was auf ihm lebt: die Tiere
des Feldes und die Vögel des Himmels; und auch die Fische im Meer
gehen zugrunde.

2: Jer 7,9; Ex 20,13–15; Dtn 5,17–19 · Nah 3,3

3: Zef 1,3

3,3: Die Übersetzung der mit «Und auch ich werde nicht zu dir kommen.» wiedergegebenen hebräischen Formulierung ist unsicher; möglicherweise ist zu übersetzen: «Und nur ich werde zu dir kommen.»

4 Doch niemand soll streiten und jemanden zurechtweisen, ist dein
Volk doch wie jene, die mit dem Priester streiten!
5 Aber du wirst straucheln am Tag,
und mit dir wird auch der Prophet straucheln in der Nacht.
Auch deine Mutter lösche ich aus!
6 Mein Volk wird ausgelöscht, denn es ist ohne Erkenntnis! 6: 4,1! · Mal 2,8 · 2,15
Du hast die Erkenntnis verworfen,
und nun verwerfe ich dich,
so dass du nicht mehr Priester bist für mich!
Und du hast die Weisung deines Gottes vergessen,
so werde auch ich deine Kinder vergessen!
7 Je zahlreicher sie wurden, desto mehr haben sie gesündigt gegen mich –
ihre Ehre werde ich tauschen gegen Schmach!
8 Von der Sünde meines Volks ernähren sie sich,
und nach ihrer Schuld haben sie Verlangen.
9 Und wie das Volk, so der Priester:
Seiner Wege wegen werde ich ihn heimsuchen,
und seine Taten werde ich ihm vergelten.
10 Und sie werden essen und nicht satt werden, 10: Mi 6,14
Hurerei treiben und sich nicht ausbreiten,
denn sie haben den HERRN verlassen, um festzuhalten
11 an Hurerei und Wein und Most –
sie rauben den Verstand!
12 Mein Volk – es befragt seinen Baum, 12: Jer 2,27 · 1,2!
und sein Stab soll ihm Auskunft geben.
Denn der Geist der Hurerei hat sie in die Irre geführt,
und sie haben Hurerei getrieben, weg von ihrem Gott.
13 Auf den Höhen der Berge bringen sie Schlachtopfer dar 13: Dtn 12,2
und auf den Hügeln Rauchopfer
unter Eiche und Pappel und Terebinthe,
ihr Schatten ist ja so angenehm!
Darum treiben eure Töchter Hurerei
und brechen eure Schwiegertöchter die Ehe.
14 Ich werde eure Töchter nicht heimsuchen,
weil sie Hurerei treiben,
und eure Schwiegertöchter nicht,
weil sie die Ehe brechen,
denn die Männer sondern sich ab mit den Huren
und bringen Opfer dar mit den geweihten Frauen.
Und das Volk hat keine Einsicht,
es kommt zu Fall!
15 Wenn du, Israel, Hurerei treibst, 15: 5,5 · Am 4,4! · Am 8,14
soll Juda sich nicht schuldig machen.
Und ihr sollt nicht nach Gilgal kommen
und nicht hinaufziehen nach Bet-Awen
und nicht schwören: So wahr der HERR lebt!
16 Denn störrisch wie eine störrische Kuh 16: 10,11

4,14: «denn die Männer sondern sich ab» ist wörtlich: «denn sie sondern sich ab».

ist Israel geworden.
Und nun soll der HERR sie weiden
wie ein Lamm auf grosser Weide?
17: 14,9 17 Efraim ist mit Götzen im Bund –
lass ihn nur machen!
18: Nah 1,10! · Am 4,1 18 Ist ihr Zechen vorüber,
treiben sie Hurerei,
sie lieben – her damit! –, was man ihnen schenkt, Schande!
19: Jer 4,11–13 19 Ein Wind wickelt sie in seine Flügel,
und ihrer Schlachtopfer wegen werden sie zuschanden!

1: 4,1 5 1 Hört dies, ihr Priester,
und gebt acht, Haus Israel,
und Haus des Königs, horcht auf:
Euch gilt das Urteil!
Denn ihr seid eine Falle geworden für Mizpa
und ein ausgespanntes Netz auf dem Tabor.
2 Und Abtrünnige haben es weit getrieben mit dem Abschlachten,
ich aber bin eine Züchtigung für sie alle!
3: 6,10 3 Mir ist Efraim bekannt,
und Israel ist nicht vor mir verborgen.
Nun hast du Hurerei getrieben, Efraim!
Israel hat sich unrein gemacht!
4 Ihre Taten lassen es nicht zu,
dass sie zurückkehren zu ihrem Gott,
denn in ihnen ist ein Geist der Hurerei,
und den HERRN anerkennen sie nicht!
5: 7,10 · 14,2 · 4,15 5 Und der Hochmut Israels legt Zeugnis ab, ihm selbst ins Angesicht,
und Israel und Efraim straucheln durch eigene Schuld;
mit ihnen strauchelt auch Juda.
6: Am 8,12 6 Mit ihren Schafen und ihren Rindern ziehen sie hin,
um den HERRN zu suchen,
aber sie finden ihn nicht,
er hat sich ihnen entzogen!
7 Treulos haben sie gehandelt gegenüber dem HERRN,
denn sie haben fremde Kinder geboren.
Nun wird ein einziger Monat sie fressen,
zusammen mit ihren Feldern!
8: 8,1; Joel 2,1! 8 Stosst ins Horn in Gibea,
in die Trompete in Rama,
stimmt das Kriegsgeschrei an in Bet-Awen.
Benjamin – hinter dir!
9: Jes 37,3 9 Efraim wird verwüstet
am Tag der Zurechtweisung,
unter den Stämmen Israels
verkündige ich, was gilt.
10: Dtn 19,14 10 Die Fürsten von Juda sind denen gleich geworden,
die Grenzen verrücken,
wie Wasser werde ich meinen Zorn ausgiessen über sie.
11 Efraim wird unterdrückt, misshandelt wird das Recht,
denn er hat sich entschlossen, dem Nichtigen nachzulaufen.

12 Ich aber bin für Efraim wie die Motte 12: Hab 3,16
und wie die Fäulnis für das Haus Juda.
13 Und Efraim sah seine Krankheit 13: 7,11; 8,9; 10,6
und Juda sein Geschwür,
und Efraim ging nach Assur
und sandte zu einem grossen König.
Er aber kann euch nicht gesund machen,
und kein Geschwür an euch wird heilen!
14 Denn ich bin wie ein Löwe für Efraim 14: 13,7
und wie ein junger Löwe für das Haus Juda:
Ich, ich bin es, der reisst und weiterzieht,
ich trage fort, und da ist niemand, der rettet!
15 Ich gehe, kehre zurück an meine Stätte, bis sie ihre Schuld büssen 15: Zef 2,2;
und mein Angesicht suchen. Wenn sie in Not sind, werden sie nach mir Dtn 4,30; Am 5,4
suchen!

Aufruf zur Umkehr. Israels Treulosigkeit

6 1 Auf und lasst uns zurückkehren zum HERRN, 1: 3,5
denn er hat gerissen, und er wird uns heilen,
er hat geschlagen, und er wird uns verbinden.
2 Nach zwei Tagen wird er uns beleben, 2: 13,14
am dritten Tag wird er uns aufrichten,
und wir werden leben vor ihm.
3 So lasst uns ihn erkennen, 3: Ps 72,6
lasst uns jagen nach der Erkenntnis des HERRN.
So sicher wie die Morgenröte bricht er hervor,
und er kommt zu uns wie der Regen,
wie der Spätregen herabfällt auf die Erde.
4 Was soll ich machen mit dir, Efraim? 4: 13,3!
Was soll ich machen mit dir, Juda?
Eure Treue ist wie eine Wolke am Morgen
und wie der Tau, die bald verschwinden!
5 Darum habe ich zugeschlagen durch die Propheten, 5: 12,11
habe ich sie umgebracht durch die Worte meines Mundes.
Dein Recht aber bricht hervor als Licht.
6 Denn an Treue habe ich Gefallen und nicht an Schlachtopfern 6: 8,13; Am 5,21–22;
und an Gotteserkenntnis mehr als an Brandopfern! Mi 6,7.8; Mt 9,13;
7 Sie aber haben den Bund übertreten wie in Adam, 12,7
dort haben sie treulos gehandelt gegen mich.
8 Gilead ist eine Stadt von Übeltätern,
unwegsam vor Blut.
9 Und wie Banden einem auflauern,
so die Gemeinschaft der Priester:

5,13: Andere verstehen die mit «zu einem grossen König» wiedergegebene Formulierung als Spott: «zu einem König, der Streit sucht».

6,7: Adam ist ein Ortsname.

6,8: Die genaue Bedeutung des mit ‹unwegsam› wiedergegebenen hebräischen Worts ist nicht gesichert.

Auf dem Weg nach Schechem morden sie,
Schändliches haben sie begangen!
10: 5,3 10 Im Haus Israel habe ich Grässliches gesehen,
Efraim treibt dort Hurerei,
Israel hat sich unrein gemacht.
11 Auch für dich, Juda, ist eine Ernte angesetzt,
wenn ich das Geschick meines Volkes wende!

Die Schuld Efraims und Samarias

7 1 Wenn ich Israel geheilt habe,
werden die Schuld Efraims
und die Übeltaten von Samaria aufgedeckt:
Sie haben Betrug begangen,
und der Dieb steigt ein;
draussen hat die Bande zugeschlagen.
2: Jer 14,10 2 Sie aber bedenken in ihrem Herzen nicht,
dass ich mich an ihre ganze Bosheit erinnere.
Nun umringen ihre Taten sie,
sie waren vor meinem Angesicht.
3 Mit ihrer Bosheit erfreuen sie den König
und mit ihren Lügen die Fürsten.
4 Sie alle sind Ehebrecher,
sind wie ein Backofen,
der brennt, doch ohne Bäcker.
Er hört auf, das Feuer zu schüren,
vom Kneten des Teigs bis zu dessen Säuerung.
5–6: Nah 1,10! 5 Am Tag unseres Königs hat man die Fürsten krank gemacht
mit der Hitze des Weins,
seine Kraft hat die Aufbegehrenden weggerafft.
6 Denn sie haben den Wein gebracht,
in ihrer Hinterhältigkeit ist ihr Herz wie ein Ofen,
ihr Bäcker schläft die ganze Nacht,
wie Feuerflammen brennt er am Morgen.
7 Sie alle glühen wie der Ofen
und fressen ihre Richter,
all ihre Könige sind gefallen,
unter ihnen ist keiner, der zu mir ruft.
8 Efraim –
unter den Völkern wird es hin und her geschüttelt,
Efraim ist zu einem Fladen geworden,
der nicht gewendet wurde.
9 Fremde haben seine Kraft verzehrt,
und Efraim hat es nicht bemerkt,
auch hat graues Haar sich bei ihm eingeschlichen,
und Efraim hat es nicht bemerkt.
10: 5,5 10 Und der Hochmut Israels legt Zeugnis ab, ihm selbst ins Angesicht,

7,6: «den Wein» wurde in der Übersetzung, die in diesem Vers unsicher ist, ergänzt.
7,9: Statt Efraim hat der hebräische Text in diesem Vers ‹er›.

sie aber sind nicht zurückgekehrt zum HERRN, ihrem Gott,
und haben ihn trotz alledem nicht gesucht.
11 Und Efraim war wie eine arglose Taube, 11: 5,13!; 12,2; Jes 31,1
ohne Verstand,
Ägypten rufen sie,
nach Assur laufen sie.
12 Sobald sie hinlaufen, spanne ich mein Fangnetz über ihnen auf, 12: Ez 12,13
wie einen Vogel vom Himmel hole ich sie herab,
ich weise sie zurecht,
wie es ihrer Gemeinde angekündigt worden ist.
13 Wehe ihnen,
denn sie sind vor mir geflohen!
Verwüstung über sie,
denn sie haben mit mir gebrochen!
Ich will sie loskaufen,
sie aber verbreiten Lügen über mich!
14 Und sie haben nicht nach mir geschrien in ihrem Herzen, 14: Nah 1,10!
sondern jammern auf ihren Lagern.
Wegen Getreide und Wein treiben sie sich herum,
von mir halten sie sich fern!
15 Ich aber bin es, der sie unterrichtet,
der ihre Arme gestärkt hat,
sie aber haben Böses gegen mich ersonnen.
16 Sie kehren zurück – nicht zu Hohem! –, 16: 11,7 · Ps 78,57
wie ein schlaffer Bogen sind sie geworden.
Ihre Fürsten fallen durch das Schwert,
wegen der Verwünschung aus ihrem Mund.
Das ist ihr Gestammel im Land Ägypten!

Israel hat das Gute verworfen

8 1 Das Horn an deine Lippen! Wie ein Adler schwebt es über dem 1: 5,8
Haus des HERRN, denn sie haben meinen Bund gebrochen und sind
abgefallen von meiner Weisung.
2 Zu mir werden sie schreien: 2: 4,1.6
Mein Gott! Wir, Israel, haben dich erkannt!
3 Israel hat das Gute verworfen,
der Feind wird es verfolgen!
4 Sie selbst haben sich Könige gemacht, 4: 2,10!
und es kam nicht von mir!
Sie haben Fürsten gemacht,
und ich habe nichts davon gewusst.
Ihr Silber und ihr Gold haben sie für sich verwendet,
für Götzenbilder.
Darum wird es vernichtet!
5 Er hat dein Kalb verworfen, Samaria! 5: 10,5; 1Kön 12,28–30
Mein Zorn ist gegen sie entbrannt!
Wie lange sind sie noch unfähig, schuldlos zu werden?

7,16: Die Übersetzung «nicht zu Hohem!» ist unsicher.

6: 13,2; Jes 40,18–20
6 Es kommt von Israel,
ein Handwerker hat es gemacht,
und es ist kein Gott!
Zersplittern wird
das Kalb von Samaria!
7: 10,13; Spr 22,8
7 Sie säen Wind und ernten Sturm!
Ein Halm, der keinen Spross hat,
bringt kein Mehl!
Brächte er etwas –
Fremde würden es verschlingen!
8 Israel wurde verschlungen:
Nun sind sie unter den Nationen geworden
wie ein Ding, an dem man keine Freude hat.
9: 5,13!
9 Sie selbst sind hinaufgezogen nach Assur –
ein Wildesel bleibt für sich allein,
Efraim wirbt mit Liebesgaben.
10 Auch wenn sie diese unter den Nationen verteilen,
werde ich sie nun sammeln,
sind sie doch schon geringer geworden
unter der Last des Königs, der Fürsten.
11 Denn um zu sündigen, hat Efraim die Altäre zahlreich gemacht,
Altäre zum Sündigen sind sie ihm geworden.
12 Wieder und wieder schreibe ich meine Weisung auf für ihn –
wie Fremdes wird sie betrachtet.
13: 6,6! · 9,3; 11,5 · Am 3,2
13 Als Opfergaben für mich bringen sie Fleisch dar,
und sie essen es selbst.
Der HERR hat kein Gefallen daran!
Nun denkt er an ihre Schuld und nimmt sich ihre Sünden vor.
Sie müssen zurück nach Ägypten!
14: Dtn 32,18 · Am 2,5
14 Und Israel hat den vergessen, der es geschaffen hat, und hat Prachtbauten gebaut,
und Juda hat viele befestigte Städte angelegt,
ich aber werde Feuer in seine Städte werfen,
und es wird seine Paläste fressen.

Efraim muss zurück nach Ägypten. Die Anfeindungen gegen den Propheten

1: 1,2!
9 1 Freue dich nicht, Israel,
juble nicht wie die Völker,
denn du hast Hurerei getrieben,
bist deinem Gott fern.
Den Hurenlohn hast du geliebt,
wo immer Getreide gedroschen wurde.
2: Am 5,11!
2 Dreschplatz und Kelter werden sie nicht ernähren,
und der Wein wird sie im Stich lassen.
3: 8,13! · Ez 4,12–13
3 Sie werden nicht im Land des HERRN bleiben,
und Efraim wird zurückkehren nach Ägypten,
und in Assur werden sie essen, was unrein ist.

8,9: Die Bedeutung des mit ‹werben› wiedergegebenen hebräischen Worts ist umstritten.

4 Sie werden keinen Wein ausgiessen für den HERRN
und ihm ihre Schlachtopfer nicht darbringen.
Diese sind für sie wie Trauerbrot,
alle, die es essen, machen sich unrein,
denn für sie selbst ist ihr Brot bestimmt,
in das Haus des HERRN gelangt es nicht.
5 Was werdet ihr tun am Tag der Festversammlung
und am Tag des Fests des HERRN?
6 Denn sieh, wenn sie fortgezogen sind aus der Verwüstung,
wird Ägypten sie einsammeln, Mof sie begraben;
Unkraut wird in Besitz nehmen, was sie Kostbares haben an Silber,
in ihren Zelten werden Dornen sein.
7 Die Tage der Heimsuchung sind gekommen,
gekommen die Tage, an denen vergolten wird,
Israel wird es erfahren!
Der Prophet ist ein Narr,
der Mann, der den Geist hat, ist verrückt;
wegen der Grösse deiner Schuld,
wird die Anfeindung gross sein.
8 An meinem Gott vorbei hält Efraim Ausschau.
Der Prophet –
das Netz des Vogelfängers liegt aus auf allen seinen Wegen;
Anfeindung ist im Haus seines Gottes!
9 Tief verdorben haben sie gehandelt,
wie in den Tagen von Gibea.
Er denkt an ihre Schuld,
sucht sie heim ihrer Sünden wegen.
10 Wie Trauben in der Wüste fand ich Israel,
wie eine Frühfeige am Feigenbaum, als dessen erste Frucht,
habe ich eure Vorfahren angesehen.
Sie aber sind zum Baal-Peor gegangen
und haben sich der Schande geweiht
und sind zu Scheusalen geworden,
wie es ihrer Liebe entsprach.
11 Efraim ist wie ein Vogel,
seine Herrlichkeit fliegt davon,
kein Gebären und kein Mutterleib und keine Empfängnis!
12 Selbst wenn sie ihre Kinder grossziehen könnten,
machte ich sie kinderlos, es bliebe kein Mensch!
Und wehe auch ihnen selbst, wenn ich von ihrer Seite weiche!
13 Efraim –
wie ich es gesehen hatte: bis nach Tyros gepflanzt auf einer Weide –,
Efraim muss seine Kinder hinausführen zu dem, der sie umbringt.
14 Gib ihnen, HERR!
Was wirst du geben?
Gib ihnen einen Mutterleib, der Fehlgeburten hervorbringt

4: Dtn 26,14
6: 10,8; Jes 34,13
9: 10,9
10: Dtn 32,10 · Jes 28,4; Nah 3,12 · Num 25,3
12: 9,16

9,4: Mit dem Ausgiessen des Weins sind Trankopfer gemeint.
9,11: Wörtlich: «... ihre Herrlichkeit ...»

und vertrocknete Brüste.
15: 12,12! 15 Das Ausmass ihrer Bosheit in Gigal!
Dort habe ich gelernt, sie zu hassen!
Der Bosheit ihrer Taten wegen
werde ich sie vertreiben aus meinem Haus.
Ich werde sie nicht länger lieben:
All ihre Fürsten sind störrisch!
16: 9,12 16 Efraim ist geschlagen,
ihre Wurzel ist verdorrt, sie bringen keine Frucht.
Auch wenn sie gebären könnten,
würde ich die Lieblinge ihres Leibes töten.
17 Mein Gott verwirft sie,
denn sie haben nicht auf ihn gehört,
und sie werden Flüchtlinge sein unter den Nationen.

Der Untergang von Kult und Königtum

1: Jes 5,1; Jer 2,21 10 1 Israel – ein üppiger Weinstock,
es hatte seine Frucht,
je zahlreicher seine Frucht wurde,
desto zahlreicher machte es die Altäre,
je schöner sein Land wurde,
desto schöner machte es seine Mazzeben.
2 Ihr Herz ist geteilt, jetzt werden sie es büssen!
Er selbst wird ihre Altäre zerbrechen,
ihre Mazzeben wird er verwüsten.
3: 3,4 3 Ja, jetzt werden sie sagen:
Wir haben keinen König!
Wir haben den HERRN nicht gefürchtet;
und der König – was könnte er für uns tun?
4 Sie haben Worte gemacht,
sprechen nutzlose Verwünschungen aus,
schliessen einen Bund,
und ihr Urteil wuchert
wie giftiges Kraut in den Furchen des Feldes.
5: 8,5 5 Um das Kälbergeschmeiss von Bet-Awen
haben die Bewohner von Samaria Angst,
nachgetrauert hat ihm sein Volk!
Seine Priester aber umjubeln es noch,
seine Herrlichkeit –
sie ist fort von ihm in die Verbannung gegangen!
6: 5,13! 6 Auch dieses wird nach Assur gebracht werden
als Gabe für den grossen König.
Scham wird Efraim ergreifen,
und Israel wird sich schämen für seinen Ratschlag.
7 Vernichtet ist Samaria, sein König –
wie Schaum auf dem Wasser!

10,6: Siehe die Anm. zu 5,13.

10,7: Die Übersetzung mit «wie Schaum» ist nicht gesichert; möglich ist auch: «wie ein abgeknickter Zweig».

8 Und die Kulthöhen von Awen werden zerstört, 8: 9,6! · 4,13 ·
die Sünde Israels. Lk 23,30; Offb 6,16
Dornen und Disteln
werden ihre Altäre überwuchern.
Dann sagen sie zu den Bergen: Kommt über uns!,
und zu den Hügeln: Stürzt über uns zusammen!
9 Seit den Tagen von Gibea 9: 9,9
hast du gesündigt, Israel.
Dort sind sie stehengeblieben.
Wird sie in Gibea nicht der Krieg erreichen
gegen die Kinder der Bosheit?
10 Ich werde sie in Zucht nehmen, wie es mir beliebt,
und Völker werden gegen sie versammelt werden,
wenn sie verstrickt sind in ihre doppelte Schuld.
11 Und Efraim – eine junge Kuh, ans Joch gewöhnt, 11: 4,16
die es liebte, zu dreschen.
Und ich, ich fuhr mit der Hand
über ihren schönen Nacken,
immer wieder wollte ich Efraim anspannen,
Juda sollte pflügen,
Jakob für sich eggen:
12 Sät für euch, wie es der Gerechtigkeit entspricht, 12: Jer 4,3
erntet nach Massgabe der Gnade!
Macht euch neues Land urbar!
Und es ist an der Zeit, den HERRN zu suchen,
bis er kommt, um Gerechtigkeit auf euch regnen zu lassen.
13 Unrecht habt ihr gepflügt, Bosheit geerntet, die Frucht der Lüge gegessen, 13: 8,7
denn du hast auf deinen Weg vertraut,
auf die Menge deiner Helden.
14 Aber in deinem Volk wird sich Kriegslärm erheben, 14: 14,1
und alle deine Festungen werden verwüstet,
wie Schalman am Tag der Schlacht Bet-Arbel verwüstete,
Mutter und Kinder sind zerschmettert!
15 So hat man es mit euch gemacht, Bet-El, 15: 13,11
des Bösen eurer Bosheit wegen.
Wenn der Morgen graut, ist es zu Ende mit dem König von Israel!

Liebe und Mitleid des HERRN

11 1 Als Israel jung war, habe ich es geliebt, 1: Dtn 7,8 · Ex 4,22
und ich rief meinen Sohn aus Ägypten.
2 Sooft man sie rief, 2: 2,15
haben sie sich abgewandt von ihnen;
den Baalen bringen sie Schlachtopfer dar
und den Götterbildern Rauchopfer!
3 Dabei war ich es, der Efraim das Gehen beigebracht hat – 3: Dtn 1,31
er hob sie auf seine Arme –,

sie aber haben nicht erkannt, dass ich sie geheilt habe.
4 Mit menschlichen Seilen habe ich sie gezogen,
mit Stricken der Liebe,
und ich war für sie wie jene, die das Kleinkind an ihre Wangen heben,
und ich neigte mich ihm zu, ich gab ihm zu essen.
5: 8,13! 5 Es muss nicht zurück ins Land Ägypten!
Aber Assur wird sein König sein,
denn sie haben sich geweigert, umzukehren.
6 Und in seinen Städten wird das Schwert seine Runden ziehen
und seinen Schwätzern ein Ende bereiten,
und es wird sie fressen,
ihrer Pläne wegen.
7: 7,16 7 Mein Volk aber ist verstrickt in die Abkehr von mir.
Und man ruft es auf zu Hohem,
bringt und bringt sie aber nicht dazu zu preisen.
8: Jer 31,20 8 Wie könnte ich dich preisgeben, Efraim,
wie dich ausliefern, Israel?
Wie könnte ich dich preisgeben wie Adma,
wie dich behandeln wie Zebojim?
Mein Herz sträubt sich,
all mein Mitleid ist erregt.
9: Num 23,19 9 Meinem glühenden Zorn werde ich nicht freien Lauf lassen,
Efraim werde ich nicht noch einmal vernichten,
denn ich bin Gott und nicht irgendwer,
heilig in deiner Mitte,
und ich werde in keine Stadt eindringen.
10: Am 1,2; Joel 4,16 10 Hinter dem HERRN werden sie herziehen,
wie ein Löwe wird er brüllen.
Wenn er brüllt,
werden sie zitternd vom Meer her kommen.
11: 3,5 11 Zitternd wie ein Vogel werden sie aus Ägypten kommen
und wie eine Taube aus dem Land Assur.
Und ich werde sie in ihren Häusern wohnen lassen!
Spruch des HERRN.

Efraims Lüge und Hinterlist. Erinnerung an Jakobs Betrug

12 1 Efraim hat mich umzingelt mit Lüge,
und das Haus Israel tat es mit Hinterlist.
Juda aber ist noch bei Gott,
und dem, was heilig ist, hält es die Treue.
2: 7,11! 2 Efraim weidet Wind und jagt dem Ostwind nach,
den ganzen Tag mehrt es Lüge und Gewalttat.
Und mit Assur schliessen sie einen Bund,
nach Ägypten wird Öl gebracht.
3: 4,1! 3 Und mit Juda hat der HERR einen Rechtsstreit,
und Jakob muss er heimsuchen, wie es seinen Wegen entspricht,

11,4: Möglich ist auch: «... jene, die ein Joch von ihren Kinnbacken anheben, ...»
11,7: Die Übersetzung dieses Verses ist unsicher.

nach seinen Taten zahlt er es ihm zurück.
4 Im Mutterleib hat er seinen Bruder betrogen, 4: Gen 25,24–26 ·
und als er stark war, kämpfte er mit Gott. Gen 32,23–33
5 Und er kämpfte mit einem Boten und bezwang ihn, 5: Gen 28,10–22
er weinte und flehte ihn um Gnade an,
in Bet-El fand er ihn,
und dort begann er, mit uns zu reden.
6 Und der HERR ist der Gott der Heerscharen, 6: Jes 42,8
als HERR ruft man ihn an!
7 Und du wirst mit deinem Gott zurückkehren.
Achte auf Gnade und Recht,
und hoffe immer auf deinen Gott!
8 Ein Händler mit einer betrügenden Waage in seiner Hand – 8: Am 8,5; Mi 6,11
er liebt es, auszubeuten.
9 Efraim aber sagte: 9: Offb 3,17
Wie reich bin ich geworden!
Ich habe mir ein Vermögen verschafft.
Bei all meinem Erwerb wird man keine Schuld an mir finden,
die Sünde wäre.
10 Und ich bin der HERR, dein Gott vom Land Ägypten her. 10: 13,4
Ich werde dich wieder in Zelten wohnen lassen
wie in den Tagen der Begegnung.
11 Und ich werde zu den Propheten reden, 11: 6,5
und ich selbst habe die Schauungen zahlreich gemacht,
und durch die Propheten rede ich in Gleichnissen.
12 Wenn Gilead schon Frevel war – 12: 4,15; 6,8; 9,15
wie sind sie zunichte geworden! –:
In Gilgal haben sie Stiere als Schlachtopfer dargebracht,
darum sollen auch ihre Altäre wie Steinhaufen sein
an den Furchen des Feldes.
13 Jakob aber floh in die Gefilde von Aram, 13: Gen 29,15–20
und Israel diente um eine Frau
und hütete Schafe um einer Frau willen.
14 Und durch einen Propheten führte der HERR Israel herauf aus Ägypten, 14: Ex 3,10; Dtn 18,15
und von einem Propheten wurde es gehütet.
15 Efraim hat ihn mit bitteren Kränkungen gereizt,
sein Herr aber lässt seine Blutschuld auf ihm lasten,
und seine Schande zahlt er ihm zurück.

Gottes Gericht. Keine Rettung vor dem Tod

13 1 Hatte Efraim gesprochen, machte sich Schrecken breit,
er erhob sich in Israel.
Und er wurde schuldig durch Baal und starb.
2 Und nun fahren sie fort zu sündigen: 2: 8,6!

12,4: Der Name Jakob klingt hebräisch wie ‹er betrügt›.
12,12: Im Namen Gilgal klingt hebräisch ‹Steinhaufen› an.
12,13: «Schafe» wurde in der Übersetzung ergänzt.

Sie haben sich ein gegossenes Bild gemacht,
Götzenbilder aus ihrem Silber,
ihrer Kunstfertigkeit entsprechend.
Das alles ist Werk von Handwerkern.
Von ihnen sagt man:
Wer Menschen als Schlachtopfer darbringt,
küsst Kälber.

3: 6,4; Zef 2,2
3 Darum werden sie wie eine Wolke am Morgen sein
und wie der Tau, die bald verschwinden,
wie Spreu, die verweht wird von der Tenne,
und wie Rauch aus einer Luke.

4: 12,10 · Jes 43,11; 45,21; Joel 2,27
4 Ich aber bin der HERR, dein Gott vom Land Ägypten her,
und ausser mir kennst du keinen Gott,
und es gibt keinen Retter ausser mir.
5 Ich habe dich schon in der Wüste gekannt,
im Land der Dürre.

6: Dtn 32,15
6 Dank ihrem Weideplatz wurden sie satt;
da sie satt wurden, hat ihr Herz sich erhoben.
Deshalb haben sie mich vergessen!

7: 5,14
7 Ich aber bin für sie wie ein Löwe geworden,
wie eine Raubkatze lauere ich am Weg.
8 Ich falle über sie her wie eine Bärin,
der man die Jungen genommen hat,
und ich zerreisse die Brust über ihrem Herzen.
Und dort fresse ich sie wie eine Löwin,
die Tiere des Feldes reissen sie in Stücke.
9 Es hat dich zugrunde gerichtet, Israel,
dass du gegen mich, deine Hilfe, bist.
10 Wo ist denn dein König,
dass er dich retten könnte in allen deinen Städten,
und wo sind deine Richter,
von denen du gesagt hast:
Gib mir doch einen König und Fürsten!

11: 10,15
11 Einen König gebe ich dir, wenn ich zornig bin,
und wenn ich wütend bin, nehme ich ihn weg.

12: Dtn 32,34–35
12 Eingeschnürt ist die Schuld Efraims,
aufbewahrt ist seine Sünde.
13 Die Wehen setzen ein für seine Geburt,
er aber ist kein weiser Sohn,
wenn es Zeit ist, tritt er nicht ein in den Muttermund.

14: 6,2 · 1Kor 15,55
14 Erst aus der Hand des Totenreichs löse ich sie aus,
erst vom Tod erlöse ich sie.
Wo sind deine Seuchen, Tod?
Wo ist dein Stachel, Totenreich?

13,2: Möglich ist auch die Übersetzung: «...: Während sie Menschen als Schlachtopfer darbringen, küssen sie Kälber.»

13,14: Möglicherweise ist der Anfang des Verses als Frage zu verstehen: «Aus der Hand des Totenreichs soll ich sie auslösen, vom Tod sie erlösen? ...»

Meine Augen werden kein Mitleid kennen!
15 Mag er gedeihen zwischen Brüdern –
der Ostwind kommt, der Sturm des HERRN,
von der Wüste zieht er herauf,
und sein Brunnen versiegt,
und seine Quelle vertrocknet.
Er selbst plündert
den Vorrat von alldem, was kostbar ist.

14 1 Samaria wird büssen, 1: 10,14
dass es widerspenstig war gegen seinen Gott!
Durch das Schwert werden sie fallen,
ihre Jüngsten werden zerschmettert
und ihre Schwangeren aufgeschlitzt.

Mahnung zur Umkehr. Verheissung künftigen Heils

2 Kehre zurück, Israel, 2: 5,5
zum HERRN, deinem Gott!
Denn durch deine Schuld bist du zu Fall gekommen.
3 Wählt eure Worte
und kehrt zurück zum HERRN,
sagt zu ihm:
Vergib alle Schuld und nimm das Gute an,
und wir wollen Ersatz leisten mit Stieren,
mit unseren Lippen.
4 Assur wird uns nicht retten, 4: 1,7!; Jes 31,1
wir wollen nicht auf Pferden reiten,
und zum Werk unserer Hände werden wir nicht mehr sagen:
Unser Gott!
Denn bei dir findet das Waisenkind Erbarmen.
5 Ich werde ihre Abtrünnigkeit heilen;
weil ich es will, liebe ich sie,
denn mein Zorn hat sich abgekehrt von ihm.
6 Ich werde für Israel sein wie der Tau,
es wird sprossen wie die Lilie,
damit es seine Wurzeln schlägt wie der Libanon.
7 Seine Triebe werden sich ausbreiten, 7: Ps 52,10
dass seine Pracht wird wie der Ölbaum
und sein Duft wie der des Libanon.
8 Die in seinem Schatten wohnen, kehren zurück,
sie werden das Getreide erneuern,
und sie sprossen wie der Weinstock;
sein Ruf ist wie der des Weins vom Libanon.
9 Efraim: 9: 4,17
Was soll ich noch mit den Götzen?
Ich selbst habe ihm geantwortet und schaue ihn an.
Ich bin wie üppiger Wacholder,
an mir ist Frucht für dich zu finden.

14,1: Der hebräische Text lautet: «... und seine Schwangeren ...»

Nachwort

10: Ps 107,43

10 Wer ist weise, dass er dies begriffe,
so gelehrt, dass er es verstünde?
Die Wege des HERRN sind gerade,
und die Gerechten gehen auf ihnen,
aber die sich vergehen,
kommen auf ihnen zu Fall.

Das Buch Joel

Das Buch Joel nennt ausser dem Namen des Propheten keine weiteren Namen; es nennt auch keine Daten oder konkreten Ereignisse, die auf eine bestimmte geschichtliche Epoche hinweisen würden.

Im ersten Teil (Joel 1,1–2,17) ruft der Prophet Joel sein Volk zu Klage und Busse auf, da das Land unter einer alles vernichtenden Heuschreckenplage und einer Dürre leidet. Die Heuschreckenschwärme werden wie Kriegsheere geschildert, und ihr Einfallen wird als Vorbote des «Tags des HERRN» gedeutet. Dieser Tag ist eine Zeit, in der Gott in besonderer Weise ins Weltgeschehen eingreift – im Buch Joel, um sein Volk für dessen Schuld zu bestrafen. Worin diese Schuld besteht, wird nicht gesagt. In einem eindringlichen Aufruf zur Umkehr wird die Möglichkeit in Aussicht gestellt, dass Gott sich vielleicht erbarmen und die Plage beenden könnte (vgl. Am 5,15; Jona 3,9 und demgegenüber Hos 6,1–6).

Im zweiten Teil (Joel 2,18–27) bestärkt Gott diese Hoffnung. Er sagt zu, die Plage zu beenden, die Heuschrecken zu verjagen und die Fruchtbarkeit des Landes wieder herzustellen. Die Vertreibung der Heuschrecken wird dabei wiederum so gezeichnet, als handle es sich um die Vertreibung von Besatzungstruppen.

Der dritte Teil (Joel 3) überbietet in seiner Heilszusage noch die Wiederherstellung der Versorgung aus Joel 2: Gott kündigt an, seinen Geist über alle Angehörigen seines Volks auszugiessen. Er wird Weissagungen, Träume und Schauungen bewirken, die den «Tag des HERRN» ankündigen. Seinem Volk aber wird dann Rettung in Jerusalem beschieden sein.

Diesen neuen und endgültigen Eingriff Gottes in das Weltgeschehen beschreibt der vierte Teil des Buchs (Joel 4): Zur Zeit der Rettung Israels wird Gott Gericht halten über alle Nationen. Er wird sie dafür bestrafen, dass sie an den Israeliten und an Gott selbst schuldig geworden sind, dass sie Menschen verkauft und das Gott zustehende Silber und Gold geraubt haben. Dieses göttliche Vernichtungsgericht an den Nationen vollzieht sich unter kosmischen Erschütterungen. Am Ende bleiben nur Juda und Jerusalem, die sich künftig eines ungestörten Wohlstands erfreuen können, von dem alle Fremden ausgeschlossen bleiben.

Joel 4,10 ruft die Nationen dazu auf, aus ihren Pflugscharen Schwerter und aus ihren Winzermessern Speere zu schmieden. Damit wird der in Mi 4,1–5; Jes 2,2–5 ausgesprochenen Verheissung widersprochen, die einen Weltfrieden ankündigt, der zu einer umfassenden Abrüstung führt. Vielleicht lebte der Verfasser dieses Abschnitts des Buchs Joel in weltpolitisch unruhigeren Zeiten. Aus seinen Zukunftserwartungen spricht ein Gefühl der Bedrohung durch alles Fremde, das in leidvollen Erfahrungen begründet sein mag. Ein friedliches Zusammenleben des Gottesvolks mit den Nationen schien ihm wohl nicht möglich.

Die Entstehungszeit des Buchs Joel wird zwischen dem 8. und dem 4. Jahrhundert v.Chr. angesetzt. Für das Buch in seiner jetzt vorliegenden Form ist aus sprachlichen und inhaltlichen Gründen eine Entstehung im 4. Jahrhundert am wahrscheinlichsten. Möglicherweise ist es aber über längere Zeit gewachsen, wobei jeweils ältere Vorlagen bearbeitet und erweitert wurden. In diesem Fall könnten an den vier Hauptabschnitten des Buchs noch in etwa die Phasen seiner Entstehung abzulesen sein.

Die Verheissung der Ausgiessung von Gottes Geist wird im Neuen Testament in Apg 2,16–21 aufgenommen.

Aufruf zu Klage und Busse: Es kommt der grosse Tag des HERRN

1 1 Das Wort des HERRN, das an Joel erging, den Sohn des Petuel:
2 Hört dies, ihr Ältesten!
Und horcht auf, all ihr Bewohner des Landes!
Gab es das in euren Tagen
oder in den Tagen eurer Vorfahren?
3 Davon erzählt euren Kindern,
und eure Kinder sollen es ihren Kindern erzählen
und deren Kinder einer späteren Generation!
4 Was nach der Raupe übrig blieb, 4: 2,25; Am 4,9; 7,1–2
hat die Heuschrecke gefressen,
und was nach der Heuschrecke übrig blieb,
hat die Heuschreckenbrut gefressen,
und was nach der Heuschreckenbrut übrig blieb,
hat die Schabe gefressen.
5 Wacht auf, ihr Betrunkenen, und weint,
und heult, alle, die ihr Wein trinkt,
über den Saft der Traube,
denn er ist eurem Mund entrissen.
6 Denn eine Nation ist über mein Land gekommen, 6: Offb 9,8
stark und unzählbar,
ihre Zähne sind Löwenzähne,
und sie hat die Kiefer einer Löwin.
7 Meinen Weinstock hat sie verwüstet, 7: Hos 10,1!
und meinen Feigenbaum hat sie abgeknickt,
restlos hat sie ihn abgeschält und hingeworfen,
weiss geworden sind seine Ranken.

1,4: Möglicherweise ist mit dem mit ‹Raupe› wiedergegebenen hebräischen Wort eine Heuschrecke gemeint.

8 Wehklage wie eine Jungfrau,
die umgürtet ist mit dem Trauergewand,
um den Mann ihrer Jugendzeit klagt.
9 Speiseopfer und Trankopfer
sind dem Haus des HERRN entrissen,
die Priester trauern,
die Diener des HERRN.
10 Verwüstet ist das Feld,
der Boden vertrocknet.
Ja, verwüstet ist das Getreide,
verdorrt der Wein,
verschwunden das Öl.
11 Schämt euch, ihr Bauern,
heult, ihr Winzer,
über den Weizen und über die Gerste,
denn die Ernte des Felds ist zugrunde gegangen.
12: Am 4,7–9
12 Der Weinstock ist verdorrt
und der Feigenbaum verschwunden.
Granatapfelbaum, auch Palme und Apfelbaum,
alle Bäume des Felds sind vertrocknet.
Ja, verdorrt ist die Freude,
den Menschen ist sie entzogen.
13 Gürtet euch und klagt, ihr Priester,
heult, ihr Diener des Altars!
Kommt, tragt das Trauergewand in der Nacht,
ihr Diener meines Gottes!
Denn Speiseopfer und Trankopfer
werden dem Haus eures Gottes vorenthalten.
14: 2,12.15 · 2,16
14 Erklärt das Fasten für heilig,
ruft einen Busstag aus!
Versammelt die Ältesten, alle Bewohner des Landes
beim Haus des HERRN, eures Gottes,
und schreit zum HERRN:
15: 2,1; 3,4; 4,14; Am 5,18.20; Obd 15; Zef 1,7!; Mal 3,23; Ez 7,7.10
16: 1,9.13
15 Ach, dieser Tag!
Nah ist der Tag des HERRN,
er kommt wie eine Verheerung durch Schaddai!
16 Ist nicht vor unseren Augen die Nahrung entrissen worden,
Freude und Jubel dem Haus unseres Gottes?
17 Verrottet sind die Saatkörner unter ihren Schaufeln,
die Speicher sind verödet,
die Vorratsgruben eingefallen,
denn das Getreide ist verdorrt!
18 Wie das Vieh stöhnt!

1,10: Möglich ist auch die Übersetzung: «Verwüstet ist das Feld, der Boden trauert. ...»
1,11: Im Hebräischen klingt ‹schämen› ähnlich wie ‹verdorren›.
1,15: ‹Schaddai›: Siehe die Anm. zu Num 24,4.
1,17: Die Bedeutung des mit ‹Saatkörner› wiedergegebenen hebräischen Worts ist unsicher; möglicherweise bedeutet es ‹Vorräte› oder ‹Dörrfeigen›.

Aufgeregt sind die Rinderherden,
denn sie haben keine Weide,
auch die Schafherden tragen an der Schuld.
19 Zu dir, HERR, rufe ich. 19: 2,3
Denn Feuer hat die Weideplätze in der Steppe gefressen,
und auf dem Feld hat die Flamme alle Bäume verbrannt.
20 Auch die Tiere des Feldes haben Verlangen nach dir,
denn ausgetrocknet sind die Flussbetten,
und Feuer hat die Weideplätze in der Steppe gefressen.

2 1 Stosst ins Horn in Zion 1–2: Zef 1,14–16
und brecht in Kriegsgeschrei aus auf meinem heiligen Berg; 1: 2,15; Hos 5,8 ·
alle Bewohner des Landes zittern, 4,17; Zef 3,11 · 1,15!
denn der Tag des HERRN kommt, er ist nah:
2 ein Tag der Finsternis und des Dunkels, 2: 2,10!; Am 5,18.20;
ein Tag des Gewölks und des Wolkendunkels, Sach 14,6
ausgebreitet über den Bergen wie die Morgendämmerung.
Ein grosses und starkes Volk,
nie hat es seinesgleichen gegeben,
und nach ihm wird seinesgleichen nie wieder sein
bis zu den Jahren der fernsten Generationen:
3 Vor ihm her frisst Feuer, 3: 1,19 · Gen 2,8
und hinter ihm wütet die Flamme.
Wie der Garten Eden ist das Land vor ihm,
hinter ihm aber ist öde Wüste,
und es gibt kein Entrinnen vor ihm.
4 Ihr Aussehen ist wie das Aussehen von Pferden, 4–5: Nah 3,2
und wie Rennpferde, so rasen sie. 4: Offb 9,7
5 Mit einem Lärm wie von Kriegswagen 5: Offb 9,9
springen sie über die Höhen der Berge,
dem Prasseln der Feuerflamme gleich,
die das Stoppelfeld frisst,
wie ein starkes Volk,
aufgestellt zur Schlacht.
6 Vor ihm winden sich Völker, 6: Nah 2,11; Jes 13,8
alle Gesichter sind erblasst.
7 Wie Helden rennen sie,
wie Krieger ersteigen sie die Mauer,
und jeder geht seinen Weg,
und sie kommen nicht ab von ihren Wegen.
8 Und keiner steht seinem Bruder im Weg,
jeder zieht dahin auf seiner Strasse,
und zwischen den Waffen fallen sie ein, ohne Unterlass.
9 Sie fallen über die Stadt her,
laufen über die Mauer,
steigen in die Häuser ein,
kommen durch die Fenster wie der Dieb.
10 Vor ihm bebt die Erde, 10: 2,2!; 3,4; 4,15;
erzittert der Himmel, Offb 9,2
haben sich Sonne und Mond verfinstert,
und die Sterne haben ihren Glanz verloren.

11: Mal 3,23 · Nah 1,6; Mal 3,2

11 Und vor seinem Heer hat der HERR seine Stimme erhoben,
sehr gross ist sein Heerlager,
stark ist, wer sein Wort vollstreckt!
Gross ist der Tag des HERRN
und überaus furchtbar!
Und wer könnte an ihm bestehen?

Aufruf zur Umkehr

12: 1,14

12 Und nun endlich, Spruch des HERRN,
kehrt zurück zu mir mit eurem ganzen Herzen
und mit Fasten und unter Tränen und in Trauer.

13: Ex 34,6–7; Am 5,14–15; Jona 4,2; Nah 1,3

13 Und zerreisst euer Herz und nicht eure Gewänder,
und kehrt zurück zum HERRN, eurem Gott,
denn er ist gnädig und barmherzig,
langmütig und reich an Gnade,
und einer, dem das Unheil leidtut.

14: Am 5,15; Jona 3,9

14 Wer weiss – er könnte sich besinnen und sich erbarmen,
und er könnte Segen hinterlassen.
Speiseopfer und Trankopfer
für den HERRN, euren Gott!

15: 2,1 · 1,14

15 Stosst ins Horn in Zion,
erklärt das Fasten für heilig,
ruft einen Busstag aus!

16: 1,14

16 Versammelt das Volk, heiligt die Versammlung, holt die Ältesten zusammen,
versammelt die Kinder
und jene, die noch an der Brust saugen.
Der Bräutigam komme aus seiner Kammer
und die Braut aus ihrem Gemach.

17: Ps 42,11; 79,10; Mi 7,10

17 Zwischen Vorhalle und Altar
sollen die Priester weinen,
die Diener des HERRN,
und sprechen: HERR, hab Mitleid mit deinem Volk
und mache deinen Erbbesitz nicht zum Gespött,
dass Nationen sich nicht lustig machen über sie.
Warum soll man unter den Völkern sagen:
Wo ist ihr Gott?

Der HERR sagt seine Hilfe zu

18: Dtn 4,24; Nah 1,2; Sach 1,14! 19: 1,10.17 · Dtn 11,14; Hos 2,24; Sach 8,12!

18 Da erwachte der Eifer des HERRN für sein Land, und er hatte Mit-
leid mit seinem Volk. 19 Und der HERR antwortete und sprach zu sei-
nem Volk: Seht, ich sende euch das Getreide und den Wein und das Öl,
und ihr werdet davon satt werden. Und ich werde euch nicht mehr zum
Spott machen unter den Nationen!

20: Jer 1,14–15! · Jes 34,3; Am 4,10

20 Und den aus dem Norden treibe ich weit fort, weg von euch,
und ich verjage ihn in ein dürres und verwüstetes Land,
seine Vorhut ins östliche Meer
und seine Nachhut ins westliche Meer.
Und sein Gestank wird aufsteigen,
und sein Verwesungsgeruch wird aufsteigen,

denn er hat grossgetan.
21 Fürchte dich nicht, du Erdboden,
jauble und freue dich,
denn der HERR hat Grosses getan!
22 Fürchtet euch nicht, ihr Tiere des Feldes,
denn die Weideflächen in der Steppe sind ergrünt,
denn der Baum trägt seine Frucht,
Feigenbaum und Weinstock geben mit voller Kraft.
23 Und ihr, Kinder Zions, 23–24: 2,19; Sach 10,1
jubelt und freut euch am HERRN, eurem Gott, 23: Zef 3,14!
denn im rechten Mass hat er euch die Regengüsse gegeben,
und er hat Regen fallen lassen für euch,
Regengüsse und Spätregen am ersten Tag.
24 Und die Tennen werden sich füllen mit Getreide,
und die Keltern werden überfliessen von Wein und Öl.
25 Und ich werde euch die Jahre erstatten, 25: 1,4
die die Heuschrecke gefressen hat,
die Heuschreckenbrut und die Schabe und die Raupe,
mein grosses Heer,
das ich gegen euch gesandt habe.
26 Dann werdet ihr essen und essen und satt werden 26: 2,19
und den Namen des HERRN, eures Gottes, preisen,
der wunderbar an euch gehandelt hat.
Und mein Volk wird niemals mehr zuschanden werden.
27 Und ihr werdet erkennen, dass ich in Israels Mitte bin 27: Hos 13,4!
und dass ich, der HERR, euer Gott bin und keiner sonst.
Und mein Volk wird niemals mehr zuschanden werden.

Ankündigung zur Ausgiessung des Geistes

3 1 Und danach werde ich meinen Geist ausgiessen über alles Fleisch, 1–5: Apg 2,17–21
und eure Söhne und eure Töchter werden weissagen,
eure Alten werden Träume,
eure jungen Männer werden Schauungen haben.
2 Und auch über die Diener und die Dienerinnen
giesse ich in jenen Tagen meinen Geist aus.
3 Und ich werde Wunderzeichen wirken
am Himmel und auf der Erde:
Blut und Feuer
und Rauchsäulen.
4 Die Sonne wird sich in Finsternis verwandeln 4: 2,10!.11!; Offb 6,12 · 1,15!
und der Mond in Blut,
bevor der Tag des HERRN kommt,
der grosse und furchtbare.
5 Jeder aber, der den Namen des HERRN anruft, wird gerettet, 5: Obd 17 · 4,16! · Röm 10,13
denn auf dem Berg Zion und in Jerusalem wird Rettung sein,
wie der HERR es gesagt hat,
und bei den Entronnenen,
die der HERR ruft.

Das Gericht gegen die Nationen und Heil für Juda und Jerusalem

1: Am 9,14 4 1 Denn sieh, in jenen Tagen und in jener Zeit,
da ich das Geschick Judas und Jerusalems wende,
2: 4,14 2 versammle ich alle Nationen,
und ich werde sie hinabführen in das Tal Jehoschafat,
und dort werde ich mit ihnen ins Gericht gehen
wegen meines Volks und Erbbesitzes Israel,
den sie unter die Nationen zerstreut haben.
Und mein Land haben sie verteilt,
3: Nah 3,10 3 und über mein Volk haben sie das Los geworfen,
und den Knaben haben sie eingetauscht gegen die Hure,
und das Mädchen haben sie verkauft für Wein,
und dann haben sie getrunken!
4: Am 1,6–10 4 Als würdet ihr mir etwas bedeuten, Tyros und Sidon,
und all ihr Bezirke von Philistäa!
Wollt ihr mir eine Tat vergelten
oder mir etwas antun?
Bald schon, ohne Verzug,
lasse ich euer Tun zurückfallen auf euer Haupt!
5 Die ihr mein Silber und mein Gold genommen
und meine schönen Kostbarkeiten
in eure Paläste gebracht habt!
6: Am 1,9; Ez 27,13 6 Und die Kinder aus Juda und die Kinder aus Jerusalem
habt ihr an die Jawaniten verkauft,
um sie weit weg zu bringen von ihrem Gebiet.
7: Obd 15 7 Seht, ich setze sie in Bewegung
von dem Ort aus,
wohin ihr sie verkauft habt,
und euer Tun lasse ich zurückfallen auf euer Haupt.
8 Dann verkaufe ich eure Söhne und eure Töchter in die Hand der Judäer,
und diese werden sie an die Sabäer verkaufen, an eine ferne Nation.
Der HERR hat gesprochen!
9: 1,14 9 Ruft dies aus unter den Nationen:
Erklärt den Krieg für heilig!
Setzt die Helden in Bewegung!
Herkommen, heraufkommen
sollen alle Krieger!
10: Jes 2,4; Mi 4,4 10 Schmiedet eure Pflugscharen zu Schwertern
und eure Winzermesser zu Speeren!
Der Schwächling sage: Ich bin ein Held!
11 Beeilt euch und kommt, all ihr Nationen ringsumher!
Dann werden sie sich versammeln.
Dorthin, HERR, führe deine Helden hinab.
12 Die Nationen werden in Bewegung gesetzt, damit sie hinaufziehen

4,6: Jawaniten sind Griechen.
4,11: Möglicherweise ist statt «Beeilt euch» zu übersetzen: «Eilt zu Hilfe».

ins Tal Jehoschafat.
Denn dort werde ich Platz nehmen, um zu richten
all die Nationen von ringsum.
13 Legt die Sichel an, 13: Offb 14,15.18.20 · Jes 17,5 · Jes 63,1–6
denn die Ernte ist reif,
kommt, steigt herab,
denn die Kelter ist gefüllt.
Die Becken fliessen über,
denn ihre Bosheit ist gross.
14 Menschenmenge an Menschenmenge 14: 4,2 · 1,15!
im Tal der Entscheidung,
denn nahe ist der Tag des HERRN
im Tal der Entscheidung.
15 Sonne und Mond haben sich verfinstert, 15: 2,10!
und ihren Glanz haben die Sterne verloren.
16 Und der HERR wird brüllen vom Zion, 16: Jer 25,30; Hos 11,10; Am 1,2 · 3,5; Ps 46,2; Nah 1,7
und von Jerusalem her lässt er seine Stimme erschallen,
und Himmel und Erde erbeben.
Der HERR aber ist Zuflucht für sein Volk
und eine Burg für die Israeliten.
17 Und ihr werdet erkennen, dass ich der HERR bin, euer Gott, 17: 2,1! · Nah 2,1
der auf dem Zion wohnt, auf meinem heiligen Berg.
Und Jerusalem wird heilig sein,
und Fremde werden nicht mehr hindurchziehen.
18 Und an jenem Tag triefen die Berge vom Saft der Trauben, 18: Am 9,13
und die Hügel fliessen über von Milch,
und in allen Flussbetten von Juda strömt Wasser.
Und eine Quelle geht aus vom Haus des HERRN
und tränkt das Akazienttal.
19 Ägypten wird verwüstet 19: Obd 10
und Edom wird zur öden Wüste
wegen der Gewalttat gegen die Judäer,
denn sie haben unschuldiges Blut vergossen in deren Land.
20 Juda aber wird für immer bleiben 20: Jer 17,25
und Jerusalem von Generation zu Generation.
21 Und ich werde ihr Blut für unschuldig erklären, 21: Mi 4,7; Obd 21
noch habe ich es nicht für unschuldig erklärt!
Und auf dem Zion wohnt der HERR.

Das Buch Amos

Amos ist der erste Prophet, unter dessen Namen ein Buch überliefert ist. Er wirkte kurz vor Hosea um 760 oder um 750 v.Chr. im Nordreich Israel, stammte anders als Hosea aber aus Tekoa im Südreich Juda. Nach Am 7,14–15 war Amos kein berufsmässig ausgebildeter Prophet, wie man sie am Tempel oder am Königshof kannte, sondern ein Bauer, der davon überzeugt war, dass Gott ihn mit einer prophetischen Botschaft nach Israel gesandt hatte.

Unter König Jerobeam II. erlebte Israel einen politischen und wirtschaftlichen Aufschwung, der allerdings vor allem den Wohlhabenden und Einflussreichen zugute kam. Die einfachen Leute und die Armen dagegen wurden gnadenlos ausgebeutet und um ihr Recht betrogen. So jedenfalls prangerte Amos es an.

Das zu Beginn des Buchs Amos genannte Erdbeben unter König Ussija (Am 1,1) scheint als eine erste Bestätigung der Unheilsankündigungen des Amos verstanden worden zu sein. Vielleicht wurden seine Worte daraufhin von ihm selbst oder von anderen schriftlich zusammengestellt. Später sind sie vermutlich noch mehrfach ergänzt und aktualisiert worden. So konnten sie nach dem Ende des Nordreichs Israel im Jahr 722 v.Chr. als Warnung an Juda vor einem ähnlichen Geschick gelesen werden. Wohl erst während oder nach dem babylonischen Exil wurde dem Buch die Verheissung einer Wiederherstellung des Israel und Juda umfassenden Reichs Davids (Am 9,11–15) angefügt.

Das Buch Amos ist deutlich in drei Teile gegliedert. Der erste Teil (Am 1–2) besteht aus Prophezeiungen gegen verschiedene Nachbarstaaten Israels, aber auch gegen Juda und Israel. Für die Verbrechen gegen die Menschlichkeit, insbesondere bei der Kriegsführung, wird ihnen die Strafe Gottes angedroht. Der Gott Israels beansprucht hier die Aufsicht und Herrschaft auch über die umliegenden Völker. Er erwartet von ihnen, dass sie grundlegende Völker- und Menschenrechte achten. Juda und Israel schliessen die Reihe der in Am 1–2 angesprochenen Völker ab. Damit wird angedeutet, dass der Gott Israels sein eigenes Volk nicht weniger streng beurteilt als die anderen Völker und es nicht weniger zur Rechenschaft zieht als sie, im Gegenteil: Das Gottesvolk trägt eine besondere Verantwortung (vgl. Am 3,1–2; 9,7).

Der zweite Teil des Buchs (Am 3–6) enthält Prophezeiungen gegen Israel. Sie wenden sich vor allem gegen die Rücksichtslosigkeit der wohlhabenden Oberschicht in Samaria, die im Luxus lebt, ohne sich um die Not der einfachen Menschen zu kümmern. Das Kreditwesen und die Rechtsprechung werden von den Wohlhabenden missbraucht, um sich auf Kosten der Armen immer mehr zu bereichern. Dabei erfüllen sie alle religiösen Pflichten und erwarten von Gott Hilfe und Schutz. Doch Gott will, dass in seinem Volk Recht, Gerechtigkeit und Güte verwirklicht werden. Das ist ihm wichtiger als das Feiern von Gottesdiensten und die Darbringung von Opfern. Deshalb ruft Amos die Israeliten dazu auf, den Heiligtümern fernzubleiben und Gott durch ihren Einsatz für Recht und Gerechtigkeit zu verehren. Ob sie damit die ihnen drohende Strafe noch abwenden können, ist aber ungewiss (Am 5,15: «vielleicht», vgl. Joel 2,14; Jona 3,9). Gewiss aber ist, dass Gott am «Tag des HERRN», d.h. dann, wenn er in den Lauf der Welt eingreift, sein Volk nicht mehr verteidigen, sondern zur Rechenschaft ziehen wird (Am 5,18–20). Das aber kann für Israel, wenn Gott ihm nicht gnädig ist, nur den völligen Untergang bedeuten. Am 5,1–2 stimmen deshalb schon die Totenklage über Israel an.

Der dritte Teil des Buchs (Am 7–9) berichtet von fünf Schauungen, in denen Amos zunehmend deutlicher wird, dass Gott gegen sein Volk Israel einschreiten und es für das begangene Unrecht bestrafen wird. Kann Amos in den ersten Schauungen das drohende Unheil noch durch seine Fürbitte für sein Volk abwenden, so verstummt er ab der dritten Schauung, weil ihm klar wird, dass Gott selbst sich gegen sein Volk wendet und dass Israel durch sein Verhalten reif ist für sein Ende (Am 8,1–2). Die Auseinandersetzung zwischen Amos und dem Priester Amazja im Staatsheiligtum von Bet-El zeigt, wie die Botschaft des Propheten von den politisch Verantwortlichen missachtet wird (Am 7,10–17). Die Anklagen und Strafankündigungen in Am 8,4–14 rufen dabei noch einmal in Erinnerung, warum Gott sich nun gegen sein Volk wenden muss.

Das Buch Amos ist mehr und anderes als eine schriftliche Fixierung der Verkündigung des Propheten. Das zeigt schon die kunstvolle Anordnung der Worte des Amos in den drei Buchteilen. Auch haben Spätere, wie es wohl bei allen Prophetenbüchern der Fall ist, in das Buch Amos ihre Deutungen der vorgegebenen Worte eingetragen. Diese späteren Deutungen betonen die Rechtmässigkeit des göttlichen Gerichts (Am 1,2; 4,13; 5,8–9; 9,5–6), das aus ihrer Sicht wohl schon in der Vergangenheit liegt. Sie malen aber auch das dem Gericht folgende Heil aus (Am 9,11–15).

Überschrift und Leitspruch des Buches

1 1 Die Worte des Amos – er war unter den Schafzüchtern von Tekoa –, die er geschaut hat über Israel, in den Tagen des Ussija, des Königs von Juda, und in den Tagen Jerobeams, des Sohns von Joasch, des Königs von Israel, zwei Jahre vor dem Erdbeben.

1: 2Kön 14,23–29; 2Chr 26,1 · Sach 14,5

2 Und er sprach:
Der HERR wird brüllen vom Zion,
und von Jerusalem her lässt er seine Stimme erschallen,
und die Weiden der Hirten werden verdorren,
und der Gipfel des Karmel vertrocknet.

2: Joel 4,16!

Drohung gegen die Nachbarvölker

3 So spricht der HERR:
Wegen der drei Vergehen von Damaskus
und wegen der vier
nehme ich es nicht zurück,

3: 2Kön 8,12

denn mit eisernen Dreschschlitten haben sie das Gilead
gedroschen:

4: 2Kön 8,7–8
4 Ich sende Feuer in das Haus des Chasael,
und es wird die Paläste Ben-Hadads fressen!

5: 9,7
5 Und ich zerbreche den Riegel von Damaskus,
und in der Ebene von Awen rotte ich den aus, der dort thront,
und in Bet-Eden den, der das Zepter trägt,
und das Volk von Aram geht in die Verbannung nach Kir!,
spricht der HERR.

6–8: Zef 2,4–7; Sach 9,5–7
6: 2Chr 21,16–17
6 So spricht der HERR:
Wegen der drei Vergehen von Gaza
und wegen der vier
nehme ich es nicht zurück,
denn sie haben alle und alles in die Verbannung geführt,
um sie an Edom auszuliefern:
7 Ich sende Feuer an die Mauer von Gaza,
und es wird seine Paläste fressen!
8 Und in Aschdod rotte ich den aus, der dort thront,
und in Aschkelon den, der das Zepter trägt;
dann lasse ich meine Hand zurückkehren gegen Ekron,
und der Rest der Philister kommt um!,
spricht Gott der HERR.

9–10: Sach 9,2–4
9: Joel 4,6! · 1Kön 5,26
9 So spricht der HERR:
Wegen der drei Vergehen von Tyros
und wegen der vier
nehme ich es nicht zurück,
denn sie haben alle und alles an Edom ausgeliefert,
und des Bundes unter Brüdern haben sie nicht gedacht:

10: Sach 9,4
10 Ich sende Feuer an die Mauer von Tyros,
und es wird seine Paläste fressen!

11–12: Obd 10!
11 So spricht der HERR:
Wegen der drei Vergehen von Edom
und wegen der vier
nehme ich es nicht zurück,
denn es hat seinen Bruder mit dem Schwert verfolgt
und sein Erbarmen unterdrückt,
und immerfort hat sein Zorn zerfleischt,
und seine Wut hat dauerhaft gewacht:
12 Ich sende Feuer gegen Teman,
und es wird die Paläste von Bozra fressen!

13–15: Zef 2,8–11
13 So spricht der HERR:
Wegen der drei Vergehen der Ammoniter
und wegen der vier
nehme ich es nicht zurück,
denn sie haben die Schwangeren des Gilead aufgeschlitzt,
um ihr eigenes Gebiet zu erweitern:

14: 2,2
14 Ich lege Feuer an die Mauer von Rabba,
und es wird seine Paläste fressen
beim Kriegslärm am Tag der Schlacht,
beim Sturm am Tag des Gewitters.

15 Und ihr König wird in die Verbannung gehen,
er, zusammen mit seinen Obersten!,
spricht der HERR.

2 1 So spricht der HERR: 1–3: Zef 2,8–11
Wegen der drei Vergehen von Moab
und wegen der vier
nehme ich es nicht zurück,
denn die Gebeine des Königs von Edom hat es zu Kalk verbrannt:
2 Ich sende Feuer gegen Moab, 2: 1,14; Joel 2,1!; Zef 1,16
und es wird die Paläste von Kerijot fressen!
Und Moab kommt um unter Getöse,
beim Kriegslärm, zum Klang des Horns!
3 Und ich tilge den Richter aus seiner Mitte,
und mit ihm töte ich alle seine Obersten!,
spricht der HERR.

Drohung gegen Juda und Israel

4 So spricht der HERR: 4: Jes 5,24
Wegen der drei Vergehen von Juda
und wegen der vier
nehme ich es nicht zurück,
denn die Weisung des HERRN haben sie verworfen,
und seine Satzungen haben sie nicht gehalten.
Ihre Lügen aber haben sie in die Irre geführt,
jene, denen schon ihre Vorfahren nachgelaufen sind:
5 Ich sende Feuer gegen Juda, 5: Hos 8,14
und es wird die Paläste Jerusalems fressen!
6 So spricht der HERR: 6: 8,6
Wegen der drei Vergehen Israels
und wegen der vier
nehme ich es nicht zurück,
denn den Gerechten verkaufen sie für Geld
und den Armen für ein Paar Schuhe.
7 Im Staub der Erde treten sie nach dem Kopf der Hilflosen, 7: 4,1; 5,11; 8,4 · Dtn 27,20
und die Elenden drängen sie ab.
Und ein Mann und sein Vater gehen zur selben jungen Frau,
um meinen heiligen Namen zu entweihen.
8 Und auf gepfändeten Kleidern räkeln sie sich 8: Ex 22,25–26 · 4,1
neben jedem Altar,
und sie trinken den Wein derer, die eine Busse zahlen müssen,
im Haus ihres Gottes.
9 Dabei habe doch ich die Amoriter vor ihnen vernichtet, 9: Dtn 7,1; Jos 24,8 · Hos 9,16
deren Grösse wie die Grösse der Zedern war
und die stark waren wie die Eichen;
und oben habe ich ihre Frucht vernichtet
und unten ihre Wurzeln!

2,7: Möglich ist auch die Übersetzung: «Selbst nach dem Staub der Erde auf dem Kopf der Hilflosen gieren sie, ...»

10: 3,1 · Dtn 2,7
10 Und ich war es doch, der euch heraufgeführt hat aus dem Land Ägypten
und euch vierzig Jahre lang in der Wüste geleitet hat,
damit ihr das Land der Amoriter in Besitz nehmen konntet!

11: Ri 13,7
11 Und Kinder von euch habe ich als Propheten auftreten lassen
und junge Männer von euch als Geweihte.
Ist es nicht so, ihr Israeliten?
Spruch des HERRN.

12: Num 6,1–21 · 7,13.16; Jes 30,10; Mi 2,6
12 Ihr aber habt den Geweihten Wein zu trinken gegeben
und den Propheten befohlen: Ihr dürft nicht weissagen!
13 Seht, ich lasse es unter euch wanken,
wie der Wagen wankt,
der voller Ähren ist.

14–16: 9,1; Zef 1,14
14 Und für den Schnellen schwindet die Zuflucht,
und dem Starken versagt seine Kraft,
und der Held wird sein Leben nicht retten,
15 und der Bogenschütze hält nicht stand,
und der Schnellfüssige wird sich nicht retten,
und wer ein Pferd reitet, rettet sein Leben nicht.
16 Auch wer mutig ist unter den Helden,
flieht nackt an jenem Tag!
Spruch des HERRN.

Der Auftrag des Propheten

1: 2,10
3 1 Hört dieses Wort, das der HERR über euch gesprochen hat, ihr Israeliten, über die ganze Sippe, die ich heraufgeführt habe aus dem Land Ägypten:

2: Dtn 7,6; 10,15 · Hos 8,13
2 Allein um euch habe ich mich gekümmert
von allen Sippen des Erdbodens.
Darum werde ich an euch
all eure Verschuldungen heimsuchen.
3 Gehen zwei miteinander,
wenn sie sich nicht getroffen haben?
4 Brüllt ein Löwe im Wald,
ohne Beute zu haben?
Erhebt ein junger Löwe in seinem Versteck seine Stimme,
wenn er nicht geschlagen hat?
5 Fällt der Vogel in das Klappnetz am Boden,
wenn da kein Stellholz ist für ihn?
Schnellt das Klappnetz vom Boden empor,
ohne etwas zu fangen?

6: Joel 2,1! · Jes 45,7
6 Wird das Horn geblasen in einer Stadt,
ohne dass das Volk erschrickt?
Geschieht ein Unglück in einer Stadt,
ohne dass der HERR es bewirkt hat?
7 Gott der HERR tut nichts,
ohne seinen Dienern, den Propheten,

2,11: Mit den Geweihten sind Gott Geweihte gemeint.
3,2: Wörtlich: «Allein euch habe ich gekannt ...»

seinen Plan offenbart zu haben!
8 Ein Löwe hat gebrüllt – 8: 1,2 · 7,15
wer würde sich nicht fürchten?
Gott der HERR hat gesprochen –
wer würde nicht weissagen?

Gericht über Samaria

9 Lasst es hören über den Palästen in Aschdod 9: 4,1
und über den Palästen im Land Ägypten
und sprecht: Versammelt euch auf den Bergen von Samaria
und seht die grosse Bestürzung in seiner Mitte
und die Gewalt, die darin herrscht!
10 Sie haben es nicht verstanden, das Rechte zu tun,
Spruch des HERRN,
sie, die Gewalttat und Vernichtung anhäufen in ihren Palästen.
11 Darum, so spricht Gott der HERR:
Ein Feind ist da
und umzingelt das Land,
und deine Befestigung reisst er nieder,
und deine Paläste werden geplündert.
12 So spricht der HERR: 12: 6,4
Wie der Hirt zwei Schenkel oder ein Ohrläppchen aus dem Rachen des Löwen rettet,
so werden die Israeliten gerettet,
die in Samaria in der Ecke des Lagers und auf dem Damast des Ruhebetts sitzen.
13 Hört es und sagt aus gegen das Haus Jakob!
Spruch Gottes des HERRN, des Gottes der Heerscharen.
14 An dem Tag, da ich die Vergehen Israels an ihm heimsuche, 14: 1Kön 12,32;
suche ich sie heim an den Altären von Bet-El! 2Kön 23,15
Und die Hörner des Altars werden abgehauen
und fallen zu Boden.
15 Und das Winterhaus zertrümmere ich 15: Jer 36,22 ·
zusammen mit dem Sommerhaus, 1Kön 22,39 · 5,11;
dann verschwinden die Häuser aus Elfenbein, 6,11
und mit den vielen Häusern hat es eine Ende!
Spruch des HERRN.

4 1 Hört dieses Wort, ihr Kühe des Baschan, 1: 3,9 · 2,7.8; 5,12;
die ihr auf dem Berg von Samaria seid, Hos 4,18; Nah 1,10!
die ihr den Hilflosen Gewalt antut,
die ihr die Armen unterdrückt,
die ihr zu ihren Herren sagt:
Her damit, wir wollen saufen!
2 Bei seiner Heiligkeit hat Gott der HERR geschworen: 2: Jer 16,16
Seht, es kommen Tage über euch,
da holt er euch mit Haken
und, was von euch bleibt, mit Angeln.
3 Und ihr werdet durch Mauerlücken nach draussen gelangen,
jede, wo sie gerade ist.

Und dann werdet ihr zum Hermon geworfen.
Spruch des HERRN.

Israels Hartnäckigkeit

4: 5,5; Hos 4,15
4 Kommt nach Bet-El und vergeht euch,
nach Gilgal, vergeht euch noch mehr!
Und bringt eure Schlachtopfer am Morgen,
am dritten Tag eure Zehnten.
5 Und bringt Rauchopfer dar vom Gesäuerten als Dank,
und kündigt freiwillige Gaben an, lasst es hören!
So habt ihr es doch immer geliebt, ihr Israeliten!
Spruch Gottes des HERRN.

6–11: Zef 3,7
6 Und so habe dann ich euren Zähnen nichts zu kauen gegeben
in allen euren Städten
und euch Mangel gegeben an Brot
an allen euren Orten.
Dennoch seid ihr nicht zurückgekehrt zu mir! Spruch des HERRN.

7–9: Jer 3,3; Joel 1,12
7 Und so habe dann ich euch den Regen vorenthalten,
als es noch drei Monate waren bis zur Ernte.
Und auf die eine Stadt liess ich es regnen,
auf die andere aber liess ich es nie regnen.
Ein Feld erhielt Regen,
ein anderes aber, auf das es nie regnete, vertrocknete.
8 Da wankten zwei, drei Städte zur selben Stadt hin,
um Wasser zu trinken,
aber sie wurden nicht satt.
Dennoch seid ihr nicht zurückgekehrt zu mir! Spruch des HERRN.

9: Hag 2,17 · Joel 1,4 · 7,1
9 Mit Kornbrand und mit Vergilben habe ich euch geschlagen;
eure Gärten und eure Weinberge habe ich zahlreich gemacht,
eure Feigen und eure Oliven aber hat die Raupe gefressen.
Dennoch seid ihr nicht zurückgekehrt zu mir! Spruch des HERRN.

10: Joel 2,20!
10 Ich habe euch die Pest gesandt,
wie ich sie Ägypten gesandt habe.
Eure jungen Männer habe ich umgebracht mit dem Schwert,
und auch eure gefangenen Pferde,
und den Gestank von euren Lagern habe ich aufsteigen lassen in eure Nase.
Dennoch seid ihr nicht zurückgekehrt zu mir! Spruch des HERRN.

11: Zef 2,9! · Sach 3,2
11 Ich habe eine Zerstörung unter euch angerichtet
wie die Zerstörung von Sodom und Gomorra durch Gott,
und ihr wart wie ein Holzscheit,
das aus dem Brand gerettet wurde.
Dennoch seid ihr nicht zurückgekehrt zu mir! Spruch des HERRN.
12 Darum werde ich so mit dir verfahren, Israel!
Weil ich dir dies antun werde,
mache dich bereit für die Begegnung mit deinem Gott, Israel!

4,3: : Die Wiedergabe «Und dann werdet ihr zum Hermon geworfen» beruht auf einer Korrektur des Massoretischen Texts; dieser lautet übersetzt: «Und dann sendet ihr zum Harmon».

4,9: «Raupe»: Siehe die Anm. zu Joel 1,4.

13 Denn sieh, der die Berge gebildet und den Wind geschaffen hat
und der dem Menschen seinen Plan kundtut,
der die Morgendämmerung zu Finsternis macht
und seinen Fuss auf die Höhen der Erde setzt:
HERR, Gott der Heerscharen, ist sein Name!

13: 5,8; 9,3; Jer 10,13; Mi 1,3 · 5,8; Jer 10,13 · Mi 1,3 · 5,8.27

Totenklage über das Haus Israel

5 1 Hört dieses Wort, das ich über euch anstimme
als Totenklage, Haus Israel:
2 Sie ist gefallen, sie steht nicht wieder auf,
die Jungfrau Israel!
Niedergestreckt liegt sie auf ihrem Boden,
da ist keiner, der sie aufrichtet.
3 Denn so spricht Gott der HERR:
Von der Stadt, die ausrückt mit tausend,
bleiben hundert übrig,
und von der, die ausrückt mit hundert,
bleiben dem Haus Israel zehn.
4 Denn so spricht der HERR zum Haus Israel:
Sucht mich und bleibt am Leben!
5 Und sucht nicht Bet-El auf,
und geht nicht nach Gilgal,
und zieht nicht hinüber nach Beer-Scheba!
Denn Gilgal muss in die Verbannung,
und Bet-El wird zunichte!
6 Sucht den HERRN und bleibt am Leben,
damit er im Haus Josef nicht aufflammt wie das Feuer,
das um sich frisst und dann keiner da ist von Bet-El, der löscht.
7 Die das Recht in Wermut verkehren
und die Gerechtigkeit zu Boden geworfen haben!
8 Der das Siebengestirn und den Orion gemacht hat
und tiefste Dunkelheit in Morgen verwandelt
und den Tag verfinstert zu Nacht,
der das Wasser des Meeres rief
und es ausgegossen hat über den Erdboden:
HERR ist sein Name!
9 Verwüstung lässt er hereinbrechen über das, was stark ist,
und Verwüstung kommt über das, was befestigt ist.
10 Sie hassen den, der den Entscheid fällt im Tor,
und verabscheuen den, der untadelig redet.
11 Darum, weil ihr dem Hilflosen Pachtzins auferlegt
und Abgaben vom Getreide von ihm nehmt:
Häuser aus Quadersteinen habt ihr gebaut,
doch darin wohnen werdet ihr nicht;
prächtige Weinberge habt ihr gepflanzt,
doch ihren Wein werdet ihr nicht trinken!
12 Denn ich weiss, dass eure Vergehen zahlreich
und eure Sünden gewaltig sind,
die ihr den Gerechten bedrängt,
Bestechung annehmt

2: 8,14

4: Zef 2,3!

5: 4,4; 8,14 · 6,7

7: 6,12; Mi 3,9

8: 9,6; Hiob 9,9 · 4,13!

10: 7,10–13

11: 2,7 · 3,15! · Dtn 28,39; Hos 9,2; Mi 6,15; Zef 1,13; Hag 2,16 · 9,14

12: 4,1!; Ex 23,6

und die Armen wegstosst im Tor.

13: Mi 2,3

13 Darum schweigt, wer klug ist, in jener Zeit,
denn es ist eine böse Zeit.

14: Mi 3,2; Zef 2,3! · Mi 3,11

14 Sucht das Gute und nicht das Böse,
damit ihr am Leben bleibt!
Dann wird der HERR, der Gott der Heerscharen, bei euch sein,
so wie ihr es immer gesagt habt.

15: Joel 2,14!

15 Hasst das Böse und liebt das Gute
und bringt das Recht zur Geltung im Tor.
Vielleicht ist der HERR, der Gott der Heerscharen,
dem Rest Josefs gnädig.

16: Joel 1,11

16 Darum, so spricht der HERR, der Gott der Heerscharen, der Herr:
Auf allen Plätzen herrscht Trauer,
und auf allen Gassen schreit man: Ach! Weh!
Und den Landarbeiter ruft man zur Klage
und zur Trauer, zu denen, die des Klagens kundig sind.

17: Ex 11,4

17 Und in allen Weinbergen herrscht Trauer,
denn ich werde durch dich hindurchschreiten!,
spricht der HERR.

18: Joel 1,15! · Joel 2,2!

18 Wehe denen, die hoffen auf den Tag des HERRN!
Was erwartet ihr denn vom Tag des HERRN?
Er ist Finsternis und nicht Licht:
19 wie wenn einer vor dem Löwen flieht,
und der Bär fällt über ihn her,
und er ins Haus kommt
und sich mit der Hand an die Wand stützt,
und die Schlange beisst ihn.

20: 5,18!

20 Ist der Tag des HERRN nicht Finsternis und ohne Licht,
Dunkel und ohne Glanz?

21–23: 8,10; Jes 1,13–14; 11,10–14; Hos 2,13; Mal 1,10 · Hos 6,6!

21 Ich hasse, ich verabscheue eure Feste,
und eure Feiern kann ich nicht riechen! –
22 Es sei denn, ihr brächtet mir Brandopfer dar! –
Und eure Speiseopfer –
sie gefallen mir nicht!
Und das Heilsopfer von eurem Mastvieh –
ich sehe nicht hin!
23 Weg von mir mit dem Lärm deiner Lieder!
Und das Spiel deiner Harfen – ich höre es mir nicht an!
24 Möge das Recht heranrollen wie Wasser
und die Gerechtigkeit wie ein Fluss, der nicht versiegt.

25–26: Apg 7,42–43

27: 7,11! · 4,13!

25 Habt ihr mir in der Wüste vierzig Jahre lang Schlachtopfer und
Speiseopfer dargebracht, Haus Israel? 26 Ihr werdet Sikkut, euren Kö-
nig, forttragen und Kijun, eure Bilder, den Stern eurer Götter, die ihr
euch gemacht habt! 27 Und ich werde euch in die Verbannung führen,
über Damaskus hinaus!, spricht der HERR, Gott der Heerscharen ist sein
Name.

5,25: Bei Sikkut und Kijun handelt es sich um absichtlich verunstaltete Namensformen der babylonischen Gottheiten Sakkut und Kewan (Saturn).

Ankündigung des Gerichts

6 1 Wehe den Sorglosen in Zion 1: 9,10; Jes 32,9
und denen, die sich in Sicherheit glauben auf dem Berg von Samaria,
den Vornehmen der ersten unter den Nationen,
zu denen das Haus Israel kommt!
2 Zieht hinüber nach Kalne und seht, 2: Nah 3,8
und geht von dort nach Chamat-Rabba!
Und steigt hinab nach Gat im Philisterland!
Sind sie besser als diese Königreiche,
ist ihr Gebiet grösser als euer Gebiet?
3 Die ihr meint, der Tag des Unheils sei fern, 3: 9,10; Ez 12,27
und die ihr dafür gesorgt habt,
dass die Herrschaft der Gewalt nahe gerückt ist!
4 Die auf Lagern aus Elfenbein liegen, 4: 3,12
hingefläzt auf ihren Ruhebetten,
und die Widder essen von der Herde
und Rinder aus der Mast,
5 die sich zum Klang der Harfe versuchen 5: Jes 5,12
und sich für David halten an den Instrumenten,
6 die Wein aus Schalen trinken
und sich salben mit dem besten Öl,
aber nicht erschüttert sind über den Zusammenbruch Josefs!
7 Darum gehen sie nun in die Verbannung, 7: 7,11!
an der Spitze derer, die weggeführt werden,
und das Feiern vergeht denen, die sich fläzen!
8 Gott der HERR hat bei sich geschworen, Spruch des HERRN, des 8: 8,7
Gottes der Heerscharen:
Worauf Jakob stolz ist, das mache ich verächtlich,
und seine Paläste hasse ich,
und die Stadt mit allem, was darin ist, liefere ich aus!
9 Und wenn zehn Menschen übrig gelassen werden in einem einzigen
Haus, dann müssen sie sterben! 10 Und hebt einen dann der eigene Ver- 10: 8,3; Hab 2,20;
wandte auf – einer, der ihn verbrennt –, um die Gebeine aus dem Haus Zef 1,7; Sach 2,17
zu schaffen, und sagt er zu dem, der in den hintersten Winkeln des Hau-
ses ist: Ist noch jemand bei dir?, und jener sagt: Niemand!, dann wird er
sagen: Stille! Denn den Namen des HERRN darf man nicht nennen!
11 Denn sieh, der HERR gebietet, 11: 3,15!
und man schlägt das grosse Haus in Trümmer
und das kleine Haus in Stücke.
12 Rennen Pferde über Felsen, 12: 5,7
oder pflügt man dort mit Rindern?
Ihr habt das Recht in Gift verwandelt
und die Frucht der Gerechtigkeit in Wermut!
13 Die ihr euch freut über Lo-Dabar, 13: Dtn 8,17;
die ihr sagt: Hab 1,11!

6,3: Möglich ist auch die Übersetzung: «..., dass ein gewaltsames Ende nahe gerückt ist!»

6,10: Möglicherweise ist zu übersetzen: «... der eigene Onkel auf oder ein anderer Verwandter, um die Gebeine ...«

6,13: Der Name Lo-Dabar bedeutet ‹Nichts›.

Haben wir uns Karnajim
nicht durch eigene Kraft genommen?
14 Doch seht, ich lasse eine Nation gegen euch aufstehen, Haus Israel,
Spruch des HERRN, des Gottes der Heerscharen. Und sie werden euch
bedrängen von dort, wo es nach Chamat geht, bis zum Bachtal in der
Araba.

Drei Schauungen von Amos

1: 4,9! **7** 1 Dies liess Gott der HERR mich sehen: Sieh, er formte einen
Schwarm Heuschrecken, als die Spätsaat zu wachsen begann. Und
2: Ez 9,8 sieh, die Spätsaat kommt, nachdem der König gemäht hat. 2 Und als er
das Kraut des Landes abgefressen hatte, sprach ich: Herr, HERR, vergib
3: Jona 3,10 doch. Wie könnte Jakob bestehen? Er ist doch so schwach! 3 Da tat es
dem HERRN leid. Es wird nicht geschehen!, sprach der HERR.
4: Joel 1,19–20 4 Dies liess Gott der HERR mich sehen: Sieh, Gott der HERR rief,
um mit Feuer in den Streit zu ziehen. Und es frass die grosse Flut, und es
frass das Feld. 5 Ich aber sprach: Herr, HERR, lass doch ab. Wie könnte
Jakob bestehen? Er ist doch so schwach! 6 Da tat es dem HERRN leid.
Auch dies wird nicht geschehen!, sprach Gott der HERR.
7 Dies liess er mich sehen: Sieh, der Herr stand über einer Mauer aus
8: Sach 4,2 Zinn, und in seiner Hand war Zinn. 8 Und der HERR sprach zu mir: Was
siehst du, Amos? Und ich sagte: Zinn. Da sprach der Herr: Sieh, mitten in
mein Volk Israel bringe ich Zinn, ich werde nicht länger an ihm vorbei-
gehen!
9: 9,1 9 Und die Kulthöhen Isaaks werden verwüstet,
und die Heiligtümer Israels werden in Trümmern liegen,
und gegen das Haus Jerobeams erhebe ich mich mit dem Schwert.

Amos und der Priester Amazja

10 Und Amazja, der Priester von Bet-El, sandte zu Jerobeam, dem Kö-
nig von Israel, um ihm zu sagen: Amos hat sich gegen dich verschworen,
mitten im Haus Israel! Das Land kann seine Worte nicht ertragen!
11: 5,27; 6,7; 7,17; 9,4 11 Denn so hatte Amos gesprochen:
Jerobeam stirbt durch das Schwert,
und Israel muss in die Verbannung,
fort von seinem Boden!
12 Da sagte Amazja zu Amos: Seher, geh, fliehe ins Land Juda und iss
13: 2,12; 5,10 dort dein Brot, und dort magst du weissagen! 13 In Bet-El aber darfst du
nicht mehr weissagen, denn es ist ein königliches Heiligtum und ein
14: 1,1 königliches Haus. 14 Daraufhin sprach Amos zu Amazja: Ich bin kein
Prophet, und ich bin kein Schüler eines Propheten, sondern ich bin ein
15: 3,8 · Ps 78,70–71 Viehhirt und ritze Maulbeerfeigen. 15 Der HERR aber hat mich wegge-
nommen von den Schafen, und der HERR hat zu mir gesprochen: Geh,
16: Mi 2,6–11 weissage meinem Volk Israel! 16 Und nun, höre das Wort des HERRN!
Du sagst: Du darfst nicht weissagen gegen Israel und deinen Worten
17: 7,11! nicht freien Lauf lassen gegen das Haus Isaak! 17 Darum, so spricht der
HERR: Deine Frau wird Hurerei treiben in der Stadt, und deine Söhne
und deine Töchter fallen durch das Schwert, und dein Boden wird mit
der Messschnur verteilt. Und du wirst auf unreinem Boden sterben,
und Israel muss in die Verbannung, fort von seinem Boden.

Die vierte Schauung

8 1 Dies liess Gott der HERR mich sehen: Sieh, ein Korb mit reifem
Obst. 2 Und er sprach: Was siehst du, Amos? Und ich sagte: Einen
Korb mit reifem Obst. Da sprach der HERR zu mir: Reif für das Ende ist
mein Volk Israel. Ich werde nicht länger an ihm vorbeigehen!
3 Und an jenem Tag werden die Lieder im Tempel zu Geheul, Spruch
Gottes des HERRN, Massen von Leichen, überallhin hat man sie geworfen. Stille!

4 Hört dies, die ihr dem Armen nachstellt
und die Elenden im Land beseitigt
5 und sagt: Wann ist der Neumond vorüber,
dass wir Getreide verkaufen können?
Und wann der Sabbat,
dass wir Korn anbieten können?
Dann machen wir das Efa kleiner
und den Schekel grösser
und fälschen die Waage für den Betrug,
6 um Hilflose zu kaufen für Geld
und den Armen für ein Paar Schuhe;
und den Abfall vom Korn verkaufen wir.
7 Beim Stolz Jakobs hat der HERR geschworen:
Niemals werde ich all das vergessen,
was sie getan haben!
8 Sollte darüber nicht die Erde erbeben
und jeder Bewohner auf ihr trauern,
und sollte sich nicht die ganze Erde heben wie der Nil
und aufgewühlt sein und sich senken wie der Strom Ägyptens?
9 Und an jenem Tag, Spruch Gottes des HERRN,
lasse ich die Sonne untergehen am Mittag,
da bringe ich Finsternis über die Erde am helllichten Tag.
10 Und eure Feste verwandle ich in Trauer
und alle eure Lieder in Klage,
und um alle Hüften lege ich ein Trauergewand,
und jeder Kopf wird kahl sein.
Und ich mache es wie bei der Trauer um den Einzigen,
und das Ende davon mache ich wie einen Tag der Verbitterung.
11 Seht, es kommen Tage,
Spruch Gottes des HERRN,
da sende ich Hunger ins Land,
nicht Hunger nach Nahrung
und nicht Durst nach Wasser,
sondern danach, die Worte des HERRN zu hören.
12 Dann werden sie schwanken von Meer zu Meer
und von Norden nach Osten,

2: Gen 6,13; Ez 7,2–3; Zef 1,2 · Joel 4,13
3: 6,10!
4: 2,7!
5: Neh 13,15 · Dtn 25,13–16; Hos 12,8!
6: 2,6
7: 6,8
8: 9,5
10: 5,21; Hos 2,13 · Jes 3,24; Jer 6,26 · Sach 12,10
12: Dan 12,4; Hos 5,6

8,2: Das mit «reifem Obst» wiedergegebene hebräische Wort ist wörtlich: «Sommerobst». Im Hebräischen klingen die Worte für ‹Sommer› und ‹Ende› fast gleich.

8,8: Die hier und in 9,5 mit «die ganze Erde» wiedergegebene hebräische Formulierung ist wörtlich: «sie als Ganze».

sie werden umherstreifen, um das Wort des HERRN zu suchen,
aber sie werden es nicht finden.

13: Sach 9,17 13 An jenem Tag brechen die schönen Jungfrauen und die jungen Män-
14: 5,5; Hos 4,14 · 5,2 ner zusammen vor Durst. 14 Die bei der Schuld von Samaria schwören
und sagen: So wahr dein Gott lebt, Dan!, und: So wahr der Weg nach
Beer-Scheba lebt!, sie werden fallen und sich nicht mehr erheben!

Die fünfte Schauung

1: 2,14–16 · 7,9.11 9 1 Ich sah den Herrn über dem Altar stehen, und er sprach:
Schlage auf das Kapitell,
dass die Schwellen beben,
schneid ihnen allen den Lebensfaden ab, am Kopf!
Und was von ihnen bleibt,
bringe ich um mit dem Schwert.
Keiner von ihnen wird entkommen,
und keiner von ihnen wird sich retten!

2: Obd 4 · Ps 139,8–10 2 Würden sie es mit Verbissenheit bis ins Totenreich schaffen,
holte meine Hand sie auch von dort,
und stiegen sie hinauf in den Himmel,
holte ich sie auch von dort herab.

3: Jona 2,1–11; Ps 68,23 3 Und verstecken sie sich auf dem Gipfel des Karmel,
spüre ich sie auch dort auf und hole sie,
und verbergen sie sich vor meinen Blicken auf dem Meeresgrund,
gebiete ich auch dort der Schlange, und sie wird sie beissen.

4: 7,11! · Zef 2,12 4 Und gehen sie gefangen vor ihren Feinden her,
gebiete ich auch dort dem Schwert, und es bringt sie um:
Zum Bösen und nicht zum Guten richte ich mein Auge auf sie!

5: 8,8; Mi 1,3.4; Nah 1,5 5 Und der Herr, der HERR der Heerscharen,
der die Erde berührt hat, dass sie wankte –
und alle Bewohner auf ihr trauern,
und die ganze Erde hebt sich wie der Nil
und senkt sich wie der Strom Ägyptens –,

6: 5,8! 6 der im Himmel seine Stufen gebaut hat
und sein Gewölbe – auf der Erde hat er es festgemacht,
der das Wasser des Meeres rief
und es ausgegossen hat über den Erdboden –
HERR ist sein Name!

Die Wende zum Heil

7: 1,5 7 Seid ihr für mich nicht wie die Kuschiter, ihr Israeliten?,
Spruch des HERRN.
Habe ich Israel nicht heraufgeführt aus dem Land Ägypten
und die Philister aus Kaftor und Aram aus Kir?

8 Seht, die Augen Gottes des HERRN
sind auf das sündige Königreich gerichtet:
Ich werde es vom Erdboden tilgen!
Doch werde ich das Haus Jakob nicht völlig tilgen. Spruch des HERRN.

9,1: Die Übersetzung «... schneid ihnen ..., am Kopf!» ist unsicher.

9 Denn seht, ich gebiete
und schüttle das Haus Israel unter allen Nationen,
wie man etwas im Sieb schüttelt,
und es fällt kein Kiesel auf die Erde.
10 Durch das Schwert sterben alle Sünder in meinem Volk, *10:* 6,1.3; Mi 3,11
alle, die sagen: Du wirst kein Unheil über uns bringen
und es nicht an uns herankommen lassen!
11 An jenem Tag richte ich die verfallene Hütte Davids auf, *11–12:* Apg 15,15–16 · Obd 17
und ihre Risse werde ich vermauern,
und ihre Trümmer richte ich auf,
und ich werde sie bauen wie in früheren Tagen,
12 damit sie in Besitz nehmen, *12:* Obd 19
was von Edom übrig ist,
und dazu alle Nationen,
über denen mein Name ausgerufen ist.
Spruch des HERRN, der dies tut.
13 Sieh, es kommen Tage, *13:* Lev 26,5; Hos 2,24; Joel 2,23–25; 4,18
Spruch des HERRN,
da geht, wer pflügt, hinter dem, der erntet,
und wer die Trauben tritt, hinter dem, der sät,
und die Berge triefen vom Saft der Trauben,
und alle Hügel fliessen über davon.
14 Und das Geschick meines Volks Israel werde ich wenden: *14:* Joel 4,1 · 5,11
Sie werden verwüstete Städte aufbauen
und darin wohnen
und Weinberge pflanzen
und ihren Wein trinken
und Gärten anlegen
und ihre Früchte essen.
15 Und ich pflanze sie ein in ihren Boden,
und nie wieder werden sie ausgerissen aus ihrem Boden,
den ich ihnen gegeben habe!,
spricht der HERR, dein Gott.

Das Buch Obadja

Das Buch Obadja ist das kürzeste Buch des Alten Testaments. Der Text selbst gibt sich den Titel «Die Schauung Obadjas» (Obd 1).

In den meisten Versen ist das Nachbarvolk Edom angesprochen, dem das Strafgericht bevorsteht. Israel hingegen wird Gewinn ziehen aus dem Untergang Edoms und der anderen Völker.

Der erste Teil des Buchs (Obd 1–14) enthält vor allem Gerichtsworte gegen Edom. Edom wird das Gericht angesagt, da es tatenlos zugesehen hat, wie die Judäer in die Verbannung ziehen mussten. Der zweite Teil (Obd 15–21) schliesst mit V.15 sachlich unmittelbar an Obd 1–14 an, weitet aber die Gerichtsaussagen gegen Edom aus «zum Tag des HERRN über alle Nationen» (Obd 15). Zudem bieten die Verse Heilsaussagen für Israel und Zion. Mit dem Untergang der Nationen werden Israel grosse Gebiete zufallen (Obd 19–20).

Obwohl das Buch kein Datum nennt, lassen etwa Obd 11–14 mit der Erwähnung von «Fremdländischen» in Jerusalems Toren und dem Untergang der Judäer erkennen, dass die Eroberung Jerusalems durch die Babylonier (587 v.Chr.) wohl schon stattgefunden hat. Das Buch gehört zu den Texten im Alten Testament, die von einer heftigen Feindschaft gegen die Edomiter geprägt sind (vgl. Jes 34; 63,1–6; Jer 49; Ez 35). Dabei wird Edom mit seinem Stammvater Esau (Obd 6) jedoch zugleich als Brudervolk betrachtet (Obd 10), wie dies auch in Gen 25,19–34 erzählerisch ausgestaltet ist. Zu den politischen Hintergründen dieser Feindschaft gehört wohl, dass Edom vom Untergangs Judas im 6. Jahrhundert v.Chr. profitiert hat; möglicherweise hat es sogar ehemals judäische Gebiete übernommen.

Das Gericht über Edom. Die Rettung Israels

1–21: Jes 21,11–12; 34,1–17; Jer 49,7–22; Ez 25,12–14; 35,1–15; Am 1,11–12
1–4: Jer 49,14–16

1 Die Schauung Obadjas. So spricht Gott der HERR über Edom: –
Vom HERRN haben wir eine Botschaft gehört,
und ein Bote ist ausgesandt unter die Nationen:
Macht euch auf,
wir wollen aufbrechen in den Krieg gegen Edom! –
2 Sieh, klein habe ich dich gemacht unter den Nationen,
tief wirst du verachtet!

3: Gen 36,8

3 Die Vermessenheit deines Herzens hat dich getäuscht,
dich, der in Felsenklüften wohnt,
der in der Höhe seinen Sitz hat,
der in seinem Herzen spricht:
Wer könnte mich zu Boden stürzen?

4: Hab 2,9 · Am 9,2

4 Würdest du dein Nest auch in der Höhe bauen wie der Adler,
und wäre es zwischen die Sterne gesetzt –
selbst von dort würde ich dich hinabstürzen!
Spruch des HERRN.

5: Jer 49,9 · Mal 1,3

5 Wären Diebe über dich gekommen oder Verwüster in der Nacht –
wie bist du vernichtet worden! –,
hätten sie nicht nur geraubt, was sie brauchen?
Wären Winzer über dich gekommen,
hätten sie nicht eine Nachlese übrig gelassen?

6: Jer 49,10

6 Wie wurde Esau durchsucht!
Wie wurden seine Verstecke durchwühlt!

7–8: Jer 49,7

7 Bis an die Grenze haben dich all jene getrieben,
mit denen du im Bund warst,
betrogen, überwältigt haben dich die,
mit denen du Frieden hattest;

1: Wörtlich: «... in den Krieg gegen es! –»

6: Möglich ist auch die Übersetzung: «... Wie wurden seine verborgenen Schätze aufgespürt!»

die dein Brot essen, legen unter dir eine Fussangel.
Es ist keine Einsicht in ihm!
8 Wird es an jenem Tag nicht so sein,
Spruch des HERRN:
Die Weisen lasse ich aus Edom verschwinden
und die Einsicht aus dem Bergland Esaus.
9 Und deine Helden, Teman, werden verzagen; 9: Jer 49,22
dann werden alle niedergemacht im Bergland Esaus
wegen des Mordens.
10 Wegen der Gewalttat an deinem Bruder Jakob 10: Joel 4,19; Am 1,11-12 · Gen 25,19-34; Dtn 23,8; Mal 1,2.4
wird Schande dich bedecken,
und du wirst niedergemacht für immer.
11 Am Tag, als du abseits standest, 11: Ps 137,7; Joel 4,3
am Tag, als Fremde sein Heer in die Gefangenschaft führten
und Fremdländische in seine Tore kamen
und das Los warfen über Jerusalem,
warst auch du wie einer von ihnen.
12 Doch weide dich nicht am Tag deines Bruders, 12: Ez 36,5; Mi 4,11
am Tag seines Unglücks,
und freue dich nicht über die Judäer
am Tag ihres Untergangs,
und reiss dein Maul nicht auf
am Tag der Not.
13 Tritt nicht ein in das Tor meines Volks
am Tag ihres Verderbens,
weide du dich nicht an seinem Unheil
am Tag seines Verderbens,
und greift nicht nach seinem Vermögen
am Tag seines Verderbens.
14 Und stell dich nicht auf am Scheideweg,
um seine Flüchtlinge umzubringen,
und liefere seine Überlebenden nicht aus
am Tag der Not.
15 Denn nahe ist der Tag des HERRN 15: Joel 1,15! · Joel 4,7 · Ps 137,7
über alle Nationen.
Wie du verfahren bist,
wird mit dir verfahren werden,
deine Tat fällt zurück auf dein Haupt.
16 Denn wie ihr getrunken habt auf meinem heiligen Berg, 16: Joel 4,17! · Klgl 4,21; Jer 25,15-17.27-28
werden alle Nationen ohne Unterlass trinken,
und sie werden trinken und schlürfen,
und sie werden sein, als wären sie nie gewesen.
17 Auf dem Berg Zion aber wird Rettung sein, 17: Joel 3,5 · Am 9,11-12
und er wird heilig sein,

7: Möglich ist auch die Übersetzung: «...; dein Brot legen sie aus als Fussangel unter dir. ...»
11: Möglich ist auch die Übersetzung: «..., als Fremde sein Vermögen wegschleppten ...»
14: Die Bedeutung des mit ‹Scheideweg› wiedergegebenen hebräischen Worts ist umstritten.

und die vom Haus Jakob werden in Besitz nehmen,
was ihnen gehört.
18: Sach 12,6 18 Und das Haus Jakob wird Feuer,
und das Haus Josef wird zur Flamme,
das Haus Esau aber wird zum Stoppelfeld,
und man setzt sie in Brand und frisst sie,
und dem Haus Esau wird kein Überlebender bleiben!
Der HERR hat gesprochen.

19: Am 9,12; 19 Und sie werden den Negev mit dem Bergland Esaus und die Sche-
Zef 2,6–7 fela und die Philister in Besitz nehmen, und sie werden das Gefilde
Efraims und das Gefilde Samarias und Benjamin mit dem Gilead in Be-
20: Jer 13,19; 32,44 sitz nehmen. 20 Und die Verbannten dieses Heeres der Israeliten neh-
men in Besitz, was den Kanaanitern gehört, bis Zarefat, und die Ver-
bannten Jerusalems, die in Sefarad sind, nehmen die Städte des Negev
21: Mi 4,7; Ps 22,29 in Besitz. 21 Und Retter werden hinaufziehen auf den Berg Zion, um das
Bergland Esaus zu richten. Und das Königtum wird dem HERRN gehö-
ren!

Das Buch Jona

Das Buch Jona ist, anders als die anderen Prophetenbücher des Alten Testaments, als Erzählung über einen Propheten, den Propheten Jona, den Sohn des Amittai, gestaltet.

Der erste Teil, Jona 1; 2, beginnt mit der göttlichen Beauftragung Jonas, in die Stadt Ninive zu reisen und die Bosheit der Stadt und ihrer Einwohner anzuprangern. Ninive war im 8. und 7. Jahrhundert v.Chr. eine der grössten Städte des assyrischen Weltreichs. Jona aber flieht auf einem Schiff in die entgegengesetzte Richtung nach Tarschisch. Ein von Gott gesandter Sturm veranlasst die Seeleute, den ausfindig zu machen, um dessentwillen sie in die lebensbedrohende Situation geraten sind. Daraufhin erzählt Jona ihnen von seiner Flucht vor seinem Gott und fordert die Seeleute auf, ihn über Bord zu werfen. Als sie das tun, legt sich der Sturm. Tief beeindruckt bringen die nichtisraelitischen Seeleute dem Gott Jonas Opfer dar und legen ihm Gelübde ab. Jona aber wird von einem grossen Fisch verschlungen, den Gott gesandt hat. Im Bauch des Fisches spricht Jona ein Dankgebet, und bald darauf wird er vom Fisch aufs Festland gespien.

Der zweite Teil der Erzählung (Jona 3; 4) beginnt wie der erste: Wiederum schickt Gott Jona nach Ninive, dieses Mal aber macht Jona sich auf den Weg. In Ninive angekommen, kündigt er der Stadt an, sie werde in vierzig Tagen zerstört sein. Daraufhin tun die Niniviter, ihr König und sogar die Tiere der Stadt Busse und hoffen, Gott werde das angekündigte Unheil abwenden. Von ihrer Umkehr berührt, führt Gott seine

20: Die Übersetzung «dieses Heeres» beruht auf einer leichten Korrektur des Massoretischen Texts; dieser lautet: «dieser Festungsvormauer».

Drohung tatsächlich nicht aus. Das aber missfällt Jona: Eben weil er gewusst habe, dass Gott gnädig und barmherzig ist – so hält er Gott vor –, sei er nach Tarschisch geflohen. Als Jona trotzig die Stadt verlässt, um das weitere Geschehen abzuwarten, lässt Gott einen Rizinusstrauch wachsen, der Jona Schatten spendet. Wenig später aber sendet er einen Wurm, der den Strauch anfrisst und zum Verwelken bringt. Anschliessend schickt er einen heissen Wind, der Jona zusammenbrechen lässt. Als Jona daraufhin zornig wird, erklärt Gott ihm, warum er so gehandelt hat: Nimmt Jona sich das Recht, das Verwelken des Rizinus zu betrauern, so hat Gott nicht weniger das Recht, mit Ninive und seinen Einwohnern und Tieren Mitleid zu haben.

Die Erzählung spielt im 8. oder 7. Jahrhundert v.Chr. In diesem Zeitraum lebte nach 2Kön 14,25 in Israel ein Prophet namens Jona, der Sohn des Amittai. Die Sprache des Buchs Jona und sein Inhalt deuten aber auf eine spätere Entstehungszeit, etwa das 4. Jahrhundert v.Chr. Auch geht es in diesem Buch nicht um einen Bericht über geschichtliche Ereignisse, sondern um eine Erzählung, die den Lesern bestimmte Fragen stellen und bestimmte Einsichten vermitteln will – so etwa am Beispiel des Jona: Kann ein Mensch vor Gott und dessen Auftrag fliehen? Und kann Gott dem Menschen durch ganz unscheinbare Vorgänge im Leben neue Einsichten vermitteln? Und spricht es in jedem Fall gegen einen Propheten, wenn seine Prophezeiungen nicht eintreffen (vgl. Dtn 18,21–22; Jer 18)? Das Buch Jona zeigt (ähnlich wie das Buch Rut) ein sehr aufgeschlossenes Verhältnis zu Nichtisraeliten; und so stellen sich die Fragen: Sind Heiden manchmal einsichtiger und empfänglicher für das Wort Gottes als Angehörige des Volkes Gottes? Kann Gott Menschen aus scheinbar aussichtslosen Lagen retten? Mit Blick auf Gott stellt sich schliesslich die Frage: Wie verträgt sich Gottes berechtigter Zorn über Bosheit und Unrecht mit seiner Liebe zu allen Geschöpfen (vgl. Hos 11; Nah 1,3)?

An die Erzählung von Jona, der drei Tage lang im Bauch des Fisches war, hat sich bis heute eine vielfältige Wirkungsgeschichte angeschlossen, nicht zuletzt in der Kunst. Und schon in frühchristlicher Zeit wird diese Episode theologisch gedeutet: Das «Zeichen des Propheten Jona» (Mt 12,39–40; 16,4; Lk 11,29–30) wurde als Zeichen dafür gedeutet, dass der ‹Menschensohn› drei Tage lang im Grab sein würde.

Jonas Flucht vor dem HERRN

1 1 Und das Wort des HERRN erging an Jona, den Sohn des Amittai: 1–2: Jona 3,1–2
2 Mach dich auf, geh nach Ninive, in die grosse Stadt, und rufe gegen 1: 2Kön 14,25
sie aus, denn ihre Bosheit ist vor mir aufgestiegen. 3 Jona aber machte 2: Nah 3,19
sich auf, um vor dem HERRN nach Tarschisch zu fliehen. Und er ging
hinab nach Jafo und fand ein Schiff, das nach Tarschisch fuhr. Und er
zahlte sein Fährgeld und stieg hinab in das Schiff, um mit ihnen nach
Tarschisch zu fahren, weg vom HERRN.
4 Der HERR aber warf einen gewaltigen Wind auf das Meer, und über 4: 2,1! · Ps 107,25
dem Meer zog ein schwerer Sturm auf, und das Schiff drohte auseinan-

1,3: Wörtlich: «... und stieg in es hinab, ...»

der zu brechen. 5 Und die Seeleute fürchteten sich, und jeder schrie zu
seinem Gott. Und die Ladung, die auf dem Schiff war, warfen sie ins
Meer, um es davon zu erleichtern. Jona aber war hinabgestiegen in die
hintersten Winkel des Schiffs und hatte sich niedergelegt und war ein-
6: 3,9! geschlafen. 6 Da kam der Kapitän auf ihn zu und sagte zu ihm: Was ist
mir dir? Du schläfst ja! Mach dich auf, rufe zu deinem Gott, vielleicht
7: 1Sam 14,41–42 erinnert der Gott sich unser, und wir gehen nicht zugrunde. 7 Und sie
sagten, ein jeder zu seinem Nächsten: Kommt und lasst uns Lose wer-
fen, wir wollen erfahren, um wessen willen uns dieses Unglück trifft.
Und sie warfen Lose, und das Los fiel auf Jona. 8 Da sagten sie zu ihm:
Sag uns doch, um wessen willen uns dieses Unglück trifft. Was ist dein
Gewerbe, und woher kommst du, welches ist dein Land, und aus wel-
9: Esra 1,2! · Ps 95,5 chem Volk bist du? 9 Und er sagte zu ihnen: Ich bin ein Hebräer, und ich
fürchte den HERRN, den Gott des Himmels, der das Meer und das
Trockene gemacht hat. 10 Da gerieten die Männer in grosse Furcht und
sagten zu ihm: Was hast du da getan! Denn die Männer wussten, dass er
vor dem HERRN floh, er hatte es ihnen gesagt. 11 Und sie sagten zu ihm:
Was sollen wir mit dir machen, damit das Meer sich beruhigt und von
12: 2Sam 24,17 uns ablässt?, denn das Meer wurde immer stürmischer. 12 Und er sagte
zu ihnen: Packt mich und werft mich ins Meer, damit das Meer sich
beruhigt und von euch ablässt! Denn ich weiss, dass dieser schwere
Sturm meinetwegen über euch gekommen ist. 13 Die Männer aber ru-
derten verbissen, um das Schiff zurück ans Trockene zu bringen, aber
sie schafften es nicht, denn das Meer wurde immer stürmischer gegen
14–15: Ps 107,28–29 sie. 14 Da riefen sie zum HERRN und sprachen: Ach HERR, bitte lass uns
14: Dtn 21,8 nicht zugrunde gehen, wenn wir diesem Mann das Leben nehmen, und
rechne uns unschuldiges Blut nicht an, denn du, HERR, hast gehandelt,
wie es dir gefallen hat. 15 Dann nahmen sie Jona und warfen ihn ins
Meer, und das Meer wurde still und tobte nicht mehr. 16 Da kam grosse
Furcht vor dem HERRN über die Männer, und sie schlachteten ein Opfer
für den HERRN und legten Gelübde ab.

Jonas Gebet. Seine Rettung

1: 1,4; 4,6.7.8 · 2 1 Und der HERR liess einen grossen Fisch kommen, der Jona ver-
Mt 12,40 schlingen sollte. Und drei Tage und drei Nächte lang war Jona im
Bauch des Fisches. 2 Und aus dem Bauch des Fisches betete Jona zum
3: Ps 120,1 · HERRN, seinem Gott, 3 und er sprach:
Klgl 3,55–56 Als ich in Not war, rief ich zum HERRN,
und er hat mich erhört.
Aus dem Innern des Totenreichs rief ich um Hilfe,
du hast meine Stimme gehört.
4: Ps 42,8! 4 Du hattest mich in die Tiefe geworfen,
mitten ins weite Meer,
und die Strömung umspülte mich,
all deine Wogen und deine Wellen gingen über mich hinweg.
5: Ps 31,23 · Mi 1,2; 5 Und ich, ich sprach: Ich bin verstossen,
Hab 2,20; Ps 5,8; deinen Augen entzogen!
138,2

1,13: «das Schiff» wurde in der Übersetzung ergänzt.

Doch ich werde wieder aufblicken
zu deinem heiligen Tempel!
6 Das Wasser stand mir bis zum Hals, 6: Ps 69,2–3!
die Flut umspülte mich,
Schilf hatte sich um meinen Kopf gewickelt.
7 Zum Fuss der Berge war ich hinabgefahren, 7: Ps 30,4; Jes 38,17
die Erde – ihre Riegel schlossen sich hinter mir für immer.
Da hast du mein Leben aus der Grube gezogen,
HERR, mein Gott!
8 Als meine Lebenskraft sich mir versagte, 8: Ps 142,4 · Ps 69,14
erinnerte ich mich des HERRN,
und mein Gebet kam zu dir
in deinen heiligen Tempel.
9 Die nichtige Götzen verehren, 9: Ps 31,7
lassen ihre Gnade fahren.
10 Ich aber will dir Opfer schlachten mit lautem Danken, 10: Ps 22,26; 116,17–18 · Ps 3,9
was ich gelobt habe, will ich erfüllen!
Die Hilfe ist beim HERRN!
11 Und der HERR sprach zum Fisch, und dieser spie Jona aufs Trockene.

Jonas Entsendung nach Ninive. Die Wirkung seiner Busspredigt

3 1 Und das Wort des HERRN erging zum zweiten Mal an Jona: 2 Mach 1–2: 1,1–2
dich auf, geh nach Ninive, in die grosse Stadt, und rufe ihr die Bot- 2: Jer 1,7.17
schaft zu, die ich dir sage. 3 Und Jona machte sich auf, und dem Wort des
HERRN gemäss ging er nach Ninive. Ninive aber war selbst für einen
Gott eine grosse Stadt, man benötigte drei Tagesreisen, um sie zu durch-
queren. 4 Und Jona begann die Stadt zu durchwandern, eine Tagesreise
weit, und er rief und sprach: Noch vierzig Tage, dann ist Ninive zerstört!
5 Da glaubten die Menschen von Ninive an Gott und riefen ein Fasten 5: Mt 12,41
aus und legten Trauergewänder an, ihre Grössten wie ihre Kleinsten.
6 Und das Wort gelangte zum König von Ninive, und er erhob sich von 6: Jer 6,26
seinem Thron und legte seinen Mantel ab. Dann hüllte er sich in ein
Trauergewand und setzte sich in den Staub. 7 Und er liess in Ninive aus- 7: Joel 2,15
rufen und sprach: Auf Befehl des Königs und seiner Grossen: Mensch
und Tier, Rind und Schaf sollen nichts zu sich nehmen, nicht weiden
und kein Wasser trinken. 8 Und sie sollen sich in Trauergewänder hül- 8: Jes 58,6
len – Mensch und Tier – und mit Inbrunst zu Gott rufen, und sie sollen
sich abkehren, ein jeder von seinem bösen Weg und von der Gewalt an
ihren Händen. 9 Wer weiss: Der Gott könnte umkehren, es könnte ihm 9: 1,6; Joel 2,14!
leidtun, und er könnte sich abkehren von seinem glühenden Zorn.
Dann gehen wir nicht zugrunde. 10 Und Gott sah, was sie taten, dass sie 10: Am 7,3; Jer 18,7–8
zurückgekehrt waren von ihrem bösen Weg. Und Gott tat das Unheil
leid, das über sie zu bringen er angekündigt hatte, und er führte es nicht
aus.

2,9: «nichtige Götzen» ist wörtlich: «Nichtse des Nichts».

Jonas Hader mit dem HERRN. Die Antwort des HERRN

2: Joel 2,13! **4** 1 Da kam grosser Unmut über Jona, und er wurde zornig. 2 Und er
betete zum HERRN und sprach: Ach, HERR, war nicht eben das meine
Rede, als ich in meiner Heimat war? Darum bin ich zuvor nach Tar-
schisch geflohen! Denn ich wusste, dass du ein gnädiger und barmher-
ziger Gott bist, langmütig und reich an Gnade, und einer, dem das Un-
3: 1Kön 19,4 heil leidtut. 3 Und nun, HERR, bitte nimm mir mein Leben, denn besser
als mein Leben ist mein Tod.

4 Da sprach der HERR: Ist es recht, dass du zornig bist? 5 Und Jona
ging aus der Stadt, und östlich der Stadt liess er sich nieder. Und dort
baute er sich eine Hütte, und er sass darin im Schatten, bis er sehen
6: 2,1! würde, was in der Stadt geschah. 6 Und der HERR, Gott, liess einen Rizi-
nus wachsen, und dieser wuchs über Jona empor, um seinem Kopf
Schatten zu geben und ihn von seinem Unmut zu befreien. Und Jona
freute sich sehr über den Rizinus. 7 Als aber am nächsten Tag der Mor-
gen dämmerte, liess Gott einen Wurm kommen, und dieser stach den
Rizinus, und er verdorrte. 8 Und als die Sonne aufgegangen war, liess
Gott einen sengenden Ostwind kommen, und die Sonne stach Jona auf
den Kopf, und er brach zusammen. Da wünschte er zu sterben und
sprach: Besser als mein Leben wäre mein Tod. 9 Gott aber sprach zu Jo-
na: Ist es recht, dass du des Rizinus wegen zornig bist? Und er sagte: Es
ist recht, dass ich zornig bin bis auf den Tod! 10 Da sprach der HERR: Dir
tut es leid um den Rizinus, um den du dich nicht bemüht und den du
nicht grossgezogen hast, der in einer Nacht geworden und in einer
Nacht zugrunde gegangen ist. 11 Und da sollte es mir nicht leidtun um
Ninive, die grosse Stadt, in der über hundertzwanzigtausend Menschen
sind, die nicht unterscheiden können zwischen ihrer Rechten und ihrer
Linken, und um die vielen Tiere?

Das Buch Micha

Der Prophet Micha wirkte etwa zur gleichen Zeit im 8. Jahrhundert v.Chr. wie der Prophet Jesaja in Jerusalem. Anders als Jesaja stammte er jedoch nicht aus der Stadt Jerusalem, sondern aus der ländlichen Ortschaft Moreschet westlich von Chebron in Juda. Weder das Buch Jesaja noch die Bücher der Könige erwähnen ihn, aber im Buch Jeremia wird seine Ankündigung der Zerstörung Jerusalems und des Tempels (Micha 3,12) unter Angabe seines Namens zitiert (Jer 26,18).

Das Buch Micha lässt sich in drei Teile gliedern, die jeweils mit «Hört» beginnen und in denen auf Unheilsankündigungen Heilsprophezeiungen folgen (Mi 1–2; 3–5; 6–7).

Nach Mi 1–2; 3 kündigte Micha Samaria und Jerusalem den Untergang an als Strafe für das Fehlverhalten der herrschenden Kreise in Is-

4,6: Die genaue Bedeutung des mit «Rizinus» wiedergegebenen Pflanzennamens ist unsicher.

rael und Juda. Insbesondere prangerte er die Habgier der Reichen an: Sie bringen die einfachen Leute um ihren Besitz, um ihr Haus und um ihr Land. Die Kritik des Propheten weisen die Angeredeten mit dem Argument zurück, Gott sei in ihrer Mitte, kein Unheil könne sie treffen, er werde sich nicht gegen sein eigenes Volk wenden. Dabei werden sie von falschen Propheten unterstützt, die das vermeintliche Wort Gottes gegen Bezahlung verkünden. Micha dagegen sieht seine Aufgabe als Prophet darin, die Schuld seines Volks aufzudecken und die Verantwortlichen zu benennen. Dabei scheint er (anders als etwa Jesaja) davon überzeugt gewesen zu sein, dass der Untergang Samarias und Jerusalems unausweichlich war. Hoffnungen auf eine bessere Zukunft haben Micha und diejenigen, die seine Worte später ergänzt und kommentiert haben, erst für die Zeit nach diesem Gericht Gottes über sein Volk. Die Verse Mi 4,1–5 (fast gleich lautend wie Jes 2,2–5) sprechen von der Erwartung, dass Gott vom Zion aus alle Streitigkeiten zwischen den Völkern schlichten und sie lehren wird, auf Kriege zu verzichten, so dass sie «Schwerter zu Pflugscharen» umschmieden werden. Und in Mi 5,1–3 wird ein neuer König erwartet, der wie David aus Betlehem stammen und über das aus der Zerstreuung in alle Welt heimgekehrte Israel herrschen wird. Mi 6,1–8 fassen die Erwartungen Gottes an die Menschen knapp zusammen: Achtung des Rechts, Güte gegenüber den Mitmenschen und Respekt vor Gott. Das Buch Micha endet in Mi 7,8–20 mit einem Gebet, das Gott um neue Zuwendung zu Zion und seinem Volk Israel bittet. Das könnte ein Hinweis darauf sein, dass das Buch in Klagegottesdiensten vorgelesen wurde und dass man diese Lesungen mit einem Gebet schloss.

Vielfach wird angenommen, dass der Text des Buchs Micha insbesondere ab Mi 4 zu einem guten Teil auf Verfasser zurückgeht, die erst nach dem Propheten Micha gelebt haben. So scheint z.B. Mi 4,10 bereits das babylonische Exil nach 598 und 587 v.Chr. vorauszusetzen, möglicherweise ist sogar schon die Heimkehr aus dem Exil unter der Herrschaft der Perser nach 539 v.Chr. vorausgesetzt.

Im Neuen Testament, in Mt 2,1–6, wird die Geburt Jesu in Betlehem als Erfüllung der Verheissung eines Herrschers aus Betlehem (Mi 5,1–3) verstanden.

Buchüberschrift

1 1 Das Wort des HERRN, das an Micha, den Morascheter, erging in den Tagen des Jotam, des Achas, des Jechiskija, der Könige von Juda, das er geschaut hat über Samaria und Jerusalem. 1: 2Kön 15,32–20,21

Aufruf an die Völker der Erde. Die drohende Vernichtung von Samaria und Jerusalem

2 Hört, ihr Völker, alle! 2: 3,1! · Zef 3,8! · Jona 2,5!; Hab 2,20
Gib acht, Erde und was sie erfüllt!
Und Gott der HERR sei Zeuge gegen euch,
der Herr von seinem heiligen Tempel aus!
3 Denn seht, der HERR zieht aus von seiner Stätte 3: Am 4,13
und steigt herab und tritt auf die Höhen der Erde.

4: Ps 97,5; Hab 3,6 · Am 9,5!

4 Da werden die Berge unter ihm zerfliessen,
und die Täler sich spalten –
wie Wachs vor dem Feuer,
wie Wasser, das an einen Abhang gegossen wird.
5 All das wegen Jakobs Vergehen
und wegen der Sünden des Hauses Israel!
Was ist das Vergehen Jakobs?
Ist es nicht Samaria?
Und was sind die Kulthöhen des Hauses Juda?
Sind sie nicht Jerusalem?

6: 3,12

6 Und so werde ich Samaria zum Trümmerhaufen machen auf dem Feld,
zum Pflanzland für Reben,
und seine Steine lasse ich ins Tal stürzen,
und seine Grundmauern lege ich frei.

7: Hos 2,14

7 Und alle seine Bilder werden in Stücke geschlagen
und alle seine Geschenke im Feuer verbrannt,
und alle seine Götzen verwüste ich,
denn mit Hurenlohn hat Samaria das angesammelt,
und zu Hurenlohn wird es wieder werden!
8 Darum will ich wehklagen und jammern,
barfuss gehen und nackt,
will ein Wehklagen anstimmen wie die Schakale
und ein Trauern wie die Strausse.

9: Nah 3,19!

9 Denn unheilbar sind seine Wunden,
bis nach Juda ist es gekommen,
ans Tor meines Volks ist es gelangt, nach Jerusalem.
10 In Gat sollt ihr es nicht kundtun,
ihr müsst nicht weinen.
In Bet-Leafra
wälze dich im Staub!
11 Geh vorüber, du Bewohnerin von Schafir, nackt, in Schande;
die Bewohnerin von Zaanan ist nicht hinausgezogen.
Die Wehklage von Bet-Haezel
zieht euch den Boden unter den Füssen weg.
12 Denn die Bewohnerin von Marot bangt um ihr Glück.
Ja, Unheil vom HERRN fährt herab
auf das Tor von Jerusalem.
13 Spanne die Pferde vor den Wagen, Bewohnerin von Lachisch!
Das war der Anfang der Sünde für die Tochter Zion,
denn in dir fanden sich die Vergehen Israels.
14 Darum übergib die Abschiedsgaben
an Moreschet-Gat.
Die Häuser von Achsib werden zur Täuschung
für die Könige von Israel.

1,7: Wörtlich: «... hat es das angesammelt, ...»

1,11: Von den Bewohnern der Städte wird in diesem Text im Bild einer Frau gesprochen.

1,14: Es liegt ein Wortspiel vor: Der Name Achsib und das hier verwendete hebräische Wort für ‹Täuschung› klingen sehr ähnlich.

15 Ich werde noch den Eroberer zu dir bringen,
Bewohnerin von Marescha.
Bis nach Adullam wird die Herrlichkeit Israels kommen.
16 Mache dir eine Glatze und schere dich kahl, 16: Jer 7,29
der Kinder wegen, die dich erfreuten!
Mache deine Glatze gross wie die des Geiers,
denn sie mussten in die Verbannung, fort von dir!

Drohung gegen die Mächtigen

2 1 Wehe denen, die auf ihren Lagern Unheil planen und böse Taten! 1: Ps 36,5
Wenn der Morgen anbricht führen sie es aus,
weil es in ihrer Macht steht:
2 Sie gieren nach Äckern und rauben sie 2: Jes 5,8
und nach Häusern und nehmen sie weg,
und sie unterdrücken einen Mann und sein Haus,
einen Mann und seinen Erbbesitz!
3 Darum, so spricht der HERR: 3: Am 5,13
Seht, gegen diese Sippe plane ich Unheil,
aus dem ihr euren Hals nicht ziehen werdet,
und ihr werdet nicht aufrecht umherstolzieren,
denn es ist eine Zeit des Unheils!
4 An jenem Tag wird man über euch einen Spruch machen
und mit bitterer Klage klagen;
man wird sagen: Wir sind ganz und gar verwüstet!
Den Anteil meines Volks tauscht er ein!
Wie entreisst er ihn mir!
Er teilt ihn dem zu, der unser Feld zerstückelt!
5 Darum wirst du niemanden haben,
der die Messschnur spannt für den Losanteil
in der Versammlung des HERRN.
6 Ihr solltet euren Worten nicht freien Lauf lassen!, 6: 2,11 · Am 2,12!; 7,16
sagen sie und lassen ihren Worten freien Lauf.
Über diese Dinge darf man seinen Worten nicht freien Lauf lassen!
Uns wird keine Schmach erreichen.
7 Darf so etwas gesagt werden, Haus Jakob?
Ist der HERR ungeduldig geworden?
Sind dies seine Taten?
Sind meine Worte nicht gütig gegenüber dem,
der rechtschaffen lebt?
8 Aber längst schon erhebt sich mein Volk als Feind:
Von der Seite reisst ihr denen den Mantel herunter,
den Rock denen,
die friedlich vorüberziehen,
die sich abwenden vom Krieg.
9 Die Frauen meines Volks vertreibt ihr
aus dem Haus, in dem es ihnen gut geht;

2,6: «sagen sie» wurde in der Übersetzung ergänzt.
2,8: Möglich ist auch die Übersetzung: «..., die zurückkehren vom Krieg.»

ihren Jüngsten
nehmt ihr meinen Schmuck für immer.
10: Mi 1,9
10 Macht euch auf und geht,
denn hier ist keine Ruhe
der Unreinheit wegen, die Verderben bringt
und schmerzhaften Schaden.
11: 2,6; Nah 1,10!
11 Käme einer daher, der Windiges und Lügen von sich gäbe:
Für dich lasse ich meinen Worten freien Lauf
über Wein und Bier! –,
das wäre einer, der seinen Worten freien Lauf lassen dürfte in diesem Volk.

Die künftige Sammlung des Rests von Israel

12: 4,7; 5,2; 7,14; Zef 3,13; Sach 10,8–10
12 Dich, ganz Jakob, werde ich einsammeln,
sammeln werde ich den Rest von Israel.
Wie Schafe im Pferch führe ich sie zusammen,
wie eine Herde auf ihrer Trift:
eine lärmende Menschenmenge.
13 Vor ihnen zog der Durchbrecher hinauf,
sie haben durchbrochen und sind vorübergezogen,
da war ein Tor, und sie zogen hinaus.
Und vor ihnen schritt ihr König daher,
und der HERR war an ihrer Spitze.

Drohung gegen die Häupter Jakobs und die Propheten

1: 1,2!; 3,9; 6,1
3 1 Und ich habe gesagt:
Hört doch, ihr Häupter Jakobs
und ihr Oberen des Hauses Israel!
Müsstet denn ihr nicht wissen,
was Recht ist?
2: Am 5,14!.15
2 Sie hassen Gutes und lieben Böses,
sie reissen ihnen die Haut herunter
und das Fleisch von den Knochen!
3 Und wenn sie das Fleisch meines Volkes gefressen
und ihnen die Haut abgezogen
und ihre Knochen zertrümmert haben,
dann zerstückeln sie es wie im Topf
und wie Fleisch im Kessel!
4: Jer 14,12; Sach 7,13 · Hos 2,23–24
4 Dereinst werden sie zum HERRN schreien,
er aber wird ihnen nicht antworten
und verbirgt sein Angesicht vor ihnen in jener Zeit,
weil sie schlecht gehandelt haben.
5: Jer 6,14; Ez 13,19
5 So spricht der HERR
über die Propheten, die mein Volk in die Irre führen:
Haben ihre Zähne etwas zu beissen, rufen sie: Frieden!,
gegen den aber, der ihnen nichts ins Maul steckt,
erklären sie den Krieg für heilig!

2,12: Die Übersetzung «Wie Schafe im Pferch» beruht auf einer veränderten Vokalisation des Massoretischen Texts, der übersetzt «Wie die Schafe von Bozra» lautet.

6 Darum ist Nacht für euch, ohne Schauung, 6: Ez 13,23
und Finsternis für euch, ohne Wahrsagerei!
Und die Sonne wird untergehen über den Propheten,
und über ihnen wird der Tag sich verfinstern.
7 Dann werden die Seher beschämt
und die Wahrsager zuschanden,
und sie alle verhüllen ihren Bart,
denn Gott antwortet nicht.
8 Doch ich bin erfüllt von Kraft, durch den Geist des HERRN, 8: Jes 58,1
und von Recht und von Stärke,
um Jakob sein Vergehen kundzutun
und Israel seine Sünde.
9 Hört doch dies, ihr Häupter des Hauses Jakob 9: 3,1! · Am 5,7
und ihr Oberen des Hauses Israel,
die ihr das Recht verabscheut
und alles, was gerade ist, verdreht,
10 wer Zion baut mit vergossenem Blut 10: Hab 2,12
und Jerusalem mit Unrecht!
11 Seine Häupter sprechen Recht für Bestechung, 11: Jes 1,23;
und seine Priester unterweisen für Geld, Am 9,10!; Mal 2,9!
und seine Propheten wahrsagen für Silber!
Aber sie verlassen sich auf den HERRN und sagen:
Ist nicht der HERR in unserer Mitte?
Es wird kein Unheil über uns kommen!
12 Darum wird euretwegen der Zion umgepflügt zum Feld, 12: Jer 26,18 · 1,6
und Jerusalem wird zu Trümmerhaufen
und der Tempelberg zu überwucherten Höhen!

Vom Zion wird Weisung ausgehen. Weltweiter Friede

4 1 Und in fernen Tagen wird der Berg des Hauses des HERRN fest 1–4: Jes 2,1–4
gegründet sein,
der höchste Gipfel der Berge,
und er wird sich erheben über die Hügel.
Und Völker werden zu ihm strömen,
2 und viele Nationen werden hingehen und sagen: 2: Sach 8,21
Kommt und lasst uns hinaufziehen zum Berg des HERRN,
zum Haus des Gottes Jakobs,
damit er uns in seinen Wegen unterweise
und wir auf seinen Pfaden gehen.
Denn vom Zion wird Weisung ausgehen
und das Wort des HERRN von Jerusalem.
3 Und er wird für Recht sorgen zwischen vielen Völkern 3: Joel 4,10
und mächtigen Nationen Recht sprechen, bis in die Ferne.
Dann werden sie ihre Schwerter zu Pflugscharen schmieden
und ihre Speere zu Winzermessern.
Sie werden das Schwert nicht erheben, keine Nation gegen eine andere,
und das Kriegshandwerk werden sie nicht mehr lernen.
4 Und ein jeder wird unter seinem Weinstock sitzen 4: 5,3
und unter seinem Feigenbaum,

und da wird keiner sein, der sie aufschreckt,
denn der Mund des HERRN der Heerscharen hat gesprochen!

5: Sach 10,12
5 Denn alle Völker
gehen, ein jedes, im Namen des eigenen Gottes,
wir aber, wir gehen im Namen des HERRN, unseres Gottes,
für immer und alle Zeit!

6–7: Ez 34,16; Zef 3,19!
6 An jenem Tag, Spruch des HERRN,
will ich das Hinkende aufnehmen
und das Versprengte sammeln:
jene, über die ich Unheil gebracht habe.

7: 2,12 · Joel 4,21; Obd 21
7 Dann mache ich das Hinkende zum Rest
und das Versprengte zur mächtigen Nation,
und der HERR wird König sein über sie auf dem Berg Zion
von nun an bis in Ewigkeit.
8 Und du, Turm der Herde,
Ofel der Tochter Zion,
zu dir wird sie gelangen
und kommen, die frühere Herrschaft,
die Königsherrschaft für die Tochter Jerusalem.

Die vorangehende Bestrafung Israels

9 Nun – warum schreist du so laut?
Ist kein König bei dir? Ist dein Berater verschwunden,
dass dich Wehen gepackt haben wie eine Gebärende?
10 Winde dich und brich in Geschrei aus, Tochter Zion,
wie eine Gebärende!
Denn nun wirst du hinausziehen aus der Stadt
und wohnen auf dem Feld!
Und du wirst nach Babel kommen,
dort wirst du gerettet,
dort erlöst dich der HERR
aus der Hand deiner Feinde.

11: Obd 12
11 Nun aber haben sich viele Nationen gegen dich versammelt;
sie, die sagen: Sie soll entweiht werden,
und unsere Augen schauen Zion zu!
12 Sie aber kennen nicht die Pläne des HERRN
und verstehen nicht seinen Beschluss,
sie zu sammeln wie Ähren auf einer Tenne.

13: 5,7; Sach 9,13
13 Steh auf und drisch, Tochter Zion;
dein Horn mache ich zu Eisen,
und deine Hufe mache ich zu Bronze,
und viele Völker wirst du zermalmen!
Und was bei ihnen erbeutet wird, weihe ich dem HERRN
und ihren Reichtum dem Herrn der ganzen Erde.

4,7: Die Bedeutung des mit ‹Versprengte› wiedergegebenen hebräischen Worts ist nicht gesichert.

4,8: Ofel war der Name eines Stadtteils in Jerusalem.

4,13: Möglich ist statt «drisch» auch die Übersetzung: «tritt zu».

14 Nun füge dir Schnittwunden zu, Tochter der Streifschar,
man hat eine Belagerung gegen uns verhängt!
Mit dem Stock schlagen sie ihn auf die Wange,
den Richter Israels.

Der künftige Herrscher aus Betlehem. Der Rest Jakobs. Die Bestrafung der Nationen

5 1 Und du, Betlehem-Efrata, 1: Mt 2,6
zu klein, um zu den Tausendschaften von Juda zu zählen,
aus dir wird er für mich hervorgehen,
um Herrscher zu sein über Israel.
Und seine Ursprünge liegen in der Vorzeit,
in längst vergangenen Tagen.
2 Darum gibt er sie hin 2: Jes 7,14 · 2,12
bis zu der Zeit, da jene, die gebären soll, geboren hat.
Dann wird der Rest seiner Brüder
zurückkehren zu den Israeliten.
3 Und er wird auftreten, 3: 2,12; 4,4; Sach 10,6
und mit der Kraft des HERRN wird er sie weiden,
mit der Hoheit des Namens des HERRN, seines Gottes.
Dann werden sie wohnen bleiben,
denn nun wird er gross sein bis an die Enden der Erde.
4 Und mit ihm wird der Friede kommen.
Wenn Assur in unser Land kommt
und unsere Paläste betritt,
so stellen wir ihm sieben Hirten entgegen
und acht Menschenfürsten.
5 Und diese weiden das Land Assur mit dem Schwert
und das Land Nimrods in dessen Toren.
Und er wird uns vor Assur retten,
wenn es in unser Land kommt
und wenn es unser Gebiet betritt.
6 Dann wird der Rest Jakobs inmitten vieler Völker 6: Hos 14,6
wie Tau sein vom HERRN,
wie Regen auf dem Kraut,
der auf keinen Menschen hofft
und nicht auf Menschen wartet.
7 Und der Rest Jakobs unter den Nationen, 7: 4,13
inmitten vieler Völker,
wird wie ein Löwe unter den Tieren des Waldes sein,
wie ein junger Löwe inmitten von Schafherden,
der, wenn er hindurchzieht, niedertritt und reisst –
und da ist keiner, der rettet!
8 Hoch erhoben sei deine Hand über deinen Bedrängern,
und alle deine Feinde sollen ausgerottet werden!
9 Und an jenem Tag, Spruch des HERRN, 9: 4,3; Sach 9,10
rotte ich deine Pferde aus in deiner Mitte

4,14: Das Wort ‹Streifschar› klingt im Hebräischen ähnlich wie ‹sich Schnittwunden zufügen›.

und vernichte ich deine Wagen.
10 Da vernichte ich die Städte deines Landes,
und alle deine befestigten Städte reisse ich nieder.
11 Und ich vernichte die Zaubermittel in deiner Hand,
und du wirst keine Zeichendeuter haben.
12: Sach 13,2 12 Und ich vernichte deine Bilder und deine Mazzeben in deiner Mitte,
und vor dem Machwerk deiner Hände wirst du dich nicht mehr niederwerfen.
13 Und ich reisse deine Ascheren aus deiner Mitte
und merze deine Städte aus.
14 Und voller Wut und Zorn nehme ich Rache an den Nationen,
die nicht gehört haben!

Der Rechtsstreit des HERRN mit seinem Volk. Drohung gegen Jerusalem

1: 3,1! 6 1 Hört doch, was der HERR spricht:
Auf, führe einen Rechtsstreit vor den Bergen,
und die Hügel sollen deine Stimme hören!
2: Hos 4,1! 2 Hört, ihr Berge, den Rechtsstreit des HERRN,
und ihr Uralten, ihr Grundfesten der Erde!
Denn der HERR hat einen Rechtsstreit mit seinem Volk,
und mit Israel rechtet er.
3 Mein Volk, was habe ich dir angetan?
Und womit habe ich dich ermüdet?
Sage gegen mich aus!
4: Dtn 5,6 · Ex 6,27 4 Ich habe dich doch heraufgeführt aus dem Land Ägypten
und dich erlöst aus einem Sklavenhaus!
Und vor dir her
habe ich Mose, Aaron und Mirjam gesandt.
5: Num 22,1–24,25 5 Mein Volk, erinnere dich doch, was Balak, der König von Moab, beschlossen
und was Bileam, der Sohn von Beor, ihm geantwortet hat,
was von Schittim bis Gilgal geschah,
damit du die gerechten Taten des HERRN erkennst!
6 Mit welcher Gabe soll ich vor den HERRN treten,
mich beugen vor dem Gott der Höhe?
Soll ich mit Brandopfern vor ihn treten,
mit einjährigen Kälbern?
7: Hos 6,6! · Lev 18,21 7 Gefallen dem HERRN Tausende von Widdern,
ungezählte Bäche von Öl?
Soll ich meinen Erstgeborenen hingeben für mein Vergehen,
die Frucht meines Leibes als Sündopfer für mein Leben?
8: Hos 6,6!; Zef 2,3! 8 Er hat dir kundgetan, Mensch, was gut ist,
und was der HERR von dir fordert:
Nichts anderes, als Recht zu üben und Güte zu lieben
und in Einsicht mit deinem Gott zu gehen.

6,2: Die Übersetzung des mit ‹ihr Uralten› wiedergegebenen hebräischen Worts ist unsicher.

6,7: Möglich ist auch die Übersetzung: «..., die Frucht meines Leibes für meine Sünde.»

9 Horch! Der HERR ruft der Stadt zu –
und es ist klug, deinen Namen zu fürchten –,
hört auf den Stock und den, der ihn einberuft!
10 Sind im Haus des Ungerechten noch immer
Schätze des Unrechts
und das verwünschte, geschrumpfte Efa?
11 Bleibe ich rein trotz ungerechter Waage
und trotz des Beutels mit trügerischen Gewichten?
12 Da ihre Reichen voll Gewalttat sind
und ihre Bewohner Lüge verbreiten
und ihre Zunge trügerisch ist in ihrem Mund,
13 mache auch ich dich krank, ich schlage dich,
richte dich schrecklich zu, deiner Sünden wegen.
14 Du wirst essen und nicht satt werden,
und dein Kot bleibt in dir.
Du wirst hinwegschaffen und nichts retten,
denn was du rettest, übergebe ich dem Schwert.
15 Du wirst säen und nichts ernten,
du wirst Oliven keltern und dich nicht mit Öl salben
und Most keltern und keinen Wein trinken.
16 Und man hält sich an die Satzungen Omris
und an jede Tat des Hauses Achab,
und nach ihren Ratschlägen seid ihr gegangen,
damit ich dich verwüste
und ihre Bewohner zu einem Anlass des Zischens mache:
Die Schmach meines Volks werdet ihr tragen!

11: Hos 12,8!
14: Hos 4,10 · Dtn 32,25
15: Am 5,11!
16: 1Kön 16,25

Klage und Verheissung

7 1 Wehe mir, es ist mir ergangen wie bei der Obsternte,
wie bei der Nachlese zur Weinernte:
keine Traube zum Essen,
keine Frühfeige, nach der ich begehre.
2 Verschwunden ist der Getreue aus dem Land,
und kein Aufrechter ist unter den Menschen.
Sie alle lauern auf Blut,
und auf den eigenen Bruder macht jeder Jagd mit dem Netz.
3 Besonders gut wollen ihre Hände das Böse tun,
der Fürst stellt Forderungen,
und wer Recht spricht, tut es gegen Bezahlung,
und der Grosse redet, wozu seine Gier ihn treibt,
und schon immer haben sie alles verdreht.
4 Der Beste von ihnen ist wie ein Dornenstrauch,
selbst ein Aufrechter ist schlimmer als eine Dornenhecke.
Der Tag deiner Späher, deine Heimsuchung, ist gekommen,
nun wird Verwirrung unter ihnen herrschen!
5 Dem Nächsten sollt ihr nicht glauben,
vertraut nicht dem, der euch vertraut ist.

1: Jes 28,4
2: Ps 14,3; Jer 5,1
3: Zef 3,3

6,14: Möglicherweise ist das mit «Kot» wiedergegebene hebräische Wort mit «Hunger» zu übersetzen.

Vor ihr, die an deiner Brust liegt,
bewache die Pforten deines Mundes!
6 Denn der Sohn hält nichts vom Vater,
die Tochter erhebt sich gegen ihre Mutter,
die Schwiegertochter gegen ihre Schwiegermutter,
des Menschen Feinde sind die Menschen im eigenen Haus.
7: Hab 3,18 7 Ich aber will Ausschau halten nach dem HERRN,
will warten auf den Gott meiner Rettung!
Mein Gott wird mich hören.
8: Ps 27,1 8 Freue dich nicht über mich, die du mir Feind bist!
Wenn ich gefallen bin,
stehe ich auf,
wenn ich in der Finsternis sitze,
ist der HERR mir Licht.
9: Hiob 19,25; 35,14 9 Ich werde die Wut des HERRN ertragen,
denn ich habe gesündigt gegen ihn,
bis er meinen Rechtsstreit führt
und mir Recht verschafft;
er wird mich hinausführen an das Licht,
ich werde seine Gerechtigkeit sehen!
10: Joel 2,17! 10 Und die mir Feind ist, soll es sehen,
und Schande soll sie bedecken,
sie, die zu mir sagt:
Wo ist der HERR, dein Gott?
Meine Augen werden es sehen:
Nun wird sie zertreten wie Kot in den Gassen!
11: Jes 61,4 11 Ein Tag, um deine Mauern aufzubauen!
An jenem Tag rückt die Grenze in die Ferne.
12 An jenem Tag, da wird man zu dir kommen
von Assur und den Städten Mazors
und von Mazor bis zum Strom
und von Meer zu Meer
und von Gebirge zu Gebirge.
13 Die Erde aber wird zur Wüstenei, ihrer Bewohner wegen,
der Frucht ihrer Taten wegen.
14: Sach 11,7 · 2,12; Ps 95,7 · Obd 19 14 Weide dein Volk mit deinem Stab,
die Schafe deines Erbbesitzes,
die in Einsamkeit leben,
im Wald, mitten im Fruchtland.
Im Baschan und im Gilead werden sie weiden
wie in den Tagen der Vorzeit.
15 Wie in den Tagen deines Auszugs aus dem Land Ägypten,
lasse ich es Wunder sehen!
16 Nationen werden es sehen und zuschanden werden,
werden all ihre Macht verlieren;
sie werden die Hand auf den Mund legen,
ihre Ohren werden taub.

7,12: Mazor ist ein anderer Name für Ägypten.

17 Wie die Schlange lecken sie Staub,
wie jene, die auf der Erde kriechen.
Zitternd kommen sie aus ihren Gefängnissen,
ängstlich nähern sie sich dem HERRN, unserem Gott,
und sie fürchten sich vor dir.
18 Wer wäre ein Gott wie du,
der Schuld vergibt
und hinwegschreitet über Vergehen
für den Rest seines Erbbesitzes?
Nicht für immer hält er fest an seinem Zorn,
denn er hat Gefallen an Gnade!
19 Er wird sich wieder über uns erbarmen,
unsere Schuld wird er niedertreten.
Und in die Tiefen des Meeres wirst du all ihre Sünden werfen.
20 Jakob erweist du Treue,
Abraham Güte,
wie du es unseren Vorfahren geschworen hast
seit den Tagen der Vorzeit.

17: Gen 3,14 · Hos 3,5!
18: Jer 3,12
19: Ps 85,3; Jes 33,24
20: Gen 22,16; Lk 1,73

Das Buch Nahum

Das Buch Nahum enthält Gerichtsansagen gegen Ninive, die Hauptstadt des Assyrerreichs, und Trostworte für das Gottesvolk.

Der Prophet Nahum stammt gemäss der Buchüberschrift Nah 1,1 aus Elkosch. Dieser Ort konnte bislang nicht identifiziert werden, vielleicht lag er in Juda (vgl. Nah 2,1). Das Buch setzt wohl den Untergang des ägyptischen No-Amon – damit ist Theben gemeint – im Jahr 664 v. Chr. voraus (Nah 3,8). Wenn die Gerichtsaussagen gegen Ninive aus der Zeit nach 664 und vor der Eroberung von Ninive im Jahr 612 v. Chr. stammen und auf Nahum selbst zurückgehen, so hat der Prophet in diesem Zeitraum des 7. Jahrhunderts v. Chr. gewirkt.

Auf die Buchüberschrift «Ausspruch über Ninive. Das Buch der Schauung des Nahum, des Elkoschiters» (Nah 1,1) folgt zunächst ein Hymnus (Nah 1,2–8). Er stellt das strafende und das helfende Handeln Gottes in einen kosmischen Zusammenhang: Der Gott, der seine Feinde straft und den Seinen hilft, ist so mächtig, dass er das Meer zurechtweist und dass die Berge vor ihm erbeben.

Die doppelte Thematik von Strafe und Trost prägt auch den an diese Feinde gerichteten Aufruf Nah 1,9–11: Ihr Planen sei sinnlos, die «Drangsal» (der das Gottesvolk ausgesetzt war) werde sich nicht wiederholen.

Mit Nah 1,12 setzt eine lange Gottesrede ein, die bis zum Schluss des Buchs reicht. In einem ersten Teil dieser Rede (Nah 1,12–2,3) wechseln sich Untergangsprophezeiungen gegen den assyrischen Feind ab mit Befreiungs- und Friedensverheissungen für Juda und Israel. Der zweite Teil der Rede (Nah 2,4–3,19) befasst sich mit Ninive und dem König von

Assur und mit deren Ende. Ihr Untergang wird in anschaulichen Bildern und Szenen aus der Schlacht um Ninive geschildert. Dass selbst das starke No-Amon das eigene Ende nicht abwenden konnte (Nah 3,8–10), soll Ninive vor Augen führen, dass es keine Rettung mehr gibt.

Wie die meisten Prophetenbücher, so hat wohl auch das Buch Nahum in seiner jetzigen Form ein längeres literarisches Wachstum hinter sich. Möglicherweise ist ein Grundbestand mit Gerichtsworten gegen Ninive nachträglich um die Trostaussagen erweitert worden.

Einen gewissen Widerhall finden die Gerichtsansagen gegen Ninive aus dem Buch Nahum in Gerichtsaussagen gegen Babylon (das mit Rom gleichgesetzt wird) in der neutestamentlichen Offenbarung des Johannes (Nah 3,4; Offb 17,2.5; 18,23; 9,21).

Buchüberschrift

1: Jona 1,2

1 1 Ausspruch über Ninive. Das Buch der Schauung des Nahum, des Elkoschiters.

Der HERR, seine Kraft, seine Rache, seine Güte, seine Feinde

2: Joel 2,18!

2 Ein eifersüchtiger Gott und ein Rächer ist der HERR, *(Alef)*
ein Rächer ist der HERR und voller Zorn.
Der HERR rächt sich an seinen Widersachern,
und er ist nachtragend gegenüber seinen Feinden.

3: Joel 2,13! · Hiob 38,1

3 Der HERR ist langmütig und gross an Kraft,
aber nichts und niemanden lässt er ungestraft.
Der HERR – in Gewitter und Sturm ist sein Weg, *(Bet)*
und Gewölk ist der Staub an seinen Füssen.

4: Ex 14,21–22; Ps 106,9 · Jes 33,9

4 Er wies das Meer zurecht und liess es versiegen, *(Gimel)*
und alle Flüsse trocknete er aus.
Baschan und Karmel sind vertrocknet, *(Dalet)*
und vertrocknet ist die Blüte des Libanon.

5: Ps 68,9; Am 9,5!

5 Vor ihm erbebten Berge, *(He)*
und die Hügel sind in Bewegung geraten,
und vor seinem Angesicht hat die Erde sich gehoben *(Waw)*
und der Erdkreis und alle, die darauf wohnen.

6: Joel 2,11!

6 Vor seiner Wut, wer könnte da bestehen? *(Sajin)*
Und wer könnte es wagen, sich zu erheben bei seinem glühenden Zorn?
Wie Feuer ergiesst sich sein Groll, *(Chet)*
und vor ihm stürzen die Felsen ein.

7: Ps 100,5 · Joel 4,16!

7 Der HERR ist gütig, *(Tet)*
eine Zuflucht am Tag der Not,
und er kennt jene, die Zuflucht suchen bei ihm.
8 Aber mit überschwemmender Flut
bereitet er ihrem Ort ein Ende, *(Kaf)*
und seine Feinde jagt er in die Finsternis.

1,2: Nah 1,1–8 ist im Hebräischen ein Gedicht, dessen Aufbau am hebräischen Alphabet ausgerichtet ist.

9 Was plant ihr gegen den HERRN?
Er macht ihm ein Ende!
Keine Drangsal wird sich zweimal erheben.
10 Zu Dornengestrüpp sind sie verflochten,
und wie es ihrem Zechen entspricht sind sie betrunken,
wie das trockene Stoppelfeld werden sie gefressen, ganz und gar!
11 Aus dir ist jener hervorgegangen,
der Böses plante gegen den HERRN,
ein ruchloser Ratgeber.

10: 3,11; Hos 4,18; 7,5–6.14; Joel 1,5; Mi 2,11 · Jes 47,14

Der Untergang Ninives und die Hoheit Israels

12 So spricht der HERR:
Wenn sie auch unversehrt sind und noch so zahlreich,
sie werden doch abgeschnitten, und es ist vorbei!
Und habe ich dich auch gedemütigt,
so werde ich dich nicht mehr demütigen!
13 Und nun werde ich sein Joch auf dir zerbrechen
und deine Fesseln zerreissen.
14 Und der HERR gibt Befehl gegen dich:
Von deinem Namen darf nichts mehr ausgesät werden.
Aus dem Haus deines Gottes tilge ich
das geschnitzte und das gegossene Bild.
Ich bereite dir dein Grab,
denn du bist ohne Wert.

13: Jes 9,3

2 1 Sieh, auf den Bergen die Füsse eines Boten,
der Frieden verkündet!
Feiere, Juda, deine Feste,
erfülle deine Gelübde!
Denn kein Ruchloser wird mehr durch dich hindurchziehen,
ausgerottet ist er, ganz und gar.
2 Einer, der zerstreut, ist gegen dich heraufgezogen,
bewache die Befestigung!
Beobachte den Weg,
gürte deine Hüften,
nimm alle Kraft zusammen!
3 Der HERR stellt die Hoheit Jakobs wieder her
wie die Hoheit Israels,
denn Verwüster haben sie verwüstet
und ihre Ranken vernichtet.

1: Jes 40,9; 52,7–9 · Ps 65,2 · Joel 4,17

2: 3,14

3: Hos 10,1! · Ps 80,13

Erstürmung und Verwüstung Ninives

4 Rot ist der Schild seiner Helden gefärbt,
in Scharlach sind die Krieger gekleidet
im Glühen der Wagenbeschläge
am Tag, da er sie bereitstellt;
und die Speerschäfte wurden geschwungen.

4: Ez 23,14–15

1,10: Die Übersetzung «und wie es ihrem Zechen entspricht sind sie betrunken» ist unsicher.

2,4: Die Übersetzung «am Tag, da er sie bereitstellt» ist unsicher; möglicherweise ist mit

5: Hab 1,8
5 Wie von Sinnen rasen die Wagen durch die Gassen,
überrennen sich auf den Plätzen,
wie Fackeln sehen sie aus,
wie Blitze fahren sie daher.
6 Er denkt an seine Edlen,
die aber kommen auf ihren Wegen zu Fall,
sie eilen zur Mauer von Ninive,
doch das Sturmdach wird aufgerichtet.
7: 3,13
7 Die Flusstore sind geöffnet,
und der Palast zittert.
8: Jes 38,14; 59,11
8 Und es steht fest: Sie wird weggeführt, hinaufgeführt,
und ihre Mägde schluchzen, es hört sich an wie Tauben,
sie schlagen sich an die Brust.
9: 3,17 · Jer 46,5
9 Und Ninive ist schon lange wie ein Teich.
Und sie fliehen.
Halt! Bleibt stehen!
Aber keiner wendet sich um.
10 Plündert Silber, plündert Gold!
Und unbegrenzt ist der Vorrat!
Überfluss an all dem, was kostbar ist!
11: Joel 2,6!
11 Leere und Öde und Verwüstung!
Und ein mutloses Herz und wankende Knie!
Und ein Zittern in allen Hüften,
und die Gesichter aller sind erblasst!
12 Wo ist die Behausung der Löwen,
wo die Weide der jungen Löwen,
wohin der Löwe sich zurückzog,
wo der Löwe sich aufhielt und keiner ihn aufschreckte?
13: Ez 19,2–3.6
13 Der Löwe riss für seine Jungen,
und für seine Löwinnen würgte er,
und seine Höhlen füllte er mit Raub
und seine Behausungen mit gerissener Beute!
14: 3,5 · 3,15 · 3,1
14 Sieh, ich gehe gegen dich vor!
Spruch des HERRN der Heerscharen.
Und ihre Wagen lasse ich in Rauch aufgehen.
Und deine jungen Löwen frisst das Schwert!
Und deinem Reissen mache ich ein Ende im Land,
und die Stimme deiner Boten wird nicht mehr gehört!

Schuld und Bestrafung Ninives

1: Ez 24,6.9; Hos 4,2; Hab 1,12 · 2,14
3 1 Wehe, Stadt des vergossenen Bluts,
bis oben hin voll von Lüge, von Beute,
niemand beendet das Reissen!
2: Joel 2,4–5
2 Peitschenknall
und Räderdröhnen

Korrektur des Massoretischen Texts zu lesen: «und die Pferde sind geschmückt».

2,6: Wörtlich: «..., sie eilen zu ihrer Mauer ...»

3,1: Statt «Beute» ist möglicherweise «Rechtsbruch» zu übersetzen.

und dahinjagende Pferde
und springende Wagen,
3 wilde Reiter und flammende Schwerter und blitzende Speere
und Erschlagene zuhauf und Leichen massenhaft,
und endlos viele Leichname,
man stolpert über ihre Körper:
4 wegen der entsetzlichen Hurerei der Hure, 4: Hos 1,2! · Jes 47,9; Offb 18,23
voller Anmut und der Zauberei mächtig,
die Nationen verkauft hat durch ihre Hurerei
und Sippen durch ihre Zauberei!
5 Sieh, ich gehe gegen dich vor, 5: 2,14 · Hos 2,5! · Jer 13,22.26
Spruch des HERRN der Heerscharen,
und ich hebe dein Gewand hoch,
bis über dein Gesicht,
und lasse Nationen deine Blösse sehen
und Königreiche deine Schande.
6 Und ich werfe nach dir mit Abscheulichem 6: Mal 2,3
und mache dich zuschanden
und stelle dich zur Schau.
7 Und jeder, der dich sieht, wird Reissaus nehmen vor dir 7: Jes 51,19
und sagen: Ninive ist verwüstet!
Wer wird ihr sein Beileid bezeugen?
Wo soll ich Tröster suchen für dich?
8 Verhältst du dich besser als No-Amon, 8: Jer 46,25 · Am 6,2
das an den Strömen lag,
das umgeben war von Wasser,
dessen Kraft das Meer,
dessen Mauer das Wasser war?
9 Kusch war seine Stärke und auch Ägypten, 9: Jer 46,9.25; Ez 30,5
und das grenzenlos!
Put und Libyer waren deine Helfer.
10 Auch No-Amon musste in die Verbannung, 10: Jes 20,4–5 · Hos 10,14 · Joel 4,3
ist in die Gefangenschaft gegangen.
Auch seine Jüngsten wurden zerschmettert
an allen Strassenecken,
und über seine Vornehmen hat man das Los geworfen,
und all seine Grossen sind gefesselt worden.
11 Auch du wirst trunken, 11: 1,10!
wirst ratlos sein,
auch du wirst Zuflucht suchen vor dem Feind.
12 Alle deine befestigten Städte 12: Jes 28,4
sind Feigenbäume mit Frühfeigen:
Wenn sie geschüttelt werden,
fallen sie dem Esser in den Mund.

3,9: Die Übersetzung «seine Stärke» beruht auf der griechischen Überlieferung; der Masoretische Text lautet übersetzt: «Stärke».
3,10: Wörtlich: «Auch es musste in die Verbannung, ...»
3,11: Die Übersetzung «wirst ratlos sein» ist unsicher.

13: Jer 51,30 · 2,7
13 Sieh, dein Volk –
nichts als Frauen in deiner Mitte!
Weit geöffnet sind die Tore deines Landes
für deine Feinde.
Feuer hat deine Riegel gefressen.
14: 2,2
14 Schöpfe dir Wasser für die Belagerung,
verstärke deine befestigten Städte:
Tritt den Lehm und stampfe den Ton,
greife zur Ziegelform!
15: 2,14 · Joel 1,4
15 Dort wird Feuer dich fressen,
das Schwert dich ausrotten.
Es wird dich fressen wie die Heuschreckenbrut.
Vermehre dich wie die Heuschreckenbrut,
vermehre dich wie die Heuschrecke.
16: Ez 27,9–36
16 Deine Kaufleute hast du zahlreicher gemacht
als die Sterne am Himmel.
Die Heuschreckenbrut hat sich gehäutet
und ist davongeflogen!
17: 2,9
17 Deine Höflinge sind wie die Heuschrecken,
und deine Schreiber wie ein Heuschreckenschwarm,
der sich an einem kalten Tag an den Mauern niederlässt:
Ist die Sonne aufgegangen, verschwinden sie,
und ihr Ort ist unbekannt.
Wo sie sind?
18: Ez 34,6
18 Deine Hirten, König von Assur, sind eingeschlafen,
deine Edlen liegen da,
dein Volk ist zerstreut auf den Bergen,
und da ist niemand, der sie sammelt.
19: Jer 30,12; Klgl 2,13; Zef 2,15; Mi 1,9 · Klgl 2,15 · Jona 1,2
19 Für deine Verletzung gibt es keine Milderung,
deine Wunde ist unheilbar.
Alle, die die Nachricht von dir hören,
klatschen in die Hände über dich,
denn wen hat nicht allezeit deine Bosheit getroffen?

Das Buch Habakuk

Wie das ihm vorangehende Buch Nahum bietet auch das Buch Habakuk keine Angaben über die Zeit, in der jener Prophet wirkte, nach dem es benannt ist. Da es von den Kasdäern (den Babyloniern) als Weltmacht spricht (Hab 1,6), geht es wahrscheinlich auf die Zeit der neubabylonischen Vorherrschaft über den Vorderen Orient zurück (ca. 605–539 v.Chr.). Wie alle Prophetenbücher enthält es möglicherweise spätere Zusätze.

Abgesehen vom Vorhandensein des Buchs, das seinen Namen trägt, ist über den Propheten Habakuk nichts bekannt. Nach einer jüngeren Legende, die in der griechischen Bibel (der sogenannten Septuaginta) in den Zusätzen zum Buch Daniel (siehe die Einleitung zu Dan) überliefert ist, brachte er Daniel etwas zu essen, als dieser in der Löwengrube war.

Die beiden ersten Kapitel des Buchs Habakuk sind als Zwiegespräch des Propheten mit Gott gestaltet. Habakuk klagt darüber, dass Gewalt, Unrecht und Unterdrückung in seiner Zeit überhand nehmen (Hab 1,2–4). Daraufhin kündigt Gott an, er werde die Kasdäer zu einem Kriegszug anstacheln (Hab 1,5–11). Die Eroberung und Unterwerfung Judas durch die Babylonier wird damit als Strafe Gottes für die Missstände in Juda gedeutet. Aber auch die kasdäischen Besatzer sind rücksichtslos und gewalttätig. Sie machen Menschen zu ihrer Beute, als handle es sich um Tiere, und sie vergöttern ihre eigene Macht, worüber der Prophet erneut klagt (Hab 1,12–17). Daraufhin kündigt Gott ihm an, dass die Ungerechten zugrunde gehen, die Gerechten aber ihrer Treue zu Gott wegen am Leben bleiben werden. Wie das genau geschehen soll, lässt der Text offen (Hab 2,1–5). Die anschliessenden vier Wehrufe benennen Vergehen der Besatzungsmacht, die zu ihrem Untergang führen werden (Hab 2,6–20). Das abschliessende Kapitel Hab 3 ist ein Gebet Habakuks, in dem dieser schildert, wie Gott selbst erscheint, begleitet von gewaltigen Naturkatastrophen, um sein Volk aus der Gewalt des Unterdrückers zu retten. Diese Gewissheit gibt Habakuk die Kraft, in einer ungerechten Welt auszuharren und an der Gerechtigkeit festzuhalten, auch wenn das an den ungerechten Verhältnissen und der erfahrenen Not zunächst nichts ändert (Hab 3,17–18).

In den Höhlen um Qumran am Toten Meer wurde ein antiker Kommentar zu den beiden ersten Kapiteln des Buchs Habakuk gefunden. Darin werden die Weissagungen Habakuks auf die eigene Gegenwart bezogen (so werden beispielsweise die bei Habakuk genannten Kasdäer mit den Römern gleichgesetzt). Im Neuen Testament wird Hab 2,4 von Paulus in Röm 1,17 und Gal 3,11 zitiert: Paulus gibt der Stelle dabei einen neuen Sinn als Aussage über die Gerechtigkeit aus dem Glauben. Hab 2,4 wird in Hebr 10,38 als Ermahnung zur Beharrlichkeit im Glauben verstanden.

Buchüberschrift

1 1 Der Ausspruch, den Habakuk, der Prophet, geschaut hat. 1: Nah 1,1

Die Klage des Propheten

2 Wie lange, HERR, rufe ich schon um Hilfe, 2–3: Ps 55,10–12
du aber hörst nicht! 2: Hiob 19,7
Ich schreie zu dir: Gewalttat!
Du aber hilfst nicht!
3 Warum lässt du mich Unrecht sehen und schaust dem Unheil zu:
Vor mir ist Unterdrückung und Gewalttat!
Und Streit ist entstanden, und es erhebt sich Zank.
4 Darum wird die Weisung kraftlos,
und niemals mehr strahlt das Recht aus.
Denn der Übeltäter umstellt den Gerechten.
Darum strahlt verdrehtes Recht aus!

Die Antwort des HERRN

5 Seht euch um unter den Nationen und schaut hin,
und entsetzt euch, erstarrt!
Denn in euren Tagen tut einer ein Werk,
ihr werdet es nicht glauben, wenn es euch erzählt wird.

6: Ez 21,36 · 2,6

6 Denn seht, ich lasse die Kasdäer aufstehen,
die unerbittliche und ungestüme Nation,
die die Weiten der Erde durchzieht,
um Wohnstätten in Besitz zu nehmen –
sie gehören ihr nicht!
7 Schrecklich und furchterregend ist sie,
von ihr strahlt ihr eigenes Recht aus und ihre Hoheit.

8: Klgl 4,19 · Nah 2,5; Zef 3,3

8 Und schneller als Leoparden sind ihre Pferde
und wilder als Wölfe am Abend.
Und ihre Rosse galoppieren daher,
und ihre Rosse kommen aus der Ferne,
fliegen herbei wie ein Adler,
der in den Sturzflug geht, um zu schlagen.
9 Sie alle kommen, um Gewalt zu üben,
entschlossen ist ihr Angesicht nach vorn gerichtet,
und Gefangene hat die Nation eingesammelt als wären sie Sand.
10 Und sie, sie macht sich lustig über Könige,
und Würdenträger sind ihr ein Gelächter.
Sie, sie lacht über jede befestigte Stadt,
hat sie doch Erde aufgeschüttet und sie eingenommen!

11: Am 6,13; Hiob 12,6; Jes 10,13; Jer 9,22

11 Dann fährt ein Sturm daher,
und sie ist weitergezogen und wird schuldig:
Sie, deren Gott die eigene Kraft ist!

Erneute Klage des Propheten

12: Mal 3,6! · Jes 43,15 · Ps 118,17 · Jes 10,5–6

12 Bist nicht du, HERR, seit je
mein Gott, mein Heiliger?
Wir werden nicht sterben!
HERR, als Werkzeug des Gerichts hast du sie eingesetzt,
und du, Fels, hast sie zur Zurechtweisung bestimmt.

13: Dtn 23,15 · Jer 12,1

13 Zu rein sind deine Augen, um das Böse anzusehen,
und Unheil kannst du nicht anschauen.
Warum schaust du denen zu, die treulos handeln,
schweigst, wenn ein Übeltäter den verschlingt,
der gerechter ist als er?
14 Und die Menschen hast du gemacht wie die Fische des Meeres,
wie die Kriechtiere – niemand herrscht über sie.

15: Jer 16,16

15 Er hat sie alle am Angelhaken herausgezogen,
in seinem Schleppnetz schleppt er sie fort,
und mit seinem Fischernetz sammelt er sie ein.
Deshalb freut er sich und jubelt!
16 Deshalb schlachtet er für sein Schleppnetz
und bringt Rauchopfer dar für sein Fischernetz,

1,9: Wörtlich: «... hat sie eingesammelt ...»

denn durch sie wird sein Anteil fett
und seine Speise saftig.
17 Darf er darum sein Schleppnetz leeren,
immerfort, um Nationen umzubringen, ohne Erbarmen?

Die Antwort des HERRN

2 1 Auf meinem Posten will ich stehen
und auf die Befestigung mich stellen,
und ich will Ausschau halten, um zu sehen,
was er zu mir reden wird
und was ich zu antworten habe auf meine Vorhaltung.
2 Und der HERR hat mir geantwortet und gesagt:
Schreibe auf, was du geschaut hast,
und schreibe es deutlich auf die Tafeln,
damit, wer es liest, keine Zeit verliert.
3 Denn die Schauung gilt für die festgesetzte Zeit,
und sie spricht vom Ende und lügt nicht!
Wenn es sich verzögert, warte darauf,
denn es wird kommen, es bleibt nicht aus!
4 Sieh, seine Seele ist dahin,
sie war nicht rechtschaffen in ihm!
Der Gerechte aber wird durch seine Treue am Leben bleiben!
5 Wie trügerisch ist der Wein!
Ein anmassender Mann, er wird nicht ans Ziel gelangen!
Er, der seinen Rachen aufgerissen hat wie das Totenreich
und der selbst wie der Tod ist und nicht satt wird
und sich alle Nationen eingesammelt
und bei sich alle Völker versammelt hat.

Wehrufe

6 Werden nicht all diese einen Spruch über ihn machen
und eine Anspielung, Doppelsinniges, auf ihn?
Und man wird sagen:
Wehe dem, der anhäuft, was ihm nicht gehört! –
Wie lange noch? –
Und der sich belastet mit Pfandgeschäften!
7 Werden nicht plötzlich die sich erheben, die Zinsen von dir wollen,
und die erwachen, die dich bedrängen?
Und sie werden dich ausplündern!
8 Denn du selbst hast viele Nationen ausgeplündert;
ausplündern werden dich alle, die übrig geblieben sind von den Völkern,
wegen des Menschenbluts, das vergossen wurde, und der Gewalttat am Land,

1: Jes 21,6; Ez 33,7
2: Jes 8,1
3: Dan 8,19 · 2Petr 3,9
4: Röm 1,17; Gal 3,11; Hebr 10,38 · Jes 7,9
5: Spr 27,20 · 1,15
6: Mi 2,4 · 1,6
8: Jes 33,1; Ez 39,10 · 3,17

2,3: Die Übersetzung «und sie spricht vom Ende» ist unsicher; manche übersetzen: «eilt auf das Ende zu».

2,7: Im Hebräischen hört man zugleich: «Werden nicht plötzlich die sich erheben, die dich beissen, und die erwachen, die dich anbellen? ...»

2,8: «das vergossen wurde» wurde in der Übersetzung ergänzt.

an der Stadt und an all ihren Bewohnern.

9: Obd 4

9 Wehe dem, der aus Bosheit Gewinn schlägt für sein Haus,
um sein Nest in die Höhe zu setzen
und sich vor der Hand des Unheils zu retten.
10 Schande für dein Haus hast du beschlossen,
da du viele Völker ausgemerzt hast:
Damit sündigst du gegen dich selbst!
11 Ja, der Stein aus der Mauer schreit um Hilfe,
und der Sparren aus dem Holz gibt ihm Antwort!

12: Jer 22,13; Mi 3,10 · Nah 3,1!

12 Wehe dem, der eine Stadt auf vergossenes Blut baut
und eine Siedlung auf Unrecht gründet!
13 Ist es nicht so: Sieh, es kommt vom HERRN der Heerscharen,
so dass Völker sich abmühen fürs Feuer
und Völker müde werden für nichts.

14: 3,3; Jes 11,9

14 Denn die Erde wird erfüllt sein
von der Erkenntnis der Herrlichkeit des HERRN,
so wie Wasser den Meeresgrund bedeckt.
15 Wehe dem, der seinem Nächsten zu trinken gibt,
dabei deinen Zorn beimischt und ihn dann betrunken macht,
damit er dessen Scham anschauen kann.

16: Klgl 4,21

16 An Schande hast du dich gesättigt statt an Ehre,
trinke auch du und zeig deine Vorhaut!
Zu dir kommt der Kelch aus der Rechten des HERRN,
und Dreck ergiesst sich auf deine Ehre!

17: 2,8

17 Denn die Gewalttat am Libanon wird über dich kommen,
und die Vernichtung der Tiere wird dich erschrecken lassen
wegen des Menschenbluts, das vergossen wurde, und der Gewalttat am Land,
an der Stadt und an all ihren Bewohnern.

18–19: Ps 115,4–7!; Jer 10,8; Sach 10,2

18 Was nützt ein Bild?
Sein Bildner hat es gestaltet!
Was nützt ein gegossenes Bild und ein Lehrer?
Lüge!
Was nützt es, dass der Bildner auf sein eigenes Gebilde vertraut
und dann stumme Götzen herstellt?

19: Jer 2,27

19 Wehe dem, der zum Holz sagt: Wach auf!,
zum schweigenden Stein: Erwache!
Kann der lehren?
Sieh, es ist überzogen mit Gold und Silber,
in seinem Innern aber ist kein Atem!

20: Mi 1,2! · Am 6,10!; Sach 2,17

20 Der HERR aber ist im Tempel seiner Heiligkeit.
Stille vor ihm, ganze Erde!

2,15: Wörtlich: «... ihre Scham ...»

2,17: Der Übersetzung «und ... wird dich erschrecken lassen» liegen mehrere Textzeugen zugrunde; der Massoretische Text lautet übersetzt: «und ... wird sie erschrecken lassen».

Habakuks Gebet

3 1 Ein Gebet Habakuks, des Propheten, nach Art der Schigjonot:
2 HERR, ich habe deine Botschaft gehört, 2: Ps 25,6
ich habe, HERR, um dein Werk gefürchtet.
Lass es lebendig werden inmitten der Jahre,
inmitten der Jahre mach es bekannt.
Im Zorn denke an das Erbarmen.
3 Gott kommt aus Teman 3: Dtn 33,2 · 2,14
und der Heilige vom Berg Paran. *Sela*.
Seine Hoheit bedeckt den Himmel,
und sein Ruhm erfüllt die Erde.
4 Und da wird ein Glänzen sein wie das Licht, 4: Ps 104,2
ein doppelter Strahl geht aus von seiner Hand,
und dort ist seine Kraft verborgen.
5 Vor ihm her zieht die Pest,
und auf dem Fuss folgt ihm die Seuche.
6 Er trat auf und mass die Erde ab, 6: Mi 1,4!; Ps 104,32
er sah hin und schreckte Nationen auf,
und die ewigen Berge brachen auseinander,
die ewigen Hügel duckten sich.
Die ewigen Pfade sind sein!
7 Unter dem Unrecht
sah ich die Zelte von Kuschan:
Sie zitterten,
die Zeltdecken des Landes Midian.
8 Ist dein Zorn, HERR, gegen Ströme, 8: Dtn 33,26;
gegen die Ströme entbrannt, Ps 68,18; Jes 66,15
deine Wut gegen das Meer,
dass du daherfährst mit deinen Pferden,
in deinen siegreichen Wagen?
9 Bereitgemacht, geweckt wird dein Bogen, 9: Ps 78,16
Flüche von Geschossen ist die Kunde! *Sela*.
Du spaltest das Land, dass Ströme hervorbrechen.
10 Haben sie dich gesehen, so erbebten die Berge, 10: Ps 77,17–18
Sturzregen ist herangezogen,
die Urflut lässt ihre Stimme hören,
in die Höhe hat sie ihre Hände erhoben.
11 Die Sonne, der Mond stehen still in ihrer erhabenen Wohnung,
im Licht bewegen sich deine Pfeile,
im Glanz das Blitzen deines Speers.
12 Voller Wut schreitest du über die Erde, 12: Ps 110,5;
voller Zorn zertrittst du Nationen. Sach 1,15
13 Zur Rettung deines Volks bist du ausgezogen,
zur Rettung deines Gesalbten,
du hast den First vom Haus des Übeltäters geschlagen,
den Sockel freigelegt bis auf den Fels. *Sela*.

3,1: Schigjonot sind vermutlich sehr bewegt vorgetragene Klagelieder.
3,4: Möglich ist auch die Übersetzung: «... Strahl aus seiner Hand umgibt ihn, ...»
3,13: Wörtlich: «... bis auf den Hals.»

14 Mit seinen eigenen Pfeilen hast du den Kopf seiner Anführer durchbohrt,
sie sind losgestürmt, um mich zu zerstreuen
in ihrem Übermut,
als wollten sie den Armen verschlingen im Versteck.
15: Ps 77,20 15 Mit deinen Pferden hast du dir einen Weg gebahnt durch das Meer,
durch das Brausen grosser Wassermassen.
16: Jes 21,3–4 · Hos 5,12 · Zef 1,15 16 Ich hörte es, und mein Leib zitterte,
wegen des Lärms erzitterten meine Lippen,
Fäulnis dringt in meine Knochen,
und schwankend ist mein Schritt,
der ich abwarte bis zum Tag der Not,
dass er aufzieht gegen das Volk, das uns angreift.
17 Denn der Feigenbaum blüht nicht,
und in den Weinbergen gibt es keinen Ertrag,
die Leistung des Ölbaums bleibt aus,
und die Felder bringen keine Nahrung.
Die Schafe sind von der Hürde getrennt,
und in den Stallungen ist kein Vieh.
18: Zef 3,14! · Mi 7,7! 18 Ich aber will frohlocken über den HERRN,
will jubeln über den Gott meiner Rettung!
19: Ps 18,33–34 · Jes 58,14 19 Der HERR, der Herr ist meine Stärke,
und er hat meine Füsse gemacht wie die der Hirschkuh,
und über meine Höhen lässt er mich schreiten.
Für den Chormeister. Zu meinem Saitenspiel.

Das Buch Zefanja

Das ganze Buch Zefanja kreist thematisch um den nahe bevorstehenden ‹Tag des HERRN›. Das Gericht, das an diesem Tag über Juda, über die Bewohner Jerusalems, über die Menschen und Tiere und über die ganze Erde hereinbrechen wird, ist allerdings nicht das letzte Wort Gottes. Es wird überboten durch Heil nicht nur für die Übriggebliebenen des Gottesvolks und für Jerusalem, sondern auch für fremde Völker.

Der Prophet Zefanja ist laut Buchüberschrift (Zef 1,1) in der Zeit des judäischen Königs Joschijahu aufgetreten, in der zweiten Hälfte des 7. Jahrhunderts v. Chr. Die Reihe der Vorfahren (Zef 1,1) weist Zefanja als Nachkommen eines Chiskija aus; vielleicht ist damit der König Chiskija von Juda gemeint.

Das Buch Zefanja lässt dasselbe grundlegende Gliederungsmuster erkennen, das auch die Bücher Jesaja, Ezechiel und die griechische Fassung des Buchs Jeremia prägt: Gerichtsworten gegen das Gottesvolk (Zef 1,2–2,3) folgen Gerichtsworte gegen die Völker (Zef 2,4–15), woran sich Heilsworte für das Gottesvolk anschliessen (Zef 3). Im Buch Zefanja wird dieses Muster allerdings durch mehrere Textpassagen durchbrochen.

Im ersten Buchteil (Zef 1,2–2,3) wird das Gericht gegen Juda und Jerusalem (Zef 1,4–16) in die Ankündigungen eines umfassenden Weltgerichts eingebettet, so dass diese einen Rahmen bilden für die Aussagen gegen Juda und Jerusalem (Zef 1,2–3.17–18). Das Gericht über das Gottesvolk ist somit Teil einer weltweiten Heimsuchung durch Gott. In einem Mahnwort (Zef 2,1–3) wird denen im Gottesvolk, die zur Umkehr bereit sind, Rettung in Aussicht gestellt.

Im zweiten Teil des Buchs (Zef 2,4–15) werden die Gerichtsworte gegen fremde Völker ergänzt durch Gebietszusagen für die Übriggebliebenen aus dem Gottesvolk (Zef 2,7.9) und durch die Ankündigung einer weltweiten Verehrung des Gottes Israels (Zef 2,11).

Im dritten Teil des Buchs folgt auf einen Wehruf gegen Jerusalem (Zef 3,1–7) und eine weitere Ansage des weltweiten Gerichts (Zef 3,8) eine Schilderung umfassenden künftigen Heils. Dieses gilt vor allem Zion und dem geläuterten und gesammelten Gottesvolk (Zef 3,11–20), einbezogen werden aber auch fremde Völker (Zef 3,9–10).

Das Buch Zefanja verdankt seine vorliegende Gestalt vermutlich einem komplexen Entstehungsprozess. Zu jüngeren Ergänzungen des Buchs gehören wohl die Heilsankündigungen und die Aussagen mit weltweitem Horizont.

Das Neue Testament hat das Motiv des ‹Tags des Zorns› (Zef 1,14–18) aufgenommen und interpretiert (vgl. Röm 2,5; Offb 6,17).

Buchüberschrift

1 1 Das Wort des HERRN, das an Zefanja erging, den Sohn des Kuschi, des Sohns des Gedalja, des Sohns des Amarja, des Sohns des Chiskija in den Tages des Joschijahu, des Sohns von Amon, des Königs von Juda. 1: 2Kön 21,24–23,30

Drohworte gegen Juda und Jerusalem

2 Weg mit ihnen, allem will ich ein Ende machen 2–3: Gen 6,7
auf dem Erdboden! Spruch des HERRN.
3 Ein Ende machen will ich Mensch und Tier, 3: 1,18; Hos 4,3
ein Ende machen den Vögeln des Himmels und den Fischen des Meers –
dem, was die Frevler zu Fall bringt.
Und ich werde die Menschen ausrotten
auf dem Erdboden! Spruch des HERRN.
4 Und ich werde meine Hand ausstrecken gegen Juda 4–5: 2Kön 23,5
und gegen alle Bewohner von Jerusalem. 4: 2,13 · Jes 14,22
Und an diesem Ort werde ich ausrotten,
was übrig geblieben ist vom Baal,
den Namen der Götzenpriester samt den Priestern
5 und jene, die sich niederwerfen auf den Dächern 5: Dtn 4,19;
vor dem Heer des Himmels, Jer 19,13 ·
und jene, die sich niederwerfen, schwören vor dem HERRN 2Kön 17,30–32
und zugleich bei ihrem König schwören,

1,3: Bei «dem, … bringt» handelt es sich wohl um eine spätere Zufügung, die möglicherweise die zuvor genannte Reihe der Lebewesen im Sinn von Abbildern versteht, vgl. Dtn 4,16–18.

6: 2,3

6 und jene, die abtrünnig sind vom HERRN
und die nicht nach dem HERRN fragen und ihn nicht suchen.

7: Am 6,10! · 1,14.18; 2,2.3; 3,8; Joel 1,15! · Jes 34,6

7 Stille vor Gott dem HERRN!
Denn nah ist der Tag des HERRN.
Der HERR hat ein Schlachtopfer bereitet,
seine Gäste hat er geweiht!
8 Und am Tag des Schlachtopfers des HERRN
suche ich die Fürsten und die Söhne des Königs heim
und alle, die fremdländische Kleider tragen.

9: 1Sam 5,5

9 Und ich suche jeden heim, der über die Schwelle springt
an jenem Tag,
jene, die das Haus ihres Herrn mit Gewalt und Betrug füllen.

10: Jer 25,36

10 Und an jenem Tag, Spruch des HERRN:
Horch! Geschrei vom Fisch-Tor
und Heulen aus Mischne
und ein gewaltiger Zusammenbruch von den Hügeln.

11: Sach 14,21

11 Heult, ihr Bewohner von Machtesch,
denn ausgelöscht ist das ganze Händlervolk,
ausgerottet sind alle, die Silber abwiegen.

12: Jer 48,11 · Jes 29,15

12 Und in jener Zeit
durchsuche ich Jerusalem mit Leuchten,
und ich suche die Männer heim,
die starr auf ihren Hefen liegen,
die in ihrem Herzen sagen:
Der HERR tut nichts Gutes, und er tut nichts Böses!

13: Am 5,11!

13 Und ihr Vermögen wird Plündergut,
und ihre Häuser werden verwüstet.
Und sie werden Häuser bauen,
doch darin wohnen werden sie nicht,
und Weinberge pflanzen,
doch deren Wein werden sie nicht trinken.

14–16: Joel 2,1–2
14: 1,7! · Am 2,14.16

14 Nah ist der grosse Tag des HERRN,
nah, und schon bald ist er da!
Der Klang am Tag des HERRN:
Bitter schreit da der Held um Hilfe.

15: Klgl 4,11!; Ez 22,24 · Joel 2,2!

15 Ein Tag des Zorns ist jener Tag,
ein Tag der Not und der Bedrängnis,
ein Tag des Unheils und der Vernichtung,
ein Tag der Finsternis und des Dunkels,
ein Tag des Gewölks und des Wolkendunkels,

16: Joel 2,1!; Am 2,2 · 3,6

16 ein Tag des Hörnerklangs und Kriegsgeschreis
gegen die befestigten Städte
und gegen die hochragenden Zinnen!
17 Da werde ich die Menschen in Bedrängnis bringen,
und sie werden umherlaufen wie Blinde,

1,10: Mischne war der Name eines Stadtteils von Jerusalem.

1,11: Machtesch war der Name eines Stadtteils von Jerusalem. Hebräisch ist «das ganze Händlervolk» zugleich ‹das ganze Volk von Kanaan›.

denn gegen den HERRN haben sie gesündigt.
Dann wird ihr Blut verschüttet wie Staub
und ihr Lebenssaft wie Kot.
18 Weder ihr Silber noch ihr Gold
kann ihnen helfen
am Tag des Zorns des HERRN.
Und im Feuer seiner Eifersucht
wird die ganze Erde gefressen,
denn Vernichtung, ja Entsetzen wirkt er
für alle Bewohner der Erde.

18: 1,7 · 1,3; Ez 7,19; Ps 49,8–9 · Jes 10,23

2 1 Kommt zusammen und sammelt euch,
du Nation, die keine Scham kennt,
2 bevor ausgeführt wird, was beschlossen ist –
wie Spreu zieht der Tag vorüber!,
bevor über euch kommt
der glühende Zorn des HERRN,
bevor über euch kommt
der Tag des Zorns des HERRN.

2: Hos 13,3!

3 Sucht den HERRN, all ihr Demütigen des Landes,
die ihr sein Recht übt.
Sucht Gerechtigkeit, sucht Demut,
vielleicht werdet ihr versteckt
am Tag des Zorns des HERRN.

3: 1,6; Jes 51,1 · Mi 6,8 · 3,12; Joel 2,14! · 1,7!

Drohworte gegen die fremden Völker

4 Denn Gaza wird verlassen sein
und Aschkelon verwüstet,
Aschdod wird man zur Mittagszeit vertreiben,
und Ekron wird entwurzelt.

4–7: Am 1,6–8; Sach 9,5–7

5 Wehe den Bewohnern des Landstrichs am Meer,
der Nation der Kreter.
Das Wort des HERRN über euch,
Kanaan, Land der Philister:
Ich lasse dich zugrunde gehen, so dass keiner dort wohnt.

5: Ez 25,16 · Zef 3,6

6 Und aus dem Landstrich am Meer werden Weideflächen an Zisternen für Hirten
und Steinpferche für Schafe.

6–7: 3,13; Ez 25,5 · Obd 19

7 Und es wird ein Landstrich sein für den Rest des Hauses Juda,
darauf werden sie weiden,
in den Häusern von Aschkelon lagern sie am Abend,
denn der HERR, ihr Gott, wird sich ihrer annehmen
und ihr Geschick wenden.

7: Zef 3,20!

8 Ich habe das Höhnen Moabs gehört
und das Schmähen der Ammoniter,

8–11: Ez 25,1–11
8: Ez 35,12–13; Am 1,13–15

2,2: Möglicherweise ist zu übersetzen: «... – wie Spreu, die vorüberzieht an einem einzigen Tag, ...»

2,4: Im Hebräischen liegt ein Wortspiel vor: Gaza ist dem Wort ‹verlassen› ähnlich und Ekron dem Wort ‹entwurzelt›.

wie sie mein Volk verhöhnt
und grossgetan haben gegen sein Gebiet.

9: Dtn 29,22; Am 4,11 · Jer 49,2 · Gen 19,1–29.30–38

9 Deshalb, so wahr ich lebe,
Spruch des HERRN der Heerscharen, des Gottes Israels:
Moab wird sein wie Sodom,
und die Ammoniter werden sein wie Gomorra:
von Unkraut überwucherter Boden und eine Salzgrube
und eine Wüstenei für immer!
Der Rest meines Volks wird sie ausplündern,
und was übrig ist von meiner Nation, wird sie beerben.

10: Jes 16,6; Jer 48,29; Ez 21,33

10 Das steht ihnen zu für ihren Hochmut,
denn sie haben gehöhnt und grossgetan
gegen das Volk des HERRN der Heerscharen.

11: Ps 96,4–5 · Zef 3,9; Jes 19,18–25; Sach 2,15; 8,23; 14,16–19; Mal 1,11

11 Furchtbar ist der HERR gegen sie,
denn er lässt dahinschwinden
alle Götter der Erde,
so dass man sich vor ihm niederwirft, jeder an seinem Ort,
an allen Küsten der Nationen.

12: Ez 21,13–22; Am 9,4

12 Auch ihr Kuschiter –
von meinem Schwert werden sie durchbohrt sein.

13: 1,4 · Jes 10,5

13 Und er wird seine Hand ausstrecken nach Norden,
um Assur zugrunde zu richten
und Ninive zur Wüstenei zu machen,
trocken wie die Wüste.

14: Jes 13,22; 34,13–15 · Lev 11,13–18 · Am 9,1

14 Und in seiner Mitte werden Herden lagern
alle möglichen Tiere einer Nation,
sowohl Dohle als auch Eule,
auf seinen Kapitellen werden sie die Nacht verbringen.
Ein Laut, im Fenster krächzt es,
Verwüstung auf der Schwelle –
er hat die Holztäfelung freigelegt!

15: Jes 47,8.10 · Ez 25,5 · Jer 18,16!; Nah 3,19

15 Das ist die übermütige Stadt, die in Sicherheit lebt,
die in ihrem Herzen sagt:
Ich und keine sonst!
Wie wurde sie verwüstet,
ein Lagerplatz für die Tiere!
Jeder, der an ihr vorübergeht,
wird zischen, wird seine Hand schwenken.

Wehruf gegen Jerusalem

1–4: Ez 22,25–29

3 1 Wehe der Widerspenstigen und Besudelten,
der unterdrückenden Stadt.

2: Jer 2,30

2 Auf keine Stimme hat sie gehört,
keine Mahnung hat sie angenommen,
auf den HERRN hat sie nicht vertraut,
ihrem Gott hat sie sich nicht genähert.

2,15: Das Zischen und das Schwenken der Hand sind Gesten, die das Unheil fern halten sollen.

3 Ihre Fürsten in ihrer Mitte
sind brüllende Löwen,
ihre Richter sind Wölfe am Abend,
nichts lassen sie übrig bis zum Morgen.
4 Ihre Propheten sind leichtfertig,
sind Männer der Treulosigkeit,
ihre Priester entweihen, was heilig ist,
der Weisung tun sie Gewalt an.
5 Der HERR ist gerecht in ihrer Mitte,
er begeht kein Unrecht.
Morgen für Morgen schenkt er bei Tagesanbruch sein Recht,
es bleibt nicht aus.
Der Übeltäter aber kennt keine Scham!
6 Nationen habe ich ausgerottet,
ihre Zinnen sind verwüstet,
ihre Strassen habe ich in Trümmer gelegt,
so dass niemand hindurchzieht,
ihre Städte habe ich verheert,
so dass dort kein Mensch ist,
so dass keiner dort wohnt.
7 Ich habe gesagt: Ach, du wirst mich fürchten,
du wirst Mahnung annehmen.
Und ihre Wohnung wird nicht zerstört werden müssen. –
All das, was ich ihr auferlegt hatte.
Doch voller Eifer haben sie schlecht gehandelt
bei all ihren Taten!
8 Darum wartet auf mich, Spruch des HERRN,
auf den Tag, da ich mich erhebe als Zeuge,
denn es ist mein Recht, Nationen zu versammeln,
Königreiche einzusammeln,
um meine Wut über ihnen auszugiessen,
die Fülle meines glühenden Zorns.
Im Feuer meiner Eifersucht
wird die ganze Erde gefressen!

Aufruf zur Freude

9 Dann aber werde ich den Völkern reine Lippen geben,
damit sie alle den Namen des HERRN anrufen
und ihm Schulter an Schulter dienen.
10 Von jenseits der Ströme von Kusch
werden sie jene, die mich anbeten –
die Tochter meiner Verstreuung –
als Gabe für mich bringen.
11 An jenem Tag musst du dich nicht mehr all deiner Taten schämen,
durch die du mit mir gebrochen hast.

3: Hab 1,8; Mi 7,3 · Am 3,4
4: Mi 3,11
5: Klgl 1,18 · Ps 5,4!
6: 1,16 · Zef 2,5
7: Jer 3,19–20; Am 4,6–11
8: 1,7! · Mi 1,2; Mal 3,5 · Sach 14,2 · Ps 69,25; Ez 21,36; 22,31 · Zef 1,18
9: 2,11! · Jes 6,5–7
10: Jes 11,11; 18,1–2.7 · Jes 49,22; 60,4.9; 66,20 · Hag 2,7
11–12: Ps 25,20; 71,1; Jes 14,32
11: Hos 10,6; Joel 2,26–27 · Jes 1,2 · Joel 2,1!

3,8: Die Übersetzung «als Zeuge» beruht auf der Änderung eines Vokals im Massoretischen Text; dieser lautet: «der Beute wegen».

Denn dann entferne ich deine herablassenden Prahler aus deiner Mitte,
und du wirst nicht mehr hochmütig sein auf meinem heiligen Berg.

12: 2,3

12 Und in deiner Mitte werde ich übrig lassen
ein armes und geringes Volk,
und sie werden Zuflucht suchen beim Namen des HERRN.

13: Jes 11,9 · Jes 53,9 · 2,6–7; Mi 2,12! · Mi 4,4

13 Der Rest Israels wird kein Unrecht begehen und keine Lüge reden,
und keine betrügerische Zunge wird sich in ihrem Mund finden.
Sie werden weiden und sich lagern,
und da wird niemand sein, der sie aufschreckt!

14–15: Jes 52,7–10 *14:* Joel 2,23; Sach 2,14; 9,9 · Klgl 2,13

14 Juble, Tochter Zion,
jauchze, Israel.
Freue dich und sei von ganzem Herzen glücklich,
Tochter Jerusalem.

15: Nah 2,1 · Jes 52,7; Ps 46,6; Mi 4,7

15 Aufgehoben hat der HERR die Urteile über dich,
deinen Feind hat er fortgeschafft.
Der König von Israel, der HERR, ist in deiner Mitte,
du wirst kein Unheil mehr fürchten!

16: Klgl 3,57; Joel 2,21; Hag 2,5; Sach 8,13

16 An jenem Tag
wird zu Jerusalem gesagt:
Fürchte dich nicht!
Zion, mögen deine Hände nicht erschlaffen!

17: Jes 65,19

17 Der HERR, dein Gott, ist in deiner Mitte,
ein rettender Held,
voller Freude frohlockt er über dich,
in seiner Liebe schweigt er,
mit Begeisterung jubelt er über dich.

18: 2,8

18 Die traurig sind, fern von der Festversammlung,
habe ich gesammelt,
sie waren fern von dir,
dir eine Last, eine Schande.

19: Mi 4,6–7; Ez 34,16 · Sach 10,8.10 · Dtn 26,18–19

19 Sieh, in jener Zeit nehme ich mir all die vor, die dich unterdrücken,
und das Hinkende werde ich retten,
und was versprengt ist, sammle ich,
und zu Lobpreis und zu Ruhm mache ich
ihre Schande im ganzen Land.

20: Dtn 30,3; Jer 33,7–11 · Zef 2,7; Hos 6,11!

20 In jener Zeit bringe ich euch heim,
und in eben jener Zeit sammle ich euch,
denn ich werde euch einen Namen und Ruhm verschaffen
bei allen Völkern der Erde,
wenn ich euer Geschick wende vor euren Augen!,
spricht der HERR.

Das Buch Haggai

Der Prophet Haggai ist auch aus dem Buch Esra bekannt (Esra 5,1; 6,14), aber weder dort noch im Buch Haggai selbst finden sich nähere Angaben zur Person dieses Propheten. Nach den Datumsangaben des Buchs hat Haggai einige Monate lang in der zweiten Hälfte des Jahres 520 v.Chr. in Jerusalem gewirkt. In dieser Zeit hat er sich für den Wiederaufbau des 587/6 v.Chr. zerstörten Tempels eingesetzt (vgl. auch Esra 5,1; 6,14). Der persische König Kyros hatte schon 538 v.Chr. in einem Erlass verfügt, dass der Tempel wieder aufgebaut werden sollte (vgl. Esra 1,1–4; 2Chr 36). Dennoch lag das Heiligtum im Jahr 520, achtzehn Jahre später und mittlerweile unter der Herrschaft des persischen Königs Darius I., noch immer in Trümmern.

Das Buch erzählt vom viermaligen Empfang von Gottesworten durch den Propheten. Jeder Wortempfang wird durch eine Datumsangabe bestimmt, und jede dieser Datumsangaben leitet einen neuen Abschnitt des Buchs ein: Hag 1,1–15 berichtet vom ersten Wortempfang: Im Volk bestehen Widerstände gegen den Wiederaufbau des Tempels. Das Gotteswort ermahnt den Statthalter Serubbabel und den Hohen Priester Jehoschua als Verantwortliche des Volks, diesen Wiederaufbau nicht länger aufzuschieben. Die enttäuschenden Zustände der Gegenwart mit Dürre und Missernte sind eingetreten, weil der Wiederaufbau noch nicht unternommen wurde (Hag 1,1–11). Daraufhin machen sich die Angesprochenen und das Volk unter der Zusicherung göttlichen Beistands an die Arbeit (Hag 1,12–15).

Knapp einen Monat später ergeht das zweite Gotteswort (Hag 2,1–9): Gott sichert erneut seinen Beistand zu und ermutigt die Führung und das Volk, den noch nicht weit gediehenen Bau voranzutreiben. Mit dem neuen Tempel wird der nahe Anbruch einer nie dagewesenen Zeit der Herrlichkeit angekündigt, in der die Nationen ihre Schätze nach Jerusalem bringen werden, begleitet von kosmischen Erschütterungen.

Wiederum zwei Monate später ergeht das dritte Gotteswort (Hag 2,10–19): Haggai soll die Priester einer Befragung über kultische Reinheit unterziehen, die zu dem Ergebnis kommt, dass alles Tun «dieses Volks» unrein ist. Möglicherweise bezieht sich diese Kritik auf Kultfeiern, die durchgeführt wurden, obwohl der Tempel noch nicht fertig gestellt war (Hag 2,10–14). Erst mit der Grundsteinlegung zum Tempel kommt die Wende: Die Zeit der Missernten endet, und es bricht eine fruchtbare Segenszeit an (Hag 2,15–19).

Noch am selben Tag ergeht das vierte Gotteswort an Haggai (Hag 2,20–23), dieses Mal für den Statthalter Serubbabel (nach 1Chr 3,17–19 der Enkel des davidischen Königs Jojachin): Wiederum unter kosmischen Erschütterungen wird Gott die Königreiche der Nationen zu Fall bringen, Serubbabel zu jener Zeit aber zu seinem erwählten Diener machen.

Der Tempel ist im Buch Haggai nicht einfach Ort des Gottesdienstes, an ihn ist vielmehr das gegenwärtige und das zukünftige Wohlergehen des Volks gebunden. Deshalb hat alles zurückzustehen hinter dem Wiederaufbau des Gotteshauses.

Das Buch Haggai gehört eng zusammen mit dem folgenden Buch Sacharja (siehe die Einleitung zu Sach) und auch mit dem Buch Maleachi. Diese drei letzten Bücher des Zwölfprophetenbuchs (siehe dazu die Einleitung zu Hos) schildern Ereignisse aus der Zeit des 6. und 5. Jahrhunderts v.Chr. und haben, wie die Bücher Esra und Nehemia, die Wiederherstellung des Gottesvolks und des Jerusalemer Tempels im Blick.

Aufruf zum Wiederaufbau des Tempels

1: 2,1.10.20; Sach 1,1.7; 7,1 · Esra 2,2; 3,2; 5,1–2; 6,14; Sach 3,1; 4,6

1 1 Im zweiten Jahr von Darius, dem König, im sechsten Monat, am
ersten Tag des Monats, erging das Wort des HERRN durch Haggai,
den Propheten, an Serubbabel, den Sohn des Schealtiel, den Statthalter
von Juda, und an Jehoschua, den Sohn des Jehozadak, den Hohen Priester:

2 So spricht der HERR der Heerscharen: Dieses Volk sagt: Es ist nicht
an der Zeit zu kommen, nicht die Zeit, dass das Haus des HERRN aufgebaut werden müsste! 3 Und das Wort des HERRN erging durch Haggai,
den Propheten: 4 Für euch selbst ist es die Zeit, in euren gedeckten Häusern zu wohnen, während dieses Haus verödet daliegt? 5 Und nun, so
spricht der HERR der Heerscharen: Bedenkt eure Wege!

6: 2,15–19; Sach 8,10

6 Ihr habt reichlich gesät und wenig eingebracht,
ihr habt zu essen und werdet nicht satt,
zu trinken, und euren Durst könnt ihr nicht löschen,
anzuziehen, und keinem wird warm.
Und wer Lohn verdient, legt den Lohn
in einen durchlöcherten Beutel.

7 So spricht der HERR der Heerscharen: Bedenkt eure Wege! 8 Geht
hinauf ins Gebirge und holt Holz und baut das Haus, dann will ich
Wohlgefallen daran haben und mich in meiner Herrlichkeit zeigen!,

9–11: Sach 8,9–12

spricht der HERR. 9 Viel habt ihr erwartet, aber seht, es ist wenig! Und
bringt ihr es heim, blase ich es weg! Warum ist das so? Spruch des
HERRN der Heerscharen. Wegen meines Hauses, das verödet daliegt,

10: Lev 26,19–20; Sach 8,12!

während ihr Gefallen habt an euren Häusern, ein jeder! 10 Darum hat
der Himmel über euch den Tau zurückgehalten, und die Erde hat ihren
Ertrag zurückgehalten, 11 und ich habe eine Trockenheit über das Land
gerufen und über die Berge und über das Getreide und über den Wein
und über das Öl und über all das, was der Boden hervorbringt, und über
Mensch und Tier und über alle Arbeit der Hände.

12 Da hörten Serubbabel, der Sohn des Schealtiel, und Jehoschua, der
Sohn des Jehozadak, der Hohe Priester, und der ganze Rest des Volks auf
die Stimme des HERRN, ihres Gottes, und auf die Worte Haggais, des

1,1: Siehe die Anm. zu Esra 4,5.

1,8: Möglich ist auch die Übersetzung «... will ich Wohlgefallen daran haben und mich verherrlichen lassen!, ...»

1,10: Möglich ist auch die Übersetzung «Deshalb hat euretwegen der Himmel ...»

Propheten, so wie der HERR, ihr Gott, sie durch ihn gesandt hatte. Und
das Volk fürchtete sich vor dem HERRN. 13 Und Haggai, der Bote des 13: Mal 3,1 ·
HERRN, sprach im Auftrag des HERRN zum Volk: Ich bin bei euch! Hag 2,4
Spruch des HERRN. 14 Und der HERR erweckte den Geist Serubbabels, 14: Sach 4,6;
des Sohns von Schealtiel, des Statthalters von Juda, und den Geist Jeho- Esra 1,5; 5,2
schuas, des Sohns von Jehozadak, des Hohen Priesters, und den Geist
des ganzen Rests des Volks, und sie kamen und machten sich an die
Arbeit am Haus des HERRN der Heerscharen, ihres Gottes, 15 am vier-
undzwanzigsten Tag des Monats, im sechsten Monat, im zweiten Jahr
von Darius, dem König.

Die Herrlichkeit des neuen Tempels

2 1 Im siebten Monat, am einundzwanzigsten Tag des Monats, erging 1: 1,1!
das Wort des HERRN durch Haggai, den Propheten: 2 Sprich doch zu
Serubbabel, dem Sohn des Schealtiel, dem Statthalter von Juda, und zu
Jehoschua, dem Sohn des Jehozadak, dem Hohen Priester, und zum Rest
des Volks: 3 Wer von euch ist noch da, der dieses Haus in seiner frühe- 3: Sach 4,10;
ren Herrlichkeit gesehen hat? Und in welchem Zustand seht ihr es nun? Esra 3,12
Ist es in euren Augen nicht wie nichts? 4 Nun aber, sei mutig, Serubba- 4: 1,13; Jos 1,9
bel, Spruch des HERRN, und sei mutig, Jehoschua, Sohn des Jehozadak,
Hoher Priester, und sei mutig, du ganzes Volk des Landes, Spruch des
HERRN, und handelt! Denn ich bin bei euch! Spruch des HERRN der
Heerscharen. 5 Das ist es, was ich mit euch vereinbart habe, als ihr aus- 5: Sach 4,6; 8,15;
gezogen seid aus Ägypten. Mein Geist bleibt in eurer Mitte! Fürchtet Zef 3,16
euch nicht. 6 Denn so spricht der HERR der Heerscharen: Nur wenig 6: Hebr 12,26
noch, nur eine kurze Zeit, dann erschüttere ich den Himmel und die
Erde und das Meer und das Festland! 7 Dann erschüttere ich alle Nati- 7: Jes 60,5–7
onen, und die Kostbarkeiten aller Nationen werden kommen, und ich
erfülle dieses Haus mit Herrlichkeit!, spricht der HERR der Heerscharen.
8 Mir gehört das Silber, und mir gehört das Gold! Spruch des HERRN der
Heerscharen. 9 Die künftige Herrlichkeit dieses Hauses wird grösser
sein als die frühere!, spricht der HERR der Heerscharen. Und an dieser
Stätte werde ich Frieden schenken! Spruch des HERRN der Heerscharen.

Das unreine Volk

10 Am Vierundzwanzigsten des neunten Monats, im zweiten Jahr 10: 1,1!
des Darius, erging das Wort des HERRN an Haggai, den Propheten: 11 So 11: Mal 2,7
spricht der HERR der Heerscharen: Frage doch die Priester nach Wei-
sung: 12 Wenn einer heiliges Fleisch im Bausch seines Gewandes trägt
und er berührt mit seinem Bausch das Brot oder das Gekochte oder den
Wein oder das Öl oder irgendetwas zum Essen, wird es dann heilig? Und
die Priester antworteten und sprachen: Nein! 13 Dann sagte Haggai: 13: Num 19,11–13
Wenn einer, der durch einem Leichnam unrein geworden ist, mit ir-
gendetwas davon in Berührung kommt, wird es dann unrein? Und die
Priester antworteten und sprachen: Es wird unrein! 14 Daraufhin
sprach Haggai: So ist es mit diesem Volk, und so ist es mit dieser Nation
vor mir, Spruch des HERRN, und so ist es mit jedem Werk ihrer Hände
und mit dem, was sie dort darbringen: Es ist unrein! 15 Und nun, be- 15–19: 1,6;
denkt doch, was von diesem Tag an geschieht! Bevor man Stein auf Stein Sach 8,9–12

16: Am 5,11! legte am Tempel des HERRN, 16 vor dieser Zeit war es so: Kam einer zu
einem Getreidehaufen, der zwanzig Mass haben sollte, so waren es
zehn; kam einer zur Kelter, um fünfzig Mass aus dem Keltertrog abzu-
17: Am 4,6 schöpfen, so waren es zwanzig. 17 Ich habe euch, das ganze Werk eurer
Hände, mit Getreidebrand geschlagen und mit Mehltau und mit Hagel,
euch aber hat das nicht zu mir getrieben. Spruch des HERRN. 18 Bedenkt
doch, was von diesem Tag an geschieht; vom Vierundzwanzigsten des
neunten Monats an, von dem Tag an, da der Grundstein des Tempels des
HERRN gelegt worden ist, bedenkt es: 19 Ist die Saat noch in der Getrei-
degrube und haben Weinstock und Feigenbaum und Granatapfelbaum
und Ölbaum noch nicht getragen? Von diesem Tag an segne ich!

Verheissung an Serubbabel

20: 1,1! 20 Und am Vierundzwanzigsten des Monats erging das Wort des
HERRN zum zweiten Mal an Haggai: 21 Sprich zu Serubbabel, dem Statt-
halter von Juda:
Ich erschüttere
den Himmel und die Erde!
22: Sach 9,1–6; 12,9 22 Und den Thron von Königsreichen werde ich umstürzen,
und die Macht der Königreiche der Nationen zerschmettere ich,
und die Wagen und ihre Fahrer stürze ich um,
und zu Boden gehen die Pferde und ihre Reiter,
ein jeder durch das Schwert seines Bruders!
23: Sach 6,12–13 23 An jenem Tag, Spruch des HERRN der Heerscharen, nehme ich
dich, Serubbabel, Sohn des Schealtiel, als meinen Diener, Spruch des
HERRN, und ich mache dich wie einen Siegelring, denn dich habe ich
erwählt! Spruch des HERRN der Heerscharen.

Das Buch Sacharja

Nach den Datierungen in Sach 1,1.7 wurde der Prophet Sacharja in der Zeit zwischen Oktober und November 520 v.Chr. berufen, also wohl noch während der Wirksamkeit Haggais in Jerusalem (vgl. die Einleitung zu Hag). Beide, Sacharja und Haggai, werden im Zusammenhang mit dem Wiederaufbau des Tempels in Esra 5,1; 6,14 erwähnt. Das Buch Sacharja schliesst mit dem Thema der ersten Kapitel und den Datierungen in Sach 1,1.7; 7,1 eng an das vorangehende Buch Haggai an (vgl. Hag 1,1; 2,1.10.20). Es soll wohl im Zusammenhang mit dem Buch Haggai gelesen werden.

Durch die Zwischenüberschrift «Ausspruch» in Sach 9,1 und in Sach 12,1 wird das Buch Sacharja in drei Teile gegliedert. Diese unterscheiden sich in ihrer sprachlichen und literarischen Gestalt, in ihren historischen Bezügen und theologischen Vorstellungen deutlich voneinander. So wird beispielsweise der Prophet Sacharja in der zweiten Buchhälfte,

2,16: «vor dieser Zeit war es so» ist wörtlich: «bevor sie da waren»

ab Sach 9, gar nicht mehr erwähnt, dafür werden ausdrücklich die Griechen genannt («Jawan», d.h. die Jonier Sach 9,13), was für eine Abfassung in späterer Zeit spricht. Die Verschiedenheit der Buchteile könnte ein Hinweis auf eine entsprechende dreistufige Entstehungsgeschichte des Buchs sein. Gemeinsames Hauptthema aller drei Teile ist der wiederaufgebaute Tempel in Jerusalem als Zentrum aller Völker und damit verbunden der Gott Israels als einziger König der ganzen Erde. Dabei enthält aber wohl nur der erste Teil Sach 1–8 die Verkündigung des Propheten Sacharja aus der Zeit des Wiederaufbaus des zweiten Tempels 520–515 v.Chr. Die beiden anderen Buchteile bieten keine konkreten Hinweise auf geschichtliche Ereignisse. Zwar wird der neue Tempel vorausgesetzt, die Zeit scheint aber, anders als in Sach 1–8, von grossräumigen militärischen Auseinandersetzungen geprägt zu sein (möglicherweise handelt es sich in Sach 9,1–8 um den Vorstoss Alexanders des Grossen im Jahr 332 v.Chr.), auch wird die Zukunft der Völker ab Sach 9 anders gesehen als in den ersten Kapiteln des Buchs.

Der erste Buchteil (Sach 1–8) ist wesentlich geprägt von einem aus acht Schauungen bestehenden Zyklus (Sach 1,7–6,15). In diesen Schauungen wird dem Propheten Sacharja Einblick gewährt in gegenwärtige und künftige Geschehnisse um die Wiederherstellung Jerusalems und des Gottesvolks und damit verbunden auch in das Geschick der Völker (vgl. Hag 2,20–23): Mit dem Wiederaufbau des Tempels ist das 70 Jahre dauernde Strafgericht – so werden Exil und Fremdherrschaft gedeutet – beendet. Fremde Herrscher werden entmachtet, Jerusalem wird prachtvoll wieder aufgebaut, das Gottesvolk kehrt dorthin zurück, aber auch viele fremde Völker werden den Gott Israels verehren, der selbst in der Mitte Jerusalems wohnen wird. Der Hohepriester Jehoschua wird von Schuld gereinigt und übernimmt priesterliche und königliche Aufgaben. Auch das Land wird gereinigt. Gott sagt seine Gegenwart und seinen Beistand zu. Wagen werden in alle Welt ausgesandt, um den Geist Gottes auch zu jenen Exilierten zu bringen, die noch nicht nach Juda zurückgekehrt sind.

Im zweiten Teil des Buchs (Sach 9–11) kommt besonders der Herrschaftsanspruch Gottes auf die Nachbarvölker in den Blick (Sach 9,1–8). In Sach 9,9–10 wird der demütige, auf einem Esel reitende König angekündigt, der allem Krieg ein Ende bereiten wird. Die Vernichtung fremder Grossmächte und die Rückführung aller Israeliten aus den umliegenden Ländern werden als Beweise für die Treue des Hirten, des Gottes Israels, zu seiner Herde, dem Gottesvolk, erkannt (Sach 10,1–11,3). In der anschliessend geschilderten zeichenhaften Handlung werden dagegen die sozialen Missstände im Land kritisiert: Zwei Hirtenstäbe symbolisieren dabei göttliche Zuwendung und Verbundenheit. Doch weder die Amtsinhaber noch das Volk selbst scheinen an diesen Werten interessiert zu sein. Deshalb zerbricht der Prophet die Stäbe und kündigt als Strafe einen Schrecken verbreitenden Hohepriester an (Sach 11,4–17).

Der dritte Teil des Buchs Sacharja (Sach 12–14) hat den letztendlichen Sieg Gottes über die Völker zum Thema. Die Schöpfung wird erneuert und zu einem Ort des Friedens. Jerusalem wird von schlechten Einflüssen gesäubert: In einem endzeitlichen Ansturm der Völker wird es noch ein letztes Mal belagert, schliesslich aber durch das Gericht Gottes über die fremden Völker gerettet. Jerusalem wird Gnade finden durch den, «den sie durchbohrt haben» (Sach 12), was in Sach 13,1–6 mit zahlreichen Anspielungen auf das Buch Hosea weiter ausgeführt wird. Erst nachdem auch das übrig gebliebene Drittel des Volks von Verunreinigung befreit und geläuert ist, ist der Bund Gottes mit seinem Volk (vgl. Lev 26,12) wiederhergestellt (Sach 13,7–9). Im Schlusskapitel Sach 14 wird die in Hag 2,21 angekündigte kosmische Erschütterung weiter ausgemalt: Gott selbst wird die Völker vernichten und die Welt erschüttern. Aus dieser Erschütterung wird Jerusalem als erneuerte, paradiesische Schöpfung hervorgehen, als Ort des Friedensmahls aller Völker.

Das Bild des auf einem Esel reitenden, demütigen Königs (Sach 9,9) wurde im Neuen Testament für den Einzug Jesu in Mt 21,4–5 und in Joh 12,14–15 aufgenommen. Ebenfalls im Neuen Testament, in Mt 27,9–10, finden die dreissig Schekel Silber Aufnahme, die im Zusammenhang von Sach 11,4–17 erwähnt werden.

Aufruf zur Umkehr

1: Hag 1,1! **1** 1 Im achten Monat, im zweiten Jahr des Darius, erging das Wort des
HERRN an Sacharja, den Sohn des Berechja, des Sohns des Iddo, den
Propheten: 2 Über eure Vorfahren war der HERR zornig, sehr zornig!
3: Mal 3,7 3 Und du wirst ihnen sagen: So spricht der HERR der Heerscharen:
Kehrt zurück zu mir,
Spruch des HERRN der Heerscharen,
dann kehre ich zurück zu euch!,
spricht der HERR der Heerscharen.
4: 7,7! · Jer 3,12–14 · 4 Seid nicht wie eure Vorfahren, denen die früheren Propheten zu-
7,11 gerufen haben: So spricht der HERR der Heerscharen: Kehrt euch doch
ab von euren bösen Wegen und von euren bösen Taten. Sie aber haben
nicht gehört und haben nicht auf mich geachtet. Spruch des HERRN.
5 Eure Vorfahren – wo sind sie? Und die Propheten – leben sie ewig?
6: Jer 23,20 6 Doch meine Worte und meine Satzungen, die ich meinen Dienern,
den Propheten, befohlen habe – haben sie eure Vorfahren etwa nicht
erreicht? Sie sind zurückgekehrt und haben gesagt: Wie der HERR der
Heerscharen geplant hatte, an uns zu handeln, unseren Wegen und unseren Taten entsprechend, so ist er mit uns verfahren!

Die erste Schauung

7 Am vierundzwanzigsten Tag des elften Monats, das war der Monat
Schebat, im zweiten Jahr des Darius, erging das Wort des HERRN an
Sacharja, den Sohn des Berechjahu, des Sohns von Iddo, den Propheten:
8: 6,2 8 In der Nacht sah ich, und sieh: Ein Mann sass auf einem roten Pferd
und war zwischen den Myrten, die in der Tiefebene standen. Und hinter
9: Dan 8,15–16 ihm waren rote, fuchsrote und weisse Pferde. 9 Und ich sagte: Was hat
es mit diesen auf sich, mein Herr? Und der Bote, der durch mich redet,
sprach zu mir: Ich selbst werde dich sehen lassen, was es mit diesen auf
sich hat! 10 Daraufhin sagte der Mann, der zwischen den Myrten stand:
Diese sind es, die der HERR gesandt hat, damit sie das Land durchstreifen. 11 Daraufhin sagten sie zu dem Boten des HERRN, der zwischen den
Myrten stand: Wir haben das Land durchstreift, und sieh, das ganze

Land liegt ruhig da. 12 Daraufhin sagte der Bote des HERRN: HERR der 12: Ps 79,5 · 7,5;
Heerscharen, wann endlich wirst du dich erbarmen über Jerusalem und Jer 25,11;
über die Städte von Juda, die du verflucht hast für diese siebzig Jahre? Dan 9,2.23–26
13 Und der HERR antwortete dem Boten, der durch mich redet, gute
Worte, tröstliche Worte. 14 Und der Bote, der durch mich redet, sprach 14: Joel 2,18!
zu mir: Rufe: So spricht der HERR der Heerscharen:

Ich bin voller Eifer für Jerusalem
und für Zion voll von grossem Eifer!
15 Aber ich bin voll grossen Zorns 15: Nah 1,2 ·
auf die sorglosen Nationen: Hab 3,12
Als ich nur wenig zornig war,
haben sie dem Unheil nachgeholfen!

16 Darum, so spricht der HERR: Voller Erbarmen kehre ich zurück 16: 8,3 · 2,5–6
nach Jerusalem. Dort wird mein Haus gebaut, Spruch des HERRN der
Heerscharen, und über Jerusalem wird eine Schnur gespannt. 17 Rufe 17: 2,16
ausserdem: So spricht der HERR der Heerscharen: Meine Städte werden
noch überfliessen von Gutem! Und der HERR wird Zion noch trösten
und Jerusalem noch erwählen!

Die zweite Schauung

2 1 Und ich blickte auf und sah hin, und sieh: vier Hörner! 2 Und ich 1: Dan 7,7
sagte zu dem Boten, der durch mich redet: Was hat es mit diesen auf
sich? Und er sprach zu mir: Das sind die Hörner, die Juda, Israel und
Jerusalem zerstreut haben.

3 Dann liess mich der HERR vier Handwerker sehen. 4 Und ich sagte:
Wozu kommen diese? Und er sprach: Das sind die Hörner, die Juda zer-
streut haben, so dass niemand mehr sein Haupt erhoben hat. Und jene
sind gekommen, um sie aufzuschrecken und um die Hörner jener Nati-
onen niederzuwerfen, die das Horn erheben gegen das Land Juda, um es
zu zerstreuen.

Die dritte Schauung

5 Und ich blickte auf und sah hin, und sieh: ein Mann! Und in seiner 5–6: 1,16
Hand war eine Messschnur. 6 Und ich sagte: Wohin gehst du? Und er 6: Jer 31,38–39
sprach zu mir: Jerusalem zu vermessen und zu sehen, was wohl seine
Breite und was wohl seine Länge wäre.

7 Und sieh, als der Bote, der durch mich redet, hinausging, kam ihm
ein anderer Bote entgegen. 8 Und er sagte zu ihm: Lauf, rede zu diesem 8: Ez 38,11 · 8,5;
jungen Mann da: Jerusalem soll ein offener Ort bleiben, wegen der Jes 49,19
Menge von Menschen und Vieh in seiner Mitte. 9 Und ich selbst werde 9: 9,15!
für Jerusalem Spruch des HERRN, zu einem Feuerwall ringsum. Und in
seiner Mitte werde ich herrlich sein.

10 Wehe, wehe: Flieht aus dem Land des Nordens, Spruch des
HERRN, denn ich habe euch auseinander getrieben wie die vier Winde
des Himmels! Spruch des HERRN. 11 Wehe, Zion, rette dich, die du 11: Jes 48,20;
wohnst bei der Tochter Babel! 12 Denn so sprach der HERR der Heer- Jer 50,8
scharen, nachdem die Herrlichkeit mich zu den Nationen gesandt hatte, 12: Jes 17,14
die euch ausplündern: Wer euch antastet, tastet seinen eigenen Augap-

2,9: Wörtlich: «Und ich selbst werde für es, ...»

13: Jes 19,16 fel an! 13 Denn seht, ich schwinge meine Hand gegen sie, und sie wer-
den zu Plündergut für ihre eigenen Diener! Und ihr werdet erkennen,
14: 9,9; Zef 3,14! · dass der HERR der Heerscharen mich gesandt hat. 14 Juble und freue
8,3 dich, Tochter Zion, denn sieh, ich komme und wohne in deiner Mitte!
15: 4,9; 6,15; 8,23; Spruch des HERRN. 15 Und an jenem Tag werden sich viele Nationen
14,16–19; Mal 1,11; dem HERRN anschliessen, und sie werden mir zum Volk. Und ich werde
Zef 2,11! in deiner Mitte wohnen. Und du wirst erkennen, dass der HERR der
16: 1,17 Heerscharen mich zu dir gesandt hat. 16 Und der HERR wird Juda als
sein Erbteil besitzen auf heiligem Boden, und Jerusalem wird er noch
17: Am 6,10! erwählen. 17 Stille, alles Fleisch, vor dem HERRN! Denn er ist aufgebro-
chen aus der Wohnung seiner Heiligkeit.

Die vierte Schauung. Jehoschua, der Hohe Priester

1: Hag 1,1 **3** 1 Und er liess mich Jehoschua, den Hohen Priester, sehen, der vor
dem Boten des HERRN stand, und zu dessen Rechten stand der Satan,
2: Jud 9 · Am 4,11 · um ihn anzufeinden. 2 Und der HERR sprach zum Satan:
Ez 15,2–5 Der HERR weist dich zurecht, Satan;
der HERR, der Jerusalem erwählt hat, weist dich zurecht!
Ist jener nicht ein Holzscheit, das aus dem Feuer gerettet wurde?
3 Jehoschua aber war bekleidet mit verdreckten Kleidern, als er vor
4: Jes 6,7 dem Boten stand. 4 Daraufhin sagte dieser zu denen, die vor ihm stan-
den: Nehmt die verdreckten Kleider von ihm! Dann sprach er zu ihm:
Schau, ich habe deine Schuld von dir genommen und werde dir Festklei-
5: 6,11 der anlegen. 5 Und ich sprach: Man setze einen reinen Kopfbund auf
sein Haupt! Und sie setzten den reinen Kopfbund auf sein Haupt und
legten ihm Kleider an, während der Bote des HERRN dastand. 6 Dann
bezeugte der Bote des HERRN dem Jehoschua: 7 So spricht der HERR der
Heerscharen: Wenn du auf meinen Wegen gehst und wenn du ein-
hältst, wozu ich dich verpflichtet habe, dann wirst du meinem Haus
Recht verschaffen und auch die Aufsicht haben über meine Vorhöfe.
8: 6,12 Und ich werde dir Zutritt gewähren zu jenen, die hier stehen. 8 Höre
doch, Jehoschua, Hoher Priester, du mit deinen Gefährten, die vor dir
sitzen, denn sie sind zeichenhafte Männer: Seht, ich lasse meinen Die-
9: 4,10 ner kommen, den Spross! 9 Denn seht, der Stein, den ich vor Jehoschua
niedergelegt habe: sieben Augen auf einem einzigen Stein! Seht, ich
graviere seine Gravur, Spruch des HERRN der Heerscharen, und an ei-
nem einzigen Tag werde ich die Schuld jenes Landes entfernen! 10 An
jenem Tag, Spruch des HERRN der Heerscharen, werdet ihr, ein jeder,
euren Nächsten unter den Weinstock und unter den Feigenbaum rufen.

Die fünfte Schauung

1: Dan 8,18 **4** 1 Und der Bote, der durch mich redet, kehrte zurück und weckte
2: 5,2; Am 7,8 mich wie einen, der aus seinem Schlaf geweckt wird. 2 Und er sprach
zu mir: Was siehst du? Da sagte ich: Ich habe gesehen, und sieh: ein
Leuchter, ganz aus Gold, und oben auf ihm seine Schale! Und an ihm
waren seine sieben Lichter: je sieben Röhren für die Lichter, die oben
3: Ex 25,31; Offb 1,12 auf ihm waren. 3 Und bei ihm waren zwei Ölbäume, einer rechts neben
der Schale und einer zu seiner Linken. 4 Daraufhin sagte ich zu dem

3,1: Satan bedeutet ‹Anfeinder›.

Boten, der durch mich redet: Was hat es mit diesen auf sich, mein Herr?
5 Und der Bote, der durch mich redet, antwortete und sprach zu mir: Du
weisst nicht, was es mit diesen auf sich hat? Und ich sagte: Nein, mein
Herr.
6 Daraufhin sagte er zu mir: Dies ist das Wort des HERRN an Serub- 6: Esra 2,2 ·
babel: Hos 1,7! · Hag 2,5

Nicht durch Kraft und nicht durch Stärke,
sondern mit meinem Geist!,
spricht der HERR der Heerscharen.

7 Wer bist du, grosser Berg? Vor Serubbabel wirst du zur Ebene! Er
wird den letzten Stein bringen; da werden Rufe erschallen: Gnade, Gna-
de sei mit ihm!
8 Und das Wort des HERRN erging an mich: 9 Die Hände Serubba- 9: 2,15!
bels haben den Grundstein zu diesem Haus gelegt, und seine Hände
werden es zu Ende führen! Und du wirst erkennen, dass der HERR der
Heerscharen mich zu euch gesandt hat. 10 Wer hat da den Tag der klei- 10: Hag 2,3
nen Dinge verachtet? Man wird sich freuen und den Stein mit Zinn se-
hen in der Hand Serubbabels! Sieben sind es, die Augen des HERRN, sie
schweifen über die ganze Erde. 11 Daraufhin sagte ich zu ihm: Was hat 11: 3,9
es mit diesen zwei Ölbäumen auf sich, rechts vom Leuchter und zu sei-
ner Linken? 12 Und zum Zweiten sagte ich daraufhin zu ihm: Was hat es
mit den beiden Ölbaum-Ähren auf sich, die an der Seite der zwei Röhren
aus Gold sind, die das Gold an sich herabfliessen lassen? 13 Da sprach er
zu mir: Du weisst nicht, was es mit diesen auf sich hat? Und ich sagte:
Nein, mein Herr. 14 Da sprach er: Das sind die beiden Gesalbten, die 14: 6,5
beim Herrn der ganzen Erde stehen.

Die sechste Schauung

5 1 Und wieder blickte ich auf und sah hin, und sieh: eine fliegende
Schriftrolle! 2 Und er sprach zu mir: Was siehst du? Da sagte ich: Ich 2: 4,2!
sehe eine fliegende Schriftrolle; ihre Länge ist zwanzig Ellen und ihre
Breite zehn Ellen. 3 Und er sprach zu mir: Das ist der Fluch, der auszieht 3–4: 8,17
über den ganzen Erdboden, denn jeder, der stiehlt, ist – wie lange nun
schon! – ungestraft geblieben, und jeder, der schwört, ist – wie lange
nun schon! – ungestraft geblieben! 4 Ich habe ihn hinausziehen lassen,
Spruch des HERRN der Heerscharen, und er wird in das Haus des Diebs
kommen und in das Haus dessen, der falsch schwört bei meinem Na-
men, und er wird in seinem Haus über Nacht bleiben, und er wird es
vernichten samt seinen Balken und seinen Steinen.

Die siebte Schauung

5 Und der Bote, der durch mich redet, ging hinaus und sprach zu
mir: Blicke doch auf und sieh! Was ist das, was da hinauszieht? 6 Da
sagte ich: Was ist es? Und er sprach zu mir: Das ist das Efa, das hinaus-
zieht. Und er sprach: Das ist ihre Schuld im ganzen Land. 7 Und sieh, ein
Bleideckel hob sich, und da war eine Frau, die sass im Efa. 8 Da sprach er:

4,10: Mit ‹Stein mit Zinn› ist wohl ein Bleilot gemeint.

5,6: Die Übersetzung «ihre Schuld» beruht auf mehreren Textzeugen; der Massoretische Text lautet übersetzt: «ihr Auge», was manche als ‹ihr Aussehen› interpretieren.

Das ist die Bosheit! Und er drängte sie zurück ins Efa. Dann warf er den
Brocken aus Blei auf dessen Öffnung.
9 Und ich blickte auf und sah hin, und sieh: Zwei Frauen kamen her-
vor, und in ihren Flügeln war Wind, und sie hatten Flügel wie Storchen-
flügel. Und sie hoben das Efa empor zwischen Erde und Himmel. 10 Da
sagte ich zu dem Boten, der durch mich redet: Wohin lassen sie das Efa
11: Gen 10,10 ziehen? 11 Und er sprach zu mir: Ins Land Schinar, um ihm ein Haus zu
bauen. Und ist es errichtet, so wird es dort niedergelassen an seine Stät-
te.

Die achte Schauung

6 1 Und wieder blickte ich auf und sah hin, und sieh: Vier Wagen ka-
men hervor zwischen den zwei Bergen, und die Berge waren Berge
2: 1,8 aus Bronze! 2 Am ersten Wagen waren rote Pferde, und am zweiten Wa-
3: Offb 6,2–8 gen waren schwarze Pferde, 3 und am dritten Wagen waren weisse Pfer-
de, und am vierten Wagen waren gefleckte, gescheckte Pferde. 4 Dar-
aufhin sagte ich zu dem Boten, der durch mich redet: Was hat es mit
5: 4,14 diesen auf sich, mein Herr? 5 Und der Bote antwortete und sprach zu
mir: Das sind die vier Winde des Himmels, sie ziehen hinaus, nachdem
sie beim Herrn der ganzen Erde gestanden haben. 6 Die schwarzen Pfer-
de, die daran sind, ziehen hinaus ins Land des Nordens, und die weissen
sind hinter ihnen hergezogen, und die gefleckten sind ins Land Teman
7: 1,10 gezogen. 7 Und die gefleckten sind ausgezogen, und sie wollen gehen,
um die Erde zu durchstreifen. Und er sprach: Geht, durchstreift die Er-
de! Und sie durchstreiften die Erde. 8 Und er rief mir zu und sprach zu
mir: Schau, jene, die hinausziehen ins Land des Nordens, beruhigen
meinen Geist im Land des Nordens!

Der Spross, der den Tempel bauen wird

9 Und das Wort des HERRN erging an mich: 10 Nimm es von den
Verbannten, von Cheldai und von Tobija und von Jedaja. Du selbst aber
wirst an jenem Tag kommen; ins Haus des Joschija, des Sohns von Ze-
11: 3,5 fanja, die aus Babel gekommen sind, wirst du kommen! 11 Und du wirst
Silber und Gold nehmen und Kronen anfertigen. Und du wirst sie auf
das Haupt Jehoschuas, des Sohns von Jehozadak, des Hohen Priesters,
12–13: Hag 2,23 setzen. 12 Und du wirst zu ihm sagen: So spricht der HERR der Heer-
12: 3,8 scharen: Sieh: ein Mann, Spross ist sein Name, unter ihm wird es spros-
sen, und er wird den Tempel des HERRN bauen! 13 Er ist es, der den Tem-
pel des HERRN bauen wird, und er ist es, der Hoheit tragen wird, und er
wird sich setzen und auf seinem Thron herrschen. Und bei seinem
Thron wird ein Priester sein, und zwischen ihnen beiden wird friedvol-
les Einvernehmen herrschen. 14 Und die Kronen werden Chelem und
Tobija und Jedaja und Chen, dem Sohn des Zefanja, gehören, zur Erin-
15: Jes 49,12; 60,10 · nerung im Tempel des HERRN. 15 Und jene, die fern sind, werden kom-
2,15! men und am Tempel des HERRN bauen; und ihr werdet erkennen, dass
der HERR der Heerscharen mich zu euch gesandt hat. Und das wird ge-
schehen, wenn ihr wirklich auf die Stimme des HERRN, eures Gottes,
hört.

Die Fastenfrage

7 1 Und im vierten Jahr von Darius, dem König, erging das Wort des 1: 1,1
HERRN an Sacharja, am Vierten des neunten Monats, im Monat Kis-
lew. 2 Und Bet-El sandte Sar-Ezer und Regem-Melech und seine Män-
ner, um das Angesicht des HERRN zu besänftigen. 3 Und so fragte man 3: 8,19 · Mal 2,7!
die Priester, die zum Haus des HERRN der Heerscharen gehörten, und
die Propheten: Soll ich im fünften Monat weinen und enthaltsam sein,
wie ich es schon so viele Jahre getan habe? 4 Und das Wort des HERRN
der Heerscharen erging an mich: 5 Sprich zum ganzen Volk des Landes 5: 1,12!
und zu den Priestern: Wenn ihr gefastet und geklagt habt im fünften
und im siebten Monat, und dies seit siebzig Jahren, habt ihr dann wirk-
lich für mich gefastet? 6 Und wenn ihr esst und wenn ihr trinkt, seid 6: Hos 8,13 ·
dann nicht ihr die, die essen, und seid dann nicht ihr die, die trinken? Jes 58,3-4
7 Sind das nicht die Worte, die der HERR ausgerufen hat durch die frü- 7: 1,4; 7,12 · Jer 13,19
heren Propheten, als Jerusalem bewohnt und ohne Sorge war mit sei-
nen Städten ringsum und als der Negev und die Schefela bewohnt wa-
ren?

8 Und das Wort des HERRN erging an Sacharja: 9 So spricht der HERR 9: Hos 12,7; Mi 6,8
der Heerscharen: Fällt gerechte Urteile und übt Gnade und Barmherzig-
keit, ein jeder gegenüber seinem Bruder! 10 Und unterdrückt nicht die 10: 8,17
Witwe und die Waise, den Fremden und den Armen. Und keiner ersin-
ne in seinem Herzen Unheil gegen seinen Bruder. 11 Sie aber haben sich 11: 1,4
geweigert, darauf zu achten, und störrisch haben sie mit der Schulter
gezuckt, und ihre Ohren haben sie schwerhörig gemacht, um nicht hö-
ren zu müssen. 12 Und ihr Herz haben sie zu Diamant gemacht, um die 12: 7,7!
Weisung nicht hören zu müssen und die Worte, die der HERR der Heer-
scharen durch seinen Geist gesandt hat, durch die früheren Propheten.
Da ging grosser Zorn aus vom HERRN der Heerscharen. 13 Und so, wie er 13: Mi 3,4!
gerufen hat und sie nicht gehört haben, so werden sie rufen, und ich
werde nicht hören!, spricht der HERR der Heerscharen. 14 Und im
Sturm wirble ich sie in alle möglichen Nationen, die sie nicht kennen,
und hinter ihnen wird das Land verwüstet, so dass niemand hindurch-
zieht und niemand mehr dort wohnt: Ein wunderbares Land haben sie
zur Wüstenei gemacht!

Verheissende Worte des HERRN

8 1 Und das Wort des HERRN der Heerscharen erging: 2 So spricht der 2: 1,14!
HERR der Heerscharen:
Mit grossem Eifer eifere ich für Zion,
und mit grossem Zorn eifere ich für Zion.
3 So spricht der HERR: 3: 1,16; 2,14 ·
Ich kehre zurück nach Zion, Jes 1,26 · Ez 48,35 ·
und in deiner Mitte werde ich wohnen, Jerusalem. 14,20-21
Und Jerusalem wird Die-Stadt-der-Treue genannt
und der Berg des HERRN der Heerscharen Der-heilige-Berg.
4 So spricht der HERR der Heerscharen: Alte Männer und alte Frauen 4: Jes 65,20
werden noch auf den Plätzen von Jerusalem sitzen, und weil sie so be-

7,3: Mit ‹weinen› ist ein rituelles Weinen gemeint.
8,2: Wörtlich: «…, und mit grossem Zorn eifere ich für es.»

5: 2,8 tagt sind, wird jeder seine Stütze in seiner Hand haben. 5 Und die Plätze
der Stadt werden voller Knaben und Mädchen sein, die fröhlich spielen
auf ihren Plätzen. 6 So spricht der HERR der Heerscharen: Selbst wenn
das zu wunderbar ist in den Augen des Rests dieses Volks in jenen
Tagen – muss es darum auch in meinen Augen zu wunderbar sein?
Spruch des HERRN der Heerscharen. 7 So spricht der HERR der Heer-
scharen: Sieh, ich rette mein Volk aus dem Land des Aufgangs und aus
dem Land des Untergangs der Sonne.

8: Ps 147,2 · 13,9 · 8 Und ich lasse sie kommen,
Hos 2,21–22 und sie werden mitten in Jerusalem wohnen,
und sie werden mir Volk sein,
und ich, ich werde ihnen Gott sein,
in Treue und Gerechtigkeit.

9–15: Hag 1,6.9–11; 9 So spricht der HERR der Heerscharen: Eure Hände sollen stark sein,
2,15–19 die ihr in diesen Tagen diese Worte hört aus dem Mund der Propheten,
9: 8,13 · Esra 5,1–2 am Tag, da der Grundstein zum Haus des HERRN der Heerscharen gelegt
worden ist, damit der Tempel erbaut würde.

10 Denn vor jenen Tagen
gab es keinen Lohn für den Menschen,
und es gab keinen Lohn für das Vieh;
und für den, der hinauszog, und für den, der hineinging,
gab es keine Sicherheit vor dem Feind,
und ich habe alle Menschen aufeinander gehetzt,
einen jeden gegen den eigenen Bruder.

11 Nun aber bin ich für den Rest dieses Volks nicht wie in den frühe-
12: Joel 2,19!; ren Tagen! Spruch des HERRN der Heerscharen. 12 Denn das ist die Saat
Hag 2,10; Mal 3,11 des Friedens: Der Weinstock gibt seine Frucht, und die Erde gibt ihren
Ertrag, und der Himmel gibt seinen Tau, und all dies lasse ich den Rest
13: Zef 3,16 · 8,9 dieses Volks als Erbe besitzen! 13 Und wie ihr ein Fluch geworden seid
unter den Nationen, Haus Juda und Haus Israel, so werde ich euch ret-
ten, und ihr werdet ein Segen sein. Fürchtet euch nicht, eure Hände sol-
14: 1,2 len stark sein. 14 Denn so spricht der HERR der Heerscharen: Wie ich
geplant habe, euch Böses anzutun, als eure Vorfahren mich erzürnten,
15: Hag 2,5 spricht der HERR der Heerscharen, und wie ich kein Mitleid hatte, 15 so
habe ich in diesen Tagen geplant, wieder Gutes zu tun für Jerusalem und
für das Haus Juda. Fürchtet euch nicht. 16 Dies sind die Dinge, die ihr
tun sollt: Redet die Wahrheit, ein jeder mit seinem Nächsten; aufrichtig
17: 7,10 · 5,3–4 und mit dem Recht des Friedens fällt das Urteil in euren Toren! 17 Und
keiner soll in seinem Herzen auf das Unglück seines Bruders sinnen;
und liebt nicht den verlogenen Schwur, denn all dies hasse ich! Spruch
des HERRN.

19: 7,3 · Ps 34,15 18 Und das Wort des HERRN der Heerscharen erging an mich: 19 So
spricht der HERR der Heerscharen: Das Fasten im vierten und das Fasten
im fünften Monat und das Fasten im siebten und das Fasten im zehnten
Monat wird für das Haus Juda zum Jubel und zur Freude und zu wunder-
baren Festzeiten werden. Liebt die Wahrheit und den Frieden!

20 So spricht der HERR der Heerscharen: Es werden noch Völker
21: Jes 2,3; Mi 4,2 kommen und Bewohner vieler Städte. 21 Und die Bewohner der einen
werden zur anderen gehen und sagen: Lasst uns hingehen, um das An-
gesicht des HERRN zu besänftigen und um den HERRN der Heerscharen

zu suchen! Auch ich will gehen! 22 Und viele Völker und mächtige Nati- 22: 14,16
onen werden kommen, um den HERRN der Heerscharen in Jerusalem zu
suchen und um das Angesicht des HERRN zu besänftigen. 23 So spricht 23: 2,15!
der HERR der Heerscharen: In jenen Tagen, da werden zehn Männer zu-
greifen aus allen Sprachen der Nationen, sie ergreifen den Saum eines
Judäers und sagen: Wir wollen mit euch gehen, denn wir haben gehört:
Gott ist bei euch!

Die Herrschaft des HERRN. Der Friedenskönig

9 1 Ausspruch. 1–6: Hag 2,22
Das Wort des HERRN ist im Land Chadrach, 1: 12,1; Mal 1,1
und Damaskus ist sein Ruheplatz.
Denn dem HERRN gehören das Auge des Menschen
und alle Stämme Israels,
2 und auch Chamat – es grenzt daran –,
Tyros und Sidon,
ja, diese sind sehr weise:
3 Tyros hat sich eine Festung gebaut 3–4: Am 1,9–10
und Silber angehäuft wie Staub 3: Ez 28,4–5
und Gold wie Kot in den Gassen.
4 Sieh, der Herr wird ihm den Besitz nehmen
und seine Macht im Meer schlagen.
Und es selbst wird vom Feuer gefressen!
5 Aschkelon wird es sehen und sich fürchten, 5–7: Am 1,6–8;
so auch Gaza, und es wird sich winden vor Angst, Zef 2,4–7
und Ekron, denn zuschanden geworden ist seine Hoffnung. 5: Zef 2,4
Und aus Gaza wird der König verschwinden,
und Aschkelon wird unbewohnt sein.
6 Und in Aschdod werden Mischlinge wohnen,
und den Hochmut der Philister werde ich brechen!
7 Und ich entferne das Blutige aus seinem Mund 7: Jes 65,4
und die Scheusslichkeiten von seinen Zähnen.
Und auch er wird übrig bleiben für unseren Gott.
Und er wird wie ein Stammeshaupt in Juda sein
und Ekron wie ein Jebusiter.
8 Und ich werde vor meinem Haus lagern zum Schutz vor dem Heer, 8: 9,15!; 12,4
vor dem, der vorüberzieht, und dem, der zurückkehrt;
und keiner, der Gewalt übt, wird mehr über sie kommen,
denn nun habe ich es mit eigenen Augen gesehen!
9 Juble laut, Tochter Zion, 9: 2,14! · Mi 4,8 ·
jauchze, Tochter Jerusalem, Mt 21,5
sieh, dein König kommt zu dir,
gerecht und siegreich ist er,
demütig und auf einem Esel reitend,
auf einem Fohlen, einem Eselsfohlen.
10 Und ich werde die Streitwagen ausrotten in Efraim 10: Mi 5,9
und die Pferde in Jerusalem.

9,1: Möglicherweise handelt es sich bei der mit «Auge des Menschen» wiedergegebenen Wendung um einen Ort, der En-Adam (übersetzt: ‹Menschenauge›) hiess.

Und der Kriegsbogen wird ausgerottet.
Und er verheisst den Nationen Frieden.
Und seine Herrschaft reicht von Meer zu Meer
und vom Strom bis an die Enden der Erde.
11 Auch du – um des Bluts deines Bundes willen
entlasse ich deine Gefangenen aus der Grube;
kein Wasser ist darin.
12: Jes 61,7
12 Kehrt zurück zur Befestigung,
ihr Gefangenen, die ihr hoffen durftet.
Auch heute tue ich kund:
Das Zweifache werde ich dir zurückgeben!
13: Mi 4,13
13 Denn ich spanne mir Juda,
lege Efraim als Pfeil an den Bogen.
Und ich erwecke deine Kinder, Zion,
gegen deine Kinder, Jawan,
und ich mache dich wie das Schwert eines Helden.
14: Ps 18,15
14 Und über ihnen wird der HERR erscheinen,
und wie ein Blitz schiesst sein Pfeil hervor,
und Gott der HERR stösst ins Horn
und fährt daher in den Sturmwinden von Teman.
15: 2,9; 9,8; 12,8
15 Der HERR der Heerscharen wird sie beschirmen,
und die Schleudersteine werden fressen und unterwerfen,
und sie werden trinken, lärmen, als wäre es Wein,
und wie die Sprengschale werden sie voll davon,
wie die Ecken am Altar.
16: Ez 34,11.31 · Jes 54,12
16 Und der HERR, ihr Gott, wird sie retten an jenem Tag,
wie Schafe, als sein Volk,
denn sie sind Steine am Stirnreif,
sie funkeln auf seinem Boden.
17: Am 8,13
17 Wie gut es ist, und wie schön es ist!
Getreide lässt junge Männer
und Wein lässt junge Frauen gedeihen.

Rückkehr und Erstarkung Israels

1: Joel 2,23!–24
10 1 Erbittet Regen vom HERRN, zur Zeit des Spätregens,
vom HERRN, der Wetterwolken schafft.
Er wird euch auch Regengüsse geben,
einem jeden Kräuter auf dem Feld.
2: Jer 23,25; Ez 13,6; Hab 2,18 · Ez 34,5–6.8
2 Die Terafim reden Nichtiges,
und die Wahrsager schauen Lüge
und verkünden nichtssagende Träume,
spenden nichtigen Trost!
Darum mussten sie weiterziehen wie Schafe,
sie sind im Elend, denn da ist kein Hirt.
3: 11,4.17; Jer 23,1–2 · Ez 34,7–10.11
3 Über die Hirten ist mein Zorn entbrannt,
und die Böcke werde ich heimsuchen,

9,16: Für «sie funkeln auf seinem Boden» ist auch die Übersetzung möglich: «sie kommen zusammen auf seinem Boden».

denn der HERR der Heerscharen kümmert sich um seine Herde,
das Haus Juda,
und er stattet sie aus
wie seine Prachtpferde in der Schlacht.
4 Aus ihnen kommt der Eckstein, aus ihnen der Pflock, 4: Jes 28,16 · Jes 22,23
aus ihnen der Kriegsbogen,
aus ihnen geht zugleich jeder hervor, der Gewalt hat.
5 Und sie werden sein wie Helden, 5: Mal 3,21
im Kot in den Gassen zertreten sie ihre Gegner in der Schlacht,
und sie kämpfen,
denn der HERR ist bei ihnen!
Und die Reiter hoch zu Ross werden zuschanden.
6 Und das Haus Juda mache ich heldenhaft, 6: Mi 5,3 · 13,9
und das Haus Josef lasse ich siegen,
und ich lasse sie wohnen, denn ich habe mich ihrer erbarmt,
und sie werden sein, als hätte ich sie nie verstossen,
denn ich, der HERR, bin ihr Gott, und ich werde sie erhören.
7 Und die von Efraim werden sein wie ein Held,
und ihr Herz wird sich freuen wie beim Wein.
Und ihre Kinder werden es sehen und sich freuen,
ihr Herz wird jubeln über den HERRN.
8 Ich will sie herbeipfeifen und sie sammeln, 8: Mi 2,12
denn ich habe sie losgekauft.
Und sie werden so zahlreich sein, wie sie zahlreich waren.
9 Und ich streue sie unter die Völker,
und in der Ferne werden sie an mich denken,
und sie werden am Leben bleiben, sie und ihre Kinder,
und dann kehren sie zurück.
10 Und ich werde sie zurückführen aus dem Land Ägypten, 10: Hos 11,11 · 2,8; Jes 49,19
und aus Assur werde ich sie sammeln,
und ich bringe sie in das Land Gilead und zum Libanon,
und es wird zu eng sein für sie.
11 Und in der Bedrängnis werden sie durch das Meer ziehen,
und er schlägt Wellen nieder im Meer,
und alle Tiefen des Stroms legt er trocken,
und der Hochmut Assurs wird zu Boden geworfen,
und das Zepter Ägyptens muss weichen.
12 Und durch den HERRN mache ich sie heldenhaft, 12: 12,5; Mi 4,5
und in seinem Namen werden sie dahinziehen!
Spruch des HERRN.

11 1 Öffne, Libanon, deine Türen,
dass Feuer in deinen Zedern frisst!
2 Wehklage, Wacholder, denn die Zeder ist gefallen,
die Herrlichen sind verwüstet.
Wehklagt, ihr Eichen des Baschan,
denn der unzugängliche Wald ist zu Boden gegangen.
3 Horch, das Wehklagen der Hirten –
ihre Herrlichkeit ist verwüstet!

10,5: «ihre Gegner» wurde in der Übersetzung ergänzt.

Horch, Löwengebrüll –
die Pracht des Jordan ist verwüstet!

Falsche Hirten

5: Jer 50,7 · 4 So spricht der HERR, mein Gott: Weide die Schlachtschafe! 5 Ihre
Hos 12,9 · 10,3 Käufer schlachten sie, ohne es zu büssen, und ihre Verkäufer sagen: Ge-
lobt sei der HERR: Ich bin reich geworden!, und ihre Hirten, sie haben
6: Ez 9,10 kein Mitleid mit ihnen. 6 Ich werde kein Mitleid mehr haben mit den
Bewohnern der Erde! Spruch des HERRN. Sondern sieh, ich lasse jeden
einzelnen Menschen in die Hand seines Nächsten fallen und in die
Hand seines Königs, und sie werden die Erde verheeren, und ich werde
7: Mi 7,14 · sie nicht aus ihrer Hand retten! 7 Und ich weidete die Schlachtschafe,
Ez 37,15–28 wahrhaftig die ärmsten der Schafe. Und ich nahm mir zwei Stäbe; einen
nannte ich: Freundlichkeit. Und einen nannte ich: Zusammenhalt. Und
ich weidete die Schafe. 8 Und in einem einzigen Monat habe ich die drei
Hirten ausgemerzt. Und ich verlor die Geduld mit ihnen, und auch sie
waren meiner überdrüssig geworden. 9 Und ich sprach: Ich werde euch
nicht weiden! Was stirbt, soll sterben, und was verkommt, soll verkom-
men; und was jene angeht, die übrig bleiben: Eines soll das Fleisch des
anderen fressen! 10 Und ich nahm meinen Stab, die Freundlichkeit,
und zerbrach ihn, um meinen Bund aufzulösen, den ich mit allen Völ-
kern geschlossen hatte. 11 Und noch am selben Tag wurde er aufgelöst,
und so erkannten die ärmsten der Schafe, die auf mich achteten, dass es
das Wort des HERRN war. 12 Und ich sagte zu ihnen: Wenn es gut ist in
euren Augen, so gebt mir meinen Lohn, und wenn nicht, so lasst es blei-
13: Mt 27,9–10 ben. Da wogen sie meinen Lohn ab: dreissig Schekel Silber. 13 Der HERR
aber sprach zu mir: Wirf es dem hin, der einschmelzt, die wertvolle
Pracht, deren ich von ihnen für wert erachtet wurde. Da nahm ich die
dreissig Schekel Silber und warf sie ins Haus des HERRN, zu dem hin,
der einschmelzt. 14 Dann zerbrach ich meinen zweiten Stab, den Zu-
sammenhalt, um die Verbrüderung aufzulösen zwischen Juda und Isra-
el. 15 Und der HERR sprach zu mir: Nimm dir nochmals das Gerät eines
16: Ez 34,3–4 ruchlosen Hirten. 16 Denn sieh, ich lasse einen Hirten im Land auftre-
ten: Um die Verkommenen wird er sich nicht kümmern, das Junge wird
er nicht suchen und das Zerbrochene nicht heilen, das Erschöpfte wird
er nicht versorgen, das Fleisch des Fetten aber wird er verzehren, und
ihre Klauen reisst er auseinander.

17: 10,3 17 Wehe dem nichtsnutzigen Hirten,
der die Schafe verlässt!
Ein Schwert gegen seinen Arm
und gegen sein rechtes Auge!
Sein Arm soll ganz und gar verdorren
und sein rechtes Auge völlig erlöschen!

Rettung Jerusalems und Klage um den Durchbohrten

1: 9,1! **12** 1 Ausspruch. Das Wort des HERRN über Israel, Spruch des HERRN,
der den Himmel ausspannt und die Erde gründet und den Geist
im Innern des Menschen bildet: 2 Seht, ich mache Jerusalem zur Schale

11,16: Die Übersetzung «das Junge» ist an dieser Stelle unsicher.

des Taumelns für alle Völker ringsum. Und auch über Juda wird es kom-
men, bei der Belagerung von Jerusalem. 3 Und an jenem Tag mache ich 3: 14,2
Jerusalem zum Stemmstein für alle Völker. Alle, die es hochstemmen
wollen, werden sich verheben. Alle Nationen der Erde aber werden sich
gegen die Stadt zusammentun. 4 An jenem Tag, Spruch des HERRN, 4: 9,8
schlage ich jedes Pferd mit Verwirrtheit und seinen Reiter mit Wahn.
Über dem Haus Juda aber halte ich meine Augen offen; und jedes Pferd
der Völker schlage ich mit Blindheit. 5 Dann werden die Stammeshäup- 5: 10,12
ter von Juda in ihrem Herzen sagen: Durch den HERRN der Heerscharen,
ihren Gott, sind die Bewohner von Jerusalem Stärke für mich! 6 An je- 6: Obd 18 · 14,10–11
nem Tag mache ich die Stammeshäupter von Juda wie einen Feuerherd
im Holzhaufen und wie eine Feuerfackel inmitten von Ähren; und zur
Rechten und zur Linken fressen sie alle Völker ringsum! Jerusalem aber
bleibt weiterhin an seiner Stätte, in Jerusalem.

7 Und zuerst wird der HERR die Zelte von Juda retten, damit die
Pracht des Hauses David und die Pracht dessen, der in Jerusalem wohnt,
nicht zu gross wird gegenüber Juda. 8 An jenem Tag wird der HERR den 8: 9,15!
beschirmen, der in Jerusalem wohnt, und wer von ihnen strauchelt,
wird an jenem Tag sein wie David, und die vom Haus David werden Gott
ähnlich sein, wie der Bote des HERRN vor ihnen. 9 Und an jenem Tag 9: Hag 2,22;
werde ich darauf sinnen, all die Nationen zu zerschmettern, die heran- Offb 20,9
ziehen gegen Jerusalem. 10 Aber über das Haus David und über den, der 10: Joh 19,37 ·
in Jerusalem wohnt, werde ich einen Geist der Gnade und des Flehens Am 8,10
ausgiessen, und sie werden aufblicken zu mir, den sie durchbohrt ha-
ben. Und sie werden um ihn trauern, wie man um das einzige Kind trau-
ert, und bitter um ihn weinen, wie man weint um den Erstgeborenen.
11 An jenem Tag wird in Jerusalem die Trauer gross sein, wie die Trauer
um Hadad-Rimmon in der Ebene von Megiddo: 12 Das Land wird trau- 12: 2Sam 5,14
ern, jede Sippe für sich, die Sippe des Hauses David für sich und ihre
Frauen für sich, die Sippe des Hauses Natan für sich und ihre Frauen für
sich, 13 die Sippe des Hauses Levi für sich und ihre Frauen für sich, die 13: Num 3,21
Sippe des Schimiters für sich und ihre Frauen für sich, 14 alle Sippen,
die noch übrig sind, jede Sippe für sich und ihre Frauen für sich.

Das Ende der Prophetie. Die Läuterung des Rests

13 1 An jenem Tag wird dem Haus David und den Bewohnern von
Jerusalem eine Quelle geöffnet gegen Sünde und gegen Unrein-
heit. 2 Und an jenem Tag, Spruch des HERRN der Heerscharen, rotte ich 2: Hos 2,19; Mi 5,12
die Namen der Götzen aus im Land, und ihrer wird nicht mehr gedacht.
Und auch die Propheten und den Geist der Unreinheit schaffe ich aus
dem Land. 3 Und wenn künftig noch einer als Prophet auftritt, dann 3: Dtn 5,18
werden sein Vater und seine Mutter, die ihn gezeugt haben, zu ihm
sprechen: Du wirst nicht am Leben bleiben, denn du hast Lügen verbrei-
tet im Namen des HERRN! Und sein Vater und seine Mutter, die ihn
gezeugt haben, werden ihn durchbohren, wenn er als Prophet auftritt.
4 Und an jenem Tag, wenn er als Prophet auftritt, werden die Prophe- 4: Mi 3,7 · 2Kön 1,8
ten, jeder Einzelne, sich für ihre Schauungen schämen, und niemand

12,3: Wörtlich: «... werden sich gegen sie zusammentun.»
13,4: Möglich ist auch die Übersetzung «..., sich für seine Schauungen schämen, ...»

wird sich mehr mit dem Fellmantel bekleiden, um etwas vorzutäu-
5: Am 7,14 schen, 5 sondern er wird sagen: Ich bin kein Prophet! Ich bin einer, der
den Ackerboden bebaut, denn Ackerboden besitze ich seit meiner Ju-
gend. 6 Und man wird zu ihm sagen: Was sind das für Wunden auf dei-
ner Brust? Und er wird sagen: Ich bin geschlagen worden im Haus mei-
ner Lieben!

7: Mt 26,31 7 Schwert, erwache gegen meinen Hirten
und gegen den Mann, der mir nahe steht!
Spruch des HERRN der Heerscharen.
Schlag den Hirten, dass die Schafe sich zerstreuen.
Dann werde ich meine Hand wieder den Geringen zuwenden.

8: Ez 5,1–4 8 Und im ganzen Land,
Spruch des HERRN,
darin werden zwei Teile
ausgerottet werden, sie kommen um,
der dritte Teil aber bleibt darin übrig.

9: Mal 3,2–3 · 10,6 · 8,8 9 Dann bringe ich den dritten Teil ins Feuer,
und ich schmelze sie, wie man das Silber schmelzt,
und prüfe sie, wie man das Gold prüft.
Es selbst wird meinen Namen anrufen,
und ich, ich werde ihm antworten.
Ich sage: Es ist mein Volk!,
und es wird sagen: Der HERR ist mein Gott!

Jerusalem in der Endzeit

1: Joel 1,15! **14** 1 Sieh, ein Tag kommt für den HERRN, da wird in deiner Mitte die
2: 12,3; Zef 3,8 Beute aus dir verteilt. 2 Da versammle ich alle Nationen gegen Je-
rusalem zum Krieg, und die Stadt wird eingenommen, und die Häuser
werden geplündert und die Frauen vergewaltigt. Und die Hälfte der
Stadt zieht hinaus in die Verbannung, der Rest des Volks aber wird in
der Stadt nicht ausgerottet. 3 Dann wird der HERR ausziehen und gegen
jene Nationen kämpfen wie an dem Tag, da er kämpfte, am Tag der
4: Mi 1,4 Schlacht. 4 Und an jenem Tag treten seine Füsse auf den Ölberg, der ge-
genüber von Jerusalem liegt, im Osten, und der Ölberg spaltet sich von
seiner Mitte her nach Osten und nach Westen: ein sehr weites Tal. Und
die eine Hälfte des Berges weicht nach Norden und seine andere Hälfte
5: Am 1,1 · Mt 25,31 nach Süden. 5 Und ihr werdet in das Tal meiner Berge fliehen, denn das
Tal der Berge reicht bis nach Azal. Und ihr werdet fliehen, wie ihr geflo-
hen seid vor dem Erdbeben in den Tagen des Ussija, des Königs von Ju-
da. Und der HERR, mein Gott, wird kommen, alle Heiligen werden bei
6: Joel 2,2 ihm sein. 6 Und an jenem Tag wird kein Licht sein, und was kostbar ist,
7: Mt 24,36 wird erstarren. 7 Und es wird ein einziger Tag sein – er ist dem HERRN
bekannt – ohne Wechsel von Tag und Nacht: Auch zur Abendzeit wird
8: Ez 47,1–12 Licht sein! 8 Und an jenem Tag wird lebendiges Wasser ausgehen von
Jerusalem, eine Hälfte hin zum östlichen Meer und eine Hälfte hin zum
9: Mal 1,14 · Dtn 6,4 westlichen Meer. Im Sommer und im Winter wird es so sein. 9 Und der
HERR wird König sein über die ganze Erde. An jenem Tag wird der HERR

13,5: Die Übersetzung «Ackerboden besitze ich» beruht auf einer leichten Korrektur des Massoretischen Texts, der übersetzt «ein Mensch kaufte mich» lautet.

einzig sein, und sein Name wird einzig sein. 10 Das ganze Land wird 10–11: 12,6
sich verwandeln, es wird sein wie die Ebene von Geba bis nach Rimmon, 10: Jes 2,2; Mi 4,1
südlich von Jerusalem. Dieses aber wird hochragen und an seiner Stätte
bleiben, vom Benjamin-Tor bis zur Stätte des ersten Tors, bis zum Eck-
Tor und dem Chananel-Turm, bis zu den Keltern des Königs. 11 Und
man wird darin wohnen, und nichts wird mehr der Vernichtung ge-
weiht werden, und Jerusalem wird in Sicherheit wohnen.

12 Und dies ist der Schlag, mit dem der HERR all die Völker schlagen 12: 2,4
wird, die gegen Jerusalem in den Krieg gezogen sind: Ihr Fleisch lässt er
verfaulen, während sie noch auf ihren Füssen stehen, und ihre Augen
verfaulen in den Augenhöhlen, und ihre Zunge verfault in ihrem Mund.
13 Und an jenem Tag, da herrscht unter ihnen durch den HERRN eine 13: Ri 7,22; Ez 38,21
gewaltige Verwirrung, und ein jeder ergreift die Hand seines Nächsten,
und seine Hand erhebt sich gegen die Hand seines Nächsten. 14 Und
auch Juda wird Jerusalem bekämpfen. Und der Reichtum aller Nationen
ringsum wird zusammengerafft: Gold und Silber und Kleider in grosser
Menge. 15 Und so wird auch der Schlag sein gegen die Pferde, die Maul-
tiere, die Kamele und die Esel und alles Vieh, das in jenen Lagern sein
wird, so wie dieser Schlag. 16 Und alle, die übrig bleiben von all den 16–19: 2,15!
Nationen, die gegen Jerusalem gezogen sind, werden Jahr für Jahr hin- 16: 8,22; Jes 66,23 ·
aufziehen, um sich niederzuwerfen vor dem König, dem HERRN der Lev 23,34
Heerscharen, und um das Laubhüttenfest zu feiern. 17 Jene aber von
den Sippen der Erde, die nicht hinaufziehen nach Jerusalem, um sich
niederzuwerfen vor dem König, dem HERRN der Heerscharen – auf sie
wird kein Regen fallen! 18 Und wenn die Sippe Ägyptens nicht hinauf-
zieht und nicht kommt, wird er auf sie nicht fallen! Das wird der Schlag
sein, mit dem der HERR die Nationen schlägt, die nicht hinaufziehen,
um das Laubhüttenfest zu feiern. 19 Das wird die Strafe sein für Ägypten
und die Strafe für alle Nationen, die nicht hinaufziehen, um das Laub-
hüttenfest zu feiern.

20 An jenem Tag wird auf den Schellen der Pferde stehen: Dem 20–21: 8,3
HERRN heilig! Und die Kessel im Haus des HERRN werden sein wie die
Sprengschalen vor dem Altar. 21 Und jeder Kessel in Jerusalem und in 21: Zef 1,11
Juda wird dem HERRN der Heerscharen heilig sein, und alle, die
Schlachtopfer darbringen, werden kommen und von ihnen nehmen
und darin kochen. Und im Haus des HERRN der Heerscharen wird kein
Händler mehr sein an jenem Tag.

14,10: ‹Dieses› bezieht sich auf Jerusalem.
14,21: «kein Händler»: Kann auch verstanden werden als: «kein Kanaanäer».

Das Buch Maleachi

Das Buch Maleachi beschliesst den Zusammenhang der zwölf ‹kleinen› Prophetenbücher, der durch das Buch Hosea eröffnet wird. Ein Prophet namens Maleachi wird ausserhalb dieses Buchs in den biblischen Schriften nicht erwähnt. Aufgrund sprachlicher Bezüge zum Buch Sacharja sowie der Überschrift «Ausspruch» (vgl. Mal 1,1), die auch in Sach 9,1; 12,1 begegnet, vermutet man, dass die letzte Schrift im Zwölfprophetenbuch (siehe dazu die Einleitung zu Hos) ursprünglich einen Anhang zum Buch Sacharja gebildet hat. Ob es sich bei Maleachi (das bedeutet übersetzt ‹mein Bote›) um den Namen einer historischen Gestalt oder um die nachträgliche Benennung einer namenlosen Prophetenschrift handelt, kann nicht eindeutig entschieden werden.

Weder die Wirksamkeit einer historischen Prophetengestalt Maleachi noch die Entstehung der Prophetenschrift können genau datiert werden. Die kritisch dargestellte kultische und soziale Situation lässt jedoch an die Zeit denken, in der Nehemia und Esra tätig waren. In diese nachexilische Zeit unter persischer Herrschaft weisen auch der als bestehend vorausgesetzte Tempelkult und die Erwähnung eines «Statthalters» (vgl. Mal 1,8).

Das Buch Maleachi besteht aus sechs klar erkennbaren Redeeinheiten bzw. Diskussionsworten (Mal 1,2–5; 1,6–2,9; 2,10–16; 2,17–3,5; 3,6–12; 3,13–21) sowie einer Schlusspassage in Mal 3,22–24.

Die Diskussionsworte sind formal nach einem immer gleichen Schema aufgebaut: Am Anfang steht jeweils eine Feststellung, die den Widerspruch der Angesprochenen herausfordert. Der Einspruch wird vom Propheten oder von Gott selbst zurückgewiesen und endet in einer Schlussfolgerung, die Gerichtsankündigung oder Heilsverheissung sein kann.

So wirft der Prophet der Priesterschaft die Vernachlässigung ihrer Pflichten vor (wie korrektes Opfer und Belehrung der Laien) und macht sie damit für den Niedergang Israels verantwortlich (Mal 1,6–2,9). Er wehrt sich gegen die Praxis der Mischehen und gegen Scheidung (Mal 2,10–16), gegen soziale Missstände (Mal 2,17–3,5) und vor allem gegen die Zweifel an Gottes Treue und Gerechtigkeit (Mal 3,6–12). Im letzten Diskussionswort (Mal 3,13–21) wird deutlich, dass sich ein Leben nach den Weisungen Gottes lohnen wird: Der Tag wird kommen, an dem Gott Gericht hält. Die Gerechten wird er zum Heil führen, die Ungerechten aber dem Feuergericht übergeben. In einem wohl nachträglich verfassten Buchschluss (Mal 3,22–24) wird die Einhaltung der Weisung des Mose gefordert und die Wiederkunft des Propheten Elija angekündigt. Er wird in der Endzeit die Generationen versöhnen und Israel so auf den Tag der Rettung vorbereiten (vgl. auch Mk 9,2–10; Mt 17,1–13; Lk 9,28–36).

Buchüberschrift

1 1 Ausspruch. Das Wort des HERRN an Israel durch Maleachi. 1: Sach 9,1!

Über die Liebe Gottes

2 Ich habe euch geliebt, spricht der HERR, ihr aber werdet sagen: Wie 2–3: Röm 9,13
hast du uns geliebt? Ist nicht Esau ein Bruder Jakobs? Spruch des HERRN. 2: Obd 10!
Und Jakob habe ich geliebt, 3 Esau aber habe ich gehasst, und seine Ber- 3: Obd 5; Jes 34,13
ge habe ich verwüstet, und sein Erbbesitz gehört den Schakalen der
Wüste. 4 Wenn Edom sagt: Wir sind zerschlagen worden, aber wir wer- 4: Obd 10
den die Trümmerstätten wieder aufbauen! So spricht der HERR der
Heerscharen: Sie mögen aufbauen, ich aber werde niederreissen! Und
man wird sie nennen: Gebiet-der-Bosheit, und: Das-Volk-über-das-der-
HERR-für-immer-zornig-ist. 5 Und eure Augen werden es sehen, und
ihr selbst werdet sagen: Gross ist der HERR, weit hinaus über das Gebiet
von Israel!

Über die Priester

6 Ein Sohn ehrt den Vater und ein Diener seinen Herrn. Und wenn 6: Ex 20,12;
ich Vater bin, wo ist meine Ehre? Und wenn ich Herr bin, wo ist die Dtn 5,16 ·
Furcht vor mir?, spricht der HERR der Heerscharen zu euch, ihr Priester, Dtn 32,6; Jes 64,7 · 2,2; 3,16
die ihr meinen Namen gering schätzt. Ihr aber werdet sagen: Wie haben
wir deinen Namen gering geschätzt? 7 Auf meinem Altar bringt ihr be- 7: Lev 21,6
sudelte Speise dar, und dann sagt ihr: Womit haben wir dich besudelt?
Dadurch, dass ihr sagt: Der Tisch des HERRN ist nicht wichtig! 8 Und 8: Lev 22,18–25
wenn ihr blinde Tiere bringt, um sie als Opfer zu schlachten – ist das
nichts Schlechtes? Und wenn ihr Lahmes und Krankes bringt – ist das
nichts Schlechtes? Bring es doch deinem Statthalter dar! Wird er Gefal-
len an dir haben oder dein Angesicht erheben?, spricht der HERR der
Heerscharen. 9 Und nun besänftigt doch das Angesicht Gottes, damit er
uns gnädig sei. Dieses kam aus eurer Hand – wird er euretwegen das
Angesicht erheben?, spricht der HERR der Heerscharen. 10 Gibt es bei 10: Am 5,21–23
euch auch nur einen, der die Türen verschlösse, damit ihr meinen Altar
nicht vergeblich erstrahlen lasst? Ich habe kein Gefallen an euch,
spricht der HERR der Heerscharen, und Gaben aus eurer Hand gefallen
mir nicht! 11 Denn vom Aufgang der Sonne bis hin zu ihrem Untergang 11: Zef 2,11!; Ps 113,3
ist mein Name gross bei den Nationen, und an jedem Ort werden mei-
nem Namen Rauchopfer dargebracht und reine Gaben, denn mein
Name ist gross bei den Nationen!, spricht der HERR der Heerscharen.
12 Ihr aber entweiht ihn, wenn ihr sagt: Der Tisch des Herrn, er ist oh-
nehin besudelt, und seine Frucht, seine Speise, ist nicht wichtig! 13 Und
ihr sagt: Seht, wie mühsam! Und ihr feuert ihn an, spricht der HERR der
Heerscharen, und bringt, was entwendet wurde, und das Lahme und das
Kranke, das bringt ihr als Gabe! Gefällt mir, was da aus eurer Hand
kommt?, spricht der HERR. 14 Aber verflucht ist, wer betrügt, in dessen 14: Ps 47,9;
Herde es ein männliches Tier gibt, das er darzubringen gelobt, und der Sach 14,9 ·
dann ein Schlechtes schlachtet für den Herrn. Ich bin ein grosser Kö- Ps 102,16

1,7: Möglich ist auch die Übersetzung: «… Wenn ihr nur sagt: Der Tisch des HERRN!, wird er gering geschätzt!»

nig!, spricht der HERR der Heerscharen. Und unter den Nationen ist
mein Name gefürchtet!

2: 1,6! · 3,9; **2** 1 Und an euch nun dieses Gebot, ihr Priester! 2 Wenn ihr nicht hört
Dtn 28,15 und wenn ihr es euch nicht zu Herzen nehmt, meinem Namen Ehre
zu erweisen, spricht der HERR der Heerscharen, so schicke ich die Verfluchung
unter euch und belege eure Segenssprüche mit einem Fluch!
Und fürwahr, ich habe sie schon mit einem Fluch belegt, denn ihr
3: Nah 3,6 nehmt es euch nicht zu Herzen! 3 Seht, ich vernichte euch die Saat und
schleudere euch Kot ins Gesicht, den Kot eurer Feste! Und man wird
4: Num 18,2 euch zu ihm tragen. 4 Und ihr werdet erkennen, dass ich euch dieses
Gebot gesandt habe, damit mein Bund mit Levi in Kraft bleibt!, spricht
der HERR der Heerscharen. 5 Mit ihm war mein Bund Leben und Frieden.
Und das habe ich ihm gegeben als Anlass zur Furcht, und er hat
mich gefürchtet, und er hat gezittert vor meinem Namen. 6 Verlässliche
Weisung war in seinem Mund, und auf seinen Lippen fand sich
kein Unrecht. In Frieden und Aufrichtigkeit ist er mit mir gegangen,
7: Lev 10,10–11; und viele brachte er zur Abkehr von der Schuld. 7 Die Lippen des Pries-
Dtn 21,5; Hag 2,11; Sach 7,3 ters müssen Erkenntnis bewahren, aus seinem Mund sucht man Wei-
8: Jer 2,8; Ez 22,26; sung, denn er ist der Bote des HERRN der Heerscharen! 8 Ihr aber seid
Hos 4,6 · abgewichen vom Weg, habt viele straucheln lassen an der Weisung,
Neh 13,29 habt den Bund Levis zerstört!, spricht der HERR der Heerscharen. 9 Und
9: Dtn 16,19; Mi 3,11; Zef 3,3–4 so wie ihr meine Wege nicht einhaltet und bei der Erteilung der Weisung
auf die Person achtet, so habe auch ich euch beim ganzen Volk verächtlich
und niedrig gemacht.

Über Mischehe und Scheidung

10: Jes 64,7; Eph 4,6 10 Haben wir nicht alle denselben Vater? Hat nicht ein und derselbe
Gott uns geschaffen? Warum handeln wir treulos, ein jeder an seinem
11: Esra 9,1–4; Bruder, und entweihen den Bund unserer Vorfahren? 11 Juda hat treulos
Neh 13,25–27 gehandelt, und in Israel und in Jerusalem wurde Abscheuliches verübt,
denn Juda hat das Heiligtum des HERRN entweiht, das er liebt, und die
Tochter eines fremden Gottes geheiratet. 12 Dem Mann, der das tut,
dem möge der HERR in den Zelten Jakobs den nehmen, der ihn schützt
und der sich um ihn kümmert, und auch den, der dem HERRN der Heer-
13: 1,10 scharen Gaben darbringt. 13 Und zum Zweiten tut ihr dies: den Altar des
HERRN mit Tränen bedecken, mit Weinen und Stöhnen, da er sich der
Gabe nicht mehr zuwendet und sie nicht mehr mit Wohlgefallen aus
14: 3,5! eurer Hand nimmt. 14 Ihr aber werdet sagen: Warum dies? – Weil der
HERR zum Zeugen geworden ist zwischen dir und der Frau deiner Jugend,
an der du treulos gehandelt hast. Sie aber ist deine Gefährtin und
15: Gen 2,24 die Frau deines Bundes! 15 Und das hat keiner getan, der einen Rest von
Geist hatte. Und was wollte dieser eine? Er wollte Nachkommenschaft
von Gott. Und so hütet euch um eures Geistes willen: An der Frau deiner
Jugend sollst du nicht treulos handeln. 16 Denn ich hasse es, wenn man

2,3: Die Übersetzung «ich vernichte» beruht auf einer leichten Korrektur des Massoretischen Texts, der übersetzt «ich weise zurecht» lautet; vgl. Mal 3,11.

2,15: Wörtlich: «... soll man ...»

sich scheidet, spricht der HERR, der Gott Israels, und wenn man seine
Kleidung mit Gewalttat bedeckt, spricht der HERR der Heerscharen, und
so hütet euch um eures Geistes willen und handelt nicht treulos!

Über Lüge und Unterdrückung

17 Mit euren Worten ermüdet ihr den HERRN. Ihr aber werdet sagen:
Womit haben wir ihn ermüdet? – Dadurch, dass ihr gesagt habt: Jeder,
der Böses tut, ist gut in den Augen des HERRN, und an solchen hat er
Gefallen!, oder: Wo ist der Gott des Gerichts?

3 1 Seht, ich sende meinen Boten, und er wird den Weg freiräumen
vor mir. Und unversehens kommt der Herr, den ihr sucht, zu seinem
Tempel. Und der Bote des Bundes, an dem ihr Gefallen habt, seht, er
kommt!, spricht der HERR der Heerscharen. 2 Wer aber könnte den Tag
ertragen, da er kommt? Und wer könnte bestehen bei seinem Erschei-
nen? Denn er ist wie das Feuer eines Schmelzers und wie das Laugensalz
der Walker. 3 Und er wird sich niedersetzen und schmelzen und das
Silber rein machen, und er wird die Leviten rein machen und sie läutern
wie das Gold und wie das Silber. Und sie werden dem HERRN Gaben
darbringen in Gerechtigkeit. 4 Und die Gabe Judas und Jerusalems wird
dem HERRN gefallen, wie in alten Tagen und wie in weit zurückliegen-
den Jahren. 5 Und ich werde mich euch nähern zum Gericht und werde
ein schneller Zeuge sein gegen Zauberer und gegen Ehebrecher und ge-
gen jene, die schwören und dabei lügen, und gegen jene, die den Tage-
löhner um seinen Lohn bringen, Witwe und Waise unterdrücken und
den Fremden wegdrängen und mich nicht fürchten!, spricht der HERR
der Heerscharen.

Über die Treue Gottes

6 Ich, der HERR, habe mich nicht verändert! Und ihr, ihr Nachkom-
men Jakobs, habt damit nicht aufgehört: 7 Seit den Tagen eurer Vorfah-
ren seid ihr abgewichen von meinen Satzungen, und ihr habt sie nicht
gehalten. Kehrt zurück zu mir, dann will ich zu euch zurückkehren!,
spricht der HERR der Heerscharen. Ihr aber werdet sagen: Wovon sollen
wir zurückkehren? 8 Darf ein Mensch Gott betrügen? Ihr betrügt mich!
Ihr aber werdet sagen: Womit haben wir dich betrogen? – Mit dem
Zehnten und der Abgabe! 9 Ihr seid verflucht mit dem Fluch, und da
betrügt ihr mich – ihr, die ganze Nation. 10 Bringt den ganzen Zehnten
ins Schatzhaus, damit Nahrung in meinem Haus ist! Und so prüft mich
doch, spricht der HERR der Heerscharen, ob ich euch nicht die Fenster
des Himmels öffne und für euch Segen ausschütte bis zum Überfluss.
11 Und ich werde für euch den Fresser zurechtweisen, und er wird euch
nicht die Frucht des Ackerbodens verderben. Und der Weinstock auf
dem Feld wird nicht ohne Frucht bleiben für euch!, spricht der HERR der

17: Jes 43,24
1: Mt 11,10
2–3: Sach 13,9
2: Joel 2,11!
3: Jes 1,25
5: 2,14; Zef 3,8! · Lev 19,13
6: Ps 74,12; 90,1; Jes 46,4; Hab 1,12
7: Ez 2,3 · Sach 1,3
9: 2,2!
10: Lev 27,30–33; Dtn 14,22–29; Neh 10,36 · Dtn 28,8.12
11: Joel 1,4 · Sach 8,12!

2,16: Möglich ist auch die Übersetzung: «..., und dass man die Spuren von Gewalttat auf seiner Kleidung überdeckt, ...»

3,1: ‹Mein Bote› heisst hebräisch «malachi», was dem Buch in leicht abgeänderter Form seinen Namen gegeben hat.

3,3: Möglich ist auch die Übersetzung «... Und sie werden zum HERRN gehören, sie werden Gaben darbringen in Gerechtigkeit.»

3,11: Mit «Fresser» ist eine Heuschreckenart gemeint.

12: Jes 62,4 Heerscharen. 12 Und alle Nationen werden euch glücklich preisen,
denn ihr werdet ein Land des Wohlgefallens sein!, spricht der HERR der
Heerscharen.

Über das künftige Heil

13: Jes 3,8 13 Heftig waren eure Worte gegen mich!, spricht der HERR. Ihr aber
14: Jes 58,3 werdet sagen: Was haben wir gegen dich geredet? 14 Ihr habt gesagt: Es
ist vergeblich, Gott zu dienen! Und was bringt es, dass wir den Dienst
für ihn verrichten und dass wir mit Trauermiene umherlaufen vor dem
15: 2,17 · Ps 73,3 HERRN der Heerscharen? 15 Und nun preisen wir die Vermessenen
glücklich! Jene, die Unrecht begehen, sind nicht nur aufgebaut worden;
mehr noch: Sie haben Gott auf die Probe gestellt und wurden gerettet.
16: Ps 69,29! · 1,6! 16 Damals redeten die miteinander, die den HERRN fürchteten, ein jeder mit seinem Nächsten. Und der HERR achtete darauf und hörte es,
und es wurde aufgeschrieben in einem Buch als Erinnerung vor ihm an
17: Ps 103,13 jene, die den HERRN fürchten und die seinen Namen achten. 17 Und sie
werden zu mir gehören als Eigentum, spricht der HERR der Heerscharen, an dem Tag, da ich handle. Und ich werde sie verschonen wie einer
sein Kind verschont, das ihm dient. 18 Dann werdet ihr wieder den Unterschied sehen zwischen einem Gerechten und einem Ungerechten,
zwischen einem, der Gott dient, und einem, der ihm nicht dient.

19: 3,23! · Obd 18 19 Denn seht, der Tag kommt, er brennt wie ein Ofen. Und alle Vermessenen und jeder, der Unrecht begeht – sie werden Strohstoppeln
sein. Und der Tag, der kommt, wird sie verbrennen!, spricht der HERR
der Heerscharen. Weder Wurzel noch Zweig lässt er an ihnen zurück.
20 Für euch aber, die ihr meinen Namen fürchtet, wird die Sonne der
Gerechtigkeit aufgehen, und in ihren Flügeln ist Heilung. Und ihr werdet hinausgehen und umherspringen wie Mastkälber. 21 Und ihr wer-
21: Sach 10,5
det die Ungerechten zertreten, ja sie werden Staub sein unter euren
Fusssohlen an dem Tag, da ich handle!, spricht der HERR der Heerscharen.

Letzte Ermahnung

22: Jos 1,7 22 Denkt an die Weisung des Mose, meines Dieners, die ich ihm am
23: 2Kön 2,11 · 3,19; Choreb geboten habe für ganz Israel: Satzungen und Rechte! 23 Seht, ich
Joel 1,15! · Mk 6,15; sende euch Elija, den Propheten, bevor der Tag des HERRN kommt, der
Mt 11,14!; 16,14 grosse und furchtbare. 24 Und er wird das Herz der Vorfahren wieder zu
24: Lk 1,17 den Nachkommen bringen und das Herz der Nachkommen zu den Vorfahren, damit ich nicht komme und das Land schlage mit der Weihe der
Vernichtung.

3,16: Möglich ist auch die Übersetzung: «... in einem Buch der Erinnerung ...»

Das Neue Testament

Die Bücher des Neuen Testaments

Das Evangelium nach Matthäus

Die Tradition der alten Kirche ging davon aus, dass das in der kanonischen Reihenfolge erste Evangelium von einem Jünger namens Matthäus abgefasst worden sei, jenem Zöllner, von dem im Evangelium selbst berichtet wird, dass ihn Jesus in seine Nachfolge berufen habe (Mt 9,9) und dass er zum Zwölferkreis gehörte (Mt 10,3). Diese Zuschreibung wird allerdings durch keine explizite Aussage des Evangeliums bestätigt. Weder ist der Verfasser ein Augenzeuge der darin berichteten Ereignisse, noch ist sein Evangelium historisch gesehen das erste. Er schreibt später als Markus und übernimmt von ihm die literarische Gattung Evangelium. Diese neue Gattung erlaubt ihm, wie zuvor schon Markus, eine Darstellung der Person Jesu, seiner Taten und seiner Verkündigung in biografischer Form, die zugleich Glaubenszeugnis ist, das zum Glauben ruft.

Die Entstehungsgeschichte des Evangeliums nach Matthäus zeigt, dass der Verfasser mit drei Quellen gearbeitet hat. Die erste Quelle ist das Evangelium nach Markus, dessen Inhalt er fast vollständig integrierte. Die zweite, verloren gegangene, bestand offenbar aus einer Sammlung von Worten Jesu, der sogenannten Spruchquelle, die Matthäus in die von Markus übernommene narrative Struktur einfügt. Die dritte umfasst Sonderüberlieferungen, die in seiner Kirche bekannt waren und gepflegt wurden (etwa die berühmten Erfüllungszitate, z.B. Mt 1,22–23; 2,5–6.17–18.23, mit denen er sich auf das Alte Testament bezieht, bestimmte Gleichnisse, z.B. Mt 13,24–30.36–43.44–46, sowie das Petruswort Mt 16,17–19).

Das Evangelium nach Matthäus wurde nach den dramatischen Ereignissen des Jahres 70 n.Chr., dem Fall Jerusalems und der Zerstörung des Tempels, abgefasst. Wahrscheinlich ist es in einer syrischen Stadt – möglicherweise Antiochia – entstanden. Auch wenn seine ersten Adressaten nicht mehr zur Synagoge gehörten – die Trennung zwischen Kirche und Synagoge war schon vollzogen –, richtete es sich in erster Linie an Christen jüdischer Herkunft, für die das bewahrte Gesetz in der Schrift seine Bedeutung behielt.

Das Evangelium nach Matthäus umfasst sechs Teile. Der erste (Mt 1,1–4,17) schildert Geburt und Kindheit Jesu sowie die Vorbereitung seines öffentlichen Wirkens, wobei Johannes der Täufer eine wichtige Rolle spielt. Der zweite Teil (Mt 4,18–11,30) stellt das Wirken Jesu dar: seine Lehre (Mt 5–7: Bergpredigt), seine Taten (Mt 8–9: Wundergeschichten) und den Auftrag an seine Mitarbeiter (Mt 10: Sendungsrede), bevor dann die entscheidende christologische Frage gestellt werden kann: «Bist du es, der da kommen soll, oder sollen wir auf einen anderen warten?» (Mt 11,3). Der dritte Teil (Mt 12,1–16,12) schildert den Konflikt, den die Lehre und das Wirken Jesu auslösten, während der vierte Teil (Mt 16,13–20,34) den Aufbau der Jüngergemeinde im Blick hat. Dieser Teil wird durch den dem Petrus verliehenen Auftrag eröffnet. Der fünfte Teil (Mt 21–25), der vom letzten Aufenthalt Jesu in Jerusalem erzählt, konzentriert sich auf die Krise Israels und die Rede über die letzten Dinge (Mt 24–25). Der abschliessende Teil (Mt 26–28) schildert Passion, Tod und Auferstehung Jesu.

Vier Hauptakzente lassen sich in der Darstellung Jesu nach Matthäus ausmachen. Der erste ist die Treue gegenüber der jüdischen Tradition. Jesus ist der von den Propheten angekündigte Messias (z.B. Mt 1,1.16; 11,2; 16,16), der Sohn Davids (z.B. Mt 1,1; 9,27; 12,23; 15,22); sein ganzes Leben ist die Erfüllung der göttlichen Verheissungen. In einer ersten Phase seines Wirkens ist er nur zu Israel gesandt (Mt 10,5–6; 15,24). Seine Lehre zielt nicht darauf, das Gesetz aufzulösen, sondern es zu erfüllen (Mt 5,17–20). Zum zweiten wird Jesus vor allem als Lehrer bzw. als ‹Lehrer der Gerechtigkeit› dargestellt. In fünf – vielleicht auch sechs – grossen Reden (Mt 5–7; 10; 13; 18; 23[?]; 24–25) verkündet er den Willen Gottes. Indem er im Liebesgebot das Zentrum des Gesetzes sieht, proklamiert er keine neue Wahrheit, sondern kehrt zum ursprünglichen Sinn des Gesetzes zurück. Von nun an ist jeder ein Jünger, der den von Jesus verkündeten Gotteswillen hört und tut. Drittens setzt das Evangelium nach Matthäus einen besonderen Akzent auf die Lebensführung und das Kirchenverständnis. Es betont die Notwendigkeit des konkreten Gehorsams im Glaubensleben. Der Evangelist richtet sich nicht an Menschen, die er bekehren möchte, sondern an bereits engagierte Christen, die im Alltag immer wieder der Gefahr des Kleinglaubens ausgesetzt sind (Mt 6,30; 8,26; 14,31; 16,8; 17,20), und weist der Sammlung der Jüngergemeinde eine besondere Bedeutung zu: Sie soll Früchte bringen (Mt 21,43) und auf jegliche falsche Sicherheit verzichten, da sie dem Endgericht entgegengeht (Mt 22,11–14; 25,31–46). Viertens ist die Botschaft des Matthäus universal ausgerichtet (Mt 28,16–20): Jeder getaufte und der Lehre des irdischen Jesus vertrauende Mensch ist von nun an Mitglied der Gemeinde der Berufenen.

P: Lk 3,23–38
2: Gen 25,19–26; 29,31–30,24
3: Rut 4,12.18–19; 1Chr 2,4–5.9 · Gen 38
4: Rut 4,19–20; 1Chr 2,10–11
5: Rut 4,21–22.13–17; 1Chr 2,11–12 · Jos 2; Rut 1,4
6: Rut 4,22; 1Chr 2,13–15 · 2Sam 12,24; 1Chr 3,1.5 · 2Sam 11
7: 1Chr 3,10
8: 1Chr 3,10–12
9: 1Chr 3,12–13
10: 1Chr 3,13–14
11: 1Chr 3,15–16

Der Stammbaum Jesu

1 1 Stammbaum Jesu Christi, des Sohnes Davids, des Sohnes Abrahams:
2 Abraham zeugte Isaak, Isaak zeugte Jakob, Jakob zeugte Juda und
seine Brüder. 3 Juda zeugte Perez und Serach mit Tamar, Perez zeugte
Hezron, Hezron zeugte Ram, 4 Ram zeugte Amminadab, Amminadab
zeugte Nachschon, Nachschon zeugte Salmon, 5 Salmon zeugte Boas
mit Rahab, Boas zeugte Obed mit Rut, Obed zeugte Isai, 6 Isai zeugte
den König David.

David zeugte Salomo mit der Frau des Urija, 7 Salomo zeugte Rehabeam, Rehabeam zeugte Abija, Abija zeugte Asaf, 8 Asaf zeugte Joscha-
fat, Joschafat zeugte Joram, Joram zeugte Usija, 9 Usija zeugte Jotam,
Jotam zeugte Ahas, Ahas zeugte Hiskija, 10 Hiskija zeugte Manasse, Ma-
nasse zeugte Amon, Amon zeugte Joschija, 11 Joschija zeugte Jechonja
und seine Brüder zur Zeit der babylonischen Verbannung.

12 Nach der babylonischen Verbannung zeugte Jechonja Schealtiel, *12:* 1Chr 3,17;
Schealtiel zeugte Serubbabel, 13 Serubbabel zeugte Abihud, Abihud Esra 3,2
zeugte Eljakim, Eljakim zeugte Azor, 14 Azor zeugte Zadok, Zadok zeug-
te Achim, Achim zeugte Eliud, 15 Eliud zeugte Elasar, Elasar zeugte
Mattan, Mattan zeugte Jakob, 16 Jakob zeugte Josef, den Mann Marias;
von ihr wurde Jesus geboren, welcher der Christus genannt wird.
17 Im Ganzen also sind es vierzehn Generationen von Abraham bis
David, vierzehn Generationen von David bis zur babylonischen Verban-
nung und vierzehn Generationen von der babylonischen Verbannung
bis zum Christus.

Die Geburt Jesu *P:* Lk 2,1–7

18 Mit der Geburt Jesu Christi aber verhielt es sich so: Maria, seine *18:* Lk 1,27.35
Mutter, war mit Josef verlobt. Noch bevor sie zusammengekommen
waren, zeigte es sich, dass sie schwanger war vom heiligen Geist. 19 Jo-
sef, ihr Mann, der gerecht war und sie nicht blossstellen wollte, erwog,
sie in aller Stille zu entlassen. 20 Während er noch darüber nachdachte, *20:* 2,12.13.19.22
da erschien ihm ein Engel des Herrn im Traum und sprach: Josef, Sohn
Davids, fürchte dich nicht, Maria, deine Frau, zu dir zu nehmen, denn
was sie empfangen hat, ist vom heiligen Geist. 21 Sie wird einen Sohn *21:* Gen 17,19;
gebären, und du sollst ihm den Namen Jesus geben, denn er wird sein Lk 1,31 · Ps 130,8
Volk von ihren Sünden retten. 22 Dies alles ist geschehen, damit in Er-
füllung gehe, was der Herr durch den Propheten gesagt hat:

23 *Siehe, die Jungfrau wird schwanger werden und einen Sohn gebären,* *23:* Jes 7,14
und man wird ihm den Namen Immanuel geben.
Das heisst: ‹Gott mit uns›.

24 Als Josef vom Schlaf erwachte, tat er, wie der Engel des Herrn ihm
befohlen hatte, und nahm seine Frau zu sich. 25 Er erkannte sie aber *25:* Lk 2,21
nicht, bis sie einen Sohn geboren hatte; und er gab ihm den Namen Je-
sus.

Die Huldigung der Sterndeuter

2 1 Als Jesus in Betlehem in Judäa zur Zeit des Königs Herodes zur
Welt gekommen war, da kamen Sterndeuter aus dem Morgenland
nach Jerusalem 2 und fragten: Wo ist der neugeborene König der Juden? *2:* Lk 2,15 ·
Wir haben seinen Stern aufgehen sehen und sind gekommen, ihm zu Num 24,17
huldigen. 3 Als der König Herodes davon hörte, geriet er in Aufregung
und ganz Jerusalem mit ihm. 4 Und er liess alle Hohen Priester und
Schriftgelehrten des Volkes zusammenkommen und erkundigte sich
bei ihnen, wo der Messias geboren werden solle. 5 Sie antworteten ihm: *5:* Lk 2,11; Joh 7,42
In Betlehem in Judäa, denn so steht es durch den Propheten geschrie-
ben:

6 *Und du, Betlehem,* Land Juda, *6:* Mi 5,1.3 ·
bist keineswegs *die geringste unter den Fürstenstädten Judas;* 2Sam 5,2; 1Chr 11,2
denn aus dir wird ein Fürst hervorgehen,
der mein Volk Israel weiden wird.

7 Darauf rief Herodes die Sterndeuter heimlich zu sich und wollte
von ihnen genau erfahren, wann der Stern erschienen sei. 8 Und er
schickte sie nach Betlehem mit den Worten: Geht und forscht nach dem
Kind! Sobald ihr es gefunden habt, meldet es mir, damit auch ich hinge-

hen und ihm huldigen kann. 9 Auf das Wort des Königs hin machten sie
sich auf den Weg, und siehe da: Der Stern, den sie hatten aufgehen se-
hen, zog vor ihnen her, bis er über dem Ort stehen blieb, wo das Kind
10: Lk 2,10 war. 10 Als sie den Stern sahen, überkam sie grosse Freude. 11 Und sie
11: Lk 2,16 · Jes 60,6 gingen ins Haus hinein und sahen das Kind mit Maria, seiner Mutter;
sie fielen vor ihm nieder und huldigten ihm, öffneten ihre Schatztruhen
und brachten ihm Geschenke dar: Gold, Weihrauch und Myrrhe.
12 Weil aber ein Traum sie angewiesen hatte, nicht zu Herodes zurück-
zukehren, zogen sie auf einem anderen Weg heim in ihr Land.

Die Flucht nach Ägypten

13: 1,20! · Ex 2,15 13 Als sie aber fortgezogen waren, da erscheint dem Josef ein Engel
des Herrn im Traum und spricht: Steh auf, nimm das Kind und seine
Mutter, flieh nach Ägypten und bleib dort, bis ich dir Bescheid sage!
Denn Herodes wird das Kind suchen, um es umzubringen. 14 Da stand
er auf in der Nacht, nahm das Kind und seine Mutter und zog fort nach
15: Hos 11,1 Ägypten. 15 Dort blieb er bis zum Tod des Herodes; so sollte in Erfüllung
gehen, was der Herr durch den Propheten gesagt hat: *Aus Ägypten habe
ich meinen Sohn gerufen.*

Der Kindermord in Betlehem

16: Ex 1,15–16.22 16 Als Herodes nun sah, dass er von den Sterndeutern hintergangen
worden war, geriet er in Zorn und liess in Betlehem und der ganzen
Umgebung alle Knaben bis zum Alter von zwei Jahren umbringen, ent-
sprechend der Zeit, die er von den Sterndeutern erfragt hatte. 17 Da ging
in Erfüllung, was durch den Propheten Jeremia gesagt ist:
18: Jer 31,15 18 *Ein Geschrei war zu hören in Rama,*
lautes *Weinen und Wehklagen,*
Rahel weinte um ihre Kinder
und wollte sich nicht trösten lassen,
denn da sind keine mehr.

Die Rückkehr aus Ägypten

19: 1,20! 19 Als Herodes gestorben war, da erscheint dem Josef in Ägypten ein
20: Ex 4,19 Engel des Herrn im Traum 20 und spricht: Steh auf, nimm das Kind und
seine Mutter und geh ins Land Israel. Denn die dem Kind nach dem
Leben trachteten, sind tot. 21 Da stand er auf, nahm das Kind und seine
Mutter und zog ins Land Israel.
22: 1,20! 22 Als er aber hörte, dass Archelaus anstelle seines Vaters Herodes
König geworden war über Judäa, fürchtete er sich, dorthin zu gehen.
Weil aber ein Traum ihn angewiesen hatte, zog er sich in die Gegend
23: Lk 2,39 von Galiläa zurück 23 und liess sich in einer Stadt namens Nazaret nie-
der; so sollte in Erfüllung gehen, was durch die Propheten gesagt ist: Er
wird Nazarener genannt werden.

P: Mk 1,2–8; Lk 3,3–9.15–18; Joh 1,19–23.26–27 *Das Auftreten des Täufers*

1: Joh 1,6 3 1 In jenen Tagen aber trat Johannes der Täufer auf und verkündete in
2: 4,17! der judäischen Wüste: 2 Kehrt um! Denn nahe gekommen ist das
Himmelreich.

3 Er ist es, von dem durch den Propheten Jesaja gesagt ist: 3: Jes 40,3;
Stimme eines Rufers in der Wüste: Joh 1,23 · 11,3!
Bereitet den Weg des Herrn,
macht gerade seine *Strassen!*
4 Er aber, Johannes, trug ein Gewand aus Kamelhaaren und einen leder-
nen Gürtel um seine Hüften; seine Nahrung waren Heuschrecken und
wilder Honig. 5 Da zog Jerusalem, ganz Judäa und das ganze Land am
Jordan hinaus zu ihm. 6 Und sie liessen sich von ihm im Jordan taufen
und bekannten ihre Sünden.
7 Als er aber viele Pharisäer und Sadduzäer zur Taufe kommen sah,
sagte er zu ihnen: Schlangenbrut! Wer machte euch glauben, dass ihr
dem kommenden Zorn entgehen werdet? 8 Bringt also Frucht, die der
Umkehr entspricht! 9 Und meint nicht, ihr könntet sagen: Wir haben 9: Lk 3,8!
Abraham zum Vater. Denn ich sage euch: Gott kann dem Abraham aus
diesen Steinen Kinder erwecken. 10 Schon ist die Axt an die Wurzel der 10: 7,19; Lk 13,6–9
Bäume gelegt: Jeder Baum, der nicht gute Frucht bringt, wird gefällt und
ins Feuer geworfen.
11 Ich taufe euch mit Wasser zur Umkehr; der aber nach mir kommt, 11: 11,3! · Joh 1,33
ist stärker als ich; mir steht es nicht zu, ihm die Schuhe zu tragen. Er
wird euch mit heiligem Geist und mit Feuer taufen. 12 In seiner Hand 12: 13,30
ist die Wurfschaufel, und er wird seine Tenne säubern. Seinen Weizen
wird er in die Scheune einbringen, die Spreu aber wird er in unaus-
löschlichem Feuer verbrennen.

Die Taufe Jesu

P: Mk 1,9–11; Lk 3,21–22; Joh 1,29–34

13 Zu jener Zeit kam Jesus von Galiläa an den Jordan zu Johannes, um
sich von ihm taufen zu lassen. 14 Johannes aber wollte ihn davon abhal-
ten und sagte: Ich hätte es nötig, von dir getauft zu werden, und du
kommst zu mir? 15 Jesus entgegnete ihm: Lass es jetzt zu! Denn so ge- 15: 5,17.20!
hört es sich; so sollen wir alles tun, was die Gerechtigkeit verlangt. Da
liess er ihn gewähren.
16 Nachdem Jesus getauft worden war, stieg er sogleich aus dem
Wasser. Und siehe da: Der Himmel tat sich auf, und er sah den Geist
Gottes wie eine Taube niedersteigen und auf ihn herabkommen. 17 Und 17: 12,18; 17,5;
siehe da: Eine Stimme aus dem Himmel sprach: Das ist mein geliebter Ps 2,7; Jes 42,1 ·
Sohn, an dem ich Wohlgefallen habe. 16,16!

Die Versuchung Jesu

P: Mk 1,12–13; Lk 4,1–13

4 1 Danach wurde Jesus vom Geist in die Wüste geführt, um vom Teu-
fel versucht zu werden. 2 Vierzig Tage und vierzig Nächte fastete er,
danach hungerte ihn. 3 Da trat der Versucher an ihn heran und sagte zu 3: 4,6; 27,40.43 ·
ihm: Wenn du Gottes Sohn bist, dann sag diesen Steinen da, sie sollen 16,16!
zu Brot werden. 4 Er entgegnete: Es steht geschrieben: *Nicht vom Brot* 4: Dtn 8,3
allein lebt der Mensch, sondern von jedem Wort, das aus Gottes Mund
kommt.
5 Dann nahm ihn der Teufel mit in die heilige Stadt, und er stellte
ihn auf die Zinne des Tempels. 6 Und er sagte zu ihm: Wenn du Gottes 6: 4,3! · Ps 91,11–12
Sohn bist, dann stürze dich hinab. Denn es steht geschrieben:

Seine Engel ruft er für dich herbei,
und *sie werden dich auf Händen tragen,*
damit dein Fuss nicht an einen Stein stosse.

7: Dtn 6,16 7 Da sagte Jesus zu ihm: Wiederum steht geschrieben: *Du sollst den Herrn, deinen Gott, nicht versuchen.*

8 Wieder nimmt ihn der Teufel mit auf einen sehr hohen Berg und
9: Ps 2,8 zeigt ihm alle Königreiche der Welt und ihre Pracht. 9 Und er sagt zu
ihm: Dies alles werde ich dir geben, wenn du dich niederwirfst und
10: Dtn 6,13; 10,20 mich anbetest. 10 Da sagt Jesus zu ihm: Fort mit dir, Satan. Denn es steht
geschrieben: *Zum Herrn, deinem Gott, sollst du beten und ihm allein die-*
11: 26,53! *nen.* 11 Da lässt der Teufel von ihm ab. Und es kamen Engel und dienten
ihm.

P: Mk 1,14–15; Lk 4,14–15; 12: 14,3; 13: 9,1

Erstes Auftreten in Galiläa

12 Als er hörte, dass man Johannes gefangen genommen hatte, zog
er sich nach Galiläa zurück. 13 Und er verliess Nazaret und liess sich in
Kafarnaum am See nieder, im Gebiet von Sebulon und Naftali; 14 so
sollte in Erfüllung gehen, was durch den Propheten Jesaja gesagt ist:

15–16: Jes 8,23–9,1

15 *Land Sebulon* und *Land Naftali,*
das zum Meer hin liegt, jenseits des Jordan,
du heidnisches Galiläa,
16 *das Volk, das in der Finsternis sass,*
hat ein grosses Licht gesehen,
und *die im Schattenreich des Todes sassen,*
ihnen *ist ein Licht erschienen.*

17: 3,2; 10,7 · 7,21! 17 Von da an begann Jesus zu verkündigen und sprach: Kehrt um!
Denn nahe gekommen ist das Himmelreich.

P: Mk 1,16–20; Lk 5,4–11; Joh 1,35–51; 18: 16,18; 19: 13,47

Die Berufung der ersten Jünger

18 Als Jesus den See von Galiläa entlangging, sah er zwei Brüder, Si-
mon, der Petrus heisst, und seinen Bruder Andreas, wie sie die Netze
auswarfen in den See; sie waren nämlich Fischer. 19 Und er sagt zu ih-
nen: Kommt, mir nach! Ich werde euch zu Menschenfischern machen.
20 Und sie liessen auf der Stelle die Netze liegen und folgten ihm.
21 Und er ging von dort weiter und sah zwei andere Brüder: Jakobus,
den Sohn des Zebedäus, und seinen Bruder Johannes, die mit ihrem Va-
ter Zebedäus im Boot ihre Netze herrichteten; und er rief sie. 22 Und sie
liessen auf der Stelle das Boot und ihren Vater zurück und folgten ihm.

Lehren und Heilen in Galiläa

23: 9,35; 24,14 · Mk 1,39; Lk 4,44

23 Und er zog in ganz Galiläa umher, lehrte in ihren Synagogen, ver-
kündigte das Evangelium vom Reich und heilte jede Krankheit und je-
des Gebrechen im Volk.

24–25: Mk 3,7–12; Lk 6,17–19; 24: 11,5!

24 Und die Kunde von ihm verbreitete sich in ganz Syrien. Und man
brachte alle Kranken zu ihm, von den verschiedensten Gebrechen und
Beschwerden Gezeichnete: Besessene, Mondsüchtige und Gelähmte;
und er heilte sie. 25 Und es folgten ihm viele Leute, aus Galiläa, der De-
kapolis, aus Jerusalem und Judäa und von jenseits des Jordan.

Die Einleitung zur Bergpredigt

5 1 Als er nun die vielen Menschen sah, stieg er auf den Berg; und als er
sich gesetzt hatte, traten seine Jünger zu ihm. 2 Und er tat seinen
Mund auf und lehrte sie:

Seligpreisungen

3 Selig die Armen im Geist –
ihnen gehört das Himmelreich.
4 Selig die Trauernden –
sie werden getröstet werden.
5 Selig die Gewaltlosen –
sie werden das Land erben.
6 Selig, die hungern und dürsten nach der Gerechtigkeit –
sie werden gesättigt werden.
7 Selig die Barmherzigen –
sie werden Barmherzigkeit erlangen.
8 Selig, die reinen Herzens sind –
sie werden Gott schauen.
9 Selig, die Frieden stiften –
sie werden Söhne und Töchter Gottes genannt werden.
10 Selig, die verfolgt sind um der Gerechtigkeit willen –
ihnen gehört das Himmelreich.
11 Selig seid ihr,
wenn sie euch schmähen und verfolgen und euch das Ärgste
nachsagen um meinetwillen und dabei lügen. 12 Freut euch und
frohlockt, denn euer Lohn im Himmel ist gross. Denn so haben
sie auch die Propheten vor euch verfolgt.

P: Lk 6,20–23
3: 5,10; 19,14! · Jes 61,1
4: Jes 61,2
5: 21,5! · Ps 37,11
6: 5,20!
7: 9,13! · 9,36! · 15,22!
8: Ps 73,1
9: 5,45; Lk 20,36
10: 10,23! · 1Petr 3,14 · 5,20! · 5,3!
11: 10,22; 1Petr 4,14
12: 1Petr 4,13 · 23,31!

Salz der Erde. Licht der Welt

13 Ihr seid das Salz der Erde. Wenn aber das Salz fade wird, womit
soll man dann salzen? Es taugt zu nichts mehr, man wirft es weg und die
Leute zertreten es.
14 Ihr seid das Licht der Welt. Eine Stadt, die oben auf einem Berg
liegt, kann nicht verborgen bleiben. 15 Man zündet auch nicht ein Licht
an und stellt es unter den Scheffel, sondern auf den Leuchter; dann
leuchtet es allen im Haus. 16 So soll euer Licht leuchten vor den Men-
schen, damit sie eure guten Taten sehen und euren Vater im Himmel
preisen.

13: Mk 9,50; Lk 14,34–35
15: Mk 4,21; Lk 8,16; 11,33
16: 13,43; 1Petr 2,12

Gesetz und Gerechtigkeit

17 Meint nicht, ich sei gekommen, das Gesetz oder die Propheten
aufzulösen. Nicht um aufzulösen, bin ich gekommen, sondern um zu
erfüllen. 18 Denn, amen, ich sage euch: Bis Himmel und Erde vergehen,
soll vom Gesetz nicht ein einziges Jota oder ein einziges Häkchen ver-
gehen, bis alles geschieht. 19 Wer also auch nur eines dieser Gebote auf-

17: 3,15
18: 24,35; Lk 16,17
19: Jak 2,10 · 11,11!

5,3: Im Unterschied zu Lk 6,20 enthält Mt 5,3 die komplexere Wendung «die Armen im Geist». Die Erweiterung ‹im Geist› bezeichnet die Beziehung des Menschen zu Gott. Der Gesamtausdruck bezieht sich auf Menschen, die arm sind an göttlichem Geist und die vor Gott mit leeren Händen dastehen.

löst, und sei es das kleinste, und die Menschen so lehrt, der wird der
Geringste sein im Himmelreich. Wer aber tut, was das Gebot verlangt,
und so lehrt, der wird gross sein im Himmelreich.
20: 3,15; 5,6.10; 20 Denn ich sage euch: Wenn eure Gerechtigkeit die der Schriftge-
6,1.33; 21,31–32 · lehrten und Pharisäer nicht weit übertrifft, werdet ihr nicht ins Him-
7,21! melreich hineinkommen.

Vom Töten und von der Versöhnung

21: Ex 20,13; 21 Ihr habt gehört, dass zu den Alten gesagt wurde: *Du sollst nicht*
Dtn 5,17 *töten!* Wer aber tötet, der sei dem Gericht übergeben. 22 Ich aber sage
euch: Jeder, der seinem Bruder zürnt, sei dem Gericht übergeben. Und
wer zu seinem Bruder sagt: Du Trottel, der sei dem Hohen Rat überge-
ben. Und wer sagt: Du Narr, der sei der Feuerhölle übergeben.
23–24: Mk 11,25 23 Wenn du nun deine Opfergabe zum Altar bringst und dir dort
einfällt, dass dein Bruder etwas gegen dich hat, 24 dann lass deine Gabe
dort vor dem Altar liegen und geh, versöhne dich zuerst mit deinem
Bruder; dann komm und bring deine Gabe dar.
25–26: Lk 12,57–59 25 Verständige dich mit deinem Gegner in einem Rechtsstreit un-
verzüglich, solange du mit ihm unterwegs bist, damit er dich nicht dem
Richter übergibt und der Richter dem Gerichtsdiener und man dich ins
26: 18,34 Gefängnis wirft. 26 Amen, ich sage dir: Du wirst von dort nicht heraus-
kommen, bis du den letzten Heller bezahlt hast.

Vom Ehebruch

27: Ex 20,14; 27 Ihr habt gehört, dass gesagt wurde: *Du sollst nicht ehebrechen!*
Dtn 5,18 28 Ich aber sage euch: Jeder, der eine Frau ansieht und sie begehrt, hat in
29: 18,9 seinem Herzen schon Ehebruch mit ihr begangen. 29 Wenn dein rech-
tes Auge dich zu Fall bringt, reiss es aus und wirf es von dir. Es ist besser
für dich, eines deiner Glieder geht verloren, als dass dein ganzer Leib in
30: 18,8 die Hölle geworfen wird. 30 Und wenn deine rechte Hand dich zu Fall
bringt, hau sie ab und wirf sie von dir. Es ist besser für dich, eines deiner
Glieder geht verloren, als dass dein ganzer Leib zur Hölle fährt.

P: 19,3–12 *Von der Ehescheidung*

31: Dtn 24,1–3 31 Es wurde auch gesagt: Wer seine Frau entlässt, soll ihr einen
32: 19,9! Scheidebrief geben. 32 Ich aber sage euch: Jeder, der seine Frau entlässt –
ausser sie sei der Unzucht schuldig –, treibt sie in den Ehebruch. Und
wer eine entlassene Frau heiratet, bricht ihre Ehe.

P: 23,16–22 *Vom Schwören*

33: Lev 19,12; 33 Weiter habt ihr gehört, dass zu den Alten gesagt wurde: Du sollst
Num 30,3 keinen Meineid schwören, sondern dem Herrn deine Eide einlösen.
34: 23,22 · Jes 66,1 34 Ich aber sage euch: Ihr sollt überhaupt nicht schwören. Nicht beim
35: Jes 66,1 · Himmel, denn er ist Gottes Thron, 35 nicht bei der Erde, denn sie ist der
Ps 48,3 Schemel seiner Füsse, nicht bei Jerusalem, denn sie ist die Stadt des
grossen Königs, 36 und auch bei deinem Haupt sollst du nicht schwö-
ren, denn es steht nicht in deiner Macht, auch nur ein einziges Haar
37: Jak 5,12 weiss oder schwarz werden zu lassen. 37 Euer Ja sei ein Ja, und euer
Nein sei ein Nein. Jedes weitere Wort ist von Übel.

Von der Vergeltung

38 Ihr habt gehört, dass gesagt wurde: *Auge um Auge* und *Zahn um*
Zahn. 39 Ich aber sage euch: Leistet dem, der Böses tut, keinen Wider-
stand! Nein! Wenn dich einer auf die rechte Backe schlägt, dann halte
ihm auch die andere hin. 40 Und wenn dich einer vor Gericht ziehen
will, um dein Gewand zu nehmen, dann lass ihm auch den Mantel.
41 Und wenn dich einer nötigt, eine Meile mitzugehen, dann geh mit
ihm zwei. 42 Gib dem, der dich bittet, und wende dich nicht ab von dem,
der von dir borgen will!

P: Lk 6,29–30
38: Ex 21,24; Lev 24,20; Dtn 19,21
39: Jes 50,6; Klgl 3,30
42: Dtn 15,7–8

Von der Feindesliebe

43 Ihr habt gehört, dass gesagt wurde: *Du sollst deinen Nächsten lie-*
ben und deinen Feind hassen. 44 Ich aber sage euch: Liebt eure Feinde
und betet für die, die euch verfolgen, 45 so werdet ihr Söhne und Töch-
ter eures Vaters im Himmel; denn er lässt seine Sonne aufgehen über
Böse und Gute und lässt regnen über Gerechte und Ungerechte.
46 Denn wenn ihr die liebt, die euch lieben, welchen Lohn könnt ihr da
erwarten? Tun das nicht auch die Zöllner? 47 Und wenn ihr nur eure
Brüder grüsst, was tut ihr da Besonderes? Tun das nicht auch die Hei-
den? 48 Ihr sollt also vollkommen sein, wie euer himmlischer Vater
vollkommen ist.

P: Lk 6,27–28.32–36
43: 22,39!; Lev 19,18
44: Röm 12,14
45: 5,9!
48: 19,21; Lev 19,2

Vom Almosengeben

6 1 Seht zu, dass ihr eure Gerechtigkeit nicht vor den Leuten dartut,
um von ihnen gesehen zu werden, sonst könnt ihr keinen Lohn er-
warten von eurem Vater im Himmel.

2 Wenn du nun Almosen gibst, so posaune es nicht aus, wie die
Heuchler es machen in den Synagogen und auf den Strassen, um von
den Leuten gepriesen zu werden. Amen, ich sage euch: Sie haben ihren
Lohn schon bezogen. 3 Wenn du aber Almosen gibst, lass deine Linke
nicht wissen, was die Rechte tut, 4 damit dein Almosen im Verborgenen
bleibt. Und dein Vater, der ins Verborgene sieht, wird es dir vergelten.

1: 5,20! · 23,5!
2: 23,13!
4: 6,18

Vom Beten. Das Grundmuster eines Gebets

5 Und wenn ihr betet, sollt ihr es nicht machen wie die Heuchler:
Die stehen gern in den Synagogen und an den Strassenecken und beten,
um sich den Leuten zu zeigen. Amen, ich sage euch: Sie haben ihren
Lohn schon bezogen. 6 Wenn du aber betest, geh in deine Kammer,
schliess die Tür und bete zu deinem Vater, der im Verborgenen ist. Und
dein Vater, der ins Verborgene sieht, wird es dir vergelten.

7 Wenn ihr aber betet, sollt ihr nicht plappern wie die Heiden; sie
meinen nämlich, sie werden ihrer vielen Worte wegen erhört. 8 Tut es
ihnen nicht gleich! Euer Vater weiss, was ihr braucht, noch ehe ihr ihn
bittet.

9 So sollt ihr beten:
Unser Vater im Himmel.

5: 23,5! · 6,13!
8: 6,32
9–15: Lk 11,1–4
9: 7,11; 23,9 · Jes 63,15–16 · Jes 29,23

5,39: Andere Übersetzungsmöglichkeit: «…: Leistet dem Bösen (verstanden als ‹das Böse›) keinen Widerstand! …»

Dein Name werde geheiligt.
10: Ps 145,11.13!; 10 Dein Reich komme.
Jes 52,7 · 26,39.42 · Dein Wille geschehe,
Ps 135,6 wie im Himmel, so auf Erden.
11: Ps 145,15 11 Das Brot, das wir nötig haben, gib uns heute!
12: 6,15! 12 Und vergib uns unsere Schuld,
wie auch wir vergeben haben jenen, die an uns schuldig geworden
sind.
13: 26,41 · 13 Und führe uns nicht in Versuchung,
Joh 17,15; sondern erlöse uns von dem Bösen.
2Thess 3,3
14: Mk 11,25 14 Denn wenn ihr den Menschen ihre Verfehlungen vergebt, dann wird
15: 5,7; 6,12; 7,2; euer himmlischer Vater auch euch vergeben. 15 Wenn ihr aber den
18,21–35 Menschen nicht vergebt, dann wird auch euer Vater eure Verfehlungen
nicht vergeben.

Vom Fasten

16: 23,5! · 13! 16 Wenn ihr aber fastet, macht kein saures Gesicht wie die Heuchler,
denn sie machen ein saures Gesicht, um den Leuten zu zeigen, dass sie
fasten. Amen, ich sage euch: Sie haben ihren Lohn schon bezogen.
17 Wenn du aber fastest, salbe dein Haupt und wasche dein Gesicht,
18: 6,4 18 um nicht den Leuten zu zeigen, dass du fastest, sondern deinem Vater, der im Verborgenen ist. Und dein Vater, der ins Verborgene sieht,
wird es dir vergelten.

Vom Umgang mit dem Besitz

19–21: Lk 12,33–34 19 Sammelt euch nicht Schätze auf Erden, wo Motte und Rost sie zer-
20: 19,21! fressen, wo Diebe einbrechen und stehlen. 20 Sammelt euch vielmehr
Schätze im Himmel, wo weder Motte noch Rost sie zerfressen, wo keine
Diebe einbrechen und stehlen. 21 Denn wo dein Schatz ist, da ist auch
dein Herz.
22–23: Lk 11,34–36 22 Das Licht des Leibes ist das Auge. Wenn dein Auge lauter ist, wird
dein ganzer Leib von Licht erfüllt sein. 23 Wenn dein Auge böse ist, wird
dein ganzer Leib finster sein. Wenn nun das Licht, das in dir ist, Finsternis ist, wie gross ist dann die Finsternis!
24: Lk 16,13 24 Niemand kann zwei Herren dienen. Denn entweder wird er diesen hassen und jenen lieben, oder er wird sich an jenen halten und diesen verachten. Ihr könnt nicht Gott dienen und dem Mammon.

P: Lk 12,22–32 *Von falscher und echter Sorge*

25: Ps 145,15–16 25 Darum sage ich euch: Sorgt euch nicht um euer Leben, was ihr
essen werdet, noch um euren Leib, was ihr anziehen werdet. Ist nicht
das Leben mehr als die Nahrung und der Leib mehr als die Kleidung?
26: Hiob 38,41; 26 Schaut auf die Vögel des Himmels: Sie säen nicht, sie ernten
Ps 147,9 · 10,31! nicht, sie sammeln nicht in Scheunen – euer himmlischer Vater ernährt
sie. Seid ihr nicht mehr wert als sie? 27 Wer von euch vermag durch
Sorgen seiner Lebenszeit auch nur eine Elle hinzuzufügen?

6,13: Die wichtigsten Handschriften enthalten nur den oben wiedergegebenen Text. Viele fügen jedoch an: «Denn dein ist das Reich und die Kraft und die Herrlichkeit in Ewigkeit. Amen.»

28 Und was sorgt ihr euch um die Kleidung? Lernt von den Lilien auf
dem Feld, wie sie wachsen: Sie arbeiten nicht und spinnen nicht, 29 ich
sage euch aber: Selbst Salomo in all seiner Pracht war nicht gekleidet
wie eine von ihnen. 30 Wenn Gott aber das Gras des Feldes, das heute 30: 8,26!
steht und morgen in den Ofen geworfen wird, so kleidet, wie viel mehr
dann euch, ihr Kleingläubigen!

31 Sorgt euch also nicht und sagt nicht: Was werden wir essen? Oder:
Was werden wir trinken? Oder: Was werden wir anziehen? 32 Denn um 32: 6,8
all das kümmern sich die Heiden. Euer himmlischer Vater weiss näm-
lich, dass ihr das alles braucht. 33 Trachtet vielmehr zuerst nach seinem 33: 5,20!
Reich und seiner Gerechtigkeit, dann wird euch das alles dazugegeben
werden. 34 Sorgt euch also nicht um den morgigen Tag, denn der mor-
gige Tag wird für sich selber sorgen. Jeder Tag hat genug an seiner ei-
genen Last.

Vom Richten

7 1 Richtet nicht, damit ihr nicht gerichtet werdet! 2 Denn wie ihr 1–2: Lk 6,37–38
richtet, so werdet ihr gerichtet werden, und mit dem Mass, mit dem 2: 6,15!; Mk 4,24
ihr messt, wird euch zugemessen werden.

3 Was siehst du den Splitter im Auge deines Bruders, den Balken in 3–5: Lk 6,41–42
deinem Auge aber nimmst du nicht wahr? 4 Oder wie kannst du zu dei-
nem Bruder sagen: Lass mich den Splitter aus deinem Auge herauszie-
hen, und dabei ist in deinem Auge der Balken? 5 Du Heuchler! Zieh zu- 5: 23,13!
erst den Balken aus deinem Auge. Dann wirst du klar genug sehen, um
den Splitter aus dem Auge deines Bruders herauszuziehen.

Von der Entweihung des Heiligen

6 Gebt das Heilige nicht den Hunden und werft eure Perlen nicht vor 6: 10,14
die Säue, damit sie nicht mit den Füssen auf ihnen herumtreten und
sich umwenden und euch in Stücke reissen.

Vom Bitten und vom Empfangen P: Lk 11,9–13

7 Bittet, so wird euch gegeben; sucht, so werdet ihr finden; klopft an,
so wird euch aufgetan. 8 Denn wer bittet, empfängt; wer sucht, der 8: 18,19; 21,22;
findet; wer anklopft, dem wird aufgetan. 9 Wer unter euch gäbe seinem Mk 11,24;
Sohn, wenn er ihn um Brot bittet, einen Stein, 10 und wenn er ihn um Joh 14,13! · Spr 8,17
einen Fisch bittet, eine Schlange? 11 Wenn also ihr, die ihr böse seid, 11: 6,9!
euren Kindern gute Gaben zu geben wisst, wie viel mehr wird euer Va-
ter im Himmel denen, die ihn bitten, Gutes geben.

Die goldene Regel P: Lk 6,31

12 Also: Wie immer ihr wollt, dass die Leute mit euch umgehen, so 12: 22,34–40
geht auch mit ihnen um! Denn darin besteht das Gesetz und die Pro-
pheten.

Das Bild vom engen Tor P: Lk 13,23–24

13 Tretet ein durch das enge Tor! Denn weit ist das Tor und breit der
Weg, der ins Verderben führt, und viele sind es, die da hineingehen.
14 Wie eng ist das Tor und wie schmal der Weg, der ins Leben führt, und
wenige sind es, die ihn finden!

P: Lk 6,43–46
15: 24,11.24; 2Petr 2,1; 1Joh 4,1 · 10,16
17: 12,33
19: 3,10!

Die Warnung vor falschen Propheten

15 Hütet euch vor den falschen Propheten, die in Schafspelzen zu
euch kommen – darunter aber sind reissende Wölfe! 16 An ihren Früch-
ten werdet ihr sie erkennen. Lassen sich etwa Trauben ernten von Dor-
nen oder Feigen von Disteln? 17 So trägt jeder gute Baum gute Früchte,
jeder faule Baum aber trägt schlechte Früchte. 18 Ein guter Baum kann
nicht schlechte Früchte tragen, und ein fauler Baum kann nicht gute
Früchte tragen. 19 Jeder Baum, der nicht gute Frucht bringt, wird gefällt
und ins Feuer geworfen. 20 So werdet ihr sie an ihren Früchten erken-
nen.

21: 4,17; 5,3.10.20; 18,3; 19,14.23; 21,28–32 · 12,50 · Jak 1,22
23: 25,12.41; Lk 13,27 · Ps 119,115

21 Nicht jeder, der zu mir sagt: Herr, Herr!, wird ins Himmelreich
hineinkommen, sondern wer den Willen meines Vaters im Himmel tut.
22 Viele werden an jenem Tag zu mir sagen: Herr, Herr, haben wir nicht
in deinem Namen als Propheten geredet, in deinem Namen Dämonen
ausgetrieben und in deinem Namen viele Wunder getan? 23 Dann sol-
len sie von mir hören: Ich habe euch nie gekannt! Geht weg von mir, die
ihr das Gesetz missachtet!

P: Lk 6,47–49

Das Bild vom Hausbau

24 Jeder, der diese meine Worte hört und danach handelt, ist einem
klugen Mann gleich, der sein Haus auf Fels gebaut hat. 25 Da gingen
Regengüsse nieder, Sturzbäche kamen, und Winde wehten und warfen
sich gegen das Haus, und es stürzte nicht ein. Denn Fels war sein Fun-
dament. 26 Und jeder, der diese meine Worte hört und nicht danach
handelt, ist einem törichten Mann gleich, der sein Haus auf Sand gebaut
hat. 27 Da gingen Regengüsse nieder, Sturzbäche kamen, Winde weh-
ten und schlugen gegen das Haus, und es stürzte ein, und sein Sturz war
gewaltig.

28: 13,54; 19,25; 22,22.33
29: 28,18!; Mk 1,22

Die Wirkung der Bergpredigt

28 Und es geschah, als Jesus diese Rede abgeschlossen hatte, dass die
Leute überwältigt waren von seiner Lehre. 29 Denn er lehrte sie wie ei-
ner, der Vollmacht hat, und nicht wie ihre Schriftgelehrten.

P: Mk 1,40–45; Lk 5,12–16
4: 9,30; 12,16; 16,20; 17,9 · Lev 14,2–32

Die Heilung eines Aussätzigen

8 1 Als er vom Berg herabstieg, folgten ihm viele Leute. 2 Und da kam
ein Aussätziger auf ihn zu, warf sich vor ihm nieder und sagte: Herr,
wenn du willst, kannst du mich rein machen! 3 Und er streckte die
Hand aus, berührte ihn und sprach: Ich will es, sei rein! Und auf der
Stelle wurde er von seinem Aussatz geheilt. 4 Und Jesus sagt zu ihm:
Sieh zu, dass du niemandem etwas sagst, sondern geh, zeig dich dem
Priester und bring die Opfergabe dar, die Mose angeordnet hat – das soll
ihnen ein Beweis sein.

P: Lk 7,1–10; Joh 4,43–54

Der Hauptmann von Kafarnaum

5 Als er aber nach Kafarnaum kam, trat ein Hauptmann an ihn heran
und bat ihn: 6 Herr, mein Knecht liegt gelähmt im Haus und wird von
furchtbaren Schmerzen gepeinigt. 7 Und er sagt zu ihm: Ich werde
kommen und ihn heilen. 8 Da entgegnete der Hauptmann: Herr, es
steht mir nicht zu, dich in mein Haus zu bitten, doch sprich nur ein

Wort, und mein Knecht wird gesund. 9 Denn auch ich bin einer, für den
Befehle gelten, und ich habe Soldaten unter mir. Sage ich zu einem: Geh,
so geht er; sage ich zu einem anderen: Komm, so kommt er; und sage ich
zu meinem Knecht: Tu das, so tut er es. 10 Als Jesus das hörte, staunte er
und sagte zu denen, die ihm folgten: Amen, ich sage euch: Solchen Glau-
ben habe ich bei niemandem in Israel gefunden. 11 Ich sage euch aber: 11: Lk 13,29! ·
Viele werden kommen aus Ost und West und sich mit Abraham, Isaak 28,19!
und Jakob im Himmelreich zu Tisch setzen. 12 Die Söhne des Reichs 12: 13,42.50; 22,13;
aber werden in die äusserste Finsternis hinausgeworfen werden; dort 24,51; 25,30;
wird Heulen und Zähneklappern sein. 13 Und Jesus sagte zum Haupt- Lk 13,28 13: 9,22.29; 15,28;
mann: Geh! Dir geschehe, wie du geglaubt hast. Und in eben jener Stun- 21,22; Mk 5,34!;
de wurde der Knecht gesund. Lk 7,50! · 17,20!

Die Heilung der Schwiegermutter des Petrus P: Mk 1,29–31;
14 Und als Jesus in das Haus des Petrus kam, sah er, dass dessen Lk 4,38–39
Schwiegermutter im Fieber lag. 15 Und er nahm ihre Hand, und das Fie-
ber wich von ihr; und sie stand auf und bewirtete ihn.

Weitere Heilungen P: Mk 1,32–34;
16 Am Abend brachten sie viele Besessene zu ihm; und er trieb die Lk 4,40–41
Geister aus durch die Macht des Wortes und heilte alle Kranken. 17 So 17: Jes 53,4
sollte in Erfüllung gehen, was durch den Propheten Jesaja gesagt ist: *Er
nahm unsere Schwachheit auf sich, und unsere Krankheiten trug er.*

Vom Ernst der Nachfolge P: Lk 9,57–62
18 Als Jesus das Gedränge um sich herum sah, befahl er, ans andere
Ufer zu fahren. 19 Da kam ein Schriftgelehrter zu ihm und sagte: Meis-
ter, ich will dir folgen, wohin du auch gehst. 20 Jesus sagt zu ihm: Die
Füchse haben Höhlen, und die Vögel des Himmels haben Nester, der
Menschensohn aber hat keinen Ort, wo er sein Haupt hinlegen kann.
21 Ein anderer von den Jüngern sagte zu ihm: Herr, erlaube mir, dass
ich zuerst heimgehe und meinen Vater begrabe. 22 Jesus aber sagt zu 22: 16,24!
ihm: Folge mir! Und lass die Toten ihre Toten begraben.

Die Stillung des Seesturms P: Mk 4,35–41;
23 Dann stieg er in das Boot, und seine Jünger folgten ihm. 24 Da Lk 8,22–25
erhob sich ein grosser Sturm auf dem See, so dass das Boot von den Wel-
len überrollt wurde; er aber schlief. 25 Da traten sie zu ihm, weckten ihn
und sagten: Herr, rette uns, wir gehen unter! 26 Und er sagt zu ihnen: 26: 6,30; 14,31; 16,8;
Was seid ihr so furchtsam, ihr Kleingläubigen! Dann stand er auf und 17,20
schrie die Winde an und den See; da trat eine grosse Windstille ein.
27 Die Menschen aber wunderten sich und sagten: Was ist das für einer, 27: Ps 65,8; 89,10;
dass ihm selbst Wind und Wellen gehorchen? 107,29

Die Heilung der Besessenen von Gadara P: Mk 5,1–20;
28 Als er ans andere Ufer kam, in das Gebiet der Gadarener, liefen Lk 8,26–39
ihm zwei Besessene über den Weg, die aus den Grabhöhlen hervorka-
men. Die sahen so furchterregend aus, dass niemand auf dem Weg ge-
hen wollte, der dort vorbeiführte. 29 Und sie schrien: Was haben wir 29: 16,16!
mit dir zu schaffen, Sohn Gottes? Bist du hergekommen, um uns zu quä-

len, bevor es Zeit ist? 30 Weit weg von ihnen aber weidete eine grosse
Herde Schweine. 31 Da baten ihn die Dämonen: Wenn du uns aus-
treibst, dann schick uns in die Schweineherde. 32 Er sagte zu ihnen: Fort
mit euch! Da fuhren sie aus und fuhren in die Schweine, und siehe da:
Die ganze Herde stürzte sich den Abhang hinunter in den See und kam
im Wasser um.
33 Die Hirten aber ergriffen die Flucht, eilten in die Stadt und erzähl-
ten alles, auch was mit den Besessenen geschehen war. 34 Und die gan-
ze Stadt zog hinaus, Jesus entgegen, und als sie ihn sahen, baten sie ihn,
ihr Gebiet zu verlassen.

P: Mk 2,1–12; *Die Heilung eines Gelähmten*
Lk 5,17–26 9 1 Und er stieg in ein Boot, fuhr über den See und kam in seine Vater-
1: 4,13
2: Lk 7,48 stadt. 2 Da brachten sie einen Gelähmten zu ihm, der auf einem Bett
lag. Und als Jesus ihren Glauben sah, sagte er zu dem Gelähmten: Sei
3: 26,65 · Lk 7,49 getrost, Kind, dir sind die Sünden vergeben. 3 Da dachten einige der
Schriftgelehrten bei sich: Der lästert! 4 Jesus, der sie durchschaute,
sprach: Was sinnt ihr Böses? 5 Was ist leichter? Zu sagen: Dir sind die
Sünden vergeben, oder zu sagen: Steh auf und zeig, dass du gehen
6: 28,18! · Joh 5,27 kannst? 6 Damit ihr aber wisst, dass der Menschensohn Vollmacht hat,
auf Erden Sünden zu vergeben – sagt er zu dem Gelähmten: Steh auf,
nimm dein Bett und geh nach Hause! 7 Und der stand auf und ging nach
Hause. 8 Als die Leute das sahen, erschraken sie und priesen Gott, der
den Menschen solche Vollmacht gegeben hat.

P: Mk 2,13–17; *Die Berufung eines Zöllners*
Lk 5,27–32 9 Und als Jesus von dort weiterzog, sah er einen Mann, der Matthäus
hiess, am Zoll sitzen. Und er sagt zu ihm: Folge mir! Und der stand auf
und folgte ihm.
10 Und es geschah, als er im Haus bei Tisch sass, dass viele Zöllner
und Sünder kamen und mit Jesus und seinen Jüngern bei Tisch sassen.
11: 11,19; Lk 5,30! 11 Als die Pharisäer das sahen, sagten sie zu seinen Jüngern: Warum isst
euer Meister mit den Zöllnern und Sündern? 12 Er hörte es und sprach:
13: 5,7!; 12,7; 18,33; Nicht die Gesunden brauchen den Arzt, sondern die Kranken. 13 Geht
Hos 6,6 · Lk 5,32! aber und lernt, was es heisst: *Barmherzigkeit will ich und nicht Opfer.* Ich
bin nicht gekommen, Gerechte zu rufen, sondern Sünder.

P: Mk 2,18–22; *Zur Frage nach dem Fasten*
Lk 5,33–39 14 Da kamen die Jünger des Johannes zu ihm und sagten: Warum
15: 22,2! · 26,11 fasten wir und die Pharisäer, deine Jünger aber fasten nicht? 15 Da sagte
Jesus zu ihnen: Können denn die Hochzeitsgäste trauern, solange der
Bräutigam bei ihnen ist? Doch es werden Tage kommen, da ihnen der
Bräutigam entrissen wird, und dann werden sie fasten.
16 Niemand näht ein Stück neuen Stoff auf einen alten Mantel; denn
der Flicken reisst etwas ab von dem Mantel, und es entsteht ein noch
schlimmerer Riss. 17 Auch füllt man nicht neuen Wein in alte Schläu-
che, sonst reissen die Schläuche, der Wein läuft aus, und die Schläuche
sind hin. Nein, neuen Wein füllt man in neue Schläuche, so bleibt bei-
des erhalten.

Die Auferweckung der Tochter des Jairus und die Heilung der Frau mit den P: Mk 5,21–43;
Blutungen Lk 8,40–56
18 Während er so mit ihnen redete, kam ein vornehmer Mann, fiel
vor ihm nieder und sagte: Meine Tochter ist soeben gestorben. Aber
komm, leg ihr die Hand auf, so wird sie wieder lebendig. 19 Da stand
Jesus auf und folgte ihm mit seinen Jüngern.
20 Und da war eine Frau, die seit zwölf Jahren an Blutungen litt. Die 20: Lev 15,25
trat von hinten an ihn heran und berührte den Saum seines Mantels.
21 Denn sie sagte sich: Wenn ich auch nur seinen Mantel berühre, wer-
de ich gerettet. 22 Jesus aber wandte sich um, sah sie und sprach: Sei 22: 8,13!
getrost, Tochter, dein Glaube hat dich gerettet. Und die Frau war von
Stund an gerettet.
23 Als Jesus in das Haus des vornehmen Mannes kam und die Flöten-
spieler und das Gedränge um sich herum sah, 24 sprach er: Geht hinaus!
Das Mädchen ist nicht gestorben, es schläft. Da lachten sie ihn aus.
25 Als man die Leute hinausgeschickt hatte, ging er hinein, nahm ihre
Hand, und das Mädchen stand auf. 26 Und das sprach sich in jener gan-
zen Gegend herum.

Die Heilung von zwei Blinden P: 20,29–34
27 Und als Jesus von dort weiterzog, folgten ihm zwei Blinde, die 27: 12,23; 15,22!;
schrien: Hab Erbarmen mit uns, Sohn Davids! 28 Als er ins Haus hinein- 20,30–31; 21,9.15;
ging, traten die Blinden auf ihn zu, und Jesus sagt zu ihnen: Glaubt ihr, 22,42
dass ich dies tun kann? Sie sagen zu ihm: Ja, Herr. 29 Da berührte er ihre 29: 8,13!
Augen und sprach: Euch geschehe, wie ihr geglaubt habt. 30 Und ihre 30: 8,4!
Augen taten sich auf. Und Jesus fuhr sie an: Seht zu, dass es niemand
erfährt! 31 Sie aber gingen hinaus und machten ihn in der ganzen Ge-
gend bekannt.

Die Heilung eines Stummen P: 12,22–24
32 Als sie hinausgegangen waren, da brachten sie einen Stummen
zu ihm, der von einem Dämon besessen war. 33 Und als der Dämon aus- 33: Lk 11,14
getrieben war, begann der Stumme zu reden. Und die Leute staunten
und sagten: Noch nie hat man in Israel so etwas gesehen! 34 Die Phari- 34: 10,25; 12,24.27;
säer aber sagten: Mit dem Fürsten der Dämonen treibt er die Dämonen Lk 11,15; Joh 7,20! ·
aus. 11,18

Die grosse Ernte
35 Und Jesus zog umher in allen Städten und Dörfern, lehrte in ih- 35: 4,23!
ren Synagogen, verkündigte das Evangelium vom Reich und heilte jede
Krankheit und jedes Gebrechen.
36 Als er die vielen Menschen sah, taten sie ihm leid, denn sie waren 36: Mk 6,34 ·
erschöpft und schutzlos, *wie Schafe, die keinen Hirten haben.* 37 Da sagt Num 27,17;
er zu seinen Jüngern: Die Ernte ist gross, Arbeiter aber sind wenige. 2Chr 18,16 · 5,7!; 14,14; 15,32; 20,34 ·
38 Darum bittet den Herrn der Ernte, dass er Arbeiter in seine Ernte 10,6!
sende. 37–38: Lk 10,2

9,20: Das mit «Saum» übersetzte griechische Wort bezeichnet sowohl die Quaste des Gebetsmantels als auch den Saum eines Kleides. Da es an der vorliegenden Stelle um den Kontakt zum anderen Menschen geht, wurde das Wort ‹Saum› verwendet (anders Mt 23,5).

Die Aussendung der Zwölf

1: Mk 6,7; Lk 9,1 **10** 1 Und er rief seine zwölf Jünger herbei und gab ihnen Vollmacht,
unreine Geister auszutreiben und jede Krankheit und jedes Ge-
brechen zu heilen.
2–4: Mk 3,13–19; 2 Dies sind die Namen der zwölf Apostel: zuerst Simon, der Petrus
Lk 6,12–16 heisst, und Andreas, sein Bruder, und Jakobus, der Sohn des Zebedäus,
und Johannes, sein Bruder, 3 Philippus und Bartolomäus, Thomas und
Matthäus, der Zöllner, Jakobus, der Sohn des Alfäus, und Thaddäus, 4 Si-
mon Kananäus, und Judas Iskariot, der ihn dann auslieferte.
5 Diese Zwölf sandte Jesus aus und gebot ihnen: Nehmt nicht den
6: 9,36; 15,24 · Weg zu den Heiden und betretet keine samaritanische Stadt. 6 Geht
28,19! vielmehr zu den verlorenen Schafen aus dem Hause Israel.
7–15: Mk 6,8–11; 7 Geht und verkündigt: Nahe gekommen ist das Himmelreich.
Lk 9,2–5; 10,1–12 8 Kranke macht gesund, Tote weckt auf, Aussätzige macht rein, Dämo-
7: 4,17! nen treibt aus! Umsonst habt ihr es empfangen, umsonst sollt ihr es
geben. 9 Füllt eure Gürtel nicht mit Gold-, Silber- oder Kupfermünzen!
10 Nehmt keinen Sack mit auf den Weg, kein zweites Kleid, keine Schu-
he, keinen Stab! Denn der Arbeiter ist seines Lohnes wert. 11 Kommt ihr
aber in eine Stadt oder in ein Dorf, dann fragt nach, wer da würdig ist;
dort bleibt, bis ihr weiterzieht. 12 Wenn ihr aber in das Haus eintretet,
so grüsst es. 13 Wenn das Haus es wert ist, kehre euer Friede dort ein,
wenn das Haus es aber nicht wert ist, kehre euer Friede zu euch zurück.
14: Lk 10,11! 14 Wenn man euch nicht aufnimmt und eure Worte nicht hören will,
dann geht fort aus jenem Haus oder jener Stadt und schüttelt den Staub
15: 11,22.24; von euren Füssen. 15 Amen, ich sage euch: Dem Land Sodom und Go-
Gen 19,24–25 morra wird es am Tag des Gerichts besser ergehen als jener Stadt.

Standhalten in Verfolgungen

16: 7,15 · Lk 10,3 16 Seht, ich sende euch wie Schafe mitten unter die Wölfe; seid also
klug wie die Schlangen und ohne Falsch wie die Tauben.
17–22: 24,9–14; 17 Hütet euch aber vor den Menschen! Denn sie werden euch an Ge-
Mk 13,9–13; richte ausliefern, in ihren Synagogen werden sie euch auspeitschen,
Lk 21,12–19
17: 23,34 18 vor Statthalter und Könige werdet ihr geführt werden um meinetwil-
19: Lk 12,11 len, um Zeugnis abzulegen vor ihnen und den Völkern. 19 Wenn sie
euch aber vor Gericht stellen, dann sorgt euch nicht darum, wie oder
was ihr reden sollt, denn es wird euch in jener Stunde gegeben werden,
20: Lk 12,12 was ihr reden sollt. 20 Denn nicht ihr seid es, die dann reden werden,
sondern der Geist eures Vaters ist es, der durch euch reden wird. 21 Es
wird aber ein Bruder den andern dem Tod ausliefern und ein Vater das
Kind, und Kinder werden gegen ihre Eltern auftreten und sie in den Tod
22: 5,11 · 24,13 · schicken. 22 Und ihr werdet gehasst werden von allen um meines Na-
Joh 15,18–19.21 mens willen. Wer aber standhält bis ans Ende, der wird gerettet werden.
23: 5,10; 23,34 · 23 Wenn sie euch in der einen Stadt verfolgen, dann flieht in die
16,27! · 16,28 andere. Denn, amen, ich sage euch: Ihr werdet mit den Städten Israels
nicht zu Ende kommen, bevor der Menschensohn kommt.

10,4: Der Beiname Kananäus leitet sich von einem hebräischen Verb ab, das ‹eifern› bedeutet, und kennzeichnet seinen Träger als Sympathisanten oder als Mitglied der zelotischen Partei.

24 Ein Jünger steht nicht über dem Meister und ein Knecht nicht 24: Lk 6,40;
über seinem Herrn. 25 Es genügt dem Jünger, dass er wie sein Meister Joh 13,16; 15,20
wird, und dem Knecht, dass er wie sein Herr wird. Wenn man schon den 25: 9,34!
Hausherrn Beelzebul nennt, wie viel mehr dann seine Hausgenossen.

Die Aufforderung zu furchtlosem Bekenntnis P: Lk 12,1–12

26 Darum fürchtet sie nicht! Denn nichts ist verhüllt, was nicht ent- 26: Mk 4,22;
hüllt, und nichts geheim, was nicht bekannt werden wird. 27 Was ich Lk 8,17
euch im Dunkeln sage, das sagt im Licht. Und was ihr ins Ohr geflüstert
bekommt, das ruft aus auf den Dächern. 28 Fürchtet euch nicht vor de-
nen, die den Leib töten, die Seele aber nicht töten können. Fürchtet euch
mehr vor dem, der Seele und Leib in der Hölle verderben kann. 29 Ver-
kauft man nicht zwei Spatzen für einen Fünfer? Und nicht einer von
ihnen fällt zu Boden, ohne dass euer Vater bei ihm ist. 30 Bei euch aber
sind sogar die Haare auf dem Kopf alle gezählt. 31 Fürchtet euch also 31: 6,26; 12,12
nicht! Ihr seid mehr wert als viele Spatzen.
32 Jeder nun, der sich vor den Menschen zu mir bekennt, zu dem
werde auch ich mich bekennen vor meinem Vater im Himmel. 33 Wer 33: Mk 8,38;
mich aber vor den Menschen verleugnet, den werde auch ich verleug- Lk 9,26!
nen vor meinem Vater im Himmel.

Von der notwendigen Zwietracht

34 Meint nicht, ich sei gekommen, Frieden auf die Erde zu bringen. 34–36: Lk 12,51–53
Ich bin nicht gekommen, Frieden zu bringen, sondern das Schwert.
35 Denn ich bin gekommen, *einen Mann mit dem Vater* zu entzweien 35–36: Mi 7,6
und *eine Tochter mit der Mutter* und *eine Schwiegertochter mit der Schwie-*
germutter; 36 und *zu Feinden werden dem Menschen die eigenen Hausge-*
nossen.
37 Wer Vater oder Mutter mehr liebt als mich, ist meiner nicht wert, 37: 19,29!; Lk 14,26
und wer Sohn oder Tochter mehr liebt als mich, ist meiner nicht wert.
38 Und wer nicht sein Kreuz auf sich nimmt und hinter mir hergeht, ist 38: 16,24!
meiner nicht wert. 39 Wer sein Leben findet, wird es verlieren; wer sein 39: 16,25!
Leben verliert um meinetwillen, wird es finden.

Vom Aufnehmen der Jünger

40 Wer euch aufnimmt, nimmt mich auf, und wer mich aufnimmt, 40: 18,5; 25,40;
nimmt den auf, der mich gesandt hat. 41 Wer einen Propheten auf- Mk 9,37; Lk 9,48;
nimmt, weil er ein Prophet ist, wird den Lohn eines Propheten empfan- 10,16; Joh 13,20!
gen, und wer einen Gerechten aufnimmt, weil er ein Gerechter ist, wird
den Lohn eines Gerechten empfangen. 42 Und wer einem dieser Gerin- 42: 25,40; Mk 9,41
gen auch nur einen Becher frischen Wassers reicht, weil er ein Jünger
ist – amen, ich sage euch: Er wird nicht um seinen Lohn kommen.

Die Frage des Täufers P: Lk 7,18–23

11 1 Und es geschah, als Jesus seinen zwölf Jüngern seine Anweisun-
gen gegeben hatte, dass er von dort weiterzog, um in ihren Städ-
ten zu lehren und zu verkündigen.

10,29: Andere Übersetzungsmöglichkeit: «..., ohne dass euer Vater es will.» oder: «..., ohne dass euer Vater es weiss.»

2: 14,3–4 2 Als Johannes nun im Gefängnis von den Taten des Christus hörte,
3: 3,3.11 sandte er seine Jünger zu ihm 3 und liess ihn fragen: Bist du es, der da
kommen soll, oder sollen wir auf einen anderen warten? 4 Jesus ant-
5: 4,23–24; wortete ihnen: Geht und erzählt Johannes, was ihr hört und seht: 5 *Blin-*
15,30–31; 21,14 · *de sehen* und Lahme gehen, Aussätzige werden rein und *Taube hören,*
Jes 29,18; 35,5–6 · und *Tote werden auferweckt,* und Armen wird das Evangelium verkün-
Jes 26,19 · Jes 61,1
6: 13,57; Joh 6,61 digt; 6 und selig ist, wer an mir keinen Anstoss nimmt.

P: Lk 7,24–35 *Das Urteil Jesu über den Täufer*

7: 3,1.5 7 Als diese sich wieder auf den Weg machten, begann Jesus zu den
Leuten über Johannes zu reden: Was habt ihr zu sehen gehofft, als ihr in
8: 3,4 die Wüste hinauszogt? Ein Schilfrohr, das im Wind schwankt? 8 Oder
was habt ihr zu sehen gehofft, als ihr hinauszogt? Einen Menschen, der
in feine Gewänder gehüllt ist? Die feine Gewänder tragen, die wohnen
9: 21,26! in Palästen. 9 Oder was habt ihr zu sehen gehofft, als ihr hinauszogt?
Einen Propheten? Ja, ich sage euch, mehr als einen Propheten habt ihr
10: Mk 1,2; gesehen! 10 Er ist es, von dem geschrieben steht:
Ex 23,20; Mal 3,1 · *Siehe, ich sende meinen Boten vor dir her,*
Lk 1,76
der vor dir deinen Weg bereiten wird.
11: 5,19; 18,1.4; 11 Amen, ich sage euch: Unter denen, die von einer Frau geboren wur-
20,21–23 den, ist keiner aufgetreten, der grösser wäre als Johannes der Täufer.
Doch noch der Geringste im Himmelreich ist grösser als er. 12 Von den
Tagen des Täufers Johannes bis heute wird dem Himmelreich Gewalt
13: Lk 16,16 angetan, und Gewalttätige reissen es an sich. 13 Alle Propheten nämlich
14: 17,10–13; und das Gesetz und auch Johannes haben das geweissagt. 14 Und wenn
Mal 3,23 ihr es annehmen wollt: Er ist Elija, der kommen soll. 15 Wer Ohren hat,
15: 13,9! der höre!

16 Mit wem aber soll ich dieses Geschlecht vergleichen? Kindern ist
es gleich, die auf dem Marktplatz sitzen und den andern 17 zurufen:
Wir haben euch aufgespielt,
und ihr habt nicht getanzt,
wir haben Klagelieder gesungen,
und ihr habt nicht geklagt.
18: 3,4; 9,14; 18 Denn Johannes kam, ass nicht und trank nicht, und sie sagen: Er hat
Lk 1,15 · 9,34! einen Dämon! 19 Der Menschensohn kam, ass und trank, und sie sagen:
19: 9,11! Seht, ein Fresser und Säufer, ein Freund von Zöllnern und Sündern! Und
doch wurde der Weisheit Recht gegeben durch das, was sie getan hat.

P: Lk 10,13–16 *Wehruf über galiläische Städte*

20 Dann begann er die Städte anzuklagen, in denen die meisten sei-
ner Wunder geschehen waren, denn sie hatten nicht Busse getan.
21: Joh 5,36! 21 Wehe dir, Chorazin! Wehe dir, Betsaida! Wären in Tyrus und Sidon
die Wunder geschehen, die bei euch geschehen sind, sie hätten längst in
22: 10,15! Sack und Asche Busse getan. 22 Doch ich sage euch: Tyrus und Sidon
23: Jes 14,13–15 wird es am Tag des Gerichts besser ergehen als euch. 23 Und du, Kafar-
naum, willst du etwa in den Himmel erhoben werden? Bis ins Toten-
reich wirst du hinabfahren! Wären in Sodom die Wunder geschehen,
24: 10,15! die bei dir geschehen sind, so stünde es noch heute. 24 Doch ich sage
euch: Dem Land Sodom wird es am Tag des Gerichts besser ergehen als
dir.

Der Lobpreis des Vaters P: Lk 10,21–22
25 In jenen Tagen ergriff Jesus das Wort und sprach: Ich preise dich, 25: 21,16! ·
Vater, Herr des Himmels und der Erde, dass du dies vor Weisen und Jes 29,14;
Klugen verborgen, es Einfältigen aber offenbart hast. 26 Ja, Vater, so hat 1Kor 2,6–8
es dir gefallen. 27 Alles ist mir übergeben worden von meinem Vater, 27: 28,18! · 16,16! ·
und niemand kennt den Sohn ausser der Vater, und niemand kennt den Joh 1,18!; 8,55!
Vater ausser der Sohn und der, dem der Sohn es offenbaren will.

Das Bild vom Joch
28 Kommt zu mir, all ihr Geplagten und Beladenen: Ich will euch
erquicken. 29 Nehmt mein Joch auf euch und lernt von mir, denn ich 29: 21,5! · Jer 6,16
bin sanft und demütig; und *ihr werdet Ruhe finden für eure Seele.* 30 Denn 30: 23,4
mein Joch drückt nicht, und meine Last ist leicht.

Das Ährenraufen der Jünger am Sabbat P: Mk 2,23–28;
12 1 In jenen Tagen ging Jesus am Sabbat durch die Kornfelder. Und Lk 6,1–5
seine Jünger waren hungrig und begannen, Ähren zu raufen und
zu essen. 2 Als die Pharisäer das sahen, sagten sie zu ihm: Sieh her, deine 2: Ex 20,8–11;
Jünger tun, was am Sabbat nicht erlaubt ist! 3 Da sagte er zu ihnen: Habt Dtn 5,12–15
ihr nicht gelesen, was David tat, als er hungrig war, er und seine Gefähr- 3: 1Sam 21,1–7
ten? 4 Wie er in das Haus Gottes hineinging, und wie sie die Schaubrote 4: Lev 24,5–9
assen, die weder er noch seine Gefährten essen durften, sondern nur die
Priester? 5 Habt ihr nicht im Gesetz gelesen, dass die Priester im Tempel 5: Num 28,9–10;
am Sabbat den Sabbat entweihen, ohne sich schuldig zu machen? 6 Ich Joh 7,23!
sage euch aber: Hier ist Grösseres als der Tempel! 7 Hättet ihr begriffen, 6: 11,9; 12,41.42
was es heisst: *Barmherzigkeit will ich und nicht Opfer,* so hättet ihr die 7: 9,13!
Unschuldigen nicht verurteilt. 8 Ja, der Menschensohn ist Herr über
den Sabbat.

Die Heilung eines behinderten Mannes am Sabbat P: Mk 3,1–6;
9 Und er ging von dort weiter und kam in ihre Synagoge. 10 Und da Lk 6,6–11
war einer mit einer verkümmerten Hand. Da fragten sie ihn, ob es am
Sabbat erlaubt sei zu heilen, um ihn anklagen zu können. 11 Er aber sag- 11: Lk 13,15; 14,5
te zu ihnen: Wer unter euch, der ein einziges Schaf besitzt, würde es
nicht, wenn es am Sabbat in eine Grube fällt, packen und herausziehen?
12 Wie viel mehr wert ist doch ein Mensch als ein Schaf! Also ist es er- 12: 10,31!
laubt, am Sabbat Gutes zu tun. 13 Dann sagt er zu dem Menschen: Streck
deine Hand aus! Und der streckte sie aus, und sie war wiederhergestellt,
gesund wie die andere. 14 Die Pharisäer aber gingen hinaus und fassten 14: Ex 31,14;
den Beschluss, ihn umzubringen. Joh 5,18

Der Gottesknecht Jesus
15 Als aber Jesus davon erfuhr, zog er sich von dort zurück. Und viele
Leute folgten ihm, und er heilte sie alle. 16 Und er gebot ihnen streng, 16: 8,4!; Mk 3,12
ihn nicht offenbar zu machen; 17 so sollte in Erfüllung gehen, was durch
den Propheten Jesaja gesagt ist:
18 *Siehe, mein Knecht, den ich erwählt habe,* 18–21: Jes 42,1–4
mein Geliebter, an dem meine Seele Wohlgefallen hat. 18: 3,17!
Ich werde meinen Geist auf ihn legen,
und den Völkern wird er das Recht verkünden.

19 *Er wird nicht streiten und nicht schreien,*
und auf den Gassen wird man seine Stimme nicht hören.
20 *Geknicktes Rohr wird er nicht zerbrechen*
und glimmenden Docht nicht auslöschen,
bis er dem Recht zum Sieg verholfen hat.
21 *Und auf seinen Namen werden die Völker hoffen.*

P: Mk 3,22–30; *Jesu Macht über die Dämonen*
Lk 11,14–23 22 Dann brachte man einen Besessenen zu ihm, der war blind und
22–24: 9,32–34 stumm. Und er heilte ihn, so dass der Stumme reden und sehen konnte.
23: 9,27! 23 Und alle Leute waren fassungslos und sagten: Ist das etwa der Sohn
24: 9,34! Davids? 24 Als die Pharisäer das hörten, sagten sie: Der treibt doch die
Dämonen nur durch Beelzebul aus, den Fürsten der Dämonen!
25 Weil er sie aber durchschaute, sagte er zu ihnen: Jedes Reich, das
in sich gespalten ist, wird verwüstet, und jede Stadt oder jede Familie,
die in sich gespalten ist, hat keinen Bestand. 26 Und wenn der Satan den
Satan austreibt, ist er in sich gespalten. Wie kann dann sein Reich Be-
stand haben? 27 Wenn nun ich durch Beelzebul die Dämonen austreibe,
durch wen treiben dann eure Söhne und Töchter sie aus? Darum werden
28: 4,17! *sie* eure Richter sein. 28 Wenn ich jedoch durch den Geist Gottes die
Dämonen austreibe, dann ist das Reich Gottes zu euch gelangt.
29 Wie kann jemand in das Haus des Starken eindringen und seine
Habe rauben, wenn er nicht zuvor den Starken gefesselt hat? Dann erst
30: Mk 9,40; wird er sein Haus ausrauben. 30 Wer nicht für mich ist, ist gegen mich,
Lk 9,50 und wer nicht sammelt mit mir, der zerstreut.
31 Darum sage ich euch: Jede Sünde und Lästerung wird den Men-
schen vergeben werden, die Lästerung des Geistes aber wird nicht ver-
32: Lk 12,10 geben werden. 32 Wenn jemand etwas gegen den Menschensohn sagt,
wird ihm vergeben werden, wenn aber jemand etwas gegen den heili-
gen Geist sagt, wird ihm nicht vergeben werden, weder in dieser noch
in der kommenden Welt.

Das Bild vom Baum
33–35: Lk 6,43–45 33 Entweder der Baum ist gut, dann ist auch seine Frucht gut! Oder
33: 7,16–17 der Baum ist faul, dann ist auch seine Frucht faul! Denn an der Frucht
erkennt man den Baum. 34 Schlangenbrut! Wie könnt ihr Gutes reden,
die ihr doch böse seid? Spricht doch der Mund nur aus, wovon das Herz
überquillt. 35 Der gute Mensch holt aus dem Schatz des Guten Gutes
hervor, der böse Mensch holt aus dem Schatz des Bösen Böses hervor.
36: 1Petr 4,5 36 Ich sage euch aber: Über jedes unnütze Wort, das die Menschen
reden, werden sie Rechenschaft ablegen müssen am Tag des Gerichts.
37 Denn aufgrund deiner Worte wirst du freigesprochen werden, und
aufgrund deiner Worte wirst du verurteilt werden.

P: 16,1–4; *Die Verweigerung eines Zeichens*
Mk 8,11–13; 38 Da wandten sich einige von den Schriftgelehrten und Pharisäern
Lk 11,29–32
38: 27,42–43; an ihn: Meister, wir wollen von dir ein Zeichen sehen! 39 Er aber ent-
Lk 23,8; Joh 4,48!; gegnete ihnen: Ein böses und ehebrecherisches Geschlecht fordert ein
1Kor 1,22–24 Zeichen, und ihm wird kein Zeichen gegeben werden ausser dem Zei-
39: 16,4!
40: Jona 2,1 · 16,21! chen des Propheten Jona. 40 Denn wie *Jona im Bauch des Fisches war, drei*

Tage und drei Nächte, so wird der Menschensohn im Schoss der Erde
sein, drei Tage und drei Nächte. 41 Die Männer Ninives werden im Ge- 41: Jona 3,5 · 12,6!
richt aufstehen gegen dieses Geschlecht und es verurteilen, denn sie
sind auf die Predigt des Jona hin umgekehrt. Und hier: Hier ist mehr als
Jona! 42 Die Königin des Südens wird im Gericht auftreten gegen dieses 42: 1Kön 10,1–9
Geschlecht und es verurteilen, denn sie kam vom Ende der Erde, um
Salomos Weisheit zu hören. Und hier: Hier ist mehr als Salomo!

Von der Rückkehr der unreinen Geister P: Lk 11,24–26

43 Wenn aber der unreine Geist aus dem Menschen ausfährt, streift
er durch wasserlose Gegenden, sucht Ruhe und findet sie nicht.
44 Dann sagt er: Ich will in mein Haus zurückkehren, wo ich herkom-
me. Und wenn er es betritt, findet er es leer, gefegt und geschmückt.
45 Dann geht er und holt sieben weitere Geister, die schlimmer sind als 45: 2Petr 2,20
er; und sie ziehen ein und lassen sich dort nieder. Und es steht um jenen
Menschen am Ende schlimmer als zuvor. So wird es auch diesem bösen
Geschlecht ergehen.

Die wahren Verwandten Jesu P: Mk 3,31–35;

46 Während er noch mit den Leuten redete, da standen seine Mutter Lk 8,19–21
und seine Geschwister draussen und wollten mit ihm reden. 47 Da sag-
te jemand zu ihm: Schau, deine Mutter und deine Geschwister stehen
draussen und wollen mit dir reden. 48 Er aber entgegnete dem, der ihm
das gesagt hatte: Wer ist meine Mutter, und wer sind meine Geschwis-
ter? 49 Und er wies mit der Hand auf seine Jünger und sprach: Das hier
ist meine Mutter, und das sind meine Brüder und Schwestern! 50 Denn 50: 7,21
wer den Willen meines Vaters im Himmel tut, der ist mir Bruder und
Schwester und Mutter.

Das Gleichnis vom vierfachen Acker und seine Deutung P: Mk 4,1–20;

13 1 An jenem Tag verliess Jesus das Haus und setzte sich an den See. Lk 8,4–15
2 Und es versammelten sich so viele Menschen um ihn, dass er in 1: 4,13!
ein Boot stieg und sich setzte; und das ganze Volk stand am Ufer. 3 Und
er sagte ihnen vieles in Gleichnissen:

Seht, der Sämann ging aus, um zu säen. 4 Und beim Säen fiel etliches
auf den Weg; und die Vögel kamen und frassen es auf. 5 Anderes fiel auf
felsigen Boden, wo es nicht viel Erde fand, und ging sogleich auf, weil
die Erde nicht tief genug war. 6 Als aber die Sonne aufging, wurde es
versengt, und weil es keine Wurzeln hatte, verdorrte es. 7 Anderes fiel
unter die Dornen, und die Dornen schossen auf und erstickten es.
8 Wieder anderes fiel auf guten Boden und brachte Frucht: das eine hun-
dertfach, das andere sechzigfach, das dritte dreissigfach. 9 Wer Ohren 9: 11,15; 13,43;
hat, der höre! Mk 4,23; Lk 14,35

10 Da traten die Jünger zu ihm und fragten: Warum redest du in
Gleichnissen zu ihnen? 11 Er antwortete ihnen: Euch ist es gegeben, die
Geheimnisse des Himmelreichs zu verstehen, jenen aber ist es nicht
gegeben. 12 Denn wer hat, dem wird gegeben werden, und er wird ha- 12: 25,29; Mk 4,25;
ben im Überfluss. Wer aber nicht hat, dem wird auch das genommen Lk 8,18; 19,26

12,47: Dieser Vers fehlt in einigen der wichtigsten Handschriften.

werden, was er hat. 13 Darum rede ich in Gleichnissen zu ihnen, dass sie
14–15: Jes 6,9–10 · sehend nicht sehen und hörend nicht hören und nicht verstehen. 14 So
Joh 12,39–40 geht an ihnen die Weissagung Jesajas in Erfüllung, die lautet:

Hörend werdet ihr hören, und verstehen werdet ihr nicht,
und sehend werdet ihr sehen, und einsichtig werdet ihr nicht.
15 *Denn das Herz dieses Volkes ist verfettet,*
und mit den Ohren hören sie schwer,
und ihre Augen halten sie geschlossen,
damit sie mit den Augen nicht sehen
und mit den Ohren nicht hören
und mit dem Herzen nicht verstehen
und nicht umkehren und nicht wollen, dass ich sie heile.

16–17: Lk 10,23–24 16 Selig aber eure Augen, weil sie sehen, und eure Ohren, weil sie
16: 11,4–5 hören. 17 Denn, amen, ich sage euch: Viele Propheten und Gerechte ha-
ben sich gesehnt, zu sehen, was ihr seht, und haben es nicht gesehen,
und zu hören, was ihr hört, und haben es nicht gehört.

18 So hört *ihr* nun das Gleichnis vom Sämann: 19 Immer wenn je-
mand das Wort vom Reich hört und es nicht versteht, kommt der Böse
und raubt, was in sein Herz gesät ist: Hier ist der Same auf den Weg
gefallen. 20 Der Same, der auf den felsigen Boden gesät wurde: Hier hört
einer das Wort und nimmt es sogleich freudig auf, 21 doch er hat keine
Wurzeln, sondern ist unbeständig. Wenn es dann zu Bedrängnis und
Verfolgung kommt um des Wortes willen, kommt er gleich zu Fall.
22: 19,23! 22 Der Same, der unter die Dornen fiel: Hier hört einer das Wort, und
die Sorge dieser Welt und der trügerische Reichtum ersticken das Wort,
und es bleibt ohne Frucht. 23 Der Same, der auf guten Boden gesät wur-
de: Hier ist einer, der das Wort hört und versteht. Der trägt dann Frucht –
sei es hundertfach, sei es sechzigfach, sei es dreissigfach.

Das Gleichnis vom Unkraut unter dem Weizen

24 Ein anderes Gleichnis legte er ihnen vor: Mit dem Himmelreich
ist es wie mit einem, der guten Samen auf seinen Acker säte. 25 Doch
während die Leute schliefen, kam sein Feind, säte Unkraut unter den
Weizen und machte sich davon. 26 Als die Saat aufging und Frucht
brachte, da kam auch das Unkraut zum Vorschein. 27 Da kamen die
Knechte zum Hausherrn und sagten: Herr, war es nicht guter Same, den
du auf deinen Acker gesät hast? Woher kommt nun das Unkraut? 28 Er
antwortete ihnen: Das hat ein Feind getan! Da fragen ihn die Knechte:
Sollen wir also hingehen und es ausreissen? 29 Er sagt: Nein, damit ihr
nicht, wenn ihr das Unkraut ausreisst, auch den Weizen mit heraus-
30: 3,12 zieht. 30 Lasst beides miteinander wachsen bis zur Ernte. Und zur Zeit
der Ernte werde ich den Schnittern sagen: Reisst zuerst das Unkraut aus
und schnürt es zu Bündeln, um es zu verbrennen, den Weizen aber
bringt ein in meine Scheune!

P: Mk 4,30–34;
Lk 13,18–21

Das Gleichnis vom Senfkorn und das Gleichnis vom Sauerteig

31 Ein anderes Gleichnis legte er ihnen vor: Mit dem Himmelreich
ist es wie mit einem Senfkorn, das einer nahm und auf seinen Acker
32: Ps 104,12; säte. 32 Es ist zwar das kleinste unter allen Samenkörnern, aber sobald
Dan 4,9.18 es hochgewachsen ist, ist es grösser als alle anderen Gewächse und wird

ein Baum, so dass *die Vögel des Himmels* kommen *und in seinen Zweigen*
nisten.
33 Ein anderes Gleichnis nannte er ihnen: Mit dem Himmelreich ist
es wie mit einem Sauerteig, den eine Frau nahm und unter drei Scheffel
Mehl mischte, bis alles durchsäuert war.
34 Dies alles sagte Jesus zu den Leuten in Gleichnissen, und anders
als im Gleichnis redete er nicht zu ihnen. 35 So sollte in Erfüllung ge- 35: Ps 78,2
hen, was durch den Propheten gesagt ist:
Ich werde meinen Mund auftun zu Gleichnissen,
ich werde aussprechen, was seit der Grundlegung der Welt
verborgen ist.

Die Deutung des Gleichnisses vom Unkraut

36 Dann liess er die Leute gehen und ging ins Haus. Und seine Jün- 36: 13,24–30
ger traten zu ihm und sagten: Erkläre uns das Gleichnis vom Unkraut
im Acker! 37 Er antwortete: Der den guten Samen sät, das ist der Men-
schensohn; 38 der Acker, das ist die Welt; der gute Same, das sind die
Söhne des Reichs; das Unkraut, das sind die Söhne des Bösen; 39 der 39: 24,3!
Feind, der es gesät hat, das ist der Teufel; die Ernte, das ist das Ende der
Welt; die Schnitter, das sind die Engel. 40 Wie nun das Unkraut ausge-
rissen und im Feuer verbrannt wird, so wird es sein, wenn diese Welt zu
Ende geht. 41 Der Menschensohn wird seine Engel aussenden, und sie 41: 24,31 · 25,32!
werden aus seinem Reich alle Verführung und alle, die das Gesetz miss-
achteten, herausreissen, 42 und *sie werden sie in den Feuerofen werfen;* 42: Dan 3,6 · 8,12!
dort wird Heulen und Zähneklappern sein. 43 Dann werden die Gerech- 43: 5,16!; 17,2;
ten im Reich ihres Vaters leuchten wie die Sonne. Wer Ohren hat, der 2Sam 23,3–4;
höre! Phil 2,15 · 13,9!

Das Gleichnis vom Schatz und das Gleichnis von der Perle

44 Mit dem Himmelreich ist es wie mit einem Schatz, der im Acker 44: 19,21!
vergraben war; den fand einer und vergrub ihn wieder. Und in seiner
Freude geht er hin und verkauft alles, was er hat, und kauft jenen Acker.
45 Weiter: Mit dem Himmelreich ist es wie mit einem Händler, der
schöne Perlen suchte. 46 Als er aber eine besonders kostbare Perle fand,
ging er hin, verkaufte alles, was er hatte, und kaufte sie.

Das Gleichnis vom Fischnetz

47 Weiter: Mit dem Himmelreich ist es wie mit einem Netz, das ins 47: 4,19
Meer geworfen wurde und Fische aller Art fing. 48 Als es voll war, zogen
sie es an Land, setzten sich, sammelten die guten in Körbe und warfen
die schlechten weg. 49 So wird es sein, wenn diese Welt zu Ende geht: 49: 25,32!
Die Engel werden ausziehen und die Bösen mitten aus den Gerechten
herausnehmen, 50 und *sie werden sie in den Feuerofen werfen;* dort wird 50: Dan 3,6 · 8,12!
Heulen und Zähneklappern sein.

Der Abschluss der Gleichnisrede

51 Habt ihr das alles verstanden? Sie antworten ihm: Ja. 52 Da sagte
er zu ihnen: Darum ist jeder Schriftgelehrte, der ein Jünger des Him-
melreichs geworden ist, einem Hausherrn gleich, der Neues und Altes
aus seiner Schatzkammer hervorholt.

P: Mk 6,1–6; *Ablehnung in Nazaret*
Lk 4,16–30 53 Und es geschah, als Jesus diese Gleichnisrede abgeschlossen hat-
54: 7,28! · 14,2 te, dass er von dort wegzog. 54 Und als er in seine Vaterstadt kam, lehrte
er sie in ihrer Synagoge, und sie waren überwältigt und sagten: Woher
55: Joh 6,42 hat der diese Weisheit und diese Kräfte? 55 Ist das nicht der Sohn des
Zimmermanns? Heisst seine Mutter nicht Maria, und sind nicht Jako-
bus, Josef, Simon und Judas seine Brüder? 56 Und leben nicht alle seine
57: 11,6! · Joh 4,44 Schwestern bei uns? Woher also hat der das alles? 57 Und sie nahmen
Anstoss an ihm. Jesus aber sagte zu ihnen: Nirgends gilt ein Prophet so
wenig wie in seiner Vaterstadt und in seiner Familie. 58 Und er tat dort
nicht viele Wunder wegen ihres Unglaubens.

P: Mk 6,14–29; *Herodes und der Täufer*
Lk 9,7–9 14 1 Zu jener Zeit hörte Herodes, der Tetrarch, was man über Jesus
2: 16,14! · 13,54 erzählte, 2 und sagte zu seinem Gefolge: Das ist Johannes der Täu-
fer! Er ist von den Toten auferweckt worden, und darum wirken solche
Kräfte in ihm.
3–5: Lk 3,19–20 3 Herodes hatte nämlich Johannes gefangen nehmen, in Ketten le-
gen und ins Gefängnis werfen lassen wegen Herodias, der Frau seines
4: Lev 18,16 Bruders Philippus. 4 Denn Johannes hatte zu ihm gesagt: Es ist dir nicht
5: 21,26! · 21,46 erlaubt, sie zu haben. 5 Darum wollte er ihn töten lassen, fürchtete aber
das Volk, weil es ihn für einen Propheten hielt.
6 Als dann aber der Geburtstag des Herodes gefeiert wurde, tanzte
die Tochter der Herodias vor ihnen und gefiel dem Herodes so sehr,
7 dass er schwor, ihr zu geben, was immer sie sich wünschte. 8 Da sagte
sie, von ihrer Mutter gedrängt: Gib mir hier auf einer Schale den Kopf
des Täufers Johannes! 9 Das schmerzte den König, doch wegen seines
10: 23,37! Schwurs und wegen der Gäste befahl er, ihr den Kopf zu geben, 10 und
er liess den Johannes im Gefängnis enthaupten. 11 Und sein Kopf wurde
auf einer Schale gebracht und dem Mädchen gegeben, und sie brachte
ihn ihrer Mutter. 12 Und seine Jünger kamen, holten den Leichnam und
begruben ihn; dann gingen sie und erzählten es Jesus.

P: 15,32–39; *Die Speisung der fünftausend*
Mk 6,30–44; 13 Jesus, der davon gehört hatte, fuhr in einem Boot von dort weg
Lk 9,10–17;
Joh 6,1–15 und zog sich an einen einsamen Ort zurück, wo er für sich war. Als die
14: 9,36! Leute das erfuhren, folgten sie ihm zu Fuss aus den Städten. 14 Als er
ausstieg, sah er viel Volk versammelt. Da hatte er Mitleid mit ihnen, und
er heilte die Kranken unter ihnen.
15–21: 2Kön 4,42–44 15 Als es Abend wurde, traten seine Jünger zu ihm und sagten: Abge-
legen ist der Ort und die Stunde vorgerückt. Schick die Leute in die Dör-
fer, damit sie sich etwas zu essen kaufen können! 16 Jesus aber sagte zu
ihnen: Sie brauchen nicht wegzugehen, gebt ihr ihnen zu essen! 17 Sie
aber sagten zu ihm: Wir haben hier nichts ausser fünf Broten und zwei
19: 26,26! Fischen. 18 Er sagte: Bringt sie zu mir! 19 Und er befahl den Leuten, sich
im Gras niederzulassen, nahm die fünf Brote und die zwei Fische, blick-
te zum Himmel auf, sprach den Lobpreis, brach die Brote und gab sie
den Jüngern, und die Jünger gaben sie den Leuten. 20 Und alle assen
und wurden satt. Und sie sammelten die übrig gebliebenen Brocken,

zwölf Körbe voll. 21 Es waren an die fünftausend Männer, die gegessen
hatten, Frauen und Kinder nicht mitgezählt.

Der Gang auf dem Wasser P: Mk 6,45–52;
22 Gleich darauf drängte er seine Jünger, ins Boot zu steigen und Joh 6,16–21
ihm ans andere Ufer vorauszufahren, während er die Leute entlasse.
23 Und als er die Leute entlassen hatte, stieg er auf den Berg, um unge-
stört zu beten. Am Abend war er allein dort. 24 Das Boot aber war schon
viele Stadien vom Land entfernt, als es von den Wellen hart bedrängt
wurde, denn der Wind stand ihnen entgegen.
25 In der vierten Nachtwache kam er zu ihnen; er ging über den See. 25: Hiob 9,8
26 Als die Jünger ihn auf dem See gehen sahen, erschraken sie, weil sie
meinten, es sei ein Gespenst, und sie schrien vor Angst. 27 Sogleich aber
redete Jesus mit ihnen: Seid getrost, ich bin es. Fürchtet euch nicht!
28 Petrus aber entgegnete ihm: Herr, wenn du es bist, so heisse mich
über das Wasser zu dir kommen! 29 Er sprach: Komm! Da stieg Petrus
aus dem Boot, und er konnte auf dem Wasser gehen und ging auf Jesus
zu. 30 Als er aber den Wind spürte, fürchtete er sich, und als er zu sinken
begann, schrie er: Herr, rette mich! 31 Sogleich streckte Jesus seine 31: 8,26!
Hand aus, hielt ihn fest, und er sagt zu ihm: Du Kleingläubiger! Warum
hast du gezweifelt? 32 Und als sie ins Boot stiegen, legte sich der Wind.
33 Die aber im Boot waren, fielen vor ihm nieder und sagten: Ja, du bist 33: 16,16!
wirklich Gottes Sohn!

Heilungen in Gennesaret P: Mk 6,53–56
34 Und sie fuhren über den See und gingen in Gennesaret an Land.
35 Und als die Leute an jenem Ort ihn erkannten, schickten sie in die
ganze Umgebung, und man brachte alle Kranken zu ihm, 36 und die
baten ihn, wenigstens den Saum seines Mantels berühren zu dürfen;
und alle, die ihn berührten, wurden gerettet.

Von Reinheit und Unreinheit P: Mk 7,1–23
15 1 Da kommen von Jerusalem Pharisäer und Schriftgelehrte zu Je- 1–2: Lk 11,37–38
sus und sagen: 2 Warum übertreten deine Jünger die Überliefe- 2: Mk 7,3–4
rung der Alten? Sie waschen nämlich die Hände nicht, wenn sie Brot
essen.
3 Da antwortete er ihnen: Warum übertretet denn ihr das Gebot Got-
tes zugunsten eurer Überlieferung? 4 Denn Gott hat gesagt: *Ehre Vater* 4: Ex 20,12;
und Mutter, und: *Wer Vater oder Mutter verflucht, der sei des Todes.* 5 Ihr Dtn 5,16 · Ex 21,17;
aber sagt: Wer zu Vater oder Mutter sagt: Dem Tempel soll geweiht sein, Lev 20,9
was dir von mir zusteht, 6 der braucht seinen Vater nicht zu ehren! Da-
mit habt ihr das Wort Gottes ausser Kraft gesetzt zugunsten eurer Über-
lieferung. 7 Ihr Heuchler! Wie zutreffend ist doch, was Jesaja über euch 7: 23,13!
geweissagt hat:
8 *Dieses Volk ehrt mich mit den Lippen,* 8–9: Jes 29,13
ihr Herz aber hält sich fern von mir.
9 *Nichtig ist, wie sie mich verehren;*
was sie an Lehren vortragen,
sind Satzungen von Menschen.
10 Und er rief das Volk herbei und sagte zu ihnen: Hört und versteht!

11: 12,34 11 Nicht was in den Mund hineingeht, macht den Menschen unrein,
sondern was aus dem Mund herauskommt, das macht den Menschen
unrein.

12 Da kommen seine Jünger zu ihm und sagen: Weisst du, dass die
Pharisäer Anstoss genommen haben, als sie dieses Wort hörten? 13 Da
antwortete er ihnen: Jede Pflanze, die nicht mein himmlischer Vater ge-
14: 23,16.24; pflanzt hat, wird ausgerissen werden. 14 Lasst sie! Sie sind blinde Füh-
Lk 6,39 rer. Wenn aber ein Blinder einen Blinden führt, werden beide in die
Grube fallen.

15 Da entgegnete Petrus: Erkläre uns dieses Gleichnis! 16 Er aber
sprach: Seid auch ihr noch immer unverständig? 17 Begreift ihr nicht,
dass alles, was in den Mund hineingeht, in den Bauch geht und in die
18: 12,34 Grube ausgeschieden wird? 18 Was aber aus dem Mund herauskommt,
das kommt aus dem Herzen, und das macht den Menschen unrein.
19: Röm 1,29–31; 19 Denn aus dem Herzen kommen böse Gedanken, Mord, Ehebruch,
Gal 5,19–21 Unzucht, Diebstahl, falsches Zeugnis und Lästerung. 20 Das ist es, was
den Menschen unrein macht; aber mit ungewaschenen Händen zu es-
sen, macht den Menschen nicht unrein.

P: Mk 7,24–30 *Die Begegnung mit der kanaanäischen Frau*

21 Und Jesus ging von dort weg und zog sich in die Gegend von Tyrus
22: 5,7!; 9,27!; 17,15; und Sidon zurück. 22 Und da kam eine kanaanäische Frau aus jenem
20,30–31 Gebiet und schrie: Hab Erbarmen mit mir, Herr, Sohn Davids! Meine
Tochter wird von einem Dämon furchtbar gequält. 23 Er aber antworte-
te ihr mit keinem Wort. Da traten seine Jünger zu ihm und baten: Stell
24: 10,6! sie zufrieden, denn sie schreit hinter uns her! 24 Er antwortete: Ich bin
nur zu den verlorenen Schafen des Hauses Israel gesandt. 25 Doch sie
kam, fiel vor ihm nieder und sagte: Herr, hilf mir! 26 Er antwortete: Es
ist nicht recht, den Kindern das Brot wegzunehmen und es den Hunden
hinzuwerfen. 27 Sie sagte: Stimmt, denn die Hunde fressen ja ohnehin
28: 8,13! von den Brotbrocken, die vom Tisch ihrer Herren fallen. 28 Darauf ant-
wortete ihr Jesus: Frau, dein Glaube ist gross! Dir geschehe, wie du
willst. Und von Stund an war ihre Tochter geheilt.

Die Heilung vieler Kranker

29 Und Jesus ging weg von dort und kam an den See von Galiläa; und
er stieg auf den Berg und setzte sich dort. 30 Und es kamen viele Leute
zu ihm, die hatten Lahme, Blinde, Krüppel, Stumme und viele andere
Kranke bei sich, und sie legten sie ihm zu Füssen, und er heilte sie.
31: 11,5!; Mk 7,37 31 Und das Volk staunte, als es sah, wie Stumme redeten, Krüppel ge-
sund wurden, Lahme gingen und Blinde sahen; und sie priesen den Gott
Israels.

P: 14,13–21; *Die Speisung der viertausend*

Mk 8,1–10
32: 9,36! 32 Jesus rief nun seine Jünger herbei und sprach: Das Volk tut mir
leid, denn drei Tage sind sie schon bei mir und haben nichts zu essen.
Ich will sie nicht hungrig gehen lassen, sonst brechen sie unterwegs
zusammen. 33 Da sagten die Jünger zu ihm: Woher sollen wir in dieser
Einöde so viele Brote nehmen, um so viel Volk satt zu machen? 34 Und
Jesus fragte sie: Wie viele Brote habt ihr? Sie antworteten: Sieben und

ein paar Fische. 35 Da forderte er das Volk auf, sich zu lagern, 36 nahm 36: 26,26!
dann die sieben Brote und die Fische, sprach das Dankgebet, brach sie
und gab sie den Jüngern, und die Jünger gaben sie den Leuten. 37 Und
alle assen und wurden satt. Und sie sammelten die übrig gebliebenen
Brocken, sieben Körbe voll. 38 Es waren aber viertausend Männer, die
gegessen hatten, Frauen und Kinder nicht mitgezählt.
39 Dann liess er die Leute gehen, stieg in das Boot und kam in die
Gegend von Magadan.

Die Verweigerung eines Zeichens P: 12,38–42;

16 1 Da kamen die Pharisäer und Sadduzäer zu ihm. Um ihn zu ver- Mk 8,11–13
suchen, baten sie ihn, ihnen ein Zeichen vom Himmel vorzuwei- 1: 12,38!; Lk 11,16
sen. 2 Er aber antwortete ihnen: 4 Ein böses und ehebrecherisches Ge- 4: 12,39; 17,17;
schlecht fordert ein Zeichen, und ihm wird kein Zeichen gegeben wer- Dtn 32,5
den ausser dem Zeichen des Jona. Und er liess sie stehen und ging.

Das Unverständnis der Jünger P: Mk 8,14–21

5 Und die Jünger kamen ans andere Ufer. Sie hatten aber vergessen,
Brot mitzunehmen. 6 Da sagte Jesus zu ihnen: Gebt acht, hütet euch vor 6: Lk 12,1
dem Sauerteig der Pharisäer und Sadduzäer! 7 Sie machten sich Gedan-
ken und sagten, einer zum andern: Wir haben kein Brot mitgenommen.
8 Als Jesus das merkte, sprach er: Was macht ihr euch Gedanken dar- 8: 8,26!
über, dass ihr kein Brot habt, ihr Kleingläubigen? 9 Begreift ihr immer 9: 14,15–21;
noch nicht? Erinnert ihr euch nicht an die fünf Brote für die fünftausend Mk 6,52
und daran, wie viele Körbe voll ihr eingesammelt habt? 10 Auch nicht an 10: 15,32–38
die sieben Brote für die viertausend und daran, wie viele Körbe voll ihr
eingesammelt habt? 11 Warum begreift ihr nicht, dass ich nicht von
Broten zu euch gesprochen habe? Hütet euch vor dem Sauerteig der Pha-
risäer und Sadduzäer! 12 Da verstanden sie, dass er nicht gemeint hatte,
sie sollten sich vor dem Sauerteig für das Brot hüten, sondern vor der
Lehre der Pharisäer und der Sadduzäer.

Das Bekenntnis des Petrus P: Mk 8,27–30;

13 Als Jesus in die Gegend von Cäsarea Philippi kam, fragte er seine Lk 9,18–21;
Jünger: Für wen halten die Leute den Menschensohn? 14 Sie antworte- Joh 6,66–71 14: 14,2; 21,11!;
ten: Die einen für Johannes den Täufer, andere für Elija, wieder andere Mk 6,15
für Jeremia oder sonst einen der Propheten. 15 Er fragt sie: Ihr aber, für
wen haltet ihr mich? 16 Da antwortete Simon Petrus: Du bist der Messi- 16: 3,17; 4,3.6; 8,29;
as, der Sohn des lebendigen Gottes! 11,27; 14,33;
17 Da entgegnete ihm Jesus: Selig bist du, Simon Barjona, denn nicht 26,63–64; 27,40.54 ·
Fleisch und Blut hat dir das offenbart, sondern mein Vater im Himmel. Joh 11,27!
18 Und ich sage dir: Du bist Petrus, und auf diesen Felsen werde ich mei- 18: Joh 1,42;
ne Kirche bauen, und die Tore des Totenreichs werden sie nicht über- 21,15–19
wältigen. 19 Ich werde dir die Schlüssel des Himmelreichs geben, und 19: 18,18!
was du auf Erden bindest, wird auch im Himmel gebunden sein, und

16,2: Verschiedene Handschriften ergänzen V.2 und fügen V.3 ein (möglicherweise in Anlehnung an Lk 12,54–56): «Am Abend sagt ihr: Das Wetter wird schön, denn der Himmel ist rot. 3 Und am Morgen: Heute wird es regnen, denn der Himmel ist rot und trüb. Das Aussehen des Himmels wisst ihr zu deuten, die Zeichen der Zeit aber versteht ihr nicht.»

20: 8,4! was du auf Erden löst, wird auch im Himmel gelöst sein. 20 Dann befahl
er den Jüngern, niemandem zu sagen, dass er der Messias sei.

P: Mk 8,31–33; Lk 9,22

21: 17,12.22–23; 20,17–19 · 12,40

Die erste Leidensankündigung

21 Von da an begann Jesus seine Jünger darauf hinzuweisen, dass er
nach Jerusalem gehen und von den Ältesten und Hohen Priestern und
Schriftgelehrten vieles erleiden und dass er getötet und am dritten Tag
auferweckt werden müsse. 22 Da nahm ihn Petrus beiseite und fing an,
ihn zu beschwören: Das möge Gott verhüten, Herr! Niemals soll dir das
geschehen! 23 Er aber wandte sich um und sagte zu Petrus: Fort mit dir,
Satan, hinter mich! Du willst mich zu Fall bringen, denn nicht Göttliches, sondern Menschliches hast du im Sinn.

P: Mk 8,34–9,1; Lk 9,23–27

24: 8,22; 10,38; 19,21; Lk 9,23!

25: 10,39; Lk 17,33; Joh 12,25

26: Lk 12,20; Ps 49,8–9

27: 10,23; 19,28; 24,30; 25,31; 26,64 · Ps 62,13

28: 10,23

Nachfolge und Lebensgewinn

24 Darauf sagte Jesus zu seinen Jüngern: Wenn einer mir auf meinem Weg folgen will, verleugne er sich und nehme sein Kreuz auf sich,
und so folge er mir. 25 Denn wer sein Leben retten will, wird es verlieren; wer aber sein Leben verliert um meinetwillen, wird es finden.
26 Denn was hilft es dem Menschen, wenn er die ganze Welt gewinnt,
dabei aber Schaden nimmt an seinem Leben? Was kann einer dann geben als Gegenwert für sein Leben? 27 Der Menschensohn wird kommen in der Herrlichkeit seines Vaters mit seinen Engeln, und dann *wird
er jedem vergelten nach seinem Tun.* 28 Amen, ich sage euch: Einige von
denen, die hier stehen, werden den Tod nicht schmecken, bevor sie den
Menschensohn kommen sehen in seinem Reich.

P: Mk 9,2–13; Lk 9,28–36

2: 13,43!; Ex 34,29–30

5: 3,17!

9: 8,4!

10: Mal 3,23

12: 11,14 · 16,21!

Die Verklärung Jesu

17 1 Und nach sechs Tagen nimmt Jesus den Petrus, den Jakobus und
dessen Bruder Johannes mit und führt sie abseits auf einen hohen
Berg. 2 Da wurde er vor ihren Augen verwandelt, und sein Angesicht
strahlte wie die Sonne, und seine Kleider wurden weiss wie das Licht.
3 Und siehe da: Es erschienen ihnen Mose und Elija, und sie redeten mit
ihm. 4 Da ergriff Petrus das Wort und sagte zu Jesus: Herr, es ist schön,
dass wir hier sind. Wenn du willst, werde ich hier drei Hütten bauen,
eine für dich, eine für Mose und eine für Elija.

5 Während er noch redete, da warf eine lichte Wolke ihren Schatten
auf sie, und eine Stimme sprach aus der Wolke: Dies ist mein geliebter
Sohn, an dem ich Wohlgefallen habe. Auf ihn sollt ihr hören! 6 Als die
Jünger das hörten, fielen sie auf ihr Angesicht und fürchteten sich sehr.
7 Da trat Jesus zu ihnen, rührte sie an und sprach: Steht auf und fürchtet
euch nicht! 8 Als sie wieder aufblickten, sahen sie niemanden mehr
ausser Jesus. 9 Während sie vom Berg hinunterstiegen, gebot ihnen Jesus: Sagt niemandem, was ihr gesehen habt, bis der Menschensohn von
den Toten auferweckt worden ist.

10 Da fragten ihn die Jünger: Warum sagen denn die Schriftgelehrten: *Elija muss zuerst kommen?* 11 Er aber antwortete: Ja, *Elija kommt und
wird* alles *wiederherstellen.* 12 Ich sage euch aber: Elija ist schon gekommen, und sie haben ihn nicht erkannt, sondern haben mit ihm gemacht,
was sie wollten. Ebenso wird auch der Menschensohn unter ihnen lei-

den. 13 Da verstanden die Jünger, dass er von Johannes dem Täufer zu
ihnen sprach.

Die Heilung eines besessenen Knaben P: Mk 9,14–29;
14 Und als sie zu den Leuten zurückgekehrt waren, trat einer zu ihm, Lk 9,37–43a
fiel vor ihm auf die Knie 15 und sagte: Herr, hab Erbarmen mit meinem 15: 15,22!
Sohn! Er ist mondsüchtig und leidet schrecklich. Oft fällt er nämlich ins
Feuer und oft ins Wasser. 16 Ich habe ihn zu deinen Jüngern gebracht,
aber sie vermochten nicht, ihn zu heilen. 17 Jesus aber antwortete: Du 17: 16,4!
ungläubiges und verkehrtes Geschlecht! Wie lange muss ich noch bei
euch sein? Wie lange muss ich euch noch ertragen? Bringt ihn her zu
mir! 18 Und Jesus schrie ihn an. Da fuhr der Dämon aus, und von Stund
an war der Knabe geheilt.
19 Da traten die Jünger zu Jesus, und als sie unter sich waren, sagten 19: 10,1
sie: Warum konnten *wir* ihn nicht austreiben? 20 Er antwortet ihnen: 20: 8,26! · 21,21;
Wegen eures Kleinglaubens! Denn, amen, ich sage euch: Wenn ihr Mk 11,23; Lk 17,6 ·
Glauben habt wie ein Senfkorn, werdet ihr zu diesem Berg sagen: Bewe- 8,13!
ge dich von hier nach dort, und er wird sich wegbewegen; und nichts
wird euch unmöglich sein.

Die zweite Leidensankündigung P: Mk 9,30–32;
22 Als sie zusammen nach Galiläa kamen, sagte Jesus zu ihnen: Der Lk 9,43b–45
Menschensohn wird ausgeliefert werden in die Hände von Menschen,
23 und sie werden ihn töten, und am dritten Tag wird er auferweckt 23: 16,21!
werden. Da wurden sie sehr traurig.

Von der Tempelsteuer
24 Als sie nach Kafarnaum kamen, traten die Einnehmer der Tem-
pelsteuer an Petrus heran und fragten: Zahlt euer Meister die Doppel-
drachme nicht? 25 Er antwortet: Doch! Und als er ins Haus hineinge-
gangen war, kam ihm Jesus zuvor und fragte: Was meinst du, Simon,
von wem erheben die Könige der Erde Zölle oder Steuern? Von den Ein-
heimischen oder von den Fremden? 26 Da jener antwortete: Von den
Fremden, sagte Jesus zu ihm: Also sind die Einheimischen davon be-
freit. 27 Damit wir aber bei ihnen keinen Anstoss erregen, geh an den
See und wirf die Angel aus und nimm den ersten Fisch, der anbeisst.
Und wenn du ihm das Maul öffnest, wirst du ein Vierdrachmenstück
finden. Das nimm und gib es ihnen als Steuer für mich und dich.

Der Rangstreit unter den Jüngern P: Mk 9,33–37;
18 1 In jener Stunde traten die Jünger zu Jesus und sagten: Wer ist Lk 9,46–48
nun der Grösste im Himmelreich? 2 Da rief er ein Kind herbei, 1: 11,11!
stellte es in ihre Mitte 3 und sprach: Amen, ich sage euch, wenn ihr 3: 7,21!; 19,14;
nicht umkehrt und werdet wie die Kinder, werdet ihr nicht ins Him- Lk 18,17
melreich hineinkommen. 4 Wer sich also zu den Geringen zählt wie das
Kind hier, der ist der Grösste im Himmelreich. 5 Und wer ein Kind wie 5: 10,40!
dieses in meinem Namen aufnimmt, nimmt mich auf.

17,20: Viele Handschriften fügen nach V.20 ein (wohl in Anlehnung an Mk 9,29): «21 Diese Art aber fährt nicht aus, es sei denn durch Gebet und Fasten.»

P: Mk 9,42–48 *Fall und Verführung*
6–7: Lk 17,1–2 6 Wer aber einen dieser Geringen, die an mich glauben, zu Fall
bringt, für den wäre es gut, wenn ihm ein Mühlstein um den Hals ge-
7: 26,24 hängt und er in der Tiefe des Meeres versenkt würde. 7 Wehe der Welt
um der Verführungen willen! Verführung muss zwar sein, doch wehe
dem Menschen, durch den die Verführung kommt!
8: 5,30 8 Wenn aber deine Hand oder dein Fuss dich zu Fall bringt, hau sie
ab und wirf sie von dir. Es ist besser für dich, verstümmelt oder lahm ins
Leben einzugehen, als mit beiden Händen oder beiden Füssen ins ewige
9: 5,29 Feuer geworfen zu werden. 9 Und wenn dein Auge dich zu Fall bringt,
reiss es aus und wirf es von dir. Es ist besser für dich, einäugig ins Leben
einzugehen, als mit beiden Augen in die Feuerhölle geworfen zu wer-
den.

Das Gleichnis vom verlorenen Schaf
10 Seht zu, dass ihr nicht eins dieser Geringen verachtet! Denn ich
sage euch: Ihre Engel im Himmel schauen allezeit das Angesicht meines
Vaters im Himmel.
12–14: Lk 15,3–7 12 Was meint ihr? Wenn einer hundert Schafe hat, und es verirrt
12: Ez 34,16 sich eines von ihnen, wird er nicht die neunundneunzig auf den Bergen
zurücklassen und sich aufmachen, das verirrte zu suchen? 13 Und wenn
es geschieht, dass er es findet, amen, ich sage euch: Er freut sich über
dieses eine mehr als über die neunundneunzig, die sich nicht verirrt
14: Joh 6,39 haben. 14 So ist es nicht der Wille eures Vaters im Himmel, dass auch
nur eins dieser Geringen verloren gehe.

Von der Verantwortung in der Gemeinde
15: Lk 17,3; 15 Wenn dein Bruder an dir schuldig wird, dann geh und weise ihn
Lev 19,17 unter vier Augen zurecht. Hört er auf dich, so hast du deinen Bruder
16: Dtn 19,15 gewonnen. 16 Hört er nicht auf dich, so nimm noch einen oder zwei mit
dir, damit *alles durch zweier oder dreier Zeugen Mund festgestellt werde*.
17 Hört er nicht auf sie, so sag es der Gemeinde. Hört er auch nicht
auf die Gemeinde, so sei er für dich wie ein Heide und ein Zöllner.
18: 16,19; Joh 20,23 18 Amen, ich sage euch: Was immer ihr auf Erden bindet, wird auch im
Himmel gebunden sein, und was immer ihr auf Erden löst, wird auch
im Himmel gelöst sein.
19: 7,8! 19 Weiter sage ich euch: Wenn zwei von euch auf Erden überein-
kommen, um etwas zu bitten, dann wird es ihnen von meinem Vater im
20: 28,20! Himmel zuteil werden. 20 Denn wo zwei oder drei in meinem Namen
versammelt sind, da bin ich mitten unter ihnen.

Das Gleichnis vom unbarmherzigen Knecht
21–22: Lk 17,4 21 Dann trat Petrus zu ihm und sagte: Herr, wie oft kann mein Bru-
der an mir schuldig werden, und ich muss ihm vergeben? Bis zu sieben-
mal? 22 Jesus sagt zu ihm: Ich sage dir, nicht bis zu siebenmal, sondern
bis zu siebenundsiebzigmal.

18,10: Viele Handschriften fügen nach V.10 ein (wohl von Lk 19,10 übernommen): «11 Denn der Menschensohn ist gekommen, zu retten, was verloren ist.»

18,15: Andere Textüberlieferung: «Wenn dein Bruder sündigt, dann geh ...»

23 Darum ist es mit dem Himmelreich wie mit einem König, der mit 23: 25,19
seinen Knechten abrechnen wollte. 24 Als er abzurechnen begann, wur-
de einer vor ihn gebracht, der ihm zehntausend Talent schuldig war.
25 Weil er sie nicht zurückzahlen konnte, befahl der Herr, ihn mit Frau
und Kind und seiner ganzen Habe zu verkaufen und so die Schuld zu
begleichen. 26 Da warf sich der Knecht vor ihm auf die Knie und flehte:
Hab Geduld mit mir, und ich werde dir alles zurückzahlen! 27 Da hatte
der Herr Mitleid mit jenem Knecht und liess ihn gehen, und die Schuld
erliess er ihm. 28 Als aber der Knecht wegging, traf er einen seiner Mit-
knechte, der ihm hundert Denar schuldig war; und er packte ihn, würg-
te ihn und sagte: Bezahle, wenn du etwas schuldig bist! 29 Da fiel sein
Mitknecht vor ihm nieder und bat ihn: Hab Geduld mit mir, und ich
werde es dir zurückzahlen! 30 Er aber wollte nicht, sondern ging und
liess ihn ins Gefängnis werfen, bis er die Schuld beglichen hätte. 31 Als
nun seine Mitknechte sahen, was geschehen war, überkam sie grosse
Trauer, und sie gingen und berichteten ihrem Herrn alles, was gesche-
hen war. 32 Da liess sein Herr ihn zu sich rufen und sagte zu ihm: Du
böser Knecht! Die ganze Schuld habe ich dir erlassen, weil du mich ge-
beten hast! 33 Hättest nicht auch du Erbarmen haben müssen mit dei- 33: 5,7!; 9,13
nem Mitknecht, so wie ich Erbarmen hatte mit dir? 34 Und voller Zorn 34: 5,26
übergab ihn sein Herr den Folterknechten, bis er ihm die ganze Schuld
bezahlt hätte. 35 So wird es auch mein himmlischer Vater mit euch ma- 35: 6,15!
chen, wenn ihr nicht vergebt, ein jeder seinem Bruder von Herzen.

Aufbruch nach Judäa P: Mk 10,1; Lk 9,51

19 1 Und es geschah, als Jesus diese Rede abgeschlossen hatte, dass er
von Galiläa aufbrach und in das Gebiet von Judäa jenseits des Jor-
dan kam. 2 Und viele Leute folgten ihm, und er heilte sie dort.

Zur Frage nach der Ehescheidung P: 5,31–32;
3 Und es kamen Pharisäer zu ihm, um ihn auf die Probe zu stellen, Mk 10,2–12
und sagten: Ist es einem Mann erlaubt, seine Frau zu entlassen, aus wel-
chem Grund auch immer? 4 Er aber antwortete: Habt ihr nicht gelesen, 4: Gen 1,27; 5,2
dass der Schöpfer *sie* von Anfang an *als Mann und Frau geschaffen hat?*
5 Und dass er gesagt hat: *Darum wird ein Mann Vater und Mutter verlassen* 5: Gen 2,24
und seiner Frau anhangen, und die beiden werden ein Fleisch sein. 6 Also
sind sie nicht mehr zwei, sondern sie sind ein Fleisch. Was nun Gott
zusammengefügt hat, soll der Mensch nicht scheiden. 7 Sie sagen zu 7: Dtn 24,1–3
ihm: Warum hat dann Mose geboten, ihr einen Scheidebrief zu geben
und sie zu entlassen? 8 Er sagt zu ihnen: Mose hat euch angesichts eurer
Hartherzigkeit erlaubt, eure Frauen zu entlassen; doch ursprünglich ist
es nicht so gewesen. 9 Ich sage euch aber: Wer seine Frau entlässt – aus- 9: 5,32; Mk 10,11;
ser wegen Unzucht – und eine andere heiratet, der begeht Ehebruch. Lk 16,18;
10 Da sagen die Jünger zu ihm: Wenn die Sache des Mannes mit der 1Kor 7,10–11
Frau so steht – wozu dann heiraten? 11 Er aber sagte zu ihnen: Nicht alle
fassen dieses Wort, sondern nur die, denen es gegeben ist: 12 Ja, es gibt
Eunuchen, die von Geburt an so waren, und es gibt Eunuchen, die von
Menschen zu solchen gemacht wurden, und es gibt Eunuchen, die sich
um des Himmelreiches willen selbst zu solchen gemacht haben. Wer
das fassen kann, fasse es!

P: Mk 10,13–16; Lk 18,15–17
14: 18,3!

Jesus und die Kinder

13 Dann brachte man Kinder zu ihm, damit er ihnen die Hände auflege und bete. Die Jünger aber fuhren sie an. 14 Doch Jesus sprach: Lasst die Kinder und hindert sie nicht, zu mir zu kommen, denn solchen gehört das Himmelreich. 15 Und er legte ihnen die Hände auf und ging weg von dort.

P: Mk 10,17–27; Lk 18,18–27
18: Ex 20,13–16; Dtn 5,17–20
19: Ex 20,12; Dtn 5,16 · 22,39!; Lev 19,18
21: 5,48! · 6,20; 13,44 · 16,24!
23: 7,21!; 13,22
25: 7,28!
26: Gen 18,14

Nachfolge und Reichtum

16 Da kam einer zu ihm und sagte: Meister, was muss ich Gutes tun, um ewiges Leben zu erlangen? 17 Er sagte zu ihm: Was fragst du mich nach dem Guten? Einer ist der Gute. Willst du aber ins Leben eingehen, so halte die Gebote. 18 Da sagte er zu ihm: Welche? Jesus sagte: *Du sollst nicht töten, du sollst nicht ehebrechen, du sollst nicht stehlen, du sollst nicht falsches Zeugnis ablegen,* 19 *ehre Vater und Mutter* und: *Liebe deinen Nächsten wie dich selbst.* 20 Da sagte der junge Mann zu ihm: Das alles habe ich befolgt. Was fehlt mir noch? 21 Da sagte Jesus zu ihm: Willst du vollkommen sein, so geh, verkaufe deinen Besitz und gib ihn den Armen, und du wirst einen Schatz im Himmel haben, und komm und folge mir! 22 Als der junge Mann das hörte, ging er traurig fort, denn er hatte viele Güter.

23 Jesus aber sagte zu seinen Jüngern: Amen, ich sage euch: Ein Reicher wird nur schwer ins Himmelreich kommen. 24 Weiter sage ich euch: Eher geht ein Kamel durch ein Nadelöhr als ein Reicher in das Reich Gottes. 25 Als die Jünger das hörten, waren sie bestürzt und sagten: Wer kann dann gerettet werden? 26 Jesus blickte sie an und sprach: Bei Menschen ist das unmöglich, bei Gott aber ist alles möglich!

P: Mk 10,28–31; Lk 18,28–30
27: 4,20.22
28: 16,27! · Lk 22,28–30; Offb 3,21
29: 4,22; 10,37
30: 20,16; Lk 13,30

Vom Lohn der Nachfolge

27 Da wandte sich Petrus an ihn und sagte: Wir hier haben alles verlassen und sind dir gefolgt. Was wird mit uns werden? 28 Jesus sagte zu ihnen: Amen, ich sage euch: Ihr, die ihr mir gefolgt seid, werdet bei der Neuschöpfung, wenn der Menschensohn sich auf den Thron seiner Herrlichkeit setzt, auch auf zwölf Thronen sitzen und die zwölf Stämme Israels richten. 29 Und jeder, der um meines Namens willen Häuser, Brüder, Schwestern, Vater, Mutter, Kinder oder Äcker verlassen hat, wird hundertfach empfangen und ewiges Leben erben. 30 Viele Erste aber werden Letzte sein und Letzte Erste.

Das Gleichnis von den Arbeitern im Weinberg

20 1 Denn mit dem Himmelreich ist es wie mit einem Gutsherrn, der am frühen Morgen ausging, um Arbeiter für seinen Weinberg einzustellen. 2 Nachdem er sich mit den Arbeitern auf einen Denar für den Tag geeinigt hatte, schickte er sie in seinen Weinberg. 3 Und als er um die dritte Stunde ausging, sah er andere ohne Arbeit auf dem Marktplatz stehen, 4 und er sagte zu ihnen: Geht auch ihr in den Weinberg, und was recht ist, will ich euch geben. 5 Sie gingen hin. Wiederum ging er aus um die sechste und neunte Stunde und tat dasselbe. 6 Als er um die elfte Stunde ausging, fand er andere dastehen, und er sagte zu ihnen: Was steht ihr den ganzen Tag hier, ohne zu arbeiten? 7 Sie sagten zu ihm: Es hat uns niemand eingestellt. Er sagte zu ihnen: Geht auch ihr in

den Weinberg! 8 Es wurde Abend und der Herr des Weinbergs sagte zu
seinem Verwalter: Ruf die Arbeiter und zahl ihnen den Lohn aus, ange-
fangen bei den Letzten bis zu den Ersten. 9 Und als die von der elften
Stunde kamen, erhielten sie jeder einen Denar. 10 Und als die Ersten
kamen, meinten sie, dass sie mehr erhalten würden; und auch sie er-
hielten jeder einen Denar. 11 Als sie ihn erhalten hatten, beschwerten
sie sich beim Gutsherrn 12 und sagten: Diese Letzten haben nur eine
Stunde gearbeitet, und du hast sie uns gleichgestellt, die wir die Last des
Tages und die Hitze ertragen haben. 13 Er aber entgegnete einem von
ihnen: Freund, ich tue dir nicht unrecht. Hast du dich nicht mit mir auf
einen Denar geeinigt? 14 Nimm, was dein ist, und geh! Ich will aber
diesem Letzten gleich viel geben wie dir. 15 Oder ist es mir etwa nicht
erlaubt, mit dem, was mein ist, zu tun, was ich will? Machst du ein böses
Gesicht, weil ich gütig bin? 16 So werden die Letzten Erste sein und die Ersten Letzte. — *16:* 19,30!

Die dritte Leidensankündigung — P: Mk 10,32–34; Lk 18,31–34

17 Und als Jesus nach Jerusalem hinaufzog, nahm er die Zwölf beisei-
te und sagte unterwegs zu ihnen: 18 Seht, jetzt ziehen wir hinauf nach
Jerusalem, und der Menschensohn wird den Hohen Priestern und
Schriftgelehrten ausgeliefert werden, und sie werden ihn zum Tode ver-
urteilen 19 und ihn den Heiden ausliefern, und die werden ihn verspot- — *19:* 16,21!
ten und auspeitschen und kreuzigen; und am dritten Tag wird er aufer-
weckt werden.

Der Wunsch nach einem Platz im Himmel — P: Mk 10,35–45

20 Da kam die Mutter der Söhne des Zebedäus mit ihren Söhnen zu
ihm, fiel vor ihm nieder und wollte ihn um etwas bitten. 21 Er sagte zu — *21:* 19,28 · 11,11!
ihr: Was willst du? Sie sagt zu ihm: Sag, dass diese meine beiden Söhne
in deinem Reich sitzen werden, einer zu deiner Rechten und einer zu
deiner Linken. 22 Jesus aber antwortete: Ihr wisst nicht, worum ihr bit- — *22:* 26,39 · 26,33
tet! Könnt ihr den Kelch trinken, den ich trinken werde? Sie sagen zu
ihm: Wir können es. 23 Er sagt zu ihnen: Meinen Kelch zwar werdet ihr — *23:* 25,34
trinken, aber über den Platz zu meiner Rechten und Linken zu verfügen,
steht mir nicht zu, sondern er wird denen zuteil, für die er von meinem
Vater bereitet ist.

24 Als die zehn das hörten, wurden sie immer unwilliger über die — *24–28:* Lk 22,24–27
beiden Brüder. 25 Jesus aber rief sie zu sich und sprach: Ihr wisst, dass
die Herrscher ihre Völker unterdrücken und die Grossen ihre Macht ge-
gen sie einsetzen. 26 Unter euch soll es nicht so sein, sondern: Wer un- — *26:* 23,11; Mk 9,35!
ter euch gross sein will, sei euer Diener, 27 und wer unter euch der Erste
sein will, sei euer Knecht, 28 so wie der Menschensohn nicht gekom- — *28:* 26,28; Jes 53,10–12
men ist, um sich dienen zu lassen, sondern um zu dienen und sein Le-
ben hinzugeben als Lösegeld für viele.

Die Heilung von zwei Blinden — P: 9,27–31; Mk 10,46–52; Lk 18,35–43

29 Und als sie aus Jericho hinauszogen, folgte ihm viel Volk. 30 Und
da sassen zwei Blinde am Weg und hörten, dass Jesus vorbeizog, und sie
riefen laut: Hab Erbarmen mit uns, Herr, Sohn Davids! 31 Die Leute fuh- — *31:* 15,22! · 9,27!
ren sie an und hiessen sie schweigen. Sie aber riefen noch lauter: Hab

Erbarmen mit uns, Herr, Sohn Davids! 32 Und Jesus blieb stehen, rief
sie zu sich und sprach: Was soll ich für euch tun? 33 Sie sagen zu ihm:
34: 9,36! Herr, mach, dass unsere Augen sich auftun! 34 Da fühlte Jesus Mitleid,
und er berührte ihre Augen; und auf der Stelle sahen sie wieder, und sie
folgten ihm.

P: Mk 11,1–11; Lk 19,28–40; Joh 12,12–19

Der Einzug in Jerusalem

21 1 Und als sie sich Jerusalem näherten und nach Betfage an den
Ölberg kamen, da sandte Jesus zwei Jünger aus 2 und sagte zu ihnen:
Geht in das Dorf, das vor euch liegt, und gleich werdet ihr eine
Eselin angebunden finden und ein Füllen bei ihr. Bindet sie los und
bringt sie zu mir! 3 Und wenn jemand euch Fragen stellt, so sagt: Der
Herr braucht sie, er wird sie aber gleich zurückschicken. 4 Das ist geschehen,
damit in Erfüllung gehe, was durch den Propheten gesagt ist:

5: Jes 62,11 · Sach 9,9 · 5,5; 11,29

5 *Sagt der Tochter Zion:*
Siehe, dein König kommt zu dir,
sanft, und auf einem Esel reitend,
auf einem Füllen, dem Jungen eines Lasttiers.

6 Die Jünger gingen und taten, was Jesus ihnen befohlen hatte, 7 brachten
die Eselin und das Füllen und legten ihre Kleider auf sie, und er setzte
sich darauf.

8: 2Kön 9,13 8 Eine riesige Menschenmenge hatte auf dem Weg ihre Kleider ausgebreitet,
einige schnitten Zweige von den Bäumen und breiteten sie
9: Ps 118,25–26 · 9,27! auf dem Weg aus. 9 Und die Scharen, die ihm vorausgingen und die ihm
folgten, schrien:

Hosanna dem Sohn Davids!
Gepriesen sei, der da kommt im Namen des Herrn,
Hosanna in der Höhe!

10 Und als er in Jerusalem einzog, geriet die ganze Stadt in Aufregung,
11: 16,14!; 21,46; Mk 6,15; 8,28; Lk 7,16!; Joh 4,19! und man sagte: Wer ist das? 11 Die Leute aber sagten: Das ist der
Prophet Jesus aus Nazaret in Galiläa.

P: Mk 11,15–19; Lk 19,45–48; Joh 2,13–17 · 12: Sach 14,21 · 13: Jes 56,7 · Jer 7,11

Die Tempelreinigung

12 Und Jesus ging in den Tempel und trieb alle hinaus, die im Tempel
verkauften und kauften, und die Tische der Geldwechsler und die Stände
der Taubenverkäufer stiess er um, 13 und er sagt zu ihnen: Es steht
geschrieben:

Mein Haus soll Haus des Gebets heissen,
ihr aber macht es zu *einer Räuberhöhle.*

14: 11,5! 14 Und es kamen Blinde und Lahme im Tempel zu ihm, und er heilte
15: 9,27! sie. 15 Als aber die Hohen Priester und Schriftgelehrten die Wunder sahen,
die er tat, und die Kinder, die im Tempel schrien: Hosanna dem
16: 11,25; Ps 8,3 Sohn Davids!, wurden sie unwillig 16 und sagten zu ihm: Hörst du, was
die da sagen? Jesus sagt zu ihnen: Ja! Habt ihr nie gelesen: *Aus dem Munde
von Unmündigen und Säuglingen hast du dir Lob bereitet?*

17: Mk 11,11 17 Und er liess sie stehen, ging aus der Stadt hinaus nach Betanien
und blieb dort über Nacht.

Die Verfluchung des Feigenbaums P:Mk 11,12–14.20–25
18 Als er früh am Morgen in die Stadt zurückkehrte, hungerte ihn.
19 Und er sah einen Feigenbaum am Weg, ging auf ihn zu und fand an 19: Lk 13,6–7
ihm nichts als Blätter. Und er sagt zu ihm: Nie mehr soll Frucht aus dir
hervorgehen in Ewigkeit; und der Feigenbaum verdorrte auf der Stelle.

Die Kraft des Glaubens
20 Als die Jünger das sahen, staunten sie und sagten: Wie konnte der
Feigenbaum so plötzlich verdorren? 21 Jesus antwortete ihnen: Amen, 21: 17,20!
ich sage euch, wenn ihr Glauben habt und nicht zweifelt, so werdet ihr
nicht nur tun, was ich mit dem Feigenbaum getan habe, sondern ihr
könnt sogar zu diesem Berg sagen: Hebe dich hinweg und wirf dich ins
Meer, und es wird geschehen. 22 Und alles, worum ihr bittet im Gebet, 22: 7,8! · 8,13!
werdet ihr empfangen, wenn ihr glaubt.

Zur Frage nach der Vollmacht Jesu P: Mk 11,27–33;
23 Und als er in den Tempel hineingegangen war, kamen, während Lk 20,1–8
er lehrte, die Hohen Priester und die Ältesten des Volkes zu ihm und
sagten: Aus was für einer Vollmacht tust du das, und wer hat dir diese
Vollmacht gegeben? 24 Jesus aber antwortete ihnen: Auch ich will euch
eine einzige Frage stellen; wenn ihr mir darauf antwortet, werde auch
ich euch sagen, aus was für einer Vollmacht ich das tue. 25 Die Taufe des
Johannes – woher stammte sie? Vom Himmel oder von Menschen? Sie
überlegten und sagten zueinander: Sagen wir, vom Himmel, so wird er
uns sagen: Warum habt ihr ihm dann nicht geglaubt? 26 Sagen wir aber, 26: 11,9; 14,5
von Menschen, so müssen wir uns vor dem Volk fürchten, denn alle
halten Johannes für einen Propheten. 27 Und sie antworteten Jesus: Wir
wissen es nicht. Da sagte auch er zu ihnen: Dann sage auch ich euch
nicht, aus welcher Vollmacht ich dies tue.

Das Bild von den ungleichen Söhnen
28 Was meint ihr? Es hatte einer zwei Söhne; und er ging zum ersten
und sagte: Geh, mein Sohn, und arbeite heute im Weinberg! 29 Der aber
entgegnete: Ich will nicht; später aber reute es ihn, und er ging hin.
30 Da ging er zum anderen und sagte dasselbe. Der entgegnete: Ja,
Herr!, und ging nicht hin. 31 Wer von den beiden hat den Willen des 31: 7,21! ·
Vaters getan? Sie sagen: Der erste! Da sagt Jesus zu ihnen: Amen, ich Lk 18,9–14
sage euch: Die Zöllner und Dirnen kommen vor euch ins Reich Gottes.
32 Johannes kam zu euch auf dem Weg der Gerechtigkeit, und ihr habt 32: Lk 3,12; 7,29–30 ·
ihm nicht geglaubt, die Zöllner und Dirnen aber haben ihm geglaubt. 5,20!
Ihr aber, die ihr das gesehen habt, habt euch auch hinterher nicht eines
Besseren besonnen und ihm geglaubt.

Die Geschichte von den bösen Weinbauern P: Mk 12,1–12;
33 Hört ein anderes Gleichnis: Es war ein Gutsherr, der pflanzte ei- Lk 20,9–19
nen Weinberg, zog einen Zaun ringsum, grub eine Kelter darin und 33: Jes 5,1–2

21,29–31: In einer Reihe wichtiger Textzeugen sagt der erste Sohn «Ja», geht dann aber nicht. Der zweite Sohn sagt «Nein», geht dann aber doch.

baute einen Turm. Dann verpachtete er ihn an Weinbauern und ging
ausser Landes.
34: 22,3 34 Als aber die Zeit der Weinlese kam, schickte er seine Knechte zu
35: 22,6; 23,37! den Weinbauern, seine Ernte einzuholen. 35 Und die Weinbauern
packten seine Knechte; den einen verprügelten sie, den andern töteten
36: 22,4 sie, den dritten steinigten sie. 36 Darauf schickte er andere Knechte,
37: Hebr 1,1–2 mehr als das erste Mal, und mit ihnen taten sie dasselbe. 37 Zuletzt
schickte er seinen Sohn zu ihnen und sagte: Vor meinem Sohn werden
sie Respekt haben. 38 Als aber die Weinbauern den Sohn sahen, sagten
sie zueinander: Das ist der Erbe. Kommt, wir wollen ihn töten und sein
Erbe an uns bringen! 39 Und sie packten ihn und stiessen ihn aus dem
Weinberg und erschlugen ihn.

40 Wenn nun der Herr des Weinbergs kommt, was wird er mit je-
nen Weinbauern machen? 41 Sie sagen zu ihm: Er wird den Bösen ein
böses Ende bereiten und den Weinberg an andere Weinbauern verpach-
ten, die ihm den Ertrag zur rechten Zeit abliefern.

42: Ps 118,22–23 42 Jesus sagt zu ihnen: Habt ihr nie in den Schriften gelesen:

Der Stein, den die Bauleute verworfen haben,
der ist zum Eckstein geworden,
durch den Herrn ist er das geworden,
und wunderbar ist er in unseren Augen.

43 Darum sage ich euch: Das Reich Gottes wird euch weggenommen
und einem Volk gegeben werden, das dessen Ernte abgibt. 44 Und wer
auf diesen Stein fällt, der wird zerschellen; auf wen er aber fällt, den
wird er zermalmen.

45 Und die Hohen Priester und Pharisäer, die seine Gleichnisse hör-
46: 21,11! · 14,5 ten, merkten, dass er von ihnen redete, 46 und sie hätten ihn gern fest-
genommen, doch sie fürchteten das Volk, weil es ihn für einen Prophe-
ten hielt.

P: Lk 14,15–24 *Die Geschichte vom grossen Gastmahl*

22 1 Und Jesus begann wiederum in Gleichnissen zu ihnen zu reden:
2: 9,15; Offb 19,9 2 Mit dem Himmelreich ist es wie mit einem König, der für sei-
3: 21,34 · 23,37 nen Sohn die Hochzeit ausrichtete. 3 Und er sandte seine Knechte aus,
die Geladenen zur Hochzeit zu rufen, doch die wollten nicht kommen.
4: 21,36 4 Darauf sandte er andere Knechte aus und sprach: Sagt den Geladenen:
Seht, mein Mahl habe ich bereitet, meine Ochsen und das Mastvieh
sind geschlachtet, und alles ist bereit. Kommt zur Hochzeit! 5 Sie aber
achteten nicht darauf und gingen ihres Wegs, der eine auf seinen Acker,
6: 21,35! der andere an sein Geschäft. 6 Die übrigen aber ergriffen seine Knechte,
misshandelten und töteten sie.

7 Da wurde der König zornig und schickte seine Heere aus, liess jene
Mörder umbringen und ihre Stadt anzünden. 8 Dann sagte er zu seinen
Knechten: Die Hochzeit ist zwar bereit, die Geladenen aber waren es
9: 28,19! nicht wert. 9 Geht also an die Ecken der Strassen und ruft zur Hochzeit,
10: 13,47 wen immer ihr findet. 10 Da gingen die Knechte auf die Strassen hinaus
und brachten alle, die sie fanden, Böse und Gute, und der Hochzeitssaal
füllte sich mit Gästen.

11 Als aber der König eintrat, sich die Gäste anzusehen, sah er da ei-
nen, der kein Hochzeitskleid trug. 12 Und er sagte zu ihm: Freund, wie

bist du hier hereingekommen ohne ein Hochzeitskleid? Der aber blieb
stumm. 13 Da sagte der König zu seinen Dienern: Bindet ihm Hände 13: 8,12!
und Füsse und werft ihn hinaus in die äusserste Finsternis; dort wird
Heulen und Zähneklappern sein. 14 Denn viele sind berufen, wenige
aber auserwählt.

Zur Frage nach der kaiserlichen Steuer P: Mk 12,13–17;
15 Da machten sich die Pharisäer auf und beschlossen, ihm eine Lk 20,20–26
Fangfrage zu stellen. 16 Und sie schickten ihre Jünger zusammen mit 15: 12,14
den Herodianern aus, um ihm zu sagen: Meister, wir wissen, dass du
der Wahrheit verpflichtet bist und den Weg Gottes lehrst, wie es richtig
ist, und auf niemanden Rücksicht nimmst, denn du achtest nicht auf
das Ansehen der Person. 17 Sag uns also, was dir richtig scheint: Ist es
erlaubt, dem Kaiser Steuern zu zahlen, oder nicht? 18 Jesus aber erkann- 18: 23,13!
te ihre böse Absicht und sprach: Was versucht ihr mich, ihr Heuchler!
19 Zeigt mir die Münze für die Steuer! Da hielten sie ihm einen Denar
hin. 20 Und er sagt zu ihnen: Wessen Bild und Inschrift ist das? 21 Sie 21: Röm 13,7
sagen zu ihm: Des Kaisers. Da sagt er zu ihnen: So gebt dem Kaiser, was
des Kaisers ist, und Gott, was Gottes ist! 22 Als sie das hörten, wunder- 22: 7,28!
ten sie sich; und sie liessen ihn stehen und gingen fort.

Zur Frage nach der Auferstehung der Toten P: Mk 12,18–27;
23 Am selben Tag kamen Sadduzäer zu ihm, die behaupten, es gebe Lk 20,27–40
keine Auferstehung, und sie fragten ihn: 24 Meister, Mose hat gesagt: 23: Apg 23,8 24: Dtn 25,5
Wenn einer stirbt, ohne Kinder zu haben, dann soll sein Bruder als ihr
Schwager die Frau heiraten und seinem Bruder Nachkommen erwecken.
25 Bei uns gab es einmal sieben Brüder. Der erste heiratete und starb,
und da er keine Nachkommen hatte, hinterliess er seine Frau dem Bru-
der; 26 ebenso der zweite und der dritte, bis zum siebten. 27 Zuletzt,
nach allen andern, starb die Frau. 28 In der Auferstehung nun – wer von
den sieben wird sie bekommen? Sie alle haben sie doch zur Frau gehabt.
29 Jesus entgegnete ihnen: Ihr irrt, weil ihr weder die Schriften noch
die Macht Gottes kennt. 30 Denn in der Auferstehung heiraten sie
nicht, noch werden sie verheiratet, sondern wie Engel im Himmel sind
sie. 31 Was aber die Auferstehung der Toten betrifft – habt ihr nicht ge-
lesen, was euch von Gott gesagt ist: 32 *Ich bin der Gott Abrahams und der* 32: Ex 3,6 · 8,11
Gott Isaaks und der Gott Jakobs? Er ist nicht ein Gott von Toten, sondern
von Lebenden.
33 Und die Leute, die das hörten, waren überwältigt von seiner Leh- 33: 7,28!
re.

Zur Frage nach dem höchsten Gebot P: Mk 12,28–34;
34 Als aber die Pharisäer hörten, dass er die Sadduzäer zum Schwei- Lk 10,25–28
gen gebracht hatte, versammelten sie sich am selben Ort. 35 Und in der
Absicht, ihn auf die Probe zu stellen, fragte ihn einer von ihnen, ein Ge-
setzeslehrer: 36 Meister, welches Gebot ist das höchste im Gesetz? 37 Er 37: Dtn 6,5; Jos 22,5
sagte zu ihm: *Du sollst den Herrn, deinen Gott, lieben mit deinem ganzen*
Herzen und mit deiner ganzen Seele und mit deinem ganzen Verstand.
38 Dies ist das höchste und erste Gebot. 39 Das zweite aber ist ihm 39: 5,43; 19,19;
Lev 19,18

40: 7,12 gleich: *Du sollst deinen Nächsten lieben wie dich selbst.* 40 An diesen bei-
den Geboten hängt das ganze Gesetz und die Propheten.

P: Mk 12,35–37; *Der Sohn Davids*

Lk 20,41–44 41 Da nun die Pharisäer beisammen waren, fragte Jesus sie: 42 Was
42: Joh 7,42 · 9,27! ist eure Meinung über den Messias? Wessen Sohn ist er? Sie sagen zu
ihm: Davids Sohn! 43 Er sagt zu ihnen: Wie kann ihn dann David im
Geist Herr nennen, wenn er sagt:

44: Ps 110,1 · 26,64 44 *Der Herr sprach zu meinem Herrn:*
Setze dich zu meiner Rechten,
bis ich deine Feinde
unter deine Füsse gelegt habe.

45 Wenn David ihn also Herr nennt, wie kann er da sein Sohn sein?
46: Mk 12,34; 46 Und niemand konnte ihm darauf antworten; auch wagte von jenem
Lk 20,40 Tag an keiner mehr, ihm eine Frage zu stellen.

Das Urteil Jesu über Schriftgelehrte und Pharisäer

23 1 Dann redete Jesus zum Volk und zu seinen Jüngern: 2 Auf den
Stuhl des Mose haben sich die Schriftgelehrten und Pharisäer ge-
setzt. 3 Was immer sie euch sagen, das tut und haltet! Nach dem, was sie
4: 11,28–30 tun, aber richtet euch nicht, sie reden nur, aber tun nicht danach. 4 Sie
schnüren schwere und unerträgliche Lasten und legen sie den Men-
schen auf die Schultern, sie selbst aber wollen dafür keinen Finger rüh-
ren.

5–7: Mk 12,38–40; 5 Alles, was sie tun, tun sie nur, um von den Leuten gesehen zu wer-
Lk 11,43; 20,45–47 den; denn sie machen ihre Gebetsriemen breit und ihre Quasten lang.
5: 6,1.2.5.16 · 6 Sie legen Wert auf den Ehrenplatz bei den Gastmählern und den Eh-
Dtn 6,8; 11,18 · rensitz in den Synagogen 7 und wollen auf den Marktplätzen gegrüsst
Num 15,38–39 6: 6,5 und von den Leuten Rabbi genannt werden.

8 Ihr aber sollt euch nicht Rabbi nennen lassen, denn einer ist euer
9: 6,9!; Mal 2,10 Meister, ihr alle aber seid Brüder. 9 Und niemanden auf Erden sollt ihr
euren Vater nennen; denn einer ist euer Vater, der im Himmel. 10 Und
ihr sollt euch nicht Lehrer nennen lassen; denn einer ist euer Lehrer,
11: 20,26! der Christus. 11 Der Grösste unter euch aber soll euer Diener sein.
12: Lk 14,11! 12 Wer sich selbst erhöht, wird erniedrigt werden, und wer sich selbst
erniedrigt, wird erhöht werden.

P: Lk 11,39–52 *Wehrufe über Schriftgelehrte und Pharisäer*

13: 6,2.5.16; 7,5; 13 Wehe euch, ihr Schriftgelehrten und Pharisäer, ihr Heuchler! Ihr
15,7; 22,18 verschliesst den Menschen das Himmelreich. Ihr selbst nämlich geht
nicht hinein, und die hineingehen möchten, die lasst ihr nicht hinein.

15 Wehe euch, ihr Schriftgelehrten und Pharisäer, ihr Heuchler! Ihr
zieht über Meer und Land, um einen einzigen zum Proselyten zu ma-
chen; und wenn er es geworden ist, macht ihr einen Sohn der Hölle aus
ihm, doppelt so schlimm wie ihr.

23,13: Verschiedene Handschriften fügen nach V.13 ein (wohl von Mk 12,40 übernommen): «14 Wehe euch, ihr Schriftgelehrten und Pharisäer, ihr Heuchler! Ihr fresst die Häuser der Witwen leer und verrichtet zum Schein lange Gebete. Deswegen werdet ihr ein umso härteres Urteil empfangen.»

WENN NUN
DAS LICHT DAS
IN DIR
IST
FINSTERNIS
WIRD WIE
GROSS
IST DANN DIE
FINSTERNIS!

Schriftbild zu Matthäus 6,23

16 Wehe euch, ihr blinden Führer, die ihr sagt: Wenn einer beim 16–22: 5,33–37
Tempel schwört, gilt es nicht. Wenn aber einer beim Gold des Tempels 16: 15,14!
schwört, so bindet es. 17 Ihr Toren, ihr Blinden! Was ist denn mehr, das
Gold oder der Tempel, der das Gold heiligt? 18 Und: Wenn einer beim
Altar schwört, gilt es nicht. Wenn aber einer beim Opfer schwört, das
darauf liegt, so bindet es. 19 Ihr Blinden, was ist denn mehr, das Opfer 19: Ex 29,37
oder der Altar, der das Opfer heiligt? 20 Wer also beim Altar schwört,
schwört bei ihm und bei allem, was darauf liegt. 21 Und wer beim Tem-
pel schwört, schwört bei ihm und bei dem, der darin wohnt. 22 Und wer 22: 5,34!
beim Himmel schwört, schwört beim Thron Gottes und bei dem, der
darauf sitzt.

23 Wehe euch, ihr Schriftgelehrten und Pharisäer, ihr Heuchler! Ihr 23: Lev 27,30;
gebt den Zehnten von Minze, Dill und Kümmel, lasst aber ausser acht, Dtn 14,22–23 ·
was schwerer wiegt im Gesetz: das Recht, die Barmherzigkeit und die Mi 6,8; Sach 7,9
Treue. Dies aber sollte man tun und jenes nicht lassen. 24 Ihr blinden 24: 15,14!
Führer, die ihr die Mücke aussiebt, das Kamel aber verschluckt.

25 Wehe euch, ihr Schriftgelehrten und Pharisäer, ihr Heuchler!
Aussen haltet ihr Becher und Schüssel rein, inwendig aber sind sie vol-
ler Raub und Gier. 26 Du blinder Pharisäer, mach zuerst den Becher in-
nen rein, dann wird er auch aussen rein sein.

27 Wehe euch, ihr Schriftgelehrten und Pharisäer, ihr Heuchler! Ihr
gleicht getünchten Gräbern, die von aussen schön anzusehen sind, in-
wendig aber sind sie voller Totengebein und Unrat. 28 So erscheint
auch ihr den Leuten von aussen als gerecht, innen aber seid ihr voller
Heuchelei und Verachtung für das Gesetz.

29 Wehe euch, ihr Schriftgelehrten und Pharisäer, ihr Heuchler! Ihr
baut den Propheten Grabstätten und pflegt die Denkmäler der Gerech-
ten 30 und sagt: Hätten wir in den Tagen unserer Väter gelebt, wir wä-
ren nicht mit ihnen schuldig geworden am Blut der Propheten. 31 Da- 31: 5,12; 23,37!;
mit stellt ihr euch selbst das Zeugnis aus, dass ihr Söhne derer seid, die Lk 11,47! ·
die Propheten getötet haben. 32 Und ihr, ihr macht das Mass eurer Väter Neh 9,26
noch voll! 33 Nattern, Schlangenbrut! Wie wollt ihr dem Gericht der
Hölle entgehen?

34 Eben darum sende ich Propheten, Weise und Schriftgelehrte zu 34: 10,17 · 10,23!;
euch; einige von ihnen werdet ihr töten und kreuzigen, und einige von 1Thess 2,15
ihnen werdet ihr auspeitschen in euren Synagogen und sie verfolgen
von Stadt zu Stadt; 35 so soll über euch kommen all das gerechte Blut, 35: 27,25!;
das immer wieder vergossen wird auf Erden, vom Blut Abels, des Ge- Gen 4,8–11
rechten, bis zum Blut des Zacharias, des Sohnes des Barachion, den ihr
getötet habt zwischen Tempel und Altar. 36 Amen, ich sage euch: Dies
alles wird über dieses Geschlecht kommen.

Die Ankündigung des Gerichts über Jerusalem P: Lk 13,34–35

37 Jerusalem, Jerusalem, die du tötest die Propheten und steinigst, 37: 14,10; 21,35–36;
die zu dir gesandt sind! Wie oft habe ich deine Kinder um mich sam- 23,31! · Jer 7,25–26;
meln wollen, wie eine Henne ihre Küken unter ihre Flügel sammelt, 25,4 · Dtn 32,11;
und ihr habt nicht gewollt. 38 Seht, man wird euch das Haus verwüstet Ps 91,4
hinterlassen! 39 Denn ich sage euch: Ihr werdet mich von jetzt an nicht 39: Ps 118,26
mehr sehen, bis ihr sagen werdet: *Gepriesen sei, der da kommt im Namen
des Herrn.*

P: Mk 13,1–2; Lk 21,5–6
2: Lk 19,44

Die Ankündigung der Tempelzerstörung

24 1 Und Jesus verliess den Tempel und ging weiter. Und seine Jünger traten zu ihm, um ihm die Bauten des Tempels zu zeigen. 2 Er aber sagte zu ihnen: Nicht wahr, das alles seht ihr? Amen, ich sage euch: Hier wird kein Stein auf dem andern bleiben, jeder wird herausgebrochen.

P: Mk 13,3–8; Lk 21,7–11
3: 24,30 · 13,39; 28,20
4: 24,24!
7: Jes 19,2

Zur Frage nach dem Anfang der Endzeit

3 Als er nun auf dem Ölberg sass, traten seine Jünger zu ihm und sagten, als sie unter sich waren: Sag uns, wann wird das sein, und was ist das Zeichen für dein Kommen und für das Ende dieser Welt?

4 Und Jesus antwortete ihnen: Gebt acht, dass niemand euch in die Irre führt! 5 Denn viele werden kommen unter meinem Namen und sagen: Ich bin der Messias, und sie werden viele in die Irre führen. 6 Ihr werdet aber von Kriegen und Kriegsgerüchten hören: Seht zu, dass ihr euch nicht erschrecken lasst! Denn das muss geschehen, aber das Ende ist es noch nicht. 7 Denn erheben wird sich Volk gegen Volk und Reich gegen Reich, und Hungersnöte und Erdbeben wird es geben da und dort. 8 Das alles aber ist erst der Anfang der Wehen.

P: 10,16–25; Mk 13,9–13
9: Lk 21,17!
11: 24,24!
13: 10,22
14: 4,23! · 28,19!

Die Ankündigung von Verfolgungen

9 Dann werden sie euch der Bedrängnis ausliefern und werden euch töten, und ihr werdet gehasst werden von allen Völkern um meines Namens willen. 10 Dann werden viele zu Fall kommen, und sie werden einander ausliefern und einander hassen. 11 Und viele falsche Propheten werden aufstehen, und sie werden viele in die Irre führen. 12 Und da die Missachtung des Gesetzes überhand nehmen wird, wird die Liebe in den meisten erkalten. 13 Wer aber standhält bis ans Ende, der wird gerettet werden. 14 Und dieses Evangelium vom Reich wird auf dem ganzen Erdkreis verkündigt werden als ein Zeichen für alle Völker, und dann wird das Ende kommen.

P: Mk 13,14–20
15: Dan 9,27; 11,31; 12,11
16: Lk 21,21
18: Lk 17,31
19: Lk 21,23; 23,29

Von der grossen Bedrängnis

15 Wenn ihr nun *den Greuel der Verwüstung*, von dem der Prophet Daniel gesprochen hat, an heiliger Stätte stehen seht – wer es liest, merke auf! –, 16 dann sollen die in Judäa in die Berge fliehen. 17 Wer auf dem Dach ist, steige nicht hinab, um seine Habe aus dem Haus zu holen; 18 und wer auf dem Feld ist, kehre nicht zurück, um seinen Mantel zu holen. 19 Wehe aber den Schwangeren und den Stillenden in jenen Tagen!

20 Betet, dass eure Flucht nicht im Winter geschehe oder an einem Sabbat. 21 Denn es wird dann eine Bedrängnis geben, wie es noch keine gegeben hat vom Anfang der Welt bis jetzt und wie auch keine mehr sein wird. 22 Und würden jene Tage nicht verkürzt, es würde kein Mensch gerettet werden; um der Erwählten willen aber werden jene Tage verkürzt werden.

24,15: Der Ausdruck «Greuel der Verwüstung» spielt auf die Aufrichtung einer Zeusstatue im Jerusalemer Tempel oder auf die Zerstörung Jerusalems an.

Vom Auftreten falscher Propheten P: Mk 13,21–23
23 Wenn dann einer zu euch sagt: Da ist der Messias oder dort, so
glaubt es nicht. 24 Denn es wird mancher falsche Messias und mancher 24: 7,15! · 24,4.11
falsche Prophet aufstehen, und sie werden grosse Zeichen und Wunder
tun, um wenn möglich sogar die Erwählten in die Irre zu führen.
25 Seht, ich habe es euch vorhergesagt. 26 Wenn sie also zu euch sagen: 26: Lk 17,23!
Da, in der Wüste ist er, so geht nicht hin! Da, in den Gemächern ist er, so
glaubt es nicht! 27 Denn wie der Blitz im Osten zuckt und bis in den 27: Lk 17,24
Westen leuchtet, so wird das Kommen des Menschensohnes sein.
28 Wo das Aas ist, da sammeln sich die Geier. 28: Lk 17,37

Die Zeichen für das Kommen des Menschensohns P: Mk 13,24–27; Lk 21,25–28
29 Sogleich aber nach der Bedrängnis jener Tage 29: Jes 13,10; Joel 2,10 · Jes 34,4
wird sich die Sonne verfinstern
und der Mond seinen Schein nicht mehr geben,
und die Sterne werden vom Himmel *fallen,*
und die Mächte des Himmels werden erschüttert werden.
30 Und dann wird das Zeichen des Menschensohnes am Himmel er- 30: 24,3 · 26,64; Dan 7,13–14 · 16,27!
scheinen, und dann werden alle Stämme auf der Erde klagen, und sie
werden *den Menschensohn auf den Wolken des Himmels kommen* sehen
mit grosser Macht und Herrlichkeit. 31 Und er wird seine Engel aussen- 31: 13,41
den mit lautem Posaunenschall, und sie werden seine Erwählten zu-
sammenführen von den vier Winden her, von einem Ende des Himmels
zum anderen.

Das nahe Ende P: Mk 13,28–32; Lk 21,29–33
32 Vom Feigenbaum aber lernt das Gleichnis: Sobald sein Zweig saf-
tig geworden ist und Blätter treibt, wisst ihr, dass der Sommer nahe ist.
33 So auch ihr: Wenn ihr dies alles seht, dann wisst ihr, dass er nahe ist
und vor der Tür steht. 34 Amen, ich sage euch: Dieses Geschlecht wird
nicht vergehen, bevor dies alles geschieht. 35 Himmel und Erde werden 35: 5,18 · Ps 102,27; Jes 40,8; 51,6
vergehen, meine Worte aber werden nicht vergehen.
36 Jenen Tag aber und jene Stunde kennt niemand, die Engel im
Himmel nicht, der Sohn nicht, nur der Vater.

Die Mahnung zur Wachsamkeit
37 Denn wie in den Tagen des Noah, so wird es sein beim Kommen 37–39: Lk 17,26–27
des Menschensohnes. 38 So wie sie in den Tagen vor der Sintflut weiter
assen und tranken, weiter heirateten und verheiratet wurden bis zu
dem Tag, da Noah in die Arche ging, 39 und nichts merkten, bis die Sint- 39: Gen 7,17–22
flut kam und alle wegraffte – so wird es auch sein beim Kommen des
Menschensohnes.
40 Da werden zwei auf dem Feld sein, einer wird mitgenommen, 40–41: Lk 17,34–35
einer wird zurückgelassen; 41 zwei werden an der Mühle mahlen, eine
wird mitgenommen, eine wird zurückgelassen.
42 Seid also wachsam, denn ihr wisst nicht, an welchem Tag euer 42–44: Lk 12,39–40
Herr kommt. 43 Das aber bedenkt: Wenn der Hausherr wüsste, in wel- 42: 25,13!
cher Nachtwache der Dieb kommt, wäre er wachsam und liesse nicht 43: 1Thess 5,2; 2Petr 3,10; Offb 3,3; 16,15
zu, dass in sein Haus eingebrochen wird. 44 Darum haltet auch ihr euch

bereit, denn der Menschensohn kommt zu einer Stunde, da ihr es nicht
vermutet.

P: Lk 12,41–46 *Das Bild vom treuen und vom bösen Knecht*

45 Wer ist nun der treue und kluge Knecht, den der Herr über sein
Gesinde setzt, damit er ihnen Speise gebe zur rechten Zeit? 46 Selig der
Knecht, den sein Herr, wenn er kommt, solches tun sieht. 47 Amen, ich
48: 2Petr 3,3–4 sage euch: Er wird ihn über alle seine Güter setzen. 48 Wenn sich aber
der böse Knecht sagt: Mein Herr kommt noch lange nicht, 49 und an-
fängt, seine Mitknechte zu schlagen, mit den Betrunkenen aber isst und
trinkt, 50 dann wird der Herr jenes Knechtes kommen an einem Tag, da
51: 8,12! er es nicht vermutet, und zu einer Stunde, die er nicht kennt. 51 Und er
wird ihn in Stücke hauen lassen und ihm seinen Platz bei den Heuch-
lern zuweisen; dort wird Heulen und Zähneklappern sein.

Die Geschichte von den klugen und den törichten Jungfrauen

1: Lk 12,35–36 25 1 Dann wird es mit dem Himmelreich sein wie mit zehn Jung-
frauen, die ihre Lampen nahmen und hinausgingen, den Bräuti-
gam zu empfangen. 2 Fünf von ihnen waren töricht, und fünf waren
klug. 3 Die törichten nahmen wohl ihre Lampen, nahmen aber kein Öl
mit. 4 Die klugen aber nahmen ausser ihren Lampen auch Öl in ihren
Gefässen mit. 5 Als nun der Bräutigam ausblieb, wurden sie alle müde
und schliefen ein. 6 Mitten in der Nacht aber erhob sich ein Geschrei:
Der Bräutigam ist da! Geht hinaus, ihn zu empfangen! 7 Da standen die
Jungfrauen alle auf und machten ihre Lampen bereit. 8 Die törichten
aber sagten zu den klugen: Gebt uns von eurem Öl, denn unsere Lampen
sind am Erlöschen. 9 Da antworteten die klugen: Nein, es würde nie-
mals für uns und euch reichen. Geht lieber zu den Händlern und kauft
selber Öl! 10 Doch während sie unterwegs waren, um es zu kaufen, kam
der Bräutigam, und die bereit waren, gingen mit ihm in den Hochzeits-
saal; und die Tür wurde verschlossen. 11 Später kamen auch die andern
12: 7,23!; Lk 13,25 Jungfrauen und sagten: Herr, Herr, mach uns auf! 12 Er aber entgegnete:
13: 24,42.44; Amen, ich sage euch, ich kenne euch nicht! 13 Seid also wachsam! Denn
Mk 13,35! ihr kennt weder den Tag noch die Stunde.

P: Lk 19,11–27 *Die Geschichte vom anvertrauten Geld*

14: Mk 13,34 14 Es ist wie mit einem, der seine Knechte rief, bevor er ausser Lan-
des ging, und ihnen sein Vermögen anvertraute; 15 und dem einen gab
er fünf Talent, dem andern zwei, dem dritten eines, jedem nach seinen
Fähigkeiten, und er ging ausser Landes. Sogleich 16 machte sich der, der
die fünf Talent erhalten hatte, auf, handelte damit und gewann fünf da-
zu, 17 ebenso gewann der, der die zwei hatte, zwei dazu. 18 Der aber, der
das eine erhalten hatte, ging hin, grub ein Loch und verbarg das Geld
19: 18,23 seines Herrn. 19 Nach langer Zeit aber kommt der Herr jener Knechte
und rechnet mit ihnen ab. 20 Und der, der die fünf Talent erhalten hatte,
trat vor und brachte fünf weitere Talent und sagte: Herr, fünf Talent hast
21: Lk 16,10 du mir anvertraut; fünf Talent habe ich dazugewonnen. 21 Da sagte sein
Herr zu ihm: Recht so, du bist ein guter und treuer Knecht! Über weni-
ges warst du treu, über vieles will ich dich setzen. Geh ein in die Freude
deines Herrn! 22 Da trat auch der mit den zwei Talent vor und sagte:

Herr, zwei Talent hast du mir anvertraut; zwei Talent habe ich dazuge-
wonnen. 23 Da sagte sein Herr zu ihm: Recht so, du bist ein guter und
treuer Knecht! Über weniges warst du treu, über vieles will ich dich set-
zen. Geh ein in die Freude deines Herrn! 24 Da kam auch der, der das
eine Talent erhalten hatte, und sagte: Herr, ich wusste von dir, dass du
ein harter Mensch bist. Du erntest, wo du nicht gesät hast, und du sam-
melst ein, wo du nicht ausgestreut hast, 25 und weil ich mich fürchtete,
ging ich hin und verbarg dein Talent in der Erde; da hast du das Deine.
26 Da antwortete ihm sein Herr: Du böser und fauler Knecht! Du hast
gewusst, dass ich ernte, wo ich nicht gesät habe, und einsammle, wo ich
nicht ausgestreut habe? 27 Dann hättest du mein Geld den Wechslern
bringen sollen, und ich hätte bei meiner Rückkehr das Meine mit Zin-
sen zurückerhalten. 28 Darum nehmt ihm das Talent weg und gebt es
dem, der die zehn Talent hat. 29 Denn jedem, der hat, wird gegeben wer- 29: 13,12!
den, und er wird haben im Überfluss; wer aber nicht hat, dem wird auch
das genommen werden, was er hat. 30 Und den unnützen Knecht werft 30: 8,12!
hinaus in die äusserste Finsternis! Dort wird Heulen und Zähneklap-
pern sein.

Das Weltgericht

31 Wenn aber der Menschensohn in seiner Herrlichkeit kommt und 31: 16,27!
alle Engel mit ihm, dann wird er sich auf den Thron seiner Herrlichkeit
setzen. 32 Und alle Völker werden sich vor ihm versammeln, und er 32: 13,41.49 ·
wird sie voneinander scheiden, wie der Hirt die Schafe von den Böcken Ez 34,17.20
scheidet. 33 Und er wird die Schafe zu seiner Rechten stellen, die Böcke
aber zur Linken. 34 Dann wird der König denen zu seiner Rechten sa- 34: 20,23 · Ps 37,22
gen: Kommt her, ihr Gesegneten meines Vaters, empfangt als Erbe das
Reich, das euch bereitet ist von Grundlegung der Welt an. 35 Denn ich
war hungrig, und ihr habt mir zu essen gegeben. Ich war durstig, und
ihr habt mir zu trinken gegeben. Ich war fremd, und ihr habt mich auf-
genommen. 36 Ich war nackt, und ihr habt mich bekleidet. Ich war
krank, und ihr habt euch meiner angenommen. Ich war im Gefängnis,
und ihr seid zu mir gekommen. 37 Dann werden ihm die Gerechten
antworten: Herr, wann haben wir dich hungrig gesehen und haben dir
zu essen gegeben, oder durstig und haben dir zu trinken gegeben?
38 Wann haben wir dich als Fremden gesehen und haben dich aufge- 38: Jes 58,7
nommen, oder nackt und haben dich bekleidet? 39 Wann haben wir
dich krank gesehen oder im Gefängnis und sind zu dir gekommen?
40 Und der König wird ihnen zur Antwort geben: Amen, ich sage euch: 40: 10,40!; 10,42 ·
Was ihr einem dieser meiner geringsten Brüder getan habt, das habt ihr Spr 14,31; 19,17
mir getan.

41 Dann wird er denen zur Linken sagen: Geht weg von mir, ihr Ver- 41: 7,23! ·
fluchten, in das ewige Feuer, das bereitet ist für den Teufel und seine Offb 20,10.15
Engel! 42 Denn ich war hungrig, und ihr habt mir nicht zu essen gege-
ben. Ich war durstig, und ihr habt mir nicht zu trinken gegeben. 43 Ich
war fremd, und ihr habt mich nicht aufgenommen. Ich war nackt, und
ihr habt mich nicht bekleidet. Ich war krank und im Gefängnis, und ihr
habt euch meiner nicht angenommen. 44 Dann werden auch sie ant-
worten: Herr, wann haben wir dich hungrig oder durstig gesehen oder
fremd oder nackt oder krank oder im Gefängnis und haben nicht für

dich gesorgt? 45 Dann wird er ihnen antworten: Amen, ich sage euch:
Was ihr einem dieser Geringsten nicht getan habt, das habt ihr mir
46: Dan 12,2 nicht getan. 46 Und diese werden in die ewige Strafe gehen, die Gerech-
ten aber ins ewige Leben.

P: Mk 14,1–2; Lk 22,1–2; Joh 11,45–54 2: 16,21!

Der Tötungsplan des Hohen Rats

26 1 Und es geschah, als Jesus alle diese Reden beendet hatte, dass er
zu seinen Jüngern sagte: 2 Ihr wisst, dass in zwei Tagen Passa ist;
dann wird der Menschensohn ausgeliefert und gekreuzigt werden. 3 Da
versammelten sich die Hohen Priester und die Ältesten des Volkes im
Palast des Hohen Priesters, der Kajafas hiess, 4 und sie beschlossen, Je-
5: 14,5; 21,26 sus mit List festzunehmen und zu töten. 5 Sie sagten aber: Nicht am
Fest, damit kein Aufruhr entsteht im Volk.

P: Mk 14,3–9; Lk 7,36–50; Joh 11,55–12,11

Die Salbung in Betanien

6 Als nun Jesus in Betanien im Hause Simons des Aussätzigen war,
7 kam eine Frau zu ihm mit einem Alabastergefäss voll kostbaren Öls
und goss es über sein Haupt, als er bei Tisch sass. 8 Als die Jünger das
sahen, wurden sie unwillig und sagten: Wozu diese Verschwendung?
9 Es hätte doch teuer verkauft werden können und wäre Armen zugute
gekommen. 10 Als Jesus das merkte, sagte er zu ihnen: Was bringt ihr
die Frau in Verlegenheit? Sie hat eine schöne Tat an mir vollbracht.
11: Dtn 15,11 · 9,15 11 Arme habt ihr ja allezeit bei euch, mich aber habt ihr nicht allezeit.
12 Dass sie nämlich dieses Öl auf meinen Leib goss, das hat sie für mein
13: 28,19! Begräbnis getan. 13 Amen, ich sage euch: Wo immer in der ganzen Welt
dieses Evangelium verkündigt wird, da wird auch erzählt werden, was
sie getan hat, zu ihrem Gedächtnis.

P: Mk 14,10–11; Lk 22,3–6

Der Plan des Judas

14 Da ging einer von den Zwölfen, der Judas Iskariot hiess, zu den
15: 27,3–10 · Sach 11,12 Hohen Priestern 15 und sagte: Was wollt ihr mir geben, wenn ich ihn an
euch ausliefere? Und sie vereinbarten mit ihm dreissig Silberstücke.
16 Von da an suchte er eine günstige Gelegenheit, ihn auszuliefern.

P: Mk 14,12–16; Lk 22,7–13 17: Ex 12,15–20

Die Vorbereitung des letzten Mahls

17 Am ersten Tag der ungesäuerten Brote kamen die Jünger zu Jesus
und sagten: Wo willst du, dass wir dir das Passamahl bereiten? 18 Er
sprach: Geht in die Stadt zu dem und dem und sagt zu ihm: Der Meister
lässt dir sagen: Meine Zeit ist nahe, bei dir will ich mit meinen Jüngern
das Passa feiern. 19 Und die Jünger taten, wie Jesus ihnen befohlen hat-
te. Und sie bereiteten das Passamahl.

P: Mk 14,17–21; Lk 22,21–23; Joh 13,21–30 20: Lk 22,14

Die Ankündigung der Auslieferung

20 Am Abend sass er mit den Zwölfen bei Tisch. 21 Und während sie
assen, sprach er: Amen, ich sage euch: Einer von euch wird mich auslie-
fern. 22 Und sie wurden sehr traurig und begannen, einer nach dem
andern, ihn zu fragen: Bin etwa ich es, Herr? 23 Er aber antwortete: Der
die Hand mit mir in die Schüssel taucht, der wird mich ausliefern.
24: 18,7 24 Der Menschensohn geht zwar dahin, wie über ihn geschrieben steht,
doch wehe dem Menschen, durch den der Menschensohn ausgeliefert

wird. Es wäre besser, er wäre nicht geboren, dieser Mensch! 25 Da ent-
gegnete Judas, der ihn ausliefern sollte: Bin etwa ich es, Rabbi? Da ant-
wortet er ihm: Du sagst es!

Das letzte Mahl

26 Während sie aber assen, nahm Jesus Brot, sprach den Lobpreis,
brach es und gab es den Jüngern und sprach: Nehmt, esst! Das ist mein
Leib. 27 Und er nahm einen Kelch und sprach das Dankgebet, gab ihnen
den und sprach: Trinkt alle daraus! 28 Denn das ist mein Blut des Bun-
des, das für viele vergossen wird zur Vergebung der Sünden. 29 Ich sage
euch aber: Ich werde von dieser Frucht des Weinstocks nicht mehr trin-
ken von nun an bis zu dem Tag, da ich aufs Neue mit euch davon trinken
werde im Reich meines Vaters.

P: Mk 14,22–25; Lk 22,14–20
26: 14,19; 15,36; 1Kor 10,16; 11,23–24
28: 1Kor 10,16; 11,25 · Ex 24,8 · 20,28!

Die Ankündigung der Verleugnung

30 Und als sie den Lobgesang gesungen hatten, gingen sie hinaus
auf den Ölberg. 31 Da sagt Jesus zu ihnen: Ihr alle werdet in dieser Nacht
an mir zu Fall kommen, denn es steht geschrieben: *Ich werde den Hirten
schlagen, und die Schafe der Herde werden sich zerstreuen.* 32 Nach meiner
Auferweckung aber werde ich euch nach Galiläa vorausgehen. 33 Petrus
antwortete ihm: Wenn alle an dir zu Fall kommen – ich werde niemals
zu Fall kommen! 34 Jesus sagt zu ihm: Amen, ich sage dir: In dieser
Nacht, ehe der Hahn kräht, wirst du mich dreimal verleugnet haben.
35 Da sagt Petrus zu ihm: Selbst wenn ich mit dir sterben müsste – ich
werde dich nicht verleugnen. Ebenso redeten auch alle anderen Jünger.

P: Mk 14,26–31; Lk 22,31–34; Joh 13,36–38
30: Lk 22,39; Joh 18,1
31: Sach 13,7 · 26,56 · Joh 16,32
32: 28,7
33: 20,22
34: 26,69–75
35: Joh 11,16

In Getsemani

36 Da kommt Jesus mit ihnen an einen Ort namens Getsemani und
sagt zu den Jüngern: Bleibt hier sitzen, solange ich weg bin und dort
bete. 37 Und er nahm Petrus und die zwei Söhne des Zebedäus mit sich,
und er wurde immer trauriger und mutloser. 38 Da sagt er zu ihnen:
Meine Seele ist zu Tode *betrübt*, bleibt hier und wacht mit mir. 39 Und er
ging ein wenig weiter, fiel auf sein Angesicht und betete: Mein Vater,
wenn es möglich ist, so gehe dieser Kelch an mir vorüber. Doch nicht
wie ich will, sondern wie du willst. 40 Und er kommt zu den Jüngern
zurück und findet sie schlafend. Und er sagt zu Petrus: So vermochtet
ihr denn nicht eine Stunde mit mir wach zu bleiben? 41 Wacht und be-
tet, dass ihr nicht in Versuchung kommt! Der Geist ist willig, das Fleisch
aber schwach. 42 Wieder ging er weg, ein zweites Mal, und betete: Mein
Vater, wenn dieser Kelch nicht an mir vorübergehen kann, ohne dass
ich ihn trinke, so geschehe dein Wille. 43 Und er kam wieder zurück
und fand sie schlafend, denn die Augen waren ihnen schwer geworden.
44 Und er verliess sie, ging wieder weg und betete zum dritten Mal,
wieder mit denselben Worten. 45 Dann kommt er zu den Jüngern zu-
rück und sagt zu ihnen: Schlaft nur weiter und ruht euch aus! Seht, die
Stunde ist gekommen, da der Menschensohn in die Hände von Sündern
ausgeliefert wird. 46 Steht auf, lasst uns gehen! Seht, der mich auslie-
fert, ist da.

P: Mk 14,32–42; Lk 22,39–46
36: Joh 18,1
38: Ps 42,6.12; 43,5; Joh 12,27
39: 20,22; Joh 18,11 · 6,10
41: 6,13
42: 6,10

P: Mk 14,43–52; *Die Gefangennahme*
Lk 22,47–53; 47 Und während er noch redete, da kam Judas, einer von den Zwöl-
Joh 18,2–11 fen, und mit ihm eine grosse Schar mit Schwertern und Knüppeln im
Auftrag der Hohen Priester und der Ältesten des Volkes. 48 Der ihn aber
auslieferte, hatte mit ihnen ein Zeichen verabredet: Den ich küssen wer-
49: 27,29 de, der ist es. Den nehmt fest! 49 Und sogleich ging er auf Jesus zu und
sagte: Sei gegrüsst, Rabbi, und küsste ihn. 50 Jesus sagte zu ihm: Freund,
dazu bist du gekommen! Da kamen sie auf ihn zu, ergriffen ihn und
nahmen ihn fest. 51 Da hob einer von denen, die mit Jesus waren, seine
Hand und zog sein Schwert, schlug nach dem Knecht des Hohen Pries-
52: Gen 9,6 ters und hieb ihm das Ohr ab. 52 Da sagt Jesus zu ihm: Steck dein
Schwert an seinen Ort! Denn alle, die zum Schwert greifen, werden
53: 4,11; Ps 91,11–12 durch das Schwert umkommen. 53 Oder meinst du, ich könnte meinen
Vater nicht bitten und er würde mir nicht sogleich mehr als zwölf Legi-
54: Jes 53,7 onen Engel zur Seite stellen? 54 Doch wie würden dann die Schriften in
Erfüllung gehen, nach denen es so geschehen muss?
55: 21,23; Lk 19,47; 55 Zu jener Stunde sagte Jesus zu den Leuten: Wie gegen einen Räu-
Joh 18,20! ber seid ihr ausgezogen, mit Schwertern und Knüppeln, mich gefangen
zu nehmen? Tag für Tag sass ich im Tempel und lehrte, und ihr habt
mich nicht festgenommen.
56: 26,31! 56 Dies alles aber ist geschehen, damit die Schriften der Propheten
in Erfüllung gehen. Da verliessen ihn die Jünger alle und flohen.

P: Mk 14,53–65; *Die Verhandlung vor dem Hohen Rat*
Lk 22,54–55.66–71. 57 Die aber, die Jesus festgenommen hatten, führten ihn vor den
63–65; Joh 18,12–24 Hohen Priester Kajafas, wo sich die Schriftgelehrten und die Ältesten
versammelt hatten. 58 Petrus aber folgte ihm von weitem bis zum Pa-
last des Hohen Priesters; und er ging hinein und setzte sich zu den Ge-
richtsdienern, um zu sehen, wie es enden würde.
59: Ps 27,12 59 Die Hohen Priester aber und der ganze Hohe Rat suchten nach
einer falschen Zeugenaussage gegen Jesus, um ihn töten zu können;
60 doch sie fanden keine, obwohl viele falsche Zeugen auftraten. Zuletzt
61: Joh 2,19; aber traten zwei auf 61 und sagten: Dieser hat behauptet: Ich kann den
Apg 6,14 Tempel Gottes niederreissen und in drei Tagen wieder aufbauen.
62 Und der Hohe Priester erhob sich und sagte zu ihm: Antwortest du
63: 16,16! nichts auf das, was diese gegen dich vorbringen? 63 Jesus aber schwieg.
Und der Hohe Priester sagte zu ihm: Ich beschwöre dich bei dem leben-
64: 27,11 · 22,44; digen Gott, uns zu sagen, ob du der Messias bist, der Sohn Gottes. 64 Da
Ps 110,1 · 24,30; sagt Jesus zu ihm: Du sagst es. Doch ich sage euch: Von nun an werdet
Dan 7,13 · 16,27! ihr den *Menschensohn* sitzen sehen zur Rechten der Macht und *kommen*
65: 9,3 *auf den Wolken des Himmels.* 65 Da zerriss der Hohe Priester seine Klei-
der und sagte: Er hat gelästert. Was brauchen wir noch Zeugen? Jetzt
66: Lev 24,16 habt ihr die Lästerung gehört! 66 Was meint ihr? Sie antworteten: Er ist
des Todes schuldig!
67: 27,30; Jes 50,6 67 Da spuckten sie ihm ins Gesicht und schlugen ihn mit den Fäus-
ten, andere aber ohrfeigten ihn 68 und sagten: Weissage uns, Messias:
Wer ist es, der dich geschlagen hat?

Die Verleugnung durch Petrus

69 Petrus aber sass draussen im Hof. Und eine Magd trat zu ihm und
sagte: Auch du warst mit Jesus, dem Galiläer. 70 Er aber leugnete es vor
allen und sagte: Ich weiss nicht, wovon du sprichst! 71 Als er aber in die
Torhalle hinausging, sah ihn eine andere, und sagte zu denen, die dort
waren: Dieser war mit Jesus, dem Nazarener! 72 Und wieder leugnete er
es und schwor: Ich kenne den Menschen nicht. 73 Nach einer Weile tra-
ten die Umstehenden auf Petrus zu und sagten: Natürlich, auch du bist
einer von ihnen, deine Sprache verrät dich ja. 74 Da begann er zu flu-
chen und zu schwören: Ich kenne den Menschen nicht. Und dann kräh-
te der Hahn. 75 Da erinnerte sich Petrus an das Wort Jesu, der zu ihm
gesagt hatte: Ehe der Hahn kräht, wirst du mich dreimal verleugnen.
Und er ging hinaus und weinte bitterlich.

P: Mk 14,66–72; Lk 22,56–62; Joh 18,15–18.25–27
69: 26,58
75: 26,34

Der Todesbeschluss des Hohen Rats

27 1 Als es Morgen wurde, fassten alle Hohen Priester und die Ältes-
ten des Volkes den Beschluss, Jesus zu töten. 2 Und sie fesselten
ihn, führten ihn ab und lieferten ihn an den Statthalter Pilatus aus.

1: 26,3–4; Mk 14,64
2: Mk 15,1; Lk 23,1

Das Ende des Judas

3 Als nun Judas, der ihn ausgeliefert hatte, sah, dass er verurteilt war,
reute es ihn, und er brachte die dreissig Silberstücke den Hohen Pries-
tern und Ältesten zurück 4 und sagte: Ich habe gesündigt, unschuldiges
Blut habe ich ausgeliefert. Sie aber sagten: Was geht das uns an? Sieh du
zu! 5 Da warf er die Silberstücke in den Tempel, machte sich davon, ging
und erhängte sich. 6 Die Hohen Priester aber nahmen die Silberstücke
und sagten: Es ist nicht erlaubt, sie zum Tempelschatz zu legen, weil es
Blutgeld ist. 7 Sie beschlossen, davon den Töpferacker zu kaufen als Be-
gräbnisstätte für die Fremden. 8 Darum heisst jener Acker bis heute
Blutacker. 9 Da ging in Erfüllung, was durch den Propheten Jeremia ge-
sagt ist: *Und sie nahmen die dreissig Silberstücke, den Preis des Geschätzten,*
den sie geschätzt hatten, von den Söhnen Israels, 10 und sie gaben sie für
den Töpferacker, *wie der Herr* mir *befohlen hatte.*

3: 26,15!
4: Dtn 27,25 · 27,24
9–10: Sach 11,13
10: Jer 18,2–3; 32,7–9

Die Verhandlung vor Pilatus

11 Jesus aber wurde vor den Statthalter gebracht, und der Statthalter
fragte ihn: Du bist der König der Juden? Jesus sprach: Das sagst du!
12 Und solange die Hohen Priester und Schriftgelehrten ihre Anklagen
vorbrachten, antwortete er nichts. 13 Da sagte Pilatus zu ihm: Hörst du
nicht, was sie alles gegen dich vorbringen? 14 Und er antwortete ihm
auf keine einzige Frage, so dass sich der Statthalter sehr wunderte.

P: Mk 15,2–5; Lk 23,2–5; Joh 18,28–38a
11: 26,63–64
12: Lk 23,9
13–14: Joh 19,8–10

Die Freilassung des Barabbas

15 Jeweils zum Fest aber pflegte der Statthalter dem Volk einen Ge-
fangenen freizugeben nach ihrer Wahl. 16 Sie hatten damals aber einen
berüchtigten Gefangenen namens Barabbas. 17 Als sie nun versammelt
waren, sagte Pilatus zu ihnen: Wen soll ich euch freigeben, Barabbas
oder Jesus, den sogenannten Messias? 18 Er wusste nämlich, dass sie
ihn aus Neid ausgeliefert hatten.

P: Mk 15,6–15; Lk 23,13–25; Joh 18,38b–40; 19,6–16a
17: 1,16

19 Als er nun auf dem Richterstuhl sass, liess ihm seine Frau sagen: Lass die Hände von diesem Gerechten, denn seinetwegen habe ich heute im Traum viel gelitten.

20 Die Hohen Priester und die Ältesten aber überredeten die Leute, um Barabbas zu bitten, Jesus aber hinrichten zu lassen. 21 Der Statthalter nun fragte sie: Welchen von den beiden soll ich euch freigeben? Sie sagten: Barabbas! 22 Da sagte Pilatus zu ihnen: Was soll ich dann mit Jesus machen, dem sogenannten Messias? Sie alle sagten: Gekreuzigt soll er werden! 23 Er aber sagte: Was hat er denn Böses getan? Da schrien sie noch lauter: Gekreuzigt soll er werden!

24: Dtn 21,6–8; Ps 26,6; 73,13 · 27,4
25: 23,35; 2Sam 1,16
26: Joh 19,1

24 Als Pilatus sah, dass er nichts erreichte, vielmehr die Unruhe wuchs, nahm er Wasser, wusch sich vor den Augen des Volkes die Hände und sagte: Ich bin unschuldig an diesem Blut. Seht ihr zu! 25 Und das ganze Volk entgegnete: Sein Blut über uns und unsere Kinder! 26 Da gab er ihnen Barabbas frei; Jesus aber liess er auspeitschen und lieferte ihn aus zur Kreuzigung.

P: Mk 15,16–20a

Die Verspottung im Prätorium

28–30: Joh 19,2–3
28: Lk 23,11
29: 20,19 · 26,49
30: 26,67!

27 Da nahmen die Soldaten des Statthalters Jesus mit sich ins Prätorium und versammelten um ihn die ganze Kohorte. 28 Und sie zogen ihn aus, legten ihm einen purpurroten Mantel um 29 und flochten eine Krone aus Dornen, setzten sie ihm aufs Haupt und gaben ihm ein Rohr in die rechte Hand. Und sie fielen vor ihm auf die Knie und verspotteten ihn: Sei gegrüsst, König der Juden!, 30 und spuckten ihn an, nahmen das Rohr und schlugen ihn aufs Haupt.

31 Und nachdem sie ihn verspottet hatten, zogen sie ihm den Mantel aus, zogen ihm seine Kleider wieder an und führten ihn ab, um ihn zu kreuzigen.

P: Mk 15,20b–32; Lk 23,33–43; Joh 19,16b–24
32: Lk 23,26

Die Kreuzigung

32 Während sie hinausgingen, trafen sie einen aus Kyrene mit Namen Simon; den zwangen sie, ihm das Kreuz zu tragen.

34: 27,48; Lk 23,36 · Ps 69,22
35: Ps 22,19
37: Lk 23,38
38: Jes 53,12

33 Und als sie an den Ort namens Golgota kamen – das heisst ‹Schädelstätte› –, 34 gaben sie ihm Wein zu trinken, der mit Wermut vermischt war, und als er gekostet hatte, wollte er nicht trinken. 35 Nachdem sie ihn aber gekreuzigt hatten, *teilten sie* seine *Kleider unter sich, indem sie das Los warfen;* 36 und sie sassen dort und bewachten ihn. 37 Und sie brachten über seinem Haupt die Inschrift an, die seine Schuld angab: Das ist Jesus, der König der Juden. 38 Dann wurden mit ihm zwei Räuber gekreuzigt, einer zur Rechten und einer zur Linken.

39: Ps 22,8; 109,25
40: 26,61 · 4,3!
42: 12,38!
43: 4,3!; Ps 22,9 · 26,64

39 Die aber vorübergingen, verwünschten ihn, schüttelten den Kopf 40 und sagten: Der du den Tempel niederreissen und in drei Tagen wieder aufbauen willst, rette dich selbst, wenn du der Sohn Gottes bist, und steig herab vom Kreuz! 41 Ebenso spotteten die Hohen Priester mit den Schriftgelehrten und den Ältesten und sagten: 42 Andere hat er gerettet, sich selbst kann er nicht retten. Der König Israels ist er doch: So steige er jetzt vom Kreuz herab, und wir werden an ihn glauben. 43 *Er hat auf Gott vertraut; der soll ihn jetzt retten, wenn er will,* er hat ja gesagt: Ich bin Gottes Sohn. 44 Ebenso verhöhnten ihn die Räuber, die mit ihm gekreuzigt wurden.

Der Tod Jesu P: Mk 15,33–41;
45 Von der sechsten Stunde an kam eine Finsternis über das ganze Lk 23,44–49;
Land bis zur neunten Stunde. 46 Um die neunte Stunde aber schrie Je- Joh 19,28–30
sus mit lauter Stimme: *Eli, Eli, lema sabachtani!*, das heisst: Mein Gott, 46: Ps 22,2
mein Gott, warum hast du mich verlassen! 47 Als einige von denen, die
dort standen, das hörten, sagten sie: Der ruft nach Elija. 48 Und sogleich 48: 27,34!
lief einer von ihnen hin und nahm einen Schwamm, tränkte ihn mit
Essig, steckte ihn auf ein Rohr und gab ihm zu trinken. 49 Die anderen
aber sagten: Lass doch, wir wollen sehen, ob Elija kommt und ihn rettet.
50 Jesus aber schrie noch einmal mit lauter Stimme und verschied.
51 Und siehe da: Der Vorhang im Tempel riss entzwei von oben bis 51: Ex 26,31–33
unten, und die Erde bebte, und die Felsen barsten, 52 und die Gräber
taten sich auf, und die Leiber vieler entschlafener Heiliger wurden auf-
erweckt. 53 Nach der Auferweckung Jesu kamen sie aus den Gräbern 53: 1Kor 15,20
hervor und zogen in die heilige Stadt und erschienen vielen.
54 Als aber der Hauptmann und seine Leute, die Jesus bewachten, 54: 16,16!
das Erdbeben sahen und was da geschah, fürchteten sie sich sehr und
sagten: Ja, der war wirklich Gottes Sohn!
55 Es waren dort viele Frauen, die von ferne zuschauten; sie waren
Jesus aus Galiläa gefolgt und hatten ihn unterstützt. 56 Unter ihnen wa- 56: 27,61; 28,1;
ren Maria aus Magdala und Maria, die Mutter des Jakobus und des Josef, Lk 8,2–3!; Joh 19,25
und die Mutter der Söhne des Zebedäus.

Die Grablegung P: Mk 15,42–47;
57 Als es aber Abend wurde, kam ein reicher Mann von Arimatäa mit Lk 23,50–56;
Namen Josef, der selbst auch ein Jünger Jesu geworden war. 58 Der ging Joh 19,38–42
zu Pilatus und bat um den Leichnam Jesu. Da befahl Pilatus, dass er ihm 58: Dtn 21,22–23
gegeben werde. 59 Und Josef nahm den Leichnam, wickelte ihn in ein
reines Leinentuch 60 und legte ihn in ein neues Grab, das er für sich in
den Felsen hatte hauen lassen, wälzte einen grossen Stein vor den Ein-
gang des Grabes und entfernte sich. 61 Es waren dort Maria aus Magdala 61: 27,56!
und die andere Maria; die sassen dem Grab gegenüber.

Die Bewachung des Grabes
62 Am nächsten Tag nun, dem Tag nach dem Rüsttag, versammelten
sich die Hohen Priester und die Pharisäer bei Pilatus 63 und sagten: 63: 16,21!
Herr, wir haben uns erinnert, dass jener Betrüger, als er noch lebte, ge-
sagt hat: Nach drei Tagen werde ich auferweckt. 64 Befiehl also, dass das 64: 28,13
Grab bewacht werde bis zum dritten Tag, damit nicht seine Jünger kom-
men und ihn stehlen und dem Volk sagen: Er ist von den Toten aufer-
weckt worden. Der letzte Betrug wäre dann schlimmer als der erste.
65 Da sagte Pilatus zu ihnen: Ihr sollt eine Wache haben! Geht und be-
wacht es, so gut ihr könnt. 66 Sie gingen, versiegelten den Stein und
sicherten das Grab mit einer Wache.

27,46: Andere Übersetzungsmöglichkeit: «... Mein Gott, mein Gott, wozu hast du mich verlassen?»

P: Mk 16,1–8; *Das leere Grab*
Lk 24,1–8; 28 1 Nach dem Sabbat aber, beim Anbruch des ersten Wochentages,
Joh 20,1–10 kamen Maria aus Magdala und die andere Maria, um nach dem
1: 27,56! Grab zu sehen. 2 Und siehe da: Es gab ein starkes Erdbeben, denn ein
Engel des Herrn stieg vom Himmel herab, kam und wälzte den Stein
3: Dan 10,6 weg und setzte sich darauf. 3 Seine Erscheinung war wie ein Blitz und
sein Gewand weiss wie Schnee. 4 Die Wächter zitterten vor Angst und
erstarrten. 5 Der Engel aber sagte zu den Frauen: Fürchtet euch nicht!
6: 16,21! Denn ich weiss, ihr sucht Jesus, den Gekreuzigten. 6 Er ist nicht hier,
denn er ist auferweckt worden, wie er gesagt hat. Kommt, seht die Stel-
7: 26,32 le, wo er gelegen hat. 7 Und macht euch eilends auf den Weg und sagt
seinen Jüngern, dass er von den Toten auferweckt worden ist; und jetzt
geht er euch voraus nach Galiläa, dort werdet ihr ihn sehen. Ich habe es
euch gesagt. 8 Und sie gingen eilends weg vom Grab voller Furcht und
mit grosser Freude und liefen, um es seinen Jüngern zu berichten.

P: Joh 20,11–18 *Das Erscheinen des Auferstandenen vor den Frauen*
9 Und siehe da: Jesus kam ihnen entgegen und sprach: Seid ge-
grüsst! Sie gingen auf ihn zu, umfassten seine Füsse und warfen sich vor
ihm nieder. 10 Da sagt Jesus zu ihnen: Fürchtet euch nicht! Geht und
sagt meinen Brüdern, dass sie nach Galiläa gehen sollen, dort werden
sie mich sehen.

Der Betrug der Hohen Priester
11: 28,4 11 Während sie weggingen, da trafen einige von der Wache in der
Stadt ein und berichteten den Hohen Priestern alles, was geschehen
war. 12 Und diese versammelten sich mit den Ältesten und fassten ei-
13: 27,64 nen Beschluss: Sie gaben den Soldaten reichlich Geld 13 und wiesen sie
an, zu sagen, seine Jünger seien in der Nacht gekommen und hätten ihn
gestohlen, während sie schliefen. 14 Und wenn der Statthalter davon
hört, so werden wir ihn beschwichtigen und dafür sorgen, dass ihr
nichts zu befürchten habt. 15 Sie nahmen das Geld und taten, wie sie
angewiesen wurden. Und so hat sich dieses Gerücht bei den Juden ver-
breitet und gehalten bis auf den heutigen Tag.

Der Auftrag des Auferstandenen
16 Die elf Jünger aber gingen nach Galiläa, auf den Berg, wohin Jesus
sie befohlen hatte. 17 Und als sie ihn sahen, warfen sie sich nieder; eini-
18: 7,29; 9,6; 11,27; ge aber zweifelten. 18 Und Jesus trat zu ihnen und sprach: Mir ist alle
Joh 3,35 · Dan 7,14; Macht gegeben im Himmel und auf Erden. 19 Geht nun hin und macht
Phil 2,10
19: Lk 24,47 · alle Völker zu Jüngern: Tauft sie auf den Namen des Vaters und des Soh-
10,5–6! · 8,11; 22,9; nes und des heiligen Geistes, 20 und lehrt sie alles halten, was ich euch
24,14; 26,13 geboten habe. Und seid gewiss: Ich bin bei euch alle Tage bis an der Welt
Ende.

Das Evangelium nach Markus

Die kanonische Überschrift deutet an, dass das zweite Evangelium von einem Autor namens Markus abgefasst wurde, der nach der altkirchlichen Tradition verschiedentlich mit dem in der Apostelgeschichte erwähnten Johannes Markus (z.B. Apg 12,12.25) identifiziert worden ist. Diese Zuschreibung wird aber weder durch den Text des Evangeliums noch anderweitig bestätigt. Sicher ist, dass der Verfasser Schöpfer der Gattung Evangelium ist, die sich durch zwei Merkmale auszeichnet: Sie kann mit der antiken Biografie in Zusammenhang gesetzt werden – wobei bei Markus ausschliesslich die Geschichte des öffentlichen Wirkens Jesu den narrativen Leitfaden bildet –, sie ist aber auch als ein Glaubenszeugnis zu bestimmen, das zum Glauben aufrufen soll.

Um die Geschichte des irdischen Jesus zu erzählen, hat der Verfasser zahlreiche ihm vorliegende Überlieferungen verwendet: Wundergeschichten (z.B. Mk 4,35–6,52), Gleichnisse (z.B. Mk 4,1–34), Worte Jesu (z.B. Streitgespräche Mk 2,1–3,6, Jüngerunterweisungen über die Ehe, den Besitz und das Rangstreben Mk 10, eine Rede über die letzten Dinge Mk 13) und eine schon ausgeführte Passionsgeschichte (Mk 14,1–16,8). Alle diese verschiedenen Elemente integrierte Markus in eine zusammenhängende Erzählung, indem er einen chronologischen und topografischen Rahmen erstellte. Die Kürze des Osterberichtes (Mk 16,1–8) und vor allem sein abruptes Ende verursachten der frühen Kirche Schwierigkeiten, so dass bereits im zweiten Jahrhundert der knappe Schluss des Evangeliums auf verschiedene Weisen ergänzt wurde (Mk 16,9–20).

Da der Verfasser Kenntnis der dramatischen Ereignisse, die die damalige Geschichte des jüdischen Volkes geprägt haben, hatte (vgl. Mk 13,2.14), wird die Entstehung des Evangeliums nach Markus auf die Zeit unmittelbar nach 70 n.Chr. datiert. Die Redaktion des Evangeliums fand jedoch ausserhalb Palästinas statt, wahrscheinlich in der hellenistischen Welt. Die altkirchliche Tradition verweist auf Rom, aber auch Syrien kommt hierfür in Frage. Auf jeden Fall sind die Adressaten des Evangeliums Heidenchristen, die nicht mehr nach dem jüdischen Gesetz leben. Dafür sprechen die Übersetzung aramäischer Wörter (z.B. Mk 5,41) und die Erklärung jüdischer Sitten (z.B. Mk 7,3–4), die sich im Evangelium finden, die kritische Interpretation des Gesetzes (Mk 7,1–23) und die offene Haltung gegenüber den Heiden, die darin zum Ausdruck kommen (z.B. Mk 13,10).

Das Evangelium nach Markus umfasst drei Hauptteile. Der erste schildert das Wirken Jesu in Galiläa (Mk 1,1–8,26). Der zweite Teil beschreibt, was sich auf dem Weg, den Jesus und seine Jünger von Galiläa nach Jerusalem zurücklegen, ereignet (Mk 8,27–10,52); eingeleitet wird er durch das Petrusbekenntnis in Cäsarea Philippi, das man als Wendepunkt der Erzählung betrachten kann. Der dritte Teil schliesslich stellt den Aufenthalt Jesu in Jerusalem bis zu seinem Tod dar (Mk 11–16).

Wie er es im ersten Satz, einer Art Titel, betont (Mk 1,1: «Anfang des Evangeliums von Jesus Christus, dem Sohn Gottes»), besteht das Ziel des Evangelisten darin, an den Ursprung der guten Nachricht zu erinnern, welche die Kirche zu verkündigen hat. Dieser Anfang ist die Geschichte des irdischen Jesus.

Im ersten Hauptteil wird Jesus dargestellt als derjenige, der durch Wundertaten und Symbolhandlungen sowie durch seine Worte und Auseinandersetzungen mit den damaligen religiösen Autoritäten die Herrschaft Gottes in der Gegenwart Wirklichkeit werden lässt und auf diese Weise die Menschen von dem Übel, der Entfremdung und den Zwängen, denen sie ausgeliefert sind, befreit und in ein neues, anderes Leben ruft. Im zweiten Hauptteil, der durch die drei Leidensankündigungen (Mk 8,31; 9,31; 10,33–34) strukturiert ist, wird der bevorstehende Tod am Kreuz zum Horizont der Erzählung: Der Befreier ist der leidende Menschensohn, und die Jünger sind eingeladen, ihrem Herrn auf diesem Weg zu folgen; auch ihre Nachfolge steht im Schatten des Kreuzes. Sowohl im ersten wie auch im zweiten Teil des Evangeliums stösst Jesus auf Unverständnis (z.B. Mk 8,14–21; 9,5.19; 10,24) und Ablehnung. Das Schweigegebot, das er den Dämonen (Mk 1,25.34; 3,12), den Geheilten (Mk 1,44; 5,43; 7,36; 8,26) und den Jüngern (Mk 8,30; 9,9) erteilt, macht aus der Offenbarung eine verborgene Offenbarung: Jesus soll nicht in seiner Vollmacht als Gottessohn bekannt gemacht werden. Der dritte Hauptteil des Evangeliums, der die letzte Auseinandersetzung Jesu mit der politischen und religiösen Macht sowie den Prozess und die Hinrichtung schildert, führt auf paradoxe Weise das Wirken Jesu zu seiner Vollendung. Indem der römische Hauptmann in dem Gekreuzigten den Sohn Gottes erkennt (Mk 15,39), spricht er das einzige gültige Glaubensbekenntnis im ganzen Evangelium aus. Denn nur in seiner Ohnmacht am Kreuz kann Jesus als der wahre Gottessohn erkannt werden. So ist denn der gekreuzigte Christus der Ziel- und Höhepunkt, auf den die markinische Erzählung zuläuft.

P: Mt 3,3–6.11–12; Lk 3,3–6.15–18; Joh 1,19–23.26–27
1: 1,15! · 8,29! · 1,11!
2: 9,12; Ex 23,20; Mal 3,1; Mt 11,10; Lk 7,27
3: Jes 40,3

Das Auftreten des Täufers

1 1 Anfang des Evangeliums von Jesus Christus, dem Sohn Gottes.
2 Wie geschrieben steht beim Propheten Jesaja:
Siehe, ich sende meinen Boten vor dir her,
der deinen *Weg bereiten wird.*
3 *Stimme eines Rufers in der Wüste:*
Bereitet den Weg des Herrn,
macht gerade seine *Strassen!*

4: Lk 3,3!
6: 2Kön 1,8; Mt 11,8

4 So trat Johannes der Täufer auf in der Wüste und verkündigte eine
Taufe der Umkehr zur Vergebung der Sünden. 5 Und das ganze judäi-
sche Land und alle Bewohner Jerusalems zogen hinaus zu ihm. Und sie
liessen sich von ihm taufen im Jordan und bekannten ihre Sünden.
6 Und Johannes trug ein Gewand aus Kamelhaaren und einen ledernen
Gürtel um seine Hüften, und er ass Heuschrecken und wilden Honig.

7 Und er verkündete: Nach mir kommt, der stärker ist als ich; mir
steht es nicht zu, mich zu bücken und ihm die Schuhriemen zu lösen.
8 Ich habe euch mit Wasser getauft, er aber wird euch mit heiligem   *8:* Joh 1,33
Geist taufen.

Die Taufe Jesu   P: Mt 3,13–17;

9 Und es geschah in jenen Tagen, dass Jesus aus Nazaret in Galiläa   Lk 3,21–22;
kam und sich von Johannes im Jordan taufen liess. 10 Und sogleich, als   Joh 1,29–34
er aus dem Wasser stieg, sah er den Himmel sich teilen und den Geist
wie eine Taube auf sich herabsteigen. 11 Und eine Stimme kam aus dem   *11:* 1,1; 9,7; 14,61;
Himmel: Du bist mein geliebter Sohn, an dir habe ich Wohlgefallen.   15,39; Ps 2,7;
Jes 42,1 · 1,24!

Die Versuchung Jesu   P: Mt 4,1–11;

12 Und sogleich treibt ihn der Geist in die Wüste. 13 Und er war vier-   Lk 4,1–13
zig Tage in der Wüste und wurde vom Satan versucht. Und er war bei   *13:* Hiob 5,22–23 ·
den wilden Tieren, und die Engel dienten ihm.   Ps 91,11

Erstes Auftreten in Galiläa   P: Mt 4,12–17;

14 Nachdem man Johannes gefangen genommen hatte, kam Jesus   Lk 4,14–15
nach Galiläa und verkündigte das Evangelium Gottes: 15 Erfüllt ist die   *14:* 6,17 · 1,38.39 · 1,15!
Zeit, und nahe gekommen ist das Reich Gottes. Kehrt um und glaubt an   *15:* Gal 4,4 ·
das Evangelium!   Lk 10,9! · 1,1.14; 8,35; 10,29; 13,10; 14,9

Die Berufung der ersten Jünger   P: Mt 4,18–22;

16 Und als er den See von Galiläa entlangging, sah er Simon und An-   Lk 5,4–11;
dreas, den Bruder des Simon, auf dem See die Netze auswerfen; sie wa-   Joh 1,35–51
ren nämlich Fischer. 17 Und Jesus sagte zu ihnen: Kommt, mir nach! Ich   *17:* Jer 16,16
werde euch zu Menschenfischern machen. 18 Und sogleich liessen sie   *18:* 1,20!
die Netze liegen und folgten ihm. 19 Und als er ein paar Schritte weiter-
ging, sah er Jakobus, den Sohn des Zebedäus, und seinen Bruder Johan-
nes, wie sie im Boot die Netze herrichteten. 20 Und sogleich rief er sie.   *20:* 1,18; 2,14; 8,34;
Und sie liessen ihren Vater Zebedäus mit den Tagelöhnern im Boot zu-   10,21.28
rück und gingen fort, ihm nach.

Die Heilung eines Besessenen   P: Lk 4,31–37

21 Und sie kommen nach Kafarnaum. Und sogleich ging er am Sab-
bat in die Synagoge und lehrte. 22 Und sie waren überwältigt von seiner   *22:* 1,27; 6,2; 7,37;
Lehre, denn er lehrte sie wie einer, der Vollmacht hat, und nicht wie die   11,18.28
Schriftgelehrten.

23 Und sogleich war da in ihrer Synagoge einer mit einem unreinen
Geist, der schrie laut: 24 Was haben wir mit dir zu schaffen, Jesus von   *24:* 3,11; 5,7 · 1,11!
Nazaret! Bist du gekommen, uns zu vernichten? Ich weiss, wer du bist:
der Heilige Gottes! 25 Und Jesus schrie ihn an und sprach: Verstumme   *25:* 9,25
und fahr aus! 26 Und der unreine Geist zerrte ihn hin und her, schrie   *26:* 9,20.26
mit lauter Stimme und fuhr aus. 27 Und sie erschraken alle so sehr, dass   *27:* 1,22! · 4,41
einer den andern fragte: Was ist das? Eine neue Lehre aus Vollmacht?
Selbst den unreinen Geistern gebietet er, und sie gehorchen ihm.
28 Und die Kunde von ihm drang sogleich hinaus ins ganze Umland
von Galiläa.

P: Mt 8,14–15; *Die Heilung der Schwiegermutter des Petrus*
Lk 4,38–39 29 Und sogleich verliessen sie die Synagoge und gingen mit Jakobus
und Johannes in das Haus des Simon und des Andreas. 30 Die Schwie-
germutter des Simon aber lag mit hohem Fieber im Bett; und sogleich
erzählten sie ihm von ihr. 31 Und er trat herzu, nahm ihre Hand und
richtete sie auf. Da wich das Fieber von ihr, und sie bewirtete sie.

P: Mt 8,16–17; *Weitere Heilungen*
Lk 4,40–41 32 Am Abend aber, als die Sonne untergegangen war, brachten sie
33: 2,2! alle Kranken und Besessenen zu ihm. 33 Und die ganze Stadt war vor der
34: 1,44! Tür versammelt. 34 Und er heilte viele, die an mancherlei Krankheiten
litten, und trieb viele Dämonen aus. Und die Dämonen liess er nicht
reden, weil sie ihn kannten.

P: Lk 4,42–44 *Aufbruch aus Kafarnaum*
35 Und in der Frühe, als es noch finster war, stand er auf, ging hinaus
und begab sich an einen einsamen Ort, und dort betete er. 36 Simon
aber und seine Gefährten eilten ihm nach. 37 Und sie fanden ihn, und
38: 1,14! sie sagen zu ihm: Alle suchen dich! 38 Und er sagt zu ihnen: Lasst uns
anderswohin gehen, in die benachbarten Weiler, damit ich auch dort
verkündige. Denn dazu bin ich gekommen.
39: 1,14!; Mt 4,23; 39 Und er ging und verkündigte in ihren Synagogen in ganz Galiläa
9,35 und trieb die Dämonen aus.

P: Mt 8,1–4; *Die Heilung eines Aussätzigen*
Lk 5,12–16 40 Und es kommt ein Aussätziger zu ihm, fällt auf die Knie, bittet
41: 6,34; 8,2; 9,22 ihn und sagt: Wenn du willst, kannst du mich rein machen. 41 Und er
fühlte Mitleid, streckte seine Hand aus und berührte ihn, und er sagt zu
ihm: Ich will es, sei rein! 42 Und sogleich wich der Aussatz von ihm, und
er wurde rein. 43 Und er fuhr ihn an und schickte ihn auf der Stelle weg,
44: 1,34; 3,12; 5,43; 44 und er sagt zu ihm: Sieh zu, dass du niemandem etwas sagst, son-
7,36; 8,30; 9,9 · dern geh, zeig dich dem Priester, und bring für deine Reinigung dar,
Lev 14,2–32 was Mose angeordnet hat – das soll ihnen ein Beweis sein. 45 Der ging
45: 7,36 weg und fing an, es überall kundzutun und die Sache bekannt zu ma-
chen, so dass Jesus sich kaum mehr in einer Stadt sehen lassen konnte,
sondern draussen an abgelegenen Orten blieb. Und sie kamen zu ihm
von überall her.

P: Mt 9,1–8; *Die Heilung eines Gelähmten*
Lk 5,17–26 2 1 Und als er nach einigen Tagen wieder nach Kafarnaum ging, wurde
2: 1,33; 3,20; 6,31 bekannt, dass er in einem Haus sei. 2 Und viele versammelten sich,
so dass nicht einmal mehr vor der Tür Platz war. Und er sagte ihnen das
Wort. 3 Da kommen einige, die einen Gelähmten zu ihm bringen; vier
von ihnen trugen ihn. 4 Und weil sie ihn wegen des Gedränges nicht bis
zu ihm hinbringen konnten, deckten sie dort, wo er war, das Dach ab,
rissen es auf und liessen die Bahre, auf der der Gelähmte lag, hinab.
5: 5,34! 5 Und als Jesus ihren Glauben sieht, sagt er zu dem Gelähmten: Kind,
dir sind die Sünden vergeben!
6 Es sassen dort aber einige Schriftgelehrte, die dachten bei sich:
7: Jes 43,25 7 Was redet der so? Er lästert! Wer kann Sünden vergeben ausser Gott?

8 Und sogleich erkennt Jesus in seinem Geist, dass sie solche Gedanken
hegen, und spricht zu ihnen: Warum hegt ihr solche Gedanken? 9 Was
ist leichter? Zu dem Gelähmten zu sagen: Dir sind die Sünden vergeben,
oder zu sagen: Steh auf, nimm deine Bahre und geh umher? 10 Damit
ihr aber wisst, dass der Menschensohn Vollmacht hat, auf Erden Sünden
zu vergeben – sagt er zu dem Gelähmten: 11 Ich sage dir, steh auf, nimm 11: Joh 5,8
deine Bahre und geh nach Hause! 12 Und der stand auf, nahm sogleich
die Bahre und ging vor aller Augen hinaus, und alle waren fassungslos
und priesen Gott und sagten: Nie haben wir solches gesehen!

Die Berufung eines Zöllners P: Mt 9,9–13; Lk 5,27–32

13 Und er ging wieder hinaus, den See entlang, und alles Volk kam zu
ihm, und er lehrte sie. 14 Und im Vorübergehen sah er Levi, den Sohn 13: 4,1
des Alfäus, am Zoll sitzen. Und er sagt zu ihm: Folge mir! Und der stand 14: 1,20!
auf und folgte ihm.

15 Und es geschieht, dass er in dessen Haus bei Tisch sitzt. Und viele
Zöllner und Sünder sassen mit Jesus und seinen Jüngern bei Tisch. Es
waren nämlich viele, und sie folgten ihm. 16 Und als die Schriftgelehr- 16: Lk 5,30!
ten unter den Pharisäern sahen, dass er mit den Sündern und Zöllnern
ass, sagten sie zu seinen Jüngern: Mit den Zöllnern und Sündern isst er!
17 Und als Jesus das hört, sagt er zu ihnen: Nicht die Gesunden brau- 17: Lk 5,32!
chen den Arzt, sondern die Kranken. Ich bin nicht gekommen, Gerechte
zu rufen, sondern Sünder.

Zur Frage nach dem Fasten P: Mt 9,14–17; Lk 5,33–39

18 Und die Jünger des Johannes und die Pharisäer pflegten zu fasten.
Und sie kommen und sagen zu ihm: Warum fasten die Jünger des Jo-
hannes und die Jünger der Pharisäer, deine Jünger aber fasten nicht?
19 Da sagte Jesus zu ihnen: Können denn die Hochzeitsgäste fasten, so-
lange der Bräutigam bei ihnen ist? Solange sie den Bräutigam bei sich
haben, können sie nicht fasten. 20 Doch es werden Tage kommen, da 20: 14,7
ihnen der Bräutigam entrissen wird, und dann werden sie fasten, an
jenem Tag.

21 Niemand näht ein Stück neuen Stoff auf einen alten Mantel, sonst
reisst der Flicken etwas von ihm ab, das Neue vom Alten, und es entsteht
ein noch schlimmerer Riss. 22 Und niemand füllt neuen Wein in alte
Schläuche, sonst wird der Wein die Schläuche zerreissen, und der Wein
geht verloren, und die Schläuche sind hin. Nein, neuen Wein in neue
Schläuche!

Das Ährenraufen am Sabbat P: Mt 12,1–8; Lk 6,1–5

23 Und es geschah, dass er am Sabbat durch die Kornfelder ging, und
unterwegs begannen seine Jünger, Ähren zu raufen. 24 Und die Phari- 24: Ex 31,13–17
säer sagten zu ihm: Schau her, warum tun sie, was am Sabbat nicht er-
laubt ist? 25 Und er sagt zu ihnen: Habt ihr nie gelesen, was David tat,
als er Mangel litt und hungrig war, er und seine Gefährten? 26 Wie er in 26: 1Sam 21,1–7 · Lev 24,5–9
das Haus Gottes hineinging zur Zeit des Hohen Priesters Abiatar und die
Schaubrote ass, die niemand essen darf ausser den Priestern, und wie er
auch seinen Gefährten davon gab? 27 Und er sagt zu ihnen: Der Sabbat

ist um des Menschen willen geschaffen, nicht der Mensch um des Sabbats willen. 28 Also: Der Menschensohn ist Herr auch über den Sabbat.

P: Mt 12,9–14; Lk 6,6–11

Die Heilung eines behinderten Mannes am Sabbat

3 1 Und er ging wieder in die Synagoge. Und dort war einer mit einer verkümmerten Hand. 2 Und sie beobachteten ihn genau, ob er ihn am Sabbat heilen würde, um ihn anklagen zu können. 3 Und er sagt zu dem Menschen mit der verkümmerten Hand: Steh auf, tritt in die Mitte! 4 Und er sagt zu ihnen: Ist es erlaubt, am Sabbat Gutes zu tun oder Böses zu tun, Leben zu retten oder zu vernichten? Sie aber schwiegen.
5: 6,52; 8,17; Joh 12,40; Röm 11,25
5 Und voller Zorn schaut er sie einen nach dem andern an, betrübt über die Verstocktheit ihres Herzens, und sagt zu dem Menschen: Streck deine Hand aus! Und der streckte sie aus – und seine Hand wurde wiederhergestellt.
6: Ex 31,14 · 11,18!
6 Da gingen die Pharisäer hinaus und fassten zusammen mit den Herodianern sogleich den Beschluss, ihn umzubringen.

P: Mt 4,24–25; Lk 6,17–19

Zustrom von weit her

7 Und Jesus zog sich mit seinen Jüngern an den See zurück, und eine grosse Menschenmenge aus Galiläa folgte; auch aus Judäa 8 und aus Jerusalem, aus Idumäa und von jenseits des Jordan und aus der Gegend um Tyrus und Sidon kam eine grosse Menschenmenge zu ihm, als sie hörten, was er tat.

9: 4,1
9 Und er sagte zu seinen Jüngern, man möge ein Boot für ihn bereitmachen, damit man ihn im Gedränge nicht erdrücke. 10 Denn er heilte so viele, dass alle, die von Leiden geplagt waren, sich auf ihn stürzten,
11: 1,24!
um ihn zu berühren. 11 Und die unreinen Geister warfen sich vor ihm nieder, sobald sie ihn sahen, und schrien: Du bist der Sohn Gottes!
12: 1,44!
12 Und er schrie zurück, sie sollten ihn nicht offenbar machen.

P: Mt 10,2–4; Lk 6,12–16

Die Berufung der Zwölf

13 Und er steigt auf den Berg und ruft zu sich, die er um sich haben wollte; und sie traten zu ihm hin. 14 Und er bestimmte zwölf, die er auch Apostel nannte, die mit ihm sein sollten und die er aussenden
15: 6,7!
wollte, zu verkündigen 15 und mit Vollmacht die Dämonen auszutreiben. 16 Und er bestimmte die Zwölf: Simon, dem er den Beinamen Petrus gab, 17 und Jakobus, den Sohn des Zebedäus, und Johannes, den Bruder des Jakobus, denen er den Beinamen Boanerges gab, das heisst ‹Donnersöhne›, 18 und Andreas und Philippus und Bartolomäus und Matthäus und Thomas und Jakobus, den Sohn des Alfäus, und Thaddäus
19: 14,11!
und Simon Kananäus, 19 und Judas Iskariot, der ihn dann auslieferte.

Die besorgten Verwandten

20: 2,2!
20 Und er geht in ein Haus. Und wieder strömt das Volk zusammen,
21: 3,22; Ps 69,9; Joh 10,20
und sie kamen nicht einmal dazu, etwas zu essen. 21 Und als seine Verwandten davon hörten, machten sie sich auf, um sich seiner zu bemächtigen, denn sie sagten: Er ist von Sinnen.

3,18: Zum Beinamen Kananäus vgl. die Anm. zu Mt 10,4.

Jesu Macht über die Dämonen P: Mt 12,22–32;
22 Und die Schriftgelehrten, die von Jerusalem herabgekommen Lk 11,14–23; 12,10
waren, sagten: Er hat den Beelzebul, und: Durch den Fürsten der Dämo- 22: 3,21; Mt 9,34!
nen treibt er die Dämonen aus.
23 Da rief er sie zu sich und redete zu ihnen in Gleichnissen: Wie
kann der Satan den Satan austreiben? 24 Wenn ein Reich in sich gespal-
ten ist, dann kann dieses Reich keinen Bestand haben. 25 Und wenn
eine Familie in sich gespalten ist, dann wird diese Familie keinen Be-
stand haben. 26 Und wenn der Satan sich gegen sich selbst erhebt und
gespalten ist, kann er nicht bestehen, sondern es hat ein Ende mit ihm.
27 Niemand aber kann in das Haus des Starken eindringen und seine
Habe rauben, wenn er nicht zuvor den Starken gefesselt hat; dann erst
wird er sein Haus ausrauben.
28 Amen, ich sage euch: Alles wird den Menschenkindern vergeben
werden, alle Sünden und alle Lästerungen, so viel sie auch lästern mö-
gen. 29 Wer aber den heiligen Geist lästert, für den gibt es in Ewigkeit
keine Vergebung, sondern er ist ewiger Sünde schuldig. 30 Denn sie 30: 3,22
hatten gesagt: Er hat einen unreinen Geist.

Die wahren Verwandten Jesu P: Mt 12,46–50;
31 Da kommen seine Mutter und seine Geschwister, und sie blieben Lk 8,19–21
draussen stehen, schickten zu ihm und liessen ihn rufen. 32 Und das 32: 6,3
Volk sass um ihn herum, und sie sagen zu ihm: Schau, deine Mutter und
deine Brüder und Schwestern sind draussen und suchen dich. 33 Und er
entgegnet ihnen: Wer ist meine Mutter, und wer sind meine Geschwis-
ter? 34 Und er schaut, die im Kreis um ihn sitzen, einen nach dem an-
dern an und spricht: Das hier ist meine Mutter, und das sind meine
Brüder und Schwestern! 35 Denn wer den Willen Gottes tut, der ist mir
Bruder und Schwester und Mutter.

Das Gleichnis vom vierfachen Acker und seine Deutung P: Mt 13,1–23;
4 1 Und wieder fing er an, am See zu lehren. Und es versammelt sich so Lk 8,4–15
viel Volk um ihn, dass er in ein Boot stieg und sich dann setzte auf
dem See; und alles Volk war am Ufer des Sees. 2 Und er lehrte sie vieles
in Gleichnissen und sagte ihnen in seiner Lehre:
3 Hört! Der Sämann ging aus, um zu säen. 4 Und beim Säen geschah
es, dass etliches auf den Weg fiel, und die Vögel kamen und frassen es.
5 Anderes fiel auf felsigen Boden, wo es nicht viel Erde fand, und es ging
sogleich auf, weil die Erde nicht tief genug war. 6 Und als die Sonne
aufging, wurde es versengt; und weil es keine Wurzeln hatte, verdorrte
es. 7 Anderes fiel unter die Dornen, und die Dornen schossen auf und
erstickten es, und es brachte keine Frucht. 8 Wieder anderes fiel auf gu-
ten Boden und brachte Frucht. Es ging auf und wuchs. Und das eine trug
dreissigfach, das andere sechzigfach, das dritte hundertfach. 9 Und er 9: 4,23; Mt 13,9!
sprach: Wer Ohren hat zu hören, der höre!
10 Und als er allein war, fragten ihn die, die mit den Zwölfen um ihn
waren, nach dem Sinn der Gleichnisse. 11 Und er sagte zu ihnen: Euch
ist das Geheimnis des Reiches Gottes gegeben. Denen aber, die draussen
sind, wird alles in Gleichnissen zuteil,

12: Jes 6,9–10; 12 damit *sie sehend sehen und nicht erkennen,*
Joh 12,40 · 8,18 *und hörend hören und nicht verstehen,*
damit sie nicht umkehren und ihnen vergeben werde.
13 Und er sagt zu ihnen: Dieses Gleichnis versteht ihr nicht? Wie
wollt ihr dann die Gleichnisse überhaupt verstehen? 14 Der Sämann sät
das Wort. 15 Die auf dem Weg aber sind die, bei denen das Wort gesät
wird, doch wenn sie es gehört haben, kommt sogleich der Satan und
nimmt das Wort weg, das in sie gesät ist. 16 Und die auf felsigen Boden
gesät sind, das sind die, welche das Wort, wenn sie es gehört haben,
sogleich freudig aufnehmen. 17 Doch sie haben keine Wurzeln, son-
dern sind unbeständig. Wenn es danach zu Bedrängnis oder Verfolgung
kommt um des Wortes willen, kommen sie gleich zu Fall. 18 Und wie-
der andere sind die, welche unter die Dornen gesät sind. Das sind die,
19: Lk 12,22! welche das Wort gehört haben, 19 doch die Sorgen dieser Welt und der
trügerische Reichtum und die Gier nach all den anderen Dingen drin-
gen in sie ein und ersticken das Wort, und es bleibt ohne Frucht. 20 Und
die auf guten Boden gesät sind, das sind jene, welche das Wort hören
und aufnehmen und Frucht tragen: das eine dreissigfach, das andere
sechzigfach, das dritte hundertfach.

P: Lk 8,16–18 *Vom Sehen, Hören und Messen*
21: Mt 5,15; Lk 11,33 21 Und er sagte zu ihnen: Kommt denn das Licht, damit man es un-
ter den Scheffel oder unter das Bett stellt? Nein, damit man es auf den
22: Mt 10,26; Leuchter stellt! 22 Denn es gibt nichts Verborgenes, das nicht offenbar
Lk 12,2 werden, und nichts Geheimes, das nicht an den Tag kommen soll.
23: 4,9; Mt 13,9! 23 Wer Ohren hat zu hören, der höre!
24: Mt 7,2; Lk 6,38 24 Und er sagte zu ihnen: Achtet auf das, was ihr hört! Mit dem
Mass, mit dem ihr messt, wird euch zugemessen werden, und es wird
25: Mt 13,12! euch noch dazugegeben werden. 25 Denn wer hat, dem wird gegeben
werden; und wer nicht hat, dem wird auch das genommen werden, was
er hat.

Das Gleichnis von der selbst wachsenden Saat
26 Und er sprach: Mit dem Reich Gottes ist es so, wie wenn einer
Samen aufs Land wirft; 27 er schläft und steht auf, Nacht und Tag. Und
der Same sprosst und wächst empor, er weiss nicht wie. 28 Von selbst
bringt die Erde Frucht, zuerst den Halm, dann die Ähre, dann das volle
29: Joel 4,13; Korn in der Ähre. 29 Wenn aber die Frucht es zulässt, schickt er sogleich
Offb 14,15 die Sichel, denn die Ernte ist da.

P: Mt 13,31–32.34–35; *Das Gleichnis vom Senfkorn*
Lk 13,18–19 30 Und er sprach: Wie sollen wir das Reich Gottes abbilden? In wel-
chem Gleichnis sollen wir es darstellen? 31 Es ist wie ein Senfkorn, das
kleinste unter allen Samenkörnern auf Erden, das in die Erde gesät wird.
32: Ps 104,12; 32 Ist es gesät, geht es auf und wird grösser als alle anderen Gewächse
Dan 4,9.18 und treibt so grosse Zweige, dass in seinem Schatten *die Vögel des Him-
mels nisten* können.
33 Und in vielen solchen Gleichnissen sagte er ihnen das Wort, so
wie sie es zu hören vermochten. 34 Anders als im Gleichnis redete er

nicht zu ihnen; war er aber mit seinen Jüngern allein, löste er ihnen
alles auf.

Die Stillung des Seesturms P: Mt 8,18.23–27;
35 Und er sagt zu ihnen am Abend dieses Tages: Lasst uns ans andere Lk 8,22–25
Ufer fahren. 36 Und sie liessen das Volk gehen und nahmen ihn, wie er
war, im Boot mit. Auch andere Boote waren bei ihm. 37 Da erhob sich 37: Jona 1,4
ein heftiger Sturmwind, und die Wellen schlugen ins Boot, und das Boot
hatte sich schon mit Wasser gefüllt. 38 Er aber lag schlafend hinten im 38: Jona 1,5
Boot auf dem Kissen. Und sie wecken ihn und sagen zu ihm: Meister,
kümmert es dich nicht, dass wir untergehen? 39 Da stand er auf, schrie 39: 6,51; Ps 65,8;
den Wind an und sprach zum See: Schweig, verstumme! Und der Wind 89,10; 107,29
legte sich, und es trat eine grosse Windstille ein. 40 Und er sagte zu 40: 5,34!
ihnen: Was seid ihr so furchtsam? Habt ihr noch keinen Glauben?
41 Und sie gerieten in grosse Furcht, und sie sagten zueinander: Wer ist 41: 1,27
denn dieser, dass ihm selbst Wind und Wellen gehorchen?

Der Besessene von Gerasa P: Mt 8,28–34;
5 1 Und sie kamen ans andere Ufer des Sees in das Gebiet der Gerase- Lk 8,26–39
ner. 2 Und kaum war er aus dem Boot gestiegen, lief ihm sogleich
von den Gräbern her einer mit einem unreinen Geist über den Weg.
3 Der hauste in den Grabhöhlen, und niemand mehr vermochte ihn zu
fesseln, auch nicht mit einer Kette. 4 Denn oft war er in Fussfesseln und
Ketten gelegt worden, doch er hatte die Ketten zerrissen und die Fuss-
fesseln zerrieben, und niemand war stark genug, ihn zu bändigen.
5 Und die ganze Zeit, Tag und Nacht, schrie er in den Grabhöhlen und
auf den Bergen herum und schlug sich mit Steinen. 6 Und als er Jesus
von weitem sah, lief er auf ihn zu und warf sich vor ihm nieder 7 und 7: 1,24!
schrie mit lauter Stimme: Was habe ich mit dir zu schaffen, Jesus, Sohn
des höchsten Gottes? Ich beschwöre dich bei Gott: Quäle mich nicht!
8 Er hatte nämlich zu ihm gesagt: Fahr aus, unreiner Geist, aus dem
Menschen! 9 Und er fragte ihn: Wie heisst du? Und er sagt zu ihm: Legi-
on heisse ich, denn wir sind viele. 10 Und sie flehten ihn an, sie nicht
aus der Gegend zu vertreiben. 11 Nun weidete dort am Berg eine grosse
Schweineherde. 12 Da baten sie ihn: Schick uns in die Schweine, lass
uns in sie fahren! 13 Und er erlaubte es ihnen. Da fuhren die unreinen
Geister aus und fuhren in die Schweine. Und die Herde stürzte sich den
Abhang hinunter in den See, an die zweitausend, und sie ertranken im
See.

14 Und ihre Hirten ergriffen die Flucht und erzählten es in der Stadt
und auf den Gehöften. Und die Leute kamen, um zu sehen, was gesche-
hen war. 15 Und sie kommen zu Jesus und sehen den Besessenen dasit-
zen, bekleidet und bei Sinnen, ihn, der die Legion gehabt hat. Da fürch-
teten sie sich. 16 Und die es gesehen hatten, erzählten ihnen, wie es
dem Besessenen ergangen war, und die Sache mit den Schweinen. 17 Da
baten sie ihn immer dringlicher, aus ihrem Gebiet wegzuziehen.

18 Und als er ins Boot stieg, bat ihn der Besessene, bei ihm bleiben zu
dürfen. 19 Aber er liess es nicht zu, sondern sagt zu ihm: Geh nach Hau-
se zu den Deinen und erzähle ihnen, was der Herr mit dir gemacht hat
und dass er Erbarmen hatte mit dir. 20 Und der ging weg und fing an, in

der Dekapolis kundzutun, was Jesus mit ihm gemacht hatte. Und alle
staunten.

P: Mt 9,18–26; *Die Auferweckung der Tochter des Jairus. Die Frau mit den Blutungen*

Lk 8,40–56 21 Und als Jesus im Boot wieder ans andere Ufer hinübergefahren
war, strömte viel Volk bei ihm zusammen; und er war am See. 22 Da
kommt einer von den Synagogenvorstehern mit Namen Jairus, und als
er ihn sieht, fällt er ihm zu Füssen 23 und fleht ihn an: Mein Töchter-
chen ist todkrank. Komm und leg ihr die Hand auf, damit sie gerettet
wird und am Leben bleibt. 24 Und er ging mit ihm. Und viel Volk folgte
ihm und drängte sich um ihn.

25: Lev 15,25 25 Und da war eine Frau, die hatte seit zwölf Jahren Blutungen
26 und hatte viel gelitten unter vielen Ärzten und ihr ganzes Vermögen
ausgegeben. Aber es hatte ihr nichts genützt, es war nur noch schlim-
mer geworden mit ihr. 27 Als sie nun von Jesus hörte, kam sie im Ge-
dränge von hinten an ihn heran und berührte seinen Mantel. 28 Denn
sie sagte sich: Wenn ich auch nur seine Kleider berühre, werde ich ge-
rettet. 29 Und sogleich versiegte die Quelle ihrer Blutungen, und sie
30: Lk 6,19! spürte an ihrem Körper, dass sie von der Plage geheilt war. 30 Und so-
gleich spürte Jesus, dass eine Kraft von ihm ausgegangen war, und er
wandte sich im Gedränge um und sprach: Wer hat meine Kleider be-
rührt? 31 Da sagten seine Jünger zu ihm: Du siehst doch, wie das Volk
sich um dich drängt, und da sagst du: Wer hat mich berührt? 32 Und er
schaute umher, um die zu sehen, die das getan hatte. 33 Die Frau aber
kam, verängstigt und zitternd, weil sie wusste, was ihr geschehen war,
34: 2,5; 4,40; 10,52; und warf sich vor ihm nieder und sagte ihm die ganze Wahrheit. 34 Er
11,22; Mt 8,13! aber sagte zu ihr: Tochter, dein Glaube hat dich gerettet. Geh in Frieden
und sei geheilt von deiner Plage.

35 Noch während er redet, kommen Leute des Synagogenvorstehers
und sagen: Deine Tochter ist gestorben! Was bemühst du den Meister
noch? 36 Doch Jesus, der hörte, was geredet wurde, sagt zu dem Synago-
37: 9,2! genvorsteher: Fürchte dich nicht, glaube nur! 37 Und er liess nieman-
den mit sich gehen ausser Petrus, Jakobus und Johannes, den Bruder des
Jakobus. 38 Und sie kommen in das Haus des Synagogenvorstehers.
Und er sieht die Aufregung, wie sie weinen und laut klagen. 39 Und er
geht hinein und sagt zu ihnen: Was lärmt und weint ihr? Das Kind ist
nicht gestorben, es schläft. 40 Da lachten sie ihn aus. Er aber schickt alle
hinaus, nimmt den Vater des Kindes und die Mutter und seine Begleiter
41: Lk 7,14! mit und geht hinein, wo das Kind ist. 41 Und er nimmt die Hand des
Kindes und spricht zu ihm: Talita kum! Das heisst: Mädchen, ich sage
dir, steh auf! 42 Und sogleich stand das Mädchen auf und ging umher.
43: 1,44! Es war zwölf Jahre alt. Da waren sie fassungslos vor Entsetzen. 43 Und er
schärfte ihnen ein, dies niemanden wissen zu lassen. Und er sagte, man
solle ihr zu essen geben.

P: Mt 13,53–58; *Ablehnung in Nazaret*

Lk 4,16–30 6 1 Und er ging weg von dort. Und er kommt in seine Vaterstadt, und
2: 1,22! seine Jünger folgten ihm. 2 Und als es Sabbat geworden war, begann
er, in der Synagoge zu lehren. Und viele, die zuhörten, waren überwäl-
tigt und sagten: Woher hat der das, und was für eine Weisheit ist das,

die ihm gegeben ist? Und solche Wunder geschehen durch seine Hän-
de! 3 Ist das nicht der Zimmermann, der Sohn der Maria, der Bruder des *3:* 3,32
Jakobus, des Joses, des Judas und des Simon, und leben nicht seine
Schwestern hier bei uns? Und sie nahmen Anstoss an ihm. 4 Und Jesus *4:* Joh 4,44
sagt zu ihnen: Nirgends gilt ein Prophet so wenig wie in seiner Vater-
stadt und bei seinen Verwandten und in seiner Familie. 5 Und er konnte
dort kein einziges Wunder tun, ausser dass er einigen Kranken die
Hand auflegte und sie heilte. 6 Und er wunderte sich über ihren Un- *6:* Mt 9,35
glauben.

Dann zog er in den umliegenden Dörfern umher und lehrte.

Die Aussendung der Zwölf P: Mt 10,1.5–15;
7 Und er ruft die Zwölf herbei. Und er begann, sie zu zweien auszu- Lk 9,1–6; 10,1–12
senden, und gab ihnen Vollmacht über die unreinen Geister. 8 Und er *7:* 3,15; 6,13; 16,17 · 6,30
gebot ihnen, nichts auf den Weg mitzunehmen ausser einem Stab, kein
Brot, keinen Sack, kein Geld im Gürtel, 9 nur Sandalen an den Füssen,
und: Zieht euch kein zweites Kleid an! 10 Und er sagte zu ihnen: Wo ihr
in ein Haus eintretet, da bleibt, bis ihr von dort weiterzieht. 11 Wo ein *11:* Lk 10,11!
Ort euch nicht aufnimmt und man euch nicht zuhört, von dort geht
wieder weg und schüttelt den Staub von euren Füssen – das soll ihnen
ein Zeichen sein!

12 Und sie zogen aus und verkündigten, man solle umkehren. *12:* 1,15 · 6,30
13 Und sie trieben viele Dämonen aus und salbten viele Kranke mit Öl *13:* 6,7! · Jak 5,14–15
und heilten sie.

Herodes und der Täufer P: Mt 14,1–12;
14 Auch der König Herodes hörte von ihm, denn sein Name war be- Lk 9,7–9
kannt geworden, und es hiess, Johannes der Täufer sei von den Toten *14:* 8,28
auferweckt worden, darum wirkten solche Kräfte in ihm. 15 Andere *15:* 8,28; Mt 21,11!
aber sagten: Er ist Elija, wieder andere sagten: Er ist ein Prophet wie einer
der Propheten. 16 Als Herodes das hörte, sagte er: Johannes, den ich ent- *16:* 6,27
haupten liess, der ist auferweckt worden.

17 Herodes selbst hatte Johannes nämlich gefangen nehmen und in *17–20:* Lk 3,19–20
Ketten legen lassen wegen Herodias, der Frau seines Bruders Philippus, *17:* 1,14
weil er sie geheiratet hatte. 18 Denn Johannes hatte zu Herodes gesagt: *18:* Lev 18,16
Es ist dir nicht erlaubt, deines Bruders Frau zu haben. 19 Herodias aber
trug ihm das nach und wollte ihn töten lassen, konnte es aber nicht.
20 Denn Herodes fürchtete Johannes, weil er wusste, dass er ein gerech-
ter und heiliger Mann war, und er liess ihn bewachen. Und wenn er ihm
zuhörte, geriet er in grosse Verlegenheit, und doch hörte er ihm gern zu.

21 Doch an einem günstigen Tag, als Herodes zu seinem Geburtstag
ein Gastmahl gab für seine Grossen, die Befehlshaber und die einfluss-
reichsten Leute Galiläas, 22 trat seine Tochter – die von der Herodias –
herein und tanzte. Und sie gefiel dem Herodes und den Gästen. Da sagte
der König zu dem Mädchen: Verlange von mir, was du willst, und ich
werde es dir geben. 23 Und er schwor ihr: Was immer du von mir ver- *23:* Est 5,3.6; 7,2
langst, ich werde es dir geben, bis zur Hälfte meines Reichs. 24 Da ging
sie hinaus und sagte zu ihrer Mutter: Was soll ich verlangen? Die aber
sagte: Den Kopf des Täufers Johannes. 25 Und sogleich eilte sie hinein
zum König und erklärte: Ich will, dass du mir auf der Stelle auf einer

Schale den Kopf des Täufers Johannes gibst! 26 Da bedauerte der König
seinen Schwur vor den Gästen, doch er wollte sie nicht abweisen.
27: 6,16 27 Und sogleich entsandte der König einen Henker und befahl, den
Kopf zu bringen. Und der ging und enthauptete ihn im Gefängnis,
28 brachte seinen Kopf auf einer Schale und gab ihn dem Mädchen, und
das Mädchen gab ihn seiner Mutter. 29 Als die Jünger des Johannes da-
von hörten, kamen sie und holten seinen Leichnam und legten ihn in
ein Grab.

P: 8,1–10; *Die Speisung der fünftausend*

Mt 14,13–21; 30 Und die Apostel versammeln sich bei Jesus. Und sie berichteten
Lk 9,10–17; Joh 6,1–15 ihm alles, was sie getan und gelehrt hatten. 31 Und er sagt zu ihnen:
30: 6,7.12 Kommt, ihr allein, an einen einsamen Ort, und ruht euch ein wenig aus.
31: 2,2! Denn es war ein Kommen und Gehen, und sie hatten nicht einmal Zeit
zum Essen.

32 Und sie fuhren im Boot an einen einsamen Ort, wo sie für sich
waren. 33 Aber man sah sie wegfahren, und viele erfuhren es. Und sie
liefen zu Fuss aus allen Städten dort zusammen und kamen noch vor
34: Mt 9,36 · 1,41! · ihnen an. 34 Als er ausstieg, sah er die vielen Menschen, und sie taten
Num 27,17; ihm leid, denn sie waren *wie Schafe, die keinen Hirten haben*. Und er fing
2Chr 18,16 an, sie vieles zu lehren.

35–44: 2Kön 4,42–44 35 Und als die Stunde schon vorgerückt war, traten seine Jünger zu
ihm und sagten: Abgelegen ist der Ort und vorgerückt die Stunde.
36 Schick die Leute in die umliegenden Gehöfte und Dörfer, damit sie
sich etwas zu essen kaufen können. 37 Er aber antwortete ihnen: Gebt
ihr ihnen zu essen! Und sie sagen zu ihm: Sollen wir gehen und für
zweihundert Denar Brote kaufen und ihnen zu essen geben? 38 Er aber
sagt zu ihnen: Wie viele Brote habt ihr? Geht und seht nach! Sie sehen
nach und sagen: Fünf, und zwei Fische. 39 Und er forderte sie auf, sie
sollten sich alle zu Tischgemeinschaften niederlassen im grünen Gras.
41: 8,19 · 14,22! 40 Und sie lagerten sich in Gruppen zu hundert und zu fünfzig. 41 Und
er nahm die fünf Brote und die zwei Fische, blickte zum Himmel auf,
sprach den Lobpreis und brach die Brote und gab sie den Jüngern zum
Verteilen, und auch die zwei Fische teilte er für alle. 42 Und alle assen
und wurden satt. 43 Und sie sammelten die Brocken, zwölf Körbe voll,
und auch die Resten von den Fischen. 44 Und es waren fünftausend
Männer, die gegessen hatten.

P: Mt 14,22–33; *Der Gang auf dem Wasser*

Joh 6,16–21 45 Gleich darauf drängte er seine Jünger, ins Boot zu steigen und
vorauszufahren, hinüber nach Betsaida; er selbst wollte inzwischen das
Volk entlassen. 46 Und er nahm Abschied von ihnen und ging auf den
Berg, um zu beten. 47 Am Abend war das Boot mitten auf dem See und er
allein an Land.

48: Hiob 9,8 48 Und als er sieht, wie sie sich beim Rudern abmühen – denn der
Wind stand ihnen entgegen –, kommt er um die vierte Nachtwache auf
dem See gegangen, und er wollte an ihnen vorübergehen. 49 Als sie ihn

6,44: Andere Textüberlieferung: «Und es waren fünftausend Männer, die von den Broten gegessen hatten.»

auf dem See gehen sahen, meinten sie, es sei ein Gespenst, und schrien
auf. 50 Denn alle sahen ihn und erschraken. Doch sogleich redete er mit
ihnen, und er sagt zu ihnen: Seid getrost, ich bin es. Fürchtet euch nicht!
51 Und er stieg zu ihnen ins Boot, und der Wind legte sich. Und sie wa- 51: 4,39!
ren entsetzt und fassungslos. 52 Denn sie waren nicht zur Einsicht ge- 52: 3,5!
kommen über den Broten, sondern ihr Herz war verstockt.

Heilungen in Gennesaret P: Mt 14,34–36

53 Und sie kamen ans andere Ufer, nach Gennesaret, und legten dort
an. 54 Als sie aus dem Boot stiegen, erkannte man ihn sogleich. 55 Und
sie zogen durch die ganze Gegend und fingen an, die Kranken auf den
Bahren dorthin zu bringen, wo sie hörten, dass er gerade sei. 56 Und wo 56: Apg 19,11–12
er auch hinkam, in Dörfer oder in Städte oder in Gehöfte, legten sie die
Kranken auf die Marktplätze, und die baten ihn, wenigstens den Saum
seines Mantels berühren zu dürfen. Und alle, die ihn berührten, wur-
den gerettet.

Zur Frage nach der Reinheit P: Mt 15,1–20

7 1 Da versammelten sich bei ihm die Pharisäer und ein paar Schrift-
gelehrte, die von Jerusalem kamen. 2 Und sie sehen, wie einige sei- 2: Lk 11,38
ner Jünger mit unreinen, das bedeutet mit ungewaschenen Händen ihr
Brot essen. 3 Die Pharisäer nämlich und die Juden überhaupt essen
nicht, ohne sich die Hände mit einer Handvoll Wasser gewaschen zu
haben, um so an der Überlieferung der Alten festzuhalten. 4 Auch wenn 4: Mt 23,25;
sie vom Markt kommen, essen sie nicht, ohne sie gewaschen zu haben, Lk 11,39
und vieles andere mehr gibt es, was zu halten sie übernommen haben:
das Abwaschen von Bechern und Krügen und Kupfergeschirr. 5 Da fra-
gen ihn die Pharisäer und Schriftgelehrten: Warum leben deine Jünger
nicht nach der Überlieferung der Alten, sondern essen ihr Brot mit un-
reinen Händen?

6 Er aber sagte zu ihnen: Wie zutreffend ist doch, was Jesaja geweis- 6–7: Jes 29,13
sagt hat über euch Heuchler, wie geschrieben steht:

Dieses Volk ehrt mich mit den Lippen,
ihr Herz aber hält sich fern von mir.
7 *Nichtig ist, wie sie mich verehren;*
was sie an Lehren vortragen,
sind Satzungen von Menschen.

8 Das Gebot Gottes lasst ihr ausser acht und haltet fest an der Über-
lieferung der Menschen. 9 Und er sagte zu ihnen: Schön, wie ihr das
Gebot Gottes ausser Kraft setzt, um eure Überlieferung an seine Stelle
zu setzen. 10 Mose hat nämlich gesagt: *Ehre deinen Vater und deine Mut-* 10: Ex 20,12;
ter, und: *Wer über Vater oder Mutter schlecht redet, der sei des Todes*. 11 Ihr Dtn 5,16 · Ex 21,17;
aber sagt: Wenn einer zu Vater oder Mutter spricht: Korban, das meint: Lev 20,9
dem Tempel soll geweiht sein, was dir von mir zusteht, 12 so lasst ihr zu,
dass er nichts mehr tut für Vater oder Mutter. 13 Damit setzt ihr das
Wort Gottes ausser Kraft durch eure Überlieferung, die ihr weitergege-
ben habt; und dergleichen tut ihr noch manches.

14 Und wieder rief er das Volk herbei und sagte zu ihnen: Hört mir
alle zu und versteht! 15 Nichts, was von aussen in den Menschen hin-

eingeht, kann ihn unrein machen, sondern was aus dem Menschen her-
auskommt, das ist es, was den Menschen unrein macht.
17 Und als er in ein Haus hineinging, weg aus dem Gedränge, befrag-
ten ihn seine Jünger über das Gleichnis. 18 Und er sagt zu ihnen: So seid
auch ihr unverständig? Begreift ihr nicht, dass alles, was von aussen in
19: Lk 11,41 den Menschen hineingeht, ihn nicht unrein machen kann? 19 Denn es
geht nicht ins Herz, sondern in den Bauch, und von dort in die Grube.
Damit erklärte er alle Speisen für rein. 20 Er sprach: Was aus dem Men-
schen herauskommt, das macht den Menschen unrein. 21 Denn aus
dem Innern, aus dem Herzen der Menschen, kommen die bösen Gedan-
22: Röm 1,29–31; Gal 5,19–21 ken, Unzucht, Diebstahl, Mord, 22 Ehebruch, Habgier, Bosheit, List,
Ausschweifung, Missgunst, Lästerung, Hochmut, Unverstand. 23 All
dies Böse kommt aus dem Innern heraus und macht den Menschen un-
rein.

P: Mt 15,21–28 *Die Begegnung mit der Syrophönizierin*

24 Von dort aber brach er auf und begab sich in das Gebiet von Tyrus.
Und er ging in ein Haus hinein und wollte, dass niemand es erfahre.
Doch er konnte nicht verborgen bleiben, 25 sondern sogleich hörte eine
Frau von ihm, deren Töchterchen einen unreinen Geist hatte. Die kam
und warf sich ihm zu Füssen. 26 Die Frau aber war Griechin, Syrophö-
nizierin von Herkunft. Und sie bat ihn, den Dämon aus ihrer Tochter
auszutreiben. 27 Da sagte er zu ihr: Lass zuerst die Kinder satt werden,
denn es ist nicht recht, den Kindern das Brot wegzunehmen und es den
Hunden hinzuwerfen. 28 Sie aber entgegnet ihm und sagt: Herr, die
Hunde unter dem Tisch fressen ja ohnehin von dem, was die Kinder
fallen lassen. 29 Und er sagte zu ihr: Um dieses Wortes willen geh, der
30: Joh 4,51 Dämon ist aus deiner Tochter ausgefahren. 30 Da ging sie nach Hause
und fand das Kind auf dem Bett liegen, und der Dämon war ausgefah-
ren.

Die Heilung eines Taubstummen

31 Und wieder kam er, als er das Gebiet von Tyrus verlassen hatte,
durch Sidon an den See von Galiläa mitten hinein in das Gebiet der De-
kapolis. 32 Da bringen sie einen Taubstummen zu ihm und bitten ihn,
33: 8,23 ihm die Hand aufzulegen. 33 Und er nahm ihn beiseite, weg aus dem
Gedränge, legte die Finger in seine Ohren und berührte seine Zunge mit
Speichel, 34 blickte auf zum Himmel und seufzte, und er sagt zu ihm:
Effata! Das heisst: Tu dich auf! 35 Und sogleich taten seine Ohren sich
auf, und das Band seiner Zunge löste sich, und er konnte richtig reden.
36: 1,44! · 1,45 36 Und er befahl ihnen, niemandem etwas zu sagen, doch je mehr er
37: 1,22! · Jes 35,5–6; Mt 11,5; 15,31; Lk 7,22 darauf bestand, desto mehr taten sie es kund. 37 Und sie waren völlig
überwältigt und sagten: Gut hat er alles gemacht, die Tauben macht er
hören und die Stummen reden.

7,15: Viele Handschriften fügen nach V.15 ein (wohl von Mk 4,23 übernommen): «16 Wer Ohren hat zu hören, der höre!»

Die Speisung der viertausend P: 6,30–44;
8 1 In jenen Tagen ist wieder viel Volk da und sie haben nichts zu es- Mt 15,32–39
sen. Da ruft er die Jünger herbei und sagt zu ihnen: 2 Das Volk tut 2: 1,41!
mir leid, denn drei Tage sind sie schon bei mir und haben nichts zu
essen. 3 Und wenn ich sie hungrig nach Hause gehen lasse, werden sie
unterwegs zusammenbrechen, einige von ihnen sind ja von weit her
gekommen. 4 Und seine Jünger antworteten ihm: Wie sollte einer diese
Leute mit Brot satt machen können hier in der Einöde? 5 Und er fragte
sie: Wie viele Brote habt ihr? Sie sagten: Sieben. 6 Da fordert er das Volk 6: 8,20 · 14,22!
auf, sich zu lagern. Und er nahm die sieben Brote, sprach das Dankgebet,
brach sie und gab sie seinen Jüngern zum Verteilen, und die verteilten
sie unter das Volk. 7 Sie hatten auch ein paar Fische, und er sprach den
Lobpreis über sie und liess auch diese verteilen. 8 Und sie assen und
wurden satt. Und sie sammelten die übrig gebliebenen Brocken, sieben
Körbe voll. 9 Viertausend waren es gewesen. Und er entliess sie.
10 Und sogleich stieg er mit seinen Jüngern ins Boot und kam in das
Gebiet von Dalmanuta.

Die Verweigerung eines Zeichens P: Mt 12,38–42;
11 Und die Pharisäer kamen zu ihm hinaus und begannen mit ihm 16,1–4; Lk 11,29–32
zu streiten: Sie forderten von ihm ein Zeichen vom Himmel, um ihn zu 11: Lk 11,16;
versuchen. 12 Da seufzt er auf in seinem Geist und spricht: Was fordert Joh 4,48!; 1Kor 1,22–24 ·
dieses Geschlecht ein Zeichen! Amen, ich sage euch: Diesem Geschlecht 15,30
wird kein Zeichen gegeben! 13 Und er liess sie stehen, stieg wieder ins
Boot und fuhr ans andere Ufer.

Das Unverständnis der Jünger P: Mt 16,5–12
14 Und sie hatten vergessen, Brot mitzunehmen, nur ein einziges
Brot hatten sie bei sich im Boot. 15 Und er befahl ihnen: Gebt acht, hütet 15: Lk 12,1
euch vor dem Sauerteig der Pharisäer und vor dem Sauerteig des Hero-
des! 16 Sie aber machten sich Gedanken darüber, dass sie kein Brot hat-
ten. 17 Und er merkt es und sagt zu ihnen: Was macht ihr euch Gedan- 17: 3,5!
ken darüber, dass ihr kein Brot habt? Begreift ihr noch nicht und ver-
steht ihr nicht? Ist euer Herz verstockt? 18 *Augen habt ihr und seht nicht,* 18: Jer 5,21; Ez 12,2;
und Ohren habt ihr und hört nicht? 19 Erinnert ihr euch nicht? Als ich die Mt 13,13 · 4,12
fünf Brote für die fünftausend brach: Wie viele Körbe voll Brocken habt 19: 6,41–44
ihr da eingesammelt? Sie sagen zu ihm: Zwölf. 20 Und bei den sieben 20: 8,6–9
für die viertausend: Wie viele Körbe voll Brocken habt ihr da eingesam-
melt? Sie sagen: Sieben. 21 Und er sagte zu ihnen: Versteht ihr noch im-
mer nicht?

Die Heilung eines Blinden
22 Und sie kommen nach Betsaida. Da bringen sie einen Blinden zu
ihm und bitten ihn, er möge ihn berühren. 23 Und er nahm den Blinden 23: 7,33; Joh 9,6
bei der Hand, führte ihn vor das Dorf hinaus, spuckte in seine Augen
und legte ihm die Hände auf und fragte ihn: Siehst du etwas? 24 Der
blickte auf und sprach: Ich sehe Menschen – wie Bäume sehe ich sie

8,12: Andere Übersetzungsmöglichkeit: «... Meint denn dieses Geschlecht, ihm würde ein Zeichen gegeben werden?»

umhergehen. 25 Da legte er ihm noch einmal die Hände auf die Augen. Und er sah klar und war wiederhergestellt und sah alles deutlich. 26 Und er schickte ihn nach Hause und sprach: Geh aber nicht ins Dorf hinein!

P: Mt 16,13–20; Lk 9,18–21; Joh 6,66–71
28: 6,14 · 6,15
29: 1,1; 9,41; 12,35; 13,21; 14,61; 15,32
30: 8,32 · 1,44!

Das Bekenntnis des Petrus

27 Und Jesus und seine Jünger zogen weg in die Dörfer bei Cäsarea Philippi. Unterwegs fragte er seine Jünger: Für wen halten mich die Leute? 28 Sie sagten zu ihm: Für Johannes den Täufer, andere für Elija, wieder andere für einen der Propheten. 29 Da fragte er sie: Und ihr? Für wen haltet ihr mich? Petrus antwortet ihm: Du bist der Messias! 30 Da schärfte er ihnen ein, niemandem etwas über ihn zu sagen.

P: Mt 16,21–23; Lk 9,22
31: 9,12.31; 10,33–34; 12,10
32: 8,30
33: Mt 4,10

Die erste Leidensankündigung

31 Und er begann sie zu lehren: Der Menschensohn muss vieles erleiden und von den Ältesten und den Hohen Priestern und den Schriftgelehrten verworfen und getötet werden und nach drei Tagen auferstehen. 32 Und er sprach das ganz offen aus. Da nahm ihn Petrus beiseite und fing an, ihm Vorwürfe zu machen. 33 Er aber wandte sich um, blickte auf seine Jünger und fuhr Petrus an: Fort mit dir, Satan, hinter mich! Denn nicht Göttliches, sondern Menschliches hast du im Sinn.

P: Mt 16,24–28; Lk 9,23–27
34: Mt 10,38; Lk 14,27; 1Kor 15,31; Gal 6,14 · 1,20!
35: Mt 10,39; Lk 17,33; Joh 12,25 · 1,15!
37: Ps 49,8–9
38: Mt 10,33; Lk 12,9; Röm 1,16; 2Tim 2,12 · 13,26–27
1: 13,30

Nachfolge und Lebensgewinn

34 Und er rief das Volk samt seinen Jüngern herbei und sagte zu ihnen: Wenn einer mir auf meinem Weg folgen will, verleugne er sich und nehme sein Kreuz auf sich, und so folge er mir. 35 Denn wer sein Leben retten will, wird es verlieren, wer aber sein Leben verliert um meinetwillen und um des Evangeliums willen, wird es retten. 36 Denn was hilft es dem Menschen, die ganze Welt zu gewinnen und dabei Schaden zu nehmen an seinem Leben? 37 Was hätte ein Mensch denn zu geben als Gegenwert für sein Leben? 38 Wer sich meiner und meiner Worte schämt in diesem ehebrecherischen und sündigen Geschlecht, dessen wird auch der Menschensohn sich schämen, wenn er kommt in der Herrlichkeit seines Vaters mit den heiligen Engeln.

9 1 Und er sagte zu ihnen: Amen, ich sage euch: Einige von denen, die hier stehen, werden den Tod nicht schmecken, bevor sie das Reich Gottes sehen, wenn es gekommen ist mit Macht.

P: Mt 17,1–13; Lk 9,28–36
2: Ex 24,16 · 5,37; 13,3; 14,33 · 2Petr 1,18
4: Mal 3,22–24 · 15,35
6: 14,40
7: Ex 40,34 · 1,11!; 2Petr 1,17–18

Die Verklärung Jesu

2 Und sechs Tage danach nimmt Jesus den Petrus, den Jakobus und den Johannes mit und führt sie auf einen hohen Berg, sie allein. Da wurde er vor ihren Augen verwandelt, 3 und seine Kleider wurden glänzend, ganz weiss, wie kein Färber auf Erden sie weiss machen kann. 4 Und es erschien ihnen Elija mit Mose, und sie redeten mit Jesus. 5 Da ergreift Petrus das Wort und sagt zu Jesus: Rabbi, es ist schön, dass wir hier sind. Wir wollen drei Hütten bauen, eine für dich, eine für Mose und eine für Elija. 6 Er wusste nämlich nicht, was er sagen sollte, denn sie waren in Furcht geraten. 7 Da kam eine Wolke und warf ihren Schatten auf sie, und aus der Wolke kam eine Stimme: Dies ist mein geliebter

Sohn. Auf ihn sollt ihr hören! 8 Und auf einmal, als sie um sich blickten,
sahen sie niemanden mehr bei sich ausser Jesus.

9 Während sie vom Berg hinunterstiegen, befahl er ihnen, nieman- 9: 1,44!
dem zu erzählen, was sie gesehen hatten, bis der Menschensohn von
den Toten auferstanden sei. 10 Und sie griffen dieses Wort auf und dis-
kutierten darüber, was das bedeute: von den Toten auferstehen.

11 Da fragten sie ihn: Sagen nicht die Schriftgelehrten: *Elija muss zu-* 11: 9,4; Mal 3,23
erst kommen? 12 Er sagte zu ihnen: Ja, Elija kommt zuerst und stellt alles 12: 1,2; Mal 3,24 ·
wieder her. Doch wie kann dann über den Menschensohn geschrieben Jes 53,3; Ps 22,7 ·
stehen, er werde vieles erleiden und verworfen werden? 13 Aber ich 8,31! 13: 1Kön 19,2.10 ·
sage euch: Elija ist gekommen, und sie haben mit ihm gemacht, was sie 6,17–29
wollten, wie über ihn geschrieben steht.

Die Heilung eines besessenen Knaben P: Mt 17,14–20;

14 Und als sie zu den andern Jüngern zurückkamen, sahen sie viel Lk 9,37–43a
Volk um sie herum versammelt und Schriftgelehrte, die mit ihnen dis-
kutierten. 15 Und sogleich kam alles Volk, als es ihn sah, in grosser Erre-
gung herbeigelaufen und begrüsste ihn. 16 Und er fragte sie: Was ver-
handelt ihr da? 17 Da antwortete ihm einer aus der Menge: Meister, ich
habe meinen Sohn zu dir gebracht, er hat einen stummen Geist. 18 Und
wenn er ihn packt, reisst er ihn zu Boden, und er schäumt, knirscht mit
den Zähnen und wird starr. Und ich habe deinen Jüngern gesagt, sie
sollten ihn austreiben, aber sie vermochten es nicht. 19 Er aber antwor-
tet ihnen: Du ungläubiges Geschlecht! Wie lange muss ich noch bei
euch sein? Wie lange muss ich euch noch ertragen? Bringt ihn zu mir!
20 Und sie brachten ihn zu ihm. 20: 1,26!

Und als der Geist ihn sah, zerrte er ihn sogleich hin und her, und er
fiel zu Boden, wälzte sich und schäumte. 21 Da fragte er seinen Vater:
Wie lange hat er das schon? Der sagte: Von Kind auf. 22 Und oft hat er 22: 1,41!
ihn ins Feuer geworfen und ins Wasser, um ihn zu vernichten. Jedoch –
wenn du etwas vermagst, so hilf uns und hab Mitleid mit uns. 23 Jesus 23: 11,23
aber sagte zu ihm: Was soll das heissen: Wenn du etwas vermagst? Alles
ist möglich dem, der glaubt. 24 Sogleich schrie der Vater des Kindes: Ich 24: Lk 17,5
glaube! Hilf meinem Unglauben! 25 Als Jesus nun sah, dass das Volk 25: 1,25
zusammenlief, schrie er den unreinen Geist an und sagte zu ihm: Stum-
mer und tauber Geist! Ich befehle dir, fahr aus und fahr nie wieder in
ihn hinein! 26 Der schrie und zerrte ihn heftig hin und her und fuhr 26: 1,26!
aus. Da lag er da wie tot, so dass alle sagten: Er ist gestorben. 27 Jesus 27: Lk 7,14!
aber ergriff seine Hand und richtete ihn auf. Und er stand auf.

28 Dann ging er in ein Haus; und seine Jünger fragten ihn, als sie mit 28: 9,33; 10,10
ihm allein waren: Warum konnten wir ihn nicht austreiben? 29 Und er
sagte zu ihnen: Diese Art lässt sich nicht anders austreiben als durch
Gebet.

9,12: Andere Übersetzungsmöglichkeit: «... Und was steht dann über den Menschensohn geschrieben? Dass er vieles erleiden müsse und verworfen werde.»

P: Mt 17,22–23; *Die zweite Leidensankündigung*
Lk 9,43b–45 30 Und sie gingen weg von dort und zogen durch Galiläa, und er
31: 8,31! wollte nicht, dass jemand es erfahre. 31 Er lehrte nämlich seine Jünger
und sagte zu ihnen: Der Menschensohn wird ausgeliefert in die Hände
von Menschen, und sie werden ihn töten, und wenn er getötet worden
ist, wird er nach drei Tagen auferstehen. 32 Sie aber verstanden das
Wort nicht, doch sie fürchteten sich, ihn danach zu fragen.

P: Mt 18,1–5; *Der Rangstreit unter den Jüngern*
Lk 9,46–48 33 Und sie kamen nach Kafarnaum. Und als er dann im Haus war,
33: 9,28! fragte er sie: Was habt ihr unterwegs diskutiert? 34 Sie aber schwiegen.
Sie hatten nämlich unterwegs miteinander darüber gesprochen, wer
35: 10,43–44; der Grösste sei. 35 Und er setzte sich und rief die Zwölf, und er sagt zu
Mt 23,11; 1Kor 9,19; ihnen: Wenn jemand der Erste sein will, dann soll er der Letzte von allen
2Kor 4,5
36: 10,16 und der Diener aller sein. 36 Und er nahm ein Kind, stellte es in die
37: Mt 10,40! Mitte, schloss es in die Arme und sagte zu ihnen: 37 Wer in meinem
Namen ein Kind aufnimmt wie dieses, nimmt mich auf, und wer mich
aufnimmt, nimmt nicht mich auf, sondern den, der mich gesandt hat.

P: Lk 9,49–50; *Ein fremder Wundertäter*
Num 11,26–29 38 Johannes sagte zu ihm: Meister, wir sahen einen in deinem Na-
men Dämonen austreiben, und wir hinderten ihn daran, weil er uns
39: 1Kor 12,3 nicht folgt. 39 Jesus aber sprach: Hindert ihn nicht, denn niemand wird
in meinem Namen Wunder tun und bald danach schlecht von mir re-
40: Mt 12,30; den können. 40 Denn wer nicht gegen uns ist, ist für uns. 41 Wer euch
Lk 11,23 einen Becher Wasser zu trinken gibt in meinem Namen, weil ihr zu
41: Mt 10,42 · 8,29! Christus gehört – amen, ich sage euch: Der wird nicht um seinen Lohn
kommen.

P: Mt 18,6–9 *Fall und Verführung*
42: Lk 17,2 42 Wer einen dieser Geringen, die glauben, zu Fall bringt, für den
wäre es weit besser, wenn ihm ein Mühlstein um den Hals gehängt und
43: Mt 5,30 er ins Meer geworfen würde. 43 Und wenn dich deine Hand zu Fall
bringt, dann hau sie ab. Es ist besser für dich, verstümmelt ins Leben
einzugehen, als mit beiden Händen zur Hölle zu fahren, ins unauslösch-
liche Feuer. 45 Und wenn dich dein Fuss zu Fall bringt, dann hau ihn ab.
Es ist besser für dich, lahm ins Leben einzugehen, als mit beiden Füssen
47: Mt 5,29 in die Hölle geworfen zu werden. 47 Und wenn dein Auge dich zu Fall
bringt, dann reiss es aus. Es ist besser für dich, einäugig ins Reich Gottes
einzugehen, als mit beiden Augen in die Hölle geworfen zu werden,
48: Jes 66,24 48 wo *ihr Wurm nicht stirbt und das Feuer nicht erlischt.*

9,43: Viele Handschriften fügen nach V.43 ein (wohl von Mk 9,48 übernommen): «*Feuer,* 44 wo *ihr Wurm nicht stirbt und das Feuer nicht erlischt.*»

9,45: Viele Handschriften fügen am Schluss von V.45 ein (wohl von Mk 9,43 und Mk 9,48 übernommen): «... *zu werden,* ins unauslöschliche Feuer, 46 wo *ihr Wurm nicht stirbt und das Feuer nicht erlischt.*»

Vom Salz

P: Mt 5,13; Lk 14,34–35
50: Röm 12,18

49 Denn jeder wird mit Feuer gesalzen werden. 50 Salz ist etwas Gutes. Wenn aber das Salz salzlos wird, womit wollt ihr es wieder salzig machen? Habt Salz bei euch, und haltet Frieden untereinander!

Der Aufbruch nach Judäa

P: Mt 19,1–2; Lk 9,51

10 1 Und er bricht von dort auf und kommt in das Gebiet von Judäa jenseits des Jordan, und wieder strömen ihm die Leute zu. Und wie es seine Gewohnheit war, lehrte er sie wieder.

Zur Frage nach der Ehescheidung

P: Mt 19,3–12
4: Dtn 24,1.3; Mt 5,31
6: Gen 1,27; 5,2
8: Gen 2,24; 1Kor 6,16

2 Und es kamen Pharisäer zu ihm und fragten, um ihn auf die Probe zu stellen, ob es einem Mann erlaubt sei, seine Frau zu entlassen. 3 Er antwortete ihnen: Was hat Mose euch geboten? 4 Sie sagten: Mose hat erlaubt, einen Scheidebrief zu schreiben und sie zu entlassen. 5 Jesus aber sagte zu ihnen: Angesichts eurer Hartherzigkeit hat er für euch dieses Gebot aufgeschrieben. 6 Doch vom Anfang der Schöpfung an *hat er sie als Mann und Frau geschaffen.* 7 *Darum wird ein Mann seinen Vater und seine Mutter verlassen und seiner Frau anhangen,* 8 *und die beiden werden ein Fleisch sein.* Also sind sie nicht mehr zwei, sondern sie sind ein Fleisch. 9 Was nun Gott zusammengefügt hat, soll der Mensch nicht scheiden.

10: 9,28!
11: Mt 19,9!
12: 1Kor 7,13

10 Im Haus fragten ihn die Jünger ihrerseits danach. 11 Und er sagt zu ihnen: Wer seine Frau entlässt und eine andere heiratet, der begeht Ehebruch an ihr. 12 Und wenn sie ihren Mann entlässt und einen anderen heiratet, begeht sie Ehebruch.

Die Segnung der Kinder

P: Mt 19,13–15; Lk 18,15–17
15: Mt 18,3
16: 9,36

13 Und man brachte Kinder zu ihm, damit er sie berühre. Die Jünger aber fuhren sie an. 14 Als Jesus das sah, wurde er unwillig und sagte zu ihnen: Lasst die Kinder zu mir kommen, hindert sie nicht, denn solchen gehört das Reich Gottes. 15 Amen, ich sage euch: Wer das Reich Gottes nicht annimmt wie ein Kind, wird nicht hineinkommen. 16 Und er schliesst sie in die Arme und legt ihnen die Hände auf und segnet sie.

Nachfolge und Reichtum

P: Mt 19,16–26; Lk 18,18–27
17: 10,30
19: Ex 20,12–16; Dtn 5,16–20; 24,14–15
21: Lk 12,33! · 1,20!

17 Und als er sich auf den Weg machte, kam einer gelaufen und warf sich vor ihm auf die Knie und fragte ihn: Guter Meister, was muss ich tun, um ewiges Leben zu erben? 18 Jesus sagte zu ihm: Was nennst du mich gut? Niemand ist gut ausser Gott. 19 Du kennst die Gebote: *Du sollst nicht töten, du sollst nicht ehebrechen, du sollst nicht stehlen, du sollst nicht falsches Zeugnis ablegen, du sollst niemanden berauben, ehre deinen Vater und deine Mutter.* 20 Er sagte zu ihm: Meister, das alles habe ich befolgt von Jugend an. 21 Jesus blickte ihn an, gewann ihn lieb und sagte zu ihm: Eines fehlt dir. Geh, verkaufe, was du hast, und gib es den Armen, so wirst du einen Schatz im Himmel haben, und komm und folge

10,1: Andere Textüberlieferung: «... und kommt in das Gebiet von Judäa und von jenseits des Jordan, ...»

mir! 22 Der aber war entsetzt über dieses Wort und ging traurig fort;
denn er hatte viele Güter.
23: Lk 6,24! 23 Da blickt Jesus um sich und sagt zu seinen Jüngern: Wie schwer
kommen doch die Begüterten ins Reich Gottes! 24 Die Jünger aber er-
schraken über seine Worte. Jesus aber sagte noch einmal zu ihnen: Kin-
der, wie schwer ist es, in das Reich Gottes zu kommen. 25 Eher geht ein
Kamel durch ein Nadelöhr als ein Reicher in das Reich Gottes. 26 Sie
aber waren bestürzt und sagten zueinander: Ja, wer kann dann gerettet
27: 14,36; Gen 18,14; Hiob 42,2 werden? 27 Jesus blickt sie an und spricht: Bei Menschen ist es unmög-
lich, nicht aber bei Gott. Denn alles ist möglich bei Gott.

P: Mt 19,27–30; Lk 18,28–30

Der Lohn der Nachfolge

28: 1,20! 28 Da ergriff Petrus das Wort und sagte zu ihm: Wir hier haben alles
29: 1,15! · Mt 10,37; Lk 14,26 verlassen und sind dir gefolgt. 29 Jesus aber sprach: Amen, ich sage
euch: Da ist keiner, der um meinetwillen und um des Evangeliums wil-
len Haus, Brüder, Schwestern, Mutter, Vater, Kinder oder Äcker verlässt
30: 10,17 30 und der nicht hundertfach empfängt, jetzt in dieser Zeit Häuser, Brü-
der und Schwestern, Mütter und Kinder und Äcker inmitten von Verfol-
31: Mt 20,16; Lk 13,30 gungen, und in der kommenden Welt ewiges Leben. 31 Viele Erste aber
werden Letzte sein und Letzte Erste.

P: Mt 20,17–19; Lk 18,31–34

Die dritte Leidensankündigung

32 Sie waren aber auf dem Weg hinauf nach Jerusalem. Und Jesus
ging ihnen voran, und sie erschraken, und die ihm folgten, fürchteten
sich. Da nahm er die Zwölf wieder beiseite und begann davon zu reden,
was auf ihn zukommen werde: 33 Seht, wir ziehen jetzt hinauf nach Je-
rusalem, und der Menschensohn wird den Hohen Priestern und
Schriftgelehrten ausgeliefert werden, und sie werden ihn zum Tod ver-
34: 8,31! urteilen und ihn den Heiden ausliefern, 34 und sie werden ihn verspot-
ten und anspucken, auspeitschen und töten. Und nach drei Tagen wird
er auferstehen.

P: Mt 20,20–28

Der Wunsch nach einem Platz im Himmel

35 Da kommen Jakobus und Johannes, die Söhne des Zebedäus, auf
ihn zu und sagen: Meister, wir wollen, dass du für uns tust, worum wir
dich bitten. 36 Er sagte zu ihnen: Was soll ich für euch tun? 37 Sie sagten
zu ihm: Gewähre uns, dass wir einer zu deiner Rechten und einer zu
38: 14,36! · Lk 12,50; Röm 6,3 deiner Linken sitzen werden in deiner Herrlichkeit. 38 Jesus aber sagte
zu ihnen: Ihr wisst nicht, worum ihr bittet. Könnt ihr den Kelch trinken,
den ich trinke, oder euch taufen lassen mit der Taufe, mit der ich getauft
39: Apg 12,2 werde? 39 Sie sagten zu ihm: Wir können es. Da sagte Jesus zu ihnen:
Den Kelch, den ich trinke, werdet ihr trinken, und mit der Taufe, mit der
ich getauft werde, werdet ihr getauft werden, 40 doch über den Platz zu
meiner Rechten oder Linken zu verfügen steht mir nicht zu, sondern er
wird denen zuteil, für die er bereitet ist.
41–45: Lk 22,24–27 41 Als die zehn das hörten, wurden sie immer unwilliger über Jako-
bus und Johannes. 42 Und Jesus ruft sie zu sich und sagt zu ihnen: Ihr
wisst, die als Herrscher der Völker gelten, unterdrücken sie, und ihre
Grossen setzen ihre Macht gegen sie ein. 43 Unter euch aber sei es nicht
44: 9,35! so, sondern: Wer unter euch gross sein will, sei euer Diener, 44 und wer

unter euch der Erste sein will, sei der Knecht aller. 45 Denn auch der 45: Joh 13,4–5 ·
Menschensohn ist nicht gekommen, um sich dienen zu lassen, sondern Jes 53,10.12;
um zu dienen und sein Leben hinzugeben als Lösegeld für viele. 1Tim 2,6 · 14,24

Die Heilung des blinden Bartimäus P: Mt 20,29–34;

46 Und sie kommen nach Jericho. Und als er und seine Jünger und Lk 18,35–43
etliches Volk von Jericho weiterzogen, sass Bartimäus, der Sohn des Ti-
mäus, ein blinder Bettler, am Weg. 47 Und als er hörte, dass es Jesus von 47: 10,48; 11,10;
Nazaret sei, begann er laut zu rufen: Sohn Davids, Jesus, hab Erbarmen 12,35-37
mit mir! 48 Da fuhren ihn viele an, er solle schweigen. Er aber rief noch 48: 10,47!
viel lauter: Sohn Davids, hab Erbarmen mit mir! 49 Und Jesus blieb ste-
hen und sprach: Ruft ihn her! Und sie rufen den Blinden und sagen zu
ihm: Sei guten Mutes, steh auf! Er ruft dich. 50 Da warf er seinen Mantel
ab, sprang auf und kam zu Jesus. 51 Und Jesus wandte sich ihm zu und
sagte: Was soll ich für dich tun? Da sagte der Blinde zu ihm: Rabbuni,
mach, dass ich wieder sehen kann. 52 Und Jesus sagte zu ihm: Geh, dein 52: 5,34!
Glaube hat dich gerettet. Und sogleich sah er wieder und folgte ihm auf
dem Weg.

Der Einzug in Jerusalem P: Mt 21,1–11;

11 1 Und als sie in die Nähe von Jerusalem kommen, nach Betfage Lk 19,28–40;
und Betanien an den Ölberg, sendet er zwei seiner Jünger aus Joh 12,12–19
2 und sagt zu ihnen: Geht in das Dorf, das vor euch liegt, und gleich 2: Sach 9,9
wenn ihr hineinkommt, werdet ihr ein Füllen angebunden finden, auf
dem noch nie ein Mensch gesessen hat. Bindet es los und bringt es her!
3 Und wenn jemand zu euch sagt: Was tut ihr da?, so sagt: Der Herr 3: 14,14
braucht es und schickt es sogleich wieder zurück. 4 Da gingen sie und
fanden ein Füllen, angebunden an einer Tür draussen an der Strasse,
und sie banden es los. 5 Und einige von denen, die dort standen, sagten
zu ihnen: Was führt euch dazu, das Füllen loszubinden? 6 Sie aber ga-
ben zur Antwort, was Jesus ihnen gesagt hatte, und man liess sie gewäh-
ren. 7 Und sie bringen das Füllen zu Jesus und legen ihre Kleider dar-
über, und er setzte sich darauf.

8 Und viele breiteten auf dem Weg ihre Kleider aus, andere streuten 8: 2Kön 9,13
Zweige, die sie auf den Feldern abgeschnitten hatten. 9 Und die voraus- 9: Ps 118,25–26
gingen und die hinterhergingen, riefen:

Hosanna,
gepriesen sei, der da kommt im Namen des Herrn!
10 Gepriesen sei das Reich unseres Vaters David, das da kommt, 10: Lk 1,32! · 10,47!
Hosanna in der Höhe!

11 Und er kam nach Jerusalem in den Tempel. Er schaute sich rings- 11: Mt 21,17
um alles an und ging, da es schon spät war, mit den Zwölfen nach Beta-
nien hinaus.

Die Verfluchung des Feigenbaums P: Mt 21,18–19

12 Und als sie am nächsten Tag von Betanien aufbrachen, hungerte
ihn. 13 Und er sah von weitem einen Feigenbaum, der Blätter hatte, und 13: Lk 13,6–7
er ging hin, um zu sehen, ob er vielleicht etwas an ihm fände. Und als er
zu ihm hinkam, fand er nichts als Blätter, denn es war nicht die Zeit für

14: 11,20–21 Feigen. 14 Und er sagt zu ihm: In Ewigkeit soll niemand mehr eine
Frucht von dir essen. Und seine Jünger hörten es.

P: Mt 21,12–17; Lk 19,45–48; Joh 2,13–17 · 15: Sach 14,21

Die Tempelreinigung

15 Und sie kommen nach Jerusalem. Und als er in den Tempel hin-
einging, begann er, alle hinauszutreiben, die im Tempel verkauften und
kauften. Die Tische der Geldwechsler und die Stände der Taubenverkäu-
fer stiess er um 16 und liess nicht zu, dass man irgendetwas über den
17: Jes 56,7 · Tempelplatz trug. 17 Und er lehrte sie und sprach: Steht nicht geschrie-
Jer 7,11 ben: *Mein Haus soll Haus des Gebets heissen für alle Völker?* Ihr aber habt es
zu einer *Räuberhöhle* gemacht!
18: 3,6; 12,12; 14,1 · 18 Und die Hohen Priester und Schriftgelehrten hörten davon und
1,22! suchten Mittel und Wege, wie sie ihn umbringen könnten. Denn sie
fürchteten ihn, weil das ganze Volk überwältigt war von seiner Lehre.
19 Und als es Abend wurde, gingen sie aus der Stadt hinaus.

P: Mt 21,20–22

Die Kraft des Glaubens

20 Und als sie am anderen Morgen vorübergingen, sahen sie, dass
21: 14,72 · 11,14 der Feigenbaum von den Wurzeln her verdorrt war. 21 Und Petrus erin-
nert sich und sagt zu ihm: Rabbi, schau, der Feigenbaum, den du ver-
22: 5,34! flucht hast, ist verdorrt. 22 Und Jesus entgegnet ihnen: Habt Glauben an
23: Mt 17,20! Gott! 23 Amen, ich sage euch: Wer zu diesem Berg sagt: Hebe dich hin-
weg und wirf dich ins Meer!, und in seinem Herzen nicht zweifelt, son-
dern glaubt, dass geschieht, was er sagt, dem wird es zuteil werden.
24: Mt 7,8! 24 Darum sage ich euch: Alles, worum ihr betet und bittet, glaubt nur,
25: Mt 5,23–24; dass ihr es empfangt, so wird es euch zuteil werden. 25 Und wenn ihr
6,14 dasteht und betet, so vergebt, wenn ihr etwas gegen jemanden habt, da-
mit auch euer Vater im Himmel euch eure Verfehlungen vergibt.

P: Mt 21,23–27; Lk 20,1–8

Zur Frage nach der Vollmacht Jesu

27 Und sie kommen wieder nach Jerusalem. Und während er im
Tempel umhergeht, treten die Hohen Priester, Schriftgelehrten und Äl-
28: 1,22! testen an ihn heran, 28 und sie sagten zu ihm: Aus welcher Vollmacht
tust du das? Wer hat dich bevollmächtigt, das zu tun? 29 Jesus sagte zu
ihnen: Ich will euch eine einzige Frage stellen. Antwortet mir, dann
werde ich euch sagen, aus welcher Vollmacht ich dies tue. 30 Die Taufe
des Johannes – stammte sie vom Himmel, oder stammte sie von Men-
schen? Antwortet mir! 31 Da besprachen sie sich miteinander: Sagen
wir, vom Himmel, so wird er sagen: Warum habt ihr ihm dann nicht
32: 12,12! · Lk 1,76! geglaubt? 32 Sagen wir aber, von Menschen, ... Doch sie fürchteten sich
vor dem Volk, denn alle hielten Johannes für einen echten Propheten.
33 Und sie antworten Jesus: Wir wissen es nicht. Da sagt Jesus zu ihnen:
Dann sage auch ich euch nicht, aus welcher Vollmacht ich das tue.

11,25: Viele Handschriften fügen nach V.25 ein (wohl von Mt 6,15 übernommen): «26 Wenn ihr aber nicht vergebt, dann wird auch euer Vater im Himmel eure Verfehlungen nicht vergeben.»

Die Geschichte von den bösen Weinbauern

P: Mt 21,33–46; Lk 20,9–19
1: Jes 5,1–2 · 13,34

12 1 Und er begann in Gleichnissen zu ihnen zu reden: Es pflanzte
einer einen Weinberg, zog einen Zaun ringsum, grub eine Kelter
und baute einen Turm. Dann verpachtete er ihn an Weinbauern und
ging ausser Landes.
2 Und zu gegebener Zeit schickte er einen Knecht zu den Weinbau-
ern, um von den Weinbauern seinen Anteil am Ertrag des Weinbergs
einzuholen. 3 Sie aber packten ihn und schlugen ihn und schickten ihn
mit leeren Händen fort. 4 Da schickte er einen anderen Knecht zu ih-
nen; den schlugen sie auf den Kopf und misshandelten ihn. 5 Und er
schickte einen anderen, und den töteten sie, und viele andere, die einen
schlugen sie, die anderen töteten sie. 6 Einen hatte er noch: den gelieb-
ten Sohn. Den schickte er als letzten zu ihnen, denn er sagte sich: Vor
meinem Sohn werden sie Respekt haben. 7 Jene Weinbauern aber sag-
ten zueinander: Das ist der Erbe. Kommt, wir wollen ihn töten, dann
wird das Erbe uns gehören. 8 Und sie packten ihn und töteten ihn und
warfen ihn aus dem Weinberg.
9 Was wird nun der Herr des Weinbergs tun? Er wird kommen und
die Weinbauern umbringen und den Weinberg anderen geben. 10 Habt
ihr dieses Schriftwort nicht gelesen:

Der Stein, den die Bauleute verworfen haben,
er ist zum Eckstein geworden,
11 *durch den Herrn ist er das geworden,*
und wunderbar ist er in unseren Augen.

12 Da hätten sie ihn gerne festgenommen, doch sie fürchteten das
Volk. Sie hatten nämlich erkannt, dass er das Gleichnis auf sie hin gesagt
hatte. Und sie liessen ihn stehen und gingen fort.

5: Jer 7,25–26; 25,4
10–11: Ps 118,22–23
10: 8,31!
12: 11,18! · 11,32; 12,37; 14,2

Zur Frage nach der kaiserlichen Steuer

P: Mt 22,15–22; Lk 20,20–26

13 Und sie schicken einige von den Pharisäern und den Herodianern
zu ihm, um ihm eine Fangfrage zu stellen. 14 Und sie kommen und sa-
gen zu ihm: Meister, wir wissen, dass du der Wahrheit verpflichtet bist
und auf niemanden Rücksicht nimmst; denn du achtest nicht auf das
Ansehen der Person, sondern lehrst den Weg Gottes, wie es richtig ist.
Ist es erlaubt, dem Kaiser Steuern zu zahlen, oder nicht? Sollen wir zah-
len oder nicht zahlen? 15 Er aber kannte ihre Heuchelei und sagte zu
ihnen: Was stellt ihr mich auf die Probe? Bringt mir einen Denar, damit
ich ihn ansehe! 16 Und sie brachten ihm einen. Da sagt er zu ihnen:
Wessen Bild und Inschrift ist das? Sie sagten zu ihm: Des Kaisers. 17 Da
sagte Jesus zu ihnen: Gebt dem Kaiser, was des Kaisers ist, und Gott, was
Gottes ist! Und sie wunderten sich sehr über ihn.

17: Röm 13,7; 1Petr 2,17

Zur Frage nach der Auferstehung der Toten

P: Mt 22,23–33; Lk 20,27–40
18: Apg 23,8
19: Dtn 25,5

18 Und es kommen Sadduzäer zu ihm, die behaupten, es gebe keine
Auferstehung; und sie fragten ihn: 19 Meister, Mose hat uns vorge-
schrieben: *Wenn einem der Bruder stirbt* und eine Frau zurücklässt *und
kein Kind hinterlässt, dann soll sein Bruder die Frau nehmen und seinem
Bruder Nachkommen erwecken.* 20 Nun waren da sieben Brüder. Der ers-
te nahm eine Frau, und als er starb, hinterliess er keine Nachkommen.
21 Da nahm sie der zweite und starb, ohne Nachkommen zu hinterlas-

sen, und ebenso der dritte. 22 Und alle sieben hinterliessen keine Nach-
kommen. Zuletzt, nach allen andern, starb auch die Frau. 23 In der Auf-
erstehung nun, wenn sie auferstehen – wessen Frau wird sie sein? Alle
sieben haben sie ja zur Frau gehabt.
24 Jesus sagte zu ihnen: Irrt ihr nicht darum, weil ihr weder die
Schriften noch die Macht Gottes kennt? 25 Wenn sie nämlich von den
Toten auferstehen, heiraten sie nicht, noch werden sie verheiratet, son-
26: Ex 3,6 dern sie sind wie Engel im Himmel. 26 Was aber die Toten betrifft,
wenn sie auferweckt werden – habt ihr nicht gelesen im Buch des Mose,
in der Geschichte vom Dornbusch, wie Gott zu ihm gesagt hat: *Ich bin
der Gott Abrahams und der Gott Isaaks und der Gott Jakobs?* 27 Er ist nicht
ein Gott von Toten, sondern von Lebenden. Ihr irrt sehr.

P: Mt 22,34–40; Lk 10,25–28

Zur Frage nach dem höchsten Gebot

28 Und einer der Schriftgelehrten, der gehört hatte, wie sie mitein-
ander stritten, trat zu ihm. Und da er sah, dass er ihnen gut geantwortet
29: Dtn 6,4 hatte, fragte er ihn: Welches Gebot ist das erste von allen? 29 Jesus ant-
30: Dtn 6,5; Jos 22,5 wortete: Das erste ist: *Höre, Israel, der Herr, unser Gott, ist allein Herr,* 30
*und du sollst den Herrn, deinen Gott, lieben mit deinem ganzen Herzen und
mit deiner ganzen Seele und mit deinem ganzen Verstand und mit all deiner
31: Lev 19,18 Kraft*. 31 Das zweite ist dieses: *Du sollst deinen Nächsten lieben wie dich
32: Dtn 4,35; 6,4; Jes 45,21 selbst*. Höher als diese beiden steht kein anderes Gebot. 32 Und der
Schriftgelehrte sagte zu ihm: Schön hast du das gesagt, Meister, und du
33: Dtn 6,5; Jos 22,5 · Lev 19,18 · 1Sam 15,22; Hos 6,6 hast Recht! *Einer ist er, und einen anderen ausser ihm gibt es nicht* 33 und
ihn lieben mit ganzem Herzen und mit ganzem Verstand und mit aller Kraft
und *den Nächsten lieben wie sich selbst* – das ist weit mehr als alle Brand-
34: 6; Lk 20,40 opfer und Rauchopfer. 34 Und Jesus sah, dass er verständig geantwortet
hatte, und sagte zu ihm: Du bist nicht fern vom Reich Gottes. Und kei-
ner wagte mehr, ihm eine Frage zu stellen.

P: Mt 22,41–46; Lk 20,41–44

Der Sohn Davids

35: Joh 7,42 · 8,29! · 10,47! 35 Und Jesus sprach, während er im Tempel lehrte: Warum sagen
die Schriftgelehrten, der Messias sei Davids Sohn? 36 David selbst hat
36: Ps 110,1 doch durch den heiligen Geist gesagt:
Der Herr sprach zu meinem Herrn:
Setze dich zu meiner Rechten,
bis ich deine Feinde
unter deine Füsse gelegt habe.
37: 10,47! · Lk 19,48; 21,38 · 12,12! 37 David selbst nennt ihn Herr, wie kann er da sein Sohn sein? Und vie-
le Leute hörten ihm gerne zu.

P: Mt 23,5–7; Lk 20,45–47

Die Warnung vor den Schriftgelehrten

38: Lk 11,43 38 Und er lehrte sie und sprach: Hütet euch vor den Schriftgelehr-
ten, denen es gefällt, in langen Gewändern einherzugehen und auf den
39: Lk 11,43; 14,7 Marktplätzen gegrüsst zu werden 39 und in den Synagogen den Ehren-
40: Jes 10,2 sitz und bei den Gastmählern die Ehrenplätze einzunehmen, 40 die die
Häuser der Witwen leer fressen und zum Schein lange Gebete verrich-
ten – sie werden ein umso härteres Urteil empfangen.

Die Gabe der Witwe P: Lk 21,1-4
41 Und er setzte sich der Schatzkammer gegenüber und sah zu, wie
die Leute Geld in den Opferstock warfen. Und viele Reiche warfen viel
ein. 42 Da kam eine arme Witwe und warf zwei Lepta ein, das ist ein
Quadrant. 43 Und er rief seine Jünger herbei und sagte zu ihnen: Amen,
ich sage euch: Diese arme Witwe hat mehr eingeworfen als alle, die et-
was in den Opferstock eingeworfen haben. 44 Denn alle haben aus ih-
rem Überfluss etwas eingeworfen, sie aber hat aus ihrem Mangel alles
hergegeben, was sie hatte, ihren ganzen Lebensunterhalt.

Die Ankündigung der Tempelzerstörung P: Mt 24,1-2;
13 1 Und als er aus dem Tempel hinausgeht, sagt einer seiner Jünger Lk 21,5-6
zu ihm: Meister, schau, was für Steine und was für Bauten! 2 Und 2: Lk 19,44
Jesus sagte zu ihm: Siehst du diese grossen Bauten? Hier wird kein Stein
auf dem andern bleiben, jeder wird herausgebrochen.

Die Frage nach dem Anfang der Endzeit P: Mt 24,3-8;
3 Und als er auf dem Ölberg sass, dem Tempel gegenüber, fragten Lk 21,7-11
ihn Petrus und Jakobus und Johannes und Andreas, als sie unter sich 3: 9,2!
waren: 4 Sag uns: Wann wird das sein, und was für ein Zeichen zeigt an,
wann es mit dem allem ein Ende haben wird? 5 Jesus aber begann ihnen
zu sagen: Gebt acht, dass niemand euch in die Irre führt! 6 Viele werden
kommen unter meinem Namen und sagen: Ich bin es, und sie werden
viele in die Irre führen. 7 Wenn ihr aber von Kriegen und Kriegsgerüch-
ten hört, so erschreckt nicht! Das muss geschehen, aber das Ende ist es
noch nicht. 8 Denn erheben wird sich Volk gegen Volk und Reich gegen 8: Jes 19,2
Reich, Erdbeben wird es geben da und dort, und Hungersnöte werden
kommen. Das ist der Anfang der Wehen.

Die Ankündigung von Verfolgungen P: Mt 10,17-22;
9 Ihr aber, gebt acht auf euch! Man wird euch an Gerichte ausliefern, 24,9-14; Lk 21,12-19
in Synagogen wird man euch prügeln, vor Statthalter und Könige wird
man euch stellen um meinetwillen – um Zeugnis abzulegen vor ihnen.
10 Und unter allen Völkern muss zuvor das Evangelium verkündigt 10: 1,15!
werden. 11 Und wenn man euch abführt und vor Gericht stellt, dann 11: Lk 12,11-12;
sorgt euch nicht im Voraus, was ihr reden sollt, sondern was euch in Joh 15,26-27
jener Stunde eingegeben wird, das redet. Denn nicht ihr seid es, die re-
den, sondern der heilige Geist. 12 Und es wird ein Bruder den andern
dem Tod ausliefern und ein Vater das Kind, und Kinder werden gegen
die Eltern auftreten und sie in den Tod schicken. 13 Und ihr werdet ge- 13: Joh 15,18-19.21
hasst werden von allen um meines Namens willen. Wer aber standhält
bis ans Ende, der wird gerettet werden.

Von der grossen Bedrängnis P: Mt 24,15-22
14 Wenn ihr aber *den Greuel der Verwüstung* stehen seht, wo er nicht 14: Dan 9,27; 11,31;
stehen darf – wer es liest, merke auf! –, dann sollen die in Judäa in die 12,11 · Lk 21,21
Berge fliehen. 15 Wer auf dem Dach ist, steige nicht hinab und gehe

13,4: Andere Übersetzungsmöglichkeit: «..., wann sich dies alles vollenden wird?»
13,14: Zum Ausdruck «Greuel der Verwüstung» vgl. die Anm. zu Mt 24,15.

16: Lk 17,31 nicht hinein, um etwas aus seinem Haus zu holen; 16 und wer auf dem
17: Lk 21,23; 23,29 Feld ist, kehre nicht zurück, um seinen Mantel zu holen. 17 Wehe aber
den Schwangeren und den Stillenden in jenen Tagen!

19: Dan 12,1; 18 Betet aber, dass es nicht im Winter geschehe. 19 Denn jene Tage
Joel 2,2 werden eine Bedrängnis sein, wie noch keine gewesen ist vom Anfang,
als Gott die Welt schuf, bis jetzt, und wie auch keine mehr sein wird.
20 Und hätte der Herr die Tage nicht verkürzt, es würde kein Mensch
gerettet werden. Doch um der Erwählten willen, die er erwählt hat, hat
er die Tage verkürzt.

P: Mt 24,23–28 *Vom Auftreten falscher Propheten*

21: Lk 17,23! · 8,29! 21 Und wenn dann einer zu euch sagt: Schau, da ist der Messias,
schau, dort ist er, so glaubt es nicht. 22 Denn es wird mancher falsche
Messias und mancher falsche Prophet aufstehen, und sie werden Zei-
chen und Wunder tun, um wenn möglich die Erwählten in die Irre zu
führen. 23 Ihr aber, gebt acht! Ich habe euch alles vorhergesagt.

P: Mt 24,29–31; *Die Zeichen für das Kommen des Menschensohnes*

Lk 21,25–28 24 Aber in jenen Tagen, nach jener Bedrängnis,
24: Jes 13,10; *wird die Sonne sich verfinstern,*
Joel 2,10 *und der Mond seinen Schein nicht geben,*
25: Jes 34,4; 25 *und die Sterne werden* vom Himmel *fallen,*
Offb 6,13 *und die Mächte im Himmel* werden erschüttert werden.

26: 14,62; 26 Und dann werden sie *den Menschensohn auf den Wolken kommen* se-
Dan 7,13–14 hen mit grosser Macht *und Herrlichkeit.* 27 Und dann wird er die Engel
aussenden und die Erwählten zusammenführen von den vier Winden
her, vom Ende der Erde bis zum Ende des Himmels.

P: Mt 24,32–36; *Das nahe Ende*

Lk 21,29–33 28 Vom Feigenbaum aber lernt das Gleichnis: Sobald sein Zweig saf-
tig geworden ist und Blätter treibt, wisst ihr, dass der Sommer nahe ist.
29 So sollt ihr auch, wenn ihr dies geschehen seht, wissen, dass er nahe
30: 9,1 ist und vor der Tür steht. 30 Amen, ich sage euch: Dieses Geschlecht
31: Jes 40,8; 51,6 wird nicht vergehen, bevor dies alles geschieht. 31 Himmel und Erde
werden vergehen, meine Worte aber werden nicht vergehen.

32 Jenen Tag oder jene Stunde kennt niemand, die Engel im Himmel
nicht, der Sohn nicht, nur der Vater.

Die Mahnung zur Wachsamkeit

33: 13,35! 33 Gebt acht, bleibt wach! Denn ihr wisst nicht, wann der Zeitpunkt
34: 12,1; Mt 25,14; da ist. 34 Es ist wie bei einem Menschen, der ausser Landes ging: Er ver-
Lk 19,12 liess sein Haus, gab seinen Knechten Vollmacht, jedem seine Aufgabe,
35: 13,33.37; und dem Türhüter befahl er, wachsam zu sein. 35 Seid also wachsam,
Mt 24,42.44; 25,13; denn ihr wisst nicht, wann der Herr des Hauses kommt: ob am Abend
Lk 12,37–38.40; oder um Mitternacht oder beim Hahnenschrei oder am frühen Morgen,
21,36 36 damit er, wenn er auf einmal kommt, euch nicht schlafend finde.
37: 13,35! 37 Was ich aber euch sage, das sage ich allen: Seid wachsam!

Der Tötungsplan des Hohen Rates P: Mt 26,1–5;
14 1 Es war aber zwei Tage vor dem Fest des Passa und der ungesäu- Lk 22,1–2;
erten Brote. Und die Hohen Priester und Schriftgelehrten suchten Joh 11,45–54
Mittel und Wege, wie sie ihn mit List festnehmen und töten könnten. 1: 11,18!
2 Sie sagten nämlich: Nicht am Fest, damit kein Aufruhr entsteht im 2: 12,12!
Volk.

Die Salbung in Betanien P: Mt 26,6–13;
3 Als er in Betanien im Haus Simons des Aussätzigen war und bei Lk 7,36–50;
Tisch sass, kam eine Frau mit einem Alabastergefäss voll echten, kostba- Joh 11,55–12,11
ren Nardenöls; sie zerbrach das Gefäss und goss es ihm über das Haupt.
4 Da wurden einige unwillig und sagten zueinander: Wozu geschah
diese Verschwendung des Öls? 5 Dieses Öl hätte man für mehr als drei-
hundert Denar verkaufen und den Erlös den Armen geben können. Und
sie fuhren sie an. 6 Jesus aber sprach: Lasst sie! Was bringt ihr sie in
Verlegenheit? Sie hat eine schöne Tat an mir vollbracht. 7 Arme habt ihr 7: Dtn 15,11 · 2,20
ja allezeit bei euch und könnt ihnen Gutes tun, sooft ihr wollt; mich aber
habt ihr nicht allezeit. 8 Was sie vermochte, hat sie getan. Sie hat mei- 8: 16,1
nen Leib im Voraus zum Begräbnis gesalbt. 9 Amen, ich sage euch: Wo 9: 1,15!
immer in der ganzen Welt das Evangelium verkündigt wird, da wird
auch erzählt werden, was sie getan hat, zu ihrem Gedächtnis.

Der Plan des Judas P: Mt 26,14–16;
10 Und Judas Iskariot, dieser eine von den Zwölfen, ging zu den Ho- Lk 22,3–6
hen Priestern, um ihn an sie auszuliefern. 11 Als sie dies hörten, freuten 11: 3,19; 14,42.44
sie sich und versprachen, ihm Geld zu geben. Und er suchte nach einer
günstigen Gelegenheit, ihn auszuliefern.

Die Vorbereitung zum letzten Mahl P: Mt 26,17–19;
12 Und am ersten Tag der ungesäuerten Brote, als man das Passa- Lk 22,7–13
lamm schlachtete, sagen seine Jünger zu ihm: Wo sollen wir hingehen 12: Ex 12,15–20.21
und das Passamahl für dich bereiten? 13 Und er schickt zwei seiner Jün-
ger und sagt zu ihnen: Geht in die Stadt, da wird euch einer entgegen-
kommen, der einen Krug Wasser trägt. Folgt ihm, 14 und wo er hinein- 14: 11,3
geht, da sagt zu dem Hausherrn: Der Meister lässt fragen: Wo ist der
Raum, in dem ich mit meinen Jüngern das Passalamm essen kann?
15 Und er wird euch ein grosses Obergemach zeigen, das bereit ist, mit
Polstern ausgelegt; dort bereitet es für uns. 16 Da gingen die Jünger, ka-
men in die Stadt und fanden alles so, wie er ihnen gesagt hatte. Und sie
bereiteten das Passamahl.

Die Ankündigung der Auslieferung P: Mt 26,20–25;
17 Am Abend kommt er mit den Zwölfen. 18 Und da sie bei Tisch sas- Lk 22,21–23;
sen und assen, sprach Jesus: Amen, ich sage euch: Einer von euch wird Joh 13,21–30 17: Lk 22,14
mich ausliefern, einer, der mit mir isst. 19 Da wurden sie traurig und 18: Ps 41,10
fingen an, einer nach dem andern, ihn zu fragen: Doch nicht ich? 20 Er
aber sagte zu ihnen: Einer von den Zwölfen, der mit mir das Brot in die
Schüssel taucht. 21 Der Menschensohn geht zwar dahin, wie über ihn
geschrieben steht, doch wehe dem Menschen, durch den der Men-

schensohn ausgeliefert wird. Für diesen Menschen wäre es besser, wenn er nicht geboren wäre.

P: Mt 26,26–29; Lk 22,14–20
22: 6,41; 8,6; 1Kor 10,16; 11,23–24
24: 1Kor 10,16; 11,25 · Ex 24,8 · 10,45

Das letzte Mahl

22 Und während sie assen, nahm er Brot, sprach den Lobpreis, brach es und gab es ihnen und sprach: Nehmt, das ist mein Leib. 23 Und er nahm einen Kelch, sprach das Dankgebet und gab ihnen den, und sie tranken alle daraus. 24 Und er sagte zu ihnen: Das ist mein Blut des Bundes, das vergossen wird für viele. 25 Amen, ich sage euch: Ich werde von der Frucht des Weinstocks nicht mehr trinken bis zu dem Tag, da ich aufs Neue davon trinken werde im Reich Gottes.

P: Mt 26,30–35; Lk 22,31–34; Joh 13,36–38
26: Lk 22,39; Joh 18,1
27: 14,50; Sach 13,7; Joh 16,32
28: 16,7
30: 14,72

Die Ankündigung der Verleugnung

26 Und als sie den Lobgesang gesungen hatten, gingen sie hinaus auf den Ölberg. 27 Und Jesus sagt zu ihnen: Ihr werdet alle zu Fall kommen, denn es steht geschrieben: *Ich werde den Hirten schlagen, und die Schafe werden sich zerstreuen.* 28 Nach meiner Auferweckung aber werde ich euch nach Galiläa vorausgehen. 29 Petrus sagte zu ihm: Und wenn alle zu Fall kommen – ich nicht! 30 Und Jesus sagt zu ihm: Amen, ich sage dir: Noch heute, in dieser Nacht, ehe der Hahn zweimal kräht, wirst du mich dreimal verleugnet haben. 31 Er aber ereiferte sich nur noch mehr: Selbst wenn ich mit dir sterben müsste – ich werde dich nicht verleugnen. Und so redeten sie alle.

P: Mt 26,36–46; Lk 22,39–46
32: Joh 18,1
33: 9,2!
34: Ps 42,6.12; 43,5; Joh 12,27
35: Joh 12,27; Hebr 5,7
36: 10,27! · 10,38; Jes 51,17.22; Joh 18,11
38: Mt 6,13; Lk 11,4
40: 9,6
42: Joh 14,31 · 14,11!

In Getsemani

32 Und sie kommen an einen Ort, der Getsemani heisst. Und er sagt zu seinen Jüngern: Bleibt hier sitzen, solange ich bete. 33 Und er nahm Petrus und Jakobus und Johannes mit sich, und er begann zu zittern und zu zagen. 34 Und er sagt zu ihnen: *Meine Seele ist* zu Tode *betrübt*, bleibt hier und wacht! 35 Und er ging ein paar Schritte weiter, fiel zu Boden und betete, dass, wenn es möglich sei, die Stunde an ihm vorübergehe. 36 Und er sprach: Abba, Vater, alles ist dir möglich. Lass diesen Kelch an mir vorübergehen! Doch nicht, was ich will, sondern was du willst. 37 Und er kommt zurück und findet sie schlafend. Und er sagt zu Petrus: Simon, du schläfst? Vermochtest du nicht eine Stunde wach zu bleiben? 38 Wacht und betet, damit ihr nicht in Versuchung kommt! Der Geist ist willig, das Fleisch aber schwach. 39 Und wieder ging er weg und betete mit denselben Worten. 40 Und wieder kam er zurück und fand sie schlafend, denn die Augen waren ihnen schwer geworden, und sie wussten nicht, was sie ihm antworten sollten. 41 Und er kommt zum dritten Mal und sagt zu ihnen: Schlaft nur weiter und ruht euch aus! Genug, die Stunde ist gekommen, jetzt wird der Menschensohn in die Hände von Sündern ausgeliefert. 42 Steht auf, lasst uns gehen! Seht, der mich ausliefert, ist da.

P: Mt 26,47–56; Lk 22,47–53; Joh 18,2–11
44: 14,11!

Die Gefangennahme

43 Und sogleich, noch während er redet, kommt Judas herbei, einer von den Zwölfen, und mit ihm eine Schar mit Schwertern und Knüppeln, im Auftrag der Hohen Priester und Schriftgelehrten und Ältesten. 44 Der ihn aber auslieferte, hatte mit ihnen ein Zeichen verabredet:

Den ich küssen werde, der ist es. Den nehmt fest und führt ihn sicher ab.
45 Und er kommt und geht sogleich auf ihn zu und sagt: Rabbi!, und
küsste ihn. 46 Sie aber ergriffen ihn und nahmen ihn fest. 47 Doch ei-
ner von denen, die dabeistanden, zog das Schwert, schlug nach dem
Knecht des Hohen Priesters und hieb ihm das Ohr ab.

48 Da sagte Jesus zu ihnen: Wie gegen einen Räuber seid ihr ausge-
zogen, mit Schwertern und Knüppeln, mich gefangen zu nehmen?
49 Tag für Tag war ich bei euch im Tempel und lehrte, und ihr habt mich
nicht festgenommen. Aber die Schriften sollen erfüllt werden. 50 Da
verliessen ihn alle und flohen.

49: Lk 19,47!; Joh 18,20 · Jes 53,7
50: 14,27; Joh 16,32

51 Ein junger Mann folgte ihm, bekleidet mit einem leinenen Tuch
auf blossem Leib, und sie greifen nach ihm. 52 Er aber liess das Tuch
fahren und floh nackt.

52: Am 2,16

Das Verhör vor dem Hohen Rat

P: Mt 26,57–68; Lk 22,54–55.66–71. 63–65; Joh 18,12–24

53 Und sie führten Jesus vor den Hohen Priester. Und es kommen
alle Hohen Priester, Ältesten und Schriftgelehrten zusammen. 54 Pe-
trus war ihm von weitem gefolgt bis hinein in den Hof des hohepries-
terlichen Palastes, und er sass mit den Gerichtsdienern zusammen und
wärmte sich am Feuer.

55 Die Hohen Priester aber und der ganze Hohe Rat suchten nach
einer Zeugenaussage gegen Jesus, die ihnen die Möglichkeit gäbe, ihn
zu töten, doch sie fanden keine. 56 Zwar traten viele falsche Zeugen auf,
doch ihre Aussagen stimmten nicht überein. 57 Und einige traten auf
und legten falsches Zeugnis ab und behaupteten: 58 Wir haben ihn sa-
gen hören: Ich werde diesen Tempel, der von Menschenhand gemacht
ist, niederreissen und in drei Tagen einen anderen aufbauen, der nicht
von Menschenhand gemacht ist. 59 Doch auch darin stimmte ihr Zeug-
nis nicht überein. 60 Und der Hohe Priester erhob sich, trat in die Mitte
und fragte Jesus: Antwortest du nichts auf das, was diese gegen dich vor-
bringen? 61 Er aber schwieg und antwortete nichts. Da fragte ihn der
Hohe Priester noch einmal, und er sagt zu ihm: Bist du der Messias, der
Sohn des Hochgelobten? 62 Da sprach Jesus: Ich bin es, und ihr werdet
den Menschensohn sitzen sehen zur Rechten der Macht und *kommen mit
den Wolken des Himmels*. 63 Da zerreisst der Hohe Priester seine Kleider
und sagt: Was brauchen wir noch Zeugen? 64 Ihr habt die Lästerung
gehört. Was meint ihr? Da fällten sie alle das Urteil, dass er den Tod
verdiene.

57: Dtn 17,6; 19,15
58: 15,29; Joh 2,19–21; Apg 6,14
61: 15,5; Jes 53,7 · 8,29! · 1,11!
62: 13,26 · Dan 7,13 · Ps 110,1
64: Mt 27,1 · Lev 24,16

65 Und einige fingen an, ihn anzuspucken und ihm das Gesicht zu
verhüllen und ihn dann mit den Fäusten zu schlagen und zu ihm zu sa-
gen: Sag, wer war's! Und die Gerichtsdiener empfingen ihn mit Schlägen.

65: 15,19

Die Verleugnung durch Petrus

P: Mt 26,69–75; Lk 22,56–62; Joh 18,15–18.25–27

66 Während nun Petrus unten im Hof ist, kommt eine von den Mäg-
den des Hohen Priesters. 67 Und als sie Petrus sieht, wie er sich wärmt,
schaut sie ihn an und sagt zu ihm: Auch du warst mit dem Nazarener,
mit Jesus. 68 Er aber leugnete es und sagte: Ich weiss nicht und verstehe
nicht, wovon du sprichst. Und er ging hinaus in den Vorhof.

14,68: Viele Handschriften fügen am Ende des Verses ein: «Und der Hahn krähte.»

69 Als aber die Magd ihn sah, fing sie wieder an und sagte zu denen,
die dabeistanden: Der ist einer von ihnen. 70 Er aber leugnete es wieder.
Und nach einer Weile sagten die, welche dabeistanden, noch einmal zu
Petrus: Natürlich bist du einer von ihnen, du bist ja auch ein Galiläer.
71 Da begann er zu fluchen und zu schwören: Ich kenne den Menschen
72: 11,21 · 14,30 nicht, von dem ihr redet. 72 Und sogleich krähte der Hahn zum zweiten
Mal. Da erinnerte sich Petrus an das Wort, das Jesus zu ihm gesagt hatte:
Ehe der Hahn zweimal kräht, wirst du mich dreimal verleugnet haben.
Und er brach in Tränen aus.

P: Mt 27,1–2.11–14; Lk 23,1–5; Joh 18,28–38a
1: Lk 22,66
2: 15,9.12.18.26.32
5: 14,61; Jes 53,7

Die Verhandlung vor Pilatus

15 1 Und sogleich in der Frühe fassten die Hohen Priester mit den
Ältesten und Schriftgelehrten, der ganze Hohe Rat, Beschluss. Sie
fesselten Jesus, brachten ihn weg und lieferten ihn an Pilatus aus.
2 Und Pilatus fragte ihn: Bist du der König der Juden? Er aber antwor-
tete ihm: Das sagst du! 3 Und die Hohen Priester brachten viele An-
schuldigungen gegen ihn vor. 4 Pilatus jedoch fragte ihn: Antwortest du
nichts? Siehst du denn nicht, was sie alles gegen dich vorbringen?
5 Doch Jesus antwortete nichts mehr, und Pilatus wunderte sich sehr.

P: Mt 27,15–26; Lk 23,13–25; Joh 18,38b–40; 19,6–16a
9: 15,2!
12: 15,2!
15: Joh 19,1

Die Freilassung des Barabbas

6 Zum Fest aber pflegte er ihnen einen Gefangenen freizugeben, den
sie sich ausbitten durften. 7 Es war nun unter den Gefangenen, die ei-
nen Aufstand gemacht und dabei einen Mord begangen hatten, einer
mit Namen Barabbas. 8 Und das Volk zog hinauf und begann, um das zu
bitten, was er ihnen gewöhnlich gewährte. 9 Pilatus aber fragte sie:
Wollt ihr, dass ich euch den König der Juden freigebe? 10 Er hatte näm-
lich erkannt, dass die Hohen Priester ihn aus Neid ausgeliefert hatten.
11 Die Hohen Priester aber überredeten das Volk, um die Freilassung des
Barabbas zu bitten. 12 Da fragte Pilatus sie noch einmal: Was soll ich
dann mit dem machen, den ihr den König der Juden nennt? 13 Da
schrien sie wieder und wieder: Kreuzige ihn! 14 Pilatus aber sagt zu ih-
nen: Was hat er denn Böses getan? Da schrien sie noch lauter: Kreuzige
ihn!
15 Weil aber Pilatus dem Volk Genüge tun wollte, gab er ihnen Bar-
abbas frei. Und Jesus liess er auspeitschen und lieferte ihn aus zur Kreu-
zigung.

P: Mt 27,27–31
17: Lk 23,11; Joh 19,2
18: Joh 19,3 · 15,2!
19: 14,65

Die Verspottung im Prätorium

16 Die Soldaten aber führten ihn ab, in den Palast hinein – das ist das
Prätorium –, und sie rufen die ganze Kohorte zusammen. 17 Dann zie-
hen sie ihm einen Purpurmantel an und setzen ihm eine Dornenkrone
auf, die sie geflochten haben. 18 Und sie fingen an, ihn zu grüssen: Sei
gegrüsst, König der Juden! 19 Und sie schlugen ihn mit einem Rohr aufs
Haupt, spuckten ihn an, beugten die Knie und huldigten ihm.
20 Und nachdem sie ihn verspottet hatten, zogen sie ihm den Pur-
purmantel aus und zogen ihm seine Kleider wieder an.

Die Kreuzigung

Und sie führen ihn hinaus, um ihn zu kreuzigen. 21 Und sie zwin-
gen einen, der gerade vorbeigeht, Simon aus Kyrene, der vom Feld
kommt, den Vater des Alexander und des Rufus, ihm das Kreuz zu tra-
gen.
22 Und sie bringen ihn an den Ort Golgota, das heisst ‹Schädelstät-
te›. 23 Und sie gaben ihm Wein, der mit Myrrhe gewürzt war; er aber
nahm ihn nicht. 24 Und sie kreuzigen ihn und *teilen seine Kleider unter
sich, indem sie das Los darüber werfen,* wer sich was nehmen dürfe. 25 Es
war aber die dritte Stunde, als sie ihn kreuzigten. 26 Und die Inschrift,
die seine Schuld angab, lautete: König der Juden.
27 Und mit ihm kreuzigen sie zwei Räuber, einen zu seiner Rechten
und einen zu seiner Linken.
29 Und die vorübergingen, verwünschten ihn, schüttelten den Kopf
und sagten: Ha, der du den Tempel niederreisst und in drei Tagen auf-
baust, 30 rette dich selbst und steig herab vom Kreuz! 31 Ebenso spotte-
ten die Hohen Priester untereinander mit den Schriftgelehrten und sag-
ten: Andere hat er gerettet, sich selbst kann er nicht retten. 32 Der Mes-
sias, der König Israels, steige jetzt vom Kreuz herab, damit wir sehen
und glauben. Und die mit ihm gekreuzigt waren, verhöhnten ihn.

P: Mt 27,32–44; Lk 23,33–43; Joh 19,16b–24
21: Lk 23,26
23: Ps 69,22 · 15,36; Lk 23,36
24: Ps 22,19
25: 15,33.34
26: Lk 23,38 · 15,2!
27: Jes 53,12
29: Ps 22,8; 109,25 · 14,58!
30: 8,11!
32: 8,29! · 15,2!

Der Tod Jesu

33 Und zur sechsten Stunde kam eine Finsternis über das ganze
Land bis zur neunten Stunde. 34 Und in der neunten Stunde schrie Je-
sus mit lauter Stimme: *Eloi, eloi, lema sabachtani!*, das heisst: *Mein Gott,
mein Gott, warum hast du mich verlassen!* 35 Und einige von denen, die
dabeistanden und es hörten, sagten: Hört, er ruft nach Elija! 36 Da lief
einer hin, tränkte einen Schwamm mit Essig, steckte ihn auf ein Rohr
und gab ihm zu trinken, und er sagte: Lasst mich, wir wollen sehen, ob
Elija kommt und ihn herabnimmt. 37 Da stiess Jesus einen lauten Schrei
aus und verschied.
38 Und der Vorhang im Tempel riss entzwei von oben bis unten.
39 Als aber der Hauptmann, der ihm gegenüberstand, ihn so sterben
sah, sagte er: Ja, dieser Mensch war wirklich Gottes Sohn!
40 Es waren aber auch Frauen da, die von ferne zuschauten, unter
ihnen Maria aus Magdala und Maria, die Mutter des Jakobus des Klei-
nen und des Jose, und Salome, 41 die ihm gefolgt waren und ihn unter-
stützt hatten, als er in Galiläa war, und noch viele andere Frauen, die mit
ihm nach Jerusalem hinaufgezogen waren.

P: Mt 27,45–56; Lk 23,44–49; Joh 19,28–30
33: 15,25
34: 15,25 · Ps 22,2
35: 9,4
36: 15,23!
38: Ex 26,31–33
39: 1,11!
40: 15,47; 16,1; Lk 8,2–3!; Joh 19,25

Die Grablegung

42 Und schon war es Abend geworden – es war nämlich Rüsttag, das
ist der Tag vor dem Sabbat –, 43 da kam Josef von Arimatäa, ein angese-
hener Ratsherr, der selbst auch auf das Reich Gottes wartete, wagte es,
ging zu Pilatus hinein und bat um den Leichnam Jesu. 44 Pilatus aber

P: Mt 27,57–61; Lk 23,50–56; Joh 19,38–42
43: Lk 2,25!

15,27: Viele Handschriften fügen nach V.27 ein (wohl von Lk 22,37 übernommen): «28 Da ging das Schriftwort in Erfüllung: *Und zu den Missetätern wurde er gerechnet.*»

15,34: Andere Übersetzungsmöglichkeit: «...: Mein Gott, mein Gott, wozu hast du mich verlassen?»

wunderte sich, dass er bereits gestorben sei. Er liess den Hauptmann zu
sich rufen und fragte ihn, ob er schon lange tot sei. 45 Und als er es vom
Hauptmann erfahren hatte, überliess er Josef den Leichnam. 46 Dieser
kaufte ein Leinentuch, nahm ihn herab, wickelte ihn in das Tuch und
legte ihn in ein Grab, das aus einem Felsen gehauen war, und wälzte
47: 15,40! einen Stein vor den Eingang des Grabes. 47 Maria aus Magdala aber und
Maria, die Mutter des Jose, sahen, wohin er gelegt worden war.

P: Mt 28,1–8; *Das leere Grab*

Lk 24,1–8; **16** 1 Als der Sabbat vorüber war, kauften Maria aus Magdala und Ma-
Joh 20,1–10 ria, die Mutter des Jakobus, und Salome wohlriechende Öle, um
1: 15,40! · 14,8 hinzugehen und ihn zu salben. 2 Und sehr früh am ersten Tag der Wo-
che kommen sie zum Grab, eben als die Sonne aufging. 3 Und sie sagten
zueinander: Wer wird uns den Stein vom Eingang des Grabes wegwäl-
zen? 4 Doch wie sie hinschauen, sehen sie, dass der Stein weggewälzt
ist. Er war sehr gross.

5 Und sie gingen in das Grab hinein und sahen auf der rechten Seite
einen jungen Mann sitzen, der mit einem langen, weissen Gewand be-
kleidet war; da erschraken sie sehr. 6 Er aber sagt zu ihnen: Erschreckt
nicht! Jesus sucht ihr, den Nazarener, den Gekreuzigten. Er ist aufer-
weckt worden, er ist nicht hier. Das ist die Stelle, wo sie ihn hingelegt
7: 14,28 haben. 7 Doch geht, sagt seinen Jüngern und dem Petrus, dass er euch
vorausgeht nach Galiläa. Dort werdet ihr ihn sehen, wie er euch gesagt
hat. 8 Da gingen sie hinaus und flohen weg vom Grab, denn sie waren
starr vor Angst und Entsetzen. Und sie sagten niemandem etwas, denn
sie fürchteten sich.

Das Erscheinen des Auferstandenen

9–11: Lk 24,9–11; 9 Als er aber frühmorgens am ersten Tag der Woche auferstanden
Joh 20,11–18 war, erschien er zuerst Maria aus Magdala, aus der er sieben Dämonen
9: Mt 28,9 ausgetrieben hatte. 10 Die ging und berichtete es denen, die mit ihm
gewesen waren und jetzt nur noch weinten und klagten. 11 Und als sie
hörten, dass er lebe und von ihr gesehen worden sei, glaubten sie es
nicht.

12–13: Lk 24,13–15 12 Danach aber zeigte er sich in anderer Gestalt zweien von ihnen,
die unterwegs waren aufs Feld hinaus. 13 Und die gingen und berichte-
ten es den Übrigen, und auch denen glaubten sie nicht.

14–18: Lk 24,36–43; 14 Zuletzt zeigte er sich den elfen, als sie bei Tisch sassen, und tadelte
Joh 20,19–23 ihren Unglauben und ihre Hartherzigkeit, weil sie denen, die ihn als
14: Lk 24,25 Auferweckten gesehen hatten, nicht geglaubt hatten. 15 Und er sagte zu
15: 13,10; 14,9; ihnen: Geht hin in alle Welt und verkündigt das Evangelium aller Krea-
Mt 28,18–20 tur. 16 Wer zum Glauben kommt und getauft wird, wird gerettet wer-
den, wer aber nicht zum Glauben kommt, wird verurteilt werden.
17: 6,7! · 17 Denen aber, die zum Glauben kommen, werden diese Zeichen fol-
1Kor 14,2–5 gen: In meinem Namen werden sie Dämonen austreiben, in neuen
18: Lk 10,19 Sprachen werden sie reden, 18 Schlangen werden sie mit blossen Hän-

16,9: Die Verse 16,9–20 fehlen in den wichtigsten Handschriften. Sie gehören nicht zum ursprünglichen Text des Evangeliums nach Markus.

den aufheben, und tödliches Gift, das sie trinken, wird ihnen nicht scha-
den, Kranke, denen sie die Hände auflegen, werden gesund werden.
19 Nachdem nun der Herr, Jesus, zu ihnen geredet hatte, wurde er in
den Himmel emporgehoben und setzte sich zur Rechten Gottes. 20 Sie
aber zogen aus und verkündigten überall. Und der Herr wirkte mit und
bekräftigte das Wort durch die Zeichen, die dabei geschahen.

19–20: Lk 24,50–53; Apg 1,9–11
19: 14,62; Ps 110,1; 1Tim 3,16

Das Evangelium nach Lukas

Anders als die Evangelisten Matthäus und Markus leitet Lukas sein Evangelium mit einer Widmung ein, die zugleich eine Art Vorwort darstellt, in dem er seine Rolle als Verfasser seines Berichts reflektiert: Er sieht sich als ‹Historiker›, der wegen seiner örtlichen und zeitlichen Distanz zu den Geschehnissen um Jesus darauf angewiesen ist, bereits umlaufende Berichte zu sammeln, auf ihre Verlässlichkeit zu prüfen und ihren Inhalt zeitlich zu ordnen.

Ein Vergleich mit dem Evangelium nach Matthäus zeigt, dass Lukas die gleichen beiden Quellen benutzt wie jener (siehe die Einleitung zu Mt): das Evangelium nach Markus und eine Sammlung von Jesusworten (die sogenannte Spruchquelle), diese Stoffe aber, zusammen mit anderen von ihm aufgefundenen Überlieferungen, dem sogenannten Sondergut des Lukas, etwas anders zu seinem Evangelium zusammenstellt als Matthäus: Er folgt nach der Vorgeschichte (Lk 1–2) zunächst dem Ablauf des Evangeliums nach Markus (Lk 3,1–6,19), unterbricht diesen mit einem kleinen Einschub aus Spruchquelle und Sondergut (Lk 6,20–8,3), hält sich dann wieder an den Bericht des Markus, den er anschliessend mit einem grossen Einschub wiederum aus Spruchquelle und Sondergut (Lk 9,51–18,14) noch einmal unterbricht, und übernimmt schliesslich wieder bis zum Ende des Passionsberichtes (Lk 18,15–24,8) im Wesentlichen den Aufriss des Markus. Lukas geht im Vergleich zu Matthäus nicht nur mit dem Evangelium nach Markus, sondern auch mit der Spruchquelle behutsamer um, was die Anordnung der Stoffe betrifft. Er komprimiert diese nicht in einzelne grosse Reden, sondern übernimmt sie in deren vermutlich ursprünglichen Reihenfolge (soweit wir diese rekonstruieren können).

Aufgrund dieser konservativen Arbeitsweise des Lukas fällt es schwer, den von ihm intendierten Aufbau des Werkes zu erkennen. Gliedert man es, ähnlich wie das Evangelium nach Markus, nach geografischen Gesichtspunkten, so spielen die Begebenheiten von Lk

16,20: Einige Handschriften fügen zusätzlich zu den Versen Mk 16,9–20 noch den folgenden Text vor Mk 16,9 ein: «Sie aber berichteten sogleich alles, was ihnen aufgetragen war, denen um Petrus. Danach sandte Jesus selbst durch sie vom Osten bis in den Westen die heilige und unvergängliche Botschaft vom ewigen Heil. Amen.»

3,1–9,50 in Galiläa und diejenigen von Lk 19,28–24,53 in Jerusalem und dessen Umgebung. Der lange Mittelteil Lk 9,51–19,27 enthält Erzählungen, die sich kaum geografisch verankern lassen, insbesondere lässt er keine deutliche Reiseroute erkennen. Das Evangelium nach Lukas entzieht sich einer eindeutigen Gliederung, wie sie bei den Evangelien nach Matthäus und Markus mit einiger Sicherheit zu gewinnen ist.

Der Autor Lukas blickt auf die Ereignisse des Jahres 70 n.Chr., die Zerstörung der Stadt Jerusalem und des Tempels, genauso zurück, wie dies die Evangelien nach Matthäus und Markus tun. Verschiedene Merkmale der Gestaltung der aufgenommenen Stoffe lassen erkennen, dass Lukas dieselbe zeitgeschichtliche Situation wie Matthäus vor Augen hat, diese aber mit anderen Mustern deutet. Während Matthäus in der Geschichte vom grossen Gastmahl die Zerstörung Jerusalems als göttliche Strafe versteht (Mt 22,7) und die Frage nach den Kriterien für die Zugehörigkeit zur werdenden Kirche stellt (Mt 22,11–14), betont Lukas die Ausrichtung der Kirche auf die ganze damals bekannte Welt und alle sozialen Schichten (Lk 14,21–23). Da sich die für die christlichen Gemeinden schwierigen Verhältnisse der 90er Jahre im Evangelium nach Lukas in keiner Weise spiegeln, ist zu vermuten, dass dieses zwischen 80 und 90 n.Chr. abgefasst worden ist.

Aufgrund der redaktionellen Bearbeitung der Stoffe, die Lukas aus dem Evangelium nach Markus und aus der Spruchquelle aufgenommen hat, und der Ergänzungen aus seinem Sondergut – zu dem so bekannte Gleichnisse wie das vom barmherzigen Samaritaner (Lk 10,25–37), von der verlorenen Drachme und vom verlorenen Sohn (Lk 15,8–10.11–32), vom gerissenen Verwalter (Lk 16,1–9), vom reichen Mann und dem armen Lazarus (Lk 16,19–31) gehören –, lassen sich inhaltliche Eigenheiten des Evangeliums nach Lukas erkennen: Es ist Lukas ein grosses Anliegen zu zeigen, dass Gott in Jesus auf der Suche nach den ‹Verlorenen› ist, den aus sozialen oder religiösen Gründen Ausgegrenzten: den Armen, Behinderten, Zöllnern, Sündern, Samaritanern und Frauen; über ihnen als Wiedergefundenen leuchtet die Freude Gottes auf. Überlieferte Jesusworte, die sich gegen eine exklusive Frömmigkeit richten, zitiert Lukas nicht losgelöst, sondern eingebettet in Situationen, in denen die Unvoreingenommenheit Jesu gegenüber den Ausgeschlossenen konkret erlebbar wird: Dreimal kommt es im Evangelium nach Lukas zu einer Konfrontation mit dem Ungeist der Ausgrenzung (Lk 7,6; 11,37; 13,14) und zu der überraschenden Erfahrung, dass der Tisch des grossen Gastmahls Gottes einen grösseren Radius hat als die Kreise der Frommen. Im Evangelium nach Lukas wird hervorgehoben, dass auch Frauen zu Jesu Jüngerkreis gehörten (Lk 8,1–3), dass er mit ihnen als Ebenbürtigen freundschaftlich verkehrte (Lk 10,38–42) und dass er die schöne Geste einer Verachteten würdigte (Lk 7,36–50).

Wie für Matthäus und Markus ist Jesus auch für Lukas der Gesalbte, die Erfüllung der prophetischen Erwartung Israels, doch verzichtet er auf die judenchristliche Methode des Schriftbeweises anhand von einzelnen Zitaten. Für ihn ist in Jesus die Schrift als Ganzes erfüllt (Lk 24,44), und zwar in einem hervorgehobenen ‹Heute› des Heilswillens Gottes: «Heute» ist den Hirten der Retter geboren (Lk 2,11), «heute» in der Synagoge von Nazaret die Verheissung Jesajas erfüllt (Lk 4,21), «heute» widerfährt dem Haus des Zachäus Heil (Lk 19,9), «heute» wird der Schächer am Kreuz mit Jesus im Paradies sein (Lk 23,43). Schon vom ersten öffentlichen Auftritt Jesu an zeigt sich, dass die Macht des Satans überwunden (Lk 4,13; 10,18), das Reich Gottes mitten unter den Jüngern schon gegenwärtig (Lk 17,21) und das Heil auch Aussenstehenden zugesprochen ist. Diesem Akzent auf der Aktualität des Heils entspricht die Zurückhaltung gegenüber dem Versuch, Zeitpunkt und Umstände des endgültigen Anbruchs des Gottesreiches bestimmen zu wollen (Lk 17,20). Eine ähnliche Zurückhaltung kommt auch in den Retuschen zum Ausdruck, die Lukas am Passionsbericht des Markus vornimmt: Der lukanische Jesus stirbt als «ein Gerechter» (Lk 23,47), der denen, die «nicht wissen, was sie tun» (Lk 23,34), vergibt, in demütiger Ergebung in Gottes Willen, ohne von jemandem unter dem Kreuz ausdrücklich als «Gottes Sohn» erkannt zu werden; und was die Deutung des Todes Jesu betrifft, beschränkt sich Lukas auf die Aussage, dass der Christus solches erleiden «musste» (Lk 24,26). In diesem ‹Muss› spricht sich, wie im ‹Heute›, eine Scheu aus, das Geheimnis Jesu in Lehrkonzepten und Deutungsmustern zu fassen.

Das Evangelium nach Lukas hat eine ausgesprochen universalistische Ausrichtung. Welt als Raum und als Geschichte ist im Blick, wenn schon am Anfang Jesus nicht nur als der Gesalbte Israels, sondern als «Licht zur Erleuchtung der Heiden» (2,32) angekündigt wird, wenn der Stammbaum Jesu, anders als bei Matthäus, nicht nur bis auf Abraham, sondern bis auf Adam zurückgeführt wird (3,23–38), wenn dreimal das Erscheinen des Gottessohnes durch die Nennung von Machthabern des römischen Reiches ‹datiert› (1,5; 2,1; 3,1) und damit in Bezug zur Weltgeschichte gesetzt wird und wenn schliesslich die Überlieferung über Jesus ihre Fortsetzung haben muss in einer ‹Apostelgeschichte›, in der Lukas den Blick seiner Leserschaft weiterlenkt auf eine im Auftrag Jesu «bis an die Enden der Erde» (Apg 1,8) missionierende Kirche.

Vorwort P: Apg 1,1–2

1 1 Schon viele haben es unternommen, über das, was unter uns geschehen und in Erfüllung gegangen ist, einen Bericht abzufassen
2 nach der Überlieferung derer, die von Anfang an Augenzeugen und 2: Joh 15,27; Apg 6,4
Diener des Wortes waren. 3 So beschloss auch ich, nachdem ich allem
von Anfang an sorgfältig nachgegangen war, es der Reihe nach für dich
aufzuschreiben, verehrter Theophilus, 4 damit du die Zuverlässigkeit
der Lehren erkennst, in denen du unterrichtet wurdest.

Die Ankündigung der Geburt des Johannes

5 In den Tagen des Herodes, des Königs von Judäa, gab es einen 5: 1Chr 24,10
Priester mit Namen Zacharias aus der Abteilung des Abija; der hatte eine
Tochter aus dem Geschlecht Aarons zur Frau, und ihr Name war Elisa-
bet. 6 Sie waren beide gerecht vor Gott, da sie ihren Weg gingen in allen 6: Gen 26,5
Geboten und Satzungen des Herrn. 7 Und sie hatten kein Kind, denn 7: 1,18.36; Gen 18,11
Elisabet war unfruchtbar, und beide waren schon betagt.

8 Und es geschah, als seine Abteilung an der Reihe war und er seinen
Priesterdienst vor Gott verrichten sollte, 9 dass er nach dem Brauch der

Priesterschaft durch das Los dazu bestimmt wurde, das Räucheropfer
darzubringen; und er ging in den Tempel des Herrn hinein, 10 die ganze
Volksmenge aber betete draussen zur Stunde des Räucheropfers. 11 Da
erschien ihm ein Engel des Herrn, der stand auf der rechten Seite des
Räucheraltars. 12 Und als Zacharias ihn sah, erschrak er, und Furcht
13: Dan 10,12 · überfiel ihn. 13 Der Engel aber sagte zu ihm:
Gen 17,19 · 1,60.63 Fürchte dich nicht, Zacharias!
Denn dein Gebet ist erhört worden,
und Elisabet, deine Frau, wird dir einen Sohn gebären,
und du sollst ihm den Namen Johannes geben.
14 Und Freude und Jubel wird dir zuteil werden,
und viele werden sich freuen über seine Geburt.
15: 7,28 · 7,33!; 15 Denn er wird gross sein vor dem Herrn,
Num 6,3 *und Wein und Bier wird er nicht trinken,*
und schon im Mutterleib
wird er erfüllt werden von heiligem Geist,
16 und viele von den Söhnen und Töchtern Israels wird er zurückführen
zum Herrn, ihrem Gott,
17: Mal 3,23–24; 17 und er wird vor ihm hergehen
Mt 11,14 in Elijas Geist und Kraft,
um die Herzen der Väter zu den Kindern zurückzuführen
und Ungehorsame zur Gesinnung Gerechter,
um dem Herrn ein wohlgerüstetes Volk zu bereiten.
18: 1,7! 18 Und Zacharias sagte zu dem Engel: Woran soll ich das erkennen?
19: 1,26; Dan 8,16; Ich selbst bin ja alt, und meine Frau ist schon betagt. 19 Und der Engel
9,21 antwortete ihm: Ich bin Gabriel, der vor Gott steht; und ich wurde gesandt, um mit dir zu reden und dir dies als gute Botschaft zu überbrin-
20: 1,64 gen. 20 Und jetzt sollst du stumm sein und nicht reden können bis zu
dem Tag, da dies geschieht, weil du meinen Worten nicht geglaubt hast,
die in Erfüllung gehen werden zu ihrer Zeit.
21 Und das Volk wartete auf Zacharias, und alle wunderten sich, dass
er so lange im Tempel verweilte. 22 Als er aber heraustrat, konnte er
nicht mit ihnen reden. Und sie merkten, dass er im Tempel eine Erscheinung gehabt hatte. Er gab ihnen nur Zeichen und blieb stumm.
23 Und es geschah, als die Tage seines Priesterdienstes zu Ende waren,
dass er nach Hause zurückkehrte. 24 Nach diesen Tagen aber wurde
Elisabet, seine Frau, schwanger, und sie zog sich für fünf Monate zurück
25: Gen 30,23 und sagte: 25 Dies hat der Herr an mir getan in den Tagen, als er darauf
bedacht war, meine Schmach unter den Menschen von mir zu nehmen.

Die Ankündigung der Geburt Jesu

26: 1,19! · 2,39! 26 Im sechsten Monat aber wurde der Engel Gabriel von Gott in eine
27: 2,5; Mt 1,18 · Stadt in Galiläa mit Namen Nazaret gesandt, 27 zu einer Jungfrau, die
1,32; 2,4; 3,31; 18,38; verlobt war mit einem Mann aus dem Hause Davids mit Namen Josef,
20,41.44 *28:* Ri 6,12 und der Name der Jungfrau war Maria. 28 Und er trat bei ihr ein und
sprach: Sei gegrüsst, du Begnadete, der Herr ist mit dir! 29 Sie aber er-

ür alles gibt es eine Stunde
nd Zeit gibt es für jedes Vor-
-haben unter dem Himmel:
eit zum Gebären
und Zeit zum Sterben
eit zum Pflanzen
nd Zeit zum Ausreissen des
eit zum Töten Gepflanzten,
und Zeit zum Heilen,
eit zum Einreissen
und Zeit zum Aufbauen,
eit zum Weinen
und Zeit zum Lachen,
eit des Klagens
und Zeit des Tanzens,
eit, Steine zu werfen
und Zeit, Steine zu sammeln,
eit sich zu umarmen
nd Zeit sich aus der Umarm-
eit zum Suchen -ung zu lösen,
und Zeit zum Verlieren,
eit zum Bewahren
und Zeit zum Wegwerfen,
eit zum Zerreissen
und Zeit zum Nähen,
eit zum Schweigen
und Zeit zum Reden,
eit zum Lieben
und Zeit zum Hassen,
eit des Kriegs
nd Zeit des Friedens. Pred 3

Schriftbild zu Kohelet 3,1–8

schrak über dieses Wort und sann darüber nach, was dieser Gruss wohl
zu bedeuten habe. 30 Und der Engel sagte zu ihr:
Fürchte dich nicht, Maria, denn du hast Gnade gefunden bei Gott:
31 Du wirst schwanger werden und einen Sohn gebären, 31: Gen 16,11;
und du sollst ihm den Namen Jesus geben. Jes 7,14; Mt 1,21–23 · 2,5–7 · 2,21
32 Dieser wird gross sein und Sohn des Höchsten genannt 32: 19,38;
werden, 2Sam 7,12; Jes 9,5 ·
und Gott, der Herr, wird ihm den Thron seines Vaters David geben, 1,27!
33 und er wird König sein über das Haus Jakob in Ewigkeit, 33: 2Sam 7,13.16;
und seine Herrschaft wird kein Ende haben. Jes 9,6
34 Da sagte Maria zu dem Engel: Wie soll das geschehen, da ich doch
von keinem Mann weiss? 35 Und der Engel antwortete ihr: 35: Mt 1,18.20 ·
Heiliger Geist wird über dich kommen, 3,22!
und Kraft des Höchsten wird dich überschatten.
Darum wird auch das Heilige, das gezeugt wird, Sohn Gottes
genannt werden.
36 Schau auf Elisabet, deine Verwandte, auch sie hat einen Sohn emp- 36: 1,24 · 1,7!
fangen in ihrem Alter; und dies ist der sechste Monat für sie, die doch
als unfruchtbar galt. 37 Denn bei Gott ist kein Ding unmöglich. 38 Da 37: 18,27;
sagte Maria: Ja, ich bin des Herrn Magd; mir geschehe, wie du gesagt Gen 18,14;
hast! Und der Engel verliess sie. Hiob 42,2

Der Besuch der Maria bei Elisabet. Der Lobgesang der Maria

39 Maria aber machte sich auf in diesen Tagen und ging eilends hin-
auf ins Bergland in eine Stadt in Judäa; 40 und sie trat in das Haus des
Zacharias ein und grüsste Elisabet. 41 Und es geschah, als Elisabet den
Gruss Marias vernahm, dass das Kind in ihrem Leib hüpfte; und Elisabet
wurde von heiligem Geist erfüllt 42 und rief mit lauter Stimme: 42: 11,27
Gesegnet bist du unter den Frauen,
und gesegnet ist die Frucht deines Leibes!
43 Wie geschieht mir, dass die Mutter meines Herrn zu mir kommt?
44 Denn als der Klang deines Grusses an mein Ohr drang, da hüpfte das
Kind vor Freude in meinem Leib. 45 Ja, selig, die geglaubt hat, dass in
Erfüllung geht, was ihr vom Herrn gesagt wurde.
46 Und Maria sprach: 46–56: 1Sam 2,1–10
Meine Seele erhebt den Herrn, 46: Ps 34,3–4
47 und mein Geist jubelt über Gott, meinen Retter, 47: Jes 61,10; Hab 3,18
48 denn hingesehen hat er auf die Niedrigkeit seiner Magd. 48: 1Sam 1,11
Siehe, von nun an werden mich seligpreisen alle Geschlechter,
49 denn Grosses hat der Mächtige an mir getan. 49: Ps 126,3 · 11,2
Und heilig ist sein Name,
50 und seine Barmherzigkeit gilt von Geschlecht zu Geschlecht 50: Ps 103,13.17
denen, die ihn fürchten.
51 Gewaltiges hat er vollbracht mit seinem Arm,
zerstreut hat er, die hochmütig sind in ihrem Herzen,
52 Mächtige hat er vom Thron gestürzt 52: Hiob 12,19 ·
und Niedrige erhöht, Hiob 5,11
53 Hungrige hat er gesättigt mit Gutem 53: Ps 107,9
und Reiche leer ausgehen lassen.

54: Ps 98,3; Jes 41,8–9
55: Mi 7,20

54 Er hat sich Israels, seines Knechtes, angenommen,
und seiner Barmherzigkeit gedacht,
55 wie er es unseren Vätern versprochen hat,
Abraham und seinen Nachkommen in Ewigkeit.
56 Maria blieb etwa drei Monate bei ihr und kehrte dann nach Hause
zurück.

Die Geburt des Johannes

57 Für Elisabet nun kam die Zeit, da sie gebären sollte, und sie brach-
te einen Sohn zur Welt. 58 Und ihre Nachbarn und Verwandten hörten,
dass der Herr ihr so grosse Barmherzigkeit erwiesen hatte, und freuten
sich mit ihr.
59 Und es geschah am achten Tag, dass sie kamen, um das Kind zu
beschneiden und ihm den Namen seines Vaters Zacharias zu geben.
60 Da widersprach seine Mutter und sagte: Nein, Johannes soll er heis-
sen! 61 Und sie sagten zu ihr: Es gibt niemanden in deiner Verwandt-
schaft, der diesen Namen trägt. 62 Und sie machten Zeichen, um seinen
Vater zu fragen, wie er ihn genannt haben wolle. 63 Und er verlangte
eine kleine Tafel und schrieb: Sein Name ist Johannes. Und alle wunder-
ten sich. 64 Und auf der Stelle tat sich sein Mund auf, und seine Zunge
löste sich; und er redete und pries Gott. 65 Und Furcht überkam alle ihre
Nachbarn; und im ganzen Bergland von Judäa erzählte man sich diese
Geschichten, 66 und alle, die davon hörten, behielten es im Herzen und
sagten: Was wird wohl aus diesem Kind werden? Und die Hand des
Herrn war mit ihm.

59: 2,21; Gen 17,12; Lev 12,3
60: 1,13!
63: 1,13!
64: 1,20
65: 5,26; 7,16; 8,37
66: 2,19!

Der Lobgesang des Zacharias

67 Und sein Vater Zacharias wurde von heiligem Geist erfüllt und
weissagte:
68 Gepriesen sei der Herr, der Gott Israels!
Denn er hat sich seines Volkes angenommen und ihm Erlösung
verschafft
69 und uns aufgerichtet ein Horn des Heils
im Hause Davids, seines Knechtes,
70 wie er es versprochen hat durch den Mund seiner heiligen
Propheten von Ewigkeit her,
71 uns zu retten vor unseren Feinden und aus der Hand aller,
die uns hassen,
72 Barmherzigkeit zu erweisen unseren Vätern
und seines heiligen Bundes zu gedenken,
73 des Eides, den er unserem Vater Abraham geschworen hat,
uns zu gewähren,
74 dass wir, errettet aus der Hand der Feinde, ihm ohne Furcht
dienen
75 in Heiligkeit und Gerechtigkeit vor ihm all unsere Tage.
76 Und du, Kind, wirst Prophet des Höchsten genannt werden,
denn du wirst vor dem Herrn hergehen, seine Wege zu bereiten,
77 Erkenntnis des Heils zu geben seinem Volk
durch die Vergebung ihrer Sünden,

68: Ps 41,14; 106,48 · 7,16; 19,44; Ex 4,31; Ps 111,9
69: 1Sam 2,10; Ps 132,17
71: Ps 18,18; 106,10
72: Ps 105,8
73: Gen 26,3; Ps 105,9; Mi 7,20
76: 7,26; 20,6 · 7,16! · 7,27!
77: 3,3!

78 aufgrund des herzlichen Erbarmens unseres Gottes, *78:* Jes 60,1–2
mit dem das aufgehende Licht aus der Höhe uns besuchen will,
79 um zu leuchten denen, die in Finsternis und Todesschatten sit- *79:* Ps 107,10.14;
zen, Jes 9,1; Mt 4,16
um zu lenken unsere Füsse auf den Weg des Friedens.
80 Das Kind aber wuchs heran und wurde stark im Geist. Und er war *80:* 2,40 · 3,2
in der Wüste bis zu dem Tag, an dem er vor Israel treten sollte.

Die Geburt Jesu

2 1 Es geschah aber in jenen Tagen, dass ein Erlass ausging vom Kaiser *1–7:* Mt 1,18–25
Augustus, alle Welt solle sich in Steuerlisten eintragen lassen. 2 Dies
war die erste Erhebung; sie fand statt, als Quirinius Statthalter in Syrien
war. 3 Und alle machten sich auf den Weg, um sich eintragen zu lassen,
jeder in seine Heimatstadt. 4 Auch Josef ging von Galiläa aus der Stadt *4:* 1,27!
Nazaret hinauf nach Judäa in die Stadt Davids, die Betlehem heisst, weil
er aus dem Haus und Geschlecht Davids war, 5 um sich eintragen zu *5:* 1,27! · 1,31.35
lassen mit Maria, seiner Verlobten, die war schwanger. 6 Und es ge-
schah, während sie dort waren, dass die Zeit kam, da sie gebären sollte.
7 Und sie gebar ihren ersten Sohn und wickelte ihn in Windeln und *7:* 1,31
legte ihn in eine Futterkrippe, denn in der Herberge war kein Platz für
sie.
8 Und es waren Hirten in jener Gegend auf freiem Feld und hielten
in der Nacht Wache bei ihrer Herde. 9 Und ein Engel des Herrn trat zu
ihnen, und der Glanz des Herrn umleuchtete sie, und sie fürchteten sich
sehr. 10 Da sagte der Engel zu ihnen: Fürchtet euch nicht! Denn seht, ich
verkündige euch grosse Freude, die allem Volk widerfahren wird:
11 Euch wurde heute der Retter geboren, der Gesalbte, der Herr, in der *11:* Mt 2,4–6;
Stadt Davids. 12 Und dies sei euch das Zeichen: Ihr werdet ein neugebo- Apg 5,31; 13,23;
renes Kind finden, das in Windeln gewickelt ist und in einer Futterkrip- Joh 4,42 · 9,20!
pe liegt. 13 Und auf einmal war bei dem Engel die ganze himmlische
Heerschar, die lobten Gott und sprachen:
14 Ehre sei Gott in der Höhe *14:* 19,38 · 3,22
und Friede auf Erden
unter den Menschen seines Wohlgefallens.
15 Und es geschah, als die Engel von ihnen weggegangen waren, in
den Himmel zurück, dass die Hirten zueinander sagten: Lasst uns nach
Betlehem gehen und die Geschichte sehen, die der Herr uns kundgetan
hat! 16 Und sie gingen eilends und fanden Maria und Josef und das neu- *16:* Mt 2,11
geborene Kind, das in der Futterkrippe lag. 17 Und als sie es sahen, taten
sie das Wort kund, das ihnen über dieses Kind gesagt worden war.
18 Und alle, die es hörten, staunten über das, was ihnen von den Hirten *18:* 2,33
gesagt wurde. 19 Maria aber behielt alle diese Worte und bewegte sie in *19:* 1,66; 2,51
ihrem Herzen. 20 Und die Hirten kehrten zurück und priesen und lob- *20:* 5,25–26; 17,15;
ten Gott für alles, was sie gehört und gesehen hatten, so wie es ihnen 18,43; 19,37; 23,47
gesagt worden war.

Die Beschneidung Jesu. Seine Darbringung im Tempel

21 Und als acht Tage vorüber waren und er beschnitten werden soll- *21:* 1,59! · 1,31
te, da wurde ihm der Name Jesus gegeben, der von dem Engel genannt
worden war, bevor er im Mutterleib empfangen wurde.

22: Lev 12,2–4 · 22 Und als für sie die Tage der Reinigung, die das Gesetz des Mose
Röm 12,1 vorschreibt, vorüber waren, brachten sie ihn nach Jerusalem hinauf, um
23: Ex 13,2.12.15 ihn dem Herrn zu weihen, 23 wie es im Gesetz des Herrn geschrieben
steht: *Alles Männliche, das den Mutterschoss öffnet, soll als dem Herrn geheiligt gelten.*

24: Lev 12,8 24 Auch wollten sie ein Opfer darbringen, wie es im Gesetz des
Herrn geschrieben steht: *ein Paar Turteltauben oder zwei junge Tauben.*

25: 2,38; 23,51; 25 Und da war in Jerusalem einer mit Namen Simeon, und dieser
24,21; Jes 40,1; Mann war gerecht und gottesfürchtig; er wartete auf den Trost Israels,
49,13; 52,9 und heiliger Geist ruhte auf ihm. 26 Ihm war vom heiligen Geist ge-
26: 9,20! weissagt worden, er werde den Tod nicht schauen, bevor er den Gesalb-
ten des Herrn gesehen habe. 27 Nun kam er, vom Geist geführt, in den
Tempel. Und als die Eltern das Kind Jesus hereinbrachten, um an ihm zu
tun, was das Gesetz des Herrn vorschreibt, 28 da nahm er es auf die
Arme und pries Gott und sprach:

29 Nun lässt du deinen Diener gehen, Herr,
in Frieden, wie du gesagt hast,
30: 3,6; Ps 98,2–3; 30 denn meine Augen haben das Heil gesehen,
Jes 40,5; 52,10 31 das du vor den Augen aller Völker bereitet hast,
32: Jes 42,6; 49,6 32 ein Licht zur Erleuchtung der Heiden
und zur Verherrlichung deines Volkes Israel.

33: 2,18 33 Und sein Vater und seine Mutter staunten über das, was über ihn
34: 20,17; Jes 8,14; gesagt wurde. 34 Und Simeon segnete sie und sagte zu Maria, seiner
Apg 28,22 Mutter: Dieser hier ist dazu bestimmt, viele in Israel zu Fall zu bringen
und viele aufzurichten, und er wird ein Zeichen sein, dem widerspro-
35: 2,48 chen wird – 35 ja, auch durch deine Seele wird ein Schwert dringen –,
damit aus vielen Herzen die Gedanken offenbar werden.

36 Und da war eine Prophetin, Hanna, eine Tochter Phanuels, aus
dem Stamm Asser, die war schon hochbetagt. Nach ihrer Zeit als Jung-
frau war sie sieben Jahre verheiratet 37 und danach Witwe gewesen bis
zum Alter von vierundachtzig Jahren. Sie verliess den Tempel nie, weil
38: 2,25! sie Tag und Nacht Gott diente mit Fasten und Beten. 38 Zur selben Stun-
de trat auch sie auf und pries Gott und sprach von ihm zu allen, die auf
die Erlösung Jerusalems warteten.

39: 1,26–27; 2,4.51; 39 Und als sie alles getan hatten, was das Gesetz des Herrn vor-
Mt 2,23 schreibt, kehrten sie nach Galiläa in ihre Stadt Nazaret zurück. 40 Das
40: 2,52 · 1,80 Kind aber wuchs heran und wurde stark und mit Weisheit erfüllt, und
Gottes Gnade ruhte auf ihm.

Der zwölfjährige Jesus im Tempel

41 Und seine Eltern zogen jedes Jahr zum Passafest nach Jerusalem.
42 Auch als er zwölf Jahre alt war, gingen sie hinauf, wie es an diesem
Fest der Brauch war, 43 und verbrachten die Tage dort.

Als sie heimkehrten, da blieb der junge Jesus in Jerusalem zurück,
und seine Eltern merkten es nicht. 44 Da sie meinten, er befinde sich
unter den Reisenden, gingen sie eine Tagereise weit und suchten ihn
unter den Verwandten und Bekannten. 45 Und als sie ihn nicht fanden,
kehrten sie nach Jerusalem zurück, um ihn zu suchen. 46 Und es ge-
schah nach drei Tagen, dass sie ihn fanden, wie er im Tempel mitten
47: 4,32! unter den Lehrern sass und ihnen zuhörte und Fragen stellte. 47 Alle

aber, die ihn hörten, waren verblüfft über seinen Verstand und seine
Antworten. 48 Und als sie ihn sahen, waren sie bestürzt, und seine Mut- 48: 8,20 · 2,35
ter sagte zu ihm: Kind, warum hast du uns das angetan? Dein Vater und
ich haben dich mit Schmerzen gesucht. 49 Und er sagte zu ihnen: War-
um habt ihr mich gesucht? Wusstet ihr nicht, dass ich im Haus meines
Vaters sein muss? 50 Doch sie verstanden das Wort nicht, das er zu ih-
nen sagte.
51 Und er zog mit ihnen hinab, zurück nach Nazaret, und war ihnen 51: 2,39! · 2,19!
gehorsam. Und seine Mutter behielt alle diese Worte in ihrem Herzen.
52 Und Jesus nahm zu an Weisheit und Alter und Gnade bei Gott und 52: 2,40; 1Sam 2,26
den Menschen.

Das Auftreten des Täufers und seine Gefangennahme P: Mt 3,3–12;
3 1 Im fünfzehnten Jahr der Regierung des Kaisers Tiberius – als Pon- Mk 1,2–8;
tius Pilatus Statthalter von Judäa war und Herodes Tetrarch von Ga- Joh 1,19–23.25–27
liläa, sein Bruder Philippus Tetrarch von Ituräa und der Trachonitis, Ly-
sanias Tetrarch von Abilene, 2 unter dem Hohen Priester Hannas und 2: 1,80
Kajafas – erging das Wort Gottes an Johannes, den Sohn des Zacharias,
in der Wüste.
3 Und er zog durch die ganze Gegend am Jordan und verkündigte 3: 1,77; Apg 13,24;
eine Taufe der Umkehr zur Vergebung der Sünden, 4 wie es geschrieben 19,4
steht im Buch der Worte des Propheten Jesaja: 4–6: Jes 40,3–5
Stimme eines Rufers in der Wüste:
Bereitet den Weg des Herrn,
macht gerade seine Strassen.
5 *Jede Schlucht soll aufgefüllt*
und jeder Berg und jeder Hügel soll eingeebnet werden;
und was krumm ist, soll gerade werden,
und was uneben, zu ebenen Wegen werden.
6 *Und schauen wird alles Fleisch Gottes Heil.* 6: 2,30
7 Und er sagte zu denen, die in Scharen hinauszogen, um sich von
ihm taufen zu lassen: Schlangenbrut! Wer machte euch glauben, dass
ihr dem kommenden Zorn entgehen werdet? 8 Bringt also Früchte, die 8: 16,24;
der Umkehr entsprechen! Und fangt nicht an, euch zu sagen: Wir haben Joh 8,33.39 · 19,9! ·
Abraham zum Vater. Denn ich sage euch: Gott kann dem Abraham aus Röm 4,11–12; Gal 3,7
diesen Steinen Kinder erwecken. 9 Schon ist die Axt an die Wurzel der 9: 13,6–9; Mt 7,19
Bäume gelegt: Jeder Baum, der nicht gute Frucht bringt, wird gefällt und
ins Feuer geworfen.
10 Und die Leute fragten ihn: Was also sollen wir tun? 11 Er antwor-
tete ihnen: Wer zwei Hemden hat, teile mit dem, der keines hat, und
wer zu essen hat, tue desgleichen. 12 Es kamen aber auch Zöllner, um 12: 7,29; Mt 21,31–32
sich taufen zu lassen, und sagten zu ihm: Meister, was sollen wir tun?
13 Er sagte ihnen: Treibt nicht mehr ein, als euch vorgeschrieben ist! 13: 19,8
14 Und es fragten ihn auch Soldaten: Was sollen wir denn tun? Und ih-
nen sagte er: Misshandelt niemanden, erpresst niemanden und be-
gnügt euch mit eurem Sold.
15 Da nun das Volk voller Erwartung war und alle sich über Johannes
Gedanken machten, ob er am Ende gar der Messias sei, 16 wandte sich 16: 7,19 · Joh 1,33;
Johannes an alle: Ich taufe euch mit Wasser; es kommt aber einer, der Apg 13,25 · Apg 1,5;
stärker ist als ich; mir steht es nicht zu, ihm die Schuhriemen zu lösen. 19,4

Er wird euch mit heiligem Geist und mit Feuer taufen. 17 In seiner Hand
ist die Wurfschaufel; er wird seine Tenne säubern und den Weizen in
seine Scheune einbringen, die Spreu aber wird er verbrennen in einem
Feuer, das nie erlischt.

18 Mit diesen und andern Mahnungen verkündigte er dem Volk das
Evangelium.

19–20: Mt 14,3–4; 19 Herodes aber, der Tetrarch, den er zurechtgewiesen hatte wegen
Mk 6,17–18 der Sache mit Herodias, der Frau seines Bruders, und wegen aller
Schandtaten, die er, Herodes, begangen hatte, 20 fügte dem allem noch
dies hinzu: Er liess Johannes ins Gefängnis werfen.

P: Mt 3,13–17; Mk 1,9–11; Joh 1,29–34

Die Taufe Jesu

21 Es geschah aber, als das ganze Volk sich taufen liess und auch Je-
sus getauft wurde und betete, dass der Himmel sich auftat und der hei-
lige Geist in Gestalt einer Taube auf ihn herabschwebte und eine Stim-
22: 1,35; 9,35; 22,70; me aus dem Himmel kam: 22 Du bist mein geliebter Sohn, an dir habe
Ps 2,7; Jes 42,1 · ich Wohlgefallen.
4,3.9 · 4,34!

P: Mt 1,1–17

Der Stammbaum Jesu

23: 4,22 23 Und er, Jesus, war etwa dreissig Jahre alt, als er zu wirken begann.
Er war, wie man annahm, ein Sohn des Josef, der war Sohn des Eli, 24 der
war Sohn des Mattat, der war Sohn des Levi, der war Sohn des Melchi,
der war Sohn des Jannai, der war Sohn des Josef, 25 der war Sohn des
Mattatias, der war Sohn des Amos, der war Sohn des Nahum, der war
Sohn des Hesli, der war Sohn des Naggai, 26 der war Sohn des Maat, der
war Sohn des Mattatias, der war Sohn des Semein, der war Sohn des
27: Esra 3,2; 5,2 Josech, der war Sohn des Joda, 27 der war Sohn des Johanan, der war
Sohn des Resa, der war Sohn des Serubbabel, der war Sohn des Scheal-
tiel, der war Sohn des Neri, 28 der war Sohn des Melchi, der war Sohn
des Addi, der war Sohn des Kosam, der war Sohn des Elmadam, der war
Sohn des Er, 29 der war Sohn des Jesus, der war Sohn des Elieser, der war
Sohn des Jorim, der war Sohn des Mattat, der war Sohn des Levi, 30 der
war Sohn des Simeon, der war Sohn des Juda, der war Sohn des Josef, der
31: 1,27!; 2Sam 5,14; war Sohn des Jonam, der war Sohn des Eljakim, 31 der war Sohn des Me-
1Chr 3,5 lea, der war Sohn des Menna, der war Sohn des Mattata, der war Sohn
32: 1Sam 16,1.13; des Natam, der war Sohn des David, 32 der war Sohn des Isai, der war
1Chr 2,11–15; Sohn des Obed, der war Sohn des Boas, der war Sohn des Salmon, der
Rut 4,20–22 war Sohn des Nachschon, 33 der war Sohn des Amminadab, der war
33: Rut 4,18–20; 1Chr 2,4–5.9–10 Sohn des Admin, der war Sohn des Arni, der war Sohn des Hezron, der
34: Gen 29,35; war Sohn des Perez, der war Sohn des Juda, 34 der war Sohn des Jakob,
25,26; 21,3; 11,26; der war Sohn des Isaak, der war Sohn des Abraham, der war Sohn des
11,24
35: Gen 11,14–23 Terach, der war Sohn des Nahor, 35 der war Sohn des Serug, der war
Sohn des Regu, der war Sohn des Peleg, der war Sohn des Eber, der war
36: Gen 5,28–32; Sohn des Schelach, 36 der war Sohn des Kainam, der war Sohn des Ar-
11,10–13 pachschad, der war Sohn des Sem, der war Sohn des Noah, der war Sohn
37: Gen 5,12–27 des Lamech, 37 der war Sohn des Metuschelach, der war Sohn des He-
noch, der war Sohn des Jered, der war Sohn des Mahalalel, der war Sohn
38: Gen 5,1–11 des Kenan, 38 der war Sohn des Enosch, der war Sohn des Set, der war
Sohn des Adam – der war Sohn Gottes.

Die Versuchung Jesu P: Mt 4,1–11;
4 1 Jesus kehrte nun, erfüllt von heiligem Geist, vom Jordan zurück Mk 1,12–13
und wurde vom Geist in der Wüste umhergeführt, 2 wo er vierzig 1: 3,21–22
Tage lang vom Teufel versucht wurde. Und er ass nichts in jenen Tagen,
und als sie vorüber waren, hungerte ihn. 3 Der Teufel aber sagte zu ihm: 3: 3,22!
Wenn du Gottes Sohn bist, dann sag diesem Stein, er solle zu Brot wer-
den. 4 Und Jesus entgegnete ihm: Es steht geschrieben: *Nicht vom Brot* 4: Dtn 8,3
allein lebt der Mensch.

5 Und er führte ihn hinauf und zeigte ihm in einem einzigen Augen-
blick alle Königreiche der Welt. 6 Und der Teufel sagte zu ihm: Dir wer- 6: Ps 2,8
de ich diese ganze Macht und Herrlichkeit geben, denn mir ist sie über-
geben, und ich gebe sie, wem ich will. 7 Wenn du niederkniest vor mir,
wird sie ganz dein sein. 8 Und Jesus entgegnete ihm: Es steht geschrie- 8: Dtn 6,13; 10,20
ben: *Zum Herrn, deinem Gott, sollst du beten und ihm allein dienen.*

9 Und er führte ihn nach Jerusalem und stellte ihn auf die Zinne des 9: 3,22!
Tempels und sagte zu ihm: Wenn du Gottes Sohn bist, dann stürze dich
von hier hinab. 10 Denn es steht geschrieben: 10: Ps 91,11

Seine Engel ruft er für dich herbei,
dich zu behüten,

11 und: 11: Ps 91,12

Auf Händen werden sie dich tragen,
damit du deinen Fuss nicht an einen Stein stösst.

12 Und Jesus entgegnete ihm: Es ist gesagt: *Du sollst den Herrn, deinen* 12: Dtn 6,16
Gott, nicht versuchen.

13 Und als der Teufel alle Versuchungen zu Ende gebracht hatte, liess 13: 22,3
er von ihm ab bis zu gelegener Zeit.

Zustimmung in Galiläa. Ablehnung in Nazaret P: Mt 4,12–17;
14 Jesus aber kehrte in der Kraft des Geistes nach Galiläa zurück. 13,53–58;
Und die Kunde von ihm verbreitete sich in der ganzen Umgebung. Mk 1,14–15; 6,1–6
15 Und er lehrte in ihren Synagogen und wurde von allen gepriesen. 14: 4,37; 5,15.17; 7,17

16 Und er kam nach Nazaret, wo er aufgewachsen war, und ging, wie 16: 2,39–40.52
er es gewohnt war, am Sabbat in die Synagoge und stand auf, um vorzu-
lesen. 17 Und man reichte ihm das Buch des Propheten Jesaja. Und als er
das Buch auftat, fand er die Stelle, wo geschrieben steht:

18 *Der Geist des Herrn ruht auf mir,* 18–19: 7,22;
weil er mich gesalbt hat, Jes 58,6; 61,1–2
Armen das Evangelium zu verkündigen.
Er hat mich gesandt,
Gefangenen Freiheit
und Blinden das Augenlicht zu verkündigen,
Geknechtete in die Freiheit zu entlassen,
19 *zu verkünden ein Gnadenjahr des Herrn.*

20 Und er tat das Buch zu, gab es dem Diener zurück und setzte sich.
Und aller Augen in der Synagoge waren auf ihn gerichtet. 21 Da begann
er, zu ihnen zu sprechen: Heute ist dieses Schriftwort erfüllt – ihr habt
es gehört. 22 Und alle stimmten ihm zu und staunten über die Worte 22: 3,23; Joh 6,42
der Gnade, die aus seinem Mund kamen, und sagten: Ist das nicht der
Sohn Josefs?

23: 23,35.37 23 Und er sagte zu ihnen: Gewiss werdet ihr mir jetzt das Sprichwort
entgegenhalten: Arzt, heile dich selbst! Wir haben gehört, was in Kafar-
24: Joh 4,44 naum geschehen ist. Tu solches auch hier in deiner Vaterstadt! 24 Er
sprach aber: Amen, ich sage euch: Kein Prophet ist willkommen in sei-
25: 1Kön 17,1; 18,1; ner Vaterstadt. 25 Es entspricht der Wahrheit, wenn ich euch sage: Es
Jak 5,17 gab viele Witwen in Israel in den Tagen Elijas, als der Himmel drei Jahre
und sechs Monate verschlossen war und eine grosse Hungersnot über
26: 1Kön 17,9 das ganze Land kam, doch 26 zu keiner von ihnen wurde Elija geschickt,
27: 2Kön 5,14 sondern zu einer Witwe nach Zarefat bei Sidon. 27 Und es gab viele
Aussätzige in Israel zur Zeit des Propheten Elischa, doch keiner von ih-
28: 6,11 nen wurde rein, sondern Naaman, der Syrer. 28 Da gerieten alle in der
Synagoge in Wut, als sie das hörten.
29 Und sie standen auf und trieben ihn aus der Stadt hinaus und
führten ihn an den Rand des Felsens, auf den ihre Stadt gebaut war, um
ihn hinunterzustossen. 30 Er aber schritt mitten durch sie hindurch
und ging seines Weges.

P: Mk 1,21–28 *Die Heilung eines Besessenen*

31 Und er ging hinab nach Kafarnaum, einer Stadt in Galiläa. Und
32: 2,47; 9,43 dort lehrte er sie am Sabbat. 32 Und sie waren überwältigt von seiner
Lehre, denn sein Wort erging in Vollmacht.
33 Nun war in der Synagoge ein Mann, der den Geist eines unreinen
34: 4,41; 8,28 · Dämons hatte. Der schrie mit lauter Stimme: 34 He, was haben wir mit
3,22! dir zu schaffen, Jesus von Nazaret! Bist du gekommen, uns zu vernich-
ten? Ich weiss, wer du bist: der Heilige Gottes! 35 Doch Jesus schrie ihn
an und sprach: Verstumme und fahr aus! Und der Dämon riss ihn in die
Mitte und fuhr aus, ohne ihm Schaden zuzufügen. 36 Und Schrecken
überkam alle, und einer sagte zum anderen: Wie kann der so reden? In
Vollmacht und Kraft gebietet er den unreinen Geistern, und sie fahren
37: 4,14! aus. 37 Und die Kunde von ihm drang in jeden Ort der Umgebung.

P: Mt 8,14–15; Mk 1,29–31 *Die Heilung der Schwiegermutter des Petrus*

38 Er nun stand auf, verliess die Synagoge und trat in das Haus des
Simon. Die Schwiegermutter des Simon aber war von hohem Fieber be-
fallen, und sie wandten sich ihretwegen an ihn. 39 Und er trat zu ihr,
beugte sich über sie, schrie das Fieber an, und es wich von ihr. Und auf
der Stelle stand sie auf und bewirtete sie.

P: Mt 8,16–17; Mk 1,32–34 *Weitere Heilungen*

40 Als die Sonne unterging, brachten sie alle ihre Kranken, die an
Krankheiten aller Art litten, zu ihm. Und er legte jedem einzelnen von
41: 4,34! · 5,14! · ihnen die Hände auf und heilte sie. 41 Bei vielen fuhren auch Dämonen
9,20! aus, die schrien: Du bist der Sohn Gottes! Doch er schrie sie an und liess
sie nicht reden, weil sie wussten, dass er der Gesalbte war.

P: Mk 1,35–39 *Aufbruch aus Kafarnaum*

42 Als es aber Tag wurde, ging er weg an einen einsamen Ort; doch
die Leute suchten ihn, bis sie ihn fanden, und wollten ihn zurückhalten,
43: 8,1; 9,6; Mt 4,23 damit er nicht von ihnen wegginge. 43 Er aber sagte zu ihnen: Ich muss

auch den anderen Städten das Evangelium vom Reich Gottes verkündi-
gen, denn dazu bin ich gesandt worden.
44 Und er verkündigte in den Synagogen Judäas. 44: Mt 4,23; 9,35 · 23,5

Die Berufung des Petrus

5 1 Es geschah aber, während das Volk sich um ihn drängte und das 1–3: Mt 13,1–3a;
Wort Gottes hörte und er am See Gennesaret stand, 2 dass er zwei Mk 4,1–2
Boote am Ufer liegen sah. Die Fischer waren ausgestiegen und wuschen
die Netze. 3 Da stieg er in eines der Boote, das Simon gehörte, und bat
ihn, ein wenig vom Land wegzufahren. Dann setzte er sich und lehrte
die Menge vom Boot aus.
4 Als er aufgehört hatte zu reden, sagte er zu Simon: Fahr hinaus ins 4–11: Mt 4,18–22;
Tiefe, und werft eure Netze zum Fang aus! 5 Und Simon entgegnete: Mk 1,16–20;
Meister, die ganze Nacht hindurch haben wir gearbeitet und nichts ge- Joh 21,1–11
fangen, aber auf dein Wort hin will ich die Netze auswerfen. 6 Das taten
sie und fingen eine grosse Menge Fische, ihre Netze aber drohten zu
reissen. 7 Da winkten sie den Gefährten im anderen Boot, sie sollten
kommen und mit ihnen Hand anlegen. Die kamen, und sie machten
beide Boote so voll, dass sie beinahe versanken. 8 Als Simon Petrus das 8: 18,13; 19,7
sah, fiel er Jesus zu Füssen und sagte: Geh weg von mir, Herr, denn ich
bin ein sündiger Mensch. 9 Denn er und alle mit ihm erschraken über
den Fang, den sie getan hatten; 10 so auch Jakobus und Johannes, die 10: Mt 4,19;
Söhne des Zebedäus, die Simons Gefährten waren. Da sagte Jesus zu Si- Mk 1,17
mon: Fürchte dich nicht! Von jetzt an wirst du Menschen fangen. 11 Und 11: 5,28; 9,59–62;
sie brachten die Boote an Land, liessen alles zurück und folgten ihm. 14,26.33; 18,22.28–30

Die Heilung eines Aussätzigen P: Mt 8,1–4;

12 Und es geschah, als er in einer der Städte war, dass auf einmal ein Mk 1,40–45
Mann erschien, der über und über von Aussatz befallen war. Als er Jesus
sah, fiel er auf sein Angesicht nieder und bat ihn: Herr, wenn du willst,
kannst du mich rein machen. 13 Und der streckte die Hand aus, berühr-
te ihn und sprach: Ich will es, sei rein! Und sofort wich der Aussatz von
ihm. 14 Und er befahl ihm: Sag niemandem etwas, sondern geh, zeig 14: 4,41; 8,56; 9,21 ·
dich dem Priester, und bring für deine Reinigung ein Opfer dar, wie 17,14; Lev 14,2–32
Mose es angeordnet hat – es soll ihnen ein Beweis sein. 15 Die Kunde 15: 4,14!
von ihm aber breitete sich immer weiter aus, und viel Volk strömte zu-
sammen, um ihn zu hören und von Krankheiten geheilt zu werden.
16 Er aber zog sich immer wieder in einsame Gegenden zurück und be-
tete.

Die Heilung eines Gelähmten P: Mt 9,1–8;

17 Und es geschah an einem der Tage, als er im Beisein von Pharisä- Mk 2,1–12
ern und Schriftgelehrten, die aus allen Dörfern Galiläas und aus Judäa 17: 4,14!; 6,17 · 6,19!
und aus Jerusalem gekommen waren, lehrte und die Kraft des Herrn
bewirkte, dass er heilen konnte, 18 dass Männer auf einem Bett einen
Menschen brachten, der gelähmt war. Sie versuchten, ihn ins Haus zu
bringen und ihn vor ihn hinzulegen, 19 und da sie wegen des Gedränges
keine Möglichkeit fanden, ihn hineinzubringen, stiegen sie auf das
Dach und liessen ihn mitsamt dem Bett durch die Ziegel hinab mitten

20: 7,48 vor Jesus hin. 20 Und als Jesus ihren Glauben sah, sprach er: Mensch, dir
sind deine Sünden vergeben.
21: 7,49; Jes 43,25 21 Und die Schriftgelehrten und Pharisäer begannen sich Gedanken
zu machen und sagten: Wer ist das, der so gotteslästerlich redet? Wer
kann Sünden vergeben ausser Gott? 22 Jesus aber durchschaute sie und
antwortete ihnen: Was für Gedanken macht ihr euch da? 23 Was ist
leichter? Zu sagen: Dir sind deine Sünden vergeben, oder zu sagen: Steh
24: Joh 5,8 · auf und zeig, dass du gehen kannst? 24 Damit ihr aber wisst, dass der
Menschensohn Vollmacht hat, auf Erden Sünden zu vergeben – sprach
er zu dem Gelähmten: Ich sage dir, steh auf, nimm dein Bett und geh
25: Joh 5,9 nach Hause! 25 Und der stand auf der Stelle auf, vor ihren Augen, nahm
26: 1,65! · 2,20! sein Lager, ging nach Hause und pries Gott. 26 Und Entsetzen ergriff
alle, und sie priesen Gott und sagten voller Furcht: Unglaubliches haben
wir heute gesehen.

P: Mt 9,9–13; *Die Berufung eines Zöllners*
Mk 2,13–17 27 Danach ging er hinaus und sah einen Zöllner mit Namen Levi am
28: 5,11! Zoll sitzen und sagte zu ihm: Folge mir! 28 Und der liess alles zurück,
stand auf und folgte ihm.
29: 19,6 · 15,1 29 Und Levi gab ein grosses Gastmahl für ihn in seinem Haus. Und
eine grosse Schar von Zöllnern und anderen Leuten war da, die mit ih-
30: 7,34; 15,2; 19,7 nen bei Tisch sassen. 30 Da murrten die Pharisäer und ihre Schriftge-
lehrten und sagten zu seinen Jüngern: Warum esst und trinkt ihr mit
Zöllnern und Sündern? 31 Und Jesus entgegnete ihnen: Nicht die Ge-
32: 15,7.10 · sunden brauchen den Arzt, sondern die Kranken. 32 Ich bin nicht ge-
15,24.32; 19,10 kommen, Gerechte zu rufen, sondern Sünder zur Umkehr.

P: Mt 9,14–17; *Zur Frage nach dem Fasten*
Mk 2,18–22 33 Sie aber sagten zu ihm: Die Jünger des Johannes fasten oft und
33: 7,33! · 18,12 · 7,34 beten viel, ebenso auch die der Pharisäer, deine aber essen und trinken.
34 Jesus antwortete ihnen: Könnt ihr denn die Hochzeitsgäste zum Fas-
35: 17,22 ten anhalten, solange der Bräutigam bei ihnen ist? 35 Es werden aber
Tage kommen, da ihnen der Bräutigam entrissen wird; dann werden sie
fasten, in jenen Tagen.
36 Er gab ihnen auch ein Gleichnis: Niemand schneidet einen Fli-
cken von einem neuen Mantel ab und setzt ihn auf einen alten Mantel,
sonst ist der neue zerschnitten, und zum alten passt das Stück vom neu-
en nicht. 37 Und niemand füllt neuen Wein in alte Schläuche, sonst zer-
reisst der neue Wein die Schläuche und läuft aus, und die Schläuche
sind hin. 38 Nein, neuen Wein muss man in neue Schläuche füllen!
39 Und niemand, der alten trinkt, will neuen, denn er sagt: Der alte ist
gut.

P: Mt 12,1–8; *Das Ährenraufen der Jünger am Sabbat*
Mk 2,23–28 6 1 Es geschah nun an einem Sabbat, dass er durch die Kornfelder ging,
und seine Jünger rissen Ähren ab, zerrieben sie mit den Händen und
2: Ex 20,8–11; assen sie. 2 Einige von den Pharisäern aber sagten: Warum tut ihr, was
Dtn 5,12–15 am Sabbat nicht erlaubt ist? 3 Und Jesus antwortete ihnen: Habt ihr
4: 1Sam 21,1–7 · nicht gelesen, was David tat, als er hungrig war, er und seine Gefährten?
Lev 24,5–9 4 Wie er in das Haus Gottes hineinging und die Schaubrote nahm und

ass und seinen Gefährten davon gab, die Brote, die niemand essen darf
ausser die Priester? 5 Und er sagte zu ihnen: Der Menschensohn ist
Herr über den Sabbat.

Die Heilung eines behinderten Mannes am Sabbat P: 13,10–17; 14,1–6;
6 Es geschah an einem anderen Sabbat, dass er in die Synagoge ging Mt 12,9–14;
und lehrte. Und dort war einer, dessen rechte Hand lahm war. 7 Die Mk 3,1–6
Schriftgelehrten und Pharisäer aber beobachteten ihn genau, ob er am 7: Ex 20,8–11;
Sabbat heilen würde, damit sie einen Grund fänden, ihn anzuklagen. Dtn 5,12–15
8 Er kannte ihre Gedanken, sagte aber zu dem Mann mit der lahmen
Hand: Steh auf und stell dich in die Mitte! Und der stand auf und stellte
sich hin. 9 Jesus aber sagte zu ihnen: Ich frage euch, ist es erlaubt, am
Sabbat Gutes zu tun oder Böses zu tun, Leben zu retten oder zu vernich-
ten? 10 Und er schaute alle an, einen nach dem andern, und sagte zu
ihm: Streck deine Hand aus! Und der tat es, und seine Hand wurde wie-
derhergestellt. 11 Sie aber in ihrem Unverstand beredeten miteinander, 11: 4,28
was sie Jesus antun könnten.

Die Berufung der Zwölf P: Mt 10,2–4;
12 Es geschah in diesen Tagen, dass er wegging auf den Berg, um zu Mk 3,13–19;
beten. Und er verbrachte die ganze Nacht im Gebet zu Gott. 13 Und als es Apg 1,13
Tag wurde, rief er seine Jünger herbei und wählte zwölf von ihnen aus,
die er auch Apostel nannte: 14 Simon, den er auch Petrus nannte, und
Andreas, seinen Bruder, und Jakobus und Johannes und Philippus und
Bartolomäus 15 und Matthäus und Thomas und Jakobus, den Sohn des
Alfäus, und Simon, den man den Zeloten hiess, 16 und Judas, den Sohn 16: 22,4!
des Jakobus, und Judas Iskariot, der zum Verräter wurde.

Zustrom von weit her P: Mt 4,24–25;
17 Und er stieg mit ihnen hinab und stellte sich auf ein ebenes Feld. Mk 3,7–12
Und eine grosse Schar seiner Jünger und eine grosse Menschenmenge 17: 5,17
aus ganz Judäa und Jerusalem und aus dem Küstenland von Tyrus und
Sidon war da. 18 Die waren gekommen, um ihn zu hören und von ihren
Krankheiten geheilt zu werden; auch die von unreinen Geistern Geplag-
ten wurden geheilt. 19 Und alles Volk wollte ihn berühren, denn eine 19: 5,17; 8,46;
Kraft ging von ihm aus, die alle heilte. Mk 5,30

Seligpreisungen P: Mt 5,1–12
20 Und er richtete die Augen auf seine Jünger und sprach: 20: 4,18; Jes 61,1;
Selig ihr Armen – Jak 2,5
euch gehört das Reich Gottes.
21 Selig, die ihr jetzt hungert – 21: Jes 61,2
ihr werdet gesättigt werden.
Selig, die ihr jetzt weint –
ihr werdet lachen.
22 Selig seid ihr, wenn euch die Menschen hassen und wenn sie 22: 21,17;
euch ausschliessen, beschimpfen und euren Namen in den Dreck Joh 15,18–19;
ziehen um des Menschensohnes willen. 1Petr 4,14
23 Freut euch an jenem Tag und tanzt! Denn seid gewiss, euer Lohn im 23: 11,47!; 1Petr 4,13
Himmel ist gross. Denn so haben es ihre Väter den Propheten gemacht.

Wehrufe

24: 16,25; Jak 5,1 · 24 Doch wehe euch, ihr Reichen –
18,24.25 ihr habt euren Trost schon empfangen.
25 Wehe euch, die ihr jetzt satt seid –
ihr werdet hungern.
Wehe euch, die ihr jetzt lacht –
ihr werdet trauern und weinen.
26: Jer 5,31 26 Wehe, wenn alle Menschen gut von euch reden,
denn so haben es ihre Väter mit den falschen Propheten gemacht.

P:Mt 5,38–42.43–48; *Von Feindesliebe, Gewaltlosigkeit, Freigiebigkeit und Zurückhaltung im*
7,1–5 *Urteil*

27: 6,35 27 Euch aber, die ihr zuhört, sage ich: Liebt eure Feinde! Tut wohl
28: Röm 12,14; denen, die euch hassen! 28 Segnet, die euch verfluchen! Betet für die,
1Kor 4,12; 1Petr 3,9 die euch misshandeln!
29: Jes 50,6; 29 Wer dich auf die eine Backe schlägt, dem halte auch die andere
Klgl 3,30 hin; und wer dir den Mantel nimmt, dem verweigere auch das Gewand
nicht. 30 Gib jedem, der dich bittet; und wenn einer dir etwas nimmt,
dann fordere es nicht zurück.
31: Mt 7,12 31 Und wie ihr wollt, dass die Leute mit euch umgehen, so geht auch
mit ihnen um.
32 Wenn ihr die liebt, die euch lieben, was für ein Dank steht euch
dann zu? Auch die Sünder lieben ja die, von denen sie geliebt werden.
33 Und wenn ihr denen Gutes tut, die euch Gutes tun, was für ein Dank
34: 14,12; steht euch dann zu? Dasselbe tun auch die Sünder. 34 Und wenn ihr
Lev 25,35–36 denen leiht, von denen ihr etwas zu erhalten hofft, was für ein Dank
steht euch dann zu? Auch Sünder leihen Sündern, um ebenso viel zu-
35: 6,27 rückzuerhalten. 35 Vielmehr: Liebt eure Feinde und tut Gutes und leiht,
wo ihr nichts zurückerhofft. Dann wird euer Lohn gross sein, und ihr
werdet Söhne und Töchter des Höchsten sein, denn er ist gütig gegen
die Undankbaren und Bösen.
36 Seid barmherzig, wie euer Vater barmherzig ist!
37 Richtet nicht, und ihr werdet nicht gerichtet. Verurteilt nicht,
und ihr werdet nicht verurteilt. Lasst frei, und ihr werdet freigelassen
38: Mk 4,24 werden! 38 Gebt, und es wird euch gegeben werden: ein gutes, festge-
drücktes, gerütteltes und übervolles Mass wird man euch in den Schoss
schütten. Denn mit dem Mass, mit dem ihr messt, wird auch euch zuge-
messen werden.
39: Mt 15,14 39 Er gab ihnen auch ein Gleichnis: Kann etwa ein Blinder einen
40: Mt 10,24! · Blinden führen? Werden sie nicht beide in die Grube fallen? 40 Kein
Mt 10,25 Jünger steht über dem Meister. Jeder aber wird, wenn er ausgebildet ist,
sein wie sein Meister.
41 Was siehst du den Splitter im Auge deines Bruders, den Balken im
eigenen Auge aber nimmst du nicht wahr? 42 Wie kannst du zu deinem
Bruder sagen: Bruder, komm, ich will den Splitter in deinem Auge her-
ausziehen, während du den Balken in deinem Auge nicht siehst? Du
Heuchler! Zieh zuerst den Balken aus deinem Auge, dann wirst du klar
genug sehen, um den Splitter im Auge deines Bruders herauszuziehen.

Das Bild vom Baum und den Früchten P: Mt 7,15–23;
43 Denn es gibt keinen guten Baum, der faule Frucht bringt, und 12,33–35
wiederum keinen faulen Baum, der gute Frucht bringt. 44 Denn jeden
Baum erkennt man an seiner Frucht. Von Dornen erntet man ja keine
Feigen, und vom Dornbusch liest man keine Trauben. 45 Der gute
Mensch bringt aus dem guten Schatz seines Herzens das Gute hervor,
der böse bringt aus dem bösen das Böse hervor. Spricht doch der Mund
nur aus, wovon das Herz überquillt.

46 Was nennt ihr mich Herr, Herr! und tut nicht, was ich sage? 46: Mt 7,21!

Das Bild vom Hausbau P: Mt 7,24–27
47 Jeder, der zu mir kommt und meine Worte hört und danach han- 47: 8,21!
delt – ich will euch zeigen, wem er gleich ist. 48 Er ist einem Menschen
gleich, der, als er ein Haus baute, tief aushob und das Fundament auf
Fels legte. Als dann Hochwasser kam, riss die Flut an jenem Haus, und
sie vermochte es nicht zu erschüttern, weil es gut gebaut war. 49 Wer
sie aber hört und nicht danach handelt, ist einem Menschen gleich, der
ein Haus auf den Erdboden baute, ohne Fundament. Als dann die Flut
daran riss, stürzte es sogleich ein; und der Einsturz jenes Hauses war
gross.

Der Hauptmann von Kafarnaum P: Mt 8,5–13;
7 1 Nachdem er zu Ende war mit allem, was er vor den Ohren des Vol- Joh 4,43–54
kes sagen wollte, ging er nach Kafarnaum. 1: Mt 7,28

2 Der Knecht eines Hauptmanns aber, den dieser sehr schätzte, war
auf den Tod krank. 3 Als der nun von Jesus hörte, sandte er Älteste der
jüdischen Gemeinde zu ihm und liess ihn bitten, er möge kommen und
seinen Knecht retten. 4 Als diese zu Jesus kamen, baten sie ihn instän-
dig und sagten: Er ist es wert, dass du ihm dies gewährst, 5 denn er liebt 5: Apg 10,2
unser Volk, und er hat uns die Synagoge gebaut. 6 Da machte sich Jesus 6: 8,49
mit ihnen auf den Weg.

Als er aber nicht mehr weit entfernt von dem Haus war, schickte der
Hauptmann Freunde und liess ihm sagen: Herr, bemühe dich nicht,
denn es steht mir nicht zu, dich in mein Haus zu bitten. 7 Darum habe
ich mich auch nicht für würdig gehalten, selbst zu dir zu kommen. Aber
sprich nur ein Wort, und mein Knecht wird gesund. 8 Ich bin nämlich
auch einer, für den Befehle gelten, und habe Soldaten unter mir. Sage
ich zu einem: Geh, so geht er; sage ich zu einem anderen: Komm, so
kommt er; und sage ich zu meinem Knecht: Tu das, so tut er es. 9 Als 9: 8,25; 18,8 · 7,50!
Jesus das hörte, wunderte er sich über ihn, und zum Volk gewandt, das
ihm folgte, sprach er: Ich sage euch: In Israel habe ich keinen solchen
Glauben gefunden! 10 Und als die Boten ins Haus zurückkehrten, fan-
den sie den Knecht gesund.

Die Auferweckung eines jungen Mannes in Nain
11 Und danach geschah es, dass er in eine Stadt mit Namen Nain zog;
und seine Jünger und viel Volk zogen mit ihm. 12 Als er sich dem Stadt- 12: 8,42
tor näherte, da wurde gerade ein Toter herausgetragen, der einzige
Sohn seiner Mutter, und die war Witwe. Und eine stattliche Zahl von 13: 10,33; 15,20 ·
Leuten aus der Stadt war bei ihr. 13 Und als der Herr sie sah, hatte er 8,52

14: 8,54; Mk 5,41; Mitleid mit ihr und sagte zu ihr: Weine nicht! 14 Und er trat zur Bahre
9,27; Apg 9,40 und fasste ihn an. Da blieben die Träger stehen, und er sprach: Junger
15: 9,42; 1Kön 17,23 Mann, ich sage dir: Steh auf! 15 Und der Tote richtete sich auf und be-
16: 1,65! · 7,39; gann zu reden. Und er gab ihn seiner Mutter wieder. 16 Furcht ergriff
24,19; Mt 21,11! · alle, und sie priesen Gott und sagten: Ein grosser Prophet ist erweckt
1,76! · 1,68! worden unter uns, und: Gott hat sich seines Volkes angenommen.
17: 4,14! 17 Und die Kunde von ihm verbreitete sich in ganz Judäa und in der
ganzen Umgebung.

P: Mt 11,2–6 *Die Frage des Täufers*

18 Von all dem berichteten die Jünger des Johannes ihrem Meister.
19: 3,16; Mal 3,1 Da rief Johannes zwei seiner Jünger herbei und 19 sandte sie zum Herrn
mit der Frage: Bist du es, der da kommen soll, oder sollen wir auf einen
anderen warten? 20 Als nun die Männer zu ihm kamen, sagten sie: Jo-
hannes der Täufer schickt uns zu dir und lässt fragen: Bist du es, der da
kommen soll, oder sollen wir auf einen anderen warten? 21 In eben je-
ner Stunde heilte er viele von Krankheiten, Plagen und von bösen Geis-
22: 4,18–19; 10,23 · tern und schenkte vielen Blinden das Augenlicht. 22 Und er antwortete
Jes 29,18; 35,5–6 · ihnen: Geht und erzählt dem Johannes, was ihr gesehen und gehört
Jes 26,19 · Jes 61,1 habt: *Blinde sehen,* Lahme gehen, Aussätzige werden rein, und *Taube hö-
ren, Tote werden auferweckt,* Armen wird das Evangelium verkündigt;
23: Mt 13,57; 23 und selig ist, wer an mir keinen Anstoss nimmt.
Mk 6,3; Joh 6,61

P: Mt 11,7–19 *Das Urteil Jesu über den Täufer*

24 Als dann die Boten des Johannes gegangen waren, begann er zu
den Leuten über Johannes zu reden: Was habt ihr zu sehen gehofft, als
ihr in die Wüste hinauszogt? Ein Schilfrohr, das im Wind schwankt?
25: Mt 3,4; Mk 1,6 25 Oder was habt ihr zu sehen gehofft, als ihr hinauszogt? Einen Men-
schen, der in feine Gewänder gehüllt ist? Die im Prachtgewand und in
26: 1,76! Üppigkeit leben, die wohnen in Palästen. 26 Oder was habt ihr zu sehen
gehofft, als ihr hinauszogt? Einen Propheten? Ja, sage ich euch: Weit
27: 1,76; Ex 23,20; mehr als einen Propheten habt ihr gesehen! 27 Er ist es, von dem ge-
Mal 3,1; Mk 1,2 schrieben steht:

Siehe, ich sende meinen Boten vor dir *her,*
der vor dir *deinen Weg bereiten wird.*

28: 1,15 28 Ich sage euch: Grösser als Johannes ist keiner unter denen, die von
einer Frau geboren wurden. Doch noch der Geringste im Reich Gottes
29: 3,12! ist grösser als er. 29 Und das ganze Volk, das zuhörte, selbst die Zöllner,
haben Gott Recht gegeben, indem sie sich taufen liessen mit der Taufe
30: Röm 10,3 des Johannes. 30 Die Pharisäer aber und die Gesetzeslehrer haben zu
ihrem eigenen Schaden den Ratschluss Gottes verworfen, indem sie
sich nicht von ihm taufen liessen.

31 Mit wem soll ich die Menschen dieses Geschlechts vergleichen,
wem sind sie gleich? 32 Kindern sind sie gleich, die auf dem Marktplatz
sitzen und einander zurufen und sagen:

Wir haben euch aufgespielt,
und ihr habt nicht getanzt,
wir haben Klagelieder gesungen,
und ihr habt nicht geweint.

33 Denn Johannes der Täufer ist gekommen, ass kein Brot und trank keinen Wein, und ihr sagt: Er hat einen Dämon. 34 Der Menschensohn ist gekommen, ass und trank, und ihr sagt: Seht, ein Fresser und Säufer, ein Freund von Zöllnern und Sündern. 35 Doch der Weisheit wurde Recht gegeben durch alle ihre Kinder.

33: 1,15; 5,33 · Joh 7,20!
34: 5,30!

Die Salbung durch eine Sünderin

P: Mt 26,6–13; Mk 14,3–9; Joh 11,55–12,11
36: 11,37; 14,1

36 Einer der Pharisäer aber bat ihn, mit ihm zu essen. Und er ging in das Haus des Pharisäers und setzte sich zu Tisch. 37 Und da war eine Frau, die galt in der Stadt als Sünderin. Als sie erfuhr, dass er im Haus des Pharisäers bei Tisch sass, brachte sie ein Alabastergefäss voll Balsam. 38 Und sie kam von hinten, beugte sich über seine Füsse, weinte und begann mit ihren Tränen seine Füsse zu benetzen. Und sie trocknete sie mit ihrem Haar, küsste seine Füsse und salbte sie mit dem Balsam.

39 Als der Pharisäer, der ihn eingeladen hatte, das sah, sagte er sich: Wäre dieser ein Prophet, so wüsste er, wer das ist, was für eine Frau ihn da berührt, nämlich eine Sünderin. 40 Und Jesus antwortete ihm: Simon, ich habe dir etwas zu sagen. Er erwidert: Meister, sprich! 41 Ein Geldverleiher hatte zwei Schuldner; der eine schuldete ihm fünfhundert Denar, der andere fünfzig. 42 Da beide es nicht zurückzahlen konnten, schenkte er es beiden. Welcher von ihnen wird ihn nun mehr lieben? 43 Simon antwortete: Ich nehme an, der, dem er mehr geschenkt hat. Da sagte er zu ihm: Du hast Recht. 44 Und indem er sich zur Frau umwandte, sagte er zu Simon: Siehst du diese Frau? Ich bin in dein Haus gekommen: Wasser für die Füsse hast du mir nicht gegeben, sie aber hat meine Füsse mit ihren Tränen benetzt und mit ihrem Haar getrocknet. 45 Einen Kuss hast du mir nicht gegeben, sie aber hat, seit sie hereingekommen ist, nicht aufgehört, meine Füsse zu küssen. 46 Mit Öl hast du mein Haupt nicht gesalbt, sie aber hat mit Balsam meine Füsse gesalbt. 47 Darum sage ich dir: Ihre vielen Sünden sind vergeben, denn sie hat viel geliebt; wem aber wenig vergeben wird, der liebt wenig. 48 Zu ihr aber sagte er: Dir sind die Sünden vergeben. 49 Da begannen die Gäste untereinander zu sagen: Wer ist dieser, dass er sogar Sünden vergibt? 50 Er aber sagte zu der Frau: Dein Glaube hat dich gerettet. Geh in Frieden!

39: 7,16!; Joh 4,19
42: Mt 18,27
44: 1Sam 25,41; Joh 13,5; 1Tim 5,10
48: 5,20
49: 5,21!
50: 8,48; 17,19; 18,42; Apg 16,31; Röm 10,9 · 8,12 · 7,9!

Jüngerinnen

8 1 Und danach geschah es, dass er von Stadt zu Stadt und von Dorf zu Dorf zog und das Evangelium vom Reich Gottes verkündigte. Und die Zwölf waren mit ihm, 2 auch einige Frauen, die von bösen Geistern und Krankheiten geheilt worden waren: Maria, genannt Magdalena, aus der sieben Dämonen ausgefahren waren, 3 und Johanna, die Frau des Chuza, eines Verwalters des Herodes, und Susanna und viele andere, die ihn unterstützten mit dem, was sie besassen.

1: 4,43!
3: 23,49; 24,10; Mk 15,40!; Apg 1,14

Das Gleichnis vom vierfachen Acker und seine Deutung

P: Mt 13,3b–23; Mk 4,3–20

4 Als nun viel Volk zusammenkam und Leute aus allen Städten ihm zuströmten, sprach er in einem Gleichnis: 5 Der Sämann ging aus, seinen Samen zu säen. Und beim Säen fiel etliches auf den Weg und wurde zertreten, und die Vögel des Himmels frassen es auf. 6 Anderes fiel auf

Fels, ging auf und verdorrte, weil es keine Feuchtigkeit hatte. 7 Anderes
fiel mitten unter die Dornen, und mit ihm wuchsen die Dornen und
erstickten es.

8: 14,35; Mt 13,9! 8 Wieder anderes fiel auf guten Boden, ging auf und brachte hun-
dertfach Frucht. Als er dies gesagt hatte, rief er: Wer Ohren hat zu hören,
der höre!

10: Jes 6,9–10; 9 Seine Jünger aber fragten ihn, was dieses Gleichnis bedeute. 10 Er
Joh 12,40; sprach: Euch ist es gegeben, die Geheimnisse des Reiches Gottes zu ver-
Apg 28,26–27 stehen, zu den anderen aber wird in Gleichnissen geredet, damit sie se-
hend nicht sehen und hörend nicht verstehen.

11 Das Gleichnis aber bedeutet dies: Der Same ist das Wort Gottes.
12: 7,50! 12 Die auf dem Weg sind die, welche es hören. Dann kommt der Teufel
und nimmt das Wort aus ihren Herzen, damit sie nicht zum Glauben
kommen und gerettet werden. 13 Die auf dem Fels sind die, welche das
Wort hören und freudig aufnehmen. Doch sie haben keine Wurzeln:
Eine Zeit lang glauben sie, in der Zeit der Versuchung aber fallen sie ab.
14: 12,22! 14 Das unter die Dornen Gefallene, das sind die, welche es gehört haben
und dann hingehen und von Sorgen und Reichtum und Freuden des
15: 21,19 Lebens erstickt werden und die Frucht nicht zur Reife bringen. 15 Das
auf dem guten Boden, das sind die, welche das Wort mit rechtem und
gutem Herzen gehört haben, es bewahren und Frucht bringen in Ge-
duld.

P: Mk 4,21–25 *Vom Sehen und Hören*

16: 11,33; Mt 5,15 16 Niemand zündet ein Licht an und deckt es mit einem Gefäss zu
oder stellt es unter ein Bett. Vielmehr stellt man es auf einen Leuchter,
17: 12,2; Mt 10,26 damit die Eintretenden das Licht sehen. 17 Denn es gibt nichts Verbor-
genes, das nicht offenbar wird, und nichts Geheimes, das nicht bekannt
wird und an den Tag kommt.

18: 19,26; Mt 13,12! 18 Gebt also acht, dass ihr genau zuhört! Denn wer hat, dem wird
gegeben werden, und wer nicht hat, dem wird auch das genommen wer-
den, was er zu haben meint.

P: Mt 12,46–50; *Die wahren Verwandten Jesu*

Mk 3,31–35 19 Es kamen aber seine Mutter und seine Geschwister zu ihm, doch
20: 2,48 · Apg 1,14 konnten sie wegen des Gedränges nicht zu ihm gelangen. 20 Da wurde
ihm gesagt: Deine Mutter und deine Geschwister stehen draussen und
21: 6,47; 11,28 wollen dich sehen. 21 Er aber antwortete ihnen: Meine Mutter und mei-
ne Brüder und Schwestern, das sind die, die das Wort Gottes hören und
danach handeln.

P: Mt 8,18.23–27; *Die Stillung des Seesturms*

Mk 4,35–41 22 Es geschah aber an einem jener Tage, dass er mit seinen Jüngern
in ein Boot stieg und zu ihnen sagte: Lasst uns ans andere Ufer des Sees
23: Jona 1,4–5 fahren. Und sie stiessen ab. 23 Während der Fahrt aber schlief er ein. Da
fuhr ein Sturmwind auf den See herab, das Boot füllte sich mit Wasser,
24: Ps 65,8; 89,10; und sie gerieten in Gefahr. 24 Da traten sie zu ihm, weckten ihn und
107,29 sagten: Meister, Meister, wir gehen unter! Er aber stand auf, schrie den
Wind an und die Wogen des Wassers. Und sie legten sich, und es trat
25: 17,5–6 · 7,9! eine Windstille ein. 25 Da sagte er zu ihnen: Wo ist euer Glaube? Sie

aber fürchteten sich und sagten staunend zueinander: Wer ist denn die-
ser, dass er selbst dem Wind und dem Wasser gebietet, und sie gehor-
chen ihm?

Die Heilung des Besessenen von Gerasa P: Mt 8,28–34;
26 Und sie fuhren in das Gebiet der Gerasener, das Galiläa gegen- Mk 5,1–20
überliegt. 27 Als er an Land ging, kam ihm ein Mann aus der Stadt ent-
gegen, der von Dämonen besessen war. Seit langer Zeit trug er keine
Kleider mehr und hielt sich auch nicht in einem Haus auf, sondern in
den Grabhöhlen. 28 Als er nun Jesus sah, schrie er auf, warf sich vor ihm 28: 4,34!
nieder und rief mit lauter Stimme: Was habe ich mit dir zu schaffen,
Jesus, Sohn des höchsten Gottes? Ich bitte dich: Quäle mich nicht! 29 Er 29: 13,16
hatte nämlich dem unreinen Geist geboten, aus dem Menschen auszu-
fahren. Denn dieser hatte ihn seit langer Zeit in seiner Gewalt. Und man
hatte ihn in Ketten und Fussfesseln gelegt und in Gewahrsam gehalten,
doch er hatte die Fesseln zerrissen und war vom Dämon in die Wüste
getrieben worden. 30 Da fragte ihn Jesus: Wie heisst du? Er sagte: Legi-
on! Denn viele Dämonen waren in ihn gefahren. 31 Und sie flehten ihn 31: 10,15
an, sie nicht zur Hölle zu schicken. 32 Nun weidete dort auf dem Berg
eine grosse Herde Schweine. Und sie flehten ihn an, sie in diese fahren
zu lassen. Und er erlaubte es ihnen. 33 Da fuhren die Dämonen aus dem
Menschen aus und in die Schweine. Und die Herde stürzte sich den Ab-
hang hinunter in den See und ertrank.

34 Als nun die Hirten sahen, was geschehen war, ergriffen sie die
Flucht und erzählten es in der Stadt und in den Gehöften. 35 Da zogen
sie hinaus, um zu sehen, was geschehen war. Und sie kamen zu Jesus
und fanden den Menschen, aus dem die Dämonen ausgefahren waren,
bekleidet und bei Sinnen Jesus zu Füssen sitzend; da fürchteten sie sich.
36 Die es aber gesehen hatten, erzählten ihnen, wie der Besessene ge-
rettet worden war. 37 Und die ganze Bevölkerung aus dem Gebiet von 37: 1,65!
Gerasa bat ihn wegzugehen, denn grosse Furcht überkam sie. Da stieg er
in ein Boot und fuhr zurück.

38 Der Mann aber, aus dem die Dämonen ausgefahren waren, bat
ihn, bei ihm bleiben zu dürfen. Doch er schickte ihn weg und sprach:
39 Kehr in dein Haus zurück und erzähle, was Gott an dir getan hat. Und
der ging weg und tat in der ganzen Stadt kund, was Jesus an ihm getan
hatte.

Die Auferweckung der Tochter des Jairus. Die Frau mit den Blutungen P: Mt 9,18–26;
40 Als Jesus zurückkehrte, empfing ihn viel Volk; sie hatten nämlich Mk 5,21–43
alle auf ihn gewartet. 41 Da kam ein Mann mit Namen Jairus, der war
Vorsteher der Synagoge. Er fiel Jesus zu Füssen und bat ihn, in sein Haus
zu kommen. 42 Denn er hatte eine einzige Tochter von etwa zwölf Jah- 42: 7,12
ren, und die lag im Sterben. Als Jesus hinging, erdrückten ihn die Leute
beinahe.

43 Und da war eine Frau, die seit zwölf Jahren an Blutungen litt, ihr 43: Lev 15,25
ganzes Vermögen für Ärzte aufgebraucht hatte und doch von nieman-
dem geheilt werden konnte. 44 Die näherte sich ihm von hinten und
berührte den Saum seines Mantels. Und auf der Stelle hörten ihre Blu-
tungen auf. 45 Und Jesus sprach: Wer hat mich berührt? Als nun alle es

abstritten, sagte Petrus: Meister, die Leute drängen sich um dich und
46: 6,19! stossen dich. 46 Jesus aber sprach: Jemand hat mich berührt! Denn ich
habe gespürt, dass eine Kraft von mir ausgegangen ist. 47 Als nun die
Frau sah, dass sie nicht unentdeckt bleiben konnte, kam sie zitternd
herbei, warf sich vor ihm nieder und erzählte vor dem ganzen Volk, warum
sie ihn berührt hatte und wie sie auf der Stelle geheilt worden war.
48: 7,50! 48 Er aber sagte zu ihr: Tochter, dein Glaube hat dich gerettet. Geh in
Frieden!

49: 7,6 49 Noch während er redet, kommt einer aus dem Haus des Synagogenvorstehers
und sagt: Deine Tochter ist gestorben! Bemühe den
Meister nicht weiter! 50 Als Jesus das hörte, antwortete er ihm: Fürchte
51: 9,28 dich nicht, glaube nur, und sie wird gerettet werden! 51 Er ging ins Haus
und liess niemanden mit sich hinein ausser Petrus und Johannes und
52: 7,13 Jakobus und den Vater des Kindes und die Mutter. 52 Alle weinten und
klagten um sie. Er aber sprach: Weint nicht! Sie ist nicht gestorben, sie
schläft. 53 Da lachten sie ihn aus, weil sie wussten, dass sie gestorben
54: 7,14! war. 54 Er aber ergriff ihre Hand und rief: Kind, steh auf! 55 Da kehrte
55: 1Kön 17,22 ihr Geist zurück, und sogleich stand sie auf. Und er befahl, man solle ihr
56: 5,14! zu essen geben. 56 Ihre Eltern waren fassungslos. Er aber gebot ihnen,
niemandem zu sagen, was geschehen war.

P: 10,1–12; Mt 10,1.7–15; Mk 6,7–13

Die Aussendung der Zwölf

9 1 Er rief nun die Zwölf zusammen und gab ihnen Gewalt und Vollmacht
über alle Dämonen und die Kraft, Krankheiten zu heilen.
1: 10,17; Mk 16,17
2: 10,9! 2 Und er sandte sie aus, das Reich Gottes zu verkündigen und die Kranken
3: 22,35–36 ken zu heilen. 3 Und er sagte zu ihnen: Nehmt nichts mit auf den Weg,
weder Stab noch Sack, weder Brot noch Geld, noch sollt ihr ein zweites
Kleid haben. 4 Wo ihr in ein Haus eingekehrt seid, da bleibt, und von
5: 10,11! dort zieht weiter. 5 Und wenn man euch nicht aufnimmt, dann geht
fort aus dieser Stadt und schüttelt den Staub von euren Füssen – es soll
ihnen ein Zeichen sein!

6: 4,43! 6 Da gingen sie fort und zogen von Dorf zu Dorf. Und überall verkündigten
sie das Evangelium und heilten.

P: Mt 14,1–2; Mk 6,14–16

Die Ratlosigkeit des Herodes

7 Es hörte aber Herodes, der Tetrarch, von all diesen Geschehnissen.
7: 9,19 Und es beunruhigte ihn, dass von einigen gesagt wurde, Johannes sei
8: 9,19! von den Toten auferweckt worden, 8 von anderen, Elija sei erschienen,
9: 3,20; Mt 14,10; Mk 6,27 · 23,8 von wieder anderen, einer der alten Propheten sei auferstanden. 9 Und
Herodes sagte: Den Johannes habe ich doch selbst enthaupten lassen.
Wer aber ist das, über den ich solches höre? Und er wollte ihn sehen.

P: Mt 14,13–21; Mk 6,30–44; Joh 6,1–15

Die Speisung der fünftausend

10 Und die Apostel kehrten zurück und erzählten ihm, was sie getan
hatten. Und er nahm sie beiseite und zog sich mit ihnen zurück in eine
Stadt mit Namen Betsaida. 11 Als die Leute aber davon erfuhren, folgten
sie ihm. Und er liess sie zu sich kommen und sprach zu ihnen über das
Reich Gottes und heilte, die der Heilung bedurften.

12–17: 2Kön 4,42–44 12 Und der Tag begann sich zu neigen. Da kamen die Zwölf zu ihm
und sagten: Entlass die Leute, damit sie in die umliegenden Dörfer und

Gehöfte gehen und ein Nachtlager und etwas zu essen finden können.
Denn hier sind wir an einem abgelegenen Ort. 13 Da sagte er zu ihnen:
Gebt ihr ihnen zu essen! Sie aber sagten: Wir haben nicht mehr als fünf
Brote und zwei Fische, es sei denn, wir würden uns aufmachen und für
alle diese Leute etwas zu essen kaufen. 14 Es waren nämlich die Männer
allein schon an die fünftausend. Da sagte er zu seinen Jüngern: Lasst sie
sich lagern in Gruppen zu etwa fünfzig. 15 Und so taten sie und liessen
alle sich lagern. 16 Da nahm er die fünf Brote und die zwei Fische, blick-
te zum Himmel auf, sprach den Lobpreis über sie und brach sie und liess
sie von den Jüngern dem Volk vorsetzen. 17 Und sie assen und wurden
alle satt. Und man sammelte die Brocken, die übrig geblieben waren,
zwölf Körbe voll.

16: 22,19!

Das Bekenntnis des Petrus. Die erste Leidensankündigung

18 Und es geschah, als er für sich allein betete und nur seine Jünger
bei ihm waren, dass er sie fragte: Für wen halten mich die Leute? 19 Sie
antworteten: Für Johannes den Täufer, andere für Elija, wieder andere
meinen, einer der alten Propheten sei auferstanden. 20 Da sagte er zu
ihnen: Ihr aber, für wen haltet ihr mich? Da antwortete Petrus: Für den
Gesalbten Gottes. 21 Da fuhr er sie an und gebot ihnen, dies niemandem
zu sagen, 22 und er sprach: Der Menschensohn muss vieles erleiden
und von den Ältesten und Hohen Priestern und Schriftgelehrten ver-
worfen und getötet werden, und am dritten Tag muss er auferweckt
werden.

P: Mt 16,13–20.21–23; Mk 8,27–30.31–33; Joh 6,66–71
19: 9,7–8; Mal 3,23
20: 2,11.26; 4,41; 20,41; 22,67; 23,2.35.39; 24,46
21: 5,14!
22: 9,31.44; 17,25; 18,32–33; 24,7.46

Nachfolge und Lebensgewinn

23 Zu allen aber sprach er: Wenn einer mir auf meinem Weg folgen
will, verleugne er sich und nehme sein Kreuz auf sich, Tag für Tag, und
so folge er mir! 24 Denn wer sein Leben retten will, wird es verlieren;
wer aber sein Leben verliert um meinetwillen, wird es retten. 25 Denn
was hilft es dem Menschen, wenn er die ganze Welt gewinnt, dabei aber
sich selbst verliert oder Schaden nimmt? 26 Wer sich meiner und mei-
ner Worte schämt, dessen wird auch der Menschensohn sich schämen,
wenn er kommt in seiner Herrlichkeit und in der Herrlichkeit des Va-
ters und der heiligen Engel.

27 Ich sage euch, und das ist wahr: Einige von denen, die hier stehen,
werden den Tod nicht schmecken, bevor sie das Reich Gottes sehen.

P: Mt 16,24–28; Mk 8,34–9,1
23: 14,27; Mt 10,38; 1Kor 15,31; Gal 6,14
24: 17,33; Mt 10,39; Joh 12,25
25: 12,20
26: 12,9; Mt 10,33; Röm 1,16; 2Tim 2,12
27: 17,20; 19,11; 21,31.32; 24,21; Apg 1,6 · 10,9!

Die Verklärung Jesu

28 Etwa acht Tage nach diesen Reden geschah es, dass er Petrus, Jo-
hannes und Jakobus mit sich nahm und auf einen Berg stieg, um zu be-
ten. 29 Und es geschah, während er betete, dass sich das Aussehen sei-
nes Gesichtes veränderte und sein Gewand strahlend weiss wurde.
30 Und auf einmal waren da zwei Männer, die mit ihm redeten; es wa-
ren Mose und Elija. 31 Sie erschienen im Lichtglanz, und sie sprachen
von seinem Ende, das sich in Jerusalem erfüllen sollte. 32 Petrus aber
und die mit ihm waren, wurden vom Schlaf überwältigt. Als sie aber
aufwachten, sahen sie den Lichtglanz um ihn und die zwei Männer, die
bei ihm standen. 33 Und es geschah, als diese sich von ihm trennen
wollten, dass Petrus zu Jesus sagte: Meister, es ist schön, dass wir hier

P: Mt 17,1–9; Mk 9,2–10
28: 8,51 · 2Petr 1,18
29: Ex 34,29–30
31: 9,22!
32: 22,45

sind. Wir wollen drei Hütten bauen, eine für dich, eine für Mose und
eine für Elija; er wusste aber nicht, was er sagte.
34: Ex 24,18 34 Noch während er dies sagte, kam eine Wolke und warf ihren
Schatten auf sie. Sie aber fürchteten sich, als sie in die Wolke hineinge-
35: 3,22!; rieten. 35 Und aus der Wolke kam eine Stimme und sprach: Dies ist
2Petr 1,17–18 mein auserwählter Sohn. Auf ihn sollt ihr hören! 36 Und während die
Stimme sprach, fand es sich, dass Jesus wieder allein war. Und sie
schwiegen und erzählten in jenen Tagen niemandem etwas von dem,
was sie gesehen hatten.

P: Mt 17,14–20; *Die Heilung eines besessenen Knaben*
Mk 9,14–29 37 Es geschah aber, als sie am nächsten Tag vom Berg hinunterstie-
gen, dass ihm viel Volk entgegenkam. 38 Und da war ein Mann in der
Menge, der schrie: Meister, ich bitte dich, nimm dich meines Sohnes
an, denn er ist mein einziger. 39 Auf einmal packt ihn ein Geist, und
plötzlich schreit der und zerrt ihn hin und her, dass er schäumt, und
will nicht von ihm ablassen und nimmt ihm alle Kraft. 40 Und ich habe
deine Jünger gebeten, ihn auszutreiben, aber sie vermochten es nicht.
41: 11,29 41 Da antwortete Jesus: Du ungläubiges und verkehrtes Geschlecht!
Wie lange muss ich noch bei euch sein und euch ertragen? Bring deinen
42: 7,15! Sohn her! 42 Aber noch während er auf ihn zuging, riss ihn der Dämon
zu Boden und zerrte ihn hin und her. Jesus aber schrie den unreinen
Geist an; und er heilte den Knaben und gab ihn seinem Vater wieder.
43: 4,32! 43 Und alle waren überwältigt von der Grösse Gottes.

P: Mt 17,22–23; *Die zweite Leidensankündigung*
Mk 9,30–32 Während alle sich wunderten über alles, was er tat, sprach er zu sei-
44: 9,22! nen Jüngern: 44 Lasst diese Worte in euer Ohr dringen: Der Menschen-
45: 18,34; 24,25 · sohn wird ausgeliefert werden in die Hände von Menschen. 45 Sie aber
24,45! verstanden das Wort nicht, es war ihnen verborgen, und sie begriffen es
nicht. Doch sie fürchteten sich, ihn nach dessen Bedeutung zu fragen.

P: Mt 18,1–5; *Der Rangstreit unter den Jüngern*
Mk 9,33–37 46 Es kam aber unter ihnen die Frage auf, wer von ihnen der Grösste
46: 22,24 sei. 47 Jesus nun, der wusste, welche Frage sie umtrieb, nahm ein Kind,
48: 10,16; stellte es neben sich 48 und sagte zu ihnen: Wer dieses Kind aufnimmt
Mt 10,40! · 22,26 in meinem Namen, nimmt mich auf; und wer mich aufnimmt, nimmt
den auf, der mich gesandt hat. Denn wer der Geringste ist unter euch
allen, der ist gross.

P: Mk 9,38–41; *Ein fremder Wundertäter*
Num 11,26–29 49 Da wandte sich Johannes an ihn: Meister, wir sahen einen in dei-
nem Namen Dämonen austreiben, und wir hinderten ihn daran, weil er
50: 11,23 nicht gemeinsam mit uns dir folgt. 50 Da sagte Jesus zu ihm: Hindert
ihn nicht daran, denn wer nicht gegen euch ist, ist für euch.

P: Mt 19,1–2; *Die ungastlichen Samaritaner*
Mk 10,1 51 Es geschah aber, als die Zeit erfüllt war und die Tage, da er in den
51: 13,22; 17,11; Himmel aufgenommen werden sollte, gekommen waren, dass er den
18,31; 19,11.28 festen Entschluss fasste, nach Jerusalem zu ziehen. 52 Und er sandte Bo-

ten vor sich her. Die machten sich auf und kamen in ein samaritani-
sches Dorf, um ihm ein Nachtlager zu richten. 53 Doch man nahm ihn
nicht auf, weil er fest entschlossen war, nach Jerusalem zu ziehen.
54 Als nun die Jünger Jakobus und Johannes das sahen, sagten sie: Herr, 54: 17,4 ·
sollen wir sagen, *Feuer falle vom Himmel und verzehre sie?* 55 Da wandte 2Kön 1,10.12
er sich um und fuhr sie an. 56 Und sie zogen in ein anderes Dorf.

Vom Ernst der Nachfolge P: Mt 8,18–22

57 Und als sie so ihres Weges zogen, sagte einer zu ihm: Ich will dir
folgen, wohin du auch gehst. 58 Jesus sagte zu ihm: Die Füchse haben
Höhlen, und die Vögel des Himmels haben Nester, der Menschensohn
aber hat keinen Ort, wo er sein Haupt hinlegen kann.

59 Zu einem anderen sagte er: Folge mir! Der aber sagte: Herr, erlau-
be mir, zuerst nach Hause zu gehen und meinen Vater zu begraben.
60 Er aber sagte zu ihm: Lass die Toten ihre Toten begraben. Du aber geh
und verkündige das Reich Gottes.

61 Wieder ein anderer sagte: Ich will dir folgen, Herr; zuerst aber 61: 5,11!; 1Kön 19,20
erlaube mir, Abschied zu nehmen von denen, die zu meiner Familie ge-
hören. 62 Jesus aber sagte zu ihm: Niemand, der die Hand an den Pflug
legt und zurückschaut, taugt für das Reich Gottes.

Die Aussendung der zweiundsiebzig P: 9,1–6; Mt 10,7–15;

10 1 Danach bestimmte der Herr weitere zweiundsiebzig und sand- Mk 6,7–13
te sie zu zweien vor sich her in jede Stadt und jede Ortschaft, in die 1: 10,17
er gehen wollte. 2 Er sagte zu ihnen: Die Ernte ist gross, Arbeiter aber 2: Mt 9,37–38
sind nur wenige. Darum bittet den Herrn der Ernte, dass er Arbeiter in
seine Ernte sende. 3 Geht! Seht, ich sende euch wie Schafe mitten unter 3: Mt 10,16
die Wölfe. 4 Nehmt keinen Geldbeutel mit, keinen Sack, keine Schuhe, 4: 22,35–36 ·
und grüsst niemanden unterwegs! 2Kön 4,29

5 Tretet ihr in ein Haus ein, so sagt zuerst: Friede diesem Haus!
6 Und wenn dort ein Sohn des Friedens ist, wird euer Friede auf ihm
ruhen, wenn aber nicht, wird er zu euch zurückkehren. 7 In diesem 7: 1Kor 9,4–14;
Haus bleibt, esst und trinkt, was ihr von ihnen bekommt. Denn der Ar- 1Tim 5,18
beiter ist seines Lohnes wert. Geht nicht von einem Haus ins andere.

8 Kommt ihr in eine Stadt, wo man euch aufnimmt, so esst, was euch
vorgesetzt wird, 9 und heilt die Kranken, die dort sind, und sagt ihnen: 9: 9,2; 11,2.20; 17,21;
Nahe gekommen ist das Reich Gottes, bis zu euch. 10 Kommt ihr aber in Mk 1,15 · 9,27!
eine Stadt, wo man euch nicht aufnimmt, so geht hinaus auf ihre Stras-
sen und sagt: 11 Selbst den Staub aus eurer Stadt, der an unseren Füssen 11: Apg 13,51; 18,6
klebt, schütteln wir ab vor euch; doch das sollt ihr wissen: Nahe gekom-
men ist das Reich Gottes. 12 Ich sage euch: Sodom wird es an jenem Tag 12: 17,29!
besser ergehen als dieser Stadt.

Wehruf über galiläische Städte P: Mt 11,20–24

13 Wehe dir, Chorazin! Wehe dir, Betsaida! Denn wären in Tyrus 13: Joh 5,36!
und Sidon die Wunder geschehen, die bei euch geschehen sind, sie hät-
ten längst in Sack und Asche gesessen und Busse getan. 14 Ja, Tyrus und
Sidon wird es im Gericht besser ergehen als euch. 15 Und du, Kafar- 15: 8,31; Jes 14,13–15
naum, willst du etwa in den Himmel erhoben werden? Bis ins Toten-
reich wirst du hinabfahren.

16: 9,48!; Joh 5,23! 16 Wer euch hört, hört mich; und wer euch verachtet, verachtet
mich. Wer aber mich verachtet, verachtet den, der mich gesandt hat.

P: Mt 11,25–27; *Der Lohn der Jünger. Das Dankgebet Jesu*

13,16–17 17 Die zweiundsiebzig kehrten zurück mit Freude und sagten: Selbst
17: 10,1 · 9,1! *18:* Joh 12,31; die Dämonen, Herr, sind uns durch deinen Namen untertan. 18 Da sag-
Offb 12,9 te er zu ihnen: Ich sah den Satan wie einen Blitz vom Himmel fallen.
19: Ps 91,13; 19 Seht, ich habe euch die Vollmacht gegeben, auf Schlangen und Skor-
Mk 16,18; Apg 28,6 pione zu treten, und Vollmacht über alle Gewalt des Feindes, und nichts
20: 12,7 wird euch schaden. 20 Doch freut euch nicht darüber, dass euch die
Geister untertan sind; freut euch vielmehr darüber, dass eure Namen
im Himmel aufgeschrieben sind.

21: Jes 29,14 · 21 In dieser Stunde frohlockte er, erfüllt vom heiligen Geist: Ich prei-
1Kor 2,6–8 se dich, Vater, Herr des Himmels und der Erde, dass du dies vor Weisen
und Klugen verborgen, Einfältigen aber offenbart hast. Ja, Vater, denn so
22: Joh 1,18! hat es dir gefallen. 22 Alles ist mir übergeben worden von meinem Va-
ter, und niemand weiss, wer der Sohn ist, ausser der Vater, und nie-
mand weiss, wer der Vater ist, ausser der Sohn und der, dem es der Sohn
offenbaren will.

23: 7,22 23 Und nur zu den Jüngern gewandt sprach er: Selig die Augen, die
sehen, was ihr seht. 24 Denn ich sage euch: Viele Propheten und Könige
wollten sehen, was ihr seht, und haben es nicht gesehen, und hören,
was ihr hört, und haben es nicht gehört.

Die Geschichte vom barmherzigen Samaritaner

25–29: Mt 22,34–40; 25 Da stand ein Gesetzeslehrer auf und sagte, um ihn auf die Probe
Mk 12,28–34 zu stellen: Meister, was muss ich tun, damit ich ewiges Leben erbe?
25: 18,18 26 Er sagte zu ihm: Was steht im Gesetz geschrieben? Was liest du da?
27: Dtn 6,5; 27 Der antwortete: *Du sollst den Herrn, deinen Gott, lieben mit deinem*
Jos 22,5 · Lev 19,18 *ganzen Herzen und mit deiner ganzen Seele und mit all deiner Kraft und mit*
deinem ganzen Verstand, und deinen Nächsten wie dich selbst. 28 Er sagte
29: Lev 19,16.33–34 zu ihm: Recht hast du; tu das, und du wirst leben. 29 Der aber wollte sich
rechtfertigen und sagte zu Jesus: Und wer ist mein Nächster?

30 Jesus gab ihm zur Antwort: Ein Mensch ging von Jerusalem nach
Jericho hinab und fiel unter die Räuber. Die zogen ihn aus, schlugen ihn
nieder, machten sich davon und liessen ihn halb tot liegen. 31 Zufällig
kam ein Priester denselben Weg herab, sah ihn und ging vorüber.
33: 7,13! 32 Auch ein Levit, der an den Ort kam, sah ihn und ging vorüber. 33 Ein
Samaritaner aber, der unterwegs war, kam vorbei, sah ihn und fühlte
Mitleid. 34 Und er ging zu ihm hin, goss Öl und Wein auf seine Wunden
und verband sie ihm. Dann hob er ihn auf sein Reittier und brachte ihn
in ein Wirtshaus und sorgte für ihn. 35 Am andern Morgen zog er zwei
Denare hervor und gab sie dem Wirt und sagte: Sorge für ihn! Und was
du darüber hinaus aufwendest, werde ich dir erstatten, wenn ich wieder
vorbeikomme.

36 Wer von diesen dreien, meinst du, ist dem, der unter die Räuber
fiel, der Nächste geworden? 37 Der sagte: Derjenige, der ihm Barmher-
zigkeit erwiesen hat. Da sagte Jesus zu ihm: Geh auch du und handle
ebenso.

Maria und Marta

38 Als sie weiterzogen, kam er in ein Dorf, und eine Frau mit Namen 38: Joh 11,1; 12,2–3
Marta nahm ihn auf. 39 Und diese hatte eine Schwester mit Namen Ma-
ria; die setzte sich dem Herrn zu Füssen und hörte seinen Worten zu.
40 Marta aber war ganz mit der Bewirtung beschäftigt. Sie kam nun zu 40: Joh 12,2
ihm und sagte: Herr, kümmert es dich nicht, dass meine Schwester die
Bewirtung mir allein überlässt? Sag ihr doch, sie solle mir zur Hand ge-
hen. 41 Der Herr aber antwortete ihr: Marta, Marta, du sorgst und
mühst dich um vieles; 42 doch eines ist nötig: Maria hat das gute Teil
erwählt; das soll ihr nicht genommen werden.

Das Grundmuster eines Gebets P: Mt 6,9–13

11 1 Und es geschah, nachdem er an einem Ort lange gebetet hatte,
dass einer seiner Jünger zu ihm sagte: Herr, lehre uns beten, wie
auch Johannes seine Jünger beten gelehrt hat. 2 Da sagte er zu ihnen: 2: Jes 63,16 · 1,49; Jes 29,23 · Ps 145,11.13; Jes 52,7 · 10,9!
Wenn ihr betet, so sprecht:

Vater,
Dein Name werde geheiligt.
Dein Reich komme.
3 Das Brot, das wir nötig haben, gib uns Tag für Tag. 3: Ps 145,15
4 Und vergib uns unsere Sünden; 4: 17,3–4 · 22,40
denn auch wir vergeben jedem, der an uns schuldig wird.
Und führe uns nicht in Versuchung.

Vom Bitten und vom Empfangen P: Mt 7,7–11

5 Und er sagte zu ihnen: Stellt euch vor, ihr habt einen Freund und
geht mitten in der Nacht zu ihm und sagt: Freund, leih mir drei Brote,
6 denn ein Freund, der auf Reisen ist, ist zu mir gekommen, und ich
habe nichts, was ich ihm vorsetzen könnte. 7 Und jener drinnen würde
antworten: Belästige mich nicht! Die Tür ist schon verschlossen, und
meine Kinder liegen bei mir im Bett. Ich kann nicht aufstehen und dir
etwas geben. 8 Ich sage euch: Wenn er schon nicht aufsteht und ihm 8: 18,5
etwas gibt, weil er sein Freund ist, so wird er doch seines unverschäm-
ten Bittens wegen aufstehen und ihm geben, so viel er braucht.
9 Und ich sage euch: Bittet, so wird euch gegeben; sucht, so werdet
ihr finden; klopft an, so wird euch aufgetan. 10 Denn wer bittet, emp- 10: Mt 7,8!
fängt; wer sucht, der findet; wer anklopft, dem wird aufgetan. 11 Wer
von euch gibt seinem Sohn, wenn der ihn, den Vater, um einen Fisch
bittet, statt des Fisches eine Schlange, 12 oder wer gibt, wenn er ihn um
ein Ei bittet, einen Skorpion? 13 Wenn also ihr, die ihr böse seid, euren 13: Röm 8,15
Kindern gute Gaben zu geben wisst, wie viel mehr wird der Vater den
heiligen Geist vom Himmel herab denen geben, die ihn bitten.

10,42: Andere Textüberlieferung: «doch weniges ist nötig oder nur eines: Maria hat ...»

11,2: Viele Handschriften fügen am Ende von V.2 ein (wohl von Mt 6,10 übernommen): «Dein Wille geschehe, wie im Himmel, so auf Erden.»

P: Mt 12,22–30; Mk 3,22–27 14: Mt 9,32–33

Jesu Macht über die Dämonen

14 Und er war dabei, einen stummen Dämon auszutreiben. Und es
geschah, als der Dämon ausfuhr, dass der Stumme zu reden begann,
und die Leute wunderten sich.

15: Mt 9,34! 15 Einige von ihnen aber sagten: Durch Beelzebul, den Fürsten der
16: 11,29! Dämonen, treibt er die Dämonen aus. 16 Andere forderten von ihm ein
Zeichen vom Himmel, um ihn in Versuchung zu führen.

17 Er aber wusste, was in ihnen vorging, und sagte zu ihnen: Jedes
Reich, das in sich gespalten ist, wird verwüstet, und ein Haus fällt über
das andere. 18 Wenn nun auch der Satan in sich gespalten ist, wie kann
dann sein Reich Bestand haben? Ihr sagt ja, dass ich die Dämonen durch
Beelzebul austreibe. 19 Wenn ich nun die Dämonen durch Beelzebul
austreibe, durch wen treiben dann eure Söhne sie aus? Darum werden
20: Ex 8,15 · 10,9! *sie* eure Richter sein. 20 Wenn ich jedoch durch den Finger Gottes die
Dämonen austreibe, dann ist das Reich Gottes zu euch gelangt.

21 Wenn ein Starker mit Waffen in der Hand seinen Hof bewacht, ist
sein Besitz in Sicherheit. 22 Wenn aber ein Stärkerer ihn angreift und
ihn besiegt, nimmt er ihm die Rüstung, auf die er sich verlassen hat,
23: 9,50; Mk 9,40 und verteilt die Beute. 23 Wer nicht mit mir ist, der ist gegen mich, und
wer nicht mit mir sammelt, der zerstreut.

P: Mt 12,43–45

Von der Rückkehr der unreinen Geister

24 Wenn der unreine Geist aus dem Menschen ausgefahren ist,
streift er durch wasserlose Gegenden, sucht Ruhe und findet sie nicht.
Dann sagt er: Ich will in mein Haus zurückkehren, von wo ich herkam.
25 Und wenn er zurückkommt, findet er es gefegt und geschmückt.
26 Dann geht er und holt sieben weitere Geister, die schlimmer sind als
er, und sie ziehen ein und lassen sich dort nieder. Und es steht um jenen
Menschen am Ende schlimmer als zuvor.

Zweierlei Seligpreisungen

27: 1,42 27 Und es geschah, als er das sagte, dass eine Frau aus der Menge ihre
Stimme erhob und zu ihm sagte: Selig der Schoss, der dich getragen hat,
28: 8,21! und die Brüste, an denen du gesogen hast. 28 Er aber sprach: Selig vielmehr, die das Wort Gottes hören und bewahren.

P: Mt 12,38–42; 16,1–4; Mk 8,11–13 29: 9,41 · 11,16; 23,8; Joh 4,48!; 1Kor 1,22–24

Die Verweigerung eines Zeichens

29 Als aber noch mehr Leute dazukamen, begann er zu reden und
sprach: Dieses Geschlecht ist ein böses Geschlecht! Es fordert ein Zeichen, doch ihm wird kein Zeichen gegeben werden ausser dem Zeichen
des Jona. 30 Denn wie Jona zum Zeichen geworden ist für die Leute von
Ninive, so wird es auch der Menschensohn werden für dieses Ge-
31: 1Kön 10,1–9 schlecht. 31 Die Königin des Südens wird im Gericht auftreten gegen
die Männer dieses Geschlechts und sie verurteilen. Denn sie kam vom
Ende der Erde, um Salomos Weisheit zu hören. Hier aber ist mehr als
32: Jona 3,5 Salomo! 32 Die Männer Ninives werden im Gericht auftreten gegen
dieses Geschlecht und es verurteilen, denn sie sind dem Ruf des Jona
gefolgt und umgekehrt. Hier aber ist mehr als Jona!

Das Bild vom Licht und vom Auge

33 Niemand zündet ein Licht an und stellt es in ein Versteck und 33: 8,16!
auch nicht unter den Scheffel, sondern auf den Leuchter, damit die Ein-
tretenden das Licht sehen.
34 Das Licht des Leibes ist dein Auge. Wenn dein Auge lauter ist, ist 34–36: Mt 6,22–23
auch dein ganzer Leib von Licht erfüllt. Wenn es aber böse ist, ist auch
dein Leib finster. 35 Gib also acht, dass das Licht in dir nicht Finsternis
ist. 36 Wenn nun dein Leib ganz von Licht erfüllt ist und nichts Finste-
res in ihm ist, dann wird er ganz von Licht erfüllt sein, wie wenn das
Licht dich mit einem Blitz durchleuchtete.

Wehrufe über Pharisäer und Gesetzeslehrer P: Mt 23,13–36

37 Während er noch redete, bat ihn ein Pharisäer, bei ihm zu essen. 37: 7,36!
Und er trat ein und setzte sich zu Tisch. 38 Als der Pharisäer das sah, 38: Mt 15,2;
wunderte er sich, dass er sich vor dem Essen nicht gewaschen hatte. Mk 7,2–5
39 Da sagte der Herr zu ihm: Nun, ihr Pharisäer, das Äussere von 39: Mk 7,4
Bechern und Schüsseln haltet ihr rein, euer Inneres aber ist voller Raub
und Bosheit. 40 Ihr Toren! Hat nicht der, welcher das Äussere ge-
schaffen hat, auch das Innere geschaffen? 41 Gebt lieber, was in den 41: 12,33! · Mk 7,19
Schüsseln drin ist, als Almosen – dann ist euch alles rein. 42 Doch wehe 42: 18,12; Lev 27,30;
euch, ihr Pharisäer! Ihr gebt den Zehnten von Minze, Raute und jedem Dtn 14,22–23 ·
Kraut, aber am Recht und an der Liebe Gottes geht ihr vorbei. Dies aber Mi 6,8; Sach 7,9
sollte man tun und jenes nicht lassen. 43 Wehe euch, ihr Pharisäer! Ihr 43: 14,7; 20,46;
liebt es, die Ehrenplätze in den Synagogen innezuhaben und auf den Mt 23,6–7;
Marktplätzen gegrüsst zu werden. 44 Wehe euch! Ihr seid wie die un- Mk 12,38–39
kenntlich gewordenen Gräber; die Leute gehen über sie hinweg, ohne es
zu wissen.
45 Da entgegnet ihm einer von den Gesetzeslehrern: Meister, mit
diesen Worten beleidigst du auch uns. 46 Er aber sprach: Wehe auch 46: Apg 15,10
euch, ihr Gesetzeslehrer! Ihr bürdet den Menschen unerträgliche Las-
ten auf, doch ihr selbst rührt mit keinem Finger an die Lasten. 47 Wehe 47: 6,22–23; 13,34;
euch! Ihr baut den Propheten Denkmäler, eure Väter aber haben sie ge- Mt 23,31!; Apg 7,52
tötet. 48 So seid ihr Zeugen für die Taten eurer Väter und heisst sie gut.
Denn sie haben sie getötet, und ihr baut ihnen Denkmäler. 49 Darum 49: Jer 7,25–26
hat auch die Weisheit Gottes gesprochen: Ich will Propheten und Apos-
tel zu ihnen senden; einige von ihnen werden sie verfolgen und töten,
50 und darum soll das Blut aller Propheten, das vergossen wurde seit
Grundlegung der Welt, von diesem Geschlecht gefordert werden,
51 von dem Blut Abels bis zum Blut des Zacharias, der umgebracht wur- 51: Gen 4,8–11
de zwischen Altar und Tempel. Ja, ich sage euch: Es wird von diesem
Geschlecht gefordert werden! 52 Wehe euch, ihr Gesetzeslehrer! Ihr
habt den Schlüssel zur Erkenntnis weggenommen. Ihr selbst seid nicht
hineingegangen, und denen, die hineingehen wollten, habt ihr es ver-
wehrt.
53 Und als er von dort wegging, fingen die Schriftgelehrten und Pha-
risäer an, ihn mit immer neuen Fragen zu bedrängen. 54 Und sie stell-
ten ihm nach, um etwas aus seinem Mund zu erjagen.

P: Mt 10,26–33 *Die Aufforderung zu furchtlosem Bekenntnis*

1: Mt 16,6; Mk 8,15 **12** 1 Unterdessen hatten sich die Leute zu tausenden versammelt, so
dass sie einander fast niedertraten. Da wandte er sich an seine
Jünger und sprach: Vor allem hütet euch vor dem Sauerteig – gemeint
ist die Heuchelei – der Pharisäer!

2: 8,17; Mk 4,22 2 Nichts ist verhüllt, was nicht enthüllt, und nichts ist geheim, was
nicht bekannt werden wird. 3 Darum wird alles, was ihr im Dunkeln
gesagt habt, im Licht gehört werden, und was ihr in den Kammern ins
Ohr geflüstert habt, auf den Dächern ausgerufen werden.

4: Joh 15,14–15 4 Und euch, meinen Freunden, sage ich: Fürchtet euch nicht vor de-
nen, die den Leib töten, darüber hinaus aber nichts tun können. 5 Ich
will euch zeigen, wen ihr fürchten sollt: Fürchtet den, der, nachdem er
getötet hat, die Macht hat, in die Hölle zu stossen. Ja, ich sage euch: Den
6: 12,24 fürchtet! 6 Verkauft man nicht fünf Spatzen für zwei Fünfer? Und nicht
7: 21,18 · 10,20 · einer von ihnen ist bei Gott vergessen. 7 Und ihr erst – bei euch sind
12,24 sogar die Haare auf dem Kopf alle gezählt! Fürchtet euch nicht! Ihr seid
mehr wert als viele Spatzen.

8 Ich sage euch aber: Zu jedem, der sich vor den Menschen zu mir
bekennt, wird sich auch der Menschensohn bekennen vor den Engeln
9: 9,26! Gottes. 9 Wer mich aber vor den Menschen verleugnet, der wird ver-
10: Mt 12,32; leugnet werden vor den Engeln Gottes. 10 Und jedem, der etwas gegen
Mk 3,28–29 den Menschensohn sagt, wird vergeben werden. Dem aber, der den hei-
ligen Geist lästert, wird nicht vergeben werden.

11: 21,12! 11 Wenn sie euch aber vor die Gerichte der Synagogen und vor die
Machthaber und vor die Behörden führen, dann sorgt euch nicht, wie
12: 21,15! oder womit ihr euch verteidigen oder was ihr sagen sollt, 12 denn der
heilige Geist wird euch in jener Stunde lehren, was ihr sagen müsst.

Die Geschichte vom reichen Kornbauern

13 Es sagte aber einer aus der Menge zu ihm: Meister, sag meinem
Bruder, er solle das Erbe mit mir teilen. 14 Er sagte zu ihm: Mensch, wer
15: 12,22! hat mich zum Richter oder Erbteiler über euch gesetzt? 15 Er sagte aber
zu ihnen: Seht euch vor und hütet euch vor jeder Art Habgier! Denn
auch dem, der im Überfluss lebt, wächst sein Leben nicht aus dem Besitz
zu.

16 Er erzählte ihnen aber ein Gleichnis: Das Land eines reichen Man-
nes hatte gut getragen. 17 Da dachte er bei sich: Was soll ich tun? Ich
habe keinen Raum, wo ich meine Ernte lagern kann. 18 Und er sagte:
Das werde ich tun: Ich werde meine Scheunen abbrechen und grössere
bauen, und dort werde ich all mein Getreide und meine Vorräte lagern.
19: 16,19; Koh 8,15 19 Dann werde ich zu meiner Seele sagen können: Seele, du hast reichen
Vorrat daliegen für viele Jahre. Ruh dich aus, iss, trink, sei fröhlich!
20: 9,25; Ps 49,18 20 Gott aber sagte zu ihm: Du Tor! Noch in dieser Nacht fordert man
deine Seele von dir zurück. Was du aber zurückgelegt hast – wem wird
es gehören? 21 So geht es dem, der für sich Schätze sammelt und nicht
reich ist vor Gott.

Von falscher und echter Sorge P: Mt 6,25–34.19–21
22 Und er sagte zu seinen Jüngern: Darum sage ich euch: Sorgt euch 22: 8,14; 12,15;
nicht um das Leben, was ihr essen werdet, noch um den Leib, was ihr 21,34 · Ps 145,15–16
anziehen werdet. 23 Denn das Leben ist mehr als die Nahrung und der
Leib mehr als die Kleidung.
24 Achtet auf die Raben: Sie säen nicht, sie ernten nicht, sie haben 24: Hiob 38,41;
weder Vorratskammer noch Scheune: Gott ernährt sie. Ihr seid doch viel Ps 147,9 · 12,6–7
mehr wert als die Vögel! 25 Wer von euch vermag mit seinem Sorgen
seiner Lebenszeit auch nur eine Elle hinzuzufügen? 26 Wenn ihr also
nicht einmal das Mindeste vermögt, was sorgt ihr euch dann um das
Übrige?
27 Achtet auf die Lilien, wie sie wachsen. Sie arbeiten nicht und
spinnen nicht; doch ich sage euch: Selbst Salomo in all seiner Pracht war
nicht gekleidet wie eine von ihnen. 28 Wenn Gott aber das Gras, das
heute auf dem Felde steht und morgen in den Ofen geworfen wird, so
kleidet, wie viel mehr dann euch, ihr Kleingläubigen!
29 So kümmert auch ihr euch nicht darum, was ihr essen und trin-
ken werdet, und ängstigt euch nicht. 30 Denn um all das kümmern
sich die Völker der Welt. Euer Vater weiss doch, dass ihr das braucht.
31 Trachtet vielmehr nach seinem Reich, dann werden euch diese Dinge
dazugegeben werden. 32 Fürchte dich nicht, du kleine Herde, denn es 32: Jes 41,14 · 22,29
hat eurem Vater gefallen, euch das Reich zu geben.
33 Verkauft euren Besitz und gebt Almosen! Macht euch Geldbeutel, 33: 11,41; 16,9; 18,22
die nicht verschleissen: einen unerschöpflichen Schatz im Himmel, wo
kein Dieb naht und keine Motte frisst. 34 Denn wo euer Schatz ist, da
wird auch euer Herz sein.

Das Bild von den wachsamen Knechten
35 *Eure Hüften sollen gegürtet* und eure Lichter angezündet sein! 35: Ex 12,11;
36 Und ihr sollt Menschen gleich sein, die auf ihren Herrn warten, um 1Petr 1,13
ihm, wenn er von der Hochzeit aufbricht und kommt und anklopft, so- 36: Mt 25,1–13
gleich zu öffnen. 37 Selig jene Knechte, die der Herr wach findet, wenn
er kommt! Amen, ich sage euch: Er wird sich gürten, sie zu Tisch bitten
und ihnen aufwarten. 38 Auch wenn er in der zweiten oder erst in der 38: Mk 13,35!
dritten Nachtwache kommt und sie so findet, selig sind sie!
39 Das aber versteht ihr: Wenn der Hausherr wüsste, zu welcher 39–40: Mt 24,42–44
Stunde der Dieb kommt, liesse er ihn nicht in sein Haus einbrechen. 39: 1Thess 5,2;
40 Auch ihr sollt bereit sein, denn der Menschensohn kommt zu einer 2Petr 3,10; Offb 3,3; 16,15 · 21,35
Stunde, da ihr es nicht erwartet. 40: 12,46;
41 Petrus aber sagte: Herr, sagst du dieses Gleichnis uns oder auch Mk 13,35!
allen anderen? 42 Und der Herr sprach: Wer ist nun der treue und kluge 41–46: Mt 24,45–51
Verwalter, den der Herr über seine Dienerschaft setzen wird, damit er
ihnen die Speise zuteile zur rechten Zeit? 43 Selig der Knecht, den sein
Herr, wenn er kommt, solches tun sieht. 44 Ich sage euch: Er wird ihn
über alle seine Güter setzen! 45 Wenn aber dieser Knecht in seinem 45: Mt 25,5 · 21,34
Herzen sagt: Mein Herr kommt noch lange nicht, und anfängt, die
Knechte und die Mägde zu schlagen, zu essen und zu trinken und sich
zu betrinken, 46 dann wird der Herr dieses Knechtes kommen an ei- 46: 12,40!
nem Tag, da er es nicht erwartet, und zu einer Stunde, die er nicht kennt.

Und er wird ihn in Stücke hauen lassen und ihm sein Teil bei den Un-
gläubigen zuweisen.
47: Jak 4,17 47 Der Knecht, der den Willen des Herrn kennt und nichts nach sei-
nem Willen bereitgemacht oder getan hat, wird viele Schläge erhalten.
48 Der aber, der ihn nicht kennt, und etwas getan hat, das Schläge ver-
dient, wird wenige erhalten. Wem aber viel gegeben wurde, von dem
wird viel gefordert werden; und wem viel anvertraut wurde, von dem
wird man umso mehr verlangen.

Von der notwendigen Zwietracht

49 Ich bin gekommen, Feuer auf die Erde zu werfen, und wie sehr
50: Mk 10,38 wünschte ich, es wäre schon entfacht! 50 Aber ich muss eine Taufe emp-
fangen, und wie ist mir bange, bis sie vollzogen ist.
51–53: Mt 10,34–36 51 Meint ihr, ich sei gekommen, Frieden auf die Erde zu bringen?
51: 22,36 Nein, sage ich euch, sondern Zwietracht. 52 Denn von nun an werden in
einem Haus fünf entzweit sein, drei mit zweien und zwei mit dreien;
53: 21,16; Mi 7,6 53 entzweit sein werden Vater und Sohn, und *Sohn* und *Vater*, Mutter
und Tochter, und *Tochter und Mutter*, Schwiegermutter und Schwieger-
tochter, und *Schwiegertochter und Schwiegermutter*.

Das Bild vom Wetter

54 Und zu den Leuten sagte er: Wenn ihr eine Wolke im Westen
aufsteigen seht, sagt ihr sogleich: Es kommt Regen; und so geschieht es.
55 Und wenn ihr spürt, dass der Südwind weht, sagt ihr: Es wird sehr
56: 7,22 heiss werden; und es geschieht. 56 Ihr Heuchler, das Aussehen der Erde
und des Himmels wisst ihr zu deuten; wie kommt es dann, dass ihr die-
se Stunde nicht zu deuten wisst?

P: Mt 5,25–26 *Von der Bereitschaft zur Versöhnung*

57 Warum könnt ihr nicht auch selber beurteilen, was recht ist?
58 Wenn du mit deinem Gegner in einem Rechtsstreit vor Gericht
gehst, dann gib dir unterwegs Mühe, ihn gütlich loszuwerden, damit er
dich nicht vor den Richter zieht und der Richter dich dem Gerichtsdie-
59: Mt 18,34 ner übergibt und der Gerichtsdiener dich ins Gefängnis wirft. 59 Ich
sage dir: Du wirst von dort nicht herauskommen, bis du auch den letz-
ten Heller bezahlt hast.

Die Mahnung zur Umkehr

13 1 Es waren aber zur selben Zeit einige zugegen, die ihm von den
Galiläern berichteten, deren Blut Pilatus mit dem ihrer Opfertiere
2: Joh 9,2 vermischt hatte. 2 Und er wandte sich an sie und sagte: Meint ihr, diese
Galiläer seien grössere Sünder gewesen als alle anderen Galiläer, weil
ihnen dies widerfahren ist? 3 Nein, sage ich euch; aber wenn ihr nicht
umkehrt, werdet ihr alle ebenso zugrunde gehen. 4 Oder jene achtzehn,
auf die der Turm am Teich Schiloach stürzte und sie tötete, meint ihr, sie
seien schuldiger gewesen als alle anderen Bewohner Jerusalems?
5 Nein, sage ich euch; aber wenn ihr nicht umkehrt, werdet ihr alle
ebenso zugrunde gehen.

Das Bild vom Feigenbaum P: Jes 5,1–7
6 Er erzählte aber das folgende Gleichnis: Es hatte einer in seinem
Weinberg einen Feigenbaum stehen. Und er kam und suchte Frucht an
ihm und fand keine. 7 Da sagte er zu dem Weinbauern: Seit drei Jahren 7: 3,9; Mt 21,19;
komme ich nun und suche Frucht an diesem Feigenbaum und finde kei- Mk 11,13–14
ne. Hau ihn um! Wozu soll er auch noch den Boden aussaugen? 8 Der
aber antwortet ihm: Herr, lass ihn noch dieses Jahr, bis ich rings um ihn
umgegraben und Mist ausgelegt habe. 9 Vielleicht bringt er in Zukunft
doch Frucht; wenn aber nicht, dann lass ihn umhauen.

Die Heilung einer verkrümmten Frau am Sabbat P: 6,6–11; 14,1–6
10 Er lehrte aber am Sabbat in einer der Synagogen. 11 Und da war
eine Frau, die hatte seit achtzehn Jahren einen Geist, der sie krank
machte; sie war verkrümmt und konnte sich nicht mehr aufrichten.
12 Als nun Jesus sie sah, rief er sie herbei und sagte zu ihr: Frau, du bist
von deiner Krankheit erlöst. 13 Und er legte ihr die Hände auf. Und auf
der Stelle richtete sie sich auf und pries Gott. 14 Der Synagogenvorste- 14: Ex 20,8–11;
her aber, aufgebracht darüber, dass Jesus am Sabbat heilte, sagte zu den Dtn 5,12–15
Leuten: Sechs Tage sind es, an denen man arbeiten soll; kommt also an
diesen Tagen, um euch heilen zu lassen, nicht an einem Sabbat! 15 Der
Herr aber antwortete ihm: Ihr Heuchler, bindet nicht jeder von euch am
Sabbat seinen Ochsen oder Esel von der Krippe los und führt ihn zur
Tränke? 16 Diese aber, eine Tochter Abrahams, die der Satan volle acht- 16: 19,9! · 8,29
zehn Jahre in Fesseln gehalten hat, musste sie nicht am Sabbat von die-
ser Fessel losgebunden werden? 17 Und als er dies sagte, schämten sich
alle seine Gegner. Und alles Volk freute sich über all die herrlichen Ta-
ten, die durch ihn geschahen.

Das Gleichnis vom Senfkorn und das Gleichnis vom Sauerteig P: Mt 13,31–33;
18 Nun sprach er: Wem ist das Reich Gottes gleich, womit soll ich es Mk 4,30–32
vergleichen? 19 Es ist einem Senfkorn gleich, das einer nahm und in 19: Ps 104,12;
seinen Garten säte. Und es wuchs und wurde zu einem Baum, und *die* Dan 4,9.18
Vögel des Himmels nisteten in seinen Zweigen.
20 Und wiederum sprach er: Womit soll ich das Reich Gottes verglei-
chen? 21 Es ist einem Sauerteig gleich, den eine Frau nahm und mit drei
Scheffel Mehl vermengte, bis alles durchsäuert war.

Das Bild von der engen Tür und von der verschlossenen Tür
22 Und er zog von Stadt zu Stadt und von Dorf zu Dorf und lehrte 22: 9,51!
und nahm so seinen Weg nach Jerusalem.
23 Da sagte einer zu ihm: Herr, ob es wohl wenige sind, die gerettet 23–24: Mt 7,13–14
werden? Er sagte zu ihnen: 24 Setzt alles daran, durch die enge Tür ein-
zutreten! Denn viele, sage ich euch, werden es versuchen, und es wird
ihnen nicht gelingen.
25 Wenn sich der Hausherr erhoben und die Tür verschlossen hat 25: Mt 25,11–12
und ihr noch draussen steht und erst dann anfangt, an die Tür zu klop-
fen und zu sagen: Herr, öffne uns!, wird er euch antworten: Ich weiss
nicht, woher ihr seid! 26 Dann werdet ihr anfangen zu sagen: Wir ha-
ben doch vor deinen Augen gegessen und getrunken, und du hast auf
unseren Strassen gelehrt. 27 Und er wird zu euch sagen: Ich weiss nicht, 27: Ps 6,9; Mt 7,23

28: Mt 8,12! woher ihr seid. *Weg von mir, all ihr Übeltäter!* 28 Da wird Heulen und
Zähneklappern sein, wenn ihr dann seht, wie Abraham, Isaak und Jakob
und alle Propheten im Reich Gottes sind, ihr aber hinausgeworfen wer-
29: Ps 107,3; det. 29 Und sie werden kommen von Osten und Westen und von Nor-
Jes 49,12; Mt 8,11 · 14,15 den und Süden und bei Tisch sitzen im Reich Gottes. 30 Da gibt es Letz-
30: Mt 19,30; 20,16; Mk 10,31 te, die Erste sein werden, und es gibt Erste, die Letzte sein werden.

P: Mt 23,37–39 *Jerusalem, der Ort des Leidens*

31 Zur selben Stunde kamen einige Pharisäer zu ihm und sagten:
Geh weg, zieh fort von hier, denn Herodes will dich töten. 32 Und er
sagte zu ihnen: Geht und sagt diesem Fuchs: Gib acht! Ich treibe Dämo-
nen aus und vollbringe Heilungen heute und morgen, und am dritten
Tag bin ich am Ziel. 33 Doch heute und morgen und am folgenden Tag
muss ich weiterziehen, denn es geht nicht an, dass ein Prophet ausser-
halb von Jerusalem umkommt.

34: 11,47! · 34 Jerusalem, Jerusalem, die du tötest die Propheten und steinigst,
Dtn 32,11; Ps 91,4 die zu dir gesandt sind! Wie oft habe ich deine Kinder sammeln wollen
wie eine Henne ihre Küken unter ihre Flügel, und ihr habt nicht ge-
35: Jer 12,7 · 19,38! wollt. 35 Euch wird das Haus noch veröden. Ich sage euch: Ihr werdet
mich nicht mehr sehen, bis die Zeit kommt, da ihr sagt: *Gepriesen sei, der
da kommt im Namen des Herrn.*

P: 6,6–11; 13,10–17 *Die Heilung eines Wassersüchtigen am Sabbat*

1: 7,36! 14 1 Und es geschah, als er an einem Sabbat in das Haus eines ange-
sehenen Pharisäers zum Essen kam, dass man ihn sehr genau be-
obachtete.

2 Da stand auf einmal ein wassersüchtiger Mensch vor ihm. 3 Und
Jesus wandte sich an die Gesetzeslehrer und Pharisäer: Ist es erlaubt, am
Sabbat zu heilen oder nicht? 4 Sie aber schwiegen. Da fasste er ihn an,
5: Mt 12,11 heilte ihn und entliess ihn. 5 Und zu ihnen sagte er: Wer von euch, dem
der Sohn oder der Ochse am Sabbat in einen Brunnen fällt, wird ihn
nicht sogleich herausziehen – auch an einem Sabbat? 6 Und sie ver-
mochten nichts dagegen einzuwenden.

Von Eitelkeit und Eigennutz

7–11: Spr 25,6–7 7 Er erzählte aber den Geladenen ein Gleichnis – er hatte nämlich
7: 11,43! beobachtet, wie sie die Ehrenplätze auswählten –, und er sagte zu ihnen:
8 Wenn du von jemandem zu einem Hochzeitsmahl eingeladen wirst,
dann setz dich nicht auf den Ehrenplatz. Es könnte nämlich einer einge-
laden sein, der angesehener ist als du, 9 und der, der dich und ihn einge-
laden hat, könnte kommen und zu dir sagen: Mach diesem Platz! Dann
müsstest du voller Scham den untersten Platz einnehmen. 10 Nein,
wenn du eingeladen wirst, dann geh und lass dich auf dem untersten
Platz nieder, damit dein Gastgeber, wenn er kommt, zu dir sagen wird:
Freund, rücke weiter nach oben! Dann wird dir Ehre zuteil werden in
11: 18,14; den Augen aller, die mit dir zu Tisch sitzen. 11 Denn wer sich selbst er-
Hiob 22,29; höht, wird erniedrigt werden, und wer sich selbst erniedrigt, wird er-
Mt 23,12; Jak 4,10 · Phil 2,8–9 höht werden.

12: 6,34 12 Zu dem aber, der ihn eingeladen hatte, sagte er: Wenn du ein Mit-
tagessen oder ein Abendessen gibst, so lade weder deine Freunde noch

deine Brüder noch deine Verwandten noch reiche Nachbarn ein, damit
sie nicht Gegenrecht halten und dich ihrerseits wieder einladen.
13 Nein, wenn du ein Gastmahl gibst, dann lade Arme, Verkrüppelte, 13: 14,21
Lahme und Blinde ein. 14 Und du wirst selig sein, weil sie nichts haben,
es dir zu vergelten. Denn es wird dir vergolten werden in der Auferste-
hung der Gerechten.

Die Geschichte vom grossen Gastmahl P: Mt 22,1–10

15 Als aber einer der Tischgenossen das hörte, sagte er zu ihm: Selig, 15: 13,29!
wer im Reich Gottes essen wird.

16 Er aber sagte zu ihm: Ein Mensch gab ein grosses Essen und lud
viele ein. 17 Und zur Stunde des Mahls sandte er seinen Knecht aus, um
den Geladenen zu sagen: Kommt, alles ist schon bereit!

18 Da begannen auf einmal alle, sich zu entschuldigen. Der erste sag-
te zu ihm: Ich habe einen Acker gekauft und muss unbedingt hingehen,
um ihn zu besichtigen. Ich bitte dich, betrachte mich als entschuldigt.
19 Und ein anderer sagte: Ich habe fünf Joch Ochsen gekauft und bin
unterwegs, sie zu prüfen. Ich bitte dich, betrachte mich als entschuldigt.
20 Und wieder ein anderer sagte: Ich habe geheiratet und kann deshalb
nicht kommen. 21 Und der Knecht kam zurück und berichtete dies sei- 21: 14,13
nem Herrn.

Da wurde der Hausherr zornig und sagte zu seinem Knecht: Geh
schnell hinaus auf die Strassen und Gassen der Stadt und bring die Ar-
men und Verkrüppelten und Blinden und Lahmen herein. 22 Und der
Knecht sagte: Herr, was du angeordnet hast, ist geschehen, und es ist
noch Platz. 23 Und der Herr sagte zum Knecht: Geh hinaus auf die Land-
strassen und an die Zäune und dränge sie hereinzukommen, damit
mein Haus voll wird! 24 Doch das sage ich euch: Von jenen Leuten, die
zuerst eingeladen waren, wird keiner mein Mahl geniessen.

Von den Kosten der Nachfolge

25 Es zogen aber viele Leute mit ihm. Und er wandte sich um und
sagte zu ihnen: 26 Wer zu mir kommt und nicht Vater und Mutter, Frau 26: Mt 10,37 ·
und Kinder, Brüder und Schwestern und dazu auch sein eigenes Leben 9,24 · 5,11!
hasst, kann nicht mein Jünger sein. 27 Wer nicht sein Kreuz trägt und 27: 9,23!
in meine Nachfolge tritt, kann nicht mein Jünger sein.

28 Wer von euch wird sich, wenn er einen Turm bauen will, nicht
zuerst hinsetzen und die Kosten berechnen, ob er auch genug habe zur
Ausführung. 29 Es könnten sonst, wenn er das Fundament gelegt, den
Bau aber nicht fertig gestellt hat, alle, die es sehen, sich über ihn lustig
machen: 30 Dieser Mensch hat zu bauen angefangen und war nicht in
der Lage, es fertig zu stellen. 31 Oder welcher König wird sich, wenn er
auszieht, um mit einem anderen König Krieg zu führen, nicht zuerst
hinsetzen und überlegen, ob er imstande ist, mit zehntausend Mann
dem entgegenzutreten, der mit zwanzigtausend Mann gegen ihn an-
rückt? 32 Andernfalls schickt er eine Gesandtschaft, solange jener noch
weit weg ist, und bittet um Frieden. 33 So kann denn keiner von euch, 33: 5,11!
der sich nicht von allem lossagt, was er hat, mein Jünger sein. 34–35: Mt 5,13;

34 Salz ist etwas Gutes. Wenn aber auch das Salz fade wird, womit Mk 9,49–50
soll es wieder salzig gemacht werden? 35 Es ist weder für den Acker 35: 8,8!

noch für den Misthaufen zu gebrauchen; man wirft es fort. Wer Ohren
hat zu hören, der höre!

Das Gleichnis vom verlorenen Schaf und das Gleichnis von der verlorenen Drachme

1: 5,29 15 1 Alle Zöllner und Sünder suchten seine Nähe, um ihm zuzuhö-
2: 5,30! ren. 2 Und die Pharisäer und Schriftgelehrten murrten: Der
nimmt Sünder auf und isst mit ihnen.
3–7: Mt 18,12–14 3 Er aber erzählte ihnen das folgende Gleichnis: 4 Wer von euch, der
4: Ez 34,16 hundert Schafe hat und eines von ihnen verliert, lässt nicht die neun-
undneunzig in der Wüste zurück und geht dem verlorenen nach, bis er
es findet? 5 Und wenn er es findet, nimmt er es voller Freude auf seine
Schultern 6 und geht nach Hause, ruft die Freunde und die Nachbarn
zusammen und sagt zu ihnen: Freut euch mit mir, denn ich habe mein
7: 5,32! verlorenes Schaf gefunden. 7 Ich sage euch: So wird man sich auch im
Himmel mehr freuen über *einen* Sünder, der umkehrt, als über neun-
undneunzig Gerechte, die keiner Umkehr bedürfen.

8 Oder welche Frau, die zehn Drachmen besitzt und eine davon ver-
loren hat, zündet nicht ein Licht an, kehrt das Haus und sucht eifrig, bis
sie sie findet? 9 Und wenn sie sie gefunden hat, ruft sie ihre Freundin-
nen und Nachbarinnen zusammen und sagt: Freut euch mit mir, denn
10: 5,32! ich habe die Drachme gefunden, die ich verloren hatte. 10 So, sage ich
euch, wird man sich freuen im Beisein der Engel Gottes über *einen* Sün-
der, der umkehrt.

Die Geschichte vom verlorenen Sohn

11 Und er sprach: Ein Mann hatte zwei Söhne. 12 Und der jüngere
von ihnen sagte zum Vater: Vater, gib mir den Teil des Vermögens, der
13: 15,30; 16,1 mir zusteht. Da teilte er alles, was er hatte, unter ihnen. 13 Wenige Tage
danach machte der jüngere Sohn alles zu Geld und zog in ein fernes
Land. Dort lebte er in Saus und Braus und verschleuderte sein Vermö-
gen. 14 Als er aber alles aufgebraucht hatte, kam eine schwere Hungers-
not über jenes Land, und er geriet in Not. 15 Da ging er und hängte sich
an einen der Bürger jenes Landes, der schickte ihn auf seine Felder, die
Schweine zu hüten. 16 Und er wäre zufrieden gewesen, sich den Bauch
zu füllen mit den Schoten, die die Schweine frassen, doch niemand gab
ihm davon. 17 Da ging er in sich und sagte: Wie viele Tagelöhner meines
Vaters haben Brot in Hülle und Fülle, ich aber komme hier vor Hunger
um. 18 Ich will mich aufmachen und zu meinem Vater gehen und zu
ihm sagen: Vater, ich habe gesündigt gegen den Himmel und vor dir.
19 Ich bin es nicht mehr wert, dein Sohn zu heissen; stelle mich wie
20: 7,13! einen deiner Tagelöhner. 20 Und er machte sich auf und ging zu seinem
Vater.

Er war noch weit weg, da sah ihn sein Vater schon und fühlte Mitleid,
und er eilte ihm entgegen, fiel ihm um den Hals und küsste ihn. 21 Der
Sohn aber sagte zu ihm: Vater, ich habe gesündigt gegen den Himmel
und vor dir. Ich bin es nicht mehr wert, dein Sohn zu heissen. 22 Da

15,13: Andere Übersetzungsmöglichkeit: «Wenige Tage danach packte der jüngere Sohn alles zusammen und zog ...»

sagte der Vater zu seinen Knechten: Schnell, bringt das beste Gewand
und zieht es ihm an! Und gebt ihm einen Ring an die Hand und Schuhe
für die Füsse. 23 Holt das Mastkalb, schlachtet es, und wir wollen essen
und fröhlich sein! 24 Denn dieser mein Sohn war tot und ist wieder 24: 15,32 · 5,32!
lebendig geworden, er war verloren und ist gefunden worden. Und sie
fingen an zu feiern.
25 Sein älterer Sohn aber war auf dem Feld. Und als er kam und sich
dem Haus näherte, hörte er Musik und Tanz. 26 Und er rief einen von
den Knechten herbei und erkundigte sich, was das sei. 27 Der sagte zu
ihm: Dein Bruder ist gekommen, und dein Vater hat das Mastkalb ge-
schlachtet, weil er ihn gesund wiederbekommen hat. 28 Da wurde er
zornig und wollte nicht hineingehen. Sein Vater aber kam heraus und
redete ihm zu. 29 Er aber entgegnete seinem Vater: All die Jahre diene
ich dir nun, und nie habe ich ein Gebot von dir übertreten. Doch mir
hast du nie einen Ziegenbock gegeben, dass ich mit meinen Freunden
hätte feiern können. 30 Aber nun, da dein Sohn heimgekommen ist, der 30: 15,13
da, der dein Vermögen mit Huren verprasst hat, hast du für ihn das
Mastkalb geschlachtet. 31 Er aber sagte zu ihm: Kind, du bist immer bei
mir, und alles, was mein ist, ist dein. 32 Feiern muss man jetzt und sich 32: 15,24 · 5,32!
freuen, denn dieser dein Bruder war tot und ist lebendig geworden, war
verloren und ist gefunden worden.

Die Geschichte vom gerissenen Verwalter

16 1 Und zu den Jüngern sprach er: Es war einmal ein reicher Mann, 1: 15,13
der hatte einen Verwalter. Der wurde bei ihm verklagt, er ver-
schleudere sein Vermögen. 2 Da rief er ihn zu sich und sagte: Was höre
ich da über dich? Leg die Schlussabrechnung vor, denn du kannst nicht
länger Verwalter sein! 3 Der Verwalter aber sagte sich: Was soll ich tun,
da mein Herr mir die Verwaltung wegnimmt? Zu graben bin ich nicht
stark genug, und zu betteln schäme ich mich. 4 Ich weiss, was ich tun
werde, damit sie mich, wenn ich als Verwalter abgesetzt bin, in ihre
Häuser aufnehmen. 5 Und er rief die Schuldner seines Herrn, einen
nach dem andern, zu sich und sagte zum ersten: Wie viel bist du mei-
nem Herrn schuldig? 6 Der sprach: Hundert Fass Öl. Er aber sagte zu
ihm: Da, nimm deinen Schuldschein, setz dich hin und schreib schnell
fünfzig! 7 Darauf sagte er zum zweiten: Und du, wie viel bist du schul-
dig? Der sagte: Hundert Sack Weizen. Er sagte zu ihm: Da, nimm deinen
Schuldschein und schreib achtzig.
8 Und der Herr lobte den ungetreuen Verwalter, weil er klug gehan-
delt hatte. Ja, die Söhne dieser Welt sind im Verkehr mit ihresgleichen
klüger als die Söhne des Lichts! 9 Und ich sage euch: Macht euch Freun- 9: 12,33!
de mit dem ungerechten Mammon, damit man euch, wenn er ausgeht,
aufnimmt in die ewigen Wohnungen.

Vom rechten Umgang mit Besitz

10 Wer im Kleinsten treu ist, ist auch im Grossen treu; und wer im 10: 19,17
Kleinsten nicht treu ist, ist auch im Grossen nicht treu. 11 Wenn ihr also
mit dem ungerechten Mammon nicht treu gewesen seid, wer wird euch
dann das wahre Gut anvertrauen? 12 Und wenn ihr mit fremdem Gut
nicht treu gewesen seid, wer wird euch dann euer eigenes geben?

13: Mt 6,24 13 Kein Knecht kann zwei Herren dienen. Denn entweder wird er
den einen hassen und den anderen lieben, oder er wird sich an den ei-
nen halten und den anderen verachten. Ihr könnt nicht Gott dienen und
dem Mammon.

Von der Geltung des Gesetzes

14 Das alles aber hörten die Pharisäer, die am Geld hingen, und sie
15: 18,9 · spotteten über ihn. 15 Und er sagte zu ihnen: Ihr pflegt euch selbst vor
1Kön 8,39; den Menschen als gerecht darzustellen, Gott aber kennt eure Herzen.
Spr 24,12 Denn was bei den Menschen hoch angesehen ist, ist ein Greuel vor Gott.
16: Mt 11,12–13; 16 Das Gesetz und die Propheten reichen bis zu Johannes; von da an
Apg 10,37–38; wird das Evangelium vom Reich Gottes verkündigt, und jeder drängt
13,23–24 mit Gewalt hinein. 17 Doch eher werden Himmel und Erde vergehen,
17: Mt 5,18 · 21,33 als dass vom Gesetz auch nur ein Häkchen wegfällt.
18: Mt 19,9! 18 Jeder, der seine Frau entlässt und eine andere heiratet, bricht die
Ehe. Auch wer eine heiratet, die von ihrem Mann entlassen worden ist,
bricht die Ehe.

Die Geschichte vom reichen Mann und vom armen Lazarus

19: 12,19 19 Es war einmal ein reicher Mann, der sich in Purpur und feines
Leinen kleidete und Tag für Tag prächtige Feste feierte. 20 Vor seiner
Tür aber lag ein Armer mit Namen Lazarus, der war über und über be-
deckt mit Geschwüren. 21 Und er wäre zufrieden gewesen, sich den
Bauch zu füllen mit den Brosamen vom Tisch des Reichen; stattdessen
kamen die Hunde und leckten an seinen Geschwüren.

22 Es geschah aber, dass der Arme starb und von den Engeln in Abra-
hams Schoss getragen wurde. Aber auch der Reiche starb und wurde
begraben. 23 Und wie er im Totenreich, von Qualen gepeinigt, seine Au-
gen aufhebt, sieht er von ferne Abraham und Lazarus in seinem Schoss.
24: 3,8! 24 Und er schrie: Vater Abraham, hab Erbarmen mit mir und schicke
Lazarus, damit er seine Fingerspitze ins Wasser tauche und meine Zun-
25: 6,24! · 6,21 ge kühle, denn ich leide Pein in dieser Glut. 25 Aber Abraham sagte:
Kind, denk daran, dass du dein Gutes zu deinen Lebzeiten empfangen
hast und Lazarus in gleicher Weise das Schlechte. Doch jetzt wird er hier
getröstet, du aber leidest Pein. 26 Und zu alledem besteht zwischen uns
und euch eine so tiefe Kluft, dass die, die von hier zu euch hinübergehen
wollen, es nicht können und dass die von dort nicht zu uns herüberge-
langen. 27 Er aber sagte: So bitte ich dich denn, Vater, ihn in das Haus
meines Vaters zu schicken. 28 Ich habe nämlich fünf Brüder; die soll er
warnen, damit nicht auch sie an diesen Ort der Qual kommen. 29 Abra-
ham aber sagt:

Sie haben Mose und die Propheten, auf die sollen sie hören. 30 Da
sagte er: Nein, das werden sie nicht, Vater Abraham! Aber wenn einer
von den Toten zu ihnen kommt, werden sie umkehren. 31 Da sagte er zu
ihm: Wenn sie auf Mose und die Propheten nicht hören, so werden sie
sich auch nicht überzeugen lassen, wenn einer von den Toten aufer-
steht.

Von Verführung und Vergebung

17 1 Er sagte zu seinen Jüngern: Verführung wird kommen, sie ist 1: Mt 18,7
unabwendbar, aber wehe dem, durch den sie kommt! 2 Es wäre 2: Mt 18,6; Mk 9,42
besser für ihn, wenn ihm ein Mühlstein um den Hals gehängt und er ins
Meer geworfen würde, als dass er einen von diesen Geringen zu Fall
bringt. 3 Seht euch vor! 3: Mt 18,15 ·
Wenn dein Bruder sündigt, so weise ihn zurecht; und wenn er um- Lev 19,17
kehrt, so vergib ihm. 4 Und wenn er siebenmal am Tag an dir schuldig 4: Mt 18,21–22 ·
wird und siebenmal zu dir kommt und sagt: Ich will umkehren, sollst 9,54–55; 11,4
du ihm vergeben.

Von der Kraft des Glaubens

5 Und die Apostel sagten zum Herrn: Gib uns mehr Glauben! 6 Der 5: 8,25!; Mk 9,24
Herr aber sprach: Hättet ihr Glauben wie ein Senfkorn, würdet ihr zu 6: Mt 17,20!
diesem Maulbeerbaum sagen: Reiss dich samt den Wurzeln aus und
verpflanze dich ins Meer! – und er würde euch gehorchen.

Vom Stand eines Knechts

7 Wer von euch, der einen Knecht zum Pflügen oder Viehhüten hat,
wird, wenn der vom Feld heimkommt, zu ihm sagen: Komm her und
setz dich gleich zu Tisch? 8 Wird er nicht vielmehr zu ihm sagen: Bereite
mir etwas zu essen, binde die Schürze um und bediene mich, solange
ich esse und trinke, danach magst du essen und trinken? 9 Dankt er
etwa seinem Knecht dafür, dass er getan hat, was ihm aufgetragen war?
10 So sollt auch ihr, wenn ihr alles getan habt, was euch aufgetragen ist,
sagen: Wir sind weiter nichts als Knechte; wir haben getan, was wir zu
tun schuldig waren.

Der dankbare Samaritaner

11 Und es geschah, während er nach Jerusalem unterwegs war, dass 11: 9,51!
er durch das Grenzgebiet von Samaria und Galiläa zog.
12 Und als er in ein Dorf hineinging, kamen ihm zehn aussätzige
Männer entgegen. Sie blieben in einiger Entfernung stehen 13 und er-
hoben ihre Stimme und riefen: Jesus, Meister, hab Erbarmen mit uns!
14 Und als er sie sah, sagte er zu ihnen: Geht und zeigt euch den Pries- 14: 5,14!
tern! Und es geschah, während sie hingingen, dass sie rein wurden.
15 Einer von ihnen aber kehrte, als er sah, dass er geheilt worden war, 15: 2,20!
zurück, pries Gott mit lauter Stimme, 16 fiel ihm zu Füssen auf das An-
gesicht nieder und dankte ihm. Und das war ein Samaritaner. 17 Jesus
aber antwortete: Sind nicht zehn rein geworden? Wo sind die übrigen
neun? 18 Hat sich keiner gefunden, der zurückgekehrt wäre, um Gott
die Ehre zu geben, ausser diesem Fremden? 19 Und er sagte zu ihm: Steh 19: 7,50!
auf und geh! Dein Glaube hat dich gerettet.

Vom Kommen des Menschensohnes P: 21,25–28

20 Als er von den Pharisäern gefragt wurde, wann das Reich Gottes 20: 9,27!
komme, antwortete er ihnen: Das Reich Gottes kommt nicht so, dass
man es beobachten könnte. 21 Man wird auch nicht sagen können: Hier 21: 17,23! · 10,9!
ist es! oder: Dort ist es! Denn seht, das Reich Gottes ist mitten unter
euch.

22: 5,35 22 Zu den Jüngern aber sagte er: Es werden Tage kommen, da werdet
ihr danach verlangen, auch nur einen der Tage des Menschensohnes zu
23: 17,21; 21,8; sehen, und ihr werdet ihn nicht sehen. 23 Und man wird zu euch sagen:
Mt 24,23.26; Dort ist er! oder: Hier ist er! Geht nicht hin, lauft nicht hinterher!
Mk 13,21
24: Mt 24,27 24 Denn wie der Blitz, wenn er aufflammt, von einem Ende des Him-
mels bis zum anderen leuchtet, so wird es mit dem Menschensohn sein
25: 9,22! an seinem Tag. 25 Zuvor aber muss er viel leiden und verworfen werden
von diesem Geschlecht.

26: Mt 24,37 26 Und wie es war in den Tagen Noahs, so wird es auch sein in den
27: Mt 24,38–39; Tagen des Menschensohnes: 27 Sie assen, tranken, heirateten und wur-
Gen 7,17–22; den verheiratet bis zu dem Tag, da Noah in die Arche ging und die Sint-
2Petr 2,5 flut kam und alle zugrunde richtete. 28 Und es wird sein, wie es war in
den Tagen Lots: Sie assen, tranken, kauften, verkauften, pflanzten und
29: 10,12; bauten. 29 An dem Tag aber, als Lot von Sodom wegging, regnete es Feu-
Gen 19,24–25; er und Schwefel vom Himmel, und alle wurden zugrunde gerichtet.
2Petr 2,6–7 30 So wird es auch sein an dem Tag, da der Menschensohn sich offenba-
ren wird.

31: Mt 24,17–18; 31 Wer an jenem Tag auf dem Dach ist und sein Hab und Gut im
Mk 13,15–16 Haus hat, der steige nicht hinunter, um es zu holen; auch kehre, wer auf
32: Gen 19,17.26 dem Feld ist, nicht nach Hause zurück. 32 Denkt an Lots Frau! 33 Wer
33: 9,24! sein Leben zu bewahren sucht, wird es verlieren, und wer es verliert,
wird es neu erhalten. 34 Ich sage euch: In jener Nacht werden zwei in
einem Bett sein, der eine wird mitgenommen, der andere wird zurück-
35: Mt 24,40–41 gelassen werden. 35 Zwei werden zusammen mahlen, die eine wird
mitgenommen, die andere aber wird zurückgelassen werden.

37: Mt 24,28 37 Und sie entgegnen ihm: Wo, Herr? Er aber sagte zu ihnen: Wo das
Aas ist, da sammeln sich auch die Geier.

Die Geschichte von der hartnäckigen Witwe

18 1 Er erzählte ihnen aber ein Gleichnis, um ihnen zu sagen, dass sie
allezeit beten und darin nicht nachlassen sollten: 2 In einer Stadt
gab es einen Richter, der Gott nicht fürchtete und keinen Menschen
scheute. 3 Und in dieser Stadt gab es auch eine Witwe, die immer wie-
der zu ihm kam und sagte: Verschaffe mir Recht gegenüber meinem
Gegner! 4 Eine Zeit lang wollte er nicht. Danach aber sagte er sich:
5: 11,8 Wenn ich auch Gott nicht fürchte und keinen Menschen scheue – 5 die-
ser Witwe will ich, weil sie mir lästig ist, Recht verschaffen, damit sie
am Ende nicht noch kommt und mich ins Gesicht schlägt.

6 Und der Herr sprach: Hört, was der ungerechte Richter da sagt!
7 Sollte nun Gott seinen Auserwählten, die Tag und Nacht zu ihm
schreien, nicht Recht verschaffen, und sollte er ihre Sache aufschieben?
8: 7,9! 8 Ich sage euch: Er wird ihnen Recht verschaffen, und zwar unverzüg-
lich. Bloss – wird der Menschensohn, wenn er kommt, den Glauben an-
treffen auf Erden?

17,35: Verschiedene Handschriften fügen nach V.35 ein (wohl von Mt 24,40 übernommen): «36 Da werden zwei auf dem Feld sein, der eine wird mitgenommen, der andere wird zurückgelassen werden.»

Die Geschichte vom Pharisäer und vom Zöllner im Tempel
9 Er erzählte aber auch einigen, die überzeugt waren, gerecht zu 9: 16,15 · Röm 10,3
sein, und die anderen verachteten, das folgende Gleichnis: 10 Zwei
Menschen gingen hinauf in den Tempel, um zu beten, der eine war ein
Pharisäer und der andere ein Zöllner. 11 Der Pharisäer stellte sich hin
und betete, in sich gekehrt, so: Gott, ich danke dir, dass ich nicht wie die
anderen Menschen bin, wie Räuber, Betrüger, Ehebrecher oder auch
wie dieser Zöllner. 12 Ich faste zweimal in der Woche, ich gebe den 12: 5,33 · 11,42!
Zehnten von allem, was ich einnehme. 13 Der Zöllner aber stand ganz 13: Ps 51,3 · 5,8!
abseits und wagte nicht einmal seine Augen zum Himmel zu erheben,
sondern schlug sich an die Brust und sagte: Gott, sei mir Sünder gnädig!
14 Ich sage euch: Dieser ging befreit in sein Haus zurück, jener nicht. 14: Mt 21,31 · 14,11!
Denn wer sich selbst erhöht, wird erniedrigt werden; wer sich aber
selbst erniedrigt, wird erhöht werden.

Jesus und die Kinder P: Mt 19,13–15; Mk 10,13–16
15 Man brachte auch die kleinen Kinder zu ihm, damit er sie in die
Arme nehme. Als die Jünger das sahen, fuhren sie sie an. 16 Jesus aber 16: 9,47–48
rief sie herbei und sprach: Lasst die Kinder zu mir kommen und hindert
sie nicht, denn solchen gehört das Reich Gottes. 17 Amen, ich sage euch: 17: Mt 18,3
Wer das Reich Gottes nicht annimmt wie ein Kind, wird nicht hinein-
kommen.

Nachfolge und Reichtum P: Mt 19,16–26; Mk 10,17–27
18 Und ein vornehmer Mann fragte ihn: Guter Meister, was muss 18: 10,25 · 18,30
ich tun, um ewiges Leben zu erben? 19 Jesus sagte zu ihm: Was nennst
du mich gut? Niemand ist gut ausser Gott. 20 Du kennst die Gebote: *Du* 20: Ex 20,12–16; Dtn 5,16–20
sollst nicht ehebrechen, du sollst nicht töten, du sollst nicht stehlen, du sollst
kein falsches Zeugnis ablegen; ehre deinen Vater und deine Mutter. 21 Er
sagte: Dies alles habe ich gehalten von Jugend an. 22 Als Jesus das hörte, 22: 12,33! · 5,11!
sagte er zu ihm: Eines fehlt dir noch. Verkaufe alles, was du hast, und
verteile es unter die Armen, und du wirst einen Schatz im Himmel ha-
ben, und komm und folge mir! 23 Der aber wurde sehr traurig, als er das
hörte, denn er war sehr reich.
24 Jesus aber sah ihn an und sprach: Wie schwer kommen die Begü- 24: 6,24!
terten ins Reich Gottes! 25 Ja, eher geht ein Kamel durch ein Nadelöhr
als ein Reicher ins Reich Gottes. 26 Die das hörten, sagten: Wer kann
dann gerettet werden? 27 Er sprach: Was unmöglich ist bei Menschen, 27: 1,37!
ist möglich bei Gott.

Vom Lohn der Nachfolge P: Mt 19,27–30; Mk 10,28–31
28 Petrus aber sagte: Wir hier haben unser Eigentum zurückgelas- 28: 5,11!
sen und sind dir gefolgt. 29 Da sagte er zu ihnen: Amen, ich sage euch, 29: 5,11!
da ist keiner, der um des Reiches Gottes willen Haus, Frau, Geschwister,
Eltern oder Kinder verlassen hat 30 und nicht ein Vielfaches wieder 30: 18,18
empfängt hier in dieser Zeit und in der kommenden Welt ewiges Leben.

P: Mt 20,17–19; Mk 10,32–34
Die dritte Leidensankündigung

31: 9,51! · 22,37; 24,25–27.44; Joh 5,39
31 Er nahm nun die Zwölf beiseite und sagte zu ihnen: Wir ziehen
jetzt hinauf nach Jerusalem, und es wird alles vollendet werden, was
durch die Propheten über den Menschensohn geschrieben worden ist.
32 Denn er wird den Heiden ausgeliefert und verspottet und misshan-
33: 9,22! delt und angespuckt werden. 33 Sie werden ihn auspeitschen und töten,
34: 9,45! und am dritten Tag wird er auferstehen. 34 Doch sie verstanden nichts
von alledem, der Sinn dieses Wortes blieb ihnen verborgen, und sie be-
griffen das Gesagte nicht.

P: Mt 20,29–34; Mk 10,46–52
Die Heilung eines Blinden

35 Es geschah aber, als er in die Nähe von Jericho kam, dass ein Blin-
der am Wegrand sass und bettelte. 36 Als der das Volk vorbeiziehen hör-
te, erkundigte er sich, was da los sei. 37 Man sagte ihm, Jesus von Naza-
38: 1,27! ret gehe vorbei. 38 Da rief er: Jesus, Sohn Davids, hab Erbarmen mit mir!
39 Und die vorausgingen, fuhren ihn an, er solle schweigen. Er aber rief
noch lauter: Sohn Davids, hab Erbarmen mit mir! 40 Da blieb Jesus ste-
hen und befahl, man möge ihn zu ihm führen. Als er näher kam, fragte
er ihn: 41 Was soll ich für dich tun? Er sagte: Herr, mach, dass ich wieder
42: 7,50! sehen kann! 42 Und Jesus sagte zu ihm: Du sollst wieder sehen! Dein
43: 2,20! Glaube hat dich gerettet. 43 Und auf der Stelle sah er wieder, und er folg-
te ihm und pries Gott. Und das ganze Volk sah es und lobte Gott.

Jesus und der Zöllner Zachäus

19 1 Und er kam nach Jericho und zog durch die Stadt. 2 Und da war
ein Mann, der Zachäus hiess; der war Oberzöllner und sehr reich.
3 Und er wollte unbedingt sehen, wer dieser Jesus sei, konnte es aber
wegen des Gedränges nicht, denn er war klein von Gestalt. 4 So lief er
voraus und kletterte auf einen Maulbeerfeigenbaum, um ihn sehen zu
können; denn dort sollte er vorbeikommen. 5 Als Jesus an die Stelle
kam, schaute er nach oben und sagte zu ihm: Zachäus, los, komm herun-
6: 5,29 ter, denn heute muss ich in deinem Haus einkehren. 6 Und der kam
7: 5,30! · 5,8! eilends herunter und nahm ihn voller Freude auf. 7 Und alle, die es sa-
hen, murrten und sagten: Bei einem sündigen Mann ist er eingekehrt,
8: 3,13 · Ex 21,37; Num 5,6–7 um Rast zu machen. 8 Zachäus aber trat vor den Herrn und sagte: Hier,
die Hälfte meines Vermögens gebe ich den Armen, Herr, und wenn ich
von jemandem etwas erpresst habe, will ich es vierfach zurückgeben.
9: 3,8!; 13,16 9 Da sagte Jesus zu ihm: Heute ist diesem Haus Heil widerfahren, denn
10: 5,32!; Joh 3,17 auch er ist ein Sohn Abrahams. 10 Denn der Menschensohn ist gekom-
men zu suchen und zu retten, was verloren ist.

P: Mt 25,14–30
Die Geschichte vom anvertrauten Geld

11: 9,51! · 9,27! 11 Sie waren nicht mehr weit von Jerusalem entfernt, und da seine
Zuhörer meinten, das Reich Gottes werde auf der Stelle erscheinen, er-
12: Mk 13,34 zählte er ihnen ein weiteres Gleichnis: 12 Er sprach also: Ein Mann von
vornehmer Herkunft ging in ein fernes Land, um dort die Königswürde
in Empfang zu nehmen und dann zurückzukehren. 13 Er rief nun zehn
seiner Knechte, gab ihnen zehn Minen und sagte zu ihnen: Handelt da-
14: 19,27 mit, bis ich wiederkomme. 14 Die Bürger seines Landes aber hassten
ihn und schickten eine Gesandtschaft hinter ihm her und liessen sagen:

Wir wollen nicht, dass dieser König wird über uns.
15 Und es geschah, als er im Besitz der Königswürde zurückkehrte,
dass er die Knechte, denen er das Geld gegeben hatte, zu sich rufen liess,
um zu erfahren, was ein jeder damit gemacht hatte. 16 Da trat der erste
vor und sagte: Herr, deine Mine hat zehn weitere Minen eingebracht.
17 Und er sagte zu ihm: Recht so, du bist ein guter Knecht! Weil du im 17: 16,10
Kleinsten treu gewesen bist, sollst du Macht haben über zehn Städte.
18 Dann kam der zweite und sagte: Deine Mine, Herr, hat fünf Minen
erbracht. 19 Auch zu ihm sprach er: Und du sollst herrschen über fünf
Städte. 20 Dann kam wieder ein anderer und sagte: Herr, da hast du dei-
ne Mine, die ich in einem Tuch verwahrt habe. 21 Denn ich fürchtete
mich vor dir, weil du ein harter Mann bist; du nimmst, was du nicht
angelegt, und erntest, was du nicht gesät hast. 22 Zu ihm sagt er: Nach
deinen eigenen Worten will ich dich richten, du böser Knecht. Du hast
also gewusst, dass ich ein harter Mann bin, dass ich nehme, was ich
nicht angelegt, und ernte, was ich nicht gesät habe? 23 Warum hast du
dann mein Geld nicht zum Wechsler gebracht? Dann hätte ich es bei
meiner Rückkehr mit Zinsen abholen können. 24 Und zu denen, die da-
beistanden, sagte er: Nehmt ihm die Mine weg und gebt sie dem, der die
zehn Minen hat. 25 Und sie sagten zu ihm: Herr, der hat doch schon
zehn Minen. 26 Ich sage euch: Jedem, der hat, wird gegeben werden; 26: 8,18!
dem aber, der nicht hat, wird auch das noch genommen werden, was er
hat. 27 Diese meine Feinde aber, die nicht wollten, dass ich König über 27: 19,14
sie bin, führt hierher und macht sie vor meinen Augen nieder.

Der Einzug in Jerusalem P: Mt 21,1–11; Mk 11,1–11; Joh 12,12–19
28 Nachdem er das gesagt hatte, zog er weiter auf dem Weg nach
Jerusalem hinauf. 28: 9,51!
29 Und es geschah, als er in die Nähe von Betfage und Betanien kam,
an den Berg, der Ölberg genannt wird, dass er zwei seiner Jünger voraus-
sandte 30 und sprach: Geht in das Dorf, das vor euch liegt, und wenn ihr
hineinkommt, werdet ihr einen jungen Esel angebunden finden, auf
dem noch nie ein Mensch gesessen hat. Bindet ihn los und bringt ihn
her! 31 Und wenn euch jemand fragt: Warum bindet ihr ihn los?, so sagt:
Der Herr braucht ihn. 32 Und die er gesandt hatte, gingen und fanden es 32: 22,13
so, wie er ihnen gesagt hatte. 33 Als sie nun das Füllen losbanden, sagten
seine Besitzer zu ihnen: Was bindet ihr das Füllen los? 34 Sie sagten:
Der Herr braucht es. 35 Und sie brachten es zu Jesus und warfen ihre
Kleider auf das Füllen und liessen Jesus aufsitzen.
36 Während er so dahinzog, breiteten sie auf dem Weg ihre Kleider 36: 2Kön 9,13
vor ihm aus. 37 Als er schon nahe am Abhang des Ölbergs war, begann 37: 2,20!
die ganze Jüngerschar voll Freude mit gewaltiger Stimme Gott zu loben
um all der Wunder willen, die sie gesehen hatten, 38 und sie riefen: 38: 13,35; Ps 118,26 · 1,32! · 2,14

Gepriesen sei, der da kommt,
der König, *im Namen des Herrn.*
Im Himmel Friede
und Herrlichkeit in der Höhe!

39 Und einige von den Pharisäern, die unter dem Volk waren, sagten 39: Mt 21,15–16
zu ihm: Meister, bring deine Jünger zum Schweigen! 40 Und er antwor-
tete: Ich sage euch: Wenn diese schweigen, werden die Steine schreien.

Jesu Trauer über Jerusalem
41: 23,28 41 Und als er näher kam und die Stadt sah, da weinte er über sie
42 und sprach: Wenn doch an diesem Tag auch du erkenntest, was zum
43: 21,20; Jes 29,3 Frieden führt. Jetzt aber bleibt es vor deinen Augen verborgen. 43 Denn
es werden Tage über dich kommen, da werden deine Feinde einen Wall
um dich aufwerfen und dich umzingeln und dich von allen Seiten be-
44: 21,24 · 21,6 · drängen; 44 und sie werden dich samt deinen Kindern zerschmettern,
1,68! und sie werden keinen Stein in dir auf dem andern lassen, weil du die
Zeit der Zuwendung nicht erkannt hast.

P: Mt 21,12–17; *Die Tempelreinigung*
Mk 11,15–19; 45 Und er ging in den Tempel und begann, die Händler hinauszu-
Joh 2,13–17
46: Jes 56,7 · treiben, 46 und sagte zu ihnen: Es steht geschrieben:
Jer 7,11 *Mein Haus soll ein Haus des Gebets sein,*
ihr aber habt es zu einer *Räuberhöhle* gemacht.
47: 21,37; 22,53 · 47 Und er lehrte täglich im Tempel. Die Hohen Priester und Schrift-
20,19! gelehrten aber und die einflussreichsten Männer des Volkes suchten
48: 21,38; Mk 12,37 Mittel und Wege, ihn umzubringen, 48 doch fanden sie nichts, was sie
hätten tun können, denn das ganze Volk hing ihm an und hörte auf ihn.

P: Mt 21,23–27; *Zur Frage nach der Vollmacht Jesu*
Mk 11,27–33
20 1 Und es geschah an einem der Tage, als er das Volk im Tempel
lehrte und das Evangelium verkündigte, da kamen die Hohen
Priester und Schriftgelehrten mit den Ältesten zu ihm 2 und sagten: Sag
uns, aus welcher Vollmacht du das tust oder wer dich dazu bevollmäch-
tigt hat. 3 Er antwortete ihnen: Auch ich will euch eine Frage stellen;
sagt mir: 4 Die Taufe des Johannes – stammte sie vom Himmel oder von
Menschen? 5 Sie aber berieten sich und sagten zueinander: Sagen wir,
vom Himmel, so wird er sagen: Warum habt ihr ihm dann nicht ge-
6: 20,19! · 1,76! glaubt? 6 Sagen wir, von Menschen, so wird das ganze Volk uns steini-
7: 22,68 gen, denn es ist überzeugt, dass Johannes ein Prophet war. 7 Und sie
antworteten, sie wüssten nicht woher. 8 Da sagte Jesus zu ihnen: Dann
sage auch ich euch nicht, aus welcher Vollmacht ich dies tue.

P: Mt 21,33–46; *Die Geschichte von den bösen Weinbauern*
Mk 12,1–12
9 Er begann aber, dem Volk das folgende Gleichnis zu erzählen: Ein
Mann pflanzte einen Weinberg und verpachtete ihn an Weinbauern
und ging für einige Zeit ausser Landes.
10 Und als es Zeit war, schickte er einen Knecht zu den Weinbauern,
seinen Anteil am Ertrag des Weinbergs zu holen. Die Weinbauern aber
verprügelten ihn und schickten ihn mit leeren Händen fort. 11 Da
schickte er einen zweiten Knecht. Sie verprügelten und misshandelten
aber auch den und schickten ihn mit leeren Händen fort. 12 Da schickte
er noch einen dritten. Aber auch den schlugen sie blutig und warfen ihn
hinaus. 13 Da sagte der Herr des Weinbergs: Was soll ich tun? Ich will
meinen geliebten Sohn senden; vor ihm werden sie Respekt haben.
14 Als aber die Weinbauern ihn sahen, überlegten sie und sagten zuein-
ander: Das ist der Erbe. Wir wollen ihn töten, damit das Erbe uns zufällt.
15 Und sie stiessen ihn aus dem Weinberg und töteten ihn. Was wird

nun der Herr des Weinbergs mit ihnen tun? 16 Er wird kommen und
diese Weinbauern umbringen und den Weinberg anderen geben.
Als sie das hörten, sagten sie: Das darf nicht sein! 17 Er aber blickte 17: 2,34; Ps 118,22;
sie an und sprach: Was bedeutet denn dieses Schriftwort: Apg 4,11
Der Stein, den die Bauleute verworfen haben,
der ist zum Eckstein geworden.
18 Jeder, der auf diesen Stein fällt, wird zerschellen; auf wen er aber fällt, 18: Jes 8,14–15 ·
den wird er zermalmen. Dan 2,34
19 Da hätten ihn die Schriftgelehrten und Hohen Priester am liebs- 19: 19,47–48;
ten noch zur selben Stunde verhaftet, doch sie fürchteten das Volk; sie 22,2.53 · 20,6
hatten nämlich erkannt, dass dieses Gleichnis auf sie gemünzt war.

Zur Frage nach der kaiserlichen Steuer P: Mt 22,15–22;
20 Und sie liessen ihn beobachten und schickten Aufpasser, die sich Mk 12,13–17
als Gerechte ausgeben sollten. Die sollten ihn auf einem Ausspruch be-
haften, um ihn dann der Behörde und der Amtsgewalt des Statthalters
ausliefern zu können. 21 Und sie fragten ihn: Meister, wir wissen, dass
du korrekt redest und lehrst und die Person nicht ansiehst, sondern den
Weg Gottes lehrst, wie es der Wahrheit entspricht. 22 Ist es uns erlaubt,
dem Kaiser Steuern zu zahlen, oder nicht? 23 Er aber bemerkte ihre Arg-
list und sagte zu ihnen: 24 Zeigt mir einen Denar. Wessen Bild und In-
schrift trägt er? Sie sagten: Des Kaisers. 25 Da sagte er zu ihnen: Also, 25: 23,2; Röm 13,7
gebt dem Kaiser, was des Kaisers ist, und Gott, was Gottes ist! 26 Und es
gelang ihnen nicht, ihn vor dem Volk auf einem Ausspruch zu behaften,
und sie wunderten sich über seine Antwort und schwiegen.

Zur Frage nach der Auferstehung der Toten P: Mt 22,23–33;
27 Es kamen aber einige von den Sadduzäern zu ihm, die behaupten, Mk 12,18–27
es gebe keine Auferstehung, und fragten ihn: 28 Meister, Mose hat uns 27: Apg 23,8 28: Dtn 25,5
vorgeschrieben: *Wenn einem der Bruder stirbt,* der eine Frau hatte und
kinderlos geblieben war, dann soll sein Bruder die Frau nehmen und seinem
Bruder Nachkommen erwecken. 29 Nun gab es sieben Brüder. Der erste
nahm eine Frau und starb kinderlos. 30 Und der zweite nahm sie 31 und
der dritte und so fort: Alle sieben hinterliessen keine Kinder und star-
ben. 32 Zuletzt starb auch die Frau. 33 Die Frau nun – wessen Frau wird
sie in der Auferstehung sein? Die sieben haben sie ja alle zur Frau ge-
habt.
34 Da sagte Jesus zu ihnen: Die Söhne und Töchter dieser Welt hei-
raten und werden verheiratet; 35 die aber gewürdigt werden, an jener
Welt und an der Auferstehung von den Toten teilzuhaben, die heiraten
nicht, noch werden sie verheiratet. 36 Sie können ja auch nicht mehr 36: Mt 5,9!
sterben, denn sie sind Engeln gleich und sind Söhne und Töchter Gottes,
weil sie Söhne und Töchter der Auferstehung sind. 37 Dass aber die To- 37: Ex 3,6; Apg 3,13;
ten auferweckt werden, darauf hat auch Mose beim Dornbusch hinge- 7,32
deutet, wenn er *den Herrn den Gott Abrahams und den Gott Isaaks und den*
Gott Jakobs nennt. 38 Er aber ist nicht ein Gott von Toten, sondern von 38: Röm 14,8
Lebenden, denn für ihn leben alle.
39 Da entgegneten einige von den Schriftgelehrten: Meister, gut
hast du gesprochen. 40 Sie wagten nämlich nicht mehr, ihn etwas zu 40: Mt 22,46;
fragen. Mk 12,34

P: Mt 22,41–46; Mk 12,35–37
41: 9,20! · 1,27!; Joh 7,42
43: Ps 110,1; Apg 2,34–35
44: 1,27!

Der Sohn Davids

41 Er aber fragte sie: Warum sagt man, der Gesalbte sei Davids Sohn?
42 Sagt doch David selbst im Buch der Psalmen:
Der Herr sprach zu meinem Herrn:
Setze dich zu meiner Rechten,
43 *bis ich deine Feinde hingelegt habe*
als Schemel für deine Füsse.
44 David nennt ihn also Herr, wie kann er da sein Sohn sein?

P: Mt 23,5–7; Mk 12,38–40
46: 11,43!
47: Jes 5,8; 10,2

Die Warnung vor den Schriftgelehrten

45 Vor dem ganzen Volk sagte er zu seinen Jüngern: 46 Nehmt euch
in acht vor den Schriftgelehrten, die Wert darauf legen, in langen Ge-
wändern einherzugehen, und es schätzen, auf den Marktplätzen ge-
grüsst zu werden, und gerne die Ehrensitze in den Synagogen und die
Ehrenplätze bei den Gastmählern einnehmen; 47 sie fressen die Häuser
der Witwen leer und verrichten zum Schein lange Gebete. Sie werden
ein umso härteres Urteil empfangen.

P: Mk 12,41–44

Die Gabe der Witwe

21 1 Als er aufschaute, sah er die Reichen ihre Gaben in den Opfer-
stock einwerfen. 2 Und er sah auch eine arme Witwe zwei Lepta
einwerfen. 3 Und er sprach: Ich sage euch, diese arme Witwe hat mehr
eingeworfen als alle anderen. 4 Denn die haben alle aus ihrem Über-
fluss etwas zu den Gaben gelegt, sie aber hat aus ihrem Mangel alles,
was sie zum Leben hatte, hergegeben.

P: Mt 24,1–2; Mk 13,1–2
6: 19,44

Die Ankündigung der Tempelzerstörung

5 Und als einige vom Tempel sagten, er sei mit schönen Steinen und
Weihgeschenken geschmückt, sprach er: 6 Was ihr da seht – es werden
Tage kommen, da kein Stein auf dem andern bleibt, jeder wird heraus-
gebrochen werden.

P: Mt 24,3–8; Mk 13,3–8
8: 17,23!
10: Jes 19,2
11: Ez 38,19.22

Zur Frage nach dem Anfang der Endzeit

7 Sie fragten ihn: Meister, wann wird das sein, und was für ein Zei-
chen zeigt an, wann dies geschehen wird? 8 Er aber sprach: Seht euch
vor, dass ihr nicht in die Irre geführt werdet! Denn viele werden kom-
men unter meinem Namen und sagen: Ich bin es! und: Die Zeit ist ge-
kommen! Lauft ihnen nicht nach! 9 Wenn ihr aber von Kriegen und
Unruhen hört, so erschreckt nicht! Denn das muss zuvor geschehen,
aber das Ende kommt noch nicht so bald. 10 Dann sagte er zu ihnen:
Erheben wird sich Volk gegen Volk und Reich gegen Reich, 11 gewaltige
Erdbeben wird es geben und da und dort Seuchen und Hungersnöte,
furchtbare Dinge werden geschehen und vom Himmel her gewaltige
Zeichen erscheinen.

P: Mt 10,17–22; Mk 13,9–13
12: 12,11; Apg 4,3; 5,18; 8,3; 12,2–5

Die Ankündigung von Verfolgungen

12 Bevor aber dies alles geschieht, werden sie gegen euch vorgehen
und euch verfolgen, euch an die Synagogen und ins Gefängnis auslie-
fern, vor Könige und Statthalter führen um meines Namens willen.
13 Es wird dazu kommen, dass ihr Zeugnis ablegen müsst. 14 Verlasst

euch darauf, dass ihr euch nicht im voraus um eure Verteidigung küm-
mern müsst, 15 denn ich selbst werde euch eine Sprache und Weisheit
geben, der alle eure Gegner nicht widerstehen und widersprechen kön-
nen. 16 Ihr werdet sogar von Eltern und Geschwistern, von Verwandten
und Freunden ausgeliefert werden, und manche von euch werden sie in
den Tod schicken. 17 Und ihr werdet gehasst werden von allen um mei-
nes Namens willen. 18 Doch kein Haar von eurem Kopf wird verloren
gehen. 19 Durch eure Standhaftigkeit werdet ihr euer Leben gewinnen.

15: 12,12; Joh 15,26;
Apg 6,10
16: 12,53; Mt 24,10
17: 6,22; Mt 24,9;
Joh 15,18–19.21
18: 12,7
19: 8,15

Die Ankündigung des Gerichts über Jerusalem

20 Wenn ihr aber Jerusalem von Heeren umzingelt seht, dann er-
kennt, dass seine Verwüstung nahe gekommen ist. 21 Dann sollen die
in Judäa in die Berge fliehen; und die in der Stadt sollen hinausgehen
und die auf dem Land nicht hineingehen. 22 Denn das sind die Tage der
Vergeltung, da alles erfüllt wird, was geschrieben steht. 23 Wehe den
Schwangeren und den Stillenden in jenen Tagen! Denn grosse Not wird
sein auf Erden und Zorn über diesem Volk. 24 Und durch die Schärfe des
Schwertes werden sie fallen und als Kriegsgefangene unter alle Völker
zerstreut werden, und Jerusalem wird von den Völkern mit Füssen ge-
treten werden, bis die Zeiten der Völker sich erfüllt haben.

20: 19,43
21: Mt 24,16;
Mk 13,14
23: 23,29; Mt 24,19;
Mk 13,17
24: 19,44;
Dtn 28,64 ·
Dan 12,7;
Röm 11,25

Die Zeichen für das Kommen des Menschensohnes

25 Und es werden Zeichen erscheinen an Sonne und Mond und Ster-
nen und auf Erden ein Bangen unter den Völkern, die weder ein noch
aus wissen vor dem Tosen und Wogen des Meeres. 26 Und den Men-
schen schwindet das Leben vor Furcht und in banger Erwartung der
Dinge, die über den Erdkreis kommen. Denn *die Himmelskräfte* wer-
den erschüttert werden. 27 Und dann werden sie *den Menschensohn*
kommen sehen *auf einer Wolke* mit grosser Macht und Herrlichkeit.
28 Wenn aber das zu geschehen beginnt, richtet euch auf und erhebt
eure Häupter, denn eure Erlösung naht.

P: 17,20–37;
Mt 24,29–31;
Mk 13,24–27
25: Joel 3,3–4
26: Jes 34,4;
Joel 2,10
27: Dan 7,13–14 ·
22,69

Das nahe Ende

29 Und er erzählte ihnen ein Gleichnis: Seht den Feigenbaum und
alle anderen Bäume! 30 Wenn sie ausschlagen, und ihr seht es, wisst ihr
von selbst, dass der Sommer schon nahe ist. 31 Genau so sollt ihr, wenn
ihr dies alles geschehen seht, wissen, dass das Reich Gottes nahe ist.
32 Amen, ich sage euch: Dieses Geschlecht wird nicht vergehen, bevor
dies alles geschieht. 33 Himmel und Erde werden vergehen, meine
Worte aber werden nicht vergehen.

P: Mt 24,32–36;
Mk 13,28–32
31: 9,27!
32: 9,27!
33: Ps 102,27;
Jes 40,8; 51,6 ·
16,17

Die Mahnung zur Wachsamkeit

34 Gebt acht auf euch, dass euer Herz nicht schwer werde von
Rausch und Trunkenheit und Sorge ums Leben und dass jener Tag nicht
jäh über euch komme 35 wie eine Schlinge. Denn er wird über alle her-
einbrechen, die den Erdkreis bewohnen. 36 Seid also allezeit wachsam
und betet, damit ihr die Kraft bekommt, all dem zu entrinnen, was ge-
schehen wird, und vor den Menschensohn zu gelangen.

34: 12,45 · 12,22!
35: 12,39!
36: Mk 13,35!

Jesu Wirken in Jerusalem

37: 19,47! · 22,39
38: 19,48

37 Tagsüber lehrte er im Tempel, nachts aber ging er hinaus und schlief auf dem Berg, der Ölberg genannt wird. 38 Und alles Volk kam schon frühmorgens zu ihm in den Tempel, um ihm zuzuhören.

Der Tötungsplan des Hohen Rates

P: Mt 26,1–5; Mk 14,1–2; Joh 11,45–54
2: 20,19!

22 1 Es nahte aber das Fest der ungesäuerten Brote, das Passa genannt wird. 2 Und die Hohen Priester und Schriftgelehrten überlegten, auf welche Art und Weise sie ihn beseitigen könnten, denn sie fürchteten das Volk.

Der Plan des Judas

P: Mt 26,14–16; Mk 14,10–11
3: Joh 13,2.27 · 4,13
4: 6,16; 22,48 · 22,21–23
6: Mt 26,5; Mk 14,2

3 Es fuhr aber der Satan in Judas mit Namen Iskariot, der zum Kreis der Zwölf gehörte. 4 Und er ging und beriet sich mit den Hohen Priestern und Hauptleuten, wie er ihn an sie ausliefern könnte. 5 Sie freuten sich und kamen überein, ihm Geld zu geben. 6 Und er willigte ein und suchte eine günstige Gelegenheit, ihn an sie auszuliefern, ohne dass das Volk es merkte.

Die Vorbereitung des letzten Mahls

P: Mt 26,17–19; Mk 14,12–16
7: Ex 12,15–20.21
13: 19,32

7 Es kam der Tag der ungesäuerten Brote, an dem das Passalamm geschlachtet werden musste. 8 Und er schickte Petrus und Johannes voraus und sprach: Geht und trefft Vorbereitungen, damit wir das Passalamm essen können. 9 Sie sagten zu ihm: Wo sollen wir es bereiten? 10 Er sagte zu ihnen: Wenn ihr in die Stadt hineinkommt, wird euch einer entgegenkommen, der einen Krug Wasser trägt. Folgt ihm in das Haus, in das er geht, 11 und sagt zu dem Hausherrn: Der Meister lässt dich fragen: Wo ist der Raum, in dem ich mit meinen Jüngern das Passalamm essen kann? 12 Und er wird euch ein grosses, mit Polstern ausgelegtes Obergemach zeigen; dort macht alles bereit. 13 Sie aber gingen und fanden es vor, wie er ihnen gesagt hatte. Und sie bereiteten das Passamahl.

Das letzte Mahl

P: Mt 26,26–29; Mk 14,22–25
14: Mt 26,20; Mk 14,17
19: 9,16; 24,30; 1Kor 10,16; 11,23–24
20: 1Kor 10,16; 11,25 · Jer 31,31 · Ex 24,8

14 Und als die Stunde kam, setzte er sich zu Tisch, und die Apostel mit ihm. 15 Und er sagte zu ihnen: Mich hat sehnlich verlangt, vor meinem Leiden mit euch dieses Passalamm zu essen. 16 Denn ich sage euch: Ich werde es nicht mehr essen, bis es seine Erfüllung findet im Reich Gottes. 17 Und er nahm einen Kelch, sprach das Dankgebet und sprach: Nehmt ihn und teilt ihn unter euch. 18 Denn ich sage euch: Von jetzt an werde ich von der Frucht des Weinstocks nicht mehr trinken, bis das Reich Gottes kommt. 19 Und er nahm Brot, sprach das Dankgebet, brach es und gab es ihnen und sprach: Das ist mein Leib, der für euch gegeben wird. Dies tut zu meinem Gedächtnis. 20 Und ebenso nahm er den Kelch nach dem Mahl und sprach: Dieser Kelch ist der neue Bund in meinem Blut, das vergossen wird für euch.

Die Ankündigung der Auslieferung

P: Mt 26,20–25; Mk 14,17–21; Joh 13,21–30

21 Doch seht, die Hand dessen, der mich ausliefert, ist bei mir auf dem Tisch. 22 Der Menschensohn geht zwar seinen Weg, wie es be-

stimmt ist, doch wehe dem Menschen, durch den er ausgeliefert wird.
23 Da fingen sie an, sich gegenseitig zu fragen, wer von ihnen es wohl
sei, der das tun werde.

Vom Herrschen und Dienen

24 Es entstand auch ein Streit unter ihnen, wer von ihnen als der 24–27: Mt 20,24–28;
Grösste gelten könne. 25 Er aber sagte zu ihnen: Die Könige herrschen Mk 10,41–45
über ihre Völker, und die Macht über sie haben, lassen sich als Wohltä- 24: 9,46
ter feiern. 26 Unter euch aber soll es nicht so sein, sondern der Grösste 26: 9,48
unter euch werde wie der Jüngste, und wer herrscht, werde wie einer,
der dient. 27 Denn wer ist grösser – einer, der bei Tisch sitzt, oder einer, 27: Joh 13,4–5
der bedient? Doch der, der bei Tisch sitzt? Ich aber bin mitten unter euch
als einer, der bedient.

28 Ihr, ihr habt ausgeharrt bei mir in meinen Versuchungen. 29 Und 29: 12,32
so übergebe ich euch, wie der Vater mir, das Reich, 30 damit ihr in mei- 30: Mt 19,28
nem Reich an meinem Tisch esst und trinkt und auf Thronen sitzt, um
die zwölf Stämme Israels zu richten.

Die Ankündigung der Verleugnung P: Mt 26,30–35;

31 Simon, Simon: Der Satan hat sich ausgebeten, euch zu sieben wie Mk 14,26–31;
den Weizen. 32 Ich aber habe für dich gebetet, dass dein Glaube nicht Joh 13,36–38; 31: Hiob 1,6–12
aufhöre; und du, wenn du dann umkehrst, stärke deine Brüder. 33 Er 32: Joh 21,15–19
sagte zu ihm: Herr, ich bin bereit, mit dir in Gefangenschaft und Tod zu
gehen. 34 Er aber sprach: Ich sage dir, Petrus, der Hahn wird heute nicht 34: 22,61
krähen, bevor du dreimal geleugnet hast, mich zu kennen.

Die Stunde der Entscheidung

35 Und er sagte zu ihnen: Als ich euch aussandte ohne Geldbeutel 35: 9,3; 10,4
und Sack und Schuhe, hat es euch da an irgendetwas gefehlt? Sie sagten:
An nichts. 36 Er sagte zu ihnen: Aber jetzt – wer einen Geldbeutel hat, 36: 12,51 · 22,49–51
nehme ihn mit, wer einen Sack hat, desgleichen. Und wer nichts hat,
verkaufe seinen Mantel und kaufe ein Schwert. 37 Denn ich sage euch: 37: 18,31! · 22,52;
Dieses Schriftwort muss an mir erfüllt werden: *Und zu den Missetätern* 23,33; Jes 53,12
wurde er gerechnet. Aber auch das, was mir widerfährt, hat ein Ende.
38 Sie sagten: Herr, hier sind zwei Schwerter! Er aber sagte zu ihnen:
Lass gut sein!

Auf dem Ölberg P: Mt 26,36–46;

39 Und er ging hinaus und begab sich auf den Ölberg, wie es seine Mk 14,32–42
Gewohnheit war, und die Jünger folgten ihm. 40 Als er dort angelangt 39: 21,37; Mt 26,30; Mk 14,26; Joh 18,1
war, sagte er zu ihnen: Betet, dass ihr nicht in Versuchung kommt! 40: 11,4
41 Und er selbst entfernte sich etwa einen Steinwurf weit von ihnen,
kniete nieder und betete: 42 Vater, wenn du willst, lass diesen Kelch an 42: Joh 18,11
mir vorübergehen. Doch nicht mein Wille, sondern der deine gesche-
he. 45 Und er erhob sich vom Gebet, ging zu den Jüngern und sah, dass 45: 9,32

22,42: Viele Handschriften fügen nach V. 42 ein: «43 Da erschien ihm ein Engel vom Himmel und stärkte ihn. 44 Und er geriet in Todesangst und betete inständiger, und sein Schweiss tropfte wie Blut zur Erde.»

sie vor lauter Kummer eingeschlafen waren. 46 Und er sagte zu ihnen:
Was schlaft ihr? Steht auf und betet, damit ihr nicht in Versuchung
kommt!

P: Mt 26,47–56; *Die Gefangennahme*
Mk 14,43–52; 47 Während er noch redete, da kam eine Schar, und der, welcher Ju-
Joh 18,2–11 das hiess, einer von den Zwölfen, ging ihnen voran; und er ging auf Je-
48: 22,4! sus zu, um ihn zu küssen. 48 Da sagte Jesus zu ihm: Judas, mit einem
49: 22,36 Kuss lieferst du den Menschensohn aus? 49 Als nun seine Begleiter sa-
hen, was da geschehen sollte, sagten sie: Herr, sollen wir mit dem
Schwert dreinschlagen? 50 Und einer von ihnen schlug nach dem
Knecht des Hohen Priesters und hieb ihm das rechte Ohr ab. 51 Jesus
aber entgegnete: Lasst das! Nicht weiter! Und er rührte das Ohr an und
heilte ihn.
52: 22,37! 52 Dann sagte Jesus zu den Hohen Priestern und zu den Hauptleu-
ten der Tempelwache und zu den Ältesten, die zu ihm gekommen wa-
ren: Wie gegen einen Räuber seid ihr ausgezogen, mit Schwertern und
53: 19,47! · 20,19! Knüppeln? 53 Tag für Tag war ich bei euch im Tempel, und ihr habt mich
nicht festgenommen; aber das ist eure Stunde, und darin besteht die
Macht der Finsternis.

P: Mt 26,57–58. *Die Verleugnung durch Petrus*
69–75; 54 Und sie nahmen ihn fest, führten ihn ab und brachten ihn in das
Mk 14,53–54. 66–72; Haus des Hohen Priesters. Petrus aber folgte von weitem. 55 Und sie
Joh 18,15–18.25–27 hatten mitten im Hof ein Feuer entfacht und sich zusammengesetzt,
und Petrus sass mitten unter ihnen.
56 Und eine Magd sah ihn am Feuer sitzen, und sie schaute ihn ge-
nau an und sagte: Dieser war auch mit ihm. 57 Er aber leugnete es und
sagte: Ich kenne ihn nicht! 58 Und kurz darauf sah ihn ein anderer, der
sagte: Auch du bist einer von ihnen! Petrus aber sagte: Mensch, ich bin
es nicht! 59 Und als ungefähr eine Stunde vergangen war, behauptete
wieder ein anderer: Es ist so, auch der war mit ihm; er ist ja auch ein
Galiläer. 60 Da sprach Petrus: Mensch, ich weiss nicht, wovon du re-
dest! Und im selben Augenblick, während er noch redete, krähte der
61: 22,34 · 24,8 Hahn. 61 Und der Herr wandte sich um und blickte Petrus an. Da erin-
nerte sich Petrus an das Wort des Herrn, wie er zu ihm gesagt hatte: Ehe
der Hahn heute kräht, wirst du mich dreimal verleugnet haben. 62 Und
er ging hinaus und weinte bitterlich.

P: Mt 26,67–68; *Die Verspottung*
Mk 14,65 63 Und die Männer, die ihn gefangen hielten, verspotteten und
schlugen ihn, 64 verhüllten ihm das Gesicht und fragten ihn: Weissage!
Wer ist es, der dich geschlagen hat? 65 Und noch viele andere Schmäh-
reden führten sie gegen ihn.

P: Mt 26,59–66; *Das Verhör vor dem Hohen Rat*
Mk 14,55–64; 66 Und als es Tag wurde, versammelte sich der Ältestenrat des Vol-
Joh 18,19–24 66: Mt 26,57; 27,1; kes – Hohe Priester und Schriftgelehrte –, und sie liessen ihn zu sich ins
Mk 14,53; 15,1 Synhedrium bringen 67 und sagten: Wenn du der Gesalbte bist, sag es
67: 9,20! uns! Er aber sagte zu ihnen: Wenn ich mit euch rede, glaubt ihr nicht.

68 Wenn ich frage, antwortet ihr nicht. 69 Doch von nun an wird der
Menschensohn sitzen zur Rechten der Macht Gottes. 70 Da sagten sie
alle: Du bist also der Sohn Gottes? Er aber sagte zu ihnen: Ihr sagt, dass
ich es bin. 71 Sie aber sagten: Was brauchen wir noch Zeugenaussagen?
Wir haben es ja selbst aus seinem Mund gehört.

68: 20,7
69: Dan 7,13; Ps 110,1 · Apg 7,56 · 21,27
70: 3,22!

Die Verhandlung vor Pilatus

23 1 Und die ganze Versammlung stand auf, und sie führten ihn vor
Pilatus.

P: Mt 27,2.11–14; Mk 15,1–5; Joh 18,28–38a

2 Und sie erhoben Anklage gegen ihn und sagten: Wir haben festge-
stellt, dass dieser unser Volk verführt und es davon abhält, dem Kaiser
Steuern zu zahlen, und dass er von sich behauptet, er sei der Gesalbte,
ein König. 3 Pilatus aber fragte ihn: Du bist der König der Juden? Er aber
antwortete ihm: Das sagst du! 4 Und Pilatus sagte zu den Hohen Pries-
tern und der Menge: Ich finde keine Schuld an diesem Menschen. 5 Sie
aber bestanden darauf und sagten: Er wiegelt das Volk auf, indem er
überall in Judäa lehrt, von Galiläa bis hierher.

2: 23,14; Apg 24,5 · 20,25 · 9,20!
4: 23,14.22
5: 4,44; Apg 10,37

Jesus vor Herodes

6 Als Pilatus das hörte, fragte er, ob dieser Mensch ein Galiläer sei.
7 Und als er erfuhr, dass er aus dem Herrschaftsbereich des Herodes
komme, liess er ihn zu Herodes bringen, der in diesen Tagen ebenfalls
in Jerusalem war.

8 Als Herodes Jesus sah, freute er sich sehr. Es war nämlich schon
seit längerer Zeit sein Wunsch, ihn zu sehen, denn er hatte von ihm
gehört; nun hoffte er, ein Zeichen zu sehen, das von ihm vollbracht wür-
de. 9 So stellte er ihm mancherlei Fragen; er aber gab ihm keine Ant-
wort. 10 Die Hohen Priester und Schriftgelehrten standen dabei und
brachten schwere Anschuldigungen gegen ihn vor. 11 Herodes aber und
seine Soldaten verhöhnten und verlachten ihn, legten ihm ein Prunk-
gewand um und schickten ihn wieder zu Pilatus zurück. 12 Herodes und
Pilatus aber wurden an ebendiesem Tag Freunde; vorher waren sie ein-
ander feind gewesen.

8: 9,9 · 11,29!
9: Mt 27,12
11: Mt 27,28; Mk 15,17; Joh 19,2

Die Freilassung des Barabbas

13 Pilatus nun rief die Hohen Priester und die führenden Männer
und das Volk zusammen 14 und sagte zu ihnen: Ihr habt mir diesen
Menschen gebracht als einen, der das Volk aufwiegelt. Doch als ich ihn
vor euren Augen verhörte, habe ich an diesem Menschen keinen Grund
für eure Anklagen gefunden. 15 Auch Herodes nicht, denn er hat ihn zu
uns zurückgeschickt. Er hat nichts getan, was den Tod verdient. 16 Ich
werde ihn also züchtigen lassen und dann freigeben.

P: Mt 27,15–26; Mk 15,6–15; Joh 18,38b–40; 19,6–16a
14: 23,2 · 23,4!

18 Sie aber schrien alle miteinander: Schaff diesen weg! Gib uns Bar-
abbas frei! 19 Dieser war wegen irgendeines Aufruhrs, den es in der
Stadt gegeben hatte, und wegen Mordes ins Gefängnis geworfen wor-

23,16: Viele Handschriften fügen nach V.16 ein: «17 Er musste ihnen aber an jedem Fest einen freigeben.»

den. 20 Und wieder redete Pilatus auf sie ein, weil er Jesus freigeben
22: 23,4! wollte. 21 Sie aber riefen: Kreuzige ihn, kreuzige ihn! 22 Und ein drittes
Mal sagte er zu ihnen: Was hat dieser denn Böses getan? Ich habe keine
Schuld an ihm gefunden, die den Tod verdient. Ich werde ihn also züch-
tigen lassen und dann freigeben. 23 Sie aber bedrängten ihn mit lautem
Geschrei und forderten, dass er gekreuzigt werde; und ihr Geschrei
setzte sich durch.

24 Und Pilatus entschied, es sei ihrer Forderung nachzukommen.
25: Apg 3,14 25 Er gab also den frei, der wegen Aufruhrs und Mordes ins Gefängnis
geworfen worden war und den sie gefordert hatten. Jesus aber lieferte er
ihrem Willen aus.

Auf dem Weg zur Kreuzigung

26: Mt 27,32; 26 Und als sie ihn abführten, ergriffen sie einen gewissen Simon aus
Mk 15,21 · Kyrene, der vom Feld kam, und luden ihm das Kreuz auf, damit er es
Joh 19,17 Jesus nachtrage.

27 Es folgte ihm aber eine grosse Volksmenge und viele Frauen, die
28: 19,41 klagten und um ihn weinten. 28 Jesus wandte sich nach ihnen um und
sprach: Töchter Jerusalems, weint nicht über mich! Weint vielmehr
29: 21,23! über euch und über eure Kinder! 29 Denn seht, es kommen Tage, da
man sagen wird: Selig die Unfruchtbaren und der Mutterleib, der nicht
30: Hos 10,8 geboren hat, und die Brüste, die nicht gestillt haben. 30 Dann wird man
anfangen, *zu den Bergen zu sagen: Fallt auf uns!, und zu den Hügeln: Be-
deckt uns!* 31 Denn wenn man solches am grünen Holze tut, was wird
erst am dürren geschehen?

32 Es wurden aber auch noch zwei Verbrecher mit ihm zur Hinrich-
tung geführt.

Die Kreuzigung

33–34: Mt 27,33–38; 33 Und als sie an den Ort kamen, der Schädelstätte genannt wird,
Mk 15,22–27; kreuzigten sie ihn und die Verbrecher, den einen zur Rechten, den an-
Joh 19,17–18.23–24 33: 22,37! deren zur Linken. 34 Und Jesus sprach: Vater, vergib ihnen! Denn sie
34: Ps 22,19 wissen nicht, was sie tun. *Sie aber teilten seine Kleider unter sich und war-
fen das Los darüber.*

35–38: Mt 27,39–43; 35 Und das Volk stand dabei und sah zu. Und auch die vornehmen
Mk 15,29–32a Leute spotteten: Andere hat er gerettet, er rette jetzt sich selbst, wenn er
35: Ps 22,8–9 · 4,23 · 9,20! doch der Gesalbte Gottes ist, der Auserwählte. 36 Und auch die Soldaten
36: Ps 69,22; machten sich lustig über ihn; sie traten vor ihn hin, reichten ihm Essig
Mt 27,34.48; 37 und sagten: Wenn du der König der Juden bist, dann rette dich selbst!
Mk 15,23.36; Joh 19,28–29 38 Es war auch eine Inschrift über ihm angebracht: Dies ist der König
38: Mt 27,37; der Juden.

Mk 15,26; Joh 19,19–22 39 Einer aber von den Verbrechern, die am Kreuz hingen, verhöhnte
39–43: Mt 27,44; ihn und sagte: Bist du nicht der Gesalbte? Rette dich und uns! 40 Da fuhr
Mk 15,32b ihn der andere an und hielt ihm entgegen: Fürchtest du Gott nicht ein-
39: 9,20! mal jetzt, da du vom gleichen Urteil betroffen bist? 41 Wir allerdings
sind es zu Recht, denn wir empfangen, was unsere Taten verdienen; die-

23,34: «Und Jesus sprach: ..., was sie tun.»: Dieser Halbvers fehlt in einigen der wichtigsten Handschriften.

WUNDERBARER RATGEBER
HELDENGOTT
STARKER,
FRIEDENSFÜRST.

Schriftbild zu Jesaja 9,5

ser aber hat nichts Unrechtes getan. 42 Und er sagte: Jesus, denk an
mich, wenn du in dein Reich kommst. 43 Und er sagte zu ihm: Amen, 43: Phil 1,23
ich sage dir: Heute noch wirst du mit mir im Paradies sein.

Der Tod Jesu P: Mt 27,45–56; Mk 15,33–41; Joh 19,28–30

44 Und es war schon um die sechste Stunde, und eine Finsternis
kam über das ganze Land bis zur neunten Stunde, 45 und die Sonne
verfinsterte sich; und der Vorhang im Tempel riss mitten entzwei.
46 Und Jesus rief mit lauter Stimme: Vater, *in deine Hände lege ich mei-* 46: Ps 31,6;
nen Geist. Mit diesen Worten verschied er. Apg 7,59

47 Als aber der Hauptmann sah, was da geschah, pries er Gott und 47: 2,20!
sagte: Dieser Mensch war tatsächlich ein Gerechter! 48 Und alle, die
sich zu diesem Schauspiel zusammengefunden und gesehen hatten,
was da geschah, schlugen sich an die Brust und gingen nach Hause.

49 Alle aber, die ihn kannten, standen in einiger Entfernung, auch 49: 8,2–3!;
die Frauen, die ihm aus Galiläa gefolgt waren, und sahen alles. Joh 19,25

Die Grablegung P: Mt 27,57–61; Mk 15,42–47; Joh 19,38–42

50 Und da war ein Mann mit Namen Josef, der aus Arimatäa, einer
jüdischen Stadt, stammte, ein guter und gerechter Mann, 51 der auf das
Reich Gottes wartete. Er war ein Mitglied des Hohen Rats, war aber mit
dessen Beschluss und Vorgehen nicht einverstanden gewesen. 52 Der
ging zu Pilatus und bat um den Leichnam Jesu. 53 Und er nahm ihn her-
ab, wickelte ihn in ein Leinentuch und legte ihn in ein Felsengrab, in
dem noch nie jemand beigesetzt worden war. 54 Es war Rüsttag, und
der Sabbat brach an.

55 Und die Frauen, die mit ihm aus Galiläa gekommen waren, folg-
ten ihm. Sie sahen das Grab und sahen, wie sein Leichnam beigesetzt
wurde. 56 Dann kehrten sie heim und bereiteten wohlriechende Öle 56: Ex 20,10;
und Salben zu. Und am Sabbat ruhten sie, wie das Gesetz es vorschreibt. Dtn 5,14

Das leere Grab P: Mt 28,1–8; Mk 16,1–8; Joh 20,1–10

24 1 Am ersten Tag der Woche aber kamen sie noch im Morgengrau-
en zum Grab und brachten die wohlriechenden Öle mit, die sie
zubereitet hatten. 2 Da fanden sie den Stein weggewälzt vom Grab. 3 Als
sie aber hineingingen, fanden sie den Leichnam des Herrn Jesus nicht.
4 Und es geschah, während sie ratlos dastanden, dass auf einmal zwei
Männer in blitzendem Gewand zu ihnen traten. 5 Voller Furcht neigten
sie das Gesicht zur Erde, und die Männer sagten zu ihnen: Was sucht ihr
den Lebenden bei den Toten? 6 Er ist nicht hier, er ist auferweckt wor-
den. Denkt daran, wie er zu euch gesagt hat, als er noch in Galiläa war:
7 Der Menschensohn muss in die Hände von sündigen Menschen aus- 7: 9,22!
geliefert und gekreuzigt werden und am dritten Tag auferstehen. 8 Da 8: 22,61
erinnerten sie sich an seine Worte.

9 Und sie kehrten vom Grab zurück und berichteten alles den elfen 9: 24,22–23
und allen andern. 10 Es waren dies Maria aus Magdala und Johanna und 10: 8,2–3!
Maria, die Mutter des Jakobus, und die anderen Frauen, die mit ihnen
waren. Sie sagten es den Aposteln; 11 denen aber erschienen diese Wor-
te wie leeres Geschwätz, und sie glaubten ihnen nicht.

12 Petrus aber stand auf und eilte zum Grab, und als er sich hinein-
bückt, sieht er nur die Leinentücher; und er ging nach Hause, voller Ver-
wunderung über das, was geschehen war.

Auf dem Weg nach Emmaus

13 Und da waren am selben Tag zwei von ihnen unterwegs zu einem
Dorf namens Emmaus, das sechzig Stadien von Jerusalem entfernt ist.
14 Und sie redeten miteinander über all das, was vorgefallen war.

15 Und es geschah, während sie miteinander redeten und sich be-
sprachen, dass Jesus selbst sich zu ihnen gesellte und sie begleitete.
16: 24,31 16 Doch ihre Augen waren gehalten, so dass sie ihn nicht erkannten.
17 Er aber sagte zu ihnen: Was sind das für Worte, die ihr da unterwegs
miteinander wechselt? Da blieben sie mit düsterer Miene stehen.
18 Der eine aber, mit Namen Klopas, antwortete ihm: Du bist wohl der
Einzige, der sich in Jerusalem aufhält und nicht erfahren hat, was sich in
19: 7,16! diesen Tagen dort zugetragen hat. 19 Und er sagte zu ihnen: Was denn?
Sie sagten zu ihm: Das mit Jesus von Nazaret, der ein Prophet war,
mächtig in Tat und Wort vor Gott und dem ganzen Volk, 20 und wie
unsere Hohen Priester und führenden Männer ihn ausgeliefert haben,
damit er zum Tod verurteilt würde, und wie sie ihn gekreuzigt haben.
21: 2,25!; 9,27! 21 Wir aber hofften, er sei es, der Israel erlösen werde; doch jetzt ist es
schon drei Tage her, seit dies geschehen ist. 22 Doch dann haben uns
einige Frauen, die zu uns gehören, in Schrecken versetzt. Sie waren
23: 24,3–6.9 frühmorgens am Grab, 23 und als sie den Leib nicht fanden, kamen sie
und sagten, sie hätten gar eine Erscheinung von Engeln gehabt, die ge-
sagt hätten, er lebe. 24 Da gingen einige der Unsrigen zum Grab und
fanden es so, wie die Frauen gesagt hatten; ihn aber haben sie nicht
25: 9,45! gesehen. 25 Da sagte er zu ihnen: Wie unverständig seid ihr doch und
trägen Herzens! Dass ihr nicht glaubt nach allem, was die Propheten
gesagt haben! 26 Musste der Gesalbte nicht solches erleiden und so in
27: 18,31! seine Herrlichkeit eingehen? 27 Und er fing an bei Mose und allen Pro-
pheten und legte ihnen aus, was in allen Schriften über ihn steht.

28 Und sie näherten sich dem Dorf, wohin sie unterwegs waren,
und er tat so, als wolle er weitergehen. 29 Doch sie bedrängten ihn und
sagten: Bleibe bei uns, denn es will Abend werden, und der Tag hat sich
30: 22,19!; schon geneigt. Und er ging hinein und blieb bei ihnen. 30 Und es ge-
Joh 21,12–13 schah, als er sich mit ihnen zu Tisch gesetzt hatte, dass er das Brot nahm,
31: 24,16 den Lobpreis sprach, es brach und ihnen gab. 31 Da wurden ihnen die
Augen aufgetan, und sie erkannten ihn. Und schon war er nicht mehr zu
32: 24,45! sehen. 32 Und sie sagten zueinander: Brannte nicht unser Herz, als er
unterwegs mit uns redete, als er uns die Schriften aufschloss?

33 Und noch zur selben Stunde standen sie auf und kehrten nach
Jerusalem zurück und fanden die elf versammelt und die, welche zu ih-
34: 1Kor 15,4–5 nen gehörten; 34 die sagten: Der Herr ist tatsächlich auferweckt worden
und dem Simon erschienen. 35 Und auch sie erzählten, was unterwegs
geschehen war und wie er von ihnen am Brechen des Brotes erkannt
worden war.

24,12: Dieser Vers fehlt in einigen wichtigen Handschriften.

Das Erscheinen des Auferstandenen vor den Zwölfen

36 Während sie noch darüber redeten, trat er selbst in ihre Mitte, 36–43:Joh 20,19–23.24–29
und er sagt zu ihnen: Friede sei mit euch! 37 Da gerieten sie in Angst 36: 1Kor 15,5
und Schrecken und meinten, einen Geist zu sehen. 38 Und er sagte zu
ihnen: Was seid ihr so verstört, und warum steigen solche Gedanken in
euch auf? 39 Seht meine Hände und Füsse: Ich selbst bin es. Fasst mich
an und seht! Ein Geist hat kein Fleisch und keine Knochen, wie ihr es an
mir seht. 40 Und während er das sagte, zeigte er ihnen seine Hände und
Füsse. 41 Da sie aber vor lauter Freude noch immer ungläubig waren
und staunten, sagte er zu ihnen: Habt ihr etwas zu essen hier? 42 Da
gaben sie ihm ein Stück gebratenen Fisch; 43 und er nahm es und ass es
vor ihren Augen.

44 Dann sagte er zu ihnen: Das sind meine Worte, die ich zu euch 44: 18,31!
gesagt habe, als ich noch mit euch zusammen war: Alles muss erfüllt
werden, was im Gesetz des Mose und bei den Propheten und in den
Psalmen über mich geschrieben steht. 45 Dann öffnete er ihren Sinn für 45: 24,32 · 9,45!
das Verständnis der Schriften 46 und sagte zu ihnen: So steht es ge- 46: 9,20! · 9,22!
schrieben: Der Gesalbte wird leiden und am dritten Tag von den Toten
auferstehen, 47 und in seinem Namen wird allen Völkern Umkehr ver- 47: Mt 28,19–20
kündigt werden zur Vergebung der Sünden – in Jerusalem fängt es an –,
48 und ihr seid Zeugen dafür. 49 Und seid gewiss, ich sende, was der 49: Apg 1,4; 2,1–4;
Vater mir verheissen hat, auf euch herab; ihr aber sollt in der Stadt blei- Joh 14,16
ben, bis ihr mit Kraft aus der Höhe ausgerüstet werdet.

Die Himmelfahrt P: Apg 1,4–14

50 Und er führte sie hinaus bis in die Nähe von Betanien. Und er hob
die Hände und segnete sie. 51 Und es geschah, während er sie segnete,
dass er von ihnen schied und in den Himmel emporgehoben wurde.
52 Sie aber fielen vor ihm nieder und kehrten dann mit grosser Freude
nach Jerusalem zurück. 53 Und sie waren allezeit im Tempel und prie-
sen Gott.

Das Evangelium nach Johannes

Das Evangelium nach Johannes hat über die Jahrhunderte seine Leserinnen und Leser zugleich fasziniert und zu Fragen provoziert. Ist die Art, wie Jesus hier über sich und seine Sendung spricht: «Ich bin das Licht der Welt» (Joh 8,12) oder «Ich und der Vater sind eins» (Joh 10,30) tiefgründig und hintersinnig oder abgehoben und anmassend? Wie ist ein Evangelium zu deuten, in dem Jesus nicht mit einem Schrei der Gottverlassenheit stirbt (Mk 15,34), sondern mit der feierlich-gewissen Bekräftigung: «Es ist vollbracht» (Joh 19,30)?

Bereits die kanonische Überschrift gibt ein Rätsel auf: Auf welchen Johannes bezieht sie sich? Auf Johannes, den Sohn des Zebedäus, den Jünger Jesu? Oder auf Johannes, den Presbyter von Ephesus, auf den sich die altkirchliche Tradition verschiedentlich bezieht? Oder auf den Lieblingsjünger, der nach Auskunft des Evangeliums (Joh 21,24) der Autor des Evangeliums ist? Merkwürdig wäre dann allerdings, dass dieser im Evangelium namenlos bleibt. Mit Sicherheit können wir nur eines sagen: Wir wissen nicht, wer mit ‹Johannes› gemeint ist, und wir wissen erst recht nicht, wer der Autor des Evangeliums nach Johannes ist.

Wendet man sich dem Text des Evangeliums zu, so erinnert auf den ersten Blick zwar einiges an die drei anderen Evangelien; doch auf den zweiten Blick wirkt vieles befremdlich. Das wird bereits beim ersten Auftreten Jesu deutlich: Noch bevor berichtet wird, dass Jesus irgendetwas getan oder gesagt hat, legt Johannes der Täufer das Bekenntnis über ihn ab: «Seht, das Lamm Gottes, das die Sünde der Welt hinwegnimmt» (Joh 1,29). «Hinwegnimmt», nicht etwa vergibt! Jesus beseitigt die Macht der Sünde, er hebt ihre Wirksamkeit auf. Wo Jesus ist, gibt es keine Entfremdung von Gott; diesem grundlegenden Bekenntnis wird alles untergeordnet. Die ganze Szene (Joh 1,29–34) ist von ihm her entworfen: Was in den anderen Evangelien der Mittelpunkt des Geschehens ist, die Taufe Jesu durch Johannes, wird hier vom Täufer als etwas bereits Geschehenes berichtet, bei dem es nicht etwa um Jesus geht (in den anderen Evangelien ist die Anrede Jesu durch Gott der entscheidende Höhepunkt), sondern um den Täufer: Er erkennt in Jesus «das Lamm Gottes», von dem er nur weiss, dass es zu ihm kommen werde, nicht aber, wer es ist (Joh 1,33). Die Taufe Jesu dient damit in der johanneischen Gestaltung der Erzählung einzig der Erkenntnis des Täufers. An dieser einen Erzählung wird exemplarisch deutlich, wie Johannes tradiertes Erzählgut aufnimmt, mit ihm aber völlig souverän umgeht und es seinen eigenen theologischen Absichten dienstbar macht.

Diese Souveränität spiegelt sich auch im Aufriss. Der überlieferte Stoff ist konsequent einer durchdachten Struktur eingepasst. Sieht man vom Prolog (Joh 1,1–18) und vom Epilog (Joh 21,1–25) ab, so lässt sich eine deutliche Zweiteilung erkennen: In Joh 1,19–12,36 wird das Wirken Jesu in der Öffentlichkeit geschildert und in Joh 12,37–50 mit einem Rückblick und einem Fazit abgeschlossen. Dieser erste Teil ist geprägt von langen Diskussionen, von Auseinandersetzungen mit Gegnern und von Monologen Jesu (exemplarisch Joh 3,1–36: das Gespräch mit Nikodemus; Joh 4,1–42: die Begegnung mit der Samaritanerin; Joh 6,1–71: das Wunder der Brotvermehrung und die Brotrede; Joh 11,1–44: die Auferweckung des Lazarus). Der zweite Teil (Joh 13,1–20,31) ist von der Passion und dem Tod Jesu bestimmt; er wird durch eine Symbolhandlung eröffnet (Joh 13,1–20: die Fusswaschung), dann wird in langen Reden der Tod Jesu den Jüngern im Voraus gedeutet (Joh 13,31–17,26). Auf diesem Hintergrund wird die Geschichte von der Passion und der Auferstehung Jesu erzählt – in grosser johanneischer Freiheit (Joh 18,1–20,29).

Welche Dimension dem Wirken Jesu in der Öffentlichkeit (der erste Teil des Evangeliums) zukommt und wie diesem sein Tod (der zweite Teil des Evangeliums) zuzuordnen ist, lässt sich bereits am Eingangsportal des Evangeliums, am Prolog, ablesen. Der johanneische Jesus hält zwar lange, kunstvolle Reden – doch er spricht nicht nur, er ist selbst das Wort (Joh 1,1), nicht irgendein Wort, sondern das Wort überhaupt, der Logos, der am Anfang der Schöpfung der ganzen Welt sein Gepräge gab (Joh 1,3) und alles Lebendige mit seinem Licht am Leben erhält (Joh 1,4–5). Von diesem Logos heisst es zugleich, dass er Fleisch wurde (Joh 1,14), dass er in Jesus irdische, vergängliche Wirklichkeit geworden ist. Darum bekennt die Gemeinde: «Aus seiner Fülle haben wir ja alle empfangen, Gnade um Gnade» (Joh 1,16). Dieser Jesus ist jetzt als der Erhöhte beim Vater; der Tod war für ihn nichts anderes als der endgültige Erweis seiner Liebe zu den Menschen, die Vollendung seines irdischen Wegs und die Rückkehr zum Vater (Joh 1,18). Er ist es, der vom Vater Kunde gebracht hat (Joh 1,18). Deshalb erzählt das Evangelium das Geschick dieses Jesus, indem es sein Reden und Handeln vergegenwärtigt.

Woher hat Johannes sein Material? Diejenigen Stoffe, die er mit den anderen Evangelisten teilt (die Täufererzählungen, einige Berufungsgeschichten und Wundergeschichten und vor allem den Passionsbericht), zeigen eines deutlich: Sie hatten bereits eine lange Geschichte der Überlieferung und Interpretation hinter sich, als sie von Johannes in sein Evangelium aufgenommen wurden. Eine gut begründete Hypothese lautet deshalb: Das Evangelium nach Johannes ist der Niederschlag vieler Diskussionen und Auseinandersetzungen in der johanneischen Gemeinde und ihrem ‹Forum›, der johanneischen Schule. In diesem Kreis wurden auch viele andere Stoffe gesammelt, diskutiert und bearbeitet, die wir sonst von nirgendwoher kennen. Das Evangelium scheint zudem nach seiner (ersten) Veröffentlichung noch bearbeitet, erweitert und redigiert worden zu sein, wie insbesondere die neuen Akzentsetzungen zeigen, die durch die Einfügung von Joh 15–17 und Joh 21 hinzugekommen sind. Die genannte Hypothese kann auch erklären, wieso wir oft den Eindruck haben, die Reden des johanneischen Jesus seien unsystematisch, voller Wiederholungen, um das immer Gleiche kreisend: Sie spiegeln Überzeugungen, Argumente und Gegenargumente, Einwände und Vorbehalte aus den Diskussionen der johanneischen Schule. Diese sind zugleich durch drei Aussenbeziehungen mitgeprägt worden: durch die Auseinandersetzung mit dem Judentum nach 70 n.Chr., durch Diskussionen mit Anhängern des Täufers und durch die Abgrenzung von enthusiastisch-frühgnostischen Gruppen.

Das Evangelium nach Johannes ist von einer Denkbewegung geprägt, die derjenigen der anderen Evangelien diametral entgegenläuft. Diese fragen, wer Jesus sei, wie sein Leben und Sterben zu verstehen sei. Und sie antworten: Er ist der Messias, der Gesalbte, der Christus. Das Evangelium nach Johannes fragt in umgekehrter Richtung: Wer ist der Christus? Und es antwortet, indem es von Jesus erzählt. Oder mit den Worten des Prologs formuliert: Wer ist derjenige, der untrennbar zu Gott gehört und als Logos der Welt das Gepräge gab? Und es antwortet, indem es darauf verweist, dass der Logos im Reden und Handeln Jesu Gestalt gewonnen hat (Joh 1,14), und zeigt, wie von jetzt an vom unsichtbaren Gott erzählt werden kann (Joh 1,18). Wenn es den sterbenden Jesus als letztes Wort sagen lässt: «Es ist vollbracht» (Joh 19,30), dann nur, um zu verkünden: Von jetzt an lässt sich von Gott auf menschliche Weise reden.

Der Prolog

1 1 Im Anfang war das Wort, der Logos,
und der Logos war bei Gott,
und von Gottes Wesen war der Logos.
2 Dieser war im Anfang bei Gott.
3: Ps 33,6; 1Kor 8,6; 3 Alles ist durch ihn geworden,
Kol 1,16–17 und ohne ihn ist auch nicht eines geworden,
das geworden ist.
4: 5,26 4 In ihm war Leben,
und das Leben war das Licht der Menschen.
5: 3,19; 8,12! 5 Und das Licht scheint in der Finsternis,
und die Finsternis hat es nicht erfasst.
6: Mt 3,1 6 Es trat ein Mensch auf, von Gott gesandt, sein Name war Johannes.
7: 1,19–34; 10,41 7 Dieser kam zum Zeugnis, um Zeugnis abzulegen von dem Licht, damit
alle durch ihn zum Glauben kämen. 8 Nicht er war das Licht, sondern
Zeugnis sollte er ablegen von dem Licht.
9 Er war das wahre Licht,
das jeden Menschen erleuchtet, der zur Welt kommt.
10 Er war in der Welt,
und die Welt ist durch ihn geworden,
und die Welt hat ihn nicht erkannt.
11 Er kam in das Seine,
und die Seinen nahmen ihn nicht auf.
12: Gal 3,26 12 Die ihn aber aufnahmen,
denen gab er Vollmacht,
Gottes Kinder zu werden,
denen, die an seinen Namen glauben, 13 die nicht aus Blut, nicht aus
dem Wollen des Fleisches und nicht aus dem Wollen des Mannes, son-
dern aus Gott gezeugt sind.
14 Und das Wort, der Logos, wurde Fleisch
und wohnte unter uns,
und wir schauten seine Herrlichkeit,
eine Herrlichkeit, wie sie ein Einziggeborener vom Vater hat,
voller Gnade und Wahrheit.
15 Johannes legt Zeugnis ab von ihm, er hat gerufen: Dieser war es, von dem ich gesagt habe: Der nach mir kommt, ist vor mir gewesen, denn er war, ehe ich war.

1,1: Für die Wendung «das Wort, der Logos» steht im griechischen Text nur der Begriff ‹logos›. Die Übersetzung gibt den griechischen Begriff doppelt wieder, um anzudeuten, dass dieser zwar ‹Wort› heissen, aber auch eine umfassende, bis ins Kosmologische reichende Bedeutung annehmen kann.

1,9: Andere Übersetzungsmöglichkeit: «… erleuchtet, wenn es zur Welt kommt.»

16 Aus seiner Fülle
haben wir ja alle empfangen,
Gnade um Gnade.

17 Denn das Gesetz wurde durch Mose gegeben, die Gnade und die 17: Röm 10,4 ·
Wahrheit ist durch Jesus Christus geworden. 18 Niemand hat Gott je 11,27!
gesehen. Als Einziggeborener, als Gott, der jetzt im Schoss des Vaters 18: 5,37; 6,46; 8,55!;
ruht, hat er Kunde gebracht. Mt 11,27

Das Zeugnis des Täufers

19 Und dies ist die Geschichte vom Zeugnis des Johannes: Als die
Juden aus Jerusalem Priester und Leviten zu ihm sandten, um ihn zu
fragen: Wer bist du?, 20 bekannte er und leugnete nicht; er bekannte: 20: Lk 3,15
Ich bin nicht der Christus. 21 Und sie fragten ihn: Was dann? Bist du 21: Mal 3,23 · 6,14;
Elija? Und er sagt: Ich bin es nicht. Bist du der Prophet? Und er antworte- 7,40; Dtn 18,15
te: Nein. 22 Da sagten sie zu ihm: Wer bist du dann? Damit wir denen
eine Antwort geben können, die uns gesandt haben. Was sagst du über
dich selbst? 23 Er sagte: Ich bin *die Stimme eines Rufers in der Wüste:* 23: Jes 40,3; Mt 3,3
Macht gerade den Weg des Herrn!, wie der Prophet Jesaja gesagt hat.

24 Sie waren Abgesandte der Pharisäer. 25 Und sie fragten ihn und
sagten zu ihm: Warum taufst du denn, wenn du nicht der Christus bist,
nicht Elija und nicht der Prophet? 26 Johannes antwortete ihnen: Ich
taufe mit Wasser. Mitten unter euch steht der, den ihr nicht kennt,
27 der nach mir kommt; ich bin nicht würdig, ihm die Schuhriemen zu 27: Mt 3,11
lösen. 28 Das geschah in Betanien jenseits des Jordan, wo Johannes tauf-
te.

29 Am Tag darauf sieht er Jesus auf sich zukommen, und er sagt: 29–34: Mt 3,13–17
Seht, das Lamm Gottes, das die Sünde der Welt hinwegnimmt. 30 Die- 29: Jes 53,7.12 ·
ser ist es, von dem ich gesagt habe: Nach mir kommt ein Mann, der vor Mt 8,17
mir gewesen ist, denn er war, ehe ich war. 31 Und ich kannte ihn nicht.
Aber er sollte Israel offenbart werden; darum kam ich und taufte mit
Wasser. 32 Und Johannes legte Zeugnis ab und sagte: Ich habe den Geist
wie eine Taube vom Himmel herabkommen sehen, und er blieb auf
ihm. 33 Und ich kannte ihn nicht. Aber der mich gesandt hatte, mit 33: Mt 3,11
Wasser zu taufen, er sprach zu mir: Auf wen du den Geist herabkommen
und auf ihm bleiben siehst, der ist es, der mit heiligem Geist tauft.
34 Gesehen habe ich, und Zeuge bin ich: Dieser ist der Sohn Gottes. 34: 11,27! · 20,31

Die ersten Jünger P: Mt 4,18–22

35 Am Tag darauf stand Johannes wieder da und zwei seiner Jünger.
36 Und als Jesus vorübergeht, richtet er seinen Blick auf ihn und sagt:
Seht, das Lamm Gottes. 37 Und die beiden Jünger hörten ihn so reden
und folgten Jesus. 38 Als Jesus sich umwendet und sie folgen sieht, sagt
er zu ihnen: Was sucht ihr? Sie aber sagten zu ihm: Rabbi – das heisst
‹Meister› –, wo ist deine Bleibe? 39 Er sagt zu ihnen: Kommt, und ihr
werdet es sehen! Da kamen sie und sahen, wo er wohnt, und sie blieben
an jenem Tag bei ihm. Das war um die zehnte Stunde. 40 Andreas, der
Bruder des Simon Petrus, war einer von den beiden, die auf Johannes
gehört hatten und Jesus gefolgt waren. 41 Dieser findet zuerst seinen 41: 4,25; 11,27!
Bruder Simon und sagt zu ihm: Wir haben den Messias gefunden! Mes- 42: 21,15–19;
sias heisst ‹der Gesalbte›. 42 Er führte ihn zu Jesus. Jesus sah ihn an und Mt 16,18

sprach: Du bist Simon, der Sohn des Johannes, du sollst Kefas genannt
werden! Kefas heisst ‹Fels›.
43 Am Tag darauf wollte er nach Galiläa aufbrechen, und er findet
Philippus. Und Jesus sagt zu ihm: Folge mir! 44 Philippus war aus Bet-
saida, aus der Stadt des Andreas und Petrus. 45 Philippus findet Natana-
el und sagt zu ihm: Den, von dem Mose im Gesetz und auch die Prophe-
ten geschrieben haben, den haben wir gefunden, Jesus, den Sohn Josefs,
46: 7,41 aus Nazaret. 46 Und Natanael sagte zu ihm: Kann aus Nazaret etwas
Gutes kommen? Philippus sagt zu ihm: Komm und sieh! 47 Jesus sah
Natanael auf sich zukommen, und er sagt von ihm: Seht, ein echter Isra-
elit, an dem kein Falsch ist! 48 Natanael sagt zu ihm: Woher kennst du
mich? Jesus entgegnete ihm: Bevor Philippus dich rief, habe ich dich
49: 11,27! · 12,15; gesehen, wie du unter dem Feigenbaum warst. 49 Natanael antwortete
18,37 ihm: Rabbi, du bist der Sohn Gottes, du bist der König Israels. 50 Jesus
entgegnete ihm: Weil ich dir gesagt habe, dass ich dich unter dem Fei-
51: Gen 28,12 genbaum sah, glaubst du? Grösseres als das wirst du sehen. 51 Und er
sagt zu ihm: Amen, amen, ich sage euch: Ihr werdet *den Himmel* offen
sehen *und die Engel Gottes auf- und niedersteigen* auf dem Menschen-
sohn.

Die Hochzeit in Kana

2 1 Und am dritten Tag war eine Hochzeit in Kana in Galiläa, und die
Mutter Jesu war dort. 2 Aber auch Jesus und seine Jünger waren zur
Hochzeit geladen. 3 Und als der Wein ausging, sagt die Mutter Jesu zu
4: 7,30; 8,20 · ihm: Sie haben keinen Wein mehr. 4 Und Jesus sagt zu ihr: Was hat das
12,23! mit dir und mir zu tun, Frau? Meine Stunde ist noch nicht da. 5 Seine
6: Mk 7,3–4 Mutter sagt zu den Dienern: Was immer er euch sagt, das tut. 6 Es stan-
den dort aber sechs steinerne Wasserkrüge, wie es die Reinigungsvor-
schriften der Juden verlangen, die fassten je zwei bis drei Mass. 7 Jesus
sagt zu ihnen: Füllt die Krüge mit Wasser! Und sie füllten sie bis oben.
8 Und er sagt zu ihnen: Schöpft jetzt und bringt dem Speisemeister da-
von. Und sie brachten es. 9 Als aber der Speisemeister das Wasser kos-
tete, das zu Wein geworden war, und nicht wusste, woher es war – die
Diener aber, die das Wasser geschöpft hatten, wussten es –, da ruft der
Speisemeister den Bräutigam 10 und sagt zu ihm: Jedermann setzt zu-
erst den guten Wein vor, und wenn sie betrunken sind, den schlechte-
ren. Du hast den guten Wein bis jetzt zurückbehalten.
11: 2,23!; 4,54; 11 Das tat Jesus als Anfang der Zeichen in Kana in Galiläa, und er
20,30 · 1,14 offenbarte seine Herrlichkeit, und seine Jünger glaubten an ihn.
12 Danach zog er nach Kafarnaum hinab, er und seine Mutter und
seine Brüder und seine Jünger. Und sie blieben dort einige Tage.

P: Mt 21,12–17 *Die Tempelreinigung*

13: 5,1; 11,55 13 Das Passa der Juden war nahe, und Jesus zog nach Jerusalem hin-
auf.

1,51: In der Vorstellung, auf die hier angespielt wird, ist der Menschensohn die Leiter, auf der die Engel auf- und niedersteigen.

2,4: Andere Übersetzungsmöglichkeit: «…: Was habe ich mit dir zu schaffen, Frau? …»

14 Und im Tempel traf er auf die Verkäufer von Rindern, Schafen
und Tauben und auf die Wechsler, die dasassen. 15 Da machte er eine 15: Sach 14,21
Peitsche aus Stricken und trieb alle aus dem Tempel hinaus, auch die
Schafe und die Rinder, und das Geld der Wechsler schüttete er aus, die
Tische stiess er um; 16 und zu den Taubenverkäufern sprach er: Schafft
das fort von hier! Macht das Haus meines Vaters nicht zur Markthalle!
17 Da dachten seine Jünger daran, dass geschrieben steht: *Der Eifer für* 17: Ps 69,10
dein Haus wird mich verzehren.
18 Da entgegneten ihm die Juden: Was für ein Zeichen kannst du 18: 4,48!
uns vorweisen, dass du dies tun darfst? 19 Jesus entgegnete ihnen: 19: Mt 26,61
Brecht diesen Tempel ab, und in drei Tagen werde ich ihn aufrichten.
20 Da sagten die Juden: Sechsundvierzig Jahre wurde an diesem Tempel
gebaut, und du willst ihn in drei Tagen aufrichten? 21 Er aber sprach von 21: 1Kor 6,19
seinem Leib als dem Tempel. 22 Als er dann von den Toten auferweckt 22: 14,26!
worden war, erinnerten sich seine Jünger, dass er dies gesagt hatte, und
sie glaubten der Schrift und dem Wort, das Jesus gesprochen hatte.

Jesus auf dem Passafest

23 Als er aber zum Passafest in Jerusalem war, kamen viele zum 23: 7,31; 11,45; 12,18;
Glauben an seinen Namen, da sie die Zeichen sahen, die er tat. 24 Jesus 20,30–31
selbst aber vertraute sich ihnen nicht an. Er kannte sie alle 25 und
brauchte von niemandem ein Zeugnis über den Menschen, denn er
wusste, was im Menschen war.

Jesus und Nikodemus

3 1 Es war aber einer unter den Pharisäern, sein Name war Nikode-
mus, einer vom Hohen Rat der Juden. 2 Dieser kam zu ihm in der 2: 2,23!; 5,36!;
Nacht und sagte: Rabbi, wir wissen, dass du als Lehrer von Gott gekom- 9,16.33
men bist, denn niemand kann diese Zeichen tun, die du tust, wenn
nicht Gott mit ihm ist. 3 Jesus entgegnete ihm: Amen, amen, ich sage
dir: Wer nicht von oben geboren wird, kann das Reich Gottes nicht se-
hen. 4 Nikodemus sagt zu ihm: Wie kann denn ein Mensch geboren
werden, wenn er alt ist? Er kann doch nicht ein zweites Mal in den
Schoss der Mutter gelangen und geboren werden? 5 Jesus antwortete: 5: 1,12–13;
Amen, amen, ich sage dir: Wer nicht aus Wasser und Geist geboren 1Kor 15,50
wird, kann nicht in das Reich Gottes gelangen. 6 Was aus dem Fleisch 6: 6,63!
geboren ist, ist Fleisch, und was aus dem Geist geboren ist, ist Geist.
7 Wundere dich nicht, dass ich dir gesagt habe: Ihr müsst von oben ge-
boren werden. 8 Der Wind weht, wo er will, und du hörst sein Sausen, 8: 7,27!
weisst aber nicht, woher er kommt und wohin er geht. So ist es mit je-
dem, der aus dem Geist geboren ist. 9 Nikodemus entgegnete ihm: Wie
kann das geschehen? 10 Jesus antwortete ihm: Du bist der Lehrer Israels
und verstehst das nicht? 11 Amen, amen, ich sage dir: Was wir wissen,
davon reden wir, und was wir gesehen haben, bezeugen wir, doch unser
Zeugnis nehmt ihr nicht an. 12 Wenn ich vom Irdischen zu euch rede,
und ihr glaubt nicht, wie werdet ihr da glauben, wenn ich vom Himmli-

3,3: Der griechische Ausdruck, der mit der Wendung ‹von oben geboren werden› übersetzt ist, kann auch bedeuten: ‹von neuem geboren werden›. In diesem zweiten Sinn versteht ihn Nikodemus (siehe V.4).

13: 6,62 schen zu euch rede? 13 Und niemand ist in den Himmel hinaufgestie-
gen ausser dem, der aus dem Himmel herabgestiegen ist, der Men-
14: Num 21,8–9 · schensohn. 14 Und wie Mose in der Wüste die Schlange erhöht hat, so
8,28; 12,32.34 muss der Menschensohn erhöht werden, 15 damit jeder, der glaubt, in
16: 6,40!.47; ihm ewiges Leben hat. 16 Denn so hat Gott die Welt geliebt, dass er den
11,25–26; 20,31 · einzigen Sohn gab, damit jeder, der an ihn glaubt, nicht verloren gehe,
6,39! 17: 8,15; 10,10; sondern ewiges Leben habe. 17 Denn Gott hat den Sohn nicht in die
12,47; Lk 19,10; Welt gesandt, dass er die Welt richte, sondern dass die Welt durch ihn
1Joh 4,9.14 gerettet werde. 18 Wer an ihn glaubt, wird nicht gerichtet; wer aber
18: 3,36!; 5,24 · 16,9! nicht glaubt, ist schon gerichtet, weil er nicht an den Namen des einzi-
19: 1,5; 8,12! gen Sohnes Gottes geglaubt hat. 19 Dies aber ist das Gericht: Das Licht
ist in die Welt gekommen, und die Menschen liebten die Finsternis
20: 7,7 mehr als das Licht, denn ihre Werke waren böse. 20 Jeder, der Böses tut,
hasst das Licht und kommt nicht zum Licht, damit seine Werke nicht
aufgedeckt werden. 21 Wer aber tut, was der Wahrheit entspricht,
kommt zum Licht, damit offenbar wird, dass seine Werke in Gott ge-
wirkt sind.

Der Täufer und der Christus

22: 4,1–2 22 Danach ging Jesus mit seinen Jüngern in das judäische Land hin-
aus; und dort hielt er sich mit ihnen auf und taufte.

23 Aber auch Johannes taufte, in Änon, nahe bei Salim, weil es dort
24: Mt 14,3!–5 viel Wasser gab; und die Leute kamen und liessen sich taufen. 24 Johan-
nes war nämlich noch nicht ins Gefängnis geworfen worden.

25 Da kam es zwischen den Jüngern des Johannes und einem Juden
26: 1,7! zu einem Streit über die Reinigung. 26 Und sie gingen zu Johannes und
sagten zu ihm: Rabbi, der bei dir war jenseits des Jordan, für den du
Zeugnis abgelegt hast – der tauft, und alle laufen ihm zu. 27 Johannes
entgegnete: Keiner kann sich etwas nehmen, wenn es ihm nicht vom
28: 1,20.23.30 Himmel gegeben ist. 28 Ihr seid meine Zeugen, dass ich gesagt habe: Ich
bin nicht der Christus, sondern ich bin vor ihm her gesandt. 29 Wer die
Braut hat, der ist der Bräutigam. Der Freund des Bräutigams aber, der
dabeisteht und ihn hört, freut sich von Herzen über die Stimme des
Bräutigams. Diese meine Freude ist nun erfüllt. 30 Jener muss grösser
werden, ich aber geringer.

Der vom Himmel Gekommene

31: 8,23 31 Wer von oben kommt, der ist über allem; wer von der Erde ist, ist
von der Erde und redet von der Erde her. Wer vom Himmel kommt, der
ist über allem. 32 Was er gesehen und gehört hat, das bezeugt er, und
niemand nimmt sein Zeugnis an. 33 Wer sein Zeugnis angenommen
34: 7,16; 8,26.28.38; hat, bestätigt damit, dass Gott verlässlich ist. 34 Denn der, den Gott ge-
12,49.50; 14,10.24 sandt hat, redet die Worte Gottes – ohne zu messen, gibt er den Geist.
35: 5,20; 10,17 · 35 Der Vater liebt den Sohn, und er hat alles in seine Hand gegeben.
13,3; Mt 28,18! 36 Wer an den Sohn glaubt, hat ewiges Leben; wer aber dem Sohn nicht
36: 3,18; 1Joh 5,12 · gehorsam ist, wird das Leben nicht sehen, sondern der Zorn Gottes
17,3 bleibt auf ihm.

Jesus und die Samaritanerin

4 1 Als nun Jesus erfuhr, dass die Pharisäer gehört hatten, Jesus gewin-
ne und taufe mehr Jünger als Johannes 2 – allerdings taufte Jesus 2: 3,22
nicht selber, sondern seine Jünger tauften –, 3 verliess er Judäa und ging
wieder nach Galiläa.

4 Er musste aber durch Samaria hindurchziehen. 5 Nun kommt er 5: Gen 48,22
in die Nähe einer Stadt in Samarien namens Sychar, nahe bei dem
Grundstück, das Jakob seinem Sohn Josef gegeben hatte. 6 Dort war der
Brunnen Jakobs. Jesus war müde von der Reise, und so setzte er sich an
den Brunnen; es war um die sechste Stunde. 7 Eine Frau aus Samaria
kommt, um Wasser zu schöpfen. Jesus sagt zu ihr: Gib mir zu trinken!
8 Seine Jünger waren nämlich in die Stadt gegangen, um Essen zu kau-
fen. 9 Die Samaritanerin nun sagt zu ihm: Wie kannst du, ein Jude, von
mir, einer Samaritanerin, zu trinken verlangen? Juden verkehren näm-
lich nicht mit Samaritanern. 10 Jesus antwortete ihr: Kenntest du die 10: 7,37–38
Gabe Gottes und wüsstest, wer es ist, der zu dir sagt: Gib mir zu trinken,
so würdest du ihn bitten, und er gäbe dir lebendiges Wasser. 11 Die Frau
sagt zu ihm: Herr, du hast kein Schöpfgefäss, und der Brunnen ist tief.
Woher also hast du das lebendige Wasser? 12 Bist du etwa grösser als 12: 8,53
unser Vater Jakob, der uns den Brunnen gegeben hat? Er selbst hat aus
ihm getrunken, er und seine Söhne und sein Vieh. 13 Jesus entgegnete
ihr: Jeder, der von diesem Wasser trinkt, wird wieder Durst haben.
14 Wer aber von dem Wasser trinkt, das ich ihm geben werde, der wird 14: 6,35
in Ewigkeit nicht mehr Durst haben, nein, das Wasser, das ich ihm ge-
ben werde, wird in ihm zu einer Quelle werden, deren Wasser ins ewige
Leben sprudelt. 15 Die Frau sagt zu ihm: Herr, gib mir dieses Wasser, 15: 6,34
damit ich nicht mehr Durst habe und hierher kommen muss, um zu
schöpfen.

16 Er sagt zu ihr: Geh, rufe deinen Mann und komm hierher! 17 Die
Frau entgegnete ihm: Ich habe keinen Mann. Jesus spricht zu ihr: Zu
Recht hast du gesagt: Einen Mann habe ich nicht. 18 Denn fünf Männer
hast du gehabt, und der, den du jetzt hast, ist nicht dein Mann. Damit
hast du die Wahrheit gesagt. 19 Die Frau sagt zu ihm: Herr, ich sehe, du 19: 9,17
bist ein Prophet. 20 Unsere Väter haben auf diesem Berg gebetet, und
ihr sagt, in Jerusalem sei der Ort, wo man beten soll. 21 Jesus sagt zu ihr:
Glaube mir, Frau, die Stunde kommt, da ihr weder auf diesem Berg noch
in Jerusalem zum Vater beten werdet. 22 Ihr betet zu dem, was ihr nicht 22: Röm 9,4–5
kennt; wir beten zu dem, was wir kennen – denn das Heil kommt von
den Juden. 23 Aber die Stunde kommt, und sie ist jetzt da, in der die
wahren Beter in Geist und Wahrheit zum Vater beten werden, denn
auch der Vater sucht solche, die auf diese Weise zu ihm beten. 24 Gott ist
Geist, und die zu ihm beten, müssen in Geist und Wahrheit beten.
25 Die Frau sagt zu ihm: Ich weiss, dass der Messias kommt, den man 25: 1,41; 11,27!
den Gesalbten nennt; wenn jener kommt, wird er uns alles kundtun.
26 Jesus sagt zu ihr: Ich bin es, ich, der mit dir spricht. 26: 9,37

27 Unterdessen kamen seine Jünger und wunderten sich, dass er
mit einer Frau redete. Niemand freilich sagte: Was hast du im Sinn?
oder: Was redest du mit ihr? 28 Die Frau liess nun ihren Wasserkrug
stehen und ging in die Stadt, und sie sagt zu den Leuten: 29 Kommt, da 29: 11,27!
ist einer, der mir alles gesagt hat, was ich getan habe. Sollte dieser etwa

der Christus sein? 30 Sie gingen aus der Stadt hinaus und kamen zu
ihm.

31 Inzwischen baten ihn die Jünger: Rabbi, iss! 32 Er aber sagte zu
ihnen: Ich habe eine Speise zu essen, die ihr nicht kennt. 33 Da sagten
die Jünger zueinander: Hat ihm etwa jemand etwas zu essen gebracht?
34: 5,30; 6,38.39! · 34 Jesus sagt zu ihnen: Meine Speise ist es, den Willen dessen zu tun,
5,36; 17,4; 19,28.30 der mich gesandt hat, und sein Werk zu vollenden. 35 Sagt ihr nicht:
Noch vier Monate, und es kommt die Ernte? Ich aber sage euch: Macht
die Augen auf und schaut die Felder an, sie sind weiss zur Ernte.
36 Schon empfängt der Erntende Lohn und sammelt Frucht zu ewigem
Leben, damit der Säende sich freue mit dem Erntenden. 37 Denn hier ist
das Wort wahr: Einer ist es, der sät, und ein anderer, der erntet. 38 Ich
habe euch gesandt, um zu ernten, wofür ihr nicht gearbeitet habt; ande-
re haben gearbeitet, und ihr seid in ihre Arbeit eingetreten.

39 Aus jener Stadt aber kamen viele Samaritaner zum Glauben an
ihn auf das Wort der Frau hin, die bezeugte: Er hat mir alles gesagt, was
ich getan habe. 40 Als nun die Samaritaner zu ihm kamen, baten sie ihn,
bei ihnen zu bleiben; und er blieb dort zwei Tage. 41 Und noch viel mehr
42: 3,17!; Lk 2,11 Leute kamen auf sein Wort hin zum Glauben, 42 und sie sagten zu der
Frau: Wir glauben nicht mehr auf deine Aussage hin, denn wir selbst
haben ihn gehört und wissen, dass dieser wirklich der Retter der Welt
ist.

P: Mt 8,5–13 *Der königliche Beamte aus Kafarnaum*

43 Nach den zwei Tagen aber ging er weg von dort nach Galiläa.
44: Mt 13,57 44 Jesus selbst bezeugte, dass ein Prophet nichts gilt in seiner Vater-
45: 2,23 stadt. 45 Als er nun nach Galiläa kam, nahmen ihn die Galiläer auf, denn
sie hatten alles gesehen, was er in Jerusalem auf dem Fest getan hatte,
denn auch sie waren zum Fest gegangen.

46: 2,1–11 46 Nun kam er wieder nach Kana in Galiläa, wo er das Wasser zu
Wein gemacht hatte.

Und in Kafarnaum war ein königlicher Beamter, dessen Sohn krank
war. 47 Als der hörte, dass Jesus von Judäa nach Galiläa gekommen war,
ging er zu ihm und bat, er möge herabkommen und seinen Sohn heilen,
48: 2,18; 6,30; denn der lag im Sterben. 48 Da sagte Jesus zu ihm: Wenn ihr nicht Zei-
Mt 12,38!; 1Kor 1,22 chen und Wunder seht, glaubt ihr nicht. 49 Der königliche Beamte sagt
zu ihm: Herr, komm herab, bevor mein Kind stirbt! 50 Jesus sagt zu
ihm: Geh, dein Sohn lebt. Der Mann glaubte dem Wort, das Jesus zu ihm
gesprochen hatte, und ging. 51 Und noch während er hinabging, kamen
ihm seine Knechte entgegen und sagten, sein Knabe lebe. 52 Da erkun-
digte er sich bei ihnen nach der Stunde, in der es besser geworden war
mit ihm. Da sagten sie zu ihm: Gestern in der siebten Stunde ist das
Fieber von ihm gewichen. 53 Nun erkannte der Vater, dass es zu jener
Stunde geschehen war, in der Jesus zu ihm gesagt hatte: Dein Sohn lebt;
54: 2,11! und er kam zum Glauben, er und sein ganzes Haus. 54 Dies wiederum
war das zweite Zeichen, das Jesus tat, nachdem er von Judäa nach Galiläa
gekommen war.

Heilung am Teich Betesda

5 1 Danach war ein Fest der Juden, und Jesus zog hinauf nach Jerusa- 1: 2,13!
lem.
2 In Jerusalem beim Schaftor ist ein Teich mit fünf Hallen, der auf
hebräisch Betesda heisst. 3 In den Hallen lagen viele Kranke. 5 Dort war
auch ein Mensch, der seit achtunddreissig Jahren an seiner Krankheit
litt. 6 Als Jesus diesen liegen sieht und erkennt, dass er schon eine lange
Zeit leidet, sagt er zu ihm: Willst du gesund werden? 7 Der Kranke ant-
wortete ihm: Herr, ich habe keinen Menschen, der mich, sobald das
Wasser aufgewühlt wird, in den Teich trägt; und wenn ich versuche,
selber hinzukommen, steigt ein anderer vor mir hinein. 8 Jesus sagt zu 8: Mt 9,6
ihm: Steh auf, nimm deine Bahre und zeig, dass du gehen kannst! 9 Und
sogleich wurde der Mensch gesund, er nahm seine Bahre und konnte
gehen.
An jenem Tag aber war Sabbat. 10 Die Juden sagten nun zum Geheil- 10: Ex 20,8–11;
ten: Es ist Sabbat, es ist dir nicht erlaubt, deine Bahre zu tragen. 11 Er Dtn 5,12–15 · 7,23!
aber antwortete ihnen: Der mich gesund gemacht hat, hat zu mir gesagt:
Nimm deine Bahre und zeig, dass du gehen kannst! 12 Sie fragten ihn:
Wer ist der Mensch, der zu dir gesagt hat: Nimm sie und zeig, dass du
gehen kannst? 13 Der Geheilte wusste aber nicht, wer es war, denn Jesus
hatte sich zurückgezogen, da an dem Ort ein Gedränge entstanden war.
14 Später findet ihn Jesus im Tempel, und er sagt zu ihm: Du siehst, du
bist gesund geworden. Sündige nicht mehr, damit dir nicht etwas
Schlimmeres widerfährt! 15 Der Mensch ging fort und berichtete den
Juden, es sei Jesus, der ihn gesund gemacht habe. 16 Und darum verfolg-
ten die Juden Jesus, weil er solches an einem Sabbat tat.
17 Jesus aber entgegnete ihnen: Mein Vater ist bis heute am Werk,
und auch ich bin am Werk. 18 Da suchten die Juden erst recht eine Gele- 18: Ex 31,14;
genheit, ihn zu töten, weil er nicht nur den Sabbat auflöste, sondern Mt 12,14 · 19,7!
auch Gott seinen Vater nannte und sich selbst Gott gleichmachte.

Die Vollmacht des Sohnes

19 Da entgegnete ihnen Jesus: Amen, amen, ich sage euch: Der Sohn
kann nichts von sich aus tun, es sei denn, er sehe den Vater etwas tun;
denn was dieser tut, das tut in gleicher Weise auch der Sohn. 20 Denn 20: 3,35!
der Vater liebt den Sohn und zeigt ihm alles, was er tut, und noch grös-
sere Werke als diese wird er ihm zeigen, dass ihr euch wundern werdet.
21 Denn wie der Vater die Toten auferweckt und lebendig macht, so
macht auch der Sohn lebendig, wen er will. 22 Auch richtet der Vater
niemanden, sondern er hat das Richten ganz dem Sohn übergeben,
23 damit alle den Sohn ehren, wie sie den Vater ehren. Wer den Sohn 23: 15,23; Lk 10,16
nicht ehrt, ehrt auch den Vater nicht, der ihn gesandt hat.
24 Amen, amen, ich sage euch: Wer mein Wort hört und dem glaubt, 24: 3,18.36
der mich gesandt hat, hat ewiges Leben und kommt nicht ins Gericht,
sondern ist hinübergegangen aus dem Tod in das Leben. 25 Amen,

5,3: Verschiedene Handschriften ergänzen den V.3 und fügen V.4 ein: «3 In den Hallen lagen viele Kranke, die auf die Bewegung des Wassers warteten. 4 Denn ein Engel (des Herrn) stieg von Zeit zu Zeit in den Teich hinab und wühlte das Wasser auf. Wer nun als Erster hineinstieg nach dem Aufwallen des Wassers, wurde gesund, mit welcher Krankheit er auch behaftet war.»

amen, ich sage euch: Die Stunde kommt, und sie ist jetzt da, in der die
Toten die Stimme des Sohnes Gottes hören werden und leben werden,
26: 1,4 die hören. 26 Denn wie der Vater in sich Leben hat, so hat er auch dem
27: Mt 9,6 Sohn verliehen, in sich Leben zu haben. 27 Und er gab ihm Vollmacht,
Gericht zu halten, weil er der Menschensohn ist. 28 Wundert euch
nicht, dass es heisst: Die Stunde kommt, in der alle, die in den Gräbern
29: Dan 12,2 sind, seine Stimme hören 29 und herauskommen werden – die das
Gute getan haben, zur Auferstehung ins Leben, die aber das Böse verübt
haben, zur Auferstehung ins Gericht.

30: 5,19 · 4,34! 30 Ich kann von mir aus nichts tun. Wie ich höre, so richte ich, und
mein Gericht ist gerecht, weil ich nicht meinen Willen suche, sondern
den Willen dessen, der mich gesandt hat.

Streit um das Zeugnis

31 Wenn ich über mich selbst Zeugnis ablege, ist mein Zeugnis nicht
32: 5,37; 6,27; 8,18; 1Joh 5,9 glaubwürdig; 32 ein anderer ist es, der über mich Zeugnis ablegt, und
ich weiss, dass das Zeugnis, das er über mich ablegt, glaubwürdig ist.
33: 1,19–34; 10,41 33 Ihr habt zu Johannes geschickt, und er hat Zeugnis abgelegt für die
Wahrheit. 34 Ich aber nehme von einem Menschen kein Zeugnis an; ich
sage dies, damit ihr gerettet werdet. 35 Jener war die Fackel, die brennt
und scheint; ihr aber wolltet nur eine kurze Zeit fröhlich sein in ihrem
Licht.

36: 4,34! · 3,2!; 10,25.38 36 Ich aber habe ein Zeugnis, das bedeutender ist als das des Johan-
nes. Denn die Werke, die mir der Vater übergeben hat, damit ich sie
vollende, eben die Werke, die ich tue, legen Zeugnis dafür ab, dass der
37: 1,18! Vater mich gesandt hat. 37 Und der Vater, der mich gesandt hat, er hat
Zeugnis abgelegt über mich. Weder habt ihr seine Stimme gehört noch
seine Gestalt je gesehen, 38 und sein Wort habt ihr nicht bleibend in
39: 1,45 euch, weil ihr dem nicht glaubt, den er gesandt hat. 39 Ihr erforscht die
Schriften, weil ihr meint, in ihnen ewiges Leben zu haben – und sie sind
es auch, die Zeugnis über mich ablegen –, 40 und doch wollt ihr nicht zu
mir kommen, um Leben zu haben.

41 Ehre empfange ich nicht von Menschen, 42 aber ich habe euch
43: 1,11 erkannt und weiss, dass ihr die Liebe Gottes nicht in euch habt. 43 Ich
bin im Namen meines Vaters gekommen, und ihr nehmt mich nicht
auf; kommt aber ein anderer in eigenem Namen, so nehmt ihr in auf!
44: 7,18; 8,50.54; 12,42–43 44 Wie könnt ihr zum Glauben kommen, wenn ihr Ehre voneinander
empfangt und nicht die Ehre sucht, die vom alleinigen Gott kommt?

45 Meint nicht, dass ich euch beim Vater anklagen werde; euer An-
kläger ist Mose, auf den ihr eure Hoffnung gesetzt habt. 46 Wenn ihr
Mose glaubtet, würdet ihr mir glauben, denn er hat über mich geschrie-
ben. 47 Wenn ihr aber seinen Schriften nicht glaubt, wie könnt ihr
dann meinen Worten glauben?

P: Mt 14,13–21 *Die Speisung der fünftausend*

6 1 Danach ging Jesus ans andere Ufer des Sees von Tiberias in Galiläa.
2 Viel Volk aber folgte ihm, weil sie die Zeichen sahen, die er an den

5,28: Andere Übersetzungsmöglichkeit: «Wundert euch nicht: Die Stunde kommt, ...»

Kranken tat. 3 Jesus aber stieg auf den Berg und setzte sich dort mit seinen Jüngern nieder. 4 Das Passa war nahe, das Fest der Juden.

5 Als nun Jesus seine Augen aufhebt und sieht, dass so viel Volk zu ihm kommt, sagt er zu Philippus: Wo sollen wir Brot kaufen, damit diese zu essen haben? 6 Dies sagte er aber, um ihn zu prüfen; er selbst wusste ja, was er tun wollte. 7 Philippus antwortete ihm: Brot für zweihundert Denar reicht nicht aus für sie, wenn jeder auch nur ein wenig bekommen soll. 8 Einer von seinen Jüngern, Andreas, der Bruder des Simon Petrus, sagt zu ihm: 9 Ein Kind ist hier, das fünf Gerstenbrote und zwei Fische hat, aber was ist das für so viele? 10 Jesus sprach: Lasst die Menschen sich setzen! An dem Ort war viel Gras. Da setzten sich die Männer, etwa fünftausend an der Zahl. 11 Jesus nahm nun die Brote, sprach das Dankgebet und teilte davon allen, die dasassen, aus, so viel sie wollten, ebenso von den Fischen.

12 Als sie aber satt waren, sagte er zu seinen Jüngern: Sammelt die übrig gebliebenen Brocken, damit nichts verloren geht. 13 Sie sammelten sie und füllten zwölf Körbe mit den Brocken, die von den fünf Gerstenbroten übrig blieben, nachdem sie gegessen hatten.

14 Als nun die Leute das Zeichen sahen, das er getan hatte, sagten sie: 14: 1,21!
Das ist wirklich der Prophet, der in die Welt kommen soll. 15 Als Jesus 15: 12,13; 18,33!;
nun erkannte, dass sie kommen und ihn in ihre Gewalt bringen woll- 19,3.12
ten, um ihn zum König zu machen, zog er sich wieder auf den Berg zurück, er allein.

Der Gang auf dem Wasser P: Mt 14,22–33

16 Als es Abend wurde, gingen seine Jünger hinab an den See, 17 stiegen in ein Boot und fuhren ans andere Ufer des Sees nach Kafarnaum. Und es war schon dunkel geworden, und Jesus war noch nicht zu ihnen gekommen, 18 der See aber wurde aufgewühlt, denn es wehte ein starker Wind. 19 Als sie nun etwa fünfundzwanzig oder dreissig Stadien weit gerudert sind, sehen sie, dass Jesus auf dem See geht und nahe ans Boot kommt; und sie fürchteten sich. 20 Er aber sagt zu ihnen: Ich bin es, fürchtet euch nicht! 21 Da wollten sie ihn ins Boot nehmen, doch auf einmal war das Boot am anderen Ufer, da, wo sie hinfahren wollten.

Das Brot des Lebens

22 Am nächsten Tag – das Volk, das am jenseitigen Ufer des Sees geblieben war, hatte gesehen, dass kein anderes Boot mehr da war ausser dem einen und dass Jesus nicht mit seinen Jüngern ins Boot gestiegen war, sondern dass seine Jünger allein weggefahren waren – 23 kamen andere Boote von Tiberias in die Nähe des Ortes, wo sie das Brot gegessen hatten, nachdem der Herr das Dankgebet gesprochen hatte. 24 Als nun das Volk sah, dass Jesus nicht dort war und auch seine Jünger nicht, stiegen sie ihrerseits in die Boote und fuhren nach Kafarnaum und suchten Jesus. 25 Und als sie ihn am anderen Ufer des Sees fanden, sagten sie zu ihm: Rabbi, wann bist du hierher gekommen?

26 Jesus entgegnete ihnen: Amen, amen, ich sage euch, ihr sucht mich nicht, weil ihr Zeichen gesehen, sondern weil ihr von den Broten
gegessen habt und satt geworden seid. 27 Müht euch nicht um die Spei- 27: 6,35 · 5,32!
se, die verdirbt, sondern um die Speise, die sich ins ewige Leben hinein

hält, die der Menschensohn euch geben wird; denn ihn hat Gott, der
Vater, beglaubigt. 28 Da sagten sie zu ihm: Was sollen wir tun, damit
wir die Werke Gottes wirken? 29 Jesus antwortete ihnen: Das ist das
Werk Gottes, dass ihr an den glaubt, den er gesandt hat.

30: 4,48! 30 Da sagten sie zu ihm: Was für ein Zeichen tust denn du, dass wir
31: Ex 16,1–31 · sehen und dir glauben können? 31 Unsere Väter haben das Manna ge-
Ps 78,24 gessen in der Wüste, wie geschrieben steht: *Brot vom Himmel gab er ih-*
nen zu essen. 32 Da sagte Jesus zu ihnen: Amen, amen, ich sage euch,
nicht Mose hat euch das Brot vom Himmel gegeben, sondern mein Va-
ter gibt euch das wahre Brot vom Himmel. 33 Denn Gottes Brot ist das-
34: 4,15 jenige, das vom Himmel herabkommt und der Welt Leben gibt. 34 Da
35: 4,14 sagten sie zu ihm: Herr, gib uns dieses Brot allezeit! 35 Jesus sagte zu
ihnen: Ich bin das Brot des Lebens. Wer zu mir kommt, wird nicht mehr
Hunger haben, und wer an mich glaubt, wird nie mehr Durst haben.

36 Aber ich habe euch gesagt: Ihr habt mich gesehen und glaubt
doch nicht. 37 Alles, was der Vater mir gibt, wird zu mir finden, und wer
38: 4,34! zu mir kommt, den werde ich nicht hinausstossen, 38 denn ich bin vom
Himmel herabgekommen, nicht um meinen Willen zu tun, sondern
39: 3,16; 10,28; den Willen dessen, der mich gesandt hat. 39 Das aber ist der Wille des-
17,12; 18,9 sen, der mich gesandt hat, dass ich nichts von allem, was er mir gegeben
hat, verloren gehen lasse, sondern dass ich es auferwecke am Jüngsten
40: 3,16!; 12,50 Tag. 40 Denn das ist der Wille meines Vaters, dass jeder, der den Sohn
sieht und an ihn glaubt, ewiges Leben habe; und ich werde ihn auferwe-
cken am Jüngsten Tag.

41 Da murrten die Juden und wandten sich gegen ihn, weil er sagte:
42: 4,44; Ich bin das Brot, das vom Himmel herabgekommen ist, 42 und sie sag-
Mt 13,55–56 ten: Ist das nicht Jesus, der Sohn Josefs, dessen Vater und Mutter wir
kennen? Wie kann er jetzt sagen: Ich bin vom Himmel herabgekom-
men? 43 Jesus entgegnete ihnen: Murrt nicht! 44 Niemand kann zu mir
kommen, es sei denn, ihn ziehe der Vater, der mich gesandt hat; und ich
werde ihn auferwecken am Jüngsten Tag. 45 In den Propheten steht ge-
schrieben: Und sie werden *alle von Gott gelehrt* sein; jeder, der auf den
46: 1,18! Vater gehört und von ihm gelernt hat, kommt zu mir. 46 Nicht dass je-
mand den Vater gesehen hätte! Nur der, der von Gott ist, der hat den
Vater gesehen. 47 Amen, amen, ich sage euch: Wer glaubt, hat ewiges
49: 6,31! Leben. 48 Ich bin das Brot des Lebens. 49 Eure Väter haben in der Wüste
das Manna gegessen und sind gestorben. 50 Dies ist das Brot, das vom
51: Lk 22,19 Himmel herabkommt: Wer immer davon isst, stirbt nicht. 51 Ich bin
das lebendige Brot, das vom Himmel herabgekommen ist. Wenn je-
mand von diesem Brot isst, wird er in Ewigkeit leben; und das Brot, das
ich geben werde, ist mein Fleisch, für das Leben der Welt.

52 Da gab es Streit unter den Juden, und sie sagten: Wie kann uns
der sein Fleisch zu essen geben? 53 Da sagte Jesus zu ihnen: Amen,
amen, ich sage euch: Wenn ihr nicht das Fleisch des Menschensohnes
esst und sein Blut trinkt, habt ihr kein Leben in euch. 54 Wer mein
Fleisch verzehrt und mein Blut trinkt, hat ewiges Leben, und ich werde
ihn auferwecken am Jüngsten Tag. 55 Denn mein Fleisch ist wahre Spei-

6,33: Andere Übersetzungsmöglichkeit: «Denn Gottes Brot ist derjenige, der vom Himmel herabkommt …»

se, und mein Blut ist wahrer Trank. 56 Wer mein Fleisch isst und mein 56: 15,4
Blut trinkt, bleibt in mir und ich in ihm. 57 Wie mich der lebendige 57: 14,19
Vater gesandt hat und ich durch den Vater lebe, so wird auch durch mich
leben, wer mich isst. 58 Dies ist das Brot, das vom Himmel herabgekom-
men ist. Und mit diesem Brot ist es nicht wie mit dem, das die Väter
gegessen haben und gestorben sind; wer dieses Brot isst, wird in Ewig-
keit leben.

59 Das sagte er in der Synagoge, als er in Kafarnaum lehrte.

Spaltung unter den Jüngern

60 Viele nun von seinen Jüngern, die das hörten, sagten: Dieses
Wort ist unerträglich, wer kann sich das anhören? 61 Weil aber Jesus 61: Mt 11,6
sehr wohl wusste, dass seine Jünger darüber murrten, sagte er zu ihnen:
Daran nehmt ihr Anstoss? 62 Was aber, wenn ihr den Menschensohn 62: 3,13
hinaufgehen seht, dorthin, wo er vorher war? 63 Der Geist ist es, der 63: 3,5–6;
lebendig macht, das Fleisch vermag nichts. Die Worte, die ich zu euch Röm 8,5–9; Gal 6,8
geredet habe, sind Geist und sind Leben. 64 Doch es sind einige unter
euch, die nicht glauben. Jesus wusste nämlich von Anfang an, welche es
waren, die nicht glaubten, und wer es war, der ihn ausliefern sollte.
65 Und er sprach: Darum habe ich euch gesagt: Niemand kann zu mir 65: 6,71!
kommen, dem es nicht vom Vater gegeben ist.

Bekenntnis des Petrus P: Mt 16,13–16

66 Von da an zogen sich viele seiner Jünger zurück und gingen nicht
länger mit ihm. 67 Da sagte Jesus zu den Zwölf: Wollt vielleicht auch ihr
weggehen? 68 Simon Petrus antwortete ihm: Herr, zu wem sollten wir
gehen? Du hast Worte ewigen Lebens, 69 und wir sind zum Glauben
gekommen und haben erkannt, dass du der Heilige Gottes bist. 70 Jesus
antwortete ihnen: Habe ich nicht euch, die Zwölf, erwählt? Und einer
von euch ist ein Teufel. 71 Er sprach von Judas, dem Sohn des Simon 71: 6,64; 13,21–30;
Iskariot; denn dieser sollte ihn ausliefern, einer von den Zwölf. 18,1–5

Vor dem Laubhüttenfest

7 1 Und danach zog Jesus in Galiläa umher; denn in Judäa wollte er 1: 5,18; 7,19–20;
nicht umherziehen, weil die Juden ihn töten wollten. 8,37.40; 10,31–33!;
11,53

2 Das Laubhüttenfest der Juden aber war nahe. 3 Da sagten seine
Brüder zu ihm: Brich auf von hier, und geh hinüber nach Judäa, damit
auch deine Jünger die Werke sehen, die du tust. 4 Denn niemand wirkt
im Verborgenen und strebt zugleich nach Öffentlichkeit. Wenn du das
willst, dann offenbare dich der Welt. 5 Auch seine Brüder glaubten näm-
lich nicht an ihn. 6 Da sagt Jesus zu ihnen: Meine Zeit ist noch nicht da, 6: 2,4!
eure Zeit aber ist immer schon da. 7 Euch kann die Welt nicht hassen,
mich aber hasst sie, weil ich ihr das Zeugnis ausstelle, dass ihre Werke
böse sind. 8 Geht ihr hinauf zum Fest; ich gehe nicht hinauf zu diesem
Fest, denn meine Zeit ist noch nicht erfüllt. 9 Das sagte er und blieb in
Galiläa.

10 Nachdem aber seine Brüder zum Fest hinaufgegangen waren, da
ging auch er hinauf, nicht öffentlich, sondern heimlich. 11 Die Juden
nun suchten ihn auf dem Fest und sagten: Wo ist er? 12 Und unter den
Leuten war viel Gerede über ihn. Die einen sagten: Er ist gut. Andere

13: 9,22; 19,38; 20,19 sagten: Nein, er verführt das Volk. 13 Doch sprach niemand offen über
ihn aus Furcht vor den Juden.

Auftreten im Tempel

14 Als aber das Fest schon zur Hälfte vorüber war, ging Jesus hinauf
in den Tempel und lehrte. 15 Da staunten die Juden und sagten: Wie
kann dieser die Schriften kennen, ohne unterrichtet worden zu sein?
16: 3,34! 16 Da antwortete ihnen Jesus: Meine Lehre stammt nicht von mir, son-
dern von dem, der mich gesandt hat. 17 Wer seinen Willen tun will,
wird erkennen, ob diese Lehre aus Gott ist oder ob ich von mir aus rede.
18: 5,44! 18 Wer von sich aus redet, sucht die eigene Ehre; wer aber die Ehre des-
sen sucht, der ihn gesandt hat, der ist glaubwürdig, und keine Unge-
rechtigkeit ist in ihm.

19 Hat Mose euch nicht das Gesetz gegeben? Und niemand von euch
20: 8,48.52; 10,20; tut, was das Gesetz verlangt. Was wollt ihr mich töten? 20 Das Volk ant-
Lk 7,33; Mt 9,34! · wortete: Du hast einen Dämon. Wer hat denn die Absicht, dich zu töten?
7,1! 21 Jesus antwortete ihnen: Ein einziges Werk habe ich getan, und ihr
22: Gen 17,9–13 wundert euch alle darüber. 22 Mose hat euch die Beschneidung gege-
ben – sie geht zwar nicht auf Mose, sondern auf die Väter zurück –, und
23: Lev 12,3; ihr beschneidet einen Menschen am Sabbat. 23 Wenn nun ein Mensch
Mt 12,5! · 5,10!; 9,16 am Sabbat die Beschneidung empfangen muss, damit das Gesetz des
Mose nicht gebrochen wird, wie könnt ihr da mir zürnen, wenn ich ei-
nen ganzen Menschen am Sabbat gesund gemacht habe? 24 Urteilt
nicht nach dem, was vor Augen liegt, sondern sprecht ein gerechtes Ur-
teil.

Mutmassungen über Jesus

25: 7,1! 25 Da sagten einige aus Jerusalem: Ist das nicht der, den sie am liebs-
26: 12,42 · 11,27! ten töten möchten? 26 Und dabei redet er öffentlich, und sie lassen ihn
gewähren. Sollten die Mitglieder des Hohen Rates wirklich erkannt ha-
27: 3,8; 8,14; 9,29 ben, dass dieser der Christus ist? 27 Doch von dem da wissen wir, woher
er ist; vom Christus aber, wenn er kommt, weiss niemand, woher er ist.
28: 8,42! · 8,19! 28 Da rief Jesus, während er im Tempel lehrte: Mich kennt ihr und
wisst, woher ich bin. Und ich bin nicht von mir aus gekommen, viel-
mehr ist der glaubwürdig, der mich gesandt hat, den ihr nicht kennt.
29: 8,55! 29 Ich kenne ihn, weil ich von ihm her komme und er mich gesandt hat.
30: 8,20 · 2,4! 30 Da wollten sie ihn festnehmen, und doch unternahm keiner etwas
gegen ihn, denn seine Stunde war noch nicht gekommen.

31: 2,23! 31 Aus dem Volk aber kamen viele zum Glauben an ihn, und sie sag-
ten: Wird der Christus, wenn er kommt, etwa mehr Zeichen tun, als die-
ser getan hat? 32 Die Pharisäer hörten, was im Volk über ihn gemunkelt
wurde. Und die Hohen Priester und die Pharisäer schickten Gerichtsdie-
33: 14,19; 16,16 ner aus, um ihn festzunehmen. 33 Da sprach Jesus: Noch eine kurze Zeit
34: 8,21; 13,33.36 bin ich bei euch; dann gehe ich fort zu dem, der mich gesandt hat. 34 Ihr
werdet mich suchen und mich nicht finden; und wo ich bin, da könnt
ihr nicht hinkommen. 35 Da sagten die Juden zueinander: Wo will der
hingehen, dass wir ihn nicht finden können? Will er etwa in die grie-
36: 8,22; 16,17–18 chische Diaspora gehen und die Griechen lehren? 36 Was bedeutet das
Wort, das er da gesagt hat: Ihr werdet mich suchen und mich nicht
finden; und wo ich bin, da könnt ihr nicht hinkommen?

Streit im Hohen Rat um Jesus

37 Am letzten, dem grossen Tag des Festes aber stand Jesus da und
rief: Wenn jemand Durst hat, komme er zu mir und trinke! 38 Wer an 38: 4,10
mich glaubt, aus dessen Leib werden, wie die Schrift sagt, Ströme leben-
digen Wassers fliessen. 39 Damit meinte er den Geist, den jene empfan- 39: 14,16!–17.26;
gen sollten, die an ihn glaubten. Denn der Geist war noch nicht da, weil 20,22 · 12,23!
Jesus noch nicht verherrlicht war.

40 Da sagten einige aus dem Volk, die diese Worte gehört hatten: 40: 1,21!
Das ist wirklich der Prophet. 41 Andere sagten: Das ist der Christus. 41: 11,27! · 1,46
Wieder andere sagten: Soll denn der Christus aus Galiläa kommen?
42 Sagt nicht die Schrift, dass der Christus aus dem Geschlecht Davids 42: Mi 5,1;
und aus Betlehem kommt, dem Dorf, wo David war? 43 So kam es sei- Mt 2,4–6; 22,42
netwegen zu einer Spaltung im Volk. 44 Einige von ihnen aber wollten
ihn festnehmen, doch legte keiner Hand an ihn.

45 Die Gerichtsdiener kamen nun zu den Hohen Priestern und Pha-
risäern zurück, und diese sagten zu ihnen: Warum habt ihr ihn nicht
hergebracht? 46 Die Diener antworteten: Noch nie hat ein Mensch so
geredet. 47 Da antworteten ihnen die Pharisäer: Habt etwa auch ihr
euch verführen lassen? 48 Ist etwa einer vom Hohen Rat zum Glauben
an ihn gekommen oder einer von den Pharisäern? 49 Aber dieses Volk, 49: Dtn 27,26
das nichts weiss vom Gesetz – verflucht sei es! 50 Nikodemus – der frü-
her einmal zu Jesus gekommen war –, einer der Ihren, sagte zu ihnen:
51 Verurteilt denn unser Gesetz einen Menschen, ohne dass man ihn 51: Dtn 1,16–17
vorher angehört hätte und wüsste, was er getan hat? 52 Sie entgegneten
ihm: Bist vielleicht auch du aus Galiläa? Forsche nach und du wirst se-
hen: Aus Galiläa ersteht kein Prophet.

Jesus und die Ehebrecherin

53 Und sie gingen, jeder in sein Haus.

8 1 Jesus aber ging auf den Ölberg. 2 Am frühen Morgen war er wieder
im Tempel, und das ganze Volk kam zu ihm. Und er setzte sich und
lehrte sie. 3 Da bringen die Schriftgelehrten und die Pharisäer eine
Frau, die beim Ehebruch ertappt worden ist, stellen sie in die Mitte
4 und sagen zu ihm: Meister, diese Frau ist beim Ehebruch auf frischer
Tat ertappt worden. 5 Im Gesetz aber hat Mose uns vorgeschrieben, sol- 5: Dtn 22,22–24
che Frauen zu steinigen. Du nun, was sagst du dazu? 6 Dies sagten sie,
um ihn auf die Probe zu stellen, damit sie einen Grund hätten, ihn anzu-
klagen. Jesus aber bückte sich und schrieb mit dem Finger auf die Erde.
7 Als sie immer wieder fragten, richtete er sich auf und sagte zu ihnen: 7: Röm 3,9–10
Wer unter euch ohne Sünde ist, werfe als Erster einen Stein auf sie!
8 Und er bückte sich wieder und schrieb auf die Erde. 9 Sie aber hörten
es und entfernten sich, einer nach dem anderen, die Ältesten voran, und
er blieb allein zurück mit der Frau, die in der Mitte stand. 10 Jesus aber
richtete sich auf und sagte zu ihr: Frau, wo sind sie? Hat keiner dich

7,37: Andere Übersetzungsmöglichkeit: «... Wenn jemand Durst hat, komme er zu mir, und es trinke, 38 wer an mich glaubt! Wie die Schrift sagt: Aus dessen Leib werden Ströme lebendigen Wassers fliessen.»

7,53: Die wichtigsten Handschriften enthalten Joh 7,53–8,11 nicht. Die entsprechenden Verse gehören nicht zum ursprünglichen Text des Evangeliums nach Johannes.

11: 3,17! verurteilt? 11 Sie sagte: Keiner, Herr. Da sprach Jesus: Auch ich verurtei-
le dich nicht. Geh, und sündige von jetzt an nicht mehr!

Das Licht der Welt

12: 1,5.9; 3,19; 9,5; 12 Ein andermal sagte Jesus zu ihnen: Ich bin das Licht der Welt. Wer
12,35.46; Jes 9,1; mir folgt, wird nicht in der Finsternis umhergehen, sondern das Licht
1Joh 1,5 des Lebens haben. 13 Da sagten die Pharisäer zu ihm: Du legst ja über
14: 7,27! dich selbst Zeugnis ab. Dein Zeugnis ist nicht glaubwürdig. 14 Jesus ent-
gegnete ihnen: Auch wenn ich über mich selbst Zeugnis ablege, ist mein
Zeugnis glaubwürdig, denn ich weiss, woher ich gekommen bin und
wohin ich gehe. Ihr aber wisst nicht, woher ich komme noch wohin ich
15: 3,17! gehe. 15 Ihr urteilt nach dem Fleisch, ich urteile über niemanden.
16 Und wenn ich urteile, ist mein Urteil gültig, denn nicht ich allein
spreche das Urteil, sondern ich und der mich gesandt hat, der Vater.
17: Dtn 19,15 17 Und in eurem Gesetz steht geschrieben, dass das Zeugnis zweier
18: 5,32! Menschen gültig ist: 18 Ich bin es, der Zeugnis ablegt über mich, und
19: 7,28; 15,21; 16,3 der Vater, der mich gesandt hat, legt Zeugnis ab über mich. 19 Da sagten
sie zu ihm: Wo ist dein Vater? Jesus antwortete: Weder mich noch mei-
nen Vater kennt ihr. Würdet ihr mich kennen, würdet ihr auch meinen
20: 7,30 · 2,4! Vater kennen. 20 Diese Worte sprach er beim Opferstock, als er im Tem-
pel lehrte. Und niemand nahm ihn fest, denn seine Stunde war noch
nicht gekommen.

Herkunft und Bestimmung Jesu

21: 7,34! 21 Nun sagte er wieder zu ihnen: Ich gehe fort, und ihr werdet mich
suchen, und ihr werdet in eurer Sünde sterben. Wo ich hingehe, da
22: 7,36! könnt ihr nicht hinkommen. 22 Da sagten die Juden: Will er sich etwa
selber töten, dass er sagt: Wo ich hingehe, da könnt ihr nicht hinkom-
23: 3,31 · 17,14; men? 23 Und er sagte zu ihnen: Ihr seid von unten, ich bin von oben. Ihr
18,36 seid von dieser Welt, ich bin nicht von dieser Welt. 24 Nun habe ich
24: 16,9! euch gesagt, dass ihr in euren Sünden sterben werdet. Denn wenn ihr
nicht glaubt, dass ich es bin, werdet ihr in euren Sünden sterben. 25 Da
sagten sie zu ihm: Wer bist du? Jesus sagte zu ihnen: Was rede ich über-
26: 3,34! haupt noch mit euch? 26 Ich hätte viel zu reden und zu richten über
euch. Aber der mich gesandt hat, ist glaubwürdig, und was ich von ihm
gehört habe, das rede ich zur Welt. 27 Sie erkannten nicht, dass er vom
28: 3,14! Vater zu ihnen sprach. 28 Da sagte Jesus zu ihnen: Wenn ihr den Men-
schensohn erhöht habt, dann werdet ihr erkennen, dass ich es bin und
dass ich von mir aus nichts tue, sondern so rede, wie mich der Vater
gelehrt hat. 29 Und der mich gesandt hat, ist mit mir. Er hat mich nicht
allein gelassen, denn ich tue allezeit, was ihm gefällt. 30 Als er so redete,
kamen viele zum Glauben an ihn.

Jesus und Abraham

31 Da sagte Jesus zu den Juden, die ihm Vertrauen geschenkt hatten:
Wenn ihr in meinem Wort bleibt, seid ihr wirklich meine Jünger,
32 und ihr werdet die Wahrheit erkennen, und die Wahrheit wird euch
frei machen. 33 Sie antworteten ihm: Wir sind Nachkommen Abrahams
und nie jemandes Sklaven gewesen. Wie kannst du sagen: Ihr werdet
34: Röm 6,16 frei werden? 34 Jesus antwortete ihnen: Amen, amen, ich sage euch: Je-

der, der tut, was die Sünde will, ist ein Sklave der Sünde. 35 Der Sklave
aber bleibt nicht auf ewig im Haus, der Sohn bleibt auf ewig. 36 Wenn 36: Gal 5,1
also der Sohn euch frei macht, werdet ihr wirklich frei sein.

37 Ich weiss, dass ihr Nachkommen Abrahams seid. Aber ihr wollt
mich töten, weil mein Wort keinen Platz bei euch findet. 38 Ich spreche 38: 3,11.34!
von dem, was ich beim Vater gesehen habe; und ihr tut, was ihr vom
Vater gehört habt. 39 Sie entgegneten ihm: Unser Vater ist Abraham.
Jesus sagt zu ihnen: Wärt ihr Abrahams Kinder, würdet ihr die Werke
Abrahams tun. 40 Nun aber wollt ihr mich töten, einen Menschen, der 40: 7,1!
euch die Wahrheit gesagt hat, die ich von Gott gehört habe. Das hat
Abraham nicht getan. 41 Ihr tut die Werke eures eigentlichen Vaters. Da
sagten sie zu ihm: Wir sind nicht aus Unzucht hervorgegangen; wir ha-
ben einen einzigen Vater, Gott. 42 Jesus sagt zu ihnen: Wäre Gott euer 42: 7,28; 16,27.30;
Vater, würdet ihr mich lieben. Denn von Gott bin ich ausgegangen und 17,8
gekommen. Nicht von mir aus bin ich gekommen, sondern er hat mich
gesandt. 43 Warum versteht ihr meine Rede nicht? Weil ihr mein Wort 43: 12,39–40
nicht hören könnt. 44 Ihr habt den Teufel zum Vater, und ihr wollt tun,
was er begehrt. Jener war ein Mörder von Anfang an und stand nicht in
der Wahrheit, denn Wahrheit ist nicht in ihm. Wenn er lügt, redet er
aus dem Eigenen, denn ein Lügner ist er und der Vater der Lüge. 45 Weil
ich aber die Wahrheit sage, glaubt ihr mir nicht. 46 Wer von euch über-
führt mich der Sünde? Wenn ich die Wahrheit sage, warum glaubt ihr
mir nicht? 47 Wer aus Gott ist, hört die Worte Gottes; ihr hört nicht, 47: 10,27!
weil ihr nicht aus Gott seid.

48 Die Juden entgegneten ihm: Sagen wir nicht zu Recht, dass du ein 48: 7,20!
Samaritaner bist und einen Dämon hast? 49 Jesus antwortete: Ich habe
keinen Dämon, sondern ich ehre meinen Vater, und ihr nehmt mir die
Ehre. 50 Ich aber suche nicht meine Ehre; doch es ist einer, der sie sucht
und der richtet. 51 Amen, amen, ich sage euch: Wer mein Wort bewahrt,
wird in Ewigkeit den Tod nicht schauen. 52 Da sagten die Juden zu ihm:
Jetzt haben wir erkannt, dass du einen Dämon hast. Abraham ist gestor-
ben, und auch die Propheten, und du sagst: Wer mein Wort bewahrt,
wird den Tod in Ewigkeit nicht schmecken. 53 Bist du etwa grösser als 53: 4,12
unser Vater Abraham, der gestorben ist? Auch die Propheten sind ge-
storben. Zu wem machst du dich? 54 Jesus antwortete: Wenn ich mich 54: 5,44!
selbst verherrlichte, wäre meine Herrlichkeit nichts. Mein Vater ist es,
der mich verherrlicht, er, von dem ihr sagt: Er ist unser Gott. 55 Und ihr 55: 1,18; 7,29; 17,25;
habt ihn nicht erkannt. Doch ich kenne ihn. Und wenn ich sagte: Ich Mt 11,27
kenne ihn nicht, wäre ich ein Lügner wie ihr. Aber ich kenne ihn und
halte sein Wort. 56 Abraham, euer Vater, frohlockte, dass er meinen Tag
sehen sollte. Und er sah ihn und freute sich. 57 Da sagten die Juden zu
ihm: Du bist keine fünfzig Jahre alt und hast Abraham gesehen? 58 Je-
sus sagte zu ihnen: Amen, amen, ich sage euch: Ehe Abraham wurde,
war ich. 59 Da hoben sie Steine auf, um sie nach ihm zu werfen. Jesus
aber verbarg sich und verliess den Tempel.

8,44: Die Aussage, dass die Gesprächspartner Jesu den Teufel zum Vater haben, ist eine der polemischsten Stellen des gesamten Neuen Testaments. Sie ist im Sinne des Evangeliums nach Johannes theologisch nur verständlich, wenn sie auf der Linie der in 12,31 und 16,11 folgenden Aussagen gelesen wird.

Heilung eines Blindgeborenen

9 1 Und im Vorübergehen sah er einen Menschen, der blind geboren
2: Ex 34,6–7; war. 2 Und seine Jünger fragten ihn: Rabbi, wer hat gesündigt, er
Ez 18,2; Lk 13,1–5 oder seine Eltern, dass er blind geboren wurde? 3 Jesus antwortete: We-
der er noch seine Eltern haben gesündigt, sondern die Werke Gottes
4: 11,9; 12,35 sollen an ihm offenbar werden. 4 Wir müssen die Werke dessen wir-
ken, der mich gesandt hat, solange es Tag ist. Es kommt die Nacht, da
5: 8,12! niemand wirken kann. 5 Solange ich in der Welt bin, bin ich das Licht
der Welt.

6 Als er das gesagt hatte, spuckte er auf die Erde und machte einen
Brei aus dem Speichel und strich ihm den Brei auf die Augen 7 und sagte
zu ihm: Geh, wasche dich im Teich Schiloach! Schiloach heisst ‹der Ge-
sandte›. Da ging er und wusch sich und kam sehend zurück.

8 Die Nachbarn nun und die Leute, die ihn früher als Bettler gesehen
hatten, sagten: Ist das nicht der, der dasass und bettelte? 9 Die einen
sagten: Er ist es. Die anderen sagten: Nein, er sieht ihm bloss ähnlich. Er
selbst sagte: Ich bin es. 10 Da sagten sie zu ihm: Wie also sind deine
Augen aufgetan worden? 11 Er antwortete: Der Mensch, der Jesus heisst,
machte einen Brei und strich ihn mir auf die Augen und sagte zu mir:
Geh zum Teich Schiloach und wasche dich. Da ging ich hin, wusch mich
und konnte sehen. 12 Und sie fragten ihn: Wo ist er? Er sagt: Ich weiss es
nicht.

13 Sie führen ihn, den ehemals Blinden, zu den Pharisäern. 14 Es war
aber Sabbat an dem Tag, als Jesus den Teig machte und ihm die Augen
auftat. 15 Die Pharisäer nun fragten ihn ebenfalls, wie er sehend gewor-
den sei. Er sagte zu ihnen: Er bestrich meine Augen mit einem Brei, und
16: 7,23! · 3,2! ich wusch mich, und ich sehe. 16 Da sagten einige von den Pharisäern:
Dieser Mensch ist nicht von Gott, denn er hält den Sabbat nicht. Andere
aber sagten: Wie kann ein sündiger Mensch solche Zeichen tun? Und es
17: 4,19 gab eine Spaltung unter ihnen. 17 Da sagen sie wieder zu dem Blinden:
Und du, was sagst du dazu, dass er dir die Augen aufgetan hat? Er sagte:
Er ist ein Prophet.

18 Die Juden nun wollten nicht glauben, dass er blind gewesen und
sehend geworden war, bis sie die Eltern gesprochen hätten – die Eltern
dessen, der sehend geworden war. 19 Und sie fragten sie: Ist das euer
Sohn, von dem ihr sagt, dass er blind geboren wurde? Wieso sieht er
denn jetzt? 20 Da entgegneten seine Eltern: Wir wissen, dass er unser
Sohn ist und dass er blind geboren wurde. 21 Wieso er aber jetzt sieht,
wissen wir nicht, und wer ihm die Augen aufgetan hat – wir wissen es
nicht. Fragt doch ihn, er ist alt genug. Er kann selber über sich Auskunft
22: 7,13! · 12,42; geben. 22 Das sagten seine Eltern, weil sie sich vor den Juden fürchte-
16,2 · 11,27! ten. Denn die Juden waren schon übereingekommen, dass aus der Syn-
agoge ausgeschlossen werde, wer ihn als Christus bekenne. 23 Darum
sagten seine Eltern: Er ist alt genug, fragt doch ihn.

24 Da riefen sie den Menschen, der blind gewesen war, ein zweites
Mal und sagten zu ihm: Gib Gott die Ehre! Wir wissen, dass dieser
Mensch ein Sünder ist. 25 Jener antwortete: Ob er ein Sünder ist, weiss
ich nicht. Ich weiss bloss eines: Ich war blind, und jetzt sehe ich. 26 Da
sagten sie zu ihm: Was hat er mit dir gemacht? Wie hat er dir die Augen
aufgetan? 27 Er antwortete ihnen: Ich habe es euch schon gesagt, und

ihr habt nicht zugehört. Warum wollt ihr es noch einmal hören? Wollt
etwa auch ihr seine Jünger werden? 28 Und sie beschimpften ihn und
sagten: Du bist einer seiner Jünger, wir aber sind Jünger des Mose.
29 Wir wissen, dass Gott mit Mose geredet hat. Von diesem aber wissen 29: 7,27!
wir nicht, woher er ist. 30 Der Mensch entgegnete ihnen: Darin liegt ja
das Erstaunliche, dass ihr nicht wisst, woher er ist, und er hat mir doch
die Augen aufgetan. 31 Wir wissen, dass Gott keine Sünder erhört; wer 31: 11,22 · Ps 66,18
aber gottesfürchtig ist und seinen Willen tut, den erhört er. 32 Von
Ewigkeit her hat man nicht vernommen, dass jemand die Augen eines
Blindgeborenen aufgetan hat. 33 Wäre dieser nicht von Gott, könnte er 33: 3,2!
nichts tun. 34 Sie entgegneten ihm: In Sünden bist du geboren, ganz 34: 9,2!
und gar, und du willst uns lehren? Und sie stiessen ihn aus.

35 Jesus hörte, dass sie ihn ausgestossen hatten; und als er ihn traf,
sprach er: Glaubst du an den Menschensohn? 36 Jener entgegnete: Sag
mir, wer es ist, Herr, damit ich an ihn glauben kann! 37 Jesus sagte zu 37: 4,26
ihm: Du hast ihn gesehen. Der mit dir redet, der ist es. 38 Er sagte: Ich
glaube, Herr. Und er warf sich vor ihm nieder.

39 Und Jesus sprach: Zum Gericht bin ich in diese Welt gekommen, 39: 12,40; Mk 4,12
dass die, die nicht sehen, sehend und die Sehenden blind werden.
40 Das hörten einige von den Pharisäern, die bei ihm waren, und sie
sagten zu ihm: Sind etwa auch wir blind? 41 Jesus sagte zu ihnen: Wärt
ihr blind, hättet ihr keine Sünde. Jetzt aber sagt ihr: Wir sehen. Darum
bleibt eure Sünde.

Der gute Hirt

10 1 Amen, amen, ich sage euch: Wer nicht durch die Tür in den
Pferch der Schafe hineingeht, sondern anderswo hineinsteigt, der
ist ein Dieb und ein Räuber. 2 Wer aber durch die Tür hineingeht, ist der
Hirt der Schafe. 3 Ihm öffnet der Türhüter, und die Schafe hören auf sei- 3: 10,27!
ne Stimme, und er ruft die eigenen Schafe mit Namen und führt sie
hinaus. 4 Wenn er die eigenen Schafe alle hinausgetrieben hat, geht er
vor ihnen her, und die Schafe folgen ihm, weil sie seine Stimme kennen.
5 Einem Fremden aber werden sie nicht folgen, sondern sie werden ihm
davonlaufen, weil sie die Stimme der Fremden nicht kennen. 6 Dieses
Bildwort sprach Jesus zu ihnen. Sie aber verstanden den Sinn seiner
Rede nicht.

7 Da sprach Jesus noch einmal: Amen, amen, ich sage euch: Ich bin
die Tür zu den Schafen. 8 Alle, die vor mir gekommen sind, sind Diebe
und Räuber. Aber die Schafe haben nicht auf sie gehört. 9 Ich bin die Tür. 9: 14,6
Wenn jemand durch mich hineingeht, wird er gerettet werden und
wird ein- und ausgehen und eine Weide finden. 10 Der Dieb kommt 10: 3,17!
nur, um zu stehlen, zu schlachten und zu vernichten. Ich bin gekom-
men, damit sie das Leben in Fülle haben.

11 Ich bin der gute Hirt. Der gute Hirt setzt sein Leben ein für die 11: Ps 23,1 ·
Schafe. 12 Der Lohnarbeiter, der nicht Hirt ist, dem die Schafe nicht ge- Ez 34,11–16
hören, der sieht den Wolf kommen und lässt die Schafe im Stich und
flieht, und der Wolf reisst und versprengt sie. 13 Er ist eben ein Lohnar- 13: Ez 34,2–6
beiter, und ihm liegt nichts an den Schafen.

14 Ich bin der gute Hirt und kenne die Meinen, und die Meinen ken-
nen mich, 15 wie der Vater mich kennt und ich den Vater kenne. Und ich 15: 15,13

16: 11,52!; 17,20 · setze mein Leben ein für die Schafe. 16 Und ich habe andere Schafe, die
10,27! · Ez 37,22 nicht aus diesem Pferch sind; auch die muss ich leiten, und sie werden
auf meine Stimme hören. Und sie werden *eine* Herde werden mit *einem*
Hirten.

17: 3,35! 17 Darum liebt mich der Vater, weil ich mein Leben einsetze, um es
wieder zu empfangen. 18 Niemand nimmt es mir, sondern ich setze es
von mir aus ein. Ich habe Vollmacht, es einzusetzen, und ich habe Vollmacht, es wieder zu empfangen. Diesen Auftrag habe ich von meinem
Vater empfangen.

Spaltung unter den Juden

19 Da kam es wegen dieser Worte wiederum zu einer Spaltung unter
20: 7,20! den Juden. 20 Viele von ihnen sagten: Er hat einen Dämon und ist von
Sinnen. Warum hört ihr auf ihn? 21 Andere sagten: Das sind nicht die
Worte eines Besessenen. Kann etwa ein Dämon die Augen von Blinden
auftun?

Auf dem Tempelweihfest

22 Damals fand in Jerusalem gerade das Tempelweihfest statt. Es war
Winter. 23 Und Jesus ging im Tempel in der Halle Salomos auf und ab.
24: 11,27! · 24 Da umringten ihn die Juden und sagten zu ihm: Wie lange willst du
Mt 26,63 uns noch hinhalten? Wenn du der Christus bist, sag es uns frei heraus!
25: 5,36! 25 Jesus antwortete ihnen: Ich habe es euch gesagt, und ihr glaubt nicht.
Die Werke, die ich im Namen meines Vaters tue, sie legen Zeugnis ab
für mich. 26 Ihr aber glaubt nicht, weil ihr nicht zu meinen Schafen ge-
27: 8,47; 10,3.16; hört. 27 Meine Schafe hören auf meine Stimme, und ich kenne sie, und
18,37 sie folgen mir. 28 Und ich gebe ihnen ewiges Leben, und sie werden in
28: 6,39! Ewigkeit nicht verloren gehen, und niemand wird sie meiner Hand entreissen. 29 Was mein Vater mir gegeben hat, ist grösser als alles, und
30: 10,38! niemand kann es der Hand des Vaters entreissen. 30 Ich und der Vater
sind eins.

31 Da hoben die Juden wiederum Steine auf, um ihn zu steinigen.
32 Jesus hielt ihnen entgegen: Viele gute Werke vom Vater habe ich
euch sehen lassen. Für welches dieser Werke wollt ihr mich steinigen?
33: 19,7! 33 Die Juden antworteten ihm: Nicht eines guten Werkes wegen steini-
gen wir dich, sondern wegen Gotteslästerung, weil du, ein Mensch, dich
34: Ps 82,6 zu Gott machst. 34 Jesus antwortete ihnen: Steht nicht in eurem Gesetz
geschrieben: *Ich habe gesagt: Ihr seid Götter?* 35 Wenn er jene Götter
nannte, an die das Wort Gottes erging, und wenn die Schrift nicht aufgehoben werden darf, 36 wie könnt ihr dann zu dem, den der Vater ge-
heiligt und in die Welt gesandt hat, sagen: Du lästerst Gott!, nur weil ich
gesagt habe: Ich bin Gottes Sohn? 37 Tue ich nicht die Werke meines
38: 5,36! · 10,30; Vaters, so braucht ihr mir nicht zu glauben. 38 Tue ich sie aber und ihr
14,10–11.20 glaubt mir nicht, so glaubt wenigstens den Werken, damit ihr erkennt
und wisst, dass in mir der Vater ist und ich im Vater bin. 39 Da wollten
40: 1,28 sie ihn wiederum festnehmen, aber er entkam ihren Händen. 40 Und er
ging wieder fort auf die andere Seite des Jordan, an den Ort, wo Johan-
41: 1,29–34 nes zuerst getauft hatte. Und dort blieb er. 41 Und viele kamen zu ihm
und sagten: Johannes hat zwar kein Zeichen getan, aber alles, was Jo-

hannes über diesen gesagt hat, ist die Wahrheit. 42 Und viele kamen
dort zum Glauben an ihn.

Auferweckung des Lazarus

11 1 Es war aber einer krank, Lazarus aus Betanien, aus dem Dorf der 1: Lk 10,38–39
Maria und ihrer Schwester Marta. 2 Maria war die, welche dann 2: 12,3
den Herrn mit Öl salbte und seine Füsse mit ihren Haaren trocknete; ihr
Bruder Lazarus war krank. 3 Da sandten die Schwestern zu ihm und lies-
sen sagen: Herr, der, den du lieb hast, ist krank. 4 Als Jesus das hörte, 4: 12,23!
sprach er: Diese Krankheit führt nicht zum Tod, sondern dient der Ver-
herrlichung Gottes; durch sie soll der Sohn Gottes verherrlicht werden.
5 Jesus liebte Marta und ihre Schwester und Lazarus. 6 Als er nun hörte,
dass dieser krank sei, blieb er noch zwei Tage an dem Ort, wo er war.
7 Danach, als diese Zeit vorüber war, sagt er zu den Jüngern: Lasst uns
wieder nach Judäa gehen! 8 Die Jünger sagen zu ihm: Rabbi, eben noch 8: 10,31
wollten die Juden dich steinigen, und du gehst wieder dorthin? 9 Jesus 9: 9,4!
antwortete: Hat der Tag nicht zwölf Stunden? Wer bei Tag umhergeht,
stösst nicht an, weil er das Licht dieser Welt sieht. 10 Wer aber bei Nacht
umhergeht, stösst an, weil das Licht nicht in ihm ist.

11 Dies sprach er, und dann sagt er zu ihnen: Lazarus, unser Freund,
schläft; aber ich gehe, um ihn aufzuwecken. 12 Da sagten die Jünger zu
ihm: Herr, wenn er schläft, wird er gerettet werden. 13 Jesus aber hatte
von seinem Tod gesprochen. Sie jedoch meinten, er rede von der Ruhe
des Schlafes. 14 Darauf sagte ihnen Jesus offen heraus: Lazarus ist ge-
storben. 15 Und ich freue mich für euch, dass ich nicht dort gewesen 15: 11,42; 12,30
bin, damit ihr zum Glauben kommt. Aber lasst uns zu ihm gehen! 16 Da 16: Mt 26,35
sagte Thomas, der Didymus genannt wird, zu seinen Mitjüngern: Lasst
uns auch hingehen, um mit ihm zu sterben.

17 Als Jesus dort eintraf, fand er ihn schon vier Tage im Grab. 18 Be-
tanien aber war nahe bei Jerusalem, etwa fünfzehn Stadien entfernt.
19 Viele Juden waren zu Marta und Maria gekommen, um sie wegen
ihres Bruders zu trösten. 20 Marta nun, als sie hörte, dass Jesus komme,
ging ihm entgegen. Maria aber sass zu Hause. 21 Da sagte Marta zu Je-
sus: Herr, wärst du hier gewesen, so wäre mein Bruder nicht gestorben.
22 Aber auch jetzt weiss ich: Alles, was du von Gott erbitten wirst, wird 22: 9,31
Gott dir geben. 23 Jesus sagt zu ihr: Dein Bruder wird auferstehen.
24 Marta sagt zu ihm: Ich weiss, dass er auferstehen wird in der Aufer-
stehung am Jüngsten Tag. 25 Jesus sagte zu ihr: Ich bin die Auferste- 25: 14,6
hung und das Leben. Wer an mich glaubt, wird leben, auch wenn er
stirbt, 26 und jeder, der lebt und an mich glaubt, wird in Ewigkeit nicht 26: 3,16!
sterben. Glaubst du das? 27 Sie sagt zu ihm: Ja, Herr, jetzt glaube ich, 27: 1,17.34.41.49;
dass du der Christus bist, der Sohn Gottes, der in die Welt kommt. 4,25.29; 7,26.41;
9,22; 10,24; 17,3;
20,31; Mt 16,16!

28 Und als sie dies gesagt hatte, ging sie fort und rief Maria, ihre
Schwester, und sagte heimlich zu ihr: Der Meister ist da und ruft dich.
29 Jene aber, als sie das hörte, stand rasch auf und ging zu ihm. 30 Jesus
war noch nicht ins Dorf gekommen, sondern befand sich noch an dem
Ort, wo Marta ihm begegnet war. 31 Als nun die Juden, die bei ihr im
Haus waren und sie trösteten, sahen, dass Maria rasch aufstand und
hinausging, folgten sie ihr, weil sie meinten, sie gehe zum Grab, um
dort zu weinen.

32 Maria nun, als sie dorthin kam, wo Jesus war, und ihn sah, warf
sich ihm zu Füssen und sagte zu ihm: Herr, wärst du hier gewesen, so
wäre mein Bruder nicht gestorben. 33 Als Jesus nun sah, wie sie weinte
und wie auch die Juden, die mit ihr gekommen waren, weinten, war er
im Innersten empört und erschüttert 34 und sprach: Wo habt ihr ihn
hingelegt? Sie sagen zu ihm: Herr, komm und sieh! 35 Jesus weinte.
37: 9,1–7 36 Da sagten die Juden: Seht, wie lieb er ihn gehabt hat! 37 Einige von
ihnen aber sagten: Konnte er, der dem Blinden die Augen aufgetan hat,
nicht auch machen, dass dieser nicht stirbt?

38 Jesus nun, von neuem zutiefst empört, kommt zum Grab. Es war
eine Höhle, und davor lag ein Stein. 39 Jesus spricht: Nehmt den Stein
weg! Marta, die Schwester des Verstorbenen, sagt zu ihm: Herr, er stinkt
schon, denn er ist vier Tage tot. 40 Jesus sagt zu ihr: Habe ich dir nicht
gesagt: Wenn du glaubst, wirst du die Herrlichkeit Gottes sehen? 41 Da
nahmen sie den Stein weg. Jesus aber hob seine Augen auf und sprach:
42: 11,15! Vater, ich danke dir, dass du mich erhört hast. 42 Ich wusste, dass du
mich allezeit erhörst, jedoch um des Volkes willen, das da ringsum
steht, habe ich es gesagt, damit sie glauben, dass du mich gesandt hast.
43 Und als er dies gesagt hatte, rief er mit lauter Stimme: Lazarus,
komm heraus! 44 Der Tote kam heraus; seine Füsse und Hände waren
mit Binden umwickelt, und sein Gesicht war mit einem Schweisstuch
bedeckt. Jesus sagt zu ihnen: Befreit ihn und lasst ihn gehen!

P: Mt 26,1–5 *Der Todesbeschluss des Hohen Rates*

45: 2,23! 45 Viele nun von den Juden, die zu Maria gekommen waren und ge-
sehen hatten, was er getan hatte, kamen zum Glauben an ihn. 46 Aber
einige von ihnen gingen zu den Pharisäern und hinterbrachten ihnen,
was Jesus getan hatte.

47 Da versammelten die Hohen Priester und die Pharisäer den Ho-
hen Rat und sagten: Was sollen wir unternehmen? Dieser Mensch tut
viele Zeichen. 48 Lassen wir ihn gewähren, so werden alle an ihn glau-
ben, und die Römer werden kommen und uns Land und Leute wegneh-
men. 49 Einer von ihnen aber, Kajafas, der in jenem Jahr Hoher Priester
war, sagte zu ihnen: Ihr versteht nichts. 50 Auch bedenkt ihr nicht, dass
es für euch von Vorteil wäre, wenn ein einzelner Mensch für das Volk
stirbt und nicht das ganze Volk zugrunde geht. 51 Das aber sagte er nicht
aus sich selbst, sondern als Hoher Priester jenes Jahres weissagte er,
52: 10,16!; 1Joh 2,2 dass Jesus für das Volk sterben sollte, 52 und nicht nur für das Volk, son-
dern auch, um die zerstreuten Kinder Gottes zusammenzuführen.
53: 7,1! 53 Von jenem Tag an hielten sie es für beschlossen, dass sie ihn töten
wollten.

54 Nun zeigte sich Jesus nicht mehr unter den Juden, sondern zog
sich von dort in die Gegend nahe der Wüste zurück, in eine Stadt, die
Efraim heisst. Und dort blieb er mit seinen Jüngern.

P: Mt 26,6–13 *Salbung in Betanien*

55: 2,13! 55 Das Passa der Juden aber war nahe. Viele zogen schon vor dem
Passa aus dem Land hinauf nach Jerusalem, um sich zu heiligen. 56 Da
suchte man nach Jesus, und die im Tempel beisammenstanden, sagten
zueinander: Was meint ihr? Ob er wohl nicht zum Fest kommt? 57 Die

Hohen Priester und die Pharisäer aber hatten angeordnet, wenn jemand
wisse, wo er sei, solle er Anzeige erstatten, damit sie ihn festnehmen
könnten.

12 1 Jesus nun kam sechs Tage vor dem Passa nach Betanien, wo La- 1: 11,43-44
zarus war, den er, Jesus, von den Toten auferweckt hatte. 2 Dort 2: Lk 10,40
bereitete man ihm ein Mahl, und Marta trug auf; Lazarus aber war einer
von denen, die mit ihm bei Tisch sassen.

3 Da nahm Maria ein Pfund echten, kostbaren Nardenöls, salbte Je-
sus die Füsse und trocknete seine Füsse mit ihrem Haar. Das Haus wur-
de erfüllt vom Duft des Öls. 4 Judas Iskariot aber – einer seiner Jünger –, 4: 6,71!
der ihn ausliefern sollte, sagt: 5 Warum hat man dieses Öl nicht für drei-
hundert Denar verkauft und den Ertrag Armen zugute kommen lassen?
6 Das sagte er aber nicht, weil ihm die Armen am Herzen lagen, sondern
weil er ein Dieb war und als Kassenverwalter Einnahmen auf die Seite
schaffte. 7 Nun sprach Jesus: Lass sie, sie soll es bewahrt haben für den
Tag meines Begräbnisses. 8 Arme habt ihr ja allezeit bei euch, mich aber
habt ihr nicht allezeit.

9 Viele Juden nun hatten erfahren, dass er dort war, und sie kamen,
nicht nur um Jesu willen, sondern auch um Lazarus zu sehen, den er von
den Toten auferweckt hatte. 10 Die Hohen Priester aber beschlossen,
auch Lazarus zu töten, 11 denn seinetwegen gingen viele Juden hin und 11: 11,45
glaubten an Jesus.

Einzug in Jerusalem P: Mt 21,1-11

12 Als am Tag darauf die grosse Volksmenge, die zum Fest gekom-
men war, hörte, dass Jesus nach Jerusalem komme, 13 nahmen sie die 13: Ps 118,25-26 · 6,15!
Palmzweige und zogen hinaus, ihn zu empfangen, und riefen:

Hosanna,
gepriesen sei, der da kommt im Namen des Herrn,
der König Israels.

14 Jesus aber fand einen jungen Esel und setzte sich darauf, wie ge-
schrieben steht:

15 *Fürchte dich nicht, Tochter Zion!* 15: Sach 9,9 · 1,49!
Siehe, dein König kommt,
sitzend auf dem Füllen einer Eselin.

16 Dies verstanden seine Jünger zunächst nicht, aber nachdem Jesus 16: 14,26!
verherrlicht worden war, da erinnerten sie sich, dass dies über ihn ge-
schrieben stand und dass man ihm solches getan hatte.

17 Das Volk nun, das bei ihm gewesen war, als er Lazarus aus dem
Grab gerufen und ihn von den Toten auferweckt hatte, legte davon
Zeugnis ab. 18 Eben darum zog ihm das Volk entgegen, weil es gehört 18: 2,23!
hatte, er habe dieses Zeichen getan. 19 Da sagten die Pharisäer zueinan-
der: Ihr seht, dass ihr nichts ausrichtet. Alle Welt läuft ihm bereits nach.

Die Stunde der Entscheidung

20 Es waren aber einige Griechen unter denen, die hinaufzogen, um
am Fest teilzunehmen. 21 Die traten nun an Philippus heran, der aus
Betsaida in Galiläa war, und baten ihn: Herr, wir möchten Jesus sehen. 23: 13,1; 17,1 · 2,4! · 7,39; 11,4; 12,28; 13,31; 16,14
22 Philippus geht und sagt es Andreas; Andreas und Philippus gehen
und sagen es Jesus. 23 Jesus aber antwortet ihnen: Die Stunde ist ge-

kommen, dass der Menschensohn verherrlicht werde. 24 Amen, amen,
ich sage euch: Wenn das Weizenkorn nicht in die Erde fällt und stirbt,
25: Mt 16,25! bleibt es allein; wenn es aber stirbt, bringt es viel Frucht. 25 Wer sein
Leben liebt, verliert es; und wer sein Leben in dieser Welt hasst, wird es
26: 14,3; 17,24 bewahren ins ewige Leben. 26 Wenn einer mir dienen will, folge er mir;
und wo ich bin, da wird auch mein Diener sein. Wenn einer mir dient,
27: Ps 6,4–5 · wird der Vater ihn ehren. 27 Jetzt *ist meine Seele erschüttert.* Und was soll
Mt 26,38–39 ich sagen? Vater, *rette mich* aus dieser Stunde? Aber darum bin ich in
28: 12,23! diese Stunde gekommen. 28 Vater, verherrliche deinen Namen. Da kam
eine Stimme vom Himmel: Ich habe verherrlicht, und ich werde von
neuem verherrlichen.

29 Das Volk nun, das dabeistand und es hörte, sagte, es habe gedon-
30: 11,15! nert. Andere sagten: Ein Engel hat mit ihm geredet. 30 Jesus entgegnete:
Nicht um meinetwillen ist diese Stimme ergangen, sondern um euret-
31: 14,30; 16,11 · willen. 31 Jetzt ergeht das Gericht über diese Welt, jetzt wird der Herr-
Lk 10,18 scher dieser Welt hinausgeworfen werden. 32 Und ich, wenn ich von
der Erde weggenommen und erhöht bin, werde alle zu mir ziehen.
33 Das aber sagte er, um anzudeuten, welchen Tod er sterben sollte.

34: Ps 89,37–38; 34 Das Volk nun antwortete ihm: Wir haben aus dem Gesetz gehört,
Jes 9,6 · 8,35 · 3,14! der Christus bleibe in alle Ewigkeit. Wie kannst du da sagen, der Men-
35: 8,12! · 9,4! schensohn müsse erhöht werden? Wer ist dieser Menschensohn? 35 Da
sagte Jesus zu ihnen: Noch kurze Zeit ist das Licht unter euch. Geht eu-
ren Weg, solange ihr das Licht habt, damit die Finsternis nicht über
euch hereinbricht! Wer seinen Weg in der Finsternis geht, weiss nicht,
36: 1Thess 5,5 wohin er geht. 36 Solange ihr das Licht habt, glaubt an das Licht, damit
ihr Söhne und Töchter des Lichts werdet! So redete Jesus, dann ging er
fort und verbarg sich vor ihnen.

Abschluss des öffentlichen Auftretens

37: 5,36!; 15,24 37 Obwohl er so viele Zeichen vor ihnen getan hatte, glaubten sie
38: Jes 53,1 nicht an ihn. 38 So sollte das Wort des Propheten Jesaja in Erfüllung
gehen, das er gesagt hatte:

Herr, wer hat unserer Botschaft geglaubt?
Und der Arm des Herrn, wem ist er offenbart worden?

39 Darum gilt: Sie konnten nicht glauben, weil Jesaja an anderer
Stelle gesagt hatte:

40: Jes 6,10; 40 Er hat *ihre Augen* blind gemacht,
Mt 13,14–15 · 9,39 · und ihr *Herz* hat er verstockt,
8,43 *damit sie mit den Augen nicht sehen*
und mit dem Herzen nicht verstehen
und nicht umkehren und nicht wollen, dass ich sie heile.

41: Jes 6,1–3 41 Das hat Jesaja gesagt, weil er seine Herrlichkeit sah, und von ihm
42: 7,26 · 9,22! hat er geredet. 42 Gleichwohl glaubten auch von den Mitgliedern des
Hohen Rates viele an ihn, standen aber nicht dazu wegen der Pharisäer,
43: 5,44! um nicht aus der Synagoge ausgeschlossen zu werden. 43 Denn sie lieb-
ten die Ehre der Menschen mehr als die Ehre Gottes.

44: 14,1 · 13,20! 44 Jesus aber rief: Wer an mich glaubt, glaubt nicht an mich, son-
45: 14,9 dern an den, der mich gesandt hat, 45 und wer mich sieht, sieht den, der
46: 8,12! mich gesandt hat. 46 Ich bin als Licht in die Welt gekommen, damit
47: 3,17! jeder, der an mich glaubt, nicht in der Finsternis bleibe. 47 Und wenn

jemand meine Worte hört und sie nicht bewahrt, dann richte nicht ich
ihn. Denn ich bin nicht gekommen, die Welt zu richten, sondern die
Welt zu retten. 48 Wer mich verwirft und meine Worte nicht annimmt,
der hat schon seinen Richter. Das Wort, das ich gesprochen habe, das
wird ihn richten am Jüngsten Tag. 49 Denn ich habe nicht aus mir
selbst geredet, sondern der Vater, der mich gesandt hat, hat mir aufge-
tragen, was ich sagen und was ich reden soll. 50 Und ich weiss, dass sein 50: 6,40 · 3,34!
Auftrag ewiges Leben heisst. Was ich also sage, sage ich so, wie es mir
der Vater gesagt hat.

Die Fusswaschung

13 1 Es war vor dem Passafest und Jesus wusste, dass für ihn die Stun- 1: 12,23! · 15,13!
de gekommen war, aus dieser Welt zum Vater hinüberzugehen,
und da er die Seinen in der Welt liebte, erwies er ihnen seine Liebe bis
zur Vollendung.
2 Während eines Mahls, als der Teufel dem Judas Iskariot, dem Sohn 2: 6,71!; Lk 22,3
des Simon, schon eingegeben hatte, ihn auszuliefern 3 – Jesus aber 3: 3,35! · 16,28
wusste, dass ihm der Vater alles in die Hände gegeben hatte und dass er
von Gott ausgegangen war und zu Gott weggehen würde –, 4 da steht er
vom Mahl auf und zieht das Obergewand aus, nimmt ein Leinentuch
und bindet es sich um; 5 dann giesst er Wasser in das Becken und fängt 5: Lk 7,44!
an, den Jüngern die Füsse zu waschen und sie mit dem Tuch, das er sich
umgebunden hat, abzutrocknen. 6 Nun kommt er zu Simon Petrus. Der
sagt zu ihm: Du, Herr, willst mir die Füsse waschen? 7 Jesus entgegnete 7: 14,26!
ihm: Was ich tue, begreifst du jetzt nicht, im Nachhinein aber wirst du
es verstehen. 8 Petrus sagt zu ihm: Nie und nimmer sollst du mir die
Füsse waschen! Jesus entgegnete ihm: Wenn ich dich nicht wasche, hast
du nicht teil an mir. 9 Simon Petrus sagt zu ihm: Herr, dann nicht nur
die Füsse, sondern auch die Hände und den Kopf! 10 Jesus sagt zu ihm:
Wer vom Bad kommt, braucht sich nicht zu waschen, nein, er ist ganz
rein; und ihr seid rein, aber nicht alle. 11 Denn er kannte den, der ihn
ausliefern sollte. Darum sagte er: Ihr seid nicht alle rein.
12 Nachdem er ihnen nun die Füsse gewaschen hatte, zog er sein
Obergewand wieder an und setzte sich zu Tisch. Er sagte zu ihnen: Ver-
steht ihr, was ich an euch getan habe? 13 Ihr nennt mich Meister und
Herr, und ihr sagt es zu Recht, denn ich bin es. 14 Wenn nun ich als Herr
und Meister euch die Füsse gewaschen habe, dann seid auch ihr ver-
pflichtet, einander die Füsse zu waschen. 15 Denn ein Beispiel habe ich
euch gegeben: Wie ich euch getan habe, so tut auch ihr. 16 Amen, amen, 16: Mt 10,24!
ich sage euch: Ein Knecht ist nicht grösser als sein Herr und ein Bote
nicht grösser als der, der ihn gesandt hat. 17 Wenn ihr das wisst – selig
seid ihr, wenn ihr es tut.
18 Ich rede nicht von euch allen. Ich kenne die, die ich erwählt habe; 18: 6,70 · Ps 41,10
aber die Schrift soll in Erfüllung gehen: *Der mein Brot verzehrt, hat mich
mit Füssen getreten.* 19 Von jetzt an sage ich euch voraus, was geschehen 19: 14,29; 16,4a

13,2: Andere Textüberlieferung: «... dem Judas, dem Sohn des Simon Iskariot, schon einge-geben ...»

13,10: Andere Textüberlieferung: «..., braucht nicht mehr gewaschen zu werden ausser an den Füssen, nein ...»

wird, damit ihr, wenn es dann geschieht, glaubt, dass ich es bin.
20: 12,44; 20 Amen, amen, ich sage euch: Wer einen aufnimmt, den ich sende,
Mt 10,40! nimmt mich auf, und wer mich aufnimmt, nimmt den auf, der mich
gesandt hat.

P: Mt 26,20–25 *Die Bestimmung des Judas*

21: 6,71! 21 Nachdem Jesus dies gesagt hatte, geriet er in Erregung und sagte
noch einmal mit Nachdruck: Amen, amen, ich sage euch, einer von euch
wird mich ausliefern. 22 Die Jünger schauten einander ratlos an, weil
sie nicht wussten, von wem er redete. 23 Einer von den Jüngern Jesu lag
in seinem Schoss, der, den Jesus liebte. 24 Diesem nun gibt Simon
Petrus einen Wink, er solle herausfinden, wer es sei, von dem er rede.
25 Da lehnt sich jener an die Brust Jesu zurück und sagt zu ihm: Herr,
wer ist es? 26 Jesus antwortet: Der ist es, dem ich den Bissen eintauchen
und geben werde. Dann taucht er den Bissen ein, nimmt ihn und gibt
27: Lk 22,3 ihn Judas, dem Sohn des Simon Iskariot. 27 Und nachdem der den Bis-
sen genommen hatte, fuhr der Satan in ihn. Da sagt Jesus zu ihm: Was
du tun willst, tue bald! 28 Niemand am Tisch verstand, wozu er ihm das
sagte. 29 Denn weil Judas die Kasse hatte, meinten einige, Jesus wolle
ihm sagen: Kaufe, was wir für das Fest brauchen, oder etwas für die Ar-
men, damit ich ihnen etwas geben kann. 30 Als nun jener den Bissen
genommen hatte, ging er sogleich hinaus. Und es war Nacht.

Das neue Gebot

31: 12,23! 31 Als er nun hinausgegangen war, spricht Jesus: Jetzt wird der Men-
schensohn verherrlicht, und Gott wird verherrlicht in ihm. 32 Wenn
Gott in ihm verherrlicht wird, dann wird auch Gott ihn in sich verherr-
33: 7,34! lichen, und er wird ihn bald verherrlichen. 33 Kinder, eine Weile noch
bin ich bei euch. Ihr werdet mich suchen, und wie ich zu den Juden ge-
sagt habe, so sage ich jetzt auch zu euch: Wo ich hingehe, da könnt ihr
34: 13,1; 15,12; nicht hinkommen. 34 Ein neues Gebot gebe ich euch: dass ihr einander
1Joh 4,11 liebt. Wie ich euch geliebt habe, so sollt auch ihr einander lieben.
35 Daran werden alle erkennen, dass ihr meine Jünger seid: Wenn ihr
bei euch der Liebe Raum gebt.

P: Mt 26,30–35 *Ankündigung der Verleugnung*

36: 21,18–19 36 Simon Petrus sagt zu ihm: Herr, wohin gehst du? Jesus antworte-
te ihm: Wo ich hingehe, dahin kannst du mir jetzt nicht folgen; du wirst
mir aber später folgen. 37 Petrus sagt zu ihm: Herr, warum kann ich dir
38: 18,17.25–27 jetzt nicht folgen? Mein Leben will ich für dich einsetzen. 38 Jesus ant-
wortet: Dein Leben willst du für mich einsetzen? Amen, amen, ich sage
dir: Der Hahn wird nicht krähen, bevor du mich dreimal verleugnet
hast.

Jesus und der Vater

1: 12,44 14 1 Euer Herz erschrecke nicht! Glaubt an Gott und glaubt an mich!
2: 2Kor 5,1 2 Im Haus meines Vaters sind viele Wohnungen; wäre es nicht so,
hätte ich euch dann gesagt: Ich gehe, um euch eine Stätte zu bereiten?
3: 12,26!; 3 Und wenn ich gegangen bin und euch eine Stätte bereitet habe, kom-
1Thess 4,16–17

me ich wieder und werde euch zu mir holen, damit auch ihr dort seid,
wo ich bin. 4 Und wohin ich gehe – ihr wisst den Weg.
5 Thomas sagt zu ihm: Herr, wir wissen nicht, wohin du gehst. Wie
können wir da den Weg kennen? 6 Jesus sagt zu ihm: Ich bin der Weg 6: 10,9; 11,25
und die Wahrheit und das Leben; niemand kommt zum Vater, es sei
denn durch mich. 7 Wenn ihr mich erkannt habt, werdet ihr auch mei-
nen Vater erkennen. Von jetzt an kennt ihr ihn, ihr habt ihn gesehen.
8 Philippus sagt zu ihm: Herr, zeig uns den Vater, und es ist uns ge-
nug. 9 Jesus sagt zu ihm: So lange schon bin ich bei euch, und du hast 9: 12,45
mich nicht erkannt, Philippus? Wer mich gesehen hat, hat den Vater
gesehen. Wie kannst du sagen: Zeig uns den Vater? 10 Glaubst du denn 10: 3,34!
nicht, dass ich im Vater bin und der Vater in mir ist? Die Worte, die ich
euch sage, rede ich nicht aus mir: Der Vater, der in mir bleibt, vollbringt
seine Werke. 11 Glaubt mir, dass ich im Vater bin und der Vater in mir 11: 10,38!
ist; wenn nicht, dann glaubt es wenigstens um der Werke willen.
12 Amen, amen, ich sage euch: Wer an mich glaubt, der wird die Werke,
die ich tue, auch tun, ja noch grössere wird er tun, denn ich gehe zum
Vater. 13 Und worum ihr in meinem Namen bitten werdet, das werde 13: 15,7.16; 16,23–24;
ich tun, damit der Vater im Sohn verherrlicht werde. 14 Wenn ihr mich Mt 7,8! · 15,8; 17,1.4
in meinem Namen um etwas bitten werdet: Ich werde es tun!
15 Wenn ihr mich liebt, werdet ihr meine Gebote halten. 16 Und ich 16: 7,39! · 15,26;
werde den Vater bitten, und er wird euch einen anderen zum Fürspre- 16,7!
cher geben, der für immer bei euch bleiben soll: 17 den Geist der Wahr- 17: 15,26; 16,13
heit, den die Welt nicht empfangen kann, weil sie ihn nicht sieht und
nicht erkennt; ihr erkennt ihn, weil er bei euch bleibt und in euch sein
wird. 18 Ich werde euch nicht als Waisen zurücklassen, ich komme zu
euch. 19 Eine Weile noch, und die Welt sieht mich nicht mehr, ihr aber 19: 7,33!
seht mich, weil ich lebe und auch ihr leben werdet. 20 An jenem Tag 20: 10,38!; 17,11!
werdet ihr erkennen, dass ich in meinem Vater bin und ihr in mir und
ich in euch. 21 Wer meine Gebote hat und sie hält, der ist es, der mich 21: 16,27
liebt. Wer mich aber liebt, wird von meinem Vater geliebt werden, und
ich werde ihn lieben und mich ihm offenbaren.
22 Judas – nicht der Iskariot – sagt zu ihm: Herr, und wie kommt es,
dass du dich uns und nicht der Welt offenbaren willst? 23 Jesus entgeg-
nete ihm: Wer mich liebt, wird mein Wort bewahren, und mein Vater
wird ihn lieben, und wir werden zu ihm kommen und uns bei ihm eine
Bleibe schaffen. 24 Wer mich nicht liebt, bewahrt meine Worte nicht. 24: 3,34!
Und das Wort, das ihr hört, ist nicht meines, sondern das des Vaters, der
mich gesandt hat.
25 Das habe ich euch gesagt, als meine Bleibe noch bei euch war.
26 Der Fürsprecher aber, der heilige Geist, den der Vater in meinem Na- 26: 7,39! · 2,22;
men senden wird, er wird euch alles lehren und euch an alles erinnern, 12,16; 13,7; 16,13;
was ich euch gesagt habe. 20,9
27 Frieden lasse ich euch zurück, meinen Frieden gebe ich euch. 27: 16,33
Nicht einen Frieden, wie die Welt gibt, gebe ich euch. Euer Herz er-
schrecke nicht und verzage nicht! 28 Ihr habt gehört, dass ich euch ge-
sagt habe: Ich gehe weg, und ich komme zu euch zurück. Würdet ihr
mich lieben, so hättet ihr euch gefreut, dass ich zum Vater gehe, denn
der Vater ist grösser als ich. 29 Und ich habe es euch schon jetzt gesagt, 29: 13,19!
bevor es geschieht, damit ihr glaubt, wenn es dann geschieht. 30 Ich 30: 12,31!

kann euch nicht mehr viel sagen, denn es kommt der Fürst der Welt.
Über mich hat er keine Macht, 31 sondern es geschieht, damit die Welt
erkennt, dass ich den Vater liebe und tue, was mir der Vater geboten hat.
Steht auf, lasst uns von hier aufbrechen!

Der wahre Weinstock

15 1 Ich bin der wahre Weinstock, und mein Vater ist der Weinbau-
er. 2 Jede Rebe an mir, die nicht Frucht bringt, nimmt er weg, und
jede, die Frucht bringt, reinigt er, damit sie noch mehr Frucht bringt.
3 Ihr seid schon rein um des Wortes willen, das ich euch gesagt habe.
4 Bleibt in mir, und ich bleibe in euch. Wie die Rebe aus sich heraus
keine Frucht bringen kann, wenn sie nicht am Weinstock bleibt, so
könnt auch ihr es nicht, wenn ihr nicht in mir bleibt. 5 Ich bin der
Weinstock, ihr seid die Reben. Wer in mir bleibt und ich in ihm, der
6: Ez 15,1–5 bringt viel Frucht, denn ohne mich könnt ihr nichts tun. 6 Wer nicht in
mir bleibt, wird weggeworfen wie die Rebe und verdorrt; man sammelt
7: 14,13! sie und wirft sie ins Feuer, und sie verbrennen. 7 Wenn ihr in mir bleibt
und meine Worte in euch bleiben, dann bittet um alles, was ihr wollt,
und es wird euch zuteil werden. 8 Dadurch wird mein Vater verherr-
licht, dass ihr viel Frucht bringt und meine Jünger werdet.

9 Wie mich der Vater geliebt hat, so habe ich euch geliebt. Bleibt in
meiner Liebe! 10 Wenn ihr meine Gebote haltet, werdet ihr in meiner
Liebe bleiben, so wie ich die Gebote meines Vaters gehalten habe und in
seiner Liebe bleibe. 11 Das habe ich euch gesagt, damit meine Freude in
euch sei und eure Freude vollkommen werde.

12: 13,34! 12 Das ist mein Gebot: Dass ihr einander liebt, wie ich euch geliebt
13: 10,15; 13,1 habe. 13 Niemand hat grössere Liebe als wer sein Leben einsetzt für sei-
14: 8,31 ne Freunde. 14 Ihr seid meine Freunde, wenn ihr tut, was ich euch ge-
15: 3,34! biete. 15 Ich nenne euch nicht mehr Knechte, denn der Knecht weiss
nicht, was sein Herr tut. Euch aber habe ich Freunde genannt, weil ich
euch alles kundgetan habe, was ich von meinem Vater gehört habe.
16: 14,13! 16 Nicht ihr habt mich erwählt, sondern ich habe euch erwählt und
dazu bestimmt, dass ihr euch aufmacht und Frucht bringt und dass eure
Frucht bleibt, damit euch der Vater gibt, worum ihr ihn in meinem Na-
men bittet. 17 Dies gebiete ich euch: dass ihr einander liebt.

Der Hass der Welt

18: 7,7 18 Wenn euch die Welt hasst, so bedenkt, dass sie mich vor euch ge-
19: 17,14 hasst hat. 19 Wärt ihr von der Welt, würde die Welt das ihr Eigene lie-
ben. Da ihr aber nicht von der Welt seid, sondern ich euch aus der Welt
20: 13,16 · 5,16 heraus erwählt habe, darum hasst euch die Welt. 20 Erinnert euch an
das Wort, das ich zu euch gesagt habe: Ein Knecht ist nicht grösser als
sein Herr. Haben sie mich verfolgt, so werden sie auch euch verfolgen.
Haben sie mein Wort bewahrt, so werden sie auch das eure bewahren.
21: Mt 10,22; 24,9 · 21 Aber dies alles werden sie euch antun um meines Namens willen,
8,19! weil sie den nicht kennen, der mich gesandt hat. 22 Wäre ich nicht ge-
22: 16,9! kommen und hätte ich nicht zu ihnen geredet, so hätten sie keine Sün-
23: 5,23! de. Jetzt aber haben sie keine Entschuldigung für ihre Sünde. 23 Wer
24: 12,37! mich hasst, hasst auch meinen Vater. 24 Wenn ich unter ihnen nicht
Werke getan hätte, die kein anderer getan hat, so hätten sie keine Sün-

de. Jetzt aber haben sie zwar gesehen und doch gehasst, sowohl mich
wie meinen Vater. 25 Doch das Wort muss in Erfüllung gehen, das in 25: Ps 35,19; 69,5
ihrem Gesetz geschrieben steht: *Sie haben mich ohne Grund gehasst.*
26 Wenn der Fürsprecher kommt, den ich euch vom Vater aus sen- 26: 14,16! · 14,17!
den werde, der Geist der Wahrheit, der vom Vater ausgeht, wird er Zeug-
nis ablegen über mich. 27 Und auch ihr legt Zeugnis ab, weil ihr von
Anfang an bei mir gewesen seid.

16 1 Das habe ich euch gesagt, damit ihr nicht zu Fall kommt. 2 Sie 2: 9,22!
werden euch aus der Synagoge ausschliessen, ja, es kommt sogar
die Stunde, da jeder, der euch tötet, Gott einen Dienst zu erweisen
meint. 3 Und das werden sie tun, weil sie weder den Vater noch mich 3: 8,19!
erkannt haben. 4 Ich habe es euch aber gesagt, damit ihr, wenn deren
Stunde kommt, euch daran erinnert, dass ich es euch gesagt habe.

Der Geist als Beistand

Ich habe es euch nicht von Anfang an gesagt, weil ich ja bei euch war. 4: 13,19!
5 Jetzt aber gehe ich zu dem, der mich gesandt hat, und niemand von 5: 13,36; 14,5
euch fragt mich: Wohin gehst du?, 6 sondern weil ich euch das gesagt
habe, hat Trauer euer Herz erfüllt. 7 Doch ich sage euch die Wahrheit: Es 7: 14,16!; 20,22
ist zu eurem Wohl, dass ich weggehe. Denn wenn ich nicht weggehe,
wird der Fürsprecher nicht zu euch kommen; wenn ich aber gehe, wer-
de ich ihn zu euch senden.
8 Und wenn er kommt, wird er die Welt überführen und aufdecken,
was Sünde, Gerechtigkeit und Gericht ist; 9 Sünde: dass sie nicht an 9: 8,24; 15,22
mich glauben, 10 Gerechtigkeit: dass ich zum Vater gehe und ihr mich
nicht mehr seht, 11 Gericht: dass der Fürst dieser Welt gerichtet ist. 11: 12,31!
12 Noch vieles hätte ich euch zu sagen, doch ihr könnt es jetzt nicht
ertragen. 13 Wenn er aber kommt, der Geist der Wahrheit, wird er euch 13: 14,17! · 14,26!
in der ganzen Wahrheit leiten; denn er wird nicht aus sich selbst reden,
sondern was er hören wird, wird er reden, und was kommen wird, wird
er euch kundtun. 14 Er wird mich verherrlichen, denn aus dem Meinen 14: 12,23!
wird er empfangen und euch kundtun. 15 Alles, was der Vater hat, ist
mein. Darum habe ich gesagt, dass er aus dem Meinen empfängt und
euch kundtun wird.

Abschied und Wiedersehen

16 Nur eine Weile, und ihr seht mich nicht mehr, und wiederum 16: 7,33!
eine Weile, und ihr werdet mich sehen. 17 Da sagten einige seiner Jün- 17: 7,36!
ger zueinander: Was meint er, wenn er zu uns sagt: Nur eine Weile, und
ihr seht mich nicht, und wiederum eine Weile, und ihr werdet mich
sehen? Und: Ich gehe zum Vater? 18 Sie sagten also: Was meint er, wenn
er sagt: Nur eine Weile? Wir wissen nicht, wovon er redet.
19 Jesus merkte, dass sie ihn fragen wollten, und sagte zu ihnen:
Darüber zerbrecht ihr euch den Kopf, dass ich gesagt habe: Nur eine
Weile, und ihr seht mich nicht, und wiederum eine Weile, und ihr wer-
det mich sehen? 20 Amen, amen, ich sage euch: Ihr werdet weinen und 20: Lk 6,21
klagen, die Welt aber wird sich freuen. Ihr werdet traurig sein, aber eure
Trauer wird sich in Freude verwandeln. 21 Wenn eine Frau nieder-

16,13: Andere Textüberlieferung: «..., wird er euch in die ganze Wahrheit führen; ...»

kommt, ist sie traurig, weil ihre Stunde gekommen ist. Wenn sie das
Kind aber geboren hat, denkt sie nicht mehr an die Bedrängnis vor Freu-
22: 20,20 de, dass ein Mensch zur Welt gekommen ist. 22 So seid auch ihr jetzt
traurig; aber ich werde euch wiedersehen, und euer Herz wird sich freu-
en, und die Freude, die ihr dann habt, nimmt euch niemand.

23: 21,12 23 An jenem Tag werdet ihr mich nichts fragen. Amen, amen, ich
sage euch: Wenn ihr den Vater in meinem Namen um etwas bittet, wird
24: 14,13! er es euch geben. 24 Bis jetzt habt ihr noch nie in meinem Namen um
etwas gebeten. Bittet, und ihr werdet empfangen, damit eure Freude
vollkommen sei.

25 Dies habe ich euch in verhüllter Sprache gesagt. Die Stunde
kommt, da ich nicht mehr in verhüllter Sprache mit euch reden, son-
dern euch offen über den Vater Kunde geben werde. 26 An jenem Tag
werdet ihr in meinem Namen bitten, und ich sage nicht, dass ich den
27: 14,21 · 8,42; 17,8 Vater für euch fragen werde. 27 Denn der Vater selbst liebt euch, weil ihr
mich lieb gewonnen habt und zum Glauben gekommen seid, dass ich
28: 13,3 von Gott ausgegangen bin. 28 Ich bin vom Vater ausgegangen und in die
Welt gekommen; ich verlasse die Welt wieder und gehe zum Vater.

29 Da sagen seine Jünger: Siehst du, jetzt redest du offen und
sprichst nicht mehr in verhüllter Sprache. 30 Jetzt wissen wir, dass du
alles weisst und es nicht nötig hast, dass jemand seine Fragen über-
haupt ausspricht. Darum glauben wir, dass du von Gott ausgegangen
32: Mt 26,31 bist. 31 Jesus antwortete ihnen: Jetzt glaubt ihr? 32 Doch die Stunde
kommt, ja, sie ist gekommen, da ihr zerstreut werdet – jeder dorthin,
wo er einmal war – und ihr mich allein lasst. Und doch bin ich nicht
33: 14,27 · 1Joh 5,4 allein, denn der Vater ist bei mir. 33 Das habe ich euch gesagt, damit ihr
Frieden habt in mir. In der Welt habt ihr Angst; aber seid getrost, ich
habe die Welt überwunden.

Jesu Hinwendung zum Vater

1: 12,23! · 14,13! 17 1 So redete Jesus, und er erhob seine Augen zum Himmel und
sprach: Vater, die Stunde ist gekommen, verherrliche deinen
Sohn, damit der Sohn dich verherrliche. 2 Denn du hast ihm Macht ge-
geben über alle Sterblichen, damit er alles, was du ihm gegeben hast,
3: 3,36! · 11,27! ihnen gebe: ewiges Leben. 3 Das aber ist das ewige Leben: dass sie dich,
den einzig wahren Gott, erkennen und den, den du gesandt hast, Jesus
4: 14,13! · 4,34! Christus. 4 Ich habe dich auf Erden verherrlicht, indem ich das Werk
5: 1,14; 17,24 vollendet habe, das zu tun du mir aufgetragen hast. 5 Und nun, Vater,
verherrliche du mich bei dir mit der Herrlichkeit, die ich bei dir hatte,
ehe die Welt war.

6 Ich habe deinen Namen den Menschen offenbart, die du mir aus
der Welt gegeben hast. Sie waren dein, und mir hast du sie gegeben, und
sie haben dein Wort bewahrt. 7 Jetzt haben sie erkannt, dass alles, was
8: 16,27!.30 du mir gegeben hast, von dir kommt. 8 Denn die Worte, die du mir ge-
geben hast, habe ich ihnen gegeben, und sie haben sie angenommen
und haben wirklich erkannt, dass ich von dir ausgegangen bin, und sie
sind zu dem Glauben gekommen, dass du mich gesandt hast.

9 Ich bitte für sie; nicht für die Welt bitte ich, sondern für die, die du
10: 16,14–15 mir gegeben hast, denn sie sind dein. 10 Und alles, was mein ist, ist
11: 10,30!; 17,21–22 dein, und was dein ist, ist mein, und in ihnen bin ich verherrlicht. 11 Ich

bin nicht mehr in der Welt, sie aber sind in der Welt, und ich komme zu
dir. Heiliger Vater, bewahre sie in deinem Namen, den du mir gegeben
hast, damit sie eins seien wie wir. 12 Als ich bei ihnen war, war ich es, 12: 6,39!
der sie in deinem Namen, den du mir gegeben hast, bewahrt und behü-
tet hat, und keiner von ihnen ging verloren ausser der Sohn der Verlo-
renheit, damit die Schrift erfüllt werde. 13 Jetzt aber komme ich zu dir –
doch ich sage das noch in der Welt, damit sie meine Freude in ihrer
ganzen Fülle in sich haben. 14 Ich habe ihnen dein Wort gegeben, und 14: 15,19
die Welt hat sie gehasst, weil sie nicht von der Welt sind, wie auch ich
nicht von der Welt bin. 15 Ich bitte nicht, dass du sie aus der Welt hin- 15: Mt 6,13
wegnimmst, sondern dass du sie vor dem Bösen bewahrst. 16 Sie sind
nicht von der Welt, wie ich nicht von der Welt bin. 17 Heilige sie in der
Wahrheit – dein Wort ist Wahrheit. 18 Wie du mich in die Welt gesandt 18: 20,21
hast, so habe auch ich sie in die Welt gesandt. 19 Und ich heilige mich
für sie, damit auch sie geheiligt seien in der Wahrheit.

20 Doch nicht nur für diese hier bitte ich, sondern auch für die, wel- 20: 10,16!
che durch ihr Wort an mich glauben: 21 dass sie alle eins seien, so wie
du, Vater, in mir bist und ich in dir, damit auch sie in uns seien, und so
die Welt glaubt, dass du mich gesandt hast. 22 Und ich habe ihnen die 22: 17,11!
Herrlichkeit gegeben, die du mir gegeben hast, damit sie eins seien, so
wie wir eins sind: 23 ich in ihnen und du in mir. So sollen sie vollendet
sein in der Einheit, damit die Welt erkennt, dass du mich gesandt und
sie geliebt hast, so wie du mich geliebt hast.

24 Vater, ich will, dass dort, wo ich bin, auch all jene sind, die du mir 24: 12,26! · 17,5!
gegeben hast, damit sie meine Herrlichkeit schauen, die du mir gege-
ben hast, denn du hast mich geliebt vor Grundlegung der Welt. 25 Die 25: 8,55! · 16,27!.30
Welt, gerechter Vater, hat dich nicht erkannt, ich aber habe dich er-
kannt, und diese hier haben erkannt, dass du mich gesandt hast. 26 Und
ich habe ihnen deinen Namen kundgetan und werde ihn kundtun, da-
mit die Liebe, mit der du mich geliebt hast, in ihnen sei und ich in ih-
nen.

Die Gefangennahme P: Mt 26,47–56

18 1 Nachdem Jesus so gesprochen hatte, ging er mit seinen Jüngern 1: Mt 26,36
hinaus, auf die andere Seite des Baches Kidron, wo ein Garten war;
den betrat er mit seinen Jüngern.

2 Aber auch Judas, der ihn ausliefern sollte, kannte den Ort, denn 2: 6,71!
Jesus war dort oft mit seinen Jüngern zusammengekommen. 3 Judas
nun holt die Kohorte und die Gerichtsdiener der Hohen Priester und
Pharisäer und kommt dorthin mit Fackeln und Lampen und Waffen.
4 Jesus, der alles wusste, was auf ihn zukommen würde, ging hinaus, 4: 6,64
und er sagt zu ihnen: Wen sucht ihr? 5 Sie antworteten ihm: Jesus von
Nazaret. Er sagt zu ihnen: Ich bin es! Und Judas, der ihn ausliefern sollte,
stand auch bei ihnen. 6 Als er nun zu ihnen sagte: Ich bin es!, wichen sie
zurück und fielen zu Boden. 7 Da fragte er sie wieder: Wen sucht ihr?
Und sie sagten: Jesus von Nazaret. 8 Jesus antwortete: Ich habe euch ge-
sagt, dass ich es bin. Wenn ihr also mich sucht, dann lasst diese gehen.
9 So sollte das Wort in Erfüllung gehen, das er gesprochen hatte: Von 9: 6,39!
denen, die du mir gegeben hast, habe ich keinen verloren. 10 Simon
Petrus nun hatte ein Schwert und zog es und schlug damit nach dem

Knecht des Hohen Priesters und hieb ihm das rechte Ohr ab. Der Knecht
11: Mt 26,39 hiess Malchus. 11 Da sagte Jesus zu Petrus: Steck das Schwert in die
Scheide! Den Kelch, den mir mein Vater gegeben hat – soll ich ihn etwa
nicht trinken?

P:Mt 26,57–68.69–75 *Verhör vor Hannas und Verleugnung durch Petrus*

12 Die Kohorte nun und ihr Anführer und die Gerichtsdiener der Ju-
den nahmen Jesus fest und fesselten ihn 13 und führten ihn zuerst vor
Hannas. Der war nämlich der Schwiegervater des Kajafas, der in jenem
14: 11,49–50 Jahr Hoher Priester war. 14 Kajafas aber war es, der den Juden den Rat
gegeben hatte, es sei von Vorteil, wenn ein Einzelner sterbe an Stelle des
ganzen Volkes.

15 Simon Petrus und ein anderer Jünger folgten Jesus. Jener Jünger
war mit dem Hohen Priester bekannt und war mit Jesus in den Palast
des Hohen Priesters hineingegangen. 16 Petrus aber stand draussen vor
der Tür. Da kam der andere Jünger, der mit dem Hohen Priester bekannt
war, heraus und redete mit der Türhüterin und führte Petrus hinein.
17 Da sagt die Magd, die Türhüterin, zu Petrus: Bist denn auch du einer
von den Jüngern dieses Menschen? Er sagt: Ich bin es nicht. 18 Die
Knechte und die Gerichtsdiener hatten ein Kohlenfeuer gemacht, denn
es war kalt, und sie standen da und wärmten sich. Auch Petrus stand bei
ihnen und wärmte sich.

19 Der Hohe Priester befragte nun Jesus über seine Jünger und über
20: 7,14.26; 8,2 seine Lehre. 20 Jesus antwortete ihm: Ich habe öffentlich vor aller Welt
geredet und allezeit in der Synagoge und im Tempel gelehrt, wo alle Ju-
den sich versammeln, und ich habe nichts im Geheimen geredet.
21 Was fragst du mich? Frage die, welche gehört haben, worüber ich mit
ihnen geredet habe; die wissen, was ich gesagt habe. 22 Als er dies sagte,
schlug einer der Gerichtsdiener, der dabeistand, Jesus ins Gesicht und
sagte: Antwortest du so dem Hohen Priester? 23 Jesus antwortete ihm:
Wenn ich etwas Falsches gesagt habe, so zeige auf, was daran falsch war;
wenn es aber richtig war, was schlägst du mich? 24 Da sandte ihn Han-
nas gefesselt zum Hohen Priester Kajafas.

25 Simon Petrus aber stand da und wärmte sich. Da sagten sie zu
ihm: Bist denn auch du einer von seinen Jüngern? Er leugnete es und
sagte: Ich bin es nicht. 26 Einer von den Knechten des Hohen Priesters,
ein Verwandter dessen, dem Petrus das Ohr abgehauen hatte, sagte:
27: 13,38 Habe ich dich nicht im Garten mit ihm gesehen? 27 Da leugnete Petrus
noch einmal, und dann krähte der Hahn.

P:Mt 27,11–14.15–26. *Verhör und Verurteilung durch Pilatus*

P: 27–31 28 Nun führen sie Jesus vom Haus des Kajafas zum Prätorium; es
28: 19,14 · Ex 12,15–20 war früh am Morgen. Und sie selbst gingen nicht ins Prätorium hinein,
um nicht unrein zu werden, denn sie wollten am Passamahl teilneh-
men. 29 Also kam Pilatus zu ihnen heraus, und er sagte: Welche Anklage
erhebt ihr gegen diesen Menschen? 30 Sie antworteten ihm: Wenn das
kein Verbrecher wäre, hätten wir ihn nicht an dich ausgeliefert. 31 Da
sagte Pilatus zu ihnen: Nehmt ihr ihn und richtet ihn nach eurem Ge-
setz. Die Juden sagten zu ihm: Uns ist nicht erlaubt, jemanden hinzu-

richten. 32 So sollte das Wort Jesu in Erfüllung gehen, das er gesprochen 32: 12,32–33
hatte, um anzudeuten, welchen Tod er sterben sollte.
33 Da ging Pilatus wieder ins Prätorium hinein, liess Jesus rufen und 33: 6,15! · 18,39;
sagte zu ihm: Du bist der König der Juden? 34 Jesus antwortete: Sagst du 19,14–15.19
das von dir aus, oder haben es dir andere über mich gesagt? 35 Pilatus
antwortete: Bin ich etwa ein Jude? Dein Volk und die Hohen Priester
haben dich an mich ausgeliefert. Was hast du getan? 36 Jesus antworte- 36: 8,23!
te: Mein Reich ist nicht von dieser Welt. Wäre mein Reich von dieser
Welt, würden meine Diener dafür kämpfen, dass ich nicht an die Juden
ausgeliefert werde. Nun aber ist mein Reich nicht von hier. 37 Da sagte 37: 1,49! · 10,27!
Pilatus zu ihm: Du bist also doch ein König? Jesus antwortete: Du sagst
es. Ich bin ein König. Dazu bin ich geboren, und dazu bin ich in die Welt
gekommen, dass ich für die Wahrheit Zeugnis ablege. Jeder, der aus der
Wahrheit ist, hört auf meine Stimme. 38 Pilatus sagte zu ihm: Was ist 38: 14,6
Wahrheit?
Und nachdem er dies gesagt hatte, ging er wieder zu den Juden hin-
aus, und er sagte zu ihnen: Ich finde keine Schuld an ihm. 39 Ihr seid es
aber gewohnt, dass ich euch zum Passafest einen freigebe. Wollt ihr
nun, dass ich euch den König der Juden freigebe? 40 Da schrien sie wie-
der und wieder: Nicht diesen, sondern Barabbas! Barabbas aber war ein
Räuber.

19 1 Da nahm Pilatus Jesus und liess ihn auspeitschen. 2 Und die Sol-
daten flochten eine Krone aus Dornen und setzten sie auf sein
Haupt und legten ihm einen Purpurmantel um, 3 und sie stellten sich 3: 6,15!
vor ihn hin und sagten: Sei gegrüsst, König der Juden!, und schlugen
ihn ins Gesicht. 4 Und Pilatus ging wieder hinaus, und er sagte zu ih-
nen: Seht, ich führe ihn zu euch hinaus, damit ihr erkennt, dass ich kei-
ne Schuld an ihm finde. 5 Da kam Jesus heraus; er trug die Dornenkrone
und den Purpurmantel. Und Pilatus sagt zu ihnen: Da ist der Mensch!
6 Als ihn nun die Hohen Priester und die Gerichtsdiener sahen,
schrien sie: Kreuzigen, kreuzigen! Pilatus sagte zu ihnen: Nehmt ihr ihn
doch und kreuzigt ihn! Ich finde keine Schuld an ihm. 7 Die Juden ant- 7: 5,18; 10,33.36;
worteten ihm: Wir haben ein Gesetz, und nach dem Gesetz muss er ster- Lev 24,16
ben, denn er hat sich zum Sohn Gottes gemacht. 8 Als nun Pilatus dieses
Wort hörte, fürchtete er sich noch mehr 9 und ging wieder ins Prätori-
um hinein, und er sagte zu Jesus: Woher bist du? Jesus aber gab ihm
keine Antwort. 10 Da sagte Pilatus zu ihm: Redest du nicht mit mir?
Weisst du nicht, dass ich die Macht habe, dich freizugeben, und die
Macht, dich kreuzigen zu lassen? 11 Jesus antwortete ihm: Du hättest 11: 3,27 · 6,71!
keine Macht über mich, wenn es dir nicht von oben gegeben wäre. Dar-
um hat der, der mich dir ausgeliefert hat, grössere Schuld. 12 Darauf- 12: 6,15!
hin suchte Pilatus eine Möglichkeit, ihn loszuwerden. Die Juden aber
schrien: Wenn du den da freigibst, bist du kein Freund des Kaisers. Je-
der, der sich zum König macht, widersetzt sich dem Kaiser. 13 Als nun
Pilatus diese Worte hörte, führte er Jesus noch einmal hinaus, und er
setzte sich auf den Richterstuhl auf dem sogenannten Steinpflaster, das
auf Hebräisch Gabbata heisst. 14 Es war Rüsttag für das Passa, um die 14: 18,28!
sechste Stunde. Und er sagte zu den Juden: Da ist euer König! 15 Da 15: 18,33!

19,5: Andere Übersetzungsmöglichkeit: «...: Das ist der Mensch!»

schrien sie: Fort mit ihm, fort mit ihm, kreuzige ihn! Pilatus sagt zu
ihnen: Euren König soll ich kreuzigen? Die Hohen Priester antworteten:
Wir haben keinen König ausser dem Kaiser! 16 Da lieferte er ihnen Je-
sus zur Kreuzigung aus.

P:Mt 27,32–38.45–56 *Kreuzigung und Tod Jesu*

Sie übernahmen nun Jesus. 17 Er trug sein Kreuz selber und ging
hinaus zu der sogenannten Schädelstätte, die auf Hebräisch Golgota
heisst. 18 Dort kreuzigten sie ihn und mit ihm zwei andere, auf jeder
19: 18,33! Seite einen, in der Mitte aber Jesus. 19 Pilatus liess auch eine Tafel be-
schriften und sie oben am Kreuz anbringen. Darauf stand geschrieben:
Jesus von Nazaret, der König der Juden.

20 Diese Inschrift nun lasen viele Juden, denn die Stelle, wo Jesus
gekreuzigt wurde, lag nahe bei der Stadt. Sie war in hebräischer, lateini-
scher und griechischer Sprache verfasst. 21 Da sagten die Hohen Pries-
ter der Juden zu Pilatus: Schreibe nicht: Der König der Juden, sondern
dass er gesagt hat: Ich bin der König der Juden. 22 Pilatus antwortete:
Was ich geschrieben habe, das habe ich geschrieben.

23 Nachdem nun die Soldaten Jesus gekreuzigt hatten, nahmen sie
seine Kleider und machten vier Teile daraus, für jeden Soldaten einen
Teil, dazu das Untergewand. Das Untergewand aber war ohne Naht, von
24: Ps 22,19 oben an am Stück gewoben. 24 Da sagten sie zueinander: Wir wollen es
nicht zerreissen, sondern darum losen, wem es gehören soll. So sollte
die Schrift in Erfüllung gehen, die sagt: *Sie haben meine Kleider unter sich
verteilt, und über mein Gewand haben sie das Los geworfen.* Das also taten
die Soldaten.

25 Beim Kreuz Jesu aber standen seine Mutter und die Schwester
seiner Mutter, Maria, die Frau des Klopas, und Maria von Magdala.
26 Als nun Jesus die Mutter und den Jünger, den er liebte, neben ihr
stehen sieht, sagt er zur Mutter: Frau, da ist dein Sohn. 27 Dann sagt er
zum Jünger: Da ist deine Mutter. Und von jener Stunde an nahm der
Jünger sie zu sich. 28 Danach spricht Jesus im Wissen, dass schon alles
vollbracht ist: Mich dürstet! So sollte die Schrift an ihr Ziel kommen.
29: Ps 69,22 29 Ein Gefäss voll Essig stand da, und so tränkten sie einen Schwamm
mit Essig, steckten ihn auf ein Ysoprohr und führten ihn zu seinem
30: 4,34! Mund. 30 Als Jesus nun den Essig genommen hatte, sprach er: Es ist
vollbracht. Und er neigte das Haupt und verschied.

Bestätigung des Todes Jesu

31: Dtn 21,22–23 31 Weil nun Rüsttag war und die Leiber am Sabbat nicht am Kreuz
bleiben sollten – denn jener Sabbat war ein hoher Festtag –, baten die
Juden Pilatus, man möge ihnen die Schenkel zerschlagen und sie herab-
nehmen. 32 So kamen die Soldaten und zerschlugen dem ersten die
Schenkel, dann dem anderen, der mit ihm gekreuzigt worden war.
33 Als sie aber zu Jesus kamen und sahen, dass er schon gestorben war,
zerschlugen sie ihm die Schenkel nicht, 34 sondern einer der Soldaten
stiess ihn mit seiner Lanze in die Seite, und sogleich floss Blut und Was-
35: 21,24 ser heraus. 35 Und der das gesehen hat, hat es bezeugt, und sein Zeugnis
36: Ex 12,46; ist glaubwürdig, und er weiss, dass er die Wahrheit sagt, damit auch ihr
Num 9,12; Ps 34,21 zum Glauben kommt. 36 Denn dies ist geschehen, damit die Schrift in

Erfüllung geht: *Kein Knochen wird ihm gebrochen werden.* 37 Und ein an- 37: Sach 12,10
deres Schriftwort sagt: *Sie werden auf den blicken, den sie durchbohrt ha-*
ben.

Das Begräbnis P: Mt 27,57–61

38 Josef von Arimatäa, der ein Jünger Jesu war – ein heimlicher zwar 38: 7,13!
aus Furcht vor den Juden –, bat Pilatus, dass er den Leib Jesu herabneh-
men dürfe; und Pilatus erlaubte es. Also ging er und nahm seinen Leib
herab. 39 Es kam auch Nikodemus, der früher einmal nachts zu ihm ge-
kommen war, und brachte eine Mischung aus Myrrhe und Aloe mit,
etwa hundert Pfund. 40 Sie nahmen nun den Leib Jesu und wickelten
ihn zusammen mit den wohlriechenden Salben in Leinenbinden ein,
wie es bei einem jüdischen Begräbnis Sitte ist. 41 Es war aber an dem
Ort, wo er gekreuzigt worden war, ein Garten, und in dem Garten ein
neues Grab, in das noch niemand gelegt worden war. 42 Dort nun leg-
ten sie Jesus hin, weil die Juden Rüsttag hatten und das Grab in der Nähe
lag.

Das leere Grab P: Mt 28,1–8

20 1 Am ersten Tag der Woche kommt Maria aus Magdala frühmor-
gens noch in der Dunkelheit zum Grab und sieht, dass der Stein
vom Grab weggenommen ist. 2 Da eilt sie fort und kommt zu Simon
Petrus und zu dem anderen Jünger, den Jesus lieb hatte, und sagt zu
ihnen: Sie haben den Herrn aus dem Grab genommen, und wir wissen
nicht, wo sie ihn hingelegt haben. 3 Da brachen Petrus und der andere
Jünger auf und gingen zum Grab. 4 Die beiden liefen miteinander; doch
der andere Jünger lief voraus, war schneller als Petrus und kam als Ers-
ter zum Grab. 5 Und als er sich vorbeugt, sieht er die Leinenbinden da-
liegen; er ging aber nicht hinein. 6 Nun kommt auch Simon Petrus, der
ihm folgt, und er ging in das Grab hinein. Er sieht die Leinenbinden
daliegen 7 und das Schweisstuch, das auf seinem Haupt gelegen hatte;
es lag nicht bei den Leinenbinden, sondern zusammengerollt an einem
Ort für sich. 8 Darauf ging nun auch der andere Jünger, der als Erster
zum Grab gekommen war, hinein; und er sah, und darum glaubte er.
9 Denn noch hatten sie die Schrift, dass er von den Toten auferstehen 9: 14,26!
müsse, nicht verstanden. 10 Dann kehrten die Jünger wieder zu den an-
deren zurück.

Erscheinung vor Maria P: Mt 28,9–10

11 Maria aber stand draussen vor dem Grab und weinte. Während sie
nun weinte, beugte sie sich in das Grab hinein. 12 Und sie sieht zwei
Engel sitzen in weissen Gewändern, einen zu Häupten und einen zu
Füssen, dort, wo der Leib Jesu gelegen hatte. 13 Und sie sagen zu ihr:
Frau, was weinst du? Sie sagt zu ihnen: Sie haben meinen Herrn wegge-
nommen, und ich weiss nicht, wo sie ihn hingelegt haben. 14 Das sagte 14: 21,4
sie und wandte sich um, und sie sieht Jesus dastehen, weiss aber nicht,
dass es Jesus ist. 15 Jesus sagt zu ihr: Frau, was weinst du? Wen suchst 15: 19,41
du? Da sie meint, es sei der Gärtner, sagt sie zu ihm: Herr, wenn du ihn
weggetragen hast, sag mir, wo du ihn hingelegt hast, und ich will ihn
holen. 16 Jesus sagt zu ihr: Maria! Da wendet sie sich um und sagt auf

Hebräisch zu ihm: Rabbuni! Das heisst ‹Meister›. 17 Jesus sagt zu ihr:
Fass mich nicht an! Denn noch bin ich nicht hinaufgegangen zum Vater.
Geh aber zu meinen Brüdern und sag ihnen: Ich gehe hinauf zu meinem
Vater und zu eurem Vater, zu meinem Gott und zu eurem Gott. 18 Maria
aus Magdala geht und sagt zu den Jüngern: Ich habe den Herrn gesehen,
und berichtet ihnen, was er ihr gesagt hat.

P: Lk 24,36–43 *Erscheinung vor den Jüngern*

19: 7,13! · 14,27 19 Es war am Abend eben jenes ersten Wochentages – die Jünger
hatten dort, wo sie waren, die Türen aus Furcht vor den Juden verschlos-
sen –, da kam Jesus und trat in ihre Mitte, und er sagt zu ihnen: Friede
sei mit euch!
20: 19,34 · 16,22 20 Und nachdem er dies gesagt hatte, zeigte er ihnen die Hände und
21: 17,18 die Seite; da freuten sich die Jünger, weil sie den Herrn sahen. 21 Da
sagte Jesus noch einmal zu ihnen: Friede sei mit euch! Wie mich der
22: 7,39!; 16,7 Vater gesandt hat, so sende ich euch. 22 Und nachdem er dies gesagt
hatte, hauchte er sie an, und er sagt zu ihnen: Heiligen Geist sollt ihr
23: Mt 18,18! empfangen! 23 Wem immer ihr die Sünden vergebt, dem sind sie ver-
geben; wem ihr sie festhaltet, dem sind sie festgehalten.

P: Lk 24,36–43 *Erscheinung vor Thomas*

24 Thomas aber, einer der Zwölf, der auch Didymus genannt wird,
war nicht bei ihnen, als Jesus kam. 25 Da sagten die anderen Jünger zu
ihm: Wir haben den Herrn gesehen. Er aber sagte zu ihnen: Wenn ich
nicht das Mal der Nägel an seinen Händen sehe und nicht meinen Fin-
ger in das Mal der Nägel und meine Hand in seine Seite legen kann,
werde ich nicht glauben. 26 Nach acht Tagen waren seine Jünger wieder
drinnen, und Thomas war mit ihnen. Jesus kam, obwohl die Türen ver-
schlossen waren, und er trat in ihre Mitte und sprach: Friede sei mit
euch! 27 Dann sagt er zu Thomas: Leg deinen Finger hierher und schau
meine Hände an, und streck deine Hand aus und leg sie in meine Seite,
und sei nicht ungläubig, sondern gläubig! 28 Thomas antwortete und
sagte zu ihm: Mein Herr und mein Gott! 29 Jesus sagt zu ihm: Du
glaubst, weil du mich gesehen hast. Selig, die nicht mehr sehen und
glauben!

Der Epilog

30: 21,25 · 2,11! 30 Noch viele andere Zeichen hat Jesus vor den Augen seiner Jünger
31: 11,27! · 3,16! getan, die in diesem Buch nicht aufgeschrieben sind. 31 Diese hier aber
sind aufgeschrieben, damit ihr glaubt, dass Jesus der Christus ist, der
Sohn Gottes, und dadurch, dass ihr glaubt, Leben habt in seinem Na-
men.

20,29: Die Seligpreisung ist im griechischen Text offener formuliert: ‹Selig, die nicht sehen und glauben!› Die Übersetzung präzisiert: Selig gepriesen werden die Glaubenden der späteren Zeit, die Jesus nicht mehr selber sehen, sondern auf das Zeugnis der Augenzeugen bzw. des Evangeliums angewiesen sind.

Erscheinung am See von Tiberias P: Lk 5,4–11

21 1 Danach zeigte sich Jesus den Jüngern noch einmal, am See von
Tiberias. Und er zeigte sich so: 2 Simon Petrus und Thomas, der
Didymus genannt wird, und Natanael aus Kana in Galiläa und die Söhne
des Zebedäus und zwei andere von seinen Jüngern waren beisammen.
3 Simon Petrus sagt zu ihnen: Ich gehe fischen. Sie sagen zu ihm: Wir
kommen auch mit dir. Sie gingen hinaus und stiegen ins Boot und
fingen nichts in jener Nacht. 4 Als es aber schon gegen Morgen ging, 4: 20,14
trat Jesus ans Ufer; die Jünger wussten aber nicht, dass es Jesus war. 5 Da
sagt Jesus zu ihnen: Kinder, ihr habt wohl keinen Fisch zum Essen? Sie
antworteten ihm: Nein. 6 Er aber sagt zu ihnen: Werft das Netz auf der
rechten Seite des Bootes aus, und ihr werdet einen guten Fang machen.
Da warfen sie es aus, und vor lauter Fischen vermochten sie es nicht
mehr einzuziehen. 7 Da sagt jener Jünger, den Jesus liebte, zu Petrus: Es
ist der Herr. Als nun Simon Petrus hörte, dass es der Herr sei, legte er
sich das Obergewand um, denn er war nackt, und warf sich ins Wasser.
8 Die anderen Jünger aber kamen mit dem Boot – sie waren nämlich
nicht weit vom Ufer entfernt, nur etwa zweihundert Ellen – und zogen
das Netz mit den Fischen hinter sich her. 9 Als sie nun an Land kamen,
sahen sie ein Kohlenfeuer am Boden und Fisch darauf liegen und Brot.
10 Jesus sagt zu ihnen: Bringt von den Fischen, die ihr gerade gefangen
habt. 11 Da stieg Simon Petrus aus dem Wasser und zog das Netz an
Land, voll von grossen Fischen, hundertdreiundfünfzig. Und obwohl es
so viele waren, riss das Netz nicht. 12 Jesus sagt zu ihnen: Kommt und 12: 16,23
esst! Keiner von den Jüngern aber wagte ihn auszuforschen: Wer bist
du? Sie wussten ja, dass es der Herr war. 13 Jesus kommt und nimmt das 13: Lk 24,30
Brot und gibt es ihnen, und ebenso den Fisch. 14 Das war schon das drit- 14: 20,19–23.26–29
te Mal, dass Jesus sich den Jüngern zeigte, seit er von den Toten aufer-
weckt worden war.

Jesus und Petrus

15 Als sie nun gegessen haben, sagt Jesus zu Simon Petrus: Simon, 15: 13,37 · Lk 22,32 ·
Sohn des Johannes, liebst du mich mehr, als diese mich lieben? Er sagt Mt 16,18
zu ihm: Ja, Herr, du weisst, dass ich dich lieb habe. Er sagt zu ihm: Weide
meine Lämmer! 16 Und er sagt ein zweites Mal zu ihm: Simon, Sohn des
Johannes, liebst du mich? Der sagt zu ihm: Ja, Herr, du weisst, dass ich
dich lieb habe. Er sagt zu ihm: Hüte meine Schafe! 17 Er sagt zum dritten
Mal zu ihm: Simon, Sohn des Johannes, hast du mich lieb? Petrus wurde
traurig, weil er zum dritten Mal zu ihm sagte: Hast du mich lieb?, und er
sagt zu ihm: Herr, du weisst alles, du siehst doch, dass ich dich lieb habe.
Jesus sagt zu ihm: Weide meine Schafe! 18 Amen, amen, ich sage dir: Als
du jünger warst, hast du dich selber gegürtet und bist gegangen, wohin
du wolltest. Wenn du aber älter wirst, wirst du deine Hände ausstre-
cken, und ein anderer wird dich gürten und führen, wohin du nicht
willst. 19 Das aber sagte er, um anzudeuten, durch welchen Tod er Gott 19: 13,36
verherrlichen werde. Und nachdem er dies gesagt hatte, sagte er zu ihm:
Folge mir!

Petrus und der Lieblingsjünger

20: 13,25 20 Da Petrus sich umwendet, sieht er den Jünger folgen, den Jesus
liebte, der auch beim Mahl an seiner Brust gelegen und gesagt hat: Herr,
wer ist es, der dich ausliefern wird? 21 Als nun Petrus ihn sieht, sagt er
zu Jesus: Herr, was wird aus ihm? 22 Jesus sagt zu ihm: Wenn ich will,
dass er bleibt, bis ich komme, was kümmert es dich? Folge du mir!
23 Von da an ging unter den Brüdern die Rede, dass jener Jünger nicht
sterben werde. Aber Jesus hatte ihm nicht gesagt, er werde nicht ster-
ben, sondern: Wenn ich will, dass er bleibt, bis ich komme, was küm-
mert es dich?

Der zweite Epilog

24: 19,35 24 Das ist der Jünger, der dies alles bezeugt und es aufgeschrieben
hat. Und wir wissen, dass sein Zeugnis glaubwürdig ist. 25 Es gibt aber
noch vieles andere, was Jesus getan hat. Wollte man das alles, eins ums
andere, aufschreiben, so würde meines Erachtens die ganze Welt die
Bücher nicht fassen, die dann zu schreiben wären.

Die Apostelgeschichte

Die Apostelgeschichte gibt sich deutlich als Fortsetzung des Evangeliums nach Lukas zu erkennen, nicht nur durch ihre Widmung an denselben Theophilus, sondern auch dadurch, dass sich die beiden Schriften gleichsam überschneiden: Die eine endet, die andere beginnt mit dem letzten Wort des auferstandenen Christus an seine Jünger und seiner Himmelfahrt (Lk 24,47–53 und Apg 1,3–11). In diesem letzten, hier zum zweiten Mal zitierten Wort gibt Lukas sowohl den Inhalt wie auch die Struktur seiner Apostelgeschichte bekannt: Sie soll die Ausbreitung des Evangeliums hinstellen als ein Werk des gekreuzigten, auferstandenen, zur Rechten Gottes erhöhten und im heiligen Geist erneut gegenwärtigen Christus, der aus dem Kreis der Jünger das neue Gottesvolk, die Kirche der Herausgerufenen schafft. Die Apostelgeschichte soll dieses Werk darstellen als einen Weg, der von Jerusalem über Judäa und Samaria «bis an die Enden der Erde» führt (Apg 1,8).

Diesem Programm entsprechend lassen sich in der Apostelgeschichte zwei Teile erkennen: ein erster Teil (Apg 1–12), der von den Ereignissen in Jerusalem, Samaria und Antiochia berichtet, ein zweiter gewichtigerer Teil (Apg 13–28), der sich mit dem Missionswerk des Paulus befasst, das diesen quer durch die Provinzen des römischen Weltreichs bis in die Metropole führt.

Auf diese Weise kann Lukas seiner Leserschaft, die im griechisch-römischen Umfeld zu Hause ist, zeigen, dass der Weg des Christuszeugnisses aus der Enge in die Weite schon in der ersten Gemeinde in Jerusalem, trotz ihrer vorläufigen Bindung an das Judentum, wenigstens ansatzweise zu Menschen aus anderen Völkern geführt hat, dass dann aber auch umgekehrt die weite Konzeption des paulinischen Missionswerkes durch die Apostel in Jerusalem legitimiert werden musste.

An die Stelle einer deutlich ablesbaren Gliederung tritt im ersten Teil eine Tendenz zur Verknüpfung: Lukas hebt gewisse Personen hervor, die in einer Art Scharnierfunktion Vergangenes mit Künftigem, wie auch umgekehrt Neuartiges mit Bestehendem verbinden. So gestaltet er die Verteidigungsrede des angeklagten Stephanus zu einer ausführlichen Exposition des an die prophetische Tradition anknüpfenden Schriftverständnisses der neuen Gemeinde, so leitet er dadurch, dass er Paulus als Zeugen der Steinigung des Stephanus auftreten lässt, über zur Bekehrung des Paulus (Apg 7,58 und Apg 8,1) und so führt er wiederum Barnabas als Vermittler einer baldigen Begegnung zwischen Paulus und den Aposteln in Jerusalem ein (Apg 9,27, vgl. aber die ganz anderen Angaben von Paulus in Gal 1,15–18). So erscheinen auch die «Hellenisten» (griechisch sprechende Juden aus der Diaspora), die sich zum neuen Glauben bekehrt haben, zunächst als von den Aposteln in Jerusalem eingesetzte Diakone (Apg 6,1–6), schon bald aber als in der weiteren Umgebung wirkende Evangelisten (Apg 8,26–40) und schliesslich ansatzweise als Heidenmissionare (Apg 11,20); so tritt auch Petrus in eine geistige Nähe zu Paulus, indem er in einem Einzelfall die Möglichkeit einer Bekehrung der Heiden ohne Bindung an gesetzliche Verpflichtungen ins Auge fasst (Apg 10,1–11,18).

Der zweite Teil wird von Lukas anhand der Reiserouten des Paulus strukturiert: 1. Missionsreise (Apg 13–14), 2. Missionsreise (Apg 15,36–18,22), 3. Missionsreise (Apg 18,23–21,17), Gefangennahme in Jerusalem (Apg 21,18–23,35), Überführung nach Cäsarea (Apg 24–26) und von dort nach Rom (Apg 27–28).

In die Mitte der ganzen Apostelgeschichte stellt Lukas seinen Bericht über das sogenannte Apostelkonzil (Apg 15,1–35), laut dem die Apostel Petrus und Jakobus Paulus nach Jerusalem zitieren und ihm dort dann aufgrund der Berichte über sein vollmächtiges Handeln den Segen für seine Heidenmission erteilen – ohne Beschneidungsgebot, aber unter Auferlegung der nötigen Rücksichtnahme auf gewisse judenchristliche Kreise, die sich an jüdische Sitten gebunden fühlen (Apg 15,28–29, vgl. aber Gal 2,6).

Anders als im Vorwort zu seinem Evangelium ist im Vorwort zur Apostelgeschichte von keinen schriftlichen Quellen die Rede, die der Verfasser benutzte. Die Vertrautheit des Lukas mit den Zuständen in den ersten Gemeinden in Syrien, Kleinasien, Makedonien und Griechenland lässt aber darauf schliessen, dass ihm auch hier Dokumente zur Verfügung standen. An manchen Stellen kann die historische Zuverlässigkeit seines Berichts durch eine bis ins Detail gehende Übereinstimmung mit den Angaben des Paulus festgestellt werden (z.B. Apg 9,25 mit 2Kor 11,32–33). An anderen Stellen gibt es allerdings auch erhebliche Differenzen zur Darstellung des Paulus, etwa was den Termin seiner ersten Begegnung mit den Aposteln betrifft (Apg 9,27 und Gal 1,15–18). Das lässt darauf schliessen, dass Lukas zwar viele Nachrichten aus den ersten Gemeinden erhalten hat, dass ihm aber die Briefe des Paulus als Quellen nicht vorlagen. Jene Stellen in der Apostelgeschichte, die den Eindruck erwecken, Lukas selbst sei ein Reisebegleiter des

Paulus gewesen (der sogenannte Wir-Bericht: Apg 16,10–17; 20,5–15; 21,1–18; 27,1–28,16), können verschieden interpretiert werden: als ein Kennzeichen dafür, dass Lukas einen Augenzeugenbericht eingearbeitet hat, oder als ein Stilmittel, das der Leserschaft die geschilderten Ereignisse besonders lebendig vor Augen führen soll, nicht aber als Beleg dafür, dass Lukas ein Reisebegleiter des Paulus war.

Mit der Apostelgeschichte hat Lukas als Schriftsteller eine neue Gattung der Geschichtsschreibung kreiert. In Anlehnung an antike Biografien bedeutender Persönlichkeiten und an die Romanliteratur ist es auch ihm ein Anliegen, anschauliche Szenen von grosser Dramatik in sein Quellenmaterial einzubauen und in längeren Reden der handelnden Personen seine eigene Sicht der Ereignisse zur Geltung zu bringen; so dienen ihm etwa die Verteidigungsreden des Paulus auch dazu, die Verträglichkeit des neuen Glaubens mit dem römischen Staat hervorzuheben. Dennoch schreibt er keine Biografie der Apostel, wie der später hinzugefügte Titel der Schrift suggerieren könnte. Der Hauptakteur seiner ‹Geschichtsschreibung› ist der heilige Geist, der den Sendboten Wege öffnet, aber auch Wege versperrt (Apg 16,6–10). In diesem Sinn ist die Apostelgeschichte Geschichtsschreibung und Glaubenszeugnis zugleich.

Als Autor der Apostelgeschichte und des Evangeliums nach Lukas kommt wohl kaum der in Kol 4,14 und in 2Tim 4,11 als Arzt und Begleiter des Paulus aufgeführte Lukas in Frage, sondern ein weiter nicht bekannter Heidenchrist, der, wie man seinem gepflegten Schreibstil entnimmt, über eine beachtliche Bildung verfügte, sich im Raum Kleinasien und Griechenland auskannte und dort zwischen 80 und 100 n.Chr. kurz hintereinander sein Evangelium und die Apostelgeschichte verfasst hat.

Einleitung

1–2: Lk 1,1–3 | **1** 1 In meinem ersten Buch, lieber Theophilus, habe ich berichtet über
2: Lk 6,13–16 · | alles, was Jesus zu tun und zu lehren begonnen hat, 2 bis zu dem Tag,
Lk 24,51 | da er seinen Aposteln, die er erwählt hatte, durch den heiligen Geist
seine Weisung gab und in den Himmel aufgenommen wurde.

3: Lk 24,36–43 · | 3 Ihnen hat er nach seinem Leiden auf vielfache Weise bewiesen,
19,8! | dass er lebt: Während vierzig Tagen hat er sich ihnen immer wieder
4: 2,33.39; Lk 24,49 | gezeigt und vom Reich Gottes gesprochen. 4 Und beim gemeinsamen
Mahl hat er ihnen geboten, nicht von Jerusalem wegzugehen, sondern
zu warten auf die verheissene Gabe des Vaters, die ich – so sagte er –
5: 11,16; Lk 3,16 · | euch in Aussicht gestellt habe. 5 Denn Johannes hat mit Wasser getauft,
2,1–4 | ihr aber werdet mit heiligem Geist getauft werden, schon in wenigen
6: 3,21; Lk 9,27! | Tagen. 6 Die, welche damals beisammen waren, fragten ihn: Herr, wirst
du noch in dieser Zeit deine Herrschaft wieder aufrichten für Israel?
7: Mk 13,32 | 7 Er aber sagte zu ihnen: Euch gebührt es nicht, Zeiten und Fristen zu
8: Lk 24,47–49 · | erfahren, die der Vater in seiner Vollmacht festgesetzt hat. 8 Ihr werdet
8,15! · 1,22! · 2,14; | aber Kraft empfangen, wenn der heilige Geist über euch kommt, und
8,14; 11,1; 13,47

1,4: Andere Übersetzungsmöglichkeit: «Und als er mit ihnen zusammen war, hat er ihnen geboten, ...»

ihr werdet meine Zeugen sein, in Jerusalem, in ganz Judäa, in Samaria
und bis an die Enden der Erde.
9 Als er dies gesagt hatte, wurde er vor ihren Augen emporgehoben, *9:* Lk 24,51;
und eine Wolke nahm ihn auf und entzog ihn ihren Blicken. 10 Und Mk 16,19
während sie ihm unverwandt nachschauten, wie er in den Himmel *10:* Lk 24,4
auffuhr, da standen auf einmal zwei Männer in weissen Kleidern bei
ihnen, 11 die sagten: Ihr Leute aus Galiläa, was steht ihr da und schaut *11:* Lk 21,27!
hinauf zum Himmel? Dieser Jesus, der von euch weg in den Himmel
aufgenommen wurde, wird auf dieselbe Weise wiederkommen, wie ihr
ihn in den Himmel habt auffahren sehen.
12 Da kehrten sie vom Ölberg nach Jerusalem zurück; dieser liegt *12:* Lk 24,52
nahe bei Jerusalem, nur einen Sabbatweg weit weg. 13 Und als sie in die *13:* Lk 6,13–16
Stadt kamen, gingen sie in das Obergemach, wo sie sich aufzuhalten
pflegten: Petrus, Johannes, Jakobus und Andreas; Philippus und Tho-
mas; Bartolomäus und Matthäus; Jakobus, der Sohn des Alfäus, Simon
der Eiferer und Judas, der Sohn des Jakobus. 14 Dort hielten sie alle ein- *14:* Lk 8,2–3! ·
mütig fest am Gebet, zusammen mit den Frauen, mit Maria, der Mutter Lk 8,20; Mt 13,55
Jesu, und mit seinen Geschwistern.

Die Ergänzung des Zwölferkreises

15 Und in diesen Tagen stand Petrus im Kreis der Brüder auf – es
waren etwa hundertzwanzig Personen versammelt – und sprach:
16 Brüder! Das Schriftwort musste in Erfüllung gehen, das der heili- *16:* Lk 22,47
ge Geist einst durch den Mund Davids gesagt hat über Judas, der zum
Anführer derer geworden ist, die Jesus verhafteten, 17 da er ja zu uns
gehörte und am gleichen Dienst teilhatte. 18 Dieser kaufte von dem *18:* Mt 27,3–10
Lohn für seine Untat ein Grundstück; dort stürzte er, riss sich den Leib
auf, und alle seine Eingeweide quollen heraus. 19 Und das wurde allen
Bewohnern Jerusalems bekannt; von daher heisst jenes Grundstück in
der Sprache der Einheimischen Hakeldama, das heisst ‹Blutacker›. 20 Es *20:* Ps 69,26 ·
steht nämlich geschrieben im Buch der Psalmen: Ps 109,8

Sein Gehöft bleibe leer,
und niemand wohne dort,

und:

Sein Amt erhalte ein anderer.

21 Es muss also einer von den Männern, die uns begleitet haben die
ganze Zeit, da Jesus, der Herr, bei uns ein und aus ging, 22 vom Tag der *22:* 1,8; 2,32; 3,15;
Taufe durch Johannes bis zu dem Tag, da er von uns weg in den Himmel 5,32; 10,39.41; 13,31;
aufgenommen wurde, mit uns Zeugnis von seiner Auferstehung able- Lk 24,48
gen – einer von diesen hier.
23 Da stellten sie zwei auf, Josef, genannt Barsabbas, mit dem Beina-
men Justus, und Matthias. 24 Und sie beteten: Du, Herr, der du die Her- *24:* 15,8
zen aller kennst, zeige uns, welchen von diesen beiden du erwählt hast,
25 diesen Dienst zu übernehmen, das Apostelamt, von dem sich Judas
abgewandt hat, um dorthin zu gehen, wo sein Platz ist. 26 Und sie zogen
das Los, und das Los fiel auf Matthias. Und er wurde zu den elf Aposteln
hinzugewählt.

Das Pfingstwunder

1: Lev 23,15–21; 2 1 Als nun die Zeit erfüllt und der Tag des Pfingstfestes gekommen
Dtn 16,9–11 war, waren sie alle beisammen an einem Ort. 2 Da entstand auf ein-
mal vom Himmel her ein Brausen, wie wenn ein heftiger Sturm daher-
3: Lk 3,16 fährt, und erfüllte das ganze Haus, in dem sie sassen; 3 und es erschie-
nen ihnen Zungen wie von Feuer, die sich zerteilten, und auf jeden von
4: 4,8.31; 9,17; 13,9 · ihnen liess eine sich nieder. 4 Und sie wurden alle erfüllt von heiligem
19,6!; Jes 28,11; Geist und begannen, in fremden Sprachen zu reden, wie der Geist es
1Kor 14,21–25 ihnen eingab.

5 In Jerusalem aber wohnten Juden, fromme Männer aus allen Völ-
kern unter dem Himmel. 6 Als nun jenes Tosen entstand, strömte die
Menge zusammen, und sie waren verstört, denn jeder hörte sie in sei-
ner Sprache reden. 7 Sie waren fassungslos und sagten völlig verwun-
dert: Sind das nicht alles Galiläer, die da reden? 8 Wie kommt es, dass
jeder von uns sie in seiner Muttersprache hört? 9 Parther und Meder
und Elamiter, Bewohner von Mesopotamien, von Judäa und Kappado-
kien, von Pontus und der Provinz Asia, 10 von Phrygien und Pamphyli-
en, von Ägypten und dem kyrenischen Libyen, und in der Stadt weilen-
11: 19,6! de Römer, 11 Juden und Proselyten, Kreter und Araber – wir alle hören
sie in unseren Sprachen von den grossen Taten Gottes reden. 12 Sie wa-
ren fassungslos, und ratlos fragte einer den andern: Was soll das bedeu-
ten? 13 Andere aber spotteten und sagten: Die sind voll süssen Weins.

Die Pfingstrede des Petrus

14 Petrus aber trat vor, zusammen mit den elfen, erhob seine Stim-
me und sprach:

Ihr Juden und all ihr Bewohner Jerusalems, dies sei euch kundgetan,
15: 2,13 vernehmt meine Worte! 15 Diese Männer sind nicht betrunken, wie ihr
meint; es ist doch erst die dritte Stunde des Tages. 16 Nein, hier ge-
schieht, was durch den Propheten Joel gesagt worden ist:

17–21: Joel 3,1–5 17 *Und es wird geschehen* in den letzten Tagen, spricht Gott,
17: 10,45; Röm 5,5; *da werde ich von meinem Geist ausgiessen über alles Fleisch,*
Tit 3,6 *und eure Söhne und eure Töchter werden weissagen,*
und eure jungen Männer werden Gesichte sehen,
und eure Alten werden Träume träumen.
18 *Und auch über meine Knechte und über meine Mägde werde ich in jenen Tagen*
von meinem Geist ausgiessen, und sie werden weissagen.
19 *Wunder* oben *am Himmel werde ich wirken*
und Zeichen unten *auf Erden:*
Blut und Feuer und qualmenden Rauch.
20: Lk 21,25 20 *Die Sonne wird Finsternis werden*
und der Mond Blut,
ehe der grosse und herrliche Tag des Herrn kommt.
21: 4,12; 21 *Und so wird es sein: Jeder, der den Namen des Herrn anruft, wird geret-*
Röm 10,12–13 *tet werden.*

22: 5,12! 22 Israeliten, hört diese Worte: Jesus von Nazaret, einen Mann, der
sich vor euch als Gesandter Gottes ausgewiesen hat durch machtvolle
23–24: 3,15! Taten und Wunder und Zeichen, die Gott – wie ihr selbst wisst – mitten
23: 4,28 unter euch durch ihn getan hat, 23 ihn, der nach Gottes unumstössli-

chem Ratschluss und nach seiner Voraussicht preisgegeben werden
sollte, habt ihr durch die Hand gesetzloser Menschen ans Kreuz ge-
schlagen und getötet. 24 Ihn hat Gott auferweckt und aus den Wehen 24: 10,41; 13,34;
des Todes befreit, denn dass er in dessen Gewalt bleiben könnte, war ja 17,3.31; Lk 24,46 · 17,32! · Ps 116,3
unmöglich. 25 David sagt nämlich von ihm: 25–28: Ps 16,8–11
Ich habe den Herrn allezeit vor Augen,
denn er ist zu meiner Rechten, dass ich nicht wanke.
26 *Darum freut sich mein Herz,*
und meine Zunge jubelt,
mein ganzer Leib wird ruhen am Ort der Hoffnung.
27 *Denn du wirst meine Seele nicht der Unterwelt überlassen* 27: 13,35
noch deinen Heiligen Verwesung schauen lassen.
28 *Du hast mir kundgetan Wege des Lebens,*
du wirst mich erfüllen mit Freude vor deinem Angesicht.
29 Brüder, zu euch kann ich ja offen reden über den Patriarchen Da- 29: 13,36; 1Kön 2,10
vid: Er starb, und er wurde begraben, und sein Grab ist da bei uns bis auf
den heutigen Tag. 30 Da er nun ein Prophet war und wusste, dass Gott 30: Ps 89,4–5;
ihm mit einem Eid zugesagt hatte, einer von seinen Nachkommen wer- 132,11
de auf seinem Thron sitzen, 31 redete er vorausschauend von der Aufer- 31: Ps 16,10
stehung des Christus, als er sagte, er sei nicht der Unterwelt überlassen
worden und sein Fleisch habe die Verwesung nicht geschaut. 32 Diesen 32: 2,24! · 1,22!
Jesus hat Gott zum Leben erweckt; dessen sind wir alle Zeugen. 33 Er ist 33: 5,31 · 1,4!;
nun zur Rechten Gottes erhöht und hat vom Vater die verheissene Gabe, 2,1–13 · 8,15!
den heiligen Geist, empfangen, den er jetzt ausgegossen hat, wie ihr
seht und hört. 34 Denn nicht David ist in den Himmel hinaufgestiegen, 34–35: Ps 110,1!;
vielmehr sagt er ja selber: Lk 20,42–43
Der Herr sprach zu meinem Herrn: Setze dich zu meiner Rechten,
35 *bis ich deine Feinde hingelegt habe als Schemel für deine Füsse.*
36 Klar und deutlich erkenne also das ganze Haus Israel, dass Gott
ihn zum Herrn und zum Gesalbten gemacht hat, diesen Jesus, den ihr
gekreuzigt habt.
37 Als sie dies hörten, traf es sie mitten ins Herz, und sie fragten 37–38: 16,30–31!
Petrus und die übrigen Apostel: Was sollen wir tun, Brüder? 38 Petrus 38: 17,30! · 8,16;
sagte zu ihnen: Kehrt um, und jeder von euch lasse sich taufen auf den 10,48; 19,5 · 5,31! ·
Namen Jesu Christi zur Vergebung eurer Sünden, und ihr werdet die 8,15!
Gabe des heiligen Geistes empfangen. 39 Denn euch gilt die Verheis- 39: 1,4!
sung und euren Kindern und allen in der Ferne, allen, die der Herr, un-
ser Gott, herbeirufen wird. 40 Und auf vielerlei Weise beschwor und
ermahnte er sie: Lasst euch retten aus diesem verkehrten Geschlecht!
41 Die nun sein Wort annahmen, liessen sich taufen. Und an jenem Tag
wurden ungefähr dreitausend Menschen der Gemeinde zugeführt.

2,24: Die Wendung ‹Wehen des Todes› beruht wahrscheinlich auf einer Fehlübersetzung der griechischen Übersetzung des Alten Testaments; der entsprechende Ausdruck des hebräischen Textes lautet: ‹Stricke des Todes›.

2,40: Andere Übersetzungsmöglichkeit: «Und auf vielerlei Weise legte er Zeugnis ab und ermahnte sie: ...»

Das Leben der frühen Gemeinde

42 Sie aber hielten fest an der Lehre der Apostel und an der Gemein-
schaft, am Brechen des Brotes und am Gebet.
43: 5,12!–16 43 Und Furcht erfasste alle: Viele Zeichen und Wunder geschahen
44: 4,32 durch die Apostel. 44 Alle Glaubenden aber hielten zusammen und hat-
45: 4,34–35; ten alles gemeinsam; 45 Güter und Besitz verkauften sie und gaben von
Lk 12,33 dem Erlös jedem so viel, wie er nötig hatte. 46 Einträchtig hielten sie
sich Tag für Tag im Tempel auf und brachen das Brot in ihren Häusern;
sie assen und tranken in ungetrübter Freude und mit lauterem Herzen,
47 priesen Gott und standen in der Gunst des ganzen Volkes. Der Herr
aber führte ihrem Kreis Tag für Tag neue zu, die gerettet werden sollten.

Die Heilung des Gelähmten

3 1 Petrus und Johannes nun gingen hinauf in den Tempel zur Zeit des
2: 14,8 Gebets; es war um die neunte Stunde. 2 Und es wurde ein Mann her-
beigetragen, der von Geburt an gelähmt war; den setzte man täglich vor
das Tempeltor, welches ‹das Schöne› genannt wird, damit er die Tem-
pelbesucher um ein Almosen bitten konnte.
3 Als der nun Petrus und Johannes sah, wie sie in den Tempel gehen
wollten, bat er sie um ein Almosen. 4 Petrus aber sah ihm in die Augen,
und mit Johannes zusammen sagte er: Schau uns an! 5 Er sah sie an in
der Erwartung, etwas von ihnen zu erhalten. 6 Petrus aber sagte: Silber
und Gold besitze ich nicht; was ich aber habe, das gebe ich dir: Im Na-
men Jesu Christi des Nazareners, steh auf und zeig, dass du gehen
kannst! 7 Und er ergriff ihn bei der rechten Hand und richtete ihn auf;
8: 14,10; Lk 5,25 und auf der Stelle wurden seine Füsse und Knöchel fest, 8 und er sprang
auf, stellte sich auf die Füsse und konnte gehen; und er ging mit ihnen
in den Tempel hinein, lief hin und her, sprang in die Höhe und lobte
Gott.
10: Lk 5,26 9 Und das ganze Volk sah ihn umhergehen und Gott loben. 10 Sie
erkannten aber in ihm den, der sonst beim Schönen Tor des Tempels
sass und um Almosen bat; und sie waren erschrocken und entsetzt über
das, was ihm widerfahren war.

Die Rede des Petrus im Tempel

11 Da er sich an Petrus und Johannes klammerte, lief das ganze Volk,
voller Schrecken, in der Nähe der Halle Salomos bei ihnen zusammen.
12 Als Petrus das sah, wandte er sich an das Volk und sprach:
Israeliten, was wundert ihr euch darüber? Was schaut ihr uns an, als
hätten wir durch eigene Kraft oder Frömmigkeit bewirkt, dass er gehen
13: 7,32; Ex 3,6; kann? 13 *Der Gott Abrahams, der Gott Isaaks und der Gott Jakobs, der Gott*
Lk 20,37 · *unserer Väter* hat seinen Knecht Jesus verherrlicht, den ihr ausgeliefert
Lk 23,13–25 und von dem ihr euch vor Pilatus losgesagt habt, als dieser beschlossen
14: Lk 23,18.25 hatte, ihn freizulassen. 14 Von dem Heiligen und Gerechten habt ihr
euch losgesagt und verlangt, dass euch ein Mörder geschenkt werde;
15: 5,31 · 2,23–24!; 15 den Fürsten des Lebens habt ihr getötet – Gott aber hat ihn von den
4,10; 5,30; 10,39–40; Toten auferweckt; dessen sind wir Zeugen. 16 Und weil er, den ihr hier
13,28–30;
1Kor 15,3–4 · 1,22!

3,2: Dieses Tor wird in der antiken Literatur vor dem 5. Jahrhundert n.Chr. sonst nicht erwähnt. Der Name ist wohl volkstümlich und dürfte das Nikanor-Tor bezeichnen.

asHi mmelre ch is einem
Netz gleich as ins Meer ge
worfen wurde und Fische
er Art fing Als es voll
war, zo en sie es ans L
etzten sich sammelten die
Guten in Körbe und warf
ie schl chten weg So
wird es sein wenn die se
Welt zu Ende geht: Die Engel
werden auszienen und die
Bösen mitten aus den Ger-
chten aussondern und
sie werden sie in den
euerofen werfen. MAT 13

Schriftbild zu Matthäus 13,47–50

seht und den ihr kennt, auf seinen Namen vertraut hat, hat dieser Name
ihm Kraft gegeben; ja, der Glaube, der durch ihn gekommen ist, hat die-
sem die volle Gesundheit geschenkt vor euer aller Augen.
17 Nun, ich weiss, liebe Brüder, dass ihr aus Unwissenheit gehandelt 17: 17,30; Lk 23,34
habt, wie eure führenden Männer auch. 18 Gott aber hat, was er durch 18: 26,22–23!
den Mund aller Propheten angekündigt hat – dass nämlich sein Gesalb-
ter leiden werde –, auf diese Weise in Erfüllung gehen lassen. 19 Kehrt 19: 17,30!
also um und richtet euch aus auf die Vergebung eurer Sünden, 20 damit
vom Angesicht des Herrn her Zeiten der Erquickung kommen und er
den Gesalbten sende, den er für euch bestimmt hat: Jesus. 21 Ihn muss 21: 1,11 · 1,6 ·
der Himmel beherbergen bis zu den Zeiten der Wiederherstellung aller Lk 1,70
Dinge, von denen Gott durch den Mund seiner heiligen Propheten von
Ewigkeit her gesprochen hat.
22 Mose hat gesagt: *Einen Propheten wie mich wird euch der Herr, euer* 22: 7,37;
Gott, erwecken aus der Mitte eurer Brüder; auf ihn sollt ihr hören in allem, Dtn 18,15–20
was er zu euch *sagen wird.* 23 *Es wird aber geschehen, dass jeder, der nicht* 23: Lev 23,29
auf jenen Propheten hört, ausgerottet wird aus dem Volk. 24 Und alle Pro-
pheten, von Samuel und seinen Nachfolgern an, alle, die gesprochen
haben, haben diese Tage ebenfalls angekündigt. 25 Ihr seid die Söhne 25: Gen 22,18; 26,4;
der Propheten und des Bundes, den Gott mit euren Vätern geschlossen Gal 3,8
hat, als er zu Abraham sprach: *Und durch deinen Samen werden gesegnet*
werden alle Geschlechter der Erde. 26 Für euch zuerst hat Gott seinen 26: 13,46
Knecht erweckt und ihn gesandt, euch zu segnen, wenn sich ein jeder
von euch abwendet von seinen bösen Taten.

Petrus und Johannes vor dem Hohen Rat

4 1 Während sie noch zum Volk sprachen, traten die Priester, der
Hauptmann der Tempelwache und die Sadduzäer zu ihnen. 2 Diese 2: 17,32!
waren aufgebracht, weil sie das Volk lehrten und im Namen Jesu die
Auferstehung von den Toten verkündigten. 3 Und man ergriff sie und 3: Lk 21,12!
nahm sie in Gewahrsam bis zum nächsten Tag, denn es war schon
Abend. 4 Von denen aber, die das Wort hörten, kamen viele zum Glau- 4: 2,41.47
ben; die Zahl der Männer stieg auf ungefähr fünftausend.
5 Es geschah aber, dass sich am folgenden Tag ihre führenden Män-
ner und Ältesten und Schriftgelehrten in Jerusalem versammelten,
6 unter ihnen Hannas, der Hohe Priester, und Kajafas, Johannes und
Alexander und alle, die zum hohepriesterlichen Geschlecht gehörten.
7 Und man stellte sie in die Mitte und befragte sie: Durch welche Kraft 7: Lk 20,1–2
oder in wessen Namen habt ihr das getan? 8 Da sagte Petrus, erfüllt von 8: 2,4!; Lk 12,11–12
heiligem Geist, zu ihnen: Führer des Volkes und Älteste! 9 Wenn wir
heute wegen der Wohltat an einem kranken Menschen verhört und ge-
fragt werden, wodurch dieser gerettet worden sei, 10 dann sei euch al- 10: 3,15! · 3,6–8
len und dem ganzen Volk Israel kundgetan: Durch den Namen Jesu
Christi, des Nazareners, den ihr gekreuzigt habt und den Gott von den

3,19: Andere Übersetzungsmöglichkeit: «Kehrt also um und wendet euch Gott zu – so werden eure Sünden ausgelöscht –,»

3,21: Andere Übersetzungsmöglichkeit: «... bis zu den Zeiten der Verwirklichung alles dessen, wovon Gott durch ...»

4,2: Andere Übersetzungsmöglichkeit: «... und an (dem Beispiel von) Jesus die Auferstehung ...»

11: Ps 118,22; Toten auferweckt hat, durch ihn steht dieser hier gesund vor euch. 11 Er
Lk 20,17 ist der Stein, der von euch Bauleuten verschmäht wurde und zum Eck-
12: 2,21 stein geworden ist. 12 Und in keinem anderen ist das Heil; denn uns
Menschen ist kein anderer Name unter dem Himmel gegeben, durch
den wir gerettet werden sollen.

13 Als sie aber den Freimut des Petrus und des Johannes sahen und
merkten, dass sie einfache Menschen waren ohne besondere Bildung,
wunderten sie sich. Es wurde ihnen klar, dass sie zu Jesus gehörten,
14 doch da sie sahen, dass der Geheilte bei ihnen stand, konnten sie ih-
nen nichts entgegenhalten. 15 Man gebot ihnen, die Ratsversammlung
16: 3,9–10 zu verlassen; dann berieten sie miteinander 16 und sagten: Was sollen
wir mit diesen Menschen tun? Denn dass ein sichtbares Zeichen durch
sie geschehen ist, steht allen Bewohnern Jerusalems vor Augen, und wir
können es nicht leugnen. 17 Damit sich aber das alles im Volk nicht
noch weiter verbreitet, wollen wir ihnen unter Androhung von Strafe
verbieten, je wieder in diesem Namen einen Menschen anzusprechen.

18: 5,28 18 Und man rief sie herein und befahl ihnen, nie mehr im Namen
19: 5,29 Jesu zu reden und zu lehren. 19 Petrus und Johannes aber entgegneten
ihnen: Ob es vor Gott recht ist, mehr auf euch zu hören als auf Gott, das
müsst ihr beurteilen. 20 Denn wir können nicht anders als von dem
21: 5,40 reden, was wir gesehen und gehört haben. 21 Man drohte ihnen noch-
mals und liess sie dann gehen, da niemand wusste, wie man sie hätte
bestrafen können – des Volkes wegen, denn alle priesen Gott für das,
was geschehen war. 22 Über vierzig Jahre alt war der Mensch, an dem
sich dieses Wunder der Heilung ereignet hatte.

Das Gebet der Gemeinde

23 Nach ihrer Freilassung gingen sie zu den Ihren und berichteten
24: 14,15; Ex 20,11; alles, was die Hohen Priester und Ältesten zu ihnen gesagt hatten. 24 Als
Ps 146,6 diese es hörten, erhoben sie einmütig ihre Stimme zu Gott und spra-
chen:

Herr, unser Herrscher, *du hast den Himmel gemacht und die Erde und*
25–26: Ps 2,1–2 *das Meer und alles, was darin ist;* 25 du hast durch den heiligen Geist,
durch den Mund unseres Vaters David, deines Knechtes, gesagt:

Was tun die Völker so gross
und sinnen die Nationen Nichtiges?
26 *Die Könige der Erde sind herbeigekommen,*
und die Fürsten haben sich zusammengetan,
gegen den Herrn und seinen Gesalbten.

27: Lk 23,12 · 10,38! 27 Ja, wirklich, zusammengetan haben sich in dieser Stadt Herodes
und Pontius Pilatus, die Völker und die Stämme Israels, gegen deinen
28: 2,23 heiligen Knecht, Jesus, den du gesalbt hast. 28 Und sie haben getan, was
deine Hand und dein Ratschluss im Voraus festgesetzt haben, dass es
geschehe. 29 Und nun, Herr: Achte auf ihre Drohungen und gewähre
30: 5,12! deinen Knechten, in aller Freiheit dein Wort zu verkündigen, 30 wäh-
rend du deine Hand ausstreckst und Heilung bewirkst und Zeichen und
Wunder geschehen lässt durch den Namen deines heiligen Knechtes
Jesus.

31 Und als sie gebetet hatten, erbebte der Ort, an dem sie sich ver- 31: 2,4! · 4,29
sammelt hatten, und sie wurden alle erfüllt von heiligem Geist und ver-
kündigten das Wort Gottes in aller Freiheit.

Gemeinschaft in der frühen Gemeinde

32 Die ganze Gemeinde war ein Herz und eine Seele, und nicht einer 32: 2,44
nannte etwas von dem, was er besass, sein Eigentum, sondern sie hatten
alles gemeinsam. 33 Und mit grosser Kraft legten die Apostel Zeugnis
ab von der Auferstehung des Herrn Jesus, und grosse Gnade ruhte auf
ihnen allen. 34 Ja, es gab niemanden unter ihnen, der Not litt, denn die, 34: 2,45!
welche Land oder Häuser besassen, verkauften, was sie hatten, und
brachten den Erlös des Verkauften 35 und legten ihn den Aposteln zu
Füssen; und es wurde einem jeden zuteil, was er nötig hatte.
36 Josef aber, der von den Aposteln den Beinamen Barnabas erhalten 36: 9,27; 11,22.30;
hatte, das heisst ‹Sohn des Trostes›, ein Levit, der aus Zypern stammte 12,25; 13,1–15,41
37 und einen Acker besass, verkaufte ihn, brachte das Geld und legte es
den Aposteln zu Füssen.

Ananias und Saphira

5 1 Ein Mann aber mit Namen Ananias verkaufte mit seiner Frau Sa-
phira zusammen ein Stück Land 2 und behielt mit Wissen seiner 2: 4,35.37
Frau etwas vom Erlös zurück. Einen Teil davon brachte er und legte ihn
den Aposteln zu Füssen. 3 Da sagte Petrus: Ananias, warum hat der Sa-
tan dein Herz so besetzt, dass du den heiligen Geist belügst und etwas
vom Erlös des Grundstücks unterschlägst? 4 War es nicht dein Eigen- 4: Dtn 23,21–23
tum, solange es unverkauft war, und konntest du über den Ertrag nicht
frei verfügen, als es verkauft war? Wie konnte dir so etwas in den Sinn
kommen? Nicht Menschen hast du belogen, sondern Gott. 5 Als Anani-
as diese Worte hörte, brach er zusammen und starb. Und grosse Furcht
überkam alle, die es vernahmen. 6 Die jungen Männer aber standen auf
und hüllten ihn ein, trugen ihn hinaus und begruben ihn.
7 Es geschah aber nach ungefähr drei Stunden, dass seine Frau her-
einkam, ohne zu wissen, was geschehen war. 8 Petrus wandte sich an
sie und sprach: Sag mir, habt ihr das Grundstück für diesen Betrag ver-
kauft? Sie sagte: Ja, für diesen Betrag. 9 Petrus erwiderte ihr: Wie konn-
tet ihr nur übereinkommen, den Geist des Herrn auf die Probe zu stel-
len? Schau, die Füsse derer, die deinen Mann begraben haben, stehen
schon vor der Tür, und sie werden auch dich hinaustragen. 10 Und un-
mittelbar darauf fiel auch sie zu seinen Füssen nieder und starb. Als die
jungen Männer eintraten, fanden sie sie tot; und sie trugen sie hinaus
und begruben sie an der Seite ihres Mannes. 11 Und grosse Furcht über-
kam die ganze Gemeinde und alle, die es vernahmen.

Wundertaten der Apostel

12 Durch die Hand der Apostel aber geschahen viele Zeichen und 12: 2,22.43; 4,30;
Wunder im Volk. Und sie waren alle einträchtig beisammen in der Hal- 6,8; 14,3; 15,12;
le Salomos; 13 von den andern aber wagte niemand, sich zu ihnen zu 2Kor 12,12
gesellen; das Volk jedoch war des Lobes voll über sie. 14 Immer neue, die 14: 4,4!

5,6: Andere Übersetzungsmöglichkeit: «... auf und legten ihn zurecht, sie trugen ...»

an den Herrn glaubten, wurden der Gemeinde zugeführt, Scharen von
15: 19,11–12! Männern und Frauen. 15 Es kam so weit, dass man die Kranken auf die
Strassen hinaustrug und sie auf Bahren und Liegebetten hinstellte, da-
mit, wenn Petrus vorbeikäme, wenigstens sein Schatten auf einen von
16: 8,7; Lk 6,18–19 ihnen fiele. 16 Aber auch die Bewohner der rings um Jerusalem liegen-
den Städte kamen und brachten Kranke und von unreinen Geistern Ge-
plagte. Und sie wurden alle geheilt.

Verhaftung und Verhör der Apostel

17: 4,1–2.6 17 Der Hohe Priester aber erhob sich samt allen seinen Anhängern,
18–23: 12,4–10 der Partei der Sadduzäer; erfüllt von wildem Eifer 18 ergriffen sie die
18: Lk 21,12! Apostel und liessen sie vor den Augen des Volkes in Gewahrsam neh-
19: 12,7! men. 19 Ein Engel des Herrn aber öffnete nachts die Tore des Gefängnis-
ses, führte sie hinaus und sprach: 20 Geht, tretet im Tempel auf und ver-
kündigt dem Volk das volle Wort des Lebens, das sich euch jetzt eröffnet
hat. 21 Sie hörten es und gingen noch in der Morgendämmerung in den
Tempel und lehrten.

Als nun der Hohe Priester und seine Anhänger eintrafen, riefen sie den Hohen Rat zusammen und die gesamte Ratsversammlung Israels und schickten zum Gefängnis, um sie vorführen zu lassen. 22 Doch als
die Gerichtsdiener hinkamen, fanden sie sie nicht im Gefängnis. Sie
kehrten zurück und meldeten: 23 Wir haben das Gefängnis verschlos-
sen vorgefunden; es war rundum gesichert, und die Wachen standen vor den Toren; doch als wir aufschlossen, fanden wir niemanden darin.
24 Als der Hauptmann der Tempelwache und die Hohen Priester diese
Worte hörten, gerieten sie in grosse Verlegenheit, und sie fragten sich,
was das noch werden sollte. 25 Da kam jemand und meldete ihnen:
Passt auf, die Männer, die ihr ins Gefängnis geworfen habt, stehen im
26: 4,21 Tempel und lehren das Volk. 26 Da ging der Hauptmann mit den Ge-
richtsdienern hin und liess sie herbeiführen, ohne Gewalt anzuwen-
den; sie fürchteten nämlich, das Volk könnte sie steinigen.

27 Man führte sie herbei und stellte sie vor den Hohen Rat. Und der
28: 4,18 · 18,6 Hohe Priester befragte sie 28 und sprach: Haben wir euch nicht aus-
drücklich befohlen, nicht mehr zu lehren in diesem Namen? Und was
macht ihr? Ihr erfüllt Jerusalem mit eurer Lehre und wollt das Blut die-
29: 4,19 ses Menschen über uns bringen. 29 Petrus aber und die Apostel antwor-
30: 3,15! teten: Man muss Gott mehr gehorchen als den Menschen. 30 Der Gott
unserer Väter hat Jesus, den ihr ans Holz gehängt und umgebracht habt,
31: 2,33–35 · 3,15 · auferweckt. 31 Gott hat ihn zu seiner Rechten erhöht und zum Fürsten
13,23! · 11,18! · 2,38; 10,43; 13,38; 26,18; und Retter gemacht, um Israel Umkehr zu schenken und Vergebung der
Lk 24,47 Sünden. 32 Und wir sind Zeugen dieser Ereignisse, wir und der heilige
32: 1,22!; Geist, den Gott denen gegeben hat, die ihm gehorchen.

Joh 15,26–27 33 Als sie dies hörten, wurden sie rasend vor Zorn und wollten sie
33: 7,54 *34:* 22,3 töten. 34 In der Ratsversammlung aber stand ein Pharisäer namens Ga-
maliel auf, ein im ganzen Volk angesehener Gesetzeslehrer, und befahl,
die Männer für kurze Zeit hinauszuschicken. 35 Und er sprach: Israeli-
ten, überlegt euch genau, was ihr mit diesen Leuten tun wollt. 36 Vor
einiger Zeit nämlich ist Theudas aufgetreten, der von sich behauptete,

5,28: Andere Textüberlieferung: «… und sprach: Wir haben euch ausdrücklich befohlen, …»

etwas Besonderes zu sein; ihm hat sich eine Schar von etwa vierhundert
Männern angeschlossen. Er wurde getötet, und alle seine Anhänger
wurden versprengt, und seine Bewegung löste sich in nichts auf.
37 Nach ihm, zur Zeit der Steuereinschätzung, ist Judas der Galiläer auf- 37: Lk 2,1–2
getreten, machte Leute abtrünnig und scharte sie um sich. Auch er ging
zugrunde, und alle seine Anhänger zerstreuten sich in alle Winde.
38 Deshalb rate ich euch jetzt: Lasst ab von diesen Leuten und lasst sie
gehen! Denn wenn das, was hier geplant und ins Werk gesetzt wird, von
Menschen stammen sollte, dann wird es sich zerschlagen. 39 Wenn es
aber von Gott kommt, dann werdet ihr sie nicht aufhalten können; ihr
aber könntet als solche dastehen, die sogar gegen Gott kämpfen. Sie lies-
sen sich von ihm überzeugen, 40 riefen die Apostel wieder herein, ver- 40: 4,17–18.21
abreichten ihnen Schläge und befahlen ihnen, nicht mehr im Namen
Jesu zu reden; dann liess man sie frei.

41 Da gingen sie vom Hohen Rat fort, voll Freude darüber, dass sie 41: Lk 6,22–23
gewürdigt worden waren, um des Namens willen Schmach zu erleiden.
42 Und jeden Tag lehrten und verkündigten sie ohne Unterlass, im 42: 9,22!
Tempel und zu Hause, dass Jesus der Gesalbte sei.

Die Wahl der Sieben

6 1 In diesen Tagen aber, als die Jünger immer zahlreicher wurden, 1: 4,34–35
kam es dazu, dass die Hellenisten unter ihnen gegen die Hebräer
aufbegehrten, weil ihre Witwen bei der täglichen Versorgung vernach-
lässigt wurden. 2 Die Zwölf beriefen nun die Versammlung der Jünger
ein und sprachen: Es geht nicht an, dass wir die Verkündigung des Wor-
tes Gottes beiseite lassen und den Dienst bei Tisch versehen. 3 Seht euch
also um, Brüder, nach sieben Männern aus eurer Mitte, die einen guten
Ruf haben und voll Geist und Weisheit sind; die wollen wir einsetzen
für diese Aufgabe. 4 Wir aber werden festhalten am Gebet und am
Dienst des Wortes. 5 Der Vorschlag gefiel allen, die versammelt waren. 5: 6,8–9; 7,59; 8,2 ·
Und sie wählten Stephanus, einen Mann erfüllt von Glauben und heili- 8,5–40; 21,8
gem Geist, und Philippus und Prochorus und Nikanor und Timon und
Parmenas und Nikolaus, einen Proselyten aus Antiochia, 6 führten sie 6: 8,17; 9,12.17; 13,3;
vor die Apostel, und diese beteten und legten ihnen die Hände auf. 19,6; 28,8

7 Und das Wort Gottes breitete sich aus, und in Jerusalem wuchs die 7: 5,14!
Zahl der Jünger stetig; auch ein grosser Teil der Priester wurde dem
Glauben gehorsam.

Gefangennahme des Stephanus und Anklageerhebung

8 Stephanus, erfüllt von Gnade und Kraft, tat grosse Wunder und 8: 6,5! · 5,12!
Zeichen im Volk. 9 Es traten aber einige auf von der sogenannten Syn-
agoge der Libertiner, Kyrenäer und Alexandriner und einige von denen
aus Kilikien und der Provinz Asia, die diskutierten mit Stephanus,
10 vermochten aber der Weisheit und dem Geist, durch den er sprach, 10: Lk 21,15
nichts entgegenzusetzen.

11 Da stifteten sie einige Männer an zu sagen: Wir haben gehört, wie
er Lästerreden gegen Mose und gegen Gott geführt hat. 12 Und sie wie-

6,1: Mit ‹Hellenisten› sind vermutlich griechisch sprechende Diasporajuden gemeint, vgl. auch 6,9; mit dem Gegenbegriff ‹Hebräer›, aramäisch sprechende Juden.

gelten das Volk, die Ältesten und die Schriftgelehrten auf, machten sich
13: 21,28 an ihn heran, ergriffen ihn und führten ihn vor den Hohen Rat. 13 Und
sie liessen falsche Zeugen auftreten, die behaupteten: Dieser Mensch
hört nicht auf, Reden zu führen gegen diesen heiligen Ort und gegen
14: Mk 14,58; das Gesetz. 14 Wir haben nämlich gehört, wie er gesagt hat: Dieser Jesus
Mt 26,61 von Nazaret wird diese Stätte zerstören und die Bräuche ändern, die
Mose uns überliefert hat.

15 Da blickten alle, die im Hohen Rat sassen, gespannt auf ihn. Und
sie sahen, dass sein Antlitz wie das eines Engels war.

Die Verteidigungsrede des Stephanus

2: Gen 11,31; 15,7 **7** 1 Der Hohe Priester fragte nun: Verhält es sich so? 2 Er aber sprach:
Brüder und Väter, hört! Der Gott der Herrlichkeit ist unserem Vater
Abraham erschienen, als dieser noch in Mesopotamien lebte, bevor er
3: Gen 12,1 sich in Haran niederliess. 3 Und er hat zu ihm gesagt: *Zieh weg aus deiner*
Heimat und fort von deiner Verwandtschaft, und geh in das Land, das ich dir
4: Gen 11,32 · *zeigen werde.* 4 Da zog er weg aus dem Land der Chaldäer und liess sich
Gen 12,1.5 in Haran nieder. Als sein Vater gestorben war, wies er ihn an, von dort
5: Gen 12,7; 17,8 · weiterzuziehen in das Land, in dem ihr jetzt wohnt. 5 Und er gab ihm
Gen 16,1 kein Erbteil daran, nicht einmal einen Fuss breit, doch er verhiess, *es*
ihm und nach ihm seinen Nachkommen zum Besitz zu geben – dabei war er
6–7: Gen 15,13–14 doch kinderlos. 6 Gott aber sprach so: *Seine Nachkommen werden Fremd-*
linge sein in fremdem Land, und man wird sie zu Sklaven machen und miss-
handeln vierhundert Jahre lang. 7 *Aber das Volk, dem sie als Sklaven dienen,*
werde ich richten, so sprach Gott, *und danach werden sie ausziehen* und
8: Gen 17,10 · mich verehren an diesem Ort. 8 Und er gab ihm den Bund der Beschnei-
Gen 21,2–4 · dung. So zeugte er den Isaak und beschnitt ihn am achten Tag, und Isaak
Gen 25,26 · Gen 35,23–26 beschnitt den Jakob, und Jakob die zwölf Patriarchen.

9: Gen 37,11.28 · 9 Und die Patriarchen waren eifersüchtig auf Josef und verkauften
Gen 39,2.21 ihn nach Ägypten. Aber Gott war mit ihm. 10 Er befreite ihn aus all sei-
10: Gen 41,39–45 ner Bedrängnis und gab ihm Gnade und Weisheit vor dem Pharao, dem
König von Ägypten, und der setzte ihn als Statthalter über Ägypten und
11: Gen 41,54; 42,5 über sein ganzes Haus. 11 Es kam aber eine Hungersnot über ganz Ägyp-
ten und Kanaan, eine grosse Not, und unsere Väter hatten nichts zu es-
12: Gen 42,2 sen. 12 Jakob aber vernahm, dass es in Ägypten noch Getreide gab, und
13: Gen 45,1–2.16 schickte unsere Väter ein erstes Mal dorthin. 13 Und beim zweiten Mal
gab sich Josef seinen Brüdern zu erkennen, und der Pharao erfuhr von
14: Gen 45,9 · Josefs Herkunft. 14 Josef aber schickte nach seinem Vater und liess ihn
Gen 46,27 und alle seine Verwandten zu sich kommen, fünfundsiebzig Leute.
15: Gen 46,1.6 · 15 Und Jakob zog hinab nach Ägypten; dort starb er, und unsere Väter
Gen 49,33 · Ex 1,6 auch. 16 Und sie wurden nach Sichem überführt und in dem Grab bei-
16: Gen 33,18–19; 50,13 gesetzt, das Abraham in Sichem von den Söhnen Hamors für Geld er-
worben hatte.

17: Ex 1,7 17 Als nun die Zeit der Verheissung, die Gott dem Abraham zugesagt
hatte, nahte, da hatte sich das Volk vermehrt und in Ägypten ausgebrei-
18: Ex 1,8 tet. 18 Dann *trat ein anderer König auf in Ägypten, der nichts von Josef*
19: Ex 1,9–10 · Ex 1,22 *wusste.* 19 Der ging gegen unser Geschlecht mit Arglist vor und fügte

7,13: Andere Übersetzungsmöglichkeit: «…, und dem Pharao wurde Josefs Familie bekannt gemacht.»

unseren Vorfahren Böses zu: Er liess die Säuglinge aussetzen, damit sie
nicht am Leben blieben. 20 Zu dieser Zeit wurde Mose geboren, und er 20: Ex 2,2
war anmutig in den Augen Gottes. Drei Monate wurde er aufgezogen
im Hause seines Vaters; 21 als er nun ausgesetzt wurde, nahm ihn die 21: Ex 2,3.5.10
Tochter des Pharao zu sich und zog ihn auf als ihren eigenen Sohn.
22 Und Mose wurde unterwiesen in aller Weisheit der Ägypter, und er
war mächtig in Wort und Tat.

23 Als sich aber die Zeit erfüllte und er vierzig Jahre alt wurde, stieg 23: Ex 2,11
in seinem Herzen der Gedanke auf, nach seinen Brüdern zu schauen,
den Söhnen Israels. 24 Und als er sah, wie einem von ihnen Unrecht 24: Ex 2,11–12
geschah, setzte er sich für ihn zur Wehr; er übte Rache für den, der bedrängt
wurde, und erschlug den Ägypter. 25 Er dachte, seine Brüder
würden verstehen, dass Gott ihnen durch seine Hand Rettung schaffen
wollte; sie aber verstanden es nicht. 26 Am nächsten Tag kam er dazu, 26: Ex 2,13
wie sie sich stritten, und er wollte sie bewegen, Frieden zu schliessen,
und sprach: Männer, ihr seid Brüder. Warum fügt ihr einander Unrecht
zu? 27 Der aber, der seinem Nächsten Unrecht zufügte, stiess ihn weg 27–28: Ex 2,14
und sagte: *Wer hat dich zum Herrscher und Richter über uns gesetzt?* 28
Willst du mich etwa töten, wie du gestern den Ägypter getötet hast? 29 Mose 29: Ex 2,15 ·
aber ergriff auf dieses Wort hin die Flucht. Und er ging als Fremdling ins Ex 2,21–22; 18,3–4
Land Midian. Dort zeugte er zwei Söhne.

30 Als wiederum vierzig Jahre vergangen waren, erschien ihm in der 30: Ex 3,2
Wüste des Berges Sinai ein Engel in der lodernden Flamme eines Dornbusches.
31 Als Mose das sah, staunte er über die Erscheinung, und er 31: Ex 3,3–4
trat näher, um genauer hinzusehen. Da ertönte die Stimme des Herrn:
32 *Ich bin der Gott deiner Väter, der Gott Abrahams, Isaaks und Jakobs.* 32: 3,13; Ex 3,6;
Mose aber begann zu zittern und wagte nicht hinzusehen. 33 Der Herr Lk 20,37
aber sagte zu ihm: *Zieh deine Schuhe aus, denn der Ort, an dem du stehst, ist* 33: Ex 3,5
heiliges Land. 34 *Hingeschaut habe ich und gesehen, wie mein Volk in Ägypten* 34: Ex 3,7–8.10
unterdrückt wird, und gehört habe ich ihr Seufzen. Herabgestiegen bin
ich, sie zu befreien. Und nun, geh, ich will dich nach Ägypten senden.

35 Diesen Mose, den sie abgewiesen hatten mit den Worten: *Wer hat* 35: 7,27; Ex 2,14
dich zum Herrscher und Richter eingesetzt?, ihn hat Gott als Herrscher und
Erlöser gesandt durch die Hand des Engels, der ihm im Dornbusch erschienen
ist. 36 Er hat sie herausgeführt und Wunder und Zeichen vollbracht 36: Ex 7,3 ·
in Ägypten, am Roten Meer und in der Wüste, vierzig Jahre lang. Num 14,33
37 Dieser Mose ist es, der zu den Söhnen Israels gesagt hat: *Einen Propheten* 37: 3,22; Dtn 18,15
wie mich wird euch Gott erwecken aus der Mitte eurer Brüder. 38 Er 38: 7,53; Ex 31,18
ist es, der in der Wüste vor versammeltem Volk zum Mittler geworden
ist zwischen dem Engel, der auf dem Berg Sinai mit ihm sprach, und
unseren Vätern. Er hat Worte des Lebens empfangen, um sie an uns weiterzugeben.
39 Unsere Väter aber wollten ihm nicht gehorsam sein, 39: Ex 16,3;
nein, sie stiessen ihn von sich und wandten sich im Herzen wieder Num 14,3–4
Ägypten zu. 40 Sie sagten zu Aaron: *Mach uns Götter, welche vor uns herziehen,* 40: Ex 32,1.23
denn dieser Mose, der uns aus Ägypten herausgeführt hat – wir wissen
nicht, was mit ihm geschehen ist. 41 Und sie machten ein Stierkalb in 41: Ex 32,4.6
jenen Tagen und brachten dem Götzenbild ein Opfer dar und freuten
sich am Werk ihrer Hände. 42 Gott aber wandte sich ab und liess sie 42–43: Am 5,25–27
dem Heer des Himmels dienen, wie es geschrieben steht im Buch der 42: Jer 8,2; 19,13
Propheten:

Habt ihr mir etwa Schlachtopfer und Speiseopfer dargebracht,
vierzig Jahre lang in der Wüste, Haus Israel?
43 *Nein, das Zelt des Moloch habt ihr mit euch geführt*
und das Sternbild eures Gottes Raifan,
die Gebilde, die ihr gemacht habt, um vor ihnen niederzuknien.
Und ich werde euch in die Verbannung schicken, noch über Babylon *hinaus.*

44: Ex 25,8–9.40; 44 Unsere Väter hatten das Zelt des Zeugnisses in der Wüste, so wie
29,42 es den Anordnungen dessen entsprach, der mit Mose gesprochen hatte:
45: Jos 18,1 Nach dem Urbild, das er gesehen hatte, sollte es gebaut werden. 45 Das
haben unsere Väter übernommen und unter Josua ins Land gebracht,
als sie das Hab und Gut der Völker in Besitz nahmen, die Gott vor dem
46: 2Sam 7,2; Angesicht unserer Väter vertrieb – bis zu den Tagen Davids. 46 Dieser
Ps 132,1–5 fand Gnade vor Gott und bat darum, ihn eine Wohnstätte finden zu las-
47: 1Kön 6,1–38 sen für den Gott Jakobs. 47 Salomo baute ihm dann ein Haus. 48 Doch
48: 17,24; der Höchste wohnt nicht in Wohnungen, die von Menschenhand ge-
1Kön 8,27.30 macht sind, wie der Prophet sagt:

49–50: Jes 66,1–2 49 *Der Himmel ist mein Thron,*
die Erde aber der Schemel meiner Füsse.
Was für ein Haus wollt ihr mir bauen, spricht der Herr,
was soll meine Ruhestätte sein?
50 *Hat* nicht *meine Hand dies alles gemacht?*

51: Ex 32,9 · 51 Ihr Halsstarrigen, die ihr unbeschnitten seid an Herz und Ohren,
Jer 9,25; Ez 44,7 · stets von neuem widersetzt ihr euch dem heiligen Geist, wie schon eure
Jer 6,10 Väter, so auch ihr. 52 Welchen Propheten haben eure Väter nicht ver-
52: Lk 11,47! folgt? Getötet haben sie alle, die vom Kommen des Gerechten kündeten.
53: 7,38! Und an ihm seid *ihr* jetzt zu Verrätern und Mördern geworden, 53 ihr,
die ihr das Gesetz durch Anordnungen von Engeln empfangen und euch
nicht daran gehalten habt.

Die Steinigung des Stephanus und der Ausbruch von Verfolgungen

54: 5,33 54 Als sie dies hörten, wurden sie rasend vor Zorn und knirschten
55: 6,5 mit den Zähnen. 55 Er aber, erfüllt von heiligem Geist, blickte zum
Himmel auf und sah die Herrlichkeit Gottes und Jesus zur Rechten Got-
56: Lk 22,69! tes stehen. 56 Und er sprach: Ja, ich sehe die Himmel offen und den
Menschensohn zur Rechten Gottes stehen. 57 Sie aber überschrien ihn,
58: Lev 24,14; hielten sich die Ohren zu und stürzten sich vereint auf ihn. 58 Sie sties-
Dtn 17,7 · 22,20 sen ihn aus der Stadt hinaus und steinigten ihn. Und die Zeugen legten
59: 6,5! · Lk 23,46; ihre Kleider ab, zu Füssen eines jungen Mannes namens Saulus. 59 Sie
Ps 31,6 steinigten den Stephanus, er aber rief den Herrn an und sprach: Herr,
60: Lk 23,34 Jesus, nimm meinen Geist auf! 60 Er fiel auf die Knie und rief mit lauter
Stimme: Herr, rechne ihnen diese Sünde nicht an! Und als er dies gesagt
hatte, verschied er.

1: 8,4! **8** 1 Saulus war einverstanden mit dieser Hinrichtung. An jenem Tag
nun kam eine grosse Verfolgung über die Gemeinde in Jerusalem.
Alle wurden versprengt über das ganze Land, über Judäa und Samaria,
nur die Apostel nicht.

7,46: Andere Textüberlieferung: «... für das Haus Jakobs.»

2 Fromme Männer bestatteten den Stephanus und hielten eine grosse Totenklage für ihn. 3 Saulus aber fügte der Gemeinde grosses Leid zu: Er drang in ihre Häuser ein, schleppte Männer und Frauen fort und liess sie ins Gefängnis werfen.

2: 5,5!
3: 9,1–2; 22,4.19; 26,10–11; Gal 1,13! · Lk 21,12!

Philippus in Samaria

4 Die Vertriebenen nun zogen umher und verkündigten das Evangelium.

4: 8,1; 11,19

5 Philippus ging hinab in die Hauptstadt Samarias und verkündigte den Leuten dort den Christus. 6 Und sie kamen in Scharen und folgten aufmerksam den Ausführungen des Philippus; und sie stimmten ihm zu, als sie seine Worte hörten und die Zeichen sahen, die er tat. 7 Viele hatten unreine Geister, die laut brüllend ausfuhren, viele waren verkrüppelt oder gelähmt und wurden geheilt. 8 Und es kehrte grosse Freude ein in jener Stadt.

5: 6,5!
7: 5,16!

9 Ein Mann aber mit Namen Simon war zuvor in der Stadt als Magier aufgetreten und hatte die Bevölkerung von Samaria in Bann geschlagen mit der Behauptung, er sei etwas ganz Grosses, 10 und alle, Gross und Klein, hingen ihm an und sagten: Dieser Mann ist die Kraft Gottes, die man ‹die Grosse› nennt. 11 Sie hingen ihm an, weil sie lange Zeit gebannt waren von seinen Künsten. 12 Als sie nun Philippus Glauben schenkten, der das Evangelium verkündigte vom Reich Gottes und vom Namen Jesu Christi, liessen sie sich taufen, Männer und Frauen. 13 Auch Simon selbst kam zum Glauben; er liess sich taufen und hielt sich fortan an Philippus; und er war fassungslos angesichts der grossen Zeichen und Wunder, die da geschahen.

12: 19,8!

14 Als aber die Apostel in Jerusalem vernahmen, dass Samaria das Wort Gottes angenommen hatte, sandten sie Petrus und Johannes zu ihnen. 15 Die kamen herab und beteten für sie, dass sie den heiligen Geist empfangen möchten 16 – er war nämlich noch auf keinen von ihnen herabgekommen, sie waren erst auf den Namen des Herrn Jesus getauft. 17 Dann legten sie ihnen die Hände auf, und sie empfingen den heiligen Geist.

14: 11,1 · 1,8
15: 1,8; 2,33.38; 10,47; 19,2.6
16: 19,2–6
17: 6,6!

18 Als nun Simon sah, dass durch die Handauflegung der Apostel der Geist gegeben wurde, bot er ihnen Geld an 19 und sagte: Gebt auch mir diese Vollmacht, dass jeder den heiligen Geist empfängt, dem ich die Hände auflege. 20 Petrus aber sprach zu ihm: Ins Verderben mit dir und deinem Geld! Du hast wohl gemeint, die Gabe Gottes mit Geld erwerben zu können. 21 Du hast weder Anteil an dieser Sache noch ein Anrecht darauf, denn deine Gesinnung gegenüber Gott ist nicht lauter. 22 Wende dich ab von deiner Bosheit und bete zum Herrn; vielleicht wird dir dieses Ansinnen vergeben werden. 23 Denn ich sehe dich hineingeraten in bittere Galle und in die Fänge des Unrechts. 24 Simon entgegnete: Betet ihr für mich zum Herrn, dass nichts von dem, was ihr gesagt habt, über mich komme.

20: Mt 10,8
22: 17,30!
23: Dtn 29,17

8,7: Andere Übersetzungsmöglichkeit: «Denn viele von denen, die unreine Geister hatten – die schrien mit lauter Stimme und fuhren aus, und viele Verkrüppelte und Gelähmte wurden geheilt.»

25 Nachdem sie Zeugnis abgelegt und das Wort des Herrn verkün-
digt hatten, kehrten sie nach Jerusalem zurück; unterwegs verkündig-
ten sie in vielen Dörfern Samarias das Evangelium.

Philippus und der äthiopische Hofbeamte

26: 6,5! 26 Ein Engel des Herrn aber sprach zu Philippus: Mach dich auf und
geh nach Süden auf die Strasse, die von Jerusalem nach Gaza hinabführt;
27: Ps 68,32!; sie ist menschenleer. 27 Und er machte sich auf und ging. Da kam ein
Jes 56,6–7 äthiopischer Hofbeamter vorüber, ein Eunuch der Kandake, der Köni-
gin der Äthiopier; er war ihr Schatzmeister. Der war nach Jerusalem ge-
reist, um dort zu beten. 28 Nun befand er sich auf dem Heimweg; er sass
auf seinem Wagen und las im Propheten Jesaja.
29: 10,19! 29 Da sprach der Geist zu Philippus: Geh und folge diesem Wagen.
30 Philippus holte ihn ein und hörte, wie er im Propheten Jesaja las, und
sagte: Verstehst du, was du da liest? 31 Der sagte: Wie könnte ich, wenn
niemand mich anleitet? Und er bat Philippus, auf den Wagen zu steigen
32–33: Jes 53,7–8 und sich zu ihm zu setzen. 32 Der Abschnitt der Schrift, den er las, war
folgender:

Wie ein Schaf wurde er zur Schlachtbank geführt;
und wie ein Lamm, das vor seinem Scherer verstummt,
so tut er seinen Mund nicht auf.
33 *In seiner Erniedrigung wurde aufgehoben das Urteil gegen ihn;*
doch von seinem Geschlecht, wer wird davon erzählen?
Denn weggenommen von der Erde wird sein Leben.

34 Der Eunuch sagte nun zu Philippus: Ich bitte dich, sage mir, von
wem spricht hier der Prophet? Von sich oder von einem anderen? 35 Da
tat Philippus seinen Mund auf und begann, ihm von dieser Schriftstelle
36: 10,47 ausgehend das Evangelium von Jesus zu verkündigen. 36 Als sie weiter-
zogen, kamen sie zu einer Wasserstelle, und der Eunuch sagte: Schau,
hier ist Wasser; was steht meiner Taufe noch im Weg? 38 Und er liess
den Wagen anhalten, und sie stiegen beide ins Wasser hinab, Philippus
39: 1Kön 18,12; und der Eunuch, und er taufte ihn. 39 Als sie aber aus dem Wasser stie-
2Kön 2,16; gen, entrückte der Geist des Herrn den Philippus, und der Eunuch sah
2Kor 12,2–4 ihn nicht mehr; doch er zog voll Freude seines Weges.
40: 6,5! · 8,4 40 Philippus aber wurde in Asdod gesehen. Und er zog durch alle
Städte und verkündigte das Evangelium, bis er nach Cäsarea kam.

Die Berufung des Saulus

1–19: 22,3–16; 9 1 Saulus aber schnaubte noch immer Drohung und Mord gegen die
26,9–18 Jünger des Herrn. Er ging zum Hohen Priester 2 und bat ihn um Brie-
1: 8,3! fe an die Synagogen in Damaskus, dass er, wenn er Anhänger dieses
neuen Weges dort finde – Männer und auch Frauen –, sie gefesselt nach
Jerusalem bringen solle.

8,27: ‹Kandake› ist eine Titelbezeichnung, ähnlich wie ‹Pharao› in Ägypten.

8,36: Einige Handschriften fügen ein (in unterschiedlicher Formulierung): «37 Er sagte zu ihm: Wenn du von ganzem Herzen glaubst, ist es möglich. Er antwortete: Ich glaube, dass der Sohn Gottes Jesus Christus ist.»

9,2: Im griechischen Text steht als Bezeichnung für die neue Bewegung der Christen nur ‹der Weg›. Dies verweist auf alttestamentlich-jüdischen Hintergrund; um das Neue des Anspruchs der Christen wiederzugeben, wird hier die Übersetzung ‹neuer Weg› gewählt.

3 Als er unterwegs war, geschah es, dass er in die Nähe von Damas-
kus kam, und plötzlich umstrahlte ihn ein Licht vom Himmel; 4 er
stürzte zu Boden und hörte eine Stimme zu ihm sagen: Saul, Saul, was
verfolgst du mich? 5 Er aber sprach: Wer bist du, Herr? Und er antwor-
tete: Ich bin Jesus, den du verfolgst. 6 Doch steh auf und geh in die Stadt,
und es wird dir gesagt werden, was du tun sollst. 7 Die Männer aber, die
mit ihm unterwegs waren, standen sprachlos da; sie hörten zwar die
Stimme, sahen aber niemanden. 8 Da erhob sich Saulus vom Boden;
doch als er die Augen öffnete, konnte er nicht mehr sehen. Sie mussten
ihn bei der Hand nehmen und führten ihn nach Damaskus. 9 Und drei
Tage lang konnte er nicht sehen, und er ass nicht und trank nicht.

3: 1Kor 15,8

10 In Damaskus aber war ein Jünger mit Namen Ananias, und zu
diesem sprach der Herr in einer Vision: Ananias! Er sagte: Hier bin ich,
Herr. 11 Der Herr aber sagte zu ihm: Mach dich auf und geh in die Stras-
se, die man ‹die Gerade› nennt, und frag im Haus des Judas nach einem
Mann aus Tarsus mit Namen Saulus! Du wirst sehen, er betet, 12 und er
hat in einer Vision einen Mann namens Ananias gesehen, der zu ihm
hereinkam und ihm die Hände auflegte, damit er wieder sehe. 13 Ana-
nias aber antwortete: Herr, ich habe von vielen Seiten gehört, wie viel
Böses dieser Mann deinen Heiligen in Jerusalem angetan hat. 14 Und
von den Hohen Priestern hat er hier die Vollmacht, alle festzunehmen,
die deinen Namen anrufen. 15 Der Herr aber sagte zu ihm: Geh hin,
denn gerade er ist mein auserwähltes Werkzeug, meinen Namen zu tra-
gen vor den Augen von Völkern und Königen und vor den Augen der
Israeliten. 16 Ich werde ihm zeigen, wie viel er wird leiden müssen um
meines Namens willen.

10: 10,3; 11,5; 16,9; 18,9; 22,17–18; 23,11; 27,23–24
11: 21,39
12: 6,6!
14: 9,2 · 2,21
15: 13,2; 26,2; 27,24; Gal 1,15–16
16: 2Kor 11,23–28

17 Da machte sich Ananias auf und ging in das Haus hinein, legte
ihm die Hände auf und sprach: Saul, mein Bruder, der Herr hat mich
gesandt, Jesus, der dir erschienen ist auf dem Weg, den du gekommen
bist: Du sollst wieder sehen und erfüllt werden von heiligem Geist!
18 Da fiel es ihm wie Schuppen von den Augen, und er sah wieder; und
er stand auf und liess sich taufen. 19 Und er nahm Speise zu sich und
kam wieder zu Kräften.

17: 6,6! · 2,4!

Saulus in Damaskus und Jerusalem

Er blieb nun einige Tage bei den Jüngern in Damaskus 20 und ver-
kündigte sofort in den Synagogen, dass Jesus der Sohn Gottes sei. 21 Al-
le, die davon hörten, waren fassungslos und sagten: Ist das nicht der, der
alle, die diesen Namen anrufen, in Jerusalem ausrotten wollte? Und ist
er nicht zu diesem Zweck hierher gekommen, um sie auch hier gefan-
gen zu nehmen und vor die Hohen Priester zu führen? 22 Saulus aber
trat umso entschiedener auf und versetzte die Juden, die in Damaskus
wohnten, in grosse Verwirrung, indem er ihnen bewies: Dieser Mann
ist der Gesalbte.

20: Lk 3,22!
21: 2,21 · 8,3!
22: 5,42; 17,3; 18,5.28

23 Nachdem darüber einige Tage vergangen waren, beschlossen die
Juden, ihn zu töten. 24 Saulus aber erhielt Kenntnis von ihrem Plan; sie
liessen sogar die Stadttore Tag und Nacht überwachen, in der Absicht,

24–25: 2Kor 11,32–33

9,8: Andere Übersetzungsmöglichkeit: «Saulus aber wurde vom Boden aufgehoben; …»

ihn zu töten. 25 Die Jünger aber nahmen ihn und liessen ihn nachts
über die Mauer entkommen, indem sie ihn in einem Korb hinunterlies-
sen.
26–30: 22,17–21 26 Als er nach Jerusalem kam, versuchte er, sich zu den Jüngern zu
26–27: Gal 1,17–18 halten; doch alle fürchteten ihn und glaubten nicht, dass er ein Jünger
27: 4,36! sei. 27 Barnabas aber nahm sich seiner an, führte ihn zu den Aposteln
und erzählte ihnen, wie er unterwegs den Herrn gesehen und dass er
mit ihm gesprochen habe und wie er dann in Damaskus öffentlich auf-
getreten sei im Namen des Herrn. 28 Und so kam es, dass er bei ihnen in
Jerusalem ein und aus gehen und öffentlich im Namen des Herrn auf-
treten konnte. 29 Und er sprach zu den Hellenisten und diskutierte mit
30: Gal 1,21 ihnen; sie jedoch hatten vor, ihn zu töten. 30 Als die Brüder und Schwes-
tern davon Kenntnis erhielten, geleiteten sie ihn nach Cäsarea hinab
und schickten ihn weiter nach Tarsus.

31 Die Kirche hatte nun Frieden in ganz Judäa und Galiläa und Sa-
maria; sie wurde auferbaut und ging ihren Weg in der Furcht des Herrn;
und sie wuchs durch den Beistand des heiligen Geistes.

Petrus in Lydda und Joppe

32 Es begab sich nun, dass Petrus, als er alle Gemeinden ringsum be-
33–34: Lk 5,18.24–25 suchte, auch zu den Heiligen hinabkam, die in Lydda wohnten. 33 Dort
fand er einen Menschen mit Namen Äneas, der seit acht Jahren ans Bett
gefesselt war, er war nämlich gelähmt. 34 Und Petrus sprach zu ihm:
Äneas, Jesus Christus heilt dich. Steh auf und klappe deine Bahre zusam-
men! Und sogleich stand er auf. 35 Und alle Bewohner von Lydda und
der Scharon-Ebene sahen ihn; und sie wandten sich dem Herrn zu.

36 In Joppe aber war eine Jüngerin mit Namen Tabita, das heisst ‹Ga-
zelle›. Die tat viel Gutes und gab reichlich Almosen. 37 Es geschah aber
in jenen Tagen, dass sie krank wurde und starb. Man wusch sie und
bahrte sie im Obergemach auf. 38 Da Lydda nahe bei Joppe liegt, ver-
nahmen die Jünger, dass Petrus dort sei, schickten zwei Männer zu ihm
und liessen ihn bitten: Säume nicht, zu uns herüberzukommen. 39 Da
machte sich Petrus auf und ging mit ihnen. Als er dort ankam, führten
sie ihn in das Obergemach; alle Witwen traten zu ihm und zeigten ihm
unter Tränen die Kleider und Gewänder, die die Gazelle gemacht hatte,
40: Lk 7,14!; als sie noch unter ihnen war. 40 Petrus aber wies alle hinaus. Und er
Mk 5,41 kniete nieder und betete; und zu dem Leichnam gewandt sprach er:
Tabita, steh auf! Sie öffnete ihre Augen, sah Petrus an und setzte sich auf.
41 Er gab ihr die Hand und half ihr auf. Dann rief er die Heiligen und die
Witwen herein und zeigte ihnen, dass sie lebte. 42 Dies wurde in ganz
Joppe bekannt, und viele kamen zum Glauben an den Herrn.

43 Und so blieb er einige Tage in Joppe bei einem Gerber namens
Simon.

9,25: Andere Textüberlieferung: «Seine Jünger aber nahmen ihn ...»

9,31: «Kirche»: Das griechische Wort ‹ekklesia›, das in der Apostelgeschichte sonst mit ‹Gemeinde› übersetzt wird, hat hier und in 20,28 eine sehr weite Bedeutung und wird deshalb mit ‹Kirche› wiedergegeben.

Petrus und Kornelius

10 1 In Cäsarea aber war ein Mann mit Namen Kornelius, ein Haupt-
mann, der zur sogenannten Italischen Kohorte gehörte. 2 Der war 2: Lk 7,5
fromm und gottesfürchtig samt seinem ganzen Haus; er gab reichlich
Almosen für das Volk und betete stets zu Gott. 3 Um die neunte Stunde 3: 10,30 · 9,10!
des Tages sah dieser in einer Vision deutlich, wie ein Engel Gottes bei
ihm eintrat und zu ihm sagte: Kornelius! 4 Er sah ihn an und fragte vol-
ler Furcht: Was ist, Herr? Der aber sagte zu ihm: Deine Gebete und deine
Almosen sind aufgestiegen vor Gott, und es wird ihrer gedacht. 5 Schi- 5: 11,13–14
cke nun Männer nach Joppe und lass einen gewissen Simon kommen,
der den Beinamen Petrus trägt. 6 Er ist zu Gast bei einem Gerber na- 6: 9,43
mens Simon, dessen Haus am Meer liegt. 7 Als der Engel, der mit ihm
sprach, weggegangen war, rief er zwei seiner Haussklaven und einen
frommen Soldaten aus seiner Dienstmannschaft, 8 unterrichtete sie
über alles und schickte sie nach Joppe.

9 Am folgenden Tag, als jene unterwegs waren und sich der Stadt 9–48: 11,5–17
näherten, stieg Petrus um die sechste Stunde auf das Dach des Hauses,
um zu beten. 10 Da wurde er hungrig und wünschte etwas zu essen.
Während man etwas zubereitete, geriet er in Ekstase, 11 und er sah den
Himmel offen und eine Art Gefäss herabkommen, wie ein grosses Lei-
nentuch, das an seinen vier Enden gehalten auf die Erde herabgelassen
wird. 12 Darin befanden sich alle möglichen Vierfüssler und Kriechtiere
der Erde und Vögel des Himmels. 13 Und eine Stimme ertönte und sagte
zu ihm: Steh auf, Petrus, schlachte und iss! 14 Petrus aber sprach: Auf 14: Lev 11,1–47;
keinen Fall, Herr! Noch nie habe ich etwas Gemeines oder Unreines ge- Ez 4,14
gessen. 15 Und wiederum ertönte die Stimme und sagte ein zweites Mal 15: Mk 7,15.19
zu ihm: Was Gott für rein erklärt hat, das nenne du nicht unrein. 16 Dies
geschah noch ein drittes Mal, dann aber wurde das Gefäss in den Him-
mel hochgezogen.

17 Während Petrus noch unschlüssig war, was die Vision, die er ge- 17: 9,10!
habt hatte, bedeuten sollte, da standen schon die Männer am Tor, die
von Kornelius geschickt waren und sich zum Haus des Simon durchge-
fragt hatten, 18 und fragten mit lauter Stimme, ob ein gewisser Simon
mit dem Beinamen Petrus hier zu Gast sei. 19 Petrus war wegen der Vi- 19: 8,29; 13,2; 21,11
sion noch in Gedanken versunken; da sagte der Geist zu ihm: Da sind
drei Männer, die dich suchen. 20 Wohlan, steh auf, geh hinunter und
zieh ohne Bedenken mit ihnen, denn ich habe sie gesandt. 21 Petrus
ging hinunter und sagte zu ihnen: Seht, ich bin der, den ihr sucht. Aus
welchem Grund seid ihr da? 22 Sie sagten zu ihm: Der Hauptmann Kor- 22: 10,2–6
nelius, ein gerechter und gottesfürchtiger Mann, angesehen beim gan-
zen jüdischen Volk, hat von einem heiligen Engel die Weisung erhalten,
dich in sein Haus kommen zu lassen und zu hören, was du zu sagen
hast. 23 Er bat sie herein und nahm sie als Gäste auf. Am folgenden Tag
brach er auf und zog mit ihnen; und einige von den Brüdern aus Joppe
begleiteten ihn.

24 Am Tag darauf kam er nach Cäsarea. Kornelius, der seine Ver-
wandten und seine engsten Freunde zusammengerufen hatte, erwarte-
te sie schon. 25 Als Petrus unter der Tür stand, ging ihm Kornelius ent-

10,19: Andere Textüberlieferung: «... Da sind zwei Männer, ...»

gegen und warf sich voller Ehrfurcht ihm zu Füssen. 26 Petrus aber rich-
tete ihn auf und sagte: Steh auf! Auch ich bin ein Mensch. 27 Und im
Gespräch mit ihm trat er ein und fand viele Leute versammelt. 28 Und
er sagte zu ihnen: Ihr wisst, wie unstatthaft es für einen Juden ist, mit
einem Fremden aus einem anderen Volk zu verkehren oder gar in sein
Haus zu gehen. Mir aber hat Gott gezeigt, dass ich keinen Menschen
gewöhnlich oder unrein nennen soll. 29 Darum bin ich, ohne zu wider-
sprechen, gekommen, als du nach mir schicktest. Ich würde nun gerne
30–33: 10,3–8 erfahren, aus welchem Grund ihr mich habt kommen lassen. 30 Da
sprach Kornelius: Vor vier Tagen um die gleiche Zeit, zur neunten Stun-
de, war ich beim Gebet in meinem Haus; da stand auf einmal ein Mann
vor mir in einem leuchtenden Gewand, 31 und er sprach: Kornelius,
dein Gebet ist erhört und deiner Almosen ist gedacht worden vor Gott.
32 Schicke nun nach Joppe und lass den Simon rufen, der den Beinamen
Petrus trägt; er ist zu Gast im Haus des Gerbers Simon am Meer. 33 Da
habe ich unverzüglich nach dir gesandt, und es ist gut, dass du gekom-
men bist. Wir sind jetzt alle hier vor Gott versammelt, um all das zu
hören, was dir vom Herrn aufgetragen ist.
34: Dtn 10,17 34 Petrus tat seinen Mund auf und sprach: Jetzt erkenne ich wirk-
35: Ps 15,1–2 lich, dass bei Gott kein Ansehen der Person ist, 35 sondern dass ihm aus
jedem Volk willkommen ist, wer ihn fürchtet und Gerechtigkeit übt.
36: Jes 52,7; 36 Das ist das Wort, das er den Israeliten gesandt hat, als er die Botschaft
Eph 2,17 des Friedens verkündigte durch Jesus Christus, der Herr ist über alle.
37–38: Lk 16,16! 37 Ihr wisst ja, was sich zugetragen hat in ganz Judäa, seit den Tagen, da
37: Lk 23,5! Johannes in Galiläa die Taufe verkündigte: 38 Ihr kennt Jesus von Naza-
38: Lk 4,14.18! ret und wisst, wie Gott ihn mit heiligem Geist und mit Kraft gesalbt hat;
er zog umher und tat Gutes und heilte alle, die vom Teufel unterdrückt
39–40: 3,15! wurden, weil Gott mit ihm war. 39 Und wir sind Zeugen all dessen, was
39: 1,22! er im Land der Juden und in Jerusalem getan hat, er, den sie ans Holz
gehängt und getötet haben. 40 Ihn hat Gott auferweckt am dritten Tag
41: 1,22! · und hat ihn erscheinen lassen – 41 nicht dem ganzen Volk, sondern den
Lk 24,30.43 · 2,24! Zeugen, die Gott vor langer Zeit bestimmt hatte, uns, die wir mit ihm
gegessen und getrunken haben nach seiner Auferstehung von den To-
42: 17,31; 2Tim 4,1! ten. 42 Und er hat uns aufgetragen, dem Volk zu verkündigen und zu
bezeugen, dass er es ist, der von Gott zum Richter über Lebende und
43: 5,31! Tote bestellt ist. 43 Darum bezeugen alle Propheten, dass durch seinen
Namen Vergebung der Sünden empfängt, wer immer an ihn glaubt.
44: 11,15 44 Noch während Petrus diese Worte sprach, kam der heilige Geist
45: 2,17! · 11,1.18; herab auf alle, die das Wort hörten. 45 Und die Gläubigen aus der Be-
13,47–48; 14,27; schneidung, die Petrus begleitet hatten, konnten es nicht fassen, dass
15,7.14 die Gabe des heiligen Geistes auch über die Heiden ausgegossen sein
46: 19,6! sollte. 46 Sie hörten sie nämlich in Zungen reden und den grossen Gott
47: 8,15! · 8,36 preisen. Da sprach Petrus: 47 Wie könnte man denen, die doch wie wir
den heiligen Geist empfangen haben, das Wasser zur Taufe vorenthal-

10,30: Der Text von V.30 ist in seiner ersten Hälfte verderbt. Er lautet: «Da sprach Kornelius: Vom vierten Tag an bis zur jetzigen Stunde war ich um die neunte Stunde beim Gebet ...»

10,36: Andere Textüberlieferung: «Das Wort hat er den Israeliten gesandt, ...»

10,36: Andere Übersetzungsmöglichkeit: «..., als er die Botschaft des Friedens, der durch Jesus Christus kommen sollte, verkündigte, der ...»

ten? 48 Und er ordnete an, sie im Namen Jesu Christi zu taufen. Da ba- 48: 2,38!
ten sie ihn, einige Tage bei ihnen zu bleiben.
11 1 Die Apostel und die Brüder und Schwestern in Judäa hörten da- 1: 8,14 · 1,8 · 10,45!
von, dass auch die anderen Völker das Wort Gottes empfangen
hatten. 2 Als Petrus nun nach Jerusalem hinaufkam, machten die aus 2: 15,5
der Beschneidung ihm Vorwürfe 3 und sagten: Bei Unbeschnittenen 3: 10,28
bist du eingekehrt und hast mit ihnen gegessen! 4 Petrus aber begann,
ihnen alles der Reihe nach darzulegen, und sprach:
5 Ich bin in Joppe gewesen und habe gebetet. Da geriet ich in Ekstase 5–17: 10,9–48
und hatte eine Vision: Ich sah eine Art Gefäss herabkommen, wie ein 5: 9,10!
grosses Leinentuch, das an seinen vier Enden vom Himmel herabgelas-
sen wurde, und es kam bis zu mir herunter. 6 Ich schaute hinein und
stutzte: Ich sah die Vierfüssler der Erde, die wilden Tiere, die Kriechtiere
und die Vögel des Himmels. 7 Ich hörte aber auch eine Stimme, die zu
mir sagte: Steh auf, Petrus, schlachte und iss! 8 Ich aber sagte: Niemals,
Herr! Gemeines oder Unreines ist noch nie in meinen Mund gekom-
men. 9 Doch zum zweiten Mal sprach eine Stimme vom Himmel her:
Was Gott für rein erklärt hat, das nenne du nicht unrein. 10 Dies ge-
schah noch ein drittes Mal, dann wurde alles wieder in den Himmel
hinaufgezogen. 11 Und siehe da: Drei Männer standen vor dem Haus, in
dem wir uns befanden; die waren von Cäsarea aus zu mir geschickt wor-
den. 12 Der Geist aber hiess mich, ohne Bedenken mit ihnen zu ziehen.
Mit mir gingen auch die sechs Brüder hier, und wir kamen in das Haus
jenes Mannes. 13 Er berichtete uns, wie er in seinem Haus den Engel
gesehen habe, der zu ihm getreten sei und gesprochen habe: Schicke
nach Joppe und lass Simon kommen, der den Beinamen Petrus trägt!
14 Er wird Worte zu dir sprechen, durch die du gerettet wirst, du und 14: 16,15.31; 18,8
dein ganzes Haus. 15 Kaum hatte ich zu sprechen angefangen, kam der 15: 2,1–4; 10,44
heilige Geist über sie, so wie er am Anfang auch über uns gekommen ist.
16 Ich aber erinnerte mich an das Wort des Herrn, wie er gesagt hatte: 16: 1,5; Lk 3,16
Johannes hat mit Wasser getauft, ihr aber werdet mit heiligem Geist
getauft werden. 17 Wenn nun Gott ihnen, da sie zum Glauben an den
Herrn Jesus Christus gekommen sind, dieselbe Gabe geschenkt hat wie
uns, wer bin ich, dass ich Gott hätte in den Weg treten können?
18 Als sie dies gehört hatten, beruhigten sie sich, priesen Gott und 18: 10,45! · 5,31;
sprachen: Nun hat Gott also auch den anderen Völkern die Umkehr zum 20,21; 26,20!;
Leben gewährt. Lk 24,47

Die ersten Christen in Antiochia

19 Jene nun, die im Zuge der Verfolgung des Stephanus versprengt 19: 8,4!
worden waren, gelangten bis nach Phönizien, Zypern und Antiochia;
und sie verkündigten das Wort niemandem ausser den Juden. 20 Es wa-
ren aber unter ihnen auch einige Männer aus Zypern und Kyrene; die
sprachen, als sie nach Antiochia gekommen waren, auch Griechen an
und verkündigten ihnen die gute Botschaft, dass Jesus der Herr sei.
21 Und die Hand des Herrn war mit ihnen; viele kamen zum Glauben
und wandten sich dem Herrn zu.

11,1: Andere Übersetzungsmöglichkeit: «... das Wort Gottes angenommen hatten.»
11,20: Andere Textüberlieferung: «..., auch Hellenisten an ...»

22: 4,36! 22 Die Kunde davon kam auch der Gemeinde in Jerusalem zu Ohren,
und sie schickten Barnabas nach Antiochia. 23 Als dieser dort ankam
und die Gnade Gottes sah, freute er sich und ermutigte alle, sich mit
ganzem Herzen an den Herrn zu halten; 24 er war nämlich ein bewähr-
ter Mann, erfüllt von heiligem Geist und Glauben. Und eine stattliche
Zahl von Menschen wurde für den Herrn gewonnen.

25: 9,30 25 Er aber ging nach Tarsus, um Saulus aufzusuchen; 26 und als er
ihn gefunden hatte, brachte er ihn nach Antiochia. Es fügte sich, dass sie
ein ganzes Jahr lang zusammen in der Gemeinde wirkten und eine
stattliche Zahl von Menschen lehrten. In Antiochia wurden die Jünger
zum ersten Mal Christen genannt.

27 In diesen Tagen kamen auch Propheten von Jerusalem nach Anti-
28: 21,10–11 · 18,2 ochia herab. 28 Einer von ihnen mit Namen Agabus trat auf und kündig-
te durch den Geist eine grosse Hungersnot an, die über die ganze Erde
29: 24,17; Gal 2,10; kommen werde; diese trat dann unter Claudius ein. 29 Von den Jüngern
1Kor 16,1; aber stellte ein jeder zur Verfügung, was er zu geben imstande war, um
2Kor 8,3–6; es den in Judäa wohnhaften Brüdern und Schwestern zur Unterstüt-
Röm 15,25–27 zung zukommen zu lassen. 30 Und dann schickten sie es durch die
30: 4,36! Hand des Barnabas und des Saulus den Ältesten.

Die Zeit der Verfolgung unter Herodes

1: Lk 21,12! **12** 1 Zu jener Zeit legte der König Herodes seine Hand auf einige aus
2: Lk 5,10 der Gemeinde, um ihnen Böses zuzufügen. 2 Jakobus aber, den
Bruder des Johannes, liess er durch das Schwert hinrichten. 3 Und als er
sah, dass es den Juden gefiel, liess er auch Petrus gefangen nehmen; das
4–10: 5,18–23 war in den Tagen der ungesäuerten Brote. 4 Nach seiner Verhaftung
liess er ihn ins Gefängnis werfen und übergab ihn zur Bewachung an
vier Abteilungen von je vier Soldaten; nach dem Passa wollte er ihn
dann dem Volk vorführen.

5 Petrus nun wurde im Gefängnis bewacht, die Gemeinde aber bete-
te unablässig für ihn zu Gott. 6 In der Nacht, bevor Herodes ihn vorfüh-
ren wollte, schlief Petrus zwischen zwei Soldaten, an die er mit zwei
Ketten gefesselt war, während Posten vor der Tür das Gefängnis be-
7: 5,19; 16,26 wachten. 7 Und siehe da: Ein Engel des Herrn trat zu ihm, und Licht
erstrahlte im Verlies. Er stiess Petrus in die Seite, weckte ihn und sprach:
Steh eilends auf! Da fielen ihm die Ketten von den Händen. 8 Der Engel
sagte zu ihm: Gürte dich und binde deine Sandalen. Er tat es. Und er
9: 9,10! sagte zu ihm: Leg dir den Mantel um und folge mir! 9 Und er ging hin-
aus und folgte ihm – er wusste jedoch nicht, dass es Wirklichkeit war,
was durch den Engel geschah, er meinte, eine Vision zu haben. 10 Sie
gingen nun an der ersten und zweiten Wache vorbei und kamen an das
eiserne Tor, das in die Stadt führt; es öffnete sich ihnen von selbst, und
sie traten hinaus und gingen eine Strasse weit. Kurz danach schied der
Engel von ihm.

11 Da kam Petrus zu sich und sagte: Jetzt weiss ich wirklich, dass der
Herr seinen Engel gesandt und mich errettet hat aus der Hand des He-

11,29: Andere Übersetzungsmöglichkeit: «Man beschloss, dass von den Jüngern jeder gemäss seiner Vermögenslage etwas zur Unterstützung der in Judäa wohnhaften Brüder und Schwestern bereitstelle.»

rodes; er hat mich bewahrt vor allem, was das Volk der Juden sich ver-
sprach. 12 Als ihm das klar geworden war, ging er zum Haus der Maria, 12: 12,25; 13,5.13;
der Mutter des Johannes, der den Beinamen Markus trug, wo viele ver- 15,37-39
sammelt waren und beteten. 13 Als er nun an die Eingangstür klopfte,
kam eine Magd namens Rhode, um nachzusehen, 14 und als sie die
Stimme des Petrus erkannte, öffnete sie vor lauter Freude das Tor nicht,
sondern lief ins Haus zurück und meldete, Petrus stehe an der Pforte.
15 Sie aber sagten zu ihr: Du bist nicht bei Verstand. Sie aber behauptete
steif und fest, es sei so. Da sagten sie: Es ist sein Engel. 16 Petrus aber
klopfte noch immer. Da öffneten sie ihm und sahen ihn und waren fas-
sungslos. 17 Mit einer Handbewegung hiess er sie schweigen, erzählte 17: 15,13; 21,18;
ihnen, wie ihn der Herr aus dem Gefängnis herausgeführt hatte, und 1Kor 15,7; Gal 1,19;
sagte: Berichtet es dem Jakobus und den Brüdern. Und er ging hinaus 2,9; Mt 13,55
und begab sich an einen anderen Ort.

18 Als es Tag geworden war, herrschte unter den Soldaten nicht ge-
ringe Aufregung über das Verschwinden des Petrus. 19 Herodes liess
nach ihm suchen; und da er ihn nicht fand, verhörte er die Wachen und
liess sie abführen. Dann zog er von Judäa nach Cäsarea hinunter und
blieb dort.

20 Seit langem schon zürnte er den Bewohnern von Tyrus und Si-
don. Die fanden sich nun vereint bei ihm ein, gewannen Blastus, den
Kämmerer des Königs, für sich und baten um Frieden, denn die Versor-
gung ihres Landes hing vom Land des Königs ab. 21 Am festgesetzten
Tag liess sich Herodes, angetan mit dem königlichen Gewand, auf der
Rednerbühne nieder und richtete das Wort an sie. 22 Das Volk jubelte
ihm zu: Das ist die Stimme eines Gottes, nicht die eines Menschen!
23 Auf der Stelle aber schlug ihn ein Engel des Herrn, weil er Gott nicht
die Ehre gegeben hatte; und er wurde von Würmern zerfressen und
starb.

24 Das Wort Gottes aber gewann an Einfluss und breitete sich aus.
25 Barnabas und Saulus erfüllten in Jerusalem ihren Auftrag und kehr- 25: 4,36! ·
ten zurück und nahmen den Johannes mit dem Beinamen Markus mit 11,29-30 · 12,12!
sich.

Die Erwählung des Barnabas und des Saulus

13 1 Es gab nun in Antiochia in der dortigen Gemeinde Propheten 1: 11,20-27 · 4,36!
und Lehrer: Barnabas, Simeon, der auch ‹der Schwarze› genannt
wurde, Lucius, der Kyrener, Manaen, ein Jugendgefährte des Tetrarchen
Herodes, und Saulus. 2 Als sie Gottesdienst feierten und fasteten, 2: 10,19! · 4,36! ·
sprach der heilige Geist: Bestimmt mir den Barnabas und den Saulus für 14,26
das Werk, zu dem ich sie berufen habe.

3 Da fasteten und beteten sie, legten ihnen die Hände auf und lies- 3: 14,23 · 6,6!
sen sie gehen.

Barnabas und Saulus auf Zypern

4 Ausgesandt vom heiligen Geist, zogen sie nach Seleukia hinunter,
von dort setzten sie über nach Zypern. 5 In Salamis angekommen, ver- 5: 12,12!
kündigten sie in den Synagogen der Juden das Wort Gottes; zu ihrer
Unterstützung hatten sie Johannes bei sich.

6 Nachdem sie die ganze Insel bis Paphos durchzogen hatten, trafen
sie auf einen Magier, einen jüdischen Pseudopropheten mit Namen
7: 4,36! Barjesus. 7 Er gehörte zum Gefolge des Prokonsuls Sergius Paulus, eines
verständigen Mannes. Dieser liess Barnabas und Saulus rufen und
wünschte, das Wort Gottes zu hören. 8 Doch Elymas, der Magier – so
lautet sein Name auf Griechisch – trat ihnen entgegen und versuchte,
9: 2,4! den Prokonsul vom Glauben abzuhalten. 9 Saulus aber, der auch Paulus
heisst, erfüllt von heiligem Geist, fasste ihn ins Auge 10 und sprach: Du,
der du voller List und Tücke bist, du Sohn des Teufels, du Feind aller
Gerechtigkeit, willst du nicht aufhören, die geraden Wege des Herrn zu
verdrehen? 11 Pass auf, jetzt kommt die Hand des Herrn über dich, und
du wirst blind werden und für eine gewisse Zeit die Sonne nicht mehr
sehen. Und auf der Stelle fiel Dunkelheit und Finsternis über ihn, und er
tastete umher und suchte Leute, die ihn führen würden. 12 Als der Prokonsul sah, was da geschehen war, kam er zum Glauben, überwältigt
von der Lehre des Herrn.

Antiochia in Pisidien: Die Verkündigung des Paulus in der Synagoge

13: 12,12! 13 Paulus und seine Gefährten fuhren von Paphos ab und kamen
nach Perge in Pamphylien. Dort trennte sich Johannes von ihnen und
kehrte nach Jerusalem zurück. 14 Sie aber zogen von Perge weiter und
gelangten nach Antiochia in Pisidien. Am Sabbat gingen sie in die Synagoge und setzten sich. 15 Nach der Lesung aus dem Gesetz und den
Propheten schickten die Vorsteher der Synagoge zu ihnen und liessen
ihnen sagen: Brüder, wenn ihr für das Volk ein Wort des Zuspruchs
habt, so redet! 16 Da stand Paulus auf, gebot mit einer Handbewegung
Schweigen und sprach:

17: Ex 6,1.6 Israeliten und Gottesfürchtige, hört! 17 Der Gott dieses Volkes hier,
der Gott Israels, hat unsere Väter erwählt und dieses Volk gross gemacht
in der Fremde, im Land Ägypten, und hat sie mit erhobenem Arm wieder
18: Ex 16,35 herausgeführt von dort; 18 und an die vierzig Jahre lang hat er sie in
19: Dtn 7,1 der Wüste getragen 19 und ihnen sieben Völker in Kanaan unterworfen
20: Ri 2,16 · 1Sam 3,20 und ihnen deren Land zum Erbteil gegeben, 20 für an die vierhundertfünfzig Jahre. Danach hat er ihnen Richter gegeben bis zu Samuel, dem
21: 1Sam 8,4–5; 9,1–2.16; 10,21.24 Propheten. 21 Von da an begehrten sie einen König, und Gott gab ihnen
Saul, den Sohn des Kis, einen Mann aus dem Stamm Benjamin, für vierzig
22: 1Sam 16,1.12–13 · Ps 89,21 Jahre. 22 Und als er ihn verworfen hatte, erhob er David zu ihrem
König, dem er das Zeugnis ausstellte: Ich habe David gefunden, den
Sohn Isais, einen Mann nach meinem Herzen, der in allem meinen Willen
23–24: Lk 16,16! *23:* 2Sam 7,12; Jes 11,1 · 5,31; Lk 2,11 tun wird. 23 Aus seiner Nachkommenschaft hat Gott, wie er es verheissen hat, für Israel den Retter heraufgeführt: Jesus. 24 Vor dessen
Auftreten hat Johannes dem ganzen Volk Israel eine Taufe der Umkehr
24: 19,4; Lk 3,3 verkündigt. 25 Als Johannes aber der Vollendung seines Laufes nahe
25: Lk 3,16 war, sagte er: Ich bin nicht der, für den ihr mich haltet! Aber seht, nach
mir kommt der, dessen Schuhe von den Füssen zu lösen ich nicht würdig bin.

26 Brüder, Söhne aus dem Geschlecht Abrahams und Gottesfürchtige, *uns* ist das Wort von diesem Heil gesandt worden! 27 Denn die Be-

13,18: Andere Textüberlieferung: «… hat er sie in der Wüste ernährt»

wohner von Jerusalem und ihre führenden Männer haben ihn verkannt
und so die Stimme der Propheten, deren Wort an jedem Sabbat vorgele-
sen wird, durch ihr eigenes Urteil zur Erfüllung gebracht. 28 Obwohl *28–30:* 3,15!
sie an ihm nichts fanden, was den Tod verdient hätte, baten sie Pilatus, *28:* Lk 23,22–23
ihn hinrichten zu lassen. 29 Als sie aber alles vollbracht hatten, was *29:* Lk 18,31 ·
über ihn geschrieben steht, nahmen sie ihn vom Holz herab und legten Lk 23,53
ihn in ein Grab. 30 Gott aber hat ihn auferweckt von den Toten. 31 Und *31:* 1,3 · 1,22!
viele Tage hindurch ist er denen erschienen, die mit ihm von Galiläa
nach Jerusalem hinaufgezogen waren; die sind nun seine Zeugen vor
dem Volk. 32 So verkündigen wir euch die Verheissung, die an die Väter *32–33:* 13,23; 26,6–8
ergangen ist, als gute Botschaft: 33 Gott hat sie erfüllt an uns, ihren Kin- *33:* Ps 2,7!
dern, indem er Jesus auferstehen liess, wie schon im zweiten Psalm ge-
schrieben steht:

Mein Sohn bist du,
heute habe ich dich gezeugt.

34 Dass er ihn aber von den Toten auferstehen liess, um ihn nie *34:* 2,24! · Jes 55,3
mehr an den Ort der Verwesung zurückkehren zu lassen, das hat er so
ausgesprochen: *Euch* werde ich erfüllen *die Verheissungen Davids, auf die*
Verlass ist. 35 Darum sagt er auch an anderer Stelle: *Du wirst nicht zulas-* *35:* 2,27; Ps 16,10
sen, dass dein Heiliger die Verwesung schaut. 36 David hat seiner Genera- *36:* 2,29!
tion gedient und ist nach dem Ratschluss Gottes entschlafen; er ist zu
den Vätern gelegt worden und hat die Verwesung geschaut. 37 Der aber, *37:* 2,31
den Gott auferweckt hat, hat die Verwesung nicht geschaut.

38 So sei euch denn kundgetan, Brüder: Durch ihn wird euch Verge- *38:* 5,31!
bung der Sünden verkündigt. Von allem, wovon ihr durch das Gesetz
des Mose nicht freigesprochen werden konntet, 39 wird jetzt jeder, der *39:* Gal 2,16!
glaubt, in ihm freigesprochen. 40 Gebt also acht, dass nicht über euch
komme, was bei den Propheten gesagt ist:

41 *Schaut hin, ihr Verächter,* *41:* Hab 1,5
wundert euch und geht dahin,
denn ein Werk wirke ich in euren Tagen,
ein Werk, das ihr nicht für möglich halten werdet, wenn euch jemand
davon erzählt.

42 Beim Hinausgehen bat man sie, am nächsten Sabbat mehr von
diesen Dingen zu berichten. 43 Als sich die Versammlung aufgelöst hat-
te, folgten viele Juden und fromme Proselyten dem Paulus und dem Bar-
nabas; diese sprachen mit ihnen und redeten ihnen zu, sich an die Gna-
de Gottes zu halten.

Die Vertreibung aus Antiochia in Pisidien

44 Am folgenden Sabbat versammelte sich fast die ganze Stadt, um
das Wort des Herrn zu hören. 45 Als die Juden die Scharen sahen, wur-
den sie eifersüchtig; sie widersprachen dem, was Paulus sagte, und läs-
terten. 46 Paulus und Barnabas aber sagten offen heraus: Euch musste *46:* 3,26
das Wort Gottes zuerst verkündigt werden; da ihr es aber von euch weist
und euch damit des ewigen Lebens unwürdig erweist, nun – so wenden

13,43: Die Wendung ‹fromme Proselyten› ist ein Pleonasmus; möglicherweise ist sie durch einen frühen Abschreiber entstanden. Der ursprüngliche Text hätte dann nur ‹Fromme› enthalten, im Sinne von ‹Gottesfürchtige›.

47: Jes 49,6; Lk 2,32 wir uns an die anderen Völker. 47 Denn so hat uns der Herr geboten:
Zum Licht für die Völker habe ich dich bestellt,
damit du zur Rettung werdest
bis an die Enden der Erde.
48: 10,45! 48 Als die Heiden das hörten, freuten sie sich und priesen das Wort
des Herrn; und alle, die zum ewigen Leben bestimmt waren, kamen
zum Glauben. 49 Und das Wort des Herrn wurde weitergetragen durch
das ganze Land.
50: 2Tim 3,11 50 Die Juden aber hetzten die angesehenen gottesfürchtigen Frauen
und die Vornehmen der Stadt auf und brachten es so weit, dass es zu
einer Verfolgung von Paulus und Barnabas kam; und man verjagte sie
51: 18,6; Lk 10,10–11 aus dem Gebiet. 51 Die aber schüttelten vor ihren Augen den Staub von
ihren Füssen und zogen weiter nach Ikonium. 52 Und die Jünger wur-
den erfüllt von Freude und heiligem Geist.

Ikonium: Verkündigung und Flucht

14 1 Es geschah aber, dass sie in Ikonium ebenfalls in die Synagoge
der Juden gingen und das Wort so überzeugend verkündigten,
dass eine grosse Zahl von Juden und Griechen zum Glauben kam. 2 Die-
jenigen Juden aber, die sich dem Wort verschlossen, begannen die Hei-
den aufzuwiegeln und gegen die Brüder und Schwestern aufzuhetzen.
3: 20,32 · 5,12! 3 Sie aber verbrachten dort längere Zeit und verkündigten das Wort
in aller Freiheit, im Vertrauen auf den Herrn, der das Wort seiner Gnade
bekräftigte, indem er Zeichen und Wunder geschehen liess durch ihre
Hand. 4 Die Bevölkerung der Stadt aber spaltete sich; die einen hielten
zu den Juden, die anderen zu den Aposteln.
5: 2Tim 3,11 5 Als ihnen aber von Seiten der Juden und Heiden ein Übergriff
drohte, der von den Behörden gebilligt wurde, und man sie misshan-
deln und mit Steinen bewerfen wollte, 6 erfuhren sie davon und flohen
in die Städte von Lykaonien, nach Lystra und Derbe, und in deren Um-
gebung. 7 Und dort verkündigten sie das Evangelium.

Lystra: Die Verehrung der Apostel und die Steinigung des Paulus

8: 3,2 8 In Lystra nun gab es einen Mann, der sass da, ohne Kraft in den
Füssen; er war von Geburt an gelähmt und hatte nie gehen können.
9 Der hörte Paulus reden; dieser fasste ihn ins Auge, und als er sah, dass
10: 3,8; 9,34 er darauf vertraute, gerettet zu werden, 10 sprach er mit lauter Stimme:
Stell dich auf deine Füsse, richte dich auf! Und der sprang auf, und er
konnte gehen.
11: 28,6 11 Als die Leute sahen, was Paulus getan hatte, erhoben sie ein Ge-
schrei und riefen auf Lykaonisch: Die Götter haben Menschengestalt
angenommen und sind zu uns herabgestiegen! 12 Und sie nannten Bar-
nabas Zeus und Paulus Hermes, weil er das Wort führte. 13 Der Priester
am Zeustempel vor der Stadt brachte Stiere und Kränze zu den Stadtto-
ren und wollte zusammen mit dem Volk ein Opfer darbringen. 14 Als
die Apostel Barnabas und Paulus davon hörten, zerrissen sie ihre Klei-
15: 4,24; Ex 20,11; der, stürzten sich in die Menge und riefen: 15 Männer, was tut ihr da?
Ps 146,6

14,9: Andere Übersetzungsmöglichkeit: «... als er sah, dass er den Glauben hatte, der ihn retten konnte,»

Wir sind Menschen wie ihr und verkündigen euch das Evangelium:
Wendet euch ab von diesen nichtigen Göttern, dem lebendigen Gott zu,
der den Himmel gemacht hat und die Erde und das Meer und alles, was darin
ist. 16 Er hat in den vergangenen Zeiten alle Völker ihre eigenen Wege
gehen lassen, 17 allerdings nicht ohne sich ihnen durch Wohltaten zu
bezeugen: Er hat euch Regen gesandt vom Himmel herab und Zeiten der
Ernte, er hat euch gesättigt mit Speise und euer Herz erfüllt mit Freude.
18 Doch obwohl sie dies sagten, konnten sie das Volk nur mit Mühe da-
von abbringen, ihnen zu opfern.
19 Nun kamen aber von Antiochia und Ikonium Juden herbei. Die 19: 13,50; 14,5;
brachten das Volk auf ihre Seite, und sie steinigten Paulus und schleif- 2Tim 3,11 ·
ten ihn dann vor die Stadt hinaus in der Meinung, er sei tot. 20 Doch 2Kor 11,25
während die Jünger ihn umringten, stand er auf und ging in die Stadt
zurück. Und am folgenden Tag ging er mit Barnabas fort nach Derbe.

Die Rückkehr nach Antiochia

21 Nachdem sie in jener Stadt das Evangelium verkündigt und viele
zu Jüngern gemacht hatten, kehrten sie nach Lystra und dann nach Iko-
nium und Antiochia zurück. 22 Sie stärkten die Jünger und ermutigten 22: 19,8!
sie, dem Glauben treu zu bleiben, mit den Worten: Nur durch viel Be-
drängnis können wir in das Reich Gottes eingehen. 23 Sie setzten für sie 23: 13,3
in jeder Gemeinde Älteste ein, beteten und fasteten und vertrauten sie
dem Herrn an, zu dem sie im Glauben gefunden hatten.
24 Und sie zogen durch Pisidien und kamen nach Pamphylien,
25 und nachdem sie in Perge das Wort verkündigt hatten, gingen sie
hinab nach Attalia. 26 Von dort fuhren sie zu Schiff nach Antiochia, von 26: 13,2
wo sie im Vertrauen auf die Gnade des Herrn aufgebrochen waren zu
dem Werk, das sie nun vollbracht hatten. 27 Als sie dort angekommen 27: 10,45!
waren und die Gemeinde versammelt hatten, berichteten sie, was Gott
alles durch sie getan und dass er allen Völkern die Tür zum Glauben
aufgetan habe. 28 Und sie blieben für längere Zeit bei den Jüngern.

Die grundlegende Vereinbarung in Jerusalem

15 1 Da kamen einige von Judäa herab und lehrten die Brüder: Wenn 1–33: Gal 2,1–10
ihr euch nicht beschneiden lasst nach dem Brauch des Mose, 1: 21,21!; Gen 17,10–14
könnt ihr nicht gerettet werden. 2 Es entstand aber ein heftiger Zwist 2: 4,36! · Gal 2,1
und Paulus und Barnabas gerieten mit ihnen in Streit, worauf man
anordnete, Paulus und Barnabas und ein paar andere von ihnen sollten
mit dieser Streitfrage zu den Aposteln und Ältesten nach Jerusalem hin-
aufziehen. 3 Nachdem sie von der Gemeinde feierlich verabschiedet
worden waren, zogen sie durch Phönizien und Samaria, wo sie von
der Hinwendung der Heiden zum Glauben erzählten und damit allen
Brüdern und Schwestern grosse Freude machten. 4 Sie kamen in Jeru-
salem an, wurden von der Gemeinde, den Aposteln und den Ältesten
willkommen geheissen und berichteten, welch grosse Dinge Gott
durch sie getan hatte. 5 Einige von der Partei der Pharisäer aber, die zum 5: 11,2–3 · 15,1!
Glauben gekommen waren, standen auf und sagten, sie müssten die

15,5: Andere Übersetzungsmöglichkeit: «... und sagten, man müsse sie beschneiden und darauf bestehen, dass sie das Gesetz des Mose beachteten.»

Leute beschneiden und von ihnen verlangen, dass sie das Gesetz des
Mose hielten.

6 Da traten die Apostel und die Ältesten zusammen, um über diese
7: 10,1–11,18 · Sache zu befinden. 7 Als es dabei zu einem heftigen Streit kam, stand
10,45! Petrus auf und sagte zu ihnen: Brüder, ihr wisst, dass Gott von langer
Hand die Entscheidung getroffen hat, durch meinen Mund alle Völker
das Wort des Evangeliums hören und sie zum Glauben kommen zu las-
8: 1,24 · 11,17 sen. 8 Und Gott, der die Herzen kennt, hat das beglaubigt, indem er ih-
9: 10,34–35 nen den heiligen Geist gab, so wie er ihn uns gegeben hat. 9 Er hat zwi-
schen uns und ihnen keinen Unterschied gemacht, denn er hat ihre
10: Lk 11,46; Gal 5,1 Herzen durch den Glauben gereinigt. 10 Was also wollt ihr jetzt Gott
noch auf die Probe stellen, indem ihr den Jüngern ein Joch auf den Na-
cken legt, das weder unsere Väter noch wir zu tragen vermochten?
11: Gal 2,15–16; 11 Wir glauben doch, dass wir durch die Gnade des Herrn Jesus gerettet
Eph 2,5.8 werden, auf die gleiche Weise wie sie. 12 Da schwieg die ganze Ver-
12: 5,12! sammlung und hörte Barnabas und Paulus zu, wie sie erzählten, welch
grosse Zeichen und Wunder Gott durch sie unter den Völkern gewirkt
hatte.

13: 12,17! 13 Als sie geendet hatten, ergriff Jakobus das Wort und sprach: Brü-
14: 15,7–9 · 10,45! der, hört mir zu! 14 Simeon hat erzählt, wie Gott von Anfang an darauf
bedacht war, aus allen Völkern ein Volk für seinen Namen zu gewinnen.
15 Damit stimmen die Worte der Propheten überein; so steht geschrie-
ben:

16–18: Jer 12,15 · 16 *Danach werde ich umkehren*
Am 9,11–12 *und wieder aufbauen die Hütte Davids, die zerfallene.*
Aus ihren Trümmern werde ich sie wieder aufbauen
und sie wieder aufrichten,
17 *damit den Herrn suchen, die überlebt haben unter den Menschen,*
alle Völker, über denen ausgerufen ist mein Name,
spricht der Herr, der dies tut.
18 *Bekannt ist es von Ewigkeit her.*

19 Darum halte ich es für richtig, denen aus den Völkern, die sich
20: 15,29; 21,25 · zum Herrn wenden, keine Lasten aufzubürden, 20 sie aber anzuweisen,
Ex 34,15–16 · sie sollten sich fernhalten von Verunreinigung durch fremde Götter,
Lev 18,6–18 · Gen 9,4; durch Unzucht oder durch Ersticktes und Blut. 21 Denn seit Menschen-
Lev 17,10–14 gedenken hat Mose in jeder Stadt seine Verkündiger, da an jedem Sab-
bat in den Synagogen aus ihm vorgelesen wird.

22: 4,36! · 15,27! 22 Da beschlossen die Apostel und die Ältesten samt der ganzen Ge-
meinde, aus ihrer Mitte ausgewählte Männer zusammen mit Paulus
und Barnabas nach Antiochia zu senden, nämlich Judas, den man auch
Barsabbas nannte, und Silas, führende Männer unter den Brüdern.
23 Sie sollten das folgende Schreiben überbringen:

Wir, die Apostel und die Ältesten, in geschwisterlicher Verbunden-
heit, an die Brüder und Schwestern in Antiochia, in Syrien und Kilikien,
24: 15,1 die zu den Heiden gehören: Seid gegrüsst! 24 Da wir vernommen ha-
ben, dass einige von uns, denen wir keinen Auftrag erteilt haben, zu
euch gekommen sind und mit ihren Worten Verwirrung gestiftet und

15,*20*: «durch Ersticktes»: durch den Genuss von Fleisch, das von Tieren stammt, die nicht geschächtet worden waren.

euch beunruhigt haben, 25 haben wir einstimmig beschlossen, ausge-
wählte Männer zu euch zu senden, zusammen mit den von uns gelieb-
ten Brüdern Paulus und Barnabas, 26 die beide ihr Leben eingesetzt ha-
ben für den Namen unseres Herrn Jesus Christus. 27 Wir haben also 27: 15,22.32.40;
Judas und Silas gesandt, die euch dasselbe mündlich mitteilen wer- 17,15; 18,5
den. 28 Denn der heilige Geist und wir haben beschlossen, euch keine
weitere Last aufzubürden, ausser dem, was unerlässlich ist, nämlich:
29 euch fernzuhalten von Opferfleisch, Blut, Ersticktem und Unzucht; 29: 15,20! ·
wenn ihr diese Grenze wahrt, handelt ihr richtig. Lebt wohl! 1Kor 8,1–13;
30 So wurden sie verabschiedet und reisten nach Antiochia. Dort be- 10,14–22 ·
riefen sie die Gemeindeversammlung ein und übergaben den Brief. 1Kor 6,13–20
31 Die lasen ihn und freuten sich über den Zuspruch. 32 Und Judas und 32: 15,27!
Silas, die selbst Propheten waren, ermutigten die Brüder und Schwes-
tern mit manchem Wort und stärkten sie. 33 Nachdem sie einige Zeit
dort verbracht hatten, wurden sie von den Brüdern in Frieden entlassen
und kehrten zu denen zurück, die sie gesandt hatten. 35 Paulus und Bar- 35: 4,36!
nabas aber blieben in Antiochia und lehrten und verkündigten mit vie-
len anderen zusammen das Wort des Herrn.

Das Zerwürfnis zwischen Paulus und Barnabas

36 Einige Tage danach sprach Paulus zu Barnabas: Lass uns wieder
zurückkehren und sehen, wie es den Brüdern und Schwestern in all den
Städten geht, in denen wir das Wort des Herrn verkündigt haben.
37 Barnabas wollte auch Johannes mitnehmen, der Markus genannt 37: 4,36! · 12,12!
wird. 38 Paulus aber hielt es nicht für richtig, jemanden mitzunehmen, 38: 13,13
der sie in Pamphylien im Stich gelassen und sich nicht an ihrem Werk
beteiligt hatte.
39 Da kam es zu einem erbitterten Streit, der dazu führte, dass sie 39: 4,36! · 12,12! ·
sich trennten. Barnabas nahm Markus mit sich und fuhr zu Schiff nach 13,4
Zypern. 40 Paulus aber wählte Silas und machte sich, von den Brüdern 40: 15,27!
und Schwestern der Gnade des Herrn anvertraut, auf den Weg, 41 zog 41: 15,22–23
durch Syrien und Kilikien und stärkte die Gemeinden.

Paulus gewinnt Timotheus

16 1 So gelangte er auch nach Derbe und Lystra. Und dort war ein 1: 17,14–15; 18,5;
Jünger mit Namen Timotheus – Sohn einer jüdischen Mutter, die 19,22; 20,4;
zum Glauben gekommen war, und eines griechischen Vaters –, 2 der bei Phil 2,19–22!;
den Brüdern und Schwestern in Lystra und Ikonium einen guten Ruf 2Tim 1,5; 3,15
hatte. 3 Ihn wollte Paulus als Begleiter mitnehmen; und er nahm ihn
und beschnitt ihn mit Rücksicht auf die Juden, die in jener Gegend
wohnten; denn alle wussten, dass sein Vater Grieche war.
4 Sie zogen nun zusammen durch die Städte und übergaben die Be- 4: 15,19–20.23–29
schlüsse, die von den Aposteln und Ältesten in Jerusalem gefasst wor-
den waren, mit der Weisung, sich daran zu halten. 5 So wurden die Ge-
meinden im Glauben gestärkt und wuchsen von Tag zu Tag.

15,25: Andere Übersetzungsmöglichkeit: «… wir uns darauf geeinigt und beschlossen, …»

15,33: Einige Handschriften fügen hier als V. 34 in unterschiedlichen Varianten die Mitteilung ein, dass Silas beschloss, in Antiochia zu bleiben, und Judas allein nach Jerusalem zog.

Der Weg nach Griechenland

6 Sie zogen weiter durch Phrygien und das galatische Land, da es ihnen vom heiligen Geist verwehrt wurde, das Wort in der Provinz Asia zu verkündigen. 7 Kurz vor Mysien versuchten sie, nach Bithynien weiterzuziehen, doch der Geist Jesu liess es nicht zu. 8 Da zogen sie an Mysien vorbei und kamen nach Troas hinab.

9: 9,10! 9 In der Nacht nun hatte Paulus eine Vision: Ein Mann aus Makedonien stand da und bat ihn: Komm herüber nach Makedonien und hilf uns! 10 Kaum hatte er die Vision gehabt, setzten wir alles daran, nach Makedonien hinüberzugelangen, in der Überzeugung, dass Gott uns gerufen hatte, den Menschen dort das Evangelium zu verkündigen.

Der Aufenthalt in Philippi

11 Wir legten von Troas ab und gelangten auf dem kürzesten Weg nach Samothrake; am folgenden Tag erreichten wir Neapolis, 12 und von dort kamen wir nach Philippi, einer Stadt im ersten Bezirk von Makedonien, einer römischen Kolonie. In dieser Stadt hielten wir uns einige Tage auf.

13 Am Sabbat gingen wir vor das Stadttor hinaus an einen Fluss; wir nahmen an, dass man sich dort zum Gebet treffe. Wir setzten uns nieder
14–15: 16,40 und sprachen mit den Frauen, die sich eingefunden hatten. 14 Auch
eine Frau mit Namen Lydia, eine Purpurhändlerin aus Thyatira, eine Gottesfürchtige, hörte zu; ihr tat der Herr das Herz auf, und sie liess sich
15: 11,14! auf die Worte des Paulus ein. 15 Nachdem sie sich samt ihrem Haus hat-
te taufen lassen, bat sie: Wenn ihr überzeugt seid, dass ich an den Herrn glaube, so kommt zu mir in mein Haus und bleibt da; und sie bestand darauf.

16 Es geschah aber – wieder auf dem Weg zur Gebetsstätte –, dass eine Sklavin auf uns zukam, die einen Wahrsagegeist hatte und mit der Wahrsagerei ihren Herren grossen Gewinn einbrachte. 17 Die lief Paulus und uns hinterher und schrie: Diese Menschen sind Knechte des höchsten Gottes, sie verkündigen euch den Weg des Heils! 18 Das tat sie viele Tage lang. Als Paulus es satt hatte, wandte er sich um und sagte zu dem Geist: Ich gebiete dir im Namen Jesu Christi, aus ihr auszufahren. Und augenblicklich fuhr er aus.

19: 15,40! 19 Als aber ihre Herren sahen, dass ihre Hoffnung auf Gewinn dahin
war, ergriffen sie Paulus und Silas und schleppten sie auf den Markt-
20: 24,5! platz vor die Behörden. 20 Sie führten sie den Richtern der Stadt vor und
sagten: Diese Leute bringen unsere Stadt durcheinander. Es sind Juden,
21 und sie verkünden Sitten und Bräuche, die wir als Römer weder über-
22: 1Thess 2,2; nehmen noch beachten dürfen. 22 Auch die Menge stellte sich gegen
2Kor 11,25 sie, und die Richter der Stadt liessen ihnen die Kleider vom Leib reissen
und befahlen, sie zu geisseln. 23 Nachdem man ihnen viele Schläge gegeben hatte, warf man sie ins Gefängnis und trug dem Gefängniswärter auf, sie in sicherem Gewahrsam zu halten. 24 Auf diesen Befehl hin

16,8: Andere Übersetzungsmöglichkeit: «Da zogen sie durch Mysien hindurch und kamen nach ...»

16,12: Andere Textüberlieferung: «..., der ersten Stadt der Provinz Makedonien, ...»

führte der sie in den innersten Teil des Gefängnisses und legte ihnen
die Füsse in den Block.

25 Um Mitternacht aber beteten Paulus und Silas zu Gott und
stimmten Lobgesänge an, und die anderen Gefangenen hörten zu.
26 Da gab es auf einmal ein starkes Erdbeben, und die Grundmauern 26: 12,7!
des Gefängnisses wankten; unversehens öffneten sich alle Türen, und
allen Gefangenen fielen die Fesseln ab. 27 Der Gefängniswärter fuhr aus
dem Schlaf auf, und als er sah, dass die Türen des Gefängnisses offen
standen, zog er sein Schwert und wollte sich das Leben nehmen, da er
meinte, die Gefangenen seien geflohen. 28 Paulus aber rief mit lauter
Stimme: Tu dir nichts an, wir sind alle da! 29 Jener verlangte nach Licht,
stürzte sich ins Innere und warf sich, am ganzen Leib zitternd, Paulus
und Silas zu Füssen. 30 Er führte sie ins Freie und sagte: Grosse Herren, 30–31: 2,37–38;
was muss ich tun, um gerettet zu werden? 31 Sie sprachen: Glaube an Lk 10,25–28
Jesus, den Herrn, und du wirst gerettet werden, du und dein Haus. 31: Lk 7,50! · 11,14!
32 Und sie verkündigten ihm und allen, die zu seiner Familie gehörten,
das Wort des Herrn. 33 Und er nahm sie noch zur gleichen Nachtstunde
bei sich auf und wusch ihre Wunden und liess sich und alle seine Ange-
hörigen unverzüglich taufen. 34 Dann führte er sie in seine Wohnung,
liess den Tisch bereiten und freute sich mit seinem ganzen Haus, weil er
zum Glauben an Gott gekommen war.

35 Als es Tag geworden war, schickten die Richter der Stadt die Ge-
richtsdiener vorbei und liessen sagen: Lass jene Männer frei! 36 Der Ge-
fängniswärter richtete es dem Paulus aus: Die Richter haben die Mel-
dung überbringen lassen, dass ihr frei seid. So geht nun und zieht in
Frieden! 37 Paulus aber sagte zu ihnen: Ohne Urteilsspruch haben sie 37: 22,25.28
uns öffentlich prügeln lassen, obwohl wir römische Bürger sind, und
uns ins Gefängnis geworfen. Und jetzt wollen sie uns heimlich fort-
schicken? Nein! Sie sollen kommen und uns selber hinausgeleiten.
38 Die Gerichtsdiener meldeten diese Worte den Richtern. Die beka-
men es mit der Angst zu tun, als sie hörten, dass es sich um römische
Bürger handelte. 39 Und sie gingen zu ihnen und redeten ihnen zu, ge-
leiteten sie hinaus und baten sie, aus der Stadt wegzuziehen. 40 Da ver- 40: 16,14
liessen sie das Gefängnis und gingen zu Lydia, trafen dort die Brüder
und Schwestern, sprachen ihnen Mut zu und brachen dann auf.

In Thessalonich und Beröa

17 1 Auf dem Weg über Amphipolis und Apollonia kamen sie nach 1: 1Thess 2,2
Thessalonich, wo die Juden eine Synagoge hatten. 2 Wie er es ge-
wohnt war, ging Paulus zu ihnen und sprach an drei Sabbattagen mit
ihnen über die Schriften: 3 Er öffnete ihnen die Augen und legte ihnen 3: 26,23; Lk 24,26 ·
dar, dass der Gesalbte leiden und von den Toten auferstehen musste, 2,24! · 9,22!
und er sagte: Dieser Jesus, den ich euch verkündige, ist der Gesalbte!
4 Einige von ihnen liessen sich überzeugen und schlossen sich Paulus 4: 1Thess 2,1
und Silas an, ebenso eine grosse Zahl von gottesfürchtigen Griechen
und nicht wenige Frauen aus den vornehmsten Familien.

5 Die Juden aber wurden eifersüchtig und holten sich einige nichts- 5: 1Thess 2,14
nutzige Leute, die sich auf dem Marktplatz herumtrieben, verursachten

16,37: Andere Übersetzungsmöglichkeit: «...: Ohne Verhör haben sie uns ...»

einen Volksauflauf und erfüllten die Stadt mit ihrem Lärm; sie umstell-
ten das Haus des Jason und wollten die beiden vor die Volksversamm-
6: 24,5! lung führen. 6 Da sie diese aber nicht fanden, schleppten sie den Jason
und einige Brüder vor die Stadtpräfekten und schrien: Diese Leute, die
den ganzen Erdkreis in Aufruhr gebracht haben, die sind jetzt auch hier,
7: Lk 23,2 7 und Jason hat sie aufgenommen. Sie alle handeln den Anordnungen
des Kaisers zuwider, denn sie behaupten, ein anderer sei König, näm-
lich Jesus. 8 Es gelang ihnen, die Volksmenge und die Stadtpräfekten,
die das hörten, in Unruhe zu versetzen; 9 doch als Jason und die Übri-
gen ihnen Bürgschaft geleistet hatten, liess man sie frei.

10 Die Brüder und Schwestern aber schickten Paulus und Silas noch
in der Nacht nach Beröa weiter. Als sie dort ankamen, begaben sie sich
in die Synagoge der Juden. 11 Dort war man ihnen freundlicher gesinnt
als in Thessalonich. Sie nahmen das Wort mit grosser Bereitschaft auf
und forschten Tag für Tag in den Schriften, ob es sich so verhalte. 12 So
kamen viele von ihnen zum Glauben und ebenso nicht wenige von den
angesehenen griechischen Frauen und Männern.

13 Als nun die Juden in Thessalonich erfuhren, dass das Wort Gottes
durch Paulus auch in Beröa verkündigt werde, gingen sie auch dorthin,
14: 15,27! · 16,1! um die Leute aufzuhetzen und Unruhe zu stiften. 14 Da schickten die
Brüder und Schwestern den Paulus sogleich weiter, zum Meer hinun-
15: 1Thess 3,1–2 ter; Silas und Timotheus aber blieben am Ort zurück. 15 Die aber, die
Paulus das Geleit gaben, brachten ihn bis nach Athen und kehrten dann
zurück mit dem Auftrag an Silas und Timotheus, ihm möglichst rasch
nachzureisen.

In Athen: Die Rede des Paulus auf dem Areopag

16 Während Paulus in Athen auf sie wartete, packte ihn die Wut
beim Anblick der zahllosen Götterbilder, die es da in der Stadt gab. 17 In
der Synagoge sprach er dann mit den Juden und den Gottesfürchtigen,
und auf dem Marktplatz unterhielt er sich täglich mit den Vorüberge-
henden. 18 Auch etliche aus dem Kreis der epikureischen und stoischen
Philosophen liessen sich auf ein Gespräch mit ihm ein, und einige sag-
ten: Was will dieser Schwätzer eigentlich?, andere dagegen: Er scheint
ein Verkünder fremder Gottheiten zu sein. Er verkündigte nämlich Je-
sus und die Auferstehung. 19 Sie nahmen ihn mit, führten ihn auf den
Areopag und sagten: Können wir erfahren, was für eine neue Lehre das
ist, die du da vorträgst? 20 Befremdliches bringst du uns zu Ohren; wir
möchten erfahren, worum es da geht. 21 Alle Athener und die Fremden,
die sich dort aufhalten, tun nämlich nichts lieber als letzte Neuigkeiten
austauschen. 22 Da stellte sich Paulus hin, mitten auf dem Areopag, und
sprach:

Männer von Athen! Ihr seid – allem Anschein nach – besonders
fromme Leute! 23 Denn als ich umherging und mir eure Heiligtümer
anschaute, fand ich auch einen Altar, auf dem geschrieben stand: Dem

17,22: Andere Übersetzungsmöglichkeit: «... Ihr seid – wie ich sehe – in jeder Hinsicht besonders fromme Leute!»

17,23: Andere Übersetzungsmöglichkeit: «...: Einem unbekannten Gott. ...»

unbekannten Gott. Was ihr da verehrt, ohne es zu kennen, das verkün-
dige ich euch.

24 Der Gott, der die Welt geschaffen hat und alles, was darin ist, er, 24: 4,24! · 7,48!–50
der Herr des Himmels und der Erde, wohnt nicht in Tempeln, die von
Menschenhand gemacht sind, 25 er lässt sich auch nicht von Men- 25: Jes 42,5
schenhänden dienen, als ob er etwas nötig hätte; er ist es ja, der allen
Leben und Atem und überhaupt alles gibt. 26 Aus einem einzigen Men- 26: Gen 1,27–28 ·
schen hat er das ganze Menschengeschlecht erschaffen, damit es die Dtn 32,8
Erde bewohne, so weit sie reicht. Er hat ihnen feste Zeiten bestimmt und
die Grenzen ihrer Wohnstätten festgelegt, 27 damit sie Gott suchen, in-
dem sie sich fragen, ob er denn nicht zu spüren und zu finden sei; denn
er ist ja jedem einzelnen unter uns nicht fern. 28 In ihm nämlich leben,
weben und sind wir, wie auch einige eurer Dichter gesagt haben: Ja, wir
sind auch von seinem Geschlecht. 29 Da wir also von Gottes Geschlecht 29: 19,26!
sind, dürfen wir nicht denken, das Göttliche sei vergleichbar mit etwas
aus Gold oder Silber oder Stein, einem Gebilde menschlicher Kunst und
Erfindungsgabe.

30 Doch über die Zeiten der Unwissenheit sieht Gott nun hinweg 30: 3,17 · 2,38; 3,19;
und ruft jetzt alle Menschen überall auf Erden zur Umkehr. 31 Denn er 8,22; 26,20!;
hat einen Tag festgesetzt, an dem er den Erdkreis richten wird in Ge- Lk 24,47
rechtigkeit durch einen Mann, den er dazu bestimmt hat, indem er ihn 31: 10,42; Ps 9,9! · 2,24!
vor allen Menschen beglaubigte durch die Auferstehung von den Toten.

32 Als sie das von der Auferstehung der Toten hörten, begannen die 32: 4,2; 23,6–7;
einen zu spotten, die anderen aber sagten: Darüber wollen wir ein an- 24,21; 26,22–23;
dermal mehr von dir hören. 33 So ging Paulus weg aus ihrer Mitte. 1Kor 15,12–13! ·
34 Einige aber schlossen sich ihm an und kamen zum Glauben, unter 2,24!
ihnen Dionysios, ein Mitglied des areopagitischen Rates, eine Frau mit
Namen Damaris und einige andere.

Der Aufenthalt in Korinth

18 1 Danach verliess er Athen und ging nach Korinth. 2 Dort traf er 2: 18,18.26;
einen Juden mit Namen Aquila, der aus dem Pontus stammte und 1Kor 16,19;
erst kürzlich aus Italien gekommen war, und dessen Frau Priscilla; Clau- Röm 16,3–5 · 11,28
dius hatte nämlich angeordnet, dass alle Juden Rom zu verlassen hätten.
Er ging zu ihnen, 3 und da er das gleiche Handwerk ausübte, blieb er bei 3: 20,34!
ihnen und arbeitete dort; sie waren nämlich Zeltmacher von Beruf.
4 Sabbat für Sabbat sprach er in der Synagoge mit den Leuten und ver-
suchte, Juden und Griechen zu überzeugen.

5 Als aber Silas und Timotheus von Makedonien gekommen waren, 5: 15,27! · 16,1!;
widmete sich Paulus ganz der Verkündigung des Wortes und legte 1Thess 3,5–6 · 9,22!
Zeugnis ab vor den Juden, dass Jesus der Gesalbte sei. 6 Da sie aber 6: 13,51! · 5,28;
nichts davon wissen wollten und lästerten, schüttelte er seine Kleider Ez 33,4 · 13,46
aus und sprach zu ihnen: Euer Blut komme über euer Haupt! Ich bin
ohne Schuld; von jetzt an werde ich zu den Heiden gehen. 7 Und er ver-
liess jenen Ort und ging in das Haus eines gewissen Titius Justus, eines
Gottesfürchtigen; dessen Haus grenzte an die Synagoge.

18,6: Andere Übersetzungsmöglichkeit: «... nichts davon wissen wollten und ihn verwünschten, ...»

8: 11,14! 8 Crispus aber, der Synagogenvorsteher, kam mit seiner ganzen Fa-
milie ebenfalls zum Glauben an den Herrn; und viele Bewohner von Ko-
rinth, die davon hörten, kamen zum Glauben und liessen sich taufen.
9: 9,10! · 1Kor 2,3 9 In der Nacht aber sprach der Herr in einer Vision zu Paulus: Fürchte
dich nicht, sondern rede und schweige nicht! 10 Denn ich bin mit dir,
niemand wird dich antasten und dir Böses antun; ich habe nämlich viel
Volk in dieser Stadt. 11 So blieb er ein Jahr und sechs Monate dort und
lehrte unter ihnen das Wort Gottes.

12 Als dann aber Gallio Prokonsul der Provinz Achaia war, traten die
13: 21,28 Juden vereint gegen Paulus auf, führten ihn vor den Richterstuhl 13 und
sagten: Der da überredet die Leute, Gott auf eine Art zu verehren, die
14–15: 23,29! wider das Gesetz ist. 14 Als Paulus seinen Mund auftun wollte, sprach
Gallio zu den Juden: Ginge es hier um ein Verbrechen oder um eine bös-
willige Tat, ihr Juden, so würde ich eure Klage ordnungsgemäss zulas-
sen. 15 Geht es aber um Streitigkeiten über Lehre und Namen und das
bei euch geltende Gesetz, dann seht selber zu! Darüber will ich nicht
Richter sein. 16 Und er wies sie vom Richterstuhl weg. 17 Da stürzten
sich alle auf den Synagogenvorsteher Sosthenes und verprügelten ihn
vor dem Richterstuhl. Gallio aber kümmerte sich nicht darum.

Rückreise nach Syrien und Kleinasien

18: 18,2! · 18 Paulus blieb noch etliche Tage. Dann nahm er Abschied von den
Röm 16,1 · Brüdern und Schwestern und fuhr zu Schiff nach Syrien, zusammen mit
21,23–24! Priscilla und Aquila, nachdem er sich in Kenchreä das Haupt hatte sche-
ren lassen; er hatte nämlich ein Gelübde getan. 19 Sie erreichten Ephe-
sus, wo er die beiden zurückliess; er selbst ging in die Synagoge und
sprach zu den Juden. 20 Als diese ihn baten, längere Zeit bei ihnen zu
bleiben, willigte er nicht ein, 21 sondern verabschiedete sich und sagte:
Ich werde zu euch zurückkehren, wenn Gott es will. Dann fuhr er von
Ephesus weg. 22 Und er gelangte nach Cäsarea, zog hinauf nach Jerusa-
lem, begrüsste die Gemeinde und ging dann hinab nach Antiochia.
23: 16,6 23 Und nach einiger Zeit brach er von dort auf, um zunächst durch
das galatische Land, dann durch Phrygien zu ziehen und alle Jünger dort
zu stärken.

Das Wirken des Apollos

24: 19,1! 24 Ein Jude aber mit Namen Apollos, der aus Alexandria stammte,
ein gebildeter Mann, der bewandert war in den Schriften, kam nach
25: 19,3–4 Ephesus. 25 Er war unterwiesen im Weg des Herrn, sprühte in seinen
Reden vor Geist und lehrte sehr genau, was sich mit Jesus zugetragen
26: 18,2! hatte, kannte aber nur die Taufe des Johannes. 26 Der begann, in der
Synagoge frei und offen zu reden. Als nun Priscilla und Aquila ihn reden
hörten, nahmen sie ihn zu sich und legten ihm den Weg Gottes noch
genauer dar.

27 Als er dann in die Achaia weiterziehen wollte, ermunterten ihn
die Brüder und Schwestern dazu und schrieben an die Jünger dort, sie
möchten ihn aufnehmen. Er kam zu ihnen und war denen, die zum
28: 9,22! Glauben gekommen waren, kraft der Gnade eine grosse Hilfe. 28 In ein-
drücklicher Weise nämlich widerlegte er die Juden in aller Öffentlich-
keit und bewies aufgrund der Schriften, dass Jesus der Gesalbte ist.

Das Wirken des Paulus in Ephesus

19 1 Während Apollos sich in Korinth aufhielt, geschah es, dass Pau- 1: 18,24; 1Kor 1,12! ·
lus durch das Hochland zog, nach Ephesus hinabkam und dort ei- 18,19
nige Jünger antraf. 2 Und er fragte sie: Habt ihr den heiligen Geist emp- 2: 8,15!
fangen, als ihr zum Glauben kamt? Sie erwiderten ihm: Nein, wir haben
nicht einmal gehört, dass es einen heiligen Geist gibt. 3 Und er fragte: 3: 18,25; Lk 3,3.16
Worauf seid ihr denn getauft worden? Sie sagten: Mit der Taufe des Jo-
hannes wurden wir getauft. 4 Da sprach Paulus: Johannes hat mit einer 4: 13,24!-25
Taufe der Umkehr getauft und zum Volk gesagt, sie sollten an den glau-
ben, der nach ihm komme, das heisst: an Jesus. 5 Als sie das hörten, lies- 5: 2,38!
sen sie sich auf den Namen des Herrn Jesus taufen. 6 Und als Paulus 6: 6,6! · 8,15! ·
ihnen die Hände auflegte, kam der heilige Geist über sie; und sie rede- 2,4.11; 10,46;
ten in Zungen und in prophetischen Worten. 7 Es waren insgesamt 1Kor 14,2-5
etwa zwölf Männer.
8 Und er ging in die Synagoge und konnte dort drei Monate lang 8: 1,3; 8,12; 14,22;
ungehindert reden und sie vom Reich Gottes überzeugen. 9 Da aber ei- 28,23.31; Lk 10,9!
nige sich verhärteten und verschlossen und vor den Leuten den neuen
Weg schlechtmachten, trennte er sich von ihnen, nahm die Jünger mit
sich und sprach fortan täglich im Lehrhaus des Tyrannus, 10 und das
während zwei Jahren, so dass alle, die in der Provinz Asia wohnten, das
Wort des Herrn hörten, Juden wie Griechen. 11 Auch aussergewöhnli- 11-12: 5,15!;
che Wunder wirkte Gott durch die Hand des Paulus; 12 es kam so weit, Mk 6,56
dass man ihm sogar Schweisstücher und Arbeitsschürzen vom Leib
nahm und den Kranken auflegte, und die Krankheiten wichen von ih-
nen, und die bösen Geister fuhren aus.
13 Aber auch einige jüdische Exorzisten, die durch das Land zogen, 13: 16,16-18
machten den Versuch, den Namen des Herrn Jesus über denen, die böse
Geister hatten, anzurufen, und sprachen: Ich beschwöre euch bei dem
Jesus, den Paulus verkündigt. 14 Solches taten die sieben Söhne eines
gewissen Skevas, eines jüdischen Hohen Priesters. 15 Der böse Geist
aber entgegnete ihnen: Jesus kenne ich, und auch Paulus ist mir be-
kannt, wer aber seid ihr? 16 Und der Mensch, in dem der böse Geist sass,
stürzte sich auf sie, überwältigte alle und richtete sie so zu, dass sie
nackt und zerschunden aus jenem Haus flohen. 17 Dies kam allen Juden
und Griechen, die in Ephesus wohnten, zu Ohren, und Furcht überfiel
alle, und der Name des Herrn Jesus wurde gepriesen.
18 Viele nun, die zum Glauben gefunden hatten, kamen, um ein Be-
kenntnis abzulegen und von ihren Praktiken zu erzählen. 19 Ja, etliche,
die Zauberei getrieben hatten, brachten ihre Bücher herbei und ver-
brannten sie vor aller Augen; man schätzte ihren Wert und kam auf eine
Summe von fünfzigtausend Silberstücken. 20 So breitete sich durch die
Kraft des Herrn das Wort aus und erwies sich als stark.

Entschluss zur Reise nach Jerusalem und Rom

21 Als sich dies erfüllt hatte, nahm sich Paulus vor, über Makedonien 21: 1Kor 16,5 · 23,11;
und die Achaia nach Jerusalem zu reisen. Er sagte: Wenn ich dort gewe- 28,14; Röm 1,10.15
sen bin, muss ich auch Rom sehen. 22 Und er schickte zwei seiner Hel- 22: 16,1!
fer, Timotheus und Erastus, nach Makedonien voraus; er selbst blieb
noch eine Zeit lang in der Provinz Asia.

Der Aufruhr des Demetrius in Ephesus

23 Zu jener Zeit nun kam es wegen des neuen Weges zu heftigen
Unruhen. 24 Da war nämlich ein gewisser Demetrius, ein Silber-
schmied, der Artemistempel aus Silber herstellte und damit den Kunst-
handwerkern beträchtliche Einkünfte verschaffte. 25 Die rief er zusam-
men und mit ihnen die Arbeiter, die sie beschäftigten, und sagte:

Männer, ihr wisst, dass von diesem Gewerbe unser Wohlstand
26: 17,29; Ps 115,4! kommt, 26 und ihr seht und hört, dass nicht nur in Ephesus, sondern in
fast der ganzen Provinz Asia dieser Paulus viele Leute überredet und
aufhetzt mit der Behauptung, was von Menschenhand gemacht sei, das
seien keine Götter. 27 Es besteht nun nicht nur die Gefahr, dass unser
Handwerk in Verruf kommt, sondern auch, dass das Heiligtum der
grossen Göttin Artemis seine Bedeutung verliert, ja, dass sie selbst ihre
Hoheit einbüssen wird, sie, die man doch in der ganzen Asia, ja in der
ganzen Welt verehrt! 28 Als sie das hörten, schrien sie voller Zorn:
Gross ist die Artemis der Epheser!

29: 20,4 · 27,2! 29 Und die Stadt geriet in Aufruhr, und einmütig stürmte man ins
Theater und schleppte Gaius und Aristarchus mit, Reisegefährten des
Paulus aus Makedonien. 30 Paulus wollte sich auch in die Versammlung
begeben, doch die Jünger hielten ihn zurück; 31 auch einige der Asiar-
chen, die ihm wohlgesinnt waren, schickten zu ihm und rieten ihm ab,
sich ins Theater zu begeben. 32 Dort schrien die einen dies, die anderen
das, denn die Versammlung war völlig durcheinander, und die meisten
wussten gar nicht, weshalb man zusammengekommen war. 33 Aus der
Menge gab man dem Alexander, den die Juden vorschickten, Hinweise
und Ratschläge. Alexander nun gebot mit einer Handbewegung Schwei-
gen und wollte vor dem Volk eine Verteidigungsrede halten. 34 Doch als
sie merkten, dass er Jude war, schrien alle wie aus einem Mund fast zwei
Stunden lang: Gross ist die Artemis der Epheser!

35 Als der Stadtschreiber schliesslich die Menge beruhigt hatte,
sprach er: Epheser! Wer in aller Welt wüsste nicht, dass die Stadt der
Epheser Schutzherrin des Tempels der grossen Artemis und des vom
Himmel gefallenen Bildes ist? 36 Da dies nicht zu bestreiten ist, gilt es,
Ruhe zu bewahren und nichts Unüberlegtes zu tun. 37 Die Männer, die
ihr hierhergebracht habt, haben ja weder Heiligtümer ausgeraubt noch
unsere Göttin gelästert. 38 Sollten also Demetrius und seine Handwer-
ker gegen irgendjemanden etwas vorzubringen haben, so gibt es dafür
Gerichte und Statthalter. Da mögen sie einander verklagen! 39 Falls ihr
sonst noch ein Begehren habt, wird es in einer ordentlichen Volksver-
sammlung geregelt werden. 40 Wir laufen nämlich Gefahr, dass man
uns aufgrund der heutigen Vorfälle beschuldigt, einen Aufstand ge-
macht zu haben, und es gäbe nichts, womit wir diesen Volksauflauf
rechtfertigen könnten. Nachdem er dies gesagt hatte, löste er die Ver-
sammlung auf.

19,31: Der Titel ‹Asiarchen› bezeichnet entweder Abgeordnete des Landtags der Provinz Asia oder eine Personengruppe mit repräsentativen, den Kult betreffenden Aufgaben.

Der Weg über Griechenland nach Troas

20 1 Als der Lärm sich gelegt hatte, schickte Paulus nach den Jüngern 1: 16,9–10; 19,21
und sprach ihnen Mut zu. Dann nahm er Abschied und brach auf,
um nach Makedonien zu reisen. 2 Auf der Reise durch jene Gebiete er-
mahnte und stärkte er die Jünger auf vielerlei Weise und kam schliess-
lich nach Griechenland, 3 wo er drei Monate blieb.
Da ihm von Seiten der Juden ein Anschlag drohte, als er sich nach
Syrien einschiffen wollte, fasste er den Entschluss, über Makedonien
zurückzureisen. 4 Es begleiteten ihn Sopater, der Sohn des Pyrrhus, aus 4: 27,2! · 19,29 ·
Beröa, Aristarchus und Secundus aus Thessalonich, Gaius aus Derbe 16,1! · 21,29
und Timotheus, sowie aus der Asia Tychikus und Trophimus. 5 Diese
reisten voraus und erwarteten uns in Troas. 6 Nach den Tagen der unge- 6: 16,8
säuerten Brote bestiegen wir in Philippi ein Schiff und gelangten in fünf
Tagen zu ihnen nach Troas, wo wir uns sieben Tage aufhielten.

Die Auferweckung des Eutychus in Troas

7 Am ersten Tag der Woche, als wir uns versammelt hatten, um das 7: 1Kor 16,2!
Brot zu brechen, sprach Paulus zu ihnen, und da er am nächsten Tag
aufbrechen wollte, zog sich seine Rede bis Mitternacht hin. 8 Es brann-
ten viele Lampen in dem Obergemach, wo wir beisammen waren. 9 Ein
junger Mann mit Namen Eutychus sass im offenen Fenster und sank,
während Paulus immer weiter redete, in tiefen Schlaf und stürzte im
Schlaf vom dritten Stock hinunter. Als man ihn aufhob, war er tot.
10 Paulus aber ging hinunter, legte sich auf ihn, umfasste ihn und sagte:
Lasst das Geschrei! Er lebt! 11 Und er stieg wieder hinauf, brach das Brot
und ass; und noch lange redete er mit ihnen, bis der Morgen anbrach;
dann ging er fort. 12 Den jungen Mann aber holte man wieder herein; er
lebte, und das erfüllte sie mit Zuversicht.

Die Reise nach Milet

13 Wir aber gingen voraus auf das Schiff und fuhren nach Assos, wo
wir Paulus an Bord nehmen sollten; so hatte er es nämlich angeordnet,
da er selbst zu Fuss gehen wollte. 14 Als er mit uns in Assos zusammen-
traf, nahmen wir ihn an Bord und fuhren nach Mitylene. 15 Von dort
gelangten wir am nächsten Tag auf die Höhe von Chios, tags darauf leg-
ten wir in Samos an, und noch einen Tag später kamen wir nach Milet.
16 Paulus hatte sich entschlossen, an Ephesus vorbeizufahren, um in
der Asia keine Zeit zu verlieren; er war in Eile, weil er, wenn irgend mög-
lich, an Pfingsten in Jerusalem sein wollte.

Die Abschiedsrede des Paulus in Milet

17 Von Milet aus schickte er nach Ephesus und liess die Ältesten der
Gemeinde zu sich rufen. 18 Als sie bei ihm eintrafen, sagte er zu ihnen: 18: 19,1.10
Ihr wisst, wie ich mich bei euch verhalten habe die ganze Zeit, vom
ersten Tag an, da ich die Provinz Asia betreten habe: 19 Ich habe dem
Herrn gedient in aller Demut, unter Tränen und in den Prüfungen, die
mir durch die Anschläge von Seiten der Juden widerfahren sind; 20 ihr
wisst, dass ich euch nichts vorenthalten habe von dem, was heilsam ist,
vielmehr euch alles verkündigt und gelehrt habe, öffentlich und von

21: 11,18! Haus zu Haus. 21 Vor Juden und Griechen habe ich Zeugnis abgelegt von
der Umkehr zu Gott und vom Glauben an Jesus, unseren Herrn.
22 Seht, nun reise ich als ein im Geist Gebundener nach Jerusalem,
23: 21,4.11 · 21,33 ohne zu wissen, was mir dort widerfahren wird; 23 nur dass der heilige
Geist mir in jeder Stadt bezeugt, dass Fesseln und Drangsale auf mich
24: 21,13 · 2Tim 4,7 warten. 24 Doch mein Leben ist mir nicht der Rede wert, wenn ich nur
meinen Lauf vollenden und bis zuletzt den Dienst tun kann, den ich
vom Herrn Jesus empfangen habe: Zeugnis abzulegen für das Evangeli-
um von der Gnade Gottes.

25: 19,8! 25 Und nun seht, ich weiss, dass ihr mein Angesicht nicht mehr se-
hen werdet, ihr alle, zu denen ich gekommen bin, um euch das Reich zu
26: Ez 3,18–21; 33,4 verkündigen. 26 Daher will ich es euch am heutigen Tag gesagt haben,
27: 2,23 dass ich an niemandes Blut Schuld trage; 27 ich habe es nämlich nicht
versäumt, euch den ganzen Ratschluss Gottes mitzuteilen.

28: 1Petr 5,2 28 Gebt acht auf euch und auf die ganze Herde, in der euch der heili-
ge Geist als fürsorgliche Hirten eingesetzt hat, zu weiden die Kirche
29: Mt 7,15 Gottes, die er sich erworben hat durch sein eigenes Blut. 29 Ich weiss,
dass nach meinem Weggang reissende Wölfe bei euch eindringen und
die Herde nicht schonen werden. 30 Und aus eurer Mitte werden Män-
ner aufstehen, die in ihren Reden alles verdrehen, um die Jünger hinter
sich zu scharen. 31 Darum: Seid wachsam und erinnert euch stets daran,
dass ich drei Jahre lang, Tag und Nacht, nicht aufgehört habe, einen je-
den von euch unter Tränen zu ermahnen.

32: 14,3 · 26,18! 32 Und nun vertraue ich euch Gott an und dem Wort seiner Gnade,
das die Kraft hat, aufzubauen und das Erbe auszuteilen an alle, die gehei-
33: 1Kor 9,14–15.18; ligt worden sind. 33 Silber oder Gold oder Kleidung habe ich von nie-
2Kor 11,7 mandem begehrt. 34 Ihr wisst selbst, dass ich mit diesen meinen Hän-
34: 18,3; 1Kor 4,12! den für meinen Unterhalt und den meiner Begleiter aufgekommen bin.
35 In allem habe ich euch gezeigt, dass man sich mit solcher Arbeit der
Schwachen annehmen und dabei der Worte des Herrn Jesus eingedenk
sein soll. Er hat ja selbst gesagt: Geben ist seliger als nehmen.

36 Nachdem er dies gesagt hatte, kniete er nieder und betete mit ih-
nen allen. 37 Sie aber begannen alle, laut zu weinen, fielen dem Paulus
38: 20,25 um den Hals und küssten ihn. 38 Am meisten schmerzte sie, dass er
gesagt hatte, sie würden sein Angesicht nicht mehr sehen. Dann beglei-
teten sie ihn zum Schiff.

Die Überfahrt nach Syrien

21 1 Als es so weit war, dass wir uns von ihnen trennten und in See
stachen, fuhren wir auf geradem Kurs nach Kos, tags darauf nach
Rhodos und von dort nach Patara; 2 und da wir gerade ein Schiff fanden,
das nach Phönizien hinüberfuhr, gingen wir an Bord und stachen in
See.

3 Wir sichteten Zypern, liessen es zur Linken, fuhren nach Syrien
und legten in Tyrus an, denn hier sollte das Schiff seine Ladung löschen.

20,28: «fürsorgliche Hirten»: Der griechische Begriff ‹episkopos› ist im vorliegenden Zusammenhang wohl (noch) nicht als Amtstitel (Bischof), sondern im Kontext des alttestamentlichen Hirtenbildes als Funktionsbezeichnung zu verstehen.

20,28: Zur Übersetzung ‹Kirche Gottes› siehe die Anm. zu 9,31.

4 Nachdem wir die Jünger ausfindig gemacht hatten, blieben wir sieben 4: 20,23!
Tage bei ihnen. Sie aber warnten Paulus, wie es der Geist ihnen eingab,
vor einer Reise nach Jerusalem. 5 Als die Tage unseres Aufenthalts zu
Ende gingen, brachen wir auf und zogen weiter; alle, auch Frauen und
Kinder, gaben uns das Geleit bis vor die Stadt. Am Strand knieten wir
nieder, beteten 6 und nahmen Abschied voneinander. Wir bestiegen
das Schiff, sie kehrten nach Hause zurück. 7 Von Tyrus gelangten wir
nach Ptolemais, wo wir unsere Seefahrt beendeten. Wir begrüssten die
Brüder und Schwestern und blieben einen Tag bei ihnen.

Der Aufenthalt bei Philippus in Cäsarea

8 Am nächsten Tag brachen wir auf, kamen nach Cäsarea, gingen in 8: 6,5!; 8,40
das Haus des Evangelisten Philippus, der zu den Sieben gehörte, und
blieben bei ihm. 9 Dieser hatte vier Töchter, prophetisch begabte Jung-
frauen.

10 Wir waren schon mehrere Tage dort, als von Judäa ein Prophet 10: 11,27–28
mit Namen Agabus zu uns herabkam. 11 Der kam auf uns zu, nahm den 11: 10,19! · 20,23!
Gürtel des Paulus, band sich Hände und Füsse damit und sagte: So
spricht der heilige Geist: Den Mann, dem dieser Gürtel gehört, werden
die Juden in Jerusalem auf eben diese Weise fesseln und in die Hände
der Heiden geben. 12 Als wir das hörten, baten wir ihn, unterstützt von
den Jüngern, die dort wohnten, nicht nach Jerusalem hinaufzuziehen.
13 Da entgegnete Paulus: Was soll es, dass ihr klagt und mir das Herz 13: 20,24
schwer macht? Ich bin bereit, mich in Jerusalem nicht nur fesseln zu
lassen, sondern auch zu sterben für den Namen des Herrn Jesus. 14 Da
er sich nicht umstimmen liess, wurden wir ruhig und sagten: Des Herrn
Wille geschehe!

Die Ankunft in Jerusalem

15 Nach diesen Tagen machten wir uns reisefertig und zogen nach
Jerusalem hinauf. 16 Einige Jünger aus Cäsarea begleiteten uns und
führten uns zu einem gewissen Mnason aus Zypern, einem Jünger der
ersten Stunde, bei dem wir zu Gast sein sollten. 17 Als wir in Jerusalem
eintrafen, nahmen uns die Brüder und Schwestern freundlich auf.

Beteiligung des Paulus an einem Gelübde

18 Am folgenden Tag ging Paulus mit uns zu Jakobus; auch alle Ältes- 18: 12,17!
ten fanden sich ein. 19 Nachdem er sie begrüsst hatte, schilderte er ih-
nen in allen Einzelheiten, was Gott unter den Völkern durch seinen
Dienst getan hatte.

20 Als sie das hörten, priesen sie Gott und sagten zu ihm: Du siehst,
Bruder, dass Tausende und Abertausende unter den Juden zum Glauben
gekommen sind, und alle sind voller Eifer für das Gesetz. 21 Über dich 21: 15,1!.5;
aber hat man ihnen berichtet, du lehrest alle Juden, die unter den Hei- Gal 5,1–6.11
den wohnen, den Abfall von Mose, indem du sie aufforderst, ihre Kinder
nicht zu beschneiden und nicht nach ihren Bräuchen zu leben. 22 Was
ist jetzt? Man wird auf jeden Fall hören, dass du gekommen bist. 23 Tu 23–24: 18,18;
nun, was wir dir sagen: Bei uns sind vier Männer, die ein Gelübde getan Num 6,2.5.9.18
haben. 24 Nimm sie mit, lass dich mit ihnen heiligen und trage die Kos-
ten für sie, damit sie sich das Haupt scheren lassen können, und alle

werden erkennen, dass nichts ist an dem, was man über dich erzählt
hat, sondern dass auch du einer bist, der im Einklang mit dem Gesetz
25: 15,20! lebt. 25 Was aber die Heiden betrifft, die zum Glauben gekommen sind,
so haben wir ja beschlossen und ihnen mitteilen lassen, sie sollten sich
hüten vor Opferfleisch, Blut und Ersticktem und vor Unzucht.

26: 1Kor 9,20 · Num 6,9–20 26 Da nahm Paulus am folgenden Tag die Männer mit, liess sich mit
ihnen heiligen und ging in den Tempel hinein und kündigte das Ende
der Weihetage an, die erfüllt sind, wenn für einen jeden von ihnen das
Opfer dargebracht wird.

Die Verhaftung des Paulus

27 Als die sieben Tage zu Ende gingen, sahen ihn die Juden aus der
Asia im Tempel; und sie brachten das ganze Volk in Aufruhr, ergriffen
28: 6,13; 18,13 · Ez 44,7 ihn 28 und schrien: Israeliten, helft uns! Das ist der Mensch, der, wo
immer er auftritt, mit dem, was er lehrt, alle Welt aufbringt gegen unser
Volk, gegen das Gesetz und gegen diese Stätte. Sogar Griechen hat er in
29: 20,4 den Tempel geführt und diese heilige Stätte entweiht! 29 Sie hatten vorher nämlich Trophimus, den Epheser, mit ihm zusammen in der Stadt
gesehen und meinten nun, Paulus habe ihn in den Tempel mitgenommen. 30 Da geriet die ganze Stadt in Aufregung, und das Volk lief zusammen; man ergriff Paulus und schleppte ihn aus dem Tempel, und
gleich darauf wurden die Tore geschlossen.

31–32: 23,27 31 Sie waren schon dabei, ihn zu töten, als den Oberst der Kohorte
die Meldung erreichte, dass ganz Jerusalem in Aufruhr sei. 32 Dieser
nahm sofort Soldaten und Hauptleute mit sich und eilte zu ihnen hinab.
Als sie den Oberst und die Soldaten sahen, hörten sie auf, Paulus zu
schlagen. 33 Der Oberst, als er dann da war, liess ihn festnehmen und
befahl, ihn mit zwei Ketten zu fesseln; dann erkundigte er sich, wer das
sei und was er getan habe. 34 Aus der Menge schrien die einen dies, die
anderen das. Da er bei dem Lärm nichts Zuverlässiges in Erfahrung
bringen konnte, befahl er, ihn in die Kaserne zu bringen. 35 Als dieser
aber an die Freitreppe kam, musste er von den Soldaten getragen werden,
36: 22,22; Lk 23,18 den, denn das Volk wurde gewalttätig. 36 Die Volksmenge lief hinterher
und schrie: Weg mit ihm!

Die Rede des Paulus vor dem Volk

37 Als nun Paulus in die Kaserne hineingeführt werden sollte, sagte
er zu dem Oberst: Darf ich etwas zu dir sagen? Der erwiderte: Du
sprichst Griechisch? 38 Du bist also nicht der Ägypter, der vor einiger
Zeit einen Aufstand angezettelt und die viertausend Sikarier in die
39: 22,3 Wüste hinausgeführt hat? 39 Paulus sagte: Ich bin ein Jude, aus Tarsus
in Kilikien, und Bürger dieser nicht unbedeutenden Stadt. Ich bitte
dich, gestatte mir, zum Volk zu sprechen. 40 Nachdem er die Erlaubnis
erhalten hatte, stellte sich Paulus auf die Stufen der Treppe, und mit einer Handbewegung gebot er dem Volk zu schweigen. Da wurde es still,
und er redete sie in ihrer Sprache an und sagte auf Hebräisch:

21,38: Die Sikarier (‹Dolchtragende›) waren, ähnlich wie die Zeloten, eine jüdische Gruppierung, die sich gegen die römische Besatzung auflehnte.

22 1 Brüder und Väter, hört, was ich euch jetzt zu meiner Verteidi-
gung sagen werde! 2 Als sie hörten, dass er sie auf Hebräisch an-
sprach, wurde es totenstill. Und er sprach:
3 Ich bin ein Jude, geboren in Tarsus in Kilikien, aufgewachsen aber 3–21: 9,1–30;
hier, in dieser Stadt, wo ich zu Füssen Gamaliels unterwiesen wurde, 26,9–20
das Gesetz unserer Väter sorgfältig zu beachten. Ich war voller Eifer für 3: 5,34 · 26,5; Gal 1,14
Gott, wie ihr alle es heute noch seid. 4 Den neuen Weg verfolgte ich bis 4: 8,3!
auf den Tod; festnehmen und ins Gefängnis werfen liess ich Männer
und Frauen. 5 Dafür habe ich das Zeugnis der Hohen Priester und des
ganzen Ältestenrates; mit Briefen von ihnen bin ich nämlich zu den
Brüdern nach Damaskus gereist, um auch die, welche dort waren, gefes-
selt nach Jerusalem zu bringen, damit sie hier bestraft würden. 6 Unter-
wegs, als ich mich Damaskus näherte, geschah es, um die Mittagszeit,
dass mich plötzlich vom Himmel her ein helles Licht umstrahlte. 7 Ich
stürzte zu Boden und hörte eine Stimme, die zu mir sprach: Saul, Saul,
was verfolgst du mich? 8 Ich antwortete: Wer bist du, Herr? Und er sagte
zu mir: Ich bin Jesus von Nazaret, den du verfolgst. 9 Die mit mir waren,
sahen zwar das Licht, die Stimme dessen aber, der zu mir sprach, hörten
sie nicht. 10 Ich sagte: Was soll ich tun, Herr? Da sagte der Herr zu mir:
Steh auf und geh nach Damaskus! Dort wird dir alles gesagt werden, was
dir zu tun aufgetragen ist. 11 Da ich, geblendet vom Glanz jenes Lichtes,
nicht mehr sehen konnte, wurde ich von meinen Begleitern geführt
und kam so nach Damaskus.
12 Ein gewisser Ananias, der sich treu an das Gesetz hielt und bei
allen Juden, die dort wohnten, in gutem Ruf stand, 13 kam auf mich zu,
stellte sich vor mich hin und sagte zu mir: Saul, mein Bruder, du sollst
wieder sehen! Und im selben Augenblick konnte ich ihn sehen. 14 Er
aber sagte: Der Gott unserer Väter hat dich dazu bestimmt, seinen Wil-
len zu erkennen, den Gerechten zu sehen und die Stimme aus seinem
Mund zu vernehmen. 15 Denn du wirst sein Zeuge sein vor allen Men-
schen für das, was du gesehen und gehört hast. 16 Und nun, was zögerst 16: 2,21 · 1Kor 6,11
du noch? Steh auf, lass dich taufen, rufe seinen Namen an und lass dir
deine Sünden abwaschen!
17 Es geschah aber, als ich nach Jerusalem zurückgekehrt war und im 17: 9,10!
Tempel betete, dass ich in Ekstase geriet 18 und ihn sah, wie er zu mir
sprach: Beeile dich, geh sofort weg aus Jerusalem! Denn sie werden dein
Zeugnis für mich nicht annehmen. 19 Und ich sagte: Herr, sie wissen 19: 8,3!
doch, dass ich die, die an dich glauben, ins Gefängnis bringen und prü-
geln liess in den Synagogen. 20 Und als das Blut des Stephanus, deines 20: 7,58
Zeugen, vergossen wurde, da stand ich selbst dabei, hiess alles gut und
bewachte die Kleider derer, die ihn töteten. 21 Doch er sagte zu mir:
Brich auf, ich will dich in die Ferne zu den anderen Völkern schicken.

Die Berufung auf das römische Bürgerrecht

22 Bis hierher hörten sie ihm zu; als er aber dies sagte, erhoben sie 22: 21,36!
ihre Stimme und riefen: Schaff diesen aus der Welt; so einer darf nicht
leben! 23 Und sie schrien laut, rissen sich die Kleider vom Leib und wir-
belten Staub auf. 24 Da befahl der Oberst, ihn in die Kaserne zu führen,
und ordnete an, ihn zu geisseln und ins Verhör zu nehmen. So wollte er
herausfinden, weshalb sie seinetwegen ein solches Geschrei erhoben.

25: 16,37 25 Als sie ihn aber zur Geisselung vornüberstreckten, sagte Paulus
zu dem Hauptmann, der dabeistand: Dürft ihr einen römischen Bürger
geisseln, ohne Gerichtsurteil? 26 Als der Hauptmann das hörte, ging er
zum Oberst, erstattete Meldung und sagte: Was hast du vor? Dieser
Mann ist ein römischer Bürger! 27 Da kam der Oberst und sagte zu ihm:
Sag mir, bist du ein römischer Bürger? Er sagte: Ja. 28 Da erwiderte der
Oberst: Ich habe dieses Bürgerrecht für eine hohe Summe erworben.
29: 16,38 Paulus sagte: Ich besitze es durch Geburt. 29 Sogleich liessen die, welche
ihn verhören sollten, von ihm ab; der Oberst aber bekam es mit der
Angst zu tun, als ihm bewusst wurde, dass er einen römischen Bürger
hatte fesseln lassen.

Paulus vor dem Hohen Rat

30: 23,28 30 Da er aber genau in Erfahrung bringen wollte, weshalb dieser von
den Juden angeklagt wurde, liess er ihm anderntags die Fesseln lösen
und befahl den Hohen Priestern und dem ganzen Hohen Rat, sich zu
versammeln. Und er liess Paulus hinunterführen und vor sie treten.
1: 24,16 **23** 1 Paulus schaute sie an und sagte zum Hohen Rat: Brüder, mit
reinem Gewissen habe ich mein Leben vor Gott geführt bis auf
den heutigen Tag. 2 Da befahl der Hohe Priester Ananias denen, die bei
3: Dtn 1,16–17 ihm standen, ihn auf den Mund zu schlagen. 3 Darauf sagte Paulus zu
ihm: Dich wird Gott schlagen, du getünchte Wand! Du sitzt hier, um
über mich zu richten nach dem Gesetz, und wider das Gesetz befiehlst
du, mich zu schlagen? 4 Die Umstehenden sagten: Du willst den Hohen
5: Ex 22,27 Priester Gottes schmähen? 5 Paulus erwiderte: Ich wusste nicht, Brüder,
dass er Hoher Priester ist; es steht ja geschrieben: *Einem Fürsten deines
Volkes sollst du nicht fluchen.*
6: 26,5; Phil 3,5 · 6 Weil Paulus aber in den Sinn kam, dass der eine Teil zu den Saddu-
28,20! · 17,32! zäern, der andere zu den Pharisäern gehörte, rief er in den Hohen Rat
hinein: Brüder, ich bin Pharisäer, ein Sohn von Pharisäern. Wegen der
Hoffnung und wegen der Auferstehung der Toten stehe ich vor Gericht!
7 Kaum hatte er das gesagt, gab es Streit zwischen den Pharisäern und
den Sadduzäern, und die Versammlung spaltete sich in zwei Lager.
8: Lk 20,27 8 Die Sadduzäer sagen nämlich, es gebe weder eine Auferstehung noch
Engel noch einen Geist, die Pharisäer dagegen bejahen dies alles. 9 Es
gab ein lautes Geschrei, und einige Schriftgelehrte von der Partei der
Pharisäer erhoben sich, legten sich ins Zeug und sagten: Wir können an
diesem Menschen nichts Böses finden. Wenn nun doch ein Geist oder
ein Engel zu ihm gesprochen hat? 10 Als der Streit heftiger wurde,
fürchtete der Oberst, Paulus könnte von ihnen in Stücke gerissen wer-
den, und befahl der Wachabteilung, herunterzukommen, ihn aus ihrer
Mitte herauszuholen und in die Kaserne zu bringen.
11: 9,10! · 19,21!; 11 In der folgenden Nacht aber trat der Herr zu ihm und sprach: Fas-
27,24; 28,23 se Mut! Wie du in Jerusalem für mich Zeugnis abgelegt hast, so sollst du
auch in Rom mein Zeuge sein.

22,25: Vgl. die Anm. zu 16,37.

23,6: Andere Übersetzungsmöglichkeit: «…: Brüder, ich bin Pharisäer, ein Abkömmling von Pharisäern. …»

Die Überführung nach Cäsarea

12 Als es Tag wurde, taten sich die Juden heimlich zusammen und
schworen sich, weder zu essen noch zu trinken, bis sie Paulus getötet
hätten. 13 Es waren mehr als vierzig Männer an dieser Verschwörung
beteiligt. 14 Sie gingen zu den Hohen Priestern und Ältesten und sag-
ten: Wir wollen verflucht sein, wenn wir Speise zu uns nehmen, bevor
wir Paulus getötet haben. 15 Ihr aber sollt jetzt mit dem Hohen Rat zu-
sammen beim Oberst vorstellig werden mit der Bitte, ihn zu euch hin-
unterzuführen, weil ihr seinen Fall genauer untersuchen möchtet. Wir
aber halten uns bereit, ihn zu töten, bevor er sich dem Ort nähert.

16 Der Sohn der Schwester des Paulus aber hörte von dem geplanten
Anschlag; er kam, verschaffte sich Zutritt zur Kaserne und berichtete
Paulus davon. 17 Paulus liess einen der Hauptleute zu sich rufen und
sagte zu ihm: Führe diesen jungen Mann zum Oberst, denn er hat ihm
etwas mitzuteilen. 18 Der nahm ihn mit, führte ihn zum Oberst und
sagte: Der Gefangene Paulus hat mich zu sich rufen lassen und mich
gebeten, diesen jungen Mann zu dir zu führen, er habe dir etwas zu
sagen. 19 Der Oberst nahm ihn bei der Hand, trat mit ihm zur Seite und
erkundigte sich: Was hast du mir mitzuteilen? 20 Der sagte: Die Juden 20–21: 23,12–15
sind übereingekommen, dich zu bitten, Paulus morgen zum Hohen Rat
hinunterführen zu lassen, man wolle dort Genaueres über ihn erfahren.
21 Du aber traue ihnen nicht! Denn unter ihnen sind mehr als vierzig
Männer, die ihm auflauern; sie haben sich geschworen, weder zu essen
noch zu trinken, bis sie ihn getötet haben. Sie stehen jetzt bereit und
warten auf die Zusage von deiner Seite. 22 Da entliess der Oberst den
jungen Mann und schärfte ihm ein: Sag niemandem, dass du mir dies
hinterbracht hast.

23 Und er rief zwei Hauptleute zu sich und sagte: Stellt für die drit-
te Stunde der Nacht zweihundert Soldaten bereit zum Abmarsch nach
Cäsarea, ebenso siebzig Reiter und zweihundert Leichtbewaffnete.
24 Auch Reittiere soll man bereithalten, damit Paulus aufsitzen und
man ihn wohlbehalten zum Statthalter Felix bringen kann. 25 Und er
schrieb einen Brief folgenden Inhalts: 26 Claudius Lysias an den edlen
Statthalter Felix: Sei gegrüsst! 27 Dieser Mann wurde von den Juden in 27: 21,31–33 ·
ihre Gewalt gebracht und sollte von ihnen umgebracht werden. Da bin 22,25–28
ich mit der Wachmannschaft eingeschritten und habe ihn befreit; ich
hatte nämlich vernommen, dass er römischer Bürger ist. 28 Und da ich 28–29: 22,30
den Grund für ihre Anschuldigungen erfahren wollte, liess ich ihn vor
ihren Hohen Rat führen. 29 Dabei habe ich festgestellt, dass er nur we- 29: 18,14–15;
gen strittiger Fragen, die ihr Gesetz betreffen, angeklagt wird, dass ihm 25,18–20
aber nichts vorgeworfen wird, worauf Tod oder Haft steht. 30 Da mir 30: 23,20–21 ·
aber angezeigt wurde, auf den Mann sei ein Anschlag geplant, habe ich 24,1–2
ihn sogleich zu dir geschickt; auch habe ich die Kläger angewiesen, sie
sollten bei dir vorbringen, was sie ihm vorzuwerfen haben.

31 Die Soldaten übernahmen Paulus, wie ihnen befohlen war, und
brachten ihn in der Nacht nach Antipatris. 32 Am andern Tag liessen sie
die Reiter mit ihm weiterziehen und kehrten in die Kaserne zurück.

23,15: Andere Übersetzungsmöglichkeit: «..., weil ihr seinen Fall zur Entscheidung bringen möchtet. ...»

33 Jene aber kamen nach Cäsarea, übergaben dem Statthalter den Brief
34: 22,3 und führten ihm auch Paulus vor. 34 Der Statthalter las den Brief und
fragte Paulus, aus welcher Provinz er stamme. Als er erfuhr, dass er aus
Kilikien sei, 35 sagte er zu ihm: Ich werde dich verhören, sobald deine
Ankläger eingetroffen sind. Und er gab Befehl, ihn im Prätorium des
Herodes gefangen zu halten.

Die Eröffnung des Prozesses vor Felix

1: 23,2 24 1 Nach fünf Tagen kam der Hohe Priester Ananias mit einigen
Ältesten und dem Anwalt Tertullus; sie reichten beim Statthalter
ihre Klage gegen Paulus ein. 2 Nachdem man diesen hatte rufen lassen,
begann Tertullus mit seiner Anklage und sagte: Frieden haben wir aller-
orten durch dich, und zum Besseren gewendet hat sich vieles für dieses
Volk dank deiner Fürsorge, 3 edler Felix. Allezeit und allenthalben aner-
kennen wir dies mit grosser Dankbarkeit. 4 Um dich nun nicht über
Gebühr zu beanspruchen, bitte ich dich, uns in deiner Güte kurz anzu-
5: 17,6; Lk 23,2 · hören. 5 Wir haben nämlich festgestellt, dass dieser Mann hier eine
28,22! · 2,22 wahre Pest ist, Unruhe schürt bei allen Juden auf der ganzen Welt und
6: 21,27–29 als Anführer der Sekte der Nazarener auftritt. 6 Er hat sogar versucht,
den Tempel zu entweihen. Wir haben ihn festgenommen, 8 und wenn
du ihn in dieser Sache verhörst, wirst du selber in Erfahrung bringen
können, warum wir ihn anklagen. 9 Die Juden bestätigten die Anklage
und beteuerten, dass es sich so verhalte.

10 Als der Statthalter dem Paulus ein Zeichen gab, dass er jetzt reden
könne, antwortete dieser: Da ich weiss, dass du seit vielen Jahren die-
sem Volk Recht sprichst, bin ich zuversichtlich, wenn ich mich jetzt in
11: 21,17 eigener Sache verteidige. 11 Du kannst dich davon überzeugen, dass es
keine zwölf Tage her ist, seit ich nach Jerusalem hinaufgezogen bin, um
dort zu beten. 12 Weder im Tempel noch in den Synagogen noch sonst
wo in der Stadt haben sie mich angetroffen, wie ich mit jemandem ein
Streitgespräch geführt oder einen Volksauflauf verursacht hätte. 13 Sie
können dir auch nicht beweisen, was sie jetzt gegen mich vorbringen.
14: 28,22! 14 Dies allerdings bekenne ich vor dir, dass ich dem Gott meiner Väter
nach dem neuen Weg – den sie eine Sekte nennen – diene, indem ich in
allem auf das vertraue, was im Gesetz und in den Propheten geschrie-
15: 28,20! · ben steht, 15 und die gleiche Hoffnung, die auch diese hier teilen, auf
Dan 12,2 Gott setze: dass es nämlich zu einer Auferstehung für Gerechte und Un-
16: 23,1 gerechte kommen wird. 16 Darum übe auch ich mich darin, allezeit ein
unangefochtenes Gewissen zu haben vor Gott und den Menschen.
17: 11,29! 17 Nach mehreren Jahren bin ich nun wieder zu meinem Volk gekom-
18–19: 21,27 men, um Spenden zu überbringen und um zu opfern. 18 Dabei haben
sie mich im Tempel angetroffen, wie ich mich hatte heiligen lassen:
Kein Volk war da, und Tumult gab es keinen. 19 Nur einige Juden aus der
Provinz Asia waren da. Die müssten vor dir erscheinen und Anklage er-
heben, wenn sie etwas gegen mich vorzubringen hätten. 20 Andernfalls

24,6: Verschiedene Handschriften ergänzen V.6, fügen V.7 ein und beginnen V.8 mit einer weiteren Ergänzung: «... festgenommen, und gemäss unserem Gesetz wollten wir ihn richten. 7 Doch der Oberst Lysias kam dazu, entriss ihn mit grosser Gewalt unseren Händen 8 und befahl seinen Anklägern, vor dir zu erscheinen, und wenn ...»

sollen diese hier selber sagen, was für ein Unrecht sie festgestellt haben,
als ich vor dem Hohen Rat stand, 21 es sei denn, man werfe mir diesen 21: 23,6; 17,32!
einen Satz vor, den ich, in ihrer Mitte stehend, ihnen zugerufen habe:
Wegen der Auferstehung der Toten stehe ich heute bei euch vor Gericht!
22 Felix vertagte die Verhandlung, da er über den neuen Weg recht 22: 23,26
genau Bescheid wusste, und sagte zu ihnen: Wenn der Oberst Lysias
hierher kommt, werde ich in eurer Sache entscheiden. 23 Und er befahl
dem Hauptmann, ihn weiterhin gefangen zu halten, jedoch in leichter
Haft; zudem solle er niemanden von den Seinen daran hindern, sich um
ihn zu kümmern.

Felix und Paulus

24 Nach einigen Tagen erschien Felix zusammen mit seiner Frau
Drusilla, einer Jüdin; er liess Paulus kommen und hörte ihm zu, wie er
vom Glauben an Jesus, den Gesalbten, sprach. 25 Als er aber auf Gerech- 25: 10,35.42; 17,31
tigkeit und Selbstbeherrschung und das künftige Gericht zu sprechen
kam, wurde es Felix angst und bang, und er entgegnete: Für diesmal
kannst du gehen; wenn ich Zeit finde, werde ich dich wieder rufen las-
sen. 26 Dabei hoffte er, von Paulus Geld zu erhalten; deshalb liess er ihn
auch öfter kommen und unterhielt sich mit ihm.
27 Nach zwei Jahren aber wurde Felix durch Porcius Festus ersetzt;
und weil Felix den Juden einen Gefallen tun wollte, liess er Paulus als
Gefangenen zurück.

Die Anrufung des Kaisers

25 1 Festus zog, drei Tage nachdem er in der Provinz eingetroffen
war, von Cäsarea nach Jerusalem hinauf. 2 Dort wurden die Ho- 2: 24,1
hen Priester und die vornehmen Juden in Sachen Paulus bei ihm vor-
stellig und baten ihn, 3 er möge ihnen eine Gunst erweisen und ihn 3: 23,15
nach Jerusalem verlegen; sie wollten aber unterwegs einen Hinterhalt
legen und ihn töten. 4 Festus jedoch antwortete, Paulus bleibe in Cäsa-
rea in Haft, er selbst aber werde in Kürze dorthin zurückkehren.
5 Dann, sagte er, können die Verantwortlichen unter euch mit mir hin-
abziehen und Anklage gegen diesen Mann erheben, falls etwas nicht in
Ordnung ist mit ihm.
6 Er hielt sich bei ihnen nicht länger als acht oder zehn Tage auf,
dann zog er wieder nach Cäsarea hinab, setzte sich tags darauf auf den
Richterstuhl und liess Paulus vorführen. 7 Kaum war dieser erschienen, 7: 24,12–13
da umringten ihn die Juden, die von Jerusalem herabgekommen waren,
und brachten viele schwere Anschuldigungen vor, die sie jedoch nicht
beweisen konnten. 8 Paulus verteidigte sich und sagte: Ich habe weder 8: 21,28
gegen das Gesetz der Juden verstossen noch gegen die Heiligkeit des
Tempels noch gegen den Kaiser. 9 Da Festus aber den Juden eine Gunst
erweisen wollte, entgegnete er Paulus: Willst du nach Jerusalem hinauf-
ziehen und dich dort in dieser Sache meinem Urteil unterziehen?
10 Paulus sagte: Ich stehe vor dem Richterstuhl des Kaisers, da muss ich
gerichtet werden. Den Juden habe ich kein Unrecht angetan, wie auch
du sehr wohl weisst. 11 Bin ich nun im Unrecht und habe ich etwas ge-
tan, das den Tod verdient, so will ich den Tod nicht scheuen; ist aber
nichts an dem, was diese hier gegen mich vorbringen, so kann mich

niemand an sie ausliefern: Ich rufe den Kaiser an! 12 Da besprach sich
Festus mit seinen Ratgebern und antwortete: Den Kaiser hast du ange-
rufen, zum Kaiser sollst du gehen.

Festus und Agrippa

13 Einige Tage danach kamen der König Agrippa und Berenike nach
14: 24,27 Cäsarea, um Festus ihre Aufwartung zu machen. 14 Da sie mehrere Tage
dort verweilten, unterbreitete Festus dem König den Fall des Paulus und
sagte:

Da ist mir ein gewisser Mann von Felix als Gefangener zurückgelas-
15: 25,1–2 sen worden. 15 Seinetwegen wurden die Hohen Priester und Ältesten
der Juden, kaum war ich in Jerusalem angekommen, bei mir vorstellig
und forderten seine Verurteilung. 16 Ich antwortete ihnen, es sei bei
den Römern nicht Brauch, einen Menschen auszuliefern, bevor er als
Angeklagter seine Ankläger zu Gesicht bekommen und Gelegenheit er-
halten habe, sich gegen die Anschuldigungen zu verteidigen. 17 Als sie
dann allesamt hierher gekommen waren, liess ich keinerlei Verzöge-
rung zu, sondern setzte mich am nächsten Tag auf den Richterstuhl und
liess den Mann vorführen. 18 Die Ankläger umringten ihn und brach-
ten ihre Anschuldigungen vor, die sich aber auf ganz andere Vergehen
19: 23,29! bezogen, als ich vermutet hatte. 19 Es ging nur um gewisse Differenzen
zwischen ihnen, ihre Religion betreffend und einen gewissen Jesus, der
20: 25,9 gestorben sei, von dem Paulus aber behauptete, er lebe. 20 Da ich mich
auf die Untersuchung solcher Dinge nicht verstehe, habe ich ihm ange-
boten, nach Jerusalem zu ziehen, um sich dort in dieser Sache dem Ge-
21: 25,11–12 richt zu stellen. 21 Da sich Paulus aber auf das Recht berief, bis zur Ent-
scheidung seiner kaiserlichen Majestät in Haft zu bleiben, befahl ich,
ihn in Haft zu halten, bis ich ihn zum Kaiser schicken kann.

22 Da sagte Agrippa zu Festus: Ich möchte diesen Menschen auch
selber einmal hören. Morgen, erwiderte jener, sollst du ihn hören.

Paulus vor Festus und Agrippa

23 Am nächsten Tag nun kamen Agrippa und Berenike mit grossem
Pomp daher und begaben sich samt den hohen Offizieren und Würden-
trägern der Stadt in den Audienzsaal. Auf Befehl des Festus wurde Pau-
24: 22,22 lus vorgeführt. 24 Festus sprach: König Agrippa und all ihr Männer, die
ihr mit uns hier seid! Da seht ihr den Mann, um dessentwillen mich das
ganze Judenvolk – sowohl in Jerusalem wie auch hier – bestürmt mit
25: 23,29 seinem Geschrei, er dürfe nicht länger am Leben bleiben. 25 Ich jedoch
begriff, dass er nichts getan hat, was den Tod verdient; da er aber seine
kaiserliche Majestät angerufen hat, habe ich beschlossen, ihn hinzu-
schicken. 26 Etwas Zuverlässiges über ihn weiss ich allerdings meinem
Herrn nicht zu schreiben. Deshalb habe ich ihn euch und besonders dir,
König Agrippa, vorführen lassen, damit ich nach einer Befragung durch
euch weiss, was ich schreiben soll. 27 Es scheint mir nämlich unsinnig,

25,16: «einen Menschen auszuliefern»: Die Wendung bedeutet entweder, einen Menschen dem Verderben resp. dem Tod auszuliefern, ihn also zu verurteilen, oder (im Sinne der vorangehenden Aussage des Paulus in 25,11) einen Menschen seinen Anklägern auszuliefern, d.h. ihn einem lokalen Gericht zu übergeben.

einen Gefangenen zu überweisen, ohne anzugeben, was gegen ihn vor-
liegt.

26 1 Da sagte Agrippa zu Paulus: Es ist dir gestattet, in eigener Sache
zu sprechen. Darauf hob Paulus die Hand zu seiner Verteidigungs-
rede:

2 Ich schätze mich glücklich, König Agrippa, dass ich mich heute vor
dir gegen all die Vorwürfe von Seiten der Juden verteidigen darf, 3 zu-
mal du ein Kenner aller jüdischen Bräuche und Streitfragen bist. Darum
bitte ich dich, mich mit Wohlwollen anzuhören.

4 Das Leben, das ich von frühester Jugend an unter meinem Volk
und in Jerusalem geführt habe, ist allen Juden bekannt. 5 Sie kennen 5: 22,3! · 23,6!
mich von früher und wissen – und wenn sie wollen, können sie es auch
bezeugen –, dass ich nach der strengsten Richtung unserer Religion ge-
lebt habe, nämlich als Pharisäer. 6 Und jetzt stehe ich vor Gericht wegen 6–8: 28,20!
der Hoffnung auf die Verheissung, die von Gott an unsere Väter ergan- 6: 13,32!
gen ist; 7 sie zu erlangen, hofft unser Volk der zwölf Stämme in unabläs-
sigem Gottesdienst, Tag und Nacht. Wegen dieser Hoffnung werde ich
von den Juden verklagt, mein König! 8 Warum sollte es bei euch als un- 8: 4,2
glaubhaft gelten, wenn Gott Tote auferweckt?

9 Ich freilich meinte selbst einmal, ich müsse den Namen des Jesus 9–20: 9,1–30;
von Nazaret mit allen Mitteln bekämpfen. 10 Das habe ich in Jerusalem 22,3–21
auch getan: Viele von den Heiligen liess ich, ausgestattet mit der Voll- 10–11: 8,3!
macht der Hohen Priester, in Gefängnisse einsperren, und wenn sie
hingerichtet werden sollten, stimmte ich dafür. 11 In allen Synagogen
nötigte ich sie, oftmals unter Anwendung von Folter, Gott zu lästern, ja
in masslosem Wüten verfolgte ich sie sogar über Jerusalem hinaus in
andere Städte.

12 Als ich in solcher Absicht mit Vollmacht und Erlaubnis der Hohen
Priester nach Damaskus reiste, 13 sah ich unterwegs, mein König, mit-
ten am Tag ein Licht, das mich und meine Begleiter vom Himmel her
umstrahlte, heller als das Leuchten der Sonne. 14 Wir stürzten alle zu
Boden, und ich hörte eine Stimme, die auf Hebräisch zu mir sagte: Saul,
Saul, was verfolgst du mich? Es wird dich hart ankommen, gegen den
Stachel auszuschlagen. 15 Ich sagte: Wer bist du, Herr? Der Herr sprach:
Ich bin Jesus, den du verfolgst. 16 Aber nun steh auf und stell dich auf 16: Ez 2,1
deine Füsse! Denn ich bin dir erschienen, um dich zu erwählen zum
Diener und zum Zeugen für mich, so wie du mich jetzt gesehen hast und
wie ich dir künftig erscheinen werde. 17 Ich will dich schützen vor dei- 17: Jer 1,8.19
nem Volk und vor den andern Völkern, zu denen ich dich sende. 18 Du 18: Jes 42,7.16 ·
sollst ihnen die Augen öffnen, dass sie sich von der Finsternis zum Kol 1,12–14 · 5,31! ·
Licht, von der Macht des Satans zu Gott hinwenden und dass sie Verge- 20,32
bung der Sünden und ihr Erbe in der Schar der Geheiligten empfangen
durch den Glauben an mich.

19 Darum, König Agrippa, war ich der himmlischen Erscheinung
nicht ungehorsam, 20 sondern ich verkündigte zuerst den Leuten in 20: 11,18!; 17,30!
Damaskus und in Jerusalem, dann in ganz Judäa und unter den Heiden,
es gelte umzukehren, sich Gott zuzuwenden und zu tun, was der Um-
kehr entspricht. 21 Das ist es, weshalb mich einige Juden im Tempel er- 21: 21,30–31
griffen und versucht haben, mich umzubringen. 22 Da mir nun bis auf 22–23: 3,18; 28,23;
den heutigen Tag Hilfe von Gott zuteil geworden ist, stehe ich hier und Lk 24,25–27

lege Zeugnis ab vor Gross und Klein, indem ich nichts anderes sage, als
was nach den Worten der Propheten und des Mose geschehen musste:
23: 17,3! · Kol 1,18! · 23 dass nämlich der Gesalbte leiden muss und dass er als Erster von den
17,32! · 13,47; Toten auferstehen und dem Volk und allen Völkern das Licht verkündi-
Lk 2,32 gen wird.

24 Als er dies zu seiner Verteidigung anführte, rief Festus mit lauter
Stimme: Du bist von Sinnen, Paulus! Das viele Studieren treibt dich in
den Wahnsinn. 25 Paulus entgegnete: Ich bin nicht von Sinnen, edler
Festus, sondern was ich sage, ist wahr und vernünftig. 26 Der König,
zu dem ich voller Zuversicht spreche, versteht sich nämlich auf diese
Dinge; ich bin überzeugt, dass ihm nichts davon verborgen geblieben
ist – es hat sich ja nicht in irgendeinem Winkel zugetragen. 27 Glaubst
du den Propheten, König Agrippa? Ich weiss, dass du ihnen glaubst.
28 Agrippa sagte zu Paulus: Wenig fehlt, und du bringst mich dazu, als
Christ aufzutreten. 29 Paulus antwortete: Ich wünschte mir von Gott,
dass über kurz oder lang nicht nur du, sondern alle, die mich heute hö-
ren, das werden, was ich bin – freilich ohne diese Fesseln.

30: 25,23 30 Da erhoben sich der König und der Statthalter und auch Berenike
31: 23,29; 25,25 und die Übrigen, die bei ihnen sassen. 31 Sie zogen sich zurück, bespra-
chen sich miteinander und sagten: Dieser Mensch tut nichts, was Tod
32: 25,11 oder Haft verdient, 32 und Agrippa sagte zu Festus: Dieser Mensch
könnte wieder frei sein, wenn er nicht den Kaiser angerufen hätte.

Romreise und Schiffbruch

27 1 Als nun beschlossen war, dass wir nach Italien abreisen sollten,
übergab man Paulus und einige andere Gefangene einem Haupt-
2: 19,29; 20,4 mann der kaiserlichen Kohorte namens Julius. 2 Wir gingen an Bord
eines Schiffes aus Adramyttium, das die Ortschaften längs der Küste der
Provinz Asia anlaufen sollte, und stachen in See. Zu uns gehörte auch
Aristarchus, ein Mann aus Thessalonich. 3 Am nächsten Tag liefen wir
Sidon an. Julius behandelte Paulus wohlwollend und erlaubte ihm, zu
seinen Freunden zu gehen und sich versorgen zu lassen. 4 Von dort leg-
ten wir wieder ab und fuhren, weil die Winde uns entgegenstanden, im
Windschatten von Zypern weiter. 5 Dann fuhren wir auf dem Meer der
Küste von Kilikien und Pamphylien entlang und gelangten nach Myra
in Lykien.

6 Dort fand der Hauptmann ein Schiff aus Alexandria, das unter-
wegs nach Italien war, und brachte uns an Bord. 7 Tagelang kamen wir
nur langsam voran und erreichten kaum die Höhe von Knidos. Da der
Wind uns nicht näher herankommen liess, fuhren wir in den Wind-
schatten von Kreta, auf Kap Salmone zu. 8 Mit einiger Mühe fuhren wir
der Insel entlang und erreichten schliesslich einen Ort namens Kaloi
Limenes, in dessen Nähe die Stadt Lasäa liegt.

9: Lev 16,29–31 9 Inzwischen war viel Zeit verstrichen, sogar das Fasten war schon
vorüber. Die Seefahrt wurde bereits unsicher, und Paulus hatte Beden-
ken 10 und sagte zu den Leuten: Männer, ich sehe, dass die Fahrt nicht
nur für die Ladung und das Schiff Unbill und grossen Schaden mit sich
bringen, sondern auch unser Leben gefährden wird. 11 Der Hauptmann

26,28: Andere Übersetzungsmöglichkeit: «…, den Christen zu spielen.»

jedoch verliess sich auf den Steuermann und den Kapitän und hörte
nicht auf die Worte des Paulus, 12 und da der Hafen zum Überwintern
ungeeignet war, beschloss die Mehrheit, von dort weiterzufahren in der
Hoffnung, Phönix zu erreichen, einen Hafen auf Kreta, der nach Süd-
westen und Nordwesten hin offen ist, und dort zu überwintern.

13 Als ein leichter Südwind aufkam, glaubten sie, ihr Vorhaben stehe
unter einem guten Stern, lichteten die Anker und fuhren der Küste von
Kreta entlang. 14 Kurz darauf jedoch brach von der Insel her ein Orkan
los, der sogenannte Euraquilo. 15 Da das Schiff mitgerissen wurde und
nicht mehr gegen den Wind gedreht werden konnte, gaben wir auf und
liessen uns treiben. 16 Als wir bei einer kleinen Insel namens Kauda
Schutz fanden, konnten wir das Beiboot nur mit Mühe in unsere Gewalt
bekommen. 17 Nachdem sie es gehievt hatten, ergriffen sie weitere
Massnahmen und zogen Taue unter dem Schiff durch; und weil sie be-
fürchteten, in die Grosse Syrte abgetrieben zu werden, liessen sie den
Treibanker hinunter und trieben so dahin. 18 Da wir vom Sturm hart
bedrängt waren, warfen sie am nächsten Tag Ladung ab, 19 und am drit-
ten Tag warfen sie eigenhändig das Schiffsgerät über Bord. 20 Mehrere
Tage lang zeigten sich weder Sonne noch Sterne, und der heftige Sturm
hielt an; am Ende schwand uns jede Hoffnung, noch gerettet zu werden.

21 Als niemand mehr essen mochte, trat Paulus mitten unter sie und *21:* 27,9-10
sagte: Männer, man hätte eben auf mich hören und nicht von Kreta
wegfahren sollen; dann wären uns jetzt Unglück und Schaden erspart
geblieben. 22 Doch nun ermahne ich euch, guten Mutes zu sein. Keiner *22:* 27,41-44
von euch wird ums Leben kommen, nur das Schiff wird untergehen.
23 In dieser Nacht nämlich ist ein Engel des Gottes, dem ich gehöre und *23:* 9,10!
dem ich diene, zu mir getreten 24 und hat gesagt: Fürchte dich nicht, *24:* 9,15; 23,11
Paulus, du musst vor den Kaiser treten. Und so hat Gott dir alle anver-
traut, die mit dir auf dem Schiff sind. 25 Darum, Männer, seid guten
Mutes! Denn ich vertraue auf Gott, dass es so geschehen wird, wie mir
gesagt worden ist. 26 Wir werden an irgendeiner Insel stranden müs- *26:* 28,1
sen.

27 Als wir nun schon die vierzehnte Nacht auf dem Adriatischen
Meer dahintrieben, glaubten die Matrosen mitten in der Nacht, Land zu
sichten, das auf sie zukam. 28 Sie warfen das Senkblei aus und massen
zwanzig Faden; und als sie ein wenig weiter gefahren waren und dann
das Senkblei nochmals auswarfen, massen sie noch fünfzehn Faden.
29 Da befürchteten sie, wir könnten auf ein Riff auflaufen, warfen vom
Heck aus vier Anker und sehnten den Morgen herbei. 30 Die Matrosen
aber versuchten, vom Schiff zu fliehen, und liessen unter dem Vorwand,
vom Bug aus Anker auszuwerfen, das Beiboot ins Wasser hinunter.
31 Paulus aber sagte zum Hauptmann und zu den Soldaten: Wenn die
nicht auf dem Schiff bleiben, könnt ihr nicht gerettet werden. 32 Da
kappten die Soldaten die Taue des Bootes und liessen es treiben.

27,13: Andere Übersetzungsmöglichkeit: «..., glaubten sie schon, ihr Vorhaben sei geglückt, lichteten ...»

27,27: Zum Adriatischen Meer zählte man in der Antike auch das Meer zwischen Kreta und Sizilien.

33: 27,21 33 Bis in die Morgendämmerung hinein ermunterte Paulus alle,
wieder Nahrung zu sich zu nehmen, und sagte: Heute ist schon der vier-
zehnte Tag, dass ihr ohne Essen ausharrt und nichts zu euch nehmt.
34 Darum rate ich euch, etwas zu essen, denn das kommt eurer Rettung
zugute. Keinem von euch nämlich wird auch nur ein Haar auf seinem
Kopf verloren gehen. 35 Nachdem er dies gesagt und Brot genommen
hatte, dankte er Gott vor aller Augen, brach es und begann zu essen.
36 Da fassten alle neuen Mut und nahmen ebenfalls Speise zu sich.
37 Wir waren insgesamt zweihundertsechsundsiebzig Leute auf dem
Schiff. 38 Nachdem sie sich satt gegessen hatten, machten sie das Schiff
leichter, indem sie das Getreide ins Meer warfen.

39 Als es Tag wurde, konnten sie nicht erkennen, was für ein Land da
vor ihnen lag. Sie entdeckten aber eine Bucht mit einem flachen Strand;
da beschlossen sie, das Schiff nach Möglichkeit dort auflaufen zu lassen.
40 Sie machten die Anker los und liessen sie im Meer zurück; zugleich
lösten sie die Haltetaue der Steuerruder, setzten das Vordersegel und
41: 2Kor 11,25 hielten mit dem Wind im Rücken auf den Strand zu. 41 Sie gerieten aber
auf eine Sandbank und liessen das Schiff auflaufen; der Bug bohrte sich
in den Grund und sass fest, das Heck aber drohte unter der Gewalt der
Wellen zu bersten. 42 Da beschlossen die Soldaten, die Gefangenen zu
töten, damit keiner schwimmend entkommen könne. 43 Der Haupt-
mann jedoch wollte Paulus retten und hinderte sie an ihrem Vorhaben.
Er befahl, dass zuerst diejenigen, die schwimmen konnten, ins Wasser
springen und versuchen sollten, das Land zu erreichen; 44 die Übri-
gen sollten nachkommen, teils auf Planken, teils auf irgendwelchen
Schiffstrümmern. Und so geschah es, dass alle an Land kamen und ge-
rettet wurden.

Aufenthalt auf Malta

28 1 Nach unserer Rettung erfuhren wir, dass die Insel Malta hiess.
2 Die Einheimischen waren uns gegenüber von aussergewöhnli-
cher Freundlichkeit; sie machten Feuer und nahmen uns bei sich auf,
denn es begann zu regnen und wurde kalt. 3 Als Paulus ein Bündel Rei-
sig, das er gesammelt hatte, auf das Feuer legte, fuhr infolge der Hitze
eine Natter heraus und biss sich an seiner Hand fest. 4 Als die Einhei-
mischen das Tier an seiner Hand hängen sahen, sagten sie zueinander:
Dieser Mensch ist gewiss ein Mörder; dem Meer ist er entronnen, aber
dennoch lässt ihn die Göttin der Gerechtigkeit nicht leben. 5 Er aber
6: Lk 10,19! · 14,11 schüttelte das Tier ab, warf es ins Feuer, und es geschah ihm nichts. 6 Sie
erwarteten, dass er nun Schwellungen bekommen oder plötzlich tot
umfallen werde. Doch nachdem sie längere Zeit gewartet hatten, ohne
etwas Ungewöhnliches an ihm wahrzunehmen, änderten sie ihre Mei-
nung und sagten, er sei ein Gott.

7 In der Umgebung jenes Ortes lagen Landgüter, die dem vor-
nehmsten Bürger der Insel namens Publius gehörten. Der nahm uns auf
8–9: Lk 4,38–40 und erwies uns drei Tage lang seine Gastfreundschaft. 8 Es traf sich
8: 6,6! aber, dass der Vater des Publius mit Fieber und Durchfall darniederlag.
Da ging Paulus zu ihm hinein und betete, legte ihm die Hände auf und
machte ihn gesund. 9 Daraufhin kamen auch die übrigen Kranken der
Insel herbei und liessen sich heilen. 10 Auf vielerlei Weise bezeugten

sie uns ihre Ehrerbietung, und bei unserer Abfahrt gab man uns mit, was wir nötig hatten.

Von Malta nach Rom

11 Drei Monate später stachen wir mit einem Schiff, das auf der In-
sel überwintert hatte, in See; es war aus Alexandria und trug als Ga-
lionsfigur die Dioskuren. 12 Wir liefen in Syrakus ein und blieben dort
drei Tage. 13 Dann lichteten wir die Anker und gelangten nach Rhegi-
um. Tags darauf setzte Südwind ein, und so erreichten wir in zwei Tagen
Puteoli. 14 Hier trafen wir Brüder und Schwestern, die uns baten, sieben
Tage bei ihnen zu bleiben. Und so kamen wir schliesslich nach Rom.

15 Die Brüder und Schwestern, die gehört hatten, was uns zugestos-
sen war, reisten uns von dort bis Forum Appii und Tres-Tabernae entge-
gen. Als Paulus sie sah, dankte er Gott und fasste Mut. 16 Nach unserer
Ankunft in Rom bekam Paulus die Erlaubnis, für sich allein zu wohnen,
zusammen mit dem Soldaten, der ihn bewachte.

Das Wirken des Paulus in Rom

17 Es geschah aber nach drei Tagen, dass er die Vorsteher der jüdi- 17: 25,8
schen Gemeinde zu sich rufen liess; als sie bei ihm versammelt waren,
sprach er zu ihnen: Brüder! Obwohl ich nichts getan habe, was sich ge-
gen unser Volk oder die Sitten unserer Väter richtet, bin ich von Jerusa-
lem als Gefangener den Römern ausgeliefert worden. 18 Diese haben 18: 26,32
mich verhört und wollten mich freilassen, da nichts an mir zu finden
war, was den Tod verdient. 19 Da aber die Juden Einspruch erhoben, war 19: 25,11
ich gezwungen, an den Kaiser zu appellieren – doch nicht in der Ab-
sicht, mein Volk in irgendeiner Weise zu verklagen. 20 Aus diesem 20: 23,6; 24,15;
Grund habe ich darum gebeten, euch sehen und sprechen zu dürfen; 26,6–8
denn um der Hoffnung Israels willen trage ich diese Fesseln. 21 Da sag-
ten sie zu ihm: Weder haben wir Briefe über dich aus Judäa erhalten
noch ist einer von den Brüdern gekommen und hat uns Nachteiliges
von dir berichtet oder schlecht über dich gesprochen. 22 Wir würden 22: 24,5.14 ·
aber gerne von dir hören, wie du denkst; von dieser Sekte ist uns näm- Lk 2,34
lich bekannt, dass sie überall auf Widerspruch stösst.

23 Nachdem sie mit ihm einen Tag vereinbart hatten, kamen sie in 23: 19,8! · 26,22–23!
noch grösserer Zahl zu ihm in seine Unterkunft. Er legte ihnen alles dar,
indem er Zeugnis gab vom Reich Gottes und sie, ausgehend vom Gesetz
des Mose und von den Propheten, von Jesus zu überzeugen suchte, vom
frühen Morgen bis zum Abend. 24 Einige liessen sich überzeugen von
dem, was er sagte, andere aber schenkten ihm keinen Glauben. 25 Ohne
sich einig geworden zu sein, brachen sie auf, nachdem Paulus noch dies
eine Wort gesagt hatte: Wie zutreffend ist doch, was der heilige Geist
durch den Propheten Jesaja zu euren Vätern gesprochen hat, 26 als er 26–27: Jes 6,9–10;
sagte: Lk 8,10

Geh zu diesem Volk und sprich:
Hörend werdet ihr hören und nicht verstehen,
sehend werdet ihr sehen und nicht erkennen.
27 *Denn verfettet ist das Herz dieses Volkes;*

28,22: Andere Übersetzungsmöglichkeit: «...; von dieser Partei ist uns nämlich bekannt, ...»

mit den Ohren hören sie schwer,
und ihre Augen halten sie geschlossen,
damit sie mit den Augen nicht sehen
und mit den Ohren nicht hören
und mit dem Herzen nicht verstehen
und nicht umkehren und nicht wollen, dass ich sie heile.

28 So sei euch denn kundgetan: Das Rettende, das von Gott kommt, ist zu den andern Völkern gesandt worden, und die werden hören.

30 Er blieb zwei Jahre lang in seiner eigenen Wohnung und empfing
31: 19,8! alle, die zu ihm kamen, 31 verkündigte das Reich Gottes und lehrte über
Jesus Christus, den Herrn, in aller Offenheit und ungehindert.

Der Brief an die Römer

In der Geschichte der christlichen Theologie spielt der Brief an die Römer eine bedeutende Rolle: Immer wieder ist die erneute und vertiefte Auseinandersetzung mit gerade diesem Buch des Neuen Testaments (bei Augustin, bei Luther, bei Karl Barth) grossen Aufbrüchen vorausgegangen. Dies ist kein Zufall: Paulus legt hier wie in keinem anderen Brief eine dichte und überlegte Rechenschaft über sein Verständnis des Evangeliums ab. Obschon es sich deutlich um einen Brief handelt, lässt sich dieses Schreiben zugleich als systematisch angelegter Entwurf einer frühchristlichen Theologie lesen. Aus diesem Grund steht diese Schrift auch am Anfang der Briefsammlung innerhalb des neutestamentlichen Kanons.

Die konzentrierte Gedankenarbeit, die den Brief an die Römer auszeichnet, hat ihren Grund und Anlass: Paulus schreibt an eine nicht von ihm gegründete Gemeinde, die er auch noch nie besucht hat (Röm 1,13), und will so eine Ausgangsbasis für die von ihm geplante Mission in der westlichen Mittelmeerwelt schaffen (Röm 15,22–24). Mit seiner ausführlichen Darstellung des Evangeliums, in der er auch die Kritik an seiner Verkündigung und seiner Heidenmission entschieden zurückweist, sucht er das Einverständnis der römischen Christen. Dazu kommt, dass Paulus vor der Fahrt in den Westen die Jerusalemer Urgemeinde besuchen will, um ihr eine Kollekte seiner vorwiegend dem Heidentum entstammenden Gemeinden zu überbringen (Röm 15,25–32). Er befürchtet, sein Auftreten in Jerusalem und seine Begegnung mit den dortigen Christusgläubigen, zu denen seine schärfsten Kritiker gehören, könnten in schwere Konflikte münden. Mit seiner gründlich durchdachten Auslegung des Evangeliums hofft er, sich für die bevorstehenden Auseinandersetzungen wappnen zu können.

28,28: Einige Handschriften fügen am Versende ein: «29 Und als er dies gesagt hatte, gingen die Juden fort und stritten noch lange miteinander.»

Die Gemeinde in der Kaiserstadt Rom scheint aus mehreren Hausgemeinden zu bestehen (vgl. Röm 16), ihre Anhängerinnen und Anhänger entstammen überwiegend dem Heidentum (vgl. Röm 1,5–6.13; in Röm 16 werden allerdings auch Juden genannt), stehen aber wie andere frühchristliche Gemeinden den jüdischen Synagogen sehr nahe. Der Brief an die Römer beschäftigt sich deshalb ausgiebig mit dem Verhältnis von Juden und Heiden zum Evangelium (bes. Röm 9–11); er ringt mit dem Thema ‹Israel›, seiner Erwählung, seinem Scheitern und seiner Errettung. Paulus hat den Brief in Korinth um 56/57 verfasst (Röm 16,23; Apg 20,2–3); wie es in der Antike üblich war, hat er den Wortlaut seinem Sekretär diktiert (Röm 16,22). Möglicherweise handelt es sich um den letzten uns erhaltenen Paulusbrief, gleichsam sein Testament.

Der Brief an die Römer ist sehr klar gegliedert. Wie andere antike Briefe und zumal die übrigen Paulusbriefe wird das Briefkorpus von einem Anfang (Röm 1,1–17 mit Anschrift und Danksagung) und einem Schlussteil (Röm 15,14–16,23) eingerahmt. Im ersten Hauptteil entfaltet Paulus sein Verständnis der Gerechtigkeit Gottes in Christus (Röm 1,18–11,36). Gott hat seine «Gerechtigkeit», verstanden im alttestamentlich-jüdischen Sinn als an Israel und sein Gesetz (Tora) gebundene göttliche Bundestreue, mit Jesus Christus auch den Heiden zukommen lassen (Röm 1,16–17). Paulus zeigt auf, wie Heiden und Juden gleichermassen von sich aus sich der Gerechtigkeit Gottes verschlossen haben (Röm 1,18–3,20), da diese sich erst im Glauben an Jesus Christus erschliesst (Röm 3,21–4,25). In Röm 5–8 wird das christliche Leben im Spannungsfeld universaler Mächte geortet: Die Glaubenden sind befreit von der gottverneinenden Macht des Todes (Röm 5), von der Sünde (Röm 6) und vom Gesetz als Heilsweg (Röm 7); als freie Kinder Gottes empfangen sie den göttlichen Geist (Röm 8). In vielfacher Hinsicht werden die Gedankengänge, die auch den Galaterbrief charakterisieren, vertieft oder modifiziert. Vom theologischen Weiterdenken des Paulus zeugen besonders Röm 9–11, wonach Israel, das Gottesvolk, obwohl es in Jesus den Messias abgelehnt hat, von Gott nicht endgültig verstossen wird, sondern am Ende Erbarmen findet. Dem lehrhaften Teil (Röm 1–11) schliesst sich ein ethischer Teil an (Röm 12,1–15,13). Neben allgemeinen Ermahnungen zur christlichen Lebensgestaltung (Röm 12–13) finden sich konkrete Ratschläge zur Beilegung von Spannungen, wie sie in der römischen Gemeinde zwischen Christen jüdischer Abstammung und solchen heidnischer Herkunft entstanden sind (Röm 14,1–15,13). Eine breite Grussliste (Röm 16,3–16) legt noch einmal den Boden für das gewünschte Einvernehmen zwischen dem Apostel und der römischen Gemeinde. Der den Brief abschliessende Lobpreis (Röm 16,25–27) stammt möglicherweise erst aus späterer Zeit.

Im Brief an die Römer bezieht sich Paulus an den entscheidenden Punkten seiner Argumentation immer wieder auf älteste christliche Traditionen, um die römischen Adressaten von der Richtigkeit seiner Deutung des Christusgeschehens zu überzeugen. Neben der alten Formel von Jesus Christus als Davidssohn und Gottessohn (Röm 1,3–4) ist besonders die Deutung des Todes Jesu als stellvertretende Sühne, die den Jerusalemer Tempel hinfällig macht, zu nennen (Röm 3,25–26). Ähnlich verhält es sich mit der Tauftradition (Röm 6,3–4).

Im Brief an die Römer sind nahezu alle grossen theologischen Themen: das Verhältnis von Evangelium und Gesetz (Befreiung und Verpflichtung), die Erwählungslehre, die Lehre vom Menschen und die Lehre vom heiligen Geist, erstmals in einen systematischen Zusammenhang gebracht. Dadurch ist Paulus als der grosse Lehrer der Theologie in die Geschichte der Kirche eingegangen.

Anschrift

1: Phil 1,1 · 1Kor 1,1; Gal 1,1 · Gal 1,15
2: 16,26
3: Joh 7,42!
4: Phil 3,10 · 1Kor 15,13!
5: Gal 2,7–9 · 16,26
7: 1Kor 1,3; 2Kor 1,2; Gal 1,3; Phil 1,2; Phlm 3

1 1 Paulus, Knecht des Christus Jesus, berufen zum Apostel, auserse-
hen, das Evangelium Gottes zu verkündigen, 2 das er durch seine
Propheten in heiligen Schriften schon seit langem verheissen hat –
3 das Evangelium von seinem Sohn, der nach dem Fleisch aus dem Sa-
men Davids stammt, 4 nach dem Geist der Heiligkeit aber eingesetzt ist
als Sohn Gottes in Macht, seit der Auferstehung von den Toten: das
Evangelium von Jesus Christus, unserem Herrn, 5 durch den wir Gnade
und Apostelamt empfangen haben, Glaubensgehorsam zu erwirken
und seinen Namen zu verbreiten unter allen Völkern, 6 zu denen auch
ihr als in Jesus Christus Berufene gehört –, 7 an alle in Rom, die von Gott
geliebt und zu Heiligen berufen sind: Gnade sei mit euch und Friede
von Gott, unserem Vater, und dem Herrn Jesus Christus.

Die Sehnsucht des Apostels

8: 1Kor 1,4!
13: 15,22!
14: 1Kor 1,26–28

8 Als Erstes danke ich meinem Gott durch Jesus Christus für euch
alle; von eurem Glauben nämlich wird in der ganzen Welt gesprochen.
9 Denn Gott, dem ich mit allem, was in mir ist, diene durch die Verkün-
digung des Evangeliums von seinem Sohn, er ist mein Zeuge, dass ich
unablässig an euch denke 10 und im Gebet immer wieder darum bitte,
dass es mir endlich einmal durch Gottes Willen vergönnt sei, zu euch zu
kommen. 11 Denn ich sehne mich danach, euch zu sehen, um euch teil-
haben zu lassen an dieser und jener geistlichen Gabe zu eurer Stärkung,
12 und das heisst: um in eurer Mitte gemeinsam mit euch ermutigt zu
werden durch unseren gemeinsamen Glauben, den euren wie den mei-
nen.
13 Ihr sollt aber auch wissen, liebe Brüder und Schwestern, dass ich
mir schon oft vorgenommen habe, zu euch zu kommen, bis heute aber
daran gehindert wurde, auch bei euch, wie bei allen anderen Völkern,
ein wenig Frucht zu ernten. 14 Griechen und Nichtgriechen, Gebildeten
und Ungebildeten weiss ich mich verpflichtet. 15 So ist bei mir der klare
Wille vorhanden, auch euch in Rom das Evangelium zu verkündigen.

Das Evangelium als Kraft Gottes

16: Lk 9,26! · 1Kor 1,18 · 10,9
17: 3,21–26; 10,3; 2Kor 5,21; Phil 3,9 · Hab 2,4; Gal 3,11

16 Denn ich schäme mich des Evangeliums nicht; eine Kraft Gottes
ist es zur Rettung für jeden, der glaubt, für die Juden zuerst und auch für
die Griechen. 17 Gottes Gerechtigkeit nämlich wird in ihm offenbart,

1,4: Andere Übersetzungsmöglichkeit: «... eingesetzt ist in Macht, durch die Auferstehung von ...»

1,14: Andere Übersetzungsmöglichkeit: «... Nichtgriechen, Weisen und Toren weiss ich ...»

Das Auge ist das
Licht des Leibes.
Wenn dein Auge
lauter ist, wird
dein ganzer Leib
Licht sein. Wenn
dein Auge böse
ist, wird dein gan-
zer Leib finster
sein. Wenn nun das
Licht, das in dir ist,
Finsternis ist, wie gro-
dann die Finsternis
Mt 6,22-23

Schriftbild zu Matthäus 6,22–23

aus Glauben zu Glauben, wie geschrieben steht: *Der aus Glauben Gerech-
te aber wird leben.*

Die Unentschuldbarkeit aller Menschen

18 Denn es offenbart sich Gottes Zorn vom Himmel her über alle
Gottlosigkeit und Ungerechtigkeit der Menschen, die die Wahrheit un-
terdrücken durch Ungerechtigkeit. 19 Sie hätten ja vor Augen, was von
Gott erkannt werden kann; Gott selbst hat es ihnen vor Augen geführt.
20 Denn was von ihm unsichtbar ist, seine unvergängliche Kraft und
Gottheit, wird seit der Erschaffung der Welt mit der Vernunft an seinen
Werken wahrgenommen; es bleibt ihnen also keine Entschuldigung.
21 Denn obwohl sie Gott erkannten, haben sie ihm nicht die Ehre gege- 21: 2Kön 17,15;
ben, die Gott gebührt, noch ihm Dank gesagt, sondern sie verfielen mit Jer 2,5
ihren Gedanken dem Nichtigen, und ihr unverständiges Herz verfins-
terte sich.

22 Sie behaupteten, weise zu sein, und wurden zu Toren, 23 und sie 22: 1Kor 1,20
tauschten die Herrlichkeit des unvergänglichen Gottes gegen das Ab- 23: Ps 106,20 ·
bild eines vergänglichen Menschen, gegen das Abbild von Vögeln, Vier- Dtn 4,15–18
füsslern und Kriechtieren. 24 Darum hat Gott sie im Begehren ihres 24: 6,19
Herzens der Unreinheit preisgegeben, und so entehren sie selbst ihre
Leiber.

25 Sie tauschten die Wahrheit Gottes gegen die Lüge und huldig-
ten und dienten dem Geschöpf statt dem Schöpfer – gepriesen sei er
in Ewigkeit, Amen. 26 Deshalb hat Gott sie unwürdigen Leidenschaf-
ten preisgegeben. Denn ihre Frauen vertauschten den natürlichen Um-
gang mit dem widernatürlichen. 27 Ebenso gaben die Männer den na-
türlichen Umgang mit der Frau auf und entflammten im Verlangen
nacheinander; Männer mit Männern bringen Schande über sich und
empfangen am eigenen Leib den Lohn für ihre Verirrung.

28 Und da es ihnen nichts bedeutete, Gott erkannt zu haben, hat
Gott sie der Haltlosigkeit preisgegeben, und so tun sie, was sich nicht
gebührt. 29 Sie strotzen vor Unrecht, Schlechtigkeit, Habsucht, Bosheit,
sie sind voller Neid, Mord, Zank, Arglist, Verschlagenheit; Ohrenbläser
sind sie, 30 Verleumder, Gotthasser, Frevler, Angeber, Prahler, erfinde-
risch im Bösen, ungehorsam den Eltern, 31 gedankenlos, haltlos, lieblos,
ohne Erbarmen.

32 Sie kennen zwar die Rechtsordnung Gottes, die sagt, dass, wer es
so treibt, den Tod verdient; und doch tun sie es nicht nur, nein, sie be-
klatschen auch noch, die es so treiben.

Das Ende aller Entschuldigungen

2 1 Darum gibt es keine Entschuldigung für dich, Mensch, wer immer
du bist, der du urteilst. Worin du über einen andern urteilst, darin
verurteilst du dich selbst; denn du, der du urteilst, tust ja dasselbe. 2 Wir
wissen aber, dass Gottes Urteil diejenigen, die solches tun, zu Recht
trifft.

3 Du aber, Mensch, der du über die richtest, die solches tun, und
doch dasselbe tust, rechnest du damit, dass du dem Gericht Gottes ent-

1,17: Andere Übersetzungsmöglichkeit: «…: *Der Gerechte aber wird aus Glauben leben.*»

rinnen wirst? 4 Oder verkennst du den Reichtum seiner Güte, Langmut
und Geduld? Weisst du nicht, dass Gottes Güte dich zur Umkehr leitet?
5: Zef 1,14–15 5 Mit deinem Starrsinn und deinem unbussfertigen Herzen häufst du
dir Zorn auf für den Tag des Zorns, an dem sich Gottes gerechtes Gericht
6: Spr 24,12; offenbaren wird. 6 Er *wird einem jeden vergelten nach seinen Taten:* 7 ewi-
Ps 62,13; Mt 16,27 ges Leben geben denen, die im geduldigen Tun guter Werke Herrlich-
keit, Ehre und Unvergänglichkeit suchen, 8 Zorn und Grimm aber de-
nen, die nur auf den eigenen Vorteil bedacht sind und nicht auf die
Wahrheit hören, sondern dem Unrecht folgen.

9 Bedrängnis und Not über das Leben eines jeden Menschen, der das
Böse tut, des Juden zuerst und auch des Griechen! 10 Herrlichkeit aber
und Ehre und Frieden einem jeden, der das Gute tut, dem Juden zuerst
11: Gal 2,6 und auch dem Griechen. 11 Denn bei Gott ist kein Ansehen der Person.

Kein Vorrang der Juden

12 Alle, die ohne Kenntnis des Gesetzes gesündigt haben, werden
auch ohne Gesetz zugrunde gehen, und alle, die in Kenntnis des Geset-
zes gesündigt haben, werden durch das Gesetz gerichtet werden.
13 Denn nicht die, die das Gesetz hören, sind bei Gott gerecht, sondern
diejenigen, die tun, was das Gesetz sagt, werden gerecht gesprochen
werden. 14 Wenn nämlich die Heiden, die das Gesetz nicht haben, von
Natur aus tun, was das Gesetz gebietet, dann sind sie – obwohl sie das
15: Jer 31,33; Jes 51,7 Gesetz nicht haben – sich selbst das Gesetz. 15 Sie zeigen damit, dass
ihnen das Gesetz mit allem, was es will und wirkt, ins Herz geschrieben
ist; ihr Gewissen legt davon Zeugnis ab, und ihre Gedanken verklagen
16: 1Kor 4,5 · 16,25 oder verteidigen sich gegenseitig – 16 offenbar wird dies an dem Tag, da
Gott richtet über das, was im Menschen verborgen ist, nach meinem
Evangelium durch Christus Jesus.

17 Wenn du dich aber einen Juden nennst und dich auf das Gesetz
stützt und deinen Ruhm auf Gott gründest, 18 wenn du seinen Willen
kennst und, da du gesetzeskundig bist, beurteilen kannst, worauf es
19: Mt 15,14 ankommt, 19 wenn du dir also zutraust, ein Führer der Blinden zu sein,
ein Licht für die in der Finsternis, 20 ein Erzieher der Unwissenden,
ein Lehrer der Unmündigen, der im Gesetz die Verkörperung der Er-
kenntnis und Wahrheit hat – 21 du also belehrst den anderen und dich
selbst belehrst du nicht? Du verkündest, man dürfe nicht stehlen, und
stiehlst? 22 Du sagst, man dürfe die Ehe nicht brechen, und brichst sie?
Du verabscheust die fremden Götter und begehst Tempelraub? 23 Du
rühmst dich des Gesetzes und raubst Gott die Ehre durch die Übertre-
24: Jes 52,5 tung des Gesetzes! 24 Denn, wie geschrieben steht: *Der Name Gottes
wird um euretwillen in Verruf gebracht unter den Völkern.*

25 Die Beschneidung nützt dir nämlich nur dann, wenn du das
Gesetz befolgst; übertrittst du aber das Gesetz, so ist aus deiner Be-
schneidung Unbeschnittensein geworden. 26 Wenn nun ein Unbe-
schnittener sich an die Forderungen des Gesetzes hält, wird ihm sein
Unbeschnittensein dann nicht als Beschneidung angerechnet? 27 So

2,4: Andere Übersetzungsmöglichkeit: «Oder verachtest du den Reichtum ...»

2,14: Andere Übersetzungsmöglichkeit: «... Heiden, die kein Gesetz haben, ..., dann sind sie – obwohl sie kein Gesetz haben – sich selbst ...»

wird, wer von Natur aus unbeschnitten ist, das Gesetz aber erfüllt, rich-
ten über dich, der du trotz Buchstabe und Beschneidung ein Übertreter
des Gesetzes bist. 28 Denn nicht der ist ein Jude, der es nach aussen hin
ist, und nicht das ist Beschneidung, was äusserlich am Fleisch ge-
schieht, 29 nein, ein Jude ist, wer es im Verborgenen ist, und die Be- 29: Dtn 30,6;
schneidung ist eine Beschneidung des Herzens, nach dem Geist, nicht Phil 3,3
nach dem Buchstaben; eines solchen Lob kommt nicht von Menschen,
sondern von Gott.

Die Treue Gottes

3 1 Was haben nun die Juden den anderen voraus? Was nützt ihnen
die Beschneidung? 2 Viel, in jeder Hinsicht! Allem voran: Ihnen wur-
den die Worte Gottes anvertraut. 3 Denn was macht es schon aus: Wenn
einige untreu geworden sind, wird ihre Untreue etwa die Treue Gottes
aufheben? 4 Gewiss nicht! Es soll sich vielmehr herausstellen, dass Gott 4: Ps 116,11 · Ps 51,6
wahrhaftig ist, jeder Mensch aber ein Lügner, wie geschrieben steht:
damit du dich als gerecht erweist in deinen Worten
und Recht behältst, wenn man mit dir rechtet.
5 Wenn aber unsere Ungerechtigkeit Gottes Gerechtigkeit an den 5: Gal 3,15
Tag bringt, was heisst das dann? Ist Gott, der seinen Zorn über uns kom-
men lässt, etwa ungerecht? So reden Menschen. 6 Gewiss nicht! Denn
wie könnte Gott dann die Welt richten? 7 Wenn aber Gottes Wahrhaf-
tigkeit durch meine Lüge sich in ihrer ganzen Fülle gezeigt hat zu seiner
Ehre, was werde ich dann noch als Sünder gerichtet? 8 Ist es etwa so, wie
einige in verleumderischer Weise von uns behaupten, dass wir nämlich
sagen: Lasst uns doch das Böse tun, damit das Gute komme? Wer das
behauptet, dem wird zu Recht das Urteil gesprochen.

Die Schuld aller Menschen

9 Was gilt nun? Haben wir einen Vorteil? Nein, nicht unbedingt.
Vorher haben wir ja die Anklage erhoben, dass alle, Juden wie Griechen,
unter der Sünde sind, 10 wie geschrieben steht: 10: Koh 7,20
Da ist kein Gerechter, auch nicht einer,
11 *da ist keiner, der Verstand hätte,* 11–12: Ps 14,2–3
da ist keiner, der Gott suchte.
12 *Alle sind sie vom Weg abgekommen, allesamt taugen sie nichts;*
da ist keiner, der sich in Güte übte,
keiner, auch nicht einer.
13 *Ein offenes Grab ist ihr Schlund,* 13: Ps 5,10 ·
mit ihrer Zunge verbreiten sie Lug und Trug, Ps 140,4
Natterngift bergen ihre Lippen.
14 *Ihr Mund ist voller Fluch und Bitterkeit,* 14: Ps 10,7
15 *rasch sind ihre Füsse bereit, Blut zu vergiessen,* 15: Jes 59,7; Spr 1,16
16 *Verwüstung und Elend säumen ihre Wege,*
17 *und den Weg des Friedens kennen sie nicht.* 17: Jes 59,8
18 *Gottesfurcht gilt nichts in ihren Augen.* 18: Ps 36,2
19 Wir wissen aber: Was das Gesetz sagt, das sagt es denen, die mit
dem Gesetz leben, damit jeder Mund gestopft werde und alle Welt

3,9: Andere Übersetzungsmöglichkeit: «... Nein, ganz und gar nicht. ...»

20: Gal 2,16! schuldig sei vor Gott. 20 Denn es gilt ja: Durch das Tun dessen, was im
Gesetz geschrieben steht, wird kein Mensch vor ihm gerecht werden;
denn durch das Gesetz kommt es bloss zur Erkenntnis der Sünde.

Die Gerechtigkeit Gottes

21: 1,17! 21 Jetzt aber ist unabhängig vom Gesetz die Gerechtigkeit Gottes er-
22: 10,12 schienen – bezeugt durch das Gesetz und die Propheten –, 22 die Ge-
rechtigkeit Gottes, die durch den Glauben an Jesus Christus für alle da
23: 5,12 ist, die glauben. Denn da ist kein Unterschied: 23 Alle haben ja gesün-
24: 5,1 digt und die Herrlichkeit Gottes verspielt. 24 Gerecht gemacht werden
sie ohne Verdienst aus seiner Gnade durch die Erlösung, die in Christus
Jesus ist. 25 Ihn hat Gott dazu bestellt, Sühne zu schaffen – die durch den
Glauben wirksam wird – durch die Hingabe seines Lebens. Darin er-
weist er seine Gerechtigkeit, dass er auf diese Weise die früheren Ver-
fehlungen vergibt, 26 die Gott ertragen hat in seiner Langmut, ja, er
zeigt seine Gerechtigkeit jetzt, in dieser Zeit: Er ist gerecht und macht
gerecht den, der aus dem Glauben an Jesus lebt.

Der Glaube an den einen Gott

27: 1Kor 1,29.31; 27 Wo bleibt da noch das Rühmen? Es ist ausgeschlossen. Durch was
3,21 für ein Prinzip? Das der Leistung? Nein, durch das Prinzip des Glau-
28: Gal 2,16! bens! 28 Denn wir halten fest: Gerecht wird ein Mensch durch den
Glauben, unabhängig von den Taten, die das Gesetz fordert. 29 Ist denn
Gott nur der Gott der Juden? Nicht auch der Heiden? Doch, auch der
Heiden! 30 Ist es doch der eine Gott, der die Beschnittenen aus Glauben
und die Unbeschnittenen durch den Glauben gerecht macht. 31 Heben
wir also das Gesetz durch den Glauben auf? Gewiss nicht! Im Gegenteil:
Wir richten das Gesetz auf.

Der Glaube Abrahams

4 1 Was sollen wir nun von Abraham sagen, was hat er erlangt, unser
leiblicher Stammvater? 2 Da Abraham nämlich aufgrund seiner
Taten für gerecht befunden wurde, hat er Grund, sich zu rühmen –
3: Gen 15,6; Gal 3,6; aber nicht vor Gott. 3 Denn was sagt die Schrift: *Abraham glaubte Gott,*
Jak 2,23 *und das wurde ihm als Gerechtigkeit angerechnet.* 4 Wer eine Leistung er-
bringt, dem wird der Lohn nicht aus Gnade ausbezahlt, sondern weil er
ihm zusteht. 5 Wer jedoch keine Leistung vorzuweisen hat, aber an den
glaubt, der den Gottlosen gerecht macht, dem wird sein Glaube als Ge-
rechtigkeit angerechnet. 6 So preist auch David den Menschen selig,
dem Gott Gerechtigkeit zugesteht, ohne auf seine Taten zu sehen:
7: Ps 32,1–2 7 *Selig, deren Missetaten vergeben*
und deren Sünden zugedeckt wurden.
8 *Selig der Mann, dessen Sünde der Herr nicht anrechnet.*
9: 4,3! 9 Gilt diese Seligpreisung nur den Beschnittenen oder auch den Un-
beschnittenen? Wir sagten ja: Abraham wurde der Glaube als Gerechtig-
keit angerechnet. 10 Unter welchen Umständen wurde er ihm denn an-

3,20: Andere Übersetzungsmöglichkeit: «… kommt es zur Erfahrung der Sünde.»
3,31: Andere Übersetzungsmöglichkeiten: «…: Wir bringen das Gesetz zur Geltung.» oder: «…: Wir geben dem Gesetz die rechte Stellung.»

gerechnet? Als er beschnitten war oder als er noch unbeschnitten war?
Nicht als er beschnitten war, sondern als er noch unbeschnitten war!
11 Das Zeichen der Beschneidung empfing er als Siegel der Gerechtig-
keit, die aus Glauben kommt, aus der Zeit der Unbeschnittenheit. So ist
er der Vater aller Glaubenden, die unbeschnitten sind – auch ihnen soll-
te die Gerechtigkeit zugestanden werden –, 12 und zugleich der Vater
der Beschnittenen, die nicht nur beschnitten sind, sondern auch der
Spur des Glaubens folgen, den unser Vater Abraham hatte, als er noch
unbeschnitten war.

13 Denn nicht durch das Gesetz wurde die Verheissung, Erbe der 13: Gen 22,17
Welt zu sein, Abraham und seinen Nachkommen gegeben, sondern
durch die Gerechtigkeit, die aus dem Glauben kommt. 14 Wenn näm-
lich die, die aus dem Gesetz leben, Erben sind, dann ist der Glaube über-
flüssig, und die Verheissung gilt nicht mehr. 15 Denn das Gesetz schafft 15: 5,13; 7,8–13;
Zorn; wo aber kein Gesetz ist, da ist auch keine Übertretung. 16 Darum Gal 3,19
heisst es: aus Glauben, damit auch gilt: aus Gnade. So hat die Verheis-
sung für jeden Nachkommen Bestand, nicht allein für die aus dem Ge-
setz, sondern erst recht für die aus dem Glauben Abrahams. Er ist unser
aller Vater, 17 wie geschrieben steht: *Zum Vater vieler Völker habe ich dich* 17: Gen 17,5 ·
gemacht – im Angesicht des Gottes, an den er glaubte, des Gottes, der die 2Kor 1,9
Toten lebendig macht und was nicht ist, ins Dasein ruft.

18 Wider alle Hoffnung hat er auf Hoffnung hin geglaubt, und so 18: Gen 15,5
wurde er zum Vater vieler Völker, wie es heisst: *So zahlreich werden deine*
Nachkommen sein. 19 Und ohne im Glauben schwach zu werden, nahm 19: Gen 17,17
er seine schon erstorbene Manneskraft wahr – etwa hundert Jahre war
er alt – und den erstorbenen Mutterschoss Saras. 20 An der Verheissung
Gottes liess er sich durch Unglauben nicht irremachen, sondern er wur-
de stark im Glauben, gab Gott die Ehre 21 und hatte die feste Gewissheit:
Er vermag, was er verheissen hat, auch zu tun. 22 Eben darum wurde es 22: 4,3
ihm als Gerechtigkeit angerechnet.

23 Doch nicht allein um seinetwillen heisst es in der Schrift: *Es wur-* 23: 1Kor 9,10
de ihm angerechnet, 24 sondern auch um unsertwillen, denen es ange- 24: 8,11; 10,9;
rechnet werden soll, uns, die wir an den glauben, der Jesus, unsern 1Petr 1,21
Herrn, von den Toten auferweckt hat. 25 Wegen unserer Verfehlungen
wurde er dahingegeben und um unseres Freispruchs willen wurde er
auferweckt.

Versöhnung mit Gott

5 1 Sind wir nun aus Glauben gerecht gesprochen, so haben wir Frie- 1: 3,21–28; Gal 2,16
den mit Gott durch unsern Herrn Jesus Christus. 2 Durch ihn haben 2: Eph 2,18; 3,12 ·
wir im Glauben auch Zutritt erhalten zu der Gnade, in der wir jetzt ste- Kol 1,27
hen, und seinetwegen rühmen wir uns der Hoffnung auf die Herrlich-
keit Gottes. 3 Aber nicht nur dies: Wir sind auch stolz auf jegliche Be- 3: 2Kor 4,17
drängnis, da wir wissen: Bedrängnis schafft Ausdauer, 4 Ausdauer aber
Bewährung, Bewährung aber Hoffnung. 5 Die Hoffnung aber stellt uns 5: 1Joh 3,24
nicht bloss, ist doch die Liebe Gottes ausgegossen in unsere Herzen
durch den heiligen Geist, der uns gegeben wurde.

5,1: Andere Textüberlieferung: «…, so wollen wir Frieden halten mit Gott …»

6 Denn Christus ist, als wir noch schwach waren, für die damals noch Gottlosen gestorben. 7 Nicht einmal für einen Gerechten will einer sterben – für eine gute Sache allenfalls mag einer sogar sein Leben
8: 1Thess 5,10
aufs Spiel setzen –, 8 Gott jedoch zeigt seine Liebe zu uns gerade dadurch, dass Christus für uns gestorben ist, als wir noch Sünder waren.

9: 1Kor 11,25 · 1,18; 1Thess 1,10! *10:* 8,7 · 2Kor 5,18–19 *11:* Phil 3,3; Gal 6,14; 1Kor 1,31!

9 Nun, da wir gerecht gemacht sind durch sein Blut, werden wir durch ihn erst recht bewahrt werden vor dem Zorn. 10 Denn wenn wir, als wir noch Feinde waren, mit Gott versöhnt wurden durch den Tod seines Sohnes, dann werden wir jetzt, da wir mit ihm versöhnt sind, erst recht gerettet werden durch seine Lebensmacht. 11 Aber nicht nur dies: Wir sind sogar stolz auf Gott durch unsern Herrn Jesus Christus, durch den wir jetzt die Versöhnung empfangen haben.

Adam und Christus

12: Gen 3,1–19 · 6,23 · 3,23

12 Darum: Wie durch *einen* Menschen die Sünde in die Welt kam und durch die Sünde der Tod, und so der Tod zu allen Menschen gelangte, weil alle sündigten …

13: 4,15! *14:* 1Kor 15,21–22

13 Es gab nämlich, schon bevor das Gesetz kam, Sünde auf der Welt; Sünde wird aber nicht registriert, wo kein Gesetz ist. 14 Dennoch herrschte der Tod von Adam bis Mose auch über die, die nicht durch Übertreten eines Gebotes gesündigt hatten wie Adam, der ein Gegenbild dessen ist, der kommen sollte.

15 Anders aber als mit dem Fall verhält es sich mit dem, was die Gnade wirkt: Sind nämlich durch des Einen Fall die Vielen dem Tod anheimgefallen, dann ist die Gnade Gottes, nämlich die in der Gnade des einen Menschen Jesus Christus beschlossene Gabe, erst recht den Vielen im Überfluss zuteil geworden. 16 Und anders als die Sünde des Einen wirkt die Gabe: Das Gericht führt von dem Fall des Einen zur Verurteilung, das Geschenk der Gnade jedoch von dem Fall vieler zum Freispruch. 17 Denn wenn durch den Fall des Einen der Tod zur Herrschaft gelangte durch diesen Einen, dann werden jene, die die Gnade und die Gabe der Gerechtigkeit in überfliessender Fülle empfangen, erst recht zur Herrschaft gelangen im Leben durch den Einen, Jesus Christus.

18: 1Kor 15,21–22

18 Also: Wie es durch den Fall des Einen für alle Menschen zur Verurteilung kam, so kommt es durch die Erfüllung der Rechtsordnung des Einen für alle Menschen zum Freispruch, der ins Leben führt. 19 Denn wie durch den Ungehorsam des einen Menschen die Vielen zu Sündern gemacht wurden, so werden durch den Gehorsam des Einen die Vielen zu Gerechten gemacht werden.

21: 6,23

20 Das Gesetz aber ist hinzugekommen, damit der Fall noch grösser werde; wo aber die Sünde grösser wurde, da strömte die Gnade umso reichlicher. 21 So sollte, wie die Sünde durch den Tod herrschte, die Gnade durch die Gerechtigkeit herrschen, die ins ewige Leben führt, durch Jesus Christus, unsern Herrn.

5,7: Andere Übersetzungsmöglichkeit: «… – für den Guten allenfalls mag einer …»

5,12: Der Satz V.12 bricht unvollendet ab (keine Korrespondenz zum ‹wie›). Paulus führt den Vergleich erst nach zwei präzisierenden Erläuterungen (V.13–14 und V.15–17) in V.18–19 durch.

Freiheit von der Macht der Sünde

6 1 Was folgt nun daraus? Etwa: Lasst uns der Sünde treu bleiben, da- 1: 3,5–8
mit die Gnade umso grösser werde? 2 Gewiss nicht! Wir, die wir für
die Sünde tot sind, wie sollten wir noch in ihr leben können?
3 Wisst ihr denn nicht, dass wir, die wir auf Christus Jesus getauft 3: Gal 3,27;
wurden, auf seinen Tod getauft worden sind? 4 Wir wurden also mit Mk 10,38
ihm begraben durch die Taufe auf den Tod, damit, wie Christus durch 4: Kol 2,12
die Herrlichkeit des Vaters von den Toten auferweckt worden ist, auch
wir in der Wirklichkeit eines neuen Lebens unseren Weg gehen.
5 Wenn wir nämlich mit dem Abbild seines Todes aufs Engste verbun- 5: Phil 3,10
den sind, dann werden wir es gewiss auch mit dem seiner Auferstehung
sein. 6 Das gilt es zu erkennen: Unser alter Mensch wurde mit ihm ge- 6: Gal 2,19
kreuzigt, damit der von der Sünde beherrschte Leib vernichtet werde
und wir nicht mehr Sklaven der Sünde seien. 7 Denn wer gestorben ist,
ist von allen Ansprüchen der Sünde befreit.
8 Sind wir aber mit Christus gestorben, so glauben wir fest, dass wir
mit ihm auch leben werden. 9 Denn wir wissen, dass Christus, einmal
von den Toten auferweckt, nicht mehr stirbt; der Tod hat keine Macht
mehr über ihn. 10 Sofern er starb, starb er der Sünde ein für alle Mal; 10: Gal 2,19
sofern er aber lebt, lebt er für Gott. 11 Das gilt auch für euch: Betrachtet
euch als solche, die für die Sünde tot, für Gott aber lebendig sind, in
Christus Jesus.

Der neue Dienst

12 Lasst also die Sünde nicht herrschen in eurem sterblichen Leib,
sonst werdet ihr seinem Begehren gehorchen. 13 Stellt auch nicht eure 13: 12,1 · 13,12
Glieder der Sünde zur Verfügung als Waffen der Ungerechtigkeit, son-
dern stellt euch vielmehr Gott zur Verfügung als solche, die unter den
Toten waren und nun lebendig sind: Stellt eure Glieder Gott zur Verfü-
gung als Waffen der Gerechtigkeit! 14 Die Sünde wird keine Macht über 14: Gal 5,18
euch haben, denn ihr steht nicht unter dem Gesetz, sondern unter der
Gnade.
15 Was heisst das nun? Sollen wir sündigen, weil wir nicht unter
dem Gesetz stehen, sondern unter der Gnade? Gewiss nicht! 16 Wisst
ihr nicht: Wem ihr euch als Sklaven zur Verfügung stellt und zum Ge-
horsam verpflichtet, dessen Sklaven seid ihr und dem gehorcht ihr, ent-
weder der Sünde, die zum Tod führt, oder dem Gehorsam, der zur Ge-
rechtigkeit führt. 17 Dank aber sei Gott! Ihr wart Sklaven der Sünde,
seid aber von ganzem Herzen gehorsam geworden der Gestalt der Leh-
re, der ihr übergeben wurdet; 18 befreit von der Sünde, seid ihr in den
Dienst der Gerechtigkeit gestellt worden. 19 Ich rede, wie Menschen re-
den, mit Rücksicht auf euer schwaches Fleisch: Wie ihr nämlich eure
Glieder in den Dienst der Unreinheit und der Missachtung des Geset-
zes, die zu weiterer Missachtung des Gesetzes führt, gestellt habt, so
stellt jetzt eure Glieder in den Dienst der Gerechtigkeit, die zur Heili-

6,6: Andere Übersetzungsmöglichkeit: «Wir wissen: ...»

6,17–18: Andere Übersetzungsmöglichkeit: «17 Dank aber sei Gott! Ihr wart Sklaven der Sünde, von ganzem Herzen gehorsam der Gestalt der Lehre, der ihr ausgeliefert wurdet; 18 jetzt aber, befreit von der Sünde, seid ihr in den Dienst der Gerechtigkeit getreten.»

gung führt. 20 Denn als ihr Sklaven der Sünde wart, da hattet ihr mit der
Gerechtigkeit nichts zu tun.

21 Nun, was habt ihr damals geerntet? Dinge, derer ihr euch jetzt
schämt! Denn sie führten zum Tod. 22 Jetzt aber, befreit von der Sünde
und in den Dienst Gottes gestellt, habt ihr die Frucht, die Heiligung
23: 5,12.21 schafft, und als Ziel ewiges Leben. 23 Denn der Sünde Sold ist Tod, die
Gabe Gottes aber ist ewiges Leben in Christus Jesus, unserm Herrn.

Das Ende der Herrschaft des Gesetzes

7 1 Wisst ihr denn nicht, liebe Brüder und Schwestern – ich spreche
doch zu solchen, die das Gesetz kennen –, dass das Gesetz nur Macht
hat über den Menschen, solange er lebt?

2: 1Kor 7,39 2 Die verheiratete Frau nämlich ist durch das Gesetz an ihren Mann
gebunden, solange er lebt. Stirbt aber der Mann, ist sie befreit vom Ge-
setz, das sie an den Mann bindet. 3 Also gilt: Solange der Mann lebt,
macht sie sich zur Ehebrecherin, wenn sie die Frau eines anderen Man-
nes wird. Stirbt aber der Mann, so ist sie frei vom Gesetz und gilt darum
nicht als Ehebrecherin, wenn sie die Frau eines anderen Mannes wird.

4 So steht es auch mit euch, meine Brüder und Schwestern: Auch ihr
seid für das Gesetz zu Tode gekommen durch den Leib des Christus, und
so gehört ihr jetzt einem andern, dem, der von den Toten auferweckt
worden ist, damit wir Frucht bringen für Gott. 5 Denn als wir noch im
Banne des Fleisches lebten, wirkten in unseren Gliedern die durch das
Gesetz geweckten Leidenschaften, die zu nichts als Sünde führen, und
6: 2Kor 3,6 brachten Frucht für den Tod. 6 Jetzt aber sind wir dem gestorben, worin
wir niedergehalten wurden, und frei geworden vom Gesetz; so tun wir
nun unseren Dienst in der neuen Wirklichkeit des Geistes, nicht in der
alten des Buchstabens.

Sünde und Gesetz

7: Ex 20,17; 7 Was folgt nun daraus? Dass das Gesetz Sünde sei? Gewiss nicht!
Dtn 5,21 Sondern: Ohne das Gesetz hätte ich die Sünde nicht kennen gelernt.
Denn ich wüsste nichts vom Begehren, wenn das Gesetz nicht sagte: *Du
sollst nicht begehren.*

8–13: 4,15! 8 Die Sünde aber nutzte die Gelegenheit, die das Gebot ihr gab, und
weckte in mir jegliches Begehren; ohne das Gesetz nämlich ist die Sün-
de tot. 9 Einst lebte ich, und es gab kein Gesetz; als aber das Gebot kam,
10: Lev 18,5 erwachte die Sünde zum Leben, 10 ich aber starb und musste erfahren:
Das Gebot, das doch zum Leben da war, eben das führte zum Tod.
11 Denn die Sünde nutzte die Gelegenheit, die das Gebot ihr gab, und
täuschte mich und tötete mich durch das Gebot. 12 So gilt: Das Gesetz ist
heilig, und das Gebot ist heilig, gerecht und gut.

13 Also hat das Gute mir den Tod gebracht? Gewiss nicht! Vielmehr
bringt mir die Sünde, damit sie als Sünde in Erscheinung trete, durch

6,20: Andere Übersetzungsmöglichkeit: «..., da hattet ihr Aussicht auf Gerechtigkeit.»

7,5: Andere Übersetzungsmöglichkeit: «..., und wir brachten ...»

7,8: Andere Übersetzungsmöglichkeit (vgl. V.11): «Die Sünde aber nutzte die Gelegenheit und weckte durch das Gebot in mir jegliches Begehren; ...»

7,11: Andere Übersetzungsmöglichkeit (vgl. V.8): «... die Gelegenheit, täuschte mich durch das Gebot und ...»

das Gute den Tod. So sollte die Sünde über alle Massen sündig werden
durch das Gebot.

Die Zerrissenheit des alten Ich

14 Wir wissen ja, dass das Gesetz zum Geist gehört; ich dagegen bin
vom Fleisch bestimmt – und verkauft unter die Sünde. 15 Was ich be-
wirke, begreife ich nicht; denn nicht, was ich will, treibe ich voran, son-
dern was ich hasse, das tue ich. 16 Wenn ich aber gerade das tue, was ich
nicht will, gestehe ich dem Gesetz zu, dass es Recht hat.

17 Dann aber bin nicht mehr ich es, der handelt, sondern die Sünde,
die in mir wohnt. 18 Denn ich weiss: In mir, das heisst in meinem
Fleisch, wohnt nichts Gutes. Denn das Wollen liegt in meiner Hand, das
Vollbringen des Rechten und Guten aber nicht. 19 Denn nicht das Gute,
das ich will, tue ich, sondern das Böse, das ich nicht will, das treibe ich
voran. 20 Wenn ich aber gerade das tue, was ich selbst nicht will, dann
bin nicht mehr ich es, der handelt, sondern die Sünde, die in mir wohnt.

21 Ich entdecke also folgende Gesetzmässigkeit: Dass mir, der ich
das Gute tun will, das Böse naheliegt. 22 In meinem Innern freue ich
mich am Gesetz Gottes, 23 in meinen Gliedern aber nehme ich ein an- 23: Gal 5,17 · 8,2
deres Gesetz wahr, das Krieg führt gegen das Gesetz meiner Vernunft
und mich gefangen nimmt durch das Gesetz der Sünde, das in meinen
Gliedern ist.

24 Ich elender Mensch! Wer wird mich erretten aus diesem Todes-
leib? 25 Dank sei Gott durch Jesus Christus, unsern Herrn! Also gilt: Mit
der Vernunft diene ich dem Gesetz Gottes, mit dem Fleisch aber dem
Gesetz der Sünde.

Leben im Geist

8 1 Es gibt jetzt also keine Verurteilung für die, die in Christus Jesus 1: 31–39
sind.

2 Denn das Gesetz des Geistes, der in Christus Jesus Leben spendet,
hat dich befreit vom Gesetz der Sünde und des Todes. 3 Denn was dem 3: Gal 4,4 ·
Gesetz nicht möglich war, was es mit Hilfe des Fleisches nicht schaffte, Phil 2,6–8
das ist Wirklichkeit geworden: Gott hat seinen Sohn in Gestalt des von
der Sünde beherrschten Fleisches gesandt, als Sühnopfer, und verurteil-
te damit die Sünde im Fleisch. 4 So sollte der Rechtsanspruch des Geset- 4: Gal 5,16.18
zes erfüllt werden unter uns, die wir unseren Weg nicht nach dem
Fleisch gehen, sondern nach dem Geist.

5 Die nämlich auf das Fleisch ausgerichtet sind, sinnen den Dingen
des Fleisches nach, die aber auf den Geist ausgerichtet sind, den Dingen
des Geistes. 6 Das Sinnen des Fleisches ist Tod, das Sinnen des Geistes
aber ist Leben und Frieden; 7 ja, das Sinnen und Trachten des Fleisches 7: 5,10
ist Feindschaft gegen Gott, denn es unterzieht sich dem Gesetz Gottes
nicht, ja, es vermag es nicht. 8 Die aber vom Fleisch bestimmt sind, kön-
nen Gott nicht gefallen.

7,25: Der ursprüngliche Text hört wahrscheinlich mit «... durch Christus, unsern Herrn!» auf. «Also gilt ... der Sünde.» ist aufgrund sprachlicher und inhaltlicher Merkmale als spätere Ergänzung nicht paulinischer Herkunft zu betrachten.

9: 1Kor 3,16 9 Ihr aber lasst euch nicht vom Fleisch bestimmen, sondern vom
Geist, wenn wirklich der Geist Gottes in euch wohnt. Wer aber den
10: 2Kor 13,5 Geist Christi nicht hat, der gehört nicht zu ihm. 10 Wenn aber Christus
in euch ist, dann ist der Leib zwar tot um der Sünde willen, der Geist
aber ist Leben um der Gerechtigkeit willen.

11: 4,24; 6,14!; 11 Wenn aber der Geist dessen in euch wohnt, der Jesus von den To-
1Kor 15,45 ten auferweckt hat, dann wird er, der Christus von den Toten aufer-
weckt hat, auch euren sterblichen Leib lebendig machen durch seinen
Geist, der in euch wohnt.

Leben in der Kindschaft

12 Wir sind also, liebe Brüder und Schwestern, nicht dem Fleisch
verpflichtet und müssen nicht nach dem Fleisch leben. 13 Wenn ihr
nämlich nach dem Fleisch lebt, müsst ihr sterben; wenn ihr aber durch
den Geist tötet, was der Leib aus sich heraus tut, werdet ihr leben.
14–15: Gal 5,18 · 14 Denn die vom Geist Gottes getrieben werden, das sind Söhne und
Gal 4,6 Töchter Gottes. 15 Ihr habt doch nicht einen Geist der Knechtschaft
empfangen, um wiederum in Furcht zu leben; nein, ihr habt einen Geist
der Kindschaft empfangen, in dem wir rufen: Abba, Vater! 16 Eben die-
17: Gal 4,7 ser Geist bezeugt unserem Geist, dass wir Kinder Gottes sind. 17 Sind
wir aber Kinder, dann sind wir auch Erben: Erben Gottes, Miterben
Christi, sofern wir mit ihm leiden, um so auch mit ihm verherrlicht zu
werden.

Das Seufzen der Schöpfung

18 Ich bin nämlich überzeugt, dass die Leiden der gegenwärtigen
Zeit nichts bedeuten im Vergleich zur Herrlichkeit, die an uns offenbar
werden soll.

19 Denn in sehnsüchtigem Verlangen wartet die Schöpfung auf das
Offenbarwerden der Söhne und Töchter Gottes. 20 Wurde die Schöp-
fung doch der Nichtigkeit unterworfen, nicht weil sie es wollte, son-
dern weil er, der sie unterworfen hat, es wollte – nicht ohne die Hoff-
nung aber, 21 dass auch die Schöpfung von der Knechtschaft der Ver-
gänglichkeit befreit werde zur herrlichen Freiheit der Kinder Gottes.
22: 2Kor 5,2.4 22 Denn wir wissen, dass die ganze Schöpfung seufzt und in Wehen
liegt, bis zum heutigen Tag.

23 Doch nicht nur dies; nein, auch wir selbst, die wir den Geist als
Erstlingsgabe empfangen haben, auch wir seufzen miteinander und
warten auf unsere Anerkennung als Söhne und Töchter, auf die Erlö-
24: Hebr 11,1 sung unseres Leibes. 24 Im Zeichen der Hoffnung wurden wir gerettet.
Eine Hoffnung aber, die man sieht, ist keine Hoffnung. Wer hofft schon
auf das, was er sieht? 25 Hoffen wir aber auf das, was wir nicht sehen,
dann harren wir aus in Geduld.

26 In gleicher Weise aber nimmt sich der Geist unserer Schwachheit
an; denn wir wissen nicht, was wir eigentlich beten sollen; der Geist
27: Ps 139,1 selber jedoch tritt für uns ein mit wortlosen Seufzern. 27 Er aber, der die

8,20: Andere Übersetzungsmöglichkeit: «..., nicht aus freien Stücken, sondern um dessentwillen, der sie unterworfen hat – nicht ohne ...»

Herzen erforscht, er weiss, was das Sinnen des Geistes ist, weil er dem
Willen Gottes gemäss für die Heiligen eintritt.
28 Wir wissen aber, dass denen, die Gott lieben, alles zum Guten 28: 1Kor 2,9
dient, ihnen, die nach seiner freien Entscheidung berufen sind. 29 Die 29: Phil 3,21! ·
er aber zuvor erwählt hat, die hat er auch im Voraus dazu bestimmt, 1Kor 15,49! ·
nach dem Bild seines Sohnes gestaltet zu werden, damit dieser der Erst- Gen 1,27
geborene sei unter vielen Brüdern. 30 Die er im Voraus bestimmt hat, 30: 1Kor 6,11
die hat er auch berufen. Und die er berufen hat, die hat er auch gerecht
gesprochen. Die er aber gerecht gesprochen hat, denen hat er auch die
Herrlichkeit verliehen.

Die Liebe Gottes

31 Was wollen wir dem noch hinzufügen? Wenn Gott für uns ist,
wer kann wider uns sein? 32 Er, der seinen eigenen Sohn nicht ver- 32: Gen 22,16
schont, sondern für uns alle dahingegeben hat, wie sollte er uns mit ihm
nicht alles schenken? 33 Wer will gegen die Erwählten Gottes Anklage
erheben? Gott ist es, der Recht spricht. 34 Wer will da verurteilen? 34: Ps 110,1 ·
Christus Jesus ist es, der gestorben, ja mehr noch, der auferweckt wor- Röm 8,27;
den ist; er sitzt zur Rechten Gottes, er tritt für uns ein. Hebr 7,25
35 Wer will uns scheiden von der Liebe Christi? Bedrängnis, Not
oder Verfolgung? Hunger oder Blösse? Gefahr oder Schwert? 36 Wie ge- 36: Ps 44,23
schrieben steht:

Um deinetwillen sind wir dem Tod ausgesetzt den ganzen Tag,
zu den Schafen gerechnet, die man zur Schlachtbank führt.

37 Doch in all dem feiern wir den Sieg dank dem, der uns seine Liebe
erwiesen hat. 38 Denn ich bin mir gewiss: Weder Tod noch Leben, we- 38: 1Kor 3,22
der Engel noch Mächte, weder Gegenwärtiges noch Zukünftiges noch
Gewalten, 39 weder Hohes noch Tiefes noch irgendein anderes Ge-
schöpf vermag uns zu scheiden von der Liebe Gottes, die in Christus
Jesus ist, unserem Herrn.

Der Schmerz des Paulus

9 1 Ich sage in Christus die Wahrheit, ich lüge nicht, mein Gewissen 1: 2,15
bezeugt es mir im heiligen Geist: 2 Voll Trauer bin ich, unablässiger
Schmerz macht mir das Herz schwer. 3 Ja, ich wünschte, selber ver- 3: 1Kor 16,22!
flucht und von Christus getrennt zu sein, anstelle meiner Brüder, die
zum gleichen Volk gehören, 4 die Israeliten sind, die das Recht der 4: Hos 11,1; Ex 4,22
Kindschaft und die Herrlichkeit und die Bundesschlüsse und die Gabe
des Gesetzes und die Gottesdienstordnung und die Verheissungen ha-
ben, 5 die die Väter haben und aus deren Mitte seiner irdischen Her-
kunft nach der Christus stammt; Gott, der über allem waltet, er sei ge-
priesen in Ewigkeit, Amen!

Der Blick auf Isaak und Jakob

6 Es ist aber nicht so, dass das Wort Gottes hinfällig geworden wäre!
Denn nicht alle, die aus Israel stammen, sind auch Israel. 7 Bloss weil sie 7: Gen 21,12
Nachkommen Abrahams sind, sind sie noch längst nicht alle seine Kin-
der, sondern: *In Isaak werden sie deine Nachkommen genannt werden.*
8 Das bedeutet: Nicht die leiblichen Kinder sind Gottes Kinder, sondern 8: Gal 4,23
die Kinder der Verheissung werden als Nachkommen anerkannt.

9: Gen 18,10.14 9 Denn das Wort *Zur besagten Zeit werde ich kommen, und Sara wird einen
Sohn haben ist ein Wort der Verheissung.
10 Aber nicht nur hier war es so, sondern auch bei Rebekka, die nur
von einem Mann, unserem Vater Isaak, Kinder empfing. 11 Die waren
nämlich noch nicht geboren und hatten noch nichts Gutes oder Böses
getan, da wurde ihr – damit gültig bliebe, was Gott in freier Wahl,
12: Gen 25,23 12 nicht aufgrund ihrer Taten, sondern aufgrund der Berufung be-
13: Mal 1,2–3 stimmt hatte – gesagt: *Der Ältere wird dem Jüngeren dienen*, 13 wie ge-
schrieben steht: *Jakob habe ich geliebt, Esau aber gehasst.*

Das erwählende Handeln Gottes

14 Was folgt nun daraus? Geht es bei Gott etwa ungerecht zu? Gewiss
15: Ex 33,19 nicht! 15 Denn zu Mose sagt er: *Ich werde Erbarmen zeigen, wem ich Erbar-
men zeigen will, und Mitleid haben, mit wem ich Mitleid haben will.* 16 Es
liegt also nicht an jemandes Wollen oder Mühen, sondern an Gott, der
17: Ex 9,16 sein Erbarmen zeigt. 17 Denn die Schrift lässt Gott zum Pharao sagen:
Eben dazu habe ich dich auftreten lassen, dass ich an dir meine Macht zeige
18: Ex 4,21 *und mein Name verkündigt werde in der ganzen Welt.* 18 Also zeigt er sein
Erbarmen, wem er will, und verhärtet, wen er will.
19 Du wirst mir nun sagen: Was beschwert er sich dann noch? Wer
20: Jes 29,16 kann sich denn seinem Ratschluss widersetzen? 20 O Mensch, wer bist
du eigentlich, dass du mit Gott zu rechten wagst? *Wird etwa das Werk*
21: Jer 18,6 *zum Meister sagen: Warum hast du mich so gemacht?* 21 Hat denn der Töp-
fer nicht Macht über den Ton? Kann er nicht aus dem selben Stoff das
eine Gefäss zu einem Gefäss der Ehre, das andere aber zu einem Gefäss
der Schande machen?
22 Wie aber, wenn Gott seinen Zorn zeigen und seine Macht kund-
tun wollte und deshalb die Gefässe des Zorns, die zum Verderben bereit-
gestellt sind, mit viel Geduld ertragen hätte, 23 um den Reichtum seiner
Herrlichkeit sichtbar zu machen an den Gefässen seines Erbarmens, die
er zuvor für die Herrlichkeit bestimmt hat, ...
24 Die er nun berufen hat – und das sind wir –, die stammen nicht
25: Hos 2,25 nur aus den Juden, sondern auch aus den Völkern, 25 wie er auch bei
Hosea sagt:

Die nicht mein Volk sind, werde ich mein Volk nennen,
und die Ungeliebte meine Geliebte.
26: Hos 2,1 26 *Und es wird geschehen an dem Ort, wo ihnen gesagt wurde: Ihr seid*
nicht mein Volk,
dort werden sie Söhne des lebendigen Gottes genannt werden.

27–28: Hos 2,1; Jes 10,22 · Jes 28,22 27 Jesaja aber verkündet laut über Israel:

Ist auch die Zahl der Söhne Israels wie der Sand am Meer –
der Rest wird gerettet werden.
28 *Denn der Herr wird Abrechnung halten auf Erden,*
abschliessend und endgültig.

9,23: Der Satz bricht hier unvollständig ab (vgl. 5,12); Paulus setzt in V.24 neu ein.

9,28: Andere Übersetzungsmöglichkeit: «*Denn der Herr wird sein Wort durchsetzen auf Erden, abschliessend und endgültig.*»

29 Und wie Jesaja vorausgesagt hat: 29: Jes 1,9
Wenn nicht der Herr Zebaoth uns Nachkommenschaft gelassen hätte, –
wie Sodom wären wir geworden, und Gomorra wären wir gleich-
gemacht.

Die Suche nach Gerechtigkeit

30 Was folgt nun daraus? Die Völker, die der Gerechtigkeit nicht
nachgejagt sind, sie haben Gerechtigkeit erlangt – eine Gerechtigkeit,
die aus dem Glauben kommt. 31 Israel aber, das dem Gesetz nachjagte,
das Gerechtigkeit verheisst, hat das Gesetz nicht erreicht. 32 Weshalb? 32: Jes 8,14
Weil es nicht aus Glauben geschah, sondern im Vertrauen auf das ei-
gene Tun. Sie stiessen sich am ‹Stein des Anstosses›, 33 wie geschrieben 33: Jes 28,16;
steht: Mt 21,42 · 10,11
Siehe, ich setze in Zion einen Stein des Anstosses und einen Felsen des
Ärgernisses;
wer auf ihn vertraut, wird nicht blossgestellt werden.

Die nahe Gerechtigkeit

10 1 Liebe Brüder und Schwestern, der Wunsch meines Herzens und
mein Flehen zu Gott haben nur das eine Ziel: ihre Rettung. 2 Denn
ihnen stelle ich das Zeugnis aus: Sie haben wohl Eifer für Gott – doch
ohne rechte Erkenntnis. 3 Denn indem sie die Gerechtigkeit Gottes ver- 3–4: 1,17! · 3,21–22
kannten und die eigene aufzurichten suchten, haben sie sich nicht un-
ter die Gerechtigkeit Gottes gestellt. 4 Ziel und Ende des Gesetzes näm-
lich ist Christus, zur Gerechtigkeit für jeden, der glaubt.

5 Mose schreibt von der Gerechtigkeit, die aus dem Gesetz kommt: 5: Lev 18,5; Gal 3,12
Der Mensch, der tut, was darin geschrieben steht, wird dadurch leben. 6 Die 6–8: Dtn 30,12–14
Gerechtigkeit aber, die aus dem Glauben kommt, spricht so: *Sag nicht in*
deinem Herzen: Wer wird in den Himmel hinaufsteigen? – nämlich um
Christus herabzuholen. 7 Oder: *Wer wird in die Unterwelt hinabsteigen?* –
nämlich um Christus von den Toten heraufzuholen. 8 Sondern was sagt
sie? *Nahe ist dir das Wort, in deinem Mund und in deinem Herzen,* nämlich
das Wort des Glaubens, das wir verkündigen. 9 Denn wenn du mit dei-
nem Mund bekennst, dass Jesus der Herr ist, und in deinem Herzen
glaubst, dass Gott ihn von den Toten auferweckt hat, wirst du gerettet
werden. 10 Mit dem Herzen nämlich glaubt man, auf Gerechtigkeit hin;
mit dem Mund bekennt man, auf Rettung hin. 11 Denn die Schrift sagt: 11: 9,33 · Jes 28,16
Keiner, *der auf ihn vertraut, wird blossgestellt werden.* 12 Es ist ja kein Un- 12: Gal 3,28;
terschied zwischen Juden und Griechen, denn sie haben alle ein und 1Kor 12,13
denselben Herrn, der alle reich macht, die ihn anrufen. 13 Denn: *Jeder,* 13: Joel 3,5; 1Kor 1,2
der den Namen des Herrn anruft, wird gerettet werden.

Der Weg des Glaubens

14 Doch wie sollen sie den anrufen, an den sie nicht glauben? Wie
sollen sie an den glauben, von dem sie nichts gehört haben? Wie sollen
sie hören, wenn niemand da ist, der verkündigt? 15 Und wie soll man 15: Jes 52,7
verkündigen, wenn man nicht gesandt wurde? Denn es steht geschrie-
ben: *Wie sind doch willkommen die Füsse der Boten, die Gutes verkünden!*

10,5: Andere Textüberlieferung: «..., *der sie tut, wird durch sie leben.*»

16: Jes 53,1 16 Doch nicht alle haben auf das Evangelium gehört. Jesaja sagt: *Herr,*
wer hat unserer Verkündigung geglaubt? 17 Also kommt der Glaube aus
der Verkündigung, die Verkündigung aber geschieht durch das Wort
von Christus.

18: Ps 19,5 18 Aber, so frage ich: Haben sie etwa nichts zu hören bekommen? Im
Gegenteil:

In die ganze Welt hinaus erging ihr Ruf,
und an die Enden der Erde drangen ihre Worte.

19: Dtn 32,21 · 19 Aber, so frage ich: Hat Israel etwa nicht verstanden? Schon Mose
11,11.14 sagt:

Ich werde euch *eifersüchtig machen auf ein Volk, das kein Volk ist,*
auf ein unverständiges Volk werde ich euch *zornig machen.*

20: Jes 65,1 20 Und Jesaja hat die Kühnheit zu sagen:

Ich wurde gefunden bei denen, die nicht nach mir suchten,
ich habe mich gezeigt denen, die nicht nach mir fragten.

21: Jes 65,2 21 Zu Israel aber sagt er:

Den ganzen Tag habe ich meine Hände ausgestreckt
nach einem Volk, das ungehorsam und voller Widerspruch ist.

Der Rest aus Israel

1: 2Kor 11,22 · 11 1 Ich frage also: Hat Gott sein Volk etwa verstossen? Nein, gewiss
Phil 3,5 nicht! Auch ich bin ja ein Israelit, ein Nachkomme Abrahams, aus
2: Ps 94,14 dem Stamm Benjamin. 2 *Gott hat sein Volk*, das er zuvor erwählt hat,
nicht verstossen. Wisst ihr denn nicht, was die Schrift im Abschnitt über
3: 1Kön 19,10.14 Elija sagt, da jener sich bei Gott über Israel beklagt: 3 Herr, *deine Prophe-*
ten haben sie getötet, deine Altäre haben sie niedergerissen, ich allein bin
4: 1Kön 19,18 *übrig geblieben, und jetzt trachten sie mir nach dem Leben?* 4 Was hält ihm
da die göttliche Weisung entgegen? *Ich habe* mir *bewahrt siebentausend*
Mann, die ihre Knie nicht gebeugt haben vor dem Schandmal des Baal. 5 So
ist auch in der heutigen Zeit ein Rest geblieben, der erwählt ist durch
6: 3,20; Gal 2,16 Gnade. 6 Wenn aber durch Gnade, dann nicht mehr aufgrund eigenen
Tuns, da die Gnade sonst nicht mehr Gnade wäre.

7 Was heisst das nun? Israel hat, was es suchte, nicht erlangt. Die
Schar der Auserwählten zwar hat es erlangt, die Übrigen dagegen wur-
8: Jes 29,10 · den verstockt, 8 wie geschrieben steht:
Dtn 29,3

Gott hat ihnen einen Geist der Betäubung gegeben,
Augen, dass sie nicht sehen, Ohren, dass sie nicht hören,
bis auf den heutigen Tag.

9–10: Ps 69,23–24 9 Und David sagt:

Ihr Tisch soll ihnen zur Falle werden und zum Fangnetz,
zum Anstoss und zur Vergeltung.
10 *Ihre Augen sollen finster werden, dass sie nicht sehen,*
und ihren Rücken mache krumm, für immer!

Der Völkerapostel und Israel

11: 10,19! 11 Ich frage nun: Sind sie etwa gestrauchelt, damit sie zu Boden fal-
len? Im Gegenteil: Durch ihren Fehltritt kommt das Heil zu den Völ-
kern – das sollte sie eifersüchtig machen. 12 Wenn aber schon ihr Fehl-
tritt die Welt und ihr Versagen die Völker reich gemacht hat, welchen
Reichtum wird dann erst ihre Vollendung bringen!

13 Euch aber, den Völkern, sage ich: Sofern ich nun ein Apostel für 13: 1,5
die Völker bin, preise ich meinen Dienst 14 in der Hoffnung, meine 14: 10,19! ·
Volksgenossen eifersüchtig zu machen und einige von ihnen zu retten. 1Kor 9,22
15 Denn wenn schon ihr Verlust zur Versöhnung der Welt führt, was
wird erst ihre Wiederannahme bringen, wenn nicht Leben aus den To-
ten? 16 Ist aber die Erstlingsgabe vom Teig heilig, dann ist es auch der 16: Num 15,17–21
ganze Teig. Und ist die Wurzel heilig, dann sind es auch die Zweige.

Die Völker und Israel

17 Wenn nun einige von den Zweigen herausgebrochen wurden
und du als Trieb vom wilden Ölbaum dort eingepfropft wurdest und
Anteil bekommen hast an der fettspendenden Wurzel des Ölbaums,
18 dann erhebe dich nicht über die anderen Zweige. Wenn du dich aber
über sie erheben willst: Nicht du trägst die Wurzel, sondern die Wurzel
trägt dich! 19 Du wirst vielleicht sagen: Es wurden doch Zweige heraus-
gebrochen, damit ich eingepfropft würde. 20 Gut! Des Unglaubens we-
gen wurden sie herausgebrochen, du aber stehst aufgrund des Glau-
bens. Bilde dir nichts darauf ein, sondern fürchte dich! 21 Hat Gott die 21: Joh 15,2.4
ursprünglichen Zweige nicht verschont, wird er gewiss auch dich nicht
verschonen! 22 Bedenke doch die Güte und die Strenge Gottes: Gegen-
über denen, die gefallen sind, die Strenge, dir gegenüber aber die Güte
Gottes – sofern du der Güte treu bleibst, sonst wirst auch du abgehauen
werden. 23 Jene aber werden, wenn sie nicht im Unglauben verharren,
wieder eingepfropft werden. Gott hat ja die Macht, sie wieder einzu-
pfropfen. 24 Denn wenn du aus dem wilden Ölbaum, dem du von Natur
aus zugehörst, herausgeschnitten und gegen die Natur dem edlen Öl-
baum eingepfropft wurdest, dann werden diese ursprünglichen Zweige
dem eigenen Ölbaum erst recht wieder eingepfropft werden.

Die Rettung Israels

25 Liebe Brüder und Schwestern, ich will euch dieses Geheimnis 25: 12,16 · Mk 3,5 ·
nicht vorenthalten, damit ihr nicht auf eigene Einsicht baut: Verstockt- 11,12
heit hat sich auf einen Teil Israels gelegt – bis dass sich die Völker in
voller Zahl eingefunden haben. 26 Und auf diese Weise wird ganz Israel 26–27: Jes 59,20–21 ·
gerettet werden, wie geschrieben steht: Jes 27,9

Kommen wird aus Zion der Retter,
abwenden wird er von Jakob alle Gottlosigkeit.
27 *Und dies wird der Bund sein, den ich mit ihnen schliesse,*
wenn ich ihre Sünden hinweggenommen habe.

28 Im Sinne des Evangeliums sind sie Feinde, um euretwillen, im
Sinne der Erwählung aber Geliebte, um der Väter willen. 29 Denn unwi-
derrufbar sind die Gaben Gottes und die Berufung. 30 Wie ihr nämlich 30: 2,8 · 10,21
Gott einst ungehorsam wart, jetzt aber durch ihren Ungehorsam Barm-
herzigkeit erlangt habt, 31 so sind sie jetzt ungehorsam geworden
durch die Barmherzigkeit, die euch widerfuhr – damit auch sie jetzt
Barmherzigkeit finden. 32 Denn Gott hat alle in den Ungehorsam ein- 32: Gal 3,22
geschlossen, um allen seine Barmherzigkeit zu erweisen.

11,24: Andere Übersetzungsmöglichkeit: «Denn wenn du aus dem von Natur aus wilden Ölbaum herausgeschnitten ...»

33: 1Kor 1,21 33 O Tiefe des Reichtums,
der Weisheit und der Erkenntnis Gottes!
Wie unergründlich sind seine Entscheidungen
und unerforschlich seine Wege!
34: Jes 40,13; 34 Denn *wer hat den Sinn des Herrn erkannt,*
1Kor 2,16 *oder wer ist sein Ratgeber gewesen?*
35 *Wer hat ihm etwas geliehen,*
und es müsste ihm von Gott zurückgegeben werden?
36: 1Kor 8,6 · 36 Denn aus ihm und durch ihn und auf ihn hin ist alles.
16,27! Ihm sei Ehre in Ewigkeit, Amen.

Vernünftiger Gottesdienst

1: 2Kor 1,3 · 6,13.19 **12** 1 Ich bitte euch nun, liebe Brüder und Schwestern, bei der Barm-
herzigkeit Gottes: Bringt euren Leib dar als lebendiges, heiliges,
Gott wohlgefälliges Opfer – dies sei euer vernünftiger Gottesdienst!
2 Fügt euch nicht ins Schema dieser Welt, sondern verwandelt euch
durch die Erneuerung eures Sinnes, dass ihr zu prüfen vermögt, was der
Wille Gottes ist: das Gute und Wohlgefällige und Vollkommene.

Ein Leib – viele Glieder

3: 15,15! 3 Denn ich sage einem jeden unter euch kraft der mir verliehenen
Gnade: Sinnt nicht über das hinaus, was zu sinnen nottut! Seid viel-
mehr auf Besonnenheit bedacht, jeder, wie Gott ihm das Mass des Glau-
bens zugeteilt hat.
4–5: 1Kor 12,12!–27 4 Denn wie wir an *einem* Leib viele Glieder haben, die Glieder aber
nicht alle dieselbe Aufgabe erfüllen, 5 so sind wir, die vielen, in Christus
6–7: 1Kor 12,4!–11; *ein* Leib, im Verhältnis zueinander aber Glieder. 6 Wir haben verschie-
1Petr 4,10 dene Gaben entsprechend der Gnade, die uns gegeben wurde: sei es die
Gabe, prophetisch zu reden in Ausrichtung auf den Glauben, 7 sei es die
Gabe zu dienen, wo es um Dienst geht, zu lehren, wo es um Lehre geht,
8: 2Kor 9,7 8 Trost zu spenden, wo es um Trost geht. Wer andern etwas gibt, tue es
ohne Hintergedanken; wer eine Leitungsaufgabe versieht, tue es mit
Hingabe; wer Barmherzigkeit übt, tue es heiter und fröhlich.

Die Wirkungen der Liebe

9: 1Kor 13,4–6 9 Die Liebe sei ohne Heuchelei! Das Böse wollen wir verabscheuen,
10: 1Thess 4,9! dem Guten hangen wir an. 10 In geschwisterlicher Liebe sind wir einan-
der zugetan, in gegenseitiger Achtung kommen wir einander zuvor.
11 In der Hingabe zögern wir nicht, im Geist brennen wir, dem Herrn
12: Kol 4,2 dienen wir. 12 In der Hoffnung freuen wir uns, in der Bedrängnis üben
13: Phil 4,14 · wir Geduld, am Gebet halten wir fest. 13 Um die Nöte der Heiligen küm-
Hebr 13,2 mern wir uns, von der Gastfreundschaft lassen wir nicht ab.
14: Lk 6,28 14 Segnet, die euch verfolgen, segnet sie und verflucht sie nicht!
15 Freuen wollen wir uns mit den Fröhlichen und weinen mit den
16: 15,5 · 11,25; Weinenden. 16 Seid allen gegenüber gleich gesinnt; richtet euren Sinn
Spr 3,7 nicht auf Hohes, seid vielmehr den Geringen zugetan. Haltet euch nicht
selbst für klug!

12,16: Andere Übersetzungsmöglichkeit: «... dem Geringen zugetan. ...»

17 Vergeltet niemandem Böses mit Bösem, seid allen Menschen ge- 17: 1Thess 5,15;
genüber auf Gutes bedacht! 18 Wenn möglich, soweit es in eurer Macht 1Petr 3,9 ·
steht: Haltet Frieden mit allen Menschen! 19 Übt nicht selber Rache, 2Kor 8,21
meine Geliebten, sondern gebt dem Zorn Gottes Raum! Denn es steht 19: Dtn 32,35
geschrieben: *Mein ist die Rache,* ich *werde Vergeltung üben,* spricht der
Herr. 20 Vielmehr: *Wenn dein Feind Hunger hat, gib ihm zu essen; wenn er* 20: Spr 25,21
Durst hat, gib ihm zu trinken. Denn wenn du dies tust, wirst du feurige Koh-
len auf sein Haupt sammeln. 21 Lass dich vom Bösen nicht besiegen, son-
dern besiege das Böse durch das Gute.

Das Verhalten dem Staat gegenüber

13 1 Jedermann ordne sich den staatlichen Behörden unter, die 1–7: 1Petr 2,13–17
Macht über ihn haben. Denn es gibt keine staatliche Behörde, die 1: Tit 3,1
nicht von Gott gegeben wäre; die jetzt bestehen, sind von Gott einge-
setzt. 2 Also gilt: Wer sich gegen die Autorität des Staates auflehnt, der
widersetzt sich der Anordnung Gottes; die sich aber widersetzen, wer-
den ihr Urteil empfangen. 3 Denn nicht die gute Tat muss die Machtha-
ber fürchten, sondern die böse. Willst du die Autorität des Staates nicht
fürchten müssen? Dann tue das Gute, und du wirst bei ihr Anerken-
nung finden! 4 Denn Gottes Dienerin ist sie, zu deinem Besten. Tust du
jedoch das Böse, dann fürchte dich! Denn nicht umsonst trägt sie das
Schwert; im Dienst Gottes steht sie, beauftragt, den zu bestrafen, der
das Böse tut. 5 Darum ist es notwendig, sich unterzuordnen, nicht bloss
im Blick auf eine Bestrafung, sondern auch mit Rücksicht auf euer Ge-
wissen; 6 deshalb zahlt ihr ja auch Steuern. Beamte Gottes sind es ja, die
dazu bestellt sind, ihren Dienst zu verrichten. 7 Gebt allen, was ihr ih- 7: Lk 20,22–25
nen schuldig seid: Steuern, wem ihr Steuern schuldet, Zoll, wem ihr Zoll
schuldet, Respekt, wem ihr Respekt schuldet, Ehre, wem ihr Ehre schul-
det.

Die Erfüllung des Gesetzes

8 Bleibt niemandem etwas schuldig, ausser dass ihr einander liebt. 8–10: Mk 12,28–31!
Denn wer den andern liebt, hat das Gesetz erfüllt. 9 Das Gebot nämlich: 8: Gal 5,14
Du sollst nicht ehebrechen, du sollst nicht töten, du sollst nicht stehlen, du 9: Ex 20,13–17;
sollst nicht begehren, und was es sonst noch an Geboten gibt, wird in dem Dtn 5,17–21 · Lev 19,18
einen Wort zusammengefasst: *Du sollst deinen Nächsten lieben wie dich*
selbst. 10 Die Liebe fügt dem Nächsten nichts Böses zu. Des Gesetzes Er- 10: 1Kor 13,4
füllung also ist die Liebe.

Das Ende der Nacht

11 Und dies tut im Wissen, dass die Stunde geschlagen hat: Es ist
Zeit, aus dem Schlaf aufzuwachen. Denn jetzt ist unsere Rettung näher
als zu der Zeit, da wir zum Glauben kamen. 12 Die Nacht ist vorgerückt, 12: 6,13
bald wird es Tag. Lasst uns also ablegen die Werke der Finsternis und
anziehen die Waffen des Lichts! 13 Wir wollen unser Leben führen, wie 13: 1Thess 4,12
es sich für den Tag geziemt, nicht mit Ess- und Trinkgelagen, nicht mit
Orgien und Ausschweifungen, nicht mit Streit und Hader. 14 Zieht viel- 14: Gal 3,27
mehr den Herrn Jesus Christus an und tut nicht, was dem Fleisch ge-
nehm ist, damit ihr nicht seinem Begehren verfallt.

Starke und Schwache in der Gemeinde

1–4: 1Kor 8,7–13 **14** 1 Den im Glauben Schwachen nehmt an und lasst es nicht zum
1: 15,1 · 15,7 Streit über verschiedene Auffassungen kommen!
2: 1Kor 10,25–28 2 Der eine glaubt, alles essen zu dürfen, der Schwache aber isst nur
3: 14,10 Pflanzliches. 3 Wer isst, soll den nicht verachten, der nicht isst; wer aber
nicht isst, soll den nicht richten, der isst; denn Gott hat ihn angenom-
4: 1Kor 10,12! men. 4 Wer bist du, dass du eines andern Diener richtest? Seinem ei-
genen Herrn steht oder fällt er. Er wird aber stehen, denn der Herr ver-
mag, ihm Stand zu geben.

5 Der eine macht einen Unterschied zwischen den Tagen, für den
andern sind alle Tage gleich. Jeder aber bleibe seiner Überzeugung treu.
6 Wer einen bestimmten Tag beachtet, der tut es vor dem Herrn. Und
wer isst, der isst vor dem Herrn, denn er dankt Gott dabei. Und wer
nicht isst, der tut auch das vor dem Herrn und dankt Gott ebenfalls.
7: 2Kor 5,15 7 Keiner von uns lebt für sich selbst, und keiner stirbt für sich selbst.
8: 1Thess 5,10 8 Leben wir, so leben wir dem Herrn, sterben wir, so sterben wir dem
Herrn. Ob wir nun leben oder sterben, wir gehören dem Herrn. 9 Denn
dazu ist Christus gestorben und wieder lebendig geworden: dass er
Herr sei über Tote und Lebende.

10: 2Kor 5,10 10 Du aber, was richtest du deinen Bruder? Und du, was verachtest
du deinen Bruder? Wir werden alle vor den Richterstuhl Gottes treten
11: Jes 45,23; Phil 2,10–11 müssen. 11 Denn es steht geschrieben:

So wahr ich lebe, spricht der Herr, mir wird sich beugen jedes Knie,
und jede Zunge wird sich zu Gott bekennen.

12 Es wird also jeder von uns für sich selbst Rechenschaft ablegen
müssen vor Gott.

13: 1Kor 8,9.13; 10,32 13 Wir wollen einander also nicht mehr richten! Achtet vielmehr
darauf, dem Bruder keinen Anstoss zu geben und ihn nicht zu verfüh-
14–15: 1Kor 10,25–33 ren. 14 Ich weiss und bin mir im Herrn Jesus gewiss, dass nichts an sich
unrein ist, sondern nur für den, der es für unrein hält; für den ist es
15: 1Kor 8,1.11–13 unrein. 15 Wenn dein Bruder nämlich wegen einer Speise in Bedräng-
nis kommt, handelst du nicht mehr, wie es der Liebe entspricht. Führe
ihn mit deinem Essen nicht ins Verderben, auch für ihn ist Christus
gestorben! 16 Was für euch gut ist, soll nicht schlechtgemacht werden.
17 Denn das Reich Gottes ist nicht Essen und Trinken, sondern Gerech-
tigkeit, Frieden und Freude im heiligen Geist. 18 Wer darin Christus
dient, findet Wohlgefallen bei Gott und Anerkennung bei den Men-
schen.

19: 15,2; 1Kor 10,23; 14,12!.26; 1Thess 5,11 19 Wir wollen uns also einsetzen für das, was dem Frieden und der
gegenseitigen Erbauung dient! 20 Richte doch nicht wegen einer Speise
20–21: 1Kor 8,13 das Werk Gottes zugrunde! Alles ist zwar rein, schädlich aber ist es,
wenn ein Mensch durch sein Essen etwas gegen sein Gewissen tut. 21 Es
ist gut, kein Fleisch zu essen und keinen Wein zu trinken noch irgend-
etwas zu tun, woran dein Bruder Anstoss nimmt. 22 Behalte den Glau-
ben, den du für dich selbst hast, vor Gott. Selig, wer bei dem, was er zu
prüfen hat, nicht mit sich ins Gericht gehen muss! 23 Wer aber Beden-
ken hat, wenn er etwas isst, der hat sich selber verurteilt, weil es nicht

14,20: Andere Übersetzungsmöglichkeit: «..., wenn ein Mensch durch sein Essen Anstoss erregt.»

aus der Überzeugung des Glaubens geschieht. Alles, was nicht aus Glau-
ben geschieht, ist Sünde.

Was in der Gemeinde zählt

15 1 Wir, die Starken, sind verpflichtet, die Schwächen der Schwa- 1: 14,1
chen zu tragen und nicht uns selbst zu Gefallen zu leben. 2 Jeder 2: 1Kor 10,24 ·
von uns lebe dem Nächsten zu Gefallen, ihm zum Wohl, um ihn aufzu- 14,19!
bauen. 3 Christus hat ja auch nicht sich selbst zu Gefallen gelebt, son- 3: Ps 69,10
dern, wie geschrieben steht: *Die Schmähungen derer, die dich schmähten,*
haben mich getroffen. 4 Ja, alles, was zuvor geschrieben wurde, ist uns 4: 1Kor 9,10!
zur Belehrung geschrieben, damit wir mit Beharrlichkeit und mit dem
Trost der Schriften an der Hoffnung festhalten. 5 Der Gott der Geduld 5: 2Kor 1,3 · 12,16;
und des Trostes lasse euch untereinander eines Sinnes sein, nach dem Phil 4,2!
Vorbild des Christus Jesus, 6 damit ihr den Gott und Vater unseres
Herrn Jesus Christus einmütig und einstimmig lobt.
7 Darum nehmt einander an, wie auch Christus euch angenommen 7: 14,1
hat, zur Ehre Gottes. 8 Ich sage nämlich: Um der Wahrhaftigkeit Gottes
willen ist Christus zum Diener der Beschnittenen geworden, um die
Verheissungen, die an die Väter ergangen sind, zu bekräftigen. 9 Die 9: Ps 18,50
Heiden aber sollen um der Barmherzigkeit willen Gott preisen, wie ge-
schrieben steht:
Darum werde ich dich bekennen unter den Heiden
und deinem Namen lobsingen.
10 Und an anderer Stelle heisst es: 10: Dtn 32,43
Freut euch, ihr Völker, zusammen mit seinem Volk.
11 Und an anderer Stelle: 11: Ps 117,1
Preiset, all ihr Völker, den Herrn,
loben sollen ihn all seine Völker.
12 Jesaja wiederum sagt: 12: Jes 11,10
Ausschlagen wird die Wurzel Isais,
und hervortreten wird, der sich erhebt, um über die Völker zu
herrschen;
auf ihn werden die Völker hoffen.
13 Der Gott der Hoffnung aber erfülle euch mit aller Freude und al-
lem Frieden im Glauben, den er euch schenkt, und ihr werdet im Über-
fluss teilhaben an der Hoffnung durch die Kraft des heiligen Geistes.

Reisepläne

14 Meine lieben Brüder und Schwestern! Im Blick auf euch bin ich
persönlich der festen Überzeugung, dass auch ihr von guter Gesinnung
durchdrungen seid, von aller Erkenntnis erfüllt und fähig, einander
auch zurechtzuweisen. 15 Ich habe euch zum Teil recht kühn geschrie- 15: 12,3; 1Kor 3,10;
ben, doch wollte ich euch nur an Bekanntes erinnern. Ich tue dies auf- Gal 2,9
grund der Gnade, die mir von Gott zuteil wurde, 16 der Gnade nämlich, 16: 1,1; 1Thess 2,2
ein Kultdiener zu sein des Christus Jesus für die Völker und als solcher
das Evangelium Gottes als heilige Handlung zu vollziehen; so soll die
Darbringung der Völker, geheiligt durch den heiligen Geist, Gottes

15,16: Andere Übersetzungsmöglichkeit: «damit ich Kultdiener sei des Christus Jesus für die Völker ... Handlung vollziehe; ...»

17: 1Kor 15,31 Wohlgefallen finden. 17 Darauf bin ich stolz in Christus Jesus – wenn es
um das geht, was vor Gott gilt. 18 Denn ich würde es nicht wagen, von
Dingen zu reden, die Christus nicht durch mich gewirkt hat, um die
19: 2Kor 12,12; Völker zum Gehorsam zu bringen, durch Wort und Tat, 19 durch die
1Thess 1,5 Macht von Zeichen und Wundern, in der Kraft des Geistes. So habe ich
denn das Evangelium Christi verkündigt von Jerusalem und seiner Um-
20: 1Kor 3,10 gebung aus bis nach Illyrien 20 und dabei stets alles darangesetzt, das
Evangelium nur dort zu verkündigen, wo Christus noch nicht bekannt
21: Jes 52,15 war. Ich will ja nicht auf eines andern Fundament bauen, 21 sondern
wie geschrieben steht:

Die keine Kunde von ihm hatten, die werden sehen,
und die nichts gehört haben, werden verstehen.

22: 1,13 22 Das ist es, was mich immer wieder daran gehindert hat, zu euch
zu kommen. 23 Jetzt aber ist mein Platz nicht mehr hier in diesem Ge-
biet, auch sehne ich mich seit Jahren danach, zu euch zu kommen,
24 wenn ich einmal nach Spanien reise. Ich hoffe nämlich, euch auf der
Durchreise zu sehen und von euch für die Weiterreise ausgerüstet zu
werden, nachdem ich eure Gegenwart eine Weile genossen habe.

25 Jetzt aber breche ich nach Jerusalem auf, um den Heiligen einen
26: 2Kor 8,1–4 Dienst zu erweisen. 26 Makedonien und die Achaia haben nämlich be-
schlossen, eine Kollekte für die Armen unter den Heiligen in Jerusalem
zu erheben. 27 So haben sie es beschlossen, sie stehen ja in ihrer Schuld.
Denn wenn die Völker Anteil bekommen haben an ihren geistlichen
Gaben, dann sind sie es ihnen auch schuldig, ihnen einmal mit materi-
ellen Gaben einen Dienst zu erweisen. 28 Wenn ich dies zu Ende ge-
bracht und ihnen den Betrag versiegelt übergeben habe, will ich bei
euch vorbeikommen und dann nach Spanien weiterreisen. 29 Und ich
weiss: Wenn ich zu euch komme, werde ich mit der Fülle des Segens
Christi kommen.

30 Ich bitte euch aber, liebe Brüder und Schwestern, bei unserem
Herrn Jesus Christus und bei der Liebe des Geistes: Steht mir bei in mei-
nem Kampf, wenn ihr für mich zu Gott betet, 31 dass ich bewahrt werde
vor den Ungehorsamen in Judäa und mein Dienst, den ich an Jerusalem
tue, den Heiligen willkommen sei. 32 Dann mag ich, so Gott will, voll
33: 16,20; Freude zu euch kommen und bei euch eine Zeit lang Ruhe finden. 33 Der
1Kor 14,33; Gott des Friedens sei mit euch allen, Amen.
2Kor 13,11; Phil 4,9;
1Thess 5,23;
Hebr 13,20

Empfehlung der Phöbe

1: Apg 18,18 **16** 1 Ich empfehle euch unsere Schwester Phöbe, die Diakonin der
Gemeinde von Kenchreä. 2 Nehmt sie auf im Herrn, wie es sich
für die Heiligen geziemt, und steht ihr bei, wo immer sie eure Hilfe
braucht. Denn sie hat sich ihrerseits für viele eingesetzt, auch für mich
persönlich.

Grüsse

3: 1Kor 16,19; 3 Grüsst Priska und Aquila, meine Mitarbeiter in Christus Jesus,
Apg 18,2! 4 die, um mir das Leben zu retten, ihren Kopf hingehalten haben; nicht

15,19: Andere Textüberlieferung: «..., in der Kraft des Geistes Gottes. ...» oder «... in der Kraft des heiligen Geistes. ...»

15,28: Andere Übersetzungsmöglichkeit: «... und ihnen diesen Ertrag bescheinigt habe, ...»

nur ich bin ihnen dankbar, sondern auch alle Gemeinden unter den Völ-
kern. 5 Mein Gruss gilt auch der Gemeinde, die sich in ihrem Haus
trifft.
Grüsst meinen lieben Epainetos; er ist der Erste aus der Asia, der sich
für Christus gewinnen liess. 6 Grüsst Maria, die viel für euch getan hat.
7 Grüsst Andronikus und Junia, meine Landsleute, die meine Gefan-
genschaft geteilt haben. Sie sind angesehen unter den Aposteln und ha-
ben schon vor mir zu Christus gehört. 8 Grüsst meinen im Herrn ge-
liebten Ampliatos. 9 Grüsst Urbanus, unseren Mitarbeiter in Christus,
und meinen lieben Stachys. 10 Grüsst Apelles, der sich bewährt hat in
Christus. Grüsst die aus dem Haus des Aristobulos. 11 Grüsst Herodion,
meinen Landsmann. Grüsst die aus dem Haus des Narzissus, die zum
Herrn gehören. 12 Grüsst Tryphaina und Tryphosa, die sich für den
Herrn einsetzen. Grüsst die liebe Persis; sie hat viel geleistet für den
Herrn. 13 Grüsst Rufus, der sich im Dienst für den Herrn ausgezeichnet
hat, und seine Mutter, die auch mir eine Mutter geworden ist. 14 Grüsst
Asynkritos, Phlegon, Hermes, Patrobas, Hermas und die Brüder, die bei
ihnen sind. 15 Grüsst Philologus und Julia, Nereus und seine Schwester,
Olympas und alle Heiligen bei ihnen.
16 Grüsst einander mit dem heiligen Kuss. Es grüssen euch alle Ge- 16: 1Kor 16,20;
meinden Christi. 2Kor 13,12;
1Thess 5,26;
1Petr 5,14

Warnung und Segenswunsch

17 Ich ermahne euch aber, liebe Brüder und Schwestern: Habt ein 17: Gal 5,20 · 6,17
Auge auf die, welche Anlass zu Spaltung und Ärgernis geben; sie wider-
sprechen der Lehre, die ihr gelernt habt. Geht ihnen aus dem Weg!
18 Solche Leute dienen nicht Christus, unserem Herrn, sondern ihrem
eigenen Bauch; mit wohlklingenden und schönen Worten täuschen sie
die Herzen der Arglosen. 19 Doch euer Gehorsam ist bei allen bekannt
geworden; an euch habe ich nun meine Freude. Ich möchte, dass ihr
weise seid, dem Guten zugetan und dem Bösen feind. 20 Der Gott des 20: 15,33 ·
Friedens aber wird den Satan in Kürze unter euren Füssen zermalmen. 1Thess 5,28
Die Gnade unseres Herrn Jesus sei mit euch!

Grüsse der Mitarbeiter

21 Es grüssen euch Timotheus, mein Mitarbeiter, und Lukios, Jason 21: Apg 16,1!–3
und Sosipatros, meine Landsleute. 22 Ich, Tertius, der ich diesen Brief
geschrieben habe, grüsse euch im Herrn. 23 Es grüsst euch Gaius, der
mich und die ganze Gemeinde beherbergt. Es grüssen euch Erastos, der
städtische Verwaltungsbeamte, und unser Bruder Quartus.

16,7: In der Forschung besteht weitgehend Konsens darüber, dass die Akkusativform ‹Iounian› vom weiblichen Namen Iounia/Junia (und nicht von der Kurzform des männlichen Namens Junianus) abzuleiten ist.

16,23: «der städtische Verwaltungsbeamte»: Der griechische Begriff ‹oikonomos› bezeichnet hier einen hohen Beamten der Stadt, möglicherweise gar den höchsten Beamten der Finanzverwaltung.

16,23: Verschiedene Handschriften fügen hier ein: «24 Die Gnade unseres Herrn Jesus Christus sei mit euch allen, Amen.»

Lobpreis

25: 2,16 25 Ehre aber sei ihm, der euch zu stärken vermag im Sinne meines
Evangeliums und der Botschaft von Jesus Christus. So entspricht es der
Offenbarung des Geheimnisses, das seit ewigen Zeiten von Schweigen
26: 1,2; 3,21 · 1,5 umhüllt war, 26 jetzt aber ans Licht gebracht und durch prophetische
Schriften auf Geheiss des ewigen Gottes allen Völkern bekannt gemacht
27: 11,36; Gal 1,5; wurde, um Glaubensgehorsam zu schaffen. 27 Ihm, dem allein weisen
Phil 4,20; 1Tim 1,17; Gott, sei durch Jesus Christus die Ehre in Ewigkeit, Amen.
2Tim 4,18;
Hebr 13,21

Der Erste Brief an die Korinther

Der Erste Brief des Paulus an die Korinther zeigt in exemplarischer Weise, wie der Apostel konkrete Alltagsprobleme einer frühchristlichen Gemeinde zum Anlass nimmt, sich mit ihr über grundsätzliche theologische Gedankengänge zu verständigen.

Nach Korinth, der Hauptstadt der Provinz Achaia, einer Wirtschafts-, Finanz- und Handelsmetropole, die über zwei Hafenanlagen verfügte, kam Paulus auf seiner zweiten Missionsreise um 49/50 n.Chr. (vgl. Apg 18,1–17; der hier genannte Beamte Gallio ist auch inschriftlich bezeugt). In der äusserst lebendigen Stadt von etwas zweifelhaftem Ruf, in der neben reichen Kaufleuten und Reedern auch Heerscharen von Sklaven lebten, gab es zahlreiche Kulte griechisch-hellenistischer und orientalischer Herkunft, unter ihnen auch einen jüdischen Synagogenverein.

Die Gemeinde, die Paulus dort gegründet hat, spiegelt die bunte soziale, kulturelle und religiöse Vielfalt der Stadt. Die grosse Mehrheit der Christinnen und Christen entstammte dem Heidentum (1Kor 12,2) und zählte zur Unterschicht (1Kor 1,26). Exponenten der Oberschicht (vgl. 1Kor 11,21–22; 1,14; Röm 16,23) scheinen aber die tonangebende Rolle gespielt zu haben.

Paulus hat den Ersten Brief an die Korinther um 54/55 n.Chr. in Ephesus verfasst (vgl. 1Kor 16,8). Er reagiert mit seinem Schreiben auf Fragen, die ihm die Korinther zugesandt haben (vgl. 1Kor 7,1; 8,1; 16,1), und nimmt Stellung zu Konflikten, von denen er auf anderem Weg Kenntnis erhalten hat (z.B. 1Kor 1,11). Es war innerhalb der Gemeinde zur Bildung von Sondergruppen gekommen (1Kor 1,10–17), die sich in ihrer sozialen Zusammensetzung unterschieden, sich je auf andere Leitfiguren beriefen und miteinander rivalisierten. Die Spannungsfelder, die sich erkennen lassen, sind die typischen Probleme, die im Kontakt einer frühchristlichen Gemeinschaft mit ihrer antiken städtischen

16,25: Die Schlussdoxologie (Lobpreis) V.25–27 ist uneinheitlich überliefert: Während gewichtige Handschriften sie hier überliefern, führen einige sie nach 14,23, eine nach 15,33, wieder andere doppelt und einige überhaupt nicht an.

Umwelt entstanden: Die Christusbotschaft stellte die Gläubigen, die bisher ganz selbstverständlich am sozialen Leben ihrer Stadt teilgenommen hatten, vor die grundsätzliche Entscheidung zwischen Abgrenzung und Integration, die von Fall zu Fall verschieden ausfiel. Bei manchen Konfliktpunkten musste Paulus den Korinthern erst bewusst machen, dass ihre bislang ganz selbstverständlich weitergeführte Lebenspraxis dem Evangelium widersprach. Dazu zählten etwa die Anrufung städtischer Gerichte in Rechtssachen innerhalb der Gemeinde (1Kor 6,1–11), gelegentliche Bordellbesuche (1Kor 6,12–20), die Teilnahme an städtischen Festen mitsamt ihren kultischen Fleischmahlzeiten (1Kor 8,1–11,1) und das wenig rücksichtsvolle Verhalten bei der Abendmahlsfeier (1Kor 11,17–34). Dazu kam die Faszination, die für einige besonders einflussreiche Christen von einer Form antiker ‹Esoterik› ausging, die den christlichen Glauben als eine vom göttlichen Geist gewirkte Weisheit philosophischen Typs verstand (vgl. 1Kor 2,1–3,4). Zumal im Gottesdienst (1Kor 12,1–14,40) glaubten manche, die Wirkungen des Gottesgeistes in der «Zungenrede», einer Art Engelssprache (1Kor 13,1), zu erfahren.

Der erste grosse Teil des Ersten Briefes an die Korinther setzt sich gegen die Aufspaltung der Gemeinde in rivalisierende Gruppen zur Wehr (1Kor 1,10–4,21). Paulus attackiert nicht nur deren Dünkel und Selbstüberschätzung, sondern stellt den Kreuzestod von Jesus Christus ins Zentrum seiner Argumentation: Gott zeigt sich in diesem skandalösen Tod gerade an dem Ort, wo sich nach den Massstäben der vorfindlichen Welt nur «Torheit» und «Ärgernis» wahrnehmen lsssen (1Kor 1,18–31). Während der Tod Christi für manche Korinther offenbar nur eine Passage zur geistig-himmlischen Wirklichkeit darstellt, dreht sich das theologische Nachdenken des Apostels ausschliesslich um das angemessene Verständnis des Kreuzestodes. Die konkreten Ratschläge, die er in 1Kor 5–15 den Korinthern unterbreitet, nehmen dort ihr Mass: Die gegenseitige Rücksichtnahme (1Kor 8–11), die Orientierung an der Liebe (1Kor 12–14) und das Ernstnehmen der Geschöpflichkeit (1Kor 15) sind deshalb geboten, weil sich Christus für alle hingegeben hat (z.B. 1Kor 6,20; 8,11; 11,26). Die geistgewirkte ‹Vollmacht› und Freiheit, die für manche Korinther ihr Christsein bestimmt (1Kor 6,12: «Alles ist mir erlaubt!»; 1Kor 10,23: «Alles ist erlaubt, aber nicht alles ist zuträglich.»), verweist im Zeichen des gekreuzigten Christus gerade auf die Schwachheit und Not der anderen. In 1Kor 12–14 mit dem darin eingebetteten ‹Hohen Lied der Liebe› zeigt Paulus auf, wie zumal der Gottesdienst zum exemplarischen Ort gegenseitiger Rücksichtnahme und Solidarität wird (vgl. auch 1Kor 11,17–34). In seinen Ausführungen über die Auferstehung der Toten (1Kor 15) arbeitet Paulus schliesslich heraus, dass gerade das Ernstnehmen der Todeswirklichkeit in eine atemraubende Vision der Auferstehung als leiblicher Teilhabe am Lichtglanz des auferstandenen Christus mündet.

Der Erste Brief an die Korinther stellt auch heraus, dass im Verhältnis von Mann und Frau Symmetrie herrschen muss (1Kor 7,3–4; vgl. 1Kor 11,11–12), auch wenn Paulus persönlich der Askese den Vorzug gibt (1Kor 7,1–7; 1Kor 7,25–40). In den Gottesdiensten nehmen Frauen dieselben Funktionen wie die Männer wahr, etwa bei Gebet und prophetischer Predigt (1Kor 11,4–5; anders 1Kor 14,34–35, wo wohl ein nachpaulinischer Zusatz vorliegt). Wenn Paulus allerdings die Korintherinnen zu einer angemessenen Haartracht verpflichtet (1Kor 11,2–16), bleibt er ein gutes Stück hinter seiner eigenen Auffassung von der Freiheit des Evangeliums zurück (vgl. Gal 3,28).

Anschrift

1: Gal 1,1; Röm 1,1; 1 1 Paulus, der durch den Willen Gottes zum Apostel Christi Jesu be-
2Kor 1,1 rufen wurde, und Sosthenes, unser Bruder, 2 an die Gemeinde Got-
2: 2Kor 1,1 · 6,11 · Röm 10,12–13 tes in Korinth, an die in Christus Jesus Geheiligten, an die zu Heiligen
Berufenen – samt allen, die den Namen unseres Herrn Jesus Christus
3: Röm 1,7! anrufen an jeglichem Ort, dort wie hier: 3 Gnade sei mit euch und Frie-
de von Gott, unserem Vater, und dem Herrn Jesus Christus.

Danksagung

4: Phlm 4; 4 Ich danke euretwegen meinem Gott allezeit für die Gnade Gottes,
Phil 1,3–4; Röm 1,8 · Röm 12,6 die euch in Christus Jesus gegeben worden ist. 5 In ihm seid ihr reich
5: 2Kor 8,9; 9,11 geworden an allem: reich an Wort und Erkenntnis aller Art. 6 Denn das
7: Phil 3,20 Zeugnis von Christus ist bei euch so fest verankert, 7 dass es euch an
keiner Gabe mangelt, solange ihr auf die Offenbarung unseres Herrn
8: 2Kor 1,21 · Jesus Christus wartet. 8 Er wird euch auch Festigkeit geben bis zum En-
2Kor 1,14; 1Thess 5,2! de, und kein Tadel wird euch treffen am Tage unseres Herrn Jesus Chris-
9: 10,13! · 10,16 tus. 9 Treu ist Gott, durch den ihr berufen wurdet in die Gemeinschaft
mit seinem Sohn Jesus Christus, unserem Herrn.

Die Grundlosigkeit der Streitigkeiten

10: 11,18 10 Ich bitte euch aber, liebe Brüder und Schwestern, beim Namen
unseres Herrn Jesus Christus: Sprecht alle mit einer Stimme und lasst
keine Spaltungen unter euch zu, seid vielmehr miteinander verbunden
11: 3,3 in derselben Gesinnung und Meinung! 11 Es wurde mir nämlich über
euch, meine Brüder und Schwestern, von den Leuten der Chloe berich-
12: 3,4–6.22; 4,6; tet, dass es Streitigkeiten unter euch gibt. 12 Damit meine ich, dass je-
16,12; Apg 18,24; der von euch Partei ergreift: Ich gehöre zu Paulus – ich zu Apollos – ich
19,1 · 3,23; 9,5; 15,5; Gal 2,9! zu Kefas – ich zu Christus.
13 Ist der Christus zerteilt? Wurde etwa Paulus für euch gekreuzigt?
Wurdet ihr auf den Namen des Paulus getauft? 14 Ich danke Gott dafür,
dass ich niemanden von euch getauft habe ausser Krispus und Gaius –
15 so kann niemand sagen, ihr wärt auf meinen Namen getauft worden.
16: 16,15.17 16 Das Haus des Stephanas habe ich zwar auch noch getauft, im Übrigen
aber wüsste ich nicht, dass ich noch jemanden getauft hätte.
17: Gal 1,15–16 · 2,1! 17 Denn Christus hat mich nicht gesandt zu taufen, sondern das
Evangelium zu verkündigen – nicht mit beredter Weisheit, damit das
Kreuz Christi nicht seines Sinnes entleert werde.

1,5: Der griechische Begriff ‹logos› hat im Ersten Brief an die Korinther einen weiten Bedeutungsumfang: Wort, verkündigtes Wort/Verkündigung, vernünftiges Wort, Rede, Redekunst.

1,10: Andere Übersetzungsmöglichkeit: «..., seid vielmehr ganz eines Sinnes und einer Meinung!»

Das Wort vom Kreuz

18 Denn das Wort vom Kreuz ist Torheit für die, die verloren gehen, 18: Röm 1,16
für die aber, die gerettet werden, für uns, ist es Gottes Kraft. 19 Es steht 19: Jes 29,14
nämlich geschrieben:
Zunichte machen werde ich die Weisheit der Weisen,
und den Verstand der Verständigen werde ich verwerfen.
20 Wo bleibt da ein Weiser? Wo ein Schriftgelehrter? Wo ein Wortfüh- 20: 3,19
rer dieser Weltzeit? Hat Gott nicht die Weisheit der Welt zur Torheit
gemacht? 21 Denn da die Welt, umgeben von Gottes Weisheit, auf dem 21: Röm 11,33
Weg der Weisheit Gott nicht erkannte, gefiel es Gott, durch die Torheit
der Verkündigung jene zu retten, die glauben. 22 Während die Juden 22: Mk 8,11
Zeichen fordern und die Griechen Weisheit suchen, 23 verkündigen wir 23: 2,2 · Gal 5,11
Christus den Gekreuzigten – für die Juden ein Ärgernis, für die Heiden
eine Torheit, 24 für die aber, die berufen sind, Juden wie Griechen,
Christus als Gottes Kraft und Gottes Weisheit. 25 Denn das Törichte
Gottes ist weiser als die Menschen, und das Schwache Gottes ist stärker
als die Menschen.

Die Gestalt der Gemeinde

26 Schaut doch auf eure Berufung, liebe Brüder und Schwestern: Da
sind in den Augen der Welt nicht viele Weise, nicht viele Mächtige,
nicht viele Vornehme. 27 Im Gegenteil: Das Törichte dieser Welt hat
Gott erwählt, um die Weisen zu beschämen, und das Schwache dieser
Welt hat Gott erwählt, um das Starke zu beschämen, 28 und das Geringe
dieser Welt und das Verachtete hat Gott erwählt, das, was nichts gilt, um
zunichte zu machen, was etwas gilt, 29 damit kein Mensch sich rühme 29: Röm 3,27!
vor Gott. 30 Er hat es aber gefügt, dass ihr in Christus Jesus seid, der
unsere Weisheit wurde, dank Gott, unsere Gerechtigkeit und Heiligung
und Erlösung. 31 So soll gelten, wie geschrieben steht: *Wer sich rühmt,* 31: Jer 9,23;
der rühme sich des Herrn. 2Kor 10,17;
Röm 5,11

Das Auftreten des Paulus

2 1 Liebe Brüder und Schwestern, auch ich bin, als ich zu euch kam, 1: 2,13; 1,7 · 4,1
nicht mit grossartigen Worten und abgründiger Weisheit daherge-
kommen, euch das Geheimnis Gottes zu verkündigen. 2 Denn ich hatte 2: 1,23
beschlossen, bei euch nichts anderes zu wissen ausser das eine: Jesus
Christus, und zwar den Gekreuzigten.
3 Auch kam ich in Schwachheit und mit Furcht und Zittern zu euch, 3–4: 2Kor 10,10;
4 und meine Rede und meine Verkündigung baute nicht auf kluge 11,6.30; Gal 4,13 ·
Überredungskunst, sondern auf den Erweis des Geistes und der Kraft, 4,20; 1Thess 1,5
5 damit euer Glaube nicht in der Weisheit der Menschen, sondern in 5: 1,18!
der Kraft Gottes gründe.

1,21: Andere Übersetzungsmöglichkeit: «Denn da die Welt an der Weisheit Gottes Gott auf dem Weg der Weisheit nicht erkannte, …»

1,22–23: Andere Übersetzungsmöglichkeit: «22 die Juden Zeichen fordern und die Griechen Weisheit suchen, 23 verkündigen wir dagegen Christus …»

2,1: Andere Textüberlieferung: «…, euch das Zeugnis Gottes zu verkündigen.»

2,4: Andere Textüberlieferung: «… setzte nicht auf überredende Worte der Weisheit, …»

Die Verkündigung der Weisheit Gottes

6: 3,18–19 · 15,24 6 Von Weisheit aber reden wir im Kreis der Vollkommenen – jedoch
nicht von der Weisheit dieser Weltzeit noch der Herrscher dieser Welt-
zeit, die zunichte werden. 7 Wir reden vielmehr von der Weisheit Got-
tes, der verborgenen, so wie man von einem Geheimnis redet; diese hat
8: 1,21 Gott vor aller Zeit zu unserer Verherrlichung bestimmt. 8 Sie hat keiner
der Herrscher dieser Weltzeit je erkannt, denn hätten sie sie erkannt,
9: Jes 64,3 · hätten sie den Herrn der Herrlichkeit nicht gekreuzigt. 9 Vielmehr ver-
Röm 8,28 kündigen wir, wie geschrieben steht,

was kein Auge gesehen und kein Ohr gehört hat
und was in keines Menschen Herz aufgestiegen ist,
was Gott denen bereitet hat, die ihn lieben.

10 Uns aber hat es Gott offenbart durch den Geist; der Geist nämlich
ergründet alles, auch die Tiefen Gottes. 11 Denn wer unter den Men-
schen kennt das Wesen des Menschen, wenn nicht der Geist des Men-
schen, der in ihm ist? So hat auch das Wesen Gottes niemand erkannt
ausser der Geist Gottes. 12 Wir aber haben nicht den Geist der Welt
empfangen, sondern den Geist, der von Gott kommt, damit wir verste-
hen, was uns von Gott geschenkt worden ist.

13 Und davon reden wir, nicht mit Worten, wie menschliche Weis-
heit sie lehrt, sondern mit Worten, wie der Geist sie lehrt, indem wir für
14: 1,18 Geistliches geistliche Bilder brauchen. 14 Der natürliche Mensch aber
erfasst nicht, was aus dem Geist Gottes kommt, denn für ihn ist es Tor-
heit; und er kann es nicht erkennen, weil es nur geistlich zu beurteilen
ist. 15 Wer aber aus dem Geist lebt, beurteilt alles, er selbst aber wird
16: Jes 40,13; von niemandem beurteilt. 16 Denn *wer hätte die Gedanken des Herrn er-*
Röm 11,34 *kannt, dass er ihn unterwiese?* Wir aber haben die Gedanken Christi.

Die Unmündigkeit der Gemeinde

1: 13,11 **3** 1 Doch ich, liebe Brüder und Schwestern, konnte nicht zu euch spre-
chen wie zu Menschen, die aus dem Geist leben, sondern musste zu
euch sprechen wie zu solchen, die auf das Irdische beschränkt sind, mit
in Christus noch unmündigen Kindern. 2 Milch gab ich euch zu trin-
ken, nicht feste Speise; denn die konntet ihr noch nicht vertragen. Ja, ihr
3: 1,11 könnt es noch immer nicht, 3 denn ihr lebt noch aus dem Irdischen.
Sofern nämlich Eifersucht und Streit unter euch herrschen, lebt ihr da
nicht aus dem Irdischen, und geht es da unter euch nicht sehr mensch-
4: 1,12! lich zu? 4 Denn wenn einer sagt: Ich gehöre zu Paulus, und ein anderer:
Ich zu Apollos, seid ihr da nicht wie jedermann?

Die Apostel als Diener des Herrn

5 Was ist denn Apollos? Und was ist Paulus? Diener sind sie, durch
die ihr zum Glauben gekommen seid, ein jeder, wie es der Herr ihm gab:
6: 1,12! 6 Ich habe gepflanzt, Apollos hat bewässert, Gott aber liess es wachsen.
7 Darum zählt weder der, der pflanzt, noch der, der bewässert, sondern
Gott, der wachsen lässt. 8 Ob einer pflanzt oder ob er bewässert, gilt
gleich viel; jeder wird seinen Lohn erhalten entsprechend der Arbeit,

2,13: Andere Übersetzungsmöglichkeit: «…, indem wir denen aus dem Geist die Dinge des Geistes deuten.»

die er geleistet hat. 9 Denn wir sind Gottes Mitarbeiter; Gottes Acker- 9: 2Kor 1,24 · 14,12!
feld und Gottes Bau seid ihr.
10 Gemäss der Gnade Gottes, die mir gegeben wurde, habe ich als 10: 1,4 ·
kundiger Baumeister das Fundament gelegt, ein anderer baut darauf Röm 15,15! ·
weiter. Jeder aber sehe zu, wie er darauf weiterbaut! 11 Denn ein ande- Röm 15,20
res Fundament kann niemand legen als das, welches gelegt ist: Jesus 11: Eph 2,20!
Christus. 12 Ob nun einer mit Gold, Silber, Edelsteinen, Holz, Heu oder
Stroh auf dem Fundament weiterbaut – 13 eines jeden Werk wird offen- 13–15: 4,5 ·
bar werden, denn der Tag des Gerichts wird es ans Licht bringen, weil er Mal 3,19.2–3
sich im Feuer offenbart: Wie eines jeden Werk beschaffen ist, das Feuer
wird es prüfen. 14 Hat das Werk, das einer aufgebaut hat, Bestand, so
wird er Lohn empfangen. 15 Verbrennt sein Werk, so wird er Schaden
erleiden – er selbst aber wird gerettet werden, freilich wie durch Feuer
hindurch.
16 Wisst ihr nicht, dass ihr Gottes Tempel seid und dass Gottes Geist 16: 6,19; 2Kor 6,16 ·
in euch wohnt? 17 Wer den Tempel Gottes zerstört, den wird Gott zer- Röm 8,9
stören; denn der Tempel Gottes ist heilig – und das seid ihr. 17: Eph 2,21

Die Freiheit der Gemeinde

18 Niemand betrüge sich selbst! Meint einer unter euch, weise zu 18: 1,20–25; Spr 3,7
sein in dieser Weltzeit, so werde er töricht, um weise zu werden.
19 Denn die Weisheit dieser Welt ist Torheit vor Gott. Es steht nämlich 19: Hiob 5,12–13
geschrieben: *Er ist es, der die Weisen fängt in ihrer Verschlagenheit.* 20 Und 20: Ps 94,11
wiederum: *Der Herr kennt die Gedanken der* Weisen, *und er weiss, dass sie*
nichtig sind. 21 Darum gründe niemand seinen Ruhm auf Menschen! 21: Röm 3,27!

Denn alles ist euer,
22 sei es Paulus, Apollos oder Kefas, 22: 1,12! · Röm 8,38
sei es Welt, Leben oder Tod,
sei es Gegenwärtiges oder Zukünftiges:
Alles ist euer,
23 ihr aber gehört Christus, 23: Gal 3,29
Christus aber Gott.

Der Apostel vor seinem Herrn

4 1 So soll man uns als Diener des Christus und als Verwalter der Ge- 1: 2,1
heimnisse Gottes betrachten. 2 Nun verlangt man ja von einem Ver-
walter nichts weiter, als dass er für treu befunden werde. 3 Mir ist es
aber völlig gleichgültig, ob ich von euch oder von einem menschlichen
Gericht beurteilt werde; ich beurteile mich ja auch nicht, 4 denn ich bin
mir keiner Schuld bewusst. Doch dadurch bin ich noch nicht gerecht
gesprochen; der aber über mich urteilt, ist der Herr. 5 Darum urteilt 5: Mt 7,1!;
nicht vor der Zeit, nicht bevor der Herr kommt! Er wird auch, was im Röm 2,16 · 3,13
Dunkeln verborgen ist, ans Licht bringen und wird Sinnen und Trach-
ten der Herzen offenbar machen. Und dann wird einem jeden sein Lob
zuteil werden von Gott.

3,13: Andere Übersetzungsmöglichkeit: «… wird es ans Licht bringen. Weil er sich im Feuer offenbart, wird auch eines jeden Werk, wie beschaffen es sei, das Feuer prüfen.»

4,3: Andere Übersetzungsmöglichkeit: «Mir aber geht es überhaupt nicht darum, von euch … beurteilt zu werden; …»

Im Schatten des Kreuzes

6 Was ich aber dargestellt habe, liebe Brüder und Schwestern, hat
sich auf mich und Apollos bezogen – um euretwillen. An uns sollt ihr
lernen: Nicht über das hinaus, was geschrieben steht, damit keiner sich
wichtig mache, indem er für den einen und gegen den andern Partei
ergreift. 7 Denn wer gibt dir einen Vorzug? Was aber hast du, das
du nicht empfangen hättest? Wenn du es aber empfangen hast, was
rühmst du dich, als hättest du es nicht empfangen? 8 Ihr seid schon satt
geworden, ihr seid schon reich geworden, ohne uns habt ihr die Herr-
schaft angetreten! Ja, hättet ihr sie doch angetreten, damit auch wir
herrschen könnten mit euch!

9 Ich meine nämlich: Gott hat uns Apostel als die Letzten hingestellt,
wie zum Tod Verurteilte; zu einem Schauspiel sind wir geworden für die
10: 3,18 Welt, für Engel und Menschen. 10 Wir sind töricht um Christi willen,
ihr dagegen seid klug in Christus; wir sind schwach, ihr seid stark; ihr
11–13: 2Kor 4,7–10; 6,4–10; 11,23–27 seid angesehen, wir sind verachtet. 11 Bis zur Stunde hungern und dürs-
ten wir, sind wir nackt und werden geschlagen, sind wir ohne feste Blei-
12: 1Thess 2,9 be 12 und mühen wir uns ab mit unserer Hände Arbeit. Werden wir ge-
schmäht, segnen wir; werden wir verfolgt, ertragen wir's; 13 werden wir
verleumdet, reden wir freundlich. Zum Abschaum der Welt sind wir ge-
worden, zum Unrat für alle, bis auf den heutigen Tag.

Aufruf zur Vernunft

14: Gal 4,19; 1Thess 2,11 14 Nicht um euch zu beschämen, schreibe ich dies, sondern um euch
als meine geliebten Kinder zur Vernunft zu bringen. 15 Denn solltet ihr
15: Gal 3,24–25; Phlm 10 auch tausend Erzieher haben in Christus, so habt ihr doch nicht viele
Väter; denn in Christus Jesus habe *ich* euch gezeugt durch das Evangeli-
um.

16: 11,1! 16 Ich bitte euch nun: Folgt meinem Beispiel! 17 Darum habe ich
17: Phil 2,19–20; Apg 18,5! · 7,17; 14,33 euch Timotheus geschickt, mein geliebtes und treues Kind im Herrn; er
wird euch erinnern an meine Wege, die ich in Christus Jesus gehe, dar-
an, wie ich überall in jeder Gemeinde lehre.

18 Einige aber haben sich aufgespielt, als käme ich gar nicht zu euch.
19: 16,5–7 19 Ich werde aber zu euch kommen, in Kürze, wenn der Herr es will,
und in Erfahrung bringen, nicht was die Aufgeblasenen daherreden,
sondern was sie zu tun vermögen. 20 Denn das Reich Gottes erweist
21: Gal 6,1 sich nicht im Daherreden, sondern im tatkräftigen Tun. 21 Was wollt
ihr? Soll ich mit dem Stock zu euch kommen oder in Liebe und im Geist
der Sanftmut?

Eine empörende Ehe

1: 11,18 · Lev 18,8 5 1 Überhaupt: Von Unzucht hört man bei euch, und zwar von solcher
Unzucht, wie sie nicht einmal bei den Heiden vorkommt: dass näm-
2: 5,13 lich einer sich die Frau seines Vaters nimmt. 2 Und da habt ihr euch
noch wichtig gemacht, statt zu trauern? Hättet ihr das getan, so wäre
jener aus eurer Mitte verstossen worden, der diese Tat begangen hat!
3 Ich freilich – körperlich zwar abwesend, im Geist aber anwesend –
habe über den, der diese Tat verübt hat, bereits das Urteil gefällt, als
wäre ich anwesend: 4 Im Namen unseres Herrn Jesus: Ihr sollt euch ver-
sammeln, vereint mit meinem Geist und der Kraft unseres Herrn Jesus,

5 und dann sollt ihr diesen Menschen dem Satan überlassen, zum Ver- 5: 1,8!
derben des Fleisches, damit der Geist gerettet werde am Tage des Herrn.
6 Nicht gut ist, worauf ihr stolz seid. Wisst ihr nicht, dass ein wenig 6: Gal 5,9!
Sauerteig den ganzen Teig durchsäuert? 7 Schafft den alten Sauerteig 7: Ex 12,15.19 ·
weg, damit ihr ein neuer Teig seid; ihr seid doch Ungesäuerte! Denn als Ex 12,21
unser Passalamm ist Christus geopfert worden. 8 Deshalb wollen wir
nicht mit altem Sauerteig feiern, auch nicht mit dem Sauerteig der
Schlechtigkeit und der Bosheit, sondern mit den ungesäuerten Broten
der Lauterkeit und der Wahrheit.

9 Ich habe euch in meinem Brief geschrieben, dass ihr keinen Um- 9: 7,1
gang mit Unzüchtigen haben sollt; 10 gemeint waren nicht sämtliche
Unzüchtige dieser Welt oder alle, die Besitz raffen, andere berauben
oder die nichtigen Götter verehren – da müsstet ihr ja aus der Welt aus-
wandern –, 11 vielmehr habe ich euch geschrieben: Ihr sollt keinen Um- 11: 6,9–10
gang haben mit jemandem, der sich Bruder nennt und dabei Unzucht
treibt oder Besitz rafft, die nichtigen Götter verehrt, andere beschimpft,
trinkt oder andere beraubt; mit einem solchen sollt ihr auch keine
Tischgemeinschaft haben. 12 Denn was habe ich die draussen zu rich-
ten? Richtet nicht auch ihr die drinnen? 13 Die draussen aber wird Gott 13: Dtn 17,7!
richten. *Schafft den Bösen fort aus eurer Mitte!*

Rechtsstreitigkeiten in der Gemeinde

6 1 Da wagt es doch einer von euch, der mit einem anderen einen 1: 1,2; 14,33; 16,1.15
Rechtsstreit hat, sein Recht vor den Ungerechten zu suchen statt vor
den Heiligen? 2 Wisst ihr nicht, dass die Heiligen die Welt richten wer- 2: Dan 7,9–10.22
den? Und wenn sogar die Welt durch euch gerichtet wird, wie solltet ihr
da nicht zuständig sein für die geringfügigen Fälle? 3 Wisst ihr nicht, 3: 2Petr 2,4
dass wir über Engel richten werden, und darum erst recht über Alltägli-
ches? 4 Wenn ihr nun alltägliche Streitfälle habt, setzt ihr da ausgerech-
net diejenigen als Richter ein, die in der Gemeinde nichts gelten? 5 Zu
eurer Beschämung sage ich dies. Gibt es denn keinen Verständigen un-
ter euch, der zwischen Bruder und Bruder Recht sprechen könnte?
6 Aber nein, da zieht ein Bruder den andern vor Gericht – und das vor
Ungläubigen?

7 Es ist an sich schon ein schweres Versagen, dass ihr Prozesse mit-
einander führt. Weshalb lasst ihr euch nicht lieber Unrecht zufügen?
Weshalb lasst ihr euch nicht lieber übervorteilen? 8 Stattdessen tut ihr
Unrecht und übervorteilt andere – und das unter Brüdern!

9 Wisst ihr denn nicht, dass Ungerechte das Reich Gottes nicht er- 9–10: Gal 5,19–21!
ben werden? Täuscht euch nicht! Wer Unzucht treibt, die nichtigen Göt- 9: 15,50
ter verehrt, die Ehe bricht, sich gehen lässt, mit Männern schläft,
10 stiehlt, rafft, auch wer trinkt, andere beschimpft oder beraubt, wird
das Reich Gottes nicht erben. 11 Und das taten manche von euch. Dies 11: 1,2 · Gal 2,16
alles aber ist von euch abgewaschen, ihr seid geheiligt worden, ihr seid

5,9: Paulus bezieht sich hier auf einen früheren Brief an die korinthische Gemeinde, der nicht erhalten ist.

6,1: Der Begriff ‹die Ungerechten› bezeichnet die Nichtchristen in einem beschreibenden Sinn: Sie sind diejenigen, die Gottes Gerechtigkeit (noch) nicht kennen gelernt haben.

gerecht gemacht worden durch den Namen des Herrn Jesus Christus
und durch den Geist unseres Gottes.

Freiheit und Sexualität

12: 10,23 12 Alles ist mir erlaubt, aber nicht alles ist zuträglich. Alles ist mir
erlaubt, aber nichts soll Macht haben über mich. 13 Die Speisen sind für
den Bauch da, und der Bauch für die Speisen; Gott wird beides zugrunde
gehen lassen. Der Leib aber ist nicht für die Unzucht da, sondern für den
14: 15,15.20!; Herrn, und der Herr für den Leib. 14 Gott hat den Herrn auferweckt, und
Gal 1,1; 2Kor 4,14; er wird auch uns auferwecken durch seine Kraft. 15 Wisst ihr nicht, dass
Röm 8,11
15: 1Kor 12,12!.27 eure Leiber Glieder des Christus sind? Soll ich nun die Glieder des Chris-
tus nehmen und sie zu Gliedern einer Dirne machen? Gewiss nicht!
16: Gen 2,24; 16 Oder wisst ihr nicht, dass wer der Dirne anhängt, ein Leib ist mit ihr?
Mk 10,8; Mt 19,5 Denn, so heisst es, *die zwei werden ein Fleisch sein.* 17 Wer aber dem
Herrn anhängt, ist ein Geist mit ihm.

18 Meidet den Weg zur Dirne! Jeder Fehler, den ein Mensch begeht,
betrifft nicht seinen Leib. Wer aber zur Dirne geht, vergeht sich am ei-
19: 3,16! · genen Leib. 19 Oder wisst ihr nicht, dass euer Leib ein Tempel des heili-
1Thess 4,8 gen Geistes ist, der in euch wirkt und den ihr von Gott habt, und dass ihr
20: 7,23 · Gal 4,5! · nicht euch selbst gehört? 20 Ihr seid teuer erkauft. Verherrlicht also
Phil 1,20 Gott mit eurem Leib!

Ehe und Ehelosigkeit

1: 7,25; 8,1; 12,1; 7 1 Nun zu der Ansicht, die ihr in eurem Brief vertretet, dass es für
16,1 · 7,26 einen Mann gut sei, keine Frau zu berühren:
2: 6,13 2 Wegen der Versuchungen zur Unzucht soll jeder Mann seine Frau
und jede Frau ihren Mann haben. 3 Der Frau gegenüber erfülle der
Mann seine Pflicht, ebenso die Frau dem Mann gegenüber. 4 Die Frau
verfügt nicht über ihren Körper, sondern der Mann; ebenso verfügt
auch der Mann nicht über seinen Körper, sondern die Frau. 5 Entzieht
euch einander nicht, es sei denn in gegenseitigem Einverständnis für
eine bestimmte Zeit, um euch dem Gebet zu widmen; dann sollt ihr wie-
der zusammenkommen, damit der Satan euch nicht versuche, weil ihr
dem Begehren nicht widerstehen könnt.
6: 2Kor 8,8 6 Was ich hier sage, ist aber ein Zugeständnis, kein Befehl. 7 Ich
7: 1Kor 12,4! wünschte freilich, alle Menschen wären wie ich. Doch hat jeder von
Gott seine besondere Gabe, der eine so, der andere anders.

Viele Lebenslagen – eine Ausrichtung

8: 7,40 · 1Tim 5,14 8 Ich sage aber den Unverheirateten und den Witwen: Es ist gut für
sie, wenn sie so bleiben wie ich. 9 Wenn sie aber nicht enthaltsam leben
können, sollen sie heiraten. Denn es ist besser zu heiraten, als vom Be-
gehren verzehrt zu werden.
10: 7,25; 9,14; 10 Den Verheirateten aber gebiete ich – nicht ich, sondern der Herr:
14,37 · Mk 10,11-12 Eine Frau soll sich von ihrem Mann nicht scheiden lassen, 11 hat sie sich

7,1: Andere Übersetzungsmöglichkeit: «Nun zu dem, was ihr geschrieben habt: Es ist gut für den Mann, keine Frau zu berühren.»

7,7: Die knappe Formulierung des ersten Satzes lässt unterschiedliche Ergänzungen zu: unverheiratet wie ich, unabhängig wie ich, in ihrem Willen frei wie ich.

aber scheiden lassen, soll sie unverheiratet bleiben oder sich wieder
versöhnen mit ihrem Mann, und ein Mann soll seine Frau nicht entlas-
sen.

12 Den Übrigen aber sage ich, nicht der Herr: Wenn ein Bruder eine 12: 7,10!
ungläubige Frau hat und diese einverstanden ist, mit ihm zusammen-
zuleben, so soll er sie nicht entlassen. 13 Und wenn eine Frau einen un-
gläubigen Mann hat und dieser einverstanden ist, mit ihr zusammen-
zuleben, so soll sie den Mann nicht entlassen. 14 Denn der ungläubige
Mann ist durch die Frau geheiligt, und die ungläubige Frau ist durch
den Bruder geheiligt. Sonst wären ja eure Kinder unrein, jetzt aber gilt:
Sie sind heilig. 15 Wenn aber der ungläubige Ehepartner die Scheidung
will, so soll er sich scheiden lassen. In solchen Fällen ist der Bruder oder
die Schwester nicht gebunden wie ein Sklave. In Frieden zu leben, hat
Gott euch berufen. 16 Denn was weisst du, Frau, ob du den Mann nicht
doch retten wirst? Oder was weisst du, Mann, ob du die Frau nicht doch
retten wirst?

Bewährung am Ort der Berufung

17 Im Übrigen gilt: Ein jeder führe sein Leben so, wie es der Herr ihm 17: 4,17!
zugeteilt, wie Gott ihn berufen hat. So ordne ich es in allen Gemeinden
an.

18 Ist einer als Beschnittener berufen worden, mache er seine Be- 18: Gal 5,2
schneidung nicht rückgängig; ist einer als Unbeschnittener berufen
worden, lasse er sich nicht beschneiden. 19 Beschnittensein gilt nichts, 19: Gal 5,6; 6,15
und Unbeschnittensein gilt nichts; allein die Beachtung der Gebote
Gottes gilt. 20 Jeder aber bleibe an seinem Ort, an den er berufen wor-
den ist.

21 Bist du als Sklave berufen worden, soll es dich nicht kümmern;
kannst du aber frei werden, so nutze die Gelegenheit dazu erst recht.
22 Denn wer im Herrn als Sklave berufen wurde, ist ein Freigelassener 22: Phlm 16
des Herrn; ebenso ist, wer im Stande der Freiheit berufen wurde, ein
Sklave Christi. 23 Ihr seid teuer erkauft; werdet nicht Sklaven von Men- 23: 6,20
schen! 24 Jeder aber, liebe Brüder und Schwestern, bleibe am Ort seiner
Berufung bei Gott.

Leben in einer vergehenden Welt

25 Was aber die unverheirateten jungen Frauen betrifft, so habe ich 25: 7,1! · 7,10! ·
keine Weisung des Herrn. Ich tue aber meine Meinung kund als einer, 7,40; 2Kor 8,10
der Vertrauen verdient, weil ihm vom Herrn Barmherzigkeit widerfah-
ren ist. 26 Ich meine nun, dass dies angesichts der gegenwärtigen Not 26: 7,1
gut ist: Für einen Menschen ist es gut, so zu bleiben, wie er ist. 27 Bist du
an eine Frau gebunden, suche keine Trennung; bist du getrennt von dei-
ner Frau, suche keine andere Frau! 28 Wenn du aber doch heiratest, sün-
digst du nicht, und wenn die unverheiratete junge Frau heiratet, sün-

7,16: Andere Übersetzungsmöglichkeit: «Denn was weisst du, Frau, ob du den Mann retten wirst? Oder was weisst du, Mann, ob du die Frau retten wirst?»

7,21: Andere Übersetzungsmöglichkeit: «...; auch wenn du freikommen kannst, lebe lieber in deinem Stand weiter.»

7,26: Andere Übersetzungsmöglichkeit: «...: Für einen Menschen ist es gut, unverheiratet zu bleiben.»

digt sie nicht. Die es aber tun, werden Bedrängnis erfahren am eigenen
Leib; das möchte ich euch ersparen.

29 Dies aber sage ich, liebe Brüder und Schwestern: Die Zeit drängt.
Darum sollen künftig auch die, die eine Frau haben, sie haben, als hät-
ten sie sie nicht, 30 die weinen, sollen weinen, als weinten sie nicht, die
sich freuen, sollen sich freuen, als freuten sie sich nicht, die etwas kau-
fen, sollen kaufen, als behielten sie es nicht, 31 und die sich die Dinge
dieser Welt zunutze machen, sollen sie sich zunutze machen, als nutz-
ten sie sie nicht. Denn die Gestalt dieser Welt vergeht.

32: Mt 6,25–33 32 Ich möchte aber, dass ihr ohne Sorge seid. Der Unverheiratete
kümmert sich um die Dinge des Herrn, er sorgt sich, wie er dem Herrn
gefalle. 33 Der Verheiratete aber kümmert sich um die Dinge der Welt,
er sorgt sich, wie er seiner Frau gefalle, 34 und so ist er gespalten. Und
die unverheiratete Frau, ob alt oder jung, kümmert sich um die Dinge
des Herrn, um heilig zu sein an Körper und Geist. Die verheiratete Frau
aber kümmert sich um die Dinge der Welt, sie sorgt sich, wie sie ihrem
Mann gefalle. 35 Das sage ich aber zu eurem Besten, nicht um euch eine
Schlinge überzuwerfen, sondern damit ihr in Anstand und Würde lebt
und euch an den Herrn haltet, ohne euch ablenken zu lassen.

36: 13,5 36 Wenn aber einer meint, sich seiner Verlobten gegenüber unge-
hörig zu verhalten, wenn sie schon in der Zeit der Reife ist und gesche-
hen soll, was geschehen muss, dann soll er es tun; er sündigt nicht, sie
sollen heiraten. 37 Wer aber in seinem Herzen gefestigt ist und sich
nicht in einer Zwangslage befindet, sondern Gewalt hat über seinen
Willen und in seinem Herzen zum Entschluss gekommen ist, seine Ver-
lobte so zu bewahren, wie sie ist, der handelt gut. 38 So gilt: Wer seine
Verlobte heiratet, handelt gut, und wer sie nicht heiratet, handelt bes-
ser.

39: Röm 7,2 39 Eine Frau ist gebunden, solange ihr Mann lebt; ist ihr Mann aber
entschlafen, so ist sie frei, sich zu verheiraten, mit wem sie will – nur
40: 7,8 · 7,25; soll es im Herrn geschehen. 40 Seliger aber ist sie, wenn sie unverheira-
2Kor 8,10 tet bleibt, jedenfalls nach meiner Meinung. Ich glaube aber, dass auch
ich den Geist Gottes habe.

Erkenntnis und Liebe

1: 7,1! · 13,2.4 · **8** 1 Nun zur Frage des Opferfleisches: Wir wissen ja, dass wir alle Er-
10,23 kenntnis besitzen. Die Erkenntnis bläht auf, die Liebe aber baut auf.
2 Wer meint, etwas erkannt zu haben, hat noch nicht erkannt, was Er-
3: 13,12 kenntnis heisst. 3 Wer aber Gott liebt, der ist von ihm erkannt worden.
4: 10,19.25; 4 Nun zur Frage, ob man Opferfleisch essen darf: Wir wissen ja, dass
Apg 15,29 es in der Welt keine fremden Götter gibt und dass kein anderer Gott ist
ausser dem einen. 5 Auch wenn da vieles ist, was Gott genannt wird, sei
es im Himmel, sei es auf der Erde, – es gibt ja viele Götter und viele
Herren –,

6: Dtn 6,4; 6 so gibt es für uns doch nur *einen* Gott, den Vater,
Eph 4,6 · von dem her alles ist und wir auf ihn hin,
Röm 11,36

7,36: Andere Übersetzungsmöglichkeit: «…, wenn er von Verlangen erfüllt ist und geschehen muss, was er begehrt, …»

und *einen* Herrn, Jesus Christus,
durch den alles ist und wir durch ihn.

Freiheit und Gebundenheit des Gewissens

7 Doch nicht in allen ist die Erkenntnis; einige sind bis jetzt noch so 7–13: 8,4! ·
an ihre Götter gewöhnt, dass sie jenes Fleisch als Opferfleisch essen, Röm 14,1–4
und ihr Gewissen wird, weil es schwach ist, befleckt. 8 Speisen haben
nichts damit zu tun, wie wir vor Gott dastehen; essen wir sie nicht, geht
uns nichts ab, essen wir sie, gewinnen wir nichts.
9 Gebt aber acht, dass diese eure Freiheit den Schwachen nicht zum 9: Röm 14,13.20–21
Anstoss werde! 10 Denn wenn einer dich mit deiner Erkenntnis in ei- 10: 8,4!
nem der vielen Tempel zu Tische liegen sieht, wird dann nicht sein Ge-
wissen, wenn er schwach ist, ermuntert, vom Opferfleisch zu essen?
11 Ja, der Schwache wird durch deine Erkenntnis zugrunde gerichtet, 11: Röm 11,15
der Bruder, um dessentwillen Christus gestorben ist. 12 Wenn ihr so an
euren Brüdern schuldig werdet und ihr Gewissen, das doch schwach ist,
belastet, macht ihr euch an Christus schuldig. 13 Darum werde ich, 13: Röm 14,13.20–21
wenn eine Speise meinen Bruder zu Fall bringt, in alle Ewigkeit kein
Fleisch essen, um meinen Bruder nicht zu Fall zu bringen.

Das Recht des Apostels

9 1 Bin ich nicht frei? Bin ich nicht ein Apostel? Habe ich nicht Jesus,
unseren Herrn, gesehen? Seid nicht ihr mein Werk im Herrn?
2 Wenn ich für andere kein Apostel bin, so bin ich es doch immerhin für
euch. Denn ihr seid das Siegel meines Apostelamtes im Herrn. 3 Dies
sage ich zu meiner Verteidigung gegenüber denen, die über mich zu
Gericht sitzen.
4 Haben wir etwa nicht das Recht, zu essen und zu trinken? 5 Haben 4: Lk 10,7
wir etwa nicht das Recht, eine Schwester als Ehefrau bei uns zu haben, 5: 1,12!
wie die übrigen Apostel und die Brüder des Herrn und Kefas? 6 Oder ist 6: Gal 2,9
nur mir und Barnabas das Recht, nicht zu arbeiten, verwehrt?
7 Wer leistet schon Kriegsdienst und bezahlt den eigenen Sold? Wer 7: Dtn 20,6
pflanzt einen Weinberg und geniesst nicht seine Früchte, oder wer wei-
det eine Herde und nährt sich nicht von der Milch der Herde? 8 Rede ich
etwa nach Menschenart, oder sagt dies nicht auch das Gesetz? 9 Im Ge- 9: Dtn 25,4;
setz des Mose nämlich steht geschrieben: *Du sollst dem Ochsen, der* 1Tim 5,18
drischt, das Maul nicht zubinden! Geht es Gott etwa um die Ochsen?
10 Oder spricht er nicht allenthalben um unsertwillen? Ja, um unsert- 10: 10,11;
willen wurde geschrieben: *Auf Hoffnung hin soll pflügen, wer pflügt, und* Röm 4,23–24; 15,4
wer drischt, tue es in der Hoffnung, teilzuhaben am Ertrag.
11 Wenn wir für euch das Geistliche gesät haben, ist es dann zu viel
verlangt, wenn wir dafür von euch das Irdische ernten wollen? 12 Wenn 12: 2Kor 11,7.9;
andere dieses Recht bei euch haben, wieso dann wir nicht erst recht? 12,13 · 13,7
Dennoch haben wir von diesem Recht keinen Gebrauch gemacht, son-
dern nehmen alles auf uns, um dem Evangelium von Christus ja keinen
Stein in den Weg zu legen. 13 Wisst ihr nicht, dass die, die am Heiligtum 13: Dtn 18,1–3
Dienst tun, vom Heiligtum leben, und dass die, die am Altar beschäftigt

9,13: Andere Textüberlieferung: «..., vom Heiligen essen, ...»

14: 7,10! · Lk 10,7! sind, mit dem Altar die Gaben teilen? 14 So hat es auch der Herr ange-
ordnet: Wer das Evangelium verkündigt, soll vom Evangelium leben.

Der Rechtsverzicht des Apostels

15: 9,12 15 Ich aber habe nichts von alledem in Anspruch genommen. Das
schreibe ich nicht in der Erwartung, dass man es von jetzt an so mit mir
halte. Denn lieber wollte ich sterben als ... meinen Ruhm wird mir nie-
mand zunichte machen! 16 Denn wenn ich das Evangelium verkündig-
te, habe ich ja davon noch keinen Ruhm; ein Zwang liegt nämlich auf
17: 4,1–2 mir. Weh mir, wenn ich das Evangelium nicht verkündige! 17 Wenn ich
dies freiwillig täte, stände mir Lohn zu; wenn ich es aber unfreiwillig
18: 2Kor 11,7 · 9,12 tue, dann bin ich mit einem Verwalteramt betraut. 18 Was ist nun mein
Lohn? Dass ich das Evangelium verkündige und es unentgeltlich anbie-
te und so mein im Evangelium begründetes Recht nicht ausschöpfe.

Frei gegenüber allen – frei für alle

19 Denn weil ich frei bin gegenüber allen, habe ich mich zum Skla-
20: Gal 5,18! ven aller gemacht, um möglichst viele zu gewinnen. 20 Den Juden bin
ich ein Jude geworden, um Juden zu gewinnen, denen unter dem Gesetz
einer unter dem Gesetz – obwohl ich selbst nicht unter dem Gesetz bin –,
21: Gal 6,2 um die unter dem Gesetz zu gewinnen. 21 Denen ohne Gesetz aber bin
ich geworden wie einer ohne Gesetz – obwohl ich vor Gott nicht ohne
Gesetz bin, vielmehr Christus für mich massgebend ist –, um die ohne
22: 8,9 · Röm 11,14 Gesetz zu gewinnen. 22 Den Schwachen bin ich ein Schwacher gewor-
den, um die Schwachen zu gewinnen; allen bin ich alles geworden, um
in jedem Fall einige zu retten. 23 Alles aber tue ich um des Evangeliums
willen, um Anteil zu bekommen an ihm.

Der Kampf des Apostels mit sich selbst

24: Phil 3,14 24 Ihr wisst doch: Die Läufer im Stadion, sie laufen zwar alle, den
Siegespreis aber erhält nur einer. Lauft so, dass ihr den Sieg davontragt!
25 Wettkämpfer aber verzichten auf alles, jene, um einen vergängli-
chen Kranz zu erlangen, wir dagegen einen unvergänglichen. 26 Ich
laufe also, aber nicht wie einer, der ziellos läuft, ich boxe, aber nicht wie
einer, der ins Leere schlägt; 27 vielmehr traktiere ich meinen Körper
und mache ihn mir gefügig, denn ich will nicht einer werden, der ande-
ren predigt, sich selber aber nicht bewährt.

Das Beispiel der Väter

1: Ex 13,21; 14,22 10 1 Ihr sollt aber wissen, liebe Brüder und Schwestern, dass unsere
Väter alle unter der Wolke waren, alle durch das Meer hindurch-
zogen 2 und alle in der Wolke und im Meer auf Mose getauft wurden.
3: Ex 16,4.35 3 Alle assen dieselbe geistliche Speise, 4 und alle tranken denselben
4: Ex 17,6 geistlichen Trank; denn sie tranken aus einem geistlichen Felsen, der
5: Num 14,13–16.28–30 mit ihnen zog; der Fels aber war Christus. 5 Doch an den meisten von

9,21: Andere Übersetzungsmöglichkeit: «..., vielmehr vor Christus mitten im Gesetz bin –, um ...»

10,2: Andere Textüberlieferung: «und alle sich in der Wolke und im Meer auf Mose taufen liessen.»

ihnen hatte Gott kein Wohlgefallen: Sie wurden in der Wüste niederge-
streckt.
6 So sind sie für uns ein Mahnmal geworden, dass wir nicht das Böse 6: Ex 32,6
begehren, wie jene es begehrt haben. 7 Werdet nicht zu Dienern der
nichtigen Götter wie einige von ihnen, von denen es heisst: *Das Volk*
liess sich nieder zum Essen und Trinken, und sie erhoben sich zum Tanz.
8 Lasst uns nicht Abgötterei treiben, wie manche von ihnen Abgötterei 8: Num 25,1–3.9
getrieben haben und dann umgekommen sind, dreiundzwanzigtau-
send an einem Tag. 9 Lasst uns Christus nicht versuchen, wie einige von 9: Dtn 6,16;
ihnen es getan haben und dann von den Schlangen getötet wurden. Mt 4,7 · Num 21,5–9
10 Und murrt nicht, wie einige von ihnen gemurrt haben und dann 10: Num 14,2.36–37
durch den Verderber umgebracht wurden.
11 Solches ist jenen auf beispielhafte Weise widerfahren; aufge- 11: 9,10!
schrieben wurde es, um uns den Sinn zurechtzurücken, uns, auf die das
Ende der Zeiten gekommen ist. 12 Darum: Wer zu stehen meint, sehe
zu, dass er nicht falle! 13 Noch ist keine Versuchung über euch gekom- 13: 1,9; 2Kor 1,18
men, die nicht menschlich wäre. Gott aber ist treu: Er wird nicht zulas-
sen, dass ihr über eure Kräfte versucht werdet, sondern mit der Versu-
chung auch den Ausweg schaffen, dass ihr die Kraft habt, sie zu beste-
hen.

Die Ausrichtung auf das Abendmahl

14 Darum, meine Geliebten, flieht die Verehrung der nichtigen Göt-
ter! 15 Ich rede doch zu Verständigen. Beurteilt selber, was ich sage!
16 Der Kelch des Segens, über den wir den Lobpreis sprechen, ist er 16: 11,23–25;
nicht Teilhabe am Blut Christi? Das Brot, das wir brechen, ist es nicht Lk 22,19–20
Teilhabe am Leib Christi? 17 Weil es *ein* Brot ist, sind wir, die vielen, *ein* 17: 1Kor 12,12!
Leib. Denn wir alle haben teil an dem einen Brot.
18 Schaut auf das irdische Israel: Haben die, welche von den Opfer- 18: 9,13!
gaben essen, nicht teil am Altar? 19 Was will ich damit sagen? Dass das 19: 8,4!
Opferfleisch etwas sei oder dass die fremden Götter etwas seien?
20 Nein, sondern dass, was sie opfern, den Dämonen geopfert wird und 20: Dtn 32,17
nicht Gott. Ich will aber nicht, dass ihr Gemeinschaft mit den Dämonen
habt! 21 Ihr könnt nicht den Kelch des Herrn trinken und den Kelch der
Dämonen; ihr könnt nicht teilhaben am Tisch des Herrn und am Tisch
der Dämonen. 22 Oder wollen wir den Herrn herausfordern? Sind wir
etwa stärker als er?

Das Gewissen des anderen

23 Alles ist erlaubt, aber nicht alles ist zuträglich. Alles ist erlaubt, 23: 6,12 · 8,1;
aber nicht alles baut auf. 24 Niemand suche das Seine, sondern jeder das Röm 14,19!
des anderen! 24: 13,5; Phil 2,4; Röm 15,2
25 Alles, was auf dem Markt verkauft wird, könnt ihr essen, ohne 25–28: Röm 14,2–3.22
euch ein Gewissen zu machen. 26 Denn *des Herrn ist die Erde und alles,*
was sie erfüllt. 27 Wenn ein Ungläubiger euch einlädt und ihr hingehen 27: Ps 24,1!
wollt, so esst alles, was man euch vorsetzt, ohne euch ein Gewissen zu

10,9: Andere Textüberlieferung: «Lasst uns den Herrn nicht versuchen, ...»
10,17: Andere Übersetzungsmöglichkeit: «Ein Brot ist es, ein Leib also sind wir, die vielen; denn wir alle haben ...»

machen. 28 Falls aber jemand zu euch sagt: Das ist Opferfleisch!, so esst
nicht davon aus Rücksicht auf den, der darauf aufmerksam gemacht hat,
und aus Rücksicht auf das Gewissen – 29 das Gewissen des andern mei-
ne ich aber, nicht das eigene. Denn weshalb sollte meine Freiheit von
einem fremden Gewissen beurteilt werden? 30 Wenn ich in Dankbar-
keit am Mahl teilnehme, warum sollte da als Gotteslästerung gelten,
wofür ich Dank sage?

31 Ob ihr nun esst oder trinkt oder sonst etwas tut: Tut alles zur Ehre
32: 8,9; Röm 14,13 Gottes! 32 Gebt niemandem Anstoss, weder Juden noch Griechen noch
33: 9,20–22 der Gemeinde Gottes, 33 wie auch ich in allen Dingen allen zu Gefallen
bin und dabei nicht meinen Vorteil, sondern den Vorteil möglichst vie-
ler suche, um sie zu retten.

1: 4,16; Phil 3,17; 1Thess 1,6 11 1 Folgt meinem Beispiel, wie auch ich dem Beispiel Christi folge!

Die Haartracht der Frau im Gottesdienst

2 Ich lobe euch dafür, dass ihr in allem an mich denkt und festhaltet
an den Überlieferungen, wie ich sie euch weitergegeben habe.

3: Eph 4,15 · Gen 3,16 3 Ich will aber, dass ihr wisst: Das Haupt eines jeden Mannes ist
Christus, das Haupt der Frau aber ist der Mann, das Haupt Christi aber
4: 14,1! ist Gott. 4 Jeder Mann, der betet oder prophetisch redet und das Haar
lang trägt, bringt Schande über sein Haupt. 5 Jede Frau aber, die betet
oder prophetisch redet und ihr Haar nicht aufgesteckt hat, bringt
Schande über ihr Haupt. Denn so unterscheidet sie sich in nichts von
der Kahlgeschorenen. 6 Wenn eine Frau nämlich ihr Haar nicht auf-
steckt, dann kann sie es ja gleich abschneiden lassen! Wenn es aber für
eine Frau eine Schande ist, sich das Haar abschneiden oder sich kahl
scheren zu lassen, dann soll sie es aufstecken.

7: Gen 1,27! 7 Der Mann soll sich das Haar nicht kunstvoll zurechtmachen, da er
Abbild und Abglanz Gottes ist; die Frau aber ist Abglanz des Mannes.
8: Gen 2,23 8 Denn der Mann stammt nicht von der Frau, sondern die Frau vom
9: Gen 2,18 Mann. 9 Der Mann wurde ja auch nicht um der Frau willen geschaffen,
sondern die Frau um des Mannes willen. 10 Darum, wegen der Engel,
soll die Frau Macht über ihr Haupt haben. 11 Doch im Herrn ist weder
die Frau etwas ohne den Mann noch ist der Mann etwas ohne die Frau.
12: 11,8! 12 Denn wie die Frau vom Mann stammt, so ist der Mann durch die
Frau; alles aber kommt von Gott.

13 Urteilt selber: Gehört es sich für eine Frau, mit gelöstem Haar zu
Gott zu beten? 14 Lehrt euch nicht die Natur selbst, dass es für den
Mann eine Schande, 15 für die Frau aber eine Zierde ist, langes Haar zu
haben? Denn ihr ist das Haar als Hülle gegeben.

16 Wenn aber jemand meint, darüber streiten zu müssen: Eine sol-
che Sitte haben wir nicht, und auch die Gemeinden Gottes nicht.

11,4: «und das Haar lang trägt»: Der griechische Text formuliert ganz knapp: «(etwas) vom Haupt herab hat». Die Übersetzung richtet sich nach dem aus V.14–15 zu erschliessenden Sachverhalt.

11,5: «ihr Haar nicht aufgesteckt hat»: Der griechische Ausdruck ‹mit unverhülltem Haupt› bezieht sich vermutlich weder auf ein Kopftuch noch auf einen Schleier, sondern auf die Art und Weise der Haartracht: Die Frauen sollen nicht mit gelöstem Haar am Gottesdienst teilnehmen (wie das in verschiedenen ekstatischen Kulten der Fall war).

Die Feier des Abendmahls

17 Wenn ich das Folgende anordne, so kann ich euch nicht loben,
weil ihr nicht zur Förderung des Guten, sondern des Schlechten zusam-
menkommt. 18 Vor allem nämlich höre ich, es gebe, wenn ihr als Ge- 18: 5,1 · 1,10–11
meinde zusammenkommt, Spaltungen unter euch, und zum Teil glau-
be ich das auch. 19 Es muss ja auch Parteiungen geben unter euch, damit
die Tüchtigen unter euch erkennbar werden. 20 So aber, wie ihr nun
zusammenkommt, ist das Essen gar kein Mahl des Herrn. 21 Denn jeder
nimmt beim Essen sein eigenes Mahl vorweg, und der eine hungert, der
andere ist schon betrunken. 22 Habt ihr denn keine Häuser, in denen
ihr essen und trinken könnt? Oder missachtet ihr die Gemeinde Gottes
und wollt die beschämen, die nichts haben? Was soll ich euch sagen?
Soll ich euch loben? In diesem Fall kann ich euch nicht loben.

23 Ich habe nämlich vom Herrn empfangen, was ich auch an euch 23–25: Lk 22,19–20
weitergegeben habe: Der Herr, Jesus, nahm in der Nacht, da er ausgelie- 23: 15,3; Gal 1,12
fert wurde, Brot, 24 dankte, brach es und sprach: Dies ist mein Leib für
euch. Das tut zu meinem Gedächtnis. 25 Ebenso nahm er nach dem Es- 25: Jer 31,31 ·
sen den Kelch und sprach: Dieser Kelch ist der neue Bund in meinem Ex 24,8
Blut. Das tut, sooft ihr daraus trinkt, zu meinem Gedächtnis. 26 Denn
sooft ihr dieses Brot esst und den Kelch trinkt, verkündigt ihr den Tod
des Herrn, bis dass er kommt.

27 Darum: Wer auf unwürdige Weise das Brot isst oder den Kelch 27: 10,16
des Herrn trinkt, macht sich schuldig am Leib und am Blut des Herrn.
28 Es prüfe sich jeder, und dann soll er vom Brot essen und aus dem
Kelch trinken. 29 Wer nämlich isst und trinkt, ohne zu wissen, was der
Leib bedeutet, der isst und trinkt sich zum Gericht. 30 Darum gibt es bei
euch viele Kranke und Gebrechliche, darum auch sind einige schon ent-
schlafen. 31 Gingen wir mit uns selbst ins Gericht, so kämen wir nicht
ins Gericht. 32 Werden wir aber vom Herrn gerichtet, so werden wir 32: Spr 3,1
zurechtgebracht, damit wir nicht zusammen mit der Welt verurteilt
werden. 33 Darum, meine Brüder und Schwestern, wenn ihr zum Essen
zusammenkommt, wartet aufeinander! 34 Wer Hunger hat, soll zu 34: 4,19!
Hause essen, damit ihr nicht zum Gericht zusammenkommt. Das Wei-
tere aber werde ich regeln, sobald ich komme.

Der Geist Gottes als Kriterium

12 1 Nun zur Frage der Geistesgaben: Darüber will ich euch nicht im 1: 7,1 · 14,1
Unklaren lassen, liebe Brüder und Schwestern. 2 Ihr wisst ja, dass
es euch, als ihr noch Heiden wart, mit unwiderstehlicher Gewalt zu den
stummen Göttern zog. 3 Darum tue ich euch kund: Keiner, der im Geist
Gottes spricht, sagt: Verflucht sei Jesus!, und keiner vermag zu sagen:
Herr ist Jesus!, es sei denn im heiligen Geist.

Viele Gaben – ein Geist

4 Die uns zugeteilten Gaben sind verschieden, der Geist jedoch ist 4: 1,7; Röm 12,6
derselbe. 5 Die Dienste sind verschieden, der Herr aber ist derselbe. 5–6: 8,6
6 Das Wirken der Kräfte ist verschieden, Gott jedoch ist derselbe, der
alles in allen wirkt. 7 Jedem wird die Offenbarung des Geistes so zuteil, 7: 14,26
dass es allen zugute kommt.

8 Dem einen nämlich wird durch den Geist die Weisheitsrede gege-
ben, dem anderen aber die Erkenntnisrede gemäss demselben Geist;
9: 12,28.30 9 einem wird in demselben Geist Glaube gegeben, einem anderen in
10: 12,28; 14,2! dem einen Geist die Gabe der Heilung, 10 einem anderen das Wirken
von Wunderkräften, wieder einem anderen prophetische Rede und
noch einem anderen die Unterscheidung der Geister; dem einen wer-
den verschiedene Arten der Zungenrede gegeben, einem anderen aber
die Übersetzung der Zungenrede. 11 Dies alles aber wirkt ein und dersel-
be Geist, der jedem auf besondere Weise zuteilt, wie er es will.

Viele Glieder – ein Leib

12: 12,27; 6,15; 10,17; 12 Denn wie der Leib *einer* ist und doch viele Glieder hat, alle Glieder
Röm 12,4–5 des Leibes aber, obwohl es viele sind, *einen* Leib bilden, so auch Christus.
13: Gal 3,28! 13 Denn durch *einen* Geist wurden wir ja alle in *einen* Leib hineinge-
tauft, ob Juden oder Griechen, ob Sklaven oder Freie; und alle wurden
wir getränkt mit *einem* Geist.

14 Und der Leib besteht ja nicht aus *einem* Glied, sondern aus vielen.
15 Wenn der Fuss sagt: Weil ich nicht Hand bin, gehöre ich nicht zum
Leib, gehört er nicht dennoch zum Leib? 16 Und wenn das Ohr sagt:
Weil ich nicht Auge bin, gehöre ich nicht zum Leib, gehört es nicht den-
noch zum Leib? 17 Ist der ganze Leib Auge, wo bleibt das Gehör? Ist er
aber ganz Gehör, wo bleibt dann der Geruchssinn? 18 Nun aber hat Gott
alle Glieder an ihre Stelle gesetzt, ein jedes von ihnen an die Stelle des
Leibes, an der er es haben wollte.

19 Wäre aber alles *ein* Glied, wo bliebe der Leib? 20 Nun aber gibt es
viele Glieder, aber nur *einen* Leib. 21 Das Auge kann nicht zur Hand sa-
gen: Ich brauche dich nicht, auch nicht der Kopf zu den Füssen: Ich brau-
che euch nicht. 22 Vielmehr sind eben jene Glieder des Leibes, die als
besonders schwach gelten, umso wichtiger, 23 und eben jenen, die wir
für weniger ehrenwert halten, erweisen wir besondere Ehrerbietung; so
geniesst das Unansehnliche an uns grosses Ansehen, 24 das Ansehnli-
che an uns aber hat das nicht nötig. Gott jedoch hat unseren Leib so
zusammengefügt, dass er dem, was benachteiligt ist, besondere Ehre
zukommen liess, 25 damit es im Leib nicht zu einem Zwiespalt komme,
sondern die Glieder in gleicher Weise füreinander besorgt seien. 26 Lei-
det nun ein Glied, so leiden alle Glieder mit, und wird ein Glied gewür-
digt, so freuen sich alle Glieder mit.

27: Röm 12,5 27 Ihr seid der Leib des Christus, als einzelne aber Glieder. 28 Und
28: Eph 4,11–12 als solche hat euch Gott in der Gemeinde zum einen als Apostel einge-
setzt, zum andern als Propheten, zum dritten als Lehrer. Dann kommen
die Wunderkräfte, die Heilungsgaben, die Hilfeleistungen, die Lei-
tungsaufgaben, verschiedene Arten von Zungenrede. 29 Sind etwa alle
Apostel? Sind etwa alle Propheten? Sind etwa alle Lehrer? Haben etwa
alle Wunderkräfte? 30 Haben etwa alle die Gabe zu heilen? Reden etwa
alle in Zungen? Können etwa alle übersetzen?

31: 14,12 31 Ihr eifert nach den grösseren Gaben? Dann will ich euch einen
Weg zeigen, der weit besser ist.

Der Weg der Liebe

13 1 Wenn ich mit Menschen- und mit Engelszungen rede, aber kei- 1: 14,2
ne Liebe habe, so bin ich ein tönendes Erz, eine lärmende Zimbel.
2 Und wenn ich die Gabe prophetischer Rede habe und alle Geheimnis-
se kenne und alle Erkenntnis besitze und wenn ich allen Glauben habe,
Berge zu versetzen, aber keine Liebe habe, so bin ich nichts. 3 Und wenn
ich all meine Habe verschenke und meinen Leib dahingebe, dass ich
verbrannt werde, aber keine Liebe habe, so nützt es mir nichts.

4 Die Liebe hat den langen Atem, gütig ist die Liebe, sie eifert nicht. 4: 3,1
Die Liebe prahlt nicht,
sie bläht sich nicht auf,
5 sie ist nicht taktlos, 5: 10,24!
sie sucht nicht das ihre,
sie lässt sich nicht zum Zorn reizen,
sie rechnet das Böse nicht an,
6 sie freut sich nicht über das Unrecht, sie freut sich mit an der
Wahrheit.
7 Sie trägt alles, 7: 9,12
sie glaubt alles,
sie hofft alles,
sie erduldet alles.

8 Die Liebe kommt niemals zu Fall: Prophetische Gaben – sie wer- 8: 12,10 ·
den zunichte werden; Zungenreden – sie werden aufhören; Erkenntnis – 14,2!–22.39 · 12,8
sie wird zunichte werden. 9 Denn Stückwerk ist unser Erkennen und
Stückwerk unser prophetisches Reden. 10 Wenn aber das Vollkomme-
ne kommt, dann wird zunichte werden, was Stückwerk ist. 11 Als ich ein 11: 3,1
Kind war, redete ich wie ein Kind, dachte wie ein Kind, überlegte wie
ein Kind. Als ich aber erwachsen war, hatte ich das Wesen des Kindes
abgelegt. 12 Denn jetzt sehen wir alles in einem Spiegel, in rätselhafter 12: Dtn 34,10 · 8,3
Gestalt, dann aber von Angesicht zu Angesicht. Jetzt ist mein Erkennen
Stückwerk, dann aber werde ich ganz erkennen, wie ich auch ganz er-
kannt worden bin.

13 Nun aber bleiben Glaube, Hoffnung, Liebe, diese drei. Die grösste 13: 1Thess 1,3;
unter ihnen aber ist die Liebe. Kol 1,4–5

Zungenrede und prophetisches Reden

14 1 Bleibt auf dem Weg der Liebe! Strebt nach den Geistesgaben, vor 1: 12,1 · 14,39
allem aber danach, prophetisch zu reden. 2 Wer in Zungen redet, 2: 14,39.26;
spricht nicht zu Menschen, sondern zu Gott. Denn niemand versteht 12,10.28.30; 13,1.8
ihn: Er redet im Geist von Geheimnissen. 3 Wer dagegen prophetisch
redet, spricht zu Menschen: Er erbaut, ermutigt, tröstet. 4 Wer in Zun- 4: 12!
gen redet, baut sich selbst auf; wer aber prophetisch redet, baut die Ge-
meinde auf. 5 Ich möchte, dass ihr alle in Zungen redet, vor allem aber
möchte ich, dass ihr prophetisch redet. Wer prophetisch redet, ist grös-
ser, als wer in Zungen redet, es sei denn, er übersetze es, damit der Ge-
meinde Erbauung zuteil werde.

13,3: Andere Textüberlieferung: «... und meinen Leib dahingebe, um mich zu rühmen, ...»
13,7: Andere Übersetzungsmöglichkeiten: «Sie erträgt alles, ...» oder: «Sie deckt alles, ...»

6: 4,19 · 14,2! 6 Komme ich jetzt zu euch, liebe Brüder und Schwestern, und rede
in Zungen, was nützt es euch, wenn ich nicht mit einer Offenbarung,
einer Erkenntnis, einer Prophetie oder einer Lehre komme und zu euch
rede? 7 Wenn die leblosen Instrumente, Flöte oder Leier, zwar Töne von
sich geben, Töne aber, die sich nicht unterscheiden lassen, wie soll dann
erkannt werden, was auf der Flöte oder auf der Leier gespielt wird?
8 Und wenn die Posaune ein undeutliches Signal gibt, wer wird sich
dann zum Kampf bereitmachen? 9 So ist es auch mit euch: Wenn ihr
mit eurer Zunge kein deutliches Wort hervorbringt, wie soll man da
verstehen, wovon die Rede ist? Ihr werdet in den Wind reden. 10 Es gibt
wer weiss wie viele Arten von Sprachen in der Welt, nichts ist ohne
Sprache. 11 Wenn ich aber die Bedeutung eines Lautes nicht erkenne,
werde ich für den, der spricht, ein Fremder sein, und der, der spricht,
12: 14,1–5.26; Röm 14,19!; 2Kor 12,19; 13,10 ein Fremder für mich. 12 So auch ihr: Wenn ihr schon um die Geistkräf-
te wetteifert, dann trachtet nach dem, was der Erbauung der Gemeinde
dient, damit ihr alles im Überfluss habt.

13: 14,2! 13 Darum bete, wer in Zungen redet, dass er es auch übersetzen
kann. 14 Denn wenn ich in Zungen bete, so betet zwar mein Geist, mein
Verstand aber bleibt ohne Frucht. 15 Was folgt daraus? Ich will im Geist
beten, ich will aber auch mit dem Verstand beten; ich will im Geist lob-
singen, ich will aber auch mit dem Verstand lobsingen. 16 Denn wenn
du den Lobpreis sprichst im Geist, wie soll dann, wer als Fremder dazu-
stösst, auf dein Dankgebet hin das Amen sprechen? Er versteht ja nicht,
was du sagst. 17 Du magst zwar ein schönes Dankgebet sprechen, doch
der andere wird nicht aufgebaut. 18 Ich danke Gott, dass ich mehr als ihr
alle in Zungen rede; 19 aber in der Gemeinde will ich, um auch andere
zu unterweisen, lieber fünf Worte mit meinem Verstand sagen als tau-
send Worte in Zungen.

20 Liebe Brüder und Schwestern, seid nicht Kinder, wo es um Ein-
sicht geht. Seid unbedarft, wo es um Bosheit geht, in der Einsicht aber
21: Jes 28,11–12 seid vollkommen! 21 Im Gesetz steht geschrieben:

Durch Leute fremder Zunge und mit den Lippen Fremder will ich zu diesem Volk reden,
aber auch so *werden sie nicht* auf mich *hören*, spricht der Herr.

22 Das Zungenreden ist also nicht ein Zeichen für die Glaubenden,
sondern für die Ungläubigen, die Prophetie dagegen ist nicht ein Zei-
chen für die Ungläubigen, sondern für die Glaubenden. 23 Wenn nun
die ganze Gemeinde zusammenkommt und alle in Zungen reden, es
kommen aber Aussenstehende oder Ungläubige herein, werden sie
dann nicht sagen: Ihr seid von Sinnen? 24 Wenn aber alle prophetisch
reden und es kommt ein Ungläubiger oder Aussenstehender herein,
25: Jes 45,14 dann wird er von allen ins Verhör genommen, von allen geprüft; 25 das
Verborgene seines Herzens wird offenbar, und so fällt er auf sein Ange-
sicht, wird zu Gott beten und bekennen: *In der Tat, Gott ist in eurer Mitte.*

14,7: Andere Übersetzungsmöglichkeit: «Wie die leblosen Instrumente, sei es Flöte oder Leier: Wenn sie zwar Töne von sich geben, ...»

Der Gottesdienst der Gemeinde

26 Was heisst das nun, liebe Brüder und Schwestern? Wenn ihr zu- 26: 11,18 · 12,7–10 ·
sammenkommt, hat jeder einen Psalm, eine Lehre, eine Offenbarung, 14,2! · 14,12!
eine Zungenrede, eine Auslegung. Alles geschehe zur Erbauung! 27 In
Zungen reden sollen jeweils höchstens zwei oder drei, und zwar der Rei-
he nach. Und einer soll übersetzen. 28 Wenn aber niemand da ist, der
übersetzen kann, sollen sie in der Gemeindeversammlung schweigen
und nur für sich und für Gott reden. 29 Von den Propheten aber mögen 29: 12,28
zwei oder drei reden, die anderen sollen es prüfen. 30 Wenn aber ein
anderer, der dasitzt, eine Offenbarung empfängt, soll der Erste schwei-
gen. 31 Ihr könnt doch alle, einer nach dem andern, prophetisch reden,
damit alle etwas lernen und alle Zuspruch erfahren. 32 Der Geist der
Propheten unterstellt sich den Propheten, 33 denn Gott ist nicht ein 33: Röm 15,33! ·
Gott der Unordnung, sondern des Friedens. 4,17!

Wie in allen Gemeinden der Heiligen gilt: 34 In den Gemeindever- 34–35: 1Tim 2,11–12
sammlungen sollen die Frauen schweigen. Denn es ist ihnen nicht er- 34: Gen 3,16
laubt zu reden, sie sollen sich vielmehr unterordnen, wie auch das Ge-
setz es sagt. 35 Wenn sie aber etwas lernen wollen, sollen sie zu Hause
ihre Männer fragen. Denn für eine Frau ist es eine Schande, in der Ge-
meindeversammlung zu reden. 36 Ist das Wort Gottes denn von euch
ausgegangen, ist es denn zu euch allein gekommen?

37 Wer meint, ein Prophet oder ein Geistbegabter zu sein, der erken- 37: 7,10!
ne, dass es des Herrn Gebot ist, was ich euch schreibe. 38 Wer nicht er-
kennt, wird nicht erkannt. 39 Darum, meine Brüder und Schwestern: 39: 14,1 · 14,2!
Um prophetisches Reden sollt ihr wetteifern, das Reden in Zungen aber
behindert nicht! 40 Alles aber geschehe würdig und geordnet.

Das grundlegende Bekenntnis

15 1 Ich tue euch, liebe Brüder und Schwestern, das Evangelium 1: Gal 1,11
kund, das ich euch verkündigt habe, das ihr auch angenommen
habt, in dem ihr auch fest steht, 2 durch das ihr auch gerettet werdet,
wenn ihr es genau so festhaltet, wie ich es euch verkündigt habe – wenn
nicht, wärt ihr umsonst zum Glauben gekommen.

3 Denn ich habe euch vor allen Dingen weitergegeben, was auch ich 3: 11,23
empfangen habe:

dass Christus gestorben ist für unsere Sünden gemäss den Schriften,
4 dass er begraben wurde, 4: 15,14.17
dass er am dritten Tage auferweckt worden ist gemäss den Schriften
5 und dass er Kefas erschien und dann den Zwölfen. 5: Lk 24,34.36

6 Danach erschien er mehr als fünfhundert Brüdern auf einmal, von de-
nen die meisten noch leben, einige aber entschlafen sind. 7 Danach er- 7: Gal 1,19!
schien er dem Jakobus, dann allen Aposteln. 8 Zuallerletzt aber ist er 8: Gal 1,13–24;
auch mir erschienen, mir, der Missgeburt. Apg 9,3–5

14,28: Andere Übersetzungsmöglichkeit: «Wenn sie aber nicht übersetzen können, ...»

14,33: Der ursprüngliche Text bricht wahrscheinlich nach V.33 ab; V.34–35 sind aufgrund sprachlicher und inhaltlicher Merkmale als spätere Ergänzung nicht paulinischer Herkunft zu betrachten.

15,2: Andere Übersetzungsmöglichkeit: «... gerettet werdet – wie ich es euch verkündet habe: wenn ihr es festhaltet, es sei denn, ihr wärt umsonst ...»

9: Gal 1,13! 9 Ich bin nämlich der geringste unter den Aposteln, der es nicht
wert ist, Apostel genannt zu werden, weil ich die Gemeinde Gottes ver-
10: Gal 1,15 folgt habe. 10 Durch Gottes Gnade aber bin ich, was ich bin. Und seine
Gnade an mir ist nicht ohne Wirkung geblieben; nein, mehr als sie alle
habe ich gearbeitet, doch nicht ich, sondern die Gnade Gottes, die mit
mir ist.
11 Ob nun ich oder jene: So verkündigen wir, und so seid ihr zum
Glauben gekommen.

Die Bestreitung der Auferstehung

12: 15,20 12 Wenn aber verkündigt wird, dass Christus von den Toten aufer-
weckt worden ist, wie können dann einige unter euch sagen, es gebe
keine Auferstehung der Toten?
13: 15,21.42; 13 Wenn es keine Auferstehung der Toten gibt, dann ist auch Chris-
Röm 1,4; tus nicht auferweckt worden. 14 Ist aber Christus nicht auferweckt wor-
Mt 22,31–32; Apg 17,32! den, so ist unsere Verkündigung leer, leer auch euer Glaube. 15 Wir ste-
14: 15,4 hen dann auch als falsche Zeugen Gottes da, weil wir gegen Gott ausge-
15: 6,14! sagt haben, er habe Christus auferweckt, den er gar nicht auferweckt
hat, wenn doch Tote nicht auferweckt werden.
16 Wenn Tote nämlich nicht auferweckt werden, dann ist auch
17: 15,4 Christus nicht auferweckt worden. 17 Ist aber Christus nicht aufer-
weckt worden, dann ist euer Glaube nichtig, dann seid ihr noch in euren
18: 1Thess 4,14–15 Sünden, 18 also sind auch die in Christus Entschlafenen verloren.
19 Wenn wir allein für dieses Leben unsere Hoffnung auf Christus ge-
setzt haben, dann sind wir erbärmlicher dran als alle anderen Men-
schen.

Christus, der Erstling der Auferstandenen

20: 15,4 · 20 Nun aber *ist* Christus von den Toten auferweckt worden, als Erst-
1Thess 4,13! ling derer, die entschlafen sind. 21 Da nämlich durch *einen* Menschen
21: Gen 3,17–19 · 15,45; der Tod kam, kommt auch durch *einen* Menschen die Auferstehung der
Röm 5,12–14.18 · Toten. 22 Denn wie in Adam alle sterben, so werden in Christus auch
15,13! alle zum Leben erweckt werden.
22: 15,45 *23:* 1Thess 4,15–16 23 Jeder aber an dem ihm gebührenden Platz: als Erstling Christus,
24: Mk 1,15 · dann die, die zu Christus gehören, wenn er kommt. 24 Dann ist das
Eph 1,21! Ende da, wenn er das Reich Gott, dem Vater, übergibt, wenn er alle Herr-
25: Ps 110,1; schaft, alle Gewalt und Macht zunichte gemacht hat. 25 Denn er soll
Mt 22,44 herrschen, bis Gott ihm alle *Feinde unter* die *Füsse gelegt hat.* 26 Als letz-
26: Jes 25,8 *27:* Ps 8,7; Eph 1,22; ter Feind wird der Tod vernichtet. 27 Denn *alles hat er ihm unterworfen,*
Hebr 2,8 *unter die Füsse gelegt.* Wenn es aber heisst: Alles ist ihm unterworfen, so
28: Eph 1,22–23 ist klar: mit Ausnahme dessen, der ihm alles unterworfen hat. 28 Wenn
ihm dann alles unterworfen ist, wird auch er, der Sohn, sich dem unter-
werfen, der ihm alles unterworfen hat, damit Gott alles in allem sei.

15,12: Die (christlichen) Gegenspieler des Paulus in Korinth dürften eine Position vertreten haben, die derjenigen nahesteht, die in 2Tim 2,18 zitiert wird: «die Auferstehung sei schon geschehen», nämlich die geistliche Auferstehung des wahren Selbst.

Im Vorschein der Auferstehung

29 Wenn es nicht so wäre, was würden dann die bewirken, die sich
stellvertretend für Tote taufen lassen? Wenn Tote ja doch nicht aufer-
weckt werden, was lassen sie sich dann für sie taufen? 30 Und wir, war-
um begeben wir uns stündlich in Gefahr? 31 Tag für Tag sterbe ich, so 31: Röm 15,17
wahr ihr, liebe Brüder und Schwestern, in Christus Jesus, unserem
Herrn, mein Ruhm seid! 32 Wenn ich bloss als sterblicher Mensch in 32: Jes 22,13
Ephesus mit wilden Tieren gekämpft hätte, was hätte ich davon? Wenn
Tote nicht auferweckt werden, dann *lasst uns essen und trinken, denn*
morgen sind wir tot. 33 Täuscht euch nicht: Schlechter Umgang verdirbt
gute Sitten. 34 Werdet doch nüchtern, wie es sich gebührt, und sündigt
nicht! Denn manche verkennen Gott; euch zur Beschämung sage ich
dies.

Die Auferweckung des Leibes

35 Aber – so wird einer fragen: Wie werden denn die Toten aufer-
weckt? In was für einem Leib werden sie kommen? 36 Du Tor! Was du 36–38: Joh 12,24
säst, wird nicht zum Leben erweckt, wenn es nicht stirbt. 37 Und was
säst du? Nicht den zukünftigen Leib säst du, sondern ein nacktes Korn,
ein Weizenkorn etwa oder ein anderes Korn. 38 Gott aber gibt ihm ei- 38: Gen 1,11–12
nen Leib, wie er es gewollt hat, jedem Samen seinen besonderen Leib.

39 Nicht alles Fleisch ist dasselbe Fleisch; anders ist das Fleisch der
Menschen als das des Viehs, anders das Fleisch der Vögel als das der Fi-
sche. 40 Es gibt himmlische Körper, und es gibt irdische Körper. Doch
anders ist der Glanz der himmlischen als der der irdischen. 41 Anders
ist der Glanz der Sonne als der Glanz des Mondes, und wieder anders
der Glanz der Sterne; denn ein Himmelskörper unterscheidet sich vom
anderen durch seinen Glanz. 42 So verhält es sich auch mit der Aufer- 42: 15,13!
stehung der Toten: Gesät wird in Vergänglichkeit, auferweckt wird in
Unvergänglichkeit. 43 Gesät wird in Niedrigkeit, auferweckt wird in
Herrlichkeit. Gesät wird in Schwachheit, auferweckt wird in Kraft.
44 Gesät wird ein natürlicher Leib, auferweckt wird ein geistlicher Leib.

Wenn es einen natürlichen Leib gibt, dann gibt es auch einen geist-
lichen. 45 So steht es geschrieben: *Der* erste *Mensch*, Adam, *wurde ein* 45: Gen 2,7
lebendiges Wesen, der letzte Adam wurde Leben spendender Geist.
46 Doch das Geistliche ist nicht zuerst da, sondern das Natürliche, dann
erst das Geistliche. 47 Der erste Mensch ist aus Erde, ein irdischer, der
zweite Mensch ist vom Himmel. 48 Wie der Irdische, so sind auch die
Irdischen, und wie der Himmlische, so sind auch die Himmlischen.
49 Und wie wir das Bild des Irdischen getragen haben, so werden wir 49: Gen 5,3 ·
auch das Bild des Himmlischen tragen. 2Kor 3,18; Röm 8,29

Verwandlung und Vollendung

50 Das sage ich, liebe Brüder und Schwestern: Fleisch und Blut kön- 50: 6,9
nen das Reich Gottes nicht erben, noch erbt das Vergängliche die Unver-
gänglichkeit. 51 Siehe, ich sage euch ein Geheimnis: Nicht alle werden 51–52: 1Thess 4,15–17
wir entschlafen, alle aber werden wir verwandelt werden, 52 im Nu, in
einem Augenblick, beim Ton der letzten Posaune; denn die Posaune
wird ertönen, und die Toten werden auferweckt werden, unverweslich,
und wir werden verwandelt werden. 53 Denn was jetzt vergänglich ist,

muss mit Unvergänglichkeit bekleidet werden, und was jetzt sterblich
54: Jes 25,8 ist, muss mit Unsterblichkeit bekleidet werden. 54 Wenn aber mit Un-
vergänglichkeit bekleidet wird, was jetzt vergänglich ist, und mit Un-
sterblichkeit, was jetzt sterblich ist, dann wird geschehen, was geschrie-
ben steht:
Verschlungen ist der Tod in den Sieg.
55: Hos 13,14 55 *Tod, wo ist dein Sieg?*
Tod, wo ist dein Stachel?
56 Der Stachel des Todes ist die Sünde, die Kraft der Sünde ist das
Gesetz. 57 Gott aber sei Dank, der uns den Sieg gibt durch unseren
Herrn Jesus Christus!
58: 16,10 58 Darum, meine geliebten Brüder und Schwestern, seid standhaft,
lasst euch nicht erschüttern, tut jederzeit das Werk des Herrn in rei-
chem Masse! Ihr wisst ja: Im Herrn ist eure Arbeit nicht umsonst.

Die Sammlung für die Gemeinde in Jerusalem

1: 7,1! · Gal 1,2 16 1 Was aber die Sammlung für die Heiligen betrifft, so haltet es
ebenso, wie ich es für die Gemeinden in Galatien angeordnet ha-
2: Mk 16,2; Apg 20,7 be: 2 An jedem ersten Tag der Woche lege ein jeder von euch zur Seite,
was er erübrigen kann, damit nicht erst dann, wenn ich komme, gesam-
melt werden muss. 3 Nach meiner Ankunft werde ich die Leute, die ihr
für geeignet haltet, mit Briefen nach Jerusalem schicken, eure Spende
zu überbringen. 4 Wenn es aber angebracht erscheint, dass auch ich
hingehe, können sie mit mir reisen.

Reisepläne

5: 4,19 · Apg 19,21; 2Kor 1,16 5 Ich werde zu euch kommen, auf dem Weg über Makedonien. In
Makedonien nämlich bin ich nur auf Durchreise, 6 bei euch aber werde
ich, wenn es sich gibt, länger bleiben oder gar den Winter verbringen.
Dann mögt ihr mich für die Weiterreise ausrüsten, wohin ich auch ge-
he. 7 Ich möchte euch jetzt nämlich nicht nur im Vorbeigehen sehen,
ich hoffe ja, wenn der Herr es zulässt, einige Zeit bei euch zu verbringen.
8: Apg 19,1 8 Bis Pfingsten aber werde ich in Ephesus bleiben. 9 Denn eine Tür hat
sich mir aufgetan, gross und verheissungsvoll – und viele Widersacher
sind da.
10: 4,17 · 15,58 10 Wenn aber Timotheus kommt, seht zu, dass er sich vor euch nicht
fürchten muss; denn er wirkt wie ich am Werk des Herrn. 11 Niemand
soll ihn also gering schätzen! Lasst ihn in Frieden ziehen, damit er wie-
der zu mir kommt. Ich erwarte ihn nämlich mit den Brüdern.
12: 1,12! 12 Was aber Apollos, unseren Bruder, betrifft, so habe ich ihn immer
wieder gebeten, mit den Brüdern zu euch zu kommen; es sollte aber
nicht sein, dass er jetzt kommt. Er wird aber kommen, sobald sich Gele-
genheit bietet.

16,12: Andere Übersetzungsmöglichkeit: «...; es war aber nicht sein Wille, jetzt zu kommen. Er ...»

Bitten

13 Seid wachsam, steht fest im Glauben, seid tapfer und stark! 14 Al-
les, was ihr tut, geschehe in Liebe.
15 Ich bitte euch aber, liebe Brüder und Schwestern: Ihr kennt das
Haus des Stephanas, es ist die Erstlingsfrucht der Achaia; sie haben sich
für den Dienst an den Heiligen zur Verfügung gestellt. 16 Ordnet auch
ihr euch solchen unter, jedem, der mitarbeitet und sich abmüht.
17 Ich freue mich über die Ankunft des Stephanas, des Fortunatus
und des Achaikus; sie haben reichlich aufgewogen, was ihr mich ver-
missen liesset. 18 Denn sie haben meinen und euren Geist beruhigt.
Solche sollt ihr anerkennen!

13: Phil 4,1; Gal 5,1; 1Thess 3,8 · Ps 31,25
15: 1,16
17: 16,15!

Briefschluss

19 Es grüssen euch die Gemeinden in der Asia. Es grüssen euch im
Herrn ganz besonders Aquila und Priska und ihre Hausgemeinde. 20 Es
grüssen euch alle Brüder und Schwestern. Grüsst einander mit dem hei-
ligen Kuss!
21 Diesen Gruss schreibe ich, Paulus, euch mit eigener Hand. 22 Wer
den Herrn nicht liebt, sei verflucht. Maranata! 23 Die Gnade des Herrn
Jesus sei mit euch! 24 Meine Liebe ist bei euch allen, in Christus Jesus.

19: Apg 18,2!
20: Röm 16,16!
21: Gal 6,11; Phlm 19; 2Thess 3,17; Kol 4,18
22: Gal 1,8–9; Röm 9,3
23: 1Thess 5,28

Der Zweite Brief an die Korinther

Wie schon in seinem Ersten Brief an die Gemeinde in Korinth (und überhaupt in allen seinen Briefen) bringt Paulus auch im Zweiten Brief an die Korinther konkrete Probleme der angesprochenen Gemeinde in Verbindung mit grundlegenden Aspekten des Christusereignisses zur Sprache. Im Zweiten Brief an die Korinther geht es um einen Autoritätskonflikt: In die Gemeinde von Korinth ist eine Gruppe von fremden Missionaren eingedrungen, die sich durch raffinierte Eigenpropaganda als Konkurrenz zu Paulus empfehlen und mit Herabsetzungen, Verleumdungen und üblen Verdächtigungen seine Autorität zu untergraben versuchen. Die Art, wie Paulus darauf reagiert, zeigt, dass er die gegen ihn erhobenen Anschuldigungen – unter anderen auch den Vorwurf, seine Briefe seien zwar «gewichtig und voller Kraft, sein persönliches Auftreten aber ist schwach, und seine Rede taugt nichts» (2Kor 10,10) – nicht bloss als persönliche Beleidigung auffasst, sondern zentrale Aspekte des Kreuzes und der Auferstehung Jesu Christi davon tangiert sieht: So bringt er die paradoxe Unausweisbarkeit seiner apostolischen Autorität mit der paradoxen Gestalt eines Christenlebens und

16,22: Der aus dem Aramäischen übernommene Gebetsruf ‹Maranata› bedeutet «Der Herr kommt.» oder «Komm, o Herr».

erst recht mit der Paradoxie des Kreuzestodes Christi (dass ein Gerechter sich zum Sünder par excellence macht) in Zusammenhang.

Obwohl Paulus durch alle Verzweigungen hindurch an diesem einen Hauptthema festhält, zeigt doch der Brief in seiner vorliegenden Struktur, dass er nicht in einem Zug geschrieben ist, sondern nachträglich, vermutlich aus verschiedenen Fragmenten von Briefen des Apostels zusammengestellt wurde, und zwar in verwirrender Reihenfolge. Darauf verweisen sowohl einzelne Bruchstellen wie auch Verschiebungen im zeitlichen Ablauf der geschilderten Ereignisse: So lässt sich z. B. der Abschnitt 2Kor 7,5–16 als unmittelbare Fortsetzung des Abschnitts 2Kor 1,1–2,13 erkennen; so ist z. B. auch die scharfe Polemik im Schlussteil des Briefes (2Kor 10–13) nur schwer zu begreifen auf dem Hintergrund seiner versöhnlichen Anfangspartie.

Aus den verschiedenen Briefteilen lassen sich folgende Phasen des Konfliktes in Korinth rekonstruieren: Die Zweifel an seiner apostolischen Autorität, die bereits im Ersten Brief an die Korinther durchscheinen, veranlassen Paulus, einen Brief über das Amt des Apostels zu schreiben. In Korinth scheinen die kritischen Stimmen nicht zu verstummen. Paulus hört in Ephesus durch Titus von dieser Fronde gegen seine Autorität und entschliesst sich, in Abänderung seiner Pläne, zu einem sofortigen Zwischenbesuch in Korinth. Dort wird er nicht nur bei einem heftigen Zusammenstoss mit einem seiner Gegner aufs Schwerste beleidigt, sondern erfährt auch die Ablehnung von Seiten seiner Gemeinde. Zurück in Ephesus verfasst Paulus einen Kampfbrief, der die Gemeinde zur Umkehr bewegen soll, und wartet dann, unterwegs in Makedonien, unruhig auf Nachrichten von Titus, der nach Korinth vorausgeschickt wurde, um ihm über die Wirkung dieses Briefes Bericht zu erstatten. Zu seiner Erleichterung erfährt Paulus von der Reue der Gemeinde und der Bestrafung seines Beleidigers. Darauf reagiert er mit dem Angebot der Versöhnung – auch an den, der ihn persönlich beleidigt hat.

Aufgrund dieser aus dem Brief ablesbaren Vorgänge lässt sich die chronologische Reihenfolge seiner Teile etwa folgendermassen bestimmen:

A (2Kor 2,14–6,13 und 2Kor 7,2–4): Verteidigung seiner Auffassung des apostolischen Auftrags;

B (2Kor 10–13): Kampfbrief nach seinem erfolglosen Zwischenbesuch;

C (2Kor 1,1–2,13 und 2Kor 7,5–16): Versöhnungsangebot nach der Reue der Gemeinde;

D (2Kor 8 und 2Kor 9): zwei parallele Empfehlungen der Kollekte für Jerusalem, deren zeitliche Einordnung unklar ist;

E (2Kor 6,14–7,1): Einschub eines späteren Verfassers.

Im Teil A antwortet Paulus mit fundamentalen theologischen Einsichten auf die Argumente seiner Gegner: Sie können «mit Tinte geschriebene» (2Kor 3,3) Empfehlungsbriefe von menschlichen Autoritäten vorweisen, er dagegen hat als Empfehlung nichts als seine Gemeinde, deren Schwanken zwischen Gewissheit und Zweifel ihn jetzt so bewegt. Dass diese Gemeinde ein Empfehlungsschreiben Christi ist, ist nur im Glauben zu erkennen; den Augen der Welt ist es verborgen, denn Christen – sowohl die Gemeinden wie auch Paulus selbst – tragen den Schatz der Glaubenserkenntnis in «irdenen Gefässen» (2Kor 4,7). Menschliche Erkenntnis nimmt nur die Zerbrechlichkeit des Gefässes wahr: die Schwachheit, die Niederlagen, die Enttäuschungen. Diese aber entsprechen der öffentlich sichtbaren Schande des Christus am Kreuz, an der die Gläubigen mit ihrem Leben teilhaben. Dass sich paradoxerweise gerade in solcher Niederlage die Versöhnungstat Gottes vollzogen hat, indem Jesus, «der von keiner Sünde wusste», «für uns (und das heisst auch ‹an unserer Stelle›) zur Sünde gemacht» wurde, «damit wir in ihm zur Gerechtigkeit Gottes würden» (2Kor 5,21) – davon wissen nur die, die allezeit das Sterben Jesu an ihrem Leib tragen, in der Hoffnung, dass auch das Leben Jesu an ihrem Leib offenbar werde (2Kor 4,10).

Diese Motive klingen im späteren ‹Kampfbrief› (B) noch einmal an, nun aber in viel härterem Ton. Hier trägt Paulus die Argumente zur Verteidigung seines apostolischen Auftrages in ironischer Polemik vor gegen das Eigenlob seiner Konkurrenten, der «Überapostel» (2Kor 12,11), wie er sie spöttisch nennt: Auch er kann sich, wenn es denn sein muss, auf Eigenlob einlassen – aber nur in der Rolle des Narren (2Kor 11,16). Also zählt er eben – als das, was auf seinem Ruhmesblatt steht – alle seine Schwachheiten auf: Auspeitschung, Gefangenschaft und Gefährdungen aller Art (2Kor 11,23–27). Zwar könnte er auch von grossartigen religiösen Erfahrungen reden – und das entspräche sogar der Wahrheit –, denn auch er hat Erscheinungen und Offenbarungen des Herrn empfangen und Entrückungen bis in den dritten Himmel und bis ins Paradies erlebt (2Kor 12,1–5). Damit könnte er seiner Gemeinde wohl imponieren. Doch er verzichtet darauf, indem er sich auf das zurückzieht, was an christlicher Existenz sichtbar ist (2Kor 12,6), und zieht daraus nicht nur für sich persönlich, sondern auch für das Verständnis seines Apostelamtes das paradoxe Fazit: «Wenn ich schwach bin, dann bin ich stark» (2Kor 12,10).

Anschrift

1 1 Paulus, Apostel des Christus Jesus durch den Willen Gottes, und 1: 1Kor 1,1; Kol 1,1 ·
Timotheus, unser Bruder, an die Gemeinde Gottes in Korinth und an Apg 16,1! · 11,10
alle Heiligen in der ganzen Achaia: 2 Gnade sei mit euch und Friede von 2: Röm 1,7!
Gott, unserem Vater, und dem Herrn Jesus Christus.

Der Gott des Erbarmens und des Trostes

3 Gepriesen sei der Gott und Vater unseres Herrn Jesus Christus, der 3: Eph 1,3 ·
Vater des Erbarmens und der Gott allen Trostes. 4 Er tröstet uns in all Röm 12,1 ·
unserer Bedrängnis, so dass auch wir andere in all ihrer Bedrängnis zu Röm 15,5 4: 2,7 · 4,8!
trösten vermögen mit dem Trost, mit dem wir selbst von Gott getröstet
werden. 5 Denn wie wir überschüttet werden mit dem Leiden Christi,
so werden wir durch Christus auch überschüttet mit Trost. 6 Werden 6: 6,4
wir aber bedrängt, so geschieht es zu *eurem* Trost und *eurer* Rettung;
werden wir getröstet, so geschieht auch das zu *eurem* Trost, der wirksam
wird, wenn ihr geduldig dieselben Leiden ertragt, die auch wir ertragen.
7 Und unsere Hoffnung für euch ist unerschütterlich, weil wir wissen,
dass ihr in gleicher Weise wie an den Leiden so auch am Trost teilhabt.

8: 4,8; 6,4! 8 Wir wollen euch nämlich, liebe Brüder und Schwestern, nicht in
Unkenntnis lassen über die Bedrängnis, die in der Asia über uns gekom-
men ist: So schwer und unsere Kräfte weit übersteigend ist die Last, die
9: 1Kor 15,20 uns auferlegt wurde, dass wir sogar am Leben verzweifelten. 9 Ja, was
uns betrifft, so hatten wir das Todesurteil schon in den Händen; denn
nicht auf uns selbst sollten wir vertrauen, sondern auf den Gott, der die
Toten auferweckt. 10 Aus solch grosser Todesnot hat er uns errettet und
wird er uns erretten; auf ihn haben wir unsere Hoffnung gesetzt, er
11: Phil 1,19 wird uns auch in Zukunft retten. 11 Und auch ihr helft uns mit eurer
Fürbitte; so wird aus vieler Mund und auf vielerlei Weise Dank gesagt
für die Gnade, die uns zuteil wurde.

Die Lauterkeit des Apostels

12: 1Kor 2,1–5 12 Denn darauf sind wir stolz, und das bezeugt auch unser Gewissen:
In Einfalt und Lauterkeit vor Gott, nicht in der Weisheit, die auf das
Fleisch hört, sondern in der Gnade Gottes haben wir vor aller Welt un-
ser Leben geführt, ganz besonders bei euch. 13 Denn wir schreiben euch
nichts anderes, als was ihr hier lest und auch versteht – ich hoffe jeden-
14: 1Kor 1,8! falls, dass ihr es vollkommen verstehen werdet, 14 so wie ihr es ja teil-
weise schon verstanden habt: dass wir nämlich euer Stolz sind, gleich
wie auch ihr unser Stolz seid am Tage unseres Herrn Jesus.
15: 1,23; 13,1! 15 In dieser Zuversicht wollte ich zunächst zu euch kommen, damit
16: 1Kor 16,5–6 ihr die Gnade ein zweites Mal empfangen könntet. 16 Von euch aus
wollte ich weiter nach Makedonien reisen und von Makedonien dann
wieder zu euch zurückkehren, um mich von euch für die Reise nach Ju-
däa ausrüsten zu lassen. 17 War nun dieses Vorhaben etwa leichtsinnig?
Oder plane ich, wie Menschen eben planen, so dass mein Ja zugleich
auch ein Nein sein kann?
18: 1Kor 10,13!; 18 Bei der Treue Gottes, unser Wort an euch ist nicht Ja und Nein
Dtn 7,9 zugleich! 19 Der Sohn Gottes, Jesus Christus, der durch uns bei euch ver-
19: 1Thess 1,1; Apg 16,1 kündigt worden ist – durch mich und Silvanus und Timotheus –, war
nicht Ja *und* Nein, sondern in ihm ist das Ja Wirklichkeit geworden.
20 Denn was immer Gott verheissen hat – in ihm ist das Ja und so auch
21: 1Kor 1,8 durch ihn das Amen, damit Gott verherrlicht werde durch uns. 21 Der
Gott aber, der uns und euch Festigkeit gibt auf Christus hin und uns
22: Eph 1,13 · 5,5; gesalbt hat, 22 er ist es auch, der uns sein Siegel aufgedrückt und uns
Eph 1,14 den Geist als ersten Anteil in unsere Herzen gegeben hat.

Begründung des Verzichts auf einen Besuch

23: 1,15; 13,1!–2 23 Ich rufe aber Gott zum Zeugen an, bei meinem Leben: Nur um
24: 1Kor 3,9 euch zu schonen, bin ich nicht mehr nach Korinth gekommen. 24 Es ist
ja nicht so, dass wir Herr sein wollen über euren Glauben, nein, Mitar-
beiter an eurer Freude sind wir; im Glauben steht ihr ja fest.

1,11: Andere Übersetzungsmöglichkeit: «...; so wird für die uns geschenkte Gnade von vielen Menschen und auf vielerlei Weise gedankt, uns zum Wohl.»

1,20: Andere Textüberlieferung: «Denn zu allen Verheissungen Gottes ist in ihm das Ja und durch ihn das Amen, ...»

1,21: Andere Übersetzungsmöglichkeit: «..., der uns und euch in Christus festigt und uns gesalbt hat,»

Und er nahm einen von den Steinen
des Ortes, legte ihn unter seinen
Kopf und an jener Stelle legte
er sich schlafen. 12 Da hatte er
einen Traum. Sieh, da stand eine
Treppe auf der Erde, und ihre
Spitze reichte bis an den Himmel.
Und sieh, Boten Gottes stiegen
auf ihr hinan und herab. 13 Und
sieh, der Herr stand vor ihm und
sprach: Ich bin der Herr, der Gott
deines Vaters Abraham und der
Gott Isaaks. Das Land, auf dem du
liegst, dir und deinen Nachkom-
men will ich es geben 14 Und dei-
ne Nachkommen werden sein
wie Staub der Erde, und du wirst
dich ausbreiten nach Westen und
Osten, nach Norden und Süden.
Und durch dich und deine Nach-

Schriftbild zu Genesis 28,11–14

2 1 Ich hatte also beschlossen, nicht nochmals in Betrübnis zu euch zu
kommen. 2 Denn wenn ich euch betrübe, wer soll mich dann froh
machen, wenn nicht der, der durch mich betrübt wird? 3 Und eben dies 3: 2,9
schreibe ich euch, um bei meiner Ankunft nicht von denen betrübt zu
werden, die mir doch Freude bereiten sollten; denn ich bin, wenn ich an
euch alle denke, voller Zuversicht, dass meine Freude euer aller Freude
ist. 4 Aus grosser Bedrängnis und mit angstvollem Herzen schreibe ich 4: 7,8–9
euch, unter vielen Tränen, nicht um euch zu betrüben, sondern um euch
die Liebe erkennen zu lassen, mit der ich euch über alles liebe.

Zeit zum Verzeihen

5 Wenn mich aber jemand gekränkt hat, dann hat er nicht mich ge- 5: 7,12
kränkt, sondern in gewisser Weise – ich will nicht übertreiben – euch
alle. 6 Für den Betreffenden genügt die Strafe, die ihm von der Mehrheit
auferlegt worden ist; 7 jetzt geht es also viel eher darum, zu verzeihen
und zu trösten, damit er nicht in allzu grosse Trauer versinkt.
8 Deshalb bitte ich euch: Lasst ihm gegenüber die Liebe walten!
9 Darum schreibe ich euch ja, um zu erfahren, wie ihr euch bewährt, ob 9: 3
ihr in allem gehorsam seid. 10 Wem ihr aber verzeiht, dem verzeihe
auch ich. Denn was ich verziehen habe – falls ich etwas zu verzeihen
hatte –, das habe ich um euretwillen verziehen im Angesicht Christi,
11 damit wir nicht vom Satan überlistet werden; seine Absichten ken- 11: 11,14
nen wir ja nur zu gut.

Von Troas nach Makedonien

12 Als ich nach Troas kam, um das Evangelium von Christus zu ver-
kündigen, stand mir zwar eine Tür offen im Herrn, 13 mein Geist aber 13: 7,5 · 7,6;
fand keine Ruhe, weil ich meinen Bruder Titus nicht antraf; so verab- Gal 2,1.3
schiedete ich mich von ihnen und zog weiter nach Makedonien.

Die Befähigung zum apostolischen Dienst

14 Dank sei Gott, der uns allezeit im Triumphzug Christi mitführt
und durch uns den Duft seiner Erkenntnis überall verbreitet. 15 Denn 15: 1Kor 1,18
Christi Wohlgeruch sind wir für Gott unter denen, die gerettet werden,
wie auch unter denen, die verloren gehen: 16 den einen ein Geruch, der
vom Tod kommt und zum Tod führt, den anderen ein Geruch, der vom
Leben kommt und zum Leben führt. Und wer ist dazu fähig? 17 Wir je- 17: 12,19
denfalls sind nicht wie die vielen, die das Wort Gottes zu Markte tragen;
lauter und klar, aus Gott und vor Gott, reden wir – in Christus.

3 1 Fangen wir nun schon wieder an, uns selbst zu empfehlen? Oder 1: 5,12
brauchen wir etwa – wie gewisse Leute – Empfehlungsbriefe an euch
oder von euch? 2 Unser Brief seid *ihr*, geschrieben in unsere Herzen,
verständlich und lesbar für alle Menschen. 3 Ihr seid erkennbar als ein 3: Ex 31,18 · Spr 7,3
Brief Christi, von uns verfasst, geschrieben nicht mit Tinte, sondern mit

2,4: Andere Übersetzungsmöglichkeit: «... habe ich euch geschrieben, ...»
2,14: Andere Übersetzungsmöglichkeit: «..., der uns in Christus allezeit siegen lässt ...»
3,2: Andere Textüberlieferung: «... in eure Herzen, ...»
3,3: Andere Übersetzungsmöglichkeit: «... als ein Brief Christi, entstanden durch unseren Dienst, ...»

dem Geist des lebendigen Gottes, nicht auf Tafeln aus Stein, sondern auf
andere Tafeln: in Herzen aus Fleisch.

4 Solches Vertrauen haben wir durch Christus zu Gott: 5 Nicht dass
wir von uns aus fähig wären, etwas gleichsam aus uns selbst heraus zu
6: 1Kor 11,25 · ersinnen, nein, unsere Befähigung kommt von Gott. 6 Er hat uns befä-
Röm 7,6 higt, Diener des neuen Bundes zu sein, nicht des Buchstabens sondern
des Geistes. Denn der Buchstabe tötet, der Geist aber macht lebendig.

Alter Bund und neuer Bund

7: Ex 34,30 7 Wenn nun schon der Dienst am Tod mit seinen in Stein gemeissel-
ten Buchstaben einen solchen Glanz ausstrahlte, dass die Israeliten
Mose nicht ins Antlitz zu sehen vermochten, weil auf seinem Gesicht
ein Glanz lag, der doch vergänglich war, 8 wie sollte da der Dienst am
9: Gal 3,10 Geist nicht erst recht seinen Glanz haben? 9 Denn wenn schon der
Dienst, der zur Verurteilung führt, seinen Glanz hat, dann strahlt der
Dienst, der zur Gerechtigkeit führt, erst recht vor Herrlichkeit. 10 Ei-
gentlich ist ja das, was dort als Herrlichkeit erschien, verglichen mit der
alles übertreffenden Herrlichkeit noch gar keine Herrlichkeit. 11 Doch
wenn schon, was vergeht, durch Herrlichkeit ausgezeichnet ist, dann
erscheint, was bleibt, erst recht in Herrlichkeit.

12 Von solcher Hoffnung erfüllt, treten wir mit grossem Freimut auf,
13: Ex 34,29–35 13 nicht wie Mose, der sein Angesicht mit einer Decke verhüllen muss-
te, damit die Israeliten nicht das Ende dessen sähen, was vergeht.
14 Aber auch ihr Sinn wurde verdunkelt. Denn bis zum heutigen Tag
liegt dieselbe Decke auf dem alten Bund, wenn daraus vorgelesen wird,
und sie wird nicht weggenommen, weil sie nur in Christus beseitigt
wird. 15 Ja, bis heute liegt eine Decke auf ihrem Herzen, sooft aus Mose
16: Ex 34,34 vorgelesen wird. 16 *Sobald sie sich aber dem Herrn zuwenden, wird die De-*
cke hinweggenommen. 17 Der Herr aber, das ist der Geist; und wo der
18: Phil 3,21 Geist des Herrn ist, da ist Freiheit. 18 Wir alle aber schauen mit aufge-
decktem Antlitz die Herrlichkeit des Herrn wie in einem Spiegel und
werden so verwandelt in die Gestalt, die er schon hat, von Herrlichkeit
zu Herrlichkeit, wie der Herr des Geistes es wirkt.

Das Aufleuchten der Wahrheit

4 1 Eben darum, weil wir diesen Dienst aufgrund seiner Barmherzig-
keit haben, verzagen wir nicht, 2 sondern wir haben uns losgesagt
von allem, was den Tag scheut und Schande bringt. Wir sind nicht hin-
terhältig, noch verfälschen wir das Wort Gottes, sondern, indem wir die
Wahrheit offenbar machen, empfehlen wir uns einem jeden menschli-
chen Gewissen vor Gott.

3: 1Kor 1,18 3 Sollte unser Evangelium aber dennoch verhüllt sein, so ist es doch
nur verhüllt für die, die verloren gehen. 4 Ihnen, die nicht glauben, hat
der Gott dieser Weltzeit die Gedanken verfinstert, dass sie das Licht
nicht sehen, das aufleuchtet durch die Verkündigung des Evangeliums
von der Herrlichkeit Christi, der Gottes Ebenbild ist. 5 Denn nicht uns
selbst verkündigen wir, sondern Jesus Christus als den Herrn, uns

3,14: Andere Übersetzungsmöglichkeit: «..., weil jener (nämlich: der Bund) in Christus nichtig ist.»

selbst aber als eure Knechte, um Jesu willen. 6 Denn der Gott, der gesagt 6: Gen 1,3
hat: Aus der Finsternis soll Licht aufstrahlen, er ist es, der es hat auf-
strahlen lassen in unseren Herzen, so dass die Erkenntnis aufleuchtet,
die Erkenntnis der Herrlichkeit Gottes auf dem Angesicht Jesu Christi.

In irdenen Gefässen

7 Wir haben diesen Schatz aber in irdenen Gefässen, damit die Über- 7–10: 1Kor 4,11–13!
fülle der Kraft Gott gehört und nicht von uns stammt. 8 In allem sind 8: 1,4.8
wir bedrängt, aber nicht in die Enge getrieben, ratlos, aber nicht ver-
zweifelt, 9 verfolgt, aber nicht verlassen, zu Boden geworfen, aber nicht
am Boden zerstört. 10 Allezeit tragen wir das Sterben Jesu an unserem 10: Phil 3,10
Leib, damit auch das Leben Jesu an unserem Leib offenbar werde.
11 Denn immerfort werden wir, die wir doch leben, um Jesu willen in
den Tod gegeben, damit auch das Leben Jesu an unserem sterblichen
Fleisch offenbar werde. 12 So wirkt an uns der Tod, an euch aber das Le-
ben.

13 Wir haben aber denselben Geist des Glaubens, von dem geschrie- 13: Ps 116,10
ben steht: *Ich glaube, darum rede ich.* So glauben auch wir, und darum
reden wir. 14 Denn wir wissen, dass er, der Jesus, den Herrn, auferweckt 14: 1Kor 6,14
hat, mit Jesus auch uns auferwecken und mit euch vor sich hinstellen
wird. 15 Denn alles geschieht um euretwillen, damit die Gnade sich
mehre durch die wachsende Zahl der Glaubenden und so der Dank
reichlich ströme zur Verherrlichung Gottes.

Die Gegenwart im Licht der Zukunft

16 Darum verzagen wir nicht: Wenn auch unser äusserer Mensch 16–17: 6,4!
verbraucht wird, so wird doch unser innerer Mensch Tag für Tag erneu-
ert. 17 Denn die Last unserer jetzigen Bedrängnis wiegt leicht und
bringt uns eine weit über jedes Mass hinausgehende, unendliche Fülle
an Herrlichkeit, 18 wenn wir nicht auf das Sichtbare schauen, sondern
auf das Unsichtbare. Denn das Sichtbare gehört dem Augenblick, das
Unsichtbare aber ist ewig.

5 1 Denn wir wissen: Wenn unser irdisches Haus, das Zelt, abgebro-
chen wird, dann haben wir eine Wohnstatt von Gott, ein nicht von
Menschenhand gemachtes, unvergängliches Haus im Himmel. 2 Und 2: Röm 8,22–23
darum seufzen wir ja auch, weil wir uns danach sehnen, mit unserer
himmlischen Behausung bekleidet zu werden, 3 so wahr wir nicht
nackt dastehen werden, auch wenn wir unser jetziges Kleid ablegen.
4 Denn solange wir noch im Zelt sind, seufzen wir wie unter einer 4: 5,2!
schweren Last, weil wir nicht entkleidet, sondern bekleidet werden
möchten, damit das Sterbliche vom Leben verschlungen werde. 5 Der 5: 1,22!
Gott aber, der uns eben dazu bereit gemacht hat, er hat uns auch als
ersten Anteil den Geist gegeben.

6 So sind wir allezeit guten Mutes, auch wenn wir wissen, dass wir,
solange wir im Leib zu Hause sind, fern vom Herrn, in der Fremde le-

4,6: Andere Übersetzungsmöglichkeit: «..., der aufgestrahlt ist in unseren Herzen, ...»
5,2: Die Komplexität des griechischen Ausdrucks lässt sich im Deutschen kaum wiederge-
ben: ‹be- und überkleidet› zu werden.
5,3: Andere Textüberlieferung: «..., auch wenn wir neu bekleidet werden.»
5,4: Siehe die Anm. zu V.2.

8: Phil 1,23 ben – 7 im Glauben gehen wir unseren Weg, nicht im Schauen –; 8 wir
sind aber guten Mutes und wünschen noch viel mehr, unseren Leib zu
verlassen und beim Herrn zu Hause zu sein. 9 Darum setzen wir auch
alles daran, ob zu Hause oder in der Fremde, so zu leben, dass er Wohl-
10: Röm 14,10 gefallen an uns hat. 10 Denn wir alle müssen vor dem Richterstuhl
Christi erscheinen, damit ein jeder empfange, was seinen Taten ent-
spricht, die er zu Lebzeiten getan hat, seien sie gut oder böse.

Die neue Ausrichtung des Lebens

11 Im Bewusstsein, dass wir den Herrn zu fürchten haben, suchen
wir Menschen zu überzeugen. Vor Gott aber liegt unser Wesen offen
zutage – und ich hoffe, dass es auch vor eurem Gewissen offen zutage
12: 3,1; 10,12.18 · liegt. 12 Wir wollen uns selbst nicht noch einmal bei euch empfehlen,
1Sam 16,7 wir geben euch vielmehr Anlass, stolz zu sein auf uns, damit ihr denen
etwas entgegenhalten könnt, die stolz sind auf das, was ins Auge fällt,
nicht aber auf das, was im Herzen ist. 13 Waren wir nämlich in Ekstase,
so war's für Gott; sind wir bei Sinnen, so ist's für euch. 14 Denn die Liebe
Christi umgibt uns, und wir sind zu dem Urteil gelangt: Wenn einer für
15: Röm 14,7 alle gestorben ist, dann sind alle gestorben. 15 Und für alle ist er gestor-
ben, damit die Lebenden nicht mehr sich selbst leben, sondern dem, der
für sie gestorben und auferweckt worden ist.

Anbruch der neuen Schöpfung

16 Darum kennen *wir* von jetzt an niemanden mehr nach dem
Fleisch; auch Christus – sollten wir ihn auf diese Weise gekannt haben –
17: Gal 6,15 kennen wir jetzt nicht mehr so. 17 Wenn also jemand in Christus ist,
dann ist das neue Schöpfung; das Alte ist vergangen, siehe, Neues ist
18–19: Röm 5,10 geworden. 18 Alles aber kommt von Gott, der uns durch Christus mit
sich versöhnt und uns den Dienst der Versöhnung aufgetragen hat.
19 Denn ich bin gewiss: Gott war in Christus und versöhnte die Welt
mit sich, indem er den Menschen ihre Verfehlungen nicht anrechnete
und unter uns das Wort von der Versöhnung aufgerichtet hat.

20 So treten wir nun als Gesandte Christi auf, denn durch uns lässt
Gott seine Einladung ergehen. Wir bitten an Christi Statt: Lasst euch
21: Röm 1,17! versöhnen mit Gott! 21 Den, der von keiner Sünde wusste, hat er für uns
zur Sünde gemacht, damit wir in ihm zur Gerechtigkeit Gottes würden.

6 1 Als Mitarbeiter aber ermahnen wir euch auch: Empfangt die Gnade
2: Jes 49,8 Gottes nicht vergeblich! 2 Denn es heisst:
Zu willkommener Zeit habe ich dich erhört,
und am Tage der Rettung habe ich dir geholfen.
Jetzt ist sie da, die ersehnte Zeit, jetzt ist er da, der Tag der Rettung.

Die Kraft Gottes

3 Mit nichts wollen wir Anstoss erregen, damit der Dienst nicht in
4–10: 1,6; Verruf komme; 4 vielmehr stellen wir uns ganz und gar als Gottes Die-
1Kor 4,10–13 ner zur Verfügung: mit grosser Ausdauer, in Bedrängnis, in Not und in
4: 1,4.8; 4,17; 7,4; Ängsten; 5 unter Schlägen, im Gefängnis, in unruhigen Zeiten, in Müh-
5,12! sal, in durchwachten Nächten und beim Fasten; 6 in Reinheit, in Er-

5,14: Andere Übersetzungsmöglichkeit: «Denn die Liebe Christi treibt uns voran, ...»

kenntnis, in Geduld, in Güte, im heiligen Geist, in ungeheuchelter Lie-
be, 7 im Wort der Wahrheit und in der Kraft Gottes; mit den Waffen der
Gerechtigkeit in der Rechten und in der Linken, 8 ob wir anerkannt
oder abgelehnt, verleumdet oder gelobt werden! Wie Verführer sind
wir, und doch wahrhaftig, 9 wie Unbekannte, und doch wohlbekannt,
wie Sterbende, und seht: wir leben, wie Gezüchtigte, und doch nicht
dem Tod geweiht, 10 wie Trauernde, doch stets voller Freude, wie Bett-
ler, die dennoch viele reich machen, wie Besitzlose, die alles besitzen.

Die Bitte um Vertrauen

11 Unser Mund hat sich aufgetan vor euch, ihr Leute aus Korinth,
unser Herz ist weit geworden. 12 In die Enge getrieben werdet ihr nicht
bei uns, in die Enge getrieben werdet ihr in eurem Inneren. 13 Gebt uns,
was wir euch geben – wie zu Kindern rede ich –: Macht auch ihr eure
Herzen weit!

14 Lasst euch nicht mit Ungläubigen zusammen unter ein fremdes
Joch spannen! Denn was verbindet die Gerechtigkeit mit der Missach-
tung des Gesetzes, was hat das Licht mit der Finsternis zu tun? 15 Wie
könnte Christus im Einklang sein mit Beliar, was hat der Gläubige mit
dem Ungläubigen zu schaffen? 16 Wie verträgt sich der Tempel Gottes 16: 1Kor 3,16! ·
mit den nichtigen Göttern? Denn wir sind der Tempel des lebendigen Lev 26,11–12;
Gottes, wie Gott gesagt hat: Ez 37,27

Ich werde bei ihnen wohnen und unter ihnen wandeln,
und ich werde ihr Gott sein, und sie werden mein Volk sein.
17 Darum: *Zieht weg aus ihrer Mitte* 17: Jes 52,11 ·
und sondert euch ab, spricht der Herr, Ez 20,41
und *habt keine Berührung mit dem Unreinen;*
so werde ich euch aufnehmen,
18 und *ich werde* euch *Vater sein,* 18: 2Sam 7,14
und ihr werdet *mir Söhne* und Töchter sein,
spricht der Herr, der Herrscher über das All.

7 1 Da wir nun diese Verheissungen haben, meine Geliebten, wollen
wir uns reinigen von jeder Befleckung des Fleisches und des Geistes
und auf unsere vollkommene Heiligkeit hinwirken in der Furcht Got-
tes.

2 Gebt uns Raum in euren Herzen! Wir haben niemandem Unrecht
getan, niemanden zugrunde gerichtet, niemanden übervorteilt. 3 Ich 3: 3,2; 6,11
rede nicht, um zu verurteilen, habe ich doch eben gesagt, dass ihr einen
so festen Platz in unserem Herzen habt, dass wir miteinander verbun-
den sind, zum Sterben und zum Leben. 4 Gross ist mein Freimut euch 4: 6,4!
gegenüber, gross ist mein Stolz auf euch; ganz getröstet bin ich und voll
überschäumender Freude in all unserer Bedrängnis.

Die Versöhnung mit der Gemeinde

5 Denn auch als wir nach Makedonien kamen, fand unser ängstli- 5: 4,8
ches Herz keine Ruhe, nur Bedrängnis von allen Seiten: von aussen

6,14: Der Abschnitt 6,14–7,1 ist ein Textstück, das mit grosser Wahrscheinlichkeit nicht von Paulus verfasst, sondern erst später in die Briefsammlung des Zweiten Briefs an die Korinther eingefügt worden ist.

6: 2,13! Kämpfe, von innen Ängste. 6 Doch der die Geringen tröstet, Gott, er hat
uns durch die Ankunft des Titus getröstet, 7 und nicht nur durch seine
Ankunft, sondern auch durch den Trost, den er bei euch erfahren hat,
denn er hat uns von eurer Sehnsucht nach mir berichtet, von eurem
schmerzlichen Verlangen und eurem Eifer, und das hat mich erst recht
gefreut.

8: 2,2–4 8 Indes, auch wenn ich euch mit meinem Brief betrübt habe, bedau-
ere ich es nicht. Auch wenn ich es bedauert habe – ich sehe ja, dass jener
Brief euch betrübt hat, und sei es nur für eine kurze Zeit –, 9 so freue ich
mich doch jetzt, nicht weil ihr betrübt wurdet, sondern weil die Betrüb-
nis euch zur Umkehr geführt hat. Denn es war Gottes Wille, dass ihr
betrübt wurdet, und so seid ihr durch uns zu keinerlei Schaden gekom-
men. 10 Denn die Betrübnis, die nach dem Willen Gottes ist, bewirkt
eine Umkehr zum Heil, die niemand bereut. Die Betrübnis der Welt
aber führt zum Tod. 11 Denn seht, ihr seid nach dem Willen Gottes be-
trübt worden: Wie viel Einsatz hat dies doch bei euch ausgelöst, ja Be-
reitschaft zur Entschuldigung, Entrüstung, Gottesfurcht, Sehnsucht, Ei-
fer, Willen zu gerechter Bestrafung. In allem habt ihr euch in der Sache
12: 7,8! als schuldlos erwiesen. 12 Wenn ich euch also geschrieben habe, so
nicht um dessentwillen, der Unrecht getan, noch um dessentwillen, der
Unrecht erlitten hat, sondern damit euer Einsatz für uns bei euch vor
13: 2,13! Gottes Angesicht zutage trete. 13 Darum sind wir getröstet.

Mehr aber noch als über den erfahrenen Trost haben wir uns über
die Freude des Titus gefreut, dass sein Geist erquickt wurde von euch
allen. 14 Denn dass ich euch vor ihm gerühmt habe, hat mir keine
Schande gebracht, im Gegenteil: Wie wir euch in allem die Wahrheit
gesagt haben, so hat sich auch unser Stolz auf euch vor Titus als berech-
15: Phil 2,12 tigt erwiesen. 15 Seine Zuneigung gilt euch umso mehr, als er sich an
euer aller Gehorsam erinnert, wie ihr ihn mit Furcht und Zittern aufge-
nommen habt. 16 Ich freue mich, dass ich mich in allem auf euch verlas-
sen kann.

Die Beteiligung an der Kollekte

1–4: Röm 15,26 **8** 1 Wir berichten euch aber, liebe Brüder und Schwestern, von der
Gnade Gottes, die den Gemeinden in Makedonien zuteil geworden
2: 9,11–13 ist: 2 In mancherlei Bedrängnis haben sie sich bewährt, und so ist ihre
überschwängliche Freude und ihre tiefe Armut übergeströmt in den
Reichtum ihrer selbstlosen Gabe. 3 Denn sie haben – das bezeuge ich –
nach Kräften, ja weit über ihre Kräfte hinaus gespendet, nachdem sie
4: 9,1.12–13 von sich aus 4 um diese Gunst gebeten, ja sich geradezu zur Beteiligung
am Dienst für die Heiligen gedrängt hatten. 5 Und nicht nur gespendet
haben sie, wie wir es erhofft hatten, nein, sie haben sich selbst gegeben,
6: 8,16–17; 2,13! zuerst dem Herrn und dann uns, durch den Willen Gottes. 6 Darum ha-
ben wir Titus gebeten, dieses Werk der Gnade, so wie er es einst begon-
nen hatte, nun auch bei euch zu Ende zu führen.

8,1: Andere Übersetzungsmöglichkeit: «..., vom Werk der Gnade Gottes, das in den Gemeinden von Makedonien zustande gekommen ist:»

7 Ihr seid doch über die Massen reich in jeder Beziehung: reich an
Glauben, Begabung zur Rede, Erkenntnis, an jeglichem Bemühen und
an der Liebe, die wir in euch gewirkt haben. So beteiligt euch doch auch
an diesem Werk der Gnade in reichem Mass! 8 Ich sage das nicht als *8:* 1Kor 7,6
Befehl, sondern um durch die Spendefreudigkeit anderer die Echtheit
auch eurer Liebe zu prüfen. 9 Ihr kennt ja die Gnade unseres Herrn Je- *9:* 1Kor 1,5
sus Christus: Um euretwillen ist er, obwohl er reich war, arm geworden,
damit ihr durch seine Armut reich werdet.

10 Ich sage in dieser Sache bloss meine Meinung; denn es ist nütz- *10:* 1Kor 7,25.40
lich für euch, die ihr im letzten Jahr nicht nur mit dem Tun, sondern
auch mit dem Wollen begonnen habt. 11 Jetzt aber vollendet auch das
Tun, damit zur Bereitschaft des Wollens auch das Vollbringen komme –
entsprechend eurem Vermögen. 12 Denn wenn der gute Wille da ist, ist
er willkommen entsprechend dem, was jemand hat, nicht entspre-
chend dem, was jemand nicht hat. 13 Es geht mir ja nicht darum, ande-
ren Erleichterung zu verschaffen, euch aber in Bedrängnis zu stürzen,
sondern alles soll auf Gleichheit beruhen. 14 Im jetzigen Zeitpunkt
möge euer Überfluss ihren Mangel aufwiegen, damit auch ihr Überfluss
euren Mangel aufwiege, so dass es zu einem Ausgleich kommt, 15 wie *15:* Ex 16,18
geschrieben steht: *Wer viel besass, hatte nicht mehr, und wer wenig besass,
hatte nicht weniger.*

Die Durchführung der Kollekte

16 Dank sei Gott, der dem Titus ebensolchen Eifer für euch ins Herz *16–17:* 8,6; 2,13!
gelegt hat, 17 dass er unserer Bitte nachgekommen ist und sich sogar,
eifrig wie er ist, von sich aus auf den Weg zu euch gemacht hat. 18 Zu- *18:* 8,22; 12,18
sammen mit ihm haben wir auch den Bruder geschickt, dessen Ver-
dienste um das Evangelium in allen Gemeinden gelobt werden; 19 und
nicht nur das: Er ist von den Gemeinden auch zu unserem Reisegefähr-
ten und Überbringer dieser Liebesgabe gewählt worden, die von uns ge-
geben wird zur Ehre des Herrn und zur Stärkung unserer eigenen Zu-
versicht. 20 Wir geben aber acht, dass uns kein Vorwurf trifft angesichts
des grossen Betrags, der von uns verwaltet wird. 21 Wir sind darauf be- *21:* Röm 12,17
dacht, dass alles seine Richtigkeit hat, nicht nur vor dem Herrn, sondern
auch vor den Menschen. 22 Wir haben aber mit den beiden noch einen *22:* 8,18!
weiteren Bruder geschickt, dessen Eifer wir schon oft und in vielen Be-
langen erprobt haben und der sich jetzt noch eifriger zeigt, da er grosses
Vertrauen zu euch hat.

23 Ob es sich nun um Titus handle, meinen Gefährten und Mitarbei- *23:* 2,13!
ter bei euch, oder um unsere Brüder, die als Abgesandte der Gemeinden
Spiegel des Glanzes Christi sind: 24 Erweist ihnen eure Liebe vor den
Augen der Gemeinden und beweist damit, dass unser Stolz auf euch be-
rechtigt ist!

Erinnerung an das Versprechen der Gemeinde

9 1 Was die Hilfe für die Heiligen betrifft – euch darüber zu schreiben, *1:* 9,12–13; 8,4
erübrigt sich eigentlich. 2 Denn ich kenne euren guten Willen, den
ich vor den Makedoniern auch rühme: Die Achaia ist seit letztem Jahr
gerüstet. Und euer Eifer hat die meisten angespornt. 3 Ich habe aber die
Brüder geschickt, damit unser Stolz auf euch in dieser Sache nicht zu-

nichte werde, damit ihr, wie gesagt, gerüstet seid. 4 Es soll nicht ge-
schehen, dass wir – oder soll ich sagen: ihr – in solcher Zuversicht be-
schämt dastehen, wenn die Makedonier mit mir kommen und euch un-
vorbereitet finden. 5 Ich hielt es deshalb für angebracht, die Brüder zu
bitten, mir vorauszureisen und die von euch versprochene Gabe im Vor-
aus bereitzustellen, damit sie bereitliege als eine Gabe des Segens und
nicht des Krämergeistes.

Empfangen und Geben

6 Dies aber bedenkt: Wer spärlich sät, wird auch spärlich ernten,
und wer im Zeichen des Segens sät, wird auch im Zeichen des Segens
7: Dtn 15,10 ernten. 7 Jeder aber gebe, wie er es sich im Herzen vorgenommen hat,
ohne Bedauern und ohne Zwang; denn *einen fröhlichen Geber* hat *Gott*
lieb. 8 Gott aber lässt euch all seine Gnade reichlich zukommen, damit
ihr allezeit mit allem reich versorgt seid und darüber hinaus noch Mit-
9: Ps 112,9 tel habt zu jedem guten Werk, 9 wie geschrieben steht:

Er hat ausgestreut und hat den Armen gegeben,
seine Gerechtigkeit bleibt in Ewigkeit.

10: Jes 55,10 10 Der aber *dem Säenden Samen* gibt *und Brot zur Speise,* der wird auch
euch das Saatgut geben in reichem Masse und die Frucht eurer Gerech-
tigkeit wachsen lassen.

Der Sinn der Kollekte

11: 1Kor 1,5 · 8,2 11 In allem seid ihr reich, und in allem zeigt sich ganz selbstver-
ständlich eure Güte, die bewirkt, dass, durch unsere Vermittlung, Gott
gedankt wird. 12 Denn die Ausübung dieses Dienstes gleicht nicht nur
den Mangel der Heiligen aus, sie bewirkt auch, dass Gott über die Mas-
sen gedankt wird. 13 Weil ihr euch in diesem Dienst bewährt, preisen
sie Gott für den Gehorsam, mit dem ihr euch zum Evangelium von
Christus bekennt, und für die Selbstlosigkeit, mit der ihr an ihnen und
an allen Anteil nehmt. 14 In ihrem Gebet für euch bezeugen sie ihre
Sehnsucht nach euch angesichts der überfliessenden Gnade, die Gott
euch zukommen liess. 15 Dank sei Gott für seine unbeschreiblich
grosse Gabe.

Eine Kampfansage

1: 10,10 10 1 Ich selbst aber, Paulus, ermahne euch bei der Sanftmut und
Freundlichkeit Christi, ich, der ich, wenn ich vor euch stehe, de-
2: Röm 8,4 mütig bin, wenn ich aber weg bin, euch die Stirn biete, 2 und ich bitte
euch: Zwingt mich nicht, wenn ich da bin, so entschieden aufzutreten,
wie ich gegen einige Leute vorzugehen gedenke, die meinen, wir führ-
ten unser Leben nach dem Fleisch. 3 Wir führen zwar unser Leben *im*
Fleisch, unseren Kampf aber führen wir nicht *nach* dem Fleisch. 4 Denn
die Waffen, die wir auf unserem Feldzug mitführen, sind nicht irdisch,
sondern dienen Gott dazu, Bollwerke niederzureissen. Ja, grossartige
Gedankengebäude reissen wir nieder, 5 alles Hochragende, das sich er-
hebt wider die Erkenntnis Gottes, und alles Denken führen wir dem Ge-
horsam Christi zu. 6 Wir sind bereit, jeden Ungehorsam zu bestrafen,
wenn bloss euer Gehorsam vollkommen wird.

Umstrittene Vollmacht

7 Schaut auf das, was vor Augen liegt! Wenn jemand die Gewissheit
hat, Christus anzugehören, dann möge er doch zugleich bedenken, dass,
wie er, so auch wir Christus angehören. 8 Ja, auch wenn ich mich dar- 8: 11,16.18.30! ·
über hinaus noch der Vollmacht rühmen wollte, die uns der Herr gege- 13,10; 12,19!
ben hat – die Vollmacht, euch aufzurichten, nicht euch zu zerstören –, so
würde ich mich gleichwohl nicht schämen müssen. 9 Ich möchte ja
nicht den Anschein erwecken, als wollte ich euch mit meinen Briefen
einschüchtern. 10 Gewiss – seine Briefe, heisst es, sind gewichtig und 10: 10,1 · 1Kor 2,3! ·
voller Kraft, sein persönliches Auftreten aber ist schwach, und seine 11,6
Rede taugt nichts. 11 Wer das sagt, soll bedenken: Was wir durch das 11: 12,20; 13,2.10
geschriebene Wort vermögen, wenn wir fern sind, das vermögen wir
durch die Tat, wenn wir da sind.

Das Mass des Rühmens

12 Wir nehmen uns allerdings nicht heraus, uns zu denen zu zählen 12: 5,12!
oder uns mit denen zu vergleichen, die sich selbst anpreisen; nein, wir
messen uns nur mit uns und vergleichen uns nur mit uns selbst. 13 Wir 13: 10,8!
werden uns nicht masslos rühmen, sondern nach dem Mass des Wir-
kungsfeldes, das Gott uns als Mass zugewiesen hat: dass wir nämlich bis
zu euch gelangt sind. 14 Wir überschätzen uns nicht – das täten wir,
wenn wir nicht bis zu euch gelangt wären; wir sind aber auch bis zu
euch vorgedrungen, mit dem Evangelium von Christus. 15 Nicht mass- 15: 10,13!
los rühmen wir uns, nicht für die Arbeit anderer; wir haben aber die
Hoffnung, wenn euer Glaube wächst, bei euch dereinst im Rahmen un-
seres Wirkungsfeldes über die Massen dafür gepriesen zu werden,
16 dass wir das Evangelium an noch ferneren Orten verkündigt haben,
nicht uns zu rühmen, es im Wirkungsfeld anderer an schon bestellten
Orten verkündigt zu haben. 17 *Wer sich rühmt, der rühme sich des Herrn.* 17: 1Kor 1,31!;
18 Nicht wer sich selbst empfiehlt, gilt als bewährt, sondern wen der Jer 9,23
Herr empfiehlt. 18: 5,12!

Einstimmung auf die Narrenrede

11 1 Würdet ihr doch ein wenig Unverstand an mir ertragen! Aber 1: 11,17.21; 11.16!
das tut ihr ja. 2 Mit göttlichem Eifer werbe ich um euch. Denn mit
einem einzigen Mann habe ich euch verlobt, um euch ihm, dem Chris-
tus, als reine Jungfrau zuzuführen. 3 Ich fürchte aber, eure Gedanken 3: Gen 3,13
könnten abgelenkt werden von der ungeteilten Hinwendung zu Chris-
tus, so wie es der Schlange gelang, Eva mit ihrer List zu betrügen.
4 Denn wenn einer daherkommt und euch einen anderen Jesus verkün- 4: Gal 1,6–9
digt, als wir verkündigt haben, oder wenn ihr einen anderen Geist emp-

10,7: Andere Übersetzungsmöglichkeit: «Ihr seht auf das, was vor Augen liegt? ...»

10,12–13: Andere Textüberlieferung: «..., die sich selbst anpreisen. Sie sind jedoch ganz unverständig, da sie sich nur mit sich selbst messen und mit sich selbst vergleichen. 13 Wir aber werden ...»

10,13: Andere Übersetzungsmöglichkeit: «..., sondern nach dem Mass des Massstabs, den Gott uns als Mass zugewiesen hat: ...»

10,15: Andere Übersetzungsmöglichkeit: «..., bei euch dereinst nach unserem Massstab ...»

10,16: Andere Übersetzungsmöglichkeit: «..., es nach einem fremden Massstab an schon ...»

11,3: Andere Textüberlieferung: «... von der ungeteilten Hinwendung zu Christus und der Heiligkeit in ihm, so wie ...»

fangt, als ihr empfangen habt, oder ein anderes Evangelium, als ihr an-
genommen habt, so nehmt ihr das ohne weiteres hin!
5: 12,11 — 5 Ich meine doch, dass ich den ‹Überaposteln› in nichts nachstehe.
6: 10,10; 1Kor 2,1–4 — 6 Bin ich auch in der Redekunst ein Laie, so doch nicht in der Erkennt-
nis; wir haben sie ja euch gegenüber allenthalben aufscheinen lassen.
7: 1Kor 9,12.18 · — 7 Oder habe ich einen Fehler gemacht, als ich mich erniedrigte, da-
1Thess 2,2! — mit ihr erhöht würdet, indem ich euch das Evangelium Gottes verkün-
digte, ohne Entgelt zu fordern? 8 Andere Gemeinden habe ich geplün-
dert; Geld habe ich von ihnen genommen, um euch dienen zu können.
9: 12,13; — 9 Doch bei euch bin ich, auch wenn ich Mangel litt, niemandem zur Last
1Kor 9,12–15 — gefallen. Für das, was ich zu wenig hatte, sind die Brüder, die von Make-
donien kamen, aufgekommen; euch keinerlei Umstände zu machen,
daran lag mir, und daran wird mir auch weiterhin liegen. 10 Bei der
Wahrheit Christi, die in mir ist: Die Ausbreitung dieses Ruhmes wird in
den Gebieten der Achaia niemand verhindern können. 11 Warum ver-
halte ich mich so? Etwa weil ich euch *nicht* liebe? Gott weiss es.
12 Was ich tue, das werde ich auch künftig tun, um denen keinen
Anlass zur Kritik zu geben, die einen Anlass suchen. Worauf sie stolz
13: 11,5!; Gal 2,4; — sind, das soll sich bei ihnen finden lassen, so wie bei uns. 13 Denn Leute
Mt 7,15! — dieses Schlages sind falsche Apostel, hinterhältige Gesellen, die sich als
Apostel Christi tarnen. 14 Doch das ist kein Wunder, tarnt sich ja der
15: Röm 2,6! — Satan selbst als Engel des Lichts. 15 Es ist also nichts Besonderes, wenn
auch seine Diener sich tarnen, als wären sie Diener der Gerechtigkeit;
ihr Ende wird ihren Taten entsprechen.

Das Eigenlob des Apostels

16: 11,19; 12,11.6; — 16 Ich sage es noch einmal: Niemand soll mich für einen Narren hal-
11,1! · 11,30! — ten! Wenn aber doch, dann nehmt mich an wie einen Narren, damit
auch ich mich ein wenig rühmen kann. 17 Was ich jetzt sage, das sage
ich nicht im Sinne des Herrn, sondern in der Rolle des Narren rede ich,
18: Gal 6,13 · — bei diesem Unterfangen, da es ums Rühmen geht. 18 Weil so viele sich
Phil 3,4 — im Sinne der Welt rühmen, werde auch ich mich rühmen. 19 Ihr lasst
19: 11,16! — euch ja die Narren gern gefallen, ihr klugen Leute. 20 Ihr nehmt es hin,
wenn jemand euch knechtet, euch auffrisst, euch ausnützt, sich über
21: 10,10!; 11,1! — euch erhebt, euch ins Gesicht schlägt. 21 Ja, zu meiner Schande sei's ge-
sagt: Dazu waren wir zu schwach.
Worauf sich einer beruft – ich rede als Narr –, darauf kann auch ich
22: Phil 3,5 · — mich berufen. 22 Hebräer sind sie? Ich auch. Israeliten sind sie? Ich
Röm 11,1 — auch. Nachkommen Abrahams sind sie? Ich auch. 23 Diener Christi sind
23–27: 1Kor 4,11–13! — sie? Bar jeglicher Vernunft sage ich: Ich bin's weit mehr! Mehr Mühsal,
23: 6,4 · 11,1! · 11,5! —
24: Dtn 25,3 — mehr Gefangenschaft, unzählige Schläge, oft in Todesgefahr! 24 Von
25: Apg 16,22 · — den Juden erhielt ich fünfmal die ‹Vierzig-weniger-einen›. 25 Dreimal
Apg 14,19 — bekam ich die Prügelstrafe, einmal wurde ich gesteinigt, dreimal erlitt
ich Schiffbruch, einen Tag und eine Nacht trieb ich auf offener See.

11,11: Andere Übersetzungsmöglichkeit: «Weshalb habe ich solche Rücksicht auf euch genommen? ...»

11,17: Andere Übersetzungsmöglichkeit: «... rede ich – das Rühmen soll jetzt verwirklicht werden!»

11,24: Der Ausdruck ‹Vierzig-weniger-einen› bezeichnet die im synagogalen Recht vorgesehene Geisselung mit 39 Schlägen.

26 Oft war ich auf Reisen, oft war ich Gefahren ausgesetzt durch Flüsse,
durch Wegelagerer, durch Volksgenossen und Fremde; in der Stadt, in
der Einöde, auf dem Meer, durch falsche Brüder. 27 Es gab Mühsal und
Plage, ich ertrug viele durchwachte Nächte, Hunger und Durst, häufiges
Fasten, Kälte und Blösse.

28 Und abgesehen davon: der tägliche Andrang zu mir, die Sorge um
alle Gemeinden. 29 Wer ist schwach, und ich bin es nicht auch? Wer
kommt zu Fall, und ich bin nicht in heller Aufregung?

30 Wenn schon gerühmt werden muss, dann werde ich mich all des- 30: 11,16.18;12,5–6.9
sen rühmen, was aus meiner Schwachheit kommt. 31 Gott, der Vater des
Herrn Jesus, er weiss – gelobt sei er in Ewigkeit –, dass ich nicht lüge.
32 In Damaskus liess der Statthalter des Königs Aretas die Stadt der Da- 32–33: Apg 9,23–25
maskener bewachen, um meiner habhaft zu werden; 33 doch ich wurde
durch ein Fenster in einem Korb über die Mauer hinabgelassen und ent-
kam so seinen Händen.

Himmelsreisen und unsagbare Worte

12 1 Rühmen muss sein! Es nützt zwar nichts – trotzdem will ich auf 1: 10,17!;11,30!
Erscheinungen und Offenbarungen des Herrn zu sprechen kom-
men. 2 Ich weiss von einem Menschen in Christus, der wurde vor vier-
zehn Jahren – ob im Leib, weiss ich nicht, ob ausserhalb des Leibes,
weiss ich nicht, Gott weiss es – bis in den dritten Himmel entrückt.
3 Und ich weiss von diesem Menschen, dass er – ob im Leib oder ausser-
halb des Leibes, weiss ich nicht, Gott weiss es – 4 ins Paradies entrückt 4: Gen 2,8–15;
wurde und unsagbare Worte hörte, die kein Mensch aussprechen darf. 3,23–24; Ez 28,13; Lk 23,43
5 Für den will ich mich rühmen; was mich selbst betrifft, will ich mich 5: 12,9; 11,30!
nur meiner Schwachheit rühmen.

6 Wollte ich *mich* rühmen, würde ich damit nicht zum Narren, denn 6: 11,16!.30!
ich würde die Wahrheit sagen. Ich verzichte aber darauf, damit nie-
mand mir mehr zuschreibt, als was er an mir sieht und hört – 7 die 7: Gal 6,17; 4,14–15
Offenbarungen mögen noch so überwältigend sein. Darum wurde mir,
damit ich mich nicht überhebe, ein Stachel ins Fleisch gegeben, ein Sa-
tansengel, der mich schlagen soll, damit ich mich nicht überhebe. 8 Sei-
netwegen habe ich den Herrn dreimal gebeten, er möge von mir ablas-
sen. 9 Und er hat mir gesagt: Du hast genug an meiner Gnade, denn die 9: 1Kor 2,3–4!.5! ·
Kraft findet ihre Vollendung am Ort der Schwachheit. So rühme ich 12,5! · 1Kor 2,3 ·
mich lieber meiner Schwachheit, damit die Kraft Christi bei mir Woh- 1Kor 1,24–25
nung nehme. 10 Darum freue ich mich über alle Schwachheit, über 10: 11,23–27; 4,7–10;
Misshandlung, Not, Verfolgung und Bedrängnis, um Christi willen. 6,4–10; 1Kor 4,11–13
Denn wenn ich schwach bin, dann bin ich stark.

Die Zeichen des Apostels

11 Jetzt bin ich ein Narr geworden, ihr habt mich dazu gezwungen. 11: 11,16! · 5,12! ·
Ich müsste eigentlich von *euch* empfohlen werden. In nichts nämlich 11,5.23
stand ich den ‹Überaposteln› nach, auch wenn ich nichts bin. 12 Was 12: Röm 15,19 ·
einen Apostel ausmacht, ist bei euch zur Wirkung gekommen, in aller 1Kor 12,10
Geduld, durch Zeichen und Wunder und machtvolle Taten. 13 Was ist es 13: 11,7–9!
denn, worin ihr gegenüber den anderen Gemeinden zu kurz gekom-
men wärt, ausser dass ich selbst euch nicht zur Last gefallen bin? Ver-
zeiht mir dieses Unrecht!

14: 13,1–2; 14 Seht, ein drittes Mal bin ich jetzt bereit, zu euch zu kommen, und
1Kor 16,5 · ich werde euch nicht zur Last fallen. Denn ich suche nicht eure Habe,
Phil 4,17 sondern euch selbst. Nicht die Kinder sind verpflichtet, für ihre Eltern
etwas zur Seite zu legen, sondern umgekehrt die Eltern für die Kinder.
15 Ich aber werde gerne für euch ein Opfer bringen, ja mich selbst für
euch aufopfern. Wenn ich euch doch über alles liebe, soll ich deswegen
weniger Liebe empfangen?

16 Sei's drum, ich habe euch das Leben nicht schwer gemacht. Vielmehr habe ich, durchtrieben wie ich bin, euch mit List gefangen.
17 Habe ich euch etwa übervorteilt durch einen von denen, die ich zu
18: 7,2; 2,13! · 8,18! euch gesandt habe? 18 Ich habe Titus zugeredet und den Bruder mit ihm
gesandt; hat euch Titus etwa übervorteilt? Haben wir nicht im selben
Geist unser Leben geführt? Nicht in denselben Fussstapfen?

Die anstehende Bewährung der Gemeinde

19: 2,17 · 10,8; 13,10; 19 Schon lange meint ihr wohl, dass wir uns euch gegenüber verteidigen wollen. Doch wir stehen vor Gott und reden in Christus – dies
1Kor 14,12!
20: 1Kor 1,11 alles aber, meine Geliebten, dient eurer Erbauung. 20 Ich fürchte nämlich, dass ich bei meinem Kommen euch nicht so vorfinde, wie ich es
möchte, und ihr mich so vorfindet, wie ihr es nicht möchtet. Ich fürchte, Streit, Eifersucht, Zorn, Selbstsucht, Verleumdung, üble Nachrede,
21: 13,2 Hochmut und Aufruhr bei euch anzutreffen. 21 Ich möchte aber nicht,
dass mein Gott mich, wenn ich wieder komme, vor euch demütigt und
dass ich viele betrauern muss, die sich versündigt und die Sittenlosigkeit, die Unzucht und das ausschweifende Leben, das sie führten, nicht
bereut haben.

1: 12,14; 1,15.23 · **13** 1 Das ist jetzt das dritte Mal, dass ich zu euch komme. *Mit der*
Dtn 19,15 *Aussage von zwei oder drei Zeugen steht oder fällt jede Sache.* 2 Ich
2: 12,21 habe es schon angekündigt, als ich das zweite Mal bei euch war, und
sage es nochmals im Voraus jetzt, da ich noch nicht bei euch bin, all
denen, die zuvor gesündigt haben, und allen andern auch: Wenn ich
noch einmal komme, werde ich euch nicht schonen. 3 Ihr verlangt ja
einen Beweis dafür, dass Christus in mir spricht, der sich euch gegen-
4: 4,10; 1Kor 1,18 über nicht als schwach erweist, sondern stark ist unter euch. 4 Denn
gekreuzigt wurde er in Schwachheit, aber er lebt aus der Kraft Gottes. Ja,
auch wir sind schwach in ihm, aber wir werden leben zusammen mit
ihm aus der Kraft Gottes, die für euch da ist.

5: Gal 6,4 · 5 Macht an euch selbst die Probe, ob ihr im Glauben seid, prüft euch
Röm 8,10! selbst! Erkennt ihr nicht an euch selbst, dass Jesus Christus in euch ist?
Wenn es nicht so ist, taugt ihr nichts. 6 Hoffentlich aber erkennt ihr,
dass *wir* nicht zu denen gehören, die nichts taugen. 7 Wir beten aber zu
Gott, dass ihr nichts Böses tut, nicht damit *wir* als bewährt dastehen,
sondern damit *ihr* das Gute tut, wir dagegen wie solche sind, die nichts
taugen. 8 Denn nicht gegen die Wahrheit, nur für die Wahrheit vermögen wir etwas zu tun. 9 So freuen wir uns, wenn wir schwach sind, ihr
aber stark seid. Und dafür beten wir, dass ihr vollkommen werdet.

13,3: Andere Übersetzungsmöglichkeit: «... stark ist in euch.»

10 Darum schreibe ich dies alles aus der Ferne, um nicht, wenn ich wie-
der bei euch bin, mit Strenge vorgehen zu müssen kraft der Vollmacht,
die mir der Herr zur Erbauung und nicht zur Zerstörung gegeben hat.

10: 2,3 · 10,8; 12,19

Grüsse und Segenswunsch

11 Im Übrigen, liebe Brüder und Schwestern, freut euch, lasst euch
zurechtbringen, lasst euch zureden, seid eines Sinnes, haltet Frieden –
und der Gott der Liebe und des Friedens wird mit euch sein. 12 Grüsst
einander mit dem heiligen Kuss. Es grüssen euch alle Heiligen.
13 Die Gnade des Herrn Jesus Christus und die Liebe Gottes und die
Gemeinschaft des heiligen Geistes sei mit euch allen.

11: Phil 3,1 · Röm 15,5! · 1Thess 5,13 · Phil 4,9; Röm 15,33
12: 1Kor 16,20; Röm 16,16!
13: 1Kor 16,23 · Phil 2,1

Der Brief an die Galater

Der Brief an die Galater gilt als die Magna Charta der christlichen Freiheit; in der Auslegungsgeschichte hat er insbesondere für den Reformator Martin Luther eine herausragende Rolle gespielt. Von allen erhaltenen Paulusbriefen ist er am stärksten polemisch gehalten, zeugt er doch von einem dramatischen Ringen um die «Wahrheit des Evangeliums» (Gal 2,5.14). Schon gleich zu Beginn gibt Paulus zu erkennen, wie dramatisch er die Situation seiner Adressaten, der Galater, einschätzt: Anstelle der sonst in seinen Briefen üblichen Danksagung findet sich ein hartes Wort des Tadels (Gal 1,6–9)!

Leider lässt sich bis heute nicht ausmachen, um wen genau es sich bei den Adressaten handelt. Die galatischen Gemeinden sind entweder im zentralen Kernland Kleinasiens, in der Gegend des heutigen Ankara, zu orten, d.h. in der sogenannten Landschaft Galatia, oder sie sind weiter südlich zu lokalisieren, in der Provinz Galatia, die auch die Landschaften Pisidien und Lykaonien umfasste, in denen Paulus auf seiner ersten Missionsreise gewirkt hat (Apg 13–14; vgl. Gal 1,21). Für die Landschaft spricht, dass es sich bei den angesprochenen Galatern wohl eher um eine ethnische als um eine verwaltungstechnische Einheit handelt. Paulus hätte demzufolge die Gemeinden erst zu Beginn seiner zweiten (vgl. Apg 16,6) oder seiner dritten Missionsreise (vgl. Apg 18,23) gegründet, also ungefähr um 48/49 oder 52 n.Chr. Die Gemeindeglieder kommen aus einem griechisch-hellenistischen Milieu, das auch von orientalischen Elementen durchsetzt ist (Gal 4,8–11).

In seinem Brief, der wahrscheinlich in Ephesus (zwischen 52 und 54/55) oder auf dem Weg nach Makedonien (ca. 55) entstanden ist (die inhaltliche Nähe von Gal zu Röm spricht für Letzteres), warnt Paulus die Gemeinden davor, sich von irgendjemandem zu Beschneidung (Gal 5,1–6; 6,12–13) und Lebensführung nach den rituellen Geboten der Tora (vgl. Gal 4,10) drängen zu lassen. Für die dem Judentum entstammenden Gegner der paulinischen Mission war die Eingliederung der heidnischen Christusgläubigen in das Gottesvolk Israel von zentraler Bedeutung; nur auf dem Weg der Lebensgestaltung im Rahmen der Tora, des Gesetzes vom Sinai, hatten nach ihrer Ansicht auch Heiden teil an dem durch Jesus Christus geschenkten Heil. Aus diesem Grund lehnten sie nicht nur die von Paulus betriebene ‹gesetzesfreie› Heidenmission ab, sondern stellten auch das Apostolat des Paulus in Frage, der doch den Autoritäten der Jerusalemer Urgemeinde, vor allem Jakobus, dem Bruder Jesu, an Rang und Würde weit nachstehe (vgl. Gal 1,10–24).

Paulus verteidigt sein Apostelamt vehement. In seinem autobiografischen Rechenschaftsbericht (Gal 1,10–2,21) beruft er sich auf die direkte Einsetzung durch den auferstandenen und zur Rechten Gottes erhöhten Christus (Gal 1,10–24). Er stellt klar, dass auch die Führer der Jerusalemer Urgemeinde, Jakobus und Petrus, seine Beauftragung durch Christus ausdrücklich anerkannt und seine Missionspraxis, Heiden ohne Verpflichtung auf die rituellen und kultischen Gebote der Tora für den Christusglauben zu gewinnen, gebilligt haben (Gal 1,18–20; 2,1–10). Darüber hinaus greift der Apostel aber die Zuordnung von Christusglauben und Toragehorsam, die von seinen Gegnern in Galatien propagiert worden ist, prinzipiell an (Gal 2,14–21): Die Grenze zwischen Israel, dem Gottesvolk, und den Heiden hat Gott durch das Kommen, den Kreuzestod und die Auferstehung Christi definitiv aufgehoben; fortan ist es allein der Christusglaube, der das Tor zum gottgeschenkten Leben eröffnet. Erst der Glaube schenkt Teilhabe an der göttlichen Verheissung, die dem Gottesvolk seit alters zugesprochen wurde, nicht aber die ‹Werke des Gesetzes› (d.h. Beschneidung und Lebensführung nach den Weisungen der Tora). Paulus beruft sich da u.a. auf Abraham, den ersten Heiden, der sich zu dem einen Gott bekehrte (Gal 3,6–18): Der mit ihm verbundene Segen kommt nicht seinen im Fleisch gezeugten Nachkommen zu, sondern den «Kindern der Verheissung», und das sind die Christusgläubigen (Gal 4,21–31). In den christlichen Gemeinden sind grundsätzlich alle Abgrenzungen, die auf Herkunft, Status oder Geschlecht beruhen, abgetan: Die Gemeinschaft der Glaubenden ist aus dem Nichts erschaffene, «neue Schöpfung» Gottes (Gal 3,26–28; 5,6; 6,15–16).

Damit gibt Paulus der alttestamentlich-jüdischen Vorstellung von «der Gerechtigkeit», der an Israel und die Tora gebundenen göttlichen Bundestreue, eine neue Interpretation (Gal 3–4). Wer im Christusglauben ‹Rechtfertigung› erfährt, wird von seiner Vergangenheit befreit und empfängt hier und jetzt immer neu das Geschenk des von Gott kommenden Lebens. Die Christusgläubigen als Gotteskinder und als Träger des Gottesgeistes (Gal 4,1–7) teilen miteinander die Erfahrung der Freiheit (Gal 5,1; vgl. Gal 2,4), die in ihrer Gemeinschaft, in der Liebe (Gal 5,13–6,10), konkrete Gestalt gewinnt (Gal 5,25).

Der in der Hitze der Auseinandersetzung mit seinen Gegnern verfasste Brief des Paulus zieht in einigen seiner Aussagen eine scharfe Trennlinie zwischen jüdischer Lebensweise (vgl. Gal 1,13–14) und Christusglauben. Die Unterscheidung zwischen Judentum und Christentum als zwei unterschiedlichen Religionen hingegen hat sich erst im Lauf des 2. und 3. Jh. n.Chr. etabliert.

Anschrift

1 1 Paulus, Apostel nicht im Auftrag von Menschen noch durch Ver- 1: 1Kor 1,1; Röm 1,1 ·
mittlung eines Menschen, sondern durch Jesus Christus und Gott, 1,11–12
den Vater, der ihn von den Toten auferweckt hat, 2 und alle Brüder und 2: 1Kor 16,1
Schwestern, die bei mir sind, an die Gemeinden in Galatien: 3 Gnade sei 3: Röm 1,7!
mit euch und Friede von Gott, unserem Vater, und dem Herrn Jesus
Christus, 4 der sich hingegeben hat um unserer Sünden willen, um uns
herauszureissen aus der gegenwärtigen bösen Weltzeit nach dem Wil-
len Gottes, unseres Vaters. 5 Ihm sei Ehre in alle Ewigkeit. Amen. 5: Röm 16,27!

Kein anderes Evangelium

6 Ich wundere mich, dass ihr so rasch dem abspenstig werdet, der 6: 5,8 · 2Kor 11,4
euch in der Gnade Christi berufen hat, und euch einem anderen Evan-
gelium zuwendet, 7 das es gar nicht gibt. Was es hingegen gibt, sind
einige, die euch verwirren und die das Evangelium Christi verdrehen
wollen. 8 Jedoch, selbst wenn wir oder ein Engel vom Himmel euch et- 8: 1Kor 16,22
was als Evangelium verkündigten, das dem widerspricht, was wir euch
als Evangelium verkündigt haben: Verflucht sei er! 9 Wie wir schon frü-
her gesagt haben, so sage ich jetzt aufs Neue: Wer euch etwas als Evan-
gelium verkündigt, das dem, was ihr empfangen habt, widerspricht, sei
verflucht!

Der Ursprung des Evangeliums

10 Will ich jetzt die Zustimmung von Menschen oder die Zustim- 10: 1Thess 2,4
mung Gottes gewinnen? Suche ich den Beifall von Menschen? Wenn ich
jetzt noch den Beifall von Menschen fände, dann wäre ich kein Diener
Christi. 11 Ich will euch nämlich, liebe Brüder und Schwestern, kund- 11: 1Kor 15,1 · 1,1;
tun, dass das Evangelium, das von mir verkündigt wurde, sich nicht den 1Thess 2,13
Menschen anpasst. 12 Denn ich habe es ja auch nicht von einem Men- 12: 1Kor 11,23 · 1,16
schen empfangen, noch bin ich darin unterwiesen worden; ich habe es
vielmehr durch eine Offenbarung Jesu Christi empfangen.

13 Ihr habt ja gehört, wie ich einst als Jude gelebt habe: Unerbittlich 13–24: Apg 9,1–30
verfolgte ich die Gemeinde Gottes und suchte sie zu vernichten. 14 Und 13: 1,23; 1Kor 15,9;
in meiner Treue zum Judentum war ich vielen Altersgenossen in mei- Phil 3,6; Apg 8,3!
nem Volk weit voraus, habe ich mich doch mit ganz besonderem Eifer 14: Apg 22,3
für die Überlieferungen meiner Väter eingesetzt.

15 Als es aber Gott, der mich vom Mutterleib an ausgesondert und 15: Röm 1,1
durch seine Gnade berufen hatte, gefiel, 16 mir seinen Sohn zu offenba-
ren, dass ich ihn unter den Völkern verkündige, da beriet ich mich nicht
mit Fleisch und Blut; 17 auch ging ich nicht nach Jerusalem hinauf zu 17–18: Apg 9,26–27 ·
denen, die schon vor mir Apostel geworden waren, sondern begab mich 2,9!
in die Arabia und kehrte dann nach Damaskus zurück.

18 Dann erst, drei Jahre später, ging ich nach Jerusalem hinauf, um
Kefas kennen zu lernen, und blieb fünfzehn Tage bei ihm; 19 einen an- 19: Gal 2,9.12
dern aber aus dem Kreis der Apostel habe ich nicht gesehen ausser Jako-
bus, den Bruder des Herrn. 20 Was ich euch hier schreibe – Gott weiss,
dass ich nicht lüge!

1,11: Andere Übersetzungsmöglichkeit: «..., sich nicht am Menschen misst.»
1,14: Andere Übersetzungsmöglichkeit: «Und in meiner Lebensweise als Jude ...»

21 Danach ging ich in die Gebiete von Syrien und Kilikien. 22 Ich war aber den christlichen Gemeinden in Judäa persönlich nicht bekannt. 23 Sie hatten nur gehört: Der uns einst verfolgte, verkündigt jetzt den Glauben, den er einst ausrotten wollte. 24 Und sie priesen Gott um meinetwillen.

Die grundlegende Vereinbarung in Jerusalem

1–10: Apg 15,1–33 · 1–2: Apg 15,1–2 · Phil 2,16

2 1 Dann, nach Ablauf von vierzehn Jahren, zog ich erneut nach Jerusalem hinauf, zusammen mit Barnabas, und nahm auch Titus mit. 2 Ich zog aber hinauf aufgrund einer Offenbarung; und ich legte ihnen das Evangelium vor, das ich unter den Völkern verkündige, den Angesehenen in gesonderter Unterredung; ich wollte sicher sein, dass ich nicht ins Leere laufe oder gelaufen bin. 3 Doch nicht einmal Titus, mein Begleiter, der Grieche ist, wurde gezwungen, sich beschneiden zu lassen.

4: 5,1.13 · 5: 2,14

4 Was aber die falschen Brüder und Schwestern, die Eindringlinge, betrifft, die sich eingeschlichen hatten, um unsere Freiheit, die wir in Christus Jesus haben, auszukundschaften und uns so zu Knechten zu machen – 5 ihnen haben wir uns auch nicht einen Augenblick lang gefügt noch unterworfen, damit die Wahrheit des Evangeliums für euch erhalten bleibe.

6: Dtn 10,17; Röm 2,11! · 7: 1,15–16 · 9: Röm 15,15! · 1,19! · 1,18; 2,11.14; 1Kor 1,12!; Joh 1,42 · 10: Apg 11,29!

6 Von Seiten der Angesehenen aber, von denen, die etwas zu sein scheinen – was sie einst waren, spielt für mich keine Rolle, bei Gott gibt es kein Ansehen der Person ... Mir jedenfalls haben die Angesehenen nichts auferlegt, 7 im Gegenteil: Als sie sahen, dass mir das Evangelium für die Unbeschnittenen anvertraut ist so wie dem Petrus dasjenige für die Beschnittenen – 8 der nämlich, der an Petrus gewirkt hat, um ihn zum Apostel der Beschnittenen zu machen, hat auch an mir gewirkt, um mich zu den Heiden zu senden –, 9 und als sie die Gnade erkannten, die mir geschenkt war, da gaben Jakobus und Kefas und Johannes, die Angesehenen, die als ‹Säulen› gelten, mir und Barnabas die rechte Hand zum Zeichen ihres Einverständnisses: Wir sollten zu den Heiden, sie aber zu den Beschnittenen gehen. 10 Einzig an die Armen sollten wir denken; eben das zu tun, habe ich mich auch eifrig bemüht.

Der Zusammenstoss in Antiochia

11: 2,9! · Apg 11,26 · 12: 1,19! · 13: 2,1! · 14: 2,5 · 2,9!

11 Als Kefas aber nach Antiochia kam, trat ich ihm persönlich entgegen, weil er sich selber ins Unrecht versetzt hatte. 12 Bevor nämlich einige Anhänger des Jakobus eintrafen, pflegte er zusammen mit den Heiden zu essen. Als jene aber eingetroffen waren, zog er sich zurück und sonderte sich ab – aus Furcht vor den Beschnittenen. 13 An dieser Heuchelei beteiligten sich auch die anderen Juden, so dass selbst Barnabas sich von ihrer Heuchelei mitreissen liess. 14 Jedoch – als ich sah, dass sie nicht den auf die Wahrheit des Evangeliums ausgerichteten Weg gingen, sagte ich zu Kefas vor allen Anwesenden:

Wenn du, der du ein Jude bist, wie die Heiden und nicht wie ein Jude lebst, wie kannst du dann die Heiden zwingen, wie die Juden zu leben?

16: Röm 3,28 · 3,8.24; Röm 5,1 · Röm 3,20

15 Wir sind von Geburt Juden und nicht sündige Heiden. 16 Weil wir aber wissen, dass ein Mensch nicht dadurch gerecht wird, dass er tut, was im Gesetz geschrieben steht, sondern durch den Glauben an Jesus Christus, sind auch wir zum Glauben an Christus Jesus gekommen, da-

mit wir aus dem Glauben an Christus gerecht würden und nicht da-
durch, dass wir tun, was im Gesetz geschrieben steht; denn durch das
Tun dessen, was im Gesetz geschrieben steht, wird kein Mensch gerecht
werden. 17 Wenn wir jedoch im Bestreben, durch Christus gerecht zu
werden, nun selbst als Sünder dastehen, ist dann Christus ein Diener
der Sünde? Gewiss nicht! 18 Schuldig mache ich mich dann, wenn ich
wieder aufrichte, was ich abgerissen habe. 19 Denn dadurch, dass ich 19: Röm 6,6–10
den Weg des Gesetzes zu Ende gegangen bin, bin ich für das Gesetz tot.
So kann ich fortan für Gott leben. Ich bin mitgekreuzigt mit Christus:
20 Nicht mehr ich lebe, sondern Christus lebt in mir; sofern ich jetzt 20: Röm 14,8
noch im Fleisch lebe, lebe ich im Glauben an den Sohn Gottes, der mich
geliebt und sich für mich hingegeben hat. 21 Ich will die Gnade Gottes
nicht ausser Kraft setzen. Denn wenn die Gerechtigkeit durch das Ge-
setz kommt, dann ist Christus umsonst gestorben.

Der Empfang des Geistes

3 1 Ihr unverständigen Leute von Galatien, wer hat euch behext? Ist 1: 1Kor 1,23; 2,2
euch Jesus Christus nicht vor Augen gestellt worden als Gekreuzig-
ter? 2 Nur dies eine möchte ich von euch wissen: Habt ihr den Geist 2: 2,16!
empfangen, weil ihr tut, was im Gesetz geschrieben steht, oder aus dem
Glauben, der hört? 3 Seid ihr so unverständig, dass ihr, was ihr im Geist
begonnen habt, nun im Fleisch vollenden wollt? 4 So vieles solltet ihr
vergebens erfahren haben? Wenn es überhaupt vergebens gewesen ist!
5 Der euch nun den Geist gibt und Wundertaten unter euch wirkt – ge-
schieht dies, weil ihr tut, was im Gesetz geschrieben steht, oder aus dem
Glauben, der hört?

Der Segen Abrahams für die Völker

6 So war es doch mit Abraham: *Er glaubte Gott, und das wurde ihm als* 6: Gen 15,6;
Gerechtigkeit angerechnet. 7 Erkennt also: Die aus Glauben leben, das Röm 4,3
sind die Söhne und Töchter Abrahams. 8 Da nun die Schrift voraussah, 8: Gen 12,3; 18,18;
dass Gott die Völker aus Glauben gerecht machen würde, hat sie dem Apg 3,25
Abraham das Evangelium im Voraus verkündigt: *In dir werden alle Völker*
gesegnet werden. 9 Also werden die aus dem Glauben Lebenden geseg-
net, zusammen mit dem glaubenden Abraham.

10 Denn alle, die aus dem Tun dessen leben, was im Gesetz geschrie- 10: Dtn 27,26
ben steht, stehen unter dem Fluch. Denn es steht geschrieben: *Verflucht*
ist jeder, der nicht bleibt bei allem, wovon im Buch des Gesetzes geschrieben
steht, dass es zu tun sei. 11 Dass aber durch das Gesetz bei Gott niemand 11: Hab 2,4;
gerecht wird, ist offensichtlich, denn: *Der Gerechte wird aus Glauben le-* Röm 1,17
ben. 12 Das Gesetz aber, das bedeutet nicht ‹aus Glauben›, sondern: *Wer* 12: Lev 18,5;
dies alles tut, wird dadurch leben. 13 Christus hat uns freigekauft vom Röm 10,5
Fluch des Gesetzes, indem er für uns zum Fluch geworden ist – es steht 13: 4,5! · Dtn 21,23
nämlich geschrieben: *Verflucht ist jeder, der am Holz hängt.* 14 So sollte
der Segen Abrahams durch Christus Jesus zu den Völkern kommen, und
so sollten wir durch den Glauben die Verheissung des Geistes empfan-
gen.

3,4: Andere Übersetzungsmöglichkeit: «... erlitten haben? ...»
3,4: Andere Übersetzungsmöglichkeit: «... Wenn es doch bloss vergebens gewesen wäre!»

Die Verheissung an Abraham und das Gesetz

15: Röm 3,5! 15 Liebe Brüder und Schwestern, ich will euch ein Beispiel aus dem
menschlichen Leben geben: Ein rechtskräftig gewordenes Testament,
wenn es sich auch nur um das eines Menschen handelt, setzt niemand
16: 3,8! · ausser Kraft oder versieht es mit einem Zusatz. 16 Abraham nun und
Gen 17,1–11; 22,18 seinem Nachkommen wurden die Verheissungen zugesprochen. Es
heisst nicht: und seinen Nachkommen, als handle es sich um viele,
nein, es geht um einen einzigen: *und deinem Nachkommen* – das ist
17: Ex 12,40 Christus. 17 Damit meine ich: Ein Testament, das von Gott bereits für
gültig erklärt worden ist, kann vom Gesetz, das vierhundertdreissig Jahre
später entstand, nicht für ungültig erklärt werden, so dass die Verheissung
aufgehoben wäre. 18 Denn hinge das Erbe am Gesetz, so hinge
es nicht mehr an der Verheissung. Dem Abraham aber hat sich Gott
durch die Verheissung als gnädig erwiesen.
19: Röm 4,15! 19 Was ist nun mit dem Gesetz? Der Übertretungen wegen wurde es
hinzugefügt, bis der Nachkomme käme, dem die Verheissung gilt; angeordnet
wurde es mit Hilfe von Engeln, gelegt in die Hand eines Vermittlers.
20 Ein Vermittler vertritt nicht einen Einzigen; Gott aber ist
ein Einziger. 21 Steht nun das Gesetz den Verheissungen Gottes entgegen?
Gewiss nicht! Denn wäre ein Gesetz gegeben, das Leben schaffen
22: Röm 11,32 könnte, dann käme in der Tat die Gerechtigkeit aus dem Gesetz. 22 Die
Schrift jedoch hat alles unter die Sünde zusammengeschlossen, damit
die Verheissung aufgrund des Glaubens an Jesus Christus den Glaubenden
zuteil werde.

Die Unterscheidung der Zeiten

23: 4,4–5.21; 5,18 23 Bevor aber der Glaube kam, wurden wir alle gemeinsam im Gefängnis
des Gesetzes in Gewahrsam gehalten – auf den Glauben hin, der
24: 1Kor 4,15 · 4,2 · sich in der Zukunft offenbaren sollte. 24 So ist das Gesetz zu unserem
2,16! Aufpasser geworden, bis hin zu Christus, damit wir aus Glauben gerecht
würden. 25 Da nun der Glaube gekommen ist, sind wir keinem Aufpasser
26: 4,5 mehr unterstellt. 26 Denn ihr seid alle Söhne und Töchter Gottes
27: Röm 6,3 durch den Glauben in Christus Jesus. 27 Ihr alle nämlich, die ihr auf
28: Röm 10,12; Christus getauft wurdet, habt Christus angezogen. 28 Da ist weder Jude
1Kor 12,13 noch Grieche, da ist weder Sklave noch Freier, da ist nicht Mann und
29: 3,16 · 4,7! Frau. Denn ihr seid alle eins in Christus Jesus. 29 Wenn ihr aber Christus
gehört, dann seid ihr Nachkommen Abrahams und gemäss der Verheissung
seine Erben.

Söhne und Töchter der Freiheit

4 1 Ich sage aber: Solange der Erbe unmündig ist, unterscheidet er sich
in nichts von einem Sklaven, obwohl er Herr ist über alles, 2 im Gegenteil,
er steht unter der Aufsicht von Vormündern und Verwaltern bis
3: 4,9! zum Zeitpunkt, den der Vater festgesetzt hat. 3 So war es auch mit uns,

3,23: Andere Übersetzungsmöglichkeit: «... gehalten, bis dass der künftige Glaube sich offenbaren würde.»

3,24: «Aufpasser»: Der griechische Ausdruck ‹paidagogos› bedeutet nicht dasselbe wie das entsprechende deutsche Fremdwort Pädagoge, sondern bezeichnet diejenige Person (meist einen Sklaven), die die grösseren Kinder zum Unterricht begleitet und den kleinen Kindern den Elementarunterricht (Lesen und Schreiben) erteilt.

als wir noch unmündig waren: Unter die Elementarmächte der Welt
waren wir versklavt. 4 Als sich aber die Zeit erfüllt hatte, sandte Gott
seinen Sohn, zur Welt gebracht von einer Frau und dem Gesetz unter-
stellt, 5 um die unter dem Gesetz freizukaufen, damit wir als Söhne und 5: 3,13; 1Kor 6,20;
Töchter angenommen würden. 6 Weil ihr aber Söhne und Töchter seid, 7,23 · 3,26
hat Gott den Geist seines Sohnes in unsere Herzen gesandt, den Geist, 6: Röm 8,15
der da ruft: Abba, Vater! 7 So bist du nun nicht mehr Sklave, sondern 7: 3,29;
Sohn; bist du aber Sohn, dann auch Erbe – durch Gott. Röm 8,16–17

Der unglaubliche Rückfall

8 Damals jedoch, als ihr Gott nicht kanntet, habt ihr den Göttern ge- 8: 1Thess 4,5
dient, die ihrem Wesen nach gar keine Götter sind; 9 jetzt aber, da ihr 9: 4,3; Kol 2,20!
Gott kennt, vielmehr von Gott erkannt worden seid, wie könnt ihr euch
da wiederum den schwachen und armseligen Elementarmächten zu-
wenden, um ihnen von neuem als Sklaven zu dienen? 10 An Tage, Mo-
nate, Festzeiten und Jahre haltet ihr euch! 11 Ich fürchte, meine Mühe
um euch war umsonst.

Die Ratlosigkeit des Paulus

12 Werdet wie ich, liebe Brüder und Schwestern, ich bitte euch dar-
um, denn auch ich war ja wie ihr. Ihr habt mir nichts zuleide getan:
13 Ihr wisst, dass ich euch wegen einer Krankheit, die mich niederwarf,
zum ersten Mal das Evangelium verkündigt habe. 14 Trotz der Versu-
chung, die meine Erscheinung für euch darstellte, habt ihr mich nicht
verachtet und nicht verabscheut, sondern aufgenommen wie einen En-
gel Gottes, wie Christus Jesus. 15 Der Grund, euch selig zu preisen, wo
ist er nun geblieben? Ich kann euch nämlich bezeugen: Ihr hättet euch,
wenn möglich, die Augen ausgerissen und sie mir gegeben! 16 Also, was
ist jetzt: Bin ich euer Feind geworden, weil ich euch die Wahrheit sage?
17 Es ist nicht gut, wie sie um euch werben; sie wollen euch doch nur
ausschliessen, damit ihr dann um sie werbt! 18 Es ist aber gut, wenn ihr
im Guten umworben werdet – und zwar jederzeit, nicht nur, wenn ich
bei euch bin.

19 Meine Kinder, um die ich immer wieder die Schmerzen einer Ge- 19: 1Kor 4,14!
burt erleide, bis Christus in euch Gestalt gewinnt: 20 Ich wollte, ich
könnte jetzt bei euch sein und in einem andern Ton zu euch reden;
denn, was euch betrifft, bin ich ratlos.

Die beiden Bundesschlüsse

21 Sagt mir doch, ihr, die ihr euch dem Gesetz unterstellen wollt: 21: 3,23!
Habt ihr das Gesetz nicht vernommen? 22 Es steht doch geschrieben, 22: Gen 16,15;
dass Abraham zwei Söhne hatte, einen von der Magd und einen von der 22,2–12
Freien. 23 Der von der Magd aber ist auf natürliche Weise gezeugt wor- 23: Röm 9,7–9;
den, der von der Freien aber kraft der Verheissung. 24 Dies verweist auf Gen 18,10.14
etwas anderes: Die beiden Frauen bedeuten zwei Bundesschlüsse, die
eine den vom Berg Sinai, der Nachkommen für die Sklaverei hervor-
bringt – das ist Hagar. 25 Der Name Hagar bezeichnet nämlich den Berg

4,12: Andere Übersetzungsmöglichkeit: «... auch ich wurde ja wie ihr. ...»
4,20: Andere Übersetzungsmöglichkeit: «... sein, um den richtigen Ton zu finden; ...»

Sinai in der Arabia. Er entspricht dem gegenwärtigen Jerusalem, der
Stadt nämlich, die mit ihren Kindern in der Sklaverei lebt. 26 Das
himmlische Jerusalem aber, das ist die Freie, und sie ist unsere Mutter.
27: Jes 54,1 — 27 Denn es steht geschrieben:

Freue dich, du Unfruchtbare, die du nicht gebierst,
brich in Jubel aus, jauchze, die du keine Geburtswehen kennst!
Denn viele Kinder wird die Vereinsamte haben,
mehr als die, die einen Mann hat.

28 Ihr aber, liebe Brüder und Schwestern, ihr seid gleich wie Isaak
Kinder der Verheissung. 29 Doch wie damals der nach dem Fleisch Gezeugte
den nach dem Geist Gezeugten verfolgte, so ist es auch jetzt.
30: Gen 21,10 — 30 Aber was sagt die Schrift? *Verstosse die Magd und ihren Sohn! Denn der
Sohn der Magd soll nicht gleiches Recht auf das Erbe haben wie der Sohn* der
Freien. 31 Darum, liebe Brüder und Schwestern, sind wir nicht Kinder
einer Magd, sondern Kinder der Freien.

Die Befreiung in Christus

1: 5,13; 2,4 · 1Kor 16,13! — 5 1 Zur Freiheit hat uns Christus befreit! Steht also fest und lasst euch
nicht wieder in das Joch der Knechtschaft einspannen. 2 Seht, ich,
Paulus, sage euch: Wenn ihr euch beschneiden lasst, wird Christus euch
nichts nützen. 3 Ich bezeuge nochmals jedem Menschen, der sich beschneiden
lässt, dass er verpflichtet ist, alles, was das Gesetz verlangt, zu
tun. 4 Ihr, die ihr im Gesetz Gerechtigkeit finden wollt, habt euch von
Christus losgesagt, aus der Gnade seid ihr herausgefallen! 5 Denn im
Geist und aus Glauben warten wir auf die Erfüllung unserer Hoffnung:
6: 6,15; 1Kor 7,19 — die Gerechtigkeit. 6 In Christus Jesus gilt ja weder Beschnittensein
noch Unbeschnittensein, sondern allein der Glaube, der sich durch die
Liebe als wirksam erweist.

7 Ihr seid doch gut gelaufen! Wer hat euch bloss daran gehindert,
8: 1,6 — euch weiterhin von der Wahrheit bestimmen zu lassen? 8 Es ist nicht
9: 1Kor 5,6; Mk 8,14!; Mt 13,33; Lk 13,21 — die Überredungskunst dessen, der euch beruft. 9 Schon ein wenig Sauerteig
durchsäuert den ganzen Teig. 10 Ich habe im Herrn Vertrauen in
euch, dass ihr nichts anderes im Sinn habt. Der euch aber durcheinander
11: 1Kor 1,23 — bringt, wird sein Urteil zu tragen haben, wer er auch sei. 11 Ich aber,
liebe Brüder und Schwestern, falls ich weiterhin die Beschneidung verkündigen
sollte, was werde ich dann noch verfolgt? Dann wäre ja das
12: Dtn 23,2 — Ärgernis des Kreuzes beseitigt! 12 Sollen sie sich doch gleich kastrieren
lassen, die euch aufhetzen!

Die Erfüllung des Gesetzes

13: 5,1 — 13 Denn zur Freiheit seid ihr berufen worden, liebe Brüder und
Schwestern. Auf eins jedoch gebt acht: dass die Freiheit nicht zu einem
Vorwand für die Selbstsucht werde, sondern dient einander in der Liebe!
14: Lev 19,18; Röm 13,8–10 — 14 Denn das ganze Gesetz hat seine Erfüllung in dem einen Wort
gefunden: *Liebe deinen Nächsten wie dich selbst!* 15 Wenn ihr einander
aber beissen und fressen wollt, dann seht zu, dass ihr euch nicht gegenseitig
verschlingt!

5,8: Andere Übersetzungsmöglichkeit: «Eure Überzeugung stammt nicht von dem, ...»

Die Frucht des Geistes

16 Ich sage aber: Führt euer Leben im Geist, und ihr werdet dem Be- 16: 5,25; Röm 8,4 ·
gehren des Fleisches nicht nachgeben! 17 Denn das Begehren des Flei- Eph 2,3; 1Petr 2,11;
sches richtet sich gegen den Geist, das Begehren des Geistes aber gegen 2Petr 2,18; 1Joh 2,16
das Fleisch. Die beiden liegen ja miteinander im Streit, so dass ihr nicht 17: Röm 7,23
tut, was ihr tun wollt. 18 Wenn ihr euch aber vom Geist leiten lasst, un- 18: 5,16!; Röm 8,14 ·
tersteht ihr nicht dem Gesetz. 3,23!; Röm 6,14
19 Es ist ja offensichtlich, was die Werke des Fleisches sind: Unzucht,
Unreinheit, Ausschweifung, 20 Götzendienst, Zauberei, Feindschaft,
Streit, Eifersucht, Zorn, Eigennutz, Zwietracht, Parteiung, 21 Missgunst, 21: 1Kor 6,9–10;
Trunkenheit, Übermut und dergleichen mehr – ich sage es euch voraus, Eph 5,5
wie ich es schon einmal gesagt habe: Die solches tun, werden das Reich
Gottes nicht erben.
22 Die Frucht des Geistes aber ist Liebe, Freude, Frieden, Geduld, Gü-
te, Rechtschaffenheit, Treue, 23 Sanftmut, Selbstbeherrschung. Gegen
all dies kann kein Gesetz etwas haben. 24 Die aber zu Christus Jesus
gehören, haben das Fleisch samt seinen Leidenschaften und Begierden
gekreuzigt.

Leben im Geist

25 Wenn wir im Geist leben, wollen wir uns auch am Geist ausrich- 25: 5,16!
ten. 26 Lasst uns nicht eitlem Ruhm nachjagen, einander nicht reizen,
einander nicht beneiden!
6 1 Liebe Brüder und Schwestern: Auch wenn jemand bei einem Fehl- 1: 2Kor 13,11 ·
tritt ertappt wird, so sollt ihr, die ihr vom Geist bestimmt seid, den 1Kor 4,21
Betreffenden im Geist der Sanftmut zurechtbringen – doch gib acht,
dass nicht auch du in Versuchung gerätst! 2 Tragt einer des andern Last,
so werdet ihr das Gesetz Christi erfüllen. 3 Denn wer meint, etwas zu
sein, obwohl er nichts ist, der betrügt sich. 4 Jeder aber prüfe sein ei- 4: 2Kor 13,5
genes Werk! Dann wird er nur im Blick auf sich selbst Grund haben,
sich zu rühmen – und nicht im Blick auf den anderen, 5 denn jeder wird
seine eigene Bürde zu tragen haben. 6 Wer aber im Wort unterrichtet
wird, lasse den, der ihn unterrichtet, an allen Gütern teilhaben.

Säen und Ernten

7 Täuscht euch nicht: Gott lässt sich nicht verhöhnen! Denn was ein 7: Hiob 4,8;
Mensch sät, das wird er auch ernten. 8 Wer auf sein Fleisch sät, wird Spr 22,8
vom Fleisch Verderben ernten, wer aber auf den Geist sät, wird vom
Geist ewiges Leben ernten. 9 Im Tun des Guten wollen wir nicht müde 9: 2Thess 3,13
werden, denn zu gegebener Zeit werden wir ernten, wenn wir nicht er-
matten. 10 Darum lasst uns, solange wir noch Gelegenheit haben, allen
Menschen Gutes tun, am meisten aber denen, die mit uns im Glauben
verbunden sind.

Briefschluss

11 Seht, mit welch grossen Buchstaben ich euch schreibe, mit eige- 11: 1Kor 16,21!
ner Hand! 12 Alle, die vor der Welt eine gute Figur machen wollen, nöti-
gen euch zur Beschneidung – einzig um wegen des Kreuzes Christi
keine Verfolgungen erleiden zu müssen. 13 Denn selbst die, die sich be- 13: 2Kor 11,18!
schneiden lassen, halten sich nicht an das Gesetz, wollen aber, dass ihr

euch beschneiden lasst, um den Ruhm einzuheimsen, den euer Leben
14: 1Kor 1,31!; im Fleisch einbringt. 14 Mir aber soll es nicht einfallen, auf irgendetwas
Phil 3,3 anderes stolz zu sein als auf das Kreuz unseres Herrn Jesus Christus,
15: 5,6; 1Kor 7,19 · durch das mir die Welt gekreuzigt ist und ich der Welt. 15 Denn weder
2Kor 5,17 Beschnittensein bedeutet etwas noch Unbeschnittensein – hier ist viel-
16: Ps 125,5! mehr neue Schöpfung. 16 Allen, die sich nach diesem Massstab richten
werden: Friede über sie und Barmherzigkeit, auch über das Israel Got-
tes!

17 In Zukunft soll mir niemand Schwierigkeiten bereiten! Denn ich
trage die Malzeichen Jesu an meinem Leib.

18: Phil 4,23; 18 Die Gnade unseres Herrn Jesus Christus sei mit eurem Geist, lie-
Phlm 25 be Brüder und Schwestern. Amen.

Der Brief an die Epheser

Keine andere Schrift des Neuen Testaments hat die Vorstellung, was christliche Gemeinde sei, lange Zeit hindurch so stark geprägt wie der Brief an die Epheser. Dies ist – einmal abgesehen von seinem Inhalt – insofern nicht erstaunlich, als Ephesus diejenige Gemeinde ist, in der Paulus am längsten gewirkt hat. Ein Brief des Paulus gerade an diese Gemeinde – so nahm man an – dürfte wohl am ehesten die Vorstellungen wiedergeben, die sich Paulus von der Kirche als dem Leib Christi gemacht hat.

Was die kanonische Überschrift angibt, ist jedoch ein Notbehelf. Die Anschrift des Briefs (Eph 1,1) enthält nach Ausweis der besten Handschriften eine Leerstelle, in die jeweils ein unterschiedlicher Name eingesetzt werden konnte. Der Brief scheint ein Rundschreiben an die kleinasiatischen Gemeinden gewesen zu sein. Er versucht nicht, auf spezifische Probleme einer einzelnen Gemeinde einzugehen, sondern darzustellen, was christliche Gemeinde ihrem Wesen nach ist.

Auch wenn man in Betracht zieht, dass es sich um ein Rundschreiben handelt, ist es merkwürdig, wie wenig von persönlichen Beziehungen und Empfindungen die Rede ist. Achtet man auf einzelne Formulierungen, so entsteht gar der Eindruck, der Verfasser habe die angeschriebenen Gemeinden nicht gekannt (Eph 1,15) und umgekehrt hätten die Gemeinden von ihm nur aus dem Mund Dritter gehört (Eph 3,2–4). Der Verfasser will offenbar (anders als z.B. der Autor des Zweiten Briefs an Timotheus) gar nicht den Anschein erwecken, er sei Paulus, vielmehr will er in der Zeit nach Paulus (75–90 n.Chr.) im Namen des Paulus sprechen, aus den situativen Überlegungen, Mahnungen und Ratschlägen, wie sie in Paulus' Briefen vorliegen, ein Fazit ziehen und sagen, wie Paulus das Wesen der Kirche beschrieben hätte, wenn er dazu gekommen wäre.

Jede Systematisierung verlangt ihren Preis und verrät, von welchem Standpunkt aus sie vorgenommen wurde. Ein Beispiel soll dies illustrieren: Das bei Paulus zentrale Bild von der Kirche als dem Leib Christi wird im Brief an die Epheser zwar aufgenommen, aber mit einer markant anderen Zuspitzung versehen. Die Gemeinde ist der Leib Christi, Christus selbst aber ist das Haupt der Kirche (Eph 1,22–23). Der Orientierungspunkt ist der erhöhte Christus, der Herr über Kirche und Welt (Eph 1,20–23). Dieser Ansatz kann dazu dienen, die Ausrichtung der gesamten Kirche auf das Haupt hervorzuheben und so die Einheit der Kirche zu begründen (Eph 4,15–16). Er kann aber auch dazu dienen, die Unterordnung der Frauen unter ihre Männer einzufordern, «denn der Mann ist das Haupt der Frau, wie auch Christus das Haupt der Kirche ist» (Eph 5,23). Hier hat sich der Gedanke des ursprünglichen Bildes auf subtile Weise verschoben: Bei Paulus repräsentieren alle Glaubenden an ihrem Ort und in ihrer Funktion Christus; der Leib, den sie bilden, ist Christus. Im Brief an die Epheser sind die Glaubenden zwar auch der Leib Christi, sie stellen Christus aber nicht dar, sondern gehören zu ihm als dem Haupt. Nichts hindert dann daran, den Gedanken der Hierarchie zwischen Christus und Gemeinde als Modell auf die Gestaltung anderer Ordnungen, etwa des familiären Zusammenlebens, zu übertragen oder in ihm gar den Ansatz für die Weltgestaltung überhaupt zu finden (Eph 5,21–6,9). Auffallenderweise wird diese Vorstellung jedoch nicht auf die weltliche Gestalt der Kirche übertragen: Da gibt es nur das eine (himmlische) Haupt, Christus selbst, und daneben die (irdische) Vielfalt der Gaben und gleichgestellten Ämter (Eph 4,7–16).

Das eine Grundthema wird im Brief in zwei unterschiedlichen Gedankengängen entfaltet. Im ersten Teil (Eph 1,1–3,21) wird in der Form von Lob, Dank und Fürbitte über das Wesen der Kirche nachgedacht. Der zweite Teil (Eph 4,1–6,24) entwirft, ausgehend von der Grundlegung der Kirche im Handeln Christi (Eph 4,1–16), die elementaren Auswirkungen auf das Leben des Einzelnen und das Zusammenleben verschiedener gesellschaftlicher Gruppen.

Der Brief an die Epheser enthält viele Anspielungen auf andere von Paulus oder im Namen von Paulus geschriebene Briefe. Zu einem dieser Briefe hat er ein ganz enges Verhältnis: Eph 4,17–6,9 ist fast durchweg eine interpretierende und erweiternde Aufnahme von Kol 3,5–4,6. Im Brief an die Kolosser fand der Verfasser des Briefs an die Epheser offenbar genau das, wonach er suchte: allgemeine ethische Vorgaben und Anweisungen für die Gestaltung der Kirche als eines Lebensraums und einer Handlungsgemeinschaft.

Eine wesentliche Stärke des Briefs besteht in der reflektierten Bestimmung christlicher Identität und Lebensgestaltung: Diejenigen, die an Christus glauben, gestalten ihr Leben in bewusster Differenz zu ihrer Umgebung. Sie tun dies aber im Wissen, dass sie selbst einst auch so gelebt haben wie alle anderen und ihr neues Sein nur der geschichtlichen Versöhnungstat Christi verdanken. Das ‹neue Kleid› (Eph 4,22–24), die ‹Waffenrüstung Gottes› (Eph 6,10–17), ist immer nur geliehene und geschenkte Identität.

Anschrift

1–2: Kol 1,1–2
1: 2Kor 1,1
2: 6,23; Röm 1,7!

1 1 Paulus, Apostel Christi Jesu durch den Willen Gottes, an die Heiligen in Ephesus, die an Christus Jesus glauben: 2 Gnade sei mit euch und Friede von Gott, unserem Vater, und dem Herrn Jesus Christus.

Lobpreis

3: 2Kor 1,3; 1Petr 1,3 · 2,6!
4: 5,27; Kol 1,22
5: 1,11; Röm 8,29–30 · Röm 8,15.23; Gal 4,5

3 Gepriesen sei Gott, der Vater unseres Herrn Jesus Christus, der uns in den Himmeln gesegnet hat mit allem geistlichen Segen durch Christus. 4 Denn durch ihn hat er uns erwählt vor Grundlegung der Welt, dass wir heilig und makellos seien vor ihm, in Liebe. 5 Er hat uns schon seit langem dazu bestimmt, seine Söhne und Töchter zu werden durch Jesus Christus, nach seinem gnädigen Willen, 6 zum Lobpreis seiner herrlichen Gnade, mit der er uns beschenkt hat in seinem geliebten Sohn.

7: Röm 3,24–25; Kol 1,14 · 2,7
9: 6,19!
10: Gal 4,4 · Kol 1,16.18.20

7 In ihm haben wir die Erlösung durch sein Blut, die Vergebung der Verfehlungen. So reich ist seine Gnade, 8 mit der er uns überschüttet hat: Alle Weisheit und alle Einsicht liess er uns zuteil werden, 9 indem er uns das Geheimnis seines Willens kundgetan hat, das darin besteht, in ihm sein Wohlgefallen für alle sichtbar zu machen. 10 So wollte er die Fülle der Zeiten herbeiführen und in Christus alles zusammenfassen – alles im Himmel und alles auf Erden – in ihm.

11: 1,5!

11 In ihm sind wir auch sein Eigentum geworden, schon seit langem dazu bestimmt nach dem Vorsatz dessen, der alles ins Werk setzt nach der Festlegung seines Willens: 12 Dem Lob seiner Herrlichkeit sollten wir dienen, die wir schon lange unsere Hoffnung auf Christus gesetzt haben.

13: Kol 1,5! · 4,30; 2Kor 1,22
14: 2Kor 1,22! · 4,30

13 In ihm seid auch ihr, die ihr das Wort der Wahrheit, das Evangelium eurer Rettung, vernommen habt, in ihm seid ihr als Glaubende auch versiegelt worden durch den Geist der Verheissung, den heiligen Geist. 14 Er ist ein erster Anteil unseres Erbes, er wirkt auf unsere Erlösung hin zum Lob seiner Herrlichkeit.

Danksagung und Fürbitte

15–17: Kol 1,9
15: Kol 1,4!
16: Phlm 4; Kol 1,3
18: Kol 1,5! · 3,16! · Kol 1,12
19: 6,10
20: Kol 2,12! · Kol 3,1! · 2,6!
21: 3,10; 6,12 · 1Kor 15,24; Phil 2,9; Kol 2,10.15; 1Petr 3,22

15 Also: Da auch ich von eurem Glauben im Herrn Jesus und von eurer Liebe zu allen Heiligen gehört habe, 16 höre ich nicht auf, für euch zu danken, wenn ich in meinen Gebeten an euch denke: 17 Der Gott unseres Herrn Jesus Christus, der Vater der Herrlichkeit, gebe euch den Geist der Weisheit und der Offenbarung, damit ihr ihn erkennt. 18 Er erleuchte die Augen eures Herzens, damit ihr wisst, zu welcher Hoffnung ihr durch ihn berufen seid, welch reiches und herrliches Erbe er für die Heiligen bereithält 19 und wie überwältigend gross die Kraft ist, die sich als Wirkung seiner Macht und Stärke an uns, den Glaubenden, zeigt. 20 Diese Kraft hat er an Christus wirken lassen, als er ihn von den Toten auferweckte und in den Himmeln zu seiner Rechten setzte: 21 hoch über jedes Regiment, jede Macht, Gewalt und Herrschaft und über jeden Namen, der nicht allein in dieser, sondern auch in der kom-

1,1: Ein wichtiger Teil der Handschriften lässt erkennen, dass im ursprünglichen Brief wahrscheinlich keine Adressatengemeinde genannt war und es sich beim sogenannten Brief an die Epheser um ein Rundschreiben an die kleinasiatischen Gemeinden handelt.

menden Weltzeit genannt wird. 22 Und *alles hat er ihm unter die Füsse gelegt*, und ihn hat er als alles überragendes Haupt der Kirche gegeben; 23 sie ist sein Leib, die Fülle dessen, der alles in allem erfüllt.

22: Ps 8,7; 1Kor 15,27–28 · 4,15; 5,23; Kol 1,18!
23: 1Kor 12,27! · 3,19; 4,13; Kol 1,19!

Altes und neues Leben

2 1 Auch ihr wart tot durch eure Verfehlungen und Sünden, 2 in denen ihr einst gelebt habt, wie es eben dieser Weltzeit entspricht, wie es dem Fürsten der Lüfte, des Geistes, der jetzt noch wirksam ist in den Söhnen und Töchtern des Ungehorsams, entspricht – 3 unter diesen haben auch wir alle einst dahingelebt in den Begierden unseres Fleisches, indem wir taten, was das Fleisch wollte und wonach der Sinn uns stand, und waren unserem Wesen nach Kinder des Zorns wie die anderen auch ... 4 Gott aber, der reich ist an Erbarmen, hat uns in seiner grossen Liebe, die er uns entgegenbrachte, 5 mit Christus zusammen lebendig gemacht, obwohl wir tot waren in unseren Verfehlungen – durch Gnade seid ihr gerettet –, 6 und hat uns mit ihm zusammen auferweckt und uns einen Platz in den Himmeln gegeben, in Christus Jesus. 7 So wollte er in den kommenden Zeiten den überwältigenden Reichtum seiner Gnade zeigen durch die Güte, die er uns erweist in Christus Jesus.

1: Kol 2,13
2: Kol 3,7 · 5,6; 1Petr 1,14
3: 4,17–19; Tit 3,3 · Gal 5,16!
4: Tit 3,4–5
5: Kol 2,13 · 2,8
6: Kol 2,12 · 1,3; 1,20; 3,10; 6,12
7: 1,7

8 Denn durch die Gnade seid ihr gerettet aufgrund des Glaubens, und zwar nicht aus euch selbst, nein, Gottes Gabe ist es: 9 nicht durch eigenes Tun, damit niemand sich rühmen kann. 10 Denn sein Gebilde sind wir, geschaffen in Christus Jesus zu einem Leben voller guter Taten, die Gott schon bereitgestellt hat.

8: Röm 3,24
9: Röm 3,27!; Gal 2,16
10: 2Kor 5,17 · Kol 1,10

Die Einheit der Kirche

11 Darum: Denkt daran, dass ihr einst als ‹Heiden im Fleisch› galtet, ‹Unbeschnittene› genannt wurdet von den sogenannt Beschnittenen, deren Beschneidung am Fleisch mit Händen gemacht wird, 12 dass ihr damals fern von Christus wart, ausgeschlossen vom Bürgerrecht Israels und Fremdlinge, nicht einbezogen in die Bundesschlüsse der Verheissung, ohne Hoffnung und ohne Gott in der Welt. 13 Jetzt aber, in Christus Jesus, seid ihr, die ihr einst weit weg wart, ganz nahe durch das Blut Christi.

12: Kol 1,21
13–16: Kol 1,20

14 Denn er ist unser Friede, er hat aus den beiden eins gemacht und die Wand der Feindschaft, die uns trennte, niedergerissen durch sein Leben und Sterben. 15 Das Gesetz mit seinen Geboten und Bestimmungen hat er aufgehoben, um die beiden in seiner Person zu einem einzigen, neuen Menschen zu erschaffen, Frieden zu stiften 16 und die beiden durch das Kreuz in einem Leib mit Gott zu versöhnen; zerstört hat er die Feindschaft durch seine eigene Person. 17 Und er kam und verkündigte Frieden euch, den Fernen – und Frieden den Nahen. 18 Denn durch ihn haben wir beide in einem Geist Zugang zum Vater.

15: Kol 2,14 · 4,24
16: Kol 1,20–22!
17–18: Röm 5,1–2
17: Jes 52,7 · Jes 57,19
18: 3,12

19 Ihr seid also nicht mehr Fremde ohne Bürgerrecht, ihr seid vielmehr Mitbürger der Heiligen und Hausgenossen Gottes, 20 aufgebaut auf dem Fundament der Apostel und Propheten – der Schlussstein ist

19: 3,6
20: 1Kor 3,9–11; Kol 2,7 · 4,11! · Jes 28,16; Röm 9,33; 1Petr 2,6

2,1–7: Diese Verse bestehen im griechischen Text aus einem einzigen Satzgefüge, das am Ende von V.3 zunächst abbricht und erst mit V.4 zu einem durchgehenden Satz ansetzt.

21: 1Kor 3,16–17 Christus Jesus selbst. 21 Durch ihn wird der ganze Bau zusammengehal-
22: 4,12; 1Petr 2,5 ten und wächst zu einem heiligen Tempel im Herrn, 22 durch ihn wer-
det auch ihr mit eingebaut in die Wohnung Gottes im Geist.

Der Auftrag des Paulus

1: Phlm 1! 3 1 Darum bitte ich, Paulus, der Gefangene Christi Jesu um euretwil-
2: Gal 1,15–16 len, die ihr aus den Heiden stammt, … 2 ihr habt ja gehört, worin die
3–5: 6,19!; Gnade Gottes besteht, die mir für euch gegeben wurde: 3 Aufgrund ei-
Kol 1,26–27! ner Offenbarung wurde mir das Geheimnis kundgetan, wie ich es vor-
3: Gal 1,12 her kurz dargestellt habe. 4 Wenn ihr es lest, dann könnt ihr erkennen,
5: 4,11! dass ich mit dem Geheimnis Christi vertraut bin. 5 In früheren Genera-
tionen wurde es den Söhnen und Töchtern der Menschen nicht so
kundgetan, wie es jetzt seinen heiligen Aposteln und Propheten durch
6: 2,19 den Geist offenbart worden ist: 6 Die Heiden sind Miterben, eingefügt
in denselben Leib, Teilhaber an der Verheissung in Christus Jesus durch
7: Kol 1,25 · das Evangelium, 7 dessen Diener ich geworden bin durch das Geschenk
Kol 1,29 der Gnade Gottes, die mir gegeben wurde durch das Wirken seiner
Kraft.
8: 1Kor 15,9–10 8 Mir, dem allerletzten unter allen Heiligen, wurde die Gnade ver-
liehen, den Völkern den unergründlichen Reichtum Christi zu verkün-
9: 6,19!; digen 9 und allen die Augen zu öffnen, dass sie erkennen, worin das
Kol 1,26–27! Geheimnis besteht, das seit ewigen Zeiten bei Gott, der alles geschaffen
10: 1,21! · 2,6! hat, verborgen war. 10 So soll jetzt den Mächten und Gewalten in den
Himmeln am Beispiel der Kirche die vielgestaltige Weisheit Gottes
kundgetan werden – 11 wie es dem Zeitenplan entspricht, den er in
12: 2,18; Röm 5,2 Christus Jesus, unserem Herrn, festgelegt hat. 12 In ihm haben wir Frei-
heit und Zugang zu Gott, im Vertrauen auf ihn, durch den Glauben an
ihn. 13 Darum bitte ich euch: Lasst euch nicht entmutigen durch die Lei-
den, die ich um euretwillen erdulde – darin bestehe euer Ruhm!

Fürbitte und Lobpreis

14 Darum beuge ich meine Knie vor dem Vater, 15 von dem jedes
16: 1,18; Kol 1,27! · Geschlecht im Himmel und auf Erden seinen Namen empfängt, 16 und
2Kor 4,16 bitte ihn, euch nach dem Reichtum seiner Herrlichkeit durch seinen
Geist zum Aufbau des inneren Menschen so mit Kraft zu stärken,
17: 1Kor 3,9; 17 dass Christus durch den Glauben in euren Herzen Wohnung nimmt
Kol 2,7; 1,23 und ihr in der Liebe tief verwurzelt und fest gegründet seid. 18 So wer-
det ihr befähigt, mit allen Heiligen zusammen die Breite und Länge und
19: 1,23! Höhe und Tiefe zu ermessen 19 und die Liebe Christi zu erkennen, die
alle Erkenntnis übersteigt, und so werdet ihr immer mehr erfüllt wer-
den von der ganzen Fülle Gottes.

2,21: Andere Übersetzungsmöglichkeit: «Durch ihn wird jeder Bau zusammengehalten …»

3,1: Der Satz, der im griechischen Text nicht einmal ein Verb enthält, bricht am Ende des Verses ab und wird erst in V.13 resp. V.16–17 aufgenommen und vollendet. In der vorliegenden Übersetzung ist sinngemäss bereits in V.1 das Verb ‹bitten› eingefügt.

3,10: Andere Übersetzungsmöglichkeit: «… in den Himmeln durch die Kirche die vielgestaltige Weisheit Gottes …»

3,12: Andere Übersetzungsmöglichkeit: «…, im Vertrauen auf ihn, das wir seiner Treue verdanken.»

20 Ihm aber, der weit mehr zu tun vermag, als was wir erbitten oder 20: Kol 1,29
ersinnen, weit über alles hinaus, wie es die Kraft erlaubt, die in uns
wirkt, 21 ihm sei die Ehre in der Kirche und in Christus Jesus durch alle 21: Röm 16,27!
Generationen dieser Weltzeit hindurch bis in alle Ewigkeit, Amen.

Die Einheit in der Kirche

4 1 Als Gefangener im Herrn bitte ich euch nun: Führt euer Leben, wie 1: 3,1 · Kol 1,10!
es der Berufung, die an euch ergangen ist, angemessen ist, 2 in aller 2: Kol 3,12–14
Demut und Sanftmut und in Geduld. Ertragt einander in Liebe, 3 be- 3: Kol 3,14–15
müht euch, die Einheit des Geistes zu wahren durch das Band des Frie-
dens! 4 *Ein* Leib und *ein* Geist ist es doch, weil ihr ja auch berufen wur- 4: 1Kor 12,13;
det zu *einer* Hoffnung, der Hoffnung, die ihr eurer Berufung verdankt: Röm 12,5; Kol 3,15 · 1,18
5 *Ein* Herr, *ein* Glaube, *eine* Taufe, 5–6: 1Kor 8,6!
6 *ein* Gott und Vater aller,
der da ist über allen und durch alle und in allen.
7 Jedem Einzelnen von uns aber ist die Gnade gegeben nach dem Mass, 7: 1Kor 12,11;
mit dem Christus zu geben pflegt. 8 Deshalb heisst es: Röm 12,3 8: Ps 68,19
*In die Höhe hinaufgestiegen ist er, und Gefangene hat er in die Gefan-
genschaft geführt,
Geschenke hat er gegeben den Menschen.*
9 *Er ist hinaufgestiegen* – was bedeutet das anderes, als dass er auch hin- 9: Joh 3,13
abgestiegen ist in die Niederungen der Erde? 10 Der aber hinabgestie- 10: Phil 2,6–11
gen ist, ist auch der, der *hinaufgestiegen ist*, hoch über alle Himmel, um
alles zur Vollendung zu bringen.
11 Und er selbst hat die einen als Apostel eingesetzt, die anderen als 11: 2,20; 3,5 ·
Propheten, andere als Verkündiger des Evangeliums und wieder andere 1Kor 12,28
als Hirten und Lehrer, 12 um die Heiligen auszurüsten für die Aus- 12: 2,21–22
übung ihres Dienstes. So wird der Leib Christi aufgebaut, 13 bis wir alle 13: 1,23!
zur Einheit des Glaubens und der Erkenntnis des Sohnes Gottes gelan-
gen und zum vollkommenen Menschen heranwachsen und die volle
Reife in der Fülle Christi erlangen. 14 Denn wir sollen nicht mehr un-
mündige Kinder sein, von den Wellen bedrängt und von jedem Wind
einer Lehrmeinung umhergetrieben, dem Würfelspiel der Menschen
ausgeliefert, von ihrem Ränkespiel auf den trügerischen Weg des Irr-
tums geführt, 15 nein, wir wollen aufrichtig sein in der Liebe und in 15–16: Kol 2,19
allen Stücken hinanwachsen zu ihm, der das Haupt ist, Christus. 16 Von 15: 1,22!
ihm aus wird der ganze Leib zusammengefügt und gehalten durch jedes
Band, das ihn stützt mit der Kraft, die jedem einzelnen Teil zugemessen
ist. So wird der Leib in seinem Wachstum gefördert, damit er aufgebaut
werde in Liebe.

Alter und neuer Mensch

17 Dies nun sage ich und bezeuge es vor dem Herrn: Führt euer Le- 17: 2,1–3
ben nicht mehr wie die Heiden, die in Torheit und Unverstand leben.
18 Verfinstert ist ihr Sinn, abgeschnitten haben sie sich vom Leben, das 18: Röm 1,21 ·
Gott gibt, denn Unwissenheit beherrscht sie, und verstockt ist ihr Herz. 1Petr 1,14

4,14: Andere Übersetzungsmöglichkeit: «…, von ihrem Ränkespiel verführt, andere zu verführen,»

19: Röm 1,24 19 Abgestumpft sind sie und einem ausschweifenden Leben hingege-
ben; alles tun sie, was sie unrein macht, und können davon nicht genug
bekommen.

20 Ihr aber habt Christus nicht auf diese Weise kennen gelernt;
21 ihr habt doch von ihm gehört und seid in ihm so unterrichtet wor-
22: Kol 3,9! den, wie es der Wahrheit in Jesus entspricht: 22 Dass ihr ablegen sollt,
was euer früheres Leben geprägt hat, den alten Menschen, der zugrunde
geht wie die trügerischen Begierden! 23 Lasst einen neuen Geist euer
24: 2,15; Kol 3,10! Denken bestimmen, 24 und zieht an den neuen Menschen, der nach
dem Willen Gottes geschaffen ist: in Gerechtigkeit und wahrer Heilig-
keit.

Das Leben der Getauften

25: Kol 3,9 · 25 Darum: Legt ab die Lüge! *Jeder von euch sage, wenn er mit seinem*
Sach 8,16 · *Nächsten spricht, die Wahrheit,* denn wir sind ja untereinander Glieder.
Röm 12,5
26: Ps 4,5 · 26 *Wenn ihr zürnt, versündigt euch nicht!* Die Sonne gehe nicht unter
Dtn 24,15 über eurem Zorn, 27 und dem Teufel gebt keinen Raum! 28 Wer stiehlt,
27: 6,11–13! stehle nicht mehr, sondern arbeite und tue etwas Rechtes mit seinen
28: 1Thess 4,11 Händen, damit er etwas hat, das er dem Notleidenden geben kann.
29: Kol 4,6 29 Kein hässliches Wort komme über eure Lippen, sondern wenn ein
Wort, dann ein gutes, das der Erbauung dient, wo es nottut, und denen,
30: 1,13!–14 die es hören, Freude bereitet. 30 Betrübt nicht den heiligen Geist Gottes,
31: Kol 3,8 mit dem ihr versiegelt worden seid auf den Tag der Erlösung hin! 31 Alle
Bitterkeit und Wut, Zorn, Geschrei und Lästerrede sei verbannt aus eu-
rer Mitte, samt allem, was böse ist!

32: Kol 3,13 32 Seid gütig zueinander, seid barmherzig und vergebt einander,
wie auch Gott euch in Christus vergeben hat.

1: 1Kor 11,1 5 1 Folgt nun dem Beispiel Gottes als geliebte Kinder, 2 und führt euer
2: 5,25; Gal 2,20 · Leben in der Liebe, wie auch Christus uns geliebt und sich für uns
Ex 29,18 hingegeben hat als Gabe und Opfer für Gott, als ein lieblicher Wohlge-
ruch.

3: Kol 3,5 3 Unzucht aber und jede Art von Unreinheit oder Habgier soll bei
euch nicht einmal erwähnt werden – so schickt es sich für die Heiligen –,
4 auch nichts Schändliches, kein törichtes Geschwätz und keine Pos-
senreisserei, was sich alles nicht ziemt, hingegen und vor allem: Dank-
5: 1Kor 5,10–11; sagung. 5 Denn dies sollt ihr erkennen und wissen: Keiner, der Unzucht
Kol 3,5 · Gal 5,21! treibt oder sich verunreinigt oder der Habsucht erliegt – das hiesse ja,
ein Götzendiener sein –, hat Anteil am Erbe im Reich Christi und Gottes.

6: Kol 2,8 · 6 Niemand betrüge euch mit leeren Worten! Denn eben das ist es,
Kol 3,6 · 2,2 was den Zorn Gottes über die Söhne und Töchter des Ungehorsams
8: 1Thess 5,5 kommen lässt. 7 Habt also nichts zu schaffen mit ihnen! 8 Denn einst
wart ihr Finsternis, jetzt aber seid ihr Licht im Herrn. Lebt als Kinder
des Lichts 9 – das Licht bringt nichts als Güte, Gerechtigkeit und Wahr-
10: Röm 12,2 heit hervor –, 10 indem ihr prüft, was dem Herrn gefällt, 11 und beteiligt
euch nicht an den fruchtlosen Werken der Finsternis, sondern deckt sie
auf! 12 Denn was durch sie im Verborgenen geschieht, auch nur auszu-
sprechen, ist schon eine Schande; 13 alles aber, was aufgedeckt wird,

4,24: Andere Übersetzungsmöglichkeit: «... den neuen Menschen, der nach dem Bild Gottes geschaffen ist: ...»

wird vom Licht durchleuchtet, 14 ja, alles, was durchleuchtet wird, ist
Licht. Darum heisst es:

Wach auf, der du schläfst,
und steh auf von den Toten,
so wird Christus dein Licht sein.

15 Achtet nun sorgfältig darauf, wie ihr euer Leben führt: nicht als To- 15–16: Kol 4,5
ren, sondern als Weise! 16 Kauft die Zeit aus, denn die Tage sind böse.
17 Seid also nicht unverständig, sondern begreift, was der Wille des 17: Röm 12,2
Herrn ist. 18 Und berauscht euch nicht mit Wein – das bringt nur Un- 18: Spr 23,31
heil –, sondern lasst euch erfüllen vom Geist: 19 Lasst in eurer Mitte 19–20: Kol 3,16–17
Psalmen ertönen, Hymnen und geistliche Lieder, singt und musiziert
dem Herrn aus vollem Herzen, 20 und dankt unserem Gott und Vater
allezeit für alle Dinge im Namen unseres Herrn Jesus Christus.

Frauen und Männer

21 Wir wollen uns einander unterordnen, in der Ehrfurcht vor
Christus:

22 Ihr Frauen, ordnet euch euren Männern unter wie unserem 22: Kol 3,18!
Herrn, 23 denn der Mann ist das Haupt der Frau, wie auch Christus das 23: 1Kor 11,3 · 1,22!
Haupt der Kirche ist, er, der Retter des Leibes. 24 Also: Wie die Kirche 24: Kol 3,18!
sich Christus unterordnet, so sollen sich die Frauen in allem den Män-
nern unterordnen.

25 Ihr Männer, liebt eure Frauen, wie auch Christus die Kirche ge- 25: Kol 3,19 · 5,2!
liebt und sich für sie hingegeben hat, 26 um sie zu heiligen und rein zu 26: Tit 3,5
machen durch das Bad im Wasser, durch das Wort. 27 So wollte er selbst 27: 1,4!
die Kirche vor sich hinstellen: würdig, ohne Flecken und Falten oder
dergleichen, denn heilig und makellos sollte sie sein. 28 So sollen auch 28: Kol 3,19
die Männer ihre Frauen lieben wie den eigenen Leib. Wer seine Frau
liebt, liebt sich selbst. 29 Denn noch nie hat jemand sein eigenes Fleisch
gehasst, nein, jeder nährt und pflegt es, wie auch Christus die Kirche,
30 weil wir Glieder seines Leibes sind. 31 *Darum wird ein Mann Vater* 30: Röm 12,5!
und Mutter verlassen und seiner Frau anhangen, und die zwei werden ein 31: Gen 2,24
Fleisch sein. 32 Dies ist ein grosses Geheimnis; ich spreche jetzt von 32: 6,19! · Kol 2,2
Christus und der Kirche. 33 Doch das gilt auch für jeden Einzelnen von 33: Kol 3,19
euch: Er liebe seine Frau so wie sich selbst, die Frau aber respektiere den
Mann.

Kinder und Eltern

6 1 Ihr Kinder, gehorcht euren Eltern im Herrn; denn das ist recht und 1: Kol 3,20
gut. 2 *Ehre deinen Vater und deine Mutter* – dies ist das erste Gebot, das 2–3: Ex 20,12;
eine Verheissung enthält –, 3 *damit es dir gut gehe und du lange lebest auf* Dtn 5,16
Erden.

4 Und ihr Väter, reizt eure Kinder nicht zum Zorn, sondern lasst sie 4: Kol 3,21
aufwachsen in der Erziehung und Zurechtweisung des Herrn.

Sklaven und Herren

5 Ihr Sklaven, gehorcht euren irdischen Herren mit Furcht und Zit- 5: Kol 3,22;
tern, mit ungeteiltem Herzen, als gehorchtet ihr Christus! 6 Dient ih- Tit 2,9–10;
nen nicht aus Liebedienerei, als wolltet ihr Menschen gefallen, sondern 1Petr 2,18; 6: Kol 3,22
als Sklaven Christi, die den Willen Gottes von Herzen tun. 7 Seid ihnen 7: Kol 3,23

wohlgesinnt und dient ihnen, als dientet ihr dem Herrn und nicht ei-
8: Kol 3,24 nem Menschen. 8 Ihr wisst, dass jeder, der etwas Gutes tut, es vom
Herrn zurückbekommen wird, sei er nun Sklave oder Freier.

9: Kol 4,1 · Kol 3,25! 9 Und ihr Herren, verhaltet euch euren Sklaven gegenüber ebenso:
Lasst das Drohen, denn ihr wisst, dass euer und ihr Herr im Himmel ist
und dass es bei ihm kein Ansehen der Person gibt.

Die Waffenrüstung Gottes

10: 1,19 10 Und schliesslich: Werdet stark im Herrn und in der Kraft, die
11–13: 4,27; 1Petr 5,8–9; Jak 4,7 von seiner Stärke ausgeht! 11 Zieht die Waffenrüstung Gottes an, damit
ihr dem Teufel und seinen Machenschaften entgegentreten könnt!
11: Röm 13,12; 2Kor 10,4 12 Denn wir kämpfen nicht gegen Fleisch und Blut, sondern gegen die
12: 1,21! · 2,6! Mächte, die Gewalten, die Fürsten dieser Finsternis, gegen die Geister
des Bösen in den Himmeln. 13 Greift darum zur Waffenrüstung Gottes,
damit ihr widerstehen könnt am bösen Tag und, nachdem ihr alles zu
14: Lk 12,35! · Jes 11,5 · Jes 59,17; 1Thess 5,8 Ende gebracht habt, bestehen bleibt. 14 Seid also standhaft: Gürtet eure
Hüften mit Wahrheit, zieht an den Panzer der Gerechtigkeit, 15 tragt an
15: Jes 52,7 euren Füssen als Schuhwerk die Bereitschaft für das Evangelium des
Friedens 16 und, was auch kommen mag, ergreift den Schild des Glau-
bens, mit dem ihr alle brennenden Pfeile des Bösen abwehren könnt.
17: Jes 59,17; 1Thess 5,8 · Hebr 4,12 17 Empfangt den Helm des Heils und das Schwert des Geistes, der Got-
tes Wort ist.

18–20: Kol 4,2–4 18 Von Gebet und Fürbitte lasst nicht ab: Betet allezeit im Geist und
19: 1,9; 3,3–4.9; 5,32; Kol 4,3 dazu seid wach! Seid beharrlich in der Fürbitte für alle Heiligen, 19 auch
für mich, dass mir, wenn ich den Mund auftue, das rechte Wort gegeben
werde, um in aller Freiheit das Geheimnis des Evangeliums kundzutun.
20 Ihm diene ich als Gesandter in Fesseln, damit ich in ihm den Mut
und die Freiheit gewinne, das Wort zu verkündigen – wie es meinem
Auftrag entspricht.

Briefschluss

21: Kol 4,7! 21 Damit aber auch ihr wisst, wie es mir geht und was ich tue, wird
Tychikus, mein geliebter Bruder und treuer Diener im Herrn, euch alles
22: Kol 4,8 berichten. 22 Ihn schicke ich eben darum zu euch, damit ihr erfahrt, wie
es um uns steht, und er eure Herzen tröste.

23: 1,2! · 1,15; 3,17 23 Frieden wünsche ich den Brüdern und Schwestern, Liebe und
Glauben von Gott, dem Vater, und dem Herrn Jesus Christus. 24 Die
Gnade sei mit allen, die unsern Herrn Jesus Christus lieben – sie wird
nie vergehen.

Der Brief an die Philipper

Der Brief des Paulus an die Philipper ist ein überaus herzliches, von Bekundungen gegenseitiger Freundschaft und Verbundenheit durchdrungenes Schreiben des Apostels. Philippi lässt sich geradezu als seine Lieblingsgemeinde bezeichnen. Philippi, die an der West und Ost verbindenden Via Egnatia gelegene Handelsstadt der Provinz Makedonien, war um 42 v.Chr. als römische Kolonie gegründet und mit Veteranen besiedelt worden. Die Stadt zeichnete sich, wie man aus Inschriften weiss, durch ein starkes römisches Element aus, auch wenn die Bevölkerung mehrheitlich aus Griechen bestand. Neben römischen und griechischen waren dort auch alte thrakische Kulte heimisch, Spuren jüdischer Bevölkerung lassen sich dagegen kaum ausmachen.

Paulus hat die philippische Gemeinde auf seiner zweiten Missionsreise im Jahr 49 gegründet; es ist seine erste Gemeinde auf dem europäischen Festland (Phil 4,15; Apg 16,11–40). Seine Besuchspläne, seine Hinweise auf Boten und Briefe belegen den engen Kontakt zwischen dem Apostel und der Gemeinde. Paulus verdankt am Ende des Briefes auch die wiederholte finanzielle Unterstützung, die ihm die Philipper für seine missionarische Arbeit hatten zukommen lassen (Phil 4,10–20; vgl. 2Kor 11,9). Sie nahmen auch regen Anteil am Ergehen der apostolischen Mitarbeiter (Timotheus und Epaphroditus, Phil 2,19–30) und ganz besonders an Paulus' eigenem Geschick. Dieser sass nämlich zur Zeit der Abfassung des Briefes an die Philipper im Gefängnis (Phil 1,7.13–14.17) wegen des Argwohns, den seine erfolgreiche Missionstätigkeit offenbar bei römischen Beamten erweckt hatte. Über den Ort seiner Gefangenschaft wissen wir leider nichts Sicheres. In Frage kommen in erster Linie Ephesus, wo Paulus zwei Jahre lang gewirkt hat (vgl. Apg 19, wo allerdings nicht von einer Haft berichtet wird), oder Rom, wohin Paulus zur Fortführung seines Prozesses übergeführt wurde (Apg 28,17–31). Im zweiten Fall würde es sich beim Brief an die Philipper um das letzte erhaltene Schreiben des Apostels handeln (ca. 59/60 n.Chr.).

Im ersten Teil des Briefs (Phil 1,1–2,30) setzt Paulus die Philipper über sein Ergehen in Kenntnis und weist nicht ohne Stolz auf die beachtlichen Missionserfolge sogar im Gefängnis hin (Phil 1,12–26). Er sieht sich mit den beiden Möglichkeiten von Leben oder Sterben konfrontiert (Phil 1,21–25), hofft dabei aber, obwohl er eigentlich das Sterben für sich persönlich als Gewinn erachtet (Phil 1,21), auf ein Weiterleben, um seine apostolische Arbeit weiterführen zu können. Mehrfach kommt er auf sein eigenes Leiden zu sprechen, das ihn einerseits mit Jesus Christus verbindet, in dem er sich aber auch mit seiner Gemeinde verbunden weiss (Phil 1,29–30; 3,10). Den Philippern legt er Einigkeit und gegenseitige Verbundenheit in Liebe ans Herz (Phil 1,27–2,4) und ruft sie zur gleichen Selbstlosigkeit auf, wie sie im Weg Jesu Christi vorgezeichnet ist. Dem Christushymnus in Phil 2,6–11 zufolge erlitt Jesus die tiefste Erniedrigung, «bis zum Tod am Kreuz», um danach zu höchster Würdestellung, zur Rechten Gottes, erhöht zu werden. In Entsprechung dazu sind sowohl er selbst (Phil 1,21–26; 2,17; 3,10) wie auch seine Mitarbeiter (Phil 2,26–27.30) zwar ständig mit Leiden und Sterben konfrontiert, haben aber auch die Gewissheit, dass Gott sie errettet und in der Auferstehung der Toten zu sich erhöht (Phil 3,11.20–21). So ruft Paulus mitten im Leiden zur Freude auf – Freude ist denn auch der Grundtenor des Anfangs und des Schlussteils seines Briefes (Phil 3,1; 4,4.10; vgl. Phil 1,18; 2,2.17–18.28–29).

In diesem Schlussteil (Phil 4,2–23) zeigt sich, wie die Freude der Ausdruck des wechselseitigen Verhältnisses von Gemeinde und Apostel ist. Paulus hebt hervor, dass er mit keiner anderen Gemeinde so verbunden ist «im Geben und Nehmen» (Phil 4,15) wie mit der Gemeinde in Philippi. Die Gefangenschaft des Apostels hat der Gemeinde die Gelegenheit gegeben, ihre Fürsorge wie früher wieder entfalten zu können, auch wenn Paulus eigentlich gar nichts nötig hat (Phil 4,10–12). Die Unabhängigkeit des Paulus verweist auf den Grund, der auch die Freude der Philipper trägt, auf den Frieden Gottes, «der alles Verstehen übersteigt» (Phil 4,7). Im Blick auf ihn kann Paulus dazu auffordern, wozu man eigentlich nicht auffordern kann: sich zu freuen (Phil 4,4). Und von ihm aus kann man gelassen mit den Werten und Massstäben der Welt umgehen und prüfen, was dem Leben förderlich ist (Phil 4,8).

Den Mittelteil des Schreibens dominieren andere Töne (Phil 3,2–4,1): Paulus reitet eine überaus scharfe Attacke gegen Verkündiger jüdischer Herkunft, die – ähnlich wie in Galatien – die dem Heidentum entstammenden Christusgläubigen durch die Beschneidung und die am Gesetz orientierte Lebensführung in das Gottesvolk Israels eingliedern möchten (Phil 3,2–3). Er streicht die Vorzüge seiner eigenen jüdischen Herkunft heraus (Phil 3,4–6), wertet diese aber radikal ab zugunsten der jetzt geschenkten Teilhabe an Christi Tod und Auferstehung (Phil 3,7–14.20–21).

Mit seinem Hinweis auf das Bürgerrecht der Christen im Himmel (Phil 3,20–21) stellt Paulus den Philippern schliesslich eine entschieden bessere Alternative zum römischen Bürgerrecht, das bei ihnen einen hohen Stellenwert hatte, vor Augen. Auch der Christushymnus von Phil 2,6–11 entwirft ein markantes Gegenbild zum römischen Kaiser: In naher Zukunft werden alle Geschöpfe im Himmel, auf Erden und in der Unterwelt den zum Kreuzestod erniedrigten und von Gott erhöhten Jesus bekennen und preisen als den «Herrn» (griechisch: Kyrios), dem die alleinige Weltherrschaft zukommt.

Anschrift

1: 2,19; Apg 16,1! · Phlm 1; 1Thess 1,1 · Röm 1,1 · 1Kor 1,2
2: Röm 1,7!

1 1 Paulus und Timotheus, Knechte Christi Jesu, an alle Heiligen in
Christus Jesus, die in Philippi sind, und an ihre Bischöfe und Diako-
ne: 2 Gnade sei mit euch und Friede von Gott, unserem Vater, und dem
Herrn Jesus Christus.

Dank und Fürbitte

3 Ich danke meinem Gott, sooft ich an euch denke, 4 wenn immer 4: 1Kor 1,4! · 1,18!
ich für euch alle bitte und voll Freude für euch eintrete im Gebet: 5 Ich
danke dafür, dass ihr am Evangelium teilhabt, vom ersten Tag an bis
heute, 6 und ich bin dessen gewiss, dass er, der das gute Werk in euch 6: 1,10; 2,16;
angefangen hat, es bis zum Tag Christi Jesu auch vollendet haben wird. 1Kor 1,8

7 Es ist auch nichts als recht, dass ich so von euch allen denke. Denn 7: 1,12–13.17;
ihr wohnt in meinem Herzen, und an der Gnade, die ich im Gefängnis Phlm 13! · 1,16 ·
und vor Gericht bei der Verteidigung und Bekräftigung des Evangeli- 4,14
ums erfahren habe, habt ihr alle teil. 8 Gott ist mein Zeuge: Ich sehne
mich nach euch allen, so wie auch Christus Jesus herzlich nach euch
verlangt. 9 Und ich bete dafür, dass eure Liebe reicher und reicher wer-
de an Erkenntnis und zu umfassender Einsicht gelangt, 10 und dass ihr 10: 1,6!
so zu prüfen vermögt, worauf es ankommt; dann werdet ihr rein sein
und ohne Tadel am Tag Christi, 11 erfüllt von der Frucht der Gerechtig-
keit, die Jesus Christus wirkt, zur Ehre und zum Lob Gottes.

Die Lage des Paulus

12 Ihr sollt aber wissen, liebe Brüder und Schwestern, dass alles, was
mir widerfahren ist, nur der Förderung des Evangeliums dient. 13 So hat 13: 1,7!
sich im ganzen Prätorium und weit darüber hinaus die Kunde verbrei-
tet, dass ich um Christi willen in Fesseln liege, 14 und die Mehrzahl der
Brüder und Schwestern ist durch meine Gefangenschaft in ihrem Ver-
trauen zum Herrn gestärkt worden und wagt nun immer entschiede-
ner, das Wort ohne Furcht weiterzusagen. 15 Zwar verkündigen einige
Christus bloss aus Neid und Streitlust, andere dagegen aus voller Über-
zeugung. 16 Die einen tun es aus Liebe, weil sie wissen, dass es meine 16: 1,7
Bestimmung ist, das Evangelium zu verteidigen, 17 die andern aber ver- 17: 1,7!
kündigen Christus zum eigenen Vorteil, in unlauterer Gesinnung, in
der Meinung, sie könnten mich, der ich in Fesseln liege, dadurch in Be-
drängnis bringen.

18 Doch was soll's! Es geht doch einzig darum, dass so oder so, aus 18: 1,4; 2,2.17; 3,1!;
echten oder unechten Motiven, Christus verkündigt wird, und darüber 4,1
freue ich mich. Und ich werde mich auch in Zukunft freuen, 19 denn ich 19: 2Kor 1,11
weiss: Dies alles wird zu meiner Rettung führen, da ihr für mich bittet
und der Geist Jesu Christi mir beisteht. 20 Ich warte sehnsüchtig auf 20: 1Kor 6,20
das, was kommen wird, und bin guter Hoffnung, dass ich in keiner Hin-
sicht blossgestellt werde, dass vielmehr Christus in aller Freiheit, wie
bisher so auch jetzt, durch meinen Leib verherrlicht wird, sei es durch
mein Weiterleben, sei es durch meinen Tod.

21 Denn für mich gilt: Leben heisst Christus, und Sterben ist für
mich Gewinn. 22 Wenn ich aber am Leben bleiben sollte, dann bedeutet
das, dass meine Arbeit Frucht bringen wird, und so weiss ich denn
nicht, was ich wählen soll. 23 Nach zwei Seiten werde ich gezogen: Ei- 23: 2Kor 5,8;
gentlich hätte ich Lust, aufzubrechen und bei Christus zu sein; das wäre 1Thess 4,17;
ja auch weit besser. 24 Am Leben zu bleiben, ist aber nötiger – um euret- Lk 23,43
willen. 25 Ich vertraue darauf und weiss, dass ich weiterleben und euch 25: 3,1!
allen erhalten bleiben werde, euch zur Förderung und zur Freude im
Glauben. 26 So wird euer Ruhm, den ihr in Christus Jesus habt, durch
mich noch grösser werden, wenn ich wieder bei euch bin.

Gemeinsamer Kampf für das Evangelium

27 Eins ist wichtig: Ihr sollt als Bürger eurer Stadt leben, wie es dem
Evangelium von Christus entspricht, damit ich, ob ich nun komme und
euch sehe oder ob ich wegbleibe, von euch erfahre, dass ihr in *einem*
Geist gefestigt seid und *eines* Sinnes den Kampf für den Glauben an das
Evangelium fortführt. 28 Lasst euch in keiner Weise von euren Wider-
sachern einschüchtern; das wird für sie ein Hinweis auf ihren Unter-
gang und eure Rettung sein – und zwar von Gott her! 29 Ihr habt die
Gnade empfangen, euch für Christus einzusetzen: nicht nur an ihn zu
glauben, sondern auch für ihn zu leiden, 30 indem ihr denselben Kampf
führt, den ihr an mir gesehen habt und von dem ihr jetzt hört.

Seid eines Sinnes

2 1 Wenn es denn in Christus Ermahnung gibt, Zuspruch der Liebe,
2: 1,18! · 4,2! Gemeinschaft mit dem Geist, Zuwendung und Erbarmen, 2 dann
macht meine Freude dadurch vollkommen, dass ihr eines Sinnes seid,
einander verbunden in ein und derselben Liebe, einmütig und auf das
eine bedacht! 3 Tut nichts zum eigenen Vorteil, kümmert euch nicht um
die Meinung der Leute. Haltet vielmehr in Demut einander in Ehren;
4: 1Kor 10,24; 13,5 einer achte den andern höher als sich selbst! 4 Habt nicht das eigene
Wohl im Auge, sondern jeder das des andern.

Niedrigkeit und Erhöhung Christi

5 Seid so gesinnt, wie es eurem Stand in Christus Jesus entspricht:
6–11: Kol 1,15–20 6 Er, der doch von göttlichem Wesen war,
6–8: Röm 8,3 hielt nicht wie an einer Beute daran fest,
    Gott gleich zu sein,
7 sondern gab es preis
    und nahm auf sich das Dasein eines Sklaven,
wurde den Menschen ähnlich,
    in seiner Erscheinung wie ein Mensch.
8 Er erniedrigte sich
und wurde gehorsam bis zum Tod,
    bis zum Tod am Kreuz.
9 Deshalb hat Gott ihn auch über alles erhöht
und ihm den Namen verliehen,
    der über allen Namen ist,
10–11: Jes 45,23; 10 damit im Namen Jesu
Röm 14,11 sich beuge jedes Knie,
    all derer, die im Himmel und auf Erden und unter der Erde sind,
11 und jede Zunge bekenne,
dass Jesus Christus der Herr ist,
    zur Ehre Gottes, des Vaters.

2,4: Andere Textüberlieferung: «Habt nicht nur das eigene Wohl im Auge, sondern jeder auch das des andern.»

Lichter der Welt

12 Darum, meine Geliebten – ihr wart ja schon immer gehorsam, 12: 2Kor 7,15
nicht nur, als ich bei euch war, sondern jetzt erst recht, da ich nicht bei
euch bin – : Wirkt nun weiterhin mit Furcht und Zittern auf eure eigene
Rettung hin! 13 Denn Gott ist es, der in euch das Wollen und das Voll-
bringen bewirkt, zu seinem eigenen Wohlgefallen. 14 Tut alles ohne
Murren und Bedenken, 15 damit ihr untadelig und rein seid, Kinder 15: Dan 12,3
Gottes ohne Makel, mitten unter einem verkehrten und verdrehten Ge-
schlecht, unter dem ihr leuchtet als Lichter in der Welt. 16 Denn ihr hal- 16: Gal 2,2
tet am Wort des Lebens fest – mir zum Ruhm am Tag Christi, weil ich
dann nicht umsonst gelaufen bin und nicht umsonst gearbeitet habe.
17 Sollte ich aber mein Leben hingeben müssen beim Opferdienst für 17: 1,18!
euren Glauben, so freue ich mich, und ich freue mich mit euch allen.
18 Ebenso sollt auch ihr euch freuen: Freut euch mit mir! 18: 3,1!

Zukunftspläne und Empfehlungen

19 Ich hoffe aber im Herrn Jesus, Timotheus bald zu euch schicken 19: 1Kor 4,17;
zu können, damit auch ich neuen Mut schöpfe, wenn ich erfahre, wie es Apg 16,1!
euch geht. 20 Ich habe sonst keinen Gleichgesinnten, der sich so ernst-
haft um eure Angelegenheiten kümmern würde. 21 Alle andern sind ja
nur mit ihren eigenen Dingen beschäftigt, nicht mit der Sache Jesu
Christi. 22 Er aber hat sich bewährt, das wisst ihr: Wie ein Kind dem 22: 1Kor 4,17
Vater, so hat er mit mir zusammen dem Evangelium gedient. 23 Ihn also
hoffe ich zu schicken, sobald ich klarer sehe, wie es um meine Sache
steht. 24 Ich habe aber die Zuversicht im Herrn, dass auch ich bald kom-
men werde.

25 Ich hielt es aber für notwendig, Epaphroditus, meinen Bruder, 25: 4,18
Mitarbeiter und Mitkämpfer, zu euch zu schicken – er ist euer Abge-
sandter und mein Helfer in der Not. 26 Denn er sehnte sich nach euch
allen und war beunruhigt, weil euch zu Ohren gekommen war, er sei
krank geworden. 27 Und er war krank, todkrank. Aber Gott hatte Erbar-
men mit ihm, nicht nur mit ihm, sondern auch mit mir; ich sollte nicht
Kummer über Kummer haben. 28 Umso mehr habe ich mich nun beeilt, 28: 3,1!
ihn zu schicken, damit ihr euch, wenn ihr ihn seht, wieder freuen
könnt, und auch ich einen Kummer weniger habe. 29 Nehmt ihn also 29: 1,25
auf im Herrn voll Freude, und haltet Leute wie ihn in Ehren. 30 Denn
um des Werkes Christi willen hat er sich in Todesgefahr begeben, in-
dem er sein Leben aufs Spiel setzte, um zu ergänzen, was an eurer Un-
terstützung für mich noch fehlte.

Freut euch im Herrn

3 1 Zum Schluss, meine Brüder und Schwestern: Freut euch im Herrn! 1: 1,25; 2,18; 4,4;
Euch stets dasselbe zu schreiben, zögere ich nicht, euch aber gebe es 1,18!; 2Kor 13,11;
Sicherheit. 1Thess 5,16

2,13: Andere Übersetzungsmöglichkeit: «..., aus seinem eigenen Entschluss heraus.»

Der Tausch des Apostels

2 Hütet euch vor den Hunden, hütet euch vor den schlechten Ernte-
3: Röm 2,28–29! · arbeitern, hütet euch vor den Verschnittenen! 3 Denn die Beschnitte-
Röm 5,11; Gal 6,14; nen, das sind wir, die wir im Geist Gottes dienen und unseren Stolz auf
1Kor 1,31! Christus Jesus gründen und unser Vertrauen nicht auf das Fleisch set-
4: 2Kor 11,18 zen – 4 dabei hätte ich Grund, auch auf das Fleisch zu vertrauen.
Wenn irgendein anderer sich berechtigt fühlen könnte, auf das
5: Röm 11,1 Fleisch zu vertrauen, dann ich erst recht: 5 Ich wurde am achten Tag
beschnitten, bin ein Angehöriger des Volkes Israel, aus dem Stamm
Benjamin, ein Hebräer von Hebräern – was das Gesetz angeht: ein Pha-
6: Gal 1,13! risäer, 6 was den Eifer angeht: ein Verfolger der Gemeinde, was die Ge-
rechtigkeit angeht, die im Gesetz gilt: einer ohne Fehl und Tadel. 7 Aber
alles, was mir Gewinn war, habe ich dann um Christi willen als Verlust
betrachtet. 8 Ja, in der Tat, ich halte das alles für wertlos im Vergleich
mit der überragenden Erkenntnis Christi Jesu, meines Herrn, um des-
sentwillen mir alles wertlos wurde, und ich betrachte es als Dreck,
9: Röm 1,17! wenn ich nur Christus gewinne 9 und in ihm meine Heimat finde. Ich
habe nicht meine eigene Gerechtigkeit, die aus dem Gesetz kommt,
sondern jene Gerechtigkeit durch den Glauben an Christus, die aus Gott
10: Röm 1,4 · kommt aufgrund des Glaubens. 10 Ihn will ich kennen und die Kraft
2Kor 4,10; Röm 6,5 seiner Auferstehung und die Teilhabe an seinen Leiden, wenn ich
gleichgestaltet werde seinem Tod, 11 in der Hoffnung, zur Auferstehung
von den Toten zu gelangen.

Unterwegs, nicht am Ziel

12 Nicht dass ich es schon erlangt hätte oder schon vollkommen wä-
re! Ich jage ihm aber nach, und vielleicht ergreife ich es, da auch ich von
Christus Jesus ergriffen worden bin. 13 Liebe Brüder und Schwestern,
ich bilde mir nicht ein, dass ich selbst es ergriffen hätte, eins aber tue
ich: Was zurückliegt, vergesse ich und strecke mich aus nach dem, was
14: 1Kor 9,24 vor mir liegt. 14 Ich richte meinen Lauf auf das Ziel aus, um den Sieges-
preis zu erringen, der unserer himmlischen Berufung durch Gott in
Christus Jesus verheissen ist. 15 Wir alle, die wir nun vollkommen sein
möchten, sollen dies bedenken! Falls ihr anderer Ansicht seid, so wird
euch Gott auch darüber Klarheit verschaffen. 16 Doch: Was wir erreicht
haben, an dem wollen wir uns auch ausrichten!

Ausrichtung und Abgrenzung

17: 1Kor 1,11! · 17 Folgt meinem Beispiel, liebe Brüder und Schwestern, und richtet
1Thess 1,7 euren Blick auf die, welche ihr Leben auf diese Weise führen; ihr habt ja
uns als Vorbild. 18 Denn es leben viele unter uns – ich habe schon oft
von ihnen gesprochen und tue es jetzt wieder unter Tränen –, die Feinde
19: Röm 16,18 des Kreuzes Christi sind. 19 Ihr Ende ist das Verderben, ihr Gott ist der
Bauch, und ihr Ruhm besteht in ihrer Schande – sie alle sind auf das
20: 1Kor 1,7 Irdische bedacht. 20 Denn *unsere* Heimat ist im Himmel; von dort er-
21: 1Kor 15,35–44 · warten wir auch als Retter den Herrn Jesus Christus, 21 der unseren
Röm 8,29; armseligen Leib verwandeln wird in die Gestalt seines herrlichen Lei-
2Kor 3,18

3,12: Andere Übersetzungsmöglichkeit: «… es schon empfangen hätte …»
3,15: Andere Übersetzungsmöglichkeit: «…, die wir nun vollkommen sind, …»

bes aufgrund der Macht, mit der er sich auch das All zu unterwerfen
vermag.

4 1 Darum, meine geliebten und schmerzlich vermissten Brüder und 1: 1,18!;
Schwestern, die ihr meine Freude und mein Siegeskranz seid: Steht 1Thess 2,19 ·
fest im Herrn, meine Geliebten! 1Kor 16,13!

Persönliche Bitten

2 Euodia ermahne ich, und Syntyche ermahne ich: Seid eines Sinnes 2: 2,2; 2Kor 13,11;
im Herrn! 3 Ja, ich bitte auch dich, mein treuer Gefährte: Nimm dich Röm 15,5!
ihrer an! Sie haben mit mir gekämpft für das Evangelium, gemeinsam 3: Ps 69,29;
mit Klemens und meinen andern Mitarbeitern, deren Namen im Buch Offb 20,15
des Lebens stehen.

Wünsche für die Gemeinde

4 Freut euch im Herrn allezeit! Nochmals will ich es sagen: Freut 4: 3,1!
euch! 5 Lasst alle Menschen eure Freundlichkeit spüren. Der Herr ist 5: Lk 12,22–23
nahe. 6 Sorgt euch um nichts, sondern lasst in allen Lagen eure Bitten
durch Gebet und Fürbitte mit Danksagung vor Gott laut werden. 7 Und
der Friede Gottes, der alles Verstehen übersteigt, wird eure Herzen und
eure Gedanken bewahren in Christus Jesus.

8 Zum Schluss, liebe Brüder und Schwestern: Was wahr ist, was ach-
tenswert, was gerecht, was lauter, was wohlgefällig, was angesehen,
wenn immer etwas taugt und Lob verdient, das bedenkt! 9 Was ihr bei 9: Röm 15,33!
mir gelernt und empfangen, gehört und gesehen habt, das tut! Und der
Gott des Friedens wird mit euch sein.

Dank für empfangene Hilfe

10 Ich habe mich im Herrn sehr gefreut, dass ihr eure Fürsorge für 10: 1,18!
mich endlich wieder entfalten konntet; ihr habt ja stets daran gedacht,
hattet aber keine Gelegenheit dazu. 11 Ich sage das nicht, weil mir etwas
fehlt; ich habe nämlich gelernt, in allen Lagen unabhängig zu sein.
12 Ich kann bescheiden leben, ich kann aber auch im Überfluss leben; in
alles und jedes bin ich eingeweiht: satt zu werden und Hunger zu lei-
den, Überfluss zu haben und Mangel zu leiden. 13 Alles vermag ich
durch den, der mir die Kraft dazu gibt.

14 Doch ihr habt gut daran getan, meine Not zu teilen. 15 Ihr in Phi- 14: 1,7; Röm 12,13
lippi wisst ja selbst, dass am Beginn der Ausbreitung des Evangeliums,
als ich von Makedonien aufbrach, keine Gemeinde mit mir Gemein-
schaft hatte im Geben und Nehmen ausser euch, 16 ja, dass ihr mich
auch in Thessalonich das eine oder andere Mal unterstützt habt.
17 Nicht dass ich auf eure Gabe aus wäre, nein, ich suche den Ertrag, der 17: 2Kor 12,14
euren Gewinn mehrt. 18 Ich habe alles erhalten und habe nun mehr als 18: 2,25
genug. Ich bin mit allem versorgt, da ich von Epaphroditus eure Gabe
erhalten habe, einen lieblichen Duft, ein willkommenes, Gott wohlge-
fälliges Opfer. 19 Mein Gott aber wird all euren Mangel beheben nach
seinem Reichtum, durch die Herrlichkeit in Christus Jesus. 20 Gott 20: Röm 16,27!
aber, unserem Vater, sei Ehre in alle Ewigkeit, Amen.

Briefschluss

21 Grüsst alle Heiligen in Christus Jesus. Es grüssen euch die Brüder
22: 1,13 und Schwestern, die bei mir sind. 22 Es grüssen euch alle Heiligen, ins-
besondere die aus dem kaiserlichen Haus.
23: Gal 6,18! 23 Die Gnade des Herrn Jesus Christus sei mit eurem Geist.

Der Brief an die Kolosser

Wer sich unter dem Eindruck der grossen Paulusbriefe (Röm, 1/2Kor, Gal) oder der Darstellung des Paulus in der Apostelgeschichte dem Brief an die Kolosser zuwendet, findet sich in einer Welt wieder, die ihm zunächst vertraut zu sein scheint, in der er aber alsbald Eigentümliches und Überraschendes entdeckt.

Der Autor des Briefs stellt sich gleich am Anfang als Paulus, Apostel Christi Jesu vor (Kol 1,1). So pflegt sich Paulus vorzustellen: als Gesandter und Bevollmächtigter Jesu, des Christus. Es fällt jedoch bald auf, dass hier ein Paulus auftritt, der zu der Gemeinde, an die er schreibt, eine ganz andere Beziehung hat, als wir dies von den grossen Paulusbriefen her gewohnt sind. Er scheint die Gemeinde kaum zu kennen, und als Vermittler schiebt sich unmerklich eine andere Gestalt in den Vordergrund: Epaphras, der die Gemeinde gegründet hat (Kol 1,7), der Paulus von ihrem Ergehen berichtet (Kol 1,8) und der sich für sie einsetzt (Kol 4,12–13). Paulus selbst dagegen scheint nie in Kolossä gewesen zu sein und äussert im Brief nirgends die Absicht, die Gemeinde zu besuchen – ganz anders als im Brief an die Römer, an diejenige Gemeinde, die Paulus ebenfalls nicht persönlich kennt. Dieser merkwürdigen Verhaltenheit des Paulus entspricht das Schweigen der Apostelgeschichte: Diese berichtet zwar ausführlich vom Wirken des Paulus in Kleinasien, erwähnt aber Kolossä – eine Stadt, die ungefähr 170 km östlich von Ephesus lag, dem Zentrum des paulinischen Wirkens in Kleinasien – mit keinem Wort.

Kolossä scheint für Paulus auf einer Nebenstrasse zu liegen, und so erweist sich auch der Inhalt des Briefs als ein Nebenarm der Paulustradition: ein Produkt der Paulusschule, in der die Theologie des Apostels nach seinem Tod auf neue Situationen und Probleme hin durchdacht und weiterentwickelt worden ist. Im Brief an die Kolosser spielen vertraute Themen des Paulus (z.B. die Auslegung der Schrift, die Auseinandersetzung um das richtige Verständnis des Gesetzes) keine Rolle, andere werden mit neuer Prägung aufgenommen und neu ausgerichtet (z.B. das Kreuz Jesu, das Motiv des Leibes Christi, das Leiden des Apostels). Worum es dem Verfasser des Briefs geht, zeigt er im ersten grossen Abschnitt nach Einleitung und Danksagung: In Kol 1,15–20 zeichnet er in einem Hymnus Christus als Konzept und Ziel der Schöpfung, Haupt der Kirche und Beherrscher aller Mächte im Himmel und auf Erden, in dem Gott die Welt mit sich versöhnt hat. Das alles fasst der Autor zur Quintessenz zusammen: Christus ist es, in dem alle Schätze der

Weisheit und Erkenntnis verborgen sind (Kol 2,3). Dies gilt es festzuhalten, zu verstehen und allen geistigen Strömungen gegenüber zu betonen, die manche Gemeindeglieder zu beeindrucken und zu verwirren scheinen (Kol 2,6–23). Auf diesen lehrhaften Teil des Briefes folgt ein zweiter, ethisch ausgerichteter (Kol 3,1–4,6), in dem Fragen der konkreten Lebensgestaltung von einem Punkt aus entworfen werden: «Denn ihr seid gestorben, und euer Leben ist mit Christus verborgen in Gott» (Kol 3,3). Diesem im Himmel bereits vorhandenen Leben gilt es zu entsprechen, dem neuen Menschen, den es wie ein Kleid anzuziehen gilt, den die Gemeinde ja bereits angezogen hat (Kol 3,10). Die Nachrichten und Grüsse, die den Brief beschliessen (Kol 4,7–18), lassen eine Fülle von Gestalten aus dem paulinischen Kreis sichtbar werden; so dürftig der Autor, der unter dem Namen Paulus schreibt, über sich selbst berichtet – er verweist nur auf Nachrichten, die Tychikus der Gemeinde bringen wird –, so deutlich schiebt sich nun ein Netzwerk von Mitarbeitern in den Vordergrund, die die Sache des Paulus in seinem Geist weiterführen werden.

Die theologiegeschichtliche Bedeutung des Briefs an die Kolosser liegt in der Kühnheit, mit welcher hier ein Schüler des Paulus auf eine im paulinischen Kreis selbst entstandene Krise reagiert. Eine Generation nach Paulus kam es in den paulinischen Gemeinden zu asketischen Bewegungen (siehe neben Kol insbesondere 1Tim). Die von Paulus betonte Freiheit gegenüber der Welt wurde als Freiheit von der Welt interpretiert und in einer asketischen Haltung praktisch gelebt (vgl. das wohl polemisch zugespitzte Zitat in Kol 2,21: «‹Das darfst du nicht anfassen, das nicht kosten, das nicht zu dir nehmen!›»). Die Paulusschule reagierte auf diese religiös motivierten asketischen Bewegungen in unterschiedlicher Weise: Der Erste Brief an Timotheus wählte den Weg der Bewahrung der Tradition und des Aufbaus strukturierter kirchlicher Ämter. Mit dem Brief an die Kolosser beschritt die Paulusschule den ‹offensiveren› Weg der Universalisierung: In Christus ist die Welt mit Gott versöhnt, die Mächte des Alls sind besiegt, die weltlichen Dinge sind wieder erkannt als Gaben der Schöpfung.

Anschrift

1 1 Paulus, Apostel Christi Jesu durch den Willen Gottes, und Timo-
theus, unser Bruder, 2 an die Heiligen in Kolossä, die treuen Brüder
und Schwestern in Christus: Gnade sei mit euch und Friede von Gott,
unserem Vater.

1–2: Eph 1,1–2
1: 2Kor 1,1 · Apg 16,1!
2: Röm 1,7!

Dank

3 Wir danken Gott, dem Vater unseres Herrn Jesus Christus, jedes
Mal, wenn wir für euch beten. 4 Wir haben nämlich von eurem Glauben
in Christus Jesus gehört und von der Liebe, die ihr allen Heiligen gegen-
über hegt, 5 um der Hoffnung willen, die im Himmel für euch bereit-
liegt. Von ihr habt ihr bereits gehört durch das Wort der Wahrheit, das
Evangelium, 6 das zu euch gekommen ist. Wie in der ganzen Welt, so
bringt es auch bei euch Frucht und breitet sich aus, seit dem Tag, an dem
ihr von der Gnade Gottes gehört und sie in Wahrheit erkannt habt.

3: 1Thess 1,2; Eph 1,16!
4–5: 1Kor 13,13!
4: Phlm 5; Eph 1,15
5: 2Kor 5,1; Eph 1,18; 1Petr 1,4 · 2Kor 6,7; Eph 1,13

7: 4,12! 7 So habt ihr es von Epaphras gelernt, unserem lieben Mitknecht, der
ein treuer Diener Christi ist – für euch. 8 Er ist es auch, der uns berichtet
hat von eurer Liebe, die im Geist wirksam ist.

Fürbitte

9: Eph 1,15–17 9 Darum lassen auch wir seit dem Tag, an dem wir davon gehört ha-
ben, nicht ab, für euch zu beten und darum zu bitten, dass ihr erfüllt
werdet von der Erkenntnis seines Willens in aller Weisheit und geist-
10: 1Thess 2,12; Eph 4,1 · Eph 2,10 gewirkten Einsicht. 10 Denn ihr sollt ein Leben führen, das des Herrn
würdig ist und in allen Dingen sein Wohlgefallen findet: Ihr sollt Frucht
bringen in jedem guten Werk und wachsen in der Erkenntnis Gottes,
11 versehen mit aller Kraft und getragen von der Macht seiner Herrlich-
keit – so werdet ihr in allen Dingen zu Standhaftigkeit und Geduld
finden.

Das Geheimnis Gottes

12: Eph 1,18 Voll Freude 12 sagt Dank dem Vater, der euch fähig gemacht hat, An-
13–14: Apg 26,18 teil zu haben am Los der Heiligen, die im Licht sind. 13 Er hat uns der
Macht der Finsternis entrissen und uns versetzt ins Reich seines gelieb-
14: Eph 1,7! ten Sohnes, 14 in dem wir die Erlösung haben, die Vergebung der Sün-
den.

15: 2Kor 4,4; Hebr 1,3 15 Er ist das Ebenbild des unsichtbaren Gottes,
der Erstgeborene vor aller Schöpfung.
16: Joh 1,3!; Hebr 1,2 · 2,10.15 16 Denn in ihm wurde alles geschaffen
im Himmel und auf Erden,
das Sichtbare und das Unsichtbare,
ob Throne oder Herrschaften,
ob Mächte oder Gewalten;
alles ist durch ihn und auf ihn hin geschaffen.
17 Und er ist vor allem,
und alles hat in ihm seinen Bestand.
18: 2,10.19; Eph 1,22! · 1Kor 15,20; Offb 1,5; Apg 26,23 18 Er ist das Haupt des Leibes, der Kirche.
Er ist der Ursprung, der Erstgeborene aus den Toten, damit er in allem
der Erste sei. 19 Denn es gefiel Gott, seine ganze Fülle in ihm wohnen zu
19: 2,9; Eph 1,23!; Joh 1,16 lassen 20 und durch ihn das All zu versöhnen auf ihn hin, indem er Frie-
20–22: Röm 5,9–11; 2Kor 5,18–19 den schuf durch ihn, durch das Blut seines Kreuzes, für alle Wesen, ob
auf Erden oder im Himmel.
20: Eph 2,13–16 21 Auch euch, die ihr einst Fremde wart und Feinde, deren Sinn auf
21: Eph 2,12 böse Taten aus war, 22 euch hat er jetzt mit sich versöhnt in seinem
22: Eph 1,4! sterblichen Leib durch seinen Tod, um euch heilig, makellos und unbe-
23: Eph 3,17! · 1,25! scholten vor sich hinzustellen – 23 wenn ihr nur dem Glauben treu
bleibt, festen Grund habt, standhaft bleibt und euch nicht abbringen
lasst von der Hoffnung des Evangeliums, das ihr gehört habt. Überall auf
der Welt, so weit der Himmel reicht, ist es verkündigt worden, und ich,
Paulus, bin sein Diener.

1,7: Andere Textüberlieferung: «... ein treuer Diener Christi an unserer Stelle ist.»
1,15: Andere Übersetzungsmöglichkeit: «..., der Erstgeborene der ganzen Schöpfung.»

Der Horizont des Evangeliums

24 Jetzt freue ich mich, wenn ich für euch leiden muss, denn damit
bringe ich stellvertretend an meinem Fleisch zur Vollendung, was der
Bedrängnis Christi noch fehlt – seinem Leib zugute: der Kirche. 25 Ihr 25: 1,23; 1Kor 3,5 ·
Diener bin ich geworden aufgrund des Verwalteramtes, das Gott mir Eph 3,7.2
übergeben hat, um an euch das Wort Gottes zu erfüllen, 26 das Geheim- 26–27: 4,3! ·
nis, das seit Urzeiten und Menschengedenken verborgen war – jetzt Röm 16,25–26;
aber ist es seinen Heiligen offenbart worden, 27 denen Gott kundtun 1Kor 2,7.10; Eph 3,3–5.9
wollte, wie reich unter den Völkern die Herrlichkeit dieses Geheimnis- 27: Röm 9,23;
ses ist: Christus in euch, die Hoffnung auf die Herrlichkeit. 28 Ihn ver- Eph 3,16! · Röm 5,2
kündigen wir, indem wir jeden Menschen auf den rechten Weg weisen 28: 3,16
und jeden unterrichten in aller Weisheit, um jeden Menschen als in
Christus vollkommen hinzustellen. 29 Dafür setze ich mich ein und da- 29: Eph 3,7.20
für kämpfe ich, nach Massgabe seiner Kraft, die in mir wirkt mit grosser
Macht.

Der Einsatz des Apostels

2 1 Ich will nämlich, dass ihr wisst, welch schweren Kampf ich führen 1: 4,13.16
muss für euch und die in Laodizea und alle, die mich nicht mit ei-
genen Augen gesehen haben, 2 damit ihre Herzen getröstet seien und 2: 4,3!
in Liebe verbunden und es in allem zu umfassender Einsicht komme,
zur Erkenntnis des Geheimnisses Gottes: Christus, 3 in dem alle Schät-
ze der Weisheit und Erkenntnis verborgen sind.

4 Das sage ich, damit euch niemand mit klugen Worten zu täuschen
vermag. 5 Denn auch wenn ich persönlich nicht da bin, so bin ich doch 5: 1Kor 5,3
im Geist bei euch, und ich sehe mit Freude euer geordnetes Leben und
die Festigkeit eures Glaubens an Christus.

Die Auseinandersetzung mit den Gegnern

6 Wie ihr nun Christus Jesus, den Herrn, angenommen habt, so lebt
nun auch in ihm: 7 verwurzelt in ihm und aufgebaut auf diesem Funda- 7: Eph 3,17! ·
ment, gefestigt im Glauben, so wie ihr unterrichtet worden seid, und Eph 2,20
voller Dankbarkeit.

8 Gebt acht, dass es niemandem gelingt, euch einzufangen durch 8: Eph 5,6 · 2,20;
Philosophie, durch leeren Betrug, der sich auf menschliche Überliefe- Gal 4,3
rung beruft, auf die kosmischen Elemente und nicht auf Christus.
9 Denn in ihm wohnt die ganze Fülle der Gottheit leibhaftig, 10 und in 9: 1,19!
ihm, der das Haupt aller Macht und Gewalt ist, habt ihr teil an dieser 10: 1,18! · 1,16!;
Fülle. 11 In ihm habt ihr auch eine Beschneidung empfangen, die nicht Eph 1,21!
durch Menschenhand vollzogen wird, sondern durch das Ablegen des 11: Röm 2,29
vergänglichen Leibes: die Beschneidung, die in Christus geschieht.
12 Mit ihm seid ihr begraben worden in der Taufe, und mit ihm seid ihr 12: 3,3.1; Röm 6,4;
auch mitauferweckt worden durch den Glauben an die Kraft Gottes, der Eph 2,5–6 ·
ihn von den Toten auferweckt hat. 13 Euch, die ihr tot wart in euren Ver- Eph 1,20
fehlungen, im unbeschnittenen Zustand eures Fleisches, euch hat er zu- 13: Eph 2,1.5
sammen mit ihm lebendig gemacht, indem er uns alle Verfehlungen
vergeben hat. 14 Zerrissen hat er den Schuldschein, der aufgrund der 14: Eph 2,15
Vereinbarungen gegen uns sprach und uns belastete. Er hat ihn aus dem
Weg geräumt, indem er ihn ans Kreuz heftete. 15 Die Mächte und Ge- 15: 1,16!; Eph 1,21!

walten hat er ihrer Macht entkleidet und sie öffentlich zur Schau gestellt, ja im Triumphzug hat er sie mit sich geführt.

16: Röm 14,2–3.17
17: Hebr 10,1
19: 1,18!; Eph 4,15–16

16 Darum soll niemand über euch zu Gericht sitzen in Sachen Speise
und Trank, Fest, Neumond oder Sabbat; 17 das alles ist ja nur ein Schatten des Künftigen, das Wirkliche ist Christus. 18 Niemand soll euch den
Siegespreis aberkennen, keiner, der sich gefällt in Demut und Engelverehrung und dem, was er als Eingeweihter geschaut hat. Ohne Grund
bläht er sich auf in seinem auf das Irdische beschränkten Sinn 19 und
hält sich nicht an das Haupt, von dem aus der ganze Leib, durch Sehnen und Bänder gestützt und zusammengehalten, in göttlichem Wachstum wächst.

20: 2,8; Gal 4,9
21–22: 1Tim 4,3

20 Wenn ihr mit Christus gestorben und von den kosmischen Elementen befreit seid, was lasst ihr euch dann Bedingungen auferlegen,
als lebtet ihr noch in der Welt? 21 ‹Das darfst du nicht anfassen, das
nicht kosten, das nicht zu dir nehmen!› – 22 lauter Dinge, die doch dazu da sind, gebraucht und aufgebraucht zu werden. So lauten Gebote und
Lehren, die von Menschen stammen. 23 Das sieht alles nach Weisheit
aus und kommt fromm und demütig daher, um ja nicht den Leib zu schonen; sie wollen ihm nicht die Ehre erweisen und nicht der Befriedigung des Fleisches dienen.

Die Ausrichtung des neuen Lebens

1: 2,12 · Ps 110,1!; Röm 8,34; Eph 1,20; 1Petr 3,22
3: Röm 6,3–11

3 1 Seid ihr nun mit Christus auferweckt worden, so sucht nach dem, was oben ist, dort, wo Christus ist, zur Rechten Gottes sitzend.
2 Trachtet nach dem, was oben ist, nicht nach dem, was auf Erden ist.
3 Denn ihr seid gestorben, und euer Leben ist mit Christus verborgen in
Gott. 4 Wenn Christus, euer Leben, offenbar wird, dann werdet auch ihr mit ihm offenbar werden in Herrlichkeit.

Alter und neuer Mensch

5: Eph 5,3.5
6: Eph 5,6
7: Eph 2,2

5 So tötet nun, was in euren Gliedern irdisch ist: Unzucht, Unreinheit, Leidenschaft, böse Begierde und die Habgier – sie ist Götzendienst!
6 Um solcher Dinge willen kommt der Zorn Gottes. 7 So habt auch ihr
einst euer Leben geführt, als ihr euch noch davon bestimmen liesset.

8: Eph 4,31
9: Eph 4,25 · Röm 6,6; Eph 4,22
10: Röm 13,14!; Eph 4,24 · Gen 1,27
11: Röm 10,12!

8 Jetzt aber legt auch ihr dies alles ab: Zorn, Wut, Bosheit, Lästerrede
und üble Nachrede, die aus eurem Mund kommt! 9 Macht einander
nichts vor! Ihr habt doch den alten Menschen mit all seinem Tun abgelegt 10 und den neuen Menschen angezogen, der zur Erkenntnis erneuert wird nach dem Bild seines Schöpfers. 11 Da ist nun nicht Grieche und
Jude, nicht Beschneidung und Unbeschnittensein, nicht Barbar, Skythe, Sklave, Freier, sondern Christus ist alles und in allen.

2,17: Andere Übersetzungsmöglichkeit: «... des Künftigen, der Leib aber ist der Leib des Christus.»

2,23: Andere Übersetzungsmöglichkeit: «..., um ja nicht den Leib zu schonen; es ist aber gar nichts wert, es dient nur der Befriedigung des Fleisches.»

3,6: Andere Textüberlieferung: «... kommt der Zorn Gottes auf die Söhne und Töchter des Ungehorsams.»

Leben als Gemeinde

12 So bekleidet euch nun als von Gott auserwählte Heilige und Ge- 12–15: Eph 4,2–4
liebte mit innigem Erbarmen, Güte, Demut, Sanftmut und Geduld!
13 Ertragt euch gegenseitig und vergebt einander, wenn einer dem an- 13: Eph 4,32
dern etwas vorzuwerfen hat. Wie der Herr euch vergeben hat, so sollt
auch ihr vergeben! 14 Über all dem aber vergesst die Liebe nicht: Darin
besteht das Band der Vollkommenheit. 15 Und der Friede Christi regiere 15: Phil 4,7 ·
in euren Herzen; zum Frieden seid ihr berufen als Glieder des einen 1Kor 12,12!
Leibes. Und dafür sollt ihr dankbar sein.
16 Das Wort Christi wohne mit seinem ganzen Reichtum unter 16: 1,28 · Eph 5,19
euch: Lehrt und ermahnt einander in aller Weisheit, singt Gott, von der
Gnade erfüllt, in euren Herzen Psalmen, Hymnen und geistliche Lieder!
17 Und alles, was ihr tut, mit Worten oder Taten, das tut im Namen des 17: Eph 5,20
Herrn Jesus – und dankt dabei Gott, dem Vater, durch ihn.

Ehe, Familie, Arbeitswelt

18 Ihr Frauen, ordnet euch euren Männern unter, wie es sich im 18: Eph 5,22.24; 1Petr 3,1
Herrn geziemt! 19 Ihr Männer, liebt eure Frauen und lasst eure Bitter- 19: Eph 5,25.28.33
keit nicht an ihnen aus!
20 Ihr Kinder, gehorcht euren Eltern in allen Dingen, denn das 20: Eph 6,1
findet Gefallen beim Herrn. 21 Ihr Väter, reizt eure Kinder nicht, damit 21: Eph 6,4
sie den Mut nicht verlieren.
22 Ihr Sklaven, gehorcht euren irdischen Herren in allen Dingen, 22: Eph 6,5–6;
nicht aus Liebedienerei, als wolltet ihr Menschen gefallen, sondern mit 1Petr 2,18
lauterem Herzen; denn ihr fürchtet den Herrn. 23 Was ihr auch tut, tut 23: Eph 6,7
es mit Leib und Seele, so als wäre es für den Herrn und nicht für Men-
schen, 24 im Wissen, dass ihr dafür vom Herrn das Erbe empfangen 24: Eph 6,8
werdet. Dient Christus, dem Herrn! 25 Wer Unrecht tut, wird bekom- 25: Röm 2,11!;
men, was er an Unrecht getan hat, ohne Ansehen der Person. Eph 6,9
4 1 Ihr Herren, gewährt euren Sklaven, was recht und billig ist. Denn 1: Eph 6,9
ihr wisst: Auch ihr habt einen Herrn im Himmel.

Ruf zur Fürbitte

2 Haltet fest am Gebet, wachen Sinnes und voller Dankbarkeit! 3 Be- 2–4: Eph 6,18–20
tet zugleich auch für uns, dass Gott uns eine Tür für sein Wort öffne und 2: Röm 12,12
wir das Geheimnis Christi verkündigen können, um dessentwillen ich 3: 1,26–27; 2,2
in Fesseln liege, 4 damit ich es offenbar machen und davon reden kann,
wie es meine Aufgabe ist. 5 Denen draussen begegnet mit Weisheit, 5: Eph 5,15–16
kauft die Zeit aus! 6 Eure Rede soll stets Anklang finden und doch voller 6: Eph 4,29
Würze sein; ihr sollt imstande sein, jedermann Red und Antwort zu ste-
hen.

Nachrichten und Grüsse

7 Über meine Lage wird euch Tychikus, mein lieber Bruder, treuer 7: Eph 6,21;
Diener und Mitknecht im Herrn, ausführlich berichten. 8 Dazu habe 2Tim 4,12; Tit 3,12
ich ihn ja zu euch geschickt, dass ihr erfahrt, wie es um uns steht, und er 8: Eph 6,22
eure Herzen tröste. 9 In seiner Begleitung ist Onesimus, der treue und 9: Phlm 10–18
liebe Bruder, der ja euer Landsmann ist. Sie werden euch berichten, wie
es hier steht.

10: Phlm 24; 10 Es grüssen euch Aristarchus, mein Mitgefangener, und Markus,
2Tim 4,11 der Neffe des Barnabas – was ihn betrifft, habt ihr ja bereits Anweisun-
gen erhalten; wenn er zu euch kommt, nehmt ihn auf! –, 11 und Jesus
mit dem Beinamen Justus. Sie gehören zu den Beschnittenen und sind
unter ihnen die einzigen, die am Reich Gottes mitarbeiten. Mir sind sie
12: 1,7; Phlm 23 ein Trost geworden. 12 Es grüsst euch Epaphras, euer Landsmann, ein
Diener Christi Jesu, der allezeit in seinen Gebeten für euch kämpft, dass
ihr als Vollkommene dasteht, erfüllt von allem, was Gottes Wille ist.
13: 2,1 13 Ich kann es bezeugen, dass er mit grossem Einsatz für euch und für
14: Phlm 24; die in Laodizea und in Hierapolis kämpft. 14 Es grüssen euch Lukas, der
2Tim 4,10–11 geschätzte Arzt, und Demas.

15 Grüsst die Brüder und Schwestern in Laodizea, auch Nymphe und
die ganze Gemeinde in ihrem Haus. 16 Wenn dieser Brief bei euch vor-
gelesen worden ist, sorgt dafür, dass er auch in der Gemeinde der Laodi-
zeer vorgelesen wird und dass ihr eurerseits den Brief aus Laodizea zu
17: Phlm 2 lesen bekommt. 17 Und dem Archippus richtet aus: Achte darauf, den
Auftrag, den du im Herrn empfangen hast, zu erfüllen.

18: 1Kor 16,21! · 18 Diesen Gruss habe ich, Paulus, eigenhändig geschrieben. Denkt
Phil 1,7! · an meine Fesseln! Die Gnade sei mit euch.
1Tim 6,21;
2Tim 4,22

Der Erste Brief an die Thessalonicher

Der Erste Brief des Paulus an die Gemeinde in Thessalonich ist die älteste Schrift des Neuen Testaments. Er wurde wahrscheinlich im Jahr 50 oder 51 n.Chr. verfasst und reicht damit in eine Zeit zurück, in der das Christentum eben erst begonnen hatte, sich über den jüdischen Mutterboden hinaus auszubreiten. Dieser Brief ist zugleich das einzige Zeugnis, das wir vom ‹Frühwerk› des Paulus besitzen.

Paulus ist (laut dem Bericht der Apostelgeschichte) auf seiner ersten Griechenlandreise von Kleinasien nach Makedonien gelangt und hat in Thessalonich – nach Philippi – die zweite Gemeinde auf europäischem Boden gegründet (Apg 17,1–9). Von den schwierigen Umständen der Gemeindegründung berichten die Apostelgeschichte und Paulus selbst in fragmentarischen Zügen. Paulus reiste anschliessend von Thessalonich nach Beröa und Athen weiter, machte sich dort jedoch um die Gemeinde in Thessalonich solche Sorgen, dass er, nach seinem eigenen Bericht, seinen Begleiter Timotheus nach Thessalonich zurückschickte (1Thess 3,1–2). Dieser kam mit beruhigenden Nachrichten zu Paulus (1Thess 3,6), der inzwischen nach Korinth weitergereist war (Apg 18,5), zurück. Dies dürfte die Situation sein, in der Paulus den Ersten Brief an die Thessalonicher schrieb. Dass sich der Brief derart genau datieren lässt, ver-

4,12: Andere Übersetzungsmöglichkeit: «... als Vollkommene dasteht, in völliger Gewissheit dessen, was der Wille Gottes ist.»

danken wir einer Notiz in der Apostelgeschichte, die berichtet, dass zur Zeit des Aufenthalts des Paulus in Korinth ein gewisser Gallio, dessen Amtszeit man aus andern Dokumenten kennt, Prokurator der Provinz Achaia war (Apg 18,12).

Die Situation der Abfassung spiegelt sich im Inhalt und im Aufbau des Briefes. Sein erster Teil (1Thess 1,1–3,13) ist geprägt von dankbarer Erinnerung, Fürbitte und Ermutigung; der zweite Teil (1Thess 4,1–5,28) ist aktuellen Fragen gewidmet: dem Umgang der Gemeindeglieder miteinander (1Thess 4,1–12), dem Schicksal der Verstorbenen (1Thess 4,13–18), der Nähe des Tages des Herrn (1Thess 5,1–11) und dem Aufbau der Gemeinde (1Thess 5,12–24). Beschlossen wird er mit Grüssen und Segenswünschen (1Thess 5,25–28).

Der Brief ist eine Momentaufnahme aus der Zeit, in der die Theologie des Paulus ihre charakteristische Ausprägung, wie wir sie aus dem Brief an die Römer, den beiden Briefen an die Korinther, dem Brief an die Galater und dem Brief an die Philipper kennen, noch nicht gefunden hat. Wer den Ersten Brief an die Thessalonicher von diesen Briefen her liest, wird viele wichtige Themen vermissen, zugleich aber die Ansätze erkennen, aus denen sie sich entwickelt haben. So wird zum Beispiel deutlich, dass die Frage nach der Gerechtigkeit Gottes ihren Ursprung in der Erwählung hat (1Thess 1,4), das Nachdenken über die Bedeutung von Kreuz und Auferstehung in der Rede von der Heilsbedeutung Jesu gründet (1Thess 1,9–10), die Entwicklung der Vorstellung vom heiligen Geist sich in verstreuten Bemerkungen über das Wirken des heiligen Geistes im Leben der Gemeinde abzeichnet (1Thess 1,5; 5,19). Überall lassen sich Ansätze theologischer Einsichten erkennen, die Paulus später in den Konflikten mit den Gemeinden in Galatien und der Gemeinde in Korinth weiterentwickelt.

Liest man den Brief aber nicht nur im Blick auf die zukünftige Entwicklung der paulinischen Theologie, sondern aus Interesse am Brief selbst, so entdeckt man doch ein bereits hier profiliertes Konzept. Den Dreh- und Angelpunkt bildet der Gedanke der Erwählung, der endzeitlichen Errettung: Der auferweckte Christus wird die Erwählten, die dem Evangelium Glauben schenken, vor dem kommenden Zorn retten (1Thess 1,9–10). So leben die Glaubenden bereits jetzt in der Gewissheit der zukünftigen Rettung und gestalten ihr Leben im Angesicht des heiligen Gottes: Ihre Lebensführung soll der Heiligkeit Gottes entsprechen (1Thess 4,7); sie selbst dürfen sich dabei von Gott bewahrt und getragen wissen (1Thess 5,23–24). Ethische Anweisungen beziehen sich auf diese Vorgabe zurück: Paulus erinnert die Gemeindeglieder an ihren früheren Eifer und ermutigt sie, auf dem eingeschlagenen Weg weiterzugehen (1Thess 4,1–2). Die Sorge um das Schicksal der schon verstorbenen Gemeindeglieder wird aufgehoben in der Zusage, dass der kommende Gott den Lebenden und den Toten in gleicher Weise zugetan ist und treu bleibt (1Thess 4,13–18). Das Bewusstsein der Gemeinde, am Ende der Zeit zu leben, wird von Paulus aufgenommen und neu interpretiert als unmittelbare Nähe eines jeden Glaubenden zu seinem Herrn, im Leben und im Sterben (1Thess 5,1–11).

Der Erste Brief an die Thessalonicher lässt die Art und Weise erkennen, wie Paulus sich mit der Gestalt des frühen christlichen Glaubens, die er vor allem in Antiochia kennen gelernt hat, auseinander zu setzen beginnt. Paulus erscheint hier zwar in starkem Mass als Vermittler der Tradition, der diese in die aktuellen Verhältnisse zu übersetzen versteht; es werden aber zugleich auch neue Akzente sichtbar, die das paulinische Denken in einem frühen Stadium der Entwicklung einer eigenständigen Theologie beobachten lassen. Der Brief vermittelt uns einen Einblick in die Werkstatt des Paulus – nicht des Meisters, sondern des Gesellen, der daran geht, sich selbständig zu machen.

Anschrift

1: Phil 1,1; Phlm 1 · Röm 1,7!

1 1 Paulus und Silvanus und Timotheus an die Gemeinde in Thessalo-
nich, die in Gott, dem Vater, und im Herrn, Jesus Christus, lebt: Gna-
de sei mit euch und Friede.

Dankbares Gedenken

2: 1Kor 1,4 · 5,17
3: 5,8; 1Kor 13,13!

2 Wir danken Gott allezeit für euch alle, wenn wir in Gedanken bei
euch sind in unseren Gebeten. Unablässig 3 denken wir vor Gott, unse-
rem Vater, an euch: an euer Werk im Glauben, eure Arbeit in der Liebe,
eure Geduld in der Hoffnung auf unseren Herrn Jesus Christus. 4 Wir
wissen, von Gott geliebte Brüder und Schwestern, um eure Erwählung;

5: 1Kor 2,4 · Röm 15,19

5 denn unsere Verkündigung des Evangeliums bei euch geschah nicht
allein im Wort, sondern auch in der Kraft, im heiligen Geist und mit
grosser Wirkung; ihr wisst ja, wie wir bei euch aufgetreten sind zu eu-
rem Besten.

6: 1Kor 11,1!
7: Phil 3,17!

6 Ihr seid unserem Beispiel gefolgt und dem des Herrn, da ihr in
grosser Bedrängnis das Wort angenommen habt mit einer Freude, die
aus dem heiligen Geist kommt. 7 So seid ihr in Makedonien und in der
Achaia ein Vorbild für alle Glaubenden geworden. 8 Von euch ausge-
hend hat das Wort des Herrn Widerhall gefunden, nicht nur in Make-
donien und in der Achaia, sondern überall hat sich die Kunde von eurem
Glauben an Gott verbreitet – wir brauchen gar nicht mehr davon zu re-
den. 9 Überall nämlich wird berichtet, was für eine Aufnahme wir bei
euch gefunden haben und wie ihr euch, von den nichtigen Göttern weg,
Gott zugewandt habt, um dem lebendigen und wahren Gott zu dienen

10: Röm 10,9 · Röm 5,9

10 und um zu warten auf seinen Sohn aus dem Himmel, den er von den
Toten auferweckt hat, Jesus, der uns rettet vor dem kommenden Zorn.

Erinnerung an den Anfang

2: Apg 16,20–24; 17,1–5 · 2,8.9; 2Kor 11,7; Röm 15,16!; Mk 1,14; 1Petr 4,17

2 1 Ihr wisst es ja selbst, liebe Brüder und Schwestern, dass es nicht
umsonst war, dass wir zu euch gekommen sind. 2 Im Gegenteil:
Nachdem wir in Philippi viel gelitten haben und misshandelt wurden,
wie ihr wisst, haben wir in unserem Gott die Freiheit wieder erlangt,
euch das Evangelium Gottes zu verkündigen unter mancherlei Kämp-
fen. 3 Denn unser Zuspruch beruht nicht auf Täuschung, Unlauterkeit

1,2–3: Andere Übersetzungsmöglichkeit: «für euch alle, da wir in Gedanken unablässig bei euch sind in unseren Gebeten. 3 Wir denken ...»

1,5: Andere Übersetzungsmöglichkeit: «..., im heiligen Geist und mit grosser Gewissheit; ihr ...»

oder Arglist, 4 sondern Gott hat uns für tauglich erachtet, mit dem 4: Gal 1,10 ·
Evangelium betraut zu werden, und darum reden wir: nicht um Men- Jer 11,20
schen zu gefallen, sondern um Gott zu gefallen, der unsere Herzen
prüft.

5 Denn wir sind damals bei euch, wie ihr wisst, weder mit Schmei-
chelreden aufgetreten noch mit heimlicher Habgier – Gott ist mein Zeu-
ge! –, 6 noch haben wir Ehre und Anerkennung von Menschen gesucht,
sei es von euch oder von anderen, 7 obwohl wir uns als Apostel Christi 7: 1Kor 9,1–5
auf unser Ansehen hätten berufen können, im Gegenteil: Wir konnten
unter euch sein wie arglose Kinder. Und wie eine Amme ihre Kinder
hegt, 8 so sehnen wir uns nach euch, und wir möchten euch teilhaben 8: 2,2!
lassen, nicht nur am Evangelium Gottes, sondern auch an unserem ei-
genen Leben; denn ihr seid uns lieb geworden. 9 Ihr erinnert euch doch, 9: 1Kor 4,12 · 2,2!
liebe Brüder und Schwestern, an unsere Mühe und Arbeit; Tag und
Nacht haben wir gearbeitet, um niemandem von euch zur Last zu fallen;
so haben wir euch das Evangelium Gottes verkündigt.

10 Ihr seid Zeugen, und auch Gott ist Zeuge, dass wir zu euch, den
Glaubenden, lauter, gerecht und untadelig waren. 11 Ihr wisst doch, 11–12: 1Kor 4,14
dass wir jedem Einzelnen von euch, wie ein Vater seinen Kindern, 12 zu- 12: 5,24
reden, Mut machen und ans Herz legen, sein Leben zu führen, wie es
würdig ist vor Gott, der euch zu seiner Herrschaft und Herrlichkeit ruft.

Annahme des Evangeliums in Bedrängnis

13 Deshalb danken auch wir Gott unablässig dafür, dass ihr das von 13: 1,2!; Gal 1,11
uns verkündigte und von euch empfangene Wort Gottes nicht als Men-
schenwort aufgenommen habt, sondern als das, was es in Wahrheit ist:
Gottes Wort, das in euch, den Glaubenden, wirksam ist. 14 Denn ihr, 14: Apg 17,5–9
liebe Brüder und Schwestern, seid dem Beispiel der Gemeinden Gottes
gefolgt – der christlichen Gemeinden in Judäa –, da ihr von euren Mit-
bürgern dasselbe erlitten habt wie sie von den Juden. 15 Diese haben
den Herrn Jesus getötet und die Propheten, sie haben uns verfolgt, sie
missfallen Gott und sind allen Menschen feind, 16 weil sie uns daran 16: 1,10
hindern, den Völkern das Wort zu verkündigen, das ihnen Rettung
brächte; so machen sie unentwegt das Mass ihrer Sünden voll. Aber
schon ist der Zorn über sie gekommen in seinem vollen Ausmass.

Sehnsucht des Paulus nach seiner Gemeinde

17 Wir aber, liebe Brüder und Schwestern, sind wie verwaist, da wir
für eine kurze Zeit von euch getrennt sind – äusserlich nur, nicht aber
im Herzen. Umso mehr haben wir uns voller Sehnsucht bemüht, euch
von Angesicht zu sehen. 18 Denn wir wollten zu euch kommen, ich,
Paulus, mehr als einmal, doch der Satan hat es verhindert. 19 Denn wer 19: Phil 4,1 · 3,13;
ist unsere Hoffnung, unsere Freude, unser Ruhmeskranz vor unserem 4,15; 5,23!;
Herrn Jesus, wenn er kommen wird? Nicht etwa auch ihr? 20 Ja, ihr seid 2Thess 2,1!
unser Glanz und unsere Freude.

2,7: Andere Textüberlieferung: «..., im Gegenteil: Wir sind vielmehr euch zugewandt in eurer Mitte gewesen. ...»

Gute Nachrichten aus Thessalonich

1–2: Apg 17,14–15 · 3 1 Da wir es nicht länger aushielten, beschlossen wir, allein in Athen
Apg 16,1! zurückzubleiben, 2 und sandten Timotheus zu euch, unseren Bruder
und Mitarbeiter Gottes am Evangelium von Christus. Er sollte euch stär-
ken und zum Glauben ermutigen, 3 damit niemand in dieser Zeit der
Bedrängnis ins Wanken komme; denn ihr wisst selbst, dass uns dies
alles auferlegt ist. 4 Als wir bei euch waren, haben wir euch ja vorausge-
sagt, dass wir in mancherlei Bedrängnis geraten würden; so ist es denn
auch gekommen, und ihr wisst es. 5 Darum habe ich, da ich es nicht
länger aushielt, zu euch gesandt, um zu erfahren, wie es um euren Glau-
ben steht, ob der Versucher euch nicht etwa in Versuchung geführt habe
und unsere Arbeit umsonst gewesen sei.

6: Apg 18,5 · 1,3 6 Doch eben ist Timotheus zu uns zurückgekehrt und hat uns gute
Botschaft gebracht von eurem Glauben und eurer Liebe, dass ihr uns
allezeit in guter Erinnerung habt und euch danach sehnt, uns zu sehen,
so wie auch wir uns nach euch sehnen. 7 Darum sind wir getröstet wor-
den, liebe Brüder und Schwestern, dank euch, in all unserer Not und
8: 1Kor 16,13! Bedrängnis durch euren Glauben: 8 Jetzt können wir wieder leben,
wenn ihr fest gegründet seid im Herrn. 9 Ja, wie können wir Gott euret-
wegen Dank sagen für all die Freude, die wir durch euch erfahren vor
unserem Gott? 10 Tag und Nacht bitten wir inständig darum, euch von
Angesicht zu sehen und ergänzen zu können, was eurem Glauben noch
fehlt.

11 Er selbst aber, unser Gott und Vater, und Jesus, unser Herr, möge
12: Phil 1,9 unsere Schritte zu euch lenken. 12 Euch aber lasse der Herr wachsen
und reicher werden in der Liebe zueinander und zu allen Menschen,
13: Jak 5,8 · 2,19! wie auch wir sie zu euch haben. 13 So werden eure Herzen gestärkt, dass
euch kein Tadel trifft und ihr heilig seid vor Gott, unserem Vater, bei der
Ankunft unseres Herrn Jesus mit all seinen Heiligen, Amen.

Leben im Glauben

1: 2,13 4 1 Im Übrigen, liebe Brüder und Schwestern, bitten und ermuntern
wir euch im Herrn Jesus, dass ihr so, wie ihr von uns unterwiesen
worden seid, euer Leben zu führen und Gott zu gefallen – das tut ihr ja
auch –, dass ihr auf diesem Weg immer noch weiter geht. 2 Ihr wisst ja,
welche Weisungen wir euch im Auftrag des Herrn Jesus gegeben haben.

3: 5,23 3 Das nämlich ist der Wille Gottes, eure Heiligung: dass ihr euch
fernhaltet von der Unzucht, 4 dass jeder von euch in Heiligung und
5: Gal 4,8 Würde mit seinem Gefäss, dem Leib, umzugehen wisse 5 – nicht in be-
gehrlicher Leidenschaft wie die Heiden, die Gott nicht kennen – 6 und
dass keiner sich hinwegsetze über seinen Bruder und ihn bei Geschäf-
ten übervorteile; denn über dies alles hat der Herr seine Strafe verhängt,
wie wir euch schon früher gesagt und bezeugt haben. 7 Denn Gott hat
uns nicht zur Unlauterkeit berufen, sondern zu einem Leben in Heili-
8: Ez 36,27; 37,14 · gung. 8 Darum: Wer solches missachtet, der missachtet nicht einen
1Kor 6,19 Menschen, sondern Gott, der doch seinen heiligen Geist in euch hinein-
legt.

4,4: Der griechische Text lässt offen, wofür der Ausdruck ‹das Gefäss› steht; er lautet: «mit seinem Gefäss umzugehen wisse».

DENN GOTT
IST IM HIM
MEL UND
DU AUF DER
ERDE DARUM
MACHE NICHT
VIELE WORTE
Pred 5,1

Schriftbild zu Kohelet 5,1

9 Über die Liebe unter Brüdern und Schwestern aber brauche ich 9: Röm 12,10;
euch nicht zu schreiben, seid ihr doch selbst von Gott gelehrt, einander Hebr 13,1
zu lieben. 10 Und ihr tut es ja auch allen gegenüber, die zur Gemeinde 10: 1,7
gehören, in ganz Makedonien. Wir reden euch aber zu, liebe Brüder und
Schwestern, darin noch verschwenderischer zu werden 11 und euer
ganzes Streben darauf auszurichten, in Ruhe und Frieden zu leben, das
Eure zu tun und mit den eigenen Händen zu arbeiten, wie wir es euch
geboten haben. 12 Ihr sollt euch vorbildlich verhalten gegenüber denen, 12: Röm 13,13
die nicht zur Gemeinde gehören, und auf niemanden angewiesen sein.

Die Toten in Christus

13 Wir wollen euch, liebe Brüder und Schwestern, nicht im Unge- 13: 1Kor 15,20
wissen lassen über das Schicksal der Verstorbenen; ihr sollt nicht be-
trübt sein wie die anderen, die keine Hoffnung haben.

14 Wenn wir nämlich glauben, dass Jesus gestorben und auferstan- 14: 5,10
den ist, so wird Gott auch die Verstorbenen durch Jesus mit ihm zusam-
men heraufführen. 15 Denn dies sagen wir euch aufgrund eines Wortes 15–17: 1Kor 15,51–52
des Herrn: Wir, die wir leben, die wir bis zum Kommen des Herrn am 15: 2,19!; 1Kor 15,23
Leben bleiben, werden den Verstorbenen nichts voraushaben. 16 Denn 16: Mt 24,30!–31 ·
der Herr selbst wird beim Erschallen des Befehlswortes, bei der Stimme 1Kor 1,24–25
des Erzengels und der Posaune Gottes vom Himmel herabsteigen. Und
die, die in Christus gestorben sind, werden zuerst auferstehen, 17 da- 17: Phil 1,23!
nach werden wir, die wir noch am Leben sind, mit ihnen zusammen
hinweggerissen und auf Wolken emporgetragen werden in die Höhe,
zur Begegnung mit dem Herrn. Und so werden wir allezeit beim Herrn
sein.

18 So tröstet also einander mit diesen Worten.

Leben im Vorschein der Zukunft

5 1 Über Zeiten und Fristen aber, liebe Brüder und Schwestern, 1: Mk 13,32
braucht euch niemand zu belehren. 2 Ihr wisst ja selber genau, dass 2: 1Kor 1,8!;
der Tag des Herrn kommt wie ein Dieb in der Nacht. 3 Wenn die Leute Mt 24,42–43;
sagen: Friede und Sicherheit, dann wird das Verderben so plötzlich über 2Petr 3,10!
sie kommen wie die Wehen über die Schwangere, und es wird kein Ent-
rinnen geben.

4 Ihr aber, liebe Brüder und Schwestern, lebt nicht in der Finsternis,
so dass euch der Tag überraschen könnte wie ein Dieb. 5 Ihr seid ja alle
‹Söhne und Töchter des Lichts› und ‹Söhne und Töchter des Tages›; wir
gehören nicht der Nacht noch der Finsternis. 6 Lasst uns also nicht
schlafen wie die anderen, sondern wach und nüchtern sein! 7 Wer
schläft, schläft des Nachts, und wer sich betrinkt, ist des Nachts betrun-
ken, 8 wir aber, die wir dem Tag gehören, wollen nüchtern sein, angetan 8: Eph 6,14–17 ·
mit dem Panzer des Glaubens und der Liebe und mit dem Helm der 1,3!
Hoffnung auf Rettung. 9 Denn Gott hat uns nicht dazu bestimmt, dass 9: 1,10!
wir dem Zorn verfallen, sondern dass wir die Rettung erlangen durch
unseren Herrn Jesus Christus, 10 der für uns gestorben ist, damit wir 10: 4,14; Röm 14,8 ·
alle miteinander, ob wir nun wachen oder schlafen, zusammen mit ihm 4,17
leben werden.

5,9: Andere Übersetzungsmöglichkeit: «..., sondern dass wir das Heil bewahren ...»

11: 4,18 11 Deshalb: Redet einander zu und richtet euch gegenseitig auf, wie
ihr es ja tut.

Das Zusammenleben in der Gemeinde

12 Wir bitten euch aber, liebe Brüder und Schwestern, diejenigen zu
achten, die sich besonders einsetzen unter euch, die sich im Herrn um
13: 2Kor 13,11 euer Wohl kümmern und die euch zurechtweisen. 13 Schätzt sie um
dieses Tuns willen über alles in Liebe! Und: Haltet Frieden untereinander.

14 Wir reden euch aber zu, liebe Brüder und Schwestern: Weist die
zurecht, die sich an keine Ordnung halten, ermutigt die Verzagten,
15: Röm 12,17! steht den Schwachen bei, habt Geduld mit allen! 15 Seht zu, dass keiner
dem andern Böses mit Bösem vergelte. Jagt vielmehr allezeit dem Guten
nach, füreinander und für alle.

16: Phil 3,1 16 Freut euch allezeit,
17: 1,2 17 betet ohne Unterlass,
18 in allem sagt Dank; das ist der Wille Gottes, in Christus Jesus, für euch.
19 Den Geist bringt nicht zum Erlöschen!
20: Röm 12,6 20 Prophetische Rede verachtet nicht!
21 Prüft aber alles, das Gute behaltet!
22 Meidet das Böse in jeder Gestalt!

23: Röm 15,33! · 23 Er aber, der Gott des Friedens, heilige euch durch und durch; Geist,
4,3 · 2,19! Seele und Leib mögen euch unversehrt und untadelig erhalten bleiben
24: 2,12 bis zur Ankunft unseres Herrn Jesus Christus. 24 Treu ist, der euch ruft:
Er wird es auch tun.

Briefschluss

26: Röm 16,16! 25 Liebe Brüder und Schwestern, betet auch für uns. 26 Grüsst alle in
der Gemeinde mit dem heiligen Kuss.

27 Ich beschwöre euch beim Herrn, diesen Brief allen in der Gemeinde vorzulesen.

28: 1Kor 16,23; Röm 16,20; 2Thess 3,18 28 Die Gnade unseres Herrn Jesus Christus sei mit euch.

Der Zweite Brief an die Thessalonicher

Die kanonische Überschrift bezeichnet die vorliegende Schrift als den zweiten Brief an die Gemeinde in Thessalonich. Im Brief selbst wird zwar auf einen früheren Brief des Paulus andeutungsweise Bezug genommen (2Thess 2,2), es findet jedoch keine explizite Anknüpfung statt. Bei einer vergleichenden Lektüre stellt sich ein merkwürdiger Eindruck ein: Zwischen den beiden Briefen gibt es viele Berührungen

5,13: Andere Textüberlieferung: «... Und: Haltet Frieden mit ihnen.»

und zum Teil fast wörtliche Übereinstimmungen, jedoch nur eine einzige thematische Verknüpfung: die Frage nach dem Tag des Herrn (vgl. 1Thess 4,13–5,11 mit 2Thess 2,1–12). Gerade hier aber weichen die Ausführungen inhaltlich stark voneinander ab.

Am Eingangsteil des Briefs (2Thess 1,3–12) lässt sich besonders deutlich zeigen, wie sich Nähe und Distanz der beiden Briefe zueinander verhalten: Der Abschnitt enthält wie 1Thess 1,2–10 Danksagung, Erinnerung und Fürbitte. Im Ersten Brief an die Thessalonicher sind diese drei Elemente miteinander verwoben, und die gemeinsame Geschichte von Apostel und Gemeinde leuchtet hell auf. Im zweiten Brief sind die Verse 2Thess 1,3–4 geprägt von Danksagung und Erinnerung; die Fürbitte dagegen kommt erst in 2Thess 1,11–12 zum Zug. Alles ist sehr allgemein gehalten, nichts erinnert an gemeinsame Erfahrungen. Dazwischen schiebt sich nun ein Abschnitt (2Thess 1,5–10), der von einem ganz anderen Anliegen bestimmt ist: Die Leiden der Gemeinde sind ein sicheres Anzeichen für das künftige Gericht an den Gottlosen. Mit dem Stichwort des künftigen Gerichts wird zwar an 1Thess 1,9–10 angeknüpft, der Gedanke jedoch völlig neu gewendet: Es geht nun nicht mehr um die Errettung der Glaubenden, sondern um die gerechte Bestrafung der Gottlosen, die darin besteht, dass sie dereinst von denselben Leiden getroffen werden, welche die Glaubenden jetzt auf sich nehmen müssen. Die Übereinstimmung in verschiedenen Formulierungen und Stichworten kann nicht darüber hinwegtäuschen, dass im zweiten Brief unter bewusster Aufnahme paulinischer Tradition ganz andere theologische Absichten leitend sind.

Nach der Lektüre des Briefs werden wohl nur zwei Abschnitte nachdrücklich in Erinnerung bleiben: die Ausführung über die Endzeit in 2Thess 2,1–12 und die Warnung vor den ‹Arbeitsscheuen› in 2Thess 3,6–12. Daneben enthält der Brief eine Anschrift (2Thess 1,1–2), die schon besprochene Einleitung (2Thess 1,3–12), ein rahmendes Element zu den Ausführungen über die Endzeit (2Thess 2,13–14) und recht unterschiedliche kurze Mahnungen, Wünsche und Anordnungen (2Thess 2,15–3,16). Den Schluss (2Thess 3,17–18) bilden Gruss, Segenswunsch und die Versicherung, dass Paulus der Autor des Briefs sei.

Ob und wie die beiden grösseren thematischen Ausführungen zusammenhängen, wird im Brief selbst nicht deutlich. Es lässt sich jedoch eine Vermutung aufstellen: Verschiedene Gemeindeglieder, die aufgrund der paulinischen Aussagen insbesondere in 1Thess 4,13–5,11 zur Überzeugung gekommen sind, dass der Tag des Herrn unmittelbar bevorstehe (2Thess 2,2), sollen wissen, dass jenem Tag eine ganze Reihe von Ereignissen vorausgehen werden und der Alltag der Welt noch seine Dauer hat (2Thess 2,3–12). Der Verfasser verweist insbesondere auf das Auftreten des «Gesetzesfeindes» und die rätselhafte Kraft, die diesen bis jetzt noch zurückhält und am Auftreten hindert. Einige der Gemeindeglieder, die so belehrt werden, könnten der Überzeugung gewesen sein, dass jetzt, in der Endzeit, die Zeit ausgekauft und die gewöhnlichen Betätigungen aufgegeben werden müssten (2Thess 3,6–12). Der Brief selbst lässt die Motive für das in 2Thess 3,6–12 geschilderte Verhalten jedoch derart im Dunkeln, dass wir über die genaue Stossrichtung der Ausführungen nur Mutmassungen anstellen können.

Der genannte Abschnitt 2Thess 3,6–12 lässt aber deutlich erkennen, wie im Zweiten Brief an die Thessalonicher paulinische Traditionen aufgenommen und neu interpretiert worden sind. Gegen die Leute, die ihre tägliche Arbeit aufgegeben haben, wird das Beispiel des Apostels ins Feld geführt: In 2Thess 3,8 wird in zum Teil wörtlicher Aufnahme von 1Thess 2,9 daran erinnert, dass Paulus bei seinem Aufenthalt in Thessalonich Tag und Nacht gearbeitet habe, um niemandem zur Last zu fallen. In 1Thess 2,9 steht diese Aussage im Horizont der apostolischen Unabhängigkeit, das Evangelium allein in Verantwortung vor Gott zu verkündigen. Hier im zweiten Brief wird sie dagegen zu einer Maxime der Lebensführung: Paulus habe so gelebt, um allen ein Beispiel zu geben (2Thess 3,9). Die subtilen, aber inhaltlich entscheidenden Verschiebungen gegenüber Paulus zeigen, wie sehr dem Autor des Zweiten Briefs an die Thessalonicher daran liegt zu zeigen, dass Glaube sich in der Welt und in der Zeit bewähren muss. So wird durch diesen Brief einerseits indirekt spürbar, wie stark die paulinische Theologie dazu motivieren konnte, die Ordnungen der Welt hinter sich zu lassen, und anderseits deutlich sichtbar, wie in den Jahren 80–100 n.Chr. mit Hilfe derselben Tradition versucht wurde, der Weltflucht christlicher Gruppen entgegenzutreten und diese wieder zu einem ‹bürgerlichen› Leben zurückzuführen.

Anschrift

1–2: 1Thess 1,1 1 1 Paulus und Silvanus und Timotheus an die Gemeinde in Thessalo-
nich, die in Gott, unserem Vater, und im Herrn Jesus Christus lebt:
2: Röm 1,7 2 Gnade sei mit euch und Friede von Gott, unserem Vater, und dem
Herrn Jesus Christus.

Dank und Fürbitte für die Gemeinde

3: 2,13; 1Thess 1,2! · 3 Wir sind es Gott schuldig, ihm allezeit für euch, liebe Brüder und
1Thess 1,3; 3,12 Schwestern, zu danken, wie es sich geziemt, denn euer Glaube gedeiht
4: 1Thess 2,19 · und die Liebe zueinander wächst bei einem jeden von euch. 4 Darum
1Thess 2,14 · sind wir stolz auf euch und rühmen in den Gemeinden Gottes eure
1Thess 3,3.7 Standhaftigkeit und eure Treue in aller Verfolgung und Bedrängnis, die
ihr ertragt.
5: 1Thess 2,12! 5 Ein Hinweis auf das gerechte Gericht Gottes ist dies alles, ein Zei-
chen, dass ihr für würdig erachtet werdet des Reiches Gottes, für das ihr
6: 1,4! auch leidet, 6 wenn es denn bei Gott als gerecht gilt, mit Drangsal zu
7: 1Kor 1,7; vergelten denen, die euch bedrängen, 7 und Erleichterung zu ver-
1Thess 3,13 schaffen euch, den Bedrängten, und auch uns. Geschehen wird es, wenn
Jesus, der Herr, vom Himmel her erscheint mit den Engeln seiner
8: 1Kor 3,13 · Macht, 8 in loderndem Feuer. Dann wird er Vergeltung üben an denen,
Jes 66,15 · die Gott nicht kennen und die dem Evangelium Jesu, unseres Herrn,
1Thess 4,5 · Röm 10,16 nicht gehorchen. 9 Ewiges Verderben wird die Strafe sein, die sie treffen
wird vom Angesicht des Herrn und von der Herrlichkeit seiner Macht,
10: 1,7! 10 wenn er kommt an jenem Tag, um verherrlicht zu werden inmitten
seiner Heiligen und gefeiert zu werden von allen, die zum Glauben ge-
kommen sind; denn bei euch hat unser Zeugnis Glauben gefunden.

11 Darum beten wir auch allezeit für euch, dass unser Gott euch der
Berufung für würdig erachte und jeden Entschluss zum Guten und das
Werk des Glaubens machtvoll vollende. 12 So soll der Name unseres
Herrn Jesus verherrlicht werden unter euch und ihr in ihm, wie es der
Gnade unseres Gottes und unseres Herrn Jesus Christus entspricht.

11: 1Thess 1,2 · 1Thess 1,3

Der Tag des Herrn

2 1 Was nun aber die Wiederkunft unseres Herrn Jesus Christus be-
trifft und unsere Zusammenführung mit ihm, so bitten wir euch,
liebe Brüder und Schwestern: 2 Lasst euch nicht so schnell um den Ver-
stand bringen und in Schrecken versetzen, wenn in einer Prophezei-
ung, einer Rede oder einem Brief – und wäre er auch von uns – angeb-
lich gesagt wird, der Tag des Herrn sei schon da.

1–12: 1Thess 4,13–17; 5,1–10
1: 1,8; 1Thess 2,19!; Jak 5,7 · 1,10
2: 2,15; 3,17 · 1Thess 5,2

3 Niemand soll euch täuschen, auf keinerlei Weise! Denn zuerst
muss der Widerruf kommen und der Feind des Gesetzes offenbar wer-
den, der Sohn des Verderbens, 4 der Widersacher, der sich über alles
erhebt, was Gott oder heilig genannt wird, und sich in den Tempel Got-
tes setzt und sich gebärdet, als wäre er Gott. 5 Erinnert ihr euch nicht,
dass ich euch dies sagte, als ich noch bei euch war? 6 Jetzt wisst ihr auch,
was ihn noch aufhält, so dass er erst zu der für ihn bestimmten Zeit
offenbar wird. 7 Zwar ist das Geheimnis der Gesetzesfeindschaft schon
am Werk; doch noch gibt es den, der es aufhält, bis er dann beseitigt
wird. 8 Dann wird der Gesetzesfeind offen hervortreten, aber der Herr
wird ihn durch den Hauch seines Mundes töten und durch die Erschei-
nung seiner Wiederkunft zunichte machen. 9 Jener aber, dessen Kom-
men das Werk des Satans ist, wird mit aller Macht auftreten, mit trüge-
rischen Zeichen und Wundern, 10 und mit grosser List all jene zur
Ungerechtigkeit verführen, die verloren gehen, weil sie die Liebe zur
Wahrheit nicht in sich aufgenommen haben und sich nicht retten lies-
sen. 11 Deshalb schickt ihnen Gott eine Kraft, die in die Irre führt, dass
sie der Lüge glauben. 12 So sollen alle gerichtet werden, die der Wahr-
heit nicht geglaubt, sondern am Unrecht Gefallen gefunden haben.

3: 1Tim 4,1; 2Tim 3,1–5
4: 2,8; Dan 8,10–11
5: 2,15
8: Jes 11,4 · 1Thess 2,19!

13 Wir aber sind es Gott schuldig, ihm allezeit zu danken für euch,
liebe Brüder und Schwestern, die ihr vom Herrn geliebt seid; denn euch
hat Gott von Anfang an erwählt zur Rettung, die durch die Heiligung im
Geist und durch den Glauben an die Wahrheit geschieht. 14 Dazu hat er
euch auch berufen durch unser Evangelium: Ihr sollt die Herrlichkeit
unseres Herrn Jesus Christus erlangen.

13: 1,3!; 1Thess 2,13 · 1Thess 4,7
14: 1Thess 5,9

Ermahnung und Anrufung des Herrn

15 Liebe Brüder und Schwestern, seid standhaft und haltet fest an
den Überlieferungen, in denen ihr von uns unterwiesen worden seid,
sei es mündlich oder schriftlich. 16 Er aber, unser Herr, Jesus Christus,
und Gott, unser Vater, der uns liebt und uns durch seine Gnade ewigen
Trost und gute Hoffnung gibt, 17 ermutige eure Herzen und stärke euch
zu jedem guten Werk und Wort.

15: 1Kor 16,13 · 2,2.5
16: 1Thess 3,11 · 1Thess 3,2.13

2,2: Andere Übersetzungsmöglichkeit: «... – und sei er auch von uns – ...»
2,8: Andere Textüberlieferung: «... offen hervortreten, aber Jesus, der Herr, wird ihn ...»
2,13: Andere Textüberlieferung: «...; denn euch hat Gott als Erstling erwählt ...»

Bitte um Bewahrung

1: 1Thess 5,25 **3** 1 Im Übrigen, liebe Brüder und Schwestern, betet für uns, dass das
Wort des Herrn seinen Lauf nehme und überall in Ehren gehalten
2: 1Thess 5,24 werde, wie auch bei euch, 2 und dass wir gerettet werden aus der Hand
der verkehrten und bösen Menschen; denn der Glaube ist nicht jedermanns Sache.

3 Treu aber ist der Herr, der euch stärken und vor dem Bösen bewah-
4: 1Thess 4,2 ren wird. 4 Im Herrn haben wir Vertrauen in euch, dass ihr, was wir
5: 1Thess 3,11; anordnen, auch tut und tun werdet. 5 Der Herr aber richte eure Herzen
2Kor 13,13 aus auf die Liebe Gottes und die Geduld Christi.

Die sich an keine Ordnung halten

6: 1Thess 4,1 · 6 Wir fordern euch aber auf, liebe Brüder und Schwestern, im Na-
1Thess 5,14 · 2,15 men unseres Herrn Jesus Christus, zu meiden alle in der Gemeinde, die
ohne Ordnung leben und sich nicht an die Überlieferung halten, die sie
von uns empfangen haben.

7: 1Thess 1,6 · 7 Ihr wisst ja selber, wie man unserem Beispiel folgen soll: Wir ha-
1Thess 5,14 ben bei euch nicht so gelebt, als gäbe es keine Ordnung, 8 noch haben
8: 1Thess 2,9! wir ohne Entgelt jemandes Brot gegessen; nein, wir haben dafür gearbeitet und uns geplagt, Tag und Nacht, um niemandem von euch zur
9: 1Kor 9,4.14 · Last zu fallen. 9 Nicht dass wir kein Recht dazu hätten, nein, wir wollen
1Thess 1,6.7 uns selbst hinstellen als ein Vorbild für euch, das ihr nachahmen sollt.
10: 1Thess 3,4 · 2,15 10 Wir haben ja auch, als wir bei euch waren, euch dies geboten: Wer
nicht arbeiten will, soll auch nicht essen.

11: 3,6; 1Thess 5,14 11 Wir hören nämlich von einigen unter euch, dass sie ohne Ordnung leben; sie arbeiten nicht, sondern treiben unnütze Dinge. 12 Sol-
chen Leuten gebieten wir, wir ermahnen sie im Herrn Jesus Christus:
Geht in Ruhe eurer Arbeit nach und esst euer eigenes Brot!

Die Zurechtweisung des Bruders

13: Gal 6,9 13 Ihr aber, liebe Brüder und Schwestern, werdet nicht müde, Gutes
14: 1Kor 5,9 zu tun! 14 Wenn aber einer dem nicht nachkommt, was in diesem Brief
steht, so merkt ihn euch und meidet den Umgang mit ihm, damit er
15: 1Thess 5,12.14; beschämt werde. 15 Aber haltet ihn nicht für einen Feind, sondern weist
Röm 15,14 ihn als euren Bruder zurecht. 16 Er aber, der Herr des Friedens, gebe
16: Röm 15,33! euch den Frieden allezeit und auf alle Weise. Der Herr sei mit euch allen.

Briefschluss

17: 1Kor 16,21 17 Dies ist mein, des Paulus, eigenhändig geschriebener Gruss, das
18: 1Thess 5,28! Zeichen in jedem Brief: So schreibe ich. 18 Die Gnade unseres Herrn Jesus Christus sei mit euch allen.

3,7: Andere Übersetzungsmöglichkeit: «... nicht so gelebt, als wollten wir uns vor der Arbeit drücken,»

Der Erste Brief an Timotheus

Bereits die kanonische Überschrift zeigt eine Besonderheit des Ersten Briefs an Timotheus an: Hier liegt ein Brief vor, der an eine Einzelperson gerichtet ist (im Neuen Testament sonst nur noch 2Tim, Tit, Phlm und 3Joh). Diese Einzelperson ist Timotheus, der neben Titus wohl wichtigste Mitarbeiter des Paulus, den dieser laut dem Bericht der Apostelgeschichte (Apg 16,1–3) als ersten Mitarbeiter in Kleinasien gewann. Der Autor wird in der Überschrift nicht genannt. In den Kreisen, in denen der Brief zuerst weitergereicht und überliefert worden ist, scheint klar gewesen zu sein, wer er war. Der Brief selbst will dies von allem Anfang an zu erkennen geben: Es ist der Apostel Paulus (1Tim 1,1).

Die Überschrift macht zudem auf ein weiteres Merkmal des Briefs aufmerksam: Es handelt sich um den ersten Brief an Timotheus. Liest man diesen Brief für sich, so entdeckt man kaum etwas, das auf eine umfassendere Korrespondenz zwischen Paulus und Timotheus hinwiese. Was die beiden Briefe an Timotheus jedoch verbindet, sind die Situation, in der sich Paulus befindet (Gefangenschaft), seine Sorge um die von ihm gegründeten Gemeinden und der Appell, der überlieferten Lehre treu zu bleiben. Darum schreibt Paulus an Timotheus. Vordergründig geht es zwar um Timotheus – Paulus scheint sich sogar um seine Gesundheitsprobleme zu kümmern und empfiehlt, statt wie bisher bloss Wasser, fortan ein wenig Wein zu trinken (1Tim 5,23). Dass es bei dieser Empfehlung aber keineswegs um die Gesundheit einer Einzelperson geht, sondern um ein Modell, wie ein christlicher Gemeindeleiter sich zu religiös begründeten asketischen Forderungen verhalten soll, zeigen der Kontext (1Tim 5,17–25), der überlegt formulierte Wortlaut («nicht mehr bloss ..., sondern ... ein wenig») und die Berücksichtigung der im Brief selbst erwähnten Position der bekämpften Lehrer (1Tim 4,3). Ein Gemeindeleiter soll zwar nüchtern leben und den Anschein von Nähe zu ekstatischen Kulten vermeiden, nicht aber den Trink- und Speisegeboten einer asketisch geprägten Frömmigkeit in gleichsam gesetzlicher Weise folgen. Denn grundsätzlich gilt: Die Gaben der Schöpfung sollen mit Dankbarkeit genossen werden (1Tim 4,3–5). Was sich hier an einem Detail zeigt, lässt sich im ganzen Brief beobachten: Er ist geprägt vom Bemühen, den Gemeinden in ethischen und kirchlich-organisatorischen Fragen Weisung zu geben.

Der skizzierte Charakter des Ersten Briefs an Timotheus ist auch dem Zweiten Brief an Timotheus und dem Brief an Titus eigen, nicht jedoch den übrigen Paulusbriefen. Die Analyse des verwendeten Vokabulars, der stilistischen Merkmale, der historischen und geistesgeschichtlichen Bezüge und der theologischen Aussagen hat zu einem klaren Ergebnis geführt: Die beiden Briefe an Timotheus und der Brief an

Titus bilden ein eigenes kleines Briefkorpus, das im Geist und unter dem Namen des Paulus in den Jahren 80–100 n.Chr. in Kleinasien, vielleicht in Ephesus, entstanden ist. Die dortige Paulusschule hat die drei Briefe aus der Sorge um die Entwicklung der paulinischen Gemeinden und die Bewahrung und richtige Auslegung der Paulustradition verfasst. Sie werden zu Recht heute allgemein als Pastoralbriefe (Hirtenbriefe) bezeichnet.

Dem Anliegen des Ersten Briefs an Timotheus entspricht sein Aufbau: Der nach Anschrift, Erinnerung und Vergewisserung (1Tim 1,1–17) erste programmatische Abschnitt (1Tim 1,18–20) enthält die Schlüsselbegriffe, die dem Brief sein Gepräge geben: Paulus vertraut dem Timotheus die Weisung an, die ihn selbst und sein Werk bestimmt, er legt sie ihm als verbindliches Erbe in die Hände. Wofür Paulus eingestanden ist, wofür er gekämpft hat und jetzt leidet, all das soll Timotheus weitergeben und weiterführen. Dieses verbindliche Erbe wird in zwei Teilen dargestellt, die sich in der Art der Mitteilung und in ihrem Charakter unterscheiden. Im ersten Teil (1Tim 2,1–3,16) wendet sich Paulus unmittelbar an die Gemeindeglieder und gibt Anweisungen für die verantwortliche Lebensführung des Einzelnen. Im zweiten Teil (1Tim 4,1–6,2) wendet er sich an Timotheus: Er ermahnt und berät ihn, wie das Leben der Gemeinde zu gestalten und zu regeln sei. Im Schlussabschnitt (1Tim 6,3–21) werden die Motivation der abgelehnten Lehrer und diejenige der wahren Amtsträger durchleuchtet und einander gegenübergestellt. Dies führt zur Schlussmahnung und zum Segenswunsch.

Der Erste Brief an Timotheus muss sich an seinem Grundanliegen messen lassen, das er selber angibt: das anvertraute Gut zu bewahren (1Tim 6,20). Vergleicht man das hier dargestellte Modell der Kirche und die entsprechenden Regelungen für das Zusammenleben der verschiedenen Gruppen in Gesellschaft und Kirche mit den entsprechenden Überlegungen in den echten Paulusbriefen, so wird man – und dies nicht nur, was die Stellung der Frauen angeht – feststellen müssen: Die Akzente und die theologischen Begründungen haben sich nicht unerheblich verschoben. Ob und in welcher Weise z.B. die Bejahung der Schöpfung zur Bejahung der geschichtlich jeweils vorfindlichen gesellschaftlichen Strukturen (im 1Tim: der patriarchal organisierten Grossfamilie als Vorbild für die Gemeinschaft) führen soll, wird jede christliche Gemeinschaft immer wieder neu zu bedenken haben.

Anschrift

1–2: 2Tim 1,1–2
1: 2,3!
2: 1,18!; 1Kor 4,17! · Tit 1,4 · 2Joh 3

1 1 Paulus, Apostel Christi Jesu im Auftrag Gottes, unseres Retters,
und Christi Jesu, der unsere Hoffnung ist, 2 an Timotheus, sein
rechtmässiges Kind im Glauben: Gnade, Barmherzigkeit und Frieden
von Gott, dem Vater, und von Christus Jesus, unserem Herrn.

3–7: 4,1–3.7; 6,3–5.20
3: Apg 20,1
4: 4,7! · 6,4; 2Tim 2,14.23; Tit 3,9

Erneuerung des Auftrags an Timotheus

3 Wie damals bei meiner Abreise nach Makedonien, als ich dich bat,
in Ephesus zu bleiben, um gewissen Leuten zu verbieten, andere Lehren
zu verbreiten 4 und sich mit Mythen und endlosen Geschlechterreihen
zu befassen, die nur zu Streitereien führen und zur Haushaltung Gottes,

die im Glauben wirksam wird, nichts beitragen, so gilt auch jetzt: 5 Das Ziel aller Weisung ist die Liebe, die aus reinem Herzen und gutem Gewissen und ungeheucheltem Glauben kommt. 6 Davon sind einige abgewichen und leerem Geschwätz verfallen; 7 sie wollen Lehrer des Gesetzes sein und haben doch keine Ahnung, wovon sie reden und worüber sie so selbstgewiss urteilen.

5: Röm 13,10 · 1,19
6: 6,20–21

8 Wir wissen aber: Das Gesetz ist gut, wenn man es in seinem Sinn anwendet, 9 das heisst, wenn man sich bewusst ist, dass das Gesetz nicht den Gerechten betrifft, sondern diejenigen, die das Gesetz noch nicht haben und sich nicht unterordnen: Gottlose und Sünder, Frevler und Ruchlose, Vater- und Muttermörder, Totschläger, 10 solche, die sich der Unzucht hingeben, die mit Männern schlafen, die Menschen rauben und verkaufen, die lügen und Meineide schwören und tun, was da sonst noch der gesunden Lehre entgegensteht, 11 wie sie dem Evangelium von der Herrlichkeit des seligen Gottes entspricht, mit dem ich betraut worden bin.

8: Röm 7,12
10: 6,3; Tit 2,1!
11: 2Kor 4,3–4 · 6,15 · 1Thess 2,4; Tit 1,3

Die Beauftragung des Paulus

12 Ich danke dem, der mich ermächtigt hat, Christus Jesus, unserem Herrn, dafür, dass er mir sein Vertrauen geschenkt und mich in seinen Dienst gestellt hat, 13 mich, der ich zuvor ein Gotteslästerer war und andere verfolgte und misshandelte. Doch ich habe Erbarmen gefunden, weil mir, da ich noch im Unglauben war, nicht bewusst war, was ich tat. 14 Überreich aber zeigte sich die Gnade unseres Herrn und mit ihr Glaube und Liebe in Christus Jesus. 15 Zuverlässig ist das Wort und würdig, vorbehaltlos angenommen zu werden: Christus Jesus ist in die Welt gekommen, um Sünder zu retten – unter ihnen bin ich der erste. 16 Doch eben darum habe ich Erbarmen gefunden: An mir als Erstem sollte Christus Jesus die ganze Fülle seiner Geduld zeigen, beispielhaft für alle, die künftig an ihn glauben und so ewiges Leben finden. 17 Ehre und Herrlichkeit sei dem König der Ewigkeit, dem unvergänglichen, unsichtbaren und einzigen Gott, in alle Ewigkeit, Amen.

13: Gal 1,13!
14: Kol 1,4!; 2Tim 1,13
15: 4,9! · 1Kor 15,9; Eph 3,8
17: 6,15–16 · Röm 1,23 · Röm 1,20; Kol 1,15 · Röm 16,27; Jud 25

Die Verpflichtung des Timotheus

18 Diese Weisung lege ich in deine Hände, Timotheus, mein Kind, im Blick auf die prophetischen Worte, die früher an dich ergangen sind, damit du mit ihrer Hilfe den guten Kampf führst! 19 Behalte den Glauben und das gute Gewissen. Einige haben es über Bord geworfen und im Glauben Schiffbruch erlitten. 20 Zu ihnen gehören Hymenäus und Alexander, die ich dem Satan übergeben habe, dass sie in Zucht genommen werden und Gott nicht mehr lästern.

18: 1,2!; 6,20; Apg 16,1!
19: 1,5–6; 3,9
20: 2Tim 2,17–18 · 2Tim 4,14 · 1Kor 5,5

Das Gebet für alle Menschen

2 1 Insbesondere bitte ich euch nun, vor Gott einzutreten für alle Menschen in Bitte, Gebet, Fürbitte und Danksagung, 2 für die Könige und alle Amtsträger, damit wir ein ruhiges und gelassenes Leben führen können, fromm und von allen geachtet. 3 Das ist schön und gefällt

2: 4,8!
3: 1,1; 4,10; Tit 1,3!

1,9: Andere Übersetzungsmöglichkeit: «..., sondern diejenigen, die gegen das Gesetz verstossen und sich ...»

4: 4,10; Tit 2,11 · 2Tim 2,25; 3,7; Tit 1,1
5: 1Kor 8,6! · Hebr 8,6
6: Gal 1,4; Tit 2,14 · Mk 10,45! · 6,15; Tit 1,3
7: 2Tim 1,11

Gott, unserem Retter, 4 der will, dass alle Menschen gerettet werden
und zur Erkenntnis der Wahrheit kommen.

5 *Einer* nämlich ist Gott,
einer auch ist Mittler zwischen Gott und Menschen,
der Mensch Christus Jesus,
6 der sich selbst gegeben hat als Lösegeld für alle –
das Zeugnis zur rechten Zeit.

7 Dafür bin ich eingesetzt worden als Herold und Apostel – ich sage
die Wahrheit und lüge nicht –, als Lehrer der Völker, im Glauben und in
der Wahrheit.

Männer und Frauen im Gottesdienst

9: 1Petr 3,3–5
10: 5,10
11–12: 1Kor 14,34–35
12: Gen 3,16
13: Gen 1,27; 2,7.22
14: Gen 3,6.13 · 2Kor 11,3
15: Gen 3,16

8 Mein Wille ist nun, dass die Männer überall beim Gebet ihre Hän-
de in Reinheit erheben, frei von Zorn und feindseligen Gedanken.
9 Ebenso will ich, dass die Frauen sich in Würde schmücken, mit An-
stand und Besonnenheit, nicht mit kunstvoll geflochtenen Haaren oder
Gold oder Perlen oder teuren Gewändern, 10 sondern, wie es sich
schickt für Frauen, die Gottesfurcht geloben, mit guten Werken.

11 Die Frau soll durch stilles Zuhören lernen, in aller Unterordnung.
12 Zu lehren gestatte ich einer Frau nicht, ebenso wenig über einen
Mann zu bestimmen. Sie soll sich still verhalten. 13 Denn Adam wurde
zuerst geschaffen, danach erst Eva. 14 Und nicht Adam hat sich verfüh-
ren lassen, sondern die Frau liess sich verführen und wurde so zur Über-
treterin. 15 Sie wird aber dadurch gerettet werden, dass sie Kinder zur
Welt bringt – wenn sie mit Besonnenheit im Glauben, in der Liebe und
in der Heiligung bleibt.

Bischöfe und Diakone

1: 4,9!
2–7: Phil 1,1 · Tit 1,6–9; 2Tim 2,24–26

3 1 Zuverlässig ist das Wort: Wenn einer das Bischofsamt anstrebt,
dann begehrt er eine schöne Aufgabe. 2 Ein Bischof muss ohne Tadel
sein: der Mann einer einzigen Frau, nüchtern, besonnen, massvoll,
gastfreundlich, ein begabter Lehrer, 3 weder trunksüchtig noch gewalt-
tätig, sondern unparteiisch, nicht streitsüchtig, nicht geldgierig, 4 ei-
ner, der seinem eigenen Haus gut vorzustehen weiss und seine Kinder
zu Gehorsam und Ehrfurcht erzieht – 5 denn wenn einer seinem eige-
nen Haus nicht vorzustehen weiss, wie kann er dann für die Gemeinde
Gottes sorgen? 6 Zudem soll er nicht einer sein, der gerade erst zum
Glauben gekommen ist, damit er nicht hochmütig wird und dem Ge-
richt des Teufels verfällt. 7 Er muss aber auch bei denen, die draussen
sind, einen guten Ruf haben, damit er nicht ins Gerede kommt und dem
Teufel in die Falle geht.

8: Phil 1,1
9: 3,16; Kol 1,26–27! · 1,19

8 Ebenso sollen die Diakone geachtete Leute sein, nicht doppelzün-
gig, nicht dem Wein ergeben, nicht auf Gewinn bedacht. 9 Sie sollen das
Geheimnis des Glaubens mit reinem Gewissen bewahren. 10 Auch sie
soll man zuerst prüfen; erst wenn sie sich als untadelig erwiesen haben,
sollen sie ihr Amt antreten. 11 Ebenso sollen die Frauen geachtet sein,
nicht verleumderisch, nüchtern, treu in allen Dingen. 12 Diakone sollen

2,9: Andere Übersetzungsmöglichkeit: «..., dass die Frauen sich mit ehrbarer Kleidung schmücken, ...»

nur eine Frau haben und ihren Kindern und dem eigenen Hausstand
gut vorstehen. 13 Denn die, welche ihr Diakonenamt gut ausüben, er- 13: 2Kor 3,12
werben sich hohes Ansehen und haben grossen Freimut im Glauben an
Christus Jesus.

Das Geheimnis Gottes

14 Dies schreibe ich dir in der Hoffnung, bald zu dir zu kommen.
15 Falls sich mein Kommen verzögert, sollst du wissen, wie man sich zu
verhalten hat im Hause Gottes; es ist ja die Gemeinde des lebendigen
Gottes, Pfeiler und Fundament der Wahrheit. 16 Und anerkanntermas- 16: 3,9! · 4,8! ·
sen gross ist das Geheimnis der Frömmigkeit: Röm 1,3–4

er, der offenbart wurde im Fleisch,
  gerecht gesprochen im Geist,
geschaut von den Engeln,
  verkündigt unter den Völkern,
im Glauben erkannt in aller Welt,
  aufgenommen in Herrlichkeit.

Das Auftreten von Irrlehrern

4 1 Der Geist aber sagt ausdrücklich: In den letzten Tagen werden 1–3: 1,3–7!
manche vom Glauben abfallen und sich an Irrgeister und an die Leh- 1: 2Thess 2,3!
ren von Dämonen halten, 2 an die Lehren von Leuten, die sich verstellen
und die Wahrheit verdrehen, die ein Brandmal im eigenen Gewissen
tragen. 3 Die werden das Heiraten untersagen, und die werden abraten 3: 1Kor 7,28 ·
von bestimmten Speisen, die Gott doch für die Glaubenden, die die Kol 2,21–22
Wahrheit erkannt haben, geschaffen hat, damit sie sie mit Danksagung
geniessen. 4 Denn alles, was Gott geschaffen hat, ist gut, und nichts ist 4: Gen 1,31;
verwerflich, wenn es mit Danksagung empfangen wird. 5 Ja, es ist ge- Apg 10,9–15 ·
heiligt durch Gottes Wort und durch Gebet. Röm 14,6

Der Nutzen der Frömmigkeit

6 Wenn du dies den Brüdern und Schwestern darlegst, wirst du ein 6: 2Tim 3,10
rechter Diener Christi Jesu sein, genährt von den Worten des Glaubens
und der guten Lehre, der du gefolgt bist. 7 Die unsäglichen Altweiber- 7: 1,4; 2Tim 4,4;
geschichten aber weise zurück! Übe dich dagegen in der Frömmigkeit. Tit 1,14 · 4,8!
8 Denn die körperliche Ertüchtigung ist für weniges gut, die Frömmig- 8: 2,2; 3,16; 4,7–8;
keit hingegen ist für alles gut: Sie trägt die Verheissung des Lebens in 6,3.5–6.11 ·
sich, des jetzigen und des künftigen. 9 Zuverlässig ist das Wort und 2Tim 1,1 9: 1,15; 3,1;
würdig, vorbehaltlos angenommen zu werden: 10 Weil wir unsere 2Tim 2,11; Tit 3,8
Hoffnung auf den lebendigen Gott gesetzt haben, darum arbeiten wir so 10: 2,3! · 2,4!
hart und kämpfen wir, denn er ist der Retter aller Menschen, ganz be-
sonders derer, die glauben.
11 Dies sollst du anordnen und lehren.

4,1: Andere Übersetzungsmöglichkeit: «... ausdrücklich: In späteren Zeiten werden manche vom ...»

Anweisungen an Timotheus

12: 1Kor 16,10–11; Tit 2,15 · Tit 2,7

12 Niemand soll dich deiner Jugend wegen gering schätzen. Nein,
sei vielmehr ein Vorbild für die Gläubigen in Wort und Lebensführung,
in der Liebe, im Glauben und in der Lauterkeit! 13 Kümmere du dich um
die Lesung, die Ermahnung und die Unterweisung, bis ich komme.

14: 5,22; 2Tim 1,6; Apg 6,6!

14 Vernachlässige nicht die dir eigene Gabe, die dir verliehen worden ist
durch prophetischen Zuspruch und unter Handauflegung des Ältesten-
rates. 15 Das lass deine Sorge sein, das sei dein Anliegen; so werden dei-
ne Fortschritte für alle sichtbar werden. 16 Gib acht auf dich und auf die
Lehre, bleib bei alledem! Denn wenn du dies tust, wirst du sowohl dich
retten als auch die, die auf dich hören.

5 1 Einen älteren Mann sollst du nicht anfahren, sondern ihn ermah-
nen wie einen Vater, jüngeren Männern aber begegne wie Brüdern,
2 älteren Frauen wie Müttern, jüngeren wie Schwestern, in aller Lauter-
keit.

Der Stand der Witwen

3 Unterstütze die Witwen, die alleinstehend sind. 4 Wenn eine Wit-
we aber Kinder oder Enkel hat, sollen diese zuerst lernen, für das eigene
Haus gewissenhaft zu sorgen und der älteren Generation Empfangenes

5: Lk 2,37

zu vergelten. So nämlich gefällt es Gott. 5 Die Witwe aber, die ganz al-
lein dasteht und niemanden mehr hat, die hat ihre ganze Hoffnung auf
Gott gesetzt und verharrt Tag und Nacht in Fürbitte und Gebet. 6 Die
aber, die es sich gut gehen lässt, ist lebendig tot. 7 Das schärfe ihnen ein,
damit sie unbescholten seien. 8 Wer aber nicht für die Seinen, ja nicht
einmal für die eigenen Hausgenossen zu sorgen weiss, der hat den
Glauben verleugnet und ist schlimmer als ein Ungläubiger.
9 Das Witwenamt sollst du nur einer Frau übertragen, die über sech-

10: 2,10 · Lk 7,44; Joh 13,14–15

zig Jahre alt ist, nur mit einem Mann verheiratet war 10 und sich durch
gute Werke ausgezeichnet hat, sei es, dass sie Kinder aufgezogen, die
Gastfreundschaft gepflegt, den Heiligen die Füsse gewaschen und sich
um die Bedrängten gekümmert hat oder ganz allgemein guten Werken
nachgegangen ist. 11 Jüngere Witwen aber weise ab! Wenn nämlich
ihre Sinneslust sie Christus abspenstig macht, wollen sie heiraten
12 und ziehen sich so das Urteil zu, die erste Treue gebrochen zu haben.
13 Zugleich gewöhnen sie sich daran, müssig von Haus zu Haus zu zie-
hen – und nicht nur müssig sind sie, nein, auch geschwätzig und vor-
laut und reden lauter unnützes Zeug.

14: 1Kor 7,8–9.39–40

14 Darum will ich, dass die jüngeren heiraten, Kinder gebären, ihren
Haushalt führen und dem Widersacher keinen Anlass zu übler Nachre-
de geben. 15 Denn schon manche haben sich abgewandt und folgen nun
dem Satan. 16 Wenn eine gläubige Frau Witwen in ihrer Familie hat,
dann soll sie sich um sie kümmern; die Gemeinde soll nicht belastet
werden, damit sie sich um die alleinstehenden Witwen kümmern
kann.

5,3: Der griechische Text ist äusserst knapp formuliert: «Unterstütze die Witwen, die wirklich Witwen sind.» Die Übersetzung richtet sich, wie in V. 16, nach dem aus dem gesamten Abschnitt zu erschliessenden Sachverhalt.

Anweisungen für die Ältesten

17 Die Ältesten, die ihr Amt gut versehen, seien doppelter Anerken-
nung wert, besonders die, die in Verkündigung und Lehre ihr Bestes
geben. 18 Denn die Schrift sagt: *Dem Ochsen, der da drischt, sollst du das* 18: Dtn 25,4;
Maul nicht zubinden, und: *Der Arbeiter ist seines Lohnes wert*. 19 Nimm 1Kor 9,9 · Lk 10,7
keine Klage gegen einen Ältesten entgegen, es sei denn, sie stütze sich 19: Dtn 19,15; 2Kor 13,1; Mt 18,16
auf zwei oder drei Zeugen. 20 Hat aber einer einen Fehler gemacht, dann
weise ihn vor allen zurecht, damit auch die anderen sich fürchten.

21 Ich beschwöre dich bei Gott und Christus Jesus und den auser- 21: 6,13; 2Tim 4,1
wählten Engeln: Halte dich an all das, ohne Vorurteil und ohne jeman-
den zu begünstigen. 22 Leg niemandem vorschnell die Hände auf! Lass 22: 4,14!
dich nicht in anderer Leute Verfehlungen hineinziehen; achte darauf,
lauter zu bleiben.

23 Trink nicht mehr bloss Wasser, sondern nimm ein wenig Wein
zu dir wegen des Magens und wegen deiner häufigen Krankheiten.

24 Die Verfehlungen mancher Menschen sind ganz offenkundig; sie
gehen ihnen voraus ins Gericht, anderen aber folgen sie auch nach.
25 So sind auch die guten Werke offenkundig, und auch die, mit denen
es sich anders verhält, können nicht verborgen bleiben.

Anweisungen für die Sklaven

6 1 Wer immer als Sklave unter einem Joch ist, soll dem eigenen Herrn 1: Tit 2,9–10
die Ehre geben, die ihm gebührt, damit der Name Gottes und die
Lehre nicht gelästert werden. 2 Die aber gläubige Herren haben, sollen 2: Phlm 16
es ihnen gegenüber nicht an Respekt fehlen lassen, weil sie Brüder sind,
sondern ihnen umso williger dienen, weil sie Gläubige und Geliebte
sind, die es sich zur Aufgabe gemacht haben, Gutes zu tun.

Dies sollst du lehren und ihnen ans Herz legen!

Warnung vor den Irrlehrern

3 Wer aber andere Lehren verbreitet und sich nicht an die gesunden 3–5: 1,3–7!
Worte unseres Herrn Jesus Christus hält und an die Lehre, die der Fröm- 3: 1,10; 2Tim 1,13 · 4,8!
migkeit entspricht, 4 ist ein Narr. Nichts hat er verstanden, sondern 4: 1,4!
krank ist er vor lauter Streitereien und Wortgefechten, bei denen nichts
anderes herauskommt als Neid, Streit, Lästerungen, üble Verdächtigun-
gen 5 – ein fortwährendes Gezänk verwirrter Menschen, die sich um 5: 4,8! · Tit 1,11
die Wahrheit gebracht haben, weil sie meinen, die Frömmigkeit sei ein
einträgliches Geschäft.

6 Es ist ja in der Tat die Frömmigkeit eine Quelle grossen Reich- 6: 4,8!
tums – wenn sie mit Genügsamkeit verbunden ist.

7 Denn nichts haben wir in die Welt mitgebracht, 7: Ps 49,18
so können wir auch nichts aus ihr mitnehmen.

8 Haben wir aber Nahrung und Kleidung, 8: Hebr 13,5
so soll uns das genügen.

9 Die aber reich werden wollen, geraten in Versuchung und in die
Schlingen vieler törichter und schädlicher Begierden, die die Menschen
ins Verderben und in den Untergang stürzen. 10 Denn die Wurzel aller

5,17: Andere Übersetzungsmöglichkeit: «..., seien doppelter Entlöhnung wert, ...»

Übel ist die Liebe zum Geld; von ihr getrieben, sind schon manche vom
Glauben abgekommen und haben sich selbst viel Leid zugefügt.

Jagen nach der Frömmigkeit

11: 2Tim 2,22 · 4,8! 11 Du aber, Mann Gottes, fliehe davor!
Jage der Gerechtigkeit nach, der Frömmigkeit, dem Glauben,
der Liebe, der Geduld, der Sanftmut.
12: 2Tim 4,7 12 Kämpfe den guten Kampf des Glaubens!
Ergreife das ewige Leben, zu dem du berufen bist,
der du dich zum guten Bekenntnis bekannt hast
vor vielen Zeugen.
13: 5,21! · Mk 15,1–5 13 Ich fordere dich auf, im Angesicht Gottes, der alles lebendig
macht, und Christi Jesu, der das gute Bekenntnis abgelegt hat vor Ponti-
14: 2Thess 2,8; us Pilatus: 14 Bewahre das Gebot unbefleckt und untadelig, bis unser
2Tim 4,1.8; Tit 2,13 Herr Jesus Christus erscheint, 15 zur rechten Zeit, da ihn erscheinen
15: 2,6! · 1,11 · Offb 17,14! lässt
der selige und alleinige Herrscher,
der König der Könige
und Herr der Herren,
16: Ps 104,2 · 16 der allein Unsterblichkeit hat,
Ex 33,20 der im unzugänglichen Licht wohnt,
den kein Mensch je gesehen hat noch zu sehen vermag.
Ihm sei Ehre und ewige Macht, Amen.

Mahnung an die Reichen

17: Ps 62,11! 17 Den Reichen in der gegenwärtigen Welt aber gebiete, nicht über-
heblich zu sein und ihre Hoffnung nicht auf den flüchtigen Reichtum
zu setzen, sondern auf Gott, der uns alles in reichem Masse zukommen
18–19: Mt 6,19–20; und es uns geniessen lässt. 18 Sie sollen Gutes tun, reich werden an gu-
Lk 16,9 ten Werken, freigebig sein und ihren Sinn auf das Gemeinwohl richten.
19 So verschaffen sie sich eine gute Grundlage für die Zukunft, die dazu
dient, das wahre Leben zu gewinnen.

Briefschluss

20: 1,18! · 20 Lieber Timotheus, bewahre, was dir anvertraut ist, und wende
2Tim 1,14 · 1,6; dich ab vom heillosen und leeren Gerede, von den Behauptungen der
2Tim 2,16
21: 1,6; 2Tim 2,18 · sogenannten Erkenntnis, 21 zu der sich manche bekennen; in Fragen
Kol 4,18! des Glaubens sind sie vom rechten Weg abgekommen.
Die Gnade sei mit euch.

Der Zweite Brief an Timotheus

Auch wenn der Zweite Brief an Timotheus selbst nirgends auf einen ersten Brief an Timotheus direkt Bezug nimmt, dürfte die (kanonische) Überschrift ihr Recht haben: Der vorliegende Brief lässt sich in der Tat als Weiterführung einer Korrespondenz verstehen, deren Anfang der Erste Brief an Timotheus bildet (siehe die Einleitung zu 1Tim). Doch weshalb ein zweiter Brief? Was ist sein Anliegen?

An einem Detail lässt sich exemplarisch zeigen, was den zweiten Brief vom ersten abhebt und ihm sein spezielles Gepräge gibt. Im ersten Brief (1Tim 4,14) wird Timotheus daran erinnert, dass er seine Gaben und seine Aufgabe durch die Handauflegung des Ältestenrates, des Presbyteriums, empfangen habe. Im zweiten Brief heisst es gleich zu Beginn des ersten grösseren Abschnitts (2Tim 1,6): «Lass das Feuer der Gabe Gottes, die durch die Auflegung meiner Hände doch in dir ist, wieder brennen.» Eine Unachtsamkeit des Autors, ein kleiner, unbeabsichtigter Widerspruch? Oder ein Anlass zu kombinieren, Paulus habe sich im ersten Brief natürlich als Mitglied des (lokalen) Ältestenrates verstanden? Weder das eine noch das andere; vielmehr dürfte es sich um eine literarische Strategie handeln. Im ersten Brief erscheint Timotheus als Mitglied, Leiter und Repräsentant der Gemeinde, er ist der Ansprechpartner des Paulus, der der Gemeinde die Empfehlungen und Anweisungen des Paulus vermitteln soll. Im zweiten Brief erscheint Timotheus als enger Vertrauter des Paulus, der gestärkt, aufgerichtet und ermutigt werden soll, das Vermächtnis des in den Tod gehenden Paulus zu bewahren. Zwei Seiten derselben Münze, doch eine andere Stimmung und Tonlage. Wirkt der erste Brief durch seine ethische Unterweisung, so der zweite durch seine seelsorgerliche Ermutigung. Beschäftigt sich der erste mit dem Aufbau und der Organisation der Gemeinde, so der zweite mit Abspaltung, Zerwürfnis und bedrohlich andringender fremder Lehre.

Dem Anliegen des Briefs entspricht sein Aufbau: Auf Anschrift und Danksagung (2Tim 1,1–5) folgt ein erster grösserer Teil, der dazu auffordert, nach dem Leidensvorbild des Paulus den Dienst als Zeuge Christi wahrzunehmen (2Tim 1,6–2,13). Im zweiten Teil werden praktische Ratschläge erteilt, wie mit der sogenannten Irrlehre umzugehen sei (2Tim 2,14–3,9), und in einem dritten, grösseren Textzusammenhang wird auf die Quellen christlicher Lebensgestaltung hingewiesen (2Tim 3,10–4,8). Der Briefschluss enthält ausführliche Mitteilungen, persönliche Aufträge und Grüsse (2Tim 4,9–22).

Der Zweite Brief an Timotheus lässt sich am angemessensten verstehen, wenn er als der letzte der drei Pastoralbriefe (1Tim, Tit, 2Tim) gelesen wird (siehe die Einleitung zu 1Tim), also als fiktiver Paulusbrief aus der Zeit zwischen 80 und 100 n.Chr. Das Grundanliegen bleibt dasselbe wie in den beiden anderen Briefen: die Bewahrung, Interpretation und Aneignung des anvertrauten Gutes (2Tim 1,14). Doch wird ein neuer Akzent gesetzt: «Lass das Feuer der Gabe ... wieder brennen» (2Tim 1,6). Die Kraft der Tradition soll neu entdeckt werden, denn die Gemeinden leiden an Zerwürfnissen und Unsicherheiten in der Auslegung der Lehre (resp. der paulinischen Tradition). So starke Bilder die Verfasser benutzen, um die sogenannten Irrlehrer zu charakterisieren, so undeutlich und skizzenhaft bleibt, worin deren Lehren sich von der sogenannt gesunden Lehre unterscheiden. Schlaglichtartig wird an einem in 2Tim 2,18 angeführten Zitat jedoch eines deutlich: Die abgelehnten Lehrer verkünden, die Auferstehung habe schon stattgefunden. Das Zitat lässt erkennen, in welchen theologiegeschichtlichen Zusammenhängen die bekämpften Lehrer stehen. Es schlägt eine Brücke zurück zu der von Paulus im 1Kor bekämpften Position, es gebe keine Auferstehung von Toten (1Kor 15,12) – wohl deshalb, weil als eigentliche Auferstehung diejenige des wahren Selbst im jetzigen Leben gilt. Was Paulus als ‹esoterische› Auslegung (resp. religionsgeschichtlich präziser: als frühgnostische Auslegung) des Christentums abgelehnt hat, ist zwei Generationen später zu einer breiteren christlichen Strömung geworden, die die Gemeinden der paulinischen Tradition zu gefährden scheint.

Wer eine argumentative Auseinandersetzung mit der bekämpften Strömung erwartet, wer auf Argumente und Gegenargumente hofft, wird vom Zweiten Brief an Timotheus enttäuscht. Die Stärke des Briefs liegt anderswo. Sie besteht in der sprachlichen Vielfalt und emotionalen Dichte, in der Art, wie hier Erinnerung, Ermutigung, Ermahnung und Trost Gestalt gewinnen, aber auch in der Prägnanz, mit welcher die Auswirkungen der eigenen und der abgelehnten Lehrmeinung auf die Lebenspraxis geschildert und ausgemalt werden. In diesem Sinne ist er ein würdiger Vertreter der frühjüdischen und christlichen Testamentsliteratur, der das Vermächtnis des verehrten Apostels, sein Leben und Sterben für die bedrängten Gemeinden zum Sprechen bringt.

Anschrift

1–2: 1Tim 1,1–2! 1 1 Paulus, Apostel Christi Jesu durch den Willen Gottes gemäss der
1: 2Kor 1,1; Kol 1,1; Verheissung des Lebens, das in Christus Jesus gegeben ist, 2 an Ti-
Eph 1,1 · 1Tim 4,8 2: 1Kor 4,17! · motheus, sein geliebtes Kind: Gnade, Barmherzigkeit und Frieden von
2Joh 3 Gott, dem Vater, und Christus Jesus, unserem Herrn.

Danksagung

3: Apg 23,1 3 Ich danke Gott, dem ich wie schon meine Vorfahren mit reinem
Gewissen diene, wie ich auch in meinen Gebeten unablässig an dich
4: 4,9.21 denke, Tag und Nacht. 4 Und ich sehne mich danach – in Gedanken an
5: Apg 16,1 deine Tränen –, dich zu sehen, damit ich mit Freude erfüllt werde 5 – in
Gedanken an deinen Glauben, der frei ist von aller Heuchelei. Dieser
Glaube war schon in deiner Grossmutter Lois und in deiner Mutter Eunike lebendig, und ich bin überzeugt, dass er es auch in dir ist.

Mut zum Bekenntnis

6 Aus diesem Grund rufe ich dir ins Gedächtnis: Lass das Feuer der 6: 1Tim 4,14!
Gabe Gottes, die durch die Auflegung meiner Hände doch in dir ist, wie-
der brennen. 7 Denn Gott hat uns nicht einen Geist der Verzagtheit ge- 7: Röm 8,15
geben, sondern den Geist der Kraft und der Liebe und der Besonnenheit.
8 Schäme dich nicht, Zeugnis abzulegen für unseren Herrn, auch nicht 8: 2,3!
dafür, dass ich für ihn im Gefängnis bin, sondern ertrage für das Evan-
gelium Mühsal und Plage in der Kraft Gottes,

9 der uns errettet 9: Tit 3,5;
und uns berufen hat mit heiligem Ruf, Eph 2,8–9 · Tit 1,2
nicht aufgrund unseres Tuns,
sondern aufgrund seiner freien Entscheidung und seiner Gnade,
die uns in Christus Jesus zugedacht wurde,
vor aller Zeit,
10 jetzt aber sichtbar geworden ist 10: Röm 16,26 ·
im Erscheinen unseres Retters, Christus Jesus: Tit 2,11! · Tit 2,13!
Er hat den Tod besiegt
und hat aufleuchten lassen Leben und Unsterblichkeit, durch das
Evangelium,

11 das als Apostel und Lehrer zu verkündigen ich beauftragt worden bin. 11: 1Tim 2,7
12 Das ist auch der Grund, warum mir dies alles widerfährt. Aber ich
schäme mich nicht, denn ich weiss, auf wen ich mein Vertrauen gesetzt
habe, und bin gewiss, dass er die Macht hat, das mir anvertraute Gut zu
bewahren auf jenen Tag hin. 13 Nimm dir die gesunden Worte, die du 13: 1Tim 6,3 · 2,2 ·
von mir gehört hast, zum Vorbild im Glauben und in der Liebe, die in 1Tim 1,14!
Christus Jesus sind. 14 Bewahre das kostbare, dir anvertraute Gut in der 14: 3,14; 1Tim 6,20 ·
Kraft des heiligen Geistes, der in uns wohnt. Röm 8,11

Abfall und Bewährung in Kleinasien

15 Du weisst ja, dass sich in der Asia alle von mir abgewandt haben; 15: 4,16
zu ihnen gehören Phygelos und Hermogenes. 16 Der Herr erweise dem 16: 4,19
Haus des Onesiphoros seine Barmherzigkeit, denn er hat mich oft er-
quickt und sich meiner Fesseln nicht geschämt. 17 Im Gegenteil, als er
nach Rom kam, hat er mich sogleich gesucht und auch gefunden. 18 Der 18: 4,8
Herr möge ihn Barmherzigkeit finden lassen vor dem Herrn an jenem
Tag. Was er aber in Ephesus für andere getan hat, weisst du selbst am
besten.

In der Nachfolge Christi

2 1 Du nun, mein Kind, werde stark in der Gnade, die in Christus Jesus 1: 1,2
ist! 2 Was du vor vielen Zeugen von mir gehört hast, das vertraue 2: 1,13
zuverlässigen Menschen an, die dann fähig sein werden, wieder andere
zu lehren. 3 Nimm auch du Mühsal und Plage auf dich wie ein guter 3–5: 4,7–8
Soldat Christi Jesu! 4 Keiner, der in den Krieg zieht, hält sich mit All- 3: 1,8; 2,9; 4,5
tagsgeschäften auf; denn er will den zufrieden stellen, der ihn angewor-
ben hat. 5 Auch gewinnt keiner, der an einem Wettkampf teilnimmt, 5: 1Kor 9,25
einen Kranz, wenn er nicht nach den Regeln kämpft. 6 Der Bauer, der

2,2: Andere Übersetzungsmöglichkeit: «Was du durch vieler Zeugen Mund von mir gehört hast, ...»

sich abmüht, soll auch als Erster von den Früchten kosten. 7 Bedenke,
was ich sage! Der Herr wird dir in allen Dingen die rechte Einsicht ge-
ben.

8: Röm 1,3–4 8 Halte dir stets Jesus Christus vor Augen, der, aus der Nachkom-
menschaft Davids stammend, auferweckt worden ist von den Toten –
9: 2,3! · Phil 1,7! das ist das Evangelium, das ich verkündige 9 und für das ich all die Müh-
sal und Plage auf mich nehme, sogar Gefangenschaft, als wäre ich ein
Verbrecher! Aber das Wort Gottes lässt sich nicht gefangen nehmen.
10: 1Petr 5,10 10 Darum ertrage ich alles um der Auserwählten willen, damit auch sie
Anteil bekommen am Heil in Christus Jesus und an der ewigen Herr-
11: 1Tim 4,9! · Röm 6,8 lichkeit. 11 Zuverlässig ist das Wort:

Sind wir mitgestorben, so werden wir auch mitleben.
12: Mk 13,13 · Mt 10,33! 12 Halten wir stand, so werden wir auch mitherrschen.
Verleugnen wir ihn, so wird auch er uns verleugnen.
13: Röm 3,3 13 Werden wir untreu, so bleibt er doch treu,
denn er kann sich selbst nicht verleugnen.

Wortgefechte und Irrlehren

14: 1Tim 1,4! 14 Dies rufe allen in Erinnerung und beschwöre sie vor Gott: Streitet
nicht um Worte! Denn das ist zwecklos und führt, die es hören, nur ins
15: Kol 1,5! Verderben. 15 Setze alles daran, vor Gott dazustehen als einer, der sich
bewährt hat, als ein Arbeiter, der sich nicht zu schämen braucht, son-
16: 1Tim 6,20! dern das Wort der Wahrheit unbeirrt ausrichtet. 16 Dem gemeinen, lee-
ren Geschwätz aber geh aus dem Weg! Denn damit werden sie weiter
17: 1Tim 1,20 Fortschritte machen in der Gottlosigkeit, 17 und ihre Lehre wird sich
ausbreiten wie ein Krebsgeschwür. Zu ihnen gehören Hymenäus und
Philetus, 18 die von der Wahrheit abgewichen sind, da sie sagen, die
Auferstehung sei schon geschehen; so zerstören sie bei manchen den
Glauben.

19: 1Kor 3,11 · Num 16,5 · Jes 26,13 19 Doch das Fundament Gottes wankt nicht, und es trägt das Siegel
mit der Aufschrift: *Der Herr kennt die Seinen,* und: *Unrecht meide* jeder,
der den Namen des Herrn ausspricht. 20 In einem grossen Haus aber gibt
es nicht nur Gefässe aus Gold und Silber, sondern auch solche aus Holz
und Ton, und die einen sind für Würdiges, die anderen für Unwürdiges
21: 3,17 bestimmt. 21 Wenn sich nun einer von all dem reinhält, wird er ein Ge-
fäss sein, das für Würdiges bestimmt ist, geheiligt und brauchbar für
seinen Besitzer, bereitgestellt für jedes gute Werk.

22: 1Tim 6,11 · Hebr 12,14! 22 Die Leidenschaften der Jugend aber fliehe! Jage vielmehr der Ge-
rechtigkeit, dem Glauben, der Liebe und dem Frieden nach, gemeinsam
23: 1Tim 1,4! mit allen, die den Herrn aus reinem Herzen anrufen. 23 Die törichten
und kindischen Auseinandersetzungen aber verbitte dir, du weisst ja,
24–26: 1Tim 3,2–7 dass sie nur zu Streit führen. 24 Ein Knecht des Herrn aber soll sich
nicht streiten, sondern zu allen freundlich sein, ein geschickter Lehrer,
25: 1Tim 2,4! der das Böse erträgt 25 und in Sanftmut zurechtweist, die sich widerset-
zen. So führt Gott sie vielleicht noch zur Umkehr, dass sie zur Erkennt-
nis der Wahrheit kommen 26 und, nüchtern geworden, sich aus der
Schlinge befreien, mit der der Teufel sie eingefangen hat, damit sie ihm
zu Willen seien.

Das Auftreten der Irrlehrer

3 1 Dies aber sollst du wissen: In den letzten Tagen werden schwere 1: 4,3; 1Tim 4,1!
Zeiten anbrechen. 2 Denn die Menschen werden selbstsüchtig, geld-
gierig und hochmütig sein, sich wichtig machen, Lästerreden führen,
den Eltern den Gehorsam verweigern, sie werden undankbar, gottlos,
3 herzlos und unversöhnlich sein, verleumderisch, masslos, roh und
dem Guten feind; 4 sie werden einander verraten, leichtfertig sein, vol-
ler Dünkel und suchen, was ihnen Lust verschafft, nicht, was Gott ge-
fällt; 5 ihr Auftreten scheint zwar fromm, doch die Kraft der Religion
haben sie verleugnet. Von solchen Leuten wende dich ab!
6 Zu ihnen nämlich gehören jene, die sich in die Häuser einschlei-
chen und auf junge Frauen aus sind, auf Frauen, die sich mit Verfehlun-
gen überhäuft haben und von allerlei Begierden getrieben werden, 7 die 7: 1Tim 2,4!
zwar ständig lernen und die doch nie zur Erkenntnis der Wahrheit ge-
langen können. 8 Wie sich Jannes und Jambres dem Mose widersetzt 8: Ex 7,11.22; 8,3
haben, so widersetzen sich auch diese Leute der Wahrheit; es sind Men-
schen, deren Sinn verdorben ist und die sich im Glauben nicht bewährt
haben. 9 Sie werden aber damit nicht weit kommen, denn ihr Unver- 9: Ex 7,12; 8,14
stand wird für alle sichtbar werden, so wie es auch damals bei jenen der
Fall war.

Der leidende Apostel als Vorbild

10 Du aber bist mir gefolgt in Lehre und Lebensführung, in allem 10: 1Tim 4,6
Streben, im Glauben, in der Geduld, in der Liebe und in der Standhaftig-
keit, 11 in Verfolgung und Leiden, wie sie mir in Antiochien, Ikonium 11: Apg 13,14.50 ·
und Lystra widerfahren sind. Was für Verfolgungen habe ich nicht erlit- 14,1.5 · 14,6.19 · 4,18
ten – und aus allen hat mich der Herr errettet! 12 Es ist wahr: Alle, die in 12: Apg 14,22
Christus Jesus ein frommes Leben führen wollen, werden Verfolgungen
erleiden, 13 böse Menschen aber und Scharlatane werden Fortschritte
machen – zum Schlechteren hin; sie verführen und werden verführt.

Die Orientierung an der Schrift

14 Du aber bleibe bei dem, was du gelernt und voller Vertrauen ange- 14: 1,13–14
nommen hast. Du weisst ja, von wem du es gelernt hast 15 und dass du
von frühester Jugend an die heiligen Schriften kennst, die dir Einsicht
zu geben vermögen in das, was dir Heil verschafft, durch den Glauben
an Christus Jesus. 16 Jede von Gott eingegebene Schrift ist auch nützlich
zur Belehrung, zur Zurechtweisung, zur Besserung und zur Erziehung
in der Gerechtigkeit. 17 So wird der Mensch Gottes vollkommen sein, 17: 2,21
befähigt zu jedem guten Werk.

3,2: Andere Übersetzungsmöglichkeit: «..., den Eltern ungehorsam sein, keine Gnade kennen, ruchlos sein,»

3,5: Andere Übersetzungsmöglichkeit: «sie werden festhalten an gewissen Formen der Religion, deren Kraft aber haben sie verleugnet. ...»

3,10: Andere Übersetzungsmöglichkeit: «Du aber bist mir gefolgt in Lehre und Unterricht, in ...»

Das Testament des Apostels

1: 1Tim 5,21! · Röm 14,9–10; 1Petr 4,5; Apg 10,42 · 1Tim 6,14!
3: 3,1 · Tit 2,1!
4: 1Tim 4,7!
5: 2,3!

4 1 Ich beschwöre dich vor Gott und vor Christus Jesus, der kommen
wird, Lebende und Tote zu richten, bei seinem Erscheinen und sei-
ner Herrschaft: 2 Verkündige das Wort, tritt dafür ein, zur Zeit oder Un-
zeit, widerlege, tadle, bitte, in aller Geduld, wo die Lehre es gebietet!
3 Denn es wird die Zeit kommen, da sie die gesunde Lehre nicht mehr
ertragen, sondern nach eigenem Gutdünken und Verlangen von einem
Lehrer zum andern laufen werden, um sich die Ohren kitzeln zu lassen.
4 Der Wahrheit werden sie ihr Ohr nicht mehr leihen und sich den My-
then zuwenden. 5 Du aber, bleibe nüchtern in allem, nimm Mühsal und
Plage auf dich, mach dich an dein Werk als Verkündiger des Evangeli-
ums, erfülle deinen Auftrag!

6: Phil 2,17
7–8: 2,3–5; 1Kor 9,24–27
7: 1Tim 6,12 · Apg 20,24
8: 1Petr 5,4! · 1,18 · 1Tim 6,14!

6 Ich nämlich werde bereits geopfert, und die Zeit meines Abschieds
steht bevor. 7 Den guten Kampf habe ich gekämpft, den Lauf vollendet,
den Glauben bewahrt. 8 Jetzt endlich winkt mir der Kranz der Gerech-
tigkeit, den mir der Herr, der gerechte Richter, an jenem Tag geben
wird – und nicht nur mir, sondern allen, die sein Erscheinen lieb ge-
wonnen haben.

Persönliche Mitteilungen

9: 4,21
10: Kol 4,14! · Tit 1,4!
11: Kol 4,14! · Kol 4,10!
12: Kol 4,7!
14: 1Tim 1,20 · Röm 2,6; Ps 62,13!

9 Beeile dich, bald zu mir zu kommen! 10 Demas hat mich nämlich
im Stich gelassen, er hat die jetzige Welt lieb gewonnen und ist nach
Thessalonich gegangen, Cresces nach Galatien, Titus nach Dalmatien.
11 Einzig Lukas ist noch bei mir. Nimm Markus und bring ihn mit, denn
ich kann ihn gut gebrauchen für meinen Auftrag. 12 Tychikus aber habe
ich nach Ephesus geschickt. 13 Den Mantel, den ich in Troas bei Karpos
liegen liess, bring mir mit, wenn du kommst, ebenso die Schriftrollen,
vor allem die Pergamente. 14 Alexander, der Schmied, hat mir viel Böses
angetan; der Herr wird ihm vergelten nach seinen Taten. 15 Hüte auch
du dich vor ihm, denn er hat sich unseren Worten aufs Heftigste wider-
setzt.

16: 1,15
17: Ps 22,22
18: 3,11 · Gal 1,5

16 Bei meiner ersten Verteidigung vor Gericht stand mir niemand
zur Seite, sie haben mich alle im Stich gelassen. Möge es ihnen nicht
angerechnet werden! 17 Der Herr aber ist mir beigestanden und hat
mich gestärkt, damit die Verkündigung der Botschaft durch mich voll-
endet werde und alle Völker sie hören: Ich bin errettet worden aus dem
Rachen des Löwen. 18 Bewahren wird mich der Herr vor jedem bösen
Anschlag, und retten wird er mich in sein himmlisches Reich. Ihm sei
Ehre in alle Ewigkeit, Amen!

Briefschluss

19: Röm 16,3! · 1,16–18
21: 4,9
22: Gal 6,18! · Kol 4,18!

19 Grüsse Priska und Aquila und das Haus des Onesiphoros. 20 Eras-
tus blieb in Korinth, Trophimus habe ich krank in Milet zurückgelas-
sen. 21 Beeil dich und komm noch vor Wintereinbruch! Es grüssen dich
Eubulos, Pudes, Linos, Claudia und alle Brüder und Schwestern.
22 Der Herr sei mit deinem Geist. Die Gnade sei mit euch.

Der Brief an Titus

Auf die beiden Briefe an Timotheus folgt im neutestamentlichen Kanon der Brief an Titus. Dieses Nacheinander auf der literarischen Ebene hat einen deutlichen Anhalt im Leben der beiden Personen. Titus war für Paulus, neben Timotheus, der wichtigste Mitarbeiter, der vor allem im Konflikt mit der Gemeinde in Korinth für ihn von unschätzbarem Wert gewesen sein dürfte (2Kor 2,13; 7,5–7; 12,18).

Überblickt man den Inhalt des kurzen Briefes an Titus, so entdeckt man viele Gemeinsamkeiten mit dem Ersten Brief an Timotheus. Der Brief an Titus kann geradezu als kleiner Bruder des Ersten Briefs an Timotheus bezeichnet werden. Wie bei diesem lassen sich zwei Hauptanliegen deutlich erkennen: die Bewahrung der Tradition und der Aufbau einer geordneten Gemeinde. Beide spiegeln sich im Aufbau: Auf die Anschrift (Tit 1,1–4) folgt eine Instruktion zur Einsetzung von Bischöfen in den Stadtgemeinden von Kreta (Tit 1,5–9). Es schliesst sich ein Abschnitt über die Widerlegung der falschen Lehrer (Tit 1,10–16) an. Die folgenden Abschnitte enthalten Weisungen an die Gemeindeglieder: zum Verhalten der Glaubenden in der Grossfamilie (Tit 2,1–15), zur Ausrichtung der Gemeinde auf die Welt (Tit 3,1–7) und zum Umgang mit falschen Lehrern (Tit 3,8–11). Der Brief schliesst mit persönlichen Mitteilungen (Tit 3,12–14), Grüssen und dem Segenswunsch (Tit 3,15).

Der Brief an Titus lässt sich am besten verstehen, wenn er als der zweite in der Reihe der drei Pastoralbriefe (1Tim, Tit, 2Tim) interpretiert wird (siehe die Einleitung zu 1Tim). Beachtet man die geschilderte Nähe zum Ersten Brief an Timotheus in Stoffauswahl und Ausrichtung, so drängt sich die Frage auf: Weshalb hat die Paulusschule, die hinter den Pastoralbriefen steht, neben dem Ersten Brief an Timotheus, der sich ja an eine unbestimmte Vielzahl von Gemeinden richtet, noch den vorliegenden Brief geschrieben? Genügte jener nicht? Waren die Gemeinden auf Kreta besonders intensiv zu betreuen? Vielleicht verrät das in Tit 1,12 zitierte Schimpfwort etwas über die heimliche Stossrichtung des Briefs an Titus: «Kreter sind stets Lügner, wilde Tiere und faule Bäuche.» Dieses Schimpfwort wird nicht zufällig erwähnt, sondern beinahe wie ein Prophetenwort eingeführt. Es soll betonen, dass Kreta ein steiniger Boden für das Christentum ist. In Kreta ist mit viel vergeblicher Liebesmüh zu rechnen. Kreta braucht deshalb umso besser organisierte und geführte Gemeinden (Tit 1,5–9). Nach allem, was wir wissen, war weder Paulus je für längere Zeit in Kreta (siehe Apg 27), noch hat das frühe Christentum auf Kreta Fuss gefasst. Wenn Kreta aber der Name für einen Typus ist, dann besteht das spezielle Anliegen des Briefs an Titus offenbar darin, die missionarische Wirkung des Christentums zu thematisieren – eine Dimension, die in den beiden Briefen an Timotheus nur unterschwellig vorhanden ist.

Die Vermutung, dass dem Brief an Titus unter den Pastoralbriefen in besonderem Mass an der missionarischen Wirkung des im Alltag gelebten Glaubens gelegen ist, lässt sich z.B. durch Beobachtungen am Abschnitt Tit 2,1–15 stützen. Die Anweisungen an die verschiedenen Gruppen in der Grossfamilie (Tit 2,1–10) werden mehrfach mit einem Blick auf die Wirkung, die die christliche Lebensführung auf Aussenstehende ausübt, begründet: Das Wort Gottes soll nicht in Verruf kommen (Tit 2,5), über die Glaubenden möge nichts Schlechtes gesagt werden (Tit 2,8), und christliche Sklaven sollen «für die Lehre Gottes, unseres Retters, in allen Dingen eine Zierde» sein (Tit 2,10). Die anschliessende theologische Interpretation stützt die geäusserte Vermutung: «Denn erschienen ist die Gnade Gottes, allen Menschen zum Heil» (Tit 2,11). Das Leben der Christen spielt sich vor den Augen der Welt ab; es soll dazu führen, dass auch andere erkennen, dass Gott ihnen zum Heil gehandelt hat. Die universale Ausrichtung kehrt wieder im Eingang des Lobpreises Gottes (Tit 3,4–7) in Gestalt der auffallenden Rede von der Menschenfreundlichkeit Gottes (Tit 3,4). Dem Blick auf die Welt entspricht die Übernahme vieler Begriffe und Vorstellungen der zeitgenössischen Ethik. Daneben begegnen relativ isolierte Versatzstücke paulinischer Theologie, insbesondere im Lobpreis Tit 3,4–7. Wie der Zusammenhang dieser ganz unterschiedlichen Traditionen gedacht werden könnte, wird an einigen Stellen angedeutet, z.B. in Tit 2,2: Die antiken Tugenden rücken in die Perspektive des (leicht abgeänderten) frühchristlichen Dreiklangs Glaube – Liebe – Geduld. Das Gespräch zwischen frühem Christentum und griechisch-römischer Kultur wird hier mit ersten kleinen Schritten aufgenommen und weist voraus auf die intensiven Bemühungen der Kirchenväter.

Anschrift

1: Röm 1,1 · 1 1 Paulus, Knecht Gottes und Apostel Jesu Christi in Übereinstim-
1Tim 2,4! mung mit dem Glauben der von Gott Erwählten und der Erkennt-
2: 3,7 · 2Tim 1,9 nis der Wahrheit, die der Frömmigkeit entspricht, 2 in der Hoffnung
auf ewiges Leben, das Gott, auf den Verlass ist, vor ewigen Zeiten ver-
3: 1Tim 2,6! · 2,10; heissen hat – 3 jetzt aber hat er zur rechten Zeit sein Wort offenbart in
3,4; 1Tim 2,3! · 1Tim 1,11 der Verkündigung, mit der ich auf Gottes, unseres Retters Geheiss be-
4: Gal 2,1.3; traut worden bin –, 4 an Titus, sein rechtmässiges Kind im gemeinsa-
2Kor 8,23 · men Glauben: Gnade und Frieden von Gott, dem Vater, und Christus
1Tim 1,2 · Röm 1,7! · 2,13! Jesus, unserem Retter.

Die Einsetzung von Bischöfen

5 Dazu habe ich dich auf Kreta zurückgelassen: dass du alles, was
noch zu tun ist, zu einem guten Ende bringst und dass du Älteste ein-
6–9: 1Tim 3,2–7! setzt in den Städten, wie ich es dir aufgetragen habe – 6 ein solcher soll
6: 1,10 unbescholten sein, nur einmal heiraten und gläubige Kinder haben, de-
nen man nicht vorwerfen kann, ein liederliches Leben zu führen und
7: 1,11 sich nicht unterordnen zu wollen. 7 Denn ein Bischof muss unbeschol-
ten sein, wie ein Haushalter Gottes: nicht selbstherrlich, nicht jähzor-

1,6: Andere Übersetzungsmöglichkeit: «... und rechtschaffene Kinder haben, ...»

nig, nicht dem Wein ergeben, nicht gewalttätig, keiner, der schändli-
chem Gewinn nachjagt. 8 Er soll vielmehr gastfreundlich sein, allem
Guten zugetan, besonnen, gerecht, fromm, sich selbst beherrschen kön-
nen. 9 Er muss am Wort festhalten, das zuverlässig ist und der Lehre *9:* 2,1 · 1,13
entspricht, damit er imstande ist, sowohl durch gesunde Unterweisung
zu ermahnen als auch die Widerspruchsgeister zu überführen.

Widerlegung der Irrlehrer

10 Es gibt nämlich viele, die sich nicht unterordnen wollen, unnüt- *10:* 1,6
zes Zeug reden und die Leute betören; das tun besonders jene, die zu den
Beschnittenen gehören. 11 Das Maul sollte man ihnen stopfen, denn sie *11:* 1,7; 1Tim 6,5
bringen ganze Familien durcheinander mit ihren ungehörigen Lehren,
die sie um des schnöden Gewinnes willen verbreiten. 12 Einer aus ih-
rem eigenen Kreis hat geradezu prophetisch gesagt:

Kreter sind stets Lügner, wilde Tiere und faule Bäuche.

13 Dieses Zeugnis ist wahr. Eben deshalb sollst du sie auf der Stelle *13:* 1,9
widerlegen, damit sie im Glauben gesunden 14 und sich nicht mehr *14:* 1Tim 4,7!
kümmern um jüdische Mythen und Vorschriften von Leuten, die sich
von der Wahrheit abwenden! 15 Den Reinen ist alles rein. Den Befleck- *15:* Röm 14,14.20;
ten und Ungläubigen ist nichts rein; im Gegenteil, ihr Verstand wie Mk 7,15
auch ihr Gewissen sind befleckt. 16 Sie geben vor, Gott zu kennen,
durch ihre Taten aber verleugnen sie ihn; ein Greuel sind solche Leute,
ungehorsam und zu keinem guten Werk zu gebrauchen.

Leben als Gemeinde Christi

2 1 Du aber rede, wie es der gesunden Lehre angemessen ist: *1:* 1,9; 1Tim 1,10;
2 Ältere Männer sollen nüchtern sein, sich würdig benehmen, be- 2Tim 4,3
sonnen sein und gesund im Glauben, in der Liebe und in der Geduld.
3 Ebenso auch ältere Frauen: Sie sollen sich auszeichnen durch ein Le- *3:* 1Tim 3,11
ben in Heiligkeit, niemanden verleumden und nicht dem Wein verfal-
len, sondern als gute Lehrmeisterinnen 4 die jungen Frauen dazu an-
halten, ihre Männer und ihre Kinder zu lieben, 5 besonnen, fromm, *5:* Kol 3,18!
haushälterisch, tüchtig zu sein und sich ihren Männern unterzuord-
nen, damit das Wort Gottes nicht in Verruf kommt.

6 Die jüngeren Männer ermahne gleichfalls, besonnen zu sein 7 in *7:* 1Tim 4,12
allen Dingen. Sei du selbst ihnen ein Vorbild im Tun des Guten und, was
die Lehre betrifft, ein Beispiel deines unbestechlichen Urteils, von allen
geachtet 8 und untadelig in der Verkündigung des gesunden Wortes, so
dass dein Gegenspieler beschämt wird und nichts Schlechtes mehr über
uns zu sagen weiss.

9 Sklaven sollen ihren Herren in allem untertan sein, sie sollen ih- *9:* Eph 6,5!
nen in allem gefällig sein, nicht widersprechen 10 und nichts unter- *10:* 1Tim 6,1 · 1,3!
schlagen, sondern sich in allem treu bewähren, damit sie für die Lehre
Gottes, unseres Retters, in allen Dingen eine Zierde sind.

11 Denn erschienen ist die Gnade Gottes, allen Menschen zum Heil. *11:* 3,4; 2Tim 1,10 ·
12 Sie erzieht uns dazu, der Gottlosigkeit und den Begierden der Welt 1Tim 2,4!
abzuschwören und besonnen, gerecht und fromm zu leben in dieser
Weltzeit. 13 Wir warten aber auf das, was unsere wunderbare Hoffnung *13:* 1Tim 6,14! ·
Röm 5,2 · 1,4; 3,6;
2Tim 1,10; Phil 3,20

2,10: Andere Übersetzungsmöglichkeit: «und sich nicht von ihnen abwenden, sondern ...»

ist: auf das Erscheinen der Herrlichkeit des grossen Gottes und unseres
14: 1Tim 2,6! · Retters Jesus Christus, 14 der sich selbst für uns hingegeben hat, um
Ex 19,5 · 3,8.14 uns zu erlösen von aller Ungerechtigkeit und sich als sein Eigentum ein
reines Volk zu erschaffen, das nach guten Werken strebt.
15: 1Tim 4,12 15 So sollst du reden und ermahnen und zurechtweisen, mit allem
Nachdruck; niemand soll dich gering achten.

Die Einstellung zur Welt

1: Röm 13,1; 3 1 Erinnere sie daran, sich den Machthabern und Autoritäten unter-
1Petr 2,13 zuordnen, ihnen zu gehorchen und zu jedem guten Werk bereit zu
sein, 2 niemanden schlechtzumachen, keinen Streit zu suchen, freund-
lich zu sein und allen Menschen gegenüber Milde walten zu lassen.
3: Eph 2,3 3 Denn auch wir waren einst unverständig, ungehorsam, ohne Ziel und
Halt, Begierden und allerlei Gelüsten ausgeliefert; wir lebten in Bosheit
und Missgunst, waren verhasst und hassten einander.

4: 1,3! · 2,11 4 Als aber die Güte und Menschenfreundlichkeit
Gottes, unseres Retters, erschien,
5: 2Tim 1,9! · 5 nicht aufgrund von gerechten Taten,
Eph 5,26 · Joh 3,5 die wir getan hätten,
sondern weil er Erbarmen hatte mit uns,
da rettete er uns durch das Bad der Wiedergeburt
und durch die Erneuerung im heiligen Geist,
6: Joel 3,1; 6 den er in reichem Masse über uns ausgegossen hat,
Apg 2,15–18 · 2,13! durch Jesus Christus, unseren Retter,
7: Röm 3,24 · 7 damit wir, durch seine Gnade gerecht gemacht,
Röm 8,17! · 1,2 das ewige Leben erben, auf das wir unsere Hoffnung gesetzt haben.

Umgang mit Irrlehren

8: 1Tim 4,9! · 2,14! 8 Zuverlässig ist das Wort. Und ich möchte, dass du in diesen Din-
gen gefestigt bist, damit die, welche auf Gott vertrauen, darauf bedacht
sind, sich mit guten Taten hervorzutun. Das ist gut und nützlich für die
9: 1Tim 1,4! Menschen. 9 Törichten Auseinandersetzungen, Fragen zu Geschlechts-
registern, Zänkereien und Streitigkeiten um die Gesetzesauslegung geh
aus dem Weg! Denn nutzlos sind sie und sinnlos. 10 Einen Menschen,
der abweichende Auffassungen vertritt, sollst du ein erstes und ein
zweites Mal zurechtweisen, dann aber schick ihn weg! 11 Du weisst ja,
dass ein solcher verdreht ist und in der Sünde bleibt; er hat sich selbst
das Urteil gesprochen.

Persönliche Anweisungen

12: Kol 4,7! 12 Wenn ich aber den Artemas oder den Tychikus zu dir geschickt
habe, dann beeile dich, zu mir nach Nikopolis zu kommen; denn ich
habe beschlossen, den Winter dort zu verbringen. 13 Zenas, den Geset-
zeslehrer, und Apollos aber rüste mit allem, was dir zur Verfügung
14: 2,14! steht, für die Weiterreise aus; es soll ihnen an nichts fehlen. 14 Aber
auch die Unsrigen sollen lernen, sich mit guten Taten hervorzutun, wo
immer es nötig ist, damit sie nicht ohne Frucht bleiben.

Briefschluss

15 Es grüssen dich alle, die bei mir sind. Grüsse die, welche mit uns durch den Glauben innig verbunden sind. Die Gnade sei mit euch allen. 15: Hebr 13,25

Der Brief an Philemon

Der Brief an Philemon ist der einzige echte Brief des Paulus an eine Einzelperson. In der Anschrift werden aber neben Philemon noch zwei weitere Personen und schliesslich die ganze Hausgemeinde als Adressaten genannt (Phlm 1–3). Paulus rechnet offenbar damit, dass auch dieses Schreiben – nicht anders als seine Gemeindebriefe, deren Form und Stil er auch hier wahrt – im Rahmen einer gottesdienstlichen Versammlung einem grösseren Kreis vorgelesen werde. Auf diesem Hintergrund erscheint auch die Sache, um die es in diesem Brief geht, nicht einfach als ein persönliches Problem, von dem nur Philemon betroffen wäre.

Onesimus, ein Sklave des Philemon, dessen Hausgemeinde man in Kolossä vermutet, ist – aus ungenannten Gründen, vermutlich aus Angst vor einer Bestrafung – zu Paulus geflüchtet, der zu dieser Zeit als Gefangener (Phlm 1, 9 und 13), wahrscheinlich in Ephesus, festgehalten wird. Dort wird er von Paulus zum Christen bekehrt und anschliessend, ausgestattet mit einer Art Schutzbrief, eben dem Brief an Philemon, zu seinem Herrn zurückgeschickt. (Man muss sich die Gefangenschaft des Paulus in Ephesus offenbar als Hausarrest während eines laufenden Verfahrens vorstellen, während dessen er Besuche empfangen und Briefe schreiben konnte.)

Was nun Paulus in seinem Brief an Philemon schreibt, geht allerdings weit über das hinaus, was in vergleichbaren Schutzbriefen, die man aus der Antike kennt, zu lesen ist. Paulus bezeichnet den zu ihm geflohenen Sklaven als sein Kind (Phlm 10), als sein Herz (Phlm 12) und bittet Philemon inständig, den einst ‹Unnützen› (Onesimus – ‹der Nützliche› – war ein gebräuchlicher Sklavenname) als geliebten Bruder «sowohl vor der Welt als auch vor dem Herrn» (Phlm 16) wieder aufzunehmen. Letzteres ist weder für ihn noch für die Angesprochenen eine Floskel, sondern ein Bekenntnis zur Versöhnungstat Christi, durch die dem Menschen eine Würde gegeben ist, die über gesellschaftliche Unterschiede und ökonomische Erwägungen hinausweist. Paulus bittet nicht, wie man aus heutiger Sicht vielleicht erwarten würde, um die Freilassung des Sklaven, verhehlt aber auch nicht, dass er Onesimus am liebsten als Mitarbeiter einsetzen möchte. Er überlässt es Philemon, sich in dieser Sache im Gehorsam gegenüber Gott (Phlm 21) zu entscheiden, freilich nicht ohne ihn auch in die Pflicht zu nehmen, indem er ihn eben nicht als Privatperson, sondern als Mitglied einer Hausgemeinde anredet (Phlm 2), indem er ihn mit Nachdruck auf seinen Glauben an Jesus Christus und seine Liebe zu allen Christusgläubigen anspricht (Phlm 5) und nicht zuletzt indem er seinen baldigen Besuch ankündigt (Phlm 22).

Wenn man davon ausgeht, dass der in Kol 4,9 als Begleiter des Paulus erwähnte Onesimus und der im Brief des Ignatius an die Epheser dreimal als Bischof von Ephesus erwähnte Onesimus tatsächlich mit dem Sklaven des Philemon identisch ist, darf man annehmen, dass dieser die Erwartungen von Paulus nicht enttäuscht hat.

Anschrift

1: 9.10.13! · Phil 1,1; 1Thess 1,1 · Apg 16,1! 3: Röm 1,7

1 Paulus, Gefangener Christi Jesu, und Timotheus, unser Bruder, an den geliebten Philemon, unseren Mitarbeiter, 2 die Schwester Apphia, unseren Mitstreiter Archipp und die Gemeinde in deinem Haus: 3 Gnade sei mit euch und Friede von Gott, unserem Vater, und dem Herrn Jesus Christus.

Danksagung

4: 1Kor 1,4 · 1Thess 1,2 5: Kol 1,4 7: 20

4 Ich danke meinem Gott jedes Mal, wenn ich im Gebet an dich denke, 5 denn ich höre von deiner Liebe und deinem Glauben, die du dem Herrn Jesus und allen Heiligen entgegenbringst. 6 Der Sinn für die Gemeinschaft, den dein Glaube stiftet, werde wirksam in der Erkenntnis alles Guten, das in uns ist, ausgerichtet auf Christus. 7 Denn viel Freude habe ich empfangen und Ermutigung dank deiner Liebe: Die Herzen der Heiligen wurden durch dich, lieber Bruder, erquickt.

Die Fürsprache für Onesimus

9: 1

8 Darum: Obwohl ich in Christus dazu berechtigt wäre, dir zu befehlen, was zu tun ist, 9 will ich dich doch um der Liebe willen bitten als der, der ich bin: Paulus, der Gesandte und nun auch der Gefangene Christi Jesu.

10: 1Kor 4,14–15! · 13! 13: 1!; Phil 1,7! 14: 2Kor 9,7

10 Ich bitte dich für mein Kind, das ich in der Gefangenschaft gezeugt habe, für Onesimus, 11 der dir einst keinen Nutzen brachte, jetzt aber, sowohl dir als auch mir, von grossem Nutzen ist. 12 Ich schicke ihn dir zurück und damit mein eigenes Herz. 13 Gerne hätte ich ihn bei mir behalten, damit er mir an deiner Stelle diene, solange ich um des Evangeliums willen in Fesseln liege; 14 ohne dein Einverständnis wollte ich aber nichts unternehmen, damit das Gute, das du tust, nicht aus Zwang geschehe, sondern freiwillig.

16: 1Kor 7,22 19: 1Kor 16,21! 20: 7

15 Vielleicht ist er ja dazu für kurze Zeit von dir getrennt gewesen, dass du ihn für alle Zeit zurückerhältst, 16 nicht mehr als Sklaven, sondern als etwas, das mehr ist als ein Sklave, als geliebten Bruder. Das ist er jedenfalls für mich, und wie viel mehr erst für dich, sowohl vor der Welt als auch vor dem Herrn. 17 Wenn du mich für deinen Gefährten hältst, so nimm ihn auf, wie du mich aufnehmen würdest. 18 Wenn er dir Schaden zugefügt hat oder dir etwas schuldig ist, so stelle es mir in Rechnung! 19 Ich, Paulus, schreibe dies mit meiner eigenen Hand: Ich werde dafür aufkommen – und lasse unerwähnt, dass du mir eigentlich dich selbst schuldest. 20 Ja, mein Bruder, ich möchte mich über dich freuen im Herrn. Lass mein Herz Erquickung finden in Christus.

Briefschluss

21 Im Vertrauen auf deinen Gehorsam schreibe ich dir, denn ich weiss, dass du mehr tun wirst, als ich verlange. 22 Zugleich aber bereite mir eine Unterkunft; ich hoffe nämlich, dank eurer Fürbitte euch wieder geschenkt zu werden.

23 Es grüsst dich Epaphras, mein Mitgefangener in Christus Jesus;
24 es grüssen dich Markus, Aristarchus, Demas und Lukas, meine Mitarbeiter.

25 Die Gnade des Herrn Jesus Christus sei mit eurem Geist. 25: Gal 6,18!

Der Brief an die Hebräer

Der Brief an die Hebräer ist unter den neutestamentlichen Schriften ein ‹Einzelgänger›. Keine andere Schrift des Neuen Testaments ist derart geprägt von kultischer Sprache. Macht ihn diese Einzigartigkeit zu einem kostbaren Kleinod oder zu einem sonderbaren Fremdling?

Im neutestamentlichen Kanon folgt der Brief an die Hebräer auf die Paulusbriefe, ja er galt oft als ein Brief des Paulus. Doch markiert bereits die (kanonische) Überschrift eine Differenz diesen gegenüber: Der Brief richtet sich weder an eine bestimmte Gemeinde noch an eine Einzelperson, sondern an eine offene, nicht näher charakterisierte Gruppe: die Hebräer. Damit sind wahrscheinlich Judenchristen gemeint, die sich in besonderer Weise der jüdischen Tradition verpflichtet wussten (vgl. Apg 6,1; 2Kor 11,22).

Im Brief selbst findet sich allerdings die Bezeichnung Hebräer nicht. Er beginnt mit einem Prolog (Hebr 1,1–4), der keine Anschrift enthält, die uns über die Empfänger und den Verfasser informieren würde. Im Schlussteil wird jedoch deutlich, dass er sich sehr wohl an eine oder mehrere Gemeinden richtet (siehe z.B. die Erwähnung von Personen, die Leitungsfunktion ausüben oder ausgeübt haben, in Hebr 13,7.17.24). Aufgrund zeitgeschichtlicher Dokumente (insbesondere des 1. Clemensbriefs) kann vermutet werden, dass es sich um die Gemeinde in Rom handelt. Der Autor stellt sich ebenfalls nirgends vor. Er reiht sich bereits im Prolog ganz in die Schar derer ein, die das endgültige Reden Gottes im Sohn vernommen haben (Hebr 1,2). Seine Person geht in seinem Zeugnis auf. Nur indirekt, über den Text, erfahren wir etwas über ihn: Er scheint eine gebildete Persönlichkeit gewesen zu sein, sprachlich und literarisch gewandt, bestens vertraut mit der griechischen Übersetzung des Alten Testaments (der sogenannten Septuaginta), geübt im Umgang mit der schriftgelehrten Auslegung biblischer Texte.

Der Brief an die Hebräer stellt einen vor die merkwürdige Tatsache, dass er wie eine Abhandlung beginnt und wie ein echter Brief aufhört. Vergleicht man seine grossen Textpassagen mit ähnlichen Dokumenten der Antike, so legt sich die Bezeichnung ‹predigtartiger Traktat mit angefügtem Begleitschreiben› nahe. Denn was diesen Text auszeichnet, sind die kunstvollen, rhetorisch durchgestalteten Auslegungen altestamentlicher Texte und die vielen eingestreuten Bemerkungen und kurzen Zwischenstücke, die Absicht und Ziel der vorgetragenen Auslegungen erläutern, gewissermassen stets im Gespräch mit den Adressaten. Der Brief an die Hebräer kann als christliches Pendant zu den jüdisch-hellenistischen Predigten und Textauslegungen betrachtet werden, die wir aus dem Umfeld des Judentums von Alexandria kennen.

Ist der Brief an die Hebräer eine priesterliche, kultorientierte Schrift, deren Zentrum der Gedanke des Opfers ist, oder ist er ganz im Gegenteil eine kultkritische Schrift, die den Opfergedanken aufhebt und überholt? In welchem Sinn ist es zu verstehen, dass Christus als der neue Hohe Priester «nach der Weise Melchisedeks» (Hebr 7,1–28) sich selbst «ein für alle Mal» als Opfer dargebracht hat? Das Konzept eines dreiteiligen Aufbaus könnte Hinweise zum richtigen Verständnis geben: In Hebr 1,1–4,13 wird das Geschick Christi als Gottes neues und endgültiges Handeln herausgestellt; in Hebr 4,14–10,18 wird dieses Geschick mit Hilfe einer ganz bestimmten Tradition, nämlich des hohepriesterlichen Amtes Melchisedeks, beschrieben und gedeutet. Und in Hebr 10,19–13,25 wird das Leben der Gemeinde im Horizont der urchristlichen Dreiheit Glaube – Hoffnung – Liebe zur Darstellung gebracht. Der zweite Teil entfaltet die Einmaligkeit und Unwiederholbarkeit des Lebens und Sterbens Christi und dessen universale Gültigkeit. Die kultische Sprache ist Verständigungsmittel, das mit dem Paradox des Hohen Priesters, der sich selbst darbringt, über sich hinausweist. Diese Sprache ermöglicht es, im dritten Teil die Glaubenden als heilige Gemeinde anzusprechen und ihnen bewusst zu machen, dass Christus den Zugang zu Gott eröffnet hat. Dieser dritte Teil spricht jedoch eine andere Sprache. Er entfaltet anhand der vertrauten Begriffe Glaube, Hoffnung und Liebe, was es heisst, am Bekenntnis festzuhalten und die Vergebung der Sünden in Anspruch zu nehmen. Er ermahnt und tröstet, er spricht Mut zu und lenkt den Blick auf die «zukünftige» Stadt (Hebr 13,14), die wahre Heimat. Die kultische Sprache des zweiten Teils ist also ein Übergangsphänomen, das die ‹Aufhebung› des alten Bundes im neuen Bund inszeniert.

Durch die kultische Sprache gelingt es, die fundamentale Bedeutung Christi herauszustellen. Sie ist aber von einer Ambivalenz geprägt, die im gesamten Brief, auch im dritten Teil, nicht überwunden wird. Der Einmaligkeit und Unwiederholbarkeit der Selbsthingabe Christi entspricht die Einmaligkeit und Unwiederholbarkeit der Umkehr; es gibt für diejenigen, die vom Glauben abfallen, keine zweite Möglichkeit, gerettet zu werden (Hebr 10,26–31). Der Glaube ist zwar gerade im Brief an die Hebräer nicht etwas, was vom glaubenden Subjekt ausgeht, er ist vielmehr Grundlegung, Basis, Fundament dessen, was man erhofft (Hebr 11,1), etwas geradezu Objektives. Zugleich wird die subjektive Aneignung zurückgebunden an die Treue, Ausdauer und Beständigkeit des glaubenden Subjekts. Ob diese Ambivalenz sachbedingt ist und dem Wesen des Glaubens entspricht oder ob sie auf eine Schwäche der Konzeption des Briefs an die Hebräer verweist, wird im Chor aller biblischen Schriften immer wieder neu zu bedenken sein.

Eröffnung: Gottes endgültige Rede durch den Sohn

1 1 Nachdem Gott vor Zeiten vielfach und auf vielerlei Weise zu den
Vätern geredet hatte durch die Propheten, 2 hat er am Ende dieser
Tage zu uns geredet durch den Sohn,
den er eingesetzt hat zum Erben aller Dinge
und durch den er die Welten geschaffen hat.
3 Er, der Abglanz seiner Herrlichkeit und Abbild seines
Wesens ist,
der das All trägt mit dem Wort seiner Macht,
der Reinigung von den Sünden geschaffen hat,
er hat sich zur Rechten der Majestät in den Höhen gesetzt,
4 weit erhabener geworden als die Engel,
wie er auch einen Namen geerbt hat, der den ihrigen weit
überragt.

2: Kol 1,16–17
3: Kol 1,15! · 2,8.10 · 2Petr 1,9; 1Joh 1,7 · 1,13!
4: 3,3 · Eph 1,20–21; Phil 2,9

Der Sohn und die Engel

5 Zu welchem Engel hat er denn je gesagt:
Mein Sohn bist du,
heute habe ich dich gezeugt,
und an anderer Stelle:
Ich werde ihm Vater sein,
und er wird mir Sohn sein?
6 Und für die Zeit, da er den Erstgeborenen wieder in die Welt hin-
einführt, sagt er:
Und beugen sollen ihre Knie vor ihm alle Engel Gottes.
7 Von den Engeln heisst es:
Der seine Engel zu Winden macht
und seine Diener zu feuriger Flamme,
8 zum Sohn aber sagt er:
Dein Thron, o Gott, steht von Ewigkeit zu Ewigkeit,
und das Zepter des Rechts ist Zepter deines Reichs.
9 *Geliebt hast du Gerechtigkeit, und die Missachtung des Gesetzes*
hast du gehasst;
darum, o Gott, hat dich dein Gott gesalbt
mit dem Öl der Freude wie keinen deiner Gefährten.
10 Und:
Du, Herr, hast im Anfang die Erde gegründet,
und die Himmel sind das Werk deiner Hände.
11 *Sie werden alle vergehen, du aber bleibst,*
veralten werden sie wie ein Kleid,
12 *und wie einen Mantel wirst du sie zusammenrollen,*
wie ein Kleid *werden sie gewechselt werden,*
du aber bleibst derselbe, und deine Jahre nehmen kein Ende.
13 Zu welchem Engel hat er je gesagt:
Setz dich zu meiner Rechten,
bis ich hingelegt habe deine Feinde als Schemel für deine Füsse?
14 Sind sie nicht alle *dienende* Geister, ausgesandt zum Dienst um
derer willen, die das Heil erben werden?

5: 5,5; Ps 2,7! · 2Sam 7,14
6: Ps 97,7
7: Ps 104,4
8–9: Ps 45,7–8
10–12: Ps 102,26–28
13: Ps 110,1! · 1,3; 8,1; 10,12; 12,2; Kol 3,1!; Mk 16,19 · 10,13

1,12: Andere Übersetzungsmöglichkeit: «*zusammenrollen* wie ein Kleid, *und sie werden verwandelt werden, du aber …*»

Ausrichtung auf das Gehörte

1: 12,1–2 **2** 1 Darum sollen wir erst recht auf das Gehörte achten, damit wir
2–3: 10,28–29; 12,25 nicht am Ziel vorbeitreiben. 2 Hat sich nun das durch Engel gespro-
2: Apg 7,53 chene Wort als gültig erwiesen und hat jede Übertretung und jeder Un-
gehorsam gerechten Lohn empfangen, 3 wie werden dann wir entrin-
nen, wenn wir so grosses Heil missachten? Dieses nahm seinen Anfang
mit der Verkündigung durch den Herrn und wurde uns von denen, die
4: 2Kor 12,12 sie hörten, verlässlich weitergegeben 4 und zugleich von Gott bestätigt
durch Zeichen und Wunder und vielerlei machtvolle Taten und Gaben,
die der heilige Geist nach seinem Willen austeilt.

Gottes Sohn und Gottes Söhne und Töchter

5: 1,6 · 13,14! 5 Denn nicht Engeln hat er die künftige Welt, von der wir reden,
6–8: Ps 8,5–7 unterworfen, 6 vielmehr ist an einer Stelle bezeugt:
Was ist der Mensch, dass du seiner gedenkst,
oder des Menschen Sohn, dass du seiner dich annimmst?
7 *Du hast ihn für kurze Zeit niedriger gestellt als die Engel,*
mit Herrlichkeit und Ehre hast du ihn gekrönt,
8: 1Kor 15,27! · 1,3! 8 *alles hast du ihm unter die Füsse gelegt.*
Denn als er ihm das All unterwarf, hat er ihm alles ohne Ausnahme
unterworfen. Zwar sehen wir jetzt noch nicht, dass ihm das All unter-
9: Phil 2,6–11 worfen ist, 9 wohl aber sehen wir den, der für kurze Zeit unter die Engel
erniedrigt war, Jesus, der, weil er den Tod erlitten hat, mit Herrlichkeit
und Ehre gekrönt wurde, damit er durch Gottes Gnade für jeden den Tod
geschmeckt habe.
10: 1,3!; Röm 11,36 · 10 Denn ihm, um dessentwillen das All ist und durch den das All
5,9; 7,28; 12,2 besteht, entsprach es – wenn er viele Söhne und Töchter in die Herrlich-
keit führen wollte –, den, der ihnen zum Heil vorangehen sollte, durch
11: 10,10! Leiden zur Vollendung zu bringen. 11 Denn er, der heiligt, und sie, die
geheiligt werden, stammen alle von Einem ab. Aus diesem Grund
12: Ps 22,23 scheut er sich nicht, sie Brüder und Schwestern zu nennen 12 und zu
sagen:
Ich werde deinen Namen meinen Brüdern verkünden,
inmitten der Gemeinde werde ich dich loben,
13: Jes 8,17.18 13 und an anderer Stelle:
Ich will mein Vertrauen auf ihn setzen,
und an wieder anderer Stelle:
Siehe, ich und die Kinder, die Gott mir gegeben hat.
14 Da nun die Kinder allesamt Anteil haben an Fleisch und Blut, hat
auch er in gleicher Weise daran teilgehabt, um so durch den Tod den
zu entmachten, der die Macht hat über den Tod, nämlich den Teufel,
15 und alle zu befreien, die durch die Furcht vor dem Tod ein Leben lang
in Knechtschaft gehalten waren. 16 Denn er nimmt sich doch nicht der
17: 3,1; 4,14–15; Engel an, nein: der Nachkommen Abrahams nimmt er sich an. 17 Daher
5,5–10!; 8,1–6; musste er in allem den Brüdern und Schwestern gleich werden, um ein
9,11–28; 13,11–12 · barmherziger und treuer Hoher Priester vor Gott zu werden und so die
5,1

2,8: Andere Übersetzungsmöglichkeit: «... Denn wenn es heisst: Alles hat er ihm unterworfen, so ist gemeint: Er hat ihm alles ohne Ausnahme unterworfen. ...»

Sünden des Volkes zu sühnen. 18 Denn dadurch, dass er gelitten hat und 18: 4,15
selber versucht worden ist, vermag er denen, die versucht werden, zu
helfen.

Mose und Jesus

3 1 Darum, heilige Brüder und Schwestern, die ihr teilhabt an der 1: 9,15 · 2,17! · 4,14!
himmlischen Berufung, schaut auf den Gesandten und Hohen Pries-
ter, von dem unser Bekenntnis spricht, Jesus, 2 der treu war dem, der
ihn erschaffen hat, wie auch Mose treu war in Gottes Haus. 3 Denn er ist 3: 1,4
grösserer Herrlichkeit gewürdigt worden als Mose, wie denn auch dem
Erbauer eines Hauses grössere Ehre zukommt als dem Haus. 4 Jedes
Haus wird ja von jemandem erbaut; der aber alles erbaut hat, ist Gott. 5 5: Num 12,7
Mose war treu im ganzen Haus Gottes als Diener, um zu bezeugen, was
dereinst gesprochen werden sollte, 6 Christus dagegen war treu über 6: 10,21; 1Tim 3,15 ·
das Haus Gottes als Sohn; sein Haus aber sind wir, wenn wir festhalten 10,23! · 4,16!
am Freimut und am Stolz, den die Hoffnung uns gewährt.

Altes Heute – neues Heute

7 Darum gilt, was der heilige Geist spricht: 7–11: Ps 95,7–11
Heute, da ihr seine Stimme hört, 7–8: 3,15; 4,7
8 *verhärtet euer Herz nicht wie beim grossen Aufbegehren*
am Tag der Versuchung in der Wüste,
9 *wo eure Väter mich versuchten, mich auf die Probe stellen wollten –*
und sahen doch meine Werke 10 *vierzig Jahre lang!*
Darum zürnte ich diesem Geschlecht,
und ich sprach: Immer wieder irren sie in ihrem Herzen,
meine Wege haben sie nicht erkannt.
11 *So habe ich geschworen in meinem Zorn:* 11: 4,3.5
Sie werden nicht eingehen in meine Ruhe.

12 Gebt acht, liebe Brüder und Schwestern, dass in keinem von euch 12: Jer 16,12
ein böses, ungläubiges Herz sei und niemand abfalle vom lebendigen
Gott, 13 sondern redet einander zu Tag für Tag, solange dieses ‹Heute› 13: 10,25
gilt, damit sich niemand von euch, von der Sünde betrogen, verhärtet –
14 haben wir doch Anteil an Christus bekommen, sofern wir den An- 14: 10,23! · 6,11
fang der Grundlegung bis ans Ende fest bewahren –, 15 wenn es heisst: 15: 3,7–8!; Ps 95,7–8
Heute, da ihr seine Stimme hört,
verhärtet euer Herz nicht wie beim grossen Aufbegehren.

16 Wer waren denn die, die hörten und doch aufbegehrten? Waren
es nicht alle, die unter Mose aus Ägypten ausgezogen waren? 17 Und 17–19: Num 14,22–23.28–32
wem zürnte er denn vierzig Jahre lang? Etwa nicht denen, welche sün-
digten und deren Leiber in der Wüste zerfielen? 18 Und wem schwor er,
dass sie nicht eingehen würden in seine Ruhe, wenn nicht denen, die
ungehorsam waren? 19 Und so sehen wir, dass sie nicht in sie eingehen
konnten wegen ihres Unglaubens.

4 1 Hüten wir uns also davor, solange die Verheissung, in seine Ruhe 1: 3,17–19
einzugehen, noch nicht erfüllt ist, zu meinen, jemand sei zu spät

4,1: Andere Übersetzungsmöglichkeit: «..., noch nicht erfüllt ist, den Anschein zu erwecken, jemand sei zurückgeblieben.»

gekommen. 2 Denn wie jenen ist das Evangelium auch uns verkündigt.
Doch jenen nützte das Wort, das sie zu hören bekamen, nichts, weil sie
3: 3,11!; Ps 95,11 sich nicht im Glauben verbanden mit denen, die es hörten. 3 Denn als
Glaubende gehen wir in die Ruhe ein. Er hat ja gesagt:
So habe ich in meinem Zorn geschworen:
Nicht eingehen werden sie in meine Ruhe –
obwohl *die Werke* seit der Grundlegung der Welt abgeschlossen sind.
4: Gen 2,2 4 Denn an einer anderen Stelle heisst es vom siebten Tag: *Und Gott ruhte*
5: 3,11!; Ps 95,11 *am siebten Tag von all seinen Werken,* 5 an der erwähnten Stelle hinge-
6: 3,18–19 gen: *Nicht eingehen werden sie in meine Ruhe.* 6 Weil es also dabei bleibt,
dass einige in sie eingehen werden, und weil die, denen das Evangelium
zuerst verkündigt wurde, wegen ihres Ungehorsams nicht in sie einge-
7: 3,7–8!; Ps 95,7–8 gangen sind, 7 bestimmt er nun wiederum einen Tag, ein Heute, und
spricht durch David – nach so langer Zeit –, wie oben gesagt ist:
Heute, da ihr seine Stimme hört,
verhärtet euer Herz nicht.
8 Hätte nämlich Josua sie in die Ruhe geführt, so spräche Gott nicht
von einem anderen, späteren Tag. 9 Also steht dem Volk Gottes eine
Sabbatruhe noch aus. 10 Denn wer in seine Ruhe eingegangen ist, hat
auch selbst Ruhe von seinen Werken gefunden, wie Gott von den sei-
11: 3,18–19 nen. 11 Bemühen wir uns also, in jene Ruhe einzugehen, damit keiner
zu Fall komme nach demselben Muster des Ungehorsams.
12: Eph 6,17 12 Denn lebendig ist das Wort Gottes, wirksam und schärfer als je-
des zweischneidige Schwert; es dringt hindurch bis zur Scheidung von
Seele und Geist, von Mark und Bein und urteilt über Regungen und Ge-
danken des Herzens. 13 Und kein Geschöpf ist verborgen vor ihm, son-
dern alles ist nackt und bloss vor den Augen dessen, dem wir Red und
Antwort zu stehen haben.

Jesus, der grosse Hohe Priester

14–15: 2,17! 14 Da wir nun einen grossen Hohen Priester haben, der die Himmel
14: 9,24! · 3,1; 10,23! durchschritten hat, Jesus, den Sohn Gottes, so lasst uns am Bekenntnis
15: 5,1–3 · 2,18 · festhalten. 15 Denn wir haben nicht einen Hohen Priester, der nicht mit
1Petr 2,22! uns zu leiden vermöchte in unserer Schwachheit, sondern einen, der in
16: 10,22 · 3,6; allem auf gleiche Weise versucht worden ist, aber ohne Sünde. 16 Lasst
10,19.35 uns also freimütig hintreten zum Thron der Gnade, damit wir Barmher-
zigkeit erlangen und Gnade finden und uns so geholfen werde zur rech-
ten Zeit.
1–3: 7,28 5 1 Jeder Hohe Priester, der aus dem Kreis der Menschen genommen
ist, wird ja für die Menschen eingesetzt zum Dienst vor Gott, damit
er Gaben und Opfer darbringe für die Sünden 2 als einer, der mitzufüh-
len vermag mit denen, die unwissend sind und in die Irre gehen, weil
3: 7,27! auch er mit Schwachheit behaftet ist. 3 Dieser Schwachheit wegen muss
er – wie für das Volk, so auch für sich selbst – Sühnopfer darbringen.
4 Und niemand verschafft sich diese Würde selber, sondern er wird von
Gott berufen, wie auch Aaron.

4,2: Andere Textüberlieferung: «…, weil es sich nicht durch den Glauben verband mit denen, …»

5 Ebenso hat auch Christus sich die Würde, Hoher Priester zu wer- 5: 2,17! · 1,5; Ps 2,7
den, nicht selber verliehen, verliehen hat sie ihm der, der zu ihm gesagt
hat:

Mein Sohn bist du, heute habe ich dich gezeugt,

6 wie er auch an anderer Stelle sagt: 6: 7,17; Ps 110,4

Du bist Priester in Ewigkeit nach der Weise Melchisedeks.

7 Er hat in den Tagen seines irdischen Lebens sein Bitten und Flehen 7: Mk 14,35
mit lautem Schreien und unter Tränen vor den gebracht, der ihn vom
Tod erretten konnte, und er ist erhört worden, weil er es aus Ehrfurcht
vor Gott tat. 8 Obwohl er Sohn war, lernte er an dem, was er litt, den 8: Phil 2,8
Gehorsam. 9 Dadurch wurde er zur Vollendung gebracht und ist zum 9: 2,10! · 9,12
Urheber ewigen Heils geworden für alle, die ihm gehorsam sind.
10 Und er wurde von Gott angesprochen als Hoher Priester nach der 10: 2,17!; 6,20;
Weise Melchisedeks. 7,1–28

Herausforderung zur Mündigkeit

11 Dazu haben wir manches – allerdings schwer zu vermittelnde – 11: 6,12; 12,3.12
Wort zu sagen, denn ihr seid schwerhörig geworden. 12 Obwohl ihr 12: 1Kor 3,1–3
längst Lehrer sein müsstet, habt ihr wieder jemanden nötig, der euch
die Anfangsgründe der Worte Gottes buchstabieren lehrt, und ihr seid
wieder solche geworden, die Milch brauchen statt feste Nahrung.
13 Denn jeder, der noch mit Milch ernährt wird, ist unerfahren in der
Lehre von der Gerechtigkeit, weil er unmündig ist. 14 Die feste Nah-
rung kommt Erwachsenen zu, denen also, die durch Übung ihre Sinne
geschärft haben zur Unterscheidung von Gut und Böse.

6 1 Nun, den Anfang der Christuslehre wollen wir übergehen und auf 1: 9,14 · 1Kor 3,10
die Vollkommenheit eingehen, ohne noch einmal den Grund zu le-
gen mit der Umkehr von den toten Werken und mit dem Glauben an
Gott, 2 mit der Lehre vom Taufen und mit dem Auflegen der Hände, mit 2: Apg 6,6!
der Auferstehung der Toten und dem ewigen Gericht. 3 Ja, das wollen
wir tun, sofern Gott es zulässt.

4 Denn unmöglich ist es, zur Umkehr zu bringen, die einmal er- 4–6: 10,26–27
leuchtet worden sind, himmlische Gabe geschmeckt und Anteil bekom- 4: 10,32
men haben am heiligen Geist, 5 die das gute Wort Gottes und die Kräfte 5: 13,14!
der kommenden Welt geschmeckt haben 6 und dann abgefallen sind – 6: 10,29
unmöglich ist es, diese zu einer erneuten Umkehr zu bewegen: Sie
kreuzigen sich den Sohn Gottes noch einmal und stellen ihn an den
Pranger. 7 Denn die Erde, die den Regen trinkt, der immer wieder auf
sie niederfällt, und nützliches Gewächs hervorbringt für die, um de-
rentwillen sie bestellt wird, sie empfängt Segen von Gott. 8 Bringt sie 8: Gen 3,17–18
aber Dornen und Disteln hervor, so taugt sie nichts; sie ist dem Fluch
nahe und wird am Ende verbrannt.

9 Im Blick auf euch, meine Geliebten, sind wir, auch wenn wir so
reden, vom Besseren überzeugt, von dem, was Rettung bringt. 10 Denn
Gott ist nicht ungerecht: Er vergisst eure Taten nicht und nicht die Lie-

5,10: Andere Übersetzungsmöglichkeit: «Und er wurde von Gott ausgerufen zum Hohen Priester ...»

6,2: Andere Übersetzungsmöglichkeiten: «mit der Lehre von den Taufpraktiken ...» oder: «mit der Lehre von den Waschungen ...»

be, die ihr seinem Namen erwiesen habt, indem ihr die Heiligen unter-
11: 3,14 stützt habt und immer noch unterstützt. 11 Wir wünschen aber sehn-
lichst, dass jeder von euch den gleichen Eifer für die Erfüllung der
12: 5,11! · 13,7; 1Kor 11,1 · 12,1! · 9,15; 10,36 Hoffnung zeige, bis ans Ende, 12 und dass ihr nicht träge werdet, son-
dern es denen gleichtut, die durch Glauben und Geduld die Verheissun-
gen erben.

Die Unumstösslichkeit der Verheissung

13–17: 7,6; 11,9 13 Denn als Gott dem Abraham die Verheissung gab, schwor er – da
13: Gen 22,16 er ja bei keinem Höheren schwören konnte – bei sich selbst:
14: Gen 22,17 14 *Ja, gewiss, segnend werde ich dich segnen und mehrend dich mehren.*
15 Und so erlangte Abraham, indem er geduldig ausharrte, die Ver-
heissung. 16 Menschen schwören ja beim Höheren, und zur Bekräfti-
gung dient ihnen der Eid, der jedem Einwand ein Ende setzt. 17 Darum
hat Gott sich mit einem Eid verbürgt, um so den Erben der Verheissung
18: Dtn 19,15 · 10,23! noch deutlicher zu zeigen, dass sein Wille unabänderlich ist. 18 So ha-
ben wir durch zwei unumstössliche Tatsachen, mit denen Gott uns un-
möglich belogen haben kann, einen kraftvollen Zuspruch, wir, die wir
unsere Zuflucht darin gesucht haben, festzuhalten an der Hoffnung, die
19–20: 10,20 vor uns liegt. 19 Diese haben wir als einen sicheren und festen Anker
der Seele, der hineinreicht ins Innerste, bis hinter den Vorhang,
20: 5,10! 20 dorthin, wo Jesus hineingegangen ist uns zugute als der, der uns vor-
ausgeht, der Hoher Priester geworden ist nach der Weise Melchisedeks
in Ewigkeit.

Der Priester nach der Weise Melchisedeks

1: Gen 14,17–19 7 1 Dieser *Melchisedek* nun, *König von Salem, Priester des höchsten Got-*
tes, ging Abraham entgegen, als dieser von seinem Sieg über die Könige
2: Gen 14,20 · Gen 14,18 *zurückkehrte, und segnete ihn,* 2 *und Abraham* gab *ihm den Zehnten von*
allem als Anteil. Dieser heisst zum einen – denn so ist sein Name zu
übersetzen – ‹König der Gerechtigkeit›, zum andern aber auch *König*
3: 7,16.24–25 · 10,12.14 *von Salem,* das bedeutet ‹König des Friedens›. 3 Er hat keinen Vater, kei-
ne Mutter, keinen Stammbaum, weder Lebensanfang noch Lebensende
und ist dem Sohn Gottes gleichgestaltet; er bleibt Priester für immer.
4 Seht doch, welche Bedeutung ihm zukommt: *Ihm gab Abraham,* der
5: Num 18,21 Stammvater, *den Zehnten* der Beute. 5 Zwar hatten auch die Söhne Levis,
welche das Priesteramt empfangen haben, die Weisung, gemäss dem
Gesetz den Zehnten zu nehmen vom Volk, das heisst von ihren Brüdern,
6: 6,13–17 obwohl auch diese aus der Lende Abrahams hervorgegangen sind. 6 Er
aber, der nicht von ihnen abstammt, nahm den Zehnten von Abraham
und segnete ihn, der im Besitz der Verheissungen war. 7 Es ist unbe-
stritten, dass stets das Niedrigere vom Höheren gesegnet wird. 8 Und
dort empfangen Menschen, die doch sterben, den Zehnten, hier aber
einer, von dem bezeugt wird, dass er lebt. 9 Und mit Abraham wurde
sozusagen auch von Levi, der sonst die Zehnten empfängt, der Zehnte
eingefordert – 10 denn er war noch in der Lende des Vaters, als Melchi-
sedek diesem entgegenging.

6,11: Andere Übersetzungsmöglichkeit: «... den gleichen Eifer für die volle Gewissheit der Hoffnung zeige, ...»

11 Wäre es nun durch das levitische Priestertum zur Vollendung ge- 11: 7,18–19! · 8,6
kommen – im Blick darauf hat das Volk ja das Gesetz erhalten –, wozu
müsste dann noch ein anderer Priester, einer nach der Weise Melchise-
deks, auftreten, der nicht als Priester nach der Weise Aarons bezeichnet
wird? 12 Wenn nun aber ein anderes Priestertum gilt, dann gilt notwen-
digerweise auch ein anderes Gesetz. 13 Der nämlich, auf den hin das ge-
sagt ist, gehörte einem anderen Stamm an, aus dem keiner je am Altar
gedient hat. 14 Es ist ja bekannt, dass unser Herr aus Juda hervorgegan- 14: Mi 5,1
gen ist, und von Priestern aus diesem Stamm hat Mose nichts gesagt.
15 Und noch viel offenkundiger ist das, wenn ein anderer Priester in
gleicher Art wie Melchisedek auftritt, 16 einer, der nicht aufgrund der 16: 7,3!
Bestimmung eines vergänglichen Gebots, sondern aufgrund der Kraft
unzerstörbaren Lebens Priester geworden ist. 17 Denn es wird bezeugt: 17: 5,6; Ps 110,4

Du bist Priester in Ewigkeit nach der Weise Melchisedeks.

18 Das früher ergangene Gebot wird nämlich aufgehoben, weil es 18–19: 7,11; 9,9; 10,1
schwach und nutzlos war – 19 das Gesetz hat ja nichts zur Vollendung 18: 10,9
gebracht –, und eine bessere Hoffnung wird eingeführt, durch die wir
Gott nahe kommen.

20 Und das ist nicht ohne Eid geschehen – die Leviten nämlich sind
ohne Eid Priester geworden, 21 er aber mit einem Eid dessen, der zu ihm 21: Ps 110,4
spricht:

Der Herr hat geschworen, und es wird ihn nicht gereuen:
Du bist Priester in Ewigkeit.

22 So ist Jesus Bürge eines besseren Bundes geworden. 23 Die Levi- 22: 8,6!
ten sind in grosser Zahl Priester geworden, weil der Tod sie daran hin-
derte zu bleiben, 24 er aber hat, weil er in Ewigkeit bleibt, ein unver- 24–25: 7,3!
gängliches Priesteramt inne. 25 Darum kann er auch für immer retten, 25: 9,24; Röm 8,34
die durch ihn zu Gott kommen, weil er ja allezeit lebt, um für sie einzu-
treten.

26 Ein solcher Hoher Priester war uns nämlich auch angemessen:
Einer, der heilig ist, unschuldig und unbefleckt, geschieden von den
Sündern und höher als die Himmel, 27 einer, der nicht wie die Hohen 27: 10,11; Ex 29,38 ·
Priester Tag für Tag zuerst für die eigenen Sünden, dann für die des Vol- 5,3 9,7; 10,10;
kes Opfer darbringen muss, denn das hat er ein für alle Mal getan, als er Lev 9,7; 16,6 ·
sich selbst darbrachte. 28 Das Gesetz nämlich setzt Menschen, die 9,12.26–28; 10,2.10; 1Petr 3,18
durch Schwachheit gezeichnet sind, zu Hohen Priestern ein, das Wort 28: 5,1–3 · 7,18–19 ·
des Eides aber, das nach dem Gesetz gekommen ist, den in Ewigkeit voll- 7,20–21 · 2,10!
endeten Sohn.

Der alte und der neue Bund

8 1 Die Hauptsache bei dem Gesagten aber ist: Wir haben einen Hohen 1–2: 9,24!
Priester, der sich zur Rechten des Thrones der Majestät in den Him- 1: 2,17! · 1,13!
meln gesetzt hat 2 als ein Diener am Heiligtum und am wahren Zelt, das
der Herr aufgeschlagen hat und nicht ein Mensch. 3 Jeder Hohe Priester 3: 5,1!
wird ja dazu bestellt, Gaben und Opfer darzubringen; darum muss auch
dieser Hohe Priester etwas haben, was er darbringen kann. 4 Wäre er

7,12: Andere Übersetzungsmöglichkeit: «..., dann findet notwendigerweise auch eine Veränderung des Gesetzes statt.»

7,24: Andere Übersetzungsmöglichkeit: «..., ein unüberbietbares Priesteramt inne.»

nun auf Erden, so wäre er nicht einmal Priester, weil hier ja Priester
5: 9,23; 10,1; Kol 2,16–17 · Ex 25,40 vorhanden sind, die Gaben darbringen, wie das Gesetz es verlangt. 5 Sie
dienen einem Abbild und Schatten der himmlischen Dinge. Als Mose
sich daran machte, das Zelt herzustellen, erhielt er nämlich die Weisung: *Sieh zu,* heisst es da, *dass du alles nach dem Vorbild machst, das dir*
6: 7,11 · 7,22; 9,15; 12,24 · 1Tim 2,5 *auf dem Berg gezeigt worden ist.* 6 Er dagegen wurde zu einem weit höheren Dienst bestellt, denn er ist der Mittler eines besseren Bundes, der
auf bessere Verheissungen gegründet ist.

7 Wäre jener erste Bund ohne Fehl gewesen, hätte man keinen Ort
8–12: Jer 31,31–34 für einen zweiten gesucht. 8 Denn er tadelt sie, wenn er sagt:

Siehe, es kommen Tage, spricht der Herr,
da werde ich für das Haus Israel
und für das Haus Juda einen neuen Bund stiften,
9 *nicht einen Bund, wie ich ihn für ihre Väter machte*
am Tage, da ich sie bei der Hand nahm,
sie aus dem Lande Ägypten herauszuführen;
denn sie sind nicht in meinem Bund geblieben,
und so habe auch ich nicht mehr auf sie geachtet, spricht der Herr.
10: 10,16 10 *Dies ist der Bund, spricht der Herr, den ich mit dem Haus Israel schliessen werde*
nach jenen Tagen:
Ich werde meine Gesetze in ihren Sinn legen
und sie ihnen ins Herz schreiben,
und ich werde ihr Gott sein,
und sie werden mein Volk sein.
11 *Und es wird keiner mehr seinen Mitbürger*
und keiner seinen Bruder belehren mit den Worten: Erkenne den Herrn!
Denn alle werden mich kennen,
vom Kleinsten bis zum Grössten.
12: 10,17 12 *Denn ich will gnädig verfahren mit ihren ungerechten Taten*
und nicht mehr gedenken ihrer Sünden.

13: 7,18 13 Indem er von einem neuen Bund spricht, hat er den ersten für
veraltet erklärt. Was aber veraltet und überlebt ist, das ist dem Verschwinden nahe.

Das erste und das zweite Zelt

9 1 Nun hatte ja auch der erste Bund seine Satzungen für den Gottes-
2:Ex 25,23–27.30–31; 2Chr 13,11 dienst und sein irdisches Heiligtum. 2 Es wurde nämlich ein erstes
Zelt eingerichtet, in dem sich der Leuchter und der Tisch mit den Schau-
3: Ex 26,31.33 broten befanden; es wird das ‹Heilige› genannt. 3 Hinter dem zweiten
Vorhang aber war das Zelt, welches das ‹Allerheiligste› genannt wird.
4–5: Ex 25,10–22 4: Num 17,6–10 · Dtn 9,9 4 Es enthielt den goldenen Räucheraltar und die Bundeslade, die ganz
mit Gold überzogen war. In ihr waren der goldene Krug, der das Manna
enthielt, der Stab Aarons, der wieder ausgeschlagen hatte, und die Tafeln des Bundes, 5 und über ihr die Kerubim der Herrlichkeit, welche
die Sühneplatte über der Bundeslade überschatteten. Doch davon soll
jetzt nicht im Einzelnen die Rede sein.

8,7: Andere Übersetzungsmöglichkeit: «Wäre jenes erste Zelt ... für ein zweites ...»
9,5: Andere Übersetzungsmöglichkeit: «..., welche den Sühneort überschatteten. ...»

6 Seit dies so eingerichtet ist, betreten die Priester immer wieder
das erste Zelt, um Gottesdienst zu feiern. 7 Das zweite Zelt jedoch betritt 7: Ex 30,10 · 7,27!
allein der Hohe Priester, einmal im Jahr, nicht ohne das Blut, das er für
sich selbst und für die aus Unkenntnis begangenen Sünden des Volkes
darbringt. 8 Damit macht der heilige Geist deutlich, dass der Weg ins
Heiligtum nicht offen steht, solange das erste Zelt noch Bestand hat.
9 Es ist ein Gleichnis für die gegenwärtige Zeit, das bedeutet: Es werden 9: 7,18–19!
Gaben und Opfer dargebracht, welche den, der am Gottesdienst teil-
nimmt, in seinem Gewissen nicht vollkommen machen können. 10 Es 10: 13,9! ·
geht dabei nur um Speisen, Getränke und verschiedene Waschungen; Lev 11,1–47; 15,1–11;
vorläufige Satzungen sind es, die gelten bis zur Zeit, da alles in Ordnung Num 19,1–22 · 7,18–19
kommt.

Der Hohe Priester der wirklichen Güter und Mittler eines neuen Bundes

11 Christus aber, der als Hoher Priester der wirklichen Güter gekom- 11–12: 9,24!
men ist, ist durch das grössere und vollkommenere Zelt gegangen, das 11: 2,17!
nicht von Menschenhand gemacht ist und also nicht zu dieser Schöp-
fung gehört. 12 Auch nicht mit dem Blut von Böcken und Kälbern, son- 12: 7,27! · 5,9
dern mit seinem eigenen Blut ist er ein für alle Mal in das Heiligtum
hineingegangen und hat ewige Erlösung erlangt. 13 Wenn nun schon 13–14: 10,10!
das Blut von Böcken und Stieren und die Asche einer Kuh Verunreinig- 13: Num 19,2–9
te, die damit besprengt werden, heiligt – zur Reinigung des Fleisches –,
14 um wie viel mehr wird dann das Blut Christi, der durch ewigen Geist 14: 1Petr 1,18–19 ·
sich selbst als makelloses Opfer Gott dargebracht hat, unser Gewissen 10,2.22 · 6,1
von toten Werken reinigen und uns zum Dienst am lebendigen Gott
bereitmachen!

15 Darum ist er Mittler eines neuen Bundes: Sein Tod sollte gesche- 15: 8,6!; Gal 3,19 ·
hen zur Befreiung von den Übertretungen aus der Zeit des ersten Bun- 3,1 · 6,12!
des, damit die Berufenen die Verheissung des ewigen Erbes empfangen.
16 Wo es nämlich um ein Testament geht, muss der Tod dessen nachge-
wiesen werden, der es aufgesetzt hat. 17 Ein Testament wird erst im To-
desfall wirksam; es tritt niemals in Kraft, solange der Verfasser noch
lebt. 18 Darum ist auch der erste Bund nicht ohne Blut besiegelt worden. 18: 9,7
19 Denn nachdem Mose jedes Gebot, wie es das Gesetz verlangt, dem 19: Ex 24,3–8 ·
ganzen Volk vorgelesen hatte, nahm er das Blut der Kälber und der Bö- Lev 14,4–5;
cke, dazu Wasser, Purpurwolle und Ysop, besprengte damit das Buch, Num 19,6
danach das ganze Volk 20 und sprach: 20: Ex 24,8 · 10,29;
Dies ist das Blut des Bundes, den zu halten euch Gott aufgetragen hat. 13,20
21 Auch das Zelt und alle Geräte für den Gottesdienst besprengte er 21: Lev 8,15.19
auf gleiche Weise mit dem Blut. 22 Durch Blut wird nach dem Gesetz 22: 1,3 · Lev 17,11
beinahe alles gereinigt; und ohne Blutvergiessen gibt es keine Verge-
bung.

23 Die Abbilder dessen, was im Himmel ist, müssen darum auf die 23: 8,5!
beschriebene Weise gereinigt werden, das Himmlische selbst jedoch
verlangt nach besseren Opfern als diesen. 24 Denn Christus ist nicht in 24: 4,14; 8,1–2;
ein von Menschenhand errichtetes Heiligtum hineingegangen, in ein 9,11–12 · 7,25
Abbild des echten, sondern in den Himmel selbst, um jetzt vor Gottes
Angesicht für uns einzutreten. 25 Er ist auch nicht hineingegangen, um
sich immer wieder darzubringen, so wie der Hohe Priester Jahr für Jahr 26: 7,27! · 1Joh 3,5 ·
mit fremdem Blut ins Heiligtum hineingeht; 26 sonst hätte er nämlich 10,12

immer wieder leiden müssen seit Grundlegung der Welt. Jetzt aber ist
er am Ende der Zeiten ein einziges Mal erschienen, um durch sein Opfer
die Sünde aufzuheben. 27 Und wie es den Menschen bestimmt ist, ein
28: 7,27!; 10,14; einziges Mal zu sterben, und dann kommt das Gericht, 28 so ist auch
Röm 6,10 · Christus ein einziges Mal geopfert worden, um die Sünden vieler auf
Jes 53,12 sich zu nehmen. Ein zweites Mal erscheint er nicht der Sünde wegen,
sondern zur Rettung derer, die ihn erwarten.

Das einmalige Opfer und die endgültige Vollendung

1: 8,5! · 7,18–19! **10** 1 Weil das Gesetz nämlich nur einen Schatten der künftigen Gü-
ter enthält, nicht die eigentliche Gestalt der Dinge, kann es durch
die Jahr für Jahr gleichen Opfer, die man endlos darbringt, diejenigen,
2: 9,14! · 7,27! die damit vor Gott treten, niemals vollkommen machen. 2 Denn hätte
man sonst nicht aufgehört, sie darzubringen? Die am Gottesdienst teil-
nehmen, hätten ja kein von Sünden belastetes Gewissen mehr, wenn
3: Lev 16,34 sie ein für alle Mal gereinigt worden wären. 3 Es ist aber nicht so, son-
dern Jahr für Jahr wird mit Opfern an die Sünden erinnert. 4 Denn es ist
unmöglich, dass das Blut von Stieren und Böcken Sünden hinweg-
5–7: Ps 40,7–9 nimmt. 5 Darum sagt er bei seinem Kommen in die Welt:
5: 10,37 *Opfer und Gabe wolltest du nicht,*
einen Leib aber hast du mir bereitet.
6 *An Brandopfern und Sühnopfern hattest du kein Gefallen.*
7 *Da sprach ich: Siehe, ich komme –*
in der Schriftrolle steht geschrieben, was für mich gilt –,
um deinen Willen, o Gott, zu tun.
8: Ps 40,7 8 Zuerst also hat er gesagt:
Opfer und Gaben und Brandopfer und Sühnopfer
wolltest du nicht und hattest kein Gefallen an ihnen,
9: Ps 40,8–9 · 7,18 und doch werden sie nach dem Gesetz dargebracht. 9 Und dann hat er
gesagt: *Siehe, ich komme, um deinen Willen zu tun.* Das Erste hebt er auf,
10: 7,27! · 2,11; um das Zweite in Kraft zu setzen. 10 In diesem Willen sind wir ein für
9,13–14; 10,14.29; alle Mal geheiligt durch die Darbringung des Leibes Jesu Christi.
12,10.14; 13,12 11 Jeder Priester steht Tag für Tag da, versieht seinen Dienst und
bringt immer dieselben Opfer dar, die doch niemals Sünden beseitigen
12: 9,26 · 7,3! · 1,13! können. 12 Er aber hat ein einziges Opfer für die Sünden dargebracht
13: 1,13! und sich für immer zur Rechten Gottes gesetzt; 13 fortan wartet er, bis
14: 9,28 · 10,10! · seine Feinde hingelegt werden als Schemel für seine Füsse. 14 Denn
7,3! durch eine einzige Darbringung hat er diejenigen, die geheiligt werden,
für immer zur Vollendung geführt. 15 Das bezeugt uns auch der heilige
Geist, denn nachdem er gesagt hat:
16: 8,10; Jer 31,33 16 *Dies ist der Bund, den ich* mit ihnen *schliessen werde*
nach jenen Tagen, spricht der Herr:
Ich werde meine Gesetze in ihr Herz legen
und sie in ihren Sinn schreiben,
17: 8,12; Jer 31,34 17 *und ihrer Sünden* und ihrer Missetaten
werde ich nicht mehr gedenken.
18 Wo aber diese vergeben sind, muss nichts mehr für die Sünde
dargebracht werden.

Ermahnung, am unverrückbaren Bekenntnis festzuhalten

19 So haben wir nun, liebe Brüder und Schwestern, durch das Blut | 19: 4,16!
Jesu die Freiheit, ins Heiligtum einzutreten. 20 Diesen Zutritt hat er uns | 20: 6,19–20
verschafft als neuen und lebendigen Weg durch den Vorhang hindurch,
das heisst durch sein Fleisch. 21 Auch haben wir nun einen grossen | 21: 3,6!
Priester über das Haus Gottes. 22 Lasst uns also hinzutreten mit aufrich- | 22–24: 1Kor 13,13!
tigem Herzen in der Fülle des Glaubens, das Herz gereinigt vom bösen | 22: 4,16 · 9,14! · Ex 29,4
Gewissen und den Leib gewaschen mit reinem Wasser. 23 Lasst uns | 23: 3,6.14; 4,14!;
festhalten am unverrückbaren Bekenntnis der Hoffnung, denn treu ist, | 6,18
der die Verheissung gab. 24 Und lasst uns darauf bedacht sein, dass wir
einander anspornen zur Liebe und zu guten Taten: 25 Wir wollen die | 25: 3,13
Versammlung der Gemeinde nicht verlassen, wie es bei einigen üblich
geworden ist, sondern einander mit Zuspruch beistehen, und dies
umso mehr, als ihr den Tag nahen seht.

26 Denn wenn wir vorsätzlich sündigen, nachdem wir bereits die | 26–27: 6,4–6
Erkenntnis der Wahrheit empfangen haben, gibt es kein Sühnopfer
mehr, 27 sondern nur noch ein furchtbares Warten auf das Gericht, das | 27: 10,31; 12,29
als gieriges Feuer die Widersacher verzehren wird. 28 Wer das Gesetz | 28–29: 2,2–3!
des Mose missachtet, muss ohne Erbarmen *sterben auf die Aussage von* | 28: Dtn 17,6
zwei oder drei Zeugen hin. 29 Wie viel härter, meint ihr, wird die Strafe | 29: 6,6 · 9,20! ·
sein für einen, der den Sohn Gottes mit Füssen getreten, das Blut des | 10,10!
Bundes, durch das er geheiligt wurde, für unrein gehalten und den Geist
der Gnade verachtet hat? 30 Denn wir kennen den, der gesagt hat: | 30: Dtn 32,35;
Mein ist die Rache, ich werde Vergeltung üben, | Röm 12,19 · Dtn 32,36; Ps 135,14
und an anderer Stelle:
Der Herr wird sein Volk richten.
31 Furchtbar ist es, in die Hände des lebendigen Gottes zu fallen. | 31: 10,27

32 Erinnert euch doch an die früheren Tage, da ihr nach eurer Er- | 32: 6,4
leuchtung einen harten Leidenskampf durchzustehen hattet: 33 Sei es,
dass ihr beleidigt und bedrängt und damit öffentlich zur Schau gestellt
wurdet, sei es, dass ihr Gefährten derer wurdet, denen es so erging.
34 Denn ihr habt mitgelitten mit den Gefangenen und den Raub von
Hab und Gut mit Freuden hingenommen im Wissen, dass ihr selbst ein
besseres und bleibendes Gut habt. 35 Werft also euren Freimut nicht | 35: 4,16! · 11,6!
weg; er wird reich belohnt werden. 36 Ausdauer braucht ihr nämlich, | 36: 12,1! · 10,7;
um den Willen Gottes zu tun und so die Verheissung zu erlangen. | 13,21 · 6,12!

37 Denn *eine kleine Weile* noch, | 37: Hab 2,3
und der, *der kommen soll, wird kommen und nicht ausbleiben:*
38 *Mein Gerechter aber wird aus Glauben leben,* | 38: Hab 2,4
und *wenn er zurückweicht, hat meine Seele kein Wohlgefallen an ihm.*
39 Wir aber gehören nicht zu denen, die zurückweichen und zu-
grunde gehen, sondern zu denen, die glauben und sich das Leben be-
wahren.

Der Glaube der Alten

1: Röm 8,24 11 1 Der Glaube aber ist die Grundlegung dessen, was man erhofft,
2: 11,39 der Beweis für Dinge, die man nicht sieht. 2 In diesem Glauben ist
3: Ps 33,6 den Alten ihr Zeugnis ausgestellt worden. 3 Durch Glauben erkennen
wir, dass die Welt erschaffen ist durch Gottes Wort; so ist das Sichtbare
nicht aus dem geworden, was in Erscheinung tritt.

4: Gen 4,3–5 4 Durch Glauben brachte Abel Gott ein besseres Opfer dar als Kain;
durch Glauben wurde ihm das Zeugnis ausgestellt, gerecht zu sein, weil
Gott über seinen Gaben Zeugnis ablegte, und durch Glauben redet er
5: Gen 5,24 noch immer, obwohl er gestorben ist. 5 Durch Glauben wurde Henoch
entrückt, so dass er den Tod nicht sah; und er wurde nicht mehr gefun-
den, da Gott ihn entrückt hatte. Vor der Entrückung wurde ihm das
6: 10,35; 11,26 Zeugnis ausgestellt, Gefallen gefunden zu haben bei Gott. 6 Ohne Glau-
ben aber ist es unmöglich, ihm zu gefallen. Denn wer vor Gott treten
will, muss glauben, dass er ist und dass er die belohnt, die ihn suchen.
7: Gen 6,8–9; 7 Durch Glauben baute Noah, als er einen Hinweis bekam auf das, was
6,13–7,1; 2Petr 2,5 noch nicht sichtbar war, voller Ehrfurcht vor Gott eine Arche zur Ret-
tung seines Hauses. Durch Glauben verurteilte er die Welt und wurde
ein Erbe der Gerechtigkeit, die dem Glauben entspricht.

8: Gen 12,1–4 8 Durch Glauben gehorchte Abraham, als er berufen wurde, und
brach auf an einen Ort, den er als Erbe empfangen sollte; er brach auf,
9: 6,13–17; ohne zu wissen, wohin er kommen würde. 9 Durch Glauben wanderte
Röm 4,13 er aus ins Land der Verheissung, ein Land, das ihm fremd war, und
wohnte in Zelten mit Isaak und Jakob, den Miterben derselben Verheis-
10: 13,14! sung. 10 Denn er wartete auf die Stadt mit den festen Fundamenten,
11–12: Gen 17,17.19; deren Planer und Erbauer Gott ist. 11 Durch Glauben empfing auch Sara
21,2 · Röm 4,19–20 als Unfruchtbare die Kraft, Nachkommenschaft zu begründen trotz ih-
11: 10,23 rem hohen Alter, weil sie den für treu erachtete, der die Verheissung
12: Gen 32,12 gegeben hatte. 12 Darum sind auch aus einem Einzigen und gar von ei-
nem, der nicht mehr zeugungsfähig war, Nachkommen hervorgegan-
gen, so zahlreich wie die Sterne am Himmel und wie der Sand am Ufer
des Meeres, den niemand zählen kann.

13–16: 13,14! 13 Im Glauben sind diese alle gestorben, ohne die Verheissungen er-
13: 11,39 · Gen 23,4 langt zu haben. Nur von ferne haben sie sie gesehen, sie gegrüsst und
bekannt, Gäste und Fremdlinge auf Erden zu sein. 14 Die nämlich sol-
ches sagen, geben zu erkennen, dass sie eine Heimat suchen. 15 Und
wenn sie dabei an jene Heimat dächten, aus der sie aufgebrochen sind,
hätten sie ja Gelegenheit zurückzukehren. 16 Nun aber strecken sie sich
aus nach einer besseren Heimat, nämlich nach der himmlischen. Da-
rum schämt sich Gott ihrer nicht und lässt sich ihr Gott nennen; er hat
ihnen ja eine Stadt bereitet.

17: Gen 22,1–19; 17 Durch Glauben hat Abraham den Isaak dargebracht, als er in Ver-
Jak 2,21 suchung geführt wurde; den einzigen Sohn wollte er darbringen, er, der
18: Gen 21,12 doch die Verheissungen empfangen hatte 18 und zu dem doch gesagt
worden war:

Nach Isaak soll deine Nachkommenschaft genannt werden.

11,1: Der griechische Begriff ‹hypostasis› wird hier mit ‹Grundlegung› übersetzt, d.h. entsprechend der Tendenz seiner Bedeutung (Grundlage, Basis, Grundlegung) objektiv und nicht subjektiv (Festhalten, Vertrauen).

19 Er rechnete damit, dass Gott auch die Macht habe, von den Toten 19: Röm 4,17
zu erwecken. Darum hat er ihn – als ein Gleichnis – auch zurückerhal-
ten. 20 Durch Glauben segnete Isaak den Jakob und den Esau sogar im
Blick auf Künftiges. 21 Durch Glauben segnete Jakob vor seinem Tod je- 21: Gen 48,8–16
den der Söhne Josefs und *beugte sich betend über die Spitze seines Stabes.*
22 Durch Glauben dachte Josef, als er im Sterben lag, an den Auszug der 22: Gen 50,24–25
Israeliten und ordnete an, was mit seinen Gebeinen zu geschehen habe.

23 Durch Glauben wurde Mose nach der Geburt drei Monate lang 23: Ex 2,2 ·
von seinen Eltern versteckt gehalten; denn sie sahen, dass das Kind Ex 1,15–16
schön war, und fürchteten sich nicht vor dem Befehl des Königs.
24 Durch Glauben weigerte sich Mose, als er herangewachsen war, als 24: Ex 2,11
Sohn einer Tochter des Pharao zu gelten. 25 Lieber wollte er zusammen
mit dem Volk Gottes misshandelt werden als einen flüchtigen Genuss
der Sünde haben. 26 Für einen grösseren Reichtum als die Schätze 26: 13,13 · 11,6!
Ägyptens hielt er die Schmach Christi, denn er richtete seinen Blick auf
die Belohnung. 27 Durch Glauben verliess er Ägypten, ohne den Zorn 27: Ex 2,15
des Königs zu fürchten, denn er hielt sich an den Unsichtbaren, als sähe
er ihn. 28 Durch Glauben hat er das Passa und die Besprengung mit Blut 28: Ex 12,21–23
angeordnet, damit der Würgeengel ihre Erstgeburt nicht anrühre.
29 Durch Glauben zogen sie durch das Rote Meer wie über trockenes 29: Ex 14,21–30
Land; die Ägypter dagegen ertranken, als sie es versuchten.

30 Durch Glauben fielen die Mauern von Jericho, nachdem sie sie- 30: Jos 6,1–16.20
ben Tage lang umkreist worden waren. 31 Durch Glauben ist die Dirne 31: Jos 2,1–21;
Rahab nicht mit den Ungehorsamen zusammen umgekommen, denn 6,17.22–25; Jak 2,25
sie hatte die Kundschafter in Frieden bei sich aufgenommen.

32 Und was soll ich noch sagen? Mir fehlt die Zeit, auch noch von 32: Ri 6,1–8,35 ·
Gideon, Barak, Samson, Jephta, David und Samuel und von den Prophe- Ri 4,1–16 ·
ten zu erzählen. 33 Aufgrund des Glaubens haben sie Königreiche Ri 13,1–16,31 · Ri 10,6–12,7 ·
bezwungen, Gerechtigkeit geübt, Verheissungen erlangt, Löwen den 1Sam 7,15
Rachen gestopft 34 und gewaltiges Feuer gelöscht. Zweischneidigem
Schwert sind sie entronnen, und wo sie schwach waren, haben sie Kraft
empfangen. Stark sind sie geworden im Krieg, haben Heere feindlicher
Völker in die Flucht geschlagen. 35 Frauen haben ihre Toten wiederbe- 35: 1Kön 17,17–24;
kommen durch Auferstehung; andere aber haben sich foltern lassen 2Kön 4,18–37
und ihre Freilassung nicht angenommen, um eine bessere Auferste-
hung zu erlangen. 36 Wieder andere mussten Spott und Geisselung 36: Jer 20,1–3;
hinnehmen, auch Fesseln und Gefängnis. 37 Sie sind gesteinigt, zer- 37,1–38,13
sägt, mit dem Schwert erschlagen worden; sie sind in Fellen von Scha- 37: 2Chr 24,20–21
fen und Ziegen umhergegangen, haben Mangel, Not und Qual erfahren,
38 sie, derer die Welt nicht würdig war, sind umhergeirrt in Wüsten 38: 1Kön 18,4
und Gebirgen, in Höhlen und Klüften. 39 Und sie alle haben, auch wenn 39: 11,2 · 11,13
sie aufgrund des Glaubens Zeugen geworden sind, die Verheissung
nicht erlangt. 40 Denn Gott hat für uns etwas Besseres vorgesehen: Sie 40: 10,14
sollten nicht ohne uns ans Ziel gebracht werden.

Die Ermahnung, nicht müde zu werden

12 1 Darum wollen denn auch wir, die wir von einer solchen Wolke 1: 6,12; 10,36 ·
von Zeugen umgeben sind, alle Last ablegen und die Sünde, die 1Kor 9,24–27
uns so leicht umgarnt. Wir wollen mit Ausdauer laufen in dem Wett- 2: 2,10! · 1,13! ·
lauf, der noch vor uns liegt, 2 und hinschauen auf den, der unserem Phil 2,8–9

Glauben vorangeht und ihn vollendet, auf Jesus, der im Blick auf die vor
ihm liegende Freude das Kreuz erduldet, die Schande gering geachtet
3: 5,11! und sich zur Rechten des Thrones Gottes gesetzt hat. 3 Denkt doch an
den, der von Seiten der Sünder solchen Widerspruch erduldet hat, da-
mit ihr nicht müde und mutlos werdet.

4: 10,32–36 4 Noch habt ihr nicht bis aufs Blut widerstanden im Kampf gegen
5–6: Spr 3,11–12 die Sünde. 5 Und ihr habt den Zuspruch vergessen, der euch als Söhne
anredet:

Mein Sohn, achte nicht gering die Erziehung des Herrn,
und verliere den Mut nicht, wenn du von ihm gestraft wirst.
6 *Denn wen der Herr liebt, den züchtigt er,*
und er schlägt jeden Sohn, den er annimmt.

7 Was ihr erduldet, dient eurer Erziehung; wie mit Söhnen geht Gott
mit euch um. Denn wo ist ein Sohn, den sein Vater nicht züchtigt?
8 Wenn ihr aber ohne Erziehung seid – sie ist doch allen zuteil gewor-
den –, dann seid ihr uneheliche, nicht legitime Söhne und Töchter.

9 Ferner: Wir hatten unsere leiblichen Väter als Erzieher und brach-
ten ihnen Respekt entgegen; werden wir uns da nicht erst recht dem
10: 10,10! ‹Vater der Geister› unterordnen und so das Leben haben? 10 Denn jene
haben uns eine kurze Zeit nach ihrem Gutdünken gezüchtigt, er aber tut
es zu unserem Besten, damit wir Anteil bekommen an seiner Heiligkeit.
11: Phil 1,11; Jak 3,18 11 Für den Augenblick zwar erscheint uns jede Züchtigung nicht als
Freude, sondern als Schmerz, später aber bringt sie denen, die an ihr
gewachsen sind, die Frucht des Friedens und der Gerechtigkeit.

12: 5,11! · Jes 35,3 12 Darum strafft die erschlafften Hände und die erlahmten Knie
13: Spr 4,26 13 und zieht eine gerade Spur mit euren Füssen, damit was lahm ist,
14: Ps 34,15; sich nicht auch noch verrenkt, sondern vielmehr geheilt wird. 14 Dem
Röm 14,19; Frieden jagt nach mit allen und der Heiligung, ohne die niemand den
2Tim 2,22; 1Petr 3,11 · 10,10! Herrn schauen wird. 15 Gebt acht, dass niemand hinter der Gnade Got-
15: Dtn 29,17 tes zurückbleibt, *dass nicht ein bitterer Schössling aufschiesst und eine*
16: Gen 25,29–34 *Plage wird* und viele durch ihn angesteckt werden 16 und dass kein Un-
züchtiger oder Gottloser unter euch sei, einer wie Esau, der für ein ein-
17: Gen 27,30–40 ziges Essen sein Erstgeburtsrecht hergab. 17 Ihr wisst ja, dass er verwor-
fen wurde, als er hinterher den Segen erben wollte, denn er fand keine
Gelegenheit mehr zur Umkehr, obwohl er sie unter Tränen suchte.

Ermahnung, auf den zu hören, der sich vom Himmel her kundtut

18: Dtn 4,11; 5,22 18 Denn ihr seid nicht zu etwas hingetreten, was mit den Sinnen
erfahrbar ist, nicht zu brennendem Feuer, zu Rauch und Finsternis und
19: Ex 19,16.19; Sturm, 19 nicht zu Schall von Posaunen und Dröhnen von Worten – die
20,18; Dtn 4,12 es hörten, baten, es möge kein Wort mehr hinzugefügt werden, 20 denn
20: Ex 19,12–13 sie ertrugen nicht, was da befohlen wurde: Selbst wenn ein Tier den
21: Dtn 9,19 Berg berührt, soll es gesteinigt werden. 21 Ja, so furchtbar war die Er-
22: 11,10; scheinung, dass Mose sagte: *Ich bin voll Furcht* und ich zittere. 22 Viel-
Offb 21,10! · mehr seid ihr hingetreten zum Berg Zion und zur Stadt des lebendigen
Offb 5,11! Gottes, dem himmlischen Jerusalem, zu Tausenden von Engeln, zum

12,9: Der ganz ungewöhnliche Ausdruck ‹Vater der Geister› verweist auf die Zugehörigkeit Gottes zur Sphäre des Geistes, zu der dienende Geister (1,14) und die Geister der vollendeten Gerechten (12,23) gehören.

Fest 23 und zur Gemeinde der Erstgeborenen, deren Namen aufge- 23: Lk 10,20
schrieben sind im Himmel, zu Gott, dem Richter aller, zu den Geistern
der vollendeten Gerechten, 24 zu Jesus, dem Mittler des neuen Bundes, 24: 8,6! · 9,13–14 ·
und zum Blut der Besprengung, das machtvoller redet als das Blut Abels. Gen 4,10
25 Gebt acht, dass ihr den nicht abweist, der so redet! Wenn nämlich 25: 2,2–3!
schon jene nicht entronnen sind, die den abwiesen, der auf Erden den
Willen Gottes kundtat, wie viel weniger dann wir, wenn wir uns abwen-
den von dem, der vom Himmel her spricht. 26 Einst hat seine Stimme 26: Hag 2,6
die Erde erschüttert, jetzt aber hat er verheissen:

Noch einmal werde ich erbeben lassen nicht allein *die Erde,* sondern
auch den Himmel.

27 Dieses *Noch einmal* zeigt: Was erschüttert wird, weil es zum Ge-
schaffenen gehört, wird verändert, damit bleibe, was nicht erschüttert
werden kann. 28 Darum wollen wir, die wir ein unerschütterliches 28: Dan 7,18 · 13,21
Reich empfangen, dankbar sein und Gott dienen, wie es ihm gefällt, mit
Scheu und Ehrfurcht. 29 Denn unser *Gott ist ein verzehrendes Feuer.* 29: Dtn 4,24; 9,3 ·
10,27

Ermahnungen für den Alltag

13 1 Die Liebe zu denen, die euch vertraut sind, bleibe! 2 Die Liebe zu 1: 1Thess 4,9!
denen, die euch fremd sind, aber vergesst nicht – so haben man- 2: Röm 12,13 ·
che, ohne es zu wissen, Engel beherbergt. 3 Denkt an die Gefangenen, Gen 18,1–16; 19,1–29
weil auch ihr Gefangene seid; denkt an die Misshandelten, weil auch ihr 3: 10,34
Verletzliche seid.

4 Die Ehe werde bei allen in Ehren gehalten, und das Ehebett bleibe
unbefleckt. Denn Unzüchtige und Ehebrecher wird Gott richten.
5 Führt ein Leben frei von Geldgier, begnügt euch mit dem, was da ist. 5: 1Tim 6,8–9 ·
Denn Gott selbst hat gesagt: *Ich werde dich niemals preisgeben und dich* Dtn 31,6; Jos 1,5;
niemals verlassen. 6 So können wir getrost sagen: 1Chr 28,20;
Gen 28,15

Der Herr ist mein Helfer, ich werde mich nicht fürchten; 6: Ps 118,6
was kann ein Mensch mir antun?

7 Behaltet diejenigen, die die Gemeinde geleitet und euch das Wort 7: 13,17.24 · 6,12!
Gottes weitergesagt haben, im Gedächtnis; achtet darauf, wie ihr Leben
geendet hat, und ahmt ihren Glauben nach. 8 Jesus Christus ist derselbe 8: 1,12
gestern, heute und in Ewigkeit. 9 Lasst euch nicht durch schillernde 9: 9,10!
und fremdartige Lehren verführen. Denn es ist gut, dass das Herz gefes-
tigt wird durch Gnade, nicht durch Speisegebote; die sie befolgten, hat-
ten keinen Nutzen davon. 10 Wir haben einen Altar, von dem zu essen
keine Vollmacht hat, wer dem Zelt dient. 11 Denn die Leiber der Tiere, 11–12: 2,17!
deren Blut der Hohe Priester als Sühnopfer ins Heiligtum hineinbringt, 11: Lev 16,27
werden ausserhalb des Lagers verbrannt. 12 Darum hat auch Jesus, um 12: 10,10! ·
durch sein eigenes Blut das Volk zu heiligen, ausserhalb des Tores gelit- Mk 15,20b–27
ten. 13 Lasst uns also vor das Lager hinausziehen zu ihm und seine 13: 11,26
Schmach tragen, 14 denn wir haben hier keine bleibende Stadt, sondern 14: 11,10.13–16 · 2,5;
die zukünftige suchen wir. 15 Durch ihn wollen wir Gott allezeit als Op- 6,5
fer ein Lob darbringen, das heisst die Frucht der Lippen, die seinen Na-
men bekennen. 16 Vergesst nicht, einander Gutes zu tun und an der Ge-
meinschaft festzuhalten, denn an solchen Opfern findet Gott Gefallen.
17 Gehorcht denen, die die Gemeinde leiten, denn sie wachen über eure 17: 13,7!
Seelen und müssen Rechenschaft ablegen, und fügt euch ihnen, damit

sie es mit Freuden tun und nicht mit Seufzen; das wäre für euch ja kein
Gewinn.

Bitten, Grüsse, Segenswunsch

18: 1Thess 5,25

18 Betet für uns! Denn wir sind überzeugt, ein gutes Gewissen zu
haben, da wir uns bemühen, in jeder Hinsicht ein gutes Leben zu füh-
ren. 19 Und ich ermahne euch besonders eindringlich, dies zu tun, da-
mit ich euch umso schneller wiedergegeben werde.

20: Röm 15,33! · Joh 10,11! · 9,20! · Jes 55,3; 61,8; Jer 32,40; 50,5; Ez 37,26
21: 10,36! · 12,28 · Röm 16,27!

20 Der Gott des Friedens aber, der den grossen Hirten der Schafe,
Jesus, unseren Herrn, durch das Blut des ewigen Bundes heraufgeführt
hat von den Toten, 21 er rüste euch aus mit allem Guten, dass ihr seinen
Willen tut. Er wirke in uns, was vor ihm wohlgefällig ist, durch Jesus
Christus, dem die Ehre gebührt von Ewigkeit zu Ewigkeit. Amen.

22 Ich rede euch aber zu, liebe Brüder und Schwestern, nehmt das
Wort der Ermutigung an. Ich habe euch ja nur kurz geschrieben. 23 Ihr
wisst, dass unser Bruder Timotheus abgereist ist; wenn er demnächst
kommt, werde ich euch mit ihm zusammen besuchen.

24: 13,7!

24 Grüsst alle, die die Gemeinde leiten, und alle Heiligen. Es grüssen
euch die Brüder und Schwestern, die in Italien sind.

25: Tit 3,15

25 Die Gnade sei mit euch allen.

Der Brief des Jakobus

Im neutestamentlichen Kanon folgen auf die dreizehn Briefe, die unter dem Namen des Paulus überliefert worden sind, und den Brief an die Hebräer sieben weitere Briefe. Sie wurden den führenden Figuren der Jerusalemer Gemeinde (Jakobus, Petrus, Judas) bzw. dem Haupt des johanneischen Kreises zugeschrieben. Im Verständnis der alten Kirche richteten sich diese Briefe nicht an einzelne Gemeinden, sondern grundsätzlich an alle Glaubenden auf der ganzen Welt. Sie wurden deshalb als ‹katholische› Briefe bezeichnet.

Der erste dieser sieben ‹katholischen› Briefe ist der Brief des Jakobus. Er scheint erst relativ spät als biblische Schrift anerkannt worden zu sein, jedenfalls ist er in einem um 200 n.Chr. verfassten Verzeichnis der für die Kirche gültigen Schriften (dem sogenannten Canon Muratori) nicht aufgeführt.

Der Brief des Jakobus gehört zur Gattung der Mahnbriefe, wie sie uns als offizielle Schreiben jüdischer Autoritäten (aus Jerusalem) an die Bewohner der Diaspora bekannt sind (vgl. auch Apg 15,23–29). Er lässt sich in drei Teile gliedern: Nach der Anschrift in Jak 1,1 folgt eine Einführung (Jak 1,2–15), die Zweck und Inhalt des Schreibens angibt; es folgt der grosse Mittelteil (Jak 1,16–5,6), der die in der Einleitung genannten Themen behandelt; der Schlussteil (Jak 5,7–20) ruft die Grundregeln des Zusammenlebens in Erinnerung und schliesst mit einer Verheissung. Im Mittelteil sind einzelne Sprüche zu Spruchgruppen zusammengestellt und oftmals einem Thema zugeordnet; eine strenge Anordnung der Themen lässt sich aber nicht erkennen. Das meiste Material dieser Schrift stammt aus der alttestamentlich-jüdischen Weisheitstradition wie Jesus Sirach, Weisheit Salomos, Sprüche und aus dem Spruchgut der Jesusüberlieferung: etwa wo vom Hören und Tun (Jak 1,22), von der Erwählung der Armen (Jak 2,5), vom Umgang mit dem Bruder und der Schwester (Jak 3,7–10) oder vom Schwören (Jak 5,12) die Rede ist.

Der Verfasser, der sich als Zeuge und «Knecht Gottes und des Herrn Jesus Christus» (Jak 1,1) versteht, wendet sich an judenchristliche Gemeinden in der Diaspora. Sein Anliegen ist es, die Gemeinden in der Situation der Prüfung (Jak 1,2) zu unterstützen, indem er die Weisheit lehrt (Jak 1,5), womit hier die Fähigkeit zu einem reifen Urteil über den rechten Glauben gemeint ist, der eine ethisch verantwortete Lebensführung miteinschliesst (Jak 3,13). Jakobus will seine Gemeinden aufrütteln, ihr Bekenntnis auch in konkreten Lebenssituationen zu praktizieren: Sie sollen «Täter des Wortes» sein, «nicht bloss Hörer» (Jak 1,22).

Im Abschnitt über den tätigen Glauben (Jak 2,14–26) behauptet er kühn, dass der Glaube ohne Werke tot sei (Jak 2,17), und beendet diesen Gedankengang mit der streitbaren These, «dass der Mensch aus Werken gerecht wird, nicht aus Glauben allein» (Jak 2,24). Ob er sich dabei gegen Paulus selbst oder eher gegen eine falsch verstandene Rechtfertigungstheologie in der frühen Christenheit wendet, ist schwer zu sagen. Luther jedenfalls sah hier sein an Paulus gewonnenes Glaubensverständnis in Frage gestellt und hat aus diesem Grund den Brief des Jakobus eine ‹stroherne Epistel› genannt. Der Brief des Jakobus muss sich die kritische Frage gefallen lassen, ob er dadurch nicht selbst einem verkürzten Glaubensbegriff Vorschub leiste. Es geht dem Verfasser jedoch in erster Linie um die Verwirklichung des praktischen Glaubensgehorsams. Taten der Liebe und Barmherzigkeit sind gefordert (Jak 1,27; 2,1.13.26), weil die Gemeinden unter den Spannungen zwischen Armen und Reichen leiden und daran zerbrechen könnten (Jak 2,1–13; 5,1–6).

Der Brief des Jakobus stellt Jakobus als seinen Verfasser vor. Mit diesem ist wohl der Bruder Jesu und spätere Führer der Jerusalemer Urgemeinde (vgl. Mk 6,3; Apg 12,17) gemeint, dessen Autorschaft aber mit Recht bezweifelt werden darf. Das ausgesprochen gute Griechisch, der brillante Stil und die vielen Zitate aus der Septuaginta, der griechischen Übersetzung der alttestamentlichen Bücher, sprechen dagegen. Diese Lehrschrift ist wohl eher von einem uns unbekannten, gebildeten Judenchristen gegen Ende des 1. Jahrhunderts abgefasst worden.

Innerhalb des neutestamentlichen Kanons vertritt der Brief des Jakobus eine ganz eigenständige Position, die dem Judenchristentum, das sonst nur noch im Evangelium nach Matthäus derart prominent zur Sprache kommt, eine deutliche Stimme verleiht. Er setzt insbesondere im Vergleich zur paulinischen Theologie in der Frage, wie das Gesetz zu verstehen sei und was Gerechtigkeit bedeute, andere Akzente als die paulinische Theologie.

Anschrift

1 1 Jakobus, Knecht Gottes und des Herrn Jesus Christus, an die zwölf Stämme in der Diaspora: Seid gegrüsst!

Die rechte Einstellung

2: 1Petr 1,6; Mt 5,11–12 · 1,12
3: 1Petr 1,7 · Röm 5,3
4: 3,2; Mt 5,48

2 Nehmt es für lauter Freude, meine lieben Brüder und Schwestern, wenn ihr mancherlei Prüfungen zu bestehen habt, 3 denn ihr wisst, dass die Erprobung eures Glaubens Ausdauer bewirkt. 4 Die Ausdauer aber werde begleitet von einem vollkommenen Werk; so werdet ihr vollkommen und ganz, und es wird euch nichts fehlen.

5: 3,13–17 · Mt 7,7

5 Wem es unter euch aber an Weisheit fehlt, der erbitte sie von Gott, der allen vorbehaltlos gibt und niemandem etwas zum Vorwurf macht: Sie wird ihm zuteil werden. 6 Er bitte aber im Glauben, ohne zu zweifeln, denn wer zweifelt, gleicht den Wogen des Meeres, die vom Wind gepeitscht und dahin und dorthin geschlagen werden. 7 Ein solcher Mensch bilde sich ja nicht ein, er werde vom Herrn etwas empfangen! 8 Er ist ein Mann mit gespaltener Seele, unstet und haltlos auf all seinen Wegen.

9: 2,5
10–11: Jes 40,6–8; 1Petr 1,24

9 Der Bruder, der niedrigen Standes ist, rühme sich seiner Erhöhung, 10 der Reiche aber rühme sich seiner Erniedrigung, denn er wird vergehen wie die Blume des Feldes: 11 Es kommt die Sonne und mit ihr die Hitze und lässt das Gras verdorren; die Blüte fällt ab und ihre Pracht ist dahin. So wird auch der Reiche dahinschwinden samt allem, was er unternommen hat.

12: 1,25; 5,11 · 1,2 · Offb 2,10; 1Petr 5,4! · 2,5
14–15: Röm 7,8.10
15: Röm 6,23

12 Selig der Mann, der die Prüfung besteht, denn wenn er sich bewährt, wird er die Krone des Lebens empfangen, die Gott denen verheissen hat, die ihn lieben. 13 Niemand, der in Versuchung gerät, sage: Von Gott werde ich in Versuchung geführt! Gott nämlich lässt sich vom Bösen nicht versuchen, und er führt niemanden in Versuchung. 14 Ein jeder wird von seiner eigenen Begierde in Versuchung geführt, wenn er sich von ihr locken und ködern lässt. 15 Wenn dann die Begierde schwanger geworden ist, bringt sie die Sünde zur Welt. Die Sünde aber, wenn sie ausgereift ist, gebiert den Tod.

Umgang mit dem Wort

17: Mt 7,11 · 3,17
18: 1Petr 1,23 · Kol 1,5! · Lev 23,10; Offb 14,4

16 Lasst euch nicht täuschen, meine geliebten Brüder und Schwestern! 17 Jede gute Gabe und jedes vollkommene Geschenk kommt von oben, vom Vater der Himmelslichter, bei dem es keine Veränderung und nicht die Spur eines Wandels gibt. 18 Aus freiem Willen hat er uns geboren durch das Wort der Wahrheit, damit wir gleichsam die Erstlinge seiner Geschöpfe seien.

21: 1Petr 2,1! · 1Petr 1,9

19 Ihr wisst es doch, meine geliebten Brüder und Schwestern: Jeder Mensch soll schnell sein im Hinhören, langsam aber im Reden und erst recht langsam, wenn er zornig ist. 20 Denn der Zorn eines Mannes schafft die Gerechtigkeit nicht, die vor Gott gilt. 21 Lasst uns daher alles ablegen, was uns schmutzig macht, was strotzt vor Bosheit, und in Sanftmut das Wort annehmen, das in euch eingepflanzt ist – es vermag eure Seelen zu retten.

1,2: Das griechische Wort ‹peirasmos›, das hier mit ‹Prüfung› übersetzt ist, umfasst im Brief des Jakobus (1,2; 1,12) sowohl den Aspekt der Prüfung als auch der Versuchung und der Anfechtung (vgl. das entsprechende Verb in 1,13).

1,13: Andere Übersetzungsmöglichkeit: «... Gott hat nämlich mit dem Bösen nichts zu tun, und ...»

22 Seid aber Täter des Wortes, nicht bloss Hörer, die sich selbst be- 22: Röm 2,13 · 2,14
trügen. 23 Denn wer das Wort bloss hört, nicht aber danach handelt, 23: Mt 7,26
gleicht einem Mann, der sein Gesicht, das er von Geburt hat, im Spiegel
betrachtet: 24 Er betrachtet sich selbst, geht weg und vergisst sogleich,
wie er aussieht. 25 Wer sich aber in das vollkommene Gesetz vertieft, 25: 2,12 · 1,12
das Gesetz der Freiheit, und dabei bleibt, wer also nicht ein Hörer ist, der
alles wieder vergisst, sondern ein Täter, der sein Werk tut, der wird selig
sein bei dem, was er tut!

26 Wer meint, fromm zu sein, seine Zunge aber nicht im Zaum hält, 26: 3,2; 1Petr 3,10
sondern sein Herz betrügt, dessen Frömmigkeit ist leerer Wahn. 27 Rei- 27: Jes 1,17;
ne und unbefleckte Frömmigkeit vor Gott, unserem Vater, ist dies: sich 1Tim 5,3–16
kümmern um Witwen und Waisen in ihrer Not und sich vor der Be-
schmutzung durch die Welt bewahren.

Glaube und Liebe

2 1 Meine lieben Brüder und Schwestern: Euer Glaube an unseren 1: 1Kor 2,8 ·
Herrn Jesus Christus, den Verherrlichten, gehe nicht einher mit ei- 1Petr 1,17!
nem Verhalten, das die Person ansieht. 2 Wenn nämlich in eure Ver-
sammlung ein Mann kommt mit goldenen Fingerringen und in einem
prächtigen Gewand, es kommt aber auch ein Armer in einem schmutzi-
gen Kleid 3 und ihr schaut auf den, der das prächtige Gewand trägt, und
sagt zu ihm: Setz dich hierher auf den guten Platz!, und zu dem Armen:
Stell dich dorthin oder setz dich da unten hin neben meinen Schemel!,
4 messt ihr dann nicht mit zwei verschiedenen Massstäben? Seid ihr
dann nicht zu Richtern geworden, die sich von bösen Gedanken leiten
lassen?

5 Hört, meine geliebten Brüder und Schwestern: Hat Gott nicht die 5: Lk 6,20;
erwählt, die in den Augen der Welt arm sind, und sie zu Reichen im 1Kor 1,26–28 · 1,12
Glauben und zu Erben des Reiches gemacht, das er denen verheissen
hat, die ihn lieben? 6 Ihr aber habt den Armen verachtet. Setzen nicht 6: 5,1–6
die Reichen ihre Macht gegen euch ein, und schleppen nicht sie euch
vor die Gerichte? 7 Sind nicht sie es, die den guten Namen, der über
euch ausgerufen ist, lästern?

8 Wenn ihr nun das Gesetz vollständig erfüllt, das königliche, wie es 8: Lev 19,18;
in der Schrift steht: *Liebe deinen Nächsten wie dich selbst,* dann tut ihr Mt 22,36–40
recht. 9 Wenn ihr aber nach dem Ansehen der Person urteilt, dann be- 9: Lev 19,15
geht ihr eine Sünde und werdet überführt vom Gesetz als seine Über-
treter. 10 Denn wer das ganze Gesetz hält, in einem einzigen Punkt aber
versagt, der hat sich in allen Punkten schuldig gemacht. 11 Der nämlich 11: Ex 20,13–14;
gesagt hat: *Du sollst nicht ehebrechen,* hat auch gesagt: *Du sollst nicht tö-* Dtn 5,17–18
ten. Wenn du die Ehe nicht brichst, aber tötest – auch dann bist du ein
Übertreter des Gesetzes.

12 So sollt ihr reden und handeln, die ihr durch das Gesetz der Frei- 12: 1,25
heit gerichtet werden wollt. 13 Denn das Gericht kennt kein Erbarmen 13: Mt 5,7; 18,23–35
mit dem, der nicht Barmherzigkeit übt. Barmherzigkeit aber trium-
phiert über das Gericht.

2,1: Andere Übersetzungsmöglichkeit: «...: Euer Glaube an die Herrlichkeit unseres Herrn Jesus Christus gehe ...»

Der tätige Glaube

14: 1,22 · Gal 2,16!; 14 Was nützt es, meine Brüder und Schwestern, wenn einer sagt, er
Eph 2,8-9 habe Glauben, aber keine Werke vorzuweisen hat? Vermag der Glaube
15: Lk 3,11; ihn etwa zu retten? 15 Wenn ein Bruder oder eine Schwester keine Klei-
Mt 25,35-36 der hat und der täglichen Nahrung entbehrt 16 und jemand von euch
sagt zu ihnen: Geht hin in Frieden, wärmt und sättigt euch!, ohne ihnen
17: 2,26 das Lebensnotwendige zu geben, was nützt das? 17 So ist es auch mit
dem Glauben: Für sich allein, wenn er keine Werke vorzuweisen hat, ist
er tot.
18: Gal 5,6 18 Sagt nun einer: Du hast Glauben, ich aber kann Werke vorwei-
sen. – Zeige mir deinen Glauben ohne die Werke, und ich werde dir an
19: Dtn 6,4 meinen Werken den Glauben zeigen! 19 Du glaubst, dass es einen ein-
zigen Gott gibt? Da tust du recht – auch die Dämonen glauben das und
schaudern!
20 Bist du nun willens, du törichter Mensch, einzusehen, dass der
21: Gen 22,2.9-12; Glaube ohne die Werke wirkungslos ist? 21 Wurde Abraham, unser Va-
Hebr 11,17 ter, nicht aus Werken gerecht, da er seinen Sohn Isaak auf den Altar
legte? 22 Du siehst: Der Glaube wirkte mit seinen Werken zusammen,
23: Gen 15,6; und aus den Werken wurde der Glaube vollkommen. 23 So hat die
Röm 4,3 · Schrift sich erfüllt, die sagt: *Abraham glaubte Gott, und das wurde ihm als*
2Chr 20,7; Jes 41,8 *Gerechtigkeit angerechnet*, und er wurde ‹Freund Gottes› genannt. 24 Ihr
seht also, dass der Mensch aus Werken gerecht wird, nicht aus Glauben
25: Jos 2,1.15; allein. 25 Wurde nicht ebenso auch die Dirne Rahab aus Werken ge-
Hebr 11,31 recht, weil sie die Boten aufnahm und auf einem anderen Weg weiter-
26: 2,17 schickte? 26 Denn wie der Leib ohne Geist tot ist, so ist auch der Glaube
ohne Werke tot.

Die gefährliche Zunge

3 1 Es sollen nicht viele von euch Lehrer werden, meine Brüder und
Schwestern! Denn ihr wisst, dass wir als solche ein noch strengeres
2: 1,26 Urteil empfangen werden. 2 Wir alle versagen nämlich in mancher
Hinsicht. Wer im Umgang mit dem Wort nicht versagt, der ist ein voll-
kommener Mann, fähig, auch den ganzen Körper im Zaum zu halten.
3 Wenn wir den Pferden den Zaum anlegen, um sie uns gefügig zu
machen, dann können wir ihren ganzen Körper lenken. 4 So auch die
Schiffe: Wie gross sie auch sein mögen und wie heftig die Winde, die sie
treiben – vom kleinsten Steuerruder werden sie gelenkt, wohin immer
der Steuermann sie führen will! 5 So ist auch die Zunge ein kleines
Glied und brüstet sich doch mit grossen Dingen. Seht, wie klein ist das
6: Mt 15,11.18-19 Feuer und wie gross der Wald, den es anzuzünden vermag! 6 Auch die
Zunge ist ein Feuer – als die Welt des Unrechts erweist sich die Zunge
unter unseren Gliedern: Sie macht den ganzen Leib schmutzig, sie
steckt das Rad des Lebens in Brand und wird ihrerseits von der Hölle
in Brand gesteckt. 7 Denn wilde Tiere und Vögel aller Art, Kriechtiere
und Meerestiere aller Art werden vom Menschen gebändigt, ja sind von

2,18: V.18 ist insgesamt äusserst schwierig zu übersetzen und zu verstehen. Eine Möglichkeit der Auflösung ist die in der Übersetzung gewählte: Der Einspruch des in V.18a eingeführten Gesprächspartners endet mit V.18b; in V.18c spricht wieder der Briefschreiber.

3,6: Andere Übersetzungsmöglichkeit: «..., sie steckt den Kreislauf des Werdens in Brand und wird ...»

Mein Geist ist verstört, Hiob 17
meine Tage sind ausgelöscht,
mir bleibt nur das Grab.
Nichts als Spott begleitet mich.
nd von ihren Anfeindungen kommt mein Auge
ei du selbst mein Bürge bei dir! nicht los
Ver sonst wäre bereit für mich zu bürgen?
enn ihr Herz hast du der Einsicht verschlossen,
arum wirst du ihnen den Sieg nicht geben.
um Teilen lädt einer die Freunde ein,
och die Augen seiner Kinder verschmachten.
r hat mich bei den Menschen zum Spott gemacht,
nd ich muss mir ins Angesicht spucken lassen.
nd mein Auge ist vor Gram erloschen,
nd alle meine Gliedersind wie ein Schatten
ie Aufrechten entsetzen sich darüber,
nd der Unschuldige empörtsich überden Ruchlosen.
och der Gerechte hältfest anseinem Weg.
nd wer reine Hände hat, wird stark.
hr alle aber, kommt nur wieder her,
h finde doch keinen Weisen untereuch.
Meine Tage sind dahin,
zerrissen meine Pläne,
ie Wünsche meines Herzens.
Die Nacht erklären sie zum Tag:
as Licht werde die Finsternis vertreiben.
n erhoffe nichts mehr, das Totenreich istmein Haus,
n der Finsternis habe ich mein Lager ausgebreitet.
Zur Grube sageich: Du bist mein Vater!,
ur Made: meine Mutter, meine Schwester.
Wo aber ist meine Hoffnung,
nd wer kann schauen, was ich erhoffe?
ährt es mit mir ins Totenreich,
nd sinken wir zusammen in den Staub?

Schriftbild zu Hiob 17,1–16

ihm gezähmt worden. 8 Die Zunge aber vermag kein Mensch zu zäh-
men, sie ist ein unberechenbares Übel, voll von tödlichem Gift. 9 Mit 9: Gen 1,26–27
ihr preisen wir den Herrn, unseren Vater, und mit ihr verfluchen wir
die Menschen, die in Gottähnlichkeit erschaffen sind. 10 Aus ein und
demselben Mund geht hervor Lobpreis und Fluch. Meine Brüder und
Schwestern: Das darf nicht sein! 11 Lässt denn die Quelle aus derselben
Öffnung süsses und bitteres Wasser hervorsprudeln? 12 Kann denn, 12: Mt 7,16–17
meine Brüder und Schwestern, ein Feigenbaum Oliven tragen oder ein
Weinstock Feigen? So kann das Salzwasser auch kein Süsswasser her-
vorbringen.

Die Ursache allen Streits

13 Wer ist weise und verständig unter euch? Er zeige durch seinen
guten Lebenswandel seine Werke, in weiser Bescheidenheit! 14 Wenn
aber heftige Eifersucht und Rechthaberei eure Herzen beherrschen,
dann lasst das Prahlen und verleumdet dadurch nicht die Wahrheit!
15 Das ist nicht die Weisheit, die von oben kommt, sondern eine irdi- 15: 1,5.17
sche, menschliche, dämonische. 16 Denn wo Eifersucht und Rechthabe-
rei herrschen, da ist nichts als Unordnung und fauler Zauber. 17 Die 17: 1,5.17
Weisheit aber, die von oben kommt, ist zuerst einmal lauter, dann aber
auch friedfertig, freundlich, wohlwollend, voller Barmherzigkeit und
voll guter Früchte, unparteiisch, fern jeder Verstellung. 18 Die Frucht 18: Hebr 12,11!
der Gerechtigkeit aber wird in Frieden gesät – für alle, die Frieden stif-
ten.

Hinwendung zu Gott

4 1 Woher kommen denn die heftigen Auseinandersetzungen unter 1: 1Petr 2,11
euch, woher die Machtkämpfe? Doch von den Begierden, die in eu-
ren Gliedern zum Krieg rüsten! 2 Ihr begehrt und habt doch nicht, ihr
geht über Leichen und giert und könnt doch nicht erlangen, ihr kämpft
und führt heftige Auseinandersetzungen. Ihr habt nichts, weil ihr nicht
bittet. 3 Bittet ihr aber, so empfangt ihr nichts, weil ihr verkehrt bittet: 3: 1,5; Mt 7,8!
Ihr bittet, um euren Begierden Befriedigung zu verschaffen.

4 Ihr Treulosen, wisst ihr nicht, dass Freundschaft mit der Welt 4: Röm 8,7
Feindschaft gegen Gott ist? Wer der Welt Freund sein will, macht sich
zum Feind Gottes. 5 Oder meint ihr, die Schrift mache leere Worte,
wenn sie sagt: Beneidet werden will der Geist, den er in uns angesiedelt
hat? 6 Doch in reichlicherem Mass teilt er seine Gnade aus. Deshalb 6: Spr 3,34;
heisst es: 1Petr 5,5

Gott widersetzt sich den Hochmütigen,
den Demütigen aber schenkt er seine Gnade.

7 Ordnet euch also Gott unter und widersteht dem Teufel, so wird er 7: 1Petr 5,8–9
vor euch fliehen! 8 Naht euch Gott, und er wird sich euch nahen! Rei-
nigt eure Hände, ihr Sünder, und läutert eure Herzen, ihr Zweifler!

9 Wehklagt nur und trauert und weint! Euer Lachen verwandle sich 9: 5,1; Lk 6,25
in Klage und eure Freude in Kummer! 10 Erniedrigt euch vor dem 10: 1Petr 5,6;
Herrn, und er wird euch erhöhen. Lk 14,11!

4,5: Andere Übersetzungsmöglichkeit: «…: Den Geist, …, zieht es zum Neid?»

11–12: 5,9; Röm 14,10

11 Macht einander nicht schlecht, liebe Brüder und Schwestern! Wer
seinen Bruder schlechtmacht oder über seinen Bruder urteilt, der macht
das Gesetz schlecht und urteilt über das Gesetz. Wenn du aber über das
Gesetz urteilst, dann bist du nicht Täter, sondern Richter des Gesetzes.
12 Einer nur ist Gesetzgeber und Richter, der kann retten und vernich-
ten. Du aber, wer bist du, dass du über deinen Nächsten urteilst?

Verlockungen der Welt

13 Wohlan, die ihr sagt: Heute oder morgen werden wir in die und
die Stadt aufbrechen, ein Jahr dort verbringen, gute Geschäfte machen
14: Ps 39,12!
und Gewinne erzielen! 14 Ihr wisst ja nicht, was morgen sein wird, wie
es dann um euer Leben steht. Denn ein Rauch seid ihr, der eine Weile zu
sehen ist und dann verschwindet. 15 Ihr solltet sagen: Wenn der Herr es
will, werden wir leben und dies oder jenes tun. 16 Stattdessen seid ihr
17: Lk 12,47 · Röm 14,23
noch stolz auf eure Prahlerei. Solcher Stolz ist aber stets von Übel. 17 Zu
wissen nun, was es Gutes zu tun gäbe, und es doch nicht zu tun – das ist
Sünde.

1: 4,9; Lk 6,24
2: Lk 12,33
5 1 Wohlan, ihr Reichen, weint nur und jammert über das Elend, das
über euch kommen wird! 2 Euer Reichtum ist verfault, und eure Ge-
wänder sind von den Motten zerfressen. 3 Euer Gold und euer Silber ist
verrostet, und ihr Rost wird ein Zeugnis sein gegen euch und euer
Fleisch fressen wie Feuer. Schätze habt ihr gesammelt – noch am Ende
4: Dtn 24,14–15 · Jes 5,9
der Tage! 4 Seht, der Lohn der Arbeiter, die eure Felder gemäht haben,
der Lohn, den ihr ihnen vorenthalten habt, er schreit zum Himmel, und
die Hilferufe der Erntearbeiter sind *dem Herrn Zebaoth zu Ohren* gekom-
5: Jer 12,3
men! 5 Gut habt ihr es euch gehen lassen auf Erden, und ein üppiges
Leben habt ihr geführt, euer Herz habt ihr verwöhnt *am Schlachttag.*
6 Den Unschuldigen habt ihr verurteilt und getötet, und niemand ge-
bietet euch Einhalt.

Sich Üben in Geduld

7: 1Thess 3,13 · Hos 6,3
7 Übt euch also in Geduld, liebe Brüder und Schwestern, bis zum
Kommen des Herrn! So wie der Bauer: Er wartet auf die kostbare Frucht
der Erde und harrt geduldig auf sie, bis er sie empfängt als Frühernte
8: 1Thess 3,13
und als Sp释ternte. 8 So auch ihr: Übt euch in Geduld, stärkt eure Herzen,
9: 4,11–12 · Mk 13,29
denn das Kommen des Herrn steht bevor. 9 Beklagt euch nicht über-
einander, liebe Brüder und Schwestern, damit ihr nicht ins Gericht
kommt! Seht, der Richter steht vor der Tür! 10 Liebe Brüder und Schwes-
tern, nehmt euch ein Beispiel am Leiden und an der Geduld der Prophe-
11: 1,12 · Hiob 42,10–17 · Ps 86,15!
ten, die im Namen des Herrn gesprochen haben. 11 Seht, wir preisen
selig, die standhaft geblieben sind. Von der Standhaftigkeit Hiobs habt
ihr gehört, und das gute Ende, das ihm der Herr geschenkt hat, konntet
ihr sehen: Voll Mitleid und Erbarmen ist der Herr.

5,11: Andere Übersetzungsmöglichkeit: «... gehört, und das Ende des Herrn habt ihr selbst gesehen: ...»

Grundsätzliche Handlungsanweisungen

12 Vor allem aber, meine lieben Brüder und Schwestern, schwört 12: Mt 5,34–37
nicht, weder beim Himmel noch bei der Erde, schwört überhaupt kei-
nen Eid! Euer Ja sei ein Ja und euer Nein ein Nein, damit ihr nicht unter
das Gericht fallt!
13 Geht es jemandem unter euch schlecht, so bete er; hat jemand
Grund zur Freude, so singe er Gott ein Loblied! 14 Ist jemand unter euch 14: Mk 6,13
krank, so rufe er die Ältesten der Gemeinde zu sich. Die sollen ihn im
Namen des Herrn mit Öl salben und über ihm beten. 15 Und das Gebet 15: Mk 16,18
des Glaubens wird den Ermatteten retten, und der Herr wird ihn auf-
richten. Und wenn er Sünden begangen hat: Es wird ihm vergeben wer-
den. 16 Bekennt einander also die Sünden und betet füreinander, damit
ihr geheilt werdet!
Viel vermag die Fürbitte eines Gerechten, wenn sie inständig vorge-
bracht wird. 17 Elija war ein Mensch mit gleichen Empfindungen wie 17: 1Kön 17,1; 18,1;
wir; in seinem Gebet bat er, es möge nicht mehr regnen. Und es regnete Lk 4,25
nicht auf der Erde drei Jahre und sechs Monate lang. 18 Und wiederum 18: 1Kön 18,42–45
betete er, und der Himmel gab Regen, und die Erde liess ihre Frucht
hervorspriessen.

Rettung vom Tod

19 Meine lieben Brüder und Schwestern: Wer einen unter euch, der
von der Wahrheit abgeirrt ist, zur Umkehr bewegt, 20 darf wissen: Wer 20: Spr 10,12;
einen Sünder auf seinem Irrweg zur Umkehr bewegt, wird dessen Seele 1Petr 4,8
vom Tod erretten und *eine Menge Sünden zudecken*.

Der Erste Brief des Petrus

Der Erste Brief des Petrus – er gehört zu den sieben katholischen Briefen (siehe die Einleitung zu Jak) – zeichnet sich durch eine überraschende thematische Verwandtschaft mit den Paulusbriefen aus. Verschiedene hymnische Abschnitte, die die Bedeutung des Todes Jesu herausstellen, die häufigen Verweise auf die Gnade, die Betonung des Leidens als eines Grundelements christlichen Lebens und weitere Motive lassen erkennen, dass diese Schrift im Strahlungsfeld der paulinischen Theologie entstanden ist.

Der Erste Brief des Petrus ist ein Brief der Hoffnung. In der einführenden Lobrede (1Petr 1,3–12) wird die «lebendige Hoffnung» gepriesen, die den Glaubenden durch die Taufe verliehen worden ist, kraft der Auferstehung Jesu von den Toten (1Petr 1,3). Lebendig soll diese Hoffnung sein, weil sie durch die akute Situation der Anfeindung, in der die Gemeinde steht, gefährdet ist. Der Verfasser versucht den Glaubenden eine Orientierung zu geben, indem er sie wiederholt als «Fremdlinge» in dieser Welt anspricht, Fremdlinge, die zwar ihr wah-

5,16: Andere Übersetzungsmöglichkeit: «..., wenn sie unermüdlich vorgebracht wird.»

res Erbe im Himmel haben, zugleich aber vor dieser Welt ihren Glauben verantworten und sich notfalls auch vor staatlichen Behörden zu ihm bekennen sollen. Glaube wird hier verstanden als Rechenschaft «über die Hoffnung, die in euch ist» (1Petr 3,15).

Neben der Anschrift, der Einleitung und dem Schluss lässt sich kaum eine thematische Ordnung oder ein bewusster Aufbau feststellen, verschiedene Themen werden von verschiedener Seite beleuchtet. Was der Autor jedoch klar zu erkennen gibt, ist sein Grundanliegen, das er im Schlussteil des Briefes auch deutlich ausspricht: Gerade im Leiden, in Ablehnung und Verfolgung erweist sich die wahre Gnade (1Petr 5,12).

In keinem anderen neutestamentlichen Brief begegnet uns das Wort ‹Leiden› so häufig wie im Ersten Brief des Petrus. Der Verfasser ermutigt seine Adressaten, das Unrecht, das ihnen widerfährt, zu ertragen und dabei Christus als Vorbild vor Augen zu haben (1Petr 2,21–25). In ihm sieht er den Erlöser und Herrn über alle Mächte (1Petr 3,22). Darum weist er in 1Petr 3,19–20 darauf hin, dass Christus zu den Toten hinabgefahren ist, um auch ihnen das Evangelium zu verkündigen (1Petr 4,6) und sie so aus dem Gefängnis des Todes zu befreien. Zum Schluss ermahnt und ermutigt der Briefschreiber seine Adressaten (1Petr 4,12–19), in der Liebe zu bleiben: «Denn die Liebe deckt die Fülle der Sünden zu» (1Petr 4,8). Weil Christus auch gelitten hat, sind Leiden für die Glaubenden nichts Fremdes, im Gegenteil: Sie zeichnen Christen aus (1Petr 4,16).

Die Adressaten dieses Briefes sind Gemeinden in den Provinzen Kleinasiens. Es dürfte sich um Heidenchristen gehandelt haben (1Petr 1,14; 4,3). Die Liste der aufgeführten Provinznamen ist unvollständig, ihre Reihenfolge merkwürdig (1Petr 1,1). War der Verfasser mit den politischen und geografischen Verhältnissen in Kleinasien nicht vertraut? Oder drückt er sich absichtlich vage und pauschal aus (ganz Kleinasien), weil er gar keine konkrete Gemeinde, sondern eine zeitlose Situation der Kirche im Blick hat, die für ihn die Situation des Leidens ist?

Den Absender des Briefes darf man in Rom vermuten. Das in 1Petr 5,13 angeführte Babylon ist Deckname für Rom: nach 70 n.Chr. wird Babylon in jüdischen Schriften verschiedentlich in diesem Sinn verwendet. Der Verfasser nennt sich Petrus (1Petr 1,1). Dass der führende Jünger Jesu, ein Repräsentant des Judenchristentums, diesen Brief verfasst habe, ist aber zu bezweifeln. Die Vertrautheit dieser Schrift mit hellenistisch geprägtem Überlieferungsgut des frühen Christentums und mit Elementen der paulinischen Theologie macht Petrus als Verfasser höchst unwahrscheinlich. Es ist anzunehmen, dass ein unbekannter Lehrer unter Inanspruchnahme des Apostel- und Märtyrernamens Petrus von Rom aus diese Trostschrift verfasst hat, wohl in den letzten Jahrzehnten des 1. Jahrhunderts.

Der Erste Brief des Petrus spiegelt das Leben und das Denken christlicher Gemeinden in einer Zeit, in der das Zusammenleben von Juden- und Heidenchristen kein Problem mehr darstellte. Insofern bezeugt er den Erfolg der paulinischen Theologie – und das gerade unter dem Namen desjenigen Vertreters des Judenchristentums, mit dem Paulus in Antiochia über der Frage des gemeinsamen Essens heftig aneinander geraten war (Gal 2,11–14). Damit zeigt der Brief auch, wie unterschiedliche Strömungen innerhalb des frühen Christentums sich vereinigt und zu einer Tradition verfestigt haben, die es möglich machte, in einer Situation der Gefährdung eine eigenständige Theologie des Umgangs mit dem Leiden zu entwickeln.

Anschrift

1 1 Petrus, Apostel Jesu Christi, an die Auserwählten, die als Fremdlin- 1–2: 2Petr 1,1–2
ge in der Diaspora leben, in Pontus, Galatien, Kappadokien, in der 1: 2,11
Provinz Asia und in Bithynien 2 – nach der Vorsehung Gottes, des Va- 2: 2Thess 2,13 ·
ters, in der Heiligung durch den Geist, die zum Gehorsam und zur Be- 1,22! · 1,19;
sprengung mit dem Blut Jesu Christi führt: Gnade sei mit euch und Frie- Hebr 12,24 · 2Petr 2,2!
de in Fülle.

Dank für die Hoffnung

3 Gepriesen sei der Gott und Vater unseres Herrn Jesus Christus, der 3: Eph 1,3! · 1,23! ·
uns in seiner grossen Barmherzigkeit neu geboren hat, so dass wir nun 3,21; 1Kor 15,13!
durch die Auferstehung Jesu Christi von den Toten eine lebendige
Hoffnung 4 und Aussicht auf ein unzerstörbares, unbeflecktes und un- 4: Kol 1,5
verderbliches Erbe haben, das im Himmel aufbewahrt ist für euch. 5 Auf
dieses Heil hin, das bereitliegt, um am Ende der Zeit offenbart zu werden, bewahrt euch Gottes Kraft durch den Glauben. 6 Darüber jubelt, 6: 4,12–13; Jak 1,2 ·
auch wenn ihr jetzt noch kurze Zeit – wenn es denn sein muss – von 5,10
mancherlei Prüfung heimgesucht werdet. 7 So soll die Echtheit eures 7: Jak 1,3 · 1,13!
Glaubens, die wertvoller ist als Gold, das vergänglich ist, obwohl es im Feuer geprüft wurde, zutage treten und Lob, Preis und Ehre euch zukommen, wenn Jesus Christus sich offenbart. 8 Ihn liebt ihr, obwohl ihr 8: Joh 20,29
ihn nicht gesehen habt. An ihn glaubt ihr, obwohl ihr ihn auch jetzt noch nicht seht, und jubelt in unaussprechlicher und ungetrübter Freude. 9 So erreicht ihr das Ziel eures Glaubens: das Heil eurer Seele. 9: Jak 1,21

Die Einzigartigkeit des Heils

10 Nach diesem Heil haben die Propheten, die von der Gnade, die
euch zuteil werden sollte, kündeten, gesucht und geforscht. 11 Sie 11: Lk 24,26–27 ·
forschten nach der Zeit – dem Zeitpunkt und den Umständen –, auf die 4,13; 5,1
der Geist Christi, der in ihnen wirksam war, hindeute, wenn er im Voraus Zeugnis ablegte von den Leiden Christi und den darauf folgenden
Offenbarungen der Herrlichkeit. 12 Es wurde ihnen aber offenbart, dass
sie nicht sich, sondern euch dienten mit der Botschaft, die euch jetzt verkündigt wurde von denen, die euch das Evangelium gebracht haben durch den heiligen Geist, der vom Himmel herabgesandt wurde. Darauf wenigstens einen Blick zu werfen, sehnen sich selbst die Engel.

Leben in der Heiligung

13 Darum umgürtet die Hüften eurer Vernunft, seid nüchtern und 13: Lk 12,35! · 5,8! ·
hofft ganz und gar auf die Gnade, die auf euch zukommt bei der Offen- 1,7; 4,13
barung Jesu Christi! 14 Als Kinder des Gehorsams lasst euch nicht von 14: 1,22! ·
den Begierden leiten, die euch früher, als ihr noch unwissend wart, be- Eph 2,2–3 ·
herrscht haben, 15 sondern entsprecht dem Heiligen, der euch berufen Eph 4,18.22

16: Lev 11,44–45; hat, und werdet selbst Heilige in eurem ganzen Lebenswandel; 16 denn
19,2 es steht geschrieben: *Ihr sollt heilig sein, denn ich bin heilig.* 17 Und wenn
17: Röm 2,11; Jak 2,1 · Röm 2,6! · ihr den als Vater anruft, der ohne Ansehen der Person einen jeden rich-
2,11! tet aufgrund seines Tuns, dann führt, solange ihr in der Fremde weilt,
ein Leben in Gottesfurcht.

18 Ihr wisst doch, dass ihr nicht mit Vergänglichem, mit Gold oder
Silber, freigekauft wurdet
aus einem Leben ohne Inhalt, wie es euch von den Vätern vorgelebt
wurde,
19: Hebr 9,12.14; 19 sondern mit dem teuren Blut eines makellosen, unbefleckten
Offb 5,9 Lammes, mit dem Blut Christi.
20: 2Tim 1,9–10 20 Ausersehen dazu war er vor Grundlegung der Welt,
erschienen aber ist er am Ende der Zeiten,
21: Röm 4,24 um euretwillen, 21 die ihr durch ihn an Gott glaubt,
der ihn von den Toten auferweckt und ihm die Herrlichkeit verlie-
hen hat.
So können sich euer Glaube und eure Hoffnung auf Gott richten.

Die Wirkung des Wortes

22: 1,2.14 · 4,8; 22 Im Gehorsam gegenüber der Wahrheit habt ihr eure Seelen rein
2Petr 1,7; gemacht, frei für die Liebe unter Brüdern und Schwestern, die keine
1Thess 4,9! Verstellung kennt; so liebt denn einander aus reinem Herzen, ohne
23: 1,3 · Jak 1,18.21 nachzulassen! 23 Denn ihr seid neu geboren, nicht aus vergänglichem,
sondern aus unvergänglichem Samen, durch das Wort des lebendigen,
24–25: Jes 40,6–8; ewigen Gottes. 24 Denn
Jak 1,10–11 *alles Fleisch ist wie das Gras,*
und all seine Pracht wie die Blume des Feldes.
Das Gras verdorrt und die Blüte fällt ab,
25 *das Wort des Herrn aber bleibt in Ewigkeit.*
Das ist das Wort, das euch als Evangelium verkündigt worden ist.

Wahre Priesterschaft

1: Jak 1,21 **2** 1 Abgelegt habt ihr nun alle Bosheit, alle Arglist, Heuchelei und
Missgunst und alle üble Nachrede. 2 Verlangt jetzt wie neugeborene
Kinder nach der vernünftigen, unverfälschten Milch, damit ihr durch
3: Ps 34,9 sie heranwachst zum Heil, 3 falls *ihr* je *geschmeckt habt, wie gütig der Herr*
ist.

4: 2,6–7 4 Wenn ihr zu ihm hintretet, zum lebendigen Stein, der von den
Menschen zwar verworfen wurde, bei Gott aber auserwählt und kostbar
5: Eph 2,20–22 · ist, 5 dann lasst euch selbst aufbauen als lebendige Steine zu einem
Röm 12,1; Phil 4,18; geistlichen Haus, zu einer heiligen Priesterschaft, um geistliche Opfer
Hebr 13,15–16 darzubringen, die Gott *angenehm sind* durch Jesus Christus. 6 Denn in
6: Jes 28,16; Röm 9,33 der Schrift wird festgehalten:
Siehe, ich setze auf Zion einen auserwählten, einen kostbaren Eckstein;
wer auf ihn vertraut, wird nicht blossgestellt werden.
7: Ps 118,22; 7 Für euch nun, die ihr glaubt, ist er kostbar; für jene aber, die nicht
Mk 12,10 glauben, gilt: *Der Stein, den die Bauleute verworfen haben, der ist ein Eck-*

1,23: Andere Übersetzungsmöglichkeit: «..., durch das lebendige, bleibende Wort Gottes.»
2,1: Andere Übersetzungsmöglichkeit: «Legt also ab alle ...»

stein geworden, 8 *ein Stein des Anstosses und ein Fels des Ärgernisses.* Sie 8: Jes 8,14;
nehmen Anstoss, weil sie nicht auf das Wort hören – doch eben das ist Röm 9,33
es, wozu sie bestimmt sind.
9 Ihr aber seid ein auserwähltes Geschlecht, eine königliche Pries- 9: Ex 19,5–6;
terschaft, ein heiliges Volk, das Volk, *das er sich zu eigen machte,* damit Offb 1,6 ·
ihr verkündet *die Wohltaten* dessen, der euch aus der Finsternis in sein Jes 43,20–21
wunderbares Licht gerufen hat. 10 Ihr seid die, die einst *kein Volk* wa- 10: Hos 2,25;
ren, jetzt aber das Volk Gottes sind, die einst *keine Barmherzigkeit erlang-* Röm 9,25
ten, jetzt aber Barmherzigkeit erlangt haben.

Im Angesicht der Völker

11 Meine Geliebten, ich ermahne euch als Fremdlinge in fremdem 11: 1,1; Gen 23,4 ·
Land: Haltet euch fern von den sinnlichen Begierden, die gegen die See- Gal 5,16! · Jak 4,1
le zum Kampf rüsten! 12 Führt ein wohlgefälliges Leben unter den Völ- 12: 2,15! · Jes 10,3
kern, damit sie, während sie euch als Übeltäter schmähen, durch eure
guten Taten zur Erkenntnis kommen und Gott preisen *am Tag der Heim-*
suchung.

Leben als Bürger des Staates

13 Unterzieht euch um des Herrn willen jeder menschlichen Ord- 13–17: Röm 13,1–7
nung, sei es dem Kaiser als der obersten Autorität, 14 sei es den Statthal- 13: Röm 13,1; Tit 3,1
tern als den Autoritäten, die von ihm ermächtigt sind, die Übeltäter zu 14: Röm 13,3–4
bestrafen, die Wohltäter aber zu belohnen. 15 Denn so ist es der Wille 15: 2,12; 3,16;
Gottes, dass ihr durch eure guten Taten die unverständigen Menschen Mt 5,16
in ihrer Unwissenheit zum Schweigen bringt, 16 als Freie – aber nicht
als solche, die ihre Freiheit als Deckmantel für die Bosheit benutzen,
sondern als Knechte Gottes. 17 Behandelt alle Menschen mit Respekt, 17: Röm 13,7;
liebt die Brüder und Schwestern, fürchtet Gott und ehrt den Kaiser! Mk 12,17

Anweisungen für die Sklaven

18 Die Sklaven sollen sich voll Ehrfurcht ihren Herren unterordnen, 18: Eph 6,5!
nicht nur den gütigen und freundlichen, sondern auch den unbere-
chenbaren. 19 Denn das ist Gnade: wenn einer, weil er sich in seinem 19: 3,14; 4,14
Gewissen Gott verpflichtet weiss, Kränkungen erträgt und zu Unrecht
leidet. 20 Was ist das denn für ein Ruhm, wenn ihr ausharrt und dabei 20: 4,15–16 · 3,17!
für Verfehlungen Züchtigungen hinnehmen müsst? Wenn ihr aber aus-
harrt und für gute Taten Leiden hinnehmt, so ist das Gnade bei Gott.
21 Denn dazu seid ihr berufen worden, 21: 3,18
weil auch Christus gelitten hat für euch
und euch ein Vermächtnis hinterlassen hat,
damit ihr seinen Spuren folgt.
22 *Er tat nichts, was Sünde wäre,* 22: Jes 53,9 ·
und in seinem Munde fand sich kein Falsch. 2Kor 5,21;
Hebr 4,15; 1Joh 3,5

2,6: Andere Übersetzungsmöglichkeit: «…; *wer an ihn glaubt,* …»

2,9: Andere Übersetzungsmöglichkeit: «… Geschlecht, ein Königshaus, eine Priesterschaft, ein …»

23 Er schmähte nicht, wenn er geschmäht wurde,
er drohte nicht, wenn er leiden musste,
sondern stellte es dem anheim, der gerecht richtet.

24: Jes 53,4.11–12 · Röm 6,11.18 · Jes 53,5

24 Er *selbst hat unsere Sünden getragen*
am eigenen Leib ans Holz hinauf,
damit wir den Sünden absterben
und der Gerechtigkeit leben;
durch seine *Striemen wurdet ihr geheilt.*

25: Jes 53,6 · 5,4; Joh 10,11!

25 Denn *ihr irrtet umher wie Schafe,*
doch jetzt seid ihr zurückgekehrt zum Hirten,
zum Beschützer eurer Seelen.

Anweisungen für Ehepartner

1: Kol 3,18! · 3–5: 1Tim 2,9–10 · 6: Gen 18,12

3 1 Ebenso sollen sich die Frauen ihren Männern unterordnen! So
können einige unter ihnen, die nicht auf das Wort hören, durch den
Lebenswandel ihrer Frauen, auch ohne Wort, gewonnen werden,
2 wenn sie euren reinen, von Ehrfurcht geprägten Lebenswandel wahr-
nehmen. 3 Euer Schmuck bestehe nicht in Äusserlichkeiten, nicht da-
rin, dass ihr euch die Haare kunstvoll flechtet, Goldschmuck tragt und
prächtige Kleider anzieht; 4 euer Schmuck sei vielmehr der verborgene
Mensch des Herzens, der sich im unvergänglichen Wirken des sanft-
mütigen und stillen Geistes zeigt. Das ist kostbar vor Gott. 5 Denn so
haben sich einst auch die heiligen Frauen geschmückt, die auf Gott
hofften: Sie ordneten sich ihren Männern unter, 6 wie Sara Abraham
gehorchte und ihn ‹Herr› nannte. Ihre Kinder seid ihr geworden – tut
also Gutes und lasst euch durch nichts und niemanden einschüchtern!

7 Ebenso sollen die Männer verständnisvoll sein im Umgang mit
dem schwächeren Geschlecht, dem weiblichen, und die Frauen ehren,
denn auch sie haben Anteil an der lebensspendenden Gnade; so wird
eurem Gebet nichts im Weg stehen!

Abwendung vom Bösen

9: Röm 12,17! · Lk 6,28!

8 Schliesslich: Seid alle eines Sinnes, voller Mitgefühl, liebt einan-
der, übt Barmherzigkeit, seid demütig! 9 Vergeltet nicht Böses mit Bö-
sem, nicht üble Nachrede mit übler Nachrede. Im Gegenteil: Segnet,
denn ihr seid dazu berufen, Segen zu erben.

10–12: Ps 34,13–17 · 11: Hebr 12,14!

10 Denn *wer das Leben lieben will*
und gute Tage sehen möchte,
der halte seine Zunge im Zaum, fern vom Bösen,
und seine Lippen, dass sie nichts Heimtückisches sagen.
11 *Er gehe* aber *dem Bösen aus dem Weg und tue Gutes,*
er suche Frieden und jage ihm nach.
12 *Denn die Augen des Herrn sind gerichtet auf die Gerechten*
und seine Ohren ihrer Bitte zugewandt;
das Antlitz des Herrn aber steht gegen die, die Böses tun.

3,1: Andere Übersetzungsmöglichkeit: «…, auch ohne das Wort, …»
3,4: Andere Übersetzungsmöglichkeit: «… sei vielmehr das im Herzen verborgene Selbst, das sich …»

Leiden und Hoffnung

13 Und wer wird euch etwas antun, wenn sich euer Eifer auf das Gute
richtet? 14 Doch auch wenn ihr um der Gerechtigkeit willen leiden 14: 4,14; Mt 5,10 ·
müsst – selig seid ihr. *Den Schrecken, den sie verbreiten, fürchtet nicht, und* Jes 8,12
lasst euch nicht irremachen! 15 *Den Herrn* aber, Christus, *haltet heilig* in 15: Jes 8,13 · 1,3
euren Herzen. Seid stets bereit, Rede und Antwort zu stehen, wenn je-
mand von euch Rechenschaft fordert über die Hoffnung, die in euch ist.
16 Tut es jedoch mit Sanftmut und Ehrfurcht, mit einem guten Gewis- 16: 2,15!
sen, damit die, die euren guten Lebenswandel in Christus schlechtma-
chen, beschämt werden, wenn sie euch in Verruf bringen. 17 Denn es ist 17: 2,20; 4,19
besser, Gutes zu tun und – wenn es der Wille Gottes ist – zu leiden, als
Schlechtes zu tun und zu leiden.

Christus der Grund der Hoffnung

18 Denn auch Christus hat gelitten, ein für alle Mal um der Sünden 18: 2,21–25; 4,1 ·
willen, Röm 6,10;
der Gerechte für die Ungerechten, Hebr 7,27!
damit er euch zu Gott führe;
er wurde zwar getötet im Fleisch,
lebendig gemacht aber im Geist.
19 So ist er auch zu den Geistern im Gefängnis hinabgefahren 19: 4,6
und hat ihnen die Botschaft verkündigt,
20 ihnen, die einst nicht hören wollten, als Gott in seiner Geduld zu- 20: Gen 7,13.17.23;
wartete in den Tagen, da Noah die Arche baute; in ihr wurden ein paar 2Petr 2,5
wenige, nämlich acht Seelen, gerettet durch das Wasser hindurch.
21 Dieses rettet jetzt auch euch, im entsprechenden Bild der Taufe; sie 21: 1,3
dient nicht der Reinigung des Körpers von Schmutz, sondern ist die Zu-
sage fester Bindung an Gott – dank der Auferstehung Jesu Christi, 22 der 22: Eph 1,20–22! ·
in den Himmel aufgefahren ist und jetzt zur Rechten Gottes sitzt, nach- Ps 110,1; Kol 3,1!
dem ihm die Engel, die Mächte und die Gewalten unterworfen worden
sind.

Christi Leiden und unser Leiden

4 1 Wenn also Christus im Fleisch gelitten hat, dann sollt auch ihr 1: 3,18!
euch mit der gleichen Gesinnung wappnen; denn wer im Fleisch ge-
litten hat, der hat mit der Sünde abgeschlossen 2 und richtet sich in der 2: 1,14; 2,11
ihm noch bleibenden Zeit seines irdischen Lebens nicht mehr nach den
Begierden der Menschen, sondern nach dem Willen Gottes. 3 Denn lan-
ge genug habt ihr getan, wonach den Heiden der Sinn steht, als ihr ein
ausschweifendes, gieriges Leben mit Trinkgelagen, Fressereien, Zeche-
reien und frevelhaftem götzendienerischem Treiben führtet. 4 Das be-
fremdet sie ja, dass ihr euch nicht mittreiben lasst im selben Strom ei-
nes zügellosen Lebens, und eben darum verwünschen sie euch. 5 Sie 5: 2Tim 4,1!
werden aber Rechenschaft ablegen müssen vor dem, der sich bereithält,
die Lebenden und die Toten zu richten. 6 Denn dazu ist auch den Toten 6: 3,19

3,21: Andere Übersetzungsmöglichkeit: «..., sondern ist eine an Gott gerichtete Bitte um ein gutes Gewissen – ...»

das Evangelium verkündigt worden, dass sie nach der Weise der Men-
schen gerichtet werden im Fleisch, nach der Weise Gottes aber das Le-
ben haben im Geist.

Die Zeit ist nahe

7: 5,8! 7 Das Ende aller Dinge ist nahe. Seid besonnen und nüchtern, wid-
8: 1,22 · Spr 10,12; met euch dem Gebet! 8 Haltet vor allem an der Liebe zueinander fest,
Jak 5,20 ohne nachzulassen! Denn *die Liebe deckt die Fülle der Sünden zu.* 9 Seid
10–11: Röm 12,6–8; gastfreundlich, ohne zu murren. 10 Dient einander – ein jeder mit der
1Kor 12,4–11 Gabe, die er empfangen hat – als gute Haushalter der vielfältigen Gnade
11: 5,11; Offb 1,6 Gottes. 11 Wenn einer spricht, dann Worte Gottes; wenn einer dient,
dann aus der Kraft, die Gott ihm schenkt, damit in allen Dingen Gott
verherrlicht werde durch Jesus Christus; ihm sei die Herrlichkeit und
die Herrschaft in alle Ewigkeit, Amen.

In der Nachfolge Christi

12: 1,6!–7 12 Meine Geliebten, wundert euch nicht über das Feuer, das bei euch
ausgebrochen ist, um euch auf die Probe zu stellen, als widerfahre euch
13: 1,6; Mt 5,12 · dadurch etwas Fremdes. 13 Im Gegenteil, freut euch, dass ihr damit an
1,11; Röm 8,17–18 · 1,13! den Leiden Christi teilhabt; so werdet ihr auch bei der Offenbarung sei-
14: 3,14; Mt 5,11 · ner Herrlichkeit euch freuen und jubeln können. 14 Selig seid ihr, wenn
Jes 11,2 sie euch um des Namens Christi willen beschimpfen, denn der Geist der
15: 2,19–20 Herrlichkeit, *der Geist Gottes ruht* auf euch. 15 Niemand von euch soll als
Mörder, als Dieb oder als Bösewicht leiden müssen oder weil er ein
Auge hat auf das, was dem Nächsten gehört. 16 Wenn er aber als Christ
leiden muss, dann schäme er sich dessen nicht, sondern preise Gott mit
17: 2,5 · 1Thess 2,2! diesem Namen. 17 Denn die Zeit ist gekommen, da das Gericht beginnt,
und zwar beim Haus Gottes; wenn aber zuerst bei uns, wie wird dann
18: Spr 11,31 das Ende derer sein, die nicht auf das Evangelium Gottes hören? 18 Und
wenn der Gerechte kaum gerettet wird, wo wird sich dann der Gottlose und
19: 3,17! *Sünder wiederfinden?* 19 So sollen auch die, welche nach dem Willen Got-
tes zu leiden haben, ihr Leben dem getreuen Schöpfer anvertrauen, in-
dem sie Gutes tun.

Die Ordnung der Gemeinde

1: 1,11!; Röm 8,18 5 1 Die Ältesten unter euch ermahne ich, euer Mitältester und Zeu-
ge der Leiden Christi, der ebenfalls teilhat an der Herrlichkeit, die
2: Apg 20,28 sich künftig offenbaren wird: 2 Weidet die Herde Gottes, die euch an-
vertraut ist, und sorgt für sie, nicht unter Zwang, sondern aus freien
Stücken, so wie es Gott gefällt! Seid nicht auf schnöden Gewinn aus,
sondern tut es von Herzen, 3 seid nicht Herren über eure Schützlinge,
4: 2,25 · 1Kor 9,25; sondern ein Vorbild für eure Herde! 4 Dann werdet ihr, wenn der Hirt
2Tim 4,8!; Jak 1,12; der Hirten erscheint, den unverwelklichen Kranz der Herrlichkeit da-
Offb 2,10! vontragen.
5: Spr 3,34; Jak 4,6 5 Ebenso ihr Jüngeren: Ordnet euch den Ältesten unter! Macht euch
im Umgang miteinander die Demut zu eigen, denn Gott *widersteht den*
Hochmütigen, den Demütigen aber schenkt er seine Gnade.

4,14: Andere Übersetzungsmöglichkeit: «..., *der Geist Gottes lässt sich dann* auf euch *nieder.*»

6 Beugt euch also demütig unter die starke Hand Gottes, damit er 6: Lk 14,11!
euch zu seiner Zeit erhöhe. 7 All eure Sorge werft auf ihn, denn er küm- 7: Ps 55,23
mert sich um euch.

Gefährdung und Zuversicht

8 Seid nüchtern, seid wachsam! Euer Widersacher, der Teufel, geht 8: 1,13; 4,7 ·
um *wie ein brüllender Löwe* und sucht, wen er verschlinge. 9 Widersteht Ps 22,14
ihm, die ihr fest seid im Glauben und wisst, dass eure Brüder und 9: Eph 6,11–13;
Schwestern überall auf der Welt dieselben Leiden ertragen müssen. Jak 4,7
10 Der Gott aller Gnade aber, der euch berufen hat zu seiner ewigen 10: 2Tim 2,10 ·
Herrlichkeit in Christus Jesus, er wird euch nach einer kurzen Zeit des 1Thess 2,12 · 1,6
Leidens zurechtbringen, stärken, kräftigen und auf festen Grund stel-
len. 11 Ihm sei die Herrschaft in alle Ewigkeit, Amen. 11: 4,11!

Zweck des Schreibens und Grüsse

12 Durch die Übermittlung des Silvanus, des treuen Bruders, wie ich
meine, habe ich euch einige Zeilen zukommen lassen, um euch zu er-
mahnen und zu bezeugen, dass das, was ich geschrieben habe, in Wahr-
heit die Gnade Gottes ist, in der ihr stehen sollt.
13 Es grüssen euch die Gemeinde in Babylon, die an der Erwählung
teilhat, und mein Sohn Markus. 14 Grüsst einander mit dem Kuss der 14: Röm 16,16!
Liebe! Friede sei mit euch allen, die ihr in Christus seid.

Der Zweite Brief des Petrus

Der Zweite Brief des Petrus – er gehört zu den sieben katholischen Briefen (siehe die Einleitung zu Jak) – ist möglicherweise die jüngste Schrift, die in den Kanon Eingang gefunden hat. Er dürfte wenig später als der Brief des Judas geschrieben worden sein, um etwa 120 n.Chr., wie man heute annimmt, und kann daher – schon aus chronologischen Gründen – nicht vom Apostel Petrus, der zu dieser Zeit längst nicht mehr lebte, geschrieben worden sein. Dennoch tritt der Verfasser im Briefeingang als «Simon Petrus, Knecht und Apostel Jesu Christi» (2Petr 1,1) auf. Wie der Autor des Ersten Briefes des Petrus stellt auch er seine Schrift unter die Autorität des Apostels, in dessen Namen er spricht und dessen Überzeugung er vertreten will (siehe die Einleitung zu 1Petr). Gleichzeitig charakterisiert er seine Schrift selber als nachapostolisch, indem er von den Aposteln als von früheren Glaubenszeugen spricht (2Petr 3,2) und indem er zurückblickt auf eine ihm vorliegende Sammlung der Paulusbriefe (2Petr 3,15–16). Dies und die Tatsache, dass die Verwendung des Zweiten Briefs des Petrus in der frühen Kirche nicht gut bezeugt ist, sprechen dafür, dass es sich hier – wie beim Ersten Brief an Petrus – um eine späte Schrift handelt. Obwohl der Verfasser in 2Petr 3,1 auf einen schon früher geschriebenen Brief anspielt, ist aber dennoch nicht anzunehmen, dass er mit dem Verfasser des Ersten Briefes des Petrus identisch ist. Die beiden Autoren unterscheiden sich sowohl in der Sprache als auch bezüglich ihrer theologischen Anliegen zu stark. Der vorliegende Brief wurde vermutlich von einem hellenistischen Judenchristen geschrieben; über den Abfassungsort lässt sich nichts Sicheres sagen.

Die Absicht des Zweiten Briefs des Petrus ist es, vor «falschen Lehrern» (2Petr 2,1) zu warnen. Ihnen wirft der Verfasser einen ausschweifenden Lebensstil vor (2Petr 2,10.13–14.18–22) und beschuldigt sie, die Mächte im Himmel zu lästern (2Petr 2,10), indem sie den Glauben an die Wiederkunft Christi als «klug ausgedachte Mythen» (2Petr 1,16) verspotten. Solche Skepsis gegenüber der christlichen Auffassung von den ‹letzten Dingen› (göttliches Gericht, Leben nach dem Tode), wie sie der Schreibende hier seinen Gegnern zur Last legt, war in hellenistischen Kreisen durchaus gängig.

Der Verfasser verteidigt sich nun nicht, wie zu erwarten wäre, mit den überlieferten Vorstellungen vom Gottesreich und von der Wiederkunft Christi. Vielmehr droht er zunächst seinen Gegnern mit einer gross angelegten Gerichtsrede (2Petr 2,1–22), in der er sich auf Endgerichtsvorstellungen apokalyptischer Schriften (u.a. Henochbuch) bezieht. Dieser Teil stimmt an einigen Stellen bis in den Wortlaut hinein mit Jud 5–16 überein (vgl. dazu die Einleitung zu Jud).

Die falschen Lehrer werden im Stil der Ketzerschelte als «vernunftlose Tiere» (2Petr 2,12), «Schmutzfinken und Schandflecken» (2Petr 2,13) und «Quellen ohne Wasser» (2Petr 2,17) bezeichnet, welche am Tag des Gerichts ihre Strafe finden werden. In polemischer Überspitzung, wie sie sich in frühchristlichen Verteidigungsschriften öfters findet, vergleicht der Verfasser des Briefes diejenigen, die sich vom «heiligen Gebot» abgewendet haben (2Petr 2,21), mit dem Hund, der zu seinem Auswurf zurückkehrt, und dem Schwein, das badet, um sich wieder im Dreck zu wälzen (2Petr 2,22).

Erst im dritten Kapitel setzt sich der Autor mit dem Spott seiner Gegner, ihrem Zweifel an der Verheissung einer Wiederkunft Christi und einer Verwandlung der Welt (2Petr 3,4) wirklich auseinander: Mit Hinweis auf die Geschichte von der Sintflut gibt er zu bedenken, dass Gott zu einer Neuschöpfung durchaus in der Lage sei. So wie die erste Erde durch das göttliche Wort und die Wasserflut untergegangen sei (2Petr 3,6), so werde die jetzige Erde durch das göttliche Wort für das richtende Feuer aufbewahrt (2Petr 3,7). Was das noch ausstehende Kommen des Herrn betrifft, verweist er zum einen mit Bezug auf Ps 90,4 auf die mit menschlicher Sicht nicht vergleichbare göttliche Zeitperspektive (2Petr 3,8). Zum andern erkennt er in der noch ausstehenden Wiederkunft des Herrn die Gnade Gottes, der den Menschen Zeit zur Umkehr lassen will (2Petr 3,9). Analog der jüdischen Vorstellung, dass der Messias unmittelbar komme, wenn Israel einen Tag lang die Gebote befolge, ruft er die Adressaten dazu auf, ihr Leben «heilig und fromm» zu führen, um dadurch die Ankunft des Herrn zu beschleunigen (2Petr 3,11–12). Diese Ankunft wird als Katastrophe kosmischen Ausmasses geschildert (2Petr 3,10.12), vor der sich die Glaubenden aber nicht zu fürchten brauchen.

Der Verfasser des Zweiten Briefs des Petrus wehrt sich mit Rekurs auf apokalyptische Schriften gegen eine übermässige Hellenisierung

des christlichen Gedankengutes. Ob bei der starken Anlehnung an die
jüdische Apokalyptik das Vergeltungsdenken in den Vordergrund rückt
und so die Orientierung am Christusgeschehen verloren geht, bleibt in
der Deutung des Zweiten Briefs des Petrus umstritten.

Anschrift

1 1 Simon Petrus, Knecht und Apostel Jesu Christi, an die, die einen 1–2: 1Petr 1,1–2
Glauben, der dem unsrigen gleichwertig ist, erlangt haben durch die 1: Röm 1,17! · 1,11!
Gerechtigkeit unseres Gottes und Retters Jesus Christus: 2 Gnade sei 2: 1Petr 1,2; Jud 2 ·
mit euch und Friede in Fülle durch die Erkenntnis Gottes und Jesu, un- 1,3!
seres Herrn.

Dank und Ermutigung

3 Alles, was für das Leben und die Frömmigkeit nötig ist, hat uns 3: 1,6–7; 3,18;
seine göttliche Kraft geschenkt durch die Erkenntnis dessen, der uns in 1Tim 4,8! · 1,2.8;
seiner Herrlichkeit und Güte berufen hat. 4 Dadurch hat er uns auch die 2,20; 3,18
kostbaren und überaus grossen Verheissungen geschenkt, durch die ihr 4: 3,13 · 2,18.20
Anteil an der göttlichen Natur bekommen sollt, wenn ihr dem Verder-
ben, das durch die Begierde in der Welt wirksam ist, entflohen seid.
5 Und eben darum sollt ihr euch eifrig bemühen, in eurem Glauben
Tugend zu zeigen, in der Tugend Einsicht, 6 in der Einsicht Selbstbe- 6: 1,3!
herrschung, in der Selbstbeherrschung Beharrlichkeit, in der Beharr-
lichkeit Frömmigkeit, 7 in der Frömmigkeit Menschenfreundlichkeit, 7: 1Petr 1,22!
in der Menschenfreundlichkeit Liebe. 8 Denn das alles, was bei euch 8: 1,3!
wirksam ist und sich mehrt, lässt euch weder untätig noch erfolglos
sein, wenn es um die Erkenntnis unseres Herrn Jesus Christus geht.
9 Wem dies nicht gegeben ist, der ist blind, kurzsichtig, der hat verges- 9: Hebr 1,3!
sen, dass er gereinigt worden ist von den einst begangenen Sünden.
10 Darum, meine lieben Brüder und Schwestern, bemüht euch umso
mehr, eure Berufung und Erwählung zu festigen; wenn ihr dies tut, wer-
det ihr niemals zu Fall kommen. 11 Denn so wird euch auf vielerlei Wei- 11: 1,1; 2,20; 3,2.18;
se grossmütig Zugang gewährt werden zur ewigen Herrschaft unseres Tit 2,13!
Herrn und Retters Jesus Christus.
12 Darum will ich euch dies stets von neuem in Erinnerung rufen,
auch wenn ihr es schon wisst und in der Wahrheit, die nun gegenwärtig
ist, gefestigt seid. 13 Ich halte es für recht und billig, euer Gedächtnis 13: 3,1
wachzurütteln, solange ich noch in diesem Zelt wohne. 14 Denn ich 14: 2Kor 5,1
weiss, dass die Zeit nicht mehr fern ist, da ich mein Zelt abbrechen
muss – so hat es mir unser Herr Jesus Christus kundgetan. 15 Ich will
aber all meine Kraft dafür einsetzen, dass ihr auch nach meinem Tod
jederzeit in der Lage seid, euch daran zu erinnern.

Der Grund des apostolischen Dienstes

16 Denn nicht weil wir klug ausgedachten Mythen gefolgt sind, ha- 16: 1Tim 4,7! ·
ben wir euch die Macht und das Kommen unseres Herrn Jesus Christus 3,4.12; 1Thess 2,19!
kundgetan, sondern weil wir Augenzeugen seines majestätischen We-
sens geworden sind. 17 Denn empfangen hat er von Gott, dem Vater, 17–18: Mk 9,2–9;
Ehre und Anerkennung, als eine Stimme von der erhabenen Herrlich- Mt 17,1–9;
keit her erklang, die zu ihm sprach: Das ist mein Sohn, mein geliebter Lk 9,28–37
17: Mt 17,5; 3,17!

Sohn, an ihm habe ich Wohlgefallen. 18 Und diese Stimme, die vom
Himmel kam, haben wir gehört, als wir mit ihm zusammen auf dem
heiligen Berg waren.
19 Eine umso festere Grundlage haben wir darum im prophetischen
Wort, und ihr tut gut daran, darauf zu achten, wie auf ein Licht, das an
einem dunklen Ort scheint, bis der Tag anbricht und der Morgenstern
aufgeht in euren Herzen. 20 Denn – das sollt ihr vor allem andern wis-
sen – keine Weissagung der Schrift verdankt sich menschlicher An-
schauung. 21 Denn was an Weissagung einst ergangen ist, geht nicht
auf den Willen eines Menschen zurück, vielmehr haben, getrieben vom
heiligen Geist, Menschen im Auftrag Gottes gesprochen.

Der Untergang der falschen Lehrer

1: Mt 7,15! · Jud 4 **2** 1 Es sind allerdings auch falsche Propheten aufgetreten im Volk, wie
auch bei euch falsche Lehrer auftreten werden, die heimlich gefähr-
liche Lehren einführen – ja, sie verleugnen sogar den Herrn, der sie frei-
2: 2,21 gekauft hat. Damit bereiten sie sich selber ein jähes Ende. 2 Und doch
werden viele ihren masslosen Ausschweifungen folgen und dadurch
3: 2,14–15 den Weg der Wahrheit in Verruf bringen 3 und in ihrer Habgier euch
mit schlauen Worten übervorteilen. Das längst über sie gesprochene
Urteil vollzieht sich schon, und ihr Untergang lässt nicht auf sich war-
ten.
4: Gen 6,1–2; Jud 6 4 Denn wenn Gott die Engel, die sich versündigten, nicht verschont,
sondern den Höhlen der Finsternis im Tartarus übergeben hat, um sie
5: 3,6; Gen 7,13.17; auf das Gericht hin in Gewahrsam zu halten, 5 und wenn er die alte Welt
1Petr 3,20; nicht verschont, sondern mit Noah, dem Künder der Gerechtigkeit, nur
Hebr 11,7; Lk 17,27 · Gen 6,5–8 acht Menschen bewahrt hat, als er die grosse Flut über die Welt der Gott-
6: Gen 19,24–25; losen kommen liess, 6 und wenn er Sodom und Gomorra eingeäschert
Jud 7 und zum Untergang verurteilt hat, um den Gottlosen eine Ahnung zu
7: Gen 19,16–17.29; geben von dem, was kommen wird, 7 und nur den gerechten Lot, der
Lk 17,29–30 unter dem zügellosen Treiben der Frevler zu leiden hatte, errettet hat –
8 denn sehen und hören musste der Gerechte, der unter ihnen wohnte,
Tag für Tag all das gesetzeswidrige Treiben und seine gerechte Seele die-
9: 3,7; Jud 6 ser Peinigung aussetzen –, 9 dann weiss der Herr, wie er die Frommen
aus der Prüfung retten, die Ungerechten aber auf den Tag des Gerichts
10: Jud 7–8 hin in Gewahrsam halten wird, um sie dann zu züchtigen. 10 Am härtes-
ten wird es jene treffen, die aus purer Lust, sich zu beflecken, dem
Fleisch hinterherlaufen und die Macht des Herrn verachten. Vermesse-
ne Kerle sind sie, die nicht davor zurückschrecken, die Mächte im Him-
11: Jud 9 mel zu lästern, 11 während die Engel, die ihnen an Kraft und Stärke doch
weit überlegen sind, diesen kein sie verwünschendes Urteil vom Herrn
überbringen wollen.
12: Jud 10 12 Sie, die ich meine, sind wie vernunftlose Tiere, die von Natur aus
dazu da sind, gefangen und vernichtet zu werden; sie lästern über Din-
ge, von denen sie nichts verstehen, und wie jene werden auch sie zu-
13: Jud 12 grunde gehen. 13 Sie schaden sich selbst mit dem Lohn für ihr unge-
rechtes Tun. Sie halten die Schwelgerei, die sie auch am heiterhellen Tag

2,4: Andere Textüberlieferung: «..., sondern mit Stricken der Finsternis in den Tartarus befördert hat, ...»

pflegen, für eine Wonne; Schmutzfinken und Schandflecken sind sie,
schwelgen in ihren Betrügereien und schlagen sich gemeinsam mit
euch den Bauch voll. 14 Sie haben nur Augen für die Ehebrecherin und 14: 2,3
schielen rastlos nach der Sünde; ungefestigte Seelen ködern sie, ihr
Herz ist geübt in der Habgier – Kinder des Fluchs sind sie. 15 Den gera- 15: Num 22,5–7;
den Weg haben sie verlassen, in die Irre sind sie gegangen, da sie dem Jud 11
Weg Bileams, des Sohnes des Bosor, folgten, der auf ungerechten Ge-
winn aus war, 16 doch zurechtgewiesen wurde wegen seiner Freveltat. 16: Num 22,28
Ein stummes Zugtier sprach ihn mit menschlicher Stimme an und ge-
bot dem Wahnsinn des Propheten Einhalt.
17 Sie, die ich meine, sind Quellen ohne Wasser, Nebelschwaden, 17: Jud 12–13
die vom Sturmwind getrieben werden; die Schwärze der Finsternis war-
tet auf sie. 18 Grosse Töne geben sie von sich, lauter Torheit, mit den 18: Jud 16 ·
Verlockungen des Fleisches ködern sie hemmungslos, die eben erst den Gal 5,16! · 1,4!
im Irrtum Befangenen entronnen sind, 19 und verheissen ihnen Frei-
heit, wo sie doch selbst Sklaven des Verderbens sind. Denn wem man
erlegen ist, dem hat man zu dienen. 20 Wenn sie nämlich dem Schmutz 20: 1,4! · 1,11!
der Welt durch die Erkenntnis unseres Herrn und Retters Jesus Chris-
tus entkommen sind, sich aber wiederum verstricken lassen und ihrer
Lust am Schmutz erliegen, dann ist es mit ihnen am Ende schlimmer als
am Anfang. 21 Für sie wäre es besser, den Weg der Gerechtigkeit gar nie 21: 2,2 · 3,2
erkannt, als ihn erkannt und sich dann wieder abgewandt zu haben von
dem heiligen Gebot, das ihnen überliefert worden ist. 22 Auf sie trifft 22: Spr 26,11
zu, was das Sprichwort zu Recht sagt: Ein Hund kehrt zu seinem Aus-
wurf zurück, und: Ein Schwein badet, um sich wieder im Dreck zu wäl-
zen.

Die Spötter am Ende der Tage

3 1 Meine Geliebten, dies ist nun schon der zweite Brief, den ich euch 1: 1,13
schreibe, in dem ich euer Gedächtnis und damit eure lautere Gesin-
nung wach halten möchte. 2 Ihr sollt euch erinnern an die Worte, die 2: Jud 17 · 2,21 ·
die heiligen Propheten vor langer Zeit gesprochen haben, und an das 1,11!
von euren Aposteln überlieferte Gebot des Herrn und Retters. 3 Dies vor 3: Jud 18
allem sollt ihr erkennen: Am Ende der Tage werden Spötter kommen,
die ganz ihren eigenen Begierden leben und höhnisch 4 sagen werden: 4: 1,16!
Was ist nun mit der Verheissung seines Kommens? Seit die Väter ent-
schlafen sind, bleibt ja alles, wie es ist, von Anbeginn der Schöpfung.
5 Denen, die solches behaupten, ist nämlich verborgen, dass es 5: Gen 1,1–2.6–7.9
schon längst einen Himmel gab und eine Erde, die aus Wasser und
durch Wasser bestand aufgrund des göttlichen Wortes, 6 und dass 6: 2,5; Gen 7,4.17–21
durch diese beiden die damalige Welt in den Wasserfluten untergegan-
gen ist. 7 Der jetzige Himmel aber und die jetzige Erde sind durch das- 7: 2,9
selbe Wort bewahrt worden; für das Feuer werden sie aufbewahrt auf
den Tag des Gerichts und des Verderbens, das die gottlosen Menschen
treffen wird.

3,4: Andere Übersetzungsmöglichkeit: «... Seit sie ergangen ist, sind die Väter ja entschlafen; alles bleibt, wie ...»

3,6: Gemeint ist: durch das Wasser und das Wort.

8: Ps 90,4 8 Dies eine aber soll euch nicht verborgen bleiben, meine Geliebten:
Ein Tag ist beim Herrn wie tausend Jahre, und tausend Jahre sind wie
9: 3,15 · 1Tim 2,4! ein Tag. 9 Der Herr zögert nicht, die Verheissung zu erfüllen, wie einige
meinen, sondern ist geduldig mit euch; er will nicht, dass einige zu-
grunde gehen, sondern vielmehr, dass alle den Weg der Umkehr ein-
10: 1Thess 5,2; schlagen. 10 Der Tag des Herrn aber wird kommen wie ein Dieb; dann
Mt 24,43! · wird der Himmel verschwinden mit grossem Getöse, die Elemente des
Offb 20,11!; Ps 102,27 Alls werden sich in der Hitze auflösen, und die Erde, die Werke, die auf
ihr vollbracht wurden, werden zutage kommen.

11 Wenn sich nun dies alles derart auflöst, wie entschlossen müsst
12: 1,16! · ihr dann euer Leben führen, heilig und fromm! 12 Wartet auf den Tag
Offb 20,11! Gottes und beschleunigt seine Ankunft – seinetwegen wird der Himmel
sich auflösen im Feuer, und die Elemente des Alls schmelzen in der Hit-
13: 1,4 · Jes 65,17; ze. 13 Wir warten aber aufgrund seiner Verheissung auf *einen neuen*
66,22; Offb 21,1! *Himmel und eine neue Erde*, in denen Gerechtigkeit wohnt.

Im Angesicht des Tages des Herrn

14: Jud 24 14 Darum, meine Geliebten, setzt in solcher Erwartung alles daran,
ohne Fehl und Makel vor ihm zu erscheinen, so dass ihr nichts befürch-
15: 3,9; 1Petr 3,20 · ten müsst! 15 Und seid euch bewusst, dass die Langmut unseres Herrn
Röm 2,4 eure Rettung bedeutet; so hat es euch ja auch unser geliebter Bruder
Paulus in der ihm geschenkten Weisheit geschrieben. 16 In all seinen
Briefen spricht er ja davon, auch wenn manches darin schwer zu verste-
hen ist. Die Unwissenden und Ungefestigten verdrehen es, wie sie es
mit allen andern Schriften auch machen – zu ihrem eigenen Verderben!

17 Ihr, meine Geliebten, wisst dies alles nun im Voraus; gebt also
acht, dass ihr vom Irrtum der Frevler nicht mitgerissen werdet und eu-
18: 1,3! · 1,11! · ren sicheren Halt verliert! 18 Wachst vielmehr in der Gnade und Er-
Jud 25 kenntnis unseres Herrn und Retters Jesus Christus. Ihm sei Ehre, jetzt
und bis zum jüngsten Tag. Amen.

Der Erste Brief des Johannes

Die drei Briefe des Johannes gehören zu den sieben katholischen Briefen (siehe die Einleitung zu Jak). Während die anderen vier Briefe Autoritäten der Jerusalemer Urgemeinde zugeschrieben sind, ist es hier der johanneische Kreis, der zu Wort kommt. Die typischen Merkmale eines katholischen Briefs finden sich insbesondere beim vorliegenden ersten der drei Briefe des Johannes.

Dieser ist kein Brief im eigentlichen Sinne. Im Unterschied zum Zweiten und Dritten Brief des Johannes fehlen ihm die für die antike Briefliteratur typischen Elemente der formelhaften Einleitung, in der Absender und Adressat erwähnt werden, sowie die Grusslisten am Briefschluss. Dennoch simuliert der Verfasser eine Korrespondenzsituation mittels der wiederholten direkten Anrede seiner Leser, die er mit «Meine Kinder» (1Joh 2,1) oder «Ihr Lieben» (1Joh 2,7; 3,2) anspricht, wie auch durch die häufige Bezugnahme auf seine Schreibtätigkeit («ich schreibe euch», 1Joh 2,1.7.12; 5,13 u.a.). Angesichts dieses ambivalenten Befundes kann der Erste Brief des Johannes als ein Memorandum in Briefform bezeichnet werden.

Die programmatische Vorrede am Briefanfang (1Joh 1,1–4), in welcher der Verfasser seinen Status und den Anspruch seines Briefes formuliert, ist ein Ausdruck der bewussten Gestaltung, die sich im Hauptteil an der wechselnden Abfolge von Mahn- und Lehrpassagen zeigt (Ermahnung: 1Joh 1,5–2,17, Lehre: 1Joh 2,18–2,29, Ermahnung: 1Joh 3,1–24, Lehre: 1Joh 4,1–6, Ermahnung: 1Joh 4,7–5,4, Lehre: 1Joh 5,5–12). Das Abschlusswort 1Joh 5,13–21 nimmt wieder Themen der Vorrede auf.

Bereits aus dieser Gliederung lassen sich die Hauptanliegen des Briefes erkennen: Die Rede über die Anteilhabe an Gott und am ewigen Leben in Vorrede und Schlusspassage bildet den formalen und auch inhaltlichen Rahmen des Briefes. Die Abfolge von Mahn- und Lehrpassagen im Hauptteil unterstreicht, dass für den Verfasser die Verbindung von Glaubenslehre und Glaubenspraxis im Zentrum steht. Und schliesslich lässt die Betonung der Augen- und Ohrenzeugenschaft in der Vorrede (1Joh 1,3) darauf schliessen, dass der Autor in einem Richtungsstreit innerhalb des Adressatenkreises Position bezieht und seine Autorität in die Waagschale wirft.

Die Antwort auf die Frage nach dem Verfasser ergibt sich aus der Bestimmung des Verhältnisses des Ersten Briefs des Johannes und des Evangeliums nach Johannes: Die stilistischen, sprachlichen und theologischen Parallelen zeigen, dass sie eng miteinander verbunden sind. So nimmt bereits die Vorrede (1Joh 1,1–4) mit dem Stichwort «Anfang» Bezug auf Joh 1,1. Ins Auge fallen ausserdem zahlreiche Übereinstimmungen bei wichtigen theologischen Themen: Einheit von Vater und Sohn (1Joh 2,22–25; Joh 5,20), Wahrheit (1Joh 2,21; Joh 8,32), Dualismus Gott – Welt (1Joh 2,15–17; Joh 1,10–11), Bleiben in Gott und in Jesus (1Joh 4,12–15; Joh 15,4–7), in der Gegenwart realisierte Endzeit (1Joh 3,14; Joh 5,24–25). Dennoch bestehen zahlreiche, gewichtige Unterschiede zwischen dem Ersten Brief des Johannes und dem Evangelium nach Johannes: Ist in Joh 8,12 Jesus das Licht der Welt, so wird hier Gott als Licht bezeichnet (1Joh 1,5). Die Figur des Parakleten (des heiligen Geistes als Fürsprechers), die in Joh 14,16–17 mit dem heiligen Geist in Verbindung gebracht wird, ist hier mit Jesus identifiziert (1Joh 2,1). Die auffälligste Differenz besteht aber in den polemischen Passagen. Hat das Evangelium die Gegner der Gemeinde noch in deren Umfeld wahrgenommen, so finden sich im Brief die Opponenten, welche die Menschwerdung Christi bestreiten (1Joh 2,23; 4,2), in gemeindeinternen Kreisen (1Joh 2,18–19). Das bedeutet, dass der Verfasser des Ersten Briefs des Johannes und der Verfasser des Evangeliums nach Johannes nicht identisch sind. Die Übereinstimmungen, die es zwischen den beiden Schriften gibt, wie auch zwischen ihnen und dem Zweiten und Dritten Brief des Johannes, sind darauf zurückzuführen, dass die Autoren zur gleichen frühchristlichen Gruppe, der sogenannten johanneischen Schule, gehören (siehe die Einleitung zu Joh). Der Autor des Ersten Briefs des Johannes sieht sich als vollmächtigen Interpreten dieser Lehre, die er nun vor dem Hintergrund einer gemeindeinternen Auseinandersetzung einer produktiven Aktualisierung unterzieht.

Das Wort des Lebens

1: Joh 1,1 · Joh 1,14; 1 1 Was von Anfang an war, was wir gehört haben, was wir mit unse-
20,27 · Joh 1,1.4 ren Augen gesehen haben, was wir geschaut und was unsere Hände
2: 5,11!; Joh 6,40 berührt haben, das Wort des Lebens – 2 das Leben ist erschienen, und
wir haben gesehen und bezeugen und verkündigen euch das ewige
3: 1,6–7 Leben, das beim Vater war und uns erschienen ist –, 3 was wir nun gese-
hen und gehört haben, das verkündigen wir euch, damit auch ihr Ge-
meinschaft habt mit uns. Die Gemeinschaft mit uns aber ist Gemein-
4: 5,13 · Joh 15,11; schaft mit dem Vater und mit seinem Sohn Jesus Christus. 4 Und dies
2Joh 12 schreiben wir, damit unsere Freude vollkommen sei.

Das Leben im Licht

5: 2,8; Joh 8,12! 5 Das ist die Botschaft, die wir von ihm gehört haben und euch ver-
6: 4,20! · 2,11! kündigen: Gott ist Licht, und Finsternis ist keine in ihm. 6 Wenn wir
sagen: Wir haben Gemeinschaft mit ihm, und gehen unseren Weg in der
Finsternis, dann lügen wir und tun nicht, was der Wahrheit entspricht.
7: 1,3 · Hebr 1,3! 7 Wenn wir aber unseren Weg im Licht gehen, wie er selbst im Licht ist,
dann haben wir Gemeinschaft untereinander, und das Blut seines Soh-
nes Jesus reinigt uns von aller Sünde.
8: 4,20! 8 Wenn wir sagen: Wir haben keine Sünde, führen wir uns selbst in
9: Ps 32,5 · 2,12 · die Irre, und die Wahrheit ist nicht in uns. 9 Wenn wir aber unsere Sün-
5,17 den bekennen, ist er so treu und gerecht, dass er uns die Sünden vergibt
10: 4,20! und uns reinigt von aller Ungerechtigkeit. 10 Wenn wir sagen: Wir ha-
ben nicht gesündigt, machen wir ihn zum Lügner, und sein Wort ist
nicht in uns.

Christus, unser Fürsprecher

1: Joh 14,16 2 1 Meine Kinder, das schreibe ich euch, damit ihr nicht sündigt. Und
wenn einer doch sündigt, haben wir einen Fürsprecher beim Vater,
2: 4,10 · Joh 1,29 Jesus Christus, den Gerechten. 2 Er ist die Sühne für unsere Sünden,
aber nicht nur für unsere, sondern auch für die der ganzen Welt.
3: 3,23 3 Dass wir ihn erkannt haben, erkennen wir daran, dass wir seine
4: 4,20! Gebote halten. 4 Wer sagt: Ich habe ihn erkannt, und hält seine Gebote
5: 4,12.17–18 nicht, ist ein Lügner – in dem ist die Wahrheit nicht. 5 Wer aber sein
Wort bewahrt, in dem ist die Liebe Gottes wirklich zur Vollendung ge-
6: 4,20! · 3,16; kommen. Daran erkennen wir, dass wir in ihm sind. 6 Wer sagt, er blei-
Joh 13,14–15 be in ihm, ist verpflichtet, seinen Weg so zu gehen, wie auch er seinen
Weg gegangen ist.

Das Gebot der Liebe

7: Joh 13,34 · 3,11! 7 Ihr Lieben, nicht ein neues Gebot lege ich euch vor, sondern das
alte Gebot, das ihr von Anfang an hattet. Das alte Gebot ist das Wort, das
8: 1,5! ihr gehört habt. 8 Und doch lege ich euch ein neues Gebot vor, etwas,
das in ihm und unter euch gültig ist, denn die Finsternis weicht und das
9: 4,20! wahre Licht scheint schon. 9 Wer sagt, er sei im Licht, und hasst seinen
Bruder, ist noch immer in der Finsternis. 10 Wer seinen Bruder liebt,

bleibt im Licht, und in ihm ist nichts, was anstössig wäre. 11 Wer aber 11: 1,6; Joh 12,35
seinen Bruder hasst, ist in der Finsternis und geht seinen Weg in der
Finsternis, und er weiss nicht, wohin er geht, denn die Finsternis hat
seine Augen blind gemacht.

Absage an die Welt

12 Ich schreibe euch, den Kindern: Euch sind die Sünden vergeben, 12: 1,9
um seines Namens willen.

13 Ich schreibe euch, den Vätern: Ihr habt den erkannt, der von An- 13: 1,1; Joh 1,1
fang an war.

Ich schreibe euch, den jungen Männern: Ihr habt den Bösen besiegt.

14 Ich habe euch geschrieben, den Kindern: Ihr habt den Vater er- 14: Joh 14,7 · 1,1;
kannt. Joh 1,1 · Joh 8,31

Ich habe euch geschrieben, den Vätern: Ihr habt den erkannt, der von
Anfang an ist.

Ich habe euch geschrieben, den jungen Männern: Ihr seid stark, und
das Wort Gottes bleibt in euch, und ihr habt den Bösen besiegt.

15 Liebt nicht die Welt noch was in der Welt ist. Wenn einer die Welt
liebt, ist die Liebe zum Vater nicht in ihm. 16 Denn alles, was in der Welt 16: Gal 5,16!
ist – das Begehren des Fleisches und das Begehren der Augen und das
Prahlen mit dem Besitz –, ist nicht vom Vater, sondern von der Welt.
17 Und die Welt vergeht, mit ihrem Begehren; wer aber den Willen Got-
tes tut, der bleibt in Ewigkeit.

Das Auftreten von Antichristen

18 Kinder, die letzte Stunde ist da. Ihr habt ja gehört, dass ein Anti- 18: 4,3!
christ kommt. Jetzt aber sind viele Antichristen aufgetreten; daran er-
kennen wir, dass die letzte Stunde da ist. 19 Aus unserer Mitte sind sie
hervorgegangen, aber sie gehörten nicht zu uns. Denn hätten sie zu uns
gehört, so wären sie bei uns geblieben. Es sollte aber an ihnen offenbar
werden, dass nicht alle zu uns gehören. 20 Ihr aber habt ein Salböl von 20: 2,27
dem, der heilig ist, und so seid ihr alle Wissende. 21 Ich habe euch nicht
geschrieben, weil ihr die Wahrheit nicht kennt, sondern weil ihr sie
kennt und wisst, dass keine Lüge aus der Wahrheit stammt.

22 Wer ist ein Lügner, wenn nicht der, der leugnet, dass Jesus der 22: 4,3!
Christus ist? Das ist der Antichrist: wer den Vater und den Sohn verleug-
net. 23 Jeder, der den Sohn verleugnet, hat auch den Vater nicht. Wer 23: 4,15; 2Joh 9
sich zum Sohn bekennt, hat auch den Vater. 24 Für euch gilt: Was ihr 24: 1,1; 2,7; 3,11
von Anfang an gehört habt, soll in euch bleiben. Wenn in euch bleibt,
was ihr von Anfang an gehört habt, werdet auch ihr im Sohn und im
Vater bleiben. 25 Und das ist die Verheissung, die er selbst uns gegeben 25: 5,11!
hat: das ewige Leben.

26 Das habe ich euch geschrieben im Blick auf die, die euch in die
Irre führen wollen. 27 Für euch aber gilt: Das Salböl, das ihr von ihm 27: 2,20 · Joh 14,26
empfangen habt, bleibt in euch, und ihr braucht euch von niemandem
belehren zu lassen, vielmehr belehrt euch sein Salböl über alles; so ist es
wahr und keine Lüge. Und wie ihr dadurch belehrt worden seid, so
bleibt in ihm.

2,15: Andere Übersetzungsmöglichkeit: «..., ist die Liebe des Vaters ...»

28: 4,17 28 Und jetzt, Kinder, bleibt in ihm. So werden wir seinem Erschei-
nen mit Zuversicht entgegensehen und nicht beschämt werden, wenn
29: 3,7.10 · 4,7! er kommt. 29 Wenn ihr wisst, dass er gerecht ist, erkennt ihr auch, dass
jeder, der tut, was der Gerechtigkeit entspricht, aus ihm gezeugt ist.

Geschenk und Bewährung der Kindschaft Gottes

1: Joh 1,12; 3 1 Seht, welche Liebe uns der Vater gegeben hat, dass wir Kinder Got-
Röm 8,16 tes heissen, und wir sind es. Darum erkennt die Welt uns nicht, weil
sie ihn nicht erkannt hat. 2 Ihr Lieben, jetzt sind wir Kinder Gottes, und
es ist noch nicht zutage getreten, was wir sein werden. Wir wissen aber,
dass wir, wenn es zutage tritt, ihm gleich sein werden, denn wir werden
ihn sehen, wie er ist. 3 Und jeder, der solche Hoffnung auf ihn setzt,
heiligt sich selbst, so wie jener heilig ist.

4 Jeder, der tut, was der Sünde entspricht, tut nicht, was dem Gesetz
5: Joh 1,29 · entspricht, und Sünde ist das, was dem Gesetz nicht entspricht. 5 Ihr
1Petr 2,22! wisst: Er ist erschienen, damit er die Sünden hinwegnehme; und Sünde
6: 5,18 · 3Joh 11 ist nicht in ihm. 6 Jeder, der in ihm bleibt, sündigt nicht; jeder, der sün-
digt, hat ihn nicht gesehen und nicht erkannt.

7: 2,29! 7 Kinder, niemand soll euch in die Irre führen! Wer tut, was der Ge-
rechtigkeit entspricht, ist gerecht, wie jener gerecht ist. 8 Wer tut, was
Sünde ist, ist aus dem Teufel, denn der Teufel sündigt von Anfang an.
Dazu ist der Sohn Gottes erschienen, dass er die Werke des Teufels zer-
9: 4,7! · 5,18 störe. 9 Jeder, der aus Gott gezeugt ist, tut nicht, was Sünde ist, denn
sein Same bleibt in ihm; und er kann nicht sündigen, weil er aus Gott
10: 3,1! · 2,29! gezeugt ist. 10 Daran sind die Kinder Gottes und die Kinder des Teufels
zu erkennen: Jeder, der nicht tut, was der Gerechtigkeit entspricht, ist
nicht aus Gott, und ebenso wer seinen Bruder nicht liebt.

11: 2,7–11; 3,23; 11 Denn das ist die Botschaft, die ihr von Anfang an gehört habt: dass
Joh 13,34; 2Joh 5 wir einander lieben 12 und nicht sein sollen wie Kain, der aus dem Bö-
12: Gen 4,8 sen war und seinen Bruder erschlug. Und weshalb erschlug er ihn? Weil
seine Werke böse waren, die seines Bruders aber gerecht.

13: Joh 15,18–19 13 Wundert euch nicht, liebe Brüder und Schwestern, wenn die Welt
14: Joh 5,24 euch hasst. 14 Wir wissen, dass wir aus dem Tod ins Leben hinüberge-
schritten sind, denn wir lieben einander. Wer nicht liebt, bleibt im Tod.
15 Jeder, der seinen Bruder hasst, ist ein Mörder; und ihr wisst, dass in
16: Joh 15,13 · 2,6! einem Mörder das ewige Leben nicht bleibt. 16 Daran haben wir die Lie-
be erkannt, dass er sein Leben für uns eingesetzt hat. Auch wir sind ver-
pflichtet, das Leben einzusetzen für die Brüder. 17 Wer immer in der
Welt sein Auskommen hat und seinen Bruder Not leiden sieht und sein
Herz vor ihm verschliesst: Wie bleibt da die Liebe Gottes in ihm?

Die Zuversicht der Kinder Gottes

18 Kinder, lasst uns nicht mit Wort und Zunge lieben, sondern in Tat
und Wahrheit! 19 Daran werden wir erkennen, dass wir aus der Wahr-
heit sind, und vor ihm werden wir unser Herz beruhigen. 20 Denn auch
wenn das Herz uns verurteilt: Gott ist grösser als unser Herz und er-
kennt alles. 21 Ihr Lieben, wenn das Herz uns nicht verurteilt, sehen wir
22: Joh 15,7; Mt 7,8! Gott mit Zuversicht entgegen, 22 und was immer wir erbitten, empfan-
gen wir von ihm, denn wir halten seine Gebote und tun, was vor ihm
Gefallen findet.

23 Und das ist sein Gebot: Dass wir dem Namen seines Sohnes Jesus 23: 5,13 · 3,11!
Christus vertrauen und einander lieben, wie es im Gebot heisst, das er
uns gegeben hat. 24 Wer seine Gebote hält, bleibt in ihm und er in ihm; 24: 4,13 ·
und daran erkennen wir, dass er in uns bleibt aus dem Geist, den er uns Joh 15,10.4 ·
gegeben hat. Röm 5,5

Der Geist der Wahrheit und der Geist des Irrtums

4 1 Ihr Lieben, schenkt nicht jedem Geist Glauben, sondern prüft die 1: Mt 7,15!
Geister, ob sie aus Gott sind. Denn viele falsche Propheten sind hin-
ausgegangen in die Welt. 2 Daran erkennt ihr den Geist Gottes: Jeder 2: Joh 1,14; 2Joh 7
Geist, der sich zu Jesus Christus bekennt, der im Fleisch gekommen ist,
ist aus Gott; 3 und jeder Geist, der sich nicht zu Jesus bekennt, ist nicht 3: 2,18.22; 2Joh 7
aus Gott. Und das ist der Geist des Antichrists, von dem ihr gehört habt,
dass er kommt. Der ist jetzt schon in der Welt.
4 Ihr seid aus Gott, Kinder, und ihr habt die Geister besiegt, denn der 4: 5,4!
in euch ist grösser als der in der Welt. 5 Sie gehören zur Welt; deshalb
reden sie, wie die Welt redet, und die Welt hört auf sie. 6 Wir sind aus 6: Joh 8,47 ·
Gott. Wer Gott erkennt, hört auf uns; wer nicht aus Gott ist, hört nicht Joh 14,17!
auf uns. Daran erkennen wir den Geist der Wahrheit und den Geist des
Irrtums.

Die Vollendung des Glaubens in der Liebe

7 Ihr Lieben, lasst uns einander lieben! 7: 3,11.23 · 2,29; 3,9;
Denn die Liebe ist aus Gott; 5,1.4.18; Joh 1,12–13
und jeder, der liebt, ist aus Gott gezeugt,
und er erkennt Gott.
8 Wer nicht liebt, hat Gott nicht erkannt,
denn Gott ist Liebe.
9 Darin ist die Liebe Gottes unter uns erschienen, 9: Joh 3,16–17
dass Gott seinen einzigen Sohn in die Welt gesandt hat, damit
wir durch ihn leben.
10 Darin besteht die Liebe: 10: 2,2
Nicht dass *wir* Gott geliebt hätten,
sondern dass *er* uns geliebt
und seinen Sohn gesandt hat
als Sühne für unsere Sünden.

11 Ihr Lieben, wenn Gott uns so geliebt hat, sind auch wir verpflich- 11: 3,11.23
tet, einander zu lieben. 12 Niemand hat Gott je geschaut. Wenn wir aber 12: Joh 1,18 · 2,5!
einander lieben, bleibt Gott in uns, und seine Liebe ist unter uns zur
Vollendung gekommen. 13 Daran erkennen wir, dass wir in ihm blei- 13: 3,24
ben und er in uns: Dass er uns von seinem Geist gegeben hat. 14 Und 14: Joh 3,17; 4,42
wir haben geschaut und bezeugen, dass der Vater den Sohn gesandt hat
als Retter der Welt. 15 Wer bekennt, dass Jesus der Sohn Gottes ist, in 15: 5,1! · 2,23
dem bleibt Gott und er bleibt in Gott. 16 Und wir haben die Liebe, die
Gott zu uns hat, erkannt und ihr geglaubt.

Gott ist Liebe, und wer in der Liebe bleibt, bleibt in Gott und Gott
bleibt in ihm. 17 Darin ist die Liebe unter uns zur Vollendung gekom- 17: 2,5! · 2,28
men: Dass wir dem Tag des Gerichts mit Zuversicht entgegensehen sol-

4,7: Andere Übersetzungsmöglichkeit: «Ihr Lieben, wir lieben einander ja! …»

len, denn wie er, so sind auch wir in dieser Welt. Furcht ist nicht in der
Liebe, 18 nein, die vollkommene Liebe treibt die Furcht aus, denn die
Furcht rechnet mit Strafe; wer sich also fürchtet, ist in der Liebe nicht
zur Vollendung gekommen. 19 Wir aber lieben, weil er uns zuerst ge-
20: 1,6.8.10; 2,4.6.9 liebt hat. 20 Wenn jemand sagt: Ich liebe Gott, und er hasst seinen Bru-
der, ist er ein Lügner. Denn wer seinen Bruder, den er vor Augen hat,
21: Mt 22,37–39 · nicht liebt, kann nicht Gott lieben, den er nicht vor Augen hat. 21 Und
5,2 dieses Gebot haben wir von ihm: dass, wer Gott liebt, auch seinen Bru-
der liebe.

Der Glaube als Sieg über die Welt

1: 4,15; 5,5; **5** 1 Jeder, der glaubt, dass Jesus der Christus ist, ist aus Gott gezeugt,
Joh 20,31 · 4,7! und wer den liebt, der ihn gezeugt hat, liebt auch den, der aus ihm
2: 4,21 gezeugt ist. 2 Daran erkennen wir, dass wir die Kinder Gottes lieben:
3: Joh 14,15 · 3,23 wenn wir Gott lieben und tun, was er gebietet. 3 Denn darin besteht die
Liebe zu Gott: dass wir seine Gebote halten; und seine Gebote sind nicht
4: 4,7! · 4,4; 5,5; schwer. 4 Denn alles, was aus Gott gezeugt ist, besiegt die Welt. Und das
Joh 16,33 ist es, was uns die Welt besiegen lässt: unser Glaube.

Gottes Zeugnis über seinen Sohn

5: 5,4! · 5,1! 5 Wer aber ist es, der die Welt besiegt, wenn nicht der, der glaubt,
6: Joh 1,31–33 · dass Jesus der Sohn Gottes ist? 6 Er ist es, der durch Wasser und Blut
Joh 19,34–35 · gekommen ist, Jesus Christus; nicht im Wasser allein, sondern im Was-
Joh 15,26! ser und im Blut. Und der Geist ist es, der es bezeugt, denn der Geist ist
die Wahrheit. 7 Drei sind es nämlich, die Zeugnis ablegen: 8 der Geist
und das Wasser und das Blut, und diese drei sind auf das Gleiche ausge-
9: Joh 5,32! richtet. 9 Wenn wir schon das Zeugnis von Menschen annehmen – das
Zeugnis Gottes gilt doch mehr. Denn darin besteht das Zeugnis Gottes,
dass er Zeugnis abgelegt hat für seinen Sohn. 10 Wer an den Sohn Gottes
glaubt, hat das Zeugnis in sich. Wer Gott nicht glaubt, hat ihn zum Lüg-
ner gemacht, weil er nicht an das Zeugnis geglaubt hat, das Gott abge-
11: 1,2; 2,25; 5,13.20; legt hat für seinen Sohn. 11 Und darin besteht das Zeugnis, dass Gott uns
Joh 17,3 ewiges Leben gegeben hat, und dieses Leben ist in seinem Sohn. 12 Wer
12: Joh 3,36 den Sohn hat, hat das Leben; wer den Sohn Gottes nicht hat, hat das
Leben nicht.

Bitte und Fürbitte

13: 1,4 · Joh 20,31 · 13 Das habe ich euch geschrieben, damit ihr wisst, dass ihr, die ihr an
3,23 · 5,11! den Namen des Sohnes Gottes glaubt, ewiges Leben habt. 14 Und darauf
14–15: 3,21–22! gründet unsere Zuversicht: dass er uns erhört, wenn wir etwas erbitten
nach seinem Willen.

15 Und wenn wir wissen, dass er uns erhört, in allem, was wir erbit-
ten, dann wissen wir auch, dass wir erhalten, worum wir ihn gebeten
haben.

16 Wenn jemand sieht, dass sein Bruder eine Sünde begeht, die
nicht zum Tod führt, soll er bitten, und er wird ihm dadurch zum Leben
verhelfen – aber nur denen, deren Sünde nicht zum Tod führt. Es gibt
Sünde zum Tod; von der rede ich nicht, wenn ich sage, er solle bitten.
17: 1,9 17 Jede Ungerechtigkeit ist Sünde; doch gibt es auch Sünde, die nicht
zum Tod führt.

Bewahrung in Christus

18 Wir wissen, dass jeder, der aus Gott gezeugt ist, nicht sündigt. *18:* 3,6.9 · 4,7! ·
Vielmehr gilt: Wer aus Gott gezeugt ist, wird bewahrt, und der Böse tas- Joh 17,15
tet ihn nicht an. 19 Wir wissen, dass wir aus Gott gezeugt sind, und die
Welt als ganze im Argen liegt. 20 Wir wissen aber: Der Sohn Gottes ist *20:* 5,11!
gekommen, und er hat uns Einsicht gegeben, damit wir den Wahrhafti-
gen erkennen; und in ihm, dem Wahrhaftigen, sind wir, in seinem Sohn
Jesus Christus.

Er ist der wahrhaftige Gott, ewiges Leben ist er.

21 Kinder, hütet euch vor den Götzen.

Der Zweite Brief des Johannes

Beim Zweiten Brief des Johannes – er gehört zu den sieben katholischen Briefen (siehe die Einleitung zu Jak) und ist mit 13 Versen die kürzeste Schrift der Bibel – handelt es sich, im Gegensatz zum Ersten Brief des Johannes, um einen echten Brief mit den gebräuchlichen Einleitungs- und Schlussformeln. Der Einleitungsteil nennt die Empfängerin des Briefes «auserwählte Herrin» (2Joh 1). Mit «Herrin» ist keine Privatperson, sondern die Gemeinde gemeint. Der Begriff drückt die Verbundenheit der Gemeinde mit ihrem Herrn Jesus Christus aus (vgl. die Brautmetaphorik in 2Kor 11,2). Im Hintergrund des Absenders steht ebenfalls eine Gemeinde, die sich als «Schwester» der Empfängergemeinde sieht (2Joh 13).

Der Aufbau des Briefes ist leicht zu erkennen: Briefeinleitung (2Joh 1–3) und Briefschluss (2Joh 12–13) bilden den Rahmen um den eigentlichen Briefinhalt, der zwei Themen aufgreift: die Ermahnung, am Gebot der Liebe festzuhalten (2Joh 4–6), und die Warnung vor Irrlehrern und deren Aufnahme ins eigene Haus (2Joh 7–11).

Die vielen stilistischen und die thematischen Übereinstimmungen (Liebe, Wahrheit, Irrlehrer) verdeutlichen, dass der Zweite Brief des Johannes eng mit dem Ersten und dem Dritten Brief des Johannes verbunden ist. Bestätigt wird dieser Befund durch den Schlussgruss (2Joh 13), in dem der Absender seine Zugehörigkeit zum johanneischen Gemeindeverband (johanneische Schule) zu erkennen gibt. Der Autor des Briefes nennt sich Presbyter, ‹Ältester› (2Joh 1), und beansprucht damit einen frühchristlichen Würdetitel. Im 2. Jahrhundert wurde vermutet, dieser Presbyter Johannes (nicht zu verwechseln mit dem Zebedaiden und Jünger Jesu gleichen Namens) sei der Verfasser aller johanneischen Schriften gewesen (siehe die Einleitung zu Joh). Eine Folge davon war, dass diese Schriften fortan unter seinem Namen überliefert wurden.

5,18: Andere Übersetzungsmöglichkeit: «... Vielmehr gilt: Wer aus Gott gezeugt wurde, bewahrt sich, ...»

Angesichts der oben erwähnten Parallelen gehen die drei Briefe des Johannes wohl auf einen Autor zurück. Mit sehr grosser Wahrscheinlichkeit gilt dies jedenfalls für den Zweiten und den Dritten Brief des Johannes, in denen sich der ‹Älteste› als Absender zu erkennen gibt.

Aufgrund der Ähnlichkeiten zum Ersten Brief des Johannes werden für den zweiten Brief ähnliche Verhältnisse, was Zeitpunkt und Ort der Abfassung betrifft, angenommen: Der Zweite Brief des Johannes dürfte um 100 n.Chr. im östlichen Mittelmeerraum entstanden sein.

Das Hauptthema dieses zweiten Briefs ist die Wahrheit. In ihr steht, wer aus der Verbundenheit mit Gott lebt. Das Leben in der Wahrheit findet seine Erfüllung in der Liebe (2Joh 4–6). Sein und Sollen, Glaubensüberzeugung und Glaubenspraxis sind nicht voneinander zu trennen. Auffällig ist der beschwörende Tonfall des Briefes, wo es um die Wahrheit (2Joh 1–3) oder um die Liebe geht (2Joh 5–6). Bei genauerem Hinsehen entdeckt man hinter der Freude über die Gemeinde die Sorgen, die sie dem Presbyter bereitet. Nur einige – nicht alle – Gemeindeglieder sind es, die «ihren Weg in der Wahrheit gehen» (2Joh 4). Wie schon im ersten Brief steht auch im Hintergrund des Zweiten Briefs des Johannes die Auseinandersetzung mit «Irrlehrern». Sie bestreiten das Erscheinen Jesu «im Fleisch» (2Joh 7, vgl. 1Joh 4,2). Ihre Auffassungen entsprechen damit nicht der überlieferten Lehre (2Joh 9). Der Presbyter sieht in den Opponenten eine schwere Bedrohung und fordert die Gemeinde auf, ihnen die Gastfreundschaft zu verweigern.

Anschrift

1: 3Joh 1 · 13 1 Der Älteste an die auserwählte Herrin und ihre Kinder, die ich in
Wahrheit liebe – und nicht ich allein, sondern auch alle, die die Wahr-
heit erkannt haben – 2 um der Wahrheit willen, die in uns bleibt; und
3: 1Tim 1,2; sie wird mit uns sein in Ewigkeit. 3 Es wird mit uns sein Gnade, Barm-
2Tim 1,2 · 4–6 herzigkeit und Friede von Gott, dem Vater, und von Jesus Christus, dem
Sohn des Vaters, in Wahrheit und Liebe.

Leben nach dem Gebot des Vaters

4: 3Joh 3–4 4 Ich habe mich sehr gefreut, unter deinen Kindern solche gefunden
zu haben, die ihren Weg in der Wahrheit gehen, wie es im Gebot heisst,
5: 1Joh 3,11! das wir vom Vater empfangen haben. 5 Und nun bitte ich dich, Herrin –
nicht, als wollte ich dir ein neues Gebot vorlegen, sondern das, das wir
von Anfang an hatten: dass wir einander lieben sollen. 6 Und das ist die
Liebe, dass wir unser Leben führen nach seinen Geboten. Und das ist
das Gebot, wie ihr es von Anfang an gehört habt: dass ihr euren Weg in
der Liebe gehen sollt.

Warnung vor Irrlehrern

7: 1Joh 4,1–3! 7 Denn viele Verführer sind hinausgegangen in die Welt, die sich
nicht zu dem im Fleisch kommenden Jesus Christus bekennen; das ist

1,7: Dieser Aussage liegt entweder die Idee eines ewig gegenwärtigen fleischgewordenen Christus oder die Vorstellung einer Wiederkunft Christi im Fleisch zugrunde.

der Verführer und der Antichrist. 8 Gebt acht auf euch, dass ihr nicht
verliert, was wir erarbeitet haben, sondern den vollen Lohn erhaltet.
9 Jeder, der darüber hinausgeht und nicht in der Lehre Christi 9: 1Joh 2,23–24
bleibt, hat Gott nicht; wer in der Lehre bleibt, der hat sowohl den Vater
als auch den Sohn. 10 Wer zu euch kommt und nicht diese Lehre bringt,
den nehmt nicht ins Haus auf und den Gruss entbietet ihm nicht.
11 Denn wer ihm den Gruss entbietet, hat schon teil an seinen bösen
Werken.

Ankündigung des Besuchs. Grüsse

12 Vieles hätte ich euch noch zu sagen, doch ich wollte es nicht mit 12: 3Joh 13–14 ·
Papier und Tinte tun; vielmehr hoffe ich, zu euch zu kommen und von 1Joh 1,4!
Angesicht zu Angesicht mit euch zu reden, damit unsere Freude voll-
kommen sei.
13 Es grüssen dich die Kinder deiner auserwählten Schwester. 13: 1

Der Dritte Brief des Johannes

Der Verfasser des Dritten Briefes des Johannes – er gehört zu den sieben katholischen Briefen (siehe die Einleitung zu Jak) – ist vermutlich identisch mit demjenigen des Zweiten Briefes des Johannes. Der Schreibstil (3Joh 13), die Verwendung der Begriffe Wahrheit und Liebe (3Joh 1–8) und vor allem die Verfasserangabe (Presbyter, ‹Ältester›, 3Joh 1) sind deutliche Indizien dafür. Der Absender ist ein Würdenträger der sogenannten johanneischen Schule. Es handelt sich dabei möglicherweise um den Presbyter namens Johannes (siehe die Einleitung zu 2Joh). Der Brief ist an eine Einzelperson gerichtet, «den geliebten Gaius», (3Joh 2.5.11) was auf eine grosse Verbundenheit von Briefschreiber und Briefempfänger schliessen lässt, den er aber auch zu seinen «Kindern» (3Joh 4) zählt, womit er seinen Autoritätsanspruch unterstreicht.

Der Aufbau des Schreibens entspricht den Regeln des antiken Briefes. Die Einleitung (3Joh 1–4) enthält Wohlergehenswünsche und Angaben zu Absender und Empfänger. Der Schluss (3Joh 13–15) besteht aus der Ankündigung eines Besuchs und aus Grüssen. Im Hauptteil legt der Presbyter seine gemeindepolitischen Absichten in drei Abschnitten dar. Er lobt Gaius für die Unterstützung von Missionaren, die auf der Durchreise sind, und fordert ihn auf, sie weiterhin zu unterstützen (3Joh 5–8); er kommt auf einen Konflikt mit einem Gegner namens Diotrephes (3Joh 9–10) zu sprechen; und er gibt schliesslich eine Empfehlung für Demetrius ab (3Joh 11–12).

Auf die Frage nach Ort und Zeitpunkt der Abfassung findet sich in 3Joh 9 ein Hinweis. Dort wird ein Brief erwähnt, den der Presbyter zuvor an die Gemeinde des Gaius geschickt hat. Ist dieser Vorgängerbrief der Zweite Brief des Johannes, dann dürfte der Dritte Brief des Johannes ohne grossen zeitlichen Abstand danach entstanden sein, um 100 n.Chr. im Gebiet des östlichen Mittelmeerraums (Ephesus oder Syrien).

Im Hintergrund des Dritten Briefs des Johannes steht ein Machtkampf. Diotrephes ist eine einflussreiche Persönlichkeit in der Gemeinde des Gaius. Er anerkennt den Führungsanspruch des Ältesten nicht (3Joh 9). Zudem verweigert er Missionaren, die von ausserhalb der Gemeinde stammen, die Gastfreundschaft. In diesem macht- und missionspolitischen Konflikt versucht der Älteste, Gaius für seine Seite zu gewinnen. Dies geschieht zunächst in Form einer Abwertung des Kontrahenten. Diotrephes wird dem Bösen gleichgesetzt (3Joh 10). Daran schliesst sich eine Ermahnung an (3Joh 11). Gaius wird zur Nachahmung des Guten, das in der Position des Ältesten zum Ausdruck kommt, und zur Meidung des Bösen, für das Diotrephes steht, aufgefordert. Wahrheit (3Joh 1.3–4.8.12) und Liebe (3Joh 1–2.5–6) sind die zentralen theologischen Begriffe. Die positive Beurteilung des Gaius (3Joh 3–5) beruht auf dessen Lebenswandel in Wahrheit und Liebe; diese kommen in der Gastfreundschaft gegenüber externen Missionaren tätig zum Ausdruck.

Anschrift und Gruss

1: 2Joh 1 1 Der Älteste an den geliebten Gaius, den ich in Wahrheit liebe.
2 Geliebter Freund, ich wünsche dir, dass es dir in jeder Hinsicht so
3–4: 2Joh 4 gut gehen möge, wie es deiner Seele geht. 3 Ich habe mich nämlich sehr
gefreut, als Brüder kamen und dir das Zeugnis ausstellten, dass du in der
Wahrheit bist und deinen Weg in der Wahrheit gehst. 4 Grössere Freu-
de darüber habe ich nicht als die, zu hören, dass meine Kinder ihren
Weg in der Wahrheit gehen.

Unterstützung von Missionaren

5: 10 5 Geliebter Freund, du handelst treu in dem, was du an den Brüdern
tust, und noch dazu an fremden. 6 Sie haben für deine Liebe Zeugnis
abgelegt vor versammelter Gemeinde; du wirst recht tun, wenn du sie
für ihren Weg ausrüstest, wie es vor Gott würdig ist. 7 Denn für seinen
Namen sind sie ausgezogen, ohne etwas von den Heiden anzunehmen.
8 Wir sind daher verpflichtet, solche Leute zu unterstützen und so zu
Mitarbeitern an der Wahrheit zu werden.

Zurechtweisung des Diotrephes

9 Ich habe kurz an die Gemeinde geschrieben; aber Diotrephes, der
10: 5 unter ihnen gerne der Erste ist, erkennt uns nicht an. 10 Deshalb werde
ich, wenn ich komme, seine Werke in Erinnerung rufen, die er tut. Mit
bösen Worten verleumdet er uns und, damit nicht genug: Er nimmt
auch die Brüder nicht auf und hindert auch die, die es tun möchten, und
stösst sie aus der Gemeinde aus.

Empfehlung des Demetrius

11: 1Joh 3,6 11 Geliebter Freund, ahme nicht das Böse nach, sondern das Gute!
Wer Gutes tut, ist aus Gott; wer Böses tut, hat Gott nicht gesehen. 12 Für

Demetrius ist Zeugnis abgelegt worden von allen und von der Wahrheit selbst; aber auch wir legen Zeugnis ab, und du weisst, dass unser Zeugnis wahr ist.

Schlussgrüsse

13 Vieles hätte ich dir noch zu sagen; aber ich will es nicht mit Tinte 13–14: 2Joh 12
und Feder tun. 14 Ich hoffe aber, dich bald zu sehen, dann werden wir
von Angesicht zu Angesicht reden.
15 Friede sei mit dir! Es grüssen dich die Freunde. Lass auch du die
Freunde grüssen, jeden mit Namen!

Der Brief des Judas

Der Verfasser des Briefs des Judas – eines der sieben katholischen Briefe (siehe die Einleitung zu Jak) – stellt sich als «Judas, Bruder des Jakobus» (Jud 1) vor. Vermutlich will er damit suggerieren, ebenfalls – wie der als ‹Herrenbruder› bekannte Jakobus – ein Bruder Jesu zu sein; in den Evangelien nach Matthäus und nach Markus ist ja unter den Brüdern Jesu einer mit diesem Namen erwähnt (Mt 13,55 und Mk 6,3). Die alte Kirche hat diese Fiktion nicht in Frage gestellt; sie kann aber aus zeitlichen und inhaltlichen Gründen nicht aufrechterhalten werden: Der Brief des Judas ist erst um 100 n.Chr. geschrieben worden; gegen eine frühere Datierung spricht, dass hier zurückgeblickt wird auf eine fest gefügte Tradition aus der Zeit der Apostel (Jud 17), die es zu bewahren und weiterzutragen gilt; der Glaube wird als für ein und alle Mal überliefert betrachtet (Jud 3). Man geht deshalb davon aus, dass der Verfasser, in dem man wegen seiner Kenntnis jüdischer Schriftauslegung einen hellenistischen Judenchristen vermutet, sich nach dem Tod des Jakobus auf dessen Autorität berufen wollte. Als kanonische Schrift wurde der Brief des Judas erst spät anerkannt. Wegen seiner Anlehnung an apokryphe Schriften (Henochbuch, ‹Himmelfahrt des Mose›) war er mancherlei Kritik ausgesetzt. Man fragte sich – vielleicht mit Recht –, ob es sich hier wirklich um eine christliche Schrift handle. Der spätere Zweite Brief des Petrus nimmt den Brief des Judas teilweise als Vorlage auf (siehe die Einleitung zu 2Petr).

Das Grundanliegen des Briefes ist es, die von ihm angeschriebenen Christusgläubigen zu befähigen, sich gegenüber Irrlehrern zur Wehr zu setzen. Sie sollen sich am überlieferten Glauben ausrichten (Jud 3), in diesem Glauben leben (Jud 20–21) und andere vor dem Abfall retten (Jud 22–23). Welche Lehre die Gegner vertreten, ist nicht genau zu erkennen. Jedenfalls scheinen sie sich – vermutlich im Überschwang des Geistbesitzes – völlig erhaben zu fühlen über jede sittliche Ordnung. Sie leben ein ungebundenes, ausschweifendes Leben, kümmern sich nur um das eigene Wohlbefinden und «verwünschen alles, was sie nicht kennen» (Jud 10; vgl. Jud 8). Was mit diesen Verwünschungen gemeint sein könnte, lässt sich aus dem Zweiten Brief des Petrus vermuten, der die

Sittenlosigkeit der Irrlehrer mit ihrer Leugnung der Wiederkunft Christi in Zusammenhang bringt.

Das Besondere am Brief des Judas ist, dass die geistige Bekämpfung dieser Gegner nicht im Rückgriff auf Jesus oder die Apostel geschieht. Vielmehr benützt der Verfasser im Hauptteil seines Briefes (Jud 5–16) jüdisch-apokalyptische Traditionen: Mit Hilfe des Henochbuchs (Jud 14) und der ‹Himmelfahrt des Mose› (Jud 9) wird den Gegnern das göttliche Strafgericht angedroht: Diejenigen, die ein zweites Mal den Glauben ausschlagen, werden der Vernichtung preisgegeben werden (Jud 5).

Das Milieu der Gegner, die der Brief auch als Träumer bezeichnet, kann nicht genau bestimmt werden. Denkbar ist, dass es sich um Anhänger ähnlicher synkretistischer Strömungen handelt, wie wir sie aus dem Brief an die Kolosser kennen oder aus den Pastoralbriefen.

Der Brief des Judas ist klar in die Teile Anschrift (Jud 1–2), Sinn und Zweck des Schreibens (Jud 3–4), Ausführung des Themas (Jud 5–16), Ermahnung (Jud 17–23) und Lobpreis (Jud 24–25) gegliedert. Angesichts der Gefahr, die dem Glauben der Adressaten droht und die er in drastischen Bildern der Endzeitprophetie schildert, beschwört er den Wert des Glaubens. Der Glaube ist für ihn ein «allerheiligster Glaube» (Jud 20), auf den man sich in jedem Fall stützen kann und soll. Das ist dann freilich ein etwas anderer Glaube als der, der im Hören des Evangeliums hervorgerufen wird (vgl. Röm 1,5), oder der, der nach dem Zeugnis des 1Petr ein Bezeugen der Hoffnung ist (vgl. 1Petr 1,22; 3,15). Damit ist der Brief des Judas ein typisches Zeugnis der nachapostolischen Zeit.

Anschrift

1: Jak 1,1 · Mk 6,3 1 Judas, Knecht Jesu Christi und Bruder des Jakobus, an die Berufe-
nen, die in Gott, dem Vater, geliebt und für Jesus Christus bewahrt sind:
2: 2Petr 1,2! 2 Barmherzigkeit sei mit euch und Friede und Liebe in Fülle.

Der Zweck des Schreibens

3 Meine Geliebten! Es ist das Ziel all meiner Bemühungen, euch von
dem Heil zu schreiben, das unser aller Heil ist; darum halte ich es für
notwendig, euch mit diesem Brief zu ermahnen, für den Glauben zu
4: 2Petr 2,1–3 kämpfen, der den Heiligen ein für alle Mal anvertraut worden ist. 4 Es
haben sich nämlich gewisse Leute bei euch eingeschlichen, über die das
Urteil in der Schrift schon lange voraus gefällt wurde: Gottlose sind sie,
die die Gnade unseres Gottes ins Gegenteil verkehren, in bare Zügello-
sigkeit, und die den einzig wahren Herrscher, unseren Herrn Jesus
Christus, verleugnen.

Das Gericht über die Irrlehrer

5: Num 14,35; Hebr 3,16–19 5 Ich will euch – obwohl ihr dies alles schon wisst – daran erinnern,
dass der Herr das Volk zwar ein für alle Mal aus dem Land Ägypten geret-
tet, die aber, die ihm ein zweites Mal keinen Glauben schenkten, der
6: Gen 6,1–2; 2Petr 2,4 · 2Petr 2,9! Vernichtung preisgegeben hat. 6 Auch die Engel, die die Grenzen ihres
Herrschaftsbereichs nicht eingehalten hatten, sondern ihre Wohnstät-

3: Andere Übersetzungsmöglichkeit: «…; gleichwohl halte ich es …»

te verliessen, hält er mit ehernen Fesseln in der Unterwelt fest für den
grossen Tag des Gerichts. 7 Ja, Sodom und Gomorra und die umliegen-
den Städte, die auf ähnliche Weise Unzucht getrieben haben und an-
dersartigem Fleisch hinterhergelaufen sind, stehen als abschreckendes
Beispiel vor aller Augen: Sie erleiden die Strafe ewigen Feuers.

7: Gen 19,4–25; 2Petr 2,6–8 · 2Petr 2,10

8 Auf ähnliche Weise freilich beschmutzen auch diese Träumer das
Fleisch, sie missachten die Autorität des Herrn und lästern die himmli-
schen Majestäten. 9 Als der Erzengel Michael mit dem Teufel rang und
sich mit ihm um den Leichnam des Mose stritt, wagte er es nicht, ein
ihn verwünschendes Urteil gegen ihn vorzubringen, sondern sagte: *Der
Herr möge dich strafen.* 10 Diese dagegen verwünschen alles, was sie
nicht kennen; das aber, worauf sie sich verstehen von Natur aus wie die
vernunftlosen Tiere, wird sie zugrunde richten.

8: 2Petr 2,10
9: 2Petr 2,11 · Sach 3,2
10: 2Petr 2,12

11 Wehe ihnen! Den Weg Kains sind sie gegangen, dem Wahn Bile-
ams sind sie verfallen, nur um Gewinn zu erzielen, und an der Wider-
borstigkeit Koras sind sie zugrunde gegangen. 12 Das sind die Leute, die
als gefährliche Klippen bei eurem Liebesmahl ungehemmt mitschmau-
sen, Leute, deren Fürsorge nur ihnen selbst gilt; Wolken sind sie, die
keinen Regen spenden und von den Winden weggeblasen werden, Bäu-
me im Spätherbst ohne Früchte, zwiefach abgestorben und entwurzelt,
13 stürmische Meereswogen, die ihre Schandtaten wie Gischt empor-
schiessen lassen, verirrte Sterne, auf die für immer die dunkelste Fins-
ternis wartet.

11: Gen 4,8 · Num 22,5–7; 2Petr 2,15 · Num 16,1–35
12: 2Petr 2,13 · 2Petr 2,17
13: 2Petr 2,17

14 Auch für sie gilt, was Henoch, der Siebte in der Reihe nach Adam,
geweissagt hat, als er sagte: Siehe, der Herr ist gekommen mit seinen
heiligen Heerscharen, 15 Gericht zu halten über alle Menschen und jede
Seele zu überführen all der gottlosen Taten, die sie in ihrer Gottlosigkeit
begangen hat, und all der trotzigen Worte, die gottlose Sünder gegen
ihn gesprochen haben. 16 Das sind ewig Unzufriedene, die mit ihrem
Schicksal hadern und sich dabei von ihren Begierden leiten lassen; ihr
Mund spricht hochtrabende Worte, und sie schmeicheln anderen um
eines Vorteils willen.

14: Gen 5,21–24
16: 18 · 2Petr 2,18

Die Stärkung der Glaubenden

17 Ihr aber, Geliebte, denkt an die Worte, die die Apostel unseres
Herrn Jesus Christus einst gesprochen haben. 18 Sie haben euch ja ge-
sagt, dass am Ende der Zeit Spötter auftreten werden, die sich von ihren
eigenen, gottlosen Begierden leiten lassen. 19 Das sind die, die eine
Trennung herbeiführen: Sie sind von sich selbst eingenommen und ha-
ben den Geist nicht.

17: 2Petr 3,2
18: 16 · 2Petr 3,3

20 Ihr aber, Geliebte, stützt euch auf euren allerheiligsten Glauben,
betet im heiligen Geist 21 und bewahrt euch so in der Liebe Gottes, in
Erwartung des Erbarmens unseres Herrn Jesus Christus, das uns ins
ewige Leben führt.

20: Eph 6,18

22 Erbarmt euch derer, die zweifeln! 23 Andere rettet, indem ihr sie
aus dem Feuer reisst, wieder anderer erbarmt euch, doch seid dabei auf
der Hut – selbst ihr vom Fleisch beschmutztes Untergewand soll euch
noch widerwärtig sein!

12: Andere Übersetzungsmöglichkeit: «…, die als Schmutzfinken bei eurem Liebesmahl …»

Abschliessender Hymnus

24: Kol 1,22!; 24 Ihm aber, der euch zu bewahren vermag, dass ihr nicht zu Fall
2Petr 3,14 kommt, der euch hinzustellen vermag vor seine Herrlichkeit als Makel-
25: 2Petr 3,18 lose, vor Freude Jubelnde, 25 ihm, dem alleinigen Gott, der durch Jesus
Christus, unseren Herrn, unser Retter ist, ihm sei Ehre, Hoheit, Gewalt
und Macht vor aller Zeit, jetzt und in alle Ewigkeit. Amen.

Die Offenbarung des Johannes

Die kanonische Überschrift hat die Offenbarung des Johannes vom ersten Vers, der eine Art Titel ist («Offenbarung Jesu Christi, die Gott ihm gegeben hat») und auch den Namen des Autors nennt: Johannes. Nach Auskunft des Justin (um 150 n.Chr.) und der Johannesschüler, auf die sich der Kirchenvater Irenäus (gegen Ende des 2. Jahrhunderts) berief, ist der Apostel Johannes gemeint, der von ca. 70 n.Chr. an in Kleinasien wirkte, der aber kaum mit dem Johannes identisch ist, der dem Evangelium nach Johannes den Namen gegeben hat (siehe die Einleitung zu Joh).

Man nimmt an, dass die Offenbarung des Johannes unter Kaiser Domitian (81–96 n.Chr.) geschrieben wurde, und zwar gegen Ende seiner Regierungszeit. Dazu passt, dass Domitian als erster formelle Prozesse gegen Christen führen liess und dass er Verbannungen auf Inseln anordnete. Auch die Form der Gemeinde, die die Offenbarung des Johannes kennt (ein einziger Leiter an der Spitze, der in Offb «Engel», wenige Jahre später in den Ignatiusbriefen ‹Bischof› genannt wird), deutet auf das Ende des 1. Jahrhunderts. Sicher ist, dass der Verfasser der Offenbarung des Johannes in den adressierten Gemeinden als Autorität anerkannt war.

Die Offenbarung des Johannes hat in den ersten drei Kapiteln die Form eines Rundschreibens an sieben kleinasiatische Gemeinden (Offb 1,4; 2,1–3,22), spricht dann aber im Folgenden die gesamte Kirche an (Offb 1,1; 22,6–21). Inhaltlich ist die Offenbarung Prophetie (Offb 1,3 u.ö.); sie gibt Visionen wieder, die Johannes auf der ägäischen Insel Patmos geschaut hat, auf die er wegen seiner Verkündigungstätigkeit verbannt worden war (Offb 1,9–10).

Das Buch gliedert sich gemäss Offb 1,19 und Offb 4,1 in zwei grosse Teile: Es beschreibt, «was ist» (Offb 1–3) und «was dann geschehen wird» (Offb 4–22). Der erste Hauptteil besteht aus einer einzigen Vision, der zweite aus mehreren Visionszyklen: Offb 4,1–8,1: die sieben erbrochenen Siegel (die Katastrophen, die zwischen Auferstehung und Wiederkunft Jesu geschehen müssen); Offb 8,2–11,19: die sieben Trompetenstösse (die Gerichte, die der Wiederkunft Jesu vorausgehen); Offb 12,1–14,20: der Drache und das Tier (der letzte Aufstand der antichristlichen Weltmacht); Offb 15,1–16,21: die sieben Zornesschalen (die letzten zur Umkehr rufenden Gerichte); Offb 17,1–19,10: der Fall Babylons (das Gericht über die widergöttliche Weltmacht); Offb 19,11–21,8: der Reiter auf dem weissen Pferd (die Wiederkunft Jesu und die Aufrichtung der Gottesherrschaft); Offb 21,9–22,5: das neue Jerusalem (die neue Schöpfung).

Die Offenbarung des Johannes wird unterschiedlich interpretiert: zeitgeschichtlich (im Blick auf das römische Kaiserreich zur Zeit des Johannes), idealistisch (im Blick auf zeitlose Wahrheiten), kirchen- und weltgeschichtlich (im Blick auf die gesamte Zeit zwischen Auferstehung und Wiederkunft Jesu) und endgeschichtlich (im Blick auf die Zeit unmittelbar vor der Wiederkunft Jesu). Jedes dieser Modelle setzt wichtige Einzelaspekte absolut. Am wahrscheinlichsten ist, dass sich Offb 2–3 auf die Zeit des Johannes beziehen und Offb 4–22 mehrere spiralförmig sich wiederholende endgeschichtliche Visionszyklen umfasst, deren Blickwinkel jedes Mal stärker auf die letzten Ereignisse ausgerichtet ist und die immer wieder in die endgültige Aufrichtung des Gottesreichs münden (vgl. Offb 7,9–8,1; 11,15–17; 14,8; 16,17; 19,1–10; 21–22). Wenn man davon ausgeht, ist das «Tier» (Offb 13) nicht einfach nur als Personifikation des römischen Reichs und seines Kaiserkultes zu verstehen, sondern allgemeiner als Symbol der widergöttlichen Weltmacht, die sich in den verschiedenen Weltreichen manifestiert und in einer noch unbestimmten Zukunft im Antichrist gipfeln wird.

Die Hauptbotschaft der Offenbarung lautet: Jesus hat in seinem Tod und seiner Auferstehung das Böse – auch wenn es in der Welt scheinbar noch herrscht – schon überwunden; er führt die Weltgeschichte sicher zu ihrem Ziel; bei seiner Wiederkunft wird er das Böse endgültig beseitigen, die Treugebliebenen erlösen (Offb 1,7; 19,11–21) und für immer seine Herrschaft aufrichten, in der Gott wieder sichtbar unter den Menschen wohnt und in der es keine Tränen, kein Leid und keinen Tod mehr gibt (Offb 21,3–4). In diesem Sinn will die Offenbarung die bedrängte Gemeinde trösten und sie zugleich zum treuen, kompromisslosen Ausharren ermahnen.

Johannes interpretiert die von ihm geschauten Visionen mit Hilfe der Sprache und Bildwelt des Alten Testaments und der Jesusüberlieferung. Ohne gute Kenntnis des Alten Testaments und der Evangelien kann die Offenbarung des Johannes nicht verstanden werden. Das Buch versteht sich als definitiven Deuteschlüssel aller prophetischen Traditionen der Bibel: des Alten Testaments, Jesu und des Urchristentums.

Offenbarung und Zeugnis

1 1 Dies ist die Offenbarung Jesu Christi, die Gott ihm gegeben hat, zu
zeigen seinen Knechten, was in Kürze geschehen muss, und die er
durch seinen Engel kundtun liess seinem Knecht Johannes, 2 der das
Wort Gottes bezeugt hat und das Zeugnis Jesu Christi, alles, was er geschaut hat.
3 Selig, wer die Worte der Weissagung vorliest, und selig,
die sie hören und die bewahren, was darin geschrieben steht. Denn die
Zeit ist nahe.

1: 22,6; Dan 2,28–29 · 22,8!
2: 1,9
3: 14,13; 16,15; 19,9; 20,6; 22,7.14 · Lk 11,28 · 22,18–19 · 22,10

Gruss an die sieben Gemeinden

4: 22,8! · 1,11 · 1,8! · 4 Johannes an die sieben Gemeinden in der Asia: Gnade sei mit euch
4,5! und Friede von dem, der ist und der war und der kommt, von den sieben
5: Ps 89,38.28 · Geistwesen, die vor seinem Thron sind, 5 und von Jesus Christus, dem
Kol 1,18 · 5,9; 7,14; treuen Zeugen, dem Erstgeborenen aus den Toten, dem Herrscher über
Eph 1,7 die Könige der Erde.
Ihm, der uns liebt und uns durch sein Blut von unseren Sünden er-
6: 5,10; 20,6; löst hat, 6 der aus uns ein Königreich gemacht hat, eine Priesterschaft
1Petr 2,9; Ex 19,6 · für Gott, seinen Vater, ihm sei die Herrlichkeit und die Herrschaft in alle
1Petr 4,11 Ewigkeit, Amen.
7: Dan 7,13; 7 *Siehe, er kommt mit den Wolken,*
Mt 24,30! · *und sehen wird* ihn jedes Auge,
Sach 12,10; Joh 19,37 · *auch die, welche ihn durchbohrt haben,*
Gen 12,3; 28,14 *und wehklagen über ihn werden alle Stämme der Erde.*
Ja, so sei es, Amen!
8: 22,13! · 1,4; 4,8; 8 Ich bin das A und das O, spricht Gott, der Herr, der ist und der war
11,17; 16,5; Ex 3,14 und der kommt, der Herrscher über das All.

Die Beauftragung des Zeugen

9: 22,8! · 5,10 · 1,2 9 Ich, Johannes, euer Bruder und Gefährte in der Bedrängnis, der
mit euch teilhat an der Herrschaft und mit euch in Jesus ausharrt, ich
bin auf die Insel Patmos gekommen – um des Wortes Gottes und des
10: 4,1–2 Zeugnisses Jesu willen. 10 Am Tag des Herrn wurde ich vom Geist er-
griffen und hörte in meinem Rücken eine mächtige Stimme wie von
11: 2,1.8.12.18; einer Posaune, 11 die sprach: Was du zu sehen bekommst, das schreibe
3,1.7.14 in ein Buch und schicke es den sieben Gemeinden: nach Ephesus, nach
Smyrna, nach Pergamon, nach Thyatira, nach Sardes, nach Philadelphia
und nach Laodizea.
12: Ex 25,31–40; 12 Und ich wandte mich um, die Stimme zu sehen, die zu mir sprach.
Sach 4,2 · 1,20 Und als ich mich umwandte, sah ich sieben goldene Leuchter, 13 und in-
13: 14,14; Dan 7,13 · mitten der Leuchter eine Gestalt, einem Menschensohn gleich, geklei-
Dan 10,5 det in ein Gewand, das bis zu den Füssen reichte, und um die Brust gegür-
14: Dan 7,9 · 19,12; tet mit einem goldenen Gürtel. 14 Sein Haupt aber und sein Haar waren
Dan 10,6 weiss wie weisse Wolle, wie Schnee, und seine Augen wie Feuerflam-
15: Dan 10,6 · 14,2; men, 15 seine Füsse gleich Golderz, wie im Ofen geglüht, und seine Stim-
19,6; Ez 1,24 me wie das Rauschen vieler Wasser. 16 Und in seiner Rechten hielt er
16: 1,20 · 19,15! · sieben Sterne, und aus seinem Mund kam ein scharfes, zweischneidiges
Dan 10,6; Mt 17,2 Schwert, und sein Antlitz leuchtete, wie die Sonne strahlt in ihrer Kraft.
17: Dan 10,9–10.12 · 17 Und als ich ihn sah, fiel ich wie tot zu seinen Füssen, und er legte
22,13! seine Rechte auf mich und sprach: Fürchte dich nicht! Ich bin der Erste
und der Letzte 18 und der Lebendige; ich war tot und siehe, ich lebe in
alle Ewigkeit, und ich habe die Schlüssel zum Tod und zur Unterwelt.
19 Schreibe auf, was du gesehen hast, was ist und was dann geschehen
20: 1,11 wird. 20 Mit dem Geheimnis der sieben Sterne, die du in meiner Rech-
ten gesehen hast, und mit den sieben goldenen Leuchtern ist es so: Die
sieben Sterne sind die Engel der sieben Gemeinden, und die sieben
Leuchter sind die sieben Gemeinden.

1,6: Andere Übersetzungsmöglichkeit: «... für seinen Gott und Vater, ihm sei ...»
1,9: Andere Übersetzungsmöglichkeit: «..., ich war auf der Insel Patmos – ...»

Der Brief an die Gemeinde in Ephesus

2 1 Dem Engel der Gemeinde in Ephesus schreibe: So spricht, der die 1: 1,11 · 1,16 · 1,13
sieben Sterne in seiner Rechten hält, der einhergeht inmitten der
sieben goldenen Leuchter:
2 Ich kenne deine Werke und deinen Einsatz und deine Beharrlich- 2: 1Thess 1,3 ·
keit, und ich weiss, dass du die Bösen nicht ertragen kannst, dass du 2Kor 11,13–15
geprüft hast, die da sagen, sie seien Apostel, und es nicht sind, und dass
du sie als Lügner entlarvt hast. 3 Ausgeharrt hast du, und um meines
Namens willen erträgst du dies alles und bist nicht müde geworden.
4 Ich habe dir aber vorzuwerfen, dass du deine erste Liebe verlassen
hast. 5 Bedenke, aus welcher Höhe du gefallen bist, kehr um zu den
Werken des Anfangs; wenn nicht, werde ich zu dir kommen und deinen
Leuchter von seinem Platz stossen, wenn du nicht umkehrst. 6 Aber 6: 2,15
dies halte ich dir zugute: Du hasst die Werke der Nikolaiten, die auch ich
hasse.
7 Wer Ohren hat, der höre, was der Geist den Gemeinden sagt. Wer 7: 2,11.17.29;
den Sieg erringt, dem werde ich zu essen geben vom Baum des Lebens, 3,6.13.22; 13,9;
der im Paradies Gottes steht. Mt 13,9! · 21,7! ·
22,2.14.19; Gen 2,9

Der Brief an die Gemeinde in Smyrna

8 Und dem Engel der Gemeinde in Smyrna schreibe: So spricht er, 8: 1,11 · 22,13! · 1,18
der Erste und der Letzte, der tot war und wieder lebendig wurde:
9 Ich kenne deine Not und deine Armut – und doch bist du reich –, 9: 2Kor 6,10 · 3,9
und ich weiss, wie du verwünscht wirst von Seiten derer, die sagen, sie
seien Juden, und es nicht sind, sondern eine Synagoge des Satans!
10 Fürchte dich nicht vor dem, was dir an Leiden noch bevorsteht. Siehe, 10: 3,11; Jak 1,12;
der Teufel wird einige von euch ins Gefängnis werfen, um euch zu ver- 1Petr 5,4!
suchen, und ihr werdet Not leiden, zehn Tage lang. Sei treu bis in den
Tod, und ich werde dir die Krone des Lebens geben.
11 Wer Ohren hat, der höre, was der Geist den Gemeinden sagt: Wer 11: 2,7! · 21,7! ·
den Sieg erringt, dem wird der zweite Tod nichts anhaben können. 20,6!

Der Brief an die Gemeinde in Pergamon

12 Und dem Engel der Gemeinde in Pergamon schreibe: So spricht, 12: 1,11 · 19,15!
der das zweischneidige Schwert führt, das scharfe:
13 Ich weiss, wo du wohnst: da, wo der Thron des Satans steht. Du
hältst an meinem Namen fest und hast den Glauben an mich nicht ver-
leugnet, auch nicht in den Tagen des Antipas, meines treuen Zeugen,
der bei euch getötet worden ist, da, wo der Satan wohnt. 14 Weniges nur 14: Num 31,16;
habe ich dir vorzuwerfen: Du duldest Leute bei dir, die sich an die Lehre 25,1–2 · 2,20
des Bileam halten; der lehrte den Balak, den Israeliten einen Stolper-
stein in den Weg zu legen: Fleisch sollten sie essen, das den Göttern
geweiht war, und sich der Unzucht hingeben. 15 Ebenso duldest auch 15: 2,6
du Leute bei dir, die an der Lehre der Nikolaiten festhalten. 16 Kehre 16: 19,15
um! Sonst komme ich bald zu dir, und ich werde Krieg führen gegen sie
mit dem Schwert meines Mundes.

2,13: «des Antipas, meines treuen Zeugen»: Die besten griechischen Handschriften enthalten einen Text, der grammatikalisch nicht korrekt ist. Die Übersetzung folgt dem Sinn, den der Kontext nahelegt.

17: 2,7! · 21,7! · 17 Wer Ohren hat, der höre, was der Geist den Gemeinden sagt: Wer
Ex 16,31 · Jes 65,15 den Sieg erringt, dem werde ich von dem verborgenen Manna geben,
und einen weissen Stein werde ich ihm geben, und auf dem Stein ist ein
neuer Name geschrieben, den niemand kennt ausser dem, der ihn emp-
fängt.

Der Brief an die Gemeinde in Thyatira

18: 1,11 · 1,14–15 18 Und dem Engel der Gemeinde in Thyatira schreibe: So spricht der
Sohn Gottes, der Augen hat wie Feuerflammen und dessen Füsse dem
Golderz gleichen:
19 Ich kenne deine Werke – die Liebe, den Glauben, die Hilfsbereit-
schaft – und deine Beharrlichkeit, und ich weiss, dass deine letzten
20: 1Kön 16,31 · Werke zahlreicher sind als die ersten. 20 Aber ich habe dir vorzuwerfen,
2Kön 9,22 · 2,14 dass du die Isebel gewähren liessest, die sich Prophetin nennt und die
als Lehrerin auftritt und meine Knechte dazu verführt, sich der Unzucht
hinzugeben und Fleisch zu essen, das den Göttern geweiht ist. 21 Ich
habe ihr Zeit gegeben umzukehren, doch sie will nicht umkehren und
von ihrer Unzucht nicht lassen. 22 Siehe, ich werfe sie nieder auf ihr
Bett und lasse eine grosse Not kommen über die, die mit ihr Ehebruch
begehen, wenn sie nicht umkehren und von ihren Werken nicht lassen,
23: Jer 17,10 · 20,13! 23 und ihre Kinder werde ich in den Tod schicken. Alle Gemeinden wer-
den dann erkennen, dass ich es bin, der Herz und Nieren erforscht; und
ich werde euch vergelten, einem jeden nach seinen Taten. 24 Euch aber,
die ihr in Thyatira übrig geblieben seid, die ihr diese Lehre nicht über-
nommen und die ‹Tiefen des Satans›, wie sie es nennen, nicht erkannt
habt, euch sage ich: Ich lege euch keine weitere Last auf. 25 Doch was ihr
habt, das haltet fest, bis ich komme!
26: 21,7! 26 Wer den Sieg erringt und meine Werke bis ans Ende bewahrt,
27: Ps 2,9! dem werde ich Macht geben über die Völker 27 – *er wird sie weiden mit*
28: 22,16 *eisernem Stab, wie Tongefässe werden sie zerschlagen* –, 28 wie ich sie von
meinem Vater empfangen habe, und ich werde ihm den Morgenstern
29: 2,7! geben. 29 Wer Ohren hat, der höre, was der Geist den Gemeinden sagt.

Der Brief an die Gemeinde in Sardes

1: 1,11 · 4,5! · 1,16 3 1 Und dem Engel der Gemeinde in Sardes schreibe: So spricht, der
die sieben Geistwesen Gottes und die sieben Sterne hat:
Ich kenne deine Werke und weiss, dass es von dir heisst, du lebst,
und bist doch tot. 2 Sei wachen Sinnes, und stärke den Rest, der schon
im Sterben lag; denn deine Werke, die ich vorfand, waren nicht voll-
3: 16,15; Mt 24,43! kommen vor meinem Gott. 3 Denk daran, wie du die Botschaft empfan-
gen und gehört hast, bewahre sie und kehre um! Wenn du nicht wach-
sam bist, werde ich kommen wie ein Dieb, und du wirst nicht wissen, zu
4–5: 3,18 welcher Stunde ich über dich komme. 4 Du hast aber einige wenige in
Sardes, die ihre Kleider nicht befleckt haben; sie werden mit mir einher-
gehen in weissen Gewändern, denn sie sind es wert.
5: 21,7! · 21,27!; 5 So wird, wer den Sieg erringt, in weisse Gewänder gehüllt, und nie
Ps 69,29 · Mt 10,32 werde ich seinen Namen tilgen aus dem Buch des Lebens; ich werde
mich zu seinem Namen bekennen vor meinem Vater und vor seinen
6: 2,7! Engeln. 6 Wer Ohren hat, der höre, was der Geist den Gemeinden sagt.

Der Brief an die Gemeinde in Philadelphia

7 Und dem Engel der Gemeinde in Philadelphia schreibe: So spricht 7: 1,11 · 6,10 ·
der Heilige, der Wahrhaftige, der den Schlüssel Davids hat; der öffnet, Jes 22,22
und niemand wird schliessen; der schliesst, und niemand öffnet:
8 Ich kenne deine Werke. Siehe, ich habe vor dir eine Tür aufgetan,
die keiner wieder schliessen kann. Du hast zwar nur wenig Kraft, aber
du hast mein Wort bewahrt und meinen Namen nicht verleugnet. 9 Sie- 9: 2,9
he, ich will dir einige aus der Synagoge des Satans geben, einige von
denen, die sagen, sie seien Juden, und es nicht sind, sondern nur lügen.
Siehe, ich werde sie dazu bringen, dass sie kommen und zu deinen Füs-
sen beten, und sie sollen erkennen, dass ich dich geliebt habe. 10 Weil
du mein Wort bewahrt hast, das dir die Kraft gibt, auszuharren, werde
auch ich dich bewahren in der Stunde der Versuchung, die über den
ganzen Erdkreis kommen wird, die Erdenbewohner zu versuchen.
11 Ich komme bald. Halte fest, was du hast, damit niemand dir die Krone 11: 22,7.12.20 · 2,10!
wegnimmt.
12 Wer den Sieg erringt, den werde ich zu einer Säule im Tempel 12: 21,7! · 14,1! ·
meines Gottes machen, und er wird nie mehr hinausgehen müssen. Auf 21,10!
ihn werde ich schreiben den Namen meines Gottes und den Namen der
Stadt meines Gottes, des neuen Jerusalem, das vom Himmel von mei-
nem Gott herabkommen wird, und meinen Namen, den neuen. 13 Wer 13: 2,7!
Ohren hat, der höre, was der Geist den Gemeinden sagt.

Der Brief an die Gemeinde in Laodizea

14 Und dem Engel der Gemeinde in Laodizea schreibe: So spricht, 14: 1,11 · 1,5; 19,11
der das Amen ist, der treue und wahrhaftige Zeuge, der Anfang der
Schöpfung Gottes:
15 Ich kenne deine Werke und weiss, dass du weder kalt noch warm
bist. Wärst du doch kalt oder warm! 16 Nun aber, da du lau bist, weder
warm noch kalt, will ich dich ausspeien aus meinem Munde. 17 Du
sagst: Ich bin reich, ich bin wohlhabend und habe nichts nötig, und
merkst nicht, dass gerade du elend bist, erbärmlich, arm, blind und
nackt. 18 Darum rate ich dir: Kauf Gold von mir, das im Feuer geläutert 18: 3,4–5 · 16,15
ist, dass du reich wirst, und weisse Gewänder, dass du sie anziehst und
die Schande deiner Blösse nicht zum Vorschein kommt, und Salbe, dass
du sie auf deine Augen streichst und wieder sehen kannst. 19 Die ich 19: Spr 3,12
liebe, weise ich zurecht und erziehe sie. Empöre dich, kehre um! 20 Sie-
he, ich stehe vor der Tür und klopfe an. Wer immer auf meine Stimme
hört und die Tür öffnet, bei dem werde ich einkehren und das Mahl hal-
ten, ich mit ihm und er mit mir.
21 Wer den Sieg erringt, soll mit mir auf meinem Thron sitzen, so 21: 21,7! · Mt 19,28!
wie ich, nachdem ich den Sieg errungen habe, mit meinem Vater auf
seinem Thron sitze. 22 Wer Ohren hat, der höre, was der Geist den Ge- 22: 2,7!
meinden sagt.

Der Thron im Himmel

4 1 Danach schaute ich: Und siehe, eine Tür im Himmel stand offen, 1: 1,10 · 11,12
und die Stimme, die ich am Anfang gehört hatte – eine Stimme wie
von einer Posaune, die mit mir sprach –, sie sagte: Komm hier herauf,
und ich werde dir zeigen, was dann geschehen soll.

2: 20,11; Ez 1,26; 2 Sogleich wurde ich vom Geist ergriffen, und siehe, ein Thron stand
Jes 6,1 im Himmel, und auf dem Thron sass einer, 3 und der da sass, hatte ein
3: Ez 1,27–28 Gesicht, das war wie Jaspis und Karneol, und den Thron umgab ein Re-
4: Jes 24,23 genbogen, der sah aus wie ein Smaragd. 4 Und rings um den Thron sah
ich vierundzwanzig andere Throne, und auf den Thronen sassen vie-
rundzwanzig Älteste, in weisse Gewänder gehüllt und mit goldenen
5: Ez 1,13; Ex 19,16 · Kronen auf dem Haupt. 5 Von dem Thron aber gehen Blitze aus, Stim-
1,4; 3,1; 5,6; Jes 11,2 men und Donner, und sieben Fackeln brennen vor dem Thron, das sind
6: Ez 1,22 · Ez 1,5 · die sieben Geistwesen Gottes. 6 Und vor dem Thron ist etwas wie ein
Ez 1,18 gläsernes Meer, gleich einem Kristall.

Und mitten auf dem Thron und rings um den Thron herum sind vier
7: Ez 1,10 Wesen, die mit Augen übersät sind, vorne und hinten. 7 Das erste We-
sen gleicht einem Löwen, das zweite gleicht einem Stier, das dritte hat
das Gesicht eines Menschen, das vierte gleicht einem Adler im Flug.
8: Jes 6,2–3 · 8 Und die vier Wesen haben, jedes einzelne, sechs Flügel, und aussen
Am 3,13 · 1,8! herum und innen sind sie mit Augen übersät, und sie rufen ohne Unter-
lass Tag und Nacht:

Heilig, heilig, heilig ist der Herr, Gott, der Herrscher über das All,
der war und der ist und der kommt.

9 Und wenn die Wesen Lobpreis, Ehre und Danksagung darbringen
dem, der auf dem Thron sitzt und in alle Ewigkeit lebt, 10 werden die
vierundzwanzig Ältesten niederfallen vor ihm, der auf dem Thron sitzt,
und sie werden zu ihm beten, zu ihm, der in alle Ewigkeit lebt, und ihre
Kronen werden sie niederlegen vor dem Thron und sagen:

11 Würdig bist du, Herr, unser Gott,
zu empfangen den Lobpreis, die Ehre und die Macht,
denn du hast alles erschaffen,
durch deinen Willen war es und ist es erschaffen worden.

Das Lamm Gottes

1: Ez 2,9–10 5 1 Und ich sah in der Rechten dessen, der auf dem Thron sass, eine
Buchrolle, inwendig und auf der Rückseite beschrieben, versiegelt
mit sieben Siegeln. 2 Und ich sah einen starken Engel, der mit lauter
Stimme rief: Wer ist würdig, das Buch zu öffnen und seine Siegel zu
lösen? 3 Und niemand im Himmel oder auf der Erde oder unter der Erde
vermochte das Buch zu öffnen und hineinzuschauen. 4 Und ich weinte
sehr, weil niemand zu finden war, der würdig gewesen wäre, das Buch
5: Gen 49,9 · zu öffnen und hineinzuschauen. 5 Und einer von den Ältesten sagt zu
22,16! · mir: Weine nicht! Siehe, den Sieg errungen hat der Löwe aus dem
6,1.3.5.7.9.12; 8,1 Stamm Juda, der Spross Davids; er kann das Buch und seine sieben Sie-
gel öffnen.

6: Jes 53,7; 6 Und ich sah zwischen dem Thron und den vier Wesen, in der Mitte
Joh 1,29.36 · der Ältesten, ein Lamm stehen, das geschlachtet zu sein schien; es hatte
Sach 4,10 · 4,5! sieben Hörner und sieben Augen – das sind die sieben Geistwesen Got-
tes, die in die ganze Welt hinausgesandt sind. 7 Und es kam und
empfing das Buch aus der Rechten dessen, der auf dem Thron sass.

4,6: Andere Übersetzungsmöglichkeit: «... ist es wie ein gläsernes Meer, ...»

5,6: Die schwebende Ausdrucksweise «das geschlachtet zu sein schien» verweist auf die subjektive Seite der Wahrnehmung, nicht etwa auf eine Täuschung (vgl. V.9 und V.12).

8 Und als es das Buch empfangen hatte, fielen die vier Wesen und 8: 8,3–4; Ps 141,2
die vierundzwanzig Ältesten vor dem Lamm nieder. Und jeder von ih-
nen hatte eine Harfe und goldene Schalen, voll Räucherwerk – das sind
die Gebete der Heiligen. 9 Und sie singen ein neues Lied: 9: Ps 33,3! · 1,5!;
Würdig bist du, das Buch zu empfangen und seine Siegel zu öffnen, 1Petr 1,18–19 · 7,9
denn du bist geschlachtet worden und hast erkauft mit deinem Blut
für Gott
Menschen aus jedem Stamm und jeder Sprache, aus jedem Volk
und jeder Nation.
10 Und du hast sie für unseren Gott zu einem Königreich und zu 10: 1,6! · 22,5!
einer Priesterschaft gemacht,
und sie werden herrschen auf Erden.
11 Und ich schaute und vernahm die Stimme vieler Engel rings um 11: Dan 7,10;
den Thron, die Wesen und die Ältesten, und ihre Zahl war Myriaden Hebr 12,22
über Myriaden und tausend und abertausend, 12 und sie verkündeten 12: 5,6!
mit lauter Stimme:
Würdig ist das Lamm, das geschlachtet ist, zu empfangen
Macht und Reichtum und Weisheit
und Kraft und Ehre und Preis und Lob.
13 Und jedes Geschöpf im Himmel und auf der Erde und unter der Erde
und auf dem Meer, und alles, was darin ist, hörte ich rufen:
Ihm, der auf dem Thron sitzt, und dem Lamm
seien Lob, Ehre und Preis und die Herrschaft,
von Ewigkeit zu Ewigkeit.
14 Und die vier Wesen sprachen: Amen. Und die Ältesten fielen nieder 14: 19,4
und beteten.

Die ersten sechs Siegel

6 1 Und ich schaute: Als das Lamm das erste der sieben Siegel öffnete, 1: 5,1–5 · 4,6–7
da hörte ich das erste der vier Wesen wie eine Donnerstimme sagen:
Komm! 2 Und ich schaute: Und siehe, ein weisses Pferd, und der auf 2: Sach 1,8; 6,1–8
ihm sass, hielt einen Bogen, und es wurde ihm eine Krone gegeben, und
er zog als Sieger aus, um zu siegen.
3 Und als es das zweite Siegel öffnete, hörte ich das zweite Wesen 3: 4,6–7
sagen: Komm! 4 Und ein anderes Pferd kam hervor, ein feuerrotes; und 4: Sach 1,8; 6,1–8
dem, der auf ihm sass, wurde die Macht verliehen, den Frieden von der
Erde zu nehmen, dass sie einander niedermetzelten. Und ein grosses
Schwert wurde ihm gegeben.
5 Und als es das dritte Siegel öffnete, hörte ich das dritte Wesen sa- 5: 4,6–7 · Sach 1,8;
gen: Komm! Und ich schaute: Und siehe, ein schwarzes Pferd, und der 6,1–8
auf ihm sass, hielt eine Waage in seiner Hand. 6 Und ich hörte eine
Stimme inmitten der vier Wesen sagen: Ein Mass Weizen für einen De-
nar! Und drei Mass Gerste für einen Denar! Doch dem Öl und dem Wein
füge keinen Schaden zu!
7 Und als es das vierte Siegel öffnete, hörte ich die Stimme des vier- 7: 4,6–7
ten Wesens, das sprach: Komm! 8 Und ich schaute: Und siehe, ein fahles 8: Sach 1,8; 6,1–8 ·
Pferd, und der Name dessen, der auf ihm sass, war ‹Tod›, und die Unter- Ez 14,21
welt zog mit ihm einher, und es wurde ihnen die Macht gegeben über

6,6: Die angegebenen Preise entsprechen etwa einer zehn- bis zwölffachen Verteuerung.

den vierten Teil der Erde, zu töten mit Schwert, Hunger und Pest und
durch die wilden Tiere der Erde.
9: 12,11; 20,4 9 Und als es das fünfte Siegel öffnete, sah ich am Fuss des Altars die
Seelen derer, die hingeschlachtet worden waren um des Wortes Gottes
10: 3,7 · 19,2 und um des Zeugnisses willen, das sie abgelegt hatten. 10 Und sie
schrien mit lauter Stimme: Wie lange noch, Herrscher, Heiliger und
Wahrhaftiger, zögerst du, zu richten und unser Blut zu rächen an de-
11: 7,9! nen, die auf der Erde wohnen? 11 Und einem jeden von ihnen wurde ein
weisses Gewand gegeben, und es wurde ihnen geboten, sich noch eine
kurze Zeit zu gedulden, bis auch ihre Mitknechte und ihre Brüder, die
wie sie getötet werden sollten, in die Vollendung aufgenommen wür-
den.
12: Mk 13,24! · 12 Und ich schaute: Als es das sechste Siegel öffnete, da gab es ein
Joel 3,4 starkes Erdbeben, und die Sonne wurde schwarz wie ein Trauergewand,
13: Mk 13,25 · und der ganze Mond wurde wie Blut, 13 und die Sterne des Himmels
Jes 34,4 fielen auf die Erde wie die Winterfrüchte vom Feigenbaum, wenn er
14: 20,11!; Jes 34,4 vom Sturmwind geschüttelt wird. 14 Und der Himmel verschwand wie
eine Buchrolle, die man zusammenrollt, und jeder Berg und jede Insel
15: Jes 2,10.19.21 wurde von ihrem Platz gerückt. 15 Und die Könige der Erde, ihre Gros-
sen und ihre Befehlshaber, die Reichen und die Mächtigen und jeder,
Sklave wie Freier, verbargen sich in den Höhlen und in den Felsen der
16: Hos 10,8; Berge, 16 *und sie sagen zu den Bergen und zu den Felsen: Fallt auf uns* und
Lk 23,30 *deckt uns zu* vor dem Angesicht dessen, der auf dem Thron sitzt, und vor
17: Zef 1,14–15; dem Zorn des Lammes! 17 Denn gekommen ist der grosse Tag ihres
Röm 2,5 Zorns. Wer kann da bestehen?

Die Erwählten aus Israel

1: Dan 7,2 7 1 Danach sah ich vier Engel an den vier Ecken der Erde stehen, die
hielten die vier Winde der Erde fest, damit kein Sturm über das Land
hinwegfege noch über das Meer noch über irgendeinen Baum. 2 Und
ich sah einen andern Engel vom Aufgang der Sonne her emporsteigen,
der hatte das Siegel des lebendigen Gottes. Und er rief mit lauter Stim-
me den vier Engeln zu, denen aufgetragen war, Land und Meer zu zer-
3: 9,4; Ez 9,4 stören, 3 und sprach: Fügt Land und Meer und Bäumen keinen Schaden
zu, bis wir die Knechte unseres Gottes mit einem Siegel auf der Stirn
bezeichnet haben.
4: 14,1 4 Und ich vernahm die Zahl derer, die ein Siegel empfangen hatten,
hundertvierundvierzigtausend waren es, die ein Siegel empfangen hat-
5–8: Gen 35,22–26 ten, aus jedem Stamm der Söhne Israels: 5 aus dem Stamm Juda zwölf-
tausend, die ein Siegel empfangen hatten, aus dem Stamm Ruben zwölf-
tausend, aus dem Stamm Gad zwölftausend, 6 aus dem Stamm Asser
zwölftausend, aus dem Stamm Naftali zwölftausend, aus dem Stamm
Manasse zwölftausend, 7 aus dem Stamm Simeon zwölftausend, aus
dem Stamm Levi zwölftausend, aus dem Stamm Issachar zwölftausend,
8 aus dem Stamm Sebulon zwölftausend, aus dem Stamm Josef zwölf-
tausend, aus dem Stamm Benjamin zwölftausend, die ein Siegel emp-
fangen hatten.

6,9: Andere Übersetzungsmöglichkeit: «…, sah ich unter dem Altar die Seelen derer, …»

Die Vollendeten vor dem Thron Gottes

9 Danach schaute ich: Und siehe, eine grosse Schar, die niemand 9: 5,9 · 6,11; 7,13–14
zählen konnte, aus jedem Volk, aus allen Stämmen, allen Nationen und
Sprachen. Die standen vor dem Thron und vor dem Lamm, bekleidet
mit weissen Gewändern und mit Palmzweigen in den Händen. 10 Und 10: 12,10; 19,1
sie rufen mit lauter Stimme:

Die Rettung steht bei unserem Gott, der auf dem Thron sitzt, und bei
dem Lamm!

11 Und alle Engel standen im Kreis um den Thron und um die Ältes-
ten und die vier Wesen, und sie fielen vor dem Thron auf ihr Angesicht,
beteten zu Gott 12 und sprachen:

Amen: Lob, Preis und Weisheit, Dank und Ehre, Macht und Kraft un-
serem Gott in Ewigkeit, Amen.

13 Und einer der Ältesten ergriff das Wort und sagte zu mir: Die mit 13–14: 7,9!
den weissen Gewändern da, wer sind sie, und woher sind sie gekom- 13: 4,4
men? 14 Und ich habe zu ihm gesagt: Mein Herr, *du* weisst es. Und er 14: Dan 12,1;
sagte zu mir: Mt 24,21 · 22,14 · 1,5!

Das sind die, die aus der grossen Bedrängnis kommen;
sie haben ihre Gewänder gewaschen
und sie weiss gemacht im Blut des Lammes.
15 Darum sind sie vor dem Thron Gottes 15: 21,3
und dienen ihm Tag und Nacht in seinem Tempel,
und der auf dem Thron sitzt, wird über ihnen ein Zelt aufschlagen.
16 *Sie werden nicht* mehr *hungern und nicht* mehr *dürsten,* 16–17: Jes 49,10
und weder die Sonne noch irgendeine *Hitze wird auf ihnen lasten.*
17 Denn das Lamm in der Mitte des Thrones wird sie weiden 17: 5,6 · 22,17! ·
und wird sie führen zu Quellen lebendigen Wassers, 21,4; Jes 25,8
und Gott wird abwischen jede Träne von ihren *Augen.*

Die Öffnung des siebten Siegels

8 1 Und als es das siebte Siegel öffnete, trat im Himmel eine grosse 1: 5,5
Stille ein, etwa eine halbe Stunde lang.

Die Ausrüstung der sieben Engel

2 Und ich sah die sieben Engel, die vor Gott standen, und es wurden
ihnen sieben Posaunen gegeben.

3 Und ein anderer Engel kam und trat an den Altar. Der hatte eine 3–4: 5,8! · Ex 30,1.3
goldene Räucherpfanne, und es wurde ihm viel Räucherwerk gegeben,
dass er es mit den Gebeten aller Heiligen hinlege auf den goldenen Al-
tar, der vor dem Thron stand. 4 Und der Rauch des Räucherwerks stieg
mit den Gebeten der Heiligen aus der Hand des Engels empor vor Gottes
Angesicht. 5 Und der Engel nahm die Räucherpfanne und füllte sie mit 5: 4,5!; 11,19; 16,18
dem Feuer vom Altar und warf es auf die Erde. Da erhob sich ein Getöse,
Blitz und Donner, und die Erde bebte.

6 Und die sieben Engel, die mit den sieben Posaunen, schickten sich 6: 3,7.8.10.12; 9,1.13;
an zu blasen. 11,15

Das Ertönen der ersten vier Posaunen

7: 8,2–6! · 16,2 · 7 Und der Erste blies die Posaune: Da gab es Hagel und Feuer, mit
Ex 9,23–25 Blut vermischt, und es fiel auf die Erde nieder. Und der dritte Teil der
Erde verbrannte, und ein Drittel der Bäume verbrannte, und alles grüne
Gras verbrannte.
8–9: 16,3 8 Und der zweite Engel blies die Posaune: Da stürzte etwas wie ein
8: Ex 7,20 grosser, feuriger Berg ins Meer, und der dritte Teil des Meeres wurde zu
Blut. 9 Und es starb ein Drittel der Geschöpfe, die im Meer lebten, und
ein Drittel der Schiffe wurde zerstört.
10–11: 16,4 10 Und der dritte Engel blies die Posaune: Da fiel ein grosser Stern
vom Himmel, brennend wie eine Fackel, und er fiel auf ein Drittel der
Flüsse und auf die Wasserquellen. 11 Und der Name des Sterns lautet
‹Wermut›, und der dritte Teil des Wassers wurde zu Wermut. Und viele
Menschen starben, weil das Wasser bitter geworden war.
12: 16,8–9 · 6,12–13 12 Und der vierte Engel blies die Posaune: Da wurde der dritte Teil
der Sonne weggeschlagen, und der dritte Teil des Mondes und ein Drit-
tel der Sterne, so dass ein Drittel von ihnen finster wurde und der Tag zu
einem Drittel sein Licht verlor, und so auch die Nacht.
13: 9,12; 11,14; 12,12 13 Und ich schaute: Und ich hörte einen Adler, der hoch oben am
Himmel flog, mit lauter Stimme rufen: Wehe, wehe, wehe denen, die
die Erde bewohnen, wenn dann die Posaunen der drei Engel ertönen,
die noch blasen werden!

Das Ertönen der fünften Posaune

1–11: 16,10–11 9 1 Und der fünfte Engel blies die Posaune: Und ich sah einen Stern,
1: 8,2–6! · 8,10; der vom Himmel auf die Erde gefallen war, und ihm wurde der
Jes 14,12–15 Schlüssel zur Pforte des Abgrunds gegeben. 2 Und er öffnete die Pforte
2: 20,1–3! des Abgrunds; da stieg Rauch empor aus dem Schacht, Rauch wie aus
einem grossen Ofen, und finster wurde die Sonne vom Rauch aus dem
Schacht, und schwarz wurde die Luft.
3: Ex 10,12 3 Und aus dem Rauch kamen Heuschrecken herab auf die Erde; und
es wurde ihnen Macht gegeben, eine Macht, wie sie die Skorpione der
4: 7,3 Erde haben. 4 Und es wurde ihnen gesagt, sie sollten dem Gras der Erde
keinen Schaden zufügen, keinem Grün und keinem Baum, sondern nur
den Menschen, die das Siegel Gottes nicht auf der Stirn tragen. 5 Es wur-
de ihnen befohlen, sie nicht zu töten, sondern sie zu peinigen, fünf Mo-
nate lang; und ihre Pein sollte sein wie die Pein eines Menschen, wenn
ein Skorpion ihn sticht. 6 Und in jenen Tagen werden die Menschen
den Tod suchen, doch sie werden ihn nicht finden; sie werden den Tod
herbeisehnen, doch der Tod wird sie fliehen.
7: Joel 2,4–5 7 Und die heuschreckenartigen Wesen sahen aus wie Pferde, die
zum Kampf gerüstet sind, und was sie auf dem Kopf trugen, sah aus wie
eine golden schimmernde Krone, und ihre Gesichter waren wie Men-
8: Joel 1,6 schengesichter, 8 und Haare hatten sie wie Frauenhaar, und ihre Zähne
9: Joel 2,5 waren wie die von Löwen; 9 und einen Brustkorb hatten sie wie mit
Eisen gepanzert, und das Schlagen ihrer Flügel war wie das Dröhnen
von Streitwagen mit vielen Pferden, die sich in die Schlacht stürzen.

10 Und sie haben Schwänze gleich denen von Skorpionen und Stacheln; 10: 9,19
und in ihren Schwänzen liegt ihre Macht, den Menschen Schaden zu-
zufügen, fünf Monate lang. 11 Sie haben über sich einen König, den En-
gel des Abgrunds; sein Name lautet auf Hebräisch Abaddon, und im
Griechischen hat er den Namen Apollyon.
12 Das erste Wehe ist vorüber; siehe, danach kommen noch zwei 12: 8,13!
Wehe.

Das Ertönen der sechsten Posaune

13 Und der sechste Engel blies die Posaune: Da hörte ich eine Stim- 13–21: 16,12–16
me von den vier Hörnern des goldenen Altars, der vor Gott steht, 14 die 13: 8,2–6! · Ex 30,1–3
sagte zum sechsten Engel, der die Posaune hatte: Binde los die vier En-
gel, die am grossen Fluss Euphrat gefesselt sind. 15 Und die vier Engel,
die auf Stunde und Tag, auf Monat und Jahr bereitstehen, wurden losge-
bunden, ein Drittel der Menschen zu töten. 16 Und die Zahl der Reiter-
heere betrug zwanzigtausend mal zehntausend; dies war die Zahl, die
ich hörte.
17 Und so sah ich in dieser Erscheinung die Pferde und die darauf
sassen: Sie trugen Panzer, feuerrot und dunkelblau und schwefelgelb,
und die Köpfe der Pferde waren wie Löwenköpfe, und aus ihren Mäu-
lern tritt Feuer, Rauch und Schwefel. 18 Durch diese drei Plagen wurde
ein Drittel der Menschen getötet, durch das Feuer, den Rauch und den
Schwefel, der aus ihren Mäulern trat. 19 Denn die Macht der Pferde liegt 19: 9,10
in ihrem Maul und in ihren Schwänzen; ihre Schwänze sind Schlangen
gleich und haben Köpfe, und mit denen stiften sie Unheil.
20 Und die andern Menschen, die bei diesen Plagen nicht ums Le- 20: Ps 115,4–7!; Dan 5,23
ben gekommen waren, auch sie kehrten nicht um und liessen nicht ab
vom Werk ihrer Hände; sie hörten nicht auf, die Dämonen anzubeten
und die Götterbilder aus Gold, Silber, Bronze, Stein und Holz, die ja we-
der sehen noch hören noch gehen können. 21 Und sie wandten sich
nicht ab von ihrem Morden und ihrer Zauberei, von ihrer Unzucht und
ihrer Dieberei.

Erneute Beauftragung des Johannes

10 1 Und ich sah einen anderen starken Engel vom Himmel herab-
steigen, bekleidet mit einer Wolke. Über seinem Haupt stand der
Regenbogen, und sein Angesicht war wie die Sonne, und seine Füsse
waren wie Feuersäulen. 2 In seiner Hand hielt er ein kleines Buch, das
geöffnet war. Und er setzte den rechten Fuss auf das Meer, den linken
aber auf das Land. 3 Und er rief mit lauter Stimme, so wie ein Löwe 3: Am 1,2; 3,8
brüllt. Und als er rief, erhoben die sieben Donner ihre Stimme. 4 Als die 4: 22,10; Dan 12,4.9
sieben Donner gesprochen hatten, wollte ich es aufschreiben. Doch ich
hörte eine Stimme aus dem Himmel sagen: Versiegle, was die sieben
Donner gesagt haben, und schreib es nicht auf!
5 Und der Engel, den ich auf dem Meer und auf dem Land stehen sah, 5–6: Dan 12,7
hob seine rechte Hand zum Himmel empor 6 und schwor bei dem, der 6: 14,7; Ex 20,11; Ps 146,6

9,10: Andere Übersetzungsmöglichkeit: «Und sie haben Schwänze, die Skorpionen gleichen, und Stacheln; ...»
9,16: Andere Textüberlieferung: «... betrug zehntausend mal zehntausend; ...»

in alle Ewigkeit lebt, der den Himmel geschaffen hat und was unter ihm
ist und die Erde und was auf ihr ist und das Meer und was in ihm ist: Es
7: 11,15 wird keine Zeit mehr geben, 7 vielmehr wird in den Tagen, da die Stim-
me des siebten Engels erklingt, wenn er die Posaune bläst, auch das Ge-
heimnis Gottes vollendet sein, wie er es seine Knechte, die Propheten,
hat verkündigen lassen.

8 Und die Stimme, die ich aus dem Himmel vernommen hatte, re-
dete wiederum mit mir, und sie sprach: Geh, nimm das Buch, das
geöffnet in der Hand des Engels liegt, der auf dem Meer und auf dem
9–10: Ez 3,1–3 Land steht. 9 Und ich ging hin zu dem Engel und bat ihn, mir das Büch-
lein zu geben. Und er sagt zu mir: Nimm und iss es! Es wird deinen
Magen bitter machen, aber in deinem Mund wird es süss sein wie Ho-
nig. 10 Und ich nahm das Büchlein aus der Hand des Engels und ass es.
Und in meinem Mund war es wie süsser Honig; doch als ich es gegessen
hatte, wurde es mir bitter im Magen. 11 Und mir wurde gesagt: Noch
einmal sollst du weissagen über Völker und Nationen, über Sprachen
und viele Könige.

Die zwei Zeugen

1: 21,15! **11** 1 Und es wurde mir ein Messrohr gegeben, einem Stab gleich,
und jemand sagte zu mir: Steh auf und miss den Tempel Gottes
2: 13,5; 12,14!; und den Altar und die dort anbeten. 2 Den Vorhof des Tempels aber lass
Dan 8,10.13 aus, miss ihn nicht! Denn er ist den Völkern übergeben, und sie werden
die heilige Stadt mit Füssen treten, zweiundvierzig Monate lang.

3: 12,6; 12,14! 3 Und ich werde meine zwei Zeugen beauftragen, und sie werden
weissagen, in härene Kleider gehüllt, zwölfhundertsechzig Tage lang.
4: Sach 4,3.11–14 4 Dies sind die beiden Ölbäume und die beiden Leuchter, die vor dem
5: 2Kön 1,10 Herrn der Erde stehen. 5 Wenn ihnen jemand Schaden zufügen will,
fährt Feuer aus ihrem Mund und verzehrt ihre Feinde. Wer immer ih-
6: 1Kön 17,1 · nen Schaden zufügen will, wird auf diese Weise umkommen! 6 Sie sind
Ex 7,17.19–20 es, die die Macht haben, den Himmel zu verschliessen, dass kein Regen
fällt in den Tagen, da sie weissagen, und sie haben Macht über die Was-
ser, sie in Blut zu verwandeln, und sie können die Erde schlagen mit
jeglicher Plage, so oft sie wollen.

7: 9,1–2 · 13,7; 7 Und wenn sie ihren Auftrag als Zeugen erfüllt haben, wird das Tier,
Dan 7,21 das aus dem Abgrund heraufsteigt, mit ihnen Krieg führen und sie be-
8: Gen 18,20 siegen und töten. 8 Und ihre Leichen werden liegen bleiben auf der
Strasse der grossen Stadt, die geistlich verstanden ‹Sodom und Ägyp-
ten› heisst, da, wo auch ihr Herr gekreuzigt worden ist. 9 Und es sehen
die Menschen aus den Völkern und Stämmen, aus den Sprachen und
Nationen die Leichen dreieinhalb Tage lang; und sie lassen es nicht zu,
dass die Leichen bestattet werden. 10 Und die auf der Erde wohnen,
freuen sich darüber und feiern ein Fest, und sie werden einander Ge-
schenke schicken, denn die beiden Propheten sind den Bewohnern der
Erde zur Plage geworden.

11: Ez 37,5.10 11 Nach den dreieinhalb Tagen *kam* von Gott her *der Lebensgeist in
sie, und sie stellten sich auf ihre Füsse*, und grosse Furcht kam über die, die
12: 4,1 es sahen. 12 Und sie hörten vom Himmel her eine laute Stimme zu ih-
nen sagen: Kommt herauf! Da fuhren sie in der Wolke in den Himmel
13: 16,18–19 empor, und ihre Feinde sahen es. 13 Und in jener Stunde gab es ein star-

kes Erdbeben; ein Zehntel der Stadt stürzte ein, und siebentausend
Menschen kamen um bei dem Erdbeben. Und die Überlebenden wur-
den von Furcht ergriffen und gaben dem Gott des Himmels die Ehre.
14 Das zweite Wehe ist vorüber. Siehe, das dritte Wehe kommt bald. 14: 8,13!

Das Ertönen der siebten Posaune

15 Und der siebte Engel blies die Posaune: Da ertönten im Himmel 15–19: 16,17–21
laute Stimmen, die riefen: 15: 8,2–6! · 11,17;
Nun gehört die Herrschaft über die Welt unserem Herrn 12,10; 19,6; Dan 2,44 · Ps 2,2
und seinem Gesalbten,
und er wird herrschen von Ewigkeit zu Ewigkeit.
16 Und die vierundzwanzig Ältesten, die vor Gott auf ihren Thronen sit- 16: 4,4
zen, fielen nieder auf ihr Angesicht und beteten zu Gott:
17 Wir danken dir, Herr, Gott, Herrscher über das All, 17: 1,8! · 11,15!
der da ist und der da war,
dass du deine grosse Macht ergriffen
und die Herrschaft angetreten hast.
18 Die Völker sind zornig geworden, 18: 20,12
doch da ist dein Zorn gekommen
und die Zeit, die Toten zu richten
und den Lohn zu geben deinen Knechten, den Propheten und Pro-
phetinnen,
und den Heiligen und denen, die deinen Namen fürchten,
ob klein oder gross,
und zu vernichten, die die Erde zerstören.
19 Und es tat sich auf der Tempel Gottes, der im Himmel steht, und 19: 15,5 · 8,5!
die Lade seines Bundes wurde sichtbar in seinem Tempel. Und es ent-
stand ein Getöse, Blitz und Donner, Erdbeben und heftiger Hagel.

Die Frau und der Drache

12 1 Und es erschien ein gewaltiges Zeichen am Himmel: eine Frau, 1–2: Jes 7,14
bekleidet mit der Sonne, und der Mond unter ihren Füssen, und 1: 12,3; 15,1 ·
auf ihrem Haupt ein Kranz von zwölf Sternen. 2 Sie ist schwanger, und Gen 37,9
sie schreit in den Wehen und Schmerzen der Geburt. 3 Und ein anderes 3: 12,1! · 20,2! · 13,1;
Zeichen erschien am Himmel: Siehe, ein Drache, gross und feuerrot, Dan 7,7.24
mit sieben Köpfen und zehn Hörnern, und auf seinen Köpfen sieben
Diademe. 4 Und sein Schwanz fegte ein Drittel der Sterne des Himmels 4: Dan 8,10
hinweg, und er schleuderte sie auf die Erde. Und der Drache steht vor
der Frau, die gebären soll, um ihr Kind zu verschlingen, sobald sie es
geboren hätte. 5 Da gebar sie einen Sohn, einen Knaben, der alle Völker 5: 19,15; Ps 2,9!
weiden wird mit eisernem Stab; und ihr Kind wurde zu Gott entrückt,
zu seinem Thron. 6 Und die Frau floh in die Wüste, wo sie einen Ort hat, 6: 11,3; 12,14!
der ihr auf Gottes Geheiss bereitet worden ist; dort soll sie mit Nahrung
versorgt werden, zwölfhundertsechzig Tage lang.
7 Und es brach ein Krieg aus im Himmel: Michael und seine Engel 7: Dan 10,13; 12,1
kämpften mit dem Drachen. Und der Drache und seine Engel nahmen
den Kampf auf, 8 doch er vermochte sich nicht zu behaupten, und es gab
für sie keinen Platz mehr im Himmel. 9 Und hinabgeworfen wurde der 9: 20,2!
grosse Drache, die alte Schlange, die auch Teufel oder Satan heisst und
den ganzen Erdkreis verführt. Und er wurde auf die Erde geworfen, und

10: 7,10! · 11,15! · seine Engel wurden mit ihm hinabgeworfen. 10 Und ich hörte im Him-
Sach 3,1; mel eine mächtige Stimme rufen:
Hiob 1,6–11; 2,1–5 Jetzt ist erschienen das Heil und die Kraft
und die Königsherrschaft unseres Gottes
und die Vollmacht seines Gesalbten.
Denn hinabgeworfen ist der Ankläger unserer Brüder und Schwestern,
der sie Tag und Nacht verklagt hat vor unserem Gott.
11: 1,5! · 6,9! 11 Sie selbst haben ihn besiegt dank dem Blut des Lammes
und dank dem Wort ihres Zeugnisses;
und sie haben ihr Leben gering geschätzt bis hin zum Tod.
12: 18,20 · 8,13! 12 Darum freut euch, ihr Himmel,
und ihr, die ihr darin wohnt!
Wehe aber der Erde und dem Meer,
denn der Teufel ist zu euch herabgekommen;
er ist voller Zorn,
weil er weiss, dass ihm wenig Zeit bleibt.
13 Als der Drache sah, dass er auf die Erde hinabgeworfen war, ver-
14: 8,13 · 11,2.3; folgte er die Frau, die den Knaben geboren hatte. 14 Da wurden der Frau
12,6; 13,5; Dan 7,25; die beiden Flügel des grossen Adlers gegeben, dass sie in die Wüste flie-
12,7 ge, an den Ort, wo sie mit Nahrung versorgt werden sollte, dreieinhalb
Zeiten lang, geschützt vor dem Anblick der Schlange. 15 Und die Schlan-
ge spie aus ihrem Rachen Wasser wie einen Strom hinter der Frau her,
dass sie von den Fluten mitgerissen werde. 16 Doch die Erde kam der
Frau zu Hilfe; und die Erde öffnete ihren Schlund und verschlang den
17: Gen 3,15 · 14,12 Wasserstrom, den der Drache aus seinem Rachen spie. 17 Da wurde der
Drache zornig über die Frau und ging fort, Krieg zu führen mit dem Rest
ihrer Nachkommenschaft, mit denen, die die Gebote Gottes beachten
und am Zeugnis Jesu festhalten.

Das Tier aus dem Meer

18 Und er trat an das Ufer des Meeres.
1: 16,13; 19,20; **13** 1 Und ich sah ein Tier aus dem Meer aufsteigen, das hatte zehn
Dan 7,3 · 12,3; Hörner und sieben Köpfe. Auf seinen Hörnern trug es zehn Dia-
17,7.9.12; Dan 7,7.24 deme und auf seinen Köpfen standen Lästernamen. 2 Und das Tier, das
2: Dan 7,4–6 ich sah, glich einem Panther, und seine Füsse waren wie die eines Bären,
und sein Maul war wie das Maul eines Löwen. Und der Drache übergab
3: 13,14 ihm seine Gewalt und seinen Thron und grosse Vollmacht. 3 Und einer
seiner Köpfe sah aus wie hingeschlachtet zum Tode, doch seine Todes-
wunde wurde geheilt.
Da geriet alle Welt in Staunen und lief dem Tier hinterher. 4 Und sie
beugten ihre Knie vor dem Drachen, weil er dem Tier die Vollmacht ge-
geben hatte; und sie beugten ihre Knie vor dem Tier und sagten: Wer ist
dem Tier gewachsen, und wer kann den Kampf mit ihm aufnehmen?
5: Dan 7,8.20.25 · 5 Und es wurde ihm ein Maul gegeben, das machte grosse Worte
11,2; 12,14! und hielt Lästerreden; und es wurde ihm Macht gegeben, dies zweiund-
vierzig Monate lang zu tun. 6 Und es tat sein Maul auf zu Lästerreden
gegen Gott, zu lästern seinen Namen und seine Wohnung und alle, die

13,1: Andere Textüberlieferung: «… stand ein Lästername.»

im Himmel wohnen. 7 Und es wurde ihm gegeben, Krieg zu führen ge- 7: 11,7!
gen die Heiligen und sie zu besiegen; und es wurde ihm Macht gegeben
über jeden Stamm und jedes Volk, über jede Sprache und jede Nation.
8 Und anbeten werden es alle, die die Erde bewohnen, jeder, dessen 8: 21,27! · 5,6!
Name nicht seit Anbeginn der Welt aufgeschrieben ist im Lebensbuch
des Lammes, das geschlachtet ist.

9 Wer Ohren hat, merke auf: 9: 2,7!

10 Wer in Gefangenschaft gerät, zieht fort in die Gefangenschaft. 10: Jer 15,2; 43,11 ·
Wer durch das Schwert fallen muss, wird durch das Schwert fallen. 14,12; Lk 21,19
Hier ist von den Heiligen Standhaftigkeit und Glaube gefordert!

Das Tier vom Land

11 Und ich sah ein anderes Tier vom Land aufsteigen; das hatte zwei 11: 13,1! · Dan 8,3 ·
Hörner gleich einem Lamm, und es redete wie ein Drache. 12 Und die 16,13; 19,20;
ganze Macht des ersten Tieres übt es aus vor dessen Augen. Und es be- Mt 7,15!
wirkt, dass die Erde und die sie bewohnen das erste Tier anbeten – das 12: 13,4.8 · 13,3
Tier, dessen Todeswunde geheilt worden ist. 13 Und es tut grosse Zei-
chen, sogar Feuer lässt es vor den Augen der Menschen vom Himmel auf
die Erde fallen; 14 und es verführt die Bewohner der Erde kraft der Zei-
chen, die es auf Geheiss des Tieres vor dessen Augen tat. Und es befiehlt
den Bewohnern der Erde, ein Bild zu machen für das Tier, das die Wunde
des Schwertes hat und wieder lebendig geworden ist.

15 Und es wurde ihm Macht gegeben, dem Bild des Tieres Leben ein-
zuhauchen, ja das Bild des Tieres begann sogar zu sprechen und bewirk-
te, dass alle getötet wurden, die ihre Knie nicht beugten vor dem Bild
des Tieres. 16 Und es bringt alle, die Kleinen und die Grossen, die Rei-
chen und die Armen, die Freien und die Sklaven, dazu, sich auf die rech-
te Hand oder auf die Stirn ein Zeichen machen zu lassen, 17 so dass nie-
mand mehr etwas kaufen oder verkaufen kann, es sei denn, er habe das
Zeichen: den Namen des Tieres oder die Zahl seines Namens. 18 Hier ist 18: 17,9
Weisheit gefordert! Wer Verstand hat, berechne die Zahl des Tieres,
denn es ist die Zahl eines Menschen, und seine Zahl ist sechshun-
dertsechsundsechzig.

Das Lamm auf dem Zion

14 1 Und ich schaute: Und siehe, das Lamm stand auf dem Berg Zion 1: 7,3–4 · 3,12; 22,4
und mit ihm hundertvierundvierzigtausend, die seinen Namen
und den Namen seines Vaters auf ihrer Stirn geschrieben hatten. 2 Und 2: 1,15!
ich hörte eine Stimme vom Himmel wie das Rauschen vieler Wasser
und wie gewaltiges Donnergrollen, und die Stimme, die ich hörte, klang
wie Musik von Harfenspielern, die ihre Harfen schlagen. 3 Und sie sin- 3: Ps 33,3! · 4,2–8
gen etwas, ein neues Lied vor dem Thron und vor den vier Wesen und
den Ältesten. Und niemand konnte das Lied lernen, allein die hundert-
vierundvierzigtausend, die von der Erde losgekauft sind.

4 Es sind die, die sich nicht mit Frauen befleckt haben; jungfräulich 4: 5,9 · Lev 23,10;
sind sie geblieben. Es sind die, die dem Lamm folgen, wohin es auch Jak 1,18
geht. Sie wurden losgekauft aus der Zahl der Menschen, als Erst-
lingsgabe für Gott und das Lamm. 5 *In ihrem Mund fand sich kein* 5: Zef 3,13; Jes 53,9
Falsch, sie sind ohne Makel.

Ausblick auf das Gericht

6 Und ich sah einen anderen Engel hoch oben am Himmel fliegen,
der hatte die ewige Heilsbotschaft bekommen, um sie auszurufen über
die, die auf der Erde sitzen, über jedes Volk und jeden Stamm, jede Spra-
7: 10,6! che und jede Nation. 7 Und er rief mit lauter Stimme:

Fürchtet Gott und gebt ihm die Ehre, denn gekommen ist die Stunde,
da er Gericht hält! Und beugt eure Knie vor dem, der den Himmel
gemacht hat und die Erde und das Meer und die Wasserquellen!

8: 18,2; Jes 21,9; 8 Und ein anderer Engel, ein zweiter, folgte und rief:
Jer 51,8 · 17,2; 18,3; Gefallen, gefallen ist Babylon die Grosse, die vom Wein des Zornes
Jer 51,7 über ihre Unzucht alle Völker hat trinken lassen!

9: 13,15–16 9 Und ein anderer Engel, ein dritter, folgte ihnen und rief mit lauter
Stimme:

Wer das Tier und sein Bild anbetet und sich ein Zeichen machen lässt
10: 16,19; Jer 25,15; auf die Stirn oder auf die Hand, 10 wird selbst auch trinken müssen
Ps 75,9 · 21,8! vom Zorneswein Gottes, der unverdünnt gemischt ist im Becher sei-
nes Zornes, und wird gepeinigt werden in Feuer und Schwefel, im
11: 19,3; Jes 34,10 Angesicht der heiligen Engel und des Lammes. 11 Und der Rauch ih-
rer Pein steigt empor in alle Ewigkeit, und keine Ruhe haben sie,
weder bei Tag noch bei Nacht, die das Tier und sein Bild anbeten –
12: 13,10! · 12,17 und wer sich das Zeichen seines Namens machen lässt. 12 Hier ist
von den Heiligen Standhaftigkeit gefordert, hier sind gefordert, die
festhalten an den Geboten Gottes und am Glauben an Jesus!

13: 1,3! 13 Und ich hörte eine Stimme vom Himmel rufen: Schreib:
Selig die Toten, die im Herrn sterben von jetzt an! Ja, spricht der
Geist, sie sollen ausruhen von ihren Mühen, denn ihre Werke be-
gleiten sie.

14: 1,13; Dan 7,13 14 Und ich schaute: Und siehe, eine weisse Wolke, und auf der Wol-
ke sass einer, der sah aus wie ein Menschensohn, mit einer goldenen
15: Joel 4,13; Krone auf dem Haupt und einer scharfen Sichel in der Hand. 15 Und ein
Mk 4,29 anderer Engel trat aus dem Tempel und rief mit lauter Stimme dem auf
der Wolke Sitzenden zu:

Schick deine Sichel und lass die Ernte einbringen, denn gekommen
ist die Zeit der Ernte, da dürr zu werden droht, was auf Erden zu ern-
ten ist.

16 Da legte, der auf der Wolke sass, seine Sichel an die Erde, und ab-
geerntet wurde die Erde.

17 Und ein anderer Engel kam aus dem Tempel im Himmel, und
18: Joel 4,13 auch der hatte eine scharfe Sichel. 18 Und wieder ein anderer Engel kam
vom Altar her, der hatte Macht über das Feuer. Und er rief dem mit der
scharfen Sichel mit lauter Stimme zu: Schick deine scharfe Sichel und
schneide die Trauben vom Weinstock der Erde, denn seine Beeren sind
19–20: 19,15 reif geworden. 19 Da liess der Engel seine Sichel über die Erde sausen;
und er erntete vom Weinstock der Erde und warf es in die Kelter des
20: 19,13! Zornes Gottes, des grossen Zornes Gottes. 20 Und getreten wurde die

14,8: Der komplexe Ausdruck «vom Wein des Zornes über ihre Unzucht» spielt auf die Vorstellung an, dass Gott Babylon einen Becher reicht, der mit saurem Wein gefüllt ist, und bringt dadurch Gottes Zorn über die Unzucht Babylons zum Ausdruck.

Kelter vor den Toren der Stadt, und Blut spritzte aus der Kelter bis hin-
auf an die Zügel der Pferde, tausendsechshundert Stadien weit.

Vorbereitung im Himmel

15 1 Und ich sah ein anderes Zeichen am Himmel, gross und wun- 1: 12,1! · Dtn 28,59
derbar: Sieben Engel mit sieben Plagen, den letzten; denn mit ih-
nen kommt der Zorn Gottes an sein Ende.
2 Und ich sah etwas wie ein gläsernes Meer, mit Feuer vermischt; 2: 4,6 · 13,14–18
und auf dem gläsernen Meer standen, die gesiegt hatten über das Tier
und sein Bild und die Zahl seines Namens, mit den Harfen Gottes in der
Hand. 3 Und sie singen das Lied des Mose, des Knechtes Gottes, und das 3: Ps 111,2; 139,14 ·
Lied des Lammes: Am 3,13 · 16,7; 19,2;
Dtn 32,4;
Gross und *wunderbar sind deine Werke,* Ps 145,17 · Jer 10,7
Herr, Gott, Herrscher über das All.
Gerecht und voller Wahrheit sind deine Wege,
o König der Völker.
4 *Wer wird nicht fürchten, Herr,* 4: Jer 10,7 · Ps 86,9
nicht preisen deinen Namen?
Denn du allein bist heilig,
ja, alle Völker werden kommen
und beugen ihre Knie vor dir,
denn offenbar geworden ist deine Rechtsordnung.
5 Und danach schaute ich: Und der Tempel, das Zelt des Zeugnisses 5: 11,19
im Himmel, öffnete sich. 6 Und aus dem Tempel traten die sieben Engel
mit den sieben Plagen, gekleidet in reines, leuchtendes Leinen und ge-
gürtet mit goldenen Gürteln um die Brust. 7 Und eines der vier Wesen 7: 4,6–7
gab den sieben Engeln sieben goldene Schalen, gefüllt mit dem Zorn des
Gottes, der in alle Ewigkeit lebt. 8 Und der Tempel füllte sich mit dem 8: Jes 6,4 ·
Rauch von Gottes Herrlichkeit und Macht, und niemand konnte in den Ex 40,34–35;
Tempel hineingehen, bis die sieben Plagen der sieben Engel zu Ende 1Kön 8,10–11;
waren. 2Chr 5,14; 7,2

Die sieben Schalen

16 1 Und ich hörte eine laute Stimme aus dem Tempel den sieben 1: 15,1.7
Engeln zurufen: Geht hin und giesst aus die sieben Schalen des
Zornes Gottes über die Erde!
2 Und der erste ging und goss seine Schale aus über die Erde, und ein 2: 8,7 · Ex 9,9–10 ·
bösartiges und schmerzhaftes Geschwür befiel die Menschen, die das 13,15–16
Zeichen des Tieres trugen und ihre Knie beugten vor seinem Bild.
3 Und der zweite goss seine Schale aus über das Meer, und es wurde 3: 8,8–9 · Ex 7,17–21
zu Blut, wie das eines Toten, und alles, was im Meer lebte, starb, jedes
lebendige Wesen.
4 Und der dritte goss seine Schale aus über die Flüsse und die Was- 4: 8,10–11 ·
serquellen, und alles wurde zu Blut. 5 Und ich hörte den Engel, der über Ex 7,17–21
die Wasser gebietet, rufen: 5: 1,8!
Gerecht bist du, der da ist und der da war, du Heiliger,
denn so hast du das Urteil gesprochen:

15,4: Andere Übersetzungsmöglichkeit: «..., denn ergangen sind deine gerechten Urteilssprüche.»

6: 17,6; 18,24; 19,2 6 Das Blut von Heiligen und von Propheten haben sie vergossen,
und Blut hast du ihnen zu trinken gegeben;
sie haben es verdient.

7: 15,3! 7 Und ich hörte den Altar sprechen:
Ja, Herr, Gott, Herrscher über das All,
voller Wahrheit und Gerechtigkeit ist dein Urteil.

8–9: 8,12 8 Und der vierte goss seine Schale aus über die Sonne, und es wurde
ihr Macht gegeben, die Menschen zu peinigen mit ihrer Glut. 9 Und die
Menschen wurden mit grosser Hitze geschlagen, und sie verfluchten
den Namen des Gottes, der Macht über diese Plagen hat; doch sie kehrten nicht um, ihm die Ehre zu geben.

10–11: 9,1–11 10 Und der fünfte goss seine Schale aus über den Thron des Tieres,
10: 13,2 · Ex 10,21–22 und Finsternis legte sich auf sein Reich. Und sie bissen sich vor Schmerz
auf die Zunge. 11 Und sie lästerten den Gott des Himmels wegen ihrer
Schmerzen und wegen ihrer Geschwüre. Doch sie liessen nicht ab von
ihrem Tun.

12–16: 9,13–21 12 Und der sechste goss seine Schale aus über den grossen Fluss Euphrat, und sein Wasser versiegte, so dass der Weg bereitet war für die
13: 20,2! · 13,1! · 13,11! · Ex 7,27; 8,3 Könige vom Aufgang der Sonne. 13 Und ich sah aus dem Schlund des
Drachen und aus dem Maul des Tieres und aus dem Mund des falschen
14: 13,13 · 19,19 Propheten drei unreine Geister fahren – wie Frösche. 14 Geister von Dämonen sind es, und sie tun Zeichen und Wunder. Sie gehen aus zu den
Königen des ganzen Erdkreises, um sie zu sammeln zum Kampf am
15: 3,3; 2Petr 3,10! · 1,3! · 3,18 grossen Tag Gottes, des Herrschers über das All. 15 Siehe, ich komme
wie ein Dieb. Selig, wer wach ist und acht gibt auf seine Kleider, dass er
nicht nackt daherkommen muss und man seine Blösse sieht. 16 Und
der Engel versammelte sie an dem Ort, der auf Hebräisch Harmagedon
heisst.

17–21: 11,15–19 17 Und der siebte goss seine Schale aus über die Luft, und es ertönte
aus dem Tempel vom Thron her eine laute Stimme, die rief: Es ist ge-
18–19: 11,13 schehen! 18 Und es erhob sich ein Getöse, Blitz und Donner, und die
18: 8,5! Erde bebte so stark, wie sie noch nie gebebt hatte, seit es Menschen gibt
19: 17,1.5 · 14,10! auf Erden, so gewaltig war dieses Beben. 19 Und die grosse Stadt zerbarst in drei Teile, und die Städte der Völker fielen in sich zusammen.
Und Babylons der Grossen gedachte man vor Gott, ihr den Becher mit
20: 20,11! dem Wein seines grimmigen Zornes zu geben. 20 Und alle Inseln ver-
21: Ex 9,18 schwanden, und die Berge waren nicht mehr zu finden. 21 Und gewaltiger Hagel, zentnerschwer, fiel vom Himmel auf die Menschen nieder.
Und die Menschen lästerten Gott wegen der Hagelplage, denn die Plage
war schrecklich.

16,7: Andere Übersetzungsmöglichkeit: «… ist dein Richten.» Im griechischen Text wurde ein Wort benutzt, das das richterliche Handeln Gottes zum Ausdruck bringt; dieses wurde aber in den Plural (deine Gerichte) gesetzt.

16,16: Der Name Harmagedon bedeutet ‹Berg von Megiddo› oder ‹Stadt Megiddo› und spielt auf wichtige Schlachten aus der Früh- und Königszeit Israels an (Ri 5,19; 2Kön 23,29–30).

IM ANFANG SCHUF GOTT DEN
HIMMEL UND DIE ERDE. DIE ERDE
WAR ABER WÜST UND ÖDE
UND FINSTERNIS LAG AUF
DER URFLUT UND DER GEIST
GOTTES SCHWEBTE ÜBER DEN
WASSERN UND GOTT SPRACH:
ES WERDE LICHT. UND ES
WARD LICHT. UND GOTT SAH
DASS DAS LICHT GUT WAR UND
GOTT SCHIED DAS LICHT VON
DER FINSTERNIS UND GOTT
NANNTE DAS LICHT TAG UND
DIE FINSTERNIS NANNTE ER
NACHT. UND ES WARD ABEND
UND WARD MORGEN: EIN
ERSTER TAG

Schriftbild zu Genesis 1,1–5

Die Hure Babylon und das Tier

17 1 Und es kam einer von den sieben Engeln mit den sieben Scha- 1: 15,1 · Jer 51,13
len, und er redete mit mir und sprach: Komm, ich will dir das Ge-
richt über die grosse Hure zeigen, die an vielen Wassern sitzt. 2 Mit ihr 2: 14,8!
haben die Könige der Erde Unzucht getrieben, und die Bewohner der
Erde sind trunken geworden vom Wein ihrer Unzucht. 3 Und er führte 3: 13,1!
mich durch den Geist in die Wüste.

Und ich sah eine Frau auf einem scharlachroten Tier sitzen, das war
rundum bedeckt mit Lästernamen und hatte sieben Köpfe und zehn Hör-
ner. 4 Und die Frau war gekleidet in Purpur und Scharlach und ge- 4: 18,16 · Jer 51,7
schmückt mit Gold, Edelsteinen und Perlen, und in der Hand hielt sie
einen goldenen Becher – der war voll von Abscheulichkeiten und dem
Unrat ihrer Unzucht. 5 Und auf ihre Stirn war ein Name geschrieben, ein
Geheimnis: Babylon die Grosse, Mutter der Huren und Greuel der Erde.
6 Und ich sah diese Frau, trunken vom Blut der Heiligen und vom Blut 6: 16,6!
der Zeugen Jesu. Und bei ihrem Anblick geriet ich in grosses Staunen.

7 Und der Engel sagte zu mir: Warum staunst du? Ich will dir sagen,
was das Geheimnis dieser Frau ist und des Tieres, das sie trägt, das mit
den sieben Köpfen und den zehn Hörnern:

8 Das Tier, das du gesehen hast, es war und es ist nicht und es wird 8: 17,3 · 1,8 · 9,1–2;
aufsteigen aus dem Abgrund und ins Verderben gehen, und staunen 19,20 · 21,27!
werden die Erdenbewohner, deren Namen im Buch des Lebens nicht
aufgeschrieben sind vom Anbeginn der Welt, wenn sie das Tier erbli-
cken; denn es war und es ist nicht und es wird da sein. 9 Hier ist Ver- 9: 13,18
stand gefordert, der Weisheit hat! Die sieben Köpfe, das sind die sieben
Hügel, auf denen die Frau sitzt. Und es sind sieben Könige: 10 Fünf sind
schon gefallen, einer ist da, ein weiterer ist noch nicht gekommen, und
wenn er dann kommt, darf er nur kurze Zeit bleiben. 11 Und das Tier, 11: 1,8 · 19,20
das war und nicht ist, ist selbst der achte; er kommt aus den sieben, und
er geht ins Verderben.

12 Und die zehn Hörner, die du gesehen hast, das sind die zehn Kö- 12: 17,3; Dan 7,24
nige, die die Herrschaft noch nicht übernommen haben; doch sie wer-
den als Könige die Macht ergreifen für eine einzige Stunde, zusammen
mit dem Tier. 13 Diese sind eines Sinnes, und ihre Macht und Gewalt
übergeben sie dem Tier. 14 Sie werden Krieg führen gegen das Lamm, 14: 19,19–21 · 19,16;
doch das Lamm wird sie besiegen, denn es ist der Herr der Herren und 1Tim 6,15;
der König der Könige, und die mit ihm sind, sind Berufene und Auser- Dtn 10,17; Dan 2,47
wählte und Getreue.

15 Und er sagt zu mir: Die Wasser, die du gesehen hast, dort wo die
Hure sitzt, das sind Völker und Scharen, Nationen und Sprachen.
16 Und die zehn Hörner, die du gesehen hast, und das Tier, sie werden 16: 18,8
die Hure hassen und sie einsam machen und nackt; sie werden ihr
Fleisch fressen und sie im Feuer verbrennen. 17 Denn Gott hat ihnen ins
Herz gegeben, eines Sinnes seinen Willen zu tun und ihre Herrschaft
dem Tier zu übergeben, bis die Worte Gottes erfüllt sind. 18 Und die
Frau, die du gesehen hast, das ist die grosse Stadt, die über die Könige
der Erde regiert.

17,3: Die Wendung «rundum bedeckt mit Lästernamen» bezieht sich nach einigen Handschriften auf das Tier, nach anderen auf die Frau.

Der Fall Babylons

18 1 Danach sah ich einen anderen Engel vom Himmel herabsteigen,
der hatte grosse Macht, und die Erde wurde erleuchtet von seinem
2: 14,8! · Jes 13,21; Glanz. 2 Und er schrie mit gewaltiger Stimme:
34,11–15 Gefallen, gefallen ist Babylon die Grosse! Zur Behausung von Dämo-
nen ist sie geworden und zu einem Schlupfwinkel für jeden unrei-
nen Geist, zu einem Schlupfwinkel für jeden unreinen Vogel, ja zu
3: 14,8! einem Schlupfwinkel für jedes unreine und verhasste Tier. 3 Denn
vom Wein des Zornes über ihre Unzucht haben alle Völker getrun-
ken. Die Könige der Erde haben Unzucht getrieben mit ihr, und die
Kaufleute der Erde sind reich geworden durch ihren überbordenden
Luxus.
4: Jer 51,45.6; 4 Und ich hörte eine andere Stimme vom Himmel her sprechen:
Jes 48,20 Geht fort aus ihr, mein Volk, damit ihr nicht teilhabt an ihren Sün-
den und nicht getroffen werdet von den Plagen, die über sie kom-
5: Jer 51,9 men! 5 Denn ihre Sünden haben sich aufgetürmt bis zum Himmel,
6: Jer 50,15.29 und Gott hat ihrer Schandtaten gedacht. 6 Gebt ihr zurück, wie sie
euch gegeben hat; zahlt ihr das Doppelte heim von dem, was sie ge-
tan hat! Schenkt ihr in den Becher, den sie euch gemischt hat, das
7: Jes 47,8 Doppelte ein! 7 Was sie an Pracht und Luxus genossen hat, das gebt
ihr nun an Qual und Trauer! Denn in ihrem Herzen sagt sie: Als Kö-
nigin sitze ich auf dem Thron, und Witwe bin ich nicht, und Trauer
8: Jes 47,9 · 17,16 werde ich nie sehen. 8 Darum werden die Plagen über sie kommen
an einem einzigen Tag: Tod und Trauer und Hunger, und im Feuer
wird man sie verbrennen, denn mächtig ist Gott, der Herr, der sie
richtet.
9: Ez 26,16–17 9 Und die Könige der Erde, die mit ihr Unzucht getrieben haben und
an ihrem Luxus teilhatten, werden weinen und wehklagen über sie,
wenn sie den Rauch von ihrer Brandstätte aufsteigen sehen. 10 In der
Ferne werden sie stehen bleiben aus Furcht vor ihrer Qual und spre-
chen:

Wehe, wehe der Stadt, der grossen,
Babylon, der mächtigen Stadt:
In einer einzigen Stunde ist das Gericht über dich gekommen.

11: Ez 27,27–36 11 Und die Kaufleute der Erde weinen und trauern um sie, weil nie-
12–13: Ez 27,12–24 mand mehr ihre Ware kauft: 12 Gold, Silber, Edelsteine, Perlen, feines
Leinen, Purpur, Seide und Scharlach und all das Thujaholz und all das
Gerät aus Elfenbein und all das Gerät aus teuerstem Holz und Erz, aus
Eisen und Marmor, 13 auch Zimt und Amomum, Räucherwerk und
Salböl und Weihrauch, Wein und Olivenöl, Weissmehl und Weizen,
Rinder und Schafe, die Fracht von Pferden und Wagen und Sklaven, und
Menschenleben.

14 Und das Obst, an dem deine Seele sich ergötzte, ist dahin,
und alles, was dein Leben angenehm und prächtig gemacht hat, ist
dir verloren gegangen,
und nie mehr wird es sich finden.

18,2: Andere Textüberlieferung: «... für jeden unreinen Geist, zu einem Schlupfwinkel für jeden unreinen und verhassten Vogel.»

18,3: Siehe die Anm. zu 14,8.

15 Die Kaufleute, die mit all dem Handel trieben und sich an ihr be-
reichert haben, werden in der Ferne stehen bleiben aus Furcht vor ihrer
Qual; sie werden weinen und klagen 16 und sagen: 16: 17,4
Wehe, wehe der Stadt, der grossen,
die gekleidet war in feines Leinen, in Purpur und Scharlach,
die geschmückt war mit Gold, Edelsteinen und Perlen:
17 In einer einzigen Stunde ist dieser grosse Reichtum vernichtet
worden!
Und jeder Kapitän und jeder Küstenschiffer, die Seeleute und alle,
die zur See fahren, blieben in der Ferne stehen, 18 sahen den Rauch der
Feuersbrunst und schrien laut: Wer ist jetzt mit der grossen Stadt noch
zu vergleichen? 19 Und sie streuten Staub auf ihr Haupt, schrien, wein- 19: Ez 27,30–34
ten und klagten und sagten:
Wehe, wehe der Stadt, der grossen,
in der reich geworden sind durch ihren Wohlstand alle, die
Schiffe auf dem Meer haben:
In einer einzigen Stunde ist sie verwüstet worden!
20 Freue dich, Himmel, über sie, 20: 12,12 · Jer 51,48
freut euch, ihr Heiligen, Apostel und Propheten!
Denn vollstreckt hat Gott das Urteil, an ihr für euch.
21 Und ein starker Engel hob einen Stein, gross wie ein Mühlstein, 21: Jer 51,63–64
in die Höhe und warf ihn ins Meer und sprach:
So, mit solcher Wucht, wird Babylon, die grosse Stadt, weggeschleu-
dert werden,
und sie wird nicht mehr zu finden sein.
22 Und keinen Klang von Harfenspielern, von Sängern, von Flöten- 22: Ez 26,13;
und Posaunenbläsern Jes 24,8
wird man in deinen Mauern mehr hören,
und keinen Meister, der sich auf irgendeine Kunst versteht,
wird man mehr antreffen,
und kein Geräusch eines Mühlsteins
wird man mehr hören.
23 Und kein Licht einer Lampe 23: Jer 25,10
wird mehr scheinen,
und kein Lied von Bräutigam und Braut
wird man mehr hören.
Denn deine Kaufleute waren die Grossen der Erde;
durch deine Zauberkünste liessen sich verführen alle Völker.
24 Und in ihren Mauern fand man das Blut der Propheten und Hei- 24: 16,6!
ligen
und aller, die hingeschlachtet wurden auf Erden.

Der himmlische Jubel

19 1 Danach hörte ich etwas, das klang wie ein vielstimmiger Chor 1: 7,10!
im Himmel:
Halleluja!
Das Heil und die Herrlichkeit und die Macht sind in der Hand unse-
res Gottes.

2: 15,3! · 6,10 · 2 Denn voller Wahrheit und Gerechtigkeit ist sein Urteil:
14,8 · 16,6!; Er hat gerichtet die grosse Hure,
Dtn 32,43 die die Erde verdarb mit ihrer Unzucht,
und gerächt an ihr das Blut seiner Knechte.
3: 14,11! 3 Und ein zweites Mal riefen sie:
Halleluja!
Und ihr Rauch steigt auf in alle Ewigkeit.
4: 4,2–8; 5,14 4 Und die vierundzwanzig Ältesten und die vier Wesen fielen nieder
und beugten ihre Knie vor Gott, der auf dem Thron sitzt, und sprachen:
Amen. Halleluja!
5: Ps 134,1 · 5 Und eine Stimme kam vom Thron her und sprach:
Ps 115,13 Lobsingt unserem Gott,
ihr alle, die ihr seine Knechte seid,
und die ihn fürchten,
die Kleinen und die Grossen!
6: 1,15! · 11,15! 6 Da hörte ich etwas, das klang wie ein vielstimmiger Chor und wie
das Rauschen vieler Wasser und wie das Dröhnen eines gewaltigen
Donnerschlags:
Halleluja!
König geworden ist der Herr, unser Gott, der Herrscher über das All.
7: Ps 118,24 · 21,2.9 7 Lasst uns fröhlich sein und frohlocken und ihm die Ehre geben!
Denn gekommen ist die Hochzeit des Lammes, und seine Braut hat
sich schön gemacht.
8 Und sie durfte sich kleiden in leuchtend weisses, reines Leinen –
das Leinen, das sind die gerechten Taten der Heiligen.
9: 1,3! · Mt 22,2 9 Und er sagt zu mir: Schreib! Selig, die zum Hochzeitsmahl des
Lammes geladen sind! Und er sagt zu mir: Diese Worte sind die wahr-
10: 22,8–9 haftigen Worte Gottes. 10 Und ich warf mich zu seinen Füssen, ihn an-
zubeten. Er aber sagt zu mir: Nicht doch! Dein Mitknecht bin ich und
der deiner Brüder, die Zeugnis ablegen für Jesus. Vor Gott beuge deine
Knie! Denn im Zeugnis für Jesus äussert sich der Geist der Prophetie.

Der Sieg Christi

11: 3,14 11 Und ich sah den Himmel offen stehen, und siehe: Ein weisses
Pferd, und der auf ihm sitzt, heisst ‹Treu› und ‹Wahrhaftig›, und er rich-
12: 1,14! tet und kämpft in Gerechtigkeit. 12 Seine Augen sind wie Feuerflam-
men, und auf seinem Haupt trägt er viele Diademe; auf ihm steht ein
13: 14,20; Name geschrieben, den niemand kennt als er allein. 13 Und bekleidet
Jes 63,1–3 · Joh 1,1 ist er mit einem Mantel, der in Blut getaucht ist, und sein Name lautet
‹Wort Gottes›. 14 Und die himmlischen Heere folgten ihm auf weissen
15: 1,16; 2,12; Pferden, in weisses, reines Leinen gehüllt. 15 Und aus seinem Mund
Jes 11,4 · 12,5;
Ps 2,9! · 14,19–20

19,2: «sein Urteil»: Siehe die Anm. zu 16,7.

19,2: «gerächt an ihr»: Der griechische Text hat die komplexere Wendung ‹gerächt an ihrer Hand›. Der Begriff der Hand steht dabei für die Person, insofern sie handelt. Möglicherweise ist auch ein Einfluss gegeben durch die Wendung ‹gerettet aus ihrer Hand›.

19,10: Der Schlusssatz von V.10 ist im Griechischen sehr offen und vieldeutig formuliert: «Das Zeugnis nämlich für Jesus ist der Geist der Prophetie.» Die im Text gewählte Übersetzung stützt sich auf die gottesdienstlichen Anklänge und Bezüge der Offenbarung, wie sie im Buchschluss 22,6–21 sichtbar werden (zum Geist siehe insbesondere 22,17).

19,11: Andere Textüberlieferung: «..., und der auf ihm sitzt, ist treu und wahrhaftig, ...»

kommt ein scharfes Schwert hervor, mit dem er die Völker schlagen
soll; und er *wird sie weiden mit eisernem Stab.* Er selbst tritt die Kelter des
Weines des grimmigen Zornes Gottes, des Herrschers über das All,
16 und auf seinem Mantel und seiner Hüfte steht der Name geschrie- *16:* 17,14!
ben: König der Könige und Herr der Herren.

17 Und ich sah einen Engel in der Sonne stehen, und der rief mit *17–18:* Ez 39,17–20
lauter Stimme allen Vögeln, die hoch oben am Himmel flogen, zu:
Kommt, versammelt euch zum grossen Gastmahl Gottes! 18 Fresst das
Fleisch von Königen, das Fleisch von Feldherren, das Fleisch von Star-
ken und das Fleisch von Pferden und ihren Reitern, fresst das Fleisch
von allen, von Freien und Sklaven, von Kleinen und Grossen!

19 Und ich sah das Tier und die Könige der Erde und ihre Heere ver- *19:* 16,14; 17,12–14
sammelt, Krieg zu führen gegen den, der auf dem Pferd sitzt, und gegen
sein Heer. 20 Und das Tier wurde überwältigt und mit ihm der falsche *20:* 13,1! · 13,11!–17 ·
Prophet, der die Zeichen vor ihm getan und durch sie alle in die Irre 21,8!
geführt hatte, die das Mal des Tieres empfangen und ihre Knie gebeugt
hatten vor seinem Bild. Bei lebendigem Leib wurden die beiden in den
Feuersee geworfen, der im Schwefel brennt. 21 Die anderen wurden ge-
tötet durch das Schwert dessen, der auf dem Pferd sitzt, durch das
Schwert, das aus seinem Mund hervorkommt; und alle Vögel frassen
sich satt an ihrem Fleisch.

Das tausendjährige Reich

20 1 Und ich sah einen Engel aus dem Himmel herabsteigen, der hat-
te den Schlüssel zum Abgrund und eine grosse Kette in der Hand.
2 Und er packte den Drachen, die alte Schlange – das ist der Teufel oder *2:* 12,3.9; 13,2; 16,13;
der Satan –, und legte ihn in Fesseln für tausend Jahre. 3 Und er warf ihn Gen 3,1
in den Abgrund, den er verschloss und versiegelte, damit er die Völker *3:* 9,2
nicht mehr verführe, bis die tausend Jahre vollendet sind. Danach muss
er für kurze Zeit wieder freigelassen werden.

4 Und ich sah Throne, und sie setzten sich darauf, und sie wurden *4:* Dan 7,9.22.27 ·
beauftragt, Gericht zu halten. Und ich sah die Seelen derer, die enthaup- 6,9! · 13,15–16 ·
tet worden waren, weil sie am Zeugnis für Jesus und am Wort Gottes 22,5!
festgehalten hatten, und jener, die sich geweigert hatten, das Tier und
sein Bild anzubeten und sich das Zeichen auf Stirn und Hand machen zu
lassen. Sie wurden lebendig und herrschten mit Christus, tausend Jahre
lang. 5 Die anderen Toten wurden nicht lebendig, bis die tausend Jahre *5:* 20,12–13
vollendet waren. Dies ist die erste Auferstehung. 6 Selig und heilig, wer *6:* 1,3! · 2,11; 20,14;
teilhat an der ersten Auferstehung! Über sie hat der zweite Tod keine 21,8 · 1,6!; 22,5!;
Macht, sondern sie werden Priester und Priesterinnen Gottes und Jes 61,6
Christi sein und mit ihm herrschen, tausend Jahre lang.

7 Doch wenn die tausend Jahre vorüber sind, wird der Satan freige-
lassen werden aus seinem Gefängnis, 8 und er wird ausziehen, die Völ- *8:* Ez 38,2.9.15
ker zu verführen, die an den vier Enden der Erde wohnen – den Gog und
den Magog –, um sie zu sammeln zum Krieg, eine Schar, so zahlreich

20,4: Die Bezeichnung ‹Christus› hat in der Offenbarung ausserhalb des Gebrauchs in der Zusammensetzung ‹Jesus Christus› zumeist ihren titularen Charakter bewahrt (vgl. 11,15; 12,10: sein Gesalbter). Hier und in 20,6 liegt aber absoluter Gebrauch im Sinne eines Eigennamens (Christus) vor.

9: 2Kön 1,10.12; Ez 38,22; 39,6
10: Mt 25,41 · 21,8! · 19,20

wie der Sand am Meer. 9 Und sie kamen heraufgezogen auf die Ebene der Erde und umstellten das Lager der Heiligen und die geliebte Stadt. *Da fiel Feuer vom Himmel und verzehrte sie.* 10 Und der Teufel, der sie verführte, wurde in den Feuer- und Schwefelsee geworfen, wo auch das Tier und der falsche Prophet sind. Und sie werden gepeinigt werden Tag und Nacht, in alle Ewigkeit.

Das Weltgericht

11: 4,2; Dan 7,9 · 6,14; 16,20; 2Petr 3,10.12
12: Dan 7,10 · 21,27!
13: Joh 5,28–29 · 2,23; 22,12; Röm 2,6!
14: 1Kor 15,26 · 21,8! · 20,6!
15: 21,27!; Dan 12,1–2

11 Und ich sah einen grossen, weissen Thron und den, der darauf sass; vor dessen Angesicht flohen Erde und Himmel, und es fand sich kein Ort für sie. 12 Und ich sah die Toten, die Grossen und die Kleinen, vor dem Thron stehen. Da wurden Bücher aufgeschlagen, und noch ein Buch wurde aufgetan: das Buch des Lebens. Und die Toten wurden gerichtet aufgrund dessen, was in den Büchern geschrieben stand, nach ihren Taten. 13 Und das Meer gab seine Toten her, und der Tod und die Unterwelt gaben ihre Toten her, und sie wurden gerichtet, jeder nach seinen Taten. 14 Und der Tod und die Unterwelt wurden in den Feuersee geworfen. Das ist der zweite Tod: der Feuersee. 15 Und wer sich nicht aufgeschrieben fand im Buch des Lebens, der wurde in den Feuersee geworfen.

Die neue Schöpfung

1: Ps 102,27! · 20,11
2: 21,10!
3: Lev 26,11–12; Ez 37,27

21 1 Und ich sah einen neuen Himmel und eine neue Erde. Denn der erste Himmel und die erste Erde sind vergangen, und das Meer ist nicht mehr. 2 Und die heilige Stadt, ein neues Jerusalem, sah ich vom Himmel herabkommen von Gott her, bereit wie eine Braut, die sich für ihren Mann geschmückt hat. 3 Und ich hörte eine laute Stimme vom Thron her rufen:

4: 7,17; Jes 25,8 · Jes 65,19

> Siehe, die Wohnung Gottes bei den Menschen! Er wird bei ihnen wohnen, und sie werden seine Völker sein, und Gott selbst wird mit ihnen sein, ihr Gott. 4 *Und abwischen wird er jede Träne von* ihren *Augen*, und der Tod wird nicht mehr sein, und kein Leid, kein Geschrei und keine Mühsal wird mehr sein; denn was zuerst war, ist vergangen.

5: Jes 43,19 · 22,6
6: 22,13! · 22,17!
7: 2,7.11.17.26; 3,5.12.21 · 2Sam 7,14; Ez 11,20
8: 14,10; 19,20; 20,10.14–15 · 20,6!

5 Und der auf dem Thron sass, sprach: Siehe, ich mache alles neu! Und er sagt: Schreib, denn diese Worte sind zuverlässig und wahr. 6 Und er sagte zu mir: Es ist geschehen. Ich bin das A und das O, der Anfang und das Ende. Ich werde dem Dürstenden von der Quelle des Lebenswassers zu trinken geben, umsonst. 7 Wer den Sieg erringt, wird dies alles erben, und *ich werde ihm Gott sein, und er wird mir Sohn sein.* 8 Den Feigen und Ungläubigen, den mit Greueltaten Befleckten und Mördern, den Unzüchtigen, Zauberern und Götzendienern und allen, die der Lüge dienen, wird ihr Teil beschieden sein im brennenden Feuer- und Schwefelsee; das ist der zweite Tod.

Das neue Jerusalem

9: 15,1
10: Ez 40,1–2 · 21,2; Hebr 12,22

9 Und es kam einer von den sieben Engeln, die die sieben Schalen mit den sieben letzten Plagen hatten, und er redete mit mir und sprach: Komm, ich werde dir die Braut zeigen, die Frau des Lammes! 10 Und er führte mich durch den Geist auf einen grossen, hohen Berg und zeigte

mir die heilige Stadt Jerusalem, wie sie vom Himmel herabkam, von
Gott her, 11 angetan mit der Herrlichkeit Gottes. Ihr Lichtglanz war wie
kostbarster Edelstein, wie kristallklarer Jaspis.

12 Sie hat eine grosse, hohe Mauer mit zwölf Toren, und auf den To- 12–13: Ez 48,30–35
ren zwölf Engel; darauf sind Namen geschrieben, die Namen der zwölf 12: Ex 28,21
Stämme der Söhne Israels: 13 drei Tore nach Osten, drei Tore nach Nor-
den, drei Tore nach Süden, drei Tore nach Westen. 14 Und die Mauer der 14: Eph 2,20
Stadt hat zwölf Grundsteine, und darauf stehen die zwölf Namen der
zwölf Apostel des Lammes.

15 Und der mit mir redete, hatte als Messstab ein goldenes Rohr, um 15: 11,1; Ez 40,3;
die Stadt und ihre Tore und ihre Mauer zu vermessen. 16 Die Stadt ist Sach 2,1–2
angelegt als Viereck von gleicher Länge und Breite. Und er vermass die 16: Ez 48,16
Stadt mit dem Rohr und kam auf zwölftausend Stadien; ihre Länge und
Breite und Höhe sind gleich. 17 Und er mass ihre Mauer: Hundertvier-
undvierzig Ellen waren es nach Menschenmass, das auch das Engels-
mass ist.

18 Und ihr Mauerwerk war aus Jaspis, und die Stadt war aus reinem
Gold, das war wie reines Glas. 19 Die Grundsteine der Stadtmauer wa- 19–20: Jes 54,11–12 ·
ren aus je einem Edelstein kunstvoll gefertigt: Der erste Grundstein war Ex 28,17–20
ein Jaspis, der zweite ein Saphir, der dritte ein Chalzedon, der vierte ein
Smaragd, 20 der fünfte ein Sardonyx, der sechste ein Karneol, der siebte
ein Chrysolith, der achte ein Beryll, der neunte ein Topas, der zehnte ein
Chrysopras, der elfte ein Hyazinth, der zwölfte ein Amethyst. 21 Und die
zwölf Tore waren zwölf Perlen; jedes der Tore bestand aus einer einzi-
gen Perle. Und die Strasse der Stadt war reines Gold, wie durchsichtiges
Glas.

22 Einen Tempel aber sah ich dort nicht, denn Gott, der Herr, der
Herrscher über das All, ist ihr Tempel, er und das Lamm. 23 Und die 23: 22,5;
Stadt bedarf nicht der Sonne noch des Mondes, dass sie ihr scheinen, Jes 60,19–20
denn die Herrlichkeit Gottes erleuchtete sie, und ihre Leuchte ist das
Lamm. 24 Und die Völker werden ihren Weg gehen in ihrem Licht, und 24: Jes 60,3
die Könige der Erde tragen ihre Pracht zu ihr hin. 25 Und ihre Tore wer- 25: Jes 60,11
den niemals geschlossen, nicht bei Tag und – Nacht wird es dort keine
mehr geben. 26 Und sie werden in sie hineintragen die Pracht und die 26: Jes 60,5
Schätze der Völker. 27 Und nichts Gemeines wird in sie hineinkom- 27: Jes 52,1 · 3,5;
men, keiner, der tut, was abscheulich ist, oder der Lüge dient, allein die 13,8; 17,8; 20,12.15;
eingetragen sind im Buch des Lebens, dem Buch des Lammes. Ps 69,29!

22 1 Und er zeigte mir den Fluss mit dem Lebenswasser, der klar ist 1: 22,17!; Ez 47,1;
wie Kristall, und er entspringt dem Thron Gottes und des Lam- Sach 14,8
mes. 2 In der Mitte zwischen der Strasse und dem Fluss, nach beiden 2: 2,7!; Ez 47,7.12
Seiten hin, sind Bäume des Lebens, die zwölfmal Frucht tragen. Jeden
Monat spenden sie ihre Früchte, und die Blätter der Bäume dienen zur
Heilung der Völker. 3 Und nichts Verfluchtes wird mehr sein. Und der 3: Sach 14,11
Thron Gottes und des Lammes wird dort sein, und seine Knechte wer-
den ihm dienen. 4 Sie werden sein Angesicht schauen, und auf ihrer 4: Ps 11,7 · 14,1!
Stirn wird sein Name stehen. 5 Keine Nacht wird mehr sein, und sie 5: 21,23! · 5,10;
brauchen weder das Licht einer Lampe noch das Licht der Sonne. Denn 20,4.6; Dan 7,18.27
Gott, der Herr, wird über ihnen leuchten, und sie werden herrschen,
von Ewigkeit zu Ewigkeit.

Buchschluss

6: 21,5 · 1,1! 6 Und er sagte zu mir: Diese Worte sind zuverlässig und wahr. Und
der Herr, der Gott über den Geist der Propheten, hat seinen Engel ge-
sandt, um seinen Knechten zu zeigen, was in Kürze geschehen muss.
7: 3,11! · 1,3! 7 Und siehe, ich komme bald. Selig, wer an den Worten der Weissagung
festhält, die in diesem Buch aufgeschrieben sind!
8–9: 19,10 8 Und ich, Johannes, ich habe dies gehört und geschaut. Und als ich
8: 1,1.4.9 es gehört und geschaut hatte, fiel ich nieder, um zu Füssen des Engels,
der mir dies gezeigt hatte, zu beten. 9 Da sagt er zu mir: Nicht doch!
Dein Mitknecht bin ich und der deiner Brüder, der Propheten, und de-
rer, die an den Worten dieses Buches festhalten. Vor Gott sollst du deine
Knie beugen!
10: 10,4 · 1,3 10 Und er sagt zu mir: Die Worte der Weissagung, die in diesem
11: Dan 12,10 Buch stehen, sollst du nicht versiegeln! Denn die Zeit ist nahe. 11 Wer
Unrecht tut, tue weiter Unrecht, wer unrein ist, mache sich weiter un-
rein, wer gerecht ist, tue weiter, was recht ist, wer heilig ist, suche wei-
ter nach Heiligung.
12: 3,11! · 20,13! 12 Siehe, ich komme bald, und den Lohn bringe ich mit, um einem
13: 1,8; 21,6 · 1,17; jeden zu geben, wie es seinem Werk entspricht. 13 Ich bin das A und das
2,8; Jes 44,6; 48,12 O, der Erste und der Letzte, der Anfang und das Ende.
14: 1,3! · 7,13–14 · 14 Selig, die ihre Gewänder waschen; sie sollen ein Anrecht haben
2,7! · 21,12–14 auf den Baum des Lebens und durch die Tore einziehen in die Stadt.
15: 21,27 15 Draussen bleiben die Hunde, die Zauberer, die Unzüchtigen, die
Mörder, die Götzendiener und jeder, der die Lüge liebt und lügt.
16: 1,1 · 5,5; Jes 11,1 16 Ich, Jesus, habe meinen Engel gesandt, um euch dies über die Ge-
meinden zu bezeugen. Ich bin die Wurzel und der Spross Davids, der
helle Morgenstern.
17: 7,17; 21,6; 22,1; 17 Und der Geist und die Braut sprechen: Komm! Und wer es hört,
Joh 7,37; Jes 55,1 sage: Komm! Und wer dürstet, der komme, und wer will, der nehme
vom Wasser des Lebens, umsonst.
18–19: Dtn 4,2 · 1,3 18 Ich bezeuge es jedem, der die Worte der Weissagung, die in die-
sem Buch aufgeschrieben sind, hört: Wer ihnen etwas hinzufügt, dem
wird Gott die Plagen zufügen, die in diesem Buch aufgeschrieben sind.
19: 2,7! · 21,10! 19 Und wer etwas wegnimmt von den Worten dieses Buches der Weis-
sagung, dessen Anteil wird Gott wegnehmen vom Baum des Lebens und
von der heiligen Stadt, von denen in diesem Buch geschrieben ist.
20: 3,11! 20 Es spricht, der dies bezeugt: Ja, ich komme bald. – Amen, komm,
Herr Jesus!
21: 2Thess 3,18 21 Die Gnade des Herrn Jesus sei mit allen.

22,6: Der griechische Text benutzt hier eine im Deutschen nicht nachahmbare Formulierung, die die individuelle Zusprechung des Geistes stärker ausdrückt: ‹der Gott der Geister der Propheten›.

22,16: Andere Übersetzungsmöglichkeit: «... Ich bin die Wurzel und das Geschlecht Davids, der ...»

Glossar

A und O

Mit A und O sind *Alpha* und *Omega*, der erste und der letzte Buchstabe des griechischen Alphabets, gemeint. «Ich bin das A und das O» ist eine Selbstaussage des erhöhten Christus in der Offenbarung des Johannes, in der sich der Glaube der Gemeinde ausdrückt: Christus ist der Herrscher über das All (griechisch *pantokrator*), er beherrscht das ganze ‹Alphabet› der Weltgeschichte. Mit diesem Bekenntnis wird zugleich auch der Anspruch jeder anderen Instanz – sei diese eine Person oder eine Ideologie – auf absolute Macht oder Kompetenz bestritten.

Offb 1; 21–22

Aaron

Priester▲

In den Büchern Exodus, Leviticus und Numeri ist A. neben seinem Bruder Mose, der politisch-theologischen Leitfigur, die kultisch-religiöse Leitfigur, sowohl beim Auszug aus Ägypten als auch während Israels Aufenthalt in der Wüste. Mit Mose tritt er vor den Pharao. Er führt das Wort bei den Verhandlungen über den freien Abzug aus der Fronarbeit. Seine magischen Kräfte sind denen ägyptischer Priester überlegen. Auf Gottes Geheiss werden A. und seine Söhne zu ersten Priestern geweiht. Sie erhalten eine besondere Amtstracht und bringen die ersten Opfer dar. In Abwesenheit von Mose missbraucht A. seine religiöse Macht, schafft sich mit dem goldenen Kalb einen dienstbaren Gott und stellt sich an die Spitze des Volks. Damit scheitert er, doch den Anspruch einer anderen Familie auf das Privileg des priesterlichen Amts schlägt er erfolgreich nieder: Die Rotte Korach geht unter. A. verkörpert das priesterliche Amt; im Verständnis Israels ist das Priestertum in seiner Person eng mit dem Auszug aus Ägypten und dem Werdegang des Volks verbunden. Wer künftig Priester ist, ist ein ‹Sohn A.› bzw. ein Aaronide. Nach einer anderen Überlieferung lag das Monopol ausschliesslich bei den Zadokiden, deren Urahn Zadok war, der Priester Davids.

Ex 4–5; 7; 28; 32; Lev 8; Num 16–17; Apg 7

Abba

Vater▲

aramäisch für ‹Vater›, gebräuchlich als Anrede an den leiblichen Vater; von Jesus auch als Anrede an Gott gebraucht, als solche Ausdruck einer vertrauten Gottesbeziehung

Abendmahl

Mahl▲

Dem A. gehen verschiedene Traditionen des Mahls voraus. Besonders bedeutsam ist das jährliche Passa, das in Erinnerung an das letzte Essen vor dem Auszug aus Ägypten gefeiert wird. Beeinflusst ist das A. auch vom täglichen Abendessen, bei dem der Familienvater zum Brechen des Brots ein Wort des Segens oder Dankes sagt. Die Evangelien und Paulus bezeugen das Zusammentreffen beider Traditionsstränge. – Die fünf neutestamentlichen Zeugnisse der Abendmahlsüberlieferung sind nicht identisch und zeigen damit, dass die Mischung der Traditionen in den frühen christlichen Gemeinden noch längere Zeit nicht abgeschlossen war. Aus ihnen lässt sich das folgende Überlieferungsmuster rekonstruieren: Jesus bricht am Passamahl vor seinem Tod mit seinen Jüngern das Brot, nimmt den Kelch und spricht über beide ein deutendes Wort, in dem er das Brot als seinen Leib und den Kelch als sein Blut resp. den neuen Bund deutet. Das historische Mahl wird dabei vom Tod und von der Auferstehung Jesu her gedeutet: Es weist so auf Jesu Selbsthingabe und die Stiftung eines neuen Bundes. Jesu Tun kommt denen zugute, die am Mahl teilnehmen. – In katholischer Tradition wird das A. Eucharistie genannt, weil jeder Gottesdienst als ‹Danksagung› (griechisch *eucharistia*) der Gemeinde für Jesu Opfertod gefeiert wird. In evangelischer Tradition ist der Begriff A. üblich, weil Jesus es mit seinen Jüngern am Abend vor seinem Tod eingenommen hat, daneben auch die von Paulus gebrauchte Bezeichnung ‹Herrenmahl›, weil Jesus sich aus der nachösterlichen Wahrnehmung dabei als der *Kyrios* (Herr) erwiesen hat. Wie das A. theologisch zu verstehen ist, wird zwischen den Konfessionen intensiv diskutiert und ist bis heute umstritten. In evangelischer Tradition bildet die Gegenwart Christi in der Gemeinschaft der Glaubenden, die sich unter den Zeichen von Brot und Wein an seine Selbsthingabe erinnern, das Zentrum des A.

Mt 26; Mk 14; Lk 22; 1Kor 10; 11

abfallen

abtrünnig werden; in politischen Beziehungen die Gefolgschaft versagen; in religiösen Beziehungen sich abwenden von einer Gottheit; im Verlauf der Geschichte der Kirchen häufig verwendet für den Wechsel zu einer Irrlehre (Häresie) mit der Folge des Ausschlusses (Exkommunikation)

Abgabe

Abzweigen von Werten aus privatem Besitz zugunsten öffentlicher Einrichtungen; religiöse Steuer zur Errichtung und zum Unterhalt des Kults, meist in Gestalt von Naturalien; quantitativ festgelegt (Zehnter) durch die Weisung (Tora), qualitativ eingebunden in liturgische Ordnungen (Erntedank)

Abraham und Sara

Verheissung▲ Weg▲

Nach den ersten elf Kapiteln der Genesis, in denen es um die Anfänge der Menschheit insgesamt geht, setzt in der Bibel die Geschichte des nachmaligen Israel mit der Zeit der Väter und Mütter ein. A. und S. stehen am Anfang des familiär gedachten Werdegangs des späteren Volks Israel. Nach der Darstellung des Alten Testaments ziehen sie mit ihrer Sippe von Mesopotamien her westwärts. In Palästina führen sie das Leben von Halbnomaden: Teils sind sie in den Gebieten um Sodom oder Beer-Scheba unterwegs, teils sind sie in Chebron (Hebron) ansässig, wo sie bei der Terebinthe von Mamre ein Heiligtum haben. Ihr Leben steht unter dem Zeichen der Verheissungen von zahlreicher Nachkommenschaft und Land, die sich allerdings nur zögerlich realisieren. Erst im hohen Alter wird dem Paar ein Sohn beschert, Isaak, an dessen Überleben die weitere Verwirklichung der Verheissungen hängt. Wie zerbrechlich diese sind und vor welche Herausforderungen sich Israels Glaube gestellt sieht, zeigt die Geschichte von der befohlenen Opferung Isaaks, die mit dessen Bewahrung endet. Abraham wird hier als Prototyp des gegen jede Evidenz an Gott Glaubenden gezeichnet. – Wie Könige beim Machtantritt Thronnamen erhalten, so bekommen auch A. und S. am entscheidenden Wendepunkt ihrer Geschichte von Gott neue Namen: aus Abram (was wahrscheinlich ‹der Vater ist erhaben› bedeutet) wird Abraham (was im Alten Testament volksetymologisch als ‹Vater vieler› gedeutet wird); aus Sarai wird Sara (Fürstin). Beide werden im Neuen Testament zu Prototypen des Glaubens, zu Urbildern einer Lebensweise und Glaubenshaltung, die ihre Sicherheit allein aus Gott beziehen. – Während man das Judentum allein vor allem früher oft als ‹mosaische Religion› bezeichnete, da Mose aufgrund der Ereignisse am Sinai als Religionsstifter des Judentums betrachtet werden kann, spricht man heute im interreligiösen Dialog häufig von den ‹abrahamitischen Religionen›, da die Gestalt des A. für Juden wie Christen und Muslime Bedeutung hat.

Gen 12–25; Ps 105; Joh 8; Röm 4; Hebr 11; Jak 2

Adam und Eva

Mensch▲

Das Wort A. ist im Alten Testament sowohl ein Eigenname als auch die allgemeine Bezeichnung für ‹Mensch›. In den ersten drei Kapiteln der Bibel wird von der Erschaffung des A. erzählt: Zunächst in einem Bericht über Gottes Schöpfungswerk in sechs Tagen, als dessen Höhepunkt der Mensch, männlich und weiblich, erschaffen wird, daraufhin in einer Erzählung über die beiden ersten Menschen im Paradies. Deren Namen, A. und E., erinnern im Hebräischen an den Ackerboden (*adama*), aus dem der erste Mensch nach dieser Erzählung erschaffen wird, und an das Lebendige (*chai*), zu dessen Mutter E. (im Hebräischen *chawa*) wird. A. und E. zusammen stellen *den* Menschen dar, aber nicht als Einzelwesen, sondern als Menschenmann (*isch*) und Menschenfrau (*ischscha*) in ihrer Angewiesenheit auf ein je ergänzendes Gegenüber. – Neben der Beziehung zwischen Mann und Frau geht es in der Geschichte von A. und E. vor allem auch um die Beziehung zwischen Gott und Mensch. Gegen den Willen Gottes isst der Mensch vom Baum der Erkenntnis; ihm gehen die Augen auf und er wird «wie Gott», wissend um Gut und Böse. Damit der Unterschied zwischen ihm und dem Menschen doch noch bewahrt bleibt, vertreibt Gott A. und E. aus dem Paradies, hinaus in eine Welt voller Mühsal und Konflikte. Damit hat sich der Mensch die Möglichkeit auf ein unsterbliches Leben in kindlicher Geborgenheit bei Gott verspielt. In gewisser Weise ist er Gott zwar ähnlich geworden, doch diese Ähnlichkeit ist mit einer grösseren Distanz zu seinem Schöpfer erkauft. – Obwohl das urgeschichtliche Gleichnis die Wörter Sünde und Fall nicht verwendet, wird A. in der Wirkungsgeschichte zum Gegenbild von Christus: Paulus benutzt die Geschichte vom ersten Menschenpaar als Negativfolie, an der sichtbar wird, was Sünde und Fall bedeuten, von der sich Christus als der neue A. abhebt, das neue Geschöpf, der Erstgeborene aus den Toten.

Gen 1–3; Röm 5; 7; 1Kor 15; 1Tim 2

Ägypter/Ägypten

Auszug▲ Pharao▲

Das Siedlungsgebiet der Ä. erstreckt sich entlang dem Unterlauf des Nil und gliedert sich in Oberägypten: das etwa 20 km breite Niltal vom ersten Katarakt bis Kairo, und Unterägypten: das bis zu 220 km Breite sich auffächernde Nildelta. Die Ä. selbst nannten ihr Land ‹das Schwarze›, weil es nur gedeihen konnte, wenn es regelmässig vom Nil überschwemmt wurde, der dann seinen schwarzen fruchtbaren Schlamm zurückliess. Die semitische Bezeichnung bedeutet wohl ‹Doppelgebiet hinter der Grenze›; durchgesetzt hat sich schliesslich die Bezeichnung *Aigyptos*, die griechische Wiedergabe eines ägyptischen Wortes, das ‹Kapelle (Grabstätte) des Ptah› bedeutet, von dem auch der Name ‹Kopten› für die christlichen Ägypter abgeleitet ist. – Ab ca. 3000 v.Chr. entwickelte sich Ä. zu einer Hochkultur, die sich über Jahrtausende hinweg erstaunlich wenig veränderte und erst mit der arabischen Eroberung (7. Jahrhundert n.Chr.) zu einem Ende kam. Als Grossmacht war Ä. auch für Palästina von hoher Bedeutung, nicht nur wirtschaftlich-politisch, sondern auch religiös-kulturell. – Theologisch ist Ä. im Alten Testament vor allem als Ort der Unterdrückung bedeutsam, als ‹Sklavenhaus›, aus dem Gott sein Volk Israel befreite. Daneben ist es als Zufluchtsstätte in verschiedenen Katastrophen auch positiv besetzt.

Allerheiligstes

Hoher Priester▲ Tempel▲ Versöhnungstag▲

das Heiligste von allem Heiligen; im engeren Sinn architektonischer Fachbegriff (hebräisch *debir*) aus dem Tempelbau für den nur dem Priester bzw. Hohen Priester zugänglichen Kultraum, in dem Gott als präsent gedacht ist; in altorientalischen Tempeln die *Cella* mit der Götterstatue; im Wanderheiligtum, dem Zelt der Begegnung, als Ort der Lade mit den Geboten gedacht; im freigelegten JHWH-Heiligtum von Arad eine Nische mit einem heiligen Stein; im ersten Tempel der Ort von Lade und Kerubimthron; darf nur vom Hohen Priester und von diesem nur am Versöhnungstag betreten werden (vgl. Lev 16)

Almosen

Lehnwort, das aus griechisch *eleemosyne* ‹Mildtätigkeit› entstanden ist und dessen Bedeutung sich von der Handlung auf die Gabe verschoben hat

Altar

Opfer▲

Der im Hebräischen für A. gebrauchte Ausdruck lautet wörtlich ‹Ort, an dem geschlachtet wird›. Meist stehen solche A. an Orten, die bereits von Natur aus exponiert sind (Hügel, Quellen, Findlinge). Auf ihnen werden Opfer unterschiedlichster Art dargebracht. Zur Opferdarbringung gehört die heilige Handlung, das Ritual, das mit der Zeit zum Privileg des priesterlichen Kultpersonals wird. Später werden die A. in die Tempelbezirke integriert. Im Verlauf der Geschichte Israels wurde die Vielzahl der A. bzw. Heiligtümer kritisiert; es kam zu Reduktionen und schliesslich zur Konzentration auf Jerusalem. Die frühchristlichen Gemeinden kannten keine Altäre, da sie auf Grund der Bedeutung des Todes Jesu auch keine Opfer darbrachten. In der reformierten Tradition wird daher auch nicht mehr vom A. gesprochen, sondern vom Abendmahlstisch.

Gen 12; 22; Ex 25–31; Dtn 26; Ri 6; 2Sam 24;2Kön 22–23; 1Kor 8; 10

Älteste
Synhedrium▲
Titel von Inhabern eines kollektiv wahrgenommenen Amtes; im Alten Testament zuständig für politische, gerichtliche und religiöse Angelegenheiten Israels; in den Evangelien eine Gruppe des Hohen Rats, in einigen Briefen Amt der Gemeindeleitung, das auch Frauen ausüben können; griechisch *presbyteros*, eigentlich ‹der Ältere›, woraus sich das deutsche Wort ‹Priester› entwickelt hat

Amalekiter
semitischer Nomadenstamm im Gebiet des Negev; vor allem in der Zeit Davids gefürchteter Feind Israels

Amen
Hallelujah!▲
A. ist ein hebräischer Ausruf zur Bestätigung von Aussagen. Ihm entspricht im Deutschen ‹sicher!› oder ‹gewiss!› In den meisten neueren Bibelübersetzungen bleibt der Ausdruck unübersetzt. A. bestätigt den gerade gehörten Inhalt eines Fluchs oder Segens, einer Gesetzesverlesung oder eines Bussbekenntnisses, eines Gebetes oder eines Lobpreises. Neutestamentliche Autoren verwenden den Ausruf auch, um in einer Argumentation zu überzeugen: Paulus tut dies gegenüber seiner Leserschaft, indem er seinen Gedankengang mit einer solchen liturgischen Geste unterbricht; die Synoptiker tun dies, indem sie Jesus gelegentlich bereits vor einer Aussage deren Bestätigung in den Mund legen, Johannes, indem er wichtige Worte Jesu mit doppeltem A. einleitet.

Dtn 27,15–26; Neh 8,1–8; Ps 41; 106; Mt 6,1–18; Röm 15,33

Ammoniter
nordwestsemitisches Volk im Gebiet östlich des Jordangrabens (heute Jordanien); mit den westlich und nördlich siedelnden Israeliten (Jakob) sowie den südlich siedelnden Moabitern und Edomitern (Esau) ethnisch und sprachlich nahe verwandt; Ammon und Moab gelten im Alten Testament als Söhne von Lot; bedeutsam während der Richterzeit (Jiftach) und Königszeit Israels

Amoriter

in sehr alten Texten Mesopotamiens Sammelbezeichnung für die Bewohner des Westens, in jüngeren Texten Bezeichnung für die Bewohner Syriens und Palästinas; im Alten Testament ebenso pauschal gebraucht für die vorisraelitische Bevölkerung Palästinas westlich und östlich des Jordan

Amt

Älteste▲ König▲ Priester▲ Prophet▲ Richter▲

Ein A. ist eine Einrichtung in einem sozialen Gebilde (etwa einem Staat oder einer religiösen Gemeinschaft etc.), die mit klar definierten Rechten und Pflichten verbunden und auf Dauer angelegt ist. Die Anzahl und Funktionen solcher Ä. hängen im Einzelnen vom Charakter und den Strukturen des entsprechenden Gebildes ab. – Im vorköniglichen Israel gab es nur wenige Ä.: Neben demjenigen des Priesters erwähnen die alttestamentlichen Texte das A. des Ältesten, des Stammesführers und des Richters. Mit der Entstehung staatlicher Strukturen kam es zu weiteren Differenzierungen und der Entstehung neuer Ä. Aus einer horizontal strukturierten Gesellschaft entwickelt sich eine vertikal strukturierte Gesellschaft mit einer klaren Hierarchie. Innerhalb der ständischen Gliederung rangieren nun die Armen und Randständigen zuunterst und der König zuoberst. Zwischen diesen beiden Polen etablieren sich die neu entstandenen Stände des Adels, des Militärs und des Beamtentums, durch deren Vertreter das Staatswesen geführt, geschützt und verwaltet wird. Die verschiedenen Ä. werden über ihre Funktionen innerhalb des komplexen Systems definiert. So ist der König für die Aufrechterhaltung der Ordnung und des Friedens zuständig und der Priester für den ordnungsgemässen Umgang mit dem Heiligen. Diese beiden Ä. sind mit grosser Machtbefugnis und Privilegien verbunden, beide sind erblich (wobei es im Königtum des Nordreichs allerdings häufig zu gewaltsam erzwungenen Dynastiewechseln kam). Ob man auch die Propheten als Inhaber eines A. verstehen kann, hängt von der Betrachtungsweise ab. Einige Texte zeigen, dass es, wie in der altorientalischen Umwelt, vermutlich auch im alten Israel sogenannte Kultpropheten gab, die in der Nähe von Tempel und Hof etabliert waren. Als eigentliche JHWH-Propheten gelten im Alten Testament aber gerade nicht sie, sondern charismatische Persönlichkeiten, die von JHWH berufen werden. Diese Propheten haben, obwohl sie wenig etabliert sind, doch ihren Platz in der Gesellschaft und bleiben bis in die nachexilische Zeit eine feste ‹Einrichtung›, die man in einem übertragenen Sinn als A. verstehen könnte. Ohne dass es in der Bibel je zu einer ausgeprägten Amtstheologie gekommen wäre, ist ein kritisches Nebeneinander der Amtsverständnisse erkennbar und wegleitend: Es gibt beides, das charismatische A. als die von Gott zugeteilte besondere Aufgabe und das sozial etablierte A. als reguläre Einrichtung in einem komplexen System. – Wenn die frühchristlichen Gemeinden Jesus allein aufgrund seiner besonderen Beziehung zu Gott als wahren Priester, wahren König und wahren Propheten verstehen, haben sie selbstverständlich das charismatische A. im Sinn. Paulus versucht, die charismatische Amtvorstellung mit der sozial etablierten zu verbinden, indem er die Christusgläubigen nicht als Mitglieder eines Verbandes, sondern als Glieder eines Organismus und Träger einer je besonderen Aufgabe versteht. In der wachsenden und sich ausbreitenden Kirche kommt es jedoch wieder zur Bildung von Ständen und ständischen Pflichtenheften. Im Verlauf dieser Entwicklung wird der Zugang zu bestimmten Ämtern für die Frauen wieder eingeschränkt. Das A. des Bischofs, des Diakons, der Ältesten bildet sich heraus. Ein System entsteht. Der Gefahr der Erstarrung, die diesem System innewohnt, wirkt die Lehre entgegen, nach welcher die Ä. Christi – das priesterliche A., Versöhnung zu schaffen, das königliche A., Gerechtigkeit zu schaffen, das prophetische A., das sowohl das priesterliche wie das königliche kritisch begleitet und allfälligen Amtsmissbrauch beim Namen nennt – der ganzen Gemeinde aufgetragen sind. Darin kommt eine herrschaftskritische Kraft zum Ausdruck, die insbesondere in der reformierten Theologie (Calvin) wirksam geworden ist.

Dtn 16–18; 1Kön 4–5; Ps 72; 1Kor 12–14; 1Tim 3; 5; Tit 1; Hebr 7–10

Antiochia

Die Stadt A. liegt im Norden Palästinas und am nördlichsten Punkt der Ostküste des Mittelmeers. Sie verfügte über einen eigenen Hafen, lag aber eine Tagestour vom Mittelmeer entfernt am Fluss Orontes, der Stadt und Hafen verband. Sie wurde als Antigoneia gegründet (307 v.Chr.), bald aber vom Alexandererben Seleukos I. zu Ehren seines Vaters Antiochos in A. umbenannt (300). Der römische Feldherr Pompeius eroberte A. (64); die alte Hauptstadt des Seleukidenreichs wurde 27 v.Chr. zur neuen Hauptstadt der römischen Provinz Syria. Mit Rom, Konstantinopel und Alexandria war A. eine der vier Weltstädte des Römischen Reichs. Griechischer Geist, römische Politik und orientalische Kulte verbanden sich hier. In den Jahrhunderten vor Christus bildete sich in A. eine der grössten jüdischen Gemeinden ausserhalb Palästinas. Im ersten nachchristlichen Jahrhundert entstand hier die erste hellenistisch geprägte christliche Gemeinde. Von A. bricht Paulus nach der Darstellung der Apostelgeschichte mehrmals zu Missionsreisen auf. Die Alte Kirche unterhielt hier dreihundert Jahre lang ein theologisches Zentrum, aus dem wichtige Kirchenlehrer (wie Ignatius und Nestorius) hervorgegangen sind und das erheblichen Einfluss auf den Fernen Osten (bis Xian in China) ausgeübt hat. Nach mehreren Erdbeben und der arabischen Eroberung (638 n.Chr.) ist A. fast ganz verschwunden. Die gegenwärtige Stadt ist türkisch und nur noch ihr Name *Antakya* erinnert an ihre Geschichte. – Im Neuen Testament erlangt A. im Zusammenhang mit dem Apostelkonzil erhebliche Bedeutung: In Jerusalem treffen sich (um 48 n.Chr.) zwei christliche Parteien, um unterschiedliche Vorstellungen zu bereinigen. Paulus und Barnabas kommen als Gesandte der Gemeinde von A. und vertreten Standpunkte, wie sie für griechisch orientierte Christen typisch sind. Die ‹drei Säulen› der Jerusalemer Urgemeinde: Jakobus, der Bruder Jesu, Johannes, der Sohn des Zebedäus, und Petrus vertreten die Standpunkte jüdisch orientierter Christen. Strittig ist die Frage, ob und inwieweit sich nichtjüdische Christen den jüdischen Ritualgesetzen unterziehen müssen. Das Ergebnis des Konzils bedeutet einen Erfolg für Paulus und damit auch für A., den Ort, wo erstmals Anhänger des neuen Glaubens ‹Christen› genannt werden: Jerusalem anerkennt Gemeinden, die von den nichtjüdischen Christen keine Beschneidung verlangen.

Apg 11; 15; Gal 2

Apostel

Jünger/Jüngerin▲

Der Begriff A. leitet sich vom griechischen Wort *apostolos* ab, deutsch ‹Gesandter›. Die im Neuen Testament mit dem Begriff verbundene Vorstellung geht auf alttestamentliche Vorbilder zurück. Der Gesandte im Alten Testament ist der ‹Bote›, den Gott selbst mit einer Botschaft entsendet: in Erzählungen eine wunderbar auftauchende Figur, die ein wendendes Eingreifen Gottes in aussichtsloser Lage ankündigt, in Prophetenbüchern eine Person, die in einem kritischen Moment der Geschichte ein Gotteswort mitteilt. Der Gesandte gehört somit in den (näheren und weiteren) Bereich der Prophetie. – Im Neuen Testament lassen sich zwei Konzepte unterscheiden: Ein Gesandter Gottes resp. Jesu Christi ist bei Paulus jeder Mensch, der wie er von Christus resp. seinem Geist zur Verkündigung des Evangeliums berufen wurde, bei Lukas im engeren Sinn derjenige, der als Augen- und Ohrenzeuge Jesu direkt von ihm bevollmächtigt wurde, wie er zu reden und zu handeln. Nach dem offenen Konzept sind es viele, die zu A. berufen sind, darunter auch Frauen. Nach dem geschlossenen Konzept wird die Orientierung an der traditionellen Zwölfzahl massgebend: Als A. gelten im Prinzip die zwölf Jünger. Erst nachbiblisch kann im institutionellen Sinn von einem Apostelamt gesprochen werden, das je nach Striktheit eine offene oder eine geschlossene Amtsfolge kennt (apostolische Sukzession). – «Der Abgesandte eines Menschen ist wie dieser selbst», diese Einschätzung eines nachbiblischen Rabbi gilt auch für die A. Gottes bevollmächtigte Gesandte verkündigen nicht sich selbst und ihre eigenen Ideen; sie treten hinter ihre Botschaft zurück wie jeder echte Prophet, der nichts ist als Gottes Mund.

Gen 16; 22; Num 22; Ri 13; Hag 1; Lk 6; Apg 1; 1Kor 12; 15

Araber

Verband nomadisierender südsemitischer Stämme im Bereich der Arabischen Halbinsel (heute Saudi-Arabien); zuerst wohl Sammelbezeichnung für Wüsten- und Steppenbewohner im Unterschied zu sesshaften Bewohnern des Kulturlandes und seiner Städte

Aramäer/aramäisch

Verband nordwestsemitischer Stämme, die sich vom Oberlauf des Eufrat her im Gebiet des heutigen Syrien niedergelassen und diverse Staaten gebildet haben; politisch nur für kurze Zeit bedeutsam (9./8. Jahrhundert v.Chr.); sprachlich dafür umso nachhaltiger, weil das Aramäische neben dem Kanaanäischen (zu dem das Hebräische gehört) zum wichtigsten Zweig des nordwestsemitischen Sprachenstammbaums wurde; die a. Sprache verdrängt in Israel mit der Zeit das Hebräische (2Kön 18,26), setzt sich von der Perserzeit an als internationale

Verkehrssprache durch, ist die Muttersprache Jesu und ist in verschiedenen Ausprägungen bis heute in Gebrauch

Arbeit

Sabbat▲

In der griechischen Welt wird die Vollkommenheit des Menschen daran erkennbar, dass er nicht arbeiten muss, und die Vollkommenheit Gottes daran, dass er, der alles bewegt, sich selbst nicht bewegt. Das antike Ideal der Musse, der Freiheit von A., hat die europäische Kultur bis weit in die Neuzeit stark geprägt. Im Unterschied dazu wertet die Bibel die A. weder ab noch auf, sondern setzt sie als eine gegebene, aber widersprüchliche Wirklichkeit des Lebens voraus. Mit Adam wird der Mensch beauftragt, «den Erdboden zu bebauen», und das heisst: die Erde im weitesten Sinn zu kultivieren. Schweiss und Mühe bei der A. werden als Preis dafür erklärt, dass der Mensch sich ein gottgleiches Wissen um Gut und Böse errungen hat. In der Weisheit wird der Faule zusammen mit dem Toren dem Fleissigen und Weisen gegenübergestellt. Die Propheten legen den Finger auf alle Formen von Ausbeutung und Korruption und prangern die Folgen ungerechter Verteilung des Gewinns aus A. an. Als Ausgleich zur A. wird die Ruhe des Sabbats verordnet, das regelmässige Kraftschöpfen vor dem Schöpfer (*récréation*) zur Erinnerung an die gute Schöpfung, der die Früchte der A. zu verdanken sind. Jesus stellt das Reich Gottes in Gleichnissen aus der alltäglichen Arbeitswelt dar. A. ist an sich nichts, was den Menschen entwürdigt; sie ist bereits im Paradies ein Auftrag. Leben ohne A. gibt es nicht. Nie aber ist sie ein Selbstzweck, und an keiner Stelle der Bibel wird der Mensch erst durch seine A. zum Menschen.

Gen 1–3; Ps 90; Spr 6; Lk 5; Apg 18; 2Thess 3

arm/Armer

reich▲

Zusammen mit der Waise, der Witwe und dem Fremdling gehört der A. im Alten Testament zu den Randständigen, die ausserhalb von Grossfamilie, Sippe und Stamm stehen und ohne deren sicherndes Netz auskommen müssen. Die Weisheitsliteratur hält dazu an, sich um sie zu kümmern, und verheisst denen Gutes, die es tun. Dem König sagt sie mit Nachdruck, dass er sich erst dann als gerecht erweise, wenn auch dem A. Gerechtigkeit widerfahre. Die Kritik der Propheten verdeutlicht, dass die Schicht der A. durch den gesellschaftlichen und ökonomischen Wandel entstanden ist: Die sesshaft gewordenen Nomaden der Frühzeit verstanden sich als freie und rechtsfähige Bauern, die auf dem Land, das Gott ihnen zu Lehen gegeben hatte, frei entscheiden konnten. Mit dem Übergang zur Monarchie entstanden neue gesellschaftliche Schichten: die des Adels, der versorgt, und die der Beamtenschaft, die bezahlt werden musste. Boden war nun nicht mehr Gottes Lehen, sondern wurde zunehmend Besitz dieser Schichten. Viele verarmte Bauern hatten nur noch ihre Arbeitskraft und fielen in Schuldsklaverei. Diesen Zustand klagen die Propheten an, für sie ist Armut das Indiz einer gottlosen Gesellschaft. In der Spätzeit des Alten Testaments entwickelt sich eine ausgesprochene ‹Armenfrömmigkeit›: Die Auffassung, nach welcher in den A. und Gebeugten die von JHWH erwählten Gerechten zu sehen sind, führt dazu, dass die Armut als Demut eine geradezu ethische Qualität erhält und Fromme sich als ‹A.› verstehen. – In den Evangelien spricht Jesus den A., Trauernden und Hungernden das Reich Gottes zu. Gott selbst ist es, der sich ihnen im Kommen seines Reichs zuwendet. Den Kontrast dazu bildet Jesu Warnspruch, dass eher ein Kamel durch ein Nadelöhr gehe als ein Reicher in das Reich Gottes.

Spr 19; Ps 72; Am 8; Mk 10; Lk 6

Asaf
Psalm▲ Sänger▲
legendärer Gründervater der Asafiten oder ‹Söhne Asaf›, einer führenden Familie oder Zunft von Sängern am Zweiten Tempel in der Zeit nach dem Exil (ab 539 v.Chr.); gilt als Vorgesetzter der Leviten beim Dienst an der Lade im Ersten Tempel; Namensgeber für die Überschriften von zwölf Psalmen dieser nachexilischen Zunft

Aschera
Kulthöhe▲ Mazzebe▲
kanaanäische Göttin der Fruchtbarkeit; in Ugarit, einer hochstehenden Stadtkultur im Norden Kanaans (heutige syrische Küste), als Frau des Göttervaters *El* und Mutter der Göttergruppe der ‹siebzig Söhne› verehrt; in hebräischen Inschriften mehrfach neben JHWH erwähnt; im Alten Testament sowohl Name der Göttin als auch Bezeichnung ihres Kultsymbols, eines heiligen Baums oder Baumstumpfs; zu den im Zweiten Buch der Könige überlieferten kultischen Reformmassnahmen des judäischen Königs Joschija gehörte die Entfernung der Aschera aus dem Jerusalemer Tempel

Asia
Provinz des Römischen Reichs, die (seit 129 v.Chr.) das Festland der kleinasiatischen Küste um die Städte Pergamum und Ephesus sowie die vorgelagerten Inseln der Ägäis umfasst (heute Westküste der Türkei)

Assyrer
Sanherib▲
ostsemitisches Volk in Mesopotamien mit Siedlungsgebieten am gebirgigen Oberlauf des Tigris und bedeutenden Stadtkulturen in Assur und Ninive (heute Irak); bedeutsam für Israel in der Zeit des Neuassyrischen Reichs (10.–7. Jahrhundert v.Chr.) als Kriegsmacht, die 722 das Nordreich Israel zerstört und 701 das Südreich Juda angreift, dann aber seinerseits angegriffen und durch das Neubabylonische Reich unter Nebukadnezzar abgelöst wird

Astarte
kanaanäische Fruchtbarkeits- und Kriegsgöttin; entspricht der mesopotamischen Ischtar; besonders verehrt in den Küstenstädten Sidon und Tyros, bekannt auch aus Ugarit; vielleicht identisch mit der von Jeremia erwähnten ‹Himmelskönigin›; über phönizische Vermittlung im

ganzen Mittelmeerraum verehrt, wo sich ihr Kult mit demjenigen der griechischen Aphrodite verbindet

Asylstädte

wörtlich ‹Städte der Aufnahme›, erwähnt nur in wenigen jüngeren Texten (Num 35; Jos 20); rechtlicher Begriff für Schutzgebiete, in denen ein Mensch, der nicht aus Vorsatz getötet hat, Aufnahme findet; Städte, deren Heiligtum tabu ist für die Blutrache der Geschädigten; später, nach der Zentralisierung auf ein einziges Heiligtum: Städte, in denen ein Flüchtiger nach Darlegung seines Falles von den Ältesten Aufnahme und nach einem Rechtsbeschluss von den Priestern Schutz erhält

Auferstehung/Auferweckung

Tod▲

Auferstehung ist in biblischen Texten ein sprachliches Bild und erst in nachbiblischen Texten ein dogmatischer Begriff. Im Deutschen macht die eingeschobene Vorsilbe ‹er› aus dem alltäglichen Wort ‹aufstehen› ein religiöses Sonderwort; das entsprechende hebräische bzw. griechische Wort bedeutet ‹Aufstehung›. Subjekt der Auferstehung ist der Mensch, der sich im Tod weiss. Die Erfahrung des Todes ist Voraussetzung für jegliches Verständnis von Auferstehung. Mit ‹Tod› bezeichnet die Bibel allerdings nicht erst jenen Zustand, der nach dem Aussetzen aller vitalen Funktionen eintritt. Lange vor dem biologischen Ableben kann jede Form von Minderung des Lebens als Tod erfahren werden. Minderung des Lebens bedeutet: ‹im Tod› sein. Entsprechend ist deshalb Mehrung des Lebens eine Erfahrung des Aufstehens ‹aus dem Tod›. Das ist es, was im Psalter die Klagelieder erhoffen, wofür die Danklieder danken. Sie setzen voraus, dass Gott auch dem Tod überlegen ist. Es gibt allerdings auch Psalmen, in denen das bezweifelt wird. – In neutestamentlichen Texten tritt neben das Bild der Auferstehung dasjenige der Auferweckung. Subjekt der Auferweckung ist Gott, der die Toten zum Leben erweckt. Die Verschiebung des Subjekts hat theologisch den Vorteil, dass das Geben des Lebens nun eindeutig Gott zugeschrieben wird, aber den Nachteil, dass damit ein Bild gebraucht wird, das zur Verharmlosung des Todes als eines Schlafs führen könnte. Bereits von Jesus werden Erzählungen überliefert, dass er (in der Nachfolge Elijas und Elischas) Tote wieder ins Leben gerufen habe (Tochter des Jairus, junger Mann von Nain, Lazarus). In den Erscheinungen Jesu nach seinem Tod erfahren seine Jüngerinnen und Jünger, dass Gott ihn nicht dem Tod ausgeliefert, sondern ihm Anteil gegeben hat an seinem eigenen Leben. Dieses Handeln Gottes an Jesus wurde von den frühchristlichen Gemeinden als Anbruch der letzten Zeit verstanden: Jesus ist der Erstgeborene der neuen Schöpfung, ihm werden alle Christen bei der eigenen Auferweckung folgen.

1Kön 17; Ps 22; 88; Ez 37; Mt 24–28; Mk 5; Lk 7; Joh 11; Röm 4, 10; 1Kor 15

Aussatz

rein▲

Sammelbezeichnung für verschiedene Hautkrankheiten, darunter die im Altertum unheilbare Lepra, die in den meisten Fällen kultisch unrein machen und deshalb den Ausschluss vom Kult zur Folge haben und von einem Priester begutachtet werden müssen (Num 12)

Auszug

Ägypter/Ägypten▲ retten▲ Weg▲

Die Geschichte Israels als Geschichte eines *Volks* beginnt nach der Darstellung des Alten Testaments erst in Ägypten. Dort werden die Israeliten vom Pharao zu unerträglich schwerer Fronarbeit verpflichtet. Mit Mose als Anführer lehnt sich das hebräische Volk dagegen auf, flieht und entkommt der Verfolgung. Ein solcher Erfolg konnte angesichts der Macht Ägyptens nur als ein Wunder wahrgenommen werden. Immer wieder wird davon berichtet: im zweizeiligen, sehr alten Siegeslied der Mirjam, in zwei ineinander verflochtenen Erzählungen, von denen die eine die Durchquerung des Wassers als Nutzung natürlicher Gegebenheiten schildert und die andere darin ein göttliches Wunder erkennt, in einem jüngeren Lied, in dem sich die JHWH-Gemeinde der überwältigenden Rettungserfahrung erinnert. Im Kern geht es dabei immer um die Glaubenserfahrung, dass Gott die seinen aus jeder Sklaverei befreit und auf ihrem Weg in ein verheissenes Land begleitet. Als solche wurde der A. zum Urdatum der gemeinsamen Geschichte von Gott und Volk, zur vorhistorischen Orientierung für historische Argumentation: Der erste der hebräischen Monate erinnert an den A., die Weitergabe religiöser Tradition von den Eltern an die Kinder beginnt mit der Erinnerung an ihn, alttestamentliche Bekenntnisse bezeugen ihn, Gebote werden mit ihm begründet, im Formular des Bundes wird er erwähnt, prophetische Kritik verweist auf die Zeit, als Israel jung und seinem Gott nahe war. Im Exil wird ein zweiter A. erhofft, diesmal nicht aus Ägypten, sondern aus Babel.

Ex 12–15; Dtn 5; 26; Jos 24; Ps 114; Jes 43; Jer 2; Hos 11; Mt 2

Baal

eigentlich ‹Besitzer›, ‹Herr von Gütern› (Sachen und Lebewesen), damit Bezeichnung für Götter *und* Menschen; Titel bestimmter Götter (Marduk in Babylon, Hadad in Mari); Eigenname des kanaanäischen Wettergottes, der in den kanaanäischen Stadtstaaten Ugarit (Syrien), Byblos und Tyros (Libanon) wegen seiner Herrschaft über die Winde auch als Gott der Seefahrt und wegen seiner Herrschaft über den Regen auch als Gott der Fruchtbarkeit des Bodens verehrt wird (in Byblos wurde auch eine entsprechende weibliche Gottheit Baalat verehrt); im Alten Testament zunächst noch nicht eindeutig von JHWH unterschieden (im hebräischen Eigennamen *Isch-Baal* ‹Mann des Baal› wird ihm sogar Reverenz erwiesen), als Kultherr von Höhenheiligtümern aber von den Propheten bekämpft (Elija, Hosea), in den deuteronomistisch geprägten Büchern zu *dem* Gegengott JHWHS stilisiert (was zur Folge hat, dass auch der Eigenname *Isch-Baal* zu *Isch-Boschet* ‹Mann der Schande› verballhornt wird)

Babel/Babylon

B. am Eufrat, etwa neunzig Kilometer südwestlich von Bagdad, wird bereits in sumerischer Zeit erwähnt (um 2200 v.Chr.). Ihren ersten Aufschwung erlebte die Stadt *Bab ilim* (als ‹Tor Gottes› gedeutet) während des Altbabylonischen Reichs (ca. 1900–1600 v.Chr.) unter König Hammurapi (18. Jahrhundert v.Chr.). Über nahezu 1500 Jahre blieb B. die grösste und bedeutendste Stadt im Osten der damals bekannten Welt. Während des Neubabylonischen Reichs (625–539) erreichte sie ihren architektonischen Höhepunkt: König Nebukadnezzar II. (605–562) liess die Stadt durch eine 8150 m lange Anlage befestigen, insgesamt neun Tore errichten und das Ischtar-Tor im Westen durch eine Burg sichern. Vor allem die Repräsentationsbauten der Stadt begründeten den legendären Ruf B.; mehrere Paläste und viele Tempel, von denen bis jetzt fünf ausgegraben sind: *Esagila*, der Tempel des Stadtgottes Marduk, wörtlich ‹Haus, sein Haupt ist hoch›, und neben ihm *Etemenanki*, der Tempelturm, wörtlich ‹Haus, Fundament von Himmel und Erde›, sind die grössten und müssen überwältigend gewesen sein. Die *Ziqqurat*, ein Stufenturm, bildete mit 91,5 m Länge, Breite und Höhe eines der höchsten Bauwerke dieser Art in Mesopotamien. – Israel kommt während des Babylonischen Exils (598/587–539) in Berührung mit babylonischer Technologie und Wissenschaft, insbesondere auf dem Gebiet der Astronomie, der Architektur und der Ökonomie. Es nimmt einiges davon auf, etwa den am Mondlauf orientierten Kalender und etliche Monatsnamen, lehnt anderes aber ab und kritisiert vor allem das religiöse System als Vergottung menschlicher Potenz. Die Geschichte vom Turmbau zu B. spiegelt beides: Faszination und Ablehnung. – Die ‹Hure B.› der apokalyptischen Literatur, womit eigentlich Rom gemeint ist, bietet allerdings ein Zerrbild des damals längst untergegangenen B.: Die Stadt wird zum Inbegriff einer verdorbenen Welt, die trotz oder gerade wegen ihrer gottgleichen Macht dem Untergang geweiht ist.

Gen 11; 2Kön 24–25; Esra 5–8; Jes 13–14; Jer 27–29; 50–52; Dan 2; 4; Offb 17–19

Babylonier

Nebukadnezzar (II)▲

ostsemitisches Volk in Mesopotamien mit Siedlungsgebieten im fruchtbaren Flachland an den Unterläufen von Eufrat und Tigris und bedeutenden Stadtkulturen unter Führung von Babylon, Nippur und Ur (heute Irak und Kuweit); bedeutsam für Israel in der Zeit des Neubabylonischen Reichs (625–539 v.Chr.) unter Nebukadnezzar II. (605–562), der das Südreich Juda zerstört (598/587) und grosse Bevölkerungsteile nach Babylon verschleppt

Balsam

Lehnwort, das über griechisch *balsamon* von hebräisch *bosem* kommt; Öl des Balsamstrauches, das wegen seines Wohlgeruchs auch für kosmetische Zwecke gewonnen wird

Baschan (Basan)

geografische Bezeichnung für eine Gegend östlich des Sees Gennesaret und des Golan, die zum grössten Teil nördlich des Flusses Jarmuk und der Region Gilead auf dem Gebiet des heutigen Syrien und Jordanien liegt; fruchtbares Plateau auf 600 m Höhe, gut geeignet für Vieh- und Forstwirtschaft; im Alten Testament bekannt wegen der sprichwörtlichen ‹Baschankühe›, im Neuen Testament Ort der *Dekapolis*, der Zehn Städte

Bat-

Ben-▲

hebräisch für ‹Tochter (von)›; vorgestelltes Wortelement in weiblichen Eigennamen, so in *Bat-Scheba* (Batseba), ‹Tochter der Fülle›; Pendant zum Wortelement *Ben-* in männlichen Eigennamen

Beelzebul

griechische Fassung von hebräisch *Baal-Sebub*, dem Namen des Stadtgottes der Philisterstadt Ekron, wörtlich ‹Herr der Fliegen›; möglicherweise verwandt mit dem *Theos Myiagros* (Gott, der Fliegenfänger) der griechischen Welt, aus der die Philister eingewandert sind

Beisasse

fremd/Fremder▲

Nichtisraelit, der auf israelitischem Boden wohnt, auch Angehöriger der vorisraelitischen Bevölkerung; wenig integriert und mit geringen Rechten, daher wie der Fremde ein Schutzbefohlener

bekennen/Bekenntnis

Glaube▲

B. ist eine persönliche oder gemeinsame Selbsterklärung: Mit dem Ehering b. sich eine Person zu einer verbindlichen Partnerschaft; mit dem Eingeständnis von Verfehlungen b. sich ein Volk oder ein Mensch zu seiner schuldhaften Vergangenheit und erbittet Vergebung von den Betroffenen. B. geschieht grundsätzlich öffentlich. – Das Glaubensb. ist Ausdruck des Bewusstseins einer verbindlichen Beziehung zu Gott (Mk 9,24). Im Gottesdienst b. sich die Gemeinschaft der Glaubenden regelmässig zu Gott, Einzelne stimmen ein oder lassen sich davon tragen. Das B. stärkt den eigenen Glauben durch gemeinsames sich Vergewissern, etwa in Form eines gemeinsam gesprochenen liturgischen Credos, und gibt zugleich anderen Menschen Auskunft über den eigenen Standort. Ein Katechismus formuliert, was die christliche Gemeinde b., und muss, da die Welt sich wandelt, immer wieder neu errungen werden. Als Schuldb. ist das B. auch der Ort, an dem Gott um Vergebung für das eigene Versagen gebeten wird. – Konkrete politische oder gesellschaftliche Herausforderung können ein Glaubensb. vor einer grösseren Öffentlichkeit verlangen (*status confessionis*). B. ist gefordert, wenn der Glaube sich gegen eine Verfälschung des Evangeliums profilieren muss; das kann bis ins Martyrium (von griechisch *martyrein* ‹bezeugen›, ‹Zeugnis ablegen›) führen. Ein solcher *status confessionis* war für die Kirchen in neuerer Zeit z.B. gegeben durch die Konfrontation mit dem Nationalsozialismus (Barmer Theologische Erklärung) und angesichts der Apartheid in Südafrika (Belhar Confession). – In der Bibel finden sich vielfältig prägende Vorformen von B.: Im Schema Jisrael (Dtn 6) und im ‹kleinen geschichtlichen Credo› (Dtn 26,5–10) b. Israel seine Identität und grenzt sich von seiner Umwelt ab. Die im Alten Testament häufig zitierte Formel «Und wenn eure Söhne zu euch sagen ..., dann sollt ihr sagen ...» (Ex 12,26–27) bildet das Grundgerüst für einen Katechismus. Manche Geschichtspsalmen (Ps 105) und Bussgebete (Ps 32,5) lesen sich wie Unterrichtsstoff. Das Beispiel eines nicht vom Glauben her gefüllten B. liefert Jona vor den heidnischen Seeleuten, während das Beispiel für ein neues identitätsbildendes B. vom römischen Hauptmann unter dem Kreuz kommt (Mt 27,54). Petrus (Mt 16,16) und Marta (Joh 11,27) sprechen das Grundb. des christlichen Glaubens: «Du bist der Messias, der Sohn des lebendigen Gottes!» (Mt 16,16) Wie überlieferte B. auf konkrete Situationen bezogen werden können, zeigen exemplarisch die in den Briefen an die Philipper (Phil 2,6–11) und an die Kolosser (Kol 1,15–20) aufgenommenen Hymnen, mit denen die christliche Gemeinde ihre Identität zunächst zur eigenen Ermutigung, dann aber auch gegenüber einer nichtchristlichen Umwelt b.

Ex 12–13; Dtn 6; 26; Neh 9; Ps 105–106; Jona 1; Mt 10; 16; Mk 15; Lk 15; 18,13; Apg 6,8–7,56; Phil 2; Kol 1

Ben-
Bat-▲

hebräisch für ‹Sohn (von)›; vorgestelltes Wortelement in männlichen Eigennamen, so in *Ben-Jamin* (hebräische Form: *Bin-Jamin*), ‹Sohn der Rechten (Hand)› bzw. ‹des Südens›, oder *Ben-Hadad*, ‹Sohn des (Wettergottes) Hadad›; Pendant zum Wortelement *Bat-* in weiblichen Eigennamen

Berg
Sinai▲ Zion▲

Weltweit haben einzelne B. religiöse Bedeutung, entweder weil sie topografisch exponiert sind oder weil sie mit wichtigen Ereignissen in Zusammenhang gebracht werden. Ein heiliger B. kann deshalb hoch und exponiert sein (Fuji) oder relativ unscheinbar, aber bedeutungsträchtig (Zion). Die Heiligkeit konzentriert sich meistens in einem allein stehenden Fels oder Baum. Religionsgeschichtlich gibt es vier Grundtypen von heiligen B., die sich vielfältig mischen: der B. als Gott (Ätna), der B. als Träger der Welt (Atlas), der B. als ständiger Palast der Götter (Olymp) und der B. als einmaliger Offenbarungsort Gottes (Sinai). Mit solchen Vorstellungen hängt auch diejenige zusammen, dass jeder Tempel gleichsam auf dem ‹Urberg› der Schöpfung stehe, der zugleich der Nabel der Welt ist und nicht selten als ‹Vater aller B.› in einem der Tempelvorhöfe symbolisch dargestellt wird, zusammen mit den Urflüssen, die der Welt das Wasser des Lebens spenden. Auch der christliche Kirchenbau hat, oft in Konkurrenz oder Kooperation mit dem Palastbau der Kaiser, B. besetzt (Athos), und selbst die säkulare Machtentfaltung der Moderne nutzt die uralte religiöse Bedeutung, die der Mensch mit exponierten oder bedeutungsträchtigen B. verbindet. – Der

Werdegang Israels, wie er im Alten Testament dargestellt wird, kann als ein Weg vom Berg Sinai zum Berg Zion beschrieben werden. Und ähnlich könnte man den Werdegang Jesu, wie ihn das Evangelium nach Matthäus darstellt, als einen Weg vom B. der Bergpredigt zum B. der Erscheinung des Auferstandenen bezeichnen.

Ex 18–20; 34; Dtn 10; Ps 2; 24; 121; Jes 2; 25; Jer 3; Ez 40–43; Mt 4–7

Beschneidung
Zeichen▲

Der Bibel kann man entnehmen, dass die B., das Abtrennen der Vorhaut am männlichen Glied, ausser in Mesopotamien bei vielen Nachbarvölkern Israels normaler Brauch ist; für Ägypten ist sie bereits sehr früh belegt (3. Jahrtausend v.Chr.). Die B. gehört ursprünglich zu den Mannbarkeits- und Initiationsriten der Knaben in der Pubertät. (Die verstümmelnde B. von Mädchen und Frauen kennt die Bibel nicht.) Was gewiss auch in Palästina ein sehr alter Brauch war, wird im Kontext kultischer Reinheit religiös gedeutet und gewinnt dann im Exil (598/587–539) eine theologische Bedeutung: Wer beschnitten ist, trägt auch in der Fremde des Exils ein Identitätsmerkmal auf sich. Die B. wird zum Zeichen des Bundes zwischen JHWH und Israel, zwischen Gott und seinem Volk. Während immobile Identitätsträger wie der Tempel Salomos und die Stadt Jerusalem zerstörbar und schwer wiederherstellbar sind, begleitet die B. das exilierte Israel auf jedem Weg. Im Zuge solcher Deutung wird die B. auch rituell geregelt und auf den achten Lebenstag des männlichen Säuglings festgesetzt. – Auf der anderen Seite kommt es neben dieser kultischen Institutionalisierung der B. auch zu einer Verinnerlichung des alten Ritus: Das Deuteronomium (Dtn 30,6) verheisst eine ‹B. des Herzens›, die Gott selber vornehmen wird, damit Israel seinen Gott tatsächlich «von ganzem Herzen und von ganzer Seele, um seines Lebens willen» lieben kann.

Gen 17; 34; Dtn 10; Jos 5; Jer 4; 9; Ez 32; 44; Apg 15; Röm 2; Gal 5

Besitz
reich▲ Land▲

Die hebräische Sprache verfügt über mehrere Wörter für B. und kann so zwischen verschiedenen Formen des Zustandekommens von B. unterscheiden: So gibt es B. durch Vererbung oder durch Errungenschaft, durch Erwerb oder durch Raub. Und es gibt B. durch Belehnung. Von besonderer theologischer Bedeutung ist der immobile B. Zwar wird auch davor gewarnt, sich von eigener (mobiler) Habe abhängig zu machen oder die Habe anderer zu begehren, wirklich bedeutsam aber ist in erster Linie der B. von Land, denn mit ihm ist Macht verbunden. – In den deuteronomistisch geprägten Büchern geht es vor allem um den Erbb. der Stämme, das Territorium, das als von JHWH selbst übergebenes Siedlungsgebiet betrachtet wird. Detailliert wird im Buch Josua berichtet, wie bei der Landnahme in einem religiösen Akt vor JHWH das Los geworfen und so das Land unter die verschiedenen Stämme aufgeteilt wurde. Das Siedlungsgebiet aller Stämme zusammen bildet den Erbb. Israels. – Auch wenn im Alten Testament der normale und legale Erwerb von Land durchaus bekannt ist – David z.B. kauft das Grundstück für den späteren Tempel –, gilt das Land doch grundsätzlich als unverkäufliches Eigentum Gottes: «Das Land aber darf nicht für immer verkauft werden, denn das Land gehört mir, und ihr seid Fremde und Beisassen bei mir» (Lev 25,23). Das Land gehört Gott und kann nicht besessen werden wie mobiles Hab und Gut: Gott gibt es als der Lehnsherr, der Mensch nimmt es als der Lehnsmann. Immobiler B. ist ein vorübergehendes Lehen auf Zeit. Daraus ergeben sich ethische Folgen für alles, was der Boden gibt, für jeden Umgang, den der Mensch mit dessen Gaben pflegt, und für das Selbstverständnis des Menschen, das nicht durch B. bestimmt sein kann. So verheisst Jesus den Sanften das Land als Erbb., den nach Gerechtigkeit Dürstenden die Versorgung mit allem Lebensnotwendigen, denen, die auf irdischen B. verzichten, einen Schatz im Himmel.

Ex 15; Lev 25; Dtn 4; Jos 13–22; 1Kön 21; Ps 2; 78; Jer 3; 12; Mt 5–6

Bet-

hebräisch für ‹Haus (von)›; vorgestelltes Wortelement in vielen Ortsnamen, so in *Bet-El*, ‹Haus des (Gottes) El›, oder *Bet-Lechem* (Betlehem) ‹Haus des Brotes›

beten

danken▲ klagen▲ Psalm▲ preisen▲

Neben dem Opfern ist das B. die andere Grundform, in der sich in zahlreichen Religionen die Frömmigkeit des Gott zugewandten Menschen äussert. B. ist Rede des Menschen zu Gott. Im Unterschied zur Moderne aber, in der die Religion zunehmend zur Privatsache wird und das B. primär in den Bereich der persönlichen Frömmigkeit gehört, b. man in biblischen Zeiten in der Regel in der Gemeinde und benutzte dafür die Psalmen. B. geschieht öffentlich. Wo die Bibel von Gebeten einzelner Menschen spricht, handelt es sich entweder um Gebete aus der Zeit, da es noch keinen Tempel und keine professionellen Priester gab, oder um Gebete herausragender Persönlichkeiten, Propheten oder Apostel in besonderen Situationen. Selbst das Stossgebet, das irgendwann und irgendwo gesprochen werden kann, folgt noch vorgegebenen Formeln. In der Regel halten sich Betende an bestimmte zeitliche Rhythmen, begeben sich an bestimmte Orte, nutzen die vorgesehenen Texte oder lassen sich durch vorgesehene Personen vertreten. – B. geschieht in gehobener und gebundener Sprache: Die Psalmen sind Gebetslyrik. Sie stellen den Betenden eine Sprache zur Verfügung, in der sie öffentlich, aber ohne sich blosszustellen, ihre schlimmen und schönen Lebenserfahrungen ausdrücken können. Die Bilder der Psalmen nehmen die persönliche Klage und den persönlichen Dank jedes Einzelnen in sich auf und bringen sie so vor Gott, dass die Gemeinde mitb. und ihn mittragen kann. Wer b., wird mit seinen Erlebnissen im mehrfachen Sinn ‹aufgehoben›: in der Sprache der Psalmen und in der Gestik der Liturgie, im Wir der Gemeinde und im Stehen vor Gott. – Jesus geht von dieser Tradition aus, kritisiert aber, wie vor ihm die Propheten, den kultischen Leerlauf und die öffentliche Zurschaustellung der Frömmigkeit. Er lehrt die Jünger das Unservater, als Muster eines Gebets, das Gottes grosse Anliegen mit unsern kleinen verbindet. In den Evangelien nach Markus und Matthäus fasst er am Kreuz seinen Schmerz in ein Psalmwort. – Nicht umsonst hat Martin Luther den Psalter als ‹kleine Biblia› bezeichnet, und nicht umsonst sind der Genfer- oder Hugenottenpsalter zum Gesangbuch und Gebetbuch der reformierten Welt geworden.

Ex 32–33; 2Sam 7; 1Kön 8; Ps 32; 35; 66; Jer 7; 11; 42; Mt 6; 26–27; Mk 11

Betlehem

Gesalbter▲

Die Stadt B. liegt zehn Kilometer südlich von Jerusalem im judäischen Bergland; ihren Namen ‹Haus des Brotes› verdankt sie vermutlich der fruchtbaren Ebene, die sich östlich von ihr erstreckt und früh schon landwirtschaftlich genutzt wurde. Bedeutung erhält B. durch drei Geschichten: Im Buch Rut ist B. der Ort, wo die verwitwete Ausländerin Rut ihren Löser findet und dann den zukünftigen Grossvater Davids zur Welt bringt, in der Geschichte von Davids Aufstieg (Erstes und Zweites Buch Samuel) der Ort, aus dem David stammt, und in den Evangelien nach Matthäus und Lukas der Ort, wo Jesus geboren wird. Die jüngste der Geschichten bezieht sich zurück auf die beiden anderen: Nach dem Stammbaum Jesu bei Matthäus sind Rut, David und Josef miteinander verwandt; auf B. in Judäa konzentriert sich die Erwartung des Gesalbten Gottes aus dem Haus David. Über diesem Ort liegt die Verheissung des Propheten Micha, dass aus ihm einer hervorgehen wird, «um Herrscher zu sein über Israel», ein ‹Hirt›, der anders als die Könige in der Geschichte Israels, die stets nur versagt haben, sein Volk «in der Kraft des HERRN ... weiden» werde (Mi 5,1.3). Der Glaube der Christengemeinde sieht diese Verheissung in der Geburt Jesu erfüllt. Unter Kaiser Konstantin wird schon bald, vor allem auf Wunsch seiner Mutter Helena, eine Höhle in B. zum Geburtsort Jesu bestimmt und mit einer Kirche, der sogenannten Geburtskirche, überbaut (325 n.Chr.).

Rut; 1Sam 16–17; Mi 5; Mt 1–2; Lk 2

Bild

Gott/Götter▲ Mensch▲

Die Bibel ist ein Buch von B. Mit ihrer bildhaften, an der Anschauung orientierten Sprache, ihren elementaren Metaphern, deren Vielfalt und Wandel die Texte profilieren, hat die Bibel wie kein anderes Stück Weltliteratur zweitausend Jahre lang bildende Kunst und Literatur – und nicht nur die sogenannt christliche – beeinflusst und geprägt. Im Bilderverbot und der Aussage über die Gottebenbildlichkeit des Menschen als Mann und Frau wird das B. in ihr zweimal auch als solches zum Thema. – In der Schöpfung habe Gott den Menschen «als sein Bild, als Bild Gottes», erschaffen, heisst es in Gen 1 – eine Aussage, die an Psalm 8 erinnert, in dem der Psalmist staunend feststellt, JHWH habe den Menschen nur «wenig geringer gemacht als Gott». Von allem Geschaffenen steht der Mensch dem Schöpfer am nächsten. Was sonst in den Religionen die Hauptaufgabe bestimmter Götter und ihrer Statuen ist und in den Königsideologien der Nachbarkulturen allenfalls dem Gottkönig zugetraut wird, nämlich Gott zu repräsentieren, das kann und soll im biblischen Verständnis jeder Mensch. Diese Hochschätzung macht ihn zu Gottes Partner – nicht aber zu Gott selbst. Dass der Mensch als ‹Bild Gottes› geschaffen ist, ist keine Aussage über das Wesen des Menschen, sondern über seine Aufgabe: Er hat wie ein Statthalter Funktionen und Aufgaben zu übernehmen, die eigentlich Gott zustehen. Gottebenbildlichkeit bedeutet Dienst an Stelle Gottes und damit auch Dienst für Gott. Der Mensch ist von Gott erwählt und ausgestattet, ihm zu dienen, indem er für Ordnung und Frieden in der Welt sorgt. – «Du sollst dir kein Gottesbild machen», lautet das zweite der Zehn Gebote. Das bedeutet zunächst eine Zurückweisung der Magie, die Gott im Kultbild für anwesend hält, und ein Verzicht auf die Fülle von Devotionalien, die in den altorientalischen Religionen zum Kult gehören; in einem tieferen Sinn ist das zweite Gebot eine Absage an jegliche Reduktion Gottes auf menschliche Wunschvorstellungen und Eigeninitiativen und ein Festhalten an seiner Lebendigkeit und Andersartigkeit.

Gen 1–11; Ex 3; 20; 32; 1Kön 19; Ps 8; 82; Joh 4; Apg 7; 9

Bischof

Lehnwort aus griechisch *episkopos* ‹Kundschafter, Aufseher, Fürsorger›; Amtsträger, der in der sich herausbildenden frühen Kirche wie Apostel, Lehrer, Diakon und Ältester mit bestimmten Aufgaben in der Gemeinde betraut ist; in den echten Paulusbriefen nur im Brief an die Philipper erwähnt vermutlich im Blick auf Personen, die in der Gemeinde in Philippi besonders wichtige Aufgaben der Lehre und der Seelsorge wahrnahmen; bei Lukas in der Apostelgeschichte zweimal erwähnt, vorwiegend funktional verstanden, wobei die Aspekte der Fürsorge und der Aufsicht leitend sind; herausgehobene Bedeutung in den Pastoralbriefen (1Tim, 2Tim, Tit), wo das Verhältnis zum Ältestenrat aber offen bleibt; als Leiter einer Ortskirche erst ausserhalb des Neuen Testaments in den Briefen des Ignatius bezeugt

Blösse

allgemein ‹die Nacktheit› und als solche sichtbares Zeichen sozialer Randständigkeit; speziell die männliche und weibliche Schamgegend, die bei Frauen wie bei Männern zu bedecken ist; ‹die B. aufdecken› bezeichnet einen Akt der Demütigung, der Feinden angedroht wird, um sie einzuschüchtern

Blut

rein▲ Sühne▲

Nach alttestamentlicher Auffassung ist das B. der Sitz des Lebens bzw. die Lebenskraft selbst. Das Leben aber gehört Gott. Deshalb ist das B. für den Menschen nicht verfügbar und durch Anweisungen, die verschiedenste Lebensbereiche betreffen, dem Zugriff des Menschen entzogen: Blutgenuss ist grundsätzlich verboten. Wo B. austritt und sich ausbreitet, entsteht eine Sphäre, die zu meiden ist, da sie den Menschen verunreinigt und dessen Teilnahme oder Teilhabe am Kult verunmöglicht. Dabei spielt es keine Rolle, ob das B. gewaltsam vergossen wurde oder aus anderen Gründen (Menstruation, Verletzung, Krankheit) aus dem Körper austritt. Im Kult gilt das Tierb. als von Gott gegebenes Sühnemittel. Die geweihten Priester dürfen es zur Entsühnung (besonders der Kultgeräte wie dem Altar) verwenden.

Gen 9; Lev 5; 17; Dtn 12; Heb 9

Brot

Abendmahl▲

im Altertum meist aus Weizen, selten aus Gerste (Viehfutter) und Emmer, nie aus Hafer und Roggen (die man noch nicht kennt); der Weizen wird geschrotet, zu Griess gesiebt (selten zu Mehl), mit anderen Zutaten wie Wasser, Öl oder Dickmilch, Rosinen oder Datteln sowie Gewürzen vermischt und im Backtrog geknetet, zu scheibenförmigen, dünnen Fladen ausgerollt, die in der Mitte gelocht werden (zur späteren Aufbewahrung auf dem vor Mäusen sicheren Brotstab), und auf erhitzten Steinen (ungesäuertes Glutaschenbrot), zwischen zwei eisernen Backplatten oder an den inneren Seitenwänden des Backofens gebacken; in der Regel jeweils für den Tagesbedarf und im eigenen Haus, in Städten auch in Bäckereien (Bäckergasse in Jerusalem); theologisch bedeutsam als eines der beiden Elemente des Abendmahls

Buch

Schriftrolle▲

von griechisch *biblion* oder *biblos*, einem Lehnwort aus dem Ägyptischen, das den verarbeiteten Papyrus bezeichnet; konkret die ‹Schriftrolle› (*sefer*), die seit der späten Königszeit zunehmend die Tontafel und anderes beschreibbares Material ersetzt; zuerst vor allem aus Papyrus, in hellenistischer Zeit auch aus Pergament; nachbiblisch nicht mehr als Rolle gestaltet, sondern als *Codex*, eine Vorform des modernen B., der anfänglich aus Pergament, in frühmittelalterlicher Zeit zunehmend auch aus Papier hergestellt wird; immer mit Tinte beschrieben

Bund

Abraham und Sara▲ David▲ Mose▲

Ein B. ist im allgemeinen Verständnis ein Vertrag, der einen oder beide Vertragspartner zu bestimmten Leistungen verpflichtet. Ein solcher B. kann zwischen Menschen (Einzelpersonen oder Völkern) oder zwischen Gott und Menschen geschlossen werden; wird der B. gebrochen, gilt er als aufgehoben. Ursprung des Bundesdenkens im Alten Testament ist vermutlich die assyrische Vertragspraxis, wie sie aus entsprechenden assyrischen Texten bekannt ist. Tatsächlich ist das ganze Buch Deuteronomium mit Vorrede, Gesetzeskorpus und Segensverheissung bzw. Fluchandrohung wie ein assyrischer Vertrag strukturiert. Anders als bei den Assyrern geht es dabei aber nicht um einen B. zwischen dem König und seinen Vasallen, sondern um einen B. zwischen Gott und seinem Volk. B. wird zu einem theologischen Begriff, der die Beziehung zwischen JHWH und Israel beschreibt. Die Bundesformel ‹JHWH, der Gott Israels – Israel, das Volk JHWHs› bringt dieses Bundesverhältnis prägnant auf den Punkt. Von diesem Bundesgedanken her wird nun rückblickend die Geschichte Israels gedeutet und in Etappen eingeteilt. Die Vorfahren werden als Bundespartner Gottes gesehen: Noah im Blick auf die Schöpfung, Abraham im Blick auf Volk und Land,

Mose im Blick auf die Weisung, David im Blick auf das Königtum. So wächst das theologisch Einmalige des biblischen Bundesverständnisses heran: Gott ist nicht Zeuge, sondern sowohl Urheber des B. wie auch Partner im B. Er bindet sich selbst und begibt sich auf Augenhöhe mit den Menschen. Er verbündet sich erst mit Einzelnen, dann mit dem Volk Israel, dann im «neuen B.», der nach dem Scheitern der Staatlichkeit Israels verheissen wird (Jer 31), mit allen Menschen. Dass Gott dieses Bündnis erneuern will, obwohl es vonseiten der Menschen immer wieder gebrochen wurde, zeigt deutlich, wie sehr JHWH im Verständnis Israels der alleinige Initiant des B. ist. – Im Neuen Testament wird der Bundesgedanke nur in der Abendmahlsüberlieferung (Mk 14,24; 1Kor 11,25) in unproblematischem Sinn aufgenommen, während sonst bei Paulus und besonders im Brief an die Hebräer ein polemisches Gegenüber von altem und neuem B. in den Vordergrund rückt. – Das hebräische Wort *berit* für ‹B.› wird in der griechischen Übersetzung des Alten Testaments (Septuaginta) und im Neuen Testament mit dem Wort *diatheke* ‹letztwillige Verfügung› wiedergegeben, dem im Lateinischen *testamentum* entspricht: von daher die Bezeichnungen ‹Altes Testament› und ‹Neues Testament›. – Das biblische Bundesdenken hat eine Renaissance erlebt in der reformierten Bundestheologie (Heinrich Bullinger), die ihrerseits eine weitreichende Wirkung auch auf die Entwicklung des Verfassungsrechts (Pilgrim Fathers), des Völkerrechts (Hugo Grotius) und des Gesellschaftsvertrages (Jean-Jacques Rousseau) hatte.

Gen 9; 17; Ex 19; 24; 31; 34; Dtn 7; Jer 31; Hos 2–3; Mk 14; 1Kor 11; 2Kor 3; Gal 3–4; Hebr 7–10

Byssus

Lehnwort im Griechischen von hebräisch *buz*; Bezeichnung für eine besondere Art der Stoffverarbeitung; weisses, sehr feines und kostbares Gewebe, das vor allem in Ägypten und Edom hergestellt wurde

Choreb (Horeb)

Sinai▲

in deuteronomistisch geprägter Literatur Bezeichnung für den Berg der Offenbarung JHWHs, der in anderen Texten ‹Sinai› heisst; seit der *Peregrinatio Egeriae*, dem Pilgerbuch der Egeria aus Marseille (381–384 n.Chr.), mit dem 2644 m hohen *Djebel Musa* in der südlichen Mitte der heute Sinai genannten Halbinsel gleichgesetzt

Christus

Gesalbter▲

C. ist die latinisierte und so ins Deutsche übernommene Form des griechischen Worts *christos*, deutsch ‹Gesalbter›. C. ist damit bedeutungsgleich mit dem hebräischen Wort ‹Messias›. – Das Wort wird im Neuen Testament als Titel verwendet und fast ausschliesslich auf Jesus bezogen. Es ist somit in einer Reihe zu sehen mit anderen Titeln, die die Hoheit Jesu zum Ausdruck bringen: Sohn Gottes, Menschensohn, Sohn Davids, Retter, Herr. Die neutestamentlichen Autoren verbinden mit dem Titel C. unterschiedliche Vorstellungen und Erwartungen, bei allen jedoch ist er verbunden mit dem Tod und der Auferstehung Jesu. Die frühen christlichen Gemeinden drücken damit eine zentrale Einsicht aus: Der ersehnte Gesalbte der alttestamentlich-jüdischen Tradition ist gegen alle Erwartung von den Menschen verworfen und gekreuzigt worden; Gott aber hat sich zu ihm bekannt, indem er ihn auferweckt hat. – Diese Einsicht hat die spätere Wahrnehmung Jesu in den christlichen Gemeinden derart geprägt, dass sich der Titel C. fest mit dem Namen ‹Jesus› verband: ‹Jesus C.›, was eigentlich ‹Jesus, der Gesalbte› heisst, wurde dadurch zu einem Quasi-Eigennamen. In dieser Verbindung drückt sich aus, was für den christlichen Glauben zentral geworden ist: Von Gott lässt sich nur angemessen reden, indem vom Leben, Sterben und Auferwecktwerden Jesu erzählt wird, und die Bedeutung Jesu lässt sich nur erfassen, wenn er als derjenige verstanden wird, durch den Gott gehandelt hat.

Mk 1,1; Röm 6,1–11; 1Kor 15,3–5; 1Kor 15,12–19

Dämon

Lehnwort aus dem Griechischen, wo es ursprünglich den Geist des Toten, dann die Klasse der Halbwesen zwischen Göttern und Menschen, schliesslich populär Glück oder Verderben bezeichnet, je nachdem welcher Art der Geist ist, den jeder schon bei der Geburt erhalten hat; im Neuen Testament Sammelbegriff für ‹böse Geister›, die als Verursacher verschiedener körperlicher oder seelischer Leiden betrachtet werden und deren Kraft durch Exorzismus gebrochen werden kann; im Alten Testament in einer Vielzahl unterschiedlicher lokaler und funktionaler Ausprägungen vorhanden, aber ohne Sammelbegriff und ohne Bezug zu Satan

Dagon

Mesopotamischer Wetter- oder Fruchtbarkeitsgott, bereits in sumerischer Zeit verehrt; in Kanaan und Syrien als Vater Baals interpretiert und in Tempeln der Philister verehrt (Aschdod, Bet-Schean, Gaza), dort aber mit ungeklärter Zuständigkeit, am ehesten für Wetter und Getreidewachstum

danken

beten▲ Psalm▲

Als eine der drei Grundhaltungen des Gebets steht das D. zwischen dem Klagen und dem Preisen. Die Psalmen zeigen, wie diese drei Grundhaltungen zusammengehören, und halten dem Betenden für jede von ihnen eine geprägte und gehobene Sprache bereit, in die er sich im Gottesdienst der Gemeinde ‹hineinbegeben› kann: Wer in Not geraten ist, die er als tödlich erfährt, kann vor Gott mit den Worten des Klagelieds klagen. Wer die Not hinter sich hat und sich gerettet weiss, kann Gott mit den Worten des Danklieds d. als einer, der wunderbar ins Leben zurückgekehrt ist. Die Bewegung hinunter in den Tod bedeutet Vereinzelung und Ausschluss aus der Gemeinschaft, die Bewegung hinauf und zurück ins Leben aber bedeutet für sich allein noch keine Reintegration. Erst wenn beide Erfahrungen im Gebet vor Gott Sprache werden, ist der Betende in die Gemeinschaft zurückgekehrt und kann mit ihr wieder in die Worte des Hymnus einstimmen, in dem das ‹Wir› der gottesdienstlichen Gemeinde Gott zeitlos und ewig für seine Güte und

Gnade preist. Das Danklied ist später (z.B. in Qumran) als ein ‹Opfer der Lippen› verstanden worden. – Dankgebet und Dankopfer setzen Sinn für Gerechtigkeit voraus; gehen sie nicht einher mit gerechtem Handeln im Alltag, wird gottesdienstliches D. vor Gott und der Welt unglaubwürdig. Von solchen Feiern heisst es in der prophetischen Kultkritik, dass Gott sie ‹nicht riechen› mag, weil sie zum Himmel stinken.

Ps 30; 63; 116; 124; Jes 38; Jona 2; Eph 5

darbringen
Opfer▲

Das Verb d. bezeichnet den Vorgang, mit dem der Priester das Opfer dem Ort des Opferns, gewöhnlich dem Altar, entgegenträgt, das Substantiv Darbringung neben dem Vorgang, dem Entgegenbringen, auch das Entgegengebrachte selbst, das Opfer. Das Fachwort aus der Priestersprache macht deutlich, dass der heilige Bezirk als Ort der Gottheit – auf dem ein Tabu liegt – nicht ohne weiteres betreten werden kann. Jakob in Bet-El oder Mose am Dornbusch spüren und erfahren dieses Tabu. Wer es bricht, muss sterben, wenn er nicht als Priester dazu ausersehen ist, das Ritual, ohne das man mit der Gottheit nicht kommunizieren kann, vorschriftgemäss auszuführen. Am heiligen Ort der Gottesnähe tritt alles Gewöhnliche ins Ausserordentliche: Wie die Sprache des Gebets gebundene und gehobene Sprache ist, so sind auch die Abläufe der Darbringung inszenierte und choreographierte Bewegungen. In allen Religionen bedarf es deshalb eines Mittlers, der sich auf diese Dinge versteht, eben des Priesters. Im Brief an die Hebräer wird Jesu Tod als Selbstdarbringung interpretiert und damit auch als ein für alle Mal äusserstes und letztes Opfer, durch das weitere Opfer überflüssig werden.

Gen 4; Lev 1–7; Num; Ez 43–46; Hebr

Darius (I)
Perser▲
522–486 v.Chr. König des Perserreichs; Eroberer Nordindiens (um 515), der Region rund um das Schwarze Meer (513), Makedoniens und Thrakiens (491); unterliegt gegen Hellas in der Schlacht von Marathon (490); reorganisiert das weltumspannende persische Provinzsystem (20, später 28 Satrapien); erbaut die Stadt Persepolis (nördlich von Schiraz im Iran), die erste der vier persischen Hauptstädte (Susa/Schuschan, Ekbatana, Babylon); bestätigt nach biblischer Darstellung das Edikt des Kyros und ermöglicht den Bau des Zweiten Tempels in Jerusalem (520–515); im Buch Daniel fälschlicherweise als ‹D. der Meder› bezeichnet

David
Gesalbter▲ König▲

Im Unterschied zur höfischen Geschichtsschreibung des Alten Orients, die ihre Könige durchweg als erfolgreiche Helden und ideale Völkerhirten stilisiert, überliefert die Bibel von ihrem politisch bedeutendsten König ein differenziertes Bild. Was davon für die Rekonstruktion des historischen D. auswertbar ist, bleibt umstritten. Ausserhalb der Bibel gibt es eine einzige aramäische Inschrift (aus dem 9. Jahrhundert v.Chr.), die eindeutig das ‹Haus D.› erwähnt. – Die drei grossen Erzählkomplexe um D., zuerst die Aufstiegsgeschichte, dann die Lade-Erzählung und schliesslich die Thronfolgegeschichte, zeichnen ihn mit Licht und Schatten: als mutigen Hirtenjungen und trickreichen Söldnerführer, als zielorientierten Konkurrenten und trauernden Freund, als frommen JHWH-Diener und intriganten Frauenhelden, als klugen Politiker und habgierigen Machtmenschen, als besorgtes Familienoberhaupt und frierenden Greis. Im Zwielicht des biblischen Davidbilds lässt sich das historische Ineinander zweier Strömungen in Israel erkennen, die auch das Buch der Richter und die Bücher Samuel prägen: einerseits der Wunsch, auch einen König zu haben, «wie es bei allen Nationen» der Brauch ist, und andererseits die alte Skepsis gegenüber einem Königtum aus der Überzeugung heraus, dass JHWH keinen König neben sich dulde und Israel neben JHWH keines Königs bedürfe (vgl. 1Sam 8). Dieses Ineinander ist im Fall D. die ideologische Seite einer erheblichen sozialen Umschichtung: D. Weg vom selbstbewussten Hirtensohn zum gesalbten Dynastiebegründer spiegelt als Biografie eines Ausnahmemenschen in gewisser Weise den langen Weg der Sippen und Stämme vom Halbnomadentum zur Sesshaftigkeit mit installierter Monarchie, jenen Übergang also, den Saul nicht geschafft hat. D. sammelt sich eine Hausmacht, eint den Süden, weist die Nachbarn in die Schranken, erobert Jerusalem und lässt sich zum König, zunächst des Südens, dann ganz Israels salben. Er schickt nach siegreich geschlagener Schlacht das Heer nicht nach Hause, sondern schafft sich ein stehendes Heer. Er holt das alte Wanderheiligtum mit der Lade in die Stadt, stellt es vorläufig in ein Zelt, bereits mit der Idee, es später durch einen Tempel zu ersetzen. Indem er dessen Baugrund auch bereits erwirbt, schafft er JHWH einen festen Wohnsitz und dem jungen Volk eine identitätsstiftende Mitte. Nach seinem Tod wird sein Sohn Salomo König und D. damit zum Begründer einer Dynastie. – Mit dem wachsenden historischen Abstand zur Königszeit D. (um 1000–970) nimmt seine Idealisierung zu: Die Dynastie der Davididen steht nun unter der Verheissung ewiger Dauer. D. werden immer mehr Psalmen zugeschrieben, in Qumran zur Zeit Jesu gar 4050. Ein ‹neuer D.› wird verheissen und erwartet. In den Evangelien nach Markus, Matthäus und Lukas wird Jesus ‹Sohn D.› genannt und so mit dem verheissenen ‹neuen D.› identifiziert, wobei Matthäus und Lukas diese Sicht noch intensivieren, indem sie den Stammbaum Jesu auf D. zurückführen und Jesus selbst in Betlehem, dem Geburtsort D., zur Welt kommen lassen.

Ri 8–9; 1Sam 8; 16; 1Kön 2; Ps 89; Jes 9; Jer 23; Am 9; Mt 1–2; 27

Davidstadt

auch Stadt Davids, Bezeichnung zunächst für die von David eroberte kanaanäische Festung der Jebusiter, dann für den Ort der Grablege von mindestens neun Königen des Südreichs Juda (926–587 v.Chr.), schliesslich für den ältesten Teil Jerusalems; ein Gebiet von 4,4 Hektar, das sich als schmaler, dreieckig geformter Hügelsporn vom Tempelberg aus südwärts erstreckt, östlich steil zum Kidrontal und westlich sanft zum Stadttal abfällt; von einer in Teilen erhaltenen jebusitischen Mauer mit mutmasslich vier Toren umgeben (vor etwa 1750); von David renoviert und um diverse Gebäude, die nicht mehr nachweisbar sind, ergänzt (ab etwa 980); von Salomo nach Norden um den Ersten Tempel und den Palast erweitert (ab etwa 950)

deuteronomistisch
Weisung▲

Als d. bezeichnet man eine Denkrichtung, die stark vom Deuteronomium geprägt ist. Im Zentrum der d. Theologie steht die Forderung nach der alleinigen Verehrung des Gottes JHWH (verbunden mit einer schroffen Ablehnung anderer Götter), das Beharren auf dem einen Kultort Jerusalem (verbunden mit einer entschiedenen Polemik gegen andere Kultorte) und die Mahnung, die Gebote und Satzungen JHWHS zu halten (verbunden mit einer deutlichen Verwerfung der Satzungen der Völker und Nationen). D. Texte haben häufig eine stark formelhafte Sprache. D. Bearbeitungen finden sich in vielen Büchern des Alten Testaments (z.B. im Buch Jeremia), wesentlich d. sind die Bücher Josua, Richter, Samuel und Könige, die man zusammen mit dem (d. überarbeiteten) Deuteronomium als ‹deuteronomistisches Geschichtswerk› bezeichnet hat.

Diakon

von griechisch *diakonos*, ‹Diener (der Gemeinde)›; Inhaber bzw. Inhaberin eines der Ämter der sich zur frühen Kirche formierenden Gemeinden; zuständig für Dienste aller Art

Diaspora
zerstreuen▲

Dienst
Amt▲ Knecht/Diener▲

Das moderne Wort D. drückt in den beiden Zusammensetzungen ‹Dienstleistung› und ‹Liebesdienst› die beiden sehr unterschiedlichen Modelle des Dienens aus, die sich mit vielen zeitbedingten Prägungen auch in der Bibel finden: Das erste Modell beruht auf dem Prinzip des Marktes, der den D. als Ware versteht. Auf dieser Basis werden Leistungen erbracht und entsprechend honoriert. Oft spielen dabei auch soziale und ökonomische Unterschiede eine Rolle: die einen sind ‹oben› und lassen sich bedienen, die anderen sind ‹unten› und dienen. Da die Gesellschaft in allen Bereichen auf D. angewiesen ist, kann es aber durchaus lukrativ und mit Ehre verbunden sein, Diener zu sein. Das zweite Modell beruht auf dem Prinzip der Liebe, die den D. als Stellvertretung versteht und die Beteiligten als gleichgestellte Glieder ein und desselben Leibs. Auf dieser Basis gleicht der eine je nach Begabung die Beeinträchtigung des anderen aus. – Beide Testamente der Bibel kennen beide Modelle des Dienens: das eine als Amt speziell dafür Geeigneter oder Ausersehener, so seit alters das des Priesters und des Ältesten sowie neu das des Bischofs und des Diakons; das andere als Aufgabe aller Glieder des Volks Gottes. Jesus allerdings bevorzugt mit seinem Wort «Wer unter Euch gross sein will, sei euer Diener» (Mk 10,43) klar das zweite Modell. Deshalb steht in der Kirche neben der Diakonie als professioneller Dienstleistung immer der unbezahlbare Liebesd. der Freiwilligenarbeit. – Bereitschaft zum D. kann allerdings auch ausgenutzt werden, wenn etwa das Witwenamt (1Tim 5,3–16) und die Aufforderung an Frauen, sich unterzuordnen (Eph 5,22; 1Tim 2,11–15), miteinander verbunden werden: So ergibt sich im Laufe der Kirchengeschichte ein Gefälle der D.: Der D. der Frauen in der Gemeinde wird auf Zudienen beschränkt, während die diversen Aufgaben der Gemeindeleitung, die ebenfalls als ‹Dienen› wahrgenommen werden, immer mehr den Männern vorbehalten bleiben.

Num 4; Ez 44; Mt 20; Mk 10; Lk 14; Joh 13; 1Kor 9; 12; 2Kor 3

Ebal
Garizim▲
940 m hoher Berg nördlich der Stadt Schechem (Nablus) im Bergland Mittelsamariens; als ‹Berg des Fluchs› dem Garizim, dem ‹Berg des Segens›, gegenüberliegend; nach dem Buch Josua der Ort eines von Josua erbauten Altars; der Altar dieser Erzählung ist vielleicht mit dem sehr alten Mauergeviert (um 1200–1130 v.Chr.) nicht kanaanäischer, sondern mesopotamischer Bauart zu identifizieren, das auf dem E. ausgegraben wurde

Eden
Adam und Eva▲
nach Gen 2 ein Ort im Osten, wo Gott einen Garten anlegt, den er zur Wohnstätte des ersten Menschenpaares bestimmt; in der Tradition meist als Bezeichnung für den Garten selbst verstanden; Eigenname mit Anklang an ein nordwestsemitisches Wort für ‹Überfluss›; in den griechischen Übersetzungen mit ‹Paradies› wiedergegeben; durch die sogenannte kleine Paradiesgeografie in Gen 2,10–14, die neben den weltbekannten Strömen Eufrat, Tigris (Chiddekel) und vielleicht dem Nil (Pischon) auch die Jerusalemer Quelle Gichon nennt, wahrscheinlich nachträglich auf indirekte Weise in Jerusalem lokalisiert

Edomiter
semitisches Volk im Gebiet östlich der Araba, des Grabenbruchs südlich des Toten Meeres (heute Jordanien); auch *Seir*, das ‹Haarige›, genannt; wird auf Esau, den Bruder Jakobs, zurückgeführt; mit den westlich siedelnden Israeliten (Jakob) und den nördlich siedelnden Moabitern und Ammonitern ethnisch und sprachlich nahe verwandt (Ammon und Moab sind nach biblischer Darstellung Söhne von Lot); politisch bedeutsam während der Königszeit Israels; viele Texte des Alten Testaments, in denen von E. die Rede ist, sind von der Verbitterung darüber geprägt, dass das ‹Brudervolk› den Judäern während der babylonischen Eroberung Ende des 6. Jahrhunderts nicht geholfen, sondern sich vermutlich am Untergang Judas bereichert hat

Efod
Urim und Tummim▲
als einfacher E. aus Leinen Amtstracht der gewöhnlichen Priester; als kunstvoll angefertigtes Kleid aus Gold, blauem und rotem Purpur,

Karmesin und gezwirntem Byssus Ritualkleid des Hohen Priesters, das mit zwei Edelsteinen besetzt ist, auf denen die Namen der 12 Stämme Israels eingraviert sind; verbunden mit einer mit zwölf Edelsteinen besetzten Brusttasche, in der die Lose *Urim* und *Tummim* zur Erteilung von Weisung aufbewahrt werden; im Zusammenhang mit den Terafim vielleicht die Bekleidung der Götterstatuen

Efraim
Israel▲

Sohn Josefs und Ahnherr des gleichnamigen Stammes im Bergland Mittelpalästinas; einflussreich unter Jerobeam, dem ersten König des Nordreichs Israel (927–907 v.Chr.), der diesem Stamm angehörte; seither in prophetischen Texten verschiedentlich Sammelbezeichnung für die Stammesgebiete des Nordreichs

Ehe
Frau▲ Mann▲ verstossen/Verstossung▲

In der Bibel ist die E. zwischen Mann und Frau eine selbstverständliche Einrichtung. Die Liebe zwischen Mann und Frau kommt in Texten des Alten Testaments durchaus zur Sprache (in wunderbarer und gültiger Weise im Hohelied), die E. insgesamt aber wird eher nüchtern betrachtet, als eine Institution, die für das Überleben der Einzelnen ebenso wichtig ist wie für den Ausgleich sozialer Lasten. Darüber hinaus wird sie auch als göttliche Bestimmung für Mann und Frau idealisiert. – Zur Nüchternheit des Eheverständnisses in patriarchaler Zeit gehört, dass es sich am Mann orientiert: Der Mann ‹nimmt› sich eine Frau, das heisst er erwirbt sie vertragsrechtlich gegen ein Brautgeld; sie zählt zum mobilen Besitz seines Hauses; er kann sie mit einem Scheidebrief entlassen. Er darf, falls er es sich leisten kann, eine oder mehrere Nebenfrauen haben, während der Frau die Möglichkeit der Mehrehe nicht zugestanden wird. Die Polygynie ist besonders im Fall der Unfruchtbarkeit der ersten Frau von sozialer und wirtschaftlicher Bedeutung. Ehelosigkeit gilt (wie Unfruchtbarkeit) als Schande, da sie Nachkommenschaft ausschliesst. Um den Familienbesitz innerhalb der Sippe zu behalten, werden häufig Frauen aus dem weiteren familiären Umfeld geheiratet. In den Büchern Esra und Nehemia findet sich die Vorstellung, dass israelitische Männer aus religiösen Gründen nur israelitische Frauen heiraten dürfen. In gewissem Sinn einen Gegenentwurf zu dieser Vorschrift bietet der alttestamentliche Kanon in Form des Buchs Rut, in dem ausgerechnet die Ausländerin Rut zur Stammmutter Davids wird. Zahlreiche alttestamentliche Rechtstexte schützen die E. und verbieten den Ehebruch: So ist dem Mann der sexuelle Verkehr mit einer verheirateten Frau bei Todesstrafe untersagt, weil er dadurch die E. des anderen Mannes bricht. Ein Mann kann nach dieser Vorstellung nur die E. eines anderen Mannes brechen, nicht aber die eigene. Die Auflösung der eigenen E. ist dem Mann erlaubt; der in diesem Fall auszustellende Scheidebrief ermöglicht der Frau eine neue E. – Zur idealen Auffassung der E. gehört der Hinweis im zweiten Schöpfungsbericht auf die Bedeutung der Paarbeziehung: «Es ist nicht gut, dass der Mensch allein ist» (Gen 2,18). Als einander ebenbürtige Partner gehören Mann und Frau wesenhaft zusammen. Aus diesem Grund spricht Jesus ein Scheidungsverbot aus, das auch dem Schutz der Frau dient; daneben wird im Neuen Testament die Ehelosigkeit als mögliche, in der unmittelbaren Nachfolge Jesu bewusst gewählte Lebensform angesprochen. Im Anschluss an einige Stellen des Neuen Testaments, die – vielleicht angesichts der Erwartung des nahen Endes der Zeit – markant asketische Züge aufweisen (1Kor 7,1–7; vgl. auch Mt 19,10–12), entwickelt sich im Lauf der Zeit sogar eine Idealisierung dieses Standes: Ehelosigkeit wird zur Voraussetzung, sich ganz dem religiösen Lebensvollzug hinzugeben.

Gen 1–3; Ex 20–22; Lev 18; 20; Dtn 21–25; Hld; Mt 5; 19; Mk 10; 1Kor 7; 2Kor 6

Ehre

Herrlichkeit▲

«E. sei Gott in der Höhe und Friede auf Erden unter den Menschen seines Wohlgefallens» (Lk 2,14). Die himmlischen Boten, die den Hirten die Geburt Jesu verkünden, rücken zurecht, was im menschlichen Leben oft durcheinander gerät: Gott gebührt die E. als Schöpfer allen Seins vonseiten der Menschen, und den Menschen kommt der Frieden und das Wohlgefallen Gottes zu. So sind Himmel und Erde, Gott und Mensch sinnvoll aufeinander bezogen. Kommt die grundlegende Würdigung Gott zu, so finden auch die zwischenmenschlichen Beziehungen ihre angemessene Würdigung. Exemplarisch wird dies am fünften der Zehn Gebote sichtbar: Die erwachsenen Kinder sollen ihre (alt gewordenen) Eltern ehren, indem sie für sie sorgen. Alle Menschen spiegeln als Geschöpfe die E., die dem Schöpfer zukommt: «Du hast ihn wenig geringer gemacht als Gott, mit E. und Hoheit hast du ihn gekrönt» (Ps 8,6). In der Liturgie begegnet das Wort vor allem in der sogenannten Doxologie («E. sei dem Vater und dem Sohn und dem Heiligen Geist»).

Ex 20; 28; Ps 8; Lk 2; Joh 5

El-

vor- oder nachgestelltes Wortelement in vielen hebräischen Eigennamen, so in *Elischa*, ‹Gott hilft›, oder in *Gabriel*, wohl ‹Gott ist mein Held›; ursprünglich als ein Bekenntnis zu *El*, dem Hochgott der kanaanäischen Götterversammlung (Pantheon), verstanden; später auf JHWH bezogen

Elija

Prophet▲

Nach der Darstellung des Alten Testaments ist E. *die* herausragende Figur in der ersten Phase der Prophetie, der buchlosen Prophetie (10./9. Jahrhundert v.Chr.). In grösserem Umfang noch als bei den späteren Propheten werden bei ihm nicht nur die Worte Gottes überliefert, die er verkündigte, sondern auch viele Ereignisse aus seinem Leben, die zeigen, dass eine Berufung zum Propheten die ganze Person betrifft. Dieser Überlieferung zufolge tritt E. im Nordreich Israel vor den Königen Achab (871–852 v.Chr.) und Achasja (852–851 v.Chr.) auf. Zwar hat sein Wirken noch gewisse magische und ekstatische Züge, er selbst aber versteht sich dezidiert als Prophet JHWHs. Nicht zufällig bedeutet sein

Name ‹mein Gott ist JHWH›: Im Kampf gegen Baal, den kanaanäischen Gott der Fruchtbarkeit, der vom israelitischen König verehrt wird, kündigt E. eine Dürre an. Sie soll dem Volk die Stärke des «Gottes in Israel» und den Königen die Schwäche Baals und seines Kults vor Augen führen; Volk und Könige sollen verstehen, dass JHWH, nicht Baal, Herr ist über Wachstum und Dürre, über Leben und Tod. Der Religionskritik folgt die Ideologiekritik: In der Geschichte von Achab und Nabot geisselt E. die Übergriffe des gerade erst etablierten Adels und seiner Stände auf den Besitz der freien Bauern. Landraub und Justizmord widersprechen dem Auftrag des Königs und nähren alte Bedenken gegenüber einer hierarchisch organisierten Gesellschaft. Mit solchen Angriffen exponiert sich E. Die Erzählung vom Gang in die Wüste hat verschiedene Motive. Sie erinnert an gute Erfahrungen der Nähe Gottes: an die Gottesbegegnungen des Mose, an den Auszug und an den Berg Choreb, sie schliesst die Möglichkeit aus, sich Gott entziehen zu können, und sie widerlegt die Vorstellung, ihn in den Gewalten der Natur zu erleben. Gott ist frei zu entscheiden, wie er sich offenbaren und wozu er einen Propheten beauftragen will (1Kön 17–19). – Die Überlieferung von E. Auftreten ist derart wirkungsvoll, dass der Volksglaube ihn direkt zu Gott entrückt werden lässt, das junge Buch Maleachi ihn als Herold des Tags JHWHs ankündigt und Jesus von manchen als wiedergekehrter E. verstanden wird (Mt 16,14). Die synoptischen Evangelien deuten Johannes den Täufer in diesem Sinn, Paulus nimmt ihn zum Vorbild, das nachbiblische Judentum versteht ihn als den Offenbarungsmittler schlechthin, die Wüstenväter verehren ihn als Vorbild für ihr Leben in der Wüste und die Ostkirche macht ihn zum Kirchenpatron.

1Kön 17–19; 21; 2Kön 1; Mal 3; Mk 9; 15; Lk 4; Röm 11; Hebr 11; Jak 5

En-

hebräisch für ‹Quelle von›; vorgestelltes Wortelement in hebräischen Ortsnamen, das wie in *En-Gedi* oder *En-Dor* darauf hinweist, dass die Siedlung um eine Quelle herum entstanden ist

Engel

Dienstbare Gestalten zwischen der Welt der Götter und der Welt des Menschen gibt es in den Vorstellungen aller Völker und Religionen. In ihnen sind Wirkungen der Götter oder Schutzbedürfnisse des Menschen personifiziert. In der Bibel allerdings steht hinter der Übersetzung E. ein hebräisches bzw. griechisches Wort, das zunächst schlicht einen gewöhnlichen Boten bezeichnet, der beauftragt ist, eine Nachricht von hier nach dort zu überbringen. Auch Propheten werden gelegentlich so betitelt. Boten Gottes besuchen Abraham und Sara, erscheinen Zacharias, Maria und den Hirten auf dem Feld, erwarten die Frauen am leeren Grab und hinterlassen als Gottes Gesandte eine verheissungsvolle Nachricht. – In den späten Texten des Alten Testaments wird der E. immer mehr zu einem Wesen, das zwischen einer fernen und geheimen Welt Gottes und einer verdorbenen Menschenwelt vermittelt. Im Buch Daniel wird Eingeweihten ein spekulatives Geheimwissen offenbart, wobei zwei E., Gabriel und Michael, nun namentlich benannt werden. Je stärker die Ferne Gottes erlebt wird, desto mehr füllt sich der

Raum zwischen Menschen und Gott mit Mittlergestalten – den E. In der Offenbarung des Johannes erscheinen die E. als das, was in der Mythologie des Alten Orients die Götterversammlung um den Hochgott war: als die Vollstrecker des göttlichen Zorns und der göttlichen Gnade. – Ob Personifikation einer Wirkung oder mythische Wesen: E. verweisen in der Bibel immer nur auf Gott, der nach Weisung der ersten vier seiner Zehn Gebote allein zu verehren ist. – Die Vorstellung von sogenannten Engelhierarchien geht nicht direkt auf die Bibel, sondern auf einen frühmittelalterlichen Theologen (6. Jahrhundert) zurück, der unter dem Namen des von Paulus bekehrten Dionysos Areopagita eine nahezu apostolische Autorität gewann.

Sach 1–6; Dan 8–12; Lk 1–2; Röm 8; Offb

Erdkreis

im Hebräischen nur in poetischen Texten gebraucht, vor allem in den Psalmen; die von Gott geschaffene, trockene und feste Erdscheibe inmitten des Urmeers; wie sonst im Alten Orient die runde Mitte der dreistöckig gedachten Welt mit dem Himmel über ihr und dem Meer unter ihr; im Griechischen *oikoumene*, die bewohnte Erde (davon abgeleitet ‹Ökumene›)

Erlass

schriftliche und öffentliche Verfügung einer obersten Regierungsautorität (Edikt); im Alten Testament etwa der E. des Königs Kyros, im Neuen Testament der E. des Kaisers Augustus

Erlassjahr (Sabbatjahr)

Jobeljahr (Halljahr)▲

theologisch interpretierte Regelung, die dem ökologischen Brauch folgt, dem Boden nach sechs Jahren landwirtschaftlicher Nutzung in jedem siebten Jahr zur Erholung eine Brache zu gönnen, und dem damit verbundenen sozialen Brauch, den Tieren des Feldes wie den Armen der Städte für ein Jahr die Weinberge und Olivenhaine zur freien Nutzung zu öffnen; davon inspirierter Beschluss, den israelischen Volksgenossen in jedem siebten Jahr einen Schuldenerlass zu gewähren, um Überschuldung und Schuldsklaverei zu vermeiden; vermutlich vielfach nicht beachtet, ausserbiblischen Zeugnissen zufolge aber bis in nachbiblische Zeit bekannt (Josephus, Tacitus, Rabbinen); nach jedem siebten E. folgt ein Jobeljahr

Dtn 15

Erlösung

retten▲

Entgegen einer verbreiteten Meinung sind das Judentum und das Christentum keine ‹Erlösungsreligionen›, wenn damit die Befreiung des Menschen vom Diesseits und von den irdischen Bedingungen gemeint ist. Eben darum geht es in der Bibel nicht. Die mit E./erlösen übersetzten Begriffe werden in der Bibel nur spärlich und in ganz speziellen Zusammenhängen verwendet. Die Zusammensetzung des deutschen Wortes (Er-lösung) zeigt an, worum es bei dem Begriff geht: um eine intensive Lösungs- und Befreiungserfahrung. Im Neuen Testament steht die Vorstellung einer umfassenden Befreiung im Vordergrund. Paulus deutet diese für die jetzige Zeit als Erfahrung des Gerechtwerdens durch Gottes Tat und endzeitlich als Befreiung des Leibes von aller Nichtigkeit und Vergänglichkeit.

Röm 3; 8

Ermahnung
Weisheit▲

Die Literatur der Weisheit umfasst verschiedene Textarten, mit denen Ältere Jüngere ins Leben einweisen können. Zu ihnen gehören Beispielerzählungen und Lehrreden, Lieder und Sprichwörter, die meistens mit der formelhaften Aufforderung «Höre, mein Sohn!» eingeleitet werden. Die häufigste und einfachste Gattung der E. im Alten Testament ist das Mahnwort. Es besteht aus einer warnenden Aufforderung und einer motivierenden Begründung. Es ist kurz und kann überall eingestreut werden. Auch Propheten benützten es gelegentlich. Der häufigste Ort der E. im Neuen Testament ist der letzte Teil eines Briefes vor dem förmlichen Schluss. In der Rolle des Apostels oder Lehrers gibt der apostolische Absender der angeschriebenen Gemeinde mit auf den Weg, was sie zu ihrem geistlichen Gedeihen braucht. Aus dem kurzen Mahnwort werden dabei ganze Listen und Kataloge. In solchen Texten werden die soziale Situation und der Charakter eines Milieus einerseits, die Praxis theologischen Denkens und die geltende Moral andererseits besonders gut erkennbar.

Spr 22–24; Röm 12–15; Eph 4–6

Erscheinung

Wenn Boten und Engel Gottes vor Menschen auftreten, heisst es von ihnen, dass sie ‹erscheinen›. Die Geschichten, die erzählen, wie der auferstandene Christus einzelnen Frauen oder den Jüngern begegnet, nennt man Erscheinungsgeschichten. Von Gott, der nach dem Alten Testament unzugänglich und verborgen ist, weil jeder, der ihn sieht, erblinden oder sterben muss, wird in manchen Erzählungen berichtet, dass er sich einem Menschen zu erkennen gab und dieser unversehrt blieb. Dieses Wunder der Nähe zum Unnahbaren wird mit dem Wort E. umschrieben, dem im Hebräischen und Griechischen die Verben ‹sehen› oder ‹sich zeigen› zugrunde liegen. Der unsichtbare Gott offenbart sich einzelnen Menschen im Sichtbaren und bringt sie dadurch auf einen neuen und anderen Weg: So erscheint Gott Mose im Dornbusch, um ihm seinen Namen zu offenbaren und ihn zum Führer seines Volks zu machen; so erscheint der Engel Gabriel Maria, um ihr die Geburt eines Sohnes anzukündigen; so erscheint der auferstandene Jesus dem eifrigen Verfolger Paulus, um ihn zum Völkerapostel zu machen.

Gen 18; Ex 3; Jes 60; Mal 3; Lk 1; 24; Joh 20–21; Apg 9; 1Kor 15

Erstling
Leviten▲ Opfer▲

im Alten Testament entweder die menschliche und tierische Erstgeburt oder von allem, auch von Pflanzlichem, das Erste als das Beste; erbrechtlicher Begriff, in dem sich die Bevorzugung des männlichen Erstgeborenen ausdrückt; kultrechtlicher Begriff, der alles Erste als Gott gehörig für den Kult reklamiert, weshalb alles, was nicht geopfert werden darf (z.B. Menschen), durch Ersatzleistungen ausgelöst werden muss; im Neuen Testament auch Bild für Christus als Erstlingsgabe von Gott oder für die Christen als Erstlingsgabe an Gott

Erwählung
Volk▲

Das hebräische Verb für erwählen (*bachar*) hat eine praxisorientierte Herkunft: Im Kontext der militärischen Aushebung und des Heiratsmarktes bezeichnet es die Entscheidung aufgrund qualitativer Eignung. Ausgesucht und erlesen, rundum ansprechend also, sind die Menschen, die erwählt sind. Sie sind jung. Sie bilden die Elitetruppe oder sind eine gute Partie. Im Deuteronomium und allen von ihm abhängigen Texten wird dann E. zum theologischen Begriff. Immer ist Gott das erwählende Subjekt und der Mensch das erwählte Objekt: so der König, das Volk Israel und als Zentrum von beiden der Zion; nun aber gerade nicht mehr aufgrund hervorragender Qualitäten wie Grösse, Schönheit, Jugend, Intellekt (vgl. Jes 53), sondern gelegentlich geradezu trotz menschlicher Defizite. Gott erwählt für das Leben und gegen den Tod. Deshalb kann selbst das erschaffende Tun des Schöpfers als E. bezeichnet werden. – Über die E. kann verschieden nachgedacht werden: Wer nach dem Objekt fragt und dabei die eigene E. im Blick hat, wird sich auf der Seite der Besseren wissen und die Schlechteren ausschliessen. Das wäre eine exklusive Verwendung, die dem Geist der Bibel widerspräche. Wer nach dem Subjekt fragt und dabei die göttlichen Kriterien der E. im Blick hat, wird erkennen, wie Gott stets zugunsten des Menschen handelt. So betrachtet, erweist sich, dass E. ein Ausdruck der göttlichen Gnade und Liebe ist, ein Geschenk, das nicht erworben und vererbt, sondern nur empfangen werden kann.

Dtn 7; 12; 1Kön 8; Ps 78; 89; Jes 41–53; Lk 6; Joh 15; 1Kor 1

Eva
Adam und Eva▲

Evangelium
Christus▲ Reich Gottes▲

E. ist ein Lehnwort aus dem Griechischen und bedeutet ‹gute Botschaft›. Es bezeichnet zunächst nicht eine literarische Gattung, sondern den entscheidenden Inhalt und das grundlegende Merkmal der christlichen Botschaft. So verkündigt Jesus nach Markus das E. Gottes, die gute Botschaft: «Erfüllt ist die Zeit, und nahe gekommen ist das Reich Gottes» (Mk 1,15). Paulus erkennt das Wesen des E. darin, dass es «eine Kraft Gottes» ist «zur Rettung für jeden, der glaubt» (Röm 1,16). – Später wird der Begriff auf die literarischen Darstellungen der Verkündigung und des Wirkens Jesu übertragen. Diese sind keine Biografien im modernen Sinn, sondern Berichte aus der Perspektive des Glaubens: Sie deuten vom gekreuzigten und auferstandenen Christus her das Reden und Handeln Jesu. Dabei lässt noch die Formulierung der Überschriften (z.B. E. nach Markus) erkennen, dass es im Grunde nur *ein* E. gibt, nämlich die Botschaft vom Kommen des Reichs Gottes, das durch den Tod und die Auferstehung Jesu seine endgültige Signatur gefunden hat.

Mk; Röm 1; 1Kor 1

ewig

Tod▲

Das Beiwort e. als Charakterisierung von Gottes Wesen und Handeln lenkt den Blick zurück in die Vorzeit und voraus in die Zukunft. Damit weist es zwar auf zeitliche Dimensionen hin, die für den Menschen unüberschaubar sind, doch wäre der biblische Begriff von Ewigkeit missverstanden, wenn er im Sinn einer Abgehobenheit von allem irdischen Geschehen als Zeitlosigkeit und damit als Unveränderlichkeit Gottes aufgefasst würde. Gegen eine solche Vorstellung spricht allein schon die häufige Erwähnung von Gottes Zorn über die notorische Untreue seines Volks wie auch das Wort von Gottes Reue angesichts des Elendes der Menschen. Mit dem Beiwort e. wird nicht Gottes Unveränderlichkeit bezeugt, sondern seine Verlässlichkeit, sein Wille, auch unter veränderten Verhältnissen in je anderer Art an seinen Zielen festzuhalten. In diesem Sinn können gelegentlich auch Menschen im Überschwang ihrer Dankbarkeit von sich behaupten, Gott e. zu preisen (Ps 145,1–2); doch auf Menschen ist ungleich weniger Verlass als auf Gott: «Alles Fleisch ist Gras, ... das Wort unseres Gottes aber besteht für immer» (Jes 40,6–8). Das babylonische Exil und die Zeit danach haben Israel mit dem Aufstieg und dem Niedergang fremder Nationen konfrontiert und dadurch erfahren lassen, dass sein Gott nicht nur der verlässliche Begleiter des eigenen Volks ist, sondern auch die Geschicke fremder Völker lenkt, ja die ganze Schöpfung in seinen Händen hält: «Alle Enden der Erde haben die Hilfe unseres Gottes gesehen» (Ps 98,3). Von daher kann Israel schliesslich Gottes endgültiges Handeln als Vernichtung des Todes ‹auf e.› (Jes 25,7–8) verstehen. – Das Neue Testament schildert das Eingreifen des e. Gottes in die menschliche Zeit zunächst als eine Intensivierung der Zeit – im Wirken Jesu, in seinem Kampf gegen die Macht des Todes in allen seinen Aspekten ist das Reich Gottes «nahe gekommen» –, dann entscheidend in Jesu Kreuzestod und seiner Auferstehung als Sieg über den Tod (1Kor 15,55). Mit der «Erstlingsgabe» des Geistes bekommen die Glaubenden fragmentarisch Anteil an der Überwindung der Todesmacht (Röm 8,11.23), sie sind «neu geboren» und haben «Aussicht auf ein unzerstörbares ... Erbe» (1Petr 1,3–4), sie haben bereits «e. Leben» (Joh 5,24). Die Ausdrucksweisen sind verschieden, das Zeugnis der neutestamentlichen Schriften jedoch einmütig: Mit dem Kommen und Wirken, dem Tod und der Auferstehung Jesu Christi ist die Ewigkeit in die Zeit hereingebrochen und damit zwar noch nicht da, aber doch schon wirksam.

Jes 40; 45; Joh 5; 11; Röm 8; 1Kor 15; 1Petr 1

fasten

F. ist eine weltweit verbreitete religiöse Ausdrucksform, die wie das Beten den Einzelnen fordert und nicht delegiert werden kann. Es gehört ins Gebiet der regelmässigen Verzichtleistungen. Sie zu erbringen, erfordert, was griechisch *askese* und lateinisch *disciplina* genannt wird: Übung. Wer f., schränkt sich in der Regel für einen festgelegten Zeitraum beim Essen und Trinken ein oder verzichtet ganz darauf. Die damit verbundenen Ziele sind kulturell bedingt und können ganz unterschiedlich sein. – Im Alten Testament sind es besonders zwei Ziele: Wird im Zusammenhang mit einem Todesfall gef., geht es wohl darum, sich dem Toten gleichzumachen, dessen Gemindertsein durch Selbstminderung zu erfahren, dessen Tod als eigenen Tod wahrzunehmen und sich auf diese Weise bewusst zu verabschieden. In diesem Sinn ist das F. ein Teil des Trauerrituals. Im Zeichen der Trauer stehen auch die festgelegten Tage des F., die jeweils an kollektive Todeserfahrungen erinnern, etwa an die Zerstörungen des Ersten (587 v.Chr.) und Zweiten Tempels (70 n.Chr.). F. kann aber auch ein Zeichen der Busse und Sühne sein; dies ist vor allem am *Jom Kippur* der Fall, dem ‹Tag der Versöhnung›. – Im Neuen Testament wird sichtbar, dass die frühchristlichen Gemeinden der Praxis des F. einen unterschiedlichen Stellenwert einräumen: Die Frage, warum seine Jünger – im Gegensatz zu den Jüngern des Täufers – nicht f., beantwortet Jesus in den synoptischen Evangelien mit dem Hinweis, dass sie selbstverständlich f. werden, jedoch nicht, solange er unter ihnen sei. In der Bergpredigt wird das F. zusammen mit dem Almosengeben und dem Beten zwar als selbstverständlicher Ausdruck der Frömmigkeit genannt, aber ‹ins Verborgene› verwiesen, an den Ort, an dem es vor Gott geschieht, nicht vor den Menschen. Das Evangelium nach Johannes dagegen, das in umfassender Weise von der Gegenwart des Göttlichen geprägt ist, weiss vom F. nichts.

Lev 16; Est 4; Jer 14; 39; 52; Jona 3; Sach 7; Mt 6; Mk 2

Feind

Krieg▲ Nächster▲ Zorn▲

Unter den Psalmen finden sich zum Befremden heutiger Leser auch einige, in denen von F. die Rede ist, denen Tod und Verderben gewünscht wird. In den sogenannten Königspsalmen wie etwa Ps 2 wird deutlich, um wessen F. es sich da handelt: «Bitte mich», sagt dort Gott zu seinem König, «so gebe ich dir die Nationen zum Erbe und die Enden der Erde zum Eigentum. Du kannst sie zerschlagen mit eisernem Stab, wie Töpfergeschirr sie zerschmeissen». Die Illustration dazu liefern ägyptische Reliefs, die zeigen, wie der Pharao in seiner Linken ein ganzes Bündel von F. an den Haaren hält und mit der Rechten seine Kriegskeule zum Schlag erhebt. ‹Niederschlagung der F.› nennt die Kunstgeschichte dieses Motiv, das in die Königsideologie gehört und dort zu den Pflichten, die die Gottheit dem König auferlegt. Nach dieser Auffassung ist es eigentlich JHWH, der gegen seine F. den Krieg führt; sein Diener, der König, führt ihn nur ordnungsgemäss aus. Der F., der in den Psalmen in der Regel keinen Namen hat, ist häufig weniger eine konkrete Person als vielmehr eine Personifikation des Chaotischen. – In der Prophetie wandelt sich das Bild vom F.: Hier ist er nicht mehr Inbegriff des Chaos, das Gott zum Heil seines Volks bekämpft, Gott selbst wird zum F. seines Volks, weil es sich von ihm abgewandt hat: Er straft es selbst oder benutzt andere Völker dazu. Später tritt daneben eine andere Glaubenserfahrung: JHWH wird als ein Gott erfahren, der grundlos auf seinen Zorn verzichtet und Gnade übt, weil er auch sein abtrünniges Volk noch liebt, wie eine Mutter und ein Vater ihr Kind lieben. Auf der Grundlage dieser Gotteserfahrung Israels wird nun auch die Überwindung des Krieges denkbar: So finden sich bei nachexilischen Propheten Verheissungen eines weltumgreifenden Friedens. – Je mehr in Weisungen und Gesetzen die Liebe zum Leitmotiv für Beziehungen wird (im Gebot der Nächstenliebe, in den Schutzbestimmungen für den Fremden), desto mehr wird auch der F. in die Ethik integriert (ein verirrtes Rind etwa soll ihm zurückgegeben werden, Ex 23,4). Auf dieser Linie geht Jesus noch einen Schritt weiter: Wer an den Gott glaubt, der seine Sonne über Gute und Böse aufgehen lässt, kann auch seinen F. nicht aus der Liebe ausschliessen. Aus der Erfahrung der Kreativität Gottes schöpft Paulus die Hoffnung, dass das Böse durch das Gute überwunden werden kann.

Lev 19; Dtn 22; Ps 2; 7; 27; 46; 68; 74; Jes 2; 11; Hos 11–12; Mt 5–7; Röm 12

Fleisch

Geist▲ Leib▲ Mensch▲

Das Wort F. bezeichnet in der Bibel zumeist nicht das F., das zum Essen zubereitet wird, sondern (als Übersetzung von hebräisch *basar* bzw. griechisch *sarx*) den Stoff, aus dem Menschen und Tiere zur Hauptsache bestehen. In dieser Bedeutung wird es häufig in erweitertem und übertragenem Sinn verwendet. Es bezeichnet dann Lebewesen bzw. den gesamten Menschen als Lebewesen und charakterisiert ihn in unterschiedlichen Hinsichten. Die Bedeutung der metaphorischen Verwendung reicht vom allgemeinverständlichen Bild bis zum schwierigen theologischen Begriff. Wenn es in Ps 78,38–39 heisst, dass Gott sich seines Volks erbarmt und ihm seine Schuld vergibt, weil er daran denkt, «dass sie F. sind, ein Hauch, der vergeht und nicht wiederkehrt», oder in Hiob 34,15: «Wenn er es wollte, könnte er seinen Geist und seinen Atem zurücknehmen, dann käme alles F. um auf einen Schlag, und der Mensch würde wieder zu Staub», dann dient das Bild des F. dabei als Hinweis auf die Hinfälligkeit des menschlichen Wesens. In diesem Sinn ist das Wort F. in poetischer Sprache durchaus auch heute noch lebendig. Wenn die Propheten dieses Wort aufgreifen und darauf hinweisen, wie gefährlich es ist, sich auf die Kräfte des F. zu verlassen (Jes 31,3; Jer 17,5–6) und damit die militärische Rüstung des eigenen Volks oder Verträge mit fremden Machthabern im Blick haben, dann macht der erweiterte Gebrauch dieser Metapher deutlich, dass der Mensch hier nicht nur in seinen natürlichen Möglichkeiten als hinfällig und sterblich charakterisiert, sondern auch in seinen innersten Motiven als schwankend und unzuverlässig verstanden wird. – Diese unterschiedlichen Verwendungen haben in der Theologie des Paulus zu einem höchst differenzierten Gebrauch des Begriffes F. geführt. Erhellend für die Verschiedenheit der Bedeutungen dieses Begriffs ist der Satz: «Wir führen zwar unser Leben *im* F., unsern Kampf aber führen wir nicht *nach* dem F.» (2Kor 10,3). Christen leben «im F.», das heisst unter den gleichen, von den Folgen menschlicher Unzulänglichkeit geprägten Bedingungen wie ihre ungläubigen Nachbarn, haben also keinen Grund, sich in geistlichem Hochmut von ihnen abzugrenzen; sie leben aber nicht «nach dem F.», das heisst, sie richten sich nicht aus nach den in der Welt geltenden Lebensmustern und Verhaltenskriterien, denn in ihnen wirkt bereits der Geist, «der Jesus von den Toten auferweckt hat» (Röm 8,11). Sie sind also ohne eigenes Verdienst durch ihren Glauben und ihre Hoffnung dem Machtbereich der Sünde entzogen (Gal 2,20). – Durch eine Verengung des Begriffes F. auf Sexualität, wie sie ansatzweise schon in späten Schriften des Neuen Testaments (etwa in der Warnung vor den «Verlockungen des F.», 2Petr 2,18) und später in der Polemik der Kirchen gegen ungezügelte Sexualität als Sünde par excellence zum Ausdruck kommt, wurde die Differenziertheit der paulinischen Verwendung dieses Wortes mehr und mehr in den Hintergrund gedrängt. Dabei ist doch gerade auffällig, dass Paulus unter den «Werken des F.», die er der «Frucht des Geistes» gegenüberstellt, durchaus nicht nur sexuelle Ausschweifungen nennt, sondern auch Eifersucht, Zorn, Eigennutz und Hochmut (Gal 5,19–21), ja dass er unter einem Verhalten «nach dem F.» in erster Linie geistig-moralische Bemühungen versteht: alle Versuche des Menschen, sich durch eigene Taten Ruhm und Gerechtigkeit vor Gott zu verschaffen. Und im Evangelium nach Johannes liegt aller Nachdruck darauf, dass Gottes ewiges Wesen in Jesus Christus F. geworden ist, das heisst in jenen Bereich eingegangen ist, der aus sich selbst nichts anderes hervorbringen kann als Zwiespältiges («Was aus dem F. geboren ist, ist F.» Joh 3,6).

Ps 78; Hiob 34; Jes 31; 40; Jer 17; Joh 1; Röm 8; 2Kor 10; Gal 5

Fluch

Segen▲ Weisheit▲

In einer archaischen und magischen Vorstellungswelt ist der F. die Machtsphäre einer bösen Energie, unter der die Verfluchten wie unter einer unsichtbaren Glocke leben und ihr Unglück erleiden. Wer einem anderen *arur* sagt und ihn so verflucht, stellt ihn gleichsam unter diese Glocke, und die Magie des Wortes macht, dass unvermittelt geschieht, was es sagt. Darum ist das Fluchen verboten, denn es ist gefährlich, Geister zu wecken, die man dann nicht zu bändigen vermag. – Der F. kann in der Bibel einerseits als selbstverschuldet, andererseits als Verhängnis verstanden werden. In der Erzählung von der Gesetzesverlesung unmittelbar vor der Landnahme, in der Mose dem Volk Segen verheisst für den Fall, dass es im Land nach der Weisung Gottes lebt, und F. androht, falls es sich nicht daran hält, erscheint der F. als Folge einer freien Wahl. Hinter dieser Auffassung steht das weisheitliche Denkmuster, nach welchem gutes Ergehen (Segen) auf gutes Tun und übles Ergehen (F.) auf übles Tun folgen. In der Geschichte von Adam und Eva dagegen besteht keine Wahl, hier wird als F. (dis)qualifiziert, was jeder Mensch immer und überall erfährt: die Feindschaft zwischen Mensch und Tier, der Schmerz des Gebärens, die Ungleichheit von Mann und Frau, die Mühsal der Arbeit, die Vergänglichkeit des Lebens. Hier wird der F. zur *condition humaine*, während der Segen zur nicht erwirkbaren Gnade Gottes wird. Diesem Denken folgen die kritische Weisheitsliteratur, insbesondere Hiob, und die neutestamentlichen Schriften, insbesondere Paulus. Aus seinem Brief an die Galater hat die christliche

Dogmatik das *anathema!* entnommen, die fluchartig eingeleitete Verwerfung einer kirchlich nicht genehm(igt)en Lehre.

Gen 3; 12; 27; Dtn 27–28; Spr 3; Jer 17; Mal 2; Mt 5; Röm 12; Gal 1; 3

folgen

Jünger/Jüngerin▲

Dass Anhänger ihrem Lehrer oder Meister f., ist an sich nichts Besonderes. Jeder bedeutendere Schriftgelehrte zur Zeit Jesu hatte seine Gefolgschaft, eine grössere oder kleinere Schar von Schülern, die ihm zuhörte, wo immer er seine Lehren vortrug. Das Besondere im Fall von Jesu Jüngern ist, dass sie sich nicht wie die Schüler eines Rabbi entschlossen und darum beworben haben, zur Gefolgschaft ihres Meisters zu gehören, sondern von Jesus berufen wurden, und dass sie von Jesus nicht ausgebildet werden, um später selber an seiner Stelle zu lehren, vielmehr sich gerade niemals Rabbi nennen lassen, sondern als ‹Knechte› ihres Herrn im Auftrag dieses Herrn wirken sollen (Mt 23,8). Wenn Jesus in den Evangelien einzelne Menschen mit dem einfachen und weiter nicht begründeten Ruf: «Kommt, mir nach!» auffordert, ihm zu f., verstehen das die so Angesprochenen ganz wörtlich: Sie lassen alles stehen und liegen (die Netze, die Boote), verlassen Haus, Familie und Beruf und gehen hinter Jesus her in eine neue, ungesicherte und gefährdete, aber von der spürbaren Präsenz des Gottesreichs erfüllte Existenz. – Dass das Wort f. bei den Evangelisten in erster Linie in diesem ganz konkreten Sinn von ‹hinterhergehen› zu verstehen ist, zeigt sich darin, dass die übrigen neutestamentlichen Autoren es nicht zur Charakterisierung des Verhältnisses der Glaubenden zum erhöhten Christus verwenden. Paulus spricht in diesem Zusammenhang von einer neuen, vom Christusgeist geprägten Weise ‹seinen Weg zu gehen› (*peripatein*), das heisst, sich nicht den Massstäben dieser Welt gleichzuschalten, sondern sich in Christus verwandeln und erneuern zu lassen und so fähig zu werden, den Willen Gottes zu erkennen. – In den deutschen Bibelübersetzungen wurde – wohl aus dem Bedürfnis, den religiösen Sinn des Wortes hervorzuheben – das einfache ‹f.› mit ‹nachf.› wiedergegeben, von dem dann wiederum das theologisch und theologiegeschichtlich so bedeutsame Wort ‹Nachfolge› abgeleitet wurde, das allerdings im Neuen Testament als Begriff nicht vorkommt.

Mt 10; 23; Mk 1; 8; 10; Röm 12

Frau

Jungfrau▲ Mutter▲ Nebenfrau▲ Tochter▲

Obwohl beide Testamente in einer männlich dominierten Welt entstanden sind, sind biblische Texte durchaus auch von der Lebenswirklichkeit der F. geprägt und werden Rollenbilder in der theologischen Reflexion verschiedentlich hinterfragt und mit neuen Entwürfen konfrontiert, die ihrerseits wieder die gesellschaftliche Wirklichkeit beeinflussen. – Im Alten Testament können F. eine einflussreiche Stellung haben, so etwa Mirjam und Chulda als Prophetinnen oder Debora als Richterin. Sara, Rebekka, Lea und Rachel sind in den Erzelternerzählungen bedeutsam. F. erscheinen als Ahnf. eines Volks (Hagar), einer Dynastie (Rut) oder eines Stammes (Lea und Rachel). Sie treten auf als starke und unabhängige Einzelgängerinnen wie Rachab, Tamar (Gen 38), Hanna, Michal oder Ester und erwerben selbstbewusst gesellschaftliche Rechte wie die Töchter Zelofchads. Doch solche F.(bilder) bleiben Ausnahmen: Im patriarchalen Rahmen der biblischen Welt sind Rollen und Bilder der F. aus der Perspektive und im Interesse des Mannes festgelegt. Das höchste Ansehen erlangt eine F., wenn sie ihrem Mann einen Sohn gebiert. Dafür wird sie geheiratet. Viele biblische Geschichten stellen F. als Opfer geltender Ordnungen dar und üben damit zumindest indirekt Kritik an diesen Ordnungen: Hagar, Lots Töchter, Tamar (2Sam 13), Jift- achs Tochter sind Beispiele dafür. Immerhin sind es nach manchen alttestamentlichen Geschichten die Mütter, denen das Recht zukommt, dem eigenen Kind einen Namen zu geben. Insgesamt aber sind die öffentlichen Möglichkeiten von F. gering. Die Literatur des Alten Testaments spiegelt diese gesellschaftlichen Bedingungen, durchbricht sie aber theologisch: Im ersten Schöpfungsbericht werden Mann und F. gleichermassen als ‹Bild Gottes› bezeichnet. Die ‹F. Weisheit›, die im Buch der Sprüche (Spr 8–9) Gott zur Seite steht und als Verkörperung der Gerechtigkeit vorgestellt wird, bekommt Vorbildcharakter für ein ideales Frauenleben. – In den Evangelien werden verschiedene unkonventionelle Begegnungen Jesu mit F. überliefert; viele F. werden namentlich genannt und als Jüngerinnen in die unmittelbare Nähe des Zwölferkreises gerückt. In allen Evangelien ist es eine F., die mit einer schockierenden Totensalbung am lebenden Jesus vorwegnimmt, wozu beim Tod Jesu keine Gelegenheit bleibt. F. begleiten Jesu Sterben und Grablegung und sind die Ersten, die das Grab offen vorfinden und dem Auferstandenen begegnen (anders das Evangelium nach Lukas). Im Bild, das Paulus von der Gemeinde entwirft, stellt die Taufe alle Glaubenden gleich, da gibt es «nicht Mann und F.» (Gal 3,28), denn «in Christus» sind alle Gottes Volk und stehen unter derselben Verheissung. Die Diakonin Phoebe, die Apostelin Junia, Priska oder Chloe sind wichtige Persönlichkeiten in christlichen Gemeinden. Wie selbstverständlich Paulus damit rechnet, dass F. öffentlich auftreten, gottesdienstliche Aufgaben übernehmen und Verantwortung in den Gemeinden tragen, wird in seinen Briefen deutlich (Röm 16; 1Kor 11). Angesichts des anbrechenden Gottesreichs werden im Neuen Testament die sozialen Strukturen für die christlichen Gemeinden neu gefügt, doch kann sich diese charismatische Neuordnung auf die Dauer nicht halten. Mit den nachpaulinischen Briefen werden Christinnen wieder in die Schranken der Konvention zurückverwiesen (Eph 5; 1Tim 2; 1Petr 3). Nur im Witwenamt (1Tim 5) und wahrscheinlich auch im Diakonissenamt bleibt ihnen ein öffentliches Wirken möglich. Diese Spätschriften haben Jahrhunderte lang das gängige christliche Frauenbild bestimmt. Es ist das Verdienst der feministischen Theologie, dass auch die Schriftstellen, die die F. als eigenständige und dem Mann ebenbürtige Person würdigen, auf breiterer Basis wieder zur Kenntnis genommen werden.

Gen 1–3; 16; 29–30; Ex 15; Ri 4–5; Rut 4; 2Kön 11; 22; Spr 8; 31; Mt 28; Mk 7; 14; 16; Lk 8; 10; 13; Joh 4; 20; Röm 16; 1Kor 1; 11; Gal 3; Eph 5; 1Tim 2; 3; 5; 1Petr 3

Freiheit
Auszug▲
Der Gedanke der F. wächst an der Erfahrung der Unfreiheit. Die Menschen Palästinas haben diese Erfahrung in den gleichen Zusammenhängen gemacht wie die Menschen Griechenlands: im sozialen Bereich am Stand des Sklaven, im politischen unter der Herrschaft fremder Mächte. Dennoch hat die Bibel die Grundvorstellung des griechischen Denkens, dass F. Unabhängigkeit von der Macht und Willkür anderer und die Möglichkeit zu selbstbestimmtem Handeln bedeute, nicht in gleicher Weise entwickelt. Ein philosophischer oder politischer Begriff von F. kommt in der Bibel nicht vor. Hier entwickelte sich aus denselben Erfahrungen von Unfreiheit die Vorstellung vom souveränen Gott: Immer ist es im biblischen Verständnis Gott, der aus Sklaverei und Fremdherrschaft befreit, so beim Auszug aus Ägypten und bei der Rückkehr aus dem Exil. Der Mensch der Bibel ist der von Gott mit der Möglichkeit zur F. ausgestattete und von Gott aus der Unfreiheit der Sünde befreite Mensch. Nicht aus sich selbst, wohl aber durch Gott hat der Mensch F. Seine F. ist diejenige eines *Befreiten*, der sich durch die Liebe binden lässt, anderen zu dienen. Frei ist bei Paulus, wer sich durch Christus vom Wahn befreien lässt, aus sich selbst frei sein zu können, und daher auch vom Zwang, dies mit allen Mitteln erreichen zu müssen. Zu dieser F. ruft das Evangelium von Jesus Christus, und die zur F. Berufenen bilden seine Kirche.

Joh 8; Röm 6–8; Gal 4–5

fremd/Fremder
Nächster▲
Wie die Witwe und die Waise, die ohne Familie sind, und der Arme, der ohne Rechte ist, gehört der F., der ohne Heimat oder seiner Heimat fern ist, soziologisch zu den Gezeichneten und Randständigen. Wie jene ist auch er auf Schutz angewiesen. Insbesondere der König wird für diesen Schutz verantwortlich gemacht, seine Gerechtigkeit bemisst sich auch daran, welche Gerechtigkeit er denen widerfahren lässt, die am Rand stehen. In Israel spielt dabei stark auch die Erinnerung an das eigene Fremdsein eine Rolle: Die Begründung von Geboten, darunter des ersten und vierten der Zehn Gebote, erinnert an die Knechtschaft in Ägypten und fordert ein *positives* Recht der Vergeltung, ein ‹Gast um Gast› und ‹Liebe um Liebe›: «Wie ein Einheimischer soll euch der F. gelten, der bei euch lebt» (Lev 19,34). Der F., ob er nun aus politischen, wirtschaftlichen oder religiösen Gründen fremd sei, steht unter Gottes persönlichem Schutz und soll im alltäglichen Leben gut behandelt werden.

Gen 23; Ex 2; 22–23; Lev 19; Dtn 10; 26; Rut 1; Ps 146; Joh 4; Hebr 11

Frevler
Gerechtigkeit▲ Weisheit▲
Der F. ist der Antityp zum Gerechten. Im Hebräischen steht er für alles, was an bösen, schlechten, tödlichen Gedanken, Worten und Taten die Gemeinschaft bedroht und schädigt. Indem der F. Unschuldigen nach dem Leben trachtet und Randständige schutzlos macht, begeht er

keine Kavaliersdelikte, sondern verletzt das Fundament, auf dem eine Gemeinschaft beruht: die Gerechtigkeit. Wie der Feind oder der Gottlose, ist auch der F. in den Psalmen und in der Weisheitsliteratur keine individuelle Figur, sondern eine Personifikation des Chaos; mit dem Frevel droht der Schöpfung der Rückfall ins Chaos. Das hebräische Wort bezeichnet zugleich ein negatives Tun und ein negatives Resultat: Wie gerechtes Verhalten zu gerechten Verhältnissen führt, so führt frevlerisches Verhalten zu frevlerischen Verhältnissen. Darum ergeht es dem F. schlecht, sein eigenes Tun holt ihn ein: Er oder seine Nachkommen verfallen entweder der Blutrache oder der Todesstrafe, werden also selbst in die frevlerische Sphäre gebannt. – Dass dieses Schema seine Grenzen hat, beschreiben die Bücher Ezechiel, Hiob und Kohelet: Der Bann der bösen Tat erstrecke sich nicht wie bei der Blutrache über Generationen, sondern jeder Mensch habe sich innerhalb der eigenen Biografie zu verantworten, sagt der Prophet Ezechiel und weist damit den Gedanken einer kollektiven Verantwortung zurück. Gerechte gebe es, sagt Kohelet, denen es ergehe, als hätten sie die Taten von F. begangen, und F., die lebten, als hätten sie gerecht gelebt, und deckt damit die Absurdität des alten Schemas auf. Hiob schliesslich weist die Art, wie seine frommen Freunde ihm sein Unglück erklären wollen, zurück, indem er darauf besteht, dass er als ein Gerechter das Schicksal eines F. erleiden muss, und fordert damit Gott heraus, ihm andere Dimensionen von Gerechtigkeit zu offenbaren.

Hiob 15; 34; Ps 37; 94; 140; 146; Spr 10; 24; Koh 7–9; Ez 1

Frieden

Gerechtigkeit▲

Das hebräische Wort, das häufig mit F. wiedergegeben wird, ist *schalom*. Es ist eines der wenigen hebräischen Wörter, die allgemein bekannt sind; im modernen Hebräisch ist es der alltägliche Gruss. *Schalom* ist aber weit mehr als F. im politischen Sinn: Wie Gerechtigkeit nicht die Abwesenheit von Unrecht bedeutet, sondern das Gegenstück zur Rechtlosigkeit ist, so bedeutet F. nicht die Abwesenheit von Krieg, sondern ist das Gegenstück von Friedlosigkeit in jeglicher Hinsicht. Hier wie dort geht es um die Spannung zwischen göttlicher Schöpfung und widergöttlichem Tohuwabohu: hier der lichte, geordnete und verlässliche Kosmos des Lebens, dort das dunkle, unbestimmbare und gefahrvolle Chaos des Todes. In *schalom* klingt somit der Aspekt des Ganzseins an, des Ganzseins im physischen, psychischen und sozioökonomischen Sinn. Als sinnhafte, gerecht ausgewogene Weltordnung ist *schalom* allem Geschaffenen unterlegt. – Im Neuen Testament kommt dem Wort F. im Eingangsgruss der meisten Briefe und in weiteren Grussformeln zwar eine wichtige Stellung zu, es steht im Zentrum der weihnächtlichen Botschaft der Engel an die Hirten und hat seinen Ort in den Seligpreisungen, doch im Ganzen hat es eine wesentlich geringere Bedeutung als im Alten Testament. Das Zurücktreten des Wortes im Neuen Testament dürfte damit zusammenhängen, dass Jesu Verkündigung des Reichs Gottes und sein Handeln in einem unmittelbaren Sinn gerade nicht den F. gebracht, sondern zu Auseinandersetzung, Streit und Zwietracht bis in die einzelnen Familien hinein geführt haben. Dass F.

in einem umfassenden Sinn aber ein hohes Gut ist, zeigt sich an einer schönen Formulierung des Paulus im Brief an die Philipper: Er gibt seiner Hoffnung Ausdruck, dass «der Friede Gottes, der alles Verstehen übersteigt», die Herzen und Gedanken der Brüder und Schwestern in Philippi bewahren werde (Phil 4,7).

Ri 6; 1Sam 25; Lk 2; Röm 5; Eph 2; Phil 4

Furcht
Weisheit▲

Timor Dei initium sapientiae kann man gelegentlich als Motto auf öffentlichen Gebäuden, meist Institutionen der Politik oder der Bildung, lesen: «Die F. des HERRN ist der Anfang der Weisheit» (vgl. Spr 1,7; 9,10). Das hebräische Sprichwort kommt viermal in Texten der Weisheit vor, ist also bereits in biblischer Zeit ein Motto. Die Bedeutung des Wortes F. reicht von offener *Angst* angesichts einer realen Bedrohung über religiöse F. vor Dämonen und Geistern bis zum theologischen Begriff der *Ehrfurcht* vor Gott und des Respekts vor dem Heiligen. Auch theologisch wird das Wort in verschiedenen Zusammenhängen gebraucht: In der Vorstellung vom Krieg JHWHs tritt Gott wie ein orientalischer Unwettergott auf und schickt den Gottesschrecken aus, der seine Feinde in panische Angst versetzt. Seinen eigenen Krieger aber ermutigt er vor dem Kampf mit der Formel: «Fürchte dich nicht!» Losgelöst von seinem ursprünglichen Kontext wird dieses Wort dann vor allem bei Deuterojesaja zu einem Zuspruch des Vertrauens und der Nähe. Von der F. ist sodann im Rahmen der Gesetzesverlesung die Rede: Gott erwartet von seinem Volk nicht erst die Einhaltung der Weisung, sondern bereits vorher eine klare Beziehung. Als deren Kennzeichen gelten die F. vor Gott, die Liebe zu ihm und das Gehen seiner Wege. In der Literatur der Weisheit schliesslich gewinnt F. am ehesten die Bedeutung, die das deutsche Wort ‹Ehrfurcht› hat: tiefen Respekt vor dem Heiligen. Gott ist heilig, und weil er das Leben nicht nur erschaffen hat, sondern selbst das Leben ist, ist auch Ehrfurcht vor dem Leben heiliger Respekt. Während sich Liebe und Angst im Blick auf dieselbe Person ausschliessen, denn «F. ist nicht in der Liebe» (1Joh 4,17), gehören Liebe und Respekt notwendig zusammen. Der Gott des Glaubens nimmt die Angst und heischt Respekt: Das ist mit der ‹F. des HERRN› gemeint.

Gen 31–32; Ex 3; Dtn 3; 6; 10; Spr 1; 14–16; Jes 43; Lk 1; 2Kor 7; 1Joh 4

Galiläer

Bewohner des von den Israeliten *galil* (deutsch ‹Umkreis›), von den Römern dann *Galiläa* genannten Gebiets, das sich im Norden Palästinas über siebzig Kilometer zwischen der Ebene Jesreel im Süden und dem Fluss Litani im Norden (heute Libanon) erstreckt, zunächst hügelig (bis 600 m ü.M.), dann gebirgig (bis 1200 m ü.M.); erstmals von Pharao Thutmosis III. erwähnt (15. Jahrhundert v.Chr.); Angehörige der dort sesshaft gewordenen Stämme Naftali, Asser, Sebulon und Dan, die nach dem Ende des Nordreichs Israel deportiert werden (722) und ein weitgehend menschenleeres Gebiet zurücklassen, das erst in der Zeit nach Alexander dem Grossen (332) wieder besiedelt wird; dann aber eine namhafte, (nach dem jüdischen Historiker Josephus) in 204 Ortschaften niedergelassene Volksgruppe, zu der auch Jesus gehört und unter der er die meiste Zeit seines Wirkens verbringt

Garizim
Ebal▲ Samaritaner▲
881 m hoher Berg südlich der Stadt Schechem (Nablus) im Bergland Mittelsamariens; als ‹Berg des Segens› dem Ebal, dem ‹Berg des Fluchs›, gegenüberliegend; legendärer Ort des ersten von Abraham in Kanaan erbauten Altars, der ‹Opferung Isaaks› und der von Mose gebotenen Verlesung der Segensworte; heiliger Berg der Samaritaner, die sich in hellenistischer Zeit (im 2. Jahrhundert v.Chr.) von der Vorherrschaft Jerusalems lösen, dort ihr religiöses Zentrum errichten und einzig die Tora als heilige Schrift anerkennen (in Form des ‹Samaritanischen Pentateuchs›, einer besonderen Fassung der fünf Bücher Mose); im Ersten Jüdischen Krieg (nach dem jüdischen Historiker Josephus) Stätte eines Pogroms mit 11600 Opfern (70 n.Chr.), dennoch Standort mehrerer sich folgender Tempel, noch heute Festplatz einer samaritanischen Gemeinde

Gebot
Gesetz▲ Weisung▲
Das hebräische Wort für G. ist *mizwa*. Im Judentum ist die *bar mizwa* eines Knaben oder die *bat mizwa* eines Mädchens ein wichtiges Fest der Familie und der Gemeinde. Nach zwölf Lebensjahren und nach der religiösen Grundausbildung erreicht ein Kind die religiöse Mündigkeit. Es liest aus der *tora*, der Weisung Gottes, und verpflichtet sich zur Beachtung der *mizwa*, des G. Gottes. Es wird ein ‹Sohn des G.› oder eine ‹Tochter des G.›, und das heisst, dass jetzt im religiösen Bereich das Gesetz die Elternschaft antritt. Das Leben wird von den G. bestimmt, von denen es nach jüdischer Vorstellung so viele gibt wie Knochen im Körper, nämlich 613; der religiös mündige jüdische Mensch stellt also mit seinem Körper das ganze Gesetz mit allen seinen G. dar. Unter ihnen gibt es so viele Verbote wie Tage des Jahres, nämlich 365. – Auch im Wort für G. zeigt sich eine Eigenheit Israels: Das spezielle Verb für ‹befehlen›, von dem es abgeleitet ist, kommt ausser im Hebräischen in keiner anderen semitischen Sprache vor. Das G. ist ein Befehl, in dem sich *Gottes* Wille äussert, es ist Weisung und es ist Vertragsbestandteil des Bundesschlusses zwischen Gott und seinem Volk. Es drückt Gottes Autorität als Vater, König und Richter aus. JHWH selbst ist Gesetzgeber, und er ist es, der sein G. offenbart. Es soll gehört, beachtet, getan und erinnert werden. Dies wird eindeutig in der Zeit des Exils und bestimmt seither die jüdische Auffassung des Gesetzes. – Im Neuen Testament erhält der Begriff seine besondere Prägnanz aus dem Zusammenspiel mit dem Begriff Gesetz: Während mit ‹Gesetz› die Summe der kultischen und ethischen Weisungen gemeint ist, bezeichnet der Begriff G. den ethisch-normativen Aspekt des Gesetzes. In diesem Sinn wird in den synoptischen Evangelien das Doppelgebot von Gottes- und Nächstenliebe als das höchste G. verstanden; in diesem Sinn gibt es im Evangelium nach Jo-

hannes nur ein einziges Gebot Jesu: das Gebot, einander zu lieben; und in diesem Sinn charakterisiert Paulus das G. als heilig, gerecht und gut.

Dtn 4; 6; 11; 26; Ps 119; Spr 6; Ez 20; Mk 12; Joh 13; 15; Röm 7

Geist

Fleisch▲

Der hebräischen Sprache des Alten und der griechischen Sprache des Neuen Testaments ist gemeinsam, dass sie G. mit Wind, Luft und Atem in Verbindung bringen: Erst, was von Gott angehaucht ist, kann leben (Gen 2,7), ist inspiriert (von *spiritus*, dem lateinischen Wort für G.). Der G., die *ruach*, ist eine Gabe Gottes, jedoch keine, die sich festhalten lässt. Denn G. ist nichts Greifbares, sondern ein Unfassbares und Flüchtiges, das weht, wo es will, auch nichts religiös Fixierbares, sondern ein menschlichem Willen und Verfügen Entzogenes und doch Prägendes, das stets anders erscheint als erwartet. – Die Vorstellungen vom G. Gottes sind über Jahrhunderte gewachsen: Zuerst überkommt die *ruach* die charismatischen Anführer in der Epoche der Richter. Auch im ekstatischen Sehertum spielt sie eine Rolle. Später kommt sie dem König als bleibende Gabe und zur Gewähr einer gerechten Regierung zu. Dann wird sie mit den (späteren) Schriftpropheten verbunden. Schliesslich geht sie über auf das ganze Volk Gottes und gar ‹alles Fleisch›, das heisst alles Lebendige. – Die Gabe des G. an hervorgehobene Einzelne wie seine Ausgiessung über das Gottesvolk stehen im Neuen Testament in der Taufe Jesu und im Ereignis von Pfingsten nach- und nebeneinander: Das *pneuma* kommt Jesus ausdrücklich in der Taufe zu, führt ihn zur Bewährungsprobe in die Wüste und weiht ihn für seine Sendung zu den ‹Mühseligen und Beladenen› in Israel. Als G. der Prophetie wird es über die Apostel ausgegossen und sendet sie mit dem Auftrag der Verkündigung zu allen Völkern der Erde. Durch Jesu Tun scheiden sich die G.: Die ‹unreinen G.› werden ausgetrieben, dem heiligen G., dem G. Gottes, wird der Platz bereitet, um nach Jesu Tod und Auferstehung dessen verstörte Anhänger und Anhängerinnen zu sammeln und aufzurichten und die Gemeinde der Glaubenden zu gründen. Den tiefsten Einblick in das Wirken des G. in den frühen christlichen Gemeinden erhalten wir durch die Korrespondenz des Paulus mit der Gemeinde in Korinth. Dort werden die Fähigkeiten und Begabungen der Glaubenden als *pneumatika*, als Wirkungen des G., verstanden und gepflegt. Dem drohenden Missverständnis, sie gingen in den Besitz der Glaubenden über, wehrt Paulus dadurch, dass er sie als *charismata*, als Gaben der Gnade, deutet. Die vornehmste Aufgabe kommt dem heiligen G. im Evangelium nach Johannes zu: Er lehrt, ermahnt und erinnert an alles, was Jesus getan und gesagt hat. – Eine spezielle Prägung erhält der Begriff in seiner Gegenüberstellung zu ‹Fleisch›: Der G. bezeichnet dann die Kraft, die den Menschen auf das Göttliche ausrichtet, während das Fleisch jene Macht darstellt, die den Menschen auf den Bereich des Irdischen, Weltlichen, Hinfälligen festlegt. – Im Lauf der Lehrentwicklung der Alten Kirche wird der heilige G. neben dem Vater und dem Sohn immer stärker als dritte Wesensform des einen Gottes verstanden (Trinitätslehre). Anknüpfungspunkte dafür finden sich im Neuen Testament in den Abschiedsreden des Evangeliums nach Johannes und in den dreigliedrigen Formeln in Mt 28,19 und 2Kor 13,13.

Ex 15; Ri 15; 1Kön 19; Ps 18; Jes 11; 40; Jona 1; Joel 3; Mk 1; Joh 14–16; Apg 2; Röm 8; 1Kor 12–14

Gelübde

in allen Religionen der Sonderfall eines Versprechens, das ein einzelner Frommer freiwillig gegenüber seinem Gott ablegt, mit dem er sich zu einer Leistung verpflichtet (Weihe, Wallfahrt, Retraite, Fasten, Opfer, Spende, Stiftung) und von dem er sich in einer schwierigen Situation göttliche Zuwendung verspricht; lateinisch *votum*, das durch eine sichtbare Votivgabe, ein *ex voto*, erfüllt wird; im Alten Testament nur als G. gegenüber JHWH bekannt; wobei (wie man der Geschichte von der Tochter Jiftachs in Ri 11,29–40 entnehmen kann) zu Vorsicht gegenüber vorschnellen G. geraten wird; in der Kirche reguliert im Ordensg., im Ordinationsversprechen sowie im stellvertretenden Taufversprechen von Eltern und Paten

Gemeinde

Kirche▲

Das mit ‹G.› wiedergegebene hebräische Wort *eda* betont das Sicheinfinden und die Sammlung: Die Volks-, Rechts- und Kultgemeinschaft versammelt sich zur ‹G. JHWHS›. In Erinnerung an die Geschehnisse der Befreiung aus Ägypten und der Bewahrung in der Wüste versteht sie sich als Gottes Gebilde. Der entsprechende griechische Begriff (*ekklesia*) betont den Vorgang des Rufens, des Herausrufens: Seit der Auferstehung Jesu wird das Evangelium verkündigt, und alle, die dafür ein Ohr haben und sich von Gott rufen lassen, bilden die G. Sie ist Hausg., Ortsg. oder Gesamtg. an vielen Orten einer Region, bezeichnet aber keine territoriale oder demografische Quantität, sondern eine glaubensorientierte und christusbezogene Qualität. Wer glaubt und ‹in Christus› ist, gehört zur G., trägt zum Aufbau der G. bei und gehört zum Volk Gottes. Erst zwei Generationen nach Paulus formieren sich die G. zu Vorläuferstrukturen dessen, was sich später zu einer rechtlich organisierten Kirche entwickelt.

Num 20; Dtn 23; Apg 7–9; Röm 16; 1Kor 1; 14; Kol 1; 1Thess 2

Gepriesen! Gesegnet!

Selig!▲ Wohl!▲

hebräisch *baruch*, griechisch *eulogetos*, lateinisch *benedictus*; als Signal wirkendes Anfangswort einer positiven Kurzaussage über Gottes Sein und Handeln (in diesem Fall deutsch mit ‹gepriesen!› wiedergegeben) oder über einen Menschen, der von Gott ausgezeichnet ist (in diesem Fall deutsch mit ‹gesegnet!› wiedergegeben); als Glückwunsch oder Begrüssungsruf die wortmächtige Ausrufung einer Sphäre des Heils und der Mehrung, insofern Gegenstück zur Verfluchung, die mit ‹verflucht!› ebenso wortmächtig eine Sphäre des Unheils und der Minderung schafft

Gerechtigkeit

Frieden▲ Schöpfung▲

Israel und das frühe Christentum verstehen die G. nicht autonom, sondern theonom: G. in der Bibel ist die G., die Gott setzt, die Gott gibt und die vor Gott gilt. Insofern ist sie mehr als die Verhinderung von Ungerechtigkeit durch Gebot und Weisung. G. ist nicht in erster Linie ein Begriff der ausgleichenden Rechtsprechung, sondern bezeichnet Gottes Entwurf einer Lebensordnung, in der alle Geschöpfe zu ihrem Recht kommen. – In der alttestamentlichen Vorstellung ist G. eng mit der Schöpfung verbunden und lässt sich am ehesten als ‹Weltordnung› charakterisieren: Mit der Erschaffung der Welt aus dem *tohuwabohu* ist aus dem Chaos ein Kosmos, aus dem Ungeordneten eine Ordnung entstanden. Diese sinnhaft gefügte Weltordnung Gottes, die allem Geschaffenen eingeboren ist, das ist G., und sie geht allem Geschaffenen voraus. Sie wird in fünf Bereichen konkret erkennbar: In den zwischenmenschlichen Beziehungen, im Bereich des Rechts, des Kults, des Wissens und der Natur. Wenn alles so geordnet ist, wie der Schöpfer es will, ist eingekehrt, was die Bibel Frieden nennt (vgl. im Neuen Testament die Charakterisierung Gottes in 1Kor 14,33). In besonderer Weise hat dafür der gesalbte König zu sorgen, im Kleinen aber jeder Mensch, der ja nach Gen 1 und Ps 8 ein königliches Geschöpf ist. Wie sich die Bemühung um Frieden und G. im alltäglichen Leben gestalten kann, wird von den Schriften der Weisheit und der Weisung beschrieben. Sie setzen voraus, dass der Mensch zu dieser Aufgabe fähig ist, weil er die Freiheit hat, das der G. Gemässe zu tun, und weil dieses Tun ihm auch Gewinn bringt. Genau an diesem Punkt aber setzt die Kritik der jüngeren weisheitlichen Schriften an: Kohelet weiss zwar, dass es die göttliche Weltordnung des Schöpfers gibt, ist sich aber auch bewusst, dass sie im Geschehen ‹unter der Sonne› oft nicht erkennbar ist. Und Hiob erfährt am eigenen Leib, was es heisst, wenn das Bemühen um G. nicht belohnt wird und die gerechte Ordnung der Welt verborgen bleibt. – Im Neuen Testament beschäftigen sich zwei Autoren intensiv mit der Frage nach der G.: Matthäus und Paulus. Die vierte Seligpreisung lässt erahnen, wie Matthäus den Zusammenhang von menschlicher und göttlicher G. denkt: «Selig, die hungern und dürsten nach der G. – sie werden gesättigt werden» (Mt 5,6). G. ist etwas, was die Menschen im Grunde schmerzlich vermissen, wenn sie fehlt; sie sehnen sich nach ihr, sie hungern und dürsten, wenn sie ausbleibt. Deshalb werden die Hörer und Hörerinnen der Bergpredigt aufgefordert, zuerst nach dem Reich Gottes und nach Gottes G. zu trachten (Mt 6,33). ‹Trachten› meint dabei ein Mehrfaches: Die Menschen sollen ihren Sinn nach Gottes G. ausrichten, sie sollen sie aufspüren, nach ihr das eigene Leben gestalten, sie den anderen Menschen zugute kommen lassen. Denn nur die taugen für das Himmelreich, deren G. diejenige der Pharisäer und Schriftgelehrten weit übertrifft. Für Paulus ist die G. Gottes das eigentliche Thema des Evangeliums: «Gottes G. nämlich wird in ihm offenbart, aus Glauben zu Glauben, wie geschrieben steht: Der aus Glauben Gerechte aber wird leben» (Röm 1,17). Gottes G. ist nicht eine Eigenschaft Gottes, sondern ein Handeln, durch das Gott den Menschen gerecht macht, durch das er ihn in das richtige Verhältnis zu sich selbst setzt. Dem Handeln Gottes entspricht der Glaube des Menschen: Die G. kommt dem Menschen zu, der sich Gottes Tun gefallen lässt, der sich ganz auf Gottes Handeln verlässt. So kann der Glaubende dann auch G. üben – nicht um vor Gott gerecht zu sein oder von ihm geliebt zu werden, sondern weil er sich von ihm gerecht gemacht und geliebt weiss.

Ps 72; 85; Spr 11; Koh 5; Jes 1; Am 5; Mt 5; 6; Röm 1; 3; 4; 10

Gericht

Gerechtigkeit▲ Rest▲

Die Vorstellung vom G. Gottes geht im Alten Testament aus einer Theologisierung des Rechts hervor, die in der Königszeit einsetzt, nachdem Recht und Gerechtigkeit auseinander geraten sind. Die Propheten geisseln die Perversion des Rechts und verweisen auf Gott als denjenigen, bei dem die Gerechtigkeit – und mit ihr auch das G. – aufgehoben ist. Die Vorstellung von einem G. kommt dabei in zwei Richtungen zum Tragen: Als Gedanke eines G. über die Feinde ist sie tröstlich, ist Israel sich darin doch gewiss, dass diejenigen, die es bedrücken, nicht das letzte Wort behalten werden. Als Gedanke eines G. über Israel selbst aber ist sie erschreckend, stellt er doch vor die Frage, ob Gott sein Volk preisgegeben hat. Es kommt zur Reflexion über einen möglichen Rest, eine kleine oder auch grössere Schar, derer Gott sich dann doch noch erbarmt. In der deuteronomistischen Literatur ist die Vorstellung des G. entscheidend, weil sie eine Erklärung für die Katastrophe des Untergangs des Nord- und des Südreichs (722/587 v.Chr.) bietet, die Gottes Macht und Integrität nicht in Frage stellt. Die apokalyptische Literatur aus der Spätzeit der biblischen Schriften malt angesichts der fortgesetzten Perversionen des Rechts unter den verschiedenen Fremdherrschaften das letzte G. immer drastischer aus, zuerst im Buch Daniel, dann in nichtkanonischen Apokalypsen. – Im Neuen Testament stehen die Vorstellung von einem in der Entscheidung für oder gegen Christus schon vollzogenen G. und die Ausrichtung auf ein kommendes G. nebeneinander. Nach Paulus sind die Glaubenden von Gott gerecht gesprochen. Das G. betrifft damit nicht mehr ihre Person, sondern nur noch ihre Handlungen. Nach dem Evangelium nach Johannes kommen die Glaubenden gar nicht ins G., denn sie leben nicht mehr in der Dimension des Richtens; sie haben den Schritt vom Tod ins Leben gemacht und leben vom Leben, das Gott ihnen gibt.

Gen 1–2; 6–8; Ps 145–146; Dan 7; 12; Mt 24–25; Lk 21; Joh 3; 5; 1Kor 3; 5; 11; Offb 2–3; 19–20

Gesalbter

Christus▲ Sohn/Sohn Gottes▲

Aus dem Alten Orient ist die Salbung als Ritus bei Thronbesteigung und Amtsübernahme eines Königs bekannt; im alten Israel gilt sie als ein heiliger Akt vor Gott und hat rechtliche Bedeutung. In den Erzählungen über Saul und David stehen sich zwei Traditionen gegenüber: eine, nach der das Volk seinen zukünftigen König salbt, und eine, nach der ein Prophet im Auftrag JHWHs handelt. In der Zeit der Entstehung des Königtums waren die Ältesten des Volks die Hauptakteure bei der Königswahl, das Volk stimmte ihrer Entscheidung per Akklamation zu. Die eigentliche Salbung erfolgte mit Öl aus dem Ölhorn. Neben kritischen Stimmen, laut welchen Israel keinen menschlichen König braucht, weil JHWH sein König ist, gibt es im Alten Testament auch andere, die den König als von Gott eingesetzt verstehen. Nach ihnen ist der König der Erwählte Gottes, sein Bundespartner, ja sogar der von Gott adoptierte ‹Sohn›, dessen Dynastie ewige Dauer zugesagt ist. Anders als in der Umwelt des alten Israel gilt der König immer als ein Mensch, als einer aber, auf dem der Geist Gottes ruht und ihn so zu seinem Amt befähigt. Der König erhält den Würdetitel *maschiach*, der im Griechischen dann entweder mit dem Lehnwort *messias* wiedergegeben wird oder mit dem entsprechenden griechischen Wort *christos*. – Im Laufe der Zeit wandeln sich die Vorstellungen, die mit dem G. verbunden werden: Einerseits entwickelt sich nach dem Verlust des realen Königs die Vision von einem idealen König einer zukünftigen Zeit, andererseits kann sich die Idee von einem G. an realen Personen festmachen: So wird der Perserkönig Kyros, mit dem sich die Hoffnung auf einen Neubeginn nach dem Exil verbindet (539), von Deuterojesaja als G. bezeichnet. Zur Zeit des Zweiten Tempels (ab 515) tritt der Hohe Priester als G. die Nachfolge des Königs an. Messianische Weissagungen sprechen von einem neuen David. Im Buch Sacharja und in der jüdischen Gemeinschaft von Qumran werden gar zwei G. erwartet: ein königlicher und ein priesterlicher. Die frühen christlichen Gemeinden schliesslich deuten Jesus aufgrund seiner Verkündigung, seines Todes und seiner Auferweckung als den verheissenen G., den Christos (latinisiert Christus), nach welchem sie sich später ‹Christen› nennen. Dass an Jesus bereits zu Lebzeiten die Erwartung herangetragen wurde, er sei der erwartete G., lässt sich mit Blick auf das Bekenntnis des Petrus und der Marta vermuten.

Ri 9; 1Sam 9–10; 16; 2Sam 5; Ps 2; 89; Jes 45; Sach 4; Mk 8; Joh 11; 1Kor 15; Phil 2

Geschlecht

nicht im modernen Sinn von Gender oder Sex verwendet, sondern im alten Sinn von Dynastie: Familie in ihrer genealogischen Erstreckung über Generationen (‹von Geschlecht zu Geschlecht›); im Alten und Neuen Testament die vereinheitlichende Wiedergabe mehrerer Wörter: von ‹Same› oder ‹Nachkommen› oder ‹Stammesfolge› im Sinn von Nachkommenschaft, von ‹Sippe› als Gesamtheit von Familien, die zur gleichen Zeit leben, von ‹Generation› im Sinn von Gleichaltrigen oder Zeitgenossen

Gesetz

Gebot▲ Weisung▲

Das Wort G., das vor allem im Neuen Testament begegnet, hat eine lange Vorgeschichte im Alten Testament, in dem mehrere hebräische Wörter verschiedene Aspekte dessen benennen, was im Griechisch sprechenden Judentum und, durch dieses vermittelt, dann im Neuen Testament G. heisst. Unter den verschiedenen hebräischen Wörtern für G.: Gebot, Weisung, Vorschrift etc., ragt das Wort *tora* (‹Weisung›) hervor, dessen Bedeutung sich im Laufe der Geschichte veränderte. Bezeichnete es zunächst mündlich überlieferte Normen des Zusammenlebens, so später schriftlich fixierte Sammlungen des Rechts. Im Laufe dieses Prozesses kommt es zu einer Theologisierung: Die Weisung wird als göttliche Offenbarung verstanden, die in der Wüste bzw. am Berg Sinai erging. Dort erlebte Israel nach seiner Erinnerung JHWH als einen befreienden und normierenden, einen gewährenden und fordernden Gott. – Im Neuen Testament werden unter dem Begriff G. die ethischen und kultischen Weisungen zusammengefasst: Jesus verweist auf den gemeinschaftsorientierten Sinn des G., indem er im Doppelgebot der Liebe ‹das ganze G.› erkennt. Matthäus hat diesen Gedanken zum Leitwort des Auftretens Jesu gemacht: «Meint nicht, ich sei gekommen, das G. oder die Propheten aufzulösen. Nicht um aufzulösen, bin ich gekommen, sondern um zu erfüllen» (Mt 5,17). Auch Paulus sieht in der Liebe die Erfüllung des G. Im Nachdenken über die Reichweite des G. entdeckt er aber auch eine Gefahr, die gerade der treuesten Befolgung der Anweisungen und Vorschriften des G. innewohnt: Sie verleitet zur irrigen Meinung, der Mensch werde auf diese Weise vor Gott gerecht, und sie führt zu einer Verwechslung von Gottes Tun mit einem Tun des Menschen. Nach Paulus macht *Gott* den Menschen gerecht, so dass dieser sinnvoll handeln und leben kann. Ein ganz anderer Akzent wird im Brief des Jakobus gesetzt: Im Hören und Horchen auf das, was «das vollkommene G.», «das G. der Freiheit» (Jak 1,25), gebietet, und im Tun dessen, was es befiehlt, findet der Mensch zur Freiheit von aller Begierde und zum Tun des ethisch Guten.

Ex 20–23; Dtn 12–25; Ps 119; Ez 40–48; Mt 5–7; 22; Röm 7; 10; 13; Gal 3–5; Jak 1

Glaube
Wahrheit▲

«Glaubt ihr nicht, so bleibt ihr nicht!», heisst es in einem Wortspiel Jesajas (Jes 7,9), das das ganze Bedeutungsfeld des hebräischen Verbs ausmisst: Wer glaubt, setzt auf Bleibendes, und so bleibt er; wer glaubt, setzt auf Gott. Er rechnet mit seiner Treue; er vertraut. In der hebräischen Bibel ist G. Ausdruck einer Beziehung. So kommt nicht mit ins gelobte Land, wer in der Zeit der Wüste keine Beziehung zu Gott gehabt hat, denn wer nicht vertraut, hat sich bereits aus der Beziehung gelöst. Wenn Jesus einem Menschen sagt, sein G. habe ihn gerettet, so ist damit genau das gemeint: Gerettet hat ihn sein Vertrauen auf Gott, die Ausrichtung auf Gott und das Sich-Festmachen in Gott. Wenn im frühen Christentum der Inhalt des G. formuliert wird, wird nichts anderes benannt als das, was es dem Glaubenden ermöglicht, sich ganz auf Gott auszurichten: dass und wie Gott zu seinen Gunsten gehandelt hat. So wird bekannt, dass der G. sich auf den Gott richtet, der Christus von den Toten auferweckt hat, oder auf den Gott, der Christus gesandt hat. Die verschiedenen möglichen Inhaltsangaben wollen aber nur das eine zum Ausdruck bringen: Der G. richtet sich auf den Gott, der in Christus allem menschlichen Tun zuvor zu unseren Gunsten gehandelt hat. Darum ist der G. im Neuen Testament – ähnlich wie bereits bei Jesaja – eine konzentrierte, intensive Aktivität, die in etwas ganz Passivem besteht: Darin, sich das Handeln Gottes gefallen lassen.

Gen 15; 2Sam 7; Ps 78; Jes 7; Mt 8–9; Mk 9; Joh 4–6; Röm 4; Hebr 11

Gnade

Im Hebräischen gibt es zwei Wörter, die häufig mit G. übersetzt werden. Das eine (*chäsäd*) bezeichnet ein treues, solidarisches Verhalten; das andere (*chen*) hat das Bedeutungsfeld von Anmut, Liebreiz, Gunst und Beliebtheit. Beide Wörter begegnen sowohl in Beschreibungen von Beziehungen zwischen Menschen als auch in Beschreibungen der Beziehung zwischen Gott und Mensch. Häufig ist die Formulierung, dass jemand ‹G. gefunden› habe ‹in den Augen von› einem anderen. Dieser andere ist immer ein Höhergestellter, der sich gnädig herablässt, einen Untergebenen besonders zu berücksichtigen. Diese Berücksichtigung kann dabei aufgrund einer besonderen Leistung erfolgen oder auch ein nicht näher begründeter Gnadenerweis sein. Um einen solchen geht es, wenn Gott derjenige ist, der sich einem anderen gnädig zuwendet. Die nachexilische Gnadenformel bindet G. zusammen mit Barmherzigkeit, Langmut und Güte: «JHWH, ein barmherziger und gnädiger Gott, langmütig und von grosser G. und Treue» (Ex 34,6). – Im Neuen Testament steht hinter der Übersetzung G. das Wort *charis*, das ein ähnliches Bedeutungsfeld hat wie sein hebräisches Pendant *chen*: *charis* steht für Anmut, Gunst, Wohlwollen, Gefälligkeit, Liebeserweis. Das Wort erhält im Neuen Testament aber eine zugespitzte Bedeutung: G. ist Gottes Zuvorkommen zugunsten des Menschen, der leben soll; sie ist Gottes Geschenk an den Menschen, das sich auch in den *charismata*, den Gnadengaben, enthüllt. Nun muss sich der Mensch nicht mehr zu Gott begeben wie ein Bittsteller zum König, um dessen Gunst zu erbitten, sondern Gott gibt sich von sich aus (‹gratis›, abgeleitet von *gratia*, dem lateinischen Wort für G.) dem Menschen hin, um dessen ganz alltägliches Leben zu leben und auch im Tod zu bewahren.

Num 6; Ps 4; 9; 36–37; 103; 149; Hos 6; Jona 4; Joh 1; Röm 4–5; 12; 1Kor 12; Eph 4

Gott/Götter

HERR▲ JHWH▲ Christus▲

Die Bibel verbietet zwar die Darstellung G., enthält aber eine Vielzahl von Vorstellungen über ihn. Solche Gottesbilder sind untrennbar verbunden mit Lebens- und Glaubenserfahrungen. Der Mensch erfährt G. und macht sich ein Bild; G. lässt sich erfahren und verändert wiederum das Gottesbild des Menschen; diese Dialektik zwischen Schöpfer und Geschöpf ist ohne Ende. Texte aus vielen Jahrhunderten zeugen sowohl vom Wandel des Lebens und seiner Verhältnisse als auch vom Wandel des Glaubens und seiner Einsichten. Der biblische Glaube ist Reflexion über die Bedeutung der geschichtlichen Ereignisse, an die er gebunden ist. Wo im Alten Testament von G. gesprochen wird, geschieht dies als Entfaltung der Erfahrungen mit JHWH; wo im Neuen Testament von G. gesprochen wird, geschieht dies im Nachdenken über das Leben, den Tod und die Auferstehung Jesu Christi. Anders lässt sich in der Bibel nicht über G. sprechen. – Das erste der Zehn Gebote, das die Verehrung anderer G. neben JHWH verbietet, geht davon aus, dass es andere G. *gibt*. Es spricht ihnen die Existenz nicht ab, aber der Glaube an sie wird Israel untersagt. Glaube kann nur der Eine beanspruchen. Dieser Gedanke, dass nur der eine G. Glauben fordern kann und dass der Mensch sein Vertrauen nur auf diesen einen G. setzen kann, gewinnt in der Bibel erst im Laufe der Zeit Raum; der Glaube an den allein zu verehrenden und alleinigen G. setzt sich aber schliesslich auf breiter Front durch. Trotzdem findet man in der Bibel auch Hinweise auf andere göttliche Gestalten: lokale und regionale Geister, gute und böse Dämonen, Engel und Teufel, die Versammlung der G. mit dem dominierenden Hochgott, G. in Gestalt von Menschen, Tieren oder geologischen Besonderheiten. Grundsätzlich liefert die Bibel dieselben religionskundlichen Stoffe wie andere Religionen auch. Das Besondere aber ist ihr Umgang damit: Diese G. werden mehr und mehr polemisch verhöhnt und als ohnmächtige Popanzen dargestellt angesichts des einen G., dessen Einzigkeit Israel gerade inmitten des Göttergewimmels in Babylon aufgeht.

Gen 32; 1Sam 5; Hiob 1–2; Ps 82; Spr 8; Jes 44; 46; Jer 10; Apg 17; 28; Röm 10; 1Kor 8

Greuel

verallgemeinerndes Schimpfwort (Kakophemismus) für einen speziellen Götzen; zur Vermeidung seines Eigennamens verwendet aus Furcht, ihn durch Nennung herbeizurufen; Ausdruck des Abscheus vor fremden Kulten (insbesondere Kanaans), deren Götter (insbesondere Baal), Darstellungen und Riten; deutsch ‹das, wovor einem graut›, weil es ein ‹Graus› und ‹grausam› ist

Griechen

Die G. sind ein indogermanisches Volk, dessen antikes Siedlungsgebiet primär im Bereich der modernen Staaten Griechenland, Mazedonien (Südhälfte) und Türkei (Westhälfte) lag. Die grösste Ausdehnung erreichte Griechenland unter Alexander dem Grossen (336–323 v.Chr.), der auf seinen Feldzügen (334–323) ins Innere Asiens vorstiess, nördlich bis an den Tian Shan, das Grenzgebirge zu China (heute Tadschikistan/Usbekistan), östlich bis nach Kaschmir und südlich bis ins Mündungsdelta des Indus (heute Pakistan). Nach Alexander dem Grossen, in der Zeit des Hellenismus, durchdrang die griechische Kultur die Kulturen alle Länder rund um das Mittelmeer. Daran änderte auch die militärische und politische Vorherrschaft Roms ab dem 2. Jahrhundert v.Chr. nichts: Wer etwas auf sich hielt, sprach Griechisch, las Griechisch schreibende Autoren und kannte sich in griechischer Philosophie aus (Apg 17,16–34). Wie rasch die griechische Kultur auch das Denken der christlichen Gemeinden beeinflusste und bestimmte, zeigt sich daran, dass alle neutestamentlichen Schriften in griechischer Sprache verfasst worden sind.

Gruft

die in Palästina übliche Grabform, die Felsenkammer, die eine Familie in der Totenstadt (Nekropole) ausserhalb einer Siedlung besitzt; vorisraelitisch (ab 3200 v.Chr.) als Rundschacht angelegt (Jericho), kanaanäisch und israelitisch (ab 1200) als Kammer mit Bänken in Nischen (Geser, Lachisch), hellenistisch (ab 300) als Katakombe mit Vorhalle, Hauptraum und Schiebegräbern, die mit Steinplatten verschlossen werden (Marescha, Jerusalem)

Hallelujah!
Amen▲
kultischer Ruf, wörtlich ‹preist JHWH!›, von allen gottesdienstlichen Aufforderungen zum Singen und Preisen die häufigste, bleibt daher wie *Amen* unübersetzt; bindet die Psalmen des ‹kleinen Hallel› (Ps 146–150) und des ‹grossen Hallel› (Ps 111–118) zu besonderen Einheiten zusammen

-han-/-chan
Bildesilbe in vielen hebräischen Eigennamen; von *chen* ‹Anmut›, ‹Wohlwollen› bzw. der Wurzel *chnn* ‹gnädig sein›, ‹wohlwollend sein›; so in *Jehochanan* ‹JHWH ist wohlwollend› (gräzisiert *Johannes*); die Wurzel klingt auch im Namen *Hanna* an.

Hand
Das hebräische Wort für H. gehört (zusammen mit den Wörtern für Arm, Handfläche und rechte H.) zu den in der Bibel am häufigsten verwendeten Wörtern. Die H. steht grundsätzlich für Fertigkeiten und dadurch für Macht. (Auch der deutsche Ausdruck ‹es liegt nicht in meiner H.› bedeutet: Es steht nicht in meiner Macht.) Theologisch bedeutsam ist daher die H. Gottes, die als ‹die H. JHWHS› (über 200-mal) und ‹die Rechte JHWHS› vorkommt. Gottes H. vollbringt Taten der Macht für seine Welt, die er erschafft und erhält, und für seine Menschen, die er rettet. Geht es um Letzteres, wird oft die Formel «mit starker H. und ausgestrecktem Arm» verwendet. Gottes H. kann aber auch auf dem Feind *lasten*, Kranke, aber auch Propheten können sich von ihr in den Griff genommen fühlen. – Auf alten Bildern ist gelegentlich die H. Gottes dargestellt, aus den Wolken ragend und auf einen Erwählten zeigend, so etwa in Darstellungen der Opfer von Kain und Abel oder der Taufe Jesu.
Dtn 4–6; 32; Esra 7; Ps 16; 32; 39; 139; Jes 45; 48; 62; Ez 3; 33; Lk 1; 23

Harfe
Zupfinstrument mit bis zu zehn Saiten, nicht zu verwechseln mit modernen Harfen; unter den in der Bibel bekannten Instrumenten (Rahmentrommel, Schlagholz, Rassel, Becken, Zimbel, Schelle, Horn, Trompete, Doppelflöte, Panflöte, Leier, Laute) am häufigsten erwähnt; bereits in einer sehr frühen Steinritzzeichnung aus Megiddo (um 3000 v.Chr.) dargestellt, beschrieben in mesopotamischen und kanaanäischen Texten

Haupt
Mit H. wird nicht nur der oberste Teil des Körpers bezeichnet, sondern auch der Anführer eines Stammes, der Oberste eines Volks, der Erste eines Stammbaums, der Offizier im Militär, der Beamte im Rechtswesen, der Vorsteher von Priestern oder Sängern. Im Alten Testament sind es Stammesführer, militärische Führer, kultische Funktionsträger und auch der König, die so bezeichnet werden. Auffälligerweise begegnet das Wort fast nie im Zusammenhang mit Gott: Weder ist von seinem H. die Rede (so sehr sein ‹Angesicht› eine Rolle spielt), noch wird er selbst als H. Israels oder aller Menschen bezeichnet. – Im Neuen

Testament spricht Paulus davon, dass Christus das H. des Mannes sei und dieser das H. der Frau (1Kor 11,3). Obwohl er selbst diese fragwürdige Häupterfolge im weiteren Fortgang gleich wieder relativiert und auch in keinem anderen Brief mehr auf eine solche Hierarchie zu sprechen kommt, konnte aus seiner Aussage die Folgerung abgeleitet werden, dass sich die Frau dem Mann unterzuordnen habe (so im Neuen Testament bereits im Brief an die Epheser). Die Vorstellung von einer Häupterhierarchie hat im Lauf der Kirchengeschichte das Kirchenbild wesentlich geprägt, wurde aber auch durch verschiedene Reformbewegungen, vor allem durch die Reformation, immer wieder entschieden in Frage gestellt.

Gen 48; Num 6; 1Sam 8–11; 1Chr 7–8; Mt 26–27; Mk 6; 1Kor 11; Kol 1; Eph 1; 5

Haus

Vater▲ Volk▲

Als H. wird in der Bibel nicht nur das Gebäude bezeichnet, in dem man lebt, sondern auch das Hauswesen der Grossfamilie. Zum H. in diesem Sinn gehören nicht nur drei Generationen sowie alleinstehende Verwandte, sondern auch Sklavinnen und Sklaven, Mägde und Knechte sowie einzelne Randständige, ja, was das Zählen nach Köpfen betrifft, sogar das Vieh (‹Hausstand›). Wer ein H. errichtet, gründet eine Familie. Das H. wird nach dem Urahn benannt, so verstehen sich zum Beispiel die Nachkommen Davids als das ‹H. David›. Mehrere H. bilden eine Sippe, mehrere Sippen einen Stamm, mehrere Stämme ein Volk. In der Bezeichnung ‹H. Israel› versteht sich das ganze Volk Israel als eine einzige Familie und führt sich auf den legendären Urahn Jakob (= Israel) und seine zwölf Söhne zurück. – Wie die grösseren sozialen Einheiten ist auch das H. in erster Linie aus ökonomischen Gründen von Belang: Es soll das Überleben des Einzelnen sichern. Inzest, Ehebruch oder gleichgeschlechtlicher Geschlechtsverkehr werden als Gefährdung des Fortbestandes des H. verstanden; die befremdende Härte, mit der das Gesetz solche sexuellen Handlungen ahndet, sind von dieser ökonomischen Bedingtheit her zu verstehen. Wer sich aus der Ordnung der familiären Strukturen begibt, muss genau das erfahren, was jeder Vereinzelte zwangsläufig erfährt: den ökonomischen, den sozialen und zuletzt vielleicht sogar den biologischen Tod.

Gen 7; 24; 46; Ri 17–18; 1Sam 2; Esra 8; Hiob 1; 42; Ez 20: Sach 12

Hebräer

hebräisch *ibri*, was eventuell mit dem in diversen vorhebräischen Sprachen belegten Wort *chapiru* zusammenhängt, einem seit 2000 v.Chr. verwendeten Sammelbegriff für entwurzelte Städter, die *outlaws* und *outcasts* des Alten Orients, die als Wegelagerer durch sämtliche Gebiete des Fruchtbaren Halbmonds streiften oder sich vertraglich als Fremdarbeiter verdingten, ihren Königen als Söldner dienten oder als fordernde Freischärler gegenübertraten, als Rebellen gar Aufstände anzettelten; im Alten Testament ausschliesslich für die Nachfahren der drei Erzväter Abraham, Isaak und Jakob gebraucht, vielleicht in Erinnerung an deren nomadische Vergangenheit, in der sie von Sesshaften als solche umherziehenden Fremde betrachtet wurden; im Neuen Testament ein Ehrentitel für Juden und jüdische Christen, die den Traditionen Israels in besonderer Weise verbunden sind; lebt heute weiter in *Iwrit* als Bezeichnung für die neuhebräische Sprache

Heiden
Volk▲

Das hebräische Wort *goj* für ‹Volk› (Plural *gojim*) dient zunächst zur Bezeichnung jeder Volksgemeinschaft, verliert aber dadurch, dass Israel sich mit der Zeit selbst von diesem Begriff ausnimmt, seine allgemeine Bedeutung und wird spezifisch als Bezeichnung für ‹die anderen Nationen› gebraucht. Da sich in der griechischen Sprache kein entsprechendes Wort in diesem speziellen Sinn fand, mussten sich die Autoren der neutestamentlichen Schriften mit dem Wort *ethne* (Volk im ethnischen Sinn) begnügen, wenn sie von den nichtjüdischen Völkern sprachen. In ihrer das jüdische Volk ausschliessenden Verwendung wurden beide Begriffe *gojim* und *ethne* in den ersten deutschen Bibelübersetzungen und seither in unzähligen weiteren mit ‹H.› übersetzt. Diese Übersetzung ist nicht ganz unproblematisch: zum einen, weil in der deutschen Sprache mit ‹Heide› in erster Linie ein Nicht-Christ und nicht ein Nicht-Jude bezeichnet wird (allenfalls jemand, der keiner der drei monotheistischen Religionen angehört), zum anderen weil dieses Wort im Lauf seiner Geschichte oft auch in pejorativem Sinn verwendet wurde. In dieser Bibelausgabe wird *gojim* daher nicht mit ‹H.›, sondern mit ‹Nationen› übersetzt. Im Neuen Testament aber vermag eine solche Lösung nicht in jedem Fall zu befriedigen, jedenfalls dort nicht, wo Juden und *ethne* einander gegenübergestellt werden: Von ‹Juden und Völkern› kann nicht gesprochen werden, da nach deutschem Sprachgebrauch der zweite Begriff den ersten miteinschliesst. So hat sich denn in solchen Fällen die Übersetzung mit ‹H.› doch als die sinnvollste erwiesen.

Heil
Frieden▲ Gerechtigkeit▲ retten▲

Im heutigen Sprachgebrauch ist das Wort H. weitestgehend auf religiöse Zusammenhänge beschränkt. Im Alten Testament sind es vor allem die Wörter ‹Gerechtigkeit› (*zedaqa*) und ‹Frieden› (*schalom*), mit denen das ausgedrückt wird, was im Deutschen mit H. übersetzt werden kann. Die Herkunft des deutschen Wortes weist auf, was im Bedeutungskern auch für das Hebräische gilt: H. kommt von ‹heilen› in der doppelten Bedeutung von ‹gesund machen› und ‹gesund werden›. Heilsein meint dabei mehr als physisches Gesundsein, nämlich ganz, vollständig und unversehrt sein. H. wird für die Wiedergabe verschiedener hebräischer Wörter verwendet, von denen besonders die hebräische Wurzel *schlm* (wie in *schalom*) das ganzheitliche Unversehrtsein bezeichnet. Im Neuen Testament ist es das Wort *soteria*, das neben ‹Rettung› mit H. übersetzt wird. Betont die Übersetzung ‹Rettung› den Aspekt des Ereignisses, so die Übersetzung H. den Aspekt dessen, was dem Ereignis vorausgeht und ihm folgt: Auf das, was heil, gesund und integer macht, können Menschen nur warten, weil es allem vorausgeht, was sie sich selber geben können.

Ex 14–15; Ri 6–7; Ps 51; 95; Jes 45–47; Jona 2; Lk 3; Joh 4; 1Petr 1

heilig/Heiliges

Dem Phänomen des H. gegenüber sind zwei gegenläufige Tendenzen zu beobachten: die religiöse Tendenz zur Redundanz, die immer mehr h. spricht, und die theologische Tendenz zur Reduktion, die immer weniger h. spricht. Beide Tendenzen sind in der Bibel erkennbar. Damit steht, wer glauben und verstehen will, nicht vor einer Alternative, sondern vor zwei Konzepten der Frömmigkeit: Das religiöse Konzept erkennt nicht nur überall Gottes Handeln, sondern fühlt auch überall Gottes Sein. Der religiöse Mensch setzt sich dem H. aus, um so an dessen positiver Energie teilzuhaben und dadurch selbst ein Stück weit h. zu werden. Das muss er wiederholen, wann immer die Energie des Negativen, die von der Welt her auf ihn eindringt, ihn wieder bedroht. – Das theologische Konzept setzt das religiöse voraus, unterzieht es aber einer kritischen Prüfung. Diese setzt an drei Punkten an: beim Gottesbild, beim Menschenbild und beim Weltbild. Gott wird als der Eine verstanden, der keinen anderen Gott neben sich duldet. Alle Arten von Vergöttlichung werden als Infragestellung dieses Einen abgelehnt, h. ist allein Gott. Der Mensch kann nicht aus eigener Initiative am H. teilhaben, sondern ist ganz auf Gottes Versöhnungstat angewiesen. Die Welt wird nicht als ein Kampfplatz zweier Mächte und Energien, zwischen denen der Mensch sich täglich neu zu entscheiden hat, verstanden, sondern als gute Schöpfung Gottes, die der Mensch weder verwerfen noch vergöttlichen soll.

Ex 20; Lev 19–20; 1Sam 2; Ps 99; Jes 6; Jer 10; Hos 11; Hab 1; Mt 6

Heimsuchung

Dem hebräischen Wort, das mit H. übersetzt wird, liegt die Wurzel *pqd* mit der Bedeutung ‹genau auf etwas achten› zugrunde (im militärischen Bereich: ‹mustern›). Ganz genau beachtet oder beobachtet zu werden, kann für den Betroffenen eine heilvolle oder eine unheilvolle Erfahrung oder beides zugleich sein. Auch das deutsche Wort ‹H.› war ursprünglich doppeldeutig; selbst wenn es heute im normalen Sprachgebrauch fast ausschliesslich ein unheilvolles Widerfahrnis bezeichnet, lenken doch die Assoziationen, die seine Zusammensetzung aus ‹heim› und ‹suchen› weckt, auf die Möglichkeit hin, dass sich auch ein Unheil letztlich zum Heil auswirken kann.

Herodes

Als Herrscher von Roms Gnaden regierten die Herodianer von 37 v.Chr. bis 44 n.Chr. mit unterschiedlich grossem Herrschaftsgebiet in Palästina. Ihr bedeutendster Vertreter war H. der Grosse, der 40 v.Chr. vom römischen Senat zum König der Juden ernannt wurde und 37 v.Chr. Jerusalem eroberte. Er herrschte bis 4 v.Chr. über weite Teile von Palästina und machte sich durch imposante Bauten (Ausbau des Tempels in Jerusalem, Burg Antonia, Cäsarea, Festung Masada am Toten Meer) einen Namen. Er zeichnete sich durch eine tolerante Religions- und Kulturpolitik aus, ging aber gegen Leute, die ihm politisch im Weg waren (auch eigene Familienmitglieder), rücksichtslos und brutal vor. Im Neuen Testament wird er für einen Kindermord in Betlehem verantwortlich gemacht (Mt 2). Nach seinem Tod wurde sein Reich unter drei seiner Söhne aufgeteilt: Archelaus erhielt Judäa, Idumäa und Samaria (4 v.Chr. - 6 n.Chr.), H. Antipas Galiläa und Peräa (4 v.Chr. - 39 n.Chr.) und Philippus die nördlichen Teile des Ostjordanlandes (4 v.Chr. - 34 n.Chr.). H. Antipas war der Landesherr Jesu und wird im Neuen Testament für die Hinrichtung Johannes des Täufers verantwortlich gemacht (Mk 6). Unter einem Enkel H. des Grossen, H. Agrippa (Agrippa I.), kam ein grosser Teil von Palästina sukzessive nochmals unter die Herrschaft eines Herodianers (37–44); er veranlasste nach Apg 12 die Hinrichtung des Zebedäussohns Jakobus. In Apg 25–26 tritt sein Sohn Agrippa II., Herrscher des nördlichen Ostjordanlandes (ca. 50–94), als Freund des römischen Statthalters Festus und als Zuhörer des sich verteidigenden Paulus auf.

HERR

JHWH▲

In der Bibel begegnet das Wort H. in Bezug auf Menschen sowie in Bezug auf Gott. Immer ist es dabei im Sinn von ‹Gebieter› zu verstehen und nicht im modernen Sinn der gängigen Anrede für einen Mann. Das Wort bringt also ein (wie auch immer geartetes) Machtgefälle zum Ausdruck. - In der vorliegenden Zürcher Übersetzung der Bücher des Alten Testaments begegnet das Wort zudem häufig in der Schreibung HERR: In diesen Fällen steht es stellvertretend für den Namen des Gottes Israels. Dieser Name wurde zwar mit seinen vier Konsonanten JHWH *geschrieben* (daher der Ausdruck *Tetragramm* ‹die vier Buchstaben›), aus religiöser Scheu aber im Judentum schon sehr früh nicht mehr *ausgesprochen*, sondern im mündlichen Vortrag durch verschiedene andere Gottesbezeichnungen ersetzt. Einer dieser Gottesbezeichnungen ist *adonai*, eine Art (zum Titel erstarrter) Majestätsplural, der wörtlich ‹meine Herren› bedeutet. In der deutschsprachigen Bibelübersetzungstradition wird ‹Herr› häufig typografisch hervorgehoben, in der vorliegenden Übersetzung mit HERR. Damit wird ein Doppeltes geleistet: Das Wort selbst gibt den gesprochenen Ersatznamen (*adonai*) wieder, die Typographie erinnert an das Tetragramm (JHWH). - Die griechischen Übersetzungen des Alten Testaments geben *adonai* und (vermutlich nicht von Anfang an, aber relativ bald) auch das Tetragramm mit *kyrios* wieder, einem substantivierten Adjektiv mit der Bedeutung ‹der Mächtige›, ‹der Wichtige›, ohne damit auch die breite Verwendung des Adjektivs zu übernehmen, den die griechische Umwelt kennt; auch hier ist das *Epitheton*, das regelmässige Beiwort, zum Titel erstarrt. Das Neue Testament übernimmt den Sprachgebrauch der griechischen Übersetzung des Alten Testaments, wendet den Titel *kyrios* aber auch auf den erhöhten (und sekundär auf den irdischen) Jesus an. Anders als mit den anderen christologischen Titeln (Christus, Menschensohn, Sohn Gottes, Sohn Davids) wird damit die Hoheit Jesu und die Macht des Erhöhten über die ganze Welt betont. Was die Göttlichkeit Jesu Christi hervorheben soll, kann durch eine am Alltagssprachgebrauch von ‹H.› orientierte Rede vom ‹H. Jesus› zu einem Problem werden, da damit plötzlich Jesu Mann-Sein im Vordergrund steht und eine Geschlechterdifferenz betont wird, die im ursprünglichen Gebrauch des Titels nicht von Bedeutung ist. - Im Lauf der Zeit werden aus dem hebräischen *adon* wie auch aus dem griechischen *kyrios* Anreden, die grösste Höflichkeit zum Ausdruck bringen. In der deutschen Sprache ist ‹H.› aus einem alten Komperativ *heriro* ‹der Hehrere›, ‹der Erhabenere› hervorgegangen (wie in romanischen Sprachen der *Signore* oder *Seigneur* aus dem lateinischen *senior* ‹der Ältere›) und mit der Zeit zu einer Anredeform geworden, die auch dann gebraucht wird, wenn faktisch kein Macht- oder Sozialgefälle vorliegt. Aber gerade in dieser Verwendung kann ‹H.› in patriarchalischem Sinn missverstanden und missbraucht werden. Darum ist es wichtig, sich die ursprüngliche Bedeutung der Anrede Gottes als H. immer wieder vor Augen zu führen.

Gen 24; Ex 21; Dtn 6; 1Sam 25; 2Sam 7; Mk 12; Eph 6; Phil 2

Herrenmahl
Abendmahl▲

Herrlichkeit
Ehre▲

Im hebräischen Wort für H., *kabod* , steckt eine Wortwurzel mit der Grundbedeutung ‹schwer sein›. Von ihr sind verschiedene Wörter abgeleitet, in denen das ‹Schwer-Sein› auch in einem übertragenen Sinn verstanden wird. So bezeichnet *kabod* die Schwere, das Ins-Gewicht-Fallen, die Gewichtigkeit, das Ansehen, den Reichtum, und nicht zuletzt auch die H. nicht nur von Menschen, sondern auch von Wäldern, Kunstwerken, dem Tempel, fremden Nationen oder dem Volk Israel. Eine besondere Bedeutung erhält das Wort, wenn es von JHWH ausgesagt wird: Gottes *kabod* ist einerseits die Ehre, die ihm gebührt (vgl. Ps 29,1), andererseits seine H., die etwa in seinem Tempel (vgl. Ps 26,8) oder in seinem Rettungshandeln (vgl. Jes 40,5) offenbar wird. Eine besondere Rolle spielt die H. JHWHS in den priesterlichen Texten des Pentateuchs und im Buch Ezechiel: Hier ist sie eine Art Hypostase JHWHS, in der dieser dem Volk erscheint und ihm nahe ist. Am Ende des Buchs Exodus wird berichtet, dass sich die H. JHWHS im Zelt der Begegnung niederliess: «Da bedeckte die Wolke das Zelt der Begegnung, und die H. des HERRN erfüllte die Wohnung» (Ex 40,34). Im *kabod* ist JHWH nach der priesterlichen Theologie in seinem Heiligtum präsent. Im Wesentlichen wird diese Vorstellung auch vom Propheten Ezechiel geteilt, er aber entwickelt sie in eine andere Richtung weiter: Während der Akzent in den priesterlichen Texten darauf liegt, dass JHWH in seinem *kabod* im Heiligtum präsent *ist*, betont Ezechiel, dass er in seinem *kabod* präsent *wird*, das Heiligtum aber jederzeit auch wieder verlassen kann. Und genau dies geschieht nach Ezechiel im Exil: Der *kabod* verlässt den Tempel und lässt sich im Osten nieder (vgl. Ez 9,3; 11,23). In diesem Wegzug der H. Gottes wird sowohl das Gericht über Jerusalem offenbar, das von seinem Gott verlassen wird, als auch die Beweglichkeit JHWHS: Seine H. zieht mit ins Exil. Erst am Ende der Zeiten, wenn Israel sich neu konstituiert, wird sie wieder ins Jerusalemer Heiligtum zurückkehren (vgl. Ez 43,2). – Zum griechischen Wort für H., *doxa*, gehört das Verb *dokein* ‹meinen›, ‹gelten›. Mit *doxa* ist somit Gottes Geltung angesprochen, sein ‹Ruf›, den er bei denen hat, die ihn verehren, sein Ruhm. In die Bedeutung von *doxa* mischt sich im neutestamentlichen Gebrauch eine weitere Bedeutungskomponente, die vom altorientalischen Königsbild und Königsprotokoll herkommt: Gottes Ruf wird, ob als erhobener Anspruch oder zuerkannter Ruhm, sichtbar in seinem ‹Scheinen›, seinem Glanz. Der majestätische Lobpreis (Doxologie), mit dem das Unservater endet, findet in der christlichen Kunst denn auch sichtbaren Ausdruck im Heiligenschein und im Strahlenkranz, der Gott und Christus und alle Engel und Heiligen umgibt. – Das deutsche Wort H., das neben ‹Ehre›, ‹Glanz› und ‹Pracht› ebenfalls zur Übersetzung von *kabod* und *doxa* verwendet wird, ist von dem heute veralteten Wort ‹hehr› abgeleitet, das ursprünglich ‹grauhaarig›, später ‹ehrwürdig›, ‹Ehrfurcht gebietend› bedeutete. Im heutigen Deutsch ist ‹H.› ein Ausdruck für in höchstem Mass empfundene Schönheit, Erhabenheit und Vollkommenheit.

Ex 24; 40; 1Kön 10; 12; Ps 29; Ez 8–11; 43–44; Lk 2; 9; Röm 1; 2Kor 3; Phil

Herz

Wie im Deutschen gilt das H. auch im Hebräischen als Sitz der Gefühle, daneben vor allem als Organ des Erkennens, Verstehens, Denkens und Planens. Als Organ des Fühlens und Denkens kann das H. auch stellvertretend für den ganzen Menschen stehen, als Inbegriff seines Personseins, aber auch stellvertretend für ein ganzes Kollektiv, als Inbegriff einer Körperschaft. Es wird im Alten Testament aber auch vom H. Gottes, seinen Gefühlen, Gedanken und Plänen gesprochen; darin kommt das personale Gottesverständnis der Bibel zum Ausdruck. Ist vom H. eines Menschen die Rede, geht es um dessen ganze Existenz. So steht der Beter im Psalm mit aufrichtigem oder gebrochenem H. vor Gott, so fordert die Weisung, sich ‹von ganzem H.› zu seinem Gott zu bekennen, und so verheisst Paulus: «Denn wenn du mit deinem Mund bekennst, dass Jesus der Herr ist, und in deinem H. glaubst, dass Gott ihn von den Toten auferweckt hat, wirst du gerettet werden» (Röm 10,9). Das H. ist das Organ, das die Propheten Jeremia und Ezechiel als ‹verstockt› oder ‹verfettet› beschreiben, um die massiven Störungen zu erklären, die sie im Verhältnis zwischen Israel und seinem Gott wahrnehmen. Und im Buch Deuteronomium ist von einer Beschneidung des H. die Rede, die Israel dazu befähigen soll, seinen Gott von ganzem H. zu lieben und seine Gebote zu halten (Dtn 30,6). Im Brief an die Römer nimmt Paulus diese Wendung auf (Röm 2,29). Glaube ist ‹Herzenssache› und Verstehen Herzensbildung. Im H. fallen die Lebensentscheidungen. Der Prophet Jeremia kann entsprechend ankündigen, Gott werde Israel seine Weisung ins H. schreiben (Jer 31,33), und Ezechiel, er werde ihnen ein H. aus Fleisch anstelle des steinernen H. geben – eine Vorstellung, die bei Paulus im Zweiten Brief an die Korinther (2Kor 3,3) einen Widerhall findet.

Ex 8–10; Dtn 6; 10; Ps 7; 33; 51; 73; Spr 6–7; 14–15; Jes 6; Ez 36; Mt 5–6; Lk 1–2; Röm 2; 10; 2Kor 3

Hetiter

indogermanisches Volk im Gebiet des grossen Bogens, den der Fluss Halys in der Mitte der heutigen Türkei beschreibt, eingewandert aus dem Gebiet des heutigen Iran und Indien (um 2000 v.Chr.); nennen sich selbst *chatti* und ihre Hauptstadt *chattuscha* (das ausgegrabene anatolische Bogazköy); bedeutend während der Zeit des älteren (ca. 1700–1400) und des jüngeren Chattireichs (ca. 1400–1200), das im Norden an die damals von Ägypten beherrschten kanaanäischen Stadtstaaten stiess; in der Bibel als die Nachfahren von *Chet* bezeichnet, der als Sohn von Kanaan gilt (Gen 10,15), dem Urahn der Kanaanäer, und als Bruder von Sidon, dem Urahn der Phönizier; wie diese Bewohner des verheissenen Landes

Himmel
Welt▲

Aus dem hebräischen Wort für H. (*schamajim*) kann die Bedeutung ‹Ort des Wassers› herausgehört werden. Obwohl es sich bei dieser Deutung lediglich um eine Volksetymologie handelt, besagt sie doch einiges über die antike Weltvorstellung: Nach dieser ist das trockene Land von Wasser umgeben: unten vom Wasser des Meers, oben vom Wasser des H., das durch eine Himmelsglocke daran gehindert wird, auf die Erde zu stürzen, sich aber manchmal in Form von Regen auf sie ergiesst. Im Vergleich zu den Religionen der Umwelt des alten Israel wird der H. im Alten Testament weitgehend entmythisiert: Er gehört zur Welt des Geschaffenen und ist nicht Gott. Auch Sonne und Mond sind nicht göttlich, sondern werden im ersten Schöpfungsbericht ganz nüchtern in ihrer Funktion als ‹Lampen› dargestellt. Der H. wird im Alten Testament betrachtet im Bewusstsein, dass er Gott «nicht fassen» kann (vgl. 1Kön 8,27), dennoch wird er auch als Wohnstätte Gottes verstanden, und Gott wird in der Folge als ‹Gott des H.› bezeichnet. Ausserhalb des Alten Testaments setzte sich diese Remythisierung des H. in jüngeren apokalyptischen Schriften weiter fort; und weil das hebräische Wort für H. wie ein Plural geformt ist, kommt es da zu Spekulationen über unterschiedliche Stockwerke und Räume des H., eine Vorstellung, die in 2Kor 12,2–4 einen Nachhall findet. Im Neuen Testament wird der H. *Uranos* genannt und damit mit einem Wort bezeichnet, das in der griechischen Umwelt auch Name einer Urgottheit der Vorzeit ist. Hier setzt sich die bereits im Alten Testament zu beobachtende Tendenz fort, dass man vom H. wie von Gott reden und für das Kommen von Gott oder das Gehen zu Gott auch den H. einsetzen kann: So kommt Jesus von Gott oder eben ‹aus dem H.› und geht zu Gott oder eben ‹in den H.› Dass der H. selbst in der Offenbarung des Johannes, die doch stark vom mythischen Denken ihrer Umwelt beeinflusst ist, vergänglich bleibt, mag deutlich machen, wie entschieden biblisches Denken an der alleinigen Göttlichkeit Gottes festhält.

Gen 1–2; Hiob 38; Ps 104; Spr 8; Jes 42; 44–45; Ez 1; Dan 7; Apg 1–2

Hiob
Gerechtigkeit▲ Leiden▲ Weisheit▲

Die Geschichte vom gerechten und gottesfürchtigen Mann, der schuldlos in tiefstes Unglück gerät, dessen Schicksal sich am Ende aber wieder zum Guten wendet, ist wohl eine alte orientalische Volksüberlieferung. Nicht erst in der Bibel, sondern viel früher schon in der Weisheitsliteratur der Nachbarvölker Israels wurde dieser Stoff aufgegriffen und zum Anlass genommen, über das Problem unschuldigen Leidens nachzudenken. Obwohl der Protagonist nur im Alten Testament H. heisst (in anderen Übersetzungen als ‹Ijob› wiedergegeben), fasst man alle diese verschiedenen Texte als ‹H.-Literatur› zusammen und spricht von einer Behandlung des ‹H.-Problems› im Alten Orient. Der älteste dieser Texte stammt aus der Zeit um 2000 v.Chr. und wird als ‹Sumerischer H.› bezeichnet: Auf das klagende Gebet eines unschuldig Leidenden hin wendet sein Gott sein Geschick wieder zum Guten. Vermutlich um 1200 v.Chr. ist der sogenannte ‹Babylonische H.› (*ludlul bel nemeqi*) entstanden: Nachdem der Leidende vom Gott Marduk grundlos verlassen worden ist, wenden sich auch Freunde und Verwandte von ihm ab; schliesslich aber widerfährt ihm von Marduk selbst Hilfe. Noch etwas jünger ist die aus der Zeit um 1000 v.Chr. stammende sogenannte ‹Babylonische Theodizee›: Wie der Hauptteil des Buchs H. ist dieser Text als Gespräch gestaltet. Der unschuldig Leidende bespricht sich mit seinem Freund, der ihn von einer dem Menschen verborgenen und göttlich gestalteten Ordnung hinter allem Geschehen überzeugen will. Das erst in spät-nachexilischer Zeit entstandene biblische Buch H. ist unter all diesen altorientalischen Behandlungen des H.-Problems die jüngste. Hier führt die Reflexion über das Leiden des Unschuldigen zu harten Beschuldigungen Gottes. Der gegen sein Schicksal rebellierende H. beschuldigt ihn, ein Verbrecher zu sein und die Welt zum Chaos verkommen zu lassen. In direkter Anrede fordert er ihn auf, ihm Red und Antwort zu stehen. Gott nimmt die Herausforderung an und spricht in wortgewaltiger Rede mit H. Warum dieser leiden muss, erklärt er ihm dabei allerdings nicht; mit unzähligen Fragen führt er ihm vielmehr die grössere Ordnung, den Reichtum und auch die Widersprüchlichkeit seiner gewaltigen Schöpfung vor Augen. Am Ende zieht H. seine Klage gegen Gott zurück und gibt zu, über Dinge gesprochen zu haben, die er nicht versteht. Daraufhin bestätigt ihm Gott, dass er – anders als seine Freunde, die ihm sein Elend als Folge unrechten Tuns erklären wollten – recht von ihm geredet habe.

Hirt
König▴

meist verbreiteter Beruf im ganzen Gebiet des Fruchtbaren Halbmonds; im Alten Orient (ab 2500 v.Chr.) Bild für den mitziehenden und hütenden Gott und für seinen Statthalter, den gerecht regierenden und für alle sorgenden idealen König; in Babylon als ‹H. der Schwarzköpfigen› ein Königstitel; im Alten Testament wird Gott als ‹H. meines Volks Israel› (Ps 80,2) gewürdigt, gewisse Könige als ‹nichtsnutzige H.› kritisiert, der neue David als der ‹einzige H.› verheissen, der Perserkönig Kyros gar als ‹mein H.› bezeichnet; im Evangelium nach Johannes bezeichnet sich Jesus als ‹guten H.› (Joh 10,14); als Fremdwort aus dem Lateinischen, *pastor*, in einigen evangelischen Kirchen bis heute gebräuchlich für ‹Pfarrer›

Hoffnung
Verheissung▴

Israels Weg ist geprägt von erfüllter und enttäuschter H., von neu aufkeimender und sich verändernder H. Was Israels Hoffen auszeichnet, ist der konstitutive Bezug auf die Verheissungen Gottes. Wenn Israel über seine Geschichte nachdenkt, erkennt es Spuren erfüllter Verheissungen; wenn es über seine Zukunft nachdenkt, sieht es die Welt im Licht noch offener Verheissungen. Alle H., die Israel hegt, haben als Fluchtpunkt die eine H., dass die Welt als Gottes gute Schöpfung erkennbar werde. – Wie die Erinnerung an erfüllte Verheissungen, so nährt sich auch die H. von dem, was der Mensch sich nicht selber geben kann. Wie im Glauben und in der Liebe geht der Mensch auch in der H. über sich selbst hinaus, um sich auf den auszurichten, der er selbst nicht ist: auf Gott. Der Mensch ist nach biblischem Denken ein ex-zentrisches Wesen, das heisst ein Wesen, das nicht aus sich selbst lebt, sondern aus dem, was ihm zukommt. – Das erste und das letzte Buch der Bibel bezeugen, wie Israel und das frühe Christentum von der H. leben: Die Erzelternerzählungen führen Israel vor Augen, dass seine Existenz in den Verheissungen Gottes begründet ist, und die Offenbarung des Johannes lässt die Gemeinde hoffnungsvoll einstimmen in den Lobpreis der himmlischen Engel, dass Gottes Herrlichkeit dereinst die ganze Erde erfüllen wird.

Gen 12–50; Rut 1; Ps 24; 39; 62; Koh 9; Jes 5; Röm 4; 8; 1Kor 13; Kol 1; 1Petr; Offb

Hoher Priester

Aaron▲ Priester▲

Inhaber des Amtes, das in dieser Bezeichnung wohl erst in der Restauration nach dem Exil (formell ab 539 v.Chr.) geschaffenen wird, neben dem Amt des persischen Provinzstatthalters das Machtvakuum in Juda füllt und theokratische Züge annimmt; Mann an der Spitze der jüdischen Tempelhierarchie, unter ihm stehen die Priester (*clerus maior*) und die Leviten (*clerus minor*); als königlicher Priester im Akt der Investitur feierlich gesalbt und eingekleidet. Erster im Amt ist *Jehozadak* (neben *Scheschbazzar*), der Sohn des letzten vorexilischen Oberpriesters aus der Priesterdynastie der Zadokiden, über den die Dynastie auf Aaron zurückgeführt werden kann; aus dem Neuen Testament bekannt sind *Hannas* (6–15 n.Chr.), *Josef Kajafas* (18–37) und *Ananias* (48–59); der Plural bezeichnet im Neuen Testament den H. P. samt seinen wichtigsten Beratern und Beamten

Hölle

deutsch von *Hel*, der nordischen Totengöttin, die in der steinernen Unterwelt die Toten ‹verhehlt›, nämlich verbirgt; Übersetzung von aramäisch *gehenna*, das seinerseits von *ge-hinnom*, dem Namen des Tales unterhalb der Stadt Jerusalem abgeleitet ist, in dem das *Tofet* gelegen haben soll, die kanaanäische Kultstätte des Totengottes *Moloch*, für den man insbesondere in der Krise des untergehenden Königtums Kinder in einem Ritual tatsächlich oder symbolisch durchs Feuer gehen liess (2Kön 23,10); in den ausserbiblischen Apokalypsen (zuerst im Äthiopischen Henoch 90,26–27) Bezeichnung für den Ort der Verdammnis, dessen (wohl von Jes 66,24 inspirierte) Schilderung als Feuerh. vor allem in der Vulgärtheologie des Spätmittelalters grosse Wirkung entfaltete; auch in den Evangelien, allerdings ohne ausmalende Details, als der Ort der Verdammten erwähnt; nicht identisch mit dem im Alten Testament genannten ‹Totenreich›

Horn

ein im Alten Orient verbreitetes Zeichen für Stärke, von daher der Ausdruck ‹H. des Heils›; als ‹Hörner des Altars› hornförmige Zacken an den oberen vier Ecksteinen der Opferplatte, durch die das Opferfleisch beim Verbrennen oder Räuchern auf der Altarfläche festgehalten wird, denen aber auch eine Kraftsphäre zugeschrieben wird; aus Kalksteinblöcken gehauen und von verschiedener Grösse

Immanuel

Das Wort I. ist eigentlich ein ganzer hebräischer Satz, der ‹Gott ist bei uns› bedeutet. Im Alten Testament begegnet er als einer jener verweiskräftigen Namen, wie sie Propheten als symbolische Zeichenhandlung gelegentlich eigenen Kindern gaben, um so Gottes Wort auf eine aussergewöhnliche Art zu inszenieren. So nennt Hosea zwei seiner Kinder ‹Die-kein-Erbarmen-findet› bzw. ‹Nicht-mein-Volk›, in der unheilvollen Ahnung, Gott könnte seinem Volk die Gnade entziehen und den Werdegang Israels zurückbuchstabieren, indem er es wieder nach Ägypten zurückführte, gleichzeitig aber in der Hoffnung, er werde sie eines Tages ‹Begnadet› und ‹Mein-Volk› nennen können. So nennt Jesaja seine Söhne ‹Ein-Rest-wird-zurückkehren› und ‹Eilebeute-Raschgeraubt›, um den Politikern Judas warnend ihren eigenen Untergang vor Augen zu führen. Im gleichen Zusammenhang verheisst er aber auch die Geburt eines Kindes mit dem heilvollen Namen I. und deutet damit eine baldige Wende zum Guten an (Jes 7). – Matthäus sieht die I.-Weissagung in der Geburt Jesu erfüllt. Dabei verbinden sich mit dem I. die messianischen Verheissungen vom königlichen Kind und vom kindlichen Friedensbringer, die Hoffnungen auf den neuen David, der sein Volk vom Bösen zum Guten führt (Jes 9). Im Glauben der Gemeinde wird Jesus zum Träger der Verheissung, dass Gott der I. ist, der einen Anfang ermöglicht, wo alles zu Ende zu gehen scheint. – Das Bild des ‹Bei-uns-Gott› begegnet somit in beiden Testamenten und ist bezeichnend für die biblische Vorstellung von Gott: Er ist der nahe Gott, der mitgeht und begleitet, kein ferner Hochgott, den man in einem zentralen Heiligtum aufsuchen muss und nur durch priesterliche Vermittlung erreichen kann.

Jes 7–8; 9; 11; Hos 1–3; Mt 1

Isch-

hebräisch für ‹Mann (von)›; kann auch als Wortelement in hebräischen Eigennamen auftreten, etwa im Namen des Sohns von König Saul: *Isch-Baal*, ‹der Mann des (Gottes) Baal›; oder im zweiten Namen des Judas: *Isch-Kerioth*, ‹der Mann aus (dem Ort) Kerioth›

Israel

Volk▲

Der Name I. begegnet erstmals auf der Siegessäule des Pharao Merenptah, der einen palästinischen Stamm dieses Namens vernichtet haben will (1208 v.Chr.). I. bedeutet ‹*El* streitet›. El ist ein gemeinsemitisches Wort für ‹Gott›, gleichzeitig aber auch Eigenname eines ganz bestimmten Gottes. Nach der Darstellung des Alten Testaments hat I. aber den Gott JHWH verehrt. Dass ausgerechnet dieses Volk einen Namen trägt, in dem nicht JHWH (in Form der Namenselemente *ja* oder *jahu*), sondern El als Gott genannt wird, ist überraschend. Der Name I. verweist somit wohl zurück in eine Zeit, in der die Israeliten noch nicht den Gott JHWH, sondern einen El verehrt haben. Dass es eine solche Zeit gegeben hat, ist im Alten Testament tatsächlich noch erkennbar (vgl. Ex 6). Mit der Zeit kommt es zu einer Gleichsetzung von JHWH mit El, die mit einer Entmachtung des Gottes El einhergeht: ‹JHWH ist El› wird nur noch als ‹JHWH ist Gott› verstanden. – Nach Gen 32 ist I. der Name, den der Stammvater Jakob nach seinem Ringen mit Gott bekommt, und dieser Name geht im Lauf der Zeit auf das ganze Volk über. Deshalb kann im Alten Testament mit Blick auf das Volk statt von I. auch von Jakob gesprochen werden. Nach dem Tod von König Salomo zerbricht das aus den 12 Stämmen zusammengewachsene grössere Staatsgebilde I. in zwei kleinere Reiche (926 v.Chr.). Das südliche trägt den Namen Juda, das nördliche den Namen I. Bis zum Untergang des Nordreichs (722) bleibt I. ausschliesslich die Bezeichnung für diesen nördlichen der beiden Staaten. So bezeugt ihn auch eine Inschrift des moabitischen Königs Mescha (um 840). Nach dem Ende des Nordreichs geht der Name I. auf das ganze Volk des Gottes JHWH über.

Gen 32; 2Sam 7; 1Kön 8; 12; 2Kön 17; Hos 11–12

-ja/-jahu

Jo-▲ JHWH▲

Ja und *Jahu* sind Kurzformen des Gottesnamens JHWH, die als angehängtes -ja oder -jahu häufig in hebräischen Personennamen begegnen; in der Regel finden sie sich am Ende des Namens, während sich am Anfang des Namens die verwandten Formen *Jeho-* und *Jo-* finden; so bedeutet etwa der Name *Jesaja* (hebräisch: *Jeschajahu*) ‹JHWH siegt›, der Name *Jonatan* (Langform: *Jehonatan*) ‹JHWH hat gegeben›; wer einen Namen mit einem dieser Elemente trug, bekannte sich zu JHWH, dem Gott Israels.

Jebusiter

eine möglicherweise nichtsemitische Bevölkerungsgruppe unbekannter Grösse und Herkunft; benannt nach *Jebus*, ihrer wichtigsten Stadt, dem späteren Jerusalem; im engeren Sinn auch Bewohner dieser kanaanäischen Stadt vor der Eroberung durch David und der Besiedlung durch Israeliten; prominent unter ihnen ist Arauna, dem David nach 2Sam 24 (vgl. 1Chr 21) eine Tenne abkauft, den Baugrund des später unter Salomo erstellten ersten Tempels

Jeremia

Prophet▲

Wie bei Elija aus der Zeit der buchlosen Prophetie sind auch bei J. aus der Zeit der Schriftprophetie nicht nur die Worte überliefert, die er im Auftrag JHWHs zum Volk gesprochen hatte, sondern auch manche Informationen zu seinem Leben und Empfinden. Einfacher als bei anderen Propheten, bei denen keine oder nur wenige solche Informationen überliefert sind, lässt sich an ihm daher zeigen, was es heisst, ein Prophet JHWHS zu sein. J. Leben und die Geschichte seiner Zeit sind eng miteinander verbunden: Als er um 650 v.Chr. in einem Dorf bei Jerusalem geboren wird, regiert König Manasse (696–642). Dieser hält die Grossmacht Assur mit der Zahlung von Tribut und der Duldung des Sternenkults auf Distanz. Als J. um 626 berufen wird, ist König Joschija an der Macht (639–609). Assur hat inzwischen unter Assurbanipal den Zenit seiner Macht überschritten und wird von den Medern und den Babyloniern bedrängt. Davon ist J. erstes Wirken geprägt: Er prangert Fremdkulte an und warnt vor dem ‹Feind aus dem Norden›. Als Joschija 622 v.Chr. eine Kultreform durchführt und die später im Deuteronomium beschriebenen Grundsätze der Kulteinheit und Kultreinheit zumindest teilweise realisiert, schweigt J. für vierzehn Jahre. Als er im Jahr 609 wieder auftritt, ist Ninive, die Hauptstadt Assurs, gefallen (612), und Jerusalem hat einen neuen König: Jehojakim (608–598), der nun den Aufstieg des Babylonierkönigs Nebukadnezzar (605–562) und den Niedergang Judas erleben wird. Jetzt wendet J. sich gegen den arroganten Lebensstil und die realitätsferne Selbstsicherheit der Führenden, die mit dem Tempel in ihrer Mitte auch Gott auf ihrer Seite wähnen. Jehojakim hört sich J. Botschaft an, zerschneidet die gerade verlesene Schriftrolle in Streifen und verbrennt sie. Baruch, der Schreiber des Propheten, muss alles noch einmal niederschreiben. Als Jehojakim die Zahlungen an Babylon einstellt, rückt Nebukadnezzar zu einer Strafexpedition aus, nimmt am 16. März 597 Jerusalem ein, verfügt eine erste Deportation und setzt Zidkija als Vasallenkönig ein (598–587). Über die letzte Phase im Wirken des Propheten, in der er sich gegen falsche Propheten wendet, die den Herrschenden nach dem Munde reden, weiss man vor allem aus Berichten über ihn Bescheid. Ihnen zufolge ist er nach Ägypten geflohen und dort verschollen. – J. nutzt die gottesdienstliche Gattung des Klagelieds, um sein Schicksal, Gottes Prophet zu sein, klagend vor sein Publikum zu bringen. Wie bereits die Passage seiner Berufung zeigt, ist er ein Prophet wider Willen, einer, der rücksichtslos Unheil verkünden und unentwegt unangenehme Botschaften überbringen muss, einer, der sich doppelt im Elend fühlt: fremd einem Gott gegenüber, der solches androht und wahrmacht, und fremd seinem Volk gegenüber, das ihn nicht anhört, sondern verachtet. Der Chronist setzt J. ein Denkmal, indem er ihm auch das im Exil entstandene Buch der Klagelieder zuschreibt.

2Chr 35–36; Jer 1; 7; 21; 26; 36; 51

Jerusalem
Zion▲

Wenige Städte der Welt haben so viel Geschichte erlebt und gemacht wie J., wenige so häufig ihren offiziellen Namen gewechselt wie diese alte Stadt: Als kanaanäischer Stadtstaat ist J. aus ägyptischen Quellen seit dem 18. Jahrhundert v.Chr. unter dem Namen *Uru-Salim* bekannt, was ‹Stadt des (Gottes) Shale› oder auch ‹Stadt des Friedens› bedeutet. Als David die Stadt um 1000 v.Chr. eroberte, war sie im Besitz der Jebusiter und trug den Namen *Jebus*. David selbst benannte einen ihrer Bezirke *ir-Dawid*, ‹Stadt Davids›. Nach der Darstellung der Bücher Samuel war J. in der Zeit Davids und Salomos Hauptstadt eines gesamtisraelitischen Reichs, in der mit dem neu gebauten Tempel JHWHS auch das Reichsheiligtum stand. Nach der Trennung in Nord- und Südreich (926 v.Chr.) wurde *Jeruschalajim* oder *Jeruschalem* Hauptstadt des Südreichs Juda. Nach dem Untergang des Nordreichs im Zuge der assyrischen Eroberung (722) wurde J. ausgebaut, wohl um die grossen Flüchtlingsströme aufnehmen zu können. Im Jahr 701 v.Chr. standen die Assyrer unter Sanherib auch vor den Toren J., zogen dann aber wieder ab, ohne die Stadt eingenommen zu haben. Erst unter den Babyloniern ging auch das Südreich Juda unter, und mit ihm J. samt dem Tempel (598/587). Nach dem babylonischen Exil war J. Zentrum der Neuorganisation des Judentums: Die Bücher Esra und Nehemia beschreiben, wie der Perserkönig Kyros die Rückkehr der Verbannten erlaubte (539) und den Wiederaufbau des Tempels in J. ermöglichte (520–515), Esra dort die Weisung (Tora) verlas und Nehemia der Stadt eine neue Mauer gab. Nachdem Alexander der Grosse die Perser besiegt hatte, richteten sich zuerst die Ptolemäer (ab 301) und dann die Seleukiden (ab ca. 200) in Palästina ein. Der griechische Name J. war *Hierosolyma*. Die Stadt stand im Zentrum einer versuchten Zwangshellenisierung Palästinas und sollte nach dem Muster einer griechischen Polis gestaltet werden. Unter Führung der Makkabäer kam es zum Aufstand (167–164), der erfolgreich war, so dass die Makkabäer/Hasmonäer nun ihrerseits eine Dynastie errichten konnten (160–63). Unter Herodes und unter ihrem alten Namen blühte J. auf und erfuhr bedeutende Renovationen (37–4 v.Chr.). Als die Stadt 70 n.Chr. durch den römischen Kaiser Titus erobert wurde, kam es zur zweiten Zerstörung des Tempels. Nachdem im Zweiten Jüdischen Krieg der letzte Widerstand erloschen und unter römischer Fremdherrschaft eine Militärkolonie mit dem Grundriss einer römischen Stadt entstanden war (135–324 n.Chr.), wurde J. in *Aelia Capitolina* umbenannt; Juden war der Zutritt zur Stadt für lange Zeit untersagt. *Hagia Polis*, ‹Heilige Stadt›, hiess J. in byzantinischer Zeit, nachdem Konstantin sich zum Christentum bekannt hatte, seine Mutter Helena nach Palästina gepilgert war und der christliche Kirchenbau eingesetzt hatte (324–635). *Al Quds*, ‹die Heilige›, wird sie von den Arabern genannt, nachdem die Umayyaden die Stadt in Besitz genommen und auf dem *Haram*, dem Platz der früheren Tempel, die Al-Aqsa-Moschee und den Felsendom errichtet hatten (637–1099). – Die religiöse Bedeutung J. konzentriert sich in israelitischer Zeit auf den Zion und den Tempel: Zusammen sind sie Nabel der Welt und Wohnsitz Gottes. Seine Gegenwart schützt und rettet vor Feinden (vgl. Ps 48). Von J. aus ist JHWH der Gott Israels. Im Buch Jesaja kann J. deshalb *ir-JHWH*, ‹Stadt JHWHS›, genannt werden. Nach der ersten Zerstörung von Tempel und Stadt im Jahr 587 v.Chr. fragen die Propheten aber auch nach dem Grund für die Katastrophe und decken das Versagen der Stadt auf und die Schwere ihrer Schuld. Dabei kann J. wie eine Person angesprochen werden, häufig als Hure (vgl. etwa Ez 16). Aus dieser düsteren Sicht entwickelt sich die Hoffnung auf ein neues, noch ausstehendes J. Und so kann das neue J. im Buch Ezechiel *JHWH-Schamma*, ‹Hier-ist-JHWH (der HERR)›, heissen. In der apokalyptischen Vision, die der Autor der Offenbarung auf Patmos hat, kommt das himmlische J. wie ein Feuerwerk von oben herab. Tempel und Sonne – so wird gesagt – erübrigten sich, da Gott selbst anwesend sein werde. Nicht mehr die Mitte der Welt, sondern die ganze Welt stellt J. jetzt dar, vollständig und ausschliesslich. – Immer schon steht J. unter der Spannung von Verheissung und Erfahrung: Die messianische Weissagung malt aus, wie die Völker zum Zion pilgern und dort die Weisung Gottes hören, wie sie ihre Waffen in Werkzeuge verwandeln und den Krieg verlernen. Das Evangelium nach Lukas dagegen legt Jesus die wehmütige Klage über J. in den Mund, das seine Propheten töte, sich nicht sammeln lasse und stets vor neuer Verödung stehe. Bis heute ist die Stadt als Symbolträgerin umkämpft, gebeutelt, geliebt und steht im Zentrum vieler Träume: «... und nächstes Jahr in J.»

1Kön 8; Esra 6; Ps 46; 122; 137; Jer 3; Jes 2; 60; Ez 40–48; Lk 13; Offb 21–22

Jesreel

Name einer fruchtbaren Ebene im Norden Israels mit der Bedeutung ‹Gott möge fruchtbar machen› oder ‹Gott sät›; erstreckt sich von Westen nach Osten zwischen den Gebirgsrücken des Karmel und des Gilboa und trennt in Nord-Süd-Richtung das Bergland Galiläas von Samaria; Schauplatz verschiedener Ereignisse unter den Königen Saul, Achab und Jehu bzw. den Propheten Elija und Hosea; an deren Rand bedeutende Siedlungen wie Bet-Shearim, Nazaret und Megiddo; am östlichen Ende der Ebene liegt eine Siedlung gleichen Namens

Jesus

Reich Gottes▲ Christus▲

Was für die meisten biblischen Gestalten gilt, gilt ganz besonders auch für J.: Es gibt zwar Aussagen zum Lebenslauf, doch eine Biografie lässt sich daraus nicht rekonstruieren. Die Überlieferung ist zwar auch ein Stück weit an der Biografie der historischen Person J. interessiert, die Aufmerksamkeit richtet sich aber primär auf einzelne Taten und Worte, denen eine besondere Bedeutung zugeschrieben wurde. Das Evangelium ist in erster Linie die gute Nachricht vom Christus, ein Zeugnis des Glaubens, und erst in zweiter Linie eine historische Quelle über J., ein Dokument der Zeitgeschichte. Wäre es umgekehrt, so ergäbe sich bestenfalls eine ‹Jesulogie›, ein Wissen über den Menschen aus Nazaret, aber keine Christologie, keine Glaubenslehre vom Gesalbten Gottes. – Der historische J. (etwa 4 v.Chr. – 30 n.Chr.) stammt aus dem galiläischen Nazaret, gehört zu einfachen Leuten des lokalen Handwerks, kommt mit dem Kreis um Johannes den Täufer in Berührung, lässt sich von ihm taufen, besitzt die Gabe des Erzählens und Heilens, sammelt einen Kreis von Männern und Frauen um sich und macht während seiner letzten Lebensjahre als prophetischer Wanderprediger von sich reden. Sein Thema ist das anbrechende Reich Gottes; er erzählt von ihm in Gleichnissen und verweist darauf durch Zeichen und Wunder. Er selbst versteht sich als von Gott bevollmächtigter Repräsentant dieses Reichs, das eine radikale Veränderung des Lebens mit sich bringt. In der Gruppe um J. verlieren darum gesellschaftliche Konventionen an Bedeutung: Frauen (Lk 8,1–3) und Männer sind ebenbürtig; was es heisst, gerecht zu sein, ist nicht mehr durch soziale Normen definiert (Lk 18,10–14), und Reinheit bemisst sich neu (Mk 7,15). J. nimmt an der zentralen Wallfahrt zum Mazzot-Passa teil, zieht mit einer prophetischen Zeichenhandlung in Jerusalem ein, vertreibt ebenso prophetisch die Geldwechsler und Händler vom Tempelgelände, wird von jüdischer Seite der Blasphemie und Häresie bezichtigt, von römischer Seite des Aufruhrs verdächtigt und sowohl aus religiösen als auch aus politischen Motiven zum Tod verurteilt; die Hinrichtung wird in der besonders demütigenden und abschreckenden Form der Kreuzigung vollzogen. Das ist bewegend, historisch aber nicht ohne Parallelen; das Einzigartige ergibt sich vom Christus des Glaubens her.

Mt; Mk; Lk

JHWH

Gott/Götter▲ HERR▲

Der Name des Gottes Israels besteht aus den vier Konsonanten JHWH und kann deshalb auch als Tetragramm (vier Buchstaben) bezeichnet werden. In alter Zeit wurde dieser Name wohl als ‹Jahwe› ausgesprochen; im Judentum setzt sich jedoch eine Tradition durch, die die Aussprache dieses Namens untersagt und statt dessen Ersatzbezeichnungen verwendet wie hebräisch *adonai* (Herr) oder aramäisch *schema* (Name). – Ursprünglich nannte Israel seinen Gott allerdings wohl nicht JHWH, sondern El, darauf lässt der Name des Volks schliessen: *Israel* bedeutet ‹El streitet›. Spätestens ab dem 7. Jahrhundert v.Chr. mehren sich aber die archäologischen Funde in Palästina, die Personennamen mit der Endung -jahu oder -ja aufweisen, beides Kurzformen für JHWH. Woher der Glaube an JHWH stammt, ist ungewiss; sicher ist, dass Israel ihn sich im Laufe der Geschichte erringen musste. Deutlich spiegelt sich dies etwa in den Erzählungen vom Kampf des Elija – sein Name bedeutet ‹mein Gott ist Ja(hwe)› – gegen die Baalspriester. – In Ex 3,14 wird der Name JHWH als ‹er wird sein› gedeutet, eine offene Formulierung, die die Frage des Mose nach dem Namen (und das heisst zugleich auch nach dem Wesen) des Gottes gerade nicht beantwortet. Sprachlich möglich ist auch eine Deutung des Namens als ‹er weht›, was JHWH als Gewittergott charakterisieren würde. Es wurden Inschriften gefunden, in denen von einem ‹JHWH von Samaria› die Rede ist – offenbar gab es lokale Manifestationen dieses Gottes. Angesichts solcher lokalen Ausprägungen des JHWH-Glaubens könnte das Glaubensbekenntnis Israels in Dtn 6,4 («Höre, Israel») auch als ein Hinweis verstanden werden, dass es sich dabei stets um den *einen* JHWH handelt.

Ex 3; Dtn 6

Jo-

-ja/-jahu▲ JHWH▲

aus *Jeho-* zusammengezogene Silbe in hebräischen und gräzisierten Eigennamen, die auf eine Kurzform des israelitischen Gottesnamens JHWH zurückgeht; so bedeutet etwa der Name *Josua* (hebräisch: *Jehoschua*, griechisch *Jesus*) ‹JHWH hilft› oder *Johannes* (hebräisch: *Jochanan*) ‹JHWH ist gnädig›; Träger solcher Namen bekannten sich zu JHWH, dem Gott Israels

Jobeljahr (Halljahr)
Erlassjahr (Sabbatjahr)▲ Land▲

nach Lev 25 eine Einrichtung, die verlangt, dass nach jedem siebten Sabbatjahr, also in jedem 50. Jahr, feierlich eine ‹Befreiung› ausgerufen wird, das heisst: eine Totalbrache für die Böden, eine Amnestie für die Gefangenen, eine Freilassung für die Sklaven, eine Generalauslösung für die Überschuldeten, eine Rückkehr zum Ort der ersten Niederlassung für die Sippen; programmatische Bündelung aller Vorschriften, die Chancengleichheit und Solidarität in Natur, Wirtschaft und Zusammenleben anstreben, weil der Boden allein JHWH gehört; *jobel* hebräisch für ‹Widderhorn›, das zur Ausrufung des entsprechenden Jahres geblasen wurde

Johannes der Täufer
Taufe▲ Wasser▲

Die Evangelisten Matthäus, Markus und Lukas sehen in J. den wiedergekommenen Elija, der Jesus als dem Gesalbten vorangeht, um ihm den Weg zu bereiten, und ihn tauft. Im Auftreten des J. geht für sie die Verheissung des Maleachi in Erfüllung, der vor dem Tag JHWHs die Wiederkunft Elijas erwartete. Für den Evangelisten Johannes ist J. der Zeuge, der von sich weg auf Jesus weist, auf das Wort, den in Jesus sichtbaren Gott. – Der historische J. wurde wahrscheinlich unter Herodes dem Grossen (37–4 v.Chr.) geboren und unter Herodes Antipas (4 v.Chr. – 39 n.Chr.) hingerichtet. Er wirkte etwas früher als Jesus und starb auch vor diesem. Sein Bereich ist die judäische Wüste, wo er lebt, und die Jordansenke, wo er als Umkehrprediger tauft. J. lässt sich keiner der damaligen jüdischen Religionsparteien zuordnen, er stellt sich selbst aber wohl in die Tradition der Prophetie: So wagt er es, das Verhalten des Herodes Antipas zu verurteilen, der sich von seiner Frau, der Tochter des Nabatäerkönigs, trennt, um Herodias, seine eigene Nichte und Schwägerin, zur Frau zu nehmen. Mit seinem Taufen steht er in der Tradition prophetischer Zeichenhandlungen, wie etwa Jesaja und Jeremia sie geübt haben. Auch mit der Art seiner Kleidung (Kamelhaarmantel und Ledergürtel) nimmt er prophetische Tradition auf (2Kön 1,8). Die Radikalität seiner Verkündigung, wie sie bei Matthäus und Lukas überliefert ist, lässt vermuten, dass sich der historische J. als letzter Bote Gottes vor dem endzeitlichen Gericht verstand. Nach seinem Tod scheinen seine Anhänger ihren Meister weiterhin als religiöse Gestalt verehrt zu haben.

Jes 20; Jer 13; Mt 3; 11; 14; Mk 1; Lk 1; 3; 7; Joh 1; 5; Apg 19,1–7

Jordan
Johannes der Täufer▲

hebräisch *Jarden*, grösster Fluss Palästinas; entspringt in vier Quellen am Gebirge Hermon; fliesst von Norden nach Süden über eine Länge von etwa 200 km (Luftlinie) und mit einer Absenkung von etwa 1000 m (Höhenlinie) durch The Great Rift, den 4000 km langen tektonischen Grabenbruch, der in der Osttürkei beginnt und in Ostafrika endet; trennt das Westjordanland (Cisjordanien), das alte Kanaan (heute Israel und Palästina), vom Ostjordanland (Transjordanien), den alten Gebieten von Aram, Gilead und Ammon (heute Israel, Syrien und Jordanien); erhält Wasser durch die Schneeschmelze am Hermon und von den östlichen Zuflüssen Jarmuk und Jabbok; der Oberlauf speist den See Gennesaret, der Unterlauft mündet ins abflusslose, versalzende und austrocknende Tote Meer am tiefsten Punkt der Erde (–398 m und sinkend); war nie schiffbar, aber immer fischreich; biblisch von grosser symbolischer Bedeutung wegen zweier Anfänge: des Eintritts Israels in das verheissene Land (Landnahme unter Josua) und der Vorbereitung des öffentlichen Auftretens Jesu (Taufe Jesu durch Johannes)

Juda
Israel▲

hebräisch *Jehuda* und aramäisch *Jehud*; Name des Berglands westlich des unteren Jordans und des Toten Meers, des dort siedelnden Stammes sowie dessen legendären Stammvaters; Wort von ungeklärter Bedeutung, am ehesten ‹schluchtartig›, ‹karstig› oder ‹ausgemergelt› in Entsprechung zur Eigenart der Landschaft; in der Zeit nach David und Salomo die Bezeichnung des Südreichs (926–587 v.Chr.); unter späteren Herrschern Provinz der jeweiligen Grossmächte: in persischer Zeit *Jehud*, griechisch *Ioudaia*; zur Zeit Jesu prokuratorische römische Provinz mit dem lateinischem Namen Judäa

Judas

An seiner Tat, die mit der nicht textgetreuen Formel ‹Verrat des J.› tradiert wurde, und an seinem Namen, der an ‹Juden› anklingt, hat sich über Jahrhunderte hinweg immer wieder christlich begründeter Antisemitismus entzündet. Laut den Berichten der Evangelisten hat J. Jesus an die Ordnungsmacht ‹ausgeliefert›, wie es in allen Berichten heisst. Die ersten drei Evangelien bieten alle die drei Szenen der Verabredung, Ankündigung und Durchführung dieser Auslieferung, erzählen aber zwei unterschiedliche Nachgeschichten. Dabei zeichnen sie J. desto dunkler und verworfener, je weiter sie vom Ereignis (ca. 30 n.Chr.) entfernt sind: Gegenüber Markus (um 70) fügt Matthäus (80–90) die Gier und den Geldbetrag hinzu, womit er das Motiv des Judaslohns begründet, während Lukas (80–90) den Satan in J. fahren lässt und so das Motiv der Besessenheit setzt. Handelt hier noch der moralisch defekte Mensch, so dort bereits der in diesem wirksame Teufel. Erfüllt J. hier noch die Weissagung, so repräsentiert er dort bereits die Macht der Finsternis. Die theologisch spannungsreichste Darstellung gibt Johannes: J. ist das Werkzeug des Satans und gleichzeitig einer der Jünger, die Jesus *erwählt* hat (wie besonders Johannes hervorhebt). – Allen vier Evangelien gemeinsam ist der Nachdruck, den sie auf die Feststellung legen, dass J. zum engsten Kreis um Jesus gehört. Über die Gründe für seine Tat schweigen sie sich aus. Umso intensiver haben sich in der Folge die Dichter der Judasfigur angenommen und im Laufe der Jahrhunderte mit den verschiedensten Deutungsmustern die von der Bibel offen gehaltene Judasfrage zu beantworten versucht.

Mt 26–27; Mk 14; Lk 22; Joh 6; 12–13; 18; Apg 1; 1Kor 11

Juden
Heiden▲ Israel▲ Volk▲

Das Hebräische unterscheidet sprachlich nicht zwischen ‹Judäern› (Bewohner von Juda) und ‹J.›. Mit ‹J.› wird das entsprechende Wort in der Übersetzung des Alten Testaments nur im Buch Ester wiedergegeben, da es hier nicht mehr spezifisch ‹Leute aus Juda›, sondern allgemein Angehörige der jüdischen Religion bezeichnet. – Im Neuen Testament wird die Bezeichnung generalisierend vor allem in der Gegenüberstellung J. – Völker/Heiden benutzt: Die J. sind die Glieder des Volks Israel, die Gemeinschaft derer, die den Gott JHWH verehren. Die Geschichte der Verwendung des Begriffs im Neuen Testament zeigt die Entfremdung an, die sich in der zweiten Hälfte des 1. Jahrhundert zwischen J. und Christen abspielt. Paulus weiss sich zwar zu den Heiden/Völkern gesandt, beruft sich aber mehrfach darauf, dass er sich all dessen rühmen könnte, worauf ein Jude überhaupt stolz sein kann. Das lukanische Geschichtswerk schildert (in der Apostelgeschichte) die schrittweise Ablösung der christlichen Botschaft vom jüdischen Mutterboden und ihre Verkündigung in der gesamten hellenistischen Welt. Deutlich spiegelt sich dieser Übergang im Evangelium nach Matthäus: Hier wird einerseits noch berichtet, dass Jesus seine Jünger nur zu Israel gesandt habe (Mt 10,5–6), andererseits aber bereits darauf hingewiesen, dass das Vorrecht, Reich Gottes zu sein, dem Volk Israel nach Jesu Tod entzogen und einem anderen Volk gegeben werde (Mt 21,43). In schärfster Weise spiegelt sich das Gegenüber von J. und christlichen Gemeinden im Evangelium nach Johannes: Hier werden die J. überwiegend als Kollektiv wahrgenommen und als Repräsentanten der Gott ablehnenden Welt charakterisiert, andererseits aber auch die Jünger als solche dargestellt, die – genau so wie die J. – immer wieder ‹Welt› werden können. Das hat allerdings nicht verhindert, dass diese Aussagen des Evangeliums nach Johannes später oft missverstanden und zu antisemitischen Zwecken missbraucht wurden.

Est; Mt 10; 21; 23; 28; Joh 8; 12; 16; Apg; Röm 1–11; 2Kor 11; Gal 1; Phil 3; 1Thess 2; Offb 2–3

Jünger/Jüngerin
folgen▲

Jesus ruft mit Vollmacht in seine Nachfolge und schart so eine Gefolgschaft aus Männern und Frauen um sich. Mit offenen Augen und Ohren gehen sie seinen Weg und werden so zu J. In der Darstellung der Evangelisten sind es zwölf J., die Jesus am nächsten stehen. Dieser Kreis, dem keine Frauen angehören, ist in Analogie zu den zwölf Söhnen Jakobs und den zwölf Stämmen Israels gebildet und muss symbolisch verstanden werden. Die J. verlassen ihr Herkunftsmilieu und begeben sich auf einen Weg, dessen Ende sie nicht kennen. Im Reden und Handeln Jesu erfahren sie die Nähe des Reichs Gottes. In Jesu Auseinandersetzungen mit den Pharisäern begegnet ihnen ein neues Verständnis des Willens Gottes. Ihre Gemeinschaft zerbricht in der Passion und entsteht nach der Ostererfahrung neu. In der Umwandlung von Gefolgschaft in Zeugenschaft entwickelt sich, was später Kirche heisst.

Mt 10; 28; Mk 3; 8; 10; Lk 6; 8–9; 14; Joh 13–17; Apg 1

Jungfrau

Frau▲ Maria▲

Das deutsche Wort J. bezeichnete ursprünglich – wie das hebräische und das griechische Wort – eine junge, unverheiratete Frau, ohne dabei eine Aussage über ihre sexuelle Unberührtheit zu machen. Im sozialen Kontext einer patriarchalen Welt ist die Unberührtheit einer unverheirateten Frau aber stillschweigend vorausgesetzt: Eine unverheiratete Frau, die schwanger wird, wird geächtet und ausgegrenzt, im schlimmsten Fall sogar als Ehebrecherin gesteinigt. – Aus einer J. geboren zu sein, kann dagegen in einem religiösen Kontext eine besondere Auszeichnung bedeuten; auf diese Weise wird etwa Herakles, Asklepios und Alexander dem Grossen göttliche Herkunft zugeschrieben. Dieses im hellenistischen Raum bekannte Mythologem greifen die Evangelisten Matthäus und Lukas unabhängig voneinander auf, wenn sie erzählen, dass Maria, die Mutter Jesu, das Kind, das sie gebären wird, als J. empfangen habe. Die beiden Evangelisten deuten diese wundersame Geburt als eine Schöpfung aus dem heiligen Geist. Sie überliefern aber gleichzeitig auch je einen Stammbaum Jesu, in dem sie dessen Herkunft über Josef von David herleiten, und knüpfen damit an die jüdische Tradition an, dass der Messias aus der Nachkommenschaft Davids stammen wird. Das Geheimnis der Geburt Jesu wird verstärkt, wenn in der Schwebe gehalten wird, wie sich seine Abstammung aus dem Haus David und seine Herkunft von Gott zueinander verhalten. Die jungfräuliche Empfängnis Jesu ist somit kein biologisches Wunder, sondern eine theologische Aussage über seine göttliche Natur.

Lev 20,10; Mt 1; Mk 3,31–35; Lk 1,26–38

Kanaan

Erstmals erwähnt ist der Name K. auf der Statue des Idrimmi (1500 v.Chr.), des Königs der Stadt Alalach (heute Osttürkei), bekannt ist es auch aus den Amarna-Briefen (14. Jahrhundert v.Chr.) aus der ägyptischen Provinz K., die Palästina und den Libanon umfasste und in Gaza und Bet-Schean ihre Hauptorte hatte. Das ausserbiblische Wissen über Religion und Kultur von K. verdankt sich vor allem Ugarit, dem wieder ausgegrabenen Stadtstaat an der syrischen Küste (Blütezeit 1400–1200). Die hier gefundenen Quellen zeigen, dass K. kein Staat war, sondern ein dichtes Netz von Stadtstaaten entlang der gesamten östlichen Mittelmeerküste von Alalach im Norden bis Gaza im Süden. Jede Stadt hatte einen König, dessen Macht bis in die nähere ländliche Umgebung reichte. Versorgt wurde die Stadt von ihren Dörfern, sie selbst lebte vom Handel. Ugarit war ein bedeutender Umschlagplatz zwischen Mesopotamien und der Ägäis. Man verhandelte dort in zehn Sprachen und schrieb in fünf Schriften. In Ugarit entstand das erste Alphabet, das über die Phönizier dann auch zur Grundlage des lateinischen Alphabets wurde. – Die kanaanäische Kultur beeinflusste das Alte Testament stark. Was Israel auszeichnet, wächst schrittweise aus dieser Kultur heraus und emanzipiert sich dann von ihr. Dies spiegelt die Ursprungslegende, wonach das personifizierte K. der Vater Sidons und Chets ist, Urahn also der Phönizier und Hetiter, in deren Gebiet die vorisraelitischen Sippen und Stämme eindrangen, um sich dort niederzulassen. – In der

Erinnerung des späteren Israel ist K. kein politisches Gefüge, sondern ein Boden, das verheissene Land, in dem «Milch und Honig fliesst». Dieser Boden liegt zunächst im Niemandsland, wo das Netz der Stadtstaaten Lücken hat. Später kommt es zu Berührungen und Konfrontationen – nicht nur im politischen, sondern vor allem auch im religiösen Bereich. Die religiösen Vorstellungen des nomadisch-beduinischen Israel formen sich in der Auseinandersetzung mit der kanaanäischen Religion. In dieser gibt es nicht nur einen Gott, sondern eine ganze Götterversammlung, deren Mitglieder je unterschiedlich (und lokal wechselnde) Ressorts haben. Von den entsprechenden Göttern haben *El* (Göttervater), *Baal* (Fruchtbarkeit der Natur), *Hadad* (Wetter), *Aschera* (Fruchtbarkeit der Frau), *Jam* (Salzwasser), *Astarte* (Krieg und Jagd) und *Mot* (Tod) in der Bibel ihre Spuren hinterlassen. Im Laufe der Auseinandersetzung mit diesem kanaanäischen Göttersystem übernimmt der Gott Israels nach und nach alle Funktionen, die im kanaanäischen Pantheon auf verschiedene Götter verteilt waren. Israel beansprucht für JHWH die Hoheit über alle Bereiche der Natur und des menschlichen Lebens. Der Kampf Elijas gegen die Verehrung des Baal spiegelt den Kampf für den Glauben an den *einen* JHWH und seine Zuständigkeit für *alle* Lebensbereiche.

Gen 10; 27–28; 37–50; Num 13; Dtn 1; 32; 1Kön 17–18

Kanzler

hoher Beamter am königlichen Hof, der mit der Abfassung von staatlicher Korrespondenz und Dokumenten beschäftigt ist und dadurch auch in diplomatischen und militärischen Diensten steht; nach dem Exil Sachverständiger (wie etwa Esra) für die überlieferten Schriften, insbesondere der Weisung (Tora); entspricht dem ‹Schriftgelehrten› des Neuen Testaments

Karmel

hebräischer Name (mit der Bedeutung ‹Obstgarten›, ‹Baumgarten›) für einen markanten, bis 552 m hohen Höhenzug, der sich nordwestlich von Megiddo erhebt, in Haifa als ‹Gazellennase› (so sein ägyptischer Name) ins Mittelmeer ragt und seit alters mit Reben, Obst- und Olivenbäumen bepflanzt ist; trennt wie die Ebene Jesreel Galiläa von Samaria und unterbricht die uralte Küstenstrasse von Ägypten nach Mesopotamien; bildet die Grenze zum Einflussgebiet des phönizisch-kanaanäischen Stadtstaates Tyros (heute Sour im Libanon); Ort der Verehrung Baals, des kanaanäischen Gottes der Fruchtbarkeit, Schauplatz des Auftretens von Elija

Kasdäer (Chaldäer)

Babylonier▲

ursprünglich wohl ein Verband ostsemitischer Stämme mit Siedlungsgebiet in Mesopotamien am Unterlauf und Zusammenfluss von Eufrat und Tigris (heute Kuweit und Irak); vergrösserten im 8. Jahrhundert ihre Macht; übernahmen in der neubabylonischen Zeit (625–539 v.Chr.) die Herrschaft über ganz Babylonien, weshalb es zu einer unpräzisen Gleichsetzung der beiden Bezeichnungen K. und Babylonier kam (so auch im Alten Testament); in der Antike wegen der astronomischen Kenntnisse der Babylonier eine ebenso unpräzise Bezeichnung für Astronomen und Astrologen (das Buch Daniel spielt mit dieser doppelten Bedeutung von K.)

Kerub

Allerheiligstes▲ Seraf▲

wie der Seraf eines der wenigen Mischwesen aus der altorientalischen Tradition, das in der Bibel vorkommt; geflügelt, vermutlich menschenköpfig und mit einem Löwenkörper (so auf kanaanäischen und phönizischen Funden aus Megiddo und Byblos); im Alten Testament als Wächter am Eingang zum Paradies (Gen 3,24) und als Beschützer der Lade (Ex 25,18–22) bzw. des Allerheiligsten (1Kön 6,23–27) erwähnt; Trägerfiguren des Gottesthrones, daher die Bezeichnung JHWHS als ‹der über den Kerubim thront›

Kind

Sohn/Sohn Gottes▲ Tochter▲

Die hohe Bedeutung, die vormoderne Kulturen dem K. zusprechen, hat einen doppelten Hintergrund: einen nüchternen wirtschaftlichen, insofern K. die Altersversorgung von Mutter und Vater und das Überleben von Haus und Sippe sichern, und einen idealen religiösen, insofern Einzelne von ihnen in Vorsorge für die Zukunft des Volkes von Gott erwählt werden können. – Die gesellschaftlichen Regeln geben vor, was mit einem K. geschieht: Handelt es sich um einen erstgeborenen Sohn, hat es Vorrechte. Eigentlich gehört es Gott, wird aber durch ein Opfer ‹ausgelöst› (ersetzt); Kinderopfer sind in Israel nicht zulässig. Knaben werden am achten Lebenstag beschnitten. Die Eltern machen das (männliche) K. mit Wissen und Weisheit vertraut. Die Heirat kommt früh in den Blick, nach rabbinischer Festlegung für Mädchen nach dem zwölften, für Knaben nach dem dreizehnten Lebensjahr. Kindheit ist eine kurze Lebensphase. – Um ein von Gott erwähltes K. wie Mose, Josef oder Simson ranken sich oft Wundergeschichten, die von ungewöhnlichen Umständen bei der Geburt, wundersamer Errettung oder ausserordentlicher Begabung berichten. Die Kindheitsgeschichten um Jesus bieten einen ganzen Kranz von Wundern: von der Ankündigung der Geburt durch einen Engel über die Flucht vor dem kindermordenden Tyrannen bis zur Disputation des Zwölfjährigen mit den Schriftgelehrten.

Gen 15–18; Ex 13; 1Sam 1–3; Rut 4; Ps 2; 127–128; Spr 1–7; Mt 1–2; Lk 1–2

Kirche

Gemeinde▲

Das deutsche Wort K. ist ein Lehnwort, das sich von der frühchristlichen Bezeichnung des ersten Wochentages als *kyriake hemera*, ‹Tag des Herrn› herleitet, der seinerseits auf die alttestamentliche Vorstellung vom ‹Tag JHWHS› (der ultimativen Gerichtsoffenbarung Gottes, auf die für manche das Heil folgt) verweist. Mit diesem Wort werden wichtige Aspekte von K. hervorgehoben: Sie verdankt sich nicht sich selbst, sondern ausschliesslich Gott, sie wird am Sonntag und im Gottesdienst sichtbar, sie entsteht aus der Verkündigung der Predigt und dem Hören des Wortes. Das Französische folgt mit dem Lehnwort *église* der griechischen Bezeichnung der christlichen Gemeinde als *ekklesía*, als Schar der aus der Menge ‹Herausgerufenen›, die Jesu Ruf auch nachkommt. Mit diesem Wort werden andere wichtige Aspekte von K. betont: Sie ist eine herausgerufene Minderheit, steht in der Nachfolge Jesu, bildet eine Weggemeinschaft, ist unterwegs wie die Jünger. – Beide Wörter, K. und *église*, haben denselben Hintergrund: Sie bezeichnen ein Geschehen, das von Gott ausgeht und von dem der Mensch sich ansprechen lässt, nicht aber eine Lehre, die zuerst akzeptiert werden muss, damit K. sein kann. Dieses Geschehen ist unsichtbar und ungebunden. Gottes Geist, der weht, wo er will, baut die Gemeinde auf, wie er will. Jüngerschaft aus Begeisterung muss sich aber immer arrangieren mit den Bedingungen der jeweiligen Zeit. So transformiert sich das Charismatische des Geschehens immer wieder ins Etablierte. Die beiden zur Gründungslegende der K. erhobenen Aussagen über Petrus, das Felsenwort und das Schlüsselwort des Matthäus, signalisieren diese Transformation, an der auch Paulus mit seinem Bild von der Gemeinde als einem lebendigen Organismus nicht vorbeikommt. So sind beide Wörter, K. und *église*, auch Bezeichnungen für die sichtbare K. geworden, ob als Bau, der über beträchtliche Zeiträume hinweg unveränderlich dasteht, oder als soziale Struktur, deren Träger immer wieder darum ringen müssen, sowohl ihrem Erbe als auch den Herausforderungen der Zeit gerecht zu werden. Doch in jedem Fall ist die K. Jesu Christi mehr, als Zuschreibung oder Anspruch vermuten lassen. Die Gemeinde, die das Wort ihres Herrn hört und Jesus nachfolgt, wird von ihm selbst als ‹Salz der Erde› und ‹Licht der Welt› bezeichnet.

Mt 5; 16; Röm 1; 12; 1Kor 12; Gal 1; Eph 5; 1Tim; Offb 2–3

Kirjat-

hebräisch für ‹Ortschaft, Stadt von›; entweder vom hebräischen Verb für ‹sich treffen› abgeleitet oder (eher) vom Substantiv *kir* ‹Wand›, ‹Gemäuer›; wie *Kir-* ein Bestandteil vieler Siedlungsnamen, z.B. *Kirjat-Jearim* ‹Stadt der Wälder›; auch im phönizisch-punischen *Karthago* (‹Stadt des Neuen')

klagen

beten▲ Psalm▲

Neben dem Danken und Preisen ist das K. eine der drei Grundhaltungen im persönlichen Gebet. Grund zum K. hat, wer aus dem Leben in den Tod geraten ist, wobei unter ‹Tod› vieles verstanden werden kann: Naturkatastrophen, Verlust der Ernte, Tod von Nächsten oder eigene Krankheit, Verleumdung, Verfolgung oder Gefangenschaft, Ausbeutung oder Sklaverei, Fremdherrschaft oder Verbannung. Was immer Leben mindert, mehrt den Tod. Wer ‹im Tod› ist, ist isoliert, ist gleichsam in sozialer und mentaler Quarantäne, denn alles Tote ist unrein. – Das Klagelied als eine der drei Grundformen des gottesdienstlichen Gebets bietet den sprachlos Gewordenen Worte und den Isolierten Nähe. Es ermöglicht ihnen, ausdrücken, was sie bewegt, ohne sich selbst als Opfer oder andere als Täter blosszustellen. Mit einem Klagelied können sie den Weg aus der inneren Verbannung zurück in die Gemeinde antreten. Ihr Glaube, der im verschuldeten oder unverschuldeten Leiden eine Belastungsprobe erfährt, ist in der ausdrucksstarken Bildsprache des Klagelieds geborgen und aufgehoben. Auch Jesus selbst steht nach der Überlieferung in der Tradition des K., wenn er über Jerusalem k., das seine Propheten steinigt. Zuerst im K., dann aber auch im Danken und Preisen, gewinnt der Glaube ein persönliches Profil. Aus dem Klagelied einzelner Menschen wächst angesichts der nationalen Katastrophe des Exils (598/587–539 v.Chr.) auch das Klagelied des Volks. Das kleine Buch der Klagelieder enthält die kollektive Stimme ganz Israels, das den Verlust seiner Mitte, die Erniedrigung der Tochter Zion, beklagt. Klage, die sich an Gott wendet, wächst aus der Erfahrung der Gottesnähe und ist möglich, weil das Lob Gottes ebenfalls vertraut ist.

Ps 7; 22; 35; 55; 57; 69; 77; 88; 140; Hiob 3; Jer 20; Klgl; Mt 27; Lk 13

Kleid

Das Fremdwort ‹Investitur›, das die feierliche Einsetzung in ein Amt bezeichnet, ist bestimmt vom alten Brauch des Kleiderwechsels, bei dem ein altes K. (lateinisch *vestis*) abgelegt und ein neues K. angezogen wird. Wer ein Amt ‹bekleidet›, trägt eine Amtstracht, ein Habit oder eine Uniform, eine Robe oder einen Talar. – Etwas Neues beginnt oft mit einem Kleiderwechsel. Im Alten Testament sind es besondere Menschen, die ihn erleben: Der Priester legt für Rituale ein heiliges K. in kunstvoller Ausführung an. Der König erhält bei der Inthronisation das Diadem und die Armspangen. Das K. kann sowohl durch Entfaltung von Pracht als auch durch Verzicht auf Pracht wirken. Der Prophet Jesaja setzt mit dem vorübergehenden Verzicht auf alle Kleidung ein prophetisches Zeichen. Die Essener, die kein Mischgewebe tragen, weil solches unrein macht, betonen mit einem Habit aus weissem Leinen ihre Reinheit. In beiden Fällen – wie später auch bei der Mönchskutte – geht es um Reduktion. – Im Neuen Testament stellen der Brief an die Kolosser und der Brief an die Epheser die Taufe im Bild des Kleiderwechsels dar: Die Taufe ist das Geschehen, in dem das K. des ‹alten Adam› ausgezogen und das K. des neuen Geschöpfs angezogen wird. Bei Paulus sind Tod und Auferstehung der letzte Kleiderwechsel, ein Ablegen des verweslichen K. und ein Anziehen des K. der Unverweslichkeit. Was alle trifft – dass das Leben (selbst mächtiger Priester und Könige) wie ein K. zerfällt oder von Motten zerfressen wird –, soll niemanden mehr treffen.

Ex 28–29; 1Kön 1; 2Kön 11; Ps 102; 110; Jes 20; Mt 3; 27; 1Kor 15,50–58; 2Kor 5; Eph 4,20–24; Kol 3,5–11

Kleinvieh

Sammelbegriff für kleine Nutztiere; darunter vor allem das (Fettschwanz-)Schaf, das als Lieferant von Fett (des bis zu sechs Kilogramm schweren Schwanzes), Fleisch, Fell und naturweisser Wolle (zwei Kilogramm im Jahr) im Haus gehalten und als Opfertier im Kult verwendet wird; dann die Ziege, die im Haus gehalten wird als Lieferantin von Fleisch und Milch, von Leder für Wasserschläuche und Haar für Zeltdecken und ebenfalls als Opfertier (die Böcke für das Sühneritual am Jom Kippur) verwendet wird

Klippschliefer

Tier aus der Familie der Huftiere, das im Aussehen und Verhalten dem Murmeltier gleicht; ausserhalb Afrikas nur im Jordangraben und auf der Sinaihalbinsel bekannt, dort als Abessinischer K. (*procavia habessinica*)

Knecht/Diener

Dienst▲ Prophet▲

K. wie Mägde stehen zu ihren Herren oder Herrinnen in einem Dienstverhältnis, in dem sie die Untergebenen sind. Der K. ist zunächst einfach ein abhängiger Mensch, der – wie die Magd – unter Anleitung niedere Arbeit verrichtet und dafür einen so geringen Lohn bezieht, dass ein selbständiges Leben nicht möglich ist. Im Einzelnen kann seine Position dabei verschieden bestimmt sein, die Spanne reicht von Unterdrückung bis zu ehrenvollem Indienstgenommensein. Über das soziale Niveau des Dienstverhältnisses besagt das Wort nichts, sowohl Sklaven wie auch hohe Minister können K. sein. Auch das Verhältnis zwischen Gott und Mensch kann als ein solches Dienstverhältnis beschrieben werden. Dann ist es Gott, der Herr, der einen Menschen als seinen besonderen K. in ein besonderes Amt beruft. Dies ist der Fall beim legendären Anführer der Nomadenzeit (Abraham, Jakob, Mose), beim charismatischen Richter der Landnahme (Josua, Simson, Samuel), beim dynastischen König (David, Salomo), beim idealen Weisen (Hiob), beim geplagten Propheten (Jesaja, Jeremia) und beim verheissenen Gottesknecht. – «Rede, HERR, dein Diener hört»: Samuels Antwort auf Gottes Berufung macht klar, dass der K. Gottes einen Auftrag erhält, in der Regel gegenüber dem Volk. Er führt es oder redet zu ihm. Im Exil (598/587–539 v.Chr.) wandelt sich aber die Vorstellung vom Volk: Zum Volk Gottes zählt nun, wer sich zu JHWH hält. Dadurch kann sich das Volk der Glaubenden insgesamt als «K. JHWHS», der einen universalen Auftrag gegenüber den Völkern bekommt, verstehen. Das Schicksal dieses neuen Gottesknechts wird in den Liedern des Deuterojesaja zum Thema. Jesu Antwort auf die Fragen der Jünger nach Macht und Herrschaft nimmt diese Traditionen auf: «Wer unter euch der Erste sein will, sei der K. aller» (Mk 10,44). Wie er selbst K. Gottes ist, sollen auch sie es sein, beauftragt zum Dienst, nicht zur Macht. Weil sie sich so von Christus beauftragt wissen, nennen sich Paulus und nach ihm andere Briefautoren ‹K. Jesu Christi›. In gleicher Weise verstehen sich auch Frauen, die sich in den Dienst Christi stellen, als ‹Magd›.

Gen 18; 32; Ex 4; 32; Jos 5; Ri 15; 1Sam 3; 1Kön 8; Jes 20; 42; 49; 53; Mk 10

König

David▲ Saul▲ Salomo▲

Das historische Projekt eines Königtums, «wie es bei allen Nationen» Brauch ist (1Sam 8,5), hat im Fall Israels nach der Darstellung des Alten Testaments etwa 400 Jahre (1000–587 v.Chr.) gedauert: Saul ist der Wegbereiter, der daran scheitert, dass er kein eigentliches Zentrum und kein Machtmonopol auf Dauer einrichtet, sondern noch dem charismatischen Anführertum auf Zeit verhaftet bleibt. David hingegen ist konsequent machtorientiert, verbindet die Stammesgebiete des Südens und Nordens und macht Jerusalem zur Hauptstadt. Salomo baut kulturell aus, was David politisch gefestigt hat. Über den neuen Verhältnissen, die durch das etablierte Königtum geschaffen werden, bricht das Reich 926 v.Chr. jedoch auseinander: Im Norden entsteht das Reich Israel (926–722) mit wechselnden Zentren und Dynastien, im Süden das Reich Juda mit Zentrum in Jerusalem und den Davididen als K. (926–587). Beide Reiche sind klein, ihre K. sind eher mit Häuptlingen afrikanischer Stammesgesellschaften als mit den Pharaonen Ägyptens oder Grossk. Mesopotamiens zu vergleichen; anders als in diesen Kulturen bleibt in Israel auch immer klar, dass der K. ein Mensch und kein Gott ist. – Das Buch der Richter und die Bücher Samuel können in weiten Teilen als Diskussion zur Frage nach der Berechtigung eines Königtums für Israel gelesen werden: Gideon lehnt die Königswürde ab, weil JHWH über seinen Stamm herrschen solle, und die Jotamfabel unterstellt bissig, dass ohnehin nur einer, der nichts tauge und die anderen quäle («der Dornbusch» Ri 9), K. zu sein begehre. Die Königskritik ist zu keiner Zeit verstummt. Teils gilt sie lediglich dem Verhalten einzelner K., teils aber auch der Institution des Königtums als solcher. Die Königskritik wird schliesslich so dominant, dass die ganze Geschichte Israels von der Übernahme des Landes bis zu dessen Verlust vom Verhalten der K. her beurteilt wird. – Das ideelle Projekt des Königtums ist von der altorientalischen Königsideologie her bestimmt: Ihr zufolge wird der K. von der Gottheit als Sohn adoptiert und als Statthalter eingesetzt. Seine Aufgabe ist es, die in der Schöpfung angelegte Ordnung der Welt zu erhalten, damit sie in Frieden gedeiht. Dafür wird er bei seiner Einsetzung von der Gottheit mit der Gerechtigkeit ausgestattet, die er in den Bereichen Weisheit, Kult, Recht, Krieg und Natur durchsetzen und erhalten soll. Die Königspsalmen spiegeln dieses Denken. Der erste Schöpfungsbericht nimmt diesen Gedanken auf, erklärt nun aber jeden Menschen zu einem Statthalter Gottes, der sich die Erde «untertan» machen soll, um sie gerecht und haushälterisch zu verwalten. Eine andere Weiterführung dieses Gedankens liegt in der Verheissung vor, dass aus dem Haus David dereinst ein neuer, wahrer K., ein neuer Gesalbter, hervorgehen werde.

Dtn 17; Ri 8–9; 1Sam 8–12; 2Sam 7; 23; 1Kön 8; Ps 2; 72; 82; 89; 110; Jer 23

Kreuz

Auferstehung/Auferweckung▲

Über das Leben Jesu ist wenig historisch Erwiesenes bekannt, unbestritten aber ist, dass er aus nicht mehr eindeutig zu rekonstruierenden Gründen unter dem römischen Statthalter Pontius Pilatus die Strafe der Kreuzigung erlitt, die von den Römern insbesondere an Sklaven und Aufständischen vollstreckt wurde. Die Passionsgeschichte aller vier Evangelien gipfelt in der Kreuzigung Jesu, auch wenn sie nicht mit ihr endet. K. und Auferstehung bilden eine Einheit, die vom Glauben gesetzt ist. Die Kreuzigung markiert das Ende des Berichts über den irdischen Jesus; die Auferstehung begründet den Anfang der Geschichte des Glaubens an ihn. – Das K. ist im Neuen Testament bei zwei Autoren das Zentrum ihres Nachdenkens: in narrativer Form bei Markus, in begrifflich-argumentativer Form bei Paulus. Im Evangelium nach Markus steht die Frage im Vordergrund, welches die wahre Identität Jesu sei. Im ersten Vers setzt der Autor seine Antwort gleichsam als Titel über seinen ganzen Bericht: «Anfang des Evangeliums von Jesus Christus, dem Sohn Gottes» (Mk 1,1). Dieses Bekenntnis wird im Bericht selbst von einer himmlischen Stimme zweimal bestätigt (bei der Taufe und bei der Verklärung), von einem menschlichen Gegenüber aber nur ein einziges Mal aufgenommen: vom römischen Hauptmann unter dem K. (Mk 15,39). Die Antwort auf die Frage nach der Identität Jesu lässt sich nach Markus nur unter dem K. und vom K. her geben. Alle anderen Antworten sind voreilig und ungenügend. In begrifflich-argumentativer Form begegnet die Kreuzestheologie bei Paulus. In den Auseinandersetzungen mit den Gemeinden in Korinth, in Philippi und in Galatien erkennt Paulus, dass die gültige Weise der Präsenz des Auferstandenen für die Glaubenden nur diejenige des Gekreuzigten sein kann: «Denn ich hatte beschlossen, bei euch nichts anderes zu wissen ausser das eine: Jesus Christus, und zwar den Gekreuzigten» (1Kor 2,2). Dieser ‹Beschluss› gründet in der Einsicht, dass vom auferstandenen Gekreuzigten her alles gleichsam auf den Kopf gestellt wird: das bisherige Gottesverständnis, Menschenverständnis und Selbstverständnis. Im K. ereignet sich für Paulus eine ‹Umwertung aller Werte›: Was ihm bisher heilig war, erachtet er nunmehr als Dreck (Phil 3). Am K. Jesu geht ihm die Kraft Gottes auf: Menschliche Weisheit und menschliches Handeln (auch in seiner besten Form) reichen nur bis zur Wahrnehmung des K. als einer Torheit. Sie scheitern am K., weil es denjenigen als Sohn Gottes erkennen lässt, den menschliche Weisheit und menschliches Handeln verworfen haben. Sie erkennen nicht, dass Gottes Kraft sich gerade dort gezeigt hat und immer wieder zeigt, wo es weltlich gesehen nichts vorzuweisen gibt.

Mt 26–28; Mk 14–16; Lk 22–24; Joh 19–21; 1Kor 1–2; 2Kor 4; 12; Gal 2; 5; 6; Phil 2; 3

Krieg
Feind▲

Das Phänomen K. gehört in den Texten des Alten Testaments zur Normalität. Den Ausdruck ‹heiliger K.› gibt es in der Bibel nicht, wohl aber die Vorstellung vom ‹K. JHWHS›, der aktiven Rolle Gottes in den kriegerischen Konflikten seines Volks. Das Alte Testament schildert solche K. als Ritual mit vorgezeichneten Abläufen: JHWH selbst ist Kriegsherr, Anführer und Kämpfer. Er steht auf gegen seine Feinde. Mit dem Blasen von Hörnern wird Kriegslärm erzeugt. Mit der Formel ‹Fürchte dich nicht› werden die Soldaten ermutigt, mit JHWH in den K. zu ziehen. Kriegsgeschrei wird ausgestossen. Mit der Lade als Kriegsheiligtum ist JHWH präsent. Mit dem Mittel des Gottesschreckens greift er ein, stiftet Verwirrung und gibt die Feinde in die Hand der seinen. Die besiegten Feinde und alle Lebewesen, die zu ihnen gehören, werden der Vernichtung geweiht, das heisst als Gottes Besitz umgebracht. Die Heimkehrenden werden von den Frauen mit einem Siegeslied empfangen. – K. und Frieden sind nach dieser Auffassung nicht notwendigerweise Gegensätze: Der geregelte K. kann durchaus im *schalom* vonstattengehen, in einer heilvollen Ordnung und dem Willen Gottes entsprechend. K. gehört auch zu den Elementen, die in Judentum und später im

Christentum die Vorstellungen von einem letzten Kampf der Gottesfeinde gegen Gott und die seinen bestimmen, bevor die Erlösung kommt. In diesen Vorstellungen ist es in der Regel eine letzte Entscheidungsschlacht (häufig um Jerusalem), die zum endgültigen Untergang der Feinde Gottes führt. – Solche religiösen Vorstellung zerbrechen aber an den historischen Ereignissen. Die Erfahrung der tatsächlichen Grausamkeit des K. kommt im Buch der Klagelieder, in dem das Elend Jerusalems nach seiner Zerstörung (587 v.Chr.) geschildert ist, ans Licht. Mit der Zeit wandelt sich auch die Idee vom religiös regulierten K.: In Weissagungen wird ein göttlich regulierter Frieden verheissen, der vom Zion ausgeht. Gottes Gerechtigkeit ist sein Kennzeichen. Tyrannen danken ab. Militärdienst und Manöver sind abgeschafft. Kriegsgerät wird zu Feldgerät umgerüstet. Soldatenstiefel werden verbrannt. Die Völker pilgern zum Berg Gottes. Dort hören sie Gottes Weisung. Weltweit erkennen sie JHWH als ihren Gott. Sie teilen miteinander das Mahl des Friedens. Gott selber wischt alle Tränen ab. Sogar die Tiere ernähren sich wieder vegetarisch, wie es in der Schöpfung ursprünglich vorgesehen war.

Ex 15; Dtn 20; Ri 4–5; Jos 10; 1Sam 11; Jes 2; 9; 11; 25; 42; Klgl; Mt 5

Kulthöhe

Altar▲ Aschera▲ Mazzebe▲

offene kanaanäische Kultstätte auf einem erhöhten und exponierten Ort in der Landschaft (Ebal, Garizim, Karmel) oder in einer Stadt (Arad, Dan, Chazor, Megiddo, Lachisch); ausgestattet mit einer *Aschera*, dem hölzernen Kultpfahl der gleichnamigen Göttin (Tonmodelle aus Zypern, um 600 v.Chr.), oder einer *Mazzebe*, dem pfeilerartig aufgerichteten Kultstein (am Garizim, um 1450 v.Chr.), beide als Symbole göttlicher Präsenz, häufig auch mit einem Altar; von den Propheten bekämpft, von König Joschija (639–609 v.Chr.) im Zuge einer Kultreform zerstört

Kuschiten

üblicherweise mit ‹Äthiopier› übersetzt; hamitisches (sich auf den Stammvater Ham zurückführendes) Volk mit Siedlungsraum südlich von Ägypten und den Nilkatarakten (heute Sudan und Äthiopien); in römischer Zeit als Nubier bekannt; bereits zur Zeit Salomos bedeutsame Handelspartner für exotische Luxusgüter aus Afrika, die über das Rote Meer und den Golf von Aqaba verschifft werden

Kyros (II)

Perser▲

559–530 v.Chr. König von Persien, Begründer des ersten alle Kulturen umfassenden Grossreichs im Alten Orient; Eroberer Mediens (550), Lydiens (547) und Babylons (538); nach den Büchern Esra und Zweite Chronik Initiator eines Erlasses (539), der den Exilierten Israels die Rückkehr nach Palästina erlaubt, die Rückgabe der von den Babyloniern beschlagnahmten Tempelgeräte vorsieht und Kapital für den Wiederaufbau des Tempels zusichert; Begründer der persischen Toleranzpolitik gegenüber unterworfenen Bevölkerungsgruppen; in Jes 40–55 als ‹Gesalbter› gefeiert

Lade

Allerheiligstes▲ Tempel▲ Zelt der Begegnung▲

Nach der Darstellung des Buches Exodus handelt es sich um einen an Tragstangen befestigten Kasten aus vergoldetem Akazienholz (etwa 125 cm × 75 cm × 75 cm), auf dessen Deckplatte zwei Kerubim dargestellt sind, die ihre Flügel ausspannen. Von Leviten getragen, zieht sie als Wanderheiligtum mit dem Volk durch die Wüste ins verheissene Land. In anderen alttestamentlichen Traditionen wird die L. mit dem Thron Gottes verbunden, und Gott kann als der bezeichnet werden, ‹der über den Kerubim thront›. Zieht die L. mit Israel in den Krieg, ist es letztlich Gott selbst, der mitzieht. ‹L. des Zeugnisses› und ‹L. des Bundes› wird sie genannt, weil sie am Sinai verfertigt wurde und die beiden Tafeln des Mose enthält. Sie zeugt vom Bund am Sinai und trägt die Weisungen Gottes vom Sinai ins Land. Vom Heiligtum in Schilo überführt David die L. nach Jerusalem, um seinem neuen Reich eine alte Mitte zu geben. Salomo bringt sie vom Zelt in den Tempel, wo sie im Allerheiligsten Gottes verborgenen Thron repräsentiert. In der Zeit des Exils, da man L. und Land nicht mehr hat, weil der Tempel zerstört und Israel wieder zu einem zerstreuten und umherirrenden Volk geworden ist, gewinnt die L. zunehmend auch als Symbol von Gottes Beweglichkeit an Bedeutung. Die Erinnerungen an sie werden aufgezeichnet und durch weitere Traditionen angereichert. – Nach dem Exil hat man die goldene Deckplatte der L., die *kapporet*, wohl nachgebildet: Am Versöhnungstag, dem *jom kippur*, wird sie mit dem Blut eines Lammes bespritzt, bevor der Sündenbock in die Wüste geschickt wird, um Gott mit den Menschen zu versöhnen (*kipper*). Paulus und der Autor des Briefs an die Hebräer greifen die Motive vom stellvertretenden Blut und der Sühne auf, um Tod und Auferstehung Jesu zu deuten: Der Gott, der sich bewegen lässt, kommt zu den Menschen, macht seinen Sohn zur *kapporet* und lässt ihn mit seinem Blut die Verfehlungen der Menschen sühnen.

Ex 25–26; Lev 16; Jos 3–6; 1Sam 4–6; 2Sam 6; 1Kön 6–8; Ps 132; Röm 3; Hebr

Lamm

Passa▲

Das ‹L. Gottes, das die Sünde der Welt hinwegnimmt›, ist aus der Geschichte christlicher Kunst und Musik nicht wegzudenken: Als eines der ältesten und bedeutendsten Symbole für Christus erscheint es auf frühchristlichen Darstellungen in Katakomben und auf Sarkophagen mit Kreuz und Nimbus, auf mittelalterlichen Säulenkapitellen und Tafelbildern über dem Buch mit den sieben Siegeln oder auf dem Arm des Täufers. Im *Agnus Dei* (L. Gottes), einer Sequenz der Messliturgie, wird es bis heute besungen. – Im Motiv des L. ist eine Erinnerung an die älteste Nomadenzeit und das seither üblichste Opfertier erhalten geblieben: In der Erzählung von der Prüfung Abrahams fragt der Sohn den Vater Abraham nichtsahnend, wo denn das L. sei. Die Erzählung erklärt, dass der Mensch zwar Gott sein Erstes und Bestes geben, nicht aber einen Menschen opfern, sondern ihn auslösen und an seiner Stelle einen

Ersatz darbringen soll. Im L. wählt sich Gott selbst den Ersatz. Die Erzählung vom Auszug schildert, wie jede Familie am Vorabend ein Böckchen schlachtet und mit seinem Blut ein Zeichen an die Tür macht. Im Lied vom Gottesknecht in Jes 52–53 wird der Verachtete, der stellvertretend für die Sünden anderer gestraft wird, mit einem L. verglichen, das stumm den Weg zur Schlachtbank geht. Dieses Motiv wird im Neuen Testament insbesondere vom Evangelium nach Johannes und von der Offenbarung aufgenommen und auf den gekreuzigten Jesus übertragen.

Gen 22; Ex 12; 2Chr 29; Jes 52–53; Joh 1; 1Kor 5; Offb 5–7; 21–22

Land

Besitz▲ Jobeljahr (Halljahr)▲ Verheissung▲

Mit L. ist in der Bibel nicht nur das Territorium einer Nation innerhalb erkennbarer Grenzen gemeint, sondern zunächst der zur Nutzung geschaffene Boden. Zentral sind in der Bibel die Fragen, wie man zu L. kommt und wem das L. gehört. Was in der historischen Forschung unter dem Stichwort Landnahme verhandelt wird, ist in der Theologie die Landgabe: Geht es beim ‹Nehmen› um Eroberung oder Erwerb, so beim ‹Geben› um Belehnung oder Vererbung. «… das L. gehört mir, und ihr seid Fremde und Beisassen bei mir» (Lev 25,23), erklärt Gott Mose am Sinai. Der Mensch erhält das L. von Gott als Lehen. Bebaut und schont er es als Gottes Lehnsmann, steht es unter dessen Segen und gedeiht; vergisst der Mensch aber diese Rückbindung an Gott, gerät es unter einen Fluch und wirft magere Erträge ab. Dass man Boden wie Luft und Wasser grundsätzlich nicht besitzen kann, ist eine biblische Grundüberzeugung. Sie hat Folgen, die mit der Theologie auch die Ethik betreffen: Im Bund mit Abraham ist das L. wie die Volkswerdung als Verheissung Gottes qualifiziert. Viele der am Sinai erlassenen Gebote betreffen das L. und die Art, wie Israel es zu behandeln hat. Da es den Israeliten von Gott als Erbbesitz gegeben wird, darf Israel das L. nicht verkaufen. Im Bekenntnis wird es als JHWHs Gabe verdankt. Die Tradition des Jobeljahrs erinnert daran, dass L. nie dem Menschen gehört, sondern immer Leihgabe Gottes ist. Es soll sich alle sieben Jahre in einem Brachjahr erholen können und wird nach sieben mal sieben Jahren dem Menschen zurückgegeben, der es unverschuldet verloren hat. In der Prophetie werden Besitzdenken, Treulosigkeit und Ausbeutung gegeisselt und die Kündigung des Lehensverhältnisses angedroht. Im Exil werden Vergabe und Rücknahme des L. theologisch aufgearbeitet. Dabei wandelt sich das L. vom konkreten Boden, den man nicht mehr hat, zum heiligen L., das nun als ein Gut der Hoffnung verheissen ist. Die theologische Kritik an der Kapitalisierung und Privatisierung der Güter, die allen nur geliehen sind und deshalb nicht von wenigen besessen werden sollten, hat guten gesamtbiblischen Grund.

Gen 15; Lev 25–26; Num 13–14; Dtn 1–12; 26; Jos 13–22; Ez 40–48

Laubhüttenfest

Wallfahrt▲

hebräisch *Sukkot* (‹Hütten›); nach *Mazzot*, dem Fest der ungesäuerten Brote zur Gerstenernte (März/April), und *Schawuot*, dem Wochenfest zur Weizenernte (Mai/Juni), das dritte jährliche Wallfahrtsfest zur Lese von Trauben und Oliven (September/Oktober); nach Josephus und Plutarch «das heiligste und grösste Fest bei den Hebräern»; wird eine ganze Woche lang gefeiert mit Prozessionen und Tänzen, Gottesdienst und Volksfest, wobei in Hütten aus Astwerk der eben abgeernteten Reben und Fruchtbäume gewohnt wird; wie die anderen jahreszyklischen Bauernfeste nachträglich historisiert und als Erinnerung an die Wüstenwanderung gedeutet

Leben
Segen▲ Tod▲
Gott ist nach der Bibel nicht nur derjenige, der L. schafft und erhält, sondern das L. selbst – freilich ohne die Realität des Todes auszuschliessen. Im Lied der Hanna «tötet» Gott und «macht lebendig», «führt hinab ins Totenreich und führt wieder hinauf». In der Abschiedsrede des Mose legt Gott seinem Volk vor dem Verlassen der Wüste «L. und Tod» vor, beides, denn so bestimmen die Israeliten durch ihr Verhalten selbst, welches von beidem sie (in Form von Segen oder Fluch) treffen wird. Im Buch Jesaja wird Gott im Heilsorakel für Kyros als derjenige bezeichnet, der «das Licht bildet und die Finsternis schafft», der «Heil vollbringt und Unheil schafft» (Jes 45,7). Die Bibel geht nicht von einer dualistischen Auffassung aus, die Gott einseitig auf der Seite des L. wahrnimmt, sondern erkennt ihn als den, der Herr des L. *und* des Todes ist und darum als einziger allmächtig zu nennen ist. – Auf diesem Hintergrund haben auch die frühen christlichen Gemeinden das Lehren und Heilen Jesu, sein Leiden und Sterben, sein Auferstehen und Erscheinen verstanden. Gott ist so sehr das L., dass er den Tod stirbt *und* überwindet, erleidet *und* entmachtet.
Dtn 30; 1Sam 2; Hiob 1–2; Ps 90; Jes 45; Jona 2; Mt 6; Mk 8; Joh 1; 5–6; 11; 14

lebenssatt
alt und satt an Tagen, gesättigt mit Zeit, Bild für erfülltes Leben; stehende Wendung im Bericht vom Tod einzelner Patriarchen (Abraham, Isaak, Hiob, David)

sich zu den Vorfahren legen
Teil der stereotypen Berichterstattung beim Tod eines Königs; wörtlich zu verstehender Hinweis auf die Art der Bestattung in den Königsgräbern am Südende der Davidstadt, einer Nekropole mit Nischen und Bänken auf drei oder mehr Seiten eines Raums für mehrere Leichen (Geser, Bet-Schemesch)

Lehre
Weisung▲

Leib
Fleisch▲
Die Bibel setzt die Ganzheit des Menschen als Geschöpf und die Unteilbarkeit der Person voraus; deshalb stehen sich im biblischen Menschenbild auch nicht die Seele als das Unsterbliche und der L. als das

Sterbliche oder der Geist als das Erhabene und der L. als das Niedrigere gegenüber. L. meint in der Bibel immer den ganzen Menschen, eine biblische Leibfeindlichkeit gibt es von daher nicht. Im Gegenteil: Selten werden in der Weltliteratur Schönheit und Anmut des L. nachhaltiger besungen als in den erotischen Liebesliedern des Hohelieds, Vergehen und Sterben des L. nachhaltiger beklagt als in der biblischen Weisheit. – Paulus würdigt den L. als die sichtbare Ganzheit auch des neuen gerechtfertigten Menschen, und zwar auf doppelte Weise: Der L. eines jeden, der glaubt, ist ein ‹Tempel Gottes›, das heisst, der Ort, wo Gott wohnt, so wie dies bisher exklusiv der alte Tempel gewesen ist. Deshalb spricht Paulus auch nicht von der Unsterblichkeit der Seele, sondern von der Auferweckung des L. Und alle, die glauben, bilden zusammen als Glieder der Gemeinde den L. Christi. Gott wird im Einzelnen und der Gemeinde leibhaftig.

Ps 1; 32; 37; 90; Koh 11–12; Hld 4–7; Mt 6; 1Kor 3; 6; 12; 15

Leiden
Hiob▲

Als grundsätzlich zum menschlichen Leben gehörendes Phänomen ist das L. in der Bibel etwas Selbstverständliches. Leiderfahrung hat, wie alles im Leben, «seine Stunde». Ein eigenes Thema aber sind die Fragen nach dem Grund und der Bewältigung von L. Wie in anderen Schriften des Alten Orients findet sich auch in der Bibel die Vorstellung, dass L. durch das Wirken eines Dämons verursacht oder als göttliche Strafe für begangene Sünden zu betrachten sei. Doch diese Vorstellung kann manches nicht erklären; entsprechend intensiv wird in der Bibel folglich auch über die Erfahrung nachgedacht, dass längst nicht alle Leidenden auch Sünder sind – kleine Kinder etwa oder behindert Geborene, Opfer von Unrecht oder zufällig in Mitleidenschaft Gezogene. Dazu kommen die Erfahrung, dass ein weiser und frommer Lebensstil nicht zwingend vor L. schützt, und die Beobachtung, dass bereits Betroffene manchmal geradezu im Bann des L. stehen und immer wieder von neuem Unglück getroffen werden. Das Nachdenken über das L. des Unschuldigen ist das Thema des Buchs Hiob. Auf mehreren Ebenen gibt es Antworten zur Erklärung und Bewältigung von L. Gemeinsam ist ihnen: dass die Unerklärlichkeit des L.s zu einer Frage des Glaubens wird, durch den es gerade nicht wegerklärt wird; dass für das L. nicht Dämonen oder Teufel verantwortlich gemacht werden, sondern mit einer unerklärlichen Seite Gottes gerechnet wird; dass der Glaubende diesen ‹dunklen Gott› in Gott vor dem ‹hellen Gott› in Gott anklagen kann; und dass der Glaube auf den Gott des Lebens setzt, der dem L. ein Ende bereitet. Dass die Frage nach dem Warum des L. nicht beantwortet wird, stellt den Glauben des Einzelnen auf die Probe. Der Verzicht auf Erklärungen und die Abweisung selbsterdachter Rückschlüsse sind Kennzeichen der solidarischen Gemeinde. Gott selbst wird «die Tränen ... von allen Gesichtern wischen» (Jes 25,8). Aus dieser Verheissung nährt sich der Kampf der Glaubenden, L. zu verhindern und zu lindern. – In den ersten christlichen Gemeinden wird das L. der christlichen Minderheit inmitten einer andersreligiösen Mehrheit als L. ‹um des Evangeliums willen› zum Thema: Christus nachzufolgen und sich zu Gott zu bekennen, kann ins L. führen. Insbesondere Paulus entwickelt die Vorstellung, dass, wer Christus nachfolgt, selbstverständlich auch an seinem L. teilhat. In dieser Teilhabe erfahren Christen aber zugleich die Kraft Gottes. Der Erste Brief des Petrus versteht das Ausharren im L. geradezu als Zeichen der von Gott gewährten Gnade.

Koh 3; Hiob; Mt 8; Mk 8; Röm 8; 1Kor 4; 2Kor 4; 11–12; 1Petr

Leuchter

hebräisch *Menora*; Öllampe, die auf einen Fuss/Ständer in Form einer Röhre aus Ton oder aus Metall gesetzt wird, damit ihr Schein weiter reicht; in der Regel aus Ton, mit rundem Boden und einer Delle im Rand (ab 2000 v.Chr.), später, als griechische Importware, geschlossen mit einem Loch für den Docht und mit Ornamenten verziert (ab 600); so der siebenarmige L., der als Kultgerät im Tempel dient (Ex 25,31–40) und auf dem Titusbogen in Rom als Beutegut aus der Zerstörung Jerusalems (70 n.Chr.) im Jüdischen Krieg zu sehen ist, oder die neunarmige Chanukkalampe, die am Fest des Ölwunders im Jerusalemer Tempel angezündet wird; Hüterinnen des Öls sind häufig Frauen, wie etwa die zehn Jungfrauen im Gleichnis oder die Witwe von Zarefat

Leviatan

hebräisch ‹der sich Windende›; Eigenname für ein mythisches, vielköpfiges und ursprünglich weibliches Schlangenmonster des Meeres; in Mesopotamien bildlich dargestellt mit sieben Köpfen, die gerade von einem Gott abgeschlagen werden (ab 2000 v.Chr.); in der kanaanäischen Mythologie als Chaosdrachen des Salzwassers bezeugt (um 1360); in alttestamentlichen Texten Inbegriff des Chaotischen, das von JHWH in Schach gehalten oder überwunden wird; nach Ps 104,26 Geschöpf und Spielzeug Gottes; im neutestamentlichen Buch der Offenbarung als ‹Tier aus der Unterwelt› oder ‹Tier aus dem Meer› erwähnt

Leviten

Erstling▲ Priester▲

Nach Num 3 hat JHWH den Stamm der L. als Ersatz für alle Erstgeborenen ausgesondert und zum Dienst an seinem Heiligtum bestimmt. Erwähnt werden sie im Alten Testament hauptsächlich in jungen Texten, so vor allem in den priesterlichen Texten in Genesis bis Numeri und im chronistischen Geschichtswerk. Manche der Aussagen sind widersprüchlich, und viele Fragen bleiben offen. Unklar ist etwa, ob es schon früher einen Stamm Levi ohne Gebiet und Aktivität gab oder ob die L. eine nachexilische Gruppe waren, die sich erst nachträglich durch Legenden historisch verankerte. Unklar ist auch die Bedeutung der achtundvierzig Levitenstädte: Handelt es sich dabei um Rückzugsquartiere der besitzlosen L. innerhalb von Städten oder um eigentliche Städte, die nicht durch Eroberung, sondern durch Bündnisse gewonnen wurden? – Sicher ist, dass die L. eine Gruppe bilden, zu der man nur unter Preisgabe bisheriger Bindungen gehört und die sich als ‹Mannschaft deiner Getreuen›, als Anhängerschaft JHWHS, versteht. Klar ist auch, dass die L. in einem gespannten Verhältnis zu den Angehörigen der privilegierten aaronidisch-zadokidischen Priesterdynastie stehen. Mit der

Formel ‹die Priester und die L.› werden nach dem Exil (598/587–539) zwar beide Gruppen jeweils in einem Atemzug genannt, doch macht die Reihenfolge deutlich, dass es höhere und niedere Weihen gibt. Die L. bilden den niederen Priesterstand, den *clerus minor*, dem Funktionen des Bewachens und Auskunftgebens obliegen. Sie halten den Kontakt mit dem Volk. – Die Tradition hat dem Dritten Buch Mose den Namen *Leviticus*, das Levitische (Buch), gegeben, weil es durchweg priesterliche Anordnungen bietet. ‹Jemandem die L. lesen› ist noch heute ein sprichwörtlicher Ausdruck mit der Bedeutung ‹jemandem wegen eines tadelnswerten Verhaltens einen nachdrücklichen Verweis erteilen› – wohl eine späte Erinnerung an die Funktion des Auskunftgebens.

Gen 49; Ex 32; Lev; Num 3–4; 8; 16; 18; 35; Jos 21; 2Chr 29–31; Esra 6–8; Neh 8–13

Libanon

Zwillingsgebirge nördlich von Galiläa, das als *L.* und *Antilibanon* westlich und östlich des von Norden nach Osten verlaufenden Orontes-Tals bzw. von Süden nach Westen verlaufenden Bekaa-Tal liegt, etwa 160 km lang ist und bis 3000 m hoch; im Alten Orient bereits vor 2000 v.Chr. bekannt für seine Zedern (*cedrus libani*), die im Schiffs-, Tempel- und Hausbau gebraucht wurden

Licht

Nacht▲

Die biblischen Aussagen über das L. sind sowohl durch alltägliche Beobachtungen wie auch von den Mythen fremder Völker, vor allem Ägyptens und Mesopotamiens, beeinflusst. In der Bildwelt des Mythos bilden L. und Finsternis ein ebenso grundlegendes Paar wie Tag und Nacht, Segen und Fluch oder Leben und Tod. Diese Paare bilden Grundmuster des religiösen Dualismus wie der theologischen Dialektik. – L. und Erleuchtung, Morgen und Auferstehung, Sonnenaufgang und Orientierung gehören zusammen: An der Furt des Jabbok kämpft Jakob eine Nacht lang mit einem göttlichen Wesen, bis dessen Kraft in der Dämmerung schwindet und der Sieger dem Besiegten bei Sonnenaufgang noch den Segen abtrotzt. In Gen 1, dem ersten Schöpfungsbericht, ist die Scheidung von L. und Finsternis Gottes erster Akt, «Es werde L.!» sein erstes Wort. Mit dem L. wird aus Chaos Kosmos. Das *tohuwabohu* fügt sich zur Welt und ordnet sich dem Willen Gottes unter. Weil dies eine Erfahrung ist, die auch das Leben des Einzelnen trägt, kann der Psalmist singen: «Dein Wort ist eine Leuchte meinem Fuss und ein L. auf meinem Pfad» (Ps 119,105). Aus der gleichen Erfahrung heraus kann auch der Evangelist Johannes Jesus als das fleischgewordene Wort von sich sagen lassen: «Ich bin das L. der Welt» (Joh 8,12). – Dass zuerst und zuletzt Gott selbst das L. ist, malt die Offenbarung aus, die im himmlischen Jerusalem weder Tempel noch Sonne sieht, da Gott selbst da ist und alles erleuchtet.

Gen 1; 32; 1Sam 2; Hiob 3; Ps 104; Jes 45; 60; Joh 1; 3; 8

Liebe
Feind▲ Nächster▲

L. wird in der Bibel als L. zu Gott, zum Nächsten, zum Feind und zu sich selbst zum Thema – alles Formen der einen L., die unteilbar ist. Auf die Frage nach dem wichtigsten Gebot antwortet Jesus mit einem Verweis auf die Gottesl. (wie sie im Bekenntnis Israels, in Dtn 6,4–5, verlangt wird) und die Nächstenl. (wie sie in Lev 19,18 gefordert wird). In dem in der Bergpredigt überlieferten Abschnitt über die Reichweite der L. schliesst er auch die Feinde in diese eine L. mit ein. Der Evangelist Johannes und sein Schülerkreis verstehen Gott selbst als die unteilbare und sich selbst mitteilende L. Sie ist so gross, dass Gott der Welt sein Liebstes gibt, seinen Sohn. Wer liebt, teilt sich mit. Spätere Unterscheidungen von begehrender (*eros/amor*), geschwisterlicher (*agape*) und sozialer (*caritas*) L. charakterisieren verschiedene Aspekte dieser einen L. – Die Leidenschaftlichkeit dieser L. ist es, der wir die Aufnahme des Hoheliedes als Sammlung erotischer Liebeslieder in die Bibel verdanken, die sich im Hymnus des Paulus mit Glaube und Hoffnung verbindet und die im Ersten Brief des Johannes zur überschwenglichen Beschreibung Gottes führt. Die L. ist der Anfang, aber auch das Ende von allem: «Denn stark wie der Tod ist die L., hart wie das Totenreich die Leidenschaft» (Hld 8,6).

Dtn 6; Hld 8; Mt 5; Mk 12; Joh 3; 14–15; Röm 5; 8; 1Kor 8; 13; 1Joh 4

Lose
Urim und Tummim▲

bezeichnete kleine Steinchen, die geschüttelt und geworfen werden, um Anteile unparteiisch und unwiderruflich feststellen zu können; im Alltag verwendet zur Verteilung von Diebesgut und Kriegsbeute, Erbgut und Pfandeinsätzen, Dienstzeiten und Versorgungsleistungen; ‹vor dem HERRN›, also am Heiligtum, verwendet zur Feststellung günstiger Termine, zur Einholung eines Gottesbescheids, zur Verteilung des Gott gehörigen Landes, zur Feststellung des Bocks für JHWH und des Bocks für Asasel beim Versöhnungstag (*jom kippur*); ein Sonderfall sind die beiden Steine *Urim* und *Tummim*, die der Priester zur Einholung eines Orakels verwendet; später vom Bezeichnenden aufs Bezeichnete übertragen und als ‹das Los› gleichbedeutend mit Schicksal

Löwe

wie Leopard und Gepard, Wolf, Schakal und Bär in biblischen Zeiten frei lebend und eine Gefahr für den Menschen, wie jene in Palästina zu Beginn des 20. Jahrhunderts ausgestorben (mit Ausnahme des Leoparden in der Judäischen Wüste und im Negev); im Hebräischen mit sieben verschiedenen Wörtern bezeichnet; beliebtes Bild in poetischen Texten der Bibel: in der Prophetie für JHWHs Ankündigung des Gerichts, in der Psalmdichtung für die Todeserfahrung des Beters; allgemein ein (weltweit verbreitetes) Symbol für Kraft und Mut, aber auch für Gewalt und Despotie

Mahl

Abendmahl▲ Passa▲

Im Alten Testament ist das Motiv des M. in drei Zusammenhängen besonders wichtig: Gemeinsames Essen gehört zur uralten Tradition der Gastfreundschaft, die Israel mit anderen Kulturen aus seiner Umwelt teilt. Viele Geschichten erzählen vom Fremden, die vorbeikommen, selbstverständlich eingeladen und mit dem Besten bewirtet werden, das verfügbar ist. In manchen Geschichten ist dieser Gast Gott: Er begegnet im Fremden und findet im M. vorübergehend Heimat bei den Menschen. Sara und Abraham erleben dies. Wie andere merken auch sie erst an der Verheissung, welche die Bewirteten zum Dank hinterlassen, dass sie Gottesboten zu Tisch hatten. Jünger ist die Tradition des Passa, die an das letzte Essen der Israeliten vor ihrem Auszug aus Ägypten erinnert. In der Feier des Passamahls gedenkt das Volk des heilvollen Handelns Gottes, der es mit der Befreiung aus Ägypten erst zum Gottesvolk werden liess. Die jüngste Tradition verwebt die vorlaufenden, entgrenzt sie aber ins weltweit Gültige, indem sie ein visionäres Friedensbild einer neuen Lebenswelt entwirft: Die Vision vom Fest der Völker auf dem Zion, in dessen Mitte ein grosses Gelage stattfinden wird. Hier ist das M., zu dem Gott selbst einlädt, ein Sinnbild des Friedens. – Im Abendmahl laufen alle diese Fäden zusammen: Gott in Person des auferstandenen Christus lädt ein und sitzt zu Tisch. Das Essen erinnert an Befreiung von Sklaverei und Tod. Brot und Wein sind die Lebensmittel des neuen Lebens, für den irdischen Alltag wie für das ewige Leben. Dass im Abendmahl Jesus bzw. Gott der Gastgeber ist, knüpft an die dritte, jüngste Tradition aus dem Alten Testament an, erinnert aber zugleich daran, dass Gott in vielen Texten als der Geber von Speise und Nahrung geschildert wird: Gott ist es, der den Menschen den Tisch deckt, der Raben zu Elija und Engel zu Hagar schickt, der Mehl und Öl nicht ausgehen lässt, wie bei der Witwe von Zarefat, und der sein Volk in der Wüste mit Manna und Wachteln nährt. In den Speisungsgeschichten der Evangelien wird diese Vorstellung verdichtet und symbolisch aufs Abendmahl bezogen: Jesus teilt auf wunderbare Weise Brot und Fisch im Überfluss aus, so dass alle satt werden. An der Geste, mit der Jesus über dem Brot den Lobpreis spricht, es bricht und austeilt, erkennen in der Geschichte vom Gang nach Emmaus die beiden Jünger den Auferstandenen.

Gen 18; Ex 12; Jes 25; Mk 6; 8; 14; Lk 24; 1Kor 11

Mammon

aramäisch *mamon* (verwandt mit dem Verb für ‹vertrauen›) für ‹Vermögen›, ‹Sachwerte›; in ethischer Wertung ‹unredlicher Gewinn›, ‹Bestechungsgeld›; von Jesus zu einer dämonischen Gegenfigur Gottes stilisiert

Mann

Mensch▲ Sohn/Sohn Gottes▲ Vater▲

Wie die Literatur aller Zeiten spiegelt auch die Bibel meist nur diejenigen Bilder sozialer Rollen, die zur Zeit ihrer Entstehung möglich und gebräuchlich sind. So auch beim M.: Er ist dominant, bei ihm liegen Besitz und Führung, Amt und Macht, nahezu alles ist über ihn definiert. – Bei einem derartigen Mainstream hinsichtlich Rolle und Regelverhalten des M. sind die Ausnahmen, wie sie etwa das Buch Rut bietet, umso interessanter. Aber auch schon die ersten Erzählungen des Alten Testaments durchkreuzen das klassische Rollenmuster. Nach beiden Schöpfungserzählungen erschuf Gott das erste Menschenpaar in gleichgestellter Beziehung: Nach Gen 1 sind beide gleichermassen ‹Bild Gottes› und werden von ihm mit Herrschaft belehnt, nach Gen 2–3 ist die Frau (*ischa*) das ebenbürtige Gegenüber des M. (*isch*), stehen beide vor denselben Möglichkeiten, geraten beide in dieselbe Schuld, werden beide bestraft und müssen gemeinsam den Garten der Fülle verlassen. Entsprechend ist für Paulus allein der Glaube entscheidend, ob jemand ‹in Christus› und so ein ‹neues Geschöpf› ist. Von den vielen Erzählungen, in denen ein herausragender M. im Mittelpunkt steht, zeichnet keine das Bild eines Helden. Der heroische M. ist kein Rollenbild der Bibel. Selbst Simson, der dieser klassischen Männerfigur am nächsten kommt, ist eher ein Antiheld. Keiner der Erzväter, Könige oder Propheten ist widerspruchslos, emotionslos und geradlinig dargestellt. Vollkommenheit und Geschlossenheit, Grösse und Stärke sind keine Kriterien im biblischen Bild des M. Die sprachlichen Bilder, die im Alten Testament von Gott gezeichnet werden, sind zwar oft an klassischen Männerrollen orientiert (etwa wenn er wie in Ex 15,1 einem ‹Kriegsm.› verglichen wird), können sich aber auch deutlich davon abgrenzen, so z.B. in Jes 66,13, wo von Gott als einer ‹Mutter› gesprochen wird.

Gen 1–3; Ri 13–16; Gal 3

Manna

in der Bibel als Speise der Israeliten in der Wüste erwähnt; ev. zu identifizieren mit dem Harz der Tamariske, das jährlich während drei bis sechs Wochen abgesondert wird, oder mit der Absonderung von Schildläusen, die auf den Tamarisken lebten

Maria

Jungfrau▲ Mutter▲

M. ist die griechische Form des hebräischen Namens Mirjam und zur Zeit Jesu offenbar sehr beliebt. Er erinnert an Mirjam, die Schwester von Moses und Aaron, die als Prophetin des Auszugs (Ex 15,20) in die Geschichte einging. Im Neuen Testament werden sieben verschiedene Frauen erwähnt, die diesen Namen tragen. Unter ihnen ragt die Mutter Jesu heraus. Die Gestalt der alttestamentlichen Mirjam und die der M. haben einiges gemeinsam: Beide leben im Machtbereich eines kindermordenden Tyrannen, haben mit der gefährdeten Kindheit eines Retters zu tun, kennen den Weg von Ägypten nach Palästina und bleiben stets im Schatten eines grossen Mannes. Beide haben prophetische Züge und sind aus späterer Sicht eng mit dem Wachstum einer auserwählten Gruppe verbunden: dort mit Israel, dem einen Volk Gottes, hier mit dem christlichen Gottesvolk. Beide besingen ihre Begegnung mit Gott in einem Danklied, wobei M. in ihrem Lobgesang auf das Lied der Hanna (1Sam 2) zurückgreift. – Angesichts der eminenten Bedeutung, die M. im Laufe der Kirchengeschichte und Kunstgeschichte erlangt hat, mag es erstaunen, wie wenig in den biblischen Schriften über sie zu erfahren ist. Im Evangelium nach Markus tritt sie ein einziges Mal zusammen mit den Geschwistern Jesu auf, in der Rolle der besorgten Mutter, die ihren in den Augen der Familie verrückt gewordenen Sohn zu sprechen wünscht und von diesem abgewiesen wird. Die gleiche Szene wird auch von Matthäus und Lukas beschrieben, für sie aber, die beide eine Kindheitsgeschichte Jesu überliefern, ist M. auch die von Gott auserwählte junge Frau, die ein aus der «Kraft des Höchsten» gezeugtes Kind zur Welt bringt, das zum Retter Israels ausersehen ist. In allen synoptischen Evangelien ist M. weder bei der Kreuzigung noch am Grab, noch am Ostermorgen, noch bei irgendeiner Erscheinung des Auferstandenen erwähnt. Die Pietà (M. mit dem toten Christus auf dem Schoss) ist ein Motiv, das erst in der Kunst des späten Mittelalters auftaucht und keinen Anhalt hat am biblischen Text. Einzig im Evangelium nach Johannes, wo die ‹Mutter Jesu› (ohne Namen) in der Wundergeschichte von der Hochzeit in Kana auftritt, steht sie auch unter dem Kreuz, zusammen mit dem Lieblingsjünger, dessen Obhut sie von Jesus empfohlen wird. Am meisten Beachtung findet M. im Evangelium nach Lukas: Hier singt sie das *Magnificat* (Lk 1,46–55), hier spricht sie in der Verkündigungsszene das für die katholische Mariologie so bedeutsame Ja (Lk 1,38), und hier wird auch von ihr gesagt, dass sie die grossen Verheissungen, die mit ihrem Kind verbunden sind, «in ihrem Herzen» bewegt (Lk 2,19). In der Apostelgeschichte des Lukas taucht M. noch einmal auf, unter den Frauen, die nach der Himmelfahrt gemeinsam mit den Jüngern im Gebet die Aussendung des heiligen Geistes erwarten. Von dieser Stelle her darf man wohl annehmen, dass M., die Mutter Jesu, zu dessen erster Gemeinde gehörte.

Ex 15; 1Sam 2; Mi 6; Mt 1–2; Mk 3; Lk 1–2; Joh 2; 19; Apg 1

Mazzebe

Aschera▲ Kulthöhe▲

aufrecht hingestellter Stein mit kultisch-religiöser Bedeutung: in Gen 35,20 eine Art Grabstein für Rachel, in der Regel ein Symbol für eine männliche Gottheit, die als anwesend gedacht wird; im Alten Testament häufig in einem Atemzug mit Ascheren und Altären genannt, an wenigen Stellen positiv (vgl. Gen 28,18), auf dem Hintergrund von Bilderverbot und Kultzentralisation in der Regel aber sehr kritisch beurteilt

Meder

indogermanisches Volk im Gebiet zwischen Kaspischem Meer und Zweistromland (heute nordwestlicher Iran); bedeutende Reichsbildung etwa 800–550 v.Chr., später von den Persern regiert und als zehnte Satrapie ins persische Grossreich integriert

Mensch

Adam und Eva▲ Bild▲ Frau▲ Mann▲

Die Bibel entwirft keine geschlossene Lehre über den M., sondern beleuchtet in verschiedenen Textbereichen unterschiedliche Aspekte des M.-Seins. In weisheitlich geprägten poetischen Texten wird der M. vor allem als hinfällig und vergänglich beschrieben. Geht das Wissen um die Vergänglichkeit des M. und die Unberechenbarkeit des Lebens in den Psalmen mit einem Staunen über die bleibende Treue Gottes einher, so nimmt Kohelet dieses Wissen zum Anlass, um zum Genuss des Lebens hier und jetzt aufzurufen. Daneben gibt es in der Bibel andere Texte, in denen ein sehr hoheitliches Bild des M. gezeichnet wird: Nach Gen 1,26–28 ist der M. von Gott als sein ‹Bild› geschaffen und dazu bestimmt, über die Tiere zu herrschen; und in Ps 8,5–7 führt die Erfahrung, dass JHWH sich um den M. kümmert und sich seiner annimmt, zur staunenden Erkenntnis, dass der M. seinem Schöpfer so nahe ist, dass ihm nur wenig fehlt, um selbst göttlich zu sein. Diese so wunderbar wie gefährlich kleine Differenz zwischen Gott und M. wird in zwei grossen Texten thematisiert: in der Urgeschichte (Gen 1–11) und im Brief an die Römer. – In der Urgeschichte geht es um die grundlegenden Verhältnisse, in denen der M. als Mann und Frau jederzeit und überall steht: Er steht im Verhältnis zu sich selbst und stellt die Frage nach dem Richtigen und Falschen. Er steht im Verhältnis zu anderen M. und stellt die Frage nach Anerkennung und Benachteiligung. Er steht im Verhältnis zur Lebenszeit und stellt die Frage nach ihrer Länge und Qualität. Er steht im Verhältnis zum Lebensraum und stellt die Frage nach dessen Zerstörung und Erhaltung. Er steht im Verhältnis zu seiner Intelligenz und stellt die Frage nach Können und Dürfen. Damit der M. in all diesen Verhältnissen leben und mit seinen Fragen umgehen kann, verleiht ihm Gott Begabungen, die sonst nur Götter haben. Genau in dieser grossen Ähnlichkeit liegen Chance und Gefahr hart nebeneinander: Wenn der M. seine gottgleichen Begabungen für das Leben einsetzt, kann er leben; setzt er sie aber dafür ein, selbst Gott zu sein und an seine Stelle zu treten, verliert er Leben und ist nicht mehr M. Diesen Gedanken spielt die Urgeschichte erzählerisch durch: Der M. kann zwischen Richtigem und Falschem unterscheiden, verliert damit aber die erste Naivität und die Möglichkeit, in unmittelbarer Nähe zu Gott im Paradies zu leben. Er kann Herr über Leben und Tod sein, verliert damit aber den Bruder und gerät in tiefe Entfremdung. Er kann die Zeit ausnutzen, wird damit aber endlich. Er kann die Erde bevölkern, bringt diese dabei aber ins Chaos und zerstört sie. Und er kann höchsten Verstand entwickeln, erschwert damit aber die Verständigung unter den Völkern. – Ebenso prinzipiell denkt Paulus im Brief an die Römer nach: M. ist, wer das Richtige, das er kennt, auch tun will. M. ist paradoxerweise aber auch, wer das Falsche tut, das er auch kennt und nicht tun will. Der M. kann nicht durch richtiges und gerechtes Tun richtig und gerecht werden. Selbst wenn ihm das Beste gelingt, was M. gelingen kann, bleibt er dennoch versöhnungsbedürftig. Gerecht kann ihn nur Gott machen; alle anderen Wege, gut und gerecht zu sein, führen ihn immer nur auf sich selbst und auf seine eigene Widersprüchlichkeit zurück. Aus ihr hat ihn Christus befreit. Damit drückt Paulus auch aus, dass der M. nicht schon M. *ist*, sondern erst M. *wird*: ein ‹neues Geschöpf› durch das Sein ‹in Christus›. Die Menschwerdung Gottes in Jesus Christus hat die Menschwerdung des M. zum Ziel.

Gen 1–11; Ps 8; Röm 1–8

Menschensohn
Christus▲

Der an einigen Stellen mit M. übersetzte hebräische Ausdruck *ben-adam* bedeutet schlicht ‹Mensch›, und zwar nicht im Sinn eines Gattungs-, sondern eines Einzelwesens, manchmal mit dem Akzent auf dessen Kleinheit und Endlichkeit im Gegensatz zur Grösse und Ewigkeit Gottes; in diesem Sinn ist Gottes Anrede an den Propheten Ezechiel im gleichnamigen Buch zu verstehen. – Im Neuen Testament kommt der Ausdruck M. (griechisch *hyios tou anthropou*) fast ausschliesslich in den Evangelien vor und da einzig aus dem Mund Jesu in titularem Sinn. Möglicherweise ist die Ausgangsstelle für den neutestamentlichen Wortgebrauch eine aramäische Stelle im Buch Daniel, wo der M. vielleicht allegorisch für das Reich des Gottesvolks steht. In den Evangelien verbinden sich mit dem Titel M. drei Vorstellungen: Zum einen wird der M. am Ende der Zeit mit den Engeln Gottes erscheinen und die Erwählten sammeln; zugleich ist er derjenige, der bereits jetzt vollmächtig wirkt, aber unter den Menschen kein Zuhause hat; und schliesslich ist er der, der von den Menschen verworfen wird, der leiden, sterben und auferstehen wird.

Ez 3; Dan 7; Mt 8; Mk 2; 8; 13

Merkzeichen

in Dtn 6,8–9 gebotene ‹Zeichen›, die auf Hand und Stirn getragen (*tefillin*) und am Türpfosten des Hauses befestigt (*mesusa*) werden müssen; enthalten kurze Textausschnitte aus dem Alten Testament; Symbol, das den Träger an die Grundlagen seiner Gottesbeziehung erinnert, und für Fremde Zeichen seiner religiösen Zugehörigkeit ist

Mesopotamien

Zweistromland, wörtlich ‹Zwischenflussland›, Gebiet am Unterlauf der Flüsse Eufrat und Tigris (heute Irak, nach ‹Uruk›, der sumerischen Hauptstadt); Gebiet der frühen Hochkulturen Sumer und Akkad, Assur und Babylon

Messias
Christus▲ Gesalbter▲

Midianiter

Verband semitischer Stämme im Gebiet zwischen dem Ostufer des Golfs von Aqaba und dem Westrand der Arabischen Wüste (heute Saudiarabien und Jemen); Nomaden im Durchgangsland an der ‹Königsstrasse›, der Handelsstrasse vom Hadramaut in die ostjordanischen Staaten Edom, Moab und Ammon; bislang älteste bekannte Gruppe mit domestizierten Kamelen; sind im Alten Testament mit der Geschichte des Mose und der Offenbarung JHWHs verbunden

Moabiter

semitisches Volk im Gebiet östlich des Toten Meers (heute Jordanien); mit den westlich siedelnden Israeliten (Jakob), den südlich siedelnden Edomitern (Esau) und den nördlich siedelnden Ammonitern ethnisch und sprachlich nahe verwandt (Ammon und Moab gelten im Alten Testament als Söhne von Lot); als Staat bedeutsam während der Königszeit Israels

Moloch

Name eines Gottes; aus der Wortwurzel *mlk* für ‹König› gebildet wie die Namen des phönizischen Gottes *Melkart*, ‹König der Stadt (Tyrus)›, oder des ammonitischen Hauptgottes *Milkom*, ‹Königsgott›; der lokale Gott einer *Tofet* genannten Kultstätte im Hinnomtal bei Jerusalem, an der man ihm Kinder weihte, vermutlich aber nicht opferte

Monat

am Mond orientiertes Zeitmass des von der Sonne bestimmten Jahres, das vor dem babylonischen Exil mit dem Erntefest im September (Laubhütten) begann: von dieser Zählung in der Bibel noch die vier hebräischen Monatsnamen *Etanim* (1), *Bul* (2), *Abib* (7) und *Siw* (8); nach dem Exil Jahreswechsel im März: von dieser Zählung im Judentum bis heute die zwölf babylonischen Monatsnamen *Nisan, Ijar, Siwan, Tammus, Ab, Elul, Tischri, Marcheschwan/Cheschwan, Kislew, Tebet, Schebat, Adar*; in jedem der zwölf M. ist der Neumond ein Feiertag wie in jeder Woche der Sabbat

Morgen

Osten▲

Nacht und Tag sind die Zeiträume der Dunkelheit und des Lichts. Der M. ist zwischen beiden der heikle und entscheidende Übergang. Je höher die Sonne steigt, desto schwächer werden die dämonischen und tödlichen Kräfte der Finsternis. Die Energien des Todes schwinden, die des Lebens kehren zurück. Der Aufgang der Sonne ermöglicht jeden M. das Aufstehen der Menschen. In der Sonnenorientierung der Ägypter ist der M. die heilige Zeit und der Osten die heilige Richtung. Mit dem Morgenlied beginnt ihr Tagzeitengebet. Auch in manchen biblischen Texten kommen Gottes Erhörung und Hilfe am Morgen, eine Vorstellung, die in der Geschichte vom Leiden und Sterben Jesu mit dem Bericht von der Entdeckung des leeren Grabes am Morgen des dritten Tages aufgenommen wird. Die spätere Ausrichtung der Kirchengebäude nach Osten ist davon bestimmt.

Gen 32; Ps 46; 59; 104; Mk 16

Mose

Auszug▲ Sinai▲ Weisung▲

Die Gestalt des M. spielt in der biblischen Überlieferung eine zentrale Rolle, der historische M. aber ist in ihr kaum mehr zu fassen. Viele hundert Jahre mündlichen Erzählens und schriftlichen Tradierens haben die Aussagen des Glaubens so dominant werden lassen, dass ihre historischen Voraussetzungen kaum mehr erkennbar sind. So weitgehend die historische Bedeutung des M. damit im Dunkeln bleibt, so eindrücklich bestätigt sich darin die religiöse Bedeutung, die ihm für den Glauben Israels zukommt. – Historisch gesichert ist, dass er einen ägyptischen Namen hat, verwandt demjenigen von Ramses (*Ra-Mose*, ‹Kind des Ra›). Da es unwahrscheinlich ist, dass man der Zentralfigur des späteren Judentums im Nachhinein einen ausländischen Namen angedichtet hätte, ist anzunehmen, dass es in der Frühzeit Israels einen Mann namens M. gegeben hat, der so bedeutsam war, dass sich verschiedene Überlieferungen mit ihm verbanden. Aus demselben Grund kann man vermuten, dass die mehrfach überlieferte Heirat mit einer Ausländerin (Midianiterin, ein anderes Mal wird sie als Kuschiterin bezeichnet) einen historischen Hintergrund hat. Sicher ist auch, dass Nomaden im Fall einer Dürre immer wieder einmal ins feuchte Niltal eindrangen, dabei von Grenzbeamten registriert und in Ägypten bei Bedarf zu befristeten Fronarbeiten herangezogen wurden, darunter auch Beduinen aus dem Gebiet Edoms, die einen Gott mit Namen JHWH verehrten. Dass einigen solcher Nomadengruppen die Befreiung aus der Fron der bestens ausgerüsteten ägyptischen Grossmacht gelungen ist, hat in der Erinnerung Israels eine entscheidende Bedeutung gewonnen und die Person des M. zum Mittelpunkt literarischer Prozesse gemacht. Dabei haben sich vermutlich verschiedene Überlieferungsstränge zu einer zusammenhängenden Erzählung verbunden, die ins kollektive kulturelle Gedächtnis eingegangen ist. Dieses wird in einer Zeit wieder wach, in der der Gewinn aus der Geschichte, nämlich inzwischen ein eigenes Land erhalten und einen eigenen Staat gegründet zu haben, wieder zerrinnt: ein erstes Mal 722 v.Chr. (Untergang des Nordreichs), ein zweites Mal 587 v.Chr. (Untergang des Südreichs). Mit der Zeit werden nach diesen beiden Katastrophen alle Weisungen und Gesetze am Sinai angebunden, wo man Gott mächtig und orientierend erlebt hat, und alle Geschichten vom Werdegang des Volks in die eine grosse Geschichte der Befreiung aus Ägypten und der Führung ins gelobte Land eingegliedert. In bedrängter Zeit erinnert sich der Glaube, und indem er sich erinnert, gewinnt er Hoffnung auf einen Gott, der immer wieder befreit und Orientierung gibt. Der Mann M. wird dabei zur Mitte des Weisens und Erzählens – und dies trotz seiner Schwächen, vor allem seines Jähzorns, von dem am Beginn wie auch am Ende seines Wirkens berichtet wird.

Ex 1–19; Num 10–36; Dtn 34; Hos 2; 11; Hebr 11

murren

mehrfach wiederkehrendes Verb in Erzählungen, die von der Unzufriedenheit oder Rebellion einer Gruppe gegen einzelne Leitfiguren oder gegen Gott selbst berichten; ein Urteilen nach eigenen Ansprüchen und Erwartungen, ohne die grösseren von Gott gefügten Zusammenhänge zu erkennen; insbesondere Leitmotiv in den Erzählungen von der Wüstenwanderung

Mutter

Frau▲ Vater▲

Zwei Betrachtungsweisen können die Beurteilung der biblischen Aussagen über die Rolle der M. beeinträchtigen: der verallgemeinernde, der *alle* biblischen Familienverhältnisse patriarchal nennt, und der wertende, der *nur* von heutigen Vorstellungen von den Aufgaben von Mann und Frau ausgeht. Zu allen Zeiten hat in der Grossfamilie neben dem Vater auch die M. eine führende Rolle, doch die Familie, der die beiden vorstehen, verändert sich über die Jahrhunderte, ist zur Zeit Marias und Josefs eine andere als zur Zeit Abrahams und Saras. – Zwar bildet das ‹Haus des Vaters› das Zentrum aller familiären und gesellschaftlichen Beziehungen, doch braucht es neben dem Vater genauso die M., um das Sozialgefüge der Gesellschaft zu (re)generieren; ohne die Sicherung der Generationenfolge bräche es zusammen. Entsprechend ist Kinderlosigkeit ein ständiges Problem, Mutterschaft ein göttlicher Segen, die Einführung des Kindes ins Leben eine mütterliche Aufgabe. M. und Vater sind in der Erziehung der Kinder gleichermassen wichtig, und entsprechend verpflichtet das fünfte Gebot das erwachsene Kind zur Sorge für die alt gewordene M. wie für den alt gewordenen Vater. – Auch von Gott wird in der Bibel gelegentlich wie von einer M. gesprochen: Im prophetischen Buch Jesaja werden überraschend häufig mütterliche Bilder für die Beziehung Gottes zu seinem Volk gewählt: Gott «gebiert», «stillt», «tröstet» und «erzieht» sein Volk (Jes 49,15; 66,7–13). – Im Neuen Testament ist das Bild der Frau nie nur durch die Mutterrolle bestimmt. (Eine Ausnahme stellt 1Tim 2,15 dar.) Die Beteiligung einer Frau am Geschehen des Reichs Gottes besteht nicht in ihrer Mutterschaft, sondern in der Nachfolge Jesu (Mk 3,31–35).

Gen 2–3; 16–21; 29–30; Ex 2; 1Sam 1–2; 2Kön 4; Spr 31; Jes 7,14; 9,5; 26,17; 49,15.18–21; 60,15ff; 62,5; 66,26; Mk 3, 31–35

Myrrhe

Harz des südarabischen Balsambaumes (*commiphora abessinica*), das auf der Königsstrasse aus dem Hadramaut nach Palästina transportiert wurde; Verwendung als Parfum, zum Salben oder Räuchern

nachfolgen

folgen▲

Nächster

fremd/Fremder▲

In den Evangelien nach Markus und nach Matthäus wird erzählt, dass ein Schriftgelehrter Jesus fragte, welches Gebot das höchste sei. Jesus antwortet ihm, indem er zwei Zitate aus dem Alten Testament verbindet. Das erste, das sogenannte Sch'ma Jisrael, das Glaubensbekenntnis Israels, steht in Dtn 6,4–5: «Höre, Israel: Der HERR, unser Gott, ist der einzige HERR. Und du sollst den HERRN, deinen Gott, lieben, von ganzem Herzen, von ganzer Seele und mit deiner ganzen Kraft»; das zweite findet sich in Lev 19,18: «... du sollst deinen N. lieben wie dich selbst.» Damit sagt Jesus dem Fragenden nichts, was dieser nicht schon von sich aus gewusst hätte; nicht von ungefähr gibt in der Überlieferung der gleichen Szene nach Lukas der Fragende diese Antwort denn auch gleich selber. Entgegen einem häufig verwendeten Klischee ist die Nächstenliebe also keine ‹christliche› Erfindung, ebenso wenig ihre Verbindung mit der Gottesliebe; auch dem Judentum war die selbstverständliche Verbindung beider – wie ja die Antwort des Schriftgelehrten zeigt – durchaus geläufig. Gerade diese Selbstverständlichkeit aber wehrt der Schriftgelehrte ab, indem er sie problematisiert: «Und wer ist mein N.?» Im Gleichnis vom barmherzigen Samaritaner, mit dem Jesus diese zweite Frage aufnimmt, ist ein Samaritaner – einer also, der nicht zum eigenen Volk gehört – dem unter die Räuber Gefallenen der N. Zwar gilt auch im Alten Testament der Fremde als N. (Lev 19,34), neu und originell aber an diesem Gleichnis ist der überraschende Perspektivenwechsel, durch den der N. hier vom Objekt zum Subjekt der Wahrnehmung wird: Nicht der Hilfsbedürftige tritt in der Rolle des N. auf, sondern der, der Hilfe leistet. Die ursprüngliche Frage: Wer ist mein N.?, wird dadurch zur Frage: Wem bin ich ein N.?, und an die Stelle einer Theorie über verschiedene Abstufungen des Naheseins tritt die Aufforderung: Sei auch du ein N.!

Ex 19; 34; Dtn 6,4–5; Mt 22,34–40; Mk 12,28–34; Lk 10,25–37

Nacht
Licht▲

Die N. ist ein zwielichtiger Erfahrungsraum: positiv, was Lust und Nähe, Ruhe und Erholung betrifft, negativ, was Finsternis und Angst, wirre Träume und unliebsame Begegnungen angeht. Diese Ambivalenz macht die N. anziehend und unheimlich: Sie bietet Raum und Zeit für beides, für die Selbsterfahrung im Leben und den Selbstverlust im Tod, für die wunderbare Gottesbegegnung und die furchtbare Gottesferne. – Letzteres überwiegt im biblischen Erleben: Die Zeit, in der kein natürliches Licht zu sehen ist, wird ganz archaisch als eine Zeit des Todes wahrgenommen, umso mehr, wenn die N. mitten am Tag oder sonstwie zur Unzeit kommt. Allerlei Schrecken gehen dann um, häufig lokale Dämonen mit unübersetzbaren Namen. Lichtscheues Gesindel treibt sein Unwesen. Vorgeschöpfliches Chaos droht hereinzubrechen. Jede N. erinnert daran, dass das Chaos nur gebannt, nicht aber besiegt ist. Auch bleiben Zweifel, ob Gott in der N. erreichbar ist. Jede Variante der Finsternis macht ein Stück des chaotischen und dämonischen Todes erfahrbar. Die Lyrik der Bibel beschreibt solche Erfahrungen und Ängste variantenreich mit Todesbildern aus dem Bildfeld der Finsternis. – Die Erzählung vom Leiden und Sterben Jesu setzt diese Bilder voraus, wenn sie das Zwielicht der N. und ihr Ende zeichnet: die Enthüllung des Auslieferers beim Abendmahl, die dunklen Worte vom Leib und vom Blut beim Essen, die Ankündigung der Verleugnung «in dieser N.», die Einsamkeit in Getsemani, die Auslieferung und die Gefangennahme, schliesslich die Flucht der Jünger und die Verleugnung des Petrus. Ihren Höhepunkt aber erreicht die Erzählung mitten am Tag, da während der Agonie des Gekreuzigten «eine Finsternis über das ganze Land» kommt und Jesus im Sterben Worte aus einem Klagepsalm spricht (Ps 22). Das Zwielicht schwindet mit dem leeren Grab: Gott ist auch in der letzten Finsternis erreichbar. In tiefster Todesnacht hat er sich zum Tod seines Menschen bekannt und ihm das Leben geschenkt. Nicht die N. des Todes, sondern der Morgen der Auferstehung ist Gottes letzte Möglichkeit.

Gen 28; 32; Hiob 3; Ps 88; 139; Hld 5; 7; Mt 26–28

Name

JHWH▲

Der N. benennt nicht nur etwas oder jemanden, nach ‹magischem› Verständnis ist der Benannte und Angerufene selbst in ihm präsent. Die durch Nennung belebte Person ist mit ihrer Energie und Dynamik da, mit ihrem ganzen Wesen gegenwärtig. Namensnennung ist somit ein Akt des Ergreifens, im Umgang mit Menschen und erst recht im Umgang mit Göttern. Im Alten Testament spiegelt sich diese alte Vorstellung von der Kraft des N. sowohl im dritten der Zehn Gebote, das den Missbrauch des Gottesn. untersagt, als auch in der Warnung vor Gelübden oder im Verbot des Fluchens. Der jüdische Brauch, die Nennung des Gottesn. JHWH zu vermeiden und stattdessen beispielsweise *ha-schem*, ‹der N.›, zu sagen, hat dort seinen Grund. – Umgekehrt ist das Aussprechen des Gottesn. die ursprünglichste Form des Gebets. Als Stossgebet genügt: ‹Mein Gott!› Das Nennen und durch die Nennung das Preisen sind die sprachlichen Grundformen des Gebets. Beten ist auch in aufgeklärter Denkart eine Herbeirufung Gottes. Dabei setzt es voraus, dass der angerufene Gott seinerseits den N. des rufenden Beters kennt und sich seiner erinnert. Das Vertrauen des Betenden ruht in der Gewissheit, dass Gott seinen persönlichen N. weiss. Wenn der Täufling in der Liturgie der Taufe ‹auf den N. Gottes› getauft wird, so wird er damit der Fürsorge und dem Schutz Gottes anvertraut; und wenn es von Gott heisst, er habe den Täufling ‹beim N. gerufen›, so wird damit die Zuversicht ausgedrückt, dass Gott ihm seine Nähe geschenkt hat.

Dtn 12; Ps 22; Jes 43; Mt 6; Joh 17; Phil 2; 2Thess 1

Natan

David▲ Prophet▲ Salomo▲

N. ist einer der ersten Propheten, über den im Alten Testament berichtet wird. Er gehört zur Umgebung Davids, wird aber vor dessen Jerusalemer Zeit nicht erwähnt und taucht in dessen Beamtenlisten nicht auf. In der Episode nach dem intrigant eingefädelten Ehebruch Davids mit Batseba wird N. bereits in einer königskritischen Rolle gezeichnet, wie sie nach ihm dann für die meisten Propheten typisch ist: Mit der Parabel von den beiden Schafzüchtern überführt N. den König nicht nur, sondern lässt ihn auch selbst sein Urteil sprechen. – In der Erzählung über den Streit um Davids Thronfolge ist N. zusammen mit dem Söldnerführer Benaja, dem Priester Zadok und Salomos Mutter Batseba als Parteigänger Salomos erwähnt und wird mit dessen Erziehung, Thronbesteigung und Salbung in Verbindung gebracht. Berühmt ist N. schliesslich vor allem wegen der grossen Weissagung über den dauerhaften Bestand der davidischen Dynastie, die ihm in späterer Zeit in den Mund gelegt wurde. In dieser werden im Rückblick nicht nur David als der Kultgründer von Jerusalem, der dem alten Wanderheiligtum, der Lade, einen dauerhaften Ort gab, und Salomo als der Tempelbauer von Jerusalem, der dem neuen Israel ein identitätsbildendes Heiligtum baute, gerühmt, sondern auch N. selbst: als der Prophet, der denen Dauer verhiess, die den Namen Gottes gross machten.

2Sam 7; 12; 1Kön 1

Nation
Heiden▲ Volk▲

Nebenfrau
Frau▲

Im Alten Orient war es üblich, dass ein Mann – zumal wenn er reich oder gar ein König war – mehrere Frauen hatte. Die Möglichkeit, eine N. zu haben oder zu sein, war unter wirtschaftlichen und sozialen Gesichtspunkten interessant: Einerseits bot sie Männern einen Weg, trotz einer allfälligen Unfruchtbarkeit ihrer Hauptfrau Kinder zu bekommen, andererseits minimierte sie für Frauen das Risiko, als Unverheiratete eine gesellschaftliche und ökonomische Randexistenz führen zu müssen. Autonomie war für eine Frau ohnehin nur unter sehr speziellen Voraussetzungen (Num 26,33; 27,1–11) vorstellbar; als N. war sie zwar nicht die Herrin, hatte aber immerhin einen festen Platz in der Sippe. Neben Hagar, der N. Abrahams und Mutter Ismaels (Gen 16), sind Bilha und Silpa die bekanntesten N. aus dem Alten Testament (Gen 30); zusammen mit ihren Herrinnen Rachel und Lea gebären sie Jakob Nachkommen und werden so zu Ahnmüttern Israels.

Nebukadnezzar (II)
Babylonier▲

bedeutendster König des Neubabylonischen Reichs (605–562 v.Chr. im Amt), unter dem das Südreich Juda zerfällt, Jerusalem geschleift und die führende Schicht ins babylonische Exil deportiert wird (598/587 v.Chr.); als andere Form seines Namens findet sich im Alten Testament auch Nebukadrezzar

Nieren

im hebräischen Körperverständnis nach dem Herz das wichtigste Organ; Sitz des Empfindens und des Gewissens; Gott selbst prüft den Menschen ‹auf Herz und Nieren›

Norden

als Himmelsrichtung, in der (auf der nördlichen Erdhalbkugel) die Sonne niemals steht, in poetischen und bildhaften Texten die dunkle Seite des Lebens, eine Gegend des Todes; in prophetischer Tradition die Richtung, aus der der Feind kommt (Jeremia); Name des Gottesbergs *Zafon* (hebräisch für ‹Norden›), auf dem der kanaanäische Gott Baal thront, ein Berg an der Mittelmeerküste im N. des heutigen Syrien; im Alten Testaments wird vom Berg Zion als dem wahren Gottesberg gesagt, er liege im äussersten Norden (Ps 48)

Obergemach

besonderer Raum, in der Regel einfache Hütte aus Reisig oder Söller mit Wänden aus Lehm auf dem flachen Dach des einstöckigen Hauses; zugänglich über eine Leiter oder Treppe; wie das Flachdach ein beliebter Aufenthaltsort, auch zum Schlafen

Obergewand

ärmelloser, mantelartiger Überwurf aus zwei oben und seitlich zusammengenähten Stoffbahnen mit Durchschlupf für Kopf und Arme, Ränder mit Borten gesäumt; sowohl im Alltag als auch im Kult verwendet; beim Hohen Priester mit Glöckchen am Saum

Offenbarung

Der später theologisch so zentrale Begriff O. hat in der Bibel zunächst eine ganz untheologische Bedeutung, die aber für das theologische Verständnis von O. bedeutsam ist. Im Hebräischen steht hinter dem Wort O. ein Verb (*niglah*), das ‹aufdecken› bedeutet. Es wird vor allem in Bezug auf Menschen gebraucht, aber auch in Bezug auf Gott. Auch Gott deckt sich auf, wenn er sich offenbart. Dabei geht die freiwillige Selbstaussage bei den Propheten oft mit einer politischen Kampfansage einher, die Bereitschaft Gottes, sich freiwillig zu zeigen, mit dem Auftrag an die Propheten, etwas Unangenehmes aufzudecken. Gott legt den Propheten seinen Willen offen, damit sie dem Volk bestimmte Zusammenhänge aufdecken. Der Vorgang und der Inhalt der O. Gottes treffen dabei in seinem Wort zusammen. Diese Doppelfunktion des Wortes, offenbarende Aussage über Gott zu sein und zugleich offen legende Ansage Gottes an die Welt, führt dazu, dass auch andere verbale Äusserungen als O. Gottes verstanden werden, so vor allem die Tora, die Gabe der Weisung an Mose: In der O. am Sinai gibt Gott die Weisung als sein Wort an Israel. Die Sinai-Überlieferung macht auf zwei weitere Bereiche aufmerksam, die im alttestamentlichen Verständnis von O. eine Rolle spielen: die Natur, in deren Unwettergetöse und Vulkantätigkeit Gott erkannt wird, und die Geschichte, die nun von der Prophetie aus zurück bis zum Sinai und von dort noch weiter zurück bis zu Abraham und Sara als ein fortlaufendes Sichzeigen Gottes erkannt und dargestellt wird. – Im Neuen Testament ist mit O. in erster Linie die Selbstbekundung Gottes in Jesus Christus bezeichnet: Sein Leiden, Sterben und Auferstehen, seine Lehre und seine Wundertaten, seine Selbstbezeugungen in der Gemeinde sind O. Gottes. Im Verständnis des christlichen Glaubens hat sich in Jesus Christus Gott selbst gezeigt und denen, die glauben, ein für alle Mal sein Wesen und seinen Willen aufgedeckt. – Das griechische Wort *apokalyptein* für ‹enthüllen› bzw. ‹aufdecken› liefert die Fachbegriffe ‹Apokalypse› und ‹Apokalyptik›. Apokalypsen werden Texte genannt, die sich mit den ‹letzten Dingen›, der Deutung des Weltlaufs und der Enthüllung des Weltendes, befassen. Im Alten Testament finden sich solche Textpassagen in Ez 38–39, Jes 24–27 und im Buch Daniel. Im Neuen Testament gehört die O. des Johannes zu dieser literarischen Gattung. Als Apokalyptik wird die entsprechende geistige Strömung bezeichnet, die sich in der einen oder anderen Form in beinahe allen Religionen findet.

Ex 19–34; Lev 18; 20; 1Sam 2–3; Ps 29; Am 3; Mk 9; 13; Joh 1; 1Kor 2

Öl

in der Bibel immer Ö. vom Olivenbaum (Ölbaum); Grundnahrungsmittel, daneben auch in der Kosmetik, in der Medizin und als brennbare Substanz in Lampen verwendet; im Alltag wichtig als Steuerabgabe,

Speiseopfer und Salbmittel; symbolisch bedeutsam bei der Salbung des Königs, der für Frieden zu sorgen hat; davon herkommend das Friedenssymbol des Ölzweigs

Opfer

Altar▲ darbringen▲ Priester▲ Sühne▲

Wie das Gebet ist auch das O. eine Grundform religiöser Äusserungen, die in den meisten Religionen bekannt ist. Auch in Israel hat man bis zur Zerstörung des Jerusalemer Tempels durch die Römer im Jahr 70 n.Chr. regelmässig geopfert. O. dienen in der Regel dazu, sich die Gottheit gewogen zu machen, wobei dieser Wunsch meist angesichts einer lebensgefährlichen Situation akut wird, die entweder noch bevorsteht oder bereits zurückliegt. Im ersten Fall geht es darum, die Gottheit an unheilvollem Handeln zu hindern (abwehrendes O.) oder zu heilvollem Handeln zu bewegen (beschenkendes O.), im zweiten Fall geht es darum, für ein Vergehen Sühne zu leisten (sühnendes O.) oder für eine Bewahrung zu danken (Danko.). Diese vier Typen des O. finden vielfältige Ausdrucksformen. Als opferndes Subjekt kommen Einzelne oder Gruppen, die Betroffenen selbst oder stellvertretend Priester in Frage, als geopfertes Objekt pflanzliche oder tierische Stoffe, ganz oder in Teilen. Für das Ritual des Opferns gibt es besondere oder festgelegte Zeiten und Orte, verschiedene Ausführungen wie Ausschütten oder Verbrennen, für jeden konkreten Fall aber genaue rituelle Vorschriften. Menscheno. sind für Israel nicht nachgewiesen. – In den priesterlich geprägten Texten des Alten Testaments werden die Möglichkeit, O. darzubringen, und die Anweisungen, wie diese O. zu vollziehen sind, als gnädiges Entgegenkommen Gottes verstanden: Mit dieser Einrichtung ermöglicht es Gott den Israeliten, Sühne zu leisten – die er dann annimmt – und sich dadurch ihrer Sünden zu entledigen. Dank der O. kann Israel ein gottgewolltes Leben führen. Bedeutend kritischer wird die Opferpraxis in manchen prophetischen und weisheitlichen Texten beurteilt, insbesondere dann, wenn sie zum religiösen Leerlauf wird und soziale Ungerechtigkeit kaschiert: «Gerechtigkeit und Recht zu üben, gefällt dem HERRN besser als O.» (Spr 21,3). – Im Neuen Testament wird an einigen Stellen der Tod Jesu als O. gedeutet. Wie vor allem der Brief an die Hebräer betont, gibt sich Christus in diesem O. ein für alle Mal hin und macht damit jedes weitere O. überflüssig. An diese Lebenshingabe Jesu wird auf besondere Weise in der Feier des Abendmahls erinnert.

Gen 22; Lev 1–7; 16; Dtn 12; 26; 1Sam 2; Jes 52–53; Am 5; Mk 14; Hebr 9–10

Osten

Licht▲

Das Weltbild ist zu biblischen Zeiten und noch lange danach nicht nach Norden ausgerichtet, sondern ‹orientiert›: auf den Orient ausgerichtet, die Himmelsrichtung der aufgehenden Sonne (lateinisch *solis orientis*). Im O., so dachte man, geht dem Menschen über das natürliche Licht hinaus Wesentliches und Entscheidendes auf; im O. gibt es ‹Orientierung› und Erleuchtung. Der O. hat deshalb eine hohe mythische und symbolische Bedeutung: Im O. liegt in manchen Traditionen der

Garten Eden, das Paradies. Aus dem O. kommen die Ureltern Abraham und Sara. Im O. liegt aber auch Babylon, das Land des Exils. Doch gelingt es dem Alten Testament, auch diesen Aspekt des O. theologisch so zu bedenken, dass Neues aus ihm hervorgeht: Nach O., in Richtung der Exilierten, verlässt in der Vision Ezechiels die ‹Herrlichkeit Gottes› den Jerusalemer Tempel, um nach der Zeit des Exils von dorther wieder in ihn zurückzukehren. Entsprechend kommt dem Osttor in der Stadtmauer Jerusalems bis heute eine hohe Bedeutung zu. Aus dem O. kommen auch die drei Weisen, die dem Stern nach Betlehem folgen.

Gen 2; Ps 50; 113; Jes 45; Ez 8–11; 42–43; Mt 2; Offb 21

Paradies
Eden▲

Lehnwort aus dem Persischen; in der Bedeutung ‹Umwallung›, ‹umfriedeter Park› speziell die Domäne des persischen Königs; in der griechischen Übersetzung der Schöpfungsgeschichte für den ‹Garten Eden› verwendet; in der Bibel kein Begriff von theologischer Bedeutung

Passa
Auszug▲ Mahl▲

In neutestamentlicher Zeit ist das P. das Hauptfest der Juden, das alljährlich zur Erinnerung an das letzte Essen unmittelbar vor dem Auszug aus Ägypten gefeiert wird; eigentlich handelt es sich um die Zusammenlegung zweier Feste, des älteren *päsach* – im Gedenken an den Auszug und mit Schlachtung eines jährigen Böckchens – und des jüngeren *mazzot* – einer Wallfahrt nach Jerusalem, bei der während sieben Tagen ungesäuertes Brot gegessen wird. Ursprünglich waren die beiden Feste zeitgleich, aber unverbunden: das Opferritual der Nomaden vor ihrem Weidewechsel (*päsach*) und das Dankritual sesshafter Bauern nach der Ernte (*mazzot*); beide wurden später zusammengelegt und durch Bindung an den Auszug historisiert; das P. wird im ersten Monat des im Frühling beginnenden Jahres gefeiert. Dass Gefangennahme und Kreuzigung Jesu sich während des Passafests ereignen, hat das frühe Christentum theologisch gedeutet: In den synoptischen Evangelien ist das letzte Mahl, das Jesus mit seinen Jüngern isst, ein Passamahl; im Evangelium nach Johannes dagegen wird Jesus gekreuzigt, während die Passalämmer geschlachtet werden, und kann so als das wahre Passalamm verstanden werden. P. und Ostern gehören dadurch theologisch wie terminlich eng zusammen, obwohl die Berechnung der Termine unterschiedlich vorgenommen wird.

Paulus
Petrus▲

P. ist diejenige Person des frühen Christentums, über die wir am besten informiert sind. Neben sieben Briefen (resp. Briefsammlungen) aus seiner Hand (Röm, 1Kor, 2Kor, Gal, Phil, 1Thess und Phlm) besitzen wir die Darstellung der Apostelgeschichte, die einen grösseren Teil seines Lebens nachzeichnet. Zusätzlich sind im neutestamentlichen Kanon sechs Briefe überliefert (Eph, Kol, 2Thess, 1Tim, 2Tim und Tit), die ein bis zwei Generationen nach P. in seinem Namen abgefasst wurden und von der Nachwirkung seiner Theologie in den Jahren 80–100 n.Chr. Zeugnis geben. – Geboren und aufgewachsen ist P. in der kilikischen Provinzhauptstadt Tarsus (bei Adana). Seine Familie gehört zur gebildeten und besitzenden Mittelschicht. Er lernt den Beruf des Zeltmachers, der ihn wirtschaftlich unabhängig macht. P. besitzt das römische Bürgerrecht, spricht Griechisch und bewegt sich wie ein moderner Stadtbewohner in der hellenistischen Welt. Als junger Mann geht er nach Jerusalem und studiert vermutlich beim bekannten Rabbi Gamaliel die Weisungen (Tora) der Tradition; er gehört zur gemässigten Gruppierung der Pharisäer. Den Kampf gegen liberale Strömungen in der griechischsprachigen Judengemeinde, zu der er gehört, macht er zu seiner persönlichen Mission. In dieser Lebenssituation erfährt er auf einer Reise nach Damaskus seine Berufung (32/33 n.Chr.), die als das sogenannte ‹Damaskuserlebnis› sprichwörtlich geworden ist, eine Umkehr, die Lukas mit Elementen aus prophetischen Berufungsberichten schildert. Gedanklich hat die biografische Wende drei weitreichende Folgen: P. versteht erstens den jüngst gekreuzigten Jesus als den längst verheissenen Gesalbten, den Messias der Juden und Christus der Christen. Er folgt damit der Schriftauslegung und Verkündigung der christlichen Gemeinde in Antiochia, in deren Dienst er tritt. Sich selbst versteht er zweitens als Gesandten, als Apostel der Völker, der die christliche Botschaft im Römischen Reich verkündigt. Seine ausgedehnten Reisen (ab 48/49) führen ihn von Antiochia aus bis in die antiken Metropolen Ephesus und Korinth. Das Kreuz Jesu entdeckt er drittens als Dreh- und Angelpunkt eines neuen Gottes- und Weltverständnisses: In der Auseinandersetzung mit der Gemeinde in Korinth (und den Gemeinden in Galatien) entwickelt er seine Kreuzestheologie, im brieflichen Gespräch mit der ihm persönlich nicht bekannten Gemeinde in Rom seine Rechtfertigungslehre. In dieser versteht er die Tora als eine Lebensordnung, die vom Christusereignis her zu deuten ist und in dessen Licht ihren angemessenen Platz findet. Seine Haltung zu Frauen steht in der Spannung von antikem Schicklichkeitsgefühl und christlich-eschatologischem Aufbruch; so sehr manche seiner Aussagen von Ersterem bestimmt sind, kann ihm zumindest theologisch keine Abwertung der Frau vorgehalten werden. – Für den letzten Abschnitt seiner Wirkungszeit sind wir ganz auf den Bericht der Apostelgeschichte angewiesen: Als P. der Jerusalemer Urgemeinde eine Kollekte seiner Missionsgemeinden überbringen will, kommt es zu Tumulten, in deren Folge er wegen Aufruhrs verhaftet, in Cäsarea gefangen gehalten und schliesslich nach Rom überführt wird (Ende der fünfziger Jahre), weil er aufgrund seines römischen Bürgerrechts an den Kaiser appelliert hat. Nach zwei Jahren Arrest ist er dort wohl – so die Vermutung, die sich aus späteren Überlieferungen gewinnen lässt – enthauptet worden.

Apg 8–28; Röm; 1Kor; 2Kor; Gal; Phil; 1Thess; Phlm

Perser
Darius (I)▲ Kyros (II)▲

indogermanisches Volk im überwiegend gebirgigen Gebiet nördlich des Persischen Golfs (heute Iran); historisch bedeutend zwischen der

Thronbesteigung des Persers Kyros (559 v.Chr.) und dem Sieg des Makedonen Alexander (333/331 v.Chr.); Gründer des ersten alle bekannten Weltteile umfassenden Imperiums der Geschichte; lösen die babylonische Oberherrschaft über Palästina ab und machen dieses zu einem Teil der fünften Satrapie ‹Jenseits des Stroms› (Eufrat); Verfechter einer strengen Ordnungspolitik mit vier Hauptstädten (Persepolis, Susa/Schuschan, Ekbatana, Babylon) und 20 (später 28) Satrapien (Provinzen) und zugleich einer toleranten Provinzpolitik, die den unterworfenen Nationen ein hohes Mass an religiöser und kultureller Eigenständigkeit erlaubt

Petrus
Paulus▲

Im Neuen Testament gibt es vier Überlieferungsstränge, in denen die Gestalt des P. eine Rolle spielt: die synoptischen Evangelien, das Evangelium nach Johannes, die Apostelgeschichte und die Paulusbriefe. Die vier verschiedenen Traditionen zeichnen unterschiedliche Petrusbilder, von denen das wirkungsgeschichtlich bedeutendste dasjenige der synoptischen Evangelien ist. Nicht zu den Quellen zu rechnen sind die beiden ‹Briefe des P.›, die von ganz anderen Verfassern geschrieben sind. – Die synoptischen Evangelien zeichnen ein positives Bild von Simon P., ohne jedoch seine Schwächen zu verdecken: P. ist der ideale Jünger, der gehorsam in die Nachfolge tritt und als Erster in Jesus den Messias erkennt, und er ist der typische Versager, der in Getsemani schläft und nach der Verhaftung Jesu behauptet, ihn nicht gekannt zu haben. Er ist Fischer am See Gennesaret, verheiratet, und wohnt mit seiner Familie in Kafarnaum. Jesus ruft ihn als ersten Jünger, zusammen mit seinem Bruder Andreas, in die Nachfolge. Mit weiteren Jüngern teilt er das unstete Leben Jesu und zieht mit ihm nach Jerusalem hinauf. Nach Jesu Tod erscheint der Auferstandene ihm als Erstem (so das Evangelium nach Lukas). Für seine besondere Rolle im Jüngerkreis ehren ihn die beiden nachhaltig wirksamen Bilder des Evangelisten Matthäus: das Felsenwort (mit der Anspielung auf seinen Namen, eigentlich seinen Beinamen: Kefas/P., deutsch ‹Fels›), das seine Bedeutung für die Kirche zum Ausdruck bringt (Mt 16,18), und das Schlüsselwort, das seine Verkündigung autorisiert (Mt 16,19). So wird P. zum Urbild des Apostels. – Das Evangelium nach Johannes zeichnet ein anderes Bild: P. wird nicht als erster Jünger berufen, sondern von seinem schon berufenen Bruder Andreas zu Jesus geführt. P. bleibt, ausserhalb der Rolle desjenigen, der das Christusbekenntnis der Jünger nach der Brotrede formuliert, bis zum Passionsgeschehen im Hintergrund. In diesem nimmt er zwar die von den synoptischen Evangelien her bekannte Rolle ein, steht aber im Schatten des Lieblingsjüngers. So erreicht er auch im Wettlauf mit diesem nur als zweiter das Grab Jesu und kommt, anders als jener, angesichts des leeren Grabes nicht zum Glauben. – Aus der Darstellung der Apostelgeschichte und verstreuten Notizen in den Paulusbriefen lassen sich Umrisse des Lebens von P. nach der Auferstehung Jesu zeichnen. P. wurde offenbar sehr bald zum Sprecher der Jerusalemer Urgemeinde. Als solcher dürfte er verschiedene kleinere Reisen unternommen haben. Zur Zeit des Apostelkonvents (48/49 n.Chr.) galt er neben Jakobus, dem Bruder Jesu, und Johannes, dem Sohn des Zebedäus, als eine der ‹drei Säulen› (Gal 2,9). In Antiochia, wo es wenig später zwischen Gemeindegliedern und Gästen aus Jerusalem zum Konflikt kam über der Frage, ob Judenchristen und Heidenchristen gemeinsam essen dürfen, neigte P. zu Kompromissen. Paulus machte ihm deshalb schwere Vorwürfe und wandte sich von ihm ab. Der Erste Brief an die Korinther lässt aber vermuten, dass sich das Verhältnis der beiden in den folgenden Jahren wieder versöhnlicher gestaltet hat. Die Spuren von P. verlieren sich danach; weitere Missionsreisen haben ihn wohl nach Rom geführt, wo er wahrscheinlich unter Kaiser Nero um 64 n.Chr. hingerichtet wurde.

Mt 16; Mk 1; 3; 8; 14–15; Lk 24; Joh 1; 6; 13; 18–20; 21; Apg 1–5; 10–12; 15; 1Kor 1; 9; 15; Gal 1–2

Pfingsten
Geist▲

nach Ostern und Weihnachten wichtigstes christliches Fest, dessen Name sich von griechisch *pentekoste (hemera)* ‹der fünfzigste (Tag)› herleitet, da es am fünfzigsten Tag nach Ostern gefeiert wird; Tag der Begabung der Apostel mit dem heiligen Geist, die laut Apg 2,1 am jüdischen Schawuotfest geschah

Pharao
Ägypter/Ägypten▲

Titel des ägyptischen Königs (wörtlich ‹grosses Haus›, Anspielung auf die königliche Hofhaltung), im Hebräischen meist wie ein Eigenname gebraucht

Pharisäer
Sadduzäer▲ Zeloten▲

Die religiöse und politische Meinungsbildung im Judentum der Zeit Jesu war von vier Gruppierungen bestimmt: den ‹nationalliberalen› Sadduzäern, den ‹radikalen› Zeloten und, zwischen ihnen als bedeutendster Gruppe, den ‹gemässigt konservativen› P. Die vierte Gruppierung, die orthodoxen Essener, die sich nach Qumran am Nordufer des Toten Meeres zurückgezogen hatten, wo sie in einer klösterlichen Gemeinschaft lebten, ist in der Bibel nicht erwähnt. – Die aramäische Bezeichnung *perishajja* geht auf die hebräische Wortwurzel *prsh* zurück, die ‹absondern› bedeutet; sie dürfte das Selbstverständnis der P. treffen: Als die Lebensart des Hellenismus nach dem anti-hellenistischen Makkabäeraufstand (167–164 v.Chr.) selbst unter massgeblichen jüdischen Kreisen wieder an Einfluss gewinnt, distanzieren sich die P. entschieden von jeglichen hellenistischen Modernismen durch Festhalten an den Traditionen der Vorfahren und strenge Beachtung der Gebote. Der Schutz des Eigenen vor Überfremdung ist ihre Mission. Jesus ist im Gespräch mit ihnen, kritisiert aber ihre Tora-Auslegung. So scheint es, als seien sie seine grössten Gegner gewesen, doch standen sie ihm von den erwähnten jüdischen Gruppierungen theologisch wohl am nächsten. Ihr sprichwörtlich gewordener schlechter Ruf ist historisch kaum gerechtfertigt. Zumindest zeigen die Schriften der Essener, in denen ihnen eine unverzeihliche Nachlässigkeit den Forderungen der Tora gegenüber vorgeworfen wird, dass ihre Gesetzesbefolgung nicht derart rigide gewesen sein kann, wie es im Neuen Testament geschildert wird. – Als einzige der jüdischen Religionsparteien überstehen die P. die Zerstörung des Tempels im Jahr 70 n.Chr. Die nachbiblische Gelehrsamkeit der jüdischen Rabbinen wurzelt wohl in der pharisäischen Tradition, die das Judentum über die Zerstörung Jerusalems und die Zerstreuung der jüdischen Bevölkerung in alle Welt hinaus zu prägen vermochte.

Mt 23; Mk 2; 7; Lk 11; Apg 23

Philister

semitische Bevölkerung der Küstenebene Palästinas; organisiert in der *Pentapolis*, den fünf Städten Gaza, Aschkelon, Aschdod, Ekron und Gat; vielleicht im Zug der Seevölker-Migration aus der Ägäis oder von Zypern her eingewandert; im Handel erfolgreich; als Bund von Stadtfürsten stets bedrohlich für Israel; namenprägend für die geographische Bezeichnung *Palästina*

Pilatus

fünfter Statthalter der römischen Provinz Judäa, einer Inschrift in Cäsarea zufolge mit dem Titel eines *praefectus Iudaeae*; etwa 19–37 n.Chr. im Amt; im Prozess Jesu der Vertreter der römischen Obrigkeit; in den Evangelien als wankelmütiger Regent, vom jüdischen Philosophen Philo als grausamer und korrupter Tyrann gezeichnet

Posaune

eigentlich ein Krummhorn, hebräisch *schofar*; Blasinstrument aus dem gewundenen Horn eines ausgewachsenen Widders; verwendet für Signale im Verlauf einer Schlacht, beim Erscheinen Gottes oder des Königs, bei Prozessionen, Feiertagen und Festen

preisen

beten▲ Psalm▲

Mehrere hebräische und griechische Verben werden mit p. übersetzt. Die einen stammen aus dem Bereich der Weisheit und der Schule, die anderen aus dem Bereich der Kultlyrik und des Gottesdienstes. In der Weisheit wird gerechten und frommen Menschen, die sich durch gesetzestreues Verhalten auszeichnen, Wohlergehen zugesagt. Diese Art des P. ist in der hebräischen *aschre*-Formel (‹Wohl dem, der …›) und im griechischen Makarismus (‹Selig, die …›) noch hörbar. Kinder und Schüler lernen durch solche standardisierten Seligpreisungen, welche Lebensart mit Leben rechnen darf, im Wehwort hingegen, dem Gegenstück zum Makarismus, auf welcher Lebensart der Fluch des Todes liegt (‹Wehe dem, der…›). In der Kultlyrik dagegen liegt dem P. eine persönliche Erfahrung zugrunde: Ein Mensch hat angesichts einer Situation, in der er ohnmächtig war, Gott aber zu seinen Gunsten gehandelt hat, guten Grund, Gott zu danken. Dies tut er im Gottesdienst mit einem Psalm, der seiner Erfahrung eine geprägte Sprache verleiht. Dann stimmt er in den Lobpreis der Gemeinde ein. Vom hebräischen Verb *hallel*, das für solches Einstimmen gebraucht werden kann, bleibt die Formel *hallelu-jah* üblicherweise unübersetzt. Ein anderes hebräisches

Wort, das in Bezug auf Gott mit p. wiedergegeben werden kann, ist *berach*, das in Bezug auf Menschen mit ‹segnen› übersetzt wird.

Ps 22; 30; Spr 31; Mal 3; Mt 5; Lk 2

Priester

Aaron▲ Hoher Priester▲ Leviten▲ Opfer▲ rein▲

Der P. ist eine Person, die im Kult zwischen Gott und Menschen vermittelt. Im alten Israel ist er mit dem Opferwesen betraut, für die Unterscheidung von rein und unrein, heilig und profan zuständig, erteilt dem Volk ‹Weisungen› in Form von Kultbescheiden JHWHS, und übernimmt gewisse Fälle der Rechtsprechung. Sein Spezialwissen über den Umgang mit der Gottheit hebt ihn von seiner Umgebung ab; er geniesst Privilegien und übt Macht aus. Seine Einkünfte bestehen aus Naturalleistungen, dem Zehnten und auch der Nutzung von Opfergaben. Das Priesteramt ist im Alten Testament erblich; P. wird, wer aufgrund seiner Abstammung von Aaron und seinen drei Söhnen dazu bestimmt ist. Das ständische Privileg ist aber dauerhaft strittig unter einflussreichen städtischen Familiendynastien: In z.T. widersprüchlichen Aussagen werden im Alten Testament neben den Aaroniden auch die Leviten und die Zadokiden als diejenigen beschrieben, die mit den priesterlichen Aufgaben betraut waren. Später wurde versucht, Ordnung in das geschichtlich gewachsene Durcheinander zu bringen: Die Ansprüche der Zadokiden wurden dadurch legitimiert, dass ihr Urahn Zadok, einer der beiden P. Davids, in die Genealogie Aarons integriert wurde; die Leviten wurden zum niedrigen Klerus degradiert. Die Kult- und Sozialkritik der Propheten spiegelt die ständisch bedingten Spannungen. Am Zweiten Tempel kommt es zu einer neuen Spitze der Hierarchie und faktisch zu einer Theokratie: Der Hohe P., dessen Amt möglicherweise erst in dieser Zeit entsteht, füllt als Gesalbter das Machtvakuum, das mit dem Ende des Königtums entstanden ist. – Zur Zeit Jesu gehören die P. zur *classe politique* mit allen Privilegien und Machtansprüchen. Mit ihrer Beteiligung vermutlich wird Jesus wegen seiner Kritik am Tempel verhaftet. Im Neuen Testament wird die Idee des Priestertums – wo sie überhaupt aufgenommen wird – in Richtung des Gedankens modifiziert, dass jeder und jede mit der ihm oder ihr geschenkten Gabe dienend für die Gesamtheit der Gemeinde eintritt – damit ist der Gedanke des allgemeinen Priestertums aller Gläubigen vorbereitet.

Gen 22; Ex 25–32; Lev 8–9; Num 4; Dtn 18; Hos 4; Ez 44; 1Petr; Offb

Prophet

Elija▲ Jeremia▲ Natan▲

Prophetie ist ein Phänomen, das in vielen Religionen bekannt ist, seine alttestamentliche Ausprägung aber ist einmalig. Über die Anfänge der alttestamentlichen Prophetie weiss man nur wenig: Ohne Namen erwähnte P.en treten teilweise in Gruppen auf und bedienen sich der weltweit üblichen Mittel religiöser Magie. Sie erteilen Orakel in Trance, lesen Vorzeichen aus Eingeweiden und haben Träume in rauschhafter Ekstase. In der Darstellung des Alten Testaments entwickelt sich seit der Zeit Samuels aus diesem altorientalischen Phänomen heraus nach und nach der Einzelp. als profilierte Persönlichkeit. Die rund 400-jährige Epoche der eigentlichen israelitischen Prophetie lässt sich in mehrere Phasen gliedern: Am Anfang steht die sogenannt buchlose Prophetie mit Natan, Gad, Achija von Schilo, Jehu ben Chanani, Elija, Micha ben Jimla, Elischa und auch einigen Frauen mit prophetischem Auftrag wie namentlich Chulda (10./9. Jahrhundert v.Chr.), P. also, von denen nur Einzelworte, nicht aber ganze nach ihnen benannte Bücher überliefert sind; es folgen der Beginn der Schriftprophetie mit Amos, Hosea, Jesaja und Micha (8. Jahrhundert), dann die spätvorexilische Prophetie mit Nahum, Habakuk, Zefanja, Obadja und Jeremia (7./6. Jahrhundert) und schliesslich die exilisch-nachexilische Prophetie mit Ezechiel, Deuterojesaja, Haggai und Sacharja (6. Jahrhundert). – Die meisten dieser P. sind Personen, die mit individuellem Namen und charakteristischen Zügen als Persönlichkeiten fassbar sind. Sie treten vor die Eliten und geisseln sie öffentlich, weil sie sich nicht mehr auf Gottes Führung und Leitung verlassen, sondern Kompromisse eingehen, die im Religiösen zur Duldung fremder Kulte, im Sozialen zur Protektion von Partikularinteressen und im Politischen zum Lavieren zwischen Zweckbündnissen führen. Die P. verstehen sich als von Gott berufen und treten weitgehend hinter ihre Botschaft zurück. Diese inszenieren und profilieren sie unter Aufnahme von Sprachformen aus verschiedenen Lebensbereichen: der Schule, des Gottesdienstes, des Rechtswesen, der Werbung, des Alltags. – Die Bücher der P. haben eine Geschichte, die sich z.T. von ihren ursprünglichen Verfassern gelöst hat: Fast alle Texte sind von anderen, späteren Autoren, weitergeschrieben und aktualisiert worden. Ab etwa 520 werden die prophetischen Sprachformen immer stärker zu literarischen Mitteln. Eine Kunstprophetie entsteht, deren Autoren wohl nicht mehr auftreten, dafür umso mehr durch ihre Literatur wirken. Dies gilt mit grosser Wahrscheinlichkeit auch für ganze Bücher wie Joel, Jona und Maleachi. Im Buch Sacharja schliesslich wird das zeitliche Ende der Prophetie verkündet: Wer von nun an als P. auftritt, tut dies ohne göttliche Legitimation. – Das frühe Christentum ist nach der Darstellung des Lukas davon überzeugt, dass der im Buch Joel verheissene Geist auf die Glaubenden ausgegossen ist und sie zu prophetischer Tätigkeit ermächtigt (Apg 2,17–18). So findet sich in den paulinischen Gemeinden die Gabe der Prophetie ganz selbstverständlich neben anderen Gaben. Einen Eindruck von der Lebhaftigkeit und Spontaneität dieses Phänomens vermittelt eine Bemerkung des Paulus, worin er die Gemeindeglieder in Korinth ermahnt, darauf zu achten, dass jeweils nur *eine* Person prophetisch redet und nicht alle mit- und durcheinander sprechen. Die Prophetie erscheint im Neuen Testament in zwei Ausprägungen: Es gibt den P., der Zukünftiges weissagt, so etwa Agabus, der eine grosse Hungersnot vorhersagt (Apg 11,28); in diesem Sinn ist das Buch der Offenbarung des Johannes zu einem grossen Teil als Prophetie zu verstehen. Und es gibt den P., der kompromisslos und uneigennützig seine Gegenwart analysiert und seinen Zuhörern auf den Kopf zusagt, ‹was Sache ist›. Er sieht, was andere nicht sehen wollen: welchen Wert eine Handlung, eine Verhaltensweise oder das Verhalten einer ganzen Gemeinschaft in den Augen Gottes hat. In diesem Sinn schätzt Paulus die Prophetie höher ein als die Zungenrede, die (nur) der Erbauung des Einzelnen dient.

Dtn 18; 1Kön 11; 17–19; Jer 1; 7; 26; Ez 1–3; Joel 3; Sach 13; Apg 2; 11; 1Kor 12; 14; Offb 4–22

Psalm

beten▲ danken▲ klagen▲ preisen▲

Sammelbegriff für verschiedene Gebete in poetischer Form, in denen ein Mensch allein oder mit der Gemeinde zu Gott redet; zunächst von professionellen Tempelsängern als gottesdienstlicher Text zu kultischem Gebrauch, später auch als Kunstgedicht zur individuellen Reflexion verfasst; Klagelied, Danklied und Hymnus sind seine Grundformen; Weisheitslied und Themenlied (König, Schöpfung, Geschichte, Wallfahrt) seine Sonderformen; gesammelt im Psalter, belegt aber auch in vielen anderen Büchern beider Testamente; in 1Sam 2 und Lk 1,46–55 auch als Lieder von Frauen überliefert

Purpur

kostbarer, dunkelvioletter Farbstoff, der im Umkreis der Ägais und der Levante (insbesondere von den Phöniziern) aus den Drüsen der Purpurschnecke (*murex brandaris* oder *trunculus*) gewonnen wurde; eingesetzt zum Färben von Stoffen, so der Vorhänge in Stiftshütte und Tempel sowie der Priesterkleidung; im Neuen Testament im Zusammenhang mit der offenbar einflussreichen Purpurhändlerin Lydia aus Thyatira erwähnt (Apg 16,14)

Rabbi

von hebräisch *rab* für ‹gross›; im Neuen Testament die höfliche Anrede von Respektspersonen im Sinn von ‹mein Meister›, ‹mein Herr› (als jüdisch-eigenes Gegenstück zum griechischen *kyrie*); in der Spätantike theologischer Lehrer und Angehöriger einer der zahlreichen rabbinischen Schulen, denen das Judentum seit 70 n.Chr. (Zerstörung des Tempels) seine religiöse und theologische Literatur wie Mischna, Tosefta, Talmud und Midrasch verdankt; im modernen Judentum Mitglied des Rabbinats, einer (in Israel staatlich anerkannten) Institution mit oberster religiöser Autorität für jüdische Forschung, Lehre und Religionsausübung; Amt, das in der Regel Männern vorbehalten ist, heute in einzelnen liberalen jüdischen Gemeinden aber auch von Frauen ausgeübt wird

Rache

Feind▲ Gericht▲

Nicht selten begegnet man im oberflächlichen religiösen Diskurs der Auffassung, der ‹Gott des Alten Testaments› sei ein Gott der R., und häufig wird als Beleg dieser Sicht das Wort «Auge um Auge, Zahn um Zahn» gleichsam als Motto der alttestamentlichen Botschaft zitiert. Dieses Wort ist aber keine Aufforderung, sich zu rächen, sondern eine Rechtssatzung, die gerade der Einschränkung der weit verbreiteten und oft ins Masslose ausartenden Selbstjustiz dienen soll: Die Strafe darf den angerichteten Schaden nicht übertreffen, gelten soll deshalb *nur* «Auge für Auge, Zahn für Zahn» (Ex 21,23–25). Später wird diese Einschränkung noch verschärft: «Du sollst nicht R. üben an den Angehörigen deines Volks und ihnen nichts nachtragen, sondern du sollst deinen Nächsten lieben wie dich selbst» (Lev 19,18). Verurteilt wird die Selbstjustiz auch, weil sie heimlich geschieht und sich nicht von der Volksgemeinschaft verantwortet weiss, vor allem aber, weil die R. eine Sache ist, die Gott vorbehalten ist (Dtn 32,39–43). In diesem Sinn verschärft Jesus das Verbot, sich zu rächen, mit seiner Forderung, dem Bösen keinen Widerstand zu leisten und dem Gewalttäter die andere Backe hinzuhalten (Mt 5,38–39); in diesem Sinn mahnt auch Paulus in Röm 12,17–19 mit einem freien Zitat von Dtn 32,35 die Christusgläubigen, nicht Böses mit Bösem zu vergelten, sondern dem Zorn Gottes Raum zu geben: «Mein ist die Rache, ich werde Vergeltung üben, spricht der Herr.» (Röm 12,19). – In den Psalmen und bei den Propheten ist wiederholt von einem ‹Tag der R.› die Rede, der leidenschaftlich herbeigesehnt wird. Das mag befremden. Doch wie es zur Liturgie Israels gehört, in Dankbarkeit die Erinnerung an die Befreiung aus Ägypten wachzuhalten und im Jubel die Zionsgewissheit zu besingen, so bezeichnend ist auch – besonders in Zeiten der Krise – die Klage Israels über die Verborgenheit Gottes angesichts des Triumphs der Feinde Gottes innerhalb und ausserhalb Jerusalems, die Beschwörung Gottes bei seinem Retternamen: Gerade da, wo Gewalttätige wohlleben und Schuldlose zertreten werden, wo die Feinde Gottes triumphieren und sein Name gelästert wird, wird Gott im Seufzer «wie lange noch?» (Ps 13,2; 80,9) zum Eingreifen aufgefordert und die Hoffnung auf einen Tag der R. artikuliert. Dieser Tag wird ein Tag der Finsternis sein für alle Sicheren und Hochmütigen (Jes 2,12.17; Am 5,16–20) und zugleich ein Tag der Wiederherstellung Israels und damit der Ehre seines Gottes vor aller Welt: «Vor den Augen aller Nationen hat der HERR seinen heiligen Arm entblösst, und alle Enden der Erde werden das Heil unseres Gottes sehen» (Jes 52,10).

Ex 21; Lev 19; Dtn 7; 32; Ps 94; Jes 34; Jer 50; Mt 5; Röm 12

Rat

Älteste▲ Synhedrium▲

in weiten Teilen des Alten Orients seit ältester Zeit bezeugtes Gremium; im Alten Testament zunächst der Ältestenrat der Stämme, zuständig in vorwiegend rechtlichen Belangen, in der Stadtkultur dann das aus Angehörigen der Oberschicht gebildete Beratergremium des Königs; im Exil (598/587–539 v.Chr.) das einzig verbliebene jüdische Gremium, nach dem Exil von schwindender Bedeutung; zur Zeit des Neuen Testaments als *Presbyterium* (Ältestenrat) und als *Synhedrium* (Hoher Rat) oberste jüdische Behörde mit ordnungspolitischer Zuständigkeit für all jene weltlichen und geistlichen Belange der jüdischen Bevölkerung Palästinas, die nicht der römischen Behörde vorbehalten sind

reich

arm/Armer▲

Die Bibel bietet unterschiedliche Wertungen des Reichtums, denn ihre Texte sind in verschiedenen Zeiten entstanden und spiegeln neben verschiedenen theologischen Denkmustern auch verschiedene gesellschaftliche Situationen mit unterschiedlichen Zuspitzungen der sozialen Frage. Es ist daher nicht möglich, Reichtum mit Hilfe biblischer Aussagen grundsätzlich zu verwerfen oder grundsätzlich zu rechtfertigen. Die Literatur der traditionellen Weisheit versteht Reichtum als logische Folge eines weisen, gerechten und der Gemeinschaft verpflichteten Verhaltens: R. wie Hiob wird, wer «schuldlos und aufrecht» ist. Die Weisung Gottes stellt Israel vor die Entscheidung: Fluch, Leere und Tod oder Segen, Fülle und Leben. R. wird nach diesem traditionell weisheitlichen Denkmuster, wer die richtige Entscheidung trifft, indem er sein Leben an der Weisung Gottes orientiert. Dass dieser Zusammenhang zwischen Tun und Ergehen nicht immer aufgeht, wird dann in der kritischen Weisheitsliteratur betont. Kohelet warnt in diesem Zusammenhang davor, Reichtum und Besitz mit Genuss und Lebensfreude gleichzusetzen. Sehr viel kritischer sprechen die Propheten über den Reichtum: Sie machen auf den Zusammenhang aufmerksam, dass viele arm sind, weil ein Mächtiger sich an ihnen bereichert hat. Diese Armen sind Opfer, sie tragen nach den Propheten keine Schuld an ihrer Armut, denn ihnen fehlt die Freiheit, sich richtig zu verhalten oder das Richtige zu wählen. Heuchler aber sind all diejenigen, welche die Weisung zwar beachten, sich aber auf Kosten anderer bereichern. Reichtum kann fromme Heuchler hervorbringen und menschliche Opfer fordern, sich zu einem selbstgewissen System herausbilden und als solches eine dämonische Eigendynamik entwickeln. – Im Neuen Testament wird Reichtum als etwas beschrieben, das den Blick auf das, was vor Gott zählt, verstellt und die Nachfolge Jesu gefährdet. Deshalb geht eher ein Kamel durch ein Nadelöhr – so Jesu zugespitzter Ausspruch – als ein R. ins Reich Gottes. Im Evangelium nach Lukas folgt auf die Seligpreisungen als erster Weheruf die Warnung an die R.: Sie besitzen bereits alles und stehen darum in Gefahr, das zu vergessen, was wirklich zählt. Bei Paulus kommt es zur Vorstellung, dass der wahre Reichtum in der Gabe des Glaubens besteht und das Leben des Einzelnen wie der Gemeinde geistlich r. macht. Diese Gabe ist jedoch nicht Besitz; denjenigen, der meint, das vergessen zu können, fragt Paulus: «Was aber hast du, das du nicht empfangen hättest?» (1Kor 4,7) Was die Kirche r. macht, sind die göttlichen Gaben und der sorgfältige und mutige Umgang mit ihnen.

Dtn 28; 2Sam 12; 1Kön 10; Hiob 1; Spr 28; Mi 2; Mk 10; Lk 6; 1Kor 4

Reich Gottes
Jesus▲

Wenn es einen Begriff gibt, der für die Verkündigung des historischen Jesus charakteristisch ist, dann ist es der Begriff R. G. Das Evangelium nach Markus lässt Jesus zu Beginn seiner öffentlichen Wirksamkeit programmatisch verkünden: «Erfüllt ist die Zeit, und nahe gekommen ist das R. G.» (Mk 1,15). Das R. G. ist zu den Menschen gekommen, es hat ihren Erfahrungsbereich erreicht. Zugleich heisst es, gleichsam als Kontrapunkt, in der zweiten Bitte des Unservaters: «Dein Reich komme» (Mt 6,10; Lk 11,2). – Im Alten Testament begegnet der Begriff R. G. noch nicht, sachlich aber hat er hier seine Wurzeln in der Aussage «Der HERR ist König» (Ps 97,1). Was Israel im Kult bekennt und besingt, erhofft es sich in unterschiedlicher Weise durch seine ganze Geschichte hindurch: Dass Gottes Herrlichkeit die Welt erfülle und seine Königsherrschaft bis an die Enden der Erde reiche. – Im Neuen Testament kommt der Begriff R. G. hauptsächlich in den synoptischen Evangelien vor, und da zumeist in der Rede Jesu. Es sind insbesondere vier Themenfelder, in denen dieser Begriff seine typisch jesuanische Prägung findet: In Geschichten wie der von den Arbeitern im Weinberg oder der vom verlorenen Sohn lässt Jesus das R. G. inmitten der Welt als überraschende Alternative zum erwartbaren Gang der Welt aufblitzen. In weisheitlich geprägten Worten lehrt Jesus, in der Speisung der Raben und in der Pracht der Lilien die Spiegelung des R. G. wahrzunehmen. Seine Wundertaten deutet Jesus, indem er davon spricht, dass in ihnen das R. G. zu den Menschen vorgestossen sei (Mt 12,28; Lk 11,20). Und im Streit um die Auslegung des Sabbatgebots gibt Jesus zu verstehen, dass in seinem heilenden Handeln am Sabbat das R. G. Raum gewinne und der Sabbat dadurch die ihm angemessene Heiligung finde. Ausserhalb der Verkündigung Jesu tritt der Begriff stark zurück; das frühe Christentum erkennt nach dem Tod Jesu im Auferstandenen die gültige Gestalt des R. G.

Ps 97; 99; 103; 145; Ob 21; Mt 6; 12; 13; 18; 20; 22; Mk 1; 3; 4; Lk 10; 11; 12; 14; 15

rein

Priester▲

Wenn in der Bibel von r. oder unr. die Rede ist, ist damit nicht hygienische Sauberkeit bzw. fehlende Sauberkeit gemeint, sondern ein Zustand, der die Teilnahme am Kult ermöglicht (r.) oder verunmöglicht (unr.). Von einer solchen Unterscheidung sind Menschen, Tiere und Gegenstände betroffen. Kultische Unreinheit kann etwa durch Ausscheidung von Körperflüssigkeiten eintreten, durch Auftreten von Aussatz oder durch Kontakt mit unr. Personen oder Gegenständen. Weil Unreinheit übertragen werden kann, ist der Kontakt mit unr. Personen oder Gegenständen zu vermeiden. Kultische Reinheit kann wieder hergestellt werden durch Ausführung bestimmter, von Priestern exakt vorgeschriebener Handlungen. Dazu gehören unter anderem rituelle Waschungen, für die sich im Judentum schon in der Antike eine eigene Art der Badarchitektur mit Anlagen für rituelle Reinigungen (*Mikwen*) nach genau festgesetzter Bauart entwickelt hat. Bestimmte Tiere gelten als unr., ihr Fleisch darf nicht gegessen werden. Entsprechende Auffassungen von r. und unr. gibt es bis heute in vielen anderen Religionen wie z.B. dem Islam.

Lev 11–16; Dtn 14; Ps 51; Ez 20; Mal 3; Mk 1; 2Tim 1–2; Hebr 9

Rest

Gericht▲

Die Rede von einem R. evoziert den Gedanken an vorgängige Reduktion und Zerstörung. In einem Krieg, in dem die Sieger ihre Gegner brutal dezimieren, können die wenigen Überlebenden einen R. bilden. Israel selbst führte nach alttestamentlicher Darstellung solche Kriege, in denen es nur einen R. (oder auch gar keinen) seiner Gegner am Leben liess. Umgekehrt machte es 722 v.Chr. selbst die Erfahrung, dass vom ursprünglichen Zwölf-Stämme-Israel nur die beiden Stämme des Südreichs übrig blieben, während die zehn Stämme des Nordreichs von den Assyrern ‹ausgelöscht› wurden. Vermutlich waren es solche Erfahrungen, die zu einer Theologisierung des Begriffs R. führten. Dass 722 v.Chr. das Nordreich unterging und 587 v.Chr. auch das Südreich erobert wurde, war nicht nur in politischer Hinsicht eine Katastrophe, sondern auch in theologischer: Ist JHWH ein schwacher Gott, der sein Volk nicht retten kann, oder ist sein Zorn so gross, dass die Erwählung nicht mehr gilt? Auf beide Fragen vermag die Rede vom R. eine Antwort zu geben: Wenn JHWH es zulässt, dass nur ein R. seines Volkes übrigbleibt, ist dies kein Zeichen seiner Machtlosigkeit, sondern der Ausdruck der Härte seines Gerichts, in dem er sich als der Herr der Geschichte erweist: «Denn so spricht Gott, der HERR: Von der Stadt, die ausrückt mit tausend, bleiben hundert übrig, und von der, die ausrückt mit hundert, bleiben dem Haus Israel zehn» (Am 5,3). Umgekehrt hat die Rede von einem R. aber auch eine tröstliche Seite, zeigt sie doch, dass Gott sein Volk nicht total vernichten will. Bei aller Härte seines Gerichts hält JHWH doch irgendwann inne, seine Treue ist grösser als sein Zorn: «Hätte der HERR der Heerscharen nicht einige wenige Entronnene für uns übrig gelassen, wir wären wie Sodom geworden, wir wären Gomorra gleich» (Jes 1,9). – Ein erstes Mal im Alten Testament begegnet der R.-Gedanke in der Sintfluterzählung: «Übrig blieb nur Noah und was mit ihm in der Arche war» (Gen 7,23). Wie dann vor allem in den prophetischen Büchern (Amos, Jesaja, Jeremia und andere) spielen bereits hier sowohl der bedrohliche wie auch der tröstliche Aspekt des R.-Gedankens eine Rolle. In eine prophetische Zeichenhandlung eingebunden wird der R.-Gedanke bei Jesaja, wenn er seinen Sohn *Schear-Jaschub*, ‹Ein-R.-wird-zurückkehren›, nennt (vgl. Jes 7,3). Nach dem Exil, als die Dezimierung bereits Realität geworden war, tritt der bedrohliche Aspekt der Rede von einem R. zurück. Beherrschend in dieser Zeit wird die Frage, wer der wahre R. Israels sei: die im Land Verbliebenen oder diejenigen, die das Schicksal der Deportation erlitten hatten. Klar ist, dass es dieser R. ist, aus dem sich das nachexilische Israel wieder neu entfalten wird. – Die Vorstellung vom R. spielt im Neuen Testament nur im Brief an die Römer eine Rolle. In Anlehnung an Stellen aus dem Buch Jesaja und den Elija-Erzählungen versteht Paulus die Gemeinde aus Juden und Heiden als den R. Israels. Damit verbinden sich zwei Gedanken: Die christliche Gemeinde ist keine neue religiöse Gemeinschaft; die Glaubenden sind vielmehr diejenigen, die auf den Gott Israels hören. Die Herausbildung der christlichen Gemeinde ist zudem ein Versprechen für die Zukunft: Ganz Israel wird gerettet werden.

Dtn 7; Jos 10; 1Sam 14; 1Kön 19; Jes 7; Jer 40–44; Am 5; Mal 3; Röm 9–11

retten

Erlösung▲ Heil▲

Zwei konkrete Vorgänge stehen im Hintergrund der für beide Testamente wichtigen theologischen Vorstellung des R.: der militärische des R. in einem Konflikt und der medizinische des Heilens von Krankheit. Beide Vorgänge führen *innerhalb* der Welt eine Veränderung zum Guten herbei, um eine Überwindung der weltlichen Bedingungen geht es dabei nicht. – Im Alten Testament ist es Gott selbst, der Menschen aus einem Bereich, in dem Bedrängnis herrscht, ‹herausreisst› und sie r., indem er sie von der Bedrängnis befreit. Urtyp solchen Handelns ist der Auszug aus Ägypten geworden, das Wunder des Exodus. Typisch für das Alte Testament, das von solchen Erfahrungen erzählt, ohne sie zu dogmatischen Definitionen zu verdichten, ist, dass für ‹r.› eine ganze Reihe von Verben mit verschiedenen Nuancen gebraucht werden; in dieser Vielfalt spiegelt sich, dass das Rettungshandeln Gottes von Fall zu Fall ganz verschieden aussehen kann. – Beide Aspekte, der des R. und des Heilens, sind im Neuen Testament im griechischen Titel *soter* (Retter, Heiland) enthalten, der aus der lukanischen Weihnachtsgeschichte bekannt ist und mit dem insbesondere im Brief an Titus und im Zweiten Brief des Petrus versucht wird, die Bedeutung Jesu zu fassen. Im *soter*, dem Retter, dessen Ziel die Freiheit ist, und dem Heiler, dessen Ziel die Integrität ist, kommen die biblischen Vorstellungen zusammen: In Jesus Christus schafft Gott für den Menschen und für seine Welt Rettung und Heil. – Dass es Gott ist, der r., hat in beiden Testamenten auch einen ausschliessenden Sinn: dass nämlich alle anderen Instanzen, von denen der Mensch sich auch noch Rettung erhofft, vorab die selbstgemachten Götzen und selbsternannten Retter, ihn nicht zu r. vermögen.

Ex 3; 18; 2Kön 18–19; Ps 18; Jer 2–3; Mk 5; 8; 13; Lk 1–2; Joh 4; Röm 10; 2Kor 1; 6; Tit; 2Petr

Richter

Als R. bezeichnet das gleichnamige biblische Buch, das von der Zeit zwischen der Landnahme und Sesshaftwerdung der Sippen und Stämme und der Staatlichkeit der Königszeit berichtet, einzelne charismatische Personen, die sich in bestimmten Situationen als Anführer hervorgetan haben. Dabei hat jeder Stamm seine eigenen Helden und seine eigenen Geschichten, die er über sie tradiert. Ihr Sinn ist Ermutigung oder Warnung: Wo eine List zum Tragen kommt, ermutigt die kleine Gruppe sich selbst, der Bedrohung durch eine andere, mächtigere standzuhalten: Kann man die Wohlgerüsteten nicht mit Waffen schlagen, dann vielleicht mit schlauer Taktik. Wo hingegen von einem Irrtum erzählt wird, wird umgekehrt vor eigensüchtiger Überheblichkeit und sorglosem Übermut Einzelner in der eigenen Gruppe gewarnt: Das Amt ist nicht für den Inhaber da, sondern zum Wohl der Gruppe. – Erst in späterer Zeit, als es Grund gibt, über den Werdegang Israels nachzudenken, werden die verschiedenen Überlieferungen miteinander verbunden und kommentiert. Aus den lokalen Helden werden dabei ‹vornationale› Rettergestalten, die Gott für seinen Krieg berufen hat, und ‹vor-königliche› R., die wie Samuel in ihrem Einflussgebiet Sanktionsgewalt haben. Der herrschaftskritische Vorbehalt der alten Sippengeschichten entwickelt sich nun zur offenen Kritik am Königtum. Dem real existierenden König wird ein älteres und ideales Amt gegenübergestellt, das charismatisches Helfen und institutionelles Richten in sich vereint und offenbar auch von Frauen ausgeübt werden kann, wie sich an Debora (Ri 4,4) zeigt. Was dabei hervorgehoben wird, ist die Frage nach dem Verhältnis von menschlicher und göttlicher Herrschaft. Typisch für das Buch der R. ist die Antwort Gideons, der von sich selbst weg auf JHWH weist: «Nicht ich werde über euch herrschen, und nicht mein Sohn wird über euch herrschen. Der HERR soll über euch herrschen!» (Ri 8,23)

Ri; Rut 1; 1Sam 4–8

Rom

Was Jerusalem für das Alte Testament und für das Judentum geworden ist, wird R. für das Christentum: ein religiöses und theologisches Zentrum, ein starkes Symbol mit Licht und Schatten, wie sie Symbolen gewöhnlich anhaften. Der Tod des Paulus (um 62 n.Chr.) und des Petrus (um 64) in R. und die Zerstörung des Tempels in Jerusalem (70) legen den Grundstein für die Christianisierung des Imperium Romanum und mit ihm für die Vorstellung des *orbis christianus:* des christlichen Abendlandes mit R. als dem Nabel der Welt. – Vor der Zeit des Neuen Testaments ist R. zunächst eine von etruskischen Königen regierte Stadt (ab 600 v.Chr.), die zunehmend an religiösem, juristischem und politischem Einfluss gewinnt. 509 v.Chr. kommt es dann zur Errichtung der Republik, in der fünf Jahrhunderte lang der städtische Adel regiert. Aus drei Kriegen mit Karthago (264–146) geht R. so gestärkt hervor, dass es bald das gesamte westliche Mittelmeer mit allen Ländern ringsum beherrscht. R. wird zur Weltstadt und macht dem ägyptischen Alexandria den Rang streitig. Die lange Zeit der Republik endet im Desaster unversöhnlicher Interessen und im Aufstieg des Augustus zum ersten römischen Kaiser. – 63 v.Chr. gerät Palästina unter römische Herrschaft und erlebt mehr als ein Jahrhundert wechselvoller Geschichte, bis Jerusalem im Jahre 70 n.Chr. von Titus erobert und zerstört wird. Die Geburt Jesu fällt in die Regierungszeit des Augustus, sein Wirken in die des Tiberius. Vor 49 n.Chr. wird von uns unbekannten Personen die christliche Gemeinde in R. gegründet. Die Konflikte zwischen römischer Staatsmacht und Christentum halten sich im 1. Jahrhundert in engen Grenzen; einzig in der Offenbarung (und möglicherweise im Ersten Brief des Petrus) spiegeln sich ernsthafte Konflikte, die in Kleinasien zur Zeit Domitians (81–96) zu Repressionen geführt haben. Die grossen Verfolgungen finden erst unter Decius (249–251) und Valerian (253–260), letztmals unter Diocletian statt (284–305). Galerius bricht die Verfolgungen ab und erklärt den Kult der *secta Christianorum* zur *religio licita*, zum staatlich erlaubten Kult (311), Konstantin (312–337) führt dann mit der nach ihm benannten Wende eine ausgesprochene staatliche Begünstigung des Christentums herbei, Theodosius (379–395) schliesslich erklärt das Christentum zur Staatsreligion des Imperiums (380) und verbietet die Verehrung anderer Religionen (381). Während Gratian, der christliche Kaiser, in christlicher Absicht auf die Bezeichnung *pontifex maximus* (Titel des römischen Oberpriesters, der seit Augustus dem römischen Kaiser zusteht) verzichtet (383), übernimmt Leo I., der römische Bischof, nach Vollendung von Santa Maria Maggiore, dem ersten Prachtbau der jungen Staatskirche (440), mit imperialer Geste diesen Titel: Nun ist der Bischof von R. der ‹höchste Brückenbauer› (so die Übersetzung von *pontifex maximus*). Mit dem politischen Niedergang R. beginnt der kirchliche Aufstieg R., der im Papsttum des Hochmittelalters seinen Höhepunkt erreicht.

Mt 22; 27; Mk 5; Lk 2–3; 12; Joh 19; Apg 28; Röm; Offb 17–19

sich rühmen

Was in der griechischen Komödie den Prahlhans charakterisiert, ist für Paulus geradezu das Erkennungszeichen des Menschen, der ‹nach dem Fleisch› lebt, so also, als wäre er durch sich selbst gerecht und bedürfte keiner Annahme und Vergebung durch Gott. Der auf sich selbst bauende und daher in sich selbst und sein Werk vernarrte Mensch ist derjenige, der sich geradezu zwanghaft seiner selbst und seiner Leistungen r. muss. Bereits im Buch Jeremia heisst es: «Wer sich r., der rühme sich des Herrn» (zitiert von Paulus in 1Kor 1,31; 2Kor 10,17). Auch der Christ hat nur einen Grund des R.: Er r. sich Christi, durch den er bekleidet und zu Taten und Leistungen befähigt wird. – Die evangelische Ethik, insbesondere die reformierte, hat von da her ihre Tugend der Nüchternheit entwickelt: Der Christ trägt seinen Erfolg nicht vor sich her, die Kirche stellt ihre Macht nicht dar, die Ausstattung kirchlicher Räume dient nicht der Prachtentfaltung. Die Kirche ist nicht *ecclesia triumphans*, sondern stille und verlässliche Dienerin Gottes und der Menschen.

Ps 34; 44; 49; Spr 25; 27; Jer 9; Röm 2; 5; 1Kor 1; 2Kor 10–12; Phil 3

Saba

altes südsemitisches Königreich im äussersten Südwesten der Arabischen Halbinsel (heute Jemen); im Alten Orient bekannt wegen seines Handels, zu Land über die Weihrauchstrasse nach Osten (Hadramaut, Oman) und über den Königsweg nach Norden (Edom, Moab, Ammon, Palästina), zu Wasser nach Äthiopien und Ostafrika sowie Mesopotamien und Indien; um die Wende vom 2. zum 1. Jahrtausend v.Chr. offenbar ein entwickeltes Kulturland; in der Bibel das Reich der märchenhaft gezeichneten Königin, die Salomo besuchte, um seine Macht, seinen Reichtum und seine Weisheit zu bewundern, sich nach dem äthiopischen Epos ‹Kebra Nagast› sogar zur Religion Salomos bekehrte und einen Sohn mit ihm hatte: *Menelik*, der die Lade nach Äthiopien geholt haben soll und als Urahn der äthiopischen Juden gilt

Sabbat

Arbeit▲

Wer arbeitet, muss ruhen. Den ältesten Rhythmus dafür erzwingt die Natur mit ihrem Wechsel von Tag und Nacht und den Jahreszeiten. Überall in der Welt haben diese Ordnungen der Natur Einfluss auf die Regelung der Arbeitszeiten. Wie die Natur selbst braucht auch der arbeitende Mensch regelmässige Zeiten der Ruhe. Eine solche Ruhezeit ist die naturgemässe Brache für Mensch und Natur, notwendige Zeit der *récréation* für die *création*, verlässliches Timeout zur Erholung. In diesem Sinn entspricht der S. ökologischer und ökonomischer Vernunft. Das Wort S. (hebräisch *schabbat*) klingt an das hebräische Wort für ‹aufhören› an. Gott selbst hat am siebten Tag der Schöpfungswoche mit Arbeiten ‹aufgehört› und geruht, und darum soll auch Israel an jedem siebten Tag ruhen (Ex 20,8–11). Nicht theologisch, sondern sozial wird das Sabbatgebot in der Fassung der Zehn Gebote im Deuteronomium begründet, wenn hier ausdrücklich gesagt wird, dass die Sabbatruhe auch den Sklaven und Sklavinnen, ja selbst den Tieren zugute kommen soll, und dabei an die Knechtschaft Israels in Ägypten erinnert wird (Dtn 5,12–15). Der Sabbattag, so könnte man zusammenfassen, hat seinen Ursprung im Schöpfungshandeln Gottes und soll den Grund legen auch für das Leben des Menschen. – Während in der jüdischen Tradition der letzte Wochentag als Tag der Vollendung des Schöpfungswerkes Gottes gefeiert wird, feiern die Christen den ersten Wochentag als den Tag der Auferstehung Christi. Von Anfang an war es dieser Tag, an dem sich die christlichen Gemeinden zur Feier ihrer Gottesdienste versammelten, später wurde der Sonntag dann auch zum christlichen Ruhetag. Zwischen S. und Sonntag muss man keinen Widerspruch sehen. Man kann den Ruhetag in der Tradition des Alten Testaments als Ende oder in der Tradition des Neuen Testaments als Anfang der Woche feiern. Beide Male ist er der Tag, den sich Gott vorbehält; an ihm gilt es nicht nur die vernunftgemässe Ruhe einzuhalten, sondern auch in glaubensgemässer Ruhe vor Gott zu treten. Am S. oder am Sonntag wird die Welt, die unter der Woche oft als ein widersprüchliches und bedrängendes Durcheinander erfahren wird, als die ‹sehr gute› Schöpfung des Schöpfers erkannt. An jedem S. oder Sonntag ist der Welt und den Menschen Zeit geschenkt, mit Gott, mit der Welt und mit sich selbst wieder in Ordnung zu kommen. Dass es darum geht und nicht um ein stures Einhalten einer Verordnung, macht Jesus deutlich, indem er am S. heilt und damit nach Auffassung der Pharisäer den S. bricht. «Der S. ist um des Menschen willen geschaffen, nicht der Mensch um des S. willen» (Mk 2,27).

Gen 1–2; Ex 20; Lev 23–25; Neh 13; Jes 58; Jer 17; Ez 20; Mk 2–3; Lk 13

Sadduzäer

Pharisäer▲ Priester▲ Zeloten▲

jüdische religiöse Partei des Jerusalemer Priesteradels, der sich genealogisch auf *Zadok* zurückführt, den Hofgeistlichen Davids, und über ihn auf Aaron, den legendären Urahn israelitischen Priestertums; spätestens seit dem Babylonischen Exil als Einzige berechtigt, höhere priesterliche Ämter zu bekleiden (*clerus maior*, im Gegesatz zum *clerus minor*, der von den Leviten gestellt wird); historisch fassbar seit dem Beginn der gezielten Hellenisierung (ab 200 v.Chr.) und bis zur Zerstörung des Zweiten Tempels (70 n.Chr.); im Spektrum der jüdischen religiösen Parteien zur Zeit von Jesus und Paulus ‹die Nationalliberalen›, die sich mit der römischen Besatzungsmacht arrangieren und sich in ihrer religiösen Ausrichtung auf den Kult konzentrieren; im Neuen Testament bekannt für ihre Ablehnung der Vorstellung von einer Auferstehung der Toten, aus dem rabbinischen Schrifttum bekannt für ihre enge Bindung an die schriftliche Überlieferung und ihre kritische Haltung gegenüber mündlicher Tradition

Salomo

König▲

Was man über S. weiss, weiss man ausschliesslich aus der Bibel, ausserbiblische Zeugnisse fehlen. S. ist der Sohn von David und Batseba, der ehemaligen Frau des Hetiters Urija, den David in den Tod geschickt hatte. Unterstützt von seiner Mutter, dem Propheten Natan, dem militärischen Anführer Benaja und dem Priester Zadok setzt S. sich unter allen Söhnen Davids als Thronerbe durch. Nach Saul, dem Wegbereiter, und David, dem Eroberer, ist er der dritte König Israels: der Kultivierer des Königtums (ca. 960–926 v.Chr.). Erreichte David, was Saul unterlassen hatte – die Bildung eines stehenden Heeres und die Schaffung eines Zentrums –, so vollbringt S., was David noch nicht erreicht hat: die Errichtung zentraler Bauten, nicht zuletzt eines Tempels, und die Schaffung einer funktionalen Infrastruktur. Das Bild, das die biblischen Schriften von S. entwerfen, ist von zwei gegensätzlichen Tendenzen bestimmt: die eine stilisiert ihn zur Idealgestalt eines weisen, gerechten und glanzvollen Königs, die andere zeichnet ihn als denjenigen, der sich in seine Macht- und Kompromisspolitik verstrickt, in die Fremdgötterei zurückfällt und schliesslich scheitert. So zeigt sich in S. beides: der Glanz und die Misere des Königtums. – Vor allem drei Bereiche verbindet die Tradition mit S.: Bautätigkeit, Bildung und Wohlstand. Nach biblischer Darstellung ist S. nicht nur der Bauherr des 587 zerstörten Ersten Tempels und der Palastzitadelle Jerusalems, sondern lässt auch strategisch wichtige Städte wie Geser, Megiddo und Chazor befestigen und Strassen für den Handel und das Militär ausbauen. Für diese sichtbare Infrastruktur bezieht er nach dem Ersten Buch der Könige die Vorbilder aus Kanaan und die Fachleute aus Phönizien (Tyros). Fachleute, die lesen und schreiben können, braucht S. vor allem für den Aufbau einer Verwaltung seines Königreichs. S. wird in der Bibel auch als Herrscher gezeichnet, der eine systematische Bildungspolitik betreibt, indem er einheimische Tradition geschickt mit Innovationen anderer Kulturen verbindet; dafür steht wohl seine legendäre Weisheit. Die Prosperität schliesslich, die durch die Regierung S. herbeigeführt wird, schildert die Überlieferung vor allem am Beispiel seiner Hofhaltung. 700 Frauen und 300 Konkubinen soll er gehabt haben, 1400 Streitwagen und 12000 Reitersoldaten; der Besuch der Königin von Saba ist nichts anderes als die märchenhafte Spiegelung dieses Wohlstandes. Die Bibel stellt S. als den mächtigsten Herrscher im Grossraum Palästina dar: Er hat Handel getrieben, mit den politischen Nachbarn diplomatische Beziehungen gepflegt und durch Heiraten internationale Verbindungen hergestellt, dabei aber religiöse Kompromisse gemacht und sein Volk ausgebeutet. Die Überlieferung erspart ihrer Leserschaft nicht die ganze Widersprüchlichkeit seines Charakters, was wiederum – wie schon in der Schilderung Davids – eine bedeutende Ausnahme innerhalb der höfischen Literatur des Alten Orients darstellt.

1Kön 1–12; Ps 72; 127; Spr 1; 10; 25; Hld 1; Mt 6

Salzsäule

geologisches Phänomen am versalzenden Südufer des Toten Meeres, das mit mehr als 30% den weltweit höchsten Salzgehalt eines Gewässers aufweist und bereits im Alten Testament auch ‹Salzmeer› genannt wird; wie der ganze 10 km lange und 235 m hohe Sodomberg am Südwestende des Toten Meers aus reinem Kochsalz (Natriumchlorid) und Steinablagerungen bestehend und durch Auswaschung als Salzgestein (*sal gemmae*) stehengeblieben; in die Literatur eingegangen durch die Erzählung von Lots Frau, die zur S. erstarrt

Samaritaner
Garizim▲
Anhänger eines Nebenzweigs des nachexilischen Judentums, der sich vom Hauptzweig des Judentums abgespalten hat (endgültig wohl erst im 2. Jahrhundert v.Chr.); errichteten auf dem Berg Garizim bei der Stadt Sichem (Nablus) ihr kultisches Zentrum, anerkennen einzig den ‹Samaritanischen Pentateuch› (eine besondere Textform der fünf Bücher Mose) als heilige Schrift und bilden bis heute eine eigene Gemeinde; von den anderen Juden als nicht zum wahren Israel gehörend betrachtet

sammeln
zerstreuen▲
Im Gottesbild des guten Hirten hat sich theologisch verdichtet, was s. meint. In Texten, die im Babylonischen Exil (598/587–539 v.Chr.) und nach ihm entstanden sind, wird damit die Hoffnung ausgedrückt, Gott werde nach der Zerstörung des Nord- und Südreichs und der Zerstreuung seines Volks einen Neuanfang ermöglichen. – Ob aber das S. lediglich den Rest Israels betrifft und einen restaurativen Sinn hat – den Wiederaufbau Israels –, wie es das Chronistische Geschichtswerk versteht (1Chr – Neh), oder ob das S. ein die Nationen übergreifendes Geschehen ist, das alle Menschen einschliesst, wie es manche Propheten in ihren Weissagungen verstehen, bleibt im Alten Testament unentschieden. – In Zerstreuung und Sammlung zeigt sich Gott gewissermassen ‹katholisch› im eigentlichen Sinn des Wortes: nämlich global und international. Wie er die seinen überallhin zerstreut hat, so kann er sie auch überall ansprechen und zur Gemeinde s. Dann aber kann die Gemeinde auch über Israel hinaus Gemeinde sein, und in ihr kann sich s. lassen, auch wer nicht Israelit ist.
Dtn 30; Ps 106–107; Jes 40; 43; Jer 23; 31–32; Ez 20; Sach 10; Mt 3; 13; 25

Sänger
Asaf▲ Psalm▲
Beruf am Tempel, in der Hierarchie zwischen den übergeordneten Priestern und Leviten und den untergeordneten Torhütern; Dichter, Komponisten und Interpreten der im Gottesdienst verwendeten Psalmen; gut bezeugt in ihrer Funktion am Zweiten Tempel (515 v.Chr. – 70 n.Chr.); vereint in Gilden, die sich von Sängervätern herleiten, deren Mitglieder sich entsprechend als ‹Söhne› von Asaf, Heman oder Jedutun, Etan oder Korach verstehen und denen entsprechend überschriebene Teilsammlungen im Psalter zugeschrieben werden (so z.B. Ps 42–49 den Korachiten, und Ps 73–83 den Asafiten)

Sanherib
Assyrer▲
bedeutendster König des Neuassyrischen Reichs (705–681 v.Chr. im Amt); eroberte 701 das judäische Umland und rückte bis vor die Tore Jerusalems vor, zog dann aber wieder ab, ohne dieses zu erobern, nachdem Chiskija ihm einen hohen Tribut gezahlt hatte; Bauherr in der neu-

en Hauptstadt Ninive, Erbauer des Neujahrstempels in der alten Hauptstadt Assur; von seinen Söhnen ermordet

Sara
Abraham und Sara▲

Satan
hebräisch für ‹Widersacher› oder ‹Ankläger›, in der griechischen Übersetzung des Alten Testaments mit *diabolos*, ‹Durcheinanderwerfer›, wiedergegeben, von dem sich das deutsche Wort ‹Teufel› herleitet; im Buch Hiob die Figur, die Gott dazu herausfordert, Hiob auf die Probe zu stellen; in Sach 3 der Gegenspieler des Hohen Priesters Jehoschua; in beiden Fällen aber kein Eigenname, ein solcher erst in 1Chr 21, wo S. David zur Volkszählung verleitet; im Neuen Testament gelegentlich funktional gebraucht, wenn Petrus oder Judas so betitelt werden; unter dem Eindruck des zwischentestamentlichen und ausserbiblischen Dualismus von Licht und Finsternis aber auch als widergöttlicher Dämon verstanden, der als *satanas* der Fürst über das Reich des Bösen ist

Saul
König▲
Im Bewusstsein Israels ist S. der erste König. Historisch und soziologisch gesehen dürfte er ein mächtiger Sippenscheich gewesen sein, ein lokaler ‹Häuptling›, der allein schon durch seine Statur andere überragt und in seiner Person einen folgenreichen Paradigmenwechsel verkörpert hat: weg vom alten, charismatischen Anführertum der Richter hin zum neuen, dynastischen Königtum der Königszeit (ca. 1000–587). S. steht auf der Grenze zwischen beidem, hat Züge des alten und des neuen Paradigmas und wird so zur tragischen Figur: Noch ‹richterlich› an ihm sind seine Statur und die Art seines Auftretens (die an Simson erinnern), seine spontane Wahl zum charismatischen Anführer im Krieg gegen die Ammoniter (die an Gideon erinnert), seine Verzweiflung und sein Selbstmord (die an Abimelech erinnern). Schon ‹königlich› an ihm ist, dass er an seinem Amt festhält, auch nachdem die Bedrohung, die nach einem führenden Haupt verlangte, nicht mehr besteht, und dass er den Versuch macht, eine Dynastie zu begründen, die dann allerdings den Davididen unterliegt. Auch die Form der Überlieferung spiegelt dieses Grenzgängertum S.: Wie es zu seinem Königtum kommt, erzählt sie gleich viermal, wie er es an David abtreten muss, dagegen nur einmal, und dies aus der Perspektive von Davids Sieg. – In der Zeichnung der Person S. bringt die Überlieferung eine Tragik zum Ausdruck, wie sie sonst in der Bibel nur noch bei Jiftach und Judas spürbar wird. Unausweichlich wie beim Richter Jiftach kommt auch bei S., was kommen muss: Wie jener seine einzige Tochter verliert, verliert dieser seine junge Dynastie, nicht ohne eigene Schuld, aber nicht allein durch sie. Und wie Judas als negatives Gegenbild zu Jesus gezeichnet wird, so S. als negatives Gegenbild zu David. Der Aufstieg des einen ist der Abstieg des anderen, und dennoch klingt das Leichenlied Davids auf S. und dessen Sohn Jonatan echt. Dass die Bibel vom Werdegang der Gesalbten auch Trauer und Tränen überliefert, verhindert ein vorschnelles ‹frommes›

Urteil und fördert die dauernde theologische Reflexion. S. ist eine notwendige Denkfigur des Glaubens.

1Sam 8–31; 2Sam 1–9; Ps 52; 54; 57; 59

(El) Schaddai

Gottesbezeichnung, die im Alten Testament 48-mal vorkommt, besonders häufig im Buch Hiob und den priesterlichen Texten des Pentateuchs; in Letzteren der Name, unter dem sich JHWH Abraham offenbart (vgl. Gen 17,1); Bedeutung strittig: von manchen vom akkadischen Wort für ‹Dämon› abgeleitet, von anderen als ‹der (All-)Mächtige, Starke› interpretiert, von nochmals anderen als ‹der das Gebirge bewohnt› oder als ‹Retter›

Schilfmeer

Auszug▲

in den Traditionen vom Auszug aus Ägypten (Exodus) eine kritische Wasserpassage im Nildelta, die Israel glücklich durchqueren kann, für die Ägypter aber zur tödlichen Falle wird; kann von Israel nach der einen der beiden ineinander verwobenen Überlieferungen durchquert werden, weil Gott das Wasser spaltet, nach der anderen, weil dieses von einem starken Wind zurückgedrängt wird, womit einmal Gottes Wunderwirken und einmal seine Nutzung natürlicher Phänomene betont wird; in der Lokalisierung unklar, am ehesten bei einem der Bitterseen, durch die heute der Suezkanal führt

Schofar

Posaune▲

Schöpfung

Gerechtigkeit▲ Weisheit▲ Welt▲

Das Wort S. ist kein Synonym für ‹Natur› oder ‹Welt›. S. setzt einen Schöpfer voraus, und darum ist mit S. nicht ‹Welt›, sondern eine bestimmte Auffassung der Welt, ein Welt*bild* gemeint. Spricht man von S., ist die Welt in einem bestimmten Licht gesehen: als Werk des Schöpfers, der sie einst erschuf und ihr seitdem zugewandt bleibt. Die Beurteilung der Welt als geordnete S. Gottes ist das in der Theologie dominant gewordene Weltbild; es ist aber nur eines und auch nicht das älteste von denen, die in der Bibel überliefert sind. Was das Weltbild des S.-Denkens charakterisiert, ist die Überzeugung, dass Gott allem Geschaffenen im Augenblick seiner Erschaffung Ordnung und Richtung, Gefüge und Sinn gegeben hat. Das zwischentestamentliche Buch der Weisheit Salomos drückt es auf eine Weise aus, die für die Bibelauslegung und das Weltverständnis des ganzen Mittelalters grundlegend geworden ist: «Du hast alles nach Mass, Zahl und Gewicht angeordnet» (Weish 11,20). Alles steht mit allem in einem geordneten Zusammenhang, nichts kommt allein aus sich und bleibt allein bei sich. Sein und Leben sind Gottes Disposition. Im Buch der Sprüche kommt der weisheitliche Hintergrund der Schöpfungsvorstellung unmissverständlich zum Ausdruck: Frau Weisheit war dabei, als der Schöpfer ans Werk ging und allem Geschaffenen sein Gepräge gab (Spr 8,27–31). – Im Alten Testament zeugen sehr viele Texte von diesem Weltbild, die wohlgeordnete S. ist Thema in Sprichwörtern und Psalmen, aber auch in erzählenden und prophetischen Texten. Am bekanntesten ist der sogenannte erste Schöpfungsbericht (Gen 1), in dem Schritt für Schritt erzählt wird, wie Gott die Welt und alles, was sie belebt, erschaffen hat, und dabei am Schluss feststellen konnte, dass sein Werk «sehr gut» war. Dem Menschen weist Gott nach diesem ersten Schöpfungsbericht eine besondere Aufgabe zu: als ‹Bild Gottes› soll er über die Tiere herrschen. Macht Gen 1 klar, dass Gott die S. wohlgeordnet und gut erschuf, so die folgenden Kapitel (insbesondere Gen 6–9), dass er an ihr festhält, auch nachdem sich gezeigt hat, dass Menschen und Tiere das Leben in ihr nicht immer so gut sein lassen, wie er es ursprünglich plante. Gott reagiert darauf (u.a. mit der Katastrophe der Sintflut), an seiner grundsätzlichen Zugewandtheit zu seiner S. ändert sich aber nichts. – Im Neuen Testament wird auf unterschiedliche Art an die weisheitliche Tradition angeknüpft. In der Verkündigung Jesu spielt der Schöpfungsgedanke im Zusammenhang mit der Wahrnehmung alltäglicher Phänomene eine wichtige Rolle: Jesus sieht in der Schönheit der Lilien und der Unbekümmertheit der Raben das gegenwärtige Walten Gottes, das in der Welt die S. Gottes erkennen lässt. In verschiedenen hymnischen Texten nimmt Christus die Stelle der Weisheit ein: Er ist es, durch den Gott die Welt schuf und der der Welt ihr Gepräge gab. Paulus vergleicht das rechtfertigende Handeln Gottes mit einer S. aus dem Nichts: Wo Menschen wieder in das rechte Verhältnis zu Gott kommen, da ereignet sich «neue S.» Und das Evangelium nach Johannes erblickt in den Wundern Jesu die gültige Signatur Gottes: Gott hat sich selbst festgelegt als derjenige, der «das Brot des Lebens» gibt und bewahrt.

Gen 1,1–2,4; Hi 28; 38–39; Ps 8; 104; Spr 8; Koh 3; Jes 11; 45; 65; Am 5; Joh 1; 6; Röm 4; Gal 6; Kol 1

Schriftgelehrter

wie sein Vorläufer, der ‹Schreiber›, Angehöriger eines mit Schriften beschäftigten Berufsstandes; seit Entstehung des nachexilischen Judentums (ab 539 v.Chr.) wie Esra «bewandert in der Weisung des Mose», also nicht nur der Abschreiber der Tora, sondern auch ihr Kenner, Vorleser und Ausleger; in nachbiblischer Zeit Bezeichnung für die Rabbinen bzw. eine Gruppe im rabbinischen Judentum, der die Überlieferung des Bibeltextes anvertraut war

Schriftrolle

Buch▲

in der Antike übliche Form schriftlicher Dokumente, zuerst aus Papyrus (ab etwa 650 v.Chr.), dann aus Pergament (ab etwa 200 v.Chr.); besteht im Unterschied zum Kodex, dessen Seiten wie in einem Buch aufeinanderliegen, aus einer langen Bahn von aneinandergenähten Seiten, die zusammengerollt werden; im Judentum für die Niederschrift heiliger Texte verwendet und daher aus Ehrfurcht vor dem Gottesnamen niemals entsorgt, sondern in der Geniza (einem Aufbewahrungsort in der Synagoge) verwahrt; bei alttestamentlichen Texten bis 350 n.Chr. die einzig gebräuchliche Buchform, während für neutestamentliche Texte von Anfang an der Kodex gebraucht wurde

Seele

näphäsch ist das hebräische und *psyche* das griechische Wort, das im Deutschen mit S. übersetzt wird. Beide werden sie in der Bibel mit einem anderen Bedeutungsumfang gebraucht als ihr deutsches Äquivalent. Bei beiden liegt der Akzent auf dem vitalen Bedarf des Menschen. S. ist im Alten und Neuen Testament die Kehle, der Hals, der Schlund. S. ist die Stelle, wo Luft zu Atem wird, Nahrungsmittel zur Speise, Wasser zur Labung. Der Schöpfer bläst Luft durch die Nase des aus Lehm gebildeten Menschen und macht ihn so zu einer ‹lebenden Kehle›, einem Lebewesen. S. ist, was ununterbrochen Bedarf hat und den Menschen bedürftig macht. Die S. ist unersättlich. Dämonen und Schurken reissen ihren Schlund auf, weil sie Bedarf nach Beute haben. Hungernde und Dürstende haben eine ausgetrocknete Kehle. Sieger legen den Besiegten den Hals in Eisen oder hauen ihn durch. Die S. ist begehrlich. Sie hat Heisshunger, nicht nur auf erlesene Nahrung und Labung, auch auf Besitz, den sie einnehmen, oder auf Beziehungen, die sie eingehen will, auch auf Gott, den sie ersehnt. Ihr Sehnen macht die S. zum Organ des Empfindens und Mitfühlens. Sie weiss, was schmeckt. So sehr hängt alles Vitale von der S. ab, dass sie selbst zum Inbegriff des Lebendigen wird; an solchen Stellen muss mit ‹Leben› oder ‹Person› übersetzt werden. Die S. steht stellvertretend für den ganzen Menschen und hebt die triebhafte, begehrliche, sehnsüchtige Seite seines Wesens hervor: S. ist Hunger nach Leben.

Gen 2; Dtn 6; Ps 42; 103; 107; 124; Koh 6; Hab 2; Lk 2; Joh 10; 1Petr 1–2; 4

Segen

Fluch▲ Leben▲

Unter dem S. steht, was wächst und gedeiht, unter dem Fluch, was eingeht und verdorrt, handle es sich nun um menschlichen oder tierischen Nachwuchs, wildwachsende oder kultivierte Pflanzen, familiäres oder politisches Geschick. S. ist die sicht- und greifbare Mehrung des Lebens, Fluch seine Minderung, bis hin zum Tod. In der deutschen Wendung ‹unter dem S. stehen› kommt etwas von der magisch-archaischen Vorstellung eines Bereichs von guter Energie zum Ausdruck, die auch für die biblische Rede von S. charakteristisch ist: Mit dem Aussprechen eines S. bildet sich eine positive Machtsphäre, die den Gesegneten wachsen und gedeihen lässt. Wer einem anderen baruch (‹gesegnet!') sagt, stellt ihn in diese Sphäre; das Wort ist also mehr als ein Wunsch, es lässt den Wunsch auch unmittelbar zur Realität werden. Von dem Gesegneten wiederum strahlt die wohltuende Kraft ab, so dass er seinerseits zu einem S. für andere werden kann. – In der Bibel ist in unterschiedlichen Zusammenhängen von S. die Rede, wobei es sowohl Gott wie auch die Menschen sein können, die andere segnen: Im Bund mit Gott wird Abraham verheissen, dass Gott ihn segnen werde, so dass er selbst zum S. für andere werde. Jakob muss um den S. kämpfen: Ein erstes Mal stiehlt er ihn von seinem Vater, bei dem er sich als sein Bruder Esau ausgibt, ein zweites Mal erringt er ihn von Gott, den er nur unter der Bedingung gehen lässt, dass er ihn segnet. Am Sinai lehrt Gott Aaron, mit welchen Worten er das Volk in seinem Namen segnen soll: mit den Worten des später ‹aaronitisch› genannten S., mit denen bis heute gesegnet wird. Bevor das Volk die Wüste verlässt und über den Jordan ins verheissene Land zieht, macht ihm Mose eindringlich klar, dass ihm die ganze Fülle des S. zuteil werden wird, wenn es der Weisung Gottes gehorcht, dass aber Fluch über es kommen wird, sollte es die Gebote Gottes missachten. Paulus erinnert die Gemeinden in Galatien daran, dass diejenigen den S. Abrahams empfangen, die sich ganz auf die Verheissungen Gottes verlassen. – Bis heute wird auf der ganzen Welt in jedem christlichen Gottesdienst die Gemeinde mit dem S. entlassen. Nach reformierter Auffassung sind es allerdings nicht der Pfarrer oder die Pfarrerin, die ihn erteilen: Sie erbitten ihn von Gott, der ihn allein aus Gnade gibt, und sprechen ihn der Gemeinde zu, die ihn allein im Glauben empfängt. Gott, der selbst das Leben ist und gibt, ist auch der Herr des S.

Gen 12; 17; 27; 32; 48–49; Num 6; Dtn 28; 33; Rut 2–4; Hiob 1–2; 42; Ps 115; Lk 24; Gal 3

Selig!
Gepriesen! Gesegnet!▲ Wohl!▲

wie «gesegnet!» bzw. «verflucht!», «glücklich!» und «gepriesen!» eine Deklaration, die nach archaisch-magischem Verständnis unmittelbar bewirkt, was sie sagt; im späteren Sprachgebrauch eine beglückwünschende Feststellung; charakteristische Einleitung einer weisheitlichen Spruchform (des sogenannten Makarismus, von griechisch *makarios* für ‹selig›), auf die auch Jesus zurückgreift, wo er Armen, Trauernden und Hungernden das Reich Gottes zuspricht

Seraf
Kerub▲

kein Engel, sondern wie der Kerub ein aus den Religionen der Umwelt des alten Israel entlehntes und kombiniertes Mischwesen, vermutlich mit dem ägyptischen *Uräus* (Kobra) verwandt; geflügelte Schlange, die zum Schutz über der Gottheit und dem König schwebt und deren Feinde durch Feuerspeien vertreibt (in S. klingt das hebräische Wort für ‹brennen› an); auf palästinischen Siegeln dargestellt (um 750 v.Chr.); in Jes 6 als Schutztiere um den Thron Gottes erwähnt

Sinai
Berg▲ Choreb (Horeb)▲ Offenbarung▲

Der Name, den die ägyptische Halbinsel S. zwischen den beiden Golfen von Suez und Aqaba heute trägt, ist ihr nicht in biblischer Zeit gegeben worden. Noch Paulus vermutet den Gottesberg in Midian. Jener Berg beim Katharinenkloster, der seit rund fünfhundert Jahren *Dshebel Musa* und in englischer Übersetzung *Mount Moses* heisst (2285 m), wird erst seit den christlichen Eremiten als Gottesberg betrachtet (ab 320 n.Chr.). Was der Name des biblischen S. bedeutet, was dieser ist und wo er liegt, ist bis heute Gegenstand der Forschung. Der Name könnte mit dem Mondgott *Sin* oder dem Dornbusch *senäh* zu tun haben. Für sich allein kommt das Wort S. nur fünfmal vor, umso häufiger aber in den Kombinationen ‹Berg S. und ‹Wüste S.›. Dass es um einen heiligen Berg geht, unterstreichen zwar die häufige Kurzform ‹der Berg› und die Formel ‹der Berg Gottes›, doch heisst genau dieser Berg im Buch Deuteronomium nicht S. sondern *Choreb.* – Die allgemeine Religionsgeschichte legt nahe anzunehmen, dass der S. ein Berg in der Wüste ist: Gottheiten wohnen häufig auf einem Berg, weshalb auch jeder Tempel denselben religiösen Urberg symbolisiert. Gott ruht erhaben über seiner Welt. Und Gottheiten geben sich oft nicht im ablenkenden Überfluss der Zivilisation zu erkennen, sondern in der unerbittlichen Reduktion der Wüste. Unter den unzähligen Versuchen, den Berg S. zu lokalisieren, ist diejenige am überzeugendsten, die auf den Vulkan *Challat al-Badr* auf der Hochebene *El-Dshaw* verweist, gut 300 km östlich der Südspitze der Halbinsel im Westen des heutigen Saudi-Arabien. Für diese These sprechen fünf Argumente: Erstens zeigen geologische Untersuchungen, dass dieser Vulkan zur Zeit des Auszugs und der Wüstenwanderung tätig gewesen ist und daher tags als Wolkensäule und nachts als Feuersäule zu sehen war; zweitens liegt er im Gebiet Midians, wo gemäss biblischer Auskunft Mose herkommt und sich JHWH offenbarte, dessen sprachliche Grundform *Jahu* nahe bei *Dshaw* liegt; drittens wird JHWH, wenn er als Gott im Unwetter und Erdbeben beschrieben wird, stets mit Orten in Verbindung gebracht, die in der näheren Umgebung Midians und Edoms auszumachen sind; viertens fügt er sich dem Verlauf der biblischen Angaben zu den Stationen und Tagen der Wüstenwanderung gut ein; und fünftens bedeutet sein arabischer Name *al-Badr* Vollmond, ist also die Übersetzung von *Sin*. Selbst das Ersatzwort *Choreb* für den als anstössig empfundenen Anklang an den Mondgott im Namen S. kann die Vulkanthese stützen, bedeutet es doch Trockenheit und Hitze. – Die These bleibt eine These. Tatsache ist, dass der Glaube Israels am S. zentrale Inhalte angesiedelt hat: die Offenbarung JHWHs, die Übermittlung aller Gesetze, Gottes Bund mit seinem Volk. Die zweieinhalb Mosebücher umspannende Sinaiperikope dokumentiert diesen Glauben.

Ex 19 – Num 10; Dtn 1; 32–33; Ri 5; Hab 3; Gal 4

Sklave/Sklaverei

abhängiger Mensch, der zum Besitz eines unabhängigen Menschen gehört und daher gekauft und verkauft werden kann; Angehöriger des im Alten Orient seit alters untersten Standes (ab 3900 v.Chr. nachweisbar), der aus Kriegsgefangenen und Deportierten, Verurteilten und Überschuldeten oder auch verkauften Kindern besteht; vornehmlich im privaten Sektor, gelegentlich aber auch für öffentliche Arbeiten eingesetzt; Institution, die auch in der Bibel nicht grundsätzlich in Frage gestellt wird; Ägypten wird im Alten Testament verschiedentlich als ‹Sklavenhaus› bezeichnet; Nehemia kritisiert Zustände, die dazu geführt haben, dass Judäer ihre eigenen Kinder aus Not an andere Judäer verkauft haben

So spricht der HERR!

Prophet▲

hebräisch *ko amar JHWH*; sogenannte Botenformel, mit der ein Prophet die nachfolgende Aussage als Gottes eigene Rede einleitet und autorisiert; steht stets am Anfang eines Prophetenworts, anders als die ähnlichen Formeln ‹spricht der HERR› oder ‹Spruch des HERRN›, die beide zur Erinnerung an den eigentlich Sprechenden in die Rede eingeschoben oder an den Schluss der Rede gestellt werden

So wahr ... lebt!

alttestamentliche Schwurformel, wörtlich ‹Leben des N.!›, wobei N. gewöhnlich JHWH ist, selten auch der Pharao; direkte Anrufung des Genannten als Zeugen einer nachfolgenden Aussage des Redenden; eigentlich ‹beim Leben des N.!›, meist aber abgeschwächt übersetzt; Pendant zum griechischen Ausdruck ‹Ja, beim Zeus!›

Sohn/Sohn Gottes

Kind▲ Mann▲ Menschensohn▲

Im alten Israel mit seinen patriarchalen Strukturen kommt dem S. höhere Bedeutung zu als der Tochter. Zwar ist (allein schon aus ökonomischen Gründen) jedes Kind willkommen, willkommener noch als eine Tochter aber ist ein S. Der erstgeborene S. ist der Stammhalter und sichert die Zukunft des Hauses, während Töchter durch ihre Ehen dem Haus verloren gehen. Der S. bewahrt die Erzähltraditionen und Kulturerrungenschaften seines Hauses und trägt damit auch Segen und Fluch weiter. – Im Lauf der Zeit gewinnt das Wort S. neben dieser profanen auch eine theologische Bedeutung: Sowohl das Volk Israel wie auch sein König werden im Alten Testament von Gott als ‹mein S.› bezeichnet, wobei in beiden Fällen eine besonders enge Beziehung zum Ausdruck gebracht wird. Als Königstitel stammt die Rede vom ‹S. Gottes› aus der ägyptischen Königsideologie, wo der Pharao selbst als Gott galt. Vergöttlicht wird der König in Israel zwar nie, hinter Ps 2,7 scheint aber die Vorstellung zu stehen, dass der Gesalbte im Moment seiner Inauguration von JHWH adoptiert wird. Der Auftrag des Königs, als Statthalter Gottes dessen Schöpfung zu hüten, entspricht der Funktion des Erstgeborenen, als Stammhalter das Erbe seines Hauses zu bewahren. – An diese alttestamentliche Tradition wird im Neuen Testament angeknüpft, wenn Jesus ‹S. Gottes› genannt wird: «Du bist mein geliebter S., an dir habe ich Wohlgefallen» (Mk 1,11), sagt eine himmlische Stimme bei der Taufe zu Jesus, bei der Verklärung Jesu sagt sie zu den drei anwesenden Jüngern: «Dies ist mein geliebter S. Auf ihn sollt ihr hören!» (Mk 9,7). Im Vergleich zu anderen Titeln, die ebenfalls die Hoheit Jesu zum Ausdruck bringen (z.B. Christus, Herr), hebt der Titel ‹S. Gottes› hervor, dass Jesus in einzigartiger Weise zu Gott gehört. Dass dieser Titel etwas über die Beziehung zu Gott und nichts über eine biologische Herkunft aussagt, zeigt sich im Neuen Testament auch daran, dass alle, die auf das Reich Gottes warten bzw. an den gekreuzigten und auferstandenen Jesus glauben, S. und Töchter Gottes genannt werden.

Gen 16–18; 21; 27; 43; Ex 4; Dtn 21; Ri 13; 1Sam 1; Ps 2; Mt 5; Mk 1; 9; 15; Lk 1–2; Apg 2; Röm 8

Sühne

Opfer▲ Sünde▲ Versöhnung▲ Versöhnungstag▲

Viele alttestamentliche Texte beschreiben Handlungen, mit denen S. erwirkt werden kann. Am bekanntesten ist Lev 16, die Schilderung des Rituals am grossen ‹Versöhnungstag› (*jom kippur*), an dem der Hohe Priester für sich selbst und das ganze Volk S. erwirkt. Über S. wird im

Alten Testament sowohl in profanen wie auch in religiösen Zusammenhängen gesprochen, immer geht es dabei um ein Geschehen, das die Versöhnung zweier in Konflikt geratener Parteien ermöglicht. Im zwischenmenschlichen Bereich schreiben Gesetze und Gebote vor, wie ein angerichteter Schaden durch Ersatzleistungen wiedergutgemacht werden soll. Hat jemand beispielsweise einen anderen getötet, kann er in gewissen Fällen ein Sühnegeld zahlen, das die Todesstrafe ersetzt. Im religiösen Bereich ist es die Schuld des Menschen, die S. notwendig macht. In der privaten Frömmigkeit ermöglicht das Gebet, Gott angesichts eigener Verfehlungen um sein Eintreten für das Leben und gegen den Tod zu bitten. Im Bereich des öffentlichen Kults stehen Opfer und Riten zur Verfügung, die mit Feuer, Wasser oder Blut die negative Machtsphäre der Schuld durchbrechen. In der priesterlichen Theologie des Alten Testaments, die vor allem im Buch Leviticus zu greifen ist, ist es zwar sichtbar der Priester, der die S. erwirkt, unsichtbar aber Gott selbst, der die S. gewährt und so die Heilung des Bruchs zwischen ihm und den Menschen ermöglicht. – Im Neuen Testament wird die Sühnevorstellung aufgegriffen als ein Deutungsmuster (unter vielen) für den Tod Jesu: Gott selbst ist es, der seinen eigenen S. in einem Akt der Selbsthingabe für alle Sünder und jedes verwirkte Leben eintreten lässt.

Lev 4–5; 16; Röm 3; Hebr 8–10

Sünde

Sühne▲ Vergebung▲

Im deutschen Wort S. kommt – zumindest lautlich, wenn auch nicht etymologisch – treffend zum Ausdruck, was im Alten und Neuen Testament in vielfältiger Variation ausgedrückt wird: S. ist, was absondert, einen Sund schafft zwischen Gott und Mensch, den Menschen auf eine ‹sonderbare› Insel versetzt. S. ist existentielle Entfremdung von Gott, von den anderen Menschen, von sich selbst. – Das meistverwendete hebräische Wort, das dieses Phänomen beschreibt (*chet*), bedeutet ‹Verfehlung›: Ein Schütze kann treffen oder er kann das Ziel verfehlen, und ähnlich ist S. ein Verhalten, das am Gemeinten vorbeigeht und mit dem der Täter sich selbst disqualifiziert. Das ‹Gemeinte› ist das, was Leben ermöglicht sowohl für den Einzelnen als auch für die Gemeinschaft, und das ist in den Geboten gesagt. Wer sündigt, verfehlt die Weisung und mit ihr seinen Lebenskontext. – Das im Neuen Testament für die existentielle Entfremdung benutzte Wort (*hamartia*) hat von seiner allgemeinen Geschichte her einen ähnlichen Hintergrund wie das hebräische Wort für ‹Verfehlung›. Seine existentielle Vertiefung erhält es in der Theologie des Johannes und des Paulus. Bei beiden Autoren wird es nicht in einem moralisch-ethischen Sinn gebraucht, sondern bezeichnet die rätselhafte, unableitbare Erfahrung des Menschen, dass er sich von allem, was ihm wichtig ist, entfremden kann, dass er sich und Gott verfehlen und verlieren kann. Im Evangelium nach Johannes bezeichnet der Begriff S. dasselbe wie der Begriff Unglaube: ein Sich-Lossagen von Gott. In der Theologie des Paulus wird zusätzlich der Machtcharakter des Phänomens S. betont: Die S. überlistet und überwältigt den Menschen, obwohl es doch in paradoxer Weise der Mensch selbst ist, der sündigt (Röm 5,12). Die List der S. besteht darin, dass sie den Menschen dazu verführt, sich gerade im Halten des Gesetzes und der Gebote Gottes als autark zu definieren und so aus den Augen zu verlieren, dass er als Geschöpf Gottes sein Gerechtsein vor Gott nur von Gott empfangen kann.

Lev 4–5; 16; Ps 51; Jes 53; 59; Joh 1; 8;16; Röm 5–7; Hebr 10; 1Joh 1–3

Synagoge

griechisch für ‹Zusammenführung› als Vorgang und ‹Zusammenkunft› als Ergebnis; häufiger Begriff für Institutionen: im hellenistischen Vereinswesen der Ägäis, Kleinasiens und Ägyptens (ab 300 v.Chr.) Bezeichnung für diverse religiöse Kultgemeinschaften, in der griechischen Übersetzung des Alten Testaments (Septuaginta) die Gesamtgemeinde Israels, im Griechisch sprechenden Judentum ausserhalb Palästinas die einzelne jüdische Ortsgemeinde, schliesslich zur Zeit Jesu auch der Ort des gemeinsamen Betens, der Schriftlesung und der Toraunterweisung; das älteste nachgewiesene Gebäude findet sich auf der Insel Delos (100 v.Chr.)

Synhedrium

Älteste▴ Hoher Priester▴ Rat▴ Schriftgelehrter▴

griechisch für ‹Sitzung›, ‹die in einer Sitzung Versammelten› oder den ‹Ort der Sitzung› (das Rathaus); Bezeichnung für den Areopag in Athen und den Senat in Rom; im Neuen Testament der Hohe Rat, die oberste jüdische Behörde Palästinas in weltlichen und religiösen Belangen, besetzt mit Sadduzäern und Pharisäern, zur Zeit Jesu die Hohen Priester, Ältesten und Schriftgelehrten, siebzig Personen unter dem Vorsitz des Hohen Priesters; in ihrer Befugnis immer wieder stark eingeschränkt durch die römische Provinzautorität und nach der Zerstörung Jerusalems aufgelöst (70 n.Chr.); im Judentum hebraisiert zu *Sanhedrin* und als Theologenversammlung aus Rabbinen neu konstituiert (nach 135 n.Chr.)

Syrer

semitisches Volk aus Kanaanäern, Aramäern und Arabern; Nachbarvolk Israels im Nordosten und Osten Palästinas mit Siedlungsgebieten im Grossraum der Landbrücke zwischen dem Jordangraben im Südwesten und dem Eufrat im Nordosten; griechische Kurzform von Assyrer

Tag

Gericht▴ Nacht▴

In der Bibel haben die Wochent. keine Namen, sondern werden einfach durchgezählt. Das hat auch eine gewisse theologische Bedeutung: Keinem Wochent. ist eine Gottheit zugeordnet wie *Mars* dem *mardi*, *Thor* dem *thursday* oder *Freya* dem Freitag. In der Prophetie gibt es allerdings die Vorstellung vom ‹T. JHWHS›, einem besonderen T. Gottes, mit dem aber weder der Sabbat noch ein T. im Festkalender gemeint ist, vielmehr ein noch unbekannter T., an dem JHWH erneut in die Geschichte Israels eingreifen wird, dann aber nicht zu dessen Heil wie am T. Midians, Jesreels und Gibeas, da die Feinde Israels geschlagen wurden, und nicht wie am T. der Befreiung aus Ägypten, sondern zu dessen Gericht.

So wird etwa im Buch Amos gedroht: «Wehe denen, die hoffen auf den T. des HERRN!» (Am 5,18) Typisch für die Verkündigung der Propheten ist die doppelte Umkehrung: Aus der Erinnerung an das Gewesene wird die Ahnung des Kommenden, und an die Stelle des selbstverständlich vorausgesetzten Beistands Gottes tritt das überraschende und Gottes Souveränität offenbarende Gericht. So kann dann der T. der Zerstörung und Schleifung Jerusalems (587) als Einlösung der vorexilischen Prophetie interpretiert werden. In der nachexilischen Prophetie erweitert sich diese Vorstellung zur Untergangsdramaturgie auch für andere Völker oder für die ganze Welt. Besonders gilt dies für das Buch Joel, wo sich auch die Vorlage für den mittelalterlichen Hymnus *Dies irae dies illa* (T. des Zornes, jener T.) findet, der seit dem 14. Jahrhundert einen Teil der Totenmesse bildet. Gottes Gedenkt. kommt. Auf die Frage nach dem Zeitpunkt geben die entsprechenden Texte keine eindeutige Antwort, ihre theologische Aussage aber ist klar: Gott greift souverän ein in die Geschichte seines Menschen, seines Volks und seiner Welt, und sein Eingriff weist ihn sowohl als Richter wie auch als Retter aus. Im Neuen Testament verbindet sich diese Erwartung mit jener von der Wiederkunft Christi: Der T. des HERRN ist der T., an dem im erneuten Kommen Christi das Reich Gottes endgültig zu den Menschen kommt und die Welt wieder ganz Schöpfung Gottes wird.

Dtn 4; 16; Klgl 1–2; Jes 2; 13; Joel; Am 5; Zef 1–2; Sach 12–14; Mk 13; Offb 19–22

Tarschisch

vermutlich identisch mit dem antiken *Tartessos*, einer phönizischen Kolonie am Guadalquivir in Südwestspanien; erstmals erwähnt in einer phönizischen Inschrift aus Sardinien (um 820 v.Chr.), dann in einer Inschrift des Assyrerkönigs Asar-chaddon (681–669) im Zusammenhang mit der geografischen Absteckung seines Einflussbereichs; in der Bibel der Inbegriff des äussersten Westens, dessen Häfen die hochseetüchtigen Tarschisch-Schiffe anfahren, um wertvolle Luxusgüter (Gold, Silber, Eisen, Zinn und Blei, Elfenbein und Edelsteine) und den im Kult verwendeten Tarschisch-Stein (Chrysolith, Topas, Beryll oder Chrysoberyll) zu importieren; in der Verbindung ‹T. und die Inseln› vermutlich die Umschreibung für das (vermutete) Festland jenseits von Gibraltar bzw. die (bekannte) Inselwelt der Azoren

Taufe

Zeichen▲

Die T. ist ein in allen christlichen Konfessionen grundlegender Akt, in welchem dem Täufling die Liebe Gottes bezeugt und seine Gnade zugesprochen wird. Der Täufling seinerseits wird dem dreieinigen Gott anvertraut, darum wird er auf den Namen des Vaters, des Sohnes und des heiligen Geistes getauft. – In der Bibel ist erst im Zusammenhang mit Johannes dem Täufer von einer T. die Rede, und zwar unvermittelt, ohne Rückbindung an irgendeine frühere Tradition. Im Alten Testament wird von Waschungen und Reinigungsriten berichtet, nicht aber von einer T., wie Johannes d. Täufer sie vollzieht: eine einmalige T. der Umkehr zur Vergebung der Sünden (Mk 1,4), die vor dem bevorstehenden Zorn Gottes rettet. Jesus lässt sich von Johannes taufen; er und seine

Jünger aber taufen nicht (zumindest gemäss den synoptischen Evangelien). Im Leben und in der Verkündigung Jesu spielt die T. im Übrigen keine Rolle (Mt 28,16–20 spiegelt die Theologie des Matthäus). Und doch wird – eigenartigerweise – nach der Darstellung der Apostelgeschichte in den frühen Gemeinden ganz selbstverständlich getauft. Diese T. hat aber nun eine ganz andere Bedeutung als die des Täufers: Durch sie erhält der einzelne Glaubende die Gabe des heiligen Geistes und wird dadurch in die christliche Gemeinde aufgenommen. Paulus vertieft diesen Gedanken, wenn er die Gemeinde als Leib Christi versteht. Die T. gliedert in diesen Leib ein und verbindet so den Täufling mit dem Tod und der Auferstehung Christi. Im Evangelium nach Matthäus wird die T. mit der Verkündigung Jesu in Verbindung gebracht: Die Jünger werden vom Auferstandenen in alle Welt gesandt, um zu taufen und zu *lehren* (Mt 28,16–20). Damit wird die T. rückwirkend auch mit der ethischen Weisung Jesu verknüpft und von ihr her inhaltlich mitgeprägt. Im Evangelium nach Johannes spielt die T. (ausser möglicherweise in Joh 3,5) in theologischer Hinsicht keine Rolle. Offenbar war sie zur Zeit seiner Entstehung noch nicht in allen frühchristlichen Gemeindeverbänden üblich.

Mt 3; 28; Mk 1; Lk 3; Joh 3; 4; Apg 8; 10–11; 16; Röm 6; 1Joh 5

Tempel

Allerheiligstes▲ Lade▲ Priester▲ Vorhof▲

Auf der ganzen Welt bauen Völker ihren Gottheiten Häuser. Kein T. steht an einem zufälligen Ort, immer handelt es sich um eine exponierte Stätte. Auch das Haus des Gottes Israels thront in alttestamentlicher Zeit hoch über Jerusalem. Sein innerster Bereich, das Allerheiligste, ist nur dem Hohen Priester (am Versöhnungstag) zugänglich. Ein eigener Stand von Priestern bedient und verwaltet den Tempelbetrieb und reflektiert (intensiver ab der exilisch-nachexilischen Zeit) über seine theologische Bedeutung. – Nach der Darstellung des Alten Testaments tritt der T. Salomos ann die Stelle des mobilen Wanderheiligtums (Zelt der Begegnung) mit der Lade, die David zum Zeichen der Landnahme Gottes und der Einheit seines Reichs nach Jerusalem überführte. Im Haus JHWHS wird der Gott Israels sesshaft. Anfangs ist der neue T. in Jerusalem keineswegs der einzige im Land, neben ihm gibt es noch die alten T. Kanaans (En-Gedi) und Ägyptens (Bet-Schean), von deren Architektur der salomonische T. in Jerusalem inspiriert ist, sowie weitere T. (Arad). Erst gegen Ende der Königszeit wird diese Vielzahl von T. (und Kultstätten) aufgehoben und der T. in Jerusalem zum einzigen religiösen Zentrum Israels erklärt (etwa ab 700 v.Chr.). Seither ist der eine T. das eine Ziel der Wallfahrt und der eine Ort grosser Jahresfeste. – Zwei T. hat Jerusalem im Lauf seiner Geschichte gesehen: den Ersten, salomonischen, der um 940 v.Chr. erbaut und 587 von den Babyloniern zerstört wurde, und den Zweiten, nachexilischen, der um 520–515 erbaut wurde, unter Herodes dem Grossen immense bauliche Erweiterungen erfuhr und 70 n.Chr. von den Römern zerstört wurde. (Das Judentum wartet seither auf einen dritten T.) – Als Haus JHWHS ist der T. Symbol seiner Präsenz auf dem Zion. Früh schon allerdings haben die Propheten davor gewarnt, allein aus dem Vorhandensein eines T. auf die bleibende Zugewandtheit Gottes zu schliessen. Gott ein Haus gebaut zu haben, kann niemals bedeuten, ihn auf sicher zu haben. In diesem Sinn dürfte auch die Kritik Jesu am T. zu verstehen sein. Schon im Alten Testament wird die Frage diskutiert, ob denn Gott selbst im T. wohne oder nur sein Name; und auch hinter der Aussage, der T. sei der Schemel der Füsse Gottes, steht die Vorstellung, die Grösse Gottes überrage den T. bei weitem. So tritt denn auch bereits während des Exils neben die Klage um den Verlust des realen T. die Vorstellung von einem idealen T. des Glaubens, den keiner bauen, aber jeder im Herzen tragen kann. Dieser ‹T.› ist nun wieder mobil, jedoch auf eine andere Weise als das alte Wanderheiligtum: Nicht der Glaubende geht in den T., um Gott nahe zu sein, sondern Gottes Geist kommt zu ihm: «Wisst ihr nicht, dass ihr Gottes T. seid und dass Gottes Geist in euch wohnt?» (1Kor 3,16) An die Stelle des zerstörbaren T. tritt der unzerstörbare T.; Gottes Wohnung ist der Mensch.

Dtn 12; 1Kön 6–8; Ps 24; 84; 132; Jer 7; Ez 40–48; Mk 11; 14; 1Kor 3; 6

Terafim

in dieser Bezeichnung nur im Alten Testament erwähnt (z.B. in Gen 31,30–35 und 1Sam 19,13); puppenartige Figur, die im häuslichen Totenkult wohl den vergöttlichten Vorfahren symbolisiert; wird im Schlafraum aufbewahrt und diente vermutlich der Totenbeschwörung und dem Einholen von Orakeln; archäologisch durch Funde von Figurinen bestätigt (Chazor, Golan)

Terebinthe

in der Bibel am ehesten die *pistacia lentisca* oder *atlantica*, die aus Zentralasien nach Palästina eingewandert ist; bis zu 10 m hoher Laubbaum, dessen Fruchtkerne scharf nach Terpentin riechen und geröstet werden, dessen (durch Blattläuse entstandenen) Galläpfel zum Färben und Gerben dienen und aus dessen Saft Salben hergestellt werden; im Alten Testament häufig als Ort der Präsenz Gottes betrachtet (vgl. z.B. Ri 6,11)

Teufel

Satan▲

Thron

erhöhte und repräsentative Sitzgelegenheit der Gottheit und des Königs; auf Bildern stets in Seitenansicht dargestellter Stuhl mit tierartigen Füssen, im Fall des Kerubimthrons zudem mit einer Sitzfläche und einer Lehne, die aus Flügeln von Mischwesen gebildet sind (Megiddo, Zypern, Byblos), davor ein Schemel als Ablage für die Füsse; meist aus Holz, das mit Goldblech überzogen (Jerusalem) und mit Einlagen aus Elfenbein verziert sein kann (Ugarit, Nimrud, Zypern)

Tier

In der Bibel ist das Verhältnis des Menschen zum T. sachlich und nüchtern wie in jeder nomadischen und bäuerlichen Kultur: Als Haust. ist das T. Nutzobjekt und Kapitalanlage, als Wildt. kann es eine Bedrohung sein. Entsprechend wird es behandelt. Eine eigene Ethik im Umgang mit dem T. wird in der Bibel nicht entwickelt. Dennoch lassen sich aus Texten, die von der Schöpfung der Welt durch Gott reden, überraschende Aussagen zum T. ableiten: Das hebräische Wort für T. ist aus dem Wort für Leben abgeleitet. Das T. ist ein Lebewesen wie der Mensch. Wie er lebt es sein Leben als ‹lebende Seele›. In der Erzählung von Noah und der Flut rettet Gott nicht nur Mensch *und* T., er schliesst auch mit beiden einen Bund. Der Schöpfer versorgt und bewahrt das T. wie den Menschen. In der Antwort auf Hiobs Klage verweist Gott auf die Vielfalt, die Rätselhaftigkeit und die Bedrohlichkeit seiner Tierwelt, die der Mensch zwar beschreiben, aber letztlich nicht verstehen und schon gar nicht beherrschen, sondern nur bewundern und fürchten kann. Nach einigen Psalmen loben auch die T. ihren Schöpfer. – Die Feindschaft zwischen Mensch und T. bedenkt die Bibel an zwei Orten: In der Urgeschichte wird erzählt, dass Gott ursprünglich für alle seine Geschöpfe eine rein vegetarische Ernährungsweise vorgesehen hatte und den Menschen damit beauftragte, sich als ein gerechter Statthalter Gottes um das Wohl aller Lebewesen zu kümmern; im weiteren Fortgang der Erzählung folgt dann aber die Passage über die Sintflut, die damit endet, dass Gott seine ursprüngliche Ordnung revidiert und dem Menschen erlaubt, von nun an auch Fleisch zu essen. Bei der Vollendung der Welt hingegen wird – wie es im Buch des Jesaja heisst – «der Löwe ... Stroh fressen wie das Rind» und «der Säugling ... sich vergnügen an der Höhle der Viper». Die Welt im Frieden und ohne Blutvergiessen ist erst im Kommen. Sich in «Ehrfurcht vor dem Leben» (Albert Schweitzer) um alle Kreatur zu kümmern, bleibt aber Gottes Auftrag an jeden Menschen.

Gen 1; 6–9; Hiob 38–39; Ps 50; 104; 148; Jes 11; Hos 2

Tochter
Bat-▲ Frau▲

Welche Bedeutung die T. auch in einer patriarchalischen Gesellschaft haben kann, zeigt eine Metapher des Alten Testaments: *T. Zion* ist eine theologisch aufgeladene Bezeichnung für die Stadt Jerusalem mit dem heiligen Berg Zion in ihrer Mitte. Diese Stadt ist Gottes T., in guten Zeiten verehrt, in schlechten betrauert. Hat Gott in seinem Gesalbten (dem König) bildhaft einen Sohn, so in seiner Stadt bildhaft eine T. – Soziokulturell steht die T. in der Bibel dagegen im Schatten des Sohnes. Nicht nur ist das hebräische Wort für T. vom Wort für Sohn abgeleitet, von Söhnen ist auch zehnmal öfter die Rede als von T. Wie in allen patriarchalischen Gesellschaftsformen befindet sich die T. in alt- und neutestamentlicher Zeit unter der Verfügungsgewalt des Vaters, der sie verkaufen, verheiraten oder versklaven kann. T. können zu Opfern werden wie Jiftahs T. und Lots Töchter, im Interesse ihres Vaters instrumentalisiert werden wie Lea, Rachel oder Michal oder zum Spielball von Intrigen werden wie Salome. Ihre Sexualität unterliegt strengen Vorschriften. Ihre Stellung ist weitgehend untergeordnet, wird aber innerhalb der Bibel immer wieder aufgewertet: Joel verheisst eine Zeit des (heiligen) Geistes, in der T. wie Söhne prophetisch reden werden, und die T. Zelofchads verschaffen sich selbstbewusst Recht und Einfluss. – Jesus hilft der syrophönizischen Mutter, die für ihre T. bittet, wie er dem Vater hilft, der für seinen epileptischen Sohn bittet, er erweckt das Töchterlein des Jairus zum Leben, wie er den Sohn der Witwe von Nain auferweckt, und er nennt die gekrümmte Frau eine ‹T. Abrahams›, wie er Zachäus einen ‹Sohn Abrahams› nennt. Als ‹Töchter Jerusalems› werden Frauen gewürdigt, kritisiert, zur Freude oder zur Klage aufgefordert. Daran knüpft das Evangelium nach Lukas an, wenn Jesus die Klagefrauen auffordert: «T. Jerusalems, weint nicht über mich! Weint vielmehr über euch und über eure Kinder!» (Lk 23,28) Im Zweiten Brief an die Korinther wird ein Zitat aus 2Sam 7,14 ausdrücklich um die T. ergänzt («und ich werde euch Vater sein und ihr werdet mir Söhne und T. sein» 2Kor 6,18). So ist die einzelne Frau T. Gottes, wie alle Glaubenden Kinder Gottes sind.

Gen 19; 24; 29–31; Lev 20; Num 27; Ri 11; Rut; 1Sam 18; 2Sam 6; Jes 1; Jer 3; 6; Joel 3; Mi 4; Mt 9; 14; 15; Mk 5; Lk 13; 23; Apg 2; 2Kor 6

Tod

Auferstehung/Auferweckung▲ Leben▲ Totenreich▲

Wo die Bibel vom T. spricht, spricht sie nicht nur von dem, was irgendwann einmal eintritt, sondern auch von dem, was immer schon im Leben gegenwärtig ist. Der T. findet nicht erst am Ende des biologischen Lebens, sondern bereits mitten im Leben statt. Der T. ist die jederzeit mögliche Minderung von Leben mitten im Leben, sei es durch den Verlust eines Angehörigen oder Freundes, durch Vereinsamung, Entfremdung oder Verleumdung, durch Krankheit, Depression oder Angst, durch Verfolgung, Verschleppung oder Gefangenschaft, auch durch Naturkatastrophen aller Art. Solchen T. hat jeder schon erlebt. Umgekehrt hat auch jeder schon eine ‹Auferstehung›, ein Aufstehen aus der Starre des T. erlebt. So wird dem Glauben verständlich, was der letzte T. und die letzte Auferstehung bedeuten: Gottes immerwährendes Ja zum Leben trotz des T. – In der Weisheitsliteratur des Alten Testaments ist der T. selbstverschuldet: Wer Wind sät, erntet Sturm, und wer anderen eine Grube gräbt, fällt selbst hinein. Die eigene Torheit bringt den unweisen Menschen in den selbst erwirkten T. Deshalb lehrt die Weisheit, die richtige Wahl zu treffen zwischen dem Weg, auf dem das Leben geht, und dem Weg, auf dem der T. geht. In den Psalmen dagegen ist der T. ein vom Betenden unverschuldetes Widerfahrnis; andere, für die häufig einfach der anonyme Feind oder der alte kanaanäische Todesgott Mot stehen, manchmal aber auch Gott selbst, haben ihm den T. bereitet. Jedenfalls ist die Erfahrung unableitbar, schicksalhaft, zufällig. Totsein bedeutet Gottferne; die Toten preisen Gott nicht. Mit jedem Toten verliert Gott einen Verehrer, mit diesem Argument kann der Betende Gott anflehen, ihn am Leben zu erhalten: «Was nützt dir mein Blut, wenn ich ins Grab hinabfahre? Kann denn Staub dich preisen, deine Treue verkünden?» (Ps 30,10) – Das Neue Testament knüpft an die Erfahrungen an, von denen im Alten Testament berichtet wird. Auch das Neue Testament sieht den Menschen als ein Geschöpf, das den T. sowohl erleidet als auch sich selber bereitet, indem es sich durch sein Handeln immer wieder der Macht des T. aussetzt; es ist aber zugleich geprägt von einer Erfahrung der Treue Gottes, die sich durch den T. hindurch erweist: Der gekreuzigte Jesus erscheint den Frauen und Jüngern an Ostern in einer Weise, die von den frühen Gemeinden als ‹Auferweckung von den Toten› erlebt wird: Gott überlässt seinen Gesalbten nicht der Todesmacht, sondern steht zu ihm. Paulus deutet diese Erfahrung als Verheissung der endgültigen Entmachtung des T. (1Kor 15,54–55) und versteht den auferstandenen Jesus als ‹Erstgeborenen› unter vielen Brüdern und Schwestern (Röm 8,29). Der Mensch bleibt im Verständnis der christlichen Gemeinden ein endliches, sterbliches Wesen. Wer jedoch an den auferweckten Gekreuzigten glaubt, bekommt Anteil an der unzerstörbaren Zuwendung Gottes zu diesem einen Menschen Jesus. Die Paradoxie, die sich daraus für das Reden vom Sterben ergibt, hat das Evangelium nach Johannes in dichtester Weise ausgedrückt, wenn Jesus sagt: «Ich bin die Auferstehung und das Leben. Wer an mich glaubt, wird leben, auch wenn er stirbt» (Joh 11,25).

Hiob 3; 42; Ps 6; 30; 88; Spr 5; 7: Jes 25; 38; Mi 3; Hab 3; Mk 14; 1Kor 15

Tofet

Kultort des kanaanäischen Gottes *Moloch* im *Hinnom-Tal* unmittelbar südlich von Jerusalem, wo ihm Kinder geweiht, vermutlich jedoch nicht geopfert wurden

Torheit

Kreuz▲ Weisheit▲

T. ist das Gegenstück zu Weisheit. Wie Weisheit der bewusste Umgang mit dem Richtigen ist, so ist T. der bewusste Umgang mit dem Falschen. T. ist deshalb nicht Dummheit. Während der Dumme es nicht besser weiss, tut der Tor willentlich, was seinem Leben nicht förderlich ist. Er ignoriert die Lebenskunst, die in der Schule der Weisheit, sei es durch die Eltern, sei es durch Lehrer, vermittelt wird. Er wählt den Weg des Todes und weiss, wohin er führt. Er nimmt die Sprache des Todes in seinen Mund und weiss, was er damit zerstört. Das Alte Testament kennt verschiedene Typen von Toren, die vor allem in der Literatur der Weisheit beschrieben werden: den Gottlosen im Unterschied zum Gerechten, den Frevler im Unterschied zum Frommen, den Spötter im Unterschied zum Schweiger. Die Weisheitsliteratur spitzt diese Typisierung zu, um zum Guten zu ermutigen und vor dem Bösen zu warnen. In späterer Zeit verbindet sich der Respekt vor der Weisheit mit der Achtung vor der Weisung, der Tora Gottes. Der Spruch «Die Furcht des HERRN ist der Anfang der Weisheit» wird zum Motto mehrerer Bücher der Weisheit. Sogar moderne Bildungsinstitutionen benutzen ihn gelegentlich, um damit einen gewissen Vorbehalt gegenüber den Möglichkeiten menschlichen Wissens und Könnens auszudrücken. Zum Thema der Ethik wird die T., wo es um die Frage des rechten Verhaltens des Menschen geht. Zu einem Thema der theologischen Reflexion wird die T. besonders bei Paulus im Ersten Brief an die Korinther, wo es um die Bedeutung des Kreuzes Christi geht: Wenn Christus als der Gekreuzigte verkündigt wird, sieht die Weisheit der Welt darin nur T.; die Zuwendung Gottes zum Verworfenen und Verachteten wird für sie nicht zum Anlass der Selbstbefragung und Selbstkritik. Die Glaubenden dagegen erkennen im Wort vom Kreuz die Weisheit Gottes, die die Weisheit der Welt zur T. macht.

Ps 1; 32; 37; 119; Spr 9; 14; Koh 2; 1Kor 1

Totenreich

Tod▲

Obwohl die Bibel in Bildern vom Tod spricht, die räumliche und zeitliche Dimensionen haben, hat sie keinen Mythos vom Jenseits entwickelt, keine zur Gesamterklärung verdichtete Bildkomposition entworfen. Der Tod ist kein Gott wie in vielen antiken Religionen, und der Tod ist auch nicht der Teufel. Die *scheol*, wie der Ort, wo die Toten sind, im Hebräischen heisst, ist nicht der Hades und nicht die Hölle. Mit dem Wort *scheol*, das ausserhalb des Hebräischen nicht bekannt ist und daher einige Rätsel aufgibt, ist am ehesten eine Einöde oder ein Niemandsland bezeichnet, ein Un-Ort also, der zwar Tor und Riegel hat, finster und tief unten liegt, über den sonst aber keine Angaben gemacht werden, aus denen sich das Bild einer eigenen Welt ergäbe. Es ist der Ort der Gottesferne, wo keine Beziehung zwischen Mensch und Gott mehr möglich ist. Deshalb fleht der Betende in Ps 6 Gott in Todesnot um Hilfe an mit dem Argument: «Denn im Tod gedenkt man deiner nicht, wer wird im T. dich preisen?» An diesen Un-Ort kann man am Ende eines langen und erfüllten Lebens kommen, manchmal aber auch schon früher, durch eigenes Handeln, aus unerklärlichen Gründen oder durch göttliches Strafurteil; dann greift der Tod durch Krankheit und Leid mitten ins Leben hinein. Der Un-Ort des Todes ist in gewisser Weise das Gegenstück zum Garten des Lebens und der Gottesnähe.

Ps 6; 30; 88; Jes 14; 38; Ez 31; Mt 27

Trauergewand

hebräisch *saq*, grober Stoff aus schwarzem Ziegenhaar; Lendenschurz, von einem Gürtel gehalten und vom Trauernden während der ausdrucksvollen und langandauernden Trauerriten auf der blossen Haut getragen; der Anklang des hebräischen Wortes an das deutsche Wort ‹Sack› (mit dem es etymologisch indirekt zu tun hat) führte im Deutschen zum Ausdruck ‹in Sack und Asche gehen› für ‹trauern›, ‹Busse tun›

Traum

Als religiöses Phänomen ist der T. eine Form göttlicher Offenbarung. Die Gottheit teilt sich einem Menschen in der Nacht oder auch am Tag mit, und der Träumende erfährt etwas Entscheidendes über eine künftige Entwicklung, die ihn betrifft. Nach dem magischen Traumverständnis der Antike sind solche T. eine Art Orakel, das man gezielt einholen kann: Man geht zu einem auf Orakel spezialisierten Heiligtum (wie Dendera in Ägypten, Mari in Mesopotamien oder Epidauros in Griechenland) und übernachtet dort, um sich am nächsten Morgen den von der Gottheit empfangenen T. von professionellen Deutern, meistens Priesterinnen oder Priestern, deuten zu lassen. Häufig sind es der Überlieferung nach herausragende Gestalten wie Gilgamesch oder die Könige Thutmosis oder Assurbanipal, die derartige T. empfangen und sich an ihnen orientieren. – Die Bibel überliefert nur *einen* solchen Orakelt.: Im Heiligtum von Gibeon erscheint JHWH König Salomo in einem T. und spricht mit ihm über seine Aufgabe als Regent des Volkes. Insgesamt werden T. als Offenbarungsmittel Gottes in der Bibel eher mit Skepsis betrachtet. Propheten warnen davor (gegnerische Propheten – sagen sie – hätten ihre Träume nicht von Gott empfangen, sondern selber erfunden) und Weise beurteilen sie als flüchtige und nichtige Torheit. In den Erzählungen über Josef und Daniel liegen daneben aber immerhin zwei prominente Beispiele vor, in denen angesehene Personen träumen und in diesen Träumen etwas über die Zukunft erfahren. Beide treten daneben auch als Traumdeuter auf, die einem königlichen Nichtisraeliten – Josef dem ägyptischen Pharao, Daniel dem Babylonier Nebukadnezzar – und dessen Beamten T. deuten, die diese nicht verstehen. So soll deutlich werden, wie JHWH die Mächtigen benutzt für seine Pläne mit Israel und der Welt. – T. als Weisungen Gottes kommen im Neuen Testament in pointierter Form nur bei Matthäus vor (die T. Josefs, der T. der drei Weisen, der T. der Frau des Pilatus). Ihre Funktion ist offensichtlich: Sie dienen Matthäus dazu, auch Nebenfiguren in die Haupthandlung zu integrieren. Der T. ist das *kleine* Offenbarungsmittel Gottes.

Gen 28; 31; 37–50; Dtn 13; Ri 7; 1Kön 3; Koh 5; Jer 23; Dan 2; 4; Mt 1–2; 27

Überlieferung

Schriftgelehrter▲ Wort▲

Die Bibel verdankt sich einem Prozess der Ü. Ohne die Arbeit des Erinnerns und Erzählens, Sammelns und Vergleichens, des Zusammenstellens und Verschriftens, Redigierens und Kanonisierens gäbe es sie nicht. Ü., lateinisch *traditio*, bleibt grundlegende Kulturarbeit. Mit Gottes Auftrag an Adam und Eva ist das Kultivieren als Bebauen und Pflegen – und damit eben auch als Überliefern – allen Menschen aufgetragen und muss von jeder Generation erneut geleistet werden. Jede Kultur lebt von dieser Gabe und Aufgabe; die jüdisch-christliche insbesondere vom Geschenk der Bibel *und* von ihrer Kritik. Überliefern ist keine konservierende Tätigkeit, durch die ein gültiger, einmal erreichter und für abgeschlossen erklärter Stand der Entwicklung gesichert würde. Einen solchen abgeschlossenen Entwicklungsstand gibt es weder *in* der Bibel noch *nach* ihr. Die Bibel ist nicht das Museum ihrer selbst; Ü. geschieht immer im Kontext einer bestimmten Zeit, ihrer Sichtweisen und Fragestellungen. Im Neuen Testament ist dieser Prozess deutlich sichtbar: In vielen neutestamentlichen Schriften werden kurze Wortfolgen, Sätze oder ganze Versgruppen aus der Schrift (dem Alten Testament) zitiert, dem neuen Kontext angepasst und einer neuen Aussageabsicht dienstbar gemacht. Auch frühchristliche Formeln und Traditionsstücke werden so übernommen und bearbeitet, ein Vorgang, den Paulus an einigen Stellen explizit kenntlich macht (vgl. 1Kor 11,23: «Ich habe nämlich vom Herrn empfangen, was ich auch an euch weitergegeben habe»). Durch die Ü. ändert sich das Überlieferte – nicht indem Altes durch Neues ersetzt, sondern indem Altes durch Neues verwandelt wird. Auch die Massoreten (von hebräisch-aramäisch *mssr* für ‹überliefern›), die jüdischen Gelehrten, die im Mittelalter mit der sorgfältigen Ü. des alttestamentlichen Bibeltextes betraut waren und deren Textfassung der vorliegenden Übersetzung zugrunde liegt, haben noch am Text gearbeitet, diesen erweitert und stellenweise verändert. Weder als ihr Urheber noch als ihr Beschützer, nur als ihr glaubender und kritischer Diener kann der Ausleger die Ü. im Kontext seiner Zeit verstehen und ins Gespräch bringen.

Gen 3; Mk 7; 1Kor 11; 15

umkehren

Weisheit▲ Weg▲

Im Rückblick sieht Israel seine Geschichte als ‹Weg›. Als ein Weg der Umkehr wird vor allem die Heimkehr aus der Verbannung in Babylon verstanden. Vorbereitet wird diese Sicht durch den Ruf zur Umkehr, der von den Propheten ergeht. Sie sprechen die Verantwortungsträger an, denn ohne einen Sinneswandel derer, die auf politischem, wirtschaftlichem oder religiösem Gebiet Verantwortung tragen, droht die ganze Gemeinschaft auf falsche Wege und damit ins Verderben zu geraten. So bewegt etwa die Predigt des Propheten Jesaja den König Chiskija zur Umkehr. In diese prophetische Tradition gehört auch die Predigt Johannes des Täufers. – In der weisheitlichen Tradition wird besonders der junge Mensch angesprochen, der seine Wanderung durchs Leben noch vor sich hat. Ihm werden begehbare Wege und Irrwege vor Augen geführt und Erkenntnisse vermittelt, die ihm helfen sollen, den richtigen, geraden Weg einzuschlagen oder auf verkehrten und krummen Wegen rechtzeitig umzukehren. – Jesus knüpft an diese Traditionen an: Der Ruf zur Umkehr ist, besonders im Evangelium nach Markus, die Quintessenz seiner Botschaft. In der Begegnung mit Jesus, durch seine Worte und seine Heilungen werden Menschen zur Umkehr bewegt.

Jes 7; 10; Jer 15; Am 4; Sach 1; Mt 3–4; 18; Apg 2; Röm 2; Offb 2–3

Unzucht

Sammelbegriff für ungeregelten und unerlaubten Geschlechtsverkehr beider Geschlechter; im Alten Testament Grund zur Bestrafung und zum Ausschluss aus der Gemeinschaft, im Neuen Testament an prominenter Stelle aufgeführt in den sogenannten Lasterkatalogen; Inbegriff des Abfallens von Gott

Urim und Tummim

Lose▲

die beiden unterschiedlich markierten Lossteine, die der Priester in einer edelsteinbesetzten Tasche am Schulterträger seines *Efods* (Priestergewand) mit sich führt; verwendet im Losorakel, mit dem ein Gottesbescheid gesucht wird; möglicherweise mit der Bedeutung ‹verflucht› und ‹unschuldig›

Vater

Mann▲ Mutter▲ Gott/Götter▲

In der Welt des Alten Testaments ist der V. die mit Abstand wichtigste Person der Familie. Als *pater familias* ist er es, der alle Fragen, die die Familie betreffen, entscheidet oder delegiert, für das Leben und Überleben der Familie die Verantwortung trägt und die Kulturerrungenschaften und Familientraditionen weitergibt. – Angesichts dieses patriarchalen Hintergrunds verdienen solche Texte besondere Beachtung, in denen die dominante Stellung des V. relativiert wird. Ein erstes Mal geschieht dies in den Erzelternerzählungen, in denen die Mütter wie die V. mit eigenem Namen genannt und damit mit einer Identität versehen werden (Jes 43,1). Keine der Erzmütter ist blosse Statistin, jede von ihnen hat wie die Erzväter ein aktives, handelndes Profil. Andere Texte machen klar, dass beide Eltern gemeinsam die Verantwortung für ihre Kinder tragen (Spr 23,25), wie sie es auch beide sind, für die die erwachsenen Kinder Verantwortung tragen (Spr 19,26), wie es im fünften der Zehn Gebote verankert ist. In der Weisheitsliteratur geben beide Eltern gemeinsam ihre Erfahrungen an das Kind weiter (Spr 1,8) und stellen so die Gemeinschaft der Grossfamilie wie die Grundlagen der Ethik sicher. – Weiter kennt die Bibel auch eine theologische Relativierung der Herrschaft einer menschlichen Vaterfigur: Der König ist nicht V. seines Volks, sondern *Sohn* Gottes. Wo Gott der V. des Königs ist, kann dieser seine Macht nicht willkürlich ausüben; er ist Gott Rechenschaft schuldig, und das relativiert seine Machtbefugnis und setzt ihr Grenzen. Die Vorstellung von Gott als V. ist im Alten Testament allerdings nur an wenigen Stellen belegt (z.B. Dtn 32,6; Jes 63,16). – Das ändert sich mit dem Auftreten Jesu, der Gott als V. anspricht und im Unservater auch seine Jünger und Jüngerinnen dazu anleitet, Gott als V. anzusprechen, von Gott als einem liebenden, geduldigen und versöhnlichen V. erzählt (Lk 15,20–24) und denen, die um seinetwillen ihre Familien verlassen, die Gemeinschaft einer neuen Familie (Mk 10,28–31) verheisst. Dass Gott als V. angesprochen werden kann, ermöglicht auch eine kritische Haltung gegenüber unreflektierten und unreifen Bindungen an menschliche Vaterfiguren.

Ex 20–21; Jos 7; Ps 2; 89; Spr 1; 6; 19; 23; Mt 6; Mk 7; 10; Röm 8; Kol 3–4; Eph 5–6

verbannen/Verbannung

zerstreuen▲

in der Antike verbreitete Massnahme im Umgang mit besiegten Völkern; im Alten Testament von den siegreichen Assyrern und Babyloniern praktiziert; bezeichnet als Verb den Vorgang der Deportation ins Exil, als Substantiv sowohl den Vorgang als auch das Resultat, das Exil selbst (im Nordreich Israel ab 722 v.Chr., im Südreich Juda ab 598/587, zwangsweise bis 539)

Vergebung

Opfer▲ Sühne▲ Sünde▲

«Und vergib uns unsere Schuld, wie auch wir vergeben haben jenen, die an uns schuldig geworden sind» (Mt 6,12). Die fünfte Bitte im Unservater bringt zum Ausdruck, was das Verständnis von V. voraussetzt: Wer nicht weiss, was Schuld ist, und daher auch sich selbst nicht als schuldig empfindet, kann nicht um V. bitten. Das Unservater weist deshalb darauf hin, dass es ja auch unter Menschen Schuld und V. gibt; es verweist auf eine Erfahrung, die jeder Mensch schon gemacht hat: Ein anderer ist an uns schuldig geworden, und wir haben ihm vergeben.

Das Unservater lässt aber zugleich erkennen, dass es Schuld gibt, die nicht zwischen Menschen besteht und auch nicht von Menschen vergeben werden kann, sondern so tief ins Leben eingreift und in Isolation und Selbstentfremdung führt, dass allein Gott sie beseitigen kann. – Wie dieses ‹Ver-geben›, dieses Weggeben und Beiseiteschaffen, das Gottes Sache ist, geschieht, wird im Alten und im Neuen Testament immer wieder auf neue und andere Weise bedacht: Der Betende im Psalm bittet, Gott möge seine Schuld ins Meer versenken und ihrer nimmermehr gedenken. Der Priester bringt für Schuldiggewordene ein Opfer dar, damit Gott Sühne schaffe und den Graben überbrücke, der den Menschen von ihm trennt. Paulus versteht V. als Befreiung von der Macht der Sünde, als einen Akt, in dem Gott den Menschen gerecht macht. Und im Evangelium nach Johannes bedeutet V. nichts Geringeres als den Übergang vom Tod ins (ewige) Leben.

Gen 18; Ex 32; Lev 4; Num 14–15; 1Kön 8; Mt 6; 18; Lk 7; Joh 5; Apg 2; Röm 3–8

Verheissung

Abraham und Sara▲ Hoffnung▲

Wenn Israel über seine Geschichte nachdenkt, erinnert es sich an V. Gottes und deren Erfüllungen und gibt damit Antwort auf die Frage, was es in seiner Geschichte als tragend und verlässlich erfahren hat. Schon am Anfang seines Werdens steht eine V.: Abraham und Sara verlassen ihre Heimat Mesopotamien allein auf Gottes Wort hin, dass er ihnen eine neue Heimat und Nachkommen schenken werde, und so lässt sich in der Folge die ganze Geschichte Israels unter dem Gesichtspunkt der V. darstellen und deuten: In der Frühzeit (ca. 1300–1000 v.Chr.) hat Gott die V. an Abraham und Sara Wirklichkeit werden lassen. Israel ist zu einem Volk geworden und hat in Palästina einen eigenen Staat gegründet. In der Königszeit (ca. 1000–587) werden diese Errungenschaften durch das Fehlverhalten der Führenden verspielt. Das prangern die Propheten an. In der Exilszeit (598/87–539) werden die verlorenen Güter zum Inhalt neuer V. Dabei werden sie und die mit ihnen verbundenen Traditionen jedoch entscheidend verändert: Ging es in den alten V. um die Gabe des Landes, die Entstehung des Volks Israel und die Dauerhaftigkeit der historischen Dynastie Davids, so entwickelt sich nun die Vorstellung vom Heiligen Land, die Idee eines weltweiten Volks Gottes und die Erwartung des Gesalbten, des messianischen Friedenskönigs. Die V. entgrenzt das Historische ins Heilsgeschichtliche, das Nationale ins Universale, das Zeitgenössische ins Zeitlose. – Das frühe Christentum lebt von der Erfüllung einer grundlegenden V. und den vielen V., die das Werden und Wachsen der Gemeinden begleiten. Lukas schildert in seiner Apostelgeschichte die Geschichte des frühen Christentums als Erfüllung der V. des Auferstandenen, dass die Jünger seine Zeugen sein würden bis an die Enden der Erde (Apg 1,8). Paulus erkennt in der V. einen Grundmodus der Rede Gottes: So wie das Gesetz dem Menschen sagt, wie er sein Leben gestalten soll, so sagt ihm die V. Gottes, wovon er leben kann. Gesetz und V. sind deshalb sowohl aufeinander zu beziehen als auch voneinander zu unterscheiden. Wo es um die Frage nach dem

Sein des Menschen, um die Frage nach seiner Identität geht, hängt alles an der V. Gottes und am Glauben des Menschen.

Gen 12–25; Apg 1; 13; Röm 4; 9; Gal 3; Hebr 6; 11; 2Petr 3

Versöhnung
Sühne▲

In der alttestamentlichen Vorstellung von Sühne sind zwei Bedeutungselemente verbunden, die im Deutschen auf zwei verschiedene, aber verwandte Begriffe verteilt sind: sühnen und versöhnen (von ‹versühnen›). Die Beseitigung von Schuld, Fehlverhalten und Sünde und die Überwindung von Streit, Feindschaft und Krieg werden als Vorgänge verstanden, in denen es um dasselbe geht: Eine Beziehung zwischen zwei Parteien (Mensch und Mensch oder Mensch und Gott) wird wieder in Ordnung gebracht, so dass sie wieder durch und durch *schalom* (Frieden) ist. Ob dies nun durch die Darbringung einer (kultischen) Gabe geschieht oder durch eine Sinnes- und Einstellungsänderung wird im Alten Testament nicht strikte unterschieden; was im Deutschen als Sühne bezeichnet wird, ist im Hebräischen immer auch V. – Im Griechischen sind die beiden Vorgänge wie im Deutschen begrifflich klar voneinander unterschieden. Das Begriffsfeld versöhnen/V. kommt im Neuen Testament insgesamt nur in vier Textzusammenhängen vor, erfährt im Zweiten Brief an die Korinther (2Kor 5,18–20) aber eine prägnante theologische Vertiefung: Paulus tritt als Gesandter Christi auf, der in dessen Namen die Menschen bittet, sich mit Gott versöhnen zu lassen. Gott begibt sich auf den Weg zu den Menschen, um diese wieder für sich zu gewinnen.

Röm 5; 11; 1Kor 7; 2Kor 5

Versöhnungstag
Allerheiligstes▲ Sühne▲

hebräisch *jom kippur*; ein nachexilisch entstandenes Fest, das am 10. Tischri (September/Oktober) des jüdischen Kalenders gefeiert wird; einziger Tag, an dem der Hohe Priester das Allerheiligste betreten darf; Feiertag mit Ruhe und Fasten, Busse und Opfer zur Sühne für Tempel, Priester und Volk; besteht aus den beiden Ritualen der Besprengung des Allerheiligsten und des Altars vor dem Heiligtum mit dem Blut von Opfertieren und der Opferung von zwei Böcken, von denen der eine für JHWH bestimmt ist, der andere beladen mit den Sünden des Volks für *Azazel*, einen Wüstendämon, in die Wüste gejagt wird, wodurch die Sünden ‹weggeschafft› werden (Lev 16); in Röm 3,25 Hintergrund für eine Deutung des Todes Jesu

verstockt/Verstocktheit
Herz▲

Das deutsche Wort stocken bedeutet ‹gerinnen›, ‹steif werden›, ‹stillstehen›. Blut stockt, die Milch stockt, der Verkehr am Engpass, der Atem vor Schreck. Ein Rhythmus setzt aus, ein Fluss ist unterbrochen. Verstocken heisst daher, etwas hart und unbeweglich machen. In der Bibel ist es immer das Herz, das v. wird, und zwar von JHWH. Da das Herz im Hebräischen der Sitz des Fühlens, Wollens und Verstehens ist, hat seine Verhärtung Folgen: Der Fluss des Hörens und Sehens wird unterbrochen, der Rhythmus der Wahrnehmung setzt aus, Sehen führt nicht mehr zu Einsicht, Hören nicht mehr zu Gehorsam. Wer v. ist, ist zu keiner Erkenntnis mehr fähig. So schlägt JHWH den Pharao mit V., damit Mose den Auszug vorbereiten kann. Dass eine Verstockung des eigenen Volks zum Auftrag des Propheten Jesaja wird, hat die drohende Pointe, dass Gott nun die Eigenen behandeln will wie einst die Fremden: Wer v. ist, hat das Geschenk der Freiheit verspielt. – Für die Verarbeitung der Erfahrung, dass die Verkündigung des Evangeliums bei vielen Menschen auf taube Ohren stiess, kam der Stelle Jes 6,9–10 im frühen Christentum eine wichtige Rolle zu. Sie wird in allen Evangelien, in der Apostelgeschichte und bei Paulus angeführt und in unterschiedlicher Länge zitiert. Das Rätsel, dass es Ohren gibt, die nicht hören, und dass man hören kann, ohne zu verstehen, wird in seiner Rätselhaftigkeit benannt und – wo nach einer Ursache gesucht wird – auf eine Verfettung oder Verstockung des Herzens durch Gott zurückgeführt. Die Frage Jesu an seine Jünger: «Ist euer Herz v.?» (Mk 8,17) spiegelt die Ambivalenz des Phänomens: Dass ihnen das Herz v. wurde, ist für die Jünger ein Widerfahrnis; gleichwohl spricht Jesus sie auf ihre jetzige Verantwortung an und fordert sie zur Stellungnahme heraus.

Ex 4–14; 1Sam 25; Jes 6; Jer 18; Mt 13; Mk 4; 6; 8; Lk 8; Joh 12; Apg 28; Röm 11

verstossen/Verstossung

Ehe▲

auch ‹entlassen›; zivilrechtlicher Begriff im Alten Testament für die Auflösung der Ehe durch den Mann; gestattet in Fällen wie von Unfruchtbarkeit, Ungehorsam, schlechtem Lebenswandel oder Ehebruch der Frau; vollziehbar aufgrund der mündlichen Erklärung: «Sie ist nicht mehr meine Frau», oder mit Scheidebrief analog zum Heiratsvertrag, ohne finanzielle Ablösung oder mit Rückgabe der Mitgift

Volk

Heiden ▲ Israel▲

Der biblische Begriff V. lässt sich nicht über die Kategorie von Sprache, Blut, Land oder Nation definieren. Im Hebräischen gibt es zwei wichtige Wörter für V.: Beim einen (*goj*) steht eher die politische Dimension im Zentrum (gemeinsames Land, Staatsstrukturen), beim anderen (*am*) primär der ethnische Zusammenhalt, unabhängig von der Staatlichkeit. Im Laufe der Entstehung des Alten Testaments wird aber vor allem eine andere Unterscheidung wichtig: Der zweite Begriff (*am*) wird immer ausschliesslicher eine Bezeichnung für Israel, während fremde V. mit dem ersten Begriff (im Plural *gojim*) bezeichnet werden. In älteren Bibelübersetzungen wird dieser zweite Begriff daher oft als ‹Heiden› übersetzt, in dieser Ausgabe wird er mit ‹Nationen› wiedergegeben. Damit verengt sich auch in der deutschen Übersetzung die Weite des Begriffs V., wie das zugrundeliegende hebräische Wort (*am*) ist er in den meisten Fällen Bezeichnung für das V. Israel. Im Griechischen des Neuen Testaments gibt es hauptsächlich vier Wörter für V.: Eines von ihnen bezeichnet das ungebildete V., ein anderes die Menge der Leute, ein weiteres das V. in seiner kultisch-religiösen Zusammengehörigkeit und noch ein weiteres das V. in ethnischer Perspektive. – In der Bibel ist der Begriff V. (*am*) häufig mit ganz bestimmten theologischen Vorstellungen verbunden, die sich in drei historischen Phasen herausgebildet haben. Eine erste Phase lässt sich unter dem Aspekt des Werdegangs erfassen: Israel ist nicht von Anfang an das fertig gebildete ‹Haus Jakob›, sondern wächst über viele Jahrhunderte aus Familien, Sippen und Stämmen heran, die als Nomaden unterwegs sind, miteinander in Berührung kommen, sesshaft werden und sich mit Einheimischen und Fremden mischen, sich zu Zweckbündnissen zusammentun und schliesslich politische Strukturen aufbauen. Das spätere Israel verknüpft die vielen verschiedenen Geschichten, die in diesen Sippen überliefert werden, zu der einen Geschichte, in der alle herausragenden Personen miteinander verwandt und verschwägert sind. Der komplexe Werdegang wird in Form mehrerer überschaubarer Einzelbiografien überliefert, die zusammen die eine Volksgeschichte ergeben. Die Überlieferung konzentriert sich dabei auf das Wirken Gottes, der Israel durch seine Verheissungen, seine Zeichen und Wunder, seine Bundesschlüsse, vor allem aber durch seine stete Begleitung gross gemacht hat. Mit Gott findet das V. zu seiner Identität. Die zweite Phase lässt sich unter dem Aspekt der Untreue erfassen: Das bestallte und etablierte V. spaltet sich bald einmal in zwei Reiche, kämpft im Innern mit sozialen Problemen und nach aussen gegen die Bedrohung durch Grossreiche. Dabei verliert es die Kriterien Gottes aus dem Blick. Die Propheten erinnern an den Werdegang des Volks, prangern die herrschenden Zustände an und verheissen Bedrohliches. Hosea nennt einen seiner Söhne demonstrativ ‹Nicht-mein-V.›. Beide Reiche zerbrechen an der fortgesetzten Kompromisspolitik. Ohne Gott zerstreut sich das V. Die dritte Phase lässt sich unter dem Aspekt der Erneuerung erfassen: Gott gibt sich mitten in der Zerstreuung wieder als Retter zu erkennen, nun aber auf eine neue Weise: Was einst sichtbar und greifbar war, wird nun zu einem Gut der Hoffnung und des Glaubens, wird zur Verheissung. Gott bleibt Israels Gott und wird zugleich der eine Gott aller Menschen. Israel bleibt Gottes V., Gottes V. aber sind zugleich alle, die an den einen Gott glauben; jeder Mensch kann zu diesem V. gehören – auch der Bewohner Ninives (was Jona so schwer begreifen kann), auch der unbeschnittene Nicht-Jude, der Heide (was Petrus so schwer begreifen kann). Die Apostelgeschichte hat diesem Perspektivenwechsel in der Erzählung von Petrus und Kornelius ein literarisches Denkmal gesetzt.

Dtn 28–29; 2Kön 17; Ps 72; 105–106; Jes 2; 6–8; 40; Ez 36; Apg 10–11; Gal 2

Vollmacht

Von Jesus sagt Matthäus am Ende der grossen Redekomposition, die man die ‹Bergpredigt› nennt, er habe geredet «wie einer, der V. hat, und nicht wie ihre Schriftgelehrten» (Mt 7,29). Das griechische Wort *exousia*, das mit ‹V.› übersetzt ist, bezeichnet die Möglichkeit, aufgrund von Befugnis aufzutreten, zu reden und zu handeln. Eine oberste Instanz erteilt sie. Dabei rüstet sie die Befugten – Männer wie Frauen – mit Macht, Rechten und Freiheiten aus. Sie autorisiert sie als ihre Gesandten. So ist Jesus von Gott befugt und autorisiert. Er hat ‹etwas zu sagen› (wie nach ihm auch die Apostel, die Jünger und Jüngerinnen und die christliche Gemeinde als ganze). Damit steht er den theologischen Autoritäten seiner Zeit gegenüber wie einst Jeremia seinen Gegnern. Wie die Propheten stellt er sich mit V. gegen die Herrschaft der Dämonen, redet er öffentlich über die bessere Gerechtigkeit Gottes. Das griechische Wort für V. nimmt in gewisser Weise den Platz ein, den in der Prophetie die Botenformel «so spricht JHWH» eingenommen hat.

Mk 3; 11; Lk 10; 12; Apg 26

Vorhang

mit Purpur gefärbtes Gewebe, das sowohl im Wanderheiligtum, dem Zelt der Begegnung, als auch im salomonischen Tempel das nur dem Priester zugängliche Allerheiligste (*debir*) vom Hauptraum (*hekal*) trennt

Vorhof

Tempel▲

in der Umfriedung des palästinischen Tempelgeländes der offene Raum vor dem eigentlichen Tempel; so bereits gegen Ende des 3. Jahrtausends v.Chr. in den kanaanäischen Tempelanlagen der frühen Städte En-Gedi und Megiddo, so auch im JHWH-Tempel von Arad (nach 1000); im Ersten und Zweiten Tempel Jerusalems, der gesamthaft ‹Haus JHWHS› ist, etwa 155 m auf 50 m gross, vermutlich mit Bäumen bepflanzt und sicher der Standort der zehn Kesselwagen mit Wasser, des Altars für die Rauch- und Brandopfer und des Tischs für die Schaubrote, deshalb auch Schauplatz verschiedener Rituale; in der Zeit Herodes des Grossen unterteilt in zwei grössere Areale, den Bereich des äusseren Tempelvorplatzes und den Bereich der drei inneren Vorhöfe: einem V. für die Priester, einem für die Männer und einem für die Frauen; Nichtjuden war der Zutritt zu diesen inneren V. verboten, wogegen der äussere Vorhof – wohl der Ort, von dem in der Darstellung der Evangelien Jesus die Händler, Käufer und Verkäufer von Opfertieren vertrieb (Tempelreinigung) – allgemein zugänglich war

Vorsteher

im Alten Testament Titel für verschiedene politische oder religiöse Ämter, im Neuen Testament Bezeichnung für den Leiter der örtlichen Synagoge

Wahrheit

Glaube▲

Das hebräische Wort, das am ehesten in die Nähe des Begriffs W. kommt (*ämät*), hat die gleiche Wortbasis wie die Wörter für Glauben und Treue. Alle drei haben mit dem zu tun, was fest, gewiss und verlässlich ist. Insofern ist für die Bedeutung von W. ihr Zusammenhang mit Festigkeit, Sicherheit und Zuverlässigkeit ebenso bedeutsam wie die grosse Nähe zu Treue und Glauben. Die gleiche Wortbasis findet sich auch in *Amen*: Wahr ist, was gewiss ist und ein bestätigendes Amen verdient. Das Wort «Glaubt ihr nicht, so bleibt ihr nicht!» (Jes 7,9) fasst zusammen, was nach hebräischem Empfinden wahr ist: das, was bleibt. Der Mensch soll W. üben und die W. sagen, und er soll in der W. sein. W.

und Wahrhaftigkeit sind kaum zu trennen. – Was ist W.? Die Frage des Pilatus ist, allerdings in rhetorischer Weise, im Sinn der griechischen Philosophie gestellt. Das Evangelium nach Johannes, das sie in seiner Passionsgeschichte überliefert, kommt dieser Art der Fragestellung, die nach dem Wesen der W. fragt, von allen biblischen Schriften am nächsten. Es kommt ihr aber auch zuvor, mit der Antwort, die Jesus bereits gegeben hat: «Ich bin der Weg, die W. und das Leben» (Joh 14,6). W. erschliesst sich aus dieser Sicht erst in der Begegnung mit Jesus. Dass er die W. ist, unterscheidet ihn von jedem anderen Sein, und deshalb kann nur er selbst sich als die W. offenbaren. Von dieser W. kann der Mensch durch das Evangelium hören, denn im Evangelium wird sie Wort für das Ohr des Menschen. Hat dieses Wort ihn einmal erreicht, so ist es seine Entscheidung, ob er in der Lüge oder ‹in der W.› sein will. In dieser W. liegen die Freiheit und das Leben.

2Sam 7; Ps 86; Jes 7; 42; Joh 1; 4; 8; 14; 18

Wahrsagerei

Anders als im heutigen Alltagsverständnis ist W. im Alten Testament keineswegs identisch mit Prophetie, im Gegenteil: Unter W. werden verschiedene magisch-religiöse Orakelpraktiken zusammengefasst (Zusammenstellungen in Dtn 18,10–11 und Ez 21,26), die im Alten Testament streng verurteilt werden. Sie sind entweder aus vorisraelitischer Zeit erhalten geblieben oder später durch altorientalische Nachbarkulturen vermittelt worden.

Waise

gehört zusammen mit der Witwe, aber auch mit dem Armen, dem Geringen und dem Fremden zu den Randständigen und ist wie diese allein kaum überlebensfähig, wird daher im ‹Pflichtenheft› des gerechten Königs ausdrücklich als Schutzbefohlene aufgeführt

Wallfahrt

Laubhüttenfest▲

in allen Religionen bekannte gemeinschaftliche Wanderung zu einem Heiligtum; Pilgerfahrt, die man als Erfüllung eines Gebots oder Gelübdes leistet, durch die man Heilung oder Sühnung erhofft, gegenwärtigen Fluch abwenden oder künftigen Segen erwirken will, in jedem Fall aber Teilhabe an der Wirkung des Heiligen sucht; begleitet von Liedern und Gebeten (vgl. den sogenannten Wallfahrtspsalter Ps 120–134), Gottesdiensten und Opferritualen; in Palästina zunächst für verschiedene Kultstätten wie Bet-El, Schilo, Beer-Scheba und Gilgal bezeugt, dann auf Jerusalem und drei Feste beschränkt: das der ungesäuerten Brote (*Mazzot*), ferner das Wochenfest (*Schawuot*) und das Laubhüttenfest (*Sukkot*)

Wasser

Johannes der Täufer▲ Schilfmeer▲ Welt▲

Überall auf der Welt ist W. das kostbarste Element. In regenarmen Gebieten ist es besonders wichtig. Die grossen Flusskulturen des Orients am Nil und in Mesopotamien geben daher dem W. eine hohe Bedeutung in ihren Mythen und Symbolen. Auch in der Bibel finden sich einige solcher Mythen, die sich jedoch alle auf das Süssw. beziehen, denn zum Meer hat die Kultur Palästinas, wie alle Flusskulturen, wenig Beziehung: Das urtümliche chaotische W. ist vor der Schöpfung schon da und bleibt auch nach ihr spürbar vorhanden. Alles Geschaffene, die ganze Welt, der Erdkreis bildet nur eine riesige von der Atmosphäre umhüllte Insel, die Gott mitten in die W. des Chaos gesetzt hat. In der Fluterzählung werden die Luken ober- und unterhalb der Erdplatte geöffnet. Die Vorzeit holt die Zeit ein. Dies kann immer wieder geschehen, in jedem Unwetter, jeder Überflutung und jedem Seesturm; der Tod kann einen Menschen tatsächlich in Gestalt verschlingender W. in einem plötzlich überfluteten Wadi erreichen. Gott allein kann das Chaos bekämpfen und die W. des Urmeers in jahreszeitliche Regeln zwingen. Er allein kann für den Auszug seines Volks aus der Sklaverei die Regeln brechen und den Lauf des W. ändern. – Ausdruck des Kosmos, in dem die chaotischen Elemente geordnet sind, ist der Tempel. Meistens haben Tempel einen Brunnen, der den Urquell symbolisiert, aus dem das ‹W. des Lebens› strömt. Durch die Gegenwart Jesu wird der Jakobsbrunnen in Sychar, an dem ihm die Samaritanerin begegnet, auch ohne Tempel zum Tempelbrunnen und sein W. zum Lebensw. In der letzten Vision der Bibel (Offb 21–22) gibt es zwar keine Sonne und keinen Mond mehr, weil Gott selber leuchtet, und keinen Tempel mehr, weil Gott selber der Tempel ist, das W. des Lebens aber fliesst wie ein Strom mitten durch die Stadt, in der alle versammelt sind, die Gott dienen.

Gen 1–2; 7–9; Ex14–15; Ps 124; Jes 43–44; Ez 47; Joel 4; Mk 1; Joh 4; Offb 21–22

Weg

umkehren▲ Weisheit▲

Der W. ist in der Bibel eine wichtige theologische Denkfigur. Im Rückblick versteht Israel seine Geschichte als ‹W.›: als steinigen, aber insgesamt doch ‹geraden› W. von Mesopotamien über Ägypten zum Sinai und von dort zum Zion, als ‹krummen›, in die Katastrophe führenden W., der mit der Zerstörung Jerusalems und der Verbannung endet, und als hoffnungsvollen W. aus dem Exil zurück ins Land der Verheissung. Dieser Gedanken des Unterwegsseins wird im Neuen Testament fortgesetzt mit dem W. von Maria und Josef von Nazaret nach Betlehem, ihrer Flucht mit dem Kind nach Ägypten, den W. Jesu durch Galiläa, seinem W. hinauf nach Jerusalem und zuletzt mit seinem W. ans Kreuz. Die ganze Bibel ist ein Buch der Wege. Das Bild vom Hirten, der mit seiner Herde unterwegs ist, prägt nicht nur das Gottesbild, sondern auch die Vorstellungen vom Amt eines Königs bis hin zum Amt des Vorstehers einer christlichen Gemeinde. – In der Weisheit ist wiederholt von zwei Wegen die Rede: dem W. der Torheit und des Ungehorsams, der ins Verderben und in den Tod führt, und dem W. der Weisheit und der Gottesfurcht, auf dem das Leben glückt. Mit dieser Gegenüberstellung wollen die Weisen zur Wahl des richtigen Wegs anleiten, nicht anders als Jesus in seinem weisheitlichen Mahnwort, den schmalen und nicht den breiten W. zu wählen. Im Evangelium nach Johannes bezeichnet Jesus sich selbst als den «W., die Wahrheit und das Leben». In ihm ist Gott zu den Menschen gekommen, in ihm finden die Menschen zu Gott.

Gen 4; Spr 4; Ps 23; Mt 7; Joh 14

Wehe!

Wohl!▲

ursprünglich wohl in der Totenklage beheimatet; wird zum Kennwort der literarischen Gattung ‹Wehruf›, im Alten Testament vor allem von den Propheten, im Neuen Testament von Jesus oder dem erhöhten Christus als Einleitung einer Gerichtsansage, aber auch von Einzelnen als Ausdruck des Entsetzens über die eigene Situation gebraucht

weihen

W. heisst, eine Sache oder eine Person der Sphäre des Heiligen übergeben, so dass sie göttliche Kraft oder Dynamik aufnehmen kann. Verschiedenes kann geweiht werden: die Erstlinge, Brot oder Edelsteine, Krieger für den heiligen Krieg oder Priester für den heiligen Dienst. – Ein Sonderfall ist das *Naziräat*, ein religiöses Ritual, mit dem sich eine Person für eine bestimmte Zeit und aufgrund eines Gelübdes w. Während der Weihezeit sind Rauschgetränke, das Schneiden des Haars und die Nähe zu Toten untersagt. Mit einer Rasur und verschiedenen Opfern (zu denen auch das abgeschnittene Haar gehört) wird die Weihezeit abgeschlossen, der *Nazir* rituell entheiligt und ins normale Leben entlassen. Paulus hat nach der Schilderung der Apostelgeschichte auf den Rat der Jerusalemer Ältesten die Kosten eines Naziräats übernommen, um seinen Ruf als gesetzestreuer Jude wiederherzustellen.

Ex 29; Lev 8; 27; Num 6; Ri 13–16; 1Sam 21; Apg 18; 21

Wein

Abendmahl▲

Saft der Rebe, die wie der Oliven-, Dattel- und Feigenbaum seit ca. 4000 v.Chr. kultiviert wird; die Beeren sind nach dem Bauernkalender von Gezer, einer althebräischen Inschrift (um 950), während zweier Monate zu lesen, sofort zu pressen oder zu trocknen; für den Eigenbedarf oder den Export gewonnen; in Nachbarkulturen einer eigenen Gottheit zugeordnet und eng mit Leben und Tod verbunden (Osiris, Mithras, Dionysos); in der Bibel zuerst Schöpfungsgabe Gottes zur Lebensfreude des Menschen, im Abendmahl Symbol für das von Jesus vergossene Blut

Weisheit

Frevler▲ Gerechtigkeit▲ Hiob▲ Schöpfung▲ Torheit▲ Weg▲

Nach heutigem Sprachgebrauch ist W. ein gleichermassen auf Klugheit und Erfahrung gründendes Vermögen des Menschen, Zusammenhänge zu erkennen und sich im Leben zu orientieren. Ein solches Vermögen ist W. auch nach dem biblischen Sprachgebrauch, darüber hinaus aber noch viel mehr: eine bestimmte Art des Denkens, der Weltbetrachtung. Dieses Denken schlägt sich im alten Israel wie ganz ähnlich auch in seiner altorientalischen Umwelt in einer eigenen Form von Literatur nieder, der sogenannten Weisheits*literatur*, von der in der

Fachsprache und auch in diesem Glossar in verkürzender Form von W. gesprochen wird. Ein Vergleich der einzelnen weisheitlichen Schriften zeigt, dass sich das W.-Denken im Laufe der Geschichte verändert hat. – Die ältere W., wie sie im Alten Testament vor allem im Buch der Sprüche ab Kapitel 10 erhalten ist, ist durch kurze Sprüche charakterisiert, in denen die wiederholten Erfahrungen Einzelner zu allgemeingültigen Aussagen verdichtet sind. Inhaltlich wird in all diesen Sprüchen auf die eine oder andere Weise für einen dem Leben förderlichen Lebensweg geworben: «Wer die Unterweisung beachtet, weist den Pfad zum Leben, wer aber der Ermahnung nicht folgt, führt andere in die Irre» (Spr 10,17). Hintergrund dieser weisheitlichen Weltbetrachtung ist das Schöpfungsdenken, nach dem Gott allem Geschaffenen eine innere Ordnung verliehen und so der ganzen Schöpfung seine Gerechtigkeit aufgeprägt hat. Diese der Welt inhärente Ordnung und Gerechtigkeit wirkt sich im Leben der Menschen insofern aus, dass sie mit ihrem eigenen Tun bestimmen, ob sie den Weg des Lebens oder den Weg des Todes beschreiten. – Auch die jüngere, kritische W. setzt sich mit diesem Zusammenhang von Tun und Ergehen auseinander, anders aber als die ältere W. nicht in einem positiv bejahenden, sondern in einem kritisch reflektiven Sinn. So berichtet Kohelet von der Erfahrung, dass manche Frevler Erfolg haben im Leben, während Gerechte zugrunde gehen. Und Hiob, der am eigenen Leib erfährt, dass auch ein Gottesfürchtiger ins Unglück geraten kann, hält gegen seine Freunde daran fest, dass dieses Unglück in keinem Zusammenhang zu seinem Verhalten stehe. Weder Kohelet noch Hiob lassen aufgrund solcher Erfahrungen den Glauben an Gott, den Schöpfer, fahren, beide geben aber offen zu, dass ihnen die Ordnung und Gerechtigkeit der Schöpfung oft verborgen bleibt. – In der theologisierten W. wird einem solchen als Skepsis empfundenen kritischen Denken vehement die Stirn geboten. In den ersten neun Kapiteln des Buchs der Sprüche wie ähnlich auch in manchen weisheitlichen Schriften aus der zwischentestamentlichen Zeit wird betont, dass es ein Leichtes sei, den Weg des Lebens zu erkennen und gerecht und weise zu leben. Gegenüber der älteren W. kommen hier zwei Momente hinzu, denen gemeinsam ist, dass die W. sehr eng mit Gott in Verbindung gebracht wird: Zum einen heisst es hier nun wiederholt, dass die Furcht des HERRN der Anfang der W. sei. Im zwischentestamentlichen Buch Jesus Sirach wird die W. sogar mit der *tora* identifiziert. Zum anderen wird dem Menschen gesagt, dass er in seinem Versuch, die gerechte Ordnung der Schöpfung und den guten Lebenspfad zu erkennen, nicht auf sich selbst gestellt ist, sondern eine Helferin zur Seite hat, die von Gott selbst kommt: Die W., das erste Geschöpf JHWHs, die dabei war, als er die Welt erschuf und ihre Ordnung festlegte (vgl. Spr 8). Diese weibliche Gestalt der W. kommt auf die Menschen zu, lädt sie ein, ihr zuzuhören. Allen, die ihre Einladung annehmen, offenbart sie die grösseren Zusammenhänge und ermöglicht ihnen so, den Weg des Lebens zu beschreiten. – Den alttestamentlichen Vorgaben entsprechend, zeichnet Lukas den zwölfjährigen Jesus, der mit den Schriftgelehrten diskutiert, als neuen Weisen. Entsprechend auch interpretiert Paulus das Kreuz in der Fluchtlinie der kritischen W. als Torheit und in der Fluchtlinie der theologisierten W. als Gottes neue W. Entsprechend schliesslich versteht der weisheitlich geprägte Brief des Jakobus Jesus als die Verkörperung der W. von oben: als die neue *Sophia* Gottes für seine alte Welt. Die dichteste Formulierung findet sich im Prolog des Evangeliums nach Johannes: Jesus ist der Logos, die W. Gottes, die allem Geschaffenen ihr Gepräge gibt.

Hiob; Spr; Koh; Lk 2; Joh 1; 1Kor 1; 3; Jak 3

Weisung

Gebot▲ Gesetz▲

Das Wort W. ist eine Übersetzung des hebräischen Worts *tora*, das im Alten Testament eine lange Geschichte hat und in verschiedenen Zusammenhängen und Bedeutungen gebraucht wird. Im Sinn von ‹Unterweisung› ist *tora* zunächst die Aufgabe der Eltern: «Höre, mein Sohn, auf die Unterweisung durch deinen Vater, und verwirf nicht die W. deiner Mutter», heisst es in Spr 1,8. Hier geht es um die Unterweisung eines Heranwachsenden, W. ist Einweisung ins Leben. Neben den Eltern sind auch die Priester mit *tora* betraut. Sie mündlich zu erteilen, gehört zu ihren Hauptaufgaben am Heiligtum. Die W. gilt als wörtlicher Kultbescheid JHWHS und orientiert über Fragen von heilig und profan, rein und unrein. Laien erfahren von Priestern, wie richtig vorzugehen ist. Hier ist W. Einweisung in kultische Ordnungen. Als eine verengende Vereinnahmung der *tora* JHWHS wird dieses priesterliche Verständnis von den Propheten kritisiert. Für sie ist *tora* etwas viel Umfassenderes: der ganze Wille JHWHS, nicht nur einzelne von Priestern festgesetzte Regeln. Das Deuteronomium und die von ihm geprägten Texte, später die Chronik und die von ihr abhängige Literatur binden die *tora* schliesslich eng an die Person des Mose und die Gesetzgebung am Sinai. Diese *tora* des Mose wird nun zur W. schlechthin. In einem spezifischen Sinn ist mit W. daher die Gesamtheit der fünf Bücher Mose bezeichnet. – Das Griechisch sprechende Judentum übersetzte *tora* zum grössten Teil mit *nomos* (Gesetz) und erweiterte den Begriff damit durch neue Bedeutungsaspekte. Die neutestamentlichen Autoren schlossen sich dieser Übersetzungstradition an.

Ex 18; Dtn 1; Ps 1; 119; Spr 1; Jer 18; 31; Hos 8; Hag 2; Mal 2

Welt

Schöpfung▲

Einen philosophischen Begriff ‹W.› kennt die Bibel nicht, wohl aber verschiedene Welt*bilder*, Modelle, die ein Ganzes unter einem jeweils prägenden Aspekt erfassen. – Das wirksamste biblische Weltbild ist die W. als Schöpfung. Entsprechend diesem Weltbild hat Gott allem Geschaffenen seinen Ort, sein Gefüge, seine Ausrichtung und seinen Sinn gegeben. Ein solches Schöpfungsdenken, das die W. unter dem Aspekt der gerechten Ordnung wahrnimmt, ist in vielen Texten der Bibel greifbar; besonders deutlich tritt es in der Weisheitsliteratur hervor, den Schöpfungsberichten, manchen Psalmen und im Neuen Testament im Prolog des Evangeliums nach Johannes und dem Christushymnus im Brief an die Kolosser. Ein anderes Weltbild ist die W. als Stadt: Aus den Erfahrungen mit einem Stadtstaat und der Institution des Königtums wird die W. unter dem Aspekt der Macht und des Einflusses wahrgenommen, der von diesem als Nabel der W. verstandenen Zentrum ausgeht. Die Geschichte vom Turmbau zu Babel und die Endzeitvision vom himmlischen Jerusalem spiegeln eine solche Sicht der W. als Stadt. Ein wieder anderes Weltbild ist die W. als Garten. In dieser Wahrnehmung der W. steht der Aspekt der Fruchtbarkeit im Vordergrund, alles dreht sich um eine zuverlässige Bewässerung, die die Fruchtbarkeit der Böden und die Versorgung der Bewohner garantiert. Momente dieses Weltbilds finden sich in der Erzählung von Adam und Eva im Paradies, Ezechiels Vision vom heiligen Land, der Liebeslyrik des Hohelieds, den Weisheitsliedern über das Leben des Gerechten, aber auch in den Visionen Deuterojesajas von der Heimkehr Israels aus der Verbannung. – Eine grundsätzliche Abwertung der W. kennt die Bibel nicht: Die W. ist vergänglich, und der Mensch kann sie verderben. Die W. kann der Nichtigkeit verfallen, sie kann die dem Schöpfer gebührende Ehre verweigern und sich von Gott abwenden – dennoch wird sie von ihm bewahrt. Die grösste Ambivalenz eignet dem Begriff W. im Evangelium nach Johannes: Gott hat die W. so sehr geliebt, dass er seinen eigenen Sohn gab, und zugleich kann die W. Gott nicht erkennen und seinen Geist nicht empfangen. Die Dialektik von W. als Schöpfung Gottes und W. als sich von Gott abwendender Menschheit ist hier in abgründiger Weise zugespitzt.

Gen 1–3; 11; 18–19; Hi 38–39; Ps 1; 104; Hld; Jes 40–43; Ez 47–48; Jona; Joh 1; 3; 4; 8; 14–17; Röm 1; 5; 8; 1Kor 1; 6; 1Joh 4; Offb 21–22

Wiederkunft

Gericht▲ Tag▲

Parousia, das griechische Wort, das die neutestamentlichen Autoren für die Wiederkunft des erhöhten Christus verwenden, bezeichnet in ihrer heidnischen Umwelt das Erscheinen der Gottheit im Mysterienkult oder die triumphale Ankunft des Gott-Kaisers in einer Provinz. Im Sprachgebrauch der ersten Gemeinden aber ist es Ausdruck ihrer Gewissheit, dass die Auferstehung Jesu nicht nur eine persönliche Auferstehungshoffnung begründet, sondern die Aussicht auf ein weltweit erkennbares Zutagetreten des Sieges Jesu über die Todesmächte eröffnet. Die österliche Erfahrung bewirkt im Nachhinein ein Neuverständnis sowohl für die Nähe des Gottesreichs in Jesu Worten und zeichenhaften Handlungen als auch für die Schriften des Alten Bundes, in denen prophetisch ein Gerichtstag über Israel und alle Völker (z.B. Jes 2,12–22), die endgültige Offenbarung des Gottes Israels und die Vernichtung des Todes für immer angekündigt wird (Jes 25,6–9). – Die Vorstellungen, die sich im Alten Testament mit der Hoffnung auf einen künftigen Gottestag verbinden, sind verschieden, allen gemeinsam ist die Gewissheit: «Und der HERR wird König sein über die ganze Erde. An jenem Tag wird der HERR einzig sein, und sein Name wird einzig sein» (Sach 14,9). In den frühen Gemeinden entwickeln sich daraus verschiedene Vorstellungen über das zukünftige Erscheinen des Herrn vor der ganzen Welt: Teils sind sie geprägt von den Worten Jesu über das Kommen des Menschensohns und seiner Abweisung aller Terminspekulationen, teils von der Überzeugung, im Wirken des Geistes schon jetzt Anteil an der kommenden Verherrlichung der Söhne und Töchter Gottes zu haben

(Röm 8). Entscheidend aber sind nicht die Vorstellungen, die sich mit der Zeit auch wandeln – sowohl was den Zeitpunkt als auch was die Art und Weise der W. betrifft –, sondern die Gewissheit, dass der, welcher sich in seinem Versöhnungswerk bis in den Kreuzestod entäusserte, den Namen bekommen hat, vor dem sich alle Welt beugen wird (Phil 2,5–11). Im Glauben, nicht im Schauen, sind Christinnen und Christen darauf ausgerichtet, dass die endgültige Zukunft vom Namen und von der Wirklichkeit Jesu Christi geprägt sein wird.

Jes 2; 25; Sach 14; Mt 24–25; Mk 13; Röm 8; 1Kor 15; Phil 2; 1Thess 4–5; Offb 19–20

Witwe

gehört zusammen mit der Waisen, aber auch mit dem Armen, dem Geringen und dem Fremden zu den gesellschaftlich Randständigen; ist wie diese allein kaum überlebensfähig und wird daher im Pflichtenheft des gerechten Königs ausdrücklich als Schutzbefohlene genannt; wird aber im Alten Testament noch zusätzlich geschützt durch die sogenannte Leviratsehe (Verpflichtung des nächsten Verwandten des verstorbenen Mannes, dessen Witwe, falls sie keinen Sohn hat, zu heiraten und für den Verstorbenen Kinder zu zeugen, vgl. das Buch Rut); nach 1Tim 5 in der christlichen Gemeinde mit besonderen Aufgaben betraut

Wohl!

Gepriesen! Gesegnet!▲ Selig!▲ Wehe!▲

mit unmittelbar folgender Nennung der gemeinten Person ein Ausruf, der Erfreuliches über sie konstatiert; Kennwort der alttestamentlichen Seligpreisung (*Makarismus*), einer literarischen Gattung der Weisheit, die zum Lobpreis unterschiedlicher Menschentypen verwendet wird; Gegenstück zum Fluchwort und zum Wehwort und mit ihm zusammen, als Wohl und Wehe, ein ebenso sprichwörtliches Gegensatzpaar wie Fluch und Segen

Wort

Verheissung▲

W. sind Bedeutungsträger, ähnlich wie Bilder, Visionen, Zeichenhandlungen und Tänze. Als Elemente des Zeichensystems Sprache haben W. dabei in besonderer Weise an der Rationalität des Menschen teil. Wo Sprache sich aus magischen Zusammenhängen herausgelöst hat und Religion an gesellschaftlichen Differenzierungsvorgängen beteiligt ist, können Sprache und Religion eine enge Verbindung miteinander eingehen. Dies ist in allen Religionen der Fall, die sich stark an heiligen Schriften bzw. an einer heiligen Schrift und deren Auslegung orientieren. – Durch mündliche und schriftliche Überlieferung haben sich in der Bibel über viele Jahrhunderte Wörter zu Worten gefügt. Menschen haben weisheitliche, prophetische und gottesdienstliche W. (die Lyrik der Bibel) wie auch erzählende, ermahnende und reflektierende W. (die Prosa der Bibel) überliefert und dabei immer auch im Blick auf die Fragen der eigenen Zeit gestaltet und verwandelt: Die Literatur der Bibel ist aus einem Prozess hervorgegangen, in dem die W. lebendig geblieben sind und durch jedes Ohr, das hört und versteht, lebendig bleiben. – Was biblische Sprache auszeichnet, ist die spezifische Weise des Gebrauchs anredender Sprache: Biblische Traditionen sprechen nicht in erster Linie *über* oder *von* Gott, sondern *zu* Gott und *von* Gott *her*. Dem sich im W. offenbarenden Gott entspricht der glaubende, betende und hoffende Mensch. Auf diesem Hintergrund ist es zu verstehen, dass das erste Buch der Bibel in seinem ersten Kapitel berichtet, dass Gott im Anfang die Welt durch sein W. erschaffen habe, und dass der Prolog des Evangeliums nach Johannes von diesem W. sagt, dass es in Jesus Christus Fleisch geworden sei. In beiden Texten wird herausgestellt, dass der Mensch in seiner Welt in fundamentaler Weise vom ansprechenden, verheissenden und schaffenden W. Gottes lebt.

Gen 1; Joh 1; Röm 10; 2Kor 3

Wunder
Zeichen▲

Wie die programmatische Formel ‹Zeichen und W.› zeigt, versteht die Bibel das W. als Zeichen. Das Wesen eines Zeichens ist, dass es den Blick auf etwas anderes lenkt: Es erinnert an etwas und verweist auf etwas. Das W. hat seinen Sinn also nicht in sich selbst, sonst wäre es bloss ein Mirakel, eine effektvolle Inszenierung, deren Wirkung verflogen wäre, sobald der Vorhang gefallen ist. Der Sinn des biblischen W. liegt in dem, worauf es verweist und was es zugleich darstellt: Jedes Rettungsw. erinnert an den Auszug aus Ägypten und verheisst Befreiung aus Sklaverei, hat seinen Sinn also im Geschenk der Freiheit, die das eigentliche W. ist. Jedes Speisungsw. erinnert an die Zeit in der Wüste und verheisst Versorgung mit dem Lebensnotwendigen, hat seinen Sinn also im Geschenk der Fürsorge, die das eigentliche W. ist. Jedes Heilungsw. erinnert an Elija und verheisst Gesundung, hat seinen Sinn also im Geschenk der Unversehrtheit, die das eigentliche W. ist. Jedes Auferweckungsw. erinnert an Elischa und verheisst Auferstehung aus dem Tode, hat seinen Sinn also im Geschenk des Lebens, welches das eigentliche W. ist. Dass Gott will, dass der Mensch frei, mit allem Notwendigen versorgt und heil sei und dass er das Leben habe, das ist das W. als Zeichen, das auf ein umfassendes Heil verweist.

2Kön 4–6; Mk 1; 6–9; Apg 9

Xerxes (I)

griechischer Name des persischen Königs *Xschayarscha* (486–465 v.Chr.), für die griechische Antike bedeutend wegen seiner wiederholten Versuche, Griechenland zu erobern (Sieg in der Landschlacht bei den Thermopylen, Niederlage in der Seeschlacht bei Salamis); unter dem hebräischen Namen *Achaschwerosch* (Ahasver) in der Novelle Ester eine rein literarische Figur

Ysop

niedriger Halbstrauch mit lanzettförmigen Blättern und violetten Blüten mit aromatischem Geruch; vermutlich nicht der *hyssopus officinalis*, der in Palästina nicht heimisch ist, sondern das *origanum maru*, das auf Mauern wächst; kann im Kult als Weihwedel zum Versprengen von Flüssigkeit eingesetzt werden

Zahlen

Z. spielen in verschiedenen religiösen oder philosophischen Systemen eine besondere Rolle: neben der Eins als Symbol der göttlichen Einheit und der Zwei als der Zahl der Polarität oder der Entzweiung auch die Drei als Symbol des geistigen Universums, die Vier als Repräsentation des irdischen Universums, die Sieben (drei plus vier) als die Verkörperung von Geist und Welt und die Zwölf (drei mal vier) als Zahl der Vollendung und Ganzheit. Die Bibel selbst kennt solche symbolischen Z. auch, verglichen mit den Spekulationen, die später christliche und jüdische Denker in Anlehnung an neuplatonisches und neupythagoräisches Gedankengut an sie geknüpft haben, haben sie aber eine relativ beschränkte Bedeutung. – Drei Männer besuchen Abraham und kündigen ihm die Geburt eines Sohnes an, drei Tage ist Jona im Bauch des Fisches und liegt Jesus im Grab, in Jes 6,3 wird der dreimal heilige Gott angerufen und in den letzten Versen des Evangeliums nach Matthäus fordert der Auferstandene die Jünger auf, zu taufen «auf den Namen des Vaters und des Sohnes und des heiligen Geistes» (Mt 28,19). – Von der Vierzahl geprägt ist die Vision des Ezechiel, auf die sich der sogenannte Tetramorph (‹Viergestalt›) als Symbol der vier Evangelisten bezieht. – Die Siebenzahl, die im Alten Testament nach den sieben Schöpfungstagen noch über zweihundert Mal erscheint, spielt im Neuen Testament vor allem in der Offenbarung des Johannes eine bedeutende Rolle: sieben Sendschreiben an sieben Gemeinden, sieben Siegel, sieben Posaunen, sieben Zornesschalen. – Die Zwölf, vielleicht die bedeutsamste Zahl der Bibel, erscheint im Neuen Testament – auch ausserhalb der Offenbarung des Johannes – mehrfach: Den zwölf Stämmen Israels entsprechen die zwölf Apostel, zwölf Jahre alt ist Jesus, als er im Tempel mit den Schriftgelehrten diskutiert, zwölf Jahre alt ist auch das Töchterlein des Jairus, das von Jesus auferweckt wird, zwölf Jahre lang hat die von Jesus geheilte Frau an Blutfluss gelitten, zwölf Körbe voll Brocken werden nach der wunderbaren Brotvermehrung eingesammelt. – Eine spezifisch ‹biblische Zahl› ist die Vierzig. Vierzig Tage dauert die Sintflut, vierzig Jahre die Wüstenwanderung Israels, vierzig Tage bleibt Mose auf dem Berg Sinai, wo er das Gesetz empfängt, vierzig Tage weilt Elija und ebenso lang Jesus vor seinem Auftreten in der Wüste, vierzig Tage gehen die Bewohner Ninives in Sack und Asche. Während vierzig Tagen erscheint der Auferstandene seinen Jüngern. Der Kirchenvater Augustin deutete die Zahl Vierzig als Symbol des diesseitigen Lebens als einer Zeit der Wanderschaft und Erwartung.

Zauberei

Sammelbegriff für diverse Praktiken magisch-religiöser Art (vgl. die Zusammenstellung in 2Chr 33,6); gehörte in der Antike zum Alltag; nicht vereinbar mit dem Glauben an JHWH und deshalb im Alten Testament streng verboten, an einigen Stellen unter Androhung der Todesstrafe; bei den Wundertaten Jesu in den synoptischen Evangelien gewisse Anklänge daran; in der Apostelgeschichte strikt abgelehnt

Ex 7–8; Dan 2; 4; Apg 8; 19

Zeichen

Abendmahl▲ Beschneidung▲ Taufe▲ Wunder▲

Die Bibel spricht in einem alltagssprachlichen und unsystematischen Sinn von Z. Alles Mögliche, was auf etwas anderes verweist, kann Z. sein. Gleichwohl lassen sich einige Differenzierungen vornehmen, wobei sich diese nicht an Unterschieden in der Terminologie, wohl aber an den mit unterschiedlichen Wörtern bezeichneten Phänomenen orientieren. – In der Bibel können *natürliche* Z. eine Rolle spielen, Phänomene der Natur und des alltäglichen Lebens, die auf etwas anderes schliessen lassen. So wirft Jesus seinen Zuhörern vor, sie könnten zwar das Aufsteigen einer Wolke im Westen deuten (als Anzeichen für Regen), verstünden aber nicht, die Z. der Zeit zu lesen. Das Aufsteigen einer Wolke ist ein natürliches Z. (wie Spuren im Wald oder Risse in einer Wand), mit den Z. der Zeit dagegen sind *geschichtliche* Z. gemeint: Vorboten für etwas Zukünftiges, aus denen sich der Sinn oder die Entwicklungsrichtung der Geschichte herauslesen lässt. Um etwas Ähnliches handelt es sich, wenn die Jünger Jesus bitten, er möge ihnen ein Z. nennen, das die Nähe des Weltendes ankündige. Nochmals anders funktionieren *konventionelle* Z.: Sie haben Bedeutung auf Grund einer Vereinbarung, einer Konvention, wie dies auf ganz direkte Weise beim Kuss des Judas der Fall ist. In der Bibel gibt es zwei wichtige Arten konventioneller Z., denen für eine ganze Gemeinschaft grundlegende Bedeutung zukommt. Beschneidung und Taufe sind Z. der Zugehörigkeit. Gott verordnet die Beschneidung als Z. seines Bundes mit seinem Volk; die Taufe ist das Z. der Zugehörigkeit zur christlichen Gemeinde bzw. zum Leib Christi. Der Regenbogen und das Abendmahl sind Z. der Anwesenheit Gottes. Nach jedem Unwetter erinnert der Bogen am Himmel an Gottes Bund mit allem Lebendigen und daran, dass er sich verpflichtet hat, das Leben auf der Erde zu bewahren. Wann immer Christinnen und Christen gemeinsam das Abendmahl halten, feiern sie die Gegenwart Christi. – Auf eine ganz spezielle Vorstellung von Z. trifft man in der Wendung ‹Z. und Wunder›: Mit ihr wird zum Ausdruck gebracht, dass Wunder mehr sind als Mirakel, dass sie über das Mirakel hinaus etwas Zusätzliches bedeuten. Dieses Zusätzliche kann darin liegen, dass sie einen Wundertäter legitimieren, so wie beispielsweise Aaron und Mose durch ihre Wundertaten vor dem Pharao legitimiert werden. Nach einer solchen Legitimation fragen die Pharisäer Jesus, wenn sie von ihm ein Z. vom Himmel fordern. Diese Tradition wird im Evangelium nach Johannes aufgenommen, wenn hier Wunder prinzipiell Z. genannt werden. Damit wird im Sinn des Johannes jedoch nicht die Legitimation in den Vordergrund gestellt, sondern darauf hingewiesen, dass sich in den Wundern Jesu *Gott* offenbart und sich selbst als Geber aller Lebensgaben auslegt und festlegt.

Gen 9; 17; Ex 7; 12–13; 31; Dtn 26; Jos 4; Mk 8; 13; 14; Lk 12; Joh 2; 4; 6; 11; Apg 2; 2Kor 12

Zeloten

Sadduzäer▲ Pharisäer▲

Während der Besetzung durch die Römer formieren sich in Palästina verschiedene Widerstandsgruppen – unter der ländlichen Bevölkerung die Sikarier (Dolchträger), eher in den Städten die Z. (Eiferer) –, die sich für die politische Freiheit und Unabhängigkeit Israels einsetzen. Im Umfeld des Ersten Jüdischen Kriegs (66–73 n.Chr.) gegen die Römer werden sie besonders aktiv: Sie verhindern, dass im Tempel fremden Gottheiten geopfert wird, verbrennen öffentlich Archive der Provinzverwaltung und wüten in der römischen Garnison von Jerusalem. Die Bewegung der Z. findet ihr Ende mit dem Fall Jerusalems (70), die der Sikarier mit dem Fall Masadas (73), der als Fluchtburg benutzten Königszitadelle des Herodes am Ostrand der judäischen Wüste. Der jüdische Historiker Josephus sieht in den Z. die Hauptschuldigen für den Untergang Israels. Jüdische Münzen aus der Zeit des Aufstands gegen die Römer bezeugen den Eifer und die Ziele der Z.: «Freiheit Zions» oder «Erlösung Zions» steht auf ihnen, auch «Jerusalem, die Heilige». – Vermutlich gab es auch unter den Anhängern Jesu Mitglieder dieser Partei, jedenfalls findet sich laut den synoptischen Evangelien unter den zwölf Jüngern ein Simon, der bei Matthäus und Markus als ‹Eiferer›, bei Lukas als ‹Zelot› bezeichnet wird.

Lk 6; Apg 1

Zelt der Begegnung

Lade▲ Tempel▲

Die grosse Textpassage (besonders Ex 25–40), die von der Errichtung und Ausstattung eines Heiligtums aus der Zeit der Wüstenwanderung berichtet, das ‹Z. der Begegnung› oder ‹Z. des Zeugnisses› (bei Luther ‹Stiftshütte›) genannt wird, ist relativ jung. In der Wüste – so stellte man sich das in der Rückschau vor – wohnt Gott nicht wesentlich anders als seine Sippe. Sein Z. hat einen Holzrahmen, der mit bestickten Stoffstreifen bespannt und mit rotgefärbten Widderfellen behängt ist. Vorhänge verdecken den äusseren Eingang zum Versammlungsraum und den inneren Zugang zum Allerheiligsten. Dort steht die Lade, verziert mit den Kerubim als einzigem Bildwerk. Das Z. steht ausserhalb des Lagers und wird für Befragungen aufgesucht. – Grundriss und Ausstattung des Z. nehmen den Grundriss und die Ausstattung des späteren Tempels im Kleinen vorweg. Deutlich zeigt sich daran, dass die Beschreibung des Z. kein historischer Bericht ist – ein Z. in der beschriebenen Art hat es wahrscheinlich niemals gegeben –, sondern eine theologische Aussage darüber, dass Gott bereits in der Frühzeit Israels inmitten seines Volks wohnte und mit einem ihm angemessenen Kult geehrt wurde. Mit der Sesshaftwerdung der Stämme verliert das Z. seine Bedeutung, da nun ja auch Gott ‹sesshaft› werden kann: Bereits David überführt die Lade nach Jerusalem und eine Generation später baut Salomo den Ersten Tempel.

Ex 25–31; 33; 35–38; Num 25; 1Kön 8; Joh 1; Apg 7; Offb 15

zerstreuen

sammeln▲ verbannen/Verbannung▲

Z., wie auch der Gegenbegriff ‹sammeln›, sind in der Bibel bildhafte Ausdrücke für historisch bedeutsame Vorgänge: Der Gang ins babylonische Exil und vor allem die Versprengung Israels unter die Völker wird als Zerstreuung (Gola) beschrieben, die Rückkehr als Sammlung. Während jedoch die Sammlung eindeutig Gottes Sache ist, kann mit Blick auf die Zerstreuung sowohl gesagt werden, dass es das Volk ist, das sich z., als auch, dass es Gott ist, der das Volk z. Diese zweifache Formulierungsmöglichkeit macht in gewisser Weise deutlich, dass Gott eigentlich nur vollzieht, was sein Volk und speziell dessen Könige angebahnt haben. – Über die Übersetzung des Alten Testaments ins Griechische hat das Wort auch Eingang ins Neue Testament gefunden: Diaspora bedeutet hier – wie heute noch – die Zerstreuung einer religiösen Minderheit unter eine andersgläubige Mehrheit. In diesem Sinn werden die Empfänger des Ersten Briefes des Petrus als ‹Fremdlinge in der Diaspora› angeredet.

Gen 11; Dtn 30; Jer 23; 31; Ez 20; 34; Mt 26; Jak; 1Petr

Zion

Berg▲ Jerusalem▲

Z. heisst zunächst die kanaanäisch-jebusitische Burg, die David einnimmt und die wohl von ihm in ‹Stadt Davids› umbenannt wird, später der wenige hundert Meter nördlich davon gelegene heilige Bezirk, in dem der Tempel steht, zuletzt die ganze Stadt Jerusalem, wie sie vor dem Exil bestand. Mit dem Tempel ist aus einem Hügel, der mit seinen 700 m Höhe nicht einmal die höchste Erhebung des Gebietes um Jerusalem herum darstellt, der göttliche Berg geworden: Das Symbol hat sich der Realität bemächtigt, und als Symbol spielt der Z. eine grosse Rolle. Vor dem babylonischen Exil steht er für die Gegenwart Gottes. Er ist Gottes heiliger Berg, seine Wohnung, Stätte seines Throns. Wie JHWH einst über der Lade thronte, so thront er jetzt auf dem Z. Einst Gott einer Sippe, ist er jetzt König Israels, ausgestattet mit allen Zügen des alten kanaanäischen Stadtgottes *Schalem*: Er ist das Haupt der Götterversammlung, demonstriert seine Macht im Unwetter, erneuert jeden Morgen den Kosmos nach seinem nächtlichen Sieg über das Chaos. Unter seiner Herrschaft auf dem Z. ist Jerusalem sicher, werden den Bewohnern von Stadt und Land Gnade und Gerechtigkeit zuteil. Vom Z. aus fliesst Segen in die ganze Welt. – Gegen eine von der offiziellen Zionstheologie vermittelte Gewissheit, Gott in der eigenen Mitte und dadurch selbstverständlich auf der eigenen Seite zu haben, wenden sich die Propheten Micha und Jesaja, indem sie den Finger auf die tatsächlich herrschenden Zustände legen: Der Z. sei mit Blut gebaut und werde darum «umgepflügt zum Feld» werden, sagen sie. Mit der Zerstörung Jerusalems und der Exilierung der Führungsschicht ist dann die Bedeutung des Z. grundsätzlich in Frage gestellt. Einige Schriften meiden das Wort, in anderen verbindet sich das theologische Nachdenken über die Schöpfung der Welt und die Befreiung aus Ägypten mit einer neuen Vorstellung von der Bedeutung des Z.: JHWH wird als Gott und König der *ganzen* Welt und *aller* Völker nach Jerusalem zurückkehren und seinen Gottesberg wieder in Besitz nehmen; um den Z. wird ein Kampf der Völker stattfinden, bis sich alle der Gerechtigkeit des einen Gottes JHWH verpflichtet wissen; dies wird mit einem grossen Mahl auf dem Z. gefeiert werden; dann wird der Frieden ewig sein.

2Sam 5; 1Kön 8; Ps 2; 29; 48; 87; Klgl 4–5; Jes 2; 35; 51–52; 60; Joel 2–3; Mi 3

Zisterne

Anlage zum Sammeln von Regenwasser, das als Frühregen (Oktober–Dezember) und Spätregen (März–April) fällt (je nach Höhenlage 300–700 mm pro Jahr) und die Trockenzeiten überbrücken hilft; die normale Trinkwasserversorgung innerhalb der Siedlung, neben der gefassten Quelle und dem gebohrten Brunnen (bis 20 m), die meist ausserhalb der Ummauerung liegen; archäologisch nachgewiesen ab etwa 1500 v.Chr. (Jerusalem, Geser); anfangs als grosse, birnenförmige Höhlung direkt in wasserundurchlässiges Gestein, dann nach Entdeckung des Kalkverputzes auch in anderes Gestein gehauen, zugänglich durch Einstiegsschacht und Tunnel (Chazor, Lachisch); später zum System erweitert durch unterirdische Kanäle (Schiloach-Tunnel König Chiskijas, um 700) oder überirdische Aquädukte (in Cäsarea unter König Herodes, 22–10 v.Chr.)

Zöllner

im griechischen Stadtstaat der Pächter von Zoll und Steuer, der im Voraus eine mutmasslich einzunehmende Jahressumme an die Regierung abgibt und die faktischen Einnahmen dann für sich und sein Geschäft behalten kann; vom römischen Staat übernommener und in vielen Provinzen verbreiteter Berufsstand, der in einem Ausmass prosperiert, dass Caesar (48 v.Chr.) und Augustus (6 n.Chr.) das System reorganisieren, um die Gefahr von Aufständen wegen allzu hoher Belastung durch politische und religiöse Abgaben abzuwenden; im Neuen Testament Bezeichnung für auf unterschiedliche Art im Zollwesen Beschäftigte: erstens für Private, die vom Staat das Recht zur Einnahme von Sondersteuern gekauft haben, zweitens für Beamte, die das private und offizielle Einnehmerwesen überwachen (z.B. Zachäus in Lk 19), und drittens für offiziell Angestellte, die an Zollstellen oder in Steuerbüros Geld einnehmen (z.B. Levi/Matthäus in Mk 2; Lk 5 und Mt 9); ein überall in der Antike gefürchteter und verhasster Berufsstand; in Israel zur Zeit Jesu als Kollaborateure mit der Besatzungsmacht besonders verachtet und stigmatisiert

Zorn

Gericht▲

Im Hebräischen verbindet man mit dem Wort ‹Wut› schnaubende und zitternde Nasenflügel, mit dem Wort Z. feurige Hitze. Der ‹Becher des Z.› ergiesst sich über Israel, das den Bund mit JHWH gebrochen hat, indem es ihn verliess und sich an fremden Göttern und Mächten orientiert. Zornig über Israel aber wird JHWH nur, weil er es leidenschaftlich liebt und es ihn trifft, wenn Israel ihm den Rücken zukehrt. Gottes Z. ist die andere Seite seiner Liebe. Für die vom Z. Getroffenen sind solche Zusammenhänge aber meistens nicht sichtbar – darum die Klage über Gottes unverstehbaren und übermässigen Z. – Während polytheistische Religionen Erfahrungen göttlichen Z. und göttlicher Liebe auf verschiedene Götter aufteilen können, gehört es zu den Herausforderungen des Monotheismus, Gott nicht in einen Gott der Liebe und einen Gott des Z. aufzuspalten, sondern als den Einen zu denken, in seiner Liebe und in seinem Z. Entsprechend unangemessen ist die Rede von einem ‹zornigen Gott des Alten Testaments› und einem ‹liebenden Gott des Neuen Testaments›. Die Botschaft des Neuen Testaments ist nicht, dass es keinen zornigen Gott mehr gibt. Der Z. Gottes offenbart sich hier im Gericht, das als ein künftiges Geschehen erwartet, aber auch als ein bereits sich vollziehendes Geschehen erfahren wird. Die Wehrufe und Endzeitreden Jesu in den synoptischen Evangelien haben den bevorstehenden Z. Gottes im Blick, der Brief des Paulus an die Römer den bereits waltenden. Die Botschaft des Neuen Testaments ist aber, dass wir vor dem Z. Gottes, dem gegenwärtigen und dem zukünftigen, gerettet werden durch die Gerechtigkeit, die Gott uns jetzt erweist, «in dieser Zeit» (Röm 3,26) und so auch am Ende der Zeit.

Ex 15; 32; Dtn 29; Jes 13; 51; Ez 22; Nah 1; Hab 2; Zef 1; Mt 3; Joh 3, 36; Röm 1–3

Zunge

Dass das Wort in der Bibel von ausgesprochener Wichtigkeit ist, zeigt sich daran, welch hohe Bedeutung in ihr der Z. (und ähnlich den Lippen und dem Mund) zukommt: Sie ist ein Instrument der Wahrheit oder der Lüge. Sie hat Macht. Als Instrument der Kommunikation sitzt sie an der Schnittstelle zwischen Mensch und Gott, Welt und Mensch, Gott und Welt. – Mit der Z. betet der Mensch zu Gott: Wenn seiner Klage die Worte fehlen oder sein Körper dürstet, klebt ihm die Z. am Gaumen. Wenn er in unartikuliertes Lallen fällt, versteht nur Gott seine Zungenrede. Vor allem die weisheitliche Literatur benutzt das Bild der Z. gern: Vor der Falschheit und Schmeichelei anderer Z., vor ihrer Anmassung und Gewalt soll sich der junge Mensch hüten. Seine eigene Z. soll er zur Wahrhaftigkeit erziehen. Dazu gehört auch das Schweigen zur rechten Zeit. Der Prophet geisselt die Ungerechtigkeit der Z., die Z. der falschen Prophetie, die gefällige und populistische Z., die mit dem Schein der Wahrheit spielt.

Ps 12; 22; 52; 64; 120; Spr 6; Jer 9; 23; Mi 6; Apg 2; Jak 3

Zungenrede

unartikuliertes Lallen, griechisch *Glossolalie*; im Unterschied zur prophetischen Rede und zu der durch den Geist gewirkten Rede an Pfingsten eine für andere unverständliche und vom Sprechenden auch nicht auf Kommunikation hin angelegte Äusserung; früher als himmlische Sprache der Engel oder unbekannte Sprache fremder Völker, heute eher als ein Sprechen im Zustand der Trance oder Ekstase gedeutet, vergleichbar mit der Orakeltechnik der vorprophetischen Zeit oder mit der populären Wahrsagekunst hellenistischer Seher; im Neuen Testament von der Gemeinde in Korinth zwar hoch geschätzt, von Paulus im Gottesdienst aber nur gebilligt, insofern sie der Erbauung der Gemeinde dient

Masse und Gewichte

Abkürzungen
kg = Kilogramm
g = Gramm
l = Liter
m = Meter
cm = Centimeter
ca. = circa (ungefähr)
hebr. = hebräisch
gr. = griechisch

Antike Behältnisse und Messgefässe zeigen, dass sich die Berechnungen der Masseinheiten im Lauf der Zeit verändert haben. Auch gab es Berechnungsunterschiede zwischen dem palästinischen und dem babylonischen Raum.
Werden in der Rubrik ‹ungefährer Wert in heutiger Masseinheit› zwei Werte genannt, entspricht der erste der für die Zeit des AT gültigen Grösse. Mit ‹römisch› wird demgegenüber ein späterer Wert (aus römischer Zeit) angegeben, der in der Regel der Grösse entspricht, die in der Zeit des NT gültig war.

HOHLMASSE FÜR TROCKENE STOFFE BZW. NAHRUNGSMITTEL

Masseinheit	*relativer Bezug*	*Erläuterung*	*ungefährer Wert in heutiger Masseinheit*
Chomer		die Last, die ein Esel tragen kann (chamor ist hebr. für Esel)	220 l römisch: 260 l
Kor	entspricht Chomer		
Letech	1/2 Chomer / Kor		110 l römisch: 130 l
Efa	1/10 Chomer/Kor 10 Omer 3 Sea / Scheffel		22 l römisch: 26 l
Sea (AT) Scheffel (NT)	1/3 Efa		7,3 l römisch: 8,7 l
Omer	1/10 Efa		2,2 l römisch: 2,6 l
Kab	1/18 Efa		1,2 l römisch 1,44 l
Drittelmass		es handelt sich um ein Messinstrument	

HOHLMASSE FÜR TROCKENE STOFFE BZW. NAHRUNGSMITTEL

Masseinheit	*relativer Bezug*	*ungefährer Wert in heutiger Masseinheit*
Bat	entspricht Efa	22 l römisch: 38,8 l
Hin	1/6 Bat	3,8 l römisch: 6,84 l
Log	1/72 Bat	0,31 l römisch: 0,54 l

Gewichte

Als Gewichtsmaterialien beim Wiegen wurden Steine, Glas und ab römischer Zeit Blei verwendet.

Gewichte dienten zum Abwägen von rohen und bearbeiteten Metallen, jedoch nicht von Nahrungsmitteln (vgl. Hohlmasse für trockene Stoffe). Die Gewichte wurden durch königliche oder kultische Instanzen geeicht.

GEWICHTE

Masseinheit	*relativer Bezug*	*ungefährer Wert in heutiger Masseinheit*
Schekel	1/50 Mine	11,4 g römisch: 16,3 g
Kikkar (AT) Talent (NT)	palästinisch: 50 Minen oder 3000 Schekel babylonisch: 60 Minen oder 3600 Schekel römisch: 50 Minen oder 2500 Schekel	palästinisch: 34,2 kg römisch: 41 kg
Mine	50 Schekel	0,57kg römisch: 818,62g
Pim (‹philistäischer Schekel›)		7,89g
Peres	unklar: halber Schekel oder halbe Mine	
Kesita	unbekannt	
Pfund		320–330 g

LÄNGENMASSE

Masseinheit	*relativer Bezug*	*Erläuterung*	*ungefährer Wert in heutiger Masseinheit*
(königliche oder grosse) Elle	7 Handbreiten 28 Finger		52–53 cm
(gewöhnliche) Elle	2 Spannen 6 Handbreiten 24 Finger	gemessen von der Spitze des Ellbogens bis zur Spitze des Mittelfingers	44–45 cm
Gomed	wohl kürzer als eine Elle, vielleicht 2/3 einer (gewöhnlichen) Elle		
Spanne	1/2 Elle 3 Handbreiten 12 Finger	der Abstand von der Daumen- bis zur Spitze des kleinen Fingers der gespreizten Hand	22 cm
Handbreite	1/6 (gewöhnliche) Elle, 4 Finger	gemessen von der Fingerwurzel	7,5–7,6 cm 7,5 cm
Finger	1/4 Handbreite 1/24 (gewöhnliche) Elle	Daumenbreite	1,9 cm
Meile	8 Stadien		1480 m
Stadie		Länge des Stadions, der (griechischen) Rennbahn	185 m

FLÄCHENMASS

Masseinheit	*ungefährer Wert in heutiger Masseinheit*	*Erläuterung*
Zemed	ca. 2000 m^2	Gespann / Joch; gemeint ist die Fläche, die ein Gespann Rinder an einem Tag pflügen kann

MESSINSTRUMENTE

Messinstrument	*relativer Bezug*	*ungefährer Wert in heutiger Masseinheit*
Schnur		
Messrohr	6 grosse Ellen	knapp 3,20m

Münzen und Geldwerte

Vor der eigentlichen Münzprägung in persischer Zeit wurden Geldwerte durch Wiegen von Edelmetallen bestimmt.
Erst ab der Perserzeit gab es im Nahen und Mittleren Osten vom Staat garantiertes Geld: Goldmünzen wurden vom Grosskönig, Silbermünzen von den Provinzen geprägt.

GELDWERTE IM AT

Werte	*relativer Bezug*	*Erläuterung*
Schekel	s. Gewichte	
Mine	100 Schekel	
Kesita	s. Gewichte	
Drachme		Persische Münze
Dareike		Persische Goldmünze
Kikkar / Kikkar Silber (AT) Talent / Silbertalent (NT)	60 Minen	
Kikkar Gold	10 Silbertalente	

GRIECHISCHE UND RÖMISCHE MÜNZEN IM NT

Werte	*relativer Bezug*	*Erläuterung*
Vierdrachmenstück	1 Schekel	
Doppeldrachme		
Drachme	3/4 Silber-Denar	30 Silberlinge = 1 Esel
Denar	16 As 1,3 Silberdrachme	1 Denar = Tageslohn eines ungelernten Arbeiters 4g Silber
As	4 Quadranten	
Lepton (gr.)	1 Quadrans resp. 1/2 Quadrans (Mk)	als Lepton wird auf Griechisch jeweils die kleinste Einheit eines Währungssystems bezeichnet
Talent (gr.)	6000 Drachmen	keine Münzen, sondern Geldbeträge vgl. oben ‹Gewichte›
Mine (gr.)	100 Drachmen	

Zeittafel zur alt- und neutestamentlichen Geschichte

Daten des Altertums können in der Regel nur annäherungsweise bestimmt werden. Zeitangaben in anderen Darstellungen können deshalb von den hier begegnenden abweichen. Die Namen der Könige sind häufig in kürzeren und längeren Formen überliefert (z.B. Chiskija, Chiskijahu und Jechiskijahu); in der Tabelle werden die Kurzformen aufgeführt.

SPÄTBRONZEZEIT / EISENZEIT	*1550–1000 v. Chr.*

Vorgeschichte

EISENZEIT IIA	*ca. 1000–926*

Frühgeschichte (Saul–David–Salomo)

EISENZEIT IIB	*926–722*

DIE REICHE ISRAEL UND JUDA BIS ZU DEN OMRIDEN

Juda	*Israel*
Rehabeam 926–910	Jerobeam I 927–907
Abijam 910–908	
Asa 908–868	Nadab 907–906
	Bascha 906–883
	Ela 883–882
	Simri 882

DIE ZEIT DER OMRI-DYNASTIE IN ISRAEL

Juda	*Israel*
	Omri 882–871
Jehoschafat 868–847	Achab 871–852
	Achasjahu 852–851
Jehoram 847–845	Jehoram 851–845
Achasjahu 845	
Atalja 845–840	

DIE ZEIT DER JEHU-DYNASTIE IN ISRAEL

Juda	*Israel*
	Jehu 845–818
Jehoasch 840–801	Jehoachas 818–802
Amazjahu 801–773	Jehoasch 802–787
Asarja (=Ussijahu) 773–736	Jerobeam II 787–747
	Secharjahu 747

DIE LETZTE ZEIT BIS ZUM UNTERGANG ISRAELS

Juda	*Israel*	
Jotam 756–741		
	Schallum 747	
Achas 741–725	Menachem 747–738	
	Pekachja 737–736	
	Pekach 735–732	*733 Syrisch-efraimitischer Krieg*
	Hoschea 731–723	*722 Eroberung Samarias, Ende des Nordreichs Israel*

EISENZEIT IIC		722–605
Juda	*Assur*	
Chiskija 725–697	Salmanassar V. 727–722	
	Sargon II. 722–705	
	Sanherib 705–681	*701 Belagerung Jerusalems*
Manasse 696–642	Assar-chaddon 681–669	*durch Sanherib*
Amon 641–640	Assurbanipal 669–ca. 630	
	Aschschur-etel-ilani ca. 630–612	
Joschijahu 639–609	Aschschur-uballit 612–605	
	Sin-schar(ra)-ischkun ca. 630–612	
	Ägypten	
	Necho II. 610–594	

BABYLONISCH		626–539
Juda	*Neubabylonisches Reich*	
	Nabopolassar 625–605	
	Meder	*622 ‹Kultreform› Joschijahus*
	Kyaxares II. 625–585	*612 Fall von Ninive (Hauptstadt Assurs)*
		Ende des Assyrischen Reiches
Jehoachas 609	Nebukadnezzar II. 605–562	*605 Schlacht bei Karkemisch*
Jehojakim 608–598		
Jehojachin 598/7	*Meder*	*598 (oder 597) Erste Eroberung*
	Astyages von Medien 585–550	*Jerusalems durch die Babylonier*
Zidkijahu 598/7–587/6		*587 (oder 586) Zweite Eroberung*
		Jerusalems, Ende des Südreichs Juda
	Ewil-Merodach 561–560	
	Nergilissar 560–556	
	Nabonid 556–539	*539 Eroberung Babels durch Kyros II.,*
		Ende des Babylonischen Reichs

PERSISCH		539–333
Juda	*Persisches Reich*	
	Kyros II. 559–530	*539 Erlass des Kyros*
	Kambyses 530–522	*525 Ägyptenfeldzug des Kambyses*
Serubbabel Statthalter	Darius I. 522–486	*520–515 Wiederaufbau und Einweihung*
von Juda ca. 520	Xerxes I. 486–465	*des Tempels*
Nehemia Statthalter	Artaxerxes I. 465–424	
von Juda ca. 445–433	Xerxes II. 424	
	Darius II. 424–404	
	Artaxerxes II. 404–358	
	Artaxerxes III. 358–338	
	Darius III. 335–331	
	Makedonier	
	Alexander der Grosse	*333 Schlacht bei Issos, Ende des*
	(336–323)	*persischen Reichs*
		Aufteilung des Reichs Alexanders
		des Grossen
		verschiedene Nachfolger (Diadochenzeit)

HELLENISTISCH 333/300–63

PTOLEMÄERZEIT (301–ca. 200): PALÄSTINA UNTER ÄGYPTISCHER HERRSCHAFT

Palästina	*Seleukiden in Syrien*	*Ptolemäer in Ägypten*
Onias I.	Seleukos I. 312–281	Ptolemäus I. 305–285/283
Simon I.	Antiochus I. 281–261	Ptolemäus II. 285–246
Elasar I.	Antiochus II. 261–246	
Manasse	Seleukos II. 246–225	Ptolemäus III. 246–221
	Seleukos III. 225–223	
Onias II.		Ptolemäus IV. 221–204

SELEUKIDENZEIT (ab ca. 200): PALÄSTINA UNTER SYRISCHER HERRSCHAFT

Palästina	*Seleukiden in Syrien*	
Simon II.	Antiochus III. 223–187	
	Seleukos IV. 187–175	
Onias III. Jason	Antiochus IV. 175–164	*168 Religionsedikt des Antiochus IV.*

MAKKABÄER / HASMONÄER (163–63)

Palästina	*Seleukiden in Syrien*	
Judas Makkabäus 166–160	Antiochus V. 164–162	*167–164 Makkabäeraufstand*
		166 Tod des Mattatias
Jonatan 160–143	Demetrius I. 162–150	*164 Tempelweihe*
	Alexander Balas 150–145	
Simon 143–134	Demetrius II. 145–139 (und 129–125)	
	Antiochus VI. 145–142/1	
	Trypon 142/1–138	
Johannes Hyrkan I. 134–104	Antiochus VII. 139/8–129	
	Demetrius II. 129–125	
Aristobul I. 104–103	Antiochus VIII. 125–96	
Alexander Jannäus 103–76	Demetrius III. 95–88	
Salome Alexandra 76–67		
Aristobul II. 67–63	Antiochus XIII. 69–64	*63 Eroberung Palästinas durch Pompeius*
		64/3 Ende des Seleukidenstaates, Syrien wird römische Provinz

RÖMISCH *63 v.Chr.–135 n.Chr.*

RÖMISCHE ZEIT (ab 63 v.Chr.): PALÄSTINA UNTER RÖMISCHER HERRSCHAFT

Palästina	*Rom*	*Johannes Hyrkan II. Hoher Priester 63–40*
Herodes der Grosse, König 40/37–4v.Chr.	Augustus 27 v.Chr.–14 n.Chr.	
Judäa, Idumäa, Samaria Archelaus, Ethnarch 4v.–6n.Chr.		
Galiläa, Peräa Herodes Antipas, Tetrarch 4v.–39n.Chr.		*Hannas Hoher Priester 6–15 n.Chr.*
nördliches Ostjordanland Philippus, Tetrarch 4v.–34n.Chr.		*Josef Kajafas Hoher Priester 18–37*
Pontius Pilatus, Statthalter 26–36	Tiberius 14–37	*um 30 Kreuzigung Jesu* *um 34 Berufung des Paulus*
	Caligula 37–41	
Herodes Agrippa I., König 41–44	Claudius 41–54	
Cuspius Fadus, Prokurator 44–46		
Tiberius Alexander, Prokurator 46–48		*48/49 Apostelkonvent in Jerusalem*
Ventidius Cumanus, Prokurator 48–52		*49 Edikt des Claudius: Vertreibung der Juden aus Rom*
Antonius Felix, Prokurator 52–ca.60	Nero 54–68	
Porcius Festus, Prokurator ca.60–62		
Lucceius Albinus, Prokurator 62–64		*um 62 Tod des Paulus in Rom*
Gessius Florus, Prokurator 64–66		*64 Brand Roms, Christenverfolgung*
	Vespasian 69–79	*66–73 Jüdischer Krieg*
		70 Eroberung und Zerstörung Jerusalems durch Titus
		73 Eroberung der Festung Masada
	Titus 79–81	
	Domitian 81–96	*Christenverfolgungen*
	Nerva 96–98	
	Trajan 98–117	
	Hadrian 117–138	*132–135 Bar-Kochba-Aufstand*

Zum Gebrauch dieser Bibelausgabe

Zu den Textgrundlagen dieser Übersetzung

Grundlage der vorliegenden Übersetzung ist für das Alte Testament der hebräisch-aramäische und für das Neue Testament der griechische Grundtext gemäss den neuesten wissenschaftlichen Ausgaben.

Als massgebliche Textausgaben dienten für das Alte Testament die Biblia Hebraica Stuttgartensia (5. Auflage 1997) sowie die ersten Teilausgaben der Biblia Hebraica Quinta (2004, 2006). Diesen Textausgaben liegt die älteste vollständige Handschrift des Alten Testaments zugrunde, der sogenannte Codex Leningradensis/Petropolitanus (wohl 1008 n.Chr.). Diesen Text bezeichnet man vereinfacht als Massoretischen Text, weil er zu den Texten gehört, die von den Massoreten (das heisst: den ‹Überlieferern›) überliefert wurden, einer jüdischen Gelehrtengruppe, die mit der Pflege des alttestamentlichen Bibeltexts betraut war (vor allem zwischen dem 6. und dem 11. Jahrhundert n.Chr.).

Weicht die Übersetzung in besonderen, begründeten Fällen wie z.B. wegen Textverderbnis vom Massoretischen Text ab, wird dies in der Regel in einer Anmerkung dokumentiert. In solchen Fällen können antike Übersetzungen gelegentlich hilfreich sein; anders als in der Zürcher Bibel von 1931 wird auf diese Textzeugen aber nur in Ausnahmefällen zurückgegriffen.

Der Übersetzung des Neuen Testaments liegt der griechische Text von Nestle-Aland zugrunde, wie ihn die 27. Auflage des Novum Testamentum Graece bietet. Dieser Text wurde von einem internationalen und interkonfessionellen Team von Fachleuten aus den vorhandenen Handschriften erarbeitet und 1979 veröffentlicht. Weicht die Übersetzung von diesem Konsens-Text in besonderen, begründeten Fällen ab, wird dies in einer Anmerkung dokumentiert.

Zur Wiedergabe des Tetragramms im Alten Testament

Im Alten Testament begegnet häufig der Gottesname JHWH (das sogenannte Tetragramm, das heisst: ‹vier Buchstaben›), der urspünglich wohl ‹Jahwe› auszusprechen war. Aus Hochachtung wurde dieser Name im Judentum aber schon früh nicht mehr ausgesprochen. Es entwickelten sich Ersatznamen wie hebräisch ‹adonai› (das heisst: ‹Herr›, siehe Glossar, HERR), was sich auch auf die alttestamentlichen Bibeltexte auswirkte: In den von den Massoreten überlieferten Handschriften wurden die Konsonanten JHWH mit den Vokalen des Worts ‹adonai› versehen, so dass jeder wusste, dass an dieser Stelle ‹adonai› zu sprechen war. In den christlichen griechischen Übersetzungen und Rezeptionen der hebräischen Texte wurde für den Gottesnamen JHWH schon früh ‹kyrios› (das heisst: ‹Herr›) verwendet.

Das Ersatzwort HERR für das Tetragramm JHWH wird in besonderer Schriftart gedruckt, d.h. durch Kapitälchen typographisch ausgezeichnet. Dadurch soll es unterscheidbar bleiben vom Wort ‹Herr› im Sinne der männlichen Anredeform.

Zur Schreibung der Namen im Alten und im Neuen Testament

Die Schreibung der Namen im Alten Testament orientiert sich stärker als in bisherigen Ausgaben der Zürcher Bibel an den hebräischen und aramäischen Namensformen im Grundtext. Allerdings hat unsere Sprache nicht für alle im Grundtext begegnenden Laute Buchstaben. Die Schreibung wurde etwas vereinfacht und der Aussprache angepasst. ‹ch› ist in diesem Zusammenhang immer als Kehllaut auszusprechen (wie in ‹Nacht›); aufeinanderfolgende Vokale wie ‹ei›, ‹ai› oder ‹oe› sind immer als zwei Laute auszusprechen, die durch einen Stimmansatz getrennt sind (der Personenname Doeg ist also ‹Do-eg› auszusprechen).

Häufig finden sich nun ‹sch›, wo früher ‹s› geschrieben wurde (Joschija statt Josia), oder ‹ch›, wo früher ‹h› geschrieben wurde (Achas statt Ahas).

Es kommt vor, dass ein Name – selbst innerhalb des gleichen Textzusammenhangs – in unterschiedlicher Form begegnet, z.B. Chiskija (früher: Hiskia), Chiskijahu und Jechiskijahu. Die Übersetzung gibt solche Unterschiede innerhalb des Grundtextes wieder. Namen, die in einer bestimmten Form ins allgemeine Bildungsgut eingegangen sind, wurden in der Regel in dieser Form belassen.

Die Schreibweise der Namen im Neuen Testament richtet sich nach den entsprechenden Eigenheiten der Sprachen, aus denen die jeweiligen Namen stammen. So heisst es nun Kafarnaum (hebräischer Hintergrund) statt Kapharnaum oder Kapernaum, Stephanus (griechischer Hintergrund) statt Stefanus, Cäsarea (lateinischer Hintergrund) statt Kaisareia. Namen, die in einer bestimmten Form ins allgemeine Bildungsgut eingegangen sind, wurden in der Regel in dieser Form belassen.

Zur Gestaltung des Textes

Die typographisch hervorgehobenen Titel und Überschriften gehören genau so wenig zum ursprünglichen Text wie die Einteilung in Kapitel, Abschnitte und Verse sowie die Hervorhebungen und Zitatauszeichnungen.

Jedem biblischen Buch ist eine *Einleitung* vorangestellt. Die Einleitungen sollen den Leserinnen und Lesern grundlegende Hilfe bei der Lektüre des Buches bieten. Dort werden die für das Verständnis der Schrift wesentlichen Fragen zu Aufbau und Inhalt sowie zu Verfasserschaft und Adressatenkreis erörtert.

Poetische Texte werden typographisch hervorgehoben. Die spezielle, zumeist zweiteilige, Struktur poetischer hebräischer Texte wird durch Einrückung des jeweils zweiten Verses bzw. des zweiten Teils einer Sinneinheit sichtbar gemacht. Poetische Texte innerhalb von Prosatexten im Neuen Testament werden durch Einrückung typographisch hervorgehoben (z.B. die Seligpreisungen innerhalb der Bergpredigt).

Die *Zitate* im Neuen Testament werden durch Kursivsetzung gekennzeichnet. Über die Herkunft der Zitate aus dem Alten Testament gibt in der Regel eine Verweisstelle Auskunft. Die wenigen ausserbiblischen Zitate werden nicht nachgewiesen. Da das Neue Testament in vielen Fällen aus der griechischen Übersetzung des Alten Testaments (der Septuaginta) zitiert, stimmen die Stellen mit dem Wortlaut des aus dem Hebräischen übersetzten Alten Testaments vielfach nicht überein.

Zu den Anmerkungen im Text

Anmerkungen sind sparsam gesetzt und streben in der Klärung textlicher oder inhaltlicher Probleme keine Vollständigkeit an. Die vorliegenden Anmerkungen dienen vor allem vier Zwecken: (a) Sie kennzeichnen textkritische Probleme, d.h. wesentliche Abweichungen vom Massoretischen Text bzw. von Nestle-Aland (s.o. bei Textgrundlage); (b) sie erläutern Aussagen, die aufgrund des hebräischen bzw. griechischen Texthintergrunds nur schwer verständlich sind; (c) sie kennzeichnen mehrdeutige Stellen, die auch eine alternative Übersetzung mit einem anderen Sinn zulassen; (d) sie geben an, wo die Übersetzung um der besseren Verständlichkeit willen freier ist als an anderen Stellen.

Zu den Verweisstellen

Die Verweisstellen (Parallelstellen) zeigen theologische Linien innerhalb eines Buchs und zwischen den Büchern der Bibel auf.

Neben Verweisen, die sich auf einzelne Verse beziehen, finden sich auch solche, die sich auf ganze Versgruppen beziehen. Im Neuen Testament sind Parallelen zu ganzen Perikopen (das heisst: durch Überschriften zusammengefasste Sinneinheiten) nicht durch Versangaben, sondern durch ein vorangestelltes ‹P:› gekennzeichnet. Zahlen mit folgendem Doppelpunkt zeigen an, auf welchen Vers oder welche Versgruppe sich der jeweils folgende Verweis bezieht.

Findet sich vor einer Verweisstelle keine Buchangabe, so handelt es sich um eine Verweisstelle im gleichen Buch, in dem auch der Bezugsvers steht. Verweisstellen, die mit einem ‹!› versehen sind, bieten weitere Parallelstellen zu einem bestimmten Thema. Mit hochgestelltem Punkt ‹·› wird angezeigt, dass die Verweisstellen rechts und die Verweisstellen links dieses Zeichens sich auf unterschiedliche Teile im selben Bezugsvers beziehen.

Dazu ein Beispiel: Jesaja 42,5 lautet: «So spricht der Gott, der HERR, der den Himmel geschaffen hat und ihn ausspannt, der die Erde ausbreitet und was auf ihr wächst, der den Menschen auf ihr Atem gibt und Odem denen, die auf ihr gehen». Dazu findet sich als Verweisstellenangabe ‹5: Ps 96,5 · 40,22!›. Mit ‹5:› ist der Vers bezeichnet, auf den sich die beiden folgenden Verweisstellen beziehen. Da die beiden Stellen durch ‹·› voneinander getrennt sind, beziehen sie sich auf unterschiedliche Teile dieses Verses. Psalm 96,5 bezieht sich auf die Aussage, dass der HERR den Himmel geschaffen hat. Da ‹40,22!› keine Buchangabe vorausgeht, handelt es sich um dasselbe Buch, in dem auch der Bezugsvers steht, in diesem Fall also um das Buch Jesaja. Der Verweis Jesaja 40,22 bezieht sich auf die Aussage, dass Gott den Himmel ausspannt. Da ein ‹!› folgt, finden sich dort weitere Verweisstellen zu dieser Aussage.

Karten

KLETT-PERTHES
Das Stämmesystem in Israel nach Josua 13–21
Ort
Gilead Landschaftsname
Hermon Berg- oder Gebirgsname
588 Berg mit Höhenzahl in Metern
Jordan Gewässername
DAN Stammesname (in verschiedenen Farben)
AWA Sippenname
Höhenschichten
über 1000 m
750–1000 m
500–750 m
200–500 m
0–200 m
unter 0 m
0 10 20 30 40 50 km
© 2007 by Calwer Verlag Stuttgart
H. Hinnom (Tal)
J.-E. Tal von Jiftach-El
Ro. Rogel-Quelle
S.-L. Schihor-Libnat
Mittel-meer
Sidon
Libanon
Hermon
2214
Amana
Litani
MAACHA
Tyros
Lajisch/Dan
DAN
ARAM
Kana
Jordan
Hule-See
ASSER
Galiläa
NAFTALI
Chazor
Kinneret
See Kinneret
–212 m
Geschur
Aschtarot
S.-L.
J.-E.
Karmel
Betlehem
SEBULON
Tabor
588
Jarmuk
Baschan
ISSASCHAR
Megiddo
Kischon
Jesreel
Ramot-Gilead
Scharon
MANASSE
Gilead
Tirza
940 Ebal
Garizim 881
Schechem
W. Fara
Sukkot
Jabbok
Kana
GAD
Schilo
EFRAIM
Baal-Chazor 1016
ARKITER
JAFLETITER
Lus/Bet-El
Jordan
AMMON
Rabba
Mizpa
Achor
Geser
Gibeon
Jericho
Gilgal
Rabba?
DAN
BENJAMIN
Aschdod
Ekron
Kirjat-Jearim
Jerusalem
Nebo
Cheschbon
ANAKITER
PHILISTER
Schefela
Sorek
H.
Refaim
Ro.
Betlehem
Kirjatajim
Gat
Aschkelon
–392 m
RUBEN
Lachisch
Chebron
Gaza
JUDA
KENASITER
Salzmeer/Totes Meer
Dibon
Arnon
Aroer
En-Gedi
AWA
Ziklag?
Arad
KENITER
Beer-Scheba
Negev
MOAB
Wasser von Nimrim
SIMEON
Sered
Bach Ägyptens
Skorpionensteig
Wüste Zin
EDOM
35°
36°
33°
32°
31°

Israel und Juda bis zum Untergang Israels
Ort
Gilead Landschaftsname
Hermon Berg- oder Gebirgsname
588 Berg mit Höhenzahl in Metern
Jordan Gewässername
ABIESER Sippenname
733 Verlauf assyrischer Feldzüge (mit Jahresangabe)
JUDA Namen assyrischer Vasallenstaaten
Grenze assyrischer Provinzen
Dor 734 Name assyrischer Provinzen (mit Jahreszahl der Einrichtung)
Höhenschichten
über 1000 m
750–1000 m
500–750 m
200–500 m
0–200 m
unter 0 m
0 10 20 30 km
© 2007 by Calwer Verlag Stuttgart
Sidon
Zarefat
PHÖNIZIER
Libanon
Bikat-Awen?
Hermon
2214
Damaskus
Amana
Parpar
732
Litani
Tyros
Dan
Jordan
Hule-See
Chazor
Galiläa
Megiddo
733, 734
Karnajim
Geschur
Kinneret
See Kinneret −212 m
Tabor 588
Baschan
Jarmuk
Karmel
Scharon
Megiddo
Kischon
Jesreel
Ramot-Gilead
Gilead
Dor
734
CHELEK
Samaria
SAMARIEN / EFRAIM
Ebal 940
SCHEMIDA
ABIESER
881 Schechem
Garizim
W. Fara
Penuel
Jabbok
Mittelmeer
Kana
Baal-Chazor 1016
AMMON
Rabba
Bet-El
Achor
Mizpa
Jericho
Gilgal?
Geser
Sorek
Gibea (in Benjamin)
Anatot
Nob
Aschdod
Ekron
Schefela
Refaim
Jerusalem
Baal-Perazim
Betlehem
Bet-Schemesch
Cheschbon
Nebo
Kirjatajim
Aschkelon
Gat
Adullam
Tekoa
Blütensteige
−392 m
MOAB
PHILISTER
Lachisch
Chebron
Dibon
Gaza
JUDA
Salzmeer / Totes Meer
Ar(-Moab)
Aroer
Arnon
Beer-Scheba
Arad
Negev
Wasser von Nimrim
Totes Meer
Zoar
Sered
EDOM
Sela
Bozra
Salztal/Araba
Seir
Teman?
Paran
Elat
Ezjon-Geber
G. v. Akaba
0 10 20 km
KLETT-PERTHES

Das persische Reich
Ort
Samos Landschafts- bzw. Inselname
Eufrat Gewässername
MEDIEN Stammes- bzw. Ländername
maximale Ausdehnung des persischen Reiches
0 200 400 600 km
© 2007 by Calwer Verlag Stuttgart
KLETT-PERTHES
Schwarzes Meer
Kaspisches Meer
Mittelmeer
Rotes Meer
Persischer Golf
Golf v. Oman
Str. v. Hormus
G. v. Suez
Golf von Akaba
THRAZIEN
JAWAN/ GRIECHENLAND
SKYTHEN
PHRYGIEN
LYDIEN
KARIEN
MESCHECH
LYZIEN
PAMPHYLIEN
TUBAL
ZYPERN
SYRIEN
ZÖLESYRIEN
MESOPOTAMIEN
MEDIEN
PARTHIEN
PERSIEN
ELAM
BABYLONIEN
Meratajim
KALDÄA (KASDÄA)
antiker Küstenverlauf
JUDA
GEBAL
KEDAR
UZ
MIDIAN
ARABIEN
LIBYEN/ PUT?
ÄGYPTEN
KUSCH
SEBA
SABA
Athen
Sikyon
Sparta
Samos
Delos
Kreta
Rhodos
Tarsus
Sidon
Tyros
Damaskus
Megiddo
Aschdod
Aschkelon
Gaza
Jerusalem
Rabba
Cheschbon
Elat
Memfis
Syene
Tema
Dedan
Ninive
Assur
Babel
Uruk
Ur
Susa (Schuschan)
Ekbatana
Persepolis
Orontes
Eleutherus
Eufrat
Tigris
Vansee
Urumieh-see
Arax
Nil
Indus
Nördl. Wendekreis

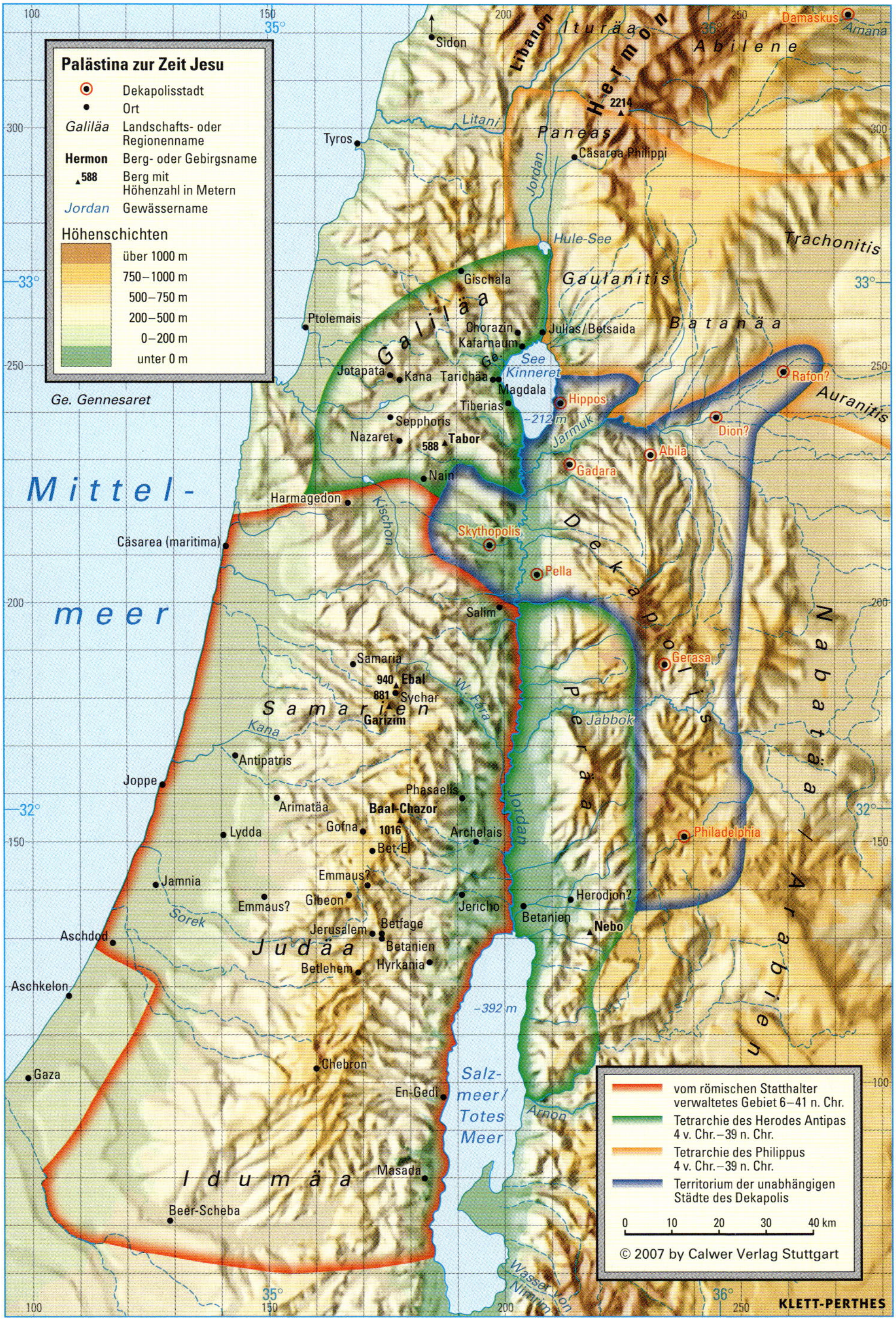
Palästina zur Zeit Jesu
Dekapolisstadt
Ort
Galiläa Landschafts- oder Regionenname
Hermon Berg- oder Gebirgsname
588 Berg mit Höhenzahl in Metern
Jordan Gewässername
Höhenschichten
über 1000 m
750–1000 m
500–750 m
200–500 m
0–200 m
unter 0 m
vom römischen Statthalter verwaltetes Gebiet 6–41 n. Chr.
Tetrarchie des Herodes Antipas 4 v. Chr.–39 n. Chr.
Tetrarchie des Philippus 4 v. Chr.–39 n. Chr.
Territorium der unabhängigen Städte des Dekapolis
0 10 20 30 40 km
© 2007 by Calwer Verlag Stuttgart
KLETT-PERTHES
Mittel-
meer
Sidon
Tyros
Libanon
Ituräa
Hermon
2214
Abilene
Damaskus
Amana
Litani
Paneas
Cäsarea Philippi
Jordan
Hule-See
Trachonitis
Gischala
Gaulanitis
Galiläa
Ptolemais
Chorazin
Julias/Betsaida
Batanäa
Kafarnaum
Ge.
See Kinneret
Rafon?
Auranitis
Jotapata
Kana
Tarichäa
Magdala
Hippos
Ge. Gennesaret
Tiberias
–212 m
Jarmuk
Dion?
Sepphoris
Nazaret
588
Tabor
Abila
Gadara
Nain
Harmagedon
Kischon
Cäsarea (maritima)
Skythopolis
Dekapolis
Pella
Salim
Samaria
940 Ebal
881 Sychar
Garizim
Samarien
W. Fara
Gerasa
Nabatäa / Arabien
Peräa
Jabbok
Kana
Antipatris
Joppe
Phasaelis
Arimatäa
Baal-Chazor
1016
Gofna
Lydda
Archelais
Bet-El
Philadelphia
Jamnia
Emmaus?
Emmaus?
Gibeon
Jericho
Herodion?
Sorek
Betanien
Nebo
Aschdod
Jerusalem
Betfage
Judäa
Betanien
Betlehem
Hyrkania
Aschkelon
–392 m
Gaza
Chebron
Salz-meer/ Totes Meer
En-Gedi
Arnon
Idumäa
Masada
Beer-Scheba
Wasser von Nimrim
35°
36°
33°
32°
100
150
200
250
300

KLETT-PERTHES
Orte des frühen Christentums
Ort
Ortslage der Sendschreiben der Johannesoffenbarung
Höhenschichten
über 1000 m
750–1000 m
500–750 m
200–500 m
0–200 m
unter 0 m
0 100 200 300 km
© 2007 by Calwer Verlag Stuttgart
ITALIEN
Tiber
Rom
Tres Tabernae
Forum Appii
Puteoli
Tyrrhenisches Meer
Rhegium
Syrakus
Malta
Adria
Dalmatien
Illyrien
Makedonien
GRIECHEN-LAND
Philippi
Neapolis
Apollonia
Amphipolis
Thessalonich
Beröa
Samothrake
Ionisches Meer / Adria
Nikopolis
Achaia
Korinth
Kenchreä
Athen
Sparta
Ägäisches Meer
Dardanellen
Donau
Schwarzes Meer
Bosporus
Marmara-meer
Bithynien – Pontus
Galatien
Halys
Kappadokien
Troas
Assos
Mysien
Adramyttium
Mitylene
Lesbos
Pergamon
Thyatira
Chios
Sardes
Smyrna
Philadelphia
Phrygien
Antiochia
Lykaonien
Ikonium
Lystra
Derbe
Kommagene
Samos
Ephesus
Hierapolis
Laodizea
Kolossä
Pisidien
Patmos
Milet
Kos
Knidos
Lykien – Pamphylien
Perge
Attalia
Asien
Kilikien
Tarsus
Antiochia
Seleukia
Beröa
Daphne
Orontes
Seleukia
Patara
Myra
Rhodos
Kreta
Phönix
Kauda
Lasäa
Salmone
Zypern
Salamis
Paphos
Mittelmeer
Syrien
Phönizien
Sidon
Sarepta
Tyros
Damaskus
Syrophönizien
Ptolemais
Cäsarea
Apollonia
Antipatris
Scharon
Skythopolis
Jordan
Joppe
Lydda
Aschdod
Jerusalem
Totes Meer
Arabien
Zyrene
Große Syrte
LIBYEN
Mündungen des Nil
Alexandria
ÄGYPTEN
Nil
A B C D E F
1 2 3
15° 20° 25° 30° 35° 40°

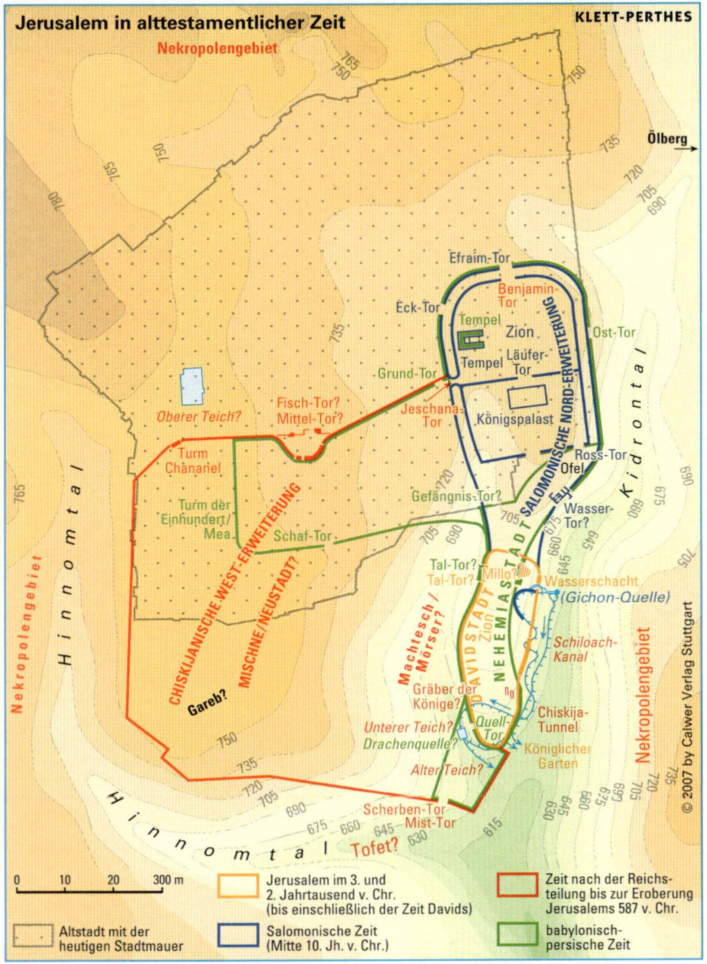
Jerusalem in alttestamentlicher Zeit
KLETT-PERTHES
Nekropolengebiet
Ölberg
Efraim-Tor
Benjamin-Tor
Eck-Tor
Tempel
Zion
Läufer-Tor
Ost-Tor
Grund-Tor
Jeschana-Tor
Königspalast
SALOMONISCHE NORD-ERWEITERUNG
Fisch-Tor?
Mittel-Tor?
Oberer Teich?
Turm Chananel
Turm der Einhundert/Mea
Schaf-Tor
Ross-Tor
Ofel
Gefängnis-Tor?
Wasser-Tor?
Kidrontal
Hinnomtal
CHISKIJANISCHE WEST-ERWEITERUNG
MISCHNE/NEUSTADT?
Gareb?
Tal-Tor?
Millo?
NEHEMIASTADT
DAVIDSTADT
Zion
Wasserschacht
(Gichon-Quelle)
Machtesch/Mörser?
Schiloach-Kanal
Gräber der Könige?
Chiskija-Tunnel
Unterer Teich?
Drachenquelle?
Quell-Tor
Königlicher Garten
Alter Teich?
Scherben-Tor
Mist-Tor
Tofet?
© 2007 by Calwer Verlag Stuttgart
0 10 20 300 m
Altstadt mit der heutigen Stadtmauer
Jerusalem im 3. und 2. Jahrtausend v. Chr. (bis einschließlich der Zeit Davids)
Salomonische Zeit (Mitte 10. Jh. v. Chr.)
Zeit nach der Reichsteilung bis zur Eroberung Jerusalems 587 v. Chr.
babylonisch-persische Zeit

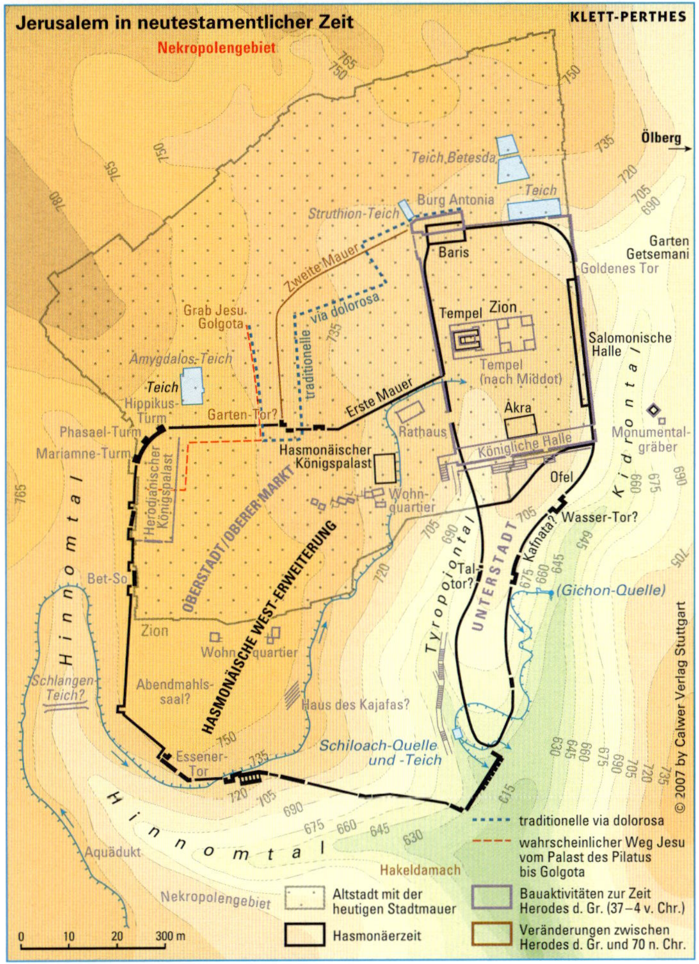
Jerusalem in neutestamentlicher Zeit
KLETT-PERTHES
Nekropolengebiet
Ölberg
Teich Betesda
Teich
Burg Antonia
Struthion-Teich
Baris
Garten Getsemani
Goldenes Tor
Zweite Mauer
via dolorosa
traditionelle
Grab Jesu
Golgota
Tempel
Zion
Tempel (nach Middot)
Salomonische Halle
Amygdalos-Teich
Teich
Hippikus-Turm
Garten-Tor?
Erste Mauer
Akra
Rathaus
Phasael-Turm
Mariamne-Turm
Hasmonäischer Königspalast
Königliche Halle
Monumentalgräber
Herodianischer Königspalast
Wohnquartier
Ofel
OBERSTADT/OBERER MARKT
Wasser-Tor?
Kafnata?
Bet-So
HASMONÄISCHE WEST-ERWEITERUNG
Tal-tor?
Tyropiontal
UNTERSTADT
(Gichon-Quelle)
Zion
Wohnquartier
Schlangen-Teich?
Abendmahlssaal?
Haus des Kajafas?
Schiloach-Quelle und -Teich
Essener-Tor
Hinnomtal
Kidrontal
Aquädukt
Hakeldamach
© 2007 by Calwer Verlag Stuttgart
traditionelle via dolorosa
wahrscheinlicher Weg Jesu vom Palast des Pilatus bis Golgota
Nekropolengebiet
Altstadt mit der heutigen Stadtmauer
Bauaktivitäten zur Zeit Herodes d. Gr. (37–4 v. Chr.)
Hasmonäerzeit
Veränderungen zwischen Herodes d. Gr. und 70 n. Chr.
0 10 20 300 m